Braun/Wisskirchen
Konzernarbeitsrecht

Konzernarbeitsrecht

Handbuch

Herausgegeben von

Axel Braun
Rechtsanwalt, Fachanwalt für Arbeitsrecht, Köln

Dr. Gerlind Wisskirchen
Rechtsanwältin, Fachanwältin für Arbeitsrecht, Köln

2015

Zitiervorschlag:
Braun/Wisskirchen/*Bearbeiter,* Konzernarbeitsrecht, Teil I Absch 3 Rn. 5

www.beck.de

ISBN 978 3 406 63880 0

© 2015 Verlag C. H. Beck oHG
Wilhelmstraße 9, 80801 München
Druck: Beltz Bad Langensalza GmbH
Neustädter Straße 1–4, 99947 Bad Langensalza

Satz: Druckerei C. H. Beck Nördlingen

Umschlaggestaltung: Druckerei C. H. Beck Nördlingen

Gedruckt auf säurefreiem, alterungsbeständigem Papier
(hergestellt aus chlorfrei gebleichtem Zellstoff)

Vorwort

„Früher war alles einfach" ... auch im Arbeitsrecht: da gab es den Unternehmer, der mit seinen Arbeitnehmern einen Betrieb führte. Die Arbeitsgesetze in Deutschland sind stark von diesem Leitbild geprägt und kennen den Begriff des Konzerns (mit Ausnahme der Mitbestimmungsgesetze) nicht, obwohl die Lebenswirklichkeit sich deutlich verändert hat: die Mehrheit der deutschen Arbeitnehmer arbeitet mittlerweile in grenzüberschreitend tätigen Unternehmensgruppen. Die heutige Arbeitswelt wird bestimmt von Unternehmenssparten, Matrixstrukturen, pro-forma Geschäftsführern in Deutschland, virtuellen Betriebs- und Organisationsstrukturen und unternehmerischen Entscheidungen, die global getroffen werden.

Auf Basis der geltenden Rechtslage tun sich auch die Arbeitsgerichte schwer, bei den komplex werdenden Strukturen und der globalisierten Arbeitswelt sachgerechte Entscheidungen zu treffen.

Bei diesem offensichtlichen Spannungsfeld zwischen Realität und Rechtslage ist es erstaunlich, dass seit den Habilitationsschriften von Frau Prof. Windbichler aus 1989 und Herrn Prof. Junker aus 1992 keine umfassende Publikation zum Konzernarbeitsrecht erschienen ist.

Diese Lücke möchte das vorliegende Werk schließen. Es gliedert sich in einen nationalen und grenzüberschreitenden Teil. Wir haben versucht, uns an Lebenssachverhalten und nicht an juristischen Problemfeldern zu orientieren. Ferner soll das Buch ein Diskussionsbeitrag zur Rechtslage de lege ferenda sein, um die beschriebene Diskrepanz zwischen Wirklichkeit und Rechtslage zu verringern. Fest steht, dass wir ein „work in progress" vorlegen und uns daher auf die 2. Auflage freuen, in der wir gerne Ihre Erfahrungen und Anregungen aufnehmen wollen. Eine anregende Lektüre wünschen Ihnen

Axel Braun   *Dr. Gerlind Wisskirchen*

Widmung

To my international mentors,
particularly Jan D. Duffy and Roy L. Heenan.

Gerlind Wisskirchen

Die Autorinnen und Autoren des Handbuchs

Hans-Christian Ackermann
Rechtsanwalt, Fachanwalt für Arbeitsrecht, Düsseldorf

Dr. Alexander Bissels
Rechtsanwalt, Fachanwalt für Arbeitsrecht, Köln

Ulrich Bormann
Rechtsanwalt, Fachanwalt für Arbeitsrecht, Köln

Achim Braner
Rechtsanwalt, Fachanwalt für Arbeitsrecht, Frankfurt a. M.

Axel Braun
Rechtsanwalt, Fachanwalt für Arbeitsrecht, Köln

Dr. Wolfgang Dannhorn
Rechtsanwalt, Fachanwalt für Arbeitsrecht, Stuttgart

Dr. Peter Doetsch
Rechtsanwalt und Mediator, Wiesbaden

Carsten Domke, LL. M.
Rechtsanwalt, Fachanwalt für Arbeitsrecht, Frankfurt a. M.

Sebastian Fedder
Rechtsanwalt, Fachanwalt für Arbeitsrecht, Hamburg

Julia Glaser, LL. M.
Rechtsanwältin, Fachanwältin für Arbeitsrecht, Köln

Dr. Martin Greßlin
Rechtsanwalt, Fachanwalt für Arbeitsrecht, München

Dr. Roland Klein
Rechtsanwalt, Fachanwalt für Arbeitsrecht, Berlin

Cornelia Koch
Rechtsanwältin, Fachanwältin für Arbeitsrecht, Heidelberg

Anke Kuhn
Rechtsanwältin, Fachanwältin für Arbeitsrecht, Köln

Heiko Liebig
Rechtsanwalt, Essen

Dr. Martin Lützeler
Rechtsanwalt, Fachanwalt für Arbeitsrecht, Köln

Die Autorinnen und Autoren des Handbuchs

Dr. Sebastian Maiß
Rechtsanwalt, Fachanwalt für Arbeitsrecht, Düsseldorf

Dr. Andrea Panzer-Heemeier
Rechtsanwältin, Fachanwältin für Arbeitsrecht, Düsseldorf

Nadja Raus
Richterin beim Arbeitsgericht Köln

Dr. Stefan Röhrborn
Rechtsanwalt, Fachanwalt für Arbeitsrecht, Düsseldorf

Dr. Eva Rütz, LL. M.
Rechtsanwältin, Fachanwältin für Arbeitsrecht,
Fachanwältin für Medizinrecht, Köln

Jan Peter Schiller
Rechtsanwalt, Köln

Paul Schreiner
Rechtsanwalt, Fachanwalt für Arbeitsrecht, Essen

Maria-Susanna Schumacher, LL. M.
Rechtsanwältin, Fachanwältin für Arbeitsrecht, Köln

Dr. Caroline Siegel, LL. M.
Rechtsanwältin, Köln

Dr. Oliver Simon
Rechtsanwalt, Fachanwalt für Arbeitsrecht, Stuttgart

Katrin Süßbrich
Rechtsanwältin, Fachanwältin für Arbeitsrecht, Köln

Dr. Thomas Thees
Rechtsanwalt, Fachanwalt für Arbeitsrecht, Frankfurt a. M.

Oliver Wilhelms
Rechtsanwalt, Köln

Dr. Gerlind Wisskirchen
Rechtsanwältin, Fachanwältin für Arbeitsrecht, Köln

Silke A. Wolf
Rechtsanwältin, München

Sebastian Wolf
Rechtsanwalt, Karlsruhe

Daniel Zintl
Rechtsanwalt, Fachanwalt für Arbeitsrecht, Leipzig

Inhaltsverzeichnis

Teil I. Arbeitsrecht im nationalen Konzern

Abschnitt 1. Betriebsübergang und Vermeidung

A. Betriebsübergang gem. § 613a BGB bei Vorliegen eines Konzerns	1
I. Arbeitsrecht beim Erwerb von Unternehmen, Beteiligungen und Betrieben	1
1. Änderungen auf Unternehmensebene	1
a) Übergang von operativen Einheiten – share deal/asset deal/Umwandlung	1
b) Mitbestimmung im Aufsichtsrat	1
c) Beteiligung des Wirtschaftsausschusses	2
d) Mitbestimmung durch Betriebsratsgremien	2
2. Änderungen auf Betriebsebene – Übergang von Betrieben und Betriebsteilen	3
a) Zweck und Geltungsbereich des § 613a BGB	3
b) Anwendungsbereiche des § 613a BGB	6
aa) Einzelrechtsnachfolge – asset deal	6
bb) Umwandlungsfälle	6
cc) Anwachsung	6
dd) Erbfälle	7
II. Überblick – Grundlagen des Betriebsübergangs nach § 613a BGB	7
1. Voraussetzungen des Übergangs von Arbeitsverhältnissen auf den Erwerber	7
a) Bewahrung der Identität der wirtschaftlichen Einheit	7
b) Wechsel des Betriebsinhabers	12
c) Übergang durch Rechtsgeschäft	14
2. Rechtsstellung der Arbeitnehmer	15
a) Übergang der Arbeitsverhältnisse	15
b) Fortgeltung und Ablösung von Kollektivregelungen	18
aa) Vertragliche Bezugnahmeklauseln	18
bb) Nachbindung/Transformation von Kollektivregelungen	19
cc) Beim Erwerber geltende Kollektivregelungen	21
(1) Tarifregelungen	21
(2) Betriebsvereinbarungen	22
(3) Gesamtbetriebsvereinbarungen	25
(4) Konzernbetriebsvereinbarungen	27
(5) Sprecherausschussvereinbarungen	28
c) Ansprüche der Arbeitnehmer gegen den Betriebsveräußerer	28
3. Unterrichtungspflicht und Widerspruchsrecht	29
a) Bedeutung und Anwendungsbereich	29
b) Zeitpunkt, Form und Inhalt der Unterrichtung	30
c) Widerspruchsrecht	32
d) Abweichende Vereinbarungen	38
B. Konzernspezifische Fragestellungen beim Betriebsübergang	40
I. Keine gesetzliche Sonderregelung für Konzernsachverhalte	40
II. Weitergeltung einzelner konzernrelevanter Regelungen für Arbeitnehmer	40
1. Aktienoptionen	40
2. Mitarbeiterbeteiligungen/Belegschaftsaktien	42
3. Boni/Tantiemen	42
4. Personalrabatte/Deputate	43
5. Nachvertragliche Wettbewerbsverbote	43

Inhaltsverzeichnis

III. Auswirkungen konzerninterner Organisationsaufteilung	44
1. Servicegesellschaften	44
2. Spartenorganisation	46

Abschnitt 2. Kollektives Arbeitsrecht

A. Betriebszugehörigkeit der Arbeitnehmer und Organisation der Betriebsverfassung	47
I. Einleitung	47
II. Konzernbegriff	47
1. Unternehmen	47
2. Abhängigkeitsverhältnis	48
3. Einheitliche Leitungsmacht	48
4. Der Konzernbegriff und die Betriebsverfassung (Einzelfragen)	51
a) Konzern im Konzern	51
b) Teilkonzern (Internationaler Konzern)	52
c) Fehlerhaftes Konzernverhältnis	53
5. Zusammenfassung	53
III. Allokation eines Konzernarbeitsverhältnisses für die Zwecke des BetrVG	53
1. Die arbeitsvertragliche Ebene	54
2. Konsequenzen für die Zugehörigkeit zum Betrieb	55
3. Wahrnehmung betriebsverfassungsrechtlicher Rechte und Pflichten	55
4. Kündigungsschutz	56
5. Ruhendes Arbeitsverhältnis und aktives Zweitarbeitsverhältnis	58
6. Ausübung von Arbeitgeberrechten durch Dritte	58
a) Zugehörigkeit zum entsendenden Betrieb	59
b) Zuordnung zu den Betrieben bei drittbezogenem Personaleinsatz	60
7. Außervertragliche Überschreitung der Unternehmensgrenzen	61
8. Anrechnungsfragen	61
IV. Konzernbetriebsrat	61
1. Grundstruktur der gesetzlichen Regelung	62
a) Konzernbetriebsrat als Organ der Betriebsverfassung	62
b) Konzernwirtschaftsausschuss	62
c) Konzernbelegschaft	63
d) Konzern-Jugend- und Auszubildendenvertretung	63
e) Konzernschwerbehindertenvertretung	64
2. Errichtung und Geschäftsführung des Konzernbetriebsrats	64
a) Errichtung	64
b) Größe und Zusammensetzung	65
c) Stimmengewichtung	65
d) Geschäftsführung	66
B. Zuständigkeiten	67
I. Originäre Zuständigkeit des Konzernbetriebsrats	67
1. Sachliche Zuständigkeit	67
2. Personelle Zuständigkeit – Wer ist der Verhandlungspartner?	70
3. Sonderfall 1 – Konzernbetriebsrat zuständig, aber nicht vorhanden	72
4. Sonderfall 2 – Internationaler Konzern	72
C. Zuständigkeit des Konzernbetriebsrats per Delegation	74
I. Rechtsnatur der Delegation	74
II. Handlungspflicht des Konzernbetriebsrats	76
III. Personelle Zuständigkeit	76
1. Wer darf delegieren?	76
2. Verhandlungspartner des Konzernbetriebsrats bei Delegation	77
IV. Sachliche Zuständigkeit	78
1. Delegierfähige Angelegenheiten	78
2. Umfang der Delegation	79

V. Formelle Zuständigkeit	79
VI. Rechte und Pflichten des Konzernbetriebsrats	80
VII. Regelungsinstrumente	80
1. Übersicht über die Regelungsinstrumente	80
2. Die Konzernbetriebsvereinbarung	81
a) Abschluss, Wirkung und Beendigung	81
b) Schicksal der Konzernbetriebsvereinbarung bei Betriebs(teil)übergang	82
3. Abgrenzung	89
4. Sonderproblem des Gemeinschaftsunternehmens	89
a) Horizontale Abgrenzung	89
b) Vertikale Abgrenzung	91
D. Personelle Angelegenheiten	92
E. Soziale Angelegenheiten (§ 87 BetrVG)	93
I. Fragen der Ordnung des Betriebs und des Verhaltens der Arbeitnehmer (§ 87 Abs. 1 Nr. 1 BetrVG)	93
II. Arbeitszeitregelungen (§ 87 Abs. 1 Nr. 2 und Nr. 3 BetrVG)	93
III. Technische Überwachungseinrichtungen (§ 87 Abs. 1 Nr. 6 BetrVG)	95
IV. Fragen der Arbeitssicherheit § 87 Abs. 1 Nr. 7 BetrVG	96
V. Sozialeinrichtungen § 87 Abs. 1 Nr. 8 und 9 BetrVG	97
VI. Entgeltgrundsätze § 87 I Nr. 10 BetrVG	97
VII. Betriebliches Vorschlagswesen § 87 Abs. 1 Nr. 12 BetrVG	99
F. Mitbestimmung bei wirtschaftlichen Angelegenheiten	100
I. Wirtschaftsausschuss	100
II. Interessenausgleich	100
III. Sozialplan	101
1. Dotierung des Sozialplans im Konzern, Berechnungsdurchgriff	102
2. Haftungsdurchgriff	104
G. Unternehmensmitbestimmung	106
I. Grundlagen der Unternehmensmitbestimmung in der Bundesrepublik Deutschland	106
1. Einführung	106
a) Geschichte der Unternehmensmitbestimmung	106
b) Leitideen und Zielvorstellungen	107
2. Gesetzliche Grundlagen	108
a) Montanmitbestimmungsgesetz und Montanmitbestimmungsergänzungsgesetz	108
b) Mitbestimmungsgesetz	109
c) Drittelbeteiligungsgesetz	109
d) Mitbestimmung in der Societas Europeae (SE)	110
3. Einführung und Durchsetzung der Mitbestimmung	110
II. Die Anwendung der paritätischen Mitbestimmung im Konzern	111
1. Der Anwendungsbereich des Mitbestimmungsgesetzes	111
a) Der Katalog der erfassten Rechtsformen	111
b) Sonstige Voraussetzungen	112
aa) Inländische Gesellschaft	112
bb) Schwellenwert 2000 Arbeitnehmer	112
cc) Vorrang der Montanmitbestimmung	113
c) Religionsgemeinschaften und Tendenzunternehmen	113
aa) Die einzelnen geschützten Zweckbestimmungen	114
bb) Merkmal der Unmittelbarkeit	115
cc) Merkmal des Überwiegens	115
d) Sonderfall Kommanditgesellschaft	116
aa) Grundsatz der Mitbestimmung bei der Komplementärkapitalgesellschaft	116

bb) Doppel- und mehrstöckige Kommanditgesellschaft 117
cc) Sicherung der Geschäftsführungsbefugnis der Komplementärkapitalgesellschaft 117
2. Bildung und Zusammensetzung des Aufsichtsrats 118
    a) Zusammensetzung des Aufsichtsrats 118
    b) Bestellung, Abberufung und Wahl der Aufsichtsratsmitglieder 118
        aa) Bestellung der Aufsichtsratsmitglieder 119
        bb) Wahl der Aufsichtsratsmitglieder 119
        cc) Abberufung der Aufsichtsratsmitglieder 119
    c) Grundsätze zu Wahlvorschriften und Wahlverfahren 120
3. Innere Ordnung sowie Rechte und Pflichten des Aufsichtsrats 120
    a) Vorsitz im Aufsichtsrat 121
    b) Beschlussfassung 121
    c) Zuständigkeit und Verantwortlichkeit der Aufsichtsratsmitglieder 122
    d) Schutz der Aufsichtsratsmitglieder 123
4. Auswirkung auf das gesetzliche Vertretungsorgan 123
    a) Bestellung und Abberufung 123
        aa) Bestellung 123
        bb) Abberufung 123
    b) Ausübung von Beteiligungsrechten 124
    c) Arbeitsdirektor 124
5. Die Konzernzurechnung nach § 5 Abs. 1 MitbestG 125
    a) Voraussetzungen 125
        aa) Verweis auf Konzernbegriff 125
        bb) Einheitliche Leitung 126
        cc) Sonstige Voraussetzungen für die Konzernzurechnung 127
    b) Rechtsfolgen 127
        aa) gesetzliche Fiktion 127
        bb) Statusverfahren 127
    c) Konzern im Konzern 128
    d) Tendenzkonzerne 128
        aa) Ableitung des Tendenzschutzes von der Obergesellschaft 129
        bb) Ableitung des Tendenzschutzes von der Untergesellschaft 129
    e) Gemeinschaftsunternehmen/Joint Venture 130
    f) Auslandsberührung 130
6. Die Kapitalgesellschaft & Co. KG als Konzernspitze, § 5 Abs. 2 MitbestG 130
    a) Grundgedanke der Regelung, § 5 Abs. 2 S. 1 MitbestG 130
    b) § 5 Abs. 2 S. 2 MitbestG 131
    c) § 5 Abs. 2 S. 2, § 4 Abs. 2 MitbestG Sicherung der Mitbestimmung in der KG-Konzernspitze 131
7. Der (fiktive) Teilkonzern, § 5 Abs. 3 MitbestG 131
    a) Grundgedanken der Regelung 131
    b) Kapitalverflechtung oder Mindestmaß an Leitungsfunktion 132
8. Freiwillige Mitbestimmungsvereinbarungen 133
    a) Grundsatz 133
    b) Erweiterungen der Mitbestimmung 133
9. Folgerungen für die nationale Umstrukturierung von Konzernen 134
    a) Wechsel von Gesellschaftern, insbesondere in der KG und der Konzernspitze 134
    b) Umwandlung 135
    c) Sonstige Maßnahmen 136
III. Die Anwendung des Drittelbeteiligungsgesetzes im Konzern 137
1. Der Anwendungsbereich des DrittelbG 137
    a) Der Katalog der erfassten Rechtsformen 137
    b) Sonstige Voraussetzungen 137
    c) Tendenz 138
    d) Vorrang der Montanmitbestimmung und der paritätischen Mitbestimmung 138

Inhaltsverzeichnis

2. Bildung und Zusammensetzung des Aufsichtsrats	138
a) Zusammensetzung des Aufsichtsrats	139
b) Bestellung, Abberufung und Wahl der Aufsichtsratsmitglieder	139
aa) Vertreter der Anteilseigner/Arbeitgeberseite	139
bb) Vertreter der Arbeitnehmerseite	140
c) Grundsätze zu Wahlvorschriften und Wahlverfahren	141
3. Innere Ordnung sowie Rechte und Pflichten des Aufsichtsrats	141
a) Vorsitz im Aufsichtsrat	141
b) Beschlussfassung	142
c) Zuständigkeit und Verantwortlichkeit der Aufsichtsratsmitglieder	142
d) Schutz der Aufsichtsratsmitglieder	143
4. Die Konzernzurechnung nach § 2 Abs. 2 DrittelbG	143
a) Abgrenzung zu § 2 Abs. 1 DrittelbG	143
aa) Anwendbarkeit auf die herrschende Gesellschaft	143
bb) Wahlrecht für Arbeitnehmer der beherrschten Gesellschaft	143
b) Voraussetzungen des § 2 Abs. 2 DrittelbG	144
aa) Beherrschungsvertrag	144
bb) Eingliederung	144
5. Freiwillige Mitbestimmungsvereinbarungen	144
6. Folgerungen für die nationale Umstrukturierung von Konzernen	145
IV. Montanmitbestimmung im Konzern	146
1. Das Montanmitbestimmungsgesetz	146
a) Anwendungsbereich	146
b) Bildung und Zusammensetzung des Aufsichtsrats	147
c) Innere Ordnung sowie Rechte und Pflichten der Aufsichtsratsmitglieder	147
2. Das Montan-Mitbestimmungsergänzungsgesetz	147
a) Anwendungsbereich	148
aa) Fall 1: Die Konzernobergesellschaft, die bislang überhaupt nicht montanmitbestimmt ist, § 16 Abs. 1 Nr. 1, §§ 1–3 MitbestErgG	148
bb) Fall 2: Die Konzernobergesellschaft, die bis dato selbst dem Montan-MitbestG unterliegt, § 16 Abs. 1 Nr. 2, §§ 1–3 MitbestErgG	148
cc) Fall 3: Die Konzernobergesellschaft, die bislang dem MitbestErgG unterliegt, § 16 Abs. 2 MitbestErgG	148
b) Bildung und Zusammensetzung des Aufsichtsrats	149
c) Innere Ordnung sowie Rechte und Pflichten des Aufsichtsrats	149
H. Normative Geltung von Konzerntarifverträgen?	**150**
I. (Fehlende) Tariffähigkeit des Konzerns	150
1. Arbeitgeber als Tarifvertragspartei	150
2. Konzern nicht tariffähig und regelmäßig nicht Arbeitgeber	150
II. Konzernweite normative Geltung eines Tarifvertrags	151
1. Verbandstarifvertrag	151
2. Firmentarifvertrag	151
a) Mehrgliedriger Tarifvertrag	151
b) Einheitstarifvertrag	152
c) Bevollmächtigung	152
aa) In fremdem Namen, § 164 BGB	152
bb) Offenkundigkeit und Bestimmtheit	153
cc) Vertretungsmacht	153
dd) Vollmachterteilung	153
ee) Beendigung der Vollmacht	154
d) Firmentarifvertrag mit Konzernarbeitgeberverband	154
aa) Begriff und Anerkennung	154
bb) Begründung und Beendigung der Tarifbindung	155
cc) Grenzen der Konzernleitungsmacht	156
e) Herstellung konzerneinheitlicher Tarifbedingungen durch Tarifgemeinschaft	156

Inhaltsverzeichnis

III. Tarifgeltung bei Neueintritt in den Konzernverbund	157
1. Bei mehrgliedrigem Tarifvertrag	157
2. Durch Spitzenorganisation	157
3. Durch Bevollmächtigung	157
IV. Weitergeltung bei Austritt aus dem Konzernverbund?	158
1. Bei Tarifgeltung durch Bevollmächtigung bzw. über mehrgliedrigen Tarifverträgen	158
2. Ausscheiden aus Konzernverbund bei Tarifgemeinschaft	158
3. Bei Einheitstarifvertrag	159

I. Konzernweite Tarifvereinheitlichung durch arbeitsvertragliche Bezugnahme 160

I. Einführung	160
1. Statische Bezugnahmeklausel	160
2. Kleine dynamische Bezugnahmeklausel	160
3. Große dynamische Bezugnahmeklausel (= Tarifwechselklausel)	161
II. Besonderheiten im Konzern	161
1. Verbandsmitgliedschaft	161
2. Bezugnahme eines Haus- bzw. Konzerntarifvertrags	162
3. Anschlusstarifverträge	163
4. Gebot der Richtigkeitsgewähr	163
5. Schicksal der Bezugnahmeklausel bei Sonderkonstellationen	165
a) Verbandswechsel	165
b) Verbandsaustritt	166
c) Tarifwegfall	167
d) Betriebs(teil)übergang	167

J. Arbeitskampfrecht 170

I. Friedenspflicht	170
II. Sonderfall: (Nationaler) Sympathiestreik	170
III. Internationaler Arbeitskampf	172

Abschnitt 3. Arbeits- und Dienstvertragsrecht im Konzern

A. Anstellung und Überlassung von Arbeitnehmern 175

I. Konzernarbeitsverhältnis	175
1. Vertragsarbeitgeber	176
a) Konzern als Arbeitgeber	176
b) Konzernobergesellschaft als Arbeitgeber	176
c) Konzerngesellschaft als Arbeitgeber	177
2. Erbringung der Arbeitsleistung, Direktionsrecht	177
3. Haftung für Verbindlichkeiten des Arbeitgebers	178
a) Arbeitsentgelt	178
b) Betriebliche Altersversorgung	178
4. Gleichbehandlung im Konzern	179
5. Betriebliche Übung im Konzern	180
6. Wettbewerbsverbote und nachvertragliche Wettbewerbsverbote	180
a) Wettbewerbsverbot während des Arbeitsverhältnisses	180
b) Wettbewerbsverbot nach Beendigung des Arbeitsverhältnisses	181
aa) Erstreckung auf andere Unternehmen des Konzerns	182
bb) Tätigwerden bei einem mit dem Konkurrenten verbundenen Unternehmen	183
7. Verschwiegenheits- und Geheimhaltungsverpflichtungen	184
8. Lohnsteuerrecht, Steuerrecht	186
9. Sozialversicherungsrecht	188
II. Arbeitnehmereinsatz innerhalb des Konzerns	189
1. Vertragliche Gestaltungsmöglichkeiten im Konzern	189
a) Zwei Arbeitsverträge mit Ruhensvereinbarung	189

aa) Inhalt der Vereinbarungen	190
bb) Wiederaufleben des ruhend gestellten Arbeitsverhältnisses	190
b) Dreiseitiger Konzernarbeitsvertrag	191
c) Einheitliches Arbeitsverhältnis	192
2. Konzernversetzungs- und Abordnungsklauseln im Arbeitsvertrag	193
a) Erweiterung des Direktionsrechts	194
b) Vorübergehende Abordnung bzw. Entsendung	194
aa) Inhalt	195
bb) Zulässigkeit	195
c) Dauerhafte Versetzung	196
aa) Inhalt	197
bb) Zulässigkeit	197
III. Arbeitnehmereinsatz in Matrixstrukturen	198
1. Übertragung des Direktionsrechts	198
2. Einheitliches Arbeitsverhältnis	199
3. Doppelarbeitsverhältnis	200

B. Kündigung von Arbeitsverhältnissen im Konzern ... 201

I. Einleitung	201
1. Der Konzernbegriff im Kündigungsschutzrecht	201
2. Konzernbezogener Kündigungsschutz	201
3. Konzernarbeitsverhältnis, Fallgestaltungen	202
4. Konzernversetzungsklausel	203
a) Fallgestaltungen mit und ohne Arbeitgeberwechsel	203
b) Anspruch auf Weiterbeschäftigung in verbundenen Unternehmen	203
aa) Durchsetzungsmöglichkeit der Versetzung	203
bb) Einstellungsbereitschaft des verbundenen Unternehmens	204
cc) Vertrauensschutz des Mitarbeiters	205
dd) Fürsorgepflicht des Arbeitgebers	205
c) Beweislast bezüglich freier Stellen im Konzern	206
d) Kein unmittelbarer Einstellungsanspruch gegenüber verbundenen Unternehmen	206
e) Konkludente Versetzungsklausel durch wechselnde Arbeitgeber	207
f) Ergebnis	207
5. Matrixstruktur	207
6. Mehrheit von Verträgen	208
7. Konzerninterne Entsendung	209
8. Konzernarbeitnehmerüberlassung	209
9. Betriebsverfassungsrechtlicher konzernweiter Kündigungsschutz	209
a) Konzernversetzungsmöglichkeiten in Betriebsvereinbarungen	209
b) Zuständigkeit des Betriebsrats	210
II. Allgemeines Kündigungsrecht	211
1. Kündigungsberechtigung und Stellvertretung	211
a) Ein Arbeitsverhältnis aber Beschäftigung in mehreren Unternehmen	211
b) Mehrere Arbeitsverhältnisse in mehreren Unternehmen	211
c) Ausschluss betriebsbedingter Kündigungen durch Ruhens- und Rückkehrvereinbarungen	211
III. Kündigungsschutz nach dem KSchG	212
1. Anwendbarkeit des Kündigungsschutzgesetzes	212
a) Kleinbetriebsklausel bei Holding und sogenannter „Berechnungsdurchgriff"	212
b) Berechnungsdurchgriff bei Gemeinschaftsbetrieb	212
c) Verfassungskonforme Auslegung von § 2 KSchG	213
d) Ergebnis	213
2. Sozialauswahl	214
a) Anrechnung von Betriebszugehörigkeitszeiten in verbundenen Unternehmen	214
b) Gemeinschaftsbetrieb mehrerer Konzernunternehmen	215

Inhaltsverzeichnis

c) Keine unternehmensübergreifende Sozialauswahl ohne Gemeinschaftsbetrieb	216
3. Verhaltensbedingte Kündigung	217
a) Durchschlagen von Kündigungsgründen bei verhaltensbedingten Gründen	217
IV. Sonderthemen	218
1. Zuständigkeit der Arbeitsgerichte bei Organstellung im Konzern	218
a) Der Arbeitnehmerbegriff des § 5 Abs. 1 ArbGG mit Blick auf Geschäftsführer im Konzernunternehmen	218
2. Leitender Angestellter nach § 14 KSchG bei Organstellung im Konzern	218
a) Leitender Angestellter gemäß § 14 Abs. 1 KSchG	218
b) Leitender Angestellter nach § 14 Abs. 2 KSchG	219

C. Nachvertragliche Wettbewerbsverbote mit Konzernbezug 220
   I. Vorbemerkungen 220
   II. Einleitung 220
      1. Regelungsgefüge der §§ 74 ff. HGB 220
      2. Uneinheitliche Auslegung nachvertraglicher Wettbewerbsverbote 220
   III. Systematik der nachvertraglichen Wettbewerbsverbote mit Konzernbezug 221
      1. Übersicht 221
      2. Wettbewerbsverbote ohne ausdrückliche Einbeziehung von Konzernunternehmen 222
      3. Zulässigkeit ausdrücklicher Einbeziehung von Konzernunternehmen 222
      4. Tätigkeitsbezogene, unternehmensbezogene und konzernbezogene Wettbewerbsverbote 223
         a) Systematik in Literatur und Rechtsprechung 223
         b) Auslegung von Wettbewerbsverboten 223
            aa) Auseinanderfallen von Arbeitgeber und Tätigkeitsort 223
            bb) Tätigkeitsbezogene Auslegung von Wettbewerbsverboten 224
            cc) Ergebnis 225
         c) Mitwachsen des Wettbewerbsverbots, Beurteilungszeitpunkt 226
         d) Ereignisse nach Ausscheiden des Mitarbeiters 226
      5. Geltungserhaltende Reduktion – § 74a Abs. 1 S. 1 HGB vs. AGB-Recht 227
      6. Wettbewerbsverbote bezüglich nicht konkurrierender Unternehmen 228
      7. Schriftform, Stellvertretung, Vertrag zugunsten Dritter 229
      8. Aufhebung konzernweiter nachvertraglicher Wettbewerbsverbote 230
      9. Karenzentschädigung 230
      10. Auseinanderfallen von Arbeitsvertrag und Wettbewerbsverbot 230
      11. Fazit 231
   IV. Verschwiegenheitspflichten im Konzern 232
      1. Übersicht 232
      2. Treuepflichten im Vertragsverhältnis, Vertrag mit Schutzwirkung für Dritte 233
      3. Vertrag zugunsten Dritter, § 328 BGB 233
      4. Fazit 234

D. Die Besonderheiten der Organverhältnisse im Konzern 235
   I. Einleitung 235
   II. Der GmbH-Geschäftsführer im Konzernverbund 235
      1. Dogmatik des Anstellungsverhältnisses mit dem Geschäftsführer 235
         a) Allgemeine Grundsätze 235
         b) Arbeitnehmereigenschaft des Geschäftsführers 236
            aa) Rechtsprechung des BGH und des BAG 237
            bb) Rechtsprechung des BSG 237
            cc) Rechtsprechung des EuGH – Rechtssache „Danosa" 238
            dd) Sonderfall: Drittanstellung im Konzern 239
               (1) Begriff der Drittanstellung 239
               (2) Zulässigkeit einer Drittanstellung 240

c) Rechtswegzuständigkeit, § 5 Abs. 1 S. 3 ArbGG	240
aa) Grundsatz	240
bb) Ausnahmefälle	240
(1) Drittanstellung	240
(2) Sonstige Ausnahmefälle	241
cc) Gegenausnahme: GmbH & Co. KG	241
dd) Vereinbarung arbeitsgerichtlicher Zuständigkeit nach § 2 Abs. 4 ArbGG	242
2. Begründung des Anstellungsverhältnisses	242
a) Zuständigkeit	242
aa) Grundsatz der Zuständigkeit der Gesellschafterversammlung	242
bb) Mitbestimmte GmbH, GmbH & Co. KG	242
(1) MitbestG	242
(2) DrittelbG	242
(3) GmbH & Co. KG/Drittanstellung	243
cc) Unterzeichnung des Anstellungsvertrages	244
b) Form und Dauer des Anstellungsvertrages	244
aa) Form und Aufhebung eines etwaig bestehenden Arbeitsverhältnisses	244
bb) Dauer des Anstellungsverhältnisses	245
3. Inhalt des Anstellungsverhältnisses	245
a) Rechte und Pflichten	245
aa) Ausdrückliche gesetzliche Bereichsausnahmen	245
bb) Ausdrückliche Anordnung der Geltung für Organe	246
cc) Streitfälle	246
dd) Sonderfall Drittanstellung/GmbH & Co. KG	247
b) Vergütungsstruktur	247
c) Betriebliche Altersversorgung, § 17 BetrAVG	247
4. Nachvertragliche Restriktionen, insbesondere Wettbewerbsverbot	248
a) §§ 74 ff. HGB oder § 138 BGB iVm Art. 2, 12 GG?	248
b) Statuswechsel innerhalb des Konzerns	249
c) Mehrfachanstellung im Konzern	249
d) Besonderheiten bei Kunden- und Mandantenschutzklauseln	250
5. Beendigung des Dienstverhältnisses	250
a) Trennungsprinzip/Kopplungsklauseln	250
aa) Zulässigkeit/Inhalt von Kopplungsklauseln	250
bb) Sonderfall: Drittanstellung/GmbH & Co. KG	251
b) Kündigungsschutz, Reichweite des § 14 KSchG	251
aa) Nichtanwendbarkeit des § 14 Abs. 1 KSchG auf Dienstverhältnisse	252
bb) Anwendbarkeit des § 14 Abs. 1 KSchG auf Arbeitsverhältnisse	252
(1) Grundsatz	252
(2) Ausnahme: Drittanstellung	252
(3) Gegenausnahme: „Drittanstellung" bei der GmbH & Co. KG	253
cc) Arbeitsvertragliche Vereinbarung der Anwendbarkeit des Kündigungsschutzgesetzes	253
c) Kündigung durch die Gesellschaft	253
d) Kündigung durch den Geschäftsführer	254
e) Umwandlungstatbestände, insb. Verschmelzung	254
III. Das AG-Vorstandsmitglied im Konzernverbund	255
1. Dogmatik des Anstellungsverhältnisses mit dem Vorstandsmitglied	255
a) Allgemeine Grundsätze	255
aa) Weisungsfreiheit, § 76 Abs. 1 AktG	255
bb) Anstellungsverhältnis als Dienstverhältnis	256
cc) Sonderfall: Drittanstellung	256
b) Arbeitnehmereigenschaft des Vorstandsmitgliedes	256
aa) Grundsatz der fehlenden Arbeitnehmereigenschaft	256
bb) Auswirkungen der sog. „Danosa"-Entscheidung des EuGH	257
cc) Sozialrechtliche Behandlung des AG-Vorstandsmitglieds	257

c) Drittanstellung bei Vorstandsmitgliedern 258
    aa) Begriff der Drittanstellung/Praxisrelevanz im Konzern 258
    bb) Zulässigkeit der Drittanstellung im Aktienrecht 259
    cc) Arbeitsverhältnis im Drittanstellungsfall? 260
    dd) Kombination von Vorstands- mit Geschäftsführertätigkeit 261
    ee) Sonderfall: AG & Co. KG 261
d) Rechtswegzuständigkeit, § 5 Abs. 1 Satz 3 ArbGG 261
    aa) Grundsatz 261
    bb) Sonderfall Drittanstellung bzw. Beherrschung iSd § 308 AktG 262
    cc) Vereinbarung arbeitsgerichtlicher Zuständigkeit nach § 2 Abs. 4 ArbGG 262
2. Begründung des Anstellungsverhältnisses 262
  a) Zuständigkeit 262
    aa) Grundsatz der Zuständigkeit des Aufsichtsrates 262
    bb) Drittanstellungsfälle 262
    cc) Unterzeichnung des Anstellungsvertrages 263
  b) Form und Dauer des Anstellungsvertrages 263
    aa) Form und Aufhebung eines etwaig bestehenden Arbeitsverhältnisses 263
    bb) Dauer des Anstellungsverhältnisses 263
3. Inhalt des Anstellungsverhältnisses 264
  a) Rechte und Pflichten 264
  b) Geltung arbeitsrechtlicher Schutzvorschriften 264
  c) Vergütungsstruktur 264
    aa) Vergütungsbestandteile 265
    bb) Begrenzung der Vergütungshöhe nach dem AktG 265
      (1) Angemessenheit der Vergütung 265
      (2) Möglichkeit der (nachträglichen) Herabsetzung der Vorstandsvergütung nach § 87 Abs. 2 AktG 266
    cc) Drittbezug von anderer dritter (Konzern-)Gesellschaft 266
      (1) Zulässigkeit der Drittvergütung 266
      (2) Aktienprogramme 267
      (3) Erstattung im Binnenverhältnis/Steuerrechtliche Implikationen ... 267
      (4) Geltung von § 87 AktG im Drittanstellungsfall (§ 291 iVm § 308 AktG) 267
  d) Betriebliche Altersversorgung, § 17 BetrAVG 269
4. Nachvertragliche Restriktionen, insbesondere Wettbewerbsverbot 269
5. Beendigung des Dienstverhältnisses 269
  a) Grundsatz – Erfordernis eines wichtigen Grundes, § 84 AktG, § 626 BGB 269
  b) Trennungsprinzip/Kopplungsklauseln 270
  c) Kündigungsschutz, Reichweite des § 14 KSchG 270
  d) Umwandlungstatbestände, insb. Verschmelzung 270
6. Exkurs: Wechsel des Vorstandsmitgliedes in Aufsichtsrat 270

Abschnitt 4. Typische Sachverhalte bei nationalen Konzernen

A. Arbeitnehmerüberlassung, Entsendung in andere Konzernunternehmen 271
  I. Arbeitnehmerüberlassung im Konzern 271
    1. Abgrenzung zum Einsatz ohne Überlassungsvereinbarung 272
    2. Abgrenzung zum Einsatz aufgrund Dienst- oder Werkvertrag 273
    3. Abgrenzung zum Einsatz aufgrund Geschäftsbesorgungsvertrag 274
  II. Anwendung des AÜG im Konzern 275
    1. Konzernleihe nach § 1 Abs. 3 Nr. 2 AÜG 275
      a) Konzernbegriff des § 1 Abs. 3 Nr. 2 AÜG 275
        aa) Rechtlich selbständige Unternehmen 275
        bb) Einheitliche Leitung 276
      b) Rechtslage seit 1.12.2011 276
    2. Zustimmung des Arbeitnehmers/Einsatz im Rahmen von Konzernversetzungsklauseln 278

Inhaltsverzeichnis

3. Inhalt und Form des Überlassungsvertrages	280
4. Betriebliche Mitbestimmung bei der Einstellung von Leiharbeitnehmern	281
5. Betriebsverfassungsrechtliche und mitbestimmungsrechtliche Stellung des überlassenen Arbeitnehmers	282
6. Folgen bei Vorliegen des Konzernprivilegs	284
7. Folgen bei Nichtvorliegen des Konzernprivilegs	285
a) Folgen bei Vorliegen einer Arbeitnehmerüberlassungserlaubnis	285
b) Folgen bei Nichtvorliegen einer Arbeitnehmerüberlassungserlaubnis	285
III. Konzerninterne Überlassungsgesellschaften, Personaldienstleistungsgesellschaften	286
1. Aufgaben von Personaldienstleistungsgesellschaften	286
2. Rechtslage seit dem 1.12.2011	287
a) Erlaubnispflicht, „im Rahmen ihrer wirtschaftlichen Tätigkeit"	289
b) Vorübergehende Überlassung	290
c) Equal-Pay-Grundsatz	292
d) Einführung einer Lohnuntergrenze	294
e) Drehtürklausel	296
f) Informationspflichten des Entleihers	297
g) Zugang zu Gemeinschaftseinrichtungen	299
B. Datenschutz im Konzern	**302**
I. Grundlagen des Datenschutzes	302
1. Begriffsbestimmung	302
2. Europarechtliche Vorgaben	302
3. Verfassungsrechtliche Vorgaben	303
4. Einfach-gesetzliche Regelungen	304
a) BDSG	304
b) TKG/TMG	305
aa) Providereigenschaft des Arbeitgebers	305
bb) Abgrenzung TKG/TMG	305
(1) Alternative und kumulative Anwendung	305
(2) Begriffliche Unterscheidungen	306
c) Das TKG als Erlaubnistatbestand	306
aa) Anwendbarkeit des TKG	306
bb) Das Fernmeldegeheimnis	306
cc) Weitere Datenschutzvorschriften	308
d) Das TMG als Erlaubnistatbestand	309
5. Anwendung der allgemeinen Regeln auf Konzernsachverhalte	309
II. System des Datenschutzes im Arbeitsverhältnis	310
1. Erlaubnistatbestände des BDSG	310
a) § 32 BDSG	310
aa) Allgemeines	310
bb) Erforderlichkeit zur Begründung, Durchführung und Beendigung des Arbeitsverhältnisses	310
cc) Aufdeckung von Straftaten	310
dd) Verhinderung von Straftaten/Vertragsverstöße	311
ee) Verbliebene Anwendung von § 28 BDSG	311
b) Einwilligung	312
c) Erlaubnis durch Kollektivnorm	313
2. Arbeitnehmerrechte	314
3. Organisatorische Vorkehrungen des Arbeitgebers	314
a) Allgemeines	314
b) Beauftragter für den Datenschutz	314
aa) Rechtliche Stellung	314
bb) Kompetenzen/Pflichten	315
cc) Konzerndatenschutzbeauftragter	315
4. Folgen unerlaubter Datenverarbeitung durch den Arbeitgeber	316
a) Bußgeldvorschriften	316

b) Strafrechtliche Konsequenzen	317
aa) Persönliche Voraussetzungen	317
bb) Mögliche Straftaten	317
c) Zivilrechtliche Konsequenzen	318
d) Beweis- und Sachvortragsverwertungsverbote	319
III. Datenübermittlungen zwischen Konzernunternehmen	320
1. Allgemeines	320
a) Kein Konzernprivileg	320
b) Übermittlung von Daten innerhalb des Konzerns	320
aa) Abgrenzung Auftragsdatenverarbeitung – Funktionsübertragung	320
bb) Auftragsdatenverarbeitung	321
cc) Funktionsübertragung	321
(1) Übermittlung nach § 32 BDSG	321
(2) Übermittlung nach § 28 BDSG	322
(3) Konzernbetriebsvereinbarung	322
2. Beispielsfälle	322
a) Bewerbungsphase	322
b) Speicherung von Daten abgelehnter Bewerber („Bewerberdatenbank")	323
c) Übermittlung von Daten während des Beschäftigungsverhältnisses	324
d) Einsatz von Personalinformationssystemen	325
e) Einsatz von Personalakten	325
f) Erhebung und Verarbeitung von Gesundheitsdaten	326
g) Skill-Datenbank	327
h) Konzerneigene Servicegesellschaften/Shared Service Center	328
aa) Abgrenzung und Funktionsweise	328
bb) Beispiele	329
IV. Betriebsverfassungsrecht	330
1. Allgemeine Aufgaben der Arbeitnehmervertretungen	330
2. Verhältnis zum Datenschutzbeauftragten	330
3. Mitbestimmung in sozialen Angelegenheiten gemäß § 87 BetrVG	330
a) Nr. 1: Ordnungsverhalten	330
b) Nr. 6: technische Überwachungseinrichtungen	331
4. Mitbestimmung in personellen Angelegenheiten	331
5. Zuständigkeiten	332
C. Compliance und Arbeitsrecht im Konzern	**333**
I. Einleitung	333
II. Gesellschaftsrechtliche Aspekte der Compliance im Konzern	333
1. Begriff und rechtliche Bedeutung der Compliance	333
a) Begriff der Compliance	334
b) Typische Problemfelder der Compliance	335
c) Rechtsfolgen eines Verstoßes gegen Compliance	335
aa) Rechtsfolgen für die Gesellschaft	336
bb) Rechtsfolgen für die handelnden Organe	337
2. Compliance als Leitungsaufgabe im Konzern	338
a) Compliance-Pflicht gegenüber der „eigenen" Gesellschaft	338
b) Pflicht zur Errichtung eines Compliance-Systems gegenüber verbundenen Unternehmen?	340
3. Umsetzung einer konzernweiten Compliance-Organisation	341
a) Inhalt einer Compliance-Organisation	342
aa) Risikoanalyse unter Berücksichtigung der Konzernstrukturen	342
bb) Kompetenzzuweisung	343
cc) Verhaltensrichtlinien	344
dd) Information und Schulung der Mitarbeiter	344
ee) Informations- und Berichtsystem	344
ff) Whistleblowing	345
gg) Sanktionierung von Verstößen	345

Inhaltsverzeichnis

b) Compliance-Beauftragte als wesentlicher Bestandteil einer konzernweiten Compliance-Organisation	345
aa) Begriff und Aufgaben des Compliance Beauftragten	345
(1) Allgemeine Umschreibung der Aufgaben des Compliance-Beauftragten	345
(2) Aufgaben des Compliance-Beauftragten im Konzern	346
(3) Zusammenfassung der Aufgaben des Group-Compliance-Beauftragten	347
bb) Arbeitsrechtliche Stellung des Compliance-Beauftragten	348
(1) Auswahl des Compliance-Beauftragten	348
(2) Organisatorische Eingliederung des Compliance-Beauftragten	349
(3) Rechte und Pflichten des Compliance-Beauftragten	349
III. Arbeitsrechtliche Aspekte bei der Einführung von Compliance-Regelungen	350
1. Ausübung des Direktionsrechts	351
a) Begriff des Arbeitgebers	351
b) Inhalt des Direktionsrechts	352
aa) Konkretisierung der Hauptleistungspflicht	353
bb) Konkretisierung der Nebenleistungspflichten	353
cc) Beispiele für Verhaltensrichtlinien im Konzern	354
c) Grenzen des Direktionsrechts	358
aa) Erste Schranke: Keine anderweitige Regelung	358
bb) Zweite Schranke: Ausübung des Direktionsrechts nach billigem Ermessen	359
d) Mitbestimmungsrechte des Betriebsrats	360
e) Praktische Hinweise zur Ausübung des Direktionsrechts	361
2. Einzelvertragliche Regelung	362
a) Vor- und Nachteile einer einzelvertraglichen Regelung	362
b) Arbeitsvertragliche Ausgestaltung von Compliance-Klauseln	363
aa) Grenzen der vertraglichen Regelungsbefugnis	363
bb) Gestaltung von Compliance-Klauseln unter Berücksichtigung der §§ 305 ff. BGB	364
cc) Verweis auf Compliance-Regelungen außerhalb des Anstellungsvertrages	365
3. Kollektivrechtliche Einführung durch Betriebsvereinbarung	367
a) Die Betriebsvereinbarung als Gestaltungsmittel	367
aa) Gegenstand einer Konzernbetriebsvereinbarung	368
bb) Kollision zwischen Konzernbetriebsvereinbarungen und anderen Regelungsebenen	368
(1) Zusammentreffen mit individualvertraglichen Regelungen	369
(2) Zusammentreffen mit anderen Betriebsvereinbarungen	369
b) Zuständigkeit des Konzernbetriebsrats	370
aa) Gesetzliche Zuständigkeitszuweisung	370
bb) Mitbestimmung bei Nichtbestehen eines Konzernbetriebsrats	372
cc) Zweifel über die Zuständigkeit des richtigen Gremiums	373
c) Überblick über die Mitbestimmungsrechte im Einzelnen	373
aa) Regelung des Ordnungsverhaltens – § 87 Abs. 1 Nr. 1 BetrVG	374
bb) Einführung und Anwendung technischer Einrichtungen – § 87 Abs. 1 Nr. 6 BetrVG	376
IV. Zusammenfassung	376
D. Betriebliche Altersversorgung	**378**
I. Einleitung	378
II. Begründung, Unverfallbarkeit und Insolvenzschutz von Versorgungsrechten	378
1. Begründung von Versorgungsverpflichtungen durch andere Konzerngesellschaften	378
2. Gleichbehandlung im Konzern?	380
3. Unverfallbarkeit sowie Übergang von Versorgungsanwartschaften im Konzern	381

4. Schicksal von Versorgungsrechten bei Unternehmenstransaktionen	382
a) Allgemeines	383
b) Kollision mit Einzel-, Gesamt- oder Konzernbetriebsvereinbarung des Übernehmers bei Beibehaltung der Betriebsidentität	383
c) Kollision mit Einzel-, Gesamt- oder Konzernbetriebsvereinbarung des Übernehmers bei Verlust der Betriebsidentität	384
d) Besonderheiten bei Konzern-Versorgungseinrichtungen	384
5. Insolvenzschutz und Durchgriffshaftung im Konzern	385
III. Mitbestimmung bei der bAV im Konzern	386
1. Mitbestimmung bezogen auf die betriebliche Altersversorgung	386
2. Zuständigkeit des Konzernbetriebsrats versus des Gesamtbetriebsrats bzw. Betriebsrats	386
IV. Veränderung bzw. Verschlechterung von Versorgungsregelungen	387
1. Taugliches Abänderungsinstrument	387
a) Auf Einzel-, Gesamt- oder Konzernbetriebsvereinbarung beruhende Versorgung	388
b) Auf Tarifvertrag beruhende Versorgung	388
c) Auf individualrechtlicher Grundlage beruhende Versorgung	388
2. Einhaltung der Grundsätze des Vertrauensschutzes und der Verhältnismäßigkeit	390
V. Anpassung laufender Renten (Berechnungsdurchgriff im Konzern)	390

Teil II. Arbeitsrecht im grenzüberschreitenden Konzern

Abschnitt 1. Grenzüberschreitende Umstrukturierung

A. Grenzüberschreitender Betriebsübergang	393
I. Rechtsgrundlagen	394
1. Betriebsübergangsrichtlinie	394
2. § 613a BGB	395
II. Anwendbares Recht	395
1. Art. 1 Abs. 2 Betriebsübergangsrichtlinie	395
2. Territorialitätsprinzip	396
3. Internationales Privatrecht	397
a) Grundsatz der freien Rechtswahl	398
b) Einschränkungen der freien Rechtswahl	399
c) Objektives Arbeitsstatut	400
d) Anzuwendendes Recht für den Asset Deal	401
e) Anzuwendendes Recht für den Betriebsübergang	401
aa) Art. 9 und 21 Rom I-VO	401
bb) Bestimmung des Anknüpfungspunkts	402
(1) Vertragsstatut	402
(2) Betriebsort	403
(3) Arbeitsstatut	404
cc) Art. 8 Rom I-VO	405
4. BAG-Urteil vom 26.5.2011	406
III. Voraussetzungen eines grenzüberschreitenden Betriebsübergangs	408
IV. Individualrechtliche Folgen eines grenzüberschreitenden Betriebsübergangs	411
1. Übergang der Arbeitsverhältnisse	411
2. Unterrichtung und Widerspruch	413
a) Pflicht zur Unterrichtung der Arbeitnehmer	413
b) Widerspruchsrecht der Arbeitnehmer	415
3. Kündigungsverbot	416
a) Geltung des Kündigungsverbots im Ausland	416
b) Kündigung bei Betriebsverlagerung	417
4. Haftung des ausländischen Betriebserwerbers neben dem Betriebsveräußerer	419

V. Kollektivrechtliche Folgen eines grenzüberschreitenden Betriebsübergangs	419
1. Betriebsrat	419
2. Auswirkungen auf Tarifverträge und Betriebsvereinbarungen	421
a) Kollektivrechtliche Fortgeltung von Betriebsvereinbarungen bei Auslandsberührung	421
b) Kollektivrechtliche Fortgeltung von Tarifverträgen bei Auslandsberührung	422
aa) Verbandstarifverträge	422
bb) Firmentarifverträge	423
c) Transformation kollektivrechtlicher Normen	423
d) Kollektivvertragliche Ablösung fortgeltender Rechtsnormen	425
3. Unternehmensmitbestimmung	426
4. Europäischer Betriebsrat	427
VI. Sozialversicherungs- bzw. steuerrechtliche Folgen eines grenzüberschreitenden Betriebsübergangs	427
1. Sozialversicherungsrecht	427
2. Steuerrecht	428
VII. Zusammenfassung/Fazit	429
VIII. Betriebliche Altersversorgung beim grenzüberschreitenden Betriebsübergang	431
1. Übergang eines deutschen Betriebs von einem deutschen Veräußerer auf einen ausländischen Erwerber	431
a) Betriebsübergang ohne Betriebsverlagerung ins Ausland	431
aa) Individualrechtliche Versorgungszusagen	432
(1) Auswirkungen auf die Versorgungszusage	432
(2) Auswirkungen auf den Durchführungsweg	433
(3) Wechsel des Durchführungsweges und nachträgliche Rechtswahl	435
bb) Kollektivrechtliche Versorgungszusage	436
(1) Tarifvertrag	436
(2) Betriebsvereinbarung	438
cc) Insolvenzsicherung	439
dd) Versorgungszusagen nach ausländischem Recht	440
(1) Individualrechtliche Versorgungszusage	440
(2) Kollektivrechtliche Versorgungszusage	442
b) Betriebsübergang mit Betriebsverlagerung ins Ausland	442
aa) Individualrechtliche Versorgungszusage	444
bb) Kollektivrechtliche Versorgungszusage	446
cc) Insolvenzsicherung	447
dd) Verzicht und Erlass von Versorgungszusagen	448
ee) Versorgungszusagen nach ausländischem Recht	449
2. Übergang eines deutschen Betriebs von einem ausländischen Veräußerer auf einen deutschen Erwerber	449
3. Übergang eines ausländischen Betriebs von einem ausländischen Veräußerer auf einen deutschen Erwerber	451
a) Betriebsübergang ohne Betriebsverlagerung nach Deutschland	451
b) Betriebsübergang mit Betriebsverlagerung nach Deutschland	452
4. Grenzüberschreitende Verschmelzung und SE-Gründung	453
B. Auslandsgesellschaften im Konzern	456
I. Holding im Ausland	456
1. Keine Zurechnung zur Auslandsgesellschaft	456
2. Abschluss von Beherrschungsverträgen	456
II. Mitbestimmung in ausländischen Tochtergesellschaften und Betriebsstätten	457
C. Ersetzung einer deutschen Komplementärgesellschaft	459
D. Grenzüberschreitende Sitzverlegung	460
I. Sitzverlegung in das Inland	460
1. Entwicklung der Rechtsprechung	460

2. Anwendbarkeit des deutschen Mitbestimmungsrechts		461
II. Sitzverlegung in das Ausland		462

E. Grenzüberschreitende Verschmelzung ... 464
    I. Verschmelzung ... 464
    II. Gesetzliche Grundlagen ... 464
    III. Folgen einer grenzüberschreitenden Verschmelzung ... 465
        1. Hereinverschmelzung auf eine deutsche Gesellschaft ... 465
            a) Bildung des BVG ... 465
            b) Verhandlung ... 466
            c) Mitbestimmung kraft Vereinbarung ... 466
            d) Mitbestimmung kraft Gesetzes ... 466
        2. Herausverschmelzung auf eine ausländische Gesellschaft ... 468

F. Arbeitnehmerbeteiligung bei grenzüberschreitenden Umstrukturierungen .. 469
    I. Mitbestimmungsrechte ... 469
        1. Betriebsrat ... 469
        2. Wirtschaftsausschuss ... 469
    II. Beibehaltung der Mitbestimmung ... 470
    III. Sonstige Beteiligungsrechte ... 470

G. Schicksal der Arbeitnehmervertretungen ... 472
    I. Betriebsrat und Wirtschaftsausschuss ... 472
    II. Gesamtbetriebsrat ... 472
    III. Konzernbetriebsrat ... 473

H. Societas Europaea ... 474
    I. Einleitung ... 474
    II. Rechtsgrundlage für die Arbeitnehmerbeteiligung in der SE ... 474
    III. Begriff und Organisation ... 474
        1. Definition und Begriffsmerkmale der SE ... 474
        2. Organe der SE ... 475
        3. Gründungsformen ... 475
            a) Verschmelzung von Aktiengesellschaften ... 476
            b) Errichtung einer Holding-Gesellschaft ... 476
            c) Errichtung einer gemeinsamen Tochtergesellschaft ... 477
            d) Umwandlung in eine SE ... 477
            e) Beteiligung von Gesellschaften außerhalb der EU/EWR am Gründungsvorgang ... 477
    IV. Arbeitnehmerbeteiligung aufgrund Vereinbarung ... 477
        1. Ausgangssituation in den Mitgliedstaaten ... 477
        2. Nationale Umsetzung und Grundprinzipien ... 478
        3. Das besondere Verhandlungsgremium ... 478
            a) Notwendigkeit der Bildung des besonderen Verhandlungsgremiums ... 478
            b) Zusammensetzung und Größe des BVG ... 481
            c) Die Wahl des BVG ... 482
                aa) Wahlverfahren ... 482
                bb) Wahlvorschläge von Gewerkschaftsvertretern und leitenden Angestellten ... 483
                cc) Rechtsbehelfe gegen die Wahl ... 483
            d) Rechte und Pflichten des BVG ... 483
            e) Kosten des BVG ... 484
        4. Vereinbarung über die Arbeitnehmerbeteiligung ... 484
            a) Grundsätze ... 484
            b) Beschlussfassung über eine Vereinbarung der Arbeitnehmerbeteiligung 484
            c) Inhalt der Vereinbarung über die Beteiligung der Arbeitnehmer ... 485
            d) Dauer der Verhandlungen und deren Scheitern ... 487

e) Nichtaufnahme der Verhandlungen bzw. deren Abbruch	487
f) Wiederaufnahme der Verhandlungen	487
V. Gesetzliche Auffangregelung	487
1. Grundsätze	487
2. Errichtung eines SE-Betriebsrates	488
a) Zuständigkeiten des SE-Betriebsrates	488
b) Jährliche Unterrichtungs- und Anhörungspflicht	489
c) Unterrichtung und Anhörung über außergewöhnliche Umstände	489
d) Verzicht auf Unterrichtungs- und Anhörungsrechte	489
e) Kosten des SE-Betriebsrates	490
3. Unternehmensmitbestimmung	490
a) Regelungsgehalt und Anwendbarkeit	490
b) Umfang der Mitbestimmung	491
c) Voraussetzungen der Mitbestimmung kraft Gesetzes	491
aa) Mitbestimmung kraft Gesetzes bei Umwandlung	491
bb) Mitbestimmung kraft Gesetzes bei Verschmelzung	492
cc) Mitbestimmung kraft Gesetzes bei Errichtung einer Holding-SE oder Tochter-SE	493
d) Mitbestimmung im Verwaltungs- oder Aufsichtsorgan	493
VI. Sitzverlegung der SE	494
VII. Strukturelle Änderungen in der SE	495
VIII. Vorrats-SE	497
IX. Missbrauchsverbot	498

Abschnitt 2. Kollektives Arbeitsrecht

A. Betriebliche Mitbestimmung	499
I. Territorialprinzip des Betriebsverfassungsgesetzes	499
II. Inländische Arbeitgeber mit Betrieben im Ausland	500
1. Zuordnung von im Ausland tätigen Arbeitnehmern zu Betrieben im Inland	500
a) Grundsatz: Keine Anwendbarkeit des BetrVG	500
b) Ausnahme: Ausstrahlungsfälle	500
2. Errichtung betriebsverfassungsrechtlicher Organe	502
a) Kein Betriebsrat im ausländischen Betrieb	502
b) Errichtung eines Gesamtbetriebsrates	502
c) Bildung eines Wirtschaftsausschusses	503
d) Errichtung eines Konzernbetriebsrats	504
3. Inhalt der betrieblichen Mitbestimmung	505
a) Ansprechpartner betriebsverfassungsrechtlicher Vertretungsorgane auf Arbeitgeberseite	505
b) Umfang der Mitbestimmung	506
aa) Betriebsrat	506
bb) Gesamtbetriebsrat	507
cc) Wirtschaftsausschuss	507
dd) Konzernbetriebsrat	507
4. Weitere betriebsverfassungsrechtliche Rechte	508
5. Abweichendes Arbeitsstatut	509
III. Ausländische Arbeitgeber mit Betrieben im Inland	509
1. Zuordnung von Arbeitnehmern	509
2. Bildung betriebsverfassungsrechtlicher Organe	510
a) Bildung eines Betriebsrates	510
b) Bildung eines Gesamtbetriebsrates	510
c) Bildung eines Wirtschaftsausschusses	510
d) Bildung eines Konzernbetriebsrates	511
3. Inhalt der betrieblichen Mitbestimmung	512
a) Ansprechpartner betriebsverfassungsrechtlicher Vertretungsorgane auf AG-Seite	512
b) Umfang der Mitbestimmung	512

IV. Ausländische Arbeitgeber mit Betrieben im Ausland 512
V. Vertretung der Arbeitnehmer im grenzüberschreitenden Gemeinschaftsunternehmen (sog. Joint Ventures) 512
  1. Errichtung eines Konzernbetriebsrates 513
  2. Inhalt der betrieblichen Mitbestimmung 513
VI. Sonstige grenzüberschreitende Gremien der Arbeitnehmervertretung 514
  1. Europäischer Betriebsrat 514
  2. Weltbetriebsräte 514
  3. Gremien nach § 3 BetrVG 515

B. Europäischer Betriebsrat 518
  I. Einleitung 518
  II. Historie 518
    1. Die EBR-Richtlinie 2009 519
      a) Die neue EBR-Richtlinie 519
      b) Die wichtigsten Änderungen 519
  III. Geltungsbereich des EBRG 520
    1. Erfasste Unternehmen 520
      a) Gemeinschaftsweit tätige Unternehmen und Unternehmensgruppen 520
      b) Sitz des herrschenden Unternehmens maßgeblich 522
        aa) Sitz in einem Mitgliedstaat 522
        bb) Sitz in Drittstaaten 522
          (1) Nachgeordnete Leitung („Europazentrale") 522
          (2) Subsidiär: Benannter Vertreter oder größtes Unternehmen 523
    2. Geltung für Arbeitnehmer 523
  IV. Bildung eines EBR 524
    1. EBR-Vereinbarung 524
      a) Zentrale Leitung 526
      b) Besonderes Verhandlungsgremium 526
        aa) Vorbereitender Auskunftsanspruch 526
        bb) Bildung des besonderen Verhandlungsgremiums 528
        cc) Zusammensetzung 529
        dd) Konstituierende Sitzung 531
        ee) Amtszeit 531
        ff) Kosten und Sachaufwand des besonderen Verhandlungsgremiums 532
      c) Verhandlungen 533
        aa) Informationspflicht 533
        bb) Mögliche Verhandlungsergebnisse 533
      d) Freiwillige Vereinbarung nach § 18 EBRG 533
        aa) Erfasste Betriebe 534
        bb) Anwendbares Recht 534
        cc) Zusammensetzung und Mandatsdauer des EBR 535
        dd) Sitzungen des EBR 536
        ee) Beteiligung des EBR 536
          (1) Art und Weise der Unterrichtung 537
          (2) Zeitpunkt der Unterrichtung 537
        ff) Ordentliche Sitzung 539
        gg) Außergewöhnliche Umstände 539
        hh) Geschäftsführender Ausschuss 540
        ii) Finanzielle und sachliche Mittel 541
        jj) Schulungen 541
        kk) Geltungsdauer 541
        ll) Wesentliche strukturelle Veränderungen 542
      e) Bestandsschutz bereits geschlossener Vereinbarungen 543
    2. Vereinbarung über ein Verfahren zur Unterrichtung und Anhörung nach § 19 EBRG 545

V. Rechtsfolge bei Nichtbeteiligung des EBR	545
1. Bußgeld	545
2. Streikrecht	545
3. Unterlassungsanspruch des EBR	546
VI. Grundsätze der Zusammenarbeit und Vertraulichkeit	547
VII. Schutz der Mitarbeitervertreter	548
VIII. Gerichtliche Auseinandersetzungen mit EBR	548
IX. Delegation von Rechten auf EBR nicht möglich	548
C. Tarifrecht im grenzüberschreitenden Konzern	**550**
I. Einleitung – Herausforderungen und Gestaltungsmöglichkeiten für Konzerne	550
1. Ausgangspunkt: Der Wunsch nach einheitlichen Regelungen	550
2. Transnational Collective Agreements als Instrument der Regelung konzerneinheitlicher Fragestellungen	550
3. Darstellung der Entwicklung und Ausblick	551
II. Konzernweite Tarifverträge: Definitionen und Beispiele	552
1. Definitionen	552
a) Grenzüberschreitender Konzern	552
b) Konzerntarifvertrag bzw. TCAs	552
c) Abgrenzung zu einem grenzüberschreitenden Branchen-Tarifvertrag	552
2. Regelungsmaterien eines TCA	553
3. Beispiele	553
a) Siemens AG	553
b) Schwan-Stabilo	555
c) Andere Länder	556
III. Tarifvertrag – unterschiedliches Verständnis auf nationaler Ebene	557
1. Deutsches Recht	557
2. Anglo-Amerikanisches Recht	557
3. Kontinentaleuropäisches Verständnis	558
4. Zusammenfassung	558
IV. Europäisches Tarifrecht	558
1. Fehlende Regelungen nach EU-Recht	558
2. Andere Rechtsgrundlagen	559
a) Sozialpartnervereinbarungen auf Basis von Art. 155 AEUV	559
b) EU-Grundrechtecharta der Europäischen Kommission	560
c) EMRK	560
d) Zusammenfassung	560
3. Weitere Entwicklung auf europäischer Ebene	560
V. Internationales Tarifrecht	561
VI. Grenzüberschreitende Gestaltungsmöglichkeiten für Konzerne	562
1. Ziel: Vereinheitlichung der Regeln im Konzern	562
2. Problemstellung: Nationalstaatlich unterschiedliche Prägung des Tarifvertragsrechts	562
3. Wesen des TCAs	563
4. Anwendbares Recht für einen Konzerntarifvertrag und denkbare Anknüpfungspunkte	563
a) Konzernmuttergesellschaft	564
b) Tochterunternehmen als Arbeitgeber	564
c) Beschäftigungsort des Arbeitnehmers, Arbeitsvertragsstatut	564
d) Zusammenfassung	564
5. Denkbare Umsetzung von konzernweit gültigen Regelungen	564
a) Ein Tarifvertrag für den Konzern	564
b) Mehrgliedriger Konzerntarifvertrag	565
aa) Eigenständige Umsetzung auf nationaler Ebene	565
bb) Umsetzung durch Beitritt zum Konzerntarifvertrag	565
c) Grenzen der Tarifautonomie: zwingendes nationales Recht	565

	6. Zusammenfassung und Empfehlungen	566
VII.	Fazit	566

D. Arbeitskampf und Arbeitskampfrecht 568
    I. Einleitung 568
    II. Beispiele 568
        1. Entscheidungen des EUGH aus dem Jahr 2007 568
            a) Ausgangssachverhalt: Viking 568
            b) Ausgangssachverhalt: Laval 568
            c) Entscheidung des EUGH 569
        2. Rechtsprechung auf nationaler Ebene 569
    III. Aktuelle Entwicklungen 569
        1. Global Union Campaigns 569
        2. „Name-and-shame"-Kampagnen 570
    IV. Grenzüberschreitende Arbeitskampfmittel 570
    V. Arbeitskampfort 571
    VI. Besonderheiten des Arbeitskampfs im Konzern 571
        1. Konzernweite Streiks für eigene Ziele 571
        2. Konzernweite Sympathiestreiks 572
        3. Konzernauswirkung von Arbeitskämpfen 572
    VII. Ausländische Arbeitskampfparteien 573
        1. Arbeitskampfparteien 573
        2. Abweichende Anspruchsteller und Anspruchsgegner 574
    VIII. Europäisches Arbeitskampfrecht 574
        1. Keine ausdrücklichen Regelungen im Primär- bzw. Sekundärrecht 574
        2. Aktuelle Entwicklungen und Auswirkungen auf das Arbeitskampfrecht 574
        3. Ausblick 576
    IX. Ausblick für die Praxis 576
        1. Derzeitige Herausforderungen 576
        2. Entwicklung einer Global Labor Strategie 577

Abschnitt 3. Arbeits- und Dienstverhältnisse im internationalen Konzern

A. Anwendbares Recht und Rechtswahl 579
    I. Internationales Individualarbeitsrecht 579
        1. Anwendbare Rechtsnormen 579
        2. Anwendungsbereich 579
            a) Räumlicher Anwendungsbereich 579
            b) Inhaltlicher Anwendungsbereich 580
    II. Ermittlung des objektiven Arbeitsvertragsstatut bei fehlender Rechtswahl 581
        1. Ort der Verrichtung der Arbeit (Art. 8 Abs. 2 Rom I-VO) 581
            a) Gewöhnlicher Arbeitsort 581
            b) Vorübergehende Entsendung/Arbeitsverhältnisse in Matrixstrukturen 583
        2. Ort der Niederlassung (Art. 8 Abs. 3 Rom I-VO) 585
            a) Begriff der Niederlassung 585
            b) Einstellung des Arbeitnehmers 586
        3. Ausnahme: Engere Verbindung zu einem anderen Staat 586
            a) Funktion 586
            b) Begriff der „engeren Verbindung" 587
            c) Gesamtheit der Umstände/Engere Verbindung 588
        4. Sonderfälle bei der objektiven Bestimmung der anwendbaren Rechtswahl ... 589
            a) Fliegendes Personal 589
            b) Schiffsbesatzung 590
            c) Sonstige 591
    III. Rechtswahl 591
        1. Vereinbarung über anwendbares Recht 591
            a) Allgemeiner Grundsatz der Privatautonomie 592

	b) Rechtswahlfreiheit im Arbeitsrecht	592
	c) Bestimmung der Rechtswahl durch Tarifvertrag?	593
	d) Konkludente Rechtswahl	594
	2. Beschränkung der Rechtswahl	595
	a) Günstigkeitsvergleich – Art. 8 Abs. 1 S. 2 Rom I-VO	595
	b) Eingriffsnormen	597
	c) Verhältnis von Eingriffsnormen zum Günstigkeitsprinzip	600
	d) Ordre Public, Art. 21 Rom I-VO	601
	e) Arbeitsverhältnis ohne Auslandsberührung (Art. 3 Abs. 3 Rom I-VO)	602
	3. Rechtswahlvereinbarungen und „Konzern"-Klauseln/Formularverträge	604
	a) Wirksamkeit	604
	b) Geschäftsfähigkeit	605
	c) Rechtswahlvereinbarung durch arbeitgeberseitige AGB	605
	d) Form	606
IV.	Anwendung einer ausländischen Rechtsordnung	607

B. Gerichtsstand (EuGVVO) 608

I.	EuGVVO („Brüssel I-VO")	608
	1. Vorbemerkungen	608
	2. Anwendungsbereich	608
	a) Territorial	608
	b) Sachlich	608
	3. Verhältnis zu nationalem Recht	609
	4. Verhältnis zu internationalem Recht	609
	a) EuGVÜ, LugÜ	609
	b) EG-VOen	610
	c) Staatsverträge	610
	5. Auslegung	610
II.	Gerichtsstände des internationalen Arbeitsrechts	610
	1. Allgemeines	610
	2. Anwendungsbereich	611
	3. Systematik der Art. 18–21 EuGVVO	612
	a) Wohnsitzfiktion (Art. 18 Abs. 2 EuGVVO)	613
	b) Arbeitgebergerichtsstand (Art. 19 EuGVVO)	613
	aa) Gewöhnlicher Arbeitsort (Art. 19 Nr. 2 lit. a EuGVVO)	614
	bb) Niederlassung (Art. 19 Nr. 2 lit. b EuGVVO)	615
	c) Arbeitnehmergerichtsstand (Art. 20 EuGVVO)	616
	4. Gerichtsstandsvereinbarung (Art. 21 EuGVVO)	616
	a) Allgemeines	616
	b) Zulässigkeit von Gerichtsstandsvereinbarungen in Arbeitsverträgen	617

C. Das Arbeitsverhältnis im grenzüberschreitenden Konzern 619

I.	Der grenzüberschreitende Arbeitgeber	619
	1. Klassisches Arbeitsverhältnis	619
	2. Arbeitsverhältnis in grenzüberschreitenden Matrixstrukturen	619
	a) Fachliches und disziplinarisches Weisungsrecht	620
	b) Vertragliche Konstruktionen	620
	aa) Modifiziertes Arbeitsverhältnis/Delegiertes Weisungsrecht	620
	bb) Einheitliches Arbeitsverhältnis	621
	cc) Doppelarbeitsverhältnis	622
	c) Arbeitsvertragliche Maßnahmen	623
	d) Rechtswahl	624
	e) Gerichtsstand	625
	3. Beschäftigung über eine Zweigniederlassung	625
	a) Einführung	625
	b) Vertragsparteien	625
	c) Arbeitsstatut und Rechtswahl	626

	d) Vertretung bei Beendigung des Arbeitsverhältnisses	627
	aa) Berechtigung zur Kündigung	627
	bb) Bevollmächtigter Vertreter der Zweigniederlassung	628
	e) Prozessuale Aspekte	629
	aa) Passivlegitimation	629
	bb) Gerichtsstand	629
	4. Arbeitgeber ohne Niederlassung in Deutschland	629
II.	Besondere Vertragspflichten	630
	1. Nachvertragliches Wettbewerbsverbot	630
	a) Relevante Bezugsgröße	630
	b) Zulässiger räumlicher Umfang	631
	c) Zwingendes Recht bei fehlender bzw. ausländischer Rechtswahl (EGBGB/Rom I-VO)	633
	d) Grenzüberschreitende Durchsetzung nachvertraglicher Wettbewerbsverbote	636
	2. Betriebliche Übung	637
	3. Grenzüberschreitende Gleichbehandlung	638
	4. Status des leitenden Angestellten	640
	a) Einleitung	640
	b) Die Übernahme leitender Aufgaben im Ausland	641
	aa) Betriebsverfassungsrechtliche Konsequenzen der leitenden Stellung im Ausland	643
	bb) Kündigungsschutzrechtliche Konsequenzen der leitenden Stellung im Ausland	646
	cc) Arbeitszeit bei einer leitenden Stellung im Ausland	647
	c) Einsatz Leitender Angestellter in nicht leitenden Funktionen im Ausland	647
	5. Arbeitnehmererfindungen	648
	a) Sonderkonstellationen in grenzüberschreitenden Konzernen	649
	b) Anwendbares Arbeitnehmererfindungsrecht	649
	c) Bündelung in einer Konzernobergesellschaft	651
III.	Konzernweite Sozialleistungen	651
	1. Grenzüberschreitende Aktienoptionssysteme	652
	a) Einleitung	652
	b) Aktienoptionen und Aktienoptionspläne	652
	c) Aktienoptionen ausgebendes Unternehmen	654
	d) Rechtswahlklauseln	656
	e) Gerichtsstand/Rechtsweg	658
	f) Verfallklauseln	659
	g) Haltefristen	660
	h) Sonderfall: Betriebsübergang gemäß § 613a BGB	661
	i) Wettbewerbsrechtliche Aspekte im Zusammenhang mit der Gewährung von Aktienoptionen	663
	j) Betriebsverfassungsrechtliche Aspekte	666
	2. Sonstige Sozialleistungen	668
	a) Variable Vergütung/Bonuszahlungen	668
	b) Versicherungen	669
IV.	Kündigungsschutz	670
	1. Kündigungsschutz im grenzüberschreitenden Konzern	670
	a) Anwendbarkeit des KSchG nach Grundsätzen des Internationalen Privatrechts?	671
	aa) Ausdrückliche Rechtswahl	671
	bb) Keine Rechtswahl	672
	cc) Folgen für Sachverhalte in grenzüberschreitenden Strukturen	672
	b) Bestimmung der Schwellenwerte	673
	c) Im grenzüberschreitenden Gemeinschaftsbetrieb	674
	2. Unternehmerische Entscheidung	674
	3. Weiterbeschäftigung im Ausland	675

4. Besonderheiten in der grenzüberschreitenden Matrixstruktur 675
   a) Kündigender Arbeitgeber 675
   b) Sozialauswahl 676
      aa) Variante 1: Eingliederung in den Vertragsbetrieb 676
      bb) Variante 2: Keine Eingliederung in den Vertragsbetrieb 676
   c) Weiterbeschäftigungsmöglichkeiten im ausländischen Unternehmen 677
      aa) Grundsatz: Unternehmensbezug 677
      bb) Ausnahme: Konzernbezug 677

D. Entsendung von Arbeitnehmern ins Ausland 679
I. Einführung 679
II. Arbeitsrechtliche Aspekte unter Berücksichtigung von sozial- und steuerrechtlichen Aspekten 680
1. Arbeitnehmerentsendegesetz 680
2. Arbeitsvertragliche Gestaltungsformen einer Entsendung 681
   a) Fortbestehende Aktivität des nationalen Arbeitsverhältnisses 681
      aa) Kollisionsrechtliche Aspekte 682
      bb) Sozialversicherungsrechtliche Aspekte dieser Gestaltung 682
   b) Entsendevereinbarung und Auslandsarbeitsverhältnis 683
      aa) Kollisionsrechtliche Aspekte 683
      bb) Sozialversicherungsrechtliche Aspekte dieser Gestaltung 683
   c) Gemeinsame steuerrechtliche Aspekte der zwei Gestaltungen 684
   d) Betriebliche Altersversorgung während des Entsendungszeitraumes 685
3. Kollektivarbeitsrechtliche Aspekte der Entsendung 685
   a) Mitbestimmung des deutschen Betriebsrats 686
   b) Beteiligung des Sprecherausschusses 686
   c) Status des leitenden Angestellten während und nach der Entsendung 687
4. Ausgewählte Pflichten des Arbeitgebers in der Vorbereitung 689
   a) Fürsorgepflicht des Arbeitgebers im Allgemeinen 689
      aa) Pflichtenbegründung 689
      bb) Einzelne Fürsorgepflichten vor, während und nach der Entsendung .. 690
         (1) Gesundheitliche Eignung 690
         (2) Vorbereitende Informations- und Hinweispflichten 690
         (3) Versicherungen 691
         (4) Sicherheitshinweise 691
         (5) Rückkehr 691
   b) Hinweispflichten in Bezug auf steuerrechtliche Regelungen und daraus resultierende Compliance-Aspekte 692
   c) Hinweispflichten bei der Kranken- und der Rentenversicherung 693
5. Pflichten des Arbeitnehmers in der Vorbereitung 694
6. Weitere praxisrelevante Sachverhalte 695
   a) Direktionsrecht 695
   b) Erkrankung des Arbeitnehmers 696
   c) Tätigkeitsänderungen 697
   d) (Vorzeitige) Beendigung der Entsendung/des Arbeitsverhältnisses 697
   e) Personelle Einzelmaßnahmen 698
   f) Betriebsübergang beim entsendenden Unternehmen 699
   g) Finanzieller Ausgleich bei Mehraufwendungen 700
   h) Arbeitnehmerhaftung 701

III. Personalpolitische Aspekte 701
1. Vorbereitung der Entsendung 701
   a) Auswahl der Arbeitnehmer 701
   b) Vorbereitung ausgewählter Arbeitnehmer 702
2. Vergütung und Nebenleistungen 703
3. Rückkehr, insbesondere Anschlussbeschäftigung 704
4. Lokalisierung 705

IV. Zusammenfassung 706

E. Arbeitsverhältnis ohne Gesellschaft, Niederlassung oder Betriebsstätte in Deutschland 707

I. Grenzüberschreitendes Arbeitsrecht 707
   1. Ausländerrecht 707
   2. General Agreement on Trade in Services (GATS) 707
   3. Gesetzesänderung im Ausländerrecht 709

II. Grenzüberschreitendes Sozialrecht 710

III. Grenzüberschreitendes Steuerrecht 711
   1. Allgemeines 711
   2. Betriebsstätte 711
   3. Steuerschuldner, Einbehaltungspflicht und Übertragung lohnsteuerrechtlicher Pflichten auf Dritte 712

F. Beschäftigung von ausländischen Arbeitnehmern 713

I. Einreise, Aufenthalt und Erwerbstätigkeit 713
   1. Aufenthaltstitel für ausländische Staatsbürger 714
      a) Staatsangehörige der EU-Altstaaten, der zum 1.4.2004 sowie zum 1.1.2007 der EU beigetretenen Staaten sowie Island, Liechtenstein und Norwegen 714
      b) Kroatische Staatsangehörige 715
      c) Türkische Staatsangehörige 715
      d) Schweizer Staatsangehörige 716
      e) Staatsangehörige aus Drittstaaten 716
   2. Allgemeine Voraussetzungen für die Erteilung eines Aufenthaltstitels 716
      a) Regelvoraussetzungen 717
      b) Zwingende Erteilungsvoraussetzungen 717
   3. Visum 717
      a) Schengen-Visum 718
      b) Nationales Visum 718
   4. Aufenthaltserlaubnis 719
      a) Aufenthalt zum Zwecke der Beschäftigung (§ 18 AufenthG) 719
         aa) Zustimmungsfreie Beschäftigungen 720
         bb) Zustimmungsverfahren 721
         cc) Arbeitsmarktprüfung 721
      b) Aufenthaltserlaubnis zum Zweck der Beschäftigung für qualifizierte Geduldete (§ 18a AufenthG) 722
      c) Blaue Karte EU (§ 19a AufenthG) 722
      d) Aufenthaltserlaubnis zum Zwecke der Forschung (§ 20 AufenthG) 723
      e) Aufenthaltserlaubnis zum Zweck der Ausbildung (§§ 16, 17 AufenthG) .. 724
   5. Niederlassungserlaubnis 724
      a) Niederlassungserlaubnis für Absolventen deutscher Hochschulen (§ 18b AufenthG) 725
      b) Niederlassungserlaubnis für Hochqualifizierte (§ 19 AufenthG) 725
      c) Niederlassungserlaubnis bei mittlerer Qualifikation 726
   6. Erlaubnis zum Daueraufenthalt-EU 726
   7. Aufenthalt aus familiären Gründen (§§ 27–36 AufenthG) 727
      a) Ehegatten (§ 30 AufenthG) 728
      b) Kinder (§ 32 AufenthG) 728

II. Einholung, Verlängerung und Beendigung des Aufenthaltstitels 729
   1. Antragsverfahren und Ausnahmen 729
   2. Verlängerung der Aufenthaltserlaubnis/Wechsel des Aufenthaltszwecks 731
   3. Beendigung des Aufenthalts 731

III. Illegale Beschäftigung 731

G. Besonderheiten der Organverhältnisse im internationalen Konzern 734

I. Der Geschäftsführer im internationalen Konzern 734
   1. Die Organisationsstrukturen im (internationalen) Konzern 734

Inhaltsverzeichnis

2. Gestaltungsformen der Organstellung in einem Konzernverbund aus organisatorischer Sicht 735
   a) Die Organisationsstruktur des Konzern bestimmt die Gestaltung der Organstellung 735
      aa) „Klassische" Organstellung bei einer konzernangehörigen Gesellschaft ... 735
      bb) Der Geschäftsführer als „Plant-Manager" 735
      cc) Die Spartenorganisation 735
      dd) Mehrere Geschäftsführerpositionen in Personalunion 735
   b) Abgrenzung der Organstellung zur Arbeitnehmerfunktion 736
3. Gestaltung der Organstellung im Hinblick auf den Anstellungsvertrag 737
   a) Geschäftsführer eines abhängigen Konzernunternehmens 737
   b) Geschäftsführer mit weiteren Geschäftsführungsämtern 737
   c) Leitender Angestellter des herrschenden Unternehmens mit weiteren Geschäftsführungsämtern 739
   d) Entsendung eines Arbeitnehmers des herrschenden Unternehmens in ein Geschäftsführungsamt bei einer ausländischen Tochtergesellschaft ... 740
4. Tätigkeit im Ausland 741
   a) Vertragliche Gestaltung des Auslandseinsatzes 741
      aa) Vorliegen einer Auslandsentsendung 741
      bb) Vertragliche Modelle des Auslandseinsatzes 743
         (1) Einvertragsmodell 743
         (2) Zweivertragsmodell 743
         (3) Übertrittsmodell 744
   b) Bestimmung des anwendbaren Rechts 744
      aa) Rechtswahlfreiheit 745
      bb) Recht des Staates, zu dem die engsten Verbindungen bestehen ... 745
      cc) Anwendung zwingender Bestimmungen 746
      dd) Gesellschaftsstatut 746
   c) Steuer- und sozialversicherungsrechtliche Regeln bei Auslandsentsendung 747
      aa) Steuerrechtliche Regelungen 748
      bb) Sozialversicherungsrechtliche Gestaltungsformen 748
   d) Fehlverhalten im Entsendestatus mit Auslandsbezug 748
      aa) Anwendbarkeit des deutschen Betriebsverfassungsgesetzes 749
      bb) Anwendbarkeit des deutschen Kündigungsschutzgesetzes 750
      cc) Geschäftsführer einer ausländischen konzernangehörigen Gesellschaft als leitender Angestellte des entsendenden deutschen Mutterunternehmens? 750
         (1) Leitenden-Eigenschaft nach BetrVG 750
         (2) Leitenden-Eigenschaft nach KSchG 751
      dd) Durchschlagen der Kündigungsgründe auf das (ruhende) Arbeitsverhältnis in der entsendenden Konzerngesellschaft? 751
   e) Haftung von Geschäftsführern in internationalen Konzernen 752
      aa) Haftung des Geschäftsführers in Matrixstrukturen 752
      bb) Möglichkeiten der Haftungsbegrenzung 753
         (1) Freistellungsklausel gegenüber der Anstellungsgesellschaft ... 754
         (2) Freistellung gegenüber anderen Konzernunternehmen 755
         (3) D&O-Versicherung 755
         (4) Möglichkeiten der Haftungsbeschränkung durch Veränderung der tatsächlichen Organisationsstruktur 755

II. Der Vorstand im internationalen Konzern 756
  1. Gesellschaftsstatut 756
  2. Anstellungsvertrag 757
   a) Vorstand einer konzernangehörigen Tochtergesellschaft 757
   b) Vorstandsmitglied der Konzernobergesellschaft mit weiteren Vorstandspositionen in konzernangehörigen Gesellschaften 757
   c) Leitender Angestellter der Konzernobergesellschaft als Vorstand einer konzernangehörigen Gesellschaft 758

3. Anwendung des maßgeblichen Rechts	760
a) Rechtswahlfreiheit	760
b) Anwendung zwingender Bestimmungen	761
4. Steuer- und sozialversicherungsrechtliche Regeln bei Auslandsentsendung	761
a) Sozialversicherungsrechtliche Regelungen	761
b) Steuerrechtliche Regelungen	763
5. Weisungsrechte der Konzernobergesellschaft	763

Abschnitt 4. Typische Sachverhalte bei internationalen Konzernen

A. Datenschutz im grenzüberschreitenden Konzern	**765**
I. Einleitung	765
II. Datentransfer im Konzern	765
III. Grenzüberschreitender Datentransfer	765
1. Anwendungsbereich des Bundesdatenschutzgesetzes (BDSG)	765
2. Der Transfer von Arbeitnehmerdaten ins Ausland	766
a) Datentransfer innerhalb der EU/des EWR und in anerkannte Staaten	766
b) Datentransfer außerhalb der EU/des EWR	767
aa) EU-Standardvertragsklauseln	767
bb) Code of Conduct/Binding Corporate Rules	772
cc) Einwilligung	775
dd) Safe Harbor (für Unternehmen in den USA)	776
3. Datentransfer und Due Diligence	777
4. US- E-Discovery vs. Datenschutz	779
a) Datentransfer zur Geltendmachung, Ausübung oder Verteidigung von Rechtsansprüchen vor Gericht	780
b) Kritik der Literatur und völkerrechtlicher Hintergrund	780
c) Erforderlichkeit der Datenübertragung	781
5. „Betriebsverfassungsrechtliche Frage" beim Auslandsdatentransfer	781
a) Kontrollrecht des Betriebsrats	781
b) Auslandstransfer	782
c) Verhältnis zu betrieblichen Datenschutzbeauftragten	783
d) Regelmäßige Unterrichtung des Betriebsrats	783
B. Compliance im grenzüberschreitenden Konzern	**785**
I. Rechtsgrundlagen	785
1. Sarbanes Oxley Act (SOX)	786
a) Anwendungsbereich	786
b) Regelungsinhalte	786
2. Foreign Corrupt Practices Act (FCPA)	787
a) Anwendungsvoraussetzungen	787
b) Strafen	788
c) Maßnahmen	789
3. Organizational Sentencing Guidelines der United States Sentencing Commission	790
4. Dodd-Frank Act	790
5. UK Bribery Act	791
a) Straftatbestände	791
b) Geltungsbereich	792
c) Geeignete Maßnahmen zur Verhinderung von Korruption	793
d) Strafen	794
6. Corporate Governance Kodex	794
II. Umsetzung von Compliance in Konzernunternehmen	795
1. Compliance Aufgaben	795
2. Bausteine des grenzüberschreitenden Compliance-Management-Systems	796
a) Verantwortliche Stelle „Compliance-Beauftragter"	796
aa) Beauftragung und Auswahl der Compliance-Beauftragten	797
bb) Haftung des Compliance-Beauftragten	798
cc) Übertragung der Aufgaben auf einen Compliance-Beauftragten	799

	dd) Arbeitsvertragliche Aspekte/Absicherung	801
	ee) Vergütung	802
	ff) Reporting	802
b)	Code of Conduct	805
	aa) Rechtliche Grundlagen	805
	bb) Anforderungen an einen Code of Conduct im grenzüberschreitenden Konzern	806
	cc) Inhalte und Probleme eines weltweiten Code of Conduct	807
	dd) Betriebsverfassungsrechtliche Aspekte	809
c)	Compliance Richtlinien	810
d)	Whistleblower Hotline	811
	aa) Einführung	811
	bb) Pflicht zur Einrichtung von Whistleblower-Systemen	812
	cc) Einrichtung und Betrieb einer Whistleblower-Hotline im grenzüberschreitenden Konzern	815
	dd) Belohnungs- und Anreiz-Systeme	817
e)	Schulungen/Trainings	819

III. Interne Untersuchungen 822
   1. Gründe und Auslöser interner Untersuchungen 822
      a) Gründe für interne Untersuchungen 822
         aa) Strafandrohungen nach US Recht 822
         bb) Deutsches Aktienrecht als Motiv für interne Untersuchungen 823
      b) Interne Untersuchungen als Bestandteil des Compliance Management Systems 823
      c) Auslöser für Interne Untersuchungen 824
         aa) Interne oder externe Meldungen 824
         bb) Staatsanwaltschaftliche oder behördliche Untersuchungen als Auslöser einer internen Untersuchung 825
   2. Vorbereitung auf eine interne Untersuchung 825
   3. Durchführung einer internen Untersuchung 826
      a) Durchführung einer Untersuchung 826
         aa) Das „Ob" der Untersuchung 826
         bb) Transparenz über laufende Untersuchungen 827
         cc) Exkurs: Offenlegungspflichten 827
         dd) Festlegung des Untersuchungsteams 828
            (1) Untersuchung durch interne Ressourcen 828
            (2) Untersuchung durch externe Anwälte 828
            (3) Grundsätzliche Voraussetzungen 829
         ee) Der Untersuchungsplan 829
      b) Elemente der Untersuchung 829
         aa) Reihenfolge der Schritte 829
         bb) Sichtung vorhandener Dokumente 830
      c) Interviews 830
         aa) Vorbereitung eines Interviews 830
         bb) Befragungsreihenfolge 831
         cc) Persönliche Interviews versus virtuelle Interviews 832
         dd) Interviewtechnik 832
         ee) Protokoll 833
      d) Rechtliche Fragestellungen bei Mitarbeiterinterviews 833
         aa) Pflicht zur Teilnahme am Interview 833
         bb) Reichweite der Auskunftspflicht – Pflicht zur Selbstbelastung 833
         cc) Belehrung von Mitarbeitern 835
         dd) Anwesenheit von Betriebsratsmitgliedern beim Interview 835
         ee) Anwesenheit von externen Anwälten beim Interview 836
         ff) Abgrenzung zur Anhörung bei der Verdachtskündigung 836
      e) Zugriff auf Unterlagen und Email Accounts 837
         aa) Zugriff auf geschäftliche Unterlagen 837
         bb) Zugriff auf Emails 837

f) Amnestie im Rahmen von internen Untersuchungen	839
aa) Begriff	839
bb) Reichweite der Amnestie	839
cc) Rechtliche Fragen	839
(1) Verzicht auf personelle Maßnahmen	839
(2) Verzicht auf die Geltendmachung von Schadenersatzansprüchen	840
(3) Zusicherung von Vertraulichkeit und Publizitäts-/Auskunftspflichten	840
(4) Amnestie und Vergaberecht	840
(5) Schutz vor Strafverfolgung	841
(6) Freistellung von Strafverfolgungskosten – Übernahme von Verteidigerkosten	841
g) Exkurs: Die Rolle des Betriebsrates in internen Untersuchungen	841
aa) Mitbestimmung des Betriebsrates bei der Einführung von Verhaltensrichtlinien zur Durchführung interner Untersuchungen	841
(1) Mitbestimmung gemäß § 87 Abs. 1 Nr. 1 BetrVG	841
(2) Mitbestimmungsrecht nach § 87 Abs. 1 Nr. 6 BetrVG	841
(3) Mitbestimmungsrechte gemäß § 94 Abs. 1 BetrVG	842
(4) Informationsrechte nach § 80 Abs. 2 BetrVG	842
bb) Mitbestimmungsrechte bei der Vorbereitung und Umsetzung des Sanktionierungsprozesses	842
(1) Teilnahmerecht bei der Anhörung zu Verdachtskündigungen	842
(2) Betriebsbußen	842
(3) Kündigung Versetzung, Änderungskündigung	843
4. Abschluss der internen Untersuchung	843
a) Abschlussbericht	843
b) Entscheidung	843
aa) Personelle Maßnahmen	843
bb) Schadensersatz	844
cc) Kürzung von Boni	844
c) Kommunikation	845
d) Fazit	845
C. Grenzüberschreitende Richtlinien/Policies	**846**
I. Einführung und Anwendung ausländischer Policies	846
1. Betriebliche Mitbestimmung	846
a) Zuständige Arbeitnehmervertretung	846
b) Umfang der Mitbestimmungspflicht	848
2. Datenschutz	849
3. Rechtliche Einbeziehung in das Arbeitsverhältnis	850
a) Einführung per Direktionsrecht	850
b) Einführung durch arbeitsvertragliche Regelung	851
c) Einführung per Betriebsvereinbarung	853
II. Weitere typische Richtlinien	854
1. Richtlinien zum Arbeits-, Gesundheits- und Umweltschutz	854
2. Regelung zu Anti-Diskriminierung/Diversity	855
III. „Softlaw" als einheitliche, verbindliche internationale Unternehmensstandards	855
1. Global Policies	855
2. International Framework Agreements	856
3. Branchenkodizes	857
D. Sprachprobleme	**859**
I. Sprache als Grundlage des Rechts und ihre Bedeutung im Arbeitsrecht	859
II. (Arbeits-)Vertragssprache hinsichtlich Zustandekommen, Durchführung und Beendigung des Vertrags	859
1. Grundsätze bei Willenserklärungen zwischen verschiedensprachigen Arbeitsvertragsparteien	860
a) Zugang fremdsprachiger Erklärungen	860

b) Abgabe fremdsprachiger Erklärungen	862
2. Besonderheiten bei Allgemeinen Geschäftsbedingungen (AGB)?	863
3. Typische Anwendungsfälle	864
a) Zustandekommen des Arbeitsvertrags	864
b) Erklärungen des Arbeitgebers	864
aa) Ausübung von Gestaltungsrechten	864
bb) Kündigung	864
cc) Abmahnung	865
c) Erklärungen des Arbeitnehmers	865
aa) Geltendmachung von Ansprüchen unter Wahrung von Ausschlussfristen	865
bb) Ausgleichsquittung	865
cc) Kündigung	866
III. Informationspflichten des Arbeitgebers	866
1. Unterrichtung über Unfallgefahren	866
2. Nachweisgesetz	866
3. Betriebsübergang	867
IV. (Fremd-)Sprache als berufliche Anforderung	867
1. Arbeitsvertragliche Vereinbarung einer Verpflichtung zum Besitz bestimmter Sprachkenntnisse	867
2. Sprache im Bewerbungsverfahren	867
a) Nach deutschem Recht	867
b) Nach europäischen Recht	868
3. Sprachkenntnisse im Anforderungsprofil eines Arbeitsplatzes	869
4. Kündigung des Arbeitsverhältnisses wegen mangelnder Sprachkenntnisse	870
5. Sprachkenntnisse als Merkmal bei der Sozialauswahl	871
V. Sprache in der betrieblichen Mitbestimmung	872
1. Betriebsratswahl	872
2. Kommunikation innerhalb des Betriebsrats	873
3. Kommunikation zwischen Arbeitgeber und Betriebsrat	873
a) Zurverfügungstellung von Unterlagen	874
b) Dolmetscher	874
4. Sprachschulung, Schulungen in Fremdsprache	875
5. Betriebliche Mitbestimmung bei Festlegung einer Betriebs- bzw. Unternehmenssprache	876
6. Die allgemeine Aufgabe des Betriebsrats zur Integration ausländischer Arbeitnehmer (§ 80 Abs. 1 Nr. 7 BetrVG)	876
VI. Europäischer Betriebsrat	877
Sachverzeichnis	879

Abkürzungsverzeichnis

ä.	ähnlich
aA	andere/r Ansicht
ABl.	Amtsblatt
ABlEG	Amtsblatt der Europäischen Gemeinschaften
Abs.	Absatz
Abschn.	Abschnitt
aE	am Ende
AE	Arbeitsrechtliche Entscheidungen (Zeitschrift)
AEntG	Arbeitnehmer-Entsendegesetz
AEUV	Vertrag über die Arbeitsweise der Europäischen Union
aF	alte Fassung
AG	Die Aktiengesellschaft (Zeitschrift)
AGB	Allgemeine Geschäftsbedingungen
AGB-Recht	Recht der allgemeinen Geschäftsbedingungen
AGG	Allgemeines Gleichbehandlungsgesetz
AiB	Arbeitsrecht im Betrieb (Zeitschrift)
AktG	Aktiengesetz
Alt.	Alternative
AN	Arbeitnehmer
AO	Abgabenordnung
AP	Arbeitsrechtliche Praxis, Nachschlagewerk des Bundesarbeitsgerichts
ARB	Allgemeine Bedingungen für die Rechtsschutzversicherung
ArbG	Arbeitsgericht
ArbGG	Arbeitsgerichtsgesetz
ArbnErfG	Arbeitnehmererfindungsgesetz
ArbRAktuell	Arbeitsrecht Aktuell (Zeitschrift)
ArbRB	Arbeits-Rechts-Berater (Zeitschrift)
ArbZG	Arbeitszeitgesetz
ARGE	Arbeitsgemeinschaft
Art.	Artikel
AsylVfG	Asylverfahrensgesetz
AT-Angestellte	Außertarifliche Angestellte
ATE	Auslandstätigkeitserlass
AuA	Arbeit und Arbeitsrecht (Zeitschrift)
AufenthG	Aufenthaltsgesetz
Aufl.	Auflage
AÜG	Arbeitnehmerüberlassungsgesetz
AuR	Arbeit und Recht (Zeitschrift)
AuslR	Ausländerrecht
AVAG	Anerkennungs- und Vollstreckungsausführungsgesetz
BV/B. V.	niederländische Gesellschaft mit beschränkter Haftung
BA	Bundesagentur für Arbeit
BAG	Bundesarbeitsgericht
BAT	Bundes-Angestelltentarifvertrag
BayObLG	Bayerisches Oberstes Landesgericht
BB	Betriebs-Berater, Zeitschrift
Bd.	Band
BDSG	Bundesdatenschutzgesetz
BeckOK	Beck'scher Online-Kommentar
BeckRS	Beck-Rechtsprechung

Abkürzungsverzeichnis

BEEG	Bundeselterngeld- und Elternzeitgesetz
Beil.	Beilage
BEM	Betriebliches Eingliederungsmanagement
BeschV	Beschäftigungsverordnung
BeschVerfV	Beschäftigungsverfahrensverordnung
BetrAVG	Betriebsrentengesetz
BetrVG	Betriebsverfassungsgesetz
BFH	Bundesfinanzhof
BFHE	Entscheidungen des Bundesfinanzhofs
BGB	Bürgerliches Gesetzbuch
BGBl.	Bundesgesetzblatt
BGH	Bundesgerichtshof
BGHZ	Entscheidungssammlung des Bundesgerichtshofes in Zivilsachen
BImSchG	Bundes-Immissionsschutzgesetz
BMAS	Bundesministerium für Arbeit und Soziales
BMF	Bundesministerium für Finanzen
BQG	Beschäftigungs- & Qualifizierungsgesellschaft
BR	Betriebsrat
BRKG	Bundesreisekostengesetz
BSG	Bundessozialgericht
BSGE	Entscheidungen des Bundessozialgerichts
bspw.	beispielsweise
BStBl.	Bundessteuerblatt
BT-Drs.	Bundestags-Drucksache
BV	Business Visitors
BVerfGE	Bundesverfassungsgericht
BVG	Besonderes Verhandlungsgremium
BW	Baden-Württemberg
bzw.	beziehungsweise
CCZ	Corporate Compliance Zeitschrift
CEC	Confédération Europèenne des Cadres
Co.	Compagnie
CSS	Contractual Service Supplier
DAAD	Deutscher Akademischer Austauschdienst
DB	Der Betrieb (Zeitschrift)
DBA	Doppelbesteuerungsabkommen
DBGrG	Deutsche Bahn Gründungsgesetz
DCGK	Deutscher Corporate Governance Kodex
DGB	Deutscher Gewerkschaftsbund
dh	das heißt
DrittelbG	Drittelbeteiligungsgesetz
DStR	Deutsches Steuerrecht, Zeitschrift
DTAG	Deutsche Telekom AG
DV	Durchführungsverordnung
EADS	European Aeronautic Defence and Space Company; heute Airbus Group
EBR	Europäischer Betriebsrat
EBRG	Europäisches Betriebsräte-Gesetz
EFTA	Europäische Freihandelsassoziation (European Free Trade Association)
EFZG	Entgeltfortzahlungsgesetz
EG	Europäische Gemeinschaft
EGB	Europäischer Gewerkschaftsbund
EGBGB	Einführungsgesetz zum Bürgerlichen Gesetzbuch
EGV	Vertrag zur Gründung der Europäischen Gemeinschaft
Einl.	Einleitung

Abkürzungsverzeichnis

EMB	Europäischer Metallgewerkschaftsbund
EMCEF	Föderation der Bergbau-, Chemie- und Energiegewerkschaften; (European Mine, Chemical and Energy Workers Federation)
EMEA	Europe, the Middle East and Africa (Wirtschaftsraum)
EMRK	Europäische Menschenrechtskonvention
ErfK	Erfurter Kommentar
EStG	Einkommensteuergesetz
etc.	et cetera
ETUC	European Trade Union Confederation
ETUI	Europäisches Gewerkschaftsinstitut (European Trade Union Institute)
EU	Europäische Union
EuGH	Europäischer Gerichtshof
EuGVO	EG-Gerichtsstands- und Vollstreckungsverordnung
EuGVÜ	Europäisches Gerichtsstands- und Vollstreckungsübereinkommen
EuGVVO	Verordnung des Rates über die gerichtliche Zuständigkeit und die Anerkennung und Vollstreckung von Entscheidungen in Zivil- und Handelsrechtssachen
EuInsVO	Europäische Insolvenzverordnung
EUR	Euro
EUV	Vertrag über die Europäische Union
EuVtVO	Unbestrittene-Forderungen-Vollstreckungstitel-Verordnung
EuZA	Europäische Zeitschrift für Arbeitsrecht
EuZW	Europäische Zeitschrift für Wirtschaftsrecht
EVÜ	Europäisches Schuldvertragsübereinkommen
EWG	Europäische Wirtschaftsgemeinschaft
EWiR	Entscheidungen zum Wirtschaftsrecht
EzA	Entscheidungen zum Arbeitsrecht
f.	folgend
FA	Fachanwalt Arbeitsrecht, Zeitschrift
FAZ	Frankfurter Allgemeine Zeitung
FCPA	Foreign Corrupt Practices Act
FD	Fachdienst
ff.	fortfolgend
FHZivR	Fundheft für Zivilrecht
FlRG	Flaggenrechtsgesetz
Fn.	Fußnote
FreizügG	Freizügigkeitsgesetz
GATS	Allgemeines Übereinkommen über den Handel mit Dienstleistungen (General Agreement on Trade in Services)
GBR	Gesamtbetriebsrat
GDPdU	Grundsätze zum Datenzugriff und zur Prüfbarkeit digitaler Unterlagen
gem.	gemäß
GenG	Genossenschaftsgesetz
GesR	Gesellschaftsrecht
GewArch	Gewerbearchiv (Zeitschrift)
GewO	Gewerbeordnung
GG	Grundgesetz für die Bundesrepublik Deutschland
ggf.	gegebenenfalls
GKV	Gesetzliche Krankenversicherung
GmbH	Gesellschaft mit beschränkter Haftung
GmbHG	Gesetz betreffend die Gesellschaften mit beschränkter Haftung
GmbHR	GmbH-Rundschau (Zeitschrift)
GoBS	Grundsätze ordnungsgemäßer DV-gestützten Buchführungssysteme
GRC	Charta der Grundrechte der Europäischen Union

Abkürzungsverzeichnis

grds.	grundsätzlich
GTZ	Deutsche Gesellschaft für Technische Zusammenarbeit
GUE/NGL	Vereinte Europäische Linke/Nordische Grüne Linke
GWB	Gesetz gegen Wettbewerbsbeschränkungen
GWR	Gesellschafts- und Wirtschaftsrecht (Zeitschrift)
HGB	Handelsgesetzbuch
hL	herrschende Lehre
hM	herrschende Meinung
HR	Human Resources
Hs.	Halbsatz
IBBH	Internationaler Bund der Bau- und Holzarbeiter
ICEM	International Federation of Chemical, Energy, Mine and General Workers' Unions
idR	in der Regel
iE	im Einzelnen
IFA	International Fiscal Association
IG	Industriegewerkschaft
ILO	Internationale Arbeitsorganisation (International Labor Organisation)
IMF	International Metalworkers' Federation
IPR	Internationales Privatrecht
IPRax	Praxis des Internationalen Privat- und Verfahrensrechts (Zeitschrift)
iSd	im Sinne des/der
IStR	Internationales Steuerrecht (Zeitschrift)
iSv	im Sinne von
IT	Informationstechnik
ITGLWF	International Textile, Garment and Leather Workers Federation
IuK	Informations- und Kommunikationsmittel
iVm	in Verbindung mit
jurisPR	juris PraxisReport (Zeitschrift)
JuS	Juristische Schulung (Zeitschrift)
KBR	Konzernbetriebsrat
KG	Kommanditgesellschaft
KGaA	Kommanditgesellschaft auf Aktien
KOM	Europäische Kommission
KrW-/AbfG	Kreislaufwirtschafts- und Abfallgesetz
KSchG	Kündigungsschutzgesetz
KStG	Körperschaftsteuergesetz
KStR	Körperschaftsteuerrichtlinien
KWG	Kreditwesengesetz
LAG	Landesarbeitsgericht
LG	Landgericht
lit.	litera
Lit.	Literatur
Ltd.	Limited
LugÜ	Lugano-Übereinkommen
mAnm.	mit Anmerkung
MDR	Monatsschrift für Deutsches Recht (Zeitschrift)
mind.	mindestens
Mio.	Millionen
MitbestBeiG	Mitbestimmungs-Beibehaltungsgesetz
MitbestErgG	Mitbestimmungs-Ergänzungsgesetz

Abkürzungsverzeichnis

MitbestG	Mitbestimmungsgesetz
MMR	Multimedia und Recht (Zeitschrift)
Montan-MitbestG	Montan-Mitbestimmungsgesetz
MuSchG	Mutterschutzgesetz
mwN	mit weiteren Nachweisen
NachwG	Nachweisgesetz
nF	neue Fassung
NJOZ	Neue Juristische Online-Zeitschrift
NJW	Neue Juristische Woche (Zeitschrift)
Nr.	Nummer
Nrn.	Nummern
NRW	Nordrhein-Westfalen
NStZ	Neue Zeitschrift für Strafrecht
NVwZ	Neue Zeitschrift für Verwaltungsrecht
NWB	Zeitschrift für Steuer- und Wirtschaftsrecht
NZA	Neue Zeitschrift für Arbeitsrecht
NZA-RR	Neue Zeitschrift für Arbeitsrecht – Rechtsprechungsreport
NZG	Neue Zeitschrift für Gesellschaftsrecht
o.	oder, oben
oÄ	oder Ähnliche/s
OHG	offene Handelsgesellschaft
OLG	Oberlandesgericht
OWiG	Gesetz über Ordnungswidrigkeiten
PostPersRG	Postpersonalrechtsgesetz
PSVaG	Pensions-Sicherungs-Verein Versicherungsverein auf Gegenseitigkeit
PublG	Publizitätsgesetz
RdA	Recht der Arbeit (Zeitschrift)
RDV	Recht der Datenverarbeitung (Zeitschrift)
ReformG	Reformgesetz
RegE	Regierungs-Entwurf
RIW	Recht der Internationalen Wirtschaft (Zeitschrift)
RL	Richtlinie
Rn.	Randnummer
Rspr.	Rechtsprechung
S.	Seite
s.	siehe
SAE	Sammlung Arbeitsrechtlicher Entscheidungen (Zeitschrift)
SchwarzArbG	Schwarzarbeitsbekämpfungsgesetz
SDÜ	Schengener-Durchführungsübereinkommen
SE	Europäische Gesellschaft (Societas Europaea)
SEAG	Gesetz zur Ausführung der Verordnung über das Statut der Europäischen Gesellschaft
SEBG	Gesetz über die Beteiligung der Arbeitnehmer in einer Europäischen Gesellschaft
SGB	Sozialgesetzbuch
Slg.	Sammlung
sog.	sogenannte/r/s
SOX	Sarbanes Oxley Act
SozVersR	Sozialversicherungsrecht
SprAuG	Sprecherausschussgesetz
StGB	Strafgesetzbuch
StrahlenschutzVO	Strahlenschutzverordnung

Abkürzungsverzeichnis

TCA	Transnational Collective Agreement
TKG	Telekommunikationsgesetz
TMG	Telemediengesetz
TV	Tarifvertrag
TVG	Tarifvertragsgesetz
TV-L	Tarifvertrag für den Öffentlichen Dienst der Länder
TVöD	Tarifvertrag für den öffentlichen Dienst
TzBfG	Teilzeit- und Befristungsgesetz
u.	und, unten
ua	unter anderem
UmwG	Umwandlungsgesetz
UmwStG	Umwandlungssteuergesetz
UN	Vereinte Nationen (United Nations)
UNICE	Union of Industrial and Employer's Confederations of Europe
UNIDROIT	International Institute for the Unification of Private Law
UStG	Umsatzsteuergesetz
usw.	und so weiter
uU	unter Umständen
UWG	Gesetz gegen den unlauteren Wettbewerb
v.	von
VAG	Versicherungsaufsichtsgesetz
VersR	Versicherungsrecht (Zeitschrift)
VGH	Verwaltungsgerichtshof
vgl:	vergleiche
VO	Verordnung
Vorb.	Vorbemerkung
Vor-GmbH	GmbH in Gründung
VorstAG	Vorstandsvergütung-Angemessenheitsgesetz
vs.	versus
VVaG	Versicherungsverein auf Gegenseitigkeit
WiRO	Wirtschaft und Recht in Osteuropa (Zeitschrift)
WM	Wertpapier-Mitteilungen (Zeitschrift)
WO	Wahlordnungen
WpDVerOV	Wertpapierdienstleistungs-Verhaltens- und Organisationsverordnung
WpHG	Wertpapierhandelsgesetz
WTO	Welthandelsorganisation
zB	zum Beispiel
ZBB	Zeitschrift für Bankrecht und Bankwirtschaft
ZESAR	Zeitschrift für europäisches Sozial- und Arbeitsrecht
ZfA	Zeitschrift für Arbeitsrecht
ZGR	Zeitschrift für Unternehmens- und Gesellschaftsrecht
ZHR	Zeitschrift für das Gesamte Handels- und Wirtschaftsrecht
Ziff.	Ziffer
ZIP	Zeitschrift für Wirtschaftsrecht
ZPO	Zivilprozessordnung
ZRP	Zeitschrift für Rechtspolitik
ZTR	Zeitschrift für Tarifrecht
ZVK	Zusatzversorgungskasse des Baugewerbes

Literaturverzeichnis

Adomeit/Mohr .... Kommentar zum Allgemeinen Gleichbehandlungsgesetz, 2. Aufl. 2011
Altvater/Baden/Kröll/ Peiseler/Rothländer .... Bundespersonalvertretungsgesetz, Kommentar für die Praxis mit Wahlordnung und ergänzenden Vorschriften, 7. Aufl. 2011
Andres/Leithaus .... Insolvenzordnung, 2. Aufl. 2011
Annuß/Thüsing (Hrsg.) .... Teilzeit- und Befristungsgesetz, 3. Aufl. 2012
AnwK-ArbR/ Bearbeiter .... *Hümmerich/Boecken/Düwell* (Hrsg.), AnwaltKommentar Arbeitsrecht, 2. Aufl. 2010
AnwK-BGB/ Bearbeiter .... *Dauner-Lieb/Langen* (Hrsg.). AnwaltKommentar BGB, Schuldrecht, 2005
Anzinger/Koberski .... Kommentar zum Arbeitszeitgesetz, 3. Aufl. 2009
APS/Bearbeiter .... *Ascheid/Preis/Schmidt* (Hrsg.), Kündigungsrecht, Großkommentar zum gesamten Recht der Beendigung von Arbeitsverhältnissen, 4. Aufl. 2012
ArbRBGB/Bearbeiter ...... *Schliemann* (Hrsg.), Das Arbeitsrecht im BGB, 2. Aufl. 2002
ArbRFV-HdB/ Bearbeiter .... *Schaub/Schrader/Straube/Vogelsang,* Arbeitsrechtliches Formular- und Verfahrenshandbuch, 10. Aufl. 2013
Arens/Beckmann .... Die Anwaltliche Beratung des GmbH-Geschäftsführers, 2006
Arnold/Gräfl (Hrsg.) .... Teilzeit- und Befristungsrecht, 3. Aufl. 2012
Arnold/Tillmanns (Hrsg.) Bundesurlaubsgesetz, 2. Aufl. 2010
Ascheid .... Beweislastfragen im Kündigungsschutzprozess, 1989
Bachner/Köstler/ Matthiessen/Trittin .... Arbeitsrecht bei Unternehmensumwandlung und Betriebsübergang, 4. Aufl. 2012
Baeck/Deutsch .... Arbeitszeitgesetz, 3. Aufl. 2014
Bamberger/Roth (Hrsg.) ... Kommentar zum Bürgerlichen Gesetzbuch, 3. Aufl. 2012
Bartenbach/Volz .... Arbeitnehmererfindungsgesetz, Kommentar, 5. Aufl. 2013
Battis .... Bundesbeamtengesetz, 4. Aufl. 2009
Bauer .... Sprecherausschussgesetz, 2. Aufl. 1990
Bauer/Bockholt .... Eingruppierung im öffentlichen Dienst, 10. Aufl. 2010
Bauer/Diller .... Wettbewerbsverbote im Arbeitsrecht, 6. Aufl. 2012
Bauer/Krieger, ... Allgemeines Gleichbehandlungsgesetz, 4. Aufl. 2015
Bauer/Krieger .... Kündigungsrecht – Reformen 2004, 2004
Bauer/Krieger/Arnold ...... Arbeitsrechtliche Aufhebungsverträge, 9. Aufl. 2014
Bauer/Röder/Lingemann ... Krankheit im Arbeitsverhältnis, 3. Aufl. 2006
Baumbach/Hopt (Hrsg.) ... Handelsgesetzbuch, 35. Aufl. 2012
Baumbach/Hueck (Hrsg.) .. GmbHG, 20. Aufl. 2013
Baumbach/Lauterbach/ Albers/Hartmann (Hrsg.) .. Zivilprozessordnung, 72. Aufl. 2014
Baumgärtel/Laumen/ Prütting (Hrsg.) .... Handbuch der Beweislast im Privatrecht, Band 1, 2. Aufl., 1991
BBDK/Bearbeiter .... *Bader/Bram/Dörner/Kriebel/Nungeßer/Suckow* (Hrsg.), Kommentar zum KSchG, Loseblatt
Becker/Wulfgramm .... Kommentar zum Arbeitnehmerüberlassungsgesetz, 1986
BeckOK ArbR/Bearbeiter *Rolfs/Giesen/Kreikebohm/Udsching* (Hrsg.), Beck'scher Online-Kommentar Arbeitsrecht
BeckOK GewO/ Bearbeiter .... *Pielow* (Hrsg.), Beck'scher Online-Kommentar GewO

Literaturverzeichnis

BeckOK SozR/ *Bearbeiter*	*Rolfs/Giesen/Kreikebohm/Udsching* (Hrsg.), Beck'scher Online-Kommentar Sozialrecht
BeckOK StGB/*Bearbeiter*	*von Heintschel-Heinegg* (Hrsg.), Beck'scher Online-Kommentar StGB
BeckOK TVöD/ *Bearbeiter*	*Bepler/Böhle/Meerkamp/Russ* (Hrsg.), Beck'scher Online-Kommentar TVöD
BeckTKG-Komm/ *Bearbeiter*	*Geppert/Schütz* (Hrsg.), Beck'scher TKG-Kommentar, Telekommunikationsgesetz, 3. Aufl. 2006
Benecke/Hergenröder	Berufsbildungsgesetz, Kommentar, 2009
Bengelsdorf	Pfändung und Abtretung von Lohn, 2. Aufl., 2002
Berkowsky	Die betriebsbedingte Kündigung, 6. Aufl. 2008
Bernsau/Dreher/Hauck	Betriebsübergang, 3. Aufl. 2010
Besgen/Prinz (Hrsg.)	Handbuch Internet. Arbeitsrecht, 3. Aufl. 2013
Biebl	Das neue Kündigungs- und Befristungsrecht, 2004
Bieler/Cordes/Kaune/ Lammich/Westermann	Organisation von Telearbeit, 2001
Biedenkopf	Quo vadis ius societatum? Liber amicorum Pieter Sanders, 1972
Bittner	Europäisches und internationales Betriebsrentenrecht, 2000
Blümich/Bearbeiter	*Blümich* (Hrsg.), EStG, KStG, GewStG, Loseblatt
Boecken	Unternehmensumwandlung und Arbeitsrecht, 1996
Boecken/Joussen	Teilzeit- und Befristungsgesetz, 3. Aufl. 2012
Boemke/Bearbeiter	*Boemke* (Hrsg.), Gewerbeordnung, Kommentar zu §§ 105–110 GewO, 2003
Boewer	Teilzeit- und Befristungsgesetz, 2002
Borgwardt/Fischer/Janert	Sprecherausschussgesetz für leitende Angestellte, 2. Aufl. 1990
Boldt	Mitbestimmungsgesetz Eisen und Kohle, 1952
Boldt	Zur Abgrenzung der leitenden Angestellten, 1972
Bredemeier/Neffke/ Cerff/Weizenegger	TVöD/TV-L, 4. Aufl. 2013
Breithaupt/Ottersbach (Hrsg.)	Kompendium Gesellschaftsrecht, 2010
BRO/*Bearbeiter*	*Blomeyer/Rolfs/Otto,* Betriebsrentengesetz, Gesetz zur Verbesserung der betrieblichen Altersversorgung, 5. Aufl. 2010
Brox/Rüthers/Henssler	Arbeitsrecht, 18. Aufl. 2010
Bruns	Teilzeit- und Befristungsrecht, 2013
Buchner/Becker	Mutterschutzgesetz, Bundeselterngeld- und Elternzeitgesetz, 8. Aufl. 2008
Bürgers/Körber (Hrsg.)	Aktiengesetz, 3. Aufl. 2014
Buschmann/Ulber	Arbeitszeitgesetz, 7. Aufl. 2011
Calliess/Ruffert (Hrsg.)	EUV/AEUV, 4. Aufl. 2011
Clemens/Scheuring/ Steingen/Wiese	Kommentar zum Tarifvertrag öffentlicher Dienst (TVöD), Loseblatt
Clemens/Kreft/Krause (Hrsg.)	AGB – Arbeitsrecht, 2013
Cramer/Fuchs/Hirsch/ Ritz	SGB IX, Kommentar zum Recht schwerbehinderter Menschen, 6. Aufl. 2011
Dassau/Langenbrinck	TVöD, Loseblatt
Dassau/ Wiesend-Rothbrust	BAT-Kompaktkommentar, 4. Aufl. 2004
Däubler	Das Arbeitsrecht, Bd. 1, 16. Aufl. 2006; Bd. 2, 12. Aufl. 2009
Däubler	Gewerkschaftsrechte im Betrieb, 11. Aufl. 2010
Däubler	Gläserne Belegschaften?, 5. Aufl. 2009
Däubler (Hrsg.)	Tarifvertragsgesetz, 3. Aufl., 2012
Däubler (Hrsg.)	Arbeitskampfrecht, 3. Aufl. 2011
Däubler/Bertzbach (Hrsg.)	Allgemeines Gleichbehandlungsgesetz, 2. Aufl. 2008

Däubler/Bonin/Deinert ..... AGB-Kontrolle im Arbeitsrecht, 4. Aufl., 2014
*Däubler/Hjort/Schubert/
Wolmerath* (Hrsg.) .... Arbeitsrecht, 3. Aufl. 2013
Dauner-Lieb/Simon
(Hrsg.) .... Kölner Kommentar zum UmwG, 2009
DFL/*Bearbeiter* .... *Dornbusch/Fischermeier/Löwisch* (Hrsg.), Fachanwalts-Kommentar Arbeitsrecht, 5. Aufl. 2013
DKKW/*Bearbeiter* .... *Däubler/Kittner/Klebe/Wedde* (Hrsg.), Betriebsverfassungsgesetz, 13. Aufl. 2012
Dobberahn .... Das neue Arbeitszeitgesetz in der Praxis, 2. Aufl. 1996
Dörner .... Schwerbehindertengesetz, Loseblatt
Dörner .... Der befristete Arbeitsvertrag, 2. Aufl. 2011
*Dörner/Luczak/
Wildschütz/Baeck/
Hoß* (Hrsg.) .... Handbuch des Fachanwalts, Arbeitsrecht, 10. Aufl. 2013
Döring/Kutzki/Polzer ..... TVöD-Kommentar, Arbeitsrecht für den öffentlichen Dienst, 2007
Dreier (Hrsg.) .... Kommentar zum Grundgesetz, 2. Aufl., 2008, Supplementum 2010
Drobnik/Puttfarken .... Arbeitskampf auf Schiffen fremder Flagge, 1989
Dütz/Thüsing .... Arbeitsrecht, 17. Aufl. 2012
EAS/*Bearbeiter* .... *Oetker/Preis* (Hrsg.), Europäisches Arbeits- und Sozialrecht, Loseblatt
EEK/*Sabel* .... Entscheidungssammlung zur Entgeltfortzahlung im Krankheitsfalle, Loseblatt
Ehmann/Helfrich .... EG-Datenschutzrichtlinie, 1999
Eittinger .... Stock-Options, 1999
Emmerich/Habersack
(Hrsg.) .... Aktien- und GmbH-Konzernrecht, 7. Aufl. 2013
ErfK/*Bearbeiter* .... *Müller-Glöge/Preis/Schmidt* (Hrsg.), Erfurter Kommentar zum Arbeitsrecht, 15. Aufl. 2015
Erman/*Bearbeiter* .... BGB, Kommentar, 13. Aufl. 2011
Fabricius (Hrsg.) .... Gemeinschaftskommentar zum Mitbestimmungsgesetz, Loseblatt
*Feldes/Kamm/Peiseler/
von Seggern/Westermann/
Witt/Rehwald* .... Schwerbehindertenrecht, Basiskommentar zum SGB IX mit Wahlordnung, 11. Aufl. 2012
Feichtinger/Malkmus .... Entgeltfortzahlungsrecht, 2. Aufl. 2010
Fey/Joussen/Steuernagel .... Das Arbeits- und Tarifrecht der Evangelischen Kirche, 2013
*Ferrari/Kieninger/
Mankowski/Otte/Saenger/
Schulze/Staudinger* .... Internationales Vertragsrecht, 2. Aufl. 2012
*Fischer/Goeres/
Gronimus/Elintrop* .... Personalvertretungsrecht des Bundes und der Länder, Loseblatt
Fitting .... *Fitting/Engels/Schmidt/Trebinger/Linsenmaier*, Betriebsverfassungsgesetz, 27. Aufl. 2014
FKI/*Bearbeiter* .... *Wimmer* (Hrsg.), Frankfurter Kommentar zur Insolvenzordnung, 7. Aufl. 2013
Fleischer/*Bearbeiter* .... *Fleischer* (Hrsg.), Handbuch des Vorstandsrechts, 2006
Fleischmann .... Die Erbringung von Dienstleistungen durch natürliche Personen
Fleuß .... BDVR-Rundschreiben 01 und 02/2005
Förster/Rühmann/Cisch .... Betriebsrentengesetz, 14. Aufl. 2014
Franzen .... Der Betriebsinhaberwechsel nach § 613a BGB im internationalen Arbeitsrecht, 1994
Friese .... Urlaubsrecht, 2003
Frowein/Peukert .... Europäische Menschenrechtskonvention, 3. Aufl. 2009
FS Bauer .... *Baeck/Hauck/Preis/Rieble/Röder/Schunder* (Hrsg.), FS für Jobst-Hubertus Bauer zum 65. Geburtstag, 2010:
FS Birk .... *Konzen/Krebber/Raab/Veit/Waas* (Hrsg.), Festschrift für Rolf Birk zum 70. Geburtstag, 2008
FS Herschel .... Festschrift für Wilhelm Herschel zum 85. Geburtstag, 1982

Literaturverzeichnis

FS Hoffmann-Becking	*Krieger/Lutter/Schmidt* (Hrsg.), Festschrift für Michael Hoffmann-Becking zum 70. Geburtstag, 2013
FS Kempen	*Schubert* (Hrsg.), Anforderungen an ein modernes kollektives Arbeitsrecht Festschrift für Otto Ernst Kempen, 2013
FS Kissel	*Heinze/Söllner* (Hrsg.), Arbeitsrecht in Bewährung – FS für Otto Rudolf Kissel zum 65. Geburtstag, 1994
FS Löwisch	*Rieble* (Hrsg.), Festschrift für Manfred Löwisch: Zum 70. Geburtstag, 2007
FS Schwerdtner	*Bauer/Boewer* (Hrsg.), Festschrift für Peter Schwerdtner zum 65. Geburtstag, 2003
Fuchs/Köstler	Handbuch zur Aufsichtsratswahl, 5. Aufl. 2012
Fuchs/Marhold	Europäisches Arbeitsrecht, 3. Aufl. 2010
Fuchs/Reichold	Tarifvertragsrecht, 2. Aufl. 2006
Gagel/Bearbeiter	*Bieback/Knickrehm* (Hrsg.), SGB II/SGB III, Loseblatt
Gamillscheg	Kollektives Arbeitsrecht, Band I, 1997
Gebauer/Wiedmann	Zivilrecht unter europäischem Einfluss, 2010
Gedon/Hurlebaus	Berufsbildungsrecht, Loseblatt
Gedon/Spiertz	Berufsbildungsrecht, 1992
Geimer/Schütze/*Bearbeiter*	*Geimer/Schütze* (Hrsg.), Europäisches Zivilverfahrensrecht, 2010
Germelmann/Binkert/*Germelmann*	Personalvertretungsgesetz Berlin, 3. Aufl. 2010
Geßler/Hefermehl/Eckardt/*Kropff*	Aktiengesetz Bd. 2, 1. Aufl., 1973 ff. (2. Aufl. Münchener Kommentar zum Aktiengesetz)
Geyer/Knorr/Krasney	Entgeltfortzahlung Krankengeld Mutterschaftsgeld, Loseblatt
GIB/*Bearbeiter*	*Inderst/Bannenberg/Poppe* (Hrsg.), Compliance, 2. Aufl. 2013
GK-AFG/*Bearbeiter*	Gemeinschaftskommentar zum Arbeitsförderungsgesetz, Loseblatt
GK-ArbGG/*Bearbeiter*	Gemeinschaftskommentar zum Arbeitsgerichtsgesetz, Loseblatt
GK-BetrVG/*Bearbeiter*	Gemeinschaftskommentar zum Betriebsverfassungsgesetz, 2 Bde, 10. Aufl. 2014
GK-BUrlG/*Bearbeiter*	Gemeinschaftskommentar zum Bundesurlaubsgesetz, 5. Aufl. 1992
GK-MitbestG/*Bearbeiter*	Gemeinschaftskommentar zum Mitbestimmungsgesetz, Loseblatt
GK-SGB III/*Bearbeiter*	Gemeinschaftskommentar zum Arbeitsförderungsrecht, Loseblatt
GK-SGB IV/*Bearbeiter*	Gemeinschaftskommentar zum SGB IV, Loseblatt
GK-TzA/*Bearbeiter*	Gemeinschaftskommentar zum Teilzeitarbeitsrecht, 1987
GMP/*Bearbeiter*	*Germelmann/Matthes/Prütting* (Hrsg.), Arbeitsgerichtsgesetz, 8. Aufl. 2013
Goebel	Der betriebsverfassungsrechtliche Durchführungsanspruch gem. § 77 Abs. 1 S. 1 BetrVG, 2005
Goette/Habersack/*Bearbeiter*	*Goette/Habersack* (Hrsg.), Münchener Kommentar zum Aktiengesetz, Band 2, 4. Aufl. 2014
Göhler/*Bearbeiter*	*Göhler* (Begründer), Gesetz über Ordnungswidrigkeiten, 16. Aufl. 2012
Gola,	Datenschutz am Arbeitsplatz, 4. Aufl. 2012
Gola,	Datenschutz und Multimedia am Arbeitsplatz, 3. Aufl. 2010
Gola,	Entgeltfortzahlungsgesetz, 3. Aufl. 1999
Gola/Schomerus	Bundesdatenschutzgesetz, 11. Aufl. 2012
Gola/Wronka	Handbuch Arbeitnehmerdatenschutz, 6. Aufl. 2013
Gotthardt	Arbeitsrecht nach der Schuldrechtsreform, 2. Aufl. 2003
Gottwald/Bearbeiter	*Gottwald* (Hrsg.), Insolvenzrechts-Handbuch, 4. Aufl. 2010
Grabitz/Hilf/Nettesheim	Das Recht der Europäischen Union, Loseblatt
Graf von Westphalen/*Bearbeiter*	*Graf v. Westfalen* (Hrsg.), Vertragsrecht und AGB-Klauselwerke, Loseblatt
Grobys/Panzer/*Bearbeiter*	*Grobys/Panzer* (Hrsg.) Stichwortkommentar Arbeitsrecht, 2012

Literaturverzeichnis

Groeben/Schwarze (Hrsg.)	Vertrag über die Europäische Union und Vertrag zur Gründung der Europäischen Gemeinschaft, 4 Bde., 6. Aufl. 2004
Gröninger/Gehring/Taubert	Jugendarbeitsschutzgesetz, Loseblatt
Gröninger/Thomas	Mutterschutzgesetz, Loseblatt
Grüner/Dalichau	Bundeselterngeld- und Elternzeitgesetz, Loseblatt
Grunsky/Waas/Benecke/ Greiner	Arbeitsgerichtsgesetz, 8. Aufl. 2014
Gussone/Voelzke	Altersteilzeitrecht, 2000
Grützner/Jakob	Compliance von A-Z, 2010
H/B/K/P/Bearbeiter	*Henkes/Baur/Kopp/Polduwe,* Handbuch Arbeitsförderung, SGB III, 1999
Habersack/Drinhausen/ Bearbeiter	*Habersack/Drinhausen* (Hrsg.), SE-Recht, 2013
Hailbronner	Ausländerrecht, Loseblatt
HambKomm/*Bearbeiter*	*Schmidt* (Hrsg.), Hamburger Kommentar zum Insolvenzrecht, 4. Aufl. 2012
Hamacher	Antragslexikon Arbeitsrecht, 2010
Hanau/Adomeit	Arbeitsrecht, 14. Aufl. 2006
Hanau/Steinmeyer/Wank	Handbuch des europäischen Arbeits- und Sozialrechts, 2002
Hauck/Helml/Biebl	ArbGG, Arbeitsgerichtsgesetz, 4. Aufl. 2011
Hauschka/Bearbeiter	*Hauschka* (Hrsg.), Corporate Compliance Handbuch der Haftungsvermeidung im Unternehmen, 2. Aufl. 2010
Heidel/Bearbeiter	*Heidel* (Hrsg.), Aktienrecht und Kapitalmarktrecht, 3. Auflage 2011
Heilmann	Urlaubsrecht, 1999
Helmert	Aktienoptionen für Mitarbeiter aus Sicht des deutschen Arbeitsrechts, 2006
Henn/Frodermann/ Jannott	Handbuch des Aktienrechts, 8. Aufl. 2009
Henssler	Der Arbeitsvertrag im Konzern, 1983
Henssler/Braun/ Bearbeiter	*Henssler/Braun* (Hrsg.), Arbeitsrecht in Europa, 3. Aufl. 2011
Henssler/Strohn/ Bearbeiter	*Henssler/Strohn* (Hrsg.), Gesellschaftsrecht, 2. Aufl. 2014
Heuser/Heidenreich	Auslandsentsendung und Beschäftigung ausländischer Arbeitnehmer, 2011
Hk-ArbR/*Bearbeiter*	*Däubler/Hjort/Schubert/Wolmerath* (Hrsg.), Arbeitsrecht, Handkommentar, 2. Aufl. 2010
HK-InsO/*Bearbeiter*	*Kreft* (Hrsg.), Heidelberger Kommentar zur Insolvenzordnung, 6. Aufl. 2011
Hk-KSchR/*Bearbeiter*	*Fiebig/Gallner/Mestwerdt* (Hrsg.), Kündigungsschutzrecht, 4. Aufl. 2012
HKMM/*Bearbeiter*	*Müller-Graf/Hailbronner/Klein/Magiera* (Hrsg.), Handkommentar zum EU-Vertrag, Loseblatt
HMB/*Bearbeiter*	*Henssler/Moll/Bepler* (Hrsg.), Der Tarifvertrag: Handbuch für das gesamte Tarifrecht, 2013
Höfer	Betriebsrentenrecht, Bd. 1: Arbeitsrecht, Loseblatt
Höfer/Veit/Verhuven	Betriebsrentenrecht, Bd. 2: Steuerrecht/Sozialabgaben, HGB/IFRS, Loseblatt
Hölters/Bearbeiter	*Hölters* (Hrsg.), Aktienrecht, 2. Aufl. 2014
Hölters/Bearbeiter	*Hölters/Lucks/Raupach* (Hrsg.), Handbuch Unternehmenskauf, 7. Aufl. 2010
Höpfner	*Rieble/Junker/Giesen* (Hrsg.), Arbeitsrecht im Konzern ZAAR Schriftenreihe, 2011
Hopt/Wiedemann	Großkommentar zum Aktiengesetz, 6 Bde., 4. Aufl. 1992 ff.
Hromadka/Maschmann	Arbeitsrecht: Kollektivarbeitsrecht Band 2 Arbeitsstreitigkeiten, 2007
Hromadka/Sieg	Sprecherausschussgesetz, 2. Aufl. 2010
HSWG/*Bearbeiter*	*Hess/Schlochauer/Worzalla/Glock/Nicolai/Rose,* Kommentar zum Betriebsverfassungsgesetz, 8. Aufl. 2011

Huber/*Bearbeiter*	*Huber* (Hrsg.), Aufenthaltsgesetz, 2010
Hümmerich/Boecken/ Düwell/*Bearbeiter*	*Hümmerich/Boecken/Düwell* (Hrsg.), Nomos Kommentar zum Arbeitsrecht, 2. Auflage 2010
HWK/*Bearbeiter*	*Henssler/Willemsen/Kalb* (Hrsg.), Arbeitsrecht Kommentar, 6. Aufl. 2014
Jeschke	Der europäische Streik, 2006
Jula,	Der GmbH-Geschäftsführer, 4. Aufl. 2012
Junker	Internationales Arbeitsrecht im Konzern, 1992
Kallmeyer (Hrsg.)	Umwandlungsgesetz, 5. Aufl. 2013
Kaufer	Soft Law International Framework Agreements and tough problems for employers, American Bar Association – Annual Section of Labour and Employment Law, New Orleans Conference International Panel, 2013
KassKomm/*Bearbeiter*	*Körner/Leitherer/Mutschler* (Hrsg.), Kasseler Kommentar Sozialversicherungsrecht, Loseblatt
KDZ/*Bearbeiter*	*Kittner/Däubler/Zwanziger* (Hrsg.), Kündigungsschutzrecht, 8. Aufl. 2011
Kemper/Kister-Kölkes/ Berenz/*Huber*	Kommentar zum Betriebsrentengesetz, 5. Aufl. 2013
Kindl/Meller-Hannich/ Wolf/*Bearbeiter*	*Kindl/Meller-Hannich/Wolf* (Hrsg.), Gesamtes Recht der Zwangsvollstreckung, 2. Aufl. 2012
Kissel	Arbeitskampfrecht, 2002
Kittner/Zwanziger/ *Bearbeiter*	*Kittner/Zwanziger* (Hrsg.), Arbeitsrecht, Handbuch für die Praxis, 6. Aufl. 2011
Klinkhammer	Mitbestimmung im Gemeinschaftsunternehmen, 1977
Koberski/Asshoff/Eustrup/ Winkler	Arbeitnehmer-Entsendegesetz, Kommentar, 3. Aufl. 2011
Koller/Roth/Morck/ *Bearbeiter*	*Koller/Roth/Morck* (Hrsg.), Handelsgesetzbuch, 7. Aufl. 2011
KölnKAktG/*Bearbeiter*	*Zöllner/Noack* (Hrsg.), Kölner Kommentar zum Aktiengesetz, Band 6, 3. Aufl. 2004
Köstler/Zachert/Müller	Aufsichtsratspraxis, 9. Aufl. 2009
Kötter	Mitbestimmungsrecht, 1952
KR/*Bearbeiter*	Gemeinschaftskommentar zum Kündigungsschutzgesetz und zu sonstigen kündigungsschutzrechtlichen Vorschriften, 10. Aufl. 2013
Krauskopf/*Bearbeiter*	*Krauskopf/Wagner/Knittel* (Hrsg.), Soziale Krankenversicherung, Pflegeversicherung, Loseblatt
Krieger/Schneider	Handbuch Managerhaftung, 2. Aufl. 2010
Krimphove	Europäisches Arbeitsrecht, 2. Aufl. 2001
Kruip	Betriebsrentenanpassung und Sozialplandotierung in Konzern und Umwandlung, 1997
Küttner/*Bearbeiter*	*Röller* (Hrsg.), Personalbuch, 22. Aufl. 2014
Laux/Schlachter	Teilzeit- und Befristungsgesetz, 2. Aufl. 2011
Leinemann/Linck	Urlaubsrecht, 2. Aufl. 2001
Lelley	Compliance im Arbeitsrecht, 2010
Liebscher	GmbH-Konzern Recht 2006
Littmann/Bitz/Pust (Hrsg.)	Das Einkommensteuerrecht, Loseblatt
Lösche/von Loeffelholz	Länderbericht USA 2005
Löwisch	Kommentar zum Sprecherausschussgesetz, 2. Aufl. 1994
Löwisch/Rieble	Tarifvertragsgesetz, 3. Aufl. 2012
Löwisch/Spinner	KSchG Kündigungsschutzgesetz, 9. Aufl. 2004
Lutter/*Bearbeiter*	*Lutter/Winter* (Hrsg.), UmwG, 4. Aufl. 2009
Lutter/Hommelhoff/ *Bearbeiter*	*Lutter/Hommelhoff* (Hrsg.), SE Kommentar, 2007

Literaturverzeichnis

MAH AktR/*Bearbeiter*	*Schüppen/Schaub* (Hrsg.) Münchener Anwaltshandbuch Aktienrecht, 2. Aufl. 2010
MAH ArbR/*Bearbeiter*	*Moll* (Hrsg.), Münchener Anwaltshandbuch Arbeitsrecht, 3. Aufl. 2012
MAH IT-Recht/ *Bearbeiter*	*Leupold/Glossner* (Hrsg.), Münchener Anwaltshandbuch IT-Recht, 3. Aufl. 2013
Mahnhold	Compliance und Arbeitsrecht, 2004
Mahnkopf	Management der Globalisierung, 2013
Manz/Meyer/Schröder/ *Bearbeiter*	Europäische Aktiengesellschaft, 2. Aufl. 2010
Marsch-Barner/Schäfer/ *Bearbeiter*	Handbuch börsennotierte AG, 3. Aufl. 2014
Martinek/Semler (Hrsg.)	Handbuch des Vertriebsrechts, 2003
MaSiG/*Bearbeiter*	*Maschmann/Sieg/Göpfert* (Hrsg.), Vertragsgestaltung im Arbeitsrecht, 2013
Mauer	Personaleinsatz im Ausland, 2. Aufl. 2013
Maywald,	Der Einsatz von Arbeitnehmern in Matrixstrukturen multinationaler Konzerne, 2010
Meinel/Heyn/Herms	AGG, Allgemeines Gleichbehandlungsgesetz, 2. Aufl. 2010
Meinel/Heyn/Herms	TzBfG, Teilzeit- und Befristungsgesetz, 4. Aufl. 2012
Mengel	Compliance und Arbeitsrecht, Beck 2009
Mengel	Umwandlungen im Arbeitsrecht, 1997
MHdB ArbR/*Bearbeiter*	*Richardi/Wlotzke/Wißmann/Oetker* (Hrsg.), Münchener Handbuch zum Arbeitsrecht, 2 Bde., 3. Aufl. 2009
MHdB GesR/*Bearbeiter*	*Leible/Reichert* (Hrsg.), Münchener Handbuch des Gesellschaftsrechts, Bd 6, 3. Aufl. 2009
Michalski/*Bearbeiter*	*Michalski* (Hrsg.), Kommentar zum Gesetz betreffend die Gesellschaften mit beschränkter Haftung (GmbH-Gesetz), Band II, 2. Aufl. 2010
Momsen/Grützner	Wirtschaftsstrafrecht, Handbuch für die Unternehmens- und Anwaltspraxis, 2013
Moosmayer	Compliance-Praxisleitfaden für Unternehmen, 2. Aufl. 2012
Moosmayer/Hartwig (Hrsg.)	Interne Untersuchungen. Praxisleitfaden für Unternehmen, 2012
MSHF/*Bearbeiter*	*Martinek/Semler/Flohr/Habermeier* (Hrsg.), Handbuch des Vertriebsrechts, 3. Aufl. 2010
MüKoAktG/*Bearbeiter*	*Goette/Habersack* (Hrsg.), Münchener Kommentar zum Aktiengesetz, Bd. 7, 3. Aufl. 2012
MüKoBGB/*Bearbeiter*	*Rixecker/Säcker* (Hrsg.), Münchener Kommentar zum BGB, Bd. 11, 5. Aufl. 2010
MüKoGmbHG/*Bearbeiter*	*Fleischer/Goette* (Hrsg.), Münchener Kommentar zum GmbHG, 3 Bd., 2010
MüKoHGB/*Bearbeiter*	*Schmidt* (Hrsg.), Münchener Kommentar zum HGB, 7 Bde., Bd. 1, 3. Aufl. 2010, und Bd. 7, 2. Aufl. 2009
MüKoInsO/*Bearbeiter*	*Kirchhof/Eidenmüller/Stürner* (Hrsg.), Münchener Kommentar zur Insolvenzordnung, 4 Bde., 3. Aufl. 2013/14
MüKoZPO/*Bearbeiter*	*Rauscher/Wax/Wenzel* (Hrsg.), Münchener Kommentar zur ZPO, 4 Bde., 3. Aufl. 2007
Müller/Lehmann	Kommentar zum Mitbestimmungsgesetz, Bergbau und Eisen, 1952
Müller/Berenz	Entgeltfortzahlungsgesetz und Aufwendungsausgleichsgesetz, 2006
Mues/Eisenbeis/Laber	Handbuch des Kündigungsrechts, 2. Aufl. 2010
Musielak/Bearbeiter	*Musielak* (Hrsg.), Zivilprozessordnung, 11. Aufl. 2014
Nagel/Gottwald	Internationales Zivilprozessrecht, 7. Aufl. 2013
Natter/Gross/Bearbeiter	*Natter/Gross* (Hrsg.,) Arbeitsgerichtsgesetz, 2. Aufl. 2013
Nienerza	Unternehmerische Mitbestimmung in grenzüberschreitenden Konzernen, 2005

Literaturverzeichnis

Nienhaus/Depel/Raif/ Renke	Praxishandbuch Zuwanderung und Arbeitsmarkt, 2006
Oetker/Bearbeiter	Oetker (Hrsg.), Kommentar zum Handelsgesetzbuch, 3. Aufl. 2013
Oetker/Preis/Bearbeiter	Oetker/Preis (Hrsg.), Europäisches Arbeits- und Sozialrecht, Loseblatt
Otto	Arbeitskampf- und Schlichtungsrecht, 2006
Palandt/Bearbeiter	Bürgerliches Gesetzbuch, 73. Auflage 2014
Panzer	Mitarbeiterkontrolle und neue Medien, 2004
Plath/Bearbeiter	Plath (Hrsg.), Bndesdatenschutzgesetz, 2013
Pöhlmann/Fandrich/Bloehs	Genossenschaftsgesetz, 4. Aufl. 2012
Preis (Hrsg.)	Der Arbeitsvertrag, 4. Aufl. 2011
Prütting/Gehrlein/ Bearbeiter	Prütting/Gehrlein (Hrsg.), ZPO, 6. Aufl. 2014
Puttfarken	Seehandelsrecht, 1997
Raiser/Veil	Mitbestimmungsgesetz und Drittelbeteiligungsgesetz, 5. Aufl. 2009
Rauscher/Bearbeiter	Rauscher (Hrsg.), Europäisches Zivilprozess- und Kollisionsrecht, 3. Aufl. 2011
Reichel/Schmandt	Betriebliche Altersversorgung bei Unternehmenskauf und Umstrukturierung, 2006
Reinfeld	Das nachvertragliche Wettbewerbsverbot im Arbeits- und Wirtschaftsrecht, 1993
Reithmann/Martiny/ Bearbeiter	Reithmann/Martiny (Hrsg.), Internationales Vertragsrecht: Das internationale Privatrecht der Schuldverträge, 7. Aufl. 2009
Renner/Bearbeiter	Bergmann/Dienelt (Hrsg.), Ausländerrecht, 9. Aufl. 2010
Richardi/Bearbeiter	Richardi (Hrsg.), Betriebsverfassungsgesetz, 14. Aufl. 2014
Rieble	Der Konzern, 2005
Roth/Altmeppen/ Bearbeiter	Roth/Altmeppen (Hrsg.), GmbHG. Kommentar, 7. Aufl. 2012
Rüthers/Fischer/Birk	Rechtstheorie, 7. Aufl. 2013
Saenger/Bearbeiter	Saenger/Ullrich/Siebert (Hrsg.), Zwangsvollstreckung, 3. Aufl. 2015
Saenger/Inhester/ Bearbeiter	Saenger/Inhester (Hrsg.), GmbHG, 2. Aufl. 2013
Sandmann	Die Euro-Betriebsrats-Richtlinie 94/45/EG
Sandmann/Marschall/ Bearbeiter	Sandmann/Marschall (Hrsg.), Arbeitnehmerüberlassungsgesetz, Loseblatt
Schaub/Bearbeiter	Koch/Linck/Treber/Vogelsang, Arbeitsrechts-Handbuch, 15. Aufl. 2013
Scheurle/Mayen/ Bearbeiter	Telekommunikationsgesetz, 2. Aufl. 2008
Schlewing/Henssler/Schipp/ Schnitker	Arbeitsrecht der betrieblichen Altersversorgung, Loseblatt
Schlinkhoff	Der Europäische Betriebsrat kraft Vereinbarung, 2011
Schlosser	EU-Zivilprozessrecht, 3. Aufl. 2009
Scholz/Bearbeiter	Scholz (Hrsg.), Kommentar zum GmbH-Gesetz, 11. Aufl. 2012
Schüren/Hamann	Arbeitnehmerüberlassungsgesetz, 4. Aufl., 2010
Schwald	Die Legitimation der Konzernbetriebsverfassung, 2005
Schwarz	SE-VO Kommentar, 2006
Semler/Stengel/ Bearbeiter	Semler/Stengel (Hrsg.), Umwandlungsgesetz, 3. Aufl. 2012
Sieg/Maschmann	Unternehmensumstrukturierung aus arbeitsrechtlicher Sicht, 2. Aufl. 2010
Simitis/Bearbeiter	Simitis (Hrsg.), Bundesdatenschutzgesetz, 7. Aufl. 2011
Sittard	Voraussetzungen und Wirkungen der Tarifnormerstreckung nach § 5 TVG und dem AEntG, 2010

Literaturverzeichnis

SozVersGesKomm/ Bearbeiter	*Baumeister/Bley/Gagel/Gitter/Heinze/Knopp/Lilge/Müller/Schneider-Danwitz/Schoeter/Schwerdtfeger,* Gesamtkommentar SGB, Sozialversicherung, Loseblatt
Spindler/Stilz/*Bearbeiter*	*Spindler/Stilz* (Hrsg.), Kommentar zum Aktiengesetz: AktG, 2. Aufl. 2010
SPV/*Bearbeiter*	*Stahlhacke/Preis/Vossen,* Kündigung und Kündigungsschutz im Arbeitsverhältnis, 9. Aufl. 2005
Staub	Handelsgesetzbuch, 5. Aufl. 2013
Staudinger/*Bearbeiter*	Staudinger (Begründer), Kommentar zum BGB
Stege/Weinspach/Schiefer	Betriebsverfassungsgesetz, Kommentar, 9. Aufl. 2002
Stevis	International framework agreements and global social dialogue, 2010
TASEG	*Oetker/Preis,* Technisches Arbeitsschutzrecht der EG, Loseblatt
Thüsing	AGB-Kontrolle im Arbeitsrecht, 2007
Thüsing	Europäisches Arbeitsrecht, 2. Aufl. 2011
Thüsing/*Bearbeiter*	*Thüsing* (Hrsg.), AEntG – Arbeitnehmer-Entsendegesetz, Mindestarbeitsbedingungengesetz, 2010
Thüsing/*Bearbeiter*	*Thüsing* (Hrsg.) Arbeitnehmerüberlassungsgesetz, 3. Aufl. 2012
Thüsing/Braun/*Bearbeiter*	*Thüsing/Braun* (Hrsg.), Tarifrecht, 2011
Tschöpe/*Bearbeiter*	*Tschöpe* (Hrsg.), Anwalts-Handbuch Arbeitsrecht, 8. Aufl. 2013
UHH/*Bearbeiter*	*Ulmer/Habersack/Henssler,* MitbestG, 3. Aufl. 2013
Ulber	Arbeitnehmerüberlassungsgesetz, 4. Aufl. 2011
van Hulle/Maul/ Drinhausen/*Bearbeiter*	Handbuch zur Europäischen Gesellschaft (SE), 2007
Veith/Gräfe	Der Versicherungsprozess, 2. Aufl. 2010
Volkelt	Geschäftsführer im Konzern, 2011
v. Hoyningen-Huene	Die Versetzung, 1991
vHH/L/*Bearbeiter*	*v. Hoyningen-Huene/Linck,* Kündigungsschutzgesetz, 15. Aufl. 2013
Wabnitz/Janovsky/ Bearbeiter	*Wabnitz/Janovsky* (Hrsg.), Handbuch des Wirtschafts- und Steuerstrafrechts, 4. Aufl. 2014
Wecker/van Laak/ Bearbeiter	*Wecker/van Laak* (Hrsg.), Compliance in der Unternehmenspraxis, 2. Aufl. 2009
WHSS/*Bearbeiter*	*Willemsen/Hohenstatt/Schweibert/Seibt,* Umstrukturierung und Übertragung von Unternehmen, 4. Aufl. 2011
Widmann/Mayer	*Widmann/Mayer* (Hrsg.), Umwandlungsrecht, Loseblatt
Wiedemann	Die Unternehmensgruppe im Privatrecht, 1988
Wilke/Schütze	Backround Paper on International Framework Agreements for a meeting of the Restructuring Forum devoted to transnational agreements at company level
Windbichler	Arbeitsrecht im Konzern, 1989
Woltzke/Wißmann/ Koberski/Kleinsorge	Mitbestimmungsrecht, 4. Aufl. 2011
WWKK/*Bearbeiter*	*Wlotzke/Wißmann/Koberski/Kleinsorge,* Mitbestimmungsrecht, 4. Aufl. 2011
Zelfel	Der internationale Arbeitskampf nach Art. 9 Rom II-Verordnung, 2011
Zöller/*Bearbeiter*	Zivilprozessordnung, 29. Aufl. 2012

Teil I. Arbeitsrecht im nationalen Konzern

Abschnitt 1. Betriebsübergang und Vermeidung

A. Betriebsübergang gem. § 613a BGB bei Vorliegen eines Konzerns

I. Arbeitsrecht beim Erwerb von Unternehmen, Beteiligungen und Betrieben

1. Änderungen auf Unternehmensebene

a) Übergang von operativen Einheiten – share deal/asset deal/Umwandlung

Das wirtschaftliche Ziel des Erwerbs einer operativen Einheit lässt sich grundsätzlich auf drei Durchführungswegen erreichen, deren arbeitsrechtliche Konsequenzen jedoch unterschiedlich sind. Beim „**share deal**" (Übertragung von Beteiligungen) werden die Anteile an einem Unternehmen erworben, der Erwerber wird Gesellschafter des Unternehmens; das Unternehmen selbst bleibt aber als solches mitsamt seinem operativen Geschäft unverändert bestehen. Dieser Erwerbsvorgang folgt den Regeln des Gesellschaftsrechts – für die Arbeitnehmer des Unternehmens, dessen Anteile übertragen werden, ändert sich durch den Erwerbsvorgang nichts. Ihre Arbeitsverhältnisse bleiben mit dem Unternehmen als bisherigem Arbeitgeber unverändert aufrechterhalten. Beim „**asset deal**" (Übertragung von Wirtschaftsgütern) überträgt ein Unternehmen seine Wirtschaftsgüter (Anlagen, Grundstücke, Kundenstamm, Patente usw) ganz oder teilweise per Einzelrechtsnachfolge an einen Erwerber. Das veräußernde Unternehmen selbst bleibt als Rechtsträger existent, je nach Umfang der vorgenommenen Übertragung verbleibt ihm ein reduziertes oder überhaupt kein operatives Geschäft. Die beim veräußernden Unternehmen bestehenden Arbeitsverhältnisse gehen abhängig vom Umfang der übertragenen „assets" auf den Erwerber als neuen Arbeitgeber über. Das ist der Fall des **Betriebsübergangs oder Betriebsteilübergangs gem. § 613a BGB**. Weiterhin können operative Einheiten oder Teile davon im Wege des **Umwandlungsrechts** übertragen werden. Hier kann zB das übertragende Unternehmen (Rechtsträger) auf das übernehmende Unternehmen verschmolzen werden. Dabei werden im Wege der Gesamtrechtsnachfolge sämtliche Rechte und Pflichten – einschließlich bestehender Arbeitsverträge – auf die übernehmende Gesellschaft übertragen. Im Falle der Verschmelzung erlischt das übertragende Unternehmen, im Falle der Abspaltung bleibt es als Rechtsträger existent. Auch hier kommt es zu einem Wechsel in der Person des Arbeitgebers, für den über § 324 UmwG die Regeln des Betriebsübergangs gem. § 613a BGB grundsätzlich Anwendung finden. Die vorgenannten Gestaltungsmöglichkeiten gelten außerhalb und innerhalb von Konzernbeziehungen. Sie werden bei konzerninternen Umstrukturierungen ebenso eingesetzt wie bei Erwerbsvorgängen zwischen fremden Unternehmen. 1

b) Mitbestimmung im Aufsichtsrat

Regelmäßig stellt sich die Frage, ob und inwieweit bei Erwerbsvorgänge Auswirkungen auf Mitbestimmungsrechte auf Ebene des Unternehmens (Mitbestimmung im 2

Aufsichtsrat) haben. So kann bei Kapitalgesellschaften ein asset deal dazu führen, dass wegen des damit verbundenen Übergangs von Arbeitsverhältnissen die Anzahl der Arbeitnehmer im Unternehmen die Grenze von 500 Arbeitnehmern (§ 1 DrittelbG) oder von 2000 Arbeitnehmern (§ 1 MitbestG) überschritten wird und ein zu einem Drittel oder ein paritätisch mit Arbeitnehmervertretern besetzter Aufsichtsrat zu bilden ist. Auch ein share deal kann dazu führen, dass die Anzahl der Arbeitnehmer im Konzern, die dem herrschenden Unternehmen gem. § 5 MitbestG zugerechnet wird, über 2000 steigt und damit ein paritätisch besetzter Aufsichtsrat beim herrschenden Unternehmen einzurichten ist. Auch Umwandlungsvorgänge können sich auf die Mitbestimmung im Aufsichtsrat auswirken. Sei es, dass durch eine Verschmelzung die für die Anwendung des DrittelbG oder des MitbestG maßgebliche Arbeitnehmerzahl erreicht wird oder diese durch eine Spaltung unterschritten wird. Für letzteren Fall sieht § 325 Abs. 1 UmwG die Beibehaltung der vormaligen Mitbestimmungsregelung für einen Zeitraum von 5 Jahren vor.

c) Beteiligung des Wirtschaftsausschusses

3   Der Wirtschaftsausschuss (§ 106 BetrVG), der in Unternehmen mit idR mehr als 100 ständig beschäftigten Arbeitnehmern zu bilden ist, ist bei allen vorgenannten Erwerbsvorgängen vom Unternehmer zu unterrichten. Die Unterrichtung hat so umfassend zu erfolgen, dass der Wirtschaftsausschuss seiner Aufgabe, wirtschaftliche Angelegenheiten mit dem Unternehmen zu beraten und den Betriebsrat zu unterrichten, nachkommen kann. Zu den wirtschaftlichen Angelegenheiten gehören ausdrücklich „der Zusammenschluss oder die Spaltung von Unternehmen oder Betrieben" (§ 106 Abs. 3 Nr. 8 BetrVG) und „die Übernahme des Unternehmens, wenn hiermit der Erwerb der Kontrolle verbunden ist" (§ 106 Abs. 3 Nr. 9a BetrVG). Letztgenannte Vorschrift verlangt also die Unterrichtung des Wirtschaftsausschusses auch für den Fall, dass sich die Beteiligungsverhältnisse und Kontrollrechte am Unternehmen nach einem Share Deal entsprechend ändern. Davon abgesehen wird die **Generalklausel des § 106 Abs. 3 Nr. 10 BetrVG** („sonstige Vorgänge und Vorhaben, welche die Interessen der Arbeitnehmer des Unternehmens wesentlich berühren können") so ausgelegt, dass jeglicher Wechsel der Gesellschafter unter Bezeichnung der ein- und austretenden Gesellschafter dem Wirtschaftsausschuss mitzuteilen ist.[1] Ein geplanter Betriebsübergang oder Betriebsteilübergang, der die Schwelle der Wesentlichkeit für das Unternehmen überschreitet, unterfällt ebenfalls dem Geltungsbereich der Generalklausel.[2] Diese Mitbestimmungsrechte gelten unabhängig davon, ob der Übertragungsvorgang innerhalb oder außerhalb eines Konzernverbundes stattfindet.

d) Mitbestimmung durch Betriebsratsgremien

4   Bei Änderungen auf Unternehmensebene haben Betriebsrat, Gesamtbetriebsrat und Konzernbetriebsrat grundsätzlich kein Mitbestimmungsrecht, das über eine bloße Information seitens des Arbeitgebers über den jeweiligen Erwerbsvorgang hinausgeht. So ist zB der Konzernbetriebsrat darüber zu informieren, dass eine neue Gesellschaft erworben und zum Konzernverbund hinzugekommen ist, da sich hierdurch die Zusammensetzung des Konzernbetriebsrats und dessen Zuständigkeitsbereich ändert.

5   Bei Umwandlungsvorgängen ist dem Betriebsrat der Entwurf des Umwandlungsbeschlusses oder -vertrags spätestens einen Monat vor dem Tag der Gesellschafterversammlung, die über den Umwandlungsvorgang beschließen soll, zuzuleiten (§§ 5

---

[1] BAG 22.1.1991 – 1 ABR 38/89, NZA 1991, 649; Richardi/*Annuß*, BetrVG § 106 Rn. 57.
[2] Richardi/*Annuß*, BetrVG § 106 Rn. 56; *Franzen*, FS Birk, 2008, 97.

Abs. 3, 126 Abs. 3, 176 Abs. 1, 194 Abs. 2 UmwG). Der Umwandlungsvertrag oder -beschluss muss dabei zwingend Angaben über die Auswirkungen der Umwandlung auf die Arbeitnehmer und ihre Vertretungen und die insoweit vorgesehenen Maßnahmen enthalten.

Darüber hinaus sieht § 109a BetrVG für alle Erwerbsvorgänge eine Erweiterung der Mitbestimmungsrechte des Betriebsrats dahingehend vor, dass bei einer Übernahme des Unternehmens der Betriebsrat entsprechend der für den Wirtschaftsausschuss geltenden Regelungen zu beteiligen ist, falls im Unternehmen kein Wirtschaftsausschuss besteht. Weitergehende Mitbestimmungsrechte der betriebsverfassungsrechtlichen Arbeitnehmervertretungen bestehen bei Änderungen auf Unternehmensebene nicht. 6

2. Änderungen auf Betriebsebene – Übergang von Betrieben und Betriebsteilen

a) Zweck und Geltungsbereich des § 613a BGB

Beim Übergang von Betrieben oder Betriebsteilen durch asset deal bleiben Erwerber und Veräußerer als jeweilige Rechtsträger unverändert bestehen. Auch an den Beteiligungsverhältnissen ändert sich nichts. Der Erwerb eines Betriebs oder eines Betriebsteils führt lediglich zu Änderungen auf der operativen Ebene des Betriebs – es kommt zB zu einer bereits bestehenden Produktionslinie nach dem Erwerb der Maschinen und des Kundenstamms („assets") einen anderen Unternehmens eine weitere Produktionslinie mit zusätzlichen Arbeitnehmern hinzu. Die arbeitsrechtlichen Folgen eines Übergangs von Betrieben und Betriebsteilen auf einen neuen Rechtsträger sind in **§ 613a BGB** geregelt, der die bei der übergehenden wirtschaftlichen Einheit bestehenden Arbeitsverhältnisse mit allen Rechten und Pflichten auf den Betriebserwerber als neuen Arbeitgeber übergehen lässt. Mit § 613a BGB sind in weiten Teilen EU-Richtlinien umgesetzt. Die europarechtlichen Grundlagen sind zuletzt in der Richtlinie 2001/23 EG[1] kodifiziert worden. Der deutsche Gesetzgeber hat zusätzlich zu den europarechtlichen Erfordernissen weitere Regelungen in § 613a BGB aufgenommen – wie etwa das Widerspruchsrecht des Arbeitnehmers gem. § 613a Abs. 6 BGB. Es ist anerkannt und **vom EuGH in der Sache „Allen"** auch ausdrücklich entschieden, dass die Betriebsübergangsrichtlinie und damit § 613a BGB auch dann anzuwenden sind, wenn der Übergang des Betriebes oder des Betriebsteils zwischen zwei **Konzernunternehmen** stattfindet.[2] Es kommt dabei lediglich darauf an, dass zwei Tochtergesellschaften eines Konzerns als jeweils eigenständige juristische Personen Arbeitsverhältnisse eingehen und damit auch den Wechsel in der Person des Arbeitgebers herbeiführen können. Ob die Tochtergesellschaften hingegen autonome Entscheidungen treffen oder de facto zu 100% von der Muttergesellschaft kontrolliert und geleitet werden, ist für die Anwendung der Betriebsübergangsrichtlinie irrelevant.[3] Der EuGH hat damit die uneingeschränkte Anwendung der Betriebsübergangsrichtlinie auf Konzernstrukturen zu Recht bestätigt. 7

Die Regelung des § 613a BGB verfolgt eine **Vielzahl von Zwecken.** Dazu gehören
– Der Erhalt des Arbeitsplatzes beim Erwerber und den Schutz der vereinbarten Arbeitsbedingungen vor einer Vertragsänderung ohne sachlichen Grund[4] 8

---

[1] ABl. EG Nr. L 82 22.3.2001, S. 16.
[2] EuGH 2.12.1999 – C-234/98, Slg. 1999, I-8643, 8664 (Allen), NZA 2000, 587.
[3] EuGH 2.12.1999 – C-234/98, Slg. 1999, I-8643, 8664, Rz. 17 u. 18 (Allen), NZA 2000, 587.
[4] BAG 18.8.2011 – 8 AZR 312/10, NZA 2012, 152; BAG 24.2.2010 – 4 AZR 691/08, NZA-RR 2010, 530; EuGH 10.2.1988 – C-324/86 (Daddy's Dance Hall), Rn. 9, Slg. 1988, I-739; EuGH 9.3.2006 – C-499/04 (Werhof) – Rn. 25, Slg. 2006, I-2397, NZA 2006, 376.

– Die Sicherung der Kontinuität des Betriebsrats
– Die Regelung der Haftungsverteilung zwischen Erwerber und Veräußerer gegenüber dem betroffenen Arbeitnehmer
– Die Sicherung der Weitergeltung kollektiver Regelungen
– Die Information des Arbeitnehmers und der Schutz seiner allgemeinen Handlungsfreiheit

Alle diese Zwecke sind auch im Rahmen von Betriebsübergängen innerhalb von Konzernstrukturen relevant.

9 Der **Geltungsbereich des § 613a BGB** umfasst Arbeitnehmer und Arbeitsverhältnisse, unabhängig von der Arbeitnehmerzahl der beteiligten Unternehmen oder des betroffenen Betriebs(teils),[1] unabhängig von der Existenz eines Betriebsrats und unabhängig von der Rechtsform der beteiligten Unternehmen. Damit fallen auch Betriebsübergänge im Bereich des öffentlichen Dienstes in seinen Geltungsbereich. Auch in Insolvenzfällen findet § 613a BGB Anwendung. Bei § 613a BGB handelt es sich um **zwingend geltendes Arbeitnehmerschutzrecht** – die Anwendung gegenüber den Arbeitnehmern ist nicht vertraglich abdingbar. Die Geltung kann auch nicht durch Vereinbarung eines anderen Arbeitsvertragsstatuts ausgehebelt werden, da Art. 30 Abs. 1 EGBGB (bzw. Art. 8 Abs. 1 Rom I-VO, der für alle nach dem 17.12.2009 geschlossenen Verträge anstelle des Art. 30 Abs. 1 EGBGB gilt)[2] auch im Falle der anderweitigen Rechtswahl die Fortgeltung der zwingenden Vorschriften des objektiven Vertragsstatuts – also des üblicherweise vor Ort geltenden Arbeitsrechts – festschreibt.

10 Der § 613a BGB findet grundsätzlich auch Anwendung, wenn ein **inländischer Betrieb in das Ausland verlagert** wird[3] Dies gilt jedenfalls bis zum Übergang des Arbeitsverhältnisses. Ist das Arbeitsverhältnis zum Veräußerer über die Geltung des § 613a BGB im Inland beendet worden, stellt sich die Frage, ob sich das weitere Schicksal des Arbeitsverhältnisses nach dem (ausländischen) Arbeitsrecht am Ort des Erwerbers richtet oder ob es bei der Anwendung deutschen Arbeitsrechts auf den ausländischen Erwerber bleibt. Der **Wechsel des Vertragsstatuts** kann im Ergebnis dazu führen, dass für den betroffenen Arbeitnehmer, der sein Widerspruchsrecht nicht ausübt, durch den Übergang des Arbeitsverhältnisses ein geringeres rechtliches Schutzniveau eintritt. So hat das BAG einen Betriebsübergang bei der Verlegung einer Produktionsstätte von Süddeutschland in die Schweiz angenommen mit der Folge, dass die Kündigung des Arbeitsverhältnisses durch den deutschen Arbeitgeber unwirksam war, weil sie „wegen des Betriebsübergangs" (§ 613a Abs. 4 BGB) erfolgte.[4] Die Anwendbarkeit des am bisherigen Arbeitsort geltenden § 613a BGB auf den Übertragungsvorgang ist jedenfalls nicht dadurch ausgeschlossen, dass der Arbeitsort künftig im Ausland liegt.[5] Ob aber das Arbeitsverhältnis auf den Erwerber übergeht und inwieweit das übergegangene Arbeitsverhältnis dann geschützt ist, hatte das BAG nicht zu entscheiden. Führt man die vom BAG eingeschlagene Linie weiter, wäre dies bei einem Wechsel in die neue Schweizer Betriebsstätte eine Frage des nationalen Schweizer

---

[1] In der berühmten „Christel Schmidt-Entscheidung" des EuGH vom 14.4.1994 – Rs C-392/92, NZA 1994, 545 wurde ein Betriebsteilübergang mit nur einer betroffenen Arbeitnehmerin bejaht.

[2] Verordnung über vertragliche Schuldverhältnisse – Rom I-Verordnung – VO (EG) 593/2008; zur am 17.12.2009 in Kraft getretenen Gesetzesänderung in Bezug auf Art. 30 EGBGB: *Schneider*, NZA 2010, 1380.

[3] BAG 26.5.2011 – 8 AZR 37/10, NZA 2011, 1143 (Verlagerung von Deutschland in die Schweiz); BAG 16.5.2002 – 8 AZR 319/01, AP BGB § 613a Nr. 237 (Verlagerung von Deutschland nach Österreich); BAG 20.4.1989 – 2 AZR 431/88, AP BGB § 613a Nr. 81 (Verlagerung von Deutschland nach Frankreich).

[4] BAG 26.5.2011 – 8 AZR 37/10, NZA 2011, 1143.

[5] LAG BW 17.9.2009 – ZIP 2010, 388; ErfK/*Schlachter* Rom I-VO Art. 9 Rn. 9.

Rechts, da sich das Arbeitsvertragsstatut eines Arbeitnehmers, in dessen Vertragsverhältnis keine Rechtswahl vereinbart worden ist, „regelmäßig" bei einem Wechsel infolge eines Betriebsübergangs ändere.[1] Dies trifft zu, soweit ein Arbeitnehmer tatsächlich mit der Betriebsverlagerung seinen Arbeitsort wechselt. Art. 8 II Rom I-VO bestimmt nämlich, dass bei Unterbleiben einer Rechtswahl der Arbeitsvertrag dem Recht des Staates unterliegt, in dem der Arbeitnehmer in Erfüllung seines Vertrags gewöhnlich seine Arbeit verrichtet. Ein Übergang des Arbeitsverhältnisses auf den neuen Arbeitgeber im Ausland kann aber nicht mit der tatsächlichen Arbeitsaufnahme im Ausland, die jedenfalls zur Änderung des Vertragsstatuts führen würde, gleichgesetzt werden.[2] Damit sich der vertragsgemäße Arbeitsort automatisch mit dem Betriebsübergang ändert, müsste zumindest eine passende und wirksame Versetzungsklausel im Vertrag vorhanden sein, die dann auch dem neuen Arbeitsvertragsstatut Geltung verschaffen könnte. Im vom BAG entschiedenen Fall waren hierzu keine Feststellungen getroffen. In der Regel wird es deshalb so sein, dass es trotz Betriebsübergang in Kombination mit einer Betriebsverlagerung beim deutschen Arbeitsort und damit auch beim deutschen Arbeitsvertragsstatut bleibt, wenn der Arbeitnehmer seine Arbeit nicht tatsächlich am ausländischen Arbeitsort aufnimmt.[3] Ob ein derartiger Betriebsübergang mit Betriebsverlagerung innerhalb eines Konzerns oder zwischen nicht konzernmäßig verbundenen Unternehmen stattfindet, ist für die Anwendung des § 613a BGB irrelevant.[4] Den von einer solchen Transaktion betroffenen Arbeitnehmern ist anzuraten, sorgsam über die Geltendmachung des Widerspruchsrechts nachzudenken, um etwaige Nachteile im Arbeitsverhältnis mit dem Erwerber im Ausland zu vermeiden. Auch für einen Betriebsübergang aus Deutschland in einen EU-Mitgliedsstaat ist bislang nicht entschieden, ob der Erwerber des Betriebs auch Arbeitgeber wird und welche Bindungen dann hinsichtlich des Arbeitsverhältnisses gelten. Es erscheint naheliegend, dass das übergegangene Arbeitsverhältnis den nationalen Regelungen unterliegt, mit denen die Betriebsübergangsrichtlinie 2001/23 EG umgesetzt worden ist. Dies entspräche dem Zweck der Richtlinie, auch im europäischen Binnenmarkt[5] den Bestand von Arbeitsplätzen und die Aufrechterhaltung des bestehenden sozialen Schutzniveaus beim Übergang von Betrieben zu schützen. Diese Konsequenz ergibt sich jedenfalls, wenn man – wie das BAG – den Anwendungsbereich des § 613a BGB nicht auf Betriebsübergänge im Inland beschränkt. Im Hinblick darauf, dass bei grenzüberschreitender Anwendung des § 613a BGB negative Folgen für die betroffenen Arbeitnehmer aufgrund eines geringeren Schutzniveaus des dann anwendbaren ausländischen Rechts entstehen können, wird diese weite Anwendung des § 613a BGB teilweise abgelehnt und für die nationalen Vorschriften über den Betriebsübergang das Vorliegen einer „ungeschriebene Inlandsbegrenzung" angenommen.[6] Die Klärung des Geltungsbereichs wird wohl einer Entscheidung des EuGH bedürfen. Auch bei grenzüberschreitenden konzerninternen Umstrukturierungen sollte jedenfalls die Möglichkeit des Übergangs von Arbeitsverhältnissen auf Konzernunternehmen in einem anderen Staat der EU im Auge behalten werden.

---

[1] BAG 26.5.2011 – 8 AZR 37/10, NZA 2011, 1143 unter Ziffer 44 und 45.
[2] So auch *Henne*, Anmerkung zu BAG 26.5.2011 – 8 AZR 37/10, GWR 2011, 532.
[3] So schon *Feudner*, NZA 1999, 1184 (1188); WHSS/*Willemsen*, G 46a und G 89 ff.
[4] WHSS/*Willemsen*, G 92 f., zu möglichen kündigungs- und weiterbeschäftigungsrechtlichen Auswirkungen einer konzerninternen Verlagerung siehe → Teil I Absch 3 Rn. 67 ff. sowie WHSS/*Willemsen*, H 37 ff.
[5] Auf die Auswirkungen bzw. die Verwirklichung des Binnenmarkts nimmt die Richtlinie unter Erwägungsgründen 5 und 7 Bezug.
[6] *Junker*, NZA-Beil. 1/2012, 8 (13 ff.); unter Verweis auf *Loritz*, RdA 1987, 65 (84) und *Feudner*, NZA 1999, 1184 (1187).

11 In diesem Zusammenhang ist auch zu berücksichtigen, dass das BAG in der Entfernung der inländischen alten von der ausländischen neuen Betriebsstätte ein Kriterium dafür sieht, ob der verlagerte Betrieb seine Identität bewahrt. Eine Entfernung zum ausländischen Betrieb von nicht mehr als einer Autostunde (hier 59 km) hat es nicht als so gravierend angesehen, dass die Wahrung der Identität zweifelhaft erscheine.[1] Ob das Merkmal der Entfernung bei Betriebsverlagerungen überhaupt relevant ist, ist umstritten.[2]

b) Anwendungsbereiche des § 613a BGB

aa) Einzelrechtsnachfolge – asset deal

12 Der klassische Anwendungsbereich der Betriebsübergangsregelung des § 613a BGB ist der Erwerb von Vermögensgegenständen oder Wirtschaftsgütern im Rahmen von Kauf- und Übertragungsverträgen (Einzelrechtsnachfolge) oder die Übernahme von bestehenden Auftragsbeziehungen. Für den Eintritt der Rechtsfolge des automatischen Übergangs der dem übertragenen Bereich zuzuordnenden Arbeitsverhältnisse auf den Erwerber ist die maßgebliche Voraussetzung, dass die **übertragene wirtschaftliche Einheit ihre Identität** bewahrt. Nicht allein der Erwerb eines Wirtschaftsguts oder allein die Übernahme eines (Dienstleistungs)auftrags, der zuvor von einem anderen Unternehmen ausgeführt worden ist, reichen hierfür aus. Hinzukommen muss ein funktionales Element: Die Identität der wirtschaftlichen Einheit ist dann gegeben, wenn **der Kern des zur Wertschöpfung erforderlichen Funktionszusammenhangs gewahrt** bleibt.[3] Im Rahmen der Einzelrechtsnachfolge sind also Rechtsgeschäfte wie Kaufverträge, Pachtverträge, Werklieferungsverträge, Betriebsführungsverträge, Auftragsverhältnisse, Dienstleistungsverträge usw daraufhin zu untersuchen, ob sie die Übertragung einer derartigen wirtschaftlichen Einheit bewirken und damit die Rechtsfolgen des § 613a BGB auslösen.

bb) Umwandlungsfälle

13 Vollzieht sich ein Erwerb im Wege der umwandlungsrechtlichen Gesamtrechtsnachfolge – etwa durch Verschmelzung einer Gesellschaft auf den Erwerber oder durch Abspaltung von Betriebsteilen (§ 1 Abs. 1 Nr. 2 UmwG), so gilt § 613a BGB aufgrund der spezialgesetzlichen Anordnung des § 324 UmwG. Es handelt sich dabei aber nicht um eine Rechtsfolgenverweisung, die in jedem Umwandlungsfall die Rechtsfolgen des § 613a BGB eintreten lassen würde, vielmehr sind die Voraussetzungen des § 613a BGB für jeden Umwandlungsfall gesondert zu prüfen.

cc) Anwachsung

14 Eine in Konzernstrukturen beliebte Gestaltungsmaßnahme ist die personengesellschaftsrechtliche Anwachsung. Hier erfolgt eine Vermögensübertragung dadurch, dass sich die Anteile an einer Personengesellschaft in einer Hand vereinigen, woraufhin die Personengesellschaft erlischt und deren Vermögen kraft Gesetzes ohne jeden weiteren Übertragungsakt auf den verbleibenden letzten Gesellschafter als Erwerber übergeht. Grundfall hierfür ist das Ausscheiden eines von zwei Gesellschaftern aus einer Perso-

---

[1] BAG 26.5.2011 – 8 AZR 37/10, NZA 2011, 1143 unter Rn. 36; siehe auch BAG 25.5.2000 – 8 AZR 335/99, BeckRS 2009/67931 (mehrere hundert Km Entfernung sprechen gegen Wahrung der Identität); BAG 13.11.1997 – 8 AZR 435/95, BeckRS 1997, 30924776; BAG 12.2.1987 – 2 AZR 247/86, AP BGB § 613a Nr. 67 (nicht unerhebliche räumliche Verlegung des Betriebs spricht für Betriebsstilllegung).
[2] Kritisch *Bauer/Schansker*, ArbRAktuell 2011, 298; *Junker*, NZA-Beil. 2012, 8 (11).
[3] Dazu im Einzelnen → Rn. 16.

nengesellschaft. Möglich ist auch die Übertragung aller Personengesellschaftsanteile an einen Dritten, der dann Alleineigentümer des vormaligen Gesellschaftsvermögens wird.[1] Die hM sieht hierin keinen Fall des § 613a BGB mit der Folge, dass die darin enthaltenen besonderen arbeitsrechtlichen Schutzregelungen (zB einjährige Veränderungssperre von kollektiven Regelungen, Pflicht zur Erstellung eines Informationsschreibens) nicht gelten.[2] Selbstverständlich gehen aber auch bei der Anwachsung die Arbeitsverhältnisse unverändert auf den Erwerber über. Die Rechtsprechung hat sich in der Frage der Anwendung des § 613a BGB in Anwachsungsfällen bislang noch nicht festgelegt – das BAG verneint nur das Vorliegen eines Widerspruchsrechts gem. § 613a Abs. 6 BGB[3] (was seiner Rechtsprechung für die Fälle der Verschmelzung bei Erlöschen des übertragenden Rechtsträgers entspricht – und tendiert offenbar dazu, einen Betriebsübergang anzunehmen. Dies ist abzulehnen, da es im Gegensatz zu den Umwandlungsfällen, für die § 324 UmwG ausdrücklich auf die Geltung des § 613a BGB verweist, für die Anwachsung an einer derartigen Verweisungsnorm fehlt. Folgt man dem nicht, stellt sich die Frage, ob auch bei einer Anwachsung – trotz Fehlen des Widerspruchsrechts – eine Information der Mitarbeiter gem. § 613a Abs. 5 BGB über die Folgen des Übergangs ihrer Arbeitsverhältnisse erforderlich ist. Da die hM den betroffenen Mitarbeitern zu Recht ein außerordentliches Kündigungsrecht zubilligt,[4] weil es aus verfassungsrechtlichen Gründen nicht zulässig ist, einem Arbeitnehmer gegen seinen Willen einen neuen Arbeitgeber aufzudrängen, kann ein Informationsbedürfnis der Mitarbeiter nicht verneint werden. Um möglichst kurzfristig Klarheit über die Ausübung eines solchen Kündigungsrechts zu bekommen, bietet es sich an, auch bei der Anwachsung vorsorglich einen Information der Arbeitnehmer entsprechend § 613a Abs. 5 BGB durchzuführen.[5]

dd) Erbfälle

Kein Fall des § 613a BGB ist der Erwerb eines zB einzelkaufmännischen Unternehmens durch Erbfolge (§§ 1922, 1967 BGB). Hier gehen zwar bestehende Arbeitsverhältnisse auf den Erben über, dies aber lediglich im Rahmen der erbrechtlichen Regelungen.

II. Überblick – Grundlagen des Betriebsübergangs nach § 613a BGB

1. Voraussetzungen des Übergangs von Arbeitsverhältnissen auf den Erwerber

a) Bewahrung der Identität der wirtschaftlichen Einheit

Die Richtlinie 2001/23/EG vom 12.3.2001 definiert die Voraussetzungen für den Betriebsübergang als „Übergang einer ihre Identität bewahrenden wirtschaftlichen Einheit im Sinn einer organisierten Zusammenfassung von Ressourcen zur Verfolgung einer wirtschaftlichen Haupt- oder Nebentätigkeit."

Ein Betriebsübergang liegt demnach vor, wenn eine auf einen Erwerber übergegangene **wirtschaftliche Einheit** dort **ihre Identität wahrt.** Der Begriff der wirtschaftlichen Einheit ist ebenso weit gefasst wie der Begriff des Betriebs. Der EuGH definiert die wirtschaftliche Einheit als „organisierte Gesamtheit von Personen und Sachen zur

---

[1] BGH 10.5.1978 – VIII ZR 32/77, BGHZ 71, 296.
[2] Vgl. dazu WHSS/*Willemsen,* B Rn. 120.
[3] BAG 21.2.2008 – 8 AZR 157/07, NZA 2008, 815.
[4] Staudinger/*Annuß,* BGB § 613a Rn. 310, mwN.
[5] Dazu *Vogt/Oltmanns,* NZA 2012, 1190.

Ausübung einer wirtschaftlichen Tätigkeit mit eigener Zielsetzung".[1] Das BAG nimmt auf Basis der jüngeren Rechtsprechung des EuGH („Klarenberg")[2] die Identität der wirtschaftlichen Einheit an, wenn **der Kern des zur Wertschöpfung erforderlichen Funktionszusammenhangs** gewahrt bleibt. Die bloße Funktionsnachfolge stellt dabei nach wie vor keinen Betriebsübergang dar – eine bloße Tätigkeit darf nicht bereits als wirtschaftliche Einheit verstanden werden.[3] Gleichwohl hat die Klarenberg-Entscheidung des EuGH den Anwendungsbereich für das Vorliegen eines Betriebsübergangs erheblich erweitert: Es ist danach zur Wahrung der Identität nicht mehr erforderlich, dass die übertragene Einheit ihre bisherige Organisationsstruktur beibehält[4] sondern es reicht aus, dass die funktionelle Verknüpfung der Produktionsfaktoren beim Erwerber beibehalten wird. Im fraglichen Fall hatte der Erwerber vom Veräußerer materielle und immaterielle Betriebsmittel und einige Arbeitnehmer übernommen, die mit diesen Betriebsmitteln gearbeitet hatten und zuvor zu einer einheitlichen Abteilung gehörten. Er wies die Arbeitnehmer dann unterschiedlichen Abteilungen zu und übertrug diesen weitere Aufgaben. Der EuGH nahm trotz der Auflösung der bisherigen Organisation des Veräußerers einen Betriebsübergang an. Die bisherige Strategie, zur Vermeidung eines Betriebsübergangs die bestehende Organisation zu zerschlagen und damit die vormals bestehende wirtschaftliche Einheit aufzulösen, wird deshalb allein nicht mehr funktionieren. Es wird zusätzlich erforderlich sein, auch die funktionelle Verknüpfung zwischen den einzelnen Produktionsfaktoren in ihrer Wechselbeziehung und gegenseitigen Ergänzung aufzulösen. Einen solchen Fall hat das BAG angenommen, als der neue Betreiber von Betriebskantinen, in denen zuvor mit eigenen Köchen Speisen selbst zubereitet wurden, das unternehmerische Konzept dergestalt änderte, dass in den Küchen lediglich vorgefertigte Speisen von Hilfskräften erwärmt wurden und hat damit das Vorliegen eines Betriebsübergangs verneint.[5] Das BAG hat im vorgenannten Fall die Klarenberg-Rechtsprechung des EuGH zugrunde gelegt.

18 § 613a BGB umfasst neben dem Übergang eines Betriebs auch den **Übergang eines Betriebsteils.** Für die Abgrenzung von Betrieb und Betriebsteil ist eine Gesamtbetrachtung erforderlich, in der die wirtschaftliche Einheit und ihre Identität im Mittelpunkt steht.[6] Bei einem Betriebsteil handelt es sich um eine selbständig abtrennbare organisatorische Einheit, mit der innerhalb des betrieblichen Gesamtzwecks ein Teilzweck verfolgt wird.[7] Die Teileinheit muss dabei bereits beim früheren Betriebsinhaber die Qualität eines Betriebsteils gehabt haben.[8] Ergibt die Gesamtbetrachtung eine identifizierbare wirtschaftliche und organisatorische Teileinheit, so muss diese beim Erwerber im Wesentlichen unverändert fortbestehen, dabei braucht der Betriebsteil beim Erwerber seine organisatorische Selbständigkeit jedoch nicht vollständig zu bewahren. Es genügt, dass der Erwerber die funktionelle Verknüpfung zwischen den

---

[1] EuGH 11.3.1997 – Rs. C-13/95 – Ayse Süzen, NZA 1997, 433 (434).
[2] EuGH 12.2.2009 – C-466/07 – Klarenberg, NZA 2009, 251; dazu auch die Folgeentscheidung BAG 13.10.2011 – 8 AZR 455/10, NZA 2012, 504.
[3] ErfK/*Preis,* BGB § 613a Rn. 11 mwN.
[4] So zB früher BAG 6.4.2006 – 8 AZR 249/04, NZA 2006, 1039 (1042).
[5] BAG 17.12.2009 – 8 AZR 1019/08, NZA 2010, 499.
[6] BAG 7.4.2011 – 8 AZR 730/09, NZA 2011, 1231 – Zweckverband Wasser.
[7] BAG 7.4.2011 – 8 AZR 730/09, NZA 2011, 1231 – Zweckverband Wasser; BAG 26.8.1999 – 8 AZR 718/98, NZA 2000, 1044.
[8] BAG 13.10.2011 – 8 AZR 455/10, ArbRAktuell 2011, 324059 mit Anmerkung *Bauer,* NZA 2012, 504 – im Revisionsverfahren im Fall Klarenberg hat das BAG das Vorliegen eines Teilbetriebs beim Veräußerer verneint und damit den Übergang des Arbeitsverhältnisses von Herrn Klarenberg auf den Erwerber nach § 613a BGB abgelehnt; BAG 17.12.2009 – 8 AZR 1019/08, Betriebskantinen, NZA 2010, 499.

übertragenen Produktionsfaktoren beibehält und es ihm derart ermöglicht wird, diese Faktoren zu nutzen, um derselben oder einer gleichartigen wirtschaftlichen Tätigkeit nachzugehen.[1] Damit konkrete Arbeitsverhältnisse auf den Erwerber übergehen, müssen diese dem Betriebsteil zuzuordnen sein. Für das Vorliegen eines Betriebsteilübergangs spielt es keine Rolle, ob der beim Veräußerer zurückbleibende Teil des Betriebes als solcher noch wirtschaftlich lebensfähig ist.[2]

Nach wie vor gilt, dass das Vorliegen eines Betriebsübergangs, dh die Frage, ob eine ihre Identität wahrende wirtschaftliche Einheit übergeht, im Rahmen einer **wertenden Gesamtbetrachtung** aller dem betreffenden Vorgang kennzeichnender Tatsachen vorzunehmen ist und dabei die **Prüfung nach folgenden sieben Kriterien**[3] zu erfolgen hat:

(1) Art des betreffenden Betriebs oder Unternehmens
(2) Etwaiger Übergang der materiellen Betriebsmittel
(3) Wert der immateriellen Aktiva im Zeitpunkt des Übergangs
(4) Etwaige Übernahme von Arbeitnehmern durch den Erwerber
(5) Etwaiger Übergang der Kundschaft
(6) Grad der Ähnlichkeit zwischen den vor und nach dem Übergang verrichteten Tätigkeiten
(7) Dauer einer eventuellen Unterbrechung der Tätigkeit

Zu (1) Art des betreffenden Betriebs oder Unternehmens

Wo der „Kern des zur Wertschöpfung erforderlichen Funktionszusammenhangs" liegt, bestimmt sich nach der **Art des Unternehmens oder Betriebes**.[4] Hiernach richtet es sich, ob die Übertragung von materiellen oder immateriellen Betriebsmitteln oder die Übernahme von Arbeitnehmern im Ergebnis zur Wahrung der Identität der wirtschaftlichen Einheit führt. Bei **Produktionsbetrieben** wird es hauptsächlich auf die Übertragung von sächlichen Betriebsmitteln (Maschinen, Gebäude, Lager, Rohstoffe) ankommen, hier spielen jedoch auch immaterielle Betriebsmittel wie Lizenzen, Patente, Know How oder Software eine Rolle. Bei **Handelsbetrieben** wird es hauptsächlich auf die Übertragung des Kundenstamms ankommen, was zB auch von der Beibehaltung des bisherigen Standorts abhängig sein kann. Die Identität von **Dienstleistungsbetrieben** wird hingegen vornehmlich durch die immateriellen Betriebsmittel (Kundenlisten, Auftragsverhältnisse, Geschäftsbeziehungen) und die dort tätigen Arbeitnehmer geprägt. Im Rahmen des Prüfungsprogramms für das Vorliegen eines Betriebsübergangs differenziert die Rechtsprechung danach, ob es sich um **betriebsmittelgeprägte** oder **betriebsmittelarme Einheiten** handelt. Bei betriebsmittelgeprägten wirtschaftlichen Einheiten (zB Maschinenbau, Hotel,[5] Restaurant, Automobilteilezulieferer,[6] Verpackungsbereich eines Druckzentrums)[7] kann schon die bloße

---

[1] BAG 7.4.2011 – 8 AZR 730/09, NZA 2011, 1231 – Zweckverband Wasser; BAG 27.1.2011 – 8 AZR 326/09, Kleinpaketfertigung, NZA 2011, 1162; EuGH 12.2.2009 – C-466/07, Klarenberg, NZA 2009, 251.
[2] BAG 7.4.2011 – 8 AZR 730/09, NZA 2011, 1231.
[3] EuGH 25.1.2001 – Rs. C-172/99, NZA 2001, 249; hinsichtlich der Kriterien und deren Gewichtung existieren eine Vielzahl von Einzelfallentscheidungen, auf die an dieser Stelle nicht eingegangen werden soll. Ausführlicher Überblick hierzu bei Hölters/von Steinau-Steinrück/Thees, Handbuch Unternehmenskauf Teil V, Rz. 33 ff.; ErfK/Preis, BGB § 613a Rn. 12 ff.
[4] BAG 6.4.2006 – 8 AZR 222/04, NZA 2006, 723; BAG 15.2.2007 – 8 AZR 431/06, NZA 2007, 793; BAG 13.12.2007 – 8 AZR 937/06, NZA 2008, 1021.
[5] BAG 21.8.2008 – 8 AZR 201/07, NZA 2009, 29; BAG 18.8.2011 – 8 AZR 230/10, NJW-Spezial 2011, 755.
[6] BAG 18.8.2011 – 8 AZR 312/10, NZA 2012, 152.
[7] BAG 27.1.2011 – 8 AZR 326/09, NZA 2011, 1162.

Übernahme der Betriebsmittel den Betriebsübergang auslösen, während es bei betriebsmittelarmen wirtschaftlichen Einheiten (Call-Center,[1] Bewachungsunternehmen)[2] für das Vorliegen eines Betriebsübergangs maßgeblich darauf ankommt, dass ein nach Zahl und Sachkunde wesentlicher Teil der Belegschaft übernommen wird.

Zu (2) Etwaiger Übergang der materiellen Betriebsmittel

21 Die **Übertragung der materiellen Betriebsmittel** ist Indiz, nicht aber Voraussetzung für einen Betriebsübergang. Auf die Eigentumslage an den Betriebsmitteln kommt es dabei nicht an. Maßgeblich ist lediglich, dass der Erwerber die Betriebsmittel nutzt. Ob diese Nutzung eigenwirtschaftlich[3] erfolgt oder lediglich „an" fremden Betriebsmitteln spielt dabei keine Rolle.[4] Werden Betriebsmittel übernommen, die der Erwerber nicht nutzt, weil er diese zB wegen eines veränderten Betriebskonzepts nicht benötigt, bleiben diese bei der Gesamtbetrachtung unberücksichtigt.[5] Die übertragenen Betriebsmittel sind daraufhin zu untersuchen, ob sie bei wertender Betrachtung den Kern des zur Wertschöpfung erforderlichen Funktionszusammenhangs ausmachen.

Zu (3) Wert der immateriellen Aktiva im Zeitpunkt des Übergangs

22 Der Wert der **immateriellen Aktiva** zum Übertragungszeitraum hat ebenfalls nur Indizwirkung für das Vorliegen eines Betriebsübergangs. Die Übernahme von Schutzrechten, Marken, Lizenzen, Patenten, Etablissementsbezeichnungen, Know-How oder die Fortführung der Firma trägt zur Wahrung der Identität der jeweiligen wirtschaftlichen Einheit bei. Dabei wird das Know-How insbesondere durch die Arbeitnehmer eines Unternehmens verkörpert – deshalb ist die Übernahme von Know-How-Trägern aus der Belegschaft des Veräußerers ein Merkmal für das Vorliegen eines Betriebsübergangs.[6]

Zu (4) Etwaige Übernahme von Arbeitnehmern durch den Erwerber

23 Die **Übernahme von Arbeitnehmern** kommt insbesondere in betriebsmittelarmen Einheiten (Dienstleistungsbetriebe) besondere Bedeutung zu. Die Wahrung der Identität der wirtschaftlichen Einheit kann sich aus der Übernahme eines nach Zahl und Sachkunde wesentlichen Teils des Personals ergeben. Dabei ist die Frage der Wesentlichkeit des übernommenen Personals je nach dem in der betreffenden Branche erforderlichen Qualifikationsgrad zu ermitteln – im Reinigungs- oder Bewachungsgewerbe mit seinen typischerweise geringen Qualifikationsanforderungen an die Mitarbeiter soll ein Anteil von 75 % übernommener Arbeitnehmer noch nicht zur Annahme der Übernahme der Hauptbelegschaft und damit zum Vorliegen eines Betriebsübergangs ausreichen.[7] Die Übernahme von hochqualifizierten Spezialisten hingegen kann unter dem ergänzenden Aspekt der Übernahme von Know How einen Betriebsübergang bereits auslösen, wenn diese nur einen relativ geringen Teil der Belegschaft umfassen.[8] In betriebsmittelgeprägten Betrieben kann die Gesamtabwägung hingegen auch ohne die Übernahme von

---

[1] BAG 25.6.2009 – 8 AZR 258/08, NZA 2009, 1412 (Übernahme eines Call Centers).
[2] BAG 23.5.2013 – 8 AZR 207/12, BeckRS 2013, 72336.
[3] So noch BAG 11.12.1997 – 8 AZR 426/94, NZA 1998, 532.
[4] EuGH 15.12.2005 – C 232, 233/04, Güney-Görres, NZA 2006, 29.
[5] BAG 17.12.2009 – 8 AZR 1019/08, NZA 2010, 499.
[6] BAG 9.2.1994 – 2 AZR 781/93, NZA 1994, 612.
[7] BAG 10.12.1998 – 8 AZR 676/97, NZA 1999, 420.
[8] BAG 11.9.1997 – 8 AZR 555/95, BB 1998, 50 zum Koch als Know-How-Träger für ein Restaurant; BAG 22.10.2009 – 8 AZR 766/08, NZA-RR 2010, 660 zur Übernahme von Metzgern und Köchen für eine Metzgerei mit Partyservice und Catering; BAG 21.6.2012 – 8 AZR 244/11, BeckRS 2012, 74677 – bei einem IT-Servicebetrieb reicht des erforderlichen hohen Qualifikationsniveaus die Übernahme von mehr als der Hälfte der Arbeitnehmer für die Annahme eines Betriebsübergangs aus.

Arbeitnehmern zum Vorliegen eines Betriebsübergangs führen.[1] Werden fast alle vormaligen Arbeitnehmer eines Produktionsunternehmens von einer Personalüberlassungsgesellschaft übernommen und als Leiharbeitnehmer an den Erwerber der Produktionsanlagen dieses Produktionsunternehmens verliehen, liegt darin kein Betriebsübergang auf die Personalüberlassungsgesellschaft, da diese keine Betriebsmittel des Produktionsunternehmens erworben hat und ihr Betriebszweck in der Personalüberlassung, nicht aber in den Produktion liegt.[2]

Ein weiteres Beispiel für das Fehlen der Merkmale unter (2) und (4) und die daraus folgende Ablehnung eines Betriebsübergangs: Übernimmt die Konzernmutter die Buchhaltung und die Personalverwaltungsaufgaben eines Tochterunternehmens, so liegt darin kein Betriebsübergang, wenn damit keine Übernahme von Betriebsmitteln oder Personal verbunden ist.[3] **24**

Zu (5) Etwaiger Übergang der Kundschaft

Die Übernahme der durch Geschäftslage, Warensortiment und Betriebsform geprägten **Kundenbeziehungen** ist in der Einzelhandelsbranche[4] ein gewichtiges Merkmal für die Wahrung der Identität. Auch in Dienstleistungsbetrieben kommt dem Kundenstamm zentrale Bedeutung zu: Bei Übernahme eines Catering-Auftrags für ein Krankenhaus hat der EuGH einen Betriebsübergang angenommen, wenn der neue Caterer die vom Krankenhaus bereits an den vormaligen Caterer gestellten Betriebsmittel (Räumlichkeiten, Versorgungsanschlüsse, Kücheneinrichtung) nutzt und dessen Kunden übernimmt.[5] Wechselt beim Outsourcing der externe Dienstleister für die ausgelagerte Aufgabe, ist das auslagernde Unternehmen als Kunde auch des neuen Dienstleisters zu betrachten. Bei Neuvergabe des Auftrags bleibt der Auftraggeber der Kunde. Damit ist die Identität der Kundschaft gewahrt.[6] **25**

Zu (6) Grad der Ähnlichkeit zwischen den vor und nach dem Übergang verrichteten Tätigkeiten

Der **Grad der Ähnlichkeit der Tätigkeit vor und nach der Übernahme** bezieht sich insbesondere auf die Beibehaltung des Betriebszwecks.[7] Dabei ist zu ermitteln, wann die Änderung des Betriebszwecks so wesentlich ist, dass ein Betriebsübergang ausscheidet. Eine Erweiterung der Tätigkeiten der übernommenen Arbeitnehmer, die eine Fortbildung erforderlich macht, führt für sich genommen noch nicht dazu, einen Betriebsübergang abzulehnen.[8] Ändert sich der Betriebszweck so, dass andere Kundenkreise angesprochen werden, zB beim Wechsel von einem Restaurant mit „gutbürgerlicher" deutscher Küche zu einem arabischen Spezialitätenrestaurant[9] oder beim Wechsel von einem beratungsgeprägten Möbelfachgeschäft hin zu einem Möbeldiscounter/Abholmarkt,[10] spricht dies gegen die Wahrung der Identität. **26**

In vielen Fällen wird die Ähnlichkeit der Tätigkeit sich schon notwendigerweise daraus ergeben, dass die vom alten und vom neuen Auftragnehmer zu erbringenden Dienstleistungen (zB Reinigung, Bewachung) identisch sind. In Fällen des Outsourcing, der Neuvergabe von Aufträgen oder der Rückübernahme von zuvor an Dritte vergebenen Aufträgen stellt sich die Frage, ob hierin ein Betriebsübergang zu sehen ist. **27**

---

[1] BAG 27.1.2011 – 8 AZR 326/09, NZA 2011, 1162.
[2] BAG 23.9.2010 – 8 AZR 567/09, NZA 2011, 197.
[3] BAG 14.8.2007 – 8 AZR 803/06, NZA 2007, 1428.
[4] BAG 2.12.1999 – 8 AZR 796/98, BB 2000, 1523.
[5] EuGH 20.11.2003 – C 340/01, Abler, NZA 2003, 1385.
[6] BAG 13.6.2006 – 8 AZR 271/05, NZA 2006, 1101 (Sicherheitskontrolle Flughafen).
[7] EuGH 18.3.1986 – C-J 002/85, Slg. 1986, 1119 – Spijkers.
[8] BAG 25.6.2009 – 8 AZR 258/08, NZA 2009, 1412 (Übernahme eines Call Centers).
[9] BAG 11.9.1997 – 8 AZR 555/95, NZA 1998, 31.
[10] BAG 13.7.2006 – 8 AZR 331/05, NZA 2006, 1357.

In diesen Fällen ist der Betriebsübergang abzugrenzen von der Auftrags- oder **Funktionsnachfolge**. Es herrscht Einigkeit darüber, dass die bloße Funktionsnachfolge, also zB die Übernahme eines Auftrags im Wettbewerb mit anderen Anbietern, die nicht gleichzeitig mit der Übernahme von Betriebsmitteln oder Personal verbunden ist, keinen Betriebsübergang auslöst.[1] Es müssen im Rahmen der vorzunehmenden Gesamtbetrachtung also noch weitere Aspekte hinzukommen, die für das Vorliegen der Identität der wirtschaftlichen Einheit sprechen. Allerdings kann allein die Übernahme eines wesentlichen Teils des Personals in betriebsmittelarmen Betrieben (zB Reinigungsdienste) im Rahmen der vorzunehmenden Gesamtbetrachtung einen Betriebsübergang bewirken.[2]

Zu (7) Dauer einer eventuellen Unterbrechung der Tätigkeit

28 Die **Dauer der eventuellen Unterbrechung einer Tätigkeit** hindert die Aufrechterhaltung der Identität, wenn die Unterbrechung hinreichend lange dauert, um eine funktionsfähige wirtschaftliche Einheit zu zerschlagen. Dies hat die Rechtsprechung bei einem Einzelhandelsgeschäft nach neunmonatiger,[3] bei einem Restaurant nach sechsmonatiger[4] Unterbrechung angenommen. Als Eingrenzungskriterium hat das BAG eine Unterbrechung der betrieblichen Tätigkeit dann als erheblich angesehen, wenn sie länger dauert als die längste im konkreten Fall durch den Veräußerer einzuhaltende gesetzliche Kündigungsfrist (§ 622 Abs. 2 BGB).[5]

b) Wechsel des Betriebsinhabers

29 Voraussetzung des Betriebsübergangs ist, dass an Stelle des bisherigen Inhabers ein neuer Inhaber tritt. Es muss sich dabei um einen **vom bisherigen Inhaber verschiedenen Rechtsträger** handeln. Ein Wechsel des Inhabers innerhalb des gleichen Konzerns steht der Anwendung des § 613a BGB schon deshalb nicht entgegen, weil die Konzernzugehörigkeit am Fortbestand der individuellen Rechtspersönlichkeit jedes konzernzugehörigen Unternehmens nichts ändert.[6]

30 Werden zwei Betriebe eines Unternehmens zusammengelegt, liegt hierin kein Betriebsübergang, da es am Wechsel des Inhabers fehlt. Auch beim Wechsel von Gesellschaftern findet kein Betriebsübergang statt, selbst dann, wenn sämtliche Gesellschafter der (Personen-)Gesellschaft, die den Betrieb innehat, ausgetauscht werden.[7] Es bleibt auch in diesem Falle beim selben Arbeitgeber. Ebenfalls kein Betriebsinhaberwechsel liegt vor im Falle der formwechselnden Umwandlung (§§ 190 ff. UmwG), da diese lediglich die Rechtsform des Arbeitgebers ändert, es aber beim gleichen Rechtsträger für die Arbeitgebereigenschaft bleibt. Auf den Fall der gesellschaftsrechtlichen Anwachsung ist § 613a BGB trotz Wechsel des Arbeitgebers nicht anzuwenden.[8]

31 Ein **Betriebsinhaberwechsel** tritt ein, wenn ein anderer Rechtsträger **den Betrieb führt**. Hierfür ist es erforderlich, dass der neue Betriebsinhaber **die Leitungsmacht über den Betrieb ausübt** und der bisherige Inhaber seine wirtschaftliche Betätigung

---

[1] ErfK/*Preis* BGB § 613a Rz. 37.
[2] EuGH 11.3.1997 – C-13/95, NZA 1997, 433 (Ayse Süzen); EuGH 14.4.1994 – Rs C-392/42, NZA 1994, 545 (Christel Schmidt).
[3] BAG 22.5.1997 – 8 AZR 101/96, NZA 1997, 1050.
[4] BAG 11.9.1997 – 8 AZR 555/95, NZA 1998, 31.
[5] BAG 22.5.1997 – 8 AZR 101/96, NZA 1997, 1050.
[6] EuGH 2.12.1999 – C-234/98, Allen, NZA 2000, 587.
[7] BAG 14.8.2007 – 8 AZR 803/06, NZA 2007, 1428; BAG 3.5.1983 – 3 AZR 1263/79, AP HGB § 128 Nr. 4 unter Verweis auf BGHZ 44, 229, 231.
[8] Dazu → Rn. 14; Hölters/*v. Steinau-Steinrück/Thees*, Kap. V. Rn. 11 und 60.

in dem Betrieb einstellt.[1] Inhaber eines Betriebs ist, wer im eigenen Namen einen bestimmten arbeitstechnischen Zweck verfolgt[2] und dies nach außen hin erkennen lässt.[3] Die bloße, ggf. vertraglich eingeräumte Möglichkeit, der Betrieb zu führen, reicht für die Annahme eines Betriebsinhaberwechsels nicht aus – hierfür ist die **tatsächliche Fortführung** des Betriebs oder die Wiederaufnahme der Betriebsführung erforderlich.[4]

Eine Übertragung von Eigentum an Betriebsmitteln ist für den Betriebsinhaberwechsel nicht erforderlich. Hierfür genügt jegliche schuldrechtliche oder dingliche Nutzungsberechtigung des Erwerbers.[5] Im Falle der **Pacht** wird der Pächter, der den Betrieb selbst in eigenem Namen führt oder von einem Dritten im Namen und auf Rechnung des Pächters führen lässt, Betriebsinhaber. Beauftragt ein Unternehmen einen Dritten damit, die Geschäfte des Unternehmens nach außen im eigenen Namen des Dritten zu führen (sog. unechter **Betriebsführungsvertrag**) und überträgt das Unternehmen dabei auch die Leitungsmacht in personellen Angelegenheiten an diesen Dritten, so liegt hierin ein Betriebsinhaberwechsel. Durch diese Art der Geschäftsbesorgung wird der Betriebsführer zum Arbeitgeber.[6] Ein Betriebsinhaberwechsel kann sich auch aus der Einführung einer Spartenorganisation im Konzern ergeben, wenn die Spartenleitung neben der fachlichen Führung auch die Leitungsmacht in den personellen Angelegenheiten der zur Sparte gehörenden Mitarbeiter anderer Konzernunternehmen ausübt. Hierin kann ggf. ein Teilbetriebsübergang liegen, wenn die Sparte in den jeweiligen Konzerngesellschaften organisatorisch einen Teilbetrieb darstellt. Ein Betriebsübergang innerhalb der Spartenorganisation eines Konzerns ist bislang allerdings – soweit ersichtlich – nicht Gegenstand einer gerichtlichen Entscheidung gewesen. Übernimmt die Konzern-Muttergesellschaft die Kundenbeziehungen der Tochtergesellschaft und beauftragt sie die Tochtergesellschaft gleichzeitig mit der selbständigen und eigenverantwortlichen Durchführung der bisher für die Kunden erbrachten Tätigkeiten, liegt kein Betriebsinhaberwechsel und damit auch kein Betriebsübergang vor.[7] Auch die Sicherungsübereignung von Betriebsmitteln führt nicht zum Betriebsübergang, solange es bei der Nutzungsberechtigung des Sicherungsgebers bleibt. Nutzt der Sicherungsnehmer hingegen die Betriebsmittel im eigenen Namen, kommt ein Inhaberwechsel durch Sicherungsübereignung in Betracht.[8] Fällt ein verpachteter Betrieb an den Verpächter zurück so liegt ein Betriebsübergang auf den Verpächter vor, wenn er die Betriebstätigkeit fortsetzt oder wieder aufnimmt. Führt der Verpächter den Betrieb jedoch nach dem Rückfall der Pachtsache nicht, so erfolgt auch kein Betriebsübergang auf den Verpächter. Der Pächter bleibt Arbeitgeber der zum Betrieb gehörenden Arbeitnehmer.[9] In der Regel wird der Pächter mangels Beschäftigungsmöglichkeit die Arbeitsverhältnisse kündigen müssen – die Situation entspricht einer Betriebsstilllegung.

Kein Wechsel des Betriebsinhabers und damit kein Betriebsübergang liegt vor im Falle der **Betriebsstilllegung.** Betriebsübergang und -stilllegung schließen sich syste-

---

[1] BAG 21.2.2008 – 8 AZR 77/07, NZA 2008, 825.
[2] BAG 6.2.1985 – 5 AZR 411/83, NZA 1985, 735.
[3] BAG 15.12.2005 – 8 AZR 202/05, NZA 2006, 597.
[4] BAG 21.2.2008 – 8 AZR 77/07, NZA 2008, 825.
[5] BAG 15.2.2007 – 8 AZR 431/06, NZA 2007, 793.
[6] *Rieble,* NZA 2010, 1145 (1147); zum Betriebsübergang bei Neubereederung eines Schiffes BAG 2.3.2006 – 8 AZR 147/05, NZA 2006, 1105.
[7] BAG 14.8.2007 – 8 AZR 803/06, NZA 2007, 1428.
[8] BAG 14.8.2007 – 8 AZR 803/06, NZA 2007, 1428; Hölters/*von Steinau-Steinrück/Thees,* Kap. V. Rn. 59.
[9] Hierzu ErfK/*Preis,* BGB § 613a Rn. 54.

matisch aus.¹ Die Stilllegung erfordert den ernsthaften und endgültigen Entschluss des Arbeitgebers, die Betriebs- und Produktionsgemeinschaft zwischen ihm und den Arbeitnehmern auf Dauer oder zumindest für einen unbestimmten, wirtschaftlich nicht unerheblichen Zeitraum aufzuheben.² Eine Betriebsstilllegung wird erst vorliegen, wenn es zur Auflösung der dem Betriebszweck dienenden Strukturen kommt.³ Das Problem der Abgrenzung der Betriebsstilllegung vom Betriebsübergang stellt sich insbesondere in Insolvenzfällen – sieht der Insolvenzverwalter nach Scheitern der Verkaufsverhandlungen über einen Betrieb von weiteren Verkaufsbemühungen ab und entschließt sich zur Verwertung der Masse durch Verkauf von einzelnen Assets und kommt es dann doch noch zum Verkauf eine größeren Einheit an einen Erwerber steht die Frage im Raum, ob hier eine wirtschaftliche Einheit – mitsamt der zugehörigen Arbeitsverhältnisse – übergegangen ist oder ob der Betrieb bereits vor der Übertragung der Einheit endgültig stillgelegt war. Die Rechtsprechung löst die Problematik damit, dass die Stilllegung betreffenden betrieblichen Umstände „greifbare Formen"⁴ angenommen haben müssen: Der Arbeitgeber muss endgültig entschlossen sein, den Betrieb stillzulegen. Demgemäß ist von einer Stilllegung auszugehen, wenn der Arbeitgeber seine Stilllegungsabsicht unmissverständlich äußert, allen Arbeitnehmern kündigt, etwaige Mietverträge zum nächstmöglichen Zeitpunkt auflöst, die Betriebsmittel, über die er verfügen kann, veräußert und die Betriebstätigkeit vollständig einstellt. Eine bloße Unterbrechung der betrieblichen Tätigkeit schließt eine Betriebsstilllegung aus.⁵

c) Übergang durch Rechtsgeschäft

34   Nach § 613a BGB muss der Betrieb oder Betriebsteil **„durch Rechtsgeschäft"** auf einen anderen Inhaber übergehen. Gemeint ist hiermit im Grundsatz, dass die **Einräumung der Leitungsmacht** im eigenen Namen und auf eigene Rechnung aufgrund eines derivativen Erwerbs⁶ zu erfolgen hat. Das Tatbestandsmerkmal „durch Rechtsgeschäft" in § 613a Abs. 1 Satz 1 BGB ist dabei weit zu verstehen. Er umfasst alle Fälle einer Fortführung der wirtschaftlichen Einheit im Rahmen vertraglicher oder sonstiger rechtsgeschäftlicher Beziehungen, ohne dass unmittelbar Vertragsbeziehungen zwischen dem bisherigen Inhaber und dem Erwerber bestehen müssen.⁷ Das Tatbestandsmerkmal dient der Abgrenzung des Anwendungsbereichs der § 613a BGB gegenüber Fällen der Gesamtrechtsnachfolge und der Übertragung aufgrund Hoheitsaktes,⁸ wobei zu berücksichtigen ist, dass auch die Übertragung von Aufgaben durch einseitige Entscheidungen öffentlicher Stellen als Betriebsübergang qualifizieren kann, solange diese nicht hoheitliche Tätigkeiten betrifft.⁹ Es bedarf keiner konkreten Vereinbarung über die Einräumung der Leitungsmacht – diese wird in vielen Fällen inzident mit der Ausführung des vereinbarten Rechtsgeschäfts (zB Kauf, Pacht, Umwandlung, Einbringung, Schenkung, Leihe) vom Veräußerer übertragen werden. Es gibt auch kein Erfordernis, dass eine derartige Abrede unmittelbar zwischen dem Veräuße-

---

¹ BAG 27.2.1987 – 7 AZR 652/85, NZA 1987, 700.
² BAG 10.10.1996 – 2 AZR 477/95, NZA 1997, 251.
³ ErfK/*Preis,* BGB § 613a Rn. 57.
⁴ BAG 28.5.2009 – 8 AZR 273/08, NZA 2009, 1267.
⁵ BAG 22.10.2009 – 8 AZR 766/08, NZA-RR 2010, 660.
⁶ ErfK/*Preis,* BGB § 613a Rn. 59.
⁷ BAG 18.8.2011 – 8 AZR 230/10, NJW-Spezial 2011, 755.
⁸ BAG 18.8.2011 – 8 AZR 230/10, NJW-Spezial 2011, 755; BAG 6.4.2006 – 8 AZR 222/04, NZA 2006, 723.
⁹ EuGH 6.9.2011 – C-108/10, Scattolon, NZA 2011, 1077.

rer und Erwerber getroffen wird – in Fällen der Übernahme von Dienstleistungsaufträgen, in denen der neue Auftragnehmer ggf. den vorherigen Auftragnehmer gar nicht kennt, ist es ausreichend für die Erfüllung des Tatbestandsmerkmals „durch Rechtsgeschäft", dass dem Erwerber Betriebsmittel und die Leitungsmacht durch ein Bündel mehrerer Rechtsgeschäfte (zB Abschluss von Arbeitsverträgen mit den Arbeitnehmern des vorherigen Auftragnehmers und Abschluss des Auftragsverhältnisses mit dem Auftraggeber) vermittelt werden.[1] Auch eine Kombination zwischen Hoheitsakt (Anordnung der Zwangsverwaltung eines Grundstücks) und derivativem Erwerb (Rückübernahme des auf dem Grundstück befindlichen verpachteten Hotelbetriebs vom Pächter unter Weiterführung durch den Zwangsverwalter) erfüllt das Tatbestandsmerkmal „durch Rechtsgeschäft".[2] Ob wegen des Erfordernisses einer hoheitlichen Betriebsgenehmigung (§ 20 Luftverkehrsgesetz) ein rechtsgeschäftlicher Betriebsübergang von Luftfahrtunternehmen ausgeschlossen ist, ist umstritten.[3] Es kommt aber nicht darauf an, dass das der Übertragung der Leitungsmacht zugrunde liegende Rechtsgeschäft wirksam ist – selbst bei dessen **Nichtigkeit** führt die tatsächlich erfolgte Übernahme der Leitungsmacht zum Vorliegen eines Betriebsübergangs.[4] Die Rechtsprechung gibt hier dem Schutz der Arbeitnehmer über § 613a BGB den Vorrang vor dem Schutzzweck der Nichtigkeitsnorm.[5]

Dem gegenüber fehlt es an einer Übertragung durch Rechtsgeschäft, wenn gegen 35 den Willen des bisherigen Betriebsinhabers Betriebsmittel „feindlich" übernommen werden, zB bei einem Ausspannen von Know How-Trägern im wirtschaftlichen Wettbewerb.[6]

2. Rechtsstellung der Arbeitnehmer

a) Übergang der Arbeitsverhältnisse

Rechtsfolge des Vorliegens eines Betriebs- oder Betriebsteilübergangs ist der automatische Übergang der zur jeweiligen Einheit gehörenden Arbeitsverhältnisse mit allen damit verbundenen Rechten und Pflichten auf den Erwerber als neuen Arbeitgeber. Vom Übergang umfasst sind **alle Arten von Arbeitsverhältnissen,** unabhängig vom Bestehen von Kündigungsschutz, einer Befristung des Vertrags, des Status als leitenden Angestellten oder vom Umfang der Beschäftigung. Auch die Arbeitsverhältnisse von Leiharbeitnehmern gehen auf den Erwerber des Verleihbetriebs über, bei dauerhafter Tätigkeit im Entleihbetrieb können diese auch auf den Erwerber des Entleihbetriebs übergehen.[7] Nicht vom Übergang umfasst sind jedoch Dienstverträge mit Gesellschaftsorganen (GmbH-Geschäftsführer, Vorstandsmitglieder) oder Selbständigen (Handelsvertreter, freie Mitarbeiter).

Die Arbeitsverträge gehen in dem Zustand über, in dem sie sich befinden und be- 37 halten beim Erwerber unverändert ihren Inhalt. Der Betriebsübergang ändert also

---

[1] BAG 11.12.1997 – 8 AZR 729/96, NZA 1998, 534.
[2] BAG 18.8.2011 – 8 AZR 230/10, NJW-Spezial 2011.
[3] Für generellen Ausschluss Hess. LAG 13.7.2005 – 17 Sa 2299/04; dagegen LAG Berlin-Brandenburg 1.9.2010 – 17 Sa 836/10.
[4] BAG 6.2.1985 – 5 AZR 411/83, NZA 1985, 735.
[5] Kritisch hierzu ErfK/*Preis,* BGB § 613a Rn. 61, der jedenfalls den Schutz von Geschäftsunfähigen als vorrangig ansieht.
[6] Dazu Hölters/*von Steinau-Steinrück/Thees,* Kap. V. Rn. 73 und 79; an Rechtsprechung zu diesem Themenkomplex fehlt es bislang.
[7] EuGH 21.10.2010 – C-242/09, NZA 2010, 1225 (Albron Catering); dazu *Willemsen,* NJW 2011, 1546.

nichts daran, dass ein Arbeitsvertrag befristet ist oder vom Veräußerer gekündigt wurde. Die Beendigung als Rechtsfolge der Kündigung oder Befristung tritt dann ggf. beim Erwerber ein. Der Erwerber tritt als Arbeitgeber in die Rechte und Pflichten aus dem Arbeitsvertrag ein. Er haftet deshalb neben dem Veräußerer für **rückständige Vergütungsansprüche.** Die beim Veräußerer erworbene **Betriebszugehörigkeit** bleibt dem Arbeitnehmer im Erwerberbetrieb erhalten. Auch in die beim Veräußerer erworbene **Anwartschaft auf betriebliche Altersversorgung** tritt der Erwerber ein, unabhängig davon, ob diese bereits unverfallbar ist.

38 Demgegenüber geht auf den Erwerber gemäß § 613a BGB nicht die Verpflichtung zur Zahlung vom Veräußerer nicht abgeführter **Sozialversicherungsbeiträge oder Lohnsteuern** über.[1] Hierbei handelt es sich um **öffentlich-rechtliche Verpflichtungen** des Arbeitgebers, nicht um Ansprüche aus dem Arbeitsvertrag. Für Beiträge zur **gesetzlichen Unfallversicherung** besteht die Sonderregelung des § 150 Abs. 4 SGB VII, wonach Erwerber und Veräußerer für die Beträge bis zum Ablauf des Kalenderjahres, in dem der Wechsel des Inhabers angezeigt wird, **gesamtschuldnerisch haften.**

39 Der Arbeitsvertrag muss zum Zeitpunkt des Übergangs noch mit dem Betriebsveräußerer bestehen. Deshalb gehen Verbindlichkeiten des Veräußerers gegenüber bereits **vorher aus dem Arbeitsvertrag ausgeschiedenen Arbeitnehmer** (zB laufende Betriebsrenten, Anwartschaften auf betriebliche Altersversorgung) nicht auf den Erwerber als (weiteren) Schuldner über.[2] Demgegenüber gehen ruhende Arbeitsverhältnisse in der Freistellungsphase der Altersteilzeit im Blockmodell auf den Erwerber über, da hier nach wie vor ein Arbeitsvertrag besteht.[3]

40 Von besonderer Relevanz bei **Betriebsteilübergängen** ist die Abgrenzung, welche konkreten Arbeitsverhältnisse vom Übergang umfasst sind. Nur die zum jeweiligen Betriebsteil **gehörenden** Arbeitsverhältnisse gehen auf den Erwerber über. Erforderlich ist, dass die Mitarbeiter in den übergegangenen Betrieb oder Betriebsteil **eingegliedert** sind. Damit kommt es auf die **organisatorische Zuordnung** des Arbeitsverhältnisses zum Betrieb oder Betriebsteil an. Nicht ausreichend ist, dass ein Mitarbeiter lediglich **für** den übergehenden Betrieb tätig war, ohne aber organisatorisch dazu zu gehören. Arbeitnehmer in Overhead- oder Querschnittfunktionen (Finanzen, IT, Recht ...) nehmen deshalb zB am Übergang eines Teilbetriebs, in den sie nicht eingegliedert sind, nicht teil, selbst wenn sie den überwiegenden Teil ihrer Arbeitszeit für die Belange dieses Teilbetriebs aufgewandt haben.[4] Es ist auch unerheblich, ob nach dem Betriebsteilübergang beim Veräußerer noch ein wirtschaftlich überlebensfähiger Restbetrieb übrigbleibt. Damit kann es durchaus zu Fallgestaltungen kommen, in denen zB die unmittelbar produktbezogenen Betriebsteile eines Unternehmens im Rahmen von Betriebsübergängen übertragen werden und die zentralen Overhead-Funktionen zurückbleiben, ohne dass diese innerhalb des Unternehmens noch sinnvoll eingesetzt werden können,[5] was dann als Konsequenz zur Stilllegung des Restbetriebs und zu betriebsbedingten Kündigungen führt. Um von einem übergangsfähigen Betriebsteil ausgehen zu können, muss beim Veräußerer bereits eine abgrenzbare organisatorisch wirtschaftliche Einheit vorhanden gewesen sein. Deren Selbständigkeit braucht zwar beim Erwerber

---

[1] BayObLG 31.10.1974 – 1 U 2225/74, BB 1974, 1582.
[2] BAG 24.3.1977 – 3 AZR 649/76, NJW 1977, 1791.
[3] BAG 31.1.2008 – 8 AZR 27/07, NZA 2008, 705; BAG 30.10.2008 – 8 AZR 54/07, NZA 2009, 432.
[4] BAG 7.4.2011 – 8 AZR 730/09, NZA 2011, 1231 – Zweckverband Wasser.
[5] Dies dürfte bei BAG 7.4.2011 – 8 AZR 730/09, NZA 2011, 1231 – Zweckverband Wasser – so eingetreten sein.

nicht mehr vollständig erhalten zu bleiben,[1] muss aber jedenfalls beim Veräußerer bestanden haben.[2]

Die Zuordnung von Arbeitsverhältnissen zu einem übergehenden Betriebsteil kann **in Zweifelsfällen einvernehmlich** zwischen Veräußerer, Erwerber und betroffenen Arbeitnehmern erfolgen.[3] 41

Umwandlungsrechtliche Verschmelzungen (§§ 2 ff. UmwG) und Vollübertragungen von Vermögen (§ 174 UmwG) umfassen stets das Unternehmen als Ganzes und damit alle bestehenden Arbeitsverhältnisse. Im Falle der Spaltung (§§ 123 ff. UmwG) oder der Teilübertragung (§ 177 UmwG) müssen im Spaltungs- oder Übernahmevertrag die übergehenden Betriebe oder Betriebsteile im Einzelnen bezeichnet und aufgeteilt werden (§ 126 Abs. 1 Nr. 9 UmwG). Die Zuordnung der Arbeitsverhältnisse unterliegt dabei nicht der Disposition der Parteien des Umwandlungsvertrags sondern richtet sich gemäß den gesetzlichen Bestimmungen des § 613a BGB nach der sich aus der organisatorischen Eingliederung ergebenden Zugehörigkeit des jeweiligen Arbeitnehmers zum Betrieb oder Betriebsteil. Nach § 323 Abs. 2 UmwG kann die Zuordnung der Arbeitnehmer bei Verschmelzung, Spaltung oder Vermögensübertragung durch einen **Interessenausgleich** (§ 112 BetrVG) mit dem Betriebsrat erfolgen und ist dann gerichtlich nur auf grobe Fehlerhaftigkeit überprüfbar. Die hM verlangt das Vorliegen einer Betriebsänderung iSd § 111 BetrVG als Voraussetzung für den Abschluss des Interessenausgleichs.[4] Eine Betriebsänderung wird in den Umwandlungsfällen idR in Form des Zusammenschlusses von Betrieben oder der Spaltung von Betrieben (§ 111 Nr. 3 BetrVG) idR vorliegen. Der Interessenausgleich soll in Fällen, in denen ein Arbeitsverhältnis nach den oben dargelegten Regeln klar einem Betrieb zuzuordnen ist, lediglich deklaratorisch wirken, nur in Zweifelsfällen soll er konstitutive Wirkung für die Zuordnung des Arbeitsverhältnisses zu einem bestimmten Arbeitgeber haben.[5] Die Zuordnung des Arbeitsverhältnisses durch Interessenausgleich wird deshalb im Regelfall den Voraussetzungen zu folgen haben, die die Rechtsprechung auch für die rein gesetzliche Zuordnung im Rahmen des § 613a BGB entwickelt hat. Eine „freie" Zuordnung von Arbeitsverhältnissen unabhängig von der vormaligen Organisationsstruktur wird hiermit nicht ermöglicht. Weiterhin hat der Arbeitnehmer die Geltendmachung der groben Fehlerhaftigkeit der Zuordnung unverzüglich nach Kenntnis des Betriebsübergangs geltend zu machen – in der Literatur wird hierfür auch die Drei-Wochen-Frist des § 4 KSchG oder die ab Zugang des Informationsschreibens über den Betriebsübergang laufende Monatsfrist für den Widerspruch gem. § 613a Abs. 6 BGB entsprechend herangezogen.[6] Der für den Arbeitnehmer sicherste Weg dürfte die Klageerhebung innerhalb von 3 Wochen nach Kenntniserlangung von der Zuordnung sein. Rechtsprechung zur anzuwendenden Frist existiert bislang nicht. 42

Schließlich stellt sich noch die Frage, ob Arbeitsverhältnisse **außerhalb des Vorliegens eines Betriebsübergangs** nach § 613a BGB durch **rein umwandlungsrechtliche Zuordnung** übertragen werden können. Dies könnte zB im Zusammenhang 43

---

[1] Die Wahrung des Kerns des zur Wertschöpfung erforderlichen Funktionszusammenhangs beim Erwerber reicht aus, EuGH 12.2.2009 – C-466/07, NZA 2009, 251 – Klarenberg, es bedarf jedoch für den Betriebsteilübergang nach wir vor einer wirtschaftlich organisatorischen Einheit beim Veräußerer.
[2] BAG 10.11.2011 – 8 AZR 546/10, BeckRS 2012, 67384.
[3] BAG 5.5.1988 – 2 AZR 795/87, NZA 1989, 18.
[4] Siehe APS/*Steffan*, UmwG § 323 Rn. 19.
[5] APS/*Steffan*, UmwG § 323 Rn. 23.
[6] APS/*Steffan*, UmwG § 323 Rn. 28.

mit der Übertragung von Betriebsmitteln erfolgen, die als solche noch nicht die Qualität einer „wirtschaftlichen Einheit" haben oder in Fällen, in denen Arbeitnehmer, die nicht zum übertragenen Betriebsteil gehören, trotzdem dem Erwerber zugeordnet werden sollen. Hiergegen spricht einiges: Nach § 613 S. 2 BGB ist der Anspruch auf die Arbeitsleistung im Zweifel nicht übertragbar. Eine uneingeschränkte spaltungsrechtliche Zuordnungsmöglichkeit von Arbeitsverhältnissen würde dem Schutzzweck des § 613a BGB entgegenstehen. Wenn dem Arbeitnehmer einerseits das Recht eingeräumt wird, im Falle des Übergangs seines konkreten Arbeitsplatzes mit dem daran hängenden betrieblichen Umfeld auf den übernehmenden Rechtsträger den Übergang seines Arbeitsvertrages durch Widerspruch zu verhindern, muss der Arbeitnehmer dieses Recht umso eher haben, wenn lediglich sein Arbeitsvertrag übertragen werden soll und sein bisheriger Arbeitsplatz beim übertragenden Rechtsträger verbleibt. Eine derartige rein umwandlungsrechtliche Übertragung des Arbeitsvertrags bedarf deshalb der Zustimmung des betroffenen Arbeitnehmers.[1]

b) Fortgeltung und Ablösung von Kollektivregelungen
aa) Vertragliche Bezugnahmeklauseln

44 Vom Übergang der Rechte und Pflichten aus dem Arbeitsverhältnis gem. § 613a Abs. 1 S. 1 BGB auf den Erwerber sind alle vertraglichen Ansprüche umfasst. Ist einzelvertraglich durch **Bezugnahmeklausel** die Anwendung eines bestimmten Tarifvertrags für das Arbeitsverhältnis geregelt, so bleibt es grundsätzlich auch beim Erwerber dabei. Es handelt sich hierbei um eine vertragliche Regelung, nicht um die Geltung eines Tarifwerks aufgrund normativer Wirkung. Verwendet ein nicht tarifgebundener Arbeitgeber Bezugnahmeklauseln, so wirken diese stets als bindende individuelle Vereinbarung der Geltung eines bestimmten Tarifwerks, ohne dass es auf sonstige eventuell im Betrieb oder Unternehmen bestehende arbeitnehmerseitige Tarifbindungen ankommt. Wenn **Bezugnahmeklauseln von tarifgebundenen Arbeitgebern** verwendet wurden, die auf die im Betrieb einschlägigen Tarifregelungen verwiesen, wurden diese in der Vergangenheit idR als **Gleichstellungsabreden** ausgelegt. Ihr Zweck war es, für tarifgebundene und nicht tarifgebundene Arbeitnehmer des gleichen Arbeitgebers gleiche Arbeitsbedingungen zu schaffen, ohne dass es auf die normative Tarifbindung des jeweiligen Arbeitnehmers ankam. Die Arbeitnehmer sollten mit der Gleichstellungsabrede hinsichtlich des in Bezug genommenen Tarifvertrags oder Tarifwerks individualvertraglich so gestellt werden, als wären sie an diese Tarifregelung gebunden. Die Rechtsfolge der Gleichstellungsabrede ist die Begrenzung der Dynamik der Verweisung auf den konkreten Tarifvertrag auf den Zeitraum, in dem der Arbeitgeber normativ an das in Bezug genommene Tarifwerk gebunden war.[2] Änderte sich die Tarifbindung des Arbeitgebers, zB durch Wechsel des Arbeitgeberverbands, so glich die bloße Gleichstellungsabrede allerdings nicht die Arbeitsbedingungen an die geänderte Tariflage der tarifgebundenen Arbeitnehmer an. Ein derartiger vertraglicher Tarifwechsel muss in der Bezugnahmeklausel klar zum Ausdruck kommen. In der Regel erfolgt damit mit der Gleichstellungsabrede die vertragliche Festschreibung der konkret in der Klausel in Bezug genommenen Tarifregelung mit Beschränkung der Dynamik auf den Zeitraum der normativen Bindung des Arbeitgebers. Diese Rechtslage hat sich mit der Entscheidung des BAG vom 14.12.2005[3] geändert: Bezugnahmeklauseln in Verträgen tarifgebundener Arbeitgeber werden seitdem wört-

---

[1] APS/*Steffan*, UmwG § 323 Rn. 22.
[2] BAG 16.11.2011 – 4 AZR 822/09, BeckRS 2012, 66993.
[3] BAG 14.12.2005 – 10 AZR 296/05, NZA 2006, 744.

lich ausgelegt und führen – wie das bei nicht-tarifgebundenen Arbeitgebern schon immer der Fall war – zur dauerhaften vertraglichen Festschreibung der dynamischen Geltung des jeweils in Bezug genommenen Tarifwerks, sofern inhaltlich nicht ausdrücklich und unmissverständlich (lediglich) eine Gleichstellung mit tarifgebundenen Mitarbeitern vereinbart ist. Diese neue Rechtsprechung gilt für alle Arbeitsverträge, die **ab dem 1.1.2002** abgeschlossen oder inhaltlich abgeändert wurden. Beim Übergang von Arbeitsverhältnissen nach § 613a BGB ist daher zur Ermittlung der beim Erwerber anzuwendenden Tarifregelung stets zu prüfen, ob eine Bezugnahmeklausel den Erwerber individualvertraglich verpflichtet, ein bestimmtes Tarifwerk anzuwenden. Gelten beim Arbeitgeber andere Tarifregelungen als nach der Bezugnahmeklausel und ist der Arbeitnehmer zB durch Mitgliedschaft in der tarifschließenden Gewerkschaft ebenfalls normativ an diese Tarifregelungen gebunden, greift trotzdem das **Günstigkeitsprinzip** ein: Für den Arbeitnehmer gilt die für ihn günstigere Tarifregelung aus der vertraglichen Bezugnahmeklausel vorrangig gegenüber der normativ geltenden anderweitigen Tarifregelung.[1] Aufgrund ihres individualvertraglichen Charakters sind Änderungen der Bezugnahmeklausel wie jede Vertragsänderung grundsätzlich jederzeit einvernehmlich möglich.

Ob Bezugnahmeklauseln auf Tarifverträge derart uneingeschränkt gelten, wie es nach der bisherigen Rechtsprechung des BAG der Fall war, ist nunmehr durch die Entscheidung „Alemo-Herron" des EuGH fraglich geworden.[2] Der EuGH hat in diesem aus England stammenden Fall, der den Übergang eines Betriebs aus dem öffentlichen Dienst in die Privatwirtschaft betrifft, eine arbeitsvertragliche dynamische Bezugnahme auf ein Tarifwerk des öffentlichen Dienstes als erhebliche Einschränkung der unternehmerischen Freiheit des privaten Betriebserwerbers qualifiziert, da dieser an den Tarifvertragsverhandlungen nicht mitwirken konnte. Diese Entscheidung dürfte dazu führen, dass dynamische Bezugnahmeklauseln unwirksam werden, wenn der Erwerber nicht die Möglichkeit hat, dem Arbeitgeberverband beizutreten, der das in Bezug genommene Tarifwerk verhandelt. Eine derartige Bezugnahmeklausel dürfte dann nur noch statisch gelten. Künftig wird man also bei der Prüfung der Wirksamkeit dynamischer Bezugnahmeklauseln die satzungsmäßigen Bestimmungen über die Mitgliedschaft in Arbeitgeberverbänden zu beachten haben. 45

bb) Nachbindung/Transformation von Kollektivregelungen

Für den Fall, dass beim Betriebsübergang beim Erwerber im Gegensatz zur Situation beim Veräußerer überhaupt keine Kollektivregelungen bestehen (zB Mangels bestehender Tarifbindung oder mangels existierenden Betriebsrats) oder dass beim Erwerber zu den beim Veräußerer kollektiv geregelten Gegenständen keine kollektive Regelung besteht, trifft **§ 613a Abs. 1 Satz 2 BGB** eine **Sonderregelung.** Danach werden kollektive Regelungen, für die zum Zeitpunkt des Betriebsübergangs eine kongruente normative Bindung von Veräußerer und Arbeitnehmer bestanden hat, Inhalt des auf den Erwerber übergehenden Arbeitsverhältnisses und dürfen innerhalb eines Jahres nach dem Betriebsübergang nicht zum Nachteil des Arbeitnehmers geändert werden. Früher wurde dies ganz überwiegend so verstanden, dass die kollektiven Regelungen in das Arbeitsverhältnis **transformiert** und **Teil des jeweiligen Arbeitsvertrages** werden.[3] Dies hat das BAG in seiner jüngsten Rechtsprechung aufge- 46

---

[1] Ausführliche Darstellung der komplexen Thematik der Bezugnahmeklauseln bei WHSS/*Willemsen*, Umstrukturierung, E 174 ff.
[2] EuGH 18.7.2013 – C-426/11, NZA 2013, 835.
[3] BAG 18.11.2003 – 1 AZR 604/02, NZA 2004, 803; BAG 13.11.1985 – 4 AZR 309/84, NZA 1986, 422; MüKo BGB/*Müller-Glöge*, BGB § 613a Rn. 34.

geben.¹ Das BAG bleibt zwar bei der Annahme einer **Transformation** der Kollektivnormen ins Arbeitsverhältnis, diese sollen aber weiter ihren **kollektivrechtlichen Charakter** behalten und nicht zu individualrechtlichen Arbeitsvertragsbestimmungen werden.² Die früher oftmals so verwandte Charakterisierung der Wirkung des S. 2 als einer Transformation in den individuellen Arbeitsvertrag ist damit für die Praxis obsolet geworden. Vielmehr ist der Erwerber an die transformierten Normen in einer ähnlichen Weise gebunden wie bei der **Nachbindung** des aus einem tarifschließenden Arbeitgeberverband ausgetretenen Arbeitgebers gem. § 3 Abs. 3 TVG, jedoch zeitlich begrenzt auf eine Höchstdauer von einem Jahr. Danach ist wie bei § 4 Abs. 5 TVG eine Änderung durch eine „andere Abmachung" möglich. Eine Änderung zugunsten des Arbeitnehmers kann übrigens jederzeit auch während der Jahresfrist erfolgen. Die neuere Literatur erklärt die Wirkung des § 613a Abs. 1 S. 2 BGB abweichend vom Ansatz des BAG nicht mit einer Transformation der Kollektivregelungen sondern mit der Rechtsnachfolge des Erwerbers in die kollektivrechtlichen Bindungen des Veräußerers **(Nachbindung oder kollektivrechtliche Sukzession).**³ Danach ordnet § 613a Abs. 1 S. 2 BGB als lex specialis zu § 613a Abs. 1 S. 1 BGB mit konstitutiver Wirkung den Übergang von Kollektivnormen vom Veräußerer auf den Erwerber an. Der Erwerber rückt damit in die kollektiven Rechte und Pflichten des Veräußerers ein. Nach Ablauf der einjährigen Sperrfrist können diese auch durch arbeitsvertragliche Vereinbarung abgelöst werden.⁴ Dieser Ansatz – der ganz ohne den Begriff der Transformation auskommt – fügt sich dogmatisch ohne Brüche in die allgemeinen Grundsätze zur Wirkung von Kollektivregelungen ein und ist wegen seiner Klarheit vorzugswürdig.

47 Die Nachbindung/Sukzession bewirkt ebenso wie die kollektivrechtlich verstandene Transformation für die übergegangenen Arbeitsverhältnisse eine **statische Bindung** des Erwerbers an zwingend geltende Inhaltsnormen eines Tarifvertrags. Selbst eine in der nachwirkenden Tarifregelung enthaltene dynamische Verweisung auf einen anderen Tarifvertrag bewirkt nur die statische Festschreibung von dessen Inhalt zum Zeitpunkt des Betriebsübergangs.⁵ Nur Inhaltsnormen enthalten Rechtsnormen, die die Rechte und Pflichten des Arbeitsverhältnisses regeln⁶ – demgegenüber können zB Normen über gemeinsame Einrichtungen nicht der Regelung des § 613a Abs. 1 S. 2 BGB unterfallen. Die Änderungssperre gilt nicht länger, als die zwingende Wirkung der Kollektivnorm besteht – wird zB eine Betriebsvereinbarung gekündigt ohne dass sie nachwirkt oder endet ein befristeter Tarifvertrag innerhalb der Jahresfrist, so entfällt auch die Nachbindung der kollektiven Regelung des Veräußerers. Wirkt die kollektive Regelung ohne normativ zwingende Geltung nach, so kann diese einvernehmlich auch zum Nachteil des Arbeitnehmers geändert werden. Der Erwerber sollte sich bewusst sein, dass die der Nachbindung unterfallenden Arbeitsbedingungen der auf ihn übergegangenen Arbeitnehmer ggf. der Disposition von Dritten unterliegen, auf die er keinen Einfluss hat: Erwirbt er zB einen Betriebsteil eines Unternehmens, das einen Sanierungstarifvertrag mit gegenüber dem Verbandstarifvertrag reduziertem Entgelt

---

¹ BAG 22.4.2009 – 4 AZR 100/08, NZA 2010, 41; BAG 26.8.2009 – 5 AZR 969/08, NZA 2010, 173; BAG 23.9.2009 – 4 AZR 331/08, NZA 2010, 513; Hess. LAG 14.11.2011 – 16 Sa 721/11, BeckRS 2011, 79036; BAG 24.8.2011 – 4 AZR 566/09, AP TVG § 1 Auslegung Nr. 225; BAG 16.5.2012 – 4 AZR 320/10, BeckRS 2012, 71256.
² BAG 22.4.2009 – 4 AZR 100/08, NZA 2010, 41 (46).
³ *Sagan*, RdA 2011, 163: sog. „kollektivrechtliche Sukzession": ErfK/*Preis*, BGB § 613a Rn. 112; WHSS/*Willemsen*, Umstrukturierung E 115, E 123ff. – *Hohenstatt* bezeichnet dies treffend als „Nachbindung an Tarifverträge gem. § 613a Abs. 1 S. 2 BGB"; *Hohenstatt*, NZA 2010, 23.
⁴ *Sagan*, RdA 2011, 163, 167.
⁵ BAG 26.8.2009 – 5 AZR 969/08, NZA 2010, 173 (175).
⁶ ErfK/*Preis*, BGB § 613a Rn. 118.

A. Betriebsübergang gem. § 613a BGB

und verlängerter Arbeitszeit abgeschlossen hat, können nach dem Betriebsübergang Veräußerer und Gewerkschaft als Parteien des Sanierungstarifvertrags diesen einvernehmlich beenden und damit unmittelbar die Geltung der Regelungen des ebenfalls der Nachbindung unterliegenden, vom Sanierungstarifvertrag verdrängten Verbandstarifvertrags bewirken.[1]

cc) Beim Erwerber geltende Kollektivregelungen

Die Nachbindung von Kollektivregelungen gem. § 613a Abs. 1 S. 2 BGB tritt gem. Satz 3 nicht ein, wenn beim Erwerber für das übergegangene Arbeitsverhältnis eine kollektive Regelung mit normativer Wirkung gilt. **48**

(1) Tarifregelungen

Eine kollektivrechtliche Fortgeltung der beim Veräußerer geltenden **Tarifverträge** tritt ein, wenn bei einem **Verbandstarifvertrag** der Erwerber Mitglied im gleichen Arbeitgeberverband wie der Veräußerer ist oder wenn der Erwerber als Vertragspartei in einen mit dem Veräußerer bestehenden **Firmentarifvertrag** eintritt (zB durch Gesamtrechtsnachfolge bei Umwandlung oder durch Vereinbarung mit der Gewerkschaft, die den Firmentarifvertrag geschlossen hat) oder wenn für den Erwerber der gleiche **Konzerntarifvertrag**[2] wie für den Veräußerer gilt. Voraussetzung für die normative Geltung der Tarifregelung beim Erwerber ist stets die **kongruente Tarifbindung** von Arbeitnehmer und neuem Arbeitgeber. Besteht hinsichtlich der Tarifregelungen eine Allgemeinverbindlichkeitserklärung (§ 5 Abs. 4 TVG) tritt die kollektivrechtliche Fortgeltung ein, ohne dass es auf die beiderseitige Tarifbindung ankommt. Die im Arbeitsverhältnis mit dem Erwerber normativ geltenden Tarifregelungen lösen die vormals beim Veräußerer geltenden Tarifregelungen ab (§ 613a Abs. 1 S. 3 BGB), ohne dass es noch darauf ankommt, ob die ablösende Regelung günstiger ist. Das Günstigkeitsprinzip findet keine Anwendung.[3] Die Ablösung der alten Tarifregelungen erfolgt allerdings nur insoweit, als der Tarifvertrag des Erwerbers den **gleichen Regelungsgegenstand** betrifft. Ist ein Tarifgegenstand beim Erwerber nicht geregelt, tritt gem. § 613a Abs. 1 S. 2 BGB die **Nachbindung** dieser Regelung für das Arbeitsverhältnis (s.o.) mit dem Erwerber ein. Hinsichtlich der Frage, ob der beim Erwerber geltende Tarifvertrag eine Ablösung oder eine Nachbindung einzelner Tarifregelungen des Veräußerers bewirkt sind nicht die einzelnen Detailregelungen, sondern die sachlich zusammenhängenden **Regelungskomplexe** in den Tarifverträgen daraufhin zu vergleichen, ob sie einen einheitlichen Regelungsgegenstand betreffen. Ein „Rosinenpicken" soll dadurch verhindert werden. Liegt ein einheitlicher Regelungsgegenstand vor, löst die Tarifregelung des Erwerbers diejenige des Veräußerers[4] ab. **49**

Bislang umstritten war die Frage, ob im übergegangenen Betrieb bestehende Tarifregelungen durch eine beim Erwerber bestehende Betriebsvereinbarung gem. § 613a Abs. 1 S. 3 BGB abgelöst werden können (sog. **Über-Kreuz-Ablösung**). Teilweise wurde dies mit dem Argument bejaht, § 613a Abs. 1 S. 3 BGB sei lex specialis zu § 77 Abs. 3 BetrVG, weshalb der in letztgenannter Vorschrift geregelte allgemeine Vorrang des Tarifvertrags gegenüber der Betriebsvereinbarung nicht gelte.[5] Mit dem kollektivrechtlichen Ansatz der Nachgeltung von Tarifregelungen bei § 613a Abs. 1 S. 2 BGB lässt sich dies nicht mehr aufrechterhalten. Bleibt es bei der kollektiven Geltung von **50**

---
[1] BAG 22.4.2009 – 4 AZR 100/08, NZA 2010, 41.
[2] Zur Problematik der Bindung von Konzernunternehmen an einen Konzerntarifvertrag → Teil I Absch 2 Rn. 428 ff.
[3] WHSS/*Willemsen*, Umstrukturierung, E 144.
[4] Siehe dazu WHSS/*Willemsen*, Umstrukturierung E 217 ff. und E 145 ff.
[5] Dazu Hölters/*von Steinau-Steinrück*, Unternehmenskauf, Teil V Rn. 359.

Tarifregelungen, müssen diese auch im Rahmen des Tarifvorbehalts gem. § 77 Abs. 3 BetrVG einer Regelung durch Betriebsvereinbarung vorgehen. Eine Überkreuzablösung von Tarifregelungen durch Betriebsvereinbarungen im Erwerberbetrieb scheidet deshalb aus,[1] es sei denn, der Tarifvertrag enthält eine Öffnungsklausel für betriebliche Regelungen. Dies hat das BAG[2] bestätigt und damit eine Gestaltungsmöglichkeit des Erwerbers hinsichtlich der Arbeitsbedingungen der übergehenden Arbeitnehmer abgeschnitten. Möglich bleibt aber die Ablösung durch Betriebsvereinbarung, wenn die Tarifregelung nur noch gem. § 4 Abs. 5 TVG nachwirkt und die Geltung der Betriebsvereinbarung nicht wegen des Tarifvorbehalts gem. § 77 Abs. 3 ausgeschlossen ist. Eine solche Ablösung dürfte insbesondere bei Gegenständen der zwingenden Mitbestimmung (§ 87 Abs. 1 BetrVG) eintreten, da der Tarifvorrang des § 87 Abs. 1 BetrVG die normative Wirkung des Tarifvertrags voraussetzt und die Sperre durch den Tarifvorbehalt in § 77 Abs. 3 BetrVG nach der vom BAG vertretenen Vorrangtheorie nicht für Gegenstände der zwingenden Mitbestimmung gilt.[3] Abgesehen von diesem Sonderfall wird sich die Praxis darauf einstellen müssen, dass eine Überkreuzablösung durch Betriebsvereinbarung ausscheidet.[4] Demgegenüber bestehen keine Bedenken gegen die Ablösung einer Betriebsvereinbarung durch einen beim Erwerber geltenden Tarifvertrag.[5]

51 Konsequenz der kollektivrechtlichen Sukzession ist weiterhin, dass Tarifregelungen, die bereits aufgrund eines früheren Betriebsübergangs für das Arbeitsverhältnis gelten, bei einem **weiteren Betriebsübergang** nicht als arbeitsvertragliche Regelungen behandelt werden, sondern weiterhin ihren kollektivrechtlichen Charakter behalten. Sie werden deshalb bei Vorliegen der jeweiligen Voraussetzungen entweder von den beim Erwerber geltenden Tarifregelungen abgelöst oder es bleibt bei deren Nachbindung gem. § 613a Abs. 1 S. 2 BGB. Das Günstigkeitsprinzip (§ 4 Abs. 3 TVG) findet hierauf keine Anwendung, da es hier nicht um den Vergleich zwischen individualvertraglicher und kollektiver Regelung geht.[6]

(2) Betriebsvereinbarungen

– Normative Fortgeltung und Ablösungstatbestände

52 Wird ein Betrieb unter **Wahrung der Betriebsidentität**[7] auf den Erwerber übertragen, bleibt es bei der **kollektivrechtlichen normativen Fortgeltung** der im übertragenen Betrieb abgeschlossenen Betriebsvereinbarungen.[8] Voraussetzung für die Wahrung der betriebsverfassungsrechtlichen Identität ist, dass die ursprüngliche organisatorische (Teil)einheit als betriebsverfassungsrechtlicher Bezugspunkt fortbesteht. Entscheidend dafür ist, ob die Organisation der Arbeitsabläufe, der Betriebszweck und die Leitungsstruktur nach der erfolgten Übertragung unverändert geblieben sind.[9] Eine Nachgeltung der Regelungen aus Betriebsvereinbarungen (§ 613a Abs. 1 S. 2 BGB)

---

[1] ErfK/*Preis*, BGB § 613a Rn. 127; zur Über-Kreuz-Ablösung: BAG 6.11.2007 – 1 AZR 862/06, NZA 2008, 542; Hess. LAG 14.11.2011 – 16 Sa 721/11, BeckRS 2011, 79036; *Sagan*, RdA 2011, 163.
[2] BAG 21.4.2010 – 4 AZR 768/08, AP BGB § 613a Nr. 387.
[3] Thüsing/Braun/*Thees*, Tarifrecht, 10. Kapitel, Rn. 7 ff.
[4] So auch *Haußmann*, FD-ArbR 2010, 308770.
[5] WHSS/*Hohenstatt*, Umstrukturierung, E 55.
[6] *Sagan*, RdA 2011, 163 (171).
[7] „Betriebsidentität" ist allerdings nicht gleichzusetzen mit „Identität der wirtschaftlichen Einheit" als Tatbestandsmerkmal des Vorliegens eines Betriebsübergangs!
[8] Ganz hM, BAG 27.7.1994 – 7 ABR 37/93, NZA 1995, 222; WHSS/*Hohenstatt*, Umstrukturierung, E 6, 8.
[9] BAG 7.6.2011 – 1 ABR 110/09, NZA 2012, 110; zur Betriebsidentität auch *Thüsing*, DB 2004, 2474.

tritt dann nicht ein, ebenso wenig gilt die einjährige Änderungssperre. Die Betriebsvereinbarung gilt dann auch für nach dem Betriebsübergang neu eintretende Arbeitnehmer. Der Weitergeltung beim Erwerber können jedoch Gründe entgegenstehen: Ist beim Erwerber eine **Gesamt- oder Konzernbetriebsvereinbarung mit dem gleichen Regelungsgegenstand** in Kraft, die aufgrund der originären Zuständigkeit des Gesamtbetriebsrats[1] (§ 50 Abs. 1 BetrVG) oder des Konzernbetriebsrats (§ 58 Abs. 1 BetrVG) abgeschlossen worden ist, verdrängt diese gem. § 613a Abs. 1 S. 3 BGB die Anwendbarkeit der Betriebsvereinbarung. Dies gilt auch für den Fall, dass die Gesamt- oder Konzernbetriebsvereinbarung vor dem Erwerb des Betriebs abgeschlossen worden ist.[2] Fällt die verdrängende Gesamt- oder Konzernbetriebsvereinbarung weg, tritt die Wirksamkeit der nachgeltenden Betriebsvereinbarung ein. Eine Transformation von Betriebsvereinbarungsregelungen in den individuellen Arbeitsvertrag erfolgt nicht – hier gilt das Gleiche wie bei Tarifregelungen.

Die normative Geltung von **Gesamtbetriebsvereinbarungen des Erwerbers** für übergehende Arbeitsverhältnisse wird in der Praxis besonders problematisch, wenn diese beim Erwerber eine gegenüber dem Veräußerer **günstigere Altersversorgung** regeln. Kommen übergehende Arbeitsverhältnisse unmittelbar in den Genuss der beim Erwerber bestehenden kollektiven Altersversorgungsregelung, indem die beim Veräußerer zurückgelegten Betriebszugehörigkeitszeiten anerkannt werden? Um eine derartige Besserstellung von Arbeitnehmern durch einen Betriebsübergang zu verhindern, ist es ratsam, in der beim Erwerber geltenden kollektiven Regelung eine Klarstellung aufzunehmen, wonach nur die beim Erwerber zurückgelegten Dienstzeiten für die Höhe der Altersversorgung angerechnet werden. Eine solche Abgrenzungsregelung ist wirksam.[3] Für die (nach fünf Jahren eintretende) gesetzliche Unverfallbarkeit gem. § 1b BetrAVG sind die Betriebszugehörigkeiten allerdings zusammenzurechnen.[4] Dies führt dazu, dass der übergehende Arbeitnehmer ggf. sofort eine unverfallbare Anwartschaft auf Altersversorgung beim Erwerber erhält, die sich der Höhe nach aber erst durch künftige Betriebstreue beim Erwerber entwickelt. 53

Ist die beim Veräußerer aufgrund einer kollektiven Regelung erdiente Altersversorgung der übergehenden Arbeitnehmer günstiger als die beim Erwerber bestehende kollektive Altersversorgung, so behalten die Arbeitnehmer ihren zum Zeitpunkt des Betriebsübergangs erdienten Besitzstand aus Gründen des **Vertrauensschutzes,** auch wenn eine **Ablösung der Altersversorgungsregelung** durch die beim Erwerber geltende kollektive Vereinbarung erfolgt. Auf die gesetzliche Unverfallbarkeit der Anwartschaft kommt es dabei nicht an.[5] 54

Gilt beim Erwerber ein Tarifvertrag, der gem. § 87 Abs. 1 BetrVG **(Tarifvorrang)** oder § 77 Abs. 3 BetrVG **(Tarifvorbehalt)** den durch Betriebsvereinbarung des Veräußerers geregelten Gegenstand bereits abdeckt, verdrängt diese Tarifregelung die Anwendbarkeit der Betriebsvereinbarung.[6] Auch in diesem Fall tritt keine Nachgeltung gem. § 613a Abs. 1 S. 2 BGB ein, soweit und solange dieser bezüglich des jeweils übergegangenen Arbeitsverhältnisses der Tarifvorrang oder der Tarifvorbehalt entgegenstehen. Voraussetzung für den Eintritt der Sperrwirkung einer Tarifregelung nach 55

---

[1] Eine Beauftragung des GBR durch die lokalen Betriebsräte gem. § 50 Abs. 2 BetrVG genügt nicht, WHSS/*Willemsen*, Umstrukturierung, E 18.
[2] WHSS/*Willemsen*, Umstrukturierung, E 13 ff.; GK-BetrVG/*Franzen*, § 58 Rn. 54–56.
[3] BAG 24.7.2001 – 3 AZR 660/00, NZA 2002, 520.
[4] BAG 24.7.2001 – 3 AZR 660/00, NZA 2002, 520; WHSS/*Hohenstatt*, Umstrukturierung, E 16.
[5] BAG 24.7.2001 – 3 AZR 660/00, NZA 2002, 520; zum „Drei-Stufen-Modell" des BAG beim Eingriff in Versorgungszusagen siehe WHSS/*Schnitker*, J 475 ff.
[6] LAG BW 6.7.2006 – 13 Sa 68/05, BeckRS 2011, 65834.

§ 87 Abs. 1 BetrVG ist, dass der Erwerber tarifgebunden und vom sachlich-fachlichen und räumlichen Geltungsbereich des normativ geltenden Tarifvertrags umfasst ist. Werden Arbeitnehmer von Geltungsbereich des Tarifvertrags ausgenommen (zB AT-Angestellte) tritt für diese die Sperrwirkung des § 87 Abs. 1 BetrVG nicht ein. Der Tarifvorbehalt nach § 77 Abs. 3 BetrVG gilt hingegen für tarifgebundene und nicht tarifgebundene Unternehmen – es reicht, dass eine bloße Tarifgeltung hinsichtlich der Arbeitsverhältnisse besteht.[1] Es kommt also bei der Frage der Verdrängung einer Betriebsvereinbarung durch eine Tarifregelung nie darauf an, ob der betroffene Arbeitnehmer selbst tarifgebunden ist oder nicht.

56 Ist der Erwerber des übertragenen Betriebs eine **Religionsgemeinschaft** oder eine ihrer karitativen oder erzieherischen Einrichtungen (§ 118 Abs. 2 BetrVG) oder ein **öffentlich-rechtlicher Rechtsträger,** kommt die normative Weitergeltung der Betriebsvereinbarungen deshalb nicht in Betracht, weil dieser Erwerber nicht dem Geltungsbereich des Betriebsverfassungsgesetzes unterliegt.

57 Wird von einem Betrieb ein **Betriebsteil abgespalten** und auf einen Erwerber übertragen, der den Betriebsteil **organisatorisch selbständig fortbestehen** lässt, gehen das BAG und ein Teil des Schrifttums davon aus, das sowohl im Ausgangsbetrieb als auch im abgespaltenen Betrieb die kollektivrechtliche Fortgeltung der Betriebsvereinbarungen eintritt.[2] Dies hat zur Folge, dass auch nach dem Betriebsübergang eintretende Arbeitnehmer unter die Geltung der Betriebsvereinbarung fallen. Die Gegenansicht verweist darauf, dass nach einer Abspaltung denklogisch von der Betriebsidentität beider Betriebsteile nicht mehr gesprochen werden könne und eine Vervielfachung von normativ geltenden Regelungen durch Betriebsübergang dogmatisch nicht nachvollziehbar sei.[3] Sie will deshalb für den abgespaltenen Teil grundsätzlich die Nachgeltungslösung des § 613a Abs. 1 S. 2 BGB anwenden, die nur für die jeweils übergehenden Arbeitsverhältnisse Wirkung entfaltet. Die Praxis wird sich jedenfalls an der BAG-Rechtsprechung zu orientieren haben und von der vollumfänglichen normativen Geltung der Betriebsvereinbarungen im abgespaltenen Betrieb ausgehen müssen.

58 Tritt eine originäre kollektivrechtliche Fortgeltung von Betriebsvereinbarungen ein, so gilt für zukünftige Änderungen dieser Betriebsvereinbarungen das **Ablösungsprinzip,** wonach eine kollektive Regelung durch eine spätere ranggleiche kollektive Regelung jederzeit abgelöst werden kann.[4] Wird der übergehende Betrieb oder Betriebsteil so in einen bestehenden Betrieb des Erwerbers **eingegliedert,** dass er seine organisatorische Selbständigkeit verliert, enden die vormals beim Veräußerer geltenden Betriebsvereinbarungen. Die beim Betriebserwerber bestehenden Betriebsvereinbarungen gelten unmittelbar normativ für die übergehenden Arbeitsverhältnisse. Soweit Betriebsvereinbarungen des übergehenden Betriebes Gegenstände geregelt haben, die nicht von den Betriebsvereinbarungen des Erwerbers umfasst sind, tritt Nachbindung gem. § 613a Abs. 1 S. 2 BGB ein.[5] Betriebsvereinbarungen (oder ein Tarifvertrag) des Erwerbers, die Gegenstände regeln, die auch in den Betriebsvereinbarungen des Veräußerers geregelt waren, verdrängen gem. § 613a Abs. 1 S. 3 BGB die Fortgeltung der diesbezüglichen Betriebsvereinbarungsregelungen des Veräußerers. Es gilt insoweit das gleiche wie vorstehend unter aa) für Tarifregelungen.

---

[1] Dazu Thüsing/Braun/*Thees,* Tarifrecht, 10. Kapitel Rn. 26 ff.
[2] GK-BetrVG/*Kreutz,* § 50 Rn. 84; BAG 18.9.2002 – 1 ABR 54/01, NZA 2003, 670 (675); Fitting, BetrVG § 77 Rn. 174; Richardi/*Richardi,* BetrVG § 77 Rn. 213.
[3] WHSS/*Hohenstatt,* Umstrukturierung, E 20 ff.; offenbar für ausschließliche kollektive Nachbindung für die übergegangenen Arbeitsverhältnisse *Sagan,* RdA 2011, 163 (171).
[4] Richardi/*Richardi,* BetrVG § 77 Rn. 174.
[5] WHSS/*Hohenstatt,* Umstrukturierung, E 32.

A. Betriebsübergang gem. § 613a BGB

Werden zwei Betriebe so miteinander **verschmolzen**, dass **beide ihre Identität** 59
verlieren und ein neuer Betrieb entsteht, enden die in den Ausgangsbetrieben bestehenden Betriebsvereinbarungen. Eine Ablösung kollektiver Regelungen des Veräußerers durch Betriebsvereinbarungen des Erwerbers kommt deshalb nicht in Betracht. Für die übergehenden Arbeitsverhältnisse gilt § 613a Abs. 1 S. 2 BGB unmittelbar – die Regelungen der Betriebsvereinbarungen gelten für die übergehenden Arbeitsverhältnisse nach. Für die Arbeitsverhältnisse der Arbeitnehmer, die schon vor dem Betriebsübergang beim Erwerber angestellt waren, gilt die Nachbindung gem. § 613a Abs. 1 S. 2 BGB analog.[1] Mit dem neu zu wählenden Betriebsrat des neuen Betriebs besteht dann die Möglichkeit, durch Abschluss von Betriebsvereinbarungen die Arbeitsbedingungen zu vereinheitlichen. Die Nachbindung kollektiver Regelungen gem. § 613a Abs. 1 S. 2 BGB kann auch durch den **Abschluss von kollektiven Vereinbarungen nach dem Betriebsübergang** beendet werden, ohne dass hierfür eine zeitliche Einschränkung, wie etwa ein zeitlicher Zusammenhang mit dem erfolgten Betriebsübergang, besteht.[2]

(3) Gesamtbetriebsvereinbarungen

Beim Veräußerer geltende Gesamtbetriebsvereinbarungen bleiben als solche wirk- 60
sam, wenn alle Betriebe des Veräußerers unter Wahrung der Betriebsidentität auf den Erwerber übergehen und der Erwerber bislang keinen eigenen Betrieb führte.[3] Umstritten ist das Schicksal von Gesamtbetriebsvereinbarungen, wenn nur einer oder mehrere Betriebe identitätswahrend übertragen werden und beim Veräußerer ein Betrieb verbleibt. Das BAG nimmt an, dass Gesamtbetriebsvereinbarungen kollektivrechtlich beim Erwerber weitergelten, wenn einer oder mehrere Betriebe unter Wahrung ihrer Betriebsidentität übergehen. Soweit nur ein Betrieb übernommen wird, nimmt das BAG die Geltung der Gesamtbetriebsvereinbarungen als (Einzel)Betriebsvereinbarungen[4] an. Dem wird entgegengehalten, dass mit dem Übergang von Betrieben oder Betriebsteilen auf den Erwerber als neuen Rechtsträger die Gesamtbetriebsvereinbarung den auf das übertragende Unternehmen bezogenen Geltungsbereich verlässt, für den sie abgeschlossen worden ist. Eine originäre kollektive Weitergeltung führe deshalb zu einer systemwidrigen Vervielfachung der Kollektivregelung. Es sei auf Gesamtbetriebsvereinbarungen des Veräußerers deshalb die Nachgeltungsregelung des § 613a Abs. 1 S. 2 BGB anzuwenden.[5] Versteht man die Regelung des § 613a Abs. 1 S. 2 BGB als kollektive Nachgeltungsanordnung, so bleiben Regelungen aus Gesamtbetriebsvereinbarungen kollektivrechtlich für die übergehenden Arbeitsverhältnisse wirksam. Der Unterschied zum Ansatz des BAG aus der vorgenannten Entscheidung vom 19.9.2002 liegt zB darin, dass mit der dort vom BAG vertretenen normativen Geltung als Einzel-Betriebsvereinbarung auch neu in den Betrieb des Erwerbers eintretende externe Arbeitnehmer unter die Geltung der übergegangenen Gesamtbetriebsvereinbarungsregelung fallen. Ob das BAG aufgrund der mit der Entscheidung vom 22.4.2009[6] eingetretenen Abkehr vom individualvertraglichen Ansatz der Transformation von Kollektivregelungen hin zum kollektiven Ansatz der Nachgeltung zukünftig die Weitergeltung von Gesamtbetriebsvereinbarungen als Einzelbetriebsvereinbarungen aufgeben und statt dessen die Nachgeltung gem. § 613a Abs. 1 S. 2 BGB

---

[1] WHSS/*Hohenstatt,* Umstrukurierung, E 33; *Gaul,* Betriebsspaltung § 25 Rn. 165.
[2] BAG 14.8.2001 – 1 AZR 614/00, NZA 2002, 276.
[3] BAG 18.9.2002 – 1 ABR 54/01, NZA 2003, 670.
[4] BAG 18.9.2002 – 1 ABR 54/01, NZA 2003, 670.
[5] WHSS/*Hohenstatt,* Umstrukurierung E 58 ff., mit ausführlichen Nachweisen in Fn. 196.
[6] BAG 22.4.2009 – 4 AZR 100/08, NZA 2010, 41 (46).

annehmen wird, ist offen. Nach derzeitiger Entscheidungslage ist in der Praxis jedenfalls vorerst von der kollektivrechtlichen Weitergeltung als Betriebsvereinbarung auszugehen. Für den Bereich der betrieblichen Altersversorgung hat das LAG Köln die normative Wirkung einer übergegangenen Altersversorgungsregelung in Form einer beim Veräußerer bestehenden Gesamtbetriebsvereinbarung für nach dem Betriebsübergang vom Erwerber eingestellte Arbeitnehmer abgelehnt.[1] Der maßgebliche Betriebsübergang fand dabei schon im Jahre 1993 – also neun Jahre vor der vorstehend zitierten Entscheidung des BAG zur normativen Weitergeltung von Gesamtbetriebsvereinbarungen als Einzelbetriebsvereinbarungen statt. Das LAG ist dabei vom Grundsatz der kollektivrechtlichen Wirkung im Rahmen des § 613a BGB übergehender Gesamtbetriebsvereinbarungen abgewichen. Es hat dies damit begründet, dass das BAG in seiner Entscheidung vom 18.9.2002 die normative Fortgeltung unter die Einschränkung gestellt hat, dass eine Fortgeltung ausscheide, wenn die betreffende Regelung nach ihrem Inhalt die Zugehörigkeit zum bisherigen Unternehmen zwingend voraussetze und nach dem Betriebsübergang gegenstandslos sei.[2] Im vorliegenden Fall war die betriebliche Altersversorgung ausdrücklich den Arbeitnehmern der Veräußerer-Gesellschaft zugesagt und sei damit im Sinne dieser vom BAG gemachten Einschränkung unternehmensbezogen ausgerichtet gewesen. Diese Entscheidung überzeugt im Ergebnis, nicht aber in der Begründung. Eine unternehmensbezogene Ausrichtung wird sich in fast jeder Gesamtbetriebsvereinbarung finden, schließlich ist der Bezug auf das Gesamtunternehmen oder mehrere Betriebe notwendige Voraussetzung der originären Zuständigkeit des Gesamtbetriebsrats gem. § 50 Abs. 1 BetrVG. Bei der betrieblichen Altersversorgung in Form einer Geldleistung wird zudem jedes Unternehmen – vorausgesetzt, die finanziellen Mittel sind vorhanden – zur Erfüllung dieser Verbindlichkeit in der Lage sein. Gerade bei der betrieblichen Altersversorgung erscheint die Unternehmensbezogenheit als ein untaugliches Abgrenzungsmerkmal zum Ausschluss einer normativen Bindung des Erwerbers. Allerdings ist die Anwartschaft auf die Versorgung dem Kläger jedenfalls für den Zeitraum vor dem 18.9.2002 deshalb zu versagen, da weder der Erwerber noch der Arbeitnehmer selbst damit rechnen konnten, dass für ihr Arbeitsverhältnis überhaupt eine Versorgungszusage besteht. Hier hat der Vertrauensschutz des Erwerbers Vorrang.

61 Es ist allerdings zu beachten, dass das BAG bislang keinen Fall zu entscheiden hatte, in dem beim Erwerber bereits vor dem Betriebsübergang ein Betriebsrat bestand. Eine höchstrichterliche Klärung der bei Kollision von Gesamtbetriebsvereinbarungen des Veräußerers mit Gesamtbetriebsvereinbarungen des Erwerbes auftretenden Probleme ist bislang nicht erfolgt. Kollidiert eine Betriebsvereinbarung des Veräußerers mit einer Gesamtbetriebsvereinbarung des Erwerbers, so verdrängt die Gesamtbetriebsvereinbarung die Fortgeltung der Einzelbetriebsvereinbarung. Die Verdrängung erfolgt nach allgemeinen Regeln (§ 50 Abs. 1 BetrVG), wenn man die originäre kollektivrechtliche Geltung der Betriebsvereinbarung annimmt. Nimmt man eine kollektivrechtliche Nachbindung der Betriebsvereinbarung nach § 613a Abs. 1 S. 2 BGB an, so wird diese Nachbindung durch die beim Erwerber bestehende Gesamtbetriebsvereinbarung verdrängt (§ 613a Abs. 1 S. 3 BGB).[3] Kollidieren zwei Gesamtbetriebsvereinbarungen, so ist zunächst durch Auslegung zu ermitteln, ob diese im Erwerberunternehmen nebeneinander für verschiedene Betriebe wirksam bleiben sollen. Eine Gesamtbetriebsvereinbarung kann sich durchaus auch lediglich auf mehrere Betriebe des Unternehmens

---

[1] LAG Köln 27.6.2013, 6 Sa 151/13.
[2] BAG 18.9.2002 – 1 ABR 54/01, NZA 2003, 670 (674).
[3] Zum Streitstand WHSS/*Hohenstatt*, Umstrukturierung, E 63 ff.

beziehen (§ 50 Abs. 1 S. 1 BetrVG) und muss nicht alle Betriebe umfassen. So werden zB unterschiedliche Arbeitszeitregelungen für jeweils unterschiedliche Betriebe idR bestehen bleiben können. Treffen aber notwendig unternehmensweit einheitlich zu behandelnde Materien aufeinander (zB Ethical Standards), wird die Gesamtbetriebsvereinbarung des Erwerbers diejenige des Veräußerers verdrängen – sei es dass man § 613a Abs. 1 S. 3 BGB unmittelbar oder analog anwendet.[1]

Bestehen beim Erwerber bereits Gesamtbetriebsvereinbarungen aufgrund originärer Zuständigkeit des Gesamtbetriebsrats (§ 50 Abs. 1 BetrVG), so verhindern diese gem. § 613a Abs. 1 S. 3 BGB die Fortgeltung von Betriebsvereinbarungen oder Gesamtbetriebsvereinbarungen des Veräußerers, soweit sie den gleichen Regelungsgegenstand betreffen. **62**

Besteht beim Erwerber nach dem Betriebs(teil)übergang kein Betriebsrat, kann der Erwerber die Fortwirkung der Gesamtbetriebsvereinbarung durch eine einheitliche Kündigung gegenüber allen betroffenen Arbeitnehmern beenden und im Falle ihrer Nachwirkung auch vor Ablauf der einjährigen Sperrfrist einzelvertragliche Abreden auch zum Nachteil der Arbeitnehmer treffen.[2] **63**

(4) Konzernbetriebsvereinbarungen

Konzernbetriebsvereinbarungen bleiben unverändert originär normativ für das übergehende Arbeitsverhältnis wirksam, solange der Erwerber zum gleichen Konzern wie der Veräußerer gehört. **64**

Nach der Konzeption des BAG aus der Entscheidung vom 18.9.2002[3] würde eine Konzernbetriebsvereinbarung bei Veräußerung mehrere Betriebe an ein betriebsloses Unternehmen außerhalb des Konzerns als Gesamtbetriebsvereinbarung und im Falle der Veräußerung nur eines Betriebes als Einzel-Betriebsvereinbarung originär normativ weitergelten. Werden mehrere Konzernunternehmen an einen Erwerber übertragen, käme es nach der Konzeption des BAG zur kollektivrechtlichen Fortgeltung der Konzernbetriebsvereinbarungen für die übertragenen Unternehmen beim Erwerber, soweit beim Erwerber keine Konzernbetriebsvereinbarungen zum gleichen Regelungsgegenstand bestehen, die die Konzernbetriebsvereinbarungen des Erwerbers ablösen. Voraussetzung hierfür ist jedoch, dass beim Erwerber ein Konzernbetriebsrat existiert oder errichtet wird. Besteht kein Konzernbetriebsrat beim Erwerber, gelten die Konzernbetriebsvereinbarungen als Gesamtbetriebsvereinbarungen. Ist kein Gesamtbetriebsrat beim Erwerber vorhanden, werden die Konzernbetriebsvereinbarungen zu Einzel-Betriebsvereinbarungen.[4] Die vorgenannte Entscheidung des BAG bezieht sich allerdings nur auf Gesamtbetriebsvereinbarungen – zu Konzernbetriebsvereinbarungen beim Betriebsübergang existiert bislang keine Rechtsprechung. Bei Konzernbetriebsvereinbarungen gelten hinsichtlich der Konzeption des BAG von der Umwandlung von kollektiven betrieblichen Regelungen die gleichen Bedenken wie bei den Gesamtbetriebsvereinbarungen (vorstehend unter cc)). Vorzugswürdig ist es deshalb, auch bei Konzernbetriebsvereinbarungen die Nachgeltung gem. § 613a Abs. 1 S. 2 BGB anzunehmen **65**

Im Falle eines **share-deals – der kein Betriebsübergang ist** – bei dem das veräußerte Unternehmen **aus dem Konzernverbund ausscheidet,** wird zu Recht die analoge Anwendung des § 613a Abs. 1 S. 2 BGB vertreten, da ansonsten bei der An- **66**

---

[1] Für generelle Anwendung der Ablösungsregelung gem. § 613a Abs. 1 S. 2 und S. 3 bei Bestehen von Betrieben mit Betriebsrat beim Erwerber WHSS/*Hohenstatt*, Umstrukturierung, E 65.
[2] *Sagan*, RdA 2011, 163 (172).
[3] BAG 18.9.2002 – 1 ABR 54/01, NZA 2003, 670.
[4] WHSS/*Hohenstatt*, Umstrukturierung, E 70, E 62; GK-BetrVG/*Franzen*, § 58 Rn. 55.

teilsveräußerung eine Schutzlücke für die weitere Anwendung der Rechte und Pflichten aus Konzernbetriebsvereinbarungen entstünde.[1] Höchstrichterliche Rechtsprechung zu dieser Konstellation existiert bislang ebenfalls nicht.

(5) Sprecherausschussvereinbarungen

67   Gelten die in einem übergehenden Betrieb bestehenden Betriebsvereinbarungen kollektivrechtlich fort, so gilt das auch für die mit dem Sprecherausschuss vereinbarten Richtlinien und Vereinbarungen.[2]

68   Verliert der Betrieb beim Übergang seine Betriebsidentität, so finden die Regelungen des § 613a Abs. 1 BGB auf Vereinbarungen mit dem Sprecherausschuss entsprechende Anwendung. Für Vereinbarungen mit dem Gesamtsprecherausschuss oder dem Konzernsprecherausschuss gelten die vorstehenden Ausführungen zu Gesamtbetriebsvereinbarungen und Konzernbetriebsvereinbarungen entsprechend.[3]

c) Ansprüche der Arbeitnehmer gegen den Betriebsveräußerer

69   Für den Veräußerer bleibt es nach dem Betriebsübergang dabei, dass er weiterhin für seine Verpflichtungen gegenüber den Arbeitnehmern haftet, die vor dem Zeitpunkt des Betriebsübergangs fällig waren. Der Veräußerer eines Betriebs haftet darüber hinaus nach § 613a Abs. 2 S. 1 BGB neben dem Erwerber als **Gesamtschuldner** für Verpflichtungen, die vor dem Betriebsübergang entstanden sind und vor Ablauf von einem Jahr nach dem Betriebsübergang fällig werden, jedoch nur in zeitanteiligem Umfang. Es ist festzustellen, in welchem Verhältnis der Bemessungszeitraum für die Leistung vor und nach dem Betriebsübergangszeitpunkt liegt Der Veräußerer haftet dann für den Anteil, der zeitanteilig bis zum Betriebsübergangszeitpunkt angefallen ist.

70   Neben dieser speziellen Haftung aus § 613a Abs. 2 BGB können **umwandlungsrechtliche Haftungsregelungen** greifen. § 613a Abs. 3 BGB schließt die Geltung von Abs. 2 aus, wenn eine juristische Person oder eine Personengesellschaft durch Umwandlung erlischt. Ein solches Erlöschen tritt ein bei der Verschmelzung oder bei der Aufspaltung eines Rechtsträgers. Es gilt dann die übliche umwandlungsrechtliche Haftungsregelung, wonach der übernehmende Rechtsträger in vollem Umfang die Verbindlichkeiten des übertragenden Rechtsträgers übernimmt (Gesamtrechtsnachfolge).

71   Bleibt aber der übertragende Rechtsträger nach der Umwandlung existent, tritt für diesen ein Nebeneinander von arbeitsrechtlicher und umwandlungsrechtlicher Haftung ein:

72   Erfolgt eine Unternehmensspaltung in eine **Anlage-** und eine **Betriebsgesellschaft** und sind an den Gesellschaften im Wesentlichen die gleichen Personen beteiligt wie vor der Spaltung, so haftet die Anlagegesellschaft nach § 134 UmwG gesamtschuldnerisch für die Forderungen der Arbeitnehmer der Betriebsgesellschaft aus einem **Sozialplan oder aus Nachteilsausgleich,** die innerhalb von fünf Jahren **nach** dem Wirksamwerden der Spaltung aufgrund einer Betriebsänderung nach §§ 111 bis 113 BetrVG begründet werden. Die Verweisung des § 134 Abs. 3 UmwG auf § 133 Abs. 3 bis 5 UmwG **erstreckt den Haftungszeitraum auf 10 Jahre** nach Bekanntmachung der Eintragung der Spaltung in das Handelsregister des übertragenden Rechtsträgers. Für Betriebsrentenansprüche, die vor dem Wirksamwerden der Spaltung begründet wurden, wird diese Haftung gem. § 134 Abs. 2 UmwG erweitert.

---

[1] WHSS/*Hohenstatt*, Umstrukturierung, E 72.
[2] ErfK/*Preis*, BGB § 613a BGB Rn. 115.
[3] Siehe dazu auch WHSS/*Hohenstatt*, Umstrukturierung, E 73.

Für zum Zeitpunkt der Umwandlung bereits bestehende Ansprüche, die im Rahmen einer Spaltung einem anderen Rechtsträger zugewiesen sind, haftet gem. § 133 UmwG der übertragende Rechtsträger als Gesamtschuldner, wenn diese innerhalb von fünf Jahren nach der Spaltung fällig und gerichtlich geltend gemacht sind. § 133 Abs. 3 UmwG erweitert darüber hinaus die Haftung für vor Wirksamwerden der Spaltung begründete Ansprüche auf betriebliche Altersversorgung auf 10 Jahre. Die spaltungsbeteiligten Rechtsträger bilden gem. § 133 UmwG einen gesamtschuldnerischen Haftungsverbund. Für bei der Eintragung der Spaltung bestehende Ansprüche der Arbeitnehmer haftet der alte Arbeitgeber damit noch mindestens fünf Jahre, sofern er nicht erlischt. 73

§ 133 UmwG stellt gegenüber der Haftungsregelung des § 613a Abs. 2 BGB eine für die Arbeitnehmer günstigere Regelung dar. Da § 613a Abs. 2 BGB nicht den Zweck hat, ein durch eine allgemein gültige Regelung eingeführtes Schutzniveau für Arbeitsverhältnisse zu senken sondern eine Besserstellung der Arbeitnehmer bezweckt, geht die Regelung des § 133 UmwG vor.[1] In Umwandlungsfällen ist also der Umfang der Haftung des alten Arbeitgebers für Arbeitgeberansprüche im Vergleich zur rein arbeitsrechtlichen Haftung nach § 613a Abs. 2 BGB erweitert. 74

3. Unterrichtungspflicht und Widerspruchsrecht
a) Bedeutung und Anwendungsbereich

Für die Arbeitgeberseite besteht die Pflicht, die vom Betriebsübergang betroffenen Arbeitnehmer vor dem Übergang über Zeitpunkt oder geplanten Zeitpunkt, Grund sowie die rechtlichen, wirtschaftlichen und sozialen Folgen des Betriebsübergangs und die hinsichtlich der Arbeitnehmer in Aussicht genommenen Maßnahmen in Textform **zu unterrichten** (§ 613a Abs. 5 BGB). Der Arbeitnehmer kann dem Übergang des Arbeitsverhältnisses innerhalb eines Monats nach Zugang der Unterrichtung **widersprechen** (§ 613a Abs. 6 BGB) mit der Folge, dass sein Arbeitsverhältnis beim Veräußerer verbleibt. Erfolgt die Unterrichtung nicht oder nicht vollständig oder inhaltlich unrichtig, so wird der Lauf der Widerspruchsfrist nicht ausgelöst. Die Ausübung des Widerspruchsrechts und die damit verbundene Rechtsfolge der rückwirkenden, durch den Betriebsübergang nicht unterbrochenen Fortgeltung des Arbeitsvertrags mit dem Betriebsveräußerer ist dann noch lange Zeit nach erfolgtem Betriebsübergang möglich. Die Anforderungen der Rechtsprechung an die Wirksamkeit der Unterrichtung sind exorbitant hoch – das zeigt sich schon darin, dass in den zahlreichen Entscheidungen zu diesem Thema kaum ein Fall vorkommt, in dem die Unterrichtung von der Rechtsprechung für ausreichend erachtet worden ist. Dieses Zusammenspiel von Informationspflicht und Widerspruchsrecht eröffnet in der Praxis den von Betriebsübergängen betroffenen Arbeitnehmern erhebliche Gestaltungsmöglichkeiten zur Rückkehr in ihre alten Arbeitsverhältnisse. Diesen stehen auf Seiten der Betriebsveräußerer erhebliche Risiken wegen der finanziellen Belastungen gegenüber, mit denen die Rückkehr bereits faktisch ausgeschiedener Arbeitnehmer verbunden ist und mit denen die Veräußerer in der Regel nicht gerechnet haben. Verschlechtern sich die Arbeitsbedingungen im Erwerberbetrieb, stehen dort Entlassungen an oder wird der Erwerber gar einige Zeit nach dem Betriebsübergang insolvent, ist es naheliegend, dass 75

---

[1] ErfK/*Preis*, BGB § 613a Rn. 189, 190; HWK/*Willemsen*/*Müller-Bonanni* § 613a Rn. 297; Hölters/ von Steinau-Steinrück/*Thees*, Teil V Rn. 267; aA Hümmerich/Boecken/*Düwell* – Boecken, UmwG § 324 Rechte und Pflichten bei Betriebsübergang Rn. 20 – bei umwandlungsrechtlicher Übertragung der Arbeitsverhältnisse sei § 613a Abs. 2 BGB analog unter Verdrängung des § 133 UmwG anzuwenden.

die betroffenen Arbeitnehmer die Rückkehrmöglichkeit zum alten Arbeitgeber über eine Ausübung des Widerspruchsrechts prüfen werden.

76 Zusätzlich ist zu beachten, dass die **Unterrichtungspflicht eine echte Rechtspflicht** darstellt, deren schuldhafte Verletzung zu einem **Schadensersatzanspruch** des Arbeitnehmers gem. § 280 Abs 1 BGB führen kann.[1] Die Verletzung der Unterrichtungspflicht führt allerdings nicht zur Unwirksamkeit einer vom Erwerber gegenüber dem übergegangenen Arbeitnehmer erklärten Kündigung.[2]

77 Unterrichtungspflicht und Widerspruchsrecht gelten uneingeschränkt auch bei Betriebsübergängen innerhalb von Konzerngesellschaften. Es wird vertreten, dass die Unterrichtungspflicht im Falle des Wegfalls des Widerspruchsrechts, den das BAG bei Erlöschen des alten Arbeitgebers durch gesellschaftsrechtliche Gesamtrechtsnachfolge annimmt (zB bei einer Verschmelzung gem. §§ 2, 20 UmwG; Aufspaltung gem. § 123 Abs. 1 UmwG; Anwachsung gem. § 738 Abs. 1 S. 1 BGB)[3] ebenfalls entfallen soll.[4] Dies ist schon deshalb abzulehnen, weil die Unterrichtungspflicht nicht auf das bloße Auslösen der Widerspruchsfrist beschränkt ist. Die Rechtsprechung billigt dem vom Erlöschen seines alten Arbeitgebers betroffenen Arbeitnehmer ein außerordentliches Kündigungsrecht gem. § 626 Abs. 1 BGB gegenüber dem Erwerber zu, um der Sicherung der gem. Art. 2 Abs. 2, Art. 12 Abs. 1 GG geschützten Vertrags- und Berufsfreiheit des Arbeitnehmers Rechnung zu tragen.[5] Es bedarf deshalb ebenso wie bei der Frage der Ausübung des Widerspruchsrechts der Information der betroffenen Arbeitnehmer hinsichtlich der Ausübung dieses Kündigungsrechts.[6] Auch in Verschmelzungsfällen hat ein Arbeitnehmer ein Interesse daran, über die zukünftige Situation seines Arbeitsverhältnisses beim Erwerber informiert zu werden. Erleidet er durch schuldhaft falsche oder unvollständige Information einen Schaden, ist der Erwerber hierfür ersatzpflichtig. Die Unterrichtungspflicht des § 613a Abs. 5 BGB ist auch nicht gesetzessystematisch derart mit dem Widerspruchsrecht verknüpft, welches gesondert in § 613a Abs. 6 BGB geregelt ist, dass letzteres die Bedingung für die Geltung der Unterrichtungspflicht darstellen würde.

b) Zeitpunkt, Form und Inhalt der Unterrichtung

78 Der Betriebsveräußerer oder der Betriebserwerber (beide sind diesbezüglich Gesamtschuldner) haben die Unterrichtung nach § 613a Abs. 5 BGB vollständig, inhaltlich richtig und präzise durchzuführen.[7] Für die Beurteilung von Vollständigkeit und Richtigkeit kommt es auf den Kenntnisstand von Veräußerer und Erwerber zum Zeitpunkt der Unterrichtung an.[8]

79 Die Unterrichtung hat nach der Gesetzesformulierung **vor dem Betriebsübergang** zu erfolgen. Ratsam ist es, die Unterrichtung spätestens einen Monat vor dem geplanten Übergang durchzuführen, damit zum Zeitpunkt des Übergangs bereits Klarheit darüber besteht, ob innerhalb der einmonatigen Widerspruchsfrist Widerspruchs-

---

[1] BAG 2.4.2009 – 8 AZR 220/07, AP BGB § 613a Widerspruch Nr. 6; BAG 20.3.2008 – 8 AZR 1022/06, NZA 2008, 1297; BAG 31.1.2008 – 8 AZR 1116/06, NZA 2008; LAG Schleswig-Holstein 14.2.2012 – 1 Sa 221d/11, BeckRS 2012, 67168 (zum Schadensersatz in Form der Wiederbegründung der gekündigten Arbeitsverhältnisses).
[2] BAG 24.5.2005 – 8 AZR 398/04, NZA 2005, 1302.
[3] BAG 21.2.2008 – 8 AZR 157/07, NZA 2008, 815.
[4] *Simon/Weninger*, BB 2010, 117.
[5] BAG 21.2.2008 – 8 AZR 157/07, NZA 2008, 815.
[6] So auch *Otto/Mückl*, BB 2011, 1978.
[7] BAG 23.7.2009 – 8 AZR 538/08, NZA 2010, 89.
[8] BAG 14.12.2006 – 8 AZR 763/05, NZA 2007, 682; BAG 13.7.2006 – 8 AZR 305/05, NZA 2006, 1268.

erklärungen erfolgt sind. Allerdings kann die Unterrichtung auch noch **nach** dem Betriebsübergang wirksam erfolgen – die Widerspruchsfrist beginnt auch dann mit Zugang der vollständigen Unterrichtung beim Arbeitnehmer.[1]

Die Unterrichtung hat in **Textform** (§ 126b BGB) zu erfolgen. Hier genügt jede schriftliche Erklärung, die lesbar ist und den Absender erkennen läßt (Brief, Telefax, E-Mail). Die eigenhändige Unterschrift ist nicht erforderlich. Es trägt der Arbeitgeber aber die Beweislast für den Zugang der Erklärung beim Arbeitgeber. Um diesen Nachweis führen zu können, wird regelmäßig die Erteilung einer schriftlichen Empfangsbestätigung des Arbeitnehmers erforderlich sein. 80

Durchzuführen ist die Unterrichtung vom Erwerber oder vom Veräußerer – beide sind insoweit hinsichtlich der Unterrichtungspflicht Gesamtschuldner.[2] 81

Der **Gegenstand des Betriebsübergangs** ist zu bezeichnen, dh die jeweils betroffene Einheit ist darzustellen. Es ist mitzuteilen welche Betriebsmittel übernommen bzw. nicht übernommen werden (Betriebsgrundstück). 82

Die **Identität des Betriebserwerbers** ist mitzuteilen. Hierzu gehört die Angabe der aktuellen Firma, der Geschäftsadresse, des Firmensitzes, des Namens des Geschäftsführers oder einer personalverantwortlichen Person. Ist die Erwerbergesellschaft noch nicht gegründet ist dies ebenfalls mitzuteilen und die Information über den Erwerber später in Textform zu vervollständigen. Die Widerspruchsfrist beginnt dann mit vollständiger Information zu laufen. Vorsorglich sollte im Zusammenhang mit der Darstellung des Betriebserwerbers über dessen bisherige und künftige Geschäftsaktivitäten und seine Konzernverflechtungen informiert werden. Es reicht nicht aus, wenn schlagwortartig über Aktivitäten des gesamten Konzerns informiert wird, ohne im Einzelnen auf den Betriebsübernehmer einzugehen.[3] 83

Der **Zeitpunkt des Betriebsübergangs** wird oftmals zum Zeitpunkt der Unterrichtung noch nicht bekannt sein – es genügt dann die Angabe des **geplanten** Zeitpunkts des Betriebsübergangs.

Der **Grund für den Übergang** liegt zunächst in dem Rechtsgeschäft (Kauf-, Pacht-, Verschmelzungsvertrag usw), auf dem der Erwerb beruht. Darüber hinaus fordert das BAG, dass den Arbeitnehmern zumindest stichwortartig die **unternehmerischen Gründe** für den Übergang mitgeteilt werden, die sich beim Betriebserwerber und im Falle eines Widerspruchs beim Betriebsveräußerer auf den Arbeitsplatz auswirken.[4] Dazu gehört zB die Angabe, dass der Veräußerer sich von bestimmten Geschäftsaktivitäten insgesamt trennt mit der Folge, dass entsprechende Arbeitsplätze, auf denen widersprechende Arbeitnehmer eingesetzt werden könnten, beim Veräußerer wegfallen. 84

Weiterhin muss die Angabe der „**rechtlichen, wirtschaftlichen und sozialen Folgen des Übergangs für die Arbeitnehmer**" erfolgen. 85

Zu den **rechtlichen Auswirkungen** zählen zB der **Eintritt des Erwerbers** in die Rechte und Pflichten aus dem Arbeitsverhältnis, das **Haftungssystem** des § 613a Abs. 2 BGB einschließlich der begrenzten gesamtschuldnerischen Haftung von Erwerber und Veräußerer, die **kündigungsrechtliche Situation** bei Erwerber und Veräußerer, die Auswirkungen der beim Erwerber geltenden **Tarifregelungen,** die Transformation von beim Veräußerer geltenden Kollektivregeln in das Arbeitsverhältnis, die **Geltung oder Ablösung von Kollektivregelungen** einschließlich der Frage von 86

---

[1] BAG 14.12.2006 – 8 AZR 763/05, NZA 2007, 682.
[2] BAG 2.7.2009 – 8 AZR 357/08, NZA 2010, 393.
[3] BAG 23.7.2009 – 8 AZR 538/08, NZA 2010, 89.
[4] BAG 23.7.2009 – 8 AZR 538/08, NZA 2010, 89; BAG 13.7.2006 – 8 AZR 305/05, NZA 2006, 1268.

deren **normativer oder individualrechtlicher Geltung**[1] und das Bestehen und die Ausübung des **Widerspruchsrechts**.[2] Die rechtlichen Angaben müssen objektiv richtig sein – sie müssen präzise dargestellt sein und dürfen keine juristischen Fehler enthalten.[3]

87 Zu den **wirtschaftlichen und sozialen Folgen,** die mitgeteilt werden müssen, zählen alle mittelbaren und unmittelbaren Konsequenzen für das Arbeitsverhältnis, die aus dem Betriebsübergang folgen, so zB die **mangelnde Eigenkapitalausstattung** oder fehlende Liquidität des Erwerbers, die zur Reduzierung von Entgeltbestandteilen oder zu Kündigungen führen kann; die Aufrechterhaltung oder der Wegfall eines Betriebsrats bei Erwerber oder Veräußerer; ein konkret absehbares Insolvenzverfahren beim Erwerber[4] oder die **Verringerung der Haftungsmasse** durch Nichtübertragung von Betriebsmitteln[5] wie Betriebsgrundstück und Patenten auf den Erwerber.

88 Die Unterrichtung über die **hinsichtlich der Arbeitnehmer in Aussicht genommenen Maßnahmen** betrifft **konkret geplante Fortbildungen,** anstehende Betriebsänderungen oder weitere Betriebsübergänge, die mit dem Betriebsübergang im Zusammenhang stehen.

c) Widerspruchsrecht

89 Die vom Betriebsübergang umfassten Arbeitnehmer können dem Übergang ihres Arbeitsverhältnisses binnen einer Frist von einem Monat nach Zugang der wirksamen Unterrichtung widersprechen (§ 613a Abs. 6 BGB) mit der Folge, dass ihre **Arbeitsverhältnisse mit dem bisherigen Arbeitgeber bestehen bleiben.**

90 Die **Ausübung des Widerspruchs** erfolgt durch schriftliche Erklärung des Arbeitnehmers gegenüber dem bisherigen oder dem neuen Inhaber des Betriebs oder Betriebsteils. Es handelt sich beim Widerspruch um eine einseitige empfangsbedürftige Willenserklärung, die nach Zugang bei der Arbeitgeberseite vom Arbeitnehmer nicht mehr widerrufen werden kann. Ein sachlicher Grund ist für die Ausübung des Widerspruchsrechts nicht erforderlich.[6] Die Ausübung des Widerspruchsrechts hat auch keinen Einfluss auf die Durchführung der Sozialauswahl bei betriebsbedingten Kündigungen im Betrieb des Veräußerers.[7] Ist die Unterrichtung fehlerhaft oder unvollständig, so wird hierdurch die Widerspruchsfrist nicht in Lauf gesetzt. Es ist unerheblich, ob der jeweilige Arbeitnehmer die fehlende Information außerhalb des Unterrichtungsschreibens erhalten hat oder ob ihm die Fehlerhaftigkeit des Schreibens von vornherein bekannt war. Deshalb kann der Arbeitnehmer unabhängig davon, ob die Fehlerhaftigkeit des Informationsschreibens **kausal** für seine Nichtausübung des Widerspruchs war, nach dem Betriebsübergang von seinem Widerspruchsrecht Gebrauch machen, bis das Widerspruchsrecht **verwirkt** ist.

91 Infolge der von der Arbeitgeberseite oft nicht erfüllten hohen Anforderungen an die Wirksamkeit des Unterrichtungsschreibens spielen in der Praxis häufig Fälle eine Rolle, in denen Arbeitnehmer nach dem Betriebsübergang viele Monate lang beim Erwerber weiterarbeiten und dann, wenn dort Probleme im Arbeitsverhältnis auftreten (zB drohende Insolvenz, Personalabbau, Entgeltkürzungen, verhaltensbedingte Kündigung)

---

[1] BAG 23.7.2009 – 8 AZR 541/08, AP BGB § 613a Unterrichtung Nr. 12. (Rn. 32 ff.).
[2] BAG 20.3.2008 – 8 AZR 1016/06, NZA 2008, 1354.
[3] BAG 13.7.2006 – 8 AZR 305/05, NZA 2006, 1268.
[4] ErfK/*Preis* BGB § 613a Rn. 88b.
[5] BAG 31.1.2008 – 8 AZR 1116/06, NZA 2008, 642; LAG München 1.7.2008 – 8 Sa 26/08, BeckRS 2009, 63348.
[6] BAG 15.2.2007 – 8 AZR 310/06, AP BGB § 613a Widerspruch Nr. 2.
[7] BAG 31.5.2007 – 2 AZR 276/06, NZA 2008, 33.

durch Erklärung des Widerspruchs eine **Flucht zurück ins alte Arbeitsverhältnis** mit dem Veräußerer antreten wollen. Hier stellt sich die Frage nach der **Verwirkung des Widerspruchsrechts.** Ein Anspruch ist verwirkt, wenn der Berechtigte ihn längere Zeit nicht verfolgt (Zeitmoment), mit seinem Verhalten den Eindruck erweckt, dass er ihn nicht mehr geltend macht (Umstandsmoment) und die Erfüllung daher nicht mehr zumutbar ist (Zumutbarkeitsmoment).[1] Die bloße Weiterarbeit wird nicht zur Verwirkung führen.[2] Nach der Rechtsprechung müssen besondere Verhaltensweisen des Berechtigten und des Verpflichteten vorliegen, um eine Verwirkung anzunehmen.[3] Für die Erfüllung des Zeitmoments besteht dabei kein fester Rahmen. Sie richtet sich nach den Umständen des Einzelfalles, wobei der Arbeitnehmer umso länger mit der Ausübung abwarten können soll, je komplexer der mit dem Betriebsübergangs verbundene Sachverhalt ist. Als Umstandsmoment für das Vertrauen des alten Arbeitgebers, dass der Arbeitnehmer sein Widerspruchsrecht nicht mehr ausüben wird, wertet es die Rechtsprechung, wenn der Arbeitnehmer vor Ausübung des Widerspruchs mit dem neuen Arbeitgeber **Dispositionen über den Bestand seines Arbeitsverhältnisses** trifft (Aufhebungsvertrag,[4] Hinnahme einer Kündigung, Eigenkündigung) oder wenn der Arbeitnehmer sich beim Streit um die Weitergeltung der Tarifdynamik über Jahre hinweg ausschließlich an den Erwerber hält.[5] Die Kenntnis des Erwerbers vom Umstandsmoment wird dabei dem Veräußerer zugerechnet[6] – ansonsten wäre der Eintritt eines Vertrauensschutzes beim Veräußerer, dem der weitere Verlauf des Arbeitsverhältnisses beim Erwerber idR unbekannt bleiben dürfte, regelmäßig nicht zu begründen.

Individualrechtlich ist es **kein Missbrauch** des Widerspruchsrechts, wenn ein Arbeitnehmer die Nichtausübung seines Widerspruchsrechts davon abhängig macht, dass der Erwerber ihm bessere Arbeitsbedingungen zusagt.[7] Dem in § 613a BGB enthaltenen Verbot für die Arbeitgeberseite, vertragliche Arbeitsbedingungen zu verschlechtern, steht also keine Pflicht der Arbeitnehmer gegenüber, sich mit den bestehenden Arbeitsbedingungen zufrieden geben zu müssen und lediglich eine Disposition über die Person des Arbeitgebers treffen zu dürfen. Die Ausübung des Widerspruchs kann **treuwidrig** sein – so, wenn der für die Fehlerhaftigkeit des Unterrichtungsschreibens verantwortliche Personalleiter sich selbst auf den wegen seines eigenen Fehlers nicht begonnenen Lauf der Widerspruchsfrist beruft.[8] Im vorgenannten Fall hat das BAG ein treuwidriges Verhalten bereits deshalb abgelehnt, weil der Arbeitgeber nicht den Nachweis geführt hat, dass der Arbeitnehmer, der als Personalleiter an der Abfassung des fehlerhaften Informationsschreibens beteiligt war, hinreichende Verantwortung für den Inhalt des Informationsschreibens trug.

92

Mitunter wird von Arbeitnehmervertretungen versucht, auf die Arbeitgeberseite im Zusammenhang mit geplanten Betriebsübergängen Druck auszuüben mit der Drohung mit der **kollektiven Ausübung von Widersprüchen.** Widersprechen eine Vielzahl von Arbeitnehmern dem Übergang des Arbeitsverhältnisses, so kann dies den geplanten Betriebsübergang wirtschaftlich sinnlos machen, insbesondere wenn es dem Erwerber maßgeblich auf den Erhalt des in den Mitarbeitern verkörperten „Know-

93

---

[1] Siehe hierzu umfassend Hölters/*von Steinau-Steinrück*/*Thees*, Kap. V, Rn. 132.
[2] BAG 20.5.2010 – 8 AZR 734/08, NZA 2010, 1295 (Personalleiter BenQ); BAG 15.3.2012 – 8 AZR 700/10, NZA 2012, 1097.
[3] BAG 12.11.2009 – 8 AZR 751/07, nv; BAG 24.7.2008 – 8 AZR 205/07, NZA 2008, 1294.
[4] BAG 2.4.2009 – 8 AZR 220/07, AP BGB § 613a Widerspruch Nr. 6.
[5] BAG 15.3.2012 – 8 AZR 700/10, NZA 2012, 1097.
[6] BAG 2.4.2009 – 8 AZR 220/07, AP BGB § 613a Widerspruch Nr. 6; BAG 2.4.2009 – 8 AZR 262/07, NZA 2009, 1149.
[7] BAG 19.2.2009 – 8 AZR 176/08, NZA 2009, 1095.
[8] BAG 20.5.2010 – 8 AZR 734/08, NZA 2010, 1295 (Personalleiter BenQ).

How" geht. Die Rechtsprechung geht davon aus, dass die Ausübung des Widerspruchsrechts ausnahmsweise gegen den Grundsatz von Treu und Glauben verstoßen kann und in diesem Falle unbeachtlich ist. Allein aus der Zahl der widersprechenden Mitarbeiter lässt sich dies jedoch nicht ableiten (im konkreten Fall hatten mehr als die Hälfte der betroffenen Mitarbeiter widersprochen).[1] Die kollektive Ausübung des Widerspruchsrechts beim Betriebsübergang nach § 613a BGB ist nicht von vornherein unzulässig. Bestehende Rechte können Arbeitnehmer immer ausüben, unabhängig davon, ob es um ein zufälliges Zusammentreffen mehrerer Widersprüche oder aber um eine zwischen den Arbeitnehmern abgestimmte, gemeinschaftliche Ausübung des individuellen Widerspruchs geht. Die Grenze der Zulässigkeit ist überschritten bei einem **institutionellen Missbrauch (§ 242 BGB) des Widerspruchsrechts zur Erreichung unzulässiger Zwecke.** Dies soll der Fall sein, wenn der Rechtsausübung kein schutzwürdiges Eigeninteresse zu Grunde liegt, sie als Vorwand für die Erreichung vertragsfremder oder unlauterer Zwecke dient oder allein einem anderen Schaden zufügen soll[2] oder wenn zielgerichtet damit versucht wird, einen Betriebsübergang zum Schaden des Veräußerers zu verhindern oder wenn ein anderer Zweck als die Sicherung der arbeitsvertraglichen Rechte und die Beibehaltung des bisherigen Arbeitgebers verfolgt wird.[3] In der Realität dürfte es für die Arbeitgeberseite äußerst schwierig sein, eine derartige Motivlage bei widersprechenden Arbeitnehmern nachzuweisen. Bislang ist aus der Rechtsprechung auch kein Fall ersichtlich, in dem ein kollektiver Missbrauch des Widerspruchsrechts tatsächlich angenommen worden ist.

94   Die unmittelbare rechtliche Folge des Widerspruchsrechts ist, dass das Arbeitsverhältnis von Anfang an nicht auf den Betriebserwerber übergegangen ist und ununterbrochen weiter mit dem Veräußerer besteht.[4] Hieraus ergeben sich für den Veräußerer **annahmeverzugsrechtliche, kündigungsrechtliche und betriebsverfassungsrechtliche Konsequenzen.**

95   Hat der Arbeitnehmer zwischenzeitlich beim Erwerber gearbeitet und setzt sein Arbeitsverhältnis rückwirkend zum Zeitpunkt des Betriebsübergangs rechtlich mit dem Veräußerer fort, so befindet sich dieser ab diesem Zeitpunkt im **Annahmeverzug (§ 615 S. 1 BGB),** soweit der Arbeitnehmer leistungsfähig und leistungsbereit ist. Bei der Zuweisung von Arbeit und der Zurverfügungstellung des Arbeitsplatzes handelt es sich um eine gem. § 296 BGB nach dem Kalender bestimmte Mitwirkungshandlung. Erklärt der Arbeitgeber dem Arbeitnehmer im Unterrichtungsschreiben, dass eine Weiterbeschäftigungsmöglichkeit wegen des Wegfalls seines Arbeitsplatzes nicht mehr gegeben ist, so macht er damit deutlich, der ihm obliegenden Mitwirkungshandlung nicht nachkommen zu wollen. Er gerät damit in Annahmeverzug, ohne dass ein Angebot der Arbeitsleistung seitens des Arbeitnehmers erforderlich ist.[5] Durch die Arbeitsleistung des Arbeitnehmers bei einem anderen Arbeitgeber tritt nicht zwangsläufig ein Unvermögen des Arbeitnehmers zur Arbeitsleistung iSd § BGB § 297 BGB ein, welches den Annahmeverzug ausschließt. Dies ergibt sich aus der Bestimmung des § 615 S. 2 BGB, wonach sich der Dienstverpflichtete den Wert desjenigen anrechnen lassen muss, was er durch anderweitige Verwendung seiner Dienste erwirbt. Hat der Arbeitnehmer beim Erwerber weniger verdient als die Vergütung im Arbeitsverhältnis mit dem Veräußerer betragen hätte (zB im Falle der Insolvenz des Erwerbers), ist vom

---

[1] BAG 23.7.2009 – 8 AZR 538/08, NZA 2010, 89.
[2] BAG 23.7.2009 – 8 AZR 538/08, NZA 2010, 89.
[3] BAG 30.9.2004 – 8 AZR 462/03, NZA 2005, 43.
[4] St. Rspr. BAG 13.7.2006 – 8 AZR 305/05, NZA 2006, 1268.
[5] BAG 27.11.2008 – 8 AZR 1021/06, AP BGB § 613a Nr. 361; BAG 24.7.2008 – 8 AZR 1020/06, BeckRS 2009, 74821.

A. Betriebsübergang gem. § 613a BGB

Veräußerer die Differenz als Annahmeverzugslohn zu erstatten. Bietet der Arbeitnehmer im Widerspruchsschreiben dem Veräußerer seine Arbeitsleistung ausdrücklich an, besteht ab dem Zugang des Widerspruchsschreibens der Annahmeverzugslohnanspruch auch auf der Grundlage des § 295 S. 1 BGB (wörtliches Angebot), sofern der Veräußerer seiner Mitwirkungshandlung als Arbeitgeber nicht nachkommt indem er es unterlässt, dem Arbeitnehmer einen Arbeitsplatz zuzuweisen.[1] Weigert sich der Arbeitnehmer, zunächst beim Erwerber tätig zu werden und wäre ihm diese Tätigkeit zumutbar, so kann der Veräußerer den Wert des nicht erworbenen Arbeitsentgelts auf den Annahmeverzugslohn anrechnen (§ 615 S. 2 BGB). Ein böswilliges Unterlassen des Erwerbs beim neuen Betriebsinhaber ist nicht schon deswegen ausgeschlossen, weil das Widerspruchsrecht zulässigerweise ausgeübt wurde.[2]

96 Kehrt ein Arbeitnehmer aufgrund der Ausübung des Widerspruchsrechts in das Arbeitsverhältnis mit dem Veräußerer zurück, bei dem idR der vormalige Arbeitsplatz des Arbeitgebers wegen der Übertragung der wirtschaftlichen Einheit an den Erwerber weggefallen ist, stellt sich die Frage nach der Möglichkeit einer **arbeitgeberseitigen Kündigung.** § 613a Abs. 4 BGB, der eine **Kündigung wegen des Betriebsübergangs** verbietet, findet hierauf keine Anwendung. § 613a Abs. 4 BGB regelt, dass ein Betriebs(teil)übergang kein isolierter Kündigungsgrund ist. Es handelt sich bei einer **Kündigung „wegen Widerspruchs"** allerdings nicht um eine Kündigung, die ihre überwiegende Ursache im Betriebsübergang hätte – was nach der Rechtsprechung zur Anwendung des Kündigungsverbots des § 613a Abs. 4 BGB führt[3] – sondern um eine Form der betriebsbedingten Kündigung wegen Wegfall des Arbeitsplatzes. Zunächst ist fraglich, ob im Falle eines Widerspruchs überhaupt das KSchG Anwendung finden kann, da dieses im Grundsatz für **Betriebe** gilt, in denen in der Regel mehr als 10 Arbeitnehmer beschäftigt sind (§ 23 Abs. 1 KSchG). Widerspricht ein Arbeitnehmer dem Übergang seines Arbeitsverhältnisses und verbleibt im Arbeitsverhältnis zum Veräußerer, der seinen Betrieb aber komplett übertragen hat, dürfte die Anwendung des KSchG schon daran scheitern, dass der Arbeitnehmer zu keinem Betrieb (mehr) gehört. Daran ändert sich auch in dem Falle nichts, wenn mehr als 10 Arbeitnehmer widersprechen, da das bloße Vorhandensein von mehr als 10 Arbeitsverhältnissen aus diesen noch keine vom Arbeitgeber organisierte Einheit formt. Allein die Ausübung von Gestaltungsrechten der Arbeitnehmer kann nicht zur Bildung eines Betriebs führen. Hat der Arbeitgeber keinen weiteren Betrieb mit einer größeren Anzahl von Arbeitnehmern, dem das Arbeitsverhältnis ggf. in verfassungskonformer Auslegung des § 23 KSchG[4] zugeordnet werden könnte, dürfte für widersprechende Arbeitnehmer der Schutz nach dem KSchG entfallen.[5]

97 Geht man von der Geltung des KSchG aus, darf nach § 1 Abs. 2 KSchG eine **anderweitige Beschäftigungsmöglichkeit im Betrieb oder Unternehmen des Veräußerers** nicht vorhanden sein. Das Kündigungsschutzgesetz ist allerdings **nicht konzernbezogen.** Der Arbeitgeber ist vor Ausspruch einer betriebsbedingten Kündigung nicht verpflichtet, den Arbeitnehmer in einem anderen Betrieb eines anderen Konzernunternehmens unterzubringen. Ausnahmsweise kann jedoch eine **konzernbezogene Weiterbeschäftigungspflicht** bestehen,[6] wenn sich ein anderes Konzern-

---

[1] BAG 20.5.2010 – 8 AZR 734/08, NZA 2010, 1295 (Personalleiter BenQ).
[2] BAG 19.3.1998 – 8 AZR 139/97, NZA 1998, 750.
[3] BAG 3.9.1998 – 8 AZR 306/97, NZA 1999, 147.
[4] Siehe BVerfG 27.1.1998 – 1 BvL 22/93, NZA 1998, 469.
[5] Dazu *Meyer*, NZA 2005, 9.
[6] BAG 14.10.1982 – 2 AZR 568/80, NJW 1984, 381; BAG 23.4.2008 – 2 AZR 1110/06, NZA 2008, 939.

unternehmen ausdrücklich zur Übernahme des Arbeitnehmers bereit erklärt hat oder wenn sich eine solche Verpflichtung unmittelbar aus dem Arbeitsvertrag bzw. einer sonstigen vertraglichen Absprache oder ein in der Vergangenheit geübten Praxis ergibt.[1] Weitere Voraussetzung einer derartigen unternehmensübergreifenden Weiterbeschäftigungspflicht ist ein bestimmender Einfluss des Veräußerers auf das Konzernunternehmen, das den Arbeitnehmer übernehmen soll. Die Entscheidung darüber darf grundsätzlich nicht dem zur Übernahme bereiten Unternehmen vorbehalten bleiben.[2] Dabei spielt es keine Rolle, ob die Möglichkeit der Einflussnahme auf Grund eindeutiger rechtlicher Regelungen oder eher nur faktisch besteht.[3] Die Voraussetzungen für eine konzernweite Beschäftigung, die im Rahmen des § 1 Abs. 2 KSchG als die Kündigung ausschließende anderweitige Beschäftigungsmöglichkeit zu prüfen wäre, sind also recht hoch. Die aus den Beteiligungsverhältnissen resultierende Möglichkeit, dass der Veräußerer erheblichen Einfluss auf mehrere oder alle Gesellschaften der Gruppe ausüben kann, reicht jedenfalls nicht aus, um eine ausnahmsweise Erstreckung des Kündigungsschutzes auf den Konzern anzunehmen.[4]

98   Bei einem **Betriebsteilübergang** hat der Arbeitgeber dann eine **Sozialauswahl nach § 1 Abs. 3 KSchG** unter Einschluss widersprechender Arbeitnehmer durchzuführen. Dabei ist die soziale Schutzwürdigkeit des widersprechenden Arbeitnehmers anhand der Kriterien **Alter, Betriebszugehörigkeit, Unterhaltspflichten und Schwerbehinderung** mit derjenigen der im verbliebenen Betrieb vorhandenen Arbeitnehmer zu vergleichen. Die Ausübung des Widerspruchsrecht und das Motiv hierfür sind bei der Auswahlentscheidung nicht zu berücksichtigen[5] – dies führt im Ergebnis dazu, dass der „mutwillig" widersprechende sozial stärkere Arbeitnehmer, der seinen beim Erwerber vorhandenen Arbeitsplatz bewusst aufgibt, einen mit ihm vergleichbaren sozial schwächer geschützten Arbeitnehmer aus dem Arbeitsverhältnis verdrängt, der aufgrund seiner ungünstigeren Sozialdaten aus betriebsbedingten Gründen gekündigt wird. Bei einem Betriebsübergang, mit dem der Veräußerer seinen gesamten Betrieb überträgt, fehlt es für den widersprechenden Arbeitnehmer an einem Betrieb, dem er noch zugehörig wäre. Eine Sozialauswahl gem. § 1 Abs. 3 KSchG, die im Betrieb stattzufinden hat, scheidet deshalb aus. Das gilt auch dann, wenn der Veräußerer noch einen weiteren Betrieb hat, dem der widersprechende Arbeitnehmer jedoch nicht angehörte.[6] Die Sozialauswahl ist nämlich nicht unternehmens-, sondern betriebsbezogen und beschränkt sich dabei auf den Betrieb, dem der Arbeitnehmer angehört hat.

99   Konsequenterweise fehlt es in diesem Falle auch an einem zuständigen Betriebsrat für die **Anhörung zur Kündigung gem. § 102 BetrVG.** Der Betriebsrat des übergegangenen Betriebs hat weder ein Restmandat nach § 21b BetrVG noch ein Übergangsmandat nach § 21a BetrVG.[7] Da es an einer eigenen Organisationsentscheidung des Arbeitgebers zur Zuordnung des widersprechenden Arbeitgebers in eine organisatorische Einheit mangelt, gehört das Arbeitsverhältnis des widersprechenden Arbeitnehmers zu gar keinem Betrieb und ist nicht gem. § 4 Abs. 2 BetrVG einem Hauptbe-

---

[1] BAG 23.11.2004 – 2 AZR 24/04, NZA 2005, 929.
[2] BAG 23.3.2006 – 2 AZR 162/05, NZA 2007, 30; BAG 23.11.2004 – 2 AZR 24/04, NZA 2005, 929; BAG 23.4.2008 – 2 AZR 1110/06, NZA 2008, 939.
[3] BAG 21.2.2002 – 2 AZR 749/00, NZA 2002, 1416; BAG 18.9.2003 – 2 AZR 79/02, NZA 2004, 375; BAG 23.4.2008 – 2 AZR 1110/06, NZA 2008, 939.
[4] BAG 23.4.2008 – 2 AZR 1110/06, NZA 2008, 939.
[5] BAG 31.5.2007 – 2 AZR 276/06, NZA 2008, 33.
[6] BAG 21.3.1996 – 2 AZR 559/95, NZA 1996, 974.
[7] LAG Nürnberg 9.8.2011 – 6 Sa 230/10, BeckRS 2011, 76780.

trieb und damit der Zuständigkeit des dortigen Betriebsrats zuzuordnen. Allein die finanzielle Abwicklung des Arbeitsverhältnisses durch die Personalabteilung eines Betriebs begründet keine Zugehörigkeit zu diesem Betrieb. Es handelt sich bei der Vergütungsabrechnung um den Vollzug gesetzlicher und vertraglicher Zahlungspflichten, hiermit ist aber keine Eingliederung in eine Arbeitsorganisation verbunden. Auch ein etwa bestehender Gesamtbetriebsrat ist nicht zuständig, da es bereits an der Zuständigkeit eines lokalen Betriebsrats für das Arbeitsverhältnis fehlt.[1] Der widersprechende Arbeitnehmer läuft also jedenfalls im Falle des Übergangs des gesamten Betriebs Gefahr, den Schutz durch die Anhörungspflicht nach dem BetrVG zu verlieren, falls der Arbeitgeber ihn nicht vor Erklärung der Kündigung einem Betrieb organisatorisch zuordnet.

Weiter stellt sich die Frage, ob widersprechende Arbeitnehmer, denen gekündigt wird, in den Genuss von Sozialplanleistungen kommen. Soweit diese Kündigungen nicht mehr mit einem Betrieb iSd BetrVG in Zusammenhang stehen, da entweder überhaupt kein Betrieb mehr beim Arbeitgeber existiert oder es an der Zuordnung des Arbeitnehmers zu einem bestehenden Betrieb fehlt, kann die Kündigung nicht mit einer Betriebsänderung iSd § 111 BetrVG in Zusammenhang stehen. Der Übergang des Betriebs insgesamt ist per se keine Betriebsänderung iSd § 111 BetrVG.[2] Grund für die Kündigung ist damit die Ausübung des Widerspruchsrechts, nicht aber eine Betriebsänderung, die Voraussetzung für die Pflicht zum Abschluss eines Sozialplans und Verhandlung eines Interessenausgleichs (§§ 111, 112 BetrVG) wäre. **100**

Ein Teilbetriebsübergang wird hingegen idR eine Betriebsänderung darstellen, da diese oft mit eine Einschränkung des Betriebs (§ 111 S. 1 Nr. 1 BetrVG) oder der Spaltung des Betriebs (§ 111 S. 3 Nr. 3 BetrVG) verbunden sein wird. Ein Personalabbau im verbleibenden Betrieb des Arbeitgebers aufgrund eines durch Widersprüche gegen der Übergang der Arbeitsverhältnisse eingetretenen Personalüberhangs wird deshalb grundsätzlich unter die Sozialplanpflicht gem. §§ 111 ff. BetrVG fallen. Jedenfalls findet der Personalabbau in einem existierenden Betrieb statt. Es erscheint fernliegend, dass man die Ursächlichkeit der im Betriebsteilübergang liegenden Betriebsänderung für Beendigungskündigungen infolge von Widersprüchen gem. § 613a Abs. 6 BGB verneinen könnte. Die Pflicht zum Abschluss eines Sozialplans wird also – bei Vorliegen einer Betriebsänderung – bestehen. Das ist auch insbesondere deshalb sachgerecht, weil wegen der Pflicht zur Sozialauswahl (§ 1 Abs. 3 KSchG) widersprechende und tatsächlich gekündigte Arbeitnehmer nicht identisch sein müssen. Allerdings besteht die Möglichkeit, im Sozialplan die Arbeitnehmer, die eine zumutbare Weiterarbeit beim Betriebserwerber abgelehnt haben, von Leistungen auszunehmen.[3] Da die Weiterarbeit beim Erwerber grundsätzlich zumutbar ist,[4] bedarf es eines besonderen sachlichen Grundes für den Widerspruch, um trotzdem die Sozialplanleistung zu erhalten. Ein sachlicher Grund für einen Widerspruch ist in der Rechtsprechung zB dann anerkannt worden, wenn ein Arbeitnehmer dem Übergang seines Arbeitsverhältnisses von einem mittelständischen Unternehmen auf einen nicht sozialplanpflichtigen Kleinbetrieb widerspricht.[5] Die Rechtsprechung zieht zur Begründung der Aus- **101**

---

[1] LAG Nürnberg 9.8.2011 – 6 Sa 230/10, BeckRS 2011, 76780 mwN; siehe auch BAG 21.3.1996 – 2 AZR 559/95, NZA 1996, 974.
[2] BAG 17.2.1991 – 1 ABR 101/78, AP BetrVG 1972 § 111 Nr. 9; ErfK/*Kania*, BetrVG § 111 Rn. 12 mwN.
[3] BAG 19.2.1998 – 6 AZR 367/96, NZA 1998, 1237.
[4] BAG 5.2.1997 – 10 AZR 553/96, NZA 1998, 158.
[5] LAG Hamm 21.6.1994 – 6 Sa 30/94, NZA 1995, 471; siehe auch LAG Hamburg 16.11.2010 – 2 Sa 38/10, BeckRS 2011, 70969.

schlussmöglichkeit den § 112 Abs. 5 Nr. 2 BetrVG heran, wonach die Einigungsstelle Arbeitnehmer von Sozialplanleistungen ausschließen soll, die in einem zumutbaren Arbeitsverhältnis im selben Betrieb, in einem anderen Betrieb des Unternehmens oder eines **konzernangehörigen Unternehmens** weiterbeschäftigt werden können und ihre Weiterbeschäftigung ablehnen. Für Betriebs(teil)übergänge zwischen Mitgliedsunternehmen des gleichen Konzerns ergibt sich also die Ausschlussmöglichkeit widersprechender Arbeitnehmer von Sozialplanansprüchen unmittelbar aus dem Gesetz.

d) Abweichende Vereinbarungen

102   Bei der Regelung des Übergangs der Arbeitsverhältnisse durch Betriebsübergang und bei der Festschreibung des Inhalts dieser Arbeitsverhältnisse in § 613a BGB handelt es sich um **zwingendes Recht,** das dem **Schutz der Arbeitnehmer** dient. Es kann weder durch dreiseitige Vereinbarungen zwischen Veräußerer, Erwerber und betroffenen Arbeitnehmern noch gar durch zweiseitige Vereinbarung zwischen Veräußerer und Erwerber zum Nachteil der betroffenen Arbeitnehmer modifiziert werden. Auch einvernehmliche Vertragsänderungen oder der Verzicht von Arbeitnehmern auf einzelne arbeitsvertragliche Ansprüche **im Vorfeld eines Betriebsübergangs** werden von der Rechtsprechung einer Inhaltskontrolle zur Vermeidung von Umgehungen des § 613a BGB unterzogen. Wird eine Arbeitsvertragsänderung (hier der Verzicht auf rückständiges Urlaubs- und Weihnachtsgeld)[1] zur Voraussetzung dafür gemacht, dass überhaupt ein Betriebsübergang stattfinden soll, ist der Betriebsübergang der Grund für die Vertragsänderung. Dies verstößt gegen den Schutzzweck des § 613a BGB, der dem Arbeitnehmer die Aufrechterhaltung des Arbeitsverhältnisses mit dem vor dem Betriebsübergang bestehenden Inhalt sichern will. Die vereinbarte Vertragsänderung ist deshalb nach § 134 BGB nichtig. Eine Umgehung scheidet aus, wenn es einen (außerhalb des Betriebsübergangs liegenden) sachlichen Grund für die Änderung gibt. Besonders heikel im Hinblick auf das Vorliegen einer unzulässigen Umgehung ist die Kombination aus Aufhebungsverträgen mit dem alten Arbeitgeber, mit denen die Arbeitnehmer aus dem Arbeitsverhältnis ausscheiden; die Arbeitnehmer dann ein neues Arbeitsverhältnis mit einer Beschäftigungs- & Qualifizierungsgesellschaft (BQG) eingehen, der alte Arbeitgeber die so von Arbeitsverhältnissen „befreite" wirtschaftliche Einheit an einen Erwerber überträgt und der Erwerber dann die von ihm benötigten Arbeitskräfte aus der Belegschaft der BQG übernimmt. Die Rechtsprechung fordert für die Wirksamkeit des Aufhebungsvertrags das **endgültige Ausscheiden des Arbeitnehmers** aus dem Betrieb.[2] Regelmäßig wird man den Arbeitnehmern einen Anreiz zum Wechsel aus ihrem alten Arbeitsverhältnis in die BQG bieten müssen – besteht dieser Anreiz in der verbindlichen Aussichtstellung einer Weiterbeschäftigung beim Erwerber, liegt darin eine unzulässige Umgehung des § 613a BGB, die den Aufhebungsvertrag unwirksam macht. Eine derartige verbindliche in Aussichtstellung hat das BAG auch in dem Fall angenommen, in dem Arbeitnehmer vom Erwerber die Teilnahme an einem Losverfahren mit eine 352/452 Chance zur Begründung eines neuen Arbeitsverhältnisses zugesagt worden ist.[3] Es habe sich schon wegen der Zusage der Teilnahme an der Auslosung nicht um ein Risikogeschäft gehandelt, sondern das Geschäft habe der Unterbrechung der Kontinuität des Arbeitsverhältnisses gedient. **Nach erfolgtem Betriebsübergang** sind Arbeitgeber und Arbeitnehmer nicht gehindert,

---

[1] BAG 19.3.2009 – 8 AZR 722/07, NZA 2009, 1091.
[2] BAG 18.8.2011 – 8 AZR 312/10, BeckRS 2011, 78482.
[3] BAG 18.8.2011 – 8 AZR 312/10, BeckRS 2011, 78482; siehe auch BAG 18.8.2005 – 8 AZR 523/04, NZA 2006, 145.

eine Verschlechterung von individualvertraglichen Arbeitsbedingungen zu vereinbaren. Die mit dem Betriebsübergang beginnende **Jahresfrist** des § 613a Abs. 1 S. 2 BGB, in der eine einseitige ebenso wie eine einvernehmliche Verschlechterung von Arbeitsbedingungen untersagt ist, gilt nur für vormals kollektivrechtlich geregelte Arbeitsbedingungen, die in das Arbeitsverhältnis **transformiert** worden sind.

B. Konzernspezifische Fragestellungen beim Betriebsübergang

I. Keine gesetzliche Sonderregelung für Konzernsachverhalte

103   Vorab ist festzuhalten, dass weder die Regelung des Betriebsübergangs in § 613a BGB noch deren europarechtliche Grundlagen Sonderregelungen für den Übergang von Betrieben im Rahmen von Konzernstrukturen treffen, sei der Betriebsübergang in einen Konzern, aus einem Konzern oder innerhalb eines Konzerns. Für die Anwendung von Konzerntarifverträgen oder Konzernbetriebsvereinbarungen bei Betriebsübergängen gelten die allgemeinen Regelungen, wie sie oben unter B II. 2. c) dargestellt worden sind. Trotzdem treten bei Betriebsübergängen regelmäßig konzernspezifische Fragestellungen hinsichtlich des Schicksals von Leistungen auf, die unternehmensübergreifend im Hinblick auf die bestehende Konzernzugehörigkeit des übergegangenen Arbeitsverhältnisses gewährt werden. Auf diese Leistungen soll im Folgenden näher eingegangen werden.

II. Weitergeltung einzelner konzernrelevanter Regelungen für Arbeitnehmer

1. Aktienoptionen

104   Oft werden Arbeitnehmern in Konzernorganisationen **Aktienoptionen** als Vergütungsbestandteil gewährt. Dabei muss die Vereinbarung insbesondere dem arbeitsrechtlichen Gleichbehandlungsgrundsatz entsprechen.[1] Für die Frage der Übertragung von Pflichten hinsichtlich Aktienoptionen auf den Erwerber im Rahmen eines Betriebsübergangs ist zunächst die Rechtsgrundlage für diesen Vergütungsbestandteil zu klären. Dabei ist zwischen dem **Optionsplan** als gesellschaftsrechtlicher Grundlage und der jeweiligen **Vereinbarung über die Begebung** der Aktienoptionen an die jeweiligen Arbeitnehmer zu unterscheiden. Nur die Vereinbarung kann als Bestandteil des Arbeitsverhältnisses auf den Erwerber übergehen.

105   Das BAG hatte es in seiner ersten Leitentscheidung zu Aktienoptionen beim Betriebsübergang mit der in Konzernen häufigen Konstellation zu tun, dass die Aktienoptionen von der Konzern-Muttergesellschaft als emittierendem Unternehmen zugesagt wurden, während der Arbeitsvertrag mit einer Tochtergesellschaft bestand.[2] Hier nahm das BAG an, dass die Optionszusage getrennt neben dem Arbeitsverhältnis steht – die Zusage ist ein Anreizsystem für das leitende Konzernpersonal, wobei das Bestehen des Arbeitsverhältnisses mit der Tochtergesellschaft lediglich ein Motiv für die Leistung darstellt. Dies macht die Optionszusage der Muttergesellschaft aber nicht zum Bestandteil des Arbeitsverhältnisses mit der Tochtergesellschaft. Der Übergang der Optionszusage auf den Betriebserwerber ist in dieser Konstellation damit ausgeschlossen.

106   Bislang nicht höchstrichterlich entschieden ist die Behandlung von Aktienoptionen beim Betriebsübergang, die der **Arbeitgeber selbst zugesagt** hat. Zunächst ist im Wege der Auslegung zu klären, ob die Optionszusage überhaupt auf die Zukunft gerichtet ist oder ob diese lediglich eine einmalige Leistung darstellt, für die bereits

---

[1] Dazu HWK/*Thüsing*, BGB § 611, Rn. 181 ff.
[2] BAG 12.2.2003 – 10 AZR 299/02, NZA 2003, 487; so auch die Konstellation bei BAG 16.1.2008 – 7 AZR 887/06, NZA 2008, 836.

Erfüllung (§ 362 BGB) eingetreten ist. Nur im ersten Fall existiert eine Verpflichtung, die auf den Erwerber übergehen könnte.

Würde man die Optionszusage als einen gesonderten, neben dem Arbeitsverhältnis bestehenden Vertrag sehen, so ginge diese nicht nach § 613a BGB auf den Erwerber über.[1] Für diesen Ansatz spricht, dass es oftmals dem Erwerber gar nicht möglich sein wird, dem Arbeitnehmer die zugesagte gesellschaftsrechtliche Beteiligung an einem anderen Unternehmen zu verschaffen. Es kommt hinzu, dass mit dem Betriebsübergang der **Zweck** der Gewährung der Aktienoption – der Anreiz zur Förderung des Ergebnisses des Unternehmens, an dem die Beteiligung bestehen soll – gerade nicht mehr besteht. Beim Erwerb des Betriebs durch einen Konkurrenten müsste die Zweckrichtung vielmehr genau entgegengesetzt sein. Diese eher pragmatischen Überlegungen tragen aber nicht: Begibt der Arbeitgeber auch die Optionszusage, wird diese stets als Bestandteil des Arbeitsverhältnisses und als Teil der Vergütung zu betrachten sein. Aus Sicht beider Parteien des Arbeitsvertrags stellt die Optionszusage einen Baustein im System der Gesamtvergütung für das Arbeitsverhältnis dar. Die Trennung zwischen Arbeitsverhältnis und Optionszusage erscheint künstlich und ist auch von den Parteien im laufenden Arbeitsverhältnis idR nicht beabsichtigt. Mit einem Erfordernis zur strikten Trennung der Optionszusage vom Arbeitsverhältnis kann daher nicht begründet werden, dass ein Übergang der Optionszusage nicht stattfinden kann. **Die Optionszusage ist Bestandteil des Arbeitsverhältnisses[2] und geht grundsätzlich auf den Erwerber über.** Allerdings ist dann zu prüfen, ob beim Erwerber eine **Vertragsanpassung** im Hinblick auf die Aktienoptionen zu erfolgen hat. Grundsätzlich wird die weitere Gewährung von Aktienoptionen nur zu erwarten sein, wenn die damit verfolgten Ziele der Motivation und zusätzlichen Belohnung von Arbeitnehmern auch nach dem Betriebsübergang weiter erreicht werden können. Dies mag man bei Betriebsübergängen innerhalb eines Konzerns bejahen können – erfolgt der Übergang aber an einen außerhalb des Konzerns stehenden Erwerber, wird die Vertragsanpassung im Regelfall zum **ersatzlosen Wegfall** des Anspruchs aus der Optionszusage führen.[3] Erreicht der Gegenwert der Optionszusage allerdings mindestens **25 % der Vergütung** und nimmt deshalb im **Synallagma des Arbeitsvertrags** einen erheblichen Stellenwert ein, wird in der Literatur teilweise ein ersatzloser Wegfall wegen des damit verbundenen übermäßigen **Eingriffs in die Vertragskontinuität** verneint.[4] In diesem Fall hätte beim Erwerber eine Anpassung des Vertrags zu erfolgen, ggf. im Wege einer rein finanziellen Kompensation des Arbeitnehmers für den entgehenden Optionsanspruch. Dieser Ansicht folgt das BAG offenbar nicht, da es den Verfall von Aktienoptionen nicht an den üblichen strengen Voraussetzungen für den Wegfall von Sonderzahlungen bemisst, indem es betont, dass der Wert der Aktienoptionszusage idR höchst spekulativ ist und Arbeitnehmer hierin nicht die gleiche Sicherheit einer Vergütungserwartung setzen können wie zB bei einer variablen Bonusregelung aufgrund von Zielvereinbarungen.[5] Das BAG lässt es grundsätzlich zu, das Bestehen der Aktienoptionsrechte an das Bestehen des Arbeitsverhältnisses zu knüpfen.

Ein weiterer maßgeblicher Punkt ist die Auswirkung des Betriebsübergangs auf die **bereits entstandenen Rechte und Anwartschaften** aus der Optionszusage. Regelmäßig unterliegen diese Verfallklauseln und sind bedingt durch Mindestwartezeiten und die Erreichung von Erfolgszielen. Sieht die Optionszusage den **Verfall** von Op-

---

[1] *Bauer/Göpfert/von Steinau-Steinrück*, ZIP 2001, 1129.
[2] BAG 28.5.2008 – 10 AZR 351/07, NZA 2008, 1066.
[3] Vgl. dazu WHSS/*Willemsen*, Umstrukturierung, G 196.
[4] Hölters/*von Steinau-Steinrück/Thees* Teil V Rn. 191; WHSS/*Willemsen*, Umstrukturierung, G 197.
[5] BAG 28.5.2008 – 10 AZR 351/07, NZA 2008, 1066.

tionen bei Beendigung des Arbeitsverhältnisses vor, so tritt diese Rechtsfolge bei Fehlen einer ausdrücklichen anderweitigen Regelung auch beim Übergang des Arbeitsverhältnisses gem. § 613a Abs. 1 BGB ein, da hiermit die Beendigung des Arbeitsverhältnisses verbunden ist. Ist der Verfall jedoch für den Fall der betriebsbedingten Kündigung des Arbeitsverhältnisses ausgeschlossen, wird man mangels spezieller vertraglicher Regelung die Beendigung durch Betriebsübergang entsprechend derjenigen durch betriebsbedingte Kündigung behandeln müssen. In beiden Fällen verliert der Arbeitnehmer seinen Arbeitsplatz durch eine einseitige betriebliche Maßnahme des Arbeitgebers, auf die der Arbeitnehmer keinen Einfluss hat.

109 Sind beim Betriebsübergang die vorgegebenen Erfolgsziele noch nicht erreicht, entsteht das Optionsrecht nicht. Auch wenn die Wartefrist zum Zeitpunkt des Betriebsübergangs nicht erfüllt ist, entsteht das Optionsrecht nicht. Sind beim Betriebsübergang Erfolgsziele und Wartefrist erfüllt, so entsteht der Anspruch gegen den Veräußerer, es sei denn, er hat die Leistung wirksam unter die Bedingung des Bestands des Arbeitsverhältnisses gestellt.[1] Hat dieser die Optionen bereits zugeteilt, ist insoweit Erfüllung eingetreten, was einen Übergang auf den Erwerber ausschließt. Falls vom Veräußerer noch nicht erfüllt worden ist, richtet sich die Frage nach dem Anspruch gegen den Erwerber nach dem Ergebnis der Prüfung der Vertragsanpassung. Im Regelfall wird vom Erwerber der Anspruch nicht zu erfüllen sein.

2. Mitarbeiterbeteiligungen/Belegschaftsaktien

110 Gewährt der Arbeitgeber oder eine andere Konzerngesellschaft als Vergütungsbestandteil Belegschaftsaktien oder eine andere Form der Beteiligung an der Entwicklung des Unternehmenswerts (zB Phantom Stocks), gelten für den Fall des Betriebsübergangs die Ausführungen zu Aktienoptionen entsprechend. Auch hier wird nach dem Betriebsübergang idR eine ergänzende Vertragsauslegung erforderlich sein um zu entscheiden, ob den Erwerber eine Pflicht zur weiteren Gewährung dieses Vergütungsbestandteils trifft. In der Regel wird eine solche Pflicht nicht bestehen.

3. Boni/Tantiemen

111 Ist arbeitsvertraglich eine variable leistungsbezogene Vergütung zugesagt, die sich (auch) nach dem wirtschaftlichen Erfolg des Arbeitgeber-Unternehmens bemisst, stellt sich die Frage, inwieweit ein Erwerber im Rahmen eines Betriebsübergangs an diese Zusage gebunden ist. Ein Wegfall des Anspruchs wegen des Wechsels in der Person des Arbeitgebers erfolgt nicht. Der arbeitsvertragliche Zweck der variablen Leistung, einen Anreiz zur Förderung der wirtschaftlichen Ergebnisse des (neuen) Arbeitgebers zu schaffen, bleibt auch nach dem Betriebsübergang erhalten. Nach dem Betriebsübergang muss die Anknüpfung der variablen Vergütung an die Ergebnisse des neuen Arbeitgebers erfolgen. In der Regel wird die vereinbarte Bemessungsgrundlage für die variable Vergütung im Erwerberbetrieb an die dort geltenden Parameter angepasst werden müssen.[2] Wenn sich arbeitsvertragliche oder kollektive Bonus- oder Tantiemeregelungen nicht nach die Ergebnissen des Arbeitgebers bemessen, sondern nach denjenigen **anderer Konzerngesellschaften,** zB der Konzernmuttergesellschaft, wird man ebenfalls davon ausgehen müssen, dass nach einem Betriebsübergang der Zweck dieser Zusage beim Erwerber weiterhin aufrecht erhalten bleibt. Natürlich wird der Erwerber nicht dazu verpflichtet sein, die variable Vergütung am Ergebnis eines konzernfremden

---

[1] Was die Rechtsprechung weitgehend erlaubt: BAG 28.5.2008 – 10 AZR 351/07, NZA 2008, 1066.

[2] *Gaul/Naumann,* NZA 2011, 121 (124); Hölters/*von Steinau-Steinrück/Thees,* Teil V, Rn. 208.

Unternehmens auszurichten – Maßstab wird vielmehr die Performance des eigenen Unternehmens oder eines Konzernunternehmens des Erwerbers werden. Die Anpassung der variablen Vergütungsregelung beim Erwerber wird sich dann danach zu richten haben, ob dort ebenfalls eine Konzernstruktur besteht, die die Förderung des Ergebnisses der Muttergesellschaft durch die Arbeitgeberin ermöglicht. Ist dies der Fall, wird die Vertragsanpassung das Ergebnis der neuen Konzernmuttergesellschaft zur Grundlage der variablen Vergütung machen. Wenn keine derartige Konzernstruktur für den Erwerber besteht, wird idR die Vertragsanpassung darauf hinauslaufen, dass die Unternehmensergebnisse des neuen Arbeitgebers anstelle derjenigen des Konzernunternehmens zur Bemessungsgrundlage für die variable Vergütung im Arbeitsverhältnis mit dem Erwerber werden.

4. Personalrabatte/Deputate

Oftmals erhalten konzernangehörige Mitarbeiter Sonderkonditionen für den Erwerb **112** von Produkten oder die Inanspruchnahme von Dienstleistungen, die vom Arbeitgeber oder einem konzernangehörigen Unternehmen hergestellt oder erbracht werden. Hierzu gehören zB der verbilligte Erwerb von Fahrzeugen durch Mitarbeiter eines Automobilkonzerns, die Gewährung von Freiflügen an Mitarbeiter einer Fluggesellschaft oder die verbilligte Abgabe von Strom an Mitarbeiter eines Energieversorgers.[1] Fraglich ist, ob derartige Personalrabatte nach einem Betriebs- oder Betriebsteilübergang vom Erwerber weiter gewährt werden müssen, wenn dieser die entsprechende Produktion oder Dienstleistung selbst nicht erbringt und auch nicht mehr zum Konzern des Betriebsveräußerers gehört. Das BAG hat angenommen, dass grundsätzlich Zusagen für verbilligten Personaleinkauf für konzernangehörige Arbeitnehmer als Vergütungsbestandteile auf den Erwerber nach § 613a Abs. 1 BGB übergehen. Die Zusage steht aber unter dem immanenten Vorbehalt, dass der Arbeitgeber (oder ein Konzernunternehmen) die preisgeminderten Waren selbst herstellt[2] bzw. die verbilligte Dienstleistung (Flug)[3] selbst erbringt. Der Zweck von Personalrabatten liegt in der Förderung des eigenen Geschäfts des Arbeitgebers durch den verstärkten Absatz der eigenen Produkte, in der Motivation der Mitarbeiter und in deren Identifikation mit dem eigenen Unternehmen. Kann dieser Zweck nach dem Betriebsübergang wegen Wegfall der entsprechenden Geschäftsbereiche beim Erwerber nicht mehr erreicht werden, so entfällt auch die Zusage als Vergütungsbestandteil. Diese wird auch nicht in eine rein finanzielle Vergünstigung umgewandelt, da mit einer bloßen finanziellen Zuwendung die weitergehenden Zwecke zur Motivation und Identifikation nicht erreicht werden können. Es bleibt aber zu berücksichtigen, dass je nach Umständen des Einzelfalls die Auslegung auch ergeben kann, dass die Beibehaltung der Eigenproduktion keine Voraussetzung für die Aufrechterhaltung der Leistung ist.[4]

5. Nachvertragliche Wettbewerbsverbote

Hat ein vom Betriebsübergang betroffener Arbeitnehmer ein nachvertragliches **113** Wettbewerbsverbot (§§ 74 ff. HGB) abgeschlossen, so geht auch dieses auf den Erwerber als neuen Vertragspartner über. Es ändert allerdings seinen Inhalt – war der Arbeit-

---

[1] BAG 19.2.2008 – 3 AZR 61/06, NZA-RR 2008, 597; hierzu auch LAG Düsseldorf 3.12.2010 – 9 Sa 334/10, BeckRS 2011, 69527.
[2] BAG 7.9.2004 – 9 AZR 631/03, NZA 2005, 941 (Jahreswagen).
[3] BAG 13.12.2006 – 10 AZR 792/05, NZA 2007, 325 (Flugvergünstigungen).
[4] So zB für einen Fall verbilligter Stromversorgung: LAG Düsseldorf 3.12.2010 – 9 Sa 334/10, BeckRS 2011, 69527.

nehmer vormals gegenüber dem Veräußerer dazu verpflichtet, diesem keine Konkurrenz machen, so besteht diese Verpflichtung nunmehr gegenüber dem neuen Arbeitgeber. Schließt das Wettbewerbsverbot auch den Schutz von Konzernunternehmen mit ein – was grundsätzlich möglich ist[1] – so gilt es künftig für den Konzern des Erwerbers, da das nachvertragliche Wettbewerbsverbot im aktiven Arbeitsverhältnis dynamisch ausgestaltet ist.[2] Der Schutz des Veräußerers vor nachvertraglichem Wettbewerb endet hingegen mit dem Betriebsübergang. Will dieser sich künftig vor Konkurrenz schützen, bedarf es einer gesonderten Wettbewerbsvereinbarung. Gegenstand und Reichweite von nachvertraglichen Wettbewerbsverboten sind vom Erwerber sorgfältig daraufhin zu prüfen, ob sie im neuen Arbeitsumfeld noch sinnvoll sind oder ob Änderungen erforderlich sind. Diese Änderungen muss er mit dem Arbeitnehmer verhandeln. Einen Anspruch des Erwerbers auf Anpassung des nachvertraglichen Wettbewerbsverbots an die neuen Gegebenheiten wird man wohl ablehnen müssen – das Gesetz erlaubt es, auf das Wettbewerbsverbot mit Jahresfrist isoliert zu verzichten (§ 75a HGB), eine Möglichkeit, die dem Arbeitgeber für einzelne Arbeitsvertragsbedingungen nicht offensteht.

114 Ist der dem nachvertraglichen Wettbewerbsverbot unterliegende Arbeitnehmer bereits vor dem Betriebsübergang aus dem Arbeitsverhältnis mit dem Veräußerer ausgeschieden, so geht die Verpflichtung aus dem Wettbewerbsverbot nicht gem. § 613a BGB auf den Erwerber über. Der ausgeschiedene Arbeitnehmer kann dem Erwerber gegenüber uneingeschränkt Konkurrenz machen. Hat der Veräußerer seinen gesamten Geschäftsbetrieb übertragen, so entfällt sein berechtigtes Interesse an der Einhaltung des Verbots gem. § 74a Abs. 1 HGB. Das Wettbewerbsverbot wird damit automatisch unverbindlich, so dass der Arbeitnehmer es nicht länger einzuhalten braucht. Der Arbeitgeber hat demgegenüber kein Lösungsrecht. Er muss die Karenzentschädigung grundsätzlich weiter zahlen. Verpflichtet sich der Veräußerer gegenüber dem Erwerber für das Unterbleiben von Wettbewerb durch seinen früheren Arbeitnehmer einzustehen, so soll in dieser Verpflichtung allerdings ein berechtigtes geschäftliches Interesse iSd § 74a Abs. 1 S. 1 HGB liegen, das das Wettbewerbsverbot verbindlich bleiben lassen soll. Folgt man dem, so darf das Wettbewerbsverbot jedoch nur soweit gelten, als es auch bezüglich des Unternehmens des Veräußerers bereits Bestand hatte. Die Vereinbarung zwischen Erwerber und Veräußerer kann nämlich nicht zu einer Erweiterung der bestehenden Unterlassungspflicht des ausgeschiedenen Arbeitnehmers führen. Demgegenüber ist die isolierte Abtretung des Wettbewerbsverbots durch den Veräußerer an den Erwerber nicht zulässig.[3] Als sicherste Lösung bietet sich an, dass der Erwerber für sich und seine konzernangehörigen Unternehmen ein gesondertes Wettbewerbsverbot mit dem ausgeschiedenen Arbeitnehmer abschließt. Dieses unterliegt nicht den Regelungen der §§ 74ff. HGB, da es nicht im Rahmen eines bestehenden Arbeitsverhältnisses geschlossen worden ist.

III. Auswirkungen konzerninterner Organisationsaufteilung

1. Servicegesellschaften

115 Die interne Organisation in Konzernen ist oftmals geprägt von der Verlagerung bestimmter Aufgaben auf eigenständige Rechtsträger, zB die Ausgliederung von Dienst-

---

[1] *Bauer/Diller*, Wettbewerbsverbote, Rn. 260.
[2] *Bauer/Diller*, Wettbewerbsverbote, Rn. 991.
[3] *Bauer/Diller*, Wettbewerbsverbote, Rn. 687a; siehe auch Hölters/*von Steinau-Steinrück/Thees*, Teil V, Rn. 211 ff.

leistungsfunktionen (IT, Buchhaltung, Reinigung) in eigene Gesellschaften, die dann ihre Leistungen auf der Grundlage von Dienst- oder Werkvertragsvereinbarungen mit einzelnen Konzerngesellschaften erbringen. Oftmals wird sich die Geschäftätigkeit derartiger Dienstleister auf die Erbringung von Leistungen ausschließlich an Konzerngesellschaften beziehen. Mitunter werden derartige Unternehmen als Subunternehmer für Konzerngesellschaften tätig, wobei die Konzernunternehmen ihren Kunden gegenüber durch die Dienstleistungsgesellschaft Leistungen erbringen.

Es stellt sich die Frage, inwieweit Arbeitsverhältnisse bei Dienstleistungsgesellschaften, in die Funktionen in Konzerngesellschaften ausgegliedert sind, an Betriebsübergängen teilnehmen können. **116**

Zunächst ist festzuhalten, dass eine bloße Funktionsnachfolge, wie zB die Neuvergabe des Dienstleistungsauftrags an einen Dritten, keinen Übergang der beim alten Auftragnehmer bestehenden Arbeitsverhältnisse auf den neuen Dienstleister bewirkt. Hieran ändert sich auch nichts, wenn zwischen Auftraggeber und altem Dienstleister ein Konzernverhältnis besteht. **117**

Für die Annahme eines Betriebsübergangs ist es erforderlich, dass ein Erwerb von Betriebsmitteln stattfindet, die der Dienstleistungsgesellschaft zuzuordnen sind und dass dabei die Identität der in der Dienstleistungsgesellschaft liegenden wirtschaftlichen (Teil)Einheit beim Erwerber gewahrt bleibt. Es genügt, wenn der Erwerber die funktionelle Verknüpfung zwischen den übertragenen Produktionsfaktoren beibehält und es ihm derart ermöglicht wird, diese Faktoren zu nutzen, um derselben oder einer gleichartigen wirtschaftlichen Tätigkeit nachzugehen.[1] **118**

Die Identität der wirtschaftlichen Einheit wird dabei auch vom Betriebszweck geprägt. Besteht der Betriebszweck ausschließlich darin, Leistungen an andere konzernangehörige Unternehmen zu erbringen, so stellt sich die Frage, ob die Einheit dadurch ihre Identität verlieren kann, dass beim Erwerber Leistungen an außerhalb dieser Konzernbeziehung stehende Kunden erbracht werden sollen. Ist der Betriebszweck tatsächlich so eng auf konzernbezogene Leistungen beschränkt, steht dies der Annahme einer Identität entgegen und führt dazu, dass ein Betriebsübergang nicht vorliegt.[2] Umfasst der Betriebszweck aber, wenn auch nur zu einem geringen Teil (hier 10%) die Erbringung von Leistungen an Dritte, so bleibt es auch bei einer Umstellung des Geschäfts auf die ausschließliche Erbringung von Leistungen an Dritte dabei, dass ein Verlust der Identität der wirtschaftlichen Einheit nicht eintritt.[3] **119**

Wird eine Dienstleistungsgesellschaft, die vormals mit ihren Kunden unmittelbar Aufträge abgeschlossen hat, in einen Konzern eingegliedert und übernimmt eine andere Konzerngesellschaft deren Kundenbeziehungen, indem sie sich gegenüber den vormaligen Kunden der Dienstleistungsgesellschaft zur Durchführung von Leistungen verpflichtet, die die Dienstleistungsgesellschaft dann als Auftragnehmer der Konzerngesellschaft erbringt, führt dies allein nicht zum Betriebsübergang.[4] Im hier vorliegenden Fall hatte die Dienstleistungsgesellschaft auch nach der Übertragung der Kunden weiterhin unter Einsatz ihrer bisherigen Betriebsmittel und mittels einer eigenen Leitungsmacht in Personalangelegenheiten ihre bisherigen Tätigkeiten fortgeführt. **120**

---

[1] EuGH 12.2.2009 – C-466/07, NZA 2009, 251 (Klarenberg).
[2] Vgl. BAG 21.6.2012 – 8 AZR 244/11 (Rn. 30), BeckRS 2012, 74677; BAG 13.5.2004 – 8 AZR 331/03, AP BGB § 613a Nr. 273 (Kein Betriebsübergang bei Änderung des Betriebszwecks von Massenproduktion für den freien Markt zur Musterfertigung für Konzernmutter).
[3] BAG 21.6.2012 – 8 AZR 244/11, Beck RS 2012, 74677.
[4] BAG 14.8.2007 – 8 AZR 803/06, NZA 2007, 1428 (Frischelager).

2. Spartenorganisation

121 Konzerne weisen oftmals eine interne Organisation nach Geschäftssparten auf, die sich von der gesellschaftsrechtlichen Konzernstruktur unterscheidet. Letztere ergibt sich aus den Beteiligungs- und Beherrschungsverhältnissen der jeweiligen Rechtsträgern (= Gesellschaften), die den Konzern bilden. Die Spartenorganisation ist hingegen funktionell auf verschiedene Geschäftsbereiche bezogen, von denen mehrere in einer einzigen Konzerngesellschaft angesiedelt sein können. Es ist denkbar, dass sich aus der Einführung einer derartigen Spartenorganisation Betriebsübergänge auf die jeweils die Sparte leitenden Unternehmen ergeben, wenn nicht nur die fachliche Leitungsmacht für die Sparte zentral von einem solchen Unternehmen (bzw. von diesen Unternehmen zuzuordnenden Führungskräften) ausgeübt wird, sondern auch die personelle Leitungsmacht, auf die es im Rahmen des § 613a BGB ankommt. In der Regel wird es allerdings so sein, dass die personellen Leitungsbefugnisse nach wie vor von der Geschäftsführung des Unternehmens ausgeübt werden, mit dem der Mitarbeiter auch seinen Arbeitsvertrag abgeschlossen hat. Fehlt es an der Ausübung der personellen Leitungsmacht durch die Spartenleitung, kann es nicht zu einem Betriebsübergang kommen. Die Rechtsprechung ist bislang – soweit ersichtlich – mit einer derartigen Konstellation zum Betriebsübergang noch nicht befasst worden.

Abschnitt 2. Kollektives Arbeitsrecht

A. Betriebszugehörigkeit der Arbeitnehmer und Organisation der Betriebsverfassung

I. Einleitung

Bei der Ausarbeitung des BetrVG 1972 reagierte der Gesetzgeber mit den §§ 54 bis 59a auf die immer intensivere Vernetzung von Unternehmen und die damit einhergehende Verschiebung von Leitungsmacht auf die Konzernebene.[1] *„Durch die Regelung über die Errichtung eines Konzernbetriebsrats soll eine Beteiligung der Arbeitnehmerschaft im Konzern an den die Einzelunternehmen bindenden Leitungsentscheidungen im sozialen, personellen und wirtschaftlichen Bereich sichergestellt werden."*[2] Dabei ist die Bildung eines Konzernbetriebsrats nicht zwingend, sondern **kann** durch Beschluss einer qualifizierten Mehrheit der Gesamtbetriebsräte der Konzernunternehmen erfolgen, in denen zusammen mehr als 50% der Arbeitnehmer der Konzernunternehmen beschäftigt sind (§ 54 Abs. 1 BetrVG).

II. Konzernbegriff

§ 54 Abs. 1 BetrVG bezieht sich – deutlich gemacht durch den Klammerzusatz – nur auf die Bestimmung des Unterordnungskonzerns nach § 18 Abs. 1 AktG,[3] im Gleichordnungskonzern nach § 18 Abs. 2 AktG kann ein Konzernbetriebsrat nicht gebildet werden.[4] Voraussetzung für das Bestehen eines **Unterordnungskonzerns** ist nach § 18 Abs. 1 S. 1 AktG, dass ein herrschendes sowie ein oder mehrere abhängige Unternehmen unter der einheitlichen Leitung des herrschenden Unternehmens zusammengefasst sind.[5]

Dabei müssen die einzelnen Unternehmen nicht als Aktiengesellschaften geführt sein, da in den §§ 15 ff. AktG der Unternehmensbegriff **rechtsformneutral** verwendet wird.[6] Mithin kann sogar eine natürliche Person als herrschendes Unternehmen an der Spitze eines Konzerns stehen, mit der Folge, dass dort ein Konzernbetriebsrat gebildet werden kann.[7]

Ferner ergibt sich aus dem Verweis in § 54 Abs. 1 BetrVG auf § 18 Abs. 1 AktG, dass die Definitionen und Vermutungsregeln der §§ 15, 16, 17 und 18 Abs. 1 AktG auch im Betriebsverfassungsrecht gelten.[8]

1. Unternehmen

Die Unternehmen, die gemäß § 18 AktG einen Konzern bilden, müssen rechtlich selbstständig sein.[9] Für einen Unterordnungskonzern genügt es, wenn eine natürliche

---

[1] *Schwab* in: Grobys/Panzer, StichwortKommentar Arbeitsrecht § 98 Konzernbetriebsrat Rn. 1.
[2] BAG 21.10.1980 – 6 ABR 41/78, BAGE 34, 230 ff.
[3] BAG 22.11.1995 – 7 ABR 9/95, NZA 1996, 706.
[4] BAG 22.11.1995 – 7 ABR 9/95, NZA 1996, 706; weitere Zitate Richardi/*Annuß*, BetrVG § 54 Rn. 3.
[5] Schaub/*Koch*, Arbeitsrechts-Handbuch, § 226 Rn. 1.
[6] BAG 13.10.2004 – 7 ABR 56/03, NZA 2005, 647 ff.
[7] BAG 8.3.1994 – 9 AZR 197/92, NZA 1994, 931 ff.
[8] Vgl. BAG 15.12.2011 – 7 ABR 56/10, NZA 2012, 633 ff.; vgl. BAG 30.10.1986 – 6 ABR 19/85, BAGE 53, 287 ff.; ErfK/*Oetker* AktG § 15 Rn. 1.
[9] Zwar ergibt sich die Anforderung der rechtlichen Selbstständigkeit nach § 18 Abs. 2 AktG nur für den Gleichordnungskonzern. Für den Unterordnungskonzern ergibt sich das Erfordernis der recht-

Person ihre unternehmerischen Interessen bei mehreren selbstständigen Unternehmen als Allein- oder Mehrheitsgesellschafter verfolgen kann.[1] Öffentlich-rechtliche Körperschaften können zwar herrschende Unternehmen sein. Aufgrund des § 130 BetrVG kommt jedoch die Errichtung eines Konzernbetriebsrats nur bei solchen Unternehmen in Betracht, die **formell privatrechtlich** organisiert sind.[2] Die Bildung eines Konzernbetriebsrats bei einer „Stadtwerke GmbH", deren Alleingesellschafterin eine öffentlich-rechtliche Gebietskörperschaft ist, ist daher möglich, da dieses Unternehmen formell privatrechtlich organisiert ist.[3]

2. Abhängigkeitsverhältnis

6   Weiterhin müssen die beherrschten Unternehmen in einem Abhängigkeitsverhältnis zum herrschenden Unternehmen stehen. Dabei genügt es nach § 17 Abs. 1 AktG, wenn das herrschende Unternehmen einen **unmittelbar oder mittelbar beherrschenden Einfluss** auf das beherrschte Unternehmen ausüben kann.[4] Die beherrschende Einflussnahme muss sich auf die zentralen Geschäftsbereiche wie Produktion, Personalpolitik, Finanzen, Organisation, Einkauf, Vertrieb, Forschung und Entwicklung beziehen.[5] Das klassische organisatorische Mittel, das die erforderliche Einflussmöglichkeit verschafft, ist die Beteiligung. § 17 Abs. 2 AktG statuiert eine widerlegbare Abhängigkeitsvermutung für solche Unternehmen, an denen ein anderes Unternehmen **mit Mehrheit beteiligt ist.**[6] Auch eine **Minderheitsbeteiligung** kann ausreichend sein, um ein Abhängigkeitsverhältnis zu begründen; dies setzt allerdings voraus, dass trotz der Minderheitsbeteiligung eine sichere und dauerhafte Mehrheit in der Hauptversammlung gewährleistet ist. Eine solche sichere und dauerhafte Mehrheit kann etwa aus **Stimmbindungsverträgen** resultieren.[7] Auch **tatsächliche Umstände** können ein solches Abhängigkeitsverhältnis begründen, insbesondere dann, wenn mehrere einflussnehmende Unternehmen den gleichen Gesellschafter haben.[8] Familiäre Beziehungen zwischen Gesellschaftern können wie eine Mehrheitsbeteiligung zu werten sein, wenn die Familienmitglieder als geschlossene Einheit auftreten.[9]

3. Einheitliche Leitungsmacht

7   Letztlich verlangt § 18 Abs. 1 AktG eine einheitliche Leitungsmacht, wobei das herrschende und das abhängige Unternehmen unter einer einheitlichen Leitung stehen müssen. Maßgeblich ist insoweit nicht nur die **Leitungsmöglichkeit,** sondern die **tatsächliche Ausübung der Leitungsmacht.**[10]

8   Diese einheitliche Leitungsmacht kann sich zunächst aus den gesellschaftsrechtlichen Verbindungen zwischen den Unternehmen ergeben. So wird nach § 18 Abs. 1 S. 2 AktG beim Vorliegen eines Beherrschungsvertrages (§ 291 Abs. 1 AktG) oder einer

---

lichen Selbstständigkeit allerdings aus § 17 Abs. 1 AktG, vgl. *Emmerich* in: Emmerich/Habersack, Aktien- und GmbH-Konzernrecht, § 17 Rn. 26 f.; *Meik,* BB 1991, 2441 ff.; MüKoBGB/*Hergenröder,* KSchG § 1 Rn. 25.

[1] BGH 13.12.1993 – II ZR 89/93, NJW 1994, 446; MüKoBGB/*Hergenröder,* KSchG § 1 Rn 25.
[2] Richardi/*Annuß,* BetrVG § 54 Rn. 7; ErfK/*Kania,* BetrVG § 130 Rn. 1.
[3] ErfK/*Kania,* BetrVG § 130 Rn. 2.
[4] BAG 16.8.1995 – 7 ABR 57/94, NZA 1996, 274 ff.; *Fitting,* BetrVG § 54 Rn. 13.
[5] *Fitting,* BetrVG § 54 Rn. 16; DKKW/*Trittin,* BetrVG § 54 Rn. 6.
[6] Hölters/*Hirschmann,* AktG § 17 Rn. 15; *Meik,* BB 1991, 2441 ff.
[7] BAG 23.8.2006 – 7 ABR 51/05, DB 2007, 1091 ff.; DKKW/*Trittin,* BetrVG Vor § 54 Rn. 28.
[8] Vgl. BGH vom 4.3.1974 – II ZR 89/72; DKKW/*Trittin,* BetrVG Vor § 54 Rn. 31.
[9] DKKW/*Trittin,* BetrVG Vor § 54 Rn. 32.
[10] BAG 22.11.1995 – 7 ABR 9/95.

Eingliederung (§§ 319 ff. AktG) unwiderleglich vermutet, dass das abhängige Unternehmen mit dem herrschenden Unternehmen einen Konzern bildet.[1] In diesen Fällen spricht man von einem **Vertragskonzern.**

Für den Fall der bloßen Abhängigkeit iSd § 17 AktG unterliegt das Bestehen eines Unterordnungskonzerns – in diesem Falle der **faktische Konzern**[2] – der widerlegbaren Vermutung nach § 18 Abs. 1 S. 3 AktG. Für die Widerlegung dieser Vermutung ist der rechtlich schwierig zu erbringende Nachweis erforderlich, „*daß trotz eines beherrschenden Einflusses keine Zusammenfassung unter einheitlicher Leitung besteht*".[3] 9

Die Vermutung des § 18 Abs. 1 S. 3 knüpft an die Mehrheitsbeteiligung nach § 17 AktG an. Allerdings ist zu beachten, dass die bloße Inhaberschaft der Mehrheitsbeteiligung nicht in jedem Fall tatsächlich auch zu einer Beherrschung führt. 10

Bei Personengesellschaften besteht grundsätzlich das **Einstimmigkeitsprinzip** des § 119 Abs. 1 HGB. Wird dieses nicht für wichtige Fragen der Geschäftspolitik abbedungen, so kann aus der Stimmenmehrheit nicht auf eine Abhängigkeit geschlossen werden.[4] Bei der GmbH & Co. KG genügt für die Abhängigkeit bereits die mehrheitliche Beteiligung am Komplementär, denn die Kommanditisten sind ohnehin kraft Gesetzes von der Geschäftsführung ausgeschlossen.[5] 11

Die Abhängigkeit kann auch dadurch begründet werden, dass das herrschende Unternehmen seinen Einfluss in den Organen des beherrschten Unternehmens dadurch sichert, dass diese durch **Personen ihres Vertrauens,** insbesondere durch leitende Angestellte des herrschenden Unternehmens, besetzt werden.[6] Andererseits kann nicht bereits aus der personenidentischen Besetzung der Vorstände auf eine einheitliche Leitung geschlossen werden.[7] 12

In der Rechtsprechung des Bundesarbeitsgerichts ist bislang nicht abschließend geklärt, ob eine **hinreichende** Abhängigkeit zur Begründung eines Konzerntatbestandes auch aus Umständen folgen kann, die nicht im Gesellschaftsrecht wurzeln. 13

Das Schrifttum zu dieser Fragestellung ist gespalten. Teilweise wird hier die Ansicht vertreten, der beherrschende Einfluss könnte auch durch andere schuldrechtliche Vertragsbeziehungen vermittelt werden. Beispielhaft genannt werden in diesem Zusammenhang langfristige Liefer-, Abnahme- oder Lizenzverträge.[8] 14

Eine andere Auffassung stellt demgegenüber darauf ab, dass die Abhängigkeit zwingend gesellschaftsrechtlicher Art sein muss.[9] 15

Das BAG lässt diese Fragestellung bislang ausdrücklich offen, geht aber davon aus, dass die **anderweitig begründete Abhängigkeit** mit der gesellschaftsrechtlich vermittelten zumindest **gleichwertig** sein müsse, um überhaupt in Betracht gezogen zu werden.[10] Das herrschende Unternehmen müsste über die rechtlich verstetigte Möglichkeit verfügen, grundsätzlich alle unternehmensrelevanten Entscheidungen des ab- 16

---

[1] Der Wortlaut von § 18 Abs. 1 S. 2 AktG beinhaltet eine Fiktion. Die herrschende Meinung geht dennoch davon aus, dass es sich um eine unwiderlegliche Vermutung handelt, teilweise geht das Schrifttum (*Henssler/Strohn*, Gesellschaftsrecht § 16 Rn. 5) von einer „Tatbestandskonkretisierung" aus. Für den hier interessierenden Kontext ergibt sich aus dieser Streitigkeit allerdings keine unterschiedliche Handhabung.
[2] *Schwab* in: Grobys/Panzer, StichwortKommentar Arbeitsrecht, § 98 Rn. 7.
[3] BAG 22.11.1995 – 7 ABR 9/95; BayOLG 6.3.2002 – 3 Z BR 343/00, NZA 2002, 691 ff.
[4] BAG 22.11.1995 – 7 ABR 9/95; 30.3.2004 – 1 ABR 61/01.
[5] BAG 22.11.1995 – 7 ABR 9/95; 15.12.2011 – 7 ABR 56/10; NZA 2012, 633 ff.
[6] DKKW/*Trittin*, BetrVG Vor § 54 Rn. 51 f.
[7] BAG 16.8.1995 – 7 ABR 57/94; NZA 1996, 274 ff.
[8] DKKW/*Trittin*, BetrVG Vor § 54 Rn. 31.
[9] MHdB ArbR/*Joost*, § 227 Rn. 16; BGH 26.3.1984 – II ZR 171/83, NJW 1984, 1893 ff.; so wohl auch GK-BetrVG/*Kreutz*, § 54 Rn. 19.
[10] BAG 9.2.2011 – 7 ABR 11/10, NZA 2011, 866 ff.

hängigen Unternehmens zu steuern. Die Möglichkeit, Teilbereiche des anderen Unternehmens zu beeinflussen, würde ebenso wenig ausreichen wie die Möglichkeit, vorübergehende Schwierigkeiten des anderen Unternehmens zur Einflussnahme auf dieses zu nutzen.[1]

17   Aus unserer Sicht können letztlich **nur gesellschaftsrechtliche und gesellschaftsrechtlich vermittelte Abhängigkeitsverhältnisse** zur Begründung eines Konzerntatbestandes herangezogen werden.

18   § 54 BetrVG knüpft an die Vorschrift der §§ 17, 18 AktG an und legt die hier maßgeblichen Tatbestände zugrunde. Es ist zutreffend, dass es keinen spezifischen Konzernbegriff des Betriebsverfassungsrechts gibt.[2] Für das Aktienrecht geht der BGH richtigerweise davon aus, dass nicht nur vertragliche oder sonstige organisatorische Bindungen, sondern auch Bindungen tatsächlicher Art die Grundlage für einen beherrschenden Einfluss iSd § 17 AktG bilden können.[3] Hierbei geht es aber stets nur um solche Umstände, die in Verbindung mit der **Ausübung von Beteiligungsrechten** von Bedeutung sind und deren Gewicht verstärken. Nicht erfasst sind demgegenüber rein wirtschaftliche, gesellschaftsrechtlich nicht abgesicherte Abhängigkeiten, die allein durch externe Austauschbeziehungen, wie etwa durch Liefer-, Lizenz- oder Kreditverträge begründet sind und einem Partner einen durch die Marktlage bedingten Einfluss auf das geschäftliche Verhalten der Gesellschaft sichern.[4]

19   Dieser Grundgedanke zählt ebenso für das BetrVG. Für die wirkungsvolle Mitbestimmung innerhalb eines Unternehmensgeflechts ist es unerlässlich, dass die wirtschaftliche Einheit, bei der die Mitbestimmung praktiziert wird, auch in der Lage ist, die übrigen Gesellschaften der Gruppe dazu zu bestimmen, die getroffenen Regelungen auch umzusetzen. Andernfalls ist die Ausübung von Mitbestimmung bei einer solchen Gesellschaft schlicht sinnlos.[5]

20   Auch die Rechtsprechung des Bundesarbeitsgerichts sieht diesen Gesichtspunkt zu Recht als den maßgeblichen an. Eine solche dauerhafte Kontrollmöglichkeit aber kann durch Verträge, die nicht explizit die Entscheidungsbefugnisse in einer Gesellschaft zum Gegenstand haben, nicht vermittelt werden.[6] Unabhängig davon, wie erheblich der Gehalt eines anderen Vertrags für die wirtschaftliche Existenz eines Unternehmens ist, so bietet er dennoch keine Gewähr dafür, dass sich diese entsprechend den Wünschen des Vertragspartners verhält. Ohne diese Einflussmöglichkeit aber kann ein solcher Vertragspartner nicht Gewähr dafür bieten, dass die Vereinbarungen mit einem Konzernbetriebsrat auch eingehalten werden. Er ist daher von vornherein kein tauglicher Vertragspartner zum Abschluss normsetzender Verträge, die verbindlich für einen Dritten sein sollen, dessen Entscheidungen die Vertragspartner nicht dauerhaft und sicher beeinflussen können.

21   Zu beachten ist, dass ein Unternehmen auch von mehreren anderen Unternehmen abhängig sein kann (**„Mehrmüttergesellschaft"**). In diesem Fall kann das Gemeinschaftsunternehmen von nur einem der anderen oder aber auch von mehreren anderen Unternehmen beherrscht werden.[7] Entscheidend ist hier, wer tatsächlich die Leitungsmacht über das abhängige Unternehmen ausübt. Wird die einheitliche Leitung nur von einer „Mutter" ausgeübt, besteht nur zwischen dieser und den abhängigen Un-

---

[1] BAG 9.2.2011 – 7 ABR 11/10, NZA 2011, 866 ff.
[2] BAG 14.2.2007 – 7 ABR 26/06, NZA 2007, 999 ff.
[3] BGH 4.3.1974 – II ZR 89/72, NJW 1974, 855 ff.
[4] BGH 26.3.1984 – II ZR 171/83, NJW 1984, 1893 ff.
[5] Vgl. zum Sinn und Zweck der Mitbestimmung auch ErfK/*Koch*, BetrVG § 54 Rn. 6.
[6] Vgl. bspw. zum Franchise-Vertrag GK-BetrVG/*Kreutz*, § 54 Rn. 20.
[7] *Fitting*, BetrVG § 54 Rn. 29; ErfK/*Koch*, BetrVG § 54 Rn. 4.

ternehmen ein Konzern. Wird die einheitliche Leitung aber von mehreren „Müttern" gemeinsam ausgeübt, bildet das abhängige Unternehmen mit jedem der herrschenden Unternehmen einen Konzern.[1] Im Rahmen der §§ 54 ff. BetrVG gilt auch bei mehrfacher Abhängigkeit die widerlegbare Vermutung des § 18 Abs. 1 S. 3 AktG. Ein herrschendes Unternehmen liegt nach der Rechtsprechung des BAG dann **nicht** vor, wenn die Mutterunternehmen zur gemeinsamen Leitung eine **BGB-Gesellschaft** gegründet haben, zumindest solange diese nur als Innengesellschaft tätig wird und sich auf den Zweck einer internen Willensbildung zur Koordinierung der beherrschten Gemeinschaftsunternehmen beschränkt.[2] Das Urteil des BAG ist zutreffend, wird aber häufig missverstanden. Die Frage, ob die BGB-Innengesellschaft herrschendes Unternehmen ist, stellt sich nur im Hinblick darauf, ob sie die Zurechnung zu den beiden bestehenden Konzernen unterbricht, in diesem Sinne also einzig herrschendes Unternehmen ist. Weiterhin wird oftmals angenommen, dass bei einer Außengesellschaft in jedem Falle ein Konzernbetriebsrat gebildet werden kann, wenn sich zwei Mutterunternehmen in dieser zur gemeinsamen Leitung verbunden haben. Nach der hier vertretenen Auffassung ist es für die Bestimmung, ob ein herrschendes Unternehmen besteht oder nicht, nicht von Bedeutung, ob die gemeinsame Leitung in einer Innen- oder Außengesellschaft zusammengefasst wird. Beide Gesellschaften unterscheiden sich lediglich durch die Teilnahme bzw. die Nichtteilnahme am Rechtsverkehr.[3] Entscheidend – so auch das BAG – ist ausschließlich die **tatsächliche Herrschaftsmacht**,[4] also die Frage, ob die jeweilige Gesellschaft eigene Entscheidungsmacht hat. Nur in diesem Fall würde die oben dargestellte Unterbrechung des Zurechnungszusammenhangs eintreten; es wäre nicht mehr gerechtfertigt, ein solches Unternehmen beiden Konzernen zuzurechnen. Anderenfalls könnte ein Konzernbetriebsrat bei einer Außengesellschaft, die selbst von den Mutterunternehmen beherrscht wird, gebildet werden. Die Mitbestimmung iSd BetrVG würde in diesem Falle gerade nicht dort ausgeübt, wo die „*unternehmerische Leitungsmacht konkret entfaltet und ausgeübt wird*".[5]

4. Der Konzernbegriff und die Betriebsverfassung (Einzelfragen)

Die grundsätzliche Anerkennung des gesellschaftsrechtlichen Konzernbegriffs im Betriebsverfassungsrecht sagt noch nichts darüber aus, wie einzelne Streitfragen für die Anwendung im betriebsverfassungsrechtlichen Zusammenhang zu lösen sind und ob nicht wegen des besonderen Anwendungsbereichs Zusatzvoraussetzungen erfüllt sein müssen.[6] 22

a) Konzern im Konzern

Nach der Rechtsprechung des BAG kann in einem mehrstufigen Konzern ein sogenannter „Konzern im Konzern" bestehen, wenn das herrschende Unternehmen („Mutter") von seiner Leitungsmacht zwar im wesentlichen Umfang, aber doch nur teilweise (etwa als Richtlinienkompetenz) Gebrauch macht und einem **abhängigen Unternehmen** („Tochter") noch **wesentliche Leitungsaufgaben zur eigenständigen Ausübung** gegenüber den Unternehmen („Enkel") verbleiben, die der „Tochter" untergeordnet sind.[7] 23

---

[1] BAG 18.6.1970 – 1 ABR 3/70, BAGE 22, 390 ff.; *Fitting*, BetrVG § 54 Rn. 29; aA Richardi/*Annuß*, BetrVG § 54 Rn. 18.
[2] BAG 13.10.2004 – 7 ABR 56/03, NZA 2005, 647 ff.; *Fitting*, BetrVG § 54 Rn. 31.
[3] MHdB GesR/*Gummert*, BGB-Gesellschaft § 17 Rn. 12 f.
[4] BAG 13.10.2004 – 7 ABR 56/03, NZA 2005, 647 ff.
[5] BAG 13.10.2004 – 7 ABR 56/03, NZA 2005, 647 ff.
[6] *Windbichler*, Arbeitsrecht im Konzern, 1989, S. 310.
[7] BAG 21.10.1980 – 6 ABR 41/78, 6 ABR 41/78, BAGE 34, 230 ff.; BAG 14.2.2007 – 7 ABR 26/06; *Fitting*, BetrVG § 54 Rn. 32; *Pflüger*, NZA 2009, 130 ff.; aA Richardi/*Annuß*, BetrVG § 54 Rn. 12 ff.; *Meik*, BB 1991, 2441 ff.

24 In diesem Fall soll die Errichtung eines Konzernbetriebsrats in der Tochtergesellschaft, der ein wesentlich eigener Entscheidungsspielraum zur Verfügung steht, nach der Rechtsprechung möglich sein, da es Sinn und Zweck des Konzernbetriebsrats sei, die Beteiligung der Konzernarbeitnehmerschaft an den Entscheidungen der Konzernleitung sicherzustellen.[1] Nach der Rechtsprechung des BAG ist auch in einem **mehrstufigen Konzern** bei der Konzernspitze des Unterkonzerns ein Konzernbetriebsrat zu errichten, wenn dieser bei beteiligungspflichtigen Angelegenheiten eine originäre, nicht durch konkrete Weisungen der Mutter gebundene Entscheidungskompetenz zusteht und sie auch tatsächlich Gebrauch davon macht.[2] Mithin ist im Anwendungsbereich des BetrVG die Bildung eines Konzerns im Konzern und ergo die Möglichkeit der Errichtung eines Konzernbetriebsrats anzunehmen, da es anderenfalls zu einer Verkürzung der Mitbestimmungsrechte kommen könnte.[3]

b) Teilkonzern (Internationaler Konzern)

25 Der betriebsverfassungsrechtliche Grundsatz, „die Mitbestimmung muss im herrschenden Unternehmen stattfinden", ist nicht anwendbar, wenn dieses Unternehmen nicht dem Geltungsbereich des Betriebsverfassungsgesetzes unterfällt.[4] Die klassischen Konstellationen liegen vor bei der **arbeitnehmerlosen Holding**[5] oder bei der **ausländischen Konzernspitze mit Tochterunternehmen im Inland.**[6]

26 Für die Unternehmensmitbestimmung findet sich für diese Konstellation eine Regelung in § 5 Abs. 3 MitbestG, der die Konzernmitbestimmung auf das der Konzernleitung am nächsten stehende mitbestimmungspflichtige Unternehmen verlagert. Der Unterschied zum „Konzern im Konzern" ist, dass die erforderliche untere Ebene fingiert wird. Eine entsprechende Vorschrift fehlt im BetrVG. Das BetrVG findet für das ausländische Unternehmen keine Anwendung.

27 Nach Auffassung des BAG kann **kein Konzernbetriebsrat** gebildet werden, wenn die inländischen Konzernunternehmen **von einer ausländischen Konzernspitze beherrscht** werden.[7] Dabei bedarf es auch keiner analogen Anwendung des § 5 Abs. 3 MitbestG, weil die gesetzliche Regelung in § 54 Abs. 1 BetrVG mit Verweis auf § 18 Abs. 1 AktG keine Lücke enthält. Sofern ein Konzernbetriebsrat nicht errichtet werden kann, führt dies auch nicht zum Wegfall der betriebsverfassungsrechtlichen Beteiligungsrechte. Diese werden lediglich auf eine andere Ebene verlagert.[8]

28 Etwas anderes ergibt sich dann, wenn die ausländische Konzernspitze zwar von ihrer Leitungsmacht Gebrauch macht, diese aber einer **inländischen Teilkonzernspitze** noch wesentliche Leitungsaufgaben zur eigenständigen Ausübung zubilligt. Im Sinne der Betriebsverfassung wird zum Zwecke der Mitbestimmung der inländische Teilkonzern wie ein Konzern behandelt.[9] Ein Konzernbetriebsrat kann dann nach den Grundsätzen über den „Konzern im Konzern" errichtet werden.[10]

---

[1] BAG 14.2.2007 – 7 ABR 26/06, NZA 2007, 999 ff.; BAG 21.10.1980 – 6 ABR 41/78, BAGE 34, 230 ff.
[2] BAG 21.10.1980 – 6 ABR 41/78, BAGE 34, 230 ff.; ErfK/*Koch*, BetrVG § 54 Rn. 5.
[3] *Windbichler*, Arbeitsrecht im Konzern, 1989, S. 319; aA Richardi/*Annuß*, BetrVG § 54 Rn. 10 ff.
[4] *Windbichler*, Arbeitsrecht im Konzern, 1989, S. 323.
[5] BayOLG 6.3.2002 – 3Z BR 343/00, NZA 2002, 691 ff.
[6] *Schwab* in: Grobys/Panzer, StichwortKommentar Arbeitsrecht § 98 Rn. 10.
[7] BAG 14.2.2007 – 7 ABR 26/06, NZA 2007, 999 ff.; aA OLG Düsseldorf 30.10.2006 – I-26 W 14/06 AktE, NZA 2007, 707 ff.
[8] BAG 14.2.2007 – 7 ABR 26/06, NZA 2007, 999 ff.
[9] *Dzida/Hohenstatt*, NZA 2007, 945 ff.; *Fitting*, BetrVG § 54 Rn. 34.
[10] BAG 14.2.2007 – 7 ABR 26/06, NZA 2007, 999 ff.

Ein Teil der Literatur geht sogar davon aus, dass ein Konzernbetriebsrat für die inländi- 29
sche Teilkonzernspitze auch dann errichtet werden kann, wenn es an einer inländischen
Leitungsmacht fehlt.[1] Dieser Auffassung ist indes nicht zu folgen, da der dann gegründete
Konzernbetriebsrat im Inland keinen „Gegenspieler" hätte. Aufgrund des territorialen
Geltungsbereichs des BetrVG könnte der Konzernbetriebsrat seine Rechte gegenüber
einer im Ausland ansässigen Konzernspitze nicht durchsetzen.[2] Auch führt dieses Ergebnis nicht zu einer Beschränkung der betrieblichen Mitbestimmung, sondern lediglich zu
einer Verlagerung der Beteiligungsrechte auf die Gesamtbetriebsräte.[3]

c) Fehlerhaftes Konzernverhältnis

Soweit Unternehmensverbindungen fehlerhaft sind, bspw. aufgrund eines fehlerhaf- 30
ten Beherrschungsvertrags, ist dies **für die Errichtung eines Konzernbetriebsrats nicht von Bedeutung.**[4] Das Betriebsverfassungsrecht wendet zwar den gesellschaftsrechtlichen Konzernbegriff iSd § 18 Abs. 1 AktG an, doch müssen – so auch das
BAG[5] – im Interesse der Sicherung der betrieblichen Mitbestimmung gewisse Organi-
sationsmöglichkeiten geschaffen werden können.[6] Es ist nicht Aufgabe der Betriebsverfassung, gesellschaftsrechtliche Einzelfragen zu klären.

Vergleichsweise kann man hier die Situation einer fehlerhaften Gesellschaft oder eines 31
fehlerhaften Arbeitsverhältnisses heranziehen. Ist ein Arbeitnehmer in einer fehlerhaften Gesellschaft beschäftigt, ändert das nichts an der Betriebsratsfähigkeit. Ebenso ist
auch ein tatsächlich Beschäftigter aufgrund eines fehlerhaften Arbeitsverhältnisses Be-
legschaftsmitglied.

5. Zusammenfassung

Die Betriebsverfassung kennt keinen eigenen Konzernbegriff. Durch die Verweisung 32
innerhalb des § 54 Abs. 1 BetrVG findet vielmehr der **gesellschaftsrechtliche Konzernbegriff des § 18 Abs. 1 AktG** Anwendung. Mithin gilt für das Betriebsverfassungsrecht ausschließlich der **rechtsformneutrale Unterordnungskonzern,** welcher
durch die §§ 15 ff. AktG weiter konkretisiert wird.

III. Allokation eines Konzernarbeitsverhältnisses für die Zwecke des BetrVG

Das Betriebsverfassungsrecht knüpft an den allgemeinen arbeitsrechtlichen Arbeit- 33
nehmerbegriff an (§ 5 BetrVG).[7] Danach sind Arbeitnehmer Betriebsangehörige, die
aufgrund eines Arbeitsvertrags mit dem Arbeitgeber im Betrieb beschäftigt sind. Als
Arbeitnehmer gelten nach § 5 Abs. 1 S. 2 BetrVG auch die in Heimarbeit Beschäftigten, die in der Hauptsache für den Betrieb arbeiten. § 8 Abs. 1 S. 2 BetrVG enthält
schließlich eine besondere Anrechnungsvorschrift für Konzernsachverhalte hinsichtlich
der Dauer der Betriebszugehörigkeit.[8] Die Rechtsprechung definiert die Betriebszugehörigkeit als **rechtliches (arbeitsvertragliches)** und zugleich als **tatsächliches**

---

[1] DKKW/*Trittin*, BetrVG § 54 Rn. 29a; *Fitting*, BetrVG § 54 Rn. 23.
[2] ErfK/*Koch*, BetrVG § 54 Rn. 7.
[3] BAG 14.2.2007 – 7 ABR 26/06, NZA 2007, 999 ff.
[4] DKKW/*Trittin*, BetrVG § 54 Rn. 9; *Windbichler*, Arbeitsrecht im Konzern, 1989, S. 314.
[5] BAG 29.8.1985 – 6 ABR 63/82, NZA 1986, 400 ff.
[6] *Windbichler*, Arbeitsrecht im Konzern, 1989, S. 314.
[7] BAG 12.2.1992 – 7 ABR 42/91, 7 ABR 42/91, NZA 1993, 334 ff.; Düwell/*Kloppenburg*,
BetrVG § 5 Rn. 5; zum Begriff des Arbeitnehmers: BAG 12.9.1996 – 5 AZR 104/95, NZA 1997,
600 ff.
[8] *Windbichler*, Arbeitsrecht im Konzern, 1989, S. 268; vgl. auch Punkt A. I. 6.

Verhältnis. Ein betriebszugehöriger Arbeitnehmer ist demnach ein Arbeitnehmer, der in einem Arbeitsverhältnis zum Inhaber des Betriebs steht und innerhalb der Betriebsorganisation des Arbeitgebers abhängige Arbeitsleistungen erbringt.

34 Das Konzerngebilde mehrerer Unternehmen ist im Individualarbeitsrecht nur in wenigen Fällen relevant.[1] Denn die Vernetzung einiger Unternehmen zu einem Konzern hat grundsätzlich keine Auswirkungen auf das einzelne Arbeitsverhältnis, da dieses immer nur zwischen dem Arbeitnehmer und dem einstellenden Konzernunternehmen begründet wird.[2] Der **Konzern** kann als Unternehmensverbindung nicht selbst Rechtssubjekt sein, hat keine eigene Rechtspersönlichkeit und kann somit **kein Arbeitgeber** sein.[3]

35 Auch im Hinblick auf die Betriebsverfassung wird dem Konzern keine Teilrechtsfähigkeit zugesprochen.[4] Dennoch kann eine Unternehmensverbindung zu einem Konzern Auswirkungen auf die kollektivrechtlichen Mitbestimmungsrechte haben. Denn die Konzernunternehmen delegieren regelmäßig Kompetenzen an den Konzern.[5]

36 Für die **Verortung des Konzernarbeitsverhältnisses** für die Zwecke des BetrVG ist die Zuordnung des Arbeitnehmers zu einem bestimmten Betrieb als dessen Belegschaftsangehöriger von Bedeutung. Das BetrVG geht von dem Betrieb als zentralem Begriff aus. So ist die Zuordnung des Arbeitnehmers bedeutend für die Betriebsgröße, von dieser hängt wiederum die Möglichkeit der Errichtung eines Betriebsrats (§ 1 BetrVG), die Größe des Betriebsrats selbst (§ 9 BetrVG) sowie die Anwendbarkeit einer Reihe von Einzelvorschriften ab. Auch für das aktive (§ 7 BetrVG) und das passive Wahlrecht (§ 8 BetrVG) und die Zuständigkeit des Betriebsrats bei der Wahrnehmung seiner Rechte und Pflichten in Bezug auf die Arbeitnehmer (§ 80 BetrVG) ist die Betriebszugehörigkeit entscheidend.[6]

37 Aufgrund der Zweigliedrigkeit der Begriffsbildung sind im Rahmen der Zuordnung zu den Betrieben zwei Aspekte zugrunde zu legen.

1. Die arbeitsvertragliche Ebene

38 Nach der Rechtsprechung des BAG bedeutet der gesetzliche Begriff des Arbeitsvertrags bzw. des Arbeitsverhältnisses nicht, dass an einem solchen nur ein Arbeitgeber beteiligt ist.[7] Ein **einheitliches Arbeitsverhältnis** mit mehreren Arbeitgebern ist daher nicht ausgeschlossen, wenngleich ein solches auch nicht allzu oft vorliegen wird. Für die Annahme eines einheitlichen Arbeitsverhältnisses ist ein rechtlicher Zusammenhang zwischen den arbeitsvertraglichen Beziehungen des Arbeitnehmers zu den einzelnen Arbeitgebern erforderlich, der es verbietet, diese Beziehungen rechtlich getrennt zu behandeln. Dieser rechtliche Zusammenhang kann sich aus einer Auslegung des Vertragswerks der Parteien, aber auch aus zwingenden rechtlichen Wertungen ergeben.[8]

39 Derartige Konstellationen finden sich insbesondere dort, wo der Arbeitnehmer den einen Teil seiner Arbeitsleistung für die eine Gesellschaft und den anderen Teil für die andere Gesellschaft erbringt. Weiterhin möglich ist das Szenario der doppelten Arbeitgeberstellung (sog. **Doppelarbeitsverhältnis**), wobei sich der Arbeitnehmer gegen-

---

[1] ErfK/*Preis*, BGB § 611 Rn. 198.
[2] Vgl. BAG 14.10.1982 – 2 AZR 568/80, BAGE 41, 72 ff.
[3] MHdB ArbR/*Richardi*, § 23 Rn. 1.
[4] Richardi/*Annuß*, BetrVG § 58 Rn. 2.
[5] MHdB ArbR/*Richardi*, § 23 Rn. 1.
[6] *Windbichler*, Arbeitsrecht im Konzern, 1989, S. 267 f.
[7] BAG 27.3.1981 – 7 AZR 523/78, BAGE 37, 1 ff.
[8] BAG 27.3.1981 – 7 AZR 523/78, BAGE 37, 1 ff.

über seinem Vertragsarbeitgeber verpflichtet, seine Dienste im Rahmen eines Arbeitsverhältnisses mit einer Konzerngesellschaft zu erbringen. Dies ist eine typische Regelung bei der Auslandsentsendung. Denkbar ist daneben auch, dass das Arbeitsverhältnis zum ursprünglichen Vertragsarbeitgeber faktisch außer Kraft gesetzt wird.

Von den Konstellationen des einheitlichen oder Doppelarbeitsverhältnisses zu unterscheiden ist die Aufteilung der Arbeitgeberfunktion auf zwei konzernangehörige Gesellschaften. Diese Konstellation dürfte der häufigste Fall bei Arbeitsverhältnissen mit Konzernbezug sein und ist unter dem Begriff der **„Konzernleihe"** bekannt.[1] 40

2. Konsequenzen für die Zugehörigkeit zum Betrieb

Ist ein Arbeitnehmer mit mehreren Konzernunternehmen arbeitsvertraglich verbunden und/oder in mehreren Betrieben eines Konzerns eingegliedert, so ist der Arbeitnehmer jeder Belegschaft zuzurechnen.[2] Die **Zuordnung zu jedem dieser Betriebe wird gesondert behandelt.** Ein Arbeitnehmer, der mehreren Betrieben zugeordnet ist, kann auch in jedem Betrieb ein betriebsverfassungsrechtliches Amt ausüben. Ein Arbeitnehmer, der in zwei Betrieben eines oder mehrerer Arbeitgeber beschäftigt ist, ist in beiden Betrieben wählbar. § 8 BetrVG, der die Wählbarkeitsvoraussetzungen abschließend aufzählt, kennt keine Beschränkung der Mitgliedschaft auf einen Betriebsrat.[3] Die mehrfache Betriebszugehörigkeit hat auch Auswirkungen auf das Stimmgewicht des Gesamtbetriebsrats und der Konzernbetriebsratsmitglieder. Dieses Stimmgewicht richtet sich nach der Anzahl der wahlberechtigten Arbeitnehmer, §§ 47, 55 BetrVG. Ein Arbeitnehmer, der mehreren Betrieben angehört, zählt hierfür auch mehrfach. 41

Für die Betriebszugehörigkeit kommt es grundsätzlich **nicht auf deren Dauer an.** Eine Ausnahme bildet § 8 Abs. 1 BetrVG (Wählbarkeit zum Betriebsrat), nach dem eine Betriebszugehörigkeit von mindestens sechs Monaten gefordert wird.[4] 42

3. Wahrnehmung betriebsverfassungsrechtlicher Rechte und Pflichten

Im Rahmen der Wahrnehmung betriebsverfassungsrechtlicher Rechte und Pflichten kann es bei mehrfacher Betriebszugehörigkeit zu Überschneidungen hinsichtlich des Einsatzes der Arbeitskraft, der Urlaubsplanung, der Teilnahme an Betriebsversammlungen oder der Ausübung des Betriebsratsamtes kommen. Im Fall der mehrfachen Betriebszugehörigkeit innerhalb eines Konzerns handelt es sich allerdings aufgrund ihrer vertraglichen Konstruktion um **aufeinander abgestimmte Arbeitsverhältnisse.** Dies hat zur Folge, dass ein Arbeitgeber die weitere Tätigkeit des Arbeitnehmers nicht unberücksichtigt lassen darf, sondern die weitere Betriebszugehörigkeit und die daraus folgenden betriebsverfassungsrechtlichen Rechte und Pflichten zu berücksichtigen hat.[5] 43

Eine ausdrückliche gesetzliche Grundlage der Rücksichtnahmepflicht eines Arbeitgebers bei Wahrnehmung der betriebsverfassungsrechtlichen Rechte und Pflichten in dem anderen Arbeitsverhältnis gibt es dem Grunde nach nicht, da der Arbeitnehmer nur von seinem Arbeitgeber freigestellt werden kann. 44

Eine zwingende **Schutzvorschrift** für betriebsverfassungsrechtliche Funktionsträger findet sich allerdings in **§ 78 BetrVG**. Danach dürfen die in § 78 BetrVG aufgezähl- 45

---

[1] HWK/*Gaul*, BetrVG § 5 Rn. 33; ErfK/*Koch*, BetrVG § 7 Rn. 6; vgl. zu den möglichen Arbeitsvertragsbeziehungen im Konzern: *Rid*, NZA 2011, 1121 ff.
[2] *Fitting*, BetrVG § 5 Rn. 202.
[3] BAG 11.4.1958 – 1 ABR 2/57, BB 1958, 627 ff.; *Düwell*, BetrVG § 8 Rn. 4.
[4] *Fitting*, BetrVG § 7 Rn. 22.
[5] *Windbichler*, Arbeitsrecht im Konzern, 1989, S. 270.

ten betriebsverfassungsrechtlichen Amtsträger weder in der Ausübung ihrer Tätigkeit gestört oder behindert (S. 1) noch wegen ihrer Tätigkeit benachteiligt oder begünstigt (S. 2) werden. Diese Schutzvorschrift richtet sich nicht nur gegen den Arbeitgeber, sondern gegen jedermann.[1]

46 Von anderen als in § 37 Abs. 2 bis 7 BetrVG genannten obligatorischen Pflichten kann die Betriebsratszugehörigkeit aber nicht befreien, da ansonsten eine nach § 78 S. 2 BetrVG unzulässige Begünstigung vorliegen würde.

47 Die **Vergütung während der Freistellung** hat nicht in § 37 Abs. 2 BetrVG ihre Grundlage, sondern richtet sich allein nach dem jeweiligen Arbeitsvertrag.[2] Je nachdem, wie eng die Arbeitsverhältnisse miteinander verknüpft sind, desto enger gestaltet sich auch die Rücksichtnahmepflicht des nicht unmittelbar betriebsverfassungsrechtlich betroffenen Arbeitgebers aus. Der betroffene Arbeitnehmer hat zunächst sein Fernbleiben nicht zu vertreten. Die Rücksichtnahmepflicht wird zumindest bei dem nichtbetroffenen Arbeitgeber eine unbezahlte Freistellung und bei dem betroffenen Arbeitgeber eine Pflicht zur Arbeitsbefreiung unter Fortzahlung des Arbeitsentgelts nach § 37 Abs. 3 BetrVG auslösen, soweit das Fernbleiben betriebsbedingt außerhalb der Arbeitszeit, d.h. außerhalb der vom Arbeitnehmer regelmäßig für diesen Arbeitgeber zu erbringenden Arbeitszeit, erfolgt.[3]

4. Kündigungsschutz

48 Im Rahmen von kombinierten Arbeitsverhältnissen im Konzern stellt sich auch die bedeutende Frage des Kündigungsschutzes. Grundsätzlich gilt, dass der Kündigungsschutz aufgrund des eindeutigen Wortlauts des § 1 Abs. 2 KSchG nicht konzernbezogen ist.[4] Dennoch kann in Fällen der besonders engen Verknüpfung der Arbeitsverhältnisse eine **Erweiterung des Kündigungsschutzes** eines Arbeitsverhältnisses auch auf ein weiteres Arbeitsverhältnis stattfinden und damit eine **konzernbezogene Betrachtung** geboten sein. Hierfür bedarf es aber eines zusätzlichen Elements, bspw. durch Selbstbindung des Arbeitgebers, durch arbeitsvertragliche Vereinbarung oder eine sonstige vertragliche Absprache.[5] Zudem fordert das BAG in diesen Fällen, dass der Arbeitgeber einen bestimmenden Einfluss auf das Konzernunternehmen hat, auf welches sich der Kündigungsschutz erstrecken soll.[6] Insgesamt sind die Konturen des konzernbezogenen Kündigungsschutzes bis heute unscharf.[7]

49 Vorliegend von Interesse ist allerdings nur der **Sonderkündigungsschutz für Organe der Betriebsverfassung nach § 15 KSchG**. In diesem Fall gibt es zwei Konstellationen, aufgrund derer sich eine Erweiterung des Kündigungsschutzes ergeben kann. Es stellt sich zum einen die Frage, wie sich die Kündigung des Arbeitsverhältnisses ohne Sonderkündigungsschutz auf das weitere Arbeitsverhältnis, im Rahmen dessen sich der Arbeitnehmer auf den besonderen Kündigungsschutz nach § 15 KSchG berufen kann, auswirkt. Zum anderen ist zu klären, wie sich eine Beendigung des geschützten Arbeitsverhältnisses auf andere Weise als durch Kündigung auf das andere nicht geschützte Arbeitsverhältnis auswirkt.[8]

---

[1] ErfK/*Kania*, BetrVG § 78 Rn. 2 ff.; vgl. zur objektiven Schlechterstellung BAG 20.1.2010 – 7 ABR 68/08, NZA 2010, 777 ff.
[2] BAG 18.9.1973 – 1 AZR 102/73, BAGE 25, 305 ff.; BAG 27.6.1990 – 7 AZR 292/89, NZA 1991, 200 ff.
[3] *Windbichler*, Arbeitsrecht im Konzern, 1989, S. 272.
[4] BAG 27.11.1991 – 2 AZR 255/91, NZA 1992, 644 ff.; ErfK/*Oetker*, KSchG § 1 Rn. 286.
[5] BAG 14.10.1982 – 2 AZR 568/80, BAGE 41, 72 ff.
[6] BAG 23.3.2006 – 2 AZR 162/05, NZA 2007, 30 ff.
[7] *Rid*, NZA 2011, 1121 ff.
[8] Vgl. ErfK/*Kania*, BetrVG § 78 Rn. 7.

Für den Fall **mehrerer bestehender Arbeitsverhältnisse** zu verschiedenen Konzernunternehmen ist grundsätzlich jedes Arbeitsverhältnis separat zu betrachten und dementsprechend auch separat zu kündigen. Denn jeweiliger Arbeitgeber ist stets nur der Vertragsarbeitgeber.[1] Etwas anderes kann sich jedoch aufgrund von Zusatzvereinbarungen mit dem jeweiligen Arbeitnehmer oder aufgrund eines rechtlichen Zusammenhangs der Arbeitsverträge ergeben. In diesen Fällen wäre eine separate Betrachtung und somit eine separate Kündigung bzw. Teilkündigung unzulässig.[2]

50

Sofern ein Arbeitnehmer nur ein Arbeitsverhältnis mit einem Konzernunternehmen begründet hat, aber **in mehreren Betrieben des Konzerns eingegliedert ist,** kann sich ein Sonderkündigungsschutz nach § 15 KSchG nur bezüglich solcher Betriebe ergeben, die zum Vertragsarbeitgeber (des Arbeitsverhältnisses, das gekündigt werden soll) gehören. Wie oben bereits dargestellt, ist das Kündigungsschutzgesetz betriebsbezogen.[3] Danach ist auch der Sonderkündigungsschutz nach § 15 KSchG betriebsbezogen. Mithin wirkt sich ein solcher dann nicht auf die Kündigung des Arbeitsvertrages aus, wenn der Betrieb, in welchem der Arbeitnehmer Betriebsratsmitglied ist, nicht zu dem Unternehmen des Vertragsarbeitgebers gehört, welches die Kündigung ausspricht. Auch, so das BAG, müsste der Betriebsrat eines „Konzernbetriebs" in einem solchen Falle nicht vor dem Ausspruch der Kündigung angehört werden.[4] Dieses Ergebnis müsste lediglich in solchen Fällen korrigiert werden, in welchen der Arbeitgeber die Konzernstruktur benutzt, um den Sonderkündigungsschutz zu umgehen.

51

Weder aus § 15 KSchG noch aus der Schutzvorschrift des § 78 BetrVG ergibt sich eine **Erweiterung des Kündigungsschutzes** auf weitere Arbeitsverhältnisse. Die Kündigung eines jeden Arbeitsverhältnisses ist gesondert zu betrachten. Eine Erweiterung des Sonderkündigungsschutzes auf andere Arbeitsverhältnisse kommt daher nicht in Betracht. Teilweise wird hierzu vertreten, dass die Schutzvorschrift des § 78 BetrVG indirekt auch bei der Kündigung des Arbeitsverhältnisses ohne Sonderkündigungsschutz eine Rolle spielt. Die Kündigung dürfe nicht darauf abzielen, den Arbeitnehmer aus dem weiteren Arbeitsverhältnis und aus seinem Betriebsratsamt zu verdrängen.[5] Aus unserer Sicht ist diese Überlegung durchaus zutreffend, die dogmatische Einordnung der Erstreckungswirkung aber eher im Bereich des § 612a BGB vorzunehmen. § 78 BetrVG betrifft das Verhältnis eines Arbeitgebers zu einem in seinem Betrieb beschäftigten Betriebsratsmitglied. Vorliegend geht es jedoch gerade um eine Situation, in welcher ein anderes Beschäftigungsverhältnis des Betriebsratsmitglieds in einem anderen Betrieb betroffen ist. Hier werden keine Betriebsratstätigkeiten ausgeübt, der Schutzbereich von § 78 BetrVG ist daher von vornherein nicht tangiert. Ist der Arbeitnehmer allerdings für mehrere Arbeitgeber in unterschiedlichen Betrieben tätig, so steht ihm das Recht zu, **in jedem dieser Betriebe seine betriebsverfassungsrechtlichen Rechte wahrzunehmen.** Diese zulässige Rechtsausübung ist von einem Arbeitgeber, mit dessen Wissen und Wollen der Arbeitnehmer in verschiedenen Betrieben tätig wird, hinzunehmen; andernfalls wäre der Arbeitnehmer unzureichend gegen das treuwidrige Verhalten eines Arbeitgebers in solch einer Situation geschützt. Konsequenterweise ist eine Kündigung aufgrund der Betriebsratstätigkeit in einem anderen Betrieb eines anderen Arbeitgebers auf Grundlage von § 612a BGB unwirksam.

52

---

[1] Vgl. für viele: BAG 10.11.2004 – 7 AZR 101/04, NZA 2005, 514 ff.
[2] BAG 27.3.1981 – 7 AZR 523/78, BAGE 37, 1 ff.
[3] BAG 23.3.2006 – 2 AZR 162/05, NZA 2007, 30 ff.
[4] BAG 23.3.2006 – 2 AZR 162/05, NZA 2007, 30 ff.
[5] *Windbichler,* Arbeitsrecht im Konzern, 1989, S. 273.

53 In der zweiten Fallgruppe, der Beendigung des Arbeitsverhältnisses (in dessen Rahmen das Betriebsratsamt ausgeübt wird) **in anderer Weise als durch Kündigung,** kommt es entscheidend auf die Verknüpfung der beiden Arbeitsverhältnisse an. § 15 KSchG findet auf eine anderweitige Beendigungsform als die Kündigung keine Anwendung,[1] ein besonderer Schutz etwa gegen das Auslaufen einer Befristung existiert daher nicht. Dies ändert sich nicht dadurch, dass mit dem Auslaufen der Befristung automatisch ein Arbeitsverhältnis mit einer anderen Konzerngesellschaft wieder auflebt. Eine Erstreckung des Sonderkündigungsschutzes auf dieses Arbeitsverhältnis findet nicht statt.

5. Ruhendes Arbeitsverhältnis und aktives Zweitarbeitsverhältnis

54 Der häufigste Fall der vom Arbeitgeber initiierten Tätigkeit eines Arbeitnehmers in einem anderen Unternehmen ist der Abschluss eines Zweitarbeitsverhältnisses bei gleichzeitiger Ruhendstellung des Erstarbeitsverhältnisses für die Dauer des Zweitarbeitsverhältnisses. Hierbei gilt folgender Grundsatz: Soweit ein Arbeitnehmer in mehreren Konzernbetrieben tätig ist, **zählt er zur Belegschaft jedes dieser Betriebe.**[2] Daher zählt der Arbeitnehmer auch zur Belegschaft des Betriebs, in dem das Arbeitsverhältnis ruht, denn nur die Hauptleistungspflichten werden zum Ruhen gebracht. Die Wählbarkeit und Wahlberechtigung bleiben daher auch während der Beschäftigungsverbote des Mutterschutzes, während der Elternzeit[3] und auch während der Ableistung des Zivildienstes und des Wehrdienstes bestehen.[4] Nichts anderes gilt im Fall des vertraglich angeordneten Ruhens des Arbeitsverhältnisses.

55 Für die **Wahlberechtigung nach § 7 BetrVG** und für die Wählbarkeit nach § 8 BetrVG kommt es aber darauf an, ob der Arbeitnehmer weiterhin zur Belegschaft des Betriebs gehört. Entscheidend ist, ob die Unterbrechung nur vorübergehend ist oder nicht. Was unter „vorübergehend" zu verstehen ist, muss nach den Umständen des jeweiligen Einzelfalls beurteilt werden. Dabei ist „vorübergehend" jedoch als weiter Begriff zu verstehen, so dass die Unterbrechung auch mehrere Jahre dauern kann.[5] Die Rückkehr in den Stammbetrieb muss zumindest vorgesehen sein.[6] Ist bereits während des Ruhens des Arbeitsverhältnisses auszuschließen, dass das Betriebsratsmitglied bis zu der schon feststehenden Beendigung des Arbeitsverhältnisses wieder in die betriebliche Organisation eingegliedert wird, so verliert es mit Beginn der vollständigen Freistellung von der Arbeitspflicht die Wählbarkeitsvoraussetzung nach § 8 BetrVG und die Mitgliedschaft erlischt nach § 24 Nr. 4 BetrVG.[7]

6. Ausübung von Arbeitgeberrechten durch Dritte

56 Der Begriff des Arbeitsvertrags bzw. Arbeitsverhältnisses setzt nicht zwingend voraus, dass an ihm nur ein Arbeitgeber beteiligt ist. Der Arbeitnehmer kann vielmehr **zu mehreren Konzernunternehmen in einer Vertragsbeziehung stehen.**[8] Denkbar sind Sachverhalte, in denen auf Arbeitgeberseite zwei oder mehr Parteien stehen und die Vereinbarungen mit dem Arbeitnehmer so voneinander abhängen, dass sie „miteinander stehen und fallen", sog. **„einheitliches Arbeitsverhältnis".**[9] Die weitaus häufiger praktizierte Gestaltungsform ist ein Doppelarbeitsverhältnis in der Form, dass

---

[1] *Fitting,* BetrVG § 78 Rn. 12.
[2] ErfK/*Koch,* BetrVG § 5 Rn. 9.
[3] BAG 25.10.2000 – 7 ABR 18/00, NZA 2001, 461 ff.
[4] BAG 29.3.1974 – 1 ABR 27/73, 1 ABR 27/73, BAGE 26, 107 ff.; MHdB ArbR/*Joost,* § 216 Rn. 58.
[5] BAG 20.4.2005 – 7 ABR 20/04, NZA 2005, 1006 ff.
[6] BAG 11.3.1975 – 1 ABR 77/74, DB 1975, 1753 ff.
[7] *Düwell,* BetrVG, § 24 Rn. 12.
[8] MHdB ArbR/*Richardi,* § 23 Rn. 21.
[9] BAG 27.3.1981 – 7 AZR 523/78, BAGE 37, 1 ff.; *Mayer* in: Fiebig/Gallner, KSchG § 1 Rn. 43.

der Arbeitnehmer aufgrund seines Arbeitsvertrags Tätigkeiten gegenüber einer anderen Konzerngesellschaft zu erbringen hat. Eine weitere Form des Doppelarbeitsverhältnisses liegt vor, wenn das Arbeitsverhältnis zum ursprünglichen Vertragsarbeitgeber rein faktisch außer Kraft gesetzt wird, weil der Arbeitnehmer die aus dem Stammarbeitsverhältnis geschuldete Arbeitsleitung bei einem Dritten erbringt, während dem Dritten die Befugnis zur Ausübung bestimmter Arbeitgeberrechte eingeräumt wird.[1] Im Rahmen der Ausübungsabrede kann einer konzernangehörigen Gesellschaft das Direktionsrecht übertragen werden.[2]

a) Zugehörigkeit zum entsendenden Betrieb

Nach der vom Bundesarbeitsgericht vertretenen **„Zwei-Komponenten-Lehre"** erfordert die Betriebszugehörigkeit einerseits ein Arbeitsverhältnis mit dem Betriebsinhaber, andererseits die tatsächliche Eingliederung des betroffenen Arbeitnehmers in die Betriebsorganisation. 57

Wird der Arbeitnehmer in mehreren Betrieben, zu deren Inhaber er jeweils ein Arbeitsverhältnis unterhält, eingesetzt, so finden sämtliche Regelungen des BetrVG für jeden einzelnen Betrieb auf den Arbeitnehmer Anwendung.[3] 58

Werden Arbeitnehmer in Konzernen auf einer der vorstehenden Grundlagen entsandt, ist der Arbeitnehmer allerdings typischerweise nicht ausschließlich in Betrieben eingesetzt, zu deren Inhaber er in einem Arbeitsverhältnis steht. Durch einen solchen vorübergehenden Einsatz wird die **Betriebszugehörigkeit im Betrieb des Arbeitgebers nicht unterbrochen.** Eine zeitliche Höchstgrenze bzgl. der Dauer der vorübergehenden Entsendung kann angesichts der Vielfalt der möglichen Gestaltungen nicht generell festgelegt werden. Es kommt auf die Umstände des Einzelfalls an. Eine vorübergehende Entsendung soll jedenfalls dann vorliegen, wenn eine konkrete Rückkehrabrede vertraglich festgehalten wurde.[4] 59

Bei einem **wechselseitigen Einsatz in den Betrieben** ist eine klare Zuordnung nicht vorzunehmen. Der Arbeitnehmer kann nicht mehr eindeutig einem bestimmten Betrieb zugeordnet werden. Eine ähnliche Situation liegt bei der betriebsverfassungsrechtlichen Zuordnung von **Außendienstmitarbeitern** und **Leiharbeitnehmern** vor. Außendienstmitarbeiter werden oftmals mithilfe des Begriffs der „Ausstrahlung" dem Betrieb des Stammarbeitgebers zuzuordnen sein.[5] Kann eine Tätigkeit aber keinem bestimmten Betrieb zugeordnet werden, so scheidet die Möglichkeit der Zuordnung mithilfe der „Ausstrahlung" aus. Im Konzern tritt diese Situation bei sog. „Springern" auf, die Sonderaufgaben bei mehreren Unternehmen erledigen. 60

Schwieriger gestaltet sich die Beurteilung der Betriebszugehörigkeit in Fällen, in denen die **„Abordnung" eine Dauerlösung darstellt,** dh der Arbeitnehmer wird auf Dauer und von vornherein für Tätigkeiten außerhalb des Betriebs des Vertragspartners tätig. 61

In beiden Situationen führt die „Zwei-Komponenten-Lehre" nicht zu befriedigenden Ergebnissen, denn sie hätte zur Folge, dass der Arbeitnehmer weder dem Betrieb des Vertragsarbeitgebers (mangels Eingliederung) noch dem Betrieb des Betriebsinhabers (mangels Arbeitsvertrages) zugeordnet werden könnte. In dieser Situation bedarf die „Zwei-Komponenten-Lehre" daher der Modifikation.[6] 62

---

[1] *Windbichler,* Arbeitsrecht im Konzern, 1989, S. 277.
[2] *Rid,* NZA 2011, 1121 ff.
[3] *Lambrich/Schwab,* NZW-RR 2013, 169 (170).
[4] MüKo BGB/*Martiny,* VO (EG) 593/2008 Art. 8 Individualarbeitsverträge Rn. 57.
[5] *Windbichler,* Arbeitsrecht im Konzern, 1989, S. 278.
[6] BAG 5.12.2012 – 7 ABR 48/11, NZA 2013, 793 ff.

63 Bei drittbezogenem Personaleinsatz und aufgespaltener Arbeitgeberstellung sind daher nach der Rechtsprechung des Bundesarbeitsgerichts[1] **differenzierende Lösungen** geboten, die zum einen die jeweiligen ausdrücklich normierten spezialgesetzlichen Konzepte, andererseits auch die Funktion des Arbeitnehmerbegriffs im jeweiligen betriebsverfassungsrechtlichen Zusammenhang angemessen berücksichtigen.

b) Zuordnung zu den Betrieben bei drittbezogenem Personaleinsatz[2]

64 Die wichtigste Orientierungshilfe für die gebotene differenzierende Betrachtung bildet § 14 AÜG. Hiernach bleiben Leiharbeitnehmer **auch während der Zeit ihrer Arbeitsleistung bei einem Entleiher Angehörige des entsendenden Betriebs** des Verleihers. Da auch beim drittbezogenen Personaleinsatz im Konzern die rechtliche Grundlage der Tätigkeit in der Beziehung zum Vertragsarbeitgeber liegt, liegt es nahe, diese Regelung entsprechend anzuwenden.[3]

65 § 14 AÜG beantwortet die Zuordnungsfrage allerdings nicht abschließend. Denn der Wortlaut des § 14 AÜG schließt nicht aus, dass Leiharbeitnehmer während ihres Fremdfirmeneinsatzes auch dem Entleiherbetrieb angehören. Der Gesetzgeber ging bei der Schaffung der Bestimmung von einer doppelten Betriebszugehörigkeit aus.[4] Nach der Rechtsprechung des Bundesarbeitsgerichts darf die Aufspaltung der Arbeitgeberfunktion nicht die Schutzfunktion der Betriebsverfassung außer Kraft setzen. Dementsprechend kommt auch beim Einsatz von Leiharbeitnehmern die **Zuständigkeit des Betriebsrats im Entleiherbetrieb** in Betracht. Dies gilt gleichermaßen für andere Formen des drittbezogenen Personaleinsatzes.[5] Arbeitnehmer sind schon dann in den Schutzbereich des BetrVG einzubeziehen, wenn sie dem Direktionsrecht des Arbeitgebers unterliegen.[6] In Fällen des drittbezogenen Personaleinsatzes kommt es daher regelmäßig zu einer doppelten Betriebszugehörigkeit.

66 Die Kompetenzverteilung zwischen den beteiligten Betriebsräten richtet sich sodann nach dem **Zweck des jeweiligen Beteiligungsrechts.** Soweit die Wahrnehmung von Rechten durch den Betriebsrat das Bestehen eines Arbeitsverhältnisses voraussetzt oder die Kontrolle des Direktionsrechts des Vertragsarbeitgebers betrifft, fehlt dem Betriebsrat im Einsatzbetrieb die Verhandlungskompetenz. Bei der Ausübung von durch den Vertragsarbeitgeber übertragenen Direktionsrechten muss demgegenüber im Grundsatz der Betriebsrat des Beschäftigungsbetriebs zuständig sein. Dabei handelt es sich nicht um eine partielle Betriebszugehörigkeit, denn die Zugehörigkeit zu einem Betrieb ist nicht teilbar.[7] Eingeschränkt werden können nur die sich aus der Betriebszugehörigkeit ergebenden Rechte und Pflichten.

67–70 **Aktiv wahlberechtigt** im Entleiherbetrieb sind nach § 7 S. 2 BetrVG Arbeitnehmer, die länger als drei Monate im Betrieb eingesetzt werden. Maßgebend für die Dreimonatsfrist ist die geplante Überlassungsdauer beim Einsatz von Leiharbeitnehmern[8] bzw. Einsatzdauer bei sonstigem drittbezogenen Personaleinsatz.

---

[1] BAG 5.12.2012 – 7 ABR 48/11, NZA 2013, 793 (795).
[2] Instruktiv zu den Kompetenzen der einzelnen Betriebsräte *Lambrich/Schwab*, NZA-RR 2013, 169 ff.
[3] So auch *Windbichler*, Arbeitsrecht im Konzern, 1989, S. 278.
[4] In der Gesetzesbegründung zu § 14 AÜG heißt es, „Die allgemeine Schutzfunktion des Betriebsverfassungsrechts gebietet diese doppelte Zuordnung der Leiharbeitnehmer", BT-Drs. 9/847, S. 8.
[5] Vgl. hierzu *Lambrich/Schwab*, NZA-RR 2013, 169 (172).
[6] BAG 27.7.1993 – 1 ABR 7/93, NZA 1994, 92 ff.
[7] *Hamann*, NZA 2003, 526 ff.
[8] ErfK/*Koch*, BetrVG § 7 Rn. 6; Hümmerich/Boecken/Düwell/*Böhm*, AÜG § 14 Rn. 9.

7. Außervertragliche Überschreitung der Unternehmensgrenzen

Neben der vertraglichen Grundlage für die Überschreitung der Unternehmensgrenze eines Arbeitnehmers gibt es auch Fälle, in denen ohne vertragliche Grundlage die Bindung des Vertragsarbeitgebers an andere Unternehmen unmittelbar auf das Arbeitsverhältnis einwirkt.[1] In diesen Fällen können sich Ansprüche aufgrund von Vertrauensgesichtspunkten ergeben. Zudem ist es möglich, dass das gesamte Arbeitsverhältnis auf den anderen Arbeitgeber verlagert wird. Hier sind, wie oben dargestellt, die **Grundsätze zum einheitlichen Arbeitsverhältnis** innerhalb eines Konzerns anzuwenden. Danach könnte sich eines solches Vertrauen des Arbeitnehmers bspw. aufgrund einer formlosen Zusage oder einer Selbstbindung durch das Verhaltens des Arbeitgebers ergeben.[2]

71

8. Anrechnungsfragen

Für die Wählbarkeit eines Arbeitnehmers zum Betriebsrat ist nach § 8 Abs. 1 S. 2 BetrVG zusätzlich zur Betriebszugehörigkeit entscheidend, dass er im Zeitpunkt der Wahl mindestens sechs Monate dem Betrieb angehört. Auf diese Dauer der Betriebszugehörigkeit werden **Zeiten einer unmittelbar vorhergehenden Tätigkeit** als Arbeitnehmer in einem anderen Betrieb des Unternehmens oder des Konzerns angerechnet. Damit soll dem Umstand Rechnung getragen werden, dass Arbeitnehmer in nicht seltenen Fällen innerhalb des Unternehmens und auch zwischen Konzernunternehmen die Betriebszugehörigkeit wechseln.[3]

72

Die Anrechnung der Beschäftigungszeit nach § 8 Abs. 1 S. 2 BetrVG verhindert, dass die Kandidatur unliebsamer Wahlbewerber durch Versetzung unterlaufen werden kann. Unmittelbar und damit anrechenbar ist die vorausgehende Beschäftigungszeit, wenn das Arbeitsverhältnis zum Unternehmen/Konzernunternehmen **ununterbrochen fortbesteht** oder zwar unterbrochen ist, aber ein **enger zeitlicher und innerer Zusammenhang** zur vorausgehenden Betriebszugehörigkeit besteht.[4]

73

Unmittelbarkeit liegt nicht vor, wenn der Arbeitnehmer zwischenzeitlich ein neues Arbeitsverhältnis zu einem anderen Arbeitgeber begründet hat oder längere Zeit arbeitslos war.[5]

74

IV. Konzernbetriebsrat

Der Konzernbetriebsrat ist eine **eigenständige betriebsverfassungsrechtliche Institution** und hat an verschiedenen Stellen im BetrVG Einzug gehalten.[6] Die wesentlichen Regelungen zum Konzernbetriebsrat finden sich in einem eigenen Abschnitt des BetrVG, §§ 54 bis 59a BetrVG. Daneben wird der Konzern an verschiedenen Stellen im BetrVG erwähnt, so beispielsweise in §§ 8 Abs. 1 S. 2, 87 Abs. 1 Nr. 8, 88 Nr. 2, 112 Abs. 5 S. 2 Nr. 2 und 112a Abs. 2 S. 2 BetrVG.

75

Ausschlaggebend für die gesetzliche Verankerung des Konzernbetriebsrats war, dass wichtige Entscheidungen in einem Konzern außerhalb des Unternehmens von der Konzernspitze getroffen werden. Die Institution des Gesamtbetriebsrates ist hierfür

76

---

[1] *Windbichler*, Arbeitsrecht im Konzern, 1989, S. 283.
[2] BAG 14.10.1982 – 2 AZR 568/80, BAGE 41, 72 ff.
[3] Richardi/*Thüsing*, BetrVG § 8 Rn. 32.
[4] GK-BetrVG/*Kreutz*, § 8 Rn. 44.
[5] Düwell/*Brors*, BetrVG § 8 Rn. 5; *Fitting*, BetrVG § 8 Rn. 49.
[6] *Schwab* in: Groby/Panzer, StichwortKommentar Arbeitsrecht, § 98 Rn. 1; Richardi/*Annuß*, BetrVG Vor § 54 Rn. 1.

aber ungeeignet, da ein Gesamtbetriebsrat nicht für mehrere Unternehmen errichtet werden kann, auch wenn die Unternehmen unter einer einheitlichen Leitung zusammengefasst sind. Hierfür soll als Arbeitnehmervertretung aller im Konzern beschäftigten Arbeitnehmer ein Konzernbetriebsrat gebildet werden können.[1]

1. Grundstruktur der gesetzlichen Regelung

a) Konzernbetriebsrat als Organ der Betriebsverfassung

77 Die Errichtung eines Konzernbetriebsrats ist nicht obligatorisch festgeschrieben, sondern die Bildung wird einer **qualifizierten Mehrheit des Gesamtbetriebsrats der Konzernmutter** überlassen, § 54 BetrVG. Die Bildung des Konzernbetriebsrats wurde durch das BetrVG-Reformgesetz 2001 insofern erleichtert, als dass die Gesamtbetriebsräte, welche die Errichtung des Konzernbetriebsrats beschließen, nicht mehr über 75 Prozent, sondern nur noch mehr als 50 Prozent der in den Konzernunternehmen beschäftigten Arbeitnehmer repräsentieren müssen (§ 54 Abs. 1 S. 2 BetrVG). Die Regelung ist zwingend und kann nicht durch Tarifvertrag oder Betriebsvereinbarung abbedungen werden.[2]

78 § 54 Abs. 2 BetrVG regelt den Sonderfall des Konzernunternehmens mit nur einem Betriebsrat. Danach nimmt dieser Betriebsrat die Aufgaben eines Gesamtbetriebsrats nach den für den Konzernbetriebsrat geltenden Vorschriften wahr, wenn in einem Konzernunternehmen nur ein Betriebsrat besteht.[3]

79 Der Konzernbetriebsrat ist ein **selbstständiges Organ der Betriebsverfassung** und ist weder dem Gesamtbetriebsrat oder einem Einzelbetriebsrat der jeweiligen Konzernunternehmen übergeordnet, noch deren Weisung unterworfen. Im Rahmen der Zuständigkeit nach § 58 Abs. 1 BetrVG hat er dieselben Rechte und Pflichten wie ein Betriebsrat.[4] Handlungsformen und Arten der Mitwirkung richten sich nach den allgemeinen Regeln der Betriebsverfassung.[5]

b) Konzernwirtschaftsausschuss

80 Eine gesetzliche Regelung zum Konzernwirtschaftsausschuss existiert nicht. Das Gesetz sieht lediglich einen Wirtschaftsausschuss auf Unternehmensebene vor, nicht aber für einen oder mehrere Betriebe. Der Wortlaut des § 106 BetrVG ist insoweit eindeutig. Die weiteren Bestimmungen zum Wirtschaftsausschuss regeln ausnahmslos das Verhältnis zwischen dem Betriebsrat bzw. Gesamtbetriebsrat und dem Unternehmen bzw. Unternehmer, beispielsweise §§ 107 Abs. 2, 3, 108 Abs. 2, 4, 5, 6, 109 BetrVG. Das Verhältnis zwischen Konzernbetriebsrat und Konzern bzw. Konzernleitung wird an keiner Stelle erwähnt, obwohl die Möglichkeit, einen Konzernbetriebsrat zu bilden, zeitgleich mit den §§ 54 bis 59 BetrVG eingeführt worden ist.[6]

81 Da die wirtschaftlichen Angelegenheiten des Unternehmens, die in die Zuständigkeit eines Wirtschaftsausschusses fallen, bei einem Konzern aber maßgeblich von der Konzernleitung wahrgenommen werden, besteht insoweit eine Lücke im Gesetz.[7] Da diese Lücke allerdings nach Ansicht des BAG keine planwidrige ist, gelangt das Gericht zu dem Ergebnis, dass der **Konzernbetriebsrat keinen Wirtschaftsausschuss er-**

---

[1] BAG 21.10.1980 – 6 ABR 41/78, BAGE 34, 230 ff.
[2] *Fitting*, BetrVG § 54 Rn. 6.
[3] *Schwab*, NZA-RR 2007, 337 ff.
[4] BAG 20.12.1995 – 7 ABR 8/95, NZA 1996, 945 ff.
[5] *Windbichler*, Arbeitsrecht im Konzern, 1989, S. 301.
[6] BAG 23.8.1989 – 7 ABR 39/88, NZA 1990, 863 ff.
[7] *Richardi/Annuß*, BetrVG § 106 Rn. 9.

richten kann.[1] Auch im Rahmen des BetrVG-Reformgesetzes 2001 wurde die Einführung eines neuen § 109a BetrVG für den Konzernwirtschaftsausschuss abgelehnt bzw. nicht umgesetzt.[2] Es besteht allerdings die Möglichkeit, einen Konzernbetriebsausschuss und weitere Ausschüsse zu bilden und ihnen Aufgaben eines Wirtschaftsausschusses zu übertragen.[3]

Darüber hinaus fallen in den Zuständigkeitsbereich des Konzernbetriebsrats – im Gegensatz zum Betriebsrat – ohnehin größtenteils wirtschaftliche Angelegenheiten. Aufgrund dessen müssen die Mitglieder des Konzernbetriebsrats notwendigerweise selbst in der Lage sein, wirtschaftliche Daten richtig zu bewerten.[4]   **82**

c) Konzernbelegschaft

Für eine gemeinsame Repräsentanz der Arbeitnehmer eines Konzerns bedarf es der Zusammenfassung der Belegschaft der einzelnen Konzernunternehmen zu einer Konzernbelegschaft. Unter einer Belegschaft versteht man zunächst eine rein tatsächliche Gemeinschaft, die auf der **räumlichen und organisatorischen Gemeinsamkeit der arbeitstechnischen Zweckverfolgung** aufbaut.[5] Problematisch innerhalb des Konzerns ist schon, dass die Belegschaften der einzelnen Konzernunternehmen keinen gemeinsamen Arbeitgeber haben. Aus diesem Grund ist der zentrale Begriff und Anknüpfungspunkt des BetrVG der des Betriebs. Nur in den Betrieben finden die Betriebsratswahlen statt. Die Mitglieder des Gesamtbetriebsrates und des Konzernbetriebsrates hingegen werden entsandt und nicht gewählt, §§ 47 Abs. 2 S. 1, 55 Abs. 1 S. 1 BetrVG.   **83**

Dieses abgestufte Verhältnis ist zudem daran zu erkennen, dass die Einrichtung eines Gesamtbetriebsrats gesetzlich vorgeschrieben ist, die des Konzernbetriebsrats allerdings nur fakultativ möglich ist und der Entscheidung der Gesamtbetriebsräte obliegt, § 54 Abs. 1 S. 2 BetrVG.   **84**

d) Konzern-Jugend- und Auszubildendenvertretung

Nach § 73a BetrVG besteht auch im Konzern nach § 18 Abs. 1 AktG (Unterordnungskonzern) die Möglichkeit, eine Jugend- und Auszubildendenvertretung zu errichten, welche sich speziell der Belange der Auszubildenden und der jugendlichen Arbeitnehmer des Konzerns annimmt. Diese Regelung wurde durch das Reformgesetz 2001 neu eingefügt.[6] Die Errichtung einer Konzern-Jugend- und Auszubildendenvertretung liegt dann nahe, wenn ein Konzernbetriebsrat besteht und in dem Konzern eine Vielzahl von jugendlichen Arbeitnehmern und Auszubildenden beschäftigt wird.   **85**

Die Bildung einer Konzern-Jugend- und Auszubildendenvertretung ist jedoch nur dann möglich, wenn mindestens **zwei Gesamt-Jugend- und Auszubildendenvertretungen existieren** und die über die Errichtung beschließenden Vertretungen zusammen wenigstens 75 % der in § 60 Abs. 1 BetrVG benannten Arbeitnehmer repräsentieren, vgl. § 73a Abs. 1 S. 1 und 2 BetrVG. Besteht in einem Konzern nur ein betriebsratsfähiger Betrieb, so dass also keine Gesamt-Jugend- und Auszubildendenvertretung gebildet werden kann, tritt an die Stelle der Gesamt-Jugend- und Auszubildendenvertretung nach § 73a Abs. 1 S. 3 BetrVG die Jugend-Auszubildendenvertretung dieses Betriebs.   **86**

---

[1] BAG 23.8.1989 – 7 ABR 39/88, NZA 1990, 863 ff.
[2] Richardi/Annuß, BetrVG § 106 Rn. 9.
[3] Fitting, BetrVG § 106 Rn. 4.
[4] BAG 23.8.1989 – 7 ABR 39/88, NZA 1990, 863 ff.
[5] Windbichler, Arbeitsrecht im Konzern, 1989, S. 302.
[6] Düwell/Kloppenburg, BetrVG § 73a Rn. 1.

87 Hinsichtlich der **Rechtsstellung** der Konzern-Jugend- und Auszubildendenvertretung ist eine Abgrenzung zur Gesamt-Jugend- und Auszubildendenvertretung und zum Konzernbetriebsrat vorzunehmen. Die Konzern-Jugend- und Auszubildendenvertretung steht neben den Gesamt-Jugend- und Auszubildendenvertretungen. Es besteht weder ein Unter- noch Überordnungsverhältnis.[1] Die Konzern-Jugend- und Auszubildendenvertretung ist allerdings kein neben dem Konzernbetriebsrat bestehendes selbstständiges betriebsverfassungsrechtliches Organ mit eigenen Vertretungsrechten gegenüber dem Arbeitgeber; ihr stehen **weder eigene Mitwirkungs- noch Mitbestimmungsrechte** zu. Demnach kann sie die ihr übertragene Interessensvertretung auf Konzernebene ausschließlich durch und über den Konzernbetriebsrat erfüllen.[2] Zwar setzt die Errichtung nicht das Bestehen eines Konzernbetriebsrats voraus, doch wäre die Konzern-Jugend- und Auszubildendenvertretung in diesem Falle funktions- und bedeutungslos, da sie ohne einen Konzernbetriebsrat schlichtweg keine Möglichkeit der Einflussnahme hat.[3]

e) Konzernschwerbehindertenvertretung

88 Besteht ein Konzernbetriebsrat, so wählen die Gesamtschwerbehindertenvertretungen eine Konzernschwerbehindertenvertretung, § 97 Abs. 2 SGB IX. Die **Wahl der Konzernschwerbehindertenvertretung ist obligatorisch,** sobald ein Konzernbetriebsrat errichtet wurde (§ 97 Abs. 2 S. 1 SGB IX). Die Konzernschwerbehindertenvertretungen sind nicht den auf Unternehmensebene gebildeten Gesamtschwerbehindertenvertretungen oder den auf Betriebsebene gewählten Schwerbehindertenvertretungen übergeordnet.[4]

89 Hinsichtlich der Zuständigkeit der Schwerbehindertenvertretungen gilt der Grundsatz, dass die jeweilige Schwerbehindertenvertretung nur auf ihrer Ebene für die Angelegenheiten, die nur auf dieser Ebene geregelt werden können, tätig werden darf.[5] Nach § 59a BetrVG kann die Konzernschwerbehindertenvertretung an allen Sitzungen des Konzernbetriebsrats beratend ohne Stimmrecht teilnehmen.

2. Errichtung und Geschäftsführung des Konzernbetriebsrats

a) Errichtung

90 Die Möglichkeit der Errichtung eines Konzernbetriebsrats ist an verschiedene Voraussetzungen geknüpft. Ein Konzernbetriebsrat kann **nur für einen Konzern iSd § 18 Abs. 1 AktG** (sog. „Unterordnungskonzern") errichtet werden.

91 Daneben ist es erforderlich, dass in dem Konzern mehrere, **mindestens zwei Gesamtbetriebsräte** bestehen, da nach § 54 Abs. 1 S. 2 BetrVG ein Konzernbetriebsrat nur durch Beschlüsse der einzelnen Gesamtbetriebsräte errichtet werden kann.[6] Besteht allerdings in einem Konzernunternehmen nur ein Betriebsrat, so nimmt dieser nach § 54 Abs. 1 BetrVG die Aufgaben eines Gesamtbetriebsrats wahr.

92 Errichtet ist der Konzernbetriebsrat, sobald die Gesamtbetriebsräte der Konzernunternehmen, in denen insgesamt mehr als **50 % aller Arbeitnehmer der Konzernunternehmen** beschäftigt sind, sich dafür ausgesprochen haben, § 54 Abs. 1 S. 2 BetrVG. Für die Anzahl der Beschäftigten in den Konzernunternehmen ist entschei-

---

[1] DKKW/*Trittin*, BetrVG § 73a Rn. 3.
[2] *Fitting*, BetrVG § 73a Rn. 7.
[3] Richardi/*Annuß*, BetrVG § 73a Rn. 7.
[4] Dau/Düwell/Gonssen/*Düwell*, SGB IX § 97 Rn. 48.
[5] *Däubler*, Arbeitsrecht, SGB IX § 93 Rn. 1; Dau/Düwell/Gonssen/*Düwell*, SGB IX § 97 Rn. 48.
[6] BAG 13.10.2004 – 7 ABR 56/03, NZA 2005, 647 ff.; aA ErfK/*Koch*, BetrVG § 54 Rn. 6.

dend, wie viele Arbeitnehmer zur Zeit des Beschlusses in den Unternehmen beschäftigt sind. Hierzu zählen alle Arbeitnehmer, egal ob es sich um ständig oder nicht ständig Beschäftigte, um wahlberechtigte oder nicht wahlberechtigte Arbeitnehmer handelt. Allerdings zählen auch im Rahmen des § 54 Abs. 1 S. 2 BetrVG Personen, die unter § 5 Abs. 2 BetrVG fallen oder zu den leitenden Angestellten nach § 5 Abs. 3 BetrVG gehören, nicht mit.[1]

Jeder Gesamtbetriebsrat bzw. Betriebsrat hat selbstständig einen **Beschluss über die Errichtung eines Konzernbetriebsrats** zu fassen. Für die Beschlussfassung ist § 51 Abs. 3 BetrVG einschlägig. 93

Sobald die Gesamtbetriebsräte bzw. die funktionell zuständigen Betriebsräte der Konzernunternehmen der Errichtung eines Konzernbetriebsrats zugestimmt haben, ist der Konzernbetriebsrat errichtet, auch wenn damit noch nicht feststeht, wer Mitglied des Konzernbetriebsrats ist.[2] 94

b) Größe und Zusammensetzung

Die Mitgliederzahl und die Bestellung von Ersatzmitgliedern regelt § 55 Abs. 1, 2 BetrVG. Danach entsendet der **Gesamtbetriebsrat** jedes Konzernunternehmens **zwei seiner Mitglieder** in den Konzernbetriebsrat, § 55 Abs. 1 S. 1 BetrVG. Dadurch wird die Größe des Konzernbetriebsrats festgelegt. Um die Kontinuität des Konzernbetriebsrats zu gewährleisten, wird zugleich bestimmt, dass der Gesamtbetriebsrat für jedes Mitglied des Konzernbetriebsrats mindestens ein Ersatzmitglied zu bestellen und die Reihenfolge des Nachrückens festzulegen hat, § 55 Abs. 2 BetrVG. 95

Die Größe des Konzernbetriebsrats **kann durch Tarifvertrag oder Betriebsvereinbarung abweichend geregelt werden,** § 55 Abs. 4 BetrVG. Die abweichende Regelung darf sich jedoch nicht auf die Zusammensetzung beziehen. Das Gesetz verhält sich nicht dazu, mit wem der Tarifvertrag abgeschlossen werden muss. Die hM in der Literatur hält es für ausreichend, wenn der Tarifvertrag entweder mit dem herrschenden Unternehmen[3] oder mit dem Arbeitgeberverband, dem das herrschende Unternehmen angehört, geschlossen wird.[4] Denn der Konzern selbst ist nicht rechtsfähig. Zudem genügt es nach der hM in der Literatur, wenn das herrschende Unternehmen tarifzuständig ist oder, da zumeist bei der Regelung der Tarifzuständigkeit auf die Betriebe abgestellt wird, überwiegend tarifzuständig ist.[5] Auch im Falle einer Abweichung durch Betriebsvereinbarung geht die hM in der Literatur davon aus, dass der Konzernbetriebsrat die Betriebsvereinbarung mit dem herrschenden Unternehmen abschließt.[6] 96

Gehören dem Konzernbetriebsrat **mehr als vierzig Mitglieder** an und besteht keine tarifvertragliche Einigung über die Größe des Konzernbetriebsrats, müssen Arbeitgeber und Konzernbetriebsrat eine **Betriebsvereinbarung über die Größe** des Konzernbetriebsrats abschließen; einigen sie sich nicht, entscheidet die Einigungsstelle, vgl. § 55 Abs. 4 S. 2 iVm § 47 Abs. 5 u. 6 BetrVG. 97

c) Stimmengewichtung

Das Stimmengewicht der Mitglieder des Konzernbetriebsrats richtet sich nach der **Anzahl der Arbeitnehmer, die von ihm repräsentiert werden,** nicht nach der 98

---

[1] Richardi/*Annuß*, BetrVG § 54 Rn. 39; *Fitting*, BetrVG § 54 Rn. 46.
[2] MHdB ArbR/*Joost*, § 227 Rn. 37.
[3] Richardi/*Annuß*, BetrVG § 55 Rn. 16; *Fitting*, BetrVG § 55 Rn. 20.
[4] *Löwisch/Rieble*, TVG § 1 Rn. 406.
[5] Richardi/*Annuß*, BetrVG § 55 Rn. 17; *Fitting*, BetrVG § 55 Rn. 3.
[6] ErfK/*Koch*, BetrVG § 55 Rn. 1.

Mitgliederzahl im Gesamtbetriebsrat, von dem die Mitglieder des Konzernbetriebsrats entsandt wurden. Arbeitnehmer, die mehreren Unternehmen eines Konzerns angehören, zählen dadurch mehrfach.[1] § 55 Abs. 3 BetrVG sieht vor, dass jedem Mitglied des Konzernbetriebsrats die Stimmen der Mitglieder des entsendenden Gesamtbetriebsrats je zur Hälfte zustehen.

99 Hat anstelle des Gesamtbetriebsrats der **Betriebsrat** nach § 54 Abs. 2 BetrVG die **funktionale Zuständigkeit** für die Errichtung des Konzernbetriebsrats inne, so scheidet eine analoge Anwendung des § 55 Abs. 3 BetrVG aus. In diesem Fall richtet sich das Stimmengewicht nach § 47 Abs. 7 BetrVG.[2] Danach hat das entsandte Mitglied grundsätzlich so viele Stimmen wie – bezogen auf den ihn entsendenden Betrieb – wahlberechtigte Arbeitnehmer auf der Wahlliste eingetragen waren. Wird durch den Betriebsrat nur ein Mitglied entsandt, stehen diesem so viele Stimmen zu wie es in dem Betrieb wahlberechtigte Arbeitnehmer gibt.[3]

100 Im Rahmen der Stimmabgabe sind die Mitglieder des Konzernbetriebsrats frei und nicht an Aufträge oder Weisungen des entsendenden Gesamtbetriebsrats bzw. Betriebsrats gebunden.[4] Einfluss hat der entsendende Gesamtbetriebsrat bzw. Betriebsrat dahingehend, dass er seine Beschlüsse ignorierende Mitglieder jederzeit aus dem Konzernbetriebsrat abberufen und durch ein anderes Mitglied ersetzen kann.[5]

101 Auch das Stimmengewicht kann durch Tarifvertrag oder Betriebsvereinbarung nach § 55 Abs. 4 S. 2 iVm § 47 Abs. 9 BetrVG abgeändert werden.

d) Geschäftsführung

102 § 59 BetrVG regelt die innere Organisation und Geschäftsführung des Konzernbetriebsrats. Der Vorsitzende des Konzernbetriebsrats und dessen Stellvertreter werden aus seiner Mitte gewählt. Die Wahl des Vorsitzenden und dessen Stellvertreter erfolgt in der konstituierenden Sitzung des Konzernbetriebsrats, § 59 Abs. 2 BetrVG. Die **Amtszeiten** des Vorsitzenden und dessen Stellvertreter sind **zunächst unbeschränkt,** da auch der Konzernbetriebsrat keine feste Amtszeit hat. Die Mitgliedschaft des Vorsitzenden und des Stellvertreters endet grundsätzlich nur durch Erlöschen der Mitgliedschaft im Konzernbetriebsrat – wie bei jedem Mitglied des Konzernbetriebsrats – nach § 57 BetrVG. Darüber hinaus endet die Mitgliedschaft notwendigerweise bei Wegfall des Konzerns.[6]

103 Für die Geschäftsführung und innere Ordnung des Konzernbetriebsrats sind nach § 59 Abs. 1 BetrVG eine Reihe von weiteren Vorschriften, die für die Geschäftsführung des Betriebsrats gelten, entsprechend anwendbar. Sonstige Bestimmungen über die Geschäftsführung sollen in einer schriftlichen Geschäftsordnung getroffen werden, die der Konzernbetriebsrat mit der Mehrheit der Stimmen seiner Mitglieder beschließt, § 59 Abs. 1 iVm § 39 BetrVG.

---

[1] *Windbichler,* Arbeitsrecht im Konzern, 1989, S. 269.
[2] Richardi/*Annuß,* BetrVG § 55 Rn. 24; *Fitting,* BetrVG § 55 Rn. 16.
[3] ErfK/*Koch,* BetrVG § 55 Rn. 1.
[4] DKKW/*Trittin,* BetrVG § 55 Rn. 16; *Fitting,* BetrVG § 55 Rn. 18.
[5] *Bodem* in: Hümmerich, Arbeitsrecht, BetrVG § 55 Rn. 4.
[6] *Küttner,* Personalbuch 2012, Konzernbetriebsrat Rn. 12.

B. Zuständigkeiten

I. Originäre Zuständigkeit des Konzernbetriebsrats

1. Sachliche Zuständigkeit

Gemäß § 58 Abs. 1 S. 1 BetrVG ist der Konzernbetriebsrat zwingend[1] zuständig, **104** wenn Angelegenheiten des Konzerns oder mehrerer Konzernunternehmen betroffen sind[2] – und diese nicht durch die einzelnen Gesamtbetriebsräte innerhalb ihrer Unternehmen geregelt werden können. Aufgrund des **Grundsatzes der Zuständigkeitstrennung** wird die originäre Zuständigkeit des Konzernbetriebsrats nach denselben Kriterien bestimmt wie bei der Zuständigkeit des Gesamtbetriebsrats.[3] Trotz dieser gesetzlichen Regelung und der Parallelität ist die Bestimmung der Zuständigkeit des Konzernbetriebsrats für die Rechtspraxis heute noch mit Risiken verbunden.[4] Die Wahl des falschen Verhandlungspartners dürfte sich in aller Regel sehr kostenintensiv für den Arbeitgeber auswirken, da sie zur Unwirksamkeit der getroffenen Vereinbarungen führt. Diese Rechtsunsicherheit folgt ausschließlich aus der zweiten Voraussetzung, dem **„Nichtregelnkönnen"**. Während die erste Voraussetzung bereits dann erfüllt ist, wenn eine Angelegenheit zwei Unternehmen eines Konzerns betrifft,[5] handelt es sich bei dem maßgeblichen Kriterium des „Nichtregelnkönnens"[6] um einen unbestimmten Rechtsbegriff. Dieser wird vom BAG aus Sicht der Praxis geradezu konzernfeindlich so definiert, dass ein **zwingendes Erfordernis** für eine konzerneinheitliche oder unternehmensübergreifende Regelung bestehen muss.[7] Verlässliche Vorhersagen, wann ein solches vorliegt, sind weiterhin schwierig,[8] weshalb es dazu kommen kann, dass ein LAG eine umfangreiche Beweisaufnahme für nötig erachtet,[9] während das BAG[10] den gleichen Fall aus anderen Gründen mit ganz wenigen Sätzen der originären Zuständigkeit zuordnet. Denn auch diese unbestimmte Definition bringt trotz diverser Entscheidungen bisher nur schwach umrissene Fallgruppen zu Tage.[11] Negativ abgrenzend besteht allgemeine Einigkeit, dass reine Praktikabilitätserwägungen sowie das Koordinierungsinteresse des Arbeitgebers oder sein Wunsch nach

---

[1] Richardi/*Annuß*, BetrVG § 58 Rn. 11; *Fitting*, BetrVG § 58 Rn. 2, 13; GK-BetrVG/*Kreutz/Franzen*, § 58 Rn. 4.
[2] *Fitting*, BetrVG § 58 Rn. 9; DKKW/*Trittin*, BetrVG § 58 Rn. 7; GK-BetrVG/*Kreutz/Franzen*, § 58 Rn. 17; Richardi/*Annuß*, BetrVG § 58 Rn. 5.
[3] Begründung des RegE, BT-Drs. VI/1786, S. 44; BAG 20.12.1995 – 7 ABR 8/95, NZA 1996, 945 ff.; *Fitting*, BetrVG § 58 Rn. 9, 10; DKKW/*Trittin*, BetrVG § 58 Rn. 8, 25; GK-BetrVG/*Kreutz/Franzen*, § 58 Rn. 2, 7, 17, 25; Richardi/*Annuß*, BetrVG § 58 Rn. 1, 5.
[4] Für den Gesamtbetriebsrat *Lunk*, NZA 2013, 233 (233).
[5] *Fitting*, BetrVG § 58 Rn. 10 iVm § 50 Rn. 18; DKKW/*Trittin*, BetrVG § 58 Rn. 20; GK-BetrVG/*Kreutz/Franzen*, § 58 Rn. 6, 18.
[6] *Fitting*, BetrVG § 58 Rn. 11; DKKW/*Trittin*, BetrVG § 58 Rn. 21; GK-BetrVG/*Kreutz/Franzen*, § 58 Rn. 21 ff.; *Schwab*, NZA-RR 2007, 337 (340).
[7] BAG 20.12.1995 – 7 ABR 8/95, NZA 1996, 945 ff.; BAG 18.10.1994 – 1 ABR 17/94, NZA 1995, 390 ff.; BAG 14.12.1999 – 1 ABR 27/98, AP BetrVG 1972 § 87 Lohngestaltung Nr. 104; BAG 11.12.2001 – 1 AZR 193/01, NZA 2002, 688 ff.; 3.5.2006 – 1 ABR 15/05, AP BetrVG 1972 § 50 Lohngestaltung Nr. 19; Richardi/*Annuß*, BetrVG § 58 Rn. 7 f.; DKKW/*Trittin*, BetrVG § 58 Rn. 24; *Fitting*, BetrVG § 58 Rn. 11; GK-BetrVG/*Kreutz/Franzen*, § 58 Rn. 25.
[8] *Fitting*, BetrVG § 58 Rn. 10 iVm § 50 Rn. 22; Richardi/*Annuß*, BetrVG § 58 Rn. 8.
[9] LAG Niedersachsen 24.5.2011 – 1 TaBV 55/09, BeckRS, 73718.
[10] BAG 25.9.2012 – 1 ABR 45/11, NZA 2013, 275 ff.
[11] Für den Gesamtbetriebsrat *Lunk*, NZA 2013, 233 (234); GK-BetrVG/*Kreutz/Franzen*, § 50 Rn. 2.

einer konzernweiten Regelung nicht ausreichen[1] und strenge Maßstäbe an das Kriterium des „Nichtregelnkönnens" anzulegen sind.[2] Letzteres ergibt sich aus dem **Subsidiaritätsprinzip,** wonach der Konzernbetriebsrat im Gegensatz zum Einzel- und auch zum Gesamtbetriebsrat nur in wenigen Ausnahmefällen zuständig sein soll,[3] weil allein der örtliche Betriebsrat durch eine Wahl demokratisch legitimiert ist.

105 Folgende zwei Fallgruppen sind von der Rechtsprechung und Literatur entwickelt worden: **objektive** und **subjektive Unmöglichkeit** der Regelung einer Materie durch den örtlichen oder gesamten Betriebsrat.[4] Erstere begründet zwar nicht notwendigerweise die Zuständigkeit des Konzernbetriebsrats,[5] letztere indes immer.[6]

106 Eine Materie ist den Gesamtbetriebsräten dann objektiv unmöglich zu regeln, wenn „eine Maßnahme inhaltlich sich ausschließlich auf den Konzern bezieht und sich nicht einzeln unterteilen lässt".[7] Das kann sich insbesondere aus technischen oder rechtlichen Gründen ergeben.[8] Doch auch diese vermögen nicht dem unbestimmten Rechtsbegriff des Nichtregelnkönnens Kontur zu verleihen, da sie ihrerseits wieder unbestimmte Rechtsbegriffe sind.[9] Dies veranschaulicht das Beispiel der **Einführung eines SAP-Systems:** Maßgeblich war im entschiedenen Fall allein die technische Notwendigkeit einer konzernweiten Regelung. Das LAG Niedersachsens[10] verneinte diese, da es technisch möglich sei, SAP-Systeme in jedem Unternehmen nach spezifischer Anpassung separat einzuführen. Auch wenn die Systeme miteinander unternehmensübergreifend verknüpft seien, folge nicht automatisch die Zuständigkeit des Konzernbetriebsrats für die Gestaltung dieser Systeme. Das BAG[11] hingegen knüpfte an das Überwachungsrecht des SAP-Systems im Ein-Mandanten-Modell an. Dieses Recht sprach es richtigerweise dem Konzernbetriebsrat zu, vorausgesetzt, dass das Personal verwaltende Konzernunternehmen sich mit Arbeitnehmerdaten mindestens eines anderen Konzernunternehmens befasse. Nur der Konzernbetriebsrat, insbesondere bei Vorhandensein von Betrieben ohne Betriebsrat, könne die Überwachung eines solchen konzernweiten Systems zum Schutze aller Arbeitnehmer gewährleisten. Der technische Zwang zur Einheitlichkeit ergebe sich vor allem aus dem Umstand, dass die verarbei-

---

[1] BAG 26.1.1993 – 1 AZR 303/92, NZA 1993, 714 ff.; BAG 20.12.1995 – 7 ABR 8/95, NZA 1996, 945 ff.; BAG 8.6.2004 – 1 ABR 4/03, AP BetrVG 1972 § 76 Einigungsstelle Nr. 20; Richardi/ Annuß, BetrVG § 58 Rn. 8; Fitting, BetrVG § 58 Rn. 11; GK-BetrVG/Kreutz/Franzen, § 58 Rn. 25; DKKW/Trittin, BetrVG § 58 Rn. 9, 28.
[2] DKKW/Trittin, BetrVG § 58 Rn. 27.
[3] DKKW/Trittin, BetrVG § 58 Rn. 12, 25; Richardi/Annuß, BetrVG § 58 Rn. 8.
[4] BAG 12.11.1997 – 7 ABR 78/96, AP BetrVG 1972 § 58 Nr. 2; BAG 19.6.2007 – 1 AZR 454/06, NZA 2007, 1184 ff.; Fitting, BetrVG § 58 Rn. 11; DKKW/Trittin, BetrVG § 58 Rn. 21; GK-BetrVG/Kreutz/Franzen, § 58 Rn. 21.
[5] BAG 20.12.1995 – 7 ABR 8/95, NZA 1996, 945 ff.; Fitting, BetrVG § 58 Rn. 11; DKKW/ Trittin, BetrVG § 58 Rn. 22; GK-BetrVG/Kreutz/Franzen, § 58 Rn. 22 f.
[6] BAG 18.10.1994 – 1 ABR 17/94, AP BetrVG 1972 § 87 Lohngestaltung Nr. 70; BAG 26.4.2005 – 1 AZR 76/04, AP BetrVG 1972 § 87 Nr. 12; BAG 10.10.2006 – 1 ABR 59/05, AP BetrVG 1972 § 77 Tarifvorbehalt Nr. 24; Fitting, BetrVG § 58 Rn. 10 iVm § 50 Rn. 24; GK-BetrVG/Kreutz/ Franzen, § 58 Rn. 24.
[7] GK-BetrVG/Kreutz/Franzen, § 58 Rn. 23; DKKW/Trittin, BetrVG § 58 Rn. 22; Christoffer, BB 2008, 951 (953).
[8] BAG 9.12.2003 – 1 ABR 49/02, AP BetrVG 1972 § 50 Nr. 27; BAG 26.4.2005 – 1 AZR 76/04, AP BetrVG 1972 § 87 Nr. 12; BAG 14.11.2006 – 1 ABR 4/06, AP BetrVG 1972 § 87 Überwachung Nr. 43; BAG 23.3.2010 – 1 ABR 82/08, NZA 2011, 642 ff.; Fitting, BetrVG § 58 Rn. 11; für den Gesamtbetriebsrat Lunk, NZA 2013, 233 (235).
[9] Für den Gesamtbetriebsrat Lunk, NZA 2013, 233 (235); Ehrich, ZfA 1993, 427 (448).
[10] LAG Niedersachsen 24.5.2011 – 1 TaBV 55/09, BeckRS, 73718.
[11] BAG 25.9.2012 – 1 ABR 45/11, NZA 2013, 275 ff.

B. Zuständigkeiten

teten Daten konzernübergreifend „verknüpft, exportiert und importiert" werden können.

Der Gesamt- bzw. Einzelbetriebsrat kann hingegen eine Angelegenheit subjektiv **107** unmöglich regeln, wenn der Arbeitgeber eine **freiwillig zu erbringende Leistung nur konzernweit einzuführen bereit ist**.[1] So will man dem Arbeitgeber grundsätzlich bei mitbestimmungsfreien Leistungen die Wahl des Verhandlungspartners durch Wahl des personellen Geltungsbereichs dieser Leistung lassen.[2] Freiwillig ist eine Leistung dann, wenn der Arbeitgeber bei Nichteinigung gänzlich von ihr absehen dürfte, weshalb eine außertarifliche Vergütung nicht freiwillig in diesem Sinne ist.[3] Möchte er eine solche Leistung mehreren Konzernunternehmen einheitlich, anderenfalls keinem zu Gute kommen lassen, so ist der Konzernbetriebsrat zuständig.

Um die gesetzlich vorgesehene originäre Zuständigkeit des Konzernbetriebsrats **108** nicht „weg zu definieren", wird zu Recht vorgeschlagen, neben der rechtlichen und technischen Notwendigkeit den Begriff des Nichtregelnkönnens auf **unausweichliche unternehmerische Sachzwänge** zu erstrecken.[4] So hatte das BAG[5] selbst für eine Gewerkschaft entschieden, die gleichzeitig Arbeitgeberin war und folglich keine einheitlichen Tarifverträge für ihre Arbeitnehmer schließen konnte, dass dieser Sachzwang einen zwingender Grund für eine betriebsübergreifende Vereinbarung darstelle. Dass darüber hinaus noch die Zuständigkeit des Konzernbetriebsrats begründet werden kann, ist wünschenswert, da sie schneller und effektiver ist und damit häufig nicht nur im Interesse des Arbeitgebers, sondern auch der Arbeitnehmer liegt. Aufgrund der konzernfeindlichen Rechtsprechung ist eine entsprechende Entwicklung allerdings zweifelhaft. Auch von Seiten des Gesetzgebers ist mit Korrekturen insoweit offenbar nicht zu rechnen: Obwohl sich das Wirtschaftsleben seit Beginn der 1970er Jahre erheblich gewandelt hat, ist die Vorstellung einer einheitlichen Produktionsstätte an einem Ort im Gesetz weiterhin noch sehr präsent.

Konsequenz der originären Zuständigkeit des Konzernbetriebsrats gemäß § 50 **109** Abs. 1 BetrVG ist, dass der Konzernbetriebsrat auch für **einzelbetriebsratslose Betriebe** zuständig ist.[6] Ist ein Gesamtbetriebsrat pflichtwidrig nicht errichtet worden, besteht hingegen keine Auffangzuständigkeit des Konzernbetriebsrats.[7] Hat der Konzernbetriebsrat trotz fehlender originärer Zuständigkeit verhandelt, so kann der zuständige Gesamt- bzw. Einzelbetriebsrat die Regelung nachträglich genehmigen (§ 58 Abs. 2 S. 1 BetrVG analog).[8] Die Genehmigung muss dann aber auch den Formalien einer Delegation genügen. Das Risiko der rechtlichen Verkennung der originären Zu-

---

[1] BAG 9.12.2003 – 1 ABR 49/02, AP BetrVG 1972 § 50 Nr. 27; BAG 24.1.2006 – 3 AZR 483/04, AP BetrVG 1972 § 58 Nr. 3; BAG 26.4.2005 – 1 AZR 76/04, NZA 2005, 892 ff.; BAG 23.3.2010 – 1 ABR 82/08, NZA 2011, 642 ff.; BAG 19.6.2007 – 1 AZR 454/06, NZA 2007, 1184 ff.; *Fitting*, BetrVG § 58 Rn. 11; GK-BetrVG/*Kreutz/Franzen*, § 58 Rn. 23; DKKW/*Trittin*, BetrVG § 58 Rn. 23, 32; gegen eine Unterscheidung von objektiver und subjektiver Unmöglichkeit *Richardi/Annuß*, BetrVG § 58 Rn. 13; *Lunk/Leder*, NZA 2011, 249 (251).
[2] BAG 21.1.2003 – 3 AZR 30/02, NZA 2004, 331 ff.; BAG 14.12.1993 – 3 AZR 618/93, AP BetrAVG § 7 Nr. 81 *(obiter dictum)*; BAG 12.6.1975 – 3 ABR 13/74, 3 ABR 137/73, 3 ABR 66/74 in AP BetrVG 1972 § 87 Altersversorgung Nr. 1–3; HWK/*Hohenstatt/Dzida*, BetrVG § 58 Rn. 5; *Fitting*, BetrVG § 58 Rn. 12.
[3] BAG 28.4.1992 – 1 ABR 68/91, AP BetrVG 1972 § 50 Nr. 11.
[4] Für den Gesamtbetriebsrat MHdB ArbR/*Joost*, § 225 Rn. 34.
[5] BAG 28.4.1992 – 1 ABR 68/91, AP BetrVG 1972 § 50 Nr. 11.
[6] GK-BetrVG/*Kreutz/Franzen*, § 58 Rn. 2, 33 ff.; DKKW/*Trittin*, BetrVG § 58 Rn. 5, 77 ff.; *Fitting*, BetrVG § 58 Rn. 1, 7; *Richardi/Annuß*, BetrVG § 58 Rn. 22.
[7] *Richardi/Annuß*, BetrVG § 58 Rn. 23; *Fitting*, BetrVG § 58 Rn. 30; GK-BetrVG/*Kreutz/Franzen*, § 58 Rn. 38.
[8] *Fitting*, BetrVG § 58 Rn. 10 iVm § 50 Rn. 19; aA *Richardi/Annuß*, BetrVG § 58 Rn. 6.

ständigkeit wandelt sich auf diese Weise auf der Arbeitnehmervertreterseite in einen Vorteil, nämlich in das Wahlrecht, am Verhandlungsergebnis festzuhalten oder dieses zu verwerfen.

2. Personelle Zuständigkeit – Wer ist der Verhandlungspartner?

110 Im BetrVG finden sich keine Regelung zum Verhandlungspartner des Konzernbetriebsrats.[1] In der Literatur werden hierzu sehr verschiedene Ansichten vertreten,[2] das BAG hingegen hat das Thema kaum behandelt.[3]

111 Zum Teil wird eine Unterscheidung zwischen „**horizontalen**" und „**vertikalen**" **Konzernregelungen** vorgenommen.[4] So sollen letztere vorliegen, wenn der erstrebte Regelungseffekt nur durch Schließung der Vereinbarung zwischen Konzernleitung und Konzernbetriebsrat als Repräsentationsorgan möglich sei. Hingegen solle von „horizontalen" Regelungen gesprochen werden, wenn aufgrund ihrer erstrebten breitflächigen Wirkung das Regelungsziel mit den einzelnen Gesamtbetriebsräten erreicht werden kann. In diesen Fällen sei die Konzernleitung dann auch Verhandlungspartner.[5] Diese Ansicht ist jedoch mangels dogmatischer Grundlage abzulehnen,[6] zumal der Entstehungsgeschichte klar zu entnehmen ist, dass Unterscheidungen im Rahmen der Zuständigkeit vom Gesetzgeber nicht gewollt sind.[7]

112 Nach anderer Ansicht soll danach differenziert werden, ob ein **Vertragskonzern** oder ein **faktischer Konzern** vorliegt.[8] Bei Vorliegen eines Beherrschungsvertrags sei die Änderung der gesellschaftlichen Struktur gewollt, so dass hier die Konzernleitung mit unmittelbarer Wirkung im Rahmen dieses Vertrags für die Konzernunternehmen tätig werden könne.[9] Der unterschiedlichen Behandlung des Arbeitgebers steht jedoch § 77 Abs. 4 BetrVG entgegen, wonach Konzernbetriebsvereinbarungen zwingend und unmittelbar für alle Arbeitsverhältnisse im Konzern gelten.[10] Diese vorgenommene Differenzierung kennt außerdem nur das Aktienrecht, während das Betriebsverfassungsrecht die Handlungsmacht des Konzernbetriebsrats und dessen Wirkungsbereich in beiden Fällen gleich behandelt.[11] Eine ausreichende Harmonisierung zwischen Betriebsverfassungsrecht und Konzernrecht wird nur durch eine Gleichbehandlung erreicht, vorausgesetzt, dass § 317 AktG entsprechend angewendet wird,[12] der die Ver-

---

[1] *Fitting*, BetrVG § 58 Rn. 6; GK-BetrVG/*Kreutz/Franzen*, § 58 Rn. 9; Richardi/*Annuß*, BetrVG § 58 Rn. 2, 35.

[2] Richardi/*Annuß*, BetrVG § 58 Rn. 35; GK-BetrVG/*Kreutz/Franzen*, § 58 Rn. 9ff.

[3] Richardi/*Annuß*, BetrVG § 58 Rn. 35; außer BAG 12.11.1997 – 7 ABR 78/96, AP BetrVG 1972 § 58 Nr. 2; BAG 22.1.2002 – 3 AZR 554/00, AP BetrVG 1973 § 77 Betriebsvereinbarung Nr. 4, wo ohne weitere Begründung die Aussage zu finden ist: „An eine Konzernbetriebsvereinbarung sind auch die Tochtergesellschaften gebunden".

[4] *Martens*, ZfA 1973, 307 ff.

[5] *Martens*, ZfA 1973, 307 ff.

[6] GK-BetrVG/*Kreutz/Franzen*, § 58 Rn. 16; Richardi/*Annuß*, BetrVG § 58 Rn. 41; DKKW/*Trittin*, BetrVG § 58 Rn. 102.

[7] Richardi/*Annuß*, BetrVG § 58 Rn. 41.

[8] *Biedenkopf*, Quo vadis ius societatum? Liber amicorum Pieter Sanders, 1972, S. 7 ff., 11 ff.; *Konzen*, RdA 1984, 76 ff.; aA *Fitting*, BetrVG § 58 Rn. 37; GK-BetrVG/*Kreutz/Franzen*, § 58 Rn. 15; Richardi/*Annuß*, BetrVG § 58 Rn. 37 ff.; DKKW/*Trittin*, BetrVG § 58 Rn. 102.

[9] *Biedenkopf*, Quo vadis ius societatum? Liber amicorum Pieter Sanders, 1972, S. 1, 10 ff.; *Konzen*, RdA 1984, 65; *Schwald*, Die Legitimation der Konzernbetriebsverfassung, 55; *Schwab*, NZA-RR 2007, 337 (341); aA Richardi/*Annuß*, BetrVG § 58 Rn. 37 ff.

[10] DKKW/*Trittin*, BetrVG § 58 Rn. 105; *Schwald*, Die Legitimation der Konzernbetriebsverfassung, 2005, S. 62.

[11] Richardi/*Annuß*, BetrVG § 58 Rn. 41.

[12] GK-BetrVG/*Kreutz/Franzen*, § 58 Rn. 15; *Bachner*, NZA 1995, 256 (258).

antwortlichkeit des herrschenden Unternehmens und seiner gesetzlichen Vertreter gegenüber dem abhängigen Unternehmen regelt.

Nach einer dritten Auffassung sollen immer die **einzelnen Unternehmen Verhandlungspartner** des Konzernbetriebsrats sein. Es gelte der Vorrang des Gesellschaftsrechts aufgrund des Verweises von § 54 Abs. 1 BetrVG auf § 18 Abs. 1 AktG. Im Gesellschaftsrecht ist der Konzern jedoch keine eigenständige Rechtsperson.[1] Dass der Gesetzgeber diese Problematik bei Erstellung des Gesetzes nicht habe regeln wollen, spreche dafür, keine Konzernzentralgewalt anzunehmen.[2] Vielmehr sei der Gesetzgeber fälschlicherweise von einem Konzernarbeitgeber ausgegangen, den es tatsächlich nicht gibt.[3] Daher müssten die beherrschten Unternehmen die Konzernbetriebsvereinbarungen, die für sie gelten sollen, selbst abschließen oder eine entsprechende Vertretungsmacht erteilen.[4] Ansonsten könne die Konzernleitung die Wirkung der Vereinbarung nur durch Ausübung ihrer Leitungsmacht gewährleisten, indem sie die Unternehmen anweist, die entsprechenden Regelungen zu veranlassen.[5] Richtigerweise muss aber für die Materie der Betriebsverfassung der **Vorrang des Betriebsverfassungsgesetzes** gelten.[6] Das Gesetz setzt den „Konzernarbeitgeber" voraus, indem er ihn mit betriebsverfassungsrechtlichen Rechten und Pflichten versieht.[7] Dies zeigt deutlich auch die Entstehungsgeschichte, wonach der Konzernbetriebsrat die Angelegenheit „mit der Konzernleitung" zu verhandeln und damit auch zu regeln hat.[8] Daher geht auch der Einwand, dass der Gesetzgeber die Problematik übersehen habe, ins Leere,[9] mag man auch dogmatische Defizite beklagen. Außerdem hat der Gesetzgeber gewollt, dass eine Konzernvereinbarung zwischen herrschenden Unternehmen und Konzernbetriebsrat im Rahmen der originären Zuständigkeit unmittelbare Wirkung auf die Konzernunternehmen entwickelt, wie § 77 Abs. 4 BetrVG zeigt.[10] Hierfür sprechen auch §§ 76 Abs. 1 und 56 BetrVG[11] bzw. aus der Entsendungskette §§ 47 Abs. 2, 55 Abs. 1 BetrVG,[12] nach denen die ganze Arbeitnehmerschaft des Konzerns durch den Konzernbetriebsrat vertreten wird.[13] Außerdem setzt die teleologische Auslegung die Annahme eines Konzernarbeitgebers voraus, da der Konzernbetriebsrat seine ihm übertragenden Angelegenheiten nur dann regeln kann, wenn ihm unternehmensübergreifende Regelungen auch rechtlich möglich sind.[14] Dies ergibt sich zumindest aus der gleichberechtigten Stellung des Konzernbetriebsrats zum Einzel- und Gesamtbe-

---

[1] Richardi/*Annuß*, BetrVG § 58 Rn. 35 f.; *Fitting*, BetrVG § 58 Rn. 6.
[2] Richardi/*Annuß*, BetrVG § 58 Rn. 35, 42; ausdrücklich: *Wiedemann*, Die Unternehmensgruppe im Privatrecht 1988, S. 124 f.; *Windbichler*, RdA 1999, 14 ff.
[3] Richardi/*Annuß*, BetrVG § 58 Rn. 35, 42 f.
[4] Richardi/*Annuß*, BetrVG § 58 Rn. 43.
[5] Richardi/*Annuß*, BetrVG § 58 Rn. 43; *Böhm/Pawlowski*, NZA 2005, 1377 (1382 f.).
[6] *Fitting*, BetrVG § 58 Rn. 36; DKKW/*Trittin*, BetrVG § 58 Rn. 105; aA Richardi/*Annuß*, BetrVG § 58 Rn. 39 f.
[7] *Fitting*, BetrVG § 58 Rn. 6, 34 ff.; Richardi/*Annuß*, BetrVG § 58 Rn. 2; DKKW/*Trittin*, BetrVG § 58 Rn. 99, 108; GK-BetrVG/*Kreutz/Franzen*, § 58 Rn. 3, 10 ff., 49; *Kort*, NZA 2009, 464 ff.
[8] BT-Drs. VI/2729, S. 26; GK-BetrVG/*Kreutz/Franzen*, § 58 Rn. 14; DKKW/*Trittin*, BetrVG § 58 Rn. 102.
[9] GK-BetrVG/*Kreutz/Franzen*, § 58 Rn. 14.
[10] *Fitting*, BetrVG § 58 Rn. 6; DKKW/*Trittin*, BetrVG § 58 Rn. 103; *Schwald*, Die Legitimation der Konzernbetriebsverfassung, 2005, S. 42; *Kort*, NZA 2009, 464 (470); *Bachner*, NZA 1995, 256 (258 f.); GK-BetrVG/*Kreutz/Franzen*, § 58 Rn. 10 ff., 49; *Schwab*, NZA-RR 2007, 337 (341).
[11] DKKW/*Trittin*, BetrVG § 58 Rn. 99; GK-BetrVG/*Kreutz/Franzen*, § 58 Rn. 10 ff.; *Schwald*, Die Legitimation der Konzernbetriebsverfassung, 2005, S. 17.
[12] *Kort*, NZA 2009, 464 (470).
[13] DKKW/*Trittin*, BetrVG § 58 Rn. 4; *Kort*, NZA 2009, 464 (470).
[14] GK-BetrVG/*Kreutz/Franzen*, § 58 Rn. 14; DKKW/*Trittin*, BetrVG § 58 Rn. 101 ff.; *Schwald*, Die Legitimation der Konzernbetriebsverfassung, 2005, S. 43.

triebsrat.¹ Effektiv kann dies jedoch nur mit dem Konzern als Verhandlungspartner geschehen.² Praktibilitätsgründe sprechen folglich auch für die Annahme eines **Konzernarbeitgebers in betriebsverfassungsrechtlichen Angelegenheiten.** ³ Verhandlungspartner ist folglich der Entscheidungsträger der Konzernleitung.⁴

3. Sonderfall 1 – Konzernbetriebsrat zuständig, aber nicht vorhanden

114   Gemäß § 58 Abs. 1 S. 1 BetrVG gilt, dass der Konzernbetriebsrat für Angelegenheiten zuständig ist, die der Gesamtbetriebsrat nicht regeln kann.⁵ Es besteht also eine klare **Zuständigkeitstrennung zwischen Gesamt- und Konzernbetriebsrat.**⁶ Ist nun in einem Konzern kein Konzernbetriebsrat gebildet worden, kann konsequenterweise der Gesamtbetriebsrat weiterhin nicht zuständig sein für Angelegenheiten, die er gemäß § 58 Abs. 1 S. 1 BetrVG nicht regeln kann.⁷ Mangels **Auffangzuständigkeit,** ist die Angelegenheit als mitbestimmungsfrei anzusehen.⁸ Nach verbreiteter Ansicht gilt dies jedoch nicht für den Fall, dass ein Konzernbetriebsrat seine Zuständigkeit nicht wahrnimmt.⁹ Hier soll das „tiefere" Gremium dann zuständig sein.¹⁰ Dogmatisch ist das hingegen nicht vertretbar. Das Gesetz unterscheidet in der Kompetenzzuweisung nicht danach, ob die Arbeitnehmer an der Wahrnehmung gesetzlicher Rechte interessiert sind oder nicht. Die Zuständigkeitszuweisung ist eine ausschließliche, keine beliebige. Eine Norm, die in den Fällen, dass der Konzernbetriebsrat seine Rechte nicht wahrnimmt, das Risiko auf den Arbeitgeber überwälzt, ist nicht ersichtlich. Vielmehr mag dies eine Amtspflichtverletzung der Mitglieder des Konzernbetriebsrats iSd § 23 BetrVG sein.

4. Sonderfall 2 – Internationaler Konzern

115   Handelt es sich um einen internationalen Konzern, so ist zu differenzieren, ob sich die Tochtergesellschaften oder das herrschende Unternehmen im Ausland befinden. Während im ersten Fall seit jeher Einigkeit darüber besteht, dass das Betriebsverfassungsrecht nicht gilt und damit ein Konzernbetriebsrat nicht bestehen kann,¹¹ war der zweite Fall lange Zeit höchst umstritten.¹² Dies änderte eine Entscheidung des BAG

---

¹ DKKW/*Trittin*, BetrVG § 58 Rn. 99.
² DKKW/*Trittin*, BetrVG § 58 Rn. 103; *Fitting*, BetrVG § 58 Rn. 6.
³ Richardi/*Annuß*, BetrVG § 58 Rn. 36; *Bachner*, NZA 1995, 256 (259f.).
⁴ BAG 22.1.2002 – 3 AZR 554/00, NZA 2002, 1224ff.; DKKW/*Trittin*, BetrVG § 58 Rn. 14, 100; *Schwald*, Die Legitimation der Konzernbetriebsverfassung, 2005, S. 73.
⁵ *Fitting*, BetrVG § 58 Rn. 28ff.; *Schwald*, Die Legitimation der Konzernbetriebsverfassung, 2005, S. 77; *Schwab*, NZA-RR 2007, 337 (340).
⁶ BAG 14.11.2006 – 1 ABR 4/06, AP BetrVG 1972 § 87 Überwachung Nr. 43; BAG 20.12.1995 – 7 ABR 8/95, NZA 1996, 945ff.; *Fitting*, BetrVG § 58 Rn. 8; GK-BetrVG/*Kreutz*/*Franzen*, § 58 Rn. 8, 52; Richardi/*Annuß*, BetrVG § 58 Rn. 21; *Schwab*, NZA-RR 2007, 337 (340).
⁷ BAG 17.5.2011 – 1 ABR 121/09, AP BetrVG 1972 § 80 Nr. 73; BAG 14.2.2007 – 7 ABR 26/06, AP BetrVG 1972 § 54 Nr. 13; BAG 14.12.1993 – 3 AZR 618/93, AP BetrAVG § 7 Nr. 81; Richardi/*Annuß*, BetrVG § 58 Rn. 21; *Kort*, NZA 2009, 464 (465f.); *Dzida*, NZA 2008, 1265 (1267).
⁸ GK-BetrVG/*Kreutz*/*Franzen*, § 58 Rn. 8; DKKW/*Trittin*, BetrVG § 58 Rn. 27; *Fitting*, BetrVG § 58 Rn. 10 iVm § 50 Rn. 9; Richardi/*Annuß*, BetrVG § 58 Rn. 21.
⁹ LAG Nürnberg 21.9.1992 – 7 TaBV 29/92, NZA 1993, 281ff.; DKKW/*Trittin*, BetrVG § 58 Rn. 13; aA LAG Düsseldorf 4.3.1992 – 5 TaBV 116/91, NZA 1992, 613ff.; GK-BetrVG/*Kreutz*/*Franzen*, § 58 Rn. 8; Richardi/*Annuß*, BetrVG § 58 Rn. 21.
¹⁰ LAG Nürnberg 21.9.1992 – 7 TaBV 29/92, NZA 1993, 281ff.
¹¹ *Schwab* in: Grobys/Panzer, StichwortKommentar Arbeitsrecht, § 98 Rn. 10; *ders.*, NZA-RR 2007, 337 (338).
¹² Aufzählend *Dzida*/*Hohenstatt*, NZA 2007, 945 (945).

im Jahre 2007, wonach ein Konzernbetriebsrat errichtet werden kann, wenn das herrschende Unternehmen **eine im Inland ansässige Teilkonzernspitze** besitzt, sich also eine eigenständige Leitungsmacht des Konzerns im Geltungsbereich des GG entfaltet.[1] Hiervon abgesehen sei aber ein Konzernbetriebsrat in im Ausland ansässigen herrschenden Unternehmen nicht zu errichten, auch nicht aufgrund des Rechtsgedankens bzw. einer analogen Anwendung von § 5 Abs. 3 MitbestG oder eines Rechtsgedankens durch Heranziehung dieser Vorschrift und des § 11 Abs. 3 PublG. Das Erfordernis eines Konzernbetriebsrats ist in diesen Fällen aber gering, da sich in der Regel Unterrichtungs- und Anhörungsrechte auf Ebene des Europäischen Betriebsrats ausüben lassen.[2]

---

[1] BAG 14.2.2007 – 7 ABR 26/06, NZA 2007, 999 ff.; zustimmend BAG 16.5.2007 – 7 ABR 63/06, NZA 2008, 320; ErfK/*Koch,* BetrVG § 54 Rn. 7; *Fitting,* BetrVG § 54 Rn. 23 ff.; GK-BetrVG/*Kreutz,* § 54 Rn. 42 f.; *Dzida/Hohenstatt,* NZA 2007, 945 (947); aA weiterhin Richardi/*Annuß* BetrVG § 54 Rn. 32 und DKKW/*Trittin* BetrVG § 54 Rn. 29.

[2] LAG Köln 10.11.2005 – 10 TaBV 15/05, BeckRS 2006, 41415; vgl. auch *Dzida/Hohenstatt,* NZA 2007, 945 (947).

C. Zuständigkeit des Konzernbetriebsrats per Delegation

I. Rechtsnatur der Delegation

116 Die Rechtsnatur der Bevollmächtigung des Konzernbetriebsrats durch den Gesamtbetriebsrat ist in der Literatur umstritten[1] und von der Rechtsprechung bisher nicht geklärt, sondern allenfalls in Randnotizen angestoßen worden.[2] Diskutiert werden ein **eigenständiges Rechtsinstitut des Betriebsverfassungsrechts** einerseits[3] und die Ausgestaltung als **rechtsgeschäftliche Vertretung iSd §§ 164 BGB** andererseits.[4] Die Unterscheidung führt in der Praxis vielfach zu sehr unterschiedlichen Ergebnissen, etwa bei der Frage, ob der Gesamtbetriebsrat als Delegatar seine Handlungsbefugnis verliert oder ob Rechtsinstitute wie Duldungs- oder Anscheinsvollmacht in Betracht kommen.

117 Die These von einer eigenständigen betriebsverfassungsrechtlichen Kompetenzzuordnung vertritt insbesondere *Rieble*, wesentlich getragen vom **Grundsatz der Zuständigkeitstrennung**.[5] Insbesondere wird der Wortlaut des § 58 BetrVG herangezogen, der nicht nur unter dem Titel Zuständigkeit stehe,[6] sondern der auch aussage, dass der Konzernbetriebsrat, „für ihn", also anstelle des delegierenden Einzel- oder Gesamtbetriebsrats tätig werde.[7] Dies werde dadurch unterstützt, dass der Delegatar nicht im Interesse und im Namen des Delegierenden handle, sondern in dem der Arbeitnehmer, woraus folge, dass er die Vertretung der Belegschaft im eigenen Namen und daher in eigener Verantwortung ausfülle.[8] Nach dieser These verliert der delegierende Einzel- oder Gesamtbetriebsrat seine Regelungsmacht an den Konzernbetriebsrat, und auch Rechtstatbestände wie Duldungs- oder Anscheinsvollmacht scheiden konsequenterweise aus.[9] Nach der Gegenmeinung in der Literatur[10] wird, meist ohne vertiefte Begründung, von dem Bestehen einer schuldrechtlichen Vollmacht ausgegangen. Auch die Rechtsprechung hat sich dem angeschlossen, ohne sich in den entschiedenen Fällen allerdings konkret damit auseinandersetzen zu müssen.[11]

So hatte sich das LAG Düsseldorf[12] mit der Wirksamkeit der **Kündigung einer Gesamtbetriebsvereinbarung** zu beschäftigen, die gegenüber dem Gesamtbe-

---

[1] Richardi/*Annuß* BetrVG § 58 Rn. 29 iVm § 50 Rn. 63; *Kreutz/Franzen* GK-BetrVG § 58 Rn. 41 iVm § 50 Rn. 56; DKKW/*Trittin* BetrVG § 50 Rn. 179f.; *Schwab*, NZA-RR 2007, 337 (341); *Schwab*, AiB 2008, 87 (91); *Rieble*, 2005, RdA 26 (27).

[2] BAG 18.5.2010 – 1 ABR 6/09, BeckRS 2010, 72771; BAG 12.11.1997 – 7 ABR 78/96, NZA 1998, 497ff.

[3] *Schwald*, Die Legitimation der Konzernbetriebsverfassung, 2005, S. 131; *Rieble*, RdA 2005, 26 (27); unklar *Fitting*, BetrVG § 50 Rn. 71f.

[4] GK-BetrVG/*Kreutz/Franzen*, § 58 Rn. 41 iVm § 50 Rn. 56; DKKW/*Trittin*, BetrVG § 50 Rn. 179f.; *Schwab*, NZA-RR 2007, 337 (341); *ders.*, AiB 2008, 87 (91).

[5] *Rieble*, RdA 2005, 26 (27).

[6] *Rieble*, RdA 2005, 26 (27); für den Gesamtbetriebsrat LAG Düsseldorf 9.8.2012 – 15 TaBV 26/12, BeckRS 2012, 76167.

[7] *Rieble*, RdA 26 (27); für den Gesamtbetriebsrat LAG Düsseldorf 9.8.2012 – 15 TaBV 26/12, BeckRS 2012, 76167; gleiche Auslegung, aber im Ergebnis spricht er sich für die Vertretung aus: *Schwab*, NZA-RR 2007, 337 (341); *Schwab*, AiB 2008, 87 (91).

[8] *Rieble*, RdA 2005, 26 (27); *Schwald*, Die Legitimation der Konzernbetriebsverfassung, 2005, S. 131; für den Gesamtbetriebsrat LAG Düsseldorf 9.8.2012 – 15 TaBV 26/12, BeckRS 2012, 76167; unklar *Fitting* BetrVG § 50 Rn. 71f.

[9] *Rieble*, RdA 2005, 26 (27).

[10] GK-BetrVG/*Kreutz/Franzen* § 58 Rn. 41 iVm § 50 Rn. 56; HWK/*Hohenstatt/Dzida*, BetrVG § 50 Rn. 17; DKKW/*Trittin*, BetrVG § 50 Rn. 179f.; *Behrens/Kramer*, DB 1994, 94 (94).

[11] BAG 18.5.2010 – 1 ABR 6/09, BeckRS 2010, 72771; LAG Düsseldorf 9.8.2012 – 15 TaBV 26/12, BeckRS 2012, 76167.

[12] LAG Düsseldorf 9.8.2012 – 15 TaBV 26/12, BeckRS 2012, 76167.

C. Zuständigkeit des Konzernbetriebsrats per Delegation

triebsrat erklärt worden war. Während das Arbeitsgericht Wesel[1] in der Vorinstanz die Kündigung für wirksam erklärt hatte, indem es gänzlich der Meinung von *Rieble* folgte, hat das LAG die Wirksamkeit der Kündigung damit begründet, dass die Kündigung einer solchen Vereinbarung signifikant erschwert werden würde, wenn ein Betriebsrat zwischenzeitlich sein Amt niederlege. Ohne überhaupt auf die Rechtsnatur der Delegation einzugehen, zieht das LAG als Grundlage für die Wirksamkeit der Kündigung den *actus-contrarius*-Gedanken heran, wonach der Verhandlungspartner immer auch Kündigungsanspruchspartner sei.[2] Jedoch spricht das LAG davon, dass der Gesamtbetriebsrat *rechtlich als Vertreter der beauftragenden Einzelbetriebsräte tätig werde*.[3]

Ohne ausdrücklich die Rechtsnatur der Delegation zu bestimmen, hat auch das BAG[4] 1998 festgestellt, dass der Konzernbetriebsrat im Rahmen von § 58 Abs. 2 BetrVG *anstelle* des Gesamtbetriebsrats handele und *ihn insoweit auch vertreten* könne. In diesem Sinne hat es den Anspruch eines Arbeitgebers auf **Abschluss einer Konzernbetriebsvereinbarung** gegenüber dem nach § 58 Abs. 2 BetrVG zuständigen Konzernbetriebsrat verneint. Während das Arbeitsgericht Wesel unter anderem der Meinung von *Rieble* folgte mit dem Hinweis, dass § 58 Abs. 2 BetrVG bei Annahme einer zivilrechtlichen Vertretung unnötig sei,[5] erklärt das BAG in seiner damaligen Entscheidung, dass es dieser Regelung bedürfe, um die Durchbrechung des Grundsatzes der Zuständigkeitstrennung überhaupt zu ermöglichen.[6] Unterstützt wird diese Sichtweise durch eine weitere Entscheidung des BAG aus dem Jahre 2010.[7] Hier hatte das BAG dem örtlichen Betriebsrat in den Fällen des § 58 Abs. 2 BetrVG im Gegensatz zu denen des ersten Absatzes einen Durchführungsanspruch für Vereinbarungen zugesprochen. So begründet das BAG diesen Anspruch damit, dass der Konzernbetriebsrat hier als rechtlicher Vertreter für den Einzelbetriebsrat die Vereinbarung abgeschlossen habe. Auch wenn die Rechtsprechung in keinem dieser Fälle die Rechtsnatur der Delegation genau bestimmt hat, ist von der **Annahme einer zivilrechtlichen Vertretung der Rechtsprechung** auszugehen.

Rieble ist in erster Linie entgegenzusetzen, dass keine Notwendigkeit für die Einführung neuer Rechtsinstitute besteht, solange ein Rückgriff auf bestehende zivilrechtliche Institute die anstehenden Probleme löst.[8] Aufgrund des **Grundsatzes der Einheit der Rechtsordnung**[9] ist ein solcher Rückgriff dann vorzuziehen. Die Delegation muss daher im Außenverhältnis als Stellvertretung gemäß §§ 164ff. BGB und im Innenverhältnis als Auftrag iSd § 662 BGB verstanden werden.[10] So spricht § 58 Abs. 2 BetrVG davon, dass der delegierende Betriebsrat den Konzernbetriebsrat beauftragt, woraus das BAG zutreffend von einem Handlungsauftrag und einer resultierenden Handlungsvollmacht spricht.[11]

118

119

---

[1] ArbG Wesel 11.1.2012 – 4 BV 36/11, BeckRS 2013, 65799.
[2] Bereits so entschieden durch LAG Düsseldorf 28.4.2004 – 17 Sa 1952/03, NZA-RR 2004, 480ff.
[3] LAG Düsseldorf 9.8.2012 – 15 TaBV 26/12, BeckRS 2012, 76167.
[4] BAG 12.11.1997 – 7 ABR 78/96, NZA 1998, 497ff.
[5] ArbG Wesel 11.1.2012 – 4 BV 36/11, BeckRS 2013, 65799.
[6] BAG 12.11.1997 – 7 ABR 78/96, NZA 1998, 497ff.
[7] BAG 18.5.2010 – 1 ABR 6/09, BeckRS 2010, 72771.
[8] GK-BetrVG/*Kreutz/Franzen* § 58 Rn. 41 iVm § 50 Rn. 56; DKKW/*Trittin* BetrVG § 50 Rn. 179f.; *Schwab*, NZA-RR 2007, 337 (341); *Schwab*, AiB 2008, 87 (91).
[9] BAG 5.3.1996 – 1 AZR 590/92, NZA 1996, 751ff.; BVerwG 17.12.1964 – I C 130/63, NJW 1965, 928ff.
[10] DKW/*Trittin* BetrVG § 50 Rn. 179f.; GK-BetrVG/*Kreutz* § 58 Rn. 41 iVm § 50 Rn. 56; für den Gesamtbetriebsrat *Behrens/Kramerl*, DB 1994, 94 (94).
[11] BAG 12.11.1997 – 7 ABR 78/96, NZA 1998, 497ff.

120 Die Einbettung in die vollmachtrechtliche Dogmatik führt dann auch zur Anerkennung von Rechtstandtatbeständen wie **Duldungs- oder Anscheinsvollmacht**. Dass auch im Betriebsverfassungsrecht Vertrauenstatbestände auftreten müssen, zeigt instruktiv der Sachverhalt, der der Entscheidung des Arbeitsgerichts Gießen zugrunde lag.[1] Hier waren sich Konzernbetriebsrat und delegierende Gesamtbetriebsräte erst nach Ablauf von ca. sieben Jahren einig, dass nie eine Bevollmächtigung zu Fragen der Arbeitszeitgestaltung erfolgt sei. Ohne weitere rechtliche Diskussion schlussfolgerte die Kammer daraus, dass die mehreren hierauf basierenden Dienstpläne alle nichtig seien. Zwar schloss sie Betriebsvereinbarung aufgrund Anscheins- bzw. Duldungsvollmacht aus, mit dem Hinweis, dass Betriebsvereinbarungen aufgrund ihrer unmittelbaren und zwingenden Wirkung gemäß § 77 Abs. 4 BetrVG über den Vertrag als solchen hinausgehen. Dies ist jedoch im Sinne der Rechtssicherheit ein nicht hinnehmbares Ergebnis. Außerdem harmoniert diese Entscheidung nicht mit der Rechtsprechung des BAG, wonach die Grundsätze der Duldungs- und Anscheinsvollmacht auch für den Abschluss eines Tarifvertrags gelten.[2] Des Rückgriffs auf den Grundsatz der vertrauensvollen Zusammenarbeit,[3] um eine Obliegenheit des Konzernbetriebsrats zu bejahen bzw. ein Einstellungsverfahren seitens des Arbeitgebers zu ermöglich,[4] bedarf es daher nicht, um vergleichbare Konstellationen zu lösen. In der Konsequenz **wählt der delegierende Gesamtbetriebsrat** aber auch – entgegen der These der Zuständigkeitstrennung gemäß *Rieble* – **seine Regelungsbefugnis**. Er darf also eine Betriebsvereinbarung zu einem Mitbestimmungstatbestand auch noch rechtswirksam regeln, nachdem er den Konzernbetriebsrat bevollmächtigt hat.

II. Handlungspflicht des Konzernbetriebsrats

121 Zum Teil wird eine Handlungspflicht des Konzernbetriebsrats aus § 50 Abs. 2 S. 1 BetrVG aus dem Grundsatz einer effektiven Interessenwahrnehmung auf Konzernebene hergeleitet.[5] Schon aus praktischen Erwägungen dürfte ein Konzernbetriebsrat, dem gegen seinen Willen eine Aufgabe aufgedrängt wird, kein tauglicher Interessenvertreter sein. Im Ergebnis wird deshalb überwiegend dem Konzernbetriebsrat ein **Abwehrrecht** zugestanden,[6] teilweise als Gegenrecht zum Widerrufsrecht des delegierenden Betriebsrats aus § 27 Abs. 2 S. 4 BetrVG.[7] Einer dogmatischen Ansiedlung dieses Rechts in § 185 BGB[8] bedarf es nicht, wenn man die Delegation vollmachtrechtlich versteht. In diesem Fall ergibt sich nämlich das Abwehrrecht bereits durch die Weigerung der Annahme des Auftrags als Grundgeschäft.

III. Personelle Zuständigkeit

1. Wer darf delegieren?

122 Gemäß § 58 Abs. 2 BetrVG delegiert grundsätzlich der **Gesamtbetriebsrat an den Konzernbetriebsrat**. Der Einzelbetriebsrat kann nur in den Fällen des § 54

---

[1] ArbG Gießen 28.2.2012 – 9 Ca 161/11, unveröffentlicht.
[2] BAG 12.12.2007 – 4 AZR 996/06, NZA 2008, 892ff.
[3] *Rieble*, RdA 2005, 26 (26).
[4] Für den Gesamtbetriebsrat *Behrens/Kramer*, DB 1994, 94 (95).
[5] GK-BetrVG/*Kreutz* § 58 Rn. 41 iVm § 50 Rn. 58; für den Gesamtbetriebsrat *Behrens/Kramer*, DB 1994, 94 (94); *Hromadka*, SprAuG § 18 Rn. 20 bei Beauftragung des Gesamtsprecherausschusses.
[6] *Richardi/Annuß* BetrVG § 58 Rn. 29 iVm § 50 Rn. 63; DKKW/*Trittin* BetrVG § 58 Rn. 108; GK-BetrVG/*Kreutz/Franzen* § 58 Rn. 41 iVm § 50 Rn. 58.
[7] GK-BetrVG/*Kreutz/Franzen* § 58 Rn. 41 iVm § 50 Rn. 58; *Rieble*, RdA 2005, 26 (26).
[8] *Rieble*, RdA 2005, 26 (30), so handele es sich bei beiden Instituten um einseitige Rechtsgeschäfte ohne Mitwirkungsmöglichkeit.

Abs. 2 BetrVG an den Konzernbetriebsrat delegieren. Der Gesamtbetriebsrat wiederum darf jedoch in Fällen, in denen er selbst kraft Delegation tätig ist, diese Befugnis mit Zustimmung des Einzelbetriebsrats an den Konzernbetriebsrat weiterleiten.[1] Hier greifen die **Grundsätze der Untervertretung**. Auch diejenigen, die die Delegation betriebsverfassungsrechtlich verstehen, bejahen diese Durchgangsdelegation.[2]

2. Verhandlungspartner des Konzernbetriebsrats bei Delegation

Umstritten ist auch, ob im Falle der Delegation von Zuständigkeiten an den Konzernbetriebsrat die Konzernobergesellschaft oder die Geschäftsführung derjenigen juristischen Personen in Betracht kommt, deren Gesamtbetriebsrat das Mitbestimmungsrecht delegiert hat. Soweit die Literatur auf die erstgenannte Meinung abstellt, wird eher auf eine formale Betrachtung abgestellt. Verhandlungspartner des Konzernbetriebsrats müsse immer die Konzernobergesellschaft sein.[3] Es sei nicht erkennbar, weshalb der Konzernbetriebsrat in den Materien der originären und abgeleiteten Zuständigkeit unterschiedliche Verhandlungspartner haben solle. Gelegentlich wird sogar vertreten, dass dem Konzernbetriebsrat ein Wahlrecht im Hinblick auf seinen Verhandlungspartner zustehe.[4] 123

Nach richtiger Ansicht kann Verhandlungspartner des Konzernbetriebsrats im Falle einer Zuständigkeitsdelegation aber nur die **Geschäftsführung derjenigen Gesellschaft** sein, **in der die delegierende Arbeitnehmervertretung gewählt wurde**.[5] Bei zivilrechtlichem Verständnis der Vollmacht handelt der Konzernbetriebsrat nur im Auftrag eines anderen und für diesen. Gemäß § 58 Abs. 2 S. 2 kann sich der delegierende Gesamtbetriebsrat sogar das Recht der Entscheidungsbefugnis vorbehalten. Dies zeigt, dass der Konzernbetriebsrat nur im Innenverhältnis zwischen den Arbeitnehmervertretungen eine Aufgabe wahrnimmt, die einem anderen Gremium zusteht. Verschiebt sich die Verhandlungs- oder Abstellungsvollmacht an den Konzernbetriebsrat, so beschränkt sich diese Verschiebung auf die Arbeitnehmervertretersphäre. Eine Auswirkung dieser Bevollmächtigung auf die Gegenpartei sieht das Gesetz an keiner Stelle vor, oder anders formuliert: Die Wahl des Verhandlungspartners steht nicht zur Disposition der Betriebsräte.[6] 124

Verhandlungspartner ist daher die **abhängige Konzerngesellschaft**. Dieser steht es allerdings in ihrer Sphäre frei, ihre Verhandlungsbefugnis an die Konzernobergesellschaft zu delegieren, dies allerdings unabhängig davon, ob der Gesamtbetriebsrat an den Konzernbetriebsrat delegiert hat oder nicht. Auch hier liegt reines Vertretungshandeln im Sinne des BGB vor. 125

---

[1] *Fitting* BetrVG § 58 Rn. 25.
[2] *Richardi/Annuß* BetrVG § 58 Rn. 31; *Fitting* BetrVG § 58 Rn. 25; *Rieble* RdA 2005, 26 (28); DKKW/*Trittin*, BetrVG § 58 Rn. 106, 109; GK-BetrVG/*Kreutz/Franzen*, § 58 Rn. 44; *Schwald*, Die Legitimation der Konzernbetriebsverfassung, 2005, S. 129 f.; *Schwab*, NZA-RR 2007, 337 (340).
[3] *Bachner*, NZA 1995, 256 (259).
[4] DKKW/*Trittin* BetrVG § 58 Rn. 110; *Schwald*, Die Legitimation der Konzernbetriebsverfassung, 2005, S. 132 f.; *Schwab*, NZA-RR 2007, 337 (341); *Schwab*, AiB 2008, 87 (90); ErfK/*Koch* BetrVG § 58 Rn. 5.
[5] BAG 12.11.1997 – 7 ABR 78/96, NZA 1998, 497; *Richardi/Annuß* BetrVG § 58 Rn. 30; *Fitting* BetrVG § 50 Rn. 27 f.; HWK/*Hohenstatt/Dzida*, BetrVG § 58 Rn. 13; *Schwald*, Die Legitimation der Konzernbetriebsverfassung, 2005, S. 132; *Schwab*, NZA-RR 2007, 337 (341).
[6] BAG 12.11.1997 – 7 ABR 78/96, NZA 1998, 497 ff.; *Richardi/Annuß* BetrVG § 58 Rn. 30; HWK/*Hohenstatt/Dzida*, BetrVG § 58 Rn. 13; *Schwald*, Die Legitimation der Konzernbetriebsverfassung, 2005, S. 132.

IV. Sachliche Zuständigkeit

1. Delegierfähige Angelegenheiten

126 Voraussetzung für die Delegierfähigkeit einer Angelegenheit ist in jedem Fall, dass die betroffene Angelegenheit unter die Zuständigkeit des Delegierenden fällt.[1] Falls dieser sein Recht bereits in dieser Angelegenheit ausgeübt hat, muss er sie entweder vorab kündigen oder auch das Kündigungsrecht mit an den Konzernbetriebsrat weiter delegieren.[2] Sollte die Angelegenheit bereits an Ausschüsse oder Arbeitsgruppen delegiert worden sein, gilt die Weiterdelegation an den Konzernbetriebsrat nach Bekanntgabe beim entsprechenden Ausschuss bzw. der Gruppe als Widerruf nach §§ 27 Abs. 2 S. 3, 28 Abs. 1 S. 3 2. Hs., 28a Abs. 1 S. 4, 51 Abs. 1 S. 1 BetrVG.[3]

127 Zum Teil wird nun angenommen, dass nur mitbestimmungspflichtige Angelegenheiten delegierfähig sind.[4] Dies folge aus dem Begriff „Angelegenheiten", mit dem die Normen sich auf die sozialen, personellen und wirtschaftlichen Angelegenheiten gemäß dem Dritten bis Sechsten Abschnitt des Vierten Teils des BetrVG beziehen.[5] Da die Delegation jedoch als Stellvertretung im Sinne von §§ 164 ff. BGB verstanden werden muss, muss hier gelten, dass jede Angelegenheit delegierfähig ist, außer es steht etwas anderes im Gesetz.[6] Nicht zur Delegation bestimmt sind hiernach **Angelegenheiten höchstpersönlicher Natur,** so wie zum Beispiel die interne Arbeitsorganisation.[7] Gleiches gilt für die Delegation des Betriebsrats im **Gemeinschaftsbetrieb,**[8] da die einzelnen Gesamtbetriebsräte gegenüber ihren Arbeitgebern Verhandlungspartner bleiben.[9]

128 Aufgrund der **fehlenden Dispositivität der Zuständigkeitsordnung,**[10] der **Unübertragbarkeit des Widerrufrechts der Delegation**[11] sowie des **Verbots der Selbstabdankung**[12] ist jedoch die Frage, ob eine Angelegenheit delegierfähig ist, eng auszulegen.[13] Daher dürfen auch nur konkrete einzelne Handlungen, nicht aber Aufgabenkomplexe delegiert werden.[14]

129 Insofern darf die Delegation auch keinen Fall von Missbrauch darstellen. Ein **Missbrauch der Delegation** ist grundsätzlich möglich.[15] Das ist dann der Fall, wenn der

---

[1] DKKW/*Trittin* BetrVG § 58 Rn. 106; GK-BetrVG/*Kreutz/Franzen* § 58 Rn. 41 iVm § 50 Rn. 63; *Schwald,* Die Legitimation der Konzernbetriebsverfassung, 2005, S. 129; *Schwab,* NZA-RR 2007, 337 (340); *Behrens/Kramer,* DB 1994, 94 (94); *Rieble,* RdA 2005, 26 (27); BAG 12.11.1997 – 7 ABR 78/96, NZA 1998, 497 (498); für den Gesamtbetriebsrat BAG 6.4.1976 – 1 ABR 27/74, BB 1976, 791, auch wenn das BAG dies nicht erkannte; differenzierend *Fitting* BetrVG § 50 Rn. 71 f.
[2] *Rieble,* RdA 2005, 26 (27).
[3] *Rieble,* RdA 2005, 26 (29).
[4] GK-BetrVG/*Kreutz/Franzen* § 58 Rn. 41 iVm § 50 Rn. 66; DKKW/*Trittin,* BetrVG § 58 Rn. 11; *Fitting* BetrVG § 50 Rn. 65; *Rieble,* RdA 2005, 26 (28); *Schwab,* NZA-RR 2007, 337 (341); *ders.,* AiB 2008, 87 (91).
[5] *Rieble,* RdA 2005, 26 (28).
[6] GK-BetrVG/*Kreutz/Franzen* § 58 Rn. 41 iVm § 50 Rn. 63.
[7] *Rieble,* RdA 2005, 26 (29).
[8] Gem. § 47 Abs. 9 BetrVG.
[9] *Rieble,* RdA 2005, 26 (28).
[10] GK-BetrVG/*Kreutz/Franzen* § 58 Rn. 41 iVm § 50 Rn. 63; *Rieble,* RdA 2005, 26 (29); für die Ordnung zwischen Gesamt- und Einzelbetriebsrat BAG 28.4.1992 – 1 ABR 68/91, NZA 1993, 31 ff.
[11] *Rieble,* RdA 2005, 26 (29).
[12] ErfK/*Koch* BetrVG § 58 Rn. 5 iVm § 50 Rn. 9.
[13] Richardi/*Annuß* BetrVG § 58 Rn. 24.
[14] Richardi/*Annuß* BetrVG § 58 Rn. 25, iVm § 50 Rn. 54; DKKW/*Trittin* BetrVG § 58 Rn. 11, 108; GK-BetrVG/*Kreutz/Franzen* § 58 Rn. 41 iVm § 50 Rn. 66; *Rieble,* RdA 2005, 26 (29); *Fitting,* BetrVG § 50 Rn. 65; *Schwald,* Die Legitimation der Konzernbetriebsverfassung, 2005, S. 130.
[15] Hess. VGH 22.5.1974 – BPV TK 3/74, PersV 1975, 64; *Rieble,* RdA 2005, 26 (26); GK-BetrVG/*Kreutz/Franzen* BetrVG § 58 Rn. 41 iVm § 50 Rn. 63.

Einzel- bzw. Gesamtbetriebsrat Angelegenheiten zB nur aufgrund Faulheit, Feigheit oder eigener Überforderung weiterdelegieren will.[1] Gleichfalls kann auch in der Arbeitszuweisung eine Strafe gesehen werden sowie taktisches Delegieren, um andere Verhandlungen zu beeinflussen.[2] Die Behinderung der Konzernbetriebsratsarbeit ist indes gemäß § 119 Abs. 1 Nr. 2 BetrVG unter Strafe gestellt.[3]

Im Ergebnis ist festzustellen, dass Angelegenheiten dann delegierfähig sind, wenn sie in den Zuständigkeitsbereich des delegierenden Betriebsrats fallen[4] und die Delegation keinen Fall von Missbrauch darstellt. **130**

2. Umfang der Delegation

Der Gesamtbetriebsrat kann den Konzernbetriebsrat beauftragen, die **Verhandlungen für ihn zu führen**.[5] Darüber hinaus kann er ihm auch die **Entscheidungsbefugnis** geben.[6] Hierneben können die weitere **Vertragsherrschaft** und die **Überwachung des Vollzugs der Betriebsvereinbarung** delegiert werden.[7] Der Konzernbetriebsrat handelt in all diesen Fällen in eigener Verantwortung.[8] Zum Teil wird jedoch eine unbeschränkte Vertretungsmacht nur bei ausdrücklicher Erklärung angenommen.[9] § 50 Abs. 2 S. 2 BetrVG ordnet jedoch eine Ausnahmeregelung hierfür an, demnach muss sich der Betriebsrat die Entscheidungsbefugnis vorbehalten.[10] Hierfür spricht auch die zivilrechtliche Betrachtung der Delegation. So darf der Delegatar im Rahmen der Vertretungsmacht handeln,[11] die sich nach dem Innenverhältnis richtet, im vorliegenden Fall also dem Auftrag.[12] Dieser ist in der Regel weit zu verstehen, sofern der Delegatar im Interesse des Auftraggebers handelt.[13] Auch die **Prozessführungsbefugnis** kann dem Konzernbetriebsrat delegiert werden, so insbesondere die gewillkürte Prozessstandschaft.[14] **131**

V. Formelle Zuständigkeit

Die Delegation kommt durch **Beschluss des Gesamtbetriebsrats** mit Mehrheit der Stimmen seiner Mitglieder zustande.[15] Die Zahl der Stimmen bestimmt § 47 Abs. 7 bis 9 BetrVG.[16] Die Delegation muss durch eigene Urkunde schriftlich niedergelegt **132**

---

[1] Schwald, Die Legitimation der Konzernbetriebsverfassung, 100 f.; Rieble, RdA 2005, 26 (26).
[2] Rieble, RdA 2005, 26 (26).
[3] Rieble, RdA 2005, 26 (30); Richardi/Annuß BetrVG § 78 Rn. 11.
[4] Richardi/Annuß BetrVG § 58 Rn. 24.
[5] Richardi/Annuß BetrVG § 58 Rn. 25 iVm § 50 Rn. 57; GK-BetrVG/Kreutz/Franzen BetrVG § 58 Rn. 45; Rieble, RdA 2005, 26 (30).
[6] Richardi/Annuß BetrVG § 58 Rn. 25 iVm § 50 Rn. 56; GK-BetrVG/Kreutz/Franzen § 58 Rn. 41 iVm § 50 Rn. 66; Rieble, RdA 2005, 26 (30); Behrens/Kramer, DB 1994, 94 ff.
[7] Rieble, RdA 2005, 26 (30).
[8] Richardi/Annuß BetrVG § 58 Rn. 25 iVm § 50 Rn. 58.
[9] ErfK/Koch BetrVG § 58 Rn. 5 iVm § 50 Rn. 9; Behrens/Kramer, DB 1994, 94 ff.
[10] Richardi/Annuß BetrVG § 58 Rn. 25 iVm § 50 Rn. 58; DKKW/Trittin BetrVG § 58 Rn. 92; GK-BetrVG/Kreutz/Franzen BetrVG § 58 Rn. 45; Behrens/Kramer, DB 1994, 94 ff.
[11] Staudinger/Schilken BGB § 164 Rn. 8.
[12] Staudinger/Martinek BGB § 662 Rn. 20 f.
[13] Staudinger/Martinek BGB § 662 Rn. 25 ff.
[14] Richardi/Annuß BetrVG § 58 Rn. 25 iVm § 50 Rn. 55, für Gesamtbetriebsrat BAG 6.4.1976 AP BetrVG 1972 § 50 Nr. 2.
[15] Richardi/Annuß BetrVG § 58 Rn. 26; Fitting BetrVG § 58 Rn. 25; DKKW/Trittin BetrVG § 58 Rn. 105; GK-BetrVG/Kreutz/Franzen § 58 Rn. 42; Schwald, Die Legitimation der Konzernbetriebsverfassung, 130; Rieble, RdA 2005, 26 (29); Schwab, NZA-RR 2007, 337 (340).
[16] Richardi/Annuß BetrVG § 58 Rn. 26; Fitting BetrVG § 50 Rn. 25.

und vom Vorsitzenden eigenhändig unterzeichnet werden.[1] Die elektronische Form ist gemäß § 126 Abs. 3, 126a BGB ausreichend.[2] Die Wirksamkeit der Delegation ergibt sich durch **Bekanntgabe**.[3] Denkbar ist es, in Anlehnung an die Stellvertreterregeln, die Bekanntgabe gegenüber dem Arbeitgeber genügen zu lassen.[4] Besser ist es jedoch, auf den Zugang der Urkunde beim Vorsitzenden des Konzernbetriebsrats abzustellen, da es sich um konzerninterne Organisationsmaßnahmen handelt.[5] Dieser kann dann unter Vorlage des Beschlusses notfalls den Arbeitgeber informieren.[6] Der Widerruf der Delegation erfolgt ohne Angabe von Gründen, muss aber den gleichen formellen Anforderungen wie der Beschluss der Delegation genügen, siehe § 58 Abs. 2 S. 3 iVm § 27 Abs. 2 S. 4 BetrVG.[7] Jeder Formverstoß führt zur Unwirksamkeit der Delegation.[8] Jede unwirksame Delegation führt zu unwirksamen Betriebsvereinbarungen.[9]

VI. Rechte und Pflichten des Konzernbetriebsrats

133   Nach wirksamer Delegation handelt der Konzernbetriebsrats nach den Vorschriften über Rechte und Pflichten des Betriebsrats, siehe § 59 Abs. 1 iVm § 51 Abs. 5 BetrVG.

VII. Regelungsinstrumente

1. Übersicht über die Regelungsinstrumente

134   Den Arbeitnehmervertretergremien in einem Konzern stehen die verschiedensten Regelungsinstrumente zu. Neben der **formlosen Regelungsabrede**[10] sind noch die **Einzel-, Gesamt- und Konzernbetriebsvereinbarung** zu nennen. Als Besonderheit im Konzern sind zunächst die durch den Konzernbetriebsrat per Delegation abgeschlossenen Einzel- bzw. Gesamtbetriebsvereinbarung zu nennen.

135   Der Konzernbetriebsrat kann, sofern er durch Delegation zuständig ist, mit der Konzernleitung Betriebs- bzw. Gesamtbetriebsvereinbarungen schließen.[11] Diese gelten je nachdem, ob er vom Gesamtbetriebsrat oder vom einzelnen Betriebsrat beauftragt wurde, **für alle bzw. das einzelne Unternehmen.**[12] Zu beachten ist, dass der Konzernbetriebsrat keinen Anspruch auf Abschluss einer solchen Vereinbarung hat.[13] Anders verhält es sich bei seinem ganz eigenen Regelungsinstrument, der Konzernbetriebsvereinbarung.[14]

---

[1] Richardi/*Annuß* BetrVG § 58 Rn. 27 iVm § 50 Rn. 60; DKKW/*Trittin* BetrVG § 58 Rn. 107; GK-BetrVG/*Kreutz/Franzen* § 58 Rn. 42; *Fitting* BetrVG § 50 Rn. 71 f.; *Schwald*, Die Legitimation der Konzernbetriebsverfassung, 2005, S. 130; *Schwab*, NZA-RR 2007, 337 (340).

[2] Richardi/*Annuß* BetrVG § 58 Rn. 27 iVm § 50 Rn. 60; DKKW/*Trittin* BetrVG § 58 Rn. 107.

[3] DKKW/*Trittin* BetrVG § 58 Rn. 107; GK-BetrVG/*Kreutz/Franzen* § 58 Rn. 42; *Rieble*, RdA 2005, 26 (29).

[4] AA *Rieble*, RdA 2005, 26 (29).

[5] Richardi/*Annuß* BetrVG § 58 Rn. 27 iVm § 50 Rn. 60; GK-BetrVG/*Kreutz/Franzen* § 58 Rn. 42; *Rieble*, RdA 2005, 26 (29); *Behrens/Kramer*, DB 1994, 94 (94).

[6] *Rieble*, RdA 2005, 26 (29).

[7] *Fitting*, BetrVG § 58 Rn. 25; GK-BetrVG/*Kreutz/Franzen* § 58 Rn. 43.

[8] Richardi/*Annuß* BetrVG § 58 Rn. 27 iVm § 50 Rn. 61.

[9] *Rieble*, RdA 2005, 26 (27).

[10] Richardi/*Annuß*, BetrVG § 58 Rn. 44; GK-BetrVG/*Kreutz/Franzen*, § 58 Rn. 22.

[11] DKKW/*Trittin*, BetrVG § 58 Rn. 106; Richardi/*Annuß*, BetrVG § 58 Rn. 34, 45.

[12] DKKW/*Trittin*, BetrVG § 58 Rn. 106.

[13] BAG 12.11.1997 – 7 ABR 78/96, AP BetrVG 1972 § 77 Nr. 71; Richardi/*Annuß*, BetrVG § 58 Rn. 45; GK-BetrVG/*Kreutz/Franzen*, § 58 Rn. 38; *Fitting*, BetrVG § 58 Rn. 22; ErfK/*Koch*, BetrVG § 58 Rn. 5; DKKW/*Trittin*, BetrVG § 58 Rn. 112; aA *Hanau*, ZGR 1984, 468 (482).

[14] *Fitting*, BetrVG § 58 Rn. 34; GK-BetrVG/*Kreutz/Franzen*, § 58 Rn. 22; ErfK/*Koch*, BetrVG § 58 Rn. 6; DKKW/*Trittin*, BetrVG § 58 Rn. 110; *Kort*, NZA 2009, 464 (470); jetzt auch Richardi/*Annuß*, BetrVG § 58 Rn. 45.

2. Die Konzernbetriebsvereinbarung

a) Abschluss, Wirkung und Beendigung

Wie bereits besprochen, ist der Arbeitgeber im betriebsverfassungsrechtlichen Sinne und damit auch richtiger Verhandlungspartner der Konzern selbst. Handelndes Organ ist in diesem Fall die **Leitung des herrschenden Unternehmens**.[1]   136

Ungeklärt ist noch die Frage, ob die Konzernleitung auch richtiger Vertragspartner ist, um die normative Wirkung einer Konzernbetriebsvereinbarung zu begründen oder die einzelnen Konzernunternehmen selbst Partei dieser Konzernbetriebsvereinbarung werden müssen.[2] Aus dem Grundsatz der vertrauensvollen Zusammenarbeit gemäß §§ 2 Abs. 1, 23 Abs. 3 BetrVG[3] folgt, dass die Konzernspitze dazu verpflichtet ist, Gespräche und Verhandlungen der Arbeitnehmervertreter anzunehmen.[4] So ergibt es keinen Sinn, wenn der Konzern zwar Verhandlungs-, aber nicht Vertragspartner werden dürfte.[5] Wenn er jedes Mal die Regelungen per Weisung an die einzelnen Unternehmen delegieren müsste,[6] verlöre die Konzernbetriebsvereinbarung an enormer Effektivität. Daher gebietet sich auch hier **keine Differenzierung zwischen horizontaler und vertikaler Konzernbetriebsvereinbarung**[7] und **Vertragskonzern oder faktischem Konzern**.[8] Weder bedarf es für eine Geltung des Abschlusses gleichlautender örtlicher Betriebsvereinbarungen noch der Anweisung der Leitung des herrschenden Unternehmens.[9] Daher kann der Konzernbetriebsrat auch Rahmenregelungen erlassen, die dann im Einzelfall von den lokalen Betriebsräten oder dem Gesamtbetriebsrat ausgefüllt werden.[10]   137

Die **zwingend normative Wirkung** einer Konzernbetriebsvereinbarung zeigt eine Entscheidung des BAG, wonach aus einer Konzernbetriebsvereinbarung, die über Jahre hinweg unrichtig angewandt worden war, keine Ansprüche aus betrieblicher Übung entstehen.[11] Auch die Vollzugspraxis kann zur Auslegung einer solchen Vereinbarung nicht herangezogen werden.[12]   138

Konsequenz hieraus ist folglich, dass die zwischen Konzernbetriebsrat und Konzernleitung geschlossenen Vereinbarungen gemäß § 77 Abs. 4 BetrVG für alle Arbeitsverhältnisse im Konzern unmittelbar und zwingend gelten,[13] sofern eine Beschränkung   139

---

[1] Richardi/*Annuß*, BetrVG § 58 Rn. 34; DKKW/*Trittin*, BetrVG § 58 Rn. 100.
[2] HWK/*Gaul*, BetrVG § 58 Rn. 11; Abschluss durch das herrschende Unternehmen: BAG 22.1.2002 – 3 AZR 554/00, NZA 2002, 1224 ff.; nicht eindeutig: BAG 12.11.1997 – 7 ABR 78/96, NZA 1998, 497 ff.
[3] DKKW/*Trittin*, BetrVG § 58 Rn. 111.
[4] BAG 18.5.2010 – 1 ABR 6/09, NZA 2010, 1433 ff.; DKKW/*Trittin*, BetrVG § 58 Rn. 111; aA Richardi/*Annuß*, BetrVG § 58 Rn. 45, der eine Abschlussvollmacht verlangt bzw. das Einsetzen der Konzernleitungsmacht.
[5] GK-BetrVG/*Kreutz*/*Franzen* § 58 Rn. 14.
[6] GK-BetrVG/*Kreutz*/*Franzen* § 58 Rn. 14; Richardi/*Annuß*, BetrVG § 58 Rn. 43.
[7] *Fitting*, BetrVG § 58 Rn. 38; GK-BetrVG/*Kreutz*/*Franzen*, § 58 Rn. 16.
[8] *Fitting*, BetrVG § 58 Rn. 37; ErfK/*Koch*, BetrVG § 58 Rn. 6; GK-BetrVG/*Kreutz*/*Franzen*, § 58 Rn. 15; DKKW/*Trittin*, BetrVG § 58 Rn. 110f.
[9] BAG 22.1.2002 – 3 AZR 554/00, NZA 2002, 1224 ff.; *Fitting*, BetrVG § 58 Rn. 35; GK-BetrVG/*Kreutz*/*Franzen*, § 58 Rn. 5 ff.; DKKW/*Trittin*, BetrVG § 58 Rn. 107; WPK/*Roloff*, BetrVG § 58 Rn. 12; aA Richardi/*Annuß*, BetrVG § 58 Rn. 43; MüHdB ArbR/*Joost*, § 227 Rn. 65.
[10] DKKW/*Trittin*, BetrVG § 58 Rn. 13.
[11] BAG 22.1.2002 – 3 AZR 554/00, AP BetrVG 1972 § 77 Nr. 4.
[12] BAG 22.1.2002 – 3 AZR 554/00, AP BetrVG 1972 § 77 Nr. 4.
[13] DKKW/*Trittin*, BetrVG § 58 Rn. 105; *Schwald*, Die Legitimation der Konzernbetriebsverfassung, S. 62.

nicht vereinbart wurde.¹ Auch der Konzernbetriebsrat muss bei seiner Vereinbarung das **Maßregelungsverbot** gemäß § 612a BGB beachten, wonach bei zulässiger Ausübung der Rechte durch die Arbeitnehmer diese bei Vereinbarungen oder einer Maßnahme nicht benachteiligt werden dürfen oder ansonsten Vereinbarung und Maßnahme unwirksam sind.² Das Verbot ist insbesondere bei der Regelung freiwilliger Leistungen zu beachten. So darf der Arbeitgeber nicht die Arbeitnehmer, die rechtmäßig ihre Rechte ausüben, aus dem Wirkungskreis einer freiwilligen Leistung ausschließen.³ Des Weiteren ist zu beachten, dass Konzernbetriebsvereinbarungen, sofern sie aufgrund originärer Zuständigkeit erfolgen, auch betriebsratslose Betriebe umfassen, unabhängig davon, weshalb kein Betriebsrat vorliegt. Dies gilt auch dann, wenn ein Gesamtbetriebsrat existiert, dieser aber sein Recht der Entsendung eines Mitgliedes nicht geltend macht.⁴

140 Festzuhalten bleibt folglich, dass sich Konzernbetriebsvereinbarungen zwingend normativ und unmittelbar auf alle Arbeitsverhältnisse im Konzern auswirken. Dadurch, dass der Konzernbetriebsrat alleiniger Vertragspartner ist, haben die örtlichen Betriebsräte sowie die Gesamtbetriebsräte keinen Anspruch aus der Konzernbetriebsvereinbarung, sofern das Maßregelungsverbot beachtet wurde.⁵ Sie können jedoch den Konzernbetriebsrat zur Beachtung der Vereinbarung nach Maßgabe von § 23 Abs. 3 BetrVG zwingen.⁶ War der Konzernbetriebsrat hingegen per Delegation tätig, steht den beauftragenden Arbeitnehmervertretungsgremien der Durchführungsanspruch zu.⁷

141 **Abschluss und Beendigung** von Konzernbetriebsvereinbarungen werden gemäß § 59 Abs. 1, § 51 Abs. 5, § 77 Abs. 5 BetrVG wie die von Betriebs- und Gesamtbetriebsvereinbarungen gehandhabt.⁸ Bei Amtsende des Konzernbetriebsrats gelten die durch ihn originär geschlossenen Vereinbarungen als Gesamtbetriebsvereinbarungen bzw. Einzelbetriebsvereinbarungen normativ fort.⁹ Strittig ist jedoch das Schicksal von Konzernbetriebsvereinbarungen nach Restrukturierungen.

b) Schicksal der Konzernbetriebsvereinbarung bei Betriebs(teil)übergang¹⁰

142 Festzuhalten ist, dass die zwingende Wirkung von Konzernbetriebsvereinbarungen nicht automatisch durch Strukturveränderung des Konzerns per Betriebsübergang ein Ende findet.¹¹ Grundsätzlich sind drei Kategorien zu unterscheiden: zum einen der **Betriebs(teil)übergang im und in den Konzern,** zum anderen der **Ausschluss eines Betriebs aus dem Konzernverbund.** Aufgrund der Parallelität von Gesamt- und Konzernbetriebsvereinbarungen ist der zu der Fortgeltung der Gesamtbetriebsvereinbarungen geführte Meinungsstreit auf die Konzernbetriebsvereinbarungen zu übertragen.¹² Im ersteren Fall verbleibt der Betrieb unstrittig im Konzernverbund und daher bleibt auch die Konzernbetriebsvereinbarung kollektivrechtlich unmittelbar und

---

[1] DKKW/*Trittin*, BetrVG § 58 Rn. 107; *Fitting*, BetrVG § 58 Rn. 35; ErfK/*Koch*, BetrVG § 58 Rn. 6; GK-BetrVG/*Kreutz/Franzen*, § 58 Rn. 49; *Kort*, NZA 2009, 464 (470); *Cisch/Hock*, BB 2012, 2113 (2115); *Bachner*, NZA 1995, 256 (257).
[2] LAG Düsseldorf 19.8.2008 – 9 TaBV 87/08; aA DKKW/*Trittin*, BetrVG § 58 Rn. 117 ff.
[3] BAG 12.6.2002 – 10 AZR 340/01, AP BGB § 612a Nr. 8.
[4] DKKW/*Trittin*, BetrVG § 58 Rn. 114.
[5] BAG 18.5.2010 – 1ABR 6/09, NZA 2010, 1433 ff.; *Fitting*, BetrVG § 58 Rn. 34.
[6] BAG 18.5.2010 – 1ABR 6/09, NZA 2010, 1433 ff.; *Fitting*, BetrVG § 58 Rn. 34.
[7] BAG 18.5.2010 – 1ABR 6/09, NZA 2010, 1433 ff.; *Fitting*, BetrVG § 58 Rn. 34.
[8] GK-BetrVG/*Kreutz/Franzen*, § 58 Rn. 53.
[9] GK-BetrVG/*Kreutz/Franzen*, § 58 Rn. 53.
[10] *Gussen*, FS Leinemann, 2006, S. 207 ff.
[11] DKKW/*Trittin*, BetrVG § 58 Rn. 115.
[12] *Fitting*, BetrVG § 77 Rn. 170; *Cisch/Hock*, BB 2012, 2113 ff.; *Braun*, ArbRB 2004, 118 ff.

C. Zuständigkeit des Konzernbetriebsrats per Delegation

zwingend bestehen.[1] Dies gilt auch, wenn ein neuer betriebsratsloser Betrieb in den Konzern aufgenommen wird.[2]

Fragwürdig ist allein die Fortgeltung von Konzernbetriebsvereinbarungen bei **Verlust der Konzernidentität**.[3] Diese Frage ist indes unabhängig davon zu bewerten, ob dieser mit einem Inhaberwechsel verbunden ist oder nicht.[4] Ansonsten würden nämlich nicht hinnehmbare Schutzlücken für die Arbeitnehmer des aus dem bisherigen Konzernverbund ausscheidenden Unternehmens entstehen.[5] Bis zu einem wichtigen Urteil vom BAG im Jahre 2002 wurden hierzu verschiedenste Auffassungen vertreten.[6]

143

Nach einer Auffassung sollte die Gesamtbetriebsvereinbarung immer ihre normative Wirkung verlieren und herabgesetzt werden auf die **individualvertragliche Ebene** in Anlehnung an § 613a Abs. 1 BGB.[7] Die hM ging jedoch davon aus, dass die Gesamtbetriebsvereinbarung ihre kollektivrechtliche Wirkung ausnahmsweise unter bestimmten Voraussetzungen behalten dürfe.[8] Die verlangten Voraussetzungen divergierten jedoch. Zum einen sollten originär geschlossene Vereinbarungen immer auf individualvertragliche Ebene herabgesetzt werden.[9] Zum anderen nur dann, wenn nicht alle Betriebe übergingen.[10] Die hM stellte indes auf den Verlust der Unternehmensidentität ab. So korreliere diese sowohl mit der Fortgeltung der Vereinbarungen,[11] als auch mit dem Fortbestehen eines Gesamtbetriebsrats.[12] Die Unternehmensidentität sollte sich ihrerseits durch die Anzahl der im betroffenen Betrieb beschäftigten Arbeitnehmer bestimmen.[13] Begründet wurde diese Vorgehensweise durch das gesetzliche Bedürfnis nach einer demokratischen Legitimationsbasis für die Arbeitnehmervertretungen.[14] Ging man mit der hM von einer möglichen **normativen Fortgeltung** aus, war fraglich, in welcher Form die Vereinbarung kollektivrechtlich fortgelten sollte. Zum Teil wurde eine Fortgeltung als Einzelbetriebsvereinbarung,[15] zum anderen Teil als Gesamtbetriebsvereinbarung[16] angenommen.

144

Die Rechtsprechung selbst hatte bisher nur ohne nähere Begründung entschieden, dass eine Gesamtbetriebsvereinbarung ihre **normative Geltung** ver-

145

---

[1] DKKW/*Trittin*, BetrVG § 58 Rn. 116.
[2] DKKW/*Trittin*, BetrVG § 58 Rn. 116.
[3] BAG 18.9.2002 – 1 ABR 54/01, BB 2003, 1387 ff. mit Anm. *Grobys*.
[4] GK-BetrVG/*Kreutz/Franzen*, § 58 Rn. 54; *Cisch/Hock*, BB 2012, 2113 (2114).
[5] *Cisch/Hock*, BB 2012, 2113 (2114).
[6] *Hohenstatt/Müller-Bonanni*, NZA 2003, 766 (768).
[7] *Wank*, NZA 1987, 505 (507 ff.); gesehen in BAG 18.9.2002 – 1 ABR 54/01, BB 2003, 1387 ff. mit Anm. *Grobys*.
[8] WHSS/*Hohenstatt*, E Rn. 70 ff.; *Cisch/Hock*, BB 2012, 2113 (2114); so auch BAG 18.9.2002 – 1 ABR 54/01, BB 2003, 1387 ff. mit Anm. *Grobys*.
[9] *Kittner/Däubler/Zwanziger/Zwanziger*, KSchR, BGB § 613a Rn. 76; BAG 18.9.2002 – 1 ABR 54/01, BB 2003, 1387 ff. mit Anm. *Grobys*.
[10] ErfK/*Preis*, 3. Aufl., BGB § 613a Rn. 112 f.; WHSS/*Hohenstatt*, Umstrukturierung und Übertragung von Unternehmen, E Rn. 70 ff.; *Cisch/Hock*, BB 2012, 2113 (2114); *Gaul*, NZA 1995, 717 (724 f.); *Bachner*, NJW 1995, 2881 (2883 f.); *Schiefer*, NJW 1998, 1817 (1820); vgl. auch BAG 18.9.2002 – 1 ABR 54/01, BB 2003, 1387 ff. mit Anm. *Grobys*, allerdings zuletzt ablehnend.
[11] *Braun/Rütz*, ArbRB 2013, 27, 27; *Weiss/Weyand*, AG 1993, 97, 105 f.; *Hohenstatt/Müller-Bonanni*, NZA 2003, 766, 766 f.; so später dann auch das BAG 18.9.2002 – 1 ABR 54/01, BB 2003, 1387 ff. mit Anm. *Grobys*.
[12] *Hohenstatt/Müller-Bonanni*, NZA 2003, 766 (767 ff.); so dann auch das BAG 5.6.2002 – 7 ABR 17/01, ZIP 2003, 271 ff.; BAG 18.9.2002 – 1 ABR 54/01, BB 2003, 1387 ff. mit Anm. *Grobys*.
[13] *Hohenstatt/Müller-Bonanni*, NZA 2003, 766 (768, 770).
[14] *Hohenstatt/Müller-Bonanni*, NZA 2003, 766, 768.
[15] ErfK/*Kania* BetrVG § 77 Rn. 118; *Kreßel*, BB 1995, 925 (929); *Meyer*, DB 2000, 1174 (1176 f.).
[16] MüKoBGB/*Schaub*, § 613a Rn. 145; *Däubler*, RdA 1995, 136 (140); *Röder/Haußmann*, DB 1999, 1754 (1756).

liere.[1] Neben dem Hinweis auf *Dietz/Richardi*, BetrVG, Bd. 2, 6. Aufl., § 77 Rn. 147 iVm 140 findet sich in dieser Entscheidung auch die Anwendung des § 613a Abs. 1 BGB.[2] Allen Auffassungen und auch dieser Rechtsprechung ist gemein, dass sie die normative Fortgeltung einer Gesamtbetriebsvereinbarung nur unter speziellen Umständen annehmen. Vielmehr setzten sie jedoch diese Vereinbarung auf individualvertragliche Ebene in korrekter Anwendung des § 613a Abs. 1 BGB herab.[3]

146 Durch eine Entscheidung des BAG vom 18.9.2002 kam dann aber der Paradigmenwechsel.[4] In diesem Urteil hat sich das BAG ausführlich mit der bisherigen Rechtsprechung und auch Literatur auseinandergesetzt und entschieden, dass eine Gesamtbetriebsvereinbarung im Falle eines Betriebsübergangs **grundsätzlich kollektivrechtlich fortgilt.**[5] Auch wenn diese Entscheidung grundsätzlich kritisiert wurde, hat sie für die anwaltliche Rechtspraxis Klarheit gebracht.[6]

147 Nach Ansicht des BAG entspreche die normative Fortgeltung den Prinzipien des Betriebsverfassungsgesetzes,[7] da **Regelungssubstrat** in jedem Falle **der einzelne Betrieb** und nicht ein „Gesamtbetrieb" sei.[8] Daher laufe auch das Argument der „Unternehmensidentität" ins Leere.[9] Auch wenn für die Zuständigkeit des Gesamtbetriebsrats ein zwingendes Erfordernis für eine betriebsübergreifende Regelung notwendig sei, würde hierdurch nicht automatisch auch ein **Betriebsverbund** gebildet werden.[10] In diesem Sinne verweist das BAG insbesondere auf das Prinzip, wonach der Gesamtbetriebsrat auch für betriebsratslose Betriebe zuständig ist.[11] Zuletzt stellt das BAG auf die Interessen der Beteiligten ab. So würden die Interessen der Arbeitnehmer besser durch eine gemeinsame Vertretung durchgesetzt werden und der Arbeitgeber könne kollektivrechtliche Vereinbarungen einfacher anpassen und verändern mit nur einem Regelungspartner.[12]

148 In der Rechtsfolge unterscheidet das BAG danach, wie viele Betriebe übergehen sollen.[13] Gehen sämtliche Betriebe eines Unternehmens über, gelte die Gesamtbetriebsvereinbarung als solche weiter.[14] Hierfür ausreichen würde allein das Argument der **Amtskontinuität,** das einen Rückgriff auf § 613a Abs. 1 BGB, der nur subsidiär gilt, obsolet mache.

149 Handelt es sich nur um den Übergang eines Betriebs, bestehe zwar keine Amtskontinuität, allerdings bleibe die Gesamtbetriebsvereinbarung dann als Einzelbetriebs-

---

[1] BAG v. 29.10.1985 – 3 AZR 485/83, MDR 1986, 960 f.
[2] BAG v. 29.10.1985 – 3 AZR 485/83, MDR 1986, 960 f.; *Braun/Rütz,* ArbRB 2013, 27 ff.
[3] *Braun/Rütz,* ArbRB 2013, 27 ff.
[4] BAG 18.9.2002 – 1 ABR 54/01, BB 2003, 1387 ff. mit Anm. *Grobys; Cisch/Hock,* BB 2012, 2113 (2114); *Hohenstatt/Müller-Bonanni,* NZA 2003, 766 ff.; *Braun/Rütz,* ArbRB 2013, 27 ff.
[5] BAG 18.9.2002 – 1 ABR 54/01, BB 2003, 1387 ff. mit Anm. *Grobys;* GK-BetrVG/*Kreutz/Franzen,* § 58 Rn. 54; *Cisch/Hock,* BB 2012, 2113 (2115).
[6] *Braun,* ArbRB 2004, 118 ff.
[7] BAG 18.9.2002 – 1 ABR 54/01, BB 2003, 1387 ff. mit Anm. *Grobys.*
[8] BAG 18.9.2002 – 1 ABR 54/01, BB 2003, 1387 ff. mit Anm. *Grobys; Fitting,* BetrVG § 58 Rn. 39.
[9] BAG 18.9.2002 – 1 ABR 54/01, BB 2003, 1387 ff. mit Anm. *Grobys; Cisch/Hock,* BB 2012, 2113 (2115).
[10] BAG 18.9.2002 – 1 ABR 54/01, BB 2003, 1387 ff. mit Anm. *Grobys.*
[11] *Cisch/Hock,* BB 2012, 2113 (2115).
[12] BAG 18.9.2002 – 1 ABR 54/01, BB 2003, 1387 ff. mit Anm. *Grobys; Meyer,* DB 2000, 1174 (1176); *Cisch/Hock,* BB 2012, 2113 (2115).
[13] BAG 18.9.2002 – 1 ABR 54/01, BB 2003, 1387 ff. mit Anm. *Grobys; Cisch/Hock,* BB 2012, 2113; *Braun/Rütz,* ArbRB 2013, 27 ff.; aA DKKW/*Trittin,* BetrVG § 58 Rn. 116, der immer die Fortgeltung als Einzelbetriebsvereinbarung annimmt.
[14] BAG 18.9.2002 – 1 ABR 54/01, BB 2003, 1387 ff. mit Anm. *Grobys.*

vereinbarung erhalten.[1] Anerkannt sei nämlich schon, dass einmal geschaffene Gesamtbetriebsvereinbarungen unabhängig vom vorübergehenden oder endgültigen Wegfall des Gesamtbetriebsrats weitergelten.[2] Auch hier sei kein Rückgriff auf § 613a Abs. 1 BGB notwendig, da allein die beibehaltene „**Betriebsidentität**" eine Fortgeltung bedinge.[3] Auch diese Rechtsfolge entspreche den Interessen der Beteiligten.[4] Gleiches gelte für betriebsratslose Unternehmen, für die ja eben auch die Konzernbetriebsvereinbarung gelte.[5]

Gehen mehrere Betriebe über, so solle auch hier die Gesamtbetriebsvereinbarung als solche weitergelten, da gemäß § 47 BetrVG die Betriebe ohnehin dazu verpflichtet wären, einen neuen Gesamtbetriebsrat zu bilden.[6] Dieser Argumentation sind jedoch Praktikabilitätsgründe entgegenzusetzen.[7] So führt ein Verstoß gegen § 47 BetrVG zur Auflösung des bzw. der untätigen Betriebsräte, und dazu, dass dem Arbeitgeber kein Handlungsspielraum mehr offen steht.[8] Gleiches gilt für die Betriebe ohne Betriebsrat.[9] Das BAG entschied jedoch explizit, dass die normative Fortgeltung unabhängig von der Weitergeltung des Gesamtbetriebsrats[10] und der Bewahrung der Identität bestehen bleibe.[11] Entscheidend sei allein die **Erhaltung des Betriebs als Bezugspunkt der Mitbestimmung**.[12] **150**

Dieses Urteil des BAG wird durch ein weiteres vom 22.4.2009 zur Transformation gemäß § 613a Abs. 1 S. 2 BGB unterstützt.[13] Hier hatte das BAG entscheiden, dass die **transformierten Normen,** vergleichbar mit § 3 Abs. 3 TVG, innerhalb der Jahresfrist des § 613a Abs. 1 S. 2 BGB auch **kollektiv fortgelten**.[14] So zeigt instruktiv auch dieses Urteil den Willen der Rechtsprechung, nunmehr die Transformation nach § 613a Abs. 1 S. 2 BGB kollektivrechtlich zu verankern.[15] Vorteil dieser neuen Rechtsprechung ist, dass die in einer Konzernbetriebsvereinbarung getroffenen Versorgungsregelungen betriebsvereinbarungsoffen sein und damit durch Betriebsvereinbarungen verändert werden dürfen.[16] **151**

Fraglich ist, inwieweit diese Grundsätze auf Konzernbetriebsvereinbarungen anzuwenden sind. Ohne Einschränkung gelten diese unproblematisch für die unechten, also nach § 58 Abs. 2 BetrVG geschlossenen Vereinbarungen, da diese in Wirklichkeit nur **152**

---

[1] BAG 18.9.2002 – 1 ABR 54/01, BB 2003, 1387 ff. mit Anm. *Grobys; Röder/Haußmann,* DB 1999, 1754 (1755); *Cisch/Hock,* BB 2012, 2113 (2115).
[2] BAG 18.9.2002 – 1 ABR 54/01, BB 2003, 1387 ff. mit Anm. *Grobys; Cisch/Hock,* BB 2012, 2113 (2116).
[3] BAG 18.9.2002 – 1 ABR 54/01, BB 2003, 1387 ff. mit Anm. *Grobys; Cisch/Hock,* BB 2012, 2113 (2115).
[4] *Cisch/Hock,* BB 2012, 2113 (2115).
[5] BAG 18.9.2002 – 1 ABR 54/01, BB 2003, 1387 ff. mit Anm. *Grobys; Cisch/Hock,* BB 2012, 2113 (2115).
[6] BAG 18.9.2002 – 1 ABR 54/01, BB 2003, 1387 ff. mit Anm. *Grobys; Cisch/Hock,* BB 2012, 2113 (2115); aA *Cisch/Hock,* BB 2012, 2113 (2116), der aus Praktibilitätsgründen eine Fortgeltung als Einzelbetriebsvereinbarung annehmen will, da ansonsten der die Handlungsmöglichkeiten des Arbeitgebers vom rechtmäßigen Verhalten der einzelnen Betriebsräte abhinge.
[7] *Cisch/Hock,* BB 2012, 2113 (2116).
[8] *Cisch/Hock,* BB 2012, 2113 (2116).
[9] *Cisch/Hock,* BB 2012, 2113 (2116).
[10] DKKW/*Trittin,* BetrVG § 58 Rn. 116.
[11] BAG 18.9.2002 – 1 ABR 54/01, BB 2003, 1387 ff. mit Anm. *Grobys;* so aber *Bachner,* NJW 1995, 2881 (2883).
[12] DKKW/*Trittin,* BetrVG § 58 Rn. 116; *Salomon,* NZA 2009, 471 ff.
[13] BAG 22.4.2009 – 4 AZR 100/08, DB 2009, 2605 ff.; *Cisch/Hock,* BB 2012, 2113 (2115).
[14] *Cisch/Hock,* BB 2012, 2113 (2115).
[15] *Cisch/Hock,* BB 2012, 2113 (2115); vgl. auch *Meyer,* DB 2010, 1404 ff.
[16] *Cisch/Hock,* BB 2012, 2113 (2114).

Einzel- bzw. Gesamtbetriebsvereinbarungen sind.[1] Jedoch **auch für die echten Konzernbetriebsvereinbarungen** ist davon auszugehen, dass die vom BAG entwickelten Grundsätze Anwendung finden, also nach Betriebsübergang kollektivrechtlich weitergelten sollen,[2] da auch hier nur gelten kann, dass Regelungssubstrat der Betrieb ist.[3]

153   Die Dogmatik und die Systematik dieser Entscheidung sind trotz allem sehr fragwürdig.[4] Daher ist sie zu Recht stark kritisiert worden.[5] So widerspricht sie insbesondere dem eindeutigen Wortlaut des § 613a Abs. 1 S. 2 BGB.[6] Fragwürdig ist nun, ob § 613a Abs. 1 BGB überhaupt noch Anwendung findet. Die vom BAG herangezogene Maxime der Amtskontinuität wird eher verletzt, als dass sich eine normative Fortgeltung der Gesamtbetriebsvereinbarung hieraus erklärt.[7] Der Übergang eines Betriebs bedingt nämlich den **Wegfall der Unternehmensidentität** und damit auch der normativen Fortgeltung.[8] Dabei ist es falsch, eine Unternehmensidentität zum Vorteil einer Betriebsidentität zu ignorieren. Insbesondere das Argument des Regelungssubstrats nämlich vermag nicht zu überzeugen, da es offensichtlich das Prinzip der Zuständigkeitstrennung missachtet. Die Zuständigkeit des Konzerns ergibt sich doch nur dann, wenn eben der einzelne Betrieb diese Angelegenheit nicht regeln kann.

154   Des Weiteren folgt aus dem Urteil das Problem der **temporären Unabänderlichkeit** der Norm.[9] Auch wenn das BAG die Arbeitgeber mit dem Hinweis tröstet, dass ein Gesamtbetriebsrat nach § 47 BetrVG zwingend gebildet werden muss, kann die Wartezeit bis dahin bzw. alternativ die Kündigungsfrist für die Praxis weitreichende Konsequenzen haben. Des Weiteren ist die Etablierung eines Konzernbetriebsrats im Gegensatz zum Gesamtbetriebsrat keine Pflicht, sondern nur ein Recht gemäß § 54 BetrVG.[10] Die normative Fortgeltung solcher Vereinbarungen kann folglich zu einer Blockadeposition führen. Allein eine Kündigung an alle betroffenen Arbeitnehmer kommt dann mangels Verhandlungspartner in Betracht.[11] Daher muss gelten, dass beim Übergang eines Unternehmens die Konzernbetriebsvereinbarung **zu einer Gesamtbetriebsvereinbarung herabgesetzt** wird.[12] Gehen jedoch mehrere Unternehmen jedoch über und bilden einen neuen Konzern, muss für die Fortgeltung als Konzernbetriebsvereinbarung das zwingende Erfordernis nach einer konzernweiten Regelung vorausgesetzt werden.[13] Dies wird aber in den seltensten Fällen zu bejahen sein.[14] Die Notwendigkeit einer konzerneinheitlichen Regelung kann von Konzern zu Konzern differieren.[15] Ist diese zu verneinen, so kommt als Minus nur eine unterneh-

---

[1] *Braun*, ArbRB 2004, 118 ff.
[2] GK-BetrVG/*Kreutz/Franzen*, § 58 Rn. 56; *Fitting*, BetrVG § 77 Rn. 170; WHSS/*Hohenstatt*, E Rn. 72; *Cisch/Hock*, BB 2012, 2113 (2115); *Braun*, ArbRB 2004, 118 ff.; *Gaul/Hiebert*, ArbRB 2012, 183 (185).
[3] *Braun*, ArbRB 2004, 118 f.
[4] *Hohenstatt/Müller-Bonanni*, NZA 2003, 766 ff.; *Braun/Rütz*, ArbRB 2013, 27.
[5] Vgl. u. a. *Grobys*, BB 2003, 1391 ff.; *Jacobs*, FS Konzen, 345 ff.; *Hohenstatt/Müller-Bonanni*, NZA 2003, 766 ff.; *Meyer*, ZIP 2004, 545 ff.; *Rieble/Gutzeit*, NZA 2003, 233 (234 ff.); *Braun/Rütz*, ArbRB 2013, 27 ff.
[6] *Braun/Rütz*, ArbRB 2013, 27 ff.; *Hohenstatt/Müller-Bonanni*, NZA 2003, 766 (769 ff.).
[7] *Braun/Rütz*, ArbRB 2013, 27 (28).
[8] *Hohenstatt/Müller-Bonanni*, NZA 2003, 766 (770); *Braun/Rütz*, ArbRB 2013, 27 ff.
[9] *Braun*, ArbRB 2004, 118 (119).
[10] *Braun*, ArbRB 2004, 118 (119).
[11] BAG 18.9.2002 – 1 ABR 54/01, BB 2003, 1387 ff. mit Anm. *Grobys*; *Cisch/Hock*, BB 2012, 2113 (2116); *Braun*, ArbRB 2004, 118 (120).
[12] *Fitting*, BetrVG § 77 Rn. 170; GK-BetrVG/*Kreutz/Franzen*, § 58 Rn. 56; *Cisch/Hock*, BB 2012, 2113 (2115); *Braun*, ArbRB 2004, 118 (119).
[13] *Braun*, ArbRB 2004, 118 (119).
[14] *Braun*, ArbRB 2004, 118 (119 f.).
[15] *Braun*, ArbRB 2004, 118 (119 f.).

menseinheitliche Regelung in Betracht und mit dieser die Fortgeltung als Gesamtbetriebsvereinbarung.[1]

Problematisch ist des Weiteren das Schicksal einer Konzernbetriebsvereinbarung **155** nach einem **Share Deal.** § 613a Abs. 1 S. 3 BGB ist nicht anwendbar, da hier nur Gesellschafter und nicht die Gesellschaft als solche wechselt.[2] Früher sollte dieser analog angewandt werden, da ansonsten beim Share Deal die Inhalte der Konzernbetriebsvereinbarung ersatzlos entfallen würden.[3] Heute gehen jedoch die Grundsätze des Betriebsverfassungsrechts vor, so dass die Konzernbetriebsvereinbarung auch kollektivrechtlich als Gesamt- bzw. Einzelbetriebsvereinbarung fortgilt.[4] Für die Praxisanwendung ist folglich unerheblich, ob ein Asset oder ein Share Deal Grund für den Übergang ist. In jedem Fall ist Regelungssubstrat der Betrieb und folglich die Vereinbarung als kollektivrechtlich fortgeltend anzusehen.[5]

Auch wenn der Entscheidung des BAG nunmehr widerwillig gefolgt werden muss, **156** muss im Fall von Konzernbetriebsvereinbarungen hinsichtlich der **betrieblichen Altersversorgung** zwingend eine Ausnahme gemacht werden. Hieraus resultiert nämlich das untragbare Ergebnis,[6] wonach die normativ fortgeltende Vereinbarung gemäß § 77 Abs. 4 BetrVG auch nach Betriebsübergang eingestellte Arbeitnehmer erfassen würde.[7] Es besteht die Gefahr einer unbestimmbaren Erweiterung des Adressatenkreises.[8] Schlimmstenfalls könnte dies zur Existenzvernichtung des Unternehmens führen mangels ausreichender Rückstellungen und hierdurch resultierender bilanzieller Überschuldung.[9]

Aus dem Rechtsstaatsprinzip in Art. 20 Abs. 3 GG[10] ergibt sich, dass bei Vorliegen **157** eines schutzwürdigen Vertrauenstatbestandes sowohl für Gesetz als auch für Rechtsprechung ein **Rückwirkungsverbot** gilt.[11] Ein solcher Tatbestand liegt dann vor, wenn die sofortige Anwendung der unerwarteten Änderung eine unzumutbare Härte für den Arbeitgeber bedeuten würde.[12] Dadurch, dass die Rechtsprechung entgegen § 613a BGB ohne Ankündigung ergangen ist, kam die Rechtsprechungsänderung unerwartet.[13] Insbesondere war es dem Arbeitgeber nicht möglich, Vorsorge zu treffen.[14] Das Vertrauen des Arbeitgebers im Falle der Altersvorsorge ist folglich schutzwürdig.[15] Dieser Schutz sollte in Form einer Stichtagsregelung erfolgen.[16] Der personelle Geltungsbereich der fortgeltenden Vereinbarung sollte beschränkt werden auf die Mitarbeiter, die vor dem Betriebsübergang eingetreten sind bzw. nach der Entschei-

---

[1] *Braun*, ArbRB 2004, 118 (119 f.).
[2] *Braun*, ArbRB 2004, 118 (120).
[3] DKKW/*Trittin*, BetrVG § 58 Rn. 15a; *Hanau*, RdA 1989, 207 (211); aA *Rieble*, NZA 2003, 233 (235).
[4] *Braun*, ArbRB 2004, 118 (120).
[5] *Braun*, ArbRB 2004, 118 (120 f.).
[6] *Braun/Rütz*, ArbRB 2013, 27 (28); *Hohenstatt/Müller-Bonanni*, NZA 2003, 766.
[7] *Braun/Rütz*, ArbRB 2013, 27 (28).
[8] *Braun/Rütz*, ArbRB 2013, 27 (28).
[9] *Braun/Rütz*, ArbRB 2013, 27 (28).
[10] Rspr., vgl. u. a. BVerfG 20.2.2002 – 1 BvL 19/97, BVerfGE 105, 48 ff.
[11] Rspr., vgl. u. a. BVerfG 22.5.2001 – 1 BvL 4/96, BVerfGE 103, 392 ff. = MDR 2001, 996; *Braun/Rütz*, ArbRB 2013, 27 (28).
[12] *Braun/Rütz*, ArbRB 2013, 27 (28).
[13] *Braun/Rütz*, ArbRB 2013, 27 (28).
[14] *Braun/Rütz*, ArbRB 2013, 27 (29).
[15] *Sowka/Weiss*, DB 1991, 1518 (1520); MHdB ArbR/*Joost*, § 313 Rn. 49; aA *Fitting*, BetrVG § 50 Rn. 76; GK-BetrVG/*Kreutz*, § 50 BetrVG Rn. 67; *Hohenstatt/Müller-Bonanni*, NZA 2003, 766 (771); *Braun/Rütz*, ArbRB 2013, 27 (29).
[16] *Braun/Rütz*, ArbRB 2013, 27 (29).

dung in das Unternehmen eintreten.[1] Solche Stichtagsregelungen finden sich immer wieder im Arbeitsrecht, um den Interessen aller Parteien unter Berücksichtigung von **Vertrauensgesichtspunkten** gerecht zu werden.[2] Das Vertrauen des Arbeitgebers ist allerdings nur bis zum Fristende der Kündigung schutzwürdig.[3]

158 Offen gelassen hat das BAG mit seiner Entscheidung den Fall, in dem beim Betriebserwerber bereits **eine Gesamt- bzw. Betriebsvereinbarung besteht.**[4] Anzunehmen ist jedoch nach Maßgabe des § 613a Abs. 1 S. 3 BGB[5] ein Durchsetzen der Vereinbarung des Erwerbers.[6] Soweit sich nämlich die Regelungsbereiche decken, kann auch nicht mehr von einem dringenden Bedürfnis einer konzernweiten Regelung gesprochen werden.[7]

159 Keine Auswirkung hat die neue Rechtsprechung auf stichtagsbezogene Regelungen, wonach Arbeitnehmer nicht unter den Geltungsbereich einer Vereinbarung fallen, die nach Inkrafttreten der Vereinbarung im Rahmen einer Einzel- oder Gesamtrechtsnachfolge in eine listenmäßige Gesellschaft eintreten.[8] So hat das BAG[9] hier entschieden, dass die Stichtagsregelung einer Konzernbetriebsvereinbarung nicht den Fall des § 613a BGB ausschließt.[10] Die Arbeitnehmer treten folglich nicht in ein neues Arbeitsverhältnis ein.[11]

160 **Ausgeschlossen** ist die normative Fortgeltung einer Konzernbetriebsvereinbarung auch bei **Geltungsvorbehalten.**[12] Hierbei handelt es sich in der Regel um Zustimmungs- bzw. Widerspruchsvorbehalte zugunsten von konzernfremden (Minderheits-) Gesellschaftern. Gleiches gilt für Ausübungshürden, die die wirtschaftliche Überforderung des Konzerns verhindern sollen.[13] Ein weiterer Ausschlussgrund für die Fortgeltung der Konzernbetriebsvereinbarung ist, wenn diese gegenstandslos wird, also wenn die Zugehörigkeit zum Konzern Voraussetzung für die Konzernbetriebsvereinbarung ist.[14] Als Beispiel sollen hier die konzernbezogenen Pensionskassen[15] genannt werden. Hier ist jeweils auf die geltende Satzung abzustellen,[16] die in der Regel die Anwendung auf konzernangehörige Unternehmen begrenzt.[17] In allen anderen Fällen gilt für die Konzernbetriebsvereinbarung die Rechtsprechung des BAG zur kollektivrechtlichen Fortgeltung.

---

[1] *Braun/Rütz*, ArbRB 2013, 27 (29).
[2] BAG 23.3.2006 – 2 AZR 343/05, DB 2006, 2901 ff.; BAG 18.4.2007 – 4 AZR 652/05, ArbRB 2007, 292 mit Anm. *Braun*; *Braun/Rütz*, ArbRB 2013, 27 (29).
[3] *Braun/Rütz*, ArbRB 2013, 27 (29).
[4] *Braun/Rütz*, ArbRB 2013, 27 f.; *Braun*, ArbRB 2004, 118 (119).
[4] *Fitting*, BetrVG § 58 Rn. 39; *Seel*, MDR 2008, 657 (660); offen gelassen BAG 18.9.2002 – 1 ABR 54/01, BB 2003, 1387 ff. mit Anm. *Grobys*.
[5] *Braun*, ArbRB 2004, 118 (120).
[6] *Fitting*, BetrVG § 58 Rn. 39; *Seel*, MDR 2008, 657 (660); offen gelassen BAG 18.9.2002 – 1 ABR 54/01, BB 2003, 1387 ff. mit Anm. *Grobys*.
[7] *Braun*, ArbRB 2004, 118 (120).
[8] *Cisch/Hock*, BB 2012, 2113 (2116).
[9] BAG 19.1.2010 – 3 ABR 19/08, AP BetrVG 1972 § 77 Betriebsvereinbarung Nr. 49.
[10] *Cisch/Hock*, BB 2012, 2113 (2116).
[11] BAG 19.1.2010 – 3 ABR 19/08, AP BetrVG 1972 § 77 Betriebsvereinbarung Nr. 49; *Cisch/Hock*, BB 2012, 2113 (2116).
[12] *Cisch/Hock*, BB 2012, 2113 (2116).
[13] *Cisch/Hock*, BB 2012, 2113 (2116).
[14] BAG 18.9.2002 – 1 ABR 54/01, BB 2003, 1387 ff. mit Anm. *Grobys*; *Fitting*, BetrVG § 77 Rn. 162; *Cisch/Hock*, BB 2012, 2113 (2117).
[15] *Cisch/Hock*, BB 2012, 2113 (2117).
[16] *Cisch/Hock*, BB 2012, 2113 (2117).
[17] *Cisch/Hock*, BB 2012, 2113 (2117).

3. Abgrenzung

Ausschlaggebend für die Abgrenzung der einzelnen Regelungsinstrumente ist die gesetzliche Zuständigkeitsabgrenzung.[1] Die Zuständigkeit eines Gremiums schließt die der anderen aus,[2] außer es handelt sich um eine Rahmenregelung.[3] Bei Vereinbarungen des Konzernbetriebsrats per Delegation liegen jeweils Betriebs- bzw. Gesamtbetriebsvereinbarungen vor.[4] Diese sind dann auch wieder für die abgeschlossenen Vereinbarungen für Änderungen etc. zuständig.[5] Bei Ablösung einer Konzernbetriebsvereinbarung ist eine Inhaltskontrolle nach den Grundsätzen des Vertrauensschutzes und der Verhältnismäßigkeit der vom BAG entwickelten Drei-Stufen-Theorie durchzuführen.[6] Bei einer Beschneidung von bereits bestehenden Arbeitnehmerrechten ist darüber hinaus eine Billigkeitskontrolle[7] durch **Gegenüberstellung von Änderungswünschen und Rechtstandsinteressen** notwendig.[8]

161

4. Sonderproblem des Gemeinschaftsunternehmens

a) Horizontale Abgrenzung

Ein Sonderproblem ergibt sich bei einem Gemeinschaftsunternehmen, das **zu gleichen Teilen zwei Konzernen** zugehört. Hier stellen sich verschiedene Fragen. Zunächst einmal, ob und wenn ja, wohin ein bestehender Gesamtbetriebsrat Arbeitnehmervertreter entsenden darf und welche Konsequenzen sich hieraus ergeben.[9] Insbesondere stellt sich die Frage nach der Lösung von eventuellen Normenkollisionen.[10]

162

Auch wenn ein Gemeinschaftsunternehmen aktienrechtlich an zwei Konzerne angeknüpft werden kann, muss dies **betriebsverfassungsrechtlich** nicht so sein.[11] Die mögliche Beteiligung des Gesamtbetriebsrats in beiden Konzernbetriebsräte würde einem Weniger an Beherrschungsmacht ein Mehr an Mitbestimmungseinfluss gegenüberstellen.[12] Zum einen sollen Konzernbetriebsvereinbarungen daher für nicht beteiligte Tochterunternehmen erst gar nicht zur Anwendung kommen.[13] Zum anderen sollte nur bei einem Vertragskonzern die Konzernbetriebsvereinbarung unmittelbare Wirkung auf das Gemeinschaftsunternehmen entfalten.[14] Andere wiederum lehnen die Entsendung generell ab, um Kollisionen zu vermeiden.[15]

163

---

[1] Richardi/Annuß, BetrVG § 58 Rn. 46; HWK/Gaul, BetrVG § 58 Rn. 58.
[2] ErfK/Koch, BetrVG § 58 Rn. 6; HWK/Gaul, BetrVG § 58 Rn. 58; Cisch/Hock, BB 2012, 2113 ff.
[3] BAG 3.5.1984 – 6 ABR 68/81, DB 1984, 2413 ff.; HWK/Gaul, BetrVG § 58 Rn. 58.
[4] HWK/Gaul, BetrVG § 58 Rn. 58.
[5] HWK/Gaul, BetrVG § 58 Rn. 58.
[6] BAG 16.9.1986 – GS 1/86, AP BetrVG 1972 § 77 Rn. 17; BAG 17.3.1987 – 3 AZR 64/84, AP BetrAVG § 1 Ablösung Nr. 9; Cisch/Hock, BB 2012, 2113 (2114).
[7] Cisch/Hock, BB 2012, 2113 (2114).
[8] BAG 17.3.1987 – 3 AZR 64/84, AP BetrAVG § 1 Ablösung Nr. 9; Cisch/Hock, BB 2012, 2113 (2114).
[9] Weiss/Weyand, AG 1993, 97.
[10] DKKW/Trittin, BetrVG § 58 Rn. 116.
[11] BAG 30.10.1986 – 6 ABR 52/83, AP BetrVG 1972 § 55 Nr. 1.
[12] BAG 30.10.1986 – 6 ABR 52/83, AP BetrVG 1972 § 55 Nr. 1.
[13] Buchner, AG 1971, 189 (190).
[14] Vgl. Biedenkopf, Quo vadis, ius societatum?, Liber amirocorum Pieter Sanders, 1972, S. 1, 11 f.
[15] Klinkhammer, Mitbestimmung im Gemeinschaftsunternehmen, 1977, S. 109 ff., 111 f.; Windbichler, Arbeitsrecht im Konzern, 2002, S. 347.

164 Das BAG[1] hat in Zustimmung der hM[2] indes entschieden, dass der Gesamtbetriebsrat eines Gemeinschaftsunternehmens für personelle, wirtschaftliche und sachliche Maßnahmen **in beide Konzernbetriebsräte** Arbeitnehmervertreter entsenden dürfe, sofern diese tatsächlich paritätisch die Leitungsmacht ausüben gemäß § 18 Abs. 1 S. 1 AktG.[3] Das Gemeinschaftsunternehmen sei nun einmal abhängig und damit potentielles Konzernunternehmen.[4] Das BAG stellt darüber hinaus eine Korrelation zwischen der Möglichkeit einer doppelten Abhängigkeit und der Möglichkeit einer mehrfachen Konzernbindung eines Unternehmens her.[5] Gleichfalls dürfe die betriebliche Mitbestimmung nicht anders bewertet werden als die Unternehmensmitbestimmung.[6] Diese Entscheidung begründet das BAG insbesondere mit dem Schutzzweck der Mitbestimmung. So ändere die Tatsache, dass es zwei Müttergesellschaften gebe, nichts am Schutzzweck der §§ 54 ff. BetrVG, wonach die Mitbestimmung dort zur Anwendung kommen solle, wo die wesentlichen Entscheidungen erfolgen.[7] Der Bedarf einer Konzernbetriebsratsbildung verdeutliche sich insbesondere im Fall der Delegation in Fragen einer Betriebsstilllegung, so das BAG.[8] Von dieser Möglichkeit werde für einen besseren Sozialplan und Interessenausgleich gerne Gebrauch gemacht, insbesondere um die Möglichkeit einer Übernahme der Arbeitnehmer in das herrschende Unternehmen zu verbessern. Dieser Weg stünde dem Einzel- bzw. Gesamtbetriebsrat aber nicht offen, wenn eine Partizipation am Konzernbetriebsrat nicht möglich wäre. Die Arbeitnehmer des beherrschten Unternehmens wären somit weniger stark geschützt. Auch die Gefahr einer Normenkollision stelle keinen Grund dar, den Schutzzweck der §§ 54 ff. BetrVG zu unterlaufen. Die Lösung einer solchen Kollision lässt der Senat jedoch offen.[9]

165 Dem kann nur zugestimmt werden, da ansonsten der Konzernbetriebsrat als Institution funktionslos wäre.[10] Eine Entsendungsmöglichkeit ist folglich notwendig. Fraglich ist jedoch, was bei einer **Normenkollision** passiert. Bisher ist der Fall der Normenkollision in der Rechtsprechung[11] nur angedeutet und in der Literatur[12] nur peripher behandelt worden. Mangels gesetzlicher Regelung bleibt zur Lösungsfindung nur ein Rückgriff auf die allgemeinen Kollisionsregelungen des BetrVG.[13] Unter anderem sind folgende Lösungsansätze denkbar, um Normenkollisionen zu behandeln: das Ordnungsprinzip, das Günstigkeitsprinzip, das Spezialitätsprinzip und das Wahlrecht.[14] Während das Ordnungsprinzip schon daran scheitert, dass es sich hier um verschiedene Parteien handelt, kann das Günstigkeitsprinzip aufgrund des rechtsquellentheoretischen identischen Regelungsniveaus nicht bestehen.[15] Des Weiteren spricht gegen das Günstigkeitsprin-

---

[1] BAG 30.10.1986 – 6 ABR 19/85, AP BetrVG 1972 § 55 Nr. 1.
[2] Vgl. DKKW/*Trittin*, BetrVG § 54 Rn. 18, 19; *Fitting*, BetrVG § 54 Rn. 18; GK-BetrVG/*Fabricius/Kreutz*, § 54 Rn. 36, setzen jedoch eine Koordinierung der Sachfragenvoraus; *Windbichler*, Arbeitsrecht im Konzern, 2002, S. 317 ff. (347); *Buchner*, RdA 1975, 9 (12) hinsichtlich des Mitbestimmungsgesetzes; nur für einen Ausnahmefall *Wessing/Hölters*, DB 1977, 864 ff.
[3] *Weiss/Weyand*, AG 1993, 97 (98).
[4] BAG 30.10.1986 – 6 ABR 19/85, AP BetrVG 1972 § 55 Nr. 1.
[5] BAG 30.10.1986 – 6 ABR 19/85, AP BetrVG 1972 § 55 Nr. 1.
[6] BAG 30.10.1986 – 6 ABR 19/85, AP BetrVG 1972 § 55 Nr. 1.
[7] Gelesen in BAG 30.10.1986 – 6 ABR 19/85, AP BetrVG 1972 § 55 Nr. 1.
[8] BAG 30.10.1986 – 6 ABR 19/85, AP BetrVG 1972 § 55 Nr. 1.
[9] BAG 30.10.1986 – 6 ABR 19/85, AP BetrVG 1972 § 55 Nr. 1.
[10] Vgl. auch *Weiss/Weyand*, AG 1993, 97 (98).
[11] BAG 30.10.1986 – 6 ABR 19/85, AP BetrVG 1972 § 55 Nr. 1.
[12] Vgl. *Windbichler*, Arbeitsrecht im Konzern, 2002, S. 347, ohne abschließendes Fazit, da Entsendebefugnis ablehnend.
[13] *Weiss/Weyand*, AG 1993, 97 (99).
[14] Ausführlicher *Weiss/Weyand*, AG 1993, 97 (99 f.).
[15] *Weiss/Weyand*, AG 1993, 97 (100).

zip die vergleichsweise sehr komplexe Regelungsvielfalt, die wie bei Tarifverträgen einen Vergleich unmöglich macht.[1] Das Spezialitätsprinzip wird insbesondere dann herangezogen, wenn inhaltlich zusammenhängende Normen eines Normengebers eingeordnet werden.[2] Aufgrund des fehlenden Zusammenhangs bei den Konzernbetriebsvereinbarungen schlägt auch dieses Prinzip fehl.[3] Letztlich vermag auch ein Wahlrecht der Betriebsparteien nicht zu einer Konfliktlösung zu führen. Es kann nicht sein, dass der normative Charakter einer Vereinbarung zur Disposition einer Betriebspartei gestellt werden kann.[4] Diese Ansätze führen also nicht zu einer annehmbaren Lösung. *Weiss/Weyand* schlagen nun vor, an der Normsetzungskompetenz mit Zuhilfenahme des Grundsatzes der Rechtsicherheit anzuknüpfen. Maßgeblich für die Legitimation des Konzernbetriebsrats sei nicht die tatsächliche, sondern nur die potentielle Beteiligung eines Gesamtbetriebsrats.[5] Für die horizontale Ebene bedeute dies, dass eine Vereinbarung sich folglich nur auf ein Unternehmen auswirken könne, wenn dieses zumindest die Möglichkeit hatte, sich an dieser zu beteiligen.[6]

Für die horizontale Ebene folgt hieraus, dass eine Normenkollision nur möglich ist, **166** wenn der Gesamtbetriebsrat des Gemeinschaftsunternehmens potentiell an beiden Konzernbetriebsvereinbarungen partizipieren konnte.[7] In diesem Fall ist dann das **Prioritätsprinzip** anzuwenden aufgrund der Rechtssicherheit. Demnach entfaltet nur die zuerst entstandene Vereinbarung ihre Wirkung.

b) Vertikale Abgrenzung

Auch auf vertikaler Ebene kann es zu Normenkollisionen kommen, insbesondere **167** wenn es um Vereinbarungen geht, die freiwillige Leistungen betreffen. Auch hier werden unter anderem das Günstigkeitsprinzip und das Spezialitätsprinzip herangezogen.[8] Jedoch ist ersteres wie bereits oben aufgrund der Komplexität solcher Vereinbarungen bereits abzulehnen und zweiteres, weil hierdurch in letzter Konsequenz die Institution des Konzernbetriebsrats in Frage gestellt wird.[9] Die Lösung einer solchen Kollision darf sich aber auch hier nur in Anlehnung an den **Grundsatz der Zuständigkeitstrennung** ergeben.[10] Als Grundsatz ergibt sich auch hier folglich, dass eine Konzernbetriebsvereinbarung nur dann ihre Wirkung auf ein Gemeinschaftsunternehmen entfaltet, wenn der Gesamtbetriebsrat potentiell hätte beteiligt werden können.[11] Ist dies der Fall, dann muss auch hier das **Prioritätsprinzip** gelten.[12] Die zuerst geschlossene Vereinbarung muss vorgehen und auch hier ist Grenze für eine Neuvereinbarung der Vertrauensschutz.[13]

---

[1] *Weiss/Weyand*, AG 1993, 97 (100).
[2] *Weiss/Weyand*, AG 1993, 97 (100).
[3] *Weiss/Weyand*, AG 1993, 97 (100).
[4] *Weiss/Weyand*, AG 1993, 97 (100).
[5] DKKW/*Trittin*, BetrVG § 58 Rn. 116; *Weiss/Weyand*, AG 1993, 97 (101 f.).
[6] DKKW/*Trittin*, BetrVG § 58 Rn. 116.
[7] *Weiss/Weyand*, AG 1993, 97 (102).
[8] *Weiss/Weyand*, AG 1993, 97 (102).
[9] *Weiss/Weyand*, AG 1993, 97 (102).
[10] *Weiss/Weyand*, AG 1993, 97 (102).
[11] *Weiss/Weyand*, AG 1993, 97 (103).
[12] *Weiss/Weyand*, AG 1993, 97 (103).
[13] *Weiss/Weyand*, AG 1993, 97 (103).

D. Personelle Angelegenheiten

168 Die Zuständigkeit des Konzernbetriebsrats bei personellen Angelegenheiten ist eine seltene Ausnahme. Sie kommt dann in Betracht, wenn die Konzernleitung Regelungen der Personalplanung iSd § 92 BetrVG fällt, die den ganzen Konzern betreffen,[1] was in der Praxis der absolute Ausnahmefall sein dürfte. Gleiches gilt für die konzernweite Einführung von Personalfragebögen und Formularverträgen, die Aufstellung **allgemeiner Beurteilungsgrundsätze** (§ 94 BetrVG) sowie die **konzerneinheitliche Festlegung von Auswahlrechten** (§ 95 BetrVG), vorausgesetzt, die einzelnen Betriebe sind gleichartig und es kommt nicht zu einer Erweiterung der Mitbestimmungsrechte.[2] Darüber hinaus besteht ein Initiativrecht des Konzernbetriebsrats bei der Ausschreibung von Arbeitsplätzen in mehreren Unternehmen des Konzerns.[3]

169 Bei den **personellen Einzelmaßnahmen** nach §§ 99 ff. scheidet die Zuständigkeit des Konzernbetriebsrats aus. Die Struktur der Widerspruchsgründe nach § 99 Abs. 2 BetrVG zeigt, dass es bei den hier relevanten Mitbestimmungsrechten bei Einstellung oder Versetzung darauf ankommt, ob und gegebenenfalls wie Mitarbeiter mit ihrer Persönlichkeit in das betriebliche Umfeld, also die lokale Belegschaft, eingegliedert werden können. Daher hat das BAG zutreffend selbst für den Fall einer Versetzung von einem Betrieb in einen anderen Betrieb desselben Unternehmens die Zuständigkeit des Gesamtbetriebsrats verneint.[4] Gerade wegen der persönlichkeits- und belegschaftsbezogenen Betrachtung nimmt das Gesetz das Risiko hin, dass der eine Betriebsrat einer Versetzung aus dem Betrieb A zustimmt, der aufnehmende Betriebsrat im Betrieb B die Einstellung aber verweigert. Nichts anderes kann dann auf der parallelen Ebene eines Konzernbetriebsrats bei Versetzung vom Betrieb eines konzernangehörigen Unternehmens in den Betrieb eines anderen konzernangehörigen Unternehmens gelten, soweit hier überhaupt eine Versetzung im rechtstechnischen Sinne in Betracht kommt.[5] Dem Argument von *Trittin*[6] kann deshalb nicht gefolgt werden; dieser sieht die Zuständigkeit des Konzernbetriebsrats bei der Stellenbesetzung zwecks Erzielung eines transparenten Konzernarbeitsmarktes als gegeben an.

---

[1] Richardi/*Annuß*, BetrVG § 58 Rn. 11; *Fitting*, BetrVG § 58 Rn. 13.
[2] Richardi/*Annuß*, BetrVG § 58 Rn. 11.
[3] Richardi/*Annuß*, BetrVG § 58 Rn. 11; *Fitting*, BetrVG § 58 Rn. 14.
[4] BAG 20.9.1990 – 1 ABR 37/90, NZA 1991, 195 ff.; BAG 26.1.1993 – 1 AZR 303/92, NZA 1993, 714 ff.
[5] Richardi/*Annuß*, BetrVG § 58 Rn. 11; *Fitting*, BetrVG § 58 Rn. 14.
[6] DKKW/*Trittin*, BetrVG § 58 Rn. 57.

E. Soziale Angelegenheiten (§ 87 BetrVG)

I. Fragen der Ordnung des Betriebs und des Verhaltens der Arbeitnehmer (§ 87 Abs. 1 Nr. 1 BetrVG)

Eine sehr praxisrelevante originäre Zuständigkeit eines Konzernbetriebsrats besteht **170** bei der Einführung von **Compliance Systemen** und **Codes of Conduct**.[1] Selbst unter der sehr restriktiven Rechtsprechung des Bundesarbeitsgerichts im Hinblick auf die originäre Zuständigkeit erkennt das Bundesarbeitsgericht seit der **Honeywell-Entscheidung**[2] ein solches zwingendes Erfordernis an, wenn ein amerikanisches Konzernmutterunternehmen anlässlich seiner Verpflichtung aus dem **Sarbanes-Oxley-Act** einen Verhaltenskodex aufstellt, der weltweit für Mitarbeiter aller Konzernunternehmen gelten soll. Allein der Wunsch des Arbeitgebers nach einem solchen Kodex reiche zwar zur Begründung der Zuständigkeit nicht aus. Soweit einzelne Regelungen zum Ordnungsverhalten jedoch eine konzernweite Identität schaffen sollen,[3] ist die Zuständigkeit des Konzernbetriebsrats anerkannt. Das Verhalten der Arbeitnehmer kann folglich konzernweit geregelt werden, wenn ein identitätsstiftendes „ethisch-moralisches Erscheinungsbild" des Gesamtkonzerns begründet werden soll.[4] Damit nimmt die Rechtsprechung auf die Internationalisierung der Arbeitsbeziehungen und auf die auf Deutschland einwirkenden Zwänge ausländischer Rechtsordnungen angemessen Rücksicht, ohne mit dem Subsidiaritätsprinzip brechen zu müssen. Zu beachten dabei ist jedoch, dass ein solcher Verhaltenskodex nicht als unteilbares Gesamtwerk anzusehen ist,[5] nur weil einzelne Aspekte der Zustimmung des Konzernbetriebsrats unterliegen. Hier sollte das Ziel der Praxis sein, mittels Bevollmächtigung des Konzernbetriebsrats durch die Betriebsräte das Auseinanderfallen der Teilbereiche, die mit unterschiedlichen Mitbestimmungsgremien zu verhandeln sind, zu verhindern.

II. Arbeitszeitregelungen (§ 87 Abs. 1 Nr. 2 und Nr. 3 BetrVG)

Im Rahmen der Arbeitszeitregelungen wird die Zuständigkeit des Konzernbetriebs- **171** rats eine Ausnahme sein, da es sich nach Auffassung der Rechtsprechung um einen typischen (örtlichen) betriebsbezogenen Tatbestand handelt.[6] Die originäre Zuständigkeit eines Gesamtbetriebsrats erkannte das Bundesarbeitsgericht[7] jedoch an, wenn mehrere Betriebe eines Unternehmens produktionstechnisch derart abhängig voneinander seien, dass nur eine einheitliche Regelung unverhältnismäßige betriebliche oder wirtschaftliche Konsequenzen vermeiden könnte. Die Arbeitsabläufe müssten betriebsübergreifend so eng miteinander verbunden sein, dass bei fehlender einheitlicher Re-

---

[1] *Bauckhage-Hoffer/Katko*, WM 2012, 486 (489).
[2] BAG 22.7.2008 – 1 ABR 40/07, BB 2008, 2520 ff.; so auch BAG 17.5.2011 – 1 ABR 121/09, NJOZ 2011, 2093 ff.
[3] BAG 20.12.1995 – 7 ABR 8/95, NZA 1996, 845 (847); BAG 22.7.2008 – 1 ABR 40/07, AP BetrVG 1972 § 87 Nr. 14; *Dzida* NZA 2008, 1265 ff.
[4] *Fitting*, BetrVG § 58 Rn. 12; *Umnuß*, CCZ 2009, 88 ff.; *Boemke*, jurisPR-ArbR 40/2011 – Anm. zu BAG 17.5.2011 – 1 ABR 121/09; *Fitting*, BetrVG § 58 Rn. 12; bestätigt durch BAG 17.5.2011 – ABR 121/09, NJOZ 2011, 2093 ff.
[5] BAG 17.5.2011 – 1 ABR 121/09, NJOZ 2011, 2093 ff.; *Umnuß*, CCZ 2009, 88 (89).
[6] BAG 23.9.1975 – 1 ABR 122/73, AP BetrVG 1972 § 50 Nr. 1; BAG 9.12.2003 – 1 ABR 49/02, NZA 2005, 234 ff.; BAG 19.6.2012 – 1 ABR 19/11, BeckRS 2012, 73558.
[7] BAG 23.9.1975 – 1 ABR 122/73, AP BetrVG 1972 § 50 Nr. 1.

gelung eine technisch untragbare Störung eintreten würde.¹ Mit der praktischen Umsetzung dieser auf den ersten Blick konzernfreundlichen Rechtsprechung tut sich das Bundesarbeitsgericht aber außerordentlich schwer. Mangels **Verzahnung der Arbeitsabläufe** wurde die Zuständigkeit des Gesamtbetriebsrats auch bei Vorliegen einer unternehmenseinheitlich EDV-gestützten Arbeitszeiterfassung zwecks bundesweiter Werbung mit einer einheitlich festgelegten Servicezeit verneint.² Die Regeln über die „subjektiv determinierte Einheitlichkeit" lehnte das BAG zu Fragen der sozialen Mitbestimmung ausdrücklich ab und beschränkte sie somit auf freiwillige Leistungen.³ Eine unternehmensweit einheitliche Personalplanung zur Gestaltung der Arbeitszeitkapazitäten kommt jedoch – so entschieden für den Gesamtbetriebsrat – aufgrund originärer Zuständigkeiten in Betracht.⁴ Während das LAG Köln⁵ die Zuständigkeit des Gesamtbetriebsrats noch mit dem Hinweis verneinte, dass nach Maßgabe des BAG Leitungsorganisation, Struktur- oder Organisationsentscheidungen für die Begründung der Zuständigkeit des Gesamtbetriebsrats unbeachtlich seien, hat das BAG⁶ dies anders gesehen. So erstrecke sich die Mitbestimmungspflicht auf die Festlegung der Schichtzeiten sowie die Konkretisierung des betroffenen Adressatenkreises. Diese seien bei einem **Schichtrahmenplan** derart „technisch-organisatorisch verknüpft", dass nur eine konzernweite Regelung opportun und daher der Gesamtbetriebsrat zuständig sei. Diese Grundsätze sind ohne weiteres auf den Konzernbetriebsrat übertragbar.

172 Hinsichtlich einer **Arbeitszeiterhöhung** wurde von der Rechtsprechung eine übergeordnete Zuständigkeit – konkret wieder des Gesamtbetriebsrats – akzeptiert, wenn die Arbeitszeiterhöhung Teil eines umfassenden Gesamtkonzepts zur Erhaltung der Wettbewerbsfähigkeit des Unternehmens und zur Standortsicherung darstelle.⁷ Diese LAG-Rechtsprechung wurde zwar bisher nicht konkret durch das BAG bestätigt, bietet aber einen konzernfreundlichen Ansatz. In diese Richtung geht auch die Entscheidung des BAG vom 21. November 1978,⁸ wonach die Einführung von Kurzarbeit mit dem Konzernbetriebsrat verhandelt werden müsse, wenn die Unternehmen produktionstechnisch so eng miteinander verbunden sind, dass die Produktionseinschränkung bei dem einen notwendig auch zu einer Einschränkung in einem anderen Konzernunternehmen führt.⁹ In solchen Fällen steht auch das Initiativrecht zur Einführung von Kurzarbeit dem Konzernbetriebsrat zu. Mit *Boldt*¹⁰ ist die ausgesprochen strenge Rechtsprechung gerade in diesem Mitbestimmungsbereich zu kritisieren.¹¹ Das Bundesarbeitsgericht verharrt in den Schemata einer längst vergangenen Wirtschafts-

---

¹ BAG 23.9.1975 – 1 ABR 122/73, AP BetrVG 1972 § 50 Nr. 1; so auch BAG 9.12.2003 – 1 ABR 49/02, NZA 2005, 234 ff.; Richardi/*Richardi*, BetrVG § 87 Rn. 328; BeckOK ArbR/*Mauer*, BetrVG § 50 Rn. 5; Fitting, BetrVG § 50 Rn. 38.
² BAG 9.12.2003 – 1 ABR 49/02, NZA 2005, 234 ff.; *Braun*, ArbRB 2004, 140 – Anm. zu BAG 9.12.2003 – 1 ABR 49/02.
³ BAG 9.12.2003 – 1 ABR 49/02, NZA 2005, 234 ff.
⁴ BAG 19.6.2012 – 1 ABR 19/11, BeckRS 2012, 73558.
⁵ LAG Köln 10.12.2010 – 4 TaBV 38/10, BeckRS 2011, 69995.
⁶ BAG 19.6.2012 – 1 ABR 19/11, BeckRS 2012, 73558.
⁷ LAG Köln 14.8.1998 – 2 Sa 512/96, NZA-RR 1997, 92 ff.
⁸ BAG 21.11.1978 – 1 ABR 67/76, AP BetrVG 1972 § 87 Arbeitszeit Nr. 2; Richardi/*Richardi*, BetrVG § 87 Rn. 348, 354; Fitting, BetrVG § 87 Rn. 151.
⁹ BAG 23.9.1975 – 1 ABR 122/73, AP BetrVG 1972 § 50 Nr. 1; ErfK/*Koch*, BetrVG § 50 Rn. 4; Fitting, BetrVG § 50 Rn. 38.
¹⁰ *Boldt*, Anm. zu BAG 29.11.1978 – 4 AZR 276/77, AP BGB § 611 Bergbau Nr. 18, jedoch für den Gesamtbetriebsrat.
¹¹ Zu der grundsätzlichen Auseinandersetzung vgl. GK-BetrVG/*Wiese* BetrVG § 87 Rn. 367 ff.; Baeck/Deutsch, ArbZG Einf. Rn. 97 ff.

epoche, wenn es das Dogma aufstellt, Arbeitszeit sei immer eine konkret lokale Angelegenheit und die Hürde für zwingenden überörtlichen Regelungsbedarf so hoch legt, dass sie faktisch unüberwindbar ist. Wünschenswert wäre es gewesen, wenn die Rechtsprechung sich den Ansatz der „unverhältnismäßig betrieblichen oder wirtschaftlichen Konsequenzen" nutzbar gemacht hätte als Kriterium zur Zuständigkeitbegründung des Konzernbetriebsrats.

III. Technische Überwachungseinrichtungen (§ 87 Abs. 1 Nr. 6 BetrVG)

Schwerpunkt der Diskussion über die Mitbestimmung des Konzernbetriebsrats ist **173** die Einführung und Anwendung technischer Einrichtungen iSd § 87 Abs. 1 Nr. 6 BetrVG. Zitiert wurde diese bereits im Beschluss des BAG vom 22. Dezember 1995 zum Thema der Zentralisierung der Personalplanung.[1] Für das BAG kam es im Hinblick auf die Weiterleitung der Mitarbeiterdaten zwischen Konzernunternehmen sowie der Konzernspitze maßgeblich darauf an, dass es sich um einen **einheitlichen Personalplanungsvorgang** handele. Die Entscheidung wurde einerseits begrüßt als Stärkung der Mitbestimmung auf Konzernebene,[2] stieß gleichzeitig aber auch auf erhebliche Kritik. So nehme das BAG fälschlich ein Konzernprivileg im Datenschutz an[3] und habe entgegen seiner ständigen Rechtsprechung bloße Zweckmäßigkeitsgründe für ausreichend erachtet.[4]

Aus der Entscheidung vom 14. November 2006 – die ebenfalls zu einem Gesamtbe- **174** triebsrat erging – lassen sich ebenfalls Argumente für die Zuständigkeit eines Konzernbetriebsrats im Rahmen des § 87 Abs. 1 Nr. 6 BetrVG ableiten. Das **unternehmenseinheitliche Datenverarbeitungssystem** für die zolltechnische Bearbeitung von Importsendungen erfordere wegen des notwendigen Datentransfers eine zwingende betriebsübergreifende Regelung, wenn „im Wege der elektronischen Datenverarbeitung in mehreren Betrieben Daten erhoben und verarbeitet werden, die auch zur Verwendung in anderen Betrieben bestimmt sind". Übertragen auf den Konzernbetriebsrat spricht also der Bedarf, Daten zur Effizienzsteigerung problemfrei zwischen Gesellschaften austauschen zu können, für die Zuständigkeit des Konzernbetriebsrats, wobei das BAG in der Entscheidung klarstellte, dass sich aufgrund der Rechtssicherheit und -klarheit die Zuständigkeit nicht auf eine bloße Rahmenkompetenz beschränke. Immer wieder problematisch und letztlich von technischen Besonderheiten des Einzelfalles abhängig ist die Frage der Zuständigkeit des Konzernbetriebsrats für die Einführung einer Software, die aufgrund einer unternehmerischen Entscheidung konzerneinheitlich eingeführt werden soll. In Bezug auf die **Einführung von SAP**[5] hat das BAG zuletzt entschieden, dass der Konzernbetriebsrat der richtige Verhandlungspartner sei, wenn nach der insoweit vorrangigen Entscheidungsfreiheit des Arbeitgebers die Software im „Ein-Mandanten-System" eingeführt werden solle und die Nutzung eines Personalverwaltungssystems mithin nur durch eines der Konzernunternehmen erfolge. Die Entscheidung geht aber nicht darauf ein, ob eine Korrelation zwischen der Zuständigkeit des Konzernbetriebsrats für die Einführung der Software und einer datenschutzrechtlichen Betriebsvereinbarung auf Konzernebene bestehe

---

[1] BAG 20.12.1995 – 7 ABR 8/95, BB 1996, 2686 ff.
[2] *Feuerborn*, Anm. zu BAG 20.12.1995 – 7 ABR 8/95, BB 1996, 2686 (2687); grds. zustimmend auch GK-BetrVG/*Kreutz/Franzen*, § 58 Rn. 27; *Fitting*, BetrVG § 58 Rn. 12.
[3] DKKW/*Trittin*, BetrVG § 58 Rn. 48 ff.; *Trittin/Fischer*, NZA 2009, 343, 345 f.
[4] *Trittin/Fischer*, NZA 2009, 343 (345).
[5] BAG 25.9.2012 – 1 ABR 50/11, NZA 2013, 467 ff.; Anm. hierzu *Chwalisz*, ArbRAktuell 2013, 107 ff.; sowie *Weber*, ArbRB 2013, 74 ff.

oder nicht.¹ Die vom BAG selbst angenommene zwingende technische Erforderlichkeit wird nur mit wenigen dürren Zeilen begründet, was umso mehr überrascht, als die Vorentscheidung² nach einer umfangreichen Beweisaufnahme durch technische Sachverständige zu dem Ergebnis kam, dass ein zwingendes technisches Erfordernis für die Einheitlichkeit der Einführung nicht bestehe. Noch nicht entschieden wurde bisher, ob auch bei der **Einführung von IT-Sicherheitssystemen** die unternehmerische Entscheidung, diese konzernübergreifend zu installieren, um die Netzwerke besser schützen zu können, einen zwingenden Grund im Sinne der Rechtsprechung des BAG darstellt. Zutreffend wird dies jedenfalls in der Literatur vertreten,³ da ein systematischer Datenabgleich zur Korruptionsbekämpfung kontraproduktiv wäre; nur ein zwingend einheitlicher Prüfungsansatz erlaubt ein konsequentes Vorgehen, und der Maßstab für die Bekämpfung der Korruption kann nicht von örtlichen Zufälligkeiten abhängen. Soweit man die Bekämpfung von Korruption als Teil eines „ethisch-moralischen Selbstverständnisses" versteht, ergibt sich die Zuständigkeit des Konzernbetriebsrats auch aus § 87 Abs. 1 S. 1 Nr. 1 BetrVG.⁴

IV. Fragen der Arbeitssicherheit § 87 Abs. 1 Nr. 7 BetrVG

175   In der Praxis werden technische Sicherheitsstandards für Arbeitsplätze nach einem streng einheitlichen System geplant und überwacht, schon um konzerninterne Audits überhaupt praktisch durchführbar zu machen. In konsequenter Anwendung seiner Rechtsprechung erkennt das BAG aber keine Notwendigkeit einer solchen Vereinheitlichung und dementsprechend **weder einer Zuständigkeit des Konzern- noch des Gesamtbetriebsrats** an. Die von § 87 Abs. 1 Nr. 7 BetrVG bezweckte Verhinderung von Schädigung durch medizinisch feststellbare arbeitsbedingte Verletzungen, Erkrankungen und sonstige gesundheitliche Beeinträchtigungen⁵ könne selbst dann lokal erfolgen, wenn die Arbeitsplätze nach konzern- oder unternehmenseinheitlichen Standards eingerichtet seien.⁶ Dies ergebe sich daraus, dass in jedem einzelnen Betrieb des Konzerns aufgrund der unterschiedlichen Arbeitsaufgaben individuelle Regelungen zur Verhütung von Arbeitsunfällen und Gesundheitsschutz getroffen werden müssten. Zwingend konzerneinheitliche Regelungen seien daher kaum vorstellbar.⁷ Dieser Mangel an Vorstellungskraft dürfte aber in erster Linie auf der Praxisferne der Rechtsprechung beruhen, denn für die Verhinderung von Verletzungen oder Gefährdungen an bis ins kleinste Teil identischen Arbeitsplätzen mit identischen Aufgaben ist es vollkommen irrelevant, ob das Gebäude, in dem sich die identischen Arbeitsplätze befinden, in den Städten A, B oder C steht. Die Rechtsprechung bedient an dieser Stelle erkennbar eher ein Dogma, als dass sie sich mit technischen Gegebenheiten der Arbeitsplatzgefährdung auseinandersetzt. Einen Ausnahmefall erkennt jedoch auch das BAG (ebenfalls für den Gesamtbetriebsrat entschieden) für den Fall der Vermeidung von Gefahren für **Montage- und Wartungstätigkeiten** an.⁸ Arbeitsanweisungen bezüglich einheitlicher Montageanweisungen für Außendienstmonteure werden typi-

---

¹ *Chwalisz*, ArbRAktuell 2013, 107 ff.
² LAG Niedersachsen 24.5.2011 – 1 TaBV 55/09, ZD 2011, 84; so auch *Fitting*, BetrVG § 58 Rn. 11 iVm § 50 Rn. 23.
³ *Kort*, NZA 2011, 1313 (1323); *Kock/Francke*, NZA 2009, 646 (650).
⁴ Siehe *Kock/Franke* NZA 2009, 646 (650).
⁵ *Richardi/Richardi*, BetrVG § 87 Rn. 541.
⁶ BAG 8.6.2004 – 1 ABR 4/03, NZA 2005, 227 (Leitsatz).
⁷ LAG Mecklenburg-Vorpommern 25.2.2009 – 3 TaBV 7/08, BeckRS 2010, 71600; LAG Hamburg 7.6.1999 – 7 TaBV 3/98, AiB Telegramm 2000, 95 ff.; *Richardi/Richardi*, BetrVG § 87 Rn. 541.
⁸ BAG 16.6.1998 – 1 ABR 68/97, NZA 1999, 49 ff.

scherweise unabhängig von den örtlichen Gegebenheiten erteilt, und müssen daher unter dem Aspekt des Gesundheitsschutzes auch einer unternehmenseinheitlichen Regelung unterliegen. Dieser Gedanke ist ohne weiteres auf die Konzernebene übertragbar.

V. Sozialeinrichtungen § 87 Abs. 1 Nr. 8 und 9 BetrVG

Der Arbeitgeber kann für einen von ihm bestimmten Personenkreis[1] Sozialeinrichtungen einführen, wie zB **Kindergärten, Kantinen, Unterstützungs- und Pensionskassen.** Der Arbeitgeber ist grundsätzlich frei, zu entscheiden, ob und inwieweit er Arbeitnehmern diese zusätzliche freiwillige Leistung gewähren will,[2] solange er bei der Gewährung diskriminierungsfrei handelt und nicht gegen den Gleichheitssatz verstößt.

176

Welches Mitarbeitervertretungsgremium originär zuständig ist, richtet sich daher nach dem Wirkungskreis der Sozialeinrichtungen, also ob Betrieb, Unternehmen oder Konzern betroffen sind.[3] Sollte sich der Arbeitgeber entscheiden, den Wirkungskreis auf den Konzern festzulegen, so ist der Konzernbetriebsrat für die Mitbestimmung originär zuständig. Dies gilt auch, wenn der Wirkungskreis der Sozialeinrichtung auf einzelne Betriebe beschränkt ist, sich diese aber in mehreren Konzernunternehmen befinden.[4] Da **Werkswohnungen** eine vom Gesetz separat angesprochene Klasse von Sozialeinrichtungen darstellt, gelten diese Grundsätze auch im Rahmen des § 87 Abs. 1 Nr. 9 BetrVG.[5]

177

VI. Entgeltgrundsätze § 87 I Nr. 10 BetrVG

Ziel der Mitbestimmung im Rahmen des § 87 Abs. 1 Nr. 10 BetrVG ist die Lohngerechtigkeit, also die Transparenz des Lohngefüges und der Schutz der Arbeitnehmer vor einer willkürlichen Umgestaltung durch den Arbeitgeber.[6] Der Begriff „Lohn" ist aber weit zu verstehen und umfasst **alle vom Arbeitgeber an die Arbeitnehmer gewährten Geld- und Sachleistungen,**[7] also auch die betriebliche Altersversorgung. Der Arbeitgeber kann grundsätzlich frei entscheiden, ob er eine betriebliche Altersversorgung gewährt und welche Personen er dabei begünstigt.[8] Dabei kann er die unternehmerische Vorgabe treffen, dass er einen bestimmten Personenkreis nur

178

---

[1] BAG 10.2.2009 – 1 ABR 94/07, NZA 2009, 562 (Leitsatz); Richardi/*Richardi*, BetrVG § 87 Rn. 612; *Fitting*, BetrVG § 87 Rn. 342.
[2] BAG 13.2.1979 – 1 ABR 80/77, AP BetrVG 1972 § 87 Sozialeinrichtung Nr. 2; BAG 21.6.1979 – 3 ABR 3/78, AP BetrVG 1972 § 87 Sozialeinrichtung Nr. 1; Richardi/*Annuß*, BetrVG § 58 Rn. 9; *Fitting*, BetrVG § 58 Rn. 12; DKKW/*Trittin*, BetrVG § 58 Rn. 41.
[3] BAG 21.6.1979 – 3 ABR 3/78, AP BetrVG 1972 § 87 Sozialeinrichtung Nr. 1; BAG 10.2.2009 – 1 ABR 94/07, NZA 2009, 562 (Leitsatz); BAG 6.4.1976 – 1 ABR 27/74, AP BetrVG 1972 § 50 Nr. 2; HWK/*Hohenstatt/Dzida*, BetrVG § 58 Rn. 5; DKKW/*Trittin*, BetrVG § 58 Rn. 41; Richardi/*Annuß*, BetrVG § 58 Rn. 9; *Fitting*, BetrVG § 58 Rn. 12.
[4] BAG 21.6.1979 – 3 ABR 3/78, AP BetrVG 1972 § 87 Sozialeinrichtung Nr. 1; Richardi/*Annuß*, BetrVG § 58 Rn. 9 sowie § 87 Rn. 650.
[5] HWK/*Hohenstatt/Dzida*, BetrVG § 58 Rn. 5; DKKW/*Trittin*, BetrVG § 58 Rn. 47; *Fitting*, BetrVG § 58 Rn. 12.
[6] BAG 11.6.2002 – 1 AZR 390/01, NZA 2003, 570 ff.; BAG 29.3.1977 – 1 ABR 123/74, NJW 77, 1654 ff.
[7] Statt aller *Fitting*, BetrVG § 87 Rn. 412.
[8] BAG 21.1.2003 – 3 AZR 30/02, NZA 2004, 331 ff.; BAG 14.12.1993 – 3 AZR 618/93, NZA 1994, 554 ff. (*obiter dictum*); BAG 12.6.1975 – 3 ABR 13/74, 3 ABR 137/73, 3 ABR 66/74, AP BetrVG 1972 § 87 Altersversorgung Nr. 1–3; HWK/*Hohenstatt/Dzida*, BetrVG § 58 Rn. 5; *Fitting*, BetrVG § 58 Rn. 12.

begünstigt, wenn er diese Begünstigung einheitlich gegenüber allen gewähren kann und begründet auf diese Weise die **subjektiv determinierte originäre Zuständigkeit**.[1] Bei einer konzernweiten Einführung einer betrieblichen Altersversorgung ist demzufolge der Konzernbetriebsrat zuständig. Bei der konzernweiten Neuordnung einer betrieblichen Altersversorgung erstreckt sich die Zuständigkeit dabei aufgrund der Wechselwirkungen auch auf die Regelung und Wahrung der bereits erworbenen Besitzstände der Begünstigten.[2] Die Zuständigkeit des Konzernbetriebsrats **endet** jedoch, wenn Gegenstand der Mitbestimmung die **Ablösung bereits zugesagter Leistungen** wie etwa eines 13. Monatsgehalts ist, da die Kürzung oder Rücknahme bereits bewilligter Leistungen der Mitbestimmung unterfallen und somit nicht mehr freiwillig sind.[3] Einen besonderen Fall hatte das BAG hinsichtlich der Leistung einer zusätzlichen Versorgung innerhalb einer konzerneinheitlichen Versorgungsordnung zu entscheiden.[4] Hier hatte das BAG die Zuständigkeit des Konzernbetriebsrats verneint und die des Gesamtbetriebsrats bejaht, solange die Schaffung von Zusatzversorgungen für bestimmte Belegschaftsgruppen eines Tochterunternehmens Sinn machten.[5] Auch bei Vorliegen einer **konzernweiten Altersversorgung** unterliege es der Zuständigkeit der Gesamtbetriebsräte, diese auszufüllen. Die besondere Stellung des Gesamtbetriebsrats[6] in der Altersversorgung auch gegenüber den Einzelbetriebsräten erklärt sich daraus, dass im Gegensatz zum Konzern die Unternehmen selbständige Steuersubjekte sind, deren finanzielle und steuerliche Angelegenheiten nur einheitlich beurteilt werden können. Dieses Urteil zeigt auch, dass es keine Notwendigkeit gibt, alle Mitarbeiter eines Konzerns gleich zu behandeln, weder personal- noch sozialpolitisch noch arbeitsrechtlich.[7] Besteht die Regelungsmaterie aus einem Paket aus freiwilligen und geschuldeten Leistungen, so kann sich die Zuständigkeit des Konzernbetriebsrats aufgrund der subjektiv determinierten originären Zuständigkeit **nur auf den freiwilligen Teil,** nicht jedoch im Rahmen einer Annexkompetenz auf die anderen Teile erstrecken.[8] Auch unter dem Aspekt der subjektiv determinierten originären Zuständigkeit ist der Konzernbetriebsrat nicht für die Festlegung der Gehaltsstrukturen von AT-Angestellten zuständig.[9] Das BAG betonte, dass der unternehmensweite Gleichbehandlungsgrundsatz nicht die originäre Zuständigkeit des Gesamtbetriebsrats wegen eines rechtlich zwingenden Einheitlichkeitserfordernisses begründe. Dieser Grundsatz

---

[1] BAG 9.12.2003 – 1 ABR 49/02, NZA 2005, 234 ff.; BAG 24.1.2006 – 3 AZR 483/04, AP BetrVG 1972 § 58 Nr. 3; BAG 26.4.2005 – 1 AZR 76/04, NZA 2005, 892 ff.; BAG 23.3.2010 – 1 ABR 82/08, NZA 2011, 642 ff.; BAG 19.6.2007 – 1 AZR 454/06, NZA 2007, 1184 ff.; GK-BetrVG/*Kreutz*, § 58 Rn. 29 ff.; DKKW/*Trittin*, BetrVG § 58 Rn. 55; gegen eine Unterscheidung von objektiver und subjektiver Unmöglichkeit Richardi/*Annuß*, BetrVG § 58 Rn. 13; *Lunk/Leder*, NZA 2011, 249 (251).

[2] BAG 24.1.2006 – 3 AZR 483/04 AP BetrVG 1972 § 58 Nr. 3; *Cisch/Hock*, BB 2012, 2113 (2114).

[3] BAG 19.6.2007 – 1 AZR 454/06, NZA 2007, 1184 ff.; Richardi/*Annuß*, BetrVG § 58 Rn. 9; für die Befugnis eigene Betriebsvereinbarung abzulösen vorher: BAG 16.9.1986 – GS 1/82, AP BetrVG 1972 § 77 Nr. 17; BAG 17.3.1987 – 3 AZR 64/84, AP BetrAVG § 1 Ablösung Nr. 9; dazu allg. *Sura*, KSzW 2014, 289.

[4] BAG 19.3.1981 – 3 ABR 38/80, AP BetrVG 1972 § 80 Nr. 14.

[5] BAG 19.3.1981 – 3 ABR 38/80, AP BetrVG 1972 § 80 Nr. 14; zustimmend GK-BetrVG/*Kreutz/Franzen*, § 58 Rn. 27; *Fitting*, BetrVG § 58 Rn. 12; *Cisch/Hock*, BB 2012, 2113 (2114).

[6] „Ausschließliche Regelungskompetenz" nach *Kemper/Küpper*, Anm. zu BAG 19.3.1981 – 3 ABR 38/80, AP BetrVG 1972 § 80 Nr. 14.

[7] *Kemper/Küpper*, Anm. zu BAG 19.3.1981 – 3 ABR 38/80, AP BetrVG 1972 § 80 Nr. 14.

[8] *Lunk/Leder*, NZA 2011, 249 (252).

[9] Entschieden für den Gesamtbetriebsrat, BAG 23.3.2010 – 1 ABR 82/08, NZA 2011, 642 ff.; BAG 18.5.2010 – 1 ABR 96/08, NZA 2011, 171 ff.; *Lunk/Leder*, NZA 2011, 249 (250).

bewirke keine Kompetenzverlagerung, sondern begrenze nur die Regelungsbefugnis des Mitbestimmungsgremiums.[1] Es fällt schwer, diese Logik für nachvollziehbar anzusehen, jedenfalls aber kann die Zuständigkeit des Konzernbetriebsrats in diesem Kontext nicht in Betracht kommen, da ein konzerneinheitlicher Gleichbehandlungsgrundsatz nicht besteht.[2] Zustimmung verdient aber die Argumentation des BAG, dass es sich auch im außertariflichen Bereich nicht um eine freiwillige Vergütung in dem Sinne handelt, dass die originäre Zuständigkeit des Konzernbetriebsrats aufgrund subjektiver Determinierung begründet werden könnte. Die Freiwilligkeit einer Vergütung in diesem Sinne liegt nur dann vor, wenn bei Nichteinigung der Betriebsparteien von einer Vergütung insgesamt abgesehen werden kann.[3] Davon kann im Bereich außertariflicher Vergütung nicht die Rede sein. Ein Anwendungsfall der originären Zuständigkeit eines Konzernbetriebsrats kommt indes für die Ausgabe von Belegschaftsaktien an die Arbeitnehmer oder Aktienoptionspläne **(stock options plans)** in Betracht. Ein Mitbestimmungsrecht besteht, wenn die Gewährung von Aktienoptionen durch die Konzernmutter als Leistungs- und Motivationsanreiz anzusehen ist, welcher sowohl dem Tochterunternehmen als auch der Muttergesellschaft zugutekommt.[4] Wird der in Frage kommende Adressatenkreis unternehmensübergreifend bestimmt, so ist der Konzernbetriebsrat originär zuständig.[5]

179 Die Zuständigkeit des Konzernbetriebsrats im Rahmen des § 87 Abs. 1 Nr. 10 BetrVG ergibt sich damit zusammenfassend nur aus dem Grundsatz der subjektiven Determinierung.

VII. Betriebliches Vorschlagswesen § 87 Abs. 1 Nr. 12 BetrVG

180 Nach einer in der Literatur vertretenen Auffassung soll der Konzernbetriebsrat zuständig sein, wenn Systeme des Arbeitgebers zur Sammlung oder Bewertung von Vorschlägen der Arbeitnehmer zur Arbeitsverbesserung auf Konzernebene geregelt werden sollen, um ein einheitliches System zu schaffen und Vorschläge auf Konzernebene nutzbar zu machen.[6] Diese Auffassung verträgt sich aber nicht mit der sehr strengen Rechtsprechung des BAG, die rein praxisfreundliche Aspekte zur Begründung der **originären Zuständigkeiten nicht akzeptiert.** Die originäre Zuständigkeit aufgrund subjektiver Determinierung kommt hingegen auf der **Ebene der Vergütung** für die betrieblichen Vorschläge in Betracht, da die Vergütung als solche eine freiwillige Leistung darstellt, die nicht vom Mitbestimmungsrecht des § 87 Abs. 1 Nr. 12 erfasst ist.[7] Im Konzern kann also die Entscheidung gefällt werden, entweder eine einheitliche oder gar keine Vergütung für Verbesserungsvorschläge zuzusagen.

---

[1] BAG 29.3.1977 – 1 ABR 123/74, NJW 1977, 1654 (Leitsatz); BAG 6.12.1988 – 1 ABR 44/87, NZA 1989, 479 ff.
[2] BAG 13.3.2001 – 1 ABR 7/00, NJOZ 2002, 335 ff.; *Lunk/Leder,* NZA 2011, 249 (252).
[3] *Cisch/Hock,* BB 2012, 2113 (2114).
[4] *Fitting,* BetrVG § 87 Rn. 415; *Bauer/Herzberg,* NZA 2011, 713 (717); *Fitting,* BetrVG § 87 Rn. 415.
[5] *Bauer/Herzberg,* NZA 2011, 713 (717).
[6] *Richardi/Richardi,* BetrVG § 87 Rn. 945; BeckOK ArbR/*Werner,* BetrVG § 87 Rn. 199.
[7] BAG 16.3.1982 – 1 ABR 63/80, BB 1983, 963 ff.

F. Mitbestimmung bei wirtschaftlichen Angelegenheiten

I. Wirtschaftsausschuss

181 Die Mitbestimmung in wirtschaftlichen Alltagsangelegenheiten weist das BetrVG dem Wirtschaftsausschuss zu, der auf Unternehmensebene angesiedelt ist. Er ist Hilfsorgan des Betriebsrats oder – in Unternehmen mit mehr als einem Betrieb – des Gesamtbetriebsrats. Dem Konzernbetriebsrat steht hingegen kein Wirtschaftsausschuss als Hilfsorgan zur Seite. Eine Anwendung der §§ 106 ff. BetrVG scheitert an einer planwidrigen Regelungslücke,[1] nachdem § 109a des Referentenentwurfs des BetrVG-Reformgesetzes, der einen **Konzernwirtschaftsausschuss** vorsah, nicht übernommen wurde. Sofern in der Konzernobergesellschaft ein Wirtschaftsausschuss eingerichtet ist, verfügt dieser über sämtliche wirtschaftlichen Informationen auch der nachgeordneten Tochtergesellschaften, weil diese (etwa in bilanziellen Angelegenheiten) vielfach auch unmittelbar wirtschaftliche Angelegenheiten der Muttergesellschaft darstellen. Ein Wirtschaftsausschuss bei der Obergesellschaft wäre also zumindest über die finanziellen Umstände im Konzern mittelbar informiert. In der Praxis dürfte dies aber oft daran scheitern, dass der Schwellenwert des § 106 BetrVG in Konzernobergesellschaften nicht erreicht wird.

II. Interessenausgleich

182 Im Bereich von Betriebsänderungen ist im Hinblick auf die Zuständigkeit des Konzernbetriebsrats nach der Rechtsprechung zwischen Interessenausgleich und Sozialplan zu differenzieren. Diese Differenzierung ergibt sich aus der unterschiedlichen Funktion beider Mitbestimmungsrechte. Im Hinblick auf den Interessenausgleich steht dem Betriebsrat nur ein Verhandlungsanspruch bezüglich der vom Arbeitgeber ins Auge gefassten Betriebsänderung zu. Auslöser und Ansatzpunkt aller Mitbestimmungsrechte ist dabei ein arbeitgeberseitiges Konzept, über dessen Umsetzung der Betriebsrat zwar zu verhandeln berechtigt ist, dessen Umsetzung er letztlich aber nicht verhindern kann.

183 Vor diesem Hintergrund ist es in sich schlüssig, dass nach Rechtsprechung[2] und Literatur[3] der Konzernbetriebsrat zuständig ist, wenn der Betriebsänderungen **konzerneinheitliches Konzept** zugrunde liegt, dessen Realisierung zwingend eine unternehmensübergreifende Maßnahme erfordert. Dies wird etwa angenommen bei der **Zusammenlegung von Betrieben mehrerer Konzernunternehmen**[4] und einem **konzernweiten Personalabbau** im Rahmen einer **unternehmensübergreifenden Übernahme**.[5] Im praktischen Ergebnis ist daher die Zuständigkeit des Mitarbeitervertretungsgremiums von der unternehmerischen Planung abhängig und daher in gewisser

---

[1] BAG 23.8.1989 – 7 ABR 39/88, AP BetrVG 1972 § 106 Nr. 7; GK-BetrVG/*Kreutz/Franzen*, § 58 Rn. 29; Richardi/*Annuß*, BetrVG § 58 Rn. 14, der auf die Nicht-Übernahme des § 109a des Referentenentwurfs des BetrVG-Reformgesetzes, der noch einen Konzernwirtschaftsausschuss vorsah, verweist; aA DKKW/*Trittin*, BetrVG § 58 Rn. 66, da eine wichtige Aufgabe des Konzernbetriebsrats darin besteht, Informationen des ganzen Konzerns zu besorgen.

[2] BAG 18.10.2012 – 6 AZR 86/11, NJW-Spezial 2013, 51 ff.; BAG 11.12.2001 – 1 AZR 193/01, NZA 2002, 688 ff.

[3] DKKW/*Trittin*, BetrVG § 58 Rn. 68 ff.; Richardi/*Annuß*, BetrVG § 58 Rn. 15; *Fitting*, BetrVG § 58 Rn. 15; HWK/*Hohenstatt/Dzida*, BetrVG § 58 Rn. 8, 15.

[4] HWK/*Hohenstatt/Dzida*, BetrVG § 58 Rn. 8; *Fitting*, BetrVG § 58 Rn. 15; Richardi/*Annuß*, BetrVG § 58 Rn. 15.

[5] *Fitting*, BetrVG § 58 Rn. 15.

Weise auch steuerbar. Die Zuständigkeit des Konzernbetriebsrats ließe sich durch Beschränkung einer unternehmerischen Planung auf ein Unternehmen vermeiden oder umgekehrt durch Ausweitung der Planung auf mehr als ein konzernangehöriges Unternehmen herbeiführen. Jeglichen Gestaltungsspielräumen ist ein gewisses Missbrauchspotential inhärent, das hier allerdings sehr gering sein dürfte, da gleichgültig, welches Vertretungsgremium berufen ist, sich die Mitbestimmung immer nur in einem Verhandlungsanspruch erschöpft. Der „Vermeidung" der Zuständigkeit des Konzernbetriebsrats durch Beschränkung einer Reorganisation auf ein Unternehmen könnte der Gesamtbetriebsrat ohnehin mit einer Delegation der Zuständigkeit an den Konzernbetriebsrat entgegnen. Letztlich bleibt es aber dabei, dass die originäre Zuständigkeit hier nicht von rechtlichen oder technischen Sachzwängen, sondern der unternehmerischen Entscheidung abhängt.

Ist der Gesamtbetriebsrat für den Interessenausgleich zuständig, so ist er es auch für die **Namensliste** als Teil des Interessenausgleichs.[1] Gleiches gilt für den Konzernbetriebsrat. Die Zuständigkeit kann insoweit nicht aufgespalten werden. **184**

III. Sozialplan

Nach der Rechtsprechung des Bundesarbeitsgerichts, entschieden für den Gesamtbetriebsrat, folgt aus der Zuständigkeit für den Interessenausgleich nicht zwingend auch die Zuständigkeit für den hiermit zusammenhängenden Sozialplan. Vielmehr ist die originäre Zuständigkeit des Konzernbetriebsrats gesondert zu prüfen und nur dann gegeben, wenn ein **zwingender Bedarf an einer konzerneinheitlichen Kompensationsregelung** besteht.[2] Ein solcher zwingender Bedarf besteht, wenn nur ein einheitliches Gesamtvolumen eines **Sanierungskonzepts** die Insolvenz zu vermeiden in der Lage ist,[3] nicht jedoch bei der bundesweiten Zusammenlegung von lokalen Doppeleinheiten nach Erwerb eines Unternehmens und dessen Integration in den Konzern.[4] Kein zwingender Grund für eine konzernweite Regelung liegt nach der Rechtsprechung auch vor, wenn die Konzernspitze die Mittel für den Sozialplan stellt, es sei denn, die Bereitstellung der Mittel beruht auf einem konzernweiten Sanierungskonzept, das nur für das ganze Unternehmen realisiert werden kann.[5] Die getrennte Betrachtung der Zuständigkeit für Interessenausgleich und Sozialplan bei ein- und derselben Betriebsänderung wird in seltener Einmütigkeit von allen Beteiligten – Arbeitgeberseite, Betriebsratsseite und Einigungsstellenvorsitzende – als impraktikabel und lebensfern kritisiert. Dort, wo Arbeitnehmervertretungsgremien nicht gegen-, sondern miteinander arbeiten, wird die Divergenz häufig durch eine Bevollmächtigung wieder herbeigeführt. Rechtlich zwingend ist die getrennte Betrachtung der Zuständigkeit überdies nicht. Interessenausgleich und Sozialplan im Hinblick auf ein- und dieselbe Betriebsänderung sind zwei Seiten einer Medaille und bedingen einander. So kann etwa Zeitpunkt und Umfang der Umsetzung einer unternehmerischen Planung vom Inhalt und der Gestaltung der Kompensationsregelung abhängen. Auch die **185**

---

[1] BAG 19.7.2012 – 2 AZR 386/11, BeckRS 2013, 66461 mit Anm. *Lingemann*.
[2] BAG 3.5.2006 – 1 ABR 15/05, AP BetrVG 1972 § 50 Nr. 29 (für den Gesamtbetriebsrat); *Fitting*, BetrVG § 58 Rn. 15; HWK/*Hohenstatt/Willemsen*, BetrVG § 111 Rn. 74, 76.
[3] *Gaul*, NZA 2003, 695 (697); *Richardi*, NZA 1991, 289 (291); BAG 11.12.2001 – 1 AZR 193/01, NZA 2002, 688 ff.
[4] BAG 3.5.2006 – 1 ABR 15/05, BeckRS 2005, 31044692; ähnlich LAG Düsseldorf 22.10.2008 – 7 TaBV 85/08, BeckRS 2009, 55991; LAG Düsseldorf 19.8.2008 – 9 TaBV 87/08, BeckRS 2008, 56538.
[5] BAG 3.5.2006 – 1 ABR 15/05, AP BetrVG 1972 § 50 Nr. 29.

Argumentation der Rechtsprechung, dass lokal unterschiedliche Gegebenheiten (Beispiel: Betrieb im Raum Stuttgart einerseits, in Mecklenburg-Vorpommern andererseits) zu einem unterschiedlichen Entschädigungsbedarf bei den Arbeitnehmern führen müssen, führt nicht zwingend zu einer getrennten Zuständigkeitsbetrachtung; das gleiche Ergebnis lässt sich auch dadurch erreichen, dass mit ein- und demselben Gremium (dem Konzernbetriebsrat) unterschiedliche Kompensationsregelungen vereinbart werden.

1. Dotierung des Sozialplans im Konzern, Berechnungsdurchgriff

186 Nach dem ausdrücklichen Wortlaut des § 112 BetrVG ist bei der Dotierung eines Sozialplans auf die wirtschaftliche Vertretbarkeit für das „Unternehmen" abzustellen. An dieser klaren Aussage gilt es sich zu orientieren, zumal das BAG auch sonst von einer sehr wortlautgetreuen Auslegung ausgeht, wenn es etwa den Zweck des Sozialplans in einem Ausgleich oder in einer Milderung wirtschaftlicher Nachteile sieht, wobei beide Begriffe nicht in einem Stufenverhältnis, sondern nebeneinander stehen.[1] Vor dem Hintergrund dieses eindeutigen Wortlauts kann die Tatsache eines **Konzernverbundes alleine keinen Durchgriff rechtfertigen**.[2] Dem Gesetzgeber war eine mögliche Einbindung eines Unternehmens in einen Konzernverbund durchaus bewusst, da gemäß § 112 Abs. 5 S. 2 Nr. 2 BetrVG der Entschädigungsbedarf[3] bei einer Weiterbeschäftigungsmöglichkeit im Konzern geringer ist. Nur in seltenen Ausnahmefällen ist daher hinsichtlich der Leistungsfähigkeit im Wege eines Berechnungsdurchgriffs auf die wirtschaftliche Vertretbarkeit der Konzernmuttergesellschaft oder „des Konzerns" abzustellen.[4]

187 Ein gesetzlich angeordneter partieller Berechnungsdurchgriff erfolgt in **Spaltungsfällen** im Sinne des § 123 UmwG. Bei einem Sozialplan in abgespaltenen Unternehmen darf die Bemessung die wirtschaftliche Leistungsfähigkeit des abgebenden Unternehmens berücksichtigen, wobei sich dieser Durchgriff aber auf die dem Unternehmen durch die Spaltung entzogenen Vermögensteile bezieht.[5] Wurden durch die Spaltung also keine Vermögensteile entzogen, scheidet auch ein Berechnungsdurchgriff aus. Auch eine **Patronatserklärung** begründet keinen Berechnungsdurchgriff bei der Dotierung eines Sozialplanes, da anderenfalls die Patronatserklärung einen unechten Vertrag zugunsten Dritter begründen würde.[6] Ebenso wenig wird ein Berechnungsdurchgriff durch eine **Cash-Pool-Vereinbarung** begründet,[7] da es sich lediglich um ein Instrument der konzerninternen Finanzierung handelt. Diese Rechtsprechung ist zutreffend, denn auch die Vereinbarung eines Darlehens mit einer Bank führt nicht

---

[1] BAG 17.4.2012 – 1 AZR 119/11, NZA 2012, 1240 ff.
[2] BAG 15.3.2011 – 1 ABR 97/09, AP BetrVG 1972 § 112 Nr. 212; Richardi/*Annuß*, BetrVG § 112 Rn. 144; DKKW/*Däubler*, BetrVG §§ 112, 112a Rn. 120; *Ahrendt*, RdA 2012, 340 (341); *Gaul*, NZA 2003, 695 (698); *Röger/Tholuck*, NZA 2012, 294 (295); *Uhl/Polloczek*, DStR 2010, 1481 (1482); aA für eine generelle konzerndimensionale Betrachtung: *Henssler*, NZA 1994, 913 (922).
[3] *Lipinski/Hund*, BB 2012, 2184 (2187); *Uhl/Polloczek*, DStR 2010, 1481 (1482).
[4] *Uhl/Polloczek*, DStR 2010, 1481 (1483); Richardi/*Annuß*, BetrVG § 112 Rn. 145; DKKW/*Däubler*, BetrVG §§ 112, 112a Rn. 116 ff.; *Gaul*, NZA 2003, 695 ff.; *Hanau*, ZfA 1974, 89 (105); *v. Hoyningen-Huene*, RdA 1986, 102 (111 ff.); s. ausführlich *Kruip*, Betriebsrentenanpassung und Sozialplandotierung in Konzern und Umwandlung, 1997, S. 49 ff., 59 ff. und 95 ff.; aA *Kittner*, NZA 1998, 731 (732).
[5] BAG 15.3.2011 – 1 ABR 97/09, AP BetrVG 1972 § 112 Nr. 212; *Schimmelpfennig* in: Grobys/Panzer StichwortKommentar Arbeitsrecht, 139 Sozialplan Rn. 107; *Röger/Tholuck*, NZA 2012, 294 (295).
[6] BAG 29.9.2010 – 3 AZR 427/08, NZA 2011, 1416 ff.; *Schimmelpfennig* in: Grobys/Panzer StichwortKommentar Arbeitsrecht, 139 Sozialplan Rn. 112.
[7] BAG 11.11.2014 – 3 AZR 117/13, BB 2015, 251 ff.

zum Berechnungsdurchgriff auf die Bank. Von diesen von der Rechtsprechung entschiedenen Fällen abgesehen, ist die Zulässigkeit des Berechnungsdurchgriffs in der Literatur sehr streitig und in der Rechtsprechung noch nicht vollständig geklärt.[1] Teilweise wird auf die Leistungsfähigkeit des Konzerns schon alleine deshalb sehr umfassend abgestellt, weil eine Betriebsänderung konzernweit geplant wird und unter die Zuständigkeit des Konzernbetriebsrats fällt.[2] Etwas weniger weitgehend wird teilweise[3] allein das Bestehen eines Beherrschungsvertrags als durchgriffsbegründend angesehen, und zwar selbst nach Auslaufen des Beherrschungsvertrags, wenn die Sozialplanpflicht noch während der Laufzeit des Vertrags entstanden ist.[4]

Das BAG hat zum Beherrschungsvertrag entschieden, dass im Rahmen des **Betriebsrentenrechts** aufgrund der Anpassungspflicht des herrschenden Unternehmens gemäß § 302 AktG ein Berechnungsdurchgriff nur möglich sei, sofern ein Beherrschungsvertrag besteht.[5] Nach Vertragsende bestehe auch keine Verpflichtung des herrschenden Unternehmens mehr, etwaige Verluste zu übernehmen. Interessanterweise handelte es sich im entschiedenen Fall um einen **Beherrschungs- und Gewinnabführungsvertrag.** Das BAG setzte jedoch für den Berechnungsdurchgriff allein das Bestehen eines Beherrschungsvertrags voraus. Bei Vorliegen eines solchen Vertrages werde unwiderleglich vermutet, „dass das herrschende Unternehmen bei der Ausübung seiner Leitungsmacht auf die Belange des abhängigen Unternehmens keine angemessene Rücksicht genommen hat". Außerdem stelle der Beherrschungsvertrag eine „Fusion auf Zeit" dar, durch die das abhängige Unternehmen „seine wirtschaftliche Selbstständigkeit" verliere.[6] Ob der Durchgriff auch für einen Gewinnabführungsvertrag gilt, lässt das BAG folglich offen.[7] Indes setzte das BAG in seiner Entscheidung hinsichtlich der Spaltungsfälle iSd § 123 UmwG die beiden Vertragstypen gleich.[8] So habe „das herrschende Unternehmen bei Bestehen eines Beherrschungs- oder Gewinnabführungsvertrags" während dieser Dauer eine Jahresfehlbetragsausgleichspflicht für die abhängige Gesellschaft, „soweit dieser [Jahresfehlbetrag] nicht durch Entnahmen aus innervertraglichen Gewinnrücklagen gedeckt werden kann".[9] Der Beherrschungs- und der Gewinnabführungsvertrag sind folglich zumindest im Rahmen von § 302 AktG als alleinige Voraussetzung eines Berechnungsdurchgriffs gleichzusetzen. Nichts anderes lässt der Wortlaut des § 302 AktG zu. **188**

Einen Berechnungsdurchgriff im qualifiziert **faktischen Konzern** hat das BAG mehrfach bejaht,[10] wenn sich eine **konzerntypische Gefahr** verwirklicht hat. Diese **189**

---

[1] Richardi/Annuß BetrVG § 112 Rn. 144 ff.; Schimmelpfennig in: Grobys/Panzer, Stichwortkommentar Arbeitsrecht, § 139 Sozialplan Rn. 107; Ahrendt, RdA 2012, 340 (341).
[2] DKKW/Däubler, BetrVG §§ 112, 112a Rn. 116, 120; Gaul, DB 2004, 1498 (1502).
[3] So Ahrendt, RdA 2012, 340 (342); Henssler, NZA 1994, 913 (922), der aber immer einen Durchgriff zulässt; aA eher BAG 29.9.2010 – 3 AZR 427/08, NZA 2011, 1416 ff., der nur ausnahmsweise einen Berechnungsdurchgriff zulässt; offengelassen in BAG 15.3.2011 – 1 ABR 97/09, AP BetrVG 1972 § 112 Nr. 212.
[4] Ahrendt, RdA 2012, 340 (342).
[5] BAG 26.5.2009 – 3 AZR 369/07, NZA 2010, 641 ff.; Schimmelpfennig in: Grobys/Panzer, Stichwortkommentar Arbeitsrecht, § 139 Sozialplan Rn. 112.
[6] BAG 26.5.2009 – 3 AZR 369/07, NZA 2010, 641 ff.
[7] Schimmelpfennig in: Grobys/Panzer, Stichwortkommentar Arbeitsrecht, § 139 Sozialplan Rn. 112; Schlewing, RdA 2010, 364 (372).
[8] BAG 15.3.2011 – 1 ABR 97/09, NZA 2011, 1112 ff.; Schimmelpfennig in: Grobys/Panzer, Stichwortkommentar Arbeitsrecht, § 139 Sozialplan Rn. 107; Röger/Tholuck, NZA 2012, 294 (296 f.); Ahrendt, RdA 2012, 340 (341), aA Richardi/Annuß BetrVG § 112 Rn. 146.
[9] BAG 15.3.2011 – 1 ABR 97/09, NZA 2011, 1112 ff.
[10] BAG 4.10.1994 – 3 AZR 910/93, NZA 1995, 368; vgl. auch BAG 29.9.2010 – 3 AZR 427/08, ZIP 2011, 191; Fitting, BetrVG §§ 112, 112a Rn. 258; Schimmelpfennig in: Grobys/Panzer, Stichwortkommentar Arbeitsrecht, § 139 Sozialplan Rn. 108.

sah das BAG in Übereinstimmung mit der vormaligen Rechtsprechung des BGH als gegeben an, wenn die Obergesellschaft die Geschäfte des beherrschten Unternehmens dauernd und umfassend ohne angemessene Berücksichtigung der Interessen der Tochtergesellschaft geführt und daher deren mangelhafte Leistungsfähigkeit selbst verursacht hat.[1] Die Rechtsprechung des BGH zur Haftung im unqualifiziert faktischen Konzern wurde allerdings durch die Haftung wegen existenzvernichtenden Eingriffs ersetzt,[2] wobei die Anforderungen an das Vorliegen eines Haftungstatbestandes deutlich erhöht wurden. Entscheidend kommt es seither darauf an, dass ein planmäßiger Entzug von Gesellschaftsvermögen im Sinne der Verringerung der Haftungsmasse zu Lasten der Gläubiger und zum Vorteil des Gesellschafters vorliegt. Bei Vorliegen dieser Voraussetzungen erwirbt die geschädigte Tochtergesellschaft einen Schadensersatzanspruch wegen vorsätzlicher sittenwidriger Schädigung (§ 826 BGB, **Existenzvernichtungshaftung**). Nach Auffassung des BAG spricht vieles dafür, dass diese Vermögensposition bei der Beurteilung der wirtschaftlichen Vertretbarkeit eines Sozialplans für die abhängige Tochtergesellschaft berücksichtigt wird.[3] Diese in sich stimmige und konsequente Rechtsprechung dürfte allerdings die Einigungsstellenpraxis vor erhebliche Probleme stellen: Streitigkeiten über das Vorliegen eines existenzvernichtenden Eingriffs sind hochkomplex und dürften sich – wie früher Prozesse über die Haftung im qualifiziert faktischen Konzern – über die Instanzen und damit über Jahre ziehen. Eine Einigungsstelle, die den gleichen Sachverhalt innerhalb weniger Sitzungen als Vorfrage über die Höhe der verteilungsfähigen Masse beurteilen soll, dürfte heillos überfordert sein. Eindeutig ist nur ein in der Praxis sehr häufiger Fall: Ein Eingriff setzt eine aktive schädigende Handlung voraus. Kein Gesellschafter ist verpflichtet, ein Unternehmen, das sich nicht selbst wirtschaftlich trägt, mit hinreichend Kapital auszustatten. Im Unterlassen einer zusätzlichen Kapitalzufuhr liegt daher kein Eingriff in das Vermögen einer Tochtergesellschaft.[4]

190 Da das BAG die Alternativen „Ausgleich" und „Milderung" wirtschaftlicher Nachteile als gleichwertige Alternativen ansieht, ergibt sich eine **Beschränkung des Berechnungsdurchgriffs.** Reicht die Leistungsfähigkeit eines Unternehmens aus, um eine Milderung der Nachteile herbeizuführen, so ist der Zweck des § 112 BetrVG erreicht. Für einen Haftungsdurchgriff mit dem Ziel, eine weitergehende Milderung oder einen Ausgleich der Nachteile zu erreichen, ist dann kein Raum mehr.[5]

2. Haftungsdurchgriff

191 Grundsätzlich gelten für den Haftungsdurchgriff die gleichen Voraussetzungen wie für den Berechnungsdurchgriff[6] mit der Folge, dass diese nur selten zu bejahen sind.[7] Einzig bei Vorliegen eines **Beherrschungs- bzw. Gewinnabführungsvertrags**[8] und bei **Rechtsmissbrauch** kann für die Haftung zum Konzern durchgegriffen wer-

---

[1] BGH 29.3.1993 – II ZR 265/91, BB 1993, 814.
[2] BGH 17.9.2001 – II ZR 178/99, NJW 2001, 3622 ff.; BGH 25.2.2002 – II ZR 196/00, NJW 2002, 1803 ff.; BGH 13.12.2004 – II ZR 206/02, BB 2005, 232 ff.
[3] BAG 15.3.2011 – 1 ABR 97/09, NZA 2011, 1112 ff.; zweifelnd zuvor: BAG 29.9.2010 – 3 AZR 427/08, ZIP 2011, 191 ff.; BAG 10.2.2009 – 3 AZR 727/07, NZA 2010, 95 ff.; *Schimmelpfennig* in: Grobys/Panzer, Stichwortkommentar Arbeitsrecht, § 139 Sozialplan Rn. 110; *Schlewing* RdA 2010, 364, 366 f.
[4] BAG 15.3.2011 – 1 ABR 97/09, NZA 2011, 1112 ff.; Schimmelpfennig in Grobys/Panzer, Stichwortkommentar Arbeitsrecht, 139 Sozialplan Rn. 111.
[5] *Schimmelpfennig* in: Grobys/Panzer, Stichwortkommentar Arbeitsrecht, § 139 Sozialplan Rn. 107 ff.
[6] *Gaul*, NZA 2003, 695 (698 f.).
[7] *Gaul*, NZA 2003, 695 (698).
[8] *Schimmelpfennig* in: Grobys/Panzer, Stichwortkommentar Arbeitsrecht, § 139 Sozialplan Rn. 108.

den,¹ also bei fehlender Rücksicht auf die Wirtschaftlichkeit.² Auch dieser Rückgriff ist zurückzuführen auf die Ausgleichspflicht aus § 302 AktG, entsprechend anwendbar auf die GmbH,³ wonach für den Verlust der Tochter immer eine Einstandspflicht der Mutter besteht.⁴

Für zwei Unternehmen, die **nicht dem gleichen Konzern angehörten,** hat das BAG den Haftungsdurchgriff abgelehnt,⁵ sofern der Sozialplan nicht ausdrücklich eine gesamtschuldnerische Haftung vorsieht. Insbesondere ergebe sich eine solche Haftung nicht unmittelbar aus § 111 BetrVG, da ein Sozialplan nicht das Schicksal eines ganzen Betriebs, sondern nur die Kompensation einzelner Arbeitnehmer regele. Zwar könne ein Interessenausgleich, der eine die gesamte Belegschaft des Gemeinschaftsbetriebs betreffende Betriebsänderung vorsieht, am sinnvollsten mit allen gleichgeordneten herrschenden Unternehmen verhandelt werden, jedoch sei dies nicht zwingend. Dies ist stimmig, da eine **Konzernführungsvereinbarung** in der Regel keine weiteren wechselseitigen Bindungen als die gemeinsame Führung des Personals vorsieht, zumal die Rechtsprechung auf deren Existenz gerne einzig aus den Umständen schließt. Alleine aus den Umständen des gemeinsamen Personaleinsatzes auf den Willen zu schließen, für Schulden der anderen Partei gesamtschuldnerisch haften zu wollen, geht indes sicherlich zu weit.

192

---

[1] BAG 8.9.1998 – 3 AZR 185/97, NZA 1999, 543 ff.; *Gaul,* NZA 2003, 695 (698).
[2] BAG 8.9.1998 – 3 AZR 185/97, NZA 1999, 543 ff.; Richardi/*Annuß,* BetrVG § 112 Rn. 189; *Gaul,* NZA 2003, 695 (698).
[3] *Rieckers,* NZG 2007, 125 (127); *Druey,* SZW 1995, 95 (97); *Gaul,* NZA 2003, 695 (698).
[4] BAG 8.9.1998 – 3 AZR 369/07, NZA 2010, 641 ff.; Richardi/*Annuß,* BetrVG § 112 Rn. 189, *Gaul,* NZA 2003, 695 (699).
[5] BAG 12.11.2002 – 1 AZR 632/01, NZA 2003, 676 ff.

G. Unternehmensmitbestimmung

I. Grundlagen der Unternehmensmitbestimmung in der Bundesrepublik Deutschland

193   Nachdem im Abschnitt A. bis F. die Mitbestimmung der Arbeitnehmer auf **betrieblicher Ebene** beschrieben worden ist, soll im Folgenden die Mitbestimmung auf Ebene des Unternehmens, **genauer auf Ebene des Rechtsträgers** des Unternehmens, näher beleuchtet werden.

1. Einführung

a) Geschichte der Unternehmensmitbestimmung

194   Die Entwicklungsgeschichte der Mitbestimmung lässt sich bis zu den Anfängen der Industrialisierung in der ersten Hälfte des 19. Jahrhunderts zurückverfolgen.

195   Die neuere Mitbestimmungsbewegung, die eine Mitbestimmung auch auf Unternehmensebene forderte, begann allerdings erst in der Zeit nach dem 2. Weltkrieg im Zuge der wirtschaftlichen Neuordnung der Bundesrepublik. Dabei richtete sich das Hauptaugenmerk zunächst auf die Unternehmen des Bergbaus und der Eisen- und Stahlindustrie. Diese Unternehmen waren seinerzeit daran interessiert, die Arbeitnehmer stärker in die Planung der Betriebe mit einzubinden, da sie sich erhofften, mit Hilfe der Gewerkschaften eine befürchtete dauerhafte ausländische Kontrolle über die Montanindustrie abwehren zu können.[1] Mit dem **Gesetz über die Mitbestimmung der Arbeitnehmer in den Aufsichtsräten und Vorständen der Unternehmen des Bergbaus und der Eisen und Stahl erzeugenden Industrie** vom 21.5.1951 (Montan-MitbestG)[2] wurde in der Montanindustrie die paritätische Mitbestimmung gesetzlich niedergelegt. 1956 folgte der Erlass des **Montan-Mitbestimmungsergänzungsgesetzes,**[3] welches für Aktiengesellschaften oder GmbHs gilt, die selbst nicht unter das Montan-MitbestG fallen, die aber ein Unternehmen beherrschen, auf welches das Montan-MitbestG anzuwenden ist.[4]

196   Ab 1952 wurde die Unternehmensmitbestimmung auch für die restliche Großindustrie in Teilen des **Betriebsverfassungsverfassungsgesetzes** (§§ 76 ff. BetrVG 1952) geregelt. Die diesbezüglichen Regelungen waren jedoch weniger weitgehend als im Montan-MitbestG, da sie den Beschäftigten nur die Besetzung eines Drittels der Sitze im Aufsichtsrat zugestanden.

197   In der Folgezeit, verstärkt jedoch seit Mitte der 60er Jahre, strebten die Gewerkschaften eine Weiterentwicklung der unternehmerischen Mitbestimmung bzw. eine Ausweitung der Regelungen des Montan-MitbestG auf sämtliche Wirtschaftsbereiche an. Anfang 1968 wurde zur Auswertung der bisherigen Erfahrungen mit der Mitbestimmung eine Sachverständigenkommission unter dem Vorsitz von Kurt Biedenkopf gebildet (sogenannte Biedenkopf-Kommission), die innerhalb von zwei Jahren ihren Bericht „Mitbestimmung im Unternehmen"[5] erstellte und dabei zunächst jedoch ein unterparitätisches Mitbestimmungsmodell vorschlug. Nach verschiedenen Entwürfen

---

[1] Bundesministerium für Arbeit und Soziales, Mitbestimmung – eine gute Sache, Stand: Januar 2012, s. S. 19.
[2] BGBl. 1951 I S. 347.
[3] BGBl. 1956 I S. 707.
[4] *Raiser/Veil,* Einl. MitbestG Rn. 20.
[5] BT-Drs. VI/334.

G. Unternehmensmitbestimmung

der Bundestagsfraktionen und weiteren Regierungsentwürfen wurde nach langen rechtspolitischen Auseinandersetzungen im Bundestag das **Mitbestimmungsgesetz** (MitbestG),[1] welches eine zahlenmäßige Parität der Arbeitnehmervertreter im Aufsichtsrat von Kapitalgesellschaften mit mehr als 2000 Beschäftigten vorsieht, am 18.3.1976 verabschiedet und trat am 1.7.1976 in Kraft.[2] Seitdem ist das Gesetz Gegenstand von 10 Änderungsmaßnahmen gewesen. Wesentlich war hierbei die Aufgabe der Trennung zwischen Arbeitern und Angestellten und der damit einhergehende Übergang zu einem einheitlichen Begriff des Arbeitnehmers im Rahmen der Reform des BetrVG mit Gesetz vom 23.7.2001.[3]

Bereits kurze Zeit nach Inkrafttreten des Gesetzes wurde das BVerfG aufgerufen, über die Verfassungsmäßigkeit der §§ 1 Abs. 1 S. 7, 27, 29, 31 und 33 MitbestG zu entscheiden.[4] Mit Urteil vom 1.3.1979 bestätigte das Bundesverfassungsgericht die Verfassungsmäßigkeit des Gesetzes.[5] 198

Mit Gesetz vom 18.5.2004 löste das **Drittelbeteiligungsgesetz** (DrittelbG)[6] die die Unternehmensmitbestimmung betreffenden Regelungen des BetrVG 1952 ab. Wesentliche inhaltliche Änderungen wurden in diesem Zuge nicht vorgenommen. 199

Zwischenzeitlich wurden verschiedene flankierende Bestimmungen im Falle grenzüberschreitender Strukturänderungen sowie bei Umwandlungen eingeführt, die den Anwendungsbereich der Unternehmensbestimmung trotz der Strukturveränderungen vorübergehend sicherstellen sollen. 200

Aufgrund der zunehmenden Globalisierung der Wirtschaft wurde im Jahr 2005 von der Bundesregierung eine Kommission zur Überprüfung und Modernisierung der Unternehmensmitbestimmung gebildet. Da diese keine Einigung erzielen konnte, wurde der Abschlussbericht[7] von den wissenschaftlichen Mitgliedern mit den abweichenden Stellungnahmen der Arbeitgeber- und Arbeitnehmervertreter veröffentlicht. 201

Der Arbeitskreis „Unternehmerische Mitbestimmung" hat inzwischen einen Entwurf zur Regelung einer Mitbestimmungsvereinbarung entworfen und veröffentlicht,[8] der die Diskussionen zum MitbestG in Wissenschaft und Politik wieder angeregt hat. 202

b) Leitideen und Zielvorstellungen

Die Unternehmensmitbestimmung hat sich aus einem langen historischen Prozess sowie unterschiedlichen Leitideen und Zielvorstellungen heraus entwickelt. 203

Diese verschiedenen Ansätze können mit Ulmer einerseits in sozialethische und andererseits gesellschaftspolitische Argumente eingeteilt werden.[9] Zu den **sozialethisch** motivierten Zielen gehören der Schutz der Menschenwürde, das Bestreben, Arbeitnehmern trotz einer grundsätzlichen Unterordnung unter die Direktions- und Organisationsmacht der Unternehmensleitung eine gewisse Selbstbestimmung einzuräumen, Anwendung des demokratischen Prinzips in der Wirtschaft sowie die Herstellung eines Gleichgewichts von Kapital und Arbeit innerhalb der Unternehmen.[10] **Gesellschafts-** 204

---

[1] BGBl. 1976 I S. 1153.
[2] WWKK/*Wißmann*, Vorbem. MitbestG Rn. 15 ff.
[3] *Raiser/Veil*, Einl. MitbestG Rn. 68.
[4] UHH/*Ulmer*, Einl. MitbestG Rn. 27.
[5] BVerfGE 50, 290–381.
[6] BGBl. 2004 I S. 974.
[7] Kommission zur Modernisierung der deutschen Unternehmensmitbestimmung, Bericht der wissenschaftlichen Mitglieder der Kommission, Dezember 2006.
[8] ZIP 2009, 885.
[9] Zitiert nach UHH/*Ulmer*, Einl. MitbestG Rn. 2 ff.
[10] Zitiert nach UHH/*Ulmer*, Einl. MitbestG Rn. 2 ff.

politisch verfolgte Ziele sind zum einen die Kontrolle wirtschaftlicher Macht sowie andererseits die Sicherstellung einer sozialen Unternehmenspolitik durch Beteiligung der Arbeitnehmer an Entscheidungsprozessen im Unternehmen.[1]

205 In der Gesetzesbegründung zum Mitbestimmungesetz 1976 wird allgemein die **gleichberechtigte und gleichgewichtige Teilnahme von Anteilseignern und Arbeitnehmern an den Entscheidungsprozessen im Unternehmen** auf der Grundlage des geltenden Gesellschaftsrechts als Leitmotiv der Mitbestimmung angeführt.[2] Das BVerfG sieht diesen Zweck in seiner Mitbestimmungsentscheidung von 1979 jedoch nicht voll verwirklicht. In Übereinstimmung mit dem von der Biedenkopf-Kommission erarbeiteten Bericht sieht das BVerfG die Aufgabe der Mitbestimmung darin, die mit der Unterordnung der Arbeitnehmer unter fremde Leitungs- und Organisationsgewalt verbundene Fremdbestimmung durch die institutionelle Beteiligung an den Unternehmensentscheidungen zu mildern und die ökonomische Legitimation der Unternehmensleitung durch eine soziale Komponente zu ergänzen. Darüber hinaus ist die Mitbestimmung als geeignet angesehen worden, die Marktwirtschaft politisch abzusichern.[3]

206 Inwiefern diese Ziele durch die Gesetze zur Unternehmensmitbestimmung erreicht wurden, ob die Unternehmensmitbestimmung für die wirtschaftliche Entwicklung der einzelnen Unternehmen und des Wirtschaftsstandorts Deutschland von Vor- oder von Nachteil ist und inwiefern es einer Anpassung bzw. Weiterentwicklung der Unternehmensmitbestimmung bedarf, wird bis heute kontrovers diskutiert.[4]

2. Gesetzliche Grundlagen

207 Im Folgenden soll ein Gesamtüberblick über die geltenden gesetzlichen Regelungen zur Mitbestimmung gegeben werden, bevor insbesondere die praktisch bedeutsamsten Bestimmungen, das MitbestG und das DrittelbG, im Detail erläutert werden.

a) Montanmitbestimmungsgesetz und Montanmitbestimmungsergänzungsgesetz

208 Das Montan-MitbestG findet Anwendung auf Unternehmen des Bergbaus und der Eisen und Stahl erzeugenden Industrie, die als Aktiengesellschaft oder GmbH betrieben werden und in der Regel mehr als 1000 Arbeitnehmer beschäftigen und regelt die Zusammensetzung der Aufsichtsräte in den vom Geltungsbereich des Gesetzes erfassten Unternehmen (§ 1 Montan-MitbestG). Der Aufsichtsrat kann sich, je nach Nennkapital des Unternehmens, aus 11, 15 oder 21 Mitgliedern zusammensetzen, wobei auf die Arbeitnehmer- und Arbeitgebervertreter jeweils die gleiche Anzahl von Sitzen im Aufsichtsrat entfällt (§§ 4, 9 Montan-MitbestG). Hierdurch wird eine Parität von Anteilseignern und Arbeitnehmern im Aufsichtsrat erreicht. Zusätzlich müssen sich die Vertreter noch auf die Wahl eines weiteren neutralen Mitglieds einigen, welches das Vertrauen beider Seiten besitzen und über Erfahrungen in Wirtschaft oder Verwaltung verfügen sollte.[5] Weiterhin bestimmt das Montan-MitbestG, dass ein Arbeitsdirektor als gleichberechtigtes Mitglied des Vorstands bestellt werden muss, dessen Be-

---

[1] UHH/*Ulmer,* Einl. MitbestG Rn. 3.
[2] BT-Drs. 7/2172, S. 17.
[3] BVerfG 1.3.1979 – 1 BvR 532/77, NJW 1979, 699 (705).
[4] Vgl. Kommission zur Modernisierung der deutschen Unternehmensmitbestimmung, Bericht der wissenschaftlichen Mitglieder der Kommission, Dezember 2006.
[5] Bundesministerium für Arbeit und Soziales, Mitbestimmung – eine gute Sache, Stand: Januar 2012, s. S. 48.

stellung und Widerruf nicht gegen die Mehrheit der Stimmen der Arbeitnehmervertreter im Aufsichtsrat erfolgen kann (§ 13 Montan-MitbestG).

Das MitbestErgG betrifft Unternehmen in der Rechtsform einer Aktiengesellschaft **209** oder einer GmbH, die Unternehmen beherrschen, in denen die Arbeitnehmer ein Mitbestimmungsrecht nach dem Montan-MitbestG haben (§ 1 MitbestErgG) und sieht eine dem Montan-MitbestG nachempfundene Mitbestimmung für diese Unternehmen vor. Der Aufsichtsrat besteht grundsätzlich aus 15, bei einem Unternehmenskapital von über € 25 Mio. bei entsprechender Satzungs- und Gesellschaftsvertragsregelung aus 21 Mitgliedern und setzt sich ebenfalls aus einer gleichen Anzahl von Vertretern der Anteilseigner und Vertretern der Arbeitnehmer sowie einem weiteren neutralen Mitglied zusammen (§ 5 MitbestErgG). Dabei müssen sich bei einer Aufsichtsratsgröße von 15 Mitgliedern unter den Aufsichtsratsmitgliedern der Arbeitnehmer fünf Arbeitnehmer von Konzernunternehmen und zwei Vertreter von Gewerkschaften befinden (§ 6 MitbestErgG).

Auch im Anwendungsbereich des MitbestErgG ist ein Arbeitsdirektor als gleichberechtigtes **210** Mitglied des Vorstands zu bestellen, ohne dass hier jedoch die besonderen Mehrheitsverhältnisse des Montan-MitbestG gelten.[1]

b) Mitbestimmungsgesetz

Das MitbestG findet Anwendung auf sonstige Unternehmen in der Rechtsform einer **211** Aktiengesellschaft, einer Kommanditgesellschaft auf Aktien, einer GmbH oder einer Genossenschaft, die in der Regel mehr als 2000 Arbeitnehmer beschäftigen (§ 1 MitbestG). Im Aufsichtsrat sind Anteilseigner- und Arbeitnehmervertreter in gleicher Anzahl vertreten, wobei sich die Arbeitnehmervertreter aus unternehmensangehörigen Mitgliedern und Gewerkschaftsvertretern zusammensetzen.[2] Die Größe des Aufsichtsrats (12, 16 oder 20 Mitglieder) richtet sich nach der Anzahl der im Unternehmen beschäftigten Arbeitnehmer (§ 7 MitbestG). Die Wahl eines weiteren, neutralen Mitglieds ist nicht vorgesehen. Um eine Pattsituation im Aufsichtsrat dennoch zu vermeiden, hat der Aufsichtsratsvorsitzende unter bestimmten Voraussetzungen (§ 29 Abs. 2 MitbestG) zwei Stimmen. Über bestimmte Regelungen zum Wahlverfahren ist sichergestellt, dass der Aufsichtsratsvorsitzende von den Anteilseignern bestimmt werden kann (§ 27 Abs. 2 MitbestG). Die Wahl der Arbeitnehmervertreter im Aufsichtsrat eines Unternehmens mit in der Regel mehr als 8000 Arbeitnehmern findet durch Delegierte statt. In Unternehmen mit in der Regel nicht mehr als 8000 Arbeitnehmern werden die Arbeitnehmervertreter unmittelbar gewählt. Von dieser Regel kann durch Beschluss der Arbeitnehmer abgewichen werden. Auch nach dem MitbestG ist die Bestellung eines Arbeitsdirektors nach den allgemeinen Regelungen vorgesehen mit Ausnahme bei der KGaA (§ 33 MitbestG).

c) Drittelbeteiligungsgesetz

Das DrittelbG ist anwendbar auf Aktiengesellschaften, Kommanditgesellschaften auf **212** Aktien, GmbHs, Versicherungsvereine auf Gegenseitigkeit (sofern dort ein Aufsichtsrat besteht) sowie Genossenschaften, die in der Regel mehr als 500 Arbeitnehmer beschäftigen und bestimmt, dass der Aufsichtsrat in diesen Unternehmen zu einem Drittel aus Arbeitnehmervertretern bestehen muss (§§ 1, 4 DrittelbG). Die Größe des Aufsichtsrats ist abhängig von den jeweiligen für das Unternehmen geltenden gesell-

---

[1] WWKK/*Wißmann*, § 13 MitbestErgG Rn. 2.
[2] WWKK/*Wißmann*, § 7 MitbestG Rn. 1.

schaftsrechtlichen Normen.[1] Die Bestellung eines Arbeitsdirektors sieht das DrittelbG nicht vor.[2]

d) Mitbestimmung in der Societas Europeae (SE)

213 Die Mitbestimmung in der SE ist in der RL 2001/86/EG[3] des Rates zur Ergänzung des Statuts der Europäischen Gesellschaft hinsichtlich der Beteiligung der Arbeitnehmer vom 8.10.2001 geregelt. Dieser Komplex wurde im deutschen Recht durch das Gesetz zur Einführung der Europäischen Gesellschaft (SEEG), durch das gesellschaftsrechtliche Anpassungsgesetz (SEAG), das die Verordnung begleitet sowie durch das Gesetz zur Beteiligung der AN in der Europäischen Gesellschaft (SEBG) umgesetzt. Diese Bestimmungen werden in Teil II erläutert, da sie einen grenzüberschreitenden Bezug voraussetzen.

3. Einführung und Durchsetzung der Mitbestimmung

214 Für die Frage, ob ein Unternehmen einen Aufsichtsrat haben muss bzw. nach welchen gesetzlichen Bestimmungen der Aufsichtsrat sich zusammensetzt, gilt für alle Gesellschaftsformen das in den §§ 97–99 AktG geregelte Statusverfahren. Für alle Unternehmen, die nicht in der Rechtsform der AG betrieben werden, verweisen die Mitbestimmungsgesetze (Montan-MitbestG, MitbestG und DrittelbG) auf das im AktG geregelte Statusverfahren. Besonderheiten gelten für die SE.[4]

215 Dies gilt nach dem Wortlaut des § 96 Abs. 2 AktG bei einem Wechsel von einer dort genannten Form der Mitbestimmung in eine andere, aber auch dann, wenn bei dem Unternehmen vor Änderung der maßgeblichen Parameter für die Bildung eines (mitbestimmten) Aufsichtsrats noch kein Aufsichtsrat bestand.[5] Eine ohne Statusverfahren vorgenommene Aufsichtsratswahl ist nichtig.[6] Fällt möglicherweise der bisher vorhandene Aufsichtsrat infolge einer Änderung weg, so gilt auch hier grundsätzlich das Statusverfahren, es sei denn, es liegt eine Umwandlung einer Kapitalgesellschaft in eine nicht mitbestimmte Rechtsform vor, zB in eine Personengesellschaft.[7]

216 Das Statusverfahren sieht zwei Stufen vor. Zunächst hat die Unternehmensleitung (Vorstand oder Geschäftsführung) eine Bekanntmachung darüber abzugeben, dass und nach welchen Vorschriften der Aufsichtsrat zu bilden und zusammenzusetzen ist. Diese Bekanntmachung hat in allen Gesellschaftsblättern, mindestens aber im elektronischen Bundesanzeiger und allen Betrieben zu erfolgen.

217 Wird innerhalb eines Monats nach Bekanntmachung im elektronischen Bundesanzeiger kein Antrag beim zuständigen Landgericht durch Antragsberechtigte gestellt, so wird in einer zweiten Phase die von der Unternehmensleitung vorgesehene Bildung bzw. Zusammensetzung des Aufsichtsrats vollzogen.

218 Solange das Statusverfahren nicht durchgeführt ist, bleibt es auch bei abweichender Rechtslage bei der bisherigen Zusammensetzung des Aufsichtsrats (sogenanntes Kontinuitätsprinzip), § 96 Abs. 2 S. 2 AktG.

219 Alternativ hierzu kann es zu einer gerichtlichen Klärung kommen. Ist streitig oder ungewiss, nach welchen gesetzlichen Bestimmungen der Aufsichtsrat zu bilden und zusammenzusetzen ist, kann das Landgericht – falls vorhanden die zuständige Handels-

---

[1] UHH/*Henssler* § 4 DrittelbG Rn. 3.
[2] WWKK/*Kleinsorge*, Vorbem. DrittelbG Rn. 4.
[3] ABl. L 294/22.
[4] Vgl. § 17 Abs. 3 SEAG einerseits und §§ 24–26 SEAG andererseits.
[5] BAG 16.4.2008 – 7 ABR 6/07, NZA 2008, 1025; WHSS/*Seibt*, F 191.
[6] BAG 16.4.2008 – 7 ABR 6/07, NZA 2008, 1025.
[7] WHSS/*Seibt*, F 192.

G. Unternehmensmitbestimmung

kammer des LG – angerufen werden. Die Antragsberechtigten ergeben sich aus § 98 Abs. 2 AktG, dh ua die Unternehmensleitung, ein Aufsichtsratsmitglied, jeder Gesellschafter/Aktionär oder der Gesamt- bzw. Einzelbetriebsrat sowie Spitzenorganisationen der Gewerkschaften.

Wird innerhalb der oa Monatsfrist das Gericht angerufen, bleibt es bis zur rechtskräftigen gerichtlichen Entscheidung bei der bisherigen Zusammensetzung des vorhandenen Aufsichtsrats. Wird die Frist nicht eingehalten, bleibt die Klage zulässig, durch sie wird aber nicht mehr verhindert, dass zunächst ein neuer Aufsichtsrat gemäß der Bekanntmachung der Unternehmensleitung gebildet wird.[1] **220**

Die §§ 97 ff. AktG gelten unmittelbar, wenn durch eine Umwandlung andere gesetzliche Vorschriften für die Zusammensetzung des Aufsichtsrats maßgebend geworden sind.[2] **221**

Grundsätzlich ist ein Statusverfahren somit bei einem Wechsel des relevanten Mitbestimmungsstatuts sowie bei Veränderungen der relevanten Schwellenwerte innerhalb des gleichen Mitbestimmungsstatuts durchzuführen. **222**

Ein Statusverfahren ist auch dann durchzuführen, wenn ein Unternehmen durch eine Zunahme oder Verringerung der ihm zurechenbaren Arbeitnehmerzahlen innerhalb des § 7 Abs. 1 MitbestG in eine andere Klasse nach Nr. 1, 2 oder 3 wechselt und sich deshalb die Zusammensetzung des Aufsichtsrates ändert.[3] **223**

II. Die Anwendung der paritätischen Mitbestimmung im Konzern

Im Folgenden sollen zunächst das MitbestG und seine Anwendung im Konzern näher betrachtet werden. **224**

1. Der Anwendungsbereich des Mitbestimmungsgesetzes

a) Der Katalog der erfassten Rechtsformen

Den Bestimmungen des MitbestG unterfallen gem: § 1 Abs. 1 Nr. 1 MitbestG nur solche Unternehmen, die in der **Rechtsform** einer Aktiengesellschaft, einer Kommanditgesellschaft auf Aktien, einer GmbH oder einer Genossenschaft betrieben werden. Dieser Katalog ist abschließend.[4] Eine Erstreckung des MitbestG im Wege der Analogie auf nicht erwähnte Rechtsformen ist nicht möglich. Damit unterliegen einzelkaufmännische Unternehmen sowie Personengesellschaften wie etwa die Gesellschaft bürgerlichen Rechts, die offene Handelsgesellschaft oder die Kommanditgesellschaft nicht der paritätischen Mitbestimmung, ebenso wenig die Versicherungsvereine auf Gegenseitigkeit,[5] ideelle oder wirtschaftliche Vereine oder Stiftungen sowie die Europäische Gesellschaft und die Europäische Genossenschaft. Nur für bestimmte Arten von Kommanditgesellschaften besteht eine Sonderregel in § 4 MitbestG, auf die näher unter lit. d) eingegangen wird. Auch nicht erfasst sind Körperschaften und Anstalten des Öffentlichen Rechts, zB Sparkassen. Auch öffentlich-rechtliche Regie- oder Eigenbetriebe unterfallen nicht dem MitbestG. Dagegen schadet es nicht, dass der Anteilseigner einer Gesellschaft selbst nicht dem § 1 Abs. 1 Nr. 1 MitbestG unterfällt, dh eine GmbH, deren Gesellschafter allein öffentlich-rechtliche Körperschaften sind, **225**

---

[1] *Bachner/Köstler/Matthiessen/Trittin*, Arbeitsrecht bei Unternehmensumwandlung und Betriebsübergang, § 3 Rn. 12.
[2] *Bachner/Köstler/Matthiessen/Trittin*, Arbeitsrecht bei Unternehmensumwandlung und Betriebsübergang, § 3 Rn. 22.
[3] WWKK/*Wißmann*, § 7 MitbestG Rn. 7, 8; UHH/*Henssler*, § 7 MitbestG Rn. 23.
[4] *Raiser/Veil*, § 1 MitbestG Rn. 10.
[5] Kritisch zum Ausschluss des VVaG WWKK/*Koberski*, § 1 MitbestG Rn. 13.

kann dem MitbestG unterfallen, sofern die Schwellenwerte von § 1 Abs. 1 Nr. 2 MitbestG im Hinblick auf die Zurechnung derer Arbeitnehmer zu einem mitbestimmungspflichtigen Komplementär überschritten werden.[1]

b) Sonstige Voraussetzungen

aa) Inländische Gesellschaft

226 Das MitbestG erfasst nur inländische Gesellschaften in den jeweils genannten Rechtsformen, dh Gesellschaften, die dem deutschen Gesellschaftsrecht unterfallen. Ob sich dies nach der lange Zeit vom BGH vertretenen Sitztheorie beurteilt, dh ob sich der tatsächliche Verwaltungssitz im Inland befinden muss oder nach dem Gesellschaftsrecht im Gründungsstaat, der sogenannten Gründungstheorie, wird unterschiedlich beurteilt. In der Literatur wird im Anschluss an die Rechtsprechung des EuGH zur Niederlassungsfreiheit weitgehend die Auffassung vertreten, dass das Gemeinschaftsrecht die Anwendung der Gründungstheorie vorgibt und nur im Verhältnis zu Drittstaaten die Anwendung der Sitztheorie noch in Betracht komme.[2] Eine Anwendung des MitbestG auf Unternehmen ausländischen Rechts mit Verwaltungssitz in Deutschland scheidet daher regelmäßig aus.[3] Aus diesem Grund findet etwa § 4 Abs. 1 MitbestG keine Anwendung, wenn Komplementärgesellschafterin einer inländischen KG eine nach dem Recht eines anderen EU-Mitgliedstaats gegründete Gesellschaft ist, auch wenn sie ihren faktischen Sitz im Inland haben sollte. Denn diese Gesellschaft unterliegt dann nicht dem inländischen Gesellschaftsrecht und kann daher nicht die Voraussetzungen des § 1 Abs. 1 MitbestG erfüllen.

227 Vor diesem Hintergrund wird von verschiedenen Seiten ein sogenanntes Mitbestimmungserstreckungsgesetz befürwortet.[4]

bb) Schwellenwert 2000 Arbeitnehmer

228 § 1 Abs. 1 Nr. 2 MitbestG setzt eine Mindestzahl von **in der Regel 2000 beschäftigten Arbeitnehmern** voraus.[5] Arbeitnehmer anderer Unternehmen sind nur im Rahmen der Konzernzurechnung nach §§ 4, 5 MitbestG mitzuzählen.[6] Mitzuzählen sind alle in Inlandsbetrieben beschäftigten Arbeitnehmer einschließlich der Auszubildenden. Ausnahmsweise können auch im Ausland beschäftigte Arbeitnehmer dazugezählt werden, jedenfalls dann, wenn sie weiterhin dem Inlandsbetrieb unterliegen oder nur vorübergehend ins Ausland entsandt sind.[7] In Teilzeit und geringfügig Beschäftigte, Arbeitnehmer mit Home Office und Heimarbeiter zählen ebenfalls hierzu. Arbeitnehmer in Altersteilzeit sind nur für die Dauer der Aktivphase mitzuzählen.[8] Auch Arbeitnehmer in Elternzeit sind nach Maßgabe des § 21 Abs. 7 BEEG mitzuzählen,

---

[1] WWKK/*Koberski*, § 1 MitbestG Rn. 10.
[2] UHH/*Ulmer/Habersack*, § 1 MitbestG Rn. 7.
[3] So die ganz hM vgl. WWKK/*Koberski*, § 1 MitbestG Rn. 24; UHH/*Ulmer/Habersack*, § 1 MitbestG Rn. 8a.
[4] WWKK/*Koberski*, § 1 MitbestG Rn. 25.
[5] Zur Geschichte dieser Zahl siehe die Hinweise bei UHH/*Ulmer/Habersack*, § 1 MitbestG, Rn. 3.
[6] Siehe hierzu die Erläuterungen zu den §§ 4, 5 → Teil I Absch 2 Rn. 5.
[7] Noch weitergehend die sogenannte GTZ-Entscheidung des LG Frankfurt/Main 1.4.1982 – 2/6 Akt E 1/81, DB 1982, 1312; danach waren Arbeitnehmer im Ausland mitzuzählen, auch wenn sie dem Inlandsbetrieben nicht zugehörig waren. Hier spielte aber die Besonderheit des in der Entwicklungshilfe tätigen Unternehmens eine entscheidende Rolle. Aktuell sogar ohne Einschränkung: LG Frankfurt/Main 16.2.2015 – 3-16 O 1/14, ZIP 2015, 634. Zur Frage eines Verstoßes gegen primäres EU-Recht wegen des fehlenden Wahlrechts von Arbeitnehmern aus dem EU-Ausland siehe OLG Zweibrücken 20.2.2014 – 3 W 150/13.
[8] WWKK/*Koberski*, § 1 MitbestG Rn. 35.

wenn für die Dauer der Elternzeit keine Vertreter eingestellt worden sind. Nicht hingegen mitzuzählen sind Arbeitnehmer, die nicht arbeitsvertraglich an das Unternehmen gebunden sind, zB Leiharbeitnehmer,[1] Arbeitnehmer, die im Rahmen von Werkverträgen eingesetzt werden, freie Mitarbeiter, sonstige im Betrieb beschäftigte Personen mit Sonderstatus wie Entwicklungshelfer, Zivildienstleistende etc. Sonderregeln gelten für Beamte bei Post- und Bahn-Nachfolgeunternehmen gemäß § 24 Abs. 2 S. 1 PostPersRG und § 19 DBGrG sowie für Beamte, Soldaten und zivile Arbeitnehmer des Geschäftsbereichs des Bundesministeriums der Verteidigung nach Maßgabe des § 6 Abs. 1 des Kooperationsgesetzes der Bundeswehr.

Bei der Feststellung der relevanten Arbeitnehmerzahl ist nicht auf einen bestimmten Stichtag abzustellen, sondern auf eine „rückblickende Betrachtung als auch einer Einschätzung der kommenden Entwicklung des Unternehmens".[2] Abzustellen ist vielmehr auf die innerhalb eines Jahres übliche Beschäftigtenzahl, wobei außergewöhnliche Spitzen keine Berücksichtigung finden. Dabei kann hilfsweise auf die bisherige Rechtsprechung des BAG zum insoweit inhaltsgleichen § 9 BetrVG verwiesen werden. Soweit jedoch das BAG in einer neueren Entscheidung zu § 9 BetrVG Leiharbeitnehmer im Rahmen der Arbeitnehmerzahl mitberücksichtigen möchte,[3] ist eine Übertragung auf die unternehmerische Mitbestimmung und die im MitbestG geregelten Schwellenwerte zur Begründung der Mitbestimmung abzulehnen.[4] Leiharbeitnehmer sind nur aktiv wahlberechtigt, vgl. § 18 S. 2 MitbestG, der auf § 7 S. 2 BetrVG verweist. 229

cc) Vorrang der Montanmitbestimmung

Soweit ein Unternehmen die Bedingungen für die Anwendbarkeit der Mitbestimmungsregelungen nach Maßgabe des Montanmitbestimmungsgesetzes und des entsprechenden Ergänzungsgesetzes erfüllt, scheidet die Anwendung des MitbestG aus. 230

c) Religionsgemeinschaften und Tendenzunternehmen

§ 1 Abs. 4 S. 2 MitbestG nimmt Religionsgemeinschaften sowie ihre karitativen und erzieherischen Einrichtungen vom Anwendungsbereich des MitbestG aus und schützt damit die kirchlichen Selbstbestimmungsrechte. § 1 Abs. 4 S. 1 MitbestG nimmt weitere sogenannte Tendenzunternehmen von der Pflicht zur Mitbestimmung aus. Vorausgesetzt wird, dass das jeweilige Unternehmen **unmittelbar und überwiegend** politischen, koalitionspolitischen, konfessionellen, karitativen, erzieherischen, wissenschaftlichen und künstlerischen Bestimmungen dient oder eine unmittelbare und überwiegende Zwecksetzung im Bereich der Berichterstattung oder Meinungsäußerung im Sinne des Art. 5 Abs. 1 S. 2 GG verfolgt. Diese in der gesetzlichen Vorschrift enumerativ aufgezählten Begriffe werden in der Literatur üblicherweise unter der Bezeichnung „Tendenz" zusammengefasst. Die Vorschrift entspricht zumindest in ihren Tatbestandsvoraussetzungen dem § 118 BetrVG, sodass zu ihrer Auslegung ergänzend auf die Rechtsprechung zum BetrVG zurückgegriffen werden kann.[5] 231

---

[1] OLG Hamburg 31.1.2014 – 11 W 89/13; OLG Düsseldorf 12.5.2004 – I-19 W 2/04, GmbHR 2004, 1081; ebenso für § 3 DrittelbG das OLG Hamburg 29.10.2007 – 11 W 27/07, DB 2007, 2762–2766; kritisch WWKK/*Koberski*, § 1 MitbestG Rn. 35.
[2] So das LG Nürnberg-Fürth 11.6.1982 – 4 O 9031/81, BB 1982, 1625; BAG 16.4.2003 – 7 ABR 53/02, DB 2003, 2128 zu § 9 BetrVG.
[3] BAG 13.3.2013 – 7 ABR 69/11.
[4] So zu Recht *Künzel/Schmid* NZA 2013, 300; aA ArbG Offenbach 22.8.2012 – 10 BV 6/11 zu § 9 MitbestG; bestätigt durch Hess LAG 11.4.2013 – 9 TaBV 308/12.
[5] Anders verhält es sich mit den Rechtsfolgen: Das BetrVG kennt eine eingeschränkte betriebliche Mitbestimmung bei Tendenzunternehmen, während das MitbestG bei Tendenzunternehmen eine Unternehmensmitbestimmung komplett ausschließt.

Die Vorschrift bezweckt somit in erster Linie, diejenigen Unternehmen, die im Rahmen ihrer unternehmerischen Tätigkeit besondere grundgesetzlich geschützte Ziele in Art. 4, 5 und 9 Abs. 3 GG verfolgen, von dem Einfluss der Mitbestimmung freizuhalten.

232 Folglich unterliegen Unternehmen mit entsprechender Zwecksetzung nicht der Mitbestimmung.

aa) Die einzelnen geschützten Zweckbestimmungen

233 – Politische Zweckbestimmung
Eine politische Zwecksetzung liegt nach Auffassung des BAG nur vor, wenn die Zielsetzung des Unternehmens darin besteht, zum Zweck der Gestaltung öffentlicher Aufgaben im Interesse der Allgemeinheit auf die Willensbildung des demokratisch verfassten Staates Einfluss zu nehmen. Politisch ist aber nicht mit parteipolitisch gleichzusetzen.[1]

234 – Koalitionspolitische Zwecksetzung
Hierzu gehören die von Arbeitgeberverbänden und Gewerkschaften betriebenen Unternehmen. Dabei ist jedoch nicht allein auf die Koalitionen als jeweilige Gesellschafter abzustellen. Zu berücksichtigen ist auch der Unternehmensgegenstand, wie er in der Satzung des jeweiligen Unternehmens umschrieben ist.[2]

235 – Konfessionelle Zweckbestimmung
Hiervon sind Unternehmungen wie etwa Familienberatungsstellen und Missionsvereine umfasst, hinter denen Religionsgemeinschaften stehen. Wegen des von § 1 MitbestG geforderten Schwellenwerts und § 1 Abs. 4 S. 2 MitbestG dürfte die praktische Relevanz dieser Bestimmung eher gering und allenfalls im Rahmen des DrittelbG gegeben sein.

236 – Karitative Zweckbestimmung
Eine karitative Zielsetzung liegt vor, wenn sich das Unternehmen dem sozialen Dienst am körperlich oder seelisch leidenden Menschen verschrieben hat. Das Unternehmen darf nicht auf Gewinnerzielung ausgerichtet sein. Der Verzicht auf Gewinnerzielung soll aus Gründen der Rechtssicherheit in der Satzung verankert sein.[3] Anerkannt sind:[4] das Deutsche Rote Kreuz, Nichtkommerziell betriebene Krankenhäuser, Arbeiterwohlfahrt, Deutsche Krebshilfe, Müttergenesungswerk und die Bergwacht.

237 – Erzieherische Zweckbestimmung
Gemeint ist die planmäßige und methodische Unterweisung in einer Mehrzahl allgemeinbildender oder berufsbildender Fächer, durch welche die Persönlichkeit des Menschen geformt werden soll. Unerheblich soll sein, ob die erzieherische Maßnahme gegenüber Kindern oder Erwachsenen ausgeübt wird. Die reine Vermittlung bestimmter Kenntnisse wie in Sprachschulen reicht nicht aus.[5]

238 – wissenschaftliche Zweckbestimmung
Hierunter fallen Forschungsinstitute, ggf. auch zoologische Gärten, unabhängig davon, ob die Unternehmen auch kommerzielle Ziele verfolgen.[6] Es kann sich sowohl um Grundlagen- wie auch um anwendungsorientierte Forschung handeln.

---

[1] BAG 21.7.1998 – 1 ABR 2/98, NZA 1999, 277.
[2] BAG 21.6.1989 – 7 ABR 58/87, NZA 1990, 903–905.
[3] OLG Dresden 15.4.2010 – 2 W 1174/09, AG 2011, 88 (89).
[4] Zitiert nach WWKK/*Koberski*, § 1 MitbestG Rn. 46, lit. d).
[5] BAG 9.12.1992 – 7 ABR 3/92; UHH/*Ulmer/Habersack*, § 1 MitbestG Rn. 63.
[6] Str., UHH/*Ulmer/Habersack*, § 1 MitbestG Rn. 63; aA WWKK/*Koberski*, § 1 MitbestG Rn. 46, lit. f), der bei kommerzieller Zielsetzung einen Tendenzschutz verneint.

Nicht ausreichend ist jedoch die Beschränkung auf die Bereitstellung von Hilfsmitteln für die wissenschaftliche Forschung.[1]
- künstlerische Zweckbestimmung **239**
Hierzu gehören alle Unternehmen, die in Bereichen arbeiten, die dem klassischen Werk- und Wirkbereich des Art. 5 Abs. 3 GG zugeordnet werden, also Theater, Musicalveranstalter, Konzertunternehmen, Musikverlage. Keinen Tendenzschutz genießen Filmtheater, Buchhandlungen, sowie kommerziell betriebene Tanz- und Vergnügungsstätten.[2]
- Zweckbestimmung der Berichterstattung und Meinungsäußerung **240**
Diese Bereichsausnahme stellt die für die Anwendung des MitbestG praktisch relevanteste Regelung dar. Hierunter fallen Buch- und Zeitungsverlage, private Rundfunk und Fernsehunternehmen.

bb) Merkmal der Unmittelbarkeit

Ein Unternehmen dient unmittelbar einer geschützten Tendenz, wenn in dem betreffenden Unternehmen der Tendenzzweck selbst verwirklicht bzw. dort direkt beeinflusst bzw. gestaltet wird.[3] Denn nur dort ist Tendenzschutz erforderlich, wo die Tendenzwirkung gestaltet werden kann.[4] Eine Hilfsfunktion gegenüber einem anderen Tendenzunternehmen reicht nicht aus, um einem Unternehmen Tendenzcharakter zu verleihen.[5] So dient ein reines Druckereiunternehmen nicht unmittelbar der Pressefreiheit, auch wenn es vorwiegend Tages- und Wochenzeitungen druckt. Ob die Tendenzverwirklichung mittels eigener Arbeitnehmer umgesetzt wird, ist nicht entscheidend für die Bejahung des Tendenzschutzes. Ein Unternehmen, das Musicals aufführt, fällt beispielsweise unter den Tendenzschutz, auch wenn die an der Aufführung beteiligten Künstler nicht bei dem Unternehmen als Arbeitnehmer angestellt sind.[6] Die Verfolgung erwerbswirtschaftlicher Zwecke, etwa durch ein privates Presseunternehmen, schließt ebenfalls den Tendenzschutz nicht aus.[7] Anderes gilt für Unternehmen mit karitativer Zielsetzung, hier darf keine Gewinnerzielungsabsicht vorliegen.[8] **241**

cc) Merkmal des Überwiegens

Um die Mitbestimmung in einem Unternehmen gem. § 1 Abs. 4 MitbestG auszuschließen, muss die unmittelbare Verfolgung von Tendenz auch „überwiegend" erfolgen. Diesem Kriterium kommt dann eine entscheidende Bedeutung zu, wenn ein Unternehmen verschiedene Zwecke verfolgt, von denen nicht alle unter den Tendenzschutz fallen. Die Problematik wird in Rechtsprechung und Literatur unter dem Stichwort der „Mischbetriebe" diskutiert. Die Rechtsprechung stellt hierbei auf quantitative Gesichtspunkte ab und nicht mehr darauf, welcher der Unternehmenszwecke, der tendenzgeschützte bzw. der nicht tendenzgeschützte, das Unternehmen insgesamt in qualitativer Hinsicht prägt.[9] **242**

---

[1] BAG 21.6.1989 – 1 ABR 58/87, NZA 1990 903–905, NJW 1991, 2167; WWKK/*Koberski*, § 1 MitbestG Rn. 46 lit. f, der zumindest Bibliotheken unter den Begriff der wissenschaftlichen Zweckbestimmung fassen möchte.
[2] LAG Baden-Württemberg 28.1.2010 – 21 TaBV 5/09; LAG Berlin-Brandenburg 17.12.2008 – 15 TaBV 1213/08.
[3] LAG Baden-Württemberg 28.1.2010 – 21 TaBV 5/09; WWKK/*Koberski*, § 1 MitbestG Rn. 50.
[4] Vgl. LAG Hamburg 3.3.2009 – H 2 TaBV 102/08; BAG 15.2.1989 AP BetrVG 1972 § 118 Nr. 39.
[5] Vgl. BAG 23.3.1999 – 1 ABR 28/98, NZA 1999, 1347–1350.
[6] So LAG Baden-Württemberg 28.1.2010 – 21 TaBV 5/09.
[7] WWKK/*Koberski*, § 1 MitbestG Rn. 49.
[8] BAG 29.6.1988 – 7 ABR 15/87; OLG Dresden 15.4.2010 – 2 W 1174/09, AG 2011, 88 (89).
[9] BAG 21.6.1989 – 7 ABR 58/87, NZA 1990, 402–406; aA: *Raiser/Veil*, § 1 MitbestG Rn. 43; UHH/*Ulmer/Habersack*, § 1 MitbestG Rn. 59 f., die weiterhin der Geprägetheorie, die auch auf qualitative Kriterien setzt, den Vorzug geben.

243 Nach der Rechtsprechung soll es dabei weniger auf Umsatz- und Gewinnzahlen, als vielmehr darauf ankommen, in welchem Umfang die personellen und sachlichen Mittel zur Verwirklichung tendenzgeschützter Zwecke eingesetzt werden. Bei personalintensiven Unternehmen soll in erster Linie auf den Personaleinsatz abzustellen und zu prüfen sein, ob mehr als die Hälfte der Gesamtarbeitszeit des Personals zur Tendenzverwirklichung eingesetzt wird.[1] Hierbei sind nicht nur die Arbeitnehmer zu zählen, die unmittelbar an der Tendenzverfolgung mitwirken (sogenannte Tendenzträger) wie zB Sänger, Schauspieler, Wissenschaftler oder Redakteure, sondern auch die Arbeitnehmer aus dem administrativen Bereich, die an der Verwirklichung des Tendenzzwecks mitwirken. So können auch Mitarbeiter aus dem Bereich Personal, Controlling oder IT unter dieser Voraussetzung mit zu berücksichtigen sein.[2]

244 In der besonderen Problematik des Tendenzschutzes im Konzern siehe die Erläuterungen → Teil I Absch 2 Rn. 314.

d) Sonderfall Kommanditgesellschaft

aa) Grundsatz der Mitbestimmung bei der Komplementärkapitalgesellschaft

245 Die KG unterfällt als Personengesellschaft nicht den Regeln des MitbestG. Hieran ändert auch § 4 MitbestG nichts. § 4 MitbestG schreibt nicht die Einrichtung der Mitbestimmung unmittelbar bei der KG vor, sondern erleichtert nur unter bestimmten Voraussetzungen das Eingreifen der Mitbestimmungspflicht bei einer Kapitalgesellschaft iSd § 1 Abs. 1 MitbestG, die als Komplementärin der KG fungiert, indem deren Arbeitnehmer der Komplementärgesellschaft für die Ermittlung des gesetzlichen Schwellenwerts zugerechnet werden. Der Gesetzgeber versucht durch die Regelung des § 4 MitbestG der Tatsache Rechnung zu tragen, dass in vielen Fällen der einzig haftende Komplementär eine Kapitalgesellschaft ist. Hierdurch verliert das Argument, dass sich eine persönliche Haftung der Gesellschafter nicht mit der Mitbestimmung durch Arbeitnehmer vertrage, erheblich an Gewicht. Eine Zurechnung von Arbeitnehmern erfolgt dennoch nur unter engen Voraussetzungen. So muss die Mehrheit der Kommanditisten die Mehrheit der Anteile oder der Stimmen in der Komplementärgesellschaft innehaben (sogenannte **Mehrheitsidentität**). Hierbei sind die von einem fremdnützigen Treuhänder gehaltenen Anteile dem Treugeber zuzurechnen.[3]

246 Wie die Mehrheit der Kommanditisten an der Komplementärin zu berechnen ist, bestimmt sich nach den für die Komplementärgesellschaft jeweils einschlägigen gesetzlichen Bestimmungen (GmbHG, AktG, GenG). Die Voraussetzung für eine Zurechnung soll nach hM auch bei der Einheitskapitalgesellschaft & Co. KG vorliegen, bei der sämtliche oder der überwiegende Teil der Anteile an der Komplementärgesellschaft von der KG gehalten werden.[4]

247 Nach überwiegender Ansicht ist § 4 MitbestG auch auf eine Kapitalgesellschaft & Co. OHG analog anzuwenden.[5] Nach umstrittener Ansicht soll dies auch für die KGaA gelten, sofern die Komplementärgesellschaft eine Kapitalgesellschaft ist.[6] Dabei spricht der Charakter von § 4 MitbestG als Ausnahmevorschrift eher für die Ansicht, eine Ausdehnung ihrer Anwendung abzulehnen.

---

[1] BAG 21.6.1989 – 7 ABR 58/87, NZA 1990, 402–406.
[2] LAG Hamburg 3.3.2009 – H 2 TaBV 102/08.
[3] ErfK/*Oetker*, § 4 MitbestG Rn. 4; OLG Celle 30.8.1979 – 9 Wx 8/78, GmbHR 1979, 277.
[4] WWKK/*Koberski*, § 4 MitbestG Rn. 23 ff.; UHH/*Ulmer/Habersack*, § 4 MitbestG Rn. 17.
[5] WWKK/*Koberski*, § 4 MitbestG Rn. 13a; *Raiser/Veil*, § 4 MitbestG Rn. 5; aA HWK/*Seibt*, § 4 MitbestG Rn. 2.
[6] WWKK/*Koberski*, § 4 MitbestG Rn. 13a; aA HWK/*Seibt*, § 4 MitbestG Rn. 2.

G. Unternehmensmitbestimmung

248 Ferner darf die Komplementärgesellschaft **keinen eigenen Geschäftsbetrieb** mit in der Regel mehr als 500 Arbeitnehmern haben. Einen eigenen Geschäftsbetrieb unterhält die Komplementärgesellschaft (nur) dann, wenn sie eigene, gegenüber der KG selbständige wirtschaftliche Interessen verfolgt und sich nicht darauf beschränkt, im Innenverhältnis zur KG tätig zu werden.[1]

249 Rechtsfolge der Zurechnung der Arbeitnehmer zu der Komplementärgesellschaft ist zum einen, dass die Arbeitnehmer der KG zum Zwecke der Ermittlung der Schwellenwerte mitzuzählen sind, zum anderen, dass diese Arbeitnehmer auch ein aktives und passives Wahlrecht zum Aufsichtsrat bei dieser Komplementärgesellschaft besitzen.

250 Diese Rechtsfolge wird nicht dadurch ausgeschlossen, dass es neben der Komplementärgesellschaft auch noch eine oder mehrere natürliche Personen als Komplementäre gibt. Das Gleiche gilt auch für die Existenz mehrerer Kapitalgesellschaften im Sinne von § 1 Abs. 1 MitbestG als Komplementäre. Für alle ist die Anwendbarkeit von § 4 MitbestG gesondert zu prüfen, anderenfalls wäre eine Umgehung ohne weiteres möglich.[2]

251 Ist die so qualifizierte Komplementärgesellschaft Komplementärin bei mehreren Kommanditgesellschaften (sternförmige GmbH & Co. KG) sind ihr ggf. die Arbeitnehmer sämtlicher Kommanditgesellschaften zuzurechnen.[3]

bb) Doppel- und mehrstöckige Kommanditgesellschaft

252 § 4 Abs. 1 S. 2, 3 MitbestG enthält eine Regelung zu doppel- und mehrstöckigen Kommanditgesellschaften. Danach soll ein mitbestimmter Aufsichtsrat bei der Komplementärgesellschaft der „obersten" KG gebildet werden können.

253 Ist demnach eine Kapitalgesellschaft & Co. KG Komplementärin einer anderen Kommanditgesellschaft, so werden nach Maßgabe des § 4 Abs. 1 S. 1 MitbestG die Arbeitnehmer der letztgenannten ebenfalls der Komplementärgesellschaft der erstgenannten (Komplementärin) zugerechnet.

> **Beispiel:**
> GmbH & Co. KG A ist Komplementärin von KG B. Die Komplementärgesellschaft der KG A ist die A1 GmbH. Die Arbeitnehmer der KG A und der KG B werden im Rahmen von § 4 Abs. 1 S. 1 und 2 MitbestG der A1 GmbH zugerechnet. Voraussetzung ist wie sonst auch, dass die Kommanditisten der KG A die Anteils- oder Stimmenmehrheit bei A1 GmbH haben. Auf die zusätzlichen Voraussetzungen des § 4 Abs. 1 S. 1 MitbestG kommt es hingegen bei den Kommanditgesellschaften auf der zweiten oder ggf. dritten Stufe nach umstrittener Ansicht nicht mehr an.[4] Das gilt sowohl für eine Personenidentität der Kommanditisten bzw. Gesellschafter wie auch ein ggf. vorliegender eigener Geschäftsbetrieb der Komplementärgesellschaft in der nachgeordneten KG.

cc) Sicherung der Geschäftsführungsbefugnis der Komplementärkapitalgesellschaft

254 Um die Mitbestimmung in der Komplementär-Kapitalgesellschaft im Hinblick auf die KG nicht ins Leere laufen zu lassen, sind abweichend von § 163 HGB vertragliche Vereinbarungen unwirksam, die die Komplementärin von der Geschäftsführung der KG ausschließen. Dies soll nach hM auch für die Vertretungsbefugnis gelten.[5] Besonders

---

[1] WWKK/*Koberski*, § 4 MitbestG Rn. 26; UHH/*Ulmer/Habersack*, § 4 MitbestG Rn. 19.
[2] WWKK/*Koberski*, § 4 MitbestG Rn. 34, 35.
[3] WWKK/*Koberski*, § 4 MitbestG Rn. 36.
[4] WWKK/*Koberski*, § 4 MitbestG Rn. 38; UHH/*Ulmer/Habersack*, § 4 MitbestG Rn. 22; aA *Raiser/Veil*, § 4 MitbestG Rn. 15.
[5] *Raiser/Veil*, § 4 MitbestG Rn. 25; aA HWK/*Seibt*, § 4 MitbestG Rn. 12.

problematisch sind Gestaltungen, durch die Geschäftsführungsbefugnis zwar nicht rechtlich, aber faktisch – etwa durch Bestellen von Kommanditisten zu weiteren Geschäftsführern – auf die Kommanditisten übertragen wird. Die vertragliche Ausgestaltung der Geschäftsführungsbefugnis bleibt aber im Rahmen der dispositiven Bestimmungen des HGB grundsätzlich möglich. So ist bei Vorhandensein mehrerer Komplementäre eine Gestaltung zulässig, die jedem Komplementär einen gleichberechtigten Einfluss auf die Geschäftsführung der KG gewähren. In Betracht kommen insoweit Einzelgeschäftsführung mit Widerspruchsrecht oder Gesamtgeschäftsführung. Auch die Aufteilung nach dem Ressortprinzip wird für möglich gehalten, allerdings mit der Einschränkung, dass die Funktion des gem. § 33 MitbestG zu bestellenden Arbeitsdirektors in der Komplementär-Kapitalgesellschaft nicht dadurch entwertet wird, dass die Zuständigkeit für Personalfragen an einen anderen Gesellschafter-Geschäftsführer übertragen wird.[1]

255 Weisungsrechte der Gesellschafter der Komplementär-GmbH bleiben unberührt. Nicht mit § 4 Abs. 2 MitbestG vereinbar sind jedoch vertraglich vereinbarte Weisungsrechte der KG oder von Kommanditisten gegenüber der Komplementär-Kapitalgesellschaft in laufenden Angelegenheiten.[2]

256 Zulässig bleibt der gerichtliche Entzug der Geschäftsführung aus wichtigem Grund gem. §§ 117, 127 HGB.[3]

257 Fragen der Zurechnung von Arbeitnehmern entscheiden nach § 6 MitbestG iVm §§ 98 ff. AktG die ordentlichen Gerichte, während über deren Wahlrecht die Arbeitsgerichte nach § 2a Abs. 1 Nr. 3 ArbGG im Beschlussverfahren entscheiden.

2. Bildung und Zusammensetzung des Aufsichtsrats

258 Nach § 6 Abs. 1 MitbestG müssen die vom MitbestG erfassten Unternehmen einen Aufsichtsrat bilden. Dabei ist diese Regelung allein für die GmbH von Bedeutung, da die Bildung eines Aufsichtsrats bei Aktiengesellschaften, Kommanditgesellschaften auf Aktien sowie Genossenschaften ohnehin gesetzlich vorgesehen ist.

a) Zusammensetzung des Aufsichtsrats

259 § 7 MitbestG regelt Größe und Zusammensetzung des mitbestimmten Aufsichtsrates. Danach setzt sich der Aufsichtsrat eines Unternehmens mit in der Regel nicht mehr als 10 000 Arbeitnehmern aus je sechs Aufsichtsratsmitgliedern der Anteilseigner und der Arbeitnehmer, eines Unternehmens mit in der Regel mehr als 10 000, jedoch nicht mehr als 20 000 Arbeitnehmern aus je acht Aufsichtsratsmitgliedern der Anteilseigner und der Arbeitnehmer und eines Unternehmens mit in der Regel mehr als 20 000 Arbeitnehmern aus je zehn Aufsichtsratsmitgliedern der Anteilseigner und der Arbeitnehmer zusammen. Durch die Satzung kann die Zahl der Aufsichtsratsmitglieder auf die für größere Unternehmen vorgeschriebene Zahl erhöht werden.[4] Abgesehen hiervon ist die Vorschrift zwingendes Recht.[5]

b) Bestellung, Abberufung und Wahl der Aufsichtsratsmitglieder

260 In diesem Zusammenhang ist zwischen Aufsichtsratsmitgliedern der Anteilseigner und Aufsichtsratsmitgliedern der Arbeitnehmer zu unterscheiden.

---

[1] UHH/*Ulmer/Habersack*, § 4 MitbestG Rn. 29.
[2] UHH/*Ulmer/Habersack*, § 4 MitbestG Rn. 30.
[3] UHH/*Ulmer/Habersack*, § 4 MitbestG Rn. 27.
[4] UHH/*Henssler*, § 7 MitbestG Rn. 17.
[5] MüKoAktG/*Gach*, § 7 MitbestG Rn. 6.

aa) Bestellung der Aufsichtsratsmitglieder

Nach § 8 MitbestG werden die Aufsichtsratsmitglieder der Anteilseigner durch das **261** nach Gesetz, Satzung oder Gesellschaftsvertrag befugte Wahlorgan und, soweit gesetzliche Vorschriften dem nicht entgegenstehen, nach Maßgabe der Satzung oder des Gesellschaftsvertrags bestellt.

bb) Wahl der Aufsichtsratsmitglieder

Die Wahl der Arbeitnehmervertreter in den Aufsichtsrat ist in den §§ 9 bis 23 **262** und 34 MitbestG nur dem Grunde nach geregelt. Einzelheiten regeln die drei Wahlordnungen (WO), welche die Bundesregierung aufgrund der Ermächtigung des § 39 MitbestG erlassen und zuletzt 2001 und 2002 neugefasst hat.[1] Die verschiedenen Wahlordnungen unterscheiden danach, ob Arbeitnehmer eines oder mehrerer Betriebe oder sogar mehrerer Unternehmen an der Wahl beteiligt sind.

§ 9 Abs. 1 MitbestG bestimmt, dass die Wahl der Arbeitnehmervertreter im Auf- **263** sichtsrat eines Unternehmens mit in der Regel mehr als 8000 Arbeitnehmern durch Delegierte stattfindet.[2] Im Einzelnen wird die Wahl durch Delegierte in §§ 10 bis 17 MitbestG geregelt. In Unternehmen mit in der Regel nicht mehr als 8000 Arbeitnehmern werden die Arbeitnehmervertreter gem. § 9 Abs. 2 MitbestG unmittelbar gewählt. Einzelheiten zu der unmittelbaren Wahl der Arbeitnehmervertreter regelt § 18 MitbestG. Nach § 18 S. 2 MitbestG sind auch Leiharbeitnehmer aktiv wahlberechtigt, wie sich aus dem Verweis auf § 7 S. 2 BetrVG ergibt. Von den vorgenannten Grundsätzen kann nur durch das in § 9 Abs. 3 MitbestG beschriebene Vorabstimmungsverfahren abgewichen werden.[3]

cc) Abberufung der Aufsichtsratsmitglieder

Die Abberufung der Aufsichtsratsmitglieder der Anteilseigner erfolgt nach § 6 **264** Abs. 2, 3 MitbestG iVm § 103 Abs. 1, 2 AktG bzw. § 36 Abs. 3 GenG. Danach bedarf der Beschluss über die Abberufung einer Mehrheit, die mindestens drei Viertel der abgegebenen Stimmen umfasst, wobei die Satzung eine andere Mehrheit und weitere Erfordernisse festlegen kann.

Die Abberufung von Aufsichtsratsmitgliedern der Arbeitnehmer ist in § 23 Mit- **265** bestG geregelt. Danach sind antragsberechtigt für die Abberufung eines Aufsichtsratsmitglieds der Arbeitnehmer drei Viertel der wahlberechtigten Arbeitnehmer, eines Aufsichtsratsmitglieds der leitenden Angestellten drei Viertel der wahlberechtigten leitenden Angestellten, eines Aufsichtsratsmitglieds, das Vertreter einer Gewerkschaft ist, die Gewerkschaft, die das Mitglied vorgeschlagen hat. Der Abberufungsbeschluss bedarf dabei einer Mehrheit von drei Vierteln der abgegebenen Stimmen. Dies gilt unabhängig davon, ob es sich um einen Beschluss der Delegierten oder der wahlberechtigten Arbeitnehmer handelt.

Darüber hinaus kann auf Antrag des Aufsichtsrats jedes Aufsichtsratsmitglied aus **266** wichtigem Grund nach § 6 Abs. 2 MitbestG iVm § 103 Abs. 3 AktG durch gerichtlichen Beschluss abberufen werden.[4]

---

[1] UHH/*Henssler*, Vor § 9 MitbestG Rn. 1.
[2] Bei diesem Schwellenwert sollen nach Auffassung des ArbG Offenbach auch Leiharbeitnehmer zu berücksichtigen sein, ArbG Offenbach 22.8.2011 – 10 BV 6/11; bestätigt durch Hess LAG 11.4.2013 – 9 TaBV 308/12; aA *Künzel/Schmid* NZA 2013, 300.
[3] UHH/*Henssler*, § 9 MitbestG Rn. 12.
[4] WWKK/*Wißmann*, § 23 MitbestG Rn. 4.

c) Grundsätze zu Wahlvorschriften und Wahlverfahren

267 Das Wahlverfahren ist in den drei Wahlordnungen zum MitbestG, die unterschiedliche Anwendungsbereiche aufweisen, geregelt. Die erste WO gilt für Unternehmen mit einem Betrieb, die zweite Wahlordnung für Unternehmen mit mehreren Betrieben und die dritte Wahlordnung für Wahlen, an denen die Arbeitnehmer mehrerer Unternehmen teilnehmen.[1]

268 Das Wahlverfahren beginnt mit der Bekanntmachung des Vertretungsorgans des Unternehmens, dass Aufsichtsratsmitglieder der Arbeitnehmer zu wählen sind, was je nach einschlägiger WO mindestens 19, 23 oder 25 Wochen vor dem voraussichtlichen Beginn der Amtszeit der zu wählenden Aufsichtsratsmitglieder zu erfolgen hat (§ 2 1. bis 3. WO). Bei der erstmaligen Anwendung des Gesetzes hat die Bekanntmachung unverzüglich nach der Bekanntmachung über die Zusammensetzung des Aufsichtsrats gem. § 97 AktG zu erfolgen (§ 92 1. WO, § 114 2. und 3. WO).

269 Nach der Bekanntmachung sind die grundsätzlich aus drei wahlberechtigten Arbeitnehmern bestehenden Wahlvorstände zu bilden, denen die rechtzeitige Einleitung der Wahl, ihre Durchführung sowie die Feststellung der Wahlergebnisse obliegt.[2] Vertreter der regulären Arbeitnehmer werden vom zuständigen Betriebsrat, Gesamtbetriebsrat oder Konzernbetriebsrat bestellt (§ 5 Abs. 4 1. WO, §§ 4 Abs. 4, 5 Abs. 4 2. und 3. WO). Besteht kein Betriebsrat, werden die Vertreter der Arbeiter und nicht leitenden Angestellten in einer Betriebsversammlung gewählt.[3] Vertreter der leitenden Angestellten werden vom zuständigen Sprecherausschuss bestellt. Sodann haben die Wahlvorstände die Wählerlisten getrennt nach Gruppen der regulären Arbeitnehmer und leitenden Angestellten aufzustellen. Nur die in den Wählerlisten eingetragenen Mitarbeiter können an den Wahlen und Abstimmungen teilnehmen (§ 8 1. bis 3. WO).

270 Unverzüglich nach Übersendung der Wählerlisten hat der jeweils oberste Wahlvorstand eine Bekanntmachung über die Art und Wahl zu erlassen, welche die Wahlberechtigten über die Möglichkeiten der unmittelbaren oder mittelbaren Wahl sowie über die Antrags- und Beschlussvoraussetzungen informiert.[4]

271 Findet eine Urwahl statt, hat der oberste Wahlvorstand das eigentliche Wahlausschreiben mit dem in § 37 1. WO, § 39 2. und 3. WO vorgeschriebenen Inhalt herauszugeben. Die Vertreter der Arbeitnehmer, der leitenden Angestellten und der im Unternehmen vertretenen Gewerkschaften sind in gesonderten Wahlgängen zu wählen.[5]

272 Die mittelbare Wahl unterscheidet sich von der Urwahl im Wesentlichen dadurch, dass die Delegierten von den wahlberechtigten Arbeitnehmern und die Aufsichtsratsmitglieder der Arbeitnehmer durch die Delegiertenversammlung gewählt werden. Die Regelungen über die Einreichung von Wahlvorschlägen (§§ 54 bis 58 1. WO, §§ 60 bis 64 2. und 3. WO) und die Durchführung der Wahl (§§ 59 bis 67 1. WO, §§ 65 bis 73 2. und 3. WO) stimmen, abgesehen von den notwendigen technischen Modifikationen, mit den für die unmittelbare Wahl geltenden Vorschriften überein.[6]

3. Innere Ordnung sowie Rechte und Pflichten des Aufsichtsrats

273 Die §§ 27 bis 29, 31 und 32 MitbestG sowie die auf AG und KGaA und (nach § 25 Abs. 1 S. 1 Nr. 2 MitbestG) auch auf die GmbH anwendbaren §§ 107 bis 110 AktG

---

[1] UHH/*Henssler*, Vor § 9 MitbestG Rn. 2.
[2] *Raiser/Veil*, Vor § 9 MitbestG Rn. 6.
[3] UHH/*Henssler*, Vor § 9 MitbestG Rn. 13.
[4] *Raiser/Veil*, Vor § 9 MitbestG Rn. 23.
[5] *Raiser/Veil*, Vor § 9 MitbestG Rn. 25.
[6] *Raiser/Veil*, Vor § 9 MitbestG Rn. 28.

treffen Regelungen in Bezug auf die Organisation der Arbeit des Aufsichtsrats einschließlich seiner Beschlussfassung. Darüber hinaus kann der Aufsichtsrat innerhalb des durch die gesetzlichen Regelungen vorgegebenen Rahmens ergänzende Bestimmungen in seiner Geschäftsordnung treffen, soweit nicht die Satzung entgegenstehende Bestimmungen enthält.[1]

a) Vorsitz im Aufsichtsrat

Gemäß § 27 Abs. 1 MitbestG muss der Aufsichtsrat zur Herbeiführung seiner Arbeitsfähigkeit aus seiner Mitte mit einer Mehrheit von zwei Dritteln der gesetzlich vorgeschriebenen Mitgliederanzahl einen Aufsichtsratsvorsitzenden sowie einen Stellvertreter wählen. Wird die erforderliche Mehrheit im ersten Wahlgang nicht erreicht, genügt in einem zweiten Wahlgang gem. § 27 Abs. 2 MitbestG die einfache Mehrheit der Vertreter der Anteilseigner für die Wahl des Vorsitzenden sowie die einfache Mehrheit der Vertreter der Arbeitnehmer für die Wahl des Stellvertreters.[2] Die Amtsdauer des Vorsitzenden und des Stellvertreters ist gesetzlich nicht vorgeschrieben und kann durch die Satzung bzw. solange die Satzung nicht entgegensteht, vom Aufsichtsrat in der Geschäftsordnung oder im Wahlbeschluss festgelegt werden.[3] In jedem Fall endet ihre Amtsdauer mit Ende ihrer Amtszeit als Aufsichtsratsmitglieder. Ein Widerruf der Bestellung ist mit den gleichen Quoren jederzeit möglich. Die vorzeitige Beendigung des Amtes des Aufsichtsratsvorsitzenden bzw. des Stellvertreters lässt die Amtsdauer des jeweils anderen Teils unberührt.[4]

274

b) Beschlussfassung

Nach § 108 Abs. 1 AktG entscheidet der Aufsichtsrat durch Beschluss. Gesetzlicher Regelfall ist die Beschlussfassung in einer Aufsichtsratssitzung. Darüber hinaus gestattet § 108 Abs. 4 AktG auch eine Beschlussfassung ohne Sitzung durch schriftliche, fernmündliche oder andere vergleichbare Formen der Beschlussfassung, wenn kein Mitglied diesem Verfahren nach ordnungsgemäßer Unterrichtung über Beschlussantrag und Form der Beschlussfassung widerspricht.[5]

275

§ 28 MitbestG regelt die Beschlussfähigkeit des Aufsichtsrats. Danach ist der mitbestimmte Aufsichtsrat nur beschlussfähig, wenn mindestens die Hälfte der Mitglieder, aus denen er gesetzlich insgesamt zu bestehen hat, an der Beschlussfassung teilnimmt. Nach allgemeiner Ansicht ist hierfür die Beteiligung an der Abstimmung in Gestalt einer Stimmabgabe, wozu auch eine (ausdrückliche) Stimmenthaltung zählt, notwendig.[6] Lediglich teilnehmende Mitglieder, die sich nicht in der genannten Weise an der Abstimmung beteiligen, zählen nicht mit. Nach § 28 S. 2 MitbestG iVm § 108 Abs. 2 S. 4 AktG steht der Beschlussfähigkeit nicht entgegen, dass dem Aufsichtsrat tatsächlich weniger Mitglieder als die durch Gesetz oder Satzung festgesetzte Zahl angehören, auch wenn das für seine Zusammensetzung maßgebende zahlenmäßige Verhältnis nicht gewahrt ist. Diese Regelung stellt sicher, dass nicht durch Mandatsniederlegungen indirekt auf die Funktionsfähigkeit des Aufsichtsrats Einfluss genommen werden kann.[7] Andererseits darf dies nicht in sittenwidriger Weise (etwa zu Lasten nicht an-

276

---

[1] MHdB ArbR/*Wißmann*, § 282 Rn. 3.
[2] ErfK/*Oetker*, § 27 MitbestG Rn. 3.
[3] UHH/*Ulmer/Habersack*, § 27 MitbestG Rn. 10.
[4] WWKK/*Koberski*, § 27 MitbestG Rn. 19.
[5] ErfK/*Oetker*, § 108 AktG Rn. 5.
[6] MüKoAktG/*Gach*, § 28 MitbestG Rn. 4.
[7] MüKoAktG/*Gach*, § 28 MitbestG Rn. 5.

wesender bzw. teilnehmender Aufsichtsratsmitglieder bzw. Gruppen) ausgenutzt werden.[1]

277   Nach § 29 Abs. 1 MitbestG bedürfen Aufsichtsratsbeschlüsse der Mehrheit der abgegebenen Stimmen, soweit nicht in § 29 Abs. 2 MitbestG und in den §§ 27, 31 und 32 MitbestG etwas anderes bestimmt ist. Hiervon abweichende Regelungen in der Satzung oder der Geschäftsordnung sind zulässig, solange sie keine höheren Mehrheitserfordernisse aufstellen oder den einzelnen Aufsichtsratsmitgliedern unterschiedliche Stimmrechte einräumen.[2] Inwieweit darüber hinaus verschärfende Regelungen zur Beschlussfähigkeit möglich sind, ist umstritten.[3] Bei der Bestimmung der Mehrheit wird eine Stimmenthaltung (ob stillschweigend oder ausdrücklich) anders als bei der Frage der Beschlussfähigkeit nicht berücksichtigt.[4] Die Möglichkeit einer abweichenden Satzungsregelung ist umstritten.[5] Ergibt eine Abstimmung im Aufsichtsrat Stimmengleichheit, so hat der Aufsichtsratsvorsitzende nach § 29 Abs. 2 MitbestG zwei Stimmen, wenn sich auch bei einer erneuten Abstimmung über denselben Gegenstand eine Stimmengleichheit ergibt.

c) Zuständigkeit und Verantwortlichkeit der Aufsichtsratsmitglieder

278   Die Kompetenzen des Aufsichtsrats bestimmen sich nach § 25 Abs. 1 S. 1 MitbestG iVm dem spezifischen Gesellschaftsrecht sowie den §§ 31, 32 MitbestG.

279   Gemäß § 25 MitbestG iVm § 111 Abs. 1 AktG gehört es zu den wesentlichen Aufgaben des Aufsichtsrats, die Geschäftsführung zu überwachen. Dabei hat der Aufsichtsrat über Rechtmäßigkeit, Ordnungsmäßigkeit sowie über Zweckmäßig- bzw. Wirtschaftlichkeit der Geschäftsführung zu wachen.[6] Wesentliche Mittel dieser Überwachung sind zum einen die Berichtspflichten des Vorstands nach § 90 AktG sowie das Einsichts- und Prüfungsrecht des Aufsichtsrats nach § 111 Abs. 2 AktG, wonach der Aufsichtsrat die Bücher und Schriften sowie die Vermögensgegenstände der Gesellschaft einsehen und prüfen kann.

280   Aus § 31 Abs. 1 MitbestG iVm § 84 Abs. 1 AktG folgt die Zuständigkeit des Aufsichtsrats zur Bestellung der Vorstandsmitglieder oder der Geschäftsführer einer mitbestimmten AG, GmbH oder eingetragenen Genossenschaft. Diese Personalkompetenz des Aufsichtsrats bezieht sich jedoch allein auf die Leitungsebene und gilt nicht für sonstige leitende Angestellte, Generalbevollmächtigte und Prokuristen, welche nach den allgemeinen Regeln vom gesetzlichen Vertretungsorgan bestellt werden.[7]

281   Auf die Bestellung und Abberufung der Geschäftsführer der KGaA findet diese Regelung gemäß § 31 Abs. 1 S. 2 MitbestG keine Anwendung. Dem steht der für diese Rechtsform geltende Grundsatz der Selbstorganschaft, also der den Komplementären nach § 278 Abs. 2 AktG iVm §§ 161 Abs. 2, 114, 125 HGB vorbehaltenen Befugnis zur Geschäftsführung und Vertretung entgegen.[8]

---

[1] KK-*Mertens*, § 108 AktG Rn. 75.
[2] WWKK/*Koberski*, § 29 MitbestG Rn. 6, 8.
[3] UHH/*Ulmer/Habersack*, § 28 MitbestG Rn. 4a.
[4] Vgl. BGHZ, 129, 153.
[5] Vgl. WWKK/*Koberski*, § 29 MitbestG Rn. 6.
[6] ErfK/*Oetker*, § 111 AktG Rn. 3.
[7] HM UHH/*Ulmer/Habersack*, § 31 MitbestG Rn. 6 – wobei der Aufsichtsrat die entsprechenden Bestellungen im Fall von Prokuristen und Generalbevollmächtigten von seiner Zustimmung abhängig machen kann.
[8] UHH/*Ulmer/Habersack*, § 31 MitbestG Rn. 4.

G. Unternehmensmitbestimmung

d) Schutz der Aufsichtsratsmitglieder

§ 26 MitbestG dient dem Schutz der Aufsichtsratsmitglieder der Arbeitnehmer und untersagt deren Störung, Behinderung und Benachteiligung. Einen darüber hinausgehenden absoluten Kündigungsschutz genießen die Arbeitnehmervertreter hingegen nicht. Eine Kündigung, die in Zusammenhang mit der pflichtgemäßen Aufsichtsratstätigkeit des Arbeitnehmervertreters steht, verstößt jedoch gegen § 26 MitbestG und ist gemäß § 134 BGB nichtig.[1]   282

4. Auswirkung auf das gesetzliche Vertretungsorgan

Soweit sich aus den §§ 31 bis 33 MitbestG nicht etwas anderes ergibt, bestimmen sich die Zusammensetzung, die Rechte und Pflichten des zur gesetzlichen Vertretung des Unternehmens befugten Organs sowie die Bestellung seiner Mitglieder nach den für die Rechtsform des Unternehmens geltenden Vorschriften.   283

a) Bestellung und Abberufung

aa) Bestellung

Die Bestellung ist ein einseitiger, durch Beschlussfassung des Aufsichtsrats und Mitteilung gegenüber dem zu Bestellenden korporationsrechtlicher Akt, der die Organstellung des zu Bestellenden begründet und ihm die damit verbundene Rechtsmacht verleiht.[2]   284

Der Aufsichtsrat bestellt die Mitglieder des zur gesetzlichen Vertretung des Unternehmens befugten Organs mit einer Mehrheit von zwei Dritteln der Stimmen seiner Mitglieder (§ 31 Abs. 2 MitbestG). Sind Sitze mangels ²/₃-Mehrheit nicht im ersten Wahlgang besetzt worden, hat der ständige Ausschuss gemäß § 27 Abs. 3 MitbestG innerhalb eines Monats einen Wahlvorschlag zu unterbreiten. Liegt der Vorschlag des ständigen Ausschusses vor, hat dieser sich zur Vermittlung außer Stande erklärt oder ist die Monatsfrist ergebnislos verstrichen, findet ein zweiter Wahlgang statt, für den die absolute Mehrheit genügt.[3] Wird auch die absolute Mehrheit verfehlt, kann ein weiterer Wahlgang durchgeführt werden, bei dem der Aufsichtsratsvorsitzende über zwei Stimmen verfügt (§ 31 Abs. 3, 4 MitbestG).   285

Die Bestellung erfolgt für eine Amtszeit von höchstens fünf Jahren. Eine wiederholte Bestellung durch erneuten Aufsichtsratsbeschluss, ebenfalls für höchstens fünf Jahre, ist jedoch zulässig (§ 84 Abs. 1 AktG).   286

Als Annexkompetenz steht dem Aufsichtsrat auch die ausschließliche Kompetenz zum Abschluss und zur Beendigung des jeweiligen Anstellungsvertrages zu.[4]   287

bb) Abberufung

Neben dem Abberufungsbeschluss, für den dieselben Voraussetzungen wie für die Bestellung gelten, bedarf es zur Abberufung eines Mitglieds zwingend eines wichtigen Grundes.[5] Ein wichtiger Grund ist gegeben, wenn der Gesellschaft die weitere Ausübung der Organfunktion durch das Mitglied bis zum Ablauf seiner Amtszeit nicht zugemutet werden kann.[6] Beispielhaft zählt § 84 Abs. 3 AktG grobe Pflichtverletzung, Unfähigkeit zur ordnungsmäßigen Geschäftsführung oder Vertrauensentzug durch die   288

---

[1] ErfK/*Oetker*, § 26 MitbestG Rn. 7.
[2] UHH/*Ulmer/Habersack*, § 31 MitbestG Rn. 7.
[3] UHH/*Ulmer/Habersack*, § 31 MitbestG Rn. 21.
[4] WWKK/*Koberski*, § 31 MitbestG Rn. 34 ff.
[5] § 31 Abs. 1 MitbestG iVm § 84 Abs. 3 AktG.
[6] UHH/*Ulmer/Habersack*, § 31 MitbestG Rn. 30.

Hauptversammlung, soweit dies nicht aus offenbar unsachlichen Gründen erfolgt ist, auf. Ist ein solcher wichtiger Grund gegeben, so ist der Aufsichtsrat regelmäßig zur Abberufung des Mitglieds verpflichtet, um Schaden von der Gesellschaft abzuwenden.[1]

b) Ausübung von Beteiligungsrechten

289 Die Ausübung von Beteiligungsrechten an anderen, ebenfalls mitbestimmten Unternehmen ist in § 32 MitbestG geregelt. Sie soll einen übermäßigen Einfluss der Arbeitnehmervertreter in den Aufsichtsräten von Ober- wie Untergesellschaft vermeiden.[2]

290 § 32 MitbestG setzt voraus, dass sowohl die Ober- also auch die Untergesellschaft mitbestimmte Unternehmen iSd MitbestG sind. Der Anwendungsbereich dieser Regelung wird außerdem auf Beteiligungsrechte an solchen mitbestimmten Unternehmen beschränkt, an denen eine Beteiligung von mindestens 25 % besteht (§ 32 Abs. 2 MitbestG). Nach überwiegender Meinung kommt es für die Berechnung der Beteiligungshöhe lediglich auf die dem mitbestimmten Unternehmen selbst zustehenden Anteile oder Stimmen an; Korrektur- und Zurechnungsregelungen des AktG sind nicht anwendbar.[3]

291 Nach § 32 MitbestG kommt es zu einer Durchbrechung des Grundsatzes, dass die Wahrnehmung von Beteiligungsrechten durch die Obergesellschaft zu den Geschäftsführungsaufgaben gehört und damit dem Kompetenzbereich des gesetzlichen Vertretungsorgans unterfällt. Die Ausübung der in § 32 Abs. 1 S. 1 MitbestG genannten Beteiligungsrechte durch das vertretungsberechtigte Gesellschaftsorgan wird an einen entsprechenden Beschluss des Aufsichtsrats gebunden.[4] Diese Regelung führt zu einer Beschränkung der Vertretungsmacht des Vertretungsorgans bei Ausübung der aufgezählten Beteiligungsrechte.[5] Allerdings erfolgt die Beschlussfassung in Abweichung von § 29 MitbestG nicht durch das Gesamtorgan, sondern nur durch die Aufsichtsratsmitglieder der Anteilseigner (§ 32 Abs. 1 S. 2 MitbestG). Jedoch können auch die Aufsichtsratsmitglieder der Arbeitnehmer an der Sitzung teilnehmen und haben Anspruch auf die gleiche Information wie die Vertreter der Anteilseigner.[6] Sofern ein Beschluss des Aufsichtsrats überhaupt nicht vorliegt oder das Vertretungsorgan unberechtigt von diesem abweicht, so ist die Wahrnehmung der Beteiligungsrechte in der Untergesellschaft nach § 180 S. 1 BGB unwirksam.[7]

292 Die Mitglieder der Anteilseigner sind entsprechend § 28 MitbestG beschlussfähig, wenn mindestens die Hälfte der Vertreter der Anteilseigner, aus denen der Aufsichtsrat gesetzlich zu bestehen hat, an der Beschlussfassung teilnimmt. Beschlüsse bedürfen der absoluten Mehrheit der Stimmen der tatsächlich vorhandenen Anteilseigner.[8]

c) Arbeitsdirektor

293 § 33 MitbestG schreibt grundsätzlich, nicht jedoch bei der KGaA, die Bestellung eines Arbeitsdirektors als gleichberechtigtes Mitglied des gesetzlichen Vertretungsorgans vor. Der Arbeitsdirektor ist gleichsam das „soziale Gewissen" des Unternehmens-

---

[1] UHH/*Ulmer/Habersack*, § 31 MitbestG Rn. 32.
[2] ErfK/*Oetker*, § 32 MitbestG Rn. 1.
[3] UHH/*Ulmer/Habersack*, § 32 MitbestG Rn. 7.
[4] ErfK/*Oetker*, § 32 MitbestG Rn. 3.
[5] So die hM, vgl. UHH/*Ulmer/Habersack*, § 32 MitbestG Rn. 15.
[6] *Raiser/Veil*, § 32 MitbestG Rn. 18.
[7] WWKK/*Koberski*, § 32 MitbestG Rn. 24.
[8] ErfK/*Oetker*, § 32 MitbestG Rn. 4.

betriebs.[1] Dabei richtet sich die Bestellung des Arbeitsdirektors im Wesentlichen nach dem auch für die Bestellung der anderen Mitglieder des Vertretungsorgans vorgesehenen Verfahren gemäß § 31 Abs. 2 bis 4 MitbestG.

Unterbleibt die gesetzlich vorgeschriebene Bestellung eines Arbeitsdirektor oder wird dabei das Verfahren nach § 31 MitbestG nicht eingehalten, hat das zuständige Gericht auf Antrag eines Beteiligten einen Arbeitsdirektor zu bestellen (§ 31 Abs. 1 MitbestG iVm § 85 Abs. 1 AktG). Zuständig für diese Ersatzbestellung ist das Amtsgericht am Sitz des Unternehmens. 294

Der Zuständigkeitsbereich des Arbeitsdirektors wird üblicherweise in der Geschäftsordnung des Vertretungsorgans festgelegt und umfasst insbesondere die Personal- und Sozialangelegenheiten der Arbeitnehmer des Unternehmens.[2] Zu seinen Aufgaben gehören in der Regel mindestens die Bereiche Personalplanung und Personalentwicklung, Personalverwaltung, Löhne und Gehälter, Soziales, Gesundheitsvorsorge, Arbeitsschutz, Unfallverhütung, Altersvorsorge sowie die berufliche Aus- und Weiterbildung. Nicht zu seinem gesetzlichen Mindestressort gehören jedoch die Personal- und Sozialangelegenheiten der leitenden und außertariflichen Angestellten.[3] Eine Alleinzuständigkeit ist jedoch gesetzlich nicht zwingend vorgegeben. Das Gesetz steht insoweit dem sachgerechten Zusammenwirken verschiedener Ressorts nicht entgegen.[4] 295

5. Die Konzernzurechnung nach § 5 Abs. 1 MitbestG

Das MitbestG stellt zunächst nur auf das Unternehmen selbst ab. Da wichtige unternehmerische Entscheidungen jedoch häufig außerhalb des jeweiligen Unternehmens im Konzernverbund getroffen werden, wurde in § 5 MitbestG eine Sonderregelung getroffen. 296

a) Voraussetzungen

§ 5 MitbestG trägt der Verlagerung von wichtigen unternehmerischen Entscheidungen im Konzern auf eine Konzernobergesellschaft dadurch Rechnung, dass in der Konzernobergesellschaft ein mitbestimmter Aufsichtsrat auch dann einzurichten ist, wenn bei dieser die eigentlichen Schwellenwerte des § 1 Abs. 1 Nr. 2 MitbestG nicht erreicht werden. Konsequent wird den Arbeitnehmern der beherrschten Gesellschaften ein passives und aktives Wahlrecht für diesen Aufsichtsrat an der Konzernspitze eingeräumt. Dies gilt auch, wenn es sich bei der Konzernspitze um eine arbeitnehmerlose Holding handelt.[5] 297

aa) Verweis auf Konzernbegriff

Voraussetzung für eine derartige Zurechnung ist nach § 18 Abs. 1 AktG, dass ein Unterordnungskonzern vorliegt. Es muss zwischen mehreren Unternehmen ein Abhängigkeitsverhältnis vorliegen (§ 17 Abs. 1 AktG), und das herrschende und das abhängige Unternehmen müssen unter einer einheitlichen Leitung zusammengefasst sein. Ein sogenannter Gleichordnungskonzern genügt nicht (§ 18 Abs. 2 AktG). 298

Der Begriff der **Abhängigkeit** wird zunächst von § 17 AktG näher definiert. Das herrschende Unternehmen muss unmittelbar oder mittelbar einen beherrschenden Einfluss ausüben können, wobei im Fall des Vorliegens einer Mehrheitsbeteiligung 299

---
[1] Vgl. WWKK/*Koberski*, § 33 MitbestG Rn. 12.
[2] BT-Drs. 7/4845, S. 9.
[3] *Raiser/Veil*, § 33 MitbestG Rn. 16, 20.
[4] ErfK/*Oetker*, § 33 MitbestG Rn. 13.
[5] HM UHH/*Ulmer/Habersack*, § 5 MitbestG Rn. 16.

– freilich widerlegbar – eine Beherrschungsmöglichkeit von § 17 Abs. 2 AktG vermutet wird.

bb) Einheitliche Leitung

300 Von einem **Konzern** wird erst dann gesprochen, wenn die rechtlich selbständigen im Abhängigkeitsverhältnis stehenden Unternehmen unter einer **einheitlichen Leitung** stehen.

301 Gemäß § 18 Abs. 1 S. 2 AktG wird bei Abschluss eines Beherrschungsvertrags im Sinne von § 291 AktG oder einer Eingliederung gemäß § 319 AktG **unwiderlegbar** das Vorhandensein einer einheitlichen Leitung vermutet. In allen anderen Fällen wird das Vorhandensein einer einheitlichen Leitung im Verhältnis von herrschender und beherrschter Gesellschaft nach § 18 Abs. 1 S. 3 AktG zwar auch vermutet, diese Vermutung ist aber **widerlegbar,** zB durch Vorlage eines abgeschlossenen Entherrschungsvertrags.[1]

302 Das gilt ebenso bei bestehenden Gewinnabführungs-, Betriebsüberlassungs- sowie Betriebsführungsverträgen.

303 Anders als etwa bei § 2 Abs. 2 DrittelbG (dort ist eine solche qualifizierte Konzernverbindung erforderlich) kann sich somit das Unterordnungsverhältnis im Konzern für die Zwecke des MitbestG aber auch aus anderen (Rechts)tatsachen als der Eingliederung oder dem Beherrschungsvertrag ergeben.

304 Die einheitliche Leitung kann auch im sogenannten **faktischen Konzern** gegeben sein, bei dem sich das Abhängigkeitsverhältnis nicht nur aus Unternehmensverträgen iSd Aktienrechts, sondern aus Kapitalverflechtung, schuldrechtlichen Verbindlichkeiten wie Lieferbeziehungen oder personellen Verflechtungen auf der Leitungsebene ergibt.[2] Von einem abhängigen Unternehmen wird nämlich gem. § 18 Abs. 1 S. 3 AktG vermutet, dass es mit dem beherrschenden Unternehmen einen faktischen Konzern bildet, dh unter einheitlicher Leitung steht. Diese Vermutung kann aber widerlegt werden.

305 Im Einzelnen ist hier jedoch Vieles umstritten.[3] Die hM vertritt zumindest im Rahmen des MitbestG einen weitgefassten Begriff der einheitlichen Leitung. Dieser soll schon dann vorliegen, wenn das herrschende Unternehmen einzelne Bereiche oder Sparten des abhängigen Unternehmens führt *oder* – im dezentralisierten Konzern – die Wahrnehmung der Leitungsaufgaben durch die einzelnen Konzernunternehmen durch interne Richtlinien koordiniert und kontrolliert.[4] Erforderlich ist die tatsächliche Ausübung der Leitungsmacht, zB durch Weisungen und Vorgaben.[5] Ausreichend ist aber jede Form der Einflussnahme.[6] Eine einheitliche Leitung ist etwa gegeben bei der Vereinheitlichung der Finanz- und Investitionspolitik in der Konzernspitze. Diese ist aber keine unabdingbare Voraussetzung für das Vorliegen einer einheitlichen Leitung. Die (Nicht-)Einbeziehung in die Konzernrechnungslegung nach §§ 290 ff. HGB ist kein Indiz für das (fehlende) Vorliegen einer einheitlichen Leitung.[7]

---

[1] WWKK/*Koberski,* § 5 MitbestG Rn. 22; OLG Düsseldorf 30.10.2006 – I-26 W 14/06 AktE, DB 2007, 100; siehe auch OLG Düsseldorf 4.7.2013 – I-26 W 13/08 AktE.
[2] WWKK/*Koberski,* § 5 MitbestG Rn. 27.
[3] UHH/*Ulmer/Habersack,* § 5 MitbestG Rn. 22 mwN zum Streitstand in gesellschaftsrechtlicher und mitbestimmungsrechtlicher Literatur.
[4] BayObLG 6.3.2002 – 3Z BR 343/00, ZIP 2002, 1034; OLG Stuttgart 3.5.1989 – 8 W 38/89, DB 1989, 1128.
[5] MüKoAktG/*Gach,* § 5 MitbestG Rn. 14; WWKK/*Koberski,* § 5 MitbestG Rn. 25.
[6] UHH/*Ulmer/Habersack,* § 5 MitbestG Rn. 24.
[7] UHH/*Ulmer/Habersack,* § 5 MitbestG Rn. 25.

Nach hM ist die Konzernvermutung des § 18 Abs. 1 S. 3 AktG widerlegt, wenn die **306** Konzernobergesellschaft einzig die Funktion einer reinen Vermögensholding wahrnimmt, die sich ausschließlich auf die Verwaltung ihrer Beteiligung beschränkt, ohne Führungsaufgaben in den Tochtergesellschaften wahrzunehmen.[1]

Sind **zwei Unternehmen wechselseitig** an dem jeweils anderen Unternehmen in **307** der Form beteiligt, dass sie jeweils die Mehrheit halten, gelten beide gemäß § 19 Abs. 3 AktG als herrschend und abhängig. Für diesen Fall ist die Anwendung des § 5 abzulehnen.[2]

cc) Sonstige Voraussetzungen für die Konzernzurechnung

Die Konzernobergesellschaft muss in einer Rechtsform gem. § 1 Abs. 1 MitbestG **308** betrieben werden und darf nicht dem Tendenzschutz des § 1 Abs. 4 MitbestG unterfallen.[3] Sie braucht keine eigenen Arbeitnehmer zu beschäftigen, muss aber ihren Sitz im Inland haben.[4] Dagegen scheidet eine Zuordnung der Arbeitnehmer abhängiger Inlandsgesellschaften nicht deshalb aus, weil die Zwischengesellschaft ihren Sitz im Ausland hat, also das Inlandsunternehmen lediglich mittelbar von der inländischen Konzernspitze beherrscht wurde. In diesem Fall scheidet zwar eine Zurechnung der Arbeitnehmer der ausländischen Zwischengesellschaft aus, nicht aber der inländischen Enkelgesellschaft.[5] Ob die Arbeitnehmer, die in inländischen Betrieben einer Auslandsgesellschaft beschäftigt werden, der Konzernspitze zugerechnet werden, ist umstritten.[6] Im Hinblick auf die abhängigen Unternehmen werden von § 5 MitbestG alle Rechtsformen erfasst, dh auch Arbeitnehmer einer Personengesellschaft können zugerechnet werden.

b) Rechtsfolgen

aa) gesetzliche Fiktion

Um an der Konzernspitze einen mitbestimmten Aufsichtsrat zu errichten, rechnet **309** § 5 Abs. 1 MitbestG bei Vorliegen der oa Voraussetzungen die Arbeitnehmer der Konzernunternehmen der herrschenden Gesellschaft zu. Sofern eine KG abhängiges Unternehmen ist, werden gem. § 5 Abs. 1 S. 1 MitbestG etwaige Arbeitnehmer der KG dem herrschenden Unternehmen zugerechnet. § 5 Abs. 1 S. 2 MitbestG erstreckt diese Zurechnung auch auf etwaige Arbeitnehmer der Komplementär-Kapitalgesellschaft einer beherrschten KG. Dies gilt auch dann, wenn die Komplementär-Kapitalgesellschaft selbst nicht beherrscht wird.

Auch mitbestimmte Unternehmen können abhängige Unternehmen sein, die unter **310** einer einheitlichen Leitung stehen können.[7]

bb) Statusverfahren

Sofern die Zusammensetzung des Aufsichtsrats an der Konzernspitze nicht den Be- **311** stimmungen des MitbestG genügt, ist ein Statusverfahren gem. §§ 97 ff. AktG durch-

---

[1] *Seibt*, ZIP 2008, 1301 (1303); BayObLG 6.3.2002 – 3Z BR 343/00, ZIP 2002, 1034; aA das OLG Frankfurt in zwei Entscheidungen zu § 5 Abs. 3 MitbestG, vgl. OLG Frankfurt 21.4.2008 – 20 W 342/07 und 20 W 8/07, ZIP 2008, 878 (880).
[2] MüKoAktG/*Gach*, § 5 MitbestG Rn. 19.
[3] Zum Tendenzschutz im Konzern und den Auswirkung einer Beherrschung tendenzgeschützter Tochterunternehmen siehe → Teil I Absch 2 Rn. 313 ff.
[4] MüKoAktG/*Gach*, § 5 MitbestG Rn. 6.
[5] Ganz hM WWKK/*Koberski*, § 5 MitbestG Rn. 18; aA LG Frankfurt/Main 16.2.2015 – 3-16 O 1/14, ZIP 2015, 634.
[6] Vgl. Nachw. WWKK/*Koberski*, § 5 MitbestG Rn. 18.
[7] BayObLG 24.3.1998 – 3Z BR 236/96, DB 1998, 974.

zuführen. Solange dieses Statusverfahren nicht durchgeführt ist, bleibt es trotz abweichender Rechtsgrundlage bei der bisherigen Zusammensetzung des Aufsichtsrats, vgl. § 96 Abs. 2 S. 2 AktG, sogenanntes Kontinuitätsprinzip.

c) Konzern im Konzern

312 Kontrovers diskutiert wird in der Literatur die Möglichkeit des **Konzerns im Konzern**. Es bestehen unterschiedliche Auffassungen zu der Frage, ob unterhalb einer Konzernobergesellschaft, die bereits mitbestimmt wird, auch bei abhängigen Konzernuntergesellschaften mitbestimmte Aufsichtsräte zu bilden sind, als sogenannte „Unterkonzernspitzen", die ihrerseits abhängige Gesellschaften beherrschen. Während die Figur des Konzerns im Konzern im Zusammenhang mit allgemeinen gesellschaftsrechtlichen Fragestellungen weitgehend abgelehnt wird, wird sie im mitbestimmungsrechtlichen Schrifttum als Möglichkeit im Rahmen des § 5 Abs. 1 MitbestG akzeptiert, wobei es aber auf eine Einzelfallprüfung ankomme und an die Einbeziehung anderer Stufen innerhalb des Konzern erhebliche Anforderungen zu stellen seien.[1] Insbesondere in einem **zentralisierten Konzern** ist regelmäßig nicht von einer Mitbestimmung auf den weiteren Stufen auszugehen.[2] Zumindest denkbar ist die Einrichtung von mitbestimmten Aufsichtsräten auf den nachfolgenden Konzernstufen im dezentralisierten Konzern, wobei auch hier in den meisten praktischen Fällen die Voraussetzungen nicht vorliegen dürften.[3] Sofern sich die Konzernspitze die Zustimmung zu einer Vielzahl von Geschäftsführungsmaßnahmen auf den nachfolgenden Stufen vorbehalten hat, wird auf den folgenden Stufen kein Anlass erkennbar, auch dort zusätzlich mitbestimmte Aufsichtsräte einzurichten. Ein dem Teilkonzern vorbehaltener Geschäftsbereich kann aber ein Indiz für einen Konzern im Konzern sein.[4] Die Vermutungen des § 18 Abs. 1 S. 2, 3 AktG sollen auf das Verhältnis zwischen Tochter- und Enkelgesellschaft „nicht unverändert"[5] angewendet werden. Das Vorliegen einer einheitlichen Leitung an der Konzernspitze sei geeignet, die Vermutung der einheitlichen Leitung auf der zweiten Konzernstufe zu widerlegen, selbst bei Vorliegen eines Beherrschungsvertrags zwischen Tochter- und Enkelgesellschaft.[6] Die Identität von Führungspersonen in Konzernobergesellschaft und dazwischengeschalteter Tochtergesellschaft stellt zumindest ein starkes Indiz gegen das Vorliegen einer Unterkonzernspitze dar.[7]

d) Tendenzkonzerne

313 Überwiegt in einem Konzern die Tendenzverfolgung, wird auch von einem Tendenzkonzern gesprochen.[8] Sofern verschiedene Unternehmen zu einem Konzern iSd § 18 Abs. 1 AktG zusammenzufassen sind, stellt sich die Frage, inwieweit in einem „Mischkonzern" einzelne an sich tendenzfreie Unternehmen einen Tendenzschutz von anderen tendenzgeschützten Unternehmen innerhalb des Konzernverbunds ablei-

---

[1] OLG München 19.11.2008 – 31 Wx 099/07, 31 Wx 99/07, DB 2008, 2827–2829; UHH/ *Ulmer/Habersack*, § 5 MitbestG Rn. 39; *Raiser/Veil*, § 5 MitbestG Rn. 23; HWK/*Seibt*, § 5 MitbestG Rn. 8.
[2] UHH/*Ulmer/Habersack*, § 5 MitbestG Rn. 41.
[3] *Raiser/Veil*, § 5 MitbestG Rn. 23, die darauf hinweisen, dass die ordentlichen Gerichte noch nie einen Konzern im Konzern anerkannt haben [Stand März 2009].
[4] UHH/*Ulmer/Habersack*, § 5 MitbestG Rn. 42.
[5] So die Formulierung bei UHH/*Ulmer/Habersack*, § 5 MitbestG Rn. 43.
[6] UHH/*Ulmer/Habersack*, § 5 MitbestG Rn. 43, die insoweit eine teleologische Reduktion von § 18 Abs. 1 2 AktG befürworten.
[7] HWK/*Seibt*, § 5 MitbestG Rn. 8.
[8] Vgl BAG 30.6.1981 – 1 ABR 30/79, NJW 1982, 125–127.

ten können. § 1 Abs. 4 MitbestG bezieht sich jedoch nur auf das einzelne Unternehmen und nicht auf den Konzern. Hieraus folgt im Grundsatz, dass die Bedingungen für die Mitbestimmungsfreiheit bei jedem Unternehmen tatbestandlich selbst vorliegen müssen, ohne dass insoweit die anderen Konzerngesellschaften betrachtet werden.

aa) Ableitung des Tendenzschutzes von der Obergesellschaft

So hat das Bundesarbeitsgericht bereits 1981 geurteilt, dass der Tendenzschutz eines herrschenden Unternehmens nicht automatisch zum Tendenzschutz des beherrschten Unternehmens führt.[1]   **314**

Soweit das herrschende Unternehmen – unter Außerachtlassung der beherrschten Gesellschaften – selbst überwiegend und unmittelbar Tendenzzwecke verfolgt, sind die Tatbestandsvoraussetzungen des § 1 Abs. 4 MitbestG bei ihm erfüllt. Allerdings kann es am Merkmal der „überwiegenden" Tendenzverfolgung fehlen, wenn die Leitungstätigkeit im Hinblick auf die **beherrschten, tendenzfreien Untergesellschaften die Verfolgung von tendenzgeschützten Zwecken bei der Obergesellschaft** klar überwiegt.[2] Auf die zahlenmäßigen Verhältnisse im Hinblick auf das Personal stellt das BAG wie bereits dargelegt, auch bei der Abgrenzung innerhalb eines Unternehmens mit verschiedenen Betätigungsbereichen ab.[3]   **315**

bb) Ableitung des Tendenzschutzes von der Untergesellschaft

Aus der **Beherrschung von tendenzgeschützten Unternehmen** ergibt sich umgekehrt ebenfalls nicht automatisch ein „abgeleiteter" Tendenzschutz für die Konzernobergesellschaft.[4] Insoweit wird dann auch konsequent vertreten, dass die Arbeitnehmer der tendenzgeschützten, mitbestimmungsfreien Untergesellschaft der mitbestimmten Obergesellschaft gem. § 5 Abs. 1 zugerechnet werden.[5] Es wird jedoch vertreten, dass auch wenn die über tendenzgeschützte Unternehmen herrschende Konzernobergesellschaft keinen weiteren überwiegenden tendenzfreien Unternehmenszweck wahrnimmt, selbst dem Tendenzschutz unterfallen soll. Ansonsten würde die Mitbestimmung an der Konzernspitze ermöglicht, wo ausschließlich gestalterische Entscheidungen zur Tendenzverfolgung fielen, während sie gerade bei den tendenzgeschützten Untergesellschaften nicht stattfinde. Dies sei mit dem Regelungsziel von § 1 Abs. 4 nicht vereinbar.[6] Als Beispiel könnte eine Holding dienen, deren alleiniger Zweck die Steuerung ihrer Tochtergesellschaften darstellt, deren Zweck es wiederum ist, Musiktheateraufführungen zu produzieren. Praxisrelevant ist der **Fall des Mischkonzerns,** in dem sowohl tendenzgeschützte als auch nicht tendenzgeschützte Gesellschaften von der Konzernobergesellschaft gesteuert werden. In diesem Fall muss geprüft werden, ob die Konzernobergesellschaft originär einer tendenzgeschützten Zweckbestimmung folgt oder überwiegend tendenzgeschützte Untergesellschaften steuert. Sofern eine dieser Alternativen erfüllt ist, unterliegt die Konzernobergesellschaft nicht der Mitbestimmung.[7] Werden sowohl tendenzfreie wie auch tendenzgeschützte Unternehmen im Mischkonzern gesteuert, ist eine quantitative Betrachtung anzusetzen. Bei personalintensiven Betäti-   **316**

---

[1] Vgl. BAG 30.6.1981 – 1 ABR 30/79, NJW 1982, 125–127.
[2] WWKK/*Koberski*, § 1 MitbestG Rn. 56.
[3] BAG 21.6.1989 – 7 ABR 58/87.
[4] LAG Hamburg 3.3.2009 – H 2 TaBV 102/08; BAG 30.6.1981 – 1 ABR 30/79, NJW 1982, 125–127; OLG Brandenburg 5.2.2013 – 6 Wx 5/12.
[5] BAG 30.6.1981 – 1 ABR 30/79, NJW 1982, 125–127.
[6] WWKK/*Koberski*, § 1 MitbestG Rn. 55 unter Berufung auf BAG 30.6.1981 – 1 ABR 30/79; NJW 1982, 125–127.
[7] Vgl. OLG Dresden 15.4.2010 – 2 W 1174/09, AG 2011, 88 (89) zu einem von der Öffentlichen Hand gehaltenen Klinik-Konzern und dessen möglichem Tendenzschutz wegen karitativer Tätigkeit.

gungen kann der Anteil der Arbeitnehmer im Gesamtkonzern, daneben aber auch der jeweilige Umsatzanteil ausschlaggebend sein, um festzustellen, ob eine tendenzgeschützte Betätigung im Konzern überwiegt.[1]

e) Gemeinschaftsunternehmen/Joint Venture

317 § 5 MitbestG kommt auch bei **Gemeinschaftsunternehmen,** die von zwei oder mehr Unternehmen gemeinsam beherrscht werden, zur Anwendung.[2] Dies bedeutet, dass die Bildung von mitbestimmten Aufsichtsräten nach h.M. bei allen herrschenden Unternehmen in Betracht kommt.[3] Dabei ist auf den Zweck des Gesetzes abzustellen, dort Mitbestimmung einzurichten, wo arbeitnehmerrelevante Entscheidungen gefällt werden. Dieser Auffassung sollte mit der Einschränkung gefolgt werden, dass eine gemeinsame Leitung des Gemeinschaftsunternehmens vorliegen muss, etwa in Form eines Stimmenpools oder Konsortialvertrags.[4] Wenn eines der herrschenden Unternehmen aufgrund ihres höheren Stimmenanteils an der gemeinsamen Tochter aus anderen Gründen die Leitung de facto allein ausübt, so ist nur bei diesem Unternehmen ein mitbestimmter Aufsichtsrat zu errichten.[5] Im umgekehrten Fall findet folglich eine mehrfache Zurechnung der Arbeitnehmer statt.

f) Auslandsberührung

318 Auslandsgesellschaften unterliegen als solche nicht dem MitbestG, da sie keinen der vorgeschriebenen Rechtsformen unterliegen. Denkbar bleibt aber die Zurechnung der Arbeitnehmer einer Auslandsgesellschaft zu einer inländischen Konzernobergesellschaft, sofern ihre Arbeitnehmer im Inland tätig sind. Dies gilt für Auslandsgesellschaften mit Sitz im Inland (jedenfalls im Anwendungsbereich des Gemeinschaftsrechts)[6] wie auch bei unselbständigen Niederlassungen von Auslandstöchtern im Inland.[7] Auch verhindert die Einschaltung einer ausländischen Konzern(zwischen)gesellschaft auf der zweiten Stufe nicht die Zurechnung der Arbeitnehmer der inländischen Enkelgesellschaft auf die inländische Konzernspitze nach § 5 Abs. 1 MitbestG.[8]

319 Völlig unabhängig davon wird der Fall der ausländischen Konzernspitze geregelt. Hier versucht die Regelung in § 5 Abs. 3 MitbestG einen Ausgleich zu schaffen, auf die unter 7. näher eingegangen wird.

6. Die Kapitalgesellschaft & Co. KG als Konzernspitze, § 5 Abs. 2 MitbestG

a) Grundgedanke der Regelung, § 5 Abs. 2 S. 1 MitbestG

320 § 5 Abs. 2 S. 1 MitbestG vervollständigt das System der Konzernzurechnung im Rahmen der Mitbestimmung. Sofern eine kapitalistische Kommanditgesellschaft die herrschende Konzerngesellschaft ist, entfiele die Einrichtung eines mitbestimmten Aufsichtsrats, da die KG selbst nicht zu den Rechtsformen zählt, die von § 1 Abs. 1

---

[1] OLG Dresden 15.4.2010 – 2 W 1174/09, AG 2011, 88 (89) unter Berufung auf BAG 15.3.2006 – 7 ABR 24/05, NZA 2006, 1422 (1425); siehe auch OLG Brandenburg 5.2.2013 – 6 Wx 5/12, das zusätzlich auf die Satzung und den darin definierten Unternehmensgegenstand abstellt.
[2] BAGE 53, 287; BAGE 80, 322; Näher hierzu WWKK/*Koberski*, § 5 MitbestG Rn. 35.
[3] Gute Übersicht bei UHH/*Ulmer/Habersack*, § 5 MitbestG Rn. 54 ff.
[4] So der Vorschlag von *Raiser/Veil*, § 5 MitbestG Rn. 27, ebenso UHH/*Ulmer/Habersack*, § 5 MitbestG Rn. 51.
[5] UHH/*Ulmer/Habersack*, § 5 MitbestG Rn. 50; *Raiser/Veil*, § 5 MitbestG Rn. 26.
[6] UHH/*Ulmer/Habersack*, § 5 MitbestG Rn. 55.
[7] *Raiser/Veil*, § 5 MitbestG Rn. 30.
[8] UHH/*Ulmer/Habersack*, § 5 MitbestG Rn. 55; *Raiser/Veil*, § 5 MitbestG Rn. 30.

Nr. 1 MitbestG vorausgesetzt wird. Wie bereits bei der Zurechnung von Arbeitnehmern der KG auf deren Komplementär-Kapitalgesellschaft, soll auch eine Zurechnung der Arbeitnehmer von beherrschten Unternehmen auf die Komplementär-Kapitalgesellschaft einer herrschenden KG ermöglicht werden.[1]

Hieraus ergibt sich, dass für die Zwecke des § 5 Abs. 2 MitbestG die Voraussetzungen des § 4 Abs. 1 MitbestG bei ihr – nicht aber bei abhängigen KG's – tatbestandlich vorliegen müssen, dh Mehrheitsidentität der Gesellschafter, ferner darf kein eigener Geschäftsbetrieb der Komplementärin mit mehr als 500 Arbeitnehmern vorhanden sein.[2] 321

b) § 5 Abs. 2 S. 2 MitbestG

Ebenfalls geregelt ist der Fall der Zurechnung von Arbeitnehmern von beherrschter KG einschließlich von nicht beherrschter Komplementärgesellschaft zu herrschender KG, vgl. § 5 Abs. 2 S. 2 iVm § 5 Abs. 1 S. 2 MitbestG. Genauer gesagt geht es wegen des Rechtsformzwangs um eine Zurechnung von Arbeitnehmern der KG und deren selbst nicht beherrschter Komplementär-Kapitalgesellschaft (vgl. § 5 Abs. 1 S. 2 MitbestG) zur der Komplementär-Kapitalgesellschaft der herrschenden KG (§ 5 Abs. 2 S. 2). Wie bei § 5 Abs. 1 S. 2 MitbestG ist es nicht Voraussetzung, dass die Komplementär-Kapitalgesellschaften selbst unter einer einheitlichen Leitung stehen. Diese muss nur im Hinblick auf die Kommanditgesellschaften bestehen. 322

c) § 5 Abs. 2 S. 2, § 4 Abs. 2 MitbestG Sicherung der Mitbestimmung in der KG-Konzernspitze

Um die Mitbestimmung in der Komplementär-Kapitalgesellschaft nicht ins Leere laufen zu lassen, darf diese nicht von der Geschäftsführung der Kommanditgesellschaft ausgeschlossen werden. Insoweit gilt das zu § 4 Abs. 2 bereits Ausgeführte.[3] 323

7. Der (fiktive) Teilkonzern, § 5 Abs. 3 MitbestG

a) Grundgedanken der Regelung

Die Bildung eines mitbestimmten Aufsichtsrats kann daran scheitern, dass die Konzernobergesellschaft nicht den in § 1 Abs. 1 MitbestG vorausgesetzten Rechtsformen unterfällt (und auch keine der Regelungen für die Kommanditgesellschaft in §§ 4, 5 Abs. 2 MitbestG eingreifen) oder diese ihren Sitz nicht im Inland unterhält. Diese Lücke versucht die Vorschrift des § 5 Abs. 3 MitbestG zu schließen, indem sie eine im Inland belegene und den einschlägigen Rechtsformen unterfallende Konzerngesellschaft zur herrschenden Gesellschaft erklärt, sofern die eigentliche Konzernobergesellschaft (in der Sprache des Gesetzes die eigentliche „Konzernleitung") *über* ein derartiges Unternehmen andere nachgeordnete Konzernunternehmen beherrscht. Dieses als „herrschendes Unternehmen" fingierte Unternehmen wird auch „Teilkonzernspitze" genannt. Es können auch mehrere solcher Teilkonzernspitzen vorliegen. Die Zurechnung erfolgt jedoch nur innerhalb des jeweiligen Teilkonzerns.[4] Die Vorschrift setzt demnach einen mehrstufigen Konzern voraus, „in dem die einheitliche Leitung durch Unter- 324

---

[1] Ein Beispielfall für § 5 Abs. 2 findet sich im Urteil des OLG Dresden 15.4.2010 – 2 W 1174/09, AG 2011, 88 (89).
[2] UHH/*Ulmer/Habersack*, § 5 MitbestG Rn. 62.
[3] HWK/*Seibt*, § 5 MitbestG Rn. 11.
[4] WWKK/*Koberski* § 5 MitbestG Rn. 62, *Raiser/Veil*, § 5 MitbestG Rn. 46.

nehmen vermittelt wird, die zwischen der Konzernspitze und den übrigen Konzerngliedern stehen".[1] Einfach ausgedrückt müssen die inländischen Konzerngesellschaften unter der einheitlichen Leitung eines Konzernunternehmens stehen, das selbst nicht die Voraussetzungen des § 1 Abs. 1 MitbestG erfüllt, jedoch ein ihm nachgeordnetes bzw. zwischengeschaltetes inländisches Unternehmen. Das Gesetz verwendet dabei nicht den Begriff der Gesellschaft, sondern den des Unternehmens. Dieser Unterschied ist durchaus von praktischer Bedeutung, wie ein Fall aus der jüngeren Rechtsprechung deutlich macht. Umstritten ist seit einer Entscheidung des OLG Frankfurt, ob allein das Halten einer Mehrheitsbeteiligung an einem inländischen Unternehmen iSv § 1 Abs. 1 MitbestG (hier eine GmbH) **durch eine natürliche Person** den Anwendungsbereich des § 5 Abs. 3 MitbestG eröffnet, ob also eine natürliche Person ein „Konzernunternehmen" sein kann, das über nachgeordnete Unternehmen (hier: eine inländische GmbH) den Konzern beherrscht, wenn diese weder ein einzelkaufmännisches Unternehmen betreibt noch mehrere unternehmerische Beteiligung hält.[2]

b) Kapitalverflechtung oder Mindestmaß an Leitungsfunktion

325 Welche Anforderungen an die Einschaltung der fiktiven herrschenden Gesellschaft in die Konzernleitung zu stellen sind, ist – ähnlich wie bei § 5 Abs. 1 MitbestG zur Frage des Konzerns im Konzern umstritten, insbesondere die Frage, in welchem Umfang der Teilkonzernspitze Leitungsmacht gegenüber den nachgeordneten Konzernunternehmen zukommen muss.

326 Eine kapitalmäßige Verflechtung stellt jedenfalls ein entscheidendes Kriterium für Leitungsmacht dar. Ob sie eine unverzichtbare Voraussetzung ist, bleibt streitig.[3]

327 Die Rechtsprechung verlangt bei Vorliegen einer Mehrheitsbeteiligung jedenfalls keine weiteren zusätzlichen tatsächlich ausgeübten Kompetenzen.[4] Schon die Weiterleitung von Weisungen der (nicht mitbestimmungsfähigen) Konzernspitze durch die Tochtergesellschaft sei in diesem Falle ausreichend. Ausschlaggebende Gesichtspunkte sind für die Rechtsprechung die Rechtssicherheit und die Vermeidung von Umgehungstatbeständen. Es könne nicht sein, dass trotz bestehender Abhängigkeitsstrukturen, die sich aufgrund einer Kapitalverflechtung ergeben, das Eingreifen des MitbestG vermieden werden könne, etwa durch Einschaltung „virtueller" Entscheidungsebenen.[5] Daher sei die tatsächliche Nichtausübung von Entscheidungsmacht durch die Konzernobergesellschaft nicht relevant.

328 Problematisch ist der Abschluss eines Beherrschungsvertrags zwischen Konzernobergesellschaft und nachgeordneten Konzerngesellschaften. Dieser kann der Annahme einer dazwischengeschalteten Teilkonzernspitze, die selbst nicht diesem Beherrschungsvertrag unterliegt, entgegenstehen.[6]

---

[1] So ausdrücklich *Raiser/Veil*, § 5 MitbestG Rn. 39.
[2] Vgl. OLG Frankfurt 21.4.2008 – 20 W 8/07, ZIP 2008, 880–882; *Seibt*, ZIP 2008, 1301 (1307) fordert zutreffend, dass die natürliche Person zumindest einzelkaufmännisch tätig sein müsse, sonst fehle ihr jegliche Unternehmensträgereigenschaft. AA WWKK/*Koberski*, § 5 MitbestG Rn. 52, der zutreffend darauf hinweist, dass der Streit ohne praktische Relevanz ist. Wenn eine natürliche Person als Konzernspitze ausscheidet, erfolgt bereits eine Zuordnung nach § 5 Abs. 1 bzw. 2 MitbestG.
[3] Dafür OLG Stuttgart 30.3.1995 – 8 W 355/93, ZIP 1995, 1004; MüKoAktG/*Gach*, § 5 MitbestG Rn. 38; aA UHH/*Ulmer/Habersack*, § 5 MitbestG Rn. 70.
[4] OLG Frankfurt 21.4.2008 – 20 W 342/07, ZIP 2008, 878–880; zustimmend *Raiser/Veil*, § 5 MitbestG Rn. 39; WWKK/*Koberski*, § 5 MitbestG Rn. 60; aA UHH/*Ulmer/Habersack*, § 5 MitbestG Rn. 71; ErfK/*Oetker*, § 5 MitbestG Rn. 21.
[5] So das OLG Frankfurt 21.4.2008 – 20 W 8/07, ZIP 2008, 880–882, vgl. auch OLG Düsseldorf 30.10.2006 – I-26 W 14/06 AktE, NZA 2007, 707 ff.
[6] UHH/*Ulmer/Habersack*, § 5 MitbestG Rn. 71.

Sofern die Konzernobergesellschaft ihre Leitungsmacht über mehrere gleichrangige 329
Zwischengesellschaften ausübt, sollen die Grundsätze über die Mitbestimmung bei
Gemeinschaftsunternehmen zum Tragen kommen.[1]

Klarstellend ist darauf hinzuweisen, dass innerhalb eines Konzerns verschiedene 330
Mitbestimmungsregeln für die jeweiligen Unternehmen bzw. ggf. Teilkonzerne gelten
können (zB MitbestG und DrittelbG oder SEBG).[2]

8. Freiwillige Mitbestimmungsvereinbarungen

a) Grundsatz

Wie die Gesetzgebungsgeschichte zeigt, enthält das MitbestG einen Kompromiss 331
zwischen den politischen Lagern und den Sozialpartnern, um den lange und intensiv
gerungen worden ist. Dies verbot es einerseits, die gefundenen Regelungen postwendend zur Disposition der Sozialpartner zu stellen, andererseits war es ein Anliegen, die Mitbestimmung eindeutig zu begrenzen, um eine ungewollte und im Zweifel verfassungswidrige Beeinträchtigung von (unternehmerischen) Freiheitsrechten zu vermeiden. Vor diesem Hintergrund enthält § 1 MitbestG zwingendes Recht, das eine Beschränkung prinzipiell nicht zulässt. Die Mitbestimmung nach dem MitbestG kann nicht durch ein anderes gesetzliches Modell, etwa nach dem DrittelbG ersetzt werden.[3] Weder die Satzung, noch eine Vereinbarung mit Gewerkschaften oder Betriebsräten können Abweichungen vorsehen. Dies gilt neben den institutionellen Regelungen auch für die Kompetenzen des Aufsichtsrats, wie sie vom MitbestG vorgesehen sind. Auch Vereinbarungen über den Tendenzschutz sind unwirksam.[4] Vereinbarungen im Hinblick auf das Vorliegen von Tatsachen, von denen die Anwendung des MitbestG abhängt, sind nur in sehr engen Grenzen möglich, so zB im Rahmen eines Vergleichs zur Streitbeilegung gem. § 779 BGB.[5]

Eine verstärkt vertretene Auffassung gestattet freiwillige Vereinbarungen nur an der 332
Konzernspitze, sofern für diese nicht die zwingenden Vorschriften des MitbestG eingreifen.[6]

b) Erweiterungen der Mitbestimmung

Zweifelhaft bleibt, ob auf der Basis des MitbestG durch privatautonome Vereinbarungen die Mitbestimmung erweitert werden darf. Bei der AG und der KGaA ist diese 333
Frage unter Hinweis auf den im Aktienrecht geltenden Grundsatz der Satzungsstrenge
(§ 23 Abs. 5 AktG) nach allgemeiner Auffassung zu verneinen.[7]

Bei einer „drittelparitätischen" GmbH hat der BGH in einer Entscheidung aus dem 334
Jahr 1975 eine Zuwahl von zusätzlichen Arbeitnehmern in den Aufsichtsrat auf
Grundlage der Satzung für zulässig erachtet.[8] Dem folgt die hM in der Literatur auch
für eine GmbH, die mit mehr als 500 Arbeitnehmern zwingend dem DrittelbG unterliegt.[9]

---

[1] MüKoAktG/*Gach*, § 5 MitbestG Rn. 40.
[2] Beispiele dazu bei WWKK/*Koberski*, § 5 MitbestG Rn. 63.
[3] UHH/*Ulmer/Habersack*, § 1 MitbestG Rn. 16 ff.
[4] *Raiser/Veil*, § 1 MitbestG Rn. 49.
[5] Vgl. *Raiser/Veil*, § 1 MitbestG Rn. 49a, die aber darauf hinweisen, dass hierdurch Rechte Dritter, etwa von Arbeitnehmern nicht berührt werden.
[6] *Raiser/Veil*, § 5 MitbestG Rn. 46 mit weiteren Nachweisen.
[7] *Raiser/Veil*, § 1 MitbestG Rn. 51; UHH/*Ulmer/Habersack*, § 1 MitbestG Rn. 16 ff.
[8] BGH 3.7.1975 – II ZR 35/73, NJW 1975, 1657.
[9] WWKK/*Koberski*, § 1 MitbestG Rn. 6; aA UHH/*Ulmer/Habersack*, § 1 MitbestG Rn. 20, 22 f. mwN.

335 Die Erweiterung von Rechten im Hinblick auf die Bestellung des Arbeitsdirektors oder des Vorsitzenden des Aufsichtsrats durch die Arbeitnehmerseite wird allgemein abgelehnt.[1]

336 Sofern das Prinzip der paritätischen Mitbestimmung gewahrt bleibt, kommt daneben auf freiwilliger Basis die Beteiligung von Arbeitnehmern in ausländischen Tochtergesellschaften für die Wahl von Arbeitnehmervertretern in den Aufsichtsrat der Konzernspitze in Betracht, sofern dieser Beteiligung nicht nationale Rechtsvorschriften in den jeweiligen Ländern entgegenstehen.[2] Nach MitbestG wären diese Arbeitnehmer an sich nicht zu beteiligen.

9. Folgerungen für die nationale Umstrukturierung von Konzernen

337 Nach der Darstellung der Voraussetzungen für das Eingreifen der Mitbestimmung auf der Unternehmensebene wird deutlich, dass die Änderung bestehender Konzernstrukturen auch Auswirkungen auf die Mitbestimmung im Aufsichtsrat haben kann, sofern sich dabei auch die Bedingungen für das Eingreifen der Mitbestimmung etwa der Sitz im Inland, die Rechtsform, das Tätigkeitsfeld im Unternehmen und im Konzern, oder die Bedingungen für die Zurechnung von Arbeitnehmern tatsächlich ändern. Das Erscheinungsbild der Restrukturierung kann vielgestaltig sein. Im Folgenden sollen typische Beispiele für mitbestimmungsrelevante Restrukturierungen beschrieben werden, die sich im inländischen Rahmen abspielen. Für die Darstellung der grenzüberschreitenden Restrukturierung wird auf Teil II verwiesen.

a) Wechsel von Gesellschaftern, insbesondere in der KG und der Konzernspitze

338 Da die Mitbestimmung an die Rechtsform anknüpft, spielt ein Gesellschafterwechsel zunächst für das Vorliegen der Mitbestimmung bei einem Unternehmen keine Rolle. Anders verhält es sich bei der Kommanditgesellschaft und der Konzernobergesellschaft. Hier kann ein Gesellschafterwechsel dazu führen, dass die besonderen Voraussetzungen für eine Zurechnung nach § 4 oder § 5 MitbestG nicht mehr vorliegen.

339 Der für die Kommanditgesellschaft in der Praxis typische Fall ist die Ersetzung einer **GmbH als Komplementärgesellschaft** durch eine ausländische Gesellschaft oder durch eine inländische Personengesellschaft oder Stiftung und Verein, deren Rechtsform nicht dem MitbestG unterfallen.[3] In Betracht kommen hier wegen der gleichlautenden Bezeichnung, insbesondere österreichische oder schweizerische AGs bzw. GmbHs.

340 Daneben kann es zu einer **Auflösung der Mehrheitsidentität nach § 4 Abs. 1 MitbestG** kommen, wenn die Kommanditisten ihre Anteile an der Komplementärgesellschaft veräußern. Auch in diesem Fall entfällt die Voraussetzung für das Eingreifen von § 4 Abs. 1 MitbestG. Denkbar bleibt zwar innerhalb einer KG der Rückgriff auf § 5 Abs. 1 MitbestG, dh eine Begründung der Zurechnung von Arbeitnehmern der KG auf die Komplementärin als herrschende Konzernobergesellschaft, hierfür bedarf es aber des Nachweises der beherrschenden Stellung.[4] Diese soll nach hL bei Fehlen einer Anteilsmehrheit jedoch erst dann vorliegen, wenn die Komplementärgesellschaft

---

[1] *Raiser/Veil,* § 1 MitbestG Rn. 51a.
[2] *Raiser/Veil,* § 5 MitbestG Rn. 29.
[3] Näher mit Beispielsfällen hierzu WHSS/*Seibt,* F Rn. 21 ff.
[4] WHSS/*Seibt,* F Rn. 28; OLG Celle 30.8.1979 – 9 Wx 8/78, BB 1979, 1577 (1578); UHH/ Ulmer/Habersack, § 5 MitbestG Rn. 9; aA *Joost* ZGR 1998, 334 (346 ff.).

berechtigt ist, ungewöhnliche Geschäfte auch ohne Zustimmung der Kommanditisten vorzunehmen.[1]

Auch der Austritt der Komplementär-Kapitalgesellschaft aus der KG kann zum Wegfall der Mitbestimmung im Aufsichtsrat führen. Die Voraussetzung der Zurechnung gemäß § 5 Abs. 1 MitbestG auf die ausgetretene ehemalige Komplementärin liegen nicht länger vor. Ist der verbliebene Gesellschafter eine OHG, kommt es zur Anwachsung auf die OHG analog § 738 BGB. Bei dieser kann mangels einschlägiger Rechtsform ein mitbestimmter Aufsichtsrat ebenfalls nicht gebildet werden.[2] 341

Die Voraussetzungen für das Vorliegen eines mitbestimmten Aufsichtsrats bei einer Konzernobergesellschaft können entfallen, wenn die Obergesellschaft ihre kompletten **Anteile an Tochtergesellschaften veräußert** und diese aus dem Konzernverbund ausscheiden. Da deren Arbeitnehmer der verbleibenden Konzernobergesellschaft nicht mehr zugerechnet werden, kann je nach Arbeitnehmerzahl bei der ehemaligen Konzernobergesellschaft die erforderliche Schwelle von 2000 Arbeitnehmern unterschritten werden. Aber auch bei einer teilweisen Veräußerung von Anteilen können die Voraussetzungen für eine Zurechnung nach § 5 Abs. 1 MitbestG entfallen, da die Obergesellschaft womöglich keine beherrschende Stellung iSv § 18 Abs. 1 AktG mehr einnimmt. 342

Umgekehrt kann durch **Anteilserwerb** bei der erwerbenden Gesellschaft ein mitbestimmter Aufsichtsrat neu einzurichten sein, da die Arbeitnehmer neuerworbener Tochtergesellschaften hinzuzurechnen sein können. 343

Schließlich kann der Erwerb oder die Veräußerung von Anteilen Auswirkungen auf den Mitbestimmungsstatus von Konzernobergesellschaften haben, in denen zumindest ein Teil der von ihr beherrschten Tochtergesellschaften Tendenzschutz genießen. Einzelheiten zum Tendenzkonzern sind zuvor unter 5 lit. d) ausgeführt worden. Sofern die Konzernobergesellschaft nicht unmittelbar selbst Tendenzschutz genießt, weil sie etwa reine Holdingfunktionen wahrnimmt, soll es nach überwiegender Ansicht für die Frage des Tendenzschutzes bei der Holding darauf ankommen, ob die Tendenz den Konzern insgesamt prägt. Das Bundesarbeitsgericht stellt dagegen schwerpunktmäßig auf quantitative Elemente ab.[3] Offen ist, ob dabei neben dem Personaleinsatz auch auf Kriterien wie den Umsatz abgestellt werden soll.[4] 344

b) Umwandlung

Wegen der Abhängigkeit des Eingreifens der Mitbestimmung von der Rechtsform der betroffenen Gesellschaft ist unmittelbar einleuchtend, dass eine **formwechselnde Umwandlung** hin zu einer von § 1 Abs. 1 MitbestG umfassten Rechtsform zu einem paritätisch mitbestimmten Aufsichtsrat in der umgewandelten Gesellschaft führen kann, insbesondere im Fall der Umwandlung einer bislang mitbestimmungsfreien Kommanditgesellschaft in eine AG. Umgekehrt kann es jedoch auch zu einem Wegfall der paritätischen Mitbestimmung durch eine solche formwechselnde Umwandlung kommen. Bei einem Formwechsel von einer mitbestimmungsfähigen Rechtsform in eine andere mitbestimmungsfähige Rechtsform schreibt § 203 UmwG die Beibehal- 345

---

[1] WHSS/*Seibt,* F Rn. 28.
[2] Vgl. das hier verkürzt wiedergegebene Beispiel bei WHSS/*Seibt,* F 102.
[3] BAG 15.3.2006 – 7 ABR 24/05, NZA 2006, 1422 (1425); OLG Dresden 15.4.2010 – 15 W 1174/09, AG 2011, 88–89; WWKK/*Koberski,* § 1 MitbestG Rn. 50, 55, 56; aA: *Raiser/Veil,* § 1 MitbestG Rn. 43; UHH/*Ulmer/Habersack,* § 1 MitbestG Rn. 59, 60, die weiterhin der Geprägetheorie, die auch auf qualitative Kriterien setzt, den Vorzug geben.
[4] OLG Dresden 15.4.2010 – 15 W 1174/09, AG 2011, 88–89 stellt auf beides ab und lässt die Frage somit offen.

tung des mitbestimmten Aufsichtsrats und seiner Mitglieder vor. Das gleiche gilt für ein durch Umwandlung, insbesondere Verschmelzung, Auf- und Abspaltung bzw. Ausgliederung, verursachtes Entfallen der Mitbestimmung.

346 § 325 UmwG sieht im Fall der **Abspaltung sowie der Ausgliederung** nach § 123 UmwG eine (vorübergehende) **Beibehaltung der Mitbestimmung für fünf Jahre ab dem Wirksamwerden vor,** es sei denn die Zahl der Arbeitnehmer sinkt unter ein Viertel des für das bisherige Mitbestimmungsstatut einschlägigen Schwellenwerts herab. Beibehalten wird immer die zum Zeitpunkt des Wirksamwerdens der Abspaltung beim übertragenden Rechtsträger konkret vorhandene Mitbestimmung. Daher bleibt die paritätische Mitbestimmung auch dann übergangsweise erhalten, wenn beim übertragenden Rechtsträger nunmehr das DrittelbG einschlägig wäre.[1] Auf andere als den übertragenden Rechtsträger ist § 325 UmwG nicht anzuwenden. Eine weitergehende Beteiligung einer Gesellschaft an einer Abspaltung, etwa im Konzernverbund, reicht nicht aus.[2] Fraglich ist, ob bei einer Abspaltung eines Betriebs von einer paritätisch mitbestimmten GmbH & Co. KG, in deren Folge die Mitbestimmung bei der Komplementärgesellschaft entfällt, § 325 UmwG entsprechend anzuwenden ist. Da das DrittelbG keine dem § 4 Abs. 1 MitbestG vergleichbare Norm kennt, kann hierduch der völlige Wegfall der Mitbestimmung bei der Komplementärgesellschaft eintreten. Der Wortlaut des § 325 UmwG spricht dagegen, da in diesem Fall die Komplementärgesellschaft nicht die übertragende Rechtsträgerin ist. Da § 325 UmwG eine Ausnahmevorschrift darstellt und der Gesetzgeber sogenannte Lücken im Mitbestimmungsrecht bei der KG bewusst in Kauf nimmt, verdient die restriktive, wortlautgetreue Auslegung den Vorzug.[3] Abzustellen ist bei der Prüfung des Wegfalls der Bedingungen infolge der Abspaltung/Ausgliederung auf den Zeitpunkt ihres Wirksamwerdens, dh auf den Zeitpunkt der Eintragung ins Handelsregister.[4]

347 Im Fall einer **Verschmelzung** nach UmwG erlischt der übertragende Rechtsträger, sodass auch ein dort gebildeter mitbestimmter Aufsichtsrat (wie auch die übrigen Organe) erlischt. Bei der aufnehmenden Gesellschaft kann es zu einer Änderung des Mitbestimmungsstatuts kommen, sei es durch eine erhöhte Arbeitnehmerzahl oder eine Änderung des Geschäftsfeldes. So kann ein verändertes Geschäftsfeld dazu führen, dass ein bisher bei der Konzernobergesellschaft begründeter Tendenzschutz entfällt.

348 Sofern die aufnehmende Gesellschaft eine arbeitnehmerlose neugegründete AG ist, bleibt der bei ihr gebildete nicht mitbestimmte Aufsichtsrat gem. § 30 Abs. 2 AktG auch nach Wirksamwerden der Verschmelzung im Amt.[5]

349 Bei der **Aufspaltung** kommt es zunächst zu einem Wegfall der Mitbestimmung beim übertragenden Rechtsträger, da dieser erlischt (§ 131 Abs. 1 Nr. 3 UmwG). Bei den übernehmenden Rechtsträgern sind die mitbestimmungsrechtlichen Folgen jeweils einzeln anhand der gesetzlichen Bestimmungen zu prüfen. Die Regelung des § 325 UmwG zur Mitbestimmungsbeibehaltung greift bei Aufspaltungsvorgängen nicht ein.[6]

c) Sonstige Maßnahmen

350 Letztlich kann jede Form der Begründung oder Aufhebung von Konzernverhältnissen Auswirkungen auf die Anwendung des § 5 Abs. 1 MitbestG und damit auf die

---

[1] HWK/*Willemsen*, § 325 UmwG Rn. 5; WHSS/*Seibt*, F 119.
[2] WHSS/*Seibt* F 122.
[3] WHSS/*Seibt* F 123.
[4] WHSS/*Seibt* F 124; ErfK/*Oetker* § 325 UmwG, Rn. 12.
[5] WHSS/*Seibt*, F Rn. 95, aA *Heither*, DB 2008, 109 (112).
[6] WHSS/*Seibt*, F 111.

Mitbestimmung haben. Ein weiteres klassisches Beispiel ist die **Gründung einer Holding-GmbH** durch Einbringung von Anteilen an zwei Gesellschaften. Hierdurch kann bei der neugegründeten Holding ein nach MitbestG paritätisch zu besetzender Aufsichtsrat einzurichten sein, jedenfalls dann, wenn es sich um keine reine Vermögens-Holding handelt.[1]

Der **Abschluss eines Beherrschungsvertrags** oder eine Eingliederung gemäß § 319 AktG führen im Rahmen des § 5 Abs. 1 MitbestG, § 18 AktG zu Konzernzurechnung. Wichtig sind beide Maßnahmen aber insbesondere für das DrittelbG, da dieses Gesetz eine Konzernzurechnung nur bei Vorliegen eines Beherrschungsvertrags oder einer Eingliederung vorsieht.[2] 351

Ferner kommt die **Änderung des Tätigkeitsbereichs** im Unternehmen oder im Konzern in Betracht, wenn hierdurch Fragen des Tendenzschutzes berührt werden. Dies wurde oben bereits im Zusammenhang mit dem Zukauf von Tochterunternehmen diskutiert. 352

Auch durch einen **Asset Deal,** dh der Übernahme von materiellen und immateriellen Gütern durch Einzelrechtsübertragung, kann sich der Tätigkeitsbereich verändern. Hinzutreten kann eine Veränderung der Mitarbeiterzahlen aufgrund eines Betriebsübergangs nach § 613a BGB. 353

III. Die Anwendung des Drittelbeteiligungsgesetzes im Konzern

1. Der Anwendungsbereich des DrittelbG

a) Der Katalog der erfassten Rechtsformen

Die Anwendung des DrittelbG ist wie beim MitbestG rechtsformbezogen. Die Aufzählung in § 1 Abs. 1 Nr. 1–5 DrittelbG ist abschließend. Erfasst sind demnach nur die AG, die KGaA, die GmbH, der VVaG[3] und die Genossenschaft. Demnach sind Personengesellschaften nicht erfasst, einschließlich der Kommanditgesellschaft, für die das DrittelbG auch bei einer Kapitalgesellschaft & Co. KG keine Zurechnung auf die Komplementärgesellschaft wie das MitbestG kennt. Während bei der GmbH ein Aufsichtsrat zwingend einzurichten ist, gilt dies beim VVaG nur, wenn dieser laut Satzung bereits besteht. 354

Für die Vor-GmbH gilt, dass diese nicht der Mitbestimmungspflicht unterliegt, sodass ein fehlender (mitbestimmter) Aufsichtsrat kein Eintragungshindernis darstellt.[4] Erst die eingetragene GmbH, die die weiteren Voraussetzungen für eine Drittelparität erfüllt, muss einen mitbestimmten Aufsichtsrat einrichten. Im Fall der Einbringung eines Betriebs mit mehr als 500 Arbeitnehmern ist jedoch § 31 MitbestG analog anzuwenden, so dass zumindest die gerichtliche Bestellung der Arbeitnehmervertreter möglich ist.[5] 355

b) Sonstige Voraussetzungen

In den genannten Gesellschaften müssen in der Regel mehr als 500 Arbeitnehmer beschäftigt sein. Wer Arbeitnehmer ist, bestimmt § 3 DrittelbG. Leiharbeitnehmer 356

---

[1] So jedenfalls die hL, vgl. *Seibt,* ZIP 2008, 1301; weitergehend das OLG Frankfurt 21.4.2008 – 20 W 342/07, ZIP 2008, 878.
[2] Siehe hierzu Teil I Absch 3 Rn. 1 ff.
[3] Anders als beim MitbestG, das den VVaG nicht erfasst.
[4] *Raiser/Veil,* § 1 DrittelbG Rn. 11; HWK/*Seibt,* § 1 DrittelbG Rn. 31.
[5] HWK/*Seibt,* § 1 DrittelbG Rn. 31.

gehören – wie beim MitbestG – nicht hierzu.[1] Im Detail kann zu der Frage der insoweit berücksichtigungsfähigen Personen auf die Ausführungen zu § 1 Abs. 1 MitbestG verwiesen werden. Jüngste Entwicklungen zur Berücksichtigung von Leiharbeitnehmern für die Schwellenwerte bei Bestimmung der Betriebsgröße im Betriebsverfassungsrecht[2] könnten auch insoweit zu einer Rechtsprechungsänderung im Bereich der Unternehmensmitbestimmung führen.[3] Dagegen spricht jedoch, dass hierdurch nicht nur die Größe eines Gremiums oder etwa die Frage nach der Zahl freigestellter Betriebsratsmitglieder beantwortet würde, sondern die Anwendung eines vorher so (überhaupt) nicht bestehenden Mitbestimmungsstatus festgelegt würde. Dies ist ein aus verfassungsrechtlichen Gründen nicht zu rechtfertigender Eingriff in die unternehmerische Freiheit.[4]

357 Hinsichtlich des Schwellenwerts von mehr als 500 Arbeitnehmern gilt eine Ausnahme für sogenannte Altgesellschaften, die als Aktiengesellschaften oder KGaA vor dem 10. August 1994 eingetragen worden und keine Familiengesellschaften sind. Für diese Altgesellschaften greift die Drittelparität auch bei weniger als 500 Arbeitnehmern. Streitig ist, ob es eine Bagatellgrenze gibt, die mindestens überschritten werden muss, um eine Pflicht zur Drittelparität im Aufsichtsrat zu begründen.[5] Der BGH geht nunmehr in einer Entscheidung aus dem Jahr 2012 von mindestens fünf Arbeitnehmern als Bagatellgrenze aus.[6] Der Begriff Familiengesellschaften wird näher in § 1 Abs. 1 Nr. 1 definiert. Unternehmen mit Sitz im Ausland unterliegen nicht dem DrittelbG.[7]

c) Tendenz

358 Wie beim MitbestG genießen Unternehmen, die bestimmten tendenzgeschützten Tätigkeiten nachgehen, Freiheit vor Mitbestimmung. Insoweit kann auf die Ausführungen zu § 1 Abs. 4 MitbestG verwiesen werden.

d) Vorrang der Montanmitbestimmung und der paritätischen Mitbestimmung

359 Unternehmen, die die Voraussetzungen für eine Anwendung des Montan-MitbestG oder des allgemeinen MitbestG erfüllen, unterliegen nicht dem DrittelbG, § 1 Abs. 2 S. 1 Nr. 1 DrittelbG.

2. Bildung und Zusammensetzung des Aufsichtsrats

360 Die Zusammensetzung und Bildung des Aufsichtsrats ist abhängig von der Rechtsform des jeweiligen Unternehmens.

---

[1] So ausdrücklich zu § 3 DrittelbG OLG Hamburg 29.10.2007 – 11 W 27/07, DB 2007, 2762–2766.
[2] BAG 13.3.2013 – 7 ABR 69/11.
[3] Siehe das ArbG Offenbach 22.8.2012 – 10 BV 6/11 zu § 9 MitbestG, bestätigt durch Hess LAG 11.4.2013 – 9 TaBV 308/12.
[4] IE ebenso *Künzel/Schmid*, NZA 2013, 300.
[5] Für mind. 1 AN WWKK/*Kleinsorge*, § 1 DrittelbG Rn. 8 f.; für mind. 3 AN *Raiser/Veil*, § 1 DrittelbG Rn. 6 und UHH/*Habersack* § 1 DrittelbG Rn. 17.
[6] BGH 7.2.2012 – II ZB 14/11, ZIP 2012, 669–672; OLG Jena 14.6.2011 – 6 W 47/11, ZIP 2011, 1257–1259; HWK/*Seibt*, § 1 DrittelbG Rn. 12.
[7] *Raiser/Veil*, § 1 DrittelbG Rn. 14; HWK/*Seibt* § 1 DrittelbG Rn. 3.

G. Unternehmensmitbestimmung

a) Zusammensetzung des Aufsichtsrats

§ 4 DrittelbG trifft Regelungen zur Zusammensetzung des Aufsichtsrats in den gem. § 1 Abs. 1 DrittelbG erfassten Unternehmen. Eine bestimmte Anzahl an Mitgliedern des Aufsichtsrats ist im DrittelbG nicht fest vorgeschrieben. § 4 Abs. 1 DrittelbG bestimmt lediglich, dass der Aufsichtsrat zu einem Drittel aus Arbeitnehmervertretern bestehen muss. Die Gesamtzahl der Aufsichtsratsmitglieder muss daher durch drei teilbar sein. Sofern die Satzung des Unternehmens keine höhere Zahl festlegt, besteht der Aufsichtsrat somit aus drei Mitgliedern.[1] Für AG, KGaA und GmbH wird durch § 95 S. 4 AktG, für die VVaG durch § 35 Abs. 1 S. 4 VAG bestimmt, dass die Anzahl der Aufsichtsratsmitglieder in Abhängigkeit des Grund- bzw. Stammkapitals höchstens neun, fünfzehn oder **maximal** einundzwanzig Mitglieder beträgt.[2]

361

Die Größe des Aufsichtsrats und damit die Anzahl der von den Arbeitnehmern zu wählenden Aufsichtsratsmitglieder wirkt sich unmittelbar auf das passive Wahlrecht bzw. die Zusammensetzung des Aufsichtsrates aus.[3] Soweit nur bis zu zwei Aufsichtsratsmitglieder von den Arbeitnehmern zu wählen sind, müssen diese zwingend Arbeitnehmer in einem Betrieb des Unternehmens sein. Sind mehr als zwei Aufsichtsratsmitglieder der Arbeitnehmer zu wählen, so müssen mindestens zwei Aufsichtsratsmitglieder als Arbeitnehmer im Unternehmen beschäftigt sein (§ 4 Abs. 2 DrittelbG). Durch diese Regelung wird eine gewisse Mindestrepräsentanz der unternehmensangehörigen Arbeitnehmer in kleineren Aufsichtsräten sichergestellt. In größeren Aufsichtsräten (ab 15 Mitgliedern) können externe Arbeitnehmervertreter die Mehrheit bilden.[4]

362

Nach § 4 Abs. 4 DrittelbG soll bei der Zusammensetzung des Aufsichtsrats auch das Geschlechterverhältnis angemessene Berücksichtigung finden. Nach dieser Regelung sollen unter den Aufsichtsratsmitgliedern der Arbeitnehmer Frauen und Männer entsprechend ihrem zahlenmäßigen Verhältnis im Unternehmen vertreten sein. Da es sich hierbei jedoch lediglich um eine Soll-Vorschrift handelt, begründet ihre Verletzung nicht die Unwirksamkeit des Wahlvorschlages oder die Anfechtbarkeit der Wahl.[5]

363

b) Bestellung, Abberufung und Wahl der Aufsichtsratsmitglieder

Eine mit § 6 MitbestG vergleichbare Regelung, die allgemein auf die aktienrechtlichen Vorschriften über die Bestellung und Abberufung von Aufsichtsratsmitgliedern verweist, enthält das DrittelbG nicht. Wie auch im Rahmen des MitbestG ist zwischen Aufsichtsratsmitgliedern der Anteilseigner/Arbeitgeberseite und Aufsichtsratsmitgliedern der Arbeitnehmer zu unterscheiden.

364

aa) Vertreter der Anteilseigner/Arbeitgeberseite

§ 1 Abs. 1 DrittelbG regelt für jede der erfassten Rechtsformen gesondert, nach welchen Vorschriften sich die Bestellung und Abberufung der Anteilseignervertreter im Aufsichtsrat richtet.[6]

365

Für die AG und die KGaA werden die aktienrechtlichen Vorschriften über die Bestellung und Abberufung bereits kraft Rechtsform angewendet. Eines gesonderten Verweises in § 1 Abs. 1 Nr. 1 und 2 DrittelbG bedarf es daher für diese Rechtsformen nicht.

366

---

[1] ErfK/*Oetker*, § 4 DrittelbG Rn. 3.
[2] ErfK/*Oetker*, § 4 DrittelbG Rn. 2.
[3] MüKoAktG/*Gach*, § 4 DrittelbG Rn. 3.
[4] ErfK/*Oetker*, § 4 DrittelbG Rn. 7.
[5] Raiser/*Veil*, § 4 DrittelbG Rn. 15.
[6] UHH/*Habersack*, § 1 DrittelbG Rn. 25.

367 Demgegenüber verweist § 1 Abs. 1 Nr. 3 DrittelbG für die GmbH unter anderem auf die §§ 100 bis 106 AktG, welche die Bestellung, Bestellungsvoraussetzungen und Abberufung der Aufsichtsratsmitglieder betreffen.

368 Für den großen VVaG trifft § 35 VAG eine umfassende Regelung zum nach dem DrittelbG zu errichtenden Aufsichtsrat und verweist ebenfalls auf die aktienrechtlichen Vorschriften zu Bestellung und Abberufung der Aufsichtsratsmitglieder.

369 Hinsichtlich dieser vorgenannten Rechtsformen kann daher auf die Ausführungen zur Bestellung und Abberufung der Aufsichtsratsmitglieder nach dem MitbestG verwiesen werden.

370 Lediglich hinsichtlich der Genossenschaft gelten mangels Verweises in § 1 Abs. 1 Nr. 5 DrittelbG auf die aktienrechtlichen Vorschriften zur Bestellung und Abberufung der Aufsichtsratsmitglieder die Regelungen des GenG. Die Mitglieder des Aufsichtsrats sind danach zwingend von der Generalversammlung zu wählen, soweit sie nicht in mitbestimmten Genossenschaften durch die Arbeitnehmer entsendet werden, § 36 Abs. 1 S. 1 GenG. Wahlvorschläge dürfen grundsätzlich von jedem Mitglied und vom Aufsichtsrat als Gesamtgremium eingereicht werden.[1] Es genügt grundsätzlich die einfache Stimmmehrheit, soweit nicht Gesetz oder Satzung eine größere Mehrheit oder weitere Erfordernisse bestimmen, § 43 Abs. 2 GenG. Auch das zu wählende Aufsichtsratsmitglied kann mitstimmen, sofern es Mitglied bzw. Vertreter eines Mitglieds ist.[2]

bb) Vertreter der Arbeitnehmerseite

371 Die Wahl und Abberufung der Arbeitnehmervertreter ist hingegen unabhängig von der jeweiligen Rechtsform des Unternehmens in den §§ 4 bis 12 DrittelbG einheitlich geregelt.

372 Die Aufsichtsratsmitglieder der Arbeitnehmer werden gemäß § 5 Abs. 1 DrittelbG nach den Grundsätzen der Mehrheitswahl in allgemeiner, geheimer, gleicher und unmittelbarer Wahl gewählt. Ihre Amtszeit ist stets gleich lang wie die Amtszeit der Anteilseignervertreter. Aktiv wahlberechtigt sind die volljährigen Arbeitnehmer aller Betriebe des Unternehmens, § 5 Abs. 2 DrittelbG. Aktiv wahlberechtigt sind auch Leiharbeitnehmer, wie sich aus dem Verweis auf § 7 S. 2 BetrVG ergibt. An der Wahl der Aufsichtsratsmitglieder der Arbeitnehmer des herrschenden Unternehmens eines Konzerns nehmen unter besonderen Voraussetzungen (dazu unter 4.) darüber hinaus auch die Arbeitnehmer der untergeordneten Konzernunternehmen teil (§ 2 Abs. 1 DrittelbG).

373 § 12 DrittelbG eröffnet den nach § 5 Abs. 2 DrittelbG wahlberechtigten Arbeitnehmern die Möglichkeit, ein von ihnen gewähltes Aufsichtsratsmitglied vor Ablauf der Amtszeit abzuberufen, ohne dass es eines wichtigen Grundes bedarf. Die Vorschrift wird durch die §§ 32 bis 41 WO ergänzt, welche das Abberufungsverfahren im Einzelnen ausgestalten. Im Vergleich zum MitbestG begnügt sich das DrittelbG für den Antrag mit einem deutlich niedrigeren Quorum von einem Fünftel der Wahlberechtigten.[3] Daneben ist auch der Betriebsrat antragsberechtigt. Der Abberufungsantrag ist erfolgreich, wenn die Wahlberechtigten mit einer qualifizierten Drei-Viertel-Mehrheit einen entsprechenden Beschluss fassen, § 12 Abs. 1 S. 2 DrittelbG. Dabei gelten für die Beschlussfassung die nach § 5 Abs. 1 DrittelbG geltenden Wahlgrundsätze entsprechend.

---

[1] *Pöhlmann/Fandrich/Bloehs*, Genossenschaftsgesetz, 4. Aufl. 2012, § 36 Rn. 12.
[2] *Pöhlmann/Fandrich/Bloehs*, Genossenschaftsgesetz, 4. Aufl. 2012, § 36 Rn. 13.
[3] UHH/*Henssler*, § 12 DrittelbG Rn. 2.

c) Grundsätze zu Wahlvorschriften und Wahlverfahren

Das Wahlverfahren, also die technischen Einzelheiten der Wahl, ist in den §§ 1 ff. Wahlordnung (WO)[1] vom 23. Juni 2004 zum DrittelbG näher bestimmt. 374

Das Wahlverfahren wird zunächst dadurch eingeleitet, dass das gesetzliche Vertretungsorgan der Gesellschaft den Betriebsrat, und wenn dieser nicht besteht, die Arbeitnehmer darüber informiert, dass ein nach § 4 DrittelbG zusammengesetzter Aufsichtsrat zu bilden ist.[2] Anschließend ist entweder vom Betriebsrat oder durch eine Betriebsversammlung ein Wahlvorstand zu bilden, der das Wahlausschreiben zu erlassen hat.[3] Nach § 6 DrittelbG erfolgt die Wahl auf Grund von Wahlvorschlägen der Betriebsräte und der Arbeitnehmer, wobei die Wahlvorschläge der Arbeitnehmer von mindestens einem Zehntel der Wahlberechtigten oder von mindestens 100 Wahlberechtigten unterzeichnet sein müssen. Die Wahlvorschläge sind schriftlich beim Betriebswahlvorstand oder beim zuständigen Wahlvorstand einzureichen, §§ 7, 29 WO. Bei persönlicher Stimmabgabe erfolgt diese durch Stimmzettel, bei Briefwahl durch Wahlumschläge, wobei jeder Arbeitnehmer so viele Stimmen abgeben kann, wie Arbeitnehmervertreter in den Aufsichtsrat zu wählen sind.[4] Abschließend ist eine Wahlniederschrift anzufertigen, das Wahlergebnis bekannt zu machen und der Gewählte schriftlich zu benachrichtigen.[5] 375

3. Innere Ordnung sowie Rechte und Pflichten des Aufsichtsrats

Auch bezüglich der inneren Ordnung sowie der Rechte und Pflichten des Aufsichtsrats enthält das DrittelbG keine einheitliche Regelung für die unterschiedlichen Rechtsformen. 376

a) Vorsitz im Aufsichtsrat

Für die AG und die KGaA wird § 107 AktG, der eine Regelung zum Vorsitz im Aufsichtsrat enthält, bereits kraft Rechtsform angewendet. Dies gilt entsprechend für die GmbH, da § 1 Abs. 1 Nr. 3 DrittelbG bezüglich des mitbestimmten Aufsichtsrats der GmbH auf die Vorschriften der §§ 107 bis 110 AktG verweist. Auch auf den mitbestimmten Aufsichtsrat des großen VVaG finden über die Verweisung in § 35 Abs. 3 VAG die §§ 107 bis 115 AktG Anwendung. 377

Nach § 107 Abs. 1 S. 1 AktG wählt der Aufsichtsrat aus seiner Mitte einen Vorsitzenden und mindestens einen Stellvertreter. Die Wahl, bei der auch der zu wählende Kandidat stimmberechtigt ist, erfordert die einfache Stimmenmehrheit, sofern die Satzung keine anderweitigen Mehrheitserfordernisse aufstellt.[6] Nach Annahme der Wahl durch den Gewählten muss der Vorstand diesen zum Handelsregister anmelden, § 107 Abs. 1 S. 2 AktG. Der Aufsichtsrat kann die Bestellung durch Beschluss, welcher der gleichen Mehrheit wie der Wahlbeschluss bedarf, jederzeit widerrufen.[7] 378

Die Amtszeit des Aufsichtsratsvorsitzenden und seiner Stellvertreter kann durch Satzung, Geschäftsordnung oder Wahlbeschluss festgelegt werden. Die maximale Amtsdauer ist nach § 102 AktG auf das Ende der Hauptversammlung begrenzt, die über die 379

---

[1] BGBl. I 2004 S. 1393.
[2] ErfK/*Oetker,* § 5 DrittelbG Rn. 5.
[3] Schaub/*Koch,* Arbeitsrechts-Handbuch, § 258 Rn. 4.
[4] UHH/*Henssler,* § 5 DrittelbG Rn. 10.
[5] UHH/*Henssler,* § 5 DrittelbG Rn. 12.
[6] ErfK/*Oetker,* § 107 AktG Rn. 4.
[7] ErfK/*Oetker,* § 107 AktG Rn. 5.

Entlastung für das vierte Geschäftsjahr nach Beginn der Amtszeit beschließt, also in etwa fünf Jahre.[1] Sofern nichts anderes bestimmt ist, ergibt eine Auslegung des Wahlbeschlusses, dass die Bestellung für die Dauer der Mitgliedschaft im Aufsichtsrat erfolgt.[2]

380   Der Aufsichtsratsvorsitzende hat die Sitzungen des Aufsichtsrates vorzubereiten, einzuberufen und zu leiten sowie die Arbeit des Aufsichtsrates und seiner Ausschüsse zu koordinieren.[3] Hinzu kommt die Funktion als Repräsentant des Aufsichtsrats gegenüber dem Vorstand und der Hauptversammlung sowie der Öffentlichkeit.

381   Nach dem GenG ist die Wahl eines Aufsichtsratsvorsitzenden nicht zwingend vorgeschrieben, wie sich aus § 25a GenG ergibt. Allerdings geht das Gesetz in § 57 Abs. 2 bis 4 GenG davon aus, dass der Aufsichtsrat grundsätzlich aus seiner Mitte einen Vorsitzenden wählt. Einzelheiten zur Wahl oder zur Dauer des Vorsitzes können durch Satzung oder Geschäftsordnung geregelt werden.[4]

b) Beschlussfassung

382   Mangels Regelung zur Beschlussfassung des Aufsichtsrats im DrittelbG wird für die AG und die KGaA § 108 AktG, der eine Regelung zur Beschlussfassung im Aufsichtsrat enthält, bereits kraft Rechtsform angewendet. Diese Regelung gilt aufgrund der Verweisungen im DrittelbG bzw. VAG ebenfalls für die GmbH sowie den großen VVaG.

383   Für die Genossenschaft ist die zu einer Beschlussfassung erforderliche Zahl gemäß § 36 Abs. 1 S. 2 GenG durch die Satzung zu bestimmen. Enthält die Satzung nicht diesen Mindestinhalt, muss das Registergericht die Eintragung der Genossenschaft grundsätzlich nach § 11a Abs. 1 GenG ablehnen. Falls eine Eintragung dennoch erfolgt, ist nach umstrittener Ansicht § 108 AktG entsprechend anzuwenden.[5]

384   Bezüglich der Beschlussfassung nach § 108 AktG wird im Wesentlichen auf die Ausführungen zum MitbestG verwiesen. Ergänzend soll ausgeführt werden, dass die Beschlussfähigkeit mangels anderweitiger Regelung in der Satzung vorliegt, wenn mindestens die Hälfte der Mitglieder, aus denen der Aufsichtsrat nach Gesetz oder Satzung insgesamt zu bestehen hat, an der Beschlussfassung teilnimmt (§ 108 Abs. 2 S. 2 AktG). Die Annahme bzw. Ablehnung eines Beschlussantrags erfordert grundsätzlich die Mehrheit der abgegebenen Stimmen.[6]

c) Zuständigkeit und Verantwortlichkeit der Aufsichtsratsmitglieder

385   Auch ohne eine mit § 25 MitbestG vergleichbare Regelung im Rahmen des DrittelbG ist es unabhängig von der Rechtsform des Unternehmens wesentliche Aufgabe des Aufsichtsrates, die Geschäftsführung zu überwachen. Für die AG, die KGaA, die GmbH und den großen VVaG ergibt sich dies direkt oder über eine Verweisung auf § 111 AktG. Für die Genossenschaft ergibt sich dies aus § 38 GenG. Bezüglich der Einzelheiten wird auf die Ausführungen zum MitbestG verwiesen.

386   Unterschiede ergeben sich jedoch mangels einheitlicher Regelung für alle Rechtsformen hinsichtlich der Personalkompetenz des Aufsichtsrats.

---

[1] Das Geschäftsjahr, in dem die Amtszeit beginnt, wird nicht mitgezählt, § 102 Abs. 1 2 AktG.
[2] *Hüffer,* § 107 AktG Rn. 4.
[3] HS/*Henssler,* § 107 AktG Rn. 9.
[4] HS/*Geibel,* § 36 GenG Rn. 8.
[5] HS/*Geibel,* § 36 GenG Rn. 7.
[6] ErfK/*Oetker,* § 108 AktG Rn. 8.

Für die Personalkompetenz des Aufsichtsrats gegenüber dem Vorstand der AG gilt 387
§ 84 AktG, weshalb auch insoweit auf die Ausführungen zum MitbestG verwiesen werden kann.

Für die KGaA verbleibt es bei der Regelung des § 278 Abs. 2 AktG iVm §§ 161 388
Abs. 2, 114, 125 HGB.

Das DrittelbG enthält für die GmbH keinen Verweis auf § 84 AktG und begründet 389
somit keine Personalkompetenz des Aufsichtsrats gegenüber den Geschäftsführern. Bestellung und Abberufung der Geschäftsführer verbleiben daher mangels anderweitiger Regelung ebenso in der Zuständigkeit der Gesellschafter wie Abschluss, Änderung und Kündigung der Anstellungsverträge der Geschäftsführer, sofern nicht die Satzung die Zuständigkeit auf den Aufsichtsrat überträgt.[1]

Für den VVaG ist die Personalkompetenz des Aufsichtsrats gegenüber dem Vorstand 390
in § 34 Abs. 1 S. 2 VAG iVm § 84 AktG geregelt.

Für die Genossenschaft ist die Personalkompetenz in § 24 Abs. 2 S. 1 GenG gere- 391
gelt. Danach erfolgen Bestellung und Abberufung des Vorstands durch die Generalversammlung, soweit nicht die Satzung dem Aufsichtsrat die Zuständigkeit zuspricht. Die Kompetenz hinsichtlich des Anstellungsvertrags liegt jedoch beim Aufsichtsrat.[2]

d) Schutz der Aufsichtsratsmitglieder

§ 9 DrittelbG trifft eine Regelung zum Schutz von Aufsichtsratsmitgliedern vor Be- 392
nachteiligung. Da die Vorschrift dem § 26 MitbestG entspricht, kann auf die zuvor in diesem Zusammenhang gemachten Ausführungen verwiesen werden.

4. Die Konzernzurechnung nach § 2 Abs. 2 DrittelbG

Eine Gesellschaft, die zwar in einer der von § 1 Abs. 1 DrittelbG vorgesehenen 393
Rechtsformen betrieben wird, aber nicht über mehr als 500 eigene Arbeitnehmer verfügt, kann dennoch der drittelparitätischen Mitbestimmung unterliegen, soweit ihr Arbeitnehmer anderer, von ihr abhängiger Gesellschaften zuzurechnen sind. Grundgedanke ist ähnlich wie im MitbestG, dass innerhalb eines Konzerns eine Mitbestimmung in der Konzernspitze, wo arbeitnehmerrelevante Entscheidungen fallen, auch dann bestehen muss, wenn die Konzernobergesellschaft, wie häufig, die nötigen Schwellenwerte nicht erreicht. Dieser Grundgedanke hat seinen Niederschlag in § 2 Abs. 2 DrittelbG gefunden. § 2 Abs. 1 DrittelbG regelt hingegen den Fall der Teilnahme an der Wahl zum Aufsichtsrat des herrschenden Unternehmens:

a) Abgrenzung zu § 2 Abs. 1 DrittelbG

aa) Anwendbarkeit auf die herrschende Gesellschaft

§ 2 Abs. 1 DrittelbG setzt voraus, dass das herrschende Unternehmen gemäß den 394
Bestimmungen des § 1 DrittelbG (ggf. in Verbindung mit § 2 Abs. 2 DrittelbG) bereits der Verpflichtung zur Einrichtung eines mitbestimmten Aufsichtsrats unterliegt.

bb) Wahlrecht für Arbeitnehmer der beherrschten Gesellschaft

Insofern begründet § 2 Abs. 1 DrittelbG keine drittelparitätische Mitbestimmung 395
bei einer abhängigen Gesellschaft, sondern räumt nur den Arbeitnehmern der beherrschten Gesellschaft ein aktives und passives Wahlrecht für den bei der Konzern-

---
[1] UHH/*Habersack*, § 1 DrittelbG Rn. 34; *Raiser/Veil*, § 1 DrittelbG Rn. 22.
[2] UHH/*Habersack*, § 1 DrittelbG Rn. 38.

obergesellschaft zu errichtenden Aufsichtsrat ein. Der Begriff des herrschenden Unternehmens eines Konzerns ist durch den Verweis auf § 18 Abs. 1 AktG bestimmt.

b) Voraussetzungen des § 2 Abs. 2 DrittelbG

396 § 2 Abs. 2 DrittelbG regelt den weiteren Fall der Zurechnung von Arbeitnehmern zum Zwecke der Bestimmung der Mitbestimmungspflicht. Anders als im MitbestG sind allerdings die Voraussetzungen für eine Zurechnung von Arbeitnehmern im Konzern zum Zwecke der Begründung der Mitbestimmung bei der Konzernobergesellschaft wesentlich enger. Anders als § 5 Abs. 1 MitbestG sieht § 2 Abs. 2 DrittelbG lediglich bei Vorliegen eines Beherrschungsvertrags oder einer Eingliederung eine Zurechnung vor. Andere Formen der Ausübung von Leitungsmacht sind demnach – anders als im Rahmen des MitbestG – nicht ausreichend, um eine Konzernzurechnung zu begründen.

aa) Beherrschungsvertrag

397 Der Beherrschungsvertrag wird in § 291 Abs. 1 AktG definiert und näher geregelt. Ein Beherrschungsvertrag ist demnach ein Vertrag, durch den eine Gesellschaft ihre Leitung einer anderen Gesellschaft unterstellt. Auch sogenannte atypische, fehlerhafte oder Teilbeherrschungsverträge fallen unter § 2 Abs. 2 DrittelbG.[1] Taugliche Vertragspartner sind nicht nur AG oder KGaA, sondern auch GmbH, GbR, OHG, KG einschließlich einer GmbH & Co. KG, eine SE sowie eine Auslandsgesellschaft mit Verwaltungssitz in der Bundesrepublik.[2] Der Abschluss eines (steuerlichen) Ergebnisabführungsvertrags reicht nicht aus, um eine Zurechnung nach § 2 Abs. 2 DrittelbG zu begründen.[3] Auch eine Kombination von gesellschaftsvertraglichen und unternehmensvertraglichen Abreden reicht regelmäßig nicht aus, eine Beherrschung anzunehmen. Die hM gibt insoweit einer restriktiven Anwendung des § 2 Abs. 2 DrittelbG den Vorzug.[4] Die Anwendung des § 2 Abs. 2 DrittelbG auf den faktischen Konzern kommt nicht in Betracht.[5]

398 Umgekehrt führt die Beendigung eines Beherrschungsvertrags zum Ende der Zurechnung von Arbeitnehmern und somit ggf. zum Ende der drittelparitätischen Mitbestimmung im Aufsichtsrat. Ein Umgehungstatbestand ist hierin nicht zu erkennen.[6]

bb) Eingliederung

399 Die Eingliederung ist in §§ 319ff. AktG geregelt. Sie kommt nur zwischen Aktiengesellschaften in Betracht[7] und soll selbst bei einer KGaA ausgeschlossen sein.[8]

5. Freiwillige Mitbestimmungsvereinbarungen

400 Die Vorschriften des DrittelbG sind zwingend. Prinzipiell stehen sie weder zur Disposition von Arbeitgeber und Arbeitnehmer noch der Tarifpartner. Einigkeit besteht in-

---

[1] *Raiser/Veil*, § 2 DrittelbG Rn. 14; UHH/*Habersack*, § 2 DrittelbG Rn. 13.
[2] *Raiser/Veil*, § 2 DrittelbG Rn. 12; WWKK/*Kleinsorge*, § 2 DrittelbG Rn. 29.
[3] *Raiser/Veil*, § 2 DrittelbG Rn. 14; WWKK/*Kleinsorge*, § 2 DrittelbG Rn. 30.
[4] OLG Düsseldorf 27.12.1996 – 19 W 4/96 AktE, ZIP 1997, 546; OLG Zweibrücken 18.10.2005 – 3 W 136/05, ZIP 2005, 1966; UHH/*Habersack*, § 2 DrittelbG Rn. 13; differenzierend *Raiser/Veil*, § 2 DrittelbG Rn. 16.
[5] OLG Hamburg 29.10.2007 – 11 W 27/07, DB 2007, 2762–2766; UHH/*Habersack*, § 2 DrittelbG Rn. 14.
[6] OLG Zweibrücken 18.10.2005 – 3 W 136/05, ZIP 2005, 1966.
[7] *Raiser/Veil*, § 2 DrittelbG Rn. 17; WWKK/*Kleinsorge*, § 2 DrittelbG Rn. 31.
[8] OLG Düsseldorf 27.12.1996 – 19 W 4/96 AktE, ZIP 1997, 546.

soweit, dass ein Ausschluss der Mitbestimmung oder eine Einschränkung in Form einer Reduzierung der Arbeitnehmervertreter im Aufsichtsrat nicht zulässig ist, wenn das Unternehmen dem DrittelbG unterfällt.[1] Insofern gilt das zum MitbestG Ausgeführte.

Demgegenüber wird eine Erweiterung der Sitze der Arbeitnehmervertreter zumindest für die GmbH im Anschluss an Gerichtsentscheidungen aus den siebziger Jahren überwiegend für möglich gehalten.[2] Anders als im Aktien-, Versicherungs- oder Genossenschaftsrecht fehlt im GmbH-Recht eine entsprechende gesetzliche Bestimmung zum Aufsichtsrat, die einer Erweiterung der Arbeitnehmersitze entgegenstünde.[3] Vielmehr genießt die Gesellschafterversammlung eine weitgehende Satzungsfreiheit, sodass einerseits an sich nicht mitbestimmungspflichtige Unternehmen einen mitbestimmten Aufsichtsrat erhalten können, als auch eine Erweiterung der Zahl der Arbeitnehmervertreter im Aufsichtsrat bei nach DrittelbG mitbestimmungspflichtigen Gesellschaften rechtlich zulässig ist, dies allerdings nur bis zur Grenze der Parität.[4] **401**

Dies soll insbesondere auch für Stimmbindungsverträge gelten, mittels derer sich die Anteilseigner Dritten gegenüber verpflichten, zusätzlich zu den gesetzlich vorgesehenen Arbeitnehmervertretern weitere Arbeitnehmervertreter in den Aufsichtsrat zu entsenden.[5] **402**

6. Folgerungen für die nationale Umstrukturierung von Konzernen

Grundsätzlich gelten die im Zusammenhang mit dem MitbestG gemachten Ausführungen auch für Umwandlungen in Konzernen, in denen das DrittelbG Anwendung findet. Da aber die Voraussetzungen in § 2 Abs. 2 DrittelbG für eine Konzernzurechnung auf Konzernobergesellschaften, die selbst weniger als 500 Arbeitnehmer beschäftigen, wesentlich enger sind als es beim MitbestG der Fall ist, bestehen hier größere Möglichkeiten, durch eine Restrukturierung der Mitbestimmung zu entgehen. **403**

Die **Beendigung des Beherrschungsvertrags** wurde bereits als Möglichkeit erwähnt.[6] Die Arbeitnehmerzahl einer bislang drittelparitätisch mitbestimmten Kapitalgesellschaft kann durch **Abspaltung** unter den Schwellenwert von 500 Arbeitnehmern sinken. Die auf die neugebildeten Tochtergesellschaften im Wege der Abspaltung übergegangenen Arbeitnehmer werden nur noch bei Vorliegen eines Beherrschungsvertrags der übertragenden Kapitalgesellschaft zugerechnet. Selbst die übergangsweise Beibehaltung des mitbestimmten Aufsichtsrates nach § 325 UmwG könnte entfallen, sofern die Arbeitnehmerzahl des übertragenden Rechtsträgers auf weniger als ein Viertel von 500 Arbeitnehmern sinkt (vgl. § 325 Abs. 1 S. 2 UmwG).[7] **404**

Das DrittelbG kennt keine Zurechnung von Arbeitnehmer innerhalb einer kapitalistischen KG auf die Komplementärgesellschaft, sodass ein **Gesellschafterwechsel** in der KG nicht die Auswirkungen auf die Mitbestimmung hat wie im Anwendungsbereich des MitbestG. **405**

Gleichwohl kann auch hier durch die neuerliche Begründung von Konzernverhältnissen der Wechsel hin zur paritätischen Mitbestimmung ausgelöst werden, wenn **406**

---

[1] WWKK/*Kleinsorge,* § 4 DrittelbG Rn. 2; UHH/*Habersack,* § 1 DrittelbG Rn. 8.
[2] So das OLG Bremen 22.3.1977 – W102/75, NJW 1977, 1153; BGH 3.7.1975 – II ZR 35/73, NJW 1975, 1657; ihm folgend WWKK/*Kleinsorge,* § 4 DrittelbG Rn. 4; HWK/*Seibt,* § 1 DrittelbG Rn. 34; aA UHH/*Habersack,* § 1 DrittelbG Rn. 8; ErfK/*Oetker,* DrittelbG, Einl. Rn. 8.
[3] Vgl. § 23 Abs. 5 AktG, § 18 Abs. 2 GenG und die §§ 17, 35 VAG für die VVaG.
[4] So zu Recht HWK/*Seibt,* § 1 DrittelbG Rn. 34.
[5] WWKK/*Kleinsorge,* § 4 DrittelbG Rn. 6.
[6] OLG Zweibrücken 18.10.2005 – 3 W 136/05, ZIP 2005, 1966.
[7] So das Beispiel bei *Bachner/Köstler/Matthiessen/Trittin,* § 3 Rn. 133.

durch Arbeitnehmerzurechnung der Schwellenwert von 2000 Arbeitnehmern überschritten wird.

407 Ferner hat die Änderung der Höhe des Stammkapitals wegen § 95 AktG (für die GmbH wegen des Verweises in § 1 Abs. 1 Nr. 3 DrittelbG) Auswirkungen auf die Größe und Zusammensetzung des Aufsichtsrates.

IV. Montanmitbestimmung im Konzern

408 Das Montanmitbestimmungsgesetz ist das erste der Mitbestimmungsgesetze in der Bundesrepublik gewesen. Die dort geregelte Mitbestimmung im Aufsichtsrat ist zugleich die am stärksten ausgeprägte. Seine praktische Bedeutung ist heute jedoch gering. Daher erfolgt im Folgenden eine verkürzte Darstellung.

1. Das Montanmitbestimmungsgesetz

a) Anwendungsbereich

409 Das Montan-MitbestG findet Anwendung auf Unternehmen des Bergbaus und der Eisen und Stahl erzeugenden Industrie,[1] die als Aktiengesellschaft oder GmbH betrieben werden und in der Regel mehr als 1000 Arbeitnehmer beschäftigen und regelt die Zusammensetzung der Aufsichtsräte in den vom Geltungsbereich des Gesetzes erfassten Unternehmen (§ 1 Montan-MitbestG). Dabei stellt das Gesetz auf den „überwiegenden Betriebszweck" im Montanbereich ab, dessen Auslegung im Einzelnen umstritten bleibt, da insofern klarstellende höchstrichterliche Entscheidungen fehlen.[2] Zurückzugreifen ist zur Bestimmung des überwiegenden Betriebszwecks auf den Anteil der Wertschöpfung, der auf den Montanbereich entfällt, zum anderen aber auch auf die im jeweiligen Bereich beschäftigten Arbeitnehmer.[3]

410 Die Montanmitbestimmung entfällt bei solchen Unternehmen, die nicht länger die Anwendungsvoraussetzungen erfüllen, erst nach Ablauf von sechs aufeinanderfolgenden Geschäftsjahren, in denen die Voraussetzungen nicht mehr vorgelegen haben, vgl. § 1 Abs. 3 Montan-MitbestG.

411 Anders als das MitbestG kennt das Montan-MitbestG keine Arbeitnehmerzurechnung im Konzern zur Erfüllung des Schwellenwerts der regelmäßig beschäftigten Arbeitnehmer. Für Unternehmen, die bereits der Montanmitbestimmung unterliegen, die herrschendes Unternehmen eines Konzerns sind und für deren Arbeitnehmer ein Konzernbetriebsrat errichtet worden ist, ordnet § 1 Abs. 4 Montan-MitbestG lediglich an, dass für die Anwendung der § 4, 6 und 9 die Arbeitnehmer der Konzernunternehmen als Arbeitnehmer des herrschenden Konzernunternehmens gelten. Dies betrifft demnach das Wahlrecht bzw. Wählbarkeit für den Aufsichtsrat.[4] Für die GmbH nimmt § 3 Abs. 2 Montan-MitbestG eine Anpassung an das Recht der AG vor.

---

[1] Näher zu den Begriffen „Bergbau" und „Eisen- und Stahlindustrie" ErfK/*Oetker*, § 1 Montan-MitbestG Rn. 2, 6.

[2] Zur Auslegung von § 1 Abs. 1 1 lit. b siehe aber den „Böhler-Beschluss" des BGH, 28.2.83 – II ZB 10/82, NJW 1983, 1617 ff.

[3] So WWKK/*Wißmann*, § 1 Montan-MitbestG Rn. 6; gegen die Berücksichtigung der Arbeitnehmer ErfK/*Oetker*, § 1 Montan-MitbestG Rn. 4.

[4] Daneben tritt für die Anwendung der §§ 6 und 11 der Konzernbetriebsrat an die Stelle des Betriebsrats.

b) Bildung und Zusammensetzung des Aufsichtsrats

Wie im MitbestG von 1976 wird der Aufsichtsrat paritätisch besetzt. Dieser besteht aus 11 Mitgliedern, davon entfallen je fünf Vertreter auf die Anteilseigner- und die Arbeitnehmerseite. Hinzu kommt jedoch eine sogenannte neutrale Person, auf die sich Anteilseigner und Arbeitnehmerseite einigen müssen (§ 8 Montan-MitbestG).[1] Diese neutrale Person muss nicht den Vorsitz des Aufsichtsrats einnehmen. Die neutrale Person darf nicht aus dem Unternehmen kommen und kein Repräsentant einer Gewerkschaft oder eines Arbeitgeberverbands sein.[2] **412**

Der Einfluss der Gewerkschaften ist ebenfalls stärker als nach dem sonstigen Mitbestimmungsrecht: Sie stellen 3 von 5 Arbeitnehmervertretern (§ 6 Abs. 3, 4 Montan-MitbestG), zudem muss sich der Betriebsrat mit der Gewerkschaft wegen der Vertreter, die aus dem Unternehmen kommen sollen, beraten (§ 6 Abs. 2 Montan-MitbestG). Die Spitzenorganisationen haben sogar ein Einspruchsrecht gegen die Wahl der Betriebsräte. Auch eine Abberufung der Gewerkschaftsvertreter nach § 11 Abs. 2 Montan-MitbestG nur auf Antrag der Spitzenorganisationen von den Betriebsräten vorgeschlagen werden. **413**

Die Wahl der Arbeitnehmervertreter erfolgt nach Maßgabe der §§ 6 ff. Montan-MitbestG. **414**

c) Innere Ordnung sowie Rechte und Pflichten der Aufsichtsratsmitglieder

Die Regelung zur Beschlussfassung in § 10 Montan-MitbestG entsprechen § 28 MitbestG, sodass auf die dortigen Erläuterungen verwiesen wird. **415**

Der Aufsichtsrat hat das Recht zur Bestellung und Abberufung des gesetzlichen Vertretungsorgans nach Maßgabe der §§ 76 Abs. 3 und 84 des AktG, auf die § 12 Montan-MitbestG verweist. Zudem wird ein Arbeitsdirektor als Mitglied des Vorstands bestellt, § 13 Montan-MitbestG. Dieser kann nicht gegen die Stimmen der Arbeitnehmervertreter bestellt werden. **416**

2. Das Montan-Mitbestimmungsergänzungsgesetz

In den fünfziger Jahren setzte eine Entwicklung ein, in deren Verlauf sich Montanunternehmen zusammenschlossen, die von Unternehmen beherrscht wurden, die selbst nicht dem Montan-Mitbestimmungsgesetz unterlagen. Um dem damit verbundenen realen Verlust an dem eben erst gesetzlich festgeschriebenen Einfluss der Arbeitnehmer auf Entscheidungen in der Konzernspitze entgegenzuwirken, erließ der Gesetzgeber 1956 das Mitbestimmungsergänzungsgesetz, das die Mitbestimmung in der Konzernobergesellschaft regelt, sofern diese nicht bereits nach den allgemeinen Bestimmungen unter die Montanmitbestimmung fällt (vgl. § 2 MitbestErgG). Dieses wurde seither mehrfach geändert, ohne die Erosion der Mitbestimmung im Montanbereich wirksam aufhalten zu können, wie sich zuletzt 1999 zeigte, als das BVerfG die zuvor neugefassten Bestimmungen für teilweise verfassungswidrig erachtete.[3] **417**

---

[1] Ein größerer Aufsichtsrat mit 15 bzw. 21 Mitgliedern kann ab einem Nennkapital von mehr als 10 Mio EUR gemäß § 9 Montan-MitbestG gebildet werden.
[2] Weitere Voraussetzungen sind in § 4 Montan-MitbestG enthalten.
[3] BVerfG 2.3.1999 – 1 BvL 2/91, NJW 1999, 1535.

a) Anwendungsbereich

418 Sein praktischer Anwendungsbereich ist derzeit nur gering. Nach Angaben in der Literatur findet es derzeit nur Anwendung bei einem Konzern in Deutschland.[1] Aus diesem Grund wird im Folgenden nur ein knapper Abriss wiedergegeben.

419 Für die Anwendung des Gesetzes ist stets Voraussetzung, dass es sich bei der Konzernobergesellschaft um eine AG oder GmbH handeln muss, § 1 MitbestErgG. Andere Rechtsformen sind nicht erfasst, auch nicht die SE.[2] Ferner muss die Konzernobergesellschaft mindestens ein Unternehmen beherrschen, das dem Montan-MitbestG unterfällt. § 3 MitbestErgG bestimmt, dass „der Unternehmenszweck des Konzerns" durch Konzernunternehmen und abhängige Unternehmen gekennzeichnet sein muss, die unter das Montan-Mitbestimmungsgesetz fallen. Hierbei ist darauf zu achten, dass auf sämtliche abhängigen Unternehmen abzustellen ist, auch wenn sie keine Konzernunternehmen sind.[3] Hierzu gehören auch Gemeinschaftsunternehmen.[4] Abhängige Unternehmen mit Sitz im Ausland sind dagegen nicht zu berücksichtigen.[5]

420 Diese Kennzeichnung des Unternehmenszwecks wird näher in § 3 Abs. 2 MitbestErgG beschrieben. So wird der Konzernzweck zum einen durch die Montanunternehmen gekennzeichnet, wenn sie insgesamt 20% der Wertschöpfung aller Konzernunternehmen und abhängigen Unternehmen erbringen (Montanquote).[6] Zum andern kann sich der entsprechende Konzernzweck aus der Beschäftigtenquote ergeben, dh dem Anteil der Arbeitnehmer, die in Konzernunternehmen und abhängigen Unternehmen beschäftigt sind, welche der Montanmitbestimmung unterliegen. Dieser Anteil muss gemessen an der Arbeitnehmerzahl aller Konzernunternehmen und abhängigen Unternehmen bei mehr als 20% liegen.[7]

421 Das MitbestErgG differenziert zwischen drei verschiedenen Fällen von Konzernobergesellschaften, bei denen eine (modifizierte) Montan-Mitbestimmung nach dem MitbestErgG einzurichten bzw. beizubehalten sein kann.

aa) Fall 1: Die Konzernobergesellschaft, die bislang überhaupt nicht montanmitbestimmt ist, § 16 Abs. 1 Nr. 1, §§ 1–3 MitbestErgG

422 Hier sind die oben in §§ 1 und 3 geregelten Voraussetzungen zuzüglich der Voraussetzung in § 16 Abs. 1 Nr. 1 MitbestErgG zu berücksichtigen. Dies bedeutet, dass die Montanquote seit sechs Geschäftsjahren mehr als 50% betragen muss.

bb) Fall 2: Die Konzernobergesellschaft, die bis dato selbst dem Montan-MitbestG unterliegt, § 16 Abs. 1 Nr. 2, §§ 1–3 MitbestErgG

423 Dieses unterfällt erst dann den Bestimmungen des MitbestErgG, wenn es selbst nicht mehr die Voraussetzungen des Montan-MitbestG erfüllt und nunmehr eine der Alternativen des § 3 Abs. 2 MitbestErgG gegeben ist.

cc) Fall 3: Die Konzernobergesellschaft, die bislang dem MitbestErgG unterliegt, § 16 Abs. 2 MitbestErgG

424 Hier stellt § 16 Abs. 2 MitbestErgG sicher, dass die Mitbestimmung nach MitbestErgG nicht sofort entfällt, sofern sich zwischenzeitlich die tatsächlichen Vorausset-

---

[1] WWKK/*Wißmann*, § 1 MitbestErgG Rn. 2.
[2] WWKK/*Wißmann*, § 1 MitbestErgG Rn. 6.
[3] WWKK/*Wißmann*, § 1 MitbestErG Rn. 3.
[4] BGH 30.9.1986 – KVR 8/85, NJW 1987, 1639.
[5] WWKK/*Wißmann*, § 1 MitbestErgG Rn. 3.
[6] WWKK/*Wißmann*, § 1 MitbestErgG Rn. 4.
[7] Die zuvor geltende Schwelle von 2000 Arbeitnehmern wurde vom BVerfG durch Entscheidung vom 2.3.1999 für verfassungswidrig erklärt, vgl. NJW 1999, 1535.

zungen für seine Anwendbarkeit geändert haben. Gemäß § 16 Abs. 2 MitbestErgG entfällt die Mitbestimmung erst, wenn die Voraussetzungen, wie sie in § 3 MitbestErgG vorgeschrieben sind, für sechs aufeinanderfolgende Geschäftsjahre nicht mehr vorliegen oder kein einziges Unternehmen, das der Montan-Mitbestimmung unterliegt, von der Konzernobergesellschaft beherrscht wird.

b) Bildung und Zusammensetzung des Aufsichtsrats

Das MitbestErgG ordnet eine gegenüber dem Montan-MitbestG leicht modifizierte Form der Unternehmensmitbestimmung an. So sieht das Gesetz als Regelfall jeweils 7 Vertreter der Anteilseigner und Arbeitnehmerseite sowie ein neutrales Mitglied vor, § 5 MitbestErgG. Die Zusammensetzung auf Arbeitnehmerseite ergibt sich § 6 MitbestErgG, das Wahlverfahren wird in den §§ 7–10n MitbestErgG geregelt. Bei in der Regel mehr als 8000 Arbeitnehmern findet eine Wahl der Arbeitnehmervertreter durch Delegierte statt (§ 7 Abs. 1 MitbestErgG). **425**

c) Innere Ordnung sowie Rechte und Pflichten des Aufsichtsrats

Hinsichtlich der inneren Ordnung und der wichtigsten Zuständigkeiten entspricht das MitbestErgG dem Montan-MitbestG (§ 11, § 13 MitbestErgG). Ferner sei noch auf § 15 MitbestErgG hingewiesen, welcher der Bestimmung in § 32 MitbestG entspricht. **426**

Danach sind die vertretungsberechtigten Organe von nach Montan-MitbestG oder MitbestErgG mitbestimmten Unternehmen bei bestimmten Rechtshandlungen an Beschlüsse des mitbestimmten Aufsichtsrats gebunden. Diese Rechtshandlungen beziehen sich auf andere Unternehmen, an denen das mitbestimmte Unternehmen mindestens 25 % der Anteile hält und betreffen namentlich die Bestellung und Abberufung bei diesen Unternehmen, deren Auflösung oder Umwandlung sowie die Übertragung von Vermögen. **427**

H. Normative Geltung von Konzerntarifverträgen?

I. (Fehlende) Tariffähigkeit des Konzerns

1. Arbeitgeber als Tarifvertragspartei

428 § 2 Abs. 1 TVG regelt, wer als Tarifvertragspartei zum Abschluss von Tarifverträgen berechtigt ist.[1] Danach kommen auf Arbeitnehmerseite nur Gewerkschaften als Tarifvertragsparteien in Betracht. Auf Arbeitgeberseite kommen sowohl einzelne Arbeitgeber sowie Vereinigungen von Arbeitgebern als Tarifvertragspartei in Betracht. Arbeitgeber im tarifrechtlichen Sinne kann **jede natürliche oder juristische Person des privaten oder öffentlichen Rechts** sein, die mindestens einen Arbeitnehmer beschäftigt.[2] Darüber hinaus sind gemäß § 2 Abs. 3 TVG Spitzenorganisationen denkbare Parteien eines Tarifvertrags, sofern der Abschluss von Tarifverträgen ausdrücklich zu deren satzungsmäßig festgelegten Aufgaben gehört.

2. Konzern nicht tariffähig und regelmäßig nicht Arbeitgeber

429 Der Konzern ist gem. § 18 Abs. 1 AktG aus mehreren, unter einer einheitlichen Leitung zusammengefassten, rechtlich selbstständigen Unternehmen gebildet. Er besitzt keine eigene Rechtspersönlichkeit und hat keine eigene Rechtsform.[3] Da der Konzern als solcher als eigenes rechtliches Konstrukt in § 2 TVG nicht zusätzlich aufgeführt wird, hält auch das BAG Konzerne für nicht tariffähig.[4] Ebenfalls **verneint das BAG die automatische Ausstrahlung** der mit herrschenden Konzernobergesellschaften abgeschlossenen Tarifverträge auf deren abhängige Tochter- und Enkelunternehmen.[5]

430 Die von der fehlenden Tariffähigkeit des Konzerns in der Literatur diskutierten Ausnahmen, etwa über das Konstrukt der konzernrechtlichen Durchgriffshaftung (unterschiedliche Strukturen) oder in Anlehnung an Konzernbetriebsvereinbarungen (§ 58 BetrVG, anderes System) eine konzernweite normative Geltung zu erreichen, haben sich bislang nicht durchsetzen können.[6]

431 Der Konzern als solcher kann damit keine Tarifverträge für Arbeitnehmer der Konzerntöchter abschließen. Er ist **nicht tariffähig.**

432 Allenfalls kann die Konzernobergesellschaft Arbeitgeber für die mit ihr direkt in einem Anstellungsverhältnis stehenden Arbeitnehmer sein. In der Regel sind jedoch bei dieser keine oder nur wenige Arbeitnehmer beschäftigt, sodass ein Tarifvertrag mit der Konzernobergesellschaft als Arbeitgeber iSd § 2 Abs. 1 TVG praktisch wenig relevant ist. Wenn ein **Anstellungsverhältnis zur Konzernobergesellschaft** besteht und die tatsächliche Beschäftigung bei einer Konzerntochter ausgeübt wird, dann gilt ein von der Konzernobergesellschaft geschlossener Tarifvertrag jedoch auch für diesen Arbeitnehmer, wenn die Beschäftigung bei der Tochter aufgrund einer (Konzern-)Versetzungsklausel erfolgt.

---

[1] Däubler/*Peter,* TVG § 2 Rn. 1.
[2] ErfK/*Franzen,* TVG § 2 Rn. 23.
[3] MüKo BGB/*v. Hoyningen-Huene,* HGB § 59 Rn. 20.
[4] BAG 17.10.2007 – 4 AZR 1005/06, NZA 2008, 713 (715).
[5] BAG 18.11.2009 – 4 AZR 491/08, NJW 2010, 888 (889); BAG 17.10.2007 – 4 AZR 1005/06, NZA 2008, 713 ff.
[6] BAG 18.11.2009 – 4 AZR 491/08, NJW 2010, 888 ff.

II. Konzernweite normative Geltung eines Tarifvertrags

433 Dennoch stehen den Konzernen verschiedene Möglichkeiten zur Verfügung, ihre fehlende Tariffähigkeit zu kompensieren und eine erwünschte konzernweit einheitliche Tarifbindung aller Konzernunternehmen herbeizuführen.

1. Verbandstarifvertrag

434 So kann die Geltung eines Verbandstarifvertrags im gesamten Konzern dadurch erreicht werden, dass alle Konzernunternehmen Mitglied im Arbeitgeberverband werden, der den Tarifvertrag abgeschlossen hat. Zu diesem Zweck ist es auch zulässig, einen Arbeitgeberverband zu gründen, dem **satzungsgemäß ausschließlich konzernangehörige Unternehmen** beitreten können. Darüber hinaus können alle Konzernunternehmen denselben Verbandstarifvertrag anerkennen. Durch den Verbandsbeitritt verliert das einzelne Konzernunternehmen seine Tariffähigkeit nicht.

2. Firmentarifvertrag

435 Häufig besteht in der Praxis das Bedürfnis zum Abschluss konzernspezifischer Firmentarifverträge, da die Verbandsverträge, verhandelt für eine Vielzahl anderer Unternehmen, oft wenig passend erscheinen. Dabei muss nicht unbedingt ein einziger Tarifvertrag für alle Konzernunternehmen gewollt sein, insbesondere in einem **diversifizierten Konzern,** der sich dem Wettbewerbsumfeld unterschiedlicher Branchen anpassen muss. Vielmehr ist häufig eine gewisse Vielfalt konzernbranchen- oder bereichsspezifischer Konzerntarifverträge gewünscht. Ein solcher **Konzernspartentarifvertrag** (etwa für die Produktion, die Logistik, das Catering) kann genau den Bedürfnissen mehrerer Konzernunternehmen auch standortbezogen gerecht werden und verhindert das Outsourcing betreffender Dienstleistungen. Auch Standortsicherungstarifverträge sind so konzernweit umgesetzt worden (Arcandor AG mit ver.di für Karstadt, Quelle, Neckermann).

436 Wie kommen solche kollektivrechtlich konzernweit geltenden Tarifverträge zustande?

a) Mehrgliedriger Tarifvertrag

437 Zum Beispiel kann dies durch einen mehrgliedrigen Tarifvertrag geschehen. Ein mehrgliedriger Tarifvertrag liegt vor, wenn mindestens auf einer Seite **mehrere Tarifvertragsparteien** auftreten oder ein **Spitzenverband** im Namen seiner Mitgliedsverbände einen Tarifvertrag abschließt. Er kann aber auch nachträglich dadurch zustande kommen, dass sich eine weitere Partei einem schon bestehenden Tarifvertrag anschließt.[1]

438 Bei einem mehrgliedrigen Tarifvertrag müssen alle Konzerntöchter selbst handelnd als Partei des Tarifvertrags auftreten. Faktisch ist dies eine bloße Zusammenfassung mehrerer selbständiger Tarifverträge **in einer Urkunde.** Jede Konzerntochter kann ihren „Teil" kündigen, ohne auf die Mitwirkung der anderen angewiesen zu sein.

439 Ein Nachteil freilich ist es, dass er **nicht automatisch für neu hinzutretende Töchter** gilt. Hierfür wären eine Erweiterung des Geltungsbereichs des Tarifvertrags und die Genehmigung durch die eintretende Tochter erforderlich.

---

[1] Däubler/*Peter,* TVG § 1 Rn. 78.

b) Einheitstarifvertrag

440 Hierbei handelt es sich um ein einheitliches Tarifwerk, wobei die Tarifvertragsparteien einer Seite bei der Ausübung von Rechten und der Erfüllung von Pflichten aus dem schuldrechtlichen Teil des Tarifvertrags in der Weise gebunden sind, dass sie im Verhältnis zur Gegenseite eine **Einheit darstellen und auch als solche handeln müssen.**[1] In diesem Fall kann der Vertrag nur von allen Parteien gemeinsam gekündigt oder geändert werden und alle Parteien haften bei Pflichtverletzungen gesamtschuldnerisch.[2]

441 Im Zweifel wird ein mehrgliedriger Tarifvertrag anzunehmen sein.

c) Bevollmächtigung

442 In Praxis kommt es daher häufig vor, dass die Konzernobergesellschaft alleine handelnd den Tarifvertrag abschließt, der nach dem Willen der Tarifvertragsparteien alle Konzernunternehmern (auch zukünftige) erfassen soll.

443 Das Ziel, eine konzernweite Geltung von in Tarifverträgen geregelten Arbeitsbedingungen herbeizuführen, kann gleichermaßen durch den Abschluss von Tarifverträgen durch die Konzernobergesellschaft mit den jeweils zuständigen Gewerkschaften für ihre untergeordneten Konzerngesellschaften erreicht werden. Wie bereits erläutert, entfaltet ein solcher, lediglich durch die Konzernobergesellschaft geschlossener Tarifvertrag, nicht automatisch Wirkung für und gegen die abhängigen Konzernunternehmen. Ein Tarifvertrag, den auf Arbeitgeberseite eine Konzernmuttergesellschaft abgeschlossen hat, **gilt nur dann für eine Konzerntochtergesellschaft, wenn diese den Tarifvertrag als Partei mit abgeschlossen** hat.[3] Grundsätzlich kann die Konzernobergesellschaft entsprechende Tarifverträge sowohl im eigenen Namen als auch im Namen ihrer abhängigen Gesellschaften abschließen. Für die Annahme der Vertretung einer Tochtergesellschaft durch die Konzernmuttergesellschaft beim Abschluss eines Tarifvertrags bedarf es jedoch über die bloße Konzernzugehörigkeit hinaus **weiterer Anhaltspunkte,** aus denen sich mit hinreichender Bestimmtheit der Wille, für eine oder mehrere Tochtergesellschaften zu handeln, ergibt.[4] Es gelten in diesem Fall die allgemeinen Regelungen des BGB zur **Stellvertretung,** §§ 164 ff. BGB in Verbindung mit dem tarifvertraglichen Bestimmtheitsgrundsatz des § 1 Abs. 2 TVG.

aa) In fremdem Namen, § 164 BGB

444 Eine unmittelbare Fremdwirkung des in Vertretung geschlossenen Tarifvertrags tritt ein, wenn der Vertreter erkennbar im Namen des Vertretenen gehandelt hat.

445 Nach § 164 Abs. 1 S. 2 BGB genügt es, wenn sich die Erkennbarkeit aus den Umständen ergibt, eine ausdrückliche Erwähnung ist nicht erforderlich. In der Praxis erfolgt oft ein Hinweis im **Kopf des Tarifvertrags** bzw. durch ein „i. V." bzw. ein „jeweils handelnd auch für die konzernangehörigen Gesellschaften" in der **Unterschriftenzeile.**

446 Hingegen wird eine bloße Bestimmung im Geltungsbereich des Tarifvertrags nicht genügen.

447 Ein pauschaler Hinweis auf alle Tochterunternehmen ohne deren namentliche Nennung wird vom BAG im Hinblick auf § 1 Abs. 2 TVG sowie wegen des möglichen Wechsels in den oder aus dem Konzern grundsätzlich als nicht ausreichend erachtet.[5]

---

[1] Schaub/*Treber*, Arbeitsrechts-Handbuch, § 199 Rn. 13.
[2] Däubler/*Reim/Nebe*, TVG § 1 Rn. 81.
[3] BAG 17.10.2007 – 4 AZR 1005/06, NZA 2008, 713 ff.
[4] BAG 17.10.2007 – 4 AZR 1005/06, NZA 2008, 713 ff.
[5] BAG 17.10.2007 – 4 AZR 1005/06, NZA 2008, 713 ff.

bb) Offenkundigkeit und Bestimmtheit

Nach dem **Offenkundigkeitsprinzip** muss der Name des Vertretenen nicht genannt werden, Bestimmbarkeit genügt. 448

Der **Bestimmtheitsgrundsatz** (§ 1 Abs. 2 TVG, § 125 BGB: Schriftform) verlangt, dass der Tarifvertrag klar zu erkennen gibt, wer die Vertragsparteien sind. Dies ist besonders wichtig bei Hinzuerwerb oder Ausscheiden von Unternehmen in den/ aus dem Konzernverbund. 449

Außerdem ist die Berücksichtigung von Zweckrichtung und Inhalt des Tarifvertrags (Umstrukturierungs-Tarifvertrag: Vertretung nur der an der Umstrukturierung beteiligten Konzerntöchter) notwendig. 450

Ein Verstoß gegen das Offenkundigkeitsprinzip ist nicht über eine nachträgliche Genehmigung der Konzerntochter heilbar, da § 177 BGB nur die Fälle des Handelns ohne Vertretungsmacht betrifft. 451

cc) Vertretungsmacht

Darüber hinaus muss die Konzernobergesellschaft beim Abschluss von Tarifverträgen für und gegen ihre Konzernunternehmen eine entsprechende Vertretungsmacht haben. Diese kann gesetzlich, organschaftlich oder rechtsgeschäftlich ausgestaltet sein. Da § 18 AktG eine reine Definitionsnorm ist,[1] lässt sich hieraus jedenfalls keine gesetzliche Vertretungsmacht herleiten. Eine juristische Person wird im Rechtsverkehr eben durch ihre Organe und nicht die Gesellschafter vertreten. In Betracht kommt somit nur eine **rechtsgeschäftliche Bevollmächtigung durch die Konzernunternehmen** zum Vertragsabschluss in deren Namen. Diese kann entweder als Innenvollmacht gegenüber der Konzernobergesellschaft oder als Außenvollmacht gegenüber der Gewerkschaft erfolgen.[2] 452

dd) Vollmachtserteilung

(1) Ausdrücklich 453

Für eine Bevollmächtigung der Konzernobergesellschaft stehen mehrere Möglichkeiten zur Verfügung. Eine solche kann sich bereits aus einem mit der Konzernobergesellschaft abgeschlossenen Beherrschungs- und Gewinnabführungsvertrag gem. § 291 Abs. 1 AktG ergeben.[3] Ist eine solche Regelung in den entsprechenden Verträgen nicht ausdrücklich vorgesehen, kann die Konzernobergesellschaft aufgrund der im Konzern bestehenden Leitungsmacht ihren Tochtergesellschaften eine Anweisung zur Bevollmächtigung erteilen.[4]

Die Vollmacht kann ein genau bestimmtes Rechtsgeschäft umfassen **(Spezialvollmacht)**, etwa zum Abschluss eines Sanierungstarifvertrags. Es ist auch möglich, lediglich zu einer bestimmten Art von Rechtsgeschäften zu bevollmächtigen **(Gattungsvollmacht)**, etwa Vollmacht zum Abschluss von Tarifverträgen über betriebliche Altersversorgung oder Einmalzahlungen. 454

(2) Konkludent 455

Für die Vollmachtserteilung ist grundsätzlich keine Form nötig. So kann zB in der Übertragung von Aufgaben (etwa Aufgabe zum Tarifschluss) **stillschweigend** eine entsprechende Bevollmächtigung gesehen werden. Gegebenenfalls müssen noch weitere Umstände müssen hinzutreten. Dies kann die Mitwirkung eines Gesandten aus

---

[1] *Hüffer*, AktG § 18 Rn. 1.
[2] BAG 12.2.1997 – 4 AZR 419/95, NZA 1997, 1064 ff.
[3] *Kilg/Muschal* BB 2007, 1670 (1673).
[4] *Däubler/Peter*, TVG § 2 Rn. 94.

456 **(3) Rechtsscheinvollmacht**

Darüber hinaus gelten auch beim Abschluss von Tarifverträgen die allgemeinen Grundsätze zu Rechtsscheinvollmachten, so dass insbesondere eine **Duldungsvollmacht** in Betracht kommt.[1] Da Grundvoraussetzung für das Vorliegen einer Duldungsvollmacht ist, dass jemand bewusst einen anderen für sich handeln lässt, kommt eine wirksame Vertretung eines Konzernunternehmen durch die Konzernobergesellschaft aufgrund einer Duldungsvollmacht jedoch nur in Betracht, wenn überhaupt ein entsprechendes Bewusstsein des Konzernunternehmens gegeben ist.[2]

457 Bei der **Anscheinsvollmacht** kennt der Vertretene das Handeln seines Scheinvertreters nicht, hätte es aber kennen und verhindern können, und der Vertragspartner nimmt berechtigterweise die Kenntnis und Duldung des Vertretenen an. Da in der Praxis dem Konzernunternehmen kaum verborgen bleiben wird, dass Tarifvertragsverhandlungen stattfinden, dürfte dies eher die Ausnahme sein.[3] Fraglich ist auch, wie ein Konzernunternehmen das Handeln der Obergesellschaft bei Abschluss eines Tarifvertrags verhindern können soll.

cc) Beendigung der Vollmacht

458 Das Erlöschen der Vollmacht kann gem. § 168 S. 1 BGB durch **Ausscheiden des Vertretenen aus dem Konzernverbund** erfolgen. Hierdurch wird das auch der Vollmacht zugrundeliegende Rechtsverhältnis beendet. Hinsichtlich der Tarifbindungen gilt dann die Nachbindung nach § 3 Abs. 3 TVG, dh sie gelten weiter bis zum Ablauf oder bis zur Kündigung.

459 Im Konzern soll – anders als sonst[4] – auch die **Konzernobergesellschaft mit unwiderruflicher Vollmacht ausgestattet werden können,** soweit die Obergesellschaft gemäß Beherrschungsvertrag durch Weisung (§ 308 Abs. 1 AktG) Einfluss auf die Tarifpolitik der Konzerntochter nehmen kann.

460 Gleiches dürfte im faktischen Konzern gelten.[5] Ohne Beherrschungsvertrag scheidet zwar das Weisungsrecht der Obergesellschaft aus. Allerdings wird der Vorstand der Konzerntochter – auch in eigenem Interesse – die Bedürfnisse der Aktionäre berücksichtigen.

461 Ein zunächst vollmachtloses Handeln (§ 177 BGB) der Konzernmutter kann durch **nachträgliche Genehmigung des Tarifvertrags** durch die Konzerntochter wirksam werden.

d) Firmentarifvertrag mit Konzernarbeitgeberverband

aa) Begriff und Anerkennung

462 Soweit alle Konzernunternehmen im gleichen Arbeitgeberverband Mitglied sind, gilt der jeweils einschlägige Verbandstarifvertrag einheitlich. Voraussetzung für die konzernweit einheitliche Geltung des Verbandstarifvertrags ist jedoch, dass der **Arbeitgeberverband** auch für alle betroffenen Konzernunternehmen **tarifzuständig** ist.[6] Dies ist allerdings insbesondere bei branchenübergreifenden Konzernen regelmäßig nicht der Fall.

---

[1] BAG 29.6.2004 – 1 AZR 143/03, BeckRS 2004, 42258.
[2] *Kilg/Muschal,* BB 2007, 1670 (1673).
[3] So auch *Kilg/Muschal,* BB 2007, 1670 (164).
[4] Vgl. *Rieble/Höpfner,* ZAAR Schriftenreihe Band 20, 2010, S. 125.
[5] Vgl. *Rieble/Höpfner,* ZAAR Schriftenreihe Band 20, 2010, S. 126.
[6] *Löwisch/Rieble,* TVG § 2 Rn. 363.

H. Normative Geltung von Konzerntarifverträgen?

Hier besteht die Möglichkeit, einen eigenen tariffähigen Konzernarbeitgeberverband zu errichten, für welchen typischerweise die Rechtsform des **rechtsfähigen Vereins** gewählt wird, wobei jedoch auch die Errichtung eines nicht-rechtsfähigen Vereins möglich ist.[1] Hiervon haben zB RWE und die Telekom Gebrauch gemacht. 463

Der Konzernarbeitgeberverband kann neben eine Bindung durch einen Flächentarifvertrag treten und nur die jeweils konzernspezifischen Arbeitsbedingungen regeln, die dem Flächentarif (mit derselben Gewerkschaft) kraft Spezialität vorgehen sollen, kann aber auch weiterreichend für alle anderen Tariffragen aktiv werden.[2] Soweit eine Einschränkung der Tarifzuständigkeit auf bestimmte (konzernbezogene) Arbeitsbedingungen vorgenommen werden soll, kann dies durch eine **satzungsmäßige Bestimmung des Zuständigkeitsbereichs** erfolgen. Um die Tariffähigkeit des Konzerns aber in jedem Fall sicherzustellen, sollte in der Satzung ausdrücklich festgelegt werden, dass der Abschluss von Tarifverträgen zu den Aufgaben des Verbandes zählt.[3] 464

bb) Begründung und Beendigung der Tarifbindung

(1) Begründung

Die Tarifbindung der **Konzerngesellschaften** ergibt sich vorliegend aus ihrer Mitgliedschaft im entsprechenden Konzernarbeitgeberverband, so dass sie in dieser Konstellation **nicht selber Tarifvertragspartei** werden. Für neue, nach dem Vertragsschluss zum Konzern hinzukommende Gesellschaften bedeutet dies zwar auch, wie bei mehrgliedrigen Tarifverträgen mit sämtlichen zum Vertragsschluss konzernzugehörigen Unternehmen, dass sie nicht automatisch Tarifvertragspartei werden. Im Falle des Tarifabschlusses durch den Konzernarbeitgeberverband können sie aber eine Tarifbindung auch ohne erneute Mitwirkung der Gewerkschaft allein durch ihren Beitritt zum Arbeitgeberverband herbeiführen, soweit die den Konzerntarifvertrag abschließende Gewerkschaft auch für sie tarifzuständig ist und der Geltungsbereich des Tarifvertrags auf den gesamten Konzern und nicht lediglich die zu einem bestimmten Zeitpunkt zugehörigen Gesellschaften bezogen ist.[4] 465

(2) Beendigung

Auch im Falle des Tarifabschlusses durch den Konzernarbeitgeberverband gilt die allgemeine Regel, dass der Tarifvertrag allein durch die Tarifvertragsparteien gekündigt werden kann. Kündigt eine der Tarifvertragsparteien oder endet der Tarifvertrag auf sonstige Weise, fällt dieser grundsätzlich für alle Konzerngesellschaften, die Mitglied im Arbeitgeberverband sind, weg. Die Rechtsnormen des Tarifvertrags, nicht hingegen sein schuldrechtlicher Teil, gelten dann gemäß § 4 Abs. 5 TVG weiter, bis sie durch eine andere Abmachung ersetzt werden, sofern die Nachwirkung nicht durch die Tarifvertragsparteien wirksam ausgeschlossen worden ist.[5] 466

Die gleiche Wirkung konnte bisher auch durch die **Auflösung des Arbeitgeberverbands** erreicht werden. Dies ist jedoch nach einer neueren Entscheidung des BAG,[6] in welcher der 4. Senat entschieden hat, dass mit der Auflösung eines Arbeitgeberverbands nicht ohne weiteres die unmittelbare und zwingende Wirkung der von ihm abgeschlossenen Tarifverträge endet, nicht mehr möglich. Die Annahme einer automatischen Beendigung der Tarifbindung mit der Auflösung des Verbands widerspreche dem Rechtsgedanken des § 3 Abs. 3 TVG, welcher zwar nicht ausdrücklich 467

---

[1] *Rieble*, Der Konzern 2005, 475 (479).
[2] *Löwisch/Rieble*, TVG § 2 Rn. 364.
[3] BAG 10.9.1985 – 1 ABR 32/83, NJW 1986, 1708 ff.
[4] *Rieble/Höpfner*, ZAAR Schriftenreihe Band 20, 2010, S. 140.
[5] ErfK/*Franzen*, TVG § 4 Rn. 58.
[6] BAG 23.1.2008 – 4 AZR 312/01, NZA 2008, 771 ff.

den Fall der Verbandsauflösung erfasse, aus dessen Regelungsgehalt aber der Wille des Gesetzgebers deutlich werde, dass ein Tarifvertrag seine normative Wirkung möglichst für den in ihm vorgesehenen Geltungszeitraum behalten solle. Nach dieser Ansicht des BAG gehört die Kündigung der Tarifverträge zu der ordnungsgemäßen Abwicklung bei Auflösung des Arbeitgeberverbands. Der Verband könne nicht nur bis zur Auflösung, sondern gegebenenfalls auch noch danach entsprechende Kündigungen der Tarifverträge durch die Liquidatoren erklären. Ist eine Kündigungsfrist von den Tarifvertragsparteien nicht ausdrücklich bestimmt worden, beträgt diese in entsprechender Anwendung von § 77 Abs. 5 BetrVG drei Monate.[1] Die Auflösung des konzerninternen Arbeitgeberverbands als solche beendet folglich nicht die normative Wirkung des konzerneinheitlichen Tarifvertrags.

468 Anders stellt sich die Situation hingegen dar, wenn nur **ein Mitglied aus dem Arbeitgeberverband austritt.** Nach der Regelung in § 3 Abs. 1 TVG endet die Tarifgebundenheit grundsätzlich, wenn eine der Arbeitsvertragsparteien die Mitgliedschaft im tarifschließenden Verband beendet. Von diesem Grundsatz macht § 3 Abs. 3 TVG eine Ausnahme und erweitert die Tarifgebundenheit auch über den Austritt des Mitglieds aus dem tarifschließenden Verband hinaus bis zur Beendigung des Tarifvertrags.[2] Dabei ist nach Auffassung des BAG die Fortgeltung nicht durch eine absolute Höchstdauer begrenzt, obwohl der ausgetretene Arbeitgeber selbst keine Möglichkeit hat, den Tarifvertrag zu beenden.[3] Dies verkompliziert die Lage bei Ausscheiden einer Gesellschaft aus dem Konzern: Tritt sie aus, so bleibt dennoch der alte Konzerntarifvertrag erhalten, sofern er nicht in einem neuen Konzern thematisch durch einen gleichgearteten Tarifvertrag ersetzt wird. Der schlichte Beitritt in einen Arbeitgeberverband der Branche hilft zum Abstreifen der alten Konzerntarifbindung nicht. Der alte, weiter normativ geltende Tarifvertrag ginge als der speziellere dem ebenfalls normativ geltenden neuen Tarifvertrag vor. Helfen würde allenfalls die Kündigung des Tarifvertrags vor dem Austritt aus dem Konzern, eine Maßnahme, die allerdings negative Auswirkungen auf alle Verbandsmitglieder hätte, oder die Übernahme des zukünftig – nach Austritt – geltenden Branchentarifwerks durch einen Haustarifvertrag.

cc) Grenzen der Konzernleitungsmacht

469 Wie bereits erläutert, kann die Konzernobergesellschaft im Hinblick auf Tarifabschlüsse durch die abhängigen Konzernunternehmen grundsätzlich im Rahmen ihrer Leitungsmacht auf diese Einfluss nehmen. Gerade bezogen auf eine etwaige Anweisung an das Tochterunternehmen, einem bestimmten (Konzern-)Arbeitgeberverband beizutreten, ergeben sich durch die **negative Koalitionsfreiheit** des Tochterunternehmens und die Regeln des Konzernrechts Beschränkungen.[4] Vereinbarungen, die das Tochterunternehmen zum Eintritt in den (Konzern-)Arbeitgeberverband zwingen sollen, sind gemessen an Art. 9 Abs. 3 S. 2 GG, wie auch eine eigene Eintrittsverpflichtung, nichtig.[5]

e) Herstellung konzerneinheitlicher Tarifbedingungen durch Tarifgemeinschaft

470 Eine Tarifgemeinschaft ist ein Zusammenschluss mehrerer tariffähiger Parteien zur gemeinsamen Ausübung der Tariffähigkeit und wird weitgehend als GbR behandelt.

---

[1] BAG 10.11.1982 – 4 AZR 1203/79, BeckRS 2010, 66486.
[2] ErfK/*Franzen*, TVG § 3 Rn. 21.
[3] Vgl. Rieble/*Höpfner*, ZAAR Schriftenreihe Band 20, 2010, S. 141.
[4] *Löwisch/Rieble*, TVG § 2 Rn. 369.
[5] *Rieble*, Der Konzern 2005, 549 (561).

H. Normative Geltung von Konzerntarifverträgen?

Die Tarifgemeinschaft ist jedoch **selbst nicht tariffähig.** Die Wirkungen des Tarifvertrags greifen nur, wenn die Mitglieder der Tarifgemeinschaft den Tarifvertrag auch als Mitglied selbst abschließen (mehrgliedriger Tarifvertrag) bzw. die Tarifgemeinschaft bevollmächtigen.

Entscheiden sich die Konzernunternehmen zu einem solchen Zusammenschluss, verlieren sie in diesem Fall ihre tarifliche Selbstständigkeit und können den als Tarifgemeinschaft abgeschlossenen Tarifvertrag nur gemeinschaftlich aufheben, kündigen oder abändern.[1]

III. Tarifgeltung bei Neueintritt in den Konzernverbund

1. Bei mehrgliedrigem Tarifvertrag

Bei mehrgliedrigen Tarifverträgen sind nur die Konzernunternehmen Partei des Tarifvertrags, die den Tarifvertrag mit abgeschlossen haben.

Eine Tarifbestimmung, nach der neu hinzutretende Unternehmen automatisch Partei des Tarifvertrags werden, würde – da zu Lasten Dritter – nicht binden. Außerdem reicht die Tarifzuständigkeit der Konzernobergesellschaft nicht so weit.

Die Konzernobergesellschaft könnte sich indes gegenüber der Gewerkschaft **schuldrechtlich verpflichten,** im Rahmen ihrer Weisungsbefugnisse als Gesellschafter auf ihre Töchter einzuwirken, damit diese Anschlusstarifverträge abschließen. Eine solche Abrede würde auch nicht gegen die Koalitionsfreiheit der Tochtergesellschaft verstoßen.

2. Durch Spitzenorganisation

Neu eintretende Konzernunternehmen werden **von der Geltung durch bisher angesprochene Konstellationen nicht erfasst.**

Eine Konzernobergesellschaft kann aber nicht als Spitzenverband im Sinne des § 2 Abs. 2 TVG Tarifverträge für alle Konzernunternehmen abschließen. § 2 Abs. 2 TVG beinhaltet dafür keine Legitimationsgrundlage. Der Konzernverbund ersetzt nicht einen Zusammenschluss wie bei Arbeitgeberverbänden nach § 2 Abs. 2 TVG. Es fehlt insofern an der entsprechenden Struktur eines Zusammenschlusses von Vereinigungen, deren Kernaufgabe die Förderung und Wahrung von Arbeits- und Wirtschaftsbedingungen ist.

Im Übrigen ist bei Spitzenverbänden die Geltung der Tarifverträge ohnehin schon vermittelt und sollte nicht noch mittelbarer werden durch eine zu extensive Anwendung des § 2 Abs. 2 TVG.

3. Durch Bevollmächtigung

Bei der Bevollmächtigung beginnt die Tarifgeltung mit der Ausübung der Rechte, die durch die Vollmacht eingeräumt werden. Für die Rechtsfolgen im Einzelnen ist entscheidend, ob in Ausübung der Vollmacht ein Haustarifvertrag abgeschlossen oder die Mitgliedschaft in einem Arbeitgeberverband eingegangen wurde. Hierunter fiele dann auch ein Konzern-Arbeitgeberverband.

---

[1] *Rieble,* Der Konzern 2005, 475 (483, 484).

IV. Weitergeltung bei Austritt aus dem Konzernverbund?

1. Bei Tarifgeltung durch Bevollmächtigung bzw. über mehrgliedrigen Tarifverträgen

479 Mangels Tariffähigkeit ist – wie ausgeführt – der Abschluss eines Konzerntarifvertrages nicht möglich. Die einheitliche Geltung wird dann über Bevollmächtigung bzw. den Abschluss mehrgliedriger Tarifverträge gelöst.

480 Bei Ausscheiden eines Unternehmens aus dem Konzernverbund und damit gleichzeitig aus dem Geltungsbereich eines Tarifvertrags ist diese Situation vergleichbar mit dem Herauswachsen eines Unternehmens aus dem fachlichen Geltungsbereich eines Tarifvertrags. Insoweit kommt es zu einer **Nachwirkung** des Tarifvertrags analog § 4 Abs. 5 TVG, nicht zu einer Nachbindung nach § 3 Abs. 3 TVG.

481 Ein Ausscheiden aus dem Geltungsbereich ist nicht unbedingt bereits deshalb gegeben, weil von den Tarifparteien eine einheitliche Regelung bezweckt wurde. Nur bei einer klaren und eindeutigen Regelung dahingehend, dass die **Tarifgeltung an die Zugehörigkeit zum Konzern geknüpft** ist, wird ein Ausscheiden aus dem Geltungsbereich anzunehmen sein.

482 Die normative Geltung entfällt auch nicht allein durch die **Übertragung eines Unternehmens von einem Konzernverbund in einen anderen,** bei dem ebenfalls ein Tarifvertrag normativ gilt.

483 Außerdem können bei der Veräußerung des Unternehmens Konstellationen eintreten, wonach die Zuständigkeit der Tarifpartner entfällt, etwa bei Abschluss eines Tarifvertrags durch einen Konzern-AGV mit satzungsmäßig beschränkter Tarifzuständigkeit.[1] Dann würde ebenfalls die Nachwirkung nach § 4 Abs. 5 TVG gelten.

484 Zum Teil wird angenommen, das Ausscheiden der Tochter führe zum Erlöschen der der Muttergesellschaft gegebenen Vollmacht mit der Folge einer Nachbindung nach § 3 Abs. 3 TVG.[2]

2. Ausscheiden aus Konzernverbund bei Tarifgemeinschaft

485 Scheidet ein Unternehmen aus dem Konzernverbund aus, hat dies Auswirkungen für die Weitergeltung des mit der Tarifgemeinschaft geschlossenen Tarifvertrags.

486 Hierbei ist zu unterscheiden, ob die Nennung der Mitglieder der Tarifgemeinschaft deklaratorisch oder konstitutiv wirkt. Bei einer deklaratorischen Geltung gilt der Tarifvertrag nach Austritt aus der Tarifgemeinschaft kollektivrechtlich für das austretende Unternehmen fort.

487 Bei konstitutiver Wirkung bedeutet das Ende der Mitgliedschaft das Herauswachsen aus dem Geltungsbereich des Tarifvertrags. Daher dürfte zu Recht eine **Nachwirkung nach § 4 Abs. 5 TVG analog** angenommen werden können, weil die Situation vergleichbar ist.

488 Das Ausscheiden hat ferner Auswirkungen auf den **Bestand der Tarifgemeinschaft.**

489 Hier könnte zum einen eine automatische Beendigung der Mitgliedschaft in der Tarifgemeinschaft oder ein außerordentliches Kündigungsrecht (für ausscheidendes Unternehmen oder die zurückbleibenden) angenommen werden. Regelungen oder jedenfalls Anhaltspunkte dürften sich zumeist in der Satzung der Tarifgemeinschaft finden lassen.

---

[1] Henssler/Bepler/Mall/*Grau,* Teil 15 Rn. 172.
[2] *Kilg/Muschal,* BB 2007, 1670 (1673).

Falls dies nicht der Fall sein sollte, könnte eine Auflösung der Tarifgemeinschaft **490**
(§§ 723, 736 BGB) anzunehmen sein. Die Tarifverträge der Tarifgemeinschaft würden dann infolge der Liquidation als gekündigt betrachtet werden. Jedenfalls hätte der Liquidator ein Kündigungsrecht.

§ 4 Abs. 5 TVG analog ist wiederum anwendbar, wenn das Erfassen des Geltungs- **491**
bereichs des Tarifvertrags zwingend die Mitgliedschaft in der Tarifgemeinschaft voraussetzt.

3. Bei Einheitstarifvertrag

Bei Abschluss eines Einheitstarifvertrags wird beachtet werden müssen, ob der Ver- **492**
bleib im Konzern als **auflösende Bedingung** oder **definierter außerordentlicher Kündigungsgrund** geregelt wird.

I. Konzernweite Tarifvereinheitlichung durch arbeitsvertragliche Bezugnahme

493 Auch wenn ein Konzerntarifvertrag besteht, werden **in aller Regel nicht alle Arbeitnehmer des Konzerns hiervon erfasst,** weil entweder nicht alle vertretenen Gesellschaften den Tarifvertrag mit abgeschlossen haben oder weil manche Arbeitnehmer keiner Gewerkschaft angehören.[1] In diesen Fällen[2] dient die Bezugnahmeklausel dazu, dass Tarifbestimmungen kraft Vereinbarung auf alle Arbeitsverhältnisse Anwendung finden und die nichtorganisierten Arbeitnehmer demzufolge mit den organisierten Arbeitnehmern zumindest schuldrechtlich gleichgestellt werden.[3]

I. Einführung

494 Zu differenzieren sind drei Arten von Klauseln: Statische Bezugnahmeklauseln, kleine dynamische Bezugnahmeklauseln und große dynamische Bezugnahmeklauseln. Welcher Kategorie die Klausel im Einzelfall zuzuordnen ist, muss im Wege der Auslegung gemäß §§ 133, 157 BGB nach dem objektiven Empfängerhorizont ermittelt werden.[4] Bezugnahmeklauseln dienen als herkömmliches Rechtsinstitut häufig dazu, **mehrgliedrige Tarifverträge** auszugestalten.[5]

1. Statische Bezugnahmeklausel

495 Die statische Klausel bezieht sich auf einen **bestimmten Tarifvertrag in einer genau bezeichneten Fassung.** Diese Bezugnahme bewirkt, dass künftige tarifvertragliche Änderungen keine Auswirkungen auf das individuelle Arbeitsverhältnis haben, dh die Arbeitsbedingungen zwischen Arbeitgeber und Arbeitnehmer gleich bleiben. Etwas anderes gilt, wenn der Arbeitnehmer – was die Ausnahme sein wird – als Mitglied der tarifvertragsschließenden Partei bereits nach § 3 Abs. 1 TVG normativ tarifgebunden ist. Nach einem Urteil des BAG vom 19. September 2007[6] spricht für eine statische Bezugnahme das Fehlen des Zusatzes *„in der jeweiligen Fassung"* oä sowie das Fehlen eines Hinweises auf ändernde, ergänzende oder ersetzende Tarifverträge.

2. Kleine dynamische Bezugnahmeklausel

496 Durch kleine dynamische Bezugnahmeklauseln, auch Teilverweisung genannt, werden jeweils **bestimmte Tarifverträge** oder ein Regelungsgegenstand eines solchen **in der jeweils gültigen Fassung,** in den Arbeitsvertrag einbezogen.[7] Eine solche kleine dynamische Bezugnahmeklausel umfasst in Abgrenzung zu der großen dynamischen Bezugnahmeklausel keinen Tarifwechsel,[8] gleichwohl kann der Arbeitgeber eine sog. Tarifwechselklausel miteinführen.[9]

---

[1] Normative Wirkung gemäß § 4 Abs. 1 TVG.
[2] BAG 22.10.2003 – 10 AZR 152/03, AP TVG § 1 Rückwirkung Nr. 21; Rieble/*Höpfner,* ZAAR Schriftenreihe Band 20, 2010, S. 143; *Ahrendt,* RdA 2012, 129 (132).
[3] *Rieble,* Der Konzern 2005, 549 (555); Rieble/*Höpfner,* ZAAR Schriftenreihe Band 20, 2010, S. 143.
[4] BAG 19.9.2007 – 4 AZR 710/06, AP BGB § 133 Nr. 54.
[5] Rieble/*Höpfner,* ZAAR Schriftenreihe Band 20, 2010, S. 119.
[6] BAG 19.9.2007 – 4 AZR 710/06, AP BGB § 133 Nr. 54.
[7] Vgl. BAG 10.11.2010 – 5 AZR 633/09, NJOZ 2011, 376 ff.; BAG 16.12.2009 – 5 AZR 888/08, NZA 2010, 401 ff.; BAG 9.6.2010 – 5 AZR 122/09, BeckRS 2010, 73884.
[8] Vgl. BAG 30.8.2000 – 4 AZR 581/99, NZA 2001, 510; BAG 22.10.2008 – 4 AZR 784/07, NZA 2009, 151 ff.
[9] Hümmerich/Reufels/*Reufels,* § 1 Rn. 1403; BAG 25.10.2000 – 4 AZR 506/99, NZA 2002, 100.

3. Große dynamische Bezugnahmeklausel (= Tarifwechselklausel)

Für den Arbeitgeber bieten große dynamische Klauseln den größten Gestaltungsspielraum, da sich hier der Arbeitsvertrag **auf den für den Betrieb in fachlicher, räumlicher und zeitlicher Hinsicht einschlägigen Tarifvertrag in der jeweils gültigen Fassung** bezieht. Sie sind regelmäßig als sog. Tarifwechselklausel auszulegen, bei der durch die Dynamik der Verweisung auch zukünftige Änderungen der Tarifbindung des Arbeitgebers mitberücksichtigt werden können.[1] Im Rahmen einer Umstrukturierung soll eine Tarifwechselklausel sicherstellen, dass das alte Tarifrecht durch das für die nun einschlägige Branche maßgebliche Tarifrecht abgelöst wird. Es wird gewährleistet, dass nach der Umstrukturierung – wie bereits zuvor – **einheitliche Arbeitsbedingungen** für organisierte Arbeitnehmer und nichtorganisierte Arbeitnehmer gelten.

497

II. Besonderheiten im Konzern

1. Verbandsmitgliedschaft

Grundsätzlich steht es den Arbeitgebern frei, den Tarifvertrag ihrer Wahl einzubeziehen, vorausgesetzt der Arbeitnehmer ist einverstanden. Es sollte zum einen beleuchtet werden, ob das herrschende Unternehmen seine abhängigen Unternehmen hinsichtlich der Bezugnahme eines bestimmten Tarifvertrags anweisen darf. Problemlos stellt sich der Fall dar, wenn die Tochtergesellschaft **in denselben Verband** wie das herrschende Unternehmen wechselt. Es treten insofern keine Rechtsfragen auf.

498

Problematisch ist insoweit jedoch die Frage, ob das herrschende Unternehmen seine abhängigen Unternehmen zu der Bezugnahme eines bestimmten Tarifvertrags anweisen darf.

499

Zumindest bei Vorliegen eines **Beherrschungsvertrags** kann das herrschende Unternehmen durch Weisung gemäß § 308 Abs. 1 AktG[2] Einfluss auf die Politik der abhängigen Gesellschaften nehmen.[3] Gleiches muss in den Grenzen des § 311 Abs. 1 AktG für den faktischen Konzern gelten, auch wenn hier kein Beherrschungsvertrag und somit kein gesetzliches Weisungsrecht der Konzernleitung besteht.[4] Solange der **Nachteilsausgleich** sichergestellt ist, wird der Vorstand der Tochtergesellschaft den Interessen des Mehrheits- oder Alleinaktionärs, soweit sie ihm bekannt sind, immer folgen.[5] Auch wenn der Konzernleitung gesetzlich kein Weisungsrecht zusteht, kann sie praktisch eines ausüben,[6] allerdings nur, solange die Weisungen nicht zum Nachteil der Tochtergesellschaft führen. Tatsächlich wird dies jedoch in den wenigsten Fällen nachprüfbar sein.[7]

500

Interessant sind die Fallkonstellationen, in denen sich das Tochterunternehmen auf Weisung der Obergesellschaft zum Zwecke der Vereinheitlichung von Arbeitsbedingungen auf einen **orts- bzw. branchenfremden Tarifvertrag** bezieht. Die Ein-

501

---

[1] BAG 22.10.2008 – 4 AZR 784/07, AP TVG § 1 Bezugnahme auf Tarifvertrag Nr. 66.
[2] Gleiches gilt im GmbH-Konzern aufgrund des Weisungsrechts der Gesellschafter nach § 37 GmbHG.
[3] Rieble/*Höpfner*, ZAAR Schriftenreihe Band 20, S. 125; *Rieble*, Der Konzern 2005, 475 (481).
[4] Rückschluss aus § 308 Abs. 1 AktG; KG Berlin 3.12.2002 – 1 W 363/02, ZIP 2003, 1042 (1049); MüKo AktG/*Spindler*, AktG § 76 Rn. 47; vgl. hierzu auch *Hüffer*, AktG § 76 Rn. 19; eine andere Rechtslage herrscht im GmbH-Konzern: § 37 Abs. 1 GmbHG.
[5] Rieble/*Höpfner*, ZAAR Schriftenreihe Band 20, 2010, S. 126.
[6] Rieble/*Höpfner*, ZAAR Schriftenreihe Band 20, 2010, S. 126; *Hüffer*, AktG § 308 Rn. 7: „Organisationsrechtliche Überlagerung des § 76 AktG durch den Beherrschungsvertrag".
[7] Rieble/*Höpfner*, ZAAR Schriftenreihe Band 20, 2010, S. 127.

beziehung eines sog. fachfremden Tarifvertrags ist grundsätzlich zulässig.[1] Die Einbeziehung eines fach- bzw. branchenfremden Tarifvertrags führt nicht dazu, dass sich der verweisende Tarifvertrag der fremden Tarifmacht unterwirft. In diesem Fall liegt vielmehr eine inhaltliche Übernahme in das eigene Regelwerk vor, respektive soll nur geregelt werden, was tarifrechtlich gelten soll.[2] Dieser Fremdbezug muss jedoch ausdrücklich geschehen, da in der Regel davon auszugehen ist, dass die Parteien die Tarifregeln anwenden wollen, die dem Arbeitsverhältnis am nächsten stehen.[3] An die Voraussetzung der **Ausdrücklichkeit** werden noch höhere Anforderungen gestellt, wenn es sich um einen großen dynamischen Verweis handelt. So muss aus der Klausel klar erkennbar sein, dass die Vertragsparteien auch den Wechsel des „fremden" Tarifvertrags miteinbeziehen wollten.[4] Nach der Rechtsprechung des BAG sind Bezugnahmeklauseln im **Regelfall** nicht als statische, sondern als **dynamische Klauseln** auszulegen.[5] Dieser Regelfall gilt insbesondere bei fehlender Angabe einer konkreten datierten Fassung des in Bezug genommenen Tarifvertrags sowie bei allgemein formulierten Verweisungen wie bspw. auf die „einschlägigen" Tarifverträge oder auf die beim Arbeitgeber geltenden „Bestimmungen".[6] Die Bezugnahme auf einen orts- oder branchenfremden Tarifvertrag bewirkt in der Regel eine konstitutive Tarifbindung.

2. Bezugnahme eines Haus- bzw. Konzerntarifvertrags

502 Flächentarifverträge haben daher zur Vereinheitlichung von Arbeitsbedingungen in einem Konzern nur geringen Nutzen. Mittel der Wahl kann aber ein vertraglich einbezogener (Konzern-)Haustarifvertrag sein.

503 Haustarifverträge werden nicht automatisch durch die arbeitsvertragliche Bezugnahme eines bzw. mehrerer Flächentarifverträge in der jeweils geltenden Fassung erfasst, vielmehr müssen weitere Anhaltspunkte hinzukommen.[7] Als einen solchen Anhaltspunkt hat das BAG die Verweisung auf die „Tarifverträge für Angestellte der Bayerischen Metall- und Elektroindustrie[...] in der jeweils gültigen Fassung" gewertet.[8] So sei aus dieser Formulierung ersichtlich, dass es dem Arbeitgeber auf die Anwendung der für den Betrieb geltenden kollektivrechtlichen Rechtsnormen ankomme, somit wird der Firmentarifvertrag von der Bezugnahmeklausel mitumfasst. Auch eine Klausel, die neben dem geltenden Flächentarifvertrag auf „**die diesen ergänzenden und ändernden Tarifverträge**" verweist, umfasst diese Firmentarifverträge.[9] Dies setzt voraus, dass der Flächentarifvertrag tatsächlich zumindest in Teilen geändert und/oder ergänzt wird.[10] Gleiches gilt für die Bezugnahme von Tarifverträgen, die auf eine bestimmte örtliche Geschäftsbranche verweist.[11]

---

[1] v. Hoyningen-Huene, NZA 1996, 617 (620).
[2] Löwisch/Rieble, TVG § 3, Rn. 512, v. Hoyningen-Huene, NZA 1996, 617 (620).
[3] BAG 20.3.1991 – 4 AZR 455/90, AP TVG § 4 Tarifkonkurrenz Nr. 20 mit Anm. Hanau/Kania; v. Hoyningen-Huene, NZA 1996, 617 (620).
[4] Annuß, BB 1999, 2558 (2661).
[5] Reinecke, BB 2006, 2637 (2639).
[6] BAG 17.1.2006 – 9 AZR 41/05, NZA 2006, 923 (925); BAG 27.6.2006 – 3 AZR 255/05, NZA 2006, 1285 (1286).
[7] Ahrendt, RdA 2012, 129 (132); anders noch BAG 14.12.2005 –10 AZR 296/05, NZA 2006, 744 ff.
[8] BAG 23.1.2008 – 4 AZR 602/06, AP TVG § 1 Bezugnahme auf Tarifvertrag Nr. 63; Ahrendt, RdA 2012, 129 (132).
[9] Vgl. BAG 7.7.2010 – 4 AZR 120/09, NZA-RR 2011, 137 ff.; Ahrendt, RdA 2012, 129 (132).
[10] Vgl. BAG 7.7.2010 – 4 AZR 120/09, NZA-RR 2011, 137 ff.; Ahrendt, RdA 2012, 129 (132).
[11] BAG 11.10.2006 – 4 AZR 486/05, NZA 2007, 634 (635); offen gelassen in BAG 18.4.2007 – 4 AZR 661/05, AP TVG § 1 Tarifverträge: Brotindustrie Nr. 8; ebenso offen gelassen in BAG 15.2.2006 – 4 AZR 4/05, AiB 2007, 557 ff. (wo nach der Verweisung „alle durch den Tarifverband fixierten Bedingungen zur Anwendung" gelangen sollten); Ahrendt, RdA 2012, 129 (132).

I. Konzernweite Tarifvereinheitlichung durch arbeitsvertragliche Bezugnahme

Von hoher praktischer Relevanz sind daneben die Fälle, in denen die **herrschende Konzerngesellschaft einen Tarifvertrag abschließt** und die damit verbundene Frage, inwieweit auch die Arbeitnehmer der abhängigen Gesellschaften unter den Konzerntarifvertrag fallen. Hierbei ist erforderlich, dass sowohl die abhängigen Unternehmen hinreichend bestimmt sind und es darüber hinaus hinreichend bestimmbar ist, dass die Konzernmutter für ihre abhängigen Unternehmen handeln wollte.[1] Dies zeigt das Urteil des BAG hinsichtlich der kleinen dynamischen Bezugnahme auf die „Tarifverträge für die Arbeiter der Deutschen Bundespost in der jeweils geltenden Fassung".[2] Mangels Fortführung des Tarifwerks und aufgrund des eindeutigen Willens der Vertragsparteien, keine statische Bezugnahme zu vereinbaren, hat das BAG die Klausel dahingehend ergänzend ausgelegt, dass die Bezugnahme sich auf die Fortführung durch einen der Gesamtrechtsnachfolger, vorliegend nur durch die Telekom AG, erstrecke.[3] Eine darüber hinausgehende Vertragsauslegung wurde abgelehnt, die Tarifverträge der einzelnen Konzernunternehmen werden von solch einer Bezugnahmeklausel nicht erfasst.[4]

504

3. Anschlusstarifverträge

Alternativ können die Tochtergesellschaften und die Gewerkschaften sog. Anschlusstarifverträge abschließen, indem sie auf den **Haustarif der Muttergesellschaft bezugnehmen.**[5] Fraglich ist hier jedoch, ob auch eine dynamische Bezugnahme möglich ist. So sind sich Rechtsprechung[6] und herrschende Lehre[7] einig, dass diese Möglichkeit für Tarifverträge, die nicht von den selben Tarifpartnern geschlossen wurden, nur bei engem sachlichen Zusammenhang der Tarifverträge besteht.[8] Zusätzlich wird teilweise verlangt, dass der persönliche Anwendungsbereich des verweisenden Tarifvertrags kleiner ist als der des in Bezug genommenen.[9] Diese Voraussetzung überzeugt jedoch nicht, da unerklärlich bleibt, weshalb kleine Tochterunternehmen lediglich verweisen dürfen und größere Gesellschaften hingegen jede Änderung des Tarifvertrags abschreiben müssen.[10] Die **Konzernbindung** stellt jedoch regelmäßig einen engen sachlichen Zusammenhang dar. In jedem Fall ist das Schriftformerfordernis gemäß § 1 Abs. 2 TVG zu beachten, wonach die schriftliche Bezugnahmeklausel den in Bezug genommenen Tarifvertrag eindeutig benennen muss.[11]

505

4. Gebot der Richtigkeitsgewähr

In Bezug genommene Tarifverträge sind grundsätzlich inhaltlich nicht überprüfbar, da gemäß § 310 Abs. 4 BGB („Gebot der **Richtigkeitsgewähr** der Tarifverträge") von der Angemessenheit der tariflichen Regelung ausgegangen wird.[12]

506

---

[1] BAG 7.7.2010 – 4 AZR 120/09, NZA-RR 2011, 137 (139); *Ahrendt*, RdA 2012, 129 (131, 132).
[2] BAG 6.7.2011 – 4 AZR 706/09, BB 2011, 1779 ff.; *Ahrendt*, RdA 2012, 129 (132).
[3] BAG 6.7.2011 – 4 AZR 706/09, BB 2011, 1779 ff.; *Ahrendt*, RdA 2012, 129 (132).
[4] BAG 6.7.2011 – 4 AZR 706/09, BB 2011, 1779 ff.; *Ahrendt*, RdA 2012, 129 (132).
[5] *Rieble/Höpfner*, ZAAR Schriftenreihe Band 20, 2010, S. 122.
[6] BAG v. 29.8.2001 – 4 AZR 332/00, NZA 2002, 513 (514); BAG 15.4.2008 – 9 AZR 159/07, NZA-RR 2008, 586 (589).
[7] *Rieble*, Der Konzern 2005, 475 (483); *Däubler/Reim/Nebe*, TVG § 1 Rn. 196, (196).
[8] *Rieble/Höpfner*, ZAAR Schriftenreihe Band 20, 2010, S. 123.
[9] *Rieble*, Der Konzern 2005, 475 (483).
[10] *Rieble/Höpfner*, ZAAR Schriftenreihe Band 20, 2010, S. 123; *Wiedemann/Thüsing*, TVG § 1 Rn. 237; aA *Löwisch/Rieble*, TVG § 1 Rn. 30 f.; *Rieble*, Der Konzern 2005, 475 (483).
[11] BAG 9.7.1980 – 4 AZR 564/78, NJW 1981, 1574 (Leitsätze); *Rieble/Höpfner*, ZAAR Schriftenreihe Band 20, 2010, S. 123; ErfK/*Franzen*, TVG § 1 Rn. 28.
[12] BAG 6.9.1995 – 5 AZR 174/94, NZA 1996, 437 (439).

507 Dieses Gebot gilt nach einem Urteil des BAG vom 28. Juni 2007[1] auch dann, wenn der Arbeitnehmer nicht Mitglied der tarifschließenden Gewerkschaft ist. So spiele in diesem Fall keine Rolle, ob der Tarifvertrag kraft beiderseitiger Tarifbindung oder kraft arbeitsvertraglicher Bezugnahme gilt. Wenn mit der Bezugnahme nur einzelne Regelungsgegenstände und nicht ganze Regelungsbereiche einbezogen werden sollen (**Rosinenpickerei**), kommt die volle inhaltliche Überprüfung der einbezogenen tariflichen Regelungen in Betracht; gleiches gilt, wenn es sich um einen fremden Tarifvertrag handelt. Hingegen gilt eine **partielle Richtigkeitsgewähr** bei Bezugnahme auf abgrenzbare, punktuelle Regeln der gesetzlichen Anwendungsfälle wie in § 622 Abs. 4 S. 2 BGB.[2] Diese Rechtsprechung gestattet die Harmonisierung abgegrenzter, jedoch besonders wichtiger Arbeitsbedingungen in einem Konzern.

508 Zweifelhaft ist die Anwendung des Gebots der Richtigkeitsgewähr von Tarifverträgen hinsichtlich **Bezugnahmeklauseln auf nicht einschlägige Regelwerke.** Vor Erlass des Schuldrechtsmodernisierungsgesetzes galt dieser Grundsatz für diesen Anwendungsbereich nicht.[3] Heute wird zum Teil diese Ausnahme als zweifelhaft angesehen. So unterscheidet der Wortlaut von § 310 Abs. 4 S. 3 BGB nicht zwischen einschlägigen und branchenfremden Regelwerken. Überdies zeigen auch andere Paragraphen, wie etwa § 22 Abs. 2 TzBfG, dass die Anwendung von Tarifnormen außerhalb ihres Anwendungsbereichs angemessen ist.[4] Ferner unterließ das BAG selbst bei seiner Rechtsprechung zu Verweisungen auf den BAT durch Kirchen trotz branchenfremden Tarifvertrags die Durchführung einer **Inhaltskontrolle**.[5]

509 Der gegenteiligen Ansicht ist nur im Grundsatz zu folgen:[6] So ist zu beachten, dass ein branchenfremdes Regelwerk – meist anders als ein nur ortsfremdes Tarifwerk – ganz andere ökonomische und betriebliche Bedingungen als die der Vertragsparteien zu Grunde legt. Außerdem steht § 22 Abs. 2 TzBfG dem § 622 Abs. 4 S. 2 BGB sowie dem § 4 Abs. 4 S. 2 EFZG entgegen, die die Zulässigkeit rechtsgeschäftlicher Verweisungen in anderen Vorschriften auf einschlägige Tarifverträge beschränken. Eine Überprüfung soll daher dann statthaft sein, wenn auf einzelne, punktuelle Regeln des Tarifvertrags verwiesen wird.[7] Hierfür spricht auch, dass das BAG am 8. August 2007[8] entschieden hat, dass eine AGB-Kontrolle jedoch dann vorzunehmen ist, wenn der Tarifvertrag die jeweiligen konkreten arbeitsvertraglichen Bestimmungen nicht zum Gegenstand habe. So regelte im zugrundeliegenden Fall der Altersteilzeit-Tarifvertrag nur die Verpflichtung eines Arbeitnehmers, die frühestmögliche gesetzliche Rente in Anspruch zu nehmen, nicht hingegen, dass in diesem Fall auch das Altersteilzeitverhältnis enden solle. Diese Klausel im Altersteilzeitvertrag unterliege daher der Inhaltskontrolle. Bezugnahmeklauseln, die in Formularverträgen verankert sind, unterliegen hingegen in der Regel der AGB-Kontrolle gemäß §§ 305 ff. BGB und müssen eindeutig und transparent sein. Anders ist es aber in dem Ausnahmefall, dass auf abgegrenzte,

---

[1] BAG 28.6.2007 – 6 AZR 750/06, AP BGB § 307 Nr. 27.
[2] BAG 17.1.2006 – 9 AZR 41/05, NZA 2006, 923; *Reinecke,* BB 2005, 378 (378, 379).
[3] *Rieble,* Arbeitsmarkt und Wettbewerb, 1996, Rn. 1729.
[4] *Thüsing/Lambrich,* NZA 2002, 1361 (1363); *Diehn,* NZA 2004, 129 (131).
[5] BAG 6.11.1996 – 5 AZR 334/95, AP AVR Caritasverband § 10a Nr. 1; BAG 6.9.1995 – 5 AZR 174/94, AP BGB § 611 Ausbildungshilfe Nr. 22.
[6] BAG 25.4.2007 – 10 AZR 634/06, NZA 2007, 875 ff.; Rieble/Höpfner, ZAAR Schriftenreihe Band 20, 2010, S. 144; *Rieble,* Der Konzern 2005, 549 (555); HWK/*Gotthardt,* BGB § 307 Rn. 14; ErfK/*Preis,* BGB § 310 Rn. 14; *Diehn,* NZA 2004, 129 ff.; *Richardi,* NZA 2002, 1057 (1062); *Thüsing/Lambrich,* NZA 2002, 1361 (1362), wonach Gleiches für die Bezugnahme auf einen abgelaufenen TV gelten soll.
[7] ErfK/*Preis,* BGB § 310 Rn. 19.
[8] BAG 8.8.2007 – 7 AZR 605/06, AP TzBfG § 21 Nr. 4.

I. Konzernweite Tarifvereinheitlichung durch arbeitsvertragliche Bezugnahme

in sich geschlossene Sachbereiche eines orts- oder fachfremden Tarifvertrages verwiesen wird. Nicht nur bei einer lediglich ortsfremden, sondern auch fachfremden Regelung überwiegt hier der Sachgrund des Vereinheitlichungsinteresses im Konzern, so dass eine **inhaltliche Tarifkontrolle** ausscheiden muss.

5. Schicksal der Bezugnahmeklausel bei Sonderkonstellationen

Zu beleuchten ist das Schicksal der Bezugnahmeklausel bei Verbandsaustritt bzw. -wechsel, bei Tarifwegfall und bei Betriebsübergang. Dabei sind diverse Ebenen zu unterscheiden. Zum einen, ob lediglich das Tochterunternehmen bzw. das herrschende Unternehmen betroffen sind. Zum anderen, ob beide Unternehmen in gleicher Weise agieren müssen. Außerdem ist zu beachten, dass das Schicksal der Bezugnahmeklausel in der Regel mit dem Schicksal des in Bezug genommenen Tarifvertrags korreliert. 510

a) Verbandswechsel

Hier sind zwei Fallgruppen von Bedeutung. Erstens: Inwieweit darf die Konzernmutter dem Tochterunternehmen einen Verbandswechsel vorschreiben? Zweitens: Wie wirkt sich der Wechsel der Konzernmutter auf die Bezugnahmeklauseln der Tochter aus, wenn diese auf den Tarifvertrag der Mutter (fremde Bezugnahme) verweisen? 511

Bevor diese Fallgruppen näher besprochen werden, soll zunächst eine kurze Betrachtung des Schicksals der Bezugnahmeklausel bei einem Verbandswechsel erfolgen. 512

Prinzipiell bleibt die Wirkung einer statischen Bezugnahmeklausel auch nach Verbandswechsel des Arbeitgebers als solche erhalten,[1] auch wenn die zuständige Gewerkschaft wechselt. Es findet keine Ersetzung nach § 4 Abs. 4 TVG statt. Darüber hinaus kann auch ein neuer Tarifvertrag Anwendung finden, vorausgesetzt, es handelt sich um einen tarifgebundenen Arbeitnehmer. In diesem Fall wird die Kollision durch das **Günstigkeitsprinzip** gelöst.[2] 513

Handelt es sich um eine dynamische Verweisung, ist zu differenzieren. Liegt eine **kleine dynamische Verweisung** vor, so hat das BAG entschieden, dass diese zum Zeitpunkt des Nachbindungsendes iSv § 3 Abs. 3 TVG ihre Dynamik verliert und statisch wird.[3] Die Literatur hingegen sieht in der arbeitsvertraglichen Bezugnahmeklausel jedoch eine konstitutive Vertragsregelung; folglich wäre der vom BAG beschrittene Weg versperrt. Danach bleibe es dabei, dass der Arbeitnehmer einen Anspruch auf die in der Klausel benannten Tarifbestimmungen hat. Als Korrekturmöglichkeit zugunsten des Arbeitgebers wird von der Literatur zwar die Vorschrift des § 313 BGB angeführt,[4] wobei man aber Bedenken hinsichtlich der praktischen Umsetzbarkeit haben darf. 514

Auch in dieser Konstellation kann bei beidseitiger Tarifgebundenheit ein neuer Tarifvertrag Anwendung finden. Konflikte zwischen beiden Regelungswerken werden wie oben nach dem Günstigkeitsprinzip gelöst.[5] 515

---

[1] *Bauer/Günther*, NZA 2008, 6 (7 f.); *Müller-Bonanni*, NZA 2012, 1194 (1197).
[2] BAG 29.8.2007 – 4 AZR 767/06, AP TVG § 1 Bezugnahme auf Tarifvertrag Nr. 61; *Löwisch/Rieble*, TVG § 3 Rn. 509; *Bauer/Günther*, NZA 2008, 6 (8 f.).
[3] BAG 30.8.2000 – 4 AZR 581/99, AP TVG § 1 Bezugnahme auf Tarifvertrag Nr. 12; *Bauer/Günther*, NZA 2008, 6 (7 ff.).
[4] Graf von Westphalen/*Thüsing*, Arbeitsverträge, Rn. 205.
[5] BAG 29.8.2007 – 4 AZR 767/06, AP TVG § 1 Bezugnahme auf Tarifvertrag Nr. 61; *Bauer/Günther*, NZA 2008, 6 (7 ff.).

516 Wurde die Bezugnahmeklausel hingegen als Tarifwechselklausel konzipiert, dann bleibt die Dynamik erhalten.[1] Dem Arbeitgeber ist es jedoch vertraglich möglich, sich die Einführung eines anderen Tarifwerkes vorzubehalten.[2]

517 Den Verband kann das Tochterunternehmen nur wechseln, wenn es auch in den betreffenden Geltungsbereich fällt. Liegt ein **Beherrschungsvertrag** vor, so ist gemäß § 308 Abs. 1 AktG[3] das herrschende Unternehmen grundsätzlich befugt, durch Weisung Einfluss auf die Politik und damit auch im Spezielleren die Tarifpolitik der Tochtergesellschaft zu nehmen.[4] Dies muss ebenfalls den Verbandswechsel betreffen. Auch wenn beim faktischen Konzern kein gesetzliches Weisungsrecht besteht (siehe § 76 AktG), wird der Vorstand der Tochtergesellschaft allein aufgrund des **Nachteilsausgleichs** im Interesse des Mehrheits- bzw. Alleinaktionärs und somit auf Anweisung handeln.[5] So ist auch im Vertragskonzern das Weisungsrecht zwar rechtlich beschränkt (§ 76 AktG), aber nicht ausgeschlossen (§ 78 AktG).[6] Einzig die Begründung, es fehle an einer rechtlichen Grundlage für ein solches Weisungsrecht, kann nicht ausreichen, da sich nun einmal diese Art von Konzern durch eine rein faktische Beteiligung auszeichnet. Nur sollten die Grenzen des § 311 Abs. 1 AktG beachtet werden.[7]

b) Verbandsaustritt

518 Handelt es sich um eine **statische Bezugnahmeklausel,** dann bleibt diese auch statisch.[8] Der Grund für die Verweisung ist in dem Fall unbedeutend. Handelt es sich um eine **dynamische Klausel,** muss zwischen Altverträgen, die vor der Schuldrechtsreform abgeschlossen wurden, und sog. Neuverträgen unterschieden werden. Handelt es sich nämlich um einen Altvertrag, ist nach ständiger Rechtsprechung des BAG immer eine **Gleichstellungsabrede** gegeben.[9] Für die tarifgebundenen Arbeitnehmer gilt gemäß § 3 Abs. 3 TVG eine Nachbindung und mit Ende des Tarifvertrags gemäß § 4 Abs. 5 TVG eine Nachwirkung des Tarifvertrags.[10] Demnach wirkt er für sie statisch weiter. Aufgrund der Gleichstellungsabrede gilt dies nun auch für die tarifungebundenen Arbeitnehmer.[11] Die Bezugnahmeklausel gilt folglich statisch weiter und verweist nur noch auf den nachwirkenden Tarifvertrag.[12] Mangels Tarifwechsels

---

[1] BAG 16.10.2002 – 4 AZR 467/01, AP TVG § 1 Bezugnahme auf Tarifvertrag Nr. 22; *Bauer/Günther,* NZA 2008, 6 (7 ff.).

[2] BAG 25.10.2000 – 4 AZR 506/99, AP TVG § 1 Bezugnahme auf Tarifvertrag Nr. 13; *Löwisch/Rieble,* TVG § 3 Rn. 509.

[3] Für den GmbH-Konzern gilt gem. § 37 GmbHG das gleiche.

[4] Heidel/*Peers,* AktG § 308 Rn. 3, 5; Rieble/*Höpfner,* ZAAR Schriftenreihe Band 20, 2010, S. 125; *Rieble,* Der Konzern 2005, 475 (481).

[5] MüKo HGB/*Mülbert,* Konzernrecht der Personengesellschaften Rn. 124 ff.; MHdB ArbR/*Krieger,* § 70 Rn. 148; Rieble/*Höpfner,* ZAAR Schriftenreihe Band 20, S. 126; auch für den Gleichordnungskonzern: Semler/Stengel/*Koerfer,* UmwG Anh. § 119 Rn. 133 ff.

[6] Hüffer/*Hüffer,* AktG § 308 Rn. 7: „Organisationsrechtliche Überlagerung des § 76 AktG durch den Beherrschungsvertrag"; Rieble/*Höpfner,* ZAAR Schriftenreihe Band 20, 2010, S. 126; aA Emmerich/Habersack, AktG § 308 Rn. 5.

[7] MüKo AktG/*Altmeppen,* § 308 Rn. 62; Rieble/*Höpfner,* ZAAR Schriftenreihe Band 20, 2010, S. 126.

[8] ErfK/*Franzen,* TVG § 3 Rn. 39.

[9] BAG 10.12.2008 – 4 AZR 881/07, AP TVG § 1 Bezugnahme auf Tarifvertrag Nr. 68; BAG 26.8.2009 – 4 AZR 285/08, AP TVG § 3 Nr. 45; BAG 14.12.2005 – 4 AZR 536/04, AP TVG § 1 Bezugnahme auf Tarifvertrag Nr. 39.

[10] ErfK/*Franzen,* TVG § 3 Rn. 39.

[11] BAG 19.3.2003 – 4 AZR 331/02, AP TVG § 1 Bezugnahme auf Tarifvertrag Nr. 33; ErfK/*Franzen,* TVG § 3 Rn. 39; aA Thüsing/*Lambrich,* RdA 2002, 193 (203).

[12] ErfK/*Franzen,* TVG § 3 Rn. 39.

I. Konzernweite Tarifvereinheitlichung durch arbeitsvertragliche Bezugnahme

gilt dies unabhängig davon, ob es sich um eine kleine oder um einer große dynamische Klausel handelt. Ist die Bezugnahmeklausel **Bestandteil eines Neuvertrags,** bleibt ihre dynamische Wirkung unter zwei Voraussetzungen bestehen: Erstens muss das Arbeitsverhältnis, in dem sie verankert ist, ist vom Geltungsbereich des Tarifvertrags umfasst sein und zweitens dürfen keine gegenteiligen Anhaltspunkte dafür vorliegen, dass der Arbeitgeber keine dynamische Bezugnahme gewollt hat.[1] Bis zu dem Zeitpunkt, in dem das Arbeitsverhältnis nicht mehr unter den Geltungsbereich des Tarifvertrags fällt, hält die Dynamik an.[2]

Zu beachten ist, dass diese Lösungen auch für den Fall gelten, dass mit dem Verbandsaustritt auch ein Konzernaustritt verbunden und **der in Bezug genommene Tarifvertrag ein Konzerntarifvertrag ist.** Dies tritt in § 3 Abs. 3 TVG zum Ausdruck, der die tarifliche Nachbindung regelt. Problematisch ist der Fall, dass der Tarifvertrag von Anfang an ein für das Tochterunternehmen fremder Tarifvertrag ist und nun auch die Konzernmutter aus dem Verband austritt. Auch hier stellen sich dieselben Probleme wie beim Verbandswechsel. Während die Konzernmutter das Tochterunternehmen ohne Weiteres anweisen kann, aus dem Verband auszutreten, ist der Fall, dass auf den Tarifvertrag der Konzernmutter Bezug genommen wird und diese aus dem Verband austritt, viel bedeutender und auch praxisrelevanter. Auch hier muss es möglich sein, die Bezugnahmeklausel in Abhängigkeit der Tarifbindung der Konzernmutter zu gestalten, solange sie klar, eindeutig und transparent ist. Der Verbandsaustritt der Mutter ist dann so wie der der Tochter zu behandeln. 519

c) Tarifwegfall

Ein Tarifwegfall liegt unter anderem vor, wenn ein kleiner Verband in einem großen aufgeht bzw. ein Firmentarifvertrag endet. Das BAG stellt aufgrund der Rechtsprechung zur **Gleichstellungsabrede** darauf ab, welcher Tarifvertrag bei **kongruenter Tarifgebundenheit** für den entsprechenden Arbeitsvertrag gelten würde.[3] Außerdem wendet das BAG den Grundsatz der ergänzenden Vertragsauslegung an, wenn der Tarifvertrag aufgesplittet bzw. durch einen anderen Tarifvertrag ersetzt wird. Dann nimmt das BAG an, dass die Parteien die Klausel derart verfasst haben, dass damit auch der „neue" Tarifvertrag in Bezug genommen werden sollte.[4] Für die Konzernebene dürfte selbiges allerdings nicht gelten. Hier ist vielmehr davon auszugehen, dass bei einer statischen Bezugnahmeklausel diese weiterhin statisch weitergilt, und dass eine dynamische Klausel gemäß § 4 Abs. 5 TVG statisch nachwirkt. 520

d) Betriebs(teil)übergang

Der Betriebs(teil)übergang ist der wohl am häufigsten zu findende Fall im Konzern. Folgende zwei Konstellationen sind denkbar: Zum einen die Variante, dass ein Betrieb 521

---

[1] BAG 22.10.2008 – 4 AZR 793/07, AP TVG § 1 Bezugnahme auf Tarifvertrag Nr. 67; BAG 18.4. 2007 – 4 AZR 652/05, AP TVG § 1 Bezugnahme auf Tarifvertrag Nr. 53; ErfK/*Franzen*, TVG § 3 Rn. 39.
[2] BAG 22.10.2008 – 4 AZR 793/07, AP TVG § 1 Bezugnahme auf Tarifvertrag Nr. 67; 18.4. 2007 – 4 AZR 652/05, AP TVG § 1 Bezugnahme auf Tarifvertrag Nr. 53, ErfK/*Franzen*, TVG § 3 Rn. 39.
[3] BAG 13.11.2002 – 4 AZR 393/01, AP TVG § 1 Bezugnahme auf Tarifvertrag Nr. 27; BAG 6.7.2011 – 4 AZR 706/09, NZA 2012, 100; *Jacobs*, BB 2011, 2037 (2038).
[4] BAG 16.12.2009 – 5 AZR 888/08, NZA 2010, 401 ff.; BAG 19.5.2010 – 4 AZR 796/08, NZA 2010, 1183 ff.; BAG 9.6.2010 – 5 AZR 696/09, NZA 2011, 109 ff.; BAG 25.8.2010 – 4 AZR 14/09, NZA-RR 2011, 248 ff.; BAG 23.3.2011 – 10 AZR 831/09, NZA 2012, 396 ff.; BAG 6.7.2011 – 4 AZR 706/09, NZA 2012, 100 ff.

in den Konzern übergeht. Zum Zweiten die Variante, dass ein Betrieb innerhalb des Konzerns übergeht.

522　Das Schicksal der Bezugnahmeklausel nach einem solchen Übergang wird eng an das Schicksal des in Bezug genommen Tarifvertrags geknüpft. Die **statische Bezugnahmeklausel** behält ihre Wirkung gemäß § 613a Abs. 1 S. 1 BGB bei.[1] Hinsichtlich der **dynamischen Bezugnahmeklauseln** wird im Rahmen der Altverträge zwischen tarifgebundenem Betrieb und nicht tarifgebundenem Betrieb unterschieden. Ist der übergehende Betrieb selbst nicht tarifgebunden, so gilt aufgrund der Gleichstellungsabrede, dass die Klausel ab Zeitpunkt des Betriebsübergangs statisch weiterwirkt.[2] Handelt es sich hingegen um einen tarifgebundenen Betrieb (kongruente Tarifgebundenheit), so behält die Klausel ihre Dynamik aufgrund der Gleichstellungsklausel bei.[3] Der Tarifvertrag des Betriebsveräußerers wird durch den Tarifvertrag des Betriebserwerbers abgelöst gemäß § 613a Abs. 1 S. 3 BGB.[4]

523　Im Rahmen der Neuverträge wandelt sich eine kleine dynamische Klausel in eine statische um, unabhängig vom Vorliegen eines Tarifvertrags beim Betriebserwerber.[5] Bei der **großen dynamischen Bezugnahmeklausel** (sog. Tarifwechselklausel) wird hingegen wieder zwischen tarifgebundenen und tarifungebundenen Arbeitgebern unterschieden. Ist der Arbeitgeber tarifgebunden, sollte ein neues Urteil des EuGH[6] beachtet werden. Die Klausel behält nach dieser Entscheidung ihre Dynamik, solange der Betriebserwerber Einfluss auf den Tarifvertrag nehmen kann. Andernfalls sei er, nach Ansicht des EuGH, in seiner negativen Koalitionsfreiheit verletzt. Die normative Wirkung seines Tarifvertrags tritt hinzu.[7] Ist der Betriebserwerber indes nicht tarifgebunden und sind die Arbeitnehmer ihrerseits tarifgebunden, kommt § 613a Abs. 1 S. 2 BGB zur Anwendung.[8] Hiernach gilt der Tarifvertrag des Betriebsveräußerers statisch weiter und der des Betriebserwerbers dynamisch. Kollisionen werden nach dem **Günstigkeitsprinzip** gelöst.[9]

524　Geht ein Betrieb in einen Konzern, der über einen Konzerntarifvertrag verfügt, über, wird dieser daher unmittelbar nur in den Fällen von Altverträgen bei Vorhandensein derselben Gewerkschaft und im Rahmen von Neuverträgen bei Tarifwechselklauseln Anwendung finden. Einen besonderen Fall des konzerninternen Betriebsübergangs hatte das BAG 2008[10] für den Fall einer Standortsicherungsvereinbarung zu entscheiden. Zwar galt für den ganzen Konzern eine Bindung an den Manteltarifvertrag für die Angestellten der Bayerischen Metall- und Elektroindustrie, jedoch hatte der Betriebsveräußerer zusätzlich noch **einen den Tarifvertrag ändernden Standortsicherungsvertrag** abgeschlossen, in dem Arbeitnehmer auf Ansprüche aus dem

---

[1] BAG 30.8.2000 – 4 AZR 581/99, AP TVG § 1 Bezugnahme auf Tarifvertrag Nr. 12.
[2] BAG 21.8.2002 – 4 AZR 263/01, AP BGB § 157 Nr. 21; BAG 16.10.2002 – 4 AZR 467/01, AP TVG § 1 Bezugnahme auf Tarifvertrag Nr. 22; BAG 14.12.2005 – 4 AZR 536/04, AP TVG § 1 Bezugnahme auf Tarifvertrag Nr. 39, BAG 17.11.2010 – 4 AZR 391/09, NZA 2011, 356 ff.
[3] BAG 14.12.2005 – 4 AZR 536/04, AP TVG § 1 Bezugnahme auf Tarifvertrag Nr. 39; BAG 18.4.2007 – 4 AZR 652/05, NZA 2007, 965 ff.; *Bepler*, RdA 2009, 65 (72); *Jacobs*, BB 2011, 2037 (2037).
[4] BAG 11.5.2005 – 4 AZR 315/04, AP TVG § 4 Tarifkonkurrenz Nr. 30; *Schönhöft/Haug*, BB 2011, 821 (822).
[5] BAG 22.4.2009 – 4 AZR 100/08, AP BGB § 613a Nr. 371; BAG 29.8.2007 – 4 AZR 767/06, AP TVG § 1 Bezugnahme auf Tarifvertrag Nr. 61.
[6] EuGH 18.7.2013 – C-426/11, NZA 2013, 835 ff.; differenzierter Ansicht *Forst*, DB 2013, 1847 ff.
[7] *Bepler*, RdA 2009, 65 (72); ErfK/*Franzen*, TVG § 3 Rn. 41a.
[8] *Bepler*, RdA 2009, 65 (72); ErfK/*Franzen*, TVG § 3 Rn. 41a.
[9] BAG 29.8.2007 – 4 AZR 767/06, NZA 2008, 364 ff.; *Bepler*, RdA 2009, 65 (73).
[10] BAG 23.1.2008 – 4 AZR 602/06, BeckRS 2008, 53325; vgl. auch BAG 15.4.2008 – 1 AZR 86/07, NZA 2008, 1074 ff.

I. Konzernweite Tarifvereinheitlichung durch arbeitsvertragliche Bezugnahme

Tarifvertrag verzichteten. Nach dem Übergang machte ein Arbeitnehmer, dessen Arbeitsvertrag den Tarifvertrag in Bezug nahm, im Rahmen einer Gleichstellungsabrede Ansprüche aus diesem ohne Berücksichtigung des Standortsicherungsvertrags geltend. Das BAG entschied zunächst, dass die Bezugnahmeklausel neben dem Manteltarifvertrag auch den Standortsicherungsvertrag umfasse, da eine Gleichstellungsabrede auch zur vorübergehenden Abänderung von Manteltarifverträgen abgeschlossene Haustarifverträge umfasse. Die Verweisung auf einen Manteltarifvertrag müsse daher als allgemeine Verweisung verstanden werden.[1] Solange der Arbeitsvertrag dem Betriebsveräußerer zugerechnet wird, gelte der Standortsicherungsvertrag als *lex specialis*. Nach Betriebsübergang hingegen gelte nur noch der Tarifvertrag des Betriebserwerbers gemäß § 613a Abs. 1 S. 3 BGB. Mangels Bindung des Erwerbers an den Standortsicherungsvertrag könne dieser nicht zur Anwendung kommen. Hieraus folgt, dass Standortsicherungsverträge auf andere Unternehmen des Konzerns nicht übertragbar sind, sofern sie nicht mit unterzeichnet worden sind.

Für den **Betriebsaustritt** gilt das gleiche wie für den Betriebsübergang ohne Tarifbindung des Betriebserwerbers. **525**

---

[1] So auch BAG 23.3.2005 – 4 AZR 203/04, AP TVG § 4 Tarifkonkurrenz Nr. 29.

J. Arbeitskampfrecht

526 Das Arbeitskampfrecht gewinnt immer mehr an Bedeutung. Im Jahre 2013 mussten Tarifverträge für ca. 13 Mio. Beschäftigte neu verhandelt werden.[1] Viele dieser Beschäftigten sind global in Konzerne eingebunden, so dass das auch das Konzernarbeitskampfrecht an Geltung zunimmt. In erster Linie ist der Konzernbezug für Arbeitnehmer von großem Interesse, da hieraus eine einheitliche Anknüpfung für den Arbeitskampf abgeleitet wird. Insbesondere der **Sympathiestreik** und der **Streik gegen die Konzernleitungsgesellschaft** sind hier nennenswert. Auf Seite des Arbeitgebers findet die Konzernbindung besonders im Rahmen des Lohnrisikos Anwendung. So gilt nach deutscher Rechtsprechung, dass das Lohnrisiko der Arbeitgeber auch dann trägt, wenn Streiks zu Arbeitsausfällen außerhalb des umkämpften Tarifgebietes führen, außer, die Fernwirkung des Arbeitskampfes stört die Kampfparität.[2] Dies macht deutlich, wie wichtig die Frage nach dem Anwendungsbereich der Friedenspflicht in einem Konzern ist und wie die Risikolehre bei Fernwirkungen des Arbeitskampfes in einem ausländischen Konzernunternehmen zu bewerten ist.

I. Friedenspflicht

527 Die Friedenspflicht verpflichtet die Arbeitsparteien unter bestimmten Voraussetzungen, keine Arbeitskämpfe zu führen. Diese Verpflichtung gilt uneingeschränkt für den Betriebsrat (§ 74 BetrVG) und eingeschränkt – also nur aufgrund eines Tarifvertrags – für die Koalitionen. Die Friedenspflicht gilt **einheitlich für alle Unternehmen während der Laufzeit des geltenden Tarifvertrags**.[3] Es handelt sich folglich um eine konzernweite einheitliche Friedenspflicht. Diese ist jedoch auf die beteiligten Gewerkschaften einzuschränken, seitdem der Grundsatz der Tarifeinheit aufgegeben worden ist. Bei der Friedenspflicht handelt es sich nämlich um eine schuldrechtliche Verpflichtung, und die wirkt nur *inter partes*. Des Weiteren wirkt die Friedenspflicht nur **relativ**, demnach verbietet sie lediglich Arbeitskampfmaßnahmen gegen den Bestand des Tarifvertrags oder gegen einzelne seiner Bestimmungen. Im Konzern wirkt sich die Friedenspflicht folglich nicht unmittelbar aus, außer, es wurde ein Konzerntarifvertrag geschlossen. Eine weitaus interessantere Fragestellung ist, inwieweit der nun von der Rechtsprechung anerkannte Sympathiestreik sich im Konzern auswirken darf.

II. Sonderfall: (Nationaler) Sympathiestreik

528 Zwei wichtige Urteile sind hier zu nennen: Am 18.2.2003[4] entschied das BAG, dass im Rahmen eines Verbandsarbeitskampfes auch andere Arbeitgeber mit einbezogen werden dürfen, sofern die „Übernahme des umkämpften Verbandstarifvertrags rechtlich gesichert ist". Am 19.6.2007[5] wiederum hat das BAG sich ausdrücklich für den Unterstützungsarbeitskampf ausgesprochen. In den Grenzen der Verhältnismäßigkeit sind daher nun auch Arbeitskampfmaßnahmen zugelassen, bei denen ein Arbeitgeber

---

[1] WSI – Tarifarchiv, Tarifpolitischer Jahresbericht 2013, 2014, S. 7.
[2] BAG 22.12.1980 – 1 ABR 2/79, NJW 1981, 937 ff.; ErfK/*Linsenmaier*, Art. 9 GG Rn. 143 ff.
[3] MHdB ArbR/*Ricken*, § 200 Rn. 31 ff.
[4] BAG 18.2.2003 – 1 AZR 142/02, NZA 2003, 866 ff.
[5] BAG 19.6.2007 – 1 AZR 396/06, NZA 2007, 1055 ff.; anders noch BAG 5.3.1985 – 1 AZR 468/83, NZA 1985, 504 ff.; BAG 12.1.1988 – 1 AZR 219/86, NZA 1988, 474 ff.

in irgendeiner Form den anderen beeinflussen kann, so wie es klassischerweise bei einer Konzernverbindung der Fall ist. Festzuhalten ist, dass durch diese Rechtsprechung die Machtverhältnisse zugunsten der Gewerkschaften verschoben worden sind. Nach Ansicht des BAG fällt aber der Unterstützungsstreik wie andere Arbeitskampfmaßnahmen auch unter die in Art. 9 Abs. 3 GG normierte gewerkschaftliche Betätigungsfreiheit.

Unverhältnismäßig seien Arbeitskampfmaßnahmen gegen Dritte nur dann, wenn sie offensichtlich ungeeignet, nicht erforderlich oder unangemessen sind, wobei die Gewerkschaft sogar eine „Einschätzungsprärogative" habe. Insbesondere Unternehmen eines **Konzernverbundes** wurde die Schutzwürdigkeit abgesprochen, da hier regelmäßig eine Einflussnahmemöglichkeit gegeben sei. Gleiches gilt für Unternehmen, die **durch Produktions-, Dienstleistungs- oder Lieferbeziehungen wirtschaftlich eng miteinander verbunden** sind. Diese Rechtsprechung verkennt jedoch, dass Art. 9 Abs. 3 GG nach Ansicht des BVerfG „nicht die uneingeschränkte Befugnis, alle denkbaren Kampfformen einzusetzen" garantiert.[1] Arbeitskampfmittel dienen in erster Linie einer funktionierenden Tarifautonomie. Diese kann nicht durch Unterstützungsstreiks erreicht werden, da der betroffene Arbeitgeber in der Regel den Forderungen der Gewerkschaften nicht entsprechen kann.[2] Einzige Ausnahme ist, wenn der Unterstützungsstreik aus Gründen der Kampfparität geboten ist. Dies entspricht auch Art. 6 Nr. 4 der Europäischen Sozialcharta (ESC), der das Streikrecht nur als Mittel zur wirksamen Ausübung des Rechts auf Kollektivverhandlungen zulässt. Indes müssten solche Umstände von den Gewerkschaften dargelegt und ggf. bewiesen werden.

Grenzen findet der Unterstützungskampf nach der Rechtsprechung formal in der Friedenspflicht, im Grundsatz der Verhandlungsparität und im Verhältnismäßigkeitsgrundsatz.[3] Die Voraussetzung der nicht bestehenden Friedenspflicht besteht letztlich aber nur in der Theorie, da es dem Unterstützungsstreik bereits an einer wesentlichen Voraussetzung eines rechtmäßigen Arbeitskampfes fehlt: Er zielt bereits nicht auf die Änderung des Tarifvertrags des Außenseiter-Arbeitgebers ab und verstößt daher letztlich gegen die Friedenspflicht. Diese Anforderungen möchte das BAG bei einem Unterstützungsstreik in dieser Konsequenz jedoch nicht. So hat das BAG etwa auch entschieden, dass ein Streik hinsichtlich eines Verbandstarifvertrags der Druckindustrie, an denen das Druckunternehmen qua Mitgliedschaft gebunden war, nicht gegen die Friedenspflicht verstoße.[4]

Grundsätzlich ist im Verhältnis der Hauptparteien zueinander immer eine **abstrakt-materiellen Kampfparität** anzunehmen. Einzig die Möglichkeit des Konzernarbeitgebers, durch die Vielzahl seiner Betriebe schneller und effektiver auf einen Streik zu reagieren, zB in dem er auf bereits mit dem Konzern vertrautem Personal aus anderen Betrieben zurückgreift, kann zu einem Ungleichgewicht führen. Zu beachten ist jedoch § 11 Abs. 5 AÜG, der es verbietet, Leiharbeitnehmer gegen ihren Willen als Streikbrecher einzusetzen. Folglich ist die einzige tatsächliche Grenze des Unterstützungsstreiks der **Verhältnismäßigkeitsgrundsatz.**

Allerdings will das BAG lediglich „offensichtlich ungeeignete Kampfmaßnahmen und Rechtsmissbrauch ausschließen". Ausreichend sei jedoch, wenn der Sympathiestreik geeignet ist, „wirtschaftlichen oder psychischen Druck auf den maßgeblichen sozialen Gegenspieler in dem relevanten Hauptarbeitskampf auszuüben". Diese Situation besteht klassischerweise bei Konzernverbindungen.

529

530

531

532

---

[1] BVerfG 26.6.1991 – 1 BvR 779/85, NZA 1991, 809 ff.
[2] Dazu ähnlich krit. *Hohenstatt/Schramm,* NZA 2007, 1034 ff.
[3] BAG 19.6.2007 – 1 AZR 396/06, NZA 2007, 1055 ff.
[4] BAG 18.2.2003 – 1 AZR 142/02, NZA 2003, 866 ff.

533 Das BAG geht jedoch sogar über Konzernverbindungen hinaus und nimmt auch dann ein ausreichendes Verhältnis zwischen den betroffenen Arbeitgebern an bei anderweitigen „Produktions-, Dienstleistungs- oder Lieferbeziehungen". Nicht mehr hierunter fallen lediglich Streiks, die als reine Demonstration der Macht anzusehen sind, da sie wirtschaftlich und auch räumlich derart entfernt sind, dass ein Beeindrucken des Hauptkampfarbeitgebers ausgeschlossen ist.[1] Nicht übersehen werden darf jedoch, dass der infolge des Unterstützungsstreiks verursachte Produktionsausfall als Eingriff gemäß Art. 12 Abs. 1 und Art. 14 Abs. 1 GG zu qualifizieren ist. Dieser Eingriff wirkt sich umso schwerer aus, als dass der Außenseiter-Arbeitgeber den Streik erdulden muss, ohne die unmittelbare Möglichkeit zu haben, den Streik zu beenden. Es kann folglich von einer „wirtschaftliche Geiselhaft" des Außenseiter-Arbeitgebers gesprochen werden.[2] In der Literatur wird daher der Unterstützungsstreik vehement abgelehnt.[3] Eine Ausnahme machen manche Autoren allein in dem Fall, dass das bestreikte Unternehmen derart mit dem Unternehmen des Hauptarbeitskampfes wirtschaftlich verflochten ist, wie es nur bei **Konzernunternehmen** der Fall ist.[4] Hier soll die Ausnahme aber nur dann gelten, wenn Arbeitnehmer einer Konzerntochter die Konzernmutter bestreiken. Die Bestreikung der Konzerntochter scheide aus, da diese als selbstständiges Unternehmen Dritte hinsichtlich der anderen Konzerntöchter sei.

III. Internationaler Arbeitskampf

534 Einen interessanten Fall eines internationalen Arbeitskampfes hatte das Arbeitsgericht Wuppertal zu entscheiden. Während eines englischen Druckerstreiks in den 1950er Jahren beauftragte eine englische Firma eine deutsche Druckerei. Diese legte – von der Gewerkschaft für Druck und Papier aufgefordert – aus Sympathie für die englischen Kollegen die Arbeit nieder. Das Arbeitsgericht Wuppertal qualifizierte diese Arbeitsniederlegung zu Recht als Sympathiestreik.[5] Aufgrund der **Akzessorietät zum Hauptstreik** prüfte das Gericht dessen **Sozialadäquanz** und befand, dass dieser Begriff aufgrund der sehr unterschiedlichen Wirtschafts- und Lebensverhältnisse nicht in englische Verhältnisse hineinverlagert werden könne. Die für das deutsche Arbeitskampfrecht wichtigere Aussage des Urteils war indes, dass die deutsche Gewerkschaft „durch den Streik zugunsten der englischen Drucker über die Grenzen der Bundesrepublik hinausgegriffen und sich außerhalb der deutschen Rechtsordnung und außerhalb des Grundgesetzes betätigt [hat]. Sie hat den Rahmen der geschichtlich gewordenen sozialethischen Ordnung des deutschen Gemeinschaftslebens verlassen. [Auch] darum ist der Streik sozial inadäquat."

535 Das Urteil ist allerdings nicht konsequent. Grundsätzlich schließt Art. 9 Abs. 3 GG nicht per se Sympathiestreiks mit Auslandsbezug aus. Vielmehr muss es aufgrund der Internationalität der Unternehmen sowie der Gewerkschaften, die eben auch historisch bedingt ist, in erster Linie auf die **Rechtmäßigkeit des Hauptstreiks nach dem Recht des Streikorts** ankommen. In zweiter Linie sollte dann der Bezug zwischen den Unternehmen vorausgesetzt werden.

536 Nach *Junker*[6] unterliegt der internationale Arbeitskampf grundsätzlich dem Recht des Staates, in welchem sich die Arbeitsniederlegung oder die Aussperrung ereignet.

---

[1] BAG 19.6.2007 – 1 AZR 396/06, NZA 2007, 1055 ff.
[2] So *Otto*, Arbeitskampf- und Schlichtungsrecht, 2006, § 10 Rn. 39.
[3] *Kissel*, Arbeitskampfrecht, 2002, § 24 Rn. 27; *Hohenstatt/Schramm*, NZA 2007, 1034 ff.; *Rieble*, BB 2008, 1506 ff.; *Wank*, RdA 2009, 1 ff.
[4] *Wank*, RdA 2009, 1 ff.
[5] ArbG Wuppertal 24.11.1959 – 2 Ca 502/59, AP GG Art. 9 Arbeitskampf Nr. 20 (Ls.).
[6] MüKoBGB/*Junker*, Art. 9 Rom II-VO Rn. 2.

Konsequent gedacht bedeutet dies, dass bei Arbeitskampfmaßnahmen in einem international tätigen Konzern die einzelnen Kämpfe auf nationale Rechtsverhältnisse reduziert werden müssen. Das bedeutet nicht zwangsläufig, dass die gleichen Kampfmaßnahmen vor Ort immer derselben Rechtsordnung unterliegen. So kann es auch sinnvoll sein, das Heimatstreikrecht Anwendung finden zu lassen in Fällen, in denen **Arbeitnehmer vorübergehend ins Ausland entsendet werden** und sich dann ihren inländischen Kollegen anschließen.

Abschnitt 3. Arbeits- und Dienstvertragsrecht im Konzern

A. Anstellung und Überlassung von Arbeitnehmern

I. Konzernarbeitsverhältnis

Für den Begriff des Konzernarbeitsverhältnisses existiert keine einheitliche Terminologie. Es sind **vielfältige Gestaltungsmöglichkeiten** von Arbeitsverhältnissen im Konzern denkbar.[1] Allgemein wird ein Arbeitsverhältnis dann als Konzernarbeitsverhältnis verstanden, wenn der Arbeitnehmer entsprechend dem Arbeitsvertrag mit einem Konzernunternehmen von vornherein für einen bestimmten Konzernbereich (zur Beschäftigung in einer Matrixstruktur (→ Rn. 61) eingestellt wurde oder wenn der Arbeitsvertrag einen entsprechenden Konzernversetzungsvorbehalt (→ Rn. 40) regelt, wonach der Arbeitnehmer unternehmensübergreifend konzernweit eingesetzt werden kann.[2] Möglich ist auch, dass ein Arbeitnehmer mehrere Arbeitsverhältnisse mit verschiedenen Konzernunternehmen begründet, und diese Arbeitsverhältnisse durch vertragliche Gestaltung zueinander in Verbindung gesetzt werden. Auch hierbei sind wiederum verschiedene vertragliche Gestaltungsmöglichkeiten (→ Rn. 32) denkbar. So können die Vertragsbeziehungen zeitlich aufeinander folgen oder gleichzeitig nebeneinander bestehen, mit der Folge, dass der Arbeitnehmer gegenüber mehreren Konzernunternehmen eine Arbeitsleistung erbringen muss.[3] Auch ist es möglich, dass sich der Arbeitnehmer gegenüber einem Konzernunternehmen vertraglich verpflichtet, die Arbeitsleistung bei einem anderen Konzernunternehmen zu erbringen und hierzu mit diesem ebenfalls einen Arbeitsvertrag abschließt.[4]

Allein der Umstand, dass ein Arbeitgeber mit anderen rechtlich selbständigen Unternehmen als Konzern verbunden ist, hat **unmittelbar keine Auswirkungen** auf das Arbeitsverhältnis.[5] Die Beurteilung unternehmensübergreifender Sachverhalte im Konzern richtet sich maßgeblich nach arbeitsrechtlichen Grundsätzen.[6] Es ist somit zu differenzieren, ob der Arbeitnehmer Vertragsbeziehungen nur mit einem oder mit mehreren Konzernunternehmen hat, ob im Falle von mehreren Vertragsbeziehungen, diese nebeneinander bestehen oder jeweils auf vorangegangene folgen und ob der Arbeitnehmer seine Arbeitsleistung bei nebeneinander bestehenden Arbeitsverhältnissen gegenüber mehreren Konzernunternehmen schuldet.[7] In unklaren Fällen sind die Regelungen auszulegen, wobei auf den Empfängerhorizont des betroffenen Arbeitnehmers abzustellen ist.[8] Unter Umständen greift zugunsten des Arbeitnehmers eine Vertrauenshaftung, falls Beziehungen des Arbeitnehmers zu anderen Konzernunternehmen nicht auf einer vertraglichen Grundlage beruhen.[9]

1

2

---

[1] Vgl. *Konzen* RdA 1984, 65 (69).
[2] Zum Konzernversetzungsvorbehalt vgl. BAG 23.3.2006 – 2 AZR 162/05, BeckRS 2006, 44102.
[3] Staudinger/*Richardi/Fischinger*, Vorbemerk. zu §§ 611 ff. Rn. 545.
[4] *Windbichler*, Arbeitsrecht im Konzern, 1989, S. 77; Staudinger/*Richardi/Fischinger*, Vorbemerk. zu §§ 611 ff. Rn. 545.
[5] Vgl. *Windbichler*, Arbeitsrecht im Konzern, 1989, S. 67 ff., 583 ff.; Staudinger/*Richardi/Fischinger*, Vorbemerk. zu §§ 611 ff. Rn. 544.
[6] MHdB ArbR/*Richardi*, § 23 Rn. 19.
[7] MHdB ArbR/*Richardi*, § 23 Rn. 19.
[8] *Windbichler*, Arbeitsrecht im Konzern, 1989, S. 583.
[9] *Windbichler*, Arbeitsrecht im Konzern, 1989, S. 583.

1. Vertragsarbeitgeber

3   Arbeitgeber ist grundsätzlich nur der Vertragspartner des Arbeitnehmers, da die im Konzern verbundenen Unternehmen rechtlich selbständige Unternehmen (§ 15 AktG) sind. Vertragsarbeitgeber ist wiederum derjenige, der die Arbeitsleistung des Arbeitnehmers kraft des **arbeitgeberseitigen Direktionsrechts** fordern kann.[1] Das Arbeitsverhältnis besteht daher nur mit dem Konzernunternehmen, mit dem der Arbeitnehmer den Arbeitsvertrag vereinbart hat.[2] Deshalb wird die Konzernobergesellschaft auch nicht allein aufgrund der Konzernabhängigkeit anderer Konzernunternehmen Arbeitgeber der bei den abhängigen Konzernunternehmen beschäftigten Arbeitnehmer.[3] Die Konzernbindung des Vertragsarbeitgebers berührt daher in der Regel nicht die Rechte und Pflichten aus dem Arbeitsverhältnis. Sie verpflichtet den Arbeitnehmer zum Einsatz an Arbeitsplätzen anderer Konzernunternehmen daher nur, wenn dies im Arbeitsvertrag entsprechend geregelt ist (→ Rn. 40). Ein Kontrahierungszwang mit der Konzernobergesellschaft existiert nicht.[4] Die Konzernobergesellschaft hat auch nicht aufgrund ihrer Konzernleitungsmacht ein arbeitgeberseitiges Direktionsrecht hinsichtlich der Arbeitnehmer der abhängigen Konzerngesellschaften.[5]

a) Konzern als Arbeitgeber

4   Der Konzern ist nach der Legaldefinition in § 18 AktG die Zusammenfassung rechtlich selbständiger Unternehmen unter einheitlicher Leitung.[6] Der Konzern kommt als Arbeitgeber nicht in Betracht, da es ihm an der hierfür erforderlichen **Rechtssubjektivität fehlt**.[7] Der Konzern kann als Verbindung rechtlich selbständiger Unternehmen nicht Träger von Rechten und Pflichten sein. Hinsichtlich der Gestaltung der Arbeitsverhältnisse im Konzern bieten sich verschiedene Möglichkeiten an. Üblich ist, dass der Arbeitsvertrag zwischen einem Konzernunternehmen und dem Arbeitnehmer vereinbart wird. Möglich ist aber auch, dass ein Arbeitnehmer Vertragsbeziehungen mit mehreren Konzernunternehmen begründet und diese Arbeitsverhältnisse durch vertragliche Gestaltung wiederum miteinander verknüpft sind. Die Gestaltung von Arbeitsverhältnissen mit mehreren Konzernunternehmen kann wiederum unterschiedlich erfolgen (→ Rn. 32).

b) Konzernobergesellschaft als Arbeitgeber

5   Die Konzernobergesellschaft kann für ihre eigenen Betriebe Arbeitnehmer beschäftigen und hierzu Arbeitsverträge abschließen. Ist der Arbeitnehmer bei der Konzernobergesellschaft beschäftigt und soll er nach dem Arbeitsvertrag aber auch Tätigkeiten bei Tochtergesellschaften erbringen, so führt allein die Unterordnung in einer Konzernbeziehung nicht zum Entstehen eines weiteren Arbeitsverhältnisses mit der Tochtergesellschaft.[8] Der Arbeitnehmer ist zum Abschluss eines Arbeitsvertrages auch nicht

---

[1] Vgl. BAG 9.9.1982 – 2 AZR 253/80, AP BGB § 611 Hausmeister Nr. 1.
[2] *Henssler*, Der Arbeitsvertrag im Konzern, S. 40.
[3] Staudinger/*Richardi*/*Fischinger*, Vorbemerk. zu §§ 611 ff. Rn. 545.
[4] *Konzen* RdA 1984, 65 (69).
[5] MHdB ArbR/*Richardi*, § 23 Rn. 24 mwN; Staudinger/*Richardi*/*Fischinger*, Vorbemerk. zu §§ 611 ff. Rn. 547; ebenso *Zöllner* ZfA 1983, 93 (100).
[6] BAG 9.2.2011 – 7 ABR 11/10, NZA 2011, 866; MüKoBGB/*Müller-Glöge*, § 611 Rn. 244.
[7] Vgl. ErfK/*Preis*, BGB § 611 Rn. 198; MHdB ArbR/*Richardi*, § 23 Rn. 1; *Windbichler*, Arbeitsrecht im Konzern, 1989, S. 68; *Maschmann* RdA 1996, 24 (26); *Konzen* RdA 1984, 65 (68); *Karamarias* RdA 1983, 353 (354); *Henssler*, Der Arbeitsvertrag im Konzern, S. 38; BAG 11.12.2012 – 3 AZR 615/10, BeckRS 2013, 68165.
[8] *Windbichler*, Arbeitsrecht im Konzern, 1989, S. 69.

allein aufgrund der Verbindung zur Tochtergesellschaft im Arbeitsvertrag und der Unterordnung in einer Konzernbeziehung verpflichtet. Die **Unterordnung** in einer Konzernbeziehung ist allein **kein rechtsgeschäftlicher Verpflichtungsgrund**.[1] Sofern daher neben dem Arbeitsverhältnis zur Konzernobergesellschaft auch ein Arbeitsverhältnis mit der Tochtergesellschaft begründet werden soll, bedarf es diesbezüglich einer Einigung zwischen dem Arbeitnehmer und der Tochtergesellschaft.

c) Konzerngesellschaft als Arbeitgeber

Ist der Arbeitnehmer bei einer Konzerngesellschaft beschäftigt, so führt allein die Tatsache der Unterordnung zur Konzernobergesellschaft nicht zum Entstehen eines Arbeitsverhältnisses mit der Konzernobergesellschaft.[2] Ein **Kontrahierungszwang** mit der Konzernobergesellschaft **existiert nicht**.[3] Auch wenn der Arbeitgeber gegenüber dem Arbeitnehmer auf seine Konzernzugehörigkeit und den Konzern hinweist, kann dies allenfalls im Hinblick auf Vertrauensschutz und die Auslegung von Vertragsregelungen rechtliche Relevanz haben. Ein Arbeitsverhältnis zur Konzernobergesellschaft wird hierdurch nicht begründet. Allein der Konzerntatbestand führt nicht automatisch zur Begründung eines Arbeitsverhältnisses. Er kann sich jedoch hinsichtlich der Haftung der Muttergesellschaft für Verbindlichkeiten der Tochtergesellschaft auswirken (→ Rn. 9). 6

2. Erbringung der Arbeitsleistung, Direktionsrecht

Der Arbeitnehmer ist, soweit nichts anderes vereinbart ist, nur gegenüber seinem Arbeitgeber zur Erbringung der Arbeitsleistung verpflichtet. Allein der Umstand, dass der Vertragsarbeitgeber des Arbeitnehmers einem Konzern angehört, ändert hieran nichts. Die Dienste des Arbeitnehmers sind gemäß **§ 613 S. 2 BGB** im Zweifel **nicht übertragbar**. Das arbeitgeberseitige Direktionsrecht (§ 106 GewO, § 315 Abs. 1 BGB) räumt dem Arbeitgeber ohne einen entsprechenden vertraglichen Vorbehalt kein Recht ein, das Weisungsrecht auf ein anderes Konzernunternehmen zu übertragen.[4] Dies gilt grundsätzlich auch für den Fall, dass der Arbeitnehmer innerhalb einer Matrixstruktur im Konzern tätig ist. Allein die Matrixstruktur führt nicht dazu, dass das arbeitgeberseitige Direktionsrecht ohne Einverständnis des Arbeitnehmers auf die Matrixleitung eines anderen Konzernunternehmens übertragen werden kann (→ Rn. 62). Der Arbeitnehmereinsatz innerhalb einer unternehmensübergreifenden Matrixstruktur zeichnet sich dadurch aus, dass der Arbeitnehmer aufgrund seiner Position und Aufgaben innerhalb des Konzerns über die Unternehmensgrenzen hinweg tätig wird und seine Arbeitsleistung in der Regel nicht dem Anstellungsunternehmen, sondern anderen Konzernunternehmen zugutekommt. Der Arbeitnehmer ist arbeitsorganisatorisch in die Matrixstruktur eingegliedert, innerhalb derer auch die Weisungs- und Berichtswege verlaufen. Mit dem Anstellungsunternehmen besteht häufig nur der Arbeitsvertrag (zum Arbeitnehmereinsatz in Matrixstrukturen: → Rn. 61). 7

Auch die **Konzernleitungsmacht** räumt der Konzernobergesellschaft **kein arbeitsrechtliches Weisungsrecht** gegenüber den Arbeitnehmern der konzernabhängigen 8

---

[1] *Windbichler,* Arbeitsrecht im Konzern, 1989, S. 69.
[2] *Windbichler,* Arbeitsrecht im Konzern, 1989, S. 69.
[3] *Konzen* RdA 1984, 65 (69).
[4] LAG Hamm 11.12.2008 – 11 Sa 817/08, BeckRS 2009, 53973; Preis/*Preis,* Der Arbeitsvertrag, II D 30, Rn. 212; *Windbichler,* Arbeitsrecht im Konzern, 1989, S. 95.

Teil I. 3. Arbeits- und Dienstvertragsrecht im Konzern

Unternehmen ein.[1] Dies gilt auch für die aktienrechtliche Eingliederung und den Beherrschungsvertrag als die engsten Formen der Konzernbindung.[2] Zwar besteht in beiden Fällen ein echtes Weisungsrecht der Konzernobergesellschaft gegenüber den abhängigen Konzernunternehmen (vgl. § 308 Abs. 1 und § 323 Abs. 1 AktG), doch richtet sich dieses Weisungsrecht an die Vorstände und nicht an die Arbeitnehmer der abhängigen Konzernunternehmen.[3] Soweit der Arbeitnehmer daher bei einem anderen Konzernunternehmen eingesetzt werden soll, bedarf dies einer rechtlichen Grundlage. Die Arbeitsverträge können daher hierzu entsprechende Konzernversetzungs- und Abordnungsvorbehalte vorsehen (→ Rn. 40).

3. Haftung für Verbindlichkeiten des Arbeitgebers

a) Arbeitsentgelt

9   Die Konzernbindung von Unternehmen berührt nicht deren rechtliche Selbständigkeit (§ 15 AktG). Es gilt das **Trennungsprinzip für juristische Personen.**[4] Der Arbeitnehmer hat daher grds. nur gegenüber seinem Vertragsarbeitgeber Anspruch auf Zahlung des Arbeitsentgelts sowie sonstiger finanzieller Leistungen. Es gibt **keine** darüber hinausgehende **Gesamthaftung** im Konzern.[5] Um die Haftung der Konzernobergesellschaft, die nicht zugleich Arbeitgeberin ist, zu begründen, bedarf es weiterer Umstände.[6] Eine unmittelbare Haftung der Gesellschafter einer juristischen Person kann bei einem sog. existenzvernichtenden Eingriff[7] in das Vermögen der Gesellschaft erfolgen.[8] Macht ein Arbeitnehmer Ansprüche aus seinem Arbeitsvertrag mit der Konzerngesellschaft auch gegenüber der Konzernobergesellschaft als Mitschuldnerin geltend, so sind hierfür die Gerichte für Arbeitssachen zuständig.[9]

b) Betriebliche Altersversorgung[10]

10   Für das Betriebsrentenrecht gilt ebenfalls das juristische Trennungsprinzip für juristische Personen.[11] Allerdings kann es hier bei der Anpassungspflicht nach § 16 BetrVG, wonach der Arbeitgeber alle drei Jahre eine Anpassung der laufenden Leistungen der betrieblichen Altersversorgung zu prüfen und hierüber nach billigen Ermessen zu entscheiden hat, auf die wirtschaftliche Lage des herrschenden Unternehmens ankommen, wenn der konzernzugehörige Arbeitgeber aufgrund seiner wirtschaftlichen Lage die Anpassungen nicht vornehmen kann.[12] Der Konzern kann nicht Schuldner der Be-

---

[1] MHdB ArbR/*Richardi*, § 23 Rn. 24 mwN.; Staudinger/*Richardi*/*Fischinger*, Vorbemerk. zu §§ 611 ff. Rn. 547.
[2] *Windbichler*, Arbeitsrecht im Konzern, 1989, S. 69.
[3] Staudinger/*Richardi*/*Fischinger*, Vorbemerk. zu §§ 611 ff. Rn. 547; *Windbichler*, Arbeitsrecht im Konzern, 1989, S. 69.
[4] BAG 26.10.2010 – 3 AZR 502/08, NJOZ 2011, 560 ff.; BAG 4.10.1994 – 3 AZR 910/93, AP BetrAVG § 16 Nr. 32.
[5] BAG 31.7.2002 – 14 AZR 420/01, NZA 2003, 213 ff.; Küttner/*Röller*, Konzernarbeitsverhältnis Rn. 6.
[6] MHdB ArbR/*Richardi*, § 23 Rn. 26.
[7] Zum existenzvernichtenden Eingriff ausführlich: Staudinger/*Oechsler*, § 826 Rn. 324 ff.
[8] Küttner/*Röller*, Konzernarbeitsverhältnis Rn. 6.
[9] BAG 15.3.2000 – 5 AZB 70/99, NZA 2000, 671 ff.; Küttner/*Röller*, Konzernarbeitsverhältnis Rn. 6.
[10] Siehe hierzu ausführlich → Teil I Absch 4 Rn. 343 ff.
[11] BAG 26.10.2010 – 3 AZR 502/08, NJOZ 2011, 560 ff.; BAG 4.10.1994 – 3 AZR 910/93, AP BetrAVG § 16 Nr. 32; Küttner/*Röller*, Konzernarbeitsverhältnis Rn. 7.
[12] BAG 15.1.2013 – 3 AZR 638/10, NZA 2014, 87 ff.; BAG 26.5.2009 – 3 AZR 369/07, AP BetrAVG § 16 Nr. 67; BAG 25.4.2006 – 3 AZR 50/05, NZA-RR 2007, 310 ff.; BAG 10.2.2009 –

triebsrentenanpassung sein, da er lediglich eine wirtschaftliche Einheit ohne eine eigene Rechtspersönlichkeit ist.[1] Unter Umständen kann eine Konzerngesellschaft gehalten sein, für Versorgungsverpflichtungen der Konzernobergesellschaft einzutreten, wenn die Konzerngesellschaft den Versorgungsgedanken in das zwischen ihr und dem Arbeitnehmer bestehende Arbeitsverhältnis eingeführt hat.[2]

4. Gleichbehandlung im Konzern

Der arbeitsrechtliche Gleichbehandlungsgrundsatz gilt unternehmensbezogen und nicht nur betriebsbezogen.[3] Er gilt jedoch nach überwiegender Ansicht **grds. nicht unternehmensübergreifend, konzernweit,** da die in einem Konzern verbundenen Unternehmen rechtlich selbständig bleiben.[4] Aus der Konzernbindung ergibt sich keine Pflicht, der gleichmäßigen Behandlung der in den verschiedenen Konzernunternehmen beschäftigten Arbeitnehmer.[5] Allein die Konzernbindung verpflichtet nicht, Leistungen des Arbeitgebers konzerneinheitlich zu gewähren.[6] Der arbeitsrechtliche Gleichbehandlungsgrundsatz gilt auch dann nicht konzernweit, wenn zwei Unternehmen eines Konzerns einen gemeinsamen Betrieb bilden.[7] Im Betrieb der jeweiligen Konzerngesellschaft unterliegen unternehmensübergreifende Maßnahmen im Rahmen ihres Anwendungsbereichs jedoch dem Gleichbehandlungsgrundsatz.[8] Bei der Gewährung von Sozialleistungen kann unter bestimmten Voraussetzungen eine unternehmensübergreifende Anwendung des arbeitsrechtlichen Gleichbehandlungsgrundsatzes möglich sein. Eine konzernweite Anwendung des arbeitsrechtlichen Gleichbehandlungsgrundsatzes kommt in Betracht, wenn vom herrschenden Unternehmen bestimmte Leistungen üblicherweise konzernweit erbracht werden und auf den Fortbestand dieser Übung ein schützenswertes Vertrauen der Arbeitnehmer der Konzernunternehmen entstanden ist.[9] Zudem ist die unternehmensübergreifende Anwendung des Gleichbehandlungsgrundsatzes möglich, wenn die Konzernobergesellschaft den Konzernunternehmen Vorgaben hinsichtlich der Verteilung von Leistungen an die Arbeitnehmer gibt und den Konzernunternehmen hierzu konzernrechtlich Weisungen erteilt.[10] Der Gleichbehandlungsgrundsatz kann den Stammarbeitgeber unter Umständen verpflichten, bei einem Wegfall des Stammarbeitsverhältnisses nach Weiterbeschäftigungsmöglichkeiten des Arbeitnehmers im Konzern zu suchen.[11]

11

---

3 AZR 727/07, NZA 2010, 95 ff.; Küttner/*Röller,* Konzernarbeitsverhältnis Rn. 7; hierzu auch *Vogt,* NZA 2013, 1250 ff.
[1] BAG 11.12.2012 – 3 AZR 615/10, BeckRS 2013, 68165.
[2] Vgl. BAG 13.7.1973 – 3 AZR 385/72, AP BGB § 242 Ruhegehalt-Konzern Nr. 1.
[3] BAG 17.11.1998 – 1 AZR 147/98, AP BGB § 242 Gleichbehandlung Nr. 162; BAG 3.12.2008 – 5 AZR 74/08, AP BGB § 242 Gleichbehandlung Nr. 206; ErfK/*Preis,* BGB § 611 Rn. 584 ff.
[4] Vgl. BAG 20.8.1986 – 4 AZR 272/85, AP TVG § 1 Tarifverträge: Seniorität Nr. 6; LAG Köln 2.11.2010 – 12 Sa 707/210, BeckRS 2011, 68153; LAG Rheinland-Pfalz 11.6.2012 – 5 Sa 120/12, BeckRS 2012, 75007; ErfK/*Preis,* BGB § 611 Rn. 588 mwN.; *Windbichler,* Arbeitsrecht im Konzern, 1989, S. 420 ff.; MHdB ArbR/*Richardi,* § 23 Rn. 27; *Tschöpe* DB 1994, 40, *Rüthers/Bakker* ZfA 1990, 284 ff.; aA: *Henssler,* Der Arbeitsvertrag im Konzern, S. 107 ff.; *Konzen* RdA 1984, 65 (87).
[5] *Windbichler,* Arbeitsrecht im Konzern, 1989, S. 586.
[6] MHdB ArbR/*Richardi,* § 23 Rn. 27.
[7] BAG 19.11.1992 – 10 AZR 290/91, AP BGB § 611 Gratifikation Nr. 145; LAG Schleswig-Holstein 20.4.2004 – 5 Sa 8/04, NZA-RR 2005, 93; ErfK/*Preis,* BGB § 611 Rn. 588.
[8] *Windbichler,* Arbeitsrecht im Konzern, 1989, S. 586.
[9] BAG 4.10.1994 – 3 AZR 910/93, AP BetrAVG § 16 Nr. 32; LAG Köln 2.11.2010 – 12 Sa 707/210, BeckRS 2011, 68153.
[10] MHdB ArbR/*Richardi,* § 23 Rn. 28.
[11] Vgl. BAG 14.10.1982 – 2 AZR 568/80, AP KSchG 1969 § 1 Konzern Nr. 1; offen gelassen, ob hieran festzuhalten ist: BAG 27.11.1991 – 2 AZR 255/91, AP KSchG 1969 § 1 Konzern Nr. 6.

5. Betriebliche Übung im Konzern

12 Unter einer betrieblichen Übung[1] ist die regelmäßige Wiederholung von bestimmten Verhaltensweisen des Arbeitgebers zu verstehen, aus denen die Arbeitnehmer schließen können, ihnen solle eine Leistung oder Vergünstigung auf Dauer gewährt werden. Aus diesem, als Vertragsangebot zu wertenden Verhalten des Arbeitgebers, das von den Arbeitnehmern in der Regel stillschweigend angenommen wird (§ 151 BGB), erwachsen vertragliche Ansprüche auf die üblich gewordene Leistung.[2] Die **Konzernverbindung** von Unternehmen **rechtfertigt nicht** die Berufung auf „**Konzernübungen**" oder eine betriebliche Übung in anderen Konzernunternehmen.[3] Die betriebliche Übung in einem Konzernunternehmen erstreckt sich daher nicht automatisch aufgrund der Konzernbindung auch auf andere Konzernunternehmen. Im Betrieb und Unternehmen der jeweiligen Konzerngesellschaft sind die Grundsätze der betrieblichen Übung jedoch zu beachten. Dies auch dann, wenn die Leistung an die Arbeitnehmer durch ein anderes Konzernunternehmen gewährt wird.[4]

6. Wettbewerbsverbote und nachvertragliche Wettbewerbsverbote

13 Aufgrund der Konzernverbundenheit des Arbeitgebers sowie der Bindung des Arbeitnehmers an mehrere Unternehmen im Konzern können sich im Einzelfall bei der Pflicht des Arbeitnehmers, Wettbewerb zum Arbeitgeber zu unterlassen, Fragen hinsichtlich der **Reichweite und des Umfangs** dieser Pflicht stellen. Hierbei ist aufgrund der unterschiedlichen Rechtslage zwischen Wettbewerbsverboten während des Arbeitsverhältnisses und sog. nachvertraglichen Wettbewerbsverboten, die die Zeit nach Beendigung des Arbeitsverhältnisses umfassen, zu unterscheiden.[5]

a) Wettbewerbsverbot während des Arbeitsverhältnisses

14 Während der Dauer des Arbeitsverhältnisses unterliegt der Arbeitnehmer der **Wettbewerbsbeschränkung des § 60 HGB**. Die Vorschrift gilt zwar nach ihrem Wortlaut für alle Handlungsgehilfen, sie ist aber auch auf sämtliche Arbeitsverhältnisse anzuwenden.[6] Im Übrigen ergibt sich die Wettbewerbsbeschränkung des Arbeitnehmers während der Dauer des Arbeitsverhältnisses bereits auch aus seiner allgemeinen Treuepflicht.[7] § 60 HGB ist auch auf Auszubildende anzuwenden.[8] § 60 Abs. 1, 1. Alt. HGB verbietet dem Arbeitnehmer das Betreiben eines Handelsgewerbes. Die Regelung ist allerdings verfassungskonform dahingehend auszulegen, dass nur das Betreiben eines Handelsgewerbes in der Branche seines Arbeitgebers untersagt ist.[9] § 60 Abs. 1, 2. Alt. HGB verbietet dem Arbeitnehmer im Handelszweig des Arbeitgebers für eigene oder fremde Rechnung Geschäfte zu machen. Hierunter fällt, mit Ausnahme der Befriedigung privater Bedürfnisse des Arbeitnehmers jede auf Gewinnerzielung gerichtete Teilnahme am Geschäftsverkehr.[10] Gleich ob man das Wettbewerbsverbot aus § 60 HGB oder der allgemeinen

---

[1] Hierzu ausführlich: ErfK/*Preis,* BGB § 611 Rn. 220 ff.
[2] BAG 20.5.2008 – 9 AZR 382/07, AP BGB § 307 Nr. 35; BAG 5.8.2009 – 10 AZR 483/08, NZA 2009, 1105.
[3] *Windbichler,* Arbeitsrecht im Konzern, 1989, S. 586.
[4] *Windbichler,* Arbeitsrecht im Konzern, 1989, S. 429 ff., 586.
[5] *Henssler,* Der Arbeitsvertrag im Konzern, S. 173 ff.
[6] BAG 26.9.2007 – 10 AZR 511/06, AP HGB § 61 Nr. 3.
[7] BAG 17.10.1969 – 3 AZR 442/68, AP BGB § 611 Treuepflicht Nr. 7.
[8] BAG 20.9.2006 – 10 AZR 439/05, AP HGB § 60 Nr. 13.
[9] BAG 25.5.1970 – 3 AZR 384/69, AP HGB § 60 Nr. 4; BAG 3.5.1983 – 3 AZR 62/81, AP HGB § 60 Nr. 10.
[10] BAG 15.2.1962 – 5 AZR 79/61, AP HGB § 61 Nr. 1.

Treuepflicht des Arbeitnehmers herleitet, untersagt ist grundsätzlich jede Tätigkeit, durch welche die Interessen des Arbeitgebers unmittelbar beeinträchtigt werden.[1]

Allein die Konzernverbundenheit des Arbeitgebers führt allerdings nicht dazu, dass sich das Wettbewerbsverbot auch auf die Geschäftsbereiche der anderen Unternehmen des Konzerns erstreckt. Ein **konzerndimensionales Wettbewerbsverbot** besteht insofern nicht.[2] Voraussetzung für eine Erstreckung des Wettbewerbsverbotes auch auf andere Unternehmen des Konzerns ist vielmehr, dass durch die Tätigkeit des Arbeitnehmers die Interessen seines Arbeitgebers unmittelbar beeinträchtigt werden.[3] Das Wettbewerbsverbot kann sich daher auch auf Tätigkeiten des Arbeitnehmers, die in Konkurrenz zu einem anderen Unternehmen des Konzerns stehen, erstrecken, wenn sein Arbeitgeber mit diesem Unternehmen des Konzerns eng zusammenarbeitet (zB im Bereich der Produktion oder im Vertrieb).[4] Eine Erstreckung des Wettbewerbsverbotes auch auf andere Unternehmen des Konzerns kommt zudem in Betracht, wenn dem Arbeitnehmer aufgrund einer engen wirtschaftlichen Verbundenheit seines Arbeitgebers mit einem anderen Unternehmen des Konzerns Betriebsinterna oder Geschäftsgeheimnisse dieses Konzernunternehmens zur Kenntnis gelangen. Auch in diesem Fall hat der Arbeitgeber ein berechtigtes Interesse daran, dass der Arbeitnehmer nicht die Betriebsinterna oder Geschäftsgeheimnisse eines anderen Konzernunternehmens für eine Konkurrenztätigkeit nutzt.[5]

15

Hat ein Arbeitnehmer nebeneinander **Arbeitsverhältnisse mit mehreren Unternehmen des Konzerns,** so gilt jeweils für jedes Arbeitsverhältnis ein Wettbewerbsverbot. Auch wenn eines der Arbeitsverhältnisse ruhend gestellt und tatsächlich nicht mehr ausgeübt wird, so gilt für dieses weiterhin das Wettbewerbsverbot.[6] Das Wettbewerbsverbot erstreckt sich auch ohne zusätzliche arbeitsvertragliche Grundlage auf den Geschäftsbereich eines anderen Konzernunternehmens, wenn der Arbeitnehmer von seinem Arbeitgeber zu diesem Unternehmen abgeordnet wird.[7]

16

b) Wettbewerbsverbot nach Beendigung des Arbeitsverhältnisses

Für die Zeit nach Beendigung des Arbeitsverhältnisses existieren keine gesetzlichen Wettbewerbsverbote. Soll sich die Wettbewerbsbeschränkung daher auch auf die Zeit nach Beendigung des Arbeitsverhältnisses erstrecken, so bedarf es der gesonderten **Vereinbarung eines nachvertraglichen Wettbewerbsverbotes (§ 110 GewO, § 74 HGB).** Die Vereinbarung eines nachvertraglichen Wettbewerbsverbotes unterliegt im Hinblick auf die Beschränkungen der beruflichen Bewegungsfreiheit des Arbeitnehmers in den §§ 74 ff. HGB besonderen Anforderungen an Form, Umfang und Dauer des Verbotes sowie an die Vergütung während der Wettbewerbsbeschränkungen. Die §§ 74 bis 75f HGB gelten gem. § 110 S. 2 HGB entsprechend für Arbeitsverhältnisse.[8]

17

---

[1] BAG 17.10.1969 – 3 AZR 442/68, AP BGB § 611 Treuepflicht Nr. 7.
[2] HWK/*Diller*, HGB § 60 Rn. 24.
[3] *Henssler*, Der Arbeitsvertrag im Konzern, S. 174 f.; mit Bedenken gegen eine Vermehrung der Arbeitnehmerpflichten aufgrund Konzernorganisation ohne arbeitsvertragliche Grundlage; *Windbichler*, Arbeitsrecht im Konzern, 1989, S. 128.
[4] *Henssler*, Der Arbeitsvertrag im Konzern, S. 174.
[5] *Henssler*, Der Arbeitsvertrag im Konzern, S. 175.
[6] BAG 17.10.1969 – 3 AZR 442/68, AP BGB § 611 Treuepflicht Nr. 7; BAG 30.5.1978 – 2 AZR 598/76, AP HGB § 60 Nr. 9; *Windbichler*, Arbeitsrecht im Konzern, 1989, S. 128.
[7] BAG 3.5.1983 – 3 AZR 62/81, AP HGB § 60 Nr. 10; aA *Windbichler*, Arbeitsrecht im Konzern, 1989, S. 128.
[8] Galt bereits nach der früheren Rechtslage: BAG 13.9.1969 – 3 AZR 138/63, AP BGB § 611 Konkurrenzklausel Nr. 24; BAG 9.1.1990 – 3 AZR 110/88, AP HGB § 74 Nr. 59.

18 In Konzernstrukturen besteht häufig ein Interesse des Arbeitgebers die nachvertraglichen Wettbewerbsbeschränkungen auch auf andere Unternehmen des Konzerns zu erstrecken. Hierbei ergeben sich einige Fragen, die durch die höchstrichterliche Rechtsprechung noch nicht abschließend geklärt sind. Insbesondere ist höchstrichterlich noch nicht entschieden, ob die **Vereinbarung von konzernbezogenen Wettbewerbsverboten** zulässig ist. Die Fragen im Zusammenhang mit der Zulässigkeit konzernbezogener Wettbewerbsbeschränkungen stellen sich in mehrerer Hinsicht. Zum Teil wird die grundsätzliche Zulässigkeit von konzernweiten nachvertraglichen Wettbewerbsverboten angenommen.[1] Allein die Konzernverbundenheit des Arbeitgebers führt allerdings grundsätzlich nicht dazu, dass sich das nachvertragliche Wettbewerbsverbot auch auf andere Unternehmen des Konzerns erstreckt.[2]

aa) Erstreckung auf andere Unternehmen des Konzerns

19 Grundsätzlich zulässig sind nachvertragliche Wettbewerbsverbote, die sich nach ihrem ausdrücklichen Wortlaut nicht nur auf Konkurrenten des Arbeitgebers erstrecken, sondern auch den Schutz von weiteren Unternehmen des Konzerns zum Gegenstand haben.[3] Unter Umständen kann jedoch für bestimmte Geschäftsbereiche des Konzerns das für die Wirksamkeit des nachvertraglichen Wettbewerbsverbotes nach § 74a HGB erforderliche „**berechtigte geschäftliche Interesse**" fehlen. Das erforderliche „berechtigte geschäftliche Interesse" grenzt daher den Kreis der Unternehmen des Konzerns, die ebenfalls unter den Schutz der nachvertraglichen Wettbewerbsbeschränkung gestellt werden, ein.[4] Ein „berechtigtes geschäftliches Interesse" ist insbesondere anzunehmen, wenn dem Arbeitnehmer aufgrund einer engen wirtschaftlichen Verbundenheit seines Arbeitgebers mit einem anderen Unternehmen des Konzerns Betriebsinterna oder Geschäftsgeheimnisse dieses Konzernunternehmens zur Kenntnis gelangen.[5] Dies ist im Einzelfall zu prüfen.[6] Zudem wird für das Vorliegen eines berechtigten geschäftlichen Interesses neben der wettbewerbsrelevanten Tätigkeit des Arbeitnehmers auch noch als erforderlich erachtet, dass die Verbindung zu dem einbezogenen Unternehmen strukturell verfestigt und nicht nur zufällig und vorübergehend ist.[7] Fehlt das „berechtigte geschäftliche Interesse" an der Einbeziehung des verbundenen Unternehmens in die nachvertragliche Wettbewerbsbeschränkung, so hat dies jedoch nur eine partielle Unwirksamkeit und somit eine Einschränkung des Umfangs des Verbotes zur Folge.[8] Das zunächst zu weit gefasste nachvertragliche Wettbewerbsverbot ist aufgrund der tatsächlichen Gestaltung des Einzelfalles auf das erlaubte Maß zurückzuführen und bleibt insoweit gültig.[9] Probleme ergeben sich, wenn das nachvertragliche Wettbewerbsverbot nicht ausdrücklich regelt, dass es sich auch auf andere Unternehmen des Konzerns erstreckt. Das BAG[10] hat im „Speiseeisfall" eine Erstreckung des mit dem Arbeitgeber vereinbarten nachvertraglichen Wettbewerbsverbotes auf die

---

[1] *Kracht* BB 1970, 584.
[2] *Bauer/Diller*, Wettbewerbsverbote Rn. 316, mwN.
[3] *Bauer/Diller*, Wettbewerbsverbote Rn. 260.
[4] *Henssler*, Der Arbeitsvertrag im Konzern, S. 176.
[5] Vgl. *Henssler*, Der Arbeitsvertrag im Konzern, S. 177.
[6] Vgl. *Martens*, FS Herschel, S. 237, 249.
[7] *Windbichler*, Arbeitsrecht im Konzern, 1989, S. 131; *Bauer/Diller*, Wettbewerbsverbote Rn. 316.
[8] *Bauer/Diller*, Wettbewerbsverbote Rn. 260, 333 ff.
[9] BAG 2.2.1968 – 3 AZR 462/66, AP HGB § 74 Nr. 22; BAG 16.12.1968 – 3 AZR 434/67, AP GewO § 133f. Nr. 21; LAG Baden-Württemberg 30.1.2008 – 10 Sa 60/07, NZA-RR 2008, 508 (509); *Bauer/Diller*, Wettbewerbsverbote Rn. 333 mwN.
[10] BAG 24.6.1966 – 3 AZR 501/65, AP HGB § 74a Nr. 2; kritisch hierzu *Duden* Anm. zu BAG AP HGB § 74a Nr. 2; *Windbichler*, Arbeitsrecht im Konzern, 1989, S. 129, 130; *Martens*, FS Herschel, S. 237, 245.

Tochtergesellschaft des Arbeitgebers abgelehnt. Folge hiervon wäre, dass der Arbeitnehmer, dessen nachvertragliches Wettbewerbsverbot sich nach seinem Wortlaut nur auf Konkurrenten des Arbeitgebers erstreckt, nach der Beendigung des Arbeitsverhältnisses zu sämtlichen anderen Unternehmen des Konzerns in Wettbewerb treten könnte. Dieses Ergebnis, das sich nach dem ausdrücklichen Wortlaut des nachvertraglichen Wettbewerbsverbotes richtet, berücksichtigt die berechtigten geschäftlichen Interessen des Arbeitgebers bei Abschluss des nachvertraglichen Wettbewerbsverbotes nicht hinreichend. Ist ein Arbeitnehmer auch in anderen Unternehmen des Konzerns tätig und erlangt er dabei Kenntnis über Betriebsinterna oder Geschäftsgeheimnisse der anderen Konzernunternehmen, so ist das nachvertragliche Wettbewerbsverbot als konzernweit auszulegen und muss sich damit auch ohne ausdrückliche Regelung auf andere Unternehmen des Konzerns erstrecken.[1] Gleiches muss in dem Fall gelten, bei dem das Arbeitsverhältnis nach dem Verständnis der Arbeitsvertragsparteien zB aufgrund der Vereinbarung einer Konzernversetzungsklausel im Arbeitsvertrag von Beginn an so konzipiert war, dass der Arbeitnehmer auch in anderen Konzernunternehmen eingesetzt wird.[2] Eine konzernweite Auslegung des nachvertraglichen Wettbewerbsverbotes hat auch dann zu erfolgen, wenn das Arbeitsverhältnis mit einer Holding-Konzernspitze, die keinen eigenen Geschäftsbetrieb hat, besteht.[3]

bb) Tätigwerden bei einem mit dem Konkurrenten verbundenen Unternehmen

Probleme stellen sich auch, wenn nachvertragliche Wettbewerbsverbote dem Arbeitnehmer Tätigkeiten in einem nicht konkurrierenden Unternehmen untersagen, falls dieses Unternehmen mit einem Konkurrenten seines ehemaligen Arbeitgebers in einem Konzern verbunden ist.[4] Die ausdrückliche Einbindung von Unternehmen, die **selbst keine Konkurrenten des Arbeitgebers, jedoch** mit einem Konkurrenzunternehmen des Arbeitgebers **konzernrechtlich verbunden** sind, ist grundsätzlich zulässig. Auch in diesem Fall ist für die Einbindung von Unternehmen das Vorliegen des nach § 74a HGB notwendigen berechtigten geschäftlichen Interesses erforderlich. Das Vorliegen des berechtigten geschäftlichen Interesses setzt voraus, dass zwischen den beiden Unternehmen eine strukturell verfestigte Verbindung besteht.[5] Die Tätigkeit des Arbeitnehmers in dem nicht konkurrierenden Unternehmen muss für den Arbeitgeber zudem eine konkrete Gefahr darstellen.[6] Fraglich ist, ob bei Fehlen einer Regelung im nachvertraglichen Wettbewerbsverbot dieses im Wege der ergänzenden Vertragsauslegung dahingehend ausgelegt werden kann, dass dem Arbeitnehmer auch Tätigkeiten bei Unternehmen untersagt sind, die mit einem Konkurrenzunternehmen des ehemaligen Arbeitgebers konzernrechtlich verbunden sind. Das nachvertragliche Wettbewerbsverbot kann ohne ausdrückliche Regelung grundsätzlich nicht auf Tätigkeiten bei nicht konkurrierenden Unternehmen erstreckt werden, auch wenn diese konzernrechtlich mit einem Konkurrenten verbunden sind.[7] Etwas anderes ist aber dann anzunehmen, wenn der Arbeitnehmer in einem Unternehmen beschäftigt wird,

---

[1] *Bauer/Diller*, Wettbewerbsverbote Rn. 261; *Martens*, FS Herschel, S. 237, 243 f.
[2] *Bauer/Diller*, Wettbewerbsverbote Rn. 261; vgl. Preis/*Stoffels*, Der Arbeitsvertrag, II W 10 Rn. 42; LAG Hamm 8.2.2001 – 16 Sa 1243/00, LAGE § 74 HGB Nr. 17.
[3] LAG Berlin 17.4.1998 – 6 Sa 4/98, LAGE Nr. 2 zu § 74a HGB; *Bauer/Diller*, Wettbewerbsverbote Rn. 261.
[4] *Bauer/Diller*, Wettbewerbsverbote Rn. 317.
[5] *Bauer/Diller*, Wettbewerbsverbote Rn. 317.
[6] *Bauer/Diller*, Wettbewerbsverbote Rn. 317.
[7] *Bauer/Diller*, Wettbewerbsverbote Rn. 263; *Martens*, FS Herschel, S. 237, 253.

dass zwar kein Konkurrent seines ehemaligen Arbeitgebers ist, jedoch wesentliche Funktionen innerhalb eines Konzerns für ein Konkurrenzunternehmen ausübt.[1] Gleiches muss gelten, wenn sich sein Beschäftigungsverhältnis über den gesamten Konzern erstreckt oder er eine leitende Funktion bei der Konzernobergesellschaft innehat.[2] Auch aus der engen organisatorischen Verbundenheit von Konzerngesellschaften kann sich eine Gefährdung des früheren Arbeitgebers ergeben.[3] Entscheidend wird man daher hinsichtlich einer ergänzenden Vertragsauslegung des nachvertraglichen Wettbewerbsverbotes auf ein etwaig besonderes Tätigkeitsfeld des Arbeitnehmers oder die organisatorische Gliederung des Konzerns abstellen können.

7. Verschwiegenheits- und Geheimhaltungsverpflichtungen

21   Im laufenden Arbeitsverhältnis ist der Arbeitnehmer zur Verschwiegenheit hinsichtlich ihm bekannt gewordener Betriebs- und Geschäftsgeheimnisse verpflichtet. Die Pflicht **Betriebs- und Geschäftsgeheimnisse** geheim zu halten, kann sich als arbeitsvertragliche Nebenpflicht aus dem Arbeitsvertrag ergeben (§ 241 Abs. 2 BGB). Zudem besteht eine Pflicht zur Wahrung von Betriebsgeheimnissen nach § 17 Abs. 1 UWG. § 17 Abs. 1 UWG untersagt allerdings nur den Verrat von Betriebs- und Geschäftsgeheimnissen zu Zwecken des Wettbewerbs, aus Eigennutz oder in der Absicht, dem Arbeitgeber einen Schaden zuzufügen. Die arbeitsvertragliche Verschwiegenheitspflicht reicht weiter. Sie verpflichtet den Arbeitnehmer generell über sämtliche Angelegenheiten Stillschweigen zu bewahren, welche ihm aufgrund seiner Position im Unternehmen zur Kenntnis gelangt sind und hinsichtlich welcher der Arbeitgeber ein berechtigtes Geheimhaltungsinteresse hat.[4] Geschäfts- und Betriebsgeheimnisse liegen vor, wenn Tatsachen, welche in Zusammenhang mit einem Geschäftsbetrieb stehen, nur einem eng begrenzten Personenkreis bekannt und nicht offenkundig sind sowie nach dem Willen des Arbeitgebers aufgrund eines berechtigten wirtschaftlichen Interesses geheim gehalten werden sollen.[5] Während sich die Geschäftsgeheimnisse auf wirtschaftliche, kaufmännische Angelegenheiten beziehen, umfassen die Betriebsgeheimnisse eher technische und personelle Angelegenheiten.[6] Die Verschwiegenheitspflicht besteht grundsätzlich gegenüber jedermann. Bei einer unternehmensübergreifenden Tätigkeit eines Arbeitnehmers im Konzern können sich hinsichtlich der den Arbeitnehmer treffenden Verschwiegenheitspflicht Besonderheiten ergeben, da der Arbeitnehmer u. U. im Rahmen seiner Tätigkeit für mehrere Unternehmen tätig ist und ihm Betriebs- und Geschäftsgeheimnisse unterschiedlicher Unternehmen zur Kenntnis gelangen. So wird der Arbeitnehmer bei der Entsendung, Abordnung oder Konzernleihe im Rahmen seines Arbeitsverhältnisses bei einem Dritten, in der Regel einem anderen Konzernunternehmen, tätig. Das Stammarbeitsverhältnis des Arbeitnehmers bleibt während dieser Tätigkeit in dem anderen Konzernunternehmen aufrechterhalten und dem Drittunternehmen wird für die Dauer des Einsatzes des Arbeit-

---

[1] *Bauer/Diller*, Wettbewerbsverbote Rn. 263; *Martens*, FS Herschel, S. 237, 253.
[2] *Bauer/Diller*, Wettbewerbsverbote Rn. 263; *Martens*, FS Herschel, S. 237, 253, *Simitis* Anm. zu BAG, AP GewO § 133f. Nr. 21.
[3] *Henssler*, Der Arbeitsvertrag im Konzern, S. 178 unter Verweis auf BAG 30.1.1970 – 3 AZR 348/69, AP GewO § 133f. Nr. 24.
[4] MHdB ArbR/*Reichold*, § 48 Rn. 37; Schaub/*Linck*, Arbeitsrechts-Handbuch § 53 Rn. 51.
[5] BAG 16.3.1982 – 3 AZR 83/79, AP BGB § 611 Betriebsgeheimnis Nr. 1; BAG 15.12.197 – 3 AZR 474/86, AP BGB § 611 Betriebsgeheimnis Nr. 5; Schaub/*Linck*, Arbeitsrechts-Handbuch § 53 Rn. 52; *Richters/Wodtke* NZA-RR 2003, 281 (282).
[6] Vgl. hierzu im Einzelnen: MHdB ArbR/*Reichold*, § 48 Rn. 34; Schaub/*Linck*, Arbeitsrechts-Handbuch § 53 Rn. 52.

nehmers die Ausübung der Arbeitgeberrechte gestattet. Während seines Einsatzes bei dem anderen Konzernunternehmen treffen den Arbeitnehmer **auch gegenüber dem anderen Konzernunternehmen besondere Schutz- und Rücksichtnahmepflichten,** zu denen auch die Pflicht zur Verschwiegenheit hinsichtlich der Betriebs- und Geschäftsgeheimnisse, die dem Arbeitnehmer bei dem anderen Konzernunternehmen aufgrund seiner Tätigkeit und seiner Eingliederung in die betrieblichen Abläufe des Drittunternehmens zur Kenntnis gelangen, zählen.[1] Soweit ein Arbeitnehmer mehrere Arbeitsverhältnisse mit verschiedenen Konzernunternehmen hat, gilt hinsichtlich jedem Arbeitgeber eine vertragliche Nebenpflicht zur Verschwiegenheit. Dies gilt auch dann, wenn eines der Arbeitsverhältnisse während der Dauer des Einsatzes in einem anderen Unternehmen ruhend gestellt wurde, da in diesem Fall für die Dauer des Ruhens nur die vertraglichen Hauptpflichten suspendiert sind. Die vertraglichen Nebenpflichten, und somit auch die Pflicht zur Verschwiegenheit, bleiben auch während des Ruhens bestehen.[2] Allein der Umstand, dass der Arbeitgeber Teil eines Konzerns ist, führt nicht dazu, dass der Arbeitnehmer Betriebs- und Geschäftsgeheimnisse innerhalb des Konzerns auch an andere Konzernunternehmen weitergeben darf.[3] Die Verschwiegenheitspflicht dient dem Schutz des jeweiligen Interessenträgers. Aus seiner Sicht besteht daher zunächst ein berechtigtes Interesse daran, dass Informationen nicht an Dritte weitergegeben werden, unabhängig davon, ob es sich bei dem Dritten um ein anderes Konzernunternehmen handelt. Allerdings kann sich aus der konkreten Gestaltung des unternehmensübergreifenden Einsatzes des Arbeitnehmers im Konzern auch etwas anderes ergeben, wenn insbesondere die Weitergabe von Informationen und Know-how innerhalb des Konzerns Gegenstand und Zweck des Einsatzes ist.[4] Die Verschwiegenheitspflicht kann für die Dauer des Bestands des Arbeitsverhältnisses vertraglich erweitert[5] und eingeschränkt werden. Auch ist es zulässig, die Pflicht zur Verschwiegenheit gegenüber Mitarbeitern anderer Unternehmen des Konzerns ausdrücklich zu vereinbaren.[6] Voraussetzung für die Wirksamkeit einer Klausel zur Verschwiegenheit ist deren **Transparenz (§ 307 Abs. 1 S. 2 BGB),** sowie das **berechtigte Interesse des Arbeitgebers an der Geheimhaltung.**[7]

Die Frage, ob die vertragliche Verschwiegenheitspflicht über die Beendigung des Arbeitsverhältnisses hinaus fortbesteht oder zumindest durch Vereinbarung auf diesen Zeitraum erstreckt werden kann, ist umstritten. Nach überwiegender Ansicht ist die Vereinbarung einer **nachwirkenden Verschwiegenheitspflicht** nur in sehr engen Grenzen möglich. Danach könne sich die nachvertragliche Verschwiegenheitspflicht nur auf einzelne, konkret bezeichnete Geheimnisse beziehen.[8] Bei einer unternehmensübergreifenden Tätigkeit eines Arbeitnehmers im Konzern können sich wiederum Fragen hinsichtlich der Reichweite einer nachwirkenden Verschwiegenheits-

22

---

[1] *Windbichler,* Arbeitsrecht im Konzern, 1989, S. 89.
[2] *Windbichler,* Arbeitsrecht im Konzern, 1989, S. 134.
[3] *Windbichler,* Arbeitsrecht im Konzern, 1989, S. 134; aA *Martens,* FS Henschel, S. 237, 251.
[4] *Windbichler,* Arbeitsrecht im Konzern, 1989, S. 135.
[5] MHdB ArbR/*Reichold,* § 48 Rn. 39; Schaub/*Linck,* Arbeitsrechts-Handbuch § 53 Rn. 54; Preis/Reinfeld AuR 1989, 361 (364); *Richters/Wodtke* NZA-RR 2003, 281 (283).
[6] *Windbichler,* Arbeitsrecht im Konzern, 1989, S. 135.
[7] LAG Hamm 5.10.1988 – 15 Sa 1403/88, DB 1989, 783; MHdB ArbR/*Reichold,* § 48 Rn. 39; Schaub/*Linck,* § 53 Rn. 54.
[8] BAG 19.5.1998 – 9 AZR 394/97, AP BGB § 611 Treuepflicht Nr. 11; BAG 15.6.1993 – 9 AZR 558/91, AP BGB § 611 Konkurrenzklausel Nr. 40; MHdB ArbR/*Reichold,* § 48 Rn. 44; Schaub/*Linck,* Arbeitsrechts-Handbuch § 53 Rn. 57; aA BGH 16.11.1954 – 1 ZR 180/53, AP HGB § 60 Nr. 1, wonach eine Aufrechterhaltung der Verschwiegenheitspflicht auf die Zeit nach Beendigung des Arbeitsverhältnisses in besonderen Ausnahmefällen möglich sein soll.

pflicht ergeben. Hinsichtlich der Reichweite eines nachwirkenden Verschwiegenheitspflicht ist auf die Art der Tätigkeit des Arbeitnehmers und auf die Frage abzustellen, ob der Arbeitnehmer im Rahmen seiner Tätigkeit auch für andere Unternehmen des Konzerns tätig war und ihm hierbei aufgrund seiner Eingliederung in den Betrieb des Dritten Geschäfts- und Betriebsgeheimnisse zur Kenntnis gelangt sind. Hinsichtlich der rechtlichen Grenzen kann auf die Grundsätze zur Erstreckung eines nachvertraglichen Wettbewerbsverbotes auf andere Konzernunternehmen abgestellt werden, da die Interessenlage aufgrund der Einschränkung des Arbeitnehmers in seinem beruflichen Fortkommen vergleichbar ist und sich das Verbot hinsichtlich einer Verwertung von Betriebs- und Geschäftsgeheimnissen mit einem nachvertraglichen Wettbewerbsverbot überschneiden kann.[1] Erforderlich ist daher zum einen ein **„berechtigtes Interesse"**, was insbesondere anzunehmen ist, wenn dem Arbeitnehmer aufgrund einer engen wirtschaftlichen Verbundenheit seines Arbeitgebers mit einem anderen Unternehmen des Konzerns Betriebsinterna oder Geschäftsgeheimnisse dieses Konzernunternehmens zur Kenntnis gelangen.[2] Des Weiteren wird man noch als erforderlich erachten müssen, dass die Verbindung zu dem einbezogenen Konzernunternehmen strukturell verfestigt und nicht nur zufällig und vorübergehend ist.[3] Hierbei ist allerdings zu beachten, dass die Vereinbarung im Ergebnis nicht zu einem entschädigungspflichtigen nachvertraglichen Wettbewerbsverbot führt, da dieses dann wiederum entsprechend § 74 Abs. 2 HGB nichtig sein kann.[4]

8. Lohnsteuerrecht, Steuerrecht

23   Werden Leistungen im Konzern nicht vom Vertragsarbeitgeber des Arbeitnehmers, sondern von einem anderen Konzernunternehmen an den Arbeitnehmer gewährt, so stellt sich die Frage, welches Unternehmen in diesem Fall die lohnsteuerrechtlichen Arbeitgeberpflichten zu tragen hat und für die Abführung der Lohnsteuer haftet. Die Lohnsteuer hat grundsätzlich der lohnsteuerrechtliche Arbeitgeber abzuführen. Das ist derjenige, dem gegenüber die Arbeitskraft geschuldet wird. **Lohnsteuerabführungspflichtig ist damit grundsätzlich der Vertragsarbeitgeber,** dh das Konzernunternehmen, mit welchem der Arbeitnehmer den Arbeitsvertrag geschlossen hat. Ein Konzernunternehmen wird nicht dadurch Arbeitgeber, dass es dem Arbeitnehmer eine Leistung gewährt.[5] Auch in diesem Fall bleibt der Vertragsarbeitgeber zur Abführung der auf die Leistung entfallenden Lohnsteuer verpflichtet.[6] Auch in den Fällen, in denen der Arbeitnehmer zB auf der Grundlage einer Entsendung/Abordnung für ein anderes Konzernunternehmen tätig wird, behält der Vertragsarbeitgeber, mit welchem das Stammarbeitsverhältnis besteht, die lohnsteuerrechtliche Arbeitgeberstellung.[7]

24   Für den Fall der **grenzüberschreitenden Arbeitnehmerentsendung** von einem ausländischen Konzernunternehmen an ein inländisches fingiert § 38 Abs. 1 S. 2 EStG

---

[1] Vgl. *Windbichler,* Arbeitsrecht im Konzern, 1989, S. 135.
[2] Vgl. zum nachvertraglichen Wettbewerbsverbot: *Henssler,* Der Arbeitsvertrag im Konzern, S. 177.
[3] Vgl. zum nachvertraglichen Wettbewerbsverbot: *Windbichler,* Arbeitsrecht im Konzern, 1989, S. 131; Bauer/*Diller,* Wettbewerbsverbote Rn. 316.
[4] BAG 19.5.1998 – 9 AZR 394/97, AP BGB § 611 Nr. 11, Treuepflicht; MHdB ArbR/*Reichold,* 2009, § 48 Rn. 44.
[5] Zur Überlassung vergünstigter Aktien, BFH 21.2.1986 – VI R 9/80, BStBl II 86, 768; BFH 4.4. 2006 – VI R 11/03, BStBl II 2006, 668; Küttner/*Seidel,* Konzernarbeitsverhältnis Rn. 22.
[6] Küttner/*Seidel,* Konzernarbeitsverhältnis Rn. 22.
[7] Küttner/*Seidel,* Konzernarbeitsverhältnis Rn. 23; so auch bei Entsendung aus dem Ausland in das Inland: vgl. BFH 11.7.1986 – IV R 163/82, BStBl. II 1987, 300, BFH 4.9.2002 – I R 21/01, BStBl. II 2003, 306, 10.5.2006 – IX R 82/98, BStBl. II 2006, 669.

jedoch den sog. wirtschaftlichen Arbeitgeber.[1] Danach ist für den Lohnsteuerabzug inländischer Arbeitgeber in den Fällen der Arbeitnehmerentsendung auch das in Deutschland ansässige aufnehmende Unternehmen, das den Arbeitslohn für die ihm geleistete Arbeit wirtschaftlich trägt. Voraussetzung hierfür ist nicht, dass der wirtschaftliche Arbeitgeber dem Arbeitnehmer den Arbeitslohn im eigenen Namen und für eigene Rechnung auszahlt. Eine Weiterbelastung des Aufwandes im Konzern ist folglich ausreichend.

25 Bestehen nebeneinander mehrere Arbeitsverhältnisse des Arbeitnehmers mit Konzernunternehmen und bezieht er hieraus gleichzeitig Lohn, so liegt eine Mehrfachbeschäftigung vor.[2] Jedem der Arbeitgeber sind die zum ELStAM-Abruf erforderlichen Mitteilungen seitens des Arbeitnehmers zu machen.[3]

26 Im Fall der erlaubten Arbeitnehmerüberlassung im Konzern (zur erlaubnisfreien Arbeitnehmerüberlassung im Konzern nach § 1 Abs. 3 Nr. 2 AÜG → Teil I Absch 4 A Rn. 14) verbleiben die steuerrechtlichen Arbeitgeberpflichten beim Vertragsarbeitgeber als Verleiher. Dies gilt auch dann, wenn der Entleiher den Lohn direkt an den Arbeitnehmer des Verleihers ausbezahlt (§ 38 Abs. 1 S. 3 EStG).[4]

27 Den Verleiher trifft als Arbeitgeber die Haftung für nicht einbehaltene und abgeführte Lohnsteuer (§ 42d Abs. 1 EStG). Daneben haftet auch der Entleiher für die Lohnsteuer der an ihn überlassenen Arbeitnehmer, mit Ausnahme der Fälle des § 1 Abs. 3 AÜG (§ 42d Abs. 6 S. 1 EStG). § 42d Abs. 6 S. 2 und S. 3 EStG sehen verschiedene Haftungsausschlüsse vor.

28 Zahlt der Entleiher im Fall der unerlaubten Arbeitnehmerüberlassung im eigenen Namen und für eigene Rechnung den gesamten Arbeitslohn an den Leiharbeitnehmer, ist er steuerrechtlich Arbeitgeber.[5] Er haftet dann auch wie ein Arbeitgeber für nicht einbehaltene und abgeführte Lohnsteuer. Eine Erstreckung von § 10 Abs. 1 S. 1 AÜG, wonach im Fall einer unerlaubten Arbeitnehmerüberlassung kraft Gesetzes ein Arbeitsverhältnis mit dem Entleiher zustande kommt, auf den steuerrechtlichen Arbeitgeberbegriff ist nicht möglich.[6]

29 Über die lohnsteuerrechtlichen Fragestellungen hinaus können sich im Rahmen von Arbeitnehmerüberlassungen im Konzern auch Folgen für die Besteuerung der beteiligten Konzerngesellschaften selbst ergeben. Insbesondere wenn die Weiterbelastung der Kosten durch die Konzerngesellschaft, bei der der Arbeitnehmer angestellt ist, an die Konzerngesellschaft, der der Arbeitnehmer überlassen wird, nicht dem zwischen fremden Dritten Üblichen entspricht, besteht das Risiko einer verdeckten Gewinnausschüttung gem. § 8 Abs. 3 S. 2 KStG.[7] Das hat zur Folge, dass zumindest der danach unangemessene Teil nicht als Betriebsausgabe abgezogen werden kann. Die gleiche Fragestellung ergibt sich auch bei der Wahrnehmung der Geschäftsführerfunk-

---

[1] Zum wirtschaftlichen Arbeitgeber nach DBA vgl. BMF, 14.9.2006, Schreiben betr. steuerliche Behandlung des Arbeitslohns nach den Doppelbesteuerungsabkommen, BStBl I 2006, 532, Tz. 4.3.3.
[2] Vgl. hierzu im Einzelnen: Küttner/Seidel, Konzernarbeitsverhältnis Rn. 23, Mehrfachbeschäftigung Rn. 8.
[3] Küttner/Seidel, Mehrfachbeschäftigung Rn. 8.
[4] Küttner/Seidel, Arbeitnehmerüberlassung Rn. 71 ff.
[5] Vgl. hierzu BFH 24.3.1999 – I R 64/98, BeckRS 1999, 24000580; Küttner/Seidel, Arbeitnehmerüberlassung Rn. 73.
[6] BFH 2.4.1982 – VI R 34/79 BeckRS 1982, 22006100; Küttner/Seidel, Arbeitnehmerüberlassung Rn. 73; aA Crezelius DStJG Bd. 9 S. 97 ff.
[7] Vgl. zur verdeckten Gewinnausschüttung allgemein: R 36 KStR; zur grenzüberschreitenden Mitarbeiterentsendung: BMF, 9.11.2001, Schreiben betr. Grundsätze für die Prüfung der Einkunftsabgrenzung zwischen international verbundenen Unternehmen in Fällen der Arbeitnehmerentsendung (Verwaltungsgrundsätze – Arbeitnehmerentsendung), BStBl. I 2001, 796.

tion in mehreren Konzerngesellschaften, wenn nur eine dieser Gesellschaften das Geschäftsführergehalt trägt. Da verdeckte Gewinnausschüttungen grundsätzlich nur an einen Gesellschafter stattfinden können, kommen sie regelmäßig nur in Betracht, wenn entweder ein Verhältnis von Mutter- zu Tochtergesellschaft oder zwischen Schwestergesellschaften (ggf. über mehrere Konzernebenen) besteht.

9. Sozialversicherungsrecht

30   Hinsichtlich des Sozialversicherungsrechts ist bei einer Beschäftigung im Konzern von Bedeutung, welchem Konzernunternehmen die beitrags- und melderechtlichen Arbeitgeberpflichten obliegen. Im Sozialversicherungsrecht ist nach der Rspr. des BSG für die **Arbeitgebereigenschaft** die Tragung des Unternehmerrisikos **und die Lohnzahlungspflicht kennzeichnend.** Die Möglichkeiten der tatsächlichen Einflussnahme treten im Interesse der Rechtsicherheit und Rechtsklarheit im Regelfall zurück.[1] Wird der Arbeitnehmer auf Dauer nur bei einer Konzerngesellschaft beschäftigt, so hat diese Konzerngesellschaft als Arbeitgeberin in die beitrags- und melderechtlichen Arbeitgeberpflichten zu erfüllen. Die Konzernobergesellschaft treffen hier keine Pflichten. Wird ein Arbeitnehmer gleichzeitig bei mehreren Konzernunternehmen beschäftigt, so liegt eine Mehrfachbeschäftigung vor. Schwieriger gestalten sich die Fälle, in denen ein Arbeitnehmer flexibel bei unterschiedlichen Gesellschaften des Konzerns beschäftigt wird. In diesen Fällen ist nach der tatsächlichen Ausgestaltung des jeweiligen Beschäftigungsverhältnisses zu unterscheiden.[2] Wird der Arbeitnehmer nur vorübergehend zur Erledigung bestimmter Aufgaben in einer anderen Konzerngesellschaft eingesetzt und verbleiben die wesentlichen Arbeitgeberpflichten, einschließlich der Pflicht zur Zahlung des Arbeitsentgelts, bei dem Stammarbeitgeber, mit dem der Arbeitsvertrag geschlossen ist, so hat der Stammarbeitgeber auch während der Dauer des Einsatzes bei dem anderen Konzernunternehmen weiterhin die sozialversicherungsrechtlichen Arbeitgeberpflichten zu erfüllen.[3] Sofern die wesentlichen Arbeitgeberpflichten aber nicht mehr vom Stammarbeitgeber, sondern von einer anderen Konzerngesellschaft wahrgenommen werden und der Arbeitnehmer mit dieser Konzerngesellschaft einen Arbeitsvertrag vereinbart, so gehen die sozialversicherungsrechtlichen Arbeitgeberpflichten auf diese Konzerngesellschaft über.[4] Dies gilt auch dann, wenn das Arbeitsverhältnis zum Stammarbeitgeber daneben bestehen bleibt.[5]

31   Im Fall der **erlaubten Arbeitnehmerüberlassung** im Konzern (zur erlaubnisfreien Arbeitnehmerüberlassung im Konzern nach § 1 Abs. 3 Nr. 2 AÜG → Teil I Absch 4 A Rn. 14) obliegen grundsätzlich dem Verleihunternehmen als Arbeitgeber die sozialversicherungsrechtlichen Arbeitgeberpflichten. Für die Erfüllung der Zahlungspflicht des Verleihers haftet der Entleiher wie ein selbstschuldnerischer Bürge, soweit ihm Arbeitnehmer gegen Vergütung zur Arbeitsleistung überlassen worden sind (§ 28e Abs. 2 S. 1 SGB IV). Im Fall der **unerlaubten Arbeitnehmerüberlassung** kommt kraft Gesetzes gemäß § 10 Abs. 1 S. 1 AÜG ein Arbeitsverhältnis mit dem Entleiher zustande. Der Entleiher hat dann als Arbeitgeber auch gemäß § 28e Abs. 1 SGB IV den Gesamtsozialversicherungsbeitrag zu zahlen.[6] Zahlt der Verleiher Arbeitsentgelt an den Leiharbeitnehmer, obwohl der Vertrag unwirksam ist, so hat er auch

---

[1] BSG 26.1.1978 – 2 RU 90/77, DB 1978, 1359; Küttner/*Voelzke,* Konzernarbeitsverhältnis Rn. 26.
[2] Küttner/*Voelzke,* Konzernarbeitsverhältnis Rn. 27.
[3] Küttner/*Voelzke,* Konzernarbeitsverhältnis Rn. 27.
[4] Küttner/*Voelzke,* Konzernarbeitsverhältnis Rn. 28.
[5] Küttner/*Voelzke,* Konzernarbeitsverhältnis Rn. 28.
[6] BSG 25.10.1988 – 12 RK 21/87, BeckRS 1988, 30728285.

den hierauf entfallenden Gesamtsozialversicherungsbeitrag zu zahlen (§ 28e Abs. 2 S. 3 SGB IV). Entleiher und Verleiher gelten in diesem Fall beide als Arbeitgeber und haften insoweit als Gesamtschuldner.

II. Arbeitnehmereinsatz innerhalb des Konzerns

1. Vertragliche Gestaltungsmöglichkeiten im Konzern

Für den Arbeitnehmereinsatz im Konzern kommen **verschiedene vertragliche Gestaltungsmöglichkeiten** in Betracht.[1] Es können nebeneinander Arbeitsverhältnisse mit verschiedenen Konzernunternehmen vereinbart werden. Hierzu wird in der Regel vereinbart, dass das Stammarbeitsverhältnis während der Zeit, in der der Arbeitnehmer auf der Grundlage eines weiteren Arbeitsvertrages für ein anderes Konzernunternehmen tätig ist, ruht (→ Rn. 33). Das Nebeneinander der beiden miteinander verknüpften Arbeitsverhältnisse ist aus vertragsrechtlicher Sicht unproblematisch.[2] Der Vorteil dieser vertraglichen Gestaltung liegt in der Kontinuität der Rechtsbeziehung zum Stammarbeitgeber. Statt einer Ruhensvereinbarung hinsichtlich des Stammarbeitsverhältnisses ist aber auch die Kombination verschiedener Teilzeittätigkeiten im Konzern möglich. Eine andere vertragliche Gestaltungsmöglichkeit ist der dreiseitige Konzernarbeitsvertrag, der zwischen dem entsendenden Konzernunternehmen, dem Arbeitnehmer und dem Beschäftigungsunternehmen geschlossen wird (→ Rn. 36). Der Arbeitnehmer kann aber auch mit mehreren Konzernunternehmen, ggfs. auch durch späteren Vertragsbeitritt eines weiteren Arbeitgebers, eine Vertragsbeziehung eingehen. In diesem Fall spricht man von einem „einheitlichen Arbeitsverhältnis" (→ Rn. 39), wenn der Arbeitsvertrag einen einheitlichen Inhalt hat und auf der Arbeitgeberseite zwei oder mehr Unternehmen beteiligt sind.[3] Die genannten vertraglichen Gestaltungsmöglichkeiten sehen jeweils vor, dass neben dem Arbeitnehmer und dem Arbeitgeber noch ein Dritter unmittelbar oder mittelbar in das Arbeitsverhältnis mit dem Stammarbeitgeber einbezogen ist. Das deutsche Recht sieht keine einheitliche Terminologie für den konzernweiten Einsatz von Arbeitnehmern vor. In der Praxis werden häufig je nach der gewählten vertraglichen Konstruktion die Begriffe Konzernleihe, Entsendung, Delegation, Secondment oder einfach Versetzung verwendet. Teils[4] wird hinsichtlich der Unterscheidung zwischen einer vorübergehenden Beschäftigung und einer dauerhaften Beschäftigung in einem anderen Konzernunternehmen auf die beamtenrechtliche Terminologie und die des kollektiven Arbeitsrechts abgestellt. Danach wird die nur vorübergehende Tätigkeit des Arbeitnehmers in einem anderen Konzernunternehmen als „*Abordnung*" bezeichnet. Für die dauerhafte Tätigkeit in einem anderen Konzernunternehmen wird der Begriff „*Versetzung*" verwendet.

32

a) Zwei Arbeitsverträge mit Ruhensvereinbarung

Der Abschluss von zwei Arbeitsverträgen mit entsprechender Ruhensvereinbarung hinsichtlich des Stammarbeitsverhältnisses ist ein in der Praxis häufig gewähltes Vertragskonstrukt für den vorübergehenden Einsatz eines Arbeitnehmers in einem anderen Konzernunternehmen.

33

---
[1] Hierzu auch *Reiter,* NZA-Beilage 2014, 22 ff.
[2] *Windbichler,* Arbeitsrecht im Konzern, 1989, S. 73.
[3] BAG 27.3.1981 – 7 AZR 523/78, AP BGB § 611 Arbeitgebergruppe Nr. 1.
[4] *Lingemann/Steinau-Steinrück* DB 1999, 2161; *Windbichler,* Arbeitsrecht im Konzern, 1989, S. 115 (116); *Maschmann* RdA 1996, 24 (26).

aa) Inhalt der Vereinbarungen

34 Im Rahmen dieses Vertragskonstrukts schließt der Arbeitnehmer mit seinem Arbeitgeber neben seinem bestehenden Arbeitsvertrag einen **Entsende- oder Abordnungsvertrag,** in welchem die Konditionen der vorübergehenden Entsendung/Abordnung geregelt werden. Daneben schließt der Arbeitnehmer einen weiteren Arbeitsvertrag mit dem Konzernunternehmen, in welches er entsandt/abgeordnet wird.[1] Das Arbeitsverhältnis mit dem Stammhaus besteht während der Dauer der vorübergehenden Entsendung/Abordnung fort. Es wird in der Regel für die Dauer, während der der Arbeitnehmer für das andere Konzernunternehmen tätig ist, ruhend gestellt.[2] Während des Ruhens des Stammarbeitsverhältnisses sind die Hauptleistungspflichten aus dem Stammarbeitsverhältnis suspendiert. Die vertraglichen Nebenpflichten, insbesondere Wettbewerbsverbote, Vertraulichkeits- und Verschwiegenheitsgebote sowie Unterlassungs- und Schutzpflichten, gelten weiterhin.[3] In der vertraglichen Ausgestaltung des ruhend gestellten Arbeitsverhältnisses sind die Vertragsparteien grundsätzlich frei. So wird für den Fall des Bestehens einer Versorgungszusage des Stammarbeitgebers häufig deren Fortführung während des Zeitraums des Ruhens des Stammarbeitsverhältnisses vereinbart. Da der Bestand des Arbeitsverhältnisses durch die Ruhensvereinbarung nicht beeinträchtigt wird, wird die Zeit des Ruhens bei der Dauer des Bestands des Arbeitsverhältnisses mit berücksichtigt. Dies gilt sowohl hinsichtlich der Berechnung der Kündigungsfrist des § 622 Abs. 2 S. 2 BGB[4] als auch hinsichtlich der Wartezeit des § 1 Abs. 1 KSchG, die durch das Ruhen des Stammarbeitsverhältnisses nicht gehemmt wird.[5] Es kann auch die Fortdauer weiterer an das Arbeitsverhältnis geknüpfte Rechtsverhältnisse, wie etwa ein Arbeitgeberdarlehen oder ein Mietvertrag über eine Werkwohnung, in der Ruhensvereinbarung geregelt werden.[6]

bb) Wiederaufleben des ruhend gestellten Arbeitsverhältnisses

35 Das ruhend gestellte Stammarbeitsverhältnis lebt mit seinen Hauptleistungspflichten wieder auf, sobald die Tätigkeit des Arbeitnehmers in dem anderen Konzernunternehmen zB auch durch Rückruf endet.[7] Die Ruhensvereinbarung kann hierzu befristet oder unter er einer auflösenden Bedingung geschlossen werden.[8] Der Arbeitnehmer hat nach seiner Rückkehr in das Stammarbeitsverhältnis einen Anspruch auf vertragsgemäße Beschäftigung entsprechend seines Arbeitsvertrages mit dem Stammarbeitgeber. Ist der Arbeitsplatz des Arbeitnehmers bei seinem Stammarbeitgeber in der Zwischenzeit in Wegfall geraten, so kann der Stammarbeitgeber das Arbeitsverhältnis grundsätzlich betriebsbedingt kündigen. Unter bestimmten Voraussetzungen muss der Stammarbeitgeber aber zuvor eine **konzernweite Weiterbeschäftigung** des Arbeitnehmers in anderen Betrieben des Konzerns versuchen.[9] Hierzu ist der Stammarbeitgeber in bestimmten Ausnahmefällen nach Ansicht des BAG verpflichtet.[10] Ein

---

[1] Vgl. *Lingemann/Steinau-Steinrück* DB 1999, 2161 (2162).
[2] *Windbichler* RdA 1988, 95 (97).
[3] MHdB ArbR/*Blomeyer*, § 51 Rn. 20.
[4] *Windbichler,* Arbeitsrecht im Konzern, 1989, S. 124.
[5] Vgl. BAG 23.9.1976 – 2 AZR 309/75, AP KSchG 1969 § 1 Wartezeit Nr. 1; BAG 6.12.1976 – 2 AZR 470/75, AP KSchG 1969 § 1 Wartezeit Nr. 2; BAG 20.8.1998 – 2 AZR 83/98, AP KSchG § 1 Wartezeit 1969 Nr. 10; APS/*Dörner,* KSchG § 1 Rn. 27.
[6] *Windbichler,* Arbeitsrecht im Konzern, 1989, S. 74.
[7] *Windbichler,* Arbeitsrecht im Konzern, 1989, S. 74.
[8] *Windbichler,* Arbeitsrecht im Konzern, 1989, S. 75, 76.
[9] Zur Frage der konzernweiten Weiterbeschäftigungspflicht: *Fuhlrott/Hoppe* BB 2012, 253 (257 f.).
[10] BAG 14.10.1982 – 2 AZR 568/80, AP KSchG 1969 § 1 Konzern Nr. 1; BAG 23.3.2006 – 2 AZR 162/05, AP KSchG 1969 § 1 Konzern Nr. 13; BAG 18.10.2012 – 6 AZR 41/11, BeckRS 2013, 65449.

solcher Ausnahmefall kann gegeben sein, wenn sich ein anderes Konzernunternehmen zur Übernahme des Arbeitnehmers ausdrücklich bereit erklärt hat oder wenn sich eine solche Verpflichtung unmittelbar aus dem Arbeitsvertrag oder einer sonstigen vertraglichen Abrede ergibt.[1] Auch kann ein Ausnahmefall gegeben sein, wenn der Arbeitnehmer von vornherein für einen bestimmten Bereich des Konzerns eingestellt wurde oder wenn er sich arbeitsvertraglich mit einer Versetzung innerhalb des Konzerns einverstanden erklärt.[2] Voraussetzung einer konzernweiten Weiterbeschäftigungspflicht ist aber auch eine bestimmte rechtliche (zB durch Beherrschungsvertrag) oder tatsächliche Einflussnahmemöglichkeit des Stammarbeitgebers auf die Beschäftigung des Arbeitnehmers in dem anderen Konzernunternehmen.[3] Unter Umständen hat der Arbeitnehmer gegen seinen Stammarbeitgeber aber auch einen Anspruch auf Verschaffung eines Arbeitsplatzes innerhalb des Konzerns, falls der Stammarbeitgeber dem Arbeitnehmer eine Übernahme des Arbeitsverhältnisses durch ein anderes Konzernunternehmen zusagt oder in Aussicht stellt.[4]

b) Dreiseitiger Konzernarbeitsvertrag

Hinsichtlich des Abschlusses eines dreiseitigen Konzernarbeitsvertrages sind auch **verschiedene Fall- und Gestaltungsmöglichkeiten** denkbar. Der dreiseitige Konzernarbeitsvertrag kann zunächst zwischen dem entsendenden Stammarbeitgeber, dem Arbeitnehmer und dem Beschäftigungsunternehmen geschlossen werden. In der vertraglichen Ausgestaltung des dreiseitigen Konzernarbeitsvertrages sind die Vertragsparteien grundsätzlich frei.[5] In der Regel wird auch in dieser Vertragskonstellation vereinbart, dass das Arbeitsverhältnis mit dem Stammarbeitgeber während der Entsendung/Abordnung ruht und dass die Hauptleistungspflichten aus dem Stammarbeitsverhältnis daher während dieser Zeit suspendiert sind. Die Rechte und Pflichten der Vertragsparteien richten sich während des Zeitraums der Entsendung/Abordnung nach dem **dreiseitigen Konzernarbeitsvertrag.** Das ruhende Arbeitsverhältnis mit dem entsendenden Stammarbeitgeber lebt dann wieder auf, sobald die Tätigkeit bei dem Beschäftigungsunternehmen endet, sei es durch Rückruf oder Zeitablauf. Der dreiseitige Konzernarbeitsvertrag wird bei Entsendungen des Arbeitnehmers zu anderen Konzerngesellschaften im Ausland häufig verwendet. **36**

Möglich ist auch, dass die Basis des dreiseitigen Vertrages zunächst ein zweiseitiger Vertrag des Arbeitnehmers mit einer führenden Konzerngesellschaft als Arbeitgeber bildet, und der Vertrag die **Möglichkeit der Versetzung des Arbeitnehmers** zu einem weiteren Arbeitgeber innerhalb des Konzerns vorsieht.[6] Der Arbeitsvertrag muss hierzu daher eine entsprechende Konzernversetzungsklausel vorsehen (zum Inhalt und Zulässigkeit von Konzernversetzungsklauseln → Rn. 54). Die Konzerngesellschaft zu der der Arbeitnehmer versetzt wird, kann dann, wenn sie nicht bereits Vertragspartner des Arbeitsvertrages ist, dem Vertrag beitreten. In diesem Fall sollte in der Konzernversetzungsklausel geregelt sein, dass die Tätigkeit des Arbeitnehmers bei dem anderen Konzernunternehmen auf der vertraglichen Grundlage des Vertragsbeitritts des anderen Konzernunternehmens erfolgt. Folge des Vertragsbeitritts ist, dass auf der Arbeit- **37**

---
[1] BAG 23.3.2006 – 2 AZR 162/05, AP KSchG 1969 § 1 Konzern Nr. 13.
[2] BAG 23.3.2006 – 2 AZR 162/05, AP KSchG 1969 § 1 Konzern Nr. 13.
[3] BAG 21.2.2002 – 2 AZR 749/00, BB 2002, 2335; BAG 24.5.2012 – 2 AZR 250/11 BeckRS 2013, 65579; BAG 18.10.2012 – 6 AZR 41/11, BeckRS 2013, 65449.
[4] Vgl. BAG 23.11.2004 – 2 AZR 24/04, AP KSchG 1969 § 1 Betriebsbedingte Kündigung Nr. 132; BAG 27.11.1991 – 2 AZR 255/91; BAG 18.10.2012 – 6 AZR 41/11, BeckRS 2013, 65449.
[5] Vgl. *Mauer*, Personaleinsatz im Ausland, Rn. 370 ff.
[6] Vgl. *Hümmerich/Reufels*, Gestaltung von Arbeitsverträgen, § 1 Rn. 779.

geberseite zwei Parteien beteiligt sind. Die Aufteilung der Arbeitgeberrechte und -pflichten sollte daher zwischen den beiden Konzernunternehmen geregelt sein, um Unklarheiten zu vermeiden. Gegen die Wirksamkeit des im Arbeitsvertrag vorbehalten Beitritts eines weiteren Konzernunternehmens bestehen keine Bedenken, da der Arbeitnehmer hierdurch nicht schlechter gestellt wird. Insbesondere erhält er zwei Konzernunternehmen als Vertragspartner, die ihm gesamtschuldnerisch für seine Ansprüche aus dem Arbeitsverhältnis haften.

38 Schließlich kann der Arbeitnehmer **bereits bei Abschluss des Arbeitsvertrages** mit einem Konzernunternehmen sich dazu bereit erklären, zu einem späteren Zeitpunkt eine Willenserklärung hinsichtlich der Vereinbarung eines dreiseitigen Übernahmevertrages mit einem anderen Konzernunternehmen abzugeben. Er verpflichtet sich dann bereits bei Abschluss des Arbeitsvertrages zu einer Vertragsübernahme durch ein anderes Konzernunternehmen. Teilweise wird der dreiseitige Übernahmevertrag als nach § 138 Abs. 1 BGB nichtig angesehen, da der Arbeitnehmer auf ungewisse Dauer an sein Angebot zum Wechsel des Arbeitgebers gebunden sei.[1]

c) Einheitliches Arbeitsverhältnis

39 Im Rahmen der vertraglichen Gestaltung des Arbeitsverhältnisses innerhalb des Konzerns ist es auch möglich, dass auf der Arbeitgeberseite des Arbeitsvertrages **zwei oder mehr Unternehmen beteiligt** sind. Dies kann von Anfang an so im Arbeitsvertrag vereinbart sein oder durch späteren Vertragsbeitritt eines weiteren Arbeitgebers erfolgen.[2] Auch in Matrixstrukturen[3] ist das Vorliegen eines einheitlichen Arbeitsverhältnisses grundsätzlich möglich (→ im Einzelnen Rn. 64). Ein einheitliches Arbeitsverhältnis ist anzunehmen, wenn nach dem Willen der Vertragsparteien die Regelungen des Arbeitsvertrages nur gemeinsam gelten sollen und auf der Arbeitgeberseite zwei oder mehr Unternehmen beteiligt sind.[4] Die Vereinbarungen des Arbeitsvertrages müssen derart voneinander abhängen, dass sie miteinander „stehen und fallen" sollen.[5] Der Wille des Arbeitnehmers, das Arbeitsverhältnis mit mehreren Unternehmen einzugehen, muss sich aus dem Arbeitsvertrag und dessen tatsächlicher Durchführung ergeben. Hierbei ist es jedoch ausreichend, dass nur **einer der Vertragspartner den Willen zu einem einheitlichen Arbeitsverhältnis hatte,** sofern dieser Wille dem anderen Vertragspartner erkennbar war und von ihm gebilligt oder zumindest hingenommen wurde.[6] Es ist nicht Voraussetzung, dass zwischen den beteiligten Unternehmen eine gesellschaftsrechtliche Beziehung besteht, sie einen gemeinsamen Betrieb führen oder den Arbeitsvertrag gemeinsam abschließen.[7] Der Umstand, dass beide Arbeitgeber als Gesamtschuldner für die Vergütung haften, kann bedeutsames Indiz für den Willen zur Vereinbarung eines einheitlichen Arbeitsverhältnisses sein.[8] Die Fälle eines einheitlichen Arbeitsverhältnisses dürften in der Praxis eher selten sein. Probleme können sich für die beteiligten Arbeitgeber ergeben, wenn sich bei diesen Differenzen hinsichtlich ihrer jeweiligen Arbeitgeberstellung ergeben. Für den Arbeitnehmer dürften sich hingegen regelmäßig keine besonderen Probleme aufgrund des einheitlichen

---

[1] *Maschmann* RdA 1996, 24 (39).
[2] BAG 27.3.1981 – 7 AZR 523/78, AP BGB § 611 Arbeitgebergruppe Nr. 1; zum einheitlichen Arbeitsverhältnis: ErfK/*Preis,* BGB § 611 Rn. 191.
[3] Hierzu: *Wisskirchen/Bissels* DB 2007, 340 (341).
[4] BAG 27.3.1981 – 7 AZR 523/78, AP BGB § 611 Arbeitgebergruppe Nr. 1.
[5] BAG 27.3.1981 – 7 AZR 523/78, AP BGB § 611 Arbeitgebergruppe Nr. 1.
[6] BAG 27.3.1981 – 7 AZR 523/78, AP BGB § 611 Arbeitgebergruppe Nr. 1.
[7] BAG 27.3.1981 – 7 AZR 523/78, AP BGB § 611 Arbeitgebergruppe Nr. 1.
[8] Vgl. BAG 27.3.1981 – 7 AZR 523/78, AP BGB § 611 Arbeitgebergruppe Nr. 1; *Wisskirchen/Bissels* DB 2007, 340 (341); *Grosjean* DB 2004, 2422 (2423).

Arbeitsverhältnisses ergeben.[1] Insbesondere die Kündigung des „einheitlichen Arbeitsverhältnisses" kann sich als problematisch erweisen, da es ggf. nur einheitlich von sämtlichen beteiligten Arbeitgebern gekündigt werden kann und die Kündigung zudem zu allen Arbeitgebern gerechtfertigt sein muss.[2]

2. Konzernversetzungs- und Abordnungsklauseln im Arbeitsvertrag

Aus Sicht eines Konzernunternehmens besteht häufig, insbesondere bei Führungskräften und Arbeitnehmern mit besonderer Spezialisierung, ein Interesse, diese flexibel auch in anderen Unternehmen des Konzerns einzusetzen. Es sind **verschiedene Gestaltungsmöglichkeiten** denkbar. Der Arbeitnehmer kann von vornherein für einen bestimmten Konzernbereich (Zur Beschäftigung in einer Matrixstruktur (→ Rn. 61) eingestellt werden. Möglich ist auch, dass ein Arbeitnehmer mehrere Arbeitsverhältnisse mit verschiedenen Konzernunternehmen begründet und diese Arbeitsverhältnisse durch vertragliche Gestaltung zueinander in Verbindung gesetzt werden. Auch hierbei sind wiederum verschiedene vertragliche Gestaltungsmöglichkeiten (→ Rn. 32) denkbar. 40

Um den Arbeitnehmereinsatz innerhalb des Konzerns flexibel zu gestalten, wird in Arbeitsverträgen von Konzernunternehmen häufig ein Konzernversetzungsvorbehalt vereinbart, der es dem Konzernunternehmen ermöglichen soll, den Arbeitnehmer einseitig zur Ausübung vergleichbarer Tätigkeiten auch in anderen Unternehmen des Konzerns einzusetzen. Bei einer Konzernversetzungsklausel beschränkt sich das vorbehaltene Versetzungsrecht somit nicht auf die Versetzung in einen anderen Betrieb des Arbeitgebers. Das Versetzungsrecht wird vielmehr um die Versetzung des Arbeitnehmers **auch in andere Unternehmen des Konzerns** erweitert. Die Vereinbarung eines Konzernversetzungsvorbehalts im Arbeitsvertrag ist in Fällen, in denen der Arbeitgeber den flexiblen Einsatz des Arbeitnehmers im Konzern beabsichtigt, auch erforderlich, da der Arbeitnehmer **nicht kraft des arbeitgeberseitigen Direktionsrechts** einseitig gezwungen werden kann, in einem anderen Unternehmen des Konzern tätig zu werden.[3] Eine Änderungskündigung kommt für die Versetzung des Arbeitnehmers in ein anderes Konzernunternehmen ebenfalls nicht in Betracht, da es in der Regel an dem betrieblichen Interesse des Stammarbeitgebers mangelt.[4] Die Änderungskündigung würde im Übrigen zudem voraussetzen, dass der Arbeitgeber, bei welchem der Arbeitnehmer aufgrund der Änderungskündigung beschäftigt werden soll, ein bindendes Änderungsangebot abgibt. 41

Das BAG hat sich zur Zulässigkeit von Konzernversetzungsklausel nach der durch die Schuldrechtsreform eingeführten AGB-Kontrolle bislang nicht geäußert. In seinem Urteil vom 13.4.2010 hat es die Zulässigkeit solcher Klauseln offen gelassen.[5] 42

Hinsichtlich der vertraglichen Gestaltung des Konzernversetzungsvorbehalts sind in der Praxis zwei Klauseltypen zu unterscheiden. Der eine erfasst die **nur vorübergehende und der andere die dauerhafte Versetzung** in ein anderes Konzernunternehmen. Zum Teil[6] wird hinsichtlich der Unterscheidung zwischen einer vorüber- 43

---

[1] *Windbichler,* Arbeitsrecht im Konzern, 1989, S. 71.
[2] BAG 27.3.1981 – 7 AZR 523/78, AP BGB § 611 Arbeitgebergruppe Nr. 1; ErfK/*Oetker,* KSchG § 1 Rn. 286; *Windbichler,* Arbeitsrecht im Konzern, 1989, S. 71; KR/*Griebeling,* § 1 KSchG Rn. 591; hierzu auch *Lange,* NZA 2012, 1121 (1123).
[3] LAG Hamm 11.12.2008 – 11 Sa 817/08, BeckRS 2009, 53973; Preis/*Preis,* Der Arbeitsvertrag, II D 30, Rn. 212; *Windbichler,* Arbeitsrecht im Konzern, 1989, S. 95.
[4] *Windbichler,* Arbeitsrecht im Konzern, 1989, S. 95 und 77 f.
[5] BAG 13.4.2010 – 9 AZR 36/09, AP BGB § 307 Nr. 45.
[6] Vgl. Preis/*Preis,* Der Arbeitsvertrag, II D 30 Rn. 217; *Lingemann/Steinau-Steinrück* DB 1999, 2161; *Windbichler,* Arbeitsrecht im Konzern, 1989, S. 115, 116; *Maschmann* RdA 1996, 24 (26).

gehenden Beschäftigung und einer dauerhaften Beschäftigung in einem anderen Konzernunternehmen auf die beamtenrechtliche Terminologie und die des kollektiven Arbeitsrechts abgestellt. Danach wird die nur vorübergehende Tätigkeit des Arbeitnehmers in einem anderen Konzernunternehmen als *„Abordnung"* oder auch *„Entsendung"* bezeichnet. Für die dauerhafte Tätigkeit in einem anderen Konzernunternehmen wird der Begriff *„Versetzung"* verwendet (zum Inhalt und Zulässigkeit der Klauseltypen → Rn. 50 ff.).

a) Erweiterung des Direktionsrechts

44   Die Vereinbarung eines Konzernversetzungsvorbehalts im Arbeitsvertrag hat zur Folge, dass das arbeitgeberseitige Direktionsrecht erweitert wird. Aufgrund der Vereinbarung eines Konzernversetzungsvorbehalts kann der Arbeitgeber einseitig eine Versetzung in ein anderes Konzernunternehmen anordnen.[1] Auch das aufgrund des Konzernversetzungsvorbehalts geltende erweiterte Direktionsrecht muss allerdings **nach billigem Ermessen (§ 106 GewO)** ausgeübt werden.[2] Es ist daher eine Interessenabwägung gem. § 106 GewO durchzuführen. Die Wahrung billigen Ermessens setzt voraus, dass die wesentlichen Umstände des Falles abgewogen und die beiderseitigen Interessen angemessen berücksichtigt werden.[3] Ist ein Tarifvertrag anwendbar und regelt dieser die Ausübung des Direktionsrechts abschließend, so richtet sich die Zulässigkeit der konkreten Leistungsbestimmung ausschließlich nach den tarifvertraglichen Regelungen und nicht nach § 106 GewO.[4]

45   Da der Arbeitnehmer mit Abschluss des Arbeitsvertrages der Konzernversetzungsklausel und somit seiner Versetzung auch in andere Konzernunternehmen zugestimmt hat, ist eine weitere Zustimmung des Arbeitnehmers im Fall der Ausübung des Direktionsrechts nicht erforderlich.[5]

b) Vorübergehende Abordnung bzw. Entsendung

46   Sieht der Arbeitsvertrag eine sog. Abordnungs- oder Entsendeklausel vor, so ist der Arbeitgeber aufgrund des erweiterten Direktionsrechts berechtigt, den Arbeitnehmer vorübergehend in einem anderen Unternehmen des Konzerns zu beschäftigen. Die nur vorübergehende Beschäftigung in einem anderen Unternehmen des Konzerns hat **keinen Arbeitgeberwechsel** zur Folge. Der Stammarbeitgeber bleibt der Vertragspartner des Arbeitnehmers.[6] Er bleibt daher Lohnschuldner, auch wenn die Arbeitsleistung gegenüber einem anderen Konzernunternehmen erbracht wird. Das Direktionsrecht wird während der Dauer der Abordnung durch das Konzernunternehmen ausgeübt, in welches der Arbeitnehmer abgeordnet wurde.[7] Dogmatisch handelt es sich somit um eine Arbeitnehmerüberlassung.

47   Sind die Arbeitsvertragsparteien beiderseits tarifgebunden oder findet ein Arbeitsvertrag kraft arbeitsvertraglicher Inbezugnahme Anwendung, so gelten die Regelun-

---

[1] Preis/*Preis*, Der Arbeitsvertrag, II D 30, Rn. 216.
[2] *Maschmann* RdA 1996, 24 (28); *Windbichler*, Arbeitsrecht im Konzern, 1989, S. 94; *Schüren/Hamann*, AÜG § 1 Rn. 520.
[3] Siehe ua BAG 15.12.1976 – 5 AZR 600/75, AP BGB § 611 Arzt-Krankenhaus-Vertrag Nr. 3; BAG 7.12.2000 – 6 AZR 444/99, AP BGB § 611 Direktionsrecht Nr. 61; BAG 23.9.2004 – 6 AZR 567/03, AP § 611 BGB Direktionsrecht Nr. 64.
[4] BAG 14.1.2009 – 5 AZR 75/08, AP BGB § 315 Nr. 88; BAG 22.5.1985 – 4 AZR 427/83, AP TVG § 1 Tarifvertrag-Bundesbahn Nr. 7; LAG Schleswig-Holstein 30.12.1998 – 4 Sa 365/98, Preis/*Preis*, Der Arbeitsvertrag, II D 30 Rn. 223, 27 mwN.
[5] *Schüren/Hamann*, AÜG § 1 Rn. 520; so wohl auch *Thüsing/Waas*, AÜG § 1 Rn. 201.
[6] Preis/*Preis*, Der Arbeitsvertrag, II D 30 Rn. 218; *Maschmann* RdA 1996, 24 (26).
[7] Vgl. Preis/*Preis*, Der Arbeitsvertrag, II D 30 Rn. 219, mwN.

gen dieses Tarifvertrages auch während der Dauer der Abordnung. Dies gilt auch dann, wenn die Bedingungen dieses Tarifvertrages für den Arbeitnehmer schlechter sind.[1]

Eine **vorübergehende Überlassung** ist dann anzunehmen, wenn von der Rückkehr des Arbeitnehmers zu seinem Stammarbeitgeber auszugehen ist und der Einsatz des Arbeitnehmers in dem anderen Konzernunternehmen somit nicht als endgültig geplant ist.[2] Ist die Rückkehr des Arbeitnehmers daher von Anfang an geplant oder sogar ausdrücklich geregelt, so ist unabhängig von der Dauer der Versetzung von einem nur vorübergehenden Einsatz auszugehen. Dies ist in der Regel anzunehmen, wenn das Arbeitsverhältnis mit dem Stammarbeitgeber ruhend gestellt wurde oder der Einsatz in dem anderen Konzernunternehmen befristet ist.[3] Auch die Art der Tätigkeit und der Grund der Abordnung kann für die Beurteilung der Frage des vorübergehenden Einsatzes herangezogen werden.[4] **48**

Umgekehrt ist unabhängig von der Dauer dann von einem dauerhaften Einsatz auszugehen, wenn das Band zum Stammarbeitgeber gänzlich gelöst wird.[5] Dies ist insbesondere anzunehmen, wenn der Arbeitsplatz des Arbeitnehmers bei seinem Stammarbeitgeber abgebaut wird. Ist unter Berücksichtigung sämtlicher Umstände des Einzelfalles, insbesondere nach der gesamten Gestaltung und Durchführung der Vertragsbeziehung, davon auszugehen, dass der Schwerpunkt des Arbeitsverhältnisses dauerhaft auf das andere Konzernunternehmen übergegangen ist, so ist ein dauerhafter Einsatz und somit eine Versetzung anzunehmen.[6] Ein dauerhafter Übergang des Schwerpunktes des Arbeitsverhältnisses auf das andere Konzernunternehmen ist anzunehmen, wenn der Arbeitnehmer in dem anderen Konzernunternehmen Aufgaben wahrnimmt, die eine Befristung des Arbeitsverhältnisses bei einem neu eingestellten Arbeitnehmer nicht rechtfertigen könnten.[7] **49**

aa) Inhalt

Die nachfolgende Klausel regelt die vorübergehende Entsendung/Abordnung in ein anderes Konzernunternehmen. Sie hat daher keinen Arbeitgeberwechsel zum Ziel. Die Arbeitsleistung wird lediglich bei einem anderen Konzernunternehmen erbracht. Es werden nur die Arbeitgeberrechte, insbesondere das Direktionsrecht, einem anderen Unternehmen des Konzerns überlassen. **50**

> *„Der Arbeitnehmer ist verpflichtet,* **vorübergehend** *auch Tätigkeiten, die seinen Fähigkeiten und Kenntnissen entsprechen, in einem anderen zum X-Konzern/zur Y-Gruppe gehörenden Unternehmen zu erbringen. Eine solche Abordnung hat auf die Vergütung keinen Einfluss."*[8] **51**

bb) Zulässigkeit

Das BAG hat sich zur Zulässigkeit von Konzernversetzungsklauseln nach der durch die Schuldrechtsreform eingeführten AGB-Kontrolle bislang nicht geäußert. Der in einer Abordnungs- oder Entsendeklausel geregelte Konzernversetzungsvorbehalt, wonach der Arbeitnehmer vorübergehend in einem anderen Konzernunternehmen ein- **52**

---

[1] BAG 18.6.1997 – 4 AZR 699/95, AP TVG § 1 Tarifverträge: Lufthansa Nr. 24; LAG Köln 9.10. 1997 – 10 Sa 234/97, BeckRS 1997, 30771377; Preis/*Preis*, Der Arbeitsvertrag, II D 30 Rn. 224.
[2] BAG 5.5.1988 – 2 AZR 795/87, AP AÜG § 1 Nr. 8; vgl. *Rüthers/Bakker* ZfA 1990, 245 (299).
[3] *Windbichler*, Arbeitsrecht im Konzern, 1989, S. 115.
[4] *Windbichler*, Arbeitsrecht im Konzern, 1989, S. 115.
[5] *Maschmann* RdA 1996, 24 (26); *Windbichler*, Arbeitsrecht im Konzern, 1989, S. 115.
[6] *Maschmann* RdA 1996, 24 (26); *Hoyningen-Huene/Boemke*, Die Versetzung, S. 217.
[7] BAG 21.3.1990 – 7 AZR 198/89, AP AÜG § 1 Nr. 15; *Maschmann* RdA 1996, 24 (26); *v. Hoyningen-Huene/Boemke*, Die Versetzung, S. 217.
[8] Preis/*Preis*, Der Arbeitsvertrag, II D 30 Rn. 217.

gesetzt werden kann, ist zulässig.¹ Das erweiterte Direktionsrecht des Arbeitgebers muss allerdings nach billigem Ermessen (§ 106 GewO) ausgeübt werden (→ Rn. 44).

53 Zum Teil werden gegen die Zulässigkeit von Konzernversetzungsklauseln Bedenken erhoben. In jedem Fall sei ein Versetzungsgrund in den Arbeitsvertrag aufzunehmen und zu regeln, dass die Versetzung nur auf eine gleichwertige Position erfolgen dürfe.² Nach Ansicht des LAG Hamm ist eine Klausel, in der sich der Arbeitgeber den Einsatz des Arbeitnehmers an einem weit entfernten Arbeitsort im In- und Ausland vorbehält, wegen unangemessener Benachteiligung unwirksam, wenn in der Klausel keine ausreichende Ankündigungsfrist festgelegt ist.³ In jedem Fall sollten bei Verwendung von Konzernversetzungsklauseln deren Vor- und Nachteile abgewägt werden. Die Verwendung von Konzernversetzungsklauseln bietet dem Arbeitgeber zwar einerseits mehr Flexibilität hinsichtlich des Einsatzes des Arbeitnehmers im Konzern, sie kann jedoch andererseits auch dazu führen, dass die Kündigung eines Arbeitnehmers aufgrund einer ggfs. konzernbezogenen Weiterbeschäftigungspflicht wesentlich erschwert wird.⁴

c) Dauerhafte Versetzung

54 Im Gegensatz zur Abordnung bzw. Entsendung, die nur einen vorübergehenden Einsatz in einem anderen Konzernunternehmen zum Gegenstand hat, erfolgt bei der Versetzung ein **konzerninterner Arbeitgeberwechsel.** Das Vertragsverhältnis zum Stammarbeitgeber, der den Arbeitnehmer in ein anderes Konzernunternehmen versetzt, wird hier beendet.⁵ Der nachträgliche Arbeitgeberwechsel durch Vereinbarung einer Konzernversetzungsklausel kann auf zwei unterschiedlichen Wegen herbeigeführt werden. Es kann das bestehende Arbeitsverhältnis beendet und anschließend ein neues Arbeitsverhältnis mit dem aufnehmenden Konzernunternehmen begründet werden („Beendigungs-/Neubegründungsmodell"). Es kann aber auch nur der Arbeitgeber des Arbeitsvertrages ausgewechselt werden („Vertragsübernahmemodell").⁶ Von einer Vertragsübernahme ist regelmäßig auszugehen, wenn die Arbeitsvertragsbedingungen auch nach dem Wechsel im Wesentlichen unverändert fortgelten sollen und lediglich der Arbeitgeber ausgetauscht wird. Sollen sich hingegen auch die Arbeitsbedingungen im Rahmen des Wechsels zu dem anderen Konzernunternehmen ändern, so ist eine Beendigung und Neubegründung des Arbeitsverhältnisses anzunehmen.

55 Bei einer Konzernversetzungsklausel im Beendigungs-/Neubegründungsmodell ist zudem zwischen Klauseln mit deklaratorischem und Klauseln mit konstitutivem Inhalt zu unterscheiden.⁷ Eine Klausel mit rein deklaratorischem Inhalt liegt vor, wenn die Versetzung des Arbeitnehmers nur mit dessen Einverständnis erfolgen kann. Bei einer Konzernversetzungsklausel mit konstitutivem Inhalt soll sich der Wechsel des Arbeitnehmers hingegen ohne dessen Mitwirkung oder ohne eine Kündigung durch den Stammarbeitgeber, und somit ipso iure vollziehen.⁸ Dogmatisch handelt es sich im

---

¹ Vgl. BAG 18.6.1997 – 4 AZR 699/95, AP TVG § 1 Tarifverträge: Lufthansa Nr. 24; Preis/*Preis*, Der Arbeitsvertrag, II D 30 Rn. 220 mwN.
² *Dzida/Schramm* BB 2007, 1221 (1227).
³ LAG Hamm 11.12.2008 – 11 Sa 817/08, BeckRS 2009, 53973.
⁴ Preis/*Preis*, Der Arbeitsvertrag, II D 30 Rn 242; zur konzernbezogenen Weiterbeschäftigungspflicht: BAG 23.3.2006 – 2 AZR 162/05, AP KSchG 1969 § 1 Konzern Nr. 13; BAG 18.10.2012 – 6 AZR 41/11, BeckRS 2013, 65449; hierzu auch *Fuhlrott/Hoppe* BB 2012, 253 (258).
⁵ *Maschmann* RdA 1996, 24 (26); *Windbichler*, Arbeitsrecht im Konzern, 1989, S. 115.
⁶ *Maschmann* RdA 1996, 24 (32); *Windbichler*, Arbeitsrecht im Konzern, 1989, S. 95 ff.
⁷ *Maschmann* RdA 1996, 24 (36).
⁸ *Maschmann* RdA 1996, 24 (36).

letztgenannten Fall um einen auflösend bedingten Arbeitsvertrag mit dem Stammarbeitgeber oder einen auf diesen Arbeitsvertrag bezogenen aufschiebend bedingten Aufhebungsvertrag.[1]

aa) Inhalt

Bei der nachfolgenden Klausel findet im Gegensatz zur nur vorübergehenden Abordnung/Entsendung ein konzerninterner Arbeitgeberwechsel statt:

56

„a) Wir behalten uns vor, Sie innerhalb unseres Gesamtunternehmens, dh auch bei angeschlossenen Gesellschaften und Werken innerhalb Deutschlands, in einer anderen Ihrer Vorbildung und Ihren Fähigkeiten entsprechenden Stellung mit gleichen Bezügen und Vertragsbedingungen zu beschäftigen und Sie in ein anderes mit uns verbundenes Unternehmen zu versetzen. Außer bei dringenden betrieblichen Notwendigkeiten werden wir hierbei eine Ankündigungsfrist beachten, die Ihrer vertraglichen Kündigungsfrist entspricht. Vertragspartner wird dann allein das aufnehmende Unternehmen.

b) Der Mitarbeiter ist damit einverstanden, eine vergleichbare Tätigkeit zu denselben Vertragsbedingungen auch im Dienste einer anderen zur X-Gruppe gehörenden Gesellschaft auszuüben. Für die Dauer der Tätigkeit bei der anderen Gesellschaft tritt der Mitarbeiter in ein unmittelbares Dienstverhältnis zu dieser."[2]

Bei Vereinbarung einer Konzernversetzungsklausel, die auf einen Arbeitgeberwechsel gerichtet ist, sind zudem von vornherein ggfs. weitere Regelungen im Hinblick auf den Arbeitgeberwechsel in den Arbeitsvertrag mit aufzunehmen. Dies können beispielsweise Regelungen hinsichtlich des Ausgleichs bei einer Verschlechterung der Arbeitsbedingungen, hinsichtlich der Fortführung einer betrieblichen Altersversorgung und sonstiger Sozialleistungen (zB Jubiläumsgelder), hinsichtlich der Wiedereinstellung des Arbeitnehmers oder hinsichtlich der Anrechnung von Beschäftigungszeiten beim Stammarbeitgeber umfassen.[3]

57

bb) Zulässigkeit

Das BAG hat sich zur Zulässigkeit von Konzernversetzungsklauseln, die auf einen Arbeitgeberwechsel gerichtet sind, nach der durch die Schuldrechtsreform eingeführten AGB-Kontrolle bislang nicht geäußert. Die Einstellung eines Arbeitnehmers für den Konzernbereich und ein Einverständnis mit der Versetzung innerhalb des Konzerns sollen jedoch grundsätzlich möglich sein.[4]

58

Zutreffend werden auch Konzernversetzungsklauseln, die auf einen Arbeitgeberwechsel innerhalb des Konzerns gerichtet sind, im Hinblick auf die Vorteile des Arbeitnehmers hinsichtlich seiner kündigungsrechtlichen Stellung sowie der Besonderheiten des Arbeitsrechts als grundsätzlich zulässig erachtet.[5]

59

Strittig ist auch, ob bei Konzernversetzungsklauseln, die auf einen Arbeitgeberwechsel gerichtet sind, § 309 Nr. 10 Buchst. a BGB zu beachten ist mit der Folge, dass die

60

---

[1] *Maschmann* RdA 1996, 24 (36).
[2] Preis/*Preis*, Der Arbeitsvertrag, II D 30 Rn. 224, der die Regelung für nicht geeignet hält.
[3] Preis/*Preis*, Der Arbeitsvertrag, II D 30 Rn. 227.
[4] BAG 23.3.2006 – 2 AZR 162/05, AP KSchG 1969 § 1 Konzern Nr. 13; BAG 23.11.2004 – 2 AZR 24/04, NZA 2005, 929 ff.
[5] *Lingemann/Steinau-Steinrück* DB 1999, 2161 (2162); *Karamarias* RdA 1983, 353 (358 f.); *Konzen* RdA 1984, 65 (73); MHdB ArbR/*Schüren*, § 319 Rn. 4 mwN; *Rüthers/Bakker* ZfA 1990, 245 (260); aA: *v. Hoyningen-Huene/Boemke*, Die Versetzung, S. 218; *Maschmann* RdA 1994, 24 (35 ff.); grundsätzlich abratend Preis/*Preis*, Der Arbeitsvertrag, II D 30 Rn. 225 ff.

Unternehmen, in die die Versetzung vorbehalten wird, im Einzelnen in der Konzernversetzungsklausel aufzuführen sind.[1]

III. Arbeitnehmereinsatz in Matrixstrukturen[2]

61   Der Arbeitnehmereinsatz innerhalb einer unternehmensübergreifenden Matrixstruktur[3] zeichnet sich dadurch aus, dass der Arbeitnehmer aufgrund seiner Position und Aufgaben innerhalb des Konzerns über die Unternehmensgrenzen hinweg tätig wird und seine Arbeitsleistung in der Regel nicht dem Anstellungsunternehmen, sondern anderen Konzernunternehmen zugutekommt. Folge hiervon ist, dass fachliche und disziplinarische Führung des Arbeitnehmers getrennt erfolgen.[4] Die Tätigkeit innerhalb einer Matrixstruktur erfolgt oft ortsungebunden. Die Weisungs- und Berichtswege verlaufen innerhalb der Matrixstruktur und nicht im Anstellungsunternehmen, mit dem, insbesondere auf der Führungsebene und bei leitenden Positionen einer Matrixstruktur, häufig nur der Arbeitsvertrag besteht, ohne dass der Arbeitnehmer arbeitsorganisatorisch in dieses eingegliedert ist.

1. Übertragung des Direktionsrechts

62   Ist der Arbeitnehmer in einer unternehmensübergreifenden Matrixstruktur tätig, so steht das arbeitgeberseitige Direktionsrecht nicht zwangsläufig auch der Matrixleitung eines anderen Konzernunternehmens, mit dem der Arbeitnehmer keinen Arbeitsvertrag vereinbart hat, zu. Der Arbeitnehmer ist, soweit nichts anderes arbeitsvertraglich vereinbart ist, nur gegenüber seinem Arbeitgeber zur Erbringung der Arbeitsleistung verpflichtet. Vertragsarbeitgeber ist derjenige, der die Arbeitsleistung des Arbeitnehmers kraft des arbeitgeberseitigen Direktionsrechts fordern kann.[5] Der Umstand, dass der Arbeitnehmer im Rahmen einer Matrixstruktur innerhalb eines Konzerns unternehmensübergreifend tätig ist, ändert hieran nichts. Auch im Fall des Einsatzes innerhalb einer unternehmensübergreifenden Matrixstruktur ist das **arbeitgeberseitige Direktionsrecht** gemäß § 613 S. 2 BGB **im Zweifel nicht übertragbar**.[6] Ohne das Einverständnis des Arbeitnehmers bzw. abweichende arbeitsvertragliche Regelung kann das arbeitgeberseitige Weisungsrecht nicht auf die Matrixleitung eines anderen Unternehmens des Konzerns übertragen werden (→ Rn. 7).[7] Die Konzernleitungsmacht der Konzernobergesellschaft räumt dieser ebenfalls kein arbeitsrechtliches Weisungsrecht gegenüber den Arbeitnehmern der konzernabhängigen Unternehmen ein.[8] Dies gilt auch für die Fälle, in denen die Matrixleitung in der Konzernobergesellschaft aufgehängt ist.

63   Ist der Arbeitnehmer aufgrund seines Arbeitsvertrages für einen bestimmten unternehmensübergreifenden Konzernbereich eingestellt, so ist er bereits aufgrund seines Arbeitsvertrages verpflichtet, auch für andere Unternehmen des Konzerns tätig zu werden. In diesem Fall ist es daher auch dem Vertragsarbeitgeber gestattet, das arbeit-

---

[1] Für eine Anwendung: *Hümmerich/Reufels/Schiefer,* Gestaltung von Arbeitsverträgen, § 1 Rn. 3345; PdSR/*Henssler* § 310 Rn. 19; dagegen wegen arbeitsrechtlicher Besonderheiten: ErfK/*Preis,* BGB § 310 Rn. 86; HWK/*Gotthardt,* BGB § 309 Rn. 13.
[2] Hierzu umfassend *Maywald,* Der Einsatz von Arbeitnehmern in Matrixstrukturen multinationaler Konzerne.
[3] Zum Begriff der Matrixstruktur *Kort* NZA 2013, 1318 ff.
[4] *Kort* NZA 2013, 1318 (1319).
[5] Vgl. BAG 9.9.1982 – 2 AZR 253/80, AP BGB § 611 Hausmeister Nr. 1.
[6] *Lange* NZA 2013, 1326 (1329).
[7] *Lange* NZA 2013, 1326 (1329); aA *Bauer/Herzberg* NZA 2011, 713 (715).
[8] MHdB ArbR/*Richardi,* § 23 Rn. 24.

geberseitige Weisungsrecht der Matrixleitung eines anderen Konzernunternehmens zu übertragen. Gleiches gilt für den Fall, dass der Arbeitgeber sich arbeitsvertraglich den konzernweiten Einsatz des Arbeitnehmers innerhalb einer Matrixstruktur und die Übertragung des arbeitgeberseitigen Weisungsrechts auf die Matrixleitung eines anderen Konzernunternehmens vorbehalten hat. In diesem Fall wird lediglich das arbeitgeberseitige Direktionsrecht auf die Matrixleitung eines anderen Konzernunternehmens übertragen. Ein Wechsel des Arbeitgebers ist hiermit nicht verbunden.

2. Einheitliches Arbeitsverhältnis

Auch in Matrixstrukturen ist das Vorliegen eines einheitlichen Arbeitsverhältnisses grundsätzlich möglich. Ein einheitliches Arbeitsverhältnis ist anzunehmen, wenn nach dem Willen der Vertragsparteien die Regelungen des Arbeitsvertrages nur gemeinsam gelten sollen und auf der Arbeitgeberseite zwei oder mehr Unternehmen beteiligt sind.[1] Die Vereinbarungen des Arbeitsvertrages müssen derart voneinander abhängen, dass sie **miteinander stehen und fallen sollen**.[2] Der Wille des Arbeitnehmers, das Arbeitsverhältnis mit mehreren Unternehmen einzugehen muss sich aus dem Arbeitsvertrag und dessen tatsächlicher Durchführung ergeben. Es ist nicht Voraussetzung eines einheitlichen Arbeitsverhältnisses, dass zwischen den beteiligten Unternehmen eine gesellschaftsrechtliche Beziehung besteht, sie einen gemeinsamen Betrieb führen oder der Arbeitsvertrag von ihnen gemeinsam abgeschlossen wird (→ im Einzelnen Rn. 39).[3] Liegt ein einheitliches Arbeitsverhältnis und somit eine Mehrheit von Arbeitgebern vor, so besteht dass arbeitgeberseitige Direktionsrecht bei jedem der beteiligten Arbeitgeber. 64

In Unternehmen mit Matrixstrukturen wird das Vorliegen eines einheitlichen Arbeitsverhältnisses eher eine Ausnahme darstellen, da es in Matrixstrukturen häufig an dem erforderlichen erkennbaren Willen, das Arbeitsverhältnis mit zwei oder mehr Unternehmen einzugehen, fehlt.[4] In der Regel fehlt es in Matrixstrukturen an entsprechenden Vereinbarungen zwischen den beteiligten Unternehmen und dem Arbeitnehmer. Der Arbeitnehmer hat trotz seiner Position und Aufgaben innerhalb der Matrixstruktur in der Regel nur den Willen, sich gegenüber seinem Vertragsarbeitgeber zu verpflichten. Die unternehmensübergreifende Beschäftigung des Arbeitnehmers innerhalb der Matrixstruktur ergibt sich in der Regel nur aus der Position und den Tätigkeiten des Arbeitnehmers.[5] Gegebenenfalls kann es in Ausnahmefällen zu einem konkludenten Abschluss eines einheitlichen Arbeitsverhältnisses kommen.[6] Der Umstand allein, dass der Arbeitnehmer aufgrund seiner arbeitsvertraglichen Aufgaben und seiner Position innerhalb der Matrixstruktur auch Tätigkeiten für andere Unternehmen des Konzerns erbringt, genügt hierfür jedoch nicht. Hinzukommen müssen weitere Umstände, aus denen sich der Wille eines einheitlichen Arbeitsverhältnisses entnehmen ließe. Ausreichend für die konkludente Begründung eines einheitlichen Arbeitsverhältnisses ist auch nicht, dass der ursprüngliche Arbeitgeber später mit einem anderen Unternehmer zusammen einen Gemeinschaftsbetrieb bildet.[7] 65

---

[1] BAG 27.3.1981 – 7 AZR 523/78, AP BGB § 611 Arbeitgebergruppe Nr. 1; zum einheitlichen Arbeitsverhältnis auch *Lange* NZA 2012, 1121 ff.
[2] BAG 27.3.1981 – 7 AZR 523/78, AP BGB § 611 Arbeitgebergruppe Nr. 1.
[3] BAG 27.3.1981 – 7 AZR 523/78, AP BGB § 611 Arbeitgebergruppe Nr. 1.
[4] *Wisskirchen/Bissels* DB 2007, 340 (341).
[5] *Wisskirchen/Bissels* DB 2007, 340 (341).
[6] *Wisskirchen/Bissels* DB 2007, 340 (341).
[7] BAG 17.1.2002 – 2 AZR 57/01, BB 2003, 209 ff.

3. Doppelarbeitsverhältnis

66 In Matrixstrukturen kann es aufgrund der Position und Tätigkeiten des Arbeitnehmers innerhalb der Matrixstruktur auch ohne schriftliche Vereinbarung zu einem konkludenten Abschluss eines Arbeitsvertrages mit einem anderen Unternehmen des Konzerns kommen. Dies besteht dann neben dem Arbeitsvertrag zu dem Anstellungsunternehmen.[1] Voraussetzung hierfür ist, dass der Arbeitnehmer aufgrund seiner Position und Tätigkeiten nicht oder kaum in den Betrieb des Anstellungsunternehmens eingegliedert ist und seine Arbeitsleistung im Wesentlichen anderen Konzerngesellschaften zugutekommt.[2] Dies ist bei Angestellten auf Leitungsebenen innerhalb der Matrixstruktur regelmäßig der Fall. Allein der Umstand, dass der Arbeitnehmer, der innerhalb einer unternehmensübergreifenden Matrixstruktur tätig ist, Weisungen auch von anderen Unternehmen des Konzerns erhält, genügt für die Begründung eines weiteren Arbeitsverhältnisses in der Regel nicht, solange der Arbeitnehmer weiterhin bei seinem Anstellungsunternehmen eingegliedert ist.[3] Das arbeitgeberseitige Weisungsrecht ist unter bestimmten Voraussetzung auf andere Konzernunternehmen übertragbar (→ Rn. 62), so dass es ohne die Begründung eines weiteren Arbeitsverhältnisses zu einer Aufteilung der Arbeitgeberfunktion kommen kann.

---

[1] *Wisskirchen/Bissels* DB 2007, 340 (342).
[2] *Wisskirchen/Bissels* DB 2007, 340 (342).
[3] *Wisskirchen/Bissels* DB 2007, 340 (341).

B. Kündigung von Arbeitsverhältnissen im Konzern

I. Einleitung

Vorbei sind die Zeiten, in denen sich ein Arbeitsverhältnis allein in einer vertraglichen Beziehung zwischen Arbeitgeber und seinem Mitarbeiter erschöpfte und der Mitarbeiter ausschließlich im Betrieb seines Arbeitgebers tätig war. Immer häufiger sind unternehmensübergreifende Arbeitsverhältnisse oder Arbeitsverhältnisse mit Konzernbezug anzutreffen. Mehr noch, in Konzernen sind Arbeitsverhältnisse ohne jeden unternehmensübergreifenden Konzernbezug geradezu die Ausnahme. Konzerninterne Arbeitnehmerüberlassung, konzerninterne Arbeitnehmerentsendung, Matrix-Strukturen etc. sind moderne Arbeitsformen, die das bilaterale Verhältnis der Vertragsparteien eines Arbeitsvertrags aufbrechen und zu einem multilateralen Verhältnis werden lassen. Die arbeitsgesetzlichen Begrifflichkeiten von Unternehmen und Betrieb müssen um die Dimension des Konzerns erweitert werden und Einzug halten in die Beurteilung arbeitsrechtlicher Fragestellungen. Insbesondere gilt dies für den Kündigungsschutz. Rechtsprechung und Literatur sind bereits auf dem Weg weg von einer bilateralen Betrachtung des Arbeitsverhältnisses hin zu einer multilateralen Beurteilung arbeitsrechtlicher Sachverhalte.

67

Dabei tauchen immer wieder folgende Kernfragen des Kündigungsschutzes auf: Wer ist Arbeitgeber im Rechtssinne? Muss der Arbeitgeber bei betriebsbedingten Kündigungen auf der Ebene der Weiterbeschäftigungsmöglichkeiten konzernweit nach freien Stellen suchen und diese gegebenenfalls auch mit dem zu kündigenden Mitarbeiter auch besetzen? Hat der zu kündigende Mitarbeiter einen Anspruch auf Weiterbeschäftigung auf einer freien Stelle in einem verbundenen Unternehmen und gegen wen richtet sich der Anspruch? Welche Mitarbeiter aus welchem Betrieb und Unternehmen sind in die Sozialauswahl einzubeziehen? Auf diese Fragen hält das Kündigungsschutzgesetz nur bedingt passende Antworten bereit. Rechtsprechung und Literatur entwickeln Antworten jenseits der gesetzlichen Regelungen.

68

1. Der Konzernbegriff im Kündigungsschutzrecht

Soweit der Begriff des Konzerns in Rechtsprechung und Literatur im Zusammenhang mit Kündigungsschutz gesehen wird, ist vom gesellschaftsrechtlichen Konzernbegriff auszugehen, wie er auch im Betriebsverfassungsrecht verwandt wird, also § 18 Abs. 1 S. 1 Aktiengesetz.[1] Ein Konzern ist ein Verbund rechtlich selbständiger Unternehmen, die unter einer einheitlichen Leitung zusammengeschlossen sind. Nach einhelliger Meinung ist nicht der Konzern, sondern nur das vertragsschließende Unternehmen der Arbeitgeber.[2]

69

2. Konzernbezogener Kündigungsschutz

In den grundlegenden und vielfach kommentierten Entscheidungen des BAG vom 14.10.1982 und 27.11.1991[3] hat das BAG noch an dem bis heute[4] geltenden Grundsatz festgehalten, dass der Bestandsschutz nach dem Kündigungsschutzgesetz nicht konzernbezogen ist und damit die bis dahin aufgelaufene Senatsrechtsprechung bestä-

70

---

[1] ErfK/*Oetker*, § 1 KSchG Rn. 46 mwN; KR/*Griebeling*, § 1 KSchG Rn. 146.
[2] Schaub/*Linck*, Arbeitsrechts-Handbuch, § 16, Rn. 23.
[3] BAG 14.10.1982 – 2 AZR 568/80; BAG 27.11.1991 – 2 AZR 255/91.
[4] BAG 23.4.2008 – 2 AZR 1110/06.

tigt.¹ Allerdings hat das BAG in diesen Entscheidungen bereits eingeräumt, dass es einen „kündigungsrechtlich relevanten Konzernbezug" des Arbeitsverhältnisses geben kann. Das BAG hat leider offen gelassen, was unter einem kündigungsrechtlich relevanten Konzernbezug zu verstehen ist und welche Rechtsfolgen mit einem solchen Konzernbezug für den Kündigungsschutz des Mitarbeiters verbunden sind. In der Literatur wird auch überwiegend vertreten, dass das Kündigungsschutzgesetz unternehmens- und betriebsbezogen ist, nicht aber konzernbezogen.² Dies gilt für alle Prüfungsstufen einer betriebsbedingten Kündigung, also für den Wegfall des Arbeitsplatzes – betriebsbezogen –, die fehlenden Weiterbeschäftigungsmöglichkeiten – unternehmensbezogen – und für die Sozialauswahl betriebsbezogen.

71 Was bedeutet also Konzernbezug? Auf den Kündigungsschutz bezogen bringt es *Berkowsky* gleichsam zusammenfassend für die gesamte herrschende Literatur auf den Punkt:

*„Konzernbezogener Kündigungsschutz kann nur bedeuten, dass der Arbeitnehmer, der in seinem Beschäftigungsunternehmen betriebsbedingt nicht weiterbeschäftigt werden kann, ggf. in einem anderen Betrieb in einem anderen Konzernunternehmen (oder auch in der Konzernspitze) weiterbeschäftigt werden kann."*³

72 Dieser herrschenden Auffassung ist zuzustimmen. Konzernrechtlicher Kündigungsschutz bezieht sich allein auf die Frage nach einer Weiterbeschäftigungspflicht auf freien Arbeitsplätzen in verbundenen Unternehmen.

73 Die Stimmen mehren sich, die eine Ausweitung des Kündigungsschutzes über die rechtliche Vertragsbeziehung der Arbeitsvertragsparteien hinaus zumindest bei entsprechender Gestaltung des Arbeitsvertrags fordern.⁴ Diese Stimmen fordern konzernweite Weiterbeschäftigungs- und Versetzungsansprüche, Berechnungsdurchgriff auf die Konzernmutter (§ 23 KSchG), konzernweite Sozialauswahl, die rechtspolitisch möglicherweise erwünscht sind. Formaljuristisch und rechtspraktisch begegnen derartige Ansprüche allerdings erheblichen Bedenken, die nachfolgend untersucht werden.

3. Konzernarbeitsverhältnis, Fallgestaltungen

74 Es ist in Literatur und Rechtsprechung inzwischen anerkannt, dass die Rechtswirklichkeit der Durchführung von Arbeitsverhältnissen vom Grundmodel abweicht. Dieses Grundmodell weist einem Arbeitnehmer nur einen Arbeitgeber zu, und zwar nicht nur rechtlich, sondern auch in der praktischen Durchführung des Arbeitsverhältnisses.⁵ Es ist jedoch auch denkbar, dass mehrere Unternehmen als Arbeitgeber rechtlich ver-

---

¹ BAG 14.10.1982 – 2 AZR 568/80; BAG 22.5.1986 – 2 AZR 612/85, NZA 1987, 125; KR/ *Griebeling*, § 1 KSchG Rn. 141.
² *Rost*, FS Schwerdtner, 2003, S. 169; KR/*Etzel*, § 1 Rn. 538; *Stahlhacke/Preis/Vossen* Kündigung und Kündigungsschutz im Arbeitsverhältnis, Rn. 1003; ErfK/*Oetker*, § 1 KSchG Rn. 45 mwN; *Gaul/ Kühnreich* BB 2003, 254 (256); *Berkowsky*, Die betriebsbedingte Kündigung, § 3 Rn. 55; KR/ *Griebeling*, § 1 KSchG Rn. 539, 540; *v. Hoyningen-Huene/Linck*, KSchG, 14. Auflage, § 1 Rn. 221.
³ *Berkowsky*, Die betriebsbedingte Kündigung, § 3 Rn. 55; KR/*Griebeling*, § 1 KSchG Rn. 539, 540, mwN.
⁴ *Feudner*, DB 2002, 1106 ff.; *Rost*, FS Schwerdtner, S. 169 ff., Aktuelle Rechtsprechung des Bundesarbeitsgerichts zu Fragen eines unternehmensübergreifenden Kündigungsschutzes; *Gaul/Kühnreich* BB 2003, 254 ff., Weiterbeschäftigung statt betriebsbedingter Kündigung; *Wisskirchen/Bissels* DB 2007, S. 340–346; *Rid* NZA 2011, 1120 ff.; aber auch BAG 23.3.2006 – 2 AZR 162/05, NZA 2007, 30.
⁵ *Rid*, NZA 2011, 1121, Das Arbeitsverhältnis im Konzern und seine Auswirkungen auf den Kündigungsschutz; *Mues/Eisenbeis/Laber* Handbuch des Kündigungsrechts, Teil 2 Rn. 38; ErfK/*Oetker*, § 1 KSchG Rn. 286.

B. Kündigung von Arbeitsverhältnissen im Konzern

pflichtet sind.[1] Man spricht insoweit von einem Konzernarbeitsverhältnis. Die Fallgestaltungen von Arbeitsverhältnissen mit Konzernbezug sind vielfältig. Dabei kann der Konzernbezug ausdrücklich vertraglich vorgesehen oder aber durch die gelebte Vertragspraxis hergestellt sein. Die kündigungsrechtlichen Folgen, die sich an den Konzernbezug eines Arbeitsverhältnisses knüpfen, sind unklar und werden kontrovers diskutiert. Die in der Praxis typischer Weise auftauchenden Fallgestaltungen sind die Folgenden:
– Konzernversetzungsklausel
– Matrixstruktur
– Mehrheit von Verträgen
– Konzerninterne Arbeitnehmerüberlassung
– Konzerninterne Entsendung

Beim konzernbezogenen Kündigungsschutz ist in den vorgenannten Fallgestaltungen also allein zu untersuchen, ob der Mitarbeiter einen Anspruch auf Weiterbeschäftigung auf einem freien (passenden) Arbeitsplatz bei einem verbundenen Unternehmen hat. 75

4. Konzernversetzungsklausel

a) Fallgestaltungen mit und ohne Arbeitgeberwechsel

Im Arbeitsvertrag ist vereinbart, dass der Arbeitgeber berechtigt ist, den Mitarbeiter auch in verbundenen Unternehmen einzusetzen, sogenannte Konzernversetzungsklausel. Man muss dabei unterscheiden, ob der Arbeitgeber „nur" berechtigt ist, den Mitarbeiter bei einem anderen verbundenen Unternehmen einzusetzen, oder aber gar berechtigt ist, das Arbeitsverhältnis auf ein verbundenes Unternehmen zu übertragen. Nur bei letzterer Fallgestaltung kommt es zu einem Arbeitgeberwechsel.[2] 76

Kündigungsrechtlich sind beide Fallgestaltungen gleich zu bewerten, weil die Interessenlage bei beiden Fallgestaltungen auf der Seite des Arbeitgebers und des Arbeitnehmers identisch sind. Der Arbeitgeber möchte den Mitarbeiter flexibel im Konzern einsetzen und der Mitarbeiter möchte im Falle einer Kündigung freie Arbeitsplätze im Konzern beanspruchen können, bevor er betriebsbedingt gekündigt wird. Wird der Mitarbeiter auf einen freien Arbeitsplatz bei einem verbundenen Unternehmen versetzt, kann es zum Arbeitgeberwechsel kommen, wenn gleichzeitig das Arbeitsverhältnis auch auf den neuen Arbeitgeber übertragen wird. Dies ist jedoch nicht zwingend, wie die Fallgestaltungen der konzerninternen Arbeitnehmerüberlassung oder die Beschäftigung in Matrixstrukturen verdeutlichen. 77

Für die Weiterbeschäftigungsmöglichkeit bei verbundenen Unternehmen kommt es nicht auf die AGB-rechtliche Beurteilung der Konzernversetzungsklausel an. Denn selbst bei AGB-rechtlicher Unwirksamkeit der Klausel kann sich der Arbeitgeber als Verwender der Klausel hierauf nicht berufen.[3] 78

b) Anspruch auf Weiterbeschäftigung in verbundenen Unternehmen

aa) Durchsetzungsmöglichkeit der Versetzung

Allein eine Konzernversetzungsklausel oder ein konzernweiter Versetzungsvorbehalt begründen kein Konzernarbeitsverhältnis. Wird ein Arbeitnehmer allerdings aufgrund 79

---

[1] BAG 21.1.1999 – 2 AZR 648/97, AP KSchG 1969 § 1 Nr. 9; APS/*Kiel*, Kündigungsrecht § 1 KSchG Rn. 592.
[2] Preis/*Preis,* Der Arbeitsvertrag, II D 30, Konzernversetzungsklausel, Rn. 211–225.
[3] KR/*Griebeling*, § 1 KSchG Rn. 220; BAG 3.4.2008 – 2 AZR 879/06, EZA § 1 KSchG Interessenausgleich Nr. 15.

dieser Klausel bei einem anderen Konzernunternehmen als dem Vertragspartner tatsächlich eingesetzt, kann ein Anspruch auf Weiterbeschäftigung auf einem freien Arbeitsplatz bei einem verbundenen Unternehmen bestehen, wenn der Mitarbeiter betriebsbedingt gekündigt wird.[1]

80 Ob und gegebenenfalls gegen wen ein solcher Anspruch besteht, ist in Literatur und Rechtsprechung umstritten. Denn es bestehen trotz einheitlicher Leitung der Konzernunternehmen durchaus praktische und rechtliche Hürden für den Arbeitgeber, den freien Arbeitsplatz bei einem verbundenen Unternehmen mit dem zu kündigenden Mitarbeiter tatsächlich auch zu besetzen, sei es durch bloße Versetzung oder aber durch Übertragung des Arbeitsverhältnisses auf das verbundene Unternehmen.

81 Die überwiegende Auffassung knüpft an den Arbeitgeberbegriff im Kündigungsschutzgesetz an. Eine Weiterbeschäftigung in einem anderen – wenn auch verbundenen – Unternehmen scheide trotz freier Arbeitsplätze aus, weil dies einen quasi gesetzlichen Kontrahierungszwang darstellen würde, der einen unzulässigen Eingriff in den eingerichteten und ausgeübten Gewerbebetrieb darstellen würde.[2] Außerdem gehören die freien Arbeitsplätze des verbundenen Unternehmens nicht zum Unternehmen des rechtlichen Arbeitgebers, so dass es schon an einer faktischen Möglichkeit fehlt, diese Arbeitsplätze beim verbundenen Unternehmen zu besetzen. Darüber hinaus handeln Vorstände von Aktiengesellschaften eigenverantwortlich und sind von Weisungen im Wesentlichen frei, § 76 AktG. Eine Konzernmutter kann daher über den Aufsichtsrat dem Vorstand bereits rechtlich weder Abordnungen, noch Stellenbesetzungen oder gar den Abschluss von Arbeitsverträgen vorschreiben.

82 Einhellig gefordert wird daher eine tatsächliche und rechtliche Einflussmöglichkeit des Arbeitgebers auf die Besetzung der freien Arbeitsplätze und eine Übernahmeverpflichtung des Mitarbeiters durch das verbundene Unternehmen, um überhaupt einen Weiterbeschäftigungsanspruch des Mitarbeiters bei einem verbundenen Unternehmen zu begründen.[3]

83 Fehlt es an einer solchen rechtlichen oder auch nur faktischen Durchsetzungsmöglichkeit der Weiterbeschäftigung des Mitarbeiters beim verbundenen Unternehmen, kann die Kündigung aber nicht daran scheitern. Oder anders herum: Nur wenn eine Durchsetzungsmöglichkeit tatsächlich und rechtlich besteht, ist die Kündigung sozialwidrig, wenn der Arbeitgeber diese Beschäftigungsmöglichkeit dem Mitarbeiter gar nicht erst anbietet.[4]

bb) Einstellungsbereitschaft des verbundenen Unternehmens

84 Eine andere Auffassung will bereits die Verpflichtung des Arbeitgebers zum Versuch einer Unterbringung des Mitarbeiters in einem verbundenen Unternehmen verneinen, wenn schon keine rechtliche oder faktische Durchsetzungsmöglichkeit der Weiterbeschäftigung in einem verbundenen Unternehmen vorhanden ist.[5] Das BAG hat diese Frage in seiner Entscheidung vom 21.2.2002 offen gelassen.[6]

85 Deshalb wird die Auffassung vertreten, dass ein solcher Verschaffungsanspruch des Mitarbeiters auf Weiterbeschäftigung auf einem freien Arbeitsplatz bei einem verbun-

---

[1] BAG 21.1.1999 – 2 AZR 648/97, AP KSchG 1969 § 1 Nr. 9.
[2] *Berkowsky*, Die betriebsbedingte Kündigung, § 9 Rn. 11.
[3] *v. Hoyningen-Huene/Linck*, KSchG § 1 Rn. 221; *Berkowsky*, Die betriebsbedingte Kündigung, § 9 Rn. 15; BAG 23.3.2006 – 2 AZR 162/05, NZA 2007, 30; BAG 10.5.2007 – 2 AZR 626/05, NZA 2007, 1278.
[4] BAG 27.11.1991 – 2 AZR 255/91, AP KSchG 1969 § 1 Konzern Nr. 6; 21.2.2002 – 2 AZR 749/00, EzA § 1 KSchG Wiedereinstellungsanspruch Nr. 7.
[5] *Gaul/Kühnreich*, BB 2003, 254 (256).
[6] BAG 21.2.2002 – 2 AZR 749/00 (nicht veröffentlicht).

denen Unternehmen nur dann besteht, wenn der Arbeitgeber rechtlich und faktisch in der Lage ist, diesen Anspruch auch zu erfüllen,[1] entweder durch einseitige Anweisung des herrschenden Unternehmens oder aber, weil das verbundene Unternehmen, in dem der freie und vergleichbare Arbeitsplatz zur Verfügung steht, ausdrücklich zur Einstellung des Mitarbeiters bereit ist.[2]

cc) Vertrauensschutz des Mitarbeiters

Dies erscheint im Lichte der Rechtsprechung zu vorformulierten Arbeitsvertrags- 86 klauseln auf den ersten Blick zu kurz gegriffen. Denn der Arbeitgeber als Urheber der Konzernversetzungsklausel gibt ja gerade die rechtliche und faktische Möglichkeit vor, den Mitarbeiter konzernweit einsetzen zu können. Ob eine solche faktische oder rechtliche Durchsetzungsmöglichkeit tatsächlich besteht, entzieht sich regelmäßig der Überprüfbarkeit durch den Mitarbeiter. Man kann insoweit vertreten, der Arbeitgeber setze durch die Formulierung einer konzernweiten Versetzungsklausel einen Vertrauenstatbestand beim Mitarbeiter, diese Versetzungsmöglichkeiten auch rechtlich und faktisch durchsetzen zu können.[3] Dann dürfte dem Arbeitgeber bei der Prüfung konzernweiter Weiterbeschäftigungsmöglichkeiten jedenfalls der Einwand mangelnder rechtlicher Möglichkeiten verwehrt sein. Das Weisungsrecht, den Mitarbeiter konzernweit einzusetzen und die Pflicht, dies bei Vorhandensein vergleichbarer freier Stellen im Konzern sind zwei Seiten derselben Medaille.

Der Rechtsprechung und der Literatur ist aber zuzugestehen, dass ein rechtliches 87 Können nicht dort konstruiert werden kann, wo es nun einmal nicht vorliegt, unabhängig von vertraglichen Abreden.[4] Denn die bloße konzernrechtliche Verbindung mehrerer Unternehmen führt noch nicht zu einer rechtlichen und faktischen Einflussmöglichkeit zur Besetzung freier Stellen. Dies mag allenfalls für die Konzernspitze zutreffen, nicht aber für die beherrschten Unternehmen untereinander.[5]

Auch ein entsprechender Vorbehalt in der Versetzungsklausel, der das Weisungs- 88 und Versetzungsrecht des Arbeitgebers an dessen einseitige rechtliche Möglichkeit der konzernweiten Stellenbesetzung knüpft, hilft nicht weiter, weil der Mitarbeiter kaum in der Lage sein wird, das rechtliche Können des Arbeitgebers darzulegen und daraus einen unmittelbaren Verschaffungsanspruch abzuleiten.

dd) Fürsorgepflicht des Arbeitgebers

Richtigerweise muss man im Ergebnis eine gesteigerte Fürsorgepflicht des Arbeit- 89 gebers annehmen, wenn er schon eine Konzernversetzungsklausel mit dem Mitarbeiter vereinbart und insbesondere auch von dieser Gebrauch macht. Fehlt es an einer rechtlichen und faktischen Durchsetzbarkeit der Weiterbeschäftigung auf einer freien Stelle in einem verbundenen Unternehmen, verbleibt es dann gleichwohl bei der Verpflichtung des Arbeitgebers, die Unterbringung des Mitarbeiters in verbundenen Unternehmen vor Ausspruch der Kündigung zumindest ernsthaft zu versuchen. Scheitert der ernsthafte Versuch, kann der Arbeitgeber kündigen. Unterbleibt der Versuch, scheitert die Kündigung.

---

[1] APS/*Kiel*, Kündigungsrecht, § 1 KSchG Rn. 592; BAG 23.3.2006 – 2 AZR 162/05, AP KSchG § 1 Konzern Nr. 13; *Rid*, NZA 2011, 1121; *Rost*, FS Schwerdtner, 2003 S. 169, 174.
[2] BAG 14.10.1982 – 2 AZR 568/80.
[3] So auch *Stahlhacke/Preis/Vossen*, Kündigung und Kündigungsschutz im Arbeitsverhältnis, § 2 Rn. 937 und 1014.
[4] *Bayreuther*, NZA 2006, 819 (821).
[5] BAG 23.3.2006 – 2 AZR 162/05, NZA 2007, S. 30 ff.

c) Beweislast bezüglich freier Stellen im Konzern

90 Problematisch diesbezüglich ist die Beweislast. Denn es ist der Mitarbeiter, der ganz konkret den freien Arbeitsplatz beim verbundenen Unternehmen benennen, seine diesbezügliche Eignung nachweisen und die rechtliche und faktische Möglichkeit des Arbeitgebers, den Arbeitsplatz mit ihm zu besetzen auch darlegen muss.[1] Äußerst problematisch ist schon die Frage, ob der Mitarbeiter die aktienrechtliche Konzernstruktur überhaupt kennt und wie er sich diese Kenntnis verschaffen kann. Man denke allein an die DAX-Konzerne, zu denen häufig bis zu über hundert verbundene Unternehmen gehören und deren Konzernstrukturen auch für Insider häufig völlig unübersichtlich sind.

91 Der Arbeitgeber muss dann nach der abgestuften Darlegungs- und Beweislast entweder die mangelnde Eignung des Mitarbeiters für die Besetzung der freien Stelle oder den erfolglosen Versuch, den Arbeitsplatz mit dem Mitarbeiter zu besetzen, darlegen und beweisen. Letztlich ist der Arbeitgeber bei Vereinbarung einer konzernweiten Versetzungsklausel „nur" verpflichtet, den Versuch einer konzernweiten Weiterbeschäftigung zu unternehmen und diesen – im Ergebnis erfolglosen – Versuch darzulegen und zu beweisen.[2]

d) Kein unmittelbarer Einstellungsanspruch gegenüber verbundenen Unternehmen

92 Es wird in der Literatur auch diskutiert, ob nicht der gekündigte Mitarbeiter auf Grundlage der Versetzungsklausel einen unmittelbaren Einstellungsanspruch (auch) gegen das verbundene Unternehmen geltend machen kann, in dem die vergleichbare freie Stelle zu besetzen ist.[3] Dies würde aber zumindest voraussetzen, dass sich das verbundene Unternehmen gegenüber dem Mitarbeiter so verhalten hat, dass der Mitarbeiter auf eine Einstellung vertrauen durfte,[4] was in der Praxis kaum vorstellbar ist. Denn allein die tatsächliche Beschäftigung des Mitarbeiters in verbundenen Unternehmen, auch mehrfach und über einen längeren Zeitraum soll dafür richtigerweise nicht genügen.[5]

93 Soweit allerdings eine Möglichkeit des Arbeitgebers zur konzernweiten Versetzung besteht, wird der Arbeitgeber zumindest den ernsthaften Versuch einer Besetzung der Stelle mit dem zu kündigenden Mitarbeiter darlegen müssen. Auf die letztlich vorhandene oder nicht vorhandene rechtliche Durchsetzbarkeit der Stellenbesetzung kommt es nicht an. Denn das BAG lässt insoweit auch schon die rein tatsächliche Möglichkeit der Stellenbesetzung im verbunden Unternehmen genügen.[6] Lehnt das verbundene Unternehmen die Besetzung der Stelle mit dem zu kündigenden Mitarbeiter ab, besteht die Weiterbeschäftigungsmöglichkeit nicht und die Kündigung kann hieran also nicht scheitern. Einen durchsetzbaren Beschäftigungsanspruch bei einem Verbundenen Unternehmen hat der Mitarbeiter also nur im Ausnahmefall. Bei Bestehen einer Konzernversetzungsklausel muss der Arbeitgeber nur einen Unterbringungsversuch darlegen und beweisen.

---

[1] *Rid*, NZA 2011, 1128; BAG 23.3.2006 – 2 AZR 162/05, NZA 2007 30ff.; KR/*Griebeling*, § 1 KSchG Rn. 539; APS/*Dörner*, Kündigungsrecht § 1 KSchG Rn. 102, 102a.

[2] BAG NZA 2007, 1278; *Rid*, NZA 2011, 1121; *Bayreuther*, NZA 2006, 819 (823).

[3] KR/*Griebeling*, § 1 KSchG Rn. 543; *Bayreuther*, NZA 2006 819; *Rost*, FS Schwerdtner, 2003 S. 169, 174.

[4] *Rid*, NZA 2011, 1128.

[5] *Rid*, NZA 2011, 1128; BAG 23.4.2008 – 2 AZR 1110/06.

[6] BAG 23.3.2006 – 2 AZR 162/05, NZA 2007, 30; BAG 23.4.2008 – 2 AZR 1110/06.

B. Kündigung von Arbeitsverhältnissen im Konzern

Anspruchsgegner ist aber in allen Fällen nur der Vertragspartner, nicht aber das verbundene Unternehmen. 94

e) Konkludente Versetzungsklausel durch wechselnde Arbeitgeber

Mit der Konzernversetzungsklausel rechtlich vergleichbar ist die Fallgestaltung, dass ein Mitarbeiter über längere Zeit hinweg im Konzern in unterschiedlichen verbundenen Unternehmen beschäftigt ist und jeweils von dem Unternehmen, für das er arbeitet, auch bezahlt wird und in deren Betrieb auch eingegliedert ist. Der Mitarbeiter „wandert" also durch den Konzern. Nach der Rechtsprechung des BAG[1] und Literaturmeinungen begründet diese Fallgestaltung ein einheitliches Konzernarbeitsverhältnis mit der Folge, dass ein konkludenter Vertragsbeitritt der Konzernunternehmen zum ursprünglichen Vertrag angenommen wird. 95

Dies wird zu Recht kritisch gesehen.[2] Denn weder ist ein dahingehender Parteiwille anzunehmen, noch ist eine derartige Konstruktion zum Schutz des Mitarbeiters erforderlich. Vielmehr kann eine konkludent vereinbarte Konzernversetzungsklausel angenommen werden, die dem Mitarbeiter zumindest den Anspruch auf einen Unterbringungsversuch in einem verbundenen Unternehmen verschafft. 96

f) Ergebnis

Haben die Parteien eine Konzernversetzungsklausel ausdrücklich vereinbart oder wird der Mitarbeiter faktisch über längere Zeit in mehreren verbundenen Unternehmen beschäftigt und in mehrere Betriebe verschiedener Konzernunternehmen eingegliedert, muss der Arbeitgeber die Unterbringung des Mitarbeiters auf freien Stellen in verbundenen Unternehmen vor Ausspruch einer betriebsbedingten Beendigungskündigung zumindest ernsthaft versuchen. Der Mitarbeiter muss das Vorhandensein einer freien und geeigneten Stelle im Konzern darlegen und beweisen. Nur ganz ausnahmsweise besteht ein Anspruch des Mitarbeiters auf Einstellung in einem verbundenen Unternehmen, nämlich wenn das Unternehmen sich zur Einstellung ausdrücklich bereit erklärt und der Arbeitgeber eine rechtliche und faktische Durchsetzungsmöglichkeit der Unterbringung des Mitarbeiters auf dieser Stelle hat. Auch diesbezüglich trifft den Arbeitnehmer die Beweislast. 97

5. Matrixstruktur

Ein Mitarbeiter, dessen Arbeitsverhältnis keinerlei Versetzungsklausel aufweist, wird von der Konzernmuttergesellschaft aus im Rahmen einer Matrixstruktur fortlaufend für mehrere Konzernunternehmen tätig. 98

Ohne Vorhandensein einer ausdrücklichen Konzernversetzungsklausel kann der Konzernbezug des Arbeitsverhältnisses auch konkludent hergestellt werden.[3] Diese Fallgestaltung wird man mit Blick auf einen eventuellen Anspruch auf Weiterbeschäftigung bei verbundenen Unternehmen wegen identischer Interessenlage lösen müssen, wie bei ausdrücklich vereinbarter Versetzungsklausel. Auf die Weiterbeschäftigungsmöglichkeiten bei verbundenen Unternehmen kann sich der Mitarbeiter eben auch nur dann erfolgreich berufen, wenn dem Arbeitgeber die rechtliche und faktische Möglichkeit zusteht, diese freien Arbeitsplätze tatsächlich mit dem Mitarbeiter zu besetzen. 99

---

[1] BAG 21.1.1999 – 2 AZR 648/97, AP KSchG 1969 § 1 Nr. 9; APS/*Kiel*, Kündigungsrecht § 1 KSchG Rn. 593.
[2] *Lingemann/von Steinau-Steinrück*, NZA-RR 2003, 337 (346).
[3] So schon BAG 14.10.1982 – 2 AZR 568/80.

100 Das BAG hat bisher in keinem einzigen Fall eine Kündigung für unwirksam erachtet, in dem keine konzernweite Versetzungsklausel vereinbart, aber Weiterbeschäftigungsmöglichkeiten auf freien Arbeitsplätzen in verbundenen Unternehmen tatsächlich vorhanden waren.[1] Dies verdeutlicht, dass die Rechtsprechung auch weiterhin an der strengen Unternehmensbezogenheit des Kündigungsschutzes in Bezug auf Weiterbeschäftigungsmöglichkeiten bleibt, wie dies in § 1 Abs. 3 S. 1 KSchG auch so vorgesehen ist. Matrixstrukturen können den Arbeitgeberbegriff zwar außerhalb des Kündigungsschutzrechts bestimmen.[2] Dieser Arbeitgeberbegriff bezieht sich jedoch im Wesentlichen nur auf das Direktionsrecht. Beim Kündigungsrecht verbleibt es beim Synonym von Arbeitgeber und Unternehmen, wie es in § 1 Abs. 3 KSchG angelegt ist.

101 Eine Weiterbeschäftigungspflicht auf freien Arbeitsplätzen in verbundenen Unternehmen, die nicht der rechtliche Arbeitgeber des Mitarbeiters sind, kann sich daher für den Arbeitgeber nur ergeben, wenn der Mitarbeiter auf eine solche Weiterbeschäftigung vertrauen durfte, etwa durch eine konkrete Einstellungszusage bei einem verbundenen Unternehmen.[3]

6. Mehrheit von Verträgen

102 Ein Mitarbeiter wird von vorneherein mit mehreren Verträgen für mehrere Konzernunternehmen tätig. In dieser Fallgestaltung liegt von vorneherein eine Mehrheit von rechtlichen Arbeitgebern vor. Diese Möglichkeit einer Mehrheit von parallel geschlossenen Arbeitsverträgen und parallelen Arbeitsverhältnissen ist in der Rechtsprechung anerkannt.[4] In der Literatur wird dieser Fall analog einer Konzernversetzungsklausel gelöst: Der Arbeitgeber ist verpflichtet, vor Ausspruch einer betriebsbedingten Beendigungskündigung in den verbundenen Unternehmen, mit denen ein Vertrag besteht, nach adäquaten Weiterbeschäftigungsmöglichkeiten auf freien Arbeitsplätzen zu suchen.[5]

103 Diese Fallgestaltung unterscheidet sich von der Konzernversetzungsklausel in zwei Punkten: Einerseits wird durch die bloße Versetzung des Mitarbeiters in ein verbundenes Unternehmen keineswegs ein rechtliches Arbeitsverhältnis zwischen dem Mitarbeiter und dem verbundenen Unternehmen begründet, wie dies aber bei einer Mehrheit von Verträgen der Fall ist. Andererseits haben bei einer Mehrheit von Verträgen sämtliche Vertragspartner des Mitarbeiters zumindest in ihrem jeweiligen Unternehmen und in den dazugehörenden Betrieben eine rechtliche und faktische Durchsetzungsmöglichkeit der Stellenbesetzung, was bei der Versetzung in einem Betrieb eines verbundenen Unternehmens nur ausnahmsweise gegeben ist.

104 Daher wird bei der Frage der Weiterbeschäftigungsmöglichkeit bei dieser Fallgestaltung ein echter Weiterbeschäftigungsanspruch in den Unternehmen der Vertragspartner gegeben sein. Der bloße – im Ergebnis erfolglose – Versuch der Stellenbesetzung wird seitens des Arbeitgebers nicht ausreichend sein, um eine betriebsbedingte Beendigungskündigung wirksam aussprechen zu können. Es darf in den Vertragsunternehmen keine freie Stelle vorhanden sein, auf die der Mitarbeiter im Wege des Direktionsrechts oder im Wege einer Änderungskündigung versetzbar ist. Andernfalls scheitert die Beendigungskündigung.[6]

---

[1] *Rid*, NZA 2011, 1128.
[2] *Wisskirchen/Bissels*, DB 2007, S. 340–346.
[3] *Schrader/Straube*, NZA-RR 2003, 337 ff.; und Rechtsprechung seit BAG 14.10.1982 – 2 AZR 568/80.
[4] BAG 21.1.1999 – 2 AZR 648/97, NZA 1999, 539.
[5] *Rost*, FS Schwerdtner, S. 169, 171; *Berkowsky*, Die betriebsbedingte Kündigung, § 9 Rn. 11 ff.
[6] *Berkowsky*, Die betriebsbedingte Kündigung, § 9 Rn. 16.

7. Konzerninterne Entsendung

Ein Mitarbeiter vereinbart mit seinem Arbeitgeber das Ruhen des Arbeitsverhältnisses für die Dauer eines Einsatzes bei einem verbundenen Unternehmen, mit dem er dann einen neuen Arbeitsvertrag schließt. **105**

Diese Situation ist differenziert zu betrachten: Wird das ruhende Arbeitsverhältnis betriebsbedingt gekündigt, bleibt das aktuelle Arbeitsverhältnis des Mitarbeiters mit dem verbundenen Unternehmen hiervon zunächst einmal unberührt. Wird das aktuelle Arbeitsverhältnis betriebsbedingt gekündigt, lebt das ruhende Arbeitsverhältnis wieder auf und der Mitarbeiter hat einen Beschäftigungsanspruch gegenüber seinem Vertragspartner. **106**

Werden beide Verträge betriebsbedingt gekündigt, besteht die rechtliche Situation wie bei einer Mehrheit von Verträgen: Der Weiterbeschäftigungsanspruch ist in jedem Vertragsverhältnis isoliert und nur in Bezug auf das Unternehmen des jeweiligen Vertragspartners zu prüfen. **107**

Sollte – wie in der Praxis häufig der Fall – in einem der beiden Verträge, insbesondere im ruhenden Arbeitsvertrag, eine Konzernversetzungsmöglichkeit vereinbart sein, richtet sich die Beantwortung der Frage nach konzernweiter Weiterbeschäftigung nach den Kriterien, die für eine Konzernversetzungsklausel gelten. **108**

8. Konzernarbeitnehmerüberlassung

Ein Mitarbeiter wird zum Zwecke des vorübergehenden Verleihs an verbundene Unternehmen eingestellt und der Arbeitgeber schließt mit den verbundenen Unternehmen Vereinbarungen über die Verrechnung des Gehalts. **109**

Der Fall der konzerninternen Arbeitnehmerüberlassung ist ein Fall der Konzernversetzung. Denn die Abordnung des Mitarbeiters zu einem verbundenen Unternehmen führt – wie bei der Konzernversetzung – gerade nicht zur Begründung eines Arbeitsverhältnisses zwischen Mitarbeiter und dem verbundenen Unternehmen. Die konzerninterne Arbeitnehmerüberlassung war bis zum 1.11.2011 erlaubnisfrei möglich. Die gesetzlichen Beschränkungen der konzerninternen Arbeitnehmerüberlassung durch die Änderung des AÜG per 1.11.2011 ändern an der zivilrechtlichen Beurteilung dieser Fallgestaltung nichts. Denn die Reform des AÜG hat gerade nicht dazu geführt, dass im Falle erlaubniswidriger oder dauerhafter und nicht nur gelegentlicher konzerninterner Arbeitnehmerüberlassung ein Arbeitsverhältnis mit dem Entleiher gemäß § 10 AÜG fingiert wird. **110**

Die Frage nach der Weiterbeschäftigungsmöglichkeit auf freien Arbeitsplätzen im Konzern beurteilt sich daher wie bei der Konzernversetzungsklausel: Der Arbeitgeber muss die Unterbringung des Mitarbeiters auf einem freien Arbeitsplatz in einem verbundenen Unternehmen ernsthaft versuchen, bevor er die betriebsbedingte Beendigungskündigung ausspricht. Einen konkreten Weiterbeschäftigungsanspruch hat der Mitarbeiter jedoch nur, wenn der Vertragsarbeitgeber konkrete rechtliche und faktische Möglichkeiten hat, die Stellenbesetzung im verbundenen Unternehmen durchzusetzen und das verbundene Unternehmen zur Aufnahme des Mitarbeiters ausdrücklich bereit ist. **111**

9. Betriebsverfassungsrechtlicher konzernweiter Kündigungsschutz

a) Konzernversetzungsmöglichkeiten in Betriebsvereinbarungen

Rechtliche Besonderheiten können sich auch aus Konzernbetriebsvereinbarungen zum konzernweiten Kündigungsschutz ergeben, wenn im Rahmen von Beschäftigungs- **112** sicherungsvereinbarungen Verpflichtungen des Arbeitgebers vereinbart werden, Mitarbeitern konzernweit freie Stellen anzubieten, bevor eine betriebsbedingte Beendigungskündigung ausgesprochen werden kann. Auch hier stellt sich naturgemäß die Frage nach der rechtlichen und faktischen Befugnis des Arbeitgebers, eine freie Stelle bei einem verbundenen Unternehmen mit einem eigenen Mitarbeiter einseitig besetzen zu können.

113 Die rechtliche Situation bei einer entsprechenden Konzernbetriebsvereinbarung ist gegenüber der einzelvertraglich vereinbarten Konzernversetzungsklausel die, dass Partei der Konzernbetriebsvereinbarung eben regelmäßig auch das verbundene Unternehmen ist, in dem der freie Arbeitsplatz zu besetzen ist. Diesbezüglich kann der Mitarbeiter dann einen unmittelbaren Einstellungsanspruch gegen das Unternehmen geltend machen, das den freien Arbeitsplatz aufweist.

114 Man wird folgenden Rechtssatz aufstellen können: Ist das Unternehmen, das den freien Arbeitsplatz aufweist, Partei der Konzernbetriebsvereinbarung, kann der Arbeitnehmer einen Anspruch auf Weiterbeschäftigung im Konzern unmittelbar gegen dieses Unternehmen geltend machen. Auf die rechtliche oder faktische Durchsetzbarkeit der Stellenbesetzung des Vertragspartners des Mitarbeiters gegenüber dem verbundenen Unternehmen kommt es dann nicht mehr an.

b) Zuständigkeit des Betriebsrats

115 Ist ein Arbeitnehmer in Betrieben mehrerer Konzernunternehmen gleichzeitig dauerhaft eingegliedert, wie zB bei Matrixstrukturen, so gehört er betriebsverfassungsrechtlich zu jedem dieser Betriebe. Dies gilt auch dann, wenn seine Beschäftigung nur geringfügig ist.[1] Folglich ist bei einer Kündigung auch jeder einzelne Betriebsrat des Betriebs gemäß § 102 BetrVG anzuhören, in dem der Mitarbeiter tätig ist.

116 In der Konstellation der konzerninternen Arbeitnehmerentsendung – Ruhen des Arbeitsverhältnisses zur Muttergesellschaft und aktuelles Arbeitsverhältnis zum verbundenen Unternehmen – gehört der Mitarbeiter betriebsverfassungsrechtlich ebenfalls zu beiden Betrieben. Hat der Mitarbeiter wegen einer erheblichen Zeitdauer des Ruhens des Arbeitsverhältnisses seine Beziehung zur Stammbelegschaft verloren, scheidet der Mitarbeiter auch aus dem Betrieb der Stammbelegschaft betriebsverfassungsrechtlich aus.[2] Dies kann allerdings nicht für § 102 BetrVG, Anhörung vor einer Kündigung gelten. Der Betriebsrat der Stammbelegschaft ist auch dann vor Ausspruch einer Kündigung anzuhören, wenn das Stammarbeitsverhältnis jahrelang geruht hat und der Mitarbeiter faktisch jeden Bezug zum Heimatbetrieb verloren hat.

117 Bei der konzerninternen Arbeitnehmerüberlassung ist der Arbeitnehmer betriebsverfassungsrechtlich allein dem Betrieb zuzuordnen, in dem er tätig ist. Sollte die Abordnung nur kurzfristig und flexibel, zB Projektbezogen erfolgen, so verbleibt es bei der betriebsverfassungsrechtlichen Einordnung des Mitarbeiters allein bei seiner Stammbelegschaft.[3]

---

[1] ErfK/*Koch*, § 5 BetrVG Rn. 20; *Fitting*, BetrVG, § 5 Rn. 221.
[2] *Fitting*, BetrVG, § 5 Rn. 222.
[3] *Fitting*, BetrVG, § 5 Rn. 224.

II. Allgemeines Kündigungsrecht

1. Kündigungsberechtigung und Stellvertretung

a) Ein Arbeitsverhältnis aber Beschäftigung in mehreren Unternehmen

Es wird teilweise angenommen, dass bei einem echten Konzernarbeitsverhältnis, das mehrere Arbeitgeber gleicher Maßen verpflichtet, nur durch alle beteiligten Unternehmen zusammen gekündigt werden kann, § 429 Abs. 3 und 425 Abs. 2 BGB. Dies trifft sicher dann zu, wenn mehrere Unternehmen mit dem Mitarbeiter ausdrücklich einen Arbeitsvertrag geschlossen haben. Der Einsatz eines Mitarbeiters in mehreren Konzernunternehmen auf Grundlage nur eines Arbeitsvertrags mit der Muttergesellschaft führt auch dann nicht zum – konkludenten – Abschluss eines Arbeitsvertrags mit den verbundenen Unternehmen, wenn die verbundenen Unternehmen auch das Gehalt auszahlen. Von welchem Konto das Gehalt ausbezahlt wird, hat keinerlei Indizwirkung bezüglich der rechtlichen Arbeitgeberstellung. 118

Möchte der Arbeitgeber das Arbeitsverhältnis kündigen, ist nur der Vertragspartner zuständig. Möchte der Mitarbeiter das Arbeitsverhältnis kündigen, wird er seine Kündigung auch nur an seinen Vertragspartner adressieren und nicht gleichzeitig an alle Unternehmen, für die er tätig war und ist. 119

b) Mehrere Arbeitsverhältnisse in mehreren Unternehmen

Haben die Parteien – zB im Zuge eines Salary splitting – vereinbart, dass mehrere Arbeitsverhältnisse nebeneinander bestehen, sind natürlich auch alle Arbeitsverhältnisse zu kündigen, § 429 Abs. 3 und 425 Abs. 2 BGB. Das Arbeitsverhältnis wird zu Recht als einheitliches Rechtsverhältnis mit den Vertragspartnern als Gesamtschuldner und Gesamtgläubiger betrachtet. 120

In dieser Fallkonstellation müssen alle Arbeitsverhältnisse jeweils für sich gekündigt werden. Jede einzelne Kündigung unterliegt dann den Regeln des allgemeinen und besonderen Kündigungsschutzes und den allgemeinen Regeln, zB § 623 BGB. Konzernrechtliche Besonderheiten ergeben sich nicht. Im Vertrag formulierte Bedingungen wie „... Die Kündigung des einen Arbeitsverhältnisses ist zugleich die Kündigung der übrigen Arbeitsverhältnisse." ist schon mit Blick auf § 623 BGB und insbesondere auch §§ 174, 182 BGB aus Arbeitgebersicht mit äußerster Vorsicht zu genießen. 121

c) Ausschluss betriebsbedingter Kündigungen durch Ruhens- und Rückkehrvereinbarungen

Haben die Arbeitsvertragsparteien das Ruhen des Arbeitsverhältnisses für die Dauer der Beschäftigung des Mitarbeiters bei einem verbundenen Unternehmen vereinbart, stellt sich die Frage nach der vorzeitigen Kündbarkeit dieser Ruhensvereinbarung. Die gleiche Frage stellt sich, wenn die Parteien das Arbeitsverhältnis zwar aufgehoben, aber eine Rückkehr- oder Wiedereinstiegsoption für den Fall der Beendigung des Arbeitsverhältnisses beim verbundenen Unternehmen vereinbart haben. 122

Nach der Entscheidung des BAG vom 9.9.2010[1] können auch ruhende Arbeitsverhältnisse bei Vorliegen der gesetzlichen Voraussetzungen gekündigt werden. Das gilt insbesondere für betriebsbedingte Kündigungen. Nach der Auffassung des zweiten Senats soll der Arbeitnehmer nicht allein um des Ruhens seines Arbeitsverhältnisses Willen besser geschützt sein, als der „aktive" Mitarbeiter. Diese Auffassung ist über- 123

---

[1] BAG 9.9.2010 – 2 AZR 493/09.

zeugend. Möchte der Arbeitnehmer einen besseren Schutz für die Dauer seiner Entsendung, so muss er entweder im Entsendevertrag oder aber in der Ruhensvereinbarung entsprechende Kündigungserschwernisse für den Arbeitgeber vereinbaren, zB einen Kündigungsausschluss für die Dauer des Ruhens oÄ.

124 Ob eine Wiedereinstiegsoption wie ein Arbeitsverhältnis kündbar ist, ist bisher nicht höchstrichterlich entschieden. Die Wiedereinstiegsoption ist insofern von der Ruhensvereinbarung zu unterscheiden, als die Betriebszugehörigkeit, und damit auch Leistungen wie zB Anwartschaften für die Betriebsrente, Jubiläumsgeld etc., beim ruhenden Arbeitsverhältnis weiterläuft. Bei einer Wiedereinstiegsoption wird die Betriebszugehörigkeit und damit die Gewährung von Leistungen bis zum tatsächlichen Wiedereinstieg unterbrochen, denn regelmäßig wird das Arbeitsverhältnis ausdrücklich aufgehoben. Man wird daher vom Ausschluss einer Kündigung bis zum Wiedereinstieg ausgehen müssen.

III. Kündigungsschutz nach dem KSchG

1. Anwendbarkeit des Kündigungsschutzgesetzes

a) Kleinbetriebsklausel bei Holding und sogenannter „Berechnungsdurchgriff"

125 In Kleinbetrieben bedarf gemäß § 23 Abs. 1 KSchG eine Kündigung keiner sozialen Rechtfertigung nach § 1 KSchG. § 23 KSchG stellt auf den Betrieb ab und nicht auf das Unternehmen. Deshalb taucht in der Praxis die Frage auf, ob ein bei der Holding beschäftigter Mitarbeiter überhaupt Kündigungsschutz genießt, wenn er zwar in einem Betrieb eines verbundenen Unternehmens arbeitet, dieser Betrieb auch kein Kleinbetrieb nach § 23 KSchG ist, der Arbeitsvertrag aber zur Konzernholding besteht, diese aber ihrerseits aber die Schwelle des Kleinbetriebs nicht überschreitet. Diese Frage wird uneinheitlich beantwortet.[1] Zum einen wird vertreten, dass der Konzernobergesellschaft auch dann die Arbeitnehmer der verbundenen Unternehmen zugerechnet werden, wenn kein Gemeinschaftsbetrieb besteht.[2] Man geht insoweit von einem sogenannten Berechnungsdurchgriff aus.

b) Berechnungsdurchgriff bei Gemeinschaftsbetrieb

126 Die Rechtsprechung und ein überwiegender Teil der Literatur lehnen den Berechnungsdurchgriff strikt ab.[3] Nur ganz ausnahmsweise soll ein sogenannter Berechnungsdurchgriff auf die Konzernholding stattfinden Nach dieser Auffassung soll nur dann eine Hinzuzählung von Mitarbeitern zu den Beschäftigten der Konzernobergesellschaft erfolgen, wenn die Voraussetzungen eines Gemeinschaftsbetriebs vorliegen.

127 Dieser herrschende Ansatz erscheint sehr formalistisch. Die im Wortlaut deutliche Differenzierung der Begriffe des Betriebs und des Unternehmens im Kündigungsschutzgesetz lässt sich in der modernen Arbeitswelt, die durch wachsende Anzahl von Arbeitsverhältnissen mit Konzernbezug geprägt ist, kaum noch durchhalten. Warum

---

[1] BAG 29.4.1999 – 2 AZR 352/98; BAG 13.6.2002 – 2 AZR 327/01; BAG 28.10.2010 – 2 AZR 392/08; zum Meinungsstand ErfK/*Kiel*, § 23 KSchG Rn. 6; APS/*Moll*, § 23 KSchG Rn. 8a und Rn. 41.
[2] *Bepler*, AuR 1997, 54 ff.; *Buschmann*, AuR 1998, 210 ff.; *Kittner*, NZA 1999, 731 ff.
[3] APS/*Moll*, § 23 KSchG Rn. 8a; ErfK/*Kiel*, § 23 KSchG Rn. 6; BAG 12.11.1998 – 2 AZR 459/97, AP KSchG 1969 § 23 Nr. 20; BAG 13.6.2002 – 2 AZR 327/01, AP KSchG 1969 § 23 Nr. 29; Schaub/*Linck*, Arbeitsrechts-Handbuch, § 130 Rn. 16; *Lansnicker*, Die Prozesse in Arbeitssachen, 2. Auflage 2010, § 7 Rn. 37.

soll der Mitarbeiter, der in einem Betrieb mit mehreren hundert Arbeitnehmern beschäftigt ist, nur deshalb – anders als all seine Kollegen – keinen Kündigungsschutz genießen, weil sein Arbeitsverhältnis mehr oder minder zufällig bei der Konzernmutter „aufgehängt" ist, die mangels Größe als Kleinbetrieb zu kennzeichnen ist?

Die Entscheidungen des BAG fußen sämtlich auf Sachverhalten, in denen die Mitarbeiter gerade nicht in Betriebe verbundener Unternehmen eingegliedert waren oder deren Tätigkeit einen echten Konzernbezug zB in Form konzerninterner Arbeitnehmerüberlassung oder Matrixstrukturen aufwiesen. In den dortigen Entscheidungen hatte der Betrieb der Konzernobergesellschaft lediglich untergeordnete Tätigkeiten für verbundene Unternehmen verrichtet, zum Beispiel Schreibarbeiten. **128**

Beim Berechnungsdurchgriff im Rahmen von Konzernarbeitsverhältnissen ist die Interessenlage jedoch eine gänzlich andere. Der bei der Holding beschäftigte Mitarbeiter ist eben in die – zweifelsfrei nicht als Kleinbetrieb zu qualifizierenden – Betriebe verbundener Unternehmen eingegliedert oder übt für diese Betriebe im Rahmen von Matrixstrukturen Tätigkeiten aus. Dann fällt die Konzernmutter gerade nicht in den Schutzbereich der Kleinbetriebsklausel. **129**

c) Verfassungskonforme Auslegung von § 2 KSchG

Nach verfassungskonformer Auslegung des § 23 KSchG ist auf den Schutzbereich der Vorschrift abzustellen.[1] Dieser Schutzbereich soll kleine Unternehmen mit regelmäßig schwacher Finanzausstattung und begrenzter Verwaltungskapazität vor den wirtschaftlichen Belastungen des Kündigungsschutzgesetzes bewahren. Auf eine Konzernholding treffen diese Parameter, die zum Schutzzweck der Kleinbetriebsklausel gehören, ganz offensichtlich nicht zu. **130**

Deshalb hat auch das Landesarbeitsgericht Düsseldorf in 2001 festgestellt, dass auf die Organisationsformen einer herrschenden Konzernmuttergesellschaft, die an ihren GmbH-Töchtern zu 100% beteiligt ist und mit denen Beherrschungs- und Gewinnabführungsverträge geschlossen sind, der Schutzgedanke des § 23 Abs. 1 S. 2 KSchG nicht anwendbar ist. Das Landesarbeitsgericht Düsseldorf hat dabei richtiger Weise nicht nur auf die enge konzernrechtliche Verflechtung der Konzernmutter mit den Töchtern abgestellt, sondern auch auf die Tätigkeit des gekündigten Mitarbeiters (Vorstandsassistent), die eben weit über das Unternehmen seines rechtlichen Arbeitgebers hinaus Wirkung zeigte, nämlich in alle verbundenen Unternehmen hinein. Das BAG hat das Urteil bestätigt.[2] Der vom BAG in 1998 und 1999 als Ausnahmefall dargestellten Sachverhalte sind aber für Konzernarbeitsverhältnisse typisch.[3] Das BAG lässt nämlich dann einen Berechnungsdurchgriff auf die Konzernmutter zu, wenn – wie typischerweise – im Konzernverbund die Personalführung für konzernverbundene Unternehmen zentralisiert ist, dh das arbeitgeberseitige Direktionsrecht und die übrigen Arbeitgeberfunktionen der konzernabhängigen Unternehmen im sozialen und personellen Bereich von der Konzernzentrale gesteuert werden. **131**

d) Ergebnis

Die Frage des Berechnungsdurchgriffs ist also differenziert zu beantworten: **132**

Sind Mitarbeiter bei der Konzernholding tätig, ohne in einen Betrieb eines verbundenen Unternehmens eingegliedert zu sein, lässt sich ein Berechnungsdurchgriff auf

---

[1] APS/*Moll*, Kündigungsrecht, § 23 KSchG Rn. 40.
[2] LAG Düsseldorf 3.4.2001 – 6 Sa 114/01; BAG 13.6.2002 – 2 AZR 327/01.
[3] BAG 12.11.1998 – 2 AZR 459/97, NZA 1999, 590; BAG 29.4.1999 – 2 AZR 352/98, NZA 1999, 932.

die Obergesellschaft nicht rechtfertigen. Etwas anderes gilt nur, wenn zwischen Konzernobergesellschaft und verbundenem Unternehmen ein Gemeinschaftsbetrieb besteht.

133   Mitarbeiter, die im Wege einer Matrix-Organisation oder im Rahmen konzernweiter Beschäftigung in die Betriebe verbundener Unternehmen eingegliedert sind, sollen jedoch Kündigungsschutz genießen, wenn diese Mitarbeiter personell und auch im übrigen von der Konzernmutter gesteuert werden; es findet ein Berechnungsdurchgriff statt. Der Berechnungsdurchgriff ist also tätigkeitsbezogen auf den Mitarbeiter zu verstehen.

2. Sozialauswahl

a) Anrechnung von Betriebszugehörigkeitszeiten in verbundenen Unternehmen

134   Gemäß § 1 Abs. 3 S. 1 KSchG ist die Dauer der Betriebszugehörigkeit ein Sozialauswahlkriterium. Bei Arbeitsverhältnissen mit Konzernbezug stellt sich die Frage, ob Beschäftigungszeiten bei verbundenen Unternehmen in die Betriebszugehörigkeit des Mitarbeiters einzuberechnen sind.

135   Bei entsprechender vertraglicher Vereinbarung ist dies ohne Zweifel der Fall.[1] Das Landesarbeitsgericht Düsseldorf schränkt jedoch insoweit ein, als die vertragliche Vereinbarung keinen unverhältnismäßigen Eingriff in den Bestandsschutz der anderen Arbeitnehmer bedeutet, wobei offen geblieben ist, was darunter zu verstehen ist.

136   Das Landesarbeitsgericht Hamm hat in einem Urteil vom 27.5.2002 offen gelassen ob die Anrechnung von Vordienstzeiten in verbundenen Unternehmen zulässig sei. Eine vereinbarte längere Betriebszugehörigkeit als die tatsächliche könne sich, so das Landesarbeitsgericht Hamm, bei Durchführung der Sozialauswahl als unzulässiger Vertrag zulasten Dritter erweisen.[2] Das Landesarbeitsgericht Düsseldorf sieht allerdings in jeder den einen Arbeitnehmer begünstigenden Regelung zum Kündigungsschutz, zB die vertraglich vereinbarte Unkündbarkeit, eine bewusste Schlechterstellung der anderen Arbeitnehmer. Da aber die Regelungen des KSchG zwingenden Charakter zwischen den Vertragsparteien haben, kann eine Besserstellung des Mitarbeiters gegenüber der Gesetzlichen Regelung zulässig und wirksam vereinbart werden.[3]

137   Richtiger Weise muss man daher der Vertragsfreiheit Vorrang gewähren und generell mit der überwiegenden Auffassung in der Literatur Folgendes annehmen:[4] Sollten die Vorbeschäftigungszeiten tatsächlich in verbundenen Unternehmen zurück gelegt worden sein, dürfte nichts gegen die Zulässigkeit einer entsprechenden Vereinbarung und Anrechnung auf die aktuellen Zugehörigkeitszeiten sprechen. Wird jedoch allein zur Erhöhung des Kündigungsschutzes eine fiktive Betriebszugehörigkeit vereinbart, der keine tatsächliche Beschäftigung in einem verbundenen Unternehmen zugrunde liegt, könnte dies – allein mit Blick auf die Sozialauswahl – unbeachtlich sein. Mit Blick auf zB Rentenanwartschaften oder Dauer von Kündigungsfristen ist die individualvertraglich vereinbarte Betriebszugehörigkeit – nicht nur bei verbundenen Unternehmen – rechtlich unproblematisch.

---

[1] ZB LAG Köln 17.9.1998 – 10 Sa 631/98, BeckRS 1998 310 135 10; LAG Düsseldorf 25.8.2004 – 12 (3) Sa 1104/04.
[2] LAG Hamm 27.5.2002 – 8 Sa 134/02; auch *Löwisch/Spinner* KSchG, 9. Aufl. § 1 KSchG Rn. 366; *Stahlhacke/Preis/Vossen*, Kündigung und Kündigungsschutz im Arbeitsverhältnis, Rn. 1095.
[3] LAG Düsseldorf 25.08.2004 – 12 (3) Sa 1104/04.
[4] APS/*Kiel*, § 1 KSchG Rn. 699, 708; KR/*Etzel*, § 1 KSchG Rn. 672; ErfK/*Ascheid*, 4. Auflage, § 1 KSchG Rn. 475.

b) Gemeinschaftsbetrieb mehrerer Konzernunternehmen

Die Sozialauswahl ist grundsätzlich betriebsbezogen, nicht aber unternehmens- oder gar konzernbezogen durchzuführen.[1] Betreiben mehrere Unternehmen einen gemeinsamen Betrieb, so ist die Sozialauswahl wiederum betriebsbezogen durchzuführen, jedoch auch unter den Mitarbeitern des jeweils anderen Unternehmens.[2] Dies gilt nicht etwa nur bei einem Gemeinschaftsbetrieb, den mehrere verbundenen Unternehmen betreiben, sondern auch dann, wenn die Unternehmen, die den Gemeinschaftsbetrieb betreiben, in keinerlei konzernrechtlichem Verhältnis zueinander stehen. 138

Daher ist die Durchführung der unternehmensübergreifenden Sozialauswahl beim Gemeinschaftsbetrieb kein konzernrechtliches Phänomen, sondern der Natur des Gemeinschaftsbetriebs geschuldet. Der Gemeinschaftsbetrieb zeichnet sich insbesondere durch die einheitliche Leitungsmacht aus, die die Unternehmen über den Betrieb ausüben.[3] Diese einheitliche Leitungsmacht versetzt die Unternehmen ja gerade in die Lage, die Mitarbeiter des Gemeinschaftsbetriebs gleichsam wie ein einheitlicher Arbeitgeber untereinander auszutauschen und daher auch eine entsprechende Sozialauswahl durchzuführen. Fehlt es an der rechtlichen und funktionalen Austauschbarkeit der Mitarbeiter der verschiedenen Unternehmen, liegt auch kein gemeinsamer Betrieb vor, weil es an der einheitlichen Leitungsmacht fehlt. 139

Wird der Gemeinschaftsbetrieb aufgelöst, etwa weil die Leitungsvereinbarung beendet wird, fehlt es an einer Legitimation für eine unternehmensübergreifende Sozialauswahl. Dies ist der Fall, wenn keines der Unternehmen kann dann die Beschäftigung eines Mitarbeiters auf einem Arbeitsplatz eines beim anderen Unternehmen beschäftigten Mitarbeiters durchsetzen.[4] Dasselbe gilt bereits dann, wenn der Gemeinschaftsbetrieb zum Kündigungszeitpunkt zwar noch besteht, während der Kündigungsfrist aber aufgelöst werden soll.[5] 140

Die Beurteilung der Frage nach der unternehmensübergreifenden Sozialauswahl ist keine andere, wenn die Unternehmen, die den Gemeinschaftsbetrieb geführt haben, nicht konzernrechtlich verbunden sind. Denn die Voraussetzungen für das Vorliegen eines Gemeinschaftsbetriebs hängen nicht von der konzernrechtlichen Verbundenheit der Unternehmen ab, die den Betrieb führen, sondern allein von der vereinbarten Leitungsmacht. Diese vereinbarte Leitungsmacht liegt aber nicht bereits dann vor, wenn eine konzernrechtliche Verbindung der betriebsführenden Unternehmen besteht. Die für einen Gemeinschaftsbetrieb erforderliche Leitungsmacht geht weit darüber hinaus. 141

Ausnahmsweise führt das Vorliegen eines Gemeinschaftsbetriebs gerade nicht zu einer unternehmensübergreifenden Sozialauswahl, wenn der Gemeinschaftsbetrieb aus einer inländischen Betriebsstätte eines deutschen Unternehmens und mehreren im 142

---

[1] Schaub/*Linck*, Arbeitsrechts-Handbuch, § 153 Rn. 4; ErfK/*Oetker*, § 1 KSchG Rn. 318 mwN; KR/*Griebeling*, § 1 KSchG Rn. 217.

[2] ErfK/*Oetker*, § 1 KSchG Rn. 322; *Wahlig* in Grobys/Panzer, Stichwortkommentar Arbeitsrecht, Gemeinsamer Betrieb Rn. 35 ff.; BAG 24.2.2005 – 2 AZR 214/04, NZA 2005, 867; BAG 29.11. 2007 – 2 AZR 763/06, ZIP 2008, 1598–1602; KR/*Griebeling*, § 1 KSchG Rn. 217; aA Schaub/ *Linck*, Arbeitsrechts-Handbuch, § 135 Rn. 5 geht zu Unrecht von einer betriebsübergreifenden Sozialauswahl bei bestehendem Gemeinschaftsbetrieb aus.

[3] ErfK/*Oetker*, § 1 KSchG Rn. 322.

[4] Schaub/*Linck*, Arbeitsrechts-Handbuch, § 153 Rn. 5; BAG 24.2.2005 – 2 AZR 214/04, NZA 2005, 867; *Wahlig* in Grobys/Panzer, Stichwortkommentar Arbeitsrecht, Gemeinsamer Betrieb Rn. 36.

[5] *Wahlig* in Grobys/Panzer, Stichwortkommentar Arbeitsrecht, Gemeinsamer Betrieb Rn. 36; BAG 18.9.2003 – 2 AZR 537/02, ZTR 2004, 535.

Ausland gelegenen Betriebsstätten ausländischer (Konzern-)Unternehmen besteht. Denn das Kündigungsschutzgesetz ist nur auf im Inland gelegene Betrieb anwendbar, eine ins Ausland übergreifende Anwendung verbietet sich auch beim grenzüberschreitenden Gemeinschaftsbetrieb.[1]

c) Keine unternehmensübergreifende Sozialauswahl ohne Gemeinschaftsbetrieb

143 Der Grundsatz, dass die Sozialauswahl betriebsbezogen ist, wird bei Bestehen eines Gemeinschaftsbetriebs durchbrochen. Dies ist gesicherte Rechtslage. Nach einer Entscheidung des LAG Köln[2] soll allerdings die unternehmensübergreifende Sozialauswahl schon dann durchgeführt werden müssen, wenn sich ein verbundenes Unternehmen zur Übernahme eines Mitarbeiters bereit erklärt hat. Das LAG Hamburg hat klargestellt, dass eine unternehmensübergreifende Sozialauswahl durchzuführen ist, wenn sich eine Verpflichtung zur Übernahme eines Mitarbeiters in ein Konzernunternehmen ergibt, zB bei vereinbarter Konzernversetzungsklausel.[3] Beide Entscheidungen setzen also gerade keinen Gemeinschaftsbetrieb für die Durchführung der unternehmensübergreifenden Sozialauswahl voraus, sondern stellen alleine auf die Vertraglichen Vereinbarungen zwischen Arbeitnehmer und seinem Vertragspartner so wie auf die Übernahmebereitschaft des verbundenen Unternehmens ab. Dies wird vereinzelt auch in der Literatur vertreten.[4]

144 Diese Auffassung ist dogmatisch und im Ergebnis nicht vertretbar. Denn die Durchführung der Sozialauswahl setzt funktionale und rechtliche Austauschbarkeit der Mitarbeiter voraus. Diese Austauschbarkeit in rechtlicher Hinsicht wird gerade nicht durch die bilaterale Vereinbarung einer Konzernversetzungsklausel vermittelt. Auch die bloße Übernahmebereitschaft eines verbundenen Unternehmens führt nicht dazu, dass die zu vergleichenden Mitarbeiter rechtlich austauschbar sind – über die Unternehmensgrenzen hinaus. Ob Konzernversetzungsklausel und Übernahmebereitschaft einer Konzerngesellschaft möglicherweise zu einer Weiterbeschäftigungspflicht auf freien Arbeitsplätzen im Konzern führen, ist eine Frage, die mit der Sozialauswahl nicht vermischt werden darf. Zur Sozialauswahl gelangt man bei der Prüfung einer betriebsbedingten Kündigung erst dann, wenn keinerlei Weiterbeschäftigungsmöglichkeiten im Unternehmen – und bei Vorliegen der entsprechenden Voraussetzungen auch nicht im Konzern – vorliegen. Liegt aber eine faktische und rechtliche Einflussnahmemöglichkeit des Arbeitgebers auf eine Besetzung einer freien Stelle im Konzern bei der Prüfung von Weiterbeschäftigungsmöglichkeiten nicht vor, dann kann – auf der Stufe der Sozialauswahl – auch keine rechtliche Austauschbarkeit angenommen werden. Eine Sozialauswahl ist also nicht unternehmensübergreifend durchzuführen.

145 Insgesamt ist mit der herrschenden Meinung eine Betriebs- oder gar unternehmensübergreifende Sozialauswahl abzulehnen und zwar auch dann, wenn sich der Arbeitgeber vertraglich eine konzernweite Versetzung vorbehalten hat.[5]

---

[1] BAG 7.11.1996 – 2 AZR 648/95; *Gravenhorst*, RdA 2007, 283–289.
[2] LAG Köln 9.2.2004 – 2 (10) Sa 982/03, AuA 2004, 43.
[3] LAG Hamburg 20.9.2002 – 6 Sa 95/01.
[4] *Holthausen* in Hümmerich/Boecken/Düwell, Kommentar zum Arbeitsrecht, 2. Auflage 2010, § 1 KSchG Rn. 485.
[5] APS/*Kiel*, § 1 KSchG Rn. 669; BAG 15.12.2005 – 6 AZR 199/05, AP KSchG 1969, § 1 Soziale Auswahl Nr. 76; KR/*Griebeling*, § 1 KSchG Rn. 608; *v. Hoyningen-Huene/Linck* KSchG, 14. Auflage § 1 Rn. 875.

3. Verhaltensbedingte Kündigung

a) Durchschlagen von Kündigungsgründen bei verhaltensbedingten Gründen

Ein erhebliches Fehlverhalten des Arbeitnehmers gegenüber einem mit seinem Arbeitgeber verbundenen Unternehmen kann eine außerordentliche Kündigung des Arbeitsverhältnisses rechtfertigen. Dies ist gesicherte Rechtslage.[1] Voraussetzung ist jedoch, dass das Fehlverhalten des Mitarbeiters gegenüber dem verbundenen Unternehmen konkrete und erhebliche Auswirkungen auf sein Stammarbeitsverhältnis hat.[2] Die Rechtsprechung geht sogar davon aus, dass sich ein erhebliches Fehlverhalten gegenüber einem verbundenen Unternehmen als mangelhafte Eignung des Mitarbeiters gegenüber seinem Arbeitgeber und folglich als personenbedingter Kündigungsgrund darstellen kann.[3]

146

Allein die Konzernbindung des Arbeitgebers mit dem verbundenen Unternehmen, bei dem der Mitarbeiter das fehlerhafte Verhalten gezeigt hat, reicht allerdings nicht aus, um ein Durchschlagen der Kündigungsgründe auf das Arbeitsverhältnis zu rechtfertigen.[4] Es müssen besondere Umstände vorliegen, die das Durchschlagen der Kündigungsgründe auf das aktuelle Arbeitsverhältnis rechtfertigen können. Literatur und Rechtsprechung setzen die Hürden diesbezüglich jedoch nicht besonders hoch: Eine generelle Verpflichtung des Mitarbeiters, in Konzernunternehmen tätig zu sein – Versetzungsklausel, Entsendevereinbarung –[5] oder besondere Vorschriften zur Anrechnung von Dienstzeiten beim verbundenen Unternehmen[6] sollen bereits genügen, um Fehlverhalten gegenüber dem verbundenen Unternehmen, das nicht Arbeitgeber ist, als Kündigungsgrund des Stammarbeitgebers zu werten.

147

Dies ist jedenfalls dann zu bejahen, wenn zwischen Arbeitnehmer und Arbeitgeber ein Arbeitsverhältnis besteht, und zum verbundenen Unternehmen keine vertraglichen Abreden. Denn es macht einen Unterschied, ob der Arbeitnehmer in Vollzug seiner Tätigkeitspflicht gegenüber seinem Vertragspartner (Arbeitgeber) bei einem verbundenen Unternehmen ein erhebliches Fehlverhalten zeigt, zB bei einer Matrixstruktur oder konzerninterner Arbeitnehmerüberlassung oder bei einer Konzernversetzung in ein verbundenes Unternehmen auf Grundlage der Versetzungsklausel. Oder aber andererseits, ob der Mitarbeiter sein Arbeitsverhältnis mit dem Arbeitgeber ruhend gestellt hat und bei einem Konzernunternehmen auf Grundlage eines dortigen neuen Arbeitsvertrags tätig ist. Denn im ersteren Fall schuldet der Arbeitnehmer ja seine fehlerfreie Tätigkeit gegenüber seinem Vertragspartner, in dessen Betrieb der Mitarbeiter zwar nicht arbeitet, dem gegenüber er aber unmittelbar zur sorgfältigen und fehlerfreien Pflichterfüllung verpflichtet ist. Bei ruhendem Arbeitsverhältnis und Entsendung in ein anderes Konzernunternehmen ist der Mitarbeiter zunächst nur gegenüber seinem aktuellen Arbeitgeber verpflichtet. Das ruhende Arbeitsverhältnis wird durch Pflichtverletzungen beim verbundenen Unternehmen grundsätzlich nicht berührt.

148

Nur bei schwersten Verfehlungen wie Straftaten, die in Zusammenhang mit der Dienstpflichterfüllung stehen (Untreue, Geheimnisverrat, Bestechung etc.) wird man ein Durchschlagen des Fehlverhaltens im aktuellen Arbeitsverhältnis auf das ruhende Arbeitsverhältnis annehmen können. Die Grundsätze des Kündigungsgrundes aufgrund außerdienstlichen Verhaltens sind hier heranzuziehen.[7] Das Verhalten des Mitarbeiters

149

---

[1] Zuletzt BAG 27.11.2008 – 2 AZR 193/07.
[2] Für die ordentliche verhaltensbedingte Kündigung: BAG 20.9.1984 – 2 AZR 233/83.
[3] BAG 23.9.1976 – 2 AZR 309/75; BAG 27.11.2008 – 2 AZR 193/07.
[4] BAG 20.9.1984 – 2 AZR 233/84; *Windbichler,* Arbeitsrecht im Konzern, S. 152.
[5] KR/*Fischermeier,* § 626 BGB Rn. 127; BAG 27.11.2008 – 2 AZR 193/07.
[6] APS/*Dörner,* § 626 BGB Rn. 76a.
[7] Schaub/*Linck,* Arbeitsrechts-Handbuch, § 127 Rn. 81 mwN.

beim verbundenen Unternehmen schlägt nur dann auf dessen ruhendes Arbeitsverhältnis mit dem Arbeitgeber durch, wenn das ruhende Arbeitsverhältnis konkret beeinträchtigt wird.

IV. Sonderthemen

1. Zuständigkeit der Arbeitsgerichte bei Organstellung im Konzern

a) Der Arbeitnehmerbegriff des § 5 Abs. 1 ArbGG mit Blick auf Geschäftsführer im Konzernunternehmen

150 § 2 Abs. 1 Nr. 3a, c, d ArbGG eröffnet den Rechtsweg zu den Arbeitsgerichten, wenn es sich um einen Rechtsstreit zwischen Arbeitgeber und Arbeitnehmer handelt. Gemäß § 5 Abs. 1 S. 3 ArbGG liegt eine Streitigkeit zwischen Arbeitgeber und Arbeitnehmer nicht vor, wenn der Dienstverpflichtete gesetzlicher Vertreter der Gesellschaft ist.

151 Der Geschäftsführer einer GmbH, dessen Bestellung ein Vertragsverhältnis mit dem herrschenden Unternehmen zugrunde liegt, gilt allerdings nur im Verhältnis zur GmbH nicht als Arbeitnehmer, wohl aber im Verhältnis zur Konzernmutter, mit der der Anstellungsvertrag geschlossen ist.[1] Daran ändert auch der Umstand nichts, dass der Kündigungsgrund, der zur Kündigung des Arbeitsverhältnisses mit der Konzernmutter geführt hat, seinen Ursprung in der Organstellung bei der Tochtergesellschaft hat. Denn die (Nicht-)Erfüllung der gesetzlichen Organpflichten als Geschäftsführer der Tochter-GmbH stehen in einem unmittelbaren rechtlichen und wirtschaftlichen Zusammenhang mit dem Arbeitsverhältnis zur Muttergesellschaft.[2]

152 Das Landesarbeitsgericht Hamburg sieht dies noch differenzierter: Wird ein Arbeitnehmer einer Konzernobergesellschaft zum Geschäftsführer einer Tochter-GmbH berufen, ist das Vorliegen persönlicher Abhängigkeit des Geschäftsführers zu prüfen. Der Anstellungsvertrag zur Konzernmutter ist nach Regelungsinhalt und tatsächlicher Durchführung darauf hin zu untersuchen, ob Beschränkungen des Mitarbeiters vorliegen, die über das übliche Maß eines Fremdgeschäftsführers hinausgehen.[3] Im zu entscheidenden Fall hat das Landesarbeitsgericht Hamburg den Rechtsweg zu den Arbeitsgerichten trotz Arbeitnehmerstellung zur Konzernmutter verneint.

153 Das BAG hat letztmalig im Jahr 2011 allerdings anders und zutreffend differenziert: Wenn ein Rechtsstreit zwischen einem Organmitglied und der Gesellschaft nicht das Organverhältnis betrifft, greift die Fiktion des § 5 Abs. 1 S. 3 ArbGG trotz der Organstellung des Mitarbeiters nicht ein, so dass das Arbeitsgericht zuständig sein kann.[4] Gegen eine Kündigung des Arbeitsverhältnisses durch die Muttergesellschaft muss sich der Mitarbeiter vor den Arbeitsgerichten zur Wehr setzen, weil die Kündigung eben nicht ausschließlich die Organstellung beim verbundenen Unternehmen betrifft.

2. Leitender Angestellter nach § 14 KSchG bei Organstellung im Konzern

a) Leitender Angestellter gemäß § 14 Abs. 1 KSchG

154 Das Kündigungsschutzgesetz findet gemäß § 14 Abs. 1 KSchG keine Anwendung auf GmbH-Geschäftsführer und AG-Vorstände. Ist aber der Mitarbeiter bei der Muttergesellschaft als Arbeitnehmer angestellt und bei einem verbundenen Unternehmen als gesetzliches Vertretungsorgan, also etwa GmbH-Geschäftsführer oder AG-Vorstand tätig, wirft dies die Frage auf, ob das Kündigungsschutzgesetz gleichwohl Anwendung findet.

---

[1] BAG 21.2.1994 – 2 AZB 28/93; BAG 20.10.1995 – 5 AZB 5/95.
[2] BAG 20.10.1995 – 5 AZB 5/95.
[3] LAG Hamburg 1.8.2005 – 5 Ta 9/05.
[4] BAG 15.3.2011 – 10 AZB 23/10, NZA 2011, 874; BAG 23.8.2001 – 5 AZB 9/01, NZA 2002, 52.

Diese Frage wird einheitlich zugunsten des Schutzes des Arbeitnehmers beantwortet: Das Kündigungsschutzgesetz ist nicht konzern-, sondern unternehmensbezogen. Das bedeutet, dass der Mitarbeiter allein nach seinem Arbeitsverhältnis beurteilt wird, das eben zu einem Unternehmen besteht, in dem er gerade nicht Organ ist; dass eine Organstellung in einem verbundenen Unternehmen vorliegt, ist unbeachtlich.[1] Etwas anderes soll ausnahmsweise nur dann gelten, wenn der Mitarbeiter von Anfang an nur die Organstellung innehatte und der Geschäftsführeranstellungsvertrag aus rein administrativen Gründen mit der Konzernobergesellschaft geschlossen wurde.[2] Es ist dann eine – übliche – Abgrenzung durchzuführen, ob der Anstellungsvertrag nach dem Grad der Weisungsgebundenheit des Mitarbeiters eher als Arbeits- oder eher als freier Dienstvertrag einzustufen ist.[3]

155

b) Leitender Angestellter nach § 14 Abs. 2 KSchG

Gemäß § 14 Abs. 2 KSchG finden die Vorschriften des ersten Abschnitts – also die Vorschriften über die soziale Rechtfertigung einer Kündigung – auch Anwendung auf leitende Angestellte, soweit sie zur selbstständigen Einstellung und Entlassung von Mitarbeitern befugt sind. Ein Auflösungsantrag des Arbeitgebers bedarf gemäß § 9 KSchG keiner Begründung, was es dem Arbeitgeber leicht macht, sich – wenn auch gegen Zahlung einer Abfindung – von seinem Mitarbeiter zu trennen. § 14 Abs. 2 KSchG lässt allerdings offen, bei welchem Unternehmen die selbstständige Einstellungs- und Entlassungsbefugnis vorliegen muss.

156

Wird ein Mitarbeiter bei der Konzernmutter eingestellt und übt dieser die Funktion eines Geschäftsleiters, ja sogar die Organfunktion eines Geschäftsführers oder Vorstands in einem verbundenen Unternehmen aus, stellt sich die Frage, ob die im Konzernunternehmen bestehende selbstständige Einstellungs- und Entlassungsbefugnis ausreicht, um den Mitarbeiter als einen leitenden Angestellten gemäß § 14 Abs. 2 KSchG zu qualifizieren. Höchstrichterlich liegen keine veröffentlichten Entscheidungen vor, die Instanzgerichte beantworten diese Frage uneinheitlich.[4]

157

Teilweise wird der Literatur ein Konzernbezug des § 14 Abs. 2 KSchG mit der schematischen Begründung abgelehnt,[5] das Kündigungsschutzgesetz sei nun einmal grundsätzlich betriebsbezogen, nur ausnahmsweise unternehmensbezogen, aber nie konzernbezogen. Überwiegend wird darauf abgestellt, dass die selbstständige Einstellungs- und Entlassungsbefugnis einen wesentlichen Teil der Tätigkeit des Mitarbeiters darstellen muss, um die Eigenschaft als Leitender Angestellter nach § 14 Abs. 2 KSchG zu begründen.[6]

158

Richtigerweise muss man darauf abstellen, ob die Organtätigkeit des Mitarbeiters beim verbundenen Unternehmen zur selbstständigen Einstellung und Entlassung von Mitarbeitern berechtigt und dies die wesentliche Tätigkeit des Mitarbeiters ausmacht. Geht die Tätigkeit des Mitarbeiters deutlich über die Wahrnehmung der Organfunktion beim verbundenen Unternehmen hinaus und ist im wesentlichen Teil nicht mit einer selbstständigen Einstellungs- und Entlassungsbefugnis verbunden, liegt keine Eigenschaft als leitender Angestellter gemäß § 14 Abs. 2 KSchG vor.

159

---

[1] ErfK/*Kiel*, § 14 KSchG Rn. 7.
[2] ErfK/*Kiel*, § 14 KSchG Rn. 7.
[3] BAG 26.5.1999 – 5 AZR 664/98, AP GmbHGes § 35 Nr. 10.
[4] ArbG Hamburg 9.10.2008 – 29 Ca 172/08; ArbG Hamburg 4.11.2009 – 3 CA 318/09.
[5] *Rinsdorf/Kiedrowski*, NZA 2012, 183 ff.; ErfK/*Kiel*, § 14 KSchG Rn. 20.
[6] APS/*Biebl*, Kündigungsrecht, § 14 KSchG Rn. 22; KR/*Rost*, § 14 KSchG Rn. 29; ErfK/*Kiel*, § 14 KSchG Rn. 14/15.

C. Nachvertragliche Wettbewerbsverbote mit Konzernbezug

I. Vorbemerkungen

160 Nachvertragliche Wettbewerbsverbote sind ein gängiges Instrument des Wettbewerbsschutzes. Sie gehören immer mehr zu Standards in Arbeitsverträgen. Die Fallgestaltungen in der vertraglichen und gelebten Praxis sind vielfältig. Trotz einer im Laufe der letzten Jahrzehnte immer stärker konturierten Rechtsprechung und einer sehr praxisnahen Behandlung der Wettbewerbsverbote in der Literatur ist es kaum möglich, die Interessenlagen der am Wettbewerbsverbot beteiligten Parteien vertraglich derart präzise und umfassend einzufangen, dass eine klare Grenzziehung zwischen Wirksamkeit und Unwirksamkeit, Verbindlichkeit und Unverbindlichkeit des Verbots zu ziehen ist. Die gelebte Vertragswirklichkeit prägt die Beantwortung der Frage nach Wirksamkeit und Verbindlichkeit nachvertraglicher Wettbewerbsverbote. Dies gilt insbesondere bei nachvertraglichen Wettbewerbsverboten mit ausdrücklichem oder auch nur konkludentem Konzernbezug.

II. Einleitung

1. Regelungsgefüge der §§ 74 ff. HGB

161 Die fortschreitende Globalisierung und Diversifizierung von Unternehmen führt zu immer neuen Organisationsformen der Beschäftigung von Mitarbeitern. Mitarbeiter sind immer häufiger nicht nur für ihren rechtlichen Arbeitgeber, also Vertragspartner, tätig. Mitarbeiter führen Tätigkeiten im Interesse mehrerer Unternehmen eines Konzerns aus. Sie erlangen bei der Durchführung dieser Tätigkeiten also nicht nur Kenntnisse über die Belange des rechtlichen Arbeitgebers, sondern weit darüber hinaus. Dieser Umstand führt immer häufiger zu Fragen nach der Wirksamkeit, der Verbindlichkeit und der Reichweite konzernweiter nachvertraglicher Wettbewerbsverbote. Auch moderne unternehmerische Organisationsformen (Matrix-Strukturen) und moderne Formen des Arbeitseinsatzes (konzerninterne Arbeitnehmerüberlassung, konzerninterne Arbeitnehmerentsendung) zwingen zu einem Nachdenken über die Auslegung nachvertraglicher Wettbewerbsverbote und – konsequenter Weise – auch zu deren vertraglicher Neugestaltung.

162 Dabei ist auf das bekannte Regelungsgefüge der §§ 74 ff. HGB zurückzugreifen, das aber keine befriedigenden Antworten auf die aufgeworfenen Fragen bereithält. Nach § 74a Abs. 1 HGB sind Wettbewerbsverbote nur verbindlich, wenn sie den berechtigten geschäftlichen Interessen des Prinzipals dienen (§ 74a Abs. 1 S. 1 HGB). Das Wettbewerbsverbot ist auch nur dann verbindlich, soweit es unter Berücksichtigung der gewährten Entschädigung nach Ort, Zeit oder Gegenstand keine unbillige Erschwerung des Fortkommens des Gehilfen enthält (§ 74a Abs. 1 S. 1 S. 2 HGB).

2. Uneinheitliche Auslegung nachvertraglicher Wettbewerbsverbote

163 Schon die Frage, ob ein nachvertragliches Wettbewerbsverbot tätigkeits- oder unternehmensbezogen auszulegen ist, wird sehr uneinheitlich beantwortet. Das BAG hat sich bereits mit seiner Entscheidung[1] dafür entschieden, dass ein berechtigtes geschäftliches Interesse grundsätzlich nur für tätigkeitsbezogene Verbote bestehen könne. Bei Führungskräften würde allerdings generell ein berechtigtes geschäftliches Interesse da-

---

[1] BAG 24.6.1966 – 3 AZR 501/65, AP HGB § 74a Nr. 2.

hingehend bestehen, dass ein Konkurrenzverbot stets unternehmensbezogen ist.[1] Hintergrund dieser Entscheidung ist die Tatsache, dass Führungskräfte regelmäßig Tätigkeiten wahrnehmen, die unternehmensweite Bedeutung entfalten. Diese Begründung führt aber gerade zur Annahme, dass ein Wettbewerbsverbot grundsätzlich tätigkeitsbezogen ist. Denn die Führungskraft soll ja nur dann unternehmensbezogen an das Wettbewerbsverbot gebunden sein, wenn deren vertraglich geschuldete und in der Praxis durchgeführte Tätigkeit auch unternehmensweit durchgeführt wird.

Wie ist nun die Lage, wenn sich die Tätigkeit der Führungskraft de facto nicht nur unternehmensweit, sondern sogar konzernweit auswirkt oder die Tätigkeit beispielsweise im Rahmen einer Matrixstruktur ganz bewusst sich über verschiedene Ebenen von Konzernunternehmen erstreckt? Diese Problematik wird in der Praxis besonders relevant, wenn der Mitarbeiter – wie so häufig in Konzernstrukturen – im Rahmen konzerninterner Arbeitnehmerüberlassung oder aber im Rahmen von Entsendeverträgen innerhalb des Konzerns eingesetzt wird. Kernpunkt dieser Frage, ob ein konzernweites Wettbewerbsverbot wirksam und verbindlich ist, ist die Frage nach dem berechtigten geschäftlichen Interesses einerseits und – selbstverständlich – die Frage, wie das Wettbewerbsverbot im Einzelfall vertraglich ausgestaltet ist.[2] Schließlich muss bei der Lösung vorstehender Problematik auch der sich wandelnden Rechtsprechung und Literaturmeinung zum (kündigungsrechtlichen) Arbeitgeberbegriff Rechnung getragen werden. Das BAG sieht als Arbeitgeber keineswegs mehr allein den rechtlichen Vertragspartner, sondern stellt zunehmend auf die Eingliederung in den Betrieb und die Ausübung der faktischen Weisungsbefugnis ab.[3] 164

Eines ist jedoch sicher: Am sichersten fahren beide Parteien eines nachvertraglichen Wettbewerbsverbots, wenn sie sich über die beabsichtigte Reichweite hinsichtlich Tätigkeit, Unternehmen und Konzern ausreichend Gedanken machen und ihren Konsens diesbezüglich in eine möglichst präzise formulierte Wettbewerbsabrede fassen, woran es in der Praxis leider allzu oft fehlt. Fehlt es an einer individuellen und wohl überlegten Vertragsgestaltung, tauchen die Probleme auf, die zum Beispiel zu einem „Speiseeis-Fall"[4] und anderen prominenten Gerichtsentscheidungen führen. 165

III. Systematik der nachvertraglichen Wettbewerbsverbote mit Konzernbezug

1. Übersicht

Bei der rechtlichen Beurteilung nachvertraglicher Wettbewerbsverbote muss unterschieden werden zwischen Verboten, die – wie in der Praxis üblich – keinen ausdrücklichen Bezug zu verbundenen Unternehmen aufweisen und solchen, die Konzernunternehmen ausdrücklich in das Verbot einbeziehen. Eine weitere Fallgestaltung ist die, dass Unternehmen vom Wettbewerbsverbot erfasst werden sollen, die zwar nicht im Wettbewerb zum Arbeitgeber stehen, aber dennoch mit Wettbewerbsunternehmen verbunden sind. 166

Des Weiteren muss unterschieden werden, ob der Mitarbeiter bei seinem Arbeitgeber tatsächlich nur für ein Unternehmen oder gar nur einen kleinen (Geschäfts-)Bereich des Unternehmens tätig war, oder aber für mehrere Geschäftsbereiche in mehreren verbundenen Unternehmen. Untergeordnete Tätigkeiten für verbundene Unternehmen sollen außer Betracht bleiben. 167

---
[1] BAG 16.12.1968 – 3 AZR 434/67, AP GewO §§ 133f. Nr. 21.
[2] *Klaus-Peter Martens,* Festschrift für Wilhelm Herschel zum 85. Geburtstag, 1982, S. 240 ff., 242.
[3] Zum Arbeitgeberbegriff siehe Schaub/*Linck,* Arbeitsrechts-Handbuch § 17 Rn. 1 ff.
[4] BAG 24.6.1966 – 3 AZR 501/65, AP HGB § 74a Nr. 2.

168 Konzernweite Wettbewerbsverbote unterliegen den allgemeinen Regeln der Beurteilung nachvertraglicher Wettbewerbsverbote, also im Wesentlichen den Vorschriften der §§ 74 ff. HGB. Die rechtlichen Grenzen der Zulässigkeit und Verbindlichkeit beurteilen sich bei Wettbewerbsverboten mit Konzernbezug nach den gleichen Kriterien wie Wettbewerbsverbot ohne Konzernbezug.

2. Wettbewerbsverbote ohne ausdrückliche Einbeziehung von Konzernunternehmen

169 Im „konzerndimensionalen Wettbewerbsschutz"[1] wird die Frage diskutiert, inwieweit mit einem Konzernunternehmen als Arbeitgeber ein Wettbewerbsverbot auch zu Gunsten anderer Konzernunternehmen vereinbart werden kann.[2] Zweifel an der rechtlichen Zulässigkeit, Konzernunternehmen in Wettbewerbsverbote aufzunehmen, bestehen nicht. Einig sind sich Literatur- und Rechtsprechung auch dahingehend, dass ein konzernweiter Wettbewerbsschutz grundsätzlich eine entsprechende vertragliche Vereinbarung voraussetzt.[3]

170 Sofern nichts anderes vereinbart ist, gilt das Wettbewerbsverbot allerdings nach der bisherigen Rechtsprechung grundsätzlich nur zu Gunsten desjenigen Konzernunternehmens, das als rechtlicher Arbeitgeber das Wettbewerbsverbot mit dem Arbeitnehmer vereinbart hat.[4] Welche Reichweite das vereinbarte Wettbewerbsverbot besitzt, ist dann nach den allgemeinen Grundsätzen durch Auslegung gemäß §§ 133, 157 BGB zu ermitteln. Arbeitgeber, und damit nicht nur Gläubiger des Unterlassungsanspruchs was eventuelle Wettbewerbstätigkeit angeht, sondern auch Beurteilungsmaßstab, wer überhaupt Wettbewerber ist, ist zunächst einmal nur der Vertragspartner.

171 Das BAG hat im berühmten „Speiseeis-Fall"[5] – immerhin vor 55 Jahren – entschieden, dass sich das nachvertragliche Wettbewerbsverbot ohne eine entsprechende anderslautende Vereinbarung ausschließlich auf den Vertragspartner bezieht. Unternehmen, die mit dem Vertragspartner des Mitarbeiters nicht in einem Konkurrenzverhältnis stehen, sind nicht vom Wettbewerbsverbot erfasst, auch dann nicht, wenn der Mitarbeiter lediglich bei der Konzernobergesellschaft rechtlich angestellt war, seine operative Tätigkeit jedoch auf mehrere konzernverbundene Unternehmen bezogen war. Die Kritik zu dieser Entscheidung[6] hat dazu geführt, die Frage nach der konzernweiten Auslegung oder stillschweigende Erweiterung des Wettbewerbsverbots auf die betroffene Konzerngesellschaften aufzuwerfen und bis dato kontrovers zu diskutieren.

3. Zulässigkeit ausdrücklicher Einbeziehung von Konzernunternehmen

172 Bei der Beurteilung der Wirksamkeit und Verbindlichkeit konzernweiter Wettbewerbsverbote sind einerseits die vertraglichen Vereinbarungen mit der gelebten Vertragswirklichkeit gegenüber zu stellen. An der Zulässigkeit der vertraglichen Einbeziehung konzernverbundener Unternehmen in ein nachvertragliches Wettbewerbsverbot bestehen grundsätzlich keine Zweifel.[7]

---

[1] *Martens*, Festschrift Herschel S. 241.
[2] *Martens*, Festschrift Herschel S. 237 ff.; *Windbichler*, Arbeitsrecht im Konzern S. 129 f.; *Reinfeld*, Das nachvertragliche Wettbewerbsverbot im Arbeits- und Wirtschaftsrecht S. 107 ff., *Bauer/Diller*, Wettbewerbsverbote Rn. 129 ff.
[3] *Bauer/Diller*, Wettbewerbsverbote Rn. 129; LAG Hamm 8.2.2001 – 16 Sa 1243/2000; *Martens*, Festschrift Herschel S. 245.
[4] „Speiseeisfall", BAG 24.6.1966 – 3 AZR 501/65, AP HGB § 74a Nr. 2.
[5] BAG 24.6.1966 – 3 AZR 501/65, AP HGB § 74a Nr. 2.
[6] *Martens*, Festschrift Herschel S. 245; *Windbichler* S. 130; *Bauer/Diller*, Wettbewerbsverbote Rn. 132.
[7] *Bauer/Diller*, Wettbewerbsverbote Rn. 130.

C. Nachvertragliche Wettbewerbsverbote mit Konzernbezug

Mit Blick auf die Verbindlichkeit des Verbots macht es allerdings einen Unterschied, ob der Mitarbeiter nur für ein oder mehrere, vielleicht so gar sämtliche Konzernunternehmen tätig war. Das Korrektiv ist § 74a Abs. 1 S. 1 HGB. Das Wettbewerbsverbot ist „insoweit" unverbindlich, als es eben nicht (mehr) von berechtigten geschäftlichen Interessen des Arbeitgebers gedeckt ist. Dies ist zu bejahen, wenn der Tätigkeitsbereich des Mitarbeiters auf ein Unternehmen, vielleicht sogar nur ein einen engen Geschäftsbereich des Arbeitgeberunternehmens beschränkt war und das Wettbewerbsverbot sämtliche Geschäftsbereiche sämtlicher Konzernunternehmen ausdrücklich erfasst. Denn die bloße vertragliche Einbeziehung von Konzernunternehmen in das Wettbewerbsverbot rechtfertigt noch nicht das geschäftliche Interesse des Arbeitgebers.[1] Ebenso begründet allein die bloße gesellschaftsrechtliche Beteiligung zwischen mehreren verbundenen Unternehmen zur Gesellschaft kein berechtigtes Interesse. **173**

Ein weiteres wichtiges Problem in der Praxis stellt die ständige Veränderung im Bestand konzernverbundener Unternehmen in Großkonzernen dar. Es bietet sich an, entweder eine klare Regelung bezüglich eines Stichtages oder aber eine konkrete tätigkeitsbezogene Wettbewerbsabrede zu treffen. Andernfalls kann wiederum nur über die Frage nach den berechtigten geschäftlichen Interessen des Arbeitgebers eine Einschränkung des Wettbewerbsverbots vorgenommen werden. Hier vertritt Diller die zutreffende Auffassung, dass die Reichweite des Verbots stets erst bei seinem Inkrafttreten bemessen werden kann, also mit Beendigung des Arbeitsverhältnisses.[2] Insoweit greift auch das Korrektiv der geltungserhaltenden Reduktion gemäß § 74a Abs. 1 S. 1 HGB erst mit Inkrafttreten des Verbots. **174**

4. Tätigkeitsbezogene, unternehmensbezogene und konzernbezogene Wettbewerbsverbote

a) Systematik in Literatur und Rechtsprechung

Es lässt sich daher folgende Systematik in Literatur und Rechtsprechung[3] festhalten: **175**
– Ist nichts anderes vereinbart, gilt das nachvertragliche Wettbewerbsverbot zunächst einmal nur tätigkeitsbezogen und zwar nur bezüglich des Unternehmens des Vertragspartners.
– Bei Führungskräften gilt das nachvertragliche Wettbewerbsverbot unternehmensbezogen, aber auch nur in Bezug auf den rechtlichen Arbeitgeber, also Vertragspartner.
– Ein konzernweiter Wettbewerbsschutz ist nur dann möglich, wenn der Mitarbeiter und sein Vertragspartner (Arbeitgeber) eine entsprechende vertragliche Abrede getroffen haben. Ob der so vereinbarte konzernweite Wettbewerbsschutz allerdings verbindlich ist, muss – wie bei jedem nachvertraglichen Wettbewerbsverbot – anhand der berechtigten geschäftlichen Interessen des Arbeitgebers ermittelt werden.

b) Auslegung von Wettbewerbsverboten

aa) Auseinanderfallen von Arbeitgeber und Tätigkeitsort

Diese bisherige Systematik ist mit Blick auf die immer größere Bedeutung von Matrixstrukturen im Unternehmen allerdings überarbeitungsbedürftig. Die Reichweite nachvertraglicher Wettbewerbsverbote muss im Wege der ergänzenden Vertragsauslegung bestimmt werden.[4] Denn immer häufiger ist die Person des Arbeitgebers steu- **176**

---

[1] *Martens*, Festschrift Herschel S. 249.
[2] *Diller*, NZA 2005, 250 ff.
[3] Übersicht zum Meinungsstand: ErfK/*Oetker*, § 74 HGB Rn. 10 und § 74a HGB Rn. 2.
[4] *Bauer/Diller*, Wettbewerbsverbote Rn. 132.

errechtlich oder kostentechnisch motiviert, weniger aber operativ veranlasst. Die Person des Arbeitgebers, also des Vertragspartners im Konzern, ist oft nur zufällig. Konzerninterne Arbeitnehmerüberlassung und konzerninterne Arbeitnehmerentsendung sind Beispiele, die die Zufälligkeit der rechtlichen Arbeitgeberfunktion verdeutlichen. Nachvertragliche Wettbewerbsverbote haben demgegenüber jedoch weniger rechtlichen als vielmehr operativen Charakter. Eine Auslegung der Reichweite anhand (gesellschafts-)rechtlicher Strukturen erscheint schon lange nicht mehr praxisgerecht.

177 Hintergrund der berechtigten geschäftlichen Interessen des Unternehmens an einem nachvertraglichen Wettbewerbsverbot insbesondere aber nicht nur mit Führungskräften ist nämlich erkennbar der Schutz der intimen Kenntnisse und Fähigkeiten des Mitarbeiters, die er sich im Laufe seiner Berufsjahre durch Ableistung seiner vertraglich geschuldeten Tätigkeit im Unternehmen und im Konzern erworben hat. Diese Kenntnisse und Fähigkeiten sollen für die Dauer des Wettbewerbsverbots nicht an den Wettbewerber geraten. Ein Vertriebsmitarbeiter beispielsweise, der über viele Konzernunternehmen hindurch eine Vertriebsorganisation führt und die unterschiedlichsten Produkte aus den unterschiedlichsten Unternehmen des Konzerns vertreiben und an deren Weiterentwicklung mitarbeiten soll, kann nicht nur – zufällig unternehmensbezogen – seinem Arbeitgeber gegenüber zum nachvertraglichen Wettbewerbsverbot verpflichtet sein; dies würden den berechtigten geschäftlichen Interessen des Arbeitgebers gerade zuwider laufen.

178 Gerade die von der frühen Rechtsprechung vertretene Auffassung, Wettbewerbsverbote seien zunächst einmal tätigkeitsbezogen, zwingt zu der Konsequenz, die Tätigkeit des Mitarbeiters insgesamt erfassen. Diese Tätigkeit kann der Mitarbeiter eben auch unternehmensweit oder sogar konzernweit leisten. Auch die in der Rechtsprechung bisher vertretene Auffassung,[1] dass gerade bei Führungskräften ein unternehmensweites Wettbewerbsverbot in berechtigten geschäftlichen Interesse des Arbeitgebers läge, ist letztlich nur die konsequente Fortführung des Gedankens, dass sich die Tätigkeit einer Führungskraft eben auf das gesamte Unternehmen erstrecken kann – konsequenter Weise muss man dies auch bei einer konzernweiten operative Tätigkeit des Mitarbeiters annehmen.

bb) Tätigkeitsbezogene Auslegung von Wettbewerbsverboten

179 Es wird daher – sehr praxisnah – im Schrifttum und ganz vereinzelt auch in der Rechtsprechung vertreten,[2] dass auch dann, wenn die Wettbewerbsabrede zunächst nur bilateral zwischen Arbeitnehmer und Vertragsarbeitgeber vereinbart ist und folglich unmittelbar nur zwischen diesen Parteien gilt, sich diese jedoch auf den gesamten Tätigkeitsbereich des Mitarbeiters auch über die Unternehmensgrenzen hinaus beziehen kann. Und zwar auch dann, wenn Konzernunternehmen eben nicht ausdrücklich in das Wettbewerbsverbot aufgenommen sind. Die gegenständliche Reichweite des nachvertraglichen Wettbewerbsverbots soll also auch über die Grenzen des Vertragspartners hinausgehen können.[3] Die Grenze der Auslegung des Wettbewerbsverbots in Bezug auf seine örtliche und sachlich gegenständliche Reichweite ist eben auch viel leichter durch die konkrete Tätigkeitsbeschreibung zu ziehen als über die rechtlichen

---

[1] ErfK/*Oetker*, § 74 HGB Rn. 10.
[2] LAG Hamm 8.2.2001 – 16 Sa 1243/00, LAGE 17 zu § 74 HGB, *Bauer/Diller*, Wettbewerbsverbote Rn. 132.
[3] *Martens*, Festschrift für Wilhelm Herschel S. 237 ff.; *Windbichler*, Arbeitsrecht im Konzern S. 129 f.; ErfK/*Oetker*, § 74a HGB Rn. 2; *Rheinfeld*, Das nachvertragliche Wettbewerbsverbot im Arbeits- und Wirtschaftsrecht, S. 107 ff.; *Bauer/Diller*, Wettbewerbsverbote Rn. 129 ff.; *Rehbinder*, Festschrift Robert Fischer, „Zehn Jahre Rechtsprechung zum Durchgriff im Gesellschaftsrecht" 1979, S. 600; *Kracht*, BB 1970, 584, BAG AP HGB § 74a Nr. 21 mit Anm. *Simitis*.

Strukturen vom formalen Tätigkeitsbereich – zum Beispiel Vertrieb – zum Unternehmen und zum Konzern.

Für einen klaren Tätigkeitsbezug in der Auslegung nachvertraglicher Wettbewerbs- 180
verbote spricht auch die Rechtslage zur Frage, wann ein nachvertragliches Wettbewerbsverbot überhaupt in Kraft tritt. Es ist gesicherte Rechtskenntnis, dass ein nachvertragliches Wettbewerbsverbot überhaupt erst dann in Kraft tritt, wenn der ausscheidende Mitarbeiter überhaupt durch Aufnahme seiner Tätigkeit in der Lage war, substantielle Kenntnisse über Betriebs- und Geschäftsgeheimnisse und sonstige betriebliche Interna zu erwerben.[1] Hat der Mitarbeiter seine Tätigkeit in konzernverbundenen Unternehmen aber gar nicht aufgenommen und durchgeführt, bestand auch keine Möglichkeit, diesbezüglich Kenntnisse über dortige Betriebs- und Geschäftsgeheimnisse zu erwerben. Einem etwaigen geschäftlichen Interesse des Arbeitgebers an einem auf diese Konzernunternehmen bezogene Wettbewerbsabrede würde die Berechtigung fehlen.

Untermauert wird diese Ansicht auch durch die Entscheidung des BAG vom 181
21.4.2010 (BAG 10 AZR 288/09). Ein Mitarbeiter war in einem Unternehmen tätig, das Fenster und Türen ausschließlich an den Fachhandel lieferte. Seine Tätigkeit konnte sich also auch nur auf den Vertrieb von Fenster und Türen an den Fachhandel beziehen. Nach seinem Ausscheiden war der Mitarbeiter als selbstständiger Handelsvertreter für den Vertrieb von Fenster und Türen an Endverbraucher tätig. Das BAG sah hierin (anders als beide Vorinstanzen) keinen Wettbewerbsverstoß, weil sich die Tätigkeit des Mitarbeiters bei seinem früheren Arbeitgeber nicht auf den Vertrieb an Endkunden bezog. Das BAG ging allerdings nicht von einer Unwirksamkeit des Verbots aus, sondern von der Unverbindlichkeit des Verbots in Bezug auf Vertrieb an Endkunden.

Die Interessenlage des Arbeitgebers ist keine andere, wenn sich die Tätigkeit des 182
Mitarbeiters nur auf ein Unternehmen oder gar nur einen bestimmten Geschäftsbereich innerhalb eines Unternehmens bezieht, das Verbot allerdings so formuliert ist, dass es über den Tätigkeitsbereich des Mitarbeiters hinausgeht, entweder weil es sehr allgemein formuliert ist, oder aber weil es ausdrücklich Geschäftsbereiche und/oder Unternehmen in das Verbot aufnimmt, in denen der Mitarbeiter nicht oder schon lange nicht mehr tätig war.

cc) Ergebnis

Als Fazit kann festgehalten werden: Das Wettbewerbsverbot kann auch durch Ver- 183
einbarung nicht über den Tätigkeitsbereich des Mitarbeiters hinausgehen. Denn nur in seinem Tätigkeitsbereich kann der Mitarbeiter diejenigen intimen betrieblichen und geschäftlichen Kenntnisse über den Arbeitgeber erlangen, die berechtigterweise für den Arbeitgeber künftig vom Wettbewerb fernzuhalten sind. Dies gilt wegen § 74a Abs. 1 S. 1 HGB unabhängig davon, ob Konzernunternehmen ausdrücklich in das Verbot aufgenommen wurden oder nicht.

Das Wettbewerbsverbot erfasst aber auch den gesamten Tätigkeitsbereich des Ar- 184
beitnehmers. Das nachvertragliche Wettbewerbsverbot ist im Ergebnis allein tätigkeitsbezogen auszulegen, bei entsprechender Tätigkeit eben auch unternehmens- oder konzernweit. Haben die Parteien allerdings das Wettbewerbsverbot ausdrücklich auf das Unternehmen beschränkt, so gilt es auch nicht darüber hinaus, selbst wenn die Tätigkeit konzernbezogen ist.

---
[1] MüKoHGB/*v. Hoyningen-Huene,* § 74 Anm. 29.

c) Mitwachsen des Wettbewerbsverbots, Beurteilungszeitpunkt

185 Schwierig zu beurteilen ist die Situation, wenn sich seit Abschluss des nachvertraglichen Wettbewerbsverbots – regelmäßig bei Abschluss des Arbeitsvertrags – die Tätigkeit und/oder die Konzernstruktur wesentlich verändert haben. Ein Mitarbeiter, der zunächst nur für eine ganz bestimmte Tätigkeit bei einem bestimmten Unternehmen in einem überschaubaren Konzernverbund eingestellt wurde, wird im Laufe seiner Karriere bei seinem Arbeitgeber – bei Vertragsschluss unvorhersehbar – in unterschiedlichsten Funktionen in unterschiedlichsten Konzernunternehmen eingesetzt. Soll das ursprünglich auf die Anfangstätigkeit des Mitarbeiters im Unternehmen seines Vertragspartners bezogene Wettbewerbsverbot gleichsam mit der veränderten Tätigkeit „mitwachsen", auch über die Unternehmensgrenzen hinaus? Soll dies unabhängig davon gelten, ob die Parteien eine derartige Erweiterung der Tätigkeit vorhergesehen und vielleicht sogar vertraglich festgelegt haben?

186 Für ein „Mitwachsen" des Wettbewerbsverbots auch über die Unternehmensgrenzen hinaus sprechen die berechtigten geschäftlichen Interessen des Arbeitgebers am Schutz der intimen Kenntnisse von Betriebs- und Geschäftsinterna und Geheimnissen und die – regelmäßig – ebenso mitwachsende Vergütung des Mitarbeiters, die ja die Grundlage für die Berechnung der Karenzentschädigung darstellt. Der Mitarbeiter muss auch nicht befürchten, dass nach jahrzehntelanger Karriere im Konzern seines Arbeitgebers geradezu alle weiteren beruflichen Tätigkeiten ausgeschlossen sind, weil kaum noch Geschäftsfelder übrig bleiben, in denen der Mitarbeiter nicht tätig war. Denn es ist anerkannt, dass der Tätigkeitsbezug des Wettbewerbsverbots konkret sein muss.[1] Übt der ausscheidende Mitarbeiter schon seit geraumer Zeit eine bestimmte Tätigkeit nicht mehr aus, kann sich das Verbot auch nicht auf diese Tätigkeit beziehen.

187 Diese Auffassung wird ganz überwiegend in Literatur und Rechtsprechung geteilt.[2] Maßgeblich für den Beurteilungszeitpunkt der Wirksam- und Verbindlichkeit des nachvertraglichen Wettbewerbsverbots ist allein der Zeitpunkt des Ausscheidens des Mitarbeiters. Der Inhalt des – regelmäßig bei Vertragsschluss vereinbarten – Wettbewerbsverbots ist also dynamisch.

d) Ereignisse nach Ausscheiden des Mitarbeiters

188 Aber auch Ereignisse nach dem Ausscheiden des Mitarbeiters können – und müssen – den Inhalt des Verbots mitbestimmen. Wenn ein berechtigtes geschäftliches Interesse des Arbeitgebers am Wettbewerbsverbot fehlt, etwa weil er nach Ausscheiden des Mitarbeiters den Geschäftsbetrieb eingestellt hat,[3] wird das Wettbewerbsverbot nach der gesetzlichen Anordnung unverbindlich und der Mitarbeiter hat die Wahl, Wettbewerbstätigkeit zu entfalten oder aber sich des Wettbewerbs zu enthalten, aber dafür die Karenzentschädigung zu beanspruchen. Dies muss selbstverständlich auch für den Fall gelten, dass die in das Wettbewerbsverbot ausdrücklich einbezogenen verbunden Unternehmen während der Laufzeit des Verbots den Konzern etwa durch Veräußerung sämtlich oder vereinzelt verlassen haben.

189 Bei dieser Fallgestaltung kann nur dann das Wettbewerbsverbot weiter fortbestehen, wenn das Unternehmen, das den Konzern verlassen hat, selbst rechtlich Partei des Wettbewerbsverbots ist, etwa durch Stellvertretung beim Abschluss des Verbots. Dann

---

[1] *Martens*, Festschrift Herschel S. 251; *Bauer/Diller*, Wettbewerbsverbote Rn. 135, 135a; ErfK/*Oetker*, § 74a HGB Rn. 2; BAG 16.1.1970 – 3 AZR 429/68, AP HGB § 74a Nr. 4.
[2] *Bauer/Diller*, Wettbewerbsverbote Rn. 215; LAG Erfurt 11.6.2001, ZIP 2002, 587, zum gesamten Meinungsstand siehe *Bauer/Diller*, Wettbewerbsverbote Rn. 215–217.
[3] BAG 28.1.1966 – 3 AZR 501/65, AP HGB § 74 Nr. 18.

C. Nachvertragliche Wettbewerbsverbote mit Konzernbezug

muss aber für den Mitarbeiter erkennbar sein, dass das Konzernunternehmen nicht nur im Wege des Vertrags zugunsten Dritter, sondern im Wege der Stellvertretung Partei des nachvertraglichen Wettbewerbsverbots geworden ist und dann – nach Verlassen des Konzerns – auch eine Karenzentschädigung bezahlt. Dies wird in der Praxis aber wohl nur sehr selten der Fall sein. Aber: Eine solche Konstruktion ist möglich und sollte bei Gestaltung der Vereinbarung über das konzernbezogene nachvertragliche Wettbewerbsverbot in Betracht gezogen werden.

5. Geltungserhaltende Reduktion – § 74a Abs. 1 S. 1 HGB vs. AGB-Recht

Zu Recht wird in der Literatur die Auffassung vertreten, dass ein Wettbewerbsverbot, das zu Gunsten sämtlicher verbundener Unternehmen eines Konzerns abgeschlossen wird, zwar einen optimalen Schutz des Unternehmens und des Arbeitgebers begründet. Gleichwohl kann es – wahrscheinlich – dazu kommen, dass hinsichtlich bestimmter Geschäftsbereiche, das für die Wirksamkeit des Verbots notwendige „berechtigte geschäftliche Interesse" fehlt.[1] Dies ist sicher dann der Fall, wenn es sich um Unternehmen oder Geschäftsbereiche handelt, in denen oder für die der Arbeitnehmer definitiv nicht tätig war. Vereinzelt wird auch vertreten, dass nur untergeordnete Tätigkeiten für verbundene Unternehmen oder andere Geschäftsbereiche weder bei einer tätigkeitsbezogenen noch bei einer unternehmensbezogenen Betrachtung verbotsrelevant sein sollen.[2]

190

Nach § 74a Abs. 1 S. 1 HGB würde ein diesbezüglich zu weit reichendes Wettbewerbsverbots „insoweit" unverbindlich werden. Dies ist rechtlich zwar zutreffend, jedoch in der Praxis kaum handhabbar. Denn weder Arbeitgeber, noch dem Wettbewerbsverbot unterliegende Mitarbeiter könnten im Sinne einer Prognoseentscheidung feststellen, ob oder ab wann das Wettbewerbsverbot nun verbindlich oder aber unverbindlich ist. Dies kann rechtssicher nur in einem gerichtlichen Verfahren über die Frage des Bestehens berechtigter geschäftlicher Interessen des Arbeitgebers ermittelt werden, was wiederum schon mit Blick auf eine mögliche Prozessdauer, die sehr wahrscheinlich die Zeitdauer des nachvertraglichen Wettbewerbsverbot übersteigt, für beide Seiten der Wettbewerbsabrede unpraktikabel ist. Dies ist der klassische Fall einer Unklarheit im – in der Regel – vorformulierten Vertrag.

191

Es ist anerkannt, dass es bei vorformulierten Arbeitsverträgen, zu denen auch vorformulierte nachvertragliche Wettbewerbsverbote zählen, eine geltungserhaltende Reduktion unwirksamer Formularklauseln ausgeschlossen ist mit der Folge der Unwirksamkeit der gesamten Klausel.[3]

192

Dieser Rechtssatz ist jedoch nicht auf zu weit gefasste Wettbewerbsverbote anwendbar, weil die geltungserhaltende Reduktion zu weit gefasster Wettbewerbsverbote gesetzlich in § 74a Abs. 1 S. 1 HGB normiert ist.[4] Eine vertragliche Abweichung von der gesetzlichen Regelung, wie sie die Schutzfunktion des AGB-Rechts erfordert, liegt damit gerade nicht vor, § 307 Abs. 3 BGB. Denn nach dieser Vorschrift sind einer Inhaltskontrolle all diejenigen vorformulierten Vorschriften eines Arbeitsvertrages entzogen, die mit dem Gesetz inhaltsgleich übereinstimmen. Dies ist aber bei § 74a HGB

193

---

[1] *Bauer/Diller*, Wettbewerbsverbote Rn. 130.
[2] *Martens*, Festschrift Herschel S. 250, 251.
[3] BAG 23.1.2007 – 9 AZR 482/06; BAG 24.10.2007 – 10 AZR 825/06; BAG 20.5.2008 – 9 AZR 382/07.
[4] LAG Hamm 14.4.2003 – 7 Sa 1881/02, NZA-RR 2003, 513 ff.; LAG BW 30.1.2008 – 10 Sa 60/07, NZA-RR 2008, 508 (509); ErfK/*Oetker*, § 74 HGB Rn. 10.

der Fall.[1] Also: auch in vorformulierten nachvertraglichen Wettbewerbsverboten kann es nach § 74a Abs. 1 S. 1 HGB zu einer – in der Praxis nur schwer handhabbaren – Reduktion des Wettbewerbsverbots auf das zulässige und dann verbindliche Maß erfolgen. Einer Korrektur über die Grundsätze von Treu und Glauben, wie es in der Literatur teilweise vertreten wird,[2] bedarf es nicht, weil das Verbot gemäß § 74a Abs. 1 S. 1 HGB stets den berechtigten geschäftlichen Interessen des Arbeitgebers dienen muss, was bei treuwidrigen Verboten nicht der Fall ist.

194 Für die Praxis empfiehlt sich daher eine möglichst genaue Beschreibung der betroffenen Unternehmen und Geschäftsbereiche, die das nachvertragliche Wettbewerbsverbot erfassen soll. Mit Blick auf die gerade in Führungspositionen üblichen Stellenbeschreibungen und Job Descriptions, die regelmäßig auch die fachlichen und disziplinarischen Verantwortungsbereiche des Mitarbeiters aufzeigen, ist dies keine unlösbare Aufgabe für die Urheber der Vertragstexte.

195 Selbstverständlich gelten die §§ 305 ff. BGB außerhalb des Anwendungsbereichs des § 74a Abs. 1 S. 1 HGB auch für vorformulierte nachvertragliche Wettbewerbsverbote.[3] Ist eine Wettbewerbsabrede zB in Bezug auf die Verpflichtung zur Zahlung einer Karenzentschädigung nicht klar und verständlich im Sinne von § 307 Abs. 1 S. 2 BGB, kann der Arbeitgeber sich hierauf nicht mit Erfolg berufen, wenn er die Wettbewerbsabrede vorformuliert hat.[4]

6. Wettbewerbsverbote bezüglich nicht konkurrierender Unternehmen

196 Nicht selten finden sich in Vereinbarungen über Wettbewerbsverbote Regelungen, die dem Mitarbeiter nach seinem Ausscheiden auch Tätigkeiten für Unternehmen untersagen, die mit dem (früheren) Arbeitgeber nicht in Wettbewerb stehen, allerdings mit einem solchen Wettbewerber konzernrechtlich verbunden sind. Solche Wettbewerbsverbote sind nicht per se unwirksam.[5] Das geschäftliche Interesse des früheren Arbeitgebers an einem solchen Verbot muss jedoch berechtigt sein. Der Arbeitgeber darf den Mitarbeiter nur dann am Wettbewerbsverbot festhalten, wenn damit der Schutz vor Nachteilen aus einer späteren Wettbewerbstätigkeit des Mitarbeiters bezweckt und auch de facto möglich ist.

197 Eine derartige Berechtigung kann sich aus einer besonders engen und verfestigten unternehmerischen Beziehung des nicht konkurrierenden Unternehmens mit dem verbundenen Wettbewerbsunternehmen ergeben, etwa durch Matrix-Strukturen in Produktentwicklung, Vertrieb und Forschung. Je näher die Tätigkeit des ehemaligen Mitarbeiters am wettbewerbsrelevanten Unternehmen seines neuen Arbeitgebers ist, desto eher liegt ein berechtigtes geschäftliches Interesse des früheren Arbeitgebers an der Einhaltung des Wettbewerbsverbots vor.[6] Liegt ein berechtigtes Geschäftliches Interesse am Fernhalten des Mitarbeiters von einer Tätigkeit mit einem solchen nicht konkurrierenden Unternehmen nicht vor, ist das Verbot insoweit unverbindlich nach § 74a Abs. 1 S. 1 HGB.

---

[1] *Koch*, RdA 2006, 28 ff.
[2] *Koch*, RdA 2006, 28, 33.
[3] BAG 28.6.2006 – 10 AZR 407/05, NZA 2006, 1157.
[4] Umfassend zur Anwendung der AGB-Vorschriften auf vorformulierte Wettbewerbsverbote siehe: *Koch*, RdA 2006, 28 ff.
[5] *Bauer/Diller*, Wettbewerbsverbote Rn. 206.
[6] BAG 1.8.1995 – 9 AZR 884/93, AP HGB § 74a Nr. 5; ErfK/*Oetker*, § 74a HGB Rn. 2.

7. Schriftform, Stellvertretung, Vertrag zugunsten Dritter

198 Gemäß § 74 Abs. 1 S. 1 HGB ist ein Verbot nur wirksam, wenn der Prinzipal dem Gehilfen, also der Arbeitgeber dem Mitarbeiter eine Urkunde über das Verbot aushändigt und das Verbot in schriftlicher Form abgefasst ist. § 74 Abs. 1 S. 1 HGB ist ein gesetzliches Schriftformerfordernis mit den Folgen des § 126 BGB.

199 Bei konzernweiten nachvertraglichen Wettbewerbsverboten ist ein Problem der gesetzlichen Schriftform besonders virulent: Das Problem der Stellvertretung. Nach durchgehender Rechtsprechung ist die Schriftform bei Stellvertretung nur dann gewahrt, wenn sich die Stellvertretung und die vertretene Person unmittelbar aus der Vertragsurkunde ergeben.

200 Möchte der rechtliche Arbeitgeber das Wettbewerbsverbot auch zugunsten anderer – verbundener – Unternehmen abschließen, kann er die verbundenen Unternehmen, die in das Wettbewerbsverbot einbezogen werden sollen, im Wege der Stellvertretung verpflichten und berechtigen. Die Stellvertretung muss dann allerdings in der Vertragsurkunde hinreichend deutlich gemacht werden. Bei unternehmensbezogenen Wettbewerbsverboten ist dies regelmäßig kein Problem, weil sich die Vertretungsbefugnis des Unterzeichners für das Unternehmen in aller Regel aus dem Zusatz zur Unterschrift und aus dem Briefbogen ergibt.[1] Bei konzernweiten Wettbewerbsverboten kann dies allerdings zumindest dann schwierig werden, wenn das Verbot unspezifiziert „alle verbundenen Unternehmen" einbezieht und sich die Stellvertretung des Unterzeichners für alle verbundenen Unternehmen nicht ausdrücklich aus der Vertragsurkunde ergibt. Dann würde das Verbot aber nichtig sein.

201 Regelmäßig wird aber der Wille der Parteien dahingehend auszulegen sein, dass nur der Vertragspartner auch Schuldner der Karenzentschädigung sein soll und damit eine Stellvertretung bezüglich verbundener Unternehmen gerade nicht vorliegt. Denn ein konzernweites Wettbewerbsverbot über Stellvertretung würde ja die anderen Konzernunternehmen unmittelbar aus dem Wettbewerbsverbot nicht nur berechtigen, sondern auch verpflichten mit der Folge, dass diese auch die Karenzentschädigung zu zahlen hätten (als Gesamtschuldner). Das bedeutet, dass in der Regel bei Einbeziehung anderer Konzernunternehmen in das Wettbewerbsverbot von einem Vertrag zugunsten Dritter, § 328 BGB oder zumindest mit Schutzwirkung für Dritte, also der verbundenen Wettbewerbsunternehmen auszugehen ist mit der Folge, dass diese Konzernunternehmen zwar aus eigenem Recht die Einhaltung der Wettbewerbsabrede verlangen können, aber nicht die Karenzentschädigung schulden. Damit wäre dann auch der Schriftform nach § 74 Abs. 1 S. 1 HGB in Verbindung mit § 126 BGB genügt, weil die essentialia von der Vertragsurkunde erfasst sind.

202 Auch der bereits beschriebenen Dynamik des Inhalts nachvertraglicher Wettbewerbsverbote wird nicht selten die gesetzliche Schriftform in § 74 Abs. 1 S. 1 HGB, 126 BGB entgegengehalten.[2] Da die gesetzliche Schriftform allerdings „nur" die wesentlichen Merkmale des formbedürftigen Rechtsgeschäfts erfassen muss,[3] genügt eine hinreichende Spezifizierung des Tätigkeitsbereichs in der Vertragsurkunde der gesetzlichen Schriftform. Sollte allerdings zum Zwecke der Spezifizierung der verbundenen Unternehmen regelmäßig eine Liste der Wettbewerbs- oder verbundenen Unternehmen dem Wettbewerbsverbot beigefügt werden, so genügt nicht der Hinweis im Arbeitsvertrag, dass sich das Wettbewerbsverbot auf die in der Anlage zum Vertrag befindlichen Unternehmen erstrecke und dass der Arbeitgeber diese Anlage regelmäßig

---

[1] *Bauer/Diller*, Wettbewerbsverbote Rn. 90a.
[2] *Bauer/Diller*, Wettbewerbsverbote Rn. 87 ff.
[3] *Palandt/Ellenberger*, BGB § 126 Rn. 3.

anpassen werde. Der Schriftform ist nur dann genüge getan, wenn beide Parteien diese Anlage unterzeichnen.

8. Aufhebung konzernweiter nachvertraglicher Wettbewerbsverbote

203 Auch konzernweite nachvertragliche Wettbewerbsverbote sind durch Vertrag jederzeit aufhebbar, auch durch gerichtliche Vergleiche. Problematisch kann jedoch die Formulierung sein, dass das zwischen den Parteien bestehende Verbot aufgehoben ist. Denn bei konzernweiten Wettbewerbsverboten kann auch das verbundene Unternehmen, das rechtlich nicht Partei des Arbeitsvertrags ist, Ansprüche auf Unterlassung von Wettbewerb gegen den ausgeschiedenen Mitarbeiter und das Wettbewerbsunternehmen geltend machen – und zwar aus eigenem Recht. Denn regelmäßig stellt die ausdrückliche Einbeziehung verbundener Unternehmen in das nachvertraglichen Wettbewerbsverbot einen Vertrag zugunsten Dritter gemäß § 328 BGB zumindest aber mit Schutzwirkung für Dritte dar.

204 Auch wenn das Landesarbeitsgericht Hamm Urteil vom 11.10.2011 – 14 Sa 543/11 entschieden hat, dass Ausschlussklauseln in Aufhebungsverträgen nur dann wirksam sind, wenn eine ausdrückliche Ausnahme von Ansprüchen vereinbart ist, die auf Vorsatz oder grober Fahrlässigkeit beruhen, gibt es immer noch hinreichend spezifizierte und wirksame Ausschlussklauseln in Arbeitsverträgen. Überdies müssen sich gerichtliche Vergleiche nicht an den Bestimmung des AGB-Rechts messen lassen, so dass noch genug Raum für Ausgleichsklauseln bleibt, in denen Wettbewerbsverbote erfasst werden (können).

205 Sollte der Arbeitgeber als Stellvertreter für konzernverbundene Unternehmen beim Abschluss des nachvertraglichen Wettbewerbsverbots aufgetreten sein, so bedarf die Aufhebung des Wettbewerbsverbots insgesamt selbstverständlich ebensolcher Stellvertretung.

9. Karenzentschädigung

206 Besonderheiten bei der rechtlichen Bewertung von konzernweiten Wettbewerbsverboten hinsichtlich der Karenzentschädigung gibt es nicht. Es gelten die §§ 74b und c HGB. Eine gewisse Besonderheit ergibt sich allerdings aus der Fallgestaltung des sogenannten Split Salary oder auch salary splitting genannt. Hierbei wird der Mitarbeiter auf der Grundlage verschiedener Arbeitsverträge bei verschiedenen verbundenen Unternehmen in rechtlich unterschiedlichen Arbeitsverhältnissen tätig. Insbesondere bei Tätigwerden für in unterschiedlichen Ländern gelegenen verbundenen Unternehmen wird aus steuerlichen Gründen ein zulässiges salary splitting vereinbart. Ist mit nur einem Arbeitgeber ein nachvertragliches Wettbewerbsverbot mit Konzernbezug vereinbart, stellt sich die Frage nach der zutreffenden Berechnung der Karenzentschädigung.

207 Konsequenter Weise muss man folgendes annehmen: Legt man das Wettbewerbsverbot grundsätzlich auch im Konzern tätigkeitsbezogen aus, sind diejenigen vertragsmäßige Leistungen als Basis der Karenzberechnung heranzuziehen, die der Mitarbeiter für seine gesamte Tätigkeit erhält, gleich, ob auf Basis eines oder mehrerer Arbeitsverhältnisse.

10. Auseinanderfallen von Arbeitsvertrag und Wettbewerbsverbot

208 Wenn ein Mitarbeiter bei der Konzernmutter angestellt ist und seine Tätigkeit Konzernbezug aufweist, kommt es nicht selten zu einer Ernennung des Mitarbeiters zum gesetzlichen Vertretungsorgan eines verbundenen Unternehmens, etwa als Geschäfts-

führer einer verbundenen GmbH oder Vorstand einer verbundenen Aktiengesellschaft. Das Wettbewerbsverbot kann selbstverständlich auch außerhalb des Arbeitsverhältnisses zwischen der Gesellschaft, deren Organ der Mitarbeiter ist und dem Mitarbeiter vereinbart werden, was in der Praxis durchaus häufig vorkommt. Dann stellt sich die Frage, ob das Wettbewerbsverbot arbeitsrechtlichen Maßstäben genügen muss, oder aber sich das Verbot nach den rechtlichen Gegebenheiten für Organe richtet. Auf das Wettbewerbsverbot von GmbH-Geschäftsführern und AG Vorständen sind die Vorschriften der §§ 74ff. HGB weder unmittelbar noch entsprechend anwendbar.[1] Oder anders gefragt: Ist ein Organ einer Gesellschaft bezüglich des Wettbewerbsverbots zu privilegieren – das Wettbewerbsverbot richtet sich allein nach §§ 74ff. HGB –, wenn zusätzlich zur Organstellung ein Arbeitsverhältnis zu einem verbundenen Unternehmen besteht?

Ist das Arbeitsverhältnis allein zu administrativen Zwecken bei einer anderen Gesellschaft als der Gesellschaft „aufgehängt", bei der der Mitarbeiter auch Organ ist, besteht kein Grund für eine Privilegierung. Denn dann erschöpft sich ja die Tätigkeit des Mitarbeiters ausschließlich oder zumindest ganz überwiegend in der Organstellung. Das Auseinanderfallen von Organstellung und Arbeitsvertrag ist also operativ gar nicht erforderlich. Das Wettbewerbsverbot richtet sich dann alleine nach den für Geschäftsführer und Vorstände geltenden Regeln. 209

Nicht anders ist die Situation, wenn der Mitarbeiter über die Organstellung hinaus erhebliche Aufgaben für seinen rechtlichen Arbeitgeber (Vertragspartner) oder andere Konzernunternehmen hat. Dann ist die Organstellung zwar nicht alleine prägend für das Arbeitsverhältnis. Das Wettbewerbsverbot besteht aber vereinbarungsgemäß nur in Bezug auf die Organstellung des Mitarbeiters. Bezüglich der über die Organstellung hinausgehenden Aufgaben des Mitarbeiters (als Arbeitnehmer) besteht keine nachvertragliche Wettbewerbsbeschränkung. Insoweit bedarf es auch keines Schutzes des Mitarbeiters. Dann richtet sich die rechtliche Beurteilung des Verbots auch nur nach den Regelungen für Organe. 210

Ist allerdings zwischen Organ und Gesellschaft ein Wettbewerbsverbot unter ausdrücklicher Einbeziehung verbundener Unternehmen vereinbart, wird die gesamte Tätigkeit des Mitarbeiters als Arbeitnehmer auch über seine Organstellung hinaus vom Wettbewerbsverbot erfasst. Dann muss sich das Verbot nach den Regelungen der §§ 74ff. HGB richten. 211

11. Fazit

Nachvertragliche Wettbewerbsverbote sind tätigkeitsbezogen auszulegen. Reicht die Tätigkeit über die Unternehmensgrenzen hinaus, gilt auch insoweit Wettbewerbsschutz zugunsten der verbundenen Unternehmen, für die der Mitarbeiter vertraglich geschuldete Tätigkeiten verrichtet hat. Haben die Parteien das Wettbewerbsverbot nur unternehmensbezogen vereinbart, so gilt das Verbot auch nur unternehmensbezogen, auch dann, wenn die Tätigkeit konzernbezogen ausgeübt wird. 212

Haben die Parteien verbundene Unternehmen ausdrücklich in das Wettbewerbsverbot aufgenommen besteht für diese verbundenen Unternehmen und den Arbeitgeber insoweit kein berechtigtes geschäftliches Interesse an dessen Einhaltung, als der Mitarbeiter in diesen oder für diese verbundenen Unternehmen nicht gearbeitet hat oder die Tätigkeit für die Konzernunternehmen schon längere Zeit zurück liegt. 213

Die Wettbewerbsabrede unter ausdrücklicher Einbeziehung konzernverbundener Unternehmen ist ein echter Vertrag zugunsten Dritter, § 328 BGB. Ohne ausdrück- 214

---

[1] ErfK/*Oetker*, § 74 HGB Rn. 5.

liche Einbeziehung von Konzernunternehmen ist die Wettbewerbsabrede aber ein Vertrag mit Schutzwirkung für Dritte, wenn der Mitarbeiter im Wesentlichen auch für verbundene Unternehmen tätig war.

IV. Verschwiegenheitspflichten im Konzern

1. Übersicht

215   Verschwiegenheitspflichten des Arbeitnehmers entspringen dessen Treuepflicht aus dem Arbeitsverhältnis und § 242 BGB.[1] Sie sind Nebenpflichten zum Arbeitsverhältnis. Während die Vorschriften der §§ 17 und 19 UWG nur echte Betriebs- und Geschäftsgeheimnisse schützen, gehen die allgemeinen Verschwiegenheitspflichten darüber hinaus: geschützt sind alle schützenswerten Tatsachen des Arbeitgebers, bei denen der Mitarbeiter das berechtigte und formulierte Geheimhaltungsbedürfnis des Arbeitgebers erkennen kann.[2] Die Verschwiegenheitspflicht besteht nicht nur während der Dauer des Arbeitsverhältnisses, sondern auch nach dessen Beendigung. Bezüglich der Verschwiegenheitspflicht endet das Arbeitsverhältnis also erst mit dem Tod des Arbeitnehmers, der Mitarbeiter muss Betriebs- und Geschäftsgeheimnisse, die nach §§ 17 und 19 UWG geschützt sind buchstäblich mit ins Grab nehmen.[3]

216   Über die allgemeine Verschwiegenheitsverpflichtung hinaus können die Vertragspartner auch besondere Verschwiegenheitspflichten vertraglich festlegen, deren Wirksamkeit allein an den §§ 134, 138 BGB und den §§ 305 ff. BGB zu bemessen ist.[4] Eine grenzenlose Erweiterung auf sämtliche dem Mitarbeiter bekannt gewordenen geschäftlichen und betrieblichen Tatsachen des Arbeitgebers ist zumindest nach Landesarbeitsgerichts Hamm, 5.10.1988, Der Betrieb 1989, S. 783 zu weit und daher nichtig. Die mitunter nicht einfach zu ziehende Grenzlinie zwischen – entschädigungslos zulässiger – vertraglich vereinbarter Verschwiegenheitspflicht und – entschädigungspflichtigem – nachvertraglichem Wettbewerbsverbot ist im Wege der Auslegung zu ermitteln. Je weitreichender die nachvertraglichen Verschwiegenheitspflichten sind und je mehr sie die weitere berufliche Tätigkeit des – ausgeschiedenen – Mitarbeiters einschränken, desto eher ist von einem Wettbewerbsverbot auszugehen,[5] das sich dann an den Vorschriften der §§ 74 ff. HGB messen lassen muss.

217   Bei Arbeitsverhältnissen mit Konzernbezug ist daher zunächst prüfen, wer auf Arbeitgeberseite überhaupt Gläubiger eines Anspruchs auf Verschwiegenheit ist und Tatsachen wessen Geschäfts oder Betriebs dem Schutzbereich unterfallen. Denn rechtlich gesehen gibt es grundsätzlich nur einen Vertragspartner des Mitarbeiters, und nur der Vertragspartner kann vertragliche Ansprüche einfordern. Wird der Mitarbeiter aber unternehmensübergreifend tätig, reicht die bilaterale Verschwiegenheitspflicht nicht aus, um die schutzwürdigen Belange des Arbeitgebers zu wahren. Es wäre formalistisch und daher zu kurz gegriffen, würde man die Verschwiegenheitspflicht des Mitarbeiters allein auf die geheimhaltungsbedürftigen Tatsachen des Vertragspartners beschränken. Überdies ist nach der möglichen Reichweite vertraglich vereinbarter zusätzlicher Verschwiegenheitspflichten zu fragen.

---

[1] ErfK/*Preis*, § 611 BGB Rn. 710.
[2] MHdB ArbR/*Blomeyer*, 2. Auflage 2000, § 53 Rn. 64.
[3] ErfK/*Preis*, § 611 BGB Rn. 718; MHdB ArbR/*Reichold*, 3. Auflage 2009, § 48 Rn. 38.
[4] ErfK/*Preis*, § 611 BGB Rn. 714; MHdB ArbR/*Reichold*, 3. Auflage 2009, § 48 Rn. 39.
[5] *Preis/Reinfeld*, AuR, 1989, 361 (367); BAG 19.5.1998 – 9 AZR 394/97, AP BGB § 611 Treuepflicht Nr. 11; Hierzu im Detail: *Bauer/Diller*, Wettbewerbsverbote, Rn. 152–162; ErfK/*Oetker*, § 74 HGB Rn. 11.

2. Treuepflichten im Vertragsverhältnis, Vertrag mit Schutzwirkung für Dritte

Wenn, wie Preis zutreffend meint, die allgemeine Verschwiegenheitspflicht aus § 242 BGB entspringt,[1] verhält sich der Mitarbeiter treuwidrig, wenn er geheimhaltungsbedürftige Tatsachen, insbesondere Betriebs- und Geschäftsgeheimnisse seines Arbeitgebers offenbart. Verhält er sich auch treuwidrig, wenn er Tatsachen offenbart, die formal gesehen nicht zum Geschäft oder Betrieb seines rechtlichen Arbeitgebers gehören, sondern zum Geschäft oder Betrieb eines mit dem Arbeitgeber verbundenen Unternehmens? Und – vor allem – wem gegenüber verhält sich der Mitarbeiter treuwidrig?

218

Im Recht der Arbeitnehmerüberlassung ist diese Problemkonstellation systemimmanent. Der Leiharbeitnehmer ist gegenüber dem Entleiher zur Verschwiegenheit verpflichtet, obwohl er mit dem Entleiher in keinerlei vertraglicher Beziehung steht.[2] Die Verschwiegenheitspflicht des Leiharbeitnehmers gegenüber dem Entleiher gründet sich einerseits aus der Treuepflicht gegenüber seinem Vertragspartner, dem Verleiher, der wiederum über den Arbeitnehmerüberlassungsvertrag mit dem Entleiher verbunden ist. Bei konzerninterner Arbeitnehmerüberlassung sind diese Regelungen ebenfalls einschlägig. Die Literatur geht hier sowohl beim Arbeitnehmerüberlassungsvertrag zwischen Entleiher und Verleiher, als auch beim Leiharbeitsvertrag von Verträgen mit Schutzwirkung für Dritte aus.[3]

219

Aber auch bei jedem Arbeitsverhältnis mit Konzernbezug müssen diese Grundsätze gelten, denn die Interessenlage zwischen den Parteien des Arbeitsverhältnis und den faktisch beteiligten Konzernunternehmen ist mit der Interessenlage zwischen Verleiher (Arbeitgeber), Leiharbeitnehmer (Mitarbeiter) und Entleiher bei der Arbeitnehmerüberlassung identisch. Der rechtliche Vertragspartner und Gläubiger der vertraglichen Verschwiegenheitsansprüche gegenüber dem Arbeitnehmer ist zunächst nur der Vertragspartner, nicht aber das Konzernunternehmen, zugunsten dessen der Mitarbeiter seine vertraglich geschuldeten Tätigkeiten entfaltet. Der Mitarbeiter erwirbt aber intime Kenntnisse von geheimhaltungsbedürftigen Tatsachen auch bei denjenigen Konzernunternehmen, in denen er zwar tätig ist, mit denen er aber vertraglich nicht verbunden ist. Sämtliche Konzernunternehmen, in denen der Mitarbeiter tätig ist, haben daher berechtigter Weise zumindest ein Interesse an der Einhaltung der allgemeinen Verschwiegenheitspflicht. Dieser Interessenlage kann nur dadurch Rechnung getragen werden, dass dem zwischen Arbeitgeber und Mitarbeiter geschlossenen Arbeitsvertrag eine Schutzwirkung für Dritte, also Konzernunternehmen, in denen der Mitarbeiter tätig ist, zukommt.

220

Konstruktiv ist der Arbeitsvertrag bezüglich der ihm als Nebenpflicht innewohnenden Verschwiegenheitspflicht ein Vertrag zwischen Arbeitgeber und Mitarbeiter mit Schutzwirkung für diejenigen Konzernunternehmen, in denen der Mitarbeiter seine Tätigkeit in Vollzug seiner Arbeitspflicht verrichtet.

221

3. Vertrag zugunsten Dritter, § 328 BGB

Haben die Parteien über die allgemeine Verschwiegenheitspflicht hinaus eine besondere Verschwiegenheitspflicht unter ausdrücklicher Einbeziehung von Konzernun-

222

---

[1] ErfK/*Preis,* § 611 BGB Rn. 710.
[2] AA echtes Arbeitsverhältnis auch zwischen Leiharbeitnehmer und Entleiher, Übersicht über den Meinungsstand: ErfK/*Wank,* AÜG Einleitung Rn. 32.
[3] Schaub/*Koch,* Arbeitsrechts-Handbuch § 120 Rn. 66; *Thüsing,* AÜG Einführung, Rn. 35, 38; *Windbichler,* Arbeitsrecht im Konzern, S. 84, 87 ff.; aA ErfK/*Wank,* AÜG Einleitung Rn. 33, der von einem echten Vertrag zugunsten Dritter zwischen Verleiher und Entleiher ausgeht.

ternehmen abgeschlossen, kann von einem bezüglich der Verschwiegenheitsverpflichtung echten Vertrag zugunsten Dritter nach § 328 BGB ausgegangen werden. Der Arbeitgeber schließt nämlich mit dem Mitarbeiter eine Verschwiegenheitsvereinbarung ausdrücklich zugunsten aller mit ihm verbundenen Unternehmen ab. Folglich sollen die Konzernunternehmen unmittelbar einen eigenen Anspruch auf Einhaltung dieser Verschwiegenheitspflicht erhalten. Diese Verschwiegenheitsverpflichtung besteht dann gegenüber dem rechtlichen Arbeitgeber, aber auch gegenüber den Konzernunternehmen, so weit die vertraglich geschuldete Tätigkeit des Mitarbeiters reicht.

4. Fazit

223 Der Arbeitsvertrag mit Konzernbezug ist ein Vertrag mit Schutzwirkung für Dritte, was die Nebenpflicht zur Verschwiegenheit betrifft, bei ausdrücklicher Einbeziehung von Konzernunternehmen in die Verschwiegenheitspflichten sogar ein echter Vertrag zugunsten Dritter, § 328 BGB.

D. Die Besonderheiten der Organverhältnisse im Konzern

I. Einleitung

Das vorliegende Kapitel beschäftigt sich mit den Besonderheiten, die sich bei Organverhältnissen im Rahmen eines Konzernverbundes ergeben. 224

Grundsätzlich gelten auch bei Organverhältnissen im Konzernverbund die allgemeinen Regeln, die für ein Organ, also va für einen GmbH-Geschäftsführer oder aber auch das Vorstandsmitglied einer AG, maßgeblich sind. Allerdings können sich Besonderheiten ergeben, wenn das Organ beispielsweise innerhalb des Konzerns aus einem Arbeitsverhältnis in ein Dienstverhältnis wechselt, wenn es als Arbeitsaufgabe die Tätigkeit als Organ bei einer anderen Konzerngesellschaft wahrnimmt, wenn es mehrere Organfunktionen innerhalb des Konzerns ausübt oder wenn ihm ein bestimmter Bereich funktionell über eine Matrixstruktur zugewiesen wird. Insbesondere Matrixstrukturen[1] sind in der Praxis sehr beliebt, weil im Konzern häufig eine Unter- bzw. Einteilung nach Funktionsbereichen und Einheiten als zweckmäßiger empfunden wird als eine Einteilung nach bestimmten juristisch-organisatorischen Einheiten. Bisweilen gelangt die Rechtsprechung, sei es die arbeitsgerichtliche, die zivilgerichtliche, die finanz- oder auch sozialgerichtliche Rechtsprechung – abhängig von ihrem jeweiligen Rechtsfokus – bei der Beurteilung solcher Konzernfragestellungen und bei Anwendung derselben allgemeinen Regeln trotzdem zu unterschiedlichen Ergebnissen. Die Besonderheiten, die sich aufgrund der Eingliederung des Organs in den Konzern ergeben, werden in diesem Kapitel dargestellt und Lösungshinweise für die Praxis, va bei der Divergenz bzw. Kollision der unterschiedlichen Rechtsgebiete/Rechtszuständigkeiten, aufgezeigt. 225

II. Der GmbH-Geschäftsführer im Konzernverbund

1. Dogmatik des Anstellungsverhältnisses mit dem Geschäftsführer

a) Allgemeine Grundsätze

Der erste Teil dieses Kapitels widmet sich dem GmbH-Geschäftsführer. Geschäftsführer einer GmbH kann sowohl ein Dritter (sog. **Fremdgeschäftsführer**) als auch ein Gesellschafter (sog. **Gesellschaftergeschäftsführer**) sein. Bei dem Geschäftsführer einer GmbH ist – in Abgrenzung zu dem AG-Vorstand – insbesondere dessen **Weisungsabhängigkeit** als unterscheidendes Kriterium im Blick zu behalten (vgl. § 37 Abs. 1 GmbHG). Diese Weisungsabhängigkeit ist ein Kriterium, das der Geschäftsführer mit dem in **persönlicher Abhängigkeit** angestellten **Arbeitnehmer** gemein hat. Die Frage, ob und wann ein Geschäftsführer als Arbeitnehmer zu qualifizieren ist, ist deshalb bisweilen schwierig; die Grenzen sind fließend (s. u.). Die Weisungsabhängigkeit hat abhängig davon, ob der Geschäftsführer **Fremd-** oder **Gesellschaftergeschäftsführer** ist, ein unterschiedliches Gewicht. Im Konzern, in dem der Geschäftsführer mitunter bei der einen Gesellschaft Gesellschafter ist, bei der anderen aber nicht, oder sogar parallel (noch) ein Arbeitsverhältnis besteht, werden diese Schwierigkeiten bei der Abgrenzung des Geschäftsführers zum Arbeitnehmer potenziert; eine 226

---

[1] Aktuell zum Thema Matrixstrukturen siehe auch *Weller*, AuA 2013, 344 ff.; *Gimmy/Hügel*, NZA 2013, 764 ff.; *Seibt/Wollenschläger*, AG 2013, 229 ff.; *Bauer/Herzberg*, NZA 2011, 713 ff.; *Wisskirchen/Dannhorn/Bissels*, DB 2008, 1139 ff.; *Wisskirchen/Bissels*, DB 2007, 30 ff.

saubere Anwendung der dogmatischen Grundsätze ist damit unerlässlich und aufgrund des unmittelbaren Einflusses auf das rechtliche Ergebnis äußerst praxisrelevant.

227 Zu beachten ist in erster Linie, dass das Anstellungsverhältnis zwischen dem Geschäftsführer und der Gesellschaft nach dem sog. **Trennungsprinzip** strikt von der gesellschaftsrechtlichen Bestellung zum Geschäftsführer zu unterscheiden ist.[1] Damit ist die „Anstellung grundsätzlich ohne Bestellung, die Bestellung ohne Anstellung denkbar".[2] Häufig wird jedoch beides über eine sog. **Kopplungsklausel** im Anstellungsvertrag miteinander verbunden und der Bestand des Anstellungsverhältnisses an die Organstellung geknüpft.[3]

228 Dieses Anstellungsverhältnis ist **in der Regel** ein Geschäftsbesorgungsvertrag mit dienstvertraglichem Charakter iSd §§ 611, 675 BGB und kein Arbeitsverhältnis.[4] Es regelt die schuldrechtlichen Beziehungen zum Geschäftsführer. Ausnahmsweise kann der Geschäftsführer jedoch auch als Arbeitnehmer zu qualifizieren sein (→ Rn. 231 ff.).

229 Neben dem Trennungsprinzip gilt es auch, den sog. Grundsatz der **Relativität der Schuldverhältnisse** zu beachten. Dieser wird va im Konzern relevant. Denn maßgeblich ist zunächst immer, **mit welcher Gesellschaft** als Vertragspartner/Dienstherr/Arbeitgeber konkret der Anstellungsvertrag geschlossen worden ist und welche Rechtsnatur dieser Vertrag hat; dies gilt auch dann, wenn der Geschäftsführer für verschiedene Gesellschaften tätig ist (bisweilen mitunter sogar als Arbeitnehmer auf Basis eines möglicherweise fortbestehenden Arbeitsvertrages). Relevant ist dies prozessual zunächst dafür, welcher Rechtsweg (Zivil- oder Arbeitsgerichtsbarkeit) im Falle eines Rechtsstreites zu beschreiten ist und materiell ist es vor allem für die Frage maßgeblich, ob der Geschäftsführer in den Genuss arbeitsrechtlicher Schutzvorschriften, va in den Genuss der Anwendbarkeit des Kündigungsschutzgesetzes, gelangt. Es ist damit stets sauber festzustellen, mit welcher/welchen Gesellschaft/en der Geschäftsführer in einer schuldrechtlichen Beziehung steht und aus welchem Rechtsverhältnis genau die maßgebliche Streitfrage resultiert.

230 Bestehen mehrere Anstellungsverhältnisse, so ist deren Verhältnis zueinander zu beurteilen (sog. **Kollisionsfälle**). Zu prüfen ist hier vor allem, ob ggf. (noch) ein Arbeitsverhältnis mit dem Geschäftsführer vorliegt (Stichwort: **ruhendes Arbeitsverhältnis**) oder ob dieses möglicherweise durch den Abschluss eines (schriftlichen) Anstellungsvertrages konkludent **aufgehoben** worden ist (→ Rn. 270 ff.).

b) Arbeitnehmereigenschaft des Geschäftsführers

231 Einer differenzierten Betrachtung bedarf die Frage, ob und ggf. unter welchen Voraussetzungen ein **Geschäftsführer als Arbeitnehmer** anzusehen ist. Diese Frage ist **zurzeit hoch brisant** – vor allem mit Blick auf die aktuelle Rechtsprechung des Europäischen Gerichtshofes (zum Fall **„Danosa"**, → Rn. 240 ff.). Relevant wird dies va bei der Frage der **Rechtswegzuständigkeit** (Arbeitsgerichte oder Zivilgerichte?; → Rn. 251 ff.) und bei der Frage, ob und wenn ja, in welchem Umfang dem Geschäftsführer **Arbeitnehmerschutzrechte** (→ Rn. 315 ff.) (insbesondere Kündigungsschutz nach dem Kündigungsschutzgesetz) zugutekommen. Im Konzern wird diese Frage häufig relevant, weil das Organ in vielen Fällen nicht nur für eine Gesellschaft, sondern gleich für mehrere Konzerngesellschaften tätig ist (→ Rn. 303 ff.).

---

[1] BGH 24.11.1980 – II ZR 182/80, NJW 1982, 757 (758); BAG 25.10.2007 – 6 AZR 1045/06, NZA 2008, 168.
[2] MüKoBGB/*Stephan/Thieves*, GmbHG § 35, Rn. 39.
[3] BGH 29.5.1989 – II ZR 220/88, NJW 1989, 2683 (2694); zur Zulässigkeit von Kopplungsklauseln siehe *Bauer/von Medem*, NZA 2014, 238 ff.
[4] BGH 11.7.1953 – II ZR 126/52, NJW 1953, 1465.

D. Die Besonderheiten der Organverhältnisse im Konzern

aa) Rechtsprechung des BGH und des BAG

232 Die mögliche Arbeitnehmereigenschaft eines Geschäftsführers wird von den jeweiligen Gerichtszweigen – wie eingangs bereits erwähnt – anhand verschiedener Maßstäbe beurteilt.

233 So geht der **Bundesgerichtshof** (BGH) in ständiger Rechtsprechung davon aus, dass ein GmbH-Geschäftsführer **niemals** Arbeitnehmer sein kann (selbstständiges Dienst- und kein Arbeitsverhältnis).[1]

234 Das **Bundesarbeitsgericht** (BAG) verneint hingegen nicht per se die Arbeitnehmereigenschaft des Geschäftsführers, sondern nimmt eine Betrachtung im **Einzelfall** vor. Dabei sei auf die allgemeinen **Abgrenzungskriterien** der **selbstständigen zur unselbstständigen Arbeit** abzustellen.[2]

235 Entscheidend sei für diese Abgrenzung die **persönliche Abhängigkeit** des Organs. Angesichts der einem Vorstand einer Aktiengesellschaft nach § 76 Abs. 1 AktG zugewiesenen autonomen Leitungsbefugnis und der damit – jedenfalls für die Vorstandsmitglieder konzernfreier Aktiengesellschaften[3] – verbundenen Weisungsunabhängigkeit scheide eine Qualifizierung von Vorstandsmitgliedern als Arbeitnehmer stets aus.[4]

236 Anders verhalte es sich aber bei dem Geschäftsführer einer GmbH, dem gerade diese autonome Leitungsbefugnis fehle; er unterstehe den **Weisungen** der Gesellschaft (vgl. § 37 Abs. 1 GmbHG). Bei einem **Fremdgeschäftsführer** einer GmbH gelte deshalb, jedenfalls sofern dieser in den Betrieb eingegliedert sei, dass in der Regel eine **persönliche Abhängigkeit** zu bejahen sein werde.[5]

237 Differenzierter müsse die Beurteilung nach diesen Grundsätzen bei einem **Gesellschaftergeschäftsführer** ausfallen. Ähnlich wie auch im Bereich des Sozialversicherungsrechts (→ Rn. 238 f.), sei hier entscheidend darauf abzustellen sein, inwieweit der Gesellschaftergeschäftsführer tatsächlich **bestimmenden Einfluss** auf die Geschicke der Gesellschaft nehmen könne und eine persönliche Abhängigkeit vorliege.[6]

bb) Rechtsprechung des BSG

238 Das **Bundessozialgericht** (BSG) geht davon aus, dass die Organstellung des GmbH-Geschäftsführers eine Abhängigkeit gegenüber der Gesellschaft bzw. den Gesellschaftern nicht ausschließe (vgl. § 7 SGB IV).[7] Auch das BSG nimmt deshalb eine Prüfung der **individuellen Ausgestaltung** des Dienstverhältnisses – insbesondere, wie dieses in der Praxis tatsächlich gelebt wird – vor. Es geht dabei im Grundsatz da-

---

[1] Ständige Rechtsprechung, vgl. ua BGH 11.7.1953 – II ZR 126/52, BGHZ 10, 187 ff.; 9.2.1978 – II ZR 189/76, DB 1978, 878 f.; 29.1.1981 – II ZR 92/80, ZIP 1981, 367 ff.; 8.1.2007 – II ZR 267/05, NJW-RR 2007, 1632 ff.

[2] Vgl. ua BAG 15.4.1982 – 2 AZR 1101/79, BAGE 39, 16 ff.; 13.5.1992 – 5 AZR 344/91, ZIP 1992, 1496 ff.; 6.5.1999 – 5 AZB 22/98, NZA 1999, 839 ff.; 26.5.1999 – 5 AZR 664/98, NZA 1999, 978 ff.; jüngst 26.10.2012 – 10 AZB 60/12, NZA 2013, 54 ff.

[3] Zur Streitfrage der Arbeitnehmereigenschaft von Vorstandsmitgliedern konzernabhängiger Aktiengesellschaften → Rn. 243 ff.

[4] Ständige Rechtsprechung, vgl. ua BGH 11.7.1953 – II ZR 126/52, BGHZ 19, 187 ff.; 16.12.1953 – II ZR 41/53, BGHZ 12, 1 ff.; ebenso: MHdB GesR/*Wiesner* § 21, Rn. 5.

[5] Vgl. BAG 26.5.1999 – 5 AZR 664/98, NZA 1999, 987 ff.; enger Wertungszusammenhang zur sozialgerichtlichen Rechtsprechung, vgl. ua BSG 4.7.2007 – B 11a AL 5/06 R, ZIP 2007, 2185 ff.; 6.3.2003 – B 11 AL 25/02 R, GmbHR 2004, 494 ff.; 18.12.2001 – B 12 KR 10/01 R, NZG 2002, 431 ff.; ebenso *Imping*, in: Breithaupt/Ottersbach, Kompendium Gesellschaftsrecht, 2010, § 4, Rn. 873.

[6] Ähnlicher Wertung folgend BSG 29.8.2012 – B 12 KR 25/10 R, BSGE 111, 257 ff.; 5.2.1998 – B 11 AL 71/97 R, NZA-RR 1998, 467 ff.

[7] *Imping*, in: Breithaupt/Ottersbach, Kompendium Gesellschaftsrecht, 2010, § 4, Rn. 875.

von aus, dass aus § 37 Abs. 1 GmbHG zunächst die **Vermutung einer Abhängigkeit** folge, weil der Geschäftsführer verpflichtet sei, die Beschränkungen durch die Gesellschaft einzuhalten.[1]

239 Der **Fremdgeschäftsführer** wird dabei vom BSG **stets** als **abhängig Beschäftigter** angesehen.[2] Er unterfällt damit in vollem Umfang der Sozialversicherungspflicht. Beim **Gesellschaftergeschäftsführer** gelte hingegen, dass er dann als selbstständig – und damit nicht sozialversicherungspflichtig – betrachtet werden müsse, wenn er über seine Beschäftigung (mit)bestimmen könne.[3] Könne der Gesellschaftergeschäftsführer aufgrund einer **Mehrheit** oder **Sperrminorität** jeden Beschluss und damit auch jede ihm nicht genehme Weisung der Gesellschaft verhindern, agiere er selbstständig.[4] **Minderheitsbeteiligungen** führten dagegen in der Regel nicht zu einem bestimmenden Einfluss auf die Gesellschaft, so dass minderheitsbeteiligte Geschäftsführer regelmäßig sozialversicherungspflichtig Beschäftigte seien.[5] Ein **Ausnahmefall** dazu bestehe aber, wenn der Geschäftsführer aufgrund der Regelungen im Anstellungsvertrag unter Einbeziehung der tatsächlichen Ausgestaltung des Anstellungsverhältnisses Inhalt, Ort und Zeit seiner Tätigkeit im Wesentlichen frei von Weisungen der Gesellschafter bzw. des Aufsichtsrates bestimmen könne.[6]

cc) Rechtsprechung des EuGH – Rechtssache „Danosa"

240 Neu entfacht wurde die Diskussion über die Arbeitnehmereigenschaft eines Organs, insbesondere eines Geschäftsführers, nachdem der Europäische Gerichtshof (EuGH) im November 2011 die Rechtssache *„Danosa"*[7] entschieden hatte.

241 In dieser Entscheidung hat der EuGH den Schutz vor schwangerschaftsbedingter Diskriminierung auf die Vertretungsorgane von Kapitalgesellschaften erstreckt und diese bei **hinreichender Weisungsabhängigkeit** dem sog. **unionsrechtlichen Arbeitnehmerbegriff** unterstellt.[8] In dem Fall hatte sich eine lettische Allein(Fremd-)Geschäftsführerin gegen ihre gesellschaftsrechtliche Abberufung gewandt, weil sie zum Zeitpunkt der Abberufung schwanger war. Sie war für eine lettische SIA tätig, die als Pendant der deutschen GmbH anzusehen ist. Der EuGH hatte der Geschäftsführerin im Ergebnis den Kündigungsschutz aus Art. 10 Richtlinie 92/35/EWG (Kündigungsverbot während der Schwangerschaft) zugutekommen lassen.

242 Unklar ist derzeit, wie weitreichend die Konsequenzen aus dieser Rechtsprechung sind. In der Entscheidung des EuGH stand nicht die Kündigung eines Dienstvertrages, sondern die (gesellschaftsrechtliche) Abberufung aus dem Amt in Streit. Konsequenz für das deutsche Recht könnte („schlimmstenfalls") sein, dass auch § 38 Abs. 1 GmbHG unionsrechtskonform auszulegen wäre, so dass eine **Fremdgeschäftsführerin** wäh-

---

[1] Ebenso: *Berchtold*, in: Kreikebohm, Kommentar SozVersR, 3. Auflage 2013, § 7 SGB IV, Rn. 45; siehe ausführlich zu den einzelnen Entscheidungen des BSG *Seewald*, in: Kasseler Kommentar SozVersR, 79. Ergänzungslieferung 2013, Rn. 85 ff.; zur Beurteilung der Arbeitnehmereigenschaft durch den BFH, siehe BFH, 2.12.2005 – VI R 16/03, GmbHR 2006, 268 f.; 23.4.2009 – VI R 81/06, BFHE 225, 33 ff.; 20.10.2010 – VIII ZR 34/08, GmbHR 2011, 313 ff.

[2] Grundsatzentscheidung des BSG, 18.12.2001 – B 12 KR 10/01 R, NZG 2002, 758 ff.; jüngst bestätigt durch BSG 29.8.2012 – B 12 K 14/10 R, USK 2012-182.

[3] BeckOK SozR/*Rittweger*, Stand 1. Juni 2013, § 7 SGB IV, Rn. 10g.

[4] Ständige Rechtsprechung, vgl. ua BSG 18.4.1991 – 7 RAr 32/90, NZA 1991, 869 f.; 30.6.1999 – B 2 U 35/98 R, NZS 2000, 147 ff.; 17.5.2001 – B 12 KR 34/00 R, NZS 2001, 644 ff.; jüngst BSG 29.8.2012 – B 12 KR 14/01 R, USK 2012-182.

[5] BeckOK SozR/*Rittweger*, Stand 1. Juni 2013, § 7 SGB IV, Rn. 10g.

[6] BSG 23.9.1982 – 10 RAr 10/81, LSK 1983, 180047; 8.8.1990 – 11 RAr 77/89, NZA 1991, 324 ff.

[7] EuGH 11.11.2010 – C-232/09, NZA 2011, 143 ff.

[8] *Oberthür*, NZA 2011, 253.

rend der Schwangerschaft sowie bis zum Ablauf von vier Monaten nach der Entbindung grundsätzlich nicht – jedenfalls nicht aus Gründen, die mit der Schwangerschaft, der Entbindung oder dem Stillen im Zusammenhang stehen – auf Grundlage von § 38 Abs. 1 GmbHG abberufen werden kann.[1] Der im deutschen GmbH-Recht bedeutsame **Grundsatz der freien Möglichkeit zur Abberufung** wäre damit **deutlich eingeschränkt.**

Offen ist weiterhin, ob sich dieser Schutz (hier: besonderer Kündigungsschutz der (werdenden) Mutter) auch auf **Gesellschaftergeschäftsführer** erstreckt. Unter Zugrundelegung der EuGH-Entscheidung sprechen jedenfalls gute Gründe dafür, hier in Anlehnung an die oben dargestellte sozialgerichtliche Rechtsprechung, die – wie der EuGH – als maßgebliches Kriterium auf die Weisungsabhängigkeit und die ua daraus folgende Unselbstständigkeit der Tätigkeit abstellt, danach zu differenzieren, ob der Geschäftsführer aufgrund des Umfangs seines Gesellschaftsanteils die Geschicke der Gesellschaft maßgeblich beeinflussen kann (Mehrheitsgesellschafter/Inhaber einer Sperrminorität vs. „bloßem" Minderheitsgesellschafter).[2] Ist er danach als weisungsabhängig anzusehen, unterfiele er – konsequenterweise – dem unionsrechtlichen Arbeitnehmerbegriff und damit auch dem besonderen Kündigungsschutz aus Art. 10 der RL 92/35/EWG. 243

Inwieweit allgemein der Geschäftsführer einer GmbH jedenfalls dann, wenn er „weisungsgebunden" für die GmbH tätig ist, auch in den Genuss **anderer arbeitsrechtlicher Schutzvorschriften** kommen kann, wurde durch die Entscheidung ebenfalls **nicht beantwortet.** Es steht jedoch – bei konsequenter Fortführung der europäischen Rechtsprechung – zu „befürchten", dass der EuGH sämtliche EU-Vorschriften, in denen es um die Arbeitnehmereigenschaft geht, auf GmbH-Fremdgeschäftsführer anwenden wird.[3] Gleiches würde auch bei nicht selbstständig handelnden Gesellschaftergeschäftsführern anzunehmen sein. Bisher fehlt es in Bezug auf diese Fragen jedoch an einer Entscheidung des EuGH. 244

Zur Frage der Auswirkungen der *Danosa*-Entscheidung auf den Vorstand einer deutschen AG siehe → Rn. 344 ff. 245

dd) Sonderfall: Drittanstellung im Konzern

Vor allem im Konzern erlangt die *Danosa*-Entscheidung – aufgrund der möglichen Dritt- bzw. Mehrfachanstellung – besondere Brisanz. Deshalb ist zuallererst genau zu prüfen, mit welcher Gesellschaft das Anstellungsverhältnis besteht (→ Rn. 229, 240 ff., sog. Grundsatz der Relativität der Schuldverhältnisse). 246

(1) Begriff der Drittanstellung

Besondere Bedeutung haben dabei die Fälle der sog. **Drittanstellung;** also Fälle, in denen das Anstellungsverhältnis nicht mit der GmbH, für die der Geschäftsführer gesellschaftsrechtlich als Geschäftsführer bestellt ist, sondern mit einer anderen Gesellschaft begründet wird (Auseinanderfallen von bestellender und anstellender Gesellschaft). 247

Dies kann beispielsweise bei einer GmbH & Co. KG die Anstellung bei der KG sein (zur Zuständigkeit der Begründung des Anstellungsverhältnisses (→ Rn. 259 ff.) oder generell betrachtet die Anstellung bei einer anderen (Konzern-)Gesellschaft, zB Mutter-, Tochter- oder Schwestergesellschaft. 248

---

[1] *Kruse/Stenslik*, NZA 2013, 596 (598).
[2] Ebenso *Junker*, NZA 2011, 950 (951).
[3] Ebenso *Wank*, EWiR Art. 10 RL 92/85/EWG 1/2011, S. 27 f.

Teil I. 3. Arbeits- und Dienstvertragsrecht im Konzern

(2) Zulässigkeit einer Drittanstellung

249   Bei einer **GmbH** ist eine solche Drittanstellung des Geschäftsführers **unproblematisch zulässig**.[1] Im Aktienrecht hingegen ist die Zulässigkeit einer solchen Drittanstellung des Organs, des Vorstandes, bisher nicht höchstrichterlich entschieden und hoch streitig (siehe ausführlich → Rn. 352 ff.).

250   Eine Zwischenstellung nimmt dabei die **mitbestimmte GmbH** ein. Aufgrund der engen Verknüpfung zum Aktienrecht wird eine Drittanstellung – zumindest ohne Zustimmung des Aufsichtsrates – jedenfalls im **Anwendungsbereich des Mitbestimmungsgesetzes** kritisch gesehen.[2] Zulässig dürften jedoch Fälle der Drittanstellung bei Unternehmen sein, die „nur" dem **Drittelbeteiligungsgesetz** unterfallen.[3]

c) Rechtswegzuständigkeit, § 5 Abs. 1 S. 3 ArbGG

aa) Grundsatz

251   Bei Streitigkeiten aus dem Anstellungsverhältnis ist hinsichtlich der Rechtswegzuständigkeit **§ 5 Abs. 1 S. 3 ArbGG** zu beachten. Danach gelten (natürliche) Personen, die kraft Gesetzes, Satzung oder Gesellschaftsvertrages allein oder als **Mitglied des Vertretungsorgans** zur Vertretung einer juristischen Person oder einer Personengesamtheit berufen sind, **nicht als Arbeitnehmer**.[4] Es sind also – qua Fiktion – die **ordentlichen Gerichte** und nicht die Gerichte für Arbeitssachen zuständig.

252   Zu beachten ist, dass § 5 Abs. 1 S. 3 ArbGG **unabhängig** davon gilt, ob das der Organstellung **zugrunde liegende Rechtsverhältnis materiell-rechtlich** als freies Dienstverhältnis oder als Arbeitsverhältnis zu qualifizieren ist.[5] Die sonst geltende **sic-non-Rechtsprechung** (doppelrelevante Tatsachen) gilt also im Bereich des § 5 Abs. 1 S. 3 ArbGG explizit nicht.[6]

bb) Ausnahmefälle

(1) Drittanstellung

253   Oben dargestellte Grundsätze beanspruchen in der Regel aber nur dann Geltung, wenn bestellende und anstellende Körperschaft **identisch** sind. **Anders** liegt es in den konzernrelevanten Fällen der **Drittanstellung**. Hier ist anerkannt, dass § 5 Abs. 1 S. 3 ArbGG grundsätzlich **keine Anwendung** findet und der Rechtsweg zu den Arbeitsgerichten damit eröffnet ist.[7] Insbesondere gilt der Geschäftsführer einer abhängigen GmbH lediglich im Verhältnis zur Tochtergesellschaft, **nicht** jedoch im Verhältnis zur Konzernobergesellschaft (anstellende Körperschaft) **nicht** als Arbeitnehmer.[8] Mit anderen Worten: Im Verhältnis zu der Konzernobergesellschaft (anstellende Körper-

---

[1] BGH 20.9.2013 – II ZR 86/11, BGHZ 197, 304 ff.; 25.6.1979 – II ZR 219/78, NJW 1980, 595 ff.
[2] *Jula*, Der GmbH-Geschäftsführer, 4. Auflage 2012, S. 181.
[3] *Jula*, Der GmbH-Geschäftsführer, 4. Auflage 2012, S. 182; hierzu fehle allerdings höchstrichterliche Rechtsprechung.
[4] GMP/*Germelmann/Müller-Glöge*, ArbGG, 8. Auflage 2013, § 5 Rn. 45.
[5] BAG 15.3.2011 – 10 AZB 32/10, NZA 2011, 874 ff.; 23.8.2011 – 10 AZB 51/10, BAGE 139, 63 ff.
[6] Vgl. BAG 6.5.1999 – 5 AZB 22/98, NZA 1999, 839 f.; LAG Köln 19.5.2000 – 8 Ta 161/00, NZA-RR 2001, 605.
[7] BAG 7.7.1998 – 5 AZB 46/97; 15.3.2011 – 10 AZB 32/10, NZA 2011, 874 ff.; 23.8.2001 – 5 AZB 9/01, NZA 2002, 52 f.; 25.6.1997 – 5 AZB 41/96, ZIP 1997, 1930 ff.; LAG Hamburg 1.8.2005 – 5 Ta 9/05.
[8] BAG 31.8.1998 – 5 AZB 21/98.

schaft) kann der Geschäftsführer also durchaus als Arbeitnehmer qualifiziert werden. Hier greift die Fiktion des § 5 Abs. 1 S. 3 ArbGG nicht ein.

Gleiches gilt für den Fall, dass die Tochtergesellschaft anstellende Körperschaft ist und die Organstellung bei der Konzernobergesellschaft besteht; die Arbeitnehmereigenschaft liegt dann lediglich bei der Konzernobergesellschaft nicht vor. Ob sie bei der anstellenden Körperschaft anzunehmen ist, ist eine davon unabhängig zu beurteilende Frage, die für die Rechtswegzuständigkeit jedenfalls irrelevant ist. Der Rechtsweg zu den **Arbeitsgerichten** ist in diesen Fällen damit (bereits dann) eröffnet, wenn seitens des Klägers die **Rechtsansicht** vertreten wird, dass die Arbeitsgerichte für die im Zusammenhang mit dem Anstellungsverhältnis stehenden Ansprüche zuständig seien. Im Falle der Drittanstellung findet die sic-non-Rechtsprechung also ausnahmsweise auch bei § 5 Abs. 1 S. 3 ArbGG Anwendung. 254

(2) Sonstige Ausnahmefälle

Darüber hinaus wird angenommen, dass § 5 Abs. 1 S. 3 ArbGG dann nicht einschlägig sei, wenn eine weitere Rechtsbeziehung[1] betroffen ist, also zB Rechte aus einem schon vor dem Abschluss des Anstellungsvertrages begründeten und angeblich fortbestehenden Rechtsverhältnis geltend gemacht werden oder sich dieses zeitlich betrachtet nach der Abberufung in ein Arbeitsverhältnis umgewandelt haben soll.[2] Es **fehle** dann an dem für die Anwendbarkeit des § 5 Abs. 1 S. 3 ArbGG **erforderlichen Sachzusammenhangs zur Organstellung.** 255

cc) Gegenausnahme: GmbH & Co. KG

Im Zusammenhang mit der Rechtswegzuständigkeit (§ 5 Abs. 1 S. 3 ArbGG) möchten wir abschließend auf den Sonderfall der „Drittanstellung" bei einer **GmbH & Co. KG** hinweisen. Dabei geht es um den Fall, dass der Geschäftsführer bei der Komplementär-GmbH bestellt ist, jedoch das Anstellungsverhältnis mit der KG begründet wurde (auch hier: Auseinanderfallen von bestellender und anstellender Gesellschaft). In diesem Fall greift – obwohl an sich ein (Unter-)Fall der Drittanstellung vorliegt – die Regelung des § 5 Abs. 1 S. 3 ArbGG gleichwohl ein.[3] Konsequenz ist, dass die Zuständigkeit der Arbeitsgerichtsbarkeit zu verneinen und der Rechtsweg zu den ordentlichen Gerichten eröffnet ist. 256

Viele Jahre hatte das BAG zu dieser Fallkonstellation die Auffassung vertreten, dass § 5 Abs. 1 S. 3 ArbGG nicht anzuwenden wäre,[4] hat diese Rechtsprechung jedoch im Jahr 2003 ausdrücklich aufgegeben.[5] § 5 Abs. 1 S. 3 ArbGG erfasst nach dieser Rechtsprechung auch die Fälle der mittelbaren Vertretung (wie bei der GmbH & Co. KG), weil anderenfalls den gesellschaftsrechtlichen Zusammenhängen und dem Zweck des § 5 Abs. 1 S. 3 ArbGG nicht ausreichend Genüge getan werde.[6] Denn der Geschäftsführer der Komplementär-GmbH gehöre nach Sinn und Zweck des § 5 Abs. 1 S. 3 ArbGG zu den Personen, die nicht als Arbeitnehmer gelten (Streit im Arbeitgeberlager). Er vertrete den Arbeitgeber und verkörpere ihn im Wortsinne.[7] Entsprechend sei der Rechtsweg zu den Arbeitsgerichten für ihn auch nicht eröffnet. 257

---

[1] BAG 23.8.2001 – 5 AZB 9/01, NZA 2002, 52 f.
[2] Ausführlich dazu siehe *Perschke,* in: Natter/Gross, ArbGG, § 5, Rn. 40 ff.
[3] Einführend in den Problemkreis: *Moll,* RdA 2002, 226 ff.
[4] Zur alten BAG-Rechtsprechung siehe BAG 15.4.1982 – 2 AZR 1101/79, MDR 1983, 785 f.; 13.7.1995 – 5 AZB 37/94, NJW 1995, 3338 f.; 10.7.1980 – 3 AZR 68/79, NJW 1981, 302 f.
[5] BAG, 20.8.2003 – 5 AZB 79/02, BAGE 107, 165 ff.; 12.7.2006 – 5 AS 7/06, NZA 2006, 1004.
[6] BAG 20.8.2003 – 5 AZB 79/02, BAGE 107, 165 ff.
[7] BAG 20.8.2003 – 5 AZB 79/02, BAGE 107, 165 ff.

dd) Vereinbarung arbeitsgerichtlicher Zuständigkeit nach § 2 Abs. 4 ArbGG

258 Sollte allerdings der Wunsch der Parteien bestehen – vor allem im Fall einer „Drittanstellung" bei einer KG –, dass die Arbeitsgerichte im Streitfall zuständig sein sollen, so steht den Parteien auch die Möglichkeit offen, im Wege der **Parteivereinbarung** die Zuständigkeit der Arbeitsgerichte nach § 2 Abs. 4 ArbGG ausdrücklich zu begründen.[1] Diese Vereinbarung kann dabei sowohl im Anstellungsvertrag als auch im Gesellschaftsvertrag oder in der Satzung enthalten sein.[2]

2. Begründung des Anstellungsverhältnisses

a) Zuständigkeit

aa) Grundsatz der Zuständigkeit der Gesellschafterversammlung

259 Die Gesellschaft wird bei Abschluss des Geschäftsführeranstellungsvertrages durch die Gesellschafterversammlung vertreten. Unter die Zuständigkeit der Gesellschafterversammlung nach § 46 Nr. 5 GmbHG fällt dabei aufgrund des engen Sachzusammenhangs auch die Kompetenz für die Entscheidungen über das Anstellungsverhältnis des Geschäftsführers.[3] Gerade nicht zuständig für den Abschluss des Geschäftsführeranstellungsvertrages ist ein uU bei der Gesellschaft noch bestellter weiterer Geschäftsführer.

bb) Mitbestimmte GmbH, GmbH & Co. KG

260 Im Rahmen der Begründung des Anstellungsverhältnisses (Zuständigkeit der Gesellschafterversammlung/des Aufsichtsrates) ist weiterhin zwischen einer **mitbestimmten** und einer **nicht mitbestimmten GmbH** sowie dem Sonderfall der **GmbH & Co. KG** (als „Kleinstform" eines Konzerns) zu unterscheiden.

(1) MitbestG

261 Ist eine GmbH nach dem Mitbestimmungsgesetz (MitbestG) mitbestimmt (vgl. § 1 MitbestG), so ist der **Aufsichtsrat** auch für den Abschluss des Anstellungsverhältnisses mit dem GmbH-Geschäftsführer **zuständig**.

262 Da in der GmbH der Gesellschafterversammlung die Anstellungskompetenz zusteht, war zunächst umstritten, ob es auch nach dem Inkrafttreten des MitbestG dabei bleiben sollte. Es entspricht heute gefestigter Rechtsprechung,[4] dass aufgrund des **engen sachlichen Zusammenhangs** zwischen Bestellung und Anstellung der Vertragsabschluss zwischen GmbH und Geschäftsführer ebenfalls – und abweichend zur Rechtslage nach dem Drittelbeteiligungsgesetz (DrittelbG; → Rn. 263) – dem **Aufsichtsrat** zusteht. Dabei ist die Gesellschafterversammlung auch nicht befugt, die Anstellungskompetenz mittels Satzung oder Beschluss auf Dritte, insbesondere die Konzernobergesellschaft, zu übertragen.[5]

(2) DrittelbG

263 Anders verhält es sich bei einer nach dem DrittelbG mitbestimmten GmbH (vgl. § 1 DrittelbG). Hier ist anerkannt, dass die Anwendung des Aktienrechts die Kompe-

---

[1] Bejahend für den Sonderfall der KG: BAG 20.8.2003 – 5 AZB 79/02, BAGE 107, 165 ff.
[2] GMP/*Matthes/Schlewing*, ArbGG, 8. Auflage 2013, § 2, Rn. 133.
[3] Ständige Rechtsprechung, vgl. ua BGH 21.1.1991 – II ZR 144/90, BGHZ 113, 237 ff.
[4] Ständige Rechtsprechung, vgl. ua BAG 14.11.1983 – II ZR 33/83, BGHZ 89, 48 ff.; zuletzt bestätigt 2.3.2009 – II ZA 9/08, ZIP 2009, 1058 f.
[5] Streitig, vgl. ErfK/*Oetker*, § 31 MitbestG Rn. 10, mwN.

D. Die Besonderheiten der Organverhältnisse im Konzern

tenzverteilung nach dem GmbHG nicht vollständig ändern soll.[1] Die Kompetenz zur **Bestellung** des Geschäftsführers verbleibt bei der **Gesellschafterversammlung,** weil § 1 Abs. 1 Nr. 3 DrittelbG deshalb auch gerade nicht auf § 84 AktG verweist. Als **Annexkompetenz** gilt dies auch für den Abschluss des Geschäftsführeranstellungsvertrages.[2] Entsprechend ist hier eine Delegation der eigenen Kompetenz auf die Konzernobergesellschaft unseres Erachtens gerade zulässig.

(3) GmbH & Co. KG/Drittanstellung

Bei einer GmbH & Co. KG stellt sich die Situation, dass der Geschäftsführer bei der Komplementärin als Geschäftsführer gesellschaftsrechtlich bestellt, der Anstellungsvertrag aber mit der KG – und eben nicht mit der Komplementär-GmbH – abgeschlossen wird (sog. **Drittanstellung bei der GmbH & Co. KG**).[3] 264

Dies ist sowohl möglich als auch zulässig.[4] Zwischen dem Geschäftsführer und der KG bestehen dann – mit Ausnahme des Anstellungsvertrages[5] – keine unmittelbaren Rechtsbeziehungen.[6] Die Rechtsstellung des Geschäftsführers bestimmt sich ausschließlich nach dem im Innenverhältnis der Komplementärin anwendbaren GmbH-Recht. Nur mittelbar, namentlich in seiner Eigenschaft als Organ der Komplementärin, ist der GmbH-Geschäftsführer zugleich Adressat der Vorschriften des Rechts der KG.[7] 265

Die **Zuständigkeit** für den Abschluss des Anstellungsvertrages liegt aber nicht bei der Gesellschafterversammlung der KG, sondern der **Gesellschafterversammlung der Komplementär-GmbH**.[8] Dies folgt aus dem **Prinzip der Annexkompetenz,** weil die Gesellschafterversammlung der Komplementär-GmbH für die Bestellung zuständig ist und daher notwendigerweise auch in der Lage sein muss, die Anstellungsbedingungen des von ihr zur Bestellung vorgesehenen Geschäftsführers zu regeln.[9] Zu beachten ist aber, dass die Bestellung – und der Abschluss des Anstellungsvertrages – nicht ohne Rücksicht auf die Interessen der KG und ihrer Gesellschaft erfolgen darf.[10] 266

Die Einholung der Zustimmung der Gesellschafterversammlung der Komplementär-GmbH hat stets zugleich den Vorteil, dass vermieden wird, dass sich diejenige Vertragspartei, der es günstig erscheint, auf eine etwaige schwebende Unwirksamkeit des Vertrages beruft/berufen kann.[11] 267

Möglich ist es darüber hinaus auch, dass der Anstellungsvertrag im Wege der (allgemeinen) **Drittanstellung** mit der Muttergesellschaft der GmbH abgeschlossen wird. Allerdings muss die Zuständigkeit zum Abschluss des Vertrages dann eine Grundlage in deren Satzung finden oder es muss ein entsprechender Beschluss vorhanden sein (zur Delegierbarkeit der Zuständigkeit → Rn. 262f.).[12] 268

---

[1] ErfK/*Oetker*, § 1 DrittelbG Rn. 17.
[2] ErfK/*Oetker*, § 1 DrittelbG Rn. 17, mwN.
[3] Der Anstellungsvertrag wird häufig auch in anderen Konzern-Konstellationen mit einer anderen Gesellschaft, insbesondere dem herrschenden Unternehmen, abgeschlossen.
[4] Ebenso *Arens/Beckmann,* Die anwaltliche Beratung des GmbH-Geschäftsführers, 2006, § 1 Rn. 10.
[5] Dieser Anstellungsvertrag kann auch als **Arbeitsvertrag** ausgestaltet werden.
[6] Ständige Rechtsprechung, vgl. ua BGH 28.9.1959 – VI ZR 28/53, WM 1959, 61 ff.; 1.12.1969 – II ZR 224/67, MDR 1970, 398 ff.
[7] *Oetker,* in: HGB, § 164 HGB Rn. 51.
[8] BGH 8.1.2007 – II ZR 267/05, NZA 2007, 1174 ff.; MüKoGmbHG/*Jaeger*, § 35 Rn. 256.
[9] MüKoGmbHG/*Jaeger*, § 35 Rn. 256.
[10] MüKoGmbHG/*Jaeger*, § 35 Rn. 256 mwN in Fußnote 114.
[11] *Jula,* GmbH-Geschäftsführer, S. 43 ff.; *Arens/Beckmann,* Die anwaltliche Beratung des GmbH-Geschäftsführers, 2006, § 1 Rn. 10.
[12] *Arens/Beckmann,* Die anwaltliche Beratung des GmbH-Geschäftsführers, 2006, § 1 Rn. 10.

cc) Unterzeichnung des Anstellungsvertrages

269 Damit nicht etwa alle Gesellschafter oder Aufsichts- bzw. Beiratsmitglieder den Anstellungsvertrag unterzeichnen müssen, kann das zuständige Organ nach entsprechender Beschlussfassung über Abschluss und Inhalt des Anstellungsvertrages mittels weiteren Beschlusses einen Gesellschafter, ein Aufsichts- oder Beiratsmitglied, einen weiteren Geschäftsführer oder einen sonstigen Dritten mit dem Abschluss des Anstellungsvertrages, also zur Unterzeichnung desselben ermächtigen bzw. bevollmächtigen.[1]

b) Form und Dauer des Anstellungsvertrages

aa) Form und Aufhebung eines etwaig bestehenden Arbeitsverhältnisses

270 Der Anstellungsvertrag mit dem Geschäftsführer kann grundsätzlich **formfrei** geschlossen werden; ein gesetzliches Schriftformerfordernis existiert nicht. Zu beachten ist im Rahmen einer Konzernstruktur aber, dass das Schicksal eines etwaig vor der Anstellung als Geschäftsführer bestehenden Arbeitsverhältnisses oder eines neben dem Geschäftsführeranstellungsvertrag bestehenden Arbeitsverhältnisses geregelt werden sollte.

271 Bestand zwischen dem Geschäftsführer und der Gesellschaft bisher ein Arbeitsverhältnis und soll er bei dieser Gesellschaft nunmehr als Geschäftsführer tätig werden, so sollte grundsätzlich das Arbeitsverhältnis aufgehoben und durch den Geschäftsführeranstellungsvertrag ausdrücklich ersetzt werden. Ist die Aufhebung des Arbeitsverhältnisses beabsichtigt, ist zu beachten, dass der Geschäftsführeranstellungsvertrag zwingend **schriftlich** geschlossen werden muss. Anderenfalls wird die für die Aufhebung von Arbeitsverhältnissen erforderliche Form des § 623 BGB nicht gewahrt. Nur bei dem schriftlichen Abschluss des Geschäftsführerdienstvertrages wird im Übrigen bereits **vermutet**, dass – ohne ausdrückliche Aufhebung – das **bisher bestehende Arbeitsverhältnis konkludent aufgehoben** wird.[2] Gleichwohl ist in der Praxis zu empfehlen, dass trotz dieser von der Rechtsprechung des BAG entwickelten Vermutungsregel klarstellend eine Regelung in den Geschäftsführeranstellungsvertrag aufgenommen wird, mit der das weitere Schicksal des Arbeitsvertrages ausdrücklich geregelt wird. Dies kann neben der Aufhebung des Arbeitsverhältnisses selbstverständlich auch die ausdrückliche Anordnung des **Ruhens des Arbeitsverhältnisses** sein.

272 Wird das Ruhen des Arbeitsverhältnisses vereinbart – oder wurde der Geschäftsführeranstellungsvertrag nicht schriftlich abgeschlossen –, so lebt das (ruhende) Arbeitsverhältnis nach Beendigung des Geschäftsführeranstellungsverhältnisses wieder auf. Zwar ist es aus Sicht der Gesellschaft aufgrund des Eingreifens arbeitsrechtlicher Vorschriften rein rechtlich betrachtet sinnvoller, das Arbeitsverhältnis nicht ruhend zu stellen, sondern zu beenden. Allerdings wird dies in der Praxis seitens des bisherigen Arbeitnehmers, der nunmehr Geschäftsführer werden soll, häufig gefordert. Deshalb kann es aus personalpolitischen (und nicht rechtlichen) Gründen durchaus sinnvoll sein, das Arbeitsverhältnis ruhend zu stellen bzw. ruhen zu lassen. Allerdings ist in diesem Zusammenhang anzumerken, dass eine Absicherung des vormaligen Arbeitnehmers auch durch andere Mechanismen (Vereinbarung einer längeren Kündigungsfrist, individualvertragliche Vereinbarung bestimmter Arbeitsschutznormen – zu der Vereinbarung von Kündigungsschutz siehe → Rn. 324f., Vereinbarung einer automatischen Abfindung bei vorzeitiger Beendigung des Dienstverhältnisses usw.) erzielt werden kann.

---

[1] Allgemeine Auffassung, siehe *Lücke/Simon*, in: Saenger/Inhester, GmbHG, § 35 Rn. 62, mwN.
[2] BAG 19.7.2007 – 6 AZR 774/06, NZA 2007, 1095; 14.6.2006 – 5 AZR 592/05, NZA 2006, 1154; 24.11.2005 – 2 AZR 614/04, NZA 2006, 366.

Bestehen bereits andere Geschäftsführeranstellungsverträge im Konzern oder sollen 273
solche begründet werden, so ist zu empfehlen, dass auch das **Verhältnis dieser Verträge untereinander** geregelt wird. Diese Verträge sind beispielsweise hinsichtlich der Vergütung, des Arbeitsumfangs und auch mit Blick auf Wettbewerbsverbote aufeinander abzustimmen. Gegebenenfalls kann es sich auch anbieten, das Anstellungsverhältnis bei einer bestimmten Konzerngesellschaft zu bündeln und die Tätigkeit als Organ für diverse Konzerngesellschaften als Dienstaufgabe des Geschäftsführers zu vereinbaren. Dadurch wird eine gewisse Übersichtlichkeit der Vertragsverhältnisse gewährleistet, was die Handhabung in der Praxis deutlich vereinfacht.

bb) Dauer des Anstellungsverhältnisses

Der Anstellungsvertrag kann grundsätzlich befristet (§ 620 BGB) und auch unbefristet abgeschlossen werden. Allerdings ist bei einer nach dem MitbestG mitbestimmten GmbH zu beachten, dass nur befristete Anstellungsverträge abgeschlossen werden können, weil über § 31 MitbestG die Restriktion des § 84 Abs. 1 AktG Anwendung findet.[1] 274

Häufiger werden Geschäftsführeranstellungsverträge deshalb in der Praxis auf einen 275
bestimmten Zeitraum befristet. Vorteil einer solchen Befristung ist sicherlich, dass **Planungssicherheit** für beide Parteien besteht und vor allem, dass – aus Sicht der Gesellschaft – Klarheit über den Zeitpunkt der Beendigung des Dienstverhältnisses mit dem Geschäftsführer besteht. Allerdings kann eine zu kurze Befristung für die Gesellschaft auch mit Nachteilen verbunden sein, va wenn ein äußerst qualifizierter Geschäftsführer für die Gesellschaft tätig ist, den man gerne an die Gesellschaft binden würde.

Neben dem Zeitablauf stellt auch die Beendigung der gesellschaftsrechtlichen Bestellung häufig einen Grund dar, der zur Kündigung des Dienstverhältnisses berechtigt. 276
Im Gegensatz zur Abberufung eines Vorstandes (→ Rn. 377) ist die Abberufung des Geschäftsführers ohne einen (außerordentlichen) Grund möglich. Ausführlich zum Thema Kopplungsklauseln → Rn. 308 ff.

3. Inhalt des Anstellungsverhältnisses

a) Rechte und Pflichten

Die arbeitsvertraglichen Hauptleistungspflichten sind die Erbringung der Dienstleistung, also konkret die Ausübung der Geschäftsführungstätigkeit gegen Entgelt (zur Vergütungsstruktur → Rn. 288 f.). 277

Ein äußerst praxisrelevantes Thema ist, inwieweit einem Geschäftsführer bestimmte 278
arbeitsrechtliche Schutzvorschriften zugutekommen.[2]

aa) Ausdrückliche gesetzliche Bereichsausnahmen

Für bestimmte Rechtsbereiche ist explizit angeordnet, dass der Geschäftsführer 279
– selbst dann, wenn das Anstellungsverhältnis als Arbeitsverhältnis zu qualifizieren ist –
vom Schutzbereich der arbeitsrechtlichen **Schutzvorschriften ausgenommen** ist.
Dies gilt aufgrund der Bereichsausnahme des § 14 KSchG insbesondere für den allgemeinen Kündigungsschutz nach dem Kündigungsschutzgesetz (→ Rn. 315 ff.).

Ebenso ist der Geschäftsführer gemäß § 5 Abs. 2 Nr. 1 BetrVG grundsätzlich nicht 280
als Arbeitnehmer iSd Betriebsverfassungsrechtes anzusehen. Anders gestaltet es sich
aber im Fall einer **Drittanstellung.** Gehört die GmbH, für die der Geschäftsführer

---

[1] Im Anwendungsbereich des Drittelbeteiligungsgesetzes gilt dies gerade nicht, weil es an einer entsprechenden Verweisung auf die Restriktionen des Aktienrechts fehlt.
[2] Eine ausführliche Gesamtübersicht findet sich in *Lücke/Simon*, in: Saenger/Inhester, GmbHG, § 35 Rn. 56a ff.

bestellt ist, zu einem Konzern, so ist es möglich, dass ein Arbeitsvertrag mit einem anderen Konzernunternehmen besteht.[1] In diesem Fall unterfiele der Geschäftsführer dort dem Anwendungsbereich des Betriebsverfassungsrechts und auch dem Kündigungsschutzgesetz.

281 Eine Gegenausnahme stellt auch hier wiederum die Konstellation der Drittanstellung bei einer **GmbH & Co. KG** dar. Hier prägt die Organstellung des Geschäftsführers auch das Verhältnis zur KG; der Geschäftsführer der Komplementär-GmbH ist nicht Arbeitnehmer der KG, zu deren Vertretung er gemäß §§ 161 Abs. 2, 125, 170 HGB iVm § 35 Abs. 1 S. 3 GmbHG berufen ist, auch wenn der Geschäftsführervertrag mit der KG abgeschlossen worden ist.[2] Bei der Drittanstellung unterfällt der Geschäftsführer der Komplementär-GmbH mithin weder dem Kündigungsschutzgesetz noch dem Betriebsverfassungsgesetz.

bb) Ausdrückliche Anordnung der Geltung für Organe

282 Umgekehrt wiederum ist die Anwendung des Allgemeinen Gleichbehandlungsgesetzes (AGG) auf Organmitglieder, insbesondere also Geschäftsführer und Vorstände, ausdrücklich in § 6 Abs. 3 AGG angeordnet, soweit es die Bedingungen für den Zugang zur Erwerbstätigkeit sowie den beruflichen Aufstieg betrifft.

cc) Streitfälle

283 Bei einigen Vorschriften ist deren Anwendbarkeit auf Organe,[3] insbesondere Geschäftsführer, umstritten.[4]

284 Einer der Hauptfälle betrifft die Frage der Anwendbarkeit der Kündigungsfristen des § 621 BGB (Kündigungsfristen bei Dienstverhältnissen) oder des § 622 BGB (Kündigungsfristen bei Arbeitsverhältnissen) auf Geschäftsführeranstellungsverträge. Bei § 621 BGB ist die Kündigungsfrist abhängig davon, ob und nach welchen Zeitabschnitten die Vergütung bemessen wird, wobei sich die maximale gesetzliche Kündigungsfrist auf sechs Wochen zum Quartalsende beläuft (vgl. § 621 Nr. 4 BGB). Hingegen ist im Rahmen des § 622 BGB für die Bestimmung der Kündigungsfrist die Betriebszugehörigkeit maßgeblich, wobei die Kündigungsfrist längstenfalls nach § 622 Abs. 2 S. 1 Nr. 7 BGB sieben Monate zum Ende eines Kalendermonats betragen kann.

285 Die kurzen Fristen des § 621 BGB finden nur dann Anwendung, wenn der Geschäftsführer zugleich beherrschender Gesellschafter ist.[5] Ansonsten ist auf Anstellungsverträge mit vertretungsberechtigten Organmitgliedern, nach zwischenzeitlich gefestigter Rechtsprechung, § 622 BGB entsprechend anzuwenden.[6]

286 In Drittanstellungsfällen, in denen ein Arbeitsverhältnis geschlossen wurde, gilt § 622 BGB selbstredend in direkter Anwendung. Liegt aber ein Fall der Drittanstellung vor, bei dem der Geschäftsführer bestimmenden Einfluss auf die anstellende Gesellschaft nehmen kann, so halten wir – sofern kein Arbeitsverhältnis vorliegt – § 622 BGB auch nicht für entsprechend anwendbar. Denn dieser Fall entspricht der Wertung nach der Konstellation, dass der Geschäftsführer beherrschender Gesellschafter ist. Wie dargestellt gilt dann, dass § 621 BGB Anwendung findet; für die Anwendung der längeren Fristen des § 622 BGB ist hier kein Raum.

---

[1] Richardi/*Richardi* BetrVG, § 5 Rn. 148.
[2] Richardi/*Richardi*, BetrVG, § 5 Rn. 149 unter Berufung auf BAG 20.8.2003 – 5 AZB 79/02, BAGE 107, 165 ff.
[3] Zur Anwendbarkeit auf Vorstände einer AG → Rn. 381 f.
[4] Eine ausführliche Gesamtübersicht findet sich in *Lücke/Simon*, in: Saenger/Inhester, GmbHG, § 35 Rn. 57; zur Frage der Anwendbarkeit des besonderen Kündigungsschutzes für werdende Mütter → Rn. 240 ff.
[5] Ständige Rechtsprechung, vgl. BGH 9.3.1987 – II ZR 132/86, GmbHR 1987, 263 ff.
[6] Ständige Rechtsprechung, vgl. BGH 26.3.1984 – II ZR 120/83, BGHZ 91, 217 ff.

dd) Sonderfall Drittanstellung/GmbH & Co. KG

Abschließend ist anzumerken, dass den Fällen der Drittanstellung, die im Konzern **287** besonders häufig auftreten, besonderes Augenmerk auch hinsichtlich der Frage der ggf. anwendbaren (Schutz-)Vorschriften zu schenken ist. Zusammenfassend kann als Grundsatz hierzu festgehalten werden, dass die **gesetzlichen Bereichsausnahmen** im Bereich der **Drittanstellung** grundsätzlich **nicht gelten**. Der Geschäftsführer kommt also dann, wenn er mit der anstellenden Körperschaft einen Arbeitsvertrag abgeschlossen hat, auch in den Genuss der korrespondierenden arbeitsrechtlichen Schutzvorschriften. In der Regel gilt dies jedoch **nicht** für die Fälle der **GmbH & Co. KG**. Diese Fälle werden von der Rechtsprechung auch hier praktisch nicht als Fall der echten Drittanstellung angesehen, weil die gesellschaftsrechtliche Verknüpfung zwischen Komplementär-GmbH und KG zu eng ist (Gegenausnahme).

b) Vergütungsstruktur

In der Regel erhält der Geschäftsführer ein Gehaltsfixum und auch eine variable **288** **Vergütung.** Häufig werden bei der variablen Vergütung eine Gewinn- oder Umsatztantieme in Aussicht gestellt und möglicherweise zusätzlich noch weitere spezielle Zielvereinbarungen getroffen.

Darüber hinaus erhalten die meisten Geschäftsführer einen Dienstwagen, der auch **289** zur privaten Nutzung überlassen wird. Gleiches gilt für das Diensthandy. Bisweilen werden ihm ergänzend sog. stock options gewährt.[1]

c) Betriebliche Altersversorgung, § 17 BetrAVG

Neben Arbeitnehmern wird auch Organen häufig eine betriebliche Altersversorgung **290** durch das anstellende Unternehmen gewährt. In diesem Fall stellt sich die Frage, inwieweit die Schutznormen des Betriebsrentengesetzes (BetrAVG) Anwendung finden.

In den Schutzbereich des BetrAVG sind nach § 17 Abs. 1 S. 1 BetrAVG zunächst **291** Arbeitnehmer einbezogen. Allerdings erweitert § 17 Abs. 1 S. 2 BetrAVG diesen Schutz auf Personen, denen eine Leistung aus Anlass ihrer **Tätigkeit für ein** (anderes) **Unternehmen** zugesagt worden ist. Daraus folgt, dass Zusagender und Versorgungsempfänger weder rechtlich noch wirtschaftlich identisch sein dürfen. Insbesondere darf der Zusageempfänger keine besondere Möglichkeit haben, auf die Versorgungsbedingungen Einfluss zu nehmen.[2] In diesem Fall ist § 17 Abs. 1 S. 2 BetrAVG nach der Rechtsprechung teleologisch zu reduzieren.

Zu den Personen, die „für ein Unternehmen iSd § 17 Abs. 1 S. 2 BetrAVG tätig" **292** sind, zählen grundsätzlich auch die **Mitglieder der geschäftsführenden Organe,** also va auch der Geschäftsführer der GmbH und der GmbH & Co.KG.[3] Sie werden deshalb in den Geltungsbereich einbezogen, weil die Versorgungsbezüge für sie Existenz sichernde Funktionen haben, sodass insofern auch regelmäßig eine **wirtschaftliche Abhängigkeit** besteht.[4]

Aus dieser Prämisse folgt, dass für Geschäftsführer, die zugleich **Mehrheitsgesell- 293 schafter** sind, das Betriebsrentenrecht keine Anwendung finden kann.[5] **Minderheits-**

---

[1] Zur Vergütungsstruktur siehe ausführlich *Jula,* Der GmbH-Geschäftsführer, 4. Aufl. 2012.
[2] ErfK/*Steinmeier,* § 17 BetrAVG Rn. 6.
[3] BGH 29.5.2000 – II ZR 380/98, NZA 2001, 266 ff.
[4] BGH 8.12.1977 – II ZR 219/75, NJW 1978, 756.
[5] Vgl. BGH 28.4.1980 – II ZR 254/78, BGHZ 77, 94 ff.; 9.6.1980 – II ZR 180/79, AP BetrAVG § 17 Nr. 4; 6.4.1981 – II ZR 252/79, NJW 1982, 2059. Als Mehrheitsgesellschafter gilt, wer zumindest 50 % der Anteile besitzt.

gesellschafter hingegen unterfallen in der Regel dem Schutzbereich des BetrAVG.[1] Allerdings gilt dies wiederum dann nicht, wenn der Anteilsbesitz des Minderheitsgesellschafters „nicht ganz unbedeutend" ist und er – kumulativ – eine **besondere Leitungsmacht** innehat. Hier ist – insbesondere im Konzern und auch bei der GmbH & Co. KG – wichtig zu beachten, dass eine solche Leitungsmacht auch durch eine **konzernmäßige**, dh **mittelbare Beteiligung am Unternehmen** begründet werden kann.[2] Die wirtschaftliche Gesamtschau und Beurteilung der Leitungsmacht im Konzern ist damit entscheidend, um festzustellen, ob ein Minderheitsgesellschaftergeschäftsführer dem Schutz des Betriebsrentenrechtes unterfällt oder eben nicht.

294   Ist der Geschäftsführer in dem zusagenden Unternehmen auf Basis einer Drittanstellung in Form eines Arbeitsverhältnisses tätig, so folgt die Einbeziehung in das Schutzkonzept des Betriebsrentenrechtes bereits aus § 17 Abs. 1 S. 1 BetrAVG; eines Rückgriffs auf § 17 Abs. 1 S. 2 BetrAVG bedarf es in diesem Fall nicht.

295   Abschließend möchten wir anmerken, dass seit der Entscheidung des BAG vom 21.4.2009[3] die Dispositivität des § 17 BetrAVG vermehrt in den Fokus gerückt ist. Das Betriebsrentenrecht ist nach Auffassung des Dritten Senats jedenfalls insoweit – bei Organen – abdingbar, als auch den Tarifvertragsparteien Abweichungen erlaubt sind.[4] Dies bedeutet, dass nach § 17 Abs. 3 S. 1 BetrAVG entsprechend, von den §§ 1a, 2 bis 5, 16, 18a S. 1, 27 bis 28 BetrAVG – auch zulasten des Organs – abgewichen werden darf; insbesondere betrifft dies die Regelungen zum Anspruch auf betriebliche Altersversorgung durch Entgeltumwandlung, Bestimmungen zur (unverfallbaren) Anwartschaft, Auszehrung und Anrechnung, der Pflicht zur Anpassungsprüfung und Verjährung. Im Übrigen ist nach § 17 Abs. 3 S. 3 BetrAVG eine Abweichung nur zugunsten – hier des Organs – zulässig. Es besteht also eine Möglichkeit, unter Umständen auch im Fall der Drittanstellung im Konzern bei entsprechender wirtschaftlicher Gesamtsituation Ausnahmen von der Anwendung des Betriebsrentenrechtes qua Parteivereinbarung zuzulassen.

4. Nachvertragliche Restriktionen, insbesondere Wettbewerbsverbot

296   Ein klassisches Regelungsfeld in einem Geschäftsführerdienstvertrag ist die Frage der Vereinbarung eines nachvertraglichen Wettbewerbsverbotes oder auch die Vereinbarung von Kunden- und Mandantenschutzklauseln. Im Konzern erlangt dies aufgrund der Ausbreitung des Konzerns in örtlicher und möglicherweise auch branchenspezifischer Weise (Mischkonzern) besondere Relevanz.

297   Da Gesellschaftergeschäftsführer nach ihrem Ausscheiden als Geschäftsführer und Ende ihrer Gesellschafterstellung bereits aus gesellschaftsrechtlichen Grundsätzen nachvertraglichen Wettbewerbsrestriktionen unterliegen, wird im Folgenden lediglich auf den Fremdgeschäftsführer eingegangen.

a) §§ 74 ff. HGB oder § 138 BGB iVm Art. 2, 12 GG?

298   Es entspricht ständiger Rechtsprechung des BGH, dass die §§ 74 ff. HGB auf einen Geschäftsführeranstellungsvertrag (in Form eines **Dienstvertrages**) weder direkt noch

---

[1] BGH 28.4.1980 – II ZR 254/78, BGHZ 77, 94 ff.; 2.6.1997 – II ZR 181/96, NZA 1997, 1055; BAG 16.4.1997 – 3 AZR 869/95, NZA 1998, 101; ausführlich zur Frage der Leitungsmacht eines Minderheitsgesellschafters siehe BRO/*Rolfs*, BetrAVG, § 17 Rn. 108 ff.
[2] Siehe dazu BRO/*Rolfs*, BetrAVG, § 17 Rn. 114; ähnlich bereits Ende der 1970er-Jahre *Wiedemann/Moll*, RdA 1977, 13 ff.; dazu bereits BGH 9.6.1980 – II ZR 255/78, BGHZ 77, 233 ff.
[3] BAG 21.4.2009 – 3 AZR 285/07, ZTR 2009, 657 f.
[4] Ausführlich dazu siehe *Thüsing/Granetzny*, NZG 2010, 449 ff.

analog Anwendung finden. Vielmehr gilt als Maßstab für die Wirksamkeit des vereinbarten Wettbewerbsverbotes die Generalklausel des § 138 BGB iVm Art. 2, 12 GG und die hierzu ergangene Rechtsprechung.[1] Bei der Beurteilung einer etwaigen Nichtigkeit kommt den §§ 74 ff. HGB indes zumindest mittelbarer Einfluss zu.

Haben die Parteien aber im Wege der Vertragsfreiheit **ein Arbeitsverhältnis** und kein Dienstverhältnis vereinbart, so gelten die §§ 74 ff. HGB auch für das nachvertragliche Wettbewerbsverbot mit dem Geschäftsführer unmittelbar. Das Unternehmen muss sich an den Konsequenzen, die aus der Gestaltung des Anstellungsvertrages als Arbeitsvertrag folgen, festhalten lassen. Ein Vorteil der Geltung der §§ 74 ff. HGB ist, dass damit automatisch die geltungserhaltende Reduktion nach § 74a HGB eingreift, sollte das nachvertragliche Wettbewerbsverbot zB in räumlicher Hinsicht zu weit gefasst sein. Dieses Ergebnis kann allerdings auch bei einem Dienstverhältnis erreicht werden, indem im Rahmen des Dienstvertrages explizit ausschließlich § 74a HGB in Bezug genommen wird. In diesem Fall ist das Wettbewerbsverbot nur „insoweit" unverbindlich, als es die Grenzen des § 74a HGB überschreitet. Der wirksame Teil kann also aufrechterhalten werden.[2]

299

b) Statuswechsel innerhalb des Konzerns

Ist der ehemalige Arbeitsvertrag, der ein nachvertragliches Wettbewerbsverbot nach den §§ 74 ff. HGB enthielt, durch einen schriftlichen Dienstvertrag konkludent aufgehoben worden (→ Rn. 270 ff.), so ist der Vertrag insgesamt aufgehoben. Maßgeblich für die Frage, ob überhaupt ein nachvertragliches Wettbewerbsverbot gelten soll und ob es dem Regelungsregime der §§ 74 ff. HGB unterliegt, ist unseres Erachtens die Vereinbarung in dem neuen Dienstvertrag.[3]

300

Das BAG hat bereits im Jahr 1966 den umgekehrten Fall entschieden, nämlich dass ein Organmitglied nachträglich von einem Dienst- in ein Arbeitsverhältnis wechselte. Das ehemals vereinbarte nachvertragliche Wettbewerbsverbot bleibt nach Auffassung des BGH nur dann wirksam, wenn es (nunmehr) auch den – engeren – Vorgaben der §§ 74 ff. HGB Rechnung trägt.[4]

301

Bei einer Neugestaltung eines ehemaligen Arbeits- oder umgekehrt Dienstverhältnisses ist also immer das Schicksal eines etwaig vereinbarten nachvertraglichen Wettbewerbsverbotes im Auge zu behalten und dieses entsprechend dem gewünschten Ergebnis ggfs. anzupassen bzw. ausdrücklich aufzuheben.

302

c) Mehrfachanstellung im Konzern

Eine besonders relevante Fallgruppe stellt die bereits mehrfach erörterte Mehrfachanstellung im Konzern dar. Jedenfalls dann, wenn die verschiedenen Vertragsverhältnisse als Einheit zu bewerten sind (zB einheitliche Tätigkeit als Geschäftsführer sämtlicher Tochtergesellschaften im Konzern), ist das nachvertragliche Wettbewerbsverbot konsequenterweise auch einer **einheitlichen Betrachtung** zu unterstellen.[5]

303

Besonders wichtig ist es hier, die einzelnen Vertragsverhältnisse aufeinander abzustimmen. Dies gilt insbesondere in Bezug auf die Karenzentschädigung und die An-

304

---

[1] Ständige Rechtsprechung, vgl. ua BGH 26.3.1984 – II ZR 229/83, BGHZ 91, 1 ff.; 4.3.2002 – II ZR 77/00, GmbHR 2002, 431.
[2] BAG 21.4.2010 – 10 AZR 288/09, NZA 2010, 1175 ff.
[3] Zu den Fällen des Statuswechsels siehe ausführlich *Bauer/Diller*, Wettbewerbsverbote, Rn. 777 ff.
[4] BAG 28.1.1966 – 3 AZR 374/65, BAGE 18, 104 ff.
[5] Zur Differenzierung der unterschiedlichen Fälle der Mehrfachanstellung siehe ausführlich *Bauer/Diller*, Wettbewerbsverbote, Rn. 190a.

rechnung anderweitigen Erwerbs. Zugleich sollte die Tätigkeit für eine andere Konzerngesellschaft explizit vom nachvertraglichen Wettbewerbsverbot ausgenommen sein, um nicht – trotz der Möglichkeit der Anrechnung anderweitigen Erwerbs – in die Gefahr der Pflicht zur Zahlung einer Karenzentschädigung zu fallen (Wechsel innerhalb des Konzerns). Bei der Vereinbarung eines konzernweiten Wettbewerbsverbotes ist zudem anzumerken, dass ein solches jedenfalls dann problematisch sein kann, wenn es sich um einen stark diversifizierten (Misch-)Konzern handelt. Hier stellt sich die Frage, ob die Vereinbarung eines konzernweiten nachvertraglichen Wettbewerbsverbotes überhaupt durch berechtigte Interessen gerechtfertigt ist.[1]

305 Problematisch ist das Austarieren der einzelnen Vertragsverhältnisse darüber hinaus dann, wenn das Organ nicht nur im Inland, sondern unter anderem auch für eine/mehrere **ausländische Konzerngesellschaft**(en) tätig wird. Die Möglichkeit der Vereinbarung eines nachvertraglichen Wettbewerbsverbotes sowie dessen zulässige Grenzen können sich dann auch nach der ausländischen Rechtsordnung bestimmen. Hier hat eine enge Abstimmung mit den Kollegen der ausländischen Jurisdiktion zu erfolgen. Häufig ist das Problem praktisch gut lösbar, wenn wirksam eine **Rechtswahlklausel** vereinbart werden kann.

d) Besonderheiten bei Kunden- und Mandantenschutzklauseln

306 Einen Sonderfall des nachvertraglichen Wettbewerbsverbotes stellen sog. Kunden- und Mandantenschutzklauseln dar. Aufgrund der engen Kundennähe des Organs besteht an ihrer Vereinbarung häufig ein großes Interesse. Hier ist zu beachten, dass diese in der Regel nur wirksam für einen Zeitraum von rund zwei Jahren vereinbart werden können.[2]

307 Ist der Geschäftsführer für mehrere Konzerngesellschaften tätig, so kann ein die Kunden-/Mandantenschutzklausel rechtfertigendes Interesse der Gesellschaft zudem nur dann vorliegen, wenn der Geschäftsführer für diese Gesellschaft überhaupt tätig geworden ist. Vor diesem Hintergrund entschied das OLG Köln, dass eine Kundenschutzklausel sich nicht auf **Tochtergesellschaften** erstrecken könne, an denen der ausgeschiedene Geschäftsführer nicht beteiligt und für die er auch nicht tätig geworden war.[3] Er muss – so auch das OLG Nürnberg – zu dieser Kontakt gehabt haben.[4]

5. Beendigung des Dienstverhältnisses

a) Trennungsprinzip/Kopplungsklauseln

308 Wird der Geschäftsführer gesellschaftsrechtlich abberufen, bleibt das (schuldrechtliche) Anstellungsverhältnis mit der Gesellschaft aufgrund des sog. **Trennungsprinzips** (→ Rn. 227) und auch des **Grundsatzes der Relativität der Schuldverhältnisse** bestehen. Es bedarf also grundsätzlich einer Kündigung des Anstellungsverhältnisses. In der Praxis werden – um einen gewissen Gleichlauf zwischen Bestellung und Anstellung zu erzielen – häufig sog. **Kopplungsklauseln** vereinbart.

aa) Zulässigkeit/Inhalt von Kopplungsklauseln

309 Von einer sog. **Kopplungsklausel** spricht man, wenn die gesellschaftsrechtliche Abberufung zugleich die Kündigung des schuldrechtlichen Anstellungsverhältnisses darstel-

---

[1] *Bauer/Diller*, Wettbewerbsverbote, Rn. 727.
[2] BGH 29.10.1990 – II ZR 241/89, GmbHR 1991, 16 ff.; 26.3.1984 – II ZR 229/83, BGHZ 91, 1 ff.; 29.9.2003 – II ZR 59/02, NJW 2004, 66 ff.
[3] OLG Köln 5.10.2000 – 12 U 62/00, NZG 2001, 165 ff.
[4] OLG Nürnberg 25.11.2009 – 12 U 681/09, MDR 2010, 277 f.

len soll. Dabei entspricht es gefestigter Rechtsprechung, dass solche Kopplungsklauseln **grundsätzlich zulässig** sind.[1] Bei der Vereinbarung der Kopplungsklausel in einem Dienstvertrag für einen GmbH-Geschäftsführer ist jedoch danach zu unterscheiden, ob ein **befristeter** oder ein **unbefristeter** Anstellungsvertrag geschlossen worden ist. Im ersteren Fall begegnen Kopplungsklausel – jedenfalls im Schrifttum – Bedenken.[2]

Dabei gibt es zwei Möglichkeiten der Kopplung, entweder stellt die Abberufung die **auflösende Bedingung** des Anstellungsvertrages[3] dar oder es wird eine **Kündigung** des Anstellungsvertrages mit vereinbarter oder gesetzlicher Kündigungsfrist **fingiert**.[4] Zu beachten ist, dass dann – wenn kein Fall einer außerordentlichen Kündigung vorliegt – nach der Rechtsprechung des BGH jedenfalls die Kündigungsfrist des § 622 BGB zu beachten ist. Das Anstellungsverhältnis endet also (erst) mit Ablauf der (kurzen) gesetzlichen Kündigungsfrist des § 622 BGB.[5] 310

bb) Sonderfall: Drittanstellung/GmbH & Co. KG

In Drittanstellungsfällen (zum Begriff → Rn. 247f.) ist eine Kopplung – aufgrund der fehlenden Identität zwischen Bestellungs- und Anstellungskörperschaft – in der Praxis (Ausnahme: GmbH & Co. KG) eher unüblich. 311

Gleichwohl ist eine Kopplung, jedenfalls sofern es sich nach oben dargestellten Grundsätzen bei dem Anstellungsvertrag um einen **Dienstvertrag** handelt, möglich. Die Abberufung bei der bestellenden Gesellschaft ist dann **auflösende Bedingung** für das Anstellungsverhältnis. Dabei ist aber zu beachten, dass die anstellende Gesellschaft der Abberufung und der daraus folgenden Beendigung des Dienstverhältnisses **zustimmen** muss, damit kein unzulässiger Vertrag zu Lasten Dritter geschlossen wird. Dies muss explizit auch in dem Dienstvertrag mit der anstellenden GmbH geregelt werden. 312

Nicht möglich ist eine Kopplung unseres Erachtens hingegen, wenn es sich bei dem Anstellungsvertrag materiell betrachtet um einen **Arbeitsvertrag** handelt. Eine **Kopplung** bzw. Beendigung des Arbeitsvertrages würde den dem Geschäftsführer in diesem Fall zugutekommenden **Kündigungsschutz** (siehe Ausführungen zu § 14 KSchG, → Rn. 315ff.) **unzulässigerweise aushebeln**. 313

Anders verhält es sich lediglich bei der **Sonderkonstellation** einer **GmbH & Co. KG**. Mit Blick auf die Rechtsprechung zu § 14 KSchG (→ Rn. 315ff.) halten wir hier auch eine **Kopplung** für **zulässig**, weil der Geschäftsführer in diesem Fall gerade nicht dem Schutzbereich des Kündigungsschutzgesetzes unterfällt. Gleichwohl muss auch hier – wie im Dienstvertragsrecht – mit der **Zustimmung** der anstellenden KG gearbeitet werden. Dies muss auch bei der Gestaltung des Arbeitsvertrages Berücksichtigung finden. 314

b) Kündigungsschutz, Reichweite des § 14 KSchG

Wie vorstehend bereits angemerkt, muss generell bei der Kündigung/Beendigung des Anstellungsverhältnisses hinsichtlich der Frage des Eingreifens von Kündigungs- 315

---

[1] BGH 24.11.2003 – II ZR 127/01, BB 2004, 126; 21.6.1999 – II ZR 27/98, NJW 1999, 3263; 5.3.1990 – II ZR 86/89, WM 1990, 630; jüngst auch OLG Saarbrücken 8.5.2013 – 1 U 154/12–43; aktuelle Aufsätze zu Kopplungsklauseln siehe *Grobys/Glanz*, NJW 2007, 129ff.; kritisch *Fabritius/Stamer*, NJW-Spezial 2014, 143ff.; *Bauer/von Medem*, NZA 2014, 238ff.
[2] Siehe dazu ausführlich *Lücke/Simon*, in: Saenger/Inhester, GmbHG, § 35 Rn. 102 mwN; zur Möglichkeit von Kopplungsklauseln in Vorstandsverträgen, → Rn. 379, 411.
[3] So BGH 24.10.2005 – II ZR 55/04, NJW-RR 2006, 182ff.
[4] *Lücke/Simon*, in: Saenger/Inhester, GmbHG, § 35 Rn. 101.
[5] BGH 21.6.1999 – II ZR 27/98, NJW 1999, 3263f.

schutz nach dem Kündigungsschutzgesetz zugunsten des Geschäftsführers immer danach unterschieden werden, ob das Anstellungsverhältnis als Dienst- oder als Arbeitsvertrag zu qualifizieren ist.

aa) Nichtanwendbarkeit des § 14 Abs. 1 KSchG auf Dienstverhältnisse

316 Handelt es sich bei dem Anstellungsvertrag – unabhängig davon, ob bestellende und anstellende Gesellschaft identisch sind – um einen **Dienstvertrag,** so findet aufgrund der **Bereichsausnahme des § 14 Abs. 1 KSchG** das Kündigungsschutzgesetz **niemals Anwendung.** Denn Voraussetzung für die Anwendbarkeit des § 14 KSchG ist immer, dass ein Arbeitsverhältnis vorliegt. Liegt also ein Dienstverhältnis vor, so bedarf es **keines Kündigungsgrundes** zur Kündigung desselben. Denn der Anwendungsbereich des Kündigungsschutzgesetzes ist bereits nicht eröffnet (vgl. auch § 1 Abs. 1 KSchG).

bb) Anwendbarkeit des § 14 Abs. 1 KSchG auf Arbeitsverhältnisse

(1) Grundsatz

317 Anders verhält es sich hingegen, wenn ein **Arbeitsverhältnis** vorliegt. In diesem Fall ist § 14 Abs. 1 KSchG grundsätzlich anwendbar. Denn anerkanntermaßen hat diese Vorschrift nur dann einen eigenen Regelungsgehalt, wenn der Bestellung als Organ ein Arbeitsverhältnis zugrunde liegt.[1]

(2) Ausnahme: Drittanstellung

318 Ist die kündigende Gesellschaft aber nicht zugleich die Bestellungskörperschaft **(Drittanstellung),** ist § 14 Abs. 1 KSchG wiederum **ausnahmsweise unanwendbar,** obwohl ein Arbeitsverhältnis vorliegt. Denn § 14 Abs. 1 KSchG findet auf Drittanstellungsverhältnisse keine Anwendung, weil die Bestellungskörperschaft mit der Anstellungskörperschaft identisch sein muss, damit die Anwendbarkeit des Kündigungsschutzgesetzes nach § 14 KSchG überhaupt erst ausgeschlossen werden kann.[2]

319 Kurz gesagt bedeutet dies: dann, wenn der **Drittanstellungsvertrag** ein Arbeitsverhältnis darstellt, gelangt der Geschäftsführer auch in den Genuss des **Kündigungsschutzgesetzes.** Der Ausnahmetatbestand des § 14 Abs. 1 KSchG greift gerade nicht ein. Zur wirksamen Beendigung dieses Arbeitsverhältnisses ist es dann zwingend erforderlich, dass ein **Kündigungsgrund** iSd § 1 Abs. 2 KSchG vorliegt; zu beachten ist hier aber, dass die Abberufung bei der Gesellschaft, bei der der Geschäftsführer als Organ bestellt ist, als solche keinen Kündigungsgrund darstellt, weil anderenfalls die Unterscheidung zwischen Dienst- und Arbeitsverhältnis gerade aufgehoben würde. Die Kollision von Gesellschaftsrecht und Arbeitsrecht fällt damit bei der Drittanstellung zugunsten des Arbeitsrechtes aus.

320 Auch gilt § 14 Abs. 1 Nr. 1 KSchG dann nicht (mehr), wenn der auf Basis eines Arbeitsvertrages beschäftigte Geschäftsführer bei Zugang der Kündigung bereits von der Stellung als Geschäftsführer abberufen war. Denn die Organstellung liegt dann zumindest zum Zeitpunkt der Kündigung nicht mehr vor.[3] Dieses Ergebnis kann die Gesellschaft jedoch einfach dadurch vermeiden, dass der Anstellungsvertrag noch vor Zugang der Abberufung als Geschäftsführer gekündigt wird.[4]

---

[1] *Kelber,* in: Grobys/Panzer, Stichwortkommentar ArbR, 90, Rn. 97.
[2] Statt vieler *Kelber,* in: Grobys/Panzer, Stichwortkommentar ArbR, 90, Rn. 98; *Nägele,* ArbRB 2003, 29 (31).
[3] Siehe dazu *Rolf/Riechwald,* BOARDreport 2010, 42 (44).
[4] *Rolf/Riechwald,* BOARDreport 2010, 42 (44).

D. Die Besonderheiten der Organverhältnisse im Konzern

(3) Gegenausnahme: „Drittanstellung" bei der GmbH & Co. KG

Eine **Gegenausnahme** davon stellt wiederum die Drittanstellung bei einer **GmbH** **321** **& Co. KG** dar, also der Fall, dass der Geschäftsführer gesellschaftsrechtlich bei der Komplementär-GmbH als Geschäftsführer bestellt, er jedoch bei der KG auf Basis eines Arbeitsvertrages angestellt ist.

Lange hat die Rechtsprechung in diesem Fall dem Geschäftsführer den Kündigungs- **322** schutz zugutekommen lassen und § 14 Abs. 1 KSchG auf ihn nicht angewandt.[1] Für seine Kündigung war demnach ein Kündigungsgrund iSd § 1 Abs. 2 KSchG erforderlich.

Als Konsequenz der Rechtsprechung des BAG zu § 5 Abs. 1 S. 3 ArbGG **323** (→ Rn. 256 f.), kommt der Geschäftsführer heute aber in diesen Konstellationen nicht (mehr) in den Genuss des Kündigungsschutzgesetzes; er fällt vielmehr unter die Bereichsausnahme des § 14 KSchG.[2] Die Rechtsprechung behandelt damit die Konstellation der Drittanstellung bei einer GmbH & Co. KG im Ergebnis auch hier nicht als echten Fall der Drittanstellung, sondern sieht den mittelbaren Vertreter der KG wie den unmittelbaren Vertreter der Personengesamtheit an. Das Arbeitsverhältnis unterliegt in diesem Fall also nicht dem Kündigungsschutzgesetz.[3] Ein Kündigungsgrund ist zur Kündigung des Arbeitsverhältnisses folglich nicht erforderlich.

cc) Arbeitsvertragliche Vereinbarung der Anwendbarkeit des Kündigungsschutzgesetzes

Unabhängig von der gesetzlichen Konzeption des § 14 Abs. 1 KSchG (→ Rn. 315 ff.), **324** kann es die besondere Interessenlage der Parteien gebieten, den Geschäftsführer gleichwohl – isoliert, dh unabhängig von dem gesamten arbeitsrechtlichen Schutzkonzept – dem Kündigungsschutz nach dem Kündigungsschutzgesetz zu unterstellen. Es ist möglich, die Geltung des Kündigungsschutzgesetzes individualvertraglich zu vereinbaren; § 14 KSchG ist insoweit dispositiv.[4] Dies folgt aus der privatautonomen Gestaltungsfreiheit der Parteien. Entsprechend ist es auch möglich, die Anwendbarkeit der Geltung des Kündigungsschutzgesetzes insgesamt oder aber auch nur in Teilen oder mit Modifikationen zu vereinbaren.[5]

Unseres Erachtens findet diese Möglichkeit der Vereinbarung jedoch im Bereich der **325** nach dem Mitbestimmungsgesetz mitbestimmten GmbH seine Grenzen. Denn hier darf die nach § 31 Abs. 1 S. 1 MitbestG in Bezug genommene Vorschrift des § 84 Abs. 1 S. 5 AktG nicht ausgehebelt werden.[6] Bei der mitbestimmten GmbH nach MitbestG ist die Vereinbarung eines individualvertraglichen Kündigungsschutzes damit nicht zulässig.

c) Kündigung durch die Gesellschaft

Kündigt die Gesellschaft das Dienstverhältnis, bedarf es grundsätzlich keines Kündi- **326** gungsgrundes. Dies gilt lediglich in dem Fall, dass es sich bei dem Anstellungsvertrag

---

[1] Zur alten Rechtsprechung siehe BAG 15.4.1982 – 2 AZR 1101/79, BAGE 39, 16 ff.
[2] Zur Übertragbarkeit der Argumentation des BAG auf die Norm des § 14 Abs. 1 KSchG siehe ausführlich *Zimmer/Rupp*, GmbHR 2006, 572 ff., die Autoren gehen auch auf die Folgefrage ein, inwiefern dies auch bei Massenentlassungen iSd § 17 KSchG Geltung beanspruchen könne.
[3] BGH 8.1.2007 – II ZR 267/05, ZIP 2007, 910 f.; ebenso schon früher Hess. LAG 31.8.2003 – 13 Sa 340/04.
[4] Vgl. BGH 10.5.2010 – II ZR 70/09, NZA 2010, 827 ff.
[5] Ebenso *Stagat*, NZA-RR 2011, 617 (618), diese Anmerkungen führt auch zum AGB- und AGG-Risiko bei den Geschäftsführeranstellungsverträgen aus.
[6] Ähnlich *Ulrich*, „Anmerkung zu BGH, Urteil vom 10. Mai 2010 – II ZR 70/09", GmbHR 2010, 808 (812); Zur fehlenden Möglichkeit der Vereinbarung des Kündigungsschutzes im Aktienrecht, → Rn. 412.

um ein Arbeitsverhältnis handelt (→ Rn. 231 ff.). Zu beachten ist, dass es im Fall der mitbestimmten GmbH aufgrund des Verweises auf § 84 AktG eines außerordentlichen Kündigungsgrundes bedarf (→ Rn. 377). Dies gilt jedoch nur für die nach dem MitbestG und nicht für die nach dem DrittelbG mitbestimmte GmbH.

327 Ferner ist darauf zu achten, dass in der Regel auch die Kündigungsfristen des § 622 BGB einzuhalten sind (→ Rn. 331 f.).

328 Daneben wird eine Freistellung – aufgrund der besonders herausgehobenen Vertrauensstellung des Organs – gerechtfertigt sein.

329 Als letzten Punkt ist indes stets zu prüfen, ob nach der Kündigung des Anstellungsverhältnisses ein Rückfall auf ein sog. ruhendes Arbeitsverhältnis eingreift (→ Rn. 271 ff.). Ein etwaig wieder auflebendes ruhendes Arbeitsverhältnis kann nur dann beendet werden, wenn der Gesellschaft hierfür ein Kündigungsgrund nach dem Kündigungsschutzgesetz zur Seite steht.

d) Kündigung durch den Geschäftsführer

330 Kündigt der Geschäftsführer, ist zu beachten, dass dann, wenn die Kündigungsfristen des § 622 BGB maßgeblich sind, er nur dann die verlängerte Kündigungsfrist einhalten muss, wenn dies ausdrücklich vereinbart worden ist.

331 Darüber hinaus ist stets im Wege der Auslegung der Kündigungserklärung zu ermitteln, ob mit der Kündigung des Dienstverhältnisses zugleich auch eine Kündigung eines möglicherweise bestehenden ruhenden Arbeitsverhältnisses beabsichtigt ist.

e) Umwandlungstatbestände, insb. Verschmelzung

332 Im Konzernverbund ergibt sich häufig die Fallgruppe, dass die **Organstellung** aufgrund eines Umwandlungstatbestands, insbesondere aufgrund einer Verschmelzung, **beendet** wird, weil der übertragende Rechtsträger erlischt (vgl. § 20 Abs. 1 Nr. 2 S. 1 UmwG).

333 Dies gilt jedoch **nicht** für das **Dienstverhältnis** (Trennungsprinzip). Hier führt die Verschmelzung nach § 20 Abs. 1 S. 1 AktG dazu, dass das Dienstverhältnis als solches auf den übernehmenden Rechtsträger im Wege der **Gesamtrechtsnachfolge** (und nicht etwa im Wege des Betriebsübergangs nach § 613a Abs. 1 S. 1 BGB) übergeht.[1] Das Dienstverhältnis bleibt also bestehen. Es wandelt sich insbesondere nach der Umwandlung nicht in ein Arbeitsverhältnis um.[2] Eine außerordentliche Kündigung des Dienstverhältnisses durch die Gesellschaft gemäß § 626 BGB kommt nicht in Betracht, weil es sich bei der Umwandlung um eine ausschließlich von der Gesellschaft veranlasste und gebilligte Maßnahme handelt.[3] Nur dann, wenn es ausdrücklich in einer Kopplungsklausel vereinbart wurde, unterfällt die Verschmelzung als Beendigungstatbestand einer solchen.[4]

334 Konsequenz ist also, dass das Dienstverhältnis nach der Umwandlung **fortbesteht**. Gleichwohl – um das Trennungsprinzip nicht auszuhöhlen – steht dem Geschäftsführer im Falle einer Abberufung **kein Beschäftigungsanspruch** zur Seite. Ein solcher Be-

---

[1] Ständige Rechtsprechung, vgl. ua BAG 13.2.2003 – 8 AZR 654/01, GmbHR 2003, 765 ff.

[2] Einheitliche Rechtsprechung, vgl. BAG 13.2.2003 – 8 AZR 654/01, GmbHR 2003, 765 ff.; BGH 10.1.2000 – II ZR 251/98, NZA 2000, 376 ff.; OLG Brandenburg 29.2.1996 – 6 W 34/95, NZA-RR 1996, 405 ff.

[3] WHSS/*Willemsen*, Umstrukturierung und Übertragung von Unternehmen, H 160, mwN in Fn. 499; *Simon*, in: Semler/Stengler, Umwandlungsgesetz, § 20 Rn. 58; vgl. auch BAG 21.2.2008 – 8 AZR 157/07, NZA 2008, 815 ff.

[4] WHSS/*Willemsen*, Umstrukturierung und Übertragung von Unternehmen, H 160, mwN in Fn. 501 f. (streitig).

schäftigungsanspruch kann ausnahmsweise allenfalls dann gegeben sein, wenn sich dem Anstellungsvertrag eine dahingehende Vereinbarung entnehmen lässt.[1]

Zusammenfassend ist deshalb zu empfehlen, dass der Gestaltung des Geschäftsführerdienstvertrages auch mit Blick auf eine etwaig später erfolgende Verschmelzung (oder einen anderen Umwandlungstatbestand) besonderes Augenmerk zu widmen ist. Dies gilt insbesondere in Konzernkonstellationen, in welchen Umwandlungen – sei es zB aus steuerrechtlichen Implikationen – häufig auftreten. Es sollte vor allem die Rechtsfolge für das Dienstverhältnis (zB Beendigung, Abfindungszahlung oder auch Beschäftigung in einer anderen Leitungs- (nicht Organ-)Funktion, Auswirkungen auf die variable Vergütung) geregelt werden. 335

III. Das AG-Vorstandsmitglied im Konzernverbund

1. Dogmatik des Anstellungsverhältnisses mit dem Vorstandsmitglied

a) Allgemeine Grundsätze

Der nun folgende zweite Teil des Kapitels zu den Organverhältnissen befasst sich mit den konzernrelevanten Fragestellungen im Zusammenhang mit dem Vorstandsmitglied einer Aktiengesellschaft (AG). 336

aa) Weisungsfreiheit, § 76 Abs. 1 AktG

Zentrale Vorschrift ist dabei zunächst § 76 AktG. Gemäß **§ 76 Abs. 1 AktG** hat der Vorstand die Gesellschaft „unter **eigener Verantwortung**"[2] zu **leiten**. Er wird damit **weisungsfrei** für die Gesellschaft tätig. Dies unterscheidet ihn maßgeblich vom weisungsabhängigen GmbH-Geschäftsführer[3] (→ Rn. 226). Leitung unter eigener Verantwortung iSd § 76 Abs. 1 AktG bedeutet dabei, dass der Vorstand seine Leitungsentscheidung nach **eigenem Ermessen** zu treffen hat.[4] Maßgebliches Entscheidungskriterium für die Ermessensausübung ist hierbei immer das **Unternehmensinteresse**.[5] Daneben ist der Vorstand nach § 77 AktG zur Geschäftsführung der AG berufen. 337

Die Aufgaben der Geschäftsführung sind – im Gegensatz zu den dargestellten originären Leitungsfunktionen ieS – **delegationsfähig** (zB auf einzelne Vorstandsmitglieder: „horizontale Geschäftsverteilung", nachgeordnete Ebenen im Unternehmen: „vertikale Geschäftsverteilung" oder an Dritte: „Outsourcing").[6] Die Delegation von Aufgaben wird insbesondere im Konzern bei der Möglichkeit der Schaffung von **Matrixstrukturen** oder auch **Spartenvorständen** relevant. 338

Der Vorstand ist bei seiner konkreten Ermessensausübung und Leitungsentscheidung an die **Weisungen** anderer Gesellschaftsorgane (andere Vorstände, Hauptversammlung, Aufsichtsrat) wegen § 76 AktG folglich **nicht gebunden;** auch nicht an die Weisungen von Großaktionären oder sonstigen außenstehenden Dritten (zB 339

---

[1] BGH 11.10.2010 – II ZR 266/08, NZG 2011, 112 f.
[2] Vgl. auch Ziffer 4.1.1 S. 1 DCGK.
[3] Die Unterscheidung zwischen Fremdvorstand und Aktionärsvorstand stellt sich in der Praxis nicht, zumal die meisten Vorstände ohnehin mit stock options als Vergütungsbestandteil an der AG als Aktionär – jedenfalls als Minderheitsaktionär – partizipieren.
[4] BGH 7.3.1994 – II ZR 52/83, BGHZ 125, 239 ff.; *Dauner-Lieb*, in: Henssler/Strohn, 2. Auflage 2014, § 76 AktG Rn. 10.
[5] Vgl. *Dauner-Lieb*, in: Henssler/Strohn, Gesellschaftsrecht, 2. Auflage 2014, § 76 AktG Rn. 10.
[6] Hölters/*Weber*, AktG, 2. Auflage 2014, § 76 Rn. 8; *Dauner-Lieb*, in: Henssler/Strohn, Gesellschaftsrecht, 2. Auflage 2014, § 76 AktG Rn. 5.

Fremdkapitalgebern).[1] Insbesondere hat sich der **Aufsichtsrat** nach § 111 Abs. 4 Satz 1 AktG auf die Ausübung seiner **Kontrollfunktion** zu beschränken. Aus § 111 Abs. 4 Satz 1 AktG folgt deshalb nur ein **Vetorecht** des Aufsichtsrates, das die **Leitungsautonomie des Vorstands** unberührt lässt.[2] Eine (echte) **Ausnahme** von der Weisungsfreiheit des Vorstandes gilt nur dann, wenn die Aktionäre ein herrschendes Unternehmen sind und ein **Beherrschungsvertrag** besteht (§ 291 iVm § 308 AktG) oder wenn sie infolge der **Eingliederung** der AG zur Hauptgesellschaft geworden sind (§ 323 Abs. 1 AktG).[3] Diese Ausnahmen werden an späterer Stelle bei der Frage der Zulässigkeit sog. Drittanstellungen des Vorstands (→ Rn. 356 ff.) nochmals relevant und stellen sich mithin insbesondere im Konzernverbund.

bb) Anstellungsverhältnis als Dienstverhältnis

340   Ebenso wie der Anstellungsvertrag mit dem GmbH-Geschäftsführer (→ Rn. 228) wird der Vorstandsvertrag als **Dienstvertrag iSd §§ 611, 675 BGB** qualifiziert.[4] Entsprechend scheidet eine Qualifikation des Vorstandsmitgliedes als Arbeitnehmer (grundsätzlich) aus (→ Rn. 343). Nicht zwingend bedeutet dies jedoch, dass das Vorstandsmitglied nicht ausnahmsweise in den Genuss arbeitsrechtlicher Schutzvorschriften kommen kann (→ Rn. 344 ff.).

cc) Sonderfall: Drittanstellung

341   Grundsätzlich gilt es auch beim Vorstand der AG den Grundsatz der **Relativität der Schuldverhältnisse** zu beachten; dies wiederum insbesondere in Konzernkonstellationen. Es muss daher stets sauber zwischen anstellender und bestellender Gesellschaft unterschieden werden. Diese fallen in den sog. Drittanstellungsfällen auseinander.

342   Allerdings ist die Zulässigkeit der **Drittanstellung** eines AG-Vorstandsmitgliedes – anders als beim GmbH-Geschäftsführer – stark umstritten (→ Rn. 356 ff.). Da im Konzernverbund eine Bündelung von Entscheidungsbefugnissen bei einer Person rein faktisch aber eine starke Rolle spielt, stehen hier häufig die dogmatischen Restriktionen im klaren Widerspruch zu den Bedürfnissen der Praxis.

b) Arbeitnehmereigenschaft des Vorstandsmitgliedes

aa) Grundsatz der fehlenden Arbeitnehmereigenschaft

343   Die Frage, ob ein Vorstandsmitglied als Arbeitnehmer zu qualifizieren ist, ist aufgrund dessen **Weisungsfreiheit** deutlich einfacher zu beantworten als bei einem Geschäftsführer. Das Vorstandsmitglied ist kein Arbeitnehmer; er übt Arbeitgeberfunktionen aus.[5] Die sich damit beim GmbH-Geschäftsführer zum Teil schwierigen Abgrenzungsfragen und daraus folgenden Anwendungsfragen (insbesondere der An-

---

[1] BGH 5.5.2008 – II ZR 108/07, DB 2008, 1370 f.; OLG Frankfurt am Main, 7.8.2011 – 13 U 100/10, Der Konzern 2011, 571 ff.; OLG Köln, 24.9.2009 – 18 U 134/05, GmbHR 2010, 251 ff.; Hüffer/*Hüffer*, AktG, 10. Auflage 2012, § 76 Rn. 10; Hölters/*Weber*, AktG, 2. Auflage 2014, § 76 Rn. 35; *Dauner-Lieb*, in: Henssler/Strohn, Gesellschaftsrecht, 2. Auflage 2014, § 76 AktG, Rn. 1, 8.

[2] Hölters/*Weber*, AktG, 2. Auflage 2014, § 76 Rn. 36 mwN; *Dauner-Lieb*, in: Henssler/Strohn, Gesellschaftsrecht, 2. Auflage 2014, § 76 AktG Rn. 9.

[3] Hüffer/*Hüffer*, AktG, 10. Auflage 2012, § 76 Rn. 11.

[4] Ständige Rechtsprechung, vgl. ua BGH 11.7.1953 – II ZR 126/52, BGHZ 10, 187 ff.; 7.12.1961 – II ZR 117/60, BGHZ 36, 142 ff.; allgemeine Auffassung, vgl. Hüffer/*Hüffer*, AktG, 10. Auflage 2012, § 84 Rn. 11 mwN.

[5] Allgemeine Auffassung, vgl. ua BGH 24.11.1980 – II ZR 182/79, NJW 1981, 757 ff.; 16.12.1953 – II ZR 41/53, NJW 1984, 505 ff.; Oltmanns, in: Heidel (Hrsg.) Aktienrecht, 3. Auflage 2011, § 84 Rn. 10; ebenso: MHdB GesR/*Wiesner*, 3. Auflage 2007, § 21 Rn. 5; Hüffer/*Hüffer*, AktG, 10. Auflage 2012, § 84 Rn. 11.

bb) Auswirkungen der sog. „Danosa"-Entscheidung des EuGH

Aufgrund seiner Weisungsfreiheit wird das AG-Vorstandsmitglied nach deutschem arbeitsrechtlichen Verständnis nicht als Arbeitnehmer qualifiziert (→ Rn. 343). Allerdings ist die Diskussion der Arbeitnehmereigenschaft von Organen durch die sog. **Danosa-Entscheidung des EuGH** (→ Rn. 240 ff.) neu befeuert worden. 344

Entscheidend für die Einordnung eines GmbH-Geschäftsführers als unionsrechtlicher Arbeitnehmer ist durch den EuGH auf die – im deutschen Recht aus § 37 Abs. 1 GmbHG folgende – Weisungsgebundenheit des Organs abgestellt worden.[2] An einem solchen Äquivalent fehlt es im Vorstandsrecht;[3] vielmehr hat das Vorstandsmitglied die AG nach § 76 Abs. 1 AktG unter **eigener Verantwortung** zu leiten. Darüber hinaus kann er nach § 84 Abs. 3 AktG zwingend nur aus **wichtigem Grund abberufen** werden, was seine unabhängige Stellung stärkt.[4] Entsprechend kann auch die Danosa-Rechtsprechung des EuGH unseres Erachtens grundsätzlich nicht zu einer Qualifikation des AG-Vorstandsmitgliedes als Arbeitnehmer iSd Unionsrechts führen.[5] 345

Eine **Ausnahme** kann allenfalls dann gelten, wenn das AG-Vorstandsmitglied in einem beherrschten Unternehmen gemäß § 291 iVm § 308 Abs. 1 AktG den – gesellschaftsrechtlichen – **Weisungen des herrschenden Unternehmens unterworfen** ist.[6] Allerdings ist auch hier zu beachten, dass der Vorstand – trotz seiner Weisungsabhängigkeit – stets zusätzlich den Unternehmensinteressen (des beherrschten, ihn bestellenden Unternehmens) zu dienen hat. Da diesen Unternehmensinteressen des beherrschten Unternehmens im Falle einer Interessenkollision (Weisungen des herrschenden Unternehmens vs. Unternehmensinteressen des beherrschten Unternehmens) jedoch gerade kein Vorrang einzuräumen ist, sondern das Vorstandsmitglied in einem solchen Fall sein Amt niederzulegen hat,[7] steht er wertungsmäßig dem weisungsabhängigen GmbH-Geschäftsführer gleich und ist konsequenterweise in dieser Sonderkonstellation dem unionsrechtlichen Arbeitnehmerbegriff zu unterstellen. Im Konzern kann nach unserer Bewertung daher ein Vorstandsmitglied ausnahmsweise – im Drittanstellungsfall – auch als Arbeitnehmer anzusehen sein.[8] 346

cc) Sozialrechtliche Behandlung des AG-Vorstandsmitglieds

Auch wenn das Vorstandsmitglied einer AG grundsätzlich nicht als Arbeitnehmer zu qualifizieren ist (→ Rn. 343), so hat dies zunächst keinen Einfluss auf seine sozialversicherungsrechtliche Behandlung. Denn **Beschäftigung** iSd Sozialversicherungsrechtes setzt **kein Arbeitsverhältnis** voraus.[9] Entscheidend ist nach der ständigen Rechtsprechung des BSG vielmehr, ob der Beschäftigte **in den Betrieb eingegliedert** ist 347

---

[1] Ebenso: *Fleischer,* in: Spindler/Stilz, §§ 1–149 AktG, 2. Auflage 2010, § 84 Rn. 25.
[2] *Bauer,* GWR 2010, 586 (586).
[3] *Kruse/Stenslik,* NZA 2013, 596 (601).
[4] *Bauer,* GWR 2010, 586 (586); *Kruse/Stenslik,* NZA 2013, 596 (601).
[5] Ebenso: *Kruse/Stenslik,* NZA 2013, 596 (601); *Bauer,* GWR 2010, 586 (586); *Baeck/Winzer,* NZG 2011, 101 (101); *Junker,* NZA 2011, 950 (951); aA *Fischer,* NJW 2011, 2329 (2331) maßgeblich unter Verweis auf die Rechenschaftspflicht und die Kontrolle des Vorstandes.
[6] *Oberthür,* NZA 2011, 253 (254); *Kruse/Stenslik,* NZA 2013, 596 (601); ausdrücklich offen gelassen von *Junker,* NZA 2011, 950 (951).
[7] Ebenso: *Vetter,* FS Hoffmann-Becking, 2013, S. 1308; *Reufels,* in: Hümmerich/Reufels, Gestaltung von Arbeitsverträgen, 2. Auflage 2011, § 3 Rn. 184.
[8] Zum Fall der Drittanstellung und der Möglichkeit eines Arbeitsvertrages mit der anstellenden Gesellschaft, → Rn. 356 ff.
[9] *Grimm,* DB 2012, 175 ff.

und einem **Zeit, Dauer, Ort und Art der Ausführung umfassenden Weisungsrecht** des Arbeitgebers unterliegt (vgl. § 7 Abs. 1 Satz 2 SGB IV).[1]

348 Bei Vorstandsmitgliedern wird dies bisweilen unter Verweis auf die Regelung des § 76 AktG zur Weisungsfreiheit des Vorstandes generell verneint. Allerdings sehen die sozialversicherungsrechtlichen Vorschriften sowie auch die sozialgerichtliche Rechtsprechung dies differenzierter.[2] Hinsichtlich der sozialversicherungsrechtlichen Beurteilung von Vorstandsmitgliedern einer AG muss deshalb nach den jeweiligen **Versicherungszweigen** unterschieden werden.

349 So ergibt sich in der **Renten- und Arbeitslosenversicherung** die Versicherungsfreiheit von Vorstandsmitgliedern einer AG unmittelbar aus §§ 1 Satz 4 SGB VI und 27 Abs. 1 Nr. 5 SGB III. Vorstandsmitglieder sind in dem Unternehmen, dessen Vorstand sie angehören, **nicht versicherungspflichtig** beschäftigt. Dabei gelten **Konzernunternehmen** iSd § 18 AktG als **ein Unternehmen**.[3]

350 Der 2. Senat des BSG, welcher für die **gesetzliche Unfallversicherung** zuständig ist, verneint in ständiger Rechtsprechung ebenfalls den Beschäftigtenstatus für AG-Vorstandsmitglieder.[4]

351 In der **Kranken- und Pflegeversicherung** hingegen sehen der 4. und 12. Senat des BSG Vorstandsmitglieder – trotz ihrer Weisungsfreiheit – als Beschäftigte iSd Sozialversicherungsrechtes an.[5] Dies wird im Wesentlichen mit der Überwachung durch den Aufsichtsrat (§ 111 AktG) und des Fehlens des eigenen unternehmerischen Risikos begründet. Allerdings ist zu beachten, dass aufgrund der Höhe der Vorstandsvergütung zumeist die **Jahresarbeitsentgeltgrenze** nach § 6 Abs. 6 und 7 SGB V **überschritten** sein wird, so dass die Versicherungspflicht in der GKV in der Praxis an § 6 Abs. 1 Nr. 1 SGB V scheitert.[6]

c) Drittanstellung bei Vorstandsmitgliedern

aa) Begriff der Drittanstellung/Praxisrelevanz im Konzern

352 Der Fall der Drittanstellung wird in der Praxis nur bei **Konzernkonstellationen** relevant. Wie bereits im Rahmen des Teils zum GmbH-Geschäftsführer ausgeführt, liegt eine Drittanstellung vor, wenn anstellende und bestellende Gesellschaft nicht identisch sind.

353 Das Vorstandsmitglied wird also bei einer AG gesellschaftsrechtlich als deren Organ bestellt, aber bei einer anderen Gesellschaft angestellt. Die Spielarten einer solchen Drittanstellung sind vielgestaltig. Bei der anstellenden Gesellschaft kann es sich um eine Konzerngesellschaft (Mutter-/Tochter-/Schwestergesellschaft) oder auch um eine „echte" Drittgesellschaft (zB Personalunternehmen im Fall eines Interims-Managers) handeln. Die anstellende Gesellschaft kann ferner in einem **Beherrschungsverhältnis**

---

[1] Ständige Rechtsprechung, vgl. ua BSG 4.7.2007 – B 11a AL 5/06 R, ZIP 2007, 2185 ff.
[2] Siehe umfangreiche Nachweise bei *Berchtold,* in: Kreikebohm, Kommentar zum Sozialrecht, 3. Auflage 2013, § 7 SGB IV Rn. 44.
[3] Mit Wirkung zum 1.1.2004 war eine Rechtsänderung eingetreten, als die vorher umfassende Versicherungsfreiheit in dem Unternehmen beschränkt wurde, dessen Vorstand der Betreffende angehört; damit sollte verhindert werden, dass Aktiengesellschaft nur zu dem Zweck gegründet werden, um eine Rentenversicherungspflicht von Vorstandsmitgliedern in weiteren Beschäftigungen und selbstständigen Tätigkeiten zu vermeiden (KassKomm/*Seewald,* § 7 SGB IV Rn. 99a).
[4] Vgl. BSG 14.12.1999 – B 2 U 38/98 R, DB 2000, 329 ff.
[5] Vgl. BSG 31.5.1989 – 4 RA 22/88, DB 1989, 2074; 27.2.2008 – B 12 KR 23/06 R, BSGE 100, 62 ff.; 6.10.2010 – B 12 KR 20/09 R, SozR 4-2600 § 1 Nr. 5.
[6] Es besteht dann nach § 23 Abs. 1 S. 1 SGB IX auch ein Anspruch gegen den privaten Versicherer, einen privaten Pflegeversicherungsvertrag abzuschließen.

D. Die Besonderheiten der Organverhältnisse im Konzern

iSd §§ 291 iVm 308 AktG zur bestellenden AG stehen (sog. **Konzernanstellungsvertrag**), oder auch nicht. Die Variation der Drittanstellung wird ferner dadurch erweitert, dass die anstellende Gesellschaft keine AG ist/sein muss, sondern eine andere Rechtsform (zB GmbH) hat. Weiter kann das Vorstandsmitglied auch bei dieser Gesellschaft (zusätzlich) als Organ (als Vorstandsmitglied oder auch Geschäftsführer; Stichwort: **Doppelmandat**) bestellt sein. Dies muss indes nicht der Fall sein („echtes" Auseinanderfallen von Be- und Anstellung).[1]

Der Vorteil von Mehrfachmandaten und Anstellungen liegt auf der Hand: Harmonisierung von Entscheidungen in den verschiedenen Gruppengesellschaften, Erzielung von Effizienzgewinnen, Vereinfachung des Informationsflusses zwischen den verschiedenen Gesellschaften usw.[2]   354

Im Sanierungs- oder Restrukturierungsfall wird in der Praxis häufig auch von einem sog. Interims-Manager Gebrauch gemacht.[3] Besondere Relevanz hat die Drittanstellung dann deshalb, weil sanierungsbedürftige Aktiengesellschaften Schwierigkeiten haben können, geeignete Vorstandsmitglieder zu finden, wenn keine Sicherheit hinsichtlich der zugesagten Vergütung aus dem Dienstvertrag besteht.[4]   355

bb) Zulässigkeit der Drittanstellung im Aktienrecht

Die Zulässigkeit der Drittanstellung von Mitgliedern des Vorstandes der AG ist **umstritten**.[5] Eine ausdrückliche gesetzliche Regelung findet sich zu dieser Frage nicht; auch ist keine Rechtsprechung[6] vorhanden, die diese Frage explizit behandeln würde. Gleichwohl ist die Drittanstellung auch in der Praxis – trotz häufigen Abratens[7] mangels Rechtsklarheit – wegen des starken Bedürfnisses vor allem im Konzernverbund Gang und Gäbe.   356

In **weiten Teilen der Literatur**[8] wird die Drittanstellung für **zulässig** gehalten, solange in Konfliktfällen zwischen Organstellung und Verpflichtung aus dem Anstellungsvertrag ein strikter Vorrang für den Schutz des Organverhältnisses besteht.   357

Die **Gegenauffassung** sieht die Drittanstellung als mit den Vorgaben des **Aktienrechts unvereinbar** und hält sie wegen Verstoßes gegen § 134 BGB für nichtig.[9] Immanent sei dem Vorstand respektive dem Vorstandsmitglied dessen Weisungsunabhängigkeit (§ 76 AktG). Dies würde im Falle einer Drittanstellung mit einer dritten – auch konzernabhängigen – Gesellschaft unterlaufen und bringe das Vorstandsmit-   358

---

[1] Ausführlich zu möglichen Konstellationen in der Unternehmenspraxis siehe *Vetter*, FS Hoffmann-Becking, 2013, 1297 (1298 f.).
[2] *Reuter*, AG 2011, 274 ff.
[3] *Vetter*, FS Hoffmann-Becking, 2013, 1297 (1299).
[4] MAH ArbR *Moll/Eckhoff*, § 81 Rn. 22.
[5] *Vetter*, FS Hoffmann-Becking, 2013, 1297 (1297); *Pusch*, in: Hümmerich/Boecken/Düwell, Kommentar Arbeitsrecht, 2. Auflage 2010, § 84 AktG Rn. 38; MAH ArbR *Moll/Eckhoff*, 3. Auflage 2012, § 81 Rn. 22.
[6] Siehe *Thüsing*, in: Fleischer, Handbuch des Vorstandsrechts, 2006, § 4 Rn. 67; MAH ArbR *Moll/Eckhoff*, 3. Auflage 2012, § 81 Rn. 22.
[7] *Pusch*, in: Hümmerich/Boecken/Düwell, NomosKommentar Arbeitsrecht, 2. Auflage 2010, § 84 AktG, Rn. 38; MAH ArbR *Moll/Eckhoff*, 3. Auflage 2012, § 81 Rn. 22; *Nehls*, in: Schüppen/Schaub, MAH Aktienrecht, 2. Auflage 2010, § 22 Rn. 85; *Reufels*, in: Hümmerich/Reufels, Gestaltung von Arbeitsverträgen, 2. Auflage 2011, § 3 Rn. 181.
[8] *Reufels*, in: Hümmerich/Reufels, Gestaltung von Arbeitsverträgen, 2. Auflage 2011, § 3 Rn. 179, mwN in Fn. 10; *Jooß*, NZG 2011, 1130 ff.; *Reuter*, AG 2011, 274 ff., er erörtert umfassend die Auswirkungen konzerninterner Erstattungs- oder Umlagevereinbarungen.
[9] *Pusch*, in: Hümmerich/Boecken/Düwell, Kommentar Arbeitsrecht, 2. Auflage 2010, § 84 AktG Rn. 38; *Fonk*, NZG 2010, 368 ff.; MHdB AktR/*Nehls*, § 22 Rn. 83 (stellt hinsichtlich der Rechtsfolge aber nicht auf § 134 BGB, sondern auf eine Verpflichtung des Aufsichtsrates, die Bestellung zu widerrufen, ab).

glied in **nicht aufzulösende Interessenkonflikte.** Mit anderen Worten: „Niemand kann zwei Herren dienen."[1]

359 Das Argument der Weisungsfreiheit des Vorstandes/des Vorstandsmitgliedes ist eingängig und auch zutreffend. Der aus einer Drittanstellung – potentiell und abstrakt – folgende Interessenwiderstreit spricht dem Grunde nach gegen die Zulässigkeit der Drittanstellung. Allerdings stellen sich diese Interessenkonflikte konkret nicht im Konzernverbund, jedenfalls so lange zwischen den Gesellschaften ein Beherrschungsvertrag iSd §§ 291 iVm 308 AktG vorliegt (→ Rn. 358).[2] In diesem Fall halten wir die Drittanstellung daher für **zulässig.**

360 Zu beachten ist aber auch in dieser Konstellation, dass der Aufsichtsrat der bestellenden Gesellschaft dem Anstellungsvertrag bei der Drittgesellschaft zustimmen muss.[3] Denn durch die Vorschrift des § 87 Abs. 1 Satz 2 AktG (eingefügt durch das VorstAG) wird die Aufgabe des Aufsichtsrates besonders betont, durch eine entsprechende Festsetzung und Strukturierung der Vorstandsbezüge Leistungsanreize zu setzen, die den Vorstand/das Vorstandsmitglied zu einer Ausrichtung seiner Leitungstätigkeit ausschließlich am Gesellschaftsinteresse intensivieren.[4] Mit dieser Verantwortlichkeit wäre es nicht vereinbar, wenn die Festsetzung und Strukturierung ohne seine vorherige Zustimmung erfolgen könnte.[5]

361 Desweiteren ist hinsichtlich der Gestaltung der Vergütung auch darauf Acht zu geben, dass das Vorstandsmitglied, beispielsweise durch die Gestaltung der Ziele im Rahmen der variablen Vergütung, nicht in einen mit seiner Weisungsunabhängigkeit in Konflikt geratenden Interessenwiderstreit gerät (zur Vergütungsgewährung durch Dritte, → Rn. 392 ff.).

362 In Konzernkonstellationen ist damit ausnahmsweise eine Drittanstellung als zulässig anzusehen, so lange die variable Vergütung sich ausschließlich an Zielen orientiert, die das Vorstandsmitglied bei der ihn bestellenden AG beeinflussen und damit auch realisieren kann.[6]

cc) Arbeitsverhältnis im Drittanstellungsfall?

363 Eine Folgefrage ergibt sich – bei Anerkennung der Zulässigkeit von Drittanstellungen im Konzernverbund – hinsichtlich der Qualifikation des Anstellungsvertrages als Arbeitsvertrag. Die Einordnung dieses Anstellungsvertrages als Arbeitsverhältnis führt – jedenfalls auf den ersten Blick – zu einem unauflöslichen Interessenkonflikt. Denn das Vorstandsmitglied kann nicht weisungsabhängig für die anstellende Gesellschaft (auf Basis eines Arbeitsvertrages) tätig sein, wenn es zugleich (gesellschaftsrechtlich) weisungsunabhängig die Interessen der bestellenden AG vertreten soll.

Hierzu gibt es indes zwei Aspekte zu bemerken. Der Qualifikation als Arbeitsvertrag steht nicht die Frage einer (potentiell) unzulässigen Weisung entgegen; dies ist auch im regulären Arbeitsverhältnis nicht der Fall. Ein Arbeitsvertrag ist dogmatisch auch dann als Arbeitsvertrag einzuordnen, wenn eine rechtswidrige Weisung durch den Arbeit-

---

[1] *Thüsing,* in: Fleischer, Handbuch des Vorstandsrechts, 2006, § 4 Rn. 67 ff.
[2] Ebenso: *Pusch,* in: Hümmerich/Boecken/Düwell, Kommentar Arbeitsrecht, 2. Auflage 2010, § 84 AktG Rn. 38; *Reufels,* in: Hümmerich/*Reufels,* Gestaltung von Arbeitsverträgen, 2. Auflage 2011, § 3 Rn. 180; Gleiches wird für den vergleichbaren Fall der Eingliederung der AG in die Anstellungsgesellschaft (§ 323 AktG) vertreten (vgl. ua MAH ArbR *Moll/Eckhoff,* § 81 Rn. 22).
[3] Diese kann auch konkludent in der der Anstellung zeitlich nachfolgenden Bestellung liegen.
[4] Hölters/*Weber,* AktG, 2. Auflage 2014, § 84 Rn. 41.
[5] Hölters/*Weber,* AktG, 2. Auflage 2014, § 84 Rn. 41.
[6] Weitere Gestaltungshinweise hinsichtlich von Vergütung, Übernahme weiterer Pflichten, Unzulässigkeit der Pflicht zur Niederlegung des Vorstandsmandates etc. finden sich in MHdB ArbR/*Nehls,* § 22 Rn. 92.

geber erteilt wird. Die Weisung und deren Zulässigkeit legt nicht den Vertragstypus fest. Darüber hinaus ist es den Interessen der beherrschten Gesellschaft immanent, dass sie den aus dem Beherrschungsvertrag folgenden gesellschaftsrechtlichen Verpflichtungen nachkommt und nicht vertragsbrüchig gegenüber der beherrschenden Gesellschaft wird. Entsprechend liegt auch hier kein Fall echter Interessenkollision vor. Denn eine Verletzung organschaftlicher Pflichten ist aufgrund des durch den Beherrschungsvertrag vereinbarten Gleichlaufs der Interessen nicht möglich. Dies schlägt auf die Möglichkeit der Erteilung einer arbeitsrechtlichen Weisung (zulässig, weil gesellschaftsrechtlich legitimiert) durch. Es spricht also nichts dagegen, den Anstellungsvertrag – sofern eine Gesamtschau sämtlicher Umstände zu diesem Ergebnis gelangt – als Arbeitsvertrag zu qualifizieren. Daraus folgt, dass – wie oben bereits im Rahmen der Auswirkungen der Danosa-Entscheidung skizziert – in dieser Ausnahmekonstellation das Vorstandsmitglied im Verhältnis zur beherrschenden Gesellschaft (Relativität der Schuldverhältnisse) ausnahmsweise als Arbeitnehmer klassifiziert werden kann.[1]

dd) Kombination von Vorstands- mit Geschäftsführertätigkeit

Einen Sonderfall stellt die Variante der Kombination von Vorstands- mit Geschäftsführertätigkeiten dar. Wird das Vorstandsmitglied einer AG bei einer GmbH angestellt und auch bei dieser zum Geschäftsführer bestellt, ergeben sich die oben stehend dargestellten Probleme einer Drittanstellung.[2] Diese sehen wir als unzulässig an, weil die Weisungsfreiheit des Vorstandes mit der Weisungsabhängigkeit des Geschäftsführers schlicht inkompatibel ist. Hier wird erneut besonders deutlich, welche besondere Bedeutung das Trennungsprinzip (Trennung von Bestellung und Anstellung) im Rahmen der Beurteilung konzernrelevanter Fragestellungen hat. 364

Umgekehrt, also in dem Fall, dass der GmbH-Geschäftsführer bei der AG angestellt und zugleich bei der GmbH als Geschäftsführer bestellt ist, ergeben sich keine Schwierigkeiten, weil eine solche Drittanstellung ohne Weiteres zulässig ist (→ Rn. 245 f.). Dem Vorstandsmitglied der AG kann im Rahmen seines Vorstandsvertrages auch die Aufgabe zugewiesen werden, für die verbundene GmbH als Geschäftsführer tätig zu werden. Interessenkonflikte sind hiermit nicht verbunden. 365

ee) Sonderfall: AG & Co. KG

Ist eine KG als AG & Co. KG (KGaA) organisiert, besteht der Anstellungsvertrag der Vorstandsmitglieder oftmals nicht mit der AG selbst, sondern vielmehr mit der KG.[3] Auch hier ergeben sich die oben bereits dargestellten Schwierigkeiten der Drittanstellung. Ähnlich wie bei der GmbH & Co. KG wird jedoch auch in dieser Konstellation „kein echter Fall der Drittanstellung" vorliegen (→ Rn. 256 ff.), so dass unseres Erachtens hier die Drittanstellung grundsätzlich als zulässig anzusehen ist. 366

d) Rechtswegzuständigkeit, § 5 Abs. 1 Satz 3 ArbGG

aa) Grundsatz

Hinsichtlich der Rechtswegzuständigkeit (vgl. § 5 Abs. 1 Satz 3 ArbGG) verhält es sich mit dem Vorstandsmitglied ebenso wie mit dem GmbH-Geschäftsführer (→ Rn. 251 ff.), weil auch dieser als Gesellschaftsorgan anzusehen ist (vgl. § 76 AktG). 367

---

[1] AA *Thüsing*, in: Fleischer, Handbuch des Vorstandsrechts, § 4 Rn. 67 ff.
[2] Ausführlich dazu siehe *Cramer*, NZG 2012, 765 ff.
[3] *Vetter*, in: FS Hoffmann-Becking, 2013, 1297 (1299).

bb) Sonderfall Drittanstellung bzw. Beherrschung iSd § 308 AktG

368 Wie ausgeführt, stellt sich die Frage der Drittanstellung im Vorstandsrecht nicht, weil sie grundsätzlich unzulässig ist (→ Rn. 356 ff.). **Ausnahmsweise** für zulässig halten wir die Drittanstellung jedoch im Falle der §§ 291 iVm 308 AktG. In diesem Fall werden beherrschte und beherrschende Gesellschaft faktisch als „Einheit" behandelt, ähnlich wie es – in den Geschäftsführerfällen – bei der GmbH & Co. KG vertreten wird. Hier liegt – wie bereits ausgeführt – damit kein echter Drittanstellungsfall vor. Ebenso wie im Bereich der GmbH & Co. KG ist es deshalb folgerichtig, auch hier die Streitigkeit den ordentlichen Gerichten zuzuweisen. Anderenfalls kann auch in diesem Fall den gesellschaftsrechtlichen Zusammenhängen nicht ausreichend Genüge getan werden. Es handelt sich letztlich um einen Streit im „Arbeitgeberlager". Bisher existiert zu dieser Frage indes – soweit ersichtlich – keine höchstrichterliche Rechtsprechung.

369 Lediglich das **OLG Frankfurt**[1] beschäftigte sich mit einem Drittanstellungsfall. Schließe ein Organmitglied einer juristischen Person den Anstellungsvertrag mit einem anderen *[Drittunternehmen]*, so könne zwischen den Parteien – je nach Ausgestaltung des Anstellungsvertrages – ein Arbeitsverhältnis iSd § 2 Abs. 1 Nr. 3 ArbGG bestehen. In einem solchen Fall sei § 5 Abs. 1 Satz 3 ArbGG nicht anzuwenden, so dass für einen Rechtsstreit die Arbeitsgerichte zuständig seien. Das OLG Frankfurt – gelangt es auch zu einer anderen Auffassung – bietet in seiner Entscheidung jedenfalls einen Anhaltspunkt für die Anerkennung von Drittanstellungsfällen in der gerichtlichen Praxis.

cc) Vereinbarung arbeitsgerichtlicher Zuständigkeit nach § 2 Abs. 4 ArbGG

370 Die Vereinbarung der arbeitsgerichtlichen Zuständigkeit nach § 2 Abs. 4 ArbGG ist auch für Vorstandsmitglieder einer AG möglich.[2] In der Praxis wird davon jedoch aufgrund des Selbstverständnisses von Vorständen nur sehr selten Gebrauch gemacht. Relevanter wird tatsächlich die Vereinbarung einer Schiedsklausel sein.[3]

2. Begründung des Anstellungsverhältnisses

a) Zuständigkeit

aa) Grundsatz der Zuständigkeit des Aufsichtsrates

371 Der Aufsichtsrat ist nicht nur für die gesellschaftsrechtliche Bestellung, sondern auch für den Abschluss des Anstellungsvertrages zuständig (vgl. §§ 84 Abs. 1 Satz 1 und 5, 112 AktG).[4]

bb) Drittanstellungsfälle

372 Erkennt man Drittanstellungsfälle in bestimmten Varianten an (→ Rn. 356 ff.), so darf die Kompetenz des Aufsichtsrates in diesen Fällen nicht umgangen werden.[5]

373 Deshalb ist – im Fall der zulässigen Drittanstellung (§ 291 iVm § 308 AktG) – der Aufsichtsrat der bestellenden Körperschaft auch an dem Abschluss des Anstellungsvertrages mit der anstellenden Gesellschaft zu beteiligen. Seine Zustimmung ist unerlässlich. Gleiches muss unseres Erachtens im Fall der AG & Co. KG gelten, wenn der An-

---

[1] OLG Frankfurt, 5.6.1997 – 5 W 4/97, NZA 1997, 400 f.
[2] GMP/*Matthes/Schlewing*, ArbGG, 7. Auflage 2009, § 2 Rn. 131; *Hohmann*, ArbGG, 2. Auflage 2013, § 2 Rn. 26; ErfK/*Koch*, § 2 ArbGG Rn. 35.
[3] Siehe dazu OLG Frankfurt, 4.4.2011 – 26 SchH 1/11, BB 2012, 81 ff.; OLG Hamm, 18.7.2007 – 8 Sch 2/07, AG 2007, 910 ff.; *Herresthal*, ZIP 2014, 345 ff.; *Groß/Burianski*, BB 2012, 83 f.
[4] *Hüffer*, AktG, 10. Auflage 2012, § 84 Rn. 12; *Bürgers/Israel*, AktG, 2. Auflage 2011, § 84 Rn. 15.
[5] Siehe statt vieler ua MHdB AktR/*Nehls* § 22 Rn. 83; *Reufels*, in: Hümmerich/*Reufels*, Gestaltung von Arbeitsverträgen, 2. Auflage 2011, § 3 Rn. 179.

stellungsvertrag mit der KG geschlossen werden soll. Dies ist interessengerecht, weil im Konzernverbund – trotz der Anstellung mit der „dritten" Gesellschaft häufig ein Kostenausgleich stattfindet und letztlich – zumindest auf gesellschaftsrechtlicher Basis – die bestellende AG die Kosten für die Vergütung des Vorstandes im Innenverhältnis trägt.

cc) Unterzeichnung des Anstellungsvertrages

Da die Unterzeichnung des Vertrages letztlich eine bloße Abwicklungshandlung darstellt, halten wir es – ebenso wie im GmbH-Recht (→ Rn. 269) – für zulässig, bei entsprechendem Beschluss einen Dritten zu ermächtigen, den Anstellungsvertrag für das kompetente Organ (den Aufsichtsrat) zu unterzeichnen. **374**

b) Form und Dauer des Anstellungsvertrages

aa) Form und Aufhebung eines etwaig bestehenden Arbeitsverhältnisses

Der Vorstandsvertrag muss nicht schriftlich abgeschlossen werden, auch wenn dies gängige Praxis ist. Beim Abschluss gilt es ferner die bereits im Rahmen unserer Ausführungen zum GmbH-Geschäftsführer dargestellten Punkte zu beachten (→ Rn. 270 ff.). Dies betrifft vor allem den Punkt der Aufhebung eines vorher bestehenden Arbeitsverhältnisses durch Abschluss eines schriftlichen Vorstands-Anstellungsvertrages;[1] wenngleich diese Fallkonstellation in der Praxis bei einem Vorstandsmitglied deutlich seltener als bei einem GmbH-Geschäftsführer anzutreffen sein wird. **375**

Auch wenn das Steuerrecht formal keine Schriftform des Dienstvertrags voraussetzt (Körperschaftsteuerrichtlinien, KStH 36 I. Grundsätze „Zivilrechtliche Wirksamkeit"), ist die Schriftform auch aus steuerrechtlichen Gründen dringend zu empfehlen, um den Nachweis erbringen zu können, auf welcher Grundlage Zahlungen geleistet wurden. Ist das Vorstandsmitglied zugleich unmittelbarer oder mittelbarer Gesellschafter, ergibt sich ein faktisches Schriftformerfordernis zudem bereits daraus, dass bei Verträgen mit Gesellschaftern oder diesen nahestehenden Personen die Gesellschaft ohne Vorlage eines entsprechenden Vertrages nicht die Rechtmäßigkeit des entsprechenden Betriebsausgabenabzugs nachweisen könnte (Körperschaftsteuerrichtlinien KStH 36 I. Grundsätze „Mündliche Vereinbarung"). Handelt es sich bei dem Vorstandsmitglied um einen beherrschenden Gesellschafter, so setzt die steuerliche Anerkennung eine klare und eindeutige im Voraus getroffene Vereinbarung voraus, die die Vergütungselemente klar regelt (Körperschaftsteuerrichtlinien KStH 36 III. Veranlassung durch das Gesellschaftsverhältnis „Klare und eindeutige Vereinbarung"). Ohne schriftliche Vereinbarung wird diese Voraussetzung nicht zu erfüllen sein, so dass die Schriftform in diesem Fall zwingend wäre. **376**

bb) Dauer des Anstellungsverhältnisses

Nach § 84 Abs. 1 AktG werden Vorstandsmitglieder einer Aktiengesellschaft vom Aufsichtsrat für **höchstens fünf Jahre** bestellt. Ziffer 5.1.2 Deutscher Corporate Governance Kodex (DCGK) regt dabei an, bei Erstbestellungen diese maximal mögliche Bestelldauer nicht voll auszuschöpfen.[2] Ein Widerruf der Bestellung (Abberufung) ist nach § 84 Abs. 3 Satz 1 AktG **nur aus wichtigem Grund** möglich. Dies gilt auch für den korrespondierenden Anstellungsvertrag. Die Kündigung des Anstellungsvertrages richtet sich sodann nach dem (anderen) Maßstab des § 626 BGB. **377**

---

[1] *Fleischer*, Handbuch des Vorstandsrechts, 2006, § 4 Rn. 60 ff. geht ebenfalls von einer Übertragbarkeit der für den GmbH-Geschäftsführer ergangenen Rechtsprechung (→ Rn. 270 ff.) aus; aus der Rechtsprechung siehe dazu bloß LAG Berlin-Brandenburg, 20.1.2010 – 7 Ta 2656/09, AE 2010, 141 f.

[2] Marsch-Barner/Schäfer/*Mutter*, Handbuch börsennotierte AG, 3. Auflage 2014, § 19 Rn. 8.

378 Diese Bestellung ist grundsätzlich – ebenso wie bei dem GmbH-Geschäftsführer (→ Rn. 227) – von dem schuldrechtlichen Anstellungsvertrag zu unterscheiden. Auch hier gilt damit das **Trennungsprinzip**.[1]

379 Die (grundsätzlich) fünfjährige Höchstdauer für die Bestellung gilt sinngemäß auch für die Anstellung.[2] Im Gegensatz zum GmbH-Geschäftsführer kann der Anstellungsvertrag demnach **nicht unbefristet** abgeschlossen werden. Erfolgt dies gleichwohl, so wird dies umgedeutet in eine Anstellung für die Dauer der Bestellung bzw. für die gesetzliche Höchstdauer von fünf Jahren.[3] Häufig werden – um zumindest einen gewissen Gleichlauf von Bestellung und Anstellung sicher zu stellen – in der Praxis deshalb auch bei Vorstandsverträgen **Kopplungsklauseln** vereinbart.[4]

3. Inhalt des Anstellungsverhältnisses

a) Rechte und Pflichten

380 Hauptleistungspflichten sind auch beim Vorstandsmitglied die Erbringung der Dienstleistung, also die Amtsausübung gegen Entgelt (zur Vergütungsstruktur, → Rn. 383 ff.).

b) Geltung arbeitsrechtlicher Schutzvorschriften

381 Ebenso wie beim GmbH-Geschäftsführer stellt sich auch beim Vorstandsmitglied die Frage der Geltung arbeitsrechtlicher Schutzvorschriften. Maßgeblich ist die Beantwortung dieser Fragestellung davon abhängig, ob der Vorstands- bzw. der Anstellungsvertrag als Arbeitsvertrag zu klassifizieren ist. Wie eingangs dargestellt, ist dies aufgrund der dem Vorstand aus § 76 AktG zustehenden Weisungsfreiheit nur in seltenen Ausnahmefällen der Fall (→ Rn. 343 ff.). Im Wesentlichen gelten die bereits im Rahmen des Geschäftsführerteils gemachten Ausführungen zur (analogen) Anwendung arbeitsrechtlicher Schutzvorschriften (→ Rn. 278 ff.).[5]

382 Wie ebenfalls bereits ausgeführt, ist der Fall der Drittanstellung nach §§ 291 iVm 308 AktG im Aktienrecht mit der Konstellation der Drittanstellung bei einer GmbH & Co. KG wertungsmäßig vergleichbar. Die dortigen Überlegungen sind auf den Fall der Drittanstellung im Rahmen von §§ 291 iVm 308 AktG übertragbar (→ Rn. 281). Die gesetzlichen Bereichsausnahmen gelten damit auch in diesem Fall, um die gesellschaftsrechtlich enge Verknüpfung zwischen beherrschter und beherrschender Gesellschaft angemessen zu berücksichtigen.

c) Vergütungsstruktur

383 Zentrale Vorschrift für die Vergütung des Vorstandes ist § 87 AktG. An einer dazu parallelen Regelung fehlt es im GmbH-Recht. Die Wertungen des § 87 AktG müssen stets, vor allem in Konzernkonstellationen, im Blick behalten werden; es ist insbesondere darauf zu achten, dass die Grenze von zulässiger Gestaltung zu unzulässiger Umgehung nicht überschritten wird.[6]

---

[1] Marsch-Barner/Schäfer/*Mutter*, Handbuch börsennotierte AG, 3. Auflage 2014, § 19 Rn. 6.
[2] Allgemeine Auffassung, vgl. ua *Bauer/von Medem*, NZA 2014, 238 (238); *Hüffer*, AktG, 10. Auflage 2012, § 84 Rn. 15.
[3] Marsch-Barner/Schäfer/*Mutter*, Handbuch börsennotierte AG, § 19 Rn. 8.
[4] Umfangreich zur Zulässigkeit und zum Inhalt von Kopplungsklauseln in Vorstandsverträgen siehe *Bauer/von Medem*, NZA 2014, 238 ff.
[5] Siehe ausführlich zu der Frage der analogen Anwendung arbeitsrechtlicher Schutzvorschriften auf Vorstandsmitglieder *Thüsing*, in: Fleischer, Handbuch des Vorstandsrechts, 2006, § 4 Rn. 54 ff.; *Fleischer*, in: Spindler/Stilz, AktG, 2. Auflage 2010, § 84 Rn. 27 ff.; MHdB GesR/*Wiesner*, in: Münchener Handbuch des Gesellschaftsrechts, 3. Auflage 2007, § 21 Rn. 5 ff.
[6] Ausführlichst zur Vorstandsvergütung siehe *Hoffmann-Becking*, ZHR 169 (2005), 155 ff.

aa) Vergütungsbestandteile

384 Bereits unmittelbar aus dem Wortlaut des § 87 Abs. 1 Satz 1 und Satz 4 AktG ergeben sich die wesentlichen **Vergütungsbestandteile** in einem Vorstandsvertrag: „Gehalt, **Gewinnbeteiligungen,** Aufwandsentschädigungen, Versicherungsentgelte [insb. sog. D&O-Versicherung], Provisionen, **anreizorientierte Vergütungszusagen** wie zum Beispiel Aktienbezugsrechte und Nebenleistungen jeder Art sowie Ruhegehalt, Hinterbliebenenbezüge und Leistungen verwandter Art". 4.2.3 DCGK betont auch, dass die Vergütung **fixe** und **variable** Bestandteile enthalten solle.[1] Häufigste Nebenleistung ist sicherlich die Gewährung eines **Dienstwagens** zur uneingeschränkten Privatnutzung.

bb) Begrenzung der Vergütungshöhe nach dem AktG

(1) Angemessenheit der Vergütung

385 Nach § 87 Abs. 1 Satz 1 AktG hat der Aufsichtsrat bei der **Festsetzung der Gesamtbezüge** des einzelnen Vorstandsmitglieds dafür zu sorgen, dass diese in einem **angemessenen Verhältnis** zu den Aufgaben und Leistungen des Vorstandsmitglieds sowie zur Lage der Gesellschaft stehen und die übliche Vergütung nicht ohne besondere Gründe übersteigen.[2] Nach nachfolgendem Satz 3 sollen variable Vergütungsbestandteile eine **mehrjährige Bemessungsgrundlage** haben.[3]

386 Was genau „angemessen" bedeutet, ist in der Praxis nahezu unmöglich zu bestimmen. Auch hilft ein Blick in 4.2.2 DCGK hier nicht weiter. Dort wird lediglich postuliert, dass Kriterien für die Angemessenheit insbesondere die Aufgaben des jeweiligen Vorstandsmitglieds, seine persönliche Leistung, die Leistung des Vorstands [als Kollegialorgan] sowie die wirtschaftliche Lage, der Erfolg und die Zukunftsaussichten des Unternehmens unter Berücksichtigung seines Vergleichsumfeldes bildeten. Ein weiteres Element ist seit neuerem zudem der sog. vertikale Vergütungsvergleich, also in Bezug auf die Entwicklung der Vergütung der anderen Führungskräfte.

387 Besondere Brisanz hatte die Frage der Angemessenheit von Vorstandsvergütungen im Jahr 2005 durch den sog. *Mannesmannprozess*[4] erhalten. Um sicherzustellen, dass jedenfalls faktisch eine Kontrolle der Vorstandsbezüge stattfindet, wurde durch das **Vorstandsvergütungsoffenlegungsgesetz** die **Publizität** der Vorstandsvergütung auf eine neue Grundlage gestellt.[5]

388 Auch jüngst war diese Frage Gegenstand der öffentlichen und politischen Diskussion. So wurde die Frage der Begrenzung von Managergehältern der Höhe nach (Maximalbetrag) ebenso aufgeworfen wie die Möglichkeit der Erweiterung der Kompetenzen der Hauptversammlung der AG diskutiert.

389 Auf Seite 17 des Koalitionsvertrages der Großen Koalition findet sich nunmehr jedenfalls folgende Vereinbarung:

> „Um Transparenz bei der Feststellung von Managergehältern herzustellen, wird über die Vorstandsvergütung künftig die Hauptversammlung auf Vorschlag des Aufsichtsrates entscheiden."

---

[1] Umfassend zu den einzelnen denkbaren Vergütungsbestandteilen siehe *Marsch-Barner/Schäfer/Mutter,* Handbuch börsennotierte AG, 2. Auflage 2010, § 19 Rn. 31 ff.
[2] Zur Angemessenheit der Vorstandsvergütung siehe ausführlich *Lutter,* ZIP 2006, 733 ff.; *Lücke,* NZG 2005, 692 ff.; *Röttgen/Kluge,* NJW 2013, 900 ff.; *Wagner,* BB 2013, 1731 ff.; *Schmidt-Bendun,* AG 2014, 177 ff.; *Spindler,* NJOZ 2009, 3282 ff.
[3] Siehe dazu ausführlich *Grimm/Linden,* ArbRB 2013, 285 ff.
[4] BGH, 21.12.2005 – 3 StR 470/04, ZIP 2006, 72 ff.
[5] *Hennke/Fett,* BB 2007, 1267 ff.; *Jahn,* GWR 2009, 135 ff.; *Scheffler,* AG 2005, R 196 ff.

390 Bislang bleiben hier die weiteren gesetzgeberischen Aktivitäten der Großen Koalition abzuwarten.[1] Zuletzt ließ es seitens des Bundesjustizministeriums aber verlauten, dass diese strengeren Regeln für Managergehälter auf unbestimmte Zeit verschoben seien.[2] Es sollte insoweit zunächst die Diskussion auf europäischer Ebene abgewartet werden.[3]

(2) Möglichkeit der (nachträglichen) Herabsetzung der Vorstandsvergütung nach § 87 Abs. 2 AktG

391 Eine Besonderheit des deutschen Aktienrechts stellt § 87 Abs. 2 AktG dar. Danach besteht die Möglichkeit, bei einer Verschlechterung der Lage der Gesellschaft die **Bezüge des Vorstandes herabzusetzen.**[4] In der Praxis hat diese Vorschrift bislang aber – soweit ersichtlich – keine Bedeutung erlangt.

cc) Drittbezug von anderer dritter (Konzern-)Gesellschaft

(1) Zulässigkeit der Drittvergütung

392 Nicht nur im „echten" Drittanstellungsfall, sondern auch ohne explizite Drittanstellung erhalten Vorstandsmitglieder ihre Vergütung häufig nicht von „ihrer" Gesellschaft, sondern von einer dritten (häufig: Konzernobergesellschaft).[5] Inwieweit solche **Drittvergütungen** – sei es in Bezug auf das Fixum oder auch in Bezug auf die Gewährung von Aktienoptionen – zulässig sind, ist **umstritten.**[6] Es fehlt an einer gesetzlichen Regelung; auch ist – soweit ersichtlich – keine höchstrichterliche Rechtsprechung vorhanden, die diese Frage beantworten würde.

393 Hauptargument der Gegner einer Zulässigkeit der Drittvergütung ist, dass eine solche Drittvergütung im **Widerspruch zu den Loyalitäts- und Treuepflichten des Vorstandes** gegenüber der Aktiengesellschaft stünde (§§ 76, 93 AktG).[7] Hält man allerdings eine Drittanstellung – zumindest im Bereich des § 308 AktG – für zulässig, so kann auch die Drittvergütung nicht unzulässig sein. Die Argumente für und wider sind letztlich übertragbar. Zudem spricht für die Zulässigkeit der Drittvergütung, dass das Gesetz selbst von einer grundsätzlichen Zulässigkeit der Drittvergütung ausgeht (vgl. §§ 285 Abs. 1 Nr. 9, 314 Abs. 1 Nr. 6 HGB – Pflicht zur Ausweisung der Drittvergütung in der Bilanz).[8]

394 Wie bereits vorstehend ausgeführt, darf jedoch die Drittvergütung **keinen Anreiz** für eine **Verletzung** der gegenüber der Gesellschaft bestehenden **Treuepflicht** (Pflicht zur Wahrung der Unternehmensinteressen) bieten. Darauf ist va bei der Gestaltung von Zielvereinbarungen besonderes Augenmerk zu richten (→ Rn. 384).[9] Um eine Aushöhlung der Rechte des Aufsichtsrates (Bestell- und Anstellungskompe-

---

[1] Ausführlich zu den arbeitsrechtlichen Auswirkungen des Koalitionsvertrages – insbesondere auch zum Aktienrecht und Fragen der Vorstandsvergütung – siehe *Steinau-Steinrück*, ZRP 2014, 50 ff.; *Zürn/Maron*, BB 2014, 629 ff.; *Bauer/Klebe/Schunder*, NZA 2014, 12 ff.
[2] FAZ vom 6.5.2014, S. 18, „Vorerst kein Gesetz für Managergehälter".
[3] *Scholz*, in: Mitschrift Pressekonferenz der Bundesregierung vom 7.1.2015.
[4] Instruktiv zur Anpassung nach § 87 Abs. 2 AktG siehe *Grimm/Linden*, ArbRB 2013, 285 ff.; *Wettich*, AG 2013, 374 ff.
[5] *Kalb/Fröhlich*, NZG 2014, 167 ff.
[6] Siehe dazu *Kalb/Fröhlich*, NZG 2014, 167 ff.; zum Sonderfall bei Übernahmen siehe *Selzner*, AG 2013, 818 ff.
[7] Umfangreiche Nachweise zu dieser Auffassung finden sich bei *Kalb/Fröhlich*, NZG 2014, 167 ff. in Fn. 3; *Wollburg*, ZIP 2004, 646 (649).
[8] *Kalb/Fröhlich*, NZG 2014, 167 (167).
[9] *Traugott/Grün*, AG 2007, 761 (766 ff.); zu den Sonderfällen der Transaktionsprämie durch einen Aktionär siehe *Kalb/Fröhlich*, NZG 2014, 167 (168 f.).

tenz) auszuschließen, empfiehlt es sich ferner, auch im Falle der Vergütung durch eine andere Gesellschaft dazu einen zustimmenden Beschluss des bestellenden Aufsichtsrates einzuholen.[1] Außerdem ist – bei einer börsennotierten Aktiengesellschaft – die Offenlegungspflicht aus § 285 Abs. 1 Nr. 9 lit. a) Satz 7 HGB zu beachten.[2]

(2) Aktienprogramme

Besonderheiten sind außerdem bei der Gewährung von Aktienprogrammen[3] zu beachten. In der Praxis werden häufig Aktienoptionen durch die, uU sogar im Ausland ansässige,[4] Konzernmuttergesellschaft gewährt. Dies bereitet in der Praxis häufig Probleme hinsichtlich der Durchsetzbarkeit dieser Ansprüche (Frage der Gewährung eines eigenen Anspruches des Vorstandsmitglieds im Verhältnis zur Konzernmutter bzw. bestellenden AG).[5] **395**

(3) Erstattung im Binnenverhältnis/Steuerrechtliche Implikationen

Ferner sind stets etwaige steuerrechtliche Implikationen im Blick zu halten. Selbst dann, wenn die Vergütung im Außenverhältnis gegenüber dem Vorstand durch eine Drittgesellschaft gewährt wird, bedeutet dies nicht zwingend, dass diese im Innenverhältnis (also im Konzernverbund) auch die wirtschaftliche Kostenbelastung trägt. **396**

Hier ist aus steuerlicher Hinsicht zu beachten, dass der Personalaufwand im Steuerrecht verursachungsgerecht der jeweiligen Gesellschaft zugeordnet werden muss. Zwischen den beteiligten Gesellschaften ist daher eine entsprechende Kostenerstattung zu vereinbaren, die gewährleistet, dass die Kosten jeweils von der Gesellschaft getragen werden, in deren Interesse das Vorstandsmitglied tätig wird. Für diese Vereinbarung ist aus steuerlicher Sicht Schriftform dringend zu empfehlen, weil andernfalls die zahlende Gesellschaft ohne Vorlage eines entsprechenden Vertrags nicht die Rechtmäßigkeit des entsprechenden Betriebsausgabenabzugs wird nachweisen können (Körperschaftsteuerrichtlinien KStH 36 I. Grundsätze „Mündliche Vereinbarung"). Da in der Regel eine Vertragspartei beherrschender Gesellschafter ist, setzt die steuerliche Anerkennung eine klare und eindeutige im Voraus getroffene Vereinbarung voraus, die Leistung und Gegenleistung klar regelt (Körperschaftsteuerrichtlinien KStH 36 III. Veranlassung durch das Gesellschaftsverhältnis „Klare und eindeutige Vereinbarung"). Ohne schriftliche Vereinbarung wird diese Voraussetzung nicht zu erfüllen sein, so dass die Schriftform in diesem Fall zwingend wäre. **397**

(4) Geltung von § 87 AktG im Drittanstellungsfall (§ 291 iVm § 308 AktG)

§ 87 AktG schützt die AG, bei der der Vorstand bestellt worden ist. Fällt diese nicht mit der anstellenden Gesellschaft (Drittanstellungsfall) zusammen, sondern wird die Vergütung von einer dritten, zumeist konzernangehörigen, Gesellschaft gewährt, so ist – wie dargestellt (→ Rn. 392 ff.) – der Aufsichtsrat bei der bestellenden AG zwar in Form der Zustimmung zum Abschluss des Drittanstellungsvertrages zu beteiligen. Die Vergütung wird im Außenverhältnis jedoch nicht von der bestellenden AG, sondern **398**

---

[1] Ebenso *Mayer-Uellner*, AG 2011, 193 ff.; *Bauer/Arnold*, DB 2006, 260 (265 f.).
[2] *Kalb/Fröhlich*, NZG 2014, 167 (168 f.); *Mayer-Uellner*, AG 2011, 193 ff.; *Bauer/Arnold*, DB 2006, 260 ff.
[3] Siehe auch *Zitzewitz*, NZG 1999, 698 ff.; *Müller-Bonanni/Nieroba*, Der Konzern 2010, 143 ff.
[4] Zu Aktienoptionen im internationalen Konzern siehe *Lingemann/Diller/Mengel*, NZA 2000, 1191 ff.; allgemein zu sämtlichen konzernrelevanten Fragestellungen bei der Implementierung von Aktienoptionsprogrammen siehe *Helmert*, Aktienoptionen für Mitarbeiter aus Sicht des deutschen Arbeitsrechts, 2006.
[5] Ausführlich zu den sich im Rahmen der Gewährung von Aktienoptionen im internationalen Konzern ergebenden Rechtsproblemen siehe *Lingemann/Diller/Mengel*, NZA 2000, 1191 ff.

eben von einer dritten Gesellschaft, also einer anderen Rechtsperson, gewährt. Grundsätzlich liegt damit kein Anwendungsfall des § 87 AktG vor, weil dieser stets die bestellende AG und deren wirtschaftliche Situation im Blick hat.

399 Wollte man die Begrenzungen des § 87 AktG (Abs. 1 Angemessenheit der Vergütung, Abs. 2 Möglichkeit der Herabsetzung der Vergütung) jedoch im Verhältnis zu der anstellenden Gesellschaft völlig unbeachtet lassen, so könnten die Vorgaben des § 87 AktG einfach umgangen werden, indem das Vorstandsmitglied, der zB eine exorbitant hohe und sachlich unter keinem Gesichtspunkt gerechtfertigte Vergütung erhalten soll, einfach bei der Konzernobergesellschaft angestellt wird.

400 Im Außenverhältnis (Verhältnis zum Vorstandsmitglied) halten wir dies tatsächlich für unkritisch. Dies folgt aus dem Grundsatz der Relativität der Schuldverhältnisse. Die anstellende Gesellschaft unterliegt nicht den Bindungen des § 87 AktG, wenn sie nicht zugleich bestellende AG ist. Soll jedoch eine Weiterbelastung im Innenverhältnis (Konzernausgleich) zwischen der bestellenden und anstellenden Gesellschaft erfolgen, so müssen hier die Restriktionen des § 87 AktG beachtet werden, dh lediglich eine angemessene Vergütung darf im Innenausgleich von der bestellenden AG als Kostenerstattung verlangt werden.

401 Der Grundsatz der Relativität der Schuldverhältnisse ist also auch bei den sich aus § 87 AktG ergebenden Restriktionen zu beachten und für die Beantwortung der sich im Konzern ergebenden Fragestellungen der maßgebliche Lösungsansatz.

402 Besonders deutlich wird dies auch bei der Frage der Möglichkeit der Herabsetzung der Vergütung nach § 87 Abs. 2 AktG. Wie oben ausgeführt (→ Rn. 363) kann bei einem Drittanstellungsfall das Anstellungsverhältnis ausnahmsweise als Arbeitsverhältnis qualifiziert werden. Im Rahmen des Arbeitsverhältnisses ist eine einseitige Herabsetzung der Vergütung nicht möglich; mag dies auch gesellschaftsrechtlich nach § 87 Abs. 2 AktG legitimiert sein. Das Arbeitsrecht toleriert derartige einseitige Eingriffe in das Synallagma nicht, sondern fordert in diesen Konstellationen den Rückgriff auf eine Änderungskündigung. Mit dieser kann bei gleichbleibender Aufgabenzuweisung eine reine Vergütungsabsenkung indes nicht erreicht werden. Auf das Anstellungsverhältnis kann § 87 Abs. 2 AktG damit nicht durchschlagen.

403 Im Rahmen von § 87 Abs. 2 AktG möchten wir abschließend darauf hinweisen, dass bei der Beurteilung der Verschlechterung der Lage der Gesellschaft auch lediglich auf diese und **nicht** auf **konzerninterne Entwicklungen** abzustellen ist. Selbst wenn sich die Konzernmutter in einer bedrohlichen Lage befinde und die Tochtergesellschaft mitzureißen droht, rechtfertige dies keine Herabsetzung der Bezüge des Vorstandes der Tochtergesellschaft nach § 87 Abs. 2 AktG.[1] Dieser Auffassung stimmen wir zu. Allerdings muss bei einem Konzernausgleich die Wertung des § 87 Abs. 2 AktG im Binnenverhältnis zwischen den Konzerngesellschaften beachtet werden.

404 Bei der Gewährung von Aktienoptionen wird bisweilen die Auffassung vertreten, dass eine Herabsetzung dieser Optionen analog § 87 Abs. 2 AktG vorzunehmen sei.[2] Wir sehen hier keinen rechtfertigenden Grund für eine Unterscheidung zwischen Vergütung in Geld und Aktienoptionsprogrammen. Entscheidend ist und bleibt, mit welcher Gesellschaft das Anstellungsverhältnis besteht. Handelt es sich um eine Drittgesellschaft, unterliegt diese nicht den Bindungen (Abs. 1) bzw. den Möglichkeiten (Abs. 2) des § 87 AktG. Auch Aktienoptionen bleiben im Drittanstellungsfall – jedenfalls im Verhältnis Vorstand ./. gewährende Gesellschaft – unangetastet. Dies ist auch nicht unbillig, weil dieser Fall bei der Vertragsgestaltung auch berücksichtigt werden

---

[1] *Diller*, NZG 2009, 1006 (1007).
[2] *Diller*, NZG 2009, 1006 (1009).

kann; es besteht die Möglichkeit, hinsichtlich der Aktienoptionen die bestellende AG als gewährende Gesellschaft anzusehen, obwohl der Anstellungsvertrag insgesamt mit einer Drittgesellschaft geschlossen wird. In diesem Fall greift auch der „Sicherungsmechanismus" des § 87 Abs. 2 AktG ein.

d) Betriebliche Altersversorgung, § 17 BetrAVG

Im Rahmen der betrieblichen Altersversorgung gelten die bereits oben zum GmbH-Geschäftsführer ausgeführten Grundsätze entsprechend (→ Rn. 290ff.). Eine Ausnahme der Anwendung des § 17 BetrAVG ist lediglich für ein solches Vorstandsmitglied zu machen, die sowohl vermögens- als auch einflussmäßig mit dem Unternehmen, für das er als Vorstandsmitglied tätig wird, so sehr verbunden ist, dass es als sein eigenes betrachtet werden kann.[1] 405

4. Nachvertragliche Restriktionen, insbesondere Wettbewerbsverbot

Hinsichtlich nachvertraglicher Restriktionen sind die bereits im Geschäftsführer-Teil besprochenen Aspekte entsprechend auch beim Vorstandsmitglied zu beachten (→ Rn. 296 ff.). Es ergeben sich keine Besonderheiten. 406

5. Beendigung des Dienstverhältnisses

a) Grundsatz – Erfordernis eines wichtigen Grundes, § 84 AktG, § 626 BGB

Wie bereits vorstehend angerissen, erfordert der Widerruf der Bestellung und ebenso die Kündigung des Anstellungsvertrages einen wichtigen Grundes, vgl. § 84 AktG bzw. § 626 BGB. Zuständig für die Kündigung des Anstellungsvertrages ist ausschließlich der Aufsichtsrat (§§ 84 Abs. 3 Satz 5 iVm 112 AktG). 407

Ein solcher wichtiger Grund für den Widerruf der Bestellung des Vorstandsmitgliedes liegt nach § 84 Abs. 3 Satz 2 AktG vor, wenn eine grobe Pflichtverletzung, die Unfähigkeit zur ordnungsgemäßen Geschäftsführung oder der Vertrauensentzug durch die Hauptversammlung gegeben ist. Vor allem der Grund des Vertrauensentzuges durch die Hauptversammlung stellt in der Praxis eine besonders wichtige Fallgruppe dar. Dabei darf das Vertrauen nach § 84 Abs. 3 Satz 2 AktG aE zwar nicht aus unsachlichen Gründen entzogen worden sein. Allerdings gewährt die Vorschrift der AG trotzdem ein scharfes Schwert, um das Vorstandsmitglied zügig aus dem Amt zu entheben. Denn nach § 84 Abs. 3 Satz 4 AktG ist der Widerruf – jedenfalls solange – wirksam, bis seine Unwirksamkeit rechtskräftig festgestellt ist. Damit werden im Ergebnis schnell klare Fakten geschaffen, weil es in der Praxis nahezu nie zu einem über mehrere Instanzen und damit Jahre andauernden Rechtsstreit um die Wirksamkeit der Abberufung kommt. 408

Grundsätzlich wirkt sich der Vertrauensentzug nicht unmittelbar auf das Anstellungsverhältnis aus, weil dieses unabhängig von der Organstellung ist.[2] In Bezug auf das Anstellungsverhältnis bleibt es bei den Voraussetzungen des § 626 BGB, die nicht deckungsgleich mit § 84 Abs. 3 AktG sind. Anders kann es lediglich dann aussehen, wenn eine Kopplungsklausel (→ Rn. 411) vereinbart worden ist. 409

---

[1] BGH, 28.4.1980 – II ZR 254/78, BGHZ 77, 94 (101 ff.); 9.6.1980 – II ZR 255/78, BGHZ 77, 233 (236); *Thüsing*, in: Fleischer, Handbuch des Vorstandsrechts, 2006, § 4 Rn. 54 f.; zur Frage der analogen Anwendbarkeit für nicht laufende Versorgungsbezüge siehe BGH, 14.10.2005 – II ZR 222/04, BB 2005, 2654; ausführlich zum Thema Altersversorgung und Übergangsgeld siehe *Bauer/Baeck/von Medem*, NZG 2010, 721 ff.

[2] *Bürgers/Israel*, in: Bürgers/Körber, AktG, 2. Auflage 2011, § 84 Rn. 38.

410 Im Konzern kann sich in diesen Fällen die Frage stellen, wie sich der Widerruf aufgrund des Vertrauensentzuges durch die Hauptversammlung auswirkt, wenn der Vorstandsvertrag ausnahmsweise als Arbeitsvertrag zu qualifizieren ist. Dies ist nach unserer Auffassung – wie dargestellt – nur dann der Fall, wenn ein Beherrschungsvertrag iSd §§ 291 iVm 308 AktG geschlossen wurde (→ Rn. 363). Eine Kopplung soll zwar nicht zu einer Aushöhlung arbeitsrechtlicher Schutzvorschriften führen. Allerdings – sofern denn die Voraussetzungen für eine jedenfalls ordentliche und fristgemäße Kündigung vorliegen – ist unseres Erachtens zumindest die Freistellung des Vorstandsmitgliedes bei dem (nicht willkürlichen) Vertrauensentzug durch die Hauptversammlung gerechtfertigt.

b) Trennungsprinzip/Kopplungsklauseln

411 Da im Vorstandsrecht ein Gleichlauf zwischen Vorstandsamt und dienstvertraglichem Anstellungsverhältnis bezweckt ist, ist die Vereinbarung von sog. Kopplungsklauseln im Vorstandsrecht unproblematisch zulässig.[1] Allerdings muss auch hier beachtet werden, dass die Voraussetzungen des § 626 BGB nicht umgangen werden. Dieser Fall tritt in der Praxis – wie vorstehend bereits erwähnt – insbesondere bei dem Entzug des Vertrauens durch die Hauptversammlung auf. Dieser Vertrauensentzug selbst begründet per se keinen wichtigen Grund iSd § 626 BGB, sondern es hängt davon ab, ob der Grund, der dem Vertrauensentzug zugrunde liegt, letztlich auch einen wichtigen Grund iSd § 626 BGB selbst begründet.

c) Kündigungsschutz, Reichweite des § 14 KSchG

412 Zur Bereichsausnahme des § 14 KSchG gilt auch beim Vorstandsmitglied das bereits zum Geschäftsführer Ausgeführte (→ Rn. 315 ff.).[2] Zu beachten ist allerdings, dass eine Vereinbarung der Geltung des Kündigungsschutzgesetzes nicht möglich ist; dies würde den Vorgaben des § 84 AktG zuwider laufen. Unseres Erachtens ist dies aber dann zulässig, wenn eine Drittanstellung ausnahmsweise möglich ist. In diesem Fall ist schließlich auch der Anstellungsvertrag – sofern eine Gesamtschau aller Umstände dieses Ergebnis stützt – als Arbeitsvertrag zu qualifizieren.

d) Umwandlungstatbestände, insb. Verschmelzung

413 Hinsichtlich von möglichen Umwandlungstatbeständen gilt das bereit vorstehend im Geschäftsführerteil Ausgeführte (→ Rn. 332 ff.). Insoweit ergeben sich keine Besonderheiten im Aktienrecht.

6. Exkurs: Wechsel des Vorstandsmitgliedes in Aufsichtsrat

414 Bei börsennotierten Aktiengesellschaften ist zu beachten, dass nach § 100 Abs. 2 Satz 1 Nr. 4 AktG ein anschließender Wechsel in den Aufsichtsrat erst nach einer Karenzzeit („Abkühlphase") von zwei Jahren zulässig ist. Auf Konzernkonstellationen, wie etwa die Wahl eines Vorstandsmitglieds einer abhängigen AG in den Aufsichtsrat der herrschenden AG, findet § 100 Abs. 2 Satz 1 Nr. 4 AktG keine Anwendung, weil Gegenstand der Überwachungstätigkeit dann nicht die eigene Vorstandszeit ist und insoweit die dargestellten Interessenkonflikte und Einflussmöglichkeiten nicht auftreten.[3]

---

[1] Ständige Rechtsprechung, vgl. BGH, 29.5.1989 – II ZR 220/88, NJW 1989, 2638 ff.
[2] § 14 KSchG findet auch auf Vorstände Anwendung, vgl. ua *Eylert*, in: Hümmerich/Boecken/Düwell, Kommentar Arbeitsrecht, 2. Auflage 2010, § 14 KSchG Rn. 8.
[3] *Spindler*, in: Spindler/Stilz, AktG, 2. Auflage 2010, § 100 Rn. 30.

Abschnitt 4. Typische Sachverhalte bei nationalen Konzernen

A. Arbeitnehmerüberlassung, Entsendung in andere Konzernunternehmen

I. Arbeitnehmerüberlassung im Konzern

Von Arbeitnehmerüberlassung spricht man, wenn ein Arbeitgeber (Verleiher) einem 1
Dritten (Entleiher) Arbeitskräfte (Leiharbeitnehmer) zur Verfügung stellt, die in den Betrieb des Entleihers eingegliedert werden und ihre Arbeit allein nach Weisungen des Entleihers und in dessen Interesse ausführen.[1] Eine Überlassung an einen Dritten liegt nicht bereits dann vor, wenn der Arbeitnehmer nach dem Inhalt seines Arbeitsvertrags Weisungen dieses Dritten zu befolgen hat, sondern es ist eine vollständige Eingliederung in den Betrieb des Dritten notwendig.[2] Nicht jede Überlassung zur Arbeitsleistung stellt jedoch eine Arbeitnehmerüberlassung iSd AÜG dar. Eine Arbeitnehmerüberlassung ist vielmehr durch eine spezifische Ausgestaltung der Vertragsbeziehungen zwischen dem Verleiher und dem Entleiher sowie dem Verleiher und Leiharbeitnehmer und schließlich durch das Fehlen einer arbeitsvertraglichen Beziehung zwischen Arbeitnehmer und Entleiher gekennzeichnet.[3] Notwendiger Inhalt eines Arbeitnehmerüberlassungsvertrags ist damit die Verpflichtung des Verleihers gegenüber dem Entleiher, diesem zur Förderung von dessen Betriebszwecken Arbeitnehmer zur Verfügung zu stellen (zu Inhalt und Form des Überlassungsvertrages → Rn. 29 ff.).[4]

Bisher war die Arbeitnehmerüberlassung innerhalb eines Konzerns häufig im Zu- 2
sammenhang mit **konzerninternen Personaldienstleistungsgesellschaften** anzutreffen, die innerhalb des Konzerns die Funktion einer Art Personalvermittlungsstelle einnahmen und ihre Arbeitnehmer an andere Konzernunternehmen überließen (zum Begriff der Personaldienstleistungsgesellschaft → Rn. 51). Ob konzerninterne Personaldienstleistungsunternehmen zur Personalkostensenkung auch zukünftig die Überlassung von Arbeitnehmern in bisheriger Form fortführen können, ist angesichts der Änderungen des AÜG sehr problematisch (zur Problematik eines Dauerverleihs → Rn. 59). Eine Arbeitnehmerüberlassung iSd AÜG liegt bei einem konzerninternen Verleih nicht vor, wenn das **Konzernprivileg** des § 1 Abs. 3 Nr. 2 AÜG greift (Konzernprivileg → Rn. 14 ff.).

Da an eine Arbeitnehmerüberlassung besondere rechtliche Voraussetzungen und 3
Folgen geknüpft werden, zB der **Erlaubnisvorbehalt** nach § 1 Abs. 1 S. 1 AÜG, ist die Arbeitnehmerüberlassung von anderen Formen des drittbezogenen Personaleinsatzes abzugrenzen. Dabei ist zu beachten, dass für die rechtliche Einordnung als Arbeitnehmerüberlassung der eigentliche Geschäftsinhalt entscheidend ist und nicht die von den Vertragsparteien gewünschte Rechtsfolge oder Bezeichnung. Die Schutzvorschriften des AÜG können daher nicht dadurch umgangen werden, dass ein vom Geschäfts-

---

[1] BAG 13.8.2008 – 7 AZR 269/07, BeckRS 2010, 71643; BAG 18.1.2012 – 7 AZR 723/10, BeckRS 2012, 69565; *Marschner* NZA 1995, 668 (669); Küttner/*Röller*, Arbeitnehmerüberlassung/Zeitarbeit Rn. 2.
[2] BAG 3.12.1997 – 7 AZR 764/96, BeckRS 1997, 30003813.
[3] BAG 13.8.2008 – 7 AZR 269/07, BeckRS 2010, 71643; BAG 19.3.2003 – 7 AZR 267/02, BeckRS 2003, 41314; BAG 3.12.1997 – 7 AZR 764/96, BeckRS 1997, 30003813.
[4] BAG 13.8.2008 – 7 AZR 269/07, BeckRS 2010, 71643; BAG 3.12.1997 – 7 AZR 764/96, BeckRS 1997, 30003813.

inhalt abweichender Vertragstyp gewählt wird.[1] Im Fall einer konzerninternen Arbeitnehmerüberlassung kann gegebenenfalls auch ein **Betriebs(teil)übergang nach § 613a BGB** vorliegen, insbesondere wenn innerhalb des Konzerns Funktionen auf ein Verleihunternehmen ausgegliedert werden.[2] Bei der Ausgliederung von Funktionen eines Entleihers auf einen konzernexternen Dienstleister, kann ebenfalls ein Betriebsübergang vorliegen, von welchem auch Arbeitsverhältnisse von Leiharbeitnehmern erfasst sind, die von einer konzerninternen Verleihgesellschaft innerhalb des Konzerns dem Entleiher überlassen wurden.[3]

1. Abgrenzung zum Einsatz ohne Überlassungsvereinbarung

4   Grundlage der gewerbsmäßigen Arbeitnehmerüberlassung und der echten Leiharbeit ist ein **Dreiecksverhältnis,** bei welchem der Arbeitnehmer von seinem Vertragsarbeitgeber, dem Verleiher, bei einem Dritten, dem Entleiher, beschäftigt wird.[4] Arbeitgeber des Leiharbeitnehmers ist nur der Verleiher.[5] Der Leiharbeitnehmer hat kein Arbeitsverhältnis mit dem Entleiher.[6] Erbringt der Arbeitnehmer daher seine Arbeitsleistung bei einem anderen Konzernunternehmen auf der Grundlage eines mit diesem Konzernunternehmen vereinbarten Arbeitsvertrages kommt eine Arbeitnehmerüberlassung nicht in Betracht.[7] Die einer Arbeitnehmerüberlassung zugrunde liegende Übertragung des Weisungsrechts auf den Dritten ist in diesem Fall nicht erforderlich, da der Dritte gegenüber dem Arbeitnehmer aus dem Arbeitsvertrag ein eigenes Weisungsrecht hat (zur Vereinbarung von Arbeitsverhältnissen mit verschiedenen Konzernunternehmen, → Teil I Absch 3 A Rn. 33).

5   Eine Arbeitnehmerüberlassung im Sinne des AÜG setzt das Vorliegen einer – wenn auch konkludenten – Vereinbarung zwischen dem Vertragsarbeitgeber und dem Dritten voraus, nach der der Arbeitnehmer für den Dritten tätig werden soll.[8] Notwendiger Inhalt des Arbeitnehmerüberlassungsvertrages ist die Verpflichtung des Verleihers gegenüber dem Entleiher, ihm zur Förderung seiner Betriebszwecke Arbeitnehmer zur Verfügung zu stellen.[9] Für die Annahme einer Arbeitnehmerüberlassung ist daher erforderlich, dass der Arbeitnehmer aufgrund einer vertraglichen Verpflichtung seines Arbeitgebers gegenüber dem Dritten zur Förderung von dessen Betriebszwecken in irgendeiner Weise innerhalb der Betriebsorganisation des Dritten und nicht weiterhin allein für seinen Arbeitgeber tätig wird.[10] Allein die Tätigkeit eines Arbeitnehmers bei einem anderen Unternehmen des Konzerns führt somit noch nicht zu einer Arbeitnehmerüberlassung, sofern abgesehen von der konzernrechtlichen Verbindung der Unternehmen keine – wenn auch konkludente – Vereinbarung zwischen den Konzernunternehmen über die Tätigkeit des Arbeitnehmers besteht.

---

[1] BAG 13.8.2008 – 7 AZR 269/07, BeckRS 2010, 71643; Schaub/*Koch,* Arbeitsrechts-Handbuch § 120 Rn. 7; *Marschner* NZA 1995, 668 (669).
[2] Vgl. hierzu BAG 21.5.2008 – 8 AZR 481/07, BeckRS 2009, 50371; hierzu auch *Lembke* BB 2012, 2497 (2502).
[3] EuGH 21.10.2010 – C-249/09 Albron Catering, NZA 2010, 1225.
[4] ErfK/*Wank,* § 1 AÜG Rn. 8.
[5] Schüren/*Schüren,* AÜG, Einl. Rn. 107.
[6] Schüren/*Schüren,* AÜG, Einl. Rn. 107; vgl. zur rechtlichen Beziehung zwischen Entleiher und Leiharbeitnehmer im Einzelnen: Schüren/*Schüren,* AÜG, Einl. Rn. 109 ff.
[7] *Boemke/Lembke,* AÜG S. 118.
[8] BAG 26.4.1995 – 7 AZR 850/94, AP AÜG § 1 Nr. 19.
[9] BAG 3.12.1997 – 7 AZR 727/96, BeckRS 1997, 30772755; BAG 22.6.1994 – 7 AZR 286/93, AP AÜG § 1 Nr. 16; BAG 26.4.1995 – 7 AZR 850/94, AP AÜG § 1 Nr. 19.
[10] BAG 22.6.1994 – 7 AZR 286/93, AP AÜG § 1 Nr. 16.

2. Abgrenzung zum Einsatz aufgrund Dienst- oder Werkvertrag

Eine weitere Form des drittbezogenen Personaleinsatzes stellt der Einsatz aufgrund eines Dienst- oder Werkvertrages dar. Die Abgrenzung der Arbeitnehmerüberlassung zu diesen Einsatzformen ist von Bedeutung, da im Falle einer ohne entsprechende Erlaubnis erfolgenden Arbeitnehmerüberlassung nach §§ 9 Nr. 1, 10 Abs. 1 S. 1 AÜG ein Arbeitsverhältnis zwischen dem überlassenen Arbeitnehmer und dem Entleiher zu Stande kommt.[1] Der drittbezogene Personaleinsatz aufgrund eines Dienst- und Werkvertrages fällt dagegen nicht unter das AÜG.[2] Die Abgrenzung zwischen Dienst- und Werkverträgen von einer Arbeitnehmerüberlassung erfolgt nicht schematisch, sondern ist anhand von verschiedenen Kriterien für den Einzelfall im Rahmen einer **wertenden Gesamtbetrachtung** durchzuführen.[3] Widersprechen sich die getroffene Vereinbarung und die tatsächliche Durchführung des Vertragsverhältnisses, ist die Letztere maßgebend.[4] Stellt sich der Einsatz des Arbeitnehmers als verdeckte Arbeitnehmerüberlassung (Scheinwerk-/Scheindienstvertrag) dar, wird jedoch gleichwohl kein Arbeitsverhältnis zwischen dem Arbeitnehmer und dem anderen Unternehmen (Auftraggeber) begründet, wenn der Arbeitgeber (Auftragnehmer) über eine Arbeitnehmerüberlassungserlaubnis verfügt.[5]

6

Im Rahmen eines Werkvertrages nach § 631 BGB verpflichtet sich der Unternehmer zur Herstellung eines Werkes, dh zur Herbeiführung eines bestimmten Erfolges.[6] Zur Herstellung des Werkes kann sich der Werkunternehmer anderer Personen bedienen. Diese sind sog. Erfüllungsgehilfen des Werkunternehmers.[7] Die eingesetzten Arbeitnehmer unterliegen dabei ausschließlich der arbeitsrechtlichen **Weisungsbefugnis des Werkunternehmers.**[8]

7

Kriterien für das Vorliegen eines **Werkvertrages** können sein:[9]

8

– Vereinbarung und Erstellung eines qualitativ individualisierbaren und dem Werkunternehmer zurechenbaren Werkergebnisses,
– Unternehmerische Dispositionsfreiheit des Werkunternehmers gegenüber dem Besteller,[10]
– Weisungsrecht des Werkunternehmers gegenüber seinen im Betrieb des Bestellers tätigen Arbeitnehmern, wenn das Werk dort zu erstellen ist;[11] keine Eingliederung in die Arbeitsabläufe des Bestellers,

---

[1] BAG 18.7.2012 – 7 AZR 451/11, AP TzBfG § 14 Nr. 98; LAG Baden-Württemberg 1.8.2013 – 2 Sa 6/13, BeckRS 2013, 71077; LAG Hamm 24.7.2013 – 3 Sa 1749/12, BeckRS 2013, 72125.
[2] BAG 6.8.2003 – 7 AZR 180/03, BeckRS 2003, 41607; BAG 22.6.1994 – 7 AZR 286/93, NZA 1995, 462; BAG 30.1.1991 – 7 AZR 497/89, NZA 1992, 19.
[3] BAG 1.6.94 – 7 AZR 7/93, NZA 1995, 465; *Marschner*, NZA 1995, 668 (669); sehr ausführlich zu den in Rspr. und Lit. vertretenen Abgrenzungsmethoden ErfK/*Wank*, AÜG § 1 Rn. 8ff.; *Schüren/Hamann*, AÜG § 1 Rn. 113ff.; *Greiner* NZA 2013, 697ff.
[4] BAG 25.9.2013 – 10 AZR 282/12, BeckRS 2013, 73664; BAG 29.8.2012 – 10 AZR 499/11, BeckRS 2012, 72568.
[5] ArbG Stuttgart 8.4.2014 – 16 BV 121/13; nach dem zwischen CDU, CSU und SPD am 16. Dezember 2013 unterzeichneten Koalitionsvertrag ist beabsichtigt, den Fall der verdeckten Arbeitnehmerüberlassung hinsichtlich der Rechtsfolgen einer Überlassung ohne Erlaubnis gleichzustellen; siehe hierzu auch Gesetzentwurf des Bundesrates – BT-Drucks. 18/14.
[6] BAG 18.1.2012 – 7 AZR 723/10, BeckRS 2012, 69565; ErfK/*Wank*, AÜG § 1 Rn. 12; *Wendeling-Schröder* AuR 2011, 424 (425).
[7] BAG 18.1.2012 – 7 AZR 723/10, BeckRS 2012, 69565; ErfK/*Wank*, AÜG § 1 Rn. 12.
[8] ErfK/*Wank*, AÜG § 1 Rn. 12; *Wendeling-Schröder* AuR 2011, 424 (425).
[9] Geschäftsanweisung der BA zum AÜG Stand Februar 2014, S. 14; Schaub/*Koch*, Arbeitsrechts-Handbuch § 120 Rn. 8; *Marschner* NZA 1995, 668 (669f.); *Wendeling-Schröder* AuR 2011, 42 (426); zur Entwicklung der durch die Rspr. herausgearbeiteten Kriterien ausführlich *Schüren/Hamann*, AÜG § 1 Rn. 117ff.
[10] BAG 15.6.1983 – 5 AZR 111/81, NJW 1984, 2912.
[11] BAG 30.1.1991 – 7 AZR 497/89, NZA 1992, 19.

– Tragen des Unternehmerrisikos, insbesondere der Gewährleistung,[1]
– Erfolgsorientierte Abrechnung der Werkleistung, keine Abrechnung nach Zeiteinheiten.

9   Ein Werkvertrag liegt zB vor, wenn ein Werkunternehmer mit dem Bau einer Maschine beauftragt wird und er diesen Auftrag mit eigenen Erfüllungsgehilfen erbringt, die bei dem Bau der Maschine einzig den Weisungen des Werkunternehmers unterliegen.

10 Für das Vorliegen einer **Arbeitnehmerüberlassung** sprechen dagegen folgende **Kriterien:**[2]
– Planung und Organisation der Arbeit durch den Besteller,
– Integration des Arbeitnehmers in den Betrieb des Bestellers,
– Kein Weisungsrecht des Werkunternehmers, Pflicht des eingesetzten Arbeitnehmers zur Abstimmung der Arbeitszeit, des Urlaubs und zur Abgabe der Arbeitsunfähigkeitsbescheinigung,
– Zurverfügungstellung von Arbeitsmitteln durch den Besteller,
– Übernahme der bisher von Arbeitnehmern des Bestellers ausgeführten Tätigkeiten.

11 Im Gegensatz zum Werkvertrag wird bei einem **Dienstvertrag** kein bestimmter Erfolg geschuldet, sondern nur eine bestimmte Tätigkeit.[3] Der dienstleistende Unternehmer kann die geschuldeten Dienste persönlich oder durch Erfüllungsgehilfen erbringen. Er ist dabei eigenverantwortlich tätig und hinsichtlich der Organisation der Tätigkeit (insbesondere in zeitlicher Hinsicht) frei.[4] Die durch den Dienstleistungserbringer eingesetzten Erfüllungsgehilfen sind daher bezüglich der Ausführung der Dienstleistung frei von Weisungen des Auftraggebers und können daher insbesondere ihre Arbeitszeit frei bestimmen.[5] Die Abgrenzung des Dienstvertrages von der Arbeitnehmerüberlassung folgt grundsätzlich nach den zum Werkvertrag dargestellten Kriterien.[6] Es kommt für die Abgrenzung daher wesentlich darauf an, ob die Arbeitnehmer bei der Ausführung ihrer Tätigkeiten selbstbestimmt sind.

12 Der BGH hat in seiner Entscheidung vom 2.2.2006 einen **weiteren Lösungsansatz** zur Abgrenzung der Arbeitnehmerüberlassung von Werk- und Dienstverträgen entwickelt. Nach Auffassung des BGH soll im Zweifel derjenigen Vertragsform der Vorzug zu geben sein, die nicht zu einer Nichtigkeit führt. Es könne nicht davon ausgegangen werden, dass geschäftserfahrene Vertragspartner eine Vertragsgestaltung wählen, die zu Gesetzesverstößen und den damit verbundenen negativen Folgen führen.[7] Es ist nicht absehbar, ob das BAG sich der Argumentation des BGH anschließen wird. Daher ist bei einem Einsatz im Rahmen eines Werk- oder Dienstvertrages weiterhin darauf zu achten, dass die Arbeitnehmer weisungsfrei tätig sind und nicht in die Unternehmensorganisation des Auftraggebers eingegliedert werden.

3. Abgrenzung zum Einsatz aufgrund Geschäftsbesorgungsvertrag

13 Der Geschäftsbesorgungsvertrag iSd § 675 BGB stellt einen **atypischen Dienst- oder Werkvertrag** dar. Unter einer Geschäftsbesorgung ist eine selbstständige wirt-

---

[1] BAG 30.1.1991 – 7 AZR 497/89, NZA 1992, 19; BAG 28.11.1989 – 1 ABR 90/88, NZA 1990, 364.
[2] Schaub/Koch, Arbeitsrechts-Handbuch § 120 Rn. 9.
[3] *Wendeling-Schröder*, AuR 2011, 424 (425).
[4] Geschäftsanweisung der BA zum AÜG Stand Februar 2014, S. 14; *Wendeling-Schröder*, AuR 2011, 424 (425).
[5] BSG 23.6.1982 – 7 RAr 98/80, BeckRS 1982, 30820281; Geschäftsanweisung der BA zum AÜG Stand Februar 2014, S. 14 f.; *Marschner* NZA 1995, 668 (669).
[6] *Schüren/Hamann*, AÜG § 1 Rn. 201; ErfK/*Wank*, AÜG § 1 Rn. 23.
[7] BGH 2.2.2006 – III ZR 61/05, BeckRS 2006, 02447.

schaftliche Tätigkeit zur Wahrnehmung fremder Interessen zu verstehen, für die ursprünglich der Geschäftsherr selbst zu sorgen hatte, die ihm aber durch den Geschäftsbesorger abgenommen wird.[1] Der Geschäftsbesorger und die durch ihn eingesetzten Hilfspersonen unterliegen nicht den Weisungen des Geschäftsherrn.[2] Die Abgrenzung zur Arbeitnehmerüberlassung erfolgt überwiegend anhand der bei der Abgrenzung zu Dienst- und Werkvertrag zur Anwendung kommenden Kriterien.[3]

II. Anwendung des AÜG im Konzern

1. Konzernleihe nach § 1 Abs. 3 Nr. 2 AÜG

Die Überlassung von Arbeitnehmern fällt nicht in den Anwendungsbereich des AÜG und bedarf damit auch keiner entsprechenden Überlassungserlaubnis nach § 1 Abs. 1 S. 1 AÜG, wenn die Voraussetzungen des **Konzernprivilegs** gemäß § 1 Abs. 3 Nr. 2 AÜG vorliegen. Das Konzernprivileg nach § 1 Abs. 3 Nr. 2 AÜG aF setzte eine Arbeitnehmerüberlassung zwischen Konzernunternehmen iSd § 18 AktG und eine nur vorübergehende Arbeitsleistung des Arbeitnehmers bei dem Entleihunternehmen voraus (Konzernprivileg → Rn. 14).[4] Das seit dem 1.12.2011 neu geregelte Konzernprivileg nach § 1 Abs. 3 Nr. 2 AÜG setzt weiterhin eine Arbeitnehmerüberlassung zwischen Konzernunternehmen iSd § 18 AktG voraus, stellt nunmehr jedoch darauf ab, dass die Arbeitnehmer nicht zum Zwecke der Überlassung eingestellt und beschäftigt werden dürfen (Konzernprivileg → Rn. 23).

14

a) Konzernbegriff des § 1 Abs. 3 Nr. 2 AÜG

Hinsichtlich des Konzernbegriffs verweist § 1 Abs. 3 Nr. 2 AÜG auf **§ 18 AktG**. Es handelt sich um eine rechtsformneutrale Verweisung, dh es muss sich bei den beteiligten Unternehmen nicht um Aktiengesellschaften handeln.[5] Es genügt, wenn die **materiellen Merkmale eines Konzerns** vorliegen.[6] Auch ist es nicht erforderlich, dass es sich um einen rein inländischen Konzern handelt. Ausreichend ist es, wenn eines der beteiligten Unternehmen seinen Sitz im Inland hat und in einer Rechtsform organisiert ist, die im Inland anerkannt ist.[7] Der Arbeitseinsatz muss zwischen den Konzernunternehmen erfolgen.[8] Umfasst sind Überlassungen von einem deutschen Konzernunternehmen an ein ausländisches Konzernunternehmen und vice versa.[9] Nicht mehr von § 1 Abs. 3 Nr. 2 AÜG umfasst sind dagegen Arbeitnehmerüberlassungen zwischen Mutterunternehmen, da zwischen diesen kein Konzern besteht.[10]

15

aa) Rechtlich selbständige Unternehmen

Ein Konzern iSd § 18 AktG setzt zunächst **mindestens zwei** rechtlich selbstständige Unternehmen voraus. Unerheblich ist dagegen, ob das eine Unternehmen das andere

16

---

[1] BGH 6.7.2006 – IX ZR 121/05, NJW-RR 2007, 50.
[2] Schüren/Hamann, AÜG § 1 Rn. 212.
[3] Schüren/Hamann, AÜG § 1 Rn. 213; ErfK/Wank, AÜG § 1 Rn. 24.
[4] Hierzu BAG 18.7.2012 – 7 AZR 451/11, AP Tz BfG § 14 Nr. 98.
[5] BAG 5.5.1988 – 2 AZR 795/87, BeckRS 1980, 44750; Schüren/Hamann, AÜG § 1 Rn. 490; ErfK/Wank, AÜG § 1 Rn. 58; Geschäftsanweisung der BA zum AÜG Stand Februar 2014, S. 20; Beck'sches Formularbuch/Hansen, S. 553.
[6] Schüren/Hamann, AÜG § 1 Rn. 490; Beck'sches Formularbuch/Hansen, S. 553.
[7] LAG Saarland 26.3.2014 – 1 TaBV 9/12, BeckRS 2014, 69191; Schüren/Hamann, AÜG § 1 Rn. 490.
[8] ErfK/Wank, AÜG § 1 Rn. 58.
[9] Schüren/Hamann, AÜG § 1 Rn. 490; Geschäftsanweisung der BA zum AÜG Stand Februar 2014, S. 22.
[10] ErfK/Wank, AÜG § 1 Rn. 58; Schüren/Hamann, AÜG § 1 Rn. 503.

beherrscht (Unterordnungskonzern, §§ 17, 18 Abs. 1 AktG) oder nicht (Gleichordnungskonzern, § 18 Abs. 2 AktG).[1] Auch kommt es nicht darauf an, ob die Unternehmen im selben Wirtschaftsbereich tätig sind.[2] Keine Anwendung findet § 1 Abs. 3 Nr. 2 AÜG dagegen auf Unternehmen, die nur einen gemeinsamen und rechtlich unselbstständigen Betrieb bilden, da es insofern an dem Merkmal der rechtlichen Selbstständigkeit fehlt.[3]

bb) Einheitliche Leitung

17   Der Konzernbegriff setzt zudem voraus, dass die rechtlich selbstständigen Unternehmen einer einheitlichen Leitung unterstehen.[4]

18   Unter Leitung ist die planmäßige und auf eine gewisse Dauer angelegte **gezielte Einflussnahme** auf wesentliche Bereiche der Geschäftsführung zu verstehen. Nicht ausreichend ist es hierfür, wenn nur vereinzelt Einfluss auf Entscheidungen genommen wird oder nur unwesentliche Bereiche der Geschäftsführung von der Einflussnahme betroffen sind. Vielmehr muss sich die Einflussnahme auf wesentliche Bereiche der Geschäftspolitik erstrecken, zB in den Bereichen Personal, Produktion oder Finanzierung.[5] Weiterhin ist erforderlich, dass die Leitung auch tatsächlich durchgeführt wird, dh eine rein theoretisch bestehende Möglichkeit zur Einflussnahme genügt nicht.[6]

19   Im Falle eines vertraglichen Unterordnungskonzerns beruht die einheitliche Leitung insbesondere auf dem Beherrschungsvertrag (§ 291 AktG) oder der Eingliederung (§ 319 AktG).[7] Nach § 18 Abs. 1 S. 2 AktG wird das Vorliegen einer einheitlichen Leitung unwiderlegbar vermutet. Bei einem faktischen Unterordnungskonzern wird bei Vorliegen von Beherrschungsmitteln nach § 18 Abs. 1 S. 3 AktG widerlegbar vermutet, dass eine einheitliche Leitung vorliegt. Als **Beherrschungsmittel** kommen insbesondere Stimmrechte und Entsendungsrechte in Betracht.[8] Beim Gleichordnungskonzern iSd § 18 Abs. 2 AktG kann sich die einheitliche Leitung aus vertraglichen Absprachen oder den faktischen Verhältnissen ergeben, zB bei wechselseitigen Beteiligungen auf Gesellschafterebene.[9]

b) Rechtslage seit 1.12.2011

20   Bis zum 30.11.2011 lag das Konzernprivileg nach § 1 Abs. 3 Nr. 2 AÜG aF nur bei einer **vorübergehenden Überlassung** des Arbeitnehmers an den Entleiher vor. Nur für diesen Fall sollte die Pflicht zur Einholung einer Arbeitnehmerüberlassungserlaubnis entfallen.

21   Das Merkmal der „vorübergehenden Überlassung" iSd § 1 Abs. 3 Nr. 2 AÜG aF war weit auszulegen, so dass auch eine Überlassung über einen Zeitraum von mehre-

---

[1] *Schüren/Hamann*, AÜG § 1 Rn. 493; ErfK/*Wank*, AÜG § 1 Rn. 58; Beck'sches Formularbuch/ *Hansen*, S. 553.
[2] *Schüren/Hamann*, AÜG § 1 Rn. 497.
[3] BAG 3.12.1997 – 7 AZR 727/96, BeckRS 1997, 30772755; *Schüren/Hamann*, AÜG § 1 Rn. 495; ErfK/*Wank*, AÜG § 1 Rn. 58; Beck'sches Formularbuch/*Hansen*, S. 553.
[4] *Schüren/Hamann*, AÜG § 1 Rn. 498.
[5] *Schüren/Hamann*, AÜG § 1 Rn. 499.
[6] *Schüren/Hamann*, AÜG § 1 Rn. 500.
[7] *Schüren/Hamann*, AÜG § 1 Rn. 500; ErfK/*Wank*, AÜG § 1 Rn. 58; Geschäftsanweisung der BA zum AÜG Stand Februar 2014, S. 21.
[8] *Schüren/Hamann*, AÜG § 1 Rn. 500; ErfK/*Wank*, AÜG § 1 Rn. 58; Geschäftsanweisung der BA zum AÜG Stand Februar 2014, S. 21.
[9] ErfK/*Wank*, AÜG § 1 Rn. 58; Geschäftsanweisung der BA zum AÜG Stand Februar 2014, S. 21.

ren Jahren noch „vorübergehend" war.¹ Entscheidend war, ob der Arbeitnehmer nach dem Ende der Überlassung in das Unternehmen seines Vertragsarbeitgebers zurückkehren oder endgültig aus dem Unternehmen ausscheiden sollte.² Dies musste bereits im Zeitpunkt der Überlassung feststehen.³

Das Konzernprivileg des § 1 Abs. 3 Nr. 2 AÜG aF fand damit keine Anwendung auf solche konzerninternen **Personaldienstleistungsgesellschaften,** deren Zweck in der Einstellung und Beschäftigung von Arbeitnehmern zum Zwecke der dauerhaften Überlassung an andere Konzernunternehmen lag.⁴ Gleiches galt für **Mischunternehmen,** für die nach ihrem Gesellschaftszweck die dauerhafte konzerninterne Arbeitnehmerüberlassung von nicht nur untergeordneter Bedeutung war.⁵ 22

Nach der seit 1.12.2011 geltenden Fassung des § 1 Abs. 3 Nr. 2 AÜG erstreckt sich der Anwendungsbereich des Konzernprivilegs nur noch auf die Überlassung solcher Leiharbeitnehmer, die **nicht zum Zweck der Überlassung eingestellt und beschäftigt** werden.⁶ 23

Teils wird die unklare Gesetzesformulierung kritisiert. Der Wortlaut des neuen § 1 Abs. 3 Nr. 2 AÜG lasse nicht erkennen, ob der Leiharbeitnehmer „überhaupt nicht" oder „nicht ausschließlich" zum Zweck der Überlassung eingestellt und beschäftigt werden dürfe.⁷ Auch die Gesetzesbegründung beantwortet diese Frage nicht. Nach dieser kommt es darauf an, dass die Leiharbeitnehmer später nicht zum Zwecke der Überlassung beschäftigt werden. Der bei Abschluss des Arbeitsvertrages festgelegte Leistungsinhalt ist jedenfalls nicht alleine entscheidend.⁸ Vereinzelt wird angenommen, dass der Gesetzeszweck für die Annahme spreche, dass das Konzernprivileg des § 1 Abs. 3 Nr. 2 AÜG gelten solle, wenn der Arbeitnehmer „nicht ausschließlich" zum Zweck der Überlassung eingestellt und beschäftigt, sondern auch bei dem überlassenden Unternehmen eingesetzt werde. Ziel des Gesetzes sei es, nur konzerninterne Arbeitnehmerüberlassungsunternehmen aus dem Konzernprivileg herauszunehmen, die ihre Arbeitnehmer ausschließlich an andere Konzernunternehmen verleihen.⁹ Folgt man diesem Verständnis der neuen Regelung, ist die Einstellung und Beschäftigung eines Arbeitnehmers in einem Konzernunternehmen auch dann noch durch das Konzernprivileg des § 1 Abs. 3 Nr. 2 AÜG gedeckt, wenn der Arbeitsvertrag eine **Konzernversetzungsklausel** enthält und der Arbeitnehmer auf dieser Basis auch als Leiharbeitnehmer eingesetzt werden kann, so lange die Überlassung „**nicht ausschließlich**" erfolgt (zu Inhalt und Zulässigkeit von Konzernversetzungsklauseln → Teil 1 Absch 3 A Rn. 40 ff.).¹⁰ Dies soll allerdings dann nicht mehr gelten, wenn es sich bei dem einstellenden Konzernunternehmen um ein Mischunternehmen handelt, da dann auch Arbeitnehmer zur ausschließlichen Überlassung eingestellt 24

---

¹ BAG 21.3.1990 – 7 AZR 198/89, NZA 1991, 269; LAG Hamm 6.5.2011 – 7 Sa 1583/10; Küttner/*Röller,* Arbeitnehmerüberlassung, Rn. 7; Schaub/*Koch,* Arbeitsrechts-Handbuch § 120 Rn. 17; Schüren/*Hamann,* AÜG § 1 Rn. 508.
² LAG Hamm 6.5.2011 – 7 Sa 1583/10, BeckRS 2011, 73468; LAG Hessen 26.5.2000 – 2 Sa 423/99, NZA-RR 2000, 572; Schüren/*Hamann,* AÜG § 1 Rn. 253; Geschäftsanweisung der BA zum AÜG Stand November 2010, S. 20.
³ Schüren/*Hamann,* AÜG § 1 Rn. 510; aA ArbG Köln 9.2.1996 – 2 Ca 6262/95, BeckRS 1996, 30943796.
⁴ BAG 20.4.2005 – 7 ABR 20/04, BeckRS 2005, 42429; Becker/Wulfgramm, Art. 1 § 1 Rn. 32.
⁵ BAG 9.2.2011 – 7 AZE 32/10, BeckRS 2011, 73043; ErfK/*Wank,* AÜG § 1 Rn. 26; Geschäftsanweisung der BA zum AÜG Stand November 2010, S. 8.
⁶ BT-Drs. 17/4804, S. 8.
⁷ *Lembke,* DB 2011, 414 (415 f.); *Lembke* FA 2011, 290 (291).
⁸ BT-Drs. 17/4804, S. 8.
⁹ *Lembke,* DB 2011, 414 (415 f.); *Lembke* BB 2012, 2497 (2499).
¹⁰ *Lembke,* DB 2011, 414 (416); *Lembke* BB 2012, 2497 (2499); *Meyer* NZA 2013, 1326 (1327).

werden.¹ Nach diesseitiger Auffassung ist hinsichtlich der Anwendung des Konzernprivilegs allein darauf abzustellen, ob der zu überlassende Arbeitnehmer „nicht ausschließlich" zum Zweck der Überlassung eingestellt und beschäftigt wird. Dies gilt unabhängig davon, ob es sich bei dem überlassenden Unternehmen um einen Mischbetrieb handelt.

25 Zudem wird vertreten, dass die Klausel alternativ und nicht kumulativ zu lesen sei, dh anstelle des „und" müsse ein „oder" gelesen werden.² Anderenfalls könne ein Konzernunternehmen das Konzernprivileg des § 1 Abs. 3 Nr. 2 AÜG entgegen der gesetzgeberischen Intention doch noch in Anspruch nehmen, wenn erst nach Einstellung der Arbeitnehmer eine Ergänzung der Arbeitsverträge zur Ermöglichung der Arbeitnehmerüberlassung erfolgt und die Arbeitnehmer ausschließlich an andere Unternehmen überlassen werden.³ Es ist aber auch ohnehin streitig, ob das Konzernprivileg des § 1 Abs. 3 Nr. 2 AÜG überhaupt europarechtskonform ist. Die überwiegende Ansicht hält die Regelung für europarechtswidrig, da die Leiharbeitsrichtlinie keine Privilegierung für eine konzerninterne Arbeitnehmerüberlassung vorsehe.⁴

2. Zustimmung des Arbeitnehmers/Einsatz im Rahmen von Konzernversetzungsklauseln

26 Der Arbeitnehmer kann nicht kraft des arbeitgeberseitigen Direktionsrechts einseitig gezwungen werden, in einem anderen Unternehmen des Konzerns tätig zu werden (→ Teil 1 Absch 3 A Rn. 7).⁵ Soll der Arbeitnehmer daher bei einem anderen Konzernunternehmen tätig werden, so bedarf es grundsätzlich seiner Zustimmung (vgl. **§ 613 S. 2 BGB**).⁶ Erklärt sich der Arbeitnehmer mit einem Einsatz in einem anderen Unternehmen des Konzerns nicht einverstanden, so bleibt dem Arbeitgeber nur der Weg der Änderungskündigung.⁷ Eine Änderungskündigung kommt für die Versetzung des Arbeitnehmers in ein anderes Konzernunternehmen jedoch nicht in Betracht, da es in der Regel an dem betrieblichen Interesse des Stammarbeitgebers mangelt.⁸ Die Änderungskündigung würde im Übrigen zudem voraussetzen, dass der Arbeitgeber, bei welchem der Arbeitnehmer aufgrund der Änderungskündigung beschäftigt werden soll, ein bindendes Änderungsangebot abgibt.

27 Will der Arbeitgeber den Einsatz der Arbeitnehmer innerhalb des Konzerns flexibel gestalten, muss er sich dies im Arbeitsvertrag entsprechend vorbehalten. In der Praxis wird in Arbeitsverträgen von Konzernunternehmen daher häufig ein **Konzernversetzungsvorbehalt** vereinbart, der es dem Konzernunternehmen ermöglichen soll, den Arbeitnehmer einseitig zur Ausübung vergleichbarer Tätigkeiten auch in anderen Unternehmen des Konzerns einzusetzen (zum Inhalt und der Zulässigkeit von Konzernversetzungsklauseln, → Teil I Absch 3 A Rn. 40ff.).

28 Hat sich der Arbeitgeber im Arbeitsvertrag die Versetzung des Arbeitnehmers aufgrund der Vereinbarung einer Konzernversetzungsklausel vorbehalten oder ist der Arbeitnehmer ausdrücklich für den gesamten Konzern eingestellt, so ist es dem Arbeitgeber im Rahmen des **arbeitsvertraglich erweiterten Direktionsrechts** gestattet,

---

¹ *Oberthür*, ArbRB 2011, 146 (147).
² *Lembke*, BB 2012, 2497 (2499); *Hamann*, RdA 2011, 321 (333); *Lembke*, DB 2011, 414 (416).
³ So wohl *Ulber*, AuR 2010, 412 (414).
⁴ Vgl. *Lembke* BB 2012, 2497 (2499) mwN, *Meyer* NZA 2013, 1326 (1327).
⁵ LAG Hamm 11.12.2008 – 11 Sa 817/08, BeckRS 2009, 53973; Preis/*Preis*, Der Arbeitsvertrag II D 30, Rn. 212; *Windbichler*, S. 95.
⁶ *Schüren/Hamann*, AÜG § 1 Rn. 520.
⁷ *Schüren/Hamann*, AÜG § 1 Rn. 520.
⁸ *Windbichler*, S. 95 und 77f.

den Arbeitnehmer anderen Unternehmen des Konzerns zur Arbeitsleistung zu überlassen.[1] Eine Zustimmung des Arbeitnehmers zur Überlassung an das andere Konzernunternehmen ist in diesen Fällen nicht erforderlich.[2] Auch das aufgrund des Konzernversetzungsvorbehalts geltende erweiterte Direktionsrecht muss allerdings nach billigem Ermessen (§ 106 GewO) ausgeübt werden.[3] Die Wahrung billigen Ermessens setzt voraus, dass die wesentlichen Umstände des Falles abgewogen und die beiderseitigen Interessen angemessen berücksichtigt werden.[4] Nach der Rechtsprechung des BAG kann der Arbeitsvertrag zwischen dem Arbeitnehmer und dem konzerninternen Verleiher wirksam unter den Voraussetzungen des § 14 Abs. 2 S. 1 TzBfG sachgrundlos befristet werden. War der Arbeitnehmer zuvor bei einem anderen Konzernunternehmen beschäftigt, so steht diese Vorbeschäftigung einer sachgrundlosen Befristung grundsätzlich nicht entgegen, da sich das Anschluss-/Zuvorbeschäftigungsverbot des § 14 Abs. 2 S. 2 TzBfG nach Ansicht des BAG nur auf denselben Vertragsarbeitgeber bezieht.[5] Eine Vorbeschäftigung iSv § 14 Abs. 2 S. 2 TzBfG liegt daher nach der Rechtsprechung des BAG grundsätzlich auch dann nicht vor, wenn der befristet eingestellte Arbeitnehmer zuvor bei einem anderen Konzernunternehmen beschäftigt war oder als Leiharbeitnehmer im gleichen Betrieb auf dem gleichen Arbeitsplatz gearbeitet hat.[6] Die Arbeitsvertragsparteien können allerdings ausdrücklich oder konkludent vereinbaren, dass eine Beschäftigung bei einem anderen Arbeitgeber als Vorbeschäftigung iSd § 14 Abs. 2 S. 2 TzBfG gelten soll.[7] Vereinbaren die Arbeitsvertragsparteien die Anrechnung der bei einem anderen Arbeitgeber erbrachten Beschäftigungszeiten, so genügt dies allein jedoch noch nicht für die Annahme einer konkludenten Vereinbarung einer Vorbeschäftigung iSd § 14 Abs. 2 S. 2 TzBfG.[8] Allerdings kann nach Ansicht des BAG in bestimmten Fällen die Ausnutzung der durch das Teilzeit- und Befristungsgesetz vorgesehenen Gestaltungsmöglichkeiten rechtsmissbräuchlich sein.[9] Eine rechtsmissbräuchliche Gestaltung bei der Vereinbarung einer sachgrundlosen Befristung kann nach Ansicht des BAG vorliegen, wenn diese darauf abziele, den Arbeitnehmer unter Einschaltung mehrerer Vertragsarbeitgeber auf eine unangemessene Zeit mit sachgrundlos befristeten Arbeitsverträgen bei einem Arbeitgeber beschäftigen zu können.[10] Das BAG hat eine missbräuchliche Gestaltung angenommen, wenn mehrere rechtlich und tatsächlich verbundene Vertragsarbeitgeber in bewusstem und gewolltem Zusammenwirken abwechselnd mit einem Arbeitnehmer befristete Arbeitsverträge schließen, um auf diese Weise über die gesetzlich vorgesehenen Befristungsmöglichkeiten hinaus sachgrundlose Befristungen aneinanderreihen zu können. Ein Rechtsmissbrauch liege nach Ansicht des BAG allerdings dann nicht vor, wenn für den Aus-

---

[1] *Schüren/Hamann*, AÜG § 1 Rn. 520.
[2] *Schüren/Hamann*, AÜG § 1 Rn. 520; so wohl auch Thüsing/*Waas*, AÜG § 1 Rn. 201.
[3] *Maschmann* RdA 1996, 24 (28); *Windbichler*, S. 94; *Schüren/Hamann*, AÜG § 1 Rn. 520.
[4] Siehe ua BAG 15.12.1976 – 5 AZR 600/75, AP BGB § 611 Arzt-Krankenhaus-Vertrag Nr. 3; BAG 7.12.2000 – 6 AZR 444/99, AP BGB § 611 Direktionsrecht Nr. 61; BAG 23.9.2004 – 6 AZR 567/03, AP BGB § 611 Direktionsrecht Nr. 64.
[5] BAG 9.3.2011 – 7 AZR 657/09, NZA 2011, 1147; BAG 18.10.2006 – 7 AZR 145/06, NZA 2007, 443 (444); hierzu auch ausführlich *Lembke* BB 2012, 2497 (2502).
[6] BAG 9.2.2011 – 7 AZR 32/10, NZA 2011, 791 (793); BAG 18.10.2006 – 7 AZR 145/06, NZA 2007, 443 (444); BAG 17.1.2007 – 7 AZR 20/06, NZA 2007, 566 (570); zur Frage der Anrechnung von Zeiten der Eingliederung als Leiharbeitnehmer bei der Berechnung der Wartezeit des § 1 Abs. 1 KSchG, BAG 20.2.2014 – 2 AZR 859/11, BeckRS 2014, 71704.
[7] BAG 9.2.2011 – 7 AZR 32/10, NZA 2011, 791 (793).
[8] BAG 9.2.2011 – 7 AZR 32/10, NZA 2011, 791 (793).
[9] BAG 9.3.2011 – 7 AZR 657/09, NZA 2011, 1147.
[10] BAG 9.2.2011 – 7 AZR 32/10, NZA 2011, 791 (793); BAG 18.10.2006 – 7 AZR 145/06 NZA 2007, 443 (445).

tausch des Vertragsarbeitgebers andere, rechtlich nicht zu missbilligende Gründe maßgeblich gewesen seien.[1] Allerdings rechtfertigt allein die Überlassung eines sachgrundlos befristet beschäftigten Arbeitnehmers an seinen vormaligen Vertragsarbeitgeber, bei dem er zuvor sachgrundlos befristet beschäftigt war, nach Ansicht des BAG noch nicht die Annahme eines Gestaltungsmissbrauchs.[2]

3. Inhalt und Form des Überlassungsvertrages

29 Bei einem Arbeitnehmerüberlassungsvertrag handelt es sich um einen gegenseitigen **Vertrag eigener Art,** zu dem das Gesetz in § 12 AÜG nur wenige Regelungen vorsieht.[3]

30 Zunächst enthält § 12 AÜG für den Überlassungsvertrag zwischen dem Entleiher und dem Verleiher ein **Schriftformgebot.** Der gesamte Inhalt des Rechtsgeschäfts sowie alle Nebenabreden müssen sich aus der Vertragsurkunde entnehmen lassen.[4] Ein Verstoß gegen das Schriftformerfordernis führt zur Nichtigkeit des Vertrags einschließlich der getroffenen Nebenabreden, so dass er nach §§ 812 ff. BGB rückabzuwickeln ist.[5] Bislang war umstritten, ob das Schriftformerfordernis auf alle Arbeitnehmerüberlassungsverträge Anwendung findet oder nur auf solche der gewerblichen Arbeitnehmerüberlassung.[6] Nachdem mit der letzten Änderung des AÜG das Gesetz nicht länger auf die gewerbsmäßige Arbeitnehmerüberlassung, sondern auf die wirtschaftliche Tätigkeit der Verleihunternehmen abstellt und sich der Anwendungsbereich des Gesetzes damit vergrößert hat, dürfte das Schriftformerfordernis nun für alle Arbeitnehmerüberlassungsverträge gelten (zu dem durch Änderung des AÜG in § 1 Abs. 1 S. 2 neu eingeführten Merkmal der „wirtschaftlichen Tätigkeit" → Rn. 56 ff.).

31 Die **Hauptpflichten** des Überlassungsvertrages sind in § 12 AÜG nicht geregelt. Sie lassen sich mittelbar der Regelung des § 1 AÜG entnehmen.[7] Der Verleiher schuldet die Überlassung von geeigneten Arbeitskräften am vereinbarten Ort und zur vereinbarten Zeit, der Entleiher hierfür eine Vergütung.[8]

32 Die Regelung des § 12 AÜG enthält **Neben- und Hinweispflichten.** Der Entleiher muss Angaben zu den Tätigkeiten machen, für welche die überlassenen Arbeitnehmer eingesetzt werden sollen und welche beruflichen Qualifikationen für diese Tätigkeiten erforderlich sind. Hierzu muss er die Aufgabengebiete und Tätigkeiten stichwortartig umschreiben. Schlagwortartige Angaben reichen nicht aus.[9] Der Entleiher muss gemäß § 12 AÜG Angaben zu mit den Leiharbeitnehmern vergleichbaren Arbeitnehmern im Betrieb und den **wesentlichen Arbeitsbedingungen einschließlich des Arbeitsentgelts** machen, soweit nicht ein Tarifvertrag abweichende Regelungen von den wesentlichen Arbeitsbedingungen zulässt.[10] Hierdurch soll dem

---

[1] BAG 9.2.2011 – 7 AZR 32/10, NZA 2011, 791 (794); BAG 21.2.2001 – 7 AZR 200/00, BeckRS 2001, 30163045; BAG 18.10.2006 – 7 AZR 145/06, NZA 2007, 443 (445).
[2] BAG 9.3.2011 – 7 AZR 657/09, NZA 2011, 1147.
[3] MHdB ArbR/*Schüren*, § 318 Rn. 29; *Schüren/Hamann*, AÜG § 1 Rn. 75.
[4] *Schüren/Hamann*, AÜG § 12 Rn. 5.
[5] BGH 17.2.2000 – III ZR 78/99, NJW 2000, 1557; BGH 17.1.1984 – VI ZR 187/82, NJW 84, 1456; Schaub/*Koch*, Arbeitsrechts-Handbuch § 120 Rn. 81; *Schüren/Hamann*, AÜG § 12 Rn. 15; ErfK/*Wank*, AÜG § 12 Rn. 4; aA Becker/*Wulfgramm*, § 12 Rn. 16a, der die entsprechende Anwendung durch der Rspr. entwickelten Grundsätze zu fehlerhaften Arbeitsverhältnissen anwenden will.
[6] *Schüren/Hamann*, AÜG § 12 Rn. 4 mwN.
[7] MHdB ArbR/*Schüren*, § 318 Rn. 29 f.; ErfK/*Wank*, AÜG § 12 Rn. 5.
[8] BGH 5.5.1992 – 1 ABR 78/91, NZA 1992, 1044; BGH 13.5.1975 – VI ZR 247/73, NJW 1975, 1695.
[9] HBD/*Böhm*, AÜG § 12 Rn. 6.
[10] In diesem Fall ist aber der maßgebliche Tarifvertrag in Kopie beizulegen, vgl. *Schüren/Hamann*, AÜG § 12 Rn. 23.

A. Arbeitnehmerüberlassung, Entsendung in andere Konzernunternehmen

Verleiher ermöglicht werden, die an die Leiharbeitnehmer zu zahlende Vergütung korrekt zu ermitteln (zu den wesentlichen Arbeitsbedingungen → Rn. 65).

Der Verleiher hat gemäß § 12 AÜG zu erklären, ob er die nach § 1 AÜG erforderliche **Erlaubnis zur Überlassung** von Arbeitnehmern besitzt. Der Verleiher hat den Entleiher nach § 12 Abs. 2 AÜG auch unverzüglich über den Wegfall der Arbeitnehmerüberlassungserlaubnis zu unterrichten bzw. im Fall der Nichtverlängerung, des Widerrufs oder der Rücknahme der Erlaubnis auf das voraussichtliche Ende der Abwicklung und die gesetzliche Abwicklungsfrist hinzuweisen (siehe hierzu §§ 2, 4, 5 AÜG). Es empfiehlt sich, im Hinblick auf die mit Wirkung zum 30.4.2011 in Kraft getretene sog. Drehtürklausel des § 3 Abs. 1 Nr. 3 S. 4 AÜG (Zur Drehtürklausel → Rn. 72) **Auskunfts- und Prüfungspflichten** hinsichtlich etwaiger Vorbeschäftigungen des Leiharbeitnehmers für Verleiher und Entleiher in den Überlassungsvertrag aufzunehmen.[1] Ebenso empfiehlt es sich im Hinblick auf § 13b AÜG (→ Rn. 85) im Arbeitnehmerüberlassungsvertrag Regelungen zu den Gemeinschaftseinrichtungen und -diensten des Entleihers aufzunehmen.[2] 33

Die in Überlassungsverträgen häufig enthaltenen AGB iSd §§ 305 ff. BGB unterliegen nach § 310 Abs. 1 BGB einer **eingeschränkten Inhaltskontrolle** nach § 307 Abs. 1, Abs. 2 BGB, sofern es sich bei dem Entleiher um einen Unternehmer nach § 14 BGB handelt. 34

4. Betriebliche Mitbestimmung bei der Einstellung von Leiharbeitnehmern

Nach § 14 Abs. 3 S. 1 AÜG ist der Betriebsrat des Entleiherbetriebs gemäß § 99 BetrVG zu beteiligen, bevor ein Leiharbeitnehmer im Entleiherbetrieb seine Arbeitsleistung aufnimmt.[3] Der Inhalt des Beteiligungsrechts richtet sich nach § 99 BetrVG.[4] Ob es sich bei § 14 Abs. 3 S. 1 AÜG um eine Rechtsfolgenverweisung oder eine **Rechtsgrundverweisung** handelt, ist umstritten.[5] Bei Vorliegen einer Rechtsgrundverweisung müssten die Voraussetzungen des § 99 BetrVG vorliegen. Der Betriebsrat des Entleiherbetriebs wäre daher nur dann bei der Einstellung eines Leiharbeitnehmers zu beteiligen, wenn im Entleihunternehmen mindestens 20 wahlberechtigte Arbeitnehmer beschäftigt werden. Der Ansicht, nach welcher eine Rechtsgrundverweisung vorliegt, ist der Vorzug zu geben. Gründe, die für eine Erweiterung des Mitbestimmungsrechts bei der Einstellung von Leiharbeitnehmern in Betrieben mit weniger als 20 wahlberechtigten Arbeitnehmern sprechen, sind nicht ersichtlich. Vielmehr dürfte ein Betrieb durch eine Neueinstellung stärker beeinträchtigt werden, als durch den vorübergehenden Einsatz eines Leiharbeitnehmers.[6] 35

Unabhängig von der geplanten Einsatzdauer der Leiharbeitnehmer muss der Entleiher den **Betriebsrat umfassend** über den geplanten Einsatz **unterrichten.**[7] Der Betriebsrat ist über die Anzahl der Leiharbeitnehmer, den Beginn des Einsatzes und die voraussichtliche Einsatzdauer, den geplanten Einsatzbereich sowie etwaige Auswirkun- 36

---

[1] *Lembke* BB 2012, 2497 (2503 f.) mwN und einem Formulierungsvorschlag für eine solche Klausel.
[2] *Lembke* BB 2012, 2497 (2504) mwN und einem Formulierungsvorschlag für eine solche Klausel.
[3] Zur Anwendbarkeit bei Vorliegen des Konzernprivilegs → Rn. 44.
[4] *Schüren/Hamann*, AÜG § 14 Rn. 157.
[5] Von einer Rechtsgrundverweisung ausgehend und unter ausführlicher Darstellung des Streitstandes: *Schüren/Hamann*, AÜG § 14 Rn. 143 ff. mwN; aA ErfK/*Wank*, AÜG § 14 Rn. 18.
[6] *Schüren/Hamann*, AÜG § 14 Rn. 146.
[7] BAG 23.1.2008 – 1 ABR 74/06, NZA 2008, 603; *Wensing/Freise* BB 2004, 2238 (2239 f.); *Schüren/Hamann*, AÜG § 14 Rn. 159.

gen auf das Entleihunternehmen zu informieren.[1] Solche Auswirkungen können sich im Hinblick auf die Tätigkeit der Stammarbeitnehmer ergeben (Beaufsichtigung, Einweisung) als auch im Hinblick auf die Organisation (Zuteilung von Parkplätzen, Umkleideräume).[2] Der Entleiher ist hingegen nicht verpflichtet, den Einsatz von Leiharbeitnehmern zu begründen.[3] Der Entleiher hat dem Betriebsrat gemäß § 14 Abs. 3 S. 2 AÜG auch die schriftliche Erklärung des Verleihers zum Vorhandensein der Arbeitnehmerüberlassungserlaubnis vorzulegen. Da diese Erklärung nach § 12 Abs. 1 S. 2 AÜG im Rahmen des Überlassungsvertrages erfolgt, muss der Verleiher in der Konsequenz den vollständigen Überlassungsvertrag vorlegen.[4] Nicht vorzulegen sind dagegen die zwischen dem Leiharbeitnehmer und dem Verleiher abgeschlossenen Arbeitsverträge oder Bewerbungsunterlagen.[5] Der Arbeitgeber hat dem Betriebsrat auch den Namen des Leiharbeitnehmers vor dessen Einstellung mitzuteilen. Der Arbeitgeber hat daher, soweit ihm die Personalien des Leiharbeitnehmers nicht vorliegen, diese beim Verleiher zu erfragen.[6]

37 Der Betriebsrat hat nach § 99 Abs. 3 BetrVG innerhalb von einer Woche eine schriftliche Stellungnahme abzugeben. Der Betriebsrat kann die Zustimmung bei Vorliegen eines Zustimmungsverweigerungsgrunds nach § 99 Abs. 2 BetrVG verweigern. Ein Verstoß gegen das in § 1 Abs. 1 S. 2 AÜG normierte Gebot der vorübergehenden Überlassung ist als Zustimmungsverweigerungsgrund nach § 99 Abs. 2 Nr. 1 BetrVG anzusehen. § 1 Abs. 1 S. 2 AÜG ist ein Verbotsgesetz iSv § 99 Abs. 2 Nr. 1 BetrVG.[7] Zudem kann die Zustimmung nach § 99 Abs. 2 Nr. 1 BetrVG verweigert werden, wenn der Verleiher nicht über die erforderliche Erlaubnis zur Arbeitnehmerüberlassung verfügt.[8] Ein Verstoß gegen den Equal-Pay-Grundsatz stellt grundsätzlich keinen Zustimmungsverweigerungsgrund dar (zum Equal-Pay-Grundsatz → Rn. 63 ff.).[9] Auch bei Vorliegen einer etwaigen Scheinleihe oder Strohmannskonstruktion ergibt sich daraus kein Zustimmungsverweigerungsgrund nach § 99 Abs. 2 Nr. 1 BetrVG.[10] Verstößt der Arbeitgeber gegen seine Prüf- und Konsultationspflichten nach § 81 S. 1 und 2 SGB IX, berechtigt dies den Betriebsrat, seine Zustimmung zur Einstellung des Leiharbeitnehmers nach § 99 Abs. 2 Nr. 1 BetrVG zu verweigern.[11]

5. Betriebsverfassungsrechtliche und mitbestimmungsrechtliche Stellung des überlassenen Arbeitnehmers

38 Gesetzliche Regelungen zur betriebsverfassungs- und mitbestimmungsrechtlichen Stellung des Leiharbeitnehmers finden sich in § 14 AÜG sowie in § 7 S. 2 Betr-

---

[1] *Schüren/Hamann*, AÜG § 14 Rn. 158 ff.; *Düwell/Dahl*, NZA-RR 2011, 1 (3 f.).
[2] *Schüren/Hamann*, AÜG § 14 Rn. 166.
[3] *Schüren/Hamann*, AÜG § 14 Rn. 166.
[4] BAG 6.6.1978 – 1 ABR 66/75, AP BetrVG 1972 § 99 Nr. 6; *Schüren/Hamann*, AÜG § 14 Rn. 167; *Düwell/Dahl* NZA-RR 2011, 1 (3) jeweils mwN.
[5] BAG 6.6.1978 – 1 ABR 66/75, AP BetrVG 1972 § 99 Nr. 6; LAG Niedersachsen 19.11.2008 – 15 TaBV 159/07, BeckRS 2011, 66909; *Schüren/Hamann*, AÜG § 14 Rn. 168 ff.
[6] BAG 9.3.2011 – 7 ABR 137/09, BeckRS 2011, 73485; aA *HWK/Gotthardt* § 14 AÜG Rn. 10.
[7] BAG 10.7.2013 – 7 ABR 91/11, NZA 2013, 1296; *Böhm* DB 2012, 918 (921); *Düwell* ZESAR 2011, 449 (455); *Hamann* RdA 2011, 321 (327); dagegen: *Giesen* FA 2012, 66 (69); *Kranich/Simon* BB 2012, 1414 (1418); *Lembke* BB 2012, 2497 (2500).
[8] *Schüren/Hamann*, AÜG § 14 Rn. 186; *Düwell/Dahl* NZA-RR 2011, 1 (5); in diesem Fall mangelt es bereits an einer ausreichenden Unterrichtung des Betriebsrats: Hess LAG 29.1.2013 – 4 TaBV 202/12, BeckRS 2013, 68888; BAG 10.7.2013 – 7 ABR 91/11, BeckRS 2013, 70579.
[9] BAG 25.1.2005 – 1 ABR 61/03, BeckRS 2005, 42253; BAG 21.7.2009 – 1 ABR 35/08, BeckRS 2009, 72271.
[10] ArbG Cottbus 22.8.2012 – 4 BV 2/12, BeckRS 2012, 75438.
[11] BAG 23.6.2010 – 7 ABR 3/09, BeckRS 2010, 74034.

A. Arbeitnehmerüberlassung, Entsendung in andere Konzernunternehmen

VG.[1] Nach § 14 Abs. 1 AÜG bleiben Leiharbeitnehmer auch während der Zeit ihrer Arbeitsleistung bei einem Entleiher Angehörige des Verleiherbetriebs. Die Leiharbeitnehmer werden daher grundsätzlich von dem Betriebsrat des Verleihers vertreten und können sowohl aktiv als auch passiv an den Wahlen des dortigen Betriebsrats teilnehmen.[2] Gemäß § 7 S. 2 BetrVG sind Leiharbeitnehmer überdies auch im Betrieb des Entleihers **wahlberechtigt,** wenn sie länger als drei Monate im Entleiherbetrieb eingesetzt werden. Hierzu zählen nach § 5 Abs. 1 Nr. 3 BetrVG auch Soldaten, sowie Arbeitnehmer des öffentlichen Dienstes einschließlich der zu ihrer Berufsausbildung Beschäftigten, die in Betrieben privatrechtlich organisierter Unternehmen tätig sind.[3] Umstritten ist, ob im Hinblick auf die dreimonatige Einsatzdauer auf eine tatsächlich bereits seit mindestens drei Monaten andauernde Beschäftigung oder eine voraussichtlich dreimonatige Beschäftigung abzustellen ist. Der Gesetzeswortlaut spricht dafür, dass auch solche Leiharbeitnehmer wählen können, deren voraussichtliche Einsatzdauer mindestens drei Monate betragen wird.[4] Dagegen können sich die Leiharbeitnehmer im Entleiherbetrieb gemäß § 14 Abs. 2 S. 1 AÜG weder in den Aufsichtsrat noch in den Betriebsrat wählen lassen.

Bei der Berechnung der **Schwellenwerte** des § 9 BetrVG (Anzahl der Betriebsratsmitglieder) sind die in der Regel im Entleiherbetrieb beschäftigten Leiharbeitnehmer nach Ansicht des BAG unter Aufgabe seiner bisherigen Rechtsprechung hierzu grundsätzlich mitzuzählen.[5] Auch bei der Ermittlung der maßgeblichen Unternehmensgröße in § 111 S. 1 BetrVG sind Leiharbeitnehmer mitzuzählen, wenn sie zu den „in der Regel" Beschäftigten zählen.[6] Aktuell wird davon ausgegangen, dass dies auch für die Anzahl der Freistellungen nach § 38 BetrVG gilt.[7] Ob die Leiharbeitnehmer auch bei der Berechnung des Schwellenwerts des § 1 BetrVG (Betriebsratsfähigkeit) mitzählen, ist noch ungeklärt.[8] Streitig ist, ob die im Entleiherbetrieb beschäftigten Leiharbeitnehmer für die Ermittlung der Schwellenwerte nach § 1 DrittelbG und § 1 MitbestG zu berücksichtigen sind.[9] Im Verleiherbetrieb sind die Leiharbeitnehmer sowohl hinsichtlich der Schwellenwerte der §§ 9, 38 BetrVG als auch hinsichtlich der Schwellenwerte der § 1 BetrVG, § 99 BetrVG (Mitbestimmung bei personellen Einzelmaßnahmen), § 106 BetrVG (Bildung eines Wirtschaftsausschusses) und § 111 BetrVG (Beteiligungsrechte bei Betriebsänderungen) zu berücksichtigen, da ihre Zugehörigkeit zum Verleihbetrieb auch durch die Überlassung nicht unterbrochen wird.[10]

39

---

[1] Zur Anwendbarkeit bei Vorliegen des Konzernprivilegs → Rn. 44.
[2] *Düwell/Dahl* NZA-RR 2011, 1.
[3] *Heise/Fedder* NZA 2009, 1069 (1071).
[4] *Schüren/Hamann,* AÜG § 14 Rn. 55; *Düwell/Dahl* NZA-RR 2011, 1 (2); *Brors* NZA 2002, 123 f.; *Maschmann* DB 2001, 2446 f., aA wohl *Däubler* AuR 2001, 1 (4).
[5] BAG 13.3.2013 – 7 ABR 69/11, BeckRS 2013, 69158 (anders noch BAG 10.3.2004 – 7 ABR 49/03, BeckRS 2004, 41257; BAG 16.4.2003 – 7 ABR 53/02, BeckRS 2003, 41313; BAG 22.10.2003 – 7 ABR 3/03, BeckRS 2004, 40504); nach dem zwischen CDU, CSU und SPD am 16.12.2013 unterzeichneten Koalitionsvertrag ist beabsichtigt, Leiharbeitnehmer bei den betriebsverfassungsrechtlichen Schwellenwerten grundsätzlich zu berücksichtigen; zur Berücksichtigung bei der Bestimmung der Betriebsgröße iSv § 23 Abs. 1 S. 3 KSchG; BAG 24.1.2013 – 2 AZR 140/12, BeckRS 2013, 69030.
[6] BAG 18.10.2011 – 1 AZR 335/10, BeckRS 2012, 65539.
[7] Hess LAG 12.8.2013 – 16 TaBV 25/13, BeckRS 2013, 74895; *Bissels* BB 2013, 2047; *Dzida* ArbRB 2013, 338; zu dieser Frage auch *Linsenmaier/Kiel* RIA 2014, 135 (146).
[8] Dagegen noch ErfK/*Wank* AÜG § 14 Rn. 7 mwN.
[9] Dafür: Hess LAG 11.4.2013 – 9 TaBV 308/12, BeckRS 2013, 70446; wohl auch *Lembke* BB 2014, 1333 (1337); aA OLG Hamburg 31.3.2014 – 11 W 89/13, BeckRS 2014, 07134; ErfK/*Wank,* DrittelbG, § 1 Rn. 27; MüKo AktG/*Gach,* MitbestG § 1 Rn. 20.
[10] *Schüren/Hamann,* AÜG § 14 Rn. 113, 114; zu § 111 BetrVG: BAG 18.10.2011 – 1 AZR 335/10, BeckRS 2012, 65539.

40 Die Leiharbeitnehmer sind gemäß § 14 Abs. 2 S. 2 AÜG berechtigt, die **Sprechstunden** der Arbeitnehmervertretungen des Entleiherbetriebs aufzusuchen. Da die Sprechstunden dem Arbeitnehmer Gelegenheit geben sollen, mit Kritik, Anregungen und Wünschen an den Betriebsrat heranzutreten und es sich hierbei um ein generelles Prinzip handelt, steht dem Leiharbeitnehmer das Recht zur Wahrnehmung der Sprechstunden auch im Verleiherbetrieb zu.[1] Der Leiharbeitnehmer ist daher bei Vorliegen eines sachlichen Grundes berechtigt, eine Arbeitsfreistellung für den Besuch der Sprechstunde zu verlangen. Der Verleiher hat dem Leiharbeitnehmer die Arbeitsvergütung fortzuzahlen. Ob er die Kosten auch im Verhältnis zum Entleiher zu tragen hat, richtet sich nach den im Überlassungsvertrag getroffenen Vereinbarungen.[2] Ferner steht den Leiharbeitnehmern das Recht zu, an den Betriebs- und Jugendversammlungen des Entleiherbetriebs teilzunehmen. Nach § 14 Abs. 2 S. 3 AÜG können die Leiharbeitnehmer ihre Erörterungs-, Anhörungs- und Beschwerderechte nach §§ 81, 82 Abs. 1 und §§ 84 bis 86 BetrVG auch gegenüber dem Entleiher geltend machen. Die Regelung des § 14 Abs. 2 S. 2 und S. 3 AÜG ist nicht als abschließend zu verstehen. Den Leiharbeitnehmern können daher im Entleiherbetrieb zusätzliche Rechte zustehen, zB das Recht auf freie Entfaltung der Persönlichkeit nach § 75 Abs. 2 BetrVG oder das Vorschlagsrecht des § 86a BetrVG.[3] Stehen dem Leiharbeitnehmer im Betrieb des Entleihers betriebsverfassungsrechtliche Rechte zu, schließt dies nicht aus, dass dem Leiharbeitnehmer diese auch im Verleiherbetrieb zustehen.[4] Dies ist der besonderen Situation der Leiharbeitnehmer geschuldet, denn die Leiharbeitnehmer sind einerseits zwar dem Verleiherbetrieb zugeordnet, andererseits aber während des Zeitraums ihrer Überlassung in die betriebliche Organisation des Entleihers integriert.[5] Einzelne Rechte werden dem Leiharbeitnehmer ihrem Sinn und Zweck nach jedoch nur entweder im Entleiherbetrieb oder im Verleiherbetrieb zustehen können, wobei die umfassendere Zuständigkeit dem Verleiherbetriebsrat obliegen wird.[6]

41 Dem Betriebsrat des Entleiherbetriebs stehen neben dem Mitbestimmungsrecht bei der Einstellung eines Leiharbeitnehmers nach § 14 Abs. 3 S. 1 AÜG iVm § 99 BetrVG **weitere Mitbestimmungsrechte** zu. Denkbar sind insbesondere allgemeine Rechte und Aufgaben des Entleiherbetriebsrats nach §§ 75, 80 BetrVG.[7] Darüber hinaus ist der Entleiherbetriebsrat im Hinblick auf die Leiharbeitnehmer zB auch in sozialen Angelegenheiten nach § 87 BetrVG zu beteiligen, sofern die Beteiligungsrechte mit der Arbeitsleistung im Entleiherbetrieb oder der Eingliederung der Leiharbeitnehmer in die betriebliche Organisation in Verbindung stehen.[8]

6. Folgen bei Vorliegen des Konzernprivilegs

42 Liegen die Voraussetzungen des Konzernprivilegs nach § 1 Abs. 3 Nr. 2 AÜG vor, so ist das AÜG mit Ausnahmen des § 1b S. 1 (Arbeitnehmerüberlassung im Baugewerbe), des § 16 Abs. 1 Nr. 1b und Abs. 2 bis 5 AÜG (Ordnungswidrigkeit im Zusammenhang mit Arbeitnehmerüberlassung im Baugewerbe) sowie der §§ 17 und 18 AÜG (Verfahrensregelungen bei Ordnungswidrigkeiten) nicht auf die Arbeitnehmerüberlassung anzuwenden.

---

[1] *Schüren/Hamann*, AÜG § 14 Rn. 78; ErfK/*Wank*, AÜG § 14 Rn. 9.
[2] *Schüren/Hamann*, AÜG § 14 Rn. 78 ff.; ErfK/*Wank*, AÜG § 14 Rn. 9.
[3] *Schüren/Hamann*, AÜG § 14 Rn. 71; ErfK/*Wank*, AÜG § 14 Rn. 13; *Düwell/Dahl* NZA-RR 2011, 1 (7).
[4] *Schüren/Hamann*, AÜG § 14 Rn. 73; *Düwell/Dahl* NZA-RR 2011, 1 (7).
[5] BT-Drs. 9/847, S. 8.
[6] *Schüren/Hamann*, AÜG § 14 Rn. 118.
[7] *Schüren/Hamann*, AÜG § 14 Rn. 218; ErfK/*Wank*, AÜG § 14 Rn. 14.
[8] *Schüren/Hamann*, AÜG § 14 Rn. 240.

Dagegen bedarf es für die Arbeitnehmerüberlassung im Rahmen des Konzernprivilegs **keiner Erlaubnis** nach § 1 Abs. 1 S. 1 AÜG. Die Arbeitnehmerüberlassung unterfällt auch **nicht** dem **Gleichbehandlungsgebot** des § 3 Abs. 1 Nr. 3 AÜG (zum Equal Pay Prinzip → Rn. 63). 43

Nicht anwendbar ist nach dem Wortlaut des § 1 Abs. 3 AÜG bei Vorliegen des Konzernprivilegs auch die Regelung des § 14 AÜG. Dies führt jedoch zu keiner Sperrwirkung im Hinblick auf andere Gesetze.[1] Daher steht dem Entleiherbetriebsrat das **Mitbestimmungsrecht des § 99 BetrVG** bei der Einstellung von Leiharbeitnehmern zu.[2] Zum Mitbestimmungsrecht bei Einstellung → Rn. 35, zur betriebsverfassungsrechtlichen Stellung des Leiharbeitnehmers → Rn. 38 ff.). 44

7. Folgen bei Nichtvorliegen des Konzernprivilegs

Liegen die Voraussetzungen des Konzernprivilegs des § 1 Abs. 3 Nr. 2 AÜG nicht vor, findet das AÜG vollständig Anwendung. Nach § 1 Abs. 1 S. 1 AÜG erfordert die Arbeitnehmerüberlassung daher bei Nichtvorliegen des Konzernprivilegs auch innerhalb des Konzerns eine **Erlaubnis zur Arbeitnehmerüberlassung** iSd § 1 Abs. 1 S. 1 AÜG. 45

a) Folgen bei Vorliegen einer Arbeitnehmerüberlassungserlaubnis

Liegt eine Arbeitnehmerüberlassungserlaubnis nach § 1 Abs. 1 S. 1 AÜG vor, ist die Arbeitnehmerüberlassung legal. Verleiher und Entleiher müssen alle weiteren Regelungen des AÜG beachten. Hierzu zählt insbesondere das in § 3 Abs. 1 Nr. 3 AÜG normierte **Gleichbehandlungsgebot,** nach welchem der Verleiher dem Leiharbeitnehmer während der Überlassung die wesentlichen Arbeitsbedingungen vergleichbarer Arbeitnehmer im Entleiherbetrieb gewähren muss (Equal-Pay-Grundsatz). Hierzu zählen ua das Arbeitsentgelt aber auch Sachleistungen, Urlaubsansprüche und Arbeitszeiten (zum Equal Pay Prinzip und den Folgen eines Verstoßes → Rn. 63 ff.). Ferner hat der Entleiher nach dem neu eingefügten § 13b AÜG den Leiharbeitnehmern den Zugang zu Gemeinschaftseinrichtungen zu gewähren und nach dem neuen § 13a AÜG die Leiharbeitnehmer über freie Stellen im Unternehmen zu informieren (zum Zugang zu Gemeinschaftseinrichtungen → Rn. 85 ff., zu den Informationsrechten der Leiharbeitnehmer → Rn. 78 ff.). 46

b) Folgen bei Nichtvorliegen einer Arbeitnehmerüberlassungserlaubnis

Besitzt der Verleiher nicht die für die Arbeitnehmerüberlassung erforderliche Erlaubnis, handelt es sich um eine **unzulässige Arbeitnehmerüberlassung.** Eine ohne entsprechende Erlaubnis erfolgte Arbeitnehmerüberlassung kann nicht als Arbeitsvermittlung legalisiert werden.[3] 47

Die Überlassung von Arbeitnehmern ohne die nach § 1 Abs. 1 S. 1 AÜG notwendige Erlaubnis führt dazu, dass die zwischen dem Verleiher und dem Entleiher sowie dem Verleiher und dem Leiharbeitnehmer geschlossenen Verträge nach § 9 Nr. 1 AÜG **unwirksam** sind. Dies hat nach § 10 Abs. 1 S. 1 AÜG zur Folge, dass ein Arbeitsverhältnis zwischen dem Entleiher und dem Leiharbeitnehmer als zu Stande gekommen gilt. Das gesetzlich fingierte Arbeitsverhältnis beginnt mit dem Zeitpunkt der 48

---

[1] *Schüren/Hamann,* AÜG § 1 Rn. 541.
[2] LAG Hessen 24.6.1986 – 4 TaBV 144/85, BeckRS 1986, 30450345; *Schüren/Hamann,* AÜG § 1 Rn. 541; ErfK/*Wank,* AÜG § 1 Rn. 62; *Boemke/Lembke,* § 1 Rn. 199; Beck'sches Formularbuch/ *Hansen,* S. 556; aA Sandmann/Marschall/*Schneider,* Art. 1 § 1 Rn. 71.
[3] ErfK/*Wank,* AÜG § 1 Rn. 45; *Boemke/Lembke* DB 2002, 893 (895).

tatsächlichen Arbeitsaufnahme durch den Leiharbeitnehmer.[1] Das Arbeitsverhältnis gilt nach § 10 Abs. 1 S. 2 AÜG als nur befristet, wenn die Tätigkeit des Leiharbeitnehmers nur befristet vorgesehen war und ein die Befristung rechtfertigender sachlicher Grund vorliegt. In verfassungskonformer Auslegung des § 10 Abs. 1 AÜG steht dem Leiharbeitnehmer ein Recht zum Widerspruch gegen die zwingende Fiktion eines Arbeitsverhältnisses mit dem Entleiher zu.[2]

49 Zahlt der Verleiher trotz der Unwirksamkeit des Leiharbeitsvertrages an den Leiharbeitnehmer die vereinbarte Vergütung, so haftet er nach § 10 Abs. 3 AÜG neben dem Entleiher als **Gesamtschuldner** für die Zahlung von Entgeltnebenkosten, dh insbesondere für Lohnsteuer und Sozialversicherungsbeiträge. Ferner haften Verleiher und Entleiher auch nach § 28e Abs. 2 S. 4 SGB IV für den Gesamtsozialversicherungsbeitrag als Gesamtschuldner.

50 Zudem handeln der Verleiher nach § 16 Abs. 1 Nr. 1 AÜG und der Entleiher nach § 16 Abs. 1 Nr. 1a AÜG ordnungswidrig, wenn sie vorsätzlich oder fahrlässig einen Leiharbeitnehmer ohne Vorliegen einer entsprechenden Arbeitnehmerüberlassungserlaubnis einem Dritten überlassen bzw. einen ohne Erlaubnis überlassenen Leiharbeitnehmer bei sich tätig werden lassen. Nach § 16 Abs. 2 AÜG können diese **Ordnungswidrigkeiten** jeweils mit einer Geldbuße von bis zu 30 000 EUR geahndet werden. Für die Ahndung sind gemäß § 16 Abs. 3 AÜG die Zollbehörden zuständig.

III. Konzerninterne Überlassungsgesellschaften, Personaldienstleistungsgesellschaften

1. Aufgaben von Personaldienstleistungsgesellschaften

51 Bei dem Begriff der Personaldienstleistungsgesellschaft handelt es sich nicht um einen feststehenden Rechtsbegriff.[3] Daher werden Personaldienstleistungsgesellschaften vereinzelt auch als Personalservicegesellschaften oder Personalführungsgesellschaften bezeichnet.[4] Es handelt sich hierbei um in rechtlicher Hinsicht selbstständige Unternehmen, die verschiedene Personaldienstleistungen anbieten. Das Dienstleistungsspektrum der Personaldienstleistungsgesellschaften ist breit gefächert. Die angebotenen Dienstleistungen können insbesondere die Personalberatung und -beschaffung, die Verwaltung und Zurverfügungstellung von Personal sowie die Schulung und Qualifizierung von Personal umfassen oder sich nur auf einzelne dieser Bereiche beschränken.[5] Vereinzelt werden zu den Personaldienstleistungsgesellschaften auch Beschäftigungs- und Qualifizierungsgesellschaften gezählt.[6] Innerhalb von Konzernstrukturen kann der Unternehmenszweck einer Personaldienstleistungsgesellschaft darin bestehen, die Personalverwaltung (zB Verwaltung der Personalakten, Gehaltsbuchhaltung) innerhalb eines Unternehmens zu konzentrieren und damit zentral durchführen zu lassen oder für andere konzernangehörige Unternehmen Personal anzuwerben und in deren Namen Arbeitsverträge abzuschließen. Arbeitnehmer werden in diesem Fall nicht überlassen.[7] Konzernangehörige Personaldienstleistungsgesellschaften können jedoch auch den Zweck verfolgen, eigene

---

[1] BAG 10.2.1977 – 2 ABR 80/76, NJW 1977, 1413; *Schüren/Hamann*, AÜG § 10 Rn. 47 f.; aA ErfK/*Wank*, AÜG § 10 Rn. 3 jeweils mwN.
[2] LAG Hessen 6.3.2001 – 2/9 Sa 1246/00, NZA-RR 2002, 73.
[3] *Schüren/Hamann*, AÜG § 1 Rn. 513.
[4] *Schüren/Hamann*, AÜG § 1 Rn. 513.
[5] *Schüren/Hamann*, AÜG § 1 Rn. 271, 513; *Windbichler*, S. 196 f.; *Becker/Wulfgramm*, Art. 1 § 1 Rn. 117; *Ulber*, Einleitung C Rn. 119 ff.
[6] *Schüren/Hamann*, AÜG § 1 Rn. 513.
[7] *Schüren/Hamann*, AÜG § 1 Rn. 514 f.; *Ulber*, Einleitung C Rn. 120, 122.

Mitarbeiter innerhalb und/oder auch außerhalb des Konzerns anderen Gesellschaften **zur Arbeit zu überlassen**.¹ Die Personaldienstleistungsgesellschaften haben dann die Funktion einer konzerninternen Arbeitsvermittlungsagentur oder auch einer konzerninternen Beschäftigungs- oder Auffanggesellschaft, um im Falle von Umstrukturierungsmaßnahmen innerhalb des Konzerns betriebsbedingte Kündigungen zu vermeiden.² Ein Grund für solche Gestaltungen kann die Senkung von Personalkosten sein.³

Die Zulässigkeit einer solchen zur Kosteneinsparung erfolgenden und zeitlich unbegrenzten konzerninternen Überlassung von Arbeitnehmern durch eine konzerninterne Personaldienstleistungsgesellschaft war umstritten.⁴ Vereinzelt wurde vertreten, dass eine solche Gestaltung einen unzulässigen **Rechtsformmissbrauch** darstelle und die Personaldienstleistungsgesellschaft nur als „Strohmann" für das den Arbeitnehmer tatsächlich beschäftigende Konzernunternehmen tätig werde. Die Arbeitnehmerüberlassung verstoße damit gegen das AÜG.⁵ Trete die Personaldienstleistungsgesellschaft nur als „Strohmann" für die den Arbeitnehmer entleihende Konzerngesellschaft auf, bestehe daher ein Arbeitsverhältnis zwischen dem Arbeitnehmer und der entleihenden Konzerngesellschaft, nicht aber mit der Personaldienstleistungsgesellschaft. Die herrschende Auffassung sah dagegen die Arbeitnehmerüberlassung durch eine konzerninterne Personaldienstleistungsgesellschaft auch dann als zulässig an, wenn diese dauerhaft und zum Zwecke der Kosteneinsparung erfolgte.⁶ In seiner Entscheidung vom 9.2.2011 hat das BAG der am 1.12.2011 in Kraft getretenen Änderung des AÜG vorgegriffen.⁷ Das BAG vertrat die Auffassung, dass das Konzernprivileg des § 1 Abs. 3 Nr. 2 AÜG aF (welcher der Entscheidung des BAG zu Grunde lag) nicht gelte, wenn der Zweck der konzerninternen Personaldienstleistungsgesellschaft die Einstellung und dauerhafte Überlassung von Arbeitnehmern an andere Konzernunternehmen sei (zum Konzernprivileg → Rn. 14 ff.). Eine Gewerbsmäßigkeit iSd § 1 Abs. 1 S. 1 AÜG aF sei auch dann gegeben, wenn zwar der Verleiher selbst aufgrund der Überlassung zum Selbstkostenpreis keinen wirtschaftlichen Vorteil erlange, ein wirtschaftlicher Vorteil jedoch bei dem Entleiher oder der Konzernmutter eintrete (zu dem durch Änderung des AÜG in § 1 Abs. 1 S. 2 neu eingeführten Merkmal der „vorübergehenden Überlassung" → Rn. 59).⁸

2. Rechtslage seit dem 1.12.2011

Bis zum 30.11.2011 erforderte die Überlassung von Arbeitnehmern nach § 1 Abs. 1 S. 1 AÜG aF eine Erlaubnis, sofern die Arbeitnehmerüberlassung gewerbsmäßig erfolgte. Unter **gewerbsmäßiger Tätigkeit** war jede nicht nur gelegentliche, sondern auf gewisse Dauer angelegte und auf die Erzielung unmittelbarer oder mittelbarer wirtschaft-

---

¹ *Lembke* BB 2010, 1533; *Schüren/Hamann*, AÜG § 1 Rn. 516; *Ulber*, Einleitung C Rn. 123.
² *Lembke* BB 2010, 1533; *Schüren/Hamann*, AÜG § 1 Rn. 516.
³ *Melms/Lipinski* BB 2004, 2409 (2410); *Lembke* BB 2010, 1533.
⁴ Ausführlich zum Streitstand: *Lembke* BB 2010, 1533 ff.
⁵ LAG Schleswig-Holstein 18.6.2008 – 3 TaBV 8/08, BeckRS 2008, 57184; LAG Berlin 7.1.2005 – 6 Sa 2008/04, BeckRS 2005, 40483; *Brors/Schüren* BB 2005, 494; *Brors/Schüren* BB 2004, 2745 ff.
⁶ BAG 21.5.2008 – 8 AZR 481/07, AP BGB § 613a Nr. 354 mit Anm. *Hamann*; LAG Niedersachsen 3.5.2011 – 3 Sa 1432/10, BeckRS 2011, 73873; LAG Düsseldorf 30.10.2008 – 15 TaBV 114/08, BeckRS 2009, 53373; LAG Niedersachsen 28.2.2006 – 13 TaBV 56/05, BeckRS 2006, 43575; *Mengel* RdA 2008, 175; *Willemsen/Annuß* BB 2005, 437 ff.; *Melms/Lipinksi* BB 2004, 2409 (2415 f.); *Oberthür* ArbR 2010, 213 ff.; wohl als zulässig erachtend: BAG 18.10.2006 – 7 AZR 145/06, BeckRS 2007, 41228; differenzierend: *Schüren/Hamann*, AÜG § 1 Rn. 516.
⁷ BAG 9.2.2011 – 7 AZR 32/10, BeckRS 2011, 73043.
⁸ BAG 9.2.2011 – 7 AZR 32/10, BeckRS 2011, 73043.

licher Vorteile ausgerichtete selbstständige Tätigkeit zu verstehen.¹ Ein wesentliches Kriterium der Gewerbsmäßigkeit war dabei die **Gewinnerzielungsabsicht.** Diese lag vor, wenn durch die selbstständige Tätigkeit ein Überschuss der Erträge im Vergleich zu den Aufwendungen angestrebt wurde.² Eine Gewinnerzielungsabsicht wurde daher grundsätzlich bei Wirtschaftsunternehmen angenommen, jedoch nicht automatisch bei konzerninternen Personalüberlassungsgesellschaften.³ Mit seiner Entscheidung vom 9.2.2011 schränkte das BAG ein, dass es für das Vorliegen einer Gewinnerzielungsabsicht ausreiche, wenn zwar nicht das konzerninterne Verleihunternehmen selbst einen Gewinn erziele, jedoch ein wirtschaftlicher Vorteil bei der Konzernmutter oder dem konzernangehörigen Entleihunternehmen eintreten solle.⁴ Konzerninterne Personaldienstleistungsgesellschaften fielen damit nach der alten Rechtslage nur dann unter den Anwendungsbereich des AÜG, wenn diese eine Gewinnerzielungsabsicht verfolgten.

54 Nach § 1 Abs. 3 Nr. 2 AÜG aF sollte das Konzernprivileg nur eingreifen und somit die Pflicht zur Einholung einer Arbeitnehmerüberlassungserlaubnis nur dann entfallen, wenn die Überlassung des Arbeitnehmers an den Entleiher **vorübergehend** erfolgt. Das Merkmal „vorübergehend" iSd § 1 Abs. 3 Nr. 2 AÜG aF war weit auszulegen und konnte auch einen Zeitraum von mehreren Jahren umfassen.⁵ Dabei genügte es indes nicht, dass der Arbeitnehmer hintereinander an mehrere Entleiher überlassen wurde. Eine vorübergehende Überlassung lag nur vor, wenn der Arbeitnehmer zu irgendeinem Zeitpunkt auch im eigenen Unternehmen tätig wurde.⁶ Entscheidend war daher, ob der Arbeitnehmer nach dem Ende der Überlassung in sein ursprüngliches Unternehmen zurückkehren oder endgültig aus dem Unternehmen ausscheiden sollte.⁷

55 Am 1.12.2011 trat das 1. Gesetz zur Änderung des AÜG – Verhinderung von Missbrauch der Arbeitnehmerüberlassung vom 28.4.2011 in Kraft.⁸ Das Gesetz soll dem Missbrauch des Instruments der Arbeitnehmerüberlassung entgegenwirken und der Umsetzung der Richtlinie 2008/104/EG des Europäischen Parlaments und Rates vom 19.11.2008 über Leiharbeit dienen.⁹ Während die auf die Umsetzung der europäischen Leiharbeitsrichtlinie zielenden Gesetzesänderungen erst mit Wirkung zum 1.12.2011 in Kraft traten, waren die Gesetzesänderungen im Zusammenhang mit dem Gleichstellungsgebot und der Lohnuntergrenze bereits am Tag nach der Gesetzesverkündung in Kraft getreten.¹⁰ Weiterhin wurden durch das Gesetz zur Änderung des Arbeitnehmerüberlassungsgesetzes und des Schwarzarbeitsbekämpfungsgesetzes vom 20.7.2011 mit

---

¹ BAG 9.2.2011 – 7 AZR 32/10, BeckRS 2011, 73043; BAG 2.6.2010 – 7 AZR 946/09, BeckRS 2010, 74035; BAG 20.4.2005 – 7 ABR 20/04, BeckRS 2005, 42429; Schaub/*Koch*, Arbeitsrechts-Handbuch § 120 Rn. 12.
² BAG 9.2.2011 – 7 AZR 32/10, BeckRS 2011, 73043; BAG 2.6.2010 – 7 AZR 946/09; Schaub/*Koch*, Arbeitsrechts-Handbuch § 120 Rn. 12.
³ BAG 9.2.2011 – 7 AZR 32/10, BeckRS 2011, 73043; BAG 2.6.2010 – 7 AZR 946/09; BAG 20.4.2005 – 7 ABR 20/04, BeckRS 2005, 42429.
⁴ BAG 9.2.2011 – 7 AZR 32/10, BeckRS 2011, 73043; zu dieser Problematik auch: LAG Hamm 6.5.2011 – 7 Sa 1583/10, BeckRS 2011, 73468; LAG Schleswig-Holstein 18.6.2008 – 3 TaBV 8/08, BeckRS 2008, 57184; *Schüren/Hamann*, AÜG § 1 Rn. 272.
⁵ BAG 21.3.1990 – 7 AZR 198/89, NZA 1991, 269; LAG Hamm 6.5.2011 – 7 Sa 1583/10.
⁶ BAG 20.4.2005 – 7 ABR 20/04, BeckRS 2005, 42429; LAG Hessen 26.5.2000 – 2 Sa 423/99, NZA-RR 2000, 572.
⁷ LAG Hamm 6.5.2011 – 7 Sa 1583/10, BeckRS 2011, 73468; LAG Hessen 26.5.2000 – 2 Sa 423/99, NZA-RR 2000, 572; *Schüren/Hamann*, AÜG § 1 Rn. 253.
⁸ BGBl. I 11, 642.
⁹ Begründung des Gesetzes zur Änderung des Arbeitnehmerüberlassungsgesetzes – in Umsetzung der Richtlinie 2008/104/EG des Europäischen Parlaments und Rates vom 19.11.2008 über Leiharbeit Verhinderung von Missbrauch der Arbeitnehmerüberlassung, BT-Drs. 17/4804.
¹⁰ Geändert bzw. neu eingefügt bereits mit Wirkung zum 30.4.2011 wurden daher die §§ 3, 9, 10, 3a, 19 AÜG.

Wirkung zum 30.7.2011 die Tatbestände der Ordnungswidrigkeiten nach § 16 AÜG überarbeitet und in diesem Zusammenhang die Befugnisse der Zollbehörden geregelt (zu den wesentlichen Änderungen des AÜG → Rn. 56 ff.).[1]

a) Erlaubnispflicht, „im Rahmen ihrer wirtschaftlichen Tätigkeit"

Mit Wirkung zum 1.12.2011 wurde das Merkmal „gewerbsmäßig" in § 1 Abs. 1 S. 1 AÜG durch das Merkmal „im Rahmen ihrer wirtschaftlichen Tätigkeit" ersetzt. Der Anwendungsbereich des AÜG wurde insoweit dem Anwendungsbereich der Leiharbeitsrichtlinie angepasst.[2] **56**

Eine erlaubnispflichtige Arbeitnehmerüberlassung liegt nunmehr bereits dann vor, wenn die Überlassung im Rahmen der **wirtschaftlichen Tätigkeit** des Verleihers erfolgt. Auf die Frage der Gewerbsmäßigkeit kommt es nicht länger an. Weder das AÜG noch die Leiharbeitsrichtlinie enthalten eine Definition des Begriffs der „wirtschaftlichen Tätigkeit". Eine wirtschaftliche Tätigkeit liegt nach der ständigen Rechtsprechung des Europäischen Gerichtshofes vor, wenn Güter oder Dienstleistungen auf einem bestimmten Markt angeboten werden.[3] Davon ist bei der Zurverfügungstellung von Personal regelmäßig auszugehen.[4] Unerheblich ist, ob die Arbeitnehmerüberlassung einen Haupt- oder Nebenzweck des Betriebes darstellt, oder ob die Leiharbeitnehmer sowohl im eigenen Betrieb und auch in Betrieben Dritter beschäftigt werden.[5] Tätigkeiten, die in Ausübung hoheitlicher Befugnisse erfolgen, haben keinen wirtschaftlichen Charakter.[6] Auch im Rahmen des AÜG ist vor dem Hintergrund der Rechtsprechung des EuGH der Begriff der wirtschaftlichen Tätigkeit weit auszulegen. **57**

Nach der Gesetzesbegründung soll durch die Bezugnahme auf eine „wirtschaftliche Tätigkeit" klargestellt werden, dass auch konzerninterne Personaldienstleistungsgesellschaften, die Leiharbeitnehmer zum Selbstkostenpreis an andere Konzernunternehmen überlassen, nun eine Erlaubnis zur Arbeitnehmerüberlassung nach § 1 AÜG benötigen.[7] Umstritten ist jedoch, ob sich die Erlaubnispflicht auch auf gemeinnützige Unternehmen erstreckt. Die Annahme, dass zukünftig auch gemeinnützige Gesellschaften unter den Anwendungsbereich des AÜG fallen, wird durch die Gegenäußerung der Bundesregierung zur Stellungnahme des Bundesrates zum Gesetzesentwurf gestützt. Darin stellt die Bundesregierung klar, dass künftig auch Unternehmen vom Anwendungsbereich erfasst sind, die bisher mangels Gewerbsmäßigkeit der Arbeitnehmerüberlassung keiner Erlaubnis zur Arbeitnehmerüberlassung nach § 1 AÜG bedurften.[8] Das Gesetz sieht auch keine Ausnahme von der Erlaubnispflicht für Mischbetriebe vor. Für die Anwendung des AÜG ist nicht auf den hauptsächlichen Betriebszweck, sondern auf die einzelnen Überlassung abzustellen.[9] Überlässt daher ein Konzernunternehmen, das nicht überwiegend Arbeitnehmerüberlassung betreibt, einem anderen Unternehmen des **58**

---

[1] Gesetz zur Änderung des Arbeitnehmerüberlassungsgesetzes und des Schwarzarbeitsbekämpfungsgesetzes vom 20.7.2011 (BGBl. S. 1506).
[2] *Leuchten*, NZA 2011, 608 (609); *Hamann*, NZA 2011, 70 (71).
[3] Vgl. EuGH 10.1.2006 – C-222/04, BeckRS 2006, 70028; EuGH 18.6.1998 – C-35/96, BeckRS 2004, 76641; EuGH 12.9.2000 – C-180/98, BeckRS 2004, 74737.
[4] Geschäftsanweisung der BA zum AÜG Stand Februar 2014 S. 9.
[5] Geschäftsanweisung der BA zum AÜG Stand Februar 2014 S. 9.
[6] EuGH 26.3.2009 – C-113/07 P, BeckRS 2009, 70333.
[7] BT-Drs. 17/4804, S. 8; ebenso LAG Düsseldorf 26.7.2012 – 15 Sa 336/12, BeckRS 2012, 71606; *Oberthür*, ArbR 2011, 146; *Lembke*, FA 2011, 290; *Hamann*, NZA 2011, 70 (71); *Leuchten*, NZA 2011, 608 ff.; Schaub/*Koch*, Arbeitsrechts-Handbuch § 120 Rn. 100; ErfK/*Wank*, AÜG § 1 Rn. 31; *Lembke* BB 2012, 2497 (2499).
[8] Vgl. Gegenäußerung der Bundesregierung in BT-Drs. 17/4804, S. 14.
[9] BAG 8.11.1978 – 5 AZR 261/77, AP AÜG § 1 Nr. 2; ErfK/*Wank* § 1 AÜG Rn. 26.

Konzerns gelegentlich einen Arbeitnehmer (sog. Kollegenhilfe), so ist diese Arbeitnehmerüberlassung grundsätzlich erlaubnispflichtig nach § 1 Abs. 1 S. 1 AÜG.[1] In diesem Fall dürfte allerdings nach diesseitiger Auffassung grundsätzlich das Konzernprivileg des § 1 Abs. 3 Nr. 2 AÜG greifen (Zur Frage der Anwendung des Konzernprivilegs im Fall von Mischbetrieben → Rn. 24).

b) Vorübergehende Überlassung

59 Mit Wirkung zum 1.12.2011 wurde in § 1 Abs. 1 AÜG ein neuer S. 2 eingefügt, nach welchem die Überlassung von Arbeitnehmern an Entleiher vorübergehend erfolgt.[2] Eine Definition des Begriffs „vorübergehend" findet sich weder in der Leiharbeitrichtlinie noch im AÜG. Nach der Gesetzesbegründung des AÜG dient die Einfügung des neuen S. 2 der Klarstellung, dass das deutsche Modell der Arbeitnehmerüberlassung der europarechtlichen Vorgabe entspricht.[3] Das AÜG regelt ein auf vorübergehende Überlassung angelegtes Modell der Arbeitnehmerüberlassung, bei dem die Überlassung an den jeweiligen Entleiher im Verhältnis zum Arbeitsvertragsverhältnis zwischen dem Verleiher und dem Leiharbeitnehmer vorübergehend ist. Dabei wird der Begriff „vorübergehend" iSd Leiharbeitrichtlinie als **flexible Zeitkomponente** verstanden und auf die Festlegung genau bestimmter Höchstüberlassungsfristen verzichtet.[4] Eine vorübergehende Arbeitnehmerüberlassung soll bereits immer dann vorliegen, wenn die Arbeitnehmerüberlassung **nicht endgültig** ist, sondern durch den Entleiher beendet werden kann und der Verleiher nach der Beendigung wieder das volle Arbeitgeberrisiko trägt.[5] Ein Dauerverleih ist damit ausgeschlossen.[6] Teils wird zur Auslegung des Begriffs „vorübergehend" § 14 Abs. 1 TzBfG herangezogen.[7] Danach wäre für einen vorübergehenden Einsatz ein sachlicher Grund erforderlich.[8] Diese Einschränkung des Einsatzes von Leiharbeitnehmern geht nach diesseitiger Auffassung zu weit und kann dem AÜG auch nicht entnommen werden.[9] Zur Auslegung des Begriffs „vorübergehend" kann nicht auf die Wertungen des TzBfG zurückgegriffen werden.[10] Eine von vornherein vorgesehene zeitliche Befristung des Einsatzes des Leiharbeitnehmers ist nicht erforderlich. Eine feste Höchstüberlassungsgrenze ist dem Begriff „vorübergehend" nicht zu entnehmen.[11] Dem AÜG steht der Einsatz eines Leiharbeitnehmers auf einem Dauerarbeitsplatz nicht entgegen.[12]

---

[1] *Lembke* BB 2012, 2497 (2499).
[2] Der Begriff „vorübergehend" findet sich auch in der dem AÜG zu Grunde liegenden Leiharbeitsrichtlinie, vgl. Art. 1 I und Art. 3 I der Richtlinie 2008/104/EG.
[3] BT-Drs. 17/4804, S. 8.
[4] BT-Drs. 17/4804, S. 8.
[5] Sehr ausführlich zur möglichen Auslegung des Merkmals „vorübergehend": *Nießen/Fabritius* NJW 2014, 263 ff.; *Hamann* NZA 2011, 70 (72 ff.).
[6] Küttner/*Röller*, Arbeitnehmerüberlassung Rn. 1a; *Hamann*, NZA 2011, 70 (72 ff.); *Leuchten*, NZA 2011, 608 (609); *Rosenau/Mosch*, NJW-Spezial 2011, 242.
[7] ArbG Cottbus 22.8.2012 – 4 BV 2/12, BeckRS 2012, 75438; *Bartl/Romanowski* NZA 2012, 845 (846); *Fitting*, BetrVG, § 99 Rn. 192g.
[8] Vgl. *Giesen/Müller*, KSzW 2012, 20 (22).
[9] So auch MAH ArbR/*Reiserer/Christ*, § 66 Rn. 9.
[10] LAG Düsseldorf 2.10.2012 – 17 TaBV 48/12, BeckRS 2012, 73769.
[11] Hess LAG 21.5.2013 – 4 TaBV 298/12, BeckRS 2013, 72674.
[12] LAG Berlin-Brandenburg 22.5.2014 – 14 TaBV 184/14, BeckRS 2014, 72456; LAG Nürnberg 9.5.2014 – 3 TaBV 29/13; LAG Hamburg 4.9.2013 – 5 TaBV 6/13, BeckRS 2013, 75020; LAG Düsseldorf 2.10.2012 – 17 TaBV 48/12, BeckRS 2012, 73769; ArbG Offenbach 1.8.2012 – 10 BV 1/12, BeckRS 2012, 75121; nach aA ist der Begriff „vorübergehend" arbeitsplatzbezogen auszulegen, LAG Berlin-Brandenburg 15.4.2014 – 7 TaBV 2194/13, BeckRS 2014, 72827; LAG Schleswig-Holstein 8.1.2014 – 3 TaBV 43/13, BeckRS 2014, 65321; LAG Schleswig-Holstein 24.10.2013 – 4 TaBV 8/13, BeckRS 75028.

A. Arbeitnehmerüberlassung, Entsendung in andere Konzernunternehmen

Ein Dauerverleih ist hingegen ausgeschlossen.[1] Dies hat erhebliche Folgen für konzerninterne Personaldienstleistungsgesellschaften, deren Zweck die Überlassung von Arbeitnehmern an andere Konzerngesellschaften ist. Da diese Gesellschaften über keine eigenen[2] Einsatzmöglichkeiten für die überlassenen Arbeitnehmer verfügen, sondern diese nur im Wege der Arbeitnehmerüberlassung in andere Konzernunternehmen sinnvoll beschäftigen können, ist fraglich, ob dies nach der Gesetzesänderung zum 1.12.2011 einen **unzulässigen Dauerverleih** darstellt. Werden Arbeitnehmer im Wege einer Personalgestellung einem Dritten überlassen, so steht dies dem Merkmal der vorübergehenden Überlassung nach § 1 Abs. 1 S. 2 AÜG grundsätzlich nicht entgegen.[3] Nach dem zwischen CDU, CSU und SPD am 16.12.2013 unterzeichneten Koalitionsvertrag ist für die Arbeitnehmerüberlassung eine Höchstdauer von 18 Monaten geplant.[4]

Unklar sind die Folgen bei einem Verstoß gegen § 1 Abs. 1 S. 2 AÜG.[5] Eine **60 Rechtsfolge** für den Fall, dass eine Arbeitnehmerüberlassung nicht nur vorübergehend erfolgt, ist im Gesetz nicht vorgesehen. Nach Ansicht des BAG handelt es sich bei § 1 Abs. 1 S. 2 AÜG um ein Verbotsgesetz iSd § 99 Abs. 2 Nr. 1 BetrVG und nicht um einen bloßen „Programmsatz" ohne Rechtsfolgen.[6] Teils wird vertreten, dass Vereinbarungen, die einer nur vorübergehenden Überlassung entgegenstehen, gemäß § 134 BGB nichtig sind.[7] Jedenfalls führt eine entgegen § 1 Abs. 1 S. 2 AÜG nicht nur vorübergehende Überlassung des Arbeitnehmers nicht dazu, dass zwischen dem Leiharbeitnehmer und dem Entleiher ein Arbeitsverhältnis begründet wird.[8] In der Regel ist auch nicht von einem rechtsmissbräuchlichen Strohmanngeschäft auszugehen, wenn das Arbeitsverhältnis vor der zum 1.12.2012 erfolgten Änderung des AÜG abgeschlossen wurde.[9] Eine nicht nur vorübergehende Arbeitnehmerüberlassung ist auch keine Ordnungswidrigkeit nach § 16 AÜG.[10] Wird ein Leiharbeitnehmer dauerhaft überlassen, besteht für die Bundesagentur für Arbeit allerdings die Möglichkeit, die Erlaubnis zur Arbeitnehmerüberlassung nicht zu erteilen oder zu widerrufen.[11] Ein Verstoß gegen das in § 1 Abs. 1 S. 2 AÜG normierte Gebot der vorübergehenden Überlassung ist als Zustimmungsverweigerungsgrund nach § 99 Abs. 2 Nr. 1 BetrVG anzusehen. § 1 Abs. 1 S. 2 AÜG ist ein Verbotsgesetz iSv § 99 Abs. 2 Nr. 1 BetrVG (hierzu auch → Rn. 37).[12]

Die Einführung des S. 2 in § 1 Abs. 1 AÜG hatte eine Änderung des in § 1 Abs. 3 **61** Nr. 2 AÜG normierten Konzernprivilegs zur Folge.[13] Nach § 1 Abs. 3 Nr. 2 AÜG aF

---

[1] Hess LAG 21.5.2013 – 4 TaBV 298/12, BeckRS 2013, 72674; ArbG Offenbach 1.8.2012 – 10 BV 1/12, BeckRS 2012, 75121; Küttner/*Röller*, Arbeitnehmerüberlassung Rn. 1a; *Hamann* NZA 2011, 70 (72 ff.); *Leuchten* NZA 2011, 608 (609); *Rosenau/Mosch* NJW-Spezial 2011, 242.
[2] Hierzu auch *Heuchemer/Schielke* BB 2011, 758.
[3] *Schreiner/Rütz* MedR 2012, 373 (376).
[4] Koalitionsvertrag vom 16.12.2013, S. 49, 50.
[5] Hierzu auch *Hamann* RdA 2014, 271 ff.
[6] BAG 10.7. 2013 – 7 ABR 93/11, NZA 2013, 1296 ff.; aA *Lembke*, DB 2011, 414 (415); *Lembke*, FA 2011, 290 f.; *Lembke* BB 2012, 2497 (2501); *Raif*, GWR 2011, 303 ff.
[7] *Hamann*, RdA 2014, 271 (274); *Hamann*, RdA 2011, 322 (327).
[8] BAG 3.6.2014 – 9 AZR 111/13, BeckRS 2014, 71241; BAG 10.12.2013 – 9 AZR 51/13, BeckRS 2013, 74921; *Lembke* DB 2011, 414 (415); *Krannich/Simon* BB 2012, 1414 (1418); so wohl auch *Hamann*, NZA 2011, 70 (74); gA LAG Berlin-Brandenburg 9.1.2013 – 15 Sa 1635/12, NZA-RR 2013, 234; ErfK/*Wank* AüG § 1 Rn. 37 f.; *Ulber*, AuR 2010, 10 (11); *Ulber*, AuR 2010, 412 (413).
[9] LAG Berlin-Brandenburg 16.10.2012 - 7 Sa 1182/12, BeckRS 2012, 74944.
[10] *Krannich/Simon* BB 2012, 1414 (1418).
[11] ErfK/*Wank*, AÜG § 1 Rn. 12.
[12] BAG 10.7.2013 – 7 ABR 91/11, NZA 2013, 1296; *Böhm* DB 2012, 918 (921); *Düwell* ZESAR 2011, 449 (455); *Hamann* RdA 2011, 321 (327); dagegen: *Giesen* FA 2012, 66 (69); *Kranich/ Simon* BB 2012, 1414 (1418); *Lembke* BB 2012, 2497 (2500).
[13] BT-Drs. 17/4804, S. 8.

sollte das AÜG im Falle der Arbeitnehmerüberlassung zwischen Konzernunternehmen iSd § 18 AktG[1] keine Anwendung finden, wenn der Arbeitnehmer seine Arbeit vorübergehend nicht bei seinem Vertragsarbeitgeber leistet. Aufgrund der Verwendung des Begriffs „vorübergehend" in § 1 Abs. 1 S. 2 AÜG nF konnte das Merkmal im Rahmen des Konzernprivilegs nicht länger das entscheidende Merkmal bilden.[2] Zukünftig erstreckt sich der Anwendungsbereich des Konzernprivilegs nach dem neuen § 1 Abs. 3 Nr. 2 AÜG ausschließlich auf die Überlassung von Leiharbeitnehmern, die **nicht zum Zweck der Überlassung eingestellt und beschäftigt** werden (zur Auslegung des Merkmals „nicht zum Zweck der Überlassung eingestellt und beschäftigt" → Rn. 23 ff.).[3]

62 Die neue Formulierung des § 1 Abs. 3 Nr. 2 AÜG stellt klar, dass die Privilegierung des Konzernverleihs nicht für die Arbeitnehmerüberlassung durch **Personalführungsgesellschaften** gilt, deren Zweck die Einstellung und Überlassung von Personal an andere Konzernunternehmen ist.[4] Dabei soll unerheblich sein, ob ein Unternehmen ausschließlich Arbeitnehmerüberlassung betreibt oder die Überlassung von Leiharbeitnehmern nur einen Teil des Geschäfts ausmacht. Auch für Mischbetriebe soll das Konzernprivileg zukünftig nicht mehr gelten.[5] Nach diesseitiger Auffassung ist hingegen hinsichtlich der Anwendung des Konzernprivilegs allein darauf abzustellen, ob der zu überlassende Arbeitnehmer „nicht ausschließlich" zum Zweck der Überlassung eingestellt und beschäftigt wird. Dies gilt unabhängig davon, ob es sich bei dem überlassenden Unternehmen um einen Mischbetrieb handelt. Auch in der Zukunft soll jedenfalls eine Abdeckung von Arbeitsspitzen in anderen Konzernunternehmen durch gelegentliche konzerninterne Arbeitnehmerüberlassung bei eigener Einsatzmöglichkeit weiterhin möglich bleiben.[6] Da konzerninterne Personalführungsgesellschaften aber über keine eigenen Einsatzmöglichkeiten für die überlassenen Arbeitnehmer verfügen, sondern diese nur im Wege der Arbeitnehmerüberlassung in andere Konzernunternehmen sinnvoll beschäftigen können, ist fraglich, ob dies einen **unzulässigen Dauerverleih** darstellt.

c) Equal-Pay-Grundsatz

63 Der Gesetzgeber hat durch das Erste Gesetz für moderne Dienstleistungen am Arbeitsmarkt vom 23.12.2002 ein Lohngleichbehandlungsgebot in das AÜG aufgenommen.[7] Nach diesem Equal-Pay-Grundsatz des AÜG in § 3 Abs. 1 Nr. 3 AÜG müssen einem Leiharbeitnehmer während der Dauer seiner Überlassung grundsätzlich die wesentlichen Arbeitsbedingungen vergleichbarer Arbeitnehmer im Verleiherbetrieb gewährt werden. Der Anspruch des Leiharbeitnehmer auf gleiches Arbeitsentgelt (equal pay) entsteht mit jeder Überlassung jeweils für die Dauer der Überlassung.[8] Er unterliegt der regelmäßigen Verjährung von drei Jahren nach § 195 BGB.[9] Der Anspruch

---

[1] Das Merkmal des „Konzernunternehmens iSd § 18 AktG" setzt nicht voraus, dass es sich bei den beteiligten Unternehmen um Aktiengesellschaften handeln muss. Die Verweisung ist rechtsformneutral. Hierzu auch: Geschäftsanweisung der BA zum AÜG Stand Februar 2014, S. 20.
[2] BT-Drs. 17/4804, S. 8.
[3] BT-Drs. 17/4804, S. 8.
[4] BT-Drs. 17/4804, S. 8; Geschäftsanweisung der BA zum AÜG Stand Februar 2014, S. 22.
[5] *Oberthür*, ArbRB 2011, 146 (147).
[6] BT-Drs. 17/4804, S. 8; *Leuchten*, NZA 2011, 608 (609); zur Europarechtswidrigkeit der Klausel: *Lembke*, FA 2011, 290 (291); *Lembke*, DB 2011, 414.
[7] BGBl. I 2002, 4607.
[8] BAG 23.10.2013 – 5 AZR 135/12, BeckRS 2014, 66051.
[9] BAG 24.4.2014 – 8 AZR 1081/12, BeckRS 2014, 70594; BAG 20.11.2013 – 5 AZR 776/12, BeckRS 2014, 65868.

auf gleiches Arbeitsentgelt gilt auch bei einer Überlassung von Deutschland ins Ausland, wenn auf das Arbeitsverhältnis des Leiharbeitnehmers deutsches Recht Anwendung findet.[1]

Die in §§ 3 Abs. 1 Nr. 3, 9 Nr. 2 AÜG aF enthaltene Sonderregelung, nach welcher im Falle der Einstellung eines zuvor arbeitslosen Leiharbeitnehmers der Verleiher vom Gleichstellungsgebot abweichen durfte (Zahlung des Nettoentgelts für bis zu 6 Wochen nur in Höhe des letzten Arbeitslosengeldes) wurde **ersatzlos gestrichen.** Die Regelung war nicht mit der dem AÜG zu Grunde liegenden Leiharbeitsrichtlinie vereinbar. Zudem hatte die Regelung in der Vergangenheit entgegen aller Erwartung nicht dazu geführt, einen Anreiz für die Einstellung Arbeitsloser als Leiharbeiter zu bieten.[2] 64

Der Verleiher muss dem Leiharbeitnehmer daher nach § 3 Abs. 1 Nr. 3 AÜG nun, unabhängig davon, ob der Leiharbeitnehmer zuvor beschäftigungslos war oder nicht, während der Überlassung die wesentlichen Arbeitsbedingungen vergleichbarer Arbeitnehmer im Entleiherbetrieb gewähren, sofern nicht ein Tarifvertrag abweichende Regelung zulässt (Equal-Pay-Grundsatz)[3]. Diese Verpflichtung wird in § 9 Nr. 2 AÜG und § 10 Abs. 4 AÜG nochmals aufgegriffen. Der Begriff der **wesentlichen Arbeitsbedingungen** wird durch das Gesetz nicht definiert, einzig das Arbeitsentgelt wird in § 3 Abs. 1 Nr. 3 AÜG ausdrücklich genannt. Der Begriff des Arbeitsentgelts ist weit auszulegen.[4] Unter Arbeitsentgelt sind nicht nur das laufende Entgelt zu verstehen, sondern auch Zuschläge, Ansprüche auf Entgeltfortzahlung und Sozialleistungen sowie andere Lohnbestandteile.[5] Erfasst werden auch Sachleistungen.[6] Neben den monetären Ansprüchen sind ua auch Urlaubsansprüche, Arbeitszeiten,[7] Ruhezeiten, arbeitsfreie Tage, Antidiskriminierungsmaßnahmen und Arbeitsbedingungen von Schwangeren und Kindern vom Begriff der wesentlichen Arbeitsbedingungen umfasst.[8] Der Equal-Pay-Grundsatz gilt nicht für den Anspruch des Leiharbeitnehmers auf Urlaubsabgeltung bei Beendigung des Arbeitsverhältnisses, da mit der Beendigung des Arbeitsverhältnisses auch die Überlassung endet.[9] Vergleichbare Arbeitnehmer sind die mit gleicher oder ähnlicher Tätigkeit beim Entleiher beschäftigen oder fiktive zu beschäftigende Stammarbeitnehmer.[10] Nicht erforderlich ist eine völlige Identität der Tätigkeit des Leiharbeitnehmers und des Stammarbeitnehmers. Vielmehr genügt eine funktionale Austauschbarkeit bei gleichen Anforderungen und Belastungen.[11] Nach § 13 AÜG kann der Leiharbeitnehmer von seinem Entleiher Auskunft über die im Betrieb des Entleihers für einen vergleichbaren Arbeitnehmer des Entleihers geltenden wesentlichen Arbeitsbedingungen einschließlich des Arbeitsentgelts verlangen. Mit der Auskunftspflicht nach § 13 AÜG können auch konzernverbundene Unternehmen, die die Personalverwaltung für den 65

---

[1] BAG 28.5.2014 – 5 AZR 422/12, BeckRS 2014, 70408.
[2] BT-Drs. 17/4804, S. 9.
[3] Nach dem zwischen CDU, CSU und SPD am 16.12.2013 unterzeichneten Koalitionsvertrag sollen Leiharbeitnehmer künftig spätestens nach neun Monaten hinsichtlich des Arbeitsentgelts mit den Stammarbeitnehmern ausnahmslos gleichgestellt werden.
[4] BAG 19.2.2014 – 5 AZR 1047/12, BeckRS 2014, 68934.
[5] Geschäftsanweisung der BA zum AÜG Stand Februar 2014, S. 51.
[6] ErfK/*Wank*, AÜG § 3 Rn. 14; Schaub/*Koch*, Arbeitsrechts-Handbuch § 120 Rn. 52a.
[7] BAG 16.4.2014 – 5 AZR 483/12, BeckRS 2014, 68682.
[8] Ausführlich hierzu: ErfK/*Wank*, AÜG § 3 Rn. 13; Schaub/*Koch*, Arbeitsrechts-Handbuch § 120 Rn. 52.
[9] BAG 28.5.2014 – 5 AZR 423/12.
[10] Geschäftsanweisung der BA zum AÜG Stand Februar 2014, S. 51; Schaub/*Koch*, Arbeitsrechts-Handbuch § 120 Rn. 54; ausführlich hierzu: ErfK/*Wank*, AÜG § 3 Rn. 15 ff.
[11] Schaub/*Koch*, Arbeitsrechts-Handbuch § 120 Rn. 54.

Entleiher wahrnehmen, betraut werden.[1] Hinsichtlich der Geltendmachung von Ansprüchen auf Equal-Pay gilt eine abgestufte Darlegungslast. Der Arbeitnehmer kann der ihm obliegenden Darlegungslast zunächst dadurch genügen, dass er sich auf eine ihm nach § 13 AÜG erteilte Auskunft beruft und diese in den Prozess einführt.[2]

66 Ein Abweichen vom Equal-Pay-Grundsatz ist nach § 3 Abs. 1 Nr. 3 AÜG durch **Tarifvertrag** möglich, soweit nicht etwaig existierende Mindeststundenentgelte unterschritten werden (→ Rn. 66). Zudem entfaltet eine von den wesentlichen Arbeitsbedingungen abweichende tarifliche Regelung keine Wirkung für Arbeitnehmer, die in den letzten sechs Monaten vor der Überlassung an den Entleiher aus einem Arbeitsverhältnis mit diesem oder einem Arbeitgeber, der mit dem Entleiher einen Konzern im Sinne des § 18 AktG bildet, ausgeschieden sind, sog. „Drehtürklausel" (→ Rn. 72 ff.). Unter bestimmten Voraussetzungen kann der Verleiher sogar dazu verpflichtet sein, dem Leiharbeitnehmer ein über die wesentlichen Arbeitsbedingungen beim Entleiher hinausgehendes Mindeststundenentgelt zu bezahlen (siehe hierzu → Rn. 68).

d) Einführung einer Lohnuntergrenze

67 Durch das 1. Gesetz zur Änderung des AÜG – Verhinderung von Missbrauch der Arbeitnehmerüberlassung vom 28.4.2011 wurde § 3a neu in das AÜG eingefügt. Mit der Neuregelung in § 3a AÜG soll das im AEntG geregelte Verfahren zur Erstreckung branchenspezifischer Mindestlöhne unter Berücksichtigung der Besonderheiten der Arbeitnehmerüberlassung weitestgehend übernommen werden.[3]

68 § 3a AÜG sieht die Möglichkeit der Einführung von **Mindeststundenentgelten** (Lohnuntergrenze) in der Leiharbeitsbranche durch Rechtsverordnung vor.[4] Dabei ist bei der Festsetzung von Mindeststundenentgelten eine Differenzierung nach dem jeweiligen Beschäftigungsort möglich und es können Regelungen zur Fälligkeit entsprechender Ansprüche einschließlich hierzu vereinbarter Ausnahmen und deren Voraussetzungen erfasst werden, § 3a AÜG. Diese durch Rechtsverordnung zu vereinbarenden Mindeststundenentgelte stellen dann eine absolute Lohnuntergrenze dar, welche gemäß § 9 Nr. 2 AÜG auch durch Tarifvertrag nicht unterschritten werden darf. Der Verleiher ist im Falle des Bestehens eines Mindeststundenentgelts nach § 10 Abs. 5 AÜG dazu verpflichtet, dem Leiharbeitnehmer mindestens das in der Rechtsverordnung festgesetzte Mindeststundenentgelt zu zahlen. Die Unterschreitung des Mindeststundenentgelts ist auch nicht unter Berufung auf den Gleichstellungsgrundsatz (Equal Pay) möglich (zum Gleichstellungsgrundsatz → Rn. 63 ff.).[5] Nach § 24 MiLoG geht die im Verfahren nach § 3a AÜG festgesetzte Lohnuntergrenze noch bis zum 31.12.2016 dem allgemeinen Mindestlohn vor. Dies gilt auch dann, wenn die Lohnuntergrenze unterhalb des Mindestlohns liegt.[6] Ab dem 1.1.2017 gilt dann auch im Bereich der Arbeitnehmerüberlassung der allgemeine gesetzliche Mindestlohn nach dem MiLoG als Lohnuntergrenze. Nach § 1 Abs. 3 S. 1 MiLoG gehen die Regelungen des AÜG und der auf ihrer Grundlage erlassenen Rechtsverordnungen den Regelungen des MiLoG vor, soweit die Höhe der auf ihrer Grundlage festgesetzten Branchenmindestlöhne die Höhe des Mindestlohns nicht unterschreitet.

---

[1] BAG 19.2.2014 – 5 AZR 1047/12, BeckRS 2014, 68934.
[2] BAG 13.3.2013 – 5 AZR 146/12, AP AÜG § 10 Nr. 34; BAG 13.3.2013 – 5 AZR 294/12, BeckRS 2013, 70482.
[3] Siehe hierzu die Begründung in BT-Drs. 17/5238, S. 17.
[4] Sehr kritisch zur Mindestlohnregelung: *Böhm*, NZA 2010, 1218 ff.
[5] Siehe hierzu die Begründung in BT-Drs. 17/5238, S. 16.
[6] Hierzu *Lembke* BB 2014, 1333 (1334).

A. Arbeitnehmerüberlassung, Entsendung in andere Konzernunternehmen

Die Einführung einer Lohnuntergrenze durch Rechtsverordnung nach § 3a AÜG er- **69** fordert einen gemeinsamen Vorschlag über die Mindeststundenentgelte der vorschlagsberechtigten Tarifparteien[1] gegenüber dem Bundesministerium für Arbeit und Soziales. Der schriftlich zu begründende Vorschlag muss für Verleihzeiten und verleihfreie Zeiten einheitliche Mindeststundenentgelte sowie eine Laufzeit enthalten.[2] Das Bundesministerium für Arbeit und Soziales hat den unterbreiteten Vorschlag daraufhin zu prüfen, ob er geeignet ist, die finanzielle Stabilität der sozialen Sicherungssysteme zu gewährleisten. Dabei sind bundesweit bestehende Tarifverträge im Bereich der Arbeitnehmerüberlassung und die Repräsentativität der vorschlagenden Tarifparteien zu berücksichtigen.[3] Das Bundesministerium für Arbeit und Soziales kann den unterbreiteten Vorschlag ohne Zustimmung des Bundesrates in einer **Rechtsverordnung** als verbindlich erklären.

Am 1.4.2014 trat die bereits Zweite Verordnung über eine Lohnuntergrenze in der **70** Arbeitnehmerüberlassung in Kraft.[4] Die Laufzeit der Rechtsverordnung ist auf den Zeitraum vom **1.4.2014 bis zum 31.12.2016** begrenzt. Der Geltungsbereich der Rechtsverordnung umfasst alle Arbeitgeber, die als Verleiher Arbeitnehmer an Dritte im Rahmen ihrer wirtschaftlichen Tätigkeit überlassen (zu dem durch Änderung des AÜG in § 1 Abs. 1 S. 1 neu eingeführten Merkmal „im Rahmen ihrer wirtschaftlichen Tätigkeit" → Rn. 56 ff.). Die Rechtsverordnung findet auch auf Arbeitsverhältnisse zwischen einem im Ausland ansässigen Verleiher und seinen im Inland beschäftigten Arbeitnehmern Anwendung.[5] Das festgelegte Mindeststundenentgelt beträgt im Zeitraum vom 1.4.2014 bis 31.3.2015 in den Bundesländern Berlin, Brandenburg, Mecklenburg-Vorpommern, Sachsen, Sachsen-Anhalt und Thüringen 7,86 EUR in den übrigen Bundesländern 8,50 EUR. Ab dem 1.4.2015 bis zum 31.5.2016 beträgt das Mindeststundenentgelt in den Bundesländern Berlin, Brandenburg, Mecklenburg-Vorpommern, Sachsen, Sachsen-Anhalt und Thüringen 8,20 EUR in den übrigen Bundesländern 8,80 EUR. Im Zeitraum ab dem 1.6.2016 bis zum 31.12.2016 beträgt das Mindeststundenentgelt in den Bundesländern Berlin, Brandenburg, Mecklenburg-Vorpommern, Sachsen, Sachsen-Anhalt und Thüringen 8,50 EUR, in den übrigen Bundesländern 9,00 EUR. Es gilt das Mindeststundenentgelt des Arbeitsortes. Auswärtig beschäftigte Leiharbeitnehmer behalten den Anspruch auf das Entgelt ihres Einstellungsortes, soweit dieses höher ist. Der Anspruch auf das Mindeststundenentgelt wird spätestens am 15. Bankarbeitstag (Referenzort Frankfurt am Main) des Monats fällig, der auf den Monat folgt, für den das Mindestentgelt zu zahlen ist. Besteht eine tarifvertragliche Regelung zur Arbeitszeitflexibilisierung mit einem Arbeitszeitkonto, darf dieses regelmäßig maximal 200 Plusstunden umfassen. Die Rechtsverordnung sieht in § 2 Abs. 4 überdies vor, dass im Falle eines Arbeitszeitguthabens von über 150 Plusstunden die über 150 Plusstunden hinausgehenden Arbeitszeitguthaben einschließlich der darauf entfallenden Sozialabgaben gegen Insolvenz zu sichern sind. Die Leiharbeitnehmer können eine Auszahlung der über 105 Plusstunden hinausgehenden Stunden aus dem Arbeitszeitkonto verlangen. Bei Teilzeitbeschäftigten mit einer Arbeitszeit von weniger als 35 Wochenstunden wird die Obergrenze der Arbeitszeitkonten sowie die für die Auszahlung von Arbeitsstunden relevante Plusstunden-Grenze im Verhältnis zur arbeitsvertraglich vereinbarten Arbeitszeit angepasst.

---

[1] Siehe die Legaldefinition in § 3a Abs. 1 S. 1 AÜG.
[2] Siehe hierzu den Wortlaut des § 3 I AÜG.
[3] Siehe hierzu den Wortlaut des § 3 Abs. 3 AÜG.
[4] 2. Verordnung über eine Lohnuntergrenze in der Arbeitnehmerüberlassung vom 21.3.2014, veröffentlicht im Bundesanzeiger AT 26.3.2014 V 1.
[5] Zum Geltungsbereich vgl. § 1 der 1. Verordnung über eine Lohnuntergrenze in der Arbeitnehmerüberlassung vom 21.12.2011.

71 Ein Verstoß gegen die Verpflichtung zur Gewährung von Mindeststundenentgelten stellt einen Verstoß gegen die arbeitsrechtlichen Pflichten nach § 3 Abs. 1 Nr. 1 AÜG dar.[1] Dies hat grundsätzlich die Versagung der Erlaubnis zur Überlassung von Arbeitnehmern zur Folge.[2] Zudem wurde der die **Ordnungswidrigkeiten** regelnde § 16 Abs. 1 AÜG im Zusammenhang mit dem neu eingeführten § 3a AÜG durch eine neue Ziffer 7b ergänzt.[3] Ordnungswidrig handelt nach § 16 Abs. 1 Nr. 7b AÜG, wer vorsätzlich oder fahrlässig entgegen § 10 Abs. 5 AÜG ein durch Rechtsverordnung iSd § 3a AÜG festgesetztes Mindeststundenentgelt nicht zahlt. Die Ordnungswidrigkeit kann mit einer Geldbuße von bis zu 500 000 EUR geahndet werden. Die Überprüfung der Einhaltung des Mindeststundenentgelts obliegt gemäß § 17 Abs. 2 AÜG den Zollbehörden.

e) Drehtürklausel

72 Durch die Gesetzesänderung wurde in § 3 Abs. 1 Nr. 3 AÜG ein neuer S. 4, die sog. „Drehtürklausel", eingefügt. Auch § 9 Nr. 2 AÜG wurde entsprechend angepasst. Die Änderung der Klauseln trat bereits mit Wirkung zum 30.4.2011 in Kraft, findet jedoch gemäß § 19 AÜG keine Anwendung auf Leiharbeitsverhältnisse, die bereits vor dem 15.12.2010 begründet wurden.

73 Durch die Klausel soll dem „Drehtüreffekt" Einhalt geboten werden.[4] In der Vergangenheit wurde die durch § 3 Abs. 1 Nr. 3 AÜG eröffnete Möglichkeit, durch Tarifvertrag von dem in der Arbeitnehmerüberlassung geltenden Gleichbehandlungsgrundsatz abzuweichen, umfassend Gebrauch gemacht. Um Personalkosten einzusparen, wurden Beschäftigungsverhältnisse mit Arbeitnehmern beendet, um dieselben Arbeitnehmer sodann durch eine (konzerninterne) Personaldienstleistungsgesellschaft im Wege der Arbeitnehmerüberlassung auf den alten Arbeitsplätzen oder einem anderen konzernangehörigen Unternehmen mit schlechterer Bezahlung einzusetzen.[5] Die neue Regelung des § 3 Abs. 1 Nr. 3 S. 4 AÜG sieht nunmehr vor, dass eine **abweichende tarifliche Regelung** nicht für Leiharbeitnehmer gilt, die in den letzten sechs Monaten vor der Überlassung an den Entleiher aus einem Arbeitsverhältnis bei diesem oder einem Arbeitgeber, der mit dem Entleiher einen Konzern im Sinne des § 18 AktG bildet, ausgeschieden sind.[6]

74 Tatbestandlich setzt die Drehtürklausel zunächst voraus, dass zwischen dem Entleiher und dem überlassenen Leiharbeitnehmer oder zwischen einem Unternehmen des Konzerns, welchem der Entleiher angehört, und dem Leiharbeitnehmer in der Vergangenheit ein Arbeitsverhältnis bestanden hat. Nicht unter den Begriff des Arbeitsverhältnisses iSd Drehtürklausel fallen Ausbildungsverhältnisse.[7] Weiterhin muss der Leiharbeitnehmer innerhalb der letzten sechs Monate vor der Überlassung aus einem Arbeitsverhältnis mit dem Entleiher oder einem mit dem Entleiher verbundenen Konzernunternehmen ausgeschieden sein. Das **Arbeitsverhältnis** muss also innerhalb des Zeitraums von sechs Monaten vor dem Zeitpunkt der Überlassung bestanden haben

---

[1] BT-Drs. 17/5238, S. 17.
[2] Hierzu S. 45 der Geschäftsanweisung der BA zum AÜG Stand Februar 2014.
[3] Neu eingefügt durch das Gesetz zur Änderung des Arbeitnehmerüberlassungsgesetzes und des Schwarzarbeitsbekämpfungsgesetzes vom 20.7.2011 (BGBl. S. 1506).
[4] BT-Drs. 17/4804, S. 9.
[5] Zum Fall Schlecker: *Böhm*, DB 2010, 1350 ff.; *Heuchemer/Schielke*, BB 2011, 758 ff.; *Hamann*, NZA 2011, 70 ff.
[6] Ob diese Regelung bei tarifgebundenen Arbeitgebern mit der Koalitionsfreiheit des Art. 9 Abs. 3 GG vereinbar ist, ist fraglich. Hierzu: *Oberthür*, ArbR 2011, 146 (148); *Lembke* DB 2011, 414 (418 ff.).
[7] Vgl. BT-Drs. 17/3807, S. 34.

und **beendet** worden sein. Besteht dagegen noch ein Arbeitsverhältnis zum Entleiher oder einem verbundenen Konzernunternehmen, zB in Form eines ruhenden Arbeitsverhältnisses, wird dies nicht von der Drehtürklausel erfasst.[1]

Liegen die tatbestandlichen Voraussetzungen der Drehtürklausel vor, entfalten Tarifverträge, die zu Ungunsten des Leiharbeitnehmers vom Gleichbehandlungsgrundsatz abweichen, keine Wirkung. Der Leiharbeitnehmer kann dann die im Entleiherbetrieb für vergleichbare Arbeitnehmer geltenden wesentlichen Arbeitsbedingungen in Anspruch nehmen.[2] Auch in Tarifverträgen enthaltene Öffnungsklauseln, die abweichende Regelungen zB durch Individualvereinbarung oder Betriebsvereinbarung zulassen, sollen von der Klausel umfasst sein.[3] Die Drehtürklausel entfaltet Wirkung für die vollständige Dauer eines konkreten Einsatzes, gilt allerdings nicht für nachfolgende Überlassungsfälle, sofern die sechsmonatige Frist abgelaufen ist.[4] Damit folgt jedenfalls aus der Einführung der Drehtürklausel kein generelles Verbot der konzerninternen Arbeitnehmerüberlassungsgesellschaften (siehe aber die Ausführungen zum neu eingeführten Merkmal der „vorübergehenden Überlassung" → Rn. 59).[5] 75

Von der Drehtürklausel kann nicht durch Vereinbarung abgewichen werden; eine solche Vereinbarung (Individual- oder Kollektivvereinbarung) ist gemäß § 9 Nr. 2 AÜG unwirksam.[6] Der Verleiher muss daher feststellen, bei welchen Arbeitgebern der Leiharbeitnehmer zuvor beschäftigt war, um dem Leiharbeitnehmer die wesentlichen Arbeitsbedingungen korrekt gewähren zu können. Alternativ besteht die Möglichkeit, in den Arbeitsvertrag mit dem Leiharbeitnehmer eine Regelung aufzunehmen, nach der der Leiharbeitnehmer mitteilen muss, wenn die geplante Arbeitnehmerüberlassung die Tatbestandsmerkmale der Drehtürklausel erfüllt.[7] 76

Im Falle eines Verstoßes ist gemäß § 3 Abs. 1 AÜG die Erlaubnis oder die Verlängerung der Erlaubnis zu untersagen; eine bereits erteilte Erlaubnis kann nach §§ 4, 5 AÜG widerrufen oder zurückgenommen werden. Zudem liegt zugleich ein Verstoß gegen die Regelung des § 10 Abs. 4 AÜG (Gleichbehandlung) und damit eine **Ordnungswidrigkeit** iSd § 16 Abs. 1 Nr. 7a AÜG vor. Die Ordnungswidrigkeit wird gemäß § 16 Abs. 2, Abs. 3 AÜG mit einer Geldstrafe von bis zu 500 000 EUR geahndet. 77

f) Informationspflichten des Entleihers

Mit § 13a AÜG wurde eine Informationspflicht des Entleihers über zu besetzende Arbeitsplätze in das AÜG eingefügt. Die Norm trat zum 1.12.2011 in Kraft. Die Regelung hat zum Zweck, die Übernahme von Leiharbeitnehmern in die Stammbelegschaft des Entleihers zu unterstützen.[8] Sie dient zudem der Umsetzung der Leiharbeitsrichtlinie, die in Art. 6 Abs. 1 einen Unterrichtungsanspruch der Leiharbeitnehmer hinsichtlich freier Stellen vorsieht.[9] Nach Auffassung der Europäischen Union sollen unbefristete Arbeitsverträge die übliche Beschäftigungsform darstellen.[10] 78

Die Information kann gemäß § 13a S. 2 AÜG durch allgemeine Bekanntgabe an geeigneter, dem Leiharbeitnehmer zugänglicher Stelle im Betrieb und Unternehmen des Entleihers erfolgen. Zur Bekanntgabe geeignet sind zB Aushänge am Schwarzen 79

---

[1] *Lembke,* DB 2011, 414 (419).
[2] BT-Drs. 17/4804, S. 9.
[3] *Lembke,* DB 2011, 414 (419).
[4] *Lembke,* DB 2011, 414 (419).
[5] *Oberthür,* ArbR 2011, 146 (147); *Lembke* DB 2011, 414.
[6] *Lembke,* DB 2011, 414 (419).
[7] Siehe hierzu die Geschäftsanweisung der BA zum AÜG Stand Februar 2014, S. 53.
[8] BT-Drs. 17/4804, S. 10.
[9] Richtlinie 2008/104/EG des Europäischen Parlaments und Rates vom 19.11.2008 über Leiharbeit.
[10] Nr. 15 der Gründe der Richtlinie 2008/104/EG.

Brett sowie die Nutzung einer Werks- oder Mitarbeiterzeitung oder des Intranets zur Verbreitung der Informationen.[1] Zu informieren ist über alle zu besetzenden Stellen **im Unternehmen,** nicht nur über freie Stellen im Einsatzbetrieb des Leiharbeitnehmers.[2] Sofern das Unternehmen Betriebe im Ausland hat, sind Leiharbeitnehmer auch über freie Stellen in den ausländischen Betrieben zu informieren.[3] Auch im Konzern besteht allerdings keine Informationspflicht über die Unternehmensgrenze hinaus.[4] Die Informationspflicht besteht unabhängig davon, ob es sich um Teilzeit- oder Vollzeitstellen, befristete oder unbefristete Arbeitsverhältnisse handelt. Nach dem sehr weiten Gesetzeswortlaut gilt die Informationspflicht auch unabhängig davon, ob der Leiharbeitnehmer für die Stelle geeignet oder ungeeignet ist.[5] Teils wird allerdings vertreten, eine teleologische Reduktion der Norm zu erwägen.[6]

80 Die Pflicht zur Information besteht ab dem Zeitpunkt, in dem die Entscheidung zur Besetzung oder Wiederbesetzung einer Stelle gefallen ist.[7] Dies ist spätestens dann der Fall, wenn der Entleiher interne oder externe Bewerber kontaktiert oder die Stelle intern oder extern ausgeschrieben hat.[8] Nicht näher konkretisiert wird in § 13a AÜG, welche Details über die zu besetzenden Stellen bekanntgegeben werden müssen, damit der gesetzlichen Informationspflicht genügt ist. Damit sich der Leiharbeitnehmer eine ausreichende Vorstellung von der zu besetzenden Stelle und seiner persönlichen Eignung für diese machen kann, sind zumindest die wichtigsten **Eckdaten** bekannt zu geben.[9] Als Orientierung sollen der Katalog des § 2 Abs. 1 S. 2 Nr. 1–10 NachwG oder § 93 BetrVG herangezogen werden können, so dass die Art des Arbeitsplatzes, die Anforderungen an die Qualifizierung, Vergütungsinformationen und der Zeitpunkt, ab dem die Stelle zu besetzen ist, mitgeteilt werden müssen.[10]

81 Der aus der Informationspflicht des Entleihers resultierende Auskunftsanspruch des Leiharbeitnehmers kann weder durch Individual- noch durch Kollektivvereinbarung (Betriebsvereinbarung, Tarifvertrag) abbedungen werden.[11] Zwar werden § 13a AÜG entgegenstehende Vereinbarungen nicht bereits durch das AÜG als unwirksam erklärt, wie dies bei § 13b AÜG iVm § 9 Nr. 2a AÜG der Fall ist.[12] Nach Art. 10 Abs. 2 der Leiharbeitsrichtlinie haben die Mitgliedstaaten jedoch dafür Sorge zu tragen, wirksame, angemessene und abschreckende Sanktionen festzulegen, um Verstöße gegen die Verpflichtungen aus der Leiharbeitsrichtlinie zu unterbinden.[13] Da es sich bei § 13a AÜG um eine Schutznorm zu Gunsten der Leiharbeitnehmer handelt, wird vertreten, dass eine **Abbedingung** der Norm nach § 134 BGB **unwirksam** wäre.[14]

---

[1] BT-Drs. 17/4804, S. 10; ErfK/*Wank,* AÜG § 13a Rn. 3; *Lembke,* NZA 2011, 319 (321); *Schindele,* ArbRAktuell 2011, 577 ff.; *Oberthür,* ArbR 2011, 146 (148); *Zimmermann,* ArbRAktuell 2011, 264 ff.
[2] ErfK/*Wank,* AÜG § 13a Rn. 2; *Lembke,* NZA 2011, 319 (320); *Lembke,* FA 2011, 290; *Schindele,* ArbRAktuell, 2011, 577 ff.; *Zimmermann,* ArbRAktuell 2011, 264 ff.; *Ulber,* AuR 2010, 10 (14); *Raif* GWR 2011, 303 ff.
[3] BeckOK ArbR/*Kock/Milenk* AÜG § 13a Rn. 4.
[4] BeckOK ArbR/*Kock/Milenk* AÜG § 13a Rn. 4.
[5] *Lembke,* NZA 2011, 319 (320); *Lembke,* FA 2011, 290 (291); *Schindele,* ArbRAktuell 2011, 577 ff.; *Zimmermann,* ArbRAktuell 2011, 264 ff.; *Raif* GWR 2011, 303 ff.
[6] *Lembke* BB 2012, 2497 (2503); *Kock* BB 2012, 323; aA *Forst* AuR 2012, 97; *Hamann* RdA 2011, 321 (334).
[7] *Schindele,* ArbRAktuell 2011, 577 ff.; *Lembke,* NZA 2011, 319 (321); *Zimmermann,* ArbRAktuell 2011, 264 ff.
[8] *Lembke,* NZA 2011, 319 (321).
[9] *Lembke,* NZA 2011, 319 (321); *Schindele,* ArbRAktuell 2011, 577 ff.
[10] *Lembke,* NZA 2011, 319 (321); *Schindele,* ArbRAktuell 2011, 577 ff.
[11] *Lembke,* NZA 2011, 319 (322); *Schindele,* ArbRAktuell 2011, 577 ff.
[12] Hierzu kritisch *Ulber,* AuR 2010, 412 (415).
[13] Richtlinie 2008/104/EG.
[14] *Lembke,* NZA 2011, 319 (322).

A. Arbeitnehmerüberlassung, Entsendung in andere Konzernunternehmen

Aus der Informationspflicht des Entleihers über freie Stellen ergibt sich ein einklagbarer Anspruch des Leiharbeitnehmers.[1] Verletzt der Entleiher die Informationspflicht, besteht grundsätzlich ein Schadensersatzanspruch des Leiharbeitnehmers.[2] Für Rechtsstreitigkeiten sind die Arbeitsgerichte zuständig.[3] Ein Einstellungsanspruch des Leiharbeitnehmers entsteht nicht.[4]

82

Der Betriebsrat des Entleiherbetriebs soll nach teilweise vertretener Auffassung seine Zustimmung zu Einstellungen nach § 99 Abs. 2 Nr. 1 BetrVG verweigern können, wenn der Informationspflicht nicht genügt wurde.[5] Für diese Auffassung spricht, dass es Sinn und Zweck von § 13a AÜG ist, den Leiharbeitnehmern die Übernahme in die Stammbelegschaft des Entleihers zu erleichtern. Dieser Zweck kann aber nur erreicht werden, wenn die freien Arbeitsplätze bei Verstoß gegen die Informationspflicht nicht bereits endgültig durch andere Arbeitnehmer besetzt werden können.[6] Eine Pflicht zur Information besteht nicht, wenn hinsichtlich des freien Arbeitsplatzes vom Arbeitgeber keine Auswahlentscheidung mehr zu treffen ist, da ein anderer Arbeitnehmer aufgrund gesetzlicher oder vertraglicher Regelung einen Anspruch auf den freien Arbeitsplatz hat bzw. vorrangig zu berücksichtigen ist.[7]

83

Zudem stellt die vorsätzliche oder fahrlässige Verletzung der Informationspflicht durch falsche, unvollständige oder nicht erfolgte Information gemäß § 16 Abs. 1 Nr. 9 AÜG eine **Ordnungswidrigkeit** dar. Diese kann gemäß § 16 Abs. 2 AÜG mit einer Geldbuße in Höhe von bis zu 2500 EUR geahndet werden. Für die Verfolgung von Verstößen gegen § 16 Abs. 1 Nr. 9 AÜG ist die Bundesagentur für Arbeit zuständig (§§ 35, 36 Abs. 1 Nr. 1 OWiG iVm § 16 Abs. 3 AÜG).

84

g) Zugang zu Gemeinschaftseinrichtungen

Ebenfalls neu in das AÜG eingefügt und zum 1.12.2011 in Kraft getreten, ist § 13b AÜG.[8] Die Norm setzt den fast gleichlautenden Art. 6 Abs. 4 der europäischen Leiharbeitsrichtlinie um.[9] Gemäß § 13b S. 1 AÜG hat der Entleiher dem Leiharbeitnehmer Zugang zu den Gemeinschaftseinrichtungen oder -diensten im Unternehmen unter den gleichen Bedingungen zu gewähren wie vergleichbaren Arbeitnehmern in dem Betrieb, in dem der Leiharbeitnehmer seine Arbeitsleistung erbringt. Eine unterschiedliche Behandlung der Arbeitnehmer ist nach § 13b S. 1 AÜG nur möglich, wenn sachliche Gründe dies rechtfertigen.

85

In S. 2 der Norm werden beispielhaft („insbesondere") **Gemeinschaftseinrichtungen und -dienste** iSd § 13b S. 1 AÜG aufgezählt: Kinderbetreuungseinrichtungen, Gemeinschaftsverpflegung und Beförderungsmittel.[10] Unter dem Begriff der Ge-

86

---

[1] ErfK/*Wank*, AÜG § 13a Rn. 3; *Lembke*, FA 2011, 290 (292); *Leuchten*, NZA 2011, 608 (611).
[2] ErfK/*Wank*, AÜG § 13a Rn. 6; *Schindele*, ArbRAktuell 2011, 577 ff.; *Zimmermann*, ArbRAktuell 2011, 264 ff.; ausführlich zu den möglichen Anspruchsgrundlagen: *Lembke*, NZA 2011, 319 (321 f.) mwN.
[3] ErfK/*Wank*, AÜG § 13a Rn. 2; *Lembke*, NZA 2011, 319 (322).
[4] *Schindele*, ArbRAktuell 2011, 577 ff.; *Lembke*, NZA 2011, 319 (321); *Zimmermann*, ArbRAktuell 2011, 264 ff.
[5] *Lembke*, NZA 2011, 319 (321 f.); *Lembke*, FA 2011, 290 (291); *Lembke* BB 2012, 2497 (2503) mwN; *Schindele*, ArbRAktuell 2011, 577 ff.; *Zimmermann*, ArbRAktuell 2011, 264 ff.
[6] *Lembke*, NZA 2011, 319 (322); *Schindele*, ArbRAktuell 2011, 577 ff.; *Zimmermann*, ArbRAktuell 2011, 264 ff.
[7] BeckOK ArbR/*Kock/Milenk* AÜG § 13a Rn. 7; *Kock* BB 2012, 323; *Hamann* RdA 2011, 321 (335).
[8] BGBl I 11, 642.
[9] Siehe hierzu Art. 6 Abs. 4 der Richtlinie 2008/104/EG; zur Leiharbeitsrichtlinie ausführlich: *Hamann*, EuZA 2009, 287 ff.
[10] Auch wenn nach dem Wortlaut des § 13b AÜG der Zugang zu „Gemeinschaftseinrichtungen oder -diensten" gewährt werden soll, ist nach zutreffender Ansicht von *Lembke*, NZA 2011, 319 (323), die

meinschaftsverpflegung ist eine Kantine zu verstehen.[1] Weitere Anhaltspunkte dafür, was unter „Gemeinschaftseinrichtung und -dienste" zu verstehen sein soll, enthalten weder das AÜG noch die Leiharbeitsrichtlinie. Die Begriffe bedürfen der Auslegung.[2] Unter die Begriffe der Gemeinschaftseinrichtungen und -dienste fallen Werkserholungsheime, Werksmietwohnungen, Fitness- und Sportanlagen, Parkplätze, Einrichtungen zum verbilligten Personalkauf.[3] Nicht umfasst werden sollen hingegen Geldleistungen, die der Entleiher seinen Arbeitnehmern gewährt, zB Leistungen der betrieblichen Altersversorgung, Essens-, Fahrtkosten-, Mietkostenzuschüsse oder Geldsurrogate wie Gutscheine.[4] Unklar ist, ob nach § 13b AÜG den Leiharbeitnehmern auch der Zugang zu Schulungen zu gewähren ist.[5]

87 Den Arbeitnehmern kann der Zugang zu den Gemeinschaftseinrichtungen und -diensten nach § 13b Abs. 1 S. 1 AÜG verwehrt werden, wenn sachliche Gründe dies rechtfertigen. Ein **sachlicher Grund** kann vorliegen, wenn der Entleiher gemessen an der individuellen Einsatzdauer einen unverhältnismäßigen Organisations- bzw. Verwaltungsaufwand bei der Gewährung des Zugangs hat.[6] Der Anspruch auf Zugang darf weder unmittelbar noch mittelbar an die Leiharbeitnehmereigenschaft anknüpfen.[7]

88 Der Zugangsanspruch der Leiharbeitnehmer ist **nicht dispositiv.** Vereinbarungen, die den Zugang des Leiharbeitnehmers zu Gemeinschaftseinrichtungen oder -diensten im Unternehmen des Entleihers beschränken, sind gemäß § 9 Nr. 2a AÜG unwirksam. Hierdurch soll verhindert werden, dass Leiharbeitnehmer bereits bei Abschluss ihres Arbeitsvertrages mit dem Verleiher rechtswirksam von diesem dazu bewegt werden können, auf ihre Rechte nach § 13b AÜG zu verzichten. Einzelne Verleiher können sich daher keinen Wettbewerbsvorteil dadurch verschaffen, dass ihre Leiharbeitnehmer auf ihnen zustehende Zugangsansprüche verzichten.[8] Unwirksam sind nach § 9 Nr. 2a AÜG damit alle § 13b AÜG entgegenstehenden Vereinbarungen, unabhängig davon, ob es sich um individualvertragliche oder kollektive Vereinbarungen (Tarifverträge, Betriebsvereinbarungen) handelt.[9]

89 Die Gewährung des Zugangs stellt einen **geldwerten Vorteil** für den Leiharbeitnehmer dar, den der Verleiher bei der Abführung der Beiträge zur Sozialversicherung und bei der Lohnsteuer zu berücksichtigen hat.[10] Verleiher und Entleiher sollten in den zwischen ihnen abgeschlossenen Arbeitnehmerüberlassungsverträgen daher auch klarstellen, zu welchen Gemeinschaftseinrichtungen oder -diensten ein Zugangsan-

---

Formulierung kumulativ zu verstehen und daher als „Gemeinschaftseinrichtungen und -diensten" zu lesen.
[1] Hierzu *Lembke,* NZA 2011, 319 (323), der zur näheren Begriffsbestimmung die englische und französische Fassung der Richtlinie 2008/104/EG heranzieht.
[2] Zur Auslegung ausführlich: *Lembke,* NZA 2011, 319 (323 f.).
[3] *Hamann,* NZA 2011, 70 (77).
[4] ErfK/*Wank,* AÜG § 13b Rn. 1; *Lembke,* DB 2011, 414 (418); *Lembke,* BB 2012, 2497 (2503); *Zimmermann,* ArbRAktuell 2011, 264 ff.
[5] Nach *Lembke,* NZA 2011, 319 (324) spricht gegen eine solche Pflicht die Systematik der dem § 13b AÜG zu Grunde liegenden Leiharbeitsrichtlinie, so dass allenfalls in den Räumlichkeiten des Entleihers stattfindende Schulungsmaßnahmen unter § 13b AÜG fallen sollen; so wohl auch *Schindele,* ArbRAktuell 2011, 577 ff.
[6] BT-Drs. 17/4804, S. 10.
[7] *Hamann,* EuZA 2009, 287 (319); *Hamann,* NZA 2011, 70 (77) nennt hierzu ein Beispiel: Unzulässig wäre es, die Benutzung des Betriebskindergartens von einer mindestens einjährigen Betriebszugehörigkeit der Arbeitnehmer abhängig zu machen, wenn 90 % der Gruppe der unter einem Jahr Beschäftigten sich aus Leiharbeitnehmern zusammensetzt.
[8] Siehe hierzu die Ausführungen in BT-Drs. 17/4804 auf Seite 9.
[9] ErfK/*Wank,* AÜG § 13b Rn. 3; *Lembke,* NZA 2011, 319 (324); *Lembke,* DB 2011, 414 (418); *Zimmermann* ArbRAktuell 2011, 264 ff.
[10] *Lembke,* NZA 2011, 319 (324); *Lembke,* FA 2011, 290; *Schindele,* ArbRAktuell 2011, 577 ff.

spruch der Leiharbeitnehmer besteht, damit der Verleiher dies bei seinen Abrechnungen beachten kann.[1] Auch der Leiharbeitnehmer selbst sollte auf die sozialversicherungsrechtlichen und lohnsteuerrechtlichen Folgen des Bezugs von Sachleistungen hingewiesen werden.[2]

Wird dem Leiharbeitnehmer der Zugang zu den Gemeinschaftseinrichtungen oder -diensten ohne sachlichen Grund nicht gewährt, kann er seinen Anspruch auf Zugang gegen den Entleiher klageweise vor dem Arbeitsgericht geltend machen.[3] Der Leiharbeitnehmer kann auch etwaige Schadensersatzansprüche geltend machen.[4] Gewährt ein Entleiher entgegen § 13b AÜG einem Leiharbeitnehmer den Zugang zu Gemeinschaftseinrichtungen oder -diensten vorsätzlich oder fahrlässig nicht, handelt er zudem nach § 16 Abs. 1 Nr. 10 AÜG ordnungswidrig. Gemäß § 16 Abs. 2 AÜG kann eine solche **Ordnungswidrigkeit** mit einer Geldbuße in Höhe von bis zu 2500 EUR geahndet werden. Für die Verfolgung von Verstößen gegen § 16 Abs. 1 Nr. 10 AÜG ist die Bundesagentur für Arbeit zuständig.[5]

90

---

[1] *Lembke,* FA 2011, 290 (292).
[2] *Spieler/Pollert,* AuA 2011, 508, 510.
[3] ErfK/*Wank,* AÜG § 13b Rn. 4; *Lembke,* FA 2011, 290 (292); *Raif,* GWR 2011, 303 ff.
[4] ErfK/*Wank,* AÜG § 13b Rn. 3; *Lembke,* FA 2011, 290 (292); *Lembke,* DB 2011, 414 (418); *Lembke,* NZA 2011, 319 (324); *Leuchten,* NZA 2011, 608 (611); *Zimmermann,* ArbRAktuell 2011, 264 ff.; zu der dem § 13b AÜG zu Grunde liegenden Leiharbeitsrichtlinie: *Hamann,* EuZA 2009, 287 ff.; *Kock* BB 2012, 323 (326); aA *Vielmeier* NZA 2012, 535 (540).
[5] §§ 35, 36 I Nr. 1 OWiG iVm § 16 Abs. 3 AÜG.

B. Datenschutz im Konzern

I. Grundlagen des Datenschutzes

1. Begriffsbestimmung

91 Unter Datenschutz versteht man den **Schutz des Einzelnen** gegen die missbräuchliche Verwendung personenbezogener Daten (§ 1 Abs. 1 BDSG). Personenbezogene Daten sind **Einzelangaben** über persönliche oder sachliche Verhältnisse einer bestimmten oder bestimmbaren natürlichen Person (Betroffener). Bereits diese weitreichende Definition verdeutlicht, dass das Datenschutzrecht in vielen Konstellationen eine wichtige Rolle spielen kann. Als **klassische Querschnittsmaterie** weist es Verknüpfungen zu einer Vielzahl anderer Rechtsgebiete auf; neben dem Arbeitsrecht sind insbesondere das Gesellschaftsrecht und das öffentliche Recht relevant. Die gesetzlichen Vorschriften sind außerdem aufgrund ihrer Grundrechtsrelevanz entscheidend von verfassungsrechtlichen Fragestellungen beeinflusst.[1]

92 In der Praxis müssen die Anforderungen moderner Konzernstrukturen mit den datenschutzrechtlichen Vorgaben in Einklang gebracht werden. Erschwerend wirkt sich aus, dass das Datenschutzrecht durch eine Vielzahl unbestimmter Rechtsbegriffe und gesetzlicher Abwägungstatbestände bei gleichzeitigem Fehlen höchstrichterlicher Rechtsprechung sowie vor allem durch das Fehlen eines Konzernprivilegs geprägt ist. Matrixkonzernstrukturen führen zu komplexen arbeitsrechtlichen Konstellationen und entsprechenden Auswirkungen auf den Datenschutz im Beschäftigungsverhältnis. Konzernweite Personalwirtschaftslösungen mit dem Ziel, Synergieeffekte zu schaffen, gewinnen stetig an Bedeutung. Praxistaugliche Lösungen zur Gewährleistung einer konzernweiten Datenschutz-Compliance erfordern ein übergreifendes Datenschutzkonzept. Diese Vielfalt an Möglichkeiten muss mit einem verhältnismäßig starren Regelungssystem bewältigt werden, was – naturgemäß – immer wieder zu Herausforderungen führt.

2. Europarechtliche Vorgaben

93 Auf europarechtlicher Ebene ist der Datenschutz insbesondere durch die **Richtlinie 95/46/EG** geregelt. Diese bezweckt vorrangig die **Schaffung eines gleichwertigen Schutzniveaus** der Mitgliedstaaten beim Umgang mit personenbezogenen Daten, insbesondere die **Gewährleistung des Schutzes der Privatsphäre** natürlicher Personen bei der Verarbeitung personenbezogener Daten (vgl. Art. 1 Abs. 1 RL 95/46/EG).[2] Die Richtlinie selbst definiert zentrale Begriffe des Datenschutzrechts (Art. 2 RL 95/46/EG), den Anwendungsbereich (Art. 3) und Grundsätze in Bezug auf die Qualität der Daten (Art. 6 ff.). Diese Richtlinie gibt dabei lediglich die Rahmenvorgaben vor, sie musste durch den jeweiligen Staat in nationales Recht umgesetzt werden.

94 Da das Ziel einer europaweiten Harmonisierung aufgrund des unterschiedlichen Stellenwertes, den der Datenschutz in einigen Staaten einnimmt, nur sehr rudimentär umgesetzt werden konnte, ist für die Zukunft der Erlass einer Datenschutzgrundverordnung geplant, die im gesamten Geltungsbereich unmittelbar gilt. Für die Daten-

---

[1] Zur jüngeren Entwicklung: *Gola/Klug*, NJW 2009, 2577 ff., NJW 2010, 2483 ff.
[2] *Sobotta* in: Grabitz/Hilf, Das Recht der Europäischen Union, EGV 286, Rn. 3–11.

erhebung und -verarbeitung im Beschäftigungsverhältnis ist allerdings eine Bereichsausnahme vorgesehen; es sollen ausschließlich einzelstaatliche Vorschriften gelten.

3. Verfassungsrechtliche Vorgaben

Der Schutz der Privatsphäre ist im Verfassungsrecht vor allem in der Garantie des Allgemeinen Persönlichkeitsrechts (Art. 2 Abs. 1 iVm Art. 1 Abs. 1 GG) verkörpert. Dieses gewährt grundsätzlich einen umfassenden **Schutz der persönlichen Integrität des Menschen** gegen Eingriffe der Staatsgewalt.[1] Aber auch im Privatrecht sind der Schutz der Persönlichkeit und die freiheitliche Betätigung durch das allgemeine Persönlichkeitsrecht in Ausprägung der einzelnen Schutzbereiche, als sonstige Rechte iSv § 823 Abs. 1 BGB sowie über die zivilrechtlichen Generalklauseln (§§ 138, 242 BGB) gewährleistet.[2] Daher ist das allgemeine Persönlichkeitsrecht auch im Arbeitsrecht als Teil des Privatrechtsverkehrs zu beachten.[3] Allerdings liegt hier der Schwerpunkt nicht auf der Rechtfertigung staatlicher Eingriffe, sondern auf der prinzipiellen **Gleichrangigkeit der sich gegenüberstehenden Privatinteressen.** Konfliktfälle müssen deshalb mit Hilfe einer umfassenden Interessenabwägung gelöst werden.

95

Das allgemeine Persönlichkeitsrecht hat **verschiedene Ausformungen** des Schutzbereichs, die für das Arbeitsverhältnis von Bedeutung sind.[4] Neben dem Recht am gesprochenen Wort[5] und dem Recht am eigenen Bild,[6] sind für den Bereich des Datenschutzes insbesondere das Recht auf informationelle Selbstbestimmung[7] sowie das Recht auf Vertraulichkeit und Integrität informationstechnischer Systeme relevant.[8] Das **Recht auf informationelle Selbstbestimmung** garantiert dem Einzelnen, selbst entscheiden zu können, wann und innerhalb welcher Grenzen seine persönlichen Lebenssachverhalte offenbart werden. Die freie Persönlichkeitsentfaltung setzt den Schutz gegen unzulässige Erhebung, Speicherung, Verwendung und Weitergabe personenbezogener Daten voraus.[9] Durch das **Recht auf Vertraulichkeit und Integrität informationstechnischer Systeme** soll der Einzelne bei der fortschreitenden Entwicklung der IT-Systeme vor heimlichen Zugriffen auf seine Datenverarbeitungssysteme geschützt werden. Es soll verhindert werden, dass einzelne Daten oder gar ein Gesamtbild des Betroffenen durch diese Systeme gewonnen werden.[10]

96

Das allgemeine Persönlichkeitsrecht ist jedoch nicht schrankenlos gewährleistet, da ansonsten eine einseitige Interessengewichtung zu Gunsten des Arbeitnehmers gegeben wäre. Eingriffe des Arbeitgebers sind gerechtfertigt, soweit sie **verhältnismäßig,** also geeignet, erforderlich und angemessen, sind.[11] Jeder Eingriff muss einen legitimen **Zweck** verfolgen.[12] Dessen Erreichung muss durch den Eingriff zumindest gefördert werden **(Geeignetheit).** Gleichzeitig muss der Arbeitgeber unter mehreren gleich effektiven Mitteln dasjenige wählen, das für den Arbeitnehmer die geringste Eingriffs-

97

---

[1] BVerfG 9.10.2002 – 1 BvR 1611/96, 1 BvR 805/98, NJW 2002, 3619.
[2] *Wiese*, NZA 2006, 1 (5).
[3] BAG 3.12.1954 – 1 AZR 150/54, NJW 1955, 606; BAG 29.10.1997 – 5 AZR 508/96, NZA 1998, 307.
[4] Vgl. dazu ausführlich *Panzer* in: Grobys/Panzer, Persönlichkeitsrecht, Rn. 14 ff.
[5] BVerfG 3.6.1980 – 1 BvR 185/77, NJW 1980, 2070.
[6] BVerfG 31.1.1973 – 2 BvR 454/71, NJW 1973, 891.
[7] BVerfG 15.12.1983 – 1 BvR 209/83, NJW 1984, 419.
[8] BVerfG 27.2.2008 – 1 BvR 370/07, NJW 2008, 822.
[9] BVerfG 15.12.1983 – 1 BvR 209/83, NJW 1984, 419.
[10] BVerfG 27.2.2008 – 1 BvR 370/07, 1 BvR 595/07, NJW 2008, 822.
[11] BVerfG 9.3.1994 – 2 BvL 43/92, NJW 1994, 1577; Jarass/*Pieroth*, GG Art. 2, Rn. 21.
[12] BAG 19.1.1999 – 1 AZR 499/98, NZA 1999, 546.

intensität aufweist (**Erforderlichkeit**).¹ Zuletzt erfolgt eine Gesamtwürdigung aller Umstände des Einzelfalles und der betroffenen Grundrechte. Hierbei sind insbesondere die Intensität und der Anlass des Eingriffs sowie das Gewicht der rechtfertigenden Umstände miteinzubeziehen (**Angemessenheit**).²

4. Einfach-gesetzliche Regelungen

a) BDSG

98 In Deutschland ist die RL 95/46/EG durch das **Bundesdatenschutzgesetz (BDSG)** umgesetzt worden. Dieses Gesetz enthält die zentralen datenschutzrechtlichen Regelungen für die Datenerhebung und -verarbeitung durch öffentliche und nicht-öffentliche Stellen. Gemäß § 3a BDSG gilt der Grundsatz der Datenvermeidung und Datensparsamkeit.

99 Für die Geltung des BDSG ist erforderlich, dass eine Erhebung, Verarbeitung und Nutzung personenbezogener Daten durch die verantwortliche Stelle vorliegt. Diese Begriffe werden durch das BDSG in Anlehnung an die Richtlinie definiert. Personenbezogene Daten sind Einzelangaben über persönliche oder sachliche Verhältnisse einer bestimmten oder bestimmbarer natürlicher Person (§ 3 Abs. 1 BDSG). Erheben ist das Beschaffen der Daten über den Betroffenen (§ 3 Abs. 3 BDSG), Verarbeitung das Speichern, Verändern, Übermitteln, Sperren und Löschen personenbezogener Daten (§ 3 Abs. 4 S. 1 BDSG). Nutzen im Sinne des § 3 Abs. 5 BDSG ist jede Verwendung personenbezogener Daten, soweit es sich nicht um Verarbeitung handelt.

100 Das BDSG ist anwendbar auf **öffentliche** (§ 1 Abs. 2 Nr. 1 BDSG) **und nichtöffentliche Stellen,** bei Letzterem zwar grundsätzlich nur, sofern der Umgang auf personenbezogene Daten unter Einsatz von Datenverarbeitungsanlagen geschieht oder die Daten in oder aus nicht automatisierten Dateien verarbeitet, genutzt oder dafür erhoben werden (§ 1 Abs. 2 Nr. 3 BDSG). Für das Beschäftigungsverhältnis ist jedoch klargestellt, dass auch die nicht-automatisierte Verarbeitung von personenbezogenen Daten den Regelungen des BDSG unterfällt (§ 32 Abs. 2 BDSG). Auch handschriftliche Aufzeichnungen oder mündliche Befragungen sind insofern grundsätzlich datenschutzrechtlich relevant.³

101 Die Erhebung, Verarbeitung und Nutzung personenbezogener Daten ist nur zulässig, soweit das BDSG selbst oder eine andere Rechtsvorschrift dies erlaubt oder der Betroffene eingewilligt hat (§ 4 Abs. 1 BDSG, → Rn. 136 ff.). Die wichtigsten **Erlaubnistatbestände** innerhalb des BDSG für das Arbeitsrecht sind **§ 32 BDSG und § 28 BDSG**. Rechtsvorschriften außerhalb des BDSG sind zum einen **andere Gesetze** wie das Telekommunikationsgesetz (TKG) und das Telemediengesetz (TMG), zum anderen aber auch untergesetzliche Rechtsvorschriften wie **Tarifverträge** und **Betriebsvereinbarungen**.⁴

102 Das BDSG ist gegenüber anderen, spezielleren Rechtsvorschriften **subsidiär** (§ 1 Abs. 3 S. 1 BDSG). Es stellt insofern einen **Auffangtatbestand** für jede Art der Datenverarbeitung dar. Ist ein bestimmter Aspekt durch Spezialgesetze nur teilweise geregelt, wirkt das BDSG als Auffangregelung. Im Konzerndatenschutz sind insbesondere das TKG sowie das TMG von Bedeutung; diese behandeln als Spezialgesetze insbesondere die Grundsätze der E-Mail- und Internet-Nutzung am Arbeitsplatz.

---

¹ BAG 29.6.2004 – 1 ABR 21/03, NJW 2005, 313.
² BVerfG 11.3.2008 – 1 BvR 2074/05, 1 BvR 1254/07, NJW 2008, 1505.
³ Vgl. dazu ausführlich und insbesondere zu § 32 BDSG: → Rn. 125 ff.
⁴ BAG 25.6.2002 – 9 AZR 405/00, NZA 2003, 275; BAG 27.5.1986 – 1 ABR 48/84, NZA 1986, 643.

b) TKG/TMG

aa) Providereigenschaft des Arbeitgebers

Bei einer gestatteten privaten Nutzung betrieblicher elektronischer Informations- und Kommunikationsmittel (IuK-Mittel) wird der Arbeitgeber nach wohl herrschender Meinung grundsätzlich zum **Diensteanbieter (Provider)** im Sinne des § 3 Nr. 10 TKG.[1] In der Literatur mehren sich zwar Stimmen, die die Anwendbarkeit des TKG auf den Arbeitgeber bei der gestatteten privaten Nutzung ablehnen.[2] Darüber hinaus verneinen auch einige Gerichtsentscheidungen die Anwendbarkeit des TKG im Arbeitsverhältnis[3] – jedenfalls hinsichtlich privater E-Mails, die von Mitarbeitern nicht unmittelbar nach Eingang oder Versendung gelöscht, sondern im Ein- oder Ausgang belassen bzw. irgendwo abgespeichert werden.[4] Auch wenn diese Entwicklung zu begrüßen ist, sollte der Arbeitgeber angesichts der gegenteiligen Ansicht der Datenschutzaufsichtsbehörden[5] und der eindeutigen Gesetzesbegründung des TKG[6] von einer Anwendbarkeit desselben bei gestatteter Privatnutzung betrieblicher IuK-Mittel ausgehen. 103

Die **Anwendbarkeit des TMG** bei gestatteter Privatnutzung ergibt sich schon aus einem Umkehrschluss des § 11 Abs. 1 Nr. 1 TMG, in welchem die Anwendbarkeit bei ausschließlich dienstlicher Nutzung ausgeschlossen wird. Bei der (teilweisen) privaten Nutzung betrieblicher Informationsmedien unterfällt der Arbeitgeber jedoch den Pflichten des TMG und damit der Unterrichtungspflicht gemäß § 13 TMG.[7] 104

bb) Abgrenzung TKG/TMG

(1) Alternative und kumulative Anwendung

Obwohl sie vom Grundsatz her unterschiedliche Regelungsgegenstände haben, ist die trennscharfe Abgrenzung zwischen dem Anwendungsbereich des TKG und dem des TMG nicht immer möglich. Diese **Abgrenzungsschwierigkeiten** entstehen vorrangig durch das Zusammenspiel von § 1 Abs. 1 TMG und § 3 Nr. 24 TKG. Das TMG gilt für alle elektronischen Informations- und Kommunikationsdienste, soweit sie nicht Telekommunikationsdienste nach § 3 Nr. 24 TKG sind, die ganz in der Übertragung von Signalen über Telekommunikationsnetze bestehen. Hingegen definiert § 3 Nr. 24 TKG „Telekommunikationsdienste" als in der Regel gegen Entgelt erbrachte Dienste, die ganz oder überwiegend in der Übertragung von Signalen über Telekommunika- 105

---

[1] OLG Karlsruhe 10.1.2005 – 1 W 152/04, MMR 2005, 178 ff.; Scheurle/Mayen/*Büttgen*, TKG § 88, Rn. 20; *Hoppe/Braun*, MMR 2010, 80 (81); *Deutsch/Diller*, DB 2009, 1462 (1465); *Wolf/Mulert*, BB 2008, 442 (445); *Barton*, NZA 2006, 460 (461); *Beckschulze/Henkel*, DB 2001, 1491 (1496); *Mengel*, BB 2004, 2014 (1017); *Lindemann/Simon*, BB 2001, 1950 (1951); *Panzer*, Mitarbeiterkontrolle und neue Medien, S. 175 ff.
[2] *Thüsing*, Arbeitnehmerdatenschutz und Compliance, Rn. 220 ff.; *Löwisch*, DB 2009, 2782 f.; *Schimmelpfennig/Wenning*, DB 2006, 2290 ff.
[3] ArbG Berlin 17.8.2010 – 36 Ca 235/10, BeckRS 2011, 70280; LAG Berlin-Brandenburg 16.2.2011 – 4 Sa 2132/10, NZA-RR 2011, 342; LAG Niedersachsen 31.5.2010 – 12 Sa 875/09, NZA-RR 2010, 46.
[4] Hessischer VGH 19.5.2009 – 6 A 2672/08.Z, NJW 2009, 2470.
[5] Bundesdatenschutzbeauftragter, Datenschutzrechtliche Grundsätze bei der dienstliche/privaten Internet- und E-Mail-Nutzung am Arbeitsplatz, Stand 01/2008, S. 2; Landesdatenschutzbeauftragter NRW, Orientierungshilfe zur Nutzung von E-Mail und anderen Internetdiensten am Arbeitsplatz, 24.9.2007, S. 4.
[6] BT-Drs. 13/3609, S. 53: „… dem Fernmeldegeheimnis unterliegen damit zB […] Betriebe […], soweit sie dem Beschäftigten zur privaten Nutzung zur Verfügung gestellt sind".
[7] So auch *Kömpf/Kunz*, NZA 2007, 1341 (1345); *Panzer* in: Grobys/Panzer, Elektronische Kommunikationsmittel, Rn. 26.

tionsnetze bestehen. Bestehen Telekommunikationsdienste nur überwiegend in der Übertragung von Signalen, ist das TMG daher zusätzlich zum TKG anwendbar.

106 In der Praxis überwiegen die Sachverhalte, in denen **TKG und TMG gemeinsam gelten.** Denn insbesondere bei E-Mail-Providern liegt in den seltensten Fällen lediglich eine ausschließlich Übertragung von Signalen vor.[1] Besondere Brisanz erhält diese Abgrenzung durch das aktuelle Thema Social Media. Während es bei der bloßen Internet-Nutzung zur Informationsverschaffung weitgehend unstrittig ist, dass diese allein dem TMG unterfällt, ist der Versand und Empfang von Nachrichten ein klassisches Beispiel für die Anwendung des TKGs. Beides ist aber insbesondere bei sozialen Netzwerken untrennbar miteinander verbunden.

(2) Begriffliche Unterscheidungen

107 Eine weitere Schwierigkeit ergibt sich daraus, dass TKG und TMG **unterschiedliche Begrifflichkeiten** verwenden, diese aber **identische Bedeutung** haben.

108 Das trifft beispielsweise auf das Begriffspaar „Verkehrsdaten" und „Verbindungsdaten" zu. Nach § 3 Nr. 24 TKG sind „Verkehrsdaten" Daten, die bei der Erbringung eines Telekommunikationsdienstes erhoben, verarbeitet oder genutzt werden. Der Begriff der Verbindungsdaten wird im TKG dagegen nicht definiert, gleichwohl mehrfach und dann synonym zum Begriff der Verkehrsdaten verwendet (§§ 45g, 45i TKG).

109 Gleiches gilt für das Begriffspaar „Abrechnungszweck" und „Entgeltermittlung". Das TMG verwendet schwerpunktmäßig den Begriff der Abrechnung und des Abrechnungszwecks, erwähnt aber an wenigen Stellen auch den Begriff „Entgelt". Das TKG hingegen nutzt vorwiegend den Begriff der Entgeltermittlung (vgl. 97 TKG).

c) Das TKG als Erlaubnistatbestand

aa) Anwendbarkeit des TKG

110 Das TKG ist im Arbeitsverhältnis nur anwendbar, soweit der Arbeitgeber die **private Nutzung** elektronischer Kommunikationsmittel wie beispielsweise des Telefons und des dienstlichen E-Mail-Accounts **erlaubt** hat. Dann wird er nach überwiegender Meinung zum **Telekommunikationsdiensteanbieter.** Das TKG regelt die Rahmenbedingungen für den Einsatz und die Nutzung von Telekommunikationsanlagen. Unter „Telekommunikation" versteht man den technischen Vorgang des Aussendens, Übermittelns und Empfangens von Signalen mittels Telekommunikationsanlagen.

bb) Das Fernmeldegeheimnis

111 Die im Arbeitsverhältnis weitreichendste Regelung aus datenschutzrechtlicher Sicht ist die **Anwendbarkeit des Fernmeldegeheimnisses (§§ 88 ff. TKG);** diese Vorschrift stellt die einfach-gesetzliche Ausformung von Art. 10 GG dar. Das Fernmeldegeheimnis schützt die **unkörperliche Übermittlung von Informationen** an individuelle Empfänger mit Hilfe des Telekommunikationsverkehrs. Die Beteiligten sollen weitestgehend so gestellt werden, wie sie bei einer Kommunikation unter Anwesenden stünden.[2] Neben dem Fernmeldegeheimnis enthält das TKG in den §§ 91 bis 107 TKG noch weitere datenschutzrechtliche Vorschriften.

112 Dem Fernmeldegeheimnis unterliegen der **Inhalt der Telekommunikation und ihre näheren Umstände,** insbesondere die Beteiligung an einem Telekommunika-

---

[1] Zum sog. „Schichtenmodell" Scheurle/Mayen/*Büttgen,* TKG § 91, Rn. 25; *Roßnagel,* NVwZ 2007, 743 (745).

[2] Vgl. dazu mit weiteren Nachweisen LAG Berlin-Brandenburg 16.2.2011 – 4 Sa 2132/10, NZA-RR 2011, 342.

tionsvorgang. Es erstreckt sich auch auf die näheren Umstände erfolgloser Verbindungsversuche. Nach den spezifischen Datenschutzvorschriften des §§ 96 TKG ff. (→ Rn. 121) ist die Verwendung von **Verkehrsdaten**[1] nach dem Ende der Verbindung zum Zweck der Entgeltermittlung und -abrechnung (§ 97 TKG) sowie zur Störungsbehebung (§ 100 Abs. 1 TKG) erlaubt. Darüber hinaus kommt eine Speicherung nur im Falle tatsächlicher Anhaltspunkte, die zum Aufdecken sowie Unterbinden von Leistungserschleichungen und sonstiger rechtswidriger Inanspruchnahme der Telekommunikationsnetze und -dienste erforderlich sind (§ 100 Abs. 3 TKG), in Betracht. Ein Abweichen von den Bestimmungen des TKG ist nur durch eine andere „**gesetzliche Vorschrift**" möglich, Ausnahmen im Wege einer Betriebsvereinbarung sind ausgeschlossen (§ 88 Abs. 3 S. 3 TKG). Allerdings sieht das TKG die Möglichkeit einer **Einwilligung** des Betroffenen vor (§ 94 TKG).

Unabhängig von der Providereigenschaft des Arbeitgebers ist umstritten, ob und wie lange E-Mails bzw. die dazu gespeicherten Daten dem Fernmeldegeheimnis unterliegen. Das BVerfG hatte 2006 geurteilt, dass „die nach Abschluss des Übertragungsvorgangs im Herrschaftsbereich des Kommunikationsteilnehmers gespeicherten Verbindungsdaten [...] nicht durch Art. 10 Abs. 1 GG, sondern durch das Recht auf informationelle Selbstbestimmung (Art. 2 Abs. 1 iVm Art. 1 Abs. 1 GG) und gegebenenfalls durch Art. 13 Abs. 1 GG geschützt [werden]."[2] 2009 wurde dieses Urteil in gewisser Weise revidiert; die Sicherstellung und Beschlagnahme von E-Mails auf dem Mailserver des Providers seien am Grundrecht auf Gewährleistung des Fernmeldegeheimnisses aus Art. 10 Abs. 1 GG zu messen.[3] 113

Dies hat zu erheblicher **Unsicherheit in der Praxis** geführt, auf welche Weise sich ein Arbeitgeber bei der Kontrolle von empfangenen E-Mails rechtmäßig verhalten könne. Diese Frage wird in der Literatur unterschiedlich beantwortet: die Meinungen reichen vom nahezu völligen Ausschluss der Kontrolle[4] bis zur Verneinung der Anwendbarkeit des Fernmeldegeheimnisses nach Abschluss des Übermittlungsvorgangs und der Beurteilung der Rechtmäßigkeit ausschließlich anhand der Regelungen des BDSG.[5] 114

Die besseren Gründe sprechen wohl dafür, **auch bereits empfangene E-Mails in den Schutzbereich des Fernmeldegeheimnisses einzubeziehen.** Dieses greift nur dann nicht ein, wenn der Arbeitnehmer von der eingehenden Mail tatsächlich Kenntnis genommen hat und einen Zugriff des Arbeitgebers auf diese Mail **vollständig verhindern** kann.[6] 115

Das BVerfG hat im Jahr 2006 die Anwendung des Fernmeldegeheimnisses im Wesentlichen damit verneint, dass die spezifischen Gefahren des Kommunikationsvorgangs nach Beendigung der Übermittlung nicht mehr gegeben wären.[7] Der Empfänger könne in seinem eigenen Herrschaftsbereich Schutzvorkehrungen gegen den ungewollten Datenzugriff treffen, deshalb wären die erleichterten Zugriffsmöglichkeiten Dritter nicht mehr gegeben. Außerdem könne ein Zugriff ohne Wissen des Kommunikationsteilnehmers nicht stattfinden und dieser könne selbst beeinflussen, ob vorhandene Daten dauerhaft gespeichert werden.[8] 116

---

[1] Daten, die bei der Erbringung eines Telekommunikationsdienstes erhoben, verarbeitet oder genutzt werden, § 3 Nr. 30 TKG.
[2] BVerfG 2.3.2006 – 2 BvR 2099/04, NJW 2006, 976.
[3] BVerfG 16.6.2009 – 2 BvR 902/06, MMR 2009, 673.
[4] *Hoppe/Braun*, MMR 2010, 80 (81 f.).
[5] *Behling*, BB 2010, 892 (893 ff.); *Sassenberg/Mantz*, BB 2013, 889 (890 f.).
[6] So auch *Hoppe/Braun*, MMR 2010, 80 (82).
[7] BVerfG 2.3.2006 – 2 BvR 2099/04, NJW 2006, 976.
[8] BVerfG 2.3.2006 – 2 BvR 2099/04, NJW 2006, 976.

117   Dem kann für das Arbeitsverhältnis nicht einschränkungslos gefolgt werden. Denn im Regelfall werden die E-Mails nicht nur auf dem PC des Arbeitnehmers, sondern insbesondere auch auf einem **internen Server** gespeichert, auf den der Arbeitgeber ebenfalls Zugriff hat. Unerheblich ist, ob der Arbeitnehmer nur mit Hilfe einer Internetverbindung auf die E-Mails zugreifen kann. Diese Voraussetzung hat keine Bedeutung für die Frage, ob gleichzeitig eine **zweite Zugriffsmöglichkeit** besteht. Damit sind die E-Mails gerade nicht im alleinigen Herrschaftsbereich des Arbeitnehmers gespeichert. Der Zugriff des Arbeitgebers wird dem Arbeitnehmer auch nicht angezeigt. Der Arbeitnehmer kann diesen Zugriff im Regelfall **nicht verhindern,** gleiches gilt für die Vervielfältigung und die Weitergabe der E-Mails. Damit entspricht die Situation des Arbeitsverhältnisses im Wesentlichen dem Sachverhalt, in dem das BVerfG 2009 die Anwendbarkeit des Fernmeldegeheimnisses bejahte.[1]

118   Entscheidend ist folglich, ob die **Zugriffsmöglichkeit** des Arbeitgebers auf die E-Mail **ausgeschlossen** ist. Das wäre zB der Fall, wenn der Arbeitnehmer empfangene E-Mails an einer selbstgewählten Stelle im betrieblichen System archiviert oder speichert.[2] Letztlich kommt es hier aber entscheidend auf das verwendete E-Mail-System an. Solange eine Kopie der E-Mail oder einzelne Daten weiterhin für den Arbeitgeber abrufbar gespeichert sind, gilt das Fernmeldegeheimnis fort. Erst wenn allein dem Arbeitnehmer die Möglichkeit obliegt, den Zugriff auf die E-Mail zu verhindern oder zu gestatten, endet der Anwendungsbereich des Fernmeldegeheimnisses.[3]

119   Vor diesem Hintergrund ist bis zu einer endgültigen Klärung durch den Gesetzgeber oder die höchstrichterliche Rechtsprechung angesichts der drohenden Konsequenzen von einer **Geltung des Fernmeldegeheimnisses auch nach Beendigung des Kommunikationsvorgangs** auszugehen.

cc) Weitere Datenschutzvorschriften

120   Die weiteren, in den §§ 91 bis 107 TKG enthaltenen Datenschutzvorschriften sind dagegen nicht auf die Dauer des Telekommunikationsvorgangs begrenzt. Gemäß § 91 Abs. 1 S. 1 TKG regelt der entsprechende Abschnitt den Schutz personenbezogener Daten der Teilnehmer und Nutzer von Telekommunikation bei der Erhebung und Verwendung dieser Daten durch Unternehmen und Personen, die geschäftsmäßig Telekommunikationsdienste in Telekommunikationsnetzen, einschließlich Telekommunikationsnetzen, die Datenerfassungs- und Identifizierungsgeräte unterstützen, erbringen oder an deren Erbringung mitwirken.

121   § 93 TKG statuiert die **Informationspflichten,** die der Diensteanbieter bereits bei Vertragsschluss dem Teilnehmer erfüllen muss. Insbesondere muss über Art, Umfang, Ort und Zweck der Erhebung und Verwendung personenbezogener Daten in allgemein verständlicher Form unterrichtet werden (§ 93 Abs. 1 S. 1 TKG). § 94 TKG enthält die Voraussetzungen für die Rechtmäßigkeit einer **Einwilligung** im elektronischen Verfahren. Das TKG unterscheidet im Folgenden zwischen **Bestands-, Verkehrs- und Standortdaten. Bestandsdaten** sind Daten eines Teilnehmers, die für die Begründung, inhaltliche Ausgestaltung, Änderung oder Beendigung eines Vertragsverhältnisses über Telekommunikationsdienste erhoben werden (§ 3 Nr. 3 TKG). Bestandsdaten dürfen erhoben und verwendet werden, soweit dies für die genannten Zwecke erforderlich ist (§ 95 Abs. 1 S. 1 TKG). Auch die Nutzung der Bestandsdaten zu anderen Zwecken wie Werbung ist unter bestimmten Voraussetzungen zulässig (vgl. § 98 Abs. 2 TKG). § 96 TKG regelt dagegen die Zulässigkeit der Erhebung und Verarbeitung von **Ver-**

---

[1] BVerfG 16.6.2009 – 2 BvR 902/06, MMR 2009, 673.
[2] VGH Kassel 19.5.2009 – 6 A 2672/08.Z, NJW 2009, 2470.
[3] So auch *Hoppe/Braun,* MMR 2010, 80 (82).

kehrsdaten. Als solche bezeichnet man Daten, die bei der Erbringung eines Telekommunikationsdienstes erhoben, verarbeitet oder genutzt werden (§ 3 Nr. 30 TKG). Sowohl der Zweck der Erhebung als auch die Art der zu erhebenden Daten werden durch gesetzliche Vorschriften abschließend festgelegt. § 97 TKG enthält Sondervorschriften zugunsten des Telekommunikationsanbieters betreffend die Entgeltermittlung und -abrechnung. Am restriktivsten ist die Verwendung von Standortdaten geregelt. Dies sind Daten, die in einem Telekommunikationsnetz oder von einem Telekommunikationsdienst erhoben oder verwendet werden und die den Standort des Endgeräts eines Endnutzers eines öffentlich zugänglichen Telekommunikationsdienstes angeben (§ 3 Nr. 19 TKG). Eine Datenerhebung und -verarbeitung ist nur im zur Bereitstellung von Diensten mit Zusatznutzen erforderlichen Umfang und innerhalb des erforderlichen Umfangs zulässig; zusätzlich müssen die Daten entweder anonymisiert werden oder der Teilnehmer muss seine Einwilligung erteilen (§ 98 Abs. 1 S. 1 TKG). Die weiteren Vorschriften enthalten datenschutzrechtliche Regelungen zu den Sonderbereichen Einzelverbindungsnachweis (§ 99 TKG), Störungen von Telekommunikationsanlagen und Missbrauch von Telekommunikationsdiensten (§ 100 TKG), Mitteilen ankommender Verbindungen (§ 101 TKG), Rufnummernanzeige und -unterdrückung (§ 102 TKG), automatische Anrufweiterschaltung (§ 103 TKG), Teilnehmerverzeichnisse (§ 104 TKG), Auskunftserteilung (§ 105 TKG), Telegrammdienste (§ 106 TKG) und Nachrichtenübermittlungssysteme mit Zwischenspeicherung (§ 107 TKG).

d) Das TMG als Erlaubnistatbestand

Gemäß § 12 Abs. 1 TMG dürfen personenbezogene Daten nur erhoben und verwendet werden, soweit das Gesetz selbst oder eine andere Rechtsvorschrift, die sich ausdrücklich auf Telemedien bezieht, es erlaubt oder der Nutzer eingewilligt hat. Das BDSG und das TMG sind insoweit identisch als Verbot mit Erlaubnisvorbehalt konzipiert und folgen demselben Regelungsgedanken. Im Gegensatz zum TKG sind auch im TMG Ausnahmen durch Tarifverträge und Betriebsvereinbarungen möglich.[1] **122**

Das TMG setzt **abschließende Zwecke** der Datenerhebung und -verarbeitung fest. So dürfen die personenbezogenen Daten eines Nutzers über das Ende des Nutzungsvorganges hinaus lediglich verwendet werden, soweit sie zu **Abrechnungszwecken** erforderlich sind (§ 15 Abs. 4 TMG). Sind diese Abrechnungsdaten für die Erstellung von Einzelnachweisen über die Inanspruchnahme bestimmter Angebote, die der Nutzer verlangt hat, erhoben und verarbeitet worden, dürfen sie höchstens bis zum Ablauf des sechsten Monats nach Versendung der Rechnung gespeichert werden (§ 15 Abs. 7 TMG). Über diese Speicherfrist hinaus dürfen die Daten nur verwendet werden, wenn zu **dokumentierende tatsächliche Anhaltspunkte** vorliegen, dass Dienste von bestimmten Nutzern in der **Absicht** in Anspruch genommen werden, das Entgelt nicht oder nicht vollständig zu entrichten, und soweit dies für Zwecke der Rechtsverfolgung erforderlich ist § 15 Abs. 8 TMG). **123**

5. Anwendung der allgemeinen Regeln auf Konzernsachverhalte

Bei der Beurteilung von Konzernsachverhalten ist zunächst festzuhalten, dass der Konzernverbund für das Datenschutzrecht nicht als Anknüpfungspunkt fungiert. Vielmehr ist die **Selbstständigkeit des Unternehmens** als juristische Person in gesellschaftsrechtlicher Hinsicht für den Datenschutz maßgeblich.[2] Gemäß § 3 Abs. 7 **124**

---

[1] *Panzer*, Mitarbeiterkontrolle und neue Medien, S. 189.
[2] Ausführlich *Schulz*, BB 2011, 2552 (2553).

Teil I. 4. Typische Sachverhalte bei nationalen Konzernen

BDSG ist allein das **Einzelunternehmen als verantwortliche Stelle** im Sinne des Gesetzes anzusehen. Es handelt sich damit um eine datenschutzrechtliche Selbstständigkeit auch im Konzernverbund.[1] Dies führt zu praktischen Anwendungsproblemen.

II. System des Datenschutzes im Arbeitsverhältnis

1. Erlaubnistatbestände des BDSG

a) § 32 BDSG

aa) Allgemeines

125   § 32 Abs. 1 BDSG findet auf **jede Form der Datenerhebung, -verarbeitung und -nutzung im Beschäftigungsverhältnis** Anwendung. Dies gilt gemäß § 32 Abs. 2 BDSG auch für nicht automatisiert verarbeitete Daten. Somit fallen auch durch Vorgesetzte handschriftlich dokumentierte oder mündlich erhaltene Informationen, Befragungen und Beobachtungen unter die Vorschrift, sofern sie danach zur weiteren Meinungsbildung über den Arbeitnehmer verwendet werden.[2]

bb) Erforderlichkeit zur Begründung, Durchführung und Beendigung des Arbeitsverhältnisses

126   Gemäß § 32 Abs. 1 S. 1 BDSG dürfen personenbezogene Daten erhoben, verarbeitet und genutzt werden, wenn dies für die Begründung, Durchführung oder Beendigung des Beschäftigungsverhältnisses erforderlich ist. Diese Formulierung erfasst **potentiell jeden Datenerhebungs- und -verarbeitungsvorgang**. Bezüglich jedes einzelnen Vorgangs ist eine Interessenabwägung am Maßstab des Verhältnismäßigkeitsgrundsatzes vorzunehmen.[3]

127   In der Praxis ist die Datenerhebung zur Erfüllung gesetzlicher, kollektivrechtlicher oder einzelvertraglicher Pflichten oder zur Wahrnehmung vertraglicher Rechte der häufigste Anwendungsfall.[4] Als Beispiele für **gesetzliche Pflichten** sind beispielsweise die Gehaltszahlung und die Einhaltung gesetzlicher Aufbewahrungsfristen zu nennen. Auch für **vertragliche Pflichten** wie das Zur-Verfügung-Stellen von Internet und E-Mail als Betriebsmittel ist § 32 BDSG bedeutend. Spiegelbildlich dazu hat der Arbeitgeber das **Recht, die Leistung der Arbeitnehmer zu kontrollieren;** auch die Rechtmäßigkeit dieser Datenerhebung und -verarbeitung beurteilt sich im Grundsatz nach § 32 BDSG.

128   Im Konzern sind darüber hinaus weitere spezielle Anwendungsbereiche des Datenschutzrechts zu beachten, die vorrangig den typischen Konzernstrukturen geschuldet sind. Ist die Erhebung und Verarbeitung von Personaldaten bei einer Gesellschaft des Konzerns zentral angesiedelt, so ist dies beim Umgang mit Personaldaten – insbesondere mit Personalakten, Personalinformationssystemen und Skill-Datenbanken – zu berücksichtigen. Auch abhängig vom gewählten Organisationsmodell („Shared Services" oder konzerneigene Servicegesellschaften) können sich Unterschiede in der datenschutzrechtlichen Behandlung ergeben (→ Rn. 179 ff.).

cc) Aufdeckung von Straftaten

129   Für die Aufdeckung von Straftaten gelten gemäß § 32 Abs. 1 S. 2 BDSG **strengere Voraussetzungen.** Zu diesem Zweck ist die Erhebung, Nutzung und Verarbeitung

---

[1] *Thüsing*, Arbeitnehmerdatenschutz und Compliance Rn. 411 mwN.
[2] *Deutsch/Diller*, DB 2009, 1462.
[3] *Wybitul*, BB 2010, 1085 (1086).
[4] *Gola/Schomerus*, BDSG § 32, Rn. 10 ff.

personenbezogener Daten zulässig, wenn zu dokumentierende **tatsächliche Anhaltspunkte** den **Verdacht begründen,** dass der Betroffene im Beschäftigungsverhältnis eine **Straftat begangen hat,** die Datennutzung **zur Aufdeckung erforderlich** ist und das **schutzwürdige Interesse** des Beschäftigten an dem Ausschluss der Erhebung, Verarbeitung oder Nutzung **nicht überwiegt.** Hierbei dürfen insb. **Art und Ausmaß der Maßnahme** im Hinblick auf den Anlass nicht unverhältnismäßig sein. Diese strengen Voraussetzungen sind der restriktiven Rechtsprechung zur verdeckten Videoüberwachung nachempfunden,[1] wonach Maßnahmen zur Überwachung verdächtiger Personen nur dann zulässig sind, wenn der Verdacht in Hinblick auf Täterkreis, Ausmaß und Schaden schriftlich oder elektronisch fixiert und mithin hinreichend konkretisiert ist.[2] § 32 Abs. 1 S. 2 BDSG normiert damit ausdrücklich die Voraussetzungen nur für **repressive Kontrollen.**

dd) Verhinderung von Straftaten/Vertragsverstöße

Im Gegensatz zur repressiven Kontrolle bzgl der Aufdeckung von Straftaten sind die Voraussetzungen der präventiven Kontrolle sowie der repressiven Kontrolle bei bloßen Pflichtverletzungen **nicht ausdrücklich geregelt.** Das bedeutet jedoch nicht, dass Kontrollen mit einer derartigen Zielsetzung per se unzulässig seien. 130

Die datenschutzrechtliche Zulässigkeit der Durchführung präventiver Maßnahmen sowie der Aufklärung begangener Vertragsverstöße ist nach Maßgabe des § 32 Abs. 1 S. 1 BDSG zu beurteilen.[3] Demnach ist auch hier eine umfassende **Verhältnismäßigkeitsprüfung** hinsichtlich der konkreten Maßnahme vorzunehmen.[4] Teilweise wird auch vertreten, dass bei Maßnahmen zur Verhinderung von Straftaten auf § 28 Abs. 1 S. 1 Nr. 2 BDSG zurückzugreifen ist.[5] Inhaltlich besteht jedoch kein Unterschied zwischen der Anwendung der Vorschriften, so dass der Streit für die Praxis unerheblich ist. 131

Als präventive Maßnahmen kommen beispielsweise Einlasskontrollen, Zeiterfassungssysteme, Videoüberwachung, Taschenkontrollen oder routinemäßige Überprüfung der rechtmäßigen Nutzung von IuK-Diensten in Betracht. Auch die Verfolgung bereits verübter arbeitsvertraglicher Pflichtverletzungen und präventive Kontrollmaßnahmen zur Verhinderung von Vertragsbrüchen sind nach dem Willen des Gesetzgebers am Maßstab des § 32 Abs. 1 S. 1 BDSG zu messen.[6] 132

ee) Verbliebene Anwendung von § 28 BDSG

§ 32 BDSG verdrängt lediglich § 28 Abs. 1 Nr. 1 BDSG hinsichtlich der Zulässigkeit des Datenumgangs im Beschäftigungsverhältnis.[7] § 28 Abs. 1 S. 1 Nr. 2 und 3 BDSG sind neben § 32 BDSG weiterhin anwendbar.[8] 133

§ 28 Abs. 1 S. 1 Nr. 2 BDSG ist anwendbar, wenn der Anwendungsbereich des § 32 BDSG nicht eröffnet ist und gleichzeitig die Datenerhebung bzw. -verarbeitung und -nutzung zur **Wahrung berechtigter Interessen** der verantwortlichen Stelle erforderlich ist und kein Grund zu der Annahme besteht, dass das schutzwürdige Interesse des Betroffenen an dem Ausschluss der Verarbeitung oder Nutzung überwiegt. Die Datenerhebung und -verarbeitung betrifft ebenfalls mit dem Arbeitsverhältnis in 134

---

[1] BT-Drs. 16/13657, S. 21.
[2] ErfK/*Wank,* BDSG § 32, Rn. 30 ff.
[3] BT-Drs. 16/13657, S. 36.
[4] *Wybitul,* BB 2010, 1985 (1086).
[5] BT-Drs. 16/13657, S. 35: § 32 BDSG ist lediglich gegenüber § 28 Abs. 1 S. 1 Nr. 1 BDSG lex specialis.
[6] BT-Drs. 16/13657, S. 36.
[7] BT-Drs. 16/13657, S. 20.
[8] *Thüsing,* Arbeitnehmerdatenschutz und Compliance Rn. 71 f., NZA 2009, 865 (869).

Bezug stehende Vorgänge, diese sind jedoch bei enger Interpretation nicht mehr der Zweckbestimmung des Vertragsverhältnisses zuzuordnen.[1] Dies trifft vor allem auf freiwillige Leistungen des Arbeitgebers (Arbeitgeberdarlehen, Werkswohnungen) zu, ist aber auch im Rahmen von Due-Diligence-Prüfungen oder bei Betriebsübergängen von praktischer Relevanz.[2]

135 Die Datenerhebung und -verarbeitung ist gemäß § 28 Abs. 1 S. 1 Nr. 3 BDSG auch dann zulässig, wenn die **Daten allgemein zugänglich sind oder die verantwortliche Stelle sie veröffentlichen dürfte**, es sei denn, dass das schutzwürdige Interesse des Betroffenen an dem Ausschluss der Verarbeitung oder Nutzung gegenüber dem berechtigten Interesse der verantwortlichen Stelle offensichtlich überwiegt. Im Zusammenhang mit einem Beschäftigungsverhältnis soll zusätzliche eine Relevanz für die arbeitsvertragliche Beziehung erforderlich sein.[3] Allgemein zugängliche Quellen sind vor allem Zeitungen und Zeitschriften, Fernsehsendungen, aber auch das Internet, solange der Zugriff durch jedermann möglich ist.

b) Einwilligung

136 Da dem Arbeitnehmer durch das allgemeine Persönlichkeitsrecht garantiert wird, selbst entscheiden zu können, wann und innerhalb welcher Grenzen seine persönlichen Lebenssachverhalte offenbart werden, kann er sich auch **bewusst dafür entscheiden,** bestimmte Daten preiszugeben und bestimmte Datenerhebungs- und -verarbeitungsvorgänge zu erlauben.[4] Dem entspricht die Möglichkeit der Einwilligung.

137 Die Einwilligung ist nur wirksam, wenn sie auf der **freien Entscheidung** des Betroffenen beruht (§ 4a Abs. 1 S. 1 BDSG). Die freie Entscheidung des Arbeitnehmers darf nach den konkreten Umständen des Einzelfalles aufgrund der wirtschaftlichen und sozialen Gegebenheiten nicht so stark eingeschränkt sein, dass eine Freiwilligkeit ausscheidet.[5] Daher ist davon abzuraten, die Einwilligung unmittelbar bei Begründung des Arbeitsverhältnisses einzuholen oder sie zum Bestandteil des Arbeitsvertrages zu machen.

138 Die Freiwilligkeit der Einwilligung bedingt auch, dass diese **jederzeit und ohne Angabe von Gründen widerrufbar** ist.[6] Daher stellt die Einwilligung ein wenig verlässliches und **in der Praxis wenig taugliches Instrument** dar, da die verantwortliche Stelle einerseits jederzeit mit dem Widerruf rechnen muss und andererseits bestimmte Vorgänge ohne die Einwilligung nicht mehr rechtmäßig durchführbar sind.[7]

139 Gemäß § 4a Abs. 1 S. 3 BDSG bedarf die Einwilligung grundsätzlich der **Schriftform.**[8] Der Arbeitnehmer ist vor der Einwilligung über den Zweck der Erhebung, Verarbeitung oder Nutzung sowie, soweit nach den Umständen des Einzelfalls erforderlich oder auf Verlangen, auf die Folgen der Verweigerung der Einwilligung zu informieren. Es empfiehlt sich daher eine **detaillierte Aufzählung der beabsichtig-**

---

[1] *Gola/Schomerus*, BDSG § 32, Rn. 33.
[2] *Göpfert/Meyer*, NZA 2011, 486 (488); AnwFormArbR/*Urban*, § 1 Rn. 750.
[3] Insgesamt sowie zur Frage der zulässigen Nutzung von Mitgliederdiensten: *Oberwetter*, BB 2008, 1562 (1564).
[4] *Thüsing*, Arbeitnehmerdatenschutz und Compliance Rn. 117; *Gola/Schomerus*, BDSG § 4a, Rn. 24.
[5] Ausführlich dazu *Zscherpe* MMR 2004, 723, 727; zweifelhaft zur Freiwilligkeit im Arbeitsverhältnis *Maties*, NJW 2008, 2219 (2220); *Grimm/Schiefer*, RdA 2009, 329 (335); SWK-Arbeitsrecht/*Panzer-Heemeier*, Datenschutz allgemein, Rn. 32 ff.
[6] Zum Formerfordernis des Widerrufs s. *Thüsing*, Arbeitnehmerdatenschutz und Compliance Rn. 139.
[7] *Freckmann/Störing/Müller* BB 2011, 2549.
[8] Zu den Ausnahmefällen vgl. *Thüsing*, Arbeitnehmerdatenschutz und Compliance Rn. 124.

ten Datenverarbeitungsvorgänge.[1] Wird die Einwilligung zusammen mit weiteren Erklärungen (zB dem Arbeitsvertrags) erteilt, so ist sie gemäß § 4a Abs. 1 S. 4 BDSG drucktechnisch besonders **hervorzuheben**.

Weiterhin darf die Einwilligung, soweit sie in **Allgemeinen Geschäftsbedingungen** enthalten ist, nicht überraschend im Sinne des § 305c BGB oder eine unangemessene Benachteiligung gemäß § 307 Abs. 1 S. 2 BGB sein. Datenschutzrechtliche Ermächtigungen durch schlichten Hinweis auf die allgemeinen Arbeitsbedingungen des Arbeitgebers sind deshalb unwirksam.[2]

140

c) Erlaubnis durch Kollektivnorm

Als Rechtsvorschrift im Sinne des § 4 Abs. 1 BDSG kommt zunächst ein **Tarifvertrag** in Betracht. Den Tarifvertragsparteien steht es unter Beachtung des Persönlichkeitsrechts der Arbeitnehmer frei, datenschutzrechtliche Regelungen zu treffen. In der Praxis wird von dieser Möglichkeit aber nur selten Gebrauch gemacht.[3]

141

Die **Betriebsvereinbarung** ist ebenfalls als Rechtsvorschrift im Sinne des § 4 Abs. 1 BDSG anerkannt (→ Rn. 101). Von dieser Möglichkeit wird in der Praxis sehr viel Gebrauch gemacht, da mit diesem Instrument **passgenaue Regelungen** für den einzelnen Betriebs bzw. das Unternehmen oder den Konzern getroffen werden können. Durch genaue Festlegung der Zweckbestimmung sowie des anschließenden Verfahrens können Unsicherheiten vermieden werden, die bei bloßer Anwendung des Gesetzes oder dem Vertrauen auf die Einwilligung des Arbeitnehmers eröffnet sind.

142

Betriebsvereinbarungen werden vorrangig eingesetzt, um die Voraussetzungen der Datenerhebung, -verarbeitung und -nutzung zu konkretisieren und Verfahren für diese festzulegen. Erforderlich ist aber, dass in dieser zumindest die Art der Daten und der Zweck der Verarbeitung genannt und durch eine entsprechende Norm für zulässig erklärt werden.[4]

143

Durch Betriebsvereinbarungen können auch Regelungen getroffen werden, deren Bestimmungen sich im Vergleich zu den Regelungen des BDSG als **nachteilig für den Arbeitnehmer** erweisen; die Regelungen sind nicht auf eine Konkretisierung bzw. Präzisierung datenschutzrechtlicher Bestimmungen begrenzt.[5] Allerdings besteht der Gestaltungsspielraum der Betriebsparteien nicht unbegrenzt, da sie sich an den grundgesetzlichen Wertungen, zwingendem Gesetzesrecht und den sich aus den Grundsätzen des Arbeitsrechts ergebenden Beschränkungen auszurichten haben. Nach **§ 75 Abs. 2 BetrVG** haben die Betriebsparteien das Persönlichkeitsrecht der Arbeitnehmer zu schützen.[6]

144

Den Betriebspartnern ist hinsichtlich der **Wesentlichkeit der Änderung** eine **Einschätzungsprärogative** einzuräumen.[7] Aus diesem Grund stellt die Betriebsvereinbarung gerade innerhalb eines Konzerns eine verhältnismäßig sichere Regelungsvariante dar. Zu berücksichtigen ist allerdings, dass diese stets auf ihre Rechtswirksam-

145

---

[1] *Mengel* in: Hümmerich/Reufels, § 1 Rn. 1559 ff.
[2] ErfK/*Franzen*, BDSG § 4a Rn. 2.
[3] ErfK/*Franzen*, BDSG § 4 Rn. 2.
[4] *Panzer*, Mitarbeiterkontrolle und neue Medien, S. 159 f.
[5] BAG 20.12.1995 – 7 ABR 8/95, NZA 1996, 945; BAG 30.8.1995 – 1 ABR 4/95, NZA 1996, 218; BAG 27.5.1986 – 1 ABR 48/84, NZA 1986, 643; *Thüsing*, Arbeitnehmerdatenschutz und Compliance Rn. 102, NZA 2011, 16 (17); aA dagegen *Freckmann/Störing/Müller*, BB 2011, 2549 (2550); Simitis/Walz/Sokol, § 4 Rn. 17; *Trittin/Fischer*, NZA 2009, 343 (344).
[6] *Panzer*, Mitarbeiterkontrolle und neue Medien, S. 160 mwN.; ErfK/*Franzen*, BDSG § 4, Rn. 2.
[7] *Kort*, MMR 2011, 294 (298).

keit geprüft werden sollen, da eine rechtswidrige Betriebsvereinbarung unwirksam ist und Vertrauensschutz in der Regel nicht gewährt wird.

2. Arbeitnehmerrechte

146 Das BDSG räumt dem Arbeitnehmer hinsichtlich seiner personenbezogenen Daten umfassende Rechte ein. Dazu gehören **Auskunfts-, Benachrichtigungs- und Löschungsrechte.**

147 Bei der erstmaligen Datenverwendung ohne Kenntnis des Betroffenen ist dieser gemäß § 33 BDSG hierüber zu benachrichtigen. Diese Pflicht entfällt nach § 33 Abs. 2 BDSG dann, wenn der Betroffenen auf andere Weise Kenntnis von der Datenspeicherung oder -übermittlung erlangt. Gemäß § 34 BDSG kann der Betroffene darüber hinaus umfangreiche Auskunft über die über ihn gespeicherten Daten und deren Verwendung verlangen.

148 Gemäß § 35 Abs. 1 BDSG sind personenbezogene Daten im Falle der Unrichtigkeit zu berichtigen. Nach § 35 Abs. 2 BDSG sind unzulässig gespeicherte Daten zu löschen. § 35 Abs. 4, 8 BDSG sieht zudem einen Sperrungsanspruch vor, wenn der Arbeitnehmer die Richtigkeit der Daten bestritten hat bzw. sich die Richtigkeit der Daten nicht feststellen lässt. Gemäß § 35 Abs. 2 S. 2 BDSG sind auch Daten von erfolglosen Bewerbern zu löschen. Hinsichtlich des Löschungszeitpunktes ist auf die zweimonatige Ausschlussfrist des AGG zurückzugreifen. Aus praktischen Erwägungen ist jedoch ein Zeitraum von drei Monaten anzusetzen, da regelmäßig erst dann festgestellt werden kann, ob der Bewerber Klage erhoben hat.[1]

3. Organisatorische Vorkehrungen des Arbeitgebers

a) Allgemeines

149 Der Arbeitgeber ist gemäß § 5 BDSG verpflichtet, allgemeine organisatorische Vorkehrungen zu treffen, die eine unzulässige Datenspeicherung, -nutzung oder -übermittlung durch seine Arbeitnehmer ausschließen. Ua müssen Personen, die bei nichtöffentlichen Stellen beschäftigt werden, bei Aufnahme ihrer Tätigkeit auf das Datengeheimnis verpflichtet werden (§ 5 S. 2 BDSG).

b) Beauftragter für den Datenschutz

150 In Unternehmen, in denen mit der automatisierten Datenverarbeitung regelmäßig mehr als neun bzw. ohne automatisierte Datenverarbeitung regelmäßig mindestens 20 Arbeitnehmer ständig mit der Verarbeitung personenbezogener Daten beschäftigt sind,[2] ist ein **Datenschutzbeauftragter** zu bestellen (§ 4f Abs. 1 S. 1 BDSG). Das kann sowohl ein **Mitarbeiter des Unternehmens** als auch ein **externer Berater** sein. Notwendig ist aber, dass er die zur Erfüllung seiner Aufgaben **erforderliche Fachkunde und Zuverlässigkeit** besitzt (§ 4f Abs. 2 S. 1 BDSG). Dabei ist das Maß der erforderlichen Fachkunde insbesondere abhängig vom Umfang der Datenverarbeitung und dem Schutzbedarf der personenbezogenen Daten.

aa) Rechtliche Stellung

151 Der Datenschutzbeauftragte ist der Betriebs- bzw. Unternehmensleitung **unmittelbar** zu unterstellen (§ 4f Abs. 3 S. 1 BDSG). Es darf keine Berichts- oder Führungs-

---

[1] *Rasmussen-Bonne/Raif,* GWR 2011, 80.
[2] Zum zu berücksichtigenden Arbeitnehmerkreis *Gola/Schomerus,* § 4f BDSG, Rn. 13.

ebene zwischen dem Datenschutzbeauftragten und der Unternehmensleitungsebene geben.[1] Darüber hinaus ist er in Ausübung seiner Fachkunde auf dem Gebiet des Datenschutzes **weisungsfrei** (§ 4f Abs. 3 S. 2 BDSG); ihm dürfen aber einzelne Prüfaufträge erteilt werden.[2] Die verantwortliche Stelle muss den Datenschutzbeauftragten bei der Erfüllung seiner Aufgaben unterstützen und ihm erforderliches **Hilfspersonal und erforderliche Ausstattung** zur Verfügung zu stellen (§ 4f Abs. 5 S. 1 BDSG). Um die notwendige Fachkunde zu erhalten, muss dem Datenschutzbeauftragten außerdem die **Teilnahme an Fort- und Weiterbildungen** ermöglicht werden; das beinhaltet auch die **Übernahme der Kosten** (§ 4f Abs. 3 S. 7 BDSG).

152 Der Datenschutzbeauftragte ist durch einen **Sonderkündigungsschutz** vor einer Entlassung geschützt. Dieser gilt auch für ein Jahr nach Beendigung der Tätigkeit fort (§ 4f Abs. 3 S. 6 BDSG). Die Kündigung des Arbeitsverhältnisses ist grundsätzlich unzulässig, es sei denn, dass Tatsachen vorliegen, welche die verantwortliche Stelle zur Kündigung aus rechtlichem Grund ohne Einhaltung einer Kündigungsfrist berechtigen (§ 4f Abs. 3 S. 5 BDSG). Gleichzeitig darf der Datenschutzbeauftragte nicht wegen der Erfüllung seiner Aufgaben **benachteiligt** werden (§ 4f Abs. 3 S. 3 BDSG).

153 Darüber hinaus ist er zur **Verschwiegenheit** verpflichtet (§ 4f Abs. 4 BDSG). Steht dem Leiter der verantwortlichen Stelle ein **Zeugnisverweigerungsrecht** zu, so gilt dieses auch für den Datenschutzbeauftragten (§ 4f Abs. 4a S. 1 BDSG).

bb) Kompetenzen/Pflichten

154 Der Datenschutzbeauftragte verfügt über eine **weitreichende Kontrollkompetenz**.[3] Er hat umfassend auf die Einhaltung der datenschutzrechtlichen Vorschriften hinzuwirken (§ 4g Abs. 1 S. 1 BDSG). Da er auch die ordnungsgemäße Anwendung der Datenverarbeitungsprogramme, mit deren Hilfe personenbezogene Daten verarbeitet werden sollen, zu überwachen hat, steht ihm bezüglich Vorhaben der automatisierten Verarbeitung personenbezogener Daten ein **Unterrichtungsrecht** zu (§ 4g Abs. 1 S. 4 Nr. 1 BDSG). Die Unterrichtung muss so rechtzeitig erfolgen, dass mögliche Einwendungen noch berücksichtigt werden können.[4] Als zweite Hauptaufgabe hat der Datenschutzbeauftragte die mit der Verarbeitung von personenbezogenen Daten beschäftigten Personen durch geeignete Maßnahmen mit den Vorschriften des BDSG sowie anderen Vorschriften über den Datenschutz und den jeweiligen besonderen Erfordernissen des Datenschutzes **vertraut zu machen** (§ 4f Abs. 1 S. 4 Nr. 2 BDSG). Ihm steht außerdem unter Berücksichtigung der Verhältnismäßigkeit ein **Einsichtsrecht** in vertrauliche Unterlagen zu.[5]

155 Der Datenschutzbeauftragte kann die Einhaltung der Vorschriften jedoch nicht erzwingen. Wird Verstößen und Missständen nicht abgeholfen, kann er lediglich die Aufsichtsbehörde einschalten (§ 4g Abs. 1 S. 2 BDSG). Allerdings wird er grds. zunächst eine **innerbetriebliche Klärung** versuchen müssen. Erst nach deren Scheitern und bei gravierenden Verstößen darf eine Information der Aufsichtsbehörden erfolgen.

cc) Konzerndatenschutzbeauftragter

156 „**Verantwortliche Stelle**" ist nach § 3 Abs. 7 BDG jede Person oder Stelle, die personenbezogene Daten für sich selbst erhebt, verarbeitet oder nutzt oder dies durch andere im Auftrag vornehmen lässt. Da innerhalb des Konzernverbunds jedes Unter-

---

[1] *Mengel* in: Grobys/Panzer, Datenschutzbeauftragter, Rn. 23.
[2] BAG 11.11.1997 – 1 ABR 21/97, NZA 1998, 385.
[3] MHdB ArbR/*Reichold,* § 88 Rn. 81.
[4] *Simitis/Simitis,* BDSG § 4f, Rn. 147; *Mengel* in: Grobys/Panzer, Datenschutzbeauftragter, Rn. 21.
[5] *Mengel* in: Grobys/Panzer, Datenschutzbeauftragter Rn. 21.

nehmen eine **rechtlich selbstständige Einheit** darstellt, ist deshalb jedes einzelne Unternehmen zur Bestellung eines Datenschutzbeauftragten verpflichtet. Um eine einheitliche Konzernpolitik zu gewährleisten, bestellen viele Konzerne einen Konzerndatenschutzbeauftragten, der für die datenschutzrechtlichen Belange sämtlicher Konzernangehöriger Unternehmen zuständig ist.

157 Die Aufgaben eines Konzerndatenschutzbeauftragten sind gesetzlich nicht festgelegt. In der Praxis übernimmt der Konzerndatenschutzbeauftragte **planende, koordinierende und beratende Tätigkeiten**.[1] Als Beispiele sind das Erarbeiten von Datenschutzzielen, die entsprechende Abstimmung mit der Konzernleitung sowie der Entwurf einer konkreten Strategieplanung zu deren Umsetzung zu nennen. Die konkrete Ausgestaltung kann in zwei Varianten („Einheitsmodell" und „Koordinationsmodell") erfolgen.

158 Beim **Einheitsmodell** wird der Konzerndatenschutzbeauftragte in der Muttergesellschaft als interner und in den anderen Tochterunternehmen als externer Datenschutzbeauftragter bestellt. Dieses Modell eignet sich besonders gut, um eine **konzernweite Harmonisierung** der Datenverarbeitung und -überwachung herzustellen. Bei diesem Modell kann der Datenschutzbeauftragte ein **umfangreiches Fachwissen** aufbauen und **Synergieeffekte** nutzen. Zudem hat dieses Modell für den Arbeitgeber **finanziell Vorteile**. Nachteilig ist dagegen, dass die Arbeitsbelastung des Datenschutzbeauftragten sehr hoch sein kann und er als externer Datenschutzbeauftragter nur wenig Einblick ins einzelne Unternehmen hat.

159 Beim **Koordinationsmodell** ist der Konzerndatenschutzbeauftragte meist lediglich für die Muttergesellschaft bestellt und nimmt für diese die gesetzlichen Aufgaben eines Datenschutzbeauftragten wahr. Darüber hinaus muss er die Datenschutzbeauftragten aus den einzelnen Unternehmen koordinieren. Der Konzerndatenschutzbeauftragte kann bei dieser Variante von den **betriebsspezifischen Kenntnissen der einzelnen Datenschutzbeauftragten** profitieren.

160 Allerdings muss bedacht werden, dass der Konzerndatenschutzbeauftragte gegenüber den anderen Datenschutzbeauftragten in der Regel nicht weisungsbefugt ist und auch nicht sichergestellt ist, dass diese immer vollständig an den Konzerndatenschutzbeauftragten berichten. Verschiedene Auffassungen bzgl strittiger Datenschutzaspekte können bei einer Vielzahl von Datenschutzbeauftragten leichter zu einer Blockade wichtiger Entscheidungen führen. Für den Arbeitgeber besteht die Hauptschwierigkeit darin, dass für alle Unternehmen ein fähiger Datenschutzbeauftragter gefunden werden muss.

4. Folgen unerlaubter Datenverarbeitung durch den Arbeitgeber

a) Bußgeldvorschriften

161 Gemäß den Katalogen der § 43 Abs. 1, 2 BDSG können Verstöße gegen die Vorschriften des BDSG mit erheblichen **Bußgeldern** geahndet werden. § 43 Abs. 1 BDSG regelt hierbei die Verstöße gegen Verfahrensvorschriften, während § 43 Abs. 2 BDSG Verstöße gegen materielle Schutzvorschriften, insb. hinsichtlich personenbezogener Daten, sanktioniert. In subjektiver Hinsicht wird neben der vorsätzlichen auch die fahrlässige Verletzung geahndet. Die Bußgeldhöhe beträgt bei Verstößen gegen

---

[1] Dr. Thomas *Helbing*, „Datenschutz im Konzern: Der Konzerndatenschutzbeauftragte und die Organisation der Datenschutz Compliance", abrufbar unter: http://www.thomashelbing.com/de/datenschutz-konzern-konzerndatenschutzbeauftragte-organisation-datenschutz-compliance (gesehen am 23.1.2015).

§ 43 Abs. 1 BDSG bis zu **50 000 EUR** und im Falle des § 43 Abs. 2 BDSG bis zu **300 000 EUR**.

b) Strafrechtliche Konsequenzen

Ein Verstoß gegen datenschutzrechtliche Bestimmungen kann auch zu strafrechtlichen Folgen führen.[1] Besonders relevant sind die **§§ 201, 202a, 206, 303a StGB** sowie **§§ 44 iVm 43 Abs. 2 BDSG**. 162

aa) Persönliche Voraussetzungen

Ein strafrechtlicher Schuldvorwurf erfordert eine **natürliche Person** als Adressaten (vgl. § 14 StGB).[2] Dementsprechend können auch strafrechtliche Konsequenzen nur natürliche Personen treffen, nicht den Betrieb, das Unternehmen oder den Konzern als juristische Person an sich. Im Fokus stehen deshalb insbesondere die Organe juristischer Personen und teilweise auch leitende Angestellter (zB Compliance-Officer).[3] 163

Diese sind zur **Verhinderung und Unterbindung betriebsbezogener Straftaten** verpflichtet. Diese Verpflichtung erstreckt sich nicht nur auf die Aufklärung bereits begangener Straftaten, sondern auch darauf, diese **aktiv zu verhindern.** Sie sind auch dann strafrechtlich verantwortlich, wenn sie dieser Verpflichtung bewusst nicht nachkommen. Insoweit besteht eine **Garantenpflicht**, so dass auch ein pflichtwidriges Unterlassen gemäß § 13 Abs. 1 StGB in Betracht kommt.[4] 164

Notwendige Voraussetzung für die Annahme einer Garantenpflicht ist zum einen, dass die Person sowohl die **Organisationsmacht** als auch die **tatsächliche Herrschaft bzgl. der entsprechenden Gefahrenquelle** innehat. Zum anderen muss die Straftat **betriebsbezogen** sein. Das ist gegeben, wenn sie einen inneren Zusammenhang mit der betrieblichen Tätigkeit des Täters oder mit der Art des Betriebs aufweist. Straftaten, die der Mitarbeiter lediglich bei Gelegenheit seiner Tätigkeit im Betrieb begeht, müssen nicht aktiv verhindert oder unterbunden werden.[5] 165

bb) Mögliche Straftaten

§ 201 StGB sanktioniert eine **Verletzung der Vertraulichkeit des Wortes**. Die Verwirklichung dieses Straftatbestandes kommt insbesondere bei der unzulässigen inhaltlichen Kontrolle der Telekommunikation in Betracht. Der Tatbestand des § 202a StGB **(Ausspähen von Daten)** ist erfüllt, wenn jemand unbefugt sich oder einem anderen Zugang zu Daten, die nicht für ihn bestimmt und die gegen unberechtigten Zugang besonders gesichert sind, verschafft. Eine Sicherung gegen unberechtigten Zugang liegt auch in der Implementierung eines Passworts.[6] 166

Ein sehr praxisrelevanter Straftatbestand im Zusammenhang mit Mitarbeiterkontrolle im Falle der erlaubten Privatnutzung von Internet und E-Mail ist § 206 Abs. 1 StGB **(Verletzung des Post- oder Fernmeldegeheimnisses).**[7] Danach wird mit Freiheitsstrafe bis zu fünf Jahren oder mit Geldstrafe bestraft, wer unbefugt einer anderen Person eine Mitteilung über Tatsachen macht, die dem Post- oder Fernmeldegeheimnis unter- 167

---

[1] Hierzu ausf. Besgen/Prinz/*Herfs-Röttgen*, Handbuch Internet.Arbeitsrecht, § 10 Rn. 148 ff.; *Thüsing*, Arbeitnehmerdatenschutz und Compliance Rn. 524.
[2] BeckOK StGB/*Momsen*, § 14 StGB Rn. 28.
[3] BGH 17.7.2009 – 5 StR 394/08, NJW 2009, 3173; *Dann/Mengel* NJW 2010, 3265; *Krieger/Günther* NZA 2010, 367.
[4] BGH 20.10.2011 – 4 StR 71/11, BB 2012, 150.
[5] BGH 20.10.2011 – 4 StR 71/11, BB 2012, 150.
[6] S. Besgen/Prinz/*Herfs-Röttgen*, Handbuch Internet.Arbeitsrecht, § 10 Rn. 151.
[7] *Dann/Gastell*, NJW 2008, 2945 (2945 f.).

liegen und die ihm als Inhaber oder Beschäftigtem eines Unternehmens bekanntgeworden sind, das geschäftsmäßig Post- oder Telekommunikationsdienste erbringt. Eine Strafbarkeit ist auch gegeben, wenn jemand als Inhaber oder Beschäftigter unbefugt eine Sendung, die einem solchen Unternehmen zur Übermittlung anvertraut worden und verschlossen ist, öffnet oder sich von ihrem Inhalt ohne Öffnung des Verschlusses unter Anwendung technischer Mittel Kenntnis verschafft (§ 206 Abs. 2 Nr. 1 StGB) oder eine einem solchen Unternehmen zur Übermittlung anvertraute Sendung unterdrückt (§ 206 Abs. 2 Nr. 2 StGB). Da alle drei Tatbestände an eine **vorsätzliche, unbefugte Verwendung** anknüpfen, kann eine existierende Betriebsvereinbarung die kontrollierenden Personen vor strafrechtlichen Vorwürfen schützen. Da diese eine taugliche Rechtsgrundlage darstellt (§ 4 Abs. 1 BDSG), ist eine Kontrolle insoweit nicht mehr „unbefugt". Zumindest dürfte die Handlung dann nicht mehr als vorsätzlich bestraft werden.

168 Wegen **Datenveränderung** gemäß § 303a StGB macht sich strafbar, wer rechtswidrig Daten löscht, unterdrückt, unbrauchbar macht oder verändert. Dieser Straftatbestand erfasst Daten, an denen ein unmittelbares Recht einer anderen Person auf Nutzung, Verarbeitung und Löschung besteht. Diese Datenverfügungsbefugnis steht grundsätzlich demjenigen zu, der die Speicherung der Daten unmittelbar selbst bewirkt hat. Das gilt in der Regel auch im Rahmen eines Arbeits- oder Dienstverhältnisses bei im fremden Auftrag erstellten Daten.[1] Praktische Bedeutung erlangt diese Vorschrift insbesondere, wenn Daten ausgeschiedener Arbeitnehmer – insbesondere deren E-Mail-Verkehr – gelöscht werden soll.

169 Eine Straftat liegt ebenfalls vor, wenn die in § 43 Abs. 2 bezeichneten vorsätzlichen Handlungen gegen Entgelt oder in der Absicht, sich oder einen anderen zu bereichern oder einen anderen zu schädigen, begangen wird, § 44 Abs. 1 BDSG.

c) Zivilrechtliche Konsequenzen

170 Die Verletzung datenschutzrechtlicher Bestimmungen durch den Arbeitgeber stellt grds. eine **arbeitsvertragliche Nebenpflichtverletzung** im Sinne des § 241 Abs. 2 BGB dar. Der Arbeitnehmer kann bei Zuwiderhandlungen unter den Voraussetzungen und nach Maßgabe des § 273 Abs. 1 BGB ein **Zurückbehaltungsrecht** an seiner Arbeitsleistung geltend machen.[2] Im arbeitsrechtlichen Kontext ist die Norm jedoch nach Treu und Glauben gemäß § 242 BGB dahingehend einzuschränken, dass nicht jede vom Arbeitnehmer behauptete Nebenpflichtverletzung ausreicht. Vielmehr sind **erhöhte Anforderungen** an die Verhältnismäßigkeit zwischen Nebenpflichtverletzung und Arbeitspflicht im Sinne einer behaupteten „erheblichen Pflichtverletzung" des Arbeitgebers zu stellen.[3]

171 Ein unzulässiger oder unrichtiger Datenumgang, der zu einer Verletzung der Arbeitnehmerrechte führt, kann des Weiteren zu **Schadensersatz- und/oder Schmerzensgeldansprüchen** gemäß § 7 BDSG, §§ 280 Abs. 1, 823 Abs. 1, 2, 253 Abs. 2 BGB führen.[4] Zu beachten ist die **umgekehrte Beweislast** beim Verschuldensvortrag, wonach der Arbeitgeber als verantwortliche Stelle beweisen muss, die erforderliche Sorgfalt nach § 7 Abs. 2 BDSG beachtet zu haben. In der Praxis gestaltet sich die Bezifferung des Schadens durch den Betroffenen Arbeitnehmer als schwierig.

172 Die Geltendmachung von Schadenersatz ist nicht auf das bestehende Arbeitsverhältnis beschränkt. Vielmehr gelten die datenschutzrechtlichen Vorschriften auch **nach**

---

[1] OLG Nürnberg 23.1.2013 – 1 Ws 445/12, BeckRS 2013, 03553.
[2] Zur Herleitung s. *Thüsing*, Arbeitnehmerdatenschutz und Compliance Rn. 506.
[3] ErfK/*Preis*, BGB § 611 Rn. 615 ff.
[4] *Gola/Schomerus*, BDSG § 7 Rn. 3 ff.

dessen Ende fort. So macht sich ein Arbeitgeber beispielsweise schadenersatzpflichtig, wenn er nach Ende des Arbeitsverhältnisses bei erlaubter Privatnutzung ein E-Mail-Konto löscht, obwohl nicht feststeht, dass der Nutzer für die auf dem Account abgelegten Daten keine Verwendung mehr hat.[1]

d) Beweis- und Sachvortragsverwertungsverbote

Werden Daten entgegen den Vorschriften des BDSG oder anderer Rechtsvorschriften und damit unter Verletzung des Persönlichkeitsrechts des Arbeitnehmers erhoben, ist diese **Beweiserhebung** grundsätzlich **rechtswidrig.** In diesem Fall kommt in der Folge ein **Beweisverwertungsverbot** in Betracht. **173**

Allerdings zieht die Rechtswidrigkeit der Beweiserhebung nicht zwangsläufig die Rechtswidrigkeit der Beweisverwertung nach sich. Stets ist zwischen der Rechtswidrigkeit der Erlangung eines Beweismittels in materieller Hinsicht **(Beweiserhebung)** und der Rechtswidrigkeit der Verwertung in prozessualer Hinsicht **(Beweisverwertung)** zu unterscheiden.[2] Diese sind **unabhängig** voneinander zu bewerten. Untersagt ist eine Verwertung immer dann, wenn die Verletzung des allgemeinen Persönlichkeitsrechts des Prozessgegners noch **weiter perpetuiert** würde.[3] Die Verletzung des allgemeinen Persönlichkeitsrechts eines Dritten kann dagegen nicht vorgebracht werden. Die fehlende Zustimmung des Betriebsrats bei ansonsten rechtmäßiger Überwachung führt deshalb allein ebenfalls nicht zu einem Verwertungsverbot, da gerade nicht das Persönlichkeitsrecht des Arbeitnehmers, sondern „nur" das Mitbestimmungsrecht des Betriebsrats verletzt ist.[4] Gleiches gilt, wenn bei einem öffentlich zugänglichen Raum entgegen § 6b Abs. 2 BDSG die Videoüberwachung nicht gekennzeichnet wird. **174**

Eine Fernwirkung des Beweisverwertungsverbots (**„fruit-of-the-poisonous-tree"- Doktrin**) kommt grds. nicht in Betracht. Denn im Regelfall lässt sich der Kausalzusammenhang zwischen dem Verfahrensfehler und der Überführung des Beschuldigten nicht sicher feststellen. Denn es kann meist nicht ausgeschlossen werden, dass der Arbeitgeber auch auf andere Weise Kenntnis von einer Pflichtverletzung hätte erlangen können.[5] **175**

Abzugrenzen ist das Beweisverwertungsverbot vom **Sachvortragsverwertungsverbot.** In diesem Fall ist nicht ein Beweismittel unzulässig, sondern bereits der gesamte Vortrag an sich dürfte nicht verwertet werden. Ein solches Sachvortragsverwertungsverbot existiert im deutschen Zivilprozessrecht jedoch nicht. Die Gerichte sind bei der Urteilsfindung grundsätzlich an das Nichtbestreiten einer Partei gebunden. Für unbestrittene Tatsachen dürfen Beweise weder erhoben noch verlangt werden. **176**

Ein weiteres Problem ergibt sich aus der prozessualen Wahrheitspflicht (§ 138 Abs. 1 ZPO). Der Arbeitnehmer darf den Vortrag des Arbeitgebers nicht wahrheitswidrig bestreiten. Andererseits wird durch die prozessuale Wahrheitspflicht ausgerechnet der Arbeitgeber privilegiert, der einen schweren Eingriff in das Persönlichkeitsrecht des Arbeitnehmers in Kauf nimmt, um das Fehlverhalten möglichst genau zu dokumentieren.[6] Eine denkbare Lösung wäre, dem Arbeitnehmer zuzugestehen, dass er sich auf **177**

---

[1] OLG Dresden 5.9.2012 – 4 W 961/12, NJW-RR 2013, 27.
[2] *Bauer/Schansker*, NJW 2012, 3537 (3540); *Bergwitz*, NZA 2012, 353.
[3] BAG 16.12.2010 – 2 AZR 485/08, NZA 2011 (571); *Dzida/Grau*, NZA 2010, 1201 (1202).
[4] BAG 13.12.2007 – 2 AZR 537/06, NZA 2008, 1008; vgl. dazu auch *Wronka*, RDV 2012, 277 (278 f.).
[5] *Dzida/Grau*, NZA 2010, 1201 (1206); *Grimm/Schiefer*, RdA 2009, 329 (342); *Bergwitz*, NZA 2012, 353 (359).
[6] *Rolf/Stöhr*, RDV 2012, 119 (125).

die Rechtswidrigkeit der Informationsbeschaffung berufen kann, wenn er den Vortrag nicht ohne Verstoß gegen die Wahrheitspflicht bestreiten könnte. Danach müsste das Gericht eine Interessenabwägung durchführen, ob die unstreitigen Tatsachen verwertbar sind oder nicht.[1]

III. Datenübermittlungen zwischen Konzernunternehmen

1. Allgemeines

a) Kein Konzernprivileg

178 Der reibungslose Datenfluss innerhalb der verschiedenen Konzernunternehmen ist im Regelfall Grundvoraussetzung ihrer Funktionstüchtigkeit. Darüber hinaus dient es der Arbeitserleichterung, wenn bestimmte Aufgaben von einer Konzerngesellschaft für alle oder eine Vielzahl der anderen Unternehmen mitübernommen werden. Weder in der europäischen Datenschutzrichtlinie noch im BDSG oder anderen nationalen Gesetzen ist jedoch ein **Konzernprivileg** enthalten. An eine einheitliche wirtschaftliche Leitung werden keine begünstigenden Rechtsfolgen geknüpft.[2] Deshalb gelten andere **Konzernunternehmen als Dritte** im Sinne von § 3 Abs. 8 S. 3 BDSG.[3] Werden an diesen Dritten von der verantwortlichen Stelle gespeicherte oder durch Datenverarbeitung gewonnene personenbezogene Daten weitergegeben, liegt grundsätzlich eine **Datenübermittlung** nach § 3 Abs. 4 Nr. 3 BDSG vor.

b) Übermittlung von Daten innerhalb des Konzerns

179 In den meisten Konzernstrukturen übernehmen **einzelne Konzerngesellschaften bestimmte Funktionen und Aufgaben** für andere Unternehmen des Konzerns. Dazu zählen vor allem die Bereiche Personaldatenverarbeitung inklusive der Speicherung in Personalinformationssystemen und der Aufbau von Skill-Datenbanken, die Einschaltung konzerneigener Servicegesellschaften sowie die Erbringung von Shared Services. Problematisch ist dabei, dass personenbezogene Arbeitnehmerdaten auch für Personen bzw. Stellen zur Verfügung stehen sollen bzw. müssen, die nicht Partei des Arbeitsverhältnisses sind.

180 In diesem Fall sind alle Unternehmen darauf angewiesen, dass das einzelne Konzernunternehmen zu der Datenerhebung und/oder -verarbeitung befugt ist, die die Erfüllung der Aufgabe mit sich bringt. Gleichzeitig muss ein **Transfer der Daten** von dem einen an das andere Unternehmen möglich sein. Da die einzelnen Unternehmen mangels Konzernprivileg als „Dritte" gelten, liegt in der Regel eine Datenübermittlung vor, wenn Daten ausgetauscht werden.

aa) Abgrenzung Auftragsdatenverarbeitung – Funktionsübertragung

181 Als **Rechtsgrundlage** für diesen Datentransfer kommen bei Fehlen einer Betriebsvereinbarung entweder eine **Auftragsdatenverarbeitung** oder eine **Funktionsübertragung** in Betracht. Die Auftragsdatenverarbeitung ist gegenüber der Funktionsübertragung privilegiert, weil sie keiner gesonderten Erlaubnisnorm bedarf. Da aufgrund des schriftlichen Auftrags die Befugnisse des Auftragnehmers begrenzt sind und er deshalb nur als „verlängerter Arm" der verantwortlichen Stelle erscheint, ist dieser nicht als Dritter im Sinne des § 3 Abs. 8 S. 2 BDSG anzusehen, sondern als Teil der verantwortlichen Stelle. Dagegen hat ein anderes Konzernunternehmen bei der Funktions-

---

[1] Vgl. dazu *Rolf/Stöhr*, RDV 2012, 119 (125).
[2] Simitis/*Seifert*, BDSG § 32 Rn. 116.
[3] *Mengel* in: Hümmerich/*Reufels*, § 1 Rn. 1558.

übertragung einen eigenen Entscheidungsspielraum; es agiert nach eigenem Ermessen. Daher liegt eine Datenübermittlung im Sinne des § 3 Abs. 4 Nr. 3 vor, die einer Erlaubnisnorm bedarf.

bb) Auftragsdatenverarbeitung

Soll die Konzerngesellschaft im Wege der Auftragsdatenverarbeitung tätig werden, muss die Gesellschaft, die die Daten erhoben hat, einen entsprechenden **schriftlichen Auftrag** erteilen (§ 11 Abs. 2 S. 2 BDSG). In diesem Auftrag müssen gemäß § 11 Abs. 2 S. 2 Nr. 1–10 BDSG ua **folgende Aspekte** geregelt sein: Gegenstand und Dauer des Auftrags; Art, Umfang und Zweck der vorgesehenen Datenerhebung und -verarbeitung; Kontrollrechte des Auftraggebers sowie den Umfang der Weisungsbefugnisse. 182

Der Auftragnehmer muss sich an die Grenzen des Auftrags halten; im Übrigen ist er **weisungsgebunden.** Er muss gemäß § 11 Abs. 3 S. 2 BDSG unverzüglich auf mögliche Verstöße gegen datenschutzrechtliche Bestimmungen hinweisen.[1] 183

Für deren Einhaltung ist der Auftraggeber verantwortlich; die Betroffen müssen ihre Rechte ihm gegenüber geltend machen (§ 11 Abs. 1 S. 2 BDSG). Der Auftragnehmer muss im Sinne der §§ 5, 9 BDSG **sorgfältig ausgewählt** werden. Die Mitarbeiter, die mit dem Auftrag betraut sind, müssen gemäß § 5 BDSG auf das **Datengeheimnis verpflichtet** werden. Des Weiteren hat sich der Auftraggeber gemäß § 11 Abs. 2 S. 4, 5 BDSG bereits vor Beginn des Auftragsverhältnisses und in der Folge regelmäßig hinsichtlich der Einhaltung der beim Auftragnehmer getroffenen technischen und organisatorischen Maßnahmen zu überzeugen und das Ergebnis zu dokumentieren. 184

cc) Funktionsübertragung

Die Funktionsübertragung ist im Gesetz **nicht geregelt.** In diesem Fall führt der Auftragnehmer Tätigkeiten aus, die über einen reinen Hilfscharakter hinausgehen; es besteht ein **eigener Entscheidungsspielraum** hinsichtlich der konkreten Datenerhebung, -verarbeitung und -nutzung.[2] Er ist nicht an Weisungen gebunden, hat jedoch sein Handeln **selbst zu verantworten.** Außerdem werden die Daten zumeist erst aufgrund einer **eigenständigen Rechtsbeziehung** des Auftragnehmers mit dem Betroffenen erhoben. 185

Die Funktionsübertragung stellt den praktisch wichtigen Fall da, der insbesondere im Fall eines zentralisierten, konzernweiten Personalmanagement durch eine Konzerngesellschaft bzw. die Zusammenfassung von Einheiten zu eigenständigen Konzern-IT-Abteilungen auftritt.[3] Eine Auftragsdatenverarbeitung ist in dem Fall schon deshalb unpraktikabel, da die verantwortliche Stelle sonst an eine Vielzahl unterschiedliche Weisungen gebunden sein könnte. 186

(1) Übermittlung nach § 32 BDSG

§ 32 Abs. 1 BDSG erklärt eine Datenübermittlung für Zwecke des Beschäftigungsverhältnisses für zulässig, wenn diese für die **Entscheidung über die Begründung, für die Durchführung oder Beendigung** erforderlich ist. Eine Datenübermittlung an externe Stellen ist in dieser Vorschrift gerade nicht vorgesehen. § 32 Abs. 1 S. 1 BDSG kommt als Rechtsgrundlage für die Übermittlung personenbezogener Daten innerhalb des Konzerns nur in seltenen Ausnahmefällen in Betracht, nämlich wenn die 187

---

[1] Simitis/*Simitis/Petri*, BDSG § 11 Rn. 90 ff.
[2] *Spindler/Schuster*, Recht der elektronischen Medien, BDSG § 11 Rn. 10 ff.
[3] *Spindler/Schuster*, Recht der elektronischen Medien, BDSG § 11 Rn. 10 ff.

Übermittlung an die andere Konzerngesellschaft als **zentrales Lenkungsorgan** als erforderlich zur Durchführung des Arbeitsverhältnisses anzusehen ist (zB weil die Gehaltsabrechnung zentral ausschließlich über eine Konzerngesellschaft organisiert ist oder diese den Einsatz der Arbeitnehmer an verschiedenen Tätigkeitsorten koordiniert).[1]

188   Ob eine Datenübermittlung an andere Konzernunternehmen nach § 32 BDSG erforderlich ist, richtet sich nicht allein danach, ob der Konzern an ihr ein nachvollziehbares Interesse hat oder entsprechende vertragliche Vereinbarungen zwischen den Konzernvereinbarungen existieren.[2] Vielmehr müssen die tatsächlichen Gegebenheiten und Strukturen des Konzerns die Datenübermittlung als **erforderlich** voraussetzen, damit eine effektive Arbeitsweise gewährleistet bleibt. Die Datenverarbeitung innerhalb des eigenen Unternehmens muss unzumutbar sein. Indizien dafür können erheblich höhere Kosten oder auch die Natur des Arbeitsverhältnisses sein.

(2) Übermittlung nach § 28 BDSG

189   Da § 32 Abs. 1 S. 1 BDSG die Anwendung des § 28 Abs. 1 S. 1 Nr. 1 BDSG sperrt, kommen als weitere Rechtsgrundlagen für die Übermittlung noch § 28 Abs. 1 S. 1 Nr. 2 und 3 BDSG in Betracht (→ Rn. 133 ff.). In der Regel werden bestimmte Datenübermittlungen an die Konzernmutter zur **Wahrung der berechtigten Interessen der verantwortlichen Stelle** erforderlich sein. Dies kann dem Arbeitnehmer mit Hilfe eines **Konzernbezugs** im Arbeitsvertrag frühzeitig verdeutlich werden.[3] Allerdings ist es vom **Einzelfall** abhängig, inwiefern Grund zu der Annahme besteht, dass das schutzwürdige Interesse des Betroffenen an dem Ausschluss der Verarbeitung oder Nutzung überwiegt. Sollen Daten allerdings an andere Konzernunternehmen übermittelt werden, ohne dass ein direkter Bezug zum Arbeitsverhältnis besteht, fehlt es in der Regel an der Erforderlichkeit der Übermittlung.[4]

190   § 28 Abs. 1 S. 1 Nr. 3 BDSG hat dagegen **kaum praktische Relevanz,** da es in der Regel an der allgemeinen Zugänglichkeit der Daten oder der Befugnis zur Veröffentlichung fehlen wird.

(3) Konzernbetriebsvereinbarung

191   Zur Schaffung einer für den Konzern passenden Rechtsgrundlage bietet sich die Vereinbarung einer Betriebsvereinbarung im Anstellungsunternehmen, die die Übermittlung der Daten regelt,[5] bzw. eine Konzernbetriebsvereinbarung an.[6] Hierfür ist der Betriebsrat bzw. bei einer Konzernbetriebsvereinbarung der Konzernbetriebsrat der richtige Ansprechpartner (→ Rn. 325 ff.).

2. Beispielsfälle

a) Bewerbungsphase

192   Einschlägige gesetzliche Rechtsgrundlage ist § 32 Abs. 1 BDSG, da auch **Bewerberinnen und Bewerber** für ein Beschäftigungsverhältnis als **Beschäftigte** gelten (§ 3 Abs. 11 Nr. 7 BDSG).

193   Sämtliche erforderlichen Daten eines Bewerbers können, soweit sie für die Entscheidung über die Begründung des Beschäftigungsverhältnisses erforderlich sind, nach

---

[1] So auch *Mengel* in: Hümmerich/*Reufels,* § 1 Rn. 1558; aA AnwFormArbR/*Urban,* § 1 Rn. 750.
[2] Simitis/*Seifert,* BDSG § 32 Rn. 118; *Gola/Schomerus,* BDSG § 32 Rn. 20; *Gola/Wronka,* Rn. 967.
[3] *Bauer/Herzberg,* NZA 2011, 713 (715).
[4] Detailliert *Bauer/Herzberg,* NZA 2011, 713 (715); *Trittin/Fischer,* NZA 2009, 343 (344).
[5] *Bauer/Herzberg,* NZA 2011, 713 (715).
[6] BAG 20.12.1995 – 7 ABR 8/95, NZA 1996, 945.

B. Datenschutz im Konzern

§ 32 Abs. 1 S. 1 BDSG erhoben und gespeichert werden. Bei der Frage der Erforderlichkeit sind Parallelen zur Begrenzung des **arbeitgeberseitigen Fragerechts** zu ziehen. Demnach dürfen Informationen, die der Arbeitgeber im Anbahnungsverhältnis zulässigerweise nicht erfragen darf, auch nicht anderweitig beschafft werden.[1] Nur die in rechtlich zulässiger Weise erhobenen Daten dürfen in der Folge gespeichert werden.[2]

Eine Datenübermittlung an andere Konzernunternehmen ist vor allem erforderlich, **194** wenn es sich um ein Arbeitsverhältnis mit **Konzernbezug** (zB aufgrund einer konzernweiten Versetzungsklausel oder einer Anstellung als Springer) handelt; das gilt jedenfalls insoweit, als die Daten des Beschäftigten für seinen Einsatz in anderen Konzernunternehmen erforderlich sind.[3] Bei (Nachwuchs-)Führungskräften wird teilweise ein Konzernbezug auch ohne weitergehenden Hinweis angenommen, wenn sie die Unternehmensstruktur und Konzernverflechtung kennen und ihnen die Notwendigkeit bzw. Üblichkeit konzerninterner Mobilität bekannt ist.[4]

Ein Konzernbezug wird ebenfalls bejaht, wenn dem Bewerber bei Erhebung der **195** Personaldaten die Konzernmutter bzw. ein anderes Konzernunternehmen als Adressat der Bewerbung und gleichzeitig als entscheidungsrelevante Stelle benannt ist. Gleiches gilt bei einem entsprechenden Hinweis auf die Datenempfänger bei der Erhebung im Rahmen des § 4 Abs. 3 BDSG.[5] Dieser Fall kommt in der Praxis recht häufig vor, da das Recruiting bei vielen Konzernen zentral gesteuert ist. Gründe hierfür sind vor allem die Gewährleistung eines Bewerbungsverfahrens nach einheitlichen Kriterien und die Durchführung durch entsprechend geschultes Fachpersonal. Darüber hinaus wird die Abrechnung der dem Bewerber entstandenen Kosten zentralisiert und dadurch für beide Seiten vereinfacht.

Der Abschluss einer Konzernbetriebsvereinbarung ist dagegen nicht möglich. Der **196** Konzernbetriebsrat hat kein Vertretungsrecht für Bewerber, da sie nicht Arbeitnehmer des Betriebs sind. Die Einholung einer ausdrücklichen schriftlichen Einwilligung gestaltet sich im Bewerbungsprozess ebenfalls schwierig. Soweit die Bewerbung über ein Online-Tool läuft, ist aber aufgrund der Umstände entweder eine elektronische Einwilligung, eine solche in Textform oder sogar eine schlüssige Einwilligung ausreichend.[6] Problematisch ist allerdings die Freiwilligkeit, da ohne eine entsprechende Einwilligung der Bewerbungsprozess in der Regel an der jeweiligen Stelle endet; der Bewerber hat also keine gleichwertige Handlungsalternative (→ Rn. 137 ff.).

b) Speicherung von Daten abgelehnter Bewerber („Bewerberdatenbank")

Innerhalb eines Konzerns kann ein Interesse daran bestehen, die Daten abgelehnter **197** Bewerber zu speichern, um gegebenenfalls im Falle einer anderen vakanten Stelle innerhalb des Konzerns und eines passenden Profils diese erneut zu kontaktieren. Zweckmäßigerweise wird diese Bewerberdatenbank bei der Gesellschaft gespeichert, die auch für die Stellenausschreibung bzw. das Recruiting zuständig ist. Hat ein Bewerber seine Bewerbung direkt an ein Unternehmen gerichtet, so müssen die Daten zunächst an die zuständige Gesellschaft übermittelt und anschließend gespeichert werden.

---

[1] *Wohlgemuth*, BB 1992, 281.
[2] BAG 22.10.1986 – 5 AZR 660/85, NZA 1987, 415.
[3] Simitis/*Seifert*, BDSG § 32 Rn. 118; *Bauer*/*Herzberg*, NZA 2011, 713 (714).
[4] *Gola*/*Wronka*, Rn. 978 f.
[5] *Gola*/*Wronka*, Rn. 976; einschränkend wohl *Däubler*, Gläserne Belegschaften?, Rn. 451, der das überwiegende Arbeitgeberinteresse an der Verarbeitung verneint, da die Erfüllung der Aufgaben nicht unmöglich wird.
[6] Plath/*Plath*, BDSG § 4a Rn. 15 f.

198 Da die Speicherung der Daten für eine Entscheidung über die Begründung eines Beschäftigungsverhältnisses nach der Absage aber nicht mehr erforderlich sind, scheidet § 32 Abs. 1 BDSG als Erlaubnistatbestand aus.

199 Auch § 28 Abs. 1 Nr. 2 und 3 BDSG werden im Regelfall nicht erfüllt sein. Die Absicht, einen Personalfragebogen bei einer nochmaligen Bewerbung zu einem Datenvergleich heranzuziehen oder den Bewerber später zu einer nochmaligen Bewerbung anzuhalten, stellt keinen Grund dar, die kompletten Bewerbungsunterlagen zu speichern.[1] Eine Betriebsvereinbarung kommt als Rechtsgrundlage ebenfalls nicht in Betracht. Denn diese gilt nur für Arbeitnehmer im Sinne des § 5 BetrVG, aber nicht für Bewerber. Sie wird allenfalls dann relevant, wenn darin die Übermittlung der Daten zwischen den Konzernunternehmen geregelt ist.

200 Als einzige Möglichkeit bleibt daher die Einwilligung nach § 4a BDSG. Da hier in der Regel keine Drucksituation bestehen wird, sind an die Freiwilligkeit keine allzu hohen Anforderungen zu stellen. Im Rahmen elektronischer Bewerbungen kann diese auch elektronisch (beispielsweise per E-Mail) eingeholt werden. Die Einwilligung ist aber jederzeit widerruflich; nach einem Widerruf müssen die Daten des Bewerbers unverzüglich gelöscht werden.

c) Übermittlung von Daten während des Beschäftigungsverhältnisses

201 Zur Durchführung des Beschäftigungsverhältnisses werden in der Regel **Stamm- und betriebsspezifische Daten,** dh allgemeine Daten des Arbeitnehmers über Geschlecht, Familienstand, schulischen Werdegang, Ausbildung, erworbene Qualifikationen sowie Sprachkenntnisse als erforderlich angesehen.[2] Dies gilt auch für solche Daten, die möglicherweise erst im Verlauf des Arbeitsverhältnisses relevant werden könnten,[3] etwa zur Gehaltsabrechnung oder der Gewährung sonstiger Leistungen.

202 Ob diese Daten zwischen den Konzernunternehmen übermittelt werden dürfen, ist entscheidend vom **Konzernbezug** der Daten bzw. des Arbeitsverhältnisses abhängig (→ Rn. 179 ff.). Ein solcher wird beispielsweise angenommen, wenn eine **konzernweite Personalverwaltung** aufgebaut werden soll, die auch die Grundlage für die Personalentwicklung und den Aufbau eines konzernweiten Arbeitsmarktes darstellt.[4] Auf den einzelnen Arbeitnehmer bezogen wird ein Konzernbezug bejaht, wenn sein Arbeitsvertrag entweder eine konzernweite Versetzungsklausel enthält oder von vornherein eine Tätigkeit in verschiedenen Konzernunternehmen geplant ist.[5] Bei (Nachwuchs-)Führungskräften wird ein solcher Konzernbezug auch ohne ausdrücklichen Bezug im Arbeitsvertrag bejaht.[6]

203 Umstrittener ist diese Frage jedoch bei Leistungen und Daten, die **nicht als notwendige Folge des Beschäftigungsverhältnisses** anfallen, sondern aus anderen Gründen. Das kommt insbesondere bei der Erlaubnis der privaten Internet- und E-Mail-Nutzung in Betracht, aber auch bei der Vergabe von Arbeitnehmerdarlehen oder von Werkswohnungen, die freiwillige Leistungen des Arbeitgebers darstellen. Die Datenerhebung, -verarbeitung und -übermittlung ist dann für das Beschäftigungsverhältnis selbst nicht erforderlich, so dass § 32 BDSG keine Anwendung findet. Als Erlaubnisnorm in Betracht kommt aber § 28 Abs. 1 S. 1 Nr. 2 BDSG, wenn die Daten-

---

[1] BAG 6.6.1984 – 5 AZR 286/81, NZA 1994, 321.
[2] BAG 22.10.1986 – 5 AZR 660/85, NZA 1987, 415; BAG 11.3.1986 – 1 ABR 12/84, NZA 1986, 526.
[3] *Gola/Schomerus,* BDSG § 32 Rn. 11.
[4] *Plath/Stamer/Kuhnke,* BDSG § 32 Rn. 145.
[5] *Simitis/Seifert,* BDSG § 32 Rn. 118.
[6] *Gola/Wronka,* Rn. 978 f.

erhebung, -speicherung, -veränderung oder -übermittlung zur Wahrung berechtigter Interessen erforderlich ist und kein Grund zu der Annahme besteht, dass das schutzwürdige Interesse des Betroffenen an dem Ausschluss der Verarbeitung oder Nutzung überwiegt (→ Rn. 134).

Obwohl § 28 Abs. 1 S. 1 Nr. 2 BDSG möglicherweise als Erlaubnisnorm in Betracht kommt, erscheint es aus Gründen der Rechtssicherheit sinnvoll, den Prozess der Datenerhebung, -verarbeitung und -übermittlung durch eine entsprechende Konzernbetriebsvereinbarung zu regeln.[1] Diese kann nicht nur eine taugliche Rechtsgrundlage bilden, sondern zusätzlich bestimmte Verfahrensregeln vorgeben. 204

d) Einsatz von Personalinformationssystemen

Personalinformationssysteme sind in der Praxis aus Unternehmen und Konzernen nicht mehr wegzudenken. Da allerdings gerade im Konzern ein Zugriff vieler Mitarbeiter auf die gesammelten Personaldaten vermieden werden muss, unterliegen sie engen Voraussetzungen. So dürfen nur die Stammdaten des Arbeitnehmers sowie die betriebsspezifischen Daten gespeichert werden.[2] Dies muss im Rahmen einer ordnungsgemäßen Buchführung erfolgen. Zu berücksichtigen sind insbesondere die Grundsätze ordnungsgemäßer DV-gestützter Buchführungssysteme („GoBS") sowie die Grundsätze zum Datenzugriff und zur Prüfbarkeit digitaler Unterlagen („GDPdU"). 205

Von der Zulässigkeit der Speicherung der Daten ist die Zulässigkeit der Übermittlung der Daten zu trennen. Für die Erforderlichkeit der Übermittlung der Daten ist relevant, ob ein Konzernbezug vorliegt (→ Rn. 179 ff.). Dagegen ist es irrelevant, ob die übermittelten Daten auf Papier oder digital gespeichert sind. Aufgrund des schwammigen Begriffs der Erforderlichkeit und der benötigten Rechtssicherheit ist eine Konzernbetriebsvereinbarung aus praktischer Sicht sinnvoll (→ Rn. 325 ff.). 206

Keinen Schutz kann eine Konzernbetriebsvereinbarung jedoch für den Fall bieten, dass ein Dritter – also ein eigentlich nicht-zugriffsberechtigter Arbeitnehmer – in Personalinformationssysteme einsieht oder derartige Daten abruft. Auch dann liegt eine Übermittlung von Daten vor, da die gespeicherten personenbezogenen Daten einem Dritten bekannt gegeben werden (vgl. § 3 Abs. 4 S. 2 Nr. 4 BDSG). Ein solcher Zugriff wird in der Regel auch nicht erforderlich sein. Deshalb muss der Arbeitgeber wirksame Maßnahmen zum Schutz der im Personalinformationssystem enthaltenen Daten treffen. 207

Eine weitere Pflicht des Arbeitgebers besteht darin, nur einem eng begrenzten Personenkreis den Zugriff zu ermöglichen. Denn die Masse der gespeicherten Daten erlaubt in der Regel die Erstellung eines umfassenden Persönlichkeitsprofils. Die Zugriffsberechtigung auf das System sollte deshalb nur Arbeitnehmern ermöglicht werden, die ohnehin mit der Erhebung und Verarbeitung von Personaldaten beschäftigt sind. Andere Personen müssen dann eine Anfrage an die zugriffsbefugte Person stellen. 208

e) Einsatz von Personalakten

Führt der Arbeitgeber – manuelle oder elektronische – Personalakten, hat er ebenfalls die datenschutzrechtlichen Vorgaben zu beachten, die sich einerseits auf die Speicherung der Daten, andererseits auf die Übermittlung der Daten beziehen. In der Per- 209

---

[1] *Däubler*, Gläserne Belegschaften?, Rn. 453; *Trittin/Fischer*, NZA 2009, 343 f.; *Bauer/Herzberg*, NZA 2011, 713 (715 f.).
[2] http://www.bfdi.bund.de/DE/Themen/Arbeit_Bildung/PersonalArbeitnehmerdatenArtikel/Personalinformationssystem.html?nn=5217060 (zuletzt aufgerufen am 23.1.2015).

sonalakte dürfen nur solche personenbezogenen Daten gespeichert werden, die für die Durchführung oder mögliche Beendigung des Beschäftigungsverhältnisses erforderlich sind.[1] Die Personalakte muss **vollständig** sein und möglichst **lückenlos** über die Person des Arbeitnehmers und seinen beruflichen Werdegang Auskunft geben. Zudem darf die Personalakte keine Daten enthalten, die einer **transparenten Einsichtnahme** durch den Arbeitnehmer nicht zugänglich sind bzw. nicht überprüfbar sind.[2] Auch bei Personalakten muss die Zugriffsbefugnis reglementiert werden (→ Rn. 205).

210 Fraglich ist jedoch, ob die Anlegung einer Personalakte bei einem anderen als dem Anstellungsunternehmen erforderlich ist – und damit auch die Datenübermittlung dorthin. Dagegen spricht, dass die Leistungsbeurteilungen und Zeugnisse in der Regel lediglich für die direkten Vorgesetzten relevant sind, nicht aber für die Personalabteilung. Wird jedoch bereits die Personalverwaltung konzernweit von einem Unternehmen übernommen und sollen die Personalakten auch dort geführt werden, sprechen die Einheitlichkeit des Verfahrens und die Vergleichbarkeit der gespeicherten Daten für die Erforderlichkeit einer Übermittlung. Die Stamm- und betriebsspezifischen Daten sind ohnehin in der Regel schon bei der Personalabteilung gespeichert. Die zusätzlichen Informationen wie Beurteilungen und Zeugnisse ergänzen insofern den bisher bestehenden Datensatz. Insbesondere können sie für die Berechnung einer leistungsorientierten Bonusvergütung an Bedeutung gewinnen. Aufgrund des Grundsatzes der **Datenvermeidung und Datensparsamkeit (§ 3a BDSG)** sollte jedoch darauf geachtet werden, dass keine Vervielfältigungen der Personalakte angelegt werden.

211 Da bezüglich dieses Themas keine höchstrichterliche Rechtsprechung existiert, ist zur Absicherung aber der Abschluss einer Konzernbetriebsvereinbarung über die Führung von Personalakten sinnvoll.[3] Eine Einwilligung des Betroffenen ist zwar grundsätzlich möglich; aufgrund der dargestellten Schwierigkeiten als alleinige Rechtsgrundlage allerdings nicht tauglich.

f) Erhebung und Verarbeitung von Gesundheitsdaten

212 Die Erhebung und Verarbeitung von Gesundheitsdaten ist insbesondere in Bezug auf das **betriebliche Eingliederungsmanagement (BEM)** relevant; grundsätzlich ist auch die Erhebung und Verarbeitung von Daten über krankheitsbedingte, attestfreie und unentschuldigte Fehlzeiten sowie die Dokumentation in einer separaten **Krankheitsakte** zulässig.[4] Denn sind Beschäftigte innerhalb eines Jahres länger als sechs Wochen ununterbrochen oder wiederholt arbeitsunfähig, hat der Arbeitgeber mit der zuständigen Interessenvertretung (in der Regel dem Betriebsrat) und ggf. der Schwerbehindertenvertretung sowie mit Zustimmung und Beteiligung der betroffenen Person die Möglichkeiten zu klären, wie die Arbeitsunfähigkeit möglichst überwunden werden und mit welchen Leistungen oder Hilfen erneuter Arbeitsunfähigkeit vorgebeugt und der Arbeitsplatz erhalten werden kann (§ 84 Abs. 2 S. 1 SGB IX).

213 Bei Gesundheitsdaten handelt es sich um **besondere Arten personenbezogener Daten, § 3 Abs. 9 BDSG**. Ob diese erhoben und verarbeitet werden dürfen, richtet sich nicht nach § 32 BDSG; denn diese Vorschrift erfasst den Umgang mit besonderen Arten personenbezogener Daten nicht. Maßgebliche Rechtsgrundlage ist deshalb **§ 28 Abs. 6 BDSG**.[5]

---

[1] *Herfs-Röttgen*, NZA 2013, 478f.
[2] BAG 16.10.2007 – 9 AZR 110/07, NZA 2008, 367; *Herfs-Röttgen*, NZA 2013, 479f.
[3] *Trittin/Fischer*, NZA 2009, 343 (344); *Bauer/Herzberg*, NZA 2011, 713 (715f.).
[4] BAG 11.3.1986 – 1 ABR 12/84, NZA 1986, 526.
[5] BAG 7.2.2012 – 1 ABR 46/10, NZA 2012, 744.

B. Datenschutz im Konzern

Hat ein Konzernunternehmen für andere konzernangehörige Unternehmen die Personaldatenerhebung und -verarbeitung übernommen, so besteht zwar ein Interesse daran, auch die Krankheitsdaten bei diesem Unternehmen zentral zu speichern. Allerdings stellt dieses Konzernunternehmen in der Regel nicht den Arbeitgeber des betroffenen Arbeitnehmers dar. Nur dieser ist aber zur Durchführung des BEM verpflichtet. Da es insofern auch besonders auf die Gegebenheiten im einzelnen Betrieb ankommt, ist eine Durchführung durch die für Personaldaten zuständige Konzerngesellschaft nahezu ausgeschlossen. Da gerade Gesundheitsdaten aber für möglichst wenige Personen zugänglich sein sollen, spricht mehr dafür, dass die Erhebung und Speicherung nur bei der Konzerngesellschaft zulässig ist, die auch das BEM durchführt. 214

Eine Ausnahme durch eine **Konzernbetriebsvereinbarung** kommt in diesem Fall eher nicht in Betracht. Denn Gesundheitsdaten stellen einen sehr sensiblen Bereich des allgemeinen Persönlichkeitsrechts dar, was auch durch ihre **Sonderstellung** in § 28 Abs. 6 BDSG nochmals betont wird. Eine entsprechende Konzernbetriebsvereinbarung würde deshalb wohl gegen § 75 Abs. 2 BetrVG verstoßen und wäre **unwirksam**. Eine Einwilligung wäre zwar grundsätzlich möglich, aber mit den bekannten Risiken versehen. 215

g) Skill-Datenbank

Eine Skill-Datenbank sämtlicher Beschäftigter im Konzern hat zwei große Vorteile. Zum einen bildet sie eine gute **Grundlage für Personaleinsatz und -entwicklung,** zum anderen macht sie einen bestehenden **konzernweiten Arbeitsmarkt** transparenter und effektiver.[1] Zum Aufbau einer solchen Datenbank ist es notwendig, dass die Daten aller angestellten Arbeitnehmer, die sich auf ihre Kenntnisse und Fähigkeiten beziehen, zentral gesammelt werden. Aus Datenschutzgründen ist es sinnvoll, dies bei der Gesellschaft zu implementieren, die ohnehin mit der Verarbeitung der personenbezogenen Daten befasst ist. 216

Da die Zugänglichmachung des Lebenslaufs und der persönlichen Fähigkeiten des Arbeitnehmers einen erheblichen Eingriff in das allgemeine Persönlichkeitsrecht darstellt, muss dieser sowohl hinsichtlich des Zwecks als auch hinsichtlich der zugriffsberechtigten Personen begrenzt werden. 217

§ 32 BDSG wird als Erlaubnisnorm in der Regel nicht in Betracht kommen. Denn selbst wenn ein Arbeitnehmer innerhalb des Konzerns gesucht wird, der eine bestimmte Arbeit aufgrund seiner Fähigkeiten besonders gut erledigen kann, wird die Datenübermittlung zur Durchführung des Arbeitsverhältnisses des konkret betroffenen Arbeitnehmers nicht erforderlich sein. Etwas anderes gilt aber dann, wenn der Arbeitsvertrag selbst bereits die Tätigkeit in verschiedenen Konzernunternehmen vorsieht. Auch wenn ein Arbeitnehmer gesucht wird, der eine bestimmte andere Stelle einnehmen kann, ist dies – zumal ohne Wissen des Arbeitnehmers – gerade nicht zur Begründung eines Beschäftigungsverhältnisses erforderlich. Da auch die Voraussetzungen des § 28 Abs. 1 Nr. 2 und 3 BDSG in der Regel nicht erfüllt sind, kann lediglich eine Betriebsvereinbarung eine taugliche Rechtsgrundlage darstellen. Da jedoch auch Betriebsrat und Arbeitgeber beim Abschluss von Betriebsvereinbarungen an das Persönlichkeitsrecht der Arbeitnehmer gebunden sind (→ Rn. 95), sind an diese Betriebsvereinbarung hinsichtlich Definierung des Zwecks und der erlaubten Mittel hohe Anforderungen zu stellen. 218

Eine Möglichkeit, dem Persönlichkeitsrecht der Arbeitnehmer Rechnung zu tragen, wäre, innerhalb der Datenbank lediglich **anonymisierte oder pseudonymisierte** 219

---

[1] Simitis/*Seifert*, BDSG § 32 Rn. 116.

Daten zur Verfügung zu stellen. Wird eine Person mit bestimmten Fähigkeiten innerhalb des Konzerns gesucht, kann innerhalb der Skill-Datenbank nach diesen Anforderungen gesucht werden. Erfüllt ein Profil die entsprechenden Suchparameter, muss eine Anfrage bei der Personalabteilung nach dem entsprechenden Arbeitnehmer erfolgen.[1] Um auch in diesem Stadium das Persönlichkeitsrecht des Mitarbeiters zu wahren, sollte vor Herausgabe der Daten eine **Rücksprache** mit dem Betroffenen erfolgen und sein Einverständnis eingeholt werden.

220 Hinsichtlich der Begrenzung des Personenkreises ist es sinnvoll, **ausschließlich den Mitarbeitern der Personalabteilung** den direkten Zugriff zu erlauben. Diese können in den oben genannten Fällen die Daten an die anfragende Person übermitteln.

221 Von der Frage der Übermittlung zu trennen ist allerdings die Befugnis der Personalabteilung, die Daten des Arbeitnehmers in die Skill-Datenbank aufzunehmen. Dies ist für die Zwecke des konkreten Beschäftigungsverhältnisses regelmäßig nicht erforderlich im Sinne des § 32 BDSG, da es gerade darum geht, dass der Arbeitnehmer von anderen Konzernunternehmen als seinem derzeitigen angefordert wird. Eine Ausnahme gilt insofern, dass ein Arbeitsvertrag mit Konzernbezug vorliegt oder der Arbeitsvertrag gerade einen konzernweiten Einsatz als „Springer" vorsieht.[2] In Betracht kommt auch der Abschluss einer entsprechenden Betriebsvereinbarung. Diese muss jedoch dem allgemeinen Persönlichkeitsrecht des Mitarbeiters Rechnung tragen. Dies ist jedoch nur sehr schwer anzunehmen, wenn die Daten ohne weitere Anonymisierung oder Pseudonymisierung in der Datenbank abrufbar sind.

222 Sowohl für die Aufnahme der Daten in die Skill-Datenbank als auch für die Übermittlung stellt die Einwilligung eine praxistaugliche Möglichkeit dar. Diese muss sich explizit auch auf die Übermittlung des persönlichen Profils für bestimmte Zwecke beziehen. Hinsichtlich der langfristigen Durchführbarkeit ist jedoch die jederzeitige Widerruflichkeit zu beachten (→ Rn. 138).

h) Konzerneigene Servicegesellschaften/Shared Service Center

aa) Abgrenzung und Funktionsweise

223 Als Shared Service bezeichnet man ein Organisationsmodell, bei dem bestimmte identische Dienstleistungen und Prozesse (Services) der Unternehmenszentrale und der einzelnen Geschäftsbereiche, Geschäftseinheiten oder Abteilungen in einer **spezifischen, marktorientierten Organisationseinheit (Shared Service Center)** zusammengefasst und zentralisiert werden.[3] Die Aufgaben werden in der Regel sowohl für das Unternehmen erbracht, in dem das Shared Service Center angesiedelt ist, als auch auf Anfrage für alle anderen Konzernunternehmen.

224 Shared Service kommt insbesondere bei folgenden **Leistungen** in Betracht:
 – Zentrale Personalverwaltung
 – Zentrale Gehaltsabrechnung
 – IT-Service
 – Konzernweites E-Mail-System sowie Namens-, Telefon- und E-Mail-Verzeichnis
 – Reisemanagement
 – Call-Center

225 Bei Erbringung der Leistungen durch eine konzerneigene Servicegesellschaft wird eine Gesellschaft nur zu dem Zweck gegründet, eine **bestimmte Aufgabe für alle anderen Konzernunternehmen** zu erfüllen. Im Gegensatz zu einem Shared Service

---

[1] Simitis/*Seifert*, BDSG § 32 Rn. 118.
[2] Simitis/*Seifert*, BDSG § 32 Rn. 118.
[3] *Grützner/Jakob*, Compliance von A–Z, Shared Service.

B. Datenschutz im Konzern

Center werden die Leistungen aber ausschließlich für die anderen Konzernunternehmen erbracht. Das kommt insbesondere in Betracht, wenn eine Gesellschaft ausschließlich zur Verwaltung der Personaldaten gegründet wird oder konzerninterne Arbeitnehmerüberlassung betreibt.

Es muss sehr detailliert festgelegt sein, zu welchem **Zweck** die Organisationseinheit 226
ihre Dienstleistung erbringt. Betreibt das Konzernunternehmen ausschließlich die Datenverarbeitung für die übrigen Konzernunternehmen als Dienstleistungsunternehmen, so liegt eine Auftragsdatenverarbeitung vor, da der Zweck und die Art und Weise der Verarbeitung abschließend von den anderen Konzernunternehmen vorgegeben wird.[1] Die konzerneigene Servicegesellschaft ist insofern bei der Verwendung der Daten **weisungsgebunden.** Allerdings besteht die Schwierigkeit, dass der Auftrag von jedem einzelnen Konzernunternehmen einzeln erteilt werden müsste und hier die Gefahr besteht, dass diese Aufträge nicht deckungsgleich sind. In diesem Fall ist keine Erlaubnisnorm zur Übermittlung der Daten erforderlich.

Wird dagegen ein Unternehmen oder eine entsprechende Abteilung sowohl für sich 227
selbst als auch für andere konzernangehörige Unternehmen tätig und dient die **Zentralisierung der Datenverarbeitung** dem Zweck, die **einheitliche Führung des Konzerns** zu gewährleisten und die Geschäftstätigkeit der anderen Unternehmen zu kontrollieren, hat das Shared Service Center eine weitere **eigenständige Aufgabe,** für die die Daten eigenverantwortlich erhoben und verarbeitet werden.[2] Deshalb handelt es sich um eine Funktionsübertragung, für die eine Erlaubnisnorm erforderlich ist. § 32 BDSG setzt die Erforderlichkeit der Datenübermittlung voraus. Dafür ist nicht ausreichend, dass innerhalb des Konzerns ein nachvollziehbares Interesse oder eine entsprechende vertragliche Vereinbarung besteht.[3] Maßstab ist vielmehr die Zumutbarkeit, sämtliche Datenverarbeitungen selbst durchzuführen. Dagegen können höhere Kosten sowie ein erhöhter Verwaltungsaufwand sprechen.

Für die Shared Service Center ist außerdem zu beachten, dass durch die Ausübung 228
bestimmter Kompetenzen ein vertragsähnliches Verhältnis zwischen diesem und dem entsprechenden Arbeitnehmer entstehen kann, welches die Datenübermittlung rechtfertigen kann.[4]

bb) Beispiele

Der Aufbau einer **konzernweiten Personalverwaltung,** die Grundlage für den 229
konzernweiten Personaleinsatz, die **Personalentwicklung** oder die Schaffung eines **konzernweiten Arbeitsmarktes** ist, vermag eine Datenübermittlung im Konzern zu rechtfertigen.[5] Es wäre für den Konzern nur unter erheblichen Schwierigkeiten durchführbar, die Personalentwicklung und den konzernweiten Arbeitsmarkt für alle Unternehmen einheitlich zu strukturieren und durchzuführen. Denn dazu müssten regelmäßig sämtliche Daten der einzelnen Unternehmen zusammengetragen und auf ihre Relevanz überprüft werden. Bei einer einheitlichen Erbringung durch ein Shared Service Center entfällt dieser enorm hohe Verwaltungsaufwand. Gleichzeitig muss nicht jedes Unternehmen entsprechende Fachkräfte für diese Aufgabe vorhalten, was einen nicht unerheblichen Kostenfaktor bedeutet.

Ähnliches gilt für die Erbringung von IT-Services. In der Regel ist die IT konzern- 230
weit einheitlich geregelt. Das dient zum einen zur **Vereinfachung des Betriebsab-**

---

[1] *Gola/Wronka,* Rn. 971.
[2] *Gola/Wronka,* Rn. 971.
[3] Simitis/*Seifert,* BDSG § 32 Rn. 118; *Gola/Schomerus,* BDSG § 32 Rn. 20; *Gola/Wronka,* Rn. 967.
[4] *Däubler,* Gläserne Belegschaften?, Rn. 454.
[5] Plath/*Stamer/Kuhnke,* BDSG § 32 Rn. 145.

laufs, da für den Fall von Störungen nur Fachkenntnisse zu einem bestimmten System erforderlich sind. Zum anderen verhindert es eine ungleiche Behandlung der Beschäftigten der verschiedenen Konzernunternehmen. Könnte jedes Unternehmen separat über seine IT entscheiden, müsste für das jeweilige Unternehmen ein separater Service vorgehalten werden. Für die Erforderlichkeit im Sinne des § 32 BDSG spricht auch, dass in Konzernen sämtliche IT-Aspekte zentral durch eine Konzernbetriebsvereinbarung geregelt werden.

231 Bei **fehlender Erforderlichkeit** kommen der Abschluss einer **(Konzern-)Betriebsvereinbarung** und die Einholung einer **Einwilligung** des betroffenen Arbeitnehmers in Betracht. Letztere ist insbesondere dann besonders relevant, wenn Veröffentlichungen von Fotos auf der Homepage des Unternehmens in Frage stehen.[1]

IV. Betriebsverfassungsrecht

1. Allgemeine Aufgaben der Arbeitnehmervertretungen

232 **§ 80 Abs. 1 Nr. 1 BetrVG** normiert die allgemeine Aufgabe des Betriebsrats, die Durchführung der zu Gunsten der Arbeitnehmer geltende Gesetze und sonstige Vorschriften – und mithin der datenschutzrechtlichen Bestimmungen – zu überwachen. Allerdings ergibt sich aus der Überwachungspflicht kein Anspruch auf Einhaltung einer Rechtsvorschrift.[2] Ferner ergibt sich aus **§ 75 Abs. 2 BetrVG** die Pflicht von Arbeitgeber und Betriebsrat, die **freie Entfaltung der Persönlichkeit** der im Betrieb beschäftigten Arbeitnehmer zu schützen und zu fördern. Aus dem Grund können Maßnahmen, die zwischen Betriebsrat und Arbeitgeber abgestimmt sind, trotz dieses Einvernehmens unwirksam sein (→ Rn. 95 ff.).

2. Verhältnis zum Datenschutzbeauftragten

233 Es ist strittig, ob der betriebliche Datenschutzbeauftragte im Rahmen seiner umfassenden Kontrollkompetenz auch eine Überwachungsfunktion gegenüber dem Betriebsrat auszuüben hat.[3] Das BAG hat dies im Jahr 1997 verneint.[4] Bei einer Entscheidung aus dem Jahr 2011 wurde diese Frage jedoch ausdrücklich offen gelassen.[5] Da der Betriebsrat Teil der verantwortlichen Stelle ist,[6] kann eine **Überwachungspflicht** deshalb zumindest nicht ausgeschlossen werden.

3. Mitbestimmung in sozialen Angelegenheiten gemäß § 87 BetrVG

a) Nr. 1: Ordnungsverhalten

234 Eine datenschutzrechtliche Mitbestimmungspflicht kann sich aus § 87 Abs. 1 Nr. 1 BetrVG ergeben, soweit Fragen der **Ordnung des Betriebes** und des **Verhaltens der Arbeitnehmer** im Betrieb betroffen sind. Die Vorschrift ist jedoch bei der schlichten Registrierung von Arbeitsabläufen ohne weitergehenden Einfluss auf das Verhalten des betroffenen Arbeitnehmers nicht einschlägig.[7]

---

[1] Plath/*Stamer*/*Kuhnke*, BDSG § 32 Rn. 147.
[2] Richardi/*Thüsing*, BetrVG § 80 Rn. 18.
[3] *Aßmus*, ZD 2011, 27 ff.; *Kort*, RDV 2012, 8.
[4] BAG 11.11.1997 – 1 ABR 21/97, NZA 1998, 385.
[5] BAG 23.3.2011 – 10 AZR 562/09, NZA 2011, 1036.
[6] BAG 12.8.2009 – 7 ABR 15/08, NZA 2009, 1218; *Kort*, RDV 2012, 9; aA *Wronka*, RDV 2012, 277 (278).
[7] BAG 8.11.1994 – 1 ABR 20/94, NZA 1995, 313.

B. Datenschutz im Konzern

b) Nr. 6: technische Überwachungseinrichtungen

Gemäß § 87 Abs. 1 Nr. 6 BetrVG hat der Betriebsrat, soweit eine gesetzliche oder tarifliche Regelung nicht besteht, in Angelegenheiten über die **Einführung und Anwendung von technischen Einrichtungen**, die **dazu bestimmt** sind, das **Verhalten oder die Leistung der Arbeitnehmer zu überwachen**, ein Mitbestimmungsrecht. Der Arbeitnehmer soll davor geschützt werden, zum Objekt einer Überwachung zu werden. Denn werden Informationen über das Verhalten oder die Leistung der Arbeitnehmer durch technische Einrichtungen erhoben und aufgezeichnet, so wird die Überwachung über das **individuelle Wahrnehmungsvermögen** eines kontrollierenden Menschen hinaus erweitert und von diesem unabhängig.[1] 235

Das BAG definiert Überwachung als Vorgang, durch den **Informationen über das Verhalten oder die Leistung** der Arbeitnehmer erhoben und aufgezeichnet werden, damit diese auch der menschlichen Wahrnehmung **zugänglich** gemacht werden.[2] Diese Definition ist sehr weit gefasst, was dem Schutzzweck der Norm entspricht, die Mitarbeiter vor hohem Überwachungsdruck zu schützen. 236

Gegenstand der Überwachung muss das Verhalten oder die Leistung des Arbeitnehmers sein. Unter **Leistung** versteht man grundsätzlich die vom Arbeitnehmer in Erfüllung seiner vertraglichen Arbeitspflicht erbrachte Arbeit. **Verhalten** ist jedes für das Arbeitsverhältnis relevante Tun oder Unterlassen, egal ob es betrieblich oder außerbetrieblich stattfindet.[3] Begrifflich wird hier auch die Leistung mit eingeschlossen, so dass es auf eine genaue Abgrenzung gar nicht ankommt.[4] 237

Die durch die Überwachungsmaßnahmen erhobenen Daten müssen einem bestimmten Arbeitnehmer zugeordnet werden können. Dies setzt voraus, dass sie **individualisiert** oder zumindest **individualisierbar** sind.[5] 238

Entgegen des Gesetzeswortlauts ist es ausreichend, dass die Einrichtung aufgrund ihrer Konstruktion oder technischen Ausstattung **objektiv und unmittelbar** zur Überwachung geeignet ist.[6] Auf eine konkrete Überwachungsabsicht des Arbeitgebers kommt es nicht an. Deshalb ist auch unbedeutend, ob die Überwachung das Ziel der technischen Richtung ist oder nur ein möglicher Nebeneffekt. Ausreichend ist allein die **objektive Möglichkeit**.[7] 239

4. Mitbestimmung in personellen Angelegenheiten

Weitere spezielle Informations- und Kontrollbefugnisse des Betriebsrats in Ergänzung der individualrechtlichen Datenschutzbestimmungen ergeben sich in personellen Angelegenheiten sowohl bei der Verwendung von **Personalfragebögen** zur personalisierten Personaldatenerhebung gemäß § 94 Abs. 1 BetrVG als auch bei der Anwendung von **Beurteilungsgrundsätzen und Auswahlrichtlinien** gemäß §§ 93 Abs. 2, 95 BetrVG. Wird ein interner Datenschutzbeauftragter bestellt, so ist in der Regel der Mitbestimmungstatbestand des § 99 Abs. 1 BetrVG einschlägig. 240

---

[1] BVerwG 31.8.1988 – 6 P 35/85, AP BPersVG § 74 Nr. 25; Richardi/*Richardi*, BetrVG § 87 Rn. 484.
[2] BAG 6.12.1983 – 1 ABR 43/81, AP BetrVG 1972 § 87 Überwachung Nr. 7.
[3] *Fitting*, BetrVG § 87 Rn. 221.
[4] BAG 11.3.1986 – 1 ABR 12/84, AP BetrVG 1972 § 87 Überwachung Nr. 14.
[5] BAG 6.12.1983 – 1 ABR 43/81, AP BetrVG 1972 § 87 Überwachung Nr. 7; BAG 18.4.2000 – 1 ABR 22/99, BeckRS 2000, 41149; *Fitting*, BetrVG § 87 Rn. 219.
[6] BAG 10.7.1979 – 1 ABR 50/78, AP BetrVG 1972 § 87 Überwachung Nr. 2; BAG 27.1.2004 – 1 ABR 7/03, NZA 2004, 556.
[7] BAG 27.1.2004 – 1 ABR 7/03, BeckRS 2004, 40642; *Däubler*, Gläserne Belegschaften? Rn. 756.

5. Zuständigkeiten

241 Welches Gremium (Betriebsrat, Gesamtbetriebsrat, Konzernbetriebsrat) für die Ausübung des Mitbestimmungsrechts originär zuständig ist, richtet sich danach, wie viele Arbeitnehmer von der entsprechenden technischen Überwachung betroffen sind und ob eine unternehmens- bzw. konzerneinheitliche Regelung zwingend erforderlich ist.

242 Soweit das möglich ist, soll der Betriebsrat des einzelnen Betriebs an der Mitbestimmung beteiligt werden. Denn in den Verhandlungen – Arbeitgeber des Betriebs/Betriebsrat – können **passgenaue Regelungen** für den **einzelnen Betrieb** entwickelt werden. Das ist insbesondere dann sinnvoll, wenn bestimmte Arten der Datenerhebung und -verarbeitung nur bezüglich eines Betriebs relevant werden.

243 Betreffen Angelegenheiten das **gesamte Unternehmen** oder **mehrere Betriebe** gleichermaßen und können diese **nicht durch die einzelnen Betriebsräte** innerhalb ihres Zuständigkeitsbereichs **geregelt** werden, ist der Gesamtbetriebsrat gemäß § 50 Abs. 1 BetrVG zuständig. Ausreichend ist hierfür, dass ein **zwingendes Erfordernis** für eine betriebsübergreifende Regelung besteht, wobei auf die Verhältnisse des einzelnen Unternehmens und der konkreten Betriebe abzustellen ist. Eine Regelung innerhalb der einzelnen Betriebe muss nicht objektiv unmöglich sein.

244 Der Konzernbetriebsrat ist gemäß § 58 Abs. 1 S. 1 BetrVG zuständig für die Behandlung von Angelegenheiten, die den **Konzern oder mehrere Konzernunternehmen** betreffen und nicht durch die einzelnen Gesamtbetriebsräte innerhalb ihrer Unternehmen geregelt werden können; seine Zuständigkeit erstreckt sich insoweit auch auf Unternehmen, die einen Gesamtbetriebsrat nicht gebildet haben, sowie auf Betriebe der Konzernunternehmen ohne Betriebsrat. Der Konzernbetriebsrat ist deshalb nur in Ausnahmefällen zuständig, die alle Mitarbeiter des Konzerns im selben Umfang betreffen und sich der **Zweck der Regelung** nur durch eine **einheitliche Regelung auf Konzernebene** erreichen lässt.[1] Dies ist beispielsweise der Fall bei der Einführung konzernweiter Personalinformationssysteme oder bei der Aufstellung von Regelungen zu einem konzernweiten Austausch über Mitarbeiterdaten. Als Alternative ist auch der Abschluss einer **Rahmenbetriebsvereinbarung** mit dem Konzernbetriebsrat denkbar, die dann durch die untergliederten Einheiten materiell ausgefüllt wird.[2]

245 Unabhängig von der originären Zuständigkeit können der Gesamt- oder der Konzernbetriebsrat aufgrund einer Delegation von Aufgaben tätig werden. Der Gesamtbetriebsrat kann durch einen Betriebsrat mit der Behandlung einer Angelegenheit beauftragt werden; dazu ist die Mehrheit der Stimmen der Betriebsratsmitglieder erforderlich (§ 50 Abs. 2 S. 1 BetrVG). Ebenso kann ein Gesamtbetriebsrat mit der Mehrheit der Stimmen seiner Mitglieder den Konzernbetriebsrat beauftragen, eine Angelegenheit für ihn zu behandeln (§ 58 Abs. 2 S. 1 BetrVG).

---

[1] BAG 20.12.1995 – 7 ABR 8/95, NZA 1996, 945.
[2] *Fitting*, BetrVG § 50 Rn. 248.

C. Compliance und Arbeitsrecht im Konzern*

I. Einleitung

„Eltern haften für ihre Kinder!" Ein im täglichen Leben oft verwendeter Rechtssatz, 246
der eine Verletzung der Aufsichtspflicht der Eltern umschreibt und sie für das Fehlverhalten ihrer Kinder haften lässt. Der Umfang der Aufsichtspflicht richtet sich insbesondere nach dem Alter, dem Charakter des Kindes und der konkreten Situation,[1] das Maß der gebotenen Aufsicht danach, was verständige Eltern in der konkreten Situation nach vernünftigen Anforderungen hätten tun müssen, um eine Schädigung Dritter zu verhindern.[2] Die Aufsichtspflicht beginnt bei der Beobachtung, Überwachung, Belehrung und Aufklärung des Kindes und kann sich auf die Leitung und Beeinflussung seines Verhaltens erstrecken.[3] Nach § 832 Abs. 2 BGB trifft die gleiche Verantwortlichkeit denjenigen, der die Führung der Aufsicht durch Vertrag übernimmt. Eine vergleichbare Situation besteht für Organe von Unternehmen, die für das eigene Fehlverhalten oder das ihrer Mitarbeiter verantwortlich gemacht werden. Ein Mittel, ihre Haftung nach innen und außen auszuschließen – jedenfalls aber zu begrenzen – kann in der Selbstverpflichtung liegen, eine Organisationsstruktur mit einem entsprechenden Risikomanagement aufzubauen, das die Einhaltung der jeweils für sie geltenden Gesetze weitestgehend garantieren kann.[4] In Konzernstrukturen stellt sich darüber hinaus die Frage, ob die Organe der Konzernobergesellschaft (Mutter) auch für Fehlverhalten der konzernierten Unternehmen (Töchter, Schwestern und Enkel) verantwortlich sind und sich diese Organisationsstruktur daher auch auf die verbundenen Gesellschaften beziehen muss. Diese Frage ist primär aus gesellschaftsrechtlicher Sicht zu beantworten und hat sowohl gesellschaftsrechtliche als auch straf-, zivil- und arbeitsrechtliche Konsequenzen. Dieser Beitrag möchte die Antwort überblickartig skizzieren, wobei er die gesellschafts-, zivil- und strafrechtlichen rechtlichen Aspekte nicht vertieft behandelt. Der Schwerpunkt dieses Beitrags liegt auf der arbeitsrechtlichen Compliance, dh den arbeitsrechtlichen Aspekten bei der Einführung von Compliance-Systemen.[5]

II. Gesellschaftsrechtliche Aspekte der Compliance im Konzern

Zunächst sollen die gesellschaftsrechtlichen Aspekte der Compliance (sog. *Corporate* 247
Compliance) im Überblick dargestellt werden. Dabei wird erörtert, welche organisatorischen Maßnahmen die Organe der Gesellschaft ergreifen können, um sicherzustellen, dass sich die Gesellschaft sowie die für sie handelnden Personen rechtstreu verhalten.

1. Begriff und rechtliche Bedeutung der Compliance

Zur Beantwortung dieser Frage muss zunächst der Begriff der Compliance und des- 248
sen rechtliche Bedeutung bestimmt werden.

---

* Meinem Vater. In Liebe und Dankbarkeit.
[1] Palandt/*Sprau*, BGB § 832 Rn. 10f.
[2] BGH 19.1.1993 – VI ZR 117/92, NJW 1993, 1003.
[3] Palandt/*Sprau*, BGB § 832 Rn. 9.
[4] Vgl. *Hauschka*, NJW 2004, 257.
[5] Wegen der gesellschaftsrechtlichen Einzelheiten wird auf das Werk von *Hauschka* Corporate Compliance, Handbuch der Haftungsvermeidung im Unternehmen, verwiesen.

a) Begriff der Compliance

249 Der aus dem anglo-amerikanischen Raum stammende Begriff bedeutet wörtlich übersetzt „Wohlverhalten" oder „Befolgung". In rechtlicher Sicht bezeichnet er ein Handeln in Einklang mit dem Gesetz beziehungsweise mit den jeweils geltenden Vorschriften. Dazu zählen – auf die hiesige Problematik übertragen – die Vorschriften, die der Gesellschaft, ihren Organen und ihren Arbeitnehmern Pflichten zum rechtskonformen Handeln auflegen. Dies ist aber ohnehin selbstverständlich, da Gesetze normativ wirken und keines weiteren Vollzugsbefehls bedürfen.[1] Die Literatur versteht den Begriff der Compliance deshalb weiter und erstreckt ihn auf alle **„Maßnahmen, die die Einhaltung des gesetzeskonformen Verhaltens erst ermöglichen".**[2] Compliance hat also die oberste Leitung eines Unternehmens im Blick. Sie erwartet von ihr, die Voraussetzungen dafür zu schaffen, dass Verstöße gegen Rechtsvorschriften verhindert werden.[3] Sie wirkt damit in erster Linie **vorbeugend** und soll insbesondere Mitarbeiter davon abhalten, Straftaten „für" das Unternehmen zu begehen.[4] Zugleich will Compliance erreichen, dass die Gesellschaft selbst begangene Gesetzesverstöße verfolgt, um ein gesetzeskonformes Verhalten für die Zukunft sicherzustellen. Compliance zielt deshalb insbesondere darauf ab

– die Gesellschaft vor Schadensersatzansprüchen und Ansehensverlust,
– die Mitarbeiter vor rechtswidrigem Handeln einzelner,
– die Geschäftspartner der Gesellschaft und sonstige Dritter sowie
– die Geschäftsführung selbst vor strafrechtlichen Sanktionen zu schützen.

250 Dass es sich bei der Compliance im Konzern nicht lediglich um theoretische Fragen handelt, zeigen die aktuellen Beispiele um den „Datenskandal" bei der *Deutschen Bahn AG*, in dem es ua um den Vorwurf des systematischen Abgleichs von Arbeitnehmerdaten geht.[5] Mit einem ähnlichen Vorwurf musste sich *Lidl* auseinandersetzen, das über Jahre hinweg und unter Verstoß gegen datenschutzrechtliche Bestimmungen geheime Krankenakten ihrer Arbeitnehmer geführt haben soll.[6] Darüber hinaus geraten Unternehmen immer wieder wegen angeblicher Schmiergeldzahlungen in das Visier der Ermittlungsbehörden und der Öffentlichkeit, wie zuletzt *Ferrostaal*.[7] In all diesen Fällen geht es nicht nur um die Verantwortlichkeit der unmittelbar handelnden Personen, sondern auch um die Frage, ob der Vorstand verpflichtet war, die in der Tochtergesellschaft begangenen Gesetzesverstöße zu verhindern. Insbesondere das Beispiel der *Deutschen Bahn AG* zeigt, dass die gegen sie gerichteten Vorwürfe nicht nur auf den Gesetzesverstoß als solchen abstellen, sondern zugleich auch darauf, dass der Vorstand seiner Geschäftsführungspflicht nicht nachgekommen sei, weil er die Verstöße nicht durch ausreichende organisatorische Maßnahmen verhindert habe.

251 Im Konzern verdichtet sich die Frage der Compliance folglich dahin, ob die Organe der Konzernobergesellschaft auch für das Handeln der Geschäftsleitung der konzernierten Unternehmen verantwortlich sind. In diesem Falle wäre die Konzernleitung nicht nur für die Einhaltung der die herrschende Gesellschaft selbst betreffenden son-

---

[1] *Thüsing*, Arbeitnehmerdatenschutz und Compliance Rn. 10.
[2] *Mengel/Hagemeister*, BB 2006, 2466.
[3] *Fleischer*, CCZ 2008, 1 (3).
[4] Zu diesem bislang wenig betrachteten Aspekt der Funktion der Compliance *Göpfert/Landauer*, NZA-Beil. 2011, 16 (20).
[5] FAZ 12.2.2009, S. 1 f.; FAZ 28.3.2009, S. 1 f.
[6] http://www.sueddeutsche.de/wirtschaft/handel-datenskandal-lidl-feuert-deutschland-chef-1.401886 (Abruf vom 7.3.2013).
[7] http://www.sueddeutsche.de/wirtschaft/korruptionsaffaere-millionenstrafe-fuer-ferrostaal-1.1239630 (Abruf vom 6.3.2013).

dern auch für die Einhaltung der für die beherrschten Unternehmen geltenden Rechtsvorschriften verantwortlich. Der Pflichtenkreis und damit auch die mögliche Haftung der Organe der herrschenden Gesellschaft würden damit erheblich erweitert. Entsprechende Regelungen, die von Unternehmen die Errichtung eines umfassenden internen Kontrollsystems verlangen, sind 2002 in den USA durch den sog. Sarbanes Oxley Act (SOX)[1] und den sog. Foreign Corrupt Practices Act (FCPA) eingeführt worden.[2] Diese Vorschriften finden zwar unmittelbar nur für Unternehmen und ihre ausländischen Tochtergesellschaften Anwendung, die an der amerikanischen Börse gelistet sind. Über eine internationale Verflechtung von Unternehmen finden diese Vorschriften aber auch in deutschen Konzernen Einfluss. So bestimmt Ziffer 4.1.3 des Deutschen Corporate Governance Codex (DCGK), dass der Vorstand für die Einhaltung der gesetzlichen Bestimmungen und der unternehmensinternen Richtlinien zu sorgen hat und auf deren Beachtung durch die Konzernunternehmen hinwirkt (Compliance). Der DCGK wirkt zwar mangels Gesetzesqualität nicht verpflichtend, er empfiehlt Unternehmen jedoch, ihren Betrieb gut zu führen.[3]

b) Typische Problemfelder der Compliance

Aufgrund dieses erweiterten Verständnisses von Compliance ist eine Typisierung der Problemfelder kaum möglich. Unterschieden werden kann allerdings zwischen den für alle Unternehmen bestehenden Risiken sowie denjenigen, die aufgrund eines besonderen Geschäftsgegenstands entstehen. Aus arbeitsrechtlicher Sicht gehören zu den für alle Unternehmen compliance-relevanten Themen sämtliche arbeitsrechtlichen Bestimmungen, deren Verletzung eine Ordnungswidrigkeit oder Straftat darstellen. Dies sind insbesondere das Datenschutzrecht, das Betriebsverfassungsrecht, das Recht der Arbeitnehmerüberlassung, das Arbeitnehmerentsendegesetz, das Recht der Ausländerbeschäftigung sowie das Arbeitszeitgesetz. Die Unternehmensleitung hat demnach dafür zu sorgen, dass die einschlägigen arbeitsrechtlichen Bestimmungen im Unternehmen eingehalten werden. Bekannte Problemfelder der Compliance stellen darüber hinaus die Korruptionsbekämpfung sowie das Kartellrecht dar.[4] Für börsennotierte Unternehmen sind die Bestimmungen zum Verbot des Insiderhandels nach dem WpHG einzuhalten und die gesetzlich vorgeschriebenen Compliance-Maßnahmen zu ergreifen.[5] Für Finanzdienstleistungs- und Wertpapierhandelsunternehmen gelten darüber hinaus die gesetzlichen Bestimmungen des KWG und des WpHG, die ebenfalls besondere Compliance-Pflichten enthalten.[6] In Industrieunternehmen können sich darüber hinaus Pflichten zur Einhaltung des Umwelt- und des Arbeitsschutzes ergeben. Vertriebsgesellschaften hingegen haben ihr Augenmerk auf die Bestimmungen des Außenwirtschaftsrechts zu legen. In Konzernstrukturen werden diese für das jeweilige verbundene Unternehmen bestehenden Compliance-Anforderungen zu einem „bunten Strauß von Compliancepflichten" zusammengebunden.

c) Rechtsfolgen eines Verstoßes gegen Compliance

Corporate Compliance ist nicht nur die dogmatische Umschreibung gesellschaftsrechtlicher Verantwortlichkeiten der Unternehmensleitung. Eine unzureichende bzw.

---

[1] Ausführlich *Willms,* Arbeitshandbuch für Aufsichtsratsmitglieder, § 14.
[2] *Hauschka* in: Hauschka, Corporate Compliance, § 1 Rn. 40 ff.
[3] *Hauschka* in: Hauschka, Corporate Compliance, § 1 Rn. 23.
[4] Vgl. hierzu *Fleischer,* BB 2008, 1070 ff.
[5] Vgl. hierzu *Schulz/Kuhnke,* BB 2012, 143 ff.
[6] Vgl. hierzu ausführlich *Gebauer/Kleinert* in: Krieger/Schneider, Handbuch Managerhaftung, § 20; *Spindler,* WM 2008, 905 ff.

gänzlich unterlassene Errichtung einer Compliance-Organisation kann darüber hinaus auch Rechtsfolgen sowohl für (i) die verantwortlichen Organe der Gesellschaft, (ii) die Gesellschaft selbst als auch (iii) die unmittelbar handelnden Mitarbeiter haben. Die Konsequenzen für den **unmittelbar handelnden Mitarbeiter** richten sich arbeitsrechtlich nach der Schwere der Pflichtverletzung und können von einer Abmahnung bis zu einer (außerordentlichen) Kündigung reichen. Für Straftaten oder Ordnungswidrigkeiten sind die Mitarbeiter selbst verantwortlich. Die möglichen Konsequenzen für die Gesellschaft und die ihrer Organe sollen nachfolgend überblickartig dargestellt werden.

aa) Rechtsfolgen für die Gesellschaft

254 Compliance-Verstöße können für die Gesellschaft weitreichende Folgen haben. Insbesondere bei Verstößen gegen das Kartellrecht drohen **Geldbußen** in Höhe von bis zu 1 000 000,00 EUR, § 30 OWiG, § 81 GWB. Nach §§ 9, 30, 130 OWiG handelt ordnungswidrig, wer als vertretungsberechtigtes Organmitglied schuldhaft Aufsichtsmaßnahmen unterlässt, die erforderlich sind, um Rechtsverstöße von Arbeitnehmern im Zusammenhang mit der Ausübung ihrer betrieblichen Tätigkeit zu verhindern.[1] Bei juristischen Personen trifft die Aufsichtspflicht die Organe der Gesellschaft als deren gesetzliche Vertreter. § 130 OWiG knüpft hierbei an die Aufsichtspflichten des Inhabers eines Betriebs oder Unternehmens an und macht diesen für das Fehlverhalten nachgeordneter Mitarbeiter verantwortlich. Inwieweit § 130 OWiG allerdings auch bei Konzernsachverhalten Anwendung findet, ist durch die Rechtsprechung (noch) nicht klar herausgearbeitet[2] und in der Literatur umstritten.[3] Jedenfalls haben Organe die Pflicht, die Arbeitsabläufe so zu organisieren, dass die ihnen nachgeordneten Mitarbeiter im Rahmen ihrer dienstlichen Tätigkeit keine Ordnungswidrigkeiten oder Straftaten begehen. Hierzu gehört das Ergreifen von Aufsichtsmaßnahmen, deren Inhalt maßgeblich von den für den Betrieb oder das Unternehmen ausgehenden Gefährdungen abhängt.[4] Dies kann beispielsweise durch die Schaffung einer mehrstufigen Aufsichtsorganisation erfolgen, die sowohl eine Delegation der Aufgaben innerhalb des Leitungsgremiums (horizontale Delegation) als auch auf nachgeordnete aufsichtspflichtige Ebenen (vertikale Delegation) vorsieht. Welche Anforderungen hierbei in einer Konzernstruktur einzuhalten sind, ist bislang noch nicht rechtssicher geklärt.

255 Darüber hinaus drohen der Gesellschaft **Schadensersatzansprüche und Vertragsstrafen** aus §§ 280 Abs. 1, 311 Abs. 2 BGB sowie aus § 823 BGB. Wettbewerbsverstöße der Gesellschaft können zudem durch Unterlassungsansprüche von Wettbewerbern gem. § 8 UWG und nach den spezialgesetzlichen Bestimmungen des GWB geahndet werden (vgl. §§ 32 ff. GWB). Darüber hinaus gibt es in einigen Bundesländern auch sog. Korruptionsregister, in denen wiederholt auffällig gewordene Unternehmen geführt und von der Vergabe öffentlicher Aufträge ausgeschlossen werden können.[5] Neben diesen unmittelbaren rechtlichen Nachteilen führt ein Verstoß gegen

---

[1] Göhler/*Gürtler,* OWiG § 130 Rn. 9.
[2] Kritisch zur Verantwortlichkeit der Geschäftsführung der herrschenden Gesellschaft gegenüber abhängigen Tochtergesellschaften BGH 1.12.1981 – KRB 3/79, WuW/E 1871, 1876 wegen der eigenen Rechtspersönlichkeit der abhängigen Gesellschaft. Anders kann möglicherweise eine Entscheidung des Bundeskartellamts vom 15.12.2008 – B1-200/06 verstanden werden. In diesem Bußgeldverfahren wurde ein Bußgeld wegen Kartellabsprachen sowohl gegen die unmittelbar handelnden Geschäftsführer der Tochtergesellschaften als auch gegen die Holdinggesellschaft wegen einer Aufsichtsverletzung gem. § 130 OWiG verhängt.
[3] Zum Meinungsstand *Schücking* in: Krieger/Schneider, Handbuch Managerhaftung, § 36 Rn. 56 f.
[4] OLG Düsseldorf, 22.5.1990 – 2 Ss (OWi) 144/90-28/90 III, GewArch 1991, 425; Göhler/*Gürtler* OWiG, § 130 Rn. 10.
[5] Korruptionsregister gibt es bereits in folgenden Bundesländern: Bayern, Baden-Württemberg, Berlin, Bremen, Hamburg, Hessen, Nordrhein-Westfalen, Rheinland-Pfalz; BT-Drs. 17/11415, S. 6.

Compliance-Vorschriften aber auch dazu, dass ein Unternehmen in der Öffentlichkeit an Ansehen verliert. Dies wiederum kann sich beispielsweise nachteilig auf die Entwicklung des Aktienkurses börsennotierter Aktiengesellschaften auswirken.

bb) Rechtsfolgen für die handelnden Organe

Verstoßen Organe der Gesellschaft gegen ihre gesellschaftsrechtlichen Aufsichtspflichten, stellt dies eine Verletzung gegenüber der Gesellschaft selbst dar.[1] Insbesondere für die handelnden Organmitglieder ergeben sich deshalb persönliche Risiken. Eine unzureichende Einrichtung eines Compliance-Systems kann

– auf zivilrechtlicher Ebene eine persönliche Haftung des Vorstands oder Geschäftsführers gegenüber Dritten oder der Gesellschaft selbst begründen,
– auf Organebene zur Verweigerung der Entlastung durch die Gesellschafterversammlung führen und
– auf dienstvertraglicher Ebene ein wichtiger Grund im Sinne des § 626 Abs. 1 BGB zur außerordentlichen und fristlosen Kündigung des Dienstverhältnisses sein.

256

So kann auf der **dienstvertraglichen Ebene** nach der Rechtsprechung des LG Berlin[2] ein unzureichendes Risikomanagement zur Kreditrisikosteuerung (fehlende vorausschauende Risikoanalyse sowie mangelnde Dokumentation über bestehende bzw. drohende Risiken für die Gesellschaft) einen wichtigen Grund für eine fristlose Kündigung darstellen.[3] Ausreichend sei bereits eine objektive Mitverantwortlichkeit für die unzureichende Errichtung des Risikomanagements, da nach § 91 AktG eine Gesamtverantwortung des Vorstands für die Errichtung eines Risikomanagements bestehe.[4] Auf **Organebene** kann bei Vorliegen eines wichtigen Grundes die Bestellung zum Vorstand widerrufen werden. Ein wichtiger Grund liegt bei einer groben Verletzung der Pflichten des Vorstands als Organ der Gesellschaft vor.[5] Im Hinblick auf die hier interessierenden Compliancepflichten kann nach der Rechtsprechung des LG München[6] die unterbliebene Dokumentation eines Risikofrüherkennungssystems einen wesentlichen Gesetzverstoß darstellen, der zur Verweigerung der Entlastung durch die Gesellschafterversammlung führt und damit auch einen wichtigen Grund zur Abberufung des Vorstands darstellt.

Auf **zivilrechtlicher** Ebene kann der Vorstand einer Aktiengesellschaft gem. § 93 Abs. 2 AktG und der Geschäftsführer gem. § 43 Abs. 2 GmbHG gegenüber der Gesellschaft zum Schadensersatz verpflichtet sein.[7] In der Aktiengesellschaft muss der Aufsichtsrat diese Ansprüche gegenüber dem Vorstand für die Gesellschaft geltend machen, § 112 AktG. Hierdurch wird der Aufsichtsrat selbst in die Pflicht zur Kontrolle der Einhaltung der Umsetzung von Compliance-Maßnahmen genommen, da er nach der Rechtsprechung des **BGH** bei einer pflichtwidrigen Unterlassung der Geltendmachung eines Schadensersatzanspruchs selbst haftet.[8] Eine zivilrechtliche Haftung des Vorstands oder des Aufsichtsrats im Außenverhältnis gegenüber Dritten gem. §§ 280,

257

---

[1] MüKoAktG/*Spindler*, § 93 Rn. 321 ff.; *Fleischer* BB 2008, 1070 (1072).
[2] LG Berlin 3.7.2002 – 2 O 358/01, BKR 2002, 969 mit Anmerkung von *Preussner/Zimmermann*, AG 2002, 657 f.; Urteil aufgehoben durch KG Berlin wegen eines formellen Mangels 27.9.2004 – 2 U 191/02, AG 2005, 205 f. mit Anmerkung *Preussner* in: NZG 2004, 1151 ff.
[3] Vgl. auch OLG Jena 12.8.2009 – 7 U 244/07, NZ 2010, 226 zur außerordentlichen und fristlosen Kündigung eines GmbH-Geschäftsführers in einem faktischen Konzern wegen unterlassener Konzernkontrolle.
[4] So im Ergebnis auch *Thüsing*, Arbeitnehmerdatenschutz und Compliance Rn. 35.
[5] Vgl. § 84 Abs. 3 S. 2 AktG; *Hüffer*, AktG § 84 Rn. 27.
[6] LG München 5.4.2007 – 5 HK O 15964/06, CCZ 2008, 70; *Liese/Theusinger*, BB 2007, 2528 f.
[7] So zuletzt das LG München I 10.12.2013 – 5 HK 1387/10.
[8] BGH 21.4.1997 – II ZR 175/95, NJW 1997, 1926.

311 Abs. 3 BGB oder gem. § 823 Abs. 1 BGB scheidet hingegen nach der jüngsten Rechtsprechung des **BGH** regelmäßig aus.[1] In dem von dem **BGH** entschiedenen Fall ging es um Schadensersatzansprüche von Geschäftspartnern der AG gegen dessen Vorstand wegen der Unterzeichnung von Scheinrechnungen. Der **BGH** entschied, dass allein aus der Stellung als Vorstand keine Garantenpflicht gegenüber außenstehenden Dritten zur Abwendung von Vermögensschäden bestehe. Die Pflicht zur ordnungsgemäßen Geschäftsführung gem. § 43 Abs. 1 GmbHG bzw. § 93 Abs. 1 AktG bestehe allein gegenüber der Gesellschaft, nicht aber auch im Verhältnis zu Dritten. Eine Außenhaftung gegenüber Dritten kommt hingegen dann in Betracht, wenn das handelnde Organ den Schaden durch eine unerlaubte Handlung herbeigeführt hat. In Fällen mit Konzernbezug ist darüber hinaus im Einzelfall genau zu prüfen, ob überhaupt eine Pflicht des Organs der herrschenden Gesellschaft zur Einrichtung eines Compliance-Systems bestand und wem gegenüber diese Pflicht verletzt wurde. In Betracht kommt insoweit eine Haftung des Organs sowohl gegenüber der eigenen Gesellschaft als auch gegenüber den beherrschten Unternehmen.[2]

2. Compliance als Leitungsaufgabe im Konzern

258   Die Frage, inwieweit es daher Compliance-Pflichten im Konzern gibt, lässt sich nicht pauschal beantworten. Der Konzern selbst ist nicht rechtsfähig und hat damit auch keine eigenen für ihn handelnden „Konzernorgane", die verantwortlich für die Einführung und Umsetzung einer Compliance-Organisation wären.[3] Ein Konzern verbindet mehrere rechtlich selbständige Gesellschaften. Diese Verbindung kann sowohl zwischen Aktiengesellschaften im Sinne des AktG als auch zwischen Gesellschaften mit beschränkter Haftung nach dem GmbHG geschaffen werden. Die sie verbindende Klammer ist die „einheitliche Leitung" bzw. im GmbH-Konzern der Abschluss des Beherrschungsvertrages.[4] Die Verantwortlichkeit der Unternehmensleitung des herrschenden Unternehmens richtet sich deshalb zunächst nach den für sie geltenden rechtlichen Bestimmungen.[5] Eine Verantwortlichkeit besteht gegenüber der „eigenen" Gesellschaft nach den für sie jeweils maßgeblichen rechtlichen und satzungsmäßigen Bestimmungen. Eine allgemeine Konzernleitungspflicht, deren Verletzung zu einer Innenhaftung gegenüber den beherrschten Gesellschaften führen kann, wird hingegen überwiegend abgelehnt.[6] Diese lässt sich insbesondere nicht § 308 Abs. 1 AktG entnehmen, der nur ein Weisungsrecht, nicht hingegen eine Weisungspflicht begründet.[7]

a) Compliance-Pflicht gegenüber der „eigenen" Gesellschaft

259   Im Verhältnis zu der „eigenen" Gesellschaft lässt sich eine Pflicht zur Einrichtung eines Compliance-Systems aus den Vorschriften des AktG bzw. des GmbHG ableiten. Zum einen folgt bereits aus der die Unternehmensleitung treffenden **Legalitätspflicht** im Einklang mit den geltenden rechtlichen Bestimmungen zu handeln.[8] Aus dieser Forde-

---
[1] BGH 10.7.2012 – VI ZR 341/10.
[2] Vgl. hierzu im einzelnen *Schneider*, Handbuch Managerhaftung, § 8 Rn. 5 ff.; *Kapp/Gärtner*, CCZ 2009, 168 ff. auch zur Haftung des Aufsichtsrats bei Verstößen gegen das Kartellrecht.
[3] MHdB ArbR/*Richardi*, § 23 Rn. 1; *Rid*, NZA 2011, 1121.
[4] Vgl. *Emmerich*/Scholz, GmbHG, Anh. 13 Rn. 135; BGH 30.1.1992 – II ZB 15/91, NJW 1992, 1452.
[5] MHdB ArbR/*Joost*, § 277 Rn. 63.
[6] *Hüffer*, AktG § 311 Rn. 8; MüKoAktG/*Spindler*, § 76 Rn. 49; *Zöllner* in: Baumbach/Hueck GmbHG, Schlussanhang Rn. 102 für den GmbH-Konzern.
[7] *Sethe*, ZBB/JBB 2012, 357 (360); Emmerich/Habersack/*Emmerich*, Aktien und GmbH-Konzernrecht § 308 Rn. 34; *Spindler* WM 2008, 905 (915).
[8] MüKoAktG/*Spindler*, § 93 Rn. 73.

rung lässt sich eine Pflicht sowohl zur präventiven als auch repressiven Ausgestaltung der Unternehmensorganisation ableiten, dh der Verhinderung und Aufdeckung von Gesetzesverstößen. Das **LG München I** hat diese Legalitätspflicht zuletzt sehr weit ausgelegt.[1] Danach ist jeder einzelne Vorstand bei entsprechender Gefährdungslage zur Errichtung einer Compliance-Organisation verpflichtet. Diese muss auf Schadensprävention und Risikokontrolle ausgerichtet sein. Darüber hinaus soll nach der Entscheidung des **LG München I** für einen Vorstand innerhalb eines mehrköpfigen Gremiums eine konkrete Handlungspflicht entstehen, wenn er Kenntnis von Fehlern innerhalb dieser Compliance-Organisation erlangt. Dies soll nach der Entscheidung des **LG München I** selbst bei einer fehlenden Ressortzuständigkeit des Vorstands gelten.

Diese sog. Legalitätspflicht wird von der allgemeinen **Sorgfaltspflicht** der Unternehmensleitung flankiert, die für die Aktiengesellschaft in § 93 Abs. 1 AktG und im GmbHG in § 43 Abs. 1 GmbHG ihren Ausdruck findet.[2] Diese Vorschriften verpflichten den Vorstand bzw. den Geschäftsführer die Geschäfte der Gesellschaft in eigener Verantwortung und zwar mit der Sorgfalt eines ordentlichen und gewissenhaften Geschäftsleiters zu führen.[3] Danach liegt eine Pflichtverletzung des Vorstands im Hinblick auf dessen Geschäftsführung nicht vor, wenn das Vorstandsmitglied bei einer unternehmerischen Entscheidung vernünftigerweise annehmen durfte, auf der Grundlage angemessener Information zum Wohle der Gesellschaft zu handeln *(Business Judgement Rule)*.[4] Dies setzt zunächst einmal voraus, dass sie über bestehende Risiken für das gesamte Unternehmen und etwaig eingetretene Schäden jederzeit ausreichend informiert ist, um auf dieser Informationsgrundlage die erforderlichen Maßnahmen einleiten zu können. Die Errichtung eines funktionierenden Informationssystems ist damit Bestandteil einer sorgfältigen Geschäftsleitung.[5] Der Geschäftsführer einer herrschenden GmbH in einem GmbH-Konzern ist nach der Auffassung von *Wilsing/Ogorek*[6] demnach jedenfalls dazu verpflichtet, konzerninterne Strukturen zu schaffen, die es ihm ermöglichen, sich über den wesentlichen Geschäftsgang der Tochtergesellschaften zu unterrichten.

260

Für die Frage der Verpflichtung der Unternehmensleitung zur Einrichtung eines Compliance-Systems maßgeblich ist die **Überwachungspflicht**. Allgemein wird diese aus § 130 OWiG abgeleitet[7] und für den Vorstand einer Aktiengesellschaft aus §§ 76 Abs. 1, 91 Abs. 2 AktG. Danach hat der Vorstand geeignete Maßnahmen zu treffen, insbesondere ein Überwachungssystem einzurichten, damit den Fortbestand der Gesellschaft gefährdende Entwicklungen rechtzeitig erkannt und verhindert werden können.[8]

261

Innerhalb des von dem Vorstand bzw. der Geschäftsführung originär verantworteten Zuständigkeitsbereichs besteht deshalb die Verantwortung, für ein gesetzestreues Verhalten der nachgeordneten Unternehmensangehörigen zu sorgen **(Organisationspflicht)**. Hierzu gehört die Errichtung geeigneter Vorkehrungen, die ein gesetzestreues Verhalten erst ermöglichen, wie beispielsweise die Bestimmung der Verantwortlichkeiten der Mit-

262

---

[1] LG München I 10.12.2013 – 5 HK 1387/10.
[2] Die Pflicht der Geschäftsführung einer herrschenden GmbH zur Überwachung der abhängigen Konzernunternehmen bejahen beispielsweise *Wilsing/Ogorek* NZG 2010, 216 (217) mwN in FN 8.
[3] Vgl. MükoAktG/*Spindler*, § 93 Rn. 22.
[4] BGH 21.4.1997 – II ZR 175/95 („ARAG/Garmenbeck"), NJW 1997, 162. Zur entsprechenden Heranziehung des business judgement rule auf GmbH-Geschäftsführer *Zöllner/Noack* in: Baumbach/Hueck, GmbHG § 43 Rn. 22 mwN in Fn. 187.
[5] Vgl. MükoAktG/*Spindler*, § 93 Rn. 48.
[6] *Wilsing/Ogorek* NZG 2010, 216 (217).
[7] *Schneider* ZIP 2003, 645 (649).
[8] *Bürkle* BB 2005, 565 (567).

arbeiter sowie die von Aufsichtsstrukturen.[1] Dies kann als Compliance-Organisation verstanden werden.[2] Wie eine solche Organisation umgesetzt wird, liegt nach überwiegender Auffassung in der Literatur im Leitungsermessen des Vorstands bzw. der Geschäftsführung,[3] das sich an den für das Unternehmen bestehenden Risiken zu orientieren hat.[4]

263 Ebenso wird im Unternehmensverbund der Aktiengesellschaft auch der **Aufsichtsrat** in die Organisationspflicht genommen. Zu seinen gesetzlichen Pflichten gehört insbesondere die Überwachung der Geschäftsführung des Vorstands, § 111 AktG. Dies sind diejenigen Aufgabenbereiche, die gem. §§ 76 Abs. 1 AktG dem Vorstand zugewiesen sind und nicht selbst durch den Aufsichtsrat ausgeübt werden. Eine Pflicht zur Überwachung besteht hierbei sowohl im Hinblick auf die Kontrolle der ausgeübten Geschäftsführung des Vorstandsgremiums als auch der einzelnen Vorstandsmitglieder selbst.[5] Der Deutsche Corporate Governance Kodex bestimmt hierzu in Ziffer 5.3.2., dass „der Aufsichtsrat einen Prüfungsausschuss (Audit Committee) einrichten soll, der sich insbesondere mit Fragen (...) und der Compliance (...) befasst." Der Aufsichtsrat kann daher seine Augen nicht vor den Anforderungen einer Compliance verschließen, zumal Ziffer 3.4 DCGK eine Informationsverpflichtung des Vorstands gegenüber dem Aufsichtsrat unter anderem auch zu den eingeleiteten Compliance-Maßnahmen vorsieht.

b) Pflicht zur Errichtung eines Compliance-Systems gegenüber verbundenen Unternehmen?

264 Darüber hinaus stellt sich die Frage, ob die Konzernleitung dazu verpflichtet ist, durch die Einrichtung einer Compliance-Organisation Rechtsverstöße in den verbundenen Gesellschaften zu verhindern. Für einige Branchen ist eine Pflicht zur Errichtung einer konzernweiten Compliance-Organisation gesetzlich geregelt, beispielsweise für Kreditinstitute gem. § 25a KWG oder für Versicherungsunternehmen gem. § 64a VAG. Soweit keine gesetzliche Verpflichtung besteht, ist diese Frage noch nicht abschließend geklärt. Insbesondere sind dazu bislang (noch) keine höchstrichterlichen Entscheidungen ergangen. Auch wenn eine allgemeine Konzernleitungspflicht des herrschenden Unternehmens nach der überwiegenden Auffassung in der Literatur zu Recht abgelehnt wird, erstrecken sich die Pflichten der Geschäftsleitung der herrschenden AG auch auf die Tochtergesellschaften.[6] So obliegt beispielsweise dem Vorstand der herrschenden Gesellschaft eine konzernweite Sorgfaltspflicht auch gegenüber den verbundenen Unternehmen.[7] Für den aktienrechtlichen Unternehmensverbund nimmt *Fleischer*[8] eine konzernübergreifende Compliance-Verantwortung des Vorstands der herrschenden Gesellschaft an. Diese habe auch die nachgeordneten Unternehmen mit einzubeziehen, was die Einrichtung einer konzernweiten Compliance-Orga-

---

[1] *Fleischer* in: Spindler/Stiltz AktG § 93 Rn. 108.
[2] *Fleischer* CCZ 2008, 1 (2).
[3] *Bürkle* BB 2007, 1797 (1798); *Fleischer*, CCZ 2008, 1 (2).
[4] *Schürrle/Olbers*, CCZ 2010, 102; *Hauschka* in: Hauschka, Corporate Compliance, § 1 Rn. 23 f.
[5] MüKoAktG/*Habersack*, § 111 Rn. 20.
[6] *Schneider* in: Krieger/Schneider, Handbuch Managerhaftung, § 8 Rn. 18; *Schneider* NZG 2009, 1321 (1326); *Fleischer* CCZ 2008, 1 (3); MüKoAktG/*Spindler*, § 76 Rn. 42; *Kremer/Klahold* in: Krieger/Schneider, Handbuch Managerhaftung, § 21 Rn. 9 unter Verweis auf die Praxis der EU-Kommission, nach der bei Verstößen gegen das Kartellrecht durch Konzernunternehmen regelmäßig eine gesamtschuldnerische Haftung der Konzernobergesellschaft angeordnet wird.
[7] *Schneider* in: Krieger/Schneider, Handbuch Managerhaftung, § 8 Rn. 19.
[8] *Fleischer*, CCZ 2008, 1 (4).

nisation erfordere.[1] Dies folge aus der Sorgfalts- bzw. Überwachungspflicht des Vorstands, der für ein rechtmäßiges Verhalten auch der verbundenen Unternehmen verantwortlich sei. Zudem sei der Vorstand der herrschenden Gesellschaft jedenfalls dazu verpflichtet, Schäden für das „eigene" Unternehmen abzuwenden. Ein Schaden durch oder zu Lasten eines beherrschten Unternehmens sei aber zugleich auch ein Schaden für das herrschende Unternehmen.[2] Andere Stimmen wenden § 91 Abs. 2 AktG analog an,[3] wiederum andere bilden eine Gesamtanalogie[4] der compliance-relevanten Vorschriften wie bspw. § 130 OWiG, § 33 WpHG, § 25a Abs. 2 KWG, 91 Abs. 2 AktG. Allerdings lehnen einige Autoren in der Literatur[5] eine Verpflichtung zur konzernweiten Einführung eines Compliance-Systems ab. Nach ihrer Auffassung lasse sich weder der Legalitäts- noch der Sorgfaltspflicht des Vorstands eine solche Pflicht entnehmen, da dies eine Konzernleitungspflicht begründe. Eine Pflicht zur Einführung eines konzernweiten Compliance-Systems bestehe daher nur dann, wenn dies entweder aufgrund einer gesetzlichen Grundlage erforderlich ist oder aber die Tätigkeit der verbundenen Unternehmen ein Risikopotential für das herrschende Unternehmen in sich berge. Solange es zu dieser Frage noch keine gesicherte höchstrichterliche Rechtsprechung gibt, wird man mit der überwiegenden Auffassung in der Literatur eine Pflicht des Vorstands des herrschenden Unternehmens zur Einführung eines konzernweiten Compliance-Systems bejahen müssen. Für dieses Verständnis spricht die in Ziffer 4.1.3 DCGK formulierte Anweisung. Eine ähnliche Pflicht trifft nach Ziffer 5.3.2 DCGK den Aufsichtsrat. Bejaht man eine Pflicht zur Errichtung einer konzernweiten Compliance-Organisation führt dies aber nicht dazu, dass die Organe der beherrschten Gesellschaften von ihrer eigenen Verantwortung befreit werden. Die Verantwortung der Leitung des herrschenden Unternehmens endet nämlich an der rechtlichen Einflussmöglichkeit auf die beherrschten Unternehmen. Diese bleiben deshalb für die Einhaltung der sie betreffenden Rechtsvorschriften selbst verantwortlich.

3. Umsetzung einer konzernweiten Compliance-Organisation

Unabhängig davon, ob man nun eine Verpflichtung zur konzernweiten Einführung einer Compliance-Struktur bejaht, ist für deren Umsetzung (jedenfalls auch) die Konzernleitung des herrschenden Unternehmens verantwortlich. Der Inhalt dieser Pflichten ist gesetzlich beispielsweise für Finanzdienstleistungs- und Wertpapierdienstleistungsunternehmen näher definiert. § 25a KWG verlangt für Finanzdienstleistungsunternehmen eine ordnungsgemäße Geschäftsorganisation, die die Einhaltung der von dem jeweiligen Kreditinstitut zu beachtenden gesetzlichen Bestimmungen gewährleistet. In Konzernstrukturen ist die Unternehmensleitung dazu verpflichtet, eine konzernweite Compliance sicherzustellen, § 25g KWG. Für Wertpapierdienstleistungsunternehmen geht § 33 WpHG über diese Vorgaben noch hinaus und verlangt die Aufstellung von Grundsätzen, Mittel vorzuhalten und Verfahren einzurichten, die darauf ausgerichtet sind, sicherzustellen, dass das Unternehmen selbst und seine Mitarbeiter den Verpflichtungen des WpHG nachkommen, wobei eine dauerhafte und wirksame Compliance-Funktion einzurichten ist, die ihre Aufgaben unabhängig wahrnehmen kann. § 33 WpHG stellt damit auch eine der ersten Vorschriften dar, in denen der Begriff „Compliance" ausdrücklich genannt wird. Gesetzlich vorgeschrieben ist zudem die

265

---
[1] *Schneider* in: Krieger/Schneider, Handbuch Managerhaftung, § 8 Rn. 21; *Kort*, NZG 2008, 81 (84).
[2] *Pietzke*, CCZ 2010, 45 (52).
[3] *Berg*, AG 2007, 271 (274).
[4] *Schneider*, ZIP 2003, 645 (649).
[5] *Koch*, WM 2009, 1013 (1014); *Thüsing*, Arbeitnehmerdatenschutz und Compliance, Rn. 48.

dauerhafte und wirksame Einrichtung einer Compliance-Funktion. Während das KWG und WpHG für die Compliance in Unternehmen der Finanzdienstleistungsbranche die Vorgaben für den Aufbau einer Compliance-Organisation regeln, fehlen entsprechende gesetzliche Bestimmungen für Industrieunternehmen.[1]

a) Inhalt einer Compliance-Organisation

266　Übergeordnetes **Ziel einer Compliance-Organisation** ist die Etablierung von Strukturen, durch die die Einhaltung gesetzlicher sowie innerhalb des Konzerns selbst aufgestellter Vorschriften ermöglicht wird. Mangels klarer gesetzlicher Vorgaben für den Aufbau einer Compliance-Organisation hat die Konzernleitung über deren Inhalt und Ausgestaltung nach pflichtgemäßem Ermessen zu entscheiden.[2] Eine Pflicht zur einheitlichen Einführung einer Compliance-Organisation für alle Unternehmen des Konzerns besteht hingegen nicht. Welche Maßnahmen daher im Einzelnen umgesetzt werden müssen, richtet sich nach den für den Konzern bestehenden Risiken sowie nach der Auffassung von *Bürkle*[3] nach den der Konzernierung zugrundeliegenden gesellschaftsrechtlichen Verbindungen und den daraus resultierenden Einflussmöglichkeiten des herrschenden auf die beherrschten Unternehmen.[4] Im Einzelnen setzen sich Compliance-Systeme aus einer Vielzahl von Maßnahmen zusammen, die neben oder kombiniert zu einem Risikomanagement, der Rechtsabteilung oder der Revision stehen. Wichtig ist dabei, dass sämtliche Maßnahmen **dokumentiert** werden. Nur so kann sich die Unternehmens-/Konzernleitung bei möglicherweise später festgestellten Verstößen entlasten und auch den entsprechenden Beweis führen.

aa) Risikoanalyse unter Berücksichtigung der Konzernstrukturen

267　Compliance beginnt mit einer umfassenden **Risikoanalyse** aller Geschäftsbereiche des Konzerns.[5] Dies bedeutet, dass sich die Konzernleitung zunächst einmal über die bestehenden und zu erwartenden Risiken für den Konzern informieren muss.[6] Auf Basis der gewonnenen Informationen hat sie anschließend darüber zu entscheiden, wie sie welche Strukturen wo einrichtet.[7] Bei der Ausübung ihres Ermessens muss die Konzernleitung die Besonderheiten des Konzerns berücksichtigen. Diese werden ua bestimmt durch dessen Größe, eine zentrale oder eine dezentrale Organisation, die Branche, dessen nationale oder internationale Ausrichtung, also durch die im Rahmen einer Compliance Organisation zu berücksichtigenden Risiken. In Mischkonzernen sind daher im Regelfall auch die divisionalen Besonderheiten zu berücksichtigen. So muss beispielsweise ein Automobilkonzern, in dem neben den produzierenden Gesellschaften auch eine Finanzierungsgesellschaft besteht, die jeweiligen gesellschaftsbezogenen Besonderheiten beachten: Während für die Finanzierungsgesellschaft ua kapitalmarktrechtliche Vorgaben zu beachten sind, können für die weiteren Konzerngesellschaften beispielsweise insbesondere umwelt- und arbeitssicherheitsrechtliche Bestimmungen von Bedeutung sein. Existiert darüber hinaus eine international tätige Vertriebsgesellschaft, sind für diese regelmäßig Antikorruptionsstandards festzulegen. Ist

---

[1] *Görtz,* BB 2012, 178.
[2] *Schneider,* NZG 2009, 1321 (1325).
[3] *Bürkle* in: Hauschka, Corporate Compliance, § 8 Rn. 65.
[4] In jüngster Zeit werden unter anderem von dem TÜV Rheinland Standards für Compliance-Management-Systeme vorgestellt, die Zertifizierungsstandards festlegen; vgl. zu deren Nutzen *Görtz/Roßkopf,* CCZ 2011, 103 ff.
[5] *Powilleit,* GWR 2010, 28 f.
[6] *Schaupensteiner,* NZA-Beil. 2011, 8 (9).
[7] *Hauschka/Greeve,* BB 2007, 165 (168).

der Konzern mit Sitz der Konzernspitze in der Bundesrepublik Deutschland auch international tätig, reicht es darüber hinaus nicht aus, allein die nationalen Rechtsvorschriften in Bezug zu nehmen. Zu berücksichtigen sind dann auch die regionalen Besonderheiten. Diese können sich nicht nur aus den lokalen rechtlichen Vorgaben, sondern auch aus den jeweiligen landestypischen Gepflogenheiten ergeben (zB der Umgang mit Einladungen zu Geschäftsessen). Ist ein Konzern dezentral organisiert, kann der Vorstand im Rahmen seines Ermessens auch eine dezentrale Compliance Organisation einführen. Eine zentrale Gestaltung der Compliance-Organisation ist auf diejenigen Themen zu begrenzen, die alle Konzernunternehmen betreffen.[1] Bei einer solchen Gestaltung der Compliance empfiehlt *Fleischer*[2] darüber hinaus, eine durchgängige zum Konzernvorstand reichende Berichtslinie zu schaffen, in die die lokalen, divisionalen und funktionalen Compliance Systeme und deren Compliance Beauftragten über einen Konzern-Compliance-Beauftragten eingebunden werden.

bb) Kompetenzzuweisung

In Konzernstrukturen ist innerhalb der Konzernleitung eine klare **Kompetenzzuweisung** zu schaffen **(horizontale Delegation)**. In einem mehrköpfigem Vorstand in der AG besteht beispielsweise die Möglichkeit der Aufstellung eines Geschäftsverteilungsplans, § 77 Abs. 1 S. 2 AktG. Ebenso ist es auch für die mehrköpfige Geschäftsführung innerhalb einer GmbH anerkannt, dass Aufgaben innerhalb der Geschäftsführung zugewiesen werden können.[3] Dadurch wird aus der All- bzw. Gesamtzuständigkeit eine Ressortzuständigkeit, die zu einer Entlastung der anderen Vorstandsmitglieder/Geschäftsführer führt.[4] Die verbleibenden Aufgaben muss die Konzernleitung nicht selbst übernehmen, sondern kann sie auf nachgeordnete Unternehmensebenen übertragen **(vertikale Delegation)**. Dies kann in tief gestaffelten Konzernen zwingend erforderlich sein, um den Überwachungspflichten überhaupt wirksam nachkommen zu können. Eine wirksame Delegation setzt voraus, dass die Konzernleitung die mit der Wahrnehmung der Aufgaben ausgewählten Mitarbeiter sorgfältig ausgewählt und sachgerecht ausgestattet und eingearbeitet hat.[5] Darüber hinaus müssen die gesetzlichen Pflichten des Arbeitgebers in die eigenverantwortliche Entscheidungsgewalt des Beauftragten übergehen.[6] Die Grenze der Delegationsmöglichkeit bildet die der Geschäftsleitung originär zugewiesene Leitungsfunktion, dh die Implementierung eines Compliance-Systems selbst. Es gilt der in der Literatur oft verwendete Satz: **„Compliance ist Chefsache!"**[7] Dieser Kernbereich der Aufgaben kann von der Konzernleitung nicht auf nachgeordnete Mitarbeiter delegiert werden.[8] Die Übertragung von Aufgaben kann daher niemals zu einer vollständigen Entlastung der Konzernleitung führen. Dieser Kontrollverantwortung kann die Konzernleitung nur dann gerecht werden, wenn sie eine funktionierende kon-

---

[1] *Pietzke,* CCZ 2010, 45 (52).
[2] *Fleischer,* CCZ 2008, 1 (6).
[3] *Zöllner/Noack* in: Baumbach/Hueck, GmbHG § 37 Rn. 32.
[4] *Pelz* in: Hauschka, Corporate Compliance, § 6 Rn. 38; zu beachten ist allerdings die Entscheidung des LG München I 10.12.2013 – 5 HK 1387/10. Danach muss jedes einzelne Geschäftsleitungsmitglied auf die Einführung eines funktionsfähigen Compliance-Systems hinwirken und seine Umsetzung kontrollieren. Kein Vorstand – auch dann nicht, wenn er nicht ressortzuständig ist – kann sich darauf berufen, mit einem Vorschlag bei einem anderen Gremiumsmitglied nicht durchgedrungen zu sein. Er ist dann verpflichtet, Gegenvorschläge zu unterbreiten und notfalls den Aufsichtsrat einzuschalten.
[5] *Schmidt-Husson* in: Hauschka, Corporate Compliance, § 7 Rn. 22.
[6] BGH 12.9.2012 – 5 StR 363, 12, NJW 2012, 3385.
[7] *Fleischer,* CCZ 2008, 1 (3); *Schmidt-Husson* in: Hauschka, Corporate Compliance, § 7 Rn. 13.
[8] Hierzu *Vetter* in: Krieger/Schneider, Handbuch Managerhaftung, § 18 Rn. 61 ff.

cc) Verhaltensrichtlinien

269 Wesentliches Element eines Compliance-Systems ist die Einführung von **Verhaltensrichtlinien** für die Mitarbeiter. Diese Richtlinien werden für alle compliance-relevanten Risikobereiche erlassen und haben mehrere Funktionen: Zum einen beschreiben sie die Erwartung der Konzernleitung an das Verhalten ihrer Mitarbeiter und legen damit definierte Werte fest. Zugleich sind sie ein eigenes Bekenntnis der Konzernleitung zu den wesentlichen Grundprinzipien des Konzerns und dessen eigenem Verständnis. Hierdurch werden den Mitarbeitern Verhaltensregeln für die täglichen Arbeitsabläufe und des gemeinschaftlichen Umgangs innerhalb des Konzerns aufgezeigt. Diese Richtlinien können als konzern- oder auch unternehmensbezogene Richtlinien ausgestaltet sein, abhängig vom Inhalt und dem Adressatenkreis. Über ihren lediglich beschreibenden Charakter hinaus haben Verhaltensrichtlinien den Zweck, eine arbeitsrechtliche Sanktionsgrundlage bei Verstößen gegen die Compliance-Pflichten zu schaffen. Ohne eine entsprechende Sanktionsmöglichkeit würden die Verhaltensrichtlinien zu einem „Papiertiger" verkommen.[2] Die Mitarbeiter würden das Compliance-Programm folglich entweder nicht ernst nehmen oder akzeptieren, so dass es seine Bedeutung verliert.

dd) Information und Schulung der Mitarbeiter

270 Deswegen ist es ebenso erforderlich, die Mitarbeiter über den Inhalt der Verhaltensrichtlinien zu **informieren und entsprechend zu schulen.** Dadurch wird den Mitarbeitern die aus den Verhaltensrichtlinien einzuhaltenden Ge- und Verbote sowie die sich daran anknüpfenden Rechtsfolgen klar vor Augen geführt. Die Adressaten dieser Schulungen richten sich nach den Inhalten der Verhaltensrichtlinien. Richtlinien mit Inhalten ohne besondere Komplexität, wie beispielsweise Ethikrichtlinien ohne detaillierte und sanktionsbewährte Verhaltenspflichten, die sich an alle Mitarbeiter des Konzerns richten, können beispielsweise im Intranet zur Verfügung gestellt werden oder auch in unternehmenseigenen Zeitschriften. Enthalten die Richtlinien hingegen detaillierte Verhaltenspflichten für einen bestimmten Adressatenkreis, zB Antikorruptionsrichtlinien für den Einkauf und Vertrieb, sollten sie in Schulungen vorgestellt werden. In der Praxis haben sich hierzu sowohl virtuelle als auch Präsenzschulungen etabliert.[3]

ee) Informations- und Berichtsystem

271 Ein weiteres wesentliches Element eines Compliance-Systems ist die Einrichtung eines **Informations- und Berichtsystems.** Compliance-Richtlinien sehen häufig Organisationsstrukturen mit einer vertikalen Übertragung von Aufgaben auf nachgeordnete Unternehmensebenen und Mitarbeiter vor. Eine wirksame Übertragung setzt voraus, dass die Unternehmensleitung die beauftragten Mitarbeiter überwacht.[4] Deswegen sollte mit der Delegation der Aufgaben zugleich eine regelmäßige Berichtspflicht der beauftragten Mitarbeiter sowie eine Pflicht zur ad-hoc Meldung bei festgestellten Verstößen aufgenommen werden. Davon unabhängig sind von der Unternehmensleitung regelmäßig und unangekündigt eigene sog. Compliance Audits durch-

---

[1] *Schürrle/Olbers,* CCZ 2010, 102.
[2] *Kremer/Klahold,* in: Krieger/Schneider Handbuch Managerhaftung, § 21 Rn. 70.
[3] Vgl. hierzu *Lampert* in: Hauschka, Corporate Compliance, § 9 Rn. 27 f.
[4] *Fleischer* in: Spindler/Stiltz, AktG § 93 Rn. 108.

zuführen, um zu gewährleisten, dass das Compliance-System auch kontrolliert wird. Hierzu werden zunehmend externe Berater wie Rechtsanwälte und Wirtschaftsprüfungsgesellschaften eingesetzt. Zum Berichtswesen gehört aber auch die Verpflichtung des Vorstands zur Berichterstattung an den Aufsichtsrat über die jeweils getroffenen Compliance-Maßnahmen; Gleiches gilt für den Aufsichtsrat gegenüber der Hauptversammlung gem. § 171 Abs. 2 AktG.

ff) Whistleblowing

Neben einem Berichtssystem gehen Konzerne vermehrt dazu über, eine interne Stelle einzurichten, die Informationen über Verstöße gegen Compliance-Vorschriften entgegennimmt (sog. internes **Whistleblowersystem**). Dies ermöglicht es den Mitarbeitern des Konzerns anonym Compliance-Verstöße an eine unabhängige Stelle zu melden. **272**

gg) Sanktionierung von Verstößen

Ein Compliance-System kann ferner nur dann funktionieren, wenn **Rechtsverstöße** auch **sanktioniert** werden. Die Unternehmensleitung ist daher in der Pflicht, Verstöße konsequent zu verfolgen und auch zu ahnden. Aus der Kontrollpflicht erwächst bei festgestellten Verstößen eine **Handlungspflicht**.[1] **273**

b) Compliance-Beauftragte als wesentlicher Bestandteil einer konzernweiten Compliance-Organisation

Wesentlicher Bestandteil einer konzernweiten Compliance-Organisation ist der Einsatz von Unternehmensbeauftragten. Soweit deren Bestellung nicht ohnehin bereits gesetzlich vorgegeben ist (zB der Datenschutzbeauftragte), werden diese als sog. Compliance-Beauftragte eingesetzt. **274**

aa) Begriff und Aufgaben des Compliance Beauftragten

Der Begriff des Compliance-Beauftragten ist gesetzlich nicht definiert. Nach allgemeinem Verständnis ist er ein Unternehmensmitarbeiter, der die Einhaltung der für das Unternehmen/den Konzern geltenden Regeln kontrollieren soll. Unterschieden werden kann zwischen der gesetzlich vorgeschriebenen Beauftragung und der individualvertraglich vereinbarten Beauftragung zur Übernahme von Unternehmerpflichten. Gesetzliche Verpflichtungen zur Ernennung von Unternehmensbeauftragten gibt es beispielsweise im öffentlichen Arbeitsschutz- und Umweltrecht.[2] In Konzernstrukturen erfordert dies den Einsatz von Beauftragten in jedem konzernierten Unternehmen soweit entsprechende gesetzliche Verpflichtungen bestehen. Deshalb ist in jedem Unternehmen die Verantwortungsübertragung an die jeweils bestehenden Risiken anzupassen, so dass in Konzernstrukturen möglicherweise auch mehrere Daten- oder Umweltschutzschutzbeauftragte eingesetzt werden müssen.[3] **275**

(1) Allgemeine Umschreibung der Aufgaben des Compliance-Beauftragten

Im Hinblick auf eine Corporate Compliance versteht der BGH[4] unter einem Compliance-Beauftragten Personen, deren Aufgabengebiet „*die Verhinderung von Rechtsverstößen, insbesondere auch von Straftaten ist, die aus dem Unternehmen heraus begangen werden und diesem* **276**

---

[1] *Hauschka*, ZIP 2004, 877 (881); *Schaupensteiner*, NZA-Beil. 2011, 8 (11).
[2] ZB Abfallbeauftragter (§ 54 Abs. 1 KrW-/AbfG), Störfallbeauftragter (§ 58c BImSchG), Strahlenschutzbeauftragter (§ 29 Abs. 2 StrahlenschutzVO), Sicherheitsbeauftragter (§ 22 SGB VII), Immissionsschutzbeauftragter (§ 53 BImSchG).
[3] *Meier*, NZA 2011, 779 zu den notwendigen Inhalten einer Verantwortungsübertragung.
[4] BGH 17.7.2009 – 5 StR 394/08, NJW 2009, 3173.

erhebliche Nachteile durch Haftungsrisiken oder Ansehensverlust bringen können". Damit tritt der Compliance-Beauftragte in die zivil- und strafrechtliche Verantwortung der Geschäftsleitung mit ein.[1] Compliance-Beauftragte sind folglich einerseits „Regelwächter", soweit sie Beratungs- und Überwachungsaufgaben übernehmen,[2] zum anderen „Haftungspflock",[3] soweit sie im Rahmen einer Übertragung von Aufgaben von der Geschäftsleitung eingesetzt werden. Denn auch wenn der Vorstand für die Einhaltung der für das Unternehmen/den Konzern geltenden Rechtsvorschriften verantwortlich ist,[4] ist eine zivil- und strafrechtliche Haftungserleichterung durch die Übertragung der Compliance-Aufgabe auf den Compliance-Beauftragten bis zu einer gewissen Grenze möglich. Die vollständige Freizeichnung jeglicher Verantwortung ist jedoch nicht möglich.[5] Die Letzt- und Kernverantwortung liegt auch nach der Bestellung eines Compliance-Beauftragten beim Vorstand.[6]

277 Erforderlich für die wirksame Übertragung der Verantwortung ist die faktische Übernahme des Compliance-Beauftragten bestimmter, die Compliance-Aufgabe ausfüllende Funktionen im Unternehmen.[7] Die Übertragung sollte allerdings – um Rechtssicherheit zwischen den Parteien zu erzeugen – hinreichend konkret dokumentiert werden (beispielsweise in Funktionsbeschreibungen oder Arbeitsanweisungen).[8]

278 Der Compliance-Beauftragte ist damit Bestandteil der Compliance-Organisation des Unternehmens oder aber als sog. Chief-Compliance-Officer auch übergeordnet für den Konzern zuständig. Durch seine Stellung innerhalb dieser Organisation wird zugleich sein Aufgabenbereich bestimmt. Das Kapitalmarktrecht schreibt in § 12 WpDVerOV die Benennung eines Compliance-Beauftragten vor und setzt so die aus § 33 Abs. 1 S. 2 Nr. 1 WpHG resultierende Pflicht zur Einrichtung einer dauerhaften, wirksamen und unabhängigen Compliance-Funktion im Unternehmen um. Diese Vorgaben wurden aber allein für Wertpapierhandelsunternehmen und deren spezifischen Risikosituationen geschaffen und stellen daher keine allgemeinen Qualifikationsanforderungen für Compliance-Beauftragte dar.[9] Die genauen Anforderungen an die konkrete Ausgestaltung der Aufgaben richten sich folglich nach der Art, Größe und Struktur des Unternehmens sowie der Komplexität und dem Risikogehalt der Geschäftstätigkeit.[10]

(2) Aufgaben des Compliance-Beauftragten im Konzern

279 Compliance-Beauftragte sind für jedes konzernierte Unternehmen zu bestellen, weil die Verantwortung der Geschäftsleitung der konzernierten Unternehmen unabhängig von einer Konzernstruktur besteht.[11] Deshalb sind auch die für das Unterneh-

---

[1] *Fecker/Kinzl*, CCZ 2010, 13.
[2] *Dann/Mengel*, NJW 2010, 3265; *Lösler* WM 2008, 1098 (1099); *Bürkle* in: Hauschka, Corporate Compliance, § 8 Rn. 7.
[3] Bei einer Verletzung seiner Pflichten kann der Compliance-Officer gegenüber dem Geschädigten schadensersatzpflichtig werden. Hat er sich strafbar verhalten, kommt eine Schadensersatzpflicht gem. § 823 Abs. 2 BGB in Betracht. Im Innenverhältnis gegenüber der Gesellschaft richtet sich eine Schadensersatzpflicht nach der vertraglichen Ausgestaltung der Zusammenarbeit. Bildet ein Anstellungsverhältnis die vertragliche Grundlage, sind die Grundsätze der beschränkten Arbeitnehmerhaftung zu berücksichtigen.
[4] *Krieger/Günther*, NZA 2010, 367.
[5] *Fleischer*, BB 2008, 1070 (1072).
[6] *Bürkle* in: Hauschka, Corporate Compliance, § 8 Rn. 58.
[7] BGH 17.7.2009 – 5 StR 394/08, NJW 2009, 3173.
[8] *Fecker/Kinzl*, CCZ 2010, 13 (14).
[9] *Krieger/Günther*, NZA 2010, 367 (369); *Fecker/Kinzl*, CCZ 2010, 13 (15).
[10] MüKoAktG/*Spindler*, § 91 Rn. 66 mwN; *Dann/Mengel*, NJW 2010, 3265.
[11] *Bürkle* in: Hauschka, Corporate Compliance, § 8 Rn. 70.

men jeweils bestehenden besonderen Compliance-Verpflichtungen unabhängig von der gesellschaftsrechtlichen Konzernstruktur einzuhalten. Compliance-Beauftragte können darüber hinaus auch unternehmensübergreifend Verantwortung für bestimmte Divisionen oder getrennt nach Produkten übernehmen (sog. „Divisional Compliance Officer"). Dies bietet sich immer dann an, wenn von einer bestimmten Division spezifische Gefährdungen ausgehen (zB durch eine Produktionsgesellschaft oder eine konzerneigene Finanzierungsgesellschaft wie sie bei den großen Automobilkonzernen üblich sind), die unternehmensübergreifend durch einen Compliance-Beauftragten koordiniert und verantwortet werden sollen. Bei international tätigen Konzernen ist es zudem üblich, Compliance-Beauftragte für bestimmte Regionen einzusetzen, um landesspezifische Besonderheiten in Compliance-Regelungen abzubilden (sog. „Regional Compliance Officer"). Neben diesen dezentral eingesetzten Compliance-Beauftragten in den konzernabhängigen Unternehmen sollte ein zentraler, für den gesamten Konzern zuständiger, Compliance-Beauftragter in der herrschenden Gesellschaft eingesetzt werden (sog. „Group-Compliance-Officer). Bei diesem laufen alle compliance-relevanten Informationen der Konzernunternehmen zusammen. Dies setzt voraus, dass der Group-Compliance-Officer als Bindeglied zwischen der Geschäftsführung der Konzernspitze sowie den dezentralen Compliance-Beauftragten über compliance-relevante Vorgänge aus den Konzernunternehmen informiert wird. Denn erst eine ständig aktualisierte Informationslage ermöglicht es dem Group-Compliance-Officer ein möglichst konzerneinheitliches Compliance-System zu schaffen und auch zu überwachen. Ohne hinreichende Informationen von den dezentralen Compliance-Beauftragten ist es dem Group-Compliance-Officer auch nicht möglich, regelmäßig an die Konzernspitze zu berichten, wo die relevanten Informationen letztendlich zusammenlaufen. Aus diesem Grund sollten konzernweite Compliance-Strukturen unter Einbindung der dezentralen Compliance-Beauftragten geschaffen werden, die turnusmäßige Berichtspflichten an den Group-Compliance-Officer vorsehen. Neben diesen regelmäßigen Berichtspflichten ist eine Pflicht zur ad hoc Berichterstattung zu compliance-relevanten Vorgängen festzulegen. Die herrschende Gesellschaft hat schließlich mit den von ihr beherrschten Gesellschaften die gesellschaftsrechtlichen Voraussetzungen für eine funktionierende Compliance-Struktur zu schaffen.

(3) Zusammenfassung der Aufgaben des Group-Compliance-Beauftragten

Zu den wesentlichen Aufgaben des Group-Compliance-Beauftragten gehören:

– **Erarbeitung** bzw. fortlaufende **Anpassung** eines auf den Konzern zugeschnittenen **Compliance-Systems,** mit dessen Hilfe Compliance-Strukturen eingeführt und weiterentwickelt werden können.[1] Hierzu gehört eine Analyse der compliance-relevanten Risiken sowie die Erstellung und Implementierung entsprechender Richtlinien (bspw. Antikorruptionsrichtlinien oder Ethikkodizes) ggf. unter Hinzuziehung und Koordination externer Berater.
– Implementierung eines konzernweiten **Hinweisgebersystems** (internes Whistleblowing), mit dem ein einfaches und transparentes Verfahren zur Meldung von Compliance-Verstößen und auch des Schutzes von Whistleblowern geschaffen wird.
– Visualisierung des Compliance-Systems zur Schaffung und Schärfung des **Bewusstseins** der Mitarbeiter **für ein rechtskonformes Handeln.** Dies erfordert die aktualisierte Veröffentlichung des Compliance-Systems an geeigneter Stele sowie die Koordination und **Schulung** der Belegschaft über die sie jeweils betreffenden Pflichten.

---

[1] *Fecker/Kinzl,* CCZ 2010 13 (16).

- **Kontrolle** der Compliance-Regelungen und Hinwirkung auf deren Einhaltung, insb. der Durchführung interner Ermittlungen nach einem Hinweis auf einen Compliance-Verstoß, zB durch einen Whistleblower oder auch einen externen Hinweis.[1]
- **Dokumentation** compliance-relevanter Vorgänge und **Berichterstattung** über compliance-relevante Vorgänge an die Konzernleitung sowohl turnusmäßig als auch ad hoc bei Kenntnis von compliance-relevanten Vorgängen.
- **Zusammenarbeit** mit den auf Unternehmensebene eingesetzten Compliance-Beauftragten sowie sonstigen Unternehmensbeauftragten, wie zB im Bereich Umwelt- oder Datenschutz und auch der internen Revision und Schaffung von Strukturen, die einen Austausch ermöglichen.
- **Beratung** der Mitarbeiter, der Konzernleitung, der Revision, der Rechtsabteilung sowie der Presseabteilung.

Die weiteren Aufgaben des Group-Compliance-Beauftragten richten sich nach der Beurteilung der Risiken für den Konzern. Für Wertpapierdienstleistungsunternehmen ergeben sich diese beispielsweise aus dem Rundschreiben 4/2010 vom 14.6.2011, das Mindestanforderungen an die Compliance-Funktion und die weiteren Verhaltens-, Organisations- und Transparenzpflichten nach §§ 31ff. WpHG für Wertpapierdienstleistungsunternehmen (MaComp) festlegt.[2]

bb) Arbeitsrechtliche Stellung des Compliance-Beauftragten

281   Die Geschäftsleitung ist für die Auswahl, Instruktion und Überwachung der ordnungsgemäßen Aufgabenerfüllung durch den Compliance-Beauftragten zuständig und kann die Wahrnehmung der übertragenen Aufgaben deshalb jederzeit wieder an sich ziehen.[3] Deswegen ist für die Bestellung eines Compliance-Beauftragten kein formeller Bestellungsakt erforderlich. Es genügt, wenn die Übertragung von Aufgaben auf den Compliance-Beauftragten schriftlich dokumentiert wird. Eine öffentliche Bekanntmachung der Bestellung des Compliance-Beauftragten ist ebenfalls nicht gesetzlich vorgeschrieben, sollte gleichwohl aber im Intranet oder an anderer geeigneter Stelle zur Information der Mitarbeiter erfolgen. Wertpapierdienstleistungsunternehmen sind hingegen verpflichtet, die Ernennung und Abberufung des Compliance-Beauftragten der Bundesanstalt der Finanzaufsicht unverzüglich mitzuteilen.[4]

(1) Auswahl des Compliance-Beauftragten

282   Um dem Compliance-Beauftragten seine Aufgaben wirksam zuweisen zu können, muss die Unternehmens-/Konzernleitung diesen zunächst **ordnungsgemäß auswählen.** Als geeignete Personen kommen hierfür sowohl Mitarbeiter des Unternehmens aber auch Externe in Betracht. Die Übertragung der Compliance-Funktion auf einen externen Beauftragten führt aber nicht zu der gewünschten Verlagerung der Verantwortlichkeit,[5] so dass im Regelfall ein Beschäftigter des Unternehmens zum Compliance-Beauftragten bestellt wird. Zwingend ist dies aber nicht und kann in Konzernstrukturen durchaus auch miteinander kombiniert werden. Die mit der Compliance-Funktion betrauten Personen müssen über die erforderlichen Fachkenntnisse für den jeweils zugewiesenen Aufgabenbereich verfügen. Der Compliance-Beauftragte in Wert-

---

[1] *Dann/Mengel,* NJW 2010, 3265 (3266); vgl. zu Einzelheiten *Bürkle* in: Hauschka, Corporate Compliance, § 8; zu den arbeitsrechtlichen Konsequenzen bei nicht ausreichenden Untersuchungsmaßnahmen Arbeitsgericht Berlin 18.2.2010 – 38 Ca 12879/09, ArbR Aktuell 2010, 329.
[2] Abrufbar unter http://www.bafin.de/SharedDocs/Veroeffentlichungen/DE/Rundschreiben/rs_1004_wa_macomp.html (Abruf vom 11.8.2013).
[3] *Lösler,* WM 2008, 1098 (1104).
[4] BT 1.1.1. MaComp.
[5] *Bürkle* in: Hauschka, Corporate Compliance, § 8 Rn. 61.

papierdienstleistungsunternehmen muss die gesetzlichen Vorgaben erfüllen. Nach § 34d Abs. 3 WpHG müssen Compliance-Beauftragte auf ihrem Gebiet sachkundig sein und über die für diese Tätigkeit erforderliche Zuverlässigkeit verfügen. Die Anforderungen an die Sachkunde des Compliance-Beauftragten sind in § 3 der WpHG-Mitarbeiteranzeigeverordnung näher festgelegt. § 4 Nr. 3 der WpHG-Mitarbeiteranzeigeverordnung vermutet zugunsten für bestimmte Berufsgruppen, dass sie für das Amt des Compliance-Beauftragten hinreichend qualifiziert sind. Diese Vermutung gilt ua für Juristen mit einer entsprechenden Berufspraxis und Personen, die bereits seit dem 1.1.2006 ununterbrochen als Compliance-Beauftragte tätig sind. Compliance-Beauftragte, die diese Qualifikationen nicht erfüllen, dürfen in dieser Position nur noch bis zum 31.5.2013 eingesetzt werden, § 42d Abs. 1 WpHG.

(2) Organisatorische Eingliederung des Compliance-Beauftragten

Der Compliance-Beauftragte muss ferner unmittelbar an die Unternehmens- bzw. im Falle des Group-Compliance- Officers an die Konzernleitung berichten. Daher ist er **organisatorisch** unmittelbar der Unternehmens- bzw. Konzernleitung zu unterstellen, was in den Organisationsstrukturen entsprechend abzubilden ist.[1] Hierbei ist darauf zu achten, dass der Compliance-Beauftragte zur Vermeidung von Interessenkonflikten außerhalb des operativen Geschäfts eingesetzt wird.[2]

Um zu gewährleisten, dass der Compliance-Beauftragte seine Aufgaben wirksam erfüllt, müssen ihm die für eine ordnungsgemäße Erfüllung seiner Aufgaben notwendigen Informationen zugänglich gemacht werden. Deswegen sollten Compliance-Beauftragten in sämtliche relevante Informationsflüsse eingebunden werden, die für die Aufgabe der Compliance-Funktion von Bedeutung sein können. Dies erfordert beispielsweise im Hinblick auf die Einhaltung der arbeitsrechtlichen Compliance eine Abstimmung zwischen HR sowie den Funktionen Legal und Compliance. Darüber hinaus muss der Compliance-Beauftragte über die erforderlichen finanziellen Mittel zur Erfüllung seiner Aufgaben verfügen. Das Budget des Group-Compliance-Beauftragten ist unter Berücksichtigung seiner konzernweiten Aufgaben festzulegen.

(3) Rechte und Pflichten des Compliance-Beauftragten

Die **Rechte und Pflichten** des Compliance-Beauftragten, also seine Aufgaben und Kompetenzen, richten sich im Innenverhältnis gegenüber der Gesellschaft nach den gesellschafts- und arbeitsrechtlichen Beziehungen. Im Gegensatz zu den Unternehmens- oder Betriebsbeauftragten sind Compliance-Beauftragten keine gesetzlichen Aufgaben zugewiesen. Sie sind Unternehmensangehörige ohne öffentlich-rechtliche Pflichtenstellung gegenüber einer Behörde. Anders als Unternehmens- oder Betriebsbeauftragten[3] hat der Compliance-Beauftragte daher auch keinen gesetzlichen **Sonderkündigungsschutz.** Um die Unabhängigkeit des Compliance-Beauftragten gleichwohl zu stärken, wird in der Literatur teilweise die vertragliche Vereinbarung eines besonderen Kündigungsschutzes vorgeschlagen.[4] Meines Erachtens ist ein solcher Sonderkündigungsschutz zur Wahrung der Unabhängigkeit des Compliance-Beauftragten bei der Erfüllung seiner Aufgaben nicht erforderlich. Zum einen erfüllt er keine gesetzlichen Aufsichtspflichten, die den besonderen Kündigungsschutz rechtfertigen, sondern allein seine vertraglichen

---

[1] *Krieger/Günther,* NZA 2010, 367 (371); *Spindler,* WM 2008, 905 (911); *Lösler,* WM 2008, 1098 (1104).
[2] *Schürrle/Olbers,* CCZ 2010, 102 (103).
[3] Vgl. beispielsweise § 58 Abs. 2 BImSchG, § 4 Abs. 3 BDSG.
[4] *Krieger/Günther,* NZA 2010, 367 (371); *Meier,* NZA 2011, 779 (781) spricht sich sogar für einen nachwirkenden Kündigungsschutz aus; andere Auffassung *Dann/Mengel,* NJW 210, 3265 (3269); *Lösler,* WM 2008, 1098 (1104).

Pflichten gegenüber seinem (Vertrags-)Arbeitgeber. Zum anderen unterliegt auch der angestellte Compliance-Beauftragte den allgemeinen kündigungsschutzrechtlichen Bestimmungen, insb. nach dem KSchG und dem BGB. Hierdurch wird er vor willkürlichen Maßnahmen des Arbeitgebers ausreichend geschützt. Eine Stärkung der Stellung des Compliance-Beauftragten, die ihm auch eine langfristige Entwicklung von Compliance-Systemen ermöglicht, lässt sich zudem durch die Vereinbarung einer verlängerten individualvertraglichen Kündigungsfrist erzielen. Zudem sollte zugunsten von Compliance-Beauftragten eine vermögensrechtliche Absicherung durch eine D&O-Versicherung sowie eine Strafrechtsschutzversicherung erfolgen. Hierdurch wird (zumindest) eine wirtschaftliche Absicherung des Compliance-Beauftragten geschaffen, die über die für das Arbeitsrecht entwickelten Grundsätze der beschränkten Arbeitnehmerhaftung hinausgeht.[1]

286   In seinem Urteil vom 17.7.2009 hat der **BGH** erste Leitlinien zur **strafrechtlichen Garantenstellung von Compliance-Beauftragten** und allgemein zur Geschäftsherrenhaftung entwickelt. Sie lassen sich dahingehend zusammenfassen, dass sich der Umfang der Pflichten und damit die Haftung eines Compliance-Beauftragten bei Pflichtverstößen nach dem Inhalt der ihm übertragenen Aufgaben und Befugnisse richtet.[2] Dabei soll es für die Übernahme einer Haftung – im vorliegenden Fall ging es um die Frage, ob der Compliance-Beauftragte Aufsichtsgarant gem. § 13 Abs. 1 StGB und somit zur Abwehr rechtswidriger Handlungen verpflichtet war – entscheidend auf die Zielrichtung der Beauftragung ankommen, also *„ob sich die Pflichtenstellung des Beauftragten allein darin erschöpft, die unternehmensinternen Prozesse zu optimieren und gegen das Unternehmen gerichtete Pflichtverstöße aufzudecken und zukünftig zu verhindern, oder ob der Beauftragte weitergehende Pflichten dergestalt hat, dass er auch vom Unternehmen ausgehende Rechtsverstöße zu beanstanden und zu unterbinden hat"*. Diese Rechtsprechung erhöht das zivil- und strafrechtliche Haftungsrisiko von Compliance-Beauftragten. Zudem steht sie in Widerspruch zu der Entscheidung des *BGH* vom 10.7.2012 (VI ZR 341/10). In dieser Entscheidung hat der *BGH* eine Außenhaftung der Organe gegenüber Dritten verneint, da sie allein aufgrund ihrer gesellschaftsrechtlichen Stellung keine Garantenpflicht haben. Dies muss aber erst recht für nachgeordnete Hierarchieebenen gelten und damit auch für die Tätigkeit von Compliance-Beauftragten. (Zumindest) zur Vermeidung einer Außenhaftung gegenüber Dritten, sollten die Zuständigkeiten, Aufgaben und Berichtswege des Compliance-Beauftragten daher genau festgelegt werden.[3] Dies gilt insbesondere für den Group-Compliance-Beauftragten, der neben den für die jeweiligen abhängigen Konzerngesellschaften eingesetzt wird. Im Verhältnis zu diesen Compliance-Beauftragten ist eine klare Zuständigkeitsregelung zu schaffen.[4]

III. Arbeitsrechtliche Aspekte bei der Einführung von Compliance-Regelungen

287   Ist die Entscheidung über die Einführung einer Compliance-Organisation gefallen, stellt sich die Frage, wie sie arbeitsrechtlich im Konzern umgesetzt werden kann. Dies gilt insbesondere für die Einführung von Verhaltensrichtlinien als wesentlichem Bestandteil von Compliance-Systemen. Diese sind nur dann effektiv, wenn Verstöße hiergegen nicht nur organisatorische sondern auch personelle Konsequenzen haben.

---

[1] *Meier*, NZA 2011, 779 (782); *Zimmermann* BB 2011, 634 (636).
[2] BGH 17.7.2009 – 5 StR 394/08, NJW 2009, 3173.
[3] *Barton*, jurisPR-StrafR 22/2009 Anm. 1.
[4] Zur Garantenstellung des Group-Compliance-Beauftragten: *Kremer/Klahold* in: Krieger/Schneider, Handbuch Managerhaftung, § 21 Rn. 82.

C. Compliance und Arbeitsrecht im Konzern

Verstöße gegen Compliance-Regelungen, die arbeitsrechtlich nicht wirksam eingeführt worden sind, können nicht mit arbeitsrechtlichen individuellen Einzelmaßnahmen (Abmahnung, Kündigung) sanktioniert werden.[1] Auf der anderen Seite kann ein Verstoß gegen eine wirksam eingeführte Compliance-Richtlinie eine verhaltensbedingte Kündigung im Einzelfall sogar ohne vorherige Abmahnung rechtfertigen.[2] Gleichwohl wird in der Praxis die Wahl des richtigen arbeitsrechtlichen Instrumentariums bei der Einführung von Compliance-Regelungen häufig unterschätzt. Die Entscheidung über den aus arbeitsrechtlicher Sicht wirksamen oder auch zweckmäßigen Einführungsweg hängt zum einen vom Regelungsinhalt und zum anderen davon ab, ob die Regelung für alle Arbeitnehmer des Konzerns oder lediglich einzelner Konzernunternehmen gelten sollen. Dies kann individualvertraglich
– im Wege des arbeitgeberseitigen Direktionsrechts oder
– über eine arbeitsvertragliche Regelung sowie
– kollektivrechtlich über den Abschluss einer Betriebsvereinbarung umgesetzt werden.
Bei der Einführung von Compliance-Systemen im Konzern ist es aufgrund der zu berücksichtigenden Interessen zudem häufig sinnvoll, verschiedene arbeitsrechtliche Instrumente miteinander zu verbinden.

1. Ausübung des Direktionsrechts

Die Implementierung von Verhaltensrichtlinien kann zunächst einseitig im Wege des Direktionsrechts gem. § 106 S. 1 GewO erfolgen. Danach kann der Arbeitgeber Inhalt, Ort und Zeit der Arbeitsleistung nach billigem Ermessen näher bestimmen, also die Leistungspflichten des Arbeitnehmers einseitig durch Weisungen konkretisieren. Dies gilt nach § 106 S. 2 GewO auch für die Ordnung und das Verhalten der Arbeitnehmer im Betrieb. Durch die Ausübung des Direktionsrechts entsteht eine Verhaltenspflicht des Arbeitnehmers, deren Verletzung den Arbeitgeber zu arbeitsrechtlichen Sanktionen wie Abmahnung und (außerordentliche) Kündigung berechtigt. Eine Pflichtverletzung liegt aber nur dann vor, wenn der Arbeitgeber sein Weisungsrecht zuvor ordnungsgemäß ausgeübt hat. Compliance-Regelungen, die Ge- und Verbote an den Arbeitnehmer enthalten und damit das Arbeits- oder Ordnungsverhalten betreffen, können somit einfach im Wege des Direktionsrechts eingeführt werden. Die Reichweite des Direktionsrechts richtet sich hierbei nach dem Inhalt des Arbeitsvertrages und dem Inhalt der beabsichtigten Regelung. 288

a) Begriff des Arbeitgebers

Arbeitgeber im Sinne des § 106 1 GewO ist diejenige Gesellschaft, die das Arbeitsverhältnis mit dem Arbeitnehmer abgeschlossen hat (sog. „Relativität des Schuldverhältnisses"). Daran ändert sich grundsätzlich auch dann nichts, wenn der Arbeitnehmer bei einem konzernierten Unternehmen beschäftigt ist. Zudem folgt allein aus der Konzernleitungsmacht keine Erweiterung des Direktionsrechts der Konzernobergesellschaft gegenüber dem Arbeitnehmer.[3] Weisungsberechtigt bleibt allein das konzernierte Unternehmen, also diejenige juristische Person, mit dem der Arbeitnehmer sein Vertragsverhältnis begründet hat. Dies gilt nicht nur bei einem faktischen Konzern, sondern auch bei einem Vertrags- und Eingliederungskonzern. Selbst dann, wenn ein Beherrschungsvertrag gem. § 291 Abs. 1 AktG zwischen zwei Unternehmen abge- 289

---

[1] Zur arbeitsrechtlichen Sanktionierung von Compliance-Verstößen: *Bissels/Lützeler*, BB 2012, 189 ff.
[2] LAG Hessen 25.1.2010 – 17 Sa 21/09, CCZ 2011, 196.
[3] MHdB ArbR/*Richardi*, § 23 Rn. 24.

schlossen wurde, gibt dies dem herrschenden Unternehmen kein Weisungsrecht, das unmittelbar gegenüber den Arbeitnehmern des beherrschten Unternehmens ausgeübt werden kann.[1] Das herrschende Unternehmen ist aufgrund des Beherrschungsvertrages lediglich berechtigt, der Geschäftsleitung der beherrschten Gesellschaft hinsichtlich der Leitung der Gesellschaft Weisungen zu erteilen, § 308 Abs. 1 AktG (analog). Ist das Arbeitsverhältnis daher mit einer abhängigen Gesellschaft begründet, kann die herrschende Gesellschaft nicht über den Umweg der gesellschaftsrechtlichen Weisungsbefugnisse selbst ein Direktionsrecht gegenüber dem Arbeitnehmer ausüben.[2] Dies hat zur Folge, dass nur der jeweilige Vertragsarbeitgeber in den Grenzen seines Weisungsrechts Compliance-Regelungen einführen kann.

290 Damit ist allerdings noch nicht die Frage beantwortet, ob Arbeitnehmer des beherrschten Unternehmens Weisungen ihres Arbeitgebers befolgen müssen, die nicht nur die Interessen der vertragsschließenden Gesellschaft sondern auch des Konzerns betreffen. Rechtsprechung hierzu liegt – soweit ersichtlich – nicht vor. *Mahnhold*[3] vertritt die Auffassung, dass die Interessen der Konzernobergesellschaft nicht berücksichtigt werden müssen. Zur Begründung führt er aus, dass das Direktionsrecht immer nur unter Bezugnahme auf die arbeitsvertraglichen Regelungen ausgeübt werden könne. Vertragsarbeitgeber sei aber nur das jeweilige Konzernunternehmen. Etwas anderes könne nur dann gelten, wenn das Arbeitsverhältnis einen Konzernbezug aufweise. Dies sei beispielsweise dann der Fall, wenn der Arbeitsvertrag eine Konzernversetzungsklausel enthalte, wonach der Arbeitnehmer in verschiedenen Konzerngesellschaften eingesetzt werden könne. Nach *Mengel*[4] seien zwar die Interessen der Konzernmutter als Gesellschafterin der Konzernunternehmen und damit auch des Vertragsarbeitgebers im Rahmen der Interessenabwägung zu berücksichtigen. Das Vereinheitlichungsinteresse im Konzern trete aber regelmäßig gegenüber den zu berücksichtigenden Interessen des Arbeitnehmers zurück. Richtigerweise wird das Direktionsrecht des Arbeitgebers durch die jeweiligen arbeitsvertraglichen Beziehungen definiert. Allein aus der Konzernleitungsmacht entsteht daher kein Weisungsrecht, aufgrund dessen der Arbeitgeber konzernweite Interessen durchsetzen kann. Ein einheitliches Arbeitsverhältnis mit mehreren konzernabhängigen Arbeitgebern kann daher nur im Ausnahmefall angenommen werden, beispielsweise wenn Führungskräfte in einer Konzernobergesellschaft eingestellt sind und von dort auch in anderen Konzerngesellschaften eingesetzt werden, um dort konzernweite Aufgaben zu übernehmen.[5] Dies kann beispielsweise im Wege der Versetzung, der konzerninternen Arbeitnehmerüberlassung oder der Entsendung erfolgen. Ebenso denkbar ist, dass diese Arbeitnehmer unmittelbar Aufgaben mit Konzernbezug erfüllen, zB Führungskräfte, die mit dem konzernweiten Controlling beauftragt sind. In diesen Fällen ist bereits aufgrund des Arbeitsvertrages ein Konzernbezug hergestellt, so dass der Vertragsarbeitgeber dies auch bei der Ausübung seines Direktionsrechts im Rahmen der arbeitsvertraglichen Konkretisierung berücksichtigen darf.

b) Inhalt des Direktionsrechts

291 Nach Maßgabe des § 106 GewO kann der Arbeitgeber dem Arbeitnehmer in Ausübung seines Direktionsrechts bestimmte Pflichten auferlegen. Diese Pflichten können

---

[1] MHdB ArbR/*Richardi*, § 23 Rn. 24.
[2] Zur Schaffung von Matrixstrukturen im Konzern und deren arbeits- und datenschutzrechtlichen Konsequenzen *Bauer/Herzberg*, NZA 2011, 713.
[3] *Mahnhold*, Compliance und Arbeitsrecht, 292.
[4] *Mengel*, CCZ 2008, 85 (86).
[5] Vgl. ErfK/*Preis*, § 611 BGB Rn. 191; MHdB ArbR/*Richardi*, § 23 Rn. 8.

sowohl das Arbeitsverhalten konkretisieren, dh den Inhalt der **Leistungserbringung,** aber auch das **Ordnungsverhalten** betreffen.[1]

aa) Konkretisierung der Hauptleistungspflicht

Die gesetzliche Befugnis, arbeitsvertragliche Haupt- und Nebenpflichten im Wege des Direktionsrechts zu konkretisieren, eröffnet dem Arbeitgeber die Möglichkeit, Richtlinien über regelkonformes Verhalten einzuführen.[2] Hierzu kann er – nach billigem Ermessen gem. § 315 Abs. 3 BGB – sog. **Codes of Conducts** einführen, die die gesetzlichen Pflichten wiederholen (zB *„Integrität und rechtmäßiges Verhalten bestimmen unser Handeln. Konflikte zwischen den Interessen des Konzerns und unseren privaten Interessen vermeiden wir. Mit Geschäftsinformationen und Betriebsgeheimnissen gehen wir vertraulich um.*"). Darüber hinaus kann er die arbeitsvertraglich vereinbarten Pflichten konkretisieren, zB Organisationsabläufe sowie Zuständigkeiten oder Unterschriftenregelungen durch das Direktionsrecht festlegen, soweit es hierdurch nicht zu einer Änderung der Vertragspflichten selbst kommt. So kann es zur Herstellung einer funktionsfähigen Compliance ausreichend sein, wenn innerhalb des Konzerns allein für die in der Abteilung Forschung und Entwicklung beschäftigten Arbeitnehmer im Rahmen des Direktionsrechts fachspezifische Vorgaben zum Umgang mit gewerblichen Schutzrechten, wie beispielsweise Arbeitnehmererfindungen gemacht werden. Darüber hinaus kann der Arbeitgeber auch die **Art und Weise der Leistungserbringung** im Rahmen der arbeitsvertraglichen Regelungen einseitig bestimmen. Beispielsweise kann der Arbeitgeber in Ausübung seines Direktionsrechts festlegen, ob der Arbeitnehmer berechtigt ist, betriebliche Telekommunikationsmittel wie E-Mail und Internet auch zu privaten Zwecken zu nutzen.

292

Nicht mehr vom Direktionsrecht gedeckt ist hingegen die Zuweisung zusätzlicher Aufgaben, wenn hierdurch der Inhalt des Arbeitsvertrages geändert wird und diese Änderung auch nicht durch einen Änderungs- oder Versetzungsklausel zulässig ist. Hauptleistungspflicht des Arbeitnehmers ist allein die Erbringung der von ihm vertraglich geschuldeten Leistung. Der Arbeitgeber kann den Arbeitnehmer daher beispielsweise nicht einseitig zum Compliance-Beauftragten oder zum Betriebsbeauftragten für Datenschutz oder Arbeitssicherheit ernennen.[3] Dies gilt insbesondere dann, wenn sich die Übernahme dieser zusätzlichen Aufgabe nicht allein auf die Gesellschaft des Vertragspartners beschränkt, sondern im Rahmen einer Compliance-Struktur eine konzernweite Aufgabe zugewiesen wird. Eine Pflicht zur Übernahme einer konzernweiten Aufgabe besteht nur dann, wenn dies vertraglich vereinbart ist. Erforderlich ist damit eine Zusatzvereinbarung zum Arbeitsvertrag, in der die von dem Arbeitnehmer zusätzlich übernommenen Pflichten und der ihm zugewiesene Verantwortungskreis eingegrenzt werden.[4] Unabhängig von der individualvertraglichen Delegation von Aufgaben auf einen Betriebsbeauftragten oder einen Compliance-Beauftragten sind die Mitbestimmungsrechte des Betriebsrats gem. §§ 95 Abs. 3, 99 Abs. 1 BetrVG zu beachten.[5]

293

bb) Konkretisierung der Nebenleistungspflichten

Eine Vielzahl von Pflichten, die sich in Compliance-Regelungen wiederfinden, sind bereits Gegenstand von Nebenpflichten aus dem Arbeitsverhältnis. Das Direktionsrecht

294

---
[1] Preis/*Preis*, Der Arbeitsvertrag, II D 30 Rn. 11.
[2] *Mengel/Hagemeister*, BB 2007, 1386 (1390); *Kock*, MDR 2006, 673.
[3] BAG 29.9.2010 – 10 AZR 588/09, NZA 2011, 151; zur individualrechtlichen Übertragung von Pflichten des Arbeitsschutzes in den Grenzen des § 106 GewO *Wilrich*, DB 2009, 1294 (1295).
[4] Hierzu *Zimmermann*, BB 2011, 634.
[5] *Neufeld/Knitter*, BB 2013, 821 (822).

berechtigt den Arbeitgeber ferner dazu diese näher zu bestimmen. Hierzu gehören die **allgemeine Sorgfalts-, Obhuts-, Fürsorge-, Aufklärungs- und Anzeigepflichten**.[1] Diese Nebenpflichten folgen aus §§ 242, 241 Abs. 2 BGB und verpflichten beide Vertragsparteien zur gegenseitigen Rücksichtnahme sowie zur Förderung des Vertragszwecks. Mit Hilfe seines Direktionsrechts kann der Arbeitgeber aus ihnen **Unterlassungs- und Handlungspflichten** herleiten. Diese Pflichten kann der Arbeitgeber im Wege des Direktionsrechts konkretisieren und beispielsweise durch einen Verhaltenskodex einführen. Dies ist aus Arbeitgebersicht vorteilhaft, da er hierdurch kurzfristig und ohne das Erfordernis der Zustimmung des Arbeitnehmers auf gesetzliche Änderungen oder auch betrieblich notwendige Anpassungen reagieren kann.

295 Zu beachten ist, dass die den Arbeitnehmer treffenden **Nebenpflichten** zunächst nur **im Verhältnis zu seinem Vertragsarbeitgeber** bestehen. Ihre Ausdehnung auf andere Konzernunternehmen ist nur ausnahmsweise möglich. Nach der Rechtsprechung des **BAG**[2] gilt Folgendes: Allein wegen des Abschlusses eines weiteren Dienst- oder Arbeitsverhältnis mit einem anderen, rechtlich selbständigen Konzernunternehmen, stellen sich Pflichtverletzungen des Arbeitnehmers in dem anderen Rechtsverhältnis nicht schon aufgrund der Konzernbindung der Unternehmen als Vertragsverletzungen in seinem (Stamm-)Arbeitsverhältnis dar. Etwas anderes soll dann gelten, wenn das Tätigwerden des Arbeitnehmers bei verschiedenen Konzernunternehmen in einem Zusammenhang stehe, beispielsweise aufgrund einer entsprechenden arbeitsvertraglichen Pflichtenumschreibung.[3] Besteht eine derartige Verknüpfung, hängt es von dem Inhalt der getroffenen Vereinbarungen ab, ob und inwieweit ein pflichtwidriges Verhalten des Arbeitnehmers im Verhältnis zu einem mit seinem (Vertrags-)Arbeitgeber verbundenen anderen Konzernunternehmen als Arbeitsvertragsverletzung im (Stamm-)Arbeitsverhältnis kündigungsrelevant werden kann. Diese Rechtsprechung zeigt, dass der Arbeitgeber vor der Einführung von Compliance-Regelungen sehr genau prüfen muss, ob bereits eine durch das Direktionsrecht konkretisierbare vertragliche Nebenpflicht ausreicht und auch konzernweit Wirkung entfalten kann. Im Regelfall wird das Direktionsrecht des Arbeitgebers eine konzernweite Durchsetzung der Arbeitgeberinteressen nicht rechtfertigt, so dass die Einführung einer Compliance-Regelung allein im Wege des Direktionsrechts nicht ausreicht.

cc) Beispiele für Verhaltensrichtlinien im Konzern

296 Nachfolgend einige Beispiele aus in Konzernen üblichen Verhaltensrichtlinien:
– **Antikorruption:** In der Praxis von besonderer Relevanz sind Verhaltensrichtlinien zum Schutz vor Korruption. Der Begriff der Korruption bezeichnet den Missbrauch einer Vertrauensstellung in ua der Wirtschaft, um einen materiellen oder immateriellen Vorteil zu erlangen, auf den kein rechtlicher Anspruch besteht. Korruptives Verhalten nach den §§ 298 bis 300 und §§ 331 ff. StGB ist strafbar. Zur Einhaltung dieser Gesetze sind Arbeitnehmer bereits ohne besondere vertragliche Verpflichtung gehalten, so dass die Einführung einer Antikorruptionsrichtlinie im Wege des Direktionsrechts möglich ist. Darüber hinaus verbietet dem Arbeitnehmer seine gegenüber dem Arbeitgeber bestehende Treuepflicht, Geld oder geldwerte Vorteile zu fordern, sich versprechen zu lassen oder anzunehmen, wenn der Versprechende aufgrund dieser Leistung eine geschäftliche Bevorzugung erwartet oder eine Tätigkeit belohnt.[4] Durch die Nichtannahme von Geschenken oder sonstigen Zuwendungen

---

[1] ErfK/*Preis*, § 611 BGB Rn. 708.
[2] BAG 27.11.2008 – 2 AZR 193/07, NZA 2009, 671; *Neufeld*, BB 2009, 1868.
[3] BAG 27.11.2008 – 2 AZR 193/07, NZA 2009, 673.
[4] ErfK/*Preis*, § 611 BGB Rn. 722.

werden die Arbeitnehmer nämlich nicht weiter belastet.¹ Der Arbeitgeber kann daher in Ausübung seines Direktionsrechts einseitig wertmäßige Grenzen für die Annahme von Geschenken oder sonstigen Zuwendungen festlegen bzw. deren Annahme nur nach vorheriger schriftlicher Anzeige und Genehmigung zulassen.² Das Direktionsrecht wird hingegen dann überschritten, wenn der Arbeitgeber den Arbeitnehmer verpflichtet, ihn oder auch einen Compliance-Officer über Verdachtsfälle zu unterrichten und diese Verdachtsmomente zu dokumentieren. Also immer dann, wenn eine standardisierte Informationsgewinnung geschaffen wird, werden nicht mehr vertragliche Nebenpflichten konkretisiert, sondern zusätzliche Pflichten geschaffen. Diese bedürfen der Zustimmung des Arbeitnehmers oder einer Einführung auf kollektivrechtlicher Grundlage. Für deutsche Unternehmen, die geschäftlich in den USA tätig sind, oder dort über verbundene Gesellschaften eine Börsenzulassung besitzen, wird zukünftig auch der von dem US Department of Justice und der Securities and Exchange Commission herausgegebene Leitfaden „*Resource Guide to the U. S. Foreign Corrupt Practices Act*" (FCPA) von Interesse sein.³ Dieser stellt Anforderungen an ein wirksames Compliance-System zu Antikorruptions-Vorsorgemaßnahmen auf.

– **Geheimhaltungspflicht:** Bei der Pflicht des Arbeitnehmers, Betriebs- oder Geschäftsgeheimnisse nicht zu offenbaren handelt es sich bereits um eine Nebenpflicht aus dem Arbeitsverhältnis.⁴ Diese besteht grundsätzlich nur gegenüber dem Vertragsarbeitgeber.⁵ Nur dann, wenn aus Sicht des Arbeitgebers ein berechtigtes betriebliches Interesse besteht, kann diese Verschwiegenheitspflicht auch auf Betriebs- und Geschäftsgeheimnisse dritter Unternehmen erstreckt werden. Nach der Auffassung von *Reinfeld*⁶ kann ein solches Interesse bei einer konzernmäßigen Verflechtung von Arbeitgeber und Drittunternehmen iSd §§ 15 ff. AktG angenommen werden. Er führt hierzu als Beispiel die Konstruktion einer Beteiligungs-Holding an, deren Arbeitnehmer wirksam verpflichtet werden müssen, Betriebs- und Geschäftsgeheimnisse der jeweiligen Tochtergesellschaften zu wahren. Das Gleiche gilt für Arbeitnehmer, die in allen Konzerngesellschaften tätig waren und dadurch Einblick in die Betriebs- und Geschäftsgeheimnisse auch dieser Unternehmen bekommen haben. Besteht eine solche Verbindung, kann der Inhalt der Verschwiegenheitspflicht im Rahmen des Direktionsrechts auch zugunsten der Interessen anderer Konzerngesellschaften konkretisiert werden. **297**

– **Insiderklauseln:** Eine besondere den Umgang mit Wertpapieren betreffende Geheimhaltungspflicht des Arbeitnehmers kann sich aus § 33b Abs. 3 WpHG ergeben. Diese Vorschrift verpflichtet Wertpapierdienstleistungsunternehmen Vorkehrungen zur Verhinderung von Insidergeschäften zu schaffen.⁷ Als Insiderinformation wird hierbei nach § 13 WpHG eine konkrete Information über nicht öffentlich bekannte Umstände verstanden, die sich auf einen oder mehrere Emittenten von Insiderpapieren oder auf die Insiderpapiere selbst beziehen und die geeignet sind, im Falle ihres öffentlichen Bekanntwerdens den Börsen- oder Marktpreis der Insiderpapiere erheblich zu beeinflussen. Aufgrund dieser Verpflichtung ist der Arbeitgeber im Rahmen des Direktionsrechts dazu berechtigt, eine für alle Arbeitnehmer des Konzerns gel- **298**

---

[1] *Schuster/Darsow*, NZA 2005, 276; *Mengel/Hagemeister*, BB 2007, 1387.
[2] *Mengel/Hagemeister*, BB 2007, 1386 (1387); *Kock*, MDR 2006, 973 (974).
[3] http://www.justice.gov/criminal/fraud/fcpa/ (Abruf vom 3.8.2013).
[4] ErfK/*Preis*, § 611 BGB Rn. 710.
[5] BAG 15.12.1987 – 3 AZR 474/86, NZA 1988, 502.
[6] MAH ArbR/*Reinfeld*, § 28 Rn. 16.
[7] Ausführlich zu Insider-Compliance-Richtlinien *Schulz/Kuhnke*, BB 2012, 143 ff.

tende „Insiderrichtlinie" einzuführen, die die gesetzlichen Bestimmungen des WpHG gem. § 33b WpHG verbindlich festlegt (zB Definition des Begriffs der Insiderinformation sowie Vorgabe von Verhaltensweisen zur Vermeidung eines Verstoßes gegen das wertpapierrechtliche Verbot des Insiderhandels).[1] Werden diese Verhaltenspflichten aber über den rein beschreibenden Charakter hinaus erweitert, bedarf es einer besonderen Rechtfertigung. Vom Weisungsrecht nicht mehr gedeckt wäre daher beispielsweise die Anzeige des privaten Besitzes von Wertpapieren.[2] Weitere Beschränkungen sind nur dann zulässig, wenn sich diese aus der Tätigkeit des Arbeitnehmers ergeben, zB für Führungskräfte, die regelmäßig mit wertpapierhandelsrechtlich relevanten Informationen in Berührung kommen (**director's dealings**).[3] In Betracht kommen hierbei Sperrfristen (**blackout periods**), innerhalb derer Personen mit Führungsaufgaben nicht mit Aktien der AG handeln dürfen oder auch besondere Meldepflichten. Nach der Auffassung von *Mengel*[4] gehe hierbei das Weisungsrecht von Kreditinstituten weiter als das anderer Arbeitgeber. Diese dürften beispielsweise den Arbeitnehmern eine Anzeigepflicht über alle bei Dritten geführten Konten/Depots getätigte Geschäfte auferlegen bzw. die Eröffnung derartiger Drittkonten von einer vorherigen Zustimmung des Arbeitgebers abhängig zu machen. In einem Konzernverbund kann eine solche Verpflichtung allerdings nur für diejenigen Arbeitnehmer gelten, die in einer konzernabhängigen Gesellschaft beschäftigt sind, für die die kapitalmarktrechtlichen Vorgaben des WpHG gelten. Dies gilt beispielsweise für eine am Kapitalmarkt tätige Finanzierungsgesellschaft im Konzernverbund, nicht aber für die Arbeitnehmer anderer konzernabhängiger Unternehmen. Eine Erweiterung auf Arbeitnehmer dieser Unternehmen ist hingegen dann gerechtfertigt, wenn deren Tätigkeit oder Aufgaben einen Bezug zu diesem Unternehmen aufweisen.

299 – **Pflicht zur Schadensabwehr und Whistleblower-Klauseln:** Zu den vertraglichen Nebenpflichten des Arbeitnehmers gehört ferner die Pflicht, eingetretene oder drohende **Schäden** des Arbeitgebers **abzuwenden**.[5] Allerdings ist der Arbeitnehmer nicht zur Abwendung jeglicher den Arbeitgeber drohenden Gefahren verpflichtet, sondern nur für solche, die Personenschäden bzw. schwere Sachschäden hervorrufen können.[6] Jede darüber hinausgehende Schadensabwendungspflicht wäre nicht mehr vom Direktionsrecht gedeckt und bedarf damit einer besonderen Vereinbarung mit dem Arbeitnehmer. Außerdem besteht im Regelfall nicht bereits aufgrund einer vertraglichen Nebenpflicht eine Schutzpflicht des Arbeitnehmers gegenüber den Vermögensinteressen anderer Konzernunternehmen.

300 Aus der Pflicht zur Abwehr von Schäden für das Unternehmen wird auch die Verpflichtung des Arbeitnehmers abgeleitet, drohende Schäden oder Schädigungen dem Arbeitgeber anzuzeigen. Diese Verpflichtung wird unter dem Begriff „**Whistleblowing**" betrachtet. Hierunter wird die Verpflichtung des Arbeitnehmers verstanden, Kollegen aber auch Vorgesetzte bei Verstößen gegen Compliance-Regelungen anzuzeigen (**internes Whistleblowing**) oder auch die Berechtigung des Arbeitnehmers

---

[1] Vgl. *Mengel/Hagemeister* BB 2007, 1386 (1388).
[2] *Kock*, MDR 2006, 673.
[3] *Boemke/Kreuder* in: Däubler/Hjort/Schubert/Wolmerath, Arbeitsrecht, § 611 BGB Rn. 495.
[4] Hauschka/*Mengel,* Corporate Compliance, § 12 Rn. 23.
[5] ErfK/*Preis,* § 611 BGB Rn. 744; *Boemke/Kreuder* in: Däubler/Hjort/Schubert/Wolmerath, Arbeitsrecht, § 611 BGB Rn. 481; *Fahrig,* NJOZ 2010, 975 (977); MHdB ArbR/*Reichold,* § 49 Rn. 8.
[6] Vgl. BAG 3.7.2003 – 2 AZR 235/02, NZA 2004, 427 (429); *Mengel* in: Grobys/Panzer, 167 Whistleblowing Rn. 3; Für die Begrenzung auf gravierende Verstöße: *Boemke/Kreuder* in: Däubler/Hjort/Schubert/Wolmerath, Arbeitsrecht, § 611 BGB Rn. 495.

den Arbeitgeber gegenüber externen Behörden anzuzeigen (**externes Whistleblowing**).[1] Im Hinblick auf Compliance-Systeme zur Aufklärung unternehmensinterner Unregelmäßigkeiten ist nur das interne Whistleblowing von Bedeutung. Hierzu finden sich häufig ausdifferenzierte Meldepflichten, wonach die Anzeige sowohl gegenüber dem Arbeitgeber, als auch gegenüber einem Ombudsmann oder einem Compliance-Beauftragten erfolgen kann bzw. in welchen Fällen auch erfolgen muss. Solange der Arbeitgeber dem Arbeitnehmer kein zwingendes Verfahren vorgibt, wann und wie eine Anzeige zu erfolgen hat, besteht eine Verpflichtung des Arbeitnehmers zur Anzeige von schwerwiegenden Verstößen bereits aus der vertraglichen Treuepflicht.[2] Ob dies allerdings für jeden Arbeitnehmer oder nur für diejenigen mit einer Beaufsichtigungspflicht gegenüber anderen Arbeitnehmer gilt, ist höchstrichterlich im Hinblick auf Whistleblowerklauseln noch nicht entschieden.[3] Nicht mehr vom Direktionsrecht gedeckt ist zudem eine Anzeigepflicht, die dem Arbeitnehmer ein bestimmtes Anzeigeverhalten vorschreibt, möglicherweise kombiniert mit einem formalisierten Meldeverfahren.[4] Denn grundsätzlich kann der Arbeitnehmer nach eigenem pflichtgemäßem Ermessen und unter Berücksichtigung seiner vertraglichen Treuepflicht gegenüber dem Arbeitgeber darüber entscheiden, ob und wie er einen Verstoß meldet.[5] Die Grenze des Weisungsrechts ist ferner dann überschritten, wenn der Arbeitgeber den Arbeitnehmern aufgibt, jeden Verstoß ohne Würdigung der Umstände des Einzelfalles und auch bei Bagatelldelikten zu melden.[6] Nach überwiegender Auffassung wäre zudem eine Verpflichtung des Arbeitnehmers zur Selbstanzeige mit dem aus dem Verfassungsrecht folgenden Grundsatz *nemo tenetur se ipsum accusare* unvereinbar.[7] Wird eine Whistleblower-Hotline eingeführt, sind ferner die datenschutzrechtlichen Bestimmungen des BDSG und landesdatenschutzrechtlicher Bestimmungen zu beachten.[8]

– **Wettbewerbsverbote:** Gemäß § 60 Abs. 1 HGB ist Handlungsgehilfen während der Dauer des Vertragsverhältnisses Wettbewerbstätigkeit untersagt.[9] Nach der Rechtsprechung des BAG konkretisiert § 60 HGB einen allgemeinen Rechtsgedanken, der seine Grundlage in der Treuepflicht des Arbeitnehmers hat und auch in § 241 Abs. 2 BGB zum Ausdruck kommt, wonach das Schuldverhältnis nach seinem Inhalt jeden Teil zur Rücksicht auf die Rechte, Rechtsgüter und Interessen des anderen Teils verpflichten kann.[10] Deshalb ist dem Arbeitnehmer auch ohne ausdrückliche vertragliche Regelung eine Wettbewerbstätigkeit zu seinem Arbeitgeber untersagt. Dieses allein während der Laufzeit des Vertragsverhältnisses bestehende Wettbewerbsverbot gilt aber

301

---

[1] Zum Schutz von Whistleblowern bei Anzeigen gegen den Arbeitgeber, EuGH 21.7.2011 – 28274/08, NZA 2011, 1269. Das LAG Köln (5.7.2012, 6 Sa 71/12) hält allerdings eine außerordentliche Kündigung des Arbeitgebers gegen einen Arbeitnehmer wegen dessen Anzeige gegen den Arbeitgeber ohne vorherigen internen Klärungsversuch für rechtmäßig.
[2] *Mengel/Hagemeister*, BB 2007, 1387; *Preis/Preis*, Der Arbeitsvertrag, II A 40, Rn. 14.
[3] Vgl. Preis/*Preis* Der Arbeitsvertrag, II A 40, Rn. 14 mit Nachweisen zu älterer Rechtsprechung des BAG vom 12.5.1958 – 2 AZR 539, 56, NJW 1958, 1747 f.; BAG 18.6.1970 – 1 AZR 520/69, NJW 1970, 1861 f.
[4] *von Steinau-Steinrück/Glanz*, NJW-Spezial 2008, 146.
[5] *Kock*, MDR 2006, 673 (675); *Mengel/Hagemeister*, BB 2007, 1387 (1389).
[6] *Mengel* in: Hauschka, Corporate Compliance, § 12 Rn. 25; *Schuster/Darsow*, NZA 2005, 276; MHdB ArbR/*Reichold*, § 49 Rn. 10; *Schulz*, BB 2011, 629 (634).
[7] BGH 23.2.1989 – IX ZR 236/86, NJW-RR 1989, 614 zur Verpflichtung eines freien Arbeitnehmers zur Meldung von Wettbewerbsverstößen; *Göpfert/Merten/Siegrist*, NJW 2008, 1703 (1705); *Wybitul*, BB 2009, 606; *Mengel/Ullrich*, NZA 2006, 240 (243); *Bissels/Lützeler*, BB 2012, 189 (190).
[8] Vgl. hierzu *Wisskirchen/Körber/Bissels*, BB 2006, 1576 ff.
[9] BAG 26.6.2008 – 2 AZR 190/07, NZA 2008, 1415.
[10] BAG 26.9.2007 – 10 AZR 511/06, NZA 2007, 1436.

nicht bereits kraft Gesetzes auch zugunsten von Konzernunternehmen.[1] Soll eine Wettbewerbstätigkeit daher konzernweit gelten, bedarf es hierzu einer vertraglichen Regelung. Zeitlich ist das Wettbewerbsverbot kraft Gesetzes auf die Dauer des Arbeitsverhältnisses beschränkt. Möchte der Arbeitgeber den Arbeitnehmer auch nach Beendigung des Arbeitsverhältnisses von einer Wettbewerbstätigkeit abhalten, bedarf es hierzu einer Vereinbarung (§ 110 GewO), die den Wirksamkeitsvoraussetzungen der §§ 74 ff. HGB unterliegt. Inwieweit berechtigte Interessen des Arbeitgebers auch den Abschluss eines konzernweiten nachvertraglichen Wettbewerbsverbots iSd § 74 Abs. 2 HGB rechtfertigen können, wird in Teil I Absch 3 Rn. 160 ff. behandelt.

c) Grenzen des Direktionsrechts

302   Die Grenzen des Direktionsrechts bei der Einführung von Compliance-Regelungen folgen aus § 106 S. 1 GewO. Danach kann der Arbeitgeber das Direktionsrecht
– nach billigem Ermessen näher bestimmen
– soweit die Arbeitsbedingungen nicht durch Arbeitsvertrag, Bestimmungen einer Betriebsvereinbarung, eines anwendbaren Tarifvertrages oder gesetzliche Vorschriften festgelegt sind.

aa) Erste Schranke: Keine anderweitige Regelung

303   Die erste Schranke ergibt sich aus der vorrangigen Festlegung durch eine andere Regelung. Als solche Regelungen kommen insbesondere der **Arbeitsvertrag sowie Betriebsvereinbarungen** in Betracht. Soweit Verhaltenspflichten hierdurch geregelt sind, besteht kein Direktionsrecht des Arbeitgebers. In **Tarifverträgen** finden sich im Hinblick auf Compliance eher selten compliance-relevante Regelungen. Dies gilt jedenfalls für unternehmensbezogene Regelungen wie Geheimhaltungspflichten und Regelungen zu Nebentätigkeiten. Antikorruptionsregelungen finden sich hingegen immer häufiger auch in Tarifverträgen wieder, § 3 Abs. 2 TVöD und § 3 Abs. 3 TV-L.[2] Darüber hinaus enthalten Tarifverträge häufig sog. Betriebsnormen, die das betriebliche Zusammenleben regeln (zB Rauchverbote).[3] Im Konzern können daher je nach Tarifbindung der konzernierten Unternehmen und nach dem örtlichen und fachlichen Geltungsbereich der Tarifverträge unterschiedliche tarifvertragliche Bestimmungen zur Anwendung gelangen. Von größerer Relevanz bei der Ausübung des Direktionsrechts ist hingegen die Beachtung der **Grundrechte** der Arbeitnehmer, die bei der Ausübung des billigen Ermessens mittelbare Geltung erlangen. Hierzu zählt insbesondere das aus Art. 2 Abs. 1 GG abgeleitete **allgemeine Persönlichkeitsrecht** sowie das **Recht auf informationelle Selbstbestimmung.**

304   Darüber hinaus ist das Weisungsrecht auf **dienstliche Verhaltenspflichten** beschränkt. Die **private Lebensführung** des Arbeitnehmers kann damit nicht durch den Arbeitgeber geregelt werden.[4] Etwas anderes gilt nach der Rechtsprechung des **BAG**[5] nur dann, wenn sich das außerdienstliche Verhalten auf das betriebliche Verhalten auswirkt.[6] Aus Compliance-Sicht enthalten sog. Ethikrichtlinien häufig Regelungen, die sich auf die private Lebensführung des Arbeitnehmers beziehen. Solche Vorgaben sind nur dann für den Arbeitnehmer bindend, wenn dies durch nach deutschem

---

[1] *Boemke/Kreuder* in: Däubler/Hjort/Schubert/Wolmerath, Arbeitsrecht, § 611 BGB Rn. 486.
[2] *Müller*, öAT 2011, 222.
[3] ErfK/*Franzen*, § 1 TVG Rn. 45.
[4] BAG 22.7.2008 – 1 ABR 40/07, NZA 2008, 1248; ErfK/*Preis*, § 611 BGB Rn. 730; *Kock*, MDR 2006 673 (674); *Mengel* in: Hauschka, Corporate Compliance, § 12 Rn. 18.
[5] BAG 20.9.1984 – 2 AZR 233/83, NZA 1985, 285.
[6] *Mengel/Hagemeister*, BB 2007, 1388.

C. Compliance und Arbeitsrecht im Konzern

Recht zwingende gesetzliche Bestimmungen, zB aus dem Gesellschafts-, Finanzaufsichts- oder Börsenrecht geboten ist.[1] Bekannt geworden ist die amerikanische Handelskette *Wal-Mart,* die im Jahr 2005 allen in Deutschland Beschäftigten Liebesbeziehungen im Betrieb durch Einführung einer Ethikrichtlinie verbot. *Wal-Mart* verbot es ihren Mitarbeitern mit jemandem auszugehen oder in eine Liebesbeziehung zu treten, wenn dieser die Arbeitsbedingungen des jeweils anderen Arbeitnehmers beeinflussen konnte. Dabei kam es nicht darauf an, ob dieser Einfluss tatsächlich gegeben war. Das **LAG Düsseldorf**[2] entschied, dass diese Richtlinie wegen Verstoßes gegen Art. 2 Abs. 1 iVm Art. 1 GG unwirksam ist.

Kann der Arbeitgeber das außerdienstliche Verhalten wegen eines dienstlichen Bezugs im Wege des Weisungsrechts konkretisieren, gilt dies wiederum zunächst nur im Verhältnis zum Vertragsarbeitgeber. Nach der Rechtsprechung kann aber auch ein **Konzernbezug** ausreichend sein.[3] In dem der Entscheidung des **BAG** aus dem Jahre 1984 zugrundeliegenden Sachverhalt hatte der Arbeitnehmer in seiner Freizeit zu Lasten einer Konzernschwester seines Arbeitgebers einen Diebstahl begangen. Das **BAG** sah hierbei nicht nur einen Bezug zum Arbeitsverhältnis, sondern auch zu der geschädigten Konzernschwester. Diesen Bezug leitete das **BAG** aus einem dem Arbeitnehmer eingeräumten Personalrabatt ab, durch den der Arbeitnehmer veranlasst wurde, gerade die Handelsbetriebe der Konzernschwester aufzusuchen, für die er den Berechtigungsschein zum verbilligten Einkauf von Waren erhalten hat. In dieser Konstellation ist nach der Auffassung des **BAG** eine Straftat geeignet, das Vertrauensverhältnis zwischen Arbeitnehmer und Arbeitgeber zu beeinträchtigen, das nicht auf die Beziehungen im Beschäftigungsbetrieb und Unternehmen beschränkt ist. 305

bb) Zweite Schranke: Ausübung des Direktionsrechts nach billigem Ermessen

Darüber hinaus hat der Arbeitgeber sein Direktionsrecht nach billigem Ermessen gem. § 315 Abs. 3 1 BGB auszuüben. Hierfür ist eine **Abwägung der wesentlichen Umstände des Einzelfalles und der beiderseitigen Interessen** erforderlich. Der Arbeitgeber muss also die wechselseitigen Interessen nach den verfassungsrechtlichen und gesetzlichen Wertentscheidungen, den allgemeinen Wertungsgrundsätzen der Verhältnismäßigkeit und Angemessenheit sowie der Verkehrssitte und Zumutbarkeit angemessen berücksichtigen.[4] Eine Ermessensentscheidung allein unter Berücksichtigung der Interessen des Arbeitgebers entspricht nicht dem billigen Ermessen, so dass der Arbeitnehmer diese Weisung nicht befolgen müsste.[5] 306

Bei der Einführung von Compliance-Regelungen sind sowohl die berechtigten Interessen des Arbeitgebers als auch des Arbeitnehmers zu berücksichtigen. Die **Interessen des Arbeitgebers** sind hierbei im Wesentlichen durch gesetzliche Vorgaben bestimmt. So kann beispielsweise der **Deutsche Corporate Governance Kodex** berücksichtigt werden. Dieser gibt zwar keine rechtliche Verpflichtung zur Einführung eines Compliance-Systems vor, kann gleichwohl in die Entscheidung über dessen Einführung einfließen.[6] Finanzdienstleistungsunternehmen könne bei der Ermessensausübung auch die gesetzlichen Bestimmungen des WpHG berücksichtigen, § 33b Abs. 2 307

---

[1] *Boemke/Kreuder* in: Däubler/Hjort/Schubert/Wolmerath, Arbeitsrecht, § 611 BGB Rn. 495.
[2] LAG Düsseldorf 14.11.2005 – 10 TaBV 46/05, NZA 2006, 63 („Wal-Mart").
[3] BAG 20.9.1984 – 2 AZR 233/83, NZA 1985, 285; LAG Berlin 19.12.2006 – 7 Sa 1335/06, BeckRS 2009, 62450; LAG Köln, 28.3.2001 – 8 Sa 405/00, NZA-RR 2002, 85.
[4] ErfK/*Preis*, § 106 GewO Rn. 6.
[5] BAG 19.5.1992 – 1 AZR 418/91, NZA 1992, 978.
[6] *Fahrig*, NJOZ, 2010, 975.

WpHG.¹ Ebenso besteht ein berechtigtes Interesse des Arbeitgebers daran, organisatorische Maßnahmen zur Haftungsbeschränkung, beispielsweise Richtlinien zum Arbeits- und Umweltschutz sowie zur Arbeitssicherheit einzuführen. Eine Verletzung dieser Pflichten kann für den Arbeitgeber erhebliche zivilrechtliche Konsequenzen wie zB Schadensersatzansprüche von Arbeitnehmern oder auch Rückgriffsansprüche der Sozialversicherungsträger haben.² Die Einführung von Verhaltensrichtlinien zum Umgang mit bestimmten Gefahren oder auch die Festlegung von Zuständigkeiten im Bereich der Arbeitssicherheit liegt damit im berechtigten Interesse des Arbeitgebers. Ebenso besteht ein berechtigtes Interesse des Arbeitgebers in der Öffentlichkeit nicht mit rechtswidrigem Verhalten seiner Mitarbeiter in Zusammenhang gebracht zu werden, was beispielsweise die Einführung einer Compliance-Regelung zur Vermeidung von Korruption rechtfertigt.³

308 Auf der anderen Seite werden die **Interessen der Arbeitnehmer** durch entsprechende Compliance-Regelungen nicht übermäßig belastet. Verhaltenspflichten enthalten regelmäßig nur eine Konkretisierung ohnehin bestehender (Neben-)Pflichten aus dem Arbeitsverhältnis. Ferner ist zu berücksichtigen, dass Compliance-Verstöße oftmals zugleich eine erhebliche Vertragsverletzung darstellen, wenn beispielsweise gegen Korruptionsvorschriften oder Wettbewerbsverbote verstoßen wird. Die Arbeitnehmer haben daher selbst ein Interesse daran, eine klare Regelung vorzufinden, anhand derer sie ihr Verhalten im Unternehmen ausrichten können. Verhaltensrichtlinien dienen damit einerseits dem Interesse des Arbeitgebers an der rechtssicheren Konkretisierung des Direktionsrechts,⁴ andererseits dem Interesse des Arbeitnehmers an einer klaren Handlungsgrundlage. Ferner können Compliance-Richtlinien auch mit den Interessen der Arbeitnehmer korrespondieren, wenn sie beispielsweise Ausdruck der Fürsorgepflicht des Arbeitgebers gegenüber dem Arbeitnehmer sind (zB Richtlinien zur Arbeitssicherheit).

d) Mitbestimmungsrechte des Betriebsrats

309 Auch wenn die Einführung von Compliance-Regelungen im Wege des Direktionsrechts möglich ist, bedeutet dies nicht, dass dadurch die Beteiligungsrechte des Betriebsrats entfallen.⁵ Zu differenzieren ist nach dem Inhalt des ausgeübten Direktionsrechts. Wird allein die vertraglich vereinbarte Arbeitspflicht nach § 106 S. 1 GewO konkretisiert, bestehen keine Mitbestimmungsrechte des Betriebsrats.⁶ Etwas anderes kann bei der Ausgestaltung des Ordnungsverhalten gem. § 106 S. 2 GewO gelten. Das Mitbestimmungsrecht greift nach der Rechtsprechung des **BAG**⁷ auch dann, wenn es sich um Maßnahmen handelt, die das Verhalten der Arbeitnehmer in Bezug auf die betriebliche Ordnung betreffen, ohne dass sie verbindliche Vorgaben zum Inhalt haben. Ausreichend soll es sein, wenn die Maßnahme darauf gerichtet ist, das Verhalten der Arbeitnehmer zu steuern oder die Ordnung des Betriebs zu gewähr-

---

¹ *Mengel,* CCZ 2008, 85 (86); *Schuster/Darsow,* NZA 2005, 273 (274).
² Zu denken ist etwa an einen Arbeitsunfall mit tödlichem Ausgang, der den Erben des verstorbenen Arbeitnehmers einen deliktischen Anspruch gem. §§ 844, 845 BGB gibt. Darüber hinaus können der Arbeitgeber sowie deren Organe unter den in §§ 110, 111 SGB VII genannten Voraussetzungen von den Sozialversicherungsträgern in Regress für aufgewendete Versicherungsleistungen genommen werden.
³ *Schuster/Darsow,* NZA 2005, 273 (275).
⁴ *Göpfert/Landauer,* NZA-Beilage 2011, 16.
⁵ *Fitting,* BetrVG § 87 Rn. 5.
⁶ *Fitting,* BetrVG § 87 Rn. 67.
⁷ BAG 22.7.2008 – 1 ABR 40/07, NZA 2008, 1248 („Honeywell").

leisten.[1] Dies ist bei der Einführung von Verhaltensregeln regelmäßig der Fall. Das Bestehen eines Mitbestimmungsrechts hat zur Konsequenz, dass der Betriebsrat zu beteiligen ist. Ob der lokale Betriebsrat oder der Konzernbetriebsrat zu beteiligen ist, richtet sich nach dem Inhalt der Regelung. Eine ohne die Beteiligung des Betriebsrats eingeführte Compliance Regelung oder eine darauf gestützte Maßnahme ist nach der sog. *„Theorie der Wirksamkeitsvoraussetzung"* des BAG unwirksam.[2] Danach führt die Verletzung von Mitbestimmungsrechten des Betriebsrats im Verhältnis zwischen Arbeitgeber und Arbeitnehmer zur Unwirksamkeit von Maßnahmen die den Arbeitnehmer belasten. Maßnahmen zum Nachteil der Arbeitnehmer wie beispielsweise eine Abmahnung oder (außerordentliche) Kündigung sind damit bei einer Verletzung des Mitbestimmungsrechts auch dann unwirksam, wenn sie individualrechtlich zulässig sind. Umgekehrt kann eine bereits individualrechtlich unzulässige Weisung nicht durch die Zustimmung des Betriebsrats geheilt werden. Der Arbeitgeber trägt damit das Risiko der Unwirksamkeit der Maßnahme bei fehlender Beteiligung des Betriebsrats. Deswegen sollte bei Zweifeln über das Bestehen eines Mitbestimmungsrechts der zuständige Betriebsrat beteiligt werden. Lässt sich mit dem Betriebsrat ein Streit über die Mitbestimmungspflichtigkeit einzelner Regelungsbereiche einer umfangreichen Compliance-Regelung nicht vermeiden, können auch einzelne Regelungsgegenstände zunächst aus der Betriebsvereinbarung ausgeklammert und eine Betriebsvereinbarung nur zu den verbleibenden Regelungsbereichen abgeschlossen werden.

e) Praktische Hinweise zur Ausübung des Direktionsrechts

Der Arbeitgeber kann sein Direktionsrecht formfrei ausüben und jederzeit aktualisieren und ändern. In der betrieblichen Praxis werden Compliance-Regelungen zumeist über Handbücher, Richtlinien oder Bekanntmachungen im Intranet eingeführt. Unabhängig von der Form des Einführungsweges ist in jedem Fall die **Kenntnisnahme der Arbeitnehmer von den Weisungen sicherzustellen.** Anderenfalls kann ein Verstoß gegen die Compliance-Regelung nicht Gegenstand einer verhaltensbedingten (fristlosen) Kündigung sein. Denn auch wenn eine Pflichtverletzung iSd § 626 Abs. 1 BGB kein Verschulden voraussetzt, ist nach der Rechtsprechung des **BAG**[3] eine verhaltensbedingte Kündigung aufgrund der durchzuführenden Interessenabwägung regelmäßig nur bei einem schuldhaften und vorwerfbaren Verhalten gerechtfertigt.[4] Dies erfordert in einem Kündigungsschutzprozess den Nachweis des Arbeitgebers, dass der Arbeitnehmer die Verhaltensrichtlinie auch zur Kenntnis genommen hat. Dieser Nachweis lässt sich in der Praxis oftmals nur schwer führen, wenn die Compliance-Regelung lediglich im Intranet bekannt gemacht wurde. Dies setzt die (technische) Möglichkeit der Kenntnisnahme aller Arbeitnehmer voraus, die oftmals nicht gegeben ist. Zu denken ist beispielsweise an Konzerne in einer Holdingstruktur mit Unternehmen, die im produzierenden Bereich mit einem hohen Anteil gewerblicher Arbeitnehmer tätig sind, die keinen Büroarbeitsplatz mit Intranetzugang haben: In diesem Fall reicht es für die Wirksamkeit der Einführung einer Compliance-Regelung nicht aus, diese ausschließlich über das Intranet bekannt zu machen. Diejenigen Arbeitnehmer, die keinen Intranetzugang haben, sind in anderer geeigneter

---

[1] *Brose/Greiner/Preis,* NZA 2011, 369; *Fahrig,* NJOZ 2010, 975.
[2] Ständige Rechtsprechung des BAG seit der Entscheidung vom 7.9.1956, AP BetrVG § 56 BetrVG 1952 Nr. 2; zuletzt BAG 22.6.2010 – 1 AZR 853/08, NZA 2010, 1243; Richardi/*Richardi* BetrVG, § 87 Rn. 103.
[3] BAG 14.2.1996 – 2 AZR 274/95, NZA 1996, 873; BAG 20.11.1997 – 2 AZR 643/96, NZA 1998, 323.
[4] ErfK/*Müller-Glöge,* § 626 BGB Rn. 40; *Bissels/Lützeler,* BB 2012, 189 (192).

Form über die Einführung der Compliance-Regelung zu unterrichten. Aber auch hinsichtlich derjenigen Arbeitnehmer, die über einen Intranetzugang verfügen, ist ein Nachweis der Kenntnisnahme der Bekanntmachung der Einführung der Compliance-Regelung sicherzustellen. Hierzu wird teilweise vorgeschlagen, den Nachweis über E-Mail und eine elektronische Lesebestätigung[1] zu führen.[2] Diese Lesebestätigung dokumentiert, dass eine E-Mail tatsächlich geöffnet wurde und wann dies spätestens geschehen ist. Ein früherer Zugang kann hingegen nicht nachgewiesen werden. Zudem besteht eine gewisse Missbrauchsgefahr, so dass sich die Einführung via E-Mail als nicht optimal darstellt. Der rechtssichere Nachweis der Kenntnisnahme kann nur geführt werden, indem alle Arbeitnehmer die Kenntnisnahme der Verhaltensrichtlinie schriftlich quittieren und diese Empfangsbestätigung zur Personalakte genommen werden.

2. Einzelvertragliche Regelung

311 Als zweiter Einführungsweg kommt eine einzelvertragliche Regelung in Betracht.

a) Vor- und Nachteile einer einzelvertraglichen Regelung

312 Diese bietet sowohl Vor- als auch Nachteile im Verhältnis zur Ausübung des Direktionsrechts.

Wesentlicher **Vorteil** einer einzelvertraglichen Regelung gegenüber der Einführung einer Compliance-Regelung im Wege des Direktionsrechts ist, dass eine **genau definierte Verhaltenspflicht** begründet wird. Im Falle eines Verstoßes gegen diese vertragliche Regelung ist nicht zu prüfen, ob die Grenzen des Direktionsrechts überschritten wurden und damit ein Verstoß hiergegen arbeitsrechtlich nicht sanktionierbar ist. Zudem können sich Arbeitnehmer nicht mit dem Argument entlasten, dass sie von der im Wege des – formlos möglichen – Direktionsrechts eingeführten Compliance-Regelung keine Kenntnis hatten, so dass es bei einer verhaltensbedingten Kündigung an einer vorwerfbaren Pflichtverletzung fehle.

313 Diesem Vorteil einer vertraglichen Regelung stehen aber auch gewichtige **Nachteile** entgegen: Der Abschluss der vertraglichen Regelung bedarf der **Zustimmung jedes einzelnen Arbeitnehmers** und kann durch den Arbeitgeber nicht erzwungen werden.[3] Bei der konzernweiten Einführung von Compliance-Regelungen kann dies zu einem erheblichen **Verwaltungsaufwand** führen. Darüber hinaus kann eine einmal vertraglich vereinbarte Compliance-Regelung durch den Arbeitgeber **nicht wieder einseitig im Wege des Direktionsrechts geändert werden.** Geänderte Anforderungen an eine Compliance-Regelung kann der Arbeitgeber mittels des Weisungsrechts flexibel und formfrei anpassen. Besteht hingegen eine individualvertragliche Regelung, bedarf es zu deren Änderung der Zustimmung des Arbeitnehmers. Verweigert der Arbeitnehmer seine Zustimmung muss der Arbeitgeber eine Änderungskündigung aussprechen. Hierfür bedarf es einer sozialen Rechtfertigung iSd §§ 2, 1 Abs. 2 KSchG. Es bedarf damit eines Grundes für jedes geänderte Element des Arbeitsvertrages. Ein solcher Grund ist als betriebsbedingter Grund denkbar, wenn sich die gesetzlichen Bestimmungen ändern, auf deren Grundlage eine Compliance-Regelung eingeführt wurde.[4] Ferner kommt auch ein personenbedingter Grund in

---

[1] Vgl. zu dem Beweiswert elektronischer Lesebestätigungen *Mankowski* NJW 2004, 1901.
[2] *Mengel* in: Hauschka Corporate Compliance, § 12 Rn. 29.
[3] LAG Hessen 24.1.2011 – 16 Sa 1041/10, CCZ 2012, 80 zur einseitigen Freistellung eines Arbeitnehmers bei Verweigerung der Unterzeichnung einer Verpflichtungserklärung zur Einhaltung einer IT-Sicherheitsrichtlinie.
[4] *Mengel* in: Hauschka, Corporate Compliance, § 12 Rn. 34; *Mengel* CCZ 2008, 85 (86).

Betracht, wenn sich die Tätigkeit des Arbeitnehmers ändert und damit andere oder zusätzliche Compliance-Regelungen auf das Arbeitsverhältnis (zukünftig) Anwendung finden. Bei dem Ausspruch einer Änderungskündigung sind darüber hinaus Beteiligungsrechte des Betriebsrats gem. § 102 BetrVG zu beachten. Dies führt dazu, dass vertraglich vereinbarte Compliance-Regelungen nur mit erheblichem Aufwand geändert werden können.

b) Arbeitsvertragliche Ausgestaltung von Compliance-Klauseln

Eine individualvertragliche Regelung findet ebenso wie das Direktionsrecht seine Grenzen in höherrangigem Recht, insbesondere in den Grundrechten. Eine Compliance-Regelung die wegen eines Verstoßes gegen höherrangiges Recht bereits nicht im Wege des Direktionsrechts durchgesetzt werden kann, lässt sich auch nicht durch eine vertragliche Vereinbarung in das Arbeitsverhältnis einführen.[1] In der Praxis wird zudem häufig übersehen, dass **auch bei der individualvertraglichen Einführung** von Compliance-Regelungen **Mitbestimmungsrechte des Betriebsrats** zu beachten sind. Diese bestehen nämlich unabhängig von der gewählten Form des Einführungswegs, sondern bestimmen sich allein nach dem Inhalt und Ziel der Maßnahme.[2] Deswegen sollte in den Anstellungsvertrag eine Klausel aufgenommen werden, wonach die vertraglichen Regelungen auch durch eine später abgeschlossene Betriebsvereinbarung zum Nachteil des Arbeitnehmers abgelöst werden können.[3] 314

aa) Grenzen der vertraglichen Regelungsbefugnis

Ebenso wie bei der Ausübung des Direktionsrechts sind auch bei der Vertragsgestaltung die grundrechtlich geschützten Positionen des Arbeitnehmers zu berücksichtigen. Der Arbeitgeber kann die **private Lebensführung** des Arbeitnehmers nur dann vertraglich regeln, wenn sie in unmittelbarem Bezug zu der zu erbringenden Arbeitsleistung steht.[4] Ferner können keine Compliance-Klauseln wirksam vereinbart werden, die beispielsweise gegen das Persönlichkeitsrecht gem. Art. 2 Abs. 1 GG sowie die Berufsfreiheit gem. Art 12 Abs. 1 GG verstoßen. Hierin läge eine unangemessene Benachteiligung des Arbeitnehmers, die gem. § 307 Abs. 1 S. 2 BGB zur Unwirksamkeit der Klausel führt. In der arbeitsrechtlichen Literatur wird dies insbesondere am Beispiel der vertraglichen Vereinbarung einer Whistleblower-Klausel diskutiert. Hierzu wird von *Preis*[5] und *Mengel*[6] vertreten, dass Whistleblower-Klauseln unwirksam seien, die über das Direktionsrecht hinausgehen. Hierdurch werde ein „vertragliches Denunziantentum" geschaffen, das mit dem allgemeinen Persönlichkeitsrecht nicht vereinbar sei. Die Grundrechte des Arbeitnehmers seien auch dann zu beachten, wenn der Arbeitgeber ein berechtigtes betriebliches Interesse an der Verpflichtung des Arbeitnehmers zur Anzeige bestimmten Fehlverhaltens anderer Arbeitnehmer oder Vorgesetzter habe. Neben der Vereinbarung von Whistleblower-Klauseln sind die Grundrechte des Arbeitnehmers beispielsweise bei der Einführung von Bestimmungen zur Nutzung von Telekommunikationsmitteln und deren Überwachung durch den Arbeitgeber oder auch bei wertpapierrechtlichen Handelsbeschränkungen zu berücksichtigen. 315

---

[1] *Mengel/Hagemeister*, BB 2007, 1386 (1390).
[2] *Fitting*/BetrVG, § 87 Rn. 19.
[3] Vgl. hierzu ErfK/*Kania*, § 77 BetrVG Rn. 79 ff.
[4] ErfK/*Preis*, § 611 BGB Rn. 732; *Mengel/Hagemeister*, BB 2006, 1386 (1390).
[5] Preis/*Preis*, Der Arbeitsvertrag, II A 40 Rn. 14 mit einem Klauselbeispiel.
[6] *Mengel* in: Hauschka, Corporate Compliance, § 12 Rn. 38.

bb) Gestaltung von Compliance-Klauseln unter Berücksichtigung der §§ 305 ff. BGB

316   Compliance-Klauseln in Individualarbeitsverträgen unterliegen darüber hinaus einer Inhaltskontrolle gem. §§ 310 Abs. 4 S. 2, 305 ff. BGB. Danach müssen sie insbesondere **transparent** sein und dürfen den Arbeitnehmer **nicht unangemessen benachteiligen**. Die unangemessene Benachteiligung kann sich sowohl
– aus dem Inhalt der Vereinbarung selbst als auch
– aus der vertraglichen Gestaltung ergeben.

317   Im Hinblick auf den **Inhalt der vertraglichen Vereinbarung** von Regelungen mit Compliance-Charakter bestehen regelmäßig keine Wirksamkeitsbedenken. In Anstellungsverträgen finden sich häufig entsprechende Regelungen, die bislang von der Rechtsprechung nicht bereits wegen ihrer vertraglichen Vereinbarung selbst für unwirksam erklärt wurden. Dies gilt beispielsweise für Geheimhaltungsklauseln, vertragliche Wettbewerbsverbote und bei Kreditdienstleistungsunternehmen regelmäßig auch für Insiderklauseln. Ebenso sind nachvertragliche Wettbewerbsverbote nicht bereits aufgrund ihres Inhalts überraschend. Sie können auch konzernweit vereinbart werden, wenn der Arbeitgeber hieran ein berechtigtes geschäftliches Interesse hat und dies für den Arbeitnehmer auch erkennbar ist, § 74 Abs. 1 S. 2 BGB.[1]

318   Bei der **vertraglichen Gestaltung** ist darauf zu achten, dass die Klausel den Anforderungen des § 305c Abs. 1 BGB entspricht. Danach ist eine Klausel überraschend, wenn sie von den Erwartungen des Vertragspartners deutlich abweicht und dieser mit ihr nach den Umständen vernünftigerweise nicht zu rechnen braucht.[2] Hierbei ist insbesondere auch das **äußere Erscheinungsbild** zu berücksichtigen.[3] Das Überraschungsmoment ist je eher zu bejahen, desto belastender die Bestimmung ist.[4] Im Einzelfall muss der Arbeitgeber daher nach der Rechtsprechung des **BAG**[5] auf eine solche Klausel besonders hinweisen oder diese drucktechnisch hervorheben. Für die Einwilligung in die Erhebung, Verarbeitung und Nutzung personenbezogener Daten ist das Erfordernis der drucktechnischen Hervorhebung in § 4a Abs. 1 S. 3 BDSG sogar gesetzlich normiert. Eine Compliance-Regelung, die sich an einer für den Arbeitnehmer unerwarteten Stelle im Arbeitsvertrag wiederfindet ist demnach unwirksam. Wesentliche Verhaltensregelungen sollten sich daher insbesondere nicht unter einer unrichtigen oder missverständlichen Überschrift wiederfinden,[6] etwa in den Schlussbestimmungen des Anstellungsvertrages.

319   Überraschend kann eine **Compliance-Regelung mit Konzernbezug** dann sein, wenn der Arbeitnehmer als Vertragspartner mit dem Inhalt dieser Regelung typischerweise nicht in Berührung kommt, sie sich also soweit von seinen vertraglichen Pflichten entfernt, dass er mit ihrer Geltung nicht zu rechnen braucht. Ein gewerblicher Arbeitnehmer in einem Konzernverbund mit einer ausschließlichen Tätigkeit in einer Produktionsgesellschaft muss beispielsweise nicht damit rechnen, dass sein Arbeitsvertrag ein ausführliches Verbot von Insidergeschäften oder auch ein konzernweites nachvertragliches Wettbewerbsverbot enthält, wie es möglicherweise in der Konzernholding üblich ist.

---

[1] *Däubler/Bonin/Deinert*, AGB-Kontrolle im Arbeitsrecht, § 305c BGB Rn. 20; LAG Hamm 8.2.2001 – 16 Sa 1243/00, BeckRS 2001, 31009812.
[2] ErfK/*Preis*, § 310 BGB Rn. 29.
[3] BAG 28.5.2009 – 8 AZR 896/07, NZA 2009, 1337.
[4] BAG 14.8.2007 – 8 AZR 973/06, NZA 2008, 170; BAG 14.8.2007 – 8 AZR 973/06, NZA 2008, 170.
[5] BAG 27.4.2000 – 8 AZR 301/99, BeckRS 2009, 56447.
[6] *Nägele/Chwalicz*, MDR 2002, 1343; *Däubler/Bonin/Deinert*, AGB-Kontrolle im Arbeitsrecht, § 305c BGB Rn. 12.

cc) Verweis auf Compliance-Regelungen außerhalb des Anstellungsvertrages

Besteht Unsicherheit darüber, welche Compliance-Regelungen zukünftig auf das Arbeitsverhältnis Anwendung finden sollen, besteht die Möglichkeit, auf ein außerhalb des Anstellungsvertrages liegendes Regelungswerk (Unternehmenshandbücher oder Richtlinien) Bezug zu nehmen. Dieser Gestaltungsweg wird häufig in Konzernstrukturen gewählt, um Compliance-Regelungen sich ändernden rechtlichen oder tatsächlichen Begebenheiten ohne das Erfordernis einer individuellen Zustimmung eines jeden Arbeitnehmers anzupassen. Die über eine Verweisungsklausel formularmäßig einbezogenen Compliance-Regelungen werden aber nur dann Gegenstand des Anstellungsvertrages, wenn diese Verweisung einer Inhaltskontrolle standhält. Hierbei ist zu differenzieren zwischen der **Verweisungsklausel** selbst und dem **Verweisobjekt**.[1] 320

Verweisungsklauseln können als sog. statische oder dynamische Verweisungen ausgestaltet sein. **Statische Verweisungsklauseln** verweisen auf ein außerhalb des Arbeitsvertrages liegendes Compliance-Regelungswerk in einer bestimmten Fassung. Aus Sicht des Arbeitnehmers ist damit der aus diesem Regelungswerk folgende Pflichtenkatalog hinreichend genau bestimmt. Bedenken im Hinblick an die Wirksamkeit dieser Verweisungsklausel im Hinblick auf § 305c Abs. 1 BGB bestehen in der Regel nicht. Nichts anderes gilt für **dynamische Verweisungen,** die auf ein Regelungswerk Bezug nehmen, das sich sowohl inhaltlich aber auch zeitlich ändern kann. Diese Form der Vertragsgestaltung ist bekannt aus der Verweisung auf einschlägige Tarifverträge und nach der Rechtsprechung des **BAG** grundsätzlich zulässig.[2] Solche Verweisungsklauseln sind an sich weder nach ihrer Art noch nach ihrem Erscheinungsbild so ungewöhnlich, dass der Arbeitnehmer nicht mit ihrer Einbeziehung zu rechnen braucht. Allerdings ist bei der Gestaltung der Verweisungsklausel darauf zu achten, dass das in Bezug genommene Regelungswerk so genau bezeichnet ist, dass Irrtümer hinsichtlich der für anwendbar erklärten Regelung ausgeschlossen sind.[3] Anderenfalls kann diese Klausel gem. § 305c Abs. 1 BGB unwirksam sein. Dieser Aspekt wird bei der Implementierung von Compliance-Regelungen im Konzern nur selten beachtet. So kommt es beispielsweise vor, dass innerhalb eines Konzerns verschiedene Compliance-Regelungen zur Arbeitssicherheit gelten, die die jeweiligen Besonderheiten des Betriebs oder Unternehmens erfassen und darüber hinaus auch diesen widersprechende konzernweite Regelungen. Um eine bestimmte Compliance-Regelung zur Arbeitssicherheit wirksam in das Arbeitsverhältnis einzubeziehen, ist ein klarer und unmissverständlicher Verweis auf das aus Sicht des Arbeitgebers anzuwendende Regelungswerk erforderlich.[4] 321

Unter dem **Verweisobjekt** ist die Compliance-Regelung zu verstehen, die Gegenstand des Arbeitsverhältnisses werden soll. Hierbei ist genau zu prüfen, ob es durch den Verweis auf ein außerhalb des Anstellungsvertrages liegendes Regelungswerk zu einer Konkurrenz mit bereits bestehenden arbeitsvertraglichen Bestimmungen kommt. Solche Konkurrenzsituationen sind häufig in historisch gewachsenen oder durch Unternehmenszukäufe entstandenen Konzernstrukturen anzutreffen. So enthält beispielsweise nahezu jeder Anstellungsvertrag eine Vertraulichkeits- und Geheimhaltungserklärung. Regelungen mit vergleichbarem Inhalt finden sich zudem häufig in Ethikrichtlinien. 322

---

[1] *Schreiber,* NZA-RR 2010, 617 (619).
[2] BAG 24.9.2008 – 6 AZR 76/07, NZA 2009, 154.
[3] Preis/*Preis,* Der Arbeitsvertrag, II V 40 Rn. 34.
[4] Zum Beispiel: „Soweit in diesem Arbeitsvertrag nichts anderes bestimmt ist, finden auf das Arbeitsverhältnis ergänzend die Richtlinien zur Arbeits- und Unternehmenssicherheit der ABC GmbH vom (Datum) Anwendung."

Kommt es einer Kollision, ist die eintretende Konkurrenzsituation nach den allgemeinen Auslegungsregeln sowie dem Günstigkeitsprinzip zu lösen.[1]

323 Ein weiteres Problem stellt der **Inhalt der Verweisungsklausel** dar. Bei dynamischen Verweisungsklauseln ist das Verweisungsobjekt selbst einer Inhaltskontrolle zu unterziehen. Diese richtet sich nach § 307 Abs. 1 BGB. Danach sind Bestimmungen in Allgemeinen Geschäftsbedingungen unwirksam, wenn sie den Vertragspartner des Verwenders entgegen den Geboten von Treu und Glauben unangemessen benachteiligen. Das Vorliegen einer unangemessenen Benachteiligung wird nach der Rechtsprechung des **BAG** unter Berücksichtigung und Bewertung der wechselseitigen Interessen der Vertragspartner geprüft. Dies erfolgt nach einem generellen, typisierenden, vom Einzelfall losgelösten Maßstab.[2] Nach der Rechtsprechung des BAG[3] können dynamische Verweisungsklauseln den Arbeitnehmer unangemessen benachteiligen, wenn in einem Arbeitsvertrag auf eine bestimmte Fassung eines einseitig vom Arbeitgeber vorgegebenen Regelungswerks (beispielsweise einer Arbeits- und Sozialordnung) Bezug genommen und gleichzeitig dessen „*jeweils gültige Fassung*" zum Bestandteil des Arbeitsvertrags erklärt wird. Hierdurch wird ein einseitiges Vertragsänderungsrecht des Arbeitgebers begründet. Dies kann nach der Rechtsprechung des BAG eine den Arbeitnehmer unangemessene Benachteiligung darstellen, wenn bis auf Dauer der Arbeitszeit und Arbeitsgrundvergütung nahezu sämtliche Arbeitsbedingungen einseitig abänderbar und keinerlei Gründe für eine Verschlechterung genannt oder erkennbar sind. Bei dieser Vertragsgestaltung werden die durch die Rechtsprechung entwickelten strengen Anforderungen an einen Widerrufs- oder Freiwilligkeitsvorbehalt umgangen. Übertragen auf Compliance-Regelungen bedeutet dies Folgendes: Anders als in der vorzitierten Entscheidung des BAG zielen Compliance-Regelungen nicht auf eine Änderung der wesentlichen Hauptleistungspflichten, sondern auf deren Konkretisierung unter Einbeziehung der aus dem Arbeitsverhältnis folgenden Nebenpflichten.[4] Hierdurch werden aber Verhaltenspflichten des Arbeitnehmers konkretisiert, deren Verletzung der Arbeitgeber arbeitsrechtlich sanktioniert möchte. Aus diesem Grund unterliegen auch dynamische Verweisungsklauseln auf Compliance-Regelungen erhöhten Anforderungen an das Transparenzgebot des § 307 Abs. 1 S. 2 BGB – wenn man sie denn überhaupt für wirksam hält.[5] **Dynamische Bezugnahmeklauseln** müssen daher zum einen so transparent gestaltet sein, dass der Arbeitnehmer „weiß, was auf ihn zukommt". Die durch ihn einzuhaltenden Pflichten müssen folglich für den Arbeitnehmer verständlich formuliert sein. Daher reicht es beispielsweise nicht aus, auf eine Ethikrichtlinie zu verweisen, die später durch ein Handbuch mit umfangreichen Regelungen zur Antikorruption und zum Außenwirtschaftsrecht ergänzt wird. Zum anderen muss bei einer zeitlich dynamischen Bezugnahmeklausel auf Compliance-Regelungen auch der Grund für spätere Änderung angegeben werden.[6] Solche Gründe können beispielsweise die Veränderung gesetzlicher Voraussetzungen oder auch tatsächlicher, das Unternehmen betreffende Umstände sein. Tatsächliche Änderungen können beispielsweise durch Unternehmenszukäufe eintreten, wenn es aufgrund der neu hinzukommenden Gesellschaften und der für sie bestehenden und auch

---

[1] Vgl. Preis/*Preis,* Der Arbeitsvertrag, I B 73 ff.
[2] BAG 11.4.2006 – 9 AZR 610/05, NZA 2006, 1042; BAG 24.2.2011 – 6 AZR 634/09, BeckRS 2011, 71243.
[3] BAG 11.2.2009 – 10 AZR 222/08, NZA 2009, 428.
[4] Zur den Anforderungen an die arbeitsvertragliche Einbeziehung einer Car Policy und einer Telekommunikationsrichtlinie Hessisches LAG 6.3.2013 – 18 Sa 1046/12, BeckRS 2013, 70447.
[5] *Mengel,* CCZ 2008, 86.
[6] *Preis,* NZA 2010, 361; kritisch hierzu auch *Mengel/Hagemeister,* BB 2007, 1386 (1391).

von ihnen ausgehenden Risiken zu einer veränderten Gefährdungslage für den gesamten Konzern kommt. Das bloße Vereinheitlichungsinteresse von bereits bestehenden Richtlinien innerhalb des Konzerns ist hingegen mit der Auffassung von *Mengel*[1] als sachlicher Grund für eine einseitige Änderungsbefugnis des Arbeitgebers abzulehnen.

3. Kollektivrechtliche Einführung durch Betriebsvereinbarung

Als dritter Einführungsweg von Compliance-Regelungen kommt der Abschluss einer Betriebsvereinbarung zwischen dem herrschenden Konzernunternehmen[2] und dem Konzernbetriebsrat in Betracht. Diese Vorgehensweise bietet sich häufig bereits deswegen an, weil durch die Einführung von Compliance-Regelungen im Wege des Direktionsrechts ohnehin Mitbestimmungsrechte des Betriebsrats ausgelöst werden. Die **Zuständigkeit** des (Konzern-)Betriebsrats besteht nur für Arbeitnehmer iSd § 5 Abs. 1 BetrVG. **Leitende Angestellte** iSd § 5 Abs. 3 BetrVG werden nicht erfasst. Diese werden durch den Sprecherausschuss repräsentiert. Wurde dieser gebildet, kann dieser mit dem Arbeitgeber ebenfalls eine Compliance-Regelung in Form einer Richtlinie gem. § 28 Abs. 2 SprAuG abschließen. Von der Regelungskompetenz des Betriebsrats sind ebenso **Organe** der Gesellschaften als auch sonstige in einem Dienstverhältnis stehende externe **Berater** nicht erfasst. Mit diesen sind Compliance-Regelungen individualvertraglich zu vereinbaren. 324

a) Die Betriebsvereinbarung als Gestaltungsmittel

Eine (Konzern-)Betriebsvereinbarung gilt gem. § 77 Abs. 4 BetrVG unmittelbar und zwingend für alle in den abhängigen Konzernunternehmen beschäftigten Arbeitnehmer.[3] Einer Umsetzung dieser Konzernbetriebsvereinbarung durch die einzelnen Konzernunternehmen bedarf es nicht mehr.[4] Damit werden in Konzernbetriebsvereinbarungen vereinbarte Compliance-Regelungen auch ohne Zustimmung der Arbeitnehmer konzernweit Bestandteil des Arbeitsvertrages.[5] Soweit die Konzernbetriebsvereinbarung Verhaltenspflichten der Arbeitnehmer verbindlich regelt, kann der Arbeitgeber von seinem Direktionsrecht keinen Gebrauch mehr machen.[6] (Konzern-)Betriebsvereinbarungen sind damit ebenso genau zu gestalten, wie auch individualvertragliche Vereinbarungen. 325

Bei der Gestaltung von Compliance-Regelungen ist der *„Honeywell-Beschluss"* des **BAG** hilfreich.[7] Darin hat das BAG festgestellt, dass ein vom Arbeitgeber aufgestellter Verhaltenskodex, der unterschiedliche Regelungen, Verlautbarungen und Vorgaben zum Inhalt hat, nicht nur entweder insgesamt oder überhaupt nicht der Mitbestimmung unterliegt. Die in einem Verhaltenskodex geregelten Verhaltensbestimmungen können damit „vor die Klammer gezogen" werden und unterliegen jeweils isoliert der Prüfung auf einen mitbestimmungsrelevanten Inhalt. Demnach können beispielsweise in einem Handbuch geregelte Compliance-Regelungen sowohl mitbestimmungs- 326

---

[1] *Mengel* in: Hauschka, Corporate Compliance, § 12 Rn. 15; so wohl auch *Schreiber*, NZA-RR 2010, 617.
[2] BAG 12.11.1997 – 7 ABR 78/96, NZA 1998, 497; *Fitting*, BetrVG § 58 Rn. 34; andere Auffassung Richardi/*Annuß*, BetrVG, § 58 Rn. 44, der als Vertragspartner für den Abschluss einer Konzernbetriebsvereinbarung auch ein abhängiges Unternehmen annimmt.
[3] BAG 22.1.2002 – 3 AZR 554/00, NZA 2002, 1224.
[4] *Fitting*, BetrVG § 58 Rn. 35.
[5] BAG 22.1.2002 – 3 AZR 554/00, NZA 2002, 1224; GK-BetrVG/*Kreutz/Franzen*, § 58 Rn. 51.
[6] *Fitting*, BetrVG § 77 Rn. 50; *Mengel* in: Hauschka, Corporate Compliance, § 12 Rn. 51; *Borgmann*, NZA 2003, 352 (355).
[7] BAG 22.7.2008 – 1 ABR 40/07, NZA 2008, 1248.

pflichtige als auch mitbestimmungsfreie Teile enthalten. Dies gibt die Möglichkeit, komplexe Compliance-Regelungen sowohl in zeitlicher als auch in sachlicher Hinsicht getrennt einzuführen. Hinsichtlich derjenigen Compliance-Regelungen, die nicht der zwingenden Mitbestimmung gem. § 87 Abs. 1 BetrVG unterliegen, kann zudem die Nachwirkung gem. § 77 Abs. 6 BetrVG ausgeschlossen werden.

aa) Gegenstand einer Konzernbetriebsvereinbarung

327 **Gegenstand einer Konzernbetriebsvereinbarung** können nur Angelegenheiten sein, für die der Konzernbetriebsrat zuständig ist. Dies können sowohl betriebliche Fragen, betreffend die Gesamtheit oder Gruppen von Arbeitnehmern innerhalb des Konzerns sein, als auch alle sonstigen materiellen oder formellen Arbeitsbedingungen.[1] Compliance-Regelungen können demnach grundsätzlich Gegenstand einer Betriebsvereinbarung sein. Entweder konkretisieren sie aus dem Arbeitsverhältnis folgende Nebenpflichten (zB Antikorruptionsverpflichtungen) oder stellen betriebliche Regelungen auf (zB Rauchverbote).

328 Ebenso wie bei der individualvertraglichen Vereinbarung von Verhaltensregeln in Arbeitsverträgen haben auch die Betriebsparteien bei dem Abschluss von Betriebsvereinbarungen **Grenzen** zu beachten. Die Regelungskompetenz des Arbeitgebers wird durch die Beteiligung des Betriebsrats daher nicht erweitert.[2] Die einzuhaltenden Grenzen ergeben sich insbesondere aus § 75 BetrVG. Danach haben die Betriebsparteien die Arbeitnehmer nach den Grundsätzen von Recht und Billigkeit zu behandeln und insbesondere den **Gleichbehandlungsgrundsatz** sicherzustellen. Über § 75 Abs. 1, Abs. 2 BetrVG sind die Betriebsparteien damit mittelbar an die Grundrechte gebunden und haben auch die **allgemeine Handlungsfreiheit** nach Art. 2 Abs. 1 GG zu beachten.[3] Eine die Handlungsfreiheit einschränkende Compliance-Regelung muss daher geeignet, erforderlich und unter Berücksichtigung der gewährleisteten Freiheitsrechte angemessen sein, um den durch den Arbeitgeber mit ihrer Einführung verfolgten Zweck zu erreichen. Sie muss daher insbesondere einen Bezug zur Arbeitspflicht des Arbeitnehmers enthalten. Die allgemeine Handlungsfreiheit schützt die Arbeitnehmer aber nicht so weit, dass jegliche den Arbeitnehmer belastende Regelungen unwirksam sind. Solche Regelungen sind nach der Rechtsprechung des *BAG* zulässig.[4] Ausgehend von diesen Grundsätzen kann eine Betriebsvereinbarung daher beispielsweise nicht die außerbetriebliche Lebensführung einschränkungslos regeln (zB private Liebesbeziehungen am Arbeitsplatz oder auch das unbeschränkte Verbot des Handels mit Wertpapieren des Unternehmens).[5] Darüber hinaus sind nach der in der Literatur vertretenen Auffassung Compliance-Regelungen unwirksam, die Regelungen auf Dritte, wie beispielsweise Familienangehörige des Arbeitnehmers erstrecken.[6]

bb) Kollision zwischen Konzernbetriebsvereinbarungen und anderen Regelungsebenen

329 Bei der Gestaltung von Compliance-Regelungen durch eine Konzernbetriebsvereinbarung ist vorab zu prüfen, ob inhaltsgleiche Regelungen bereits auf

---

[1] BAG 19.10.2005 – 7 AZR 32/05, NZA 2006, 393.
[2] GK-BetrVG/*Wiese*, § 87 Rn. 170.
[3] BAG 12.11.2002 – 1 AZR 58/02, NZA 2003, 1287.
[4] BAG 12.12.2006 – 1 AZR 96/06, NZA 2007, 453; *Fitting*, BetrVG § 77 Rn. 46.
[5] BAG 28.5.2002 – 1 ABR 32/01, NZA 2003, 166 zum Tendenzschutz gem. § 118 BetrVG bei der Einführung von Regeln, die für Redakteure einer Wirtschaftszeitung den Besitz von Wertpapieren oder die Ausübung von Nebentätigkeiten mit dem Ziel einschränken, die Unabhängigkeit der Berichterstattung zu gewährleisten.
[6] *Wisskirchen/Jordan/Bissels*, DB 2005, 2190 (2194); *Mengel* in: Hauschka, Corporate Compliance, § 12 Rn. 47.

- individualvertraglicher oder
- kollektivrechtlicher Ebene bestehen.

(1) Zusammentreffen mit individualvertraglichen Regelungen

Arbeitnehmer haben sie belastende Regelungen nur dann zu befolgen, wenn nicht im Verhältnis zur (Konzern-)Betriebsvereinbarung günstigere Bedingungen aus dem Arbeitsverhältnis gelten **(Günstigkeitsprinzip);** dies können sowohl Regelungen des Arbeitsvertrages als auch aus einer betrieblichen Übung sein.[1] Eine **betriebliche Übung** kann beispielsweise im Hinblick auf die private Nutzungsmöglichkeit der durch den Arbeitgeber zur Verfügung gestellten Telekommunikationsmittel entstanden sein.[2] Dies führt dazu, dass in einer (Konzern-)Betriebsvereinbarung vereinbarte Compliance-Regelungen eine einmal entstandene betriebliche Übung wegen des Günstigkeitsprinzips nur dann zu Lasten der Arbeitnehmer aufheben oder verschlechtern können, wenn sich der Arbeitgeber dies durch eine sog. **Betriebsvereinbarungs-öffnungsklausel** vorbehalten hat.[3] Dieser Vorbehalt muss für den Arbeitnehmer klar erkennbar sein,[4] was in der Praxis nur sehr selten der Fall ist. Wurde ein entsprechender Vorbehalt nicht erklärt oder auch nicht vertraglich vereinbart, kann eine einmal entstandene betriebliche Übung auch durch eine sog. umstrukturierende Betriebsvereinbarung wieder abgelöst werden. Dies richtet sich nach einem kollektiven Günstigkeitsprinzip, wenn bei einer kollektiven Betrachtung das Leistungsvolumen insgesamt gleich bleibt und lediglich die Verteilung unter den Arbeitnehmern geändert wird.[5] Da Compliance-Regelungen aber regelmäßig keine den Arbeitnehmer begünstigende Regelungen enthalten, kommt die Ablösung einer durch eine betriebliche Übung entstandene für den Arbeitnehmer günstigere compliance-relevante Regelung durch eine Betriebsvereinbarung nicht in Betracht. War demnach beispielsweise die private Nutzung des dienstlichen E-Mail-Accounts durch den Arbeitgeber geduldet, kann die Privatnutzung nicht durch eine (Konzern-)Betriebsvereinbarung wieder eingeschränkt werden.

330

(2) Zusammentreffen mit anderen Betriebsvereinbarungen

Darüber hinaus ist eine Kollision verschiedener Compliance-Regelungen im Konzern auch auf Betriebsvereinbarungsebene denkbar. Solche Kollisionen können durch Umstrukturierungen und Unternehmenszukäufe entstehen. Dies führt dazu, dass kollektivrechtlich geltende Compliance-Regelungen mit unterschiedlichem Inhalt miteinander kollidieren können. Diese Kollision ist nach der Rechtsprechung des **BAG** nicht nach dem Günstigkeitsprinzip, sondern dem **Ablösungsprinzip** aufzulösen.[6] Danach löst die jüngere Betriebsvereinbarung die ältere ab und zwar auch dann, wenn sie zu einer Verschlechterung der bestehenden Regelungen führen.[7] Werden daher in einen Konzern konzernabhängige Unternehmen integriert, gelten die durch eine Konzernbetriebsvereinbarung in dem Konzern vereinbarten Compliance-Regelungen.

331

---

[1] BAG 19.2.2008 – 3 AZR 61/06, NZA-RR 2008, 597; ErfK/*Kania*, § 77 BetrVG Rn. 68; *Fitting*, BetrVG § 77 Rn. 196; GK-BetrVG/*Kreutz*, § 77 Rn. 251.
[2] Zur umstrittenen Frage, wann eine Gestattung der Nutzung der Telekommunikationsmittel durch betriebliche Übung entsteht, *Bertram*, GwR 2012, 388.
[3] GK-BetrVG/*Kreutz*, § 77 Rn. 278.
[4] BAG 5.8.2009 – 10 AZR 483/08, NZA 2009, 1105.
[5] BAG 19.2.2008 – 3 AZR 61/06, NZA-RR 2008, 597.
[6] BAG 20.2.2001 – 1 AZR 322/00, NZA 2001, 1204; ErfK/*Kania*, § 77 BetrVG Rn. 64; GK-BetrVG/*Kreutz*, § 77 Rn. 381.
[7] BAG 14.8.2001 – 1 AZR 619/00, NZA 2002, 276; *Fitting*, BetrVG § 77 Rn. 192; GK-BetrVG/*Kreutz*, § 77 Rn. 340.

Das Ablösungsprinzip gilt auch dann, wenn die kollektivrechtlich geregelten Compliance-Regelungen bei einem Betriebsübergang gem. § 613a Abs. 1 S. 3 BGB Inhalt des Arbeitsverhältnisses geworden sind und in dem Konzernverbund eine für die neu hinzugekommenen Arbeitnehmer ungünstigere Konzernbetriebsvereinbarung inhaltsgleiche Compliance-Regelungen aufstellt.[1] Falls die Compliance-Regelung zwar konzernweit im Wege einer Konzernbetriebsvereinbarung eingeführt wird, deren Inhalt aber zur Vermeidung von Kollisionen nicht für alle Konzernunternehmen gelten soll, bedarf es einer ausdrücklichen Beschränkung des Geltungsbereichs.[2] An diese Gestaltungsmöglichkeit ist ferner immer dann zu denken, wenn betriebliche oder bezogen auf den Unternehmenszweck bestehende Besonderheiten einer gesonderten Regelung für einzelne Konzernunternehmen bedürfen.

b) Zuständigkeit des Konzernbetriebsrats

332   Vor der Implementierung einer Compliance-Regelung über eine Betriebsvereinbarung bedarf es einer sorgfältigen Prüfung der Zuständigkeit des richtigen Verhandlungspartners. Eine mit dem **funktionell unzuständigen Betriebsratsgremium** abgeschlossene Betriebsvereinbarung ist **nichtig**.[3] Eine unwirksame Betriebsvereinbarung kann zwar grundsätzlich in eine vertragliche Einheitsregelung umgedeutet werden.[4] Dies setzt aber voraus, dass es sich um eine Leistung des Arbeitgebers an den Arbeitnehmer handelt und nicht eine den Arbeitnehmer belastende Regelung.[5] Eine solche Umdeutung kommt daher jedenfalls bei solchen Compliance-Regelungen nicht in Betracht, die für den Arbeitnehmer belastende Verhaltensregeln begründen. Unter Verkennung der Zuständigkeit des richtigen Betriebsratsgremiums abgeschlossene Betriebsvereinbarungen können zwar durch einen Beschluss des zuständigen Gremiums geheilt werden, allerdings nur mit Wirkung *ex nunc*.[6] Verstöße gegen eine Compliance-Regelung, die mit dem unzuständigen Betriebsratsgremium abgeschlossen wurde, können damit nicht arbeitsrechtlich sanktioniert werden.

aa) Gesetzliche Zuständigkeitszuweisung

333   Als Verhandlungspartner für den Abschluss einer konzernweiten Betriebsvereinbarung kommt der Konzernbetriebsrat in Betracht. Ein errichteter Konzernbetriebsrat ist nicht nur für diejenigen Unternehmen zuständig, die einen Gesamtbetriebsrat gebildet sondern auch für Betriebe von Konzernunternehmen ohne Betriebsrat, § 58 Abs. 1 S. 2 2. Hs. BetrVG. Diese Betriebe müssen allerdings die Voraussetzungen des § 1 Abs. 1 BetrVG erfüllen.[7] Zuständigkeitserweiterung erleichtert die Einführung von Compliance-Regelungen auch in betriebsratslosen Betrieben des Konzerns. Voraussetzung ist, dass ein Konzernbetriebsrat durch Beschluss der einzelnen Gesamtbetriebsräte des Konzerns errichtet wurde, § 54 Abs. 1 BetrVG. Dies muss nicht zwingend erfolgen. Anders als die Errichtung eines Gesamtbetriebsrats ist die Errichtung eines Konzernbetriebsrats fakultativ.[8] Weitere Voraussetzung für die Errichtung eines Konzernbetriebsrats ist, dass dieser für die in der Bundesrepublik Deutschland gelegenen Be-

---

[1] BAG 28.6.2005 – 1 AZR 213/04, NZA 2005, 1431; ErfK/*Kania*, § 77 BetrVG, Rn. 64; *Fitting*, BetrVG § 77 Rn. 192.
[2] ErfK/*Kania*, § 77 BetrVG Rn. 33; *Fitting*, BetrVG § 77 Rn. 34.
[3] *Fitting*, BetrVG § 77 Rn. 30.
[4] BAG 5.3.1997 – 4 AZR 532/95, NZA 1997, 951; GK-BetrVG/*Kreutz/Franzen*, § 58 Rn. 54.
[5] LAG Hamm 22.10.1998 – 8 Sa 1353/98, NZA-RR 2000, 27.
[6] *Fitting*, BetrVG, § 77 Rn. 30.
[7] LAG Düsseldorf 3.11.2011 – 5 TaBV 50/11, BeckRS 2012, 79289.
[8] ErfK/*Koch*, § 54 BetrVG Rn. 6.

triebe errichtet wird (sog. **Territorialitätsprinzip**).[1] Eine Errichtung ist hingegen dann nicht möglich, wenn das herrschende Unternehmen zwar seinen Sitz in der Bundesrepublik Deutschland, die abhängigen Unternehmen ihren aber im Ausland haben.[2] Hat das herrschende Unternehmen seinen Sitz im Ausland und wird von dort auch die einheitliche Leitung ausgeübt, kann für die in der Bundesrepublik Deutschland gelegenen Unternehmen kein Konzernbetriebsrat gebildet werden.[3] Etwas anderes soll nach der Rechtsprechung des *BAG*[4] nur dann gelten, wenn bei einem mehrstufigen Konzern ein in der Bundesrepublik Deutschland ansässiges Unternehmen wesentliche Leitungsaufgaben in personellen, sozialen und wirtschaftlichen Angelegenheiten zur eigenständigen Ausübung gegenüber den ihr nachgeordneten Unternehmen verbleiben.[5] Erforderlich ist damit eine sog. **inländische Teilkonzernspitze** mit Sitz in der Bundesrepublik Deutschland. Liegt die Konzernspitze hingegen im Ausland und werden hierüber mehrere in der Bundesrepublik Deutschland gelegene Schwestergesellschaften gehalten, über die die Leitungsmacht ausgeübt wird, fehlt es an einer „deutschen" Teilkonzernspitze, so dass die Errichtung eines Konzernbetriebsrats in diesem Fall nicht möglich ist.[6]

Originär zuständig ist der Konzernbetriebsrat, wenn es sich um eine Angelegenheit handelt, die nicht durch die einzelnen Gesamtbetriebsräte innerhalb ihrer Unternehmen geregelt werden können (Abs. 1) oder wenn der Konzernbetriebsrat durch den Gesamtbetriebsrat beauftragt wurde, eine Angelegenheit für ihn zu behandeln (Abs. 2).[7] Für die Wahrnehmung von Mitbestimmungsrechten ist daher in erster Linie der lokale Betriebsrat bzw. der Gesamtbetriebsrat zuständig. Dieser gilt als „sachnäher" und hat daher die Interessen der Arbeitnehmer wahrzunehmen. Eine originäre Zuständigkeit des Konzernbetriebsrats über die Einführung von Compliance-Regelungen besteht daher nur dann, wenn sich der zu regelnde Inhalt nicht auf die einzelnen Unternehmen beschränkt und deshalb die Interessen der Arbeitnehmer nicht mehr auf der Ebene der Gesamtbetriebsräte gewahrt werden können.[8] Diese Zuständigkeit des Konzernbetriebsrats kann sich aus **objektiv zwingenden Gründen** oder aus der **subjektiven Unmöglichkeit** einer Regelung auf Unternehmensebene ergeben.[9] Ein objektiv zwingendes Erfordernis für eine konzerneinheitliche Regelung können beispielsweise technische oder rechtliche Umstände begründen, zB die konzernweite Einführung eines neuen Datenverarbeitungssystems und damit verbundene Möglichkeit der Überwachung des Verhaltens der auch in anderen Konzernunternehmen beschäftigten Arbeitnehmer.[10] Über die betriebs- oder konzernweite Einführung eines

334

---

[1] BAG 22.3.2000 – 7 ABR 34/98, NZA 2000, 1119.
[2] ErfK/*Koch*, § 54 BetrVG Rn. 7; *Fitting*, BetrVG § 54 Rn. 34; GK-BetrVG/*Kreutz/Franzen*, § 54 Rn. 43; *Henssler/Schneider*, RdA 2009, 318.
[3] ErfK/*Koch*, § 54 BetrVG Rn. 7.
[4] BAG 14.2.2007 – 7 ABR 26/06, NZA 2007, 999.
[5] So im Ergebnis auch Richardi/*Annuß*, BetrVG, § 54 Rn. 35; ErfK/*Koch*, § 54 BetrVG Rn. 7 und *Fitting*, BetrVG § 54 Rn. 34 allerdings mit Kritik an der dogmatischen Herleitung.
[6] Ebenso ErfK/*Koch*, § 54 BetrVG Rn. 7; Richardi/*Annuß*, BetrVG § 54 Rn. 35; *Kort*, NJW 2009, 129 (131); andere Auffassung *Fitting*, BetrVG § 54 Rn. 34.
[7] Im Falle einer Beauftragung nach § 58 Abs. 2 BetrVG ist die Betriebsvereinbarung nicht mit der Konzernleitung, sondern mit dem abhängigen Konzernunternehmen abgeschlossen wird, dessen Gesamtbetriebsrat ihn beauftragt hat, BAG 12.11.1997 – 7 ABR 78/96, NZA 1998, 497; GK-BetrVG/*Kreutz/Franzen*, § 58 Rn. 46.
[8] BAG 19.6.2007 – 1 AZR 454/06, NZA 2007, 1184.
[9] BAG 25.9.2012 – 1 ABR 45/11, BeckRS 2013, 65961 zur konzernweiten Einführung von SAP.
[10] BAG 25.9.2012 – 1 ABR 45/11, BeckRS 2013, 65961; LAG Berlin-Brandenburg 31.7.2013 – 17 TaBV 222/13 zur Installation von Überwachungskameras in einer zu einem Krankenhauskonzern gehörenden Klinik; *Fitting*, BetrVG § 58 Rn. 11.

solchen Datenverarbeitungssystems entscheidet allein der Arbeitgeber, der insoweit einen Gestaltungsspielraum hinsichtlich der Zuständigkeit des Konzernbetriebsrats hat.[1] Der **bloße Wunsch der Konzernholding nach einer konzerneinheitlichen Regelung,** ein Kosten- oder Koordinierungsinteresse sowie reine Zweckmäßigkeitsgesichtspunkte **genügen hingegen nicht,** um die Zuständigkeit des Konzernbetriebsrats zu begründen.[2] Maßgeblich sind stets die konkreten Umstände des Konzerns, seiner Unternehmen und Betriebe.[3] Im Hinblick auf die Einführung von Compliance-Regelungen kann sich beispielsweise ein objektives Erfordernis zur Einführung einer konzerneinheitlichen Ethikrichtlinie aus einer unternehmensübergreifenden Unternehmensphilosophie ergeben.[4] Diese ist durch unterschiedliche Regelungen auf Unternehmens- oder gar Betriebsebene nicht sicherzustellen. Das BAG führt hierzu wie folgt aus: *„Ein konzernbezogenes identitätsstiftendes ethisch-moralisches Erscheinungsbild ist nur einheitlich umsetzbar."* Für die Einführung von **Ethikrichtlinien** ist daher der **Konzernbetriebsrat originär zuständig.**[5] Bezüglich anderer Compliance-Regelungen ist anhand des Inhalts sehr genau zu prüfen, ob ein objektiv zwingendes Erfordernis für die konzerneinheitliche Einführung besteht. Die in dem Konzern zu berücksichtigenden Umstände können sehr unterschiedlich sein und geradezu eine unterschiedliche Regelung innerhalb der jeweiligen Konzernunternehmen bedingen, was der originären Zuständigkeit des Konzernbetriebsrats entgegensteht. *Dzida*[6] führt hierzu als Beispiel eine Konzernstruktur bestehend aus einer Verwaltungs- und mehreren Produktionsgesellschaften an. Bezüglich Compliance-Regelungen zur Arbeits- und Unternehmenssicherheit bestünde in einer solchen Struktur regelmäßig keine unternehmensübergreifende Erforderlichkeit für dessen Einführung. Denn für die Verwaltungsgesellschaft fänden arbeitsschutzrechtliche Vorschriften, die durch die Compliance-Regelungen konkretisiert werden sollen, regelmäßig keine Anwendung. Der Konzernbetriebsrat wäre für die Einführung einer solchen Richtlinie zur Arbeits- und Unternehmenssicherheit daher nicht originär zuständig. Auf der anderen Seite können für die Verwaltungsgesellschaft insbesondere Regelungen zum Außenwirtschaftsrecht oder zur Antikorruption von Bedeutung sein, nicht aber auch zwingend für die Produktionsgesellschaften. Dies hat zur Konsequenz, dass bezüglich der Einführung der Richtlinie zur Arbeits- und Unternehmenssicherheit sowie der Richtlinien zur Antikorruption und zum Außenwirtschaftsrecht jeweils die Gesamtbetriebsräte oder möglicherweise auch die Einzelbetriebsräte zuständig wären. Ist der Konzernbetriebsrat in einem solchen Fall nicht originär zuständig, kann sich seine Zuständigkeit aber durch eine **Beauftragung durch den Gesamtbetriebsrat** nach § 58 Abs. 2 BetrVG ergeben. Zu beachten ist, dass eine solche Beauftragung des Konzernbetriebsrats dazu führt, dass auf Seiten des Arbeitgebers für die Verhandlungen nicht mehr die Konzernleitung, sondern denjenigen Konzernunternehmen zuständig sind, deren Gesamtbetrieb den Konzernbetriebsrat beauftragt hat.[7]

bb) Mitbestimmung bei Nichtbestehen eines Konzernbetriebsrats

335 Wurde ein Konzernbetriebsrat hingegen nicht errichtet, stellt sich die Frage, ob eine Compliance-Regelung ohne Beteiligung eines (Gesamt-)Betriebsrats eingeführt wer-

---

[1] LAG Niedersachsen 24.5.2011 – 1 TaBV 55/09, ZD 2011, 84 zur konzernweiten Einführung eines SAP-Systems.
[2] *Fitting,* BetrVG § 58 Rn. 11; GK-BetrVG/*Kreutz/Franzen,* § 58 Rn. 28.
[3] BAG 22.7.2008 – 1 ABR 40/07, NZA 2008, 1248; *Dzida,* NZA 2008, 1265.
[4] BAG 22.7.2008 – 1 ABR 40/07, NZA 2008, 1248.
[5] LAG Berlin-Brandenburg 17.5.2011 – 1 ABR 121/09, CCZ 2012, 119.
[6] *Dzida,* NZA 2008, 1265.
[7] BAG 12.11.1997 – 7 ABR 78/96, NZA 1998, 497; *Fitting,* BetrVG § 58 Rn. 27; andere Auffassung GK-BetrVG/*Kreutz/Franzen,* § 58 Rn. 47.

den kann, wenn es sich um eine Angelegenheit handelt, die in den Zuständigkeitsbereich des Konzernbetriebsrats gem. § 58 Abs. 1 BetrVG fällt. *Dzida*[1] und *Schreiber*[2] vertreten die Auffassung, dass bei Nichterrichtung eines Konzernbetriebsrats der Arbeitgeber mitbestimmungsfrei eine konzernweite Compliance-Regelung einführen kann. Sie stützen sich auf einen Beschluss des **BAG** vom 14.2.2007.[3] Dieser kann meines Erachtens allerdings nicht zwingend dahingehend verstanden werden, dass die Zuständigkeit der Gesamt- oder Einzelbetriebsräte bereits dann entfällt, wenn die gesetzlichen Voraussetzungen für die Errichtung eines Konzernbetriebsrats zwar vorliegen, dieser aber nicht gebildet wurde.[4] Lehnt man mit dieser Auffassung eine subsidiäre (Auffang-)Zuständigkeit des (Gesamt-)Betriebsrats ab, kann die Compliance-Regelung mitbestimmungsfrei eingeführt werden. Etwas vorsichtigere Arbeitgeber führen die Compliance-Regelung hingegen auch in diesem Fall unter Wahrung der Mitbestimmungsrechte des (Gesamt-)Betriebsrats ein. Der (Gesamt-)Betriebsrat ist darüber hinaus ohnehin bereits immer dann mit in die Verhandlungen über die Einführung von Compliance-Regelungen einzubeziehen, wenn er Mitbestimmungsrechte unter Verweis auf die nicht bestehende Notwendigkeit einer konzerneinheitlichen Regelung geltend macht. Der Arbeitgeber sieht sich in diesem Fall unter Umständen mehreren (Gesamt-)Betriebsratsgremien als Verhandlungspartner gegenüber. Das Fehlen eines Konzernbetriebsrats kann es daher praktisch sogar schwieriger machen, konzerneinheitliche Compliance-Regelungen in mitbestimmungspflichtigen Angelegenheiten durchzusetzen.

cc) Zweifel über die Zuständigkeit des richtigen Gremiums

Bei Zweifeln über die Zuständigkeit des richtigen Betriebsratsgremiums hat der Arbeitgeber selbst den „richtigen" Verhandlungspartner zu bestimmen. Die gesetzliche Zuständigkeitsverteilung ist zwingend und steht – jedenfalls bei Gegenständen der zwingenden Mitbestimmung – nicht zur Disposition der Betriebsparteien.[5] Ist der Konzernbetriebsrat für die Behandlung einer Angelegenheit zuständig, ist diese Zuständigkeit abschließend, so dass der Gesamtbetriebsrat für die Behandlung der gleichen Angelegenheit nicht mehr zuständig ist.[6] Unwirksam ist damit auch eine „umgekehrte Beauftragung" des Gesamtbetriebsrats oder der Einzelbetriebsräte durch den Konzernbetriebsrat.[7] **Im Zweifel** sind die **Verhandlungen mit allen in Betracht kommenden Betriebsratsgremien** zu führen und unter deren zumindest formeller Beteiligung abzuschließen.[8]

336

c) Überblick über die Mitbestimmungsrechte im Einzelnen

Die Einführung von Compliance-Regelungen kann Mitbestimmungsrechte des Betriebsrats auslösen. Mitbestimmungspflichtig ist allerdings nicht bereits die Einführung der Compliance-Regelung selbst.[9] Gleichwohl ist der (Konzern-)Betriebsrat über die

337

---

[1] *Dzida*, NZA 2008, 1265.
[2] *Schreiber*, NZA-RR 2010, 617.
[3] BAG 14.2.2007 – 7 ABR 26/06, NZA 2007, 999.
[4] Für das Entfallen eines Mitbestimmungsrecht bei Nichterrichtung eines Konzernbetriebsrats auch GK-BetrVG/*Kreutz/Franzen*, § 58 Rn. 8 und ErfK/*Koch*, § 58 BetrVG Rn. 2, der sich auf ein Urteil des BAG 14.12.1993 – 3 AZR 618/93, NZA 1994, 800 bezieht; Richardi/*Annuß*, BetrVG § 58 Rn. 21.
[5] BAG 11.11.1998 – 7 ABR 47/97, NZA 1999, 947; BAG 9.12.2003 – 1 ABR 49/02, NZA 2005, 234; Fitting, BetrVG § 50 Rn. 10.
[6] GK-BetrVG/*Kreutz/Franzen*, § 58 Rn. 8; ErfK/*Koch*, § 58 BetrVG Rn. 2.
[7] BAG 21.1.2003 – 3 ABR 26/02, NZA 2003, 992.
[8] Zu Einzelheiten *Salamon*, NZA 2013, 708.
[9] BAG 22.7.2008 – 1 ABR 40/07, NZA 2008, 1248; *Mengel* in: Hauschka, Corporate Compliance, § 12 Rn. 55; *Henssler/Schneider*, RdA 2009, 318 (319).

Einführung eines Compliance-Systems gem. § 80 Abs. 2, Abs. 1 BetrVG zu **unterrichten**[1] und zwar auch ohne vorherige Aufforderung des Betriebsrats.[2] Eine mitbestimmungspflichtige **Betriebsänderung** iSd § 111 BetrVG kann hingegen wohl nur durch die Einführung eines sehr komplexen Compliance-Systems ausgelöst werden und zwar dann, wenn es hierdurch zu einer grundlegenden Änderung der Betriebsorganisation (Ziffer 4), also einer vollständigen Änderung des Betriebsaufbaus oder der Zuständigkeiten kommt.[3] Weniger einschneidend können bloße Änderungen der Arbeitsabläufe sein. Diese lösen ein Beteiligungsrecht des Betriebsrats nach § 90 Abs. 1 Nr. 3 BetrVG aus.[4] Ob und mit welchem Inhalt darüber hinaus Mitbestimmungsrechte bestehen, richtet sich nach dem Inhalt der Compliance-Regelung. Mitbestimmungsrechte des Betriebsrats kommen regelmäßig immer dann in Betracht, wenn der Arbeitgeber **Verhaltensrichtlinien** einführen möchte. Ebenso kann die **Einführung und Anwendung von technischen Einrichtungen,** die dazu bestimmt sind, das Verhalten oder die Leistung der Arbeitnehmer zu überwachen, Mitbestimmungsrechte des Betriebsrats gem. § 87 Abs. 1 Nr. 6 BetrVG auslösen.[5] Dies kann beispielsweise der Fall sein, wenn die Einhaltung bestimmter Verhaltensvorgaben mit technischen Hilfsmitteln überwacht werden sollen. Mitbestimmungsrechte kommen ferner in Betracht, wenn **Personalfragebögen** iSd § 94 BetrVG compliance-relevante Regelungen enthalten oder **Auswahlrichtlinie** gem. § 95 BetrVG aufgestellt werden.[6] Ein wichtiges Element für ein funktionierendes Compliance-System ist ferner die **Durchführung von Schulungen,** an denen der Betriebsrat nach § 98 BetrVG zu beteiligen ist.[7] Neben der Einführung von Compliance-Regelungen zur präventiven Vermeidung von Gesetzesverstößen kommen Mitbestimmungsrechte des Betriebsrats auch immer dann in Betracht, wenn Verstöße gegen Compliance-Vorschriften – also repressiv – aufgeklärt werden sollen, zB bei der Einsichtnahme in E-Mails auf dem dienstlichen Account.[8] Mitbestimmungsrechte des Betriebsrats sind daher aus einer Vielzahl rechtlicher Aspekte denkbar und sollten daher nicht an dem (Konzern-)Betriebsrat vorbei in den Konzern eingeführt werden. Eine frühzeitige Beteiligung des (Konzern-)Betriebsrats erhöht zudem die Akzeptanz der Belegschaft und auch das Verständnis des (Konzern-)Betriebsrats bei der Durchführung repressiver Maßnahmen, beispielsweise im Anhörungsverfahren nach § 102 BetrVG.

aa) Regelung des Ordnungsverhaltens – § 87 Abs. 1 Nr. 1 BetrVG

338 Gemäß § 87 Abs. 1 Nr. 1 BetrVG besteht ein Mitbestimmungsrecht, wenn durch die Einführung einer Verhaltensrichtlinie das Ordnungsverhalten der Arbeitnehmer betroffen ist. Dieses ist von dem mitbestimmungsfreien Arbeitsverhalten abzugrenzen. Das Arbeitsverhalten betrifft diejenigen Maßnahmen, mit denen die Arbeitspflicht unmittelbar konkretisiert wird.[9] Dies gilt auch für an alle Arbeitnehmer gerichtete generelle Anweisungen.[10] Das **mitbestimmungspflichtige Ordnungsverhalten** ist hingegen

---

[1] *Borgmann,* NZA 2003, 352; *Fahrig,* NJOZ 2010, 975 (979); *Kock,* MDR 2006, 673 (676).
[2] ErfK/*Koch,* § 80 BetrVG Rn. 19.
[3] Vgl. hierzu allgemein *Fitting,* BetrVG § 111 Rn. 92.
[4] Vgl. *Fitting,* BetrVG § 90 Rn. 28 zur Einführung und Anwendung von Qualitätsmanagement-Systemen; *Fahrig,* NJOZ 2010, 975 (979).
[5] BAG 25.9.2012 – 1 ABR 45/11, BeckRS 2013, 65961.
[6] Hierzu *Mengel* in: Hauschka, Corporate Compliance, § 12 Rn. 65 ff.
[7] Ausführlich hierzu *Neufeld/Knitter,* BB 2013, 821 (824).
[8] Ausführlich *Mengel,* in: Hauschka, Corporate Compliance, § 12 Rn. 75 ff. und *Neufeld/Knitter,* zu dem Umfang von Mitbestimmungsrechten bei der Durchführung interner Ermittlungen.
[9] BAG 27.1.2004 – 1 ABR 7/03, NZA 2004, 556; *Fitting,* BetrVG § 87 Rn. 65; Richardi/*Richardi,* BetrVG § 87 Rn. 178.
[10] BAG 8.6.1999 – 1 ABR 67/98, NZA 1999, 1288.

dann betroffen, wenn verbindliche Verhaltensregeln aufgestellt werden, die für alle Arbeitnehmer des Betriebes zur Sicherung eines ungestörten Arbeitsablaufs und des reibungslosen Zusammenlebens und Zusammenwirkens im Betrieb gelten.[1] Das Mitbestimmungsrecht greift nach der Rechtsprechung des **BAG**[2] auch dann, wenn es sich um Maßnahmen handelt, die das Verhalten der Arbeitnehmer in Bezug auf die betriebliche Ordnung betreffen, ohne dass sie verbindliche Vorgaben zum Inhalt haben. Ausreichend soll es sein, wenn die Maßnahme darauf gerichtet ist, das Verhalten der Arbeitnehmer zu steuern oder die Ordnung des Betriebs zu gewährleisten.[3]

Dies bedeutet für die Einführung von Verhaltensregeln Folgendes: **Mitbestimmungsfrei** sind fachliche Weisungen, die in Ausübung des Direktionsrechts erfolgen. Ebenso mitbestimmungsfrei sind **Konkretisierungen ohnehin bestehender gesetzlicher Pflichten** sowie die Gestaltung von Zielen, Wertvorstellungen und Selbstverpflichtungen innerhalb des Konzerns (*„Wir sind", „Wir stehen für", „Wir wollen erreichen", „Unsere Ziele"*). Nicht dem Mitbestimmungsrecht unterliegen ferner **lediglich den gesetzlichen Wortlaut wiedergebende Verhaltensbestimmungen** (*„Die Einhaltung aller anwendbaren Gesetze und sonstigen Rechtsvorschriften ist unverzichtbare Grundlage allen unseres Handelns."* Im Hinblick auf die Einhaltung der Bestimmungen des AGG: *„Wir tolerieren keinerlei Diskriminierung oder Belästigung im Arbeitsumfeld, sei es aufgrund von Alter, Behinderungen, Herkunft, Geschlecht, Religion oder Weltanschauung."*). Verbleibt hingegen noch ein Gestaltungsspielraum, den der Arbeitgeber im Wege des Direktionsrechts ausfüllen kann, besteht in diesem Umfang auch ein Mitbestimmungsrecht des Betriebsrats.[4] **Mitbestimmungsrechte** des Betriebsrats werden daher immer dann ausgelöst, wenn über eine rein deskriptive Beschreibung gesetzlicher Pflichten hinaus Verhaltensweisen festgelegt werden. Dies gilt beispielsweise für eine Antikorruptionsrichtlinie, die Verhaltensweisen zur Annahme von Geschenken vorsieht (zB Einführung von Wertgrenzen), die über die aus dem Arbeitsverhältnis folgende Nebenpflicht zu redlichem Verhalten im Geschäftsverkehr hinausgehen.[5] (*„Die Annahme von Geschenken und anderer Vergünstigungen ist zulässig, wenn der Wert des Geschenkes unter einer Orientierungsgrenze von 50,00 EUR innerhalb der Europäischen Union liegt. Für andere Regionen gilt die vorgenannte Orientierungsgrenze entsprechend, allerdings angepasst an die jeweiligen örtlichen Besonderheiten."*)

Darüber hinaus bestehen Mitbestimmungsrechte regelmäßig dann, wenn den Arbeitnehmern bestimmte **Anzeige- und Meldepflichten** auferlegt werden (zB Whistleblowerklauseln).[6] Dies ist immer dann der Fall, wenn ein **formalisiertes Meldeverfahren** mit daraus resultierenden Berichtspflichten eingeführt wird (*„Wenn Ihnen Verstöße gegen diesen Code of Conduct bekannt werden, haben Sie Ihren Vorgesetzten bzw. den Compliance Officer hierüber unverzüglich schriftlich zu unterrichten."*).[7] Das Gleiche gilt, wenn eine Pflicht zur **Meldung bereits in Zweifelsfällen** besteht und an die Verletzung dieser Pflicht arbeitsrechtliche Sanktionen geknüpft sind (*„Verstöße gegen den Code*

---

[1] BAG 24.3.1981 – 1 ABR 32/78, NJW 1982, 404; Richardi/*Richardi*, BetrVG § 87 Rn. 175; *Fitting*, BetrVG § 87 Rn. 64; ErfK/*Kania*, § 87 BetrVG Rn. 18.
[2] BAG 22.7.2008 – 1 ABR 40/07, NZA 2008, 1248.
[3] BAG 22.7.2008 – 1 ABR 40/07, NZA 2008, 1248. Brose/Greiner/*Preis*, NZA 2011, 369; *Fahrig*, NJOZ 2010, 975: GK-BetrVG/*Wiese*, § 87 Rn. 178.
[4] BAG 28.5.2002 – 1 ABR 37/01, NZA 2003, 171; BAG 22.7.2008 – 1 ABR 40/07, NZA 2008, 1248; ErfK/*Koch*, § 87 BetrVG Rn. 13.
[5] ErfK/*Kania*, § 87 BetrVG Rn. 21a; *Kock*, MDR 2006, 673.
[6] *Kort*, NJW 2009, 129; *Mengel* in: Hauschka, Corporate Compliance, § 12 Rn. 61; Schuster/*Darsow* NZA 2005, 273 (276); Wisskirchen/Körber/*Bissels* BB 2006, 1576 ff.
[7] BAG 28.5.2002 – 1 ABR 32/01, NZA 2003, 166; LAG Schleswig-Holstein 18.5.2011 – 6 TaBV 11/11, BeckRS 2011, 75066 zu standardisierten Laufzetteln.

of Conduct können zu Konsequenzen für das Arbeitsverhältnis und dessen Bestand wie auch zu Schadensersatzforderungen führen.").

bb) Einführung und Anwendung technischer Einrichtungen – § 87 Abs. 1 Nr. 6 BetrVG

341 Im Zusammenhang mit der Einführung von Compliance-Regelungen ist ferner § 87 Abs. 1 Nr. 6 BetrVG zu beachten. Danach hat der Betriebsrat mitzubestimmen bei der Einführung und Anwendung von technischen Einrichtungen, die dazu **bestimmt sind, das Verhalten oder die Leistung der Arbeitnehmer zu überwachen.** Hierdurch sollen Arbeitnehmer vor den besonderen Gefahren solcher Überwachungsmaßnahmen geschützt werden, die sich für das Persönlichkeitsrecht der Arbeitnehmer aus dem Einsatz technischer Einrichtungen ergeben. Ein datenverarbeitendes System ist zur Überwachung von Verhalten oder Leistung der Arbeitnehmer bestimmt, wenn es individualisierte oder individualisierbare Verhaltens- oder Leistungsdaten selbst erhebt und aufzeichnet, unabhängig davon, ob der Arbeitgeber die erfassten und festgehaltenen Verhaltens- oder Leistungsdaten auch auswerten oder zu Reaktionen auf festgestellte Verhaltens- oder Leistungsweisen verwenden will, wie dies beispielsweise bei SAP der Fall ist. Die **objektive Geeignetheit** ist bereits **ausreichend.**[1] Überwachung in diesem Sinne ist sowohl das Sammeln von Informationen als auch das Auswerten bereits vorliegender Informationen.[2] Mitbestimmungspflichtig ist nicht nur die Einführung, sondern auch die Anwendung der Kontrolleinrichtung.[3] Wird daher beispielsweise im Zusammenhang mit einer Whistleblower Regelung zugleich ein elektronisches System eingeführt, mit dem die Daten des Arbeitnehmers erfasst werden können (zB eine Telefonhotline), besteht ein Mitbestimmungsrecht des Betriebsrats.[4] Das Gleiche gilt für die Einführung einer Richtlinie zur Nutzung der betrieblichen Telekommunikationsmittel (zB E-Mail, Internet, Intranet, Smartphones), durch die Daten des Arbeitnehmers erfasst und zur Verhaltenskontrolle genutzt werden können.

IV. Zusammenfassung

342 Eine wirksame Compliance im Konzern ist eng verbunden mit dem Arbeitsrecht. Compliance-Systeme sind nur dann effektiv, wenn sie arbeitsrechtlich wirksam eingeführt werden. Die Implementierung im Konzern bietet aus arbeitsrechtlicher Sicht vielfältige Gestaltungsmöglichkeiten. Hierzu bietet sich folgendes Vorgehen an:

– In einem **ersten Schritt** ist unter Berücksichtigung der jeweiligen Besonderheiten im Konzern eine Risikobeurteilung durchzuführen. Aufgrund der ermittelten Risiken sind die erforderlichen Compliance-Regelungen zu bewerten, in welchem Zeitfenster die Einführung zu erfolgen hat und wie viel Flexibilisierungsbedarf in der Zukunft besteht.

– In einem **zweiten Schritt** ist zu analysieren, auf welcher arbeitsrechtlichen Grundlage deren Implementierung möglich ist. Dies setzt eine *due dilligence* der im Hinblick auf die jeweilige Regelung geltenden gesetzlichen, tarifvertraglichen, betrieblichen und individualvertraglichen Regelungen voraus.

– In einem **dritten Schritt** ist zu prüfen, ob und inwieweit Beteiligungsrechte des Betriebsrats bestehen und welche Betriebsratsstrukturen es im Konzern gibt. Hierbei

---

[1] *Fitting*, BetrVG § 87 Rn. 235; ErfK/*Kania*, § 87 Rn. 55 mwN zur Rechtsprechung des BAG.
[2] BAG 14.11.2006 – 1 ABR 4/06, NZA 2007, 399.
[3] BAG 27.1.2004 – 1 ABR 7/03, NZA 2004, 556.
[4] BAG 22.7.2008 – 1 ABR 40/07, NZA 2008, 1248; *Dzida*, NZA 2008, 1265 (1268); *Fahrig*, NJOZ 2010, 975 (979); *Kock* MDR 2006, 673 (676).

sind die bisherige Zusammenarbeit mit den Betriebsratsgremien bei der Verhandlung von Betriebsvereinbarungen und etwaig zu erwartende Umsetzungsschwierigkeiten in die Analyse mit einzubeziehen. Diese können Auswirkungen auf den Zeitplan zur Implementierung eines komplexen Regelungswerks haben. Ausgehend von diesen Grundüberlegungen ist über die konkreten Einführungswege zu entscheiden, die sich oftmals aus einem „bunten Strauß" arbeitsrechtlicher Maßnahmen zusammensetzen. Regelungen, die sich konkret auf das Arbeitsverhältnis einzelner konzernabhängiger Unternehmen ergeben, wie zB kartellrechtliche oder arbeitsschutzrechtliche Besonderheiten, sollten durch Richtlinien und Schulungen implementiert werden. Typische, das individuelle Arbeitsverhältnis betreffende Themen, wie beispielsweise Wettbewerbsverbote und Geheimhaltungsklauseln sind hingegen individualvertraglich zu vereinbaren. Für eine Regelung auf Konzernebene bleiben diejenigen Themen vorbehalten, die Gegenstand einer zwingenden konzernweiten Regelung sind, entweder aufgrund bestehender tatsächlicher Erfordernisse oder aber im Hinblick auf Ethikrichtlinien einer konzernweiten Unternehmensphilosophie. Zur Überwachung der Einhaltung der Compliance-Regelungen selbst sollte ebenfalls ein System geschaffen werden, das die Besonderheiten des Konzerns berücksichtigt.

– In einem **vierten Schritt** hat die Konzern- bzw. Unternehmensleitung dafür zu sorgen, dass die Compliance-Regelungen auch bekannt gemacht und die Mitarbeiter geschult werden.
– **Fünftens** ist die Einhaltung des Compliance-Systems durch die Konzern- bzw. Unternehmensleitung zu überwachen, was durch Berichtspflichten und regelmäßige Audits abzusichern ist.
– In einem **sechsten Schritt** sind Verstöße gegen das Compliance-System aufzuklären, zu dokumentieren und bei arbeitsrechtlichen Pflichtverletzung zu sanktionieren. Dann haften Eltern auch nicht für ihre Kinder …

D. Betriebliche Altersversorgung

I. Einleitung

343 Das Arbeitsrecht der betrieblichen Altersversorgung ist seit 1974 im Wesentlichen[1] im Gesetz zur Verbesserung der betrieblichen Altersversorgung oder kurz Betriebsrentengesetz (BetrAVG) kodifiziert. Anknüpfend an eine vorgesetzliche Rechtsprechung des Bundesarbeitsgerichts (BAG) enthält das BetrAVG zur Wahrung von „berechtigten sozialpolitischen Interessen" zum Schutz von Arbeitnehmern und Rentnern gesetzliche Mindestnormen.

344 Für die Anwendung der betriebsrentenrechtlichen Vorschriften im Konzernzusammenhang[2] ist es wichtig zu verstehen, dass **das Betriebsrentengesetz „unternehmensbezogen"** ist und – im Wesentlichen – Regeln für das sog. Versorgungsverhältnis zwischen Arbeitnehmer (später ggf. Leistungsbezieher) und Arbeitgeber (und später früherer Arbeitgeber) aufstellt.

345 Die Unternehmensbezogenheit des Betriebsrentengesetzes stellt bereits der erste Satz des Betriebsrentengesetzes heraus, der die Legaldefinition des Begriffs „betriebliche Altersversorgung" enthält. Wesensmerkmal der bAV ist danach, dass „einem Arbeitnehmer Leistungen der Alters-, Invaliditäts- oder Hinterbliebenenversorgung aus Anlass seines Arbeitsverhältnisses vom Arbeitgeber zugesagt" werden.

346 Adressat bzw. Verpflichteter aus einer Versorgungszusage ist mithin grundsätzlich „der Arbeitgeber" und damit das Rechtssubjekt, mit dem der Arbeitsvertrag geschlossen wurde, nicht dagegen ein ggf. bestehender Konzern oder Gesellschafter des Arbeitgeber-Unternehmens.

347 Neben dem Arbeitgeber treffen ggf. auch einen vom ihm beauftragten Versorgungsträger (Unterstützungskasse, Pensionskasse, Pensionsfonds oder Versicherer) Pflichten gegenüber dem versorgungsberechtigtem Arbeitnehmer, den Pensions-Sicherungs-Verein als Träger der gesetzlichen Insolvenzsicherung sowie Unternehmen, die zusätzlich zum Arbeitgeber Pflichten gegen über dem Arbeitnehmer übernehmen. Dies kann ggf. auch eine Konzernmuttergesellschaft sein. Eine Enthaftung des Arbeitgebers im Außenverhältnis zum Arbeitnehmer ist damit dann aber nicht verbunden.

II. Begründung, Unverfallbarkeit und Insolvenzschutz von Versorgungsrechten

1. Begründung von Versorgungsverpflichtungen durch andere Konzerngesellschaften

348 Im Konzern wird die Versorgungszusage gegenüber dem einzelnen Arbeitnehmer grundsätzlich nur durch das Konzernunternehmen erteilt, bei welchem der Arbeitnehmer seine Anstellung hat. Nur dann liegt sicher eine „betriebliche Altersversorgung" vor. Erteilt dagegen ein (Konzern-)Unternehmen eine Versorgungszusage, bei dem der Arbeitnehmer nicht angestellt und für das er auch nicht in ähnlicher Weise tätig ist (vgl. § 17 Abs. 1 S. 2 BetrAVG), dann handelt es sich im Zweifel nicht um eine unter das Betriebsrentengesetz fallende Versorgungszusage.[3] Die Folge ist, dass die

---

[1] Weitere Rechtsgrundlagen ergeben sich aus allgemeinen europäischen und nationalen Rechtsvorschriften sowie der Rechtsprechung vor allem der Arbeitsgerichte.
[2] Siehe zum Konzernbegriff → Teil I Absch 2 Rn. 2.
[3] BAG 20.5.2014 – 3 AZR 1094/12, BetrAV 2014, 580.

D. Betriebliche Altersversorgung

gesetzlichen Bestimmungen einschließlich der Insolvenzsicherung durch den PSVaG keine Anwendung finden und ggf. auch keine steuerliche Abzugsfähigkeit des Aufwandes gegeben ist.

Ungeachtet des vorstehenden Grundsatzes ist es insbesondere in Konzernen üblich, dass ein anders Unternehmen als das Beschäftigungsunternehmen eine Versorgungszusage im Sinne des BetrAVG erteilt. Ein erster Fall ist die Erteilung der Versorgungszusage eines anderen Konzernunternehmens in offen erklärter Vertretung des Beschäftigungsunternehmens. In diesem Fall dürfte – ähnlich wie bei der Durchführung der betrieblichen Altersversorgung – ein Versorgungsgrundverhältnis für das Beschäftigungsunternehmen entstehen und ggf. eine vertragliche Eintrittspflicht, wenn das die Zusage aussprechende Konzernunternehmen die zugesagten Versorgungsleistungen nicht erfüllt.[1] Ein zweiter Fall ist die Erteilung bzw. Fortführung einer Versorgungszusage durch ein Konzernunternehmen, mit dem weiterhin ein Rumpfarbeitsverhältnis (zB aufgrund eines vertraglichen Rückkehrrechts) besteht.[2] Aus Sicht des Verfassers steht jedenfalls die während eines ruhenden Arbeitsverhältnisses fortgeführte Versorgungsanwartschaft mit der neuen Rechtsprechung des BAG im Einklang, die „vertragliche Beziehungen" zwischen Arbeitnehmer und dem die Zusage erteilenden Konzernunternehmen verlangt. Allerdings wird man zur Vermeidung einer missbräuchlichen Belastung der gesetzlichen Insolvenzsicherung unter Umständen verlangen müssen, dass sich das Rumpfarbeitsverhältnis nicht allein zum Zwecke der „Begleitung" der bestehenden Versorgungszusage besteht und sich darin erschöpft. **349**

Keine dem BetrAVG unterfallende, insolvenzgeschützte betriebliche Altersversorgung liegt nach der aktuellen BAG-Rechtsprechung[3] vor, wenn dem Arbeitnehmer von einer Konzerngesellschaft, mit der weder ein Beschäftigungsverhältnis oder andere unmittelbaren rechtlichen Beziehungen bestehen (also auch kein ruhendes Arbeitsverhältnis), eine Versorgungszusage erteilt wird. Es genügt insbesondere auch nicht, dass die Tätigkeit des Arbeitnehmers dem die Zusage erteilenden Konzernunternehmen wirtschaftlich zugutekommt. Eine solche Fallgestaltung sollte damit vermieden werden. **350**

Auch wenn Vertragsbeziehungen des Arbeitnehmers mit mehreren Konzerngesellschaften bestehen und nur eine Gesellschaft eine Versorgungszusage für die gesamte Konzerntätigkeit erteilt, unterfällt die gesamte Zusage dem Betriebsrentengesetz ggf. einschließlich der gesetzlichen Insolvenzsicherung durch den PSVaG.[4] **351**

Die Zusage von Versorgungsleistungen durch eine Konzernobergesellschaft bzw. andere Konzerngesellschaft ist jedenfalls dann als eine betriebliche Altersversorgung im Sinne des Betriebsrentengesetzes anzuerkennen, wenn sie dem Beschäftigungsunternehmen zuzurechnen ist.[5] Diese Zurechenbarkeit ist in jedem Fall dann zu bejahen, wenn eine Konzern-Muttergesellschaft eine zentrale Unterstützungskasse, Gruppen- **352**

---

[1] So zu Recht BRO/*Rolfs*, § 1 Rn. 40. Diese Eintrittspflicht ist aber nicht insolvenzgeschützt!
[2] BAG 6.8.1985 – 3 AZR 185/83, NZA 1986, 194; 25.10.1988 – 3 AZR 64/87, NZA 1989, 177; ebenso *Höfer*, ART Rn. 1408; BRO/*Rolfs*, § 1 Rn. 40; KKBH/*Kemper/Kisters-Kölkes*, § 1 Rn. 45; aA *Schwerdtner* ZIP 1986, 1030 ff.; *Birk* IPrax 1984, 137.
[3] So nun BAG 20.5.2014 – 3 AZR 1094/12, BetrAV 2014, 580; noch ausdrücklich offen gelassen in BAG 25.10.1988 – 3 AZR 64/87, NZA 1989, 177. Für ein Unterfallen unter das BetrAVG auch ohne direkte Rechtsbeziehungen war vor dem Urteil offenbar *Höfer*, § 7 Rn. 2926; *Windbichler* RdA 1988, 95 (98); für eine analoge Anwendung der gesetzlichen Vorschriften „wenn sich beide Unternehmen als Arbeitgeber gerieren BRO/*Rolfs*, § 1 Rn. 40.
[4] So auch BRO/*Rolfs*, § 1 Rn. 40. Es könnte sich empfehlen, in diesen Fallkonstellationen eine gesamtschuldnerische Haftung aller Konzerngesellschaften für die gesamte Vergütung und Versorgung vorzusehen.
[5] BRO/*Rolfs*, § 1 Rn. 40.

Treuhand (CTA) oder andere externe Versorgungseinrichtung führt, die konzerneinheitliche Versorgungsleistungen auch an die Arbeitnehmer ihrer Tochtergesellschaften erbringt.[1] Für den Insolvenzschutz wird hier grundsätzlich allein auf das Beschäftigungsunternehmen abzustellen sein.

2. Gleichbehandlung im Konzern?

353   Der einzelne Mitarbeiter im Konzern hat aufgrund des arbeitsrechtlichen Gleichbehandlungsgrundsatzes (sowie anderer nationaler und europäischer Gleichbehandlungs- und Nicht-Diskriminierungsgebote) einen Anspruch gegen sein Beschäftigungsunternehmen auf Gleichbehandlung/Nicht-Diskriminierung im Verhältnis zu anderen, vergleichbaren Arbeitnehmern des gleichen Unternehmens. Im Bereich des Betriebsrentenrechts hat der Gleichbehandlungsgrundsatz sogar explizit anspruchsbegründende Wirkung (vgl. § 1b Abs. 1 S. 4 BetrAVG).

354   Der arbeitsrechtliche Gleichbehandlungsgrundsatz gebietet dem Beschäftigungsunternehmen eines Konzernarbeitnehmers, seine Arbeitnehmer oder Gruppen seiner Arbeitnehmer, die sich in vergleichbarer Lage befinden, bei der Anwendung einer von ihm selbst gegebenen Regel gleich zu behandeln. Eine Gleichbehandlung mit den Arbeitnehmern anderer konzernangehöriger Unternehmen kann der Arbeitnehmer von seinem Arbeitgeber dagegen nicht verlangen. Der **Gleichbehandlungsgrundsatz ist grundsätzlich nicht konzernbezogen.**[2]

355   Die in einer Konzernbetriebsvereinbarung einheitlich für alle Konzernunternehmen geregelte Altersversorgung muss unter dem Aspekt der Gleichbehandlung auch nicht **automatisch** auf neu hinzukommende Unternehmen oder (per Betriebsübergang) neu hinzukommende Betriebe erstreckt werden.[3] Die Entscheidung des BAG vom 19.10.2010, die im Betriebsübergang einen hinreichenden sachlichen Grund für einen Nichteinbeziehung in eine allgemeine Konzern-Betriebsvereinbarung zur Altersversorgung sah, hat allerdings nur einen engen Anwendungsbereich. Sie rechtfertigt die fehlende „automatische" Einbeziehung aller übernommenen Mitarbeiter, da „unabsehbar (war), welche Arbeits- und insbesondere Versorgungsbedingungen" für diese bestanden und welche Unterschiede insoweit zu den anderen Konzernmitarbeitern bestanden. Nach dem Sachverhalt wollte die Arbeitgeberin erst nach einer Prüfung der Verhältnisse die übernommenen Mitarbeiter ggf. einzelvertraglich in das Konzernversorgungswerk aufnehmen. Mit diesem Hintergrund kann die BAG-Entscheidung überzeugen. Sie liefert kein Argument dafür, dass innerhalb eines Unternehmens dauerhaft von einem anderen Unternehmen übernommene Mitarbeiter anders behandelt werden als neu eingestellte Mitarbeiter. Zulässig sein dürfte allerdings, alle Arbeitnehmer eines (neuen) Konzernunternehmens aus einer Konzern-Versorgungsregelung herauszuhalten, da – wie schon erwähnt – der Gleichbehandlungsgrundsatz grundsätzlich nur unternehmensbezogen wirkt, auch im Konzern.

356   Eine **Pflicht zur Gleichbehandlung im Konzern** kann ausnahmsweise dann bestehen, (1) wenn eine vertragliche Beziehung der Arbeitnehmer zu anderen Konzerngesellschaften besteht,[4] (2) wenn von der Konzernobergesellschaft ausgehend Versorgungsleis-

---

[1] BAG 25.10.1988 – 3 AZR 64/87, NZA 1989, 177. Ebenso BRO/*Rolfs*, § 1 Rn. 40.
[2] BAG 18.2.2014 – 3 AZR 568/12 Rn. 46; 22.8.2006 – 3 AZR 319/05, NZA 2007, 1187, Rn. 28 mwN; siehe zu den Möglichkeiten der zulässigen Differenzierung bei der bAV auch *Doetsch* in FS für Kemper 2005, 91 (95).
[3] BAG 19.1.2010 – 3 ABR 19/08, AP BetrVG 1972 § 77 Betriebsvereinbarung Nr. 49; zustimmend *Höfer*, ART Rn. 673.1.
[4] So BRO/*Rolfs* Anh § 1 Rn. 65, ohne zu erläutern, welcher Art die vertragliche Bindung sein soll. Denkbar erscheinen solche Rechtsbeziehungen in Matrixorganisationen, wo Mitarbeiter des Beschäfti-

tungen in der Vergangenheit üblicherweise konzerneinheitlich erbracht wurden und dadurch ein schützenswertes Vertrauen auf eine Fortsetzung dieser Konzernübung besteht[1] oder (3) bezogen auf eine Gleichbehandlung bei der Rentenanpassung, wenn von einer anderen Konzerngesellschaft Erklärungen abgegeben oder Verhaltensweisen gezeigt wurden, die ein schützenswertes Vertrauen darauf begründen konnten, es werde sichergestellt, dass die Versorgungsverbindlichkeiten durch den Versorgungsschuldner ebenso erfüllt werden wie die Ansprüche der eigenen Betriebsrentner.[2]

3. Unverfallbarkeit sowie Übergang von Versorgungsanwartschaften im Konzern

Die Höhe der bei einem vorzeitigen Ausscheiden gesetzlich oder vertraglich aufrechtzuerhaltenden arbeitgeberfinanzierten Anwartschaft sowie bei dienstzeitabhängigen Zusagen die Höhe der Versorgung im Leistungsfall hängen von der Dienstzeit des Arbeitnehmers ab. Dies ist für gesetzlich bestimmte Ansprüche (Höhe der gesetzlich unverfallbaren und damit insolvenzgesicherten Anwartschaft) grundsätzlich nur die Dienstzeit beim aktuellen Arbeitgeber und nicht eine ggf. längere Dienstzeit im Konzern.[3] Der Arbeitgeber bleibt, wie das BAG zu Recht betont, beim Wechsel von einem Konzernunternehmen zum anderen nicht derselbe. Bei vertraglich bestimmten Ansprüchen (Höhe der Leistung bzw. vertraglich bestimmte günstigere Unverfallbarkeitsregelung) hängt die Anrechenbarkeit von Vordienstzeiten bei anderen Konzernunternehmen vom Inhalt und ggf. der Auslegung der Versorgungsregelung ab.[4] Beim Arbeitgeberwechsel im Konzern ist es in der Praxis meist üblich, explizit eine Anrechnung von Vordienstzeiten zuzusagen, um den Arbeitnehmer zum Wechsel zu motivieren.[5] Dies ist vor allem dort von wirtschaftlicher Bedeutung, wo die Arbeitnehmer im abgebenden Konzernunternehmen noch keine unverfallbare Versorgungsanwartschaft erreicht haben und damit auch eine Übertragung einer solchen Anwartschaft nach § 4 BetrAVG nicht in Betracht kommt. 357

Die **vertraglich vereinbarte Anrechnung von Dienstzeiten bei anderen Konzernunternehmen** kann sich ausnahmsweise auch auf die gesetzliche Unverfallbarkeit und damit auf den gesetzlichen Insolvenzschutz auswirken. Das ist nach der ständigen Rechtsprechung des BAG[6] dann der Fall, wenn (1) die Anrechnung sich nicht nur auf die Höhe der Versorgung bezieht oder den Lauf von sog. Wartezeiten, sondern (auch) auf den Eintritt der Unverfallbarkeit,[7] (2) die angerechnete Vordienstzeit von einer Versorgungszusage bei einem anderen (Konzern-)Unternehmen begleitet war, (3) das Arbeitsverhältnis beim alten Konzernunternehmen unmittelbar (sprich: ohne jede zeitliche Unterbrechung) an das beim neuen Konzernunternehmen heranreicht, im Rahmen dessen die neue Versorgungszusage begründet wird, sowie (4) die beim vorangegangen Konzernunternehmen erreichte Anwartschaft für sich weder 358

---

gungsunternehmens in diesem und zugleich gegenüber Arbeitnehmern in anderen Konzernunternehmen eine Führungsaufgabe wahrnehmen.
[1] BAG 22.8.2006 – 3 AZR 319/05, NZA 2007, 1187.
[2] BRO/*Rolfs* Anh § 1 Rn. 65 unter Hinweis ua auf BAG 25.6.2002 – 3 AZR 226/01, AP BetrAVG § 16 Nr. 51; *Doetsch* in FS Kemper 2005, 91 (95).
[3] So ausdrücklich BAG 20.4.2004 – 3 AZR 297/03, NZA 2005, 927; ebenso PSVaG Merkblatt 300/M5, Ziff. 4.
[4] Siehe die Anrechnung im Fall BAG 15.1.2013 – 3 AZR 638/10, Rn. 40, NZA 2014, 87.
[5] KKBH/*Kisters-Kölkes* § 2 Rn. 84; *Höfer* § 2 Rn. 2927.
[6] BAG 22.2.2000 – 3 AZR 4/99 mwN.
[7] Was im Wege der Auslegung zu ermitteln ist, wovon jedoch im Regelfall auszugehen ist, vgl. BAG 27.2.1990 – 3 AZR 213/88, NZA 1990, 689.

selbst gesetzlich unverfallbar noch bereits verfallen war (sprich: die Anrechnungsvereinbarung muss vor der Beendigung des Arbeitsverhältnisses getroffen werden).[1]

359 Neben dem Einsatz einer Versorgungseinrichtung für alle Konzernunternehmen und der Anrechnung von Vordiensten bei anderen Konzernunternehmen im Falle des Wechsels innerhalb des Konzerns wird in der Praxis häufig auch nach § 4 BetrAVG die **Übertragung** einer beim einem Vorarbeitgeber im Konzern begründeten Versorgungsverpflichtung auf den neuen Konzernarbeitgeber mit Zustimmung des Arbeitnehmers vorgenommen. Letztlich gelten hier gegenüber der Übernahme der Versorgungsverpflichtung bzw. der Übertragung des Wertes einer bestehenden Versorgungsverpflichtung außerhalb eines Konzerns keine Besonderheiten. Im Rahmen der Übernahme der Versorgungsverpflichtung nach § 4 Abs. 2 Nr. 1 BetrAVG muss die bestehende Versorgungsverpflichtung unverändert und vollständig übertragen werden;[2] das schließt allerdings nicht aus, dass sie zuvor vom Arbeitnehmer und bisherigem Arbeitgeber so angepasst wird, dass eine Übernahme durch den neuen Arbeitgeber möglich ist, oder dass Arbeitnehmer und neuer Arbeitgeber nachträglich eine Veränderung der Zusage vereinbaren.[3] Alternativ kann nach § 4 Abs. 2 Nr. 2 BetrAVG eine Enthaftung des bisherigen Arbeitgebers im Konzern in der Weise erfolgen, dass der sog. Übertragungswertes, dh der Barwert der beim Vorarbeitgeber erreichten Versorgungsanwartschaft, auf einen neuen Arbeitgeber im Konzern übertragen wird und dieses dafür eine wertgleichen Zusage erteilt. Wegen der Bedeutung des Übertragungswertes für den Arbeitnehmer im zweiten Fall muss die Herleitung des Übertragungswertes ihm im Zweifel nachgewiesen werden, um seine Zustimmung zu erreichen.

360 Im Konzern ist es zudem nicht unüblich, dass es zu einem **Schuldbeitritt** – etwa der Konzernobergesellschaft – zu einer vom Beschäftigungsunternehmen gegebenen Versorgungszusage kommt. Anders als bei der Übernahme von Versorgungsverpflichtungen nach § 4 BetrAVG führt der Schuldbeitritt nicht zur Enthaftung des Beschäftigungsunternehmens, sondern lediglich zu einem weiteren Versorgungsschuldner für den Arbeitnehmer und damit zu einer Gesamtschuldnerschaft.[4] Im Innenverhältnis kann dann allerdings ggf. eine Erfüllungsübernahme durch die Konzernobergesellschaft erfolgen.

361 Als Folge eines Betriebsübergangs oder einer anderen gesellschaftlichen Umstrukturierung kann der versorgungsberechtigte Arbeitnehmer sein Versorgungsrecht in voller Höhe (auch soweit es vor der Transaktion erdient wurde) bei seinem neuen Beschäftigungsunternehmen geltend machen. Es besteht ggf. zusätzlich eine Mithaftung seines bisherigen Arbeitgebers für den bis zum Übertragungsstichtag erdienten Versorgungsanspruch für einen im Gesetz festgelegten Nachhaftungszeitraum.[5]

4. Schicksal von Versorgungsrechten bei Unternehmenstransaktionen

362 Unternehmenstransaktionen, ob innerhalb eines Konzerns oder durch externen Kauf oder Verkauf von Unternehmen bzw. Betrieben, haben nicht selten Auswirkungen auf den Rechtscharakter und Inhalt der betriebliche Altersversorgung der von Kauf, Verkauf oder anderen Umstrukturierungen betroffenen Mitarbeiter.

---

[1] KKBH/*Berenz*, § 11 Rn. 23.
[2] Siehe zur entsprechenden Intention des Gesetzgebers BT-Drucksache 15/2150, 53 (zu Nr. 5).
[3] Streitig ist, ob auch im Rahmen der Übertragung dreiseitig eine Veränderung der ursprünglichen Zusage vereinbart werden kann. Dafür zB ErfK/*Steinmeyer*, BetrAVG § 4 Rn. 6; *Reichenbach* BB 2008, 1786, dagegen zB BRO/*Rolfs*, § 4 Rn. 62.
[4] WHSS/*Schnittker*, J Rn. 221.
[5] Nachhaftung des bisherigen Arbeitgebers für 1 Jahr nach § 613a Abs. 1, 2 BGB, für 10 Jahre bei Spaltung etc. nach § 133 Abs. 3 S. 2 UmwG.

D. Betriebliche Altersversorgung

a) **Allgemeines**

Führt die Transaktion zu einer **Gesamtrechtsnachfolge** (zB beim Share Deal), 363
dann ändert sich im Zweifel faktisch für Anwärter und Rentner nichts. Es ändert sich
ggf. nur der Name des Versorgungsschuldners. Die Verpflichtungen selbst bleiben unberührt, zumal auch die ihnen zugrunde liegende Individualzusage, Betriebsvereinbarung oder Gesamtbetriebsvereinbarung weiter gilt. Gleiches gilt in jedem Fall auch
dann, wenn die Versorgungsverpflichtung auf einer Konzern-Betriebsvereinbarung
beruht und der sich Gesamtrechtsfolge innerhalb deren Anwendungsbereich, also im
Konzern abspielt. Für den Fall, dass Versorgungsverpflichtungen ihre Rechtsgrundlage
in einer Konzernbetriebsvereinbarung haben und das Beschäftigungsunternehmen an
ein konzernfremdes Unternehmen veräußert wird, dürfte die normative Wirkung der
Konzern-BV im Form einer Gesamt- bzw. Einzel-BV erhalten bleiben (→ Teil I Absch 1
Rn. 52).[1]

Im Falle eines **Betriebsübergangs** (Asset Deal) nach § 613a BGB verbleiben die 364
Versorgungsverpflichtungen gegenüber ausgeschiedenen Anwärtern und Rentnern
beim bisherigen Arbeitgeber. Die Versorgungsanwartschaften aktiver Arbeitnehmer,
die dem Übergang nicht widersprechen, gehen zusammen mit dem Anstellungsverhältnis auf den neuen Arbeitgeber über.

Betriebsvereinbarungen (oder Tarifverträge) des übernommenen Betriebs gelten,
wenn die Betriebsidentität erhalten bleibt, kollektiv-rechtlich weiter, Gesamtbetriebsvereinbarungen ggf. als Einzelbetriebsvereinbarungen.[2] Wenn die Betriebsidentität aufgelöst wird, erfolgt grundsätzlich nach § 613a Abs. 1 S. 2 BGB eine Transformation
der Betriebsvereinbarungen in die Einzelarbeitsverhältnisse mit einjähriger individualrechtliche Veränderungssperre!

b) **Kollision mit Einzel-, Gesamt- oder Konzernbetriebsvereinbarung des Übernehmers bei Beibehaltung der Betriebsidentität**

Auch wenn wegen Erhaltung der Betriebsidentität die bestehenden Betriebsverein- 365
barungen zur betrieblichen Altersversorgung kollektivrechtlich weitergelten, kann es
nach § 613a Abs. 1 S. 3 BGB zur Verdrängung durch eine im übernehmenden Unternehmen schon geltenden **Gesamt- oder Konzernbetriebsvereinbarung zum
gleichen Regelungsgegenstand**[3] oder zur Änderung durch eine ablösende Betriebsvereinbarung kommen (→ Teil I Absch 1 Rn. 52 f.).[4] Keine Verdrängung kann dagegen angenommen werden, wenn der Übernehmer bisher lediglich einen Betrieb hatte
und damit nur per Einzelbetriebsvereinbarung dort die Altersversorgung für die
Arbeitnehmer des Betriebs geregelt hat. Der räumliche Geltungsbereich der Einzelbetriebsvereinbarung ist nämlich begriffsnotwendig allein der bisherige Betrieb.

Die kollidierende Gesamtbetriebsvereinbarung im übernehmenden Unternehmen 366
muss den gleichen Regelungsgegenstand haben, wie die abgelöste. Unklar ist mangels
einschlägiger Rechtsprechung, ob dafür genügt, dass beide Betriebsvereinbarungen die
betriebliche Altersversorgung betreffen.[5] Zweifel an der Verdrängung/Ablösung könnten insbesondere dann bestehen, wenn bei der im übernommenen Betrieb eine arbeitgeberfinanzierte bAV per Betriebsvereinbarung geregelt war, die Gesamtbetriebsvereinbarung im übernehmenden Unternehmen jedoch nur die bAV aus Entgeltum-

---

[1] ErfK/*Kania*, BetrAV § 77 Rn. 116; aA offenbar WHSS/*Schnittker*, J Rn. 405.
[2] BAG 18.9.2002 – 1 ABR 54/01, NZA 2003, 670.
[3] WHSS/*Schnittker*, J Rn. 450.
[4] WHSS/*Schnittker*, J Rn. 448 unter Hinweis auf BAG 18.9.2002 – 1 ABR 54/01, NZA 2003, 670.
[5] Zweifelnd insoweit offenbar WHSS/*Schnittker*, J Rn. 449.

wandlung regelt.¹ Aus Sicht des Verfassers liegt der gleiche Regelungsgegenstand im letzteren Fall im Zweifel nicht vor. Andererseits wird man nicht fordern können, dass beide kollektivrechtlichen Regelungen den gleichen Durchführungsweg oder vergleichbare Leistungen vorsehen.²

367 Im Fall der Verdrängung oder Ablösung der bestehenden Versorgungsregelung ist aus Gründen des Besitzstandsschutzes der bis zum Ablösungsstichtag erreichte **Besitzstand** aufrecht zu erhalten.³ Etwas überraschend für die Praxis hat das BAG in seinem Urteil vom 24.7.2001 entschieden, dass der bis zum Betriebsübergang geschuldete Besitzstand nicht zusätzlich zu der nach im übernehmenden Betrieb geltenden, kollidierenden Versorgungsregelung geschuldet wird.⁴ Da unklar ist, ob diese Entscheidung eine wesentliche Grundlage in dem Umstand hatte, dass die Versorgungsregelung im übernehmenden Unternehmen wesentlich besser war als die abgeänderte Regelung, und ein erstes LAG dem widersprochen hat, kann nicht von einer generellen Anwendbarkeit dieser Rechtsprechung ausgegangen werden, zumal die Ergebnisse nicht interessengerecht erscheinen.⁵

c) Kollision mit Einzel-, Gesamt- oder Konzernbetriebsvereinbarung des Übernehmers bei Verlust der Betriebsidentität

368 Verliert der übergehende Betrieb seine Betriebsidentität, so findet grundsätzlich nach § 613a Abs. 1 S. 2 BGB eine Transformation der bestehenden kollektiven Regelung zur bAV in Individualrecht statt. Nach der Rechtsprechung des BAG ist § 613a Abs. 1 S. 3 BGB allerdings teleologisch darauf zu reduzieren, dass ein nach § 613a Abs. 1 S. 2 BGB fortgeltender Anspruch ohne Sperrfrist durch eine beim Betriebserwerber abgeschlossene Betriebsvereinbarung abgelöst werden kann; dies deshalb, weil die nunmehr individualrechtlich als Inhalt des Arbeitsverhältnisses geltenden kollektivrechtlichen Regelungen inhaltlich nicht weiter geschützt sind, als sie es bei einem Fortbestand beim Erwerber gewesen wären.⁶ Auch insoweit führt mithin eine offene, kollidierende Einzel-, Gesamt- oder Konzernbetriebsvereinbarung im übernehmenden Unternehmen oder ggf. eine nachträglich vereinbarte Betriebsvereinbarung zu einer Ablösung der bestehenden Versorgung für die Zukunft.

369 Es gelten hier die gleichen Anforderungen an den gleichen Regelungsgegenstand und den Besitzstandsschutz wie in den Fällen, in denen die Betriebsidentität erhalten bleibt.

d) Besonderheiten bei Konzern-Versorgungseinrichtungen

370 Betrifft ein Betriebsübergang oder eine andere gesellschaftsrechtliche Transaktion Arbeitnehmer mit Anwartschaften auf eine betriebliche Altersversorgung, die bis zur Transaktion mittels einer Sozialeinrichtung des Unternehmen- oder Konzerns erbracht wurde (dh Unternehmens- bzw. Konzern-Pensionskasse, -Unterstützungskasse oder

---

¹ Ebenso wohl WHSS/*Schnittker*, J Rn. 449.
² Ebenso WHSS/*Schnittker*, J Rn. 449, sofern eine abschließende Regelung gewollt war.
³ BAG 24.7.2001 – 3 AZR 660/00, NZA 2002, 520; LAG Baden-Württemberg, 23.3.2011 – 13 Sa 155/10.
⁴ BAG 24.7.2001 – 3 AZR 660/00, NZA 2002, 520; zu Recht kritisch dazu *Höfer*, ART Rn. 1261 ff., BRO/*Rolfs*, Anh. § 1 Rn. 322; abweichend nun LAG Düsseldorf 25.2.2014 – 6 Sa 1431/13, mit zustimmender Anmerkung *Langohr-Plato*, jurisPR-ArbR 26/2014 Anm. 4.
⁵ So auch KKBH/*Kemper/Huber*, BetrAVG, § 1b Rn. 101; *Langohr-Plato*, jurisPR-ArbR 26/2014 Anm. 4.
⁶ BAG 13.3.2012 – 1 AZR 659/10, NZA 2012, 990; 14.8.2001 – 1 AZR 619/00, NZA 2002, 276, zu A II 1a der Gründe.

-Pensionsfonds), dann ergibt sich für das übernehmende Unternehmen häufig die Problematik, dass die Versorgung aufgrund des auf das Unternehmen bzw. den Konzern begrenzten Anwendungsbereichs nicht in der bisherigen Form fortgeführt werden kann. Im Zweifel muss das übernehmende Unternehmen dann die bisher mittelbar zugesagten Versorgungsleistungen unmittelbar erbringen oder damit einen neuen externen Versorgungsträger beauftragen. Die Unmöglichkeit zur Fortführung der bestehenden Versorgung führt in keinem Fall zum Entfallen des Versorgungsanspruchs.[1] Es ist hier vielmehr ratsam, sich frühzeitig Gedanken über Durchführung und Finanzierung der übernommenen Versorgungsverpflichtungen zu machen.

Im umkehrten Fall, wenn also ein Unternehmen im Wege des Share Deals Teil eines Konzerns wird, der die Altersversorgung von einer Pensionseinrichtung des Konzerns durchführen lässt, muss ggf. darauf geachtet werden, dass deren Geltungsbereich auch neu hinzukommende Unternehmen erfasst. Bei anderen Transaktionen, bei denen Unternehmen auf bestehende Konzerngesellschaften verschmolzen werden oder Betriebe selbständig oder unselbständig in eine vorhandene Konzerngesellschaft integriert werden, sind dagegen grundsätzlich keine Anpassungsmaßnahmen erforderlich.

371

5. Insolvenzschutz und Durchgriffshaftung im Konzern

Die Unternehmensbezogenheit der betrieblichen Altersversorgung wirkt sich auch auf den gesetzlichen Insolvenzschutz aus. Sicherungsfall ist hier die Insolvenz „des Arbeitgebers", also des Beschäftigungsunternehmens. Weder führt eine Schieflage des ganzen Konzerns als solche zu einem Insolvenzfall noch die Insolvenz der zentralen Versorgungseinrichtung des Konzerns oder einer mithaftenden Konzern(ober)gesellschaft. Der PSVaG tritt vielmehr nur dann nach § 7 BetrAVG in gesetzlich unverfallbare Versorgungsverpflichtungen ein, wenn das Beschäftigungsunternehmen selbst insolvent ist.

372

Für den Bereich der bAV kann es zur **(Mit-)Haftung der Konzernobergesellschaft für Verpflichtungen der Beschäftigungsgesellschaft** gegenüber dem PSVaG kommen. Das ist ggf. bei der rechtsgeschäftlichen Vereinbarung eines Schuldbeitritts, einer Garantieübernahme, einer Bürgschaft oder einer Patronatserklärung zwischen Konzernober- und Konzernuntergesellschaft der Fall sowie beim Vertragskonzern. Auch außerhalb von Vertragskonzernen kann – analog der neuen Rechtsprechung des Bundesgerichtshofs zum Berechnungsdurchgriff bei existenzvernichtenden Eingriffen im qualifiziert faktischen Konzern[2] – eine Konzernobergesellschaft im Ausnahmefall für Versorgungsverbindlichkeiten eines beherrschten Unternehmens haften. Voraussetzung für diese Verhaltenshaftung der Konzernobergesellschaft nach § 826 BGB ist unter anderem der Entzug von Vermögenswerten, die fehlende Kompensation oder Rechtfertigung des Vermögensentzugs und die dadurch hervorgerufene Insolvenz der Konzernuntergesellschaft bzw. deren Vertiefung.

373

Die Ansprüche gegen die Obergesellschaft kann der Versorgungsberechtigte theoretisch selbst geltend machen, in der Regel werden sie bei Insolvenz des Vertragsunternehmens dann aber auf Grundlage des gesetzlichen Übergangs des Versorgungsrechts und akzessorischer Sicherungsrechte nach § 9 Abs. 2 S. 1 BetrAVG vom PSVaG verfolgt.[3]

374

---

[1] Vgl. BAG 15.2.2011 – 3 AZR 54/09, NZA 2011, 928.
[2] BAG 8.3.2014 – 3 AZR 899/11 unter Hinweis auf BGH 16.7.2007 – II ZR 3/04, NJW 2007, 2689.
[3] *Höfer*, § 9 Rn. 4682. Es dürfte dagegen kein Fall der Haftungsminderung des PSVaG nach § 7 Abs. 4 BetrAVG vorliegen.

III. Mitbestimmung bei der bAV im Konzern
1. Mitbestimmung bezogen auf die betriebliche Altersversorgung

375 Nach § 87 Abs. 1 Nr. 10 BetrVG hat der Betriebsrat ein Mitbestimmungsrecht bei Fragen der betrieblichen Lohngestaltung und insbesondere dem Aufstellung von Entlohnungsgrundsätzen, wozu auch die Gewährung von betrieblichen Versorgungsleistungen gehört. Ein solches Mitbestimmungsrecht setzt in jedem Fall voraus, dass eine kollektive Regelung vorliegt. Eine im Einzelfall erteilte Individualzusage wird vom Mitbestimmungsrecht nicht erfasst.[1]

376 Wird die betriebliche Altersversorgung durch eine **eigene Sozialeinrichtung** (Unterstützungskasse, Pensionskasse oder einen Pensionsfonds) des Arbeitgebers erbracht, besteht nach § 87 Abs. 1 Nr. 8 BetrVG ein Mitbestimmungsrecht des Betriebsrats, Gesamtbetriebsrats oder Konzernbetriebsrats in Bezug auf die Form, Ausgestaltung und Verwaltung dieser Einrichtung.

377 Erfolgt die Durchführung der Altersversorgung über eine **unternehmens- bzw. konzernfremde überbetriebliche Pensions- oder Unterstützungskasse** bzw. einen überbetrieblichen Pensionsfonds, dann unterfällt diese Einrichtung nicht unmittelbar der Mitbestimmung des Betriebsrats nach § 87 Abs. 1 Nr. 8 BetrVG, da es sich nicht um eine soziale Einrichtung (nur) des Arbeitgebers bzw. Konzerns handelt. Die Betriebsräte der einzelnen nicht miteinander verbundenen Trägerunternehmen der Einrichtung haben dann einen Anspruch auf Mitbestimmung bei der Willensbildung innerhalb dieser überbetrieblichen Einrichtungen, zB durch Zusammenwirken mit dem Arbeitgeber in Bezug auf das Abstimmungsverhalten ihres Unternehmens bei Beschlüssen der Organe der Pensionseinrichtung über den Leistungsplan.[2]

378 Da die Gewährung von Leistungen der betrieblichen Altersversorgung auf freiwilliger Basis erfolgt, ist eine Abgrenzung notwendig, welche Entscheidungen der Arbeitgeber mitbestimmungsfrei treffen kann und welche mitbestimmungspflichtig sind. Nach der einschlägigen Rechtsprechung des BAG[3] ist **mitbestimmungsfrei** die Entscheidung darüber „ob" eine betriebliche Altersversorgung eingerichtet wird, „wieviel" finanzielle Mittel der Arbeitgeber für die bAV zur Verfügung stellt (sog. Dotierungsrahmen), „wer" zum begünstigten Personenkreis zählt und „wie" die Versorgung erbracht wird (welcher Durchführungsweg und ggf. welcher konkrete Versorgungsträger). Mitbestimmungspflichtig ist sind dagegen die Verteilgrundsätze, dh der Leistungsplan mit seinen Regelungen bzw. bei versicherungsförmigen Durchführungswegen der gewählte Versicherungstarif.

2. Zuständigkeit des Konzernbetriebsrats versus des Gesamtbetriebsrats bzw. Betriebsrats

379 Die Mitbestimmung bezogen auf die betriebliche Altersversorgung unterliegt im Unternehmen nach § 50 Abs. 1 S. 1 BetrVG grundsätzlich dem Gesamtbetriebsrat und nicht dem Betriebsrat des einzelnen Betriebs, wenn – wie dies im Regelfall der Fall sein dürfte – die Notwendigkeit einer unternehmensweiten Regelung besteht.[4]

380 Besteht in einem Konzern ein Konzernbetriebsrat, dann ist dieser nach § 58 Abs. 1 und 2 BetrVG für eine konzerneinheitliche Regelung bzw. eine Versorgungsregelung

---

[1] So ausdrücklich *Langohr-Plato*, Rn. 1606.
[2] BAG 22 4.1986 – 3 AZR 100/83, NZA 1986, 574.
[3] BAG 29.7.2003 – 3 ABR 34/02, NZA 2004, 1344 mwN; erstmals BAG 12.6.1975 – 3 ABR 13/74, AP BetrVG 1972 § 87 Altersversorgung Nr. 1.
[4] BAG 9.12.2003 – 1 ABR 49/02, NZA 2005, 234.

für mehrere Konzerngesellschaften zuständig, wenn ihm die Gesamtbetriebsräte die Regelungskompetenz übertragen oder wenn die Angelegenheit nicht durch die einzelnen Gesamtbetriebsräte innerhalb ihrer Unternehmen geregelt werden kann. Bei der betrieblichen Altersversorgung als freiwillige Leistung ist den einzelnen Gesamtbetriebsräten eine unternehmensbezogene Regelung subjektiv unmöglich, wenn der Arbeitgeber den Leistungszweck so bestimmt, dass er nur mit einer unternehmensübergreifenden Regelung erreichbar ist, etwa indem die Konzernleitung die freiwillige Leistung nur noch konzerneinheitlich gewähren will.[1] Ein weiterer Beispielsfall für die Zuständigkeit des Konzernbetriebsrats ist die Einrichtung einer Konzern-Pensionskasse, -Pensionsfonds oder -Unterstützungskasse.[2]

Von der grundsätzlichen Zuständigkeit des Konzernbetriebsrats für eine konzern- **381** weite betriebliche Altersversorgung gibt es eine wichtige **Ausnahme.** Sofern der Arbeitgeber zu einer die Arbeitnehmer belastenden Regelung (zB der Kürzung von Ansprüchen) der nicht erzwingbaren Zustimmung des Betriebsrats bedarf, kann er nach der BAG-Rechtsprechung[3] über das zuständige Gremium nicht disponieren. Die für freiwillige Leistungen entwickelte Theorie der „subjektiven Unmöglichkeit" findet dann keine Anwendung und es ist damit der örtliche Betriebsrat zuständig, da die Zustimmung zur Verschlechterung auf der betrieblichen Ebene vereinbart werden kann. Denkbar erscheint aber auch hier, dass das Mitbestimmungsrecht von einem eigentlich zuständigen örtlichen Betriebsrat an ein anderes Betriebsratsgremium delegiert wird.

Besteht eine allgemeine konzerneinheitliche Versorgungsregelung, erhalten jedoch **382** die Arbeitnehmer bzw. eine bestimmte Arbeitnehmergruppe in einem einzigen Konzernunternehmen zusätzliche Versorgungsleistungen, so ist für diese zusätzliche Altersversorgung nicht der Konzernbetriebsrat, sondern der Gesamtbetriebsrat des betreffenden Unternehmens zuständig, solange keine konzerneinheitliche Zusatzregelung in Betracht kommt.[4]

IV. Veränderung bzw. Verschlechterung von Versorgungsregelungen

Die wirksame Änderung von bestehenden Versorgungsregelungen setzt zweierlei **383** voraus. Auf der ersten Stufe ist zu prüfen, ob die Versorgungsregelung überhaupt (ohne Zustimmung der betroffenen Mitarbeiter) abänderbar ist und insbesondere eine Betriebsvereinbarung ein taugliches Abänderungsinstrument darstellt; auf der zweiten Stufe ist weiter zu prüfen, ob die Neuregelung bei der Ablösung der bisher geltenden Versorgungsregelung die Gebote des Vertrauensschutzes und der Verhältnismäßigkeit wahrt.[5]

1. Taugliches Abänderungsinstrument

Das taugliche Abänderungsinstrument für verschlechternde Eingriffe in Versorgungs- **384** regelungen hängt davon ab, auf welcher Rechtsgrundlage die zu verändernde Versorgungsregelung beruht.

---

[1] Siehe BAG 24.1.2006 – 3 AZR 483/04, Rn. 44, AP BetrAVG § 1 Ablösung Nr. 50; 29.1.2008 – 3 AZR 42/06, Rn. 32, AP BetrVG 1972 § 87 Nr. 13.
[2] KKBH/*Kemper/Kisters-Kölkes* § 1 Rn. 404.
[3] BAG 19.6.2007 – 1 AZR 454/06, NZA 2007, 1184.
[4] BAG 19.3.1981 – 3 ABR 38/80, LS 2, AP BetrVG 1972 § 80 Nr. 14.
[5] Ständige Rspr. des BAG seit BAG 16.9.1986 – GS 1/82, NZA 1987, 168; so auch BAG 17.6.2003 – 3 ABR 43/02, NZA 2004, 1110; 15.2.2011 – 3 AZR 964/08.

Teil I. 4. Typische Sachverhalte bei nationalen Konzernen

a) Auf Einzel-, Gesamt- oder Konzernbetriebsvereinbarung beruhende Versorgung

385   Beruhen Versorgungsregelungen auf **Betriebsvereinbarungen,** so können sie nach der sog. Zeitkollisionsregel durch eine abändernde Betriebsvereinbarung abgelöst werden.

386   Grundsätzlich gilt für die Ablösung die allgemeine Regelungszuständigkeit. Handelt es sich um eine Versorgungsregelung nur für einen Betrieb des Konzerns, ist weder der Konzern- noch der zuständige Gesamtbetriebsrat für die Abänderung zuständig, sondern allein der Betriebsrat des relevanten Betriebs.[1] Eine Gesamtbetriebsvereinbarung kann im Zweifel nur durch eine Gesamtbetriebsvereinbarung abgelöst werden und nicht durch eine Konzernbetriebsvereinbarung. Bei der Ablösung von bestehenden Versorgungsregelungen richtet sich, anders als bei der Einführung der bAV als freiwillige Sozialleistung, das zuständige Mitbestimmungsgremium ausschließlich nach den objektiven Umständen.[2]

b) Auf Tarifvertrag beruhende Versorgung

387   Beruht die zu ändernde Versorgungsregelung auf Tarifvertrag, ist eine Ablösung nur durch einen neuen Tarifvertrag möglich. Im Falle eines Betriebsübergangs ist eine sog. Über-Kreuz-Ablösung durch eine beim Erwerber bestehende (Gesamt-)Betriebsvereinbarung ausgeschlossen.[3]

c) Auf individualrechtlicher Grundlage beruhende Versorgung

388   Häufig beruhen ältere, allgemeine Versorgungszusagen des Arbeitgebers (noch) nicht auf einer Betriebsvereinbarung, sondern auf einer individualrechtlichen Rechtsgrundlage. Der Arbeitgeber hat etwa gleiche Zusagen erteilt (sog. vertragliche Einheitsregelung) oder einen Aushang am schwarzen Brett gemacht. Gleich, ob der Arbeitgeber den einzelnen Arbeitnehmern explizite Versorgungszusagen erteilt oder sie faktische in die Versorgung einbezieht, wird ihre Versorgungszusage Vertragsbestandteil. Sie können damit grundsätzlich nur durch eine Individualvereinbarung zwischen Arbeitgeber und Arbeitnehmer geändert werden, durch eine nachfolgende kollektive Regelung wegen des gegenüber vertraglichen Ansprüchen zu beachtenden Günstigkeitsprinzips nur dann, wenn diese für den Arbeitnehmer individuell günstiger sind.[4]

389   Von der grundsätzlichen Unwirksamkeit verschlechternder Kollektivregelungen gegenüber individualrechtlich begründeten Ansprüchen lässt die Rechtsprechung drei Ausnahmen zu. Eine **Abänderbarkeit per (Gesamt-)Betriebsvereinbarung** ist nach dieser BAG-Rechtsprechung möglich, wenn (1) die Versorgungsregelung auf Grund einer wesentlichen Störung in ihrer Geschäftsgrundlage ihre Verbindlichkeit verloren haben und hierdurch der Bedarf für eine betriebliche Neuregelung begründet worden ist, (2) der Arbeitgeber sich den Widerruf der Zusage aus sachlichen Gründen vorbehalten[5] oder sie explizit oder implizit unter den Vorbehalt einer kollektivrecht-

---

[1] BAG 11.12.2001 – 1 AZR 193/01, Rn. 30, NZA 2002, 688.
[2] BAG 19.6.2007 – 1 AZR 454/06, Rn. 28, NZA 2007, 1184; → Rn. 381.
[3] BAG 13.11.2007 – 3 AZR 191/06, NZA 2008, 600.
[4] BAG 16.9.1986 – GS 1/82 Rn. 25, AP BetrVG 1972 § 77 Nr. 17; 12.12.2006 – 1 AZR 96/06, NZA 2007, 453; 11.7.2000 – 1 AZR 551/99 Rn. 20, NZA 2001, 462.
[5] Dies wird vom BAG angenommen bei der Versorgung über eine Unterstützungskasse, da diese explizit keinen Rechtsanspruch auf ihre Leistungen gewährt, vgl. BAG 17.3.1973 – 3 AZR 381/72, AP BGB § 242 Ruhegehalt-Unterstützungskassen Nr. 6; zustimmend BVerfG 16.2.1987 – 1 BvR 957/79, AP BetrAVG § 1 Unterstützungskassen Nr. 12.

lich, abändernden Neuregelung gestellt hat oder (3) wenn die Neuregelung durch Betriebsvereinbarung zumindest bei kollektiver Betrachtung insgesamt nicht ungünstiger als die abgelöste Versorgungsregelung ist.[1]

Eine Abänderbarkeit durch kollektivrechtliche Regelung (**Betriebsvereinbarungs-** **offenheit**) wird damit insbesondere durch eine sog. Jeweiligkeitsklausel erreicht, also indem etwa im Arbeitsvertrag auf die Versorgungsordnung des Arbeitgebers in ihrer jeweils gültigen Fassung verwiesen wird.[2] Es reicht nach der Rechtsprechung sogar im Zweifel eine einfache Verweisung im Arbeitsvertrag auf eine bestehende allgemeine Versorgungsregelung, da diese nach Auffassung des BAG angesichts des erkennbaren Interesses des Arbeitgebers an für alle Arbeitnehmer einheitlichen Regelungen im Zweifel dynamisch zu verstehen ist.[3]

Eine Betriebsvereinbarungsoffenheit dürfte damit auch durch den Verweis auf eine Konzernbetriebsvereinbarung zur betrieblichen Altersversorgung erreicht werden.[4]

Schwieriger ist die Beantwortung der Frage, inwieweit für einen **kollektiven** **Günstigkeitsvergleich** auch auf den Konzern abgestellt werden darf. Hierfür könnte die Parallel zur Gesamtbetriebsvereinbarung sprechen.[5] So hat das BAG in seiner Entscheidung vom 18.3.2003[6] eine kollektiven Günstigkeitsvergleich und damit eine Abänderbarkeit dem Grunde nach bejaht, wo Verbesserungen für Arbeitnehmer eines Betriebs Verschlechterungen für Arbeitnehmer des Betriebs ausglichen. Im Urteil heißt es: „*das Ziel, ein vorhandenes Versorgungswerk erheblich auszudehnen und auch solche Betriebe einzubeziehen, in denen es bisher keine oder nur eine schlechtere betriebliche Altersversorgung gab, liege im kollektiven Interesse der Gesamtbelegschaft und rechtfertige bei einer gleichzeitigen Erweiterung des Dotierungsrahmens Eingriffe in künftige Zuwächse.*" Gegen einen Günstigkeitsvergleich auf Konzernebene spricht allerdings der Umstand, dass der Konzern anders als das Unternehmen nicht Arbeitgeber ist und dass das BAG offenbar als weitere Voraussetzung ansieht, dass „das Unternehmen, in welchem die abgelöste Altregelung galt, und das Unternehmen, in dem die ablösende Neuregelung gelten soll, zumindest in der Grundstruktur identisch" sein sollten.[7] Daran fehlt es aber schon begrifflich, wenn es um mehrere Unternehmen in einem Konzern geht mit unterschiedlichen Versorgungsregelungen oder im Extremfall einzelnen Unternehmen bisher ohne Versorgungsregelung.

---

[1] Ständige Rspr. des BAG seit BAG 16.9.1986 – GS 1/82, NZA 1987, 168; so auch BAG 18.3.2003 – 3 AZR 101/02, Rn. 43 mwN; 17.6.2003 – 3 ABR 43/02, NZA 2004, 1110; 15.2.2011 – 3 AZR 964/08.
[2] BAG 18.9.2012 – 3 AZR 431/10 Rn. 31, NZA-RR 2013, 651.
[3] BAG 18.9.2012 – 3 AZR 431/10 Rn. 31, NZA-RR 2013, 651.
[4] So ausdrücklich *Hanau* in FS Kemper 2005, S. 165 (167 f.).
[5] So wohl auch *Hanau* in FS Kemper 2005, S. 170 ff. unter Hinweis auf BAG 16.9.1986 – GS 1/82, NZA 1987, 168, und BAG 18.3.2003 – 3 AZR 101/02, wo wörtlich ausgeführt wird, dass das Ziel, ein vorhandenes Versorgungswerk erheblich auszudehnen und auch solche Betriebe einzubeziehen, in denen es bisher keine oder nur eine schlechtere betriebliche Altersversorgung gab, … im kollektiven Interesse der Gesamtbelegschaft (liege) und bei einer gleichzeitigen Erweiterung des Dotierungsrahmens Eingriffe in künftige Zuwächse (rechtfertige)".
[6] BAG 18.3.2003 – 3 AZR 101/02, NZA 2004, 1099; ebenfalls für die grundsätzliche Möglichkeit eines unternehmensweiten Günstigkeitsvergleichs BAG 8.12.1981 – 3 ABR 53/80, AP BetrAVG § 1 Ablösung Nr. 1.
[7] BAG 18.3.2003 – 3 AZR 101/02, NZA 2003, 986 zum Fall einer Fusion mehrerer Unternehmen zu einem neuen Unternehmen, wobei 2 Vorgängerunternehmen für 410 Arbeitnehmer 141 000 DM aufgewendet hatten und das neue Gesamtunternehmen für insgesamt 927 Arbeitnehmer aus 6 Unternehmen 190 000 DM.

2. Einhaltung der Grundsätze des Vertrauensschutzes und der Verhältnismäßigkeit

393 Nach der ständigen Rechtsprechung des BAG müssen verschlechternde Neuregelungen betrieblicher Versorgungswerke durch Betriebsvereinbarung auch dann, wenn sie an sich nach der Zeitkollisionsregel für eine Ablösung geeignet sind, anhand der Grundsätze des Vertrauensschutzes und der Verhältnismäßigkeit daraufhin untersucht werden, ob es für sie einen der Intensität des Eingriffs in die bereits begründeten Besitzstände entsprechenden Rechtfertigungsgrund gibt. Je nachdem, ob die Neuregelung in bereits erdiente Besitzstände, in eine erdiente Dynamik oder in die eingeräumte Möglichkeit, noch mit künftigen Dienstjahren dienstzeitabhängige Zuwächse zu erdienen, eingreifen will, bedarf es zu deren Rechtfertigung zwingender, triftiger oder doch zumindest sachlich-proportionaler Eingriffsgründe.[1]

394 Insbesondere für **Eingriffe in dienstzeitabhängige Zuwächse,** wo sachlich-proportionale Eingriffsgründe genügen, stellt sich die Frage, ob auf der Konzernebene liegende Gründe als Rechtfertigungsgründe für den Eingriff in dienstzeitabhängige Zuwächse bei einen Teil der Konzernbelegschaft dienen können. Als auf der Konzernebene liegender Grund könnte zB das Interesse an einer konzerneinheitlichen Versorgungsregelung, an der Ausdehnung einer Versorgungsregelung auf alle Konzernunternehmen oder an Kosteneinsparungen zur Verbesserung der wirtschaftlichen Lage der Konzernobergesellschafts in Betracht kommen. Es bestehen erhebliche Zweifel, dass die Arbeitsgerichte Eingriffe in dienstzeitabhängige Zuwächse aus den vorgenannten Konzerngründen akzeptieren würden. Lediglich dann, wenn im Einzelfall Konzernaspekte direkt auf das Beschäftigungsunternehmen durchschlagen, etwa ein Beherrschungs- und Gewinnabführungsvertrag mit einer Konzernobergesellschaft besteht und die Tätigkeit stark an diese gebunden ist, dürfte die wirtschaftliche Lage der Gesellschaft ggf. im Rahmen der Beurteilung des Vorliegens sachlich-proportionaler Gründe zu berücksichtigen sein.[2]

V. Anpassung laufender Renten (Berechnungsdurchgriff im Konzern)

395 Bezogen auf die gesetzliche Verpflichtung zur Prüfung einer Anpassung laufenden Leistungen der betrieblichen Altersversorgung an gestiegene Lebenshaltungskosten (§ 16 BetrAVG) stellen sich im Konzernzusammenhang letztlich zwei Fragen: (1) Wer ist der richtige Anpassungsschuldner bzw. wer schuldet die Rentenanpassung ggf. neben dem Beschäftigungsunternehmen und (2) auf welche wirtschaftliche Lage kommt es an, die des Beschäftigungsunternehmens und/oder die anderer Konzernunternehmen.

396 Nach dem Gesetzeswortlaut richtet sich die Verpflichtung zur Anpassungsprüfung bei laufenden Leistungen der betrieblichen Altersversorgung an den „Arbeitgeber" und kommt es für die Verpflichtung zur Anpassung an gestiegene Lebenshaltungskosten auf „die wirtschaftliche Lage des Arbeitgebers" an. Damit ist das Beschäftigungsunternehmen, dh der letzte und damit versorgungspflichtige Arbeitgeber des Rentners, zur Anpassung verpflichtet und nicht der Konzern insgesamt. Es kommt für die Anpassungsprüfung zugleich auf dessen wirtschaftliche Leistungsfähigkeit an. Das gilt

---

[1] BAG 16.7.1996 – 3 AZR 398/95, BAGE 83, 293 (298 f.); 23.10.2001 – 3 AZR 74/01, NZA 2003, 986.
[2] BAG 15.1.2013 – 3 AZR 705/10 Rn. 44, NZA-RR 2013, 376.

nach der BAG-Rechtsprechung grundsätzlich auch dann, wenn der (frühere) Arbeitgeber in einen Konzern eingebunden ist.[1]

Gehört der frühere Arbeitgeber einem Konzern an, so kann abhängig von den besonderen Umständen des Falles **Anpassungsverpflichteter** ein anderes Konzernunternehmen sein bzw. ein anderes Unternehmen die Mithaftung für die Rentenanpassung treffen. Die (Mit-)Haftung für die Rentenanpassung kann von einer anderen Konzerngesellschaft explizit oder implizit übernommen werden.[2] Aus dem bloßen Umstand, dass eine Konzernobergesellschaft, der die verwaltungsmäßige Durchführung der betrieblichen Altersversorgung für alle Konzerngesellschaften obliegt, sich mit ihrem Briefbogen an die einzelnen Versorgungsberechtigten wendet, wird man allerdings noch nicht auf einen rechtsgeschäftlichen Willen schließen können, selbst Mitschuldner für die vom Beschäftigungsunternehmen zugesagten Leistungen und damit Anpassungsschuldner zu werden. 397

Für die Verpflichtung zur Anpassung ist grundsätzlich allein die wirtschaftliche Lage des Anpassungsverpflichteten entscheidend.[3] Im Einzelfall kann gegebenenfalls auch die **wirtschaftliche Lage der Konzernobergesellschaft** bzw. andere Konzernunternehmen Beschäftigungsunternehmens zu berücksichtigen sein. Entsprechende Zurechnungstatbestände können sich ua aus der Versorgungszusage und ihren Begleitumständen, der Konzernform und der Konzernpolitik ergeben.[4] 398

Insbesondere eine explizite Vereinbarung oder die Praxis bei vorangehenden Anpassungsentscheidungen, auf die wirtschaftlichen Verhältnisse des Konzerns und nicht die des Beschäftigungsunternehmens abzustellen, kann einen entsprechenden Vertrauenstatbestand begründen. 399

Nach der jüngeren Rechtsprechung des BAG ist bei einem **Vertragskonzern** immer die wirtschaftliche Lage der Konzernobergesellschaft einzubeziehen. Bei einem **qualifiziert faktischen Konzern** ist dagegen ein Berechnungsdurchgriff – abweichend von der älteren Rechtsprechung des Gerichts – auf den besonderen Fall eines „existenzvernichtenden Eingriffs" beschränkt, dh eine vorsätzliche, sittenwidrige Schädigung der zur Anpassung verpflichteten Konzerngesellschaft durch die Obergesellschaft.[5] 400

Der Berechnungsdurchgriff wirkt in beide Richtungen, jedenfalls im Vertragskonzern. Sofern am Anpassungsstichtag bereits konkrete Anhaltspunkte dafür bestehen, dass die schwierige wirtschaftliche Lage der Konzernobergesellschaft in den kommenden 3 Jahren auf die anpassungsverpflichtete Tochtergesellschaft durchschlägt, so wird sie die Rentenanpassung ggf. bereits verweigern können.[6] 401

---

[1] BAG 15.4.2014, 3 AZR 51/12 Rn. 21; 11.12.2012 – 3 AZR 615/10 Rn. 54.
[2] BAG 5.6.2002 – 3 AZR 226/01, AP BetrAVG § 16 Nr. 51.
[3] Das gilt auch nach der Verschmelzung einer wirtschaftlichen schwachen Gesellschaft auf einen oder mehrere andere Gesellschaften. Nach Vollzug der Verschmelzung ist nur noch auf die Leistungsfähigkeit der neuen Gesellschaft abzustellen. So ausdrücklich BAG 20.8.2013 – 3 AZR 750/11, BetrAV 2013, 721; 31.7.2007 – 3 AZR 810/05, AP BetrAVG § 16 Nr. 65.
[4] Vgl. BAG 19.5.1981 – 3 AZR 308/80, AP BetrAVG § 16 Nr. 13 (LS 3); KKBH/*Huber*, § 16 Rn. 82; BRO/*Rolfs* § 16 Rn. 206 ff.
[5] BAG 15.1.2013 – 3 AZR 638/10, NZA 2014, 87 im Anschluss an BGH 28.4.2008 – II ZR 264/06, NJW 2008, 2437.
[6] BAG 10.2.2009 – 3 AZR 727/07, NZA 2010, 95.

Teil II. Arbeitsrecht im grenzüberschreitenden Konzern

Abschnitt 1. Grenzüberschreitende Umstrukturierung

A. Grenzüberschreitender Betriebsübergang

Bei grenzüberschreitenden Umstrukturierungen, bei denen ein Betrieb oder Betriebsteil im Sinne einer „auf Dauer angelegten wirtschaftlichen Einheit"[1] auf einen neuen Inhaber übergeht, stellt sich regelmäßig die Frage nach der Anwendbarkeit der Vorschrift des § 613a BGB. Grundsätzlich sind für das Vorliegen eines grenzüberschreitenden Betriebsübergangs zwei Konstellationen denkbar:[2] Entweder ist ein grenzüberschreitender Sachverhalt deshalb gegeben, weil der Veräußerer oder Erwerber seinen Sitz im Ausland hat und die rechtliche Zuordnung des Betriebs bzw. Betriebsteils von einem inländischen auf ein ausländisches Unternehmen übergeht oder der Betriebsübergang ist mit einer grenzüberschreitenden Betriebsverlagerung verbunden. Im letzteren Fall ist es sowohl möglich, dass der Veräußerer und der Erwerber im Inland sitzen (inländischer Betriebsübergang mit Betriebsverlagerung) als auch eine der Parteien ihren Sitz im Ausland hat. Die folgenden Beispiele illustrieren beide Sachverhaltskonstellationen. 1

> **Beispiel 1:** Das in Deutschland sitzende Unternehmen A, mit Betriebsstätte in Aachen, wird von dem in den Niederlanden sitzenden Unternehmen B aufgekauft. Der Betrieb verbleibt in Aachen.
> **Beispiel 2:** Unternehmen A mit Sitz in Deutschland, Betriebsstätte Aachen, wird von Unternehmen C, ebenfalls mit Sitz in Deutschland, aufgekauft. Aus Kostengründen soll die Produktion nicht weiter in Deutschland erfolgen, der Betrieb wird in die Niederlande verlagert.
> **Abwandlung:** Unternehmen A mit Sitz in Deutschland und Betriebsstätte in Aachen wird von dem in den Niederlanden sitzenden Unternehmen B aufgekauft. Anschließend erfolgt die Verlagerung des Betriebs aus Aachen in die Niederlande.

Die beiden Grundkonstellationen unterscheiden sich danach, ob eine räumliche Veränderung des Betriebs erfolgt oder ob lediglich die rechtliche Zuordnung des Betriebs von einem Unternehmen auf ein anderes (ggf. ausländisches) Unternehmen übergeht.[3] Vor diesem Hintergrund ist hinsichtlich einer Anwendbarkeit des § 613a BGB zunächst nach kollisionsrechtlichen Grundsätzen zu bestimmen, nach welchem Recht sich die etwaige Fortsetzung der Arbeitsverhältnisse bestimmt.[4] Falls die Anwendbarkeit des § 613a BGB bejaht werden kann, ist in einem zweiten Schritt zu prüfen, ob die Vorschrift des § 613a BGB nur innerstaatliche Vorgänge erfassen will oder auch auf grenzüberschreitende Sachverhalte anzuwenden ist.[5] 2

Abzugrenzen sind die beschriebenen Konstellationen von der Stilllegung eines Betriebs. Denn nach der Rechtsprechung des Bundesarbeitsgerichts schließen sich **Betriebsveräußerung** und **Betriebsstilllegung** systematisch aus.[6] Unter einer Be- 3

---

[1] BAG 22.5.1997 – 8 AZR 101/96, NZA 1997, 1050 (1052).
[2] *Däubler*, FS Kissel 1994, 119 (122).
[3] *Däubler*, FS Kissel 1994, 119 (122).
[4] *Junker* NZA-Beilage 2012, 8 (13).
[5] *Däubler*, FS Kissel 1994, 119 (123).
[6] BAG 24.8.2006 – 8 AZR 317/05, NZA 2007, 1287 (1290).

triebsstilllegung ist die Auflösung der zwischen Arbeitgeber und Arbeitnehmer bestehenden Betriebs- und Produktionsgemeinschaft auf Dauer oder zumindest für einen unbestimmten, wirtschaftlich nicht unerheblichen Zeitraum zu verstehen. An der erforderlichen Stilllegungsabsicht des Arbeitgebers mangelt es jedoch, wenn dieser beabsichtigt, seinen Betrieb zu veräußern. Die Veräußerung des Betriebs allein ist – wie sich aus der Wertung des § 613a BGB ergibt – keine Stilllegung, da die Identität des Betriebs gewahrt bleibt und lediglich ein Betriebsinhaberwechsel stattfindet.[1] Infolgedessen unterliegt es nicht der freien unternehmerischen Disposition, einen bestimmten tatsächlichen Vorgang als Betriebsstilllegung (mit den Folgen der §§ 111 ff. BetrVG) oder als Betriebsübergang (mit der Folge der Anwendung des § 613a BGB) zu deklarieren.[2]

I. Rechtsgrundlagen

1. Betriebsübergangsrichtlinie

4   Auf europäischer Ebene bildet die **Richtlinie 2001/23/EG**[3] **(Betriebsübergangsrichtlinie)** die Grundlage für die arbeitsrechtliche Regelung des Betriebsübergangs. Sie hat die durch die Richtlinie 98/50/EG[4] geänderte ursprüngliche Richtlinie 77/187/EWG[5] abgelöst. Als Übergang gemäß der Betriebsübergangsrichtlinie gilt der Übergang einer ihre Identität bewahrenden wirtschaftlichen Einheit im Sinne einer organisierten Zusammenfassung von Ressourcen zur Verfolgung einer wirtschaftlichen Haupt- oder Nebentätigkeit (Art. 1 Abs. 1 lit. b Richtlinie 2001/23/EG).

5   Durch zahlreiche Entscheidungen des Europäischen Gerichtshofs sind die Bestimmungen der Richtlinie zwischenzeitlich konkretisiert worden. Nach der EuGH-Rechtsprechung setzt die Anwendbarkeit der Richtlinie demnach voraus, dass „eine auf Dauer angelegte wirtschaftliche Einheit übergegangen ist, deren Tätigkeit nicht auf die Ausführung eines bestimmten Vorhabens beschränkt ist. Der Begriff der wirtschaftlichen Einheit bezieht sich auf eine Gesamtheit von Personen und Sachen zur Ausübung einer wirtschaftlichen Tätigkeit mit eigener Zielsetzung."[6] Die Voraussetzung der Wahrung der Identität der wirtschaftlichen Einheit ist dabei nicht dahingehend auszulegen, dass sie verlangt, die konkrete Organisation der verschiedenen übertragenen Produktionsfaktoren durch den Unternehmer beizubehalten, sondern dahin, dass die Beibehaltung der funktionellen Verknüpfung der Wechselbeziehung und gegenseitigen Ergänzung zwischen diesen Faktoren erforderlich ist.[7]

---

[1] BAG 29.9.2005 – 8 AZR 647/04, AP BGB § 613a Nr. 296; BAG 26.4.2007 – 8 AZR 612/06, AP InsO § 125 Nr. 5; BAG 22.10.2009 – 8 AZR 766/08, NZA-RR 2010, 660 (663).
[2] WHSS/*Willemsen*, G Rn. 89.
[3] Richtlinie 2001/23/EG vom 12.3.2001 zur Angleichung der Rechtsvorschriften der Mitgliedstaaten über die Wahrung von Ansprüchen der Arbeitnehmer beim Übergang von Unternehmen, Betrieben oder Unternehmens- oder Betriebsteilen, ABl. EG L 82 vom 22.3.2001, S. 16.
[4] Richtlinie 98/50/EG des Rates vom 29.6.1998 zur Änderung der Richtlinie 77/187/EWG zur Angleichung der Rechtsvorschriften der Mitgliedstaaten über die Wahrung von Ansprüchen der Arbeitnehmer beim Übergang von Unternehmen, Betrieben oder Betriebsteilen, ABl. EG L 201 vom 17.7.1998, S. 88.
[5] Richtlinie 77/187/EWG des Rates vom 14.2.1977 zur Angleichung der Rechtsvorschriften der Mitgliedstaaten über die Wahrung von Ansprüchen der Arbeitnehmer beim Übergang von Unternehmen, Betrieben oder Unternehmens- oder Betriebsteilen, ABl. EG L 61 vom 5.3.1977, S. 26.
[6] EuGH 15.12.2005 – C-232, 233/04, NZA 2006, 29 (30) – Güney-Görres.
[7] EuGH 12.2.2009 – C-466/07, NZA 2009, 251 (253) – Klarenberg.

2. § 613a BGB

Mit der Vorschrift des § 613a BGB werden die Vorgaben der Richtlinie 2001/23/ **6**
EG in nationales Recht umgesetzt, so dass ihre Anwendung und Auslegung maßgeblich durch die Betriebsübergangsrichtlinie und die Rechtsprechung des Europäischen Gerichtshofs beeinflusst wird.[1] Das Bundesarbeitsgericht folgt hinsichtlich der Auslegung der Begriffe „Betrieb oder Betriebsteil" insofern seit 1997 in ständiger Rechtsprechung den Vorgaben des Europäischen Gerichtshofs.[2]

II. Anwendbares Recht

Die kollisionsrechtliche Behandlung des Betriebsinhaberwechsels über die Grenzen **7**
hinweg wird im Folgenden anhand der Betriebsübergangsrichtlinie, der Vorschrift des § 613a BGB und der Regelungen des Internationalen Privatrechts erörtert.[3] Dies gilt sowohl für den Fall des Betriebsübergangs ohne räumliche Veränderung (vgl. Beispiel 1, → Rn. 1), als auch für den Betriebsübergang mit Betriebsverlagerung (vgl. Beispiel 2, → Rn. 1).

1. Art. 1 Abs. 2 Betriebsübergangsrichtlinie

Die Betriebsübergangsrichtlinie enthält in Art. 1 Abs. 2 eine **allgemeine Kollisi-** **8**
onsvorschrift.[4] Danach ist die Richtlinie anwendbar, wenn und soweit sich das Unternehmen oder der Betrieb innerhalb des räumlichen Geltungsbereichs des EG-Vertrags oder in einem Mitgliedstaat des Europäischen Wirtschaftsraums (Norwegen, Island, Liechtenstein) befindet.[5] Zwar ist diese Norm bei der Frage nach dem anwendbaren Recht im Rahmen der gebotenen richtlinienkonformen Auslegung von kollisionsrechtlichen Vorschriften zu berücksichtigen. Die Betriebsübergangsrichtlinie beantwortet jedoch nicht die Frage, nach welchem Recht – nach deutschem oder nach ausländischem – das Vorliegen der Voraussetzungen für einen Betriebsübergang und die Rechtsfolgen des Betriebsübergangs zu bestimmen sind.

Vor diesem Hintergrund hat auch die EU-Kommission erwogen, die Betriebsüber- **9**
gangsrichtlinie in Bezug auf ihren **räumlichen Geltungsbereich** zu verändern. Aus der Sicht der EU-Kommission sind insbesondere die kollektiven Aspekte transnationaler Übergänge wie die Geltung von Tarifverträgen, der Schutz der Arbeitnehmervertreter oder die Informations- und Anhörungspflichten nicht geregelt, so dass sie zur Vermeidung einer Rechtsunsicherheit bei Arbeitgebern und Arbeitnehmern eine spezielle Regelung grenzüberschreitender Betriebsübergänge für sinnvoll erachtete.[6] Darüber hinaus wird angemerkt, dass aufgrund der zahlreichen Verweise und Optionen auf und in Bezug auf das einzelstaatliche Recht innerhalb der Betriebsübergangsrichtlinie ihre Anwendung eher voraussetzt, dass sich ein Betriebsübergang jeweils nur in einem Mitgliedstaat abspielt. Welche der jeweils einschlägigen mitgliedstaatlichen Normen bei grenzüberschreitenden Transaktionen anwendbar wären und welche nicht,

---

[1] ErfK/*Preis*, BGB § 613a Rn. 1; Schaub/*Koch*, Arbeitsrechts-Handbuch, § 117 Rn. 1; MAH ArbR/*Cohnen*, § 53 Rn. 1.
[2] BAG 22.5.1997 – 7 AZR 101/96, NZA 1997, 1050 (1052); BAG 13.11.1997 – 8 AZR 295/95, NZA 1998, 251 (252); BAG 14.8.2007 – 8 AZR 1043/06, NZA 2007, 1431 (1432).
[3] *Franzen*, S. 59 ff.
[4] *Leuchten* FA 2002, 138 (139).
[5] Art. 68 des Abkommens über den Europäischen Wirtschaftsraum; ABl. EG L 1 vom 3.1.1994, S. 3.
[6] Bericht der Kommission der Europäischen Gemeinschaften über die Richtlinie 2001/23/EG vom 18.6.2007, KOM (2007) 334 endgültig, S. 5 und 10 f.

bliebe hingegen offen.[1] Die EU-Kommission hat daher im Juni 2007 eine **erste Phase der Anhörung der Sozialpartner gemäß Art. 138 Abs. 2 EG-Vertrag** eingeleitet und in diesem Zusammenhang ausdrücklich darauf hingewiesen, dass einige wichtige Fragen grenzüberschreitender Übergänge, bei denen sich auch der Arbeitsort ändert (vgl. Beispiel 2, → Rn. 1), weder mittels der Richtlinie noch der bestehenden Instrumente des Internationalen Privatrechts beantwortet werden können. Letztendlich hat die EU-Kommission nach der ersten Sozialpartnerkonsultation das Vorhaben einer Revision der Betriebsübergangsrichtlinie jedoch nicht weiter verfolgt.[2]

2. Territorialitätsprinzip

10 Fraglich ist, ob die Vorschrift des § 613a BGB außer dem materiellrechtlichen auch einen kollisionsrechtlichen Regelungsinhalt hat. Denn neben den reinen Kollisionsnormen auf der einen und Sachnormen auf der anderen Seite existieren Bestimmungen, die über ihren materiellrechtlichen Regelungsinhalt hinaus auch Angaben über ihren internationalen Anwendungsbereich enthalten.[3] § 613a BGB, der zur Umsetzung der Betriebsübergangsrichtlinie geschaffen worden ist, enthält seinem Wortlaut nach keine Regelung hinsichtlich der Anwendbarkeit bei internationalen Sachverhalten. Allerdings existieren auch Sachnormen mit versteckten Kollisionsregeln,[4] die durch Auslegung zu ermitteln sind. Während der Wortlaut des § 613a BGB und die Gesetzesmaterialien keine Anhaltspunkte für die Frage der internationalen Anwendbarkeit bieten, könnte sich die Inlandsbeschränkung des Anwendungsbereichs aus der Gesetzessystematik ergeben.[5] Nach einer Auffassung handelt es sich bei § 613a BGB um eine **territoriale Vorschrift**.[6] Demnach sei § 613a BGB bei einem mit einer Verlagerung ins Ausland verbundenen Betriebsübergang (vgl. Beispiel 2, → Rn. 1) nicht anzuwenden, da die Geltung der Vorschrift nach dem „Territorialitätsprinzip" grundsätzlich an den deutschen Grenzen ende. Für diese Auffassung spricht, dass § 613a BGB im Zusammenhang mit dem Betriebsverfassungsgesetz 1972 in das BGB eingebracht wurde.[7] Der Geltungsbereich des BetrVG ist infolge des im Betriebsverfassungsrecht geltenden „Territorialitätsprinzips" jedoch auf das Staatsgebiet Deutschlands beschränkt.[8] In diesem Sinne hielt auch das Arbeitsgericht Hamburg die Regelung des § 613a BGB nur dann für anwendbar, wenn sowohl der Veräußerer als auch der Erwerber eines Betriebs/Betriebsteils an sie gebunden sind. Eine Bindung an privatrechtliche Vorschriften könne nur dann angenommen werden, wenn zu einem bestimmten Territorium (hier: der Bundesrepublik Deutschland), in dem dieses Recht besteht, eine Beziehung gegeben ist, sei es in der Person, Sache oder durch ein Rechtsverhältnis.[9] Die Anwendung des „Territorialitätsprinzips" auf die Vorschrift § 613a BGB hätte zur Folge, dass diese einzig bei Betriebsübergängen ohne Verlagerung von Betrieben in das Ausland anwendbar wäre (vgl. Beispiel 1, → Rn. 1).

---

[1] *Reichold*, FS Birk 2008, 687 (688 f.).

[2] Zweiter Fortschrittsbericht der Kommission der Europäischen Gemeinschaften über die Strategie zur Vereinfachung des ordnungspolitischen Umfelds vom 30.1.2008, KOM (2008) 33 endgültig, Annex 1 unter Ziffer 12: „Following the results of the first phase of consultations which took place in November 2007, it appears that the revision of the Directive is not necessary."; *Franzen* NZA-Beilage 4/2008, 139 (139 u. 144).

[3] *Hergenröder* ZfA, 1999, 1 (15).

[4] *Hergenröder* ZfA, 1999, 1 (15).

[5] *Franzen*, S. 61.

[6] *Loritz* ZfA 1991, 585 (598).

[7] *Franzen*, S. 61.

[8] ErfK/*Koch*, BetrVG § 1 Rn. 5.

[9] ArbG Hamburg 20.7.1979 – S 15 Ca 410/78, AP BGB § 613a Nr. 25.

A. Grenzüberschreitender Betriebsübergang

Gegen diese Auffassung spricht jedoch, dass § 613a BGB eine zivilrechtliche und keine **11** betriebsverfassungsrechtliche Norm ist.[1] Dies folgt zum einen daraus, dass sich der Anwendungsbereich einer Regelung nach dem Gesetz richtet, in das sie aufgenommen wurde und nicht nach dem einfügenden Gesetz. Deshalb kommt es im Hinblick auf § 613a BGB nicht darauf an, ob für den von einem Übergang betroffenen Betrieb das Betriebsverfassungsgesetz Anwendung findet.[2] Zum anderen ist der primäre Regelungszweck des § 613a BGB die Anordnung des Übergangs der Arbeitsverhältnisse unabhängig vom Willen des Betriebserwerbers, also der Bestandsschutz der Arbeitsverhältnisse zu Gunsten der Arbeitnehmer.[3] Die Norm dient zwar auch der Kontinuität des Betriebsrats beim Betriebsübergang und der Regelung der Auswirkungen des Betriebsübergangs auf Betriebsvereinbarungen und Tarifverträge. Dieses betriebsverfassungsrechtliche Element tritt jedoch vor dem im Vordergrund stehenden Bestandsschutz der Arbeitsplätze zurück.[4] § 613a BGB dient also überwiegend dem Individualschutz der Arbeitnehmer.[5] Angesichts einer globalisierten Welt und einem europäischen Binnenmarkt, dem 27 Länder angehören, besteht keine Einschränkung des Anwendungsbereichs auf das Gebiet der Bundesrepublik Deutschland aufgrund des „Territorialitätsprinzips".[6]

Indem die Bestimmung des § 613a BGB ihren internationalen Anwendungsbereich **12** nicht selbst regelt und keine einschlägigen gemeinschaftsrechtlichen Regelungen oder zwischenstaatlichen Vereinbarungen existieren, ist die Frage nach dem anzuwendenden Recht in Fällen mit Auslandsbezug nach den Grundsätzen des Internationalen Privatrechts zu bestimmen.[7] Dies gilt insofern auch für die Fälle von grenzüberschreitenden Betriebsübergängen.

3. Internationales Privatrecht[8]

Die Bestimmungen der Rom I-VO finden auf alle nach dem 17.12.2009 abge- **13** schlossenen Arbeitsverträge Anwendung (Art. 28 Rom I-VO), während die Vorschriften des EGBGB für Verträge, die vor diesem Datum abgeschlossen wurden, weiterhin anwendbar bleiben. Für eine lange Übergangszeit werden folglich **zwei kollisionsrechtliche Systeme** nebeneinander bestehen bleiben.[9, 10]

---

[1] BAG 29.10.1992 – 2 AZR 267/92, NZA 1993, 743 (748); *Franzen*, S. 62.
[2] ErfK/*Preis*, BGB § 613a Rn. 4.
[3] BAG 29.10.1992 – 2 AZR 267/92, NZA 1993, 743 (748); *Raif/Ginal* GWR 2013, 217 (218).
[4] BAG 29.10.1992 – 2 AZR 267/92, NZA 1993, 743 (748).
[5] BAG 29.10.1992 – 2 AZR 267/92, NZA 1993, 743 (748); *Feudner* NZA 1999, 1184 (1186).
[6] BAG 26.5.2011 – 8 AZR 37/10, NZA 2011, 1143 (1147); *Forst* SAE 2012, 18 (20).
[7] *Feudner* NZA 1999, 1184 (1185); *Wisskirchen/Goebel* DB 2004, 1937 (1937).
[8] Als Teilbereich des Internationalen Privatrechts war das **Internationale Arbeitsrecht** seit dem 1.9.1986 in den Art. 3 ff. **EGBGB** kodifiziert (Gesetz zur Neuregelung des Internationalen Privatrechts vom 25.7.1986, BGBl. I. vom 30.7.1986, S. 1142). Für das Arbeitsrecht waren vor allem die Art. 27 bis 37 EGBGB über vertragliche Schuldverhältnisse von Bedeutung. An ihre Stelle sind zwischenzeitlich die Bestimmungen der Rom I-VO (Verordnung (EG) Nr. 539/2008 des Europäischen Parlaments und des Rates vom 17.6.2008 über das auf vertragliche Schuldverhältnisse anzuwendende Recht (Rom I), ABl. EG L 177 vom 4.7.2008, S. 6) getreten, wobei sich durch deren Inkrafttreten im Arbeitsvertragsrecht nur marginale Veränderungen ergeben haben (*Schneider* NZA 2010, 1380, 1381). Indem die Rom I-VO unmittelbar anzuwendendes Unionsrecht ist und innerhalb ihres Anwendungsbereichs nationales Kollisionsrecht verdrängt, war auch eine Anpassung des deutschen Internationalen Privatrechts erforderlich (Schaub/*Linck*, Arbeitsrechts-Handbuch § 7 Rn. 5). Die Vorschriften der Art. 27 bis 37 EGBGB sind insofern aufgehoben worden (Gesetz zur Anpassung der Vorschriften des Internationalen Privatrechts an die Verordnung (EG) Nr. 593/2008 vom 25.6.2009, BGBl. I vom 30.6.2009, S. 1574).
[9] Palandt/*Thorn*, (IPR) Rom I Vorbem. Rn. 1.
[10] Nachfolgend werden daher durchgängig die Regelungen der Rom I-VO und des EGBGB benannt.

a) Grundsatz der freien Rechtswahl

14 Das deutsche Internationale Privatrecht ist von dem **Grundsatz der freien Rechtswahl** bestimmt. Danach können die Arbeitsvertragsparteien frei darüber entscheiden, welches Sachrecht auf das Arbeitsverhältnis anwendbar sein soll (Art. 3 Abs. 1 S. 1 Rom I-VO, Art. 27 Abs. 1 S. 1 EGBGB). Das von den Parteien gewählte Recht wird als subjektives Arbeitsstatut bezeichnet.[1,2] Die Anerkennung der freien Rechtswahl im Internationalen Arbeitsrecht ist keineswegs selbstverständlich, da die Parteien des Arbeitsvertrags in der Regel nicht in einem Gleichgewicht zueinander stehen, sondern der Arbeitnehmer sich aufgrund seiner schwächeren wirtschaftlichen Position dem Willen des Arbeitgebers beugen wird, ohne von seinem Wahlrecht Gebrauch machen zu können.[3] Dem hat der Gesetzgeber Rechnung getragen, indem er die Parteiautonomie zu Gunsten des Arbeitnehmers eingeschränkt hat (Art. 8 Abs. 1 S. 2 Rom I-VO, Art. 30 Abs. 1 EGBGB). Hiernach darf die Rechtswahl dem Arbeitnehmer nicht den Schutz entziehen, den ihm die zwingenden Bestimmungen des Rechts gewähren, welches ohne die Rechtswahl anwendbar wäre.[4] Im Übrigen kann das für das Arbeitsverhältnis maßgebliche Recht jedoch frei vereinbart werden. Die Arbeitsvertragsparteien können auch die Geltung jeder beliebigen ausländischen Rechtsordnung vereinbaren, selbst wenn das Arbeitsverhältnis ansonsten keinerlei Auslandsbezug aufweist und die Arbeitsleistung ausschließlich im Inland erbracht wird (reiner Inlandsfall).[5] So kann ein deutscher Arbeitgeber mit einem deutschen Arbeitnehmer beispielsweise auch die Anwendung niederländischen Rechts vereinbaren. Die Anwendung zwingenden deutschen Rechts kann hierdurch jedoch nicht verhindert werden (Art. 3 Abs. 3 Rom I-VO; Art. 27 Abs. 3 EGBGB). Zwingend sind dabei Bestimmungen, von denen nach deutschem Recht durch Vertrag nicht abgewichen werden kann.[6] Zu ihnen gehören nicht nur Gesetze und Tarifnormen, sondern auch Richter- und Gewohnheitsrecht, sofern sich durch Auslegung ermitteln lässt, dass die Norm als unabdingbar verstanden wird.[7]

15 Die Rechtswahl muss ausdrücklich erfolgen oder sich eindeutig aus den Bestimmungen des Vertrags oder aus den Umständen des Falls ergeben (Art. 3 Abs. 1 S. 2 Rom I-VO, Art. 27 Abs. 1 S. 2 EGBGB). Eine ausdrückliche Rechtswahl wird regelmäßig durch Aufnahme einer Rechtswahlklausel in den Vertragstext getroffen, wobei die Rom I-VO (das EGBGB) für die Vereinbarung keine besondere Form vorschreibt.[8] Für eine konkludente Rechtswahl ist die bloße Anknüpfung an einen hypothetischen Willen, den Vertrag einer fremden Rechtsordnung zu unterstellen, nicht ausreichend.[9] Obgleich kein abschließender Katalog von Rechtswahlindizien besteht, sind bei Schuldverträgen aus Gerichtsstandsklauseln, Schiedsklauseln, vertraglichen Bezugnahmen auf ein Recht sowie aus der Vereinbarung eines für beide Parteien gemeinsamen Erfüllungsorts typische Hinweise auf eine konkludente Rechtswahl zu entnehmen.[10] Ebenso wird in der arbeitsvertraglichen Bezugnahme auf Tarifverträge

---

[1] *Junker*, Internationales Arbeitsrecht im Konzern, S. 52.
[2] Gleichbedeutend Arbeitsvertragsstatut; im Folgenden jedoch durchgängig als Arbeitsstatut benannt.
[3] *Hergenröder* ZfA 1999, 1 (9).
[4] MHdBArbR/*Oetker*, § 11 Rn. 10; *Schneider* NZA 2010, 1380 (1381).
[5] ErfK/*Schlachter*, Art. 9 Rom I-VO Rn. 5; MHdBArbR/*Oetker*, § 11 Rn. 11; *Gravenhorst* RdA 2007, 283 (284).
[6] Schaub/*Linck*, Arbeitsrechts-Handbuch § 7 Rn. 8.
[7] *Schlachter* NZA 2000, 57 (62).
[8] MHdBArbR/*Oetker*, § 11 Rn. 14.
[9] ErfK/*Schlachter*, Art. 9 Rom I-VO Rn. 6; MHdBArbR/*Oetker*, § 11 Rn. 15.
[10] BAG 13.11.2007 – 9 AZR 134/07, NZA 2008, 761 (763).

und sonstige Regelungen am Sitz des Arbeitgebers ein gewichtiges Indiz für eine konkludente Rechtswahl gesehen.[1]

b) Einschränkungen der freien Rechtswahl

Die Freiheit der Rechtswahl besteht nicht uneingeschränkt. Zwar können die Arbeitsvertragsparteien die bei objektiver Anknüpfung an sich für ihr Rechtsverhältnis maßgebliche Rechtsordnung abwählen. Dies würde allerdings dazu führen, dass auch die zwingenden Bestimmungen dieser Ordnung unanwendbar wären. Aus Gründen des Schutzes der schwächeren Vertragspartei wird daher der Grundsatz der freien Rechtswahl in der Rom I-VO (im EGBGB) mehrfach durchbrochen.[2] Dem Schutz der Arbeitnehmer dient vor allem die Bestimmung des Art. 8 Abs. 1 Rom I-VO (Art. 30 Abs. 1 EGBGB), die das gewählte Vertragsstatut durch die Heranziehung des objektiven Vertragsstatuts inhaltlich korrigiert, sofern dieses für die Arbeitnehmer günstiger ist.[3] Weitere Einschränkungen ergeben sich aus Art. 9 Rom I-VO (Art. 34 EGBGB) – international zwingende Vorschriften – und Art. 21 Rom I-VO (Art. 6 EGBGB) – ordre public –. 16

Nach Art. 8 Abs. 1 Rom I-VO (Art. 30 Abs. 1 EGBGB) darf die Rechtswahl nicht dazu führen, dass dem Arbeitnehmer der Schutz entzogen wird, der ihm von den zwingenden Bestimmungen des Rechts gewährt wird, das mangels einer Rechtswahl nach den objektiven Anknüpfungskriterien des Art. 8 Abs. 2–4 Rom I-VO (Art. 30 Abs. 2 EGBGB) anwendbar wäre. In diesem Zusammenhang ist es allerdings nicht abschließend geklärt, welche Bestimmungen zu den zwingenden Vorschriften des objektiven Vertragsstatuts zählen und wie ein **Günstigkeitsvergleich** zwischen den wirksam gewählten und den zwingenden Vorschriften der sonst maßgeblichen Rechtsordnung durchzuführen ist.[4] Letztlich wird hinsichtlich der zwingenden Bestimmungen jedoch davon ausgegangen werden können, dass es sich bei diesen um zu Gunsten des Arbeitnehmers wirkende, vertraglich nicht abdingbare Schutznormen handeln muss.[5] Dazu zählen auch Tarifnormen, sofern im konkreten Fall das Arbeitsverhältnis von ihrem Geltungsbereich erfasst wird.[6] Zur Durchführung des Günstigkeitsvergleichs verbleibt als gangbarer Mittelweg[7] die Bildung miteinander vergleichbarer Sachgruppen.[8] Sollten sich die Vorschriften der bei objektiver Anknüpfung maßgeblichen Rechtsordnung als für den Arbeitnehmer günstiger herausstellen, sind diese trotz der Rechtswahlvereinbarung anzuwenden. Dies kann ggf. dazu führen, dass das Arbeitsverhältnis verschiedenen Rechtsordnungen unterliegt. Andererseits verbleibt es bei der getroffenen Rechtswahl, wenn das gewählte Recht den Arbeitnehmer in gleichem oder besserem Maße schützt. 17

Eine weitere Beschränkung der freien Rechtswahl kann sich aus Art. 9 Abs. 1 Rom I-VO (Art. 34 EGBGB) ergeben. Durch die Wahl eines fremden Rechts bzw. durch dessen objektive Anknüpfung kann nicht von den **international zwingenden** 18

---

[1] BAG 12.12.2001 – 5 AZR 255/00, NZA 2002, 734 (736).
[2] ErfK/*Schlachter*, Art. 9 Rom I-VO Rn. 18.
[3] MHdBArbR/*Oetker*, § 11 Rn. 20; *Markovska* RdA 2007, 352 (354).
[4] *Schneider* NZA 2010, 1380 (1381).
[5] *Schlachter* NZA 2000, 57 (60f).
[6] ErfK/*Schlachter*, Art. 9 Rom I-VO Rn. 19.
[7] „So bleibt der Sachgruppenvergleich als die am wenigsten schlechte Lösung übrig, die zumindest die benannten Nachteile der beiden anderen Alternativen vermeidet."; *Schlachter* NZA 2000, 57 (61).
[8] MHdBArbR/*Oetker*, § 11 Rn. 25f; ErfK/*Schlachter*, Art. 9 Rom I-VO Rn. 19; Palandt/*Thorn*, (IPR) Rom I 8 Rn. 8.

Vorschriften des deutschen Rechts abgewichen werden, solange das Arbeitsverhältnis noch einen Bezug zur deutschen Rechtsordnung aufweist (Inlandsbezug).[1] Dies sind Vorschriften, deren Einhaltung von einem Staat als so entscheidend für die Wahrung seines öffentlichen Interesses, insbesondere seiner politischen, sozialen oder wirtschaftlichen Organisation angesehen werden, dass sie ungeachtet des Vertragsstatuts auf alle Sachverhalte anzuwenden sind, die in ihren Anwendungsbereich fallen.

19 Art. 21 Rom I-VO (Art. 6 EGBGB) enthält die Erlaubnis, die Anwendung eines ausländischen Rechts abzuwenden, sofern diese zu einem Ergebnis führen würde, welches mit den wesentlichen Grundsätzen deutschen Rechts (dem Kernbereich der deutschen öffentlichen Ordnung – „**ordre public**") nicht vereinbar wäre. Zu den wesentlichen Grundsätzen des deutschen Rechts zählen insbesondere grundrechtlich geschützte Positionen sowie fundamentale Rechtsnormen der Europäischen Gemeinschaft.[2] Im Arbeitsrecht sind Verstöße gegen den „ordre public" angesichts der Bestimmungen der Art. 3 Abs. 3, 8 Abs. 1 und 9 Rom I-VO (Art. 27 Abs. 3, 30 Abs. 1 und 34 EGBGB) jedoch bereits weitgehend ausgeschlossen.[3]

c) Objektives Arbeitsstatut

20 Da die Parteien nicht gezwungen sind, das für den Arbeitsvertrag geltende Recht zu bestimmen, bedarf es ergänzender **objektiver Anknüpfungsbestimmungen** für den Fall, dass eine Rechtswahl unterblieben ist.[4] Insoweit enthält Art. 8 Abs. 2–4 Rom I-VO (Art. 30 Abs. 2 EGBGB) objektive Kriterien zur Ermittlung des Vertragsstatuts. Das Arbeitsverhältnis unterliegt danach dem Recht des gewöhnlichen Arbeitsorts. Fehlt ein gewöhnlicher Arbeitsort, unterliegt das Arbeitsverhältnis der Rechtsordnung der einstellenden Niederlassung. Ausnahmsweise kann von den beiden genannten Anknüpfungsbestimmungen abgewichen werden, wenn das Arbeitsverhältnis eine engere Verbindung zu einem anderen Staat aufweist (sog. Ausweichstatut).[5]

21 Das Arbeitsverhältnis unterliegt dem Recht des Staates, in dem oder andernfalls von dem aus[6] der Arbeitnehmer in Erfüllung des Vertrags gewöhnlich seine Arbeit verrichtet, selbst wenn er seine Arbeit vorübergehend in einem anderen Staat verrichtet (Art. 8 Abs. 2 Rom I-VO, Art. 30 Abs. 2 Nr. 1 EGBGB). Bei der Bestimmung des **gewöhnlichen Arbeitsorts** ist auf den Ort der tatsächlichen Arbeitsleistung abzustellen.[7] Er ist nicht auf eine politische Gemeinde begrenzt, sondern umfasst bei einem Einsatz an wechselnden Orten innerhalb eines Landes das gesamte Staatsgebiet.[8]

22 Sollte das anzuwendende Recht nicht über den gewöhnlichen Arbeitsort bestimmt werden können, unterliegt das Arbeitsverhältnis dem **Recht der einstellenden Niederlassung**, Art. 8 Abs. 3 Rom I-VO (Art. 30 Abs. 2 Nr. 2 EGBGB). Die Niederlassung bezeichnet eine auf eine gewisse Dauer angelegte organisatorische Einheit des Unternehmens zur Entfaltung geschäftlicher Tätigkeit, ohne jedoch den Anforderungen eines Betriebs genügen zu müssen.[9]

23 Die Anknüpfungen an den gewöhnlichen Arbeitsort bzw. die einstellende Niederlassung stellen keine starren Regeln dar. Sofern sich aus der Gesamtheit wichtiger

---

[1] ErfK/*Schlachter*, Art. 9 Rom-I VO Rn. 21; *Markovska* RdA 2007, 352 (356).
[2] *Schneider* NZA 2010, 1380 (1382).
[3] MHdBArbR/*Oetker*, § 11 Rn. 54; ErfK/*Schlachter*, Art. 9 Rom I-VO Rn. 26; *Bittner* NZA 1993, 161 (166); *Junker*, Internationales Arbeitsrecht im Konzern, S. 57.
[4] *Junker*, Internationales Arbeitsrecht im Konzern, S. 57.
[5] MHdBArbR/*Oetker*, § 11 Rn. 28; *Deinert* RdA 2009, 144 (145, 147).
[6] Erweiterung gegenüber Art. 30 Abs. 2 Nr. 1 EGBGB.
[7] MHdBArbR/*Oetker*, § 11 Rn. 30.
[8] BAG 9.7.2003 – 10 AZR 593/02, AP TVG § 1 Tarifverträge: Bau Nr. 261.
[9] MHdBArbR/*Oetker*, § 11 Rn. 34; *Gragert/Drenckhahn* NZA 2003, 305 (307).

Umstände im Einzelfall ergibt, dass das Arbeitsverhältnis engere Verbindungen zu einem anderen Staat aufweist, ist nach dem Ausweichstatut des Art. 8 Abs. 4 Rom I-VO (Art. 30 Abs. 2 letzter HS EGBGB) das Recht jenes Staates maßgebend.[1]

Die Frage nach dem anzuwendenden Recht stellt sich bei der Betriebsübertragung/-verlagerung in das Ausland in zweifacher Hinsicht:[2] Zunächst ist es fraglich, welches Recht auf den Betriebsübertragungsvertrag anzuwenden ist. Daneben besteht die wesentlich problematischere Frage nach dem für den Betriebsübergang geltenden Recht. 24

d) Anzuwendendes Recht für den Asset Deal

Hinsichtlich des Übertragungsvertrags (**„Asset Deal"**) ist es zweifelsfrei, dass die (deutschen und ausländischen) Vertragsparteien ohne Einschränkung nach dem Grundsatz der freien Rechtswahl entweder das deutsche oder das ausländische Recht für den Vertrag bestimmen können (Art. 3 Rom I-VO, Art. 27 EGBGB).[3] 25

e) Anzuwendendes Recht für den Betriebsübergang

aa) Art. 9 und 21 Rom I-VO

Anders als bei der Rechtswahl des Übertragungsvertrags können die Vertragsparteien nicht frei darüber disponieren, ob im Zusammenhang mit der zwischen ihnen vereinbarten Betriebsübertragung/-verlagerung in das Ausland die Vorschrift des § 613a BGB anwendbar ist oder nicht. 26

Art. 9 Rom I-VO (Art. 34 EGBGB) kann immer dann zur Anwendung gelangen, wenn das Vertragsstatut einem anderen als deutschem Recht unterliegt, der Sachverhalt aber dennoch eine Beziehung zu Deutschland aufweist. Abweichend vom Vertragsstatut, welches die Anwendbarkeit des Rechts eines anderen Staats vorsieht, können dann gleichwohl zwingende Bestimmungen des deutschen Rechts anwendbar sein.[4] Die Regelung zum Betriebsübergang (§ 613a BGB) wird vom Bundesarbeitsgericht jedoch **als international nicht zwingend angesehen**.[5] Das Bundesarbeitsgericht verweist darauf, dass inländische Gesetze – ohne Rücksicht auf ihre privat- oder öffentlichrechtliche Natur – nur dann Eingriffsnormen iSd § 34 EGBGB (Art. 9 Rom I-VO) sind, wenn sie entweder ausdrücklich oder nach ihrem Sinn und Zweck und ohne Rücksicht auf das nach den deutschen Kollisionsnormen anwendbare Recht gelten sollen. Erforderlich sei daher, dass die fragliche Vorschrift nicht nur auf den Schutz von Individualinteressen gerichtet ist, sondern mit ihr zumindest auch öffentliche Gemeinwohlinteressen verfolgt werden.[6] Eine Eingriffsnorm im Sinne des Art. 9 Rom I-VO (Art. 34 EGBGB) muss nach dieser Entscheidung allgemeine überindividuelle Interessen außerhalb des Schuldverhältnisses, wie zB wirtschaftspolitische, soziale, währungspolitische oder außenpolitische Belange, verfolgen.[7] Zentraler Zweck der Regelung des § 613a BGB ist nach der Auffassung des Bundesarbeitsgerichts allerdings der Schutz der Arbeitnehmer durch Erhaltung der Arbeitsplätze. Sie stellt mithin eine 27

---

[1] Palandt/*Thorn,* (IPR) Rom I 8 Rn. 13.
[2] *Feudner* NZA 1999, 1184 (1185).
[3] *Feudner* NZA 1999, 1184 (1184); *Wisskirchen/Goebel* DB 2004, 1937 (1938).
[4] MHdBArbR/*Oetker,* § 11 Rn. 46.
[5] BAG 29.10.1992 – 2 AZR 267/92, NZA 1993, 743 (748); BAG 9.7.2003 – 10 AZR 593/02, AP TVG § 1 Tarifverträge: Bau Nr. 261.
[6] BAG 9.7.2003 – 10 AZR 593/92, AP TVG § 1 Tarifverträge: Bau Nr. 261.
[7] *Mankowski* IPRax 1994, 88 (94).

private/individuelle Interessenausgleichsregelung dar, die dem Interesse des Arbeitnehmers am Bestand seines Arbeitsverhältnisses und der Freiheit des Arbeitgebers dient, seinen Betrieb veräußern oder einem Dritten zur Nutzung überlassen zu können.[1] Eine Anwendbarkeit des § 613a BGB als Eingriffsnorm im Sinne des Art. 9 Rom I-VO (Art. 34 EGBG) kommt demnach nicht in Betracht.

28 Weitergehend hat das Bundesarbeitsgericht in seiner Entscheidung vom 29.10.1992 festgestellt, dass die Vorschrift des § 613a BGB nicht zum „ordre public" iSd Art. 21 Rom I-VO (Art. 6 EGBGB) gehört. Denn der Ausschluss des § 613a BGB durch die Anwendung ausländischen Rechts führt im Einzelfall nicht zu einem Ergebnis, das in untragbarem Maße gegen die Gerechtigkeitsvorstellungen der deutschen Regelungen verstößt.[2]

bb) Bestimmung des Anknüpfungspunkts

29 Für die Bestimmung des auf den Betriebsübergang anwendbaren Rechts kommen als Anknüpfungspunkte das für den Veräußerungsvertrag anwendbare Recht (Vertragsstatut), welches – wie oben festgestellt – der freien Rechtswahl unterliegt, das am Ort des Betriebs gültige Recht (Statut des Betriebsorts) sowie das für den Arbeitsvertrag gültige Recht (Arbeitsstatut) in Betracht.[3]

(1) Vertragsstatut

30 Denkbar ist, dass sich der Betriebsübergang nach dem Recht richtet, welches die Parteien aufgrund ihrer Befugnis zur freien Rechtswahl für den schuldrechtlichen Übertragungsvertrag gewählt haben **(sog. Vertragsstatut).**[4] Damit wäre es jedoch für den Betriebserwerber möglich, die Vorschrift des § 613a BGB durch Vereinbarung ausländischen Rechts, das eine vergleichbare Bestimmung nicht kennt, zu umgehen.[5] Dies gilt sowohl für den Fall des Betriebsübergangs ohne räumliche Veränderung als auch den Fall der Betriebsverlagerung (vgl. Beispiele 1 und 2, → Rn. 1). Der Bestandsschutz der Arbeitsverhältnisse wäre auf diese Weise zur Disposition gestellt, ohne dass der Arbeitnehmer darauf Einfluss nehmen kann. Denn anders als für den Betriebserwerber besteht für den betroffenen Arbeitnehmer keine Möglichkeit, die Kaufentscheidung bzw. den Veräußerungsvorgang zu beeinflussen. Somit würde der bezweckte Schutz der Arbeitnehmer unterlaufen, die demzufolge ohne ihr Zutun durch einen internationalen Betriebsübergang ihren Arbeitsplatz verlieren können.[6] Die mögliche Umgehung des § 613a BGB durch Anknüpfung an das Vertragsstatut widerspricht des Weiteren der Betriebsübergangsrichtlinie, die den Bestandsschutz der Arbeitsverhältnisse auch bei grenzüberschreitenden Sachverhalten im Geltungsbereich des EG-Vertrages garantiert.[7] Vor diesem Hintergrund wird die Anknüpfung an das Vertragsstatut überwiegend abgelehnt.[8] Eine solche hätte schließlich zur Folge, dass das Arbeitsverhältnis einer anderen Rechtsordnung unterworfen würde, als derjenigen, der es seit seiner Entstehung unterliegt. Der Arbeitsvertrag unterstünde dann einer dem Arbeitnehmer unbekannten Rechtsordnung. Ein solcher Wechsel des ursprünglich

---

[1] BAG 29.10.1992 – 2 AZR 267/92, NZA 1993, 743 (748).
[2] BAG 29.10.1992 – 2 AZR 267/92, NZA 1993, 743 (748).
[3] *Junker,* Internationales Arbeitsrecht im Konzern, S. 233; *Richter* AuR 1992, 65 (68).
[4] *Leuchten* FA 2002, 138 (139); *Däubler,* FS Kissel 1994, 119 (123).
[5] *Leuchten* FA 2002, 138 (139); *Däubler,* FS Kissel 1994, 119 (124).
[6] *Richter* AuR 1992, 65 (68); *Däubler,* FS Kissel 1994, 119 (124); BAG, AP BGB § 613a Nr. 81 mit Anm. *Kreitner.*
[7] *Leuchten* FA 2002, 138 (139).
[8] *Feudner* NZA 1999, 1184 (1186); *Richter* AuR 1992, 65 (68); *Däubler,* FS Kissel, 1994, 119 (124); *Leuchten* FA 2002, 138 (139).

gewählten Rechts für das Arbeitsverhältnis lässt sich dogmatisch nicht begründen und widerspricht dem Vertrauensschutz der Arbeitnehmer.[1]

(2) Betriebsort

Nach einer anderen Auffassung soll an das Recht des Betriebsorts angeknüpft werden.[2] **31** Dabei stellt sich zunächst das Problem, ob der ursprüngliche oder neue Betriebssitz maßgebend ist.[3] Diesbezüglich wird vertreten, dass auf den räumlichen Schwerpunkt des übergehenden Betriebs abzustellen sei, soweit jedoch eine örtliche Verlagerung in das Ausland erfolgt, solle hinsichtlich des Übergangs der Arbeitsverhältnisse und der damit verbundenen Folgen das ausländische Recht angewendet werden.[4] Für den Fall, dass der Betrieb an seinem Standort in Deutschland verbleibt (vgl. Beispiel 1, → Rn. 1), wird § 613a BGB danach zur Anwendung gelangen; kommt es zu einer Betriebsverlagerung in das Ausland (vgl. Beispiel 2, → Rn. 1), ist die Vorschrift nicht anwendbar und die Rechtsfolgen des Betriebsübergangs treten nur ein, wenn das ausländische Recht diese vorsieht. Begründet wird die Ansicht damit, dass der Betriebsübergang nicht nur individualrechtliche, sondern auch betriebsverfassungs- und tarifrechtliche Folgen regelt, so dass eine **Anknüpfung an den Betriebsort** besser geeignet ist als eine Anknüpfung an den subjektiv bestimmten Arbeitsvertrag.[5] Die neutrale oder verbindende Anknüpfung an die Stätten der beteiligten Betriebe wird zudem der Dreiecksbeziehung zwischen Betriebserwerber, Veräußerer und Arbeitnehmer am besten gerecht.

Des Weiteren wird darauf verwiesen, dass obwohl es sich bei der Vorschrift des **32** § 613a BGB dem Ansatz nach um eine individualarbeitsrechtliche Regelung handelt, in grenzüberschreitenden Fällen die Frage des Arbeitgeberwechsels nur einheitlich beantwortet werden kann.[6] Von daher bedürfe es einer Anknüpfung an ein für alle Arbeitsverhältnisse eines Betriebs/Betriebsteils einheitlichen Rechts. Eine solche Anknüpfung vermittelt der tatsächliche Sitz des fraglichen Betriebs, gleichgültig, ob er ganz oder nur teilweise übergeht. Diese Anknüpfung trägt auch Art. 1 Abs. 2 Richtlinie 77/187/EWG (Betriebsübergangsrichtlinie) Rechnung,[7] der die Richtlinie dann für anwendbar erklärt, wenn der übergehende Betrieb in einem der Mitgliedstaaten belegen war. Liegt der Betrieb im Inland, gehen demnach die Arbeitsverhältnisse im Falle eines Verkaufs, einer Vermietung oder Verpachtung auf den neuen Inhaber über, ohne dass es auf das Statut des einzelnen Arbeitsvertrags ankommt.[8]

Darüber hinaus ist die Anknüpfung an den Betriebsort insbesondere aus der Sicht **33** der Praxis geboten: Wegen der möglichen Diskrepanzen der privat- und öffentlich-rechtlichen Bestimmungen des bisherigen und künftigen Arbeitsorts im Fall der Betriebsverlagerung in das Ausland sollen die Arbeitsverträge dem am neuen Ort geltenden Recht unterworfen werden.[9] Denn mit der räumlichen Verlagerung des Betriebs ändert sich das Betriebsstatut und damit das rechtliche Umfeld der Arbeitsverhältnisse. Auf diese finden nach der Betriebsverlagerung insbesondere die sozialversicherungs-, steuer- und arbeitsschutzrechtlichen Normen des neuen Arbeitsorts Anwendung.[10] Ein

---

[1] *Feudner* NZA 1999, 1184 (1186); BAG, AP BGB § 613a Nr. 81 mit Anm. *Kreitner.*
[2] *Junker*, Internationales Arbeitsrecht im Konzern, S. 238.
[3] *Richter* AuR 1992, 65 (68).
[4] *Junker*, Internationales Arbeitsrecht im Konzern, S. 239; *Bittner*, Europäisches und internationales Betriebsrentenrecht, S. 496; einschränkend: *Hergenröder* ZfA 1999, 1 (22).
[5] *Junker*, Internationales Arbeitsrecht im Konzern, S. 235.
[6] MHdBArbR/*Birk*, 2. Aufl., § 20 Rn. 184; *Reichold*, FS Birk 2008, 687 (697 f.).
[7] AnwK-ArbR/*Maurer*, Art. 27, 30 EGBGB Rn. 62.
[8] MHdBArbR/*Birk*, 2. Aufl., § 20 Rn. 185.
[9] *Junker*, Internationales Arbeitsrecht im Konzern, S. 239.
[10] *Feudner*, NZA 1999, 1184 (1189); MAH ArbR/*Cohnen*, § 53 Rn. 70.

Übergang der Arbeitsverhältnisse in ihrer ursprünglichen Form ist daher nicht möglich und es existieren keine Vorschriften darüber, wie die Arbeitsverhältnisse dem Auslandsrecht anzupassen sind.[1] Schließlich spricht für dieses Vorgehen, dass der Betriebsübergang für alle Betroffenen einheitlich behandelt wird, was zu einer übersichtlichen Lösung und Gleichbehandlung der Beteiligten[2] sowie einem Gleichklang mit dem anwendbaren Betriebsverfassungsrecht[3] führt.

34 Gegen die Anknüpfung an den Betriebsort spricht jedoch, dass es der neue Betriebsinhaber durch geschickte Wahl des Betriebsstandorts, insbesondere in Nicht-EU-Staaten, in der Hand hat, die Anwendung des § 613a BGB zu umgehen.[4] Dem wird zwar zu Recht entgegengehalten, dass das kollisionsrechtliche Günstigkeitsprinzip ein einheitliches Mindestniveau des Arbeitnehmerschutzes garantiert,[5] allerdings erscheint es unter Billigkeitsgesichtspunkten dennoch nicht zumutbar, den Arbeitnehmer, der auf die ununterbrochene Anwendung des für seinen Arbeitsvertrag anwendbaren und ihm bekannten Rechts vertraut, aufgrund von Unwägbarkeiten der Geltung einer anderen Rechtsordnung zu unterwerfen.[6] Sofern der Standort des Betriebs in Deutschland verbleibt (vgl. Beispiel 1, → Rn. 1), lässt sich dieses Problem in der Regel vermeiden. Es kann jedoch selbst in dieser Fallkonstellation dann auftreten, wenn der Arbeitsvertrag aufgrund einer Rechtswahlklausel einem anderen Recht als dem des Betriebsstandorts unterliegt.[7]

(3) Arbeitsstatut

35 Nach überwiegender Auffassung steht bei § 613a BGB nicht der Bezug zum kollektiven Arbeitsrecht, sondern der individuelle Schutz der Arbeitnehmer im Vordergrund.[8] Deshalb ist im Fall eines grenzüberschreitenden Sachverhalts nach der herrschenden Meinung in Literatur und Rechtsprechung diejenige Rechtsordnung anzuwenden, **die das Arbeitsverhältnis im Übrigen bestimmt.**[9] Das Bundesarbeitsgericht führt dafür als Begründung den Schutz des Vertrauens des Arbeitnehmers in den Fortbestand seines Arbeitsverhältnisses und die Rechtsstellung des Arbeitnehmers an. Mit der Eingehung eines Arbeitsverhältnisses erwirbt der Arbeitnehmer eine Anwartschaft auf Übernahme. Diese Rechtsstellung ist gegenüber dem Interesse des Betriebserwerbers, den Betrieb frei von Verpflichtungen übernehmen zu können, schützenswerter, da der Erwerber die Möglichkeit hat, sich zu informieren und seine Entscheidung in Kenntnis der Übernahmeverpflichtung zu treffen, während der Arbeitnehmer keine Einflussmöglichkeit auf die Betriebsveräußerung hat.[10] Da sowohl bei einer Anknüpfung an das für den Übergangsvertrag geltende Recht als auch bei einer Anknüpfung an das Recht des neuen Betriebsorts der Betriebsveräußerer bzw. Betriebserwerber die Vorschrift des § 613a BGB durch eine geschickte Rechts- bzw.

---

[1] *Junker,* Internationales Arbeitsrecht im Konzern, S. 239.
[2] *Däubler,* FS Kissel 1994, 119 (124).
[3] *Junker,* Internationales Arbeitsrecht im Konzern NZA-Beilage 2012, 8 (13).
[4] *Feudner* NZA 1999, 1184 (1186); *Leuchten* FA 2002, 138 (139); *Richter* AuR 1992, 65 (68).
[5] *Junker,* Internationales Arbeitsrecht im Konzern, S. 234.
[6] *Feudner* NZA 1999, 1184 (1186); *Leuchten* FA 2002, 138 (139); *Wollenschläger/Frölich* AuR 1990, 314 (315); *Deinert* RdA 2001, 368 (374); *Richter* AuR 1992, 65 (68).
[7] *Richter* AuR 1992, 65 (68).
[8] BAG 29.10.1992 – 2 AZR 267/92, NZA 1993, 743 (748).
[9] BAG 29.10.1992 – 2 AZR 267/92, NZA 1993, 743 (745); *Däubler,* FS Kissel 1994, 119 (125); WHSS/*Willemsen,* Umstrukturierung, G Rn. 89; MAH ArbR/*Cohnen,* § 53 Rn. 4 und 70; *Wisskirchen/Goebel* DB 2004, 1937 (1938); *Deinert* RdA 2001, 368 (374); AP BGB § 613a Nr. 409 mit Anm. *Deinert; Wollenschläger/Frölich* AuR 1990, 314 (316); *Leuchten* FA 2002, 138 (139); *Feudner* NZA 1999, 1185 (1186).
[10] BAG 29.10.1992 – 2 AZR 267/92, NZA 1993, 743 (745).

A. Grenzüberschreitender Betriebsübergang

Standortwahl umgehen könnte, ist die Anknüpfung an das Arbeitsstatut zu befürworten.[1] Dieser Auffassung ist auch das Bundesarbeitsgericht in seiner Entscheidung vom 26.5.2011[2] gefolgt (→ Teil II Abs. 2 A Rn. 44).

cc) Art. 8 Rom I-VO

Wird ein Betrieb oder ein Betriebsteil von Deutschland in das Ausland verlegt (vgl. Beispiel 2, → Rn. 1), ist das für den Betriebsübergang maßgebliche anwendbare Recht dasjenige, welchem der Arbeitsvertrag bisher unterliegt. In der Regel gilt für Arbeitsverhältnisse, die bis zum Betriebsübergang auf einen ausländischen Erwerber eine ausschließliche Inlandsberührung aufweisen, aufgrund ausdrücklicher oder konkludenter Vereinbarung[3] bzw. objektiver Anknüpfung[4] deutsches Recht. **36**

Falls abweichend von diesem Regelfall die Arbeitsvertragsparteien aufgrund ihrer Rechtswahlautonomie die Geltung ausländischen Rechts für den Arbeitsvertrag vereinbart haben, gilt grundsätzlich ausländisches Recht.[5] Die Vorschrift des § 613a BGB kann aber dennoch eingreifen, wenn das gewählte ausländische Recht den nach Art. 8 Abs. 1 S. 2 Rom I-VO (Art. 30 Abs. 1 EGBGB) aufgrund zwingender Vorschriften geltenden Mindestschutz nicht vorsieht.[6] Denn den Arbeitnehmern soll nicht der Schutz entzogen werden können, der ihnen durch Bestimmungen gewährt wird, von denen nicht oder nur zu ihrem Vorteil durch Vereinbarung abgewichen werden darf.[7] Dies können Gesetze, Tarifnormen und Richterrecht, aber auch Gewohnheitsrecht sein, sofern sie Auswirkungen auf den Arbeitsvertrag haben und als unabdingbar verstanden werden. Nach der Rechtsprechung des Bundesarbeitsgerichts handelt es sich bei **§ 613a BGB um eine zwingende Bestimmung in diesem Sinne.**[8] Ist bei der nach dem Günstigkeitsvergleich durchzuführenden hypothetischen Betrachtung aufgrund des regelmäßigen Tätigkeitsorts in Deutschland deutsches Recht anwendbar, so zieht dies die Geltung des § 613a BGB immer dann nach sich, wenn das nach der Rechtswahl der Parteien geltende ausländische Recht im Ergebnis keinen entsprechenden oder günstigeren Schutz der Arbeitnehmer für den Fall eines Betriebsübergangs vorsieht. So sehen im Ausland geltende Regelungen zum Betriebsübergang zum Teil keine Unterrichtung des einzelnen von einem Betriebsübergang betroffenen Arbeitnehmers vor (zum Beispiel Großbritannien,[9] Ungarn[10] oder Slowenien)[11] bzw. räumen diesem kein Widerspruchsrecht ein (zum Beispiel Frankreich[12] oder Tschechien;[13] nur eingeschränkt in Österreich).[14] **37**

Die Vorschrift des § 613a BGB ist grundsätzlich dann nicht anzuwenden, wenn ein Betrieb vom Ausland in das Inland verlegt wird.[15] Denn auch hier richtet sich der Be- **38**

---

[1] *Däubler*, FS Kissel, 1994, 119 (125); *Feudner* NZA 1999, 1184 (1185); *Leuchten* FA 2002, 138 (139); *Wollenschläger/Frölich* AuR 1990, 314 (316); *Richter* AuR, 1992, 65 (68).
[2] BAG 26.5.2011 – 8 AZR 37/10, NZA 2011, 1143 ff.
[3] Art. 8 Abs. 1 S. 1 iVm. Art. 3 Abs. 1 Rom I-VO; Art. 27 EGBGB.
[4] Art. 8 Abs. 2–4 Rom I-VO; Art. 30 Abs. 2 EGBGB.
[5] *Feudner* NZA 1999, 1184 (1185).
[6] *Feudner* NZA 1999, 1184 (1185).
[7] Erwägungsgrund (35) Verordnung EG Nr. 593/2008.
[8] BAG 29.10.1992 – 2 AZR 267/92, NZA 1993, 743 (746).
[9] Regulations 13 and 14 of The Transfer of Undertakings (Protection of Employment) Regulations 2006.
[10] *Pataki/Kühl* WiRO 2007, 332 (335).
[11] *Kühl/Wicher* WiRO 2007, 161 (162 f.).
[12] *Sachs-Durand* NZA-Beilage 2012, 5 (5).
[13] *Kühl/Braun* WiRO 2007, 204 (209 f.).
[14] *Risak* NZA-Beilage 2008, 145 (147 f.).
[15] *Richter* AuR 1992, 65 (68).

triebsübergang nach dem Arbeitsstatut, welches in der Regel von ausländischem Recht bestimmt sein wird. Bei einer Betriebsverlagerung aus dem Bereich der Europäischen Gemeinschaft in das Inland ist bei der Auslegung und Anwendung des Rechts des anderen Mitgliedsstaats die Betriebsübergangsrichtlinie zu beachten.[1] Gleiches gilt, wenn bei Arbeit in Deutschland für den Arbeitsvertrag wegen engerer Verbindung zu einem anderen Staat nicht das Recht des Arbeitsorts, sondern das ausländische Recht anzuwenden ist.[2] Dies kann dann der Fall sein, wenn trotz einer Arbeitstätigkeit in Deutschland deutlich mehr Berührungspunkte, wie etwa die gemeinsame Staatsangehörigkeit der Arbeitsparteien, der Sitz des Arbeitgebers oder die Vertragssprache, zu einer ausländischen Rechtsordnung bestehen. Das Recht dieses Staates ist dann sowohl für den Arbeitsvertrag als auch für den Betriebsübergang maßgebend.[3]

39 Für den Fall des Betriebsübergangs bei Verbleib des Betriebs an seinem ursprünglichen Betriebsort im Inland (vgl. Beispiel 1, → Rn. 1) wird in der Regel deutsches Recht aufgrund ausdrücklicher oder stillschweigender Rechtswahl oder der Regelanknüpfung des Art. 8 Abs. 2–4 Rom I-VO (Art. 30 Abs. 2 EGBGB) für die Arbeitsverhältnisse gelten.[4] Folglich gelangt entsprechend dem Arbeitsstatut § 613a BGB zur Anwendung.[5] Sollte dagegen der ursprüngliche Betriebsort im Ausland liegen und nach Erwerb durch ein inländisches Unternehmen weiter dort verbleiben, richtet sich die Frage nach der anzuwendenden Vorschrift für den Betriebsübergang entsprechend der oben genannten Grundsätze nach dem ausländischen Internationalen Privatrecht.[6]

40 **Zusammenfassend** ist festzustellen, dass der Betriebsübergang das Statut der betroffenen Arbeitsverhältnisse unberührt lässt und dieses das für den Betriebsübergang maßgebliche Recht darstellt.[7] Die Anwendbarkeit des § 613a BGB wird regelmäßig dann gegeben sein, wenn der Betriebsübergang mit einer Betriebsverlagerung von Deutschland in das Ausland vollzogen wird (vgl. Beispiel 2, → Rn. 1) und auf die Arbeitsverhältnisse deutsches Recht anwendbar ist.[8] Bei einer Betriebsverlagerung aus dem Ausland nach Deutschland findet § 613a BGB nur dann Anwendung, wenn der Arbeitsvertrag durch eine entsprechende Rechtswahl der Parteien dem deutschen Arbeitsrecht unterliegt.[9] Verbleibt der Betrieb nach Veräußerung an einen ausländischen Erwerber (vgl. Beispiel 1, → Rn. 1) im Inland, ist in der Regel § 613a BGB anzuwenden.

4. BAG-Urteil vom 26.5.2011

41 Das Bundesarbeitsgericht war bereits in seinen Entscheidungen vom 20.4.1989[10] (Verlagerung der Produktion von PVC-Fußbodenplatten von Berlin nach Lyon) und 16.5.2002[11] (Verlagerung der Schuhproduktion von Offenbach nach Österreich) davon ausgegangen, dass die Vorschrift des **§ 613a BGB auch bei Betriebsübergängen in das Ausland grundsätzlich anwendbar** ist. Mit seinem Urteil vom 26.5.2011 hat es diese Auffassung bekräftigt und einige Feststellungen zu den sich aus der Anwen-

---

[1] Schaub/*Koch*, Arbeitsrechts-Handbuch, § 117 Rn. 6.
[2] Art. 8 Abs. 4 Rom I-VO, Art. 30 Abs. 2 letzter Hs. EGBGB, *Däubler*, FS Kissel, 1994, 119 (125).
[3] *Däubler*, FS Kissel, 1994, 119 (125).
[4] *Feudner* NZA 1999, 1184 (1185).
[5] *Däubler*, FS Kissel, 1994, 119 (125).
[6] *Richter* AuR 1992, 65 (69).
[7] *Leuchten* FA 2002, 138 (141).
[8] *Wollenschläger/Frölich* AuR 1990, 314 (316).
[9] *Richter* AuR 1992, 65 (69).
[10] BAG 20.4.1989 – 2 AZR 431/88, NZA 1990, 32 ff.
[11] BAG 16.5.2002 – 8 AZR 319/01, NZA 2003, 93 ff.

A. Grenzüberschreitender Betriebsübergang

dung des § 613a BGB bei grenzüberschreitenden Sachverhalten ergebenden Fragen getroffen.[1] Ob und ggf. welche Ansprüche ein vom Betriebsübergang betroffener Arbeitnehmer gegen einen ausländischen Betriebserwerber hat, war vom Bundesarbeitsgericht hingegen nicht zu entscheiden, so dass diese Frage (auch in Bezug auf eine etwaige gerichtliche Durchsetzbarkeit) unbeantwortet geblieben ist.

In dem zugrunde liegenden Fall hatte der klagende Vertriebsingenieur die Unwirksamkeit zweier Kündigungen geltend gemacht. Der von ihm beklagte Arbeitgeber ist ein in Südbaden ansässiges Tochterunternehmen eines international, u.a. in der Schweiz, operierenden Konzerns. Der Arbeitgeber hat den Betriebsteil, in dem der Kläger tätig war, nach der Verlagerung in die Schweiz stillgelegt und das Arbeitsverhältnis mit dem Kläger betriebsbedingt gekündigt. Nach Ansicht des Klägers war der Betriebsteil jedoch nicht stillgelegt, sondern auf das ebenfalls zum Konzern gehörende Schweizer Unternehmen übertragen worden. Die für die Produktion im Betriebsteil genutzten wesentlichen Sachmittel wie Anlagen, Maschinen und Werkzeuge sowie das Lager, wurden an den ca. 60 km entfernten Schweizer Standort gebracht und dort wieder aufgebaut. Das Schweizer Unternehmen hat die mit Kunden und Lieferanten bestehenden Verträge von der Beklagten übernommen und etwa der Hälfte der betroffenen Arbeitnehmer, darunter dem Kläger, ein Arbeitsvertragsangebot unterbreitet. Der Kläger lehnte dieses jedoch ab. Seine Klage stützte er u.a. auf das Kündigungsverbot des § 613a Abs. 4 BGB. 42

Das Arbeitsgericht Freiburg[2] hatte die Kündigungsschutzklage erstinstanzlich abgewiesen und dabei festgestellt, dass die Kündigung nicht an § 613a Abs. 4 BGB scheitere. Seine Entscheidung begründete das Arbeitsgericht insbesondere damit, dass schon das Territorialitätsprinzip des deutschen Rechts einer Anwendung des § 613a BGB auf grenzüberschreitende Sachverhalte entgegenstehe bzw. die wirtschaftliche Einheit schon dann nicht gewahrt sei, wenn eine Betriebsstilllegung mit einer Betriebsverlagerung unter räumlich großer Entfernung oder grenzüberschreitendem Sachverhalt zusammentreffe, weil in derartigen Konstellationen davon auszugehen sei, dass der Betrieb vollständig aufgelöst wird. Auf die Berufung des Klägers hat das Landesarbeitsgericht Baden-Württemberg das erstinstanzliche Urteil abgeändert und die Unwirksamkeit der Kündigungen festgestellt.[3] Demzufolge sei eine vom Arbeitgeber mit einer Stilllegungsabsicht begründete Kündigung nur dann sozial gerechtfertigt, wenn die geplante Maßnahme sich als Betriebsstilllegung und nicht als Betriebsveräußerung darstelle. § 613a BGB sei aufgrund der Regelanknüpfung des Art. 30 EGBGB auch bei Betriebsveräußerungen in das Ausland anwendbar. 43

Die Revision der Beklagten gegen das Urteil des LAG Baden-Württemberg blieb schließlich ohne Erfolg. In seiner Urteilsbegründung bestätigt das Bundesarbeitsgericht, dass die Frage nach dem anzuwendenden Recht bei grenzüberschreitenden Sachverhalten **anhand der Regeln des Internationalen Privatrechts** und damit gemäß der Rom I-VO bzw. für Vertragsverhältnisse, die vor dem 17.12.2009 begründet worden sind, des EGBGB zu beantworten ist. Es widerspricht in diesem Zusammenhang ausdrücklich der Auffassung, dass die Geltung des § 613a BGB an der deutschen Grenze ende. Denn das im öffentlichen Recht zu beachtende Territorialitätsprinzip werde im grenzüberschreitenden Zivilrechtsverkehr von den Regelungen des Internationalen Privatrechts verdrängt. Sachgerechte Lösungen könnten nur über das **Arbeitsstatut des Art. 8 Rom I-VO (Art. 30 EGBGB)** erzielt werden.[4] Darüber 44

---

[1] BAG 26.5.2011 – 8 AZR 37/10, NZA 2011, 1143 ff.
[2] ArbG Freiburg 13.3.2009 – 14 Ca 515/08, BeckRS 2011, 76522.
[3] LAG Baden-Württemberg 15.12.2009 – 22 Sa 45/09, BeckRS 2010, 67370.
[4] BAG 26.5.2011 – 8 AZR 37/10, NZA 2011, 1143 (1147).

Teil II. 1. Grenzüberschreitende Umstrukturierung

hinaus weist das Bundesarbeitsgericht darauf hin, dass ein Betriebsübergang im Sinne des § 613a BGB auch dann vorliegen kann, wenn der Betrieb/Betriebsteil an einen anderen (ggf. auch im Ausland gelegenen) Standort verlagert wird. Soweit aufgrund einer erheblichen räumlichen Entfernung Zweifel an der identitätswahrenden Übertragung des Betriebs/Betriebsteils bestehen könnten, sieht das Bundesarbeitsgericht eine Wegstrecke, die in weniger als einer Autostunde bewältigt werden kann, nicht als eine erhebliche räumliche Entfernung an.[1] Schließlich stellt das Gericht fest, dass sich nach einem Betriebsübergang in das Ausland das Vertragsstatut von Arbeitsverträgen ändert, in denen keine Rechtswahl vereinbart worden ist. Verrichtet der Arbeitnehmer in Erfüllung seines Vertrags seine Arbeit gewöhnlich in einem bestimmten Staat, so unterliegt sein Arbeitsverhältnis dem Recht dieses Staates, solange sich nicht aus der Gesamtheit der Umstände eine engere Verbindung zu einem anderen Staat ergibt (Art. 8 Abs. 1 S. 2 Rom I-VO, Art. 30 Abs. 2 EGBGB). Regelmäßig wird sich daher das Arbeitsstatut des Arbeitnehmers, in dessen Vertragsverhältnis keine Rechtswahl vereinbart ist, bei einem Wechsel von Deutschland in das Ausland in Folge eines Betriebsübergangs ändern. Die Änderung des Arbeitsstatuts tritt aber erst nach dem Übergang des Arbeitsverhältnisses auf den Erwerber ein.[2]

45 Als Konsequenz aus dem Urteil des Bundesarbeitsgerichts, welches in der Folge durch die Entscheidung des 6. Senats vom 13.12.2012 bestätigt wurde,[3] wird bei grenzüberschreitenden Sachverhalten künftig die Vorschrift des § 613a BGB stärker zu beachten sein. So werden bei der Veräußerung eines inländischen Betriebs an einen ausländischen Erwerber und der räumlichen Verlagerung des Betriebs in das Ausland, insbesondere bei Betriebsverlagerungen im grenznahen Bereich (vgl. Beispiel 2, → Rn. 1) die Voraussetzungen eines (grenzüberschreitenden) Betriebsübergangs stets zu überprüfen sein.[4] Die sich hinsichtlich der Tatbestandsvoraussetzungen bzw. aus der Anwendung des § 613a BGB für die Beteiligten (bisheriger Betriebsinhaber, ausländischer Erwerber und betroffene Arbeitnehmer) ergebenden Fragestellungen sind bislang allerdings nicht umfänglich beantwortet.

III. Voraussetzungen eines grenzüberschreitenden Betriebsübergangs

46 § 613a BGB setzt nach der mit dem Urteil vom 26.5.2011 nochmals bestätigten Rechtsprechung des Bundesarbeitsgerichts den rechtsgeschäftlichen Übergang eines Betriebs oder Betriebsteils auf einen anderen Inhaber voraus. Erforderlich ist danach die Wahrung der Identität der betreffenden wirtschaftlichen Einheit.[5] Inwiefern die räumliche Entfernung zwischen alter und neuer Betriebsstätte dabei künftig ein weiteres, bei der Prüfung der Voraussetzungen für einen (grenzüberschreitenden) Betriebsübergang zu berücksichtigendes Kriterium sein wird, bleibt indes abzuwarten.

47 Das BAG erweckt jedenfalls den Eindruck, dass bei Standortverlagerungen die **räumliche Entfernung zwischen alter und neuer Betriebsstätte** ein Kriterium

---

[1] BAG 26.5.2011 – 8 AZR 37/10, NZA 2011, 1143 (1146) und Orientierungssätze 1 und 2.
[2] BAG 26.5.2011 – 8 AZR 37/10, NZA 2011, 1143 (1147).
[3] BAG 13.12.2012 – 6 AZR 608/11, BeckRS 2013, 67590; anders als im Urteil vom 26.5.2011 waren in diesem Fall die Voraussetzungen eines Betriebsübergangs nicht erfüllt. Die von der Klägerin in Deutschland verrichteten Tätigkeiten im Bodenbetrieb einer griechischen Fluggesellschaft sind nicht unter Wahrung der bisherigen wirtschaftlichen Einheit auf eine neue Fluggesellschaft übergegangen.
[4] *Gaul/Mückl* DB 2011, 2318 (2320); BAG, FD-ArbR 2011, 318884 mit Anm. *Bauer/Schansker; Baeck/Winzer* NZG 2011, 827; *Forst* SAE 2012, 18 (24).
[5] BAG 26.5.2011 – 8 AZR 37/10, NZA 2011, 1143 (1145); BAG 22.1.2009 – 8 AZR 158/07, NZA 2009, 905 (906 f.).

sein könne, welches die identitätswahrende Übertragung einer wirtschaftlichen Einheit ausschließen kann („Der beabsichtigten identitätswahrenden Übertragung des Betriebsteils steht auch nicht die Entfernung zwischen „alter" und „neuer" Betriebsstätte entgegen. Eine erhebliche räumliche Entfernung, die die Wahrung der Identität zweifelhaft erscheinen lassen könnte, besteht nicht. ...").[1] Entsprechende Feststellungen hatte es bereits in diversen vorhergehenden Entscheidungen getroffen: So liegt nach dem Urteil vom 12.2.1987 eine Betriebsstilllegung nicht nur bei Aufgabe des alten Betriebszweckes vor, sondern auch dann, wenn der bisherige Betriebszweck weiterverfolgt, aber eine nicht unerhebliche räumliche Verlegung des Betriebs vorgenommen wird.[2] In früheren Entscheidungen nahm das Bundesarbeitsgericht an, dass die erhebliche räumliche Entfernung von solchem Gewicht ist, dass allein aus diesem Grunde bereits die Wahrung der Identität bezweifelt werden kann.[3] Im letzteren Fall handelte es sich um eine Entfernung von mehreren hundert Kilometern. In der Folge schien das Kriterium der „räumlichen Entfernung" an Bedeutung zu verlieren, als mit dem Urteil vom 16.5.2002[4] festgestellt wurde, dass „die Ähnlichkeit einer betrieblichen Tätigkeit und damit die Identität der wirtschaftlichen Einheit nicht bereits dadurch verloren gehen, dass ein Erwerber einen Betrieb verlegt." Die wirtschaftliche Einheit könne trotz Ortsverlegung gewahrt bleiben. Umso überraschender wirkt es, wenn das Bundesarbeitsgericht nun erneut (im Übrigen unter Rückgriff auf die in den Urteilen vom 13.11.1997 und 25.5.2000 verwendete Formulierung) auf die räumliche Entfernung abstellt.

Die Unsicherheit über den Umgang mit einem ggf. zusätzlichen Kriterium der räumlichen Entfernung wird auch in den Reaktionen auf das Urteil des Bundesarbeitsgerichts vom 26.5.2011 zum Ausdruck gebracht. *Bauer/Schansker* führen dabei an, dass die Entscheidung offen lasse, ob eine Entfernung, die „in weniger als einer Autostunde bewältigt werden kann", bereits eine Obergrenze darstellt oder ab welcher Entfernung zum neuen Standort das Bundesarbeitsgericht einen Betriebsübergang nicht mehr annehmen würde.[5] Andere Autoren stellen grundsätzlich in Frage, ob die Entfernung der Standorte überhaupt ein geeignetes/taugliches Kriterium für das Vorliegen eines Betriebsübergangs sein kann.[6] Diesbezüglich enthält das Urteil des Bundesarbeitsgerichts keine Begründung und es ist nicht ersichtlich, wie das Entfernungskriterium in den 7-Punkte-Katalog des Europäischen Gerichtshofs einzuordnen ist.[7] Seine strikte Anwendung würde gleichwohl dazu führen, dass ein grenzüberschreitender Betriebsübergang immer nur bei einer grenznahen Betriebsverlagerung in Betracht kommt.[8]

Die Ungeeignetheit, mittels des Kriteriums der räumlichen Entfernung zwischen alter und neuer Betriebsstätte den Tatbestand des grenzüberschreitenden Betriebsübergangs zu begrenzen,[9] zeigt sich jedoch vor allem unter zwei Gesichtspunkten: Bei der Prüfung der Voraussetzungen für einen Betriebsübergang differenziert das Bundes-

---

[1] BAG 26.5.2011 – 8 AZR 37/10, NZA 2011, 1143 (1146).
[2] BAG 12.2.1987 – 2 AZR 247/86, NZA 1998, 170 (171).
[3] BAG 13.11.1997 – 8 AZR 435/95, BeckRS 1997, 30924776; BAG 25.5.2000 – 8 AZR 335/99, BeckRS 2000, 67931.
[4] BAG 16.5.2002 – 8 AZR 319/01, NZA 2003, 93 (98).
[5] BAG, FD-ArbR 2011, 318884 mit Anm. *Bauer/Schansker.*
[6] *Junker* NZA-Beilage 2012, 8 (15); *Gaul/Mückl* DB 2011, 2318 (2322); BAG, FD-ArbR 2011, 318884 mit Anm. *Bauer/Schansker; Baeck/Winzer* NZG 2011, 827; BAG, GWR 2011, 532 mit Anm. *Henne.*
[7] *Junker* NZA-Beilage 2012, 8 (15).
[8] BAG, GWR 2011, 532 mit Anm. *Henne.*
[9] *Junker* NZA-Beilage 2012, 8 (15).

arbeitsgericht in seiner ständigen Rechtsprechung zwischen betriebsmittelgeprägten und betriebsmittelarmen Betrieben.[1] In diesem Zusammenhang kann der Aspekt der räumlichen Entfernung nur dann bei der Prüfung des Fortbestands der wirtschaftlichen Einheit von Bedeutung sein, wenn der Standort zum Beispiel für den Fortbestand der Kundschaft oder die Möglichkeit zur Nutzung identitätsprägender materieller Betriebsmittel in Form bestimmter Gebäude (zum Beispiel eines Kinos) oder Grundstücke maßgeblich ist.[2] Eine entsprechende Abhängigkeit von einem Standort hat das Bundesarbeitsgericht selbst zum Beispiel bei einem Steinbruch angenommen.[3] Gehen zwischen der alten und neuen Betriebsstätte jedoch die Betriebsmittel (Produktionsanlagen) über, spielt die Entfernung für sich genommen auf der Tatbestandsseite keine wesentliche Rolle;[4] es sei denn, dass beispielsweise der Transport der Betriebsmittel und deren Wiederaufbau im Ausland erhebliche Zeit in Anspruch nimmt und somit der Betrieb über mehrere Monate unterbrochen wird/ist.[5] Bei Dienstleistungsunternehmen spielt der Standort hingegen für die Identitätsbestimmung keine Rolle. Hier kommt es darauf an, ob die Arbeits- und Ablauforganisation fortgeführt wird oder solche Veränderungen erfährt, dass nicht mehr von einem Fortbestand des Betriebs unter Wahrung seiner Identität ausgegangen werden kann. Dies ist insbesondere dann denkbar, wenn der nach Zahl und Sachkunde wesentliche Teil des Personals nicht bereit ist, seine Arbeit am neuen Standort fortzusetzen.[6] Mithin kann es hinsichtlich der identitätswahrenden Übertragung eines Betriebs nur bei besonderen Sachverhaltskonstellationen auf das Merkmal des Standorts ankommen.

50 Darüber hinaus ist es nicht ersichtlich, wie das Kriterium der räumlichen Entfernung zwischen altem und neuem Standort mit der Betriebsübergangsrichtlinie in Einklang zu bringen ist. Weder bei der Legaldefinition des Übergangs (Art. 1 Abs. 1 I lit. b Richtlinie 2001/23/EG) noch der Bestimmung ihres Anwendungsbereichs (Art. 1 Abs. 2 Richtlinie 2001/23/EG) findet sich in der Richtlinie ein Hinweis darauf, dass es in irgendeiner Form auf die Entfernung als Kriterium für das Vorliegen eines Übergangs ankommt. Es wäre auch geradezu widersprüchlich, wenn eine „europaweit" geltende/zu beachtende Richtlinie, die ausweislich ihres dritten Erwägungsgrunds Regelungen zum Schutz der Arbeitnehmer bei einem Inhaberwechsel schaffen und insbesondere die Wahrung ihrer Ansprüche gewährleisten will, eine entsprechende Begrenzung vorsehen würde. Die Annahme eines (Betriebs)Übergangs nur bei Betriebsverlagerungen in das grenznahe Ausland, nicht jedoch bei Verlagerungen in das Landesinnere eines anderen Staates oder sogar einen nicht unmittelbar angrenzenden Staat würde der beschriebenen Zielsetzung nicht gerecht. Unterstützt wird dieses Ergebnis auch durch einen Rechtsvergleich: Arbeitsgerichtliche Entscheidungen in Großbritannien, Frankreich oder Belgien sowie eine Anfrage der Europäischen Kommission in den Mitgliedstaaten im Jahr 2007 bestätigen, dass die entsprechenden länderspezifischen Regelungen (mitgliedschaftliche Umsetzungsakte) auch grenzüberschreitende Sachverhalte erfassen.[7]

51 Vor diesem Hintergrund wird die weitere Rechtsprechung zu grenzüberschreitenden Betriebsübergängen (ggf. auch im Rahmen eines Vorabentscheidungsersuchens an

---

[1] BAG 22.7.2004 – 8 AZR 350/03, NZA 2004, 1383 (1385 f.); BAG 22.1.2009 – 8 AZR 158/07, NZA 2009, 905 (906 f.).
[2] *Gaul/Mückl* DB 2011, 2318 (2322).
[3] BAG 12.2.1987 – 2 AZR 247/86, NZA 1988, 170 (171).
[4] *Olbertz/Fahrig* ZIP 2012, 2045 (2047).
[5] *Raif/Ginal*, GWR 2013, 217 (218).
[6] *Gaul/Mückl* DB 2011, 2318 (2322).
[7] *Forst* SAE 2012, 18 (22) mit weiteren Nachweisen.

den Europäischen Gerichtshof)[1] zeigen müssen, ob und in welcher Form die räumliche Entfernung zwischen alter und neuer Betriebsstätte tatsächlich eine weitere Voraussetzung für das Vorliegen eines Betriebsübergangs sein wird. Unterstellt, das Entfernungskriterium wäre künftig zu berücksichtigen, würde dies im Beispiel 2 bedeuten, dass bei einer Verlagerung des Betriebs von Aachen nach Maastricht (ca. 40 km, Fahrtzeit ca. 30 min) nach dem Urteil des Bundesarbeitsgerichts vom 26.5.2011 keine erhebliche räumliche Entfernung besteht, die eine identitätswahrende Übertragung des Betriebs zweifelhaft erscheinen lassen könnte. Während dies im Falle einer Verlagerung nach Eindhoven (ca. 100 km, Fahrtzeit ca. 1:05 h) schon fraglich wird, würden Verlagerungen nach Arnheim (ca. 180 km, Fahrtzeit ca. 1:50 h) oder Amsterdam (ca. 230 km, Fahrtzeit ca. 2:20 h) bereits die Erheblichkeitsgrenze von einer Autostunde überschreiten. Hinsichtlich der Erheblichkeitsgrenze wird in Anlehnung an die sozialversicherungsrechtlichen Kriterien für zumutbare Beschäftigungen jedoch bereits auch vertreten, dass eine Pendelzeit von insgesamt bis zu 2,5 Stunden täglich (§ 140 Abs. 4 SGB III) wohl hinzunehmen wäre.[2]

IV. Individualrechtliche Folgen eines grenzüberschreitenden Betriebsübergangs

1. Übergang der Arbeitsverhältnisse

Liegen die Voraussetzungen für einen Betriebsübergang vor, hat dies für die deutschem Recht unterliegenden, dem veräußerten Betrieb/Betriebsteil zuzuordnenden Arbeitsverhältnisse zur Folge, dass sie kraft Gesetzes auf den ausländischen Betriebserwerber übergehen. Gleiches gilt auch für alle übrigen dem in Deutschland gelegenen Betrieb/Betriebsteil zuzuordnenden Arbeitsverhältnisse.[3] Der ausländische Betriebserwerber tritt gemäß § 613a Abs. 1 S. 1 BGB in die Rechte und Pflichten der im Zeitpunkt des Übergangs bestehenden Arbeitsverhältnisse ein. Maßgeblicher Zeitpunkt für den Eintritt ist nicht der Abschluss des zugrundeliegenden Rechtsgeschäfts, sondern die Fortführung des Betriebs; mithin ist auf den Moment abzustellen, in dem der Betriebserwerber die arbeitstechnische Organisations- und Leitungsmacht tatsächlich übernimmt.[4] Erfasst werden nicht nur alle im Arbeitsvertrag selbst geregelten Rechte und Pflichten, sondern auch solche aus ergänzenden Vereinbarungen, Gesamtzusagen und betrieblicher Übung.[5] Der gesetzliche Übergang des Arbeitsverhältnisses erfolgt allerdings nicht, wenn der einzelne Arbeitnehmer von seinem Recht Gebrauch macht, dem Übergang seines Arbeitsverhältnisses zu widersprechen (§ 613a Abs. 6 BGB). Im Falle eines ordnungsgemäßen (§§ 126, 126a BGB) und fristgemäßen Widerspruchs des Arbeitnehmers bleibt das Arbeitsverhältnis mit dem (deutschen) Betriebsveräußerer bestehen. 52

In der Praxis entsteht bei grenzüberschreitenden Betriebsübergängen regelmäßig das Problem, dass die vom Übergang ihres Arbeitsverhältnisses betroffenen Arbeitnehmer **arbeitsvertraglich nicht verpflichtet sind, am neuen Betriebsort im Ausland tätig zu werden**.[6] Denn die Arbeitsverhältnisse gehen einerseits mit unverändertem Inhalt auf den ausländischen Betriebserwerber über, so dass sich durch die Verlagerung 53

---

[1] *Junker* NZA-Beilage 2012, 8 (15).
[2] *Reichold,* FS Birk 2008, 687 (700).
[3] *Gaul/Mückl* DB 2011, 2318 (2320).
[4] ErfK/*Preis,* BGB § 613a Rn. 66.
[5] MAH ArbR/*Cohnen* § 54 Rn. 2.
[6] *Gaul/Mückl* DB 2011, 2318 (2320); *Wisskirchen/Goebel* DB 2004, 1937 (1939).

des Betriebs/Betriebsteils ins Ausland die Rechtsstellung der Arbeitnehmer nicht verändert. Sie müssen insofern ihre Arbeitsleistung nicht an dem neuen ausländischen Betriebsort erbringen.[1] Der Wechsel des Arbeitgebers und der Wechsel des Arbeitsorts können daher nicht per se gleichgesetzt werden.[2] Andererseits wird der neue Arbeitgeber in der Regel nicht berechtigt sein, den Arbeitsort kraft des ihm zustehenden Direktionsrechts einseitig in der Weise zu verändern, dass die Arbeitsleistung künftig im Ausland zu erbringen ist. Infolgedessen bedarf es, abgesehen von etwaig bestehenden Kündigungsmöglichkeiten, einer einvernehmlichen Änderung des Arbeitsvertrags im Hinblick auf die Festlegung des Arbeitsorts.

54 Ist der Übergang mit der Verlagerung des Betriebs in das Ausland verbunden (vgl. Beispiel 2, → Rn. 1), ist es aus der Sicht des ausländischen Betriebserwerbers erforderlich, dass die Arbeitnehmer ihre Arbeitsleistung an der (neuen) ausländischen Betriebsstätte erbringen. Angesichts der tiefgreifenden Veränderungen der Lebensumstände, die mit einem Wechsel/Umzug in das Ausland verbunden wären, muss allerdings davon ausgegangen werden, dass ein nicht unerheblicher Teil der Arbeitnehmer zu einem Wechsel über die Landesgrenzen häufig nicht bereit sein und demnach am ausländischen Betriebsort tatsächlich nicht zur Erbringung einer Arbeitsleistung zur Verfügung stehen wird.[3] Die Situation mag sich bei **Verlagerungen in der Grenzregion** ggf. anders darstellen, da es weiterhin möglich wäre, den privaten Lebensmittelpunkt in Deutschland aufrechtzuerhalten.[4] Das BAG hat bereits in seinem Urteil vom 20.4.1989 zu der Frage Stellung genommen, welche Folgen die Weigerung eines Arbeitnehmers hat, der Änderung seines Arbeitsvertrags zuzustimmen und im Ausland zu arbeiten. Es hat dabei die Auffassung vertreten, dass einem Arbeitnehmer, der bereits vor der Betriebsveräußerung erklärt, nicht zur Fortsetzung des Arbeitsverhältnisses am neuen Betriebsort bereit zu sein, vom Betriebsveräußerer betriebsbedingt gekündigt werden kann. Ist mit einer Betriebsveräußerung nämlich eine solche Verlagerung verbunden, dass die Arbeitsleistung nur mit notwendiger Änderung des Arbeitsvertrags erfolgen kann, sei der leistungsunwillige Arbeitnehmer demjenigen gleichzusetzen, der dem Übergang seines Arbeitsverhältnisses widerspreche.[5] Die Entscheidung des Bundesarbeitsgerichts ist mit unterschiedlichen Begründungen auf vielfältige Kritik gestoßen. So wird argumentiert, dass die Weigerung, an einem arbeitsvertraglich nicht vereinbarten Arbeitsort tätig zu werden, weder ein Widerspruch nach § 613a BGB ist noch als solcher gedeutet werden kann.[6] Zudem wird dem Eindruck entgegen getreten, als sei die Einwilligung der Arbeitnehmer, am ausländischen Arbeitsort zu arbeiten, Voraussetzung für das Vorliegen eines Betriebsübergangs.[7] Eine derartige Lösung ist mit dem Sinn und Zweck der Regelung des § 613a BGB nicht vereinbar. Sie verkennt den Unterschied zwischen Betriebsverlagerung und Betriebsübergang[8] bzw. vermischt den Tatbestand des Betriebsübergangs und die Reaktion einzelner Arbeitnehmer darauf.[9] Es besteht keine dogmatische Grundlage, die Vorschrift des § 613a BGB um das Tatbestandsmerkmal der Einwilligung der Arbeitnehmer zu erweitern. Die Tätigkeit der Arbeitnehmer am neuen Betriebsort ist nicht Voraussetzung, sondern mögliche

---

[1] *Feudner* NZA 1999, 1184 (1188).
[2] BAG, GWR 2011, 532 mit Anm. *Henne*.
[3] MAH ArbR/*Cohnen* § 53 Rn. 71.
[4] WHSS/*Schweibert*, Umstrukturierung C Rn. 34.
[5] BAG 20.4.1989 – 2 AZR 431/88, NZA 1990, 32 (33).
[6] *Gaul/Mückl* DB 2011, 2318 (2320).
[7] WHSS/*Schweibert*, Umstrukturierung C Rn. 32.
[8] *Wisskirchen/Goebel* DB 2004, 1937 (1939).
[9] *Reichold*, FS Birk 2008, 687 (699).

Rechtsfolge des § 613a BGB, so dass eine mangelnde Einwilligung einem Betriebsübergang nach § 613a BGB nicht entgegensteht.[1] Des Weiteren werden die Erwägungen des Bundesarbeitsgerichts als missverständlich[2] bewertet und darauf verwiesen, dass diese Rechtsprechung in Anbetracht ihrer großen praktischen Bedeutung dringend einer Klarstellung bedarf.[3]

Vor diesem Hintergrund kann allerdings auch der Auffassung des Landesarbeitsgerichts Baden-Württemberg – als Vorinstanz zum Bundesarbeitsgericht im „Schweiz-Fall" – nicht gefolgt werden, soweit es festgestellt hat, dass „der grenzüberschreitende Betriebsübergang aus deutscher Sicht zur Folge hat, dass der Kläger seine Arbeitsleistung dort zu erbringen hat, wohin der Betrieb verlagert wurde, also in die Schweiz".[4] Das BAG befasst sich allerdings in der Folge nicht mit der vom LAG angenommenen (automatischen) Veränderung des Arbeitsorts.[5] Ob daraus abgeleitet werden kann, dass das BAG den Wechsel des Arbeitsorts stillschweigend und ohne Begründung unterstellt,[6] erscheint fraglich. Dies gilt umso mehr, als es bereits in der Vergangenheit annahm, dass die Arbeitsverhältnisse bei einer Betriebsveräußerung nicht mit einer Inhaltsänderung übergehen, sondern mit dem Vertragsinhalt, den sie zuvor hatten.[7]

55

2. Unterrichtung und Widerspruch

Die am grenzüberschreitenden Betriebsübergang beteiligten Rechtsträger haben die betroffenen Arbeitnehmer über den Übergang des Betriebs und die daraus resultierenden Folgen zu unterrichten (§ 613a Abs. 5 BGB). Innerhalb eines Monats nach der erfolgten Unterrichtung können diese dann dem Übergang ihrer Arbeitsverhältnisse auf den ausländischen Betriebserwerber widersprechen (§ 613a Abs. 6 BGB).

56

a) Pflicht zur Unterrichtung der Arbeitnehmer

Die Unterrichtungspflicht dient der Umsetzung der Regelung des Art. 7 Richtlinie 2001/23/EG (Betriebsübergangsrichtlinie). Die Unterrichtung soll den vom (grenzüberschreitenden) Betriebsübergang betroffenen Arbeitnehmern eine **ausreichende Wissensgrundlage** für die Ausübung oder Nichtausübung ihres Widerspruchsrechts vermitteln.[8] Zur Unterrichtung der Arbeitnehmer sind sowohl der bisherige als auch der neue Inhaber des Betriebs/Betriebsteils verpflichtet. Die Erfüllung der Informationspflicht durch den einen wirkt auch zu Gunsten des anderen (Gesamtschuld, § 421 BGB).[9] Folglich ist es auch beim grenzüberschreitenden Betriebsübergang und damit der Beteiligung eines ausländischen Rechtsträgers sinnvoll, im Übertragungsvertrag die Zuständigkeiten/Verantwortlichkeiten hinsichtlich der Unterrichtung der Arbeitnehmer zu regeln.[10] Der Inhalt der Unterrichtung bestimmt sich nach dem subjektiven Kenntnisstand des Veräußerers und Erwerbers zum Zeitpunkt der Unterrichtung.[11]

57

---

[1] *Wisskirchen/Goebel* DB 2004, 1937 (1939).
[2] *Reichold*, FS Birk 2008, 687 (699); MAH ArbR/*Cohnen* § 53 Rn. 68.
[3] WHSS/*Schweibert*, Umstrukturierung C Rn. 33.
[4] LAG Baden-Württemberg 15.12.2009 – 22 Sa 45/09, BeckRS 2010, 67370.
[5] BAG 26.5.2011 – 8 AZR 37/10, NZA 2011, 1143 (1147).
[6] BAG, GWR 2011, 532 mit Anm. *Henne*.
[7] BAG 20.4.1989 – 2 AZR 431/88, NZA 1990, 32 (33).
[8] BAG 13.7.2006 – 8 AZR 305/05, NZA 2006, 1268 (1270); BAG 21.8.2008 – 8 AZR 407/07, NZA-RR 2009, 62, (64); BAG 23.7.2009 – 8 AZR 538/08, NZA 2010, 89, (91).
[9] ErfK/*Preis*, BGB § 613a Rn. 90; APS/*Steffan*, BGB § 613a Rn. 203; Hohenstatt/Grau NZA 2007, 13 (14); *Rupp* NZA 2007, 301 (301 f.); MAH ArbR/*Cohnen* § 55 Rn. 6.
[10] *Gaul/Mückl* DB 2011, 2318 (2320); *Wisskirchen/Goebel* DB 2004, 1937 (1939).
[11] BAG 13.7.2006 – 8 AZR 305/05, NZA 2006, 1268 (1270).

Teil II. 1. Grenzüberschreitende Umstrukturierung

Die Unterrichtung nach § 613a Abs. 5 BGB erfordert eine verständliche, arbeitsplatzbezogene und zutreffende Information, die unter anderem Angaben über die Identität des Erwerbers, den Gegenstand und den rechtlichen Grund des Betriebsübergangs sowie eine korrekte Darstellung der rechtlichen, wirtschaftlichen und sozialen Folgen des Betriebsübergangs für die Arbeitnehmer enthalten muss.[1]

58 Die hohen Anforderungen, die das Bundesarbeitsgericht an die Unterrichtungspflicht in Bezug auf einen Betriebsübergang stellt, sind bereits bei nationalen Sachverhalten vielfach kritisiert worden.[2] Die Herausforderung, die von einem grenzüberschreitenden Betriebsübergang betroffenen Arbeitnehmer ordnungsgemäß zu unterrichten, wird jedoch noch ungleich größer sein. Sie beginnt in der Praxis ggf. bereits mit sprachlichen Schwierigkeiten im Dialog zwischen dem Betriebsveräußerer und dem ausländischen Betriebserwerber bei der Zusammenstellung benötigter Informationen und endet bei der Suche nach arbeitsrechtlicher Beratung/Unterstützung für die Ausgestaltung der Unterrichtung. Denn im Vergleich zur Beratung bei reinen Inlandssachverhalten wird der Kreis derer, die entsprechende Beratungsleistungen überhaupt erbringen können, deutlich kleiner sein. Soweit das Bundesarbeitsgericht bezüglich des Erfordernisses, komplexe Rechtsfragen im Zusammenhang mit dem Betriebsübergang inhaltlich richtig darzustellen, ggf. auch die Einholung von Rechtsrat über die höchstrichterliche Rechtsprechung verlangt,[3] wird es bei grenzüberschreitenden Sachverhalten nicht mehr ausreichend sein, die Folgen des Betriebsübergangs aus nationaler Sicht bewerten zu können. Vielmehr werden auch Kenntnisse einer ausländischen Rechtsordnung erforderlich sein, um dem Arbeitnehmer eine ausreichende Wissensgrundlage zu vermitteln.

59 Etwaige Schwierigkeiten bei der geforderten Unterrichtung über die rechtlichen, wirtschaftlichen und sozialen Folgen des Betriebsübergangs (§ 613a Abs. 5 Nr. 3 BGB) bzw. den hinsichtlich der Arbeitnehmer in Aussicht genommenen Maßnahmen (§ 613a Abs. 5 Nr. 4 BGB) sollen nachfolgend mittels einiger beispielhafter Fragestellungen veranschaulicht werden:

– Welche Folgen hat (bei fehlender Rechtswahl) eine Änderung des Arbeitsstatuts? Was bedeutet die Anwendung des Rechts des Staates, auf dessen Gebiet der Betriebsübergang erfolgt ist, für die nach § 613a Abs. 1 S. 1 BGB weitergeltenden Rechte und Pflichten des Arbeitsverhältnisses?[4]
– Welche Bestimmungen im Sinne der Art. 8 Abs. 1 S. 2, 9 und 21 Rom I-VO des anderen Staates finden nach dem Betriebsübergang auf die Arbeitsverhältnisse Anwendung?
– Sind die Arbeitnehmer darüber hinausgehend über die Struktur und Inhalte der ausländischen Rechtsordnung zumindest in Bezug auf das Arbeits-, Sozialversicherungs- und Steuerrecht zu unterrichten?[5]
– In welchem Umfang bzw. in welcher Tiefe ist über die Organisation und Zuständigkeiten von Gewerkschaften und Arbeitnehmervertretungen im Betrieb des ausländischen Betriebserwerbers zu informieren?

---

[1] BAG 13.7.2006 – 8 AZR 305/05, NZA 2006, 1268 ((1270f.); *Hohenstatt/Grau* NZA 2007, 13f.; *Simon/Hinrichs* NZA 2008, 391 (397).
[2] *Willemsen* NJW 2007, 2065 (2068f.); *Willemsen* NZA-Beilage 2008, 155 (159f.); *Kliemt/Teusch*, FS Bauer 2010, 537 (537, 540, 548); *Schiefer/Worzalla* NJW 2009, 558f.; *Hohenstatt/Grau* NZA 2007, 13.
[3] BAG 14.12.2006 – 8 AZR 763/05, NZA 2007, 682 (685).
[4] BAG 26.5.2011 – 8 AZR 37/10, NZA 2011, 1143 (1147).
[5] BAG 22.1.2009 – 8 AZR 161/08, NZA 2009, 608ff. – zur Aufklärungspflicht hinsichtlich einer Doppelbesteuerung des Arbeitnehmers bei einem Auslandseinsatz.

A. Grenzüberschreitender Betriebsübergang

– Sind die Arbeitnehmer unter dem Gesichtspunkt der „sozialen Folgen des Betriebsübergangs" auch über die Lebensumstände einschließlich der Lebenshaltungskosten im Land des ausländischen Betriebserwerbers zu unterrichten?
– Welche Folgen hat der grenzüberschreitende Betriebsübergang für besondere Arbeitnehmergruppen (beispielsweise für Auszubildende, schwerbehinderte Menschen oder für Arbeitnehmer in der Freistellungs-/Passivphase der Altersteilzeit)?[1]

Ausgehend allein von der Zielsetzung des § 613a Abs. 5 BGB, dem einzelnen Arbeitnehmer eine Entscheidung über die Fortsetzung seines Arbeitsverhältnisses mit dem Betriebserwerber bzw. die Ausübung des ihm zustehenden Widerspruchsrechts zu ermöglichen, kommt bei grenzüberschreitenden Sachverhalten einer **umfassenden Unterrichtung** der Arbeitnehmer zweifellos eine besondere Bedeutung zu. Denn im Regelfall wird sich ein Arbeitnehmer noch nicht vertieft mit den Arbeits- und ggf. Lebensbedingungen in einem anderen Land beschäftigt haben, um angesichts der Tragweite seiner Entscheidung für die persönliche Lebenssituation binnen einer Frist von einem Monat entscheiden zu können, ob er ggf. künftig seine Arbeitsleistung im Ausland erbringen möchte. Auf der anderen Seite ergibt sich der notwendige Inhalt der Unterrichtung auch bei grenzüberschreitenden Betriebsübergängen aus § 613a Abs. 5 Nr. 1 bis 4 BGB. Somit sollten allgemeine Informationen über die Lebensumstände oder Grundsätze der am ausländischen Betriebsort geltenden Rechtsordnung auch bei Betriebsübergängen in das Ausland nicht zum Bestandteil der Unterrichtung gehören. Zudem muss der Arbeitgeber nur eine ausreichende Informationsgrundlage für ggf. weitere rechtliche Erkundigungen und Beratungen sicherstellen, aber keine individuelle, rechtsverbindliche Rechtsberatung des einzelnen Arbeitnehmers im Rahmen der Unterrichtung leisten.[2] Somit müssen die Anforderungen an die Detailtiefe der Unterrichtung auf ein entsprechendes Maß beschränkt bleiben. Vor dem Hintergrund der bisherigen Rechtsprechung zu § 613a Abs. 5 BGB wird allerdings abzuwarten sein, welche Anforderungen an die Unterrichtung bei grenzüberschreitenden Betriebsübergängen gestellt werden. Das BAG hat sich in seinem Urteil vom 26.5.2011 nicht mit dieser Frage auseinander gesetzt. Die Aufforderung an den 8. Senat, die Anforderungen an die Unterrichtung zum Schutz der Arbeitnehmer vor den negativen Folgen eines Betriebsübergangs in das Ausland so hoch anzusetzen, dass der Arbeitgeber sie nicht erfüllen könne und der Arbeitnehmer damit auch nach langer Zeit noch ein Widerspruchsrecht habe,[3] zeigt jedenfalls, dass entsprechende Festlegungen über die Unterrichtungspflicht im engeren Sinne hinausgehende Bedeutung für den zukünftigen Umgang mit grenzüberschreitenden Betriebsübergängen haben werden.

b) Widerspruchsrecht der Arbeitnehmer

Der Arbeitnehmer kann dem Übergang seines Arbeitsverhältnisses (auf den ausländischen Betriebserwerber) innerhalb eines Monats nach Zugang der Unterrichtung widersprechen (§ 613a Abs. 6 BGB). Die Betriebsübergangsrichtlinie sieht ein Widerspruchsrecht zwar nicht ausdrücklich vor, doch hat der Europäische Gerichtshof die deutsche Rechtsprechung zum Widerspruchsrecht in mehreren Entscheidungen gebilligt.[4] Der Widerspruch ist schriftlich (§ 126 BGB) zu erklären, bedarf weder einer Begründung

---

[1] BAG 31.1.2008 – 8 AZR 27/07, NZA 2008, 705 (706 f.).
[2] APS/*Steffan*, BGB § 613a Rn. 212a.
[3] *Junker* NZA-Beilage 2012, 8 (14).
[4] EuGH 16.12.1992 – C-132, 138, 139/91, NZA 1993, 169 (170) – Katsikas u. a.; EuGH 7.3.1996 – C-171, 172/94, NZA 1996, 413 (415) – Merckx; EuGH 24.1.2002 – C-51/00, NZA 2002, 265 (267) – Temco.

noch eines sachlichen Grundes[1] und kann gegenüber dem bisherigen Arbeitgeber oder dem ausländischen Betriebserwerber erklärt werden. Aufgrund eines ordnungsgemäßen und fristgerechten Widerspruchs des Arbeitnehmers bleibt das Arbeitsverhältnis zum bisherigen Arbeitgeber bestehen.[2]

3. Kündigungsverbot

62 Eine vom Veräußerer oder Erwerber „wegen des Betriebsübergangs" ausgesprochene Kündigung ist unwirksam (§ 613a Abs. 4 S. 1 BGB). Die Regelung stellt ein selbständiges Kündigungsverbot im Sinne der § 13 Abs. 3 KSchG, § 134 BGB dar.[3] Von der Regelung werden sowohl ordentliche als auch außerordentliche Beendigungs- oder Änderungskündigungen sowie Aufhebungsverträge, die zur Vermeidung von Kündigungen wegen des Betriebsübergangs abgeschlossen werden, erfasst.[4] Nach der Rechtsprechung des BAG erfolgt eine Kündigung „wegen des Betriebsübergangs", wenn dieser der tragende Grund (die überwiegende Ursache),[5] nicht nur der äußere Anlass für die Kündigung ist. Das Kündigungsverbot ist hingegen nicht einschlägig, wenn es neben dem Betriebsübergang einen sachlichen Grund gibt, der „aus sich heraus" die Kündigung zu rechtfertigen vermag.[6] Die Grundlage für die beschriebene Einschränkung des Kündigungsverbots findet sich in § 613a Abs. 4 S. 2 BGB, wonach das Recht zur Kündigung des Arbeitsverhältnisses aus anderen Gründen unberührt bleibt (Art. 4 Abs. 1 S. 2 Richtlinie 2001/23/EG bezieht sich auf wirtschaftliche, technische oder organisatorische Gründe). Kündigungen aus betriebs-, personen- oder verhaltensbedingten Gründen sind daher möglich, soweit sie die jeweiligen Anforderungen an ihre soziale Rechtfertigung nach dem Kündigungsschutzgesetz erfüllen.[7] Mithin schützt das Kündigungsverbot des § 613a Abs. 4 S. 1 BGB nicht vor Risiken, die sich jederzeit unabhängig von einem Betriebsübergang realisieren können.[8]

a) Geltung des Kündigungsverbots im Ausland

63 Im Falle eines grenzüberschreitenden Betriebsübergangs ist es fraglich, ob das **Kündigungsverbot des § 613a Abs. 4 BGB** neben dem deutschen Veräußerer auch vom ausländischen Betriebserwerber zu beachten ist (vgl. Beispiel 2, → Rn. 1). Dies hätte zur Folge, dass er auf ihn übergegangene Arbeitsverhältnisse nicht „wegen des Betriebsübergangs" beenden oder beispielsweise Arbeitnehmern, deren Übernahme er wegen ihrer hohen Vergütung als unwirtschaftlich ansieht, nicht kündigen könnte.[9]

64 Das Recht des Vertragsstatuts ist auch für die Begründung, den Inhalt und die Beendigung („die verschiedenen Arten des Erlöschens der Verpflichtungen") des Arbeitsverhältnisses maßgeblich.[10] Durchbrechungen hiervon können sich ggf. aus zwingen-

---

[1] BAG 19.2.2009 – 8 AZR 176/08, NZA 2009, 1095 (1097).
[2] ErfK/*Preis*, BGB § 613a Rn. 105; MAH ArbR/*Cohnen*, § 55 Rn. 107; APS/*Steffan*, BGB § 613a Rn. 224.
[3] MAH ArbR/*Cohnen*, § 54 Rn. 159; WHSS/*Willemsen*, Umstrukturierung H Rn. 90; APS/*Steffan*, BGB § 613a Rn. 172.
[4] ErfK/*Preis*, BGB § 613a Rn. 153.
[5] BAG 16.5.2002 – 8 AZR 319/01, NZA 2003, 93 (99).
[6] BAG 27.9.1984 – 2 AZR 309/83, NZA 1985, 493 (494); BAG 18.7.1996 – 8 AZR 127/94, NZA 1997, 148 (149); BAG 20.3.2003 – 8 AZR 97/02, NZA 2003, 1027 (1028); BAG 20.9.2006 – 6 AZR 249/05, NZA 2007, 387 (388).
[7] ErfK/*Preis*, BGB § 613a Rn. 156; MAH ArbR/*Cohnen*, § 54 Rn. 162; APS/*Steffan*, BGB § 613a Rn. 176.
[8] WHSS/*Willemsen*, Umstrukturierung H Rn. 89; *Ascheid* NZA 1991, 873 (878).
[9] BAG 26.5.1983 – 2 AZR 477/81, NJW 1984, 627 (629).
[10] Art. 12 Abs. 1 lit. d) Rom I-VO, Art. 32 Abs. 1 Nr. 4 EGBGB.

A. Grenzüberschreitender Betriebsübergang

den Regelungen des nach objektiven Kriterien ermittelten Vertragsstatuts ergeben.[1] Diese setzen sich auch in dem von Art. 12 Rom I-VO (Art. 32 EGBGB) bezeichneten Geltungsbereich des Vertragsstatuts als vorrangige Sonderregelungen durch.[2] Vor diesem Hintergrund kommt es für die Anwendbarkeit des § 613a Abs. 4 BGB im Verhältnis zum ausländischen Betriebserwerber auf das für das Arbeitsverhältnis maßgebliche Recht an. Gelangt danach deutsches Recht zur Anwendung, ist das Kündigungsverbot auch im Ausland zu beachten.[3]

b) Kündigung bei Betriebsverlagerung

Erfolgt ein Betriebsübergang und geht damit die Verlagerung des Betriebs in das Ausland einher (vgl. Beispiel 2, → Rn. 1), sind die Arbeitnehmer nach dem Inhalt ihrer Arbeitsverträge zunächst nicht zur Erbringung der Arbeitsleistung am neuen (ausländischen) Betriebsort verpflichtet. Hierzu bedarf es einer Änderung der Arbeitsverträge. Erklären sich die Arbeitnehmer nicht mit der Änderung der Arbeitsverträge hinsichtlich des neuen Erfüllungsorts bereit, kommt die Anpassung der Arbeitsverträge durch eine **Änderungskündigung des (ausländischen) Betriebserwerbers** in Betracht.[4] Dieser steht nicht das Kündigungsverbot des § 613a Abs. 4 S. 1 BGB entgegen, da sie nicht „wegen des Betriebsübergangs", sondern aufgrund der Verlagerung des Betriebsorts und dem Fehlen einer Pflicht zur Tätigkeit am neuen (ausländischen) Betriebsort erfolgt.[5] 65

Der Rechtsprechung des BAG zur **Veräußererkündigung aufgrund eines Erwerberkonzepts**[6] folgend können derartige Änderungskündigungen im Hinblick auf die bevorstehende Betriebsverlagerung auch bereits vom Veräußerer ausgesprochen werden, falls sich Arbeitnehmer weigern, am neuen Betriebsort tätig zu werden.[7] Denn es ist nicht Sinn und Zweck der Regelungen in § 613a Abs. 1 S. 1, Abs. 4 BGB, den Betriebserwerber auch bei einer aufgrund betriebswirtschaftlicher Gesichtspunkte voraussehbar fehlenden Beschäftigungsmöglichkeit zu verpflichten, das Arbeitsverhältnis mit einem Arbeitnehmer künstlich zu verlängern, bis er selbst die Kündigung aussprechen kann. Es bedarf jedoch eines verbindlichen Konzepts oder Sanierungsplans des Betriebserwerbers, dessen Durchführung im Zeitpunkt des Zugangs der Kündigungserklärung bereits greifbare Formen angenommen hat.[8] 66

Vor diesem Hintergrund erfolgt in beiden beschriebenen Fällen die Änderungskündigung nicht „wegen des Betriebsübergangs", sondern wegen des damit verbundenen Betriebsortswechsels durch die Betriebsverlagerung.[9] Nehmen die Arbeitnehmer die Änderungskündigung hin, so ändert sich der vertragliche Erfüllungsort. Lehnen sie die Änderungskündigung ab, so endet das Arbeitsverhältnis. Ihnen bleibt letztlich die Möglichkeit, die soziale Rechtfertigung der Kündigung prüfen zu lassen. Die Wirk- 67

---

[1] Art. 3 Abs. 3 und 4, 6 Abs. 2 und 8 Abs. 1 Rom I-VO, Art. 27 Abs. 3, 30 Abs. 1, 34 EGBGB, MHdBArbR/*Oetker*, § 11 Rn. 41.
[2] Palandt/*Thorn*, (IPR) Rom I 12 Rn. 1.
[3] *Wollenschläger/Frölich* AuR 1990, 314 (320).
[4] *Feudner* NZA 1999, 1184 (1188); *Leuchten* FA 2002, 138 (141); *Forst* SAE 2012, 18 (23).
[5] *Gaul/Mückl* DB 2011, 2318 (2320); *Wisskirchen/Goebel* DB 2004, 1937 (1940); *Feudner* NZA 1999, 1184 (1188).
[6] BAG 26.5.1983 – 2 AZR 477/81, NJW 1984, 627 (630); BAG 20.3.2003 – 8 AZR 97/02, NZA 2003, 1027 (1028 f.).
[7] *Gaul/Mückl* DB 2011, 2318 (2320); *Leuchten* FA 2002, 138 (140 f.); *Wank*, FS 50 Jahre BAG 2004, 245 (262).
[8] BAG 20.3.2003 – 8 AZR 97/02, NZA 2003, 1027 (1028 f.); WHSS/*Willemsen*, Umstrukturierung H Rn. 107 ff.; APS/*Steffan*, BGB § 613a Rn. 189; *Lipinski* NZA 2002, 75 (79).
[9] *Leuchten* FA 2002, 138 (141).

samkeit der Änderungskündigung wird dann durch deutsche Arbeitsgerichte nach deutschem Recht geprüft.[1]

68 Sofern ein Arbeitnehmer von der Möglichkeit Gebrauch macht, dem Übergang seines Arbeitsverhältnisses auf den (ausländischen) Betriebserwerber zu widersprechen (§ 613a Abs. 6 BGB), bleibt das Arbeitsverhältnis zum bisherigen Betriebsinhaber bestehen.[2] Dieser kann, wenn die Betriebsverlagerung in das Ausland noch nicht vollzogen ist, eine Änderungskündigung aufgrund des Erwerberkonzepts mit dem Ziel eines Arbeitsortwechsels aussprechen.[3] Ist die Verlagerung des gesamten Betriebs bereits erfolgt, entfällt beim Betriebsveräußerer die Beschäftigungsmöglichkeit, da der Arbeitsplatz des widersprechenden Arbeitnehmers auf den Betriebserwerber übergegangen ist.[4] In diesem Fall kann der Betriebsveräußerer das Arbeitsverhältnis nach den Vorschriften des deutschen Kündigungsschutzgesetzes durch eine **betriebsbedingte Kündigung** – ohne Verstoß gegen § 613a Abs. 4 S. 1 BGB – beenden.[5] Dabei ist eine Sozialauswahl entbehrlich, soweit der gesamte Betrieb in das Ausland verlagert wurde.[6] Eine **Sozialauswahl** ist hingegen durchzuführen, wenn nur ein Betriebsteil in das Ausland verlagert wurde und beim Veräußerer durch die Widersprüche von Arbeitnehmern ein Personalüberhang entstanden ist. Dabei lässt § 1 Abs. 3 KSchG neben den Kriterien der Betriebszugehörigkeit, des Alters, der Unterhaltspflichten und der Schwerbehinderung jedoch keinen Raum für die Berücksichtigung weiterer Gründe (hier: die Gründe für einen Widerspruch zum Teilbetriebsübergang).[7] Infolgedessen geht auch das Bundesarbeitsgericht davon aus, dass die Gründe für einen Widerspruch gemäß § 613a Abs. 6 BGB im Rahmen der Sozialauswahl nicht zu berücksichtigen sind. Mithin kommt es nicht auf das Vorliegen hinreichender oder akzeptabler Widerspruchsgründe an; die Motive und Gründe für die Ausübung des Widerspruchsrechts sind vielmehr belanglos.[8] In diesem Zusammenhang bleibt jedoch darauf hinzuweisen, dass das Bundesarbeitsgericht in seinem Urteil vom 29.8.2013 ausdrücklich offen gelassen hat, ob und ggf. unter welchen Voraussetzungen zur Vermeidung einer betriebsbedingten Kündigung Beschäftigungsmöglichkeiten im Ausland anzubieten sind, wenn

– der Arbeitgeber einen ganzen Betrieb oder doch Betriebsteile von Deutschland ins Ausland verlagert,
– die Arbeitsverhältnisse der im ausländischen Betrieb tätigen Arbeitnehmer deutschem (Kündigungs-)Recht unterliegen,
– die Arbeitsverträge eine Verletzungsklausel beinhalten, die dem Arbeitgeber die Zuweisung einer entsprechenden Tätigkeit im Ausland ermöglichen
– oder der Arbeitgeber unweit einer Ländergrenze im In- und Ausland mehrere einheitlich gelenkte Betriebsstätten unterhält und Aufgaben im „kleinen Grenzverkehr" von der einen in die andere Einheit verlagert.[9]

Im konkreten Fall hatte das Bundesarbeitsgericht entschieden, dass der Betriebsbegriff in § 1 Abs. 2 S. 1 und 2 KSchG in dem Sinne zu verstehen sei, dass von ihm nur in

---

[1] *Feudner* NZA 1999, 1184 (1188).
[2] ErfK/*Preis*, BGB § 613a Rn. 105; APS/*Steffan*, BGB § 613a Rn. 224.
[3] *Gaul/Mückl* DB 2011, 2318 (2320).
[4] WHSS/*Willemsen*, Umstrukturierung G Rn. 162.
[5] BAG 24.2.2000 – 8 AZR 167/99, NZA 2000, 764 (765); *Feudner* NZA 1999, 1184 (1188).
[6] APS/*Steffan*, BGB § 613a Rn. 226; *Meyer* NZA 2005, 9 (12): *Wank*, FS 50 Jahre BAG 2004, 245 (262).
[7] WHSS/*Willemsen*, Umstrukturierung G Rn. 163; APS/*Steffan*, BGB § 613a Rn. 228; *Lunk/Möller* NZA 2004, 9 (13); *Gaul* NZA 2005, 730 (732 f.).
[8] BAG 31.5.2007 – 2 AZR 276/06, NZA 2008, 33 (38).
[9] BAG 29.8.2013 – 2 AZR 809/12, NZA 2014, 730 (733 f.).

Deutschland gelegene Betriebe erfasst werden.[1] Aufgrund des streitgegenständlichen Sachverhalts[2] musste es sich nicht mit den zuvor beschriebenen Fragestellungen befassen, so dass abzuwarten bleibt, ob die Auslegung des kündigungsschutzrechtlichen Betriebsbegriffs bei einer anderen Sachverhaltskonstellation unter Umständen anders ausfällt.[3]

4. Haftung des ausländischen Betriebserwerbers neben dem Betriebsveräußerer

Mit dem Betriebsübergang tritt der ausländische Betriebserwerber gemäß § 613a Abs. 1 S. 1 BGB in die Rechte und Pflichten aus den mit dem Betriebsveräußerer bestehenden Arbeitsverhältnissen ein. Zum Schutz der übernommenen Arbeitnehmer, dass bereits entstandene Ansprüche vom Betriebserwerber möglicherweise nicht erfüllt werden könnten, sieht § 613a Abs. 2 BGB eine abgestufte Haftungsregelung für den bisherigen Betriebsinhaber vor.[4] Dieser haftet danach als **Gesamtschuldner** neben dem ausländischen Betriebserwerber für solche Ansprüche der übernommenen Arbeitnehmer, die vor dem Zeitpunkt des Betriebsübergangs entstanden sind und innerhalb eines Jahres nach dem Betriebsübergang fällig werden. § 613a Abs. 2 BGB regelt nur die Haftung des Betriebsveräußerers gegenüber den übernommenen Arbeitnehmern, also das sog. Außenverhältnis. Wer im (Innen-)Verhältnis zwischen Betriebsveräußerer und ausländischem Betriebserwerber haftet, richtet sich nach den im Übernahmevertrag getroffenen Regelungen. Fehlt eine solche Regelung, gilt § 426 Abs. 1 S. 1 BGB.[5]

69

V. Kollektivrechtliche Folgen eines grenzüberschreitenden Betriebsübergangs

Der grenzüberschreitende Betriebsübergang hat in Abhängigkeit davon, ob der übergehende Betrieb in diesem Zusammenhang in das Ausland verlagert wird oder nicht, unterschiedliche Folgen für den Bestand von Mitbestimmungsgremien bzw. die Fortgeltung von Tarifverträgen und Betriebsvereinbarungen.

70

1. Betriebsrat

Weder das BetrVG noch das Europarecht enthalten eine kollisionsrechtliche Regelung in Bezug auf die Anwendbarkeit des BetrVG bei Sachverhalten mit Auslandsberührung.[6] Nach der Rechtsprechung des Bundesarbeitsgerichts und der herrschenden Meinung im Schrifttum ist der **räumliche Geltungsbereich des BetrVG aufgrund des Territorialitätsprinzips** jedoch auf das Staatsgebiet Deutschlands beschränkt.[7]

71

---

[1] BAG 29.8.2013 – 2 AZR 809/12. NZA 2014, 730.
[2] Infolge der Konzentration der gesamten Produktion in der tschechischen Betriebsstätte wurde auch die „Endfertigung" von Verbandsstoffen vom Sitz des Arbeitgebers in Nordrhein-Westfalen nach Tschechien verlagert. Dabei handelte es sich allerdings nicht um einen organisatorisch abgegrenzten Betriebsteil. In Deutschland verblieb nur die Verwaltung einschließlich des kaufmännischen Bereichs.
[3] *Bauer* FD-ArbR 2013, 350820; *Günther/Pfister*, ArbRAktuell 2014, 532 (533 f.).
[4] ErfK/*Preis*, BGB § 613a Rn. 133; APS/*Steffan*, BGB § 613a Rn. 157.
[5] Schaub/*Koch*, Arbeitsrechts-Handbuch, § 118 Rn. 21.
[6] Richardi/*Richardi*, BetrVG Einleitung Rn. 65; *Wisskirchen/Goebel* DB 2004, 1937 (1940).
[7] BAG 9.11.1977 – 5 AZR 132/76, NJW 1978, 1124; BAG 25.4.1978 – 6 ABR 2/77, AP Internat. Privatrecht, Arbeitsrecht Nr. 16; BAG 21.10.1980 – 6 AZR 640/79, NJW 1981, 1175; BAG 27.5.1982 – 6 ABR 28/80, NJW 1983, 413; BAG 30.4.1987 – 2 AZR 192/86, NZA 1988, 135; BAG 22.3.2000 – 7 ABR 34/98, NZA 2000, 1119 (1121); BAG 20.4.2005 – 7 ABR 20/04, NZA 2005, 1006 (1009); *Fitting*, BetrVG § 1 Rn. 13; Richardi/*Richardi*, BetrVG Einleitung Rn. 66;

Teil II. 1. Grenzüberschreitende Umstrukturierung

Infolgedessen ist es für die Anwendbarkeit des BetrVG ohne Bedeutung, wo das Unternehmen des Arbeitgebers seinen Sitz hat, welche Staatsangehörigkeit der Arbeitgeber und die Arbeitnehmer haben oder welches Recht auf das Arbeitsverhältnis der Vertragsparteien Anwendung findet.[1] Maßgeblicher Anknüpfungspunkt ist einzig der Sitz des Betriebs. Liegt er im Inland, ist das BetrVG anwendbar. Für einen im Ausland gelegenen Betrieb eines deutschen Unternehmens gilt das BetrVG hingegen nicht.[2]

72 Vor diesem Hintergrund lässt der Übergang eines Betriebs auf einen ausländischen Betriebserwerber das Mandat des Betriebsrats unberührt, solange der Betriebsort im Inland verbleibt und der Betrieb unter Wahrung seiner Identität fortgeführt wird (vgl. Beispiel 1, → Rn. 1).[3] Falls der ausländische Betriebserwerber über weitere Betriebe/Unternehmen in Deutschland verfügt, wäre der für den übergegangenen Betrieb gebildete Betriebsrat auch zur Vertretung der durch ihn repräsentierten Arbeitnehmer in einem Gesamt- oder Teilkonzernbetriebsrat[4] berechtigt. Andererseits kann das Ausscheiden des Betriebs aus einem Unternehmens-/Konzernverbund im Inland Auswirkungen auf die betriebsverfassungsrechtlichen Strukturen beim Betriebsveräußerer haben. Insofern ist der Fortbestand bzw. die Zusammensetzung der Betriebsratsgremien auf Unternehmens-/Konzernebene zu prüfen (falls der bisherige Inhaber des Betriebs nach der Veräußerung nur noch über einen Betrieb im Inland verfügt, entfällt zum Beispiel das Erfordernis zur Bildung eines Gesamtbetriebsrats).

73 Demgegenüber führt der mit einer Verlagerung des Betriebs in das Ausland verbundene Betriebsübergang zur Beendigung des Betriebsratsamts (vgl. Beispiel 2, → Rn. 1). Durch den neuen (ausländischen) Betriebsort ist der übergegangene Betrieb dem nach dem Territorialitätsprinzip bestimmten räumlichen Geltungsbereich des BetrVG mit der Folge entzogen, dass der Betriebsrat erlischt. Dem steht auch Art. 6 Abs. 1 Richtlinie 2001/23/EG (Betriebsübergangsrichtlinie) nicht entgegen, der den Fortbestand von Arbeitnehmervertretungen nur unter der Einschränkung anordnet, dass die Bedingungen für die Bildung der Arbeitnehmervertretung (weiterhin) erfüllt sind.[5] Am neuen ausländischen Betriebsort kann, sofern die Voraussetzungen für die **Bildung einer Arbeitnehmervertretung nach dem dort geltenden Recht** erfüllt sind, eine (neue) Arbeitnehmervertretung gebildet werden.

74 Ein **Übergangsmandat gemäß § 21a BetrVG** für den in das Ausland veräußerten Betrieb kommt nicht in Betracht. Denn dies würde insbesondere voraussetzen, dass der veräußerte Betrieb weiterhin betriebsratsfähig im Sinne des § 1 Abs. 1 S. 1 BetrVG ist. Aufgrund des auf das Staatsgebiet Deutschlands beschränkten Anwendungsbereichs des BetrVG kann diese Voraussetzung allerdings nicht erfüllt werden. In diesem Zusammenhang unterliegt auch die Auffassung Bedenken, dass das Betriebsverfassungsstatut der parteiautonomen Rechtswahl unterliege und daher die Geltung des BetrVG von den Betriebsparteien eines ausländischen Betriebs, soweit nicht das ausländische Betriebsverfassungsrecht entgegen steht, vereinbart werden könne.[6] Zum einen ist hin-

---

MHdBArbR/*v. Hoyningen-Huene*, § 211 Rn. 12; ErfK/*Schlachter*, Rom I-VO Art. 9 Rn. 29; *Boemke* NZA 1992, 112; *Thüsing* NZA 2003, 1303 (1310); Schaub/*Koch*, Arbeitsrechts-Handbuch, § 213 Rn. 1.

[1] Richardi/*Richardi*, BetrVG Einleitung Rn. 67; *Fitting*, BetrVG § 1 Rn. 15, 16; MHdBArbR/*v. Hoyningen-Huene*, § 211 Rn. 12, 14.

[2] Richardi/*Richardi*, BetrVG Einleitung Rn. 68; *Fitting*, BetrVG § 1 Rn. 16; ErfK/*Schlachter*, Rom I-VO Art. 9 Rn. 29.

[3] *Franzen*, S. 164.

[4] BAG 14.2.2007 – 7 ABR 26/06, NZA 2007, 999 (1006).

[5] *Gaul/Mückl* DB 2011, 2318 (2321); *Olbertz/Fahrig* ZIP 2012, 2045 (2049).

[6] MHdBArbR/*v. Hoyningen-Huene*, § 211 Rn. 13; *Feudner* NZA 1999, 1184 (1189).

sichtlich des Abschlusses von Vereinbarungen zwischen den ausländischen Betriebsparteien zu berücksichtigen, dass diese nicht unmittelbar und zwingend (§ 77 Abs. 4 S. 1 BetrVG), sondern allenfalls schuldrechtlich zu Gunsten der Arbeitnehmer wirken können. Mithin kann ihnen durch die Vereinbarung der ausländischen Betriebsparteien nicht die gleiche Rechtsstellung wie in Deutschland eingeräumt werden. Zum anderen erscheint es allein aus Gründen der Praktikabilität kaum vorstellbar, dass sich ein ausländischer Betriebserwerber verpflichten könnte, die Geltung eines ihm unbekannten, ggf. im Vergleich zu weiteren Betrieben seines Unternehmens unterschiedlichen und unter Umständen im Verhältnis zu den Tarifparteien nicht passenden „betrieblichen Mitbestimmungssystems" zu vereinbaren. Somit könnte für den Betriebsrat des in das Ausland veräußerten Betriebs allenfalls ein **Restmandat gemäß § 21b BetrVG** in Betracht kommen, welches allerdings nur gegenüber dem Betriebsveräußerer bestehen würde.[1]

2. Auswirkungen auf Tarifverträge und Betriebsvereinbarungen

a) Kollektivrechtliche Fortgeltung von Betriebsvereinbarungen bei Auslandsberührung

Grundsätzlich ist es für die kollektivrechtliche Bindung des Betriebserwerbers an eine bestehende Betriebsvereinbarung entscheidend, dass er betriebsverfassungsrechtlich in die Rechte und Pflichten des bisherigen Betriebsinhabers eintritt. Dies ist stets dann der Fall, wenn die Betriebsidentität nach einem rechtsgeschäftlichen Betriebsübergang gemäß § 613a BGB auch beim neuen Betriebsinhaber erhalten bleibt.[2] Infolge des daraus resultierenden Fortbestands des Betriebsrats tritt der Betriebserwerber nicht nur in die zwischen dem Betriebsveräußerer und den übernommenen Arbeitnehmern bestehenden Arbeitsverhältnisse ein, sondern auch in die zwischen dem Betriebsveräußerer und dem Betriebsrat geschlossenen Betriebsvereinbarungen. Mithin wird er **Arbeitgeber im Sinne der Betriebsverfassung.**[3] Weitergehend soll eine Betriebsvereinbarung sogar dann kollektivrechtlich fortgelten, wenn nur ein Betriebsteil übertragen und beim Betriebserwerber als eigenständiger Betrieb fortgeführt wird. Denn es wäre nach Ansicht des Bundesarbeitsgerichts nicht folgerichtig, den Betriebsrat zwar mit einem Übergangsmandat nach § 21a BetrVG auszustatten, die Fortgeltung der von ihm selbst auch für den veräußerten Betriebsteil abgeschlossenen Betriebsvereinbarungen aber zu verneinen.[4]

75

Darüber hinaus hat sich das Bundesarbeitsgericht mit seinem Beschluss vom 18.9.2002[5] für eine umfassende kollektivrechtliche Fortgeltung von Gesamtbetriebsvereinbarungen entschieden. Danach sollen Gesamtbetriebsvereinbarungen in den übertragenen Teilen des Unternehmens als Rechtsnormen und damit kollektivrechtlich fortgelten, wenn auch nur einer oder mehrere Betriebe unter Wahrung ihrer Betriebsidentität übergehen. Dies gilt jedenfalls dann, wenn das Unternehmen bis dahin

76

---

[1] *Wisskirchen/Goebel* DB 2004, 1937 (1940).
[2] BAG 5.2.1991 – 1 ABR 32/90, NZA 1991, 639 (641); 27.7.1994 – 7 ABR 37/93, NZA 1995, 222 (225); 15.1.2002 – 1 AZR 58/01, NZA 2002, 1034 (1036); 18.9.2002 – 1 ABR 54/01, NZA 2003, 670 (673); *Fitting*, BetrVG § 77 Rn. 168; Richardi/*Richardi*, BetrVG § 77 Rn. 213; MHdB-ArbR/*Wank*, § 102 Rn. 180; *Schiefer* NJW 1998, 1817 (1820); WHSS/*Hohenstatt*, Umstrukturierung E Rn. 8; BAG, AP BetrVG 1972 § 77 Betriebsvereinbarung Nr. 7 mit Anm. *Hergenröder*.
[3] BAG 5.2.1991 – 1 ABR 32/90, NZA 1991, 639 (641).
[4] BAG 18.9.2002 – 1 ABR 54/01, NZA 2003, 670 (675); im Ergebnis auch: *Salamon*, RdA 2007, 153 (157 f.).
[5] BAG 18.9.2002 – 1 ABR 54/01, NZA 2003, 670 ff.

keinen Betrieb geführt hat. Soweit nur ein Betrieb übernommen wird, bleibt die Gesamtbetriebsvereinbarung als Einzelbetriebsvereinbarung bestehen.[1]

77 Letztlich kommt eine kollektivrechtliche Weitergeltung von Betriebsvereinbarungen aber nur in Betracht, wenn im Zusammenhang mit einem grenzüberscheitenden Betriebsübergang keine Verlagerung des Betriebs in das Ausland stattfindet. Denn das Ausscheiden eines Betriebs aus dem auf das Staatsgebiet Deutschlands beschränkten Geltungsbereich des BetrVG führt zur Beendigung der kollektivrechtlichen (Fort-)Geltung der Betriebsvereinbarung (vgl. Beispiel 2, → Rn. 1).[2] Hingegen kommt es nicht auf das durch die Verlagerung in das Ausland bedingte Erlöschen des Betriebsrats an, als dieses die Geltung von Betriebsvereinbarungen unberührt lässt.[3]

b) Kollektivrechtliche Fortgeltung von Tarifverträgen bei Auslandsberührung

78 Hinsichtlich der Frage, ob in einem Betrieb oder Unternehmen nach einem Betriebsübergang Tarifverträge kollektivrechtlich fortgelten, ist danach zu differenzieren, ob bislang ein Verbands- oder ein Firmentarifvertrag Anwendung fand. Grundsätzlich setzt die kollektivrechtliche Fortgeltung eines Tarifvertrags auch die Tarifbindung der übernommenen Arbeitnehmer voraus (§ 3 Abs. 1 TVG).

aa) Verbandstarifverträge

79 Wird ein Betrieb oder Betriebsteil im Wege des Betriebsübergangs auf einen anderen Inhaber übertragen, tritt dieser tarifrechtlich nicht ohne weiteres in die Rechtsstellung des bisherigen Arbeitgebers ein. Dies liegt daran, dass die Mitgliedschaft im Arbeitgeberverband höchstpersönlicher Natur ist und weder über § 613a BGB noch im Wege der (partiellen) Gesamtrechtsnachfolge auf den übernehmenden Rechtsträger übergeht.[4] Für den Betriebsübergang folgt dies bereits daraus, dass es sich bei der **Verbandsmitgliedschaft** weder um ein Recht noch eine Pflicht aus dem Arbeitsverhältnis handelt. Aber auch wenn der Betrieb im Wege der (partiellen) Gesamtrechtsnachfolge übergehen würde, ist ein Übergang der Mitgliedschaft des Veräußerers im Arbeitgeberverband in der Regel ausgeschlossen, da die Mitgliedschaft gemäß §§ 38, 40 BGB vorbehaltlich anderer Satzungsbestimmungen nicht übertragbar ist.[5] Zu einer kollektivrechtlichen Fortgeltung eines beim Betriebsveräußerer anwendbaren Verbandstarifvertrags kommt es bei einem Betriebsübergang insofern nur dann, wenn der Betriebserwerber ebenso wie der Betriebsveräußerer dem tarifschließenden Arbeitgeberverband angehört bzw. diesem beitritt oder der beim Betriebsveräußerer geltende Tarifvertrag allgemeinverbindlich ist und der übertragene Betrieb weiterhin dem fachlichen Geltungsbereich des Tarifvertrags unterfällt.[6]

80 Zwar hat das BAG anerkannt, dass mit einem Tarifvertrag Regelungen für im Ausland beschäftigte Arbeitnehmer geschaffen werden können, sofern der Anwendung deutschen Tarifrechts nicht zwingendes ausländisches Recht entgegensteht.[7] Doch wird bei grenzüberschreitenden Betriebsübergängen die kollektivrechtliche Fortgeltung eines Verbandstarifvertrags bereits daran scheitern, dass der ausländische Betriebs-

---

[1] ErfK/*Preis*, BGB § 613a Rn. 115; APS/*Steffan*, BGB § 613a Rn. 115; MHdBArbR/*Wank*, § 102 Rn. 183.
[2] *Gaul/Mückl* DB 2011, 2318 (2321).
[3] *Fitting*, BetrVG § 77 Rn. 175; *Salamon* RdA 2007, 103 (104).
[4] BAG 24.6.1998 – 4 AZR 208/97, NZA 1998, 1346 (1347 f.); WHSS/*Hohenstatt*, Umstrukturierung E Rn. 94; *Löwisch/Rieble*, TVG § 3 Rn. 163.
[5] MAH ArbR/*Cohnen/Tepass* § 51 Rn. 72.
[6] WHSS/*Hohenstatt*, Umstrukturierung E Rn. 94; MAH ArbR/*Cohnen* § 54 Rn. 64; *Müller-Bonanni/Mehrens* NZA 2012, 195.
[7] BAG 11.9.1991 – 4 AZR 71/91, NZA 1992, 321 (322, 324).

erwerber nicht Mitglied des Arbeitgeberverbands sein wird oder kann, der den Tarifvertrag beim Betriebsveräußerer abgeschlossen hat (vgl. Beispiel 1 und Abwandlung, → Rn. 1).[1] Sofern mit dem Betriebsübergang zudem eine Verlagerung des Betriebs in das Ausland verbunden ist, wird einer Anwendbarkeit auch der vereinbarte räumliche Geltungsbereich des Verbandstarifvertrags entgegenstehen (vgl. Beispiel 2 und Abwandlung, → Rn. 1).

bb) Firmentarifverträge

Vom Betriebsveräußerer abgeschlossene Firmentarifverträge gelten nach einem Betriebsübergang nicht kollektivrechtlich fort, da der Betriebserwerber nicht in dessen Rechtsstellung als Tarifvertragspartei eintritt.[2] Das Bundesarbeitsgericht weist insofern darauf hin, dass der Betriebserwerber lediglich in die Rechte und Pflichten aus den bestehenden Arbeitsverhältnissen eintritt; nur insoweit wird er Rechtsnachfolger des Betriebsveräußerers. Dieser Übergang der Arbeitgeberstellung in Bezug auf die Arbeitsverhältnisse kann jedoch nicht die Tarifgebundenheit an einen Firmentarifvertrag des Veräußerers begründen. Denn die Tarifgebundenheit des Arbeitgebers (§ 3 Abs. 1 TVG) an den Firmentarifvertrag basiert auf seiner Stellung als Tarifvertragspartei, nicht aber auf der als Partei des Arbeitsvertrags.[3]

81

Mithin steht die kollektivrechtliche Fortgeltung eines Firmentarifvertrags im Ermessen des Betriebserwerbers,[4] als dieser die Begründung der Position einer Firmentarifvertragspartei nur durch eine **eigene konstitutive Willenserklärung** erreichen kann. So ist es ihm möglich, mit derselben Gewerkschaft seinerseits einen gleichlautenden Tarifvertrag abzuschließen oder durch eine dreiseitige Vereinbarung (Übernahmevertrag) unter Beteiligung des Betriebsveräußerers und der Gewerkschaft den Firmentarifvertrag zu übernehmen.[5]

82

c) Transformation kollektivrechtlicher Normen

Die Rechte und Pflichten, die sich aus den Rechtsnormen eines Tarifvertrags oder einer Betriebsvereinbarung ergeben, werden Inhalt des Arbeitsverhältnisses zwischen dem neuen Inhaber und dem Arbeitnehmer und dürfen nicht vor Ablauf eines Jahres nach dem Zeitpunkt des Übergangs zum Nachteil des Arbeitnehmers geändert werden (§ 613a Abs. 1 S. 2 BGB). Nach der früheren Rechtsprechung hatte dies zur Folge, dass die beim Betriebsveräußerer geltenden Tarifverträge und Betriebsvereinbarungen ihren kollektivrechtlichen Charakter und damit ihre unmittelbare und zwingende Wirkung (§ 4 Abs. 1 TVG bzw. § 77 Abs. 4 S. 1 BetrVG) verloren. Sie galten beim Betriebserwerber nur individualrechtlich, d.h. wie arbeitsvertraglich vereinbarte Regelungen weiter.[6] Diese Auffassung hat das BAG[7] mit seinem Urteil vom 24.2.2009 aller-

83

---

[1] *Feudner* NZA 1999, 1184 (1188); *Wisskirchen/Goebel* DB 2004, 1937 (1938).
[2] APS/*Steffan*, BGB § 613a Rn. 113; WHSS/*Hohenstatt*, Umstrukturierung E Rn. 98; MHdB-ArbR/*Wank*, § 102 Rn 167; ErfK/*Preis*, BGB § 613a Rn. 113b; *Wank* NZA 1987, 505 (507); *Löwisch/Rieble*, TVG § 3 Rn. 373.
[3] BAG 20.6.2001 – 4 AZR 295/00, NZA 2002, 517 (518); 29.8.2001 – 4 AZR 332/00, NZA 2002, 513 (514 f.); 10.6.2009 – 4 ABR 21/08, NZA 2010, 51 (52).
[4] APS/*Steffan*, BGB § 613a Rn. 113.
[5] BAG 10.6.2009 – 4 ABR 21/08, NZA 2010, 51 (52 f.).
[6] BAG 13.11.1985 – 4 AZR 309/84, NZA 1986, 422 (423); 1.4.1987 – 4 AZR 77/86, NZA 1987, 593 (595); 20.4.1994 – 4 AZR 342/93, NZA 1994, 1140 (1141); 18.11.2003 – 1 AZR 604/02, NZA 2004, 803 (805).
[7] Einschränkend zuvor bereits BAG 14.8.2001 – 1 AZR 619/00, NZA 2002, 276 (278 f.); 29.8.2001 – 4 AZR 332/00, NZA 2002, 513 (515).

dings aufgegeben.¹ Danach werden im Falle eines Betriebsübergangs die Kollektivnormen zwar gemäß § 613a Abs. 1 S. 2 BGB in das Arbeitsverhältnis transformiert, so dass der Betriebserwerber nicht in die kollektivrechtliche Rechtsstellung des Betriebsveräußerers einrückt.² Sie behalten jedoch ihren **kollektivrechtlichen Charakter** und wandeln sich nicht in individualvertragliche Vereinbarungen um bzw. sind diesen auch nicht gleichrangig.³

84 Angesichts der beschriebenen Änderung der Rechtsprechung zur Fortgeltung kollektiver Regelungen nach einem Betriebsübergang erscheint es fraglich, ob es für die kollektivrechtliche Weitergeltung von Tarifverträgen und Betriebsvereinbarungen zukünftig noch auf eine beiderseitige Tarifbindung bzw. das Merkmal der Wahrung der Betriebsidentität ankommen wird. So wird unter Bezugnahme auf das BAG-Urteil vom 24.2.2009 die Ansicht vertreten, dass die Regelung des § 613a Abs. 1 S. 2 BGB als Anordnung einer kollektivrechtlichen Fortgeltung zu verstehen sei und als lex specialis anderen Rechtsgrundlagen vorgeht.⁴ Im Hinblick auf Tarifverträge werde daher eine Tarifbindung des Betriebserwerbers kraft Gesetzes, auf der rechtsgeschäftlichen Betriebsübernahme beruhend begründet.⁵ Betriebsvereinbarungen sollen für die übernommenen Arbeitnehmer, soweit kein Ablösungstatbestand erfüllt ist, ausnahmslos normativ und statisch beim Betriebserwerber fortgelten. Die Rechtsgrundlage der Fortwirkung sei allein § 613a Abs. 1 S. 2 BGB, so dass es nicht darauf ankommt, ob beim Betriebserwerber die betriebsverfassungsrechtlichen Voraussetzungen für den Abschluss einer entsprechenden Betriebsvereinbarung bestehen.⁶ Dem wird unter Verweis auf die Auffangfunktion des § 613a Abs. 1 S. 2 BGB entgegen gehalten, dass mit der angeordneten Transformation von Rechten und Pflichten aus einem Tarifvertrag oder einer Betriebsvereinbarung in das Arbeitsverhältnis eine (echte) kollektivrechtliche Fortgeltung nicht ausgeschlossen ist.⁷ Letztere Ansicht lässt sich auch darauf stützen, dass das Bundesarbeitsgericht selbst in einer dem Urteil vom 24.2.2009 nachfolgenden Entscheidung auf den Auffangcharakter der Vorschrift des § 613a Abs. 1 S. 2 BGB zurückgreift und feststellt, dass die Arbeitgeberstellung in der Betriebsverfassung an die arbeitsorganisatorische Einheit des Betriebs anknüpft.⁸

85 Indem es bei Betriebsübergängen, die mit einer Verlagerung des Betriebs in das Ausland verbunden sind, im Regelfall nicht zu einer kollektivrechtlichen Fortgeltung von Tarifverträgen und Betriebsvereinbarungen kommt, wird ungeachtet der dargestellten Fragestellung die Regelung des § 613a Abs. 1 S. 2 BGB anwendbar sein. Infolgedessen werden die Normen von Tarifverträgen und Betriebsvereinbarungen, die die Rechte und Pflichten der Arbeitsvertragsparteien regeln, unter Beibehaltung ihres kollektivrechtlichen Charakters in das Arbeitsverhältnis transformiert. Dies entspricht auch den Vorgaben und Zielen der Betriebsübergangsrichtlinie. Denn diese will ausweislich ihres dritten Erwägungsgrunds die Arbeitnehmer bei einem Inhaberwechsel schützen und verlangt, dass die Arbeitsbedingungen in dem gleichen Maße aufrecht erhalten werden, wie sie in dem Kollektivvertrag für den Veräußerer vorgesehen waren.

---

¹ ErfK/*Preis,* BGB § 613a Rn. 112; APS/*Steffan,* BGB § 613a Rn. 109; *Sagan* RdA 2011, 163 (166); *Hohenstatt* NZA 2010, 23 (26); *Franzen* NZA-Beilage 2011, 108 (114).
² WHSS/*Hohenstatt,* Umstrukturierung E Rn. 36, 123.
³ BAG 24.2.2009 – 4 AZR 100/08, NZA 2010, 41 (43).
⁴ ErfK/*Preis,* BGB § 613a Rn. 113.
⁵ *Sagan* RdA 2011, 163 (170).
⁶ *Sagan* RdA 2011, 163 (171).
⁷ APS/*Steffan,* BGB § 613a Rn. 110; *Bepler* RdA 2009, 65 (66).
⁸ BAG 26.8.2009 – 4 AZR 280/08, NZA 2010, 238 (241).

d) Kollektivvertragliche Ablösung fortgeltender Rechtsnormen

Die Fortgeltung der die Rechte und Pflichten der Arbeitsvertragsparteien betreffenden Regelungen aus Tarifverträgen und Betriebsvereinbarungen ist jedoch ausgeschlossen, wenn beim Betriebserwerber die entsprechenden Rechte und Pflichten durch Rechtsnormen eines anderen Tarifvertrags oder durch eine andere Betriebsvereinbarung geregelt werden (§ 613a Abs. 1 S. 3 BGB). Die Regelung dient dem Zweck, (normativ wirkenden) kollektivrechtlichen Verpflichtungen den **Vorrang vor den nach § 613a Abs, 1 S. 2 BGB fortgeltenden Regelungen** einzuräumen und dadurch die Vereinheitlichung der Arbeitsbedingungen beim Betriebserwerber zu erleichtern.[1] 86

Ein Tarifvertrag kann jedoch nur dann den Übergang tarifrechtlicher Normen in das Arbeitsverhältnis verhindern, wenn er nach seinem Geltungsbereich auf das Arbeitsverhältnis Anwendung findet, die Parteien tarifgebunden sind und wenn er den gleichen Regelungsgegenstand betrifft.[2] Die Voraussetzung der beiderseitigen Tarifgebundenheit erfordert, dass sowohl die übernommenen Arbeitnehmer als auch der Betriebserwerber entweder kraft Mitgliedschaft in den tarifschließenden Parteien oder kraft staatlicher Anordnung gemäß § 5 TVG oder § 8 AEntG nach dem Betriebsübergang an den beim Erwerber geltenden Tarifvertrag gebunden sind.[3] Hierzu wird der übernommene Arbeitnehmer vielfach die Gewerkschaft wechseln müssen, wozu er wegen seiner durch Art. 9 Abs. 3 GG geschützten Koalitionsfreiheit allerdings nicht gezwungen werden kann.[4] Die fortgeltenden Normen einer Betriebsvereinbarung können durch bestehende, falls der übertragene Betrieb/Betriebsteil beim Erwerber in einen bestehenden Betrieb eingegliedert wird, oder nach dem Betriebsübergang abgeschlossene Betriebsvereinbarungen mit gleichem Regelungsgegenstand abgelöst werden. Eine sogenannte **Über-Kreuz-Ablösung** (Ablösung der Rechtsnormen eines Tarifvertrags durch die Regelungen einer Betriebsvereinbarung) wird vom Bundesarbeitsgericht als nicht zulässig angesehen.[5] 87

Für den Fall eines Betriebsübergangs, der mit einer Verlagerung des Betriebs in das Ausland verbunden ist, enthält die Regelung des § 613a Abs. 1 S. 3 BGB keinen Hinweis darauf, ob bei einem ausländischen Betriebserwerber die Fortgeltung von Tarifverträgen und Betriebsvereinbarungen durch **Kollektivvereinbarungen nach ausländischem Recht** abgelöst werden kann. Sinn und Zweck der Regelungen des § 613a Abs. 1 S. 2 bis 4 BGB ist es zum einen, die Arbeitnehmer durch eine Fortgeltung der bislang für sie geltenden Tarifverträge und Betriebsvereinbarungen zu schützen, bis dieser Schutz durch neue, für den Betriebserwerber geltende Vorschriften gewährleistet wird.[6] Den übernommenen Arbeitnehmern würde der durch ausländische Kollektivvereinbarungen vermittelte Schutz aber entzogen, wenn diese die fortgeltenden Regelungen deutscher Tarifverträge und Betriebsvereinbarungen nicht ablösen könnten. Es ist daher auch unter Berücksichtigung der Vorgaben des Art. 3 Abs. 3 Richtlinie 2001/23/EG nicht ersichtlich, der die Sicherung der Arbeitsbedingungen 88

---

[1] BAG 20.4.1994 – 4 AZR 342/93, NZA 1994, 1140, (1142).
[2] BAG 20.4.1994 – 4 AZR 342/93, NZA 1994, 1140 (1142); 22.1.2003 – 10 AZR 227/02, AP BGB § 613a Nr. 242.
[3] BAG 30.8.2000 – 4 AZR 581/99, NZA 2001, 510 (512); 21.2.2001 – 4 AZR 18/00, NZA 2001, 1318, 1320; 9.4.2008 – 4 AZR 164/07, BeckRS 2008, 56177; ErfK/*Preis*, BGB § 613a Rn. 123; APS/*Steffan*, BGB § 613a Rn. 134; *Löwisch/Rieble*, TVG § 3 Rn. 425; MAH ArbR/*Cohnen* § 51 Rn. 86; Schaub/*Koch*, Arbeitsrechts-Handbuch, § 119 Rn. 10.
[4] ErfK/*Preis*, BGB § 613a Rn. 124; APS/*Steffan*, BGB § 613a Rn. 136.
[5] BAG 6.11.2007 – 1 AZR 862/06, NZA2008, 542 (545 f.); 13.11.2007 – 3 AZR 191/06, NZA 2008, 600 (603); 21.4.2010 – 4 AZR 768/08, AP BGB § 613a Nr. 387.
[6] BAG 19.3.1986 – 4 AZR 640/84, NZA 1986, 687 (688).

nur bis zum Inkrafttreten oder bis zur Anwendung eines anderen Kollektivvertrags vorsieht („Weitergeltung nur bis zur Anwendung eines anderen Kollektivvertrags beim Erwerber"),[1] warum ausländische Kollektivvereinbarungen nicht dem Anwendungsbereich des § 613a Abs. 1 S. 3 BGB unterfallen sollten. Zum anderen bezweckt die Regelung auch den Schutz eines Erwerbers dahingehend, die Arbeitsbedingungen in seinem Betrieb zu harmonisieren. Dabei wird sich das Interesse eines ausländischen Erwerbers an der Vereinheitlichung der Arbeitsbedingungen in seinem Betrieb nicht von dem Interesse eines deutschen Erwerbers (bei einem reinen Inlandsfall) unterscheiden.

89 Die Anwendbarkeit des § 613a Abs. 1 S. 3 BGB setzt weitergehend voraus, dass die ausländischen Kollektivvereinbarungen den deutschen Tarifverträgen und Betriebsvereinbarungen entsprechen. Mithin ist es entscheidend, ob die ausländische Kollektivvereinbarung auf betrieblicher Ebene funktionell einer Betriebsvereinbarung im Sinne des § 77 BetrVG vergleichbar ist und daher der Begriff „Betriebsvereinbarung" substituiert werden kann. Dies ist wiederum nur bei einer **funktionalen Äquivalenz** der ausländischen Kollektivregelung und der Betriebsvereinbarung der Fall.[2] Infolgedessen müsste eine ausländische, der deutschen Betriebsvereinbarung entsprechende Kollektivvereinbarung insbesondere unmittelbar und zwingend auf die ihrem Geltungsbereich unterfallenden Arbeitsverhältnisse wirken. Ob dies der Fall ist, wird im Einzelfall zu überprüfen sein.

90 Gleiches gilt für die etwaige Ablösung von fortgeltenden Tarifverträgen. Diese können von funktional-äquivalenten ausländischen Kollektivvereinbarungen abgelöst werden, sofern sie von deutschen Gewerkschaften gleichwertigen Arbeitnehmervertretungen abgeschlossen wurden sowie unmittelbar und zwingend wirken (§ 4 Abs. 1 TVG).[3] Hat eine Betriebsverlagerung in das Ausland keine Änderung des Arbeitsstatuts zur Folge, müssen die ausländischen Kollektivvereinbarungen allerdings auch Arbeitsverhältnisse erfassen, die deutschem Recht unterliegen.[4] Zudem wird eine Ablösung nur dann in Betracht kommen, wenn in Bezug auf das Erfordernis einer beiderseitigen Tarifbindung die übernommenen Arbeitnehmer Mitglied der tarifschließenden ausländischen Gewerkschaft sind, was eher selten vorkommen wird.[5] Bei fehlender Gewerkschaftsmitgliedschaft bleibt dem ausländischen Betriebserwerber die Möglichkeit, die bestehende ausländische Tarifordnung mit den übernommenen Arbeitnehmern zu vereinbaren, § 613a Abs. 1 S. 4, 2. Alt. BGB (oder diese ggf. einseitig durchzusetzen).

3. Unternehmensmitbestimmung

91 Die Verlagerung von wirtschaftlichen Aktivitäten in das Ausland kann auch Auswirkungen auf die unternehmerische Mitbestimmung nach dem MitbestG, DrittelbG oder MontanMitbestG haben. Die deutschen Mitbestimmungsgesetze finden auf ausländische Unternehmen (dh Unternehmen mit tatsächlichem Verwaltungssitz im Ausland) keine Anwendung.[6] Demzufolge müssen im Falle der Verlagerung eines Betriebs oder von Betriebsteilen auf ein Unternehmen mit Sitz im Ausland die Voraussetzungen der deutschen Mitbestimmungsgesetze dort nicht mehr beachtet werden. Auch wenn ein Unternehmen im Ausland eine eigene Tochtergesellschaft oder eine recht-

---

[1] *Franzen* NZA-Beilage 4/2008, 139 (142).
[2] *Gaul/Mückl* DB 2011, 2318 (2321); *Wisskirchen/Goebel* DB 2004, 1937 (1938).
[3] *Feudner* NZA 1999, 1184 (1188); *Gaul/Mückl* DB 2011, 2318 (2322); *Wisskirchen/Goebel* DB 2004, 1937 (1938).
[4] DB 2011, 2318 (2322).
[5] *Wisskirchen/Goebel* DB 2004, 1937 (1938 f.).
[6] WHSS/*Seibt*, Umstrukturierung F Rn. 148; ErfK/*Oetker*, MitbestG § 1 Rn. 3; WWKK/*Koberski*, MitbestG § 1 Rn. 1; WWKK/*Wißmann*, MontanMitbestG § 1 Rn. 15.

lich unselbständige Betriebsstätte (beispielsweise Zweigniederlassungen) gründet, ist dies nicht mitbestimmungsrelevant. Die Arbeitnehmer der ausländischen Tochtergesellschaft oder der im Ausland gelegenen Betriebsstätte sollen nach der herrschenden Meinung weder bei der Bestimmung der Größe des Unternehmens noch der Größe des Aufsichtsrats bzw. der Bestimmung der Wahlart berücksichtigt werden und ihnen weder das aktive noch das passive Wahlrecht zustehen (vgl. Beispiel 2, → Rn. 1).[1] Die Verlagerung eines Betriebs in das Ausland kann damit auch für den im Inland verbleibenden Unternehmensteil Folgen für die Unternehmensmitbestimmung haben, wenn durch die Verlagerung die nach den Mitbestimmungsgesetzen relevanten Arbeitnehmerzahlen nicht mehr erreicht werden.

Eine Sonderregelung für im Ausland gelegene herrschende Unternehmen trifft § 5 Abs. 3 MitbestG für den Fall, in dem die ausländische Konzernspitze ihre Leitungsmacht auf inländische Gesellschaften über ein im Inland gelegenes Unternehmen ausübt. Ist dieses in einer der in § 1 Abs. 1 Nr. 1 MitbestG vorausgesetzten Rechtsform verfasst, ist dort die Bildung eines mitbestimmten Aufsichtsrats möglich, an dem die Arbeitnehmer der anderen inländischen Unternehmen zu beteiligen sind.[2]

4. Europäischer Betriebsrat

Gemäß **EBR-Richtlinie**[3] wird auf Antrag in allen gemeinschaftsweit operierenden Unternehmen und Unternehmensgruppen zum Zweck der Unterrichtung und Anhörung der Arbeitnehmer ein Europäischer Betriebsrat eingesetzt oder ein Verfahren zur Unterrichtung und Anhörung der Arbeitnehmer geschaffen. Die EBR-Richtlinie ist in Deutschland durch das Europäische Betriebsräte-Gesetz (EBRG)[4] umgesetzt worden.

In inhaltlicher Hinsicht wird der Europäische Betriebsrat zur Verlegung eines Betriebs in das Ausland zu unterrichten und anzuhören sein (§ 29 Abs. 2 Nr. 7 EBRG). Hinsichtlich des im Inland verbleibenden Unternehmensteils kann sich, vergleichbar zur Unternehmensmitbestimmung, die Frage stellen, ob die für ein gemeinschaftsweit operierendes (nach EBRG: tätiges) Unternehmen oder eine gemeinschaftsweit operierende Unternehmensgruppe relevanten Schwellenwerte noch erreicht werden.

VI. Sozialversicherungs- bzw. steuerrechtliche Folgen eines grenzüberschreitenden Betriebsübergangs

1. Sozialversicherungsrecht

Bei Sachverhalten mit Auslandsberührung innerhalb der EU regelt die ab 1.5.2010 geltende Verordnung (EG) 883/2004[5] und die dazu ergangene Durchführungsverordnung VO (EG) 987/2009,[6] welches nationale Recht anzuwenden ist. Diese stellt zu-

---

[1] WHSS/*Seibt*, Umstrukturierung F Rn. 149, 150; *Wisskirchen/Goebel* DB 2004, 1937 (1941); WWKK/*Koberski*, MitbestG § 3 Rn. 32.
[2] MHdBArbR/*Oetker*, § 11 Rn. 135; ErfK/*Oetker*, MitbestG § 5 Rn. 18; WWKK/*Koberski*, MitbestG § 5 Rn. 52.
[3] Richtlinie 2009/38/EG des Europäischen Parlaments und des Rates vom 6.5.2009 über die Einsetzung eines Europäischen Betriebsrats oder die Schaffung eines Verfahrens zur Unterrichtung und Anhörung der Arbeitnehmer in gemeinschaftsweit operierenden Unternehmen und Unternehmensgruppen, ABl. EG L 122 vom 16.5.2009, S. 28.
[4] BGBl. I vom 15.12.2011, S. 2650.
[5] Verordnung (EG) Nr. 883/2004 des Europäischen Parlaments und des Rates vom 29.4.2004 zur Koordinierung der Systeme der sozialen Sicherheit, ABl. EG L 166 vom 30.4.2004, S. 1.
[6] Verordnung (EG) Nr. 987/2009 des Europäischen Parlaments und des Rates vom 16.9.2009 zur Festlegung der Modalitäten für die Durchführung der Verordnung (EG) Nr. 883/2004 über die Koordinierung der Systeme der sozialen Sicherheit, ABl. EG L 284 vom 30.10.2009, S. 1.

nächst sicher, dass Arbeitnehmer bei einer Auslandsbeschäftigung nur den Rechtsvorschriften eines Mitgliedstaates unterliegen und es somit nicht zu einer Doppelversicherung kommt. Nach dem **Beschäftigungslandprinzip** unterliegen Arbeitnehmer den Rechtsvorschriften des Staates, in dem sie eine Beschäftigung ausüben (Art. 11 Abs. 3 lit. a VO (EG) 883/2004), selbst wenn sie im Gebiet eines anderen Staates wohnen.[1] Ausnahmen von diesem Grundsatz gelten unter anderem für Arbeitnehmer, die zeitlich befristet (maximal für 24 Monate) in das Ausland entsandt werden. Bei Tätigkeiten in Staaten außerhalb der EU ist zu prüfen, ob Deutschland mit dem jeweiligen Land ggf. ein Sozialversicherungsabkommen abgeschlossen hat, welches Regelungen zur Anwendbarkeit einer der in Betracht kommenden nationalen Rechtsordnungen trifft. Regelmäßig sehen bilaterale Sozialversicherungsabkommen vor, dass bei einer vorübergehenden Entsendung in dem jeweiligen Abkommensstaat das deutsche Sozialversicherungsrecht weiter gilt.[2] Mangelt es an einem solchen Sozialversicherungsabkommen, ist auf das nationale Kollisionsrecht der §§ 3 bis 5 SGB IV zurückzugreifen.[3] Dies hat zur Folge, dass ein Arbeitnehmer, der sich nach einem Betriebsübergang, der mit einer Betriebsverlagerung in das Ausland verbunden war, bereit erklärt, seine Tätigkeit im Ausland zu erbringen, nicht mehr dem Geltungsbereich des deutschen Sozialversicherungsrechts unterfällt.

2. Steuerrecht

96 Hinsichtlich der Versteuerung nichtselbständiger Einkünfte kommt es für den Arbeitnehmer bei einer Auslandstätigkeit darauf an, ob er seinen Wohnsitz im Inland beibehält oder nicht.[4] Um beim Auseinanderfallen von **Tätigkeits- und Wohnsitzstaat** eine doppelte Besteuerung zu vermeiden, hat Deutschland mit vielen Staaten Doppelbesteuerungsabkommen abgeschlossen.[5] Diese sehen für den Fall, dass der Arbeitnehmer trotz einer Tätigkeit im Ausland seinen Wohnsitz in Deutschland beibehält, dem Grundsatz nach eine Versteuerung der Vergütung im Tätigkeitsstaat vor. Ausnahmsweise verbleibt das Besteuerungsrecht hingegen beim Wohnsitzstaat, wenn
– sich der Arbeitnehmer nicht länger als 183 Tage im Ausland aufhält,
– die Vergütung von einem oder für einen inländischen Arbeitgeber gezahlt und
– die Vergütung nicht von einer ausländischen Betriebsstätte getragen wird.
Zu beachten ist jedoch, dass die Doppelbesteuerungsabkommen mitunter abweichende oder Sonderregelungen beinhalten.[6] Sonderregelungen gelten ggf. auch für Grenzgänger, dh für Steuerpflichtige, die in einem Staat ihren privaten Lebensmittelpunkt (Wohnsitz) haben, und ihre Berufstätigkeit im Nachbarstaat ausüben, um nach Arbeitsende über die Grenze an ihren privaten Lebensmittelpunkt zurückzukehren.[7] Sobald der Arbeitnehmer auch seinen Wohnsitz im Ausland hat, unterfällt er einzig dem ausländischen Steuerrecht und hat in Deutschland keine Steuern zu zahlen. Dies bedeutet, dass ein Arbeitnehmer, der nach einem Betriebsübergang, der mit einer Betriebsverlagerung in das Ausland verbunden war, seinen Wohnsitz ebenfalls in das Ausland verlegt, nicht länger deutschem Steuerrecht unterliegt (vgl. Beispiel 2 und Abwandlung, → Rn. 1).

---

[1] KassKomm/*Seewald*, SGB IV § 3 Rn. 15.
[2] *Günther/Pfister*, ArbRAktuell 2014, 346 (348).
[3] Küttner/*Schlegel*, Auslandstätigkeit Rn. 77; *Günther/Pfister*, ArbRAktuell 2014, 346 (348).
[4] *Pohl* NZA 1998, 735 (739).
[5] MAHArbR/*Melms*, § 11 Rn. 59.
[6] Küttner/*Windsheimer*, Auslandstätigkeit Rn. 35.
[7] Küttner/*Windsheimer*, Grenzgänger Rn. 2.

VII. Zusammenfassung/Fazit

Nach dem Urteil des Bundesarbeitsgerichts vom 26.5.2011 wird bei grenzüberschreitenden Betriebsverlagerungen regelmäßig zu prüfen sein, ob die Voraussetzungen eines Betriebsübergangs erfüllt sind. Die sich aus der Anwendung des § 613a BGB bei grenzüberschreitenden Sachverhalten ergebenden Rechtsfolgen führen für die Beteiligten allerdings zu weiteren Fragestellungen, die bislang unbeantwortet sind bzw. unter Umständen von der Rechtsprechung auch nicht zufriedenstellend beantwortet werden können. Als Beispiel dafür soll an dieser Stelle eine Betrachtung der Situation des Arbeitnehmers dienen: Bei einem kraft Gesetzes angeordneten Wechsel zu einem ausländischen Arbeitgeber muss es zumindest fraglich erscheinen, ob einem der Schutzzwecke des § 613a BGB, den Arbeitnehmer vor einem Verlust seines Arbeitsplatzes zu schützen,[1] in tatsächlicher Hinsicht noch genügt werden kann. Angesichts der sich aus einer etwaigen Ablösung der kollektiven Arbeitsbedingungen (§ 613a Abs. 1 S. 3 BGB), einer möglichen Änderung des Arbeitsstatuts oder der Anwendbarkeit ausländischen Sozialversicherungs- bzw. Steuerrechts ergebenden Veränderungen für das Arbeitsverhältnis stellt sich konkret die Frage, welchen Schutz der Arbeitnehmer bei einem Arbeitgeberwechsel in ein Land mit ggf. deutlich schlechteren Arbeitsbedingungen (im Vergleich zu den in Deutschland geltenden Standards) noch genießen würde. Wird in einem solchen Fall tatsächlich noch ein Arbeitsplatz erhalten, in Bezug auf den der deutsche Betriebsinhaber und der Arbeitnehmer ursprünglich einen Arbeitsvertrag abgeschlossen haben? Das Bundesarbeitsgericht scheint derartige Auswirkungen hinzunehmen, als es für Betriebsübergänge in das Nicht-EU-Ausland feststellt, dass die gewährleisteten, beim Betriebsübernehmer begründeten Rechte und Pflichten ersatzlos entfallen könnten.[2] 97

Gleichwohl wird im Schrifttum u.a. die Forderung wiederholt, um schädliche Folgen für die Arbeitnehmer zu vermeiden, könne einem Arbeitnehmer selbst innerhalb der EU beim derzeitigen Stand der Integration der automatische Übergang des Arbeitsverhältnisses nicht angesonnen werden. Indem eine solche Beschränkung jedoch nicht nur das deutsche Recht, sondern auch die Auslegung und Anwendung der Betriebsübergangsrichtlinie betreffe, wäre dieser Ansicht folgend eine Vorlage beim Europäischen Gerichtshof zur Vorabentscheidung geboten.[3] Weitergehend wird vor einer „Theorienbildung ohne Praxisbezug" gewarnt. Von daher seien grenzüberschreitende Betriebsverlagerungen, denen normale Arbeitnehmer wegen erheblicher Ortsveränderungen mit unzumutbaren Umzugspflichten nicht folgen könnten, als Betriebsstilllegung und nicht als Betriebsübergang zu beurteilen.[4] 98

Vor diesem Hintergrund muss jedoch eingeräumt werden, dass die Rechtsprechung bei entsprechenden grenzüberschreitenden Sachverhalten an ihre Grenzen stößt. Zum einen besteht, nachdem die EU-Kommission ihre Bemühungen um eine Erweiterung/Erstreckung der Betriebsübergangsrichtlinie auf grenzüberschreitende Sachverhalte alsbald eingestellt hat, nach wie vor keine (EU-)einheitliche Rechtsgrundlage für transnationale Übergänge. Zum anderen wird die Rechtsprechung die im Beispiel nur angedeuteten Unterschiede der materiellen Arbeits- und Wirtschaftsbedingungen in den einzelnen Staaten nicht ausgleichen können. Infolgedessen steht nicht zu erwarten, dass der Europäische Gerichtshof oder das Bundesarbeitsgericht auf die Folgen der 99

---

[1] ErfK/*Preis*, BGB § 613a Rn. 2.
[2] BAG 26.5.2011 – 8 AZR 37/10, NZA 2011, 1143 (1147).
[3] *Junker* NZA-Beilage 2012, 8 (15).
[4] *Reichold*, FS Birk 2008, 687 (699, 702).

Internationalisierung des Arbeitsmarktes stets für alle Beteiligten zufrieden stellende Lösungen werden anbieten können. Allein die Harmonisierung der Regelungen zum Übergang von Unternehmen/Betrieben in Europa (Betriebsübergangsrichtlinie 2001/23/EG) stellt den inländischen und grenzüberschreitenden Sachverhalt noch nicht gleich.[1] Vielmehr gilt es anzuerkennen, dass ein Arbeitsverhältnis vielleicht in rechtlicher jedoch nicht in tatsächlicher/materieller Hinsicht „1:1" auf einen ausländischen Betriebserwerber übertragen werden kann.

---

[1] *Junker,* Internationales Arbeitsrecht im Konzern, S. 239.

VIII. Betriebliche Altersversorgung beim grenzüberschreitenden Betriebsübergang

Bei einem rein nationalen Sachverhalt in Deutschland ohne grenzüberschreitenden Bezug tritt der Erwerber bei einem Betriebsübergang in die Rechte und Pflichten aus den Arbeitsverhältnissen der zum Zeitpunkt des tatsächlichen Übergangs aktiven Arbeitnehmer nach § 613a Abs. 1 S. 1 BGB ein. Zu diesen **Rechten und Pflichten** gehört auch eine vom Betriebsveräußerer erteilte **Zusage auf Leistungen der betrieblichen Altersversorgung**,[1] unabhängig davon, ob die bereits erworbenen Versorgungsanwartschaften verfallbar oder unverfallbar sind.[2] Der Betriebserwerber wird dadurch Schuldner der Versorgungsverpflichtung insgesamt, dh auch der vor dem Betriebsübergang erdienten Anwartschaften. Der Betriebsveräußerer haftet gesamtschuldnerisch für die Versorgungsverpflichtungen im Rahmen von § 613a Abs. 2 BGB für diejenigen Versorgungsansprüche übergehender Arbeitnehmer, die vor dem Betriebsübergang entstanden sind und binnen eines Jahres nach dem Betriebsübergang fällig werden. Diese gesamtschuldnerische Haftung hat insofern Bedeutung für Arbeitnehmer, die binnen eines Jahres nach dem Betriebsübergang beginnen, Betriebsrente zu beziehen. Die Bestandsschutzgarantie nach § 613a Abs. 1 S. 1 BGB gilt unabhängig vom rechtlichen Begründungsakt der Versorgungszusage und dem Durchführungsweg der betrieblichen Altersversorgung.[3] Diese scheinbar einfachen Grundregeln sind auf die betriebliche Altersversorgung bei grenzüberschreitenden Sachverhalten wegen des Zusammentreffens von zumindest zwei betroffenen Rechtsordnungen nicht ohne Weiteres anwendbar. Weder § 613a BGB noch die Betriebsübergangsrichtlinie vom 13.7. 2001 (2001/23/EG)[4] enthalten **Kollisionsregeln** für das Zusammentreffen mit der Rechtsordnung eines anderen Staates für Voraussetzungen und Folgen eines Betriebsübergangs allgemein,[5] noch für die betriebliche Altersversorgung im Besonderen. 100

1. Übergang eines deutschen Betriebs von einem deutschen Veräußerer auf einen ausländischen Erwerber

a) Betriebsübergang ohne Betriebsverlagerung ins Ausland

Einfachster Fall eines Betriebsübergangs mit grenzüberschreitendem Bezug ist, dass ein deutscher Betrieb von einem deutschen Veräußerer auf einen ausländischen Erwerber übergeht und der Betrieb unverändert in Deutschland belegen bleibt und fortgeführt wird. 101

> **Beispiel:** Die deutsche X GmbH unterhält einen Produktionsbetrieb in Deutschland. Die niederländische Y BV erwirbt sämtliche Aktiva und Passiva ("Assets") des Betriebes und führt diesen unverändert in Deutschland fort.

---

[1] Etwa BAG 24.3.1977 – 3 AZR 649/76, AP BGB § 613a Nr. 6 mit Anm. *Blomeyer*; *Höfer*, BetrAVG ART Rn. 1206; WHSS/*Schnitker* Umstrukturierung J Rn. 428; *Bittner*, Europäisches und internationales Betriebsrentenrecht, S. 466 f.
[2] BAG 29.10.1985 – 3 AZR 485/83, AP BetrAVG § 1 Betriebsveräußerung Nr. 4 mit Anm. *Blomeyer*; 22.5.2007 – 3 AZR 834/05, NZA 2007, 1283 (1284); BRO/*Rolfs* Anh. § 1 Rn. 315; BKMT/*Matthießen* § 7 Rn. 68.
[3] *Bittner*, Europäisches und internationales Betriebsrentenrecht, S. 467; *Gaul* ZIP 1989, 757 (759 f.).
[4] ABlEG 2001 L 82/16.
[5] *Feudner* NZA 1999, 1184 (1184); *Wisskirchen*/*Goebel* DB 2004, 1937 (1937); *Cohnen*, FS ARGE Arbeitsrecht 2006, 595 (598 f.); *Gaul*/*Mückl* DB 2011, 2318 (2318); aA wohl BKMT/*Bachner* § 6 Rn. 65.

102 Mangels gemeinschaftsrechtlicher Regelung oder zwischenstaatlicher Vereinbarungen richtet sich die Frage des auf einen solchen Sachverhalt anwendbaren Rechts nach den Normen des Internationalen Privatrechts des Staates, dessen Gericht zur Entscheidung eines mit einem Betriebsübergang zusammenhängenden Streits angerufen wird.[1] Das Vorliegen und die Folgen eines **Betriebsübergangs** bestimmen sich in Deutschland nach dem für das Arbeitsverhältnis anwendbaren Recht (**sog. Arbeitsvertragsstatut**).[2] An einer ausdrücklichen oder konkludenten **Rechtswahl** für das Arbeitsvertragsstatut wird es für die Arbeitnehmer eines inländischen Betriebes eines deutschen Arbeitgebers im Normalfall fehlen. Nach der **Regelanknüpfung** des deutschen Internationalen Privatrechts in Art. 30 Abs. 2 Nr. 1 EGBGB und Art. 8 Abs. 2 der Verordnung 593/2008/EG (sog. Rom I-Verordnung)[3] bestimmen sich im Falle einer fehlenden Rechtswahl das auf das Arbeitsverhältnis anwendbare Recht nach dem **Recht des gewöhnlichen Arbeitsortes**.[4] Bei einer in Deutschland verrichteten Tätigkeit ist danach deutsches Arbeitsrecht einschließlich der Regelungen zum Betriebsübergang in § 613a BGB anwendbar. § 613a BGB gilt dabei auch dann, wenn der Betriebserwerber seinen Unternehmenssitz im Ausland hat.[5] Unter Zugrundelegung der Regelanknüpfung kommt deshalb bei einem Betriebsübergang eines deutschen Betriebs auf einen ausländischen Erwerber § 613a BGB zur Anwendung, wenn der Betrieb in Deutschland belegen bleibt. Der Ort der gewöhnlichen Arbeitsleistung bleibt unverändert.

103 Für Zusagen auf Leistungen der betrieblichen Altersversorgung selbst gilt, dass das auf die Versorgungszusage anwendbare Recht grundsätzlich dem für das Arbeitsverhältnis anwendbaren Recht folgt, da eine Versorgungszusage aus Anlass des Arbeitsverhältnisses gewährt wird.[6] Eine Ausnahme gilt dann, wenn für die Versorgungszusage ausdrücklich im Wege einer sogenannten Teilrechtswahl eine abweichende Rechtswahl getroffen wird oder sich die Anwendbarkeit einer anderen Rechtsordnung auf die Versorgungszusage aufgrund objektiver Anknüpfung der Gesamtumstände ergibt (dazu ausführlich unter → Rn. 121).

aa) Individualrechtliche Versorgungszusagen

(1) Auswirkungen auf die Versorgungszusage

104 Wegen der Anknüpfung des für die Versorgungszusage anwendbaren Rechts an das Arbeitsverhältnis werden individualrechtliche Versorgungszusagen deutscher Arbeitgeber an ihre inländischen Arbeitnehmer in aller Regel auch deutschem Recht unter-

---

[1] BAG 26.5.2011 – 8 AZR 37/10, NZA 2011, 1143 (1146); *Feudner* NZA 1999, 1184 (1185); *Cohnen*, FS ARGE Arbeitsrecht 2006, 595 (598); siehe dazu auch unter → Rn. 22.

[2] BAG 29.10.1992 – 2 AZR 267/92, NZA 1993, 743 (745); 26.5.2011 – 8 AZR 37/10, NZA 2011, 1143 (1146) mwN; *Cohnen*, FS ARGE Arbeitsrecht 2006, 595 (600 ff.), *Franzen*, Der Betriebsinhaberwechsel nach § 613a BGB, S. 74 ff.; *Däubler*, FS Kissel 1994, 119 (125); aA etwa *Bittner*, Europäisches und internationales Betriebsrentenrecht, S. 464 f. mwN, die an das Betriebsstatut anknüpft.

[3] ABlEG 2008, L 177/6.

[4] Die Verordnung 593/2008/EG (Rom I) gilt gemäß Art. 28 für ab dem 17.12.2009 abgeschlossene Arbeitsverträge und hat die Art. 27 ff. EGBGB abgelöst. Für bis einschließlich zum 16.12.2009 abgeschlossene Arbeitsverträge gelten Art. 27 ff. EGBGB einschließlich der Regelanknüpfung nach Art. 30 II Nr. 1 EGBGB. Inhaltlich hat die Ablösung des Art. 30 Abs. 2 Nr. 1 EGBGB durch Art. 8 Abs. 2 zu keinen wesentlichen Änderungen geführt, vgl. Palandt/*Thorn* Art. 8 Rom I-VO Rn. 1 mwN.

[5] *Wisskirchen*/*Goebel* DB 2004, 1937; HWK/*Willemsen*/*Müller-Bonanni* § 613a BGB Rn. 378.

[6] Vgl. dazu jeweils BRO/*Rolfs* Einl. Rn. 83; ErfK/*Steinmeyer* Vorbem. BetrAVG Rn. 49; *Bittner*, Europäisches und internationales Betriebsrentenrecht, S. 294; zu Ausnahmen gleich unter → Teil II A Rn. 120 f.

liegen (dazu → Rn. 4f.). Zusagen auf Leistungen der betrieblichen Altersversorgung können sich aus einzelvertraglichen Vereinbarungen, vertraglichen Einheitsregelungen, Gesamtzusagen oder auch aus betrieblicher Übung ergeben.[1] Bei der Anwendbarkeit von § 613a Abs. 1 S. 1 BGB tritt ein ausländischer Betriebserwerber ohne weiteres in die Rechte und Pflichten aus einer solchen individualrechtlichen Versorgungszusage mitsamt dem anwendbaren deutschen Recht ein. Ein besonderes Zustimmungserfordernis durch die Arbeitnehmer für den Eintritt in die Versorgungszusage mit Blick auf die Tatsache der Ansässigkeit des Betriebswerbers im Ausland besteht nicht. Eine solche Zustimmung ist in § 613a Abs. 1 S. 1 BGB nicht vorgesehen.

(2) Auswirkungen auf den Durchführungsweg

Von einem Eintritt in die Versorgungszusage durch einen ausländischen Betriebserwerber sind die Folgen für den Durchführungsweg der betrieblichen Altersversorgung, also dem „Mittel zum Zweck",[2] zu unterscheiden. Das deutsche Betriebsrentenrecht kennt fünf Durchführungswege der betrieblichen Altersversorgung: Direktzusage, Direktversicherung, Pensionskasse, Pensionsfonds und Unterstützungskasse (vgl. § 1b Abs. 2–4 BetrAVG). Diese fünf Durchführungswege sind **abschließend**.[3]   105

Der Übergang individualrechtlicher Versorgungszusagen im Durchführungsweg von **Direktzusagen**[4] beim Übergang eines deutschen Betriebes auf einen ausländischen Betriebserwerber verursacht wenig Schwierigkeiten. Da der Betriebsveräußerer die betriebliche Altersversorgung selbst durchgeführt hat, sind keine Rechtsbeziehungen zu Versorgungsträgern abzulösen.[5] Wie bei einem nationalen Sachverhalt gilt, dass die für Direktzusagen in der Bilanz zu bildenden Pensionsrückstellungen nicht automatisch auf den Betriebserwerber übergehen.[6] Zum einen bilden die Rückstellungen nur einen Passivposten der Bilanz und stellen kein Wirtschaftsgut dar. Zum anderen erfolgt durch § 613a BGB gerade keine automatische Übertragung irgendwelcher Wirtschaftsgüter.[7] Der Betriebserwerber muss also selbst darauf achten, dass er als Ausgleich für die aus der Zeit vor dem Betriebsübergang entstandenen und übergegangenen Versorgungsverpflichtungen einen angemessenen Ausgleich, etwa in Form einer Ausgleichszahlung oder einer Kaufpreissenkung, erhält.[8] Die Höhe der Rückstellungen für die Versorgungsverpflichtungen richtet sich beim Betriebserwerber dann im Übrigen nach dem für die Bilanzierung beim Betriebserwerber anwendbaren Recht.   106

Wurde die betriebliche Altersversorgung vom Betriebsveräußerer bislang über eine **Direktversicherung**[9] durchgeführt, gibt es bei einem Erwerb eines deutschen Betriebes durch einen ausländischen Erwerber letztlich keine Besonderheiten. Soweit dies mit dem Betriebsveräußerer vereinbart ist und der Versicherer dem zustimmt, kann der Betriebserwerber in die Versicherungsnehmerstellung des Veräußerers eintreten. Alternativ kann der Betriebserwerber auch eine wertgleiche neue Versicherung abschließen.   107

---

[1] Dazu ausführlich WHSS/*Schnitker*, Umstrukturierung J Rn. 10 ff.; *Langohr-Plato* Rn. 221 ff.
[2] Zu dieser Begrifflichkeit WHSS/*Schnitker*, Umstrukturierung J Rn. 83.
[3] MHdBArbR/*Andresen/Cisch* § 143 Rn. 1; KKBH/*Kemper/Kisters-Kölkes*, § 1 Rn. 73; *Bittner*, Europäisches und internationales Betriebsrentenrecht, S. 189.
[4] Ausführlich zu diesem Durchführungsweg: *Höfer*, BetrAVG ART Rn. 133 ff.; *Langohr-Plato* Rn. 92 ff.
[5] *Bittner*, Europäisches und internationales Betriebsrentenrecht, S. 470.
[6] Dazu WHSS/*Schnitker*, Umstrukturierung J Rn. 436.
[7] WHSS/*Schnitker*, Umstrukturierung J Rn 436.
[8] WHSS/*Schnitker*, Umstrukturierung J Rn. 437.
[9] Ausführlich zu diesem Durchführungsweg: *Höfer*, BetrAVG ART Rn. 136 ff.; *Langohr-Plato* Rn. 145 ff.

Hierbei ist zu beachten, dass auf Grund des Übergangs auch vor dem Betriebsübergang entstandene Versorgungsanwartschaften auf den Betriebserwerber übergehen. Eine Abbildung dieser Situation kann vom Betriebserwerber durch eine Anrechnung der vom Betriebsveräußerer beitragsfrei gestellten Versicherungsleistungen vorgenommen werden oder durch eine Festsetzung der Versicherungsleistungen bereits unter Berücksichtigung der beitragsfrei gestellten Leistungen.[1] Ist eine Fortführung der Versicherung nicht möglich oder nicht gewünscht und erfolgt auch kein Wechsel des Durchführungsweges (→ Rn. 110), so wird der Erwerber unmittelbar aus der erteilten Versorgungszusage im Durchführungsweg einer Direktzusage verpflichtet.[2]

108 Bei einer betrieblichen Altersversorgung im Durchführungsweg einer **Pensionskasse** oder eines **Pensionsfonds**[3] stellen sich dann keine weiteren Probleme bei einem Betriebsübergang auf einen ausländischen Betriebserwerber, wenn es sich bei der Pensionskasse oder dem Pensionsfonds um eine Konzerneinrichtung handelt, diese allen Konzernunternehmen nach der Satzung offensteht und der ausländische Betriebserwerber konzernzugehörig ist. Dann kann er die Versorgung ohne weiteres fortführen. Schwierigkeiten können sich allerdings ergeben, wenn ein ausländischer Betriebserwerber nicht der Pensionskasse oder dem Pensionsfonds angeschlossen und dies wegen satzungsmäßiger Bestimmungen auch nicht möglich ist (zB wegen einer Beschränkung des Geschäftsgebiets der Pensionskasse oder des Pensionsfonds).[4] Wie bei einer Direktversicherung muss der Betriebserwerber dann eine wertgleiche Pensionskassen- oder Pensionsfondsversorgung gewährleisten oder in einen anderen mittelbaren Durchführungsweg wechseln. Tut er dies nicht, ist er aus der Versorgungszusage im Durchführungsweg einer Direktzusage verpflichtet.[5] Die Satzungen von Pensionskassen und Pensionsfonds sehen für den Fall des Ausscheidens von Arbeitnehmern aus einem angeschlossenen Unternehmen oft vor, dass die bereits finanzierten Versorgungsanwartschaften im Wege einer beitragsfreien Versicherung aufrechterhalten werden können.[6] Der ausländische Betriebserwerber hat dann allerdings darauf zu achten, dass die Beiträge in der Vergangenheit vom deutschen Betriebsveräußerer ordnungsgemäß entrichtet wurden.[7]

109 Wurde die betriebliche Altersversorgung schließlich bislang über eine **Unterstützungskasse**[8] durchgeführt, gilt, dass die Unterstützungskasse des Betriebsveräußerers nicht kraft Gesetzes auf den ausländischen Betriebserwerber übergeht.[9] Gleichzeitig ist der ausländische Betriebserwerber allerdings nach § 613a Abs. 1 S. 1 BGB verpflichtet, die Versorgungsanwartschaften der zum Übergangsstichtag beschäftigten Arbeitnehmer zu befriedigen.[10] Handelt es sich bei der Unterstützungskasse um eine Konzerneinrichtung, steht sie allen Konzernunternehmen offen und gehört der ausländische Betriebserwerber dem Konzern an, gilt das zu Pensionskassen und Pensionsfonds als Konzern-

---

[1] Ausführlich hierzu WHSS/*Schnitker*, Umstrukturierung J Rn. 506 f.
[2] *Höfer*, BetrAVG ART Rn. 1273; *Bittner*, Europäisches und internationales Betriebsrentenrecht, S. 470.
[3] Ausführlich zu diesen Durchführungswegen: *Höfer*, BetrAVG ART Rn. 175 ff., 188 ff.; *Langohr-Plato* Rn. 156 ff., 189 ff.
[4] *Bittner*, Europäisches und internationales Betriebsrentenrecht, S. 471.
[5] *Höfer*, BetrAVG ART Rn. 1276.
[6] WHSS/*Schnitker*, Umstrukturierung J Rn. 511, 518.
[7] Zum Ganzen WHSS/*Schnitker*, Umstrukturierung J Rn. 511, 518.
[8] Ausführlich zu diesem Durchführungsweg: *Höfer*, BetrAVG ART Rn. 192 ff.; *Langohr-Plato* Rn. 167 ff.
[9] BAG 5.5.1977 – 3 ABR 34/76, AP BGB § 613a Nr. 7; *Höfer*, BetrAVG ART Rn. 1277; BRO/*Rolfs* Anh. § 1 Rn. 978.
[10] BAG 8.11.1988 – 3 AZR 85/87, NJW 1989, 679 (680); *Höfer*, BetrAVG ART Rn. 1277; BRO/*Rolfs* Anh. § 1 Rn. 973.

einrichtung Ausgeführte (→ Rn. 108). Der Betriebswerber kann Trägerunternehmen der Unterstützungskasse werden und die Versorgung unverändert fortführen. Aber auch wenn diese Voraussetzungen nicht erfüllt sind, kann ein ausländischer Betriebserwerber durch rechtsgeschäftliche Vereinbarung ohne weitere Begrenzung auch Trägerunternehmen der Unterstützungskasse werden.[1] Wie die Übertragung der Trägerschaft erfolgen kann, hängt letztlich von der Rechtsform der Unterstützungskasse ab. Bei einer Unterstützungskasse in der Rechtsform einer GmbH kommt die Übertragung der Gesellschaftsanteile in Betracht.[2] Bei einer Unterstützungskasse in der Rechtsform eines eingetragenen Vereins, wie sie häufig vorkommt, ist die Vereinssatzung dahingehend zu ändern, dass der ausländische Betriebserwerber als Trägerunternehmen erkennbar wird, das die Unterstützungskasse finanziell ausstatten muss und subsidiär für die Versorgungsverpflichtungen haftet.[3] Die Übernahme der Trägerschaft einer Unterstützungskasse wird bei ausländischen Betriebserwerbern nicht anders als bei inländischen Betriebserwerbern allerdings nur selten vorkommen.[4] Hintergrund ist insbesondere, dass für den Betriebsveräußerer häufig noch Versorgungsverbindlichkeiten gegenüber Betriebsrentnern und mit unverfallbaren Anwartschaften ausgeschiedenen Arbeitnehmern bestehen, für die der Veräußerer die Unterstützungskasse noch zur Abwicklung benötigt. Ist die Unterstützungskasse eine Gruppenunterstützungskasse mehrerer Unternehmen, wird eine Übertragung der Trägerschaft bei der Veräußerung nur eines Betriebes praktisch ebenfalls nicht in Betracht kommen.

(3) Wechsel des Durchführungsweges und nachträgliche Rechtswahl

Gibt es beim ausländischen Betriebserwerber in seinem Sitzstaat bereits eine Form **110** der betrieblichen Altersversorgung, kann sich die übergegangene Versorgungszusage und vor allem der gewählte Durchführungsweg als „Fremdkörper" im vorhandenen System darstellen. Insbesondere aus Gründen der Verwaltungsvereinfachung kann deshalb eine Vereinheitlichung des Durchführungsweges vom ausländischen Betriebserwerber auch für den in Deutschland erworbenen Betrieb gewünscht sein. An der Verpflichtung aus dem Grundverhältnis ändert der Wechsel des Durchführungsweges nichts. Es ist nicht abschließend geklärt, ob jede Änderung des Durchführungsweges einer **Zustimmung des Berechtigten** bedarf.[5] Jedenfalls aber hat der Arbeitgeber nach zutreffender Auffassung einen **Anspruch auf Erteilung der Zustimmung,** wenn für den Versorgungsberechtigten kein Nachteil droht.[6] Ein Anspruch auf Zustimmung scheidet von vornherein aus, wenn ein ausländischer Betriebserwerber für die Arbeitnehmer des übergegangenen deutschen Betriebes den Wechsel in einen Durchführungsweg nach ausländischem Recht beabsichtigt (zB ein französischer Erwerber wünscht eine Durchführung über eine französische Rentenkasse („Caisse de Retraites")). Denn mit dem Betriebsübergang auf einen ausländischen Erwerber ohne Betriebsverlagerung ins Ausland verbleibt es bei der regelmäßig gegebenen Anwendbarkeit deutschen Rechts auf die Versorgungszusage. Damit bleibt auch das BetrAVG weiterhin

---

[1] *Bittner,* Europäisches und internationales Betriebsrentenrecht, S. 472.
[2] *Höfer,* BetrAVG ART Rn. 1280; WHSS/*Schnitker,* Umstrukturierung J Rn. 497; *Reichel/Schmandt* C Rn. 152.
[3] *Höfer,* BetrAVG ART Rn. 1281; WHSS/*Schnitker,* Umstrukturierung J Rn. 497; *Reichel/Schmandt* C Rn. 152.
[4] *Höfer,* BetrAVG ART Rn. 1282; WHSS/*Schnitker,* Umstrukturierung J Rn. 498; *Reichel/Schmandt* C Rn. 153.
[5] Dafür wohl: WHSS/*Schnitker,* Umstrukturierung J Rn. 745, MHdBArbR/*Andresen/Cisch* § 151 Rn. 36. Zumindest zweifelnd *Höfer,* BetrAVG ART Rn. 1299 ff.
[6] WHSS/*Schnitker,* Umstrukturierung J Rn. 745; MHdBArbR/*Andresen/Cisch* § 151 Rn. 37 *Reichel/Schmandt* C Rn. 243.

Teil II. 1. Grenzüberschreitende Umstrukturierung

anwendbar. Dem Wechsel des Durchführungsweges in einen Durchführungsweg nach ausländischem Recht steht dann der abschließende Charakter[1] der fünf Durchführungswege für die betriebliche Altersversorgung nach dem BetrAVG entgegen.[2] Aus diesem Grund ermöglicht auch eine Zustimmung des Berechtigten keinen Wechsel in einen ausländischen Durchführungsweg.

111 Der ausländische Betriebserwerber hat auch keinen Anspruch gegenüber den übergegangenen Arbeitnehmern auf Erteilung einer **Zustimmung** zu einer **nachträglichen Wahl eines anderen** für die übergegangene Versorgungszusage **anwendbaren Rechts**.[3] Die Wahl des Durchführungsweges unterliegt zwar prinzipiell der Entscheidung des Arbeitgebers, aber eine Rechtswahl setzt eine Entscheidung beider Arbeitsvertragsparteien voraus. Einvernehmlich kann allerdings auch nachträglich eine Rechtswahl für die Versorgungszusage getroffen werden.[4]

bb) Kollektivrechtliche Versorgungszusage

(1) Tarifvertrag

112 Verbandstarifverträge zur betrieblichen Altersversorgung gelten wie allgemein Verbandstarifverträge auch nach einem Betriebsübergang unverändert kollektivrechtlich fort, wenn der Betriebserwerber kraft Mitgliedschaft im tarifschließenden Arbeitgeberverband ebenso tarifgebunden ist wie der Betriebsveräußerer und der Betrieb auch nach der Veräußerung noch dem fachlichen und räumlichen Geltungsbereich unterfällt.[5] Gleiches gilt bei allgemeinverbindlichen Tarifverträgen.[6] Rein tatsächlich wird es jedoch beim Betriebsübergang eines deutschen Betriebes oft nicht zu einer kollektivrechtlichen Fortgeltung von Tarifverträgen kommen, da ein ausländischer Betriebserwerber in aller Regel überhaupt keinem deutschen Arbeitgeberverband angehört.[7] Für Firmentarifverträge gilt die kollektivrechtliche Fortgeltung von vornherein nicht, da der Betriebserwerber über § 613a BGB nicht in die Parteistellung des Firmentarifvertrages einrückt.[8] In den beiden letztgenannten Fällen gilt dann die Auffangregelung[9] des § 613a Abs. 1 S. 2 BGB auch für die tarifvertragliche Versorgungszusage. Danach werden Rechte und Pflichten aus dem Arbeitsverhältnis, die durch die Rechtsnormen eines Tarifvertrages geregelt sind, zum Inhalt des Arbeitsvertrages.[10] Zu den Rechts-

---

[1] MHdBArbR/*Andresen/Cisch* § 143 Rn. 1; KKBH/*Kemper/Kisters-Kölkes,* § 1 Rn. 73; *Bittner,* Europäisches und internationales Betriebsrentenrecht, S. 189.
[2] *Bittner,* Europäisches und internationales Betriebsrentenrecht, S. 473.
[3] *Bittner,* Europäisches und internationales Betriebsrentenrecht, S. 473.
[4] *Bittner,* Europäisches und internationales Betriebsrentenrecht, S. 473, 291 f.
[5] Zur kollektivrechtlichen Fortgeltung von Verbandstarifverträgen: BAG 5.2.1991 – 1 ABR 32/90, NZA 1991, 639 (641); HWK/*Willemsen/Müller-Bonanni* § 613a BGB Rn. 262; ErfK/*Preis* § 613a BGB Rn. 112.
[6] HWK/*Willemsen/Müller-Bonanni* § 613a BGB Rn. 262; ErfK/*Preis* § 613a BGB Rn. 113a. Beispiel für einen allgemeinverbindlichen Tarifvertrag zur betrieblichen Altersversorgung ist etwa der „Tarifvertrag über die Altersversorgung für Redakteurinnen und Redakteure vom 15.12.1997" (Stand Oktober 2014).
[7] *Bittner,* Europäisches und internationales Betriebsrentenrecht, S. 474 mwN; *Franzen,* Der Betriebsinhaberwechsel nach § 613a BGB, S. 172; *Richter* AuR 1992, 68 (74); *Däubler,* FS Kissel 1994, 119 (126) spricht davon, dass dies in 99 von 100 Fällen nicht gegeben sei.
[8] BAG 20.6.2001 – 4 AZR 295/00, NZA 2002, 517 (518 f.); 29.8.2001 – 4 AZR 332/00, NZA 2002, 513 (514); HWK/*Willemsen/Müller-Bonanni,* § 613a BGB Rn. 262; ErfK/*Preis* § 613a BGB Rn. 113b mwN.
[9] Zum Charakter als Auffangregelung: BAG 27.7.1994 – 7 ABR 37/93, NZA 1995, 222 (225); ErfK/*Preis* § 613a BGB Rn. 112; MüKoBGB/*Müller-Glöge* § 613a BGB Rn. 129; WHSS/*Hohenstatt,* Umstrukturierung E Rn. 8.
[10] Allgemein dazu: HWK/*Willemsen/Müller-Bonanni* § 613a BGB Rn. 263 mwN; ErfK/*Preis* § 613a BGB Rn. 113; WHSS/*Hohenstatt,* Umstrukturierung E Rn. 123 ff.

normen eines Tarifvertrages gehören unter anderem die Inhaltsnormen,[1] zu denen wiederum Versorgungszusagen gehören.[2]

Die Auffangregelung des § 613a Abs. 1 S. 2 BGB gilt allerdings nach den gesetzlichen Vorgaben des **§ 613a Abs. 1 S. 3 BGB** dann nicht, wenn beim Erwerber die Versorgungszusagen bereits durch Tarifvertrag geregelt werden. Dies setzt voraus, dass der Betriebswerber durch einen anderen Tarifvertrag gebunden ist, an den auch die übergegangenen Arbeitnehmer auf Grund Mitgliedschaft in der zuständigen Gewerkschaft gebunden sind und der **Tarifvertrag** deshalb **unmittelbar und zwingend** wirkt.[3] Im Falle einer solchen kongruenten Tarifbindung gilt bei einem rein nationalen Sachverhalt der Tarifvertrag beim Betriebserwerber, der den Tarifvertrag beim Betriebsveräußerer ablöst, auch wenn letzterer für die Arbeitnehmer günstiger ist.[4] Diese Ablösung ist allerdings durch einen **ausländischen Versorgungstarifvertrag,** an den ein ausländischer Betriebserwerber gebunden ist, nicht möglich,[5] es sei denn, es erfolgt eine nachträgliche (Teil-)Rechtswahl. Denn ein ausländischer Tarifvertrag kann in Deutschland nur Geltung für solche Arbeitsverhältnisse bzw. Versorgungszusagen beanspruchen, die dem entsprechenden ausländischen Recht unterliegen.[6] Unterlag hingegen das Arbeitsverhältnis aber bereits vor dem Betriebsübergang dem entsprechenden ausländischen Recht – sei es durch Rechtswahl oder objektive Anknüpfung – hat der im deutschen Betrieb bislang geltende deutsche Tarifvertrag keine Geltung beansprucht. Denn ein deutscher Tarifvertrag findet nur auf Arbeitsverhältnisse Anwendung, die deutschem Recht unterliegen.[7] Zu einer Ablösung eines deutschen Versorgungstarifvertrages durch einen ausländischen Versorgungstarifvertrag kommt es deshalb auch in diesem Fall grundsätzlich nicht.[8]

Bestehen nach dem Betriebsübergang eines deutschen Betriebes auf den ausländischen Betriebserwerber bei diesem **verschiedene Systeme der betrieblichen Altersversorgung,** kann das inländische System nach Ablauf der einjährigen Veränderungssperre (vgl. § 613a Abs. 1 S. 2 BGB) für die Zukunft nach den für Individualzusagen mit kollektivem Bezug geltenden Grundsätzen unter Beachtung der sonstigen Grenzen des BetrAVG dem ausländischen System angeglichen werden.[9] Das Einverständnis der betroffenen Arbeitnehmer vorausgesetzt kann auch nachträglich die Anwendbarkeit ausländischen Rechts auf die Versorgungszusage vereinbart und die Versorgungszusage dann unter Berücksichtigung der einjährigen Veränderungssperre nach den Voraussetzungen des gewählten Rechts abgelöst werden.[10]

113

114

---

[1] HWK/*Willemsen/Müller-Bonanni* § 613a BGB Rn. 264; MüKoBGB/*Muller-Glöge* § 613a BGB Rn. 135.

[2] Dazu etwa *Bittner,* Europäisches und internationales Betriebsrentenrecht, S. 473 f.; Däubler/*Hensche/Heuschmid* TVG § 1 Rn. 735 ff.

[3] Zum Erfordernis einer kongruenten Tarifbindung: HWK/*Willemsen/Müller-Bonanni* § 613a BGB Rn. 268 ff.; ErfK/*Preis* § 613a BGB Rn. 123 ff.; WHSS/*Hohenstatt,* Umstrukturierung E Rn. 144, 149 ff.

[4] Ausführlich hierzu: HWK/*Willemsen/Müller-Bonanni* § 613a BGB Rn. 268 ff.; ErfK/*Preis* § 613a BGB Rn. 123 ff.; WHSS/*Hohenstatt,* Umstrukturierung E Rn. 144, 149 ff.

[5] *Bittner,* Europäisches und internationales Betriebsrentenrecht, S. 475.

[6] *Löwisch/Rieble,* TVG Grundl. Rn. 347; *Bittner,* Europäisches und internationales Betriebsrentenrecht, S. 475.

[7] BAG 4.5.1977 – 4 AZR 10/76, NJW 1977, 2039 (2040); 9.7.2003 – 10 AZR 593/02, RdA 2004, 176 (177) mwN; *Löwisch/Rieble,* TVG Grundl. Rn. 352; differenzierend: Wiedemann/*Thüsing,* TVG § 1 Rn. 81 ff.; aA Däubler/*Däubler,* TVG Einl. Rn. 617 ff. mwN.

[8] *Bittner,* Europäisches und internationales Betriebsrentenrecht, S. 475.

[9] Wohl auch *Bittner,* Europäisches und internationales Betriebsrentenrecht, S. 475. Ebenso für die vergleichbare Lage bei transformierten Betriebsvereinbarungen: *Höfer,* BetrAVG ART Rn. 1226, *Henssler* NZA 1994, 913 (920).

[10] Zur Zulässigkeit der nachträglichen Rechtswahl für eine Versorgungszusage → Rn. 12.

Teil II. 1. Grenzüberschreitende Umstrukturierung

(2) Betriebsvereinbarung

115 Betriebsvereinbarungen gelten nach einem Betriebsübergang kollektivrechtlich fort, wenn der Betrieb als Ganzes übertragen wird.[1] Hier gelten für Betriebsvereinbarungen zur betrieblichen Altersversorgung keine Besonderheiten. Übernimmt ein Erwerber lediglich einen Betriebsteil, so gelten die bisherigen Betriebsvereinbarungen kollektivrechtlich fort, wenn der Betriebsteil als eigenständiger Betrieb fortgeführt wird.[2] Eine Transformation der bisher in der Betriebsvereinbarung enthaltenen Versorgungsregelung nach § 613a Abs. 1 S. 2 BGB tritt allerdings dann ein, wenn infolge organisatorischer Änderungen die **betriebsverfassungsrechtliche Identität** verlorengeht.[3] Gleiches gilt, wenn eine Auslegung der Betriebsvereinbarung ergibt, dass eine kollektivrechtliche Fortgeltung nicht in Betracht kommt.[4] Das ist etwa bei einer Betriebsvereinbarung zur betrieblichen Altersversorgung im Durchführungsweg über eine Unterstützungskasse möglich, wenn der Betriebserwerber nicht Trägerunternehmen der Unterstützungskasse wird.[5] Spezifika für ausländische Erwerber deutscher Betriebe stellen sich hier grundsätzlich nicht.[6] **Kollisionsfälle** mit beim ausländischen Betriebserwerber für bereits vorhandene deutsche Betriebe geltende Gesamt- oder Konzernbetriebsvereinbarungen nach deutschem Recht sind nicht anders zu lösen als bei einem rein nationalen Sachverhalt.[7] Trifft etwa eine wegen der Wahrung der Betriebsidentität kollektivrechtlich fortgeltende Betriebsvereinbarung zur betrieblichen Altersversorgung auf eine Gesamt- oder Konzernbetriebsvereinbarung zur betrieblichen Altersversorgung beim Betriebserwerber ist zunächst zu prüfen, ob diese **denselben Regelungsgegenstand** betreffen.[8] Hierbei ist nach zutreffender Auffassung davon auszugehen, dass trotz unterschiedlicher Durchführungswege derselbe Regelungsgegenstand vorliegt.[9] Liegt danach derselbe Regelungsgegenstand vor, ist im Wege der Auslegung zu ermitteln, ob die beim Betriebserwerber bestehende Gesamt- oder Konzernbetriebsvereinbarung sich auch auf neu hinzukommende Betriebe erstreckt.[10] Lösen danach die beim Erwerber geltende Gesamt- oder Konzernbetriebsvereinbarung die beim Veräußerer bestehende Betriebsvereinbarung ab, ist allerdings der bis zum Übergangsstichtag **erdiente Besitzstand** dergestalt zu wahren, dass die im Versorgungsfall zu erbringende Leistung an die übergegangenen Arbeitnehmer nicht niedriger ist als der bis zum Übergangsstichtag erdiente Besitzstand.[11]

---

[1] BAG 5.2.1991 – 1 ABR 32/90; NZA 1991, 639 (641); 27.7.1994 – 7 ABR 37/93, NZA 1995, 222 (225); HWK/*Willemsen*/*Müller-Bonanni* § 613a BGB Rn. 255; *Fitting*, BetrVG § 77 Rn. 168.

[2] BAG 18.9.2002 1 ABR 54/01, NZA 2003, 670 (673); 18.11.2003 – 1 AZR 604/02, NZA 2004, 803 (805); *Fitting*, BetrVG § 77 Rn. 174 mwN; aA WHSS/*Hohenstatt*, Umstrukturierung E Rn. 20 mwN.

[3] BAG 5.2.1991 – 1 ABR 32/90, NZA 1991, 639 (641); 27.7.1994 – 7 ABR 37/93, NZA 1995, 222 (225); HWK/*Willemsen*/*Müller-Bonanni* § 613a BGB Rn. 255.

[4] *Höfer*, BetrAVG ART Rn. 1227; *Bauer/von Steinau-Steinrück* NZA 2000, 505 (506).

[5] *Höfer*, BetrAVG ART Rn. 1227; wohl auch *Bittner*, Europäisches und internationales Betriebsrentenrecht, S. 476.

[6] *Bittner*, Europäisches und internationales Betriebsrentenrecht, S. 476.

[7] Zu möglichen Kollisionen und ihrer Lösung im Bereich der betrieblichen Altersversorgung: *Höfer*, BetrAVG ART Rn. 1244 ff.; WHSS/*Schnitker*, Umstrukturierung J Rn. 460 ff.; *Reichel/Schmandt* C Rn. 64 ff.

[8] WHSS/*Schnitker*, Umstrukturierung J Rn. 462.

[9] WHSS/*Schnitker*, Umstrukturierung J Rn. 462 f.

[10] WHSS/*Schnitker*, Umstrukturierung J Rn. 468; *Reichel/Schmandt* C Rn. 123; *Lindemann/Simon* BB 2003, 2510 (2514); aA *Höfer*, BetrAVG ART Rn. 1246, der sich für eine kollektivrechtliche Fortgeltung der Betriebsvereinbarung ausspricht.

[11] BAG 24.7.2001 – 3 AZR 660/00, NZA 2002, 520 (522); WHSS/*Schnitker*, Umstrukturierung J Rn. 470 ff.; *Reichel/Schmandt* C Rn. 126 ff.

Ist ein ausländischer Betriebserwerber in seinem Heimatsstaat durch Konzernbetriebsvereinbarungen, Gesamtbetriebsvereinbarungen oder Betriebsvereinbarungen zur betrieblichen Altersversorgung gebunden, so hat dies keinen Einfluss auf die Versorgungszusagen gegenüber den übergegangenen Arbeitnehmern des Betriebes in Deutschland. Dies gilt ungeachtet der Rechtsgrundlage der Versorgungszusage in Deutschland.[1] Wegen des **Territorialitätsprinzips** findet auf in Deutschland belegene Betriebe das BetrVG Anwendung.[2] Konsequenterweise können dann betriebsverfassungsrechtlich keine ausländischen Betriebsvereinbarungen gelten, da diese keine Betriebsvereinbarungen nach dem deutschen BetrVG darstellen.[3]

116

cc) Insolvenzsicherung

Für betriebliche Altersversorgung im Durchführungsweg von Direktzusagen, Unterstützungskassen, Pensionsfonds und unter bestimmten Voraussetzungen auch bei Direktversicherungen besteht ein Schutz vor der Insolvenz des Arbeitgebers nach den §§ 7 ff. BetrAVG.[4] Träger der Insolvenzsicherung ist der Pensions-Sicherungs-Verein auf Gegenseitigkeit (PSVaG). An den PSVaG leisten die Arbeitgeber Beiträge für die Insolvenzsicherung (gemäß § 10 BetrAVG). **Die Einstands- und die Beitragspflicht** knüpfen an die Versorgungszusage an. Wegen der Drittbezogenheit des Insolvenzschutzes kommt es für das auf die Einstands- und Beitragspflicht anwendbare Recht nicht auf das anwendbare Recht für die Versorgungszusage an, sondern dies ist selbstständig zu bestimmen.[5]

117

Für die **Einstandspflicht** ist entscheidend, ob der Arbeitgeber **deutschem Insolvenzrecht** unterliegt.[6] Über das Vermögen ausländischer Arbeitgeber kann ein **Partikular- oder Sekundärinsolvenzverfahren** eröffnet werden, wenn sie in Deutschland eine Niederlassung oder sonstiges Vermögen unterhalten. Die hierfür relevanten Rechtsvorschriften richten sich wiederum danach, ob der ausländische Arbeitgeber seinen Sitz in einem Mitgliedstaat der Europäischen Union (Art. 3 Abs. 2–4, Art. 27 ff. EuInsVO) oder in einem Drittstaat (§§ 335 ff. InsO) hat.[7] Erwirbt ein ausländischer Erwerber einen deutschen Betrieb und unterhält diesen weiter, so reicht dies für den Insolvenzschutz der übergegangenen Verbindlichkeiten aus betrieblicher Altersversorgung aus, wenn ein Partikular- oder Sekundärinsolvenzverfahren eröffnet wird. Darüber hinaus kann es für den Insolvenzschutz ausreichen, wenn der ausländische Betriebserwerber lediglich potentiell einem deutschen Partikular- oder Sekundärinsolvenzverfahren unterliegt, aber tatsächlich lediglich im Ausland über sein Vermögen das Insolvenzverfahren eröffnet wurde. Voraussetzung hierfür ist, dass die Anerkennungsvoraussetzungen für ein ausländisches Insolvenzverfahren gegeben sind, das ausländische Insolvenzverfah-

118

---

[1] *Bittner*, Europäisches und internationales Betriebsrentenrecht, S. 476.
[2] BAG 25.4.1978 – 6 ABR 2/77, AP BetrVG § 9 Nr. 1; 22.3.2000 – 7 ABR 34/98, NZA 2000, 1119 (1121) mwN; *Fitting*, BetrVG § 1 Rn. 13.
[3] Hess. LAG 28.5.2008 – 8 Sa 2179/06, bestätigt durch BAG 8.10.2009 – 2 AZR 654/08, AP KSchG § 23 Nr. 45.
[4] BRO/*Rolfs* § 7 Rn. 48 ff.; *Höfer*, BetrAVG § 7 BetrAVG Rn. 4394 ff.; WHSS/*Schnitker*, Umstrukturierung J Rn. 343 ff.
[5] BRO/*Rolfs* Einleitung Rn. 116; BKMT/*Matthießen* § 7 Rn. 30; MüKoBGB/*Martiny* Art. 8 Rom I Rn. 103; *Junker*, Internationales Arbeitsrecht im Konzern, S. 318 ff. noch zum Konkursrecht; zur fehlenden Dispositionsbefugnis über den Insolvenzschutz auch BAG 24.6.1986 – 3 AZR 645/84, AP BetrAVG § 7 Nr. 33.
[6] BRO/*Rolfs* Einl. Rn. 116 f.; ErfK/*Steinmeyer* Vorbem. BetrAVG Rn. 50; *PSV-Merkblatt* 300 M7 (Stand 12.10/Ersetzt: 3.06), Ziffer 1.2. Jeweils noch zum Konkursrecht: BAG 12.2.1991 – 3 AZR 30/90, NZA 1991, 723 (724), *Junker*, Internationales Arbeitsrecht im Konzern, S. 320; *Bittner*, Europäisches und internationales Betriebsrentenrecht, S. 368 ff.
[7] Für Einzelheiten hierzu MüKoInsO/*Reinhart* § 354 Rn. 5.

ren auch das Vermögen der deutschen Niederlassung erfasst und die Versorgungszusage deutschem Recht unterliegt.[1] Ansonsten bestünde ein unüberwindbarer Widerspruch zu den gesetzlichen Vorgaben für die Anerkennung von Insolvenzverfahren in Mitgliedsstaaten der Europäischen Union nach der Verordnung über Insolvenzverfahren vom 29.5.2000 (Verordnung (EG) Nr. 1346/2000 – EuInsVO)[2] und in Drittstaaten nach §§ 335 ff. InsO.[3]

119 Die Frage der **Beitragspflicht** zum PSVaG folgt der Frage der Einstandspflicht.[4] Hat der PSVaG im Insolvenzfalle zu leisten, sind auch Beiträge zum PSVaG abzuführen. Wegen dieses Verhältnisses von Beitrags- und Einstandspflicht gilt auch, dass die Zahlung von Beiträgen keinen Anspruch im Sicherungsfall gegen den PSVaG auslöst, wenn keine Einstandspflicht des PSVaG gegeben ist.[5] Umgekehrt muss der PSVaG im Sicherungsfall leisten, wenn eine Einstandspflicht besteht, der Arbeitgeber aber keine Beitragszahlungen erbracht hat.[6]

dd) Versorgungszusagen nach ausländischem Recht

(1) Individualrechtliche Versorgungszusage

120 Versorgungszusagen eines deutschen Veräußerers an die Arbeitnehmer eines deutschen Betriebes werden in aller Regel wegen der Anknüpfung an das auf das Arbeitsverhältnis anwendbare Recht deutschem Recht unterliegen (→ Rn. 102). Ausnahmsweise kann aber bei einem Sachverhalt mit Auslandsbezug, etwa bei einer Durchführung über ein ausländisches Versorgungswerk im Rahmen einer Konzerneinbindung, auch eine Versorgungszusage nach ausländischem Recht bestehen.[7] Die **Anwendbarkeit ausländischen Rechts** auf die Versorgungszusage kann sich zunächst aus einer Rechtswahl nach Art. 30 Abs. 1 EGBGB (Arbeitsvertragsschluss bis 16.12.2009) bzw. Art 8 Abs. 1 der Rom I-VO (Arbeitsvertragsschluss ab 17.12.2009) ergeben.[8] Die Parteien sind nach Art. 27 Abs. 1 EGBGB bzw. Art. 3 der Rom I-VO grundsätzlich frei darin, ob sie deutsches oder ein ausländisches Recht wählen möchten. Soweit bereits mit dem Arbeitsvertrag eine Versorgungszusage erteilt wird, wird sich eine etwaige Rechtswahl bezüglich des Arbeitsverhältnisses auch auf die Versorgungszusage beziehen, da eine Versorgungszusage aus Anlass des Arbeitsverhältnisses erteilt wird.[9]

---

[1] ErfK/*Steinmeyer* Vorbem. BetrAVG Rn. 50; *PSV-Merkblatt* 300/M6 (Stand: 3.12/ersetzt: 3.06), Ziffer 2.3; wohl auch BRO/*Rolfs* Einl. Rn. 116 ff. Jeweils noch für das Konkursrecht: *Bittner*, Europäisches und internationales Betriebsrentenrecht, S. 370 ff. mwN; *Schwerdtner* ZfA 1987, 163 (170 f.); *Eichenhofer* IPRax 1992, 74 (77). Anders noch BAG 12.2.1991 – 3 AZR 30/90, NZA 1991, 723 (724) für das Konkursrecht.

[2] ABlEG 2000, L 160/1.

[3] Zum Verhältnis der EuInsVO und §§ 335 ff. InsO etwa MüKoInsO/*Reinhart* vor §§ 335 ff. Rn. 84 f. mwN.

[4] BRO/*Rolfs* Einl. Rn. 117 und 119; *Junker*, Internationales Arbeitsrecht im Konzern, S. 320; *Bittner*, Europäisches und internationales Betriebsrentenrecht, S. 375; Paulsdorff/*Paulsdorff* § 7 Rn. 455. Wohl jeweils auch: *Höfer*, BetrAVG § 10 BetrAVG Rn. 4748; ErfK/*Steinmeyer* § 10 BetrAVG Rn. 1. AA wohl *Birk*, FS Müller 1981, 31 (50).

[5] Ebenso BRO/*Rolfs*, BetrAVG § 10 Rn. 27 a. E.; BKMT/*Matthiesen* § 7 Rn. 30.

[6] Vgl. BAG 22.9.1987 – 3 AZR 662/85, NZA 1988, 732 (733); BKMT/*Matthiesen* § 7 Rn. 30, § 10 Rn. 27 mwN.

[7] *Bittner*, Europäisches und internationales Betriebsrentenrecht, S. 477.

[8] Die Verordnung 593/2008/EG (Rom I) gilt gemäß Art. 28 für ab dem 17.12.2009 abgeschlossene Arbeitsverträge und hat die Art. 27 ff. EGBGB abgelöst. Für bis einschließlich zum 16.12.2009 abgeschlossene Arbeitsverträge gelten Art. 27 ff. EGBGB einschließlich der Regelanknüpfung nach Art. 30 Abs. 2 Nr. 1 EGBGB.

[9] BRO/*Rolfs* Einl. Rn. 83; ErfK/*Steinmeyer* Vorbem. BetrAVG Rn. 49; *Bittner*, Europäisches und internationales Betriebsrentenrecht, S. 294.

A. Grenzüberschreitender Betriebsübergang

Eine Versorgungszusage ist im Übrigen eine vom Arbeitsverhältnis klar abzugrenzende Rechtsbeziehung, die auch einer eigenen **Teilrechtswahl** zugänglich ist.[1] Art. 30 Abs. 1 EGBGB bzw. Art. 8 Abs. 1 S. 2 der Rom I-VO geben allerdings vor, dass einem Arbeitnehmer über eine Rechtswahl nicht der zwingende Schutz der Rechtsordnung entzogen werden darf, der ohne die Rechtswahl anwendbar wäre. Die Vorschriften des deutschen BetrAVG stellen nach herrschender Meinung zwingende Vorschriften in diesem Sinne dar.[2] Es muss dann zwischen der gewählten und der auf Grund objektiver Anknüpfung (nach Art. 30 Abs. 2 EGBGB bzw. Art. 8 Abs. 2–4 der Rom I-VO) anwendbaren Rechtsordnung ein **Günstigkeitsvergleich** vorgenommen werden.[3] Wurde keine Rechtswahl für das Arbeitsverhältnis oder die Versorgungszusage getroffen, kann sich eine Anwendbarkeit ausländischen Rechts auf die Versorgungszusage aber auch daraus ergeben, dass gemäß Art. 30 Abs. 2 EGBGB bzw. Art. 8 Abs. 4 der Rom I-VO auf Grund objektiver Anknüpfung die Gesamtumstände eine engere Bindung der Versorgungszusage zu einer anderen Rechtsordnung als der des Arbeitsortes aufweist.[4] Ein **Günstigkeitsvergleich** ist dann nicht vorzunehmen. Weitere Einschränkungen für das auf die Versorgungszusage anwendbare Recht, gleich ob nach Rechtswahl oder nach objektiver Anknüpfung, ergeben sich im Übrigen in aller Regel nicht aus dem Gebot der Anwendung zwingender deutscher Rechtsvorschriften nach Art. 6, 34 EGBGB bzw. Art. 9, 21 Rom I-VO. Die Vorschriften des BetrAVG sind insofern nicht zwingend.[5]

Auch wenn ausländisches Recht für die Versorgungszusage anwendbar ist, gilt **121** trotzdem, dass § 613a Abs. 1 S. 1 BGB den Übergang der Versorgungsverpflichtungen gegenüber aktiven Arbeitnehmern auf einen ausländischen Betriebserwerber vorgibt. Der Betriebsübergang auf einen ausländischen Erwerber führt nicht zu einem Wechsel des Rechtsstatuts, da sich an den Kriterien für die Bestimmung des anwendbaren Rechts – gewähltes Recht oder objektive Anknüpfung – nichts geändert hat.[6] Soweit der ausländische Betriebserwerber den Sitz in dem Staat hat, dessen Recht die Versorgungszusage unterliegt, führt der Betriebsübergang zu keinen weiteren Schwierigkeiten, da sich an den Kriterien des anwendbaren Rechts nichts ändert.[7] Soweit der Betriebserwerber allerdings seinen Sitz in einem Drittstaat hat, können sich besondere Fragen insbesondere zur Durchführung und der Ablösbarkeit der Versorgungszusage stellen. Für deren Beantwortung ist allerdings nicht deutsches Recht, sondern das für die Versorgungszusage anwendbare ausländische Recht maßgeblich.[8]

---

[1] BAG 20.4.2004 – 3 AZR 301/03, NZA 2005, 297 (298) noch für Art. 27 I 3 EGBGB; BRO/*Rolfs* Einl. Rn. 82a f.; ErfK/*Steinmeyer* Vorbem. BetrAVG Rn. 49; *Höfer*, BetrAVG ART Rn. 1373; *Bittner*, Europäisches und internationales Betriebsrentenrecht, S. 294; *Junker*, Internationales Arbeitsrecht im Konzern, S. 203.

[2] Etwa BRO/*Rolfs* Einl. Rn. 85; *Höfer*, BetrAVG ART Rn. 1375 mwN; *Birk* IPRax 1984, 137 (139).

[3] Zur Durchführung dieses Günstigkeitsvergleichs: BAG 29.10.1992 – 2 AZR 267/92, NZA 1993, 743 (745 f.); *Kronke* DB 1984, 404 (405). Zum Meinungsbild umfassend: BRO/*Rolfs* Einl. Rn. 84 ff.; *Höfer*, BetrAVG ART Rn. 1381 ff.

[4] Zu möglichen Kriterien: BAG 20.4.2004 – 3 AZR 301/03, NZA 2005, 297 (298) noch zu Art. 30 Abs. 2 EGBGB.

[5] BRO/*Rolfs* Einl. Rn. 70 mwN; *Höfer*, BetrAVG ART Rn. 1376; *Eichenhofer* IPRax 1992, 74 (76 f.). AA: *Birk*, FS Müller 1981, 31 (46 f.) für §§ 1–6, 16 BetrAVG; *Bittner*, Europäisches und internationales Betriebsrentenrecht, S. 298 ff. für §§ 7–15 BetrAVG.

[6] *Bittner*, Europäisches und internationales Betriebsrentenrecht, S. 477.

[7] *Bittner*, Europäisches und internationales Betriebsrentenrecht, S. 477.

[8] *Bittner*, Europäisches und internationales Betriebsrentenrecht, S. 477.

(2) Kollektivrechtliche Versorgungszusage

122   Die Frage nach dem Übergang einer ausländischem Recht unterstehenden tarifvertraglichen Versorgungszusage wird sich bei einem deutschen Betriebsveräußerer nicht stellen.[1] Zwar kann ein ausländischer Tarifvertrag auch in Deutschland Geltung beanspruchen, etwa für entsendete Arbeitnehmer, doch wird ein deutscher Arbeitgeber im Regelfall die Voraussetzungen der **Tarifbindung** nach ausländischem Recht nicht erfüllen.[2]

123   Die Geltung einer ausländischen Versorgungszusage, die durch Betriebsvereinbarung begründet ist, kommt wegen des **Territorialitätsprinzips** für einen deutschen Betrieb von vornherein nicht in Betracht.[3]

b) Betriebsübergang mit Betriebsverlagerung ins Ausland

124   Wenn ein Betrieb erst nachträglich ins Ausland verlagert wird, nachdem die Assets bereits auf einen Erwerber übertragen wurden oder ein wesentlicher Teil des Personals bereits übernommen wurde, sowie der Erwerber bereits die Leitung des Betriebes übernommen hat, hat ein Betriebsübergang bereits vor der Verlagerung des Betriebs stattgefunden. Die Dauer der Fortführung des Betriebes ist für das Vorliegen eines Betriebsübergangs ohne Bedeutung, so dass auch eine nur kurzfristige Fortführung mit dem Ziel einer baldigen Verlagerung dem Vorliegen eines Betriebsübergangs nicht entgegensteht.[4] Für das Vorliegen eines Betriebsübergangs kommt es nicht auf den Sitz von Veräußerer und Erwerber an, sondern alleine auf die Belegenheit des Betriebs in Deutschland.[5]

> **Beispiel:** Die deutsche X GmbH unterhält einen Produktionsbetrieb in Deutschland. Die niederländische Y BV erwirbt die Assets des Betriebes und führt diesen zunächst unverändert fort. Nach sechs Monaten wird der Betrieb in die Niederlande verlagert.

125   Diese Fälle eines Betriebsübergangs mit anschließender Verlagerung ins Ausland sind nicht anders zu behandeln, als der eben behandelte Übergang eines deutschen Betriebes auf einen ausländischen Erwerber ohne Verlagerung des Betriebs ins Ausland (→ Rn. 101 ff.).

126   Häufig ist es in der Praxis jedoch so, dass der Betriebsübergang erst nach einer Verlagerung ins Ausland erfolgt oder Betriebsübergang und Verlagerung zumindest in einem Akt zusammenfallen.

> **Beispiel:** Die deutsche X GmbH unterhält einen Produktionsbetrieb in Deutschland. Sie stellt die Produktion in Deutschland ein. Die zum gleichen Konzern gehörende niederländische Y BV erwirbt unmittelbar danach die Assets des Betriebs und verbringt sie unverzüglich in die Niederlande, wo sie den Betrieb aufnimmt und unverändert weiterführt.

127   In diesen Fallkonstellationen der Betriebsverlagerung ist seit langem umstritten,[6] ob für die Bestimmung des für das Vorliegen eines Betriebsübergangs und dessen Folgen

---

[1] *Bittner,* Europäisches und internationales Betriebsrentenrecht, S. 477.
[2] *Bittner,* Europäisches und internationales Betriebsrentenrecht, S. 477.
[3] Dazu → Rn. 116; im Ergebnis auch *Bittner,* Europäisches und internationales Betriebsrentenrecht, S. 477.
[4] *Däubler,* FS Kissel 1994, 119 (135); allgemein auch HWK/*Willemsen,* § 613a BGB Rn. 72.
[5] Allgemeine Meinung: *Wisskirchen/Goebel* DB 2004, 1937; *Gaul/Mückl* DB 2011, 2318 (2319).
[6] Umfassende Darstellung des Streitstandes etwa bei: *Feudner* NZA 1999, 184 (1185 f.); *Cohnen,* FS ARGE Arbeitsrecht 2006, 595 (600 ff.); *Gaul/Mückl* DB 2011, 2318 (2318 f.); *Junker* NZA-Beil. 2012, 8 (13 f.).

anwendbaren Rechts andere Umstände maßgeblich sind als das für das Arbeitsvertragsstatut anwendbare Recht.[1] In der **Entscheidung vom 26.5.2011** hat der **8. Senat** des BAG dem eine Absage erteilt und zutreffenderweise klargestellt, dass die Anwendbarkeit des § 613a BGB nicht an der deutschen Grenze endet und es auch nicht auf das am neuen Betriebsort anwendbare Recht ankommt.[2] Das Vorliegen und die Folgen eines Betriebsübergangs richten sich deshalb ausschließlich nach dem für das Arbeitsverhältnis anwendbaren Recht. Nach der Regelanknüpfung des deutschen Internationalen Privatrechts ist dies das Recht des gewöhnlichen Arbeitsorts.[3] Bei einer Betriebsverlagerung ins Ausland ändert sich allerdings der regelmäßige Arbeitsort, so dass sich das für das Arbeitsverhältnis anwendbare Recht vom deutschen Recht zum ausländischen Recht ändern wird (**sog. Statutenwechsel**).[4] Voraussetzung ist freilich stets, dass die betroffenen Arbeitnehmer den Wechsel ins Ausland nachvollziehen, was in der Praxis eher selten ist. Den Ausführungen des **8. Senats** in der **Entscheidung vom 26.5.2011** lässt sich entnehmen, dass der Statutenwechsel erst nach dem Übergang des Arbeitsverhältnisses eintritt und sich die Rechte und Pflichten deshalb zunächst nach § 613a Abs. 1–6 BGB bestimmen.[5] Für den genauen Zeitpunkt des Statutenwechsels ist auf den Zeitpunkt abzustellen, zu dem die betreffenden Arbeitnehmer jeweils arbeitsvertraglich verpflichtet sind, am neuen Betriebsort zu arbeiten.[6]

Die Geltung deutschen Rechts für den Betriebsübergang selbst und seine Folgen ist für die betriebliche Altersversorgung von zentraler Bedeutung. Denn sie führt dazu, dass der ausländische Betriebserwerber in die Versorgungszusagen der aktiven Arbeitnehmer bei einer Verlagerung eines deutschen Betriebs ins Ausland eintritt. **128**

Außerhalb Deutschlands, innerhalb der Europäischen Union und des Europäischen Wirtschaftsraums und erst recht in Drittstaaten ist der Eintritt des Erwerbers in die Versorgungszusagen bei einem Betriebsübergang nicht zwangsläufig. In Art. 3 IV a) der **Betriebsübergangsrichtlinie** (2001/23/EG → Rn. 100) ist ausdrücklich geregelt, dass die Bestimmungen zum Übergang von Rechten und Pflichten für **Leistungen aus betrieblichen oder überbetrieblichen Zusatzversorgungseinrichtungen** nicht gelten, sofern die Mitgliedstaaten dies nicht anordnen. Die Betriebsübergangsrichtlinie verlangt allerdings in Art. 3 IV b), dass, auch wenn die Mitgliedstaaten die Geltung der allgemeinen Bestimmungen zum Übergang von Rechten und Pflichten nicht anordnen, die Mitgliedstaaten notwendige Maßnahmen zum Schutz von Ansprüchen und Anwartschaften aktiver und bereits ausgeschiedener Arbeitnehmer gewährleisten müssen. Damit haben die Mitgliedstaaten einen erheblichen Gestaltungsraum. Daher kann es außerhalb Deutschlands durchaus sein, dass das ausländische Recht einen Eintritt des Erwerbers in die Versorgungszusagen bei einem Betriebsüber- **129**

---

[1] Zum Kriterium des Arbeitsvertragsstatuts in Fällen ohne Betriebsverlagerung ins Ausland oben → Rn. 102.
[2] BAG 26.5.2011 – 8 AZR 37/10, NZA 2011, 1143 (1146 f.); bestätigt von BAG 13.12.2012 – 6 AZR 608/11, AP BGB § 620 Kündigungserklärung Nr. 23.
[3] Art. 30 Abs. 2 EGBGB, Art. 8 II Rom I-VO; die Entscheidung des BAG vom 26.5.2011 ist noch zu Art. 30 Abs. 2 EGBGB ergangen.
[4] BAG 26.5.2011 – 8 AZR 37/10, NZA 2011, 1143 (1146 f.); so auch bereits *Däubler*, FS Kissel 1994, 119 (130); *Franzen*, Der Betriebsinhaberwechsel nach § 613a BGB, S. 97 ff. AA: *Feudner* NZA 1999, 1184 (1185); *Henne* GWR 2011, 532; MAH ArbR/*Cohnen/Tepass* § 50 Rn. 63.
[5] So auch *Gaul/Mückl* DB 2011, 2318 (2320). Wohl jeweils auch: *Grimm* ArbRB 2011, 328 (329); *Moderegger* ArbRB 2011, 373; *Rossa/Fuhlrott* EWIR 2011, 699 (700); im Ergebnis über eine Anwendung des Art. 32 Abs. 1 EGBGB auch *Feudner* NZA 1999, 1184 (1188); aA offensichtlich *Krannich* BB 2012, 581 (582).
[6] *Franzen*, Der Betriebsinhaberwechsel nach § 613a BGB, S. 104; zum Zeitpunkt des Eintritts des Statutenwechsels musste sich das BAG, 26.5.2011 – 8 AZR 37/10, NZA 2011, 1143 ff., nicht äußern.

gang anders als § 613a BGB gar nicht anordnet; die Betriebsübergangsrichtlinie lässt das zu.[1]

130   Tritt bei einem Betriebsübergang aus Deutschland heraus aufgrund § 613a BGB der ausländische Betriebserwerber in die Versorgungszusage gegenüber den übergehenden Arbeitnehmern ein und tritt bezüglich des auf das Arbeitsverhältnis anwendbaren Rechts ein **Statutenwechsel** ein, ist damit noch nicht gesagt, dass ein solcher Statutenwechsel auch für das auf die Versorgungszusage anwendbare Recht eintritt. Arbeitsverhältnis und Versorgungszusage können unterschiedlichen Rechtsstatuten unterliegen (→ Rn. 120). Im **Normalfall** wird für die Versorgungszusage über die Regelanknüpfung an den regelmäßigen Arbeitsort für die Versorgungszusage ein Statutenwechsel eintreten. Allerdings können in **Ausnahme von der Regelanknüpfung** auf Grund objektiver Anknüpfung (nach Art. 30 Abs. 2 letzte Alternative EGBGB bzw. § 8 Abs. 4 der Rom I-VO) die Gesamtumstände eine engere Bindung der Versorgungszusage an Deutschland aufweisen. Anknüpfungspunkt können etwa der Sitz des Versorgungsträgers bei einem mittelbaren Durchführungsweg sein, die vorgesehene Währung der Rentenzahlung oder auch die Staatsangehörigkeit des Arbeitnehmers.[2]

aa) Individualrechtliche Versorgungszusage

131   Wegen der zunächst gegebenen weiteren Anwendbarkeit des § 613a BGB stellen sich bei einem Betriebsübergang auf einen ausländischen Erwerber mit Verlagerung eines deutschen Betriebs ins Ausland letztlich keine besonderen Schwierigkeiten bei einer individualrechtlichen Versorgungszusage. Die Versorgungszusage geht nach § 613a Abs. 1 S. 1 BGB auf den ausländischen Betriebserwerber über. Deutsches Recht bleibt auf die Versorgungszusage anwendbar.[3] Inwieweit daraus resultierende Ansprüche nach deutschem Recht von Arbeitnehmern rein tatsächlich in anderen Ländern der Europäischen Union und in Ländern außerhalb der Europäischen Union durchsetzbar sind, ist eine andere Frage.[4]

132   Sobald hingegen mit dem Wechsel des Arbeitsorts der Statutenwechsel mit der Folge des Wechsels von deutschem zu ausländischem Recht für die Versorgungszusage eintritt, ist die Lage differenzierter zu beurteilen.[5] Die **Versorgungszusage** ist ein **Dauerrechtsverhältnis,** das unter dem alten Rechtsstatut entstanden ist, aber noch in Zukunft unter dem neuen Rechtsstatut fortwirkt.[6] Für Dauerrechtsverhältnisse ist bei einem Statutenwechsel allgemein anerkannt, dass für **abgeschlossene Tatbestände** das alte Rechtsstatut anwendbar bleibt, weitere Wirkungen aber dem neuen Rechtsstatut unterliegen.[7] Die Auswirkungen dieses allgemeinen Grundsatzes für eine Versorgungszusage sind bislang kaum geklärt. Richtigerweise richtet sich der **Inhalt der**

---
[1] Dazu *Bittner,* Europäisches und internationales Betriebsrentenrecht, S. 479 ff. mit Beispielen für Regelungen in verschiedenen Ländern innerhalb der Europäischen Union sowie unter → Rn. 150.
[2] Zu möglichen Kriterien für eine Ausnahme von der Regelanknüpfung wegen engerer Beziehung zu einem anderen Staat bei einer Versorgungszusage: BAG 20.4.2004 – 3 AZR 301/03, NZA 2005, 297 (298) noch zu Art. 30 Abs. 2 EGBGB.
[3] Für etwaige Auswirkungen auf den Durchführungsweg kann auf die obigen Ausführungen → Rn. 105 ff. verwiesen werden.
[4] Jeweils skeptisch allgemein zur Durchsetzbarkeit von aus § 613a Abs. 1 S. 1 BGB folgenden Rechten im Ausland: *Bauer/Schansker* FD-ArbR 2011, 318884; *Rossa/Fuhlrott* EWIR 2011, 699 (700).
[5] Zu den Folgen eines Statutenwechsels enthält die Entscheidung BAG 26.5.2011 – 8 AZR 37/10, NZA 2011, 1143 ff. keine Aussagen, da dies nicht streitgegenständlich war.
[6] *Bittner,* Europäisches und internationales Betriebsrentenrecht, S. 491 mwN; *Franzen,* Der Betriebsinhaberwechsel nach § 613a BGB, S. 105 allgemein für Arbeitsverhältnisse.
[7] Etwa MüKoBGB/*Sonnenberger* Einl. IPR Rn. 668 ff. mwN; BeckOK BGB/*Lorenz* EGBGB Einl. IPR Rn. 42; *Franzen,* Der Betriebsinhaberwechsel nach § 613a BGB, S. 105.

A. Grenzüberschreitender Betriebsübergang

Versorgungszusage nach Eintritt des Statutenwechsels nach ausländischem Recht.[1] Eine unter dem bisherigen Statut erworbene Betriebszugehörigkeit ist unter dem neuen Statut anzurechnen und hat den Wert, den ihr das neue anwendbare Recht etwa für eine Unverfallbarkeit der Versorgungsanwartschaften zuweist.[2] Unter dem Gesichtspunkt eines bereits abgeschlossenen Tatbestandes können allerdings unter dem bisherigen Rechtsstatut bereits unverfallbar gewordene Versorgungsanwartschaften nicht mehr verfallbar werden.[3] Ebenfalls unter dem Gesichtspunkt des bereits abgeschlossenen Tatbestandes bleiben bereits erdiente Besitzstände erhalten. Entscheidend ist insoweit die Wertgleichheit der übertragenen Rechte im alten und neuen System.[4] Konsequenterweise richtet sich auch eine Ablösung der Versorgungszusage nach Eintritt des Statutenwechsels nach dem neuen ausländischen Recht.[5] Die Anwendbarkeit ausländischen Rechts für die Ablösung der Versorgungszusagen bedeutet auch, dass sich die Zulässigkeit von Eingriffen in bereits erdiente Besitzstände nach den Regelungen des ausländischen Rechts richtet. Dies kann zur Folge haben, dass Eingriffe möglich sind, die nach deutschem Recht unzulässig wären. Soweit es zu Friktionen mit der ausländischen Rechtsordnung kommt, zB weil die ausländische Rechtsordnung den unter dem alten, deutschen Statut gewählten Durchführungsweg nicht kennt, entscheidet das ausländische Recht, wie damit umzugehen ist.[6] Auch bei einem Statutenwechsel bleibt es im Übrigen allerdings nach herrschender Meinung bei der gesamtschuldnerischen Haftung des Betriebsveräußerers in den Grenzen des § 613a Abs. 2 BGB.[7] Die Haftungsregelung hängt eng mit der Eintrittsregelung beim Betriebsübergang zusammen, so dass die Haftungs- und die Eintrittsregelung nicht getrennt werden dürfen.[8] Dies hat freilich nur für Versorgungsverbindlichkeiten übergehender Arbeitnehmer Bedeutung, die binnen eines Jahres nach dem Betriebsübergang fällig werden.[9]

Wurde die betriebliche Altersversorgung bislang in einem insolvenzgeschützten Durchführungsweg durchgeführt, führt der Statutenwechsel zum **Wegfall des Insolvenzschutzes**.[10] Hintergrund ist, dass eine Versorgungszusage nur dann nach den Regelungen des BetrAVG insolvenzgeschützt ist, wenn es auf die Versorgungszusage überhaupt anwendbar ist. Dies ist nach dem Statutenwechsel aber nicht mehr der Fall. Auch über eine Rechtswahl kann in diesem Falle kein Insolvenzschutz nach den deutschen Regelungen hergestellt werden, da der gesetzliche Insolvenzschutz nicht zur freien Disposition der Arbeitsvertragsparteien steht.[11] Eine freiwillige Versicherung für den Insolvenzfall beim PSVaG ist rechtlich unzulässig.[12]

133

---

[1] *Bittner*, Europäisches und internationales Betriebsrentenrecht, S. 491.
[2] *Bittner*, Europäisches und internationales Betriebsrentenrecht, S. 491; wohl auch *Franzen*, Der Betriebsinhaberwechsel nach § 613a BGB, S. 105 f.
[3] *Bittner*, Europäisches und internationales Betriebsrentenrecht, S. 491 f.; wohl auch *Däubler*, FS Kissel 1994, 119 (133).
[4] *Bittner*, Europäisches und internationales Betriebsrentenrecht, S. 492.
[5] *Bittner*, Europäisches und internationales Betriebsrentenrecht, S. 491.
[6] So MüKoBGB/*Sonnenberger* Einl. IPR Rn. 671 allgemein zum Umgang mit einem unter altem Rechtsstatut entstandenen Recht, das das neue Rechtsstatut nicht kennt.
[7] *Bittner*, Europäisches und internationales Betriebsrentenrecht, S. 491, *Franzen*, Der Betriebsinhaberwechsel nach § 613a BGB, S. 160 ff.; BAG 20.4.1989 – 2 AZR 431/88, AR-Blattei ES 500 Nr. 83 mit Anm. *Hergenröder*; aA *Junker* Internationales Arbeitsrecht im Konzern, S. 239 in Fn. 366.
[8] *Franzen*, Der Betriebsinhaberwechsel nach § 613a BGB, S. 161 f. auch mit weiteren Argumenten.
[9] Hierzu: WHSS/*Schnitker*, Umstrukturierung J Rn. 490; *Reichel/Schmandt* C Rn. 58.
[10] Ebenso *Bittner*, Europäisches und internationales Betriebsrentenrecht, S. 492.
[11] BAG 24.6.1986 – 3 AZR 645/84, NZA 1987, 309 (310); BRO/*Rolfs* Einl. Rn. 116; BKMT/*Matthießen* § 7 Rn. 30; *Junker*, Internationales Arbeitsrecht im Konzern, S. 318 f.
[12] BKMT/*Matthießen* § 7 Rn. 30; *Bittner*, Europäisches und internationales Betriebsrentenrecht, S 492.

134 So kompliziert die Auswirkungen eines Betriebsübergangs auf einen ausländischen Erwerber mit gleichzeitiger Verlagerung eines deutschen Betriebs ins Ausland auf die betriebliche Altersversorgung auch sind, **praktische Relevanz** wird dieser Fallkonstellation nur selten zukommen.[1] In der Praxis werden die übergehenden Arbeitnehmer einem Übergang ihres Arbeitsverhältnisses ins Ausland regelmäßig widersprechen, wenn nicht gerade eine Verlagerung im Rahmen des „kleinen Grenzverkehrs" erfolgt[2] oder nicht ein Betrieb mit räumlich hochflexiblen Spezialisten betroffen ist, wie dies etwa bei einer Forschungseinrichtung der Fall sein kann.[3]

bb) Kollektivrechtliche Versorgungszusage

135 Bei einem Betriebsübergang auf einen ausländischen Erwerber mit einer Verlagerung eines deutschen Betriebs ins Ausland wird eine kollektivrechtliche Fortgeltung eines Verbandstarifvertrages als Grundlage einer Versorgungszusage in aller Regel schon daran scheitern, dass der **Verbandstarifvertrag** vom räumlichen Anwendungsbereich her nicht für das Ausland gilt.[4] Gleiches gilt für allgemeinverbindliche Tarifverträge.[5] Es wird deshalb regelmäßig zu einer **Transformation** der tarifvertraglichen Regelungen in den einzelnen Arbeitsvertrag nach § 613a Abs. 1 S. 2 BGB kommen.[6]

136 Ausgehend davon, dass sich die Folgen eines Betriebsübergangs nach § 613a Abs. 1–6 BGB bestimmen, findet auf einen Tarifvertrag zur betrieblichen Altersversorgung auch die **Ablösungsregelung** des § 613a Abs. 1 S. 3 BGB Anwendung.[7] Grundvoraussetzung hierfür ist, dass der nach einer Betriebsverlagerung ins Ausland geltende ausländische Tarifvertrag einem deutschen Tarifvertrag **funktionell gleichwertig**[8] ist.[9] Außerdem müssen die Voraussetzungen einer Tarifbindung von Betriebserwerber und übergehenden Arbeitnehmern nach ausländischem Recht erfüllt sein.[10] Dies wird von vornherein allerdings nur in Ländern der Fall sein, die für eine Tarifbindung auf eine Mitgliedschaft der Arbeitnehmer in der zuständigen Gewerkschaft verzichten. Tritt nicht schon zum Zeitpunkt der Betriebsverlagerung ins Ausland der Statutenwechsel ein,[11] muss für eine Ablösung nach § 613a Abs. 1 S. 3 BGB schließlich hinzukommen, dass der ausländische Tarifvertrag auch Arbeitsverhältnisse erfassen muss, die deutschem

---

[1] *Bittner*, Europäisches und internationales Betriebsrentenrecht, S. 495.
[2] In dem der Entscheidung des BAG 26.5.2011 – 8 AZR 37/10, NZA 2011, 1143 ff., zugrunde liegenden Sachverhalt ging es tatsächlich um die Verlagerung eines Betriebes über ca. 60 km hinweg von Deutschland in die Schweiz.
[3] Ähnlich: *Bittner*, Europäisches und internationales Betriebsrentenrecht, S. 490 mwN; *Junker*, Internationales Arbeitsrecht im Konzern, S. 232.
[4] *Bittner*, Europäisches und internationales Betriebsrentenrecht, S. 492 f.; allgemein für Tarifverträge *Gaul/Mückl* DB 2011, 2318 (2321).
[5] *Bittner*, Europäisches und internationales Betriebsrentenrecht, S. 493.
[6] *Wisskirchen/Goebel* DB 2004, 1937 (1938); *Gaul/Mückl* DB 2011, 2318 (2321).
[7] *Bittner*, Europäisches und internationales Betriebsrentenrecht, S. 493 f. Allgemein für die Ablösung von Tarifverträgen bei einer Betriebsverlagerung ins Ausland: *Wisskirchen/Goebel* DB 2004, 1937 (1938 f.); *Gaul/Mückl* DB 2011, 2318 (2322); *Feudner* NZA 1999, 1184 (1188); wohl auch *Däubler/Däubler*, TVG Einl. Rn. 649.
[8] Zu den Kriterien einer funktionellen Gleichwertigkeit: *Wisskirchen/Goebel* DB 2004, 1937 (1938); *Gaul/Mückl* DB 2011, 2318 (2322).
[9] *Bittner*, Europäisches und internationales Betriebsrentenrecht, S. 493 f. Allgemein für die Ablösung von Tarifverträgen bei einer Betriebsverlagerung ins Ausland: *Wisskirchen/Goebel* DB 2004, 1937 (1938 f.), *Gaul/Mückl* DB 2011, 2318 (2322); *Feudner* NZA 1999, 1184 (1188); wohl auch *Däubler/Däubler*, TVG Einl. Rn. 649.
[10] *Bittner*, Europäisches und internationales Betriebsrentenrecht, S. 493 f. Allgemein für die Ablösung von Tarifverträgen bei einer Betriebsverlagerung ins Ausland: *Wisskirchen/Goebel* DB 2004, 1937 (1938 f.), *Gaul/Mückl* DB 2011, 2318 (2322).
[11] Zum Zeitpunkt des Eintritts des Statutenwechsels → Rn. 127.

Recht unterliegen.[1] An dieser Erfassung durch den ausländischen Tarifvertrag wird es regelmäßig fehlen. Tritt der Statutenwechsel zeitlich erst nach der Betriebsverlagerung ein, verbleibt es hingegen bei einer Transformation der (deutschen) tarifvertraglichen Regelungen in die einzelnen Arbeitsverträge, wobei dann ebenfalls die einjährige Veränderungssperre gilt. Das Verhältnis zwischen der transformierten arbeitsvertraglichen Regelung und dem ausländischen Tarifvertrag zur betrieblichen Altersversorgung bestimmt sich nach Ablauf der Veränderungssperre dann nach dem ausländischen Recht.

Eine Versorgungszusage auf Grundlage einer Betriebsvereinbarung gilt auch nach einem Betriebsübergang ins Ausland selbst bei Identitätswahrung des Betriebes nicht kollektivrechtlich fort.[2] Denn das BetrVG findet wegen des **Territorialitätsprinzips** nur für im Inland gelegene Betriebe Anwendung.[3] Folge ist deshalb grundsätzlich eine Transformation der Inhaltsnormen der Betriebsvereinbarung nach § 613a Abs. 1 S. 2 BGB. Eine Ablösung der bisherigen Betriebsvereinbarung durch eine beim ausländischen Erwerber bereits geltende Betriebsvereinbarung zur betrieblichen Altersversorgung ist möglich, wenn diese **funktional äquivalent** zu einer deutschen Betriebsvereinbarung ist und daher unter den Begriff einer „Betriebsvereinbarung" nach § 613a Abs. 1 S. 3 BGB gefasst werden kann.[4] Eine **„Überkreuzablösung"** durch einen ausländischen Tarifvertrag dürfte nicht möglich sein, da wegen der nach dem Betriebsübergang zunächst fortgeltenden Anwendbarkeit deutschen Rechts die Rechtsprechung des BAG maßgeblich ist und diese eine Überkreuzablösung ablehnt.[5]

137

cc) Insolvenzsicherung

Der Betriebsübergang mit einer Verlagerung eines deutschen Betriebs ins Ausland wird regelmäßig zu einem **Wechsel des Rechtsstatuts** für den Arbeitsvertrag und dem folgend auch für die Versorgungszusage führen. Wird die Versorgungszusage in einem insolvenzgeschützten Durchführungsweg (→ Rn. 117) durchgeführt, **entfällt** mit dem Statutenwechsel **die Insolvenzsicherung** nach den §§ 7 ff. BetrAVG.[6] Hintergrund ist, dass der Betriebserwerber wegen der Verlagerung des Betriebs nicht mehr deutschem Insolvenzrecht unterliegt und auf die Versorgungszusage wegen des Statutenwechsels kein deutsches Recht mehr anwendbar ist. Eine dem deutschen Insolvenzschutz gleichwertige Absicherung von Versorgungszusagen gibt es weder innerhalb der Europäischen Union noch in Drittstaaten.[7] Die Insolvenzrichtlinie 2008/49/EG[8] gebietet zwar einen gewissen Mindestschutz, schreibt für die Absicherung von Ansprüchen und Anwartschaften aus betrieblicher Altersversorgung aber keine bestimmten Maßnahmen vor.[9] Lediglich für Betriebe in Luxemburg besteht die Besonderheit, dass der PSVaG auf Grund eines zwischenstaatlichen Abkommens zwischen Luxemburg

138

---

[1] *Gaul/Mückl* DB 2011, 2318 (2321).
[2] *Bittner,* Europäisches und internationales Betriebsrentenrecht, S. 494. Allgemein auch: *Wisskirchen/Goebel* DB 2004, 1937 (1938); *Gaul/Mückl* DB 2011, 2318 (2321).
[3] *Bittner,* Europäisches und internationales Betriebsrentenrecht, S. 494. Allgemein auch: *Feudner* NZA 1999, 1184 (1188); *Wisskirchen/Goebel* DB 2004, 1937 (1938); *Gaul/Mückl* DB 2011, 2318 (2321).
[4] Zu den Kriterien allgemein *Wisskirchen/Goebel* DB 2004, 1937 (1938); *Gaul/Mückl* DB 2011, 2318 (2321).
[5] *Gaul/Mückl* DB 2011, 2318 (2321).
[6] Ebenso *Bittner,* Europäisches und internationales Betriebsrentenrecht, S. 492.
[7] BKMT/*Matthießen* § 7 Rn. 30.
[8] ABlEG 2008, L 283/36.
[9] Ebenso bereits *Bittner,* Europäisches und internationales Betriebsrentenrecht, S. 335 f. und 37 f. zur insoweit inhaltsgleichen Richtlinie 80/987/EWG, die von der Richtlinie 2008/49/EG abgelöst wurde.

und Deutschland einstandspflichtig ist (vgl. § 14 Abs. 1 S. 2 BetrAVG).[1] Ähnliche Sicherungen wie in Deutschland bestehen zwar in Österreich, den Niederlanden und in Schweden, allerdings mit einer jeweils geringeren Reichweite des Insolvenzschutzes.[2] So sieht etwa in Österreich § 3d des Insolvenz-Entgeltsicherungsgesetzes (IESG) im Insolvenzfalle die Zahlung einer Betriebsrente lediglich in Höhe von 24 Monatsbeträgen vor.

139 Wird für die Fortführung der Versorgungszusage nach einem Wechsel des Rechtsstatuts eine Rechtswahl zu Gunsten deutschen Rechts vereinbart, ändert dies nichts daran, dass die Insolvenzsicherung nach den §§ 7 ff. BetrAVG nicht eingreift.[3] Der gesetzliche Insolvenzschutz steht nicht zur **Disposition der Arbeitsvertragsparteien** (→ Rn. 133).

dd) Verzicht und Erlass von Versorgungszusagen

140 Bleibt in Ausnahmefällen bei einem Betriebsübergang mit Verlagerung des Betriebs ins Ausland deutsches Recht für die Versorgungszusage anwendbar,[4] kann sich beim ausländischen Betriebserwerber die Überlegung stellen, ob er die übergegangenen Versorgungszusagen abfinden kann, um sich so des „Fremdkörpers" der deutschen Versorgungsverpflichtungen gegenüber den übergegangenen Arbeitnehmern zu entledigen. Das **Abfindungsverbot** des § 3 Abs. 1 BetrAVG greift im Falle eines Betriebsübergangs nicht, da die Arbeitsverhältnisse der aktiven Arbeitnehmer nicht beendet werden, sondern diese eben auf den Betriebserwerber übergehen. Allerdings werden Verzichts- und Erlassverträge bezüglich Versorgungszusagen im Zusammenhang mit einem Betriebsübergang vom BAG bislang als **Umgehung des § 613a Abs. 1 S. 1 BGB** eingeordnet, sofern kein rechtfertigender sachlicher Grund vorliegt.[5] In einer jüngeren Entscheidung hat der **5. Senat das BAG** jedoch von diesem Erfordernis Abstand für zukünftige Arbeitsbedingungen genommen und die Vertragsfreiheit stärker betont.[6] Allerdings hat das BAG ausdrücklich offen gelassen, ob dies auch für den Bereich der betrieblichen Altersversorgung gilt. Hinzu kommt, dass der **8. Senat des BAG** generell für bereits entstandene Ansprüche einen Verzichts- oder Erlassvertrag als Umgehung des § 613a Abs. 1 S. 1 BGB eingeordnet hat, sofern hierfür kein rechtfertigender sachlicher Grund vorliegt.[7] Es verbleibt deshalb jedenfalls bis auf weiteres bei der bisherigen Rechtsprechung, die einen sachlichen Grund fordert.[8] Ein sachlicher Grund kann etwa in der Erhaltung der Arbeitsplätze liegen.[9] Das bloße Bedürfnis des

---

[1] Abkommen zwischen der Bundesrepublik Deutschland und dem Großherzogtum Luxemburg über die Zusammenarbeit im Bereich der Insolvenzsicherung der betrieblichen Altersversorgung vom 22.9.2000 (BGBl. II 2001, 1259). Dazu: BRO/*Rolfs* vor § 7 Rn. 61; BKMT/*Matthießen* § 7 Rn. 30.

[2] BKMT/*Matthießen* § 7 Rn. 30. Zu bestehenden Insolvenzsicherungssystemen für die betriebliche Altersversorgung in Europa: *Junker*, Internationales Arbeitsrecht im Konzern, S. 319; *Bittner*, Europäisches und internationales Betriebsrentenrecht, S. 335 ff.; Hinweise auf weiterführende Literatur zur Lage in Staaten der Europäischen Union und in Drittstaaten auch bei *Eichenhofer* IPRax 1992, 74.

[3] *Bittner*, Europäisches und internationales Betriebsrentenrecht, S. 492; *Junker*, Internationales Arbeitsrecht im Konzern, S. 318 f.; BKMT/*Matthießen* § 7 Rn. 30.

[4] Zum Statutenwechsel und der ausnahmsweise gegebenen Anwendbarkeit deutschen Rechts oben unter → Rn. 130.

[5] BAG 15.5.1992 – 3 AZR 247/91, NZA 1992, 1080 (1081); allgemein auch BAG 11.7.1995 – 3 AZR 154/95, NZA 1996, 207 (208); WHSS/*Schnitker*, Umstrukturierung J Rn. 533 ff.; *Reichel/Schmandt* C Rn. 307.

[6] BAG 7.11.2007 – 5 AZR 1007/06, NZA 2008, 530 (531).

[7] BAG 19.3.2009 – 8 AZR 722/07, NZA 2009, 1091 (1093 f.).

[8] WHSS/*Schnitker*, Umstrukturierung J Rn. 533.

[9] Allgemein für betriebliche Sozialleistungen: BAG 17.1.1980 – 3 AZR 160/79, NJW 1980, 1124 (1126); 29.10.1985 – 3 AZR 485/83, AP BetrAVG § 1 Betriebsveräußerung Nr. 4 mit Anm. *Blomeyer*. Zur Kritik an der Rechtsprechung: WHSS/*Schnitker*, Umstrukturierung J Rn. 533, 219 ff.

Betriebserwerbers, sich des „Fremdkörpers" der deutschen Versorgungsverpflichtungen zu entledigen, wird indes nicht ausreichen. Ein bloß einseitiges Bedürfnis des Betriebserwerbers ohne weiteren Vorteil für die betroffenen Arbeitnehmer – ggf. über eine etwaige Abfindung für bereits erworbene Versorgungsanwartschaften hinaus – dürfte vor dem Hintergrund der bislang von der Rechtsprechung anerkannten sachlichen Gründe keinen sachlichen Grund darstellen.

ee) Versorgungszusagen nach ausländischem Recht

Haben die Arbeitsvertragsparteien für die Versorgungszusage eines Arbeitnehmers in einem deutschen Betrieb die Anwendbarkeit ausländischen Rechts vereinbart, sei es über eine Rechtswahl für das Arbeitsverhältnis oder über eine Teilrechtswahl für die Versorgungszusage, so geht die Versorgungszusage bei einem Übergang eines deutschen Betriebs mit Verlagerung ins Ausland mit dem gewählten Recht auf den ausländischen Betriebserwerber über.[1] Das Rechtsstatut ändert sich durch die Verlagerung des Betriebes nicht, da Anknüpfungspunkt für die Bestimmung des anwendbaren Rechts nicht der gewöhnliche Arbeitsort, sondern der Wille der Vertragsparteien ist und dieser sich nicht geändert hat.[2] Sind das für die Versorgungszusage und das am neuen Betriebsort im Ausland anwendbare Recht identisch, stellen sich keine weiteren Schwierigkeiten, mit Ausnahme des Insolvenzschutzes (→ Rn. 118). Ist der neue Betriebsort in einem Drittstaat, regelt das dortige Internationale Privatrecht, inwieweit das ausländische Recht auf die Versorgungszusage einwirkt.[3] 141

2. Übergang eines deutschen Betriebs von einem ausländischen Veräußerer auf einen deutschen Erwerber

Weiterer typischer Fall eines grenzüberschreitenden Betriebsübergangs ist, dass ein deutscher Betrieb von einem ausländischen Veräußerer auf einen deutschen Erwerber übergeht und dieser unverändert in Deutschland belegen bleibt. 142

> **Beispiel:** Die französische X SA unterhält einen Produktionsbetrieb in Deutschland. Die deutsche Y GmbH erwirbt die Assets des Betriebes und führt diesen unverändert in Deutschland fort.

Bestehen gegenüber den aktiven Arbeitnehmern Versorgungszusagen auf individualrechtlicher Grundlage, gilt für den Eintritt des Erwerbers in die Versorgungszusagen nichts anderes, als wenn ein deutscher Betrieb von einem deutschen Veräußerer auf einen ausländischen Erwerber übergeht (→ Rn. 101 ff.). Das auf die Versorgungszusage anwendbare Recht folgt grundsätzlich dem für das Arbeitsverhältnis anwendbaren Recht. Nach der Regelanknüpfung des deutschen Internationalen Privatrechts kommt es für das auf das Arbeitsverhältnis anwendbare Recht wiederum auf das Recht des gewöhnlichen Arbeitsortes an und dieser verbleibt in Deutschland. Es bleibt deshalb bei einer Anwendbarkeit deutschen Rechts, solange keine abweichende Rechtswahl getroffen wurde. Der Betriebserwerber tritt nach § 613a Abs. 1 S. 1 BGB in die bestehenden Versorgungszusagen ein. Eine besondere Zustimmung der Arbeitnehmer zum Übergang der Versorgungszusage auf einen inländischen Betriebserwerber ist nicht nötig. Die maßgebliche gesetzliche Regelung (§ 613a Abs. 1 S. 1 BGB) sieht eine solche 143

---

[1] *Bittner,* Europäisches und internationales Betriebsrentenrecht, S. 492.
[2] *Franzen,* Der Betriebsinhaberwechsel nach § 613a BGB, S. 125; aA *Bittner,* Europäisches und internationales Betriebsrentenrecht, S. 492, die allerdings das Rechtsstatut an das Betriebsstatut und nicht an das Arbeitsvertragsstatut anknüpft.
[3] So wohl auch *Franzen,* Der Betriebsinhaberwechsel nach § 613a BGB, S. 126, 115 ff.

Teil II. 1. Grenzüberschreitende Umstrukturierung

Zustimmung nicht vor. Für die Fortführung der Versorgungszusagen in den bisherigen deutschem Recht unterliegenden Durchführungswegen ergeben sich keine Besonderheiten gegenüber einem Betriebsübergang in einem rein deutschen Sachverhalt.

144 Basieren die Versorgungszusagen auf einer Betriebsvereinbarung gilt bei Wahrung der Betriebsidentität die Betriebsvereinbarung nach dem Betriebsübergang auf einen deutschen Erwerber **kollektivrechtlich fort** (→ Rn. 115). Bei einer Versorgungszusage auf tarifvertraglicher Grundlage kann es auch bei einem ausländischen Betriebsveräußerer durchaus vorkommen, dass dieser der Geltung von inländischen Verbandstarifverträgen zur betrieblichen Altersversorgung unterliegt.[1] Voraussetzung hierfür ist, dass der jeweils zuständige Arbeitgeberverband Niederlassungen ausländischer Unternehmen in Deutschland die Mitgliedschaft ermöglicht. In diesem Fall gilt der Versorgungstarifvertrag kollektivrechtlich fort, wenn der Betriebserwerber ebenfalls Mitglied des tarifschließenden Arbeitgeberverbandes ist oder wird. Gleiches gilt bei einem allgemeinverbindlichen Tarifvertrag zur betrieblichen Altersversorgung. Ansonsten erfolgt bei einem Betriebsübergang auf einen deutschen Erwerber nach allgemeinen Regeln eine **Transformation** der tarifvertraglichen Regelungen, die nach § 613a Abs. 1 S. 2 BGB Bestandteil der einzelnen Arbeitsverhältnisse werden, oder es kommt bei kongruenter Tarifbindung von Betriebserwerber und übergehenden Arbeitnehmern zu einer Ablösung der Tarifregelungen nach § 613a Abs. 1 S. 3 BGB.

145 Für den **Insolvenzschutz** nach den §§ 7ff. BetrAVG führt der Übergang eines inländischen Betriebs von einem ausländischen Veräußerer auf einen deutschen Erwerber ebenfalls zu keinen besonderen Auswirkungen. Ist auf die Versorgungszusagen deutsches Recht anwendbar und bleibt der Betrieb in Deutschland belegen, gibt es einen Anknüpfungspunkt für das deutsche Insolvenzrecht, was Grundvoraussetzung für die Anwendbarkeit der §§ 7ff. BetrAVG ist (→ Rn. 118).

146 Wenn auf die **Versorgungszusagen** der Arbeitnehmer des deutschen Betriebes wegen Rechtswahl oder objektiver Anknüpfung **ausländisches Recht** Anwendung findet, stellen sich regelmäßig keine besonderen Schwierigkeiten. Die Anwendung ausländischen Rechts kann insbesondere dann gegeben sein, wenn der ausländische Betriebsveräußerer in seinem Sitzstaat eine betriebliche Altersversorgung gewährt und die Arbeitnehmer in Deutschland daran teilhaben sollen. Liegt eine individualrechtliche Versorgungszusage vor, tritt der deutsche Betriebserwerber nach § 613a Abs. 1 S. 1 BGB in diese ein.[2] Soweit eine Rechtswahl getroffen ist, tritt der Erwerber in die individualrechtliche Versorgungszusage samt gewähltem Recht ein. Schwierigkeiten treten nur dann auf, wenn der deutsche Betriebserwerber die ausländischem Recht unterstehende Versorgungszusage nicht fortführen kann, zB weil er nicht Mitglied des ausländischen Versorgungsträgers werden kann. In diesem Fall muss wegen des gesetzlich vorgegebenen Eintritts des Betriebserwerbers in die Versorgungszusage konsequenterweise gelten, dass dann eine wertgleiche betriebliche Altersversorgung auf einem anderen Durchführungsweg gemäß dem ausländischen Recht erfolgen muss.

147 Die Erstreckung eines **ausländischen Tarifvertrages** zur betrieblichen Altersversorgung auf einen Betrieb eines ausländischen Veräußerers in Deutschland dürfte eher selten sein. Auszuschließen ist dieser Fall jedoch nicht, wenn das ausländische Tarifrecht auf eine Tarifbindung des Arbeitnehmers verzichtet[3] und der Tarifvertrag auch räumlich Arbeitsverhältnisse in Deutschland erfasst. Eine kollektivrechtliche Fortgeltung nach dem Betriebsübergang wird in aller Regel ausscheiden, da der deutsche Be-

---

[1] AA *Bittner,* Europäisches und internationales Betriebsrentenrecht, S. 478.
[2] *Bittner,* Europäisches und internationales Betriebsrentenrecht, S. 478.
[3] *Bittner,* Europäisches und internationales Betriebsrentenrecht, S. 478.

triebserwerber nicht an den ausländischen Tarifvertrag gebunden ist. Folge ist die Transformation nach § 613a Abs. 1 S. 2 BGB. Kann der ausländischem Recht unterstehende Durchführungsweg nicht fortgeführt werden, etwa weil eine tarifliche Einrichtung die Versorgung durchführt, gilt auch hier, dass im Rahmen des ausländischen Rechts eine wertgleiche betriebliche Altersversorgung mit einem Durchführungsweg entsprechend dem ausländischen Recht zu gewährleisten ist. Denkbar ist hier grundsätzlich auch eine Ablösung durch einen beim Betriebserwerber bereits bestehenden Tarifvertrag zur betrieblichen Altersversorgung nach § 613a Abs. 1 S. 3 BGB. Doch wird dies am Fehlen der für eine Anwendbarkeit des beim Betriebserwerber geltenden Tarifvertrages notwendigen kongruenten Tarifbindung der übergehenden Arbeitnehmer scheitern.[1]

3. Übergang eines ausländischen Betriebs von einem ausländischen Veräußerer auf einen deutschen Erwerber

a) Betriebsübergang ohne Betriebsverlagerung nach Deutschland

Weiterer typischer Fall eines grenzüberschreitenden Betriebsübergangs ist schließlich der Übergang eines ausländischen Betriebs von einem ausländischen Veräußerer auf einen deutschen Erwerber, ohne dass der Betrieb nach Deutschland verlagert wird. **148**

> **Beispiel:** Die französische X SA betreibt einen Produktionsbetrieb in Frankreich. Die deutsche Y GmbH erwirbt die Assets des Betriebes und führt diesen unverändert am gleichen Betriebsort in Frankreich fort.

Mangels gemeinschaftsrechtlicher Regelung oder zwischenstaatlicher Vereinbarungen zu Voraussetzungen und Folgen eines grenzüberschreitenden Betriebsübergangs richtet sich die Frage des **anwendbaren Rechts** nach den Normen des Internationalen Privatrechts des Staates, dessen Gericht zur Entscheidung eines mit einem Betriebsübergang zusammenhängenden Streits angerufen wird (→ Rn. 102). Das Vorliegen und die Folgen eines Betriebsübergangs bestimmen sich aus deutscher Sicht nach dem für das Arbeitsverhältnis anwendbaren Recht.[2] Nach der **Regelanknüpfung** kommt es hierfür wiederum auf das Recht des **gewöhnlichen Arbeitsortes** an.[3] Dies führt dazu, dass sich das Vorliegen und die Folgen eines Betriebsübergangs aus deutscher Sicht grundsätzlich nach dem ausländischen Recht richten, wenn ein ausländischer Betrieb auf einen deutschen Erwerber übergeht und der Betrieb im Ausland belegen bleibt.[4] Hierbei ist im Übrigen zu beachten, dass § 613a BGB[5] und die Vorschriften des BetrAVG[6] weder über Art. 34, 6 EGBGB noch über Art. 9 Abs. 1 und 21 Rom I-VO aus deutscher Sicht zwingende Geltung beanspruchen und sich deshalb nicht gegen das Recht des im Ausland liegenden gewöhnlichen Arbeitsorts durchsetzen. **149**

---

[1] Zur Notwendigkeit einer kongruenten Tarifbindung → Rn. 113.
[2] BAG 26.5.2011 – 8 AZR 37/10, NZA 2011, 1143 (1145) mwN; *Cohnen,* FS ARGE Arbeitsrecht 2006, 595 (600 ff.), *Franzen,* Der Betriebsinhaberwechsel nach § 613a BGB, S. 74 ff.; *Däubler,* FS Kissel 1994, 119 (125); aA *Bittner,* Europäisches und internationales Betriebsrentenrecht, S. 464 f.
[3] Art. 30 Abs. 2 Nr. 1 EGBGB, Art. 8 Abs. 1 Rom I-VO.
[4] Im Ergebnis auch *Bittner,* Europäisches und internationales Betriebsrentenrecht, S. 479, die allerdings an das Betriebsstatut anknüpft.
[5] BAG 29.10.1992 – 2 AZR 267/92, NZA 1993, 743 (748 f.); Palandt/*Thorn* Art. 9 Rom I Rn. 9, § 21 Rom I Rn. 5.
[6] BRO/*Rolfs* Einl. Rn. 70 mwN; *Höfer,* BetrAVG ART Rn. 1376; aA *Birk,* FS Müller 1981, 31 (46 f.) für §§ 1–6, 16 BetrAVG.

Teil II. 1. Grenzüberschreitende Umstrukturierung

150 Bereits innerhalb der Europäischen Union und des Europäischen Wirtschaftsraums sind die Rechtsfolgen eines Betriebsübergangs für die betriebliche Altersversorgung sehr unterschiedlich geregelt.[1] Für **Großbritannien** gilt etwa, dass Rechte und Pflichten aus betrieblicher Altersversorgung vom Übergang auf einen Betriebserwerber ausgenommen sind.[2] Allerdings ist dabei zu beachten, dass Arbeitnehmer, die an einer betrieblichen Altersversorgungsregelung *(occupational pension scheme)* des Betriebsveräußerers teilnehmen, seit dem 6.4.2005 zu einer bestimmten Mindestpension durch den Betriebserwerber berechtigt sind.[3] In **Irland** gilt, dass Verpflichtungen aus betrieblicher Altersversorgung nicht auf den Betriebserwerber übergehen.[4] Allerdings ist der Betriebserwerber gegenüber aktiven und bereits ausgeschiedenen Arbeitnehmern verpflichtet, Versorgungsansprüche und Anwartschaften zu schützen.[5] In den **Niederlanden** etwa gelten schließlich wiederum differenzierte Regelungen je nach dem, auf welcher Rechtsgrundlage die Versorgungszusagen beruhen und ob beim Betriebserwerber bereits eine betriebliche Altersversorgung besteht.[6]

b) Betriebsübergang mit Betriebsverlagerung nach Deutschland

151 Denkbar ist auch, dass im Zuge eines Betriebsübergangs von einem ausländischen Veräußerer auf einen deutschen Erwerber ein ausländischer Betrieb nach Deutschland verlagert wird.

> **Beispiel:** Die französische X SA betreibt einen Produktionsbetrieb in Frankreich. Sie stellt die Produktion ein. Die deutsche Y GmbH erwirbt unmittelbar danach die Assets und verbringt sie unverzüglich nach Deutschland, wo sie den Betrieb aufnimmt und unverändert weiterführt.

152 Aus Sicht des deutschen Internationalen Privatrechts ist dieser Fall kollisionsrechtlich nicht anders zu behandeln als der Fall eines Betriebsübergangs von einem ausländischen Veräußerer auf einen deutschen Erwerber ohne Betriebsverlagerung nach Deutschland (→ Rn. 148 ff.). Die Voraussetzungen und die Folgen eines Betriebsübergangs bestimmen sich nach dem Arbeitsvertragsstatut.[7] Nach der **Regelanknüpfung** des deutschen Internationalen Privatrechts kommt es hierfür wiederum auf den **gewöhnlichen Arbeitsort** an.[8] Der gewöhnliche Arbeitsort liegt hierbei zunächst im Ausland, so dass das ausländische Recht des Staates Anwendung findet, in dem sich der Betrieb bislang befand. Nach der Verlagerung des Betriebes kommt es für Arbeitnehmer, die nach Deutschland wechseln, zum Wechsel des Arbeitsorts und damit zum

---

[1] Vertiefende Nachweise zu verschiedenen Regelungen zum Betriebsübergang in Europa bei *Bittner*, Europäisches und internationales Betriebsrentenrecht, S. 482 in Fn. 136.

[2] Henssler/Braun/*Harth/Taggart*, Arbeitsrecht in Europa, Großbritannien Rn. 18; vgl. auch *Bittner*, Europäisches und internationales Betriebsrentenrecht, S. 479 f.

[3] Henssler/Braun/*Harth/Taggart*, Arbeitsreht in Europa, Großbritannien Rn. 18.

[4] Henssler/Braun/*Erken*, Arbeitsrecht in Europa, Irland Rn. 23; *Bittner*, Europäisches und internationales Betriebsrentenrecht, S. 480 f.

[5] Henssler/Braun/*Erken*, Arbeitsrecht in Europa, Irland Rn. 23; *Bittner*, Europäisches und internationales Betriebsrentenrecht, S. 480 f.

[6] Henssler/Braun/*Hoogendorn/Rogmans*, Arbeitsrecht in Europa, Niederlande Rn. 31.

[7] BAG 29.10.1992 – 2 AZR 267/92, NZA 1993, 743 (745); 26.5.2011 – 8 AZR 37/10, NZA 2011, 1143 (1145) mwN; MHdBArbR/*Oetker* § 11 Rn. 99.

[8] Die Verordnung 593/2008/EG (Rom I) gilt gemäß Art. 28 für ab dem 17.12.2009 abgeschlossene Arbeitsverträge und hat die Art. 27 ff. EGBGB abgelöst. Für bis einschließlich zum 16.12.2009 abgeschlossene Arbeitsverträge gelten Art. 27 ff. EGBGB einschließlich der Regelanknüpfung nach Art. 30 Abs. 2 Nr. 1 EGBGB.

Statutenwechsel. Konsequenterweise muss für die Frage des Zeitpunkts des **Statutenwechsels** das Gleiche gelten wie bei einer Verlagerung eines deutschen Betriebes in das Ausland (→ Rn. 127). Der kollisionsrechtliche Anknüpfungspunkt, der Ort der regelmäßigen Arbeitsleistung, ist der Gleiche. Dies bedeutet für den Regelfall einer fehlenden Rechtswahl, dass das bisher für die Versorgungszusage anwendbare ausländische Recht auch nach der Verlagerung nach Deutschland solange gilt, bis der Arbeitnehmer jeweils arbeitsvertraglich verpflichtet ist, am neuen Betriebsort tätig zu werden (→ Rn. 127). Voraussetzungen und Folgen eines Betriebsübergangs für die Versorgungszusage richten sich deshalb nach ausländischem Recht. Kommt es dann wie im Regelfall zeitlich nachfolgend zum Statutenwechsel muss auch hier konsequenterweise gelten, dass bereits abgeschlossene Tatbestände, wie zB die bereits erreichte Unverfallbarkeit von Versorgungsanwartschaften, vom deutschen Recht anerkannt werden müssen. Eine Ablösung der Versorgungszusage richtet sich dann ebenfalls nach den Voraussetzungen deutschen Rechts. Kommt es zu Friktionen mit dem ausländischen Recht, insbesondere weil das deutsche Recht den bisherigen Durchführungsweg der Versorgungszusage nicht kennt, gilt nichts anderes, als bei einem rein nationalen Sachverhalt, in dem der Betriebserwerber die Versorgungszusage nicht unverändert fortführen kann, indem er zB nicht Mitglied der die Versorgung durchführende Pensionskasse werden kann. Er hat eine wertgleiche Versorgung nach einem Durchführungsweg des deutschen Betriebsrentenrechts zu gewährleisten. Hier muss insbesondere im Vertrag über die Veräußerung der Assets geregelt werden, dass der Erwerber einen Ausgleich erhält, zB in Form einer Kaufpreisminderung, für die noch im Ausland erworbenen Dienstzeiten, für die der Betriebserwerber einstehen muss.

4. Grenzüberschreitende Verschmelzung und SE-Gründung

Das UmwG kennt verschiedene Formen der Umwandlung ohne grenzüberschreitenden Bezug: Verschmelzung, Spaltung, Vermögensübertragung und Formwechsel (vgl. § 1 Abs. 1 UmwG).[1] Daneben hält das UmwG allerdings die Möglichkeit einer grenzüberschreitenden Verschmelzung nach den §§ 122a ff. UmwG bereit, bei der Kapitalgesellschaften über Ländergrenzen hinweg verschmolzen werden. § 324 UmwG sieht vor, dass bei Verschmelzungen, wozu auch grenzüberschreitende Verschmelzungen gehören,[2] § 613a Abs. 1, 4–6 BGB neben den Vorschriften des UmwG anwendbar bleiben. Da es sich bei § 324 UmwG um eine **Rechtsgrundverweisung** handelt, ist bei jeder grenzüberschreitenden Verschmelzung zu prüfen, ob die Voraussetzungen eines Betriebsübergangs vorliegen.[3] Bei einer **Hineinverschmelzung** nach Deutschland ändert sich für die betriebliche Altersversorgung der Arbeitnehmer in den inländischen Betrieben der deutschen Gesellschaft, auf die die Verschmelzung erfolgt, nichts. Es verbleibt unabhängig von einer individualrechtlichen oder kollektivrechtlichen Grundlage bei der erteilten Versorgungszusage, die gewählten Durchführungswege werden unverändert fortgeführt. Ebenso verbleibt es unverändert beim bisherigen Insolvenzschutz, da die Arbeitnehmer der inländischen Betriebe nicht auf einen anderen Arbeitgeber übergehen. Die Auswirkungen für die Versorgungszusagen der Arbeitnehmer der ausländischen Betriebe richten sich nach dem jeweiligen ausländischen Recht.

153

---

[1] BKMT/*Köstler* § 2 Rn. 30 ff. mit anschaulichen Übersichten.
[2] Simon/*Hinrichs* NZA 2008, 391 (396).
[3] Hierfür allgemein bei den Tatbeständen des § 324 UmwG: BAG 25.5.2000 – 8 AZR 416/99, NZA 2000, 1115 (1117); Dauner-Lieb/Simon/*Hohenstatt/Schramm*, § 324 Rn. 5; Kallmeyer/ Willemsen, § 324 Rn. 6; Semler/Stengel/*Simon*, § 324 Rn. 3. AA: *Kreßel* BB 1995, 925 (928); *Bachner* NJW 1995, 2881 (2882).

154 Bei einer **Hinausverschmelzung** einer deutschen Gesellschaft auf eine Gesellschaft mit Sitz im Ausland stellt dies allerdings im Falle des Vorliegens der Voraussetzungen eines Betriebsübergangs – was der Regelfall ist – für die deutschen Betriebe den Erwerb durch einen ausländischen Erwerber dar. Grundsätzlich gelten deshalb auch die gleichen Regelungen wie bei einem Übergang eines deutschen Betriebes von einem deutschen Veräußerer auf einen ausländischen Erwerber (→ Rn. 101). Besonderheiten bestehen allerdings insofern, als der Betriebsveräußerer naturgemäß erlischt und er deshalb abweichend von § 613a Abs. 2 BGB nicht mehr für Versorgungszusagen übergehender Arbeitnehmer haftet. Vielmehr ist der ausländische Betriebserwerber als Gesamtrechtsnachfolger alleine für die Versorgungszusagen verantwortlich (vgl. §§ 122a Abs. 2, 20 Abs. 1 S. 1 Nr. 1 UmwG). Für eine Versorgungszusage auf Basis **tarifvertraglicher Grundlage** ist zu beachten, dass auch die Gesamtrechtsnachfolge wegen des höchstpersönlichen Charakters der Mitgliedschaft im Arbeitgeberverband nicht automatisch zu einer Mitgliedschaft des Betriebserwerbers führt und damit nicht zu einer kollektivrechtlichen Fortgeltung führt.[1] Eine kollektivrechtliche Fortgeltung eines Verbandstarifvertrages kommt deshalb nur bei einem Eintritt des ausländischen Erwerbers in den tarifschließenden Arbeitgeberverband oder einer Allgemeinverbindlicherklärung des Tarifvertrages in Betracht. Firmentarifverträge gehen allerdings im Rahmen einer Gesamtrechtsnachfolge auf den Erwerber über, so dass es bei einer Versorgungszusage auf Grund eines Firmentarifvertrages bei einer kollektivrechtlichen Fortgeltung verbleibt.[2] Für den **Durchführungsweg** der betrieblichen Altersversorgung gilt im Übrigen, dass jedenfalls im Grundsatz der ausländische Erwerber wegen des Vorliegens einer Gesamtrechtsnachfolge anders als bei einem sonstigen grenzüberschreitenden Betriebsübergang in die Rechtsverhältnisse des Betriebsveräußerers mit externen Versorgungsträgern eintritt.[3] Auch ohne Zustimmung des externen Versorgungsträgers rückt er deshalb grundsätzlich in die Rechtsstellung des Veräußerers ein, zB in bestehende Direktversicherungen ein oder übernimmt die Trägereigenschaft für eine Unterstützungskasse.[4]

155 Nicht anders als eine grenzüberschreitende Verschmelzung führt eine **SE-Gründung** zu einer Gesamtrechtsnachfolge der SE,[5] außerdem gehen die Rechte und Pflichten der beteiligten Gründungsgesellschaften hinsichtlich der Beschäftigungsbedingungen auf die SE über (§ 29 Abs. 4 SE-VO).[6] Hier manifestiert sich insoweit ebenfalls ein Fall des Betriebsübergangs und dies ist insoweit das „**SE-rechtliche Pendant**" zu §§ 324 UmwG, 613a Abs. 1, 4–6 BGB.[7] Im Grundsatz gilt deshalb für das Schicksal von Versorgungszusagen nichts anderes als bei einer grenzüberschreitenden Verschmel-

---

[1] Allgemein hierzu BAG 4.12.1974 – 5 AZR 75/74, AP TVG § 3 Nr. 2; 5.10.1993 – 3 AZR 586/92, NZA 1994, 848 (849); 13.7.1994 – 4 AZR 555/93, NZA 1995, 479 (480); WHSS/*Hohenstatt*, Umstrukturierung E Rn. 100 mwN; Dauner-Lieb/Simon/*Hohenstatt*/*Schramm* § 324 Rn. 39ff. mwN; Wiedemann/*Oetker* § 3 Rn. 209.

[2] Zum Eintritt in Firmentarifverträge: BAG 20.6.2001 – 4 AZR 295/00, NZA 2002, 517 (518); 4.7.2007 – 4 AZR 491/06, NZA 2008, 307 (310); HWK/*Willemsen/Müller-Bonanni* § 613a BGB Rn. 262; Dauner-Lieb/Simon/*Hohenstatt*/*Schramm* § 324 Rn. 42; Wiedemann/*Oetker* § 3 Rn. 193; *Däubler* RdA 1995, 136 (140).

[3] Zu damit verbundenen Problemen im Rahmen eines Betriebsübergangs außerhalb einer grenzüberschreitenden Verschmelzung → Rn. 105 ff.

[4] Siehe aber *Kemper/Hey* BB 2009, 720 (722 ff.) zu möglichen Ausnahmen bei Unterstützungskassen, die in der Rechtsform eines eingetragenen Vereins organisiert sind.

[5] Dazu etwa Lutter/Hommelhoff/*Bayer* Art. 29 SE-VO Rn. 13.

[6] KölnK/*Maul* Art. 29 SE-VO Rn. 14; Lutter/Hommelhoff/*Bayer* Art. 29 SE-VO Rn. 13; Spindler/Stilz/*Casper* Art. 29 SE-VO Rn. 8; MüKoAktG/*Schäfer* § 29 SE-VO Rn. 10.

[7] KölnK/*Maul* Art. 29 SE-VO Rn. 14; Lutter/Hommelhoff/*Bayer* Art. 29 SE-VO Rn. 13; MüKoAktG/*Schäfer* § 29 SE-VO Rn. 10.

zung. Eine Besonderheit gilt jedoch insofern, als anders als bei einer grenzüberschreitenden Verschmelzung wegen der gesetzlichen Anordnung in § 29 Abs. 4 IV SE-VO auch Verbandstarifverträge kollektivrechtlich fortgelten.[1]

---

[1] MüKoAktG/*Schäfer* § 29 SE-VO Rn. 10; Spindler/Stilz/*Casper* Art. 29 SE-VO Rn. 8; Lutter/Hommelhoff/*Bayer* Art. 29 SE-VO Rn. 13.

B. Auslandsgesellschaften im Konzern
I. Holding im Ausland
1. Keine Zurechnung zur Auslandsgesellschaft

156 Die beiden in der Praxis relevanten Gesetze zur unternehmerischen Mitbestimmung, DrittelbG und MitbestG, sind in ihrem Anwendungsbereich auf Inlandssachverhalte beschränkt;[1] die Normen, wonach Arbeitnehmer der Konzernspitze zur Bestimmung der Schwellenwerte zugerechnet werden (§ 5 MitbestG, § 2 Abs. 2 DrittelbG), erfordern eine inländische Konzernspitze und erfassen demgemäß keine Konzerngesellschaften im Ausland.

157 Vor diesem Hintergrund können deutsche Tochterunternehmen unter einer Auslandsholding „aufgehängt" sein, ohne dass bei dieser ein mitbestimmter Aufsichtsrat errichtet werden muss. Sofern diese aber jeweils mehr als 500 Arbeitnehmer beschäftigen, ist bei den deutschen Tochterunternehmen die Mitbestimmung nach dem DrittelbG zu beachten, ab 2000 Mitarbeitern ist das MitbestG anwendbar. Wenn eine GmbH & Co. KG errichtet ist und die Komplementärgesellschaft nicht mehr als 500 Arbeitnehmer beschäftigt, ist bis zu einem Schwellenwert von 2000 Mitarbeitern kein mit Arbeitnehmervertretern (drittel-)mitbestimmter Aufsichtsrat zu bilden.

2. Abschluss von Beherrschungsverträgen

158 Die unternehmerische Mitbestimmung kann ausgeschlossen sein, wenn ein ausländisches Unternehmen im Inland eine Konzernstruktur mit über 2000 Arbeitnehmern – bestehend aus einer Zwischenholding (zB als GmbH oder AG) und verschiedenen Tochtergesellschaften – erwirbt. Grundsätzlich erfolgt eine Zurechnung der Arbeitnehmer der Tochterunternehmen zu der inländischen Zwischenholding gem. § 5 Abs. 3 MitbestG. Sofern diese Allein- oder Mehrheitseignerin der Tochtergesellschaften ist, wird nach §§ 17 ff. AktG das Bestehen eines Konzerns, der Voraussetzung für eine Zurechnung ist, vermutet. Diese Vermutung kann richtigerweise widerlegt werden, wenn eine ausländische Obergesellschaft mit den jeweiligen Enkelunternehmen im Inland Beherrschungsverträge abschließt;[2] der die Zurechnung zur inländischen Zwischenholding begründende Tatbestand wird eliminiert, da diese die nachgeschalteten inländischen Gesellschaften nicht mehr beherrscht.[3]

159 Überwiegend haben trotz bestehender Beherrschungsverträge zwischen der ausländischen Gesellschaft und den deutschen Enkelunternehmen Gerichte dennoch eine Zurechnung bejaht und damit die Bildung eines mitbestimmten Aufsichtsrates bei der internationalen Zwischenholding bestätigt.[4] Das OLG Düsseldorf zB lässt für die Annahme einer fiktiven Konzernspitze im Inland als mitbeteiligungsrechtlich relevantes „Zurechnungsobjekt" allein die kapitalmäßige Verflechtung von Zwischenholding und den ihr nachgeordneten Konzerngesellschaften ausreichen.[5]

---

[1] UHH/*Ulmer/Habersack*, § 1 MitbestG Rn. 6.
[2] Zur Wirksamkeit dieser Verträge: OLG Düsseldorf 30.10.2006 – I-26 W 14/06 AktE, ZIP 2006, 2375 ff.; *Henssler* ZfA 2005, 297 mwN.
[3] So insbesondere *Henssler* RdA 2005, 332; *Nienerza*, Geschichte, Entwicklung und Zukunft der Mitbestimmung in Deutschland, S. 106 f.
[4] OLG Düsseldorf 30.10.2006 – I-26 W 14/06 AktE, ZIP 2006, 2375 ff.; OLG Stuttgart 30.3.1995 – 8 W 355/93, NJW-RR 1995, 1067 ff.; dem folgend OLG Frankfurt a. M. 21.4.2008 – 20 W 342/07, DB 2008, 1032.
[5] OLG Düsseldorf 30.10.2006 – I-26 W 14/06 AktE, ZIP 2006, 2375 ff.; in diesem Sinne auch OLG Düsseldorf 4.7.2013 – I-26 W 13/08 (AktE), 26 W 13/08 (AktE).

Diese Auffassung ist jedoch abzulehnen. Erforderlich ist vielmehr, dass die deutsche **160** Teilkonzernspitze noch gewisse Mindestfunktionen einer Konzernleitung ausübt.[1] Ansonsten würde das MitbestG zur Bildung eines Aufsichtsrates bei einer Zwischenholding führen, die keinen entscheidenden Einfluss auf die nachgeschalteten Gesellschaften ausüben kann. Die schlichte formelle Wahl eines mitbestimmten, aber faktisch funktionslosen Aufsichtsrates ist vom Zweck des MitbestG nicht geschützt. Ist zwischen der ausländischen Holding und den deutschen Enkelunternehmen ein Beherrschungsvertrag geschlossen worden, übt die Zwischengesellschaft im Inland aber regelmäßig keine entsprechenden Leitungsbefugnisse aus. Dies schließt auch eine Zurechnung der Arbeitnehmer gem. § 5 Abs. 3 MitbestG zumindest im Verhältnis von Tochter- zu Enkelgesellschaft durch den mit der ausländischen Holding abgeschlossenen Beherrschungsvertrag aus.[2] Für die Praxis ist bis zu einer abweichenden höchstrichterlichen Entscheidung auf Grundlage der überwiegenden Ansicht in der Rechtsprechung aber davon auszugehen, dass die bloße mehrheitliche Gesellschaftsbeteiligung für eine Zurechnung nach § 5 Abs. 3 MitbestG ausreichend ist.

II. Mitbestimmung in ausländischen Tochtergesellschaften und Betriebsstätten

Eine ausländische Gesellschaft unterliegt grundsätzlich nicht der deutschen Mitbestimmung. Rechtlich unselbständige Betriebsstätten im Ausland sind ebenfalls nicht vom Geltungsbereich der Mitbestimmungsgesetze erfasst;[3] die dort beschäftigten Arbeitnehmer sind daher mit Blick auf die mitbestimmungsrechtlich relevanten Schwellenwerte irrelevant.[4] Ob ein Aufsichtsrat nach dem DrittelbG oder MitbestG errichtet werden muss, entscheidet sich folglich grundsätzlich ausschließlich aufgrund der Beschäftigtenzahl einer von DrittelbG oder MitbestG erfassten Gesellschaftsform im Inland.[5] **161**

Eine ausländische Gesellschaft kann eine selbständige oder unselbständige Niederlassung[6] in Deutschland errichten. Beide Formen sind dadurch gekennzeichnet, dass sie keine juristischen Personen sind.[7] Schon aus dem Grund gelten die deutschen Mitbestimmungsregelungen nicht unmittelbar für die Niederlassungen.[8] Es stellt sich aber die Frage, ob das deutsche Mitbestimmungsrecht für die Gesellschaft im Ausland – vermittelt durch die inländische Niederlassung – zu beachten ist. Welches Gesellschaftsstatut auf ein Unternehmen Anwendung findet, beurteilt der EuGH grundsätz- **162**

---

[1] OLG Celle 22.3.1993 – 9 W 130/92, BB 1993, 959; LG Hamburg 26.6.1995 – 321 T 61/94, AG 1996, 89f.; HWK/*Seibt*, § 5 MitbestG Rn. 12; ErfK/*Oetker* § 5 MitbestG Rn. 21; siehe *Brügel/ Tillkorn,* GmbHR 2013, 459 ff. zu den Besonderheiten bei einer GmbH & Co. KG.
[2] So auch *Henssler* ZfA 2005, 307 f.
[3] OLG Stuttgart 30.3.1995 – 8 W 355/93, ZIP 1995, 1004; WHSS/*Seibt,* Umstrukturierung F Rn. 148.
[4] Darin wird teilweise eine Verletzung der Arbeitnehmerfreizügigkeit gesehen: *Hellwig/Behme* AG 2009, 261; vgl. hierzu *Krause* AG 2012, 485.
[5] HM Erfk/*Oetker,* § 1 MitbestG Rn. 7, jüngst aA LG Frankfurt 16.2.2015 – 3-16 O 1/14, ZIP 2015, 634.
[6] Die selbständige Niederlassung weist eine gewisse Eigenständigkeit gegenüber der ausländischen Muttergesellschaft auf. Die unselbständige Niederlassung ist hingegen lediglich räumlich von der Hauptunternehmung separiert, organisatorisch liegt aber keinerlei Trennung vor.
[7] Baumbach/Hopt/*Hopt,* § 13 HGB Rn. 4; MüKoAktG/*Doralt/Bachner,* § 13 HGB Rn. 22.
[8] MüKoAktG/*Gach,* § 1 MitbestG Rn. 13. Etwas anderes gilt für die Tochtergesellschaften der ausländischen Gesellschaft im Inland, auf die das deutsche Mitbestimmungsrecht unmittelbar Anwendung finden kann.

lich danach, in welchem Staat es gegründet wurde (Gründungstheorie).[1] Daraus folgt, dass für die Niederlassung einer ausländischen Gesellschaft im Inland das deutsche Mitbestimmungsrecht nicht gelten kann.[2]

163 Durch eine Gründung im Ausland und **Errichtung von Niederlassungen im Inland** kann also bei Anwendung der Gründungstheorie das deutsche Mitbestimmungsrecht vermieden werden. Zwar wird teilweise gefordert, auch solche Unternehmen der deutschen Mitbestimmung zu unterwerfen.[3] Dagegen spricht aber neben der kaum durchführbaren praktischen Umsetzbarkeit, dass ein dem ausländischen Recht unterliegendes Unternehmen nicht verpflichtet werden kann, Gremien der deutschen Mitbestimmung zu errichten. Die Arbeitnehmer der inländischen Niederlassung einer ausländischen Gesellschaft sind damit auch dann mitbestimmungsrechtlich nicht zu berücksichtigen, wenn diese **nur formal ihren Sitz im Ausland** hat, sich die Verwaltung aber im Inland befindet.[4]

---

[1] EuGH 30.9.2003 – C-167/01, NJW 2003, 3331 – „*Inspire Art*"; siehe auch: BGH 12.7.2011 – II ZR 28/10, ZIP 2011, 1837; 14.3.2005 – II ZR 5/03, ZIP 2005, 805; WHSS/*Seibt,* Umstrukturierung F Rn. 148.
[2] OLG Stuttgart 30.3.1995 – 8 W 355/93, ZIP 1995, 1004; ErfK/*Oetker* § 1 MitbestG Rn. 3; *Götze/Winzer/Arnold* ZIP 2009, 247.
[3] *Staudinger/Großfeld,* Internationales Gesellschaftsrecht, Rn. 221 f.
[4] WHSS/*Seibt,* Umstrukturierung F Rn. 148.

C. Ersetzung einer deutschen Komplementärgesellschaft

Nach dem deutschen Mitbestimmungsrecht ist für die Errichtung und Besetzung von Aufsichtsräten entscheidend, wie viele Arbeitnehmer in einer Gesellschaft beschäftigt sind. Bei einer inländischen Kapitalgesellschaft & Co. KG erfolgt eine Zurechnung der Arbeitnehmer der KG zu der Komplementärin, wenn Letztgenannte selbst nicht mehr als 500 Arbeitnehmer beschäftigt (§ 4 Abs. 1 S. 1 MitbestG). Wird durch diese Zurechnung die Gesamtarbeitnehmerzahl von 2000 Arbeitnehmern überschritten, ist bei der Komplementärin ein **paritätisch besetzter Aufsichtsrat** einzurichten, selbst wenn diese arbeitnehmerlos ist oder unter 500 Arbeitnehmer beschäftigt. Eine solche Zurechnungsnorm existiert ausschließlich im MitbestG; das DrittelbG sieht eine Entsprechung hingegen nicht vor. 164

Für eine GmbH & Co. KG gilt demnach folgendes: 165

Hat eine Komplementär-GmbH selbst mehr als 500 eigene Arbeitnehmer, muss ein **drittelparitätisch** besetzter Aufsichtsrat errichtet werden.[1] Eine Zurechnung der Arbeitnehmer der KG erfolgt nicht. Liegt die Zahl der eigenen Arbeitnehmer der Komplementärgesellschaft unter 500, gelten die Mitarbeiter der KG als solche der GmbH.[2] Liegt die Gesamtzahl der Arbeitnehmer dann über 2000, ist nach dem MitbestG grundsätzlich ein **paritätisch besetzter Aufsichtsrat** bei der Komplementärin zu errichten. Bei einer Summe zwischen 500 und 2000 Arbeitnehmern ist bei der Komplementär-GmbH kein mitbestimmter Aufsichtsrat zu bilden.

Das MitbestG sieht eine derartige Zurechnung allerdings nur dann vor, wenn die Komplementärin der KG in einer von § 1 Abs. 1 Nr. 1 MitbestG **enumerativ erfassten Gesellschaftsformen** errichtet wurde (AG, KGaA, GmbH oder Genossenschaft). Bei einer anderen Rechtsform der Komplementärin der KG, zB bei einer ausländischen Kapitalgesellschaft, ist eine Zurechnung ausgeschlossen.[3] Wird also bei einer GmbH & Co. KG die Komplementär-GmbH durch eine ausländische Gesellschaft, zB eine britische Ltd. oder eine niederländische BV, ersetzt oder wird die Rechtsform der Komplementärin entsprechend „geändert" zB durch eine grenzüberschreitende Verschmelzung, kommt es notwendigerweise zu **Veränderungen in der Unternehmensmitbestimmung**.[4] Der bislang bei der Komplementärgesellschaft einzurichtende Aufsichtsrat entfällt. Für die KG selbst gelten die Mitbestimmungsregelungen des MitbestG und des DrittelbG nicht. Selbst wenn die KG also mehr als 2000 Arbeitnehmer beschäftigt, ist ein Aufsichtsrat weder bei dieser noch bei der ausländischen Komplementär-Gesellschaft zu errichten. Die ausländische Kapitalgesellschaft unterliegt selbst nicht dem deutschen Mitbestimmungsrecht;[5] eine Zurechnung der Arbeitnehmer der KG über § 4 Abs. 1 S. 1 MitbestG kommt nicht in Betracht.[6] 166

---

[1] Vgl. §§ 1 Abs. 1 Nr. 3, 4 Abs. 1 DrittelbG.
[2] Vgl. § 4 Abs. 1 S. 1 MitbestG.
[3] *Nienerza*, Geschichte, Entwicklung und Zukunft der Mitbestimmung in Deutschland, S. 140; *Götze/Winzer/Arnold* ZIP 2009, 250; *Wisskirchen/Bissels/Dannhorn* DB 2007, 2260; *Henssler* RdA 2005, 332.
[4] OLG Stuttgart 30.3.1995 – 8W 355/93, ZIP 1995, 1004; *Wisskirchen/Bissels/Dannhorn* DB 2007, 2260; *Henssler* RdA 2005, 332.
[5] Vgl. § 1 Abs. 1 Nr. 1 MitbestG; § 1 Abs. 1 DrittelbG.
[6] Von dieser Möglichkeit haben bereits 43 Unternehmen in Deutschland Gebrauch gemacht, vgl. Statistik in *Sick/Pütz* WSi-Mitteilungen 1/2011, 34 (Stand 10/2010).

D. Grenzüberschreitende Sitzverlegung

I. Sitzverlegung in das Inland

1. Entwicklung der Rechtsprechung

167 Nach der vom EuGH[1] vertretenen **Gründungsanknüpfung** für die Zuordnung einer Gesellschaft zu einem bestimmten Rechtssystem – dem Gesellschaftsstatut – kommt es darauf an, in welchem Staat eine Gesellschaft gegründet worden ist. Wird diese im Ausland errichtet und der Verwaltungssitz sodann nach Deutschland verlegt, ist aufgrund der Gründungstheorie die deutsche Mitbestimmung nicht anwendbar, weil sich das Gesellschaftsstatut nicht ändert.

168 Im Lichte der jüngeren Rspr. des EuGH hat der BGH seine alte Ansicht weitgehend aufgegeben; dieser beurteilt die Frage der Zuordnung zu einer Rechtsordnung nunmehr ebenfalls nach dem **Staat der Gründung der Gesellschaft**[2] und nicht mehr nach deren Sitz.[3] Der BGH[4] hatte dem EuGH zunächst die Frage vorgelegt, ob die bisherige Anknüpfung **mit der Niederlassungsfreiheit vereinbar** ist. Der EuGH hat diese Frage verneint.[5] In der „**Daily-Mail**"-Entscheidung aus dem Jahr 1988 ist der EuGH hingegen noch davon ausgegangen, dass eine Gesellschaft ihren Sitz gar nicht in einen anderen Mitgliedstaat verlegen könne. Die Niederlassungsfreiheit werde dadurch nicht unzulässig beeinträchtigt, dass ein Mitgliedstaat Regelungen erlasse, die deren Wegzug beschränkten oder erschwerten.[6]

169 In der „**Centros**"-Entscheidung aus dem Jahr 1999 stellte der EuGH klar, dass eine Gesellschaft in einem ausländischen Mitgliedstaat eine Niederlassung errichten könne. Beschränkungen, zB höhere Anforderungen an die Einzahlung von Gesellschafterkapital bei der sonst erforderlichen Neugründung, würden die Niederlassungsfreiheit in unzulässiger Weise beschneiden. Das gelte selbst dann, wenn die Niederlassung dazu diene, in dem jeweiligen Land die gesamte Geschäftstätigkeit der Unternehmen auszuüben, ohne an die gesetzlichen Regelungen für inländische Gesellschaften gebunden zu sein.[7]

170 In der Rechtssache „**Überseering**" ist der EuGH in Jahr 2002 noch einen Schritt weiter gegangen: Danach müsse eine Gesellschaft aus einem Mitgliedstaat der EU bzw. aus dem EWR von jedem Mitgliedstaat als Gesellschaft des Gründungslandes **anerkannt werden**. Wenn ein Unternehmen seinen tatsächlichen Verwaltungssitz in einen anderen Staat verlege, müsse dies von dem aufnehmenden Mitgliedstaat anerkannt werden. Der Mitgliedstaat dürfe nicht verlangen, dass die Gesellschaft aufgelöst und nach inländischem Recht neu gegründet werde.[8]

171 Noch deutlicher machte der EuGH seine Position in der „**Inspire-Art**"-Entscheidung aus dem Jahr 2003: Es stelle noch keinen Missbrauch der Niederlassungsfreiheit dar, wenn eine Gesellschaft ausschließlich in einem anderen Mitgliedstaat als dem

---

[1] EuGH 30.9.2003 – C-167/01, NJW 2003, 3331 – „Inspire Art"; 5.11.2002 – C-212/97, DB 2002, 2425 – „Überseering"; 9.03.1999 – C-212/97, NJW 1999, 2027 – „Centros".
[2] BGH 13.3.2003 – VII ZR 370/98, NJW 2003, 1461.
[3] BGH 12.7.2011 – II ZR 28/10, NJW 2011, 3372.
[4] BGH 30.3.2000 – VII ZR 370/98, DB 2000, 1114.
[5] Hierzu → Rn. 173; vgl. EuGH 5.11.2002 – C-212/97, DB 2002, 2425 – „Überseering".
[6] EuGH 27.9.1988 – C-81/87, NJW 1989, 2186 – „Daily-Mail".
[7] EuGH 9.3.1999 – C-212/97, NJW 1999, 2027 – „Centros".
[8] EuGH 5.11.2002 – C-212/97, DB 2002, 2425 – „Überseering".

Gründungsstaat tätig sei.[1] Eingeschränkt wird dies allerdings durch das Urteil in der Sache **„Cadbury Schweppes"** im Jahr 2006. Der EuGH hat darauf hingewiesen, dass sich nicht jede Gesellschaft auf die Niederlassungsfreiheit berufen könne, wenn diese in **missbräuchlicher Weise** nur dazu dienen solle, sich einer nachteiligen gesetzlichen Regelung zu entziehen, dabei aber **fernab der „wirtschaftlichen Realität"** agiere.[2] Eine trennscharfe Abgrenzung, wann sich eine Gesellschaft mit Sitz im Ausland und Tätigkeit im Inland auf den Schutz der Niederlassungsfreiheit berufen kann, gelingt dem EuGH nicht. Fest steht aber, dass diese nicht missbraucht werden darf, um sich der Anwendung einer Rechtsordnung zu entziehen. Grenzüberschreitende Verflechtungen können damit zunächst einer gerichtlichen Missbrauchskontrolle unterzogen werden, wenn sich die betreffenden Unternehmen und/oder Konzerne bei Umstrukturierungen auf die Niederlassungsfreiheit berufen wollen.

2. Anwendbarkeit des deutschen Mitbestimmungsrechts

172 Ob das deutsche Mitbestimmungsrecht vor dem Hintergrund dieser Rechtsprechung auf Gesellschaften angewendet werden muss, die ihren Sitz aus dem Aus- in das Inland verlagern, muss differenziert betrachtet werden. Das MitbestG und das DrittelbG enthalten einen **numerus clausus** der Gesellschaften, für die diese Gesetze gelten sollen. Deren Anwendungsbereich erschöpft sich in einer gesetzlich festgelegten Gruppe deutscher Gesellschaftsformen. **Ausländische Rechtsformen werden nicht erfasst.** Eine unmittelbare Anwendung auf Unternehmen, die zwar in Deutschland tätig sind, ihre ausländische Rechtsform auf Grundlage der Rechtsprechung des EuGH aber beibehalten können, ist nach geltendem Recht folglich ausgeschlossen.[3]

173 Um zu verhindern, dass unter Einbeziehung einer an sich mitbestimmungsfreien ausländischen Gesellschaft, die ihren Sitz in das Inland verlegt, das deutsche Mitbestimmungsrecht umgangen wird, wird teilweise vorgeschlagen, die Mitbestimmungsgesetze analog anzuwenden.[4] Diese Ansicht ist abzulehnen.[5] Der Wortlaut der Vorschriften zum Mitbestimmungsrecht ist eindeutig, vgl. § 1 Abs. 1 MitbestG, § 1 Abs. 1 DrittelbG. Dass in diesen Normen ein umfassender Katalog von Gesellschaften aufgeführt ist, spricht dafür, dass dieser nach dem Willen des Gesetzgebers eine **abschließende Auflistung** darstellt. Eine Analogie setzt voraus, dass eine nicht bedachte Regelungslücke vorliegt. Zwar wird der Gesetzgeber des MitbestG im Jahr 1976 noch nicht die „Überseering"-Entscheidung des EuGH[6] antizipiert und daraus geschlossen haben können, dass es zu einem vermehrten Zuzug ausländischer Gesellschaften nach Deutschland kommen wird.[7] Daraus abzuleiten, dass eine lückenhafte Regelung vorliegt, die im Wege der Analogie zu schließen ist, greift aber zu kurz. Ein Vergleich etwa mit dem BetrVG macht deutlich, dass dem Gesetzgeber das Problem der Mitbestimmung in grenzüberschreitenden Konzernen durchaus bekannt gewesen ist. Im BetrVG wird einzig an den Standort des Betriebes angeknüpft. Liegt dieser in Deutschland, finden die Regelungen des deutschen Betriebsverfassungsrechts Anwendung. Hierbei ist unerheblich, ob der Betrieb seinen rechtlichen Anknüpfungspunkt

---

[1] EuGH 30.9.2003 – C-167/01, NJW 2003, 3331 – „Inspire-Art".
[2] EuGH 12.9.2006 – C-196/04, NZG 2006, 835 – „Cadbury Schweppes".
[3] *Götze/Winzer/Arnold* ZIP 2009, 248; *Wisskirchen/Bissels/Dannhorn* DB 2007, 2258 (2260); *Kamp* BB 2004, 1496 (1498).
[4] *Franzen* RdA 2004, 257; *Knobbe-Keuk* ZHR 1990, 348.
[5] UHH/*Ulmer*, § 1 MitbestG Rn. 8a; *Weiss/Seifert* ZGR 2009, 546; *Junker* ZfA 2005, 1 ff.; *Müller-Bonanni* GmbHR 2003, 1237; *Zimmer* NJW 2003, 3590.
[6] EuGH 5.11.2002 – C-212/97, DB 2002, 2425 – „Überseering".
[7] *Kamp* BB 2004, 1498.

im Ausland hat oder nicht. Dieses **Territorialprinzip** hat der Gesetzgeber bewusst nicht für die unternehmerische Mitbestimmung übernommen; diese ist vielmehr an bestimmte Rechtsformen der Gesellschaften geknüpft. Das DrittelbG ist im Jahr 2004 und damit zeitlich deutlich nach der „Überseering"-Entscheidung des EuGH[1] in Kraft getreten. Auch darin hat der deutsche Gesetzgeber eine Anwendung der Mitbestimmungsregelungen ausschließlich an **bestimmte deutsche Rechtsformen der Gesellschaften** geknüpft. Um die deutsche Mitbestimmung auch auf solche Unternehmen Anwendung finden zu lassen, die einer ausländischen Rechtsordnung unterliegen, aber ihren Sitz nach Deutschland verlagern, bedarf es daher einer **entsprechenden gesetzlichen Regelung;**[2] ohne eine solche ist eine Erstreckung des deutschen Mitbestimmungsrechts nicht möglich. Im Ergebnis bedeutet dies, dass nach derzeitiger Rechtslage die deutsche Mitbestimmung vermieden werden kann, indem eine Gesellschaft unter dem Statut eines ausländischen Staates gegründet wird. Wird später der Verwaltungssitz nach Deutschland verlagert, hat dies keine mitbestimmungsrechtlichen Konsequenzen.[3]

II. Sitzverlegung in das Ausland

174   Nach bisheriger Rechtsprechung unterlag eine Gesellschaft dem deutschen Recht, wenn sie ihren **tatsächlichen Verwaltungssitz** in Deutschland hat.[4] Wurde dieser in das Ausland verlegt, soll dies zu einem **Verlust an unternehmerischer Mitbestimmung** führen, da das deutsche Mitbestimmungsrecht im internationalen Vergleich in der Regel strenger ist.[5]

175   Allerdings wurde ein Gesellschafterbeschluss, den Verwaltungssitz in das Ausland zu verlagern, bisher überwiegend als Auflösungsbeschluss qualifiziert.[6] Damit wäre eine Sitzverlagerung gleichbedeutend mit der Auflösung der Gesellschaft und Neugründung im Ausland. Erstgenannte zieht regelmäßig umfangreiche steuerliche Nachteile nach sich (Wegzugssteuer), so dass das Weniger an Mitbestimmung durch eine höhere Steuerbelastung wieder aufgewogen wurde.[7] Die Sitzverlegung in das Ausland war vor diesem Hintergrund wenig attraktiv.

176   In der Literatur wird aber aus der Rechtsprechung des EuGH (→ Rn. 167 ff.) abgeleitet, dass auch die sog. Wegzugsfälle von der Niederlassungsfreiheit erfasst werden. Insbesondere die Entscheidungen in den Sachen „*Hughes des Lasteyrie du Saillant*"[8] und „*Sevic*"[9] ließen den Schluss zu, dass auch der Wegzug einer Gesellschaft in das Ausland möglich sei.[10] In dem Urteil „*Hughes des Lasteyrie du Saillant*" hielt der EuGH die nach französischem Recht vorgesehene Besteuerung stiller Reserven beim Wegzug eines Gesellschafters für unvereinbar mit der Niederlassungsfreiheit. In Sachen „*Sevic*" betont der EuGH[11] die Bedeutung der grenzüberschreitenden Verschmelzung, ohne

---

[1] EuGH 5.11.2002 – C-212/97, DB 2002, 2425 – „*Überseering*".
[2] *Kamp* BB 2004, 1498.
[3] Bei in den Vereinigten Staaten gegründeten Gesellschaften (zB Inc.) eröffnet Art. XXV Abs. 5 des Deutsch-amerikanischen Handels-, Schifffahrts- und Freundschaftsvertrages vom 29.10.1954 die Möglichkeit der Sitzverlegung nach Deutschland unter Beibehaltung ihrer Rechtsform.
[4] BGH 17.10.1968 – VII ZR 23/68, NJW 1969, 188; 21.3.1986 – V ZR 10/85, NJW 1986, 2194.
[5] Vgl. *Riebele* BB 2006, 2019.
[6] OLG Hamm 1.2.2001 – 15 W 390/00, NJW 2001, 2183; OLG Düsseldorf 26.3.2001 – 3 Wx 88/01, NJW 2001, 2184; MüKoHGB/*Krafka*, § 13h HGB Rn. 14.
[7] Hierzu *Haase* IStR 2004, 232.
[8] EuGH 11.3.2004 – Rs. C-9/02, GmbHR 2004, 504 – „*Hughes des Lasteyrie du Saillant*".
[9] EuGH 13.12.2005 – Rs. C-411/03, NJW 2006, 425 – „*Sevic*".
[10] *Rieble* BB 2006, 2019; *Schmidtbleicher* BB 2007, 614.
[11] EuGH 13.12.2005 – Rs. C-411/03, NJW 2006, 425 – „*Sevic*".

D. Grenzüberschreitende Sitzverlegung

hierzu zwischen Wegzugs- und Zuzugsfällen zu differenzieren. Dies kann dergestalt interpretiert werden, dass auch die Sitzverlagerung einer inländischen Gesellschaft in das Ausland – ohne weitere (steuerliche) Belastungen – möglich sein muss.

Allerdings sind die Auswirkungen auf die Mitbestimmung begrenzt, jedenfalls wenn es sich um den Wegzug einer Gesellschaft aus Deutschland handelt. Selbst wenn ein solcher durch Sitzverlegung möglich sein sollte, gilt auf Grundlage der Gründungstheorie das Mitbestimmungsrecht des Staates, in dem die Gesellschaft ihren satzungsmäßigen Gründungssitz hat. Ein Wegzug führt somit nicht zur Beseitigung der deutschen mitbestimmungsrechtlichen Regelungen.[1]

177

---

[1] *Wisskirchen/Bissels/Dannhorn* DB 2007, 2261; *Nienerza,* Geschichte, Entwicklung und Zukunft der Mitbestimmung in Deutschland, S. 162; *Vogt,* Arbeitsrecht im Konzern § 18 Rn. 30.

E. Grenzüberschreitende Verschmelzung

I. Verschmelzung

178 Die Verschmelzung als **spezielle Form der Umwandlung** (§§ 2 ff. UmwG) ist eine **Auflösung der Gesellschaft ohne Abwicklung:** Ein oder mehrere Rechtsträger übertragen ihr Vermögen als Ganzes auf einen anderen Rechtsträger. Wesentliches Merkmal der Verschmelzung ist, dass die übertragende Gesellschaft **erlischt.** Dabei ist zu unterscheiden zwischen der **Verschmelzung zur Aufnahme** und der **Verschmelzung zur Neugründung.** Bei letzterer werden die Vermögensteile auf eine Gesellschaft übertragen, die zu diesem Zweck neu errichtet worden ist. Die Verschmelzung zur Aufnahme erfolgt durch Übertragung auf einen bereits bestehenden Rechtsträger.[1]

II. Gesetzliche Grundlagen

179 Grenzüberschreitende Verschmelzungen sind erst seit der Umsetzung der **EU-Richtlinie über die Verschmelzung von Kapitalgesellschaften aus verschiedenen Mitgliedstaaten** durch die §§ 122a ff. UmwG gesetzlich geregelt.[2] Eine solche liegt vor, wenn mindestens eine der beteiligten Gesellschaften dem Recht eines anderen Mitgliedstaates der EU oder eines anderen Vertragsstaates des EWR unterliegt. Dies ist der Fall, wenn die Gesellschaft dort gegründet wurde oder ihren satzungsmäßigen Sitz hat oder sich die Hauptverwaltung bzw. die Hauptniederlassung in einem solchen Staat befindet.

180 Aufgrund der jüngeren Entwicklung in der Rechtsprechung des EuGH zur Niederlassungsfreiheit[3] sind die §§ 122a ff. UmwG auch auf solche Gesellschaften anzuwenden, die nicht ausdrücklich vom Wortlaut der gesetzlichen Regelungen erfasst sind, namentlich auf **Personengesellschaften.**[4] Die Zulässigkeit grenzüberschreitender Verschmelzungen ergibt sich nämlich nicht aus der RL 2005/56 EG, die sich nur auf Kapitalgesellschaften erstreckt, sondern direkt aus der in Art. 49 ff. AEUV vereinbarten Niederlassungsfreiheit.[5] Diese beansprucht Gültigkeit sowohl für Kapital- als auch für Personengesellschaften.

181 In mitbestimmungsrechtlicher Hinsicht erfolgte die Umsetzung der Verschmelzungsrichtlinie durch das Gesetz über die Mitbestimmung der Arbeitnehmer bei einer grenzüberschreitenden Verschmelzung **(MgVG).** Dieses findet Anwendung auf die Verschmelzung einer ausländischen auf eine inländische Gesellschaft (Hereinverschmelzung).[6]

182 Die Verschmelzung einer deutschen auf eine ausländische Gesellschaft (Herausverschmelzung) ist hingegen nicht erfasst.[7] Dies ergibt sich schon aus der fehlenden Rechtsetzungskompetenz des deutschen Gesetzgebers für Gesellschaften mit Sitz im

---

[1] Zur Verschmelzung: WHSS/*Willemsen*, Umstrukturierung F Rn 73.
[2] RL 2005/56 EG des Europäischen Parlaments und des Rates vom 26.10.2005 über die Verschmelzung von Kapitalgesellschaften aus verschiedenen Mitgliedstaaten.
[3] EuGH 13.12.2005 Rs. C-411/03, NJW 2006, 425 – „*Sevic*", siehe auch: MG/*Göthel*, Internationaler Unternehmenskauf § 13 Rn. 55; *Bungert* BB 2006, 55; *Louven* ZIP 2006, 2032.
[4] MG/*Göthel*, Internationaler Unternehmenskauf § 13 Rn. 55; *Bungert* BB 2006, 55; *Louven* ZIP 2006, 2032.
[5] EuGH 13.12.2005 Rs. C-411/03, NJW 2006, 425 – „Sevic"; *Bungert* BB 2006, 54.
[6] § 3 Abs. 1 S. 1 MgVG; vgl. auch *Lunk/Hinrichs* NZA 2007, 775.
[7] Für Herausverschmelzungen sieht das MgVG lediglich Verfahrensvorschriften vor, vgl. zB § 29 MgVG.

Ausland.[1] Zu beachten ist, dass im MgVG keine Reglungen über die betriebliche Mitbestimmung getroffen worden sind.[2]

Im Anwendungsbereich des MgVG[3] wird dabei das deutsche Mitbestimmungsrecht verdrängt. Ist also im Rahmen einer Verschmelzung das MgVG einschlägig, richtet sich die unternehmerische Mitbestimmung ausschließlich nach diesen Normen (Verhandlungs- oder gesetzliche Auffanglösung)[4] und nicht nach dem DrittelbG oder MitbestG. Ein „Misch-Statut" aus den verschiedenen gesetzlichen Regelungen des MgVG und des DrittelBG bzw. MittbestG ist nicht vorgesehen. **183**

III. Folgen einer grenzüberschreitenden Verschmelzung

1. Hereinverschmelzung auf eine deutsche Gesellschaft

Das MgVG folgt bei der Hereinverschmelzung einer ausländischen auf eine inländische Gesellschaft grundsätzlich dem Prinzip der Unternehmensmitbestimmung **kraft Vereinbarung**. Dieses wird in zwei Stufen umgesetzt: Die Arbeitnehmervertretungen der beteiligten Gesellschaften haben zunächst gemeinsam ein sogenanntes **Besonderes Verhandlungsgremium (BVG)** zu errichten (§§ 6 ff. MgVG). Dessen Aufgabe ist es, mit den Leitungen der einzelnen Gesellschaften zu verhandeln, welche Mitbestimmungsrechte in der aus der Verschmelzung hervorgehenden Gesellschaft gelten sollen. Es ist allerdings nicht zwingend erforderlich, ein BVG zu bilden. Die Leitungen können auch beschließen, ohne weitere Verhandlungen die gesetzliche Auffanglösung anzuwenden. Dann erübrigt sich die Bildung eines BVG.[5] **184**

a) Bildung des BVG

Das BVG besteht aus Mitarbeitern der an der Verschmelzung beteiligten Gesellschaften und Gewerkschaftsvertretern. Die Arbeitnehmer der jeweiligen Unternehmen werden abhängig von ihrem Anteil an der Beschäftigtenzahl in allen beteiligten Gesellschaften durch ihre Vertreter repräsentiert. Für jede angefangenen 10% der insgesamt betroffenen Arbeitnehmer erhält eine Gesellschaft einen Sitz in dem BVG. Nach diesem Prinzip der **proportionalen Repräsentation** haben die Unternehmen mit den meisten Arbeitnehmern folglich den größten Einfluss.[6] Um sicherzustellen, dass die Besonderheiten jedes Staates Berücksichtigung finden, gilt darüber hinaus der Grundsatz der **mitgliedstaatlichen Mindestvertretung.** Aus jedem beteiligten Mitgliedstaat muss mindestens ein Arbeitnehmervertreter in das BVG entsandt werden. Sind aus einem Mitgliedstaat mehrere Gesellschaften an der Verschmelzung beteiligt, ist zudem aus jeder dieser Gesellschaften ein Vertreter im BVG zu berücksichtigen. Dieses muss mit Sachmitteln ausgestattet werden, so dass es in der Lage ist, seine Aufgabe wahrzunehmen (§ 20 MgVG). Zudem kann sich das BVG auch der Unterstützung durch Sachverständige bedienen, deren Kosten ebenfalls von den Leitungen der beteiligten Gesellschaften zu tragen sind.[7] **185**

---
[1] Ausführlich zum MgVG: *Müller-Bonanni/Müntefering* NJW 2009, 2347.
[2] *Lunk/Hinrichs* NZA 2007, 775.
[3] Siehe § 5 Abs. 1 S. 1 MgVG; dazu auch: EuGH 20.6.2013 – Rs. C-635/11, AG 2013, 592; *Frost*, AG 2013, 588 ff.
[4] *Nikoleyczik/Führ* DStR 2010, 1749.
[5] *Götze/Winzer/Arnold* ZIP 2009, 253; *Nikoleyczik/Führ* DStR 2010, 1749; *Teichmann* Der Konzern 2007, 92.
[6] *Lunk/Hinrichs* NZA 2007, 776.
[7] *Lunk/Hinrichs* NZA 2007, 778.

b) Verhandlung

186 Nach der Errichtung des BVG nimmt dieses mit den Leitungen der Gesellschaften Verhandlungen über die Ausgestaltung der unternehmerischen Mitbestimmung auf. Wie im deutschen Betriebsverfassungsrecht sind beide Parteien zu einer **vertrauensvollen Zusammenarbeit** verpflichtet (§ 15 Abs. 1 S. 2 MgVG). Die Verhandlungen sind auf maximal sechs Monate ausgelegt, wobei dieser Zeitraum einvernehmlich auf ein Jahr ausgedehnt werden kann (§ 21 Abs. 1, 2 MgVG).

c) Mitbestimmung kraft Vereinbarung

187 Dem Prinzip der **Mitbestimmung kraft Vereinbarung** folgend, haben das BVG und die Leitungen der Gesellschaften einen weiten Gestaltungsspielraum bezüglich der unternehmerischen Mitbestimmung. Die Vereinbarung muss allerdings einen gesetzlichen **Mindestinhalt** vorsehen. § 22 Abs. 1 MgVG verpflichtet die Parteien dazu, den **räumlichen Geltungsbereich** zu definieren sowie Regelungen über das **Inkrafttreten und mögliche Neuverhandlungen** zu treffen. Außerdem muss eine Verständigung darüber erzielt werden, wie viele **Arbeitnehmervertreter** in den Aufsichtsrat der Gesellschaft gewählt werden sollen, wie diese **bestimmt** werden und **welche Rechte** ihnen zukommen. Werden die inhaltlichen Mindestanforderungen nicht erfüllt, können die entstehenden Lücken durch Heranziehung der gesetzlichen Auffanglösung geschlossen werden.[1] So wird dem Vorrang des Parteiwillens Rechnung getragen. Dieser würde unterlaufen, wenn das Fehlen einzelner zwingender Anforderungen als erfolglose Verhandlung qualifiziert und dieser Umstand insgesamt zur Anwendung der gesetzlichen Auffangregelung führen würde.

188 Neben diesen Mindestbestimmungen weist § 22 Abs. 2 MgVG den Parteien ausdrücklich die Aufgabe zu, die Mitbestimmung der Arbeitnehmer festzulegen, sollte es zu **strukturellen Änderungen der Gesellschaft** kommen. Es soll etwa eine Vereinbarung darüber getroffen werden, wie die Arbeitnehmer bei künftigen Verschmelzungen oder Abspaltungen zu beteiligen sind, die Änderungen an der Struktur der Gesellschaft nach sich ziehen. Diese Vorschrift ist allerdings als „Soll-Vorschrift" ausgestaltet; die Vereinbarung muss folglich keine entsprechende Regelung enthalten. Dies stellt eine wesentliche Abweichung von § 18 Abs. 3 SEBG dar, nach welchem strukturelle Änderungen bei der SE eine Neuverhandlungspflicht auslösen.

d) Mitbestimmung kraft Gesetzes

189 In drei Fällen regelt die gesetzliche Auffanglösung das künftige Mitbestimmungssystem der verschmolzenen Unternehmen:
– die Leitungen der Unternehmen und BVG verständigen sich auf die Anwendung der Auffanglösung,
– innerhalb der gesetzlich festgelegten Frist von bis zu einem Jahr (§ 21 MgVG) kommt es nicht zu einer Einigung[2] oder
– die Unternehmensleitungen beschließen die Anwendung der gesetzlichen Auffanglösung, ohne vorher mit dem BVG zu verhandeln.[3]

---

[1] Vgl. zur entsprechenden Regelung im Anwendungsbereich des SEBG: MüKo AktG/*Jacobs*, § 21 SEBG Rn. 15; JF/*Kienast*, § 13 Rn. 420.
[2] Es sei denn, das BVG beschließt den Abbruch bzw. die Nichtaufnahme der Verhandlungen. Dann kommen die Mitbestimmungsgesetze des aufnehmenden Staates zur Anwendung.
[3] MG/*Schramm*, § 10 Rn. 51; *Nikoleyczik/Führ* DStR 2010, 1749.

E. Grenzüberschreitende Verschmelzung

Voraussetzung für das Eingreifen der gesetzlichen Auffanglösung ist in den beiden **190** letztgenannten Fällen (keine Einigung innerhalb der Frist bzw. Beschluss der Leitungen) allerdings, dass vor der Verschmelzung mindestens ein Drittel aller konzernangehörigen Arbeitnehmer der Mitbestimmung unterlag.[1] Bejahendenfalls richten sich die Einzelheiten der unternehmerischen Mitbestimmung nach den Regelungen des 2. Kapitels des MgVG. Bestand hingegen vor der Verschmelzung für weniger als ein Drittel der Arbeitnehmer eine Mitbestimmung (in Deutschland mindestens nach dem DrittelbG), kommt es nicht zur gesetzlichen Auffanglösung, nach der sich der höchste Standard der Mitbestimmung der an der Verschmelzung beteiligten Unternehmen durchsetzt, sondern die Mitbestimmungsgesetze des aufnehmenden Staates bestimmen den Umfang der künftigen Mitbestimmung. Dann lassen sich langwierige und kostspielige Verhandlungen verhindern.

Auch das BVG kann mit einer qualifizierten Mehrheit (zwei Drittel der Mitglieder, **191** die mindestens zwei Drittel der Arbeitnehmer in mindestens zwei Mitgliedstaaten vertreten) den Beschluss fassen, die Verhandlungen nicht aufzunehmen oder abzubrechen. Dann kommt aber nicht die gesetzliche Auffanglösung zum Tragen, sondern die Mitbestimmungsrechte des Staates der aufnehmenden Gesellschaft finden Anwendung (vgl. § 18 MgVG). Bei einer Hereinverschmelzung auf eine deutsche Gesellschaft würden danach die deutschen Mitbestimmungsgesetze zu beachten sein; die Errichtung von Aufsichtsräten würde sich also nach DrittelbG oder MitbestG richten. Da diese Normen ein vergleichsweise hohes Maß an Mitbestimmung sichern, ist dieser Weg aus Sicht der Arbeitnehmervertreter nicht unattraktiv.

Für die Anzahl der Arbeitnehmervertreter im Aufsichtsrat bedeutet die gesetzliche **192** Auffanglösung, dass sich das Mitbestimmungsstatut durchsetzt, das den **höchsten Standard bei der Arbeitnehmerbeteiligung** aufweist (§ 24 Abs. 1 S. 2 MgVG). Durch diese wird das **bestehende Mitbestimmungsniveau eingefroren**.[2] Sie führt folglich zu einer Statik bei der Mitbestimmung in **beide Richtungen**.[3] Selbst wenn durch eine Erhöhung der Beschäftigtenzahl künftig nach deutschem Mitbestimmungsrecht eine umfänglichere Mitbestimmung indiziert wäre, bleibt es bei der bestehenden Regelung. Ein bislang entsprechend dem DrittelbG drittelparitätisch besetzter Aufsichtsrat muss einerseits nicht nach dem MitbestG paritätisch besetzt werden, selbst wenn die relevante Zahl der Arbeitnehmer auf über 2000 steigen sollte. Andererseits muss auch bei einem bislang paritätisch mitbestimmten Aufsichtsrat trotz Absinkens der Beschäftigtenzahl unter die Schwelle des MitbestG die paritätische Besetzung erhalten bleiben.[4]

Die Verteilung der auf die Arbeitnehmervertreter entfallenden Mandate im Auf- **193** sichtsrat auf die einzelnen Gesellschaften richtet sich nach dem Anteil der auf die jeweilige Gesellschaft entfallenden Arbeitnehmer an der Gesamtzahl der Beschäftigten (§ 25 Abs. 1 S. 2 MgVG). Sofern sich die Bildung eines BVG nicht erübrigt hat, weil die Leitungen die gesetzliche Auffanglösung ohne Verhandlung mit dem BVG beschlossen haben, kommt dem Gremium die Aufgabe zu, die Verteilung entsprechend dieser Vorgaben umzusetzen (§ 25 Abs. 1 S. 1 MgVG).

---

[1] Es sei denn, auch das BVG – soweit es überhaupt gebildet wurde – beschließt, die gesetzliche Auffanglösung anwenden zu wollen, § 23 Abs. 1 S. 2 MgVG; aA *Nikoleyczik/Führ* DStR 2010, 1749, die die Notwendigkeit des Beschlusses des BVG bei der arbeitgeberseitigen Entscheidung für die gesetzliche Auffanglösung verneinen.

[2] MG/*Schramm*, § 10 Rn. 51; *Nikoleyczik/Führ* DStR 2010, 1749; *Götze/Winzer/Arnold* ZIP 2009, 253.

[3] MG/*Schramm*, § 10 Rn. 51; *Nikoleyczik/Führ* DStR 2010, 1749.

[4] *Lunk/Hinrichs* NZA 2007, 778.

194 Indem von einer der Möglichkeiten, unmittelbar auf die gesetzlich im Rahmen der Auffanglösung vorgesehenen Mitbestimmung zuzugreifen, Gebrauch gemacht wird, lässt sich das ansonsten recht langwierige Verhandlungsverfahren erheblich beschleunigen. Die Besonderheit des MgVG besteht dabei darin, dass unter den genannten Voraussetzungen sowohl die Leitungen als auch das BVG die Verhandlungen von vornherein ablehnen oder abbrechen können. Im Vergleich zur Verschmelzung zweier Tochtergesellschaften zu einer SE kann bei der grenzüberschreitenden Verschmelzung nach der Verschmelzungsrichtlinie bzw. nach dem MgVG die Bildung eines BVG verhindert und die Verhandlungen über die künftige Mitbestimmung abgekürzt werden.[1]

2. Herausverschmelzung auf eine ausländische Gesellschaft

195 Bei der sog. **Herausverschmelzung** wird ein inländisches Unternehmen auf eine ausländische Gesellschaft verschmolzen; die Erstgenannte erlischt. Bei einer im Inland verbleibenden Muttergesellschaft führt die grenzüberschreitende Verschmelzung einer Tochtergesellschaft folglich zu einer Reduzierung der Zahl der zuzurechnenden Arbeitnehmer (§ 5 Abs. 1 MitbestG) im Inland und damit ggf. zu einem Unterschreiten der relevanten mitbestimmungsrechtlichen Schwellenwerte, also zu **Mitbestimmungsverlusten.**

196 Das deutsche Mitbestimmungsrecht kann bei einer derartigen Verschmelzung auch für die ausländische aufnehmende Gesellschaft **ausgeschlossen werden:** In einem ersten Schritt kann die gesetzliche Auffangregelung eingreifen, die in der Regel dazu führt,[2] dass das (höhere) deutsche Mitbestimmungsniveau (im Ausland) beibehalten wird. Wird die aufnehmende Gesellschaft in einem zweiten Schritt allerdings wiederum auf ein Unternehmen verschmolzen, das seinen Sitz in demselben ausländischen Mitgliedstaat hat, gilt nach Art. 16 Abs. 7 der Verschmelzungsrichtlinie bzw. nach der entsprechenden nationalen Umsetzung[3] lediglich ein **Bestandsschutz von drei Jahren,** wenn es durch die innerstaatliche Verschmelzung auf eine Gesellschaft, die nicht mitbestimmt ist, zu einem Absinken des Mitbestimmungsniveaus kommt.[4] Nach Ablauf dieser Übergangsfrist richtet sich die unternehmerische Mitbestimmung nach dem ausländischen Statut und dürfte dadurch **regelmäßig schwächer** ausgestaltet sein als in Deutschland.[5]

---

[1] Vgl. WHSS/*Seibt*, Umstrukturierung F Rn. 183.
[2] Vgl. *Kolb/Rothenfüßer* GmbHR 2014, 130 ff.; mit einem Beispiel zur grenzüberschreitenden Verschmelzung auf eine Gesellschaft in Großbritannien.
[3] Für die Umsetzung ins deutsche Recht, vgl. § 30 MgVG.
[4] Vgl. *Vogt*, Arbeitsrecht im Konzern, § 18 Rn. 26 ff.
[5] *Nikoleyczik/Führ* DStR 2010, 1750; *Wisskirchen/Bissels/Dannhorn* DB 2007, 2263.

F. Arbeitnehmerbeteiligung bei grenzüberschreitenden Umstrukturierungen

I. Mitbestimmungsrechte

1. Betriebsrat

Sofern sich die grenzüberschreitende Restrukturierung darauf beschränkt, dass die Gesellschafter eines inländischen Unternehmens wechseln (share deal), bestehen für den lokalen Betriebsrat **keine Mitbestimmungsrechte aus §§ 111 ff. BetrVG**.[1] Kommt es allerdings im Zusammenhang damit auch zu einer **Betriebsänderung,** ist der Betriebsrat nach § 111 BetrVG zu beteiligen.[2] Dies kann etwa bei einer Verschmelzung der Fall sein, wenn die Zusammenführung der Gesellschaften den Zusammenschluss einzelner Betriebe nach sich zieht oder das aufnehmende Unternehmen auf betrieblicher Ebene andere organisatorische Restrukturierungen plant.[3] Bei einem bloßen Inhaberwechsel besteht gem. § 111 BetrVG lediglich eine **Unterrichtungspflicht,** die weiterhin dem deutschen Unternehmen obliegt.[4]

197

2. Wirtschaftsausschuss

Bei Unternehmen mit in der Regel mehr als 100 Arbeitnehmern ist der Wirtschaftsausschuss nach § 106 Abs. 3 Nr. 8, 9a BetrVG unter anderem bei Zusammenschlüssen von Unternehmen oder Betrieben und bei der Übernahme des Unternehmens rechtzeitig und umfassend zu unterrichten.[5]

198

Der Wirtschaftsausschuss des Zielunternehmens ist insbesondere über den oder die **potentiellen Erwerber** zu informieren (§ 106 Abs. 2 S. 2 BetrVG). Das gilt auch im Falle eines Bieterverfahrens.[6] Dabei sind Name und Anschrift der neuen Gesellschafter mitzuteilen.[7] Zusätzlich muss der Wirtschaftsausschuss über deren **Absichten hinsichtlich der Geschäftstätigkeit** unterrichtet werden. Diese Informationen werden dem Unternehmen in der Praxis oft nicht vorliegen, jedenfalls nicht in Form von Unterlagen, die dem Wirtschaftsausschuss vorgelegt werden können.[8]

199

Einen Anspruch des Wirtschaftsausschusses auf Vorlage der Verträge zwischen den Gesellschaftern hat das BAG[9] verneint, sofern darin keine Absprachen über die künftige Geschäftsführung getroffen werden. Die Restrukturierung mag zwar von der ausländischen Konzernobergesellschaft geplant und beschlossen worden sein, der Unterrichtungsanspruch richtet sich aber **immer gegen den Arbeitgeber,** nicht gegen dessen Gesellschafter.[10]

200

Die Unterrichtung hat der Arbeitgeber so rechtzeitig vorzunehmen, dass die Stellungnahme des Wirtschaftsausschusses zu der geplanten Maßnahme noch berücksich-

201

---

[1] ErfK/*Kania*, § 111 BetrVG Rn. 12; Ausnahme: § 109a BetrVG.
[2] ErfK/*Kania*, § 111 BetrVG Rn. 1 ff.
[3] Richardi/*Annuß*, BetrVG, § 111 BetrVG Rn. 96; ErfK/*Kania*, § 111 BetrVG Rn. 15; MG/*Schramm*, § 10 Rn. 30.
[4] Beachte aber § 109a BetrVG, wenn ein Wirtschaftsausschuss besteht.
[5] Vgl. Richardi/*Annuß*, BetrVG, § 106 BetrVG Rn. 52 ff., 55a ff.
[6] ErfK/*Kania*, § 106 BetrVG Rn. 16a.
[7] BAG 22.1.1991 – 1 ABR 38/89, NZA 1991, 649, 650.
[8] ErfK/*Kania*, § 106 BetrVG Rn. 16a.
[9] BAG 22.1.1991 – 1 ABR 38/89, NZA 1991, 649 (651); MG/*Schramm*, § 10 Rn. 38.
[10] Richardi/*Annuß*, BetrVG § 106 Rn. 26c; so wohl auch *Lerch/Weinbrenner* NZA 2013, 355 (357).

tigt werden kann. Nach der gesetzlichen Systematik sollte die Unterrichtung dabei früher erfolgen als die des Betriebsrates. Oft geschieht dies aber in einer gemeinsamen Sitzung. So können Missverständnisse, die den Beteiligungsprozess verlangsamen können, vermieden werden. Es bietet sich dabei an, die Unterrichtung – neben der Vorlage von Unterlagen – in Form von Präsentationen vorzunehmen.

II. Beibehaltung der Mitbestimmung

202 Bei Umstrukturierungen kann ein **Mitbestimmungsverlust** eintreten, wenn durch die Maßnahmen die Zahl der Arbeitnehmer unter die maßgeblichen Schwellenwerte des MitbestG oder des DrittelbG fällt. Für den Sonderfall der grenzüberschreitenden Verschmelzung hängt diese Frage davon ab, ob und wie sich die Leitungen der beteiligten Gesellschaften und das BVG einigen (→ Rn. 184 ff.). Greift die gesetzliche Auffangregelung, wird der Status quo der Mitbestimmung eingefroren, selbst wenn die Arbeitnehmerzahl unter die maßgeblichen Schwellenwerte fällt.

203 Das **MitbestBeiG** sichert ein bestimmtes Mitbestimmungsstatut bei einer **grenzüberschreitenden Einbringung.** Dabei werden Anteile einer Kapitalgesellschaft (§ 21 Abs. 1 UmwStG) bzw. Betriebe oder Betriebsteile (§ 20 Abs. 1 UmwStG) in eine andere Gesellschaft gegen Gewährung von Anteilen an der aufnehmenden Gesellschaft übertragen.[1] Hierdurch wird gewährleistet, dass **kein Mitbestimmungsverlust** eintritt, wenn zB die Tochtergesellschaften einer inländischen Gesellschaft dergestalt in ein ausländisches Unternehmen eingebracht werden,[2] dass bei der inländischen Muttergesellschaft der Schwellenwert des bisher maßgeblichen Mitbestimmungsgesetzes unterschritten wird. § 1 MitbestBeiG fingiert, dass mit Blick auf die Mitbestimmung die Maßnahme der Einbringung **als nicht geschehen gilt,** wenn es dadurch zu einem Verlust an Mitbestimmung kommen würde. Anders als § 325 Abs. 1 UmwG es für reine Inlandssachverhalte regelt, sieht das MitbestBeiG **keine zeitliche Befristung** der Beibehaltung der unternehmerischen Mitbestimmung vor.[3]

III. Sonstige Beteiligungsrechte

204 Bei der grenzüberschreitenden Verschmelzung verpflichtet das UmwG den Arbeitgeber einen **Verschmelzungsbericht** anzufertigen (§ 122e S. 1 UmwG). Die an einer Verschmelzung beteiligten Gesellschaften müssen zudem nach § 122c UmwG einen **Verschmelzungsplan** erstellen. Einen Monat vor der Beschlussfassung über diesen Verschmelzungsplan muss den zuständigen Betriebsräten der Verschmelzungsbericht zugeleitet sein.

205 Der **Verschmelzungsbericht** muss bei einem grenzüberschreitenden Sachverhalt neben den individualrechtlichen Auswirkungen für die Arbeitnehmer Angaben zu den kollektivrechtlichen Folgen enthalten.[4] Anders als § 5 Abs. 1 Nr. 9 UmwG für inländische Verschmelzungen ausdrücklich bestimmt,[5] nennt § 122e S. 1 UmwG zwar lediglich die Auswirkungen für die Arbeitnehmer; daraus könnte abgeleitet werden,

---

[1] MG/*Schramm*, § 10 Rn. 46.
[2] Erfasst sind die Einbringung von Betrieben und Betriebsteilen sowie von Anteilen jeweils gegen Gewährung von Anteilen an der übernehmenden Gesellschaft gem. § 1 MitbestBeiG iVm §§ 20 Abs. 1, 21 Abs. 1 UmwStG.
[3] MG/*Schramm*, § 10 Rn. 47; ausführlich zu § 325 Abs. 1 UmwG vgl. *Trittin/Gilles* RdA 2011, 46.
[4] HS/*Polley*, § 122e UmwG Rn. 6; *Vetter* AG 2006, 613; a. A. MG/*Schramm*, § 10 Rn. 43.
[5] § 5 Abs. 1 Nr. 9 UmwG lautet: „die Folgen der Verschmelzung für die Arbeitnehmer und ihre Vertretungen sowie die insoweit vorgesehenen Maßnahmen".

dass lediglich Angaben über die Konsequenzen auf das einzelne Arbeitsverhältnis erforderlich sind.[1] Eine Pflicht, auch die Auswirkungen auf kollektivrechtlicher Ebene zu erläutern, ergibt sich aber daraus, dass sich die **kollektivrechtlichen Veränderungen** auch auf den **einzelnen Arbeitnehmer auswirken** können.[2] Insofern deckt sich die Auskunftspflicht des Arbeitgebers bei grenzüberschreitenden Verschmelzungen mit der bei rein inländischen Sachverhalten.

---

[1] MG/*Schramm*, § 10 Rn. 43.
[2] Spindler/Stiltz/*Drinhausen*, § 122e UmwG Rn. 11.

G. Schicksal der Arbeitnehmervertretungen

I. Betriebsrat und Wirtschaftsausschuss

206 Das BetrVG knüpft für die Bildung eines Betriebsrates ausschließlich an den **Sitz des Betriebes** an. Nach diesem **Territorialprinzip** kommt es für den Fortbestand des örtlichen Betriebsrats nach einer grenzüberschreitenden Restrukturierung nur darauf an, ob der Sitz des Betriebes weiterhin in Deutschland verbleibt. Wenn der Betrieb nicht in das Ausland verlegt wird, wird die Existenz des örtlichen Betriebsrates folglich nicht berührt.

207 Sollte durch die Umstrukturierung in dem betreffenden Unternehmen die gemäß § 106 Abs. 1 BetrVG für die Errichtung des Wirtschaftsausschusses erforderliche Schwelle von 100 Mitarbeitern unterschritten werden, ist der im Inland gebildete Wirtschaftsausschuss aufzulösen.[1]

II. Gesamtbetriebsrat

208 Ein **Gesamtbetriebsrat** setzt nicht voraus, dass der Unternehmenssitz im Inland liegt. Ein Gesamtbetriebsrat kann folglich bestehen bleiben, wenn alle Betriebe einer deutschen Gesellschaft auf einen ausländischen Rechtsträger übertragen werden. Voraussetzung ist, dass mindestens zwei Betriebe identitätswahrend bestehen bleiben und ein bislang arbeitnehmerloser **ausländischer Rechtsträger sämtliche Betriebe der deutschen Gesellschaft übernimmt.**[2] Der Gesamtbetriebsrat wird aus den einzelnen Betriebsräten gebildet. Werden nicht alle Betriebe übernommen, entfällt die Grundlage für den Fortbestand des bisherigen Gesamtbetriebsrats; er muss dann bei der aufnehmenden Gesellschaft neu gebildet werden.[3] Gleiches gilt, wenn das ausländische Unternehmen im Inland bereits über einen Betrieb oder mehrere Betriebe verfügt.

209 Zudem ist eine im Inland bestehende **überbetriebliche Organisation** erforderlich, um dem Gesamtbetriebsrat einen betriebsübergreifenden Ansprechpartner zu verschaffen. Dies führt dazu, dass ein Gesamtbetriebsrat nur dann weiter bestehen kann, wenn innerhalb Deutschlands eine Organisationsebene besteht, die für die im Inland bestehenden Betriebe **typische Arbeitgeberfunktionen** ausübt, zB einem HR-Direktor Deutschland. Dafür spricht, dass ansonsten ein Gesamtbetriebsrat keine gegenüber dem lokalen Betriebsrat abgrenzbaren Aufgaben wahrnehmen kann. Es fehlt an einem „Gegenspieler" auf Seiten des Unternehmens, gegenüber dem der Gesamtbetriebsrat seine Funktion ausüben könnte. Ein übergeordneter Gesamtbetriebsrat ist für Angelegenheiten zuständig, die für alle Betriebe einheitlich festgelegt werden müssen.[4] Diese können aber arbeitgeberseitig nur von einer Instanz festgelegt werden, die für alle Betriebe gleichermaßen regelungsbefugt ist.[5]

210 Für den Fall der Verschmelzung stellt sich die Frage der Bindung an den Bestand des Unternehmens in der Form nicht, da die deutsche Gesellschaft – zumindest bei der **Verschmelzung zur Neugründung** (§ 2 Nr. 2 UmwG) – aufgelöst wird; der Gesamtbetriebsrat ist grundsätzlich vom Bestand des Unternehmens abhängig, bei dem er eingerichtet worden ist.[6] Bei der Verschmelzung zur Neugründung besteht aber in der aufnehmenden Gesellschaft noch kein Gesamtbetriebsrat.

---

[1] BAG 7.4.2004 – 7 ABR 41/03, NZA 2005, 311.
[2] MG/*Schramm*, § 10 Rn. 23; WHSS/*Hohenstatt*, Umstrukturierung D Rn. 100 ff.
[3] BAG 5.6.2002 – 7 ABR 17/01, NZA 2003, 336.
[4] BAG 16.8.1983 – 1 AZR 544/81, DB 1984, 129.
[5] WHSS/*Hohenstatt*, Umstrukturierung D Rn. 148.
[6] WHSS/*Hohenstatt*, Umstrukturierung D Rn. 109.

Ausnahmsweise und gegen den Grundsatz der Unternehmensbindung des Gesamtbetriebsrats kann der bei einer der beteiligten Gesellschaft bestehende Gesamtbetriebsrat fortbestehen, wenn nur eines der zu verschmelzenden Unternehmen über Arbeitnehmer und einen Gesamtbetriebsrat verfügt.[1] Dann werden nämlich alle Arbeitnehmer durch diesen einen Gesamtbetriebsrat repräsentiert. Liegen diese Voraussetzungen nicht vor, muss bei der aufnehmenden Gesellschaft ein neuer Gesamtbetriebsrat unter Einbeziehung aller Betriebsräte errichtet werden.[2]

211

Bei einer **Verschmelzung zur Aufnahme** (§ 2 Nr. 1 UmwG) liegt eine andere Ausgangssituation vor, sofern bei der aufnehmenden Gesellschaft bereits ein Gesamtbetriebsrat errichtet ist: dieser kann um weitere Delegierte aus den hinzukommenden Betrieben des aufzunehmenden Unternehmens erweitert werden; damit ist gewährleistet, dass alle Arbeitnehmer durch den Gesamtbetriebsrat ordnungsgemäß vertreten werden.[3] Der in dem aufgenommenen Unternehmen bestehende Gesamtbetriebsrat ist aufzulösen.

212

III. Konzernbetriebsrat

Ein **Konzernbetriebsrat** kann nur gebildet werden, wenn das herrschende Unternehmen in Deutschland seinen Sitz hat oder zumindest über eine Teilkonzernspitze verfügt. Entscheidend ist, dass im Inland eine Instanz besteht, die wesentliche Leitungsaufgaben in personellen, wirtschaftlichen und sozialen Angelegenheiten ausübt.[4] Wird durch eine Umstrukturierung **eine Gesellschaft in das Ausland verlagert**, stellt sich die Frage, welche Auswirkungen dies auf den Bestand des Konzernbetriebsrats haben kann.

213

Übt die deutsche Muttergesellschaft auf die in Deutschland verbleibenden Tochtergesellschaften weiterhin **wesentliche Leitungsaufgaben,** also einen **beherrschenden Einfluss** aus, existiert der Konzernbetriebsrat fort. Übt hingegen die ausländische Gesellschaft diese Leitungsaufgaben aus, etwa aufgrund bestehender **Beherrschungsverträge,** kann der Konzernbetriebsrat bei der deutschen Muttergesellschaft nicht weiter existieren.[5] Aufgrund der **fehlenden Einflussmöglichkeiten** der deutschen Holdinggesellschaft gegenüber den deutschen Tochtergesellschaften fehlt einem in Deutschland angesiedelten Konzernbetriebsrat der **soziale Gegenspieler auf Arbeitgeberseite.** Anders verhält es sich aber, wenn bei der deutschen Holdinggesellschaft als Teilkonzernspitze noch wesentliche Leitungsaufgaben in personellen, sozialen und wirtschaftlichen Angelegenheiten zur eigenständigen Ausübung gegenüber den nachgeordneten Unternehmen verbleiben (sog. Konzern im Konzern).[6]

214

---

[1] WHSS/*Hohenstatt,* Umstrukturierung D Rn. 109.
[2] Vgl. WHSS/*Hohenstatt,* Umstrukturierung D Rn. 109; *Fitting,* BetrVG, § 47 BetrVG Rn. 18.
[3] WHSS/*Hohenstatt,* Umstrukturierung D Rn. 109.
[4] BAG 14.2.2007 – 7 ABR 26/06, NZA 2007, 999.
[5] BAG 14.2.2007 – 7 ABR 26/06, NZA 2007, 999; MG/*Schramm,* § 10 Rn. 22.
[6] Vgl. BAG 14.2.2007 – 7 ABR 26/06, NZA 2007, 999.

H. Societas Europaea

I. Einleitung

215   Die Europäische Aktiengesellschaft („Societas Europaea" – SE) ist aus einer Vielzahl von Gründen – Kostenersparnis, Marketingeffekte, einfachere Strukturen – für europaweit tätige Konzerne interessant.[1] Die Beteiligung einer deutschen Gesellschaft an der Gründung einer SE ist für viele ausländische Unternehmen jedoch unattraktiv, wenn diese nach dem DrittelbG oder MitbestG mitbestimmt ist.[2] Zwar ist es bei der Gründung der SE ein vorrangiges Ziel, eine unternehmensindividuelle Vereinbarung für die grenzüberschreitende Unterrichtung und Anhörung der Arbeitnehmer sowie für die Unternehmensmitbestimmung zu schließen.[3] Sollten aber die Verhandlungen über eine maßgeschneiderte Lösung scheitern, kommt die gesetzliche Auffanglösung zur Anwendung („Vorher-Nachher-Prinzip"), die im Zweifel zur Fortführung der im europäischen Vergleich strengen deutschen Mitbestimmung verpflichtet. Damit birgt die Gründung einer SE mit Beteiligung einer deutschen Gesellschaft das Risiko, dass die deutsche Unternehmensmitbestimmung in das Ausland exportiert wird. Zugleich stellt diese Rechtsform aber auch die Chance dar, die Mitbestimmung – selbst bei einer zukünftigen Überschreitung der relevanten deutschrechtlichen Schwellenwerte[4] – „einzufrieren".[5]

II. Rechtsgrundlage für die Arbeitnehmerbeteiligung in der SE

216   Der gesellschaftsrechtliche Rahmen der SE ergibt sich aus dem Statut der Europäischen Gesellschaft[6] (SE-VO). Diese Verordnung entfaltet unmittelbare Geltung in allen Mitgliedsstaaten der EU sowie des EWR; eine einfachgesetzliche Implementierung der Bestimmungen in das nationale Recht ist damit nicht erforderlich. Ergänzt wurde die Verordnung durch das Gesetz zur Ausführung der SE-Verordnung (SEAG), das weitere Vorschriften zu Gründung, Aufbau und Sitzverlegung der SE beinhaltet. Zudem wurde eine Richtlinie zur Ergänzung des Statuts der Europäischen Gesellschaft hinsichtlich der Beteiligung der Arbeitnehmer[7] (SE-RL) erlassen. Diese wurde in Deutschland im Dezember 2004 durch das Gesetz über die Beteiligung der Arbeitnehmer in einer Europäischen Gesellschaft (SEBG) umgesetzt.

III. Begriff und Organisation

1. Definition und Begriffsmerkmale der SE

217   Die SE ist eine Kapitalgesellschaft mit einem in Aktien zerlegten Grundkapital und eigener Rechtspersönlichkeit.[8] Nur das Gesellschaftsvermögen haftet für Verbindlich-

---

[1] Dazu ausführlich: *Schuberth/von der Höh* AG 2014, 439 ff.
[2] Vgl. *Krause* BB 2004, S. I; dies gilt zumindest, wenn sich die deutsche Mitbestimmung im Rahmen der gesetzlichen Auffanglösung in Anknüpfung an die jeweilige Gründungsform der SE und der entsprechend festgelegte Schwellenwerte durchsetzen würde, vgl. § 34 Abs. 1 SEBG.
[3] Vgl. *Krause* BB 2004, S. I.
[4] § 1 Abs. 1 Nr. 2 MitbestG: 2000 Arbeitnehmer; § 1 Abs. 1 Nr. 1 DrittelbG: 500 Arbeitnehmer.
[5] Zur Mitbestimmung in einer SE: *Rieble* BB 2014, 2997 ff.
[6] Verordnung über das Statut der Europäischen Gesellschaft, SE-VO (EG) Nr. 2157/2001 des Rates vom 8.10.2001.
[7] Richtlinie 2001/86/EG des Rates vom 8.10.2001 zur Ergänzung des Status der Europäischen Gesellschaft hinsichtlich der Beteiligung der Arbeitnehmer.
[8] Art. 1 Abs. 2, 3 SE-VO; dazu: *Thoma/Leuering* NJW 2002, 1449 (1450).

keiten der SE. Sie weist damit die gleichen Begriffsmerkmale wie eine deutsche AG auf.[1] Die Aktionäre trifft nur die Pflicht zur Leistung der Einlage. Durch die Aktien sind die Anteile am Grundkapital der SE wertpapierrechtlich verbrieft und dem Kapitalmarkt zugänglich.[2]

2. Organe der SE

Die SE verfügt über eine Hauptversammlung als wesentliches „Grundorgan". Die SE-VO enthält dabei eigene Regelungen über ihre Organisation und Funktionsweise sowie das Abstimmungsverfahren (Art. 54–60 SE-VO). Im Einklang mit dem Recht des Sitzstaats können der Hauptversammlung weitere Kompetenzen durch die Satzung der SE zugewiesen werden (Art. 52 SE-VO). 218

Die Verwaltungsstruktur der SE (Leitung, Kontrolle und Überwachung) wird ebenfalls durch die Satzung festgelegt (Art. 38 SE-VO). Dem Satzungsgeber einer SE steht ein Wahlrecht zwischen einem dualistischen und einem monistischen System zu.[3] Erstgenanntes zeichnet sich durch die Trennung von Leitungs- und Aufsichtsorgan (Vorstand und Aufsichtsrat) aus; beim monistischen System wird ein einheitliches Verwaltungsorgan gebildet, dem sowohl Leitungs- als auch Überwachungsfunktionen obliegen. In diesem System tragen die Arbeitnehmervertreter im Verwaltungsrat als nichtgeschäftsführende Direktoren die unternehmerische Verantwortung mit.[4] Unabhängig von ihrem Sitzstaat ist die SE in der Wahl ihrer Verwaltungsstruktur frei. Ebenso ist es jederzeit möglich, das Leitungssystem zu wechseln.[5] 219

3. Gründungsformen

Art. 2 SE-VO sieht für die Gründung einer SE vier Möglichkeiten vor, denen grundsätzlich ein grenzüberschreitender und damit mehrstaatlicher Charakter innewohnt. Die SE kann demnach durch 220
– die Verschmelzung von Aktiengesellschaften in verschiedenen Mitgliedstaaten (Art. 2 Abs. 1, 17 ff. SE-VO),
– die Errichtung einer Holding-Gesellschaft in der Regel durch Tochtergesellschaften in verschiedenen Mitgliedstaaten (Art. 2 Abs. 2, 33 ff. SE-VO),
– die Errichtung einer gemeinsamen Tochtergesellschaft (Art. 2 Abs. 3, 35 f. SE-VO) durch Muttergesellschaften in verschiedenen Mitgliedstaaten oder
– die Umwandlung einer AG in eine SE (Art. 2 Abs. 4, 37 SE-VO) bei ausländischen Tochtergesellschaften seit mindestens 2 Jahren
errichtet werden. Es besteht dabei ein numerus clausus der Gründungsformen.[6] Diese können nicht miteinander kombiniert werden (Typenzwang).[7] Eine Eintragung in das Handelsregister kann erst erfolgen, wenn die Arbeitnehmerbeteiligung entsprechend der SE-Richtlinie bzw. deren nationaler Umsetzungsvorschriften durchgeführt worden ist.[8] Diese Eintragung ist entsprechend dem AktG konstitutiv für Entstehung der SE

---

[1] Zu den Begriffsmerkmalen der deutschen Aktiengesellschaft: *Raiser*, Recht der Kapitalgesellschaften, 3. Aufl. 2001, § 8 Rn. 1.
[2] *Thoma/Leuering* NJW 2002, 1449 (1450).
[3] *Thoma/Leuering* NJW 2002, 1449 (1451).
[4] JF/*Frodermann* § 5 Rn. 193 f.
[5] *Schwarz*, SE-VO Kommentar, Art. 38, selbst wenn dies nicht ausdrücklich in Art. 38 SE-VO vorgesehen ist, vgl. Rn. 10.
[6] *Hommelhoff* AG 2001, 279 (280).
[7] *Schwarz*, SE-VO Kommentar, Art. 2 Rn. 10.
[8] Vgl. Art. 12 Abs. 2 SE-VO; dazu: *Krause* BB 2005, 1221, *Schwarz*, SE-VO Kommentar, Art. 12 Abs. 2 SE-VO Rn. 19.

(vgl. § 3 SEAG). Der fehlende Nachweis der Arbeitnehmerbeteiligung stellt ein Eintragungshindernis dar.[1] Art. 12 Abs. 2 SE-VO verleiht dem Registergericht insoweit eine Prüfungskompetenz, deren Ausübung das Gründungsverfahren im Einzelfall verzögern kann.

a) Verschmelzung von Aktiengesellschaften

221   Die Gründung einer SE durch eine Verschmelzung ist möglich, wenn es sich bei den zu verschmelzenden Gesellschaften um Aktiengesellschaften handelt, die nach dem Recht eines Mitgliedstaates gegründet worden sind und die ihren Sitz sowie ihre Hauptverwaltung in der EU bzw. im EWR haben. Des Weiteren müssen mindestens zwei der betroffenen Aktiengesellschaften dem Recht verschiedener Mitgliedstaaten unterliegen (Art. 2 Abs. 1, Art. 17–31 SE-VO). Das nationale Verschmelzungsrecht findet subsidiär Anwendung. Art. 29 Abs. 4 SE-VO regelt ausdrücklich, dass die zum Zeitpunkt der Eintragung bestehenden Rechte und Pflichten der beteiligten Gesellschaften aus Arbeitsverträgen mit den Arbeitnehmern auf die SE übergehen. Dies hat zur Folge, dass sich die Beschäftigungsbedingungen der Mitarbeiter in der SE – trotz ihrer Supranationalität – weiterhin nach den für die jeweilige Gründungsgesellschaft geltenden mitgliedstaatlichen Vorschriften richten. Die SE unterliegt damit arbeitsrechtlich verschiedenen Jurisdiktionen.[2]

b) Errichtung einer Holding-Gesellschaft

222   Wie bei der Gründung durch eine Verschmelzung müssen bei der Errichtung einer Holding-SE die betroffenen Gesellschaften (AG und/oder GmbH) ihren Sitz sowie ihre Hauptverwaltung in der EU bzw. dem EWR haben und nach dem Recht eines Mitgliedstaates gegründet worden sein. Alternativ zu der auch für die Verschmelzung geltenden Voraussetzung, dass mindestens zwei der beteiligten Gesellschaften dem Recht verschiedener Mitgliedstaaten unterliegen müssen, ist die Gründung einer Holding-SE auch dann möglich, wenn mindestens in zwei Gesellschaften seit mindestens zwei Jahren eine dem Recht eines anderen Mitgliedstaates unterliegende Tochtergesellschaft oder eine Zweigniederlassung in einem anderen Mitgliedstaat existiert (Art. 2 Abs. 2, Art. 32–34 SE-VO). Die für den Gründungsvorgang notwendige Mehrstaatlichkeit kann damit bereits durch in einem anderen Mitgliedstaat ansässige Tochtergesellschaften oder Zweigniederlassungen begründet werden; diese verschaffen der Gründungsgesellschaft die Qualität eines „ausländischen Rechtsträgers". Denkbar sind daher Fälle, in denen die betroffenen Gründungsgesellschaften derselben Rechtsordnung unterliegen. Sollen an der Gründung der Holding-SE bspw. zwei deutsche Aktiengesellschaften beteiligt sein, kann die erforderliche Mehrstaatlichkeit dadurch erreicht werden, dass die betreffenden Aktiengesellschaften jeweils seit mindestens zwei Jahren über eine Tochtergesellschaft oder Zweigniederlassung in einem anderen Mitgliedstaat verfügen. Die zeitliche Komponente soll verhindern, dass Unternehmen oder Zweigniederlassungen im Ausland nur zum Zwecke der Errichtung einer Holding-SE gegründet werden und damit das Mehrstaatlichkeitserfordernis umgangen wird.

---

[1] OLG Düsseldorf 30.3.2009 – I-3 Wx 248/08, ZIP 2009, 918: dies gilt jedoch mit der Einschränkung, dass eine SE als reine Vorratsgesellschaft ohne die vorherige Durchführung des Arbeitnehmerbeteiligungsverfahrens eintragungsfähig ist.
[2] *Schwarz*, SE-VO Kommentar, Art. 29 Rn. 15.

c) Errichtung einer gemeinsamen Tochtergesellschaft

Als Gründungsgesellschaften einer Tochter-SE kommen neben einer nationalen und europäischen Aktiengesellschaft (Art. 3 Abs. 2 SE-VO) auch andere Kapital- und Personengesellschaften und Körperschaften des öffentlichen oder privaten Rechts in Betracht. Sie können eine SE als gemeinsame Tochtergesellschaft durch Zeichnung ihrer Aktien gründen. Hierfür müssen die gleichen Voraussetzungen wie bei der Errichtung einer Holding-SE (Art. 2 Abs. 3, Art. 35, 36 SE-VO), nämlich die originäre Mehrstaatlichkeit der Gründungsgesellschaften selbst (Art. 2 Abs. 3, 1. Var. SE-VO) oder durch die von ausländischen Tochtergesellschaften bzw. Zweigniederlassungen abgeleitete Mehrstaatlichkeit (Art. 2 Abs. 3, 2. Var. SE-VO) vorliegen.

223

d) Umwandlung in eine SE

Eine unilaterale Gründung einer SE ist allein durch die Umwandlung einer AG möglich (Art. 37 SE-VO). Dies führt weder zur Auflösung der umzuwandelnden AG noch zur Entstehung einer neuen juristischen Person (Art. 37 Abs. 2 SE-VO). Gem. Art. 37 Abs. 1 iVm Art. 2 Abs. 4 SE-VO kann eine AG, die nach dem Recht eines Mitgliedsstaates gegründet worden ist und ihren Sitz sowie ihre Hauptverwaltung in der EU hat, in eine SE umgewandelt werden, wenn diese seit mindestens zwei Jahren über eine dem Recht eines anderen Mitgliedsstaates unterliegende Tochtergesellschaft verfügt. Die SE-VO verbietet es allerdings, anlässlich der geplanten Umwandlung in eine SE den Sitz der Gründungsgesellschaft in einen anderen Mitgliedsstaat zu verlegen (Art. 37 Abs. 3 SE-VO).[1]

224

e) Beteiligung von Gesellschaften außerhalb der EU/EWR am Gründungsvorgang

Schließlich gestattet die SE-VO unter bestimmten Voraussetzungen auch Gesellschaften, die ihre Hauptverwaltung nicht in einem Mitgliedstaat der EU bzw. EWR haben, sich an der Gründung einer SE zu beteiligen (Art. 2 Abs. 5 SE-VO). Das ist insbesondere dann möglich, wenn diese Gesellschaft nach dem Recht eines Mitgliedsstaates gegründet wurde, ihren Sitz in diesem Mitgliedsstaat hat und mit der Wirtschaft eines Mitgliedsstaates in tatsächlicher und dauerhafter Verbindung steht. Eine solche besteht dann, wenn die Gesellschaft in demjenigen Mitgliedsstaat eine Niederlassung hat, von dem aus sie ihre Geschäfte betreibt.[2] Es muss keine Identität zwischen dem Gründungsstaat der Gesellschaft sowie dem „verbundenen" Mitgliedsstaat bestehen.

225

IV. Arbeitnehmerbeteiligung aufgrund Vereinbarung

1. Ausgangssituation in den Mitgliedsstaaten

Bei der Arbeitnehmerbeteiligung stehen sich innerhalb der Mitgliedsstaaten höchst unterschiedliche Rechtstraditionen mit entsprechend divergierenden sozialen und politischen Hintergründen gegenüber. Zum Teil ist die Mitbestimmung fest in den Grundprinzipien des nationalen Arbeitsrechts verwurzelt, zB in Deutschland, während sich in anderen Staaten eine entsprechende Mitbestimmungstradition gerade nicht entwickelt hat, zB Großbritannien.

226

---

[1] *Schwarz*, SE-VO Kommentar, Art. 37 Rn. 9.
[2] *Schröder*, in Manz/Mayer/Schröder, Europäische Aktiengesellschaft SE, Art. 2 SE-VO Rn. 70.

227 Angesichts der Vielfalt an Regelungen zur Mitbestimmung stellte es auf europäischer Ebene eine besondere Herausforderung dar, einen Konsens hinsichtlich der Arbeitnehmerbeteiligung zu finden. So wurde zunächst die Richtlinie über den Europäischen Betriebsrat[1] verabschiedet, die die Rahmenbedingungen für die Etablierung eines Betriebsrats in grenzüberschreitend tätigen Unternehmen festlegte. Nach zahlreichen Entwürfen und der Arbeit einer Sachverständigengruppe konnte schließlich im Rahmen des Nizza-Gipfeltreffens im Jahr 2000 die SE-VO verabschiedet werden, wobei die Arbeitnehmerbeteiligung einer gesonderten Richtlinie[2] vorbehalten blieb, die noch der Umsetzung in nationales Recht bedurfte. Inhaltlich konnte sich die strengere deutsche Mitbestimmung in weiten Teilen durchsetzen; die SE-RL erlaubt zumindest theoretisch jedoch auch eine mitbestimmungsfreie SE.[3]

2. Nationale Umsetzung und Grundprinzipien

228 In Deutschland wurden die europäischen Vorgaben durch das Gesetz über die Beteiligung der Arbeitnehmer in einer Europäischen Gesellschaft (SEBG) umgesetzt. Dieses regelt die unternehmerische Mitbestimmung in der SE abschließend. Das MitbestG sowie das DrittelbG sind ebenso wie die dort postulierten Schwellenwerte nicht anwendbar.

229 Das SEBG geht von zwei Grundprinzipien aus: Der einzelfallbezogenen Verhandlungslösung und dem sog. „Vorher-Nachher-Prinzip". Zum einen sollen die Modalitäten der Arbeitnehmerbeteiligung im Wege der Vereinbarung zwischen den Arbeitnehmern und der designierten Leitung der zukünftigen SE festgelegt werden. Kommt eine einvernehmliche Lösung nicht zu Stande, werden als Auffanglösung die vor der Gründung bereits erworbenen Rechte der Arbeitnehmer sowie deren Vertretungen geschützt und als Mindeststandard in der SE verankert.

3. Das besondere Verhandlungsgremium

a) Notwendigkeit der Bildung des besonderen Verhandlungsgremiums

230 Ist die Gründung einer SE geplant, ist von den Arbeitnehmern bzw. deren Vertretungen nach Aufforderung der beteiligten Unternehmen ein aus Arbeitnehmervertretern bestehendes besonderes Verhandlungsgremium (im Folgenden: „BVG") zu bilden (§§ 4 ff. SEBG). Das BVG hat die Aufgabe, mit den Leitungen eine schriftliche Vereinbarung über die Beteiligung der Arbeitnehmer in Bezug auf die betriebliche und die unternehmerische Mitbestimmung in der SE zu verhandeln.[4] Die SE darf erst eingetragen werden, wenn eine Vereinbarung abgeschlossen worden ist oder die Verhandlungen formell gescheitert sind (Art. 12 Abs. 2 SE-VO). Die einzelnen Organvertreter müssen die Verhandlungen nicht persönlich führen. Sie können sich durch geeignete und entsprechend legitimierte Personen (zB Prokuristen) vertreten lassen. Dabei ist auch denkbar, dass sich die beteiligten Gesellschaften untereinander Verhandlungsvollmacht erteilen, so dass die Anzahl der auf Arbeitgeberseite beteiligten Personen nicht notwendigerweise mit der Anzahl der betroffenen Gesellschaften identisch sein muss.[5]

---

[1] Richtlinie 1994/45/EG des Rates vom 22.9.1994.
[2] Richtlinie 2001/86/EG des Rates vom 8.10.2001.
[3] Für den – in der Praxis unwahrscheinlichen – Fall, dass die Arbeitnehmervertreter mit Zweidrittelmehrheit beschließt, die aufgenommenen Verhandlung über die Mitbestimmung abzubrechen oder gar nicht erst aufzunehmen, bleibt die SE mitbestimmungsfrei.
[4] Vgl. *Nagel* DB 2004, 1299 (1300); *Grobys* NZA 2004, 779 (780).
[5] *Grobys* NZA 2005, 84 (86).

H. Societas Europaea

Die Bildung des BVG wird bei einer in Deutschland ansässigen SE eingeleitet, indem **231** die beteiligten Gesellschaften (auch die ausländischen) die bestehenden Arbeitnehmervertretungen über die geplante Gründung der SE informieren und diese auffordern, ein BVG zu bilden (§ 4 Abs. 1, 2 SEBG). Ist in Deutschland keine Arbeitnehmervertretung gewählt worden, müssen die Arbeitnehmer unmittelbar unterrichtet werden. Dies gilt auch in den meisten anderen EU-Ländern. Mit der Unterrichtung der Arbeitnehmer(vertretungen) beginnt eine zehnwöchige Frist, bis zu deren Ablauf die Wahl des BVG abgeschlossen sein soll (§ 11 Abs. 1 SEBG). Läuft diese Frist ab, ohne dass ein BVG gebildet wird, findet die gesetzliche Auffanglösung der §§ 35 ff. SEBG Anwendung. Im Vorfeld ist durch die Leitung der SE umfassend zu prüfen, ob und welche lokalen Arbeitnehmervertretungen in den einzelnen europäischen Gesellschaften vorhanden sind. Die Information über die Einleitung des Verhandlungsverfahrens hat unaufgefordert und unverzüglich nach Offenlegung des Verschmelzungs-/Umwandlungsplans bzw. nach Abschluss der Vereinbarung eines Plans zur Gründung einer Tochtergesellschaft zu erfolgen (§ 4 Abs. 2 S. 3. SEBG).

Ablaufplan zur Bildung des BVG[1]

	Maßnahmen	Frist
1.	Information der Leitung an die Arbeitnehmervertreter über die Gründung der SE und Aufforderung, ein besonderes Verhandlungsgremium zu bilden (§ 4 Abs. 1 S. 1, 2 SEBG)	Unverzüglich nach Offenlegung des Umwandlungsplans (§ 4 Abs. 2 S. 3 SEBG)
2.	Festlegung von Ort, Tag und Zeit für die Versammlung des Wahlgremiums sowie der Anzahl der Mitglieder durch den Vorsitzenden des Konzernbetriebsrates (§ 9 Abs. 1 SEBG)	Innerhalb der 10 Wochenfrist nach der Unterrichtung und Aufforderung nach § 4 SEBG
3.	Einberufung des Wahlgremiums für Deutschland durch den Vorsitzenden des Konzernbetriebsrates (§ 9 Abs. 1 SEBG)	Innerhalb der 10 Wochenfrist nach der Unterrichtung und Aufforderung nach § 4 SEBG
4.	Sitzung des Wahlgremiums für Deutschland	Innerhalb der 10 Wochenfrist nach der Unterrichtung und Aufforderung nach § 4 SEBG
5.	Bestimmung eines Leiters des Wahlgremiums durch Mehrheitsentscheid	Nach Zusammentritt des Wahlgremiums
6.	Bestimmung der Zahl der Sitze der beteiligten Länder im BVG	Nach Zusammentritt des Wahlgremiums
7.	Festlegung, welche Personen die Sitze für die deutschen Gesellschaften einnehmen werden (u.a. Vertreter von Gewerkschaften und der leitenden Angestellten)	Nach Zusammentritt des Wahlgremiums

---

[1] Der Ablaufplan bezieht sich auf die Umwandlung einer Aktiengesellschaft in ein SE gem. Art. 2 Abs. 4, 37 SE-VO, kann aber im Wesentlichen auch auf die übrigen Formen der Gründung einer SE übertragen werden.

Teil II. 1. Grenzüberschreitende Umstrukturierung

Maßnahmen		Frist
8.	Ort, Tag und Zeit der Wahl sowie der Stimmauszählung ist festzulegen	Nach Zusammentritt des Wahlgremiums
9.	Erstellung einer Liste mit den wählbaren Arbeitnehmern in Deutschland (Wahlliste)	Nach Zusammentritt des Wahlgremiums
10.	Aufforderung durch den Wahlleiter an Mitglieder des Wahlgremiums sowie (Gewerkschaften und) leitende Angestellten, Wahlvorschläge zu unterbreiten	Nach Zusammentritt des Wahlgremiums
11.	Einreichen von Wahlvorschlägen durch das Wahlgremium, Gewerkschaften und leitenden Angestellten beim Wahlleiter	Nach Zusammentritt des Wahlgremiums; Frist für Einreichung von Wahlvorschlägen: 2 Wochen
12.	Prüfung der Wahlvorschläge durch das Wahlgremium	Nach Abgabe der Wahlvorschläge
13.	Vorbereitung der Wahlzettel und der Wahlurne	Nach Prüfung der Wahlvorschläge
14.	Durchführung der freien und geheimen Wahl durch schriftliche Stimmabgabe im BVG	Innerhalb der 10 Wochenfrist nach der Unterrichtung und Aufforderung nach § 4 SEBG
15.	Stimmauszählung	Unverzüglich nach Abschluss der Stimmabgabe
16.	Niederschrift des (vorläufigen) Wahlergebnisses	Nach Auszählung der Stimmen
17.	Die Gewählten sind unverzüglich schriftlich durch das Wahlgremium von ihrer Wahl zu benachrichtigen. Die Wahl gilt als angenommen, wenn die gewählte Person nicht innerhalb von drei Arbeitstagen nach Zugang der Benachrichtigung erklärt, dass sie die Wahl ablehnt	Nach Auszählung der Stimmen
18.	Bekanntmachung des (endgültigen) Wahlergebnisses durch das Wahlgremium (Aushang am schwarzen Brett oder im Intranet)	Unverzüglich nach Annahme der Wahl
19.	Mitteilung der Namen der deutschen Mitglieder des BVG, ihrer Anschriften und der jeweiligen Betriebszugehörigkeit an die Leitung (§ 11 Abs. 1 S. 1 SEBG)	Unverzüglich nach Annahme der Wahl

	Maßnahmen	Frist
20.	Mitteilung der Leitung über die Namen der Mitglieder des BVG, ihre Anschriften und die jeweilige Betriebszugehörigkeit an die örtlichen Betriebs- und Unternehmensleitungen, die dort bestehenden Arbeitnehmervertretungen sowie die in den inländischen Betrieben vertretenen Gewerkschaften (§ 11 Abs. 1 S. 2 SEBG)	Unverzüglich nach Mitteilung der Informationen an die Leitung
21.	Einladung zur konstituierenden Sitzung des BVG durch die Leitung (§ 12 Abs. 1 SEBG)	Unverzüglich nach Benennung der Mitglieder des BVG oder nach Ablauf von 10 Wochen nach der in § 4 Abs. 2, 3 SEBG vorgesehenen Unterrichtung (§ 12 Abs. 1 S. 1 SEBG)
22.	Aufnahme der Verhandlungen zwischen der Leitung und BVG	6 Monate ab Einsetzung (= Tag, zu dem die Leitung zur konstituierende Sitzung eingeladen hat, § 20 Abs. 1 SEBG)
23.	Wahl eines Vorsitzenden des BVG und zweier Stellvertreter (§ 12 Abs. 1 S. 2 SEBG)	In erster Sitzung des BVG
24.	*fakultativ:* Verabschiedung einer Geschäftsordnung des BVG	Ab erster Sitzung des BVG
25.	Mögliche Anfechtung der Wahl	1 Monat nach Bekanntmachung des Wahlergebnisses (hM: § 37 Abs. 2 SEBG analog)

Insbesondere vor dem Hintergrund der Zusammensetzung des BVG stellt die Arbeit mit diesem Gremium eine große zeitliche und finanzielle Belastung für die beteiligten Unternehmen dar, da die Mitglieder des BVG aus verschiedenen Mitgliedstaaten entsendet werden und ggf. stark divergierende Interessen verfolgen.[1] Für den Fall einer gerichtlichen Auseinandersetzung empfiehlt es sich, die ordnungsgemäße Durchführung des Unterrichtungs-/Wahlprozesses zu dokumentieren.

Der Zeitbedarf, der für das Arbeitnehmerbeteiligungsverfahren bei der SE-Gründung einkalkuliert werden muss, liegt – ohne Planungsvorbereitungen – bei mindestens 9 Monaten. Denn zur gesetzlichen 6-monatigen Verhandlungsfrist mit dem BVG sind 10 Wochen für die Bildung des BVG sowie weitere 2 Wochen bis zur konstituierenden Sitzung einzuplanen.

b) Zusammensetzung und Größe des BVG

§ 5 SEBG sieht vor, dass einem Mitgliedsstaat für jeweils 10% der Arbeitnehmer eines Mitgliedsstaates an der Gesamtzahl aller Beschäftigten ein Sitz im BVG zugeordnet

---

[1] Vgl. *Willemsen/Hohenstatt* NZA 1995, 399 (400).

Teil II. 1. Grenzüberschreitende Umstrukturierung

wird.[1] Erreicht die Belegschaftsstärke der Gesellschaften in einem Mitgliedstaat keine vollen 10%, besteht für diesen Bruchteil ebenfalls Anspruch auf einen Sitz.[2] Im Falle einer Verschmelzung soll grundsätzlich jede Gesellschaft, die im Rahmen der Verschmelzung erlöschen würde, durch ein Mitglied im BVG repräsentiert werden.[3]

235 Da für jede 10% von 100% mindestens ein Sitz zu verteilen ist, beträgt die Mindestgröße des BVG zwingend zehn Sitze.[4] Bei einer Verteilung auf mehrere Mitgliedstaaten kann sich aber auch eine größere Zahl ergeben.[5] Für den unwahrscheinlichen Fall, dass an der SE sämtliche 28 Mitgliedsstaaten der EU sowie die 3 Staaten des EWR-Raumes an der Gründung der SE beteiligt sind und somit Anspruch auf Berücksichtigung im BVG haben, ergibt sich rein rechnerisch eine Höchstmitgliederzahl von 40 Mitgliedern.[6]

c) Die Wahl des BVG

aa) Wahlverfahren

236 Die von den beteiligten Gesellschaften beschäftigten Arbeitnehmer wählen gem. §§ 5, 7 SEBG unter Berücksichtigung der proportionalen Repräsentation der verschiedenen Mitgliedsstaaten das BVG. Das Wahlverfahren richtet sich in Deutschland nach den §§ 8 ff. SEBG. Besteht kein Betriebsrat, werden die Mitglieder des BVG in einer unmittelbaren und geheimen Wahl von den Arbeitnehmern gewählt. Ist in den an der Gründung der SE beteiligten Gesellschaften mindestens ein Betriebsrat errichtet, wird die Wahl durch ein höchstens 40-köpfiges Wahlgremium durchgeführt, das sich aus den Mitgliedern der in den Gesellschaften bestehenden höchsten betriebsverfassungsrechtlichen Arbeitnehmervertretungen zusammensetzt (§ 8 Abs. 6 S. 1 SEBG).

237 Die Einleitung der Wahl obliegt den Leitungen der Gründungsgesellschaften. Diese laden die wahlberechtigten Arbeitnehmer formlos zur ersten Wahlversammlung ein (§ 8 Abs. 7 S. 2 SEBG), die aus Praktikabilitätsgründen zusammen mit den nach § 41 Abs. 1 SEBG schriftlichen Aufforderung zur Bildung des BVG erfolgen kann.[7] In der ersten Wahlversammlung wird der Wahlvorstand gewählt, dem die Durchführung des weiteren Wahlverfahrens obliegt. Die Anzahl der Mitglieder des Wahlvorstandes richtet sich nach Umfang und Komplexität der durchzuführenden Wahl. Sind zB bei einem an der SE-Gründung beteiligten Konzern mehrere Wahlvorstände an unterschiedlichen Standorten gewählt worden, erscheint es sinnvoll, einen übergeordneten Wahlvorstand (Hauptwahlvorstand) einzurichten, der die Wahl der Mitglieder des BVG koordiniert. Dieser Hauptwahlvorstand kann sich aus den jeweiligen Vorsitzenden der einzelnen Wahlvorstände zusammensetzen. Organisatorisch könnte er an den Betrieb mit den meisten Arbeitnehmern angebunden werden und von dort aus die Wahl leiten. In der zweiten Wahlversammlung erfolgt sodann die Wahl der Mitglieder des BVG.

---

[1] *Herfs-Röttgen* NZA 2002, 358 (360).
[2] *Herfs-Röttgen* NZA 2002, 358 (360).
[3] § 5 Abs. 2, 3 SEBG; vgl. *Krause* BB 2005, 1221 (1224).
[4] MüKoAktG/*Jacobs*, § 5 SEBG Rn. 2.
[5] BT-Drucks. 15/3405, S. 46; MüKoAktG/*Jacobs*, § 5 SEBG Rn. 2; *Köklü* in: *van Hulle/Maul/Drinhausen*, Handbuch zur Europäischen Gesellschaft (SE), S. 181.
[6] MüKoAktG/*Jacobs*, § 5 SEBG, Rn. 2; *Köklü* in: van Hulle/Maul/Drinhausen, Handbuch zur Europäischen Gesellschaft (SE), S. 181: Wenn in einem Mitgliedstaat über 90% der Arbeitnehmer beschäftigt sind, stehen diesem somit 10 BVG-Sitze zu; die übrigen 26 Mitgliedstaaten sowie die 3 EWR-Staaten erhalten jeweils 1 Sitz im BVG.
[7] *Hinrichs/Plitt* NZA 2010, 204 (205).

bb) Wahlvorschläge von Gewerkschaftsvertretern und leitenden Angestellten

238 Das SEBG (vgl. § 6 Abs. 2 S. 1 SEBG) macht von der durch Art. 3 Abs. 2 lit. b Abschnitt 2 SE-RL eingeräumten, auf eine deutsche Anregung zurückgehenden Befugnis Gebrauch, auch Gewerkschaftsvertreter als Mitglieder des BVG zuzulassen. Danach muss jedes dritte inländische Mitglied ein Gewerkschaftsvertreter sein (§ 6 Abs. 3 SEBG). Wahlvorschläge können die zum Gründungszeitpunkt in den beteiligten Unternehmen – inklusive in deren Tochtergesellschaften – vertretenen Gewerkschaften machen. Die Leitungen sind nicht verpflichtet, selbst aufzuklären, welche Gewerkschaften „vertreten" sind; ggf. muss eine von den Leitungen nicht berücksichtigte Gewerkschaft selbst die Initiative ergreifen.[1]

239 Den leitenden Angestellten steht jeder siebte Platz im BVG zu (§ 6 Abs. 4 SEBG). Die Vorschrift bestimmt allerdings nicht nur deren Recht auf eine Beteiligung am BVG, sondern stellt im Sinne einer „Muss-Vorschrift" zugleich klar, dass die Teilnahme der leitenden Angestellten verpflichtend ist. Vorschläge für die Besetzung der entsprechenden Sitze sind durch den Sprecherausschuss oder – soweit ein solcher nicht besteht – durch die leitenden Angestellten selbst einzubringen. Bestehen in einem Unternehmen mehrere Sprecherausschüsse, ist der Wahlvorschlag von dem auf der höchsten Unternehmensebene bestehenden Sprecherausschuss einzureichen.[2]

240 Gewerkschaftsvertreter sowie leitende Angestellte besitzen lediglich ein Wahlvorschlagsrecht in Bezug auf die zu entsendenden Vertreter (§ 8 Abs. 1 Sätze 2–6 SEBG). Ein unmittelbares Entsendungsrecht besteht hingegen nicht.[3]

cc) Rechtsbehelfe gegen die Wahl

241 Mit Blick auf die Ordnungsgemäßheiten der Bestellung des Wahlvorstandes oder der Wahl der Mitglieder des BVG ist der Rechtsweg zu den Arbeitsgerichten eröffnet, die per Beschluss entscheiden (§§ 2a Nr. 3d, 3f, 80 ff. ArbGG). Da das SEBG selbst keine Regelung dazu vorsieht, ist das in seinen Rechtsgrundsätzen ähnliche Verfahren für die Anfechtung einer Betriebsratswahl gem. § 19 BetrVG analog anzuwenden.[4]

d) Rechte und Pflichten des BVG

242 Das BVG wählt aus seiner Mitte einen Vorsitzenden und mindestens zwei Stellvertreter; es kann sich eine schriftliche Geschäftsordnung geben (§ 12 Abs. 1 SEBG). Das BVG hat folgende Rechte und Pflichten:
– Abschluss von schriftlichen Vereinbarungen über die Beteiligung der Arbeitnehmer im Betriebsrat und auf Unternehmensebene in der SE (§ 13 Abs. 1 SEBG),
– Einvernehmliche Festlegung der Häufigkeit und des Ortes der Verhandlungen mit der Leitung der SE (§ 13 Abs. 2 SEBG),
– Hinzuziehung von Sachverständigen (§ 14 Abs. 1 SEBG),
– Möglichkeit, die Unterrichtung der Vertreter von geeigneten außenstehenden Organisationen vom Beginn der Verhandlungen zu beschließen (§ 14 Abs. 2 SEBG),
– Vertretung aller in dem jeweiligen Mitgliedstaat beschäftigten Arbeitnehmer (§ 15 Abs. 1 SEBG),
– Beschluss, keine Verhandlungen aufzunehmen oder bereits aufgenommene Verhandlungen mit der Leitung abzubrechen (§ 16 Abs. 1 SEBG) und
– über die Wiederaufnahme von Verhandlungen (§ 18 SEBG).

---

[1] MüKoAktG/*Jacobs*, § 6 SEBG Rn. 5.
[2] *Oetker* in: Lutter/Hommelhoff, SE Kommentar, § 8 Rn. 10.
[3] MüKoAktG/*Jacobs*, § 8 SEBG Rn. 4.
[4] *Hinrichs/Plitt* NZA 2010, 204 (208); *Oetker* in: Lutter/Hommelhoff, SE Kommentar, § 10 SEBG Rn. 15.

e) Kosten des BVG

243 Die Kosten, die im Zusammenhang mit der Tätigkeit des BVG und generell mit den Verhandlungen entstehen, werden von den beteiligten Gesellschaften getragen (§ 19 SEBG). Erfasst sind dabei sowohl die Kosten für die Bildung des Gremiums, für die Arbeit und Aufwendungen der Mitglieder als auch für Übersetzungen, Raummiete, Büropersonal, Reisekosten und Rechtsstreitigkeiten, die im erforderlichen Kontext zu der Aufgabenerfüllung stehen.[1] Das BVG kann sich bei seinen Verhandlungen von Sachverständigen unterstützen lassen (§ 14 SEBG). Dabei wurde im SEBG von der im EBRG genutzten Möglichkeit, die Kostenübernahme auf einen Sachverständigen zu begrenzen, keinen Gebrauch gemacht.[2] Es gilt nur der Maßstab der Erforderlichkeit.[3] Die sprachlichen Hindernisse werden in der Regel nur durch die Hinzuziehung von Dolmetschern zu bewältigen sein,[4] deren Kosten ebenfalls zu übernehmen sind. Es bietet sich an, diesbezüglich Höchstgrenzen bzw. eine Konkretisierung dazu in einer Mitbestimmungsvereinbarung zu vereinbaren.[5] Im Gegensatz zur Vorschrift zur Kostentragung in der zugrundeliegenden Richtlinie (Art. 3 Abs. 7 SE-RL) hat der deutsche Gesetzgeber zusätzlich die gegründete SE selbst als Gesamtschuldnerin neben den an der Gründung beteiligten Gesellschaften hinzugefügt.

4. Vereinbarung über die Arbeitnehmerbeteiligung

a) Grundsätze

244 Die Parteien sollen mit dem Willen, gemeinsam eine Lösung zu finden, als gleichberechtigte Partner über die Beteiligung der Arbeitnehmer verhandeln und aktiv einen Kompromiss zwischen den betroffenen Interessen suchen. § 21 SEBG setzt Art. 4 SE-RL in weiten Teilen wortgleich um, präzisiert dabei aber einzelne inhaltliche Vorgaben und legt für die abzuschließende Vereinbarung zwingende Mindestinhalte fest.

b) Beschlussfassung über eine Vereinbarung der Arbeitnehmerbeteiligung

245 Beschlüsse des BVG sind grundsätzlich mit doppelter Mehrheit zu fassen, d.h. „nach Köpfen" der Mitglieder, die allerdings zugleich die Mehrheit der durch sie vertretenen Arbeitnehmer repräsentieren müssen.[6] Für Vereinbarungen, die eine Minderung der unternehmerischen Mitbestimmungsrechte vorsehen, gilt statt der absoluten Mehrheit eine qualifizierte Zweidrittelmehrheit der Mitglieder des BVG, die mindestens zwei Drittel der Arbeitnehmer in mindestens zwei Mitgliedstaaten vertreten müssen.[7] Eine Minderung der Mitbestimmungsrechte bedeutet, dass der Anteil der Arbeitnehmervertreter im Aufsichts- oder Verwaltungsorgan der SE geringer ist als der höchste in den beteiligten Gesellschaften bestehende Anteil oder das Recht, Mitglieder des Aufsichts- oder Verwaltungsorgans der Gesellschaft zu wählen, zu bestellen, zu empfehlen oder abzulehnen, beseitigt oder eingeschränkt wird (§ 15 Abs. 4 SEBG). Damit geht es nicht um die qualitative Minderung von Mitbestimmungsrechten.

246 Dies gilt jedoch nur, wenn sich im Fall der Verschmelzung die Mitbestimmung auf mindestens 25% und im Fall der Gründung der SE als Holding-Gesellschaft oder Toch-

---

[1] *Hennings*, in: Manz/Mayer/Schröder, Europäische Aktiengesellschaft SE, Art. 3 SE-RL Rn. 44 ff.
[2] Vgl. Art. 3 Abs. 7 der Richtlinie 2001/86/EG mit § 19 SEBG; s. aber § 39 Abs. 2 S. 1 EBRG.
[3] Vgl. Begründung zum Regierungsentwurf zum SEBG, S. 135.
[4] Vgl. *Herfs-Röttgen* NZA 2002, 358 (360).
[5] *Seibt*, AG 2005, 413 (428).
[6] MüKoAktG/*Jacobs*, § 15 SEBG Rn. 3.
[7] *Kisker* RdA 2006, 206 (207).

tergesellschaft auf mindestens 50% der Gesamtzahl der Arbeitnehmer der beteiligten Gesellschaften und der betroffenen Tochtergesellschaften erstreckt. Bei einer durch Umwandlung gegründeten SE dürfen die Mitbestimmungsrechte generell nicht gemindert werden (§ 15 Abs. 5 SEBG).

c) Inhalt der Vereinbarung über die Beteiligung der Arbeitnehmer

Ziel und Gegenstand der Verhandlungen ist insbesondere der Abschluss einer Vereinbarung über die Unterrichtungs-, Anhörungs- und Mitbestimmungsrechte eines zu errichtenden SE-Betriebsrates. Dabei sind die Parteien hinsichtlich des Inhaltes grundsätzlich frei. Wenn diese über den Inhalt eine Einigung erzielen, hat diese Vorrang vor den gesetzliche festgelegten Mitbestimmungsregularien der §§ 22 ff. SEBG. Im Übrigen unterliegt die Vereinbarung lediglich inhaltlichen Mindestvorgaben, die in der Praxis durch die gesetzliche Auffangregelung fixiert werden, so dass die Parteien festzulegen haben (§ 21 SEBG): 247
– den Geltungsbereich der Vereinbarung,
– die Zusammensetzung des SE-Betriebsrats, die Anzahl seiner Mitglieder und die Sitzverteilung, einschließlich der Auswirkungen wesentlicher Änderungen der Zahl der in der SE beschäftigten Arbeitnehmer,
– die Befugnisse und das Verfahren zur Unterrichtung und Anhörung des SE-Betriebsrats,
– die Häufigkeit der Sitzungen des SE-Betriebsrats,
– die für den SE-Betriebsrat bereitzustellenden finanziellen und materiellen Mittel,
– den Zeitpunkt des Inkrafttretens der Vereinbarung und ihre Laufzeit sowie
– die Fälle, in denen die Vereinbarung neu ausgehandelt werden soll und das dabei anzuwendende Verfahren.

Treffen die Parteien zusätzlich eine Regelung zur (unternehmerischen) Mitbestimmung in der zu gründenden SE, muss die Vereinbarung enthalten: 248
– die Zahl der Mitglieder des Aufsichts- oder Verwaltungsorgans der SE, die die Arbeitnehmer wählen oder bestellen oder deren Bestellung sie empfehlen oder ablehnen können,
– das Verfahren, nach dem die Arbeitnehmer diese Mitglieder wählen oder bestellen oder deren Bestellung empfehlen oder ablehnen können und
– die Rechte dieser Mitglieder, dh zum einen die persönliche Rechtsstellung der Arbeitnehmervertreter, dazu zählen Regelungen über die Vergütung, Ansprüche auf bezahlte Schulungs- und Weiterbildungsmaßnahmen sowie das Recht auf Freistellung. Zum anderen sind auch organschaftliche Rechte, wie zB die Teilnahme an Beratungen und Abstimmungen sowie Auskunfts-/Einsichtsrechte betroffen.[1]

Bei den Verhandlungen über eine Mitbestimmungsvereinbarung werden vom BVG typischerweise insbesondere folgende Forderungen, die zum Teil über die in der gesetzlichen Auffanglösung vorgesehenen Bestimmungen hinausgehen, gestellt: 249

Nach Ansicht des BVG besteht die Notwendigkeit, dass zwei regelmäßige Sitzungen des SE-Betriebsrates pro Jahr stattfinden sollten und dass zur konstituierenden Sitzung zwei Wochen vorher geladen wird. Der Gesetzgeber sieht es hingegen als ausreichend an, dass (mindestens) eine Sitzung im Kalenderjahr stattfindet (§ 28 Abs. 1 SEBG), aber die Ladung zur konstituierenden Sitzung unverzüglich nach Benennung aller Mitglieder zu erfolgen hat (§ 23 Abs. 2 S. 1 SEBG). Daneben soll jedes Jahr eine Prüfung der Zusammensetzung des SE-Betriebsrates erfolgen. Auch hier weichen die 250

---

[1] MüKoAktG/*Jacobs*, § 21 SEBG Rn. 19b; *Hohenstatt/Müller-Bonanni*, in: Habersack/Drinhausen, SE-Recht, § 21 SEBG Rn. 26.

typischen Forderungen des BVG von der gesetzlichen Mindestanforderung ab, die oftmals eine Überprüfung der Zusammensetzung lediglich alle zwei Jahre vorsieht (§ 25 S. 1 SEBG).

251 Hinsichtlich der Sitzzahl pro Mitgliedsstaat versucht das BVG in der Regel, ausschließlich eine Vergrößerung für zulässig zu erklären. In diesem Fall empfiehlt sich, eine maximale Sitzzahl für jeden beteiligten Mitgliedsstaat sowie eine Beschränkung der Anzahl der Mitglieder des Gesamtgremiums zu vereinbaren. Problematisch erscheint die Forderung des BVG, dass neben Gewerkschaftsvertretern auch andere „Gäste" an den Sitzungen teilnehmen dürfen. In diesen werden teilweise sensible Themen der Unternehmen bzw. der Unternehmensgruppe besprochen, die nicht einer breiten Öffentlichkeit zugänglich gemacht werden sollten.

252 Zu den weiteren typischen Forderungen gehört auch, dass die doppelte Mehrheit zusätzlich ein 2-Länder Quorum verlangt. Daneben soll der SE-Betriebsrat mit besonderen Anhörungsrechten bei Kündigungen ausgestattet werden sowie mitwirkende Arbeitnehmer Kündigungsschutz erhalten. Ferner wird gefordert, dass Übersetzungen aller Dokumente in jede Landessprache[1] erfolgt und nach Wunsch des SE-Betriebsrates der Sitzungsort gewechselt werden kann. Beide Forderungen können zu einer erheblichen Erhöhung der Kosten führen und die Planung von Sitzungen erschweren. Parallelen zeigen sich außerdem zu den aktuellen Forderungen der Gewerkschaften bezüglich des Europäischen Betriebsrates. Dort wird regelmäßig verlangt, dass ein grenzüberschreitender Sachverhalt bereits dann anzunehmen ist, wenn eine Entscheidung in einem Mitgliedsstaat getroffen wird, deren Auswirkungen sich aber in einem anderen Mitgliedsstaat niederschlagen.[2] Des Weiteren wird die zeitlich unbegrenzte Beratung mit dem SE-Betriebsrat, eine Umsetzungssperre vor deren Ende sowie das Recht zur schriftlichen Stellungnahme des SE-Betriebsrates gefordert. Diesen Forderungen ist im Rahmen der Verhandlung unter Hinweis auf die Beschränkungen durch die gesetzliche Auffanglösung entgegenzutreten.

253 Einzelne, auf der privatautonomen übereinstimmenden Entscheidung beider Parteien beruhende Abweichungen von dem gesetzlichen vorgesehenen „Mindestinhalt" führen dabei nicht zu einer Unwirksamkeit der Vereinbarung.[3] Vielmehr ist der Katalog des § 21 SEBG als bloße Orientierungshilfe zu verstehen.[4]

254 Bei der Gründung der SE durch eine Umwandlung muss in der Vereinbarung in Bezug auf die Arbeitnehmerbeteiligung „zumindest das gleiche Ausmaß gewährleistet werden, das in der Gesellschaft besteht, die in eine SE umgewandelt werden soll" (§ 21 Abs. 6 SEBG). Damit ist es zB nicht zulässig, das Mitbestimmungsmodell von einer paritätischen Mitbestimmung auf eine Drittelbeteiligung umzustellen.[5] Die bisherige Größe des Aufsichts- oder Verwaltungsorgans muss allerdings nicht beibehalten werden.[6] Vielmehr muss der bisherige Anteil der Arbeitnehmer im Verhältnis zu der Gesamtmitgliederzahl identisch bleiben. Dafür spricht insbesondere, dass die Richtlinie auf den Anteil der Arbeitnehmervertreter abstellt, der für die SE zu übernehmen ist, nicht aber auf eine absolute Zahl. Dies ergibt sich auch aus § 35 Abs. 2 S. 2 SEBG, der

---

[1] Zur Kostentragungspflicht der SE → Rn. 243.
[2] Hinsichtlich des SE entspricht dies wohl der hM: *Hennings* in: Manz/Mayer/Schröder, Europäische Aktiengesellschaft/SE, Anhang: Auffangregelung Teil 2 SE-RL Rn. 1; KölnKAktG/*Feuerborn* § 27 SEBG Rn. 3; *Blank,* Erweiterung der Beteiligungsrechte des SE-Betriebsrates durch Vereinbarung, S. 19.
[3] *Hennings,* in: Manz/Mayer/Schröder, Europäische Aktiengesellschaft SE, Art. 4 SE-RL Rn. 48.
[4] *Köklü* in: van Hulle/Maul/Drinhausen, Handbuch zur Europäischen Gesellschaft (SE), S. 215.
[5] *Ege/Grzimek/Schwarzfischer* DB 2011, 1205 (1206).
[6] *Grobys* NZA 2005, 88.

lediglich auf den proportionalen Anteil rekurrtiert. Bei der Errichtung der SE im Wege einer Holding- bzw. Tochter-SE ist wegen des Fehlens einer entsprechenden Vorschrift eine Änderung des Verhältnisses zumindest denkbar, hängt aber von dem – wohl nicht zu erwartenden – Einverständnis der Arbeitnehmerseite ab.

d) Dauer der Verhandlungen und deren Scheitern

Innerhalb einer Frist von sechs Monaten ab Einsetzung des BVG müssen die Verhandlungen abgeschlossen werden, dh die Vereinbarung muss unterzeichnet sein oder ein Beschluss zum Abbruch gefasst sein. Die Einsetzung bezeichnet dabei den Tag, zu dem die Leitungen zur konstituierenden Sitzung des BVG eingeladen haben (§ 20 Abs. 1 SEBG). Bei Bedarf und Einvernehmen zwischen den Leitungen und dem BVG kann diese Frist auf Grundlage eines entsprechenden Beschlusses um weitere sechs Monate verlängert werden (§ 20 Abs. 2 SEBG). 255

Kommt innerhalb dieser Frist keine Vereinbarung zustande und liegt kein Abbruchbeschluss des BVG vor, finden die gesetzlichen Mitbestimmungsregelungen des SEBG als Auffanglösung Anwendung. In diesem Fall wird zwingend ein SE-Betriebsrat eingesetzt (§§ 22 ff. SEBG) und – soweit bereits vorher mitbestimmte Unternehmen an der Gründung der SE beteiligt sind – die unternehmerische Mitbestimmung nach den Vorgaben der §§ 35 ff. SEBG umgesetzt. 256

e) Nichtaufnahme der Verhandlungen bzw. deren Abbruch

Da das SEBG keine Verpflichtung des BVG zur Verhandlung vorsieht, kann dieses mit der qualifizierten Zweidrittel-Mehrheit (vgl. § 16 Abs. 1 SEBG) beschließen, nicht (weiter) zu verhandeln (förmlicher Nichtverhandlungs- bzw. Negativbeschluss).[1] Bei einer solchen „Null-Lösung"[2] finden die Auffangregelungen in den §§ 22–38 SEBG keine Anwendung, auch wenn die Gründungsgesellschaften einer Mitbestimmung unterliegen (§ 16 Abs. 2 S. 2 SEBG). Die SE bleibt mitbestimmungsfrei. Deswegen kommt der Fall in der Praxis nicht vor. 257

f) Wiederaufnahme der Verhandlungen

Mindestens 10% der Arbeitnehmer der SE, ihrer Tochtergesellschaften und Betriebe können durch schriftlich einzureichenden Antrag verlangen, dass die abgebrochenen Verhandlungen nach Ablauf von zwei Jahren wieder aufgenommen werden (§ 18 Abs. 1 SEBG). Auch eine frühere Wiederaufnahme kann im Einvernehmen vereinbart werden (§ 18 Abs. 1 S. 2 SEBG). In der Folge muss ein neues BVG nach den entsprechenden Vorschriften zur Errichtung (§§ 5 ff. SEBG) eingesetzt werden. 258

V. Gesetzliche Auffangregelung

1. Grundsätze

Parallel zu der gesetzlichen Regelung zum Europäischen Betriebsrat im EBRG hat der Gesetzgeber auch bei der SE eine gesetzliche Auffanglösung geschaffen. Kommen die Leitungen und das BVG innerhalb der gesetzlichen Fristen nicht zu einer Vereinbarung und fasst das BVG keinen Nichtverhandlungs- bzw. Negativbeschluss, gelten die §§ 22 ff. SEBG über die Beteiligung der Arbeitnehmer in der SE kraft Gesetzes. 259

---

[1] *Köklü* in van Hulle/Maul/Drinhausen, Handbuch zur Europäischen Gesellschaft (SE), S. 194.
[2] *Grobys* NZA 2005, 87; MüKoAktG/*Jacobs*, § 16 SEBG Rn. 4.

Diese ist auf zweifache Weise zu implementieren: zum einen durch Unterrichtung und Anhörung mittels Bildung eines SE-Betriebsrats, zum anderen durch die personelle Besetzung der Kontroll- bzw. Leitungsorgane des Unternehmens mit Arbeitnehmervertretern (Aufsichts- oder Verwaltungsrat).

2. Errichtung eines SE-Betriebsrates

260 Die gesetzliche Auffangregelung sieht vor, dass ein SE-Betriebsrat mit mindestens zehn Mitgliedern nach den Vorgaben der §§ 22 ff. SEBG einzurichten ist. Er besteht aus den Arbeitnehmern der SE, ihrer Tochtergesellschaften und Betriebe. Die Mitglieder werden im gleichen Verfahren gewählt wie das BVG (→ Rn. 236 ff.). Die Dauer der Mitgliedschaft beträgt vier Jahre, wenn sie nicht durch Abberufung oder aus anderen Gründen vorzeitig endet. Nach der Wahl hat unverzüglich eine konstituierende Sitzung unter Teilnahme der Leitung der SE stattzufinden (§ 23 Abs. 2 SEBG), bei der ein Vorsitzender und dessen Stellvertreter gewählt wird.

a) Zuständigkeiten des SE-Betriebsrates

261 Die Aufgaben des SE-Betriebsrates entsprechen weitgehend denen des Europäischen Betriebsrates, der neben dem SE-Betriebsrat nicht mehr zu bilden ist. Besteht bereits ein Europäischer Betriebsrat, so erlischt dieser mit Eintragung der SE.[1] Voraussetzung für die Zuständigkeit des SE-Betriebsrates ist dabei immer eine grenzüberschreitende Angelegenheit, die insbesondere dann vorliegt, wenn Arbeitnehmer in mehreren Mitgliedsstaaten betroffen sind.[2] Fehlt es an einem grenzüberschreitenden Sachverhalt, da lediglich die inländische Gesellschaft Arbeitnehmer beschäftigt oder die geplante Maßnahme nur die Arbeitnehmer eines Mitgliedstaates betrifft, ist im Zweifel keine Zuständigkeit des SE-Betriebsrates gegeben. Die §§ 28 ff. SEBG sehen dabei ausschließlich Unterrichtungs- und Anhörungsrechte – keine echte Mitbestimmung – vor.

262 Die gesetzlich vorgesehene Zuständigkeit des SE-Betriebsrats besteht für die Angelegenheiten, die die SE selbst, eine ihrer Tochtergesellschaften oder einen ihrer Betriebe in einem anderen Mitgliedstaat betreffen oder die über die Befugnisse der zuständigen Organe auf der Ebene des einzelnen Mitgliedstaats hinausgehen (§ 27 SEBG). Die Vorschrift ist aber nicht im Sinne einer Allzuständigkeit für alle wirtschaftlichen, sozialen, gesundheitlichen und kulturellen Interessen der Arbeitnehmer zu verstehen.[3] Die Unterrichtung und Anhörung des SE-Betriebsrates bezieht sich vielmehr insbesondere auf die Struktur der SE, ihre wirtschaftliche und finanzielle Situation, die voraussichtliche Entwicklung der Geschäfts-, Produktions- und Absatzlage, auf die Beschäftigungslage, Investitionen, grundlegende Änderungen der Organisation, Einführung neuer Fertigungsverfahren, Verlagerung der Produktion, Zusammenschlüsse, Einschränkung und Schließung von Unternehmen oder Betrieben sowie Massenentlassungen (vgl. §§ 1 Abs. 4, 29 EBRG). Ob eine Maßnahme vorliegt, die in den Zuständigkeitsbereich des SE-Betriebsrats fällt und folglich entsprechend Unterrichtungs- sowie Beratungsrechte auslöst, ist dabei auf Grundlage der Rechtsordnung zu beurteilen, nach der der SE-Betriebsrat gebildet wurde. Dieser einheitliche Maßstab bei der Auslegung, ob die Voraussetzungen für einen beteiligungspflichtiger Tatbestand vorliegen, verhindert dabei, dass es – bei Anwendung der Rechtsordnungen der jeweils betroffenen Mitgliedsstaaten – zu unterschiedlichen Bewertungen kommen kann, ob tatsächlich eine Maßnahme im Zuständigkeitsbereich des SE-Betriebsrats geplant wird; dies könnte zweifelhaft sein,

---

[1] MüKoAktG/*Jacobs,* § 47 SEBG Rn. 4.
[2] KölnKAktG/*Feuerborn,* § 27 SEBG Rn. 3.
[3] *Oetker* in: Lutter/Hommelhoff, SE Kommentar, § 27 SEBG Rn. 1.

wenn die Tatbestände, die zu einem Beteiligungsrecht führen können, in den einzelnen Mitgliedsstaaten anders ausgelegt bzw. auf Grundlage des jeweils nationalen Rechtes an andere Voraussetzungen geknüpft werden.

b) Jährliche Unterrichtungs- und Anhörungspflicht

Im Rahmen der regelmäßigen Unterrichtung (§ 28 SEBG) sind dem SE-Betriebsrat **263** Geschäftsberichte, Tagesordnungen aller Sitzungen der Unternehmensorgane und Kopien der Hauptversammlungsunterlagen vorzulegen. Dabei ist diese Aufzählung der Unterlagen im Katalog des § 28 Abs. 1 S. 2 SEBG nicht abschließend. Die Leitung der SE hat den SE-Betriebsrat mindestens einmal im Kalenderjahr in einer gemeinsamen Sitzung über die Entwicklung der Geschäftslage und die Perspektiven der SE unter rechtzeitiger Vorlage der erforderlichen Unterlagen zu unterrichten (vgl. § 28 SEBG). Dies kann insbesondere durch den Vorstand oder einer von ihm entsprechend bevollmächtigten Person erfolgen. In welcher Form bzw. Sprache die Unterlagen vorzulegen sind, sollte in einer Vereinbarung festgelegt werden. Die Unterrichtung muss dabei so frühzeitig geschehen, dass der SE-Betriebsrat die gemeinsame Sitzung mit der Leitung sachgerecht vorbereiten kann. Während endgültige unternehmerische Entscheidungen der Leitung der SE vorbehalten bleiben, ist der SE-Betriebsrat im Sinne eines Dialogs umfassend anzuhören. Diese Anhörung sollte so gewissenhaft durchgeführt werden, dass die Leitung ihre unternehmerische Entscheidung – unter Berücksichtigung der vom SE-Betriebsrat vorgebrachten Argumente – einer eigenen Überprüfung unterzieht. Auch hier ist das EBRG Leitbild für die Frage, wie die Anhörung zu erfolgen hat.

c) Unterrichtung und Anhörung über außergewöhnliche Umstände

Ergeben sich Umstände, die erhebliche Auswirkungen auf die Interessen der Ar- **264** beitnehmer der SE haben, hat die Leitung den SE-Betriebsrat rechtzeitig unter Vorlage der erforderlichen Unterlagen zu unterrichten und in einer gemeinsamen Sitzung anzuhören (§ 29 SEBG). Als außergewöhnliche Umstände gelten dabei insbesondere die Verlegung, Verlagerung oder Stilllegung von Unternehmen, Betrieben oder wesentlichen Betriebsteilen sowie Massenentlassungen. Zwar kann der SE-Betriebsrat unter Umständen eine nochmalige Beratung erzwingen (§ 29 Abs. 4 SEBG), er kann aber kein Vetorecht hinsichtlich zu treffender unternehmerischer Entscheidungen geltend machen.[1] Er kann folglich die Umsetzung der Maßnahme nicht verhindern.[2]

d) Verzicht auf Unterrichtungs- und Anhörungsrechte

Umstritten ist die Frage, ob das BVG im Rahmen der Verhandlungen beschließen **265** kann, auf Unterrichtungs- und Anhörungsrechte des SE-Betriebsrates zu verzichten. Gegen die Möglichkeit wird angeführt, dass entsprechende Unterrichtungs- und Anhörungsverfahren als zwingender Mindeststandard von der SE-RL vorgegeben und demzufolge nicht disponibel seien.[3] Diese Auffassung überzeugt nicht. Das BVG kann entscheiden, dass Unterrichtungs- und Anhörungsrechte nicht vorgesehen werden.[4] Dies ergibt sich aus Art. 4 Abs. 2 SE-RL, nach dem der Mindestinhalt der Vereinba-

---

[1] *Oetker* in: Lutter/Hommelhoff, SE Kommentar, § 29 SEBG Rn. 3.
[2] Vgl. LAG Köln 8.9.2011 – 13 Ta 267/11, BB 2012, 197; hierzu *Bissels* AuA 2012, 184.
[3] *Köklü* in: Van Hulle/Maul/Drinhausen, Handbuch zur Europäischen Gesellschaft (SE), S. 217; *Kleinsorge* RdA 2002, 343 (347).
[4] *Kleinsorge* RdA 2002, 343 (347); *Herfs-Röttgen* NZA 2002, 358 (361) fordert allerdings für einen wirksamen Verzichtsbeschluss eine qualifizierte Mehrheit iSv Art. 3 Abs. 6 SE-RL.

rung lediglich „unbeschadet der Autonomie der Parteien" festgelegt wird.[1] Ein Verzichtsbeschluss ist deshalb zulässig, zumal dieser im Ergebnis der Entscheidung nach Art. 3 Abs. 6 SE-RL gleichkommt, die Verhandlungen über eine Arbeitnehmerbeteiligung in der SE nicht aufzunehmen oder diese abzubrechen.[2] Für diese Ansicht spricht auch, dass das SEBG auf dem Grundprinzip der Verhandlungslösung aufgebaut ist. Aus diesem Gedanken folgt, dass ein einvernehmlicher Verzicht auf Unterrichtungs- und Anhörungsrechte möglich sein muss.

e) Kosten des SE-Betriebsrates

266 Die durch Einsetzung und laufende Tätigkeit des SE-Betriebsrates entstehenden Kosten trägt gem. § 33 S. 1 SEBG die SE. In Anlehnung an die entsprechende Vorschrift in § 40 BetrVG sind in diesem Rahmen nicht nur Personal- und Sachmittel zur Verfügung zu stellen, sondern auch die Kosten für (mehrere) Sachverständige zu übernehmen, soweit diese zur ordnungsgemäßen Erfüllung der Tätigkeit des SE-Betriebsrates erforderlich sind. Welche Mittel tatsächlich erforderlich sind, ist im Einzelfall zu prüfen.[3] Anhaltspunkte können der Rechtsprechung zu § 40 BetrVG und § 30 EBRG entnommen werden.[4]

267 Auch der Vertreter einer Gewerkschaft zählt gem. § 32 S. 2 SEBG zu den Sachverständigen, so dass auch dessen Kosten von der SE zu übernehmen sind. Unter die Personalmittel fallen vor allem das entsprechende Büropersonal sowie Dolmetscher für die notwendigen Übersetzungen (vgl. § 19 S. 2 SEBG). Bei den erforderlichen Sachmitteln handelt es sich vorwiegend um Räumlichkeiten und deren Ausstattung mit Telekommunikationsmitteln, z. B. Telefon, Telefax, Computer sowie notwendige Literatur. Zur Letztgenannten zählen insbesondere die erforderlichen Gesetzestexte und Wörterbücher in den verschiedenen Sprachen.[5] Daneben sind durch die SE gem. § 19 S. 2 SEBG auch Reise- und Aufenthaltskosten der Mitglieder sowie nach § 31 SEBG die Kosten für die Teilnahme an Schulungs- und Bildungsveranstaltungen zu übernehmen. Die Dauer der Reisen der Mitglieder des SE-Betriebsrates ist – wie auch beim BVG – durch den Erforderlichkeitsgrundsatz eingeschränkt; dieser kann gerichtlich im Einzelfall überprüft werden. Wie auch im BetrVG (§ 40 BetrVG) ist die vage Vorschrift zur Kostenübernahme und eine tendenziell großzügige Rechtsprechung eine Quelle von Streitigkeiten. Schon dieser Umstand spricht in der Regel gegen die gesetzliche Auffangregelung und für eine Konkretisierung in einer Vereinbarung.

3. Unternehmensmitbestimmung

a) Regelungsgehalt und Anwendbarkeit

268 Das SEBG enthält in den §§ 34 ff. SEBG eine Auffangregelung für die unternehmerische Mitbestimmung, wenn vorher bereits in mindestens einem der an der Gründung beteiligten Unternehmen eine solche bestanden hat. Das deutsche Recht übernimmt nahezu wörtlich die Regelungen der Richtlinie.[6] Die Regelungen sollen gewährleisten, dass bestehende Mitbestimmungsrechte der Arbeitnehmer durch die Gründung

---

[1] *Herfs-Röttgen* NZA 2002, 358 (361).
[2] *Herfs-Röttgen* NZA 2002, 358 (361).
[3] *Nagel/Freis/Kleinsorge,* Beteiligung der Arbeitnehmer im Unternehmen auf Grundlage des europäischen Rechts, § 32 SEBG Rn. 2.
[4] KölnKAktG *Feuerborn,* § 33 SEBG Rn. 5 mwN.
[5] *Nagel/Freis/Kleinsorge,* Beteiligung der Arbeitnehmer im Unternehmen auf Grundlage des europäischen Rechts, § 19 SEBG Rn. 6.
[6] Vgl. § 34 SEBG mit Art. 7 Abs. 2 der Richtlinie 2001/86/EG.

einer SE nicht verkürzt werden. Zur Anwendbarkeit der Auffangregelungen kann es zunächst nur kommen, wenn
1. die Parteien dies vereinbaren oder
2. bis zum Ende des sechsmonatigen Zeitraums (§ 20 SEBG) keine Vereinbarung zustande gekommen ist und das BVG keinen Beschluss nach § 16 SEBG gefasst hat.

b) Umfang der Mitbestimmung

Im Grundsatz wird qua gesetzlicher Anordnung in der SE diejenige Mitbestimmungsstruktur aus der Gründungsgesellschaft angewendet, die die größtmögliche Arbeitnehmerbeteiligung gewährleistet. Dieses „Vorher-Nachher-Prinzip" sichert den Mitbestimmungsstatus der Arbeitnehmer, insbesondere wenn die Gründungsgesellschaften aus verschiedenen mitgliedsstaatlichen Rechtssystemen mit einer divergierend ausgestalteten Arbeitnehmerbeteiligung stammen. **269**

Ob das „Vorher-Nachher-Prinzip" auch dann anwendbar ist, wenn zwar eine Gründungsgesellschaft zB auf Grundlage des deutschen MitbestG der (paritätischen) Mitbestimmung unterliegt, aber dennoch kein (mitbestimmter) Aufsichtsrat errichtet worden ist und somit die in der Gesellschaft tatsächlich gelebte Arbeitnehmerbeteiligung von der gesetzlich vorgesehenen abweicht, wird bislang nicht vertieft diskutiert. Es sprechen aber die besseren Argumente dafür, dass der faktisch bestehende, nicht aber der rechtlich mögliche Mitbestimmungsstatus in die SE importiert wird, unabhängig davon, dass dieser Zustand nicht den gesetzlichen Vorgaben entspricht.[1] Es kommt zu keiner „Heilung" der Beteiligungsrechte durch Gründung der SE. Das „Vorher-Nachher-Prinzip" wirkt sich in diesem Fall zu Lasten der Beschäftigten aus. Es kann nur diejenige Mitbestimmung konserviert und fortgeführt werden, die tatsächlich schon etabliert ist, nicht aber der idealtypische mitbestimmungsrechtliche Zustand erst herbeigeführt werden. Nicht überzeugend ist in diesem Zusammenhang die Argumentation, dass in der SE ein (mitbestimmter) Aufsichtsrat installiert werden muss, da andernfalls die Gefahr einer Minderung der (potentiellen) Mitbestimmungsrechte droht. Der Schutzzweck des „Vorher-Nachher-Prinzips" ist die Sicherung der bestehenden Beteiligungsrechte. Verhindert werden soll, dass der SE-Gründungsvorgang – gleich welcher Art – zur Verringerung der Mitbestimmungsrechte führt. Wenn die Arbeitnehmervertreter bisher aber keine Mitbestimmungsrechte in der betroffenen Gründungsgesellschaft wahrgenommen haben, kann naturgemäß auch nicht deren Minderung eintreten. Im Sinne des „Vorher-Nachher-Prinzips" wird faktisch der Zustand beibehalten, der vor der Gründung bestand. Mangels eines mitbestimmungsrechtlich relevanten Substrates ist der Gründungsvorgang gerade nicht geeignet, die Beteiligungsrechte einzuschränken. **270**

c) Voraussetzungen der Mitbestimmung kraft Gesetzes

Die gesetzliche Auffanglösung ist – je nach Gründungsvorgang und -form – unterschiedlich ausgestaltet. Keine Anwendung findet diese auf die SE, wenn auf die Gründungsgesellschaften vor Eintragung der SE keine Mitbestimmungsregelungen anwendbar waren. **271**

aa) Mitbestimmung kraft Gesetzes bei Umwandlung

Wird die SE durch Umwandlung aus einer AG gegründet, bleibt diejenige Mitbestimmungsstruktur erhalten, die in der Gesellschaft vor der Umwandlung bestanden hat (§ 35 Abs. 1 SEBG). Der Umfang der Unternehmensmitbestimmung in der Aus- **272**

---

[1] AA die hM *Weiss/Wöhlert* NZG 2006, 121 (122); UHH/*Henssler*, § 36 SEBG Rn. 15.

gangsgesellschaft wird dabei als Minimum festgesetzt. Auch hier betrifft der „Umfang der Mitbestimmung" lediglich die Zahl der Arbeitnehmervertreter, nicht die materiellen Rechte des Aufsichtsrates. Dies gilt ebenfalls, wenn die in Deutschland übliche dualistische Leitungs-/Kontrollstruktur – bestehend aus Vorstand und Aufsichtsrat – in eine monistische Unternehmensstruktur geändert wird.

273 Dem Wortlaut der Norm lässt sich allerdings nicht entnehmen, ob sich daraus eine zwingende Anzahl von Arbeitnehmern im Aufsichts- oder Verwaltungsorgan ergibt[1] oder lediglich der bisherige proportionale Anteil von Arbeitnehmern gewahrt bleiben muss und demnach eine Verkleinerung des Aufsichts- oder Verwaltungsrats der SE möglich ist.[2] Für die letztgenannte Ansicht sprechen die überzeugenderen Argumente.[3] Die Richtlinie stellt ebenfalls auf den Anteil der Arbeitnehmervertreter ab (nicht auf deren absolute Zahl), der für die SE zu übernehmen ist. Es wäre zudem systemfremd, für die Berechnung der Anzahl der Arbeitnehmervertreter auf die absolute Größe abzustellen, weil sonst die Mitgliederzahl des Gesamtorgans festgelegt wäre. Die proportionale Berechnung ist interessengerecht und nach der hier vertretenen Auslegung gesetzeskonform.

274 Als denkbares Modell zur Begründung einer mitbestimmungsfreien SE wird in der Literatur[4] vorgeschlagen, dass die Vermögenswerte einer deutschen AG von einer mitbestimmungsfreien ausländischen Gesellschaft, zB einer britischen Plc, im Wege des asset deals übernommen werden. Die erwerbende Plc kann sich anschließend in eine SE umwandeln, wenn sie bereits seit mindestens zwei Jahren über eine dem Recht eines anderen EU-Mitgliedstaates unterliegende Tochtergesellschaft verfügt. Zwar kann die SE nicht gleich mit Sitz in Deutschland gegründet werden, da die Sitzverlegung anlässlich der Umwandlung der Plc nicht zulässig ist. Nach erfolgter SE-Gründung besteht allerdings die Möglichkeit, ein Verfahren zur Sitzverlegung nach Deutschland einzuleiten (Art. 8 SE-VO), so dass im Ergebnis eine mitbestimmungsfreie „deutsche" SE bestünde. Bei Umwandlung einer mitbestimmungsfreien Gesellschaft in eine SE bleibt auch die SE mitbestimmungsfrei.

bb) Mitbestimmung kraft Gesetzes bei Verschmelzung

275 Bei einer Gründung der SE durch eine Verschmelzung ist die zwingende Beibehaltung des mitbestimmungsrechtlichen Status quo nur vorgesehen, wenn vor der Eintragung der SE in einer oder mehreren der beteiligten Gesellschaften eine oder mehrere Formen der Mitbestimmung bestanden und sich diese auf mindestens 25 Prozent der Gesamtzahl der Arbeitnehmer aller beteiligten Gesellschaften und betroffenen Tochtergesellschaften erstreckten (§ 34 Abs. 1 Nr. 2 lit. a SEBG) oder vor der Eintragung der SE in einer oder mehreren der beteiligten Gesellschaften eine oder mehrere Formen der Mitbestimmung bestanden und sich auf weniger als 25 Prozent der Gesamtzahl der Arbeitnehmer aller beteiligten Gesellschaften und betroffenen Tochtergesellschaften erstreckten und das besondere Verhandlungsgremium einen entsprechenden Beschluss fasst (§ 34 Abs. 1 Nr. 2 lit. b SEBG).

276 Für die Berechnung des Schwellenwertes sind insbesondere alle Arbeitnehmer in den verbundenen Konzerngesellschaften iSd §§ 17, 18 AktG zu berücksichtigen (§ 15 Abs. 3 Nr. 1 SEBG). Damit erweitert der deutsche Gesetzgeber den Bezugspunkt

---

[1] So vertreten von *Oetker* in: Lutter/Hommelhoff, SE –Kommentar, § 35 SEBG, Rn. 7.
[2] So die wohl h. M.: MüKoAktG/*Jacobs*, § 35 SEBG Rn. 9; *Krause* BB 2005, 1221 (1227); *Köklü* in: Van Hulle/Maul/Drinhausen, Handbuch zur Europäischen Gesellschaft (SE), S. 231; *Grobys* NZA 2005, 84 (90).
[3] Vgl. Anhang Teil 3 lit. b Abschnitt 1.
[4] Vgl. *Weiss/Wöhlert* NZG 2006, 121 (123).

für die Berechnung des Schwellenwertes im Vergleich zu den Vorgaben der Richtlinie.[1] Hintergrund ist, dass in der Praxis die meisten Arbeitnehmer eines Konzerns in den Tochtergesellschaften und nicht bei der Holding angestellt sind. Durch § 34 Abs. 1 Nr. 2 lit. a) SEBG soll das den Konzernarbeitnehmern nach nationalem Recht zustehende Wahlrecht gesichert werden.[2] Werden die vorgenannten Schwellenwerte nicht erreicht, kann die gesetzliche Auffangregelung nur durch einen mit doppelter Mehrheit durch das BVG zu fassenden Beschluss zur Anwendung kommen (§ 34 Abs. 1 Nr. 2 lit. b SEBG). Die Leitung der SE ist an diesen gebunden.[3]

cc) Mitbestimmung kraft Gesetzes bei Errichtung einer Holding-SE oder Tochter-SE

Wird eine Holding- bzw. Tochter-SE gegründet, orientiert sich die Mitbestimmung der SE nur dann an der Mitbestimmung der beteiligten Unternehmen, wenn sich diese auf mindestens 50 % der Arbeitnehmer aller beteiligten Unternehmen und betroffenen Tochtergesellschaften erstreckt (§ 34 Abs. 1 Nr. 3 lit. a SEBG). Das gilt auch bei einer Holding-SE, die keine Arbeitnehmer beschäftigt.[4] 277

Soweit sich die Mitbestimmung auf weniger als 50 % der Arbeitnehmer erstreckt, bestimmt sich die Mitbestimmung der SE nur dann nach der Mitbestimmung der beteiligten Unternehmen, wenn das BVG einen entsprechenden Beschluss fasst (§ 34 Abs. 1 Nr. 3 lit. b SEBG). 278

d) Mitbestimmung im Verwaltungs- oder Aufsichtsorgan

Bei der SE-Gründung besteht die Möglichkeit der Bildung eines verkleinerten Aufsichtsrates. Dies kann zu mehr Effektivität und zu einer Kostenersparnis führen.[5] Ist eine deutsche AG mit mehr als 20 000 Arbeitnehmer bereits mitbestimmt und muss diese einen zwanzigköpfigen Aufsichtsrat bilden (§ 7 Abs. 1 Nr. 3 MitbestG), ist die Festlegung der Größe des mitbestimmten Organs in der SE von der jeweiligen ausgehandelten Beteiligungsvereinbarung abhängig. Die Satzung der SE kann von vornherein die Zahl der Aufsichtsratsmitglieder reduzieren (vgl. § 17 Abs. 1 SEAG, Art. 40 Abs. 3 SE-VO). Die Zahl muss durch drei teilbar sein. 279

Die Verteilung der Sitze auf die einzelnen Mitgliedsstaaten im Verwaltungs- oder Aufsichtsorgan bemisst sich nach dem jeweiligen Anteil der in den einzelnen Mitgliedsstaaten beschäftigten Arbeitnehmer der SE, ihrer Tochtergesellschaften und Betriebe. Erhalten bei dieser proportionalen Verteilung nicht alle Mitgliedsstaaten einen Sitz, ist der letzte zu verteilende Sitz einem bislang unberücksichtigten Mitgliedsstaat zuzuweisen, wobei vorzugsweise der Sitzstaat zu berücksichtigen ist (§ 36 Abs. 1 S. 3 SEBG). Die Ermittlung der auf das Inland entfallenden Arbeitnehmervertreter des Aufsichts- oder Verwaltungsorgans der SE erfolgt durch ein Wahlgremium, das sich regelmäßig aus den Arbeitnehmervertretungen der SE, ihrer Tochtergesellschaften und Betriebe zusammensetzt; in Ausnahmefällen ist auch eine Urwahl der Arbeitnehmer möglich, wenn in keinem der inländischen Unternehmen und Betriebe eine Arbeitnehmervertretung besteht (§ 36 Abs. 3 S. 2 iVm § 8 Abs. 7 SEBG). Die durch das Wahlgremium bestimmten Arbeitnehmervertreter werden in der Hauptversammlung der SE, die für die Bestellung der Mitglieder des Aufsichts- oder Verwaltungsorgans zuständig ist, vorgeschlagen; die Hauptversammlung des SE ist an diese Vorschläge gebunden. 280

---

[1] Vgl. MüKoAktG/*Jacobs*, § 34 SEBG Rn. 10.
[2] BT-Drucks. 15/3405.
[3] MüKoAktG/*Jacobs*, § 34 SEBG Rn. 13.
[4] *Oetker* in: Lutter/Hommelhoff, SE-Kommentar, § 34 SEBG Rn. 6.
[5] *Ziegler/Gey* BB 2009, 1750 (1750).

281 Die Wahl eines Arbeitnehmervertreters im Aufsichts- oder Verwaltungsorgan kann nach Maßgabe des § 37 Abs. 2 S. 1 SEBG angefochten werden, wenn wesentliche Vorschriften über das Wahlrecht, die Wählbarkeit oder das Wahlverfahren nicht beachtet wurden, es sei denn der Verstoß konnte keinen Einfluss auf das Wahlergebnis nehmen. Anfechtungsberechtigt ist neben dem SE-Betriebsrat auch die Leitung der SE. Es gilt eine Anfechtungsausschlussfrist von 1 Monat ab Bestellungsbeschluss der Hauptversammlung (§ 37 Abs. 2 S. 3 SEBG).

282 Die Arbeitnehmervertreter können gem. § 38 SEBG die gleichen Rechte wie die Vertreter der Anteilseigner geltend machen. Gleichzeitig unterstehen sie einem Errichtungs- und Tätigkeitsschutz (§ 44 Nr. 1, 2 SEBG), der die Benachteiligung oder Begünstigung einzelner Arbeitnehmervertreter unter Strafe stellt.

283 Ein Abberufungsverfahren ist vor Ablauf der Amtszeit der Arbeitnehmervertreter möglich (§ 37 Abs. 1 S. 1 SEBG). Antragsberechtigt sind diejenigen, die das betreffende Mitglied, das vorzeitig abberufen werden soll, gewählt haben. Dies sind gem. § 37 Abs. 1 S. 2 SEBG
– die Arbeitnehmervertretungen, die das Wahlgremium gebildet haben (Nr. 1),
– in den Fällen der Urwahl mindestens drei wahlberechtigte Arbeitnehmer (Nr. 2),
– für ein Mitglied nach § 6 Abs. 3 nur die Gewerkschaft, die das Mitglied vorgeschlagen hat (Nr. 3), und
– für ein Mitglied nach § 6 Abs. 4 nur der Sprecherausschuss, der das Mitglied vorgeschlagen hat (Nr. 4).

284 Für das Verfahren gelten die Vorschriften über die Berufung von Vertretern in das nach BVG nach §§ 8–10 SEBG entsprechend. Die Abberufung der Arbeitnehmervertreter entspricht damit spiegelbildlich deren Berufung, allerdings mit der Maßgabe, dass an die Stelle der beteiligten Gesellschaften, betroffenen Tochtergesellschaften und betroffenen Betriebe die SE, ihre Tochtergesellschaften und Betriebe treten. Abweichend vom ursprünglichen Wahlverfahren ist für die Beschlussfassung in Bezug auf einen Abberufung allerdings eine qualifizierte Mehrheit von drei Vierteln der abgegebenen Stimmen erforderlich (§ 37 Abs. 3 SEBG).

VI. Sitzverlegung der SE

285 Anders als nationale Aktiengesellschaften verfügt die SE über ein modifiziertes Verfahren, um ihren Sitz in einen anderen Mitgliedsstaat zu verlegen. Nach Art. 8 SE-VO ist dies ohne Auflösung der SE oder Gründung einer neuen Gesellschaft möglich (Prinzip der Identitätswahrung). Damit wird die Mobilität als eine der maßgeblichen Vorteile der SE gesetzlich verankert.

286 Die Auswirkungen einer SE-Sitzverlegung auf die Arbeitnehmermitbestimmung sind indes nicht geregelt. Da sich gesellschaftsrechtlich keine Strukturveränderungen aus der Sitzverlegung ergeben, gilt dies auch für die bestehenden Arbeitnehmerbeteiligungsstrukturen.[1] Diese bleiben grundsätzlich vollumfänglich erhalten. Ausnahmen von diesem Grundsatz können sich ergeben, wenn mit der Sitzverlegung gleichzeitig ein Wechsel von der dualistischen in die monistische Struktur stattfindet, die SE-RL unterschiedlich in nationales Recht umgesetzt worden ist oder das betreffende Zuzugsland von der sog. „spanischen Klausel" nach Art. 7 Abs. 3 SE-RL Gebrauch gemacht hat.[2]

---

[1] Ungeklärt ist, nach welcher Rechtsordnung die inhaltlich unveränderte Beteiligungsvereinbarung nach einem Sitzwechsel ausgelegt wird. Es dürfte dabei viel dafür sprechen, dass das Recht des aufnehmenden Mitgliedstaates insoweit ausschlaggebend ist.

[2] Im Einzelnen dazu *Ringe* NZG 2006, 931 (933). Die sog. „spanische Klausel" betrifft eine Sonderregelung, nach der im Falle einer durch Verschmelzung gegründeten SE die nationale Auffang-

H. Societas Europaea

Wird der Sitz einer SE mit einem dualistischen Leitungssystem in einen Mitglied- 287
staat verlegt, nach dessen nationalem Recht nur eine SE mit monistischer Leitung vorgesehen ist, muss die SE entsprechend umgestellt werden. In der Literatur wird zum Teil vertreten, dass es in einem solchen Fall sachgerecht erscheint, im Wege neuer Verhandlungen das bestehende Niveau der Arbeitnehmerbeteiligung zu sichern.[1] Dagegen wird aber zu Recht eingewendet, dass es sich um ein Scheinproblem handelt, da beide Systeme in allen Mitgliedstaaten zur Verfügung stehen.[2]

VII. Strukturelle Änderungen in der SE

Nach der Gründung der SE ist deren Mitbestimmungsniveau grundsätzlich „einge- 288
froren". Im Rahmen der Verhandlungen mit dem BVG besteht allerdings die Möglichkeit, die Reichweite des „Vorher-Nachher-Prinzips" autonom festzulegen. Für die Leitungen bieten sich flexibel auszuhandelnde Spielräume u. a. hinsichtlich der Laufzeit und möglicher Kündigungsrechte, einer etwaigen Fortgeltung der Vereinbarung nach Zeitablauf, einer automatisierten Anpassung, z.B. bei Änderung der Beschäftigungszahlen, oder der Pflicht zur Neuverhandlung bei bestimmten, näher zu konkretisierenden Sachverhalten.

Daneben ist eine gesetzliche Durchbrechung des „Vorher-Nachher-Prinzips" bei 289
einer „strukturellen Änderung" in der SE vorgesehen, die geeignet ist, Mitbestimmungsrechte der Arbeitnehmer zu verkürzen. In diesem Fall sind gem. § 18 Abs. 3 SEBG Verhandlungen über die Mitbestimmung unter Beteiligung des BVG durchzuführen. Die Vorschrift ist zwingend und kann nicht durch abweichende Vereinbarung abbedungen werden.[3]

Welche Anforderungen an eine derartige strukturelle Änderung zu stellen sind, ist 290
gesetzlich nicht definiert. Die SE-Richtlinie enthält in erster Linie Regelungen zur Gründung einer SE und das dabei durchzuführende Arbeitnehmerbeteiligungsverfahren. Strukturelle Veränderungen werden lediglich in dem Erwägungsgrund 18 der Richtlinie erwähnt. Dort heißt es:

„Die Sicherung erworbener Rechte der Arbeitnehmer über ihre Beteiligung an Unternehmensentscheidungen ist fundamentaler Grundsatz und erklärtes Ziel dieser Richtlinie. Die vor der Gründung von SE bestehenden Rechte der Arbeitnehmer sollten deshalb Ausgangspunkt auch für die Gestaltung ihrer Beteiligungsrechte in der SE (Vorher-Nachher-Prinzip) sein. Dieser Ansatz sollte folgerichtig nicht nur für die Neugründung einer SE, sondern auch für strukturelle Veränderungen einer bereits gegründeten SE und für die von den strukturellen Änderungsprozessen betroffenen Gesellschaften gelten".

Die Gesetzesbegründung zum SEBG[4] enthält ebenfalls keine hinreichende Konkre- 291
tisierung. Diese nennt lediglich als Beispiel, dass eine SE ein mitbestimmtes Unternehmen mit einer größeren Zahl von Arbeitnehmern aufnimmt, in der SE aber bisher keine Mitbestimmung gilt. Ausgehend davon, kann eine strukturelle Änderung lediglich Vorgänge mit **„gründungsähnlichem Charakter"**[5] erfassen, die geeignet sind,

---

regelung zur Arbeitnehmerbeteiligung außer Kraft gesetzt wird. Von dieser Ermächtigung hat bislang nur Spanien Gebrauch gemacht.
[1] *Kleinsorge* RdA 2002, 343 (351).
[2] Mit entsprechender Begründung *Ringe* NZG 2006, 931 (933).
[3] BR-Drs. 483/04, S. 129.
[4] BT-DR. 15/3405 S. 50.
[5] MüKoAktG/*Jacobs,* § 18 SEBG Rn. 12; *Müller-Bonanni/Melot de Beauregard* GmbHR 2005, 199 f.; *Nagel* ZIP 2011, 2047 (2048); *Nikoleyczik/Führ* DStR 2010, 1743 (1749); *Oetker* in: Lutter/Hommelhoff, § 18 SEBG Rn. 16 f.; *Wollburg/Banerjea* ZIP 2005, 277 (278 ff.); *Ziegler/Gey* BB 2009, 1750 (1756).

die Arbeitnehmerbeteiligungsrechte zu mindern. § 18 Abs. 3 SEBG betrifft dabei nur korporative Akte mit erheblichem Gewicht; die Vorschrift ist wegen ihres Ausnahmecharakters eng auszulegen. Als typische Fälle sind zu nennen:
- Verschmelzungen auf die SE,[1] wenn diese eine größere Anzahl von Arbeitnehmern eines mitbestimmten Unternehmens aufnimmt,
- Abspaltungen, wenn die SE abgespaltene Unternehmensteile aufnimmt, die über ein höheres Mitbestimmungsniveau verfügen als die SE,[2]
- ggf. Änderung des Verwaltungssystems von einer dualistischen auf eine monistischen Struktur und umgekehrt.[3]

292 Demgegenüber stellen **keine strukturelle** Änderung dar:
- rein organisches Wachstum bzw. Anwachsen der Arbeitnehmeranzahlen und die damit verbundene Überschreitung der Schwellenwerte nach § 1 Abs. 1 Nr. 1 MitbestG, § 1 Abs. 1 Nr. 1 DrittelbG,[4]
- Beteiligungserwerb der SE an einer mitbestimmten deutschen AG („Share-Deal"),[5]
- Veräußerung von Beteiligungen,[6]
- Sitzverlegung der SE,[7]
- Erwerb und Verkauf von Betrieben und/oder Betriebsteilen („Asset Deal") mit einem Betriebsübergang iSd § 613a BGB.[8]

293 Eine Minderung der Beteiligungsrechte der Arbeitnehmer ist in den zuletzt genannten Fällen ausgeschlossen. Aus Sicht der in der SE beschäftigten Arbeitnehmer bleibt der Status quo erhalten. Maßnahmen in den Tochtergesellschaften der SE, denen an sich ein gründungsähnlicher Charakter innewohnt, können für die SE keine strukturelle Änderung darstellen, da diese nicht geeignet sind, die Beteiligungsrechte der Arbeitnehmer in der SE selbst zu mindern.

294 Fällt eine geplante strukturelle Änderung unter den Tatbestand des § 18 Abs. 3 SEBG, hat entweder die Leitung der SE oder der SE-Betriebsrat unverzüglich die Aufnahme von Neuverhandlungen zu bewirken. Auf Seiten der Arbeitnehmer ist ein neues BVG zu wählen; die §§ 11 ff. SEBG sind entsprechend anzuwenden. Scheitert die Verhandlung oder weigert sich eine Partei, diese überhaupt aufzunehmen, sind ist Auffangregelung nach §§ 22 ff. SEBG einschlägig.[9]

---

[1] *Müller-Bonanni/de Beauregard* GmbHR 2005, 198; *Nikoleyczik/Führ* DStR 2010, 1743 (1749); *Wollburg/Banerjea* ZIP 2005, 277 (278 ff.).

[2] *Wollburg/Banerjea* ZIP 2005, 277 (278 ff.); MüKoAktG/*Jacobs*, § 18 SEBG Rn. 17; *Ziegler/Gey* BB 2009, 1750 (1756).

[3] *Oetker* in: Lutter/Hommelhoff Rn. 16; MüKoAktG/*Jacobs*, § 18 SEBG Rn. 17.

[4] *Brandes* ZIP 2008, 2193 (2194); *Edenmüller/Engert/Hornuf* AG 2009, 845 (848); *Ege/Grzimek/Schwarzfischer* DB 2011, 1205 (1208); *Forst* Der Konzern 2010, 151 (153); *Henssler* RdA 2005, 330; *Wollberg/Banerjea* ZIP 2005, 277; *Müller-Bonanni/Melot de Beauregard* GmbHR 2005, 195; *Rehberg* ZGR 2005, 859; *Wisskirchen/Bissels/Dannhorn* DB 2007, 2258 (2262); *Ziegler/Gey* BB 2009, 1750 (1756).

[5] *Ege/Grzimek/Schwarzfischer* DB 2011, 1205 (1208); *Müller-Bonanni/Melot de Beauregard* GmbHR 2005, 195 (199 f.); *Wisskirchen/Bissels/Dannhorn* DB 2007, 2258 (2262); *Ziegler/Gey* BB 2009, 1750 (1757); aA *Nagel* ZIP 2011, 2047 (2049).

[6] *Wisskirchen/Bissels/Dannhorn* DB 2007, 2258 (2262); *Wollburg/Banerjea* ZIP 2005, 277 (278 ff.).

[7] *Ziegler/Gey* BB 2009, 1750 (1757).

[8] *Ege/Grzimek/Schwarzfischer* DB 2011, 1205 (1208); MüKoAktG/*Jacobs*, § 18 SEBG Rn. 17; *Ziegler/Gey* BB 2009, 1750 (1757).

[9] Krit. *Nikoleyczik/Führ* DStR 2010, 1743 (1749).

VIII. Vorrats-SE

Das komplizierte und langwierige Verfahren der SE-Gründung kann durch Verwendung einer Vorrats-SE abgekürzt werden.[1] Nach der hM[2] ist eine SE als Vorratsgesellschaft ohne die vorherige Durchführung des Arbeitnehmerbeteiligungsverfahrens eintragungsfähig. Denn sowohl nach deutschem (§ 5 Abs. 1 SEBG) als auch nach europäischem Recht (Art. 3 Abs. 2 SE-RL) sind mindestens zehn Arbeitnehmer erforderlich, um überhaupt ein BVG einsetzen zu können. Die Durchführung eines Verhandlungsverfahrens ist bei einer Vorrats-SE nicht möglich, da weder die zu gründende SE selbst, noch die Gründungsgesellschaften genügend Arbeitnehmer beschäftigen. Die strenge Regelung des Art. 12 Abs. 2 SE-VO, nach der eine SE grundsätzlich erst eingetragen werden kann, wenn eine Vereinbarung über die Beteiligung der Arbeitnehmer geschlossen worden ist, kann bereits nach ihrem Sinn und Zweck nicht zur Anwendung gelangen, wenn keine Arbeitnehmer vorhanden sind, die es zu schützen gilt. Die §§ 4ff. SEBG, Art. 3 SE-RL zur Einsetzung eines BVG sind entsprechend teleologisch zu reduzieren.

Nach einem Erwerb der Vorrats-SE wird diese regelmäßig wirtschaftlich aktiviert, indem der eigentliche Unternehmensbetrieb aufgenommen wird. Die wirtschaftliche Aktivierung kann u. a. erfolgen:
– durch die Verschmelzung einer werbenden Gesellschaft auf die Vorrats-SE,
– im Wege der Sacheinlage,
– durch einen Share Deal, bei dem die Anteile eines Unternehmen an die Vorrats-SE veräußert werden oder
– durch einen Asset Deal, bei dem Betriebe oder Betriebsteile an die Vorrats-SE veräußert und übertragen werden.

Nicht abschließend geklärt ist, ob eine entsprechende wirtschaftliche Aktivierung eine strukturelle Änderung iSv § 18 Abs. 3 SEBG darstellt. Eine Ansicht[3] spricht sich für eine Verpflichtung zur Verhandlung einer Vereinbarung über die Beteiligung der Arbeitnehmer aus. Dies sei zur Sicherstellung der vom europäischen Gesetzgeber als zwingend notwendig erachteten Arbeitnehmerbeteiligung (vgl. Art. 12 Abs. 2 SE-VO) erforderlich.[4]

Nach richtiger Ansicht stellt die wirtschaftliche Aktivierung einer bereits eingetragenen Vorrats-SE keine strukturelle Änderung dar. Diese ist inhaltlich nicht mit dem

---

[1] *Ege/Grzimek/Schwarzfischer* DB 2011, 1205 (1209).
[2] OLG Düsseldorf 30.3.2009 – I-3 Wx 248/08, ZIP 2009, 918; AG München 29.3.2006 – HRB 159649, ZIP 2006, 1300; *Casper/Schäfer* ZIP 2007, 653; *Casper* in: Spindler/Stilz, AktG, Art. 3 SE-VO Rn. 27; *Ege/Grzimek/Schwarzfischer* DB 2011, 1205 (1209); *Forst* Der Konzern 2010, 151 (157); *Henssler* RdA 2005, 330 (334); MüKoAktG/*Jacobs*, § 3 SEBG Rn. 2; *Schröder,* in: Manz/Mayer/Schröder Europäische Aktiengesellschaft SE, Art. 2 SE-VO Rn. 70; *Kallmeyer* AG 2003, 197f.; *Lange* EuZW 2003, 301f.; aA *Blanke* ZIP 2006, 789 (791f.).
[3] Z. T. §§ 4ff., 22ff. SEBG analog, nach wohl überwiegender Auffassung § 18 Abs. 3 SEBG analog: OLG Düsseldorf 30.3.2009 – I-3 Wx 248/08, ZIP 2009, 918; *Forst* RdA 2010, 55 (59) sieht die Notwendigkeit einer Nachverhandlung jedenfalls dann als gegeben an, wenn die Arbeitnehmeranzahl auf mind. 10 anwächst.
[4] *Forst* NZG 2009, 687 (689); *Schuber,* ZESAR 2006, 340 (345ff.); MüKoAktG/*Jacobs*, § 3 SEBG Rn. 2; *Casper/Schäfer* ZIP 2007, 653; *Reinhard* RIW 2006, 68; differenzierend: *Schubert* RdA 2012, 146, der der Auffassung ist, dass Art. 12 Abs. 2 SE-VO insoweit teleologisch zu reduzieren sei, als dass eine Verhandlungspflicht dann nicht besteht, wenn in den beteiligten Aktiengesellschaften keine Unternehmensmitbestimmung gilt, die eine Sicherung der Arbeitnehmerrechte erforderlich macht.

Gründungsvorgang zu vergleichen.[1] Strukturelle Änderungen können nur dort angenommen werden, wo Maßnahmen die Arbeitnehmerbeteiligung beeinflussen können. Dies ist bei der wirtschaftlichen Aktivierung aber nicht zwingend der Fall. Für eine entsprechend enge Auslegung spricht auch die Gesetzesbegründung zum SEBG,[2] die als Beispiel für die Notwendigkeit von Verhandlungen die Aufnahme eines mitbestimmten Unternehmens mit einer größeren Anzahl von Arbeitnehmern durch eine nicht mitbestimmte SE nennt. Die wirtschaftliche Aktivierung kann allenfalls dann eine strukturelle Änderung auslösen, wenn mit ihr weitere Reorganisationsschritte verbunden sind oder dieser nachfolgen, zB durch die Verschmelzung einer mitbestimmten Gesellschaft auf die SE. Erst zu diesem Zeitpunkt ist ein Beteiligungsverfahren durchzuführen bzw. nachzuholen.[3]

IX. Missbrauchsverbot

299 § 43 SEBG normiert das Verbot, die SE zur Entziehung oder Vorenthaltung von Beteiligungsrechten von Arbeitnehmern zu missbrauchen. Ein solcher Missbrauch wird nach § 43 S. 2 SEBG – widerleglich – vermutet, wenn innerhalb eines Jahres nach Gründung der SE strukturelle Änderungen ohne Neuverhandlungen nach § 18 Abs. 3 SEBG stattfinden, die bewirken, dass den Arbeitnehmern Beteiligungsrechte vorenthalten oder entzogen werden. Eine weitere Definition von Missbrauchstatbeständen enthält die Vorschrift nicht. Ein Verstoß gegen § 43 S. 1 SEBG ist strafbewehrt (vgl. § 45 Abs. 1 Nr. 2 SEBG). Mit Hinblick auf den Bestimmtheitsgrundsatz des Art. 103 Abs. 2 GG dürfte eine Strafbarkeit jedoch ausscheiden, solange die Begriffe des „Missbrauchs" und der „strukturellen Änderung" in der Literatur umstritten und nicht höchstrichterlich geklärt sind.[4]

300 Ob ein Verstoß gegen das restriktiv auszulegende Missbrauchsverbot vorliegt, ist nach den Umständen des Einzelfalls abzuwägen. Die bloße Ausnutzung gesetzlich vorgesehener Handlungsmöglichkeiten kann jedenfalls selbst dann keinen Missbrauch darstellen, wenn es dadurch zu einer Verkürzung von Arbeitnehmerbeteiligungsrechten kommt.[5]

---

[1] *Wisskirchen/Bissels/Begiebing* FuS 2012, 209 (213); *Grobys* NZA 2005, 84 (91); *Seibt* ZIP 2005, 2248 (2250); *Götze/Winzer/Arnold* ZIP 2009, 245 (252); KölnKAktG/*Kiem,* Art. 12 SE-VO Rn. 52; vgl. auch *Hohenstatt/Müller-Bonanni,* in: Habersack/Drinhausen, SE-Recht, § 3 Rn. 11.
[2] BT-Drucks. 15/3405, S. 50.
[3] *Feldhaus/Vanscheidt* BB 2008, 2246 (2249).
[4] So auch *Götze/Winzer/Arnold* ZIP 2009, 245 (252).
[5] Vgl. im Einzelnen mit Fallbeispielen *Drinhausen/Keinath* BB 2011, 2699 (2700).

Abschnitt 2. Kollektives Arbeitsrecht

A. Betriebliche Mitbestimmung

I. Territorialprinzip des Betriebsverfassungsgesetzes

Das BetrVG enthält – abgesehen von Sonderregelungen für die Seeschifffahrt (§§ 114–116 BetrVG) und die Luftfahrtunternehmen (§ 117 BetrVG)[1] – keine Regelung zur Bestimmung des anwendbaren Rechts der Betriebsverfassung und der räumlichen Anwendbarkeit. Auch im internationalen Privatrecht und im Europarecht sucht man kollisionsrechtliche Regelungen vergeblich. Der Anwendungsbereich des BetrVG ist deshalb schwer zu definieren, insbesondere dann, wenn ein Sachverhalt mit Auslandsberührung vorliegt.[2] Kollisionsrechtliche Lösungsansätze zur Bestimmung des anwendbaren Rechts der Betriebsverfassung sind daher durch Rechtsprechung und Wissenschaft wie folgt entwickelt worden: Nach Rechtsprechung[3] und herrschender Lehre[4] richtet sich der **räumliche Anwendungsbereich** des BetrVG nach dem sog. **Territorialprinzip**. Die Anwendbarkeit des BetrVG ist hiernach grundsätzlich auf das Staatsgebiet der Bundesrepublik Deutschland beschränkt.

1

Maßgeblich ist für den räumlichen Geltungsbereich des BetrVG daher der **Ort der Betriebsstätte**. Anknüpfungspunkt ist insofern der Sitz des Betriebs (und nicht der Sitz des Unternehmens).[5] Daraus folgt, dass auf einen im Ausland belegenen Betrieb eines deutschen Unternehmens das BetrVG grundsätzlich keine Anwendung findet.[6]

2

---

[1] Für die Seeschifffahrt beschränkt sich die Anwendbarkeit des BetrVG auf Unternehmen, die ihren Sitz in der Bundesrepublik Deutschland haben und deren Schiffe unter deutscher Flagge geführt werden (§ 114 Abs. 2 S. 1 BetrVG; vgl. zum Begriff des Seeschiffahrtsunternehmens § 114 Abs. 2 S. 2 BetrVG sowie *Junker*, IntArbR, S. 360; *Thüsing* NZA 2003, 1303 (1305); Richardi/*Thüsing*, BetrVG, § 117 BetrVG Rn. 10). Bezüglich der Luftfahrtunternehmen ist geregelt, dass sich der Anwendungsbereich des BetrVG auf deren Landbetriebe erstreckt (vgl. § 117 Abs. 1 BetrVG; nach der Legaldefinition des § 20 Abs. 1 S. 1 LuftVG sind Luftfahrtunternehmen „*Unternehmen, die Personen oder Sachen durch Luftfahrzeuge gewerbsmäßig befördern*"; vgl. zu diesem Begriff auch Richardi/*Thüsing*, BetrVG, § 117 BetrVG Rn. 4). Das „fliegende Personal", also die Besatzungsmitglieder von Flugzeugen, sind hingegen wegen der besonderen, nicht ortsgebundenen Art der Tätigkeit aus dem Geltungsbereich des Gesetzes ausgenommen. Für diese Arbeitnehmer kann aber durch Tarifvertrag eine Arbeitnehmervertretung errichtet werden. Nach der Rechtsprechung des BAG erfasst das BetrVG daher auch die in Deutschland gelegenen Landbetriebe ausländischer Luftfahrtunternehmen (vgl. BAG 6.4.1973 – 1 ABR 13/72, AP BetrVG § 99 Nr. 1 mit Anm. *Wiedemann*; GK-BetrVG/*Franzen*, § 117 BetrVG Rn. 3, 4).

[2] Die Regelungen für die Seeschifffahrt und die Luftfahrtunternehmen stellen Ausnahmevorschriften dar, die nach dem gesetzgeberischen Willen nicht verallgemeinert werden können (vgl. allgemein zur Entstehung dieser Sonderregeln GK-BetrVG/*Franzen*, vor § 114 BetrVG Rn. 1 ff.).

[3] BAG 22.3.2000 – 7 ABR 34/98, NZA 2000, 1119; 27.5.1982 – 6 ABR 28/80, NJW 1983, 413; 21.10.1980 – 6 AZR 640/79, AP Internat. Privatrecht Arbeitsrecht Nr. 17; 9.11.1977 – 5 AZR 132/76, AP Internat. Privatrecht Arbeitsrecht Nr. 13; LAG München 8.7.2009 – 11 TaBV 114/08, BeckRS 2009, 69199; LAG Düsseldorf 14.11.2005 – 10 TaBV 46/05, NZA-RR 2006, 81.

[4] ErfK/*Koch*, BetrVG § 1 Rn. 5; Richardi/*Richardi*, BetrVG, Einl. Rn. 66; *Schwab* NZA-RR 2007, 337 (338); DKKW/*Trümner*, § 1 Rn. 23; BeckOK ArbR/*Besgen*, BetrVG § 1 Rn. 6; *Fitting*, BetrVG, § 1 Rn. 13; GK-BetrVG/*Franzen*, § 1 BetrVG Rn. 4; *Hümmerich/Boecken/Düwell*, § 1 BetrVG Rn. 47; aA.: *Junker*, IntArbR, S. 352 ff.; *Zinger*, S. 126 ff.

[5] Richardi/*Richardi*, BetrVG, Einl. Rn. 68; *Röder/Powietzka* DB 2004, 542 (544).

[6] Es kann aber auf einzelne Arbeitnehmer dort dennoch Anwendung finden, wenn diese einem im Inland gelegenen Betrieb zugeordnet werden müssen, → Rn. 7 ff.).

Umgekehrt gilt das BetrVG aber für einen in Deutschland belegenen Betrieb eines ausländischen Unternehmens.[1]

3 In der Praxis ist also durch einen Blick auf die Landkarte leicht festzustellen, ob das BetrVG grundsätzlich auf einen bestimmten Betrieb Anwendung findet.

4 Diese Prinzipien gelten vollkommen unabhängig von der Staatsangehörigkeit des Arbeitgebers oder Arbeitnehmers und auch unabhängig von der für die einzelnen Arbeitsverhältnisse maßgeblichen Rechtsordnung. Auf in Deutschland belegene Betriebe findet das BetrVG somit stets Anwendung.[2]

5 Nachfolgend wird dargestellt, welche Arbeitnehmer von der Geltung des BetrVG erfasst werden, wenn diese entweder in im Ausland belegenen Betrieben eines deutschen Unternehmens oder in inländischen Betrieben eines ausländischen Unternehmens tätig sind.

II. Inländische Arbeitgeber mit Betrieben im Ausland

1. Zuordnung von im Ausland tätigen Arbeitnehmern zu Betrieben im Inland

a) Grundsatz: Keine Anwendbarkeit des BetrVG

6 Die Kombination von Territorialprinzip und Betriebsbezogenheit des Betriebsverfassungsrechts führt dazu, dass die **im Ausland beschäftigten Arbeitnehmer eines inländischen Unternehmens** vom Anwendungsbereich des BetrVG nicht erfasst werden. So sind sie auch bei der Berechnung der Schwellenwerte für die Frage, ob in einem inländischen Betrieb des Unternehmens ein Betriebsrat zu bilden ist und wie groß dieser ist, nicht zu berücksichtigen. Sie sind auch nicht zum Betriebsrat im Inland wählbar und nicht wahlberechtigt.[3] Der Betriebsrat ist für sie nicht zuständig.[4]

b) Ausnahme: Ausstrahlungsfälle

7 Im Ausland tätige Arbeitnehmer können allerdings ausnahmsweise einem Inlandsbetrieb zugerechnet werden, wenn sie nur vorübergehend in einem ausländischen Betrieb tätig sind. Während der Auslandstätigkeit kann eine sog. **Ausstrahlungswirkung des Inlandsbetriebs** bestehen.[5] Dabei handelt es sich nicht um eine Frage des räumlichen, sondern des persönlichen Anwendungsbereichs des BetrVG.[6] Die betroffenen Arbeitnehmer sind auch im Inlandsbetrieb zu berücksichtigen, sofern es auf die Anzahl der Beschäftigten des Betriebes ankommt. Außerdem steht ihnen im Rahmen von Betriebsratswahlen in „ihrem" inländischen Betrieb sowohl das aktive als auch das passive Wahlrecht zu.[7]

---

[1] BAG 25.4.1978 – 6 ABR 2/77, AP Internat. Privatrecht Arbeitsrecht Nr. 16; *Boemke* NZA 1992, 112; *Thüsing* NZA 2003, 1303 (1311).

[2] BAG 22.3.2000 – 7 ABR 34/98, NZA 2000, 1119 ff. mwN.

[3] BAG 25.4.1978 – 6 ABR 2/77, AP Internat. Privatrecht Arbeitsrecht Nr. 16 mit Anm. *Simitis*; ErfK/*Schlachter*, Rom I-VO Art. 9 Rn. 29; *Junker*, IntArbR, S. 355; *Richardi/Richardi*, BetrVG, Einl. Rn. 69.

[4] Vgl. *Junker*, IntArbR S. 357, 358.

[5] BAG 22.3.2000 – 7 ABR 34/98, NZA 2000, 1119 ff.; LAG München 7.7.2010 – 5 TaBV 18/09; LAG Köln 14.4.1998 – 13 TaBV 37/97; *Boemke* NZA 1992, 112 (113); *Fitting*, BetrVG, § 1 Rn. 22; *Löwisch/Kaiser*, Einl. Rn. 11; *Richardi/Richardi*, BetrVG, Einl. Rn. 73; *Thüsing* NZA 2003, 1303 (1311); *Zinger*, S. 130.

[6] BAG 22.3.2000 – 7 ABR 34/98, NZA 2000, 1119 ff.; *Fitting*, BetrVG, § 1 Rn. 22; *Lindemann/Simon* NZA 2002, 365 (371); MHdBArbR/*Oetker*, § 11 Rn. 129; *Schwab/Engelmann/Tischler-Kolbe* NWB 4/2011, 299 (304).

[7] *Boemke* NZA 1992, 112 (115); *Fitting*, BetrVG, § 1 Rn. 27; *Richardi/Richardi*, BetrVG, Einl. Rn. 80.

Voraussetzung dieser Ausstrahlungswirkung ist, dass der Arbeitnehmer trotz seiner Tätigkeit im Ausland **an den inländischen Betrieb gebunden** bleibt.[1] Wann eine solche Bindung vorliegt, ist im Rahmen einer Einzelfallbewertung nach den allgemeinen Kriterien der Betriebszugehörigkeit zu entscheiden.[2] Zu den wichtigsten Merkmalen der Betriebszugehörigkeit gehören nach der ständigen Rechtsprechung des BAG ein Arbeitsverhältnis zu dem Betriebsinhaber und eine tatsächliche Eingliederung des Arbeitnehmers in die Betriebsorganisation.[3] Der Betriebsbegriff ist nicht in dem Sinne räumlich zu verstehen, dass mit der Grenze des (inländischen) Betriebsgrundstückes der Betriebsbereich ende.[4]

Entscheidend ist damit, ob trotz des Auslandseinsatzes eine Beziehung zum Inlandsbetrieb bestehen bleibt, die eine Zuordnung des Arbeitnehmers rechtfertigt. Ob ein Inlandsbezug gegeben ist, hängt von der Dauer des Auslandseinsatzes, der Eingliederung in einen Auslandsbetrieb, dem Vorbehalt und den Voraussetzungen eines Rückrufrechts zu einem Inlandseinsatz und den Weisungsbefugnissen des Arbeitgebers ab.[5] In dem Moment, wo die Eingliederung in den ausländischen Betrieb erfolgt, entfällt die Eingliederung in den inländischen Betrieb.

Indiz für eine Bindung an den inländischen Betrieb kann **eine zeitliche Begrenzung des Auslandseinsatzes** sein.[6] Grundsätzlich gilt, wer im Inland eingestellt wird, soll den Schutz der Betriebsverfassung nicht dadurch verlieren, dass er vorübergehend zur Arbeitsleistung ins Ausland entsandt wird.[7] Die Arbeitnehmer dürfen für die Zuordnung zum inländischen Betrieb jedenfalls nur vorübergehend im Ausland tätig werden, eine von vornherein auf Dauer angelegte Auslandstätigkeit ist mit einer Bindung an einen inländischen Betrieb nicht vereinbar.[8] Daher ist eine Bindung an den inländischen Betrieb in Konstellationen fraglich, in denen der Arbeitnehmer „bis auf Weiteres" im Ausland tätig werden soll und/oder der befristete Einsatz im Ausland mehrfach verlängert wird.[9] Feste zeitliche Obergrenzen können dabei jedoch nicht zur Bestimmung herangezogen werden; es ist stets auf den Einzelfall abzustellen.[10] Je länger die Dauer des Auslandseinsatzes, desto weniger wahrscheinlich ist eine Bindung an den Inlandsbetrieb.[11]

Wird ein Arbeitnehmer hingegen **dauerhaft** – auf unbestimmte Zeit und **ohne Rückrufoption** des Arbeitgebers – in einen ausländischen Betrieb seines Arbeitgebers versetzt, so gehört er zur Belegschaft des ausländischen Betriebs.[12] In diesem Fall endet die Bindung an den inländischen Betrieb im Zeitpunkt der Versetzung, da der jeweilige Arbeitnehmer in den ausländischen Betrieb vollends eingegliedert und die Bindung an den Inlandsbetrieb damit gekappt wird.[13] Hat sich der Arbeitgeber allerdings das **Recht des jederzeitigen Rückrufs** des Arbeitnehmers vorbehalten, kann selbst im Falle eines faktisch dauerhaften Auslandseinsatzes eine Ausstrahlungswirkung gegeben sein.[14] Jedenfalls ist eine vertragliche Rückrufmöglichkeit als starkes Indiz in der

---

[1] MHdBArbR/*Oetker*, § 11 Rn. 129; *Stege*, BetrVG, § 1 Rn. 4.
[2] BAG 22.3.2000 – 7 ABR 34/98, NZA 2000, 1119 ff.; ErfK/*Koch*, BetrVG § 1 Rn. 4.
[3] Vgl. BAG 22.3.2000 – 7 ABR 34/98, NZA 2000, 1119 ff. mwN.
[4] BAG 22.3.2000 – 7 ABR 34/98, NZA 2000, 1119 ff. mwN.
[5] MAHArbR/*Schulte*, § 47 Rn. 28.
[6] *Fitting*, BetrVG, § 1 Rn. 24.
[7] DKKW/*Trümner*, § 1 Rn. 25; *Löwisch/Kaiser*, Einl. Rn. 11.
[8] Vgl. MAHArbR/*Schulte*, § 47 Rn. 28.
[9] *Boemke* NZA 1992, 112 (115).
[10] MAHArbR/*Schulte*, § 47 Rn. 28; *Boemke* NZA 1992, 112 (115).
[11] BAG 7.12.1989 – 2 AZR 228/89, NZA 1990, 658 (659).
[12] BAG 20.2.2001 – 1 ABR 30/00, AP BetrVG 1972 § 101 Nr. 23; *Boemke* NZA 1992, 112 (114); ErfK/*Schlachter*, Rom I-VO Art. 9 Rn. 29; MHdBArbR/*Oetker*, § 11 Rn. 129 ff.
[13] *Boemke* NZA 1992, 112 (115).
[14] BAG 7.12.1989 – 2 AZR 228/89, NZA 1990, 658 ff.

Gesamtbetrachtung zu berücksichtigen. Es kommt aber auch hier darauf an, ob sich aus den Umständen des Arbeitsverhältnisses ergibt, dass von dieser Rückrufmöglichkeit auch prinzipiell Gebrauch gemacht werden könnte. Wenn die Möglichkeit Jahrzehnte nicht genutzt wird, spricht dies deutlich gegen einen Inlandsbezug.[1] Zudem gelten Ausnahmen für diejenigen Arbeitnehmer, die zwar auf Dauer ins Ausland entsandt sind und dort tätig werden sollen, allerdings auf **ständig wechselnden Arbeitsstätten,** und deshalb wegen ihrer Anbindung an die deutsche Zentrale nach wie vor dem Inland zuzuordnen sind (zB Reiseleiter, die dem Betrieb zuzuordnen sind, von dem aus die Reise startet bzw. von dem aus ihre Einsatzorte bestimmt werden, Kraftfahrer, Monteure, Bauarbeiter, Service- und Wartungspersonal, Handelsvertreter).[2] Die Anbindung an die inländische Zentrale wird dabei mit der fehlenden Eingliederung in eine ausländische betriebliche Organisation und der Verfolgung eines dem inländischen Betrieb dienenden oder untergeordneten Zwecks begründet.[3]

12 Eine ausreichende Bindung an den Inlandsbetrieb liegt hingegen nicht vor, wenn der Arbeitnehmer **im Inland direkt für einen Auslandseinsatz eingestellt** wurde.[4] In einem derartigen Fall liegt nur eine arbeitsvertragliche, nicht jedoch eine betriebsverfassungsrechtliche Bindung an den inländischen Betrieb vor, da es in der Regel bereits nach dem Arbeitsvertrag ausgeschlossen sein wird, dass der Arbeitnehmer dort tätig wird. Ebenso erfolgt keine Zuordnung zum inländischen Betrieb bei **Ortskräften,** d. h. Arbeitnehmern, die im Ausland eingestellt wurden.[5]

2. Errichtung betriebsverfassungsrechtlicher Organe

a) Kein Betriebsrat im ausländischen Betrieb

13 Da Anknüpfungspunkt für den räumlichen Geltungsbereich des BetrVG der Sitz des Betriebes ist (→ Rn. 2), kann für den im Ausland bestehenden Betrieb eines deutschen Unternehmens **kein Betriebsrat im Sinne des BetrVG** gebildet werden.[6] Die dort gegebenenfalls bestehenden Arbeitnehmervertretungen richten sich ausschließlich nach dem Recht des Staates, in welchem sich der Betrieb befindet.

b) Errichtung eines Gesamtbetriebsrates

14 Bei der Errichtung eines Gesamtbetriebsrates ist im Rahmen der Beurteilung von grenzüberschreitenden Sachverhalten auch der **Sitz des Unternehmens** relevant, da es hier um die Beziehung zwischen dem Unternehmen und seinen Betrieben geht. Deshalb ist der Gesamtbetriebsrat nach dem BetrVG zu errichten, wenn das Unternehmen seinen Sitz in Deutschland hat.[7] Innerhalb desselben Unternehmens kann

---

[1] BAG 7.12.1989 – 2 AZR 228/89, NZA 1990, 658 (660).
[2] BAG 7.12.1989 – 2 AZR 228/89, NZA 1990, 658 ff.; *Boemke* NZA 1992, 112 (115); DKKW/*Trümner,* § 1 Rn. 25.
[3] *Boemke* NZA 1992, 112 (115).
[4] BAG 21.10.1980 – 6 AZR 640/79, NJW 1981, 1175 f.; DKKW/*Trümner,* § 1 Rn. 25. a. A.: *Boemke* NZA 1992, 112 (115) wonach Arbeitnehmer, die ausschließlich für Auslandstätigkeiten eingestellt wurden, dem deutschen Betrieb zuzuordnen sind, sofern sie zur Erfüllung des deutschen Betriebszwecks beitragen.
[5] *Boemke* NZA 1992, 112 (115); MHdBArbR/*Oetker,* § 11 Rn. 131; Richardi/*Richardi,* BetrVG. Einl. Rn. 79.
[6] DKKW/*Trümner,* § 1 Rn. 25; ErfK/*Schlachter,* Rom I-VO Art. 9 Rn. 29; *Fitting,* BetrVG § 1 Rn. 16; *Junker,* IntArbR, S. 355; MHdBArbR/*v. Hoyningen-Huene,* § 211 Rn. 16.
[7] Der Begriff des Unternehmens meint dabei den Rechtsträger der Betriebe, Richardi/*Annuß,* BetrVG, § 47 BetrVG Rn. 19.

A. Betriebliche Mitbestimmung

grundsätzlich nur ein Gesamtbetriebsrat gebildet werden.[1] Daher stellt sich bei grenzüberschreitenden Sachverhalten nicht die Frage, ob bei den ausländischen Betrieben ein Gesamtbetriebsrat zu errichten ist, sondern ob – und wenn ja inwiefern – die ausländischen Betriebe bei der Bildung eines Gesamtbetriebsrates bei dem inländischen Unternehmen zu beteiligen sind.

Verfügt ein **inländisches Unternehmen über Betriebe im Ausland,** so sind die dort nach fremdem Recht gebildeten Betriebsvertretungen nach der zutreffenden herrschenden Meinung[2] nicht an der Errichtung eines Gesamtbetriebsrats im Inland zu beteiligen. Der Gesamtbetriebsrat kann keine Beteiligungsrechte ausüben, die sich auf die im Ausland belegenen Betriebe beziehen, es gilt für diese Betriebe insoweit ausschließlich ausländisches Recht.[3] Nach anderer Ansicht[4] können ausländische Betriebe inländischer Unternehmen bei der Bildung eines Gesamtbetriebsrats berücksichtigt werden, wenn die ausländische Betriebsvertretung dem deutschen Betriebsrat in etwa entspricht.[5] Dies dürfte jedoch selten zutreffen und zudem in der Praxis erhebliche Probleme in der Handhabung bereiten.[6] Allerdings besteht die Möglichkeit, dass sich der inländische Betriebsrat mit den ausländischen Betriebsvertretungen auf freiwilliger Basis zu einer Arbeitsgemeinschaft (→ Rn. 67) zusammenschließt. Diese Zusammenschlüsse können jedoch nicht in das Kompetenzgefüge eines im Inland gebildeten Gesamtbetriebsrats eingreifen. 15

c) Bildung eines Wirtschaftsausschusses

Der Wirtschaftsausschuss wird auf der **Ebene des Unternehmens** gebildet, um zusammen mit dem Unternehmen wirtschaftliche Angelegenheiten zu beraten und den Betriebsrat zu unterrichten, § 106 Abs. 1 BetrVG. Ein dem Wirtschaftsausschuss entsprechendes Gremium sieht der Gesetzgeber auf Konzernebene nicht vor.[7] Entsprechende Gesetzesvorhaben, dies zu ändern, wurden nicht realisiert, obwohl sie im Entwurf des BetrVG-Reformgesetzes zunächst enthalten waren.[8] Somit kann nicht von einer planwidrigen Regelungslücke des BetrVG ausgegangen werden, eine analoge Anwendung des § 106 Abs. 1 BetrVG auf den Konzern kommt nicht in Betracht.[9] 16

Obwohl der Wirtschaftsausschuss auf der Ebene des Unternehmens angesiedelt ist, stellt er ein Gremium der Betriebsverfassung dar. Deshalb hängt die Frage, ob das BetrVG für die Errichtung eines Wirtschaftsausschusses anwendbar ist, vom **Sitz der Betriebe** ab.[10] Nach § 106 BetrVG richtet sich die Bildung eines Wirtschaftsausschusses nur dann, wenn ein Unternehmen Betriebe im Inland hat.[11] Das gilt auch, wenn die Unternehmensleitung ihren Sitz im Ausland hat.[12] 17

---

[1] Richardi/*Annuß*, BetrVG, § 47 BetrVG Rn. 24. Eine Ausnahme dazu stellt der gemeinsame Betrieb mehrerer Unternehmen dar.
[2] *Fitting*, BetrVG § 47 Rn. 22; *Junker*, IntArbR, S. 393, 401; Küttner/*Reinecke*, Gesamtbetriebsrat Rn. 7; MHdBArbR/*Joost*, § 225 Rn. 13; Richardi/*Annuß*, BetrVG, § 47 BetrVG Rn. 19; GK-BetrVG/*Kreutz*, § 47 Rn. 8.
[3] Richardi/*Annuß*, BetrVG, § 47 BetrVG Rn. 19; *Fitting*, BetrVG § 1 Rn. 18.
[4] DKKW/*Trittin*, § 47 Rn. 33.
[5] DKKW/*Trittin*, § 47 Rn. 33.
[6] Richardi/*Annuß*, BetrVG, § 47 BetrVG Rn. 19.
[7] BAG 23.8.1989 – 7 ABR 39/88, NZA 1990, 863.
[8] Vgl. § 109a Entwurf zum BetrVG-ReformG, abgedruckt bei *Schiefer/Korte* NZA 2001, 71 (87).
[9] Siehe Richardi/*Annuß*, BetrVG, § 106 BetrVG Rn. 9 mwN.
[10] Richardi/*Annuß*, BetrVG, Einl. Rn. 71; § 106 BetrVG Rn. 13; ErfK/*Kania*, BetrVG § 106 Rn. 2.
[11] ErfK/*Kania*, BetrVG § 106 Rn. 2.
[12] Sitzt die Unternehmensleitung im Ausland, ist in Deutschland ein Wirtschaftsausschuss zu errichten, wenn die im Inland gelegenen Betriebe die Schwellenwerte des § 106 BetrVG erreichen. → Rn. 45.

18 Die im Ausland tätigen Arbeitnehmer sind bei der Errichtung eines Wirtschaftsausschusses – konkret bei der Ermittlung des maßgeblichen Schwellenwerts[1] von mehr als 100 ständig beschäftigten Arbeitnehmern – nicht zu berücksichtigen.[2] Wegen des Territorialprinzips regelt das BetrVG ausschließlich Inlandssachverhalte (→ Rn. 1). Deswegen kann der Wirtschaftsausschuss nicht für die ausländischen Betriebe eines inländischen Unternehmens tätig werden. Folglich sind bei der Frage, ob ein Wirtschaftsausschuss zu bilden ist, nach richtiger Ansicht **lediglich die in Deutschland beschäftigten Arbeitnehmer einzubeziehen.**[3] Eine Ausnahme gilt aber auch hier bei den **Ausstrahlungsfällen,** da die betroffenen Arbeitnehmer dem inländischen Betrieb näher stehen als dem ausländischen, in dem sie vorübergehend arbeiten, so dass es sich aus rechtlicher Sicht um Arbeitnehmer des inländischen Betriebes handelt (→ Rn. 7).

19 Darüber hinaus können ausländische Arbeitnehmer auch nicht Mitglieder des Wirtschaftsausschusses werden, denn der Wirtschaftsausschuss ist trotz seiner Unternehmensbezogenheit der Betriebsverfassung und nicht der Unternehmensverfassung zuzuordnen.[4] Die Betriebsverfassung gilt gerade nicht für ausländische Betriebe. Die gegenteilige Auffassung[5] überzeugt nicht. Dem Argument, die ausländischen Mitarbeiter seien von den Entscheidungen im Unternehmen ebenso betroffen wie die inländischen Mitarbeiter, steht das Territorialprinzip entgegen.

d) Errichtung eines Konzernbetriebsrats

20 Die **nach deutschem Recht gebildeten Gesamtbetriebsräte** können einen Konzernbetriebsrat bilden. Dieser dient dazu, bei Angelegenheiten, die für mehrere Unternehmen eines Konzerns zu entscheiden sind, die Mitbestimmung zu sichern.[6] Der Konzernbegriff ist trotz der ausdrücklichen Bezugnahme auf § 18 Abs. 1 AktG in § 54 Abs. 1 BetrVG nicht auf Aktienkonzerne beschränkt. Konzernbetriebsräte können auch in anderen Kapitalgesellschaften als der AG sowie in Personengesellschaften und sogar beim Staat[7] auf Grundlage des BetrVG errichtet werden. Ob ein Konzernbetriebsrat errichtet werden kann, hängt davon ab, ob eine **faktische Konzernleitungsmacht** besteht, also ein Unternehmen über die anderen kontrollierend herrscht.[8] Hierzu muss ein Unternehmen auf andere Unternehmen in wesentlichen Bereichen wie Produktion, Personalpolitik, Finanzen, Vertrieb, Forschung und Entwicklung Einfluss nehmen können.[9] In sogenannten Gleichordnungskonzernen ist also kein Konzernbetriebsrat zu bilden. Für einen beherrschenden Einfluss ist aber nicht erforderlich, dass die Konzernmutter an den untergeordneten Unternehmen kapital-

---

[1] Vgl. zu den Voraussetzungen zur Bildung eines Wirtschaftsausschusses → Rn. 16.
[2] *Fitting,* BetrVG § 106 Rn. 19; Richardi/*Annuß,* BetrVG, § 106 BetrVG Rn. 13.
[3] So auch *Fitting,* BetrVG § 106 Rn. 19; GK-BetrVG/*Oetker,* § 106 Rn. 36; *Löwisch/Kaiser,* § 106 Rn. 5; MHdBArbR/*Joost,* § 319 Rn. 12; Richardi/*Annuß,* BetrVG, § 106 BetrVG Rn. 13; WHSS/ *Hohenstatt,* Umstrukturierung D Rn. 220; a. A. HSWGNR/*Hess,* § 106 Rn. 10.
[4] GK-BetrVG/*Oetker,* § 107 Rn. 9; Richardi/*Annuß,* BetrVG, § 106 BetrVG Rn. 13; HSWGNR/ *Hess,* § 107 Rn. 6a.
[5] DKKW/*Däubler,* § 107 Rn. 10; ErfK/*Kania,* BetrVG § 107 Rn. 3; *Fitting,* BetrVG § 106 Rn. 15; Richardi/*Annuß,* BetrVG, § 107 BetrVG Rn. 6 jedenfalls hinsichtlich der Arbeitnehmer, die nur vorübergehend im Ausland tätig werden.
[6] Vgl. *Junker,* IntArbR, S. 390.
[7] Dabei können allerdings nur Unternehmen einbezogen werden, die einen privatrechtlichen Träger haben, vgl. BAG 27.10.2010 – 7 ABR 85/09, NZA 2011, 524 (526).
[8] Herrschendes Unternehmen kann dabei sogar eine natürliche Person sein, vgl. BAG 27.10.2010 – 7 ABR 85/09, NZA 2011, 524 (526).
[9] *Fitting,* BetrVG § 54 Rn. 16; ErfK/*Koch,* BetrVG § 54 Rn. 3.

mäßig überwiegend beteiligt ist sondern es reicht zB aus, dass zwischen den Unternehmen Beherrschungsverträge geschlossen wurden oder das eine in das andere Unternehmen eingegliedert ist (vgl. § 18 Abs. 1 S. 2 AktG).

Ein Konzernbetriebsrat kann errichtet werden, wenn die **Konzernleitung ihren Sitz in Deutschland** hat oder über eine im Inland befindliche Teilkonzernspitze verfügt.[1] Anders als bei Gesamtbetriebsrat und Wirtschaftsausschuss ist nicht das Verhältnis zwischen einem Unternehmen und dessen Betrieben relevant, sondern das Verhältnis zwischen dem herrschenden und den untergeordneten Konzernunternehmen. Auf den Sitz der abhängigen Unternehmen und Betriebe kommt es für die grundsätzliche Frage, ob nach dem BetrVG ein Konzernbetriebsrat errichtet werden kann, nicht an. 21

Ein Konzernbetriebsrat wird errichtet, wenn im Konzern **mindestens zwei Gesamtbetriebsräte** bestehen.[2] Diese müssen sich aufgrund des Territorialprinzips **im Inland** befinden. Wo Betriebsräte die funktionale Zuständigkeit der Gesamtbetriebsräte übernommen haben, weil ein Unternehmen des Konzerns sich nicht in mehrere Betriebe gliedert, genügt auch dies zur Errichtung eines Konzernbetriebsrates.[3] Nicht erforderlich ist, dass im herrschenden Unternehmen selbst ein Gesamtbetriebsrat oder Betriebsrat besteht.[4] 22

Hat das **herrschende Unternehmen eines Konzerns seinen Sitz im Inland** und verfügt es auch über abhängige Unternehmen im Ausland, so sind die dort nach ausländischem Recht gebildeten Arbeitnehmervertretungen wegen des Territorialprinzips (→ Rn. 1) nicht an der Errichtung eines Konzernbetriebsrats zu beteiligen.[5] Es können keine Vertreter in den deutschen Konzernbetriebsrat entsandt werden.[6] 23

3. Inhalt der betrieblichen Mitbestimmung

a) Ansprechpartner betriebsverfassungsrechtlicher Vertretungsorgane auf Arbeitgeberseite

Bei der Beurteilung, wer auf Unternehmensseite Ansprechpartner gegenüber dem Gesamt- und Konzernbetriebsrat ist, gilt bei grenzüberschreitenden Sachverhalten nichts anderes als bei nationalen Sachverhalten. Für den Gesamtbetriebsrat ist die Unternehmensleitung und für den Konzernbetriebsrat die Konzernleitung der Verhandlungspartner.[7] 24

Da für ausländische Betriebe inländischer Unternehmen keine Betriebsräte nach dem deutschen Betriebsverfassungsrecht gebildet werden, stellt sich diese Frage dort nicht. 25

---

[1] Vgl. BAG 14.2.2007 – 7 ABR 26/06, NZA 2007, 999; *Röder/Powietzka,* DB 2004, 542 ff. Zum Erfordernis einer Teilkonzernspitze → Teil I Absch 2 Rn. 28.
[2] HWK/*Hohenstatt/Dzida,* § 54 BetrVG Rn. 11.
[3] HWK/*Hohenstatt/Dzida,* § 54 BetrVG Rn. 11; Richardi/*Annuß,* BetrVG, § 54 BetrVG Rn. 32.
[4] BAG 27.10.2010 – 7 ABR 85/09; Richardi/*Annuß,* BetrVG, § 54 BetrVG Rn. 33.
[5] ErfK/*Koch,* BetrVG § 54 Rn. 7; *Fitting,* BetrVG § 54 Rn. 37; GK-BetrVG/*Kreutz,* § 54 Rn. 42; *Müller-Bonanni/Schell* ArbRB 2007, 331 (332); Richardi/*Annuß,* BetrVG, § 54 BetrVG Rn. 34; aA *Fuchs,* Konzernbetriebsrat, S. 183.
[6] HWK/*Hohenstatt/Dzida,* § 54 Rn. 10; nach gelegentlich vertretener Ansicht soll der Betriebsrat der im Inland gelegenen Betriebe der abhängigen Unternehmen im Ausland gemäß § 54 Abs. 2 BetrVG an der Bildung des Konzernbetriebsrates bei der deutschen Konzernobergesellschaft mitwirken, so DKKW/*Trittin,* § 54 Rn. 34; *Fitting,* BetrVG § 54 Rn. 37; MHdBArbR/*Joost,* § 227 Rn. 32; Richardi/*Annuß,* BetrVG, § 54 BetrVG Rn. 34.
[7] Vgl. ErfK/*Koch,* BetrVG § 50 Rn. 1, BetrVG § 58 Rn. 1; im Übrigen wird auf die Ausführungen zum nationalen Konzern → Teil I Absch 2 Rn. 110 verwiesen.

b) Umfang der Mitbestimmung

aa) Betriebsrat

26 Im grenzüberschreitenden Konzern kommen dem Betriebsrat die gleichen Rechte zu, wie bei rein nationalen Konzernen (→ Teil I Absch 2 Rn. 168) Werden aber im Ausland tätige Mitarbeiter einem deutschen Betrieb zugerechnet, entfaltet also der deutsche Betrieb eine Ausstrahlungswirkung auch für Mitarbeiter in ausländischen Betrieben, ergeben sich einige Besonderheiten. In der Praxis besonders relevant sind folgende Mitbestimmungsrechte:

27 Der Betriebsrat hat Mitbestimmungsrechte in **sozialen Angelegenheiten** (vgl. § 87 Abs. 1 BetrVG) für die in ausländischen Betrieben tätigen Arbeitnehmer, die dem inländischen Betrieb zugeordnet werden.[1] Dies gilt auch dann, wenn es ausschließlich um die Angelegenheiten der im Ausland tätigen Arbeitnehmer geht.[2] Nur wenn diese Arbeitnehmer dem inländischen Betrieb nicht mehr zugeordnet werden können, weil sie in den ausländischen Betrieb fest eingegliedert sind (→ Rn. 11), oder wenn es sich um Regelungen handelt, die unmittelbar in die Angelegenheiten des Betriebes im Ausland eingreifen, scheidet die Mitbestimmung des Betriebsrates aus. Der Betriebsrat kann nur für den Betrieb Befugnisse ausüben, in dem er auch gewählt wurde. Eine Ausstrahlung der Befugnisse auf andere Betriebe erfolgt nicht.[3]

28 Der inländische Betriebsrat ist befugt, die **Arbeitsbedingungen** der im Ausland tätigen Arbeitnehmer durch Betriebsvereinbarung zu regeln.[4] Er ist also berechtigt, über die Festlegung von Beginn und Ende der täglichen Arbeitszeit (§ 87 Abs. 1 Nr. 2 BetrVG) oder Verhaltensregeln (§ 87 Abs. 1 Nr. 1 BetrVG) mitzuentscheiden.[5] In der Praxis relevant ist auch § 87 Abs. 1 Nr. 4 BetrVG, wonach der Betriebsrat ein Mitbestimmungsrecht hinsichtlich Zeit, Ort und Art der Auszahlung der Arbeitsentgelte hat.[6] Ferner steht dem Betriebsrat ein Mitbestimmungsrecht gemäß § 87 Abs. 1 Nr. 10 BetrVG zu, wenn der Arbeitgeber den im Ausland beschäftigten Mitarbeitern eine Zulage zahlt.[7]

29 Darüber hinaus hat der inländische Betriebsrat vollumfängliche Mitbestimmungsrechte in **personellen Angelegenheiten** für ins Ausland entsandte Arbeitnehmer. So hat er im Vorfeld einer Versetzung des Arbeitnehmers ins Ausland mitzubestimmen, § 99 Abs. 1 BetrVG.[8] Auch ist er vor jeder Kündigung von im Ausland tätigen Arbeitnehmern anzuhören, § 102 Abs. 1 BetrVG.[9]

30 Der Betriebsrat hat **nicht das Recht, Betriebsratssitzungen,** Betriebs-, Teilbetriebs- oder Abteilungsversammlungen **im Ausland abzuhalten.** Es muss streng zwischen dem persönlichen Geltungsbereich des BetrVG einerseits, der auch die im Ausland tätigen Arbeitnehmer erfasst, so lange diese einem inländischen Betrieb zugeordnet werden, und dem räumlichen Anwendungsbereich andererseits unterschieden

---

[1] *Boemke* NZA 1992, 112 (115); *Schwab/Engelmann/Tischler-Kolbe* NWB 4/2011, 299 (306); zur festen Eingliederung in den Auslandsbetrieb → Rn. 9.
[2] *Boemke* NZA 1992, 112 (116); *Steinmeyer* DB 1980, 1541 (1542f.).
[3] *Boemke* NZA 1992, 112 (115).
[4] *Fitting,* BetrVG § 1 Rn. 29; *Schwab/Engelmann/Tischler-Kolbe* NWB 4/2011, 299 (306).
[5] *Boemke* NZA 1992, 112 (115); *Schwab/Engelmann/Tischler-Kolbe* NWB 4/2011, 299 (306).
[6] *Schwab/Engelmann/Tischler-Kolbe* NWB 4/2011, 299 (306).
[7] BAG 8.8.1989 – 1 ABR 59/88, NZA 1990, 569; *Schwab/Engelmann/Tischler-Kolbe* NWB 4/2011, 299 (306); MAHArbR/*Melms,* § 11 Rn. 41.
[8] MAHArbR/*Gragert,* § 13 Rn. 20, 23; MAH ArbR/*Melms,* § 11 Rn. 42; Richardi/*Thüsing,* BetrVG, § 99 BetrVG Rn. 23, 24.
[9] BAG 21.10.1980 – 6 AZR 640/79, NJW 1981, 1175; 7.12.1989 – 2 AZR 228/89, NZA 1990, 658; *Boemke* NZA 1992, 112 (115); Richardi/*Thüsing,* BetrVG, § 102 BetrVG Rn. 37; *Schwab/Engelmann/Tischler-Kolbe* NWB 4/2011, 299 (306).

werden, der sich auf das Gebiet der Bundesrepublik Deutschland beschränkt. Der Betriebsrat kann zwar Beteiligungsrechte für vorübergehend im Ausland tätige Arbeitnehmer ausüben, aber nicht als Organ im Ausland tätig werden.[1] Aufgrund des im Betriebsverfassungsrecht geltenden Territorialprinzips ist die Tätigkeit der Organe der Betriebsverfassung grundsätzlich auf das Inland beschränkt. Sowohl die Betriebs- als auch die Teilbetriebs- und Abteilungsversammlung stellen im Rahmen der Zuständigkeit nach § 45 BetrVG ein Organ der Betriebsverfassung dar,[2] so dass eine Einberufung im Ausland ausscheidet.

bb) Gesamtbetriebsrat

Der inländische Gesamtbetriebsrat ist für im Ausland beschäftigte Arbeitnehmer nur dann zuständig, wenn diese aufgrund einer Ausstrahlungswirkung einem inländischen Betrieb zugeordnet werden (→ Rn. 7). Besonderheiten hinsichtlich des Inhalts der Mitbestimmungsrechte ergeben sich bei grenzüberschreitenden Sachverhalten nicht. 31

cc) Wirtschaftsausschuss

Die Informations- und Beratungsrechte des Wirtschaftsausschusses beziehen sich auf das gesamte Unternehmen, mithin auch auf die Betriebe eines inländischen Unternehmens, die im Ausland liegen. Sie bestehen aber **nur gegenüber den inländischen Vertretern** des Unternehmens.[3] Hier kann sich das Problem stellen, dass die erforderlichen Informationen bei der Konzernleitung im Ausland, nicht aber beim inländischen Arbeitgeber vorliegen. Grundsätzlich muss der Arbeitgeber – soweit es in seiner Macht steht – die erforderlichen Informationen beschaffen.[4] Der Anspruch wird allerdings gegenüber der ausländischen Konzernmutter nicht gerichtlich durchzusetzen sein, weil sich diese außerhalb des Anwendungsbereichs des BetrVG befindet.[5] 32

dd) Konzernbetriebsrat

Der Konzernbetriebsrat hat im Grunde dieselben Befugnisse wie der Gesamtbetriebsrat. Für die in ausländischen Betrieben beschäftigten Arbeitnehmer kann er nur tätig werden, wenn eine Ausstrahlungswirkung besteht (→ Rn. 7). Zu unterscheiden ist zwischen der **originären Zuständigkeit**[6] des Konzernbetriebsrates, die ihm durch das Gesetz eingeräumt wird und der **Zuständigkeit kraft Auftrags**,[7] die dadurch entsteht, dass die Gesamtbetriebsräte oder Einzelbetriebsräte ihre Aufgaben auf den Konzernbetriebsrat übertragen. Im Rahmen der originären Zuständigkeit ist der Konzernbetriebsrat mit solchen Angelegenheiten betraut, die alle oder zumindest mehrere Konzernunternehmen betreffen und die nicht durch den Gesamtbetriebsrat oder die Einzelbetriebsräte besser geregelt werden können (vgl. § 58 Abs. 1 S. 1 BetrVG). 33

Zur **Kompetenzverteilung von Gesamt- und Konzernbetriebsrat** folgende Beispiele: Eine **Zuständigkeit des Gesamtbetriebsrates** wurde im Bereich der Mitbestimmung in sozialen Angelegenheiten bei der deutschlandweiten Einführung 34

---

[1] BAG 27.5.1982 – 6 ABR 28/80, AP BetrVG 1972 § 42 Nr. 3; Schaub/*Koch*, Arbeitsrechts-Handbuch, § 223 Rn. 5; a. A. BeckOK ArbR/*Besgen*, BetrVG, § 1 Rn. 11.
[2] BAG 27.5.1982 – 6 ABR 28/80, NJW 1983, 413.
[3] Richardi/*Annuß*, BetrVG, § 106 BetrVG Rn. 13.
[4] Richardi/*Annuß*, BetrVG, § 106 BetrVG Rn. 21; *Lerch/Weinbrenner* NZA 2013, 355 (358). Eine höchstrichterliche Entscheidung liegt hierzu nicht vor, allerdings haben EuGH und BAG im Zusammenhang mit der Errichtung eines Europäischen Betriebsrates entschieden, dass die inländische zentrale Leitung Informationen von Unternehmen aus anderen Mitgliedstaaten einzuholen hat; vgl. EuGH 13.1.2004 – C440/00, NZA 2004, 160; BAG 29.6.2004 – 1 ABR 32/99, NZA 2004, 118.
[5] Vgl. *Lerch/Weinbrenner* NZA 2013, 355 (360).
[6] Vgl. zur originären Zuständigkeit des Konzernbetriebsrates → Teil II Absch 4 Rn. 387.
[7] Vgl. zur Zuständigkeit des Konzernbetriebsrates kraft Auftrags → Teil II Absch 4 Rn. 387.

einer Ethikrichtlinie der ausländischen Muttergesellschaft (Telefonhotline)[1] sowie der Einführung eines unternehmenseinheitlichen EDV-Systems[2] angenommen (→ Teil I Absch 2 Rn. 106), da die Maßnahme aus technischen Gründen unternehmensweit durchgesetzt werden musste und deshalb eine Regelung durch die lokalen Betriebsräte nicht möglich war.[3] Eine originäre **Zuständigkeit des Konzernbetriebsrates** im Bereich der Mitbestimmung in sozialen Angelegenheiten wurde ua bei der Einführung konzernweiter Ethikrichtlinien[4] angenommen, da die konzernweite Einführung eines Verhaltenskodex den gesamten Konzern und nicht bloß einzelne Konzernunternehmen oder Betriebe betrifft. Ein konzernbezogenes, für Identität sorgendes ethischmoralisches Erscheinungsbild kann nur einheitlich umgesetzt werden.[5]

35   Nach § 80 Abs. 1 Nr. 2 und Abs. 2 BetrVG steht dem Konzernbetriebsrat ein allgemeines Auskunftsrecht über konzernweite und unternehmensübergreifende Angelegenheiten gegenüber der Konzernleitung zu. Liegt die Konzernspitze im Ausland und besteht im Inland eine Teilkonzernspitze, bei der der Konzernbetriebsrat gebildet wurde, richtet sich der Anspruch gegen diese.[6] Zu den Auskunftsrechten wird auf die Ausführungen im nationalen Teil verwiesen. Der Konzernbetriebsrat kann mit der Konzernspitze **Betriebsvereinbarungen** treffen, die unmittelbare und zwingende Wirkung auch für die übrigen Konzernunternehmen haben können.[7] Im internationalen Sachverhalt ist zu beachten, dass eine zwingende Wirkung nur in Bezug auf Unternehmen entstehen kann, für die eine originäre Zuständigkeit des Konzernbetriebsrates besteht.[8] Ausländische Betriebe sind davon nicht erfasst, eine zwingende Wirkung gegenüber ausländischen Betrieben oder Unternehmen kann von einer Konzernbetriebsvereinbarung folglich nicht ausgehen.

4. Weitere betriebsverfassungsrechtliche Rechte

36   Liegt eine Ausstrahlungswirkung[9] vor, sind im Ausland beschäftigte Arbeitnehmer aufgrund ihrer Zuordnung zum inländischen Betrieb berechtigt, an den im Inland stattfindenden **Betriebsversammlungen** teilzunehmen.[10] Hierbei besteht nach dem BetrVG grundsätzlich der Anspruch der Arbeitnehmer auf Erstattung der Fahrtkosten sowie auf Vergütung der Wegezeit(vgl. § 44 Abs. 1 BetrVG). Eine Erstattung von Fahrtkosten scheitert bei grenzüberschreitenden Sachverhalten jedoch regelmäßig am Grundsatz der Verhältnismäßigkeit, da dies eine wirtschaftlich unzumutbare Belastung für den Arbeitgeber bedeuten würde.[11]

37   Im Ausland tätige Arbeitnehmer können ferner ihre betriebsverfassungsrechtlichen **Individualrechte** (Unterrichtungs-, Anhörungs- und Erörterungsrecht, Recht auf

---

[1] LAG Düsseldorf 14.11.2005 – 10 TaBV 46/05, NZA-RR 2006, 81.
[2] BAG 14.11.2006 – 1 ABR 04/06, NZA 2007, 399.
[3] Vgl. zu den Voraussetzungen bei originärer Zuständigkeit → Teil I Absch 2 Rn. 104 sowie ganz allgemein BAG 3.5.2006 – 1 ABR 15/05, AP BetrVG 1972 § 50 Nr. 29; 23.10.2002 – 7 ABR 55/01, AP BetrVG 1972 § 50 Nr. 26; 15.1.2002 – 1 ABR 10/01, AP BetrVG 1972 § 50 Nr. 23; 11.12.2001 – 1 AZR 193/01, AP BetrVG 1972 § 50 Nr. 22; GK-BetrVG/*Kreutz*, § 50 Rn. 22ff., Richardi/*Annuß*, BetrVG, § 50 BetrVG Rn. 6; *Schwab* NZA-RR 2007, 505 (507).
[4] BAG 17.5.2011 – 1 ABR 121/09, NZA 2012, 112; 22.7.2008 – 1 ABR 40/07, NZA 2008, 1248.
[5] BAG 22.7.2008 – 1 ABR 40/07, NZA 2008, 1248.
[6] Es kann sich dann aber die Frage stellen, ob das Auskunftsrecht auch gegenüber der ausländischen Konzernmutter besteht; vgl. *Junker*, IntArbR, S. 401f, der dies bejaht.
[7] Vgl. hierzu die Ausführungen unter *[Verweis auf nationalen Teil]*.
[8] ErfKArbR/*Koch*, BetrVG § 58 Rn. 6; *Kort* NZA 2009, 464 (470f.).
[9] Vgl. zu dem Begriff der Ausstrahlungswirkung → Rn. 7.
[10] *Boemke* NZA 1992, 112 (116); ErfK/*Schlachter*, Rom I-VO, Art. 9 Rn. 30; *Gaul* BB 1990, 698 (703); Richardi/*Annuß*, BetrVG, § 44 BetrVG Rn. 42.
[11] *Boemke* NZA 1992, 112 (116); Richardi/*Annuß*, BetrVG, § 44 BetrVG Rn. 42.

A. Betriebliche Mitbestimmung

Einsicht in die Personalakte, Beschwerderecht; vgl. §§ 81–84 BetrVG) geltend machen, sofern ihr Arbeitsverhältnis weiterhin mit dem deutschen Unternehmen besteht und ihr Arbeitsvertrag dem deutschen Recht unterfällt (→ Rn. 7).

In EU-weit tätigen Unternehmen kommen dem Gesamtbetriebsrat und dem Konzernbetriebsrat Beteiligungsrechte bei der Bildung des Europäischen Betriebsrates zu.[1] 38

5. Abweichendes Arbeitsstatut[2]

Besonderheiten ergeben sich, wenn das Arbeitsstatut von dem Betriebsverfassungsstatut abweicht. Das ist der Fall, wenn der Arbeitsvertrag eines Arbeitnehmers deutschem Recht unterliegt, er aber tatsächlich im Ausland tätig ist, bzw. umgekehrt. Unterschiedliche Statute kommen auch zustande, wenn der Arbeitsvertrag ausländischem Recht unterliegt und der Arbeitnehmer (vorübergehend) im Ausland tätig ist, er aber tatsächlich einem deutschen Betrieb zuzuordnen ist. Dann folgt das Betriebsverfassungsrecht einem anderen Statut als das Arbeitsverhältnis. 39

Die **Mitwirkungs- und Mitbestimmungsrechte des Betriebsrats** unterliegen nach herrschender Meinung dem Statut der Betriebsverfassung, nicht dem des Arbeitsstatuts (→ Rn. 7). Sie begrenzen als der Belegschaft zugeordnete Rechte die Entscheidungsautonomie des Arbeitgebers.[3] Das Statut der Betriebsverfassung wird durch das Territorialprinzip bestimmt. Daher ist es unbeachtlich, wenn ein ausländisches Arbeitsstatut die Unanwendbarkeit des deutschen Betriebsverfassungsrechts vorsieht, da die Mitwirkungs- und Mitbestimmungsrechte der Arbeitnehmervertretungen nicht disponibel sind.[4] 40

Die **Arbeitnehmerrechte des BetrVG** (§§ 81–84 BetrVG) unterstehen hingegen nicht dem Betriebsverfassungsstatut, sondern dem Arbeitsstatut, da es sich hierbei um Individualrechte der jeweiligen Arbeitnehmer handelt, die unabhängig vom Bestehen eines Betriebsrates gewährt werden.[5] Folglich kommen diese Rechte zur Anwendung, wenn der Arbeitsvertrag deutschem Recht unterliegt.[6] Das gilt auch dann zwingend, wenn der Arbeitnehmer im Ausland eingesetzt wird; und zwar unabhängig davon, ob er einem inländischen oder ausländischen Betrieb zugeordnet wird. Auf eine betriebsverfassungsrechtliche Ausstrahlungswirkung kommt es hier gerade nicht an. Unerheblich ist ebenfalls, ob im Fall einer Zuordnung des Arbeitnehmers zu einem inländischen Betrieb in diesem ein Betriebsrat besteht oder bestehen könnte.[7] 41

III. Ausländische Arbeitgeber mit Betrieben im Inland

1. Zuordnung von Arbeitnehmern

Auf die im Inland gelegenen Betriebe eines ausländischen Unternehmens findet das deutsche Betriebsverfassungsrecht Anwendung. Alle hier eingegliederten Arbeitnehmer werden bei der Frage, ob ein Betriebsrat zu bilden ist, mitgezählt. Sie sind aktiv 42

---

[1] Vgl. § 11 Abs. 1, 2 EBRG; hierzu und zu der umstrittenen Frage, ob durch die nationalen Gremien Rechte auf den Europäischen Betriebsrat delegiert werden können, wird auf den Abschnitt zum Europäischen Betriebsrat → Teil II Absch 2 Rn. 69 verwiesen.
[2] Arbeitsstatut ist diejenige Rechtsordnung, der die Arbeitsverhältnisse der einzelnen Belegschaftsmitglieder unterstehen, vgl. *Junker*, IntArbR, S. 362.
[3] BAG 9.11.1977 – 5 AZR 132/76, AP Internat. Privatrecht Arbeitsrecht Nr. 13; *Junker*, IntArbR, S. 367 ff; *Richardi/Richardi*, BetrVG, Einl. Rn. 85.
[4] BAG 9.11.1977 – 5 AZR 132/76, AP Internat. Privatrecht Arbeitsrecht Nr. 13; *Junker*, IntArbR, S. 356.
[5] *Junker*, IntArbR, S. 385, 386; DKKW/*Buschmann*, § 81 Rn. 4; ErfK/*Kania*, BetrVG § 81 Rn. 1; *Fitting*, BetrVG § 81 Rn. 2; *Richardi/Thüsing*, BetrVG, Vor § 81 Rn. 1, 5.
[6] *Junker*, IntArbR, S. 386.
[7] BeckOK ArbR/*Werner*, § 81 BetrVG, vor Rn. 1.

und passiv wahlberechtigt und der Betriebsrat ist für sie zuständig. Hier gelten insofern keine Besonderheiten gegenüber rein inländischen Sachverhalten.

2. Bildung betriebsverfassungsrechtlicher Organe

a) Bildung eines Betriebsrates

43 Für die **im Inland gelegenen Betriebe ausländischer Arbeitgeber** ist bei Betriebsratsfähigkeit ein Betriebsrat zu bilden, da das BetrVG innerhalb der Grenzen Deutschlands Anwendung findet, unabhängig davon, ob der Betrieb einem deutschen oder einem ausländischen Unternehmen zugeordnet wird.[1]

b) Bildung eines Gesamtbetriebsrates

44 Für die Errichtung eines Gesamtbetriebsrates ist erforderlich, dass ein Unternehmen mehrere Betriebe im Geltungsbereich des BetrVG hat und in mindestens zwei Betrieben Betriebsräte gebildet worden sind. Auf den Sitz der Unternehmensleitung kommt es hingegen nicht an.[2] Verfügt demnach ein ausländisches Unternehmen über Betriebe in Deutschland und bestehen in mindestens zwei deutschen Betrieben Betriebsräte, liegen nach überwiegender Ansicht in der Literatur die Voraussetzungen zur Errichtung eines Gesamtbetriebsrats vor.[3] Diesem können nur Vertreter der inländischen Betriebe angehören.[4] Teilweise wird in Anlehnung an die Rechtsprechung zum Konzernbetriebsrat[5] die Möglichkeit der Bildung eines Gesamtbetriebsrats nur dann bejaht, wenn darüber hinaus eine überbetriebliche Organisation im Inland besteht, die als Adressat einer betriebsübergreifenden Beteiligung in Betracht kommt.[6] Dies hätte zur Folge, dass die Bildung eines deutschen Gesamtbetriebsrates dadurch vermieden werden könnte, dass das ausländische Unternehmen die Leitung der deutschen Betriebe vom Ausland aus vornimmt.[7]

c) Bildung eines Wirtschaftsausschusses

45 Liegt die Unternehmensleitung im Ausland richtet sich die Errichtung eines Beratungsgremiums nach dem ausländischen Betriebsverfassungsrecht. In solchen Fällen ist darüber hinaus aber nach deutschem Betriebsverfassungsrecht ein Wirtschaftsausschuss zu bilden, wenn der im Inland befindliche Betrieb oder die **im Inland befindlichen Betriebe insgesamt mehr als 100 ständige Arbeitnehmer haben.**[8] Das BAG

---

[1] BAG 9.11.1977 – 5 AZR 132/76, NJW 1978, 1124; ErfK/*Schlachter*, Rom I-VO Art. 9 Rn. 27; *Fitting*, BetrVG § 1 Rn. 14; *Junker*, IntArbR, S. 354; MHdBArbR/*v. Hoyningen-Huene*, § 211 Rn. 14; *Thüsing* NZA 2003, 1303 (1311).
[2] *Fitting*, BetrVG § 47 Rn. 23; GK-BetrVG/*Kreutz*, § 47 Rn. 9; HSWGNR/*Glock*, § 47 Rn. 13; MHdBArbR/*Joost*, § 225 Rn. 14.
[3] *Fitting*, BetrVG § 47 Rn. 23; GK-BetrVG/*Kreutz*, § 47 Rn. 9; HSWGNR/*Glock*, § 47 Rn. 13; MHdBArbR/*Joost*, § 225 Rn. 14; Richardi/*Annuß*, BetrVG, § 47 BetrVG Rn. 21.
[4] *Fitting*, BetrVG § 47 Rn. 23; GK-BetrVG/*Kreutz*, § 47 Rn. 9; HSWGNR/*Glock*, § 47 Rn. 13; MHdBArbR/*Joost*, § 225 Rn. 14; Richardi/*Annuß*, BetrVG, § 47 BetrVG Rn. 21.
[5] BAG 14.2.2007 – 7 ABR 26/06, NZA 2007, 999; 16.5.2007 – 7 ABR 63/06, NZA 2008, 320; hierzu → Rn. 47.
[6] Richardi/*Annuß*, BetrVG, § 47 BetrVG Rn. 21; WHSS/*Hohenstatt*, Umstrukturierung D Rn. 48; *Röder/Powietzka* DB 2004, 542 (544). Die Rechtsprechung hatte hierüber noch nicht zu entscheiden. Zum vergleichbaren Problem im Zusammenhang mit dem Wirtschaftsausschuss → Rn. 16.
[7] *Fitting*, BetrVG § 47 Rn. 23.
[8] BAG 31.10.1975 – 1 ABR 4/74, DB 1976, 295; 1.10.1974 – 1 ABR 77/73, BB 1975, 327; DKKW/*Däubler*, § 106 Rn. 20; *Fitting*, BetrVG § 106 Rn. 15; GK-BetrVG/*Oetker*, § 106 Rn. 39; HSWGNR/*Hess*, § 106 Rn. 10; *Löwisch/Kaiser*, § 106 Rn. 5; Richardi/*Annuß*, BetrVG, § 106 BetrVG Rn. 14.

fordert allerdings in diesen Fällen zudem, dass innerhalb Deutschlands **eine übergeordnete einheitliche Organisation** und ein **nach außen zum Ausdruck kommender, auf Einheit bedachter Organisationswille** des oder der Eigentümer bestehen muss.[1] Ansonsten fehle es dem Wirtschaftsausschuss an einem Ansprechpartner im Inland, dem im Verkehr mit dem Wirtschaftsausschuss entsprechende Verpflichtungen auferlegt werden können.[2]

Der **Zuständigkeitsbereich** des Wirtschaftsausschusses ist infolge der territorialen Geltungsbeschränkung des BetrVG **auf die im Inland angesiedelten Betriebe begrenzt**.[3] Existieren mehrere Betriebe mit Betriebsräten im Inland, kann ein Wirtschaftsausschuss nur errichtet werden, wenn die Voraussetzungen zur Bildung eines Gesamtbetriebsrats vorliegen und ein solcher auch tatsächlich gebildet wurde.[4]

d) Bildung eines Konzernbetriebsrates

Die Bildung eines Konzernbetriebsrats scheidet grundsätzlich von vornherein aus, wenn die Konzernleitung ihren Sitz nicht im Inland hat oder das ausländische Unternehmen die einheitliche Leitung unmittelbar ausübt.[5]

Liegt das herrschende Unternehmen eines Konzerns im Ausland, kann ein Konzernbetriebsrat für in Deutschland gelegene Unternehmen nur gebildet werden, wenn zum Konzern **mindestens zwei inländische Unternehmen** gehören, es sich um einen **mehrstufigen Konzern**[6] handelt und innerhalb Deutschlands eine **Teilkonzernspitze**[7] besteht.[8] Dabei ist es nach dem Modell des „Konzerns im Konzern"[9] unbeachtlich, wenn die ausländische Konzernobergesellschaft von ihrer Leitungsmacht in wesentlichem Umfang Gebrauch macht, solange einem im Inland ansässigen abhängigen Unternehmen noch **wesentliche Leitungsaufgaben** in personellen, sozialen und wirtschaftlichen Angelegenheiten verbleiben.[10] Verlangt wird dabei eine **mindestens dreistufige Unternehmensstruktur,** wobei jedes übergeordnete Unternehmen gegenüber dem nachgeordneten Unternehmen eigenständige Leitungsmacht ausüben muss.[11]

---

[1] BAG 31.10.1975 – 1 ABR 4/74, DB 1976, 295; 1.10.1974 – 1 ABR 77/73, BB 1975, 327.
[2] Richardi/Annuß, BetrVG, § 106 BetrVG Rn. 14; GK-BetrVG/Oetker, § 106 Rn. 25; WHSS/Hohenstatt, Umstrukturierung D Rn. 221.
[3] Richardi/Annuß, BetrVG, § 106 BetrVG Rn. 14; Stege/Weinspach/Schiefer, § 106 Rn. 4.
[4] Richardi/Annuß, BetrVG, § 106 BetrVG Rn. 14.
[5] BAG 14.2.2007 – 7 ABR 26/06, NZA 2007, 999; 16.5.2007 – 7 ABR 63/06, NZA 2008, 320; Dzida/Hohenstatt NZA 2007, 945; ErfK/Koch, BetrVG § 54 Rn. 7; Richardi/Annuß, BetrVG, § 54 BetrVG Rn. 35; Röder/Powietzka DB 2004, 542 (544); Ullrich DB 2007, 2710 (2711).
[6] Unter einem mehrstufigen Konzern versteht man einen Konzern, der als „Mutter" über abhängige Unternehmen verfügt (Töchter), die ihrerseits wiederum über abhängige Unternehmen (Töchter der Töchter = Enkel) verfügen.
[7] Eine Teilkonzernspitze liegt vor, wenn ein ausländisches Unternehmen, das einen mehrstufigen Unterkonzern im Inland beherrscht, seine Leitungsmacht über ein übergeordnetes inländisches Unternehmen ausübt, welchem in einem wesentlichen Bereich eine eigene, originäre Leitungsmacht zusteht.
[8] BAG 14.2.2007 – 7 ABR 26/06, NZA 2007, 999; 16.5.2007 – 7 ABR 63/06, NZA 2008, 320; Fitting, BetrVG § 54 Rn. 35; GK-BetrVG/Kreutz, § 54 Rn. 43; MHdbArbR/Joost, § 315 Rn. 32 f.; Richardi/Annuß, BetrVG, § 54 BetrVG Rn. 35.
[9] Vgl. ausführlich zum Model des „Konzerns im Konzern" → Teil I Absch 2 Rn. 230 sowie BAG 21.10.1980 – 6 ABR 41/78, NJW 1982, 1303; 14.2.2007 – 7 ABR 26/06, RdA 2008, 107 (109) mit Anm. Bachmann; Röder/Powietzka DB 2004, 542 (543).
[10] BAG 16.5.2007 – 7 ABR 63/06, NZA 2008, 320; 21.10.1980 – 6 ABR 41/78, NJW 1982, 1303; 14.2.2007 – 7 ABR 26/06, RdA 2008, 107 mit Anm. Bachmann; Dzida/Hohenstatt NZA 2007, 945 (946); Müller-Bonanni/Schell ArbRB 2007, 331; Röder/Powietzka DB 2004, 542 (544); Ullrich DB 2007, 2710 (2711); kritisch und teilweise anlehnend zur Konstruktion des Konzerns im Konzern im Betriebsverfassungsrecht: Dzida/Hohenstatt NZA 2007, 945 mwN; Windbichler, Arbeitsrecht im Konzern, S. 318 ff.
[11] Kort NZA 2009, 464 (467).

3. Inhalt der betrieblichen Mitbestimmung

a) Ansprechpartner betriebsverfassungsrechtlicher Vertretungsorgane auf AG-Seite

49 Bei der Beurteilung, wer Ansprechpartner der einzelnen Arbeitnehmervertretungen ist, gilt bei grenzüberschreitenden Sachverhalten nichts anderes als bei nationalen Sachverhalten, insofern wird auf die Ausführungen unter → Teil I Absch 2 Rn. 110 verwiesen.

50 Eine Besonderheit ergibt sich bei dem Konzernbetriebsrat dann, wenn sich die Konzernspitze im Ausland befindet. In diesem Fall kann auch die inländische Teilkonzernspitze der Ansprechpartner sein (→ Rn. 21).

b) Umfang der Mitbestimmung

51 Hinsichtlich der Mitbestimmungsrechte ergeben sich bei im Inland angesiedelten Betrieben ausländischer Unternehmen keine Besonderheiten gegenüber nationalen Fallkonstellationen. Den jeweiligen Organen steht die gesamte Bandbreite der im BetrVG vorgesehenen Beteiligungsrechte auch gegenüber dem ausländischen Arbeitgeber zu, insofern wird auf die Ausführungen unter → Teil I Absch 2 Rn. 168 verwiesen.

IV. Ausländische Arbeitgeber mit Betrieben im Ausland

52 Der räumliche Anwendungsbereich des BetrVG richtet sich nach dem sog. **Territorialprinzip** und ist deshalb auf das Staatsgebiet der Bundesrepublik Deutschland beschränkt (→ Rn. 1). Liegen also sowohl die einzelnen Betriebe, als auch die Unternehmen und die Konzernobergesellschaft im Ausland, sind weder Betriebsrat, noch Gesamtbetriebsrat, Wirtschaftsausschuss oder Konzernbetriebsrat nach deutschem Betriebsverfassungsrecht zu gründen. Ob und inwieweit Arbeitnehmervertretungen im Ausland zu gründen sind, richtet sich nach dem jeweils einschlägigen ausländischen Recht.

V. Vertretung der Arbeitnehmer im grenzüberschreitenden Gemeinschaftsunternehmen (sog. Joint Ventures)

53 Bei einem paritätischen Gemeinschaftsunternehmen kooperieren mehrere Unternehmen dergestalt miteinander, dass sie an einem gemeinsamen Unternehmen (zu gleichen Anteilen oder gleichberechtigt) beteiligt sind.[1] Die beteiligten Unternehmen haben die Möglichkeit, die gemeinsame Herrschaft über das Gemeinschaftsunternehmen zu vereinbaren. Keine für die Mitbestimmung relevanten Besonderheiten ergeben sich, wenn die beteiligten Unternehmen vereinbaren, dass nur eine der Mütter die Herrschaft ausüben soll oder wenn zwischen den Müttern und dem Gemeinschaftsunternehmen noch eine Zwischenholding besteht, die die einheitliche Leitung über die Tochter ausübt. Wird die Leitungsmacht aber von allen oder zumindest von mehreren der Mütter gemeinsam ausgeübt, bildet das Gemeinschaftsunternehmen mit jeder der Mütter einen Konzern.[2]

---

[1] Vgl. ErfK/*Koch*, BetrVG § 54 Rn. 5; Richardi/*Annuß*, BetrVG, § 54 BetrVG Rn. 18; HWK/ *Hohenstatt/Dzida*, § 54 Rn. 6.

[2] MHdBArbR/*Wißmann*, § 279 Rn. 16; *Fitting*, BetrVG § 54 Rn. 29; a.A. Richardi/*Annuß*, BetrVG, § 54 BetrVG Rn. 18 ff.

A. Betriebliche Mitbestimmung

1. Errichtung eines Konzernbetriebsrates

Besonderheiten ergeben sich im grenzüberschreitenden Gemeinschaftsunternehmen **54** in Bezug auf die Bildung von Konzernbetriebsräten.[1] Nach der Rechtsprechung des BAG können die Arbeitnehmervertreter des Gemeinschaftsunternehmens bei allen **Konzernmüttern Konzernbetriebsräte** bilden, sofern diese ihren Sitz im Inland haben.[2] Die Arbeitnehmer des Gemeinschaftsunternehmens werden bei der Errichtung von Konzernbetriebsräten beiden Müttern zugerechnet.[3] Für eine im Ausland sitzende Mutter gilt hingegen, dass wegen des Territorialprinzips (→ ausführlich Rn. 1) bei dieser kein Konzernbetriebsrat nach dem BetrVG gebildet werden kann.[4] Die Errichtung eines Konzernbetriebsrats bei der ausländischen Mutter scheidet damit prinzipiell aus und zwar unabhängig davon, ob sich der Sitz des Gemeinschaftsunternehmens im In- oder Ausland befindet. Die Möglichkeit der Bildung von Konzernbetriebsräten besteht allerdings dennoch, wenn die ausländische Konzernspitze ihre Leitungsmacht einem Tochterunternehmen im Inland zur selbständigen einheitlichen Leitung der diesem nachgeordneten Unternehmen belassen hat.[5]

Kann nach alledem ein Konzernbetriebsrat errichtet werden, ist weiter von Bedeu- **55** tung, **in welchem Land das Gemeinschaftsunternehmen seinen Sitz hat.** Hat das Gemeinschaftsunternehmen seinen Sitz im Inland, richtet sich die Bildung des Konzernbetriebsrates bei der inländischen Mutter nach den allgemeinen Vorschriften des Betriebsverfassungsrechts; die im Ausland angesiedelten Betriebe sind bei der Errichtung des inländischen Konzernbetriebsrates nicht zu beteiligen.[6] Hat das Gemeinschaftsunternehmen seinen Sitz im Ausland, so sind die dort nach fremdem Recht gebildeten Arbeitnehmervertretungen nicht an der Errichtung eines inländischen Konzernbetriebsrats zu beteiligen.[7] Es dürfen keine Vertreter in den deutschen Konzernbetriebsrat entsandt werden.[8]

2. Inhalt der betrieblichen Mitbestimmung

Im grenzüberschreitenden Gemeinschaftsunternehmen sind die Befugnisse des Kon- **56** zernbetriebsrates dieselben wie in einem Unternehmen, das von nur einer herrschenden Mutter geleitet wird. Ansprechpartner der Konzernbetriebsräte sind die Konzernleitungen der jeweiligen Mutter (→ Rn. 50). Der Konzernbetriebsrat hat, wie auch

---

[1] Für die Bildung von betriebsverfassungsrechtlichen Organen wird im Übrigen auf die Ausführungen unter → Rn. 13 verwiesen.
[2] BAG 13.10.2004 – 7 ABR 56/03, NZA 2005, 647; ArbRB 2005, 170 mit Anm. *Marquardt*; BAG 14.2.2007 – 7 ABR 26/06, NZA 2007, 999; LAG Düsseldorf 15.10.2008 – 4 TaBV 58/08; LAG München 27.2.2009 – 9 TaBV 86/08; *Fitting*, BetrVG § 54 Rn. 31; MHdBArbR/*Joost*, § 227 Rn. 25; GK-BetrVG/*Franzen*, § 54 Rn. 41; HSWGNR/*Glock*, § 54 Rn. 15; DKKW/*Trittin*, § 54 Rn. 20; a. A.: Richardi/*Annuß*, BetrVG, § 54 BetrVG Rn. 18 ff.; *Dzida/Hohenstatt* NZA 2007, 945; *Windbichler*, Arbeitsrecht im Konzern, S. 315 ff.
[3] Nicht etwa anteilig nach der Quote der Beteiligung der Muttergesellschaften, vgl. MHdBArbR/*Wißmann*, § 279 Rn. 16. Zur Zurechnung der Arbeitnehmer vgl. → Teil I Absch 2 Rn. 317.
[4] ErfK/*Koch*, BetrVG § 54 Rn. 7.
[5] BAG 14.2.2007 – 7 ABR 26/06, NZA 2007, 999; 16.5.2007 – 7 ABR 63/06, NZA 2008, 320; ErfK/*Koch*, BetrVG § 54 Rn. 7; *Fitting*, BetrVG § 54 Rn. 35; GK-BetrVG/*Franzen*, § 54 Rn. 44; MHdBArbR/*Joost*, § 315 Rn. 32 f.; Richardi/*Annuß*, BetrVG, § 54 BetrVG Rn. 35.
[6] ErfK/*Koch*, BetrVG § 54 Rn. 7; *Fitting*, BetrVG § 54 Rn. 37; GK-BetrVG/*Franzen*, § 54 Rn. 42; *Müller-Bonanni/Schell* ArbRB 2007, 331 (332); Richardi/*Annuß*, BetrVG, § 54 BetrVG Rn. 34; a. A. *Fuchs*, Konzernbetriebsrat, S. 183.
[7] ErfK/*Koch*, BetrVG § 54 Rn. 7; *Fitting*, BetrVG § 54 Rn. 37; GK-BetrVG/*Franzen*, § 54 Rn. 42; *Müller-Bonanni/Schell* ArbRB 2007, 331 (332); Richardi/*Annuß*, BetrVG, § 54 BetrVG Rn. 34; a. A. *Fuchs*, Konzernbetriebsrat, S. 183.
[8] HWK/*Hohenstatt/Dzida*, § 54 Rn. 10.

die übrigen betriebsverfassungsrechtlichen Organe, die gleichen Befugnisse, wie in einem „einfachen" Unternehmen. Auch im grenzüberschreitenden Gemeinschaftsunternehmen ist der Konzernbetriebsrat folglich für solche Angelegenheiten zuständig, die alle oder zumindest mehrere Konzernunternehmen betreffen und nicht von den einzelnen Arbeitnehmervertretungen besser geregelt werden könnten (→ Rn. 33).

VI. Sonstige grenzüberschreitende Gremien der Arbeitnehmervertretung

1. Europäischer Betriebsrat[1]

57 Der deutsche Gesetzgeber hat mit dem EBRG die **Europäische Betriebsratsrichtlinie**[2] umgesetzt und damit die rechtliche Grundlage für eine europäische grenzüberschreitende Arbeitnehmervertretung geschaffen. Dem EBR kommt nach dem EBRG und der Richtlinie im Zusammenhang mit grenzüberschreitenden Sachverhalten in erster Linie eine beratende Funktion zu, da er zunächst lediglich Unterrichtungs- und Anhörungsrechte hat. In der Praxis werden aber dem EBR zunehmend weitere Befugnisse und Funktionen eingeräumt, so dass der EBR für die betriebliche Mitbestimmung an Bedeutung weiter zunehmen wird. Zum EBR ausführlich unter → Teil II Absch 2 Rn. 69.

2. Weltbetriebsräte[3]

58 Zunehmend grenzüberschreitende Sachverhalte führten auf Seiten der Arbeitnehmervertretungen in der Vergangenheit zu einer Forderung nach internationalen Gremien zur Vertretung der Interessen der einzelnen Arbeitnehmer. Dem ist bisher nur in einigen wenigen Bereichen entsprochen worden. Die Bildung **weiterer grenzüberschreitender Arbeitnehmervertretungsgremien** ist darüber hinaus nicht gesetzlich vorgeschrieben. Solche Gremien **können aber freiwillig gebildet werden.** Innerhalb des Geltungsbereichs des BetrVG kann dies durch die Tarifparteien, unter bestimmten Voraussetzungen auch durch die Betriebspartner erfolgen, § 3 BetrVG. Außerhalb des territorialen Anwendungsbereichs des BetrVG – also insbesondere in internationalen Konzernen – können zusätzliche Arbeitnehmervertretungen eingerichtet werden, ohne dass es der besonderen Voraussetzungen des § 3 BetrVG bedarf. Diese Gremien können die gesetzlich vom BetrVG vorgeschriebenen Gremien allerdings nicht ersetzen, sondern nur ergänzen.[4] Diese freiwilligen Gremien können auf unterschiedlicher Grundlage gebildet werden. Möglich sind Tarifverträge, Betriebsvereinbarungen, formlose Absprachen und interne Organisationsstrukturen.[5] In internationalen Konzernen werden in der Praxis häufig grenzüberschreitende Gremien eingerichtet, um den Informationsaustausch zwischen Arbeitnehmervertretungen untereinander sowie – aus gewerkschaftlicher Sicht – um eine Gegenmachtposition zur Konzernleitung aufzubauen.[6] Entscheidungskompetenz oder gar Mitbestimmungsrechte kommen diesen Gremien hingegen nicht zu.

---

[1] Hierzu siehe → Teil II Absch 2 Rn. 69.
[2] Richtlinie 2009/38/EG vom 16.5.2009, Abl. EU Nr. L122/28.
[3] *Rüb,* Arbeitspapier 27 der Hans-Böckler-Stiftung, abrufbar unter http://www.boeckler.de/pdf/p_arbp_027.pdf (abgerufen am 20.11.2014); *Steiert,* Multis und Gewerkschaften, abrufbar unter http://www.Yumpu.com/de/document/view/26287040/Weltkonzerausscha-1-4-sse-international-metalworkers-federation (abgerufen am 10.11.2014).
[4] Vgl. Richardi/*RichardI,* BetrVG, § 3 BetrVG Rn. 66.
[5] *Windbichler,* Arbeitsrecht im Konzern, S. 325.
[6] *Müller/Platzer/Rüb,* WSI 1/2006; *Rüb,* Arbeitspapier 27 der Hans-Böckler-Stiftung, abrufbar unter http://www.boeckler.de/pdf/p_arbp_027.pdf. (abgerufen am 10.11.2014).

A. Betriebliche Mitbestimmung

In der Praxis ist vor allem der Weltbetriebsrat verbreitet.[1] In diesen sind die Arbeitnehmervertreter der wichtigsten Länder der abhängigen Unternehmen oder sogar aller Länder vertreten. Anders als in überwiegend durch Gewerkschaften organisierten und finanzierten Weltkonzernausschüssen konzentriert sich die Zusammensetzung der Weltbetriebsräte – in Anlehnung an den Europäischen Betriebsrat – auf betriebliche Arbeitnehmervertreter. Die Gewerkschaften selbst haben nur eine betreuende Funktion. Die zentrale Leitung verpflichtet sich, bei der Vereinbarung über die Errichtung eines Weltbetriebsrats regelmäßig dazu, einen Teil der Kosten zu übernehmen und das Gremium regelmäßig zu informieren. So wurden ua 1998 bei Volkswagen, 2002 bei Daimler und 2005 bei Rolls Royce Weltbetriebsräte gegründet. Im Ergebnis lässt sich feststellen, dass die Errichtung eines Weltbetriebsrates für den Konzern sowohl mit Vor- als auch mit Nachteilen verbunden ist. So kann die Errichtung für die Arbeitnehmer und Arbeitnehmervertreter durchaus eine besänftigende Wirkung haben, ist aber gleichzeitig mit erheblichen Kosten für den Konzern verbunden.

3. Gremien nach § 3 BetrVG

§ 3 BetrVG eröffnet die Möglichkeit, durch Tarifvertrag – unter weiteren Voraussetzungen auch durch eine Betriebsvereinbarung – weitere vom Grundsystem des BetrVG abweichende Gremien der Arbeitnehmervertretung einzurichten.[2] Danach kann statt einzelner Betriebsräte ein **unternehmenseinheitlicher Betriebsrat** errichtet werden (§ 3 Abs. 1 Nr. 1 lit. a BetrVG). Zudem besteht die Möglichkeit, die betriebsverfassungsrechtliche Struktur der Betriebe zu verändern, indem diese zusammengefasst werden (§ 3 Abs. 1 Nr. 1 lit. B BetrVG). Weiter können Spartenbetriebsräte (§ 3 Abs. 1 Nr. 2 BetrVG) und andere Arbeitnehmervertretungsstrukturen (§ 3 Abs. 1 Nr. 3 BetrVG) eingerichtet werden. Durch die genannten Änderungen kann eine Arbeitnehmervertretungsstruktur geschaffen werden, die die **gesetzlich vorgesehene Struktur ersetzt.**

Darüber hinaus können zusätzliche betriebsverfassungsrechtliche Gremien (zB Arbeitsgemeinschaften, § 3 Abs. 1 Nr. 4 BetrVG) und zusätzliche Arbeitnehmervertretungen (§ 3 Abs. 1 Nr. 5 BetrVG) gebildet werden, die **neben den vom BetrVG vorgesehenen Gremien bestehen.** Derartige Regelungen unterliegen dem Tarifvorbehalt. Die den Tarifvertragsparteien zustehenden Gestaltungsmöglichkeiten können durch Betriebsvereinbarung nur dann geregelt werden, wenn keine tarifliche Regelung besteht und kein anderer Tarifvertrag gilt (§ 3 Abs. 2 BetrVG). Die Errichtung „anderer Arbeitnehmervertretungsstrukturen" (§ 3 Abs. 1 Nr. 3 BetrVG) ist der Gestaltungsmöglichkeit durch Betriebsvereinbarung gänzlich entzogen.[3]

Die Errichtung eines unternehmenseinheitlichen Betriebsrats ist für Unternehmen mit mehreren Betrieben möglich, sofern dies die Bildung von Betriebsräten erleichtert oder einer sachgerechten Wahrnehmung der Interessen der Arbeitnehmer dient (§ 3 Abs. 1 Nr. 1 lit. a BetrVG). Erfasst werden demnach Unternehmen, die über wenigstens zwei betriebsratsfähige Betriebe verfügen. Für grenzüberschreitende Unternehmen ist bedeutsam, dass ein unternehmenseinheitlicher Betriebsrat nach § 3 Abs. 1 Nr. 1 lit. a BetrVG errichtet werden kann, wenn **mindestens zwei Betriebe im In-**

---

[1] So zB bei VW, Volvo und Daimler. Vgl. zur Verbreitung des Weltbetriebsrat auch *Gentz* NZA 2000, 3 (5); darüber hinaus gibt es die in der Praxis weniger bedeutenden Weltkonzernausschüsse und erweiterten Europäischen Betriebsräte; vgl. dazu *Rüb*, Arbeitspapier 27 der Hans-Böckler-Stiftung, abrufbar unter http://www.boeckler.de/pdf/p_arbp_027.pdf. (abgerufen am 10.11.2014).
[2] Vgl. Richardi/*Richardi*, BetrVG, § 3 BetrVG Rn. 6 ff., 75 f.; *Gaul/Mückl* NZA 2011, 657.
[3] Vgl. zur Frage der Verfassungskonformität *Kania/Klemm* RdA 2006, 22; MAH ArbR/*Kauffmann-Lauven*, § 59 Rn. 25; Richardi/*Richardi*, BetrVG, § 3 BetrVG Rn. 6; WHSS/*Hohenstatt*, Umstrukturierung D VII. Rn. 150 ff.

land bestehen.¹ Nicht ausreichend ist, dass ein ausländisches Unternehmen einen Betrieb im Inland hat und an einem weiteren gemeinsamen Betrieb beteiligt ist.² Das Erfordernis der erleichterten Bildung von Betriebsräten ist insbesondere dann erfüllt, wenn einzelne Betriebe des Unternehmens betriebsratslos sind.³ Das (alternative) Erfordernis der sachgerechten Wahrnehmung der Arbeitnehmerinteressen verlangt de facto, dass die Wahrnehmung der Arbeitnehmerinteressen durch einen unternehmenseinheitlichen Betriebsrat sachgerechter sein muss, als die Wahrnehmung durch einen (Einzel- oder Gesamt-)Betriebsrat.⁴ Eine Effektivierung der sachgerechten Wahrnehmung der Interessen der Arbeitnehmer ist, wegen des Grundsatzes, die betriebliche Mitbestimmung dort anzusiedeln, wo die Entscheidungskompetenz in diesem Bereich liegt, insbesondere dann anzunehmen, wenn **zentraler „Entscheidungs-"Ort nicht der Betrieb, sondern das Unternehmen** ist.⁵ Im umgekehrten Fall wäre das Erfordernis nicht erfüllt. Durch die Bildung eines unternehmenseinheitlichen Betriebsrates wird die Unterscheidung der zwei Ebenen Betrieb und Unternehmen aufgehoben, wodurch die Möglichkeit zur Bildung eines Gesamtbetriebsrates aber auch die Möglichkeit zur (zusätzlichen) Bildung von Einzelbetriebsräten entfällt.⁶ Vielmehr werden die herkömmlichen betriebsverfassungsrechtlichen Arbeitnehmervertretungsstrukturen ersetzt.⁷ Ist keine der alternativen Voraussetzungen gegeben, so ist der abgeschlossene Tarifvertrag bzw. die abgeschlossene Betriebsvereinbarung unwirksam.⁸

63 Ebenfalls ist es möglich, Betriebe zusammenzufassen, wenn dies die Bildung von Betriebsräten erleichtert oder einer sachgerechten Wahrnehmung der Interessen der Arbeitnehmer dient (§ 3 Abs. 1 Nr. 1 lit. b BetrVG). Hinsichtlich des Erfordernisses, die Bildung von Betriebsräten zu erleichtern, kommt es auf die einzelnen Betriebsräte, nicht etwa auf den Gesamt- oder Konzernbetriebsrat an.⁹ Wenn die Wahlen der Betriebsräte in den einzelnen Betrieben einen unverhältnismäßigen Aufwand bedeuten, dürfte das Erfordernis jedenfalls erfüllt sein.¹⁰ Das (alternative) Erfordernis der sachgerechten Wahrnehmung der Arbeitnehmerinteressen kann insbesondere dann erfüllt sein, wenn eine **übergreifende Arbeitnehmervertretung durch die Zusammenfassung mehrerer Betriebe** geschaffen wird, die einer etwaigen Zentralisierung oder Regionalisierung auf Seiten des Arbeitgebers genügt.¹¹ Da – anders als beim unternehmensübergreifenden Betriebsrat – die Unterscheidung der beiden Ebenen Betrieb und Unternehmen durch die Zusammenfassung von Betrieben nach § 3 Abs. 1 Nr. 1 lit. b BetrVG nicht aufgehoben wird, bleiben in den nicht zusammengefassten Betrieben die Einzelbetriebsräte weiterhin bestehen bzw. können noch gebildet werden, wodurch die Bildung eines Gesamtbetriebsrates möglich ist.¹²

64 Zu einer Ersetzung der herkömmlichen betriebsverfassungsrechtlichen Arbeitnehmervertretungsstrukturen kommt es daher nur insoweit, als dass die Einzelbetriebsräte

---

¹ Vgl. Richardi/*Richardi*, BetrVG, § 3 BetrVG Rn. 17.
² Richardi/*Richardi*, BetrVG, § 3 BetrVG Rn. 18.
³ WHSS/*Hohenstatt*, Umstrukturierung D VII. Rn. 154; *Kort* AG 2003, 13 (18).
⁴ *Kort* AG 2003, 13 (18).
⁵ WHSS/*Hohenstatt*, Umstrukturierung D VII. Rn. 154; *Kort* AG 2003, 13 (18).
⁶ *Gaul/Mückl* NZA 2011, 657 (659); HWK/*Gaul*, § 3 Rn. 8; *Kort* AG 2003, 13 (18); WHSS/*Hohenstatt*, Umstrukturierung D VII. Rn. 153.
⁷ *Kort* AG 2003, 13 (19).
⁸ HWK/*Gaul*, § 3 Rn. 9, 38.
⁹ WHSS/*Hohenstatt*, Umstrukturierung D VII. Rn. 154; *Kort* AG 2003, 13 (19).
¹⁰ HWK/*Gaul*, § 3 Rn. 9.
¹¹ HWK/*Gaul*, § 3 Rn. 9.
¹² WHSS/*Hohenstatt*, Umstrukturierung D VII. Rn. 155; HWK/*Gaul*, § 3 Rn. 8; *Kort* AG 2003, 13 (18).

bei den zusammengefassten Betrieben zugunsten des Betriebsrates des zusammengefassten Betriebes entfallen.[1]

Die Errichtung von **Spartenbetriebsräten** ist für Unternehmen möglich, soweit sie nach produkt- oder projektbezogenen Geschäftsbereichen (Sparten) organisiert sind und die Leitung der Sparte auch Entscheidungen in beteiligungspflichtigen Angelegenheiten trifft, sofern die Errichtung der sachgerechten Wahrnehmung der Aufgaben des Betriebsrates dient (§ 3 Abs. 1 Nr. 2 BetrVG). Möglich ist auch eine konzernbezogene Spartenbetriebsratsbildung.[2] Unschädlich ist bei der Errichtung von Spartenbetriebsräten, wenn die Einheiten in den einzelnen Sparten nicht denselben Betriebszweck verfolgen.[3] 65

Andere Arbeitnehmervertretungsstrukturen können dann errichtet werden, wenn dies aufgrund der Organisationsstrukturen oder der Zusammenarbeit von mehreren Unternehmen einer wirksamen und zweckmäßigen Interessensvertretung der Arbeitnehmer dient, § 3 Abs. 1 Nr. 4 BetrVG.[4] Die Errichtung ist nur durch einen Tarifvertrag möglich, die Errichtung auf Grundlage einer Betriebsvereinbarung ist hingegen ausgeschlossen.[5] 66

In grenzüberschreitenden Unternehmen finden sich in der Praxis häufig **Arbeitsgemeinschaften** zwischen dem inländischen (Gesamt-)[6] Betriebsrat und den ausländischen Betriebsvertretungen. Diese können auf freiwilliger Basis nach § 3 Abs. 1 Nr. 4 BetrVG errichtet werden.[7] Ein derartiger Zusammenschluss ist möglich, sofern dieser der unternehmensübergreifenden Zusammenarbeit von Arbeitnehmervertretungen dient. Den Beschlüssen dieser Arbeitsgemeinschaft kommt jedoch **keine Verbindlichkeit** zu, da es sich um kein Mitbestimmungsorgan handelt.[8] Gleichfalls können diese Zusammenschlüsse nicht in das Kompetenzgefüge eines im Inland gebildeten Gesamtbetriebsrats eingreifen. Sie treten nicht an die Stelle der gesetzlichen Organe, sondern vielmehr an deren Seite.[9] 67

Eine Verpflichtung des Arbeitgebers, die Kosten des Betriebsrats, die im Rahmen der Tätigkeit für grenzüberschreitende Arbeitsgemeinschaften anfallen, zu übernehmen (§ 40 Abs. 1 BetrVG), besteht nicht. Der Betriebsrat ist lediglich befugt, zu ausländischen Interessenvertretungen Kontakt aufzunehmen.[10] Die Rechtsprechung hat entschieden, dass der Arbeitgeber in diesem Fall die Telefon- und Reisekosten zu tragen hat.[11] Die Bildung und Tätigkeit von Arbeitsgemeinschaften, die auf einem freiwilligen Willensschuss der jeweiligen betrieblichen Interessenvertretungen basiert, kann wegen des für den Arbeitgeber nicht mehr kalkulierbaren Personal- und Kostenaufwandes nicht mehr als von § 40 Abs. 1 BetrVG gedeckt angesehen werden. 68

---

[1] *Kort* AG 2003, 13 (19).
[2] *Gaul/Mückl* NZA 2011, 657 (660); HWK/*Gaul*, § 3 Rn. 10; *Kort* AG 2003, 13 (19f.).
[3] ArbG Frankfurt a.M. 24.5.2006 – 14 BV 518/06, NZA-RR 2007, 25; *Gaul/Mückl* NZA 2011, 657 (660); HWK/*Gaul*, § 3 Rn. 10.
[4] *Richardi/Richardi*, BetrVG, § 3 BetrVG Rn. 36; Schaub/*Koch*, Arbeitsrechts-Handbuch § 216 Rn. 5; WHSS/*Hohenstatt*, Umstrukturierung D VII. Rn. 172 ff.
[5] WHSS/*Hohenstatt*, Umstrukturierung D VII. Rn. 172 ff.; HWK/*Gaul*, § 3 Rn. 14; *Kort* AG 2003, 13 (18).
[6] *Richardi/Richardi*, BetrVG, § 3 BetrVG Rn. 45.
[7] DKKW/*Trittin*, § 47 Rn. 22; *Fitting*, BetrVG § 47 Rn. 22.
[8] DKKW/*Trümner*, § 3 Rn. 87; *Fitting*, BetrVG § 3 Rn. 54; *Richardi/Richardi*, BetrVG, § 3 BetrVG Rn. 44; WHSS/*Hohenstatt*, Umstrukturierung D VII. Rn. 176.
[9] HWK/*Gaul*, § 3 Rn. 18.
[10] *Ehrich/Hoß* NZA 1996, 1076.
[11] LAG Niedersachsen 10.6.1992 – 5 TaBV 3/92, DB 1993, 1043; ArbG München 29.8.1991 – 12 BV 53/91, AiB 1991, 429.

B. Europäischer Betriebsrat

I. Einleitung

69 Das Kapitel beschäftigt sich mit den praktischen Auswirkungen des am 18.6.2011 in Kraft getretenen Europäischen Betriebsräte-Gesetz[1] (EBRG), das auf der Grundlage der Richtlinie 2009/38/EG basiert. Im Vordergrund steht dabei das Ziel, die für die Praxis wichtigen Aspekte und Problemfelder des neuen EBRG darzustellen und dazu passende Lösungsansätze zu entwickeln. Im Übrigen verweisen wir auf die einschlägigen Kommentare des EBRG.[2]

70 Ein europäischer Betriebsrat (EBR) ist ein grenzüberschreitendes Gremium der Arbeitnehmervertretung in europaweit tätigen Unternehmen und Unternehmensgruppen, welches zur Stärkung des Rechts auf grenzübergreifende Unterrichtung und Anhörung der Arbeitnehmer in gemeinschaftsweit tätigen Unternehmen und Unternehmensgruppen eingerichtet werden soll. In seiner Funktion und hinsichtlich der Beteiligungsrechte ist der EBR nicht mit einem Betriebsrat iSd deutschen Betriebsverfassungsrechts vergleichbar. Insbesondere verfügt er über keine Mitbestimmungsrechte,[3] sondern ist – der französischen Tradition folgend – vielmehr ein Gremium mit extensiven Informations- und Beratungsrechten in wirtschaftlichen Angelegenheiten.

71 Die Zahl der Europäischen Betriebsräte (EBR'e) ist über die Zeit erheblich gewachsen. Das Europäische Gewerkschaftsinstitut (ETUI) zählt bis heute 1018 von ca. 2200 möglichen EBR'en, überwiegend im gewerkschaftsstarken Metall- und Chemiebereich. 1994 waren es noch 53 EBR'e und 2000 748 EBR'e. Zum einen ist die erhebliche Steigerung Ausfluss der beiden EBR-Richtlinien 1994 und 2009 und der sich daran anschließenden gewerkschaftlichen Bemühungen zur Etablierung von EBR'en. Zum anderen unterstreicht sie die Bedeutung der EBR'e in Konzernen, die zunehmend global und damit auch innerhalb der EU und des EWR tätig sind. Der EBR ist längst zu einem wichtigen Konsultationsgremium geworden, dessen Einfluss wohl weiter ansteigen wird. Die Gewerkschaften haben nämlich das Potential von weiteren 1100 EBR'en, – die trotz Vorliegens der formalen Voraussetzungen – noch nicht gegründet wurden, im Fokus. Der Zusammenschluss der 3 größten europäischen Industriegewerkschaftsverbände Chemie, Textil und Metall zum Gewerkschaftsverbund *IndustrieAll* dürfte die Bedeutung weiter erhöhen.

II. Historie

72 Durch die Richtlinie 94/45/EG sollten die Voraussetzungen dafür geschaffen werden, dass in gemeinschaftsweit tätigen Unternehmen das Recht auf Unterrichtung und Anhörung der Arbeitnehmer über die nationalen Grenzen hinweg gewährleistet ist. Nach der Intention des europäischen Gesetzgebers sollten die Arbeitnehmer vor Nachteilen bewahrt werden, welche ihnen möglicherweise durch die internationale Vernetzung und Globalisierung von Unternehmen entstehen könnten.[4]

---

[1] „Europäisches Betriebsräte-Gesetz vom 28.10.1996 (BGBl. I S. 1548), das zuletzt durch Artikel 1 des Gesetzes vom 14.6.2011 (BGBl. I S. 1050) geändert worden ist.
[2] ZB *Fitting* BetrVG, EBRG Übersicht; *Däubler/Kittner/Klebe/Wedde* (DKKW), BetrVG mit Wahlordnung und EBR-Gesetz.
[3] *Hromadka* DB 1995, 1125 (1130).
[4] *Melot de Beauregard/Buchmann* BB 2009, 1417 (1418).

B. Europäischer Betriebsrat

1. Die EBR-Richtlinie 2009

a) Die neue EBR-Richtlinie

Nach der Richtlinie 94/45/EG hätte eine Revision bereits 1999 stattfinden müssen. Stattdessen konnten sich die Sozialpartner jahrelang nicht einigen.[1] Erst 2008 legte die Kommission den Sozialpartnern und der Öffentlichkeit ihren eigenen Revisionsvorschlag vor, der dann im Rahmen des sog. „Trilog-Verfahrens"[2] einige inhaltliche Änderungen erfuhr und anschließend verabschiedet wurde. 73

In Erwägung insgesamt 49 in der Richtlinie genannter Gründe[3] wurde am 16.5.2009 dann die **neugefasste Richtlinie 2009/38/EG** „über die Einsetzung eines Europäischen Betriebsrates oder die Schaffung eines Verfahrens zur Unterrichtung und Anhörung der Arbeitnehmer in gemeinschaftsweit operierenden Unternehmen und Unternehmensgruppen" im Amtsblatt der Europäischen Union veröffentlicht[4] (**EBR-Richtlinie**). Die Mitgliedstaaten hatten bis zum 5.6.2011 Zeit, die EBR-Richtlinie in nationales Recht umzusetzen. 74

b) Die wichtigsten Änderungen

Neben Änderungen und Ergänzungen im Hauptteil der EBR-Richtlinie erfolgte auch eine Überarbeitung der Erwägungsgründe in der Einleitung der EBR-Richtlinie. Diese haben nicht nur den Rechtscharakter von Auslegungsregeln, sie sollen die Vorschriften im Verfügungsteil begründen und erläutern, um so die Kerninhalte zu unterstreichen, die anschließend bei der Umsetzung der EBR-Richtlinie in nationales Recht zu berücksichtigen sind.[5] 75

Zu den wesentlichen Änderungen der RL 2009/38 gehören
– die erweiterten Definitionen der Begriffe **„Unterrichtung", „Anhörung"**[6]
– die Zuständigkeit für grenzüberschreitende Sachverhalte,
– die Anerkennung der Rolle der Gewerkschaften als Sachverständige zur Unterstützung der Verhandlungen des besonderen Verhandlungsgremiums,
– eine ausdrückliche Regelung für erforderliche Schulungen der Mitglieder des besonderen Verhandlungsgremiums und des Europäischen Betriebsrats
– sowie die Neuverhandlung bestehender Vereinbarungen bei wesentlichen Strukturänderungen des Unternehmens oder der Unternehmensgruppe.
– das Gebot an die Mitgliedstaaten, wirksame Sanktionen bei Nichtbeachtung der Konsultationsrechte zu erlassen.

Durch die Änderungen sollen zwar nach dem gesetzgeberischem Willen bestehende Rechtsunsicherheiten beseitigt werden. Gleichzeitig entstehen aber Unklarheiten, die wiederum Begehrlichkeiten auf Arbeitnehmerseite wecken. Beispielhaft werden aufgrund der Neuregelung des § 37 EBRG künftig aufwendige Neuverhandlungen durchzuführen sein, wenn es zu strukturellen Änderungen im Unternehmen oder in der Unternehmensgruppe kommt und bislang keine entsprechende Regelung für solche Fälle getroffen worden ist oder sich bestehende Regelungen widersprechen. 76

---

[1] *Thüsing/Forst* NZA 2009, 408 mwN.
[2] „Trilog-Verfahren" nennt man die informellen Beratungen zwischen zwei Mitgliedern des Europäischen Parlaments, dem Ratspräsidenten und der Europäischen Kommission.
[3] Die Erwägungsgründe dienen den Gerichten als Auslegungshilfe – *Riesenhuber/Grundmann* JuS 2001, 529 (531).
[4] Richtlinie 2009/38/EG vom 16.5.2009, Abl. EU Nr. L 122/28.
[5] Ausschussdrucksache „Arbeit und Soziales" vom 1.4.2011 – 17(11)475 des Deutschen Bundestages, S. 4
[6] Vgl. zu den Begriffen Unterrichtung und Anhörung → Rn. 160 ff.

Das neue Konzept orientiert sich zudem stark am französischen Mitbestimmungs-Modell, mit der Folge, dass es eine unbegrenzt lange Informations- und Beratungsphase mit dem EBR geben kann. Der gesteigerte Einfluss der Gewerkschaften kann darüber hinaus zu einem höheren Prozessrisiko führen, weil zu befürchten ist, dass die Arbeitnehmerverbände Musterverfahren führen werden.[1] Insgesamt ist zu erwarten, dass durch die Neuerungen die Kosten für Unternehmen deutlich ansteigen werden.

III. Geltungsbereich des EBRG

77 Das EBRG soll in den vom Anwendungsbereich erfassten Unternehmen die Beteiligungsrechte der Arbeitnehmer dadurch stärken, dass entweder ein EBR eingerichtet oder ein anderweitiges Verfahren zur Unterrichtung und Anhörung der Arbeitnehmer vereinbart wird.

1. Erfasste Unternehmen

a) Gemeinschaftsweit tätige Unternehmen und Unternehmensgruppen

78 Das EBRG findet Anwendung auf **Unternehmen und Unternehmensgruppen** mit ihrem Sitz in Deutschland, die in den EU-Mitgliedstaaten[2] und den EWR-Staaten[3] („Mitgliedstaaten")
1. mindestens insgesamt 1000 Arbeitnehmer und
2. davon jeweils mindestens 150 Arbeitnehmer in zwei Mitgliedstaaten beschäftigen (§§ 2, 3 EBRG).

> **Beispiele:**
> 1. 900 Arbeitnehmer in Deutschland, Tochterunternehmen in den Niederlanden mit 250 Arbeitnehmern und Tochterunternehmen in Spanien mit 50 Arbeitnehmern (Anwendung EBRG (+), weil insgesamt 1200 Arbeitnehmer in den Mitgliedstaaten, davon in 2 Mitgliedstaaten mind. 150 Arbeitnehmer.
> 2. 900 Arbeitnehmer in Deutschland, Tochterunternehmen in der Schweiz mit 250 Arbeitnehmer (Anwendung EBRG (–), da Tochterunternehmen in der Schweiz ansässig ist und die Schweiz kein Mitgliedstaat der EU und des EWR ist. Es fehlt an der gemeinschaftsweiten Tätigkeit.
> 3. Unternehmensgruppe mit 900 Arbeitnehmer in Deutschland, 100 Arbeitnehmer in den Niederlanden, 100 Arbeitnehmer in Luxemburg, 50 Arbeitnehmer in Belgien und 50 Arbeitnehmer in Spanien (Anwendung EBRG (–), weil zwar 1200 Arbeitnehmer in den Mitgliedstaaten, aber nicht 150 Arbeitnehmer in mindestens 2 Mitgliedstaaten).

79 Die EBR-Richtlinie als auch das EBRG verwenden die Begriffe „Unternehmen" und „Unternehmensgruppen", ohne sie zu definieren (Art. 1 Abs. 1 EBR-Richtlinie und § 1 Abs. 1 EBRG). Zur Bestimmung muss man auf andere nationale Gesetze und auf die damit im Zusammenhang stehende Rechtsprechung zurückgreifen.

80 Im deutschen Recht findet sich der Begriff „Unternehmen" im Betriebsverfassungsgesetz (zB § 1 BetrVG). In dem Zusammenhang ist damit **diejenige organisatorische Einheit** gemeint, **mit der der Unternehmer seine wirtschaftlichen oder**

---

[1] Vgl. Visteon ./. Visteon-EBR zur Frage des Zeitpunktes der Unterrichtung und der Folgen einer fehlerhaften Beteiligung des EBR, LAG Köln 8.9.2011 – 13 Ta 267/11.
[2] Belgien, Bulgarien, Deutschland, Dänemark, Estland, Finnland, Frankreich, Griechenland, Irland, Italien, Lettland, Litauen, Luxemburg, Malta, Niederlande, Österreich, Polen, Portugal, Rumänien, Schweden, Slowakei, Slowenien, Spanien, Tschechische Republik, Ungarn, Vereinigtes Königreich, Zypern.
[3] Island, Liechtenstein und Norwegen.

B. Europäischer Betriebsrat

ideellen Zwecke verfolgt.[1] Das Gemeinschaftsrecht definiert ein Unternehmen als eine **„jede wirtschaftliche Tätigkeit ausübende Einheit, unabhängig von der Rechtsform und der Art der Finanzierung".**[2]

Nach diesen Definitionen sind auch Verwaltungen des öffentlichen Dienstes von der Richtlinie erfasst,[3] dürften aber in aller Regel nicht gemeinschaftsweit operieren. Unter die Richtlinie fallen aber, soweit hier keine Sonderregelungen bestehen, Verwaltungen und Betriebe internationaler und zwischenstaatlicher Organisationen.[4] 81

Schwieriger ist die Bestimmung des Begriffs **Unternehmensgruppe**. Während das österreichische Recht den Begriff bestimmt,[5] fehlt es im deutschen Recht an einer Definition. §§ 2 Abs. 1 und 6 Abs. 1 EBRG lässt sich zumindest entnehmen, dass eine Unternehmensgruppe aus einem herrschenden Unternehmen und mindestens einem abhängigen Unternehmen besteht. Vergleichbar mit den Definitionen in §§ 17, 18 AktG erklärt auch § 6 Abs. 1 EBRG, dass herrschendes Unternehmen ein Unternehmen ist, das auf ein anderes Unternehmen derselben Gruppe (abhängiges Unternehmen) einen beherrschenden Einfluss hat. 82

Anders als ein Unterordnungskonzern nach § 18 Abs. 1 AktG erfordert aber eine Unternehmensgruppe iSd EBRG nicht zwingend, dass eines der zur Gruppe gehörenden Unternehmen die einheitliche Leitung über die anderen Unternehmen ausübt. Vielmehr kann auch ein Unternehmen in einem Drittstaat, das nicht zur gemeinschaftsweiten Unternehmensgruppe gehört, diese Leitung innehaben. Die in den Mitgliedstaaten liegenden Unternehmen können dann trotzdem eine Unternehmensgruppe bilden, auf die das EBRG Anwendung findet, wenn innerhalb der EU oder des EWR ein Unternehmen beherrschenden Einfluss auf die anderen Unternehmen ausüben kann. Ein Unternehmen gilt bereits dann als herrschend, wenn es die Möglichkeit hat, die anderen Unternehmen zu beherrschen.[6] Ob diese Möglichkeit besteht, ergibt sich aus der Gesamtheit der Umstände, wie zB der Kapitalbeteiligung und der Befugnisse zur Einflussnahme.[7] Ist einer der Tatbestände des § 6 Abs. 2 EBRG erfüllt, wird die Beherrschungsmöglichkeit vermutet.[8] Das EBRG findet folglich auch dann Anwendung, wenn mehrere in den Mitgliedstaaten liegende Unternehmen kapitalmäßig dergestalt miteinander verflochten sind, dass eines der Unternehmen als nachgeordnete Leitung beherrschenden Einfluss auf die anderen Unternehmen ausüben kann (vergleichbar mit der „fiktiven Teilkonzernspitze" im Mitbestimmungsrecht), selbst aber der zentralen Leitung durch ein Unternehmen aus einem Drittstaat unterliegt. Auf die in den Mitgliedstaaten liegende Unternehmensgruppe findet das EBRG Anwendung. 83

Aus den in Art. 2 Abs. 1b) EBR-Richtlinie und ua in § 6 EBRG verwendeten Begriffen wie „abhängiges Unternehmen" und „herrschendes Unternehmen" wird deut- 84

---

[1] BAG 7.8.1986 AP BetrVG 1972 § 1 Nr. 5; *Fitting*, BetrVG § 1 Rn. 145.
[2] EuGH 11.12.1997 – C-55/96 Job Centre coop. a r. l.
[3] *Sandmann*, Die Euro-Betriebsrats-Richtlinie 94/45/EG, S. 8; DKKW/*Däubler*, § 2 EBRG Rn. 2.
[4] *Sandmann*, Die Euro-Betriebsrats-Richtlinie 94/45/EG, S. 9.
[5] § 176 Abs. 1 österreichisches Arbeitsverfassungsgesetz: „Als Unternehmensgruppe im Sinne des V. Teiles gilt jede Gruppe von Unternehmen, die aus einem herrschenden und den von diesem abhängigen Unternehmen besteht."
[6] BAG 30.3.2004, 1 ABR 61/01, NZA 2004, 863.
[7] BAG 30.3.2004, 1 ABR 61/01, NZA 2004, 863.
[8] Eine Ausnahme gilt nach § 6 Abs. 4 EBRG für Investment und Beteiligungsgesellschaften iSd Artikels 3 Abs. 5 Buchstabe a oder c der Verordnung über die Kontrolle von Unternehmenszusammenschlüssen (EG VO Nr. 139/2004 des Rates vom 20.1.2004 – ABl. L 24 vom 29.1.2004, S. 1). Diese gelten auch dann nicht als herrschendes Unternehmen, wenn sie zwar Anteile an anderen Unternehmen halten, aber keine Leitungsfunktionen ausüben.

lich, dass die EBR-Richtlinie offenbar nur hierarchisch strukturierte Unternehmensgruppen erfassen möchte. Fehlt es insgesamt an einem beherrschenden Einfluss eines in einem Mitglied- oder Drittstaat ansässigen Unternehmens – wie beispielsweise in einem Gleichordnungskonzern nach § 18 Abs. 2 AktG –, so unterliegt diese Unternehmensgruppe nicht dem EBRG.[1]

85   Davon zu unterscheiden ist der Fall, dass zwar innerhalb des Geltungsbereichs der EBR-Richtlinie keine hierarchische Struktur zwischen den Unternehmen besteht, wohl aber weltweit: Europäische Unternehmensgruppen, deren herrschende Konzernmutter ihren Sitz in einem Drittstaat hat, sind also vom EBRG erfasst, auch wenn gemeinschaftsweit keine hierarchische Struktur besteht (→ Rn. 88 ff.).

> **Beispiel:** Die Konzernmutter hat ihren Sitz in der Schweiz, es gibt Töchter in verschiedenen Mitgliedstaaten, aber innerhalb des EWR keine Zwischenholding, die beherrschenden Einfluss ausübt.

b) Sitz des herrschenden Unternehmens maßgeblich

aa) Sitz in einem Mitgliedstaat

86   Das EBRG erfasst zunächst in der Umsetzung der EBR-Richtlinie gemeinschaftsweit tätige Unternehmen mit Sitz in Deutschland sowie gemeinschaftsweit tätige Unternehmensgruppen mit Sitz des herrschenden Unternehmens in Deutschland (§ 2 Abs. 1 EBRG).

87   Haben EU-Unternehmen und Unternehmensgruppen ihren Sitz in einem anderen Mitgliedstaat, aber Betriebe oder Tochterunternehmen in Deutschland, so richtet sich grundsätzlich die Ausgestaltung der grenzübergreifenden Unterrichtung und Anhörung für deutsche Arbeitnehmer nach dem Umsetzungsrecht des Sitzstaates.[2] Das EBRG findet in diesem Fall jedoch gleichwohl auf deutsche Arbeitnehmer sowie in Deutschland liegende Betriebe und Unternehmen partiell Anwendung: Nämlich dort, wo die EBR-Richtlinie dem deutschen Gesetzgeber Regelungsbereiche überlassen hat oder mangels einer einheitlichen europarechtlichen Regelung sachnotwendig überlassen musste. Gem. § 2 Abs. 4 EBRG richten sich z.B. folgende Regelungsgegenstände nach deutschem Recht, selbst wenn die zentrale Leitung des Unternehmens oder der Unternehmensgruppe nicht im Inland liegt:
– Die Berechnung der Anzahl der Arbeitnehmer in Deutschland (§ 4 EBRG),
– Auskunftsansprüche (§ 5 Abs. 2 EBRG),
– die Bestimmung des herrschenden Unternehmens (§ 6 EBRG),
– die gesamtschuldnerische Haftung des deutschen Arbeitgebers (§ 16 Abs. 2 EBRG).

bb) Sitz in Drittstaaten

88   Liegt hingegen die zentrale Leitung gemeinschaftsweit tätiger Unternehmen oder Unternehmensgruppen in einem Drittstaat, so kann nach § 2 Abs. 2 EBRG auf sie gleichwohl das EBRG anwendbar sein, wenn folgende weitere Voraussetzungen erfüllt sind:

(1) Nachgeordnete Leitung („Europazentrale")

89   Besteht bei einem Unternehmen mit Sitz in Deutschland eine Europazentrale, die die nachgeordnete Leitung für in Mitgliedstaaten liegende Betriebe oder Unternehmen ausübt, findet das EBRG Anwendung (§ 2 Abs. 2 S. 1 EBRG). Global gesehen übt zwar die übergeordnete Konzernmutter mit Sitz in einem Drittstaat die zentrale

---

[1] BAG 30.3.2004 – 1 ABR 61/01, NZA 2004, 863.
[2] *Fitting,* BetrVG, EBRG Übersicht Rn. 23.

B. Europäischer Betriebsrat

Leitung aus, innerhalb der Mitgliedstaaten besteht aber neben der weltweiten Konzernstruktur noch eine gemeinschaftsweite Unternehmensgruppe mit Sitz des herrschenden Unternehmens (Europazentrale) in Deutschland.[1]

(2) Subsidiär: Benannter Vertreter oder größtes Unternehmen

Gibt es keine nachgeordnete Leitung in der EU kann die Zentrale im Drittstaat einen Betrieb oder ein Unternehmen in Deutschland als ihren Vertreter benennen oder – falls dies nicht erfolgt ist – wenn der Betrieb oder das Unternehmen mit der größten Arbeitnehmeranzahl innerhalb der Mitgliedstaaten in Deutschland liegt, findet das Gesetz ebenfalls Anwendung (§ 2 Abs. 2 S. 2 und 3 EBRG). 90

In den beiden letztgenannten Fällen wird gesetzlich vermutet, dass die zentrale Leitung in Deutschland liegt, was folgerichtig dazu führt, dass die entsprechenden Pflichten aus dem EBRG erfüllt werden müssen.[2] 91

2. Geltung für Arbeitnehmer

Auf Arbeitnehmerseite gilt das EBRG für alle Arbeitnehmer, die in den gemeinschaftsweit tätigen Unternehmen oder Unternehmensgruppen beschäftigt sind (§§ 2, 3 EBRG). In Betrieben und Unternehmen des Inlands errechnen sich die für die Schwellenwerte des § 3 EBRG zu berücksichtigenden Arbeitnehmerzahlen nach der Anzahl der im Durchschnitt während der letzten zwei Jahre beschäftigten Arbeitnehmer im Sinne des § 5 Abs. 1 BetrVG (§ 4 Abs. 1 S. 1 EBRG). 92

Der Arbeitnehmerbegriff richtet sich nach dem Recht des jeweiligen Mitgliedstaats, in dem das Unternehmen oder die Unternehmensgruppe Beschäftigte hat.[3] Für Deutschland ist der allgemeine von der Rechtsprechung entwickelte Arbeitnehmerbegriff maßgebend.[4] 93

Leitende Angestellte sind nach richtiger Ansicht nicht unter diesen Arbeitnehmerbegriff zu subsumieren. Für die Hinzurechnung wird argumentiert, dass die Teilhabe der leitenden Angestellten an den Unternehmens- oder Betriebsleitungen nicht dazu zwinge, diesen Angestellten eine Mitwirkung im EBR zu versagen.[5] Der EBR habe keine Mitentscheidungsrechte, sondern seine Funktion sei mit der eines Wirtschaftsausschusses im Sinne des Betriebsverfassungsrechts vergleichbar. Der EBR diene gerade der Unterrichtung und Beteiligung aller Unternehmensangehörigen, weshalb die leitenden Angestellten bei der Feststellung der Schwellenwerte zu berücksichtigen seien.[6] Das EBRG selbst hat sich ausdrücklich nicht für oder gegen die Berücksichtigung von Leitenden Angestellten bei der Berechnung der Schwellenwerte entschieden. Es sieht lediglich in einigen wenigen Normen ausnahmsweise Regelungen vor, die auch leitende Angestellte betreffen (vgl. §§ 11 Abs. 4, 23 Abs. 6 EBRG). Folgt man dieser Regel/Ausnahme-Systematik, ist der Rückschluss zulässig, dass die leitenden Angestellten bei der Berechnung **nicht** zu berücksichtigen sind.[7] Bereits bei der 94

---

[1] Zu den Voraussetzungen der Beherrschung vgl. → Rn. 83.
[2] *Engels*, AuR 2009, 10 (12), *Franzen*, BB 2004, 938 f.
[3] *Fitting*, BetrVG, EBRG Übersicht Rn. 22.
[4] Arbeitnehmer sind demnach Personen, die aufgrund eines privatrechtlichen Vertrages im Dienste eines anderen in persönlicher Abhängigkeit zur Arbeit verpflichtet sind, unabhängig davon, ob sie im Betrieb, im Außendienst oder mit Telearbeit beschäftigt werden. Als Arbeitnehmer gelten auch die in Heimarbeit Beschäftigten, die in der Hauptsache für den Betrieb arbeiten sowie die zu ihrer Berufsausbildung Beschäftigten. Als Arbeitnehmer gelten ferner Beamte, Soldaten sowie Arbeitnehmer des öffentlichen Dienstes, die in Betrieben privatrechtlich organisierter Unternehmen tätig sind. Vgl. BAG 20.1.2010 – 5 AZR 99/09, NZA-RR 2011, 112; *Fitting*, BetrVG, § 5 BetrVG Rn. 15 ff.
[5] *Hromadka*, DB 1995, 1126.
[6] *Hromadka*, DB 1995, 1126.
[7] *Schmidt*, NZA 1997, 180 (181).

Entstehung der ersten EBR-Richtlinie hatte der europäische Dachverband der leitenden Angestellten (CEC)[1] den Wunsch geäußert, in den aufgrund der EBR-Richtlinie zu errichtenden Verhandlungsgremien sowie den Informations- und Konsultationsstrukturen vertreten zu sein.[2] Dies allein kann bereits als Indiz dafür gewertet werden, dass auch der CEC nicht davon ausging, dass die leitenden Angestellten unmittelbar in den Anwendungsbereich der EBR-Richtlinie fallen. Die Tatsache, dass es sich auf europäischer Ebene um eine Richtlinie handelt und in der EBR-Richtlinie selbst keine Feststellungen zu der Frage der Berücksichtigung von leitenden Angestellten getroffen wurden, unterstreicht, dass dem nationalen Gesetzgeber Gestaltungsspielraum eingeräumt werden sollte. Leitende Angestellte werden also nicht durch den EBR vertreten und sind somit auch bei der Berechnung der Schwellenwerte nicht zu berücksichtigen.[3] Sie können aber sowohl bei Verhandlungen mit der zentralen Leitung im sog. Besonderes Verhandlungsgremium (BVG) mitwirken, § 11 Abs. 4 EBRG, als auch als nicht stimmberechtigte Mitglieder im EBR. Wird ein EBR aufgrund einer Vereinbarung und nicht kraft Gesetzes gebildet, können den leitenden Angestellten abweichend davon sogar umfangreichere Einflussmöglichkeiten eingeräumt werden.[4]

95 **Arbeitnehmer in Drittstaaten** werden nach dem EBRG weder bei der Berechnung der maßgeblichen Arbeitnehmerzahlen berücksichtigt, noch sind sie von den Beteiligungsrechten erfasst, soweit nicht hierzu besondere Vereinbarungen getroffen wurden.[5] Eine Ausnahme bilden entsandte Arbeitnehmer, die nur vorübergehend in einem anderen Konzernunternehmen außerhalb der Mitgliedstaaten der EU ihre mit dem Stammhaus arbeitsvertraglich geschuldete Leistung erbringen. Diese sind gleichwohl bei der Berechnung der maßgeblichen Arbeitnehmerzahlen im Stammhaus zu berücksichtigen.

IV. Bildung eines EBR

96 Die Einrichtung des EBR ist bei Vorliegen der Voraussetzungen zwar zwingend, erfolgt aber nur auf Veranlassung der Arbeitgeber- oder Arbeitnehmerseite. Nach dem EBRG soll die gemeinschaftsweite Einbindung der Arbeitnehmer in erster Linie auf einer freiwilligen Basis zustande kommen. Hierzu kann das BVG mit der zentralen Leitung des Unternehmens eine freiwillige Vereinbarung über die Beteiligung der Arbeitnehmervertretung treffen, § 8 Abs. 1 EBRG.

97 Kommt es nicht zu einer Vereinbarung, wird ein EBR gemäß § 21 EBRG kraft Gesetzes errichtet, § 1 Abs. 1 EBRG. Der EBR ist gemäß § 21 Abs. 1 EBRG in drei Fällen kraft Gesetzes zu errichten:
– wenn die zentrale Leitung die Aufnahme von Verhandlungen innerhalb von sechs Monaten ablehnt oder
– wenn innerhalb von drei Jahren keine Verhandlungslösung erreicht wird oder
– wenn die zentrale Leitung und das BVG das vorzeitige Scheitern ihrer Verhandlungen erklären.

1. EBR-Vereinbarung

98 Die Richtlinie 94/45/EG musste bis spätestens 22.9.1996 in nationales Recht umgesetzt werden. Vor diesem Zeitpunkt waren die Unternehmen frei hinsichtlich des „Ob" und des „Inhaltes" einer freiwilligen Vereinbarung.

---

[1] CEC = **C**onfédération **E**uropéenne des **C**adres.
[2] BR-Drucksache 453/94, S. 41.
[3] *Franzen*, BB 2004, 939 mwN.
[4] *Engels/Müller*, DB 1996, 981.
[5] Schaub/*Koch* Arbeitsrechts-Handbuch, § 256 Rn. 7.

B. Europäischer Betriebsrat

Art. 6 der Richtlinie 94/45/EG sah vor, dass man sich über eine länderübergreifende Unterrichtung und Anhörung aller Arbeitnehmer verständigen musste. Das galt nur dann nicht, wenn bereits vor Umsetzung der Richtlinie 94/45/EG eine entsprechende Vereinbarung bestanden hat.[1] Art. 13 der Richtlinie 94/45/EG verlangte allerdings, dass es sich tatsächlich um eine Vereinbarung handeln musste. Eine einseitige Erklärung des Unternehmens mit Selbstbindung hätte insoweit nicht ausgereicht. 99

Art. 13 der Richtlinie 94/45/EG sagte aber nichts darüber aus, wer die Vereinbarung hatte abschließen müssen. Man ging letztlich aufgrund der Natur der Sache davon aus, dass es sich um eine Vereinbarung handeln musste, die mit den Arbeitnehmern abgeschlossen worden sein musste. Offen blieb allerdings, ob alle Arbeitnehmer repräsentiert sein mussten und wenn ja, wie. Vor Umsetzung der Richtlinie 94/45/EG fanden die Verhandlungen in Deutschland in der Regel mit Betriebsräten, in anderen Ländern mit Gewerkschaften statt.[2] Die Vereinbarungen konnten für die Arbeitnehmerseite durch jede legitime und repräsentative Arbeitnehmervertretung abgeschlossen werden. Dies konnten Gewerkschaften, der Gesamt- oder der Konzernbetriebsrat sein. Nicht erforderlich war die Beteiligung von Arbeitnehmervertretungen anderer Mitgliedstaaten bei Verhandlung und Abschluss der Vereinbarung. 100

Seit Umsetzung der Richtlinie 94/45/EG in das nationale Recht kann sich das Unternehmen den Gesprächspartner nicht mehr aussuchen, sondern die Gespräche und Verhandlungen müssen zwischen der zentralen Leitung und dem BVG geführt werden. 101

Wird das BVG eingerichtet, sind nach heutigem Recht folgende Szenarien möglich: 102
1. BVG und zentrale Leitung einigen sich auf einen individuellen EBR (§ 18 BRG).[3]
2. BVG und zentrale Leitung einigen sich auf einen EBR nach der gesetzlichen Auffanglösung (§§ 21 ff. EBRG).[4]
3. BVG und zentrale Leitung einigen sich auf ein dezentrales Unterrichtungs- und Anhörungsverfahren (§ 19 EBRG).[5]
4. Das BVG beschließt, keine Verhandlungen über die Etablierung eines EBR aufzunehmen (§ 15 Abs. 1 EBRG). Dann kann frühestens 2 Jahre nach der Beschlussfassung der Antrag auf Einberufung eines neuen Verhandlungsgremiums gestellt werden (§ 15 Abs. 2 EBRG).
5. Die zentrale Leitung verweigert die Aufnahme von Verhandlungen über einen Zeitraum von 6 Monaten ab der Antragstellung[6] (§ 21 Abs. 1 S. 1 EBRG). Dann gilt die gesetzliche Auffangregelung und es ist ein EBR kraft Gesetzes zu etablieren (§ 21 Abs. 1 EBRG).
6. BVG und zentrale Leitung haben sich 3 Jahre nach Stellung des ersten Antrags noch immer nicht geeinigt. Dann gilt die gesetzliche Auffangregelung und es ist ein EBR kraft Gesetzes zu etablieren (§ 21 Abs. 1 EBRG).

Im Vordergrund steht demzufolge die Verhandlung zwischen den betroffenen Parteien. Erst wenn sich durch Verhandlung keine Einigung erzielen lässt (Verhandlungslösung), greift die gesetzliche Auffanglösung ein. Im Rahmen der Verhandlungslösung können die zentrale Leitung und das BVG vereinbaren, dass die grenzüberschreitende Unterrichtung und Anhörung durch die Errichtung eines zentralen EBR nach § 18 103

---

[1] Sogenannte „Art. 13 Vereinbarungen".
[2] *Kolvenbach,* RdA 1994, 279.
[3] § 18 EBRG geht auf Art. 6 Abs. 2 der Richtlinie 2009/38/EG zurück, daher auch die Bezeichnung „Art. 6-Vereinbarungen".
[4] Basierend auf Art. 7 und dem Anhang 1 der Richtlinie 2009/38/EG.
[5] Basierend auf Art. 6 Abs. 3 der Richtlinie 2009/38/EG.
[6] Gemäß § 9 EBRG.

EBRG oder durch ein dezentrales Unterrichtungs- und Anhörungsverfahren nach § 19 EBRG erfolgt. Dies soll den Beteiligten eine möglichst große Gestaltungsfreiheit bieten. In der Praxis finden sich allerdings selten Vereinbarungen über ein Verfahren nach § 19 EBRG. Zumeist wird der Weg über die Errichtung eines zentralen EBR gewählt.

a) Zentrale Leitung

104 „Zentrale Leitung" im Sinne des EBRG, also das Verhandlungsorgan auf Seiten des Arbeitgebers, ist zunächst entweder die Leitung eines gemeinschaftsweit tätigen Unternehmens oder die Leitung des herrschenden Unternehmens einer gemeinschaftsweit tätigen Unternehmensgruppe.[1] Wie bereits dargestellt (→ Rn. 90), kann auf Arbeitgeberseite auch ein Unternehmen von der Konzernleitung als designierte Leitung bestimmt werden, wenn die zentrale Leitung nicht in einem Mitgliedstaat liegt und auch keine nachgeordnete Leitung für die Unternehmen in den Mitgliedstaaten besteht. Ist keine Delegation vorgenommen worden, gilt als zentrale Leitung das Unternehmen oder der Betrieb, in dem – verglichen mit den anderen Betrieben oder Unternehmen – die meisten Arbeitnehmer beschäftigt sind (vgl. § 2 Abs. 2 EBRG).

105 In tatsächlicher Hinsicht handelt es sich bei der zentralen Leitung um das Organ der juristischen Person, dem die gesetzliche Vertretung und die Geschäftsführung zusteht. Bei der Aktiengesellschaft ist dies der Vorstand (§ 76 AktG) und bei der GmbH die Geschäftsführung (§ 35 GmbHG), wobei die Zuständigkeit auch delegiert werden kann. Bei Personengesellschaften wie der KG und der OHG sind es Personen, die kraft Gesetzes oder Satzung zur Geschäftsführung und Vertretung berufen sind (§§ 163, 170 HGB bzw. § 126 HGB).

b) Besonderes Verhandlungsgremium

aa) Vorbereitender Auskunftsanspruch

106 Um überhaupt feststellen zu können, ob die Voraussetzungen für eine grenzüberschreitende Beteiligung der Arbeitnehmer nach dem EBRG und damit auch für die Bildung eines BVG gegeben sind, begründet § 5 EBRG einen Auskunftsanspruch einer Arbeitnehmervertretung, dh des Betriebsrates, Gesamtbetriebsrates, Konzernbetriebsrates und/oder einer bei einem ausländischen Betrieb oder Unternehmen nach dortigem Recht gebildeten Arbeitnehmervertretung, gegenüber der zentralen Leitung.[2] Der Anspruch ist auf die für die Aufnahme von Verhandlungen zur Bildung eines EBR erforderlichen Informationen gerichtet. Neben der zentralen Leitung richtet er sich auch gegen die örtliche Unternehmensleitung, die örtliche Betriebsleitung und jede Leitung eines Unternehmens einer gemeinschaftsweit tätigen Unternehmensgruppe. Der EuGH hat den Auskunftsanspruch inhaltlich ausgeformt und bereits dann bejaht, wenn die auskunftsberechtigten Arbeitnehmer bzw. die Arbeitnehmervertretungen keine gesicherte Kenntnis über die Eigenschaft des Auskunftsgegners als zentrale Leitung im Sinne des Art. 2 Abs. 1e) der EBR-Richtlinie haben.[3]

107 Zur Geltendmachung des Anspruchs fordert das BAG[4] eine gewisse tatsächliche Wahrscheinlichkeit, dass die Voraussetzungen für die Anwendbarkeit des EBRG erfüllt sind, wobei die „gewisse Wahrscheinlichkeit" für die Anwendbarkeit des EBRG nur

---

[1] Zum Verständnis von Unternehmen und Unternehmensgruppe → Rn. 78 ff.
[2] BAG 29.6.2004 – 1 ABR 32/99, NZA 2005, 118.
[3] EuGH 29.3.2001 – C-62/99 bofrost, BB 2001, 2219.
[4] BAG 30.3.2004 – 1 ABR 61/01, NZA 2004, 863.

B. Europäischer Betriebsrat

die Tatsachen, nicht deren rechtliche Beurteilung betrifft. Ein Auskunftsverlangen lässt sich daher nicht darauf stützen, dass für eine vom Betriebsrat geltend gemachte Rechtsauffassung eine gewisse Wahrscheinlichkeit bestehe. Vielmehr kommt es insoweit auf die objektive Rechtslage an. Ein Auskunftsanspruch besteht zB über die Zahl der Arbeitnehmer, wenn das Unternehmen so groß ist, dass eine gewisse Wahrscheinlichkeit besteht, dass in mehreren Mitgliedstaaten mehr als 150 und insgesamt mindestens 1000 Arbeitnehmer beschäftigt sind, so dass das EBRG anwendbar wäre. Gleiches gilt für die Frage, ob das Unternehmen, dessen Leitung der Betriebsrat in Anspruch nimmt, unter dem beherrschenden Einfluss des als zentrale Leitung in Betracht kommenden Unternehmens steht.[1]

Der EuGH hat in der bofrost-Entscheidung herausgestellt, dass der Auskunftsanspruch so auszulegen ist, dass die Daten über die Struktur oder die Organisation einer Unternehmensgruppe der Arbeitnehmervertretung nur dann zur Verfügung zu stellen sind, wenn sie zur Aufnahme von Verhandlungen über die Errichtung eines EBR **unerlässlich** sind.[2] 108

Der Auskunftsanspruch hat also eine „dienende" Funktion. Die danach den Unternehmen auferlegte Informationspflicht betrifft über den reinen Wortlaut der Richtlinie hinaus nicht nur die Beschäftigtenzahl, sondern nach der vom Normzweck gebotenen Auslegung auch das Bestehen eines Beherrschungsverhältnisses zwischen den betroffenen Unternehmen. Daher hat, wenn die Daten über die Struktur oder die Organisation einer Unternehmensgruppe zu den Informationen gehören, die zur Aufnahme von Verhandlungen zur Errichtung eines EBR oder zur Schaffung eines Verfahrens zur länderübergreifenden Unterrichtung und Anhörung der Arbeitnehmer unerlässlich sind, ein Unternehmen dieser Unternehmensgruppe diese Daten, soweit es über sie verfügt oder sie sich beschaffen kann, den Organen der internen Arbeitnehmervertretung auf Antrag zur Verfügung zu stellen.[3] 109

Der EuGH bezieht den Auskunftsanspruch auf alle Informationen, die für die Verhandlungen unerlässlich sind. Neben den in der EBR-Richtlinie bestimmten Angaben über die durchschnittliche Gesamtzahl der Arbeitnehmer sowie deren Verteilung auf die Mitgliedstaaten fordert der EuGH auch Auskunft über die Betriebe und Unternehmen sowie Namen und Anschriften der gemeinschaftsweit in den übrigen Unternehmen gebildeten Arbeitnehmergruppen, die für die Arbeitnehmer der Unternehmen oder der von ihnen abhängigen Unternehmen bei der Errichtung eines EBR zu beteiligen sind.[4] Diese Informationen dürften auch ohne weiteres vorhanden sein. 110

Ohne weitere Begründung wird seitens des EuGH im Rahmen einer eingeschränkten Rechtsfortbildung der EBR-Richtlinie der Inhalt des Auskunftsanspruchs nur daran gemessen, ob die Information unerlässlich ist, um einen EBR zu errichten. Ob diese Voraussetzung erfüllt ist, sei von den nationalen Gerichten zu prüfen.[5] 111

Nach deutschem Recht gehören zu den unerlässlichen Auskünften insbesondere die durchschnittliche Gesamtzahl der Arbeitnehmer und ihre Verteilung auf die Mitgliedstaaten, auf die Unternehmen und Betriebe sowie Informationen über die Struktur des Unternehmens oder der Unternehmensgruppe, § 5 Abs. 1 S. 2 EBRG. 112

Teilweise liegen die benötigten Informationen nicht vor und es stellt sich die Frage, welche Maßnahmen das jeweilige Unternehmen ergreifen muss, um sich die Informationen zu beschaffen. In der Praxis fehlt es zB regelmäßig an Organigrammen oder 113

---

[1] BAG 30.3.2004 – 1 ABR 61/01, NZA 2004, 863.
[2] EuGH 29.3.2001 – C-62/99 bofrost, BB 2001, 2219.
[3] EuGH 29.3.2001 – C-62/99 bofrost, BB 2001, 2219.
[4] EuGH 15.7.2004 – C-349/01 ADS Anker, NZA 2004, 1167.
[5] EuGH ZIP 2004, 179, 183 f.

diese werden von Seiten der Unternehmen an die zentrale Leitung nur ungern vollständig herausgegeben. Nach dem eindeutigen Wortlaut des § 5 Abs. 1 S. 1 EBRG sind fehlende Informationen **zu erheben**. Anders als im nationalen Betriebsverfassungsrecht (vgl. § 80 Abs. 2 BetrVG) besteht also für den EBR eine umfassende Informationsbeschaffungspflicht.[1] In der Praxis führt dies zu einem enormen Aufwand auf Unternehmensseite. Die Frage, welche Informationen wirklich erforderlich sind, rückt dadurch noch mehr in den Mittelpunkt von Streitigkeiten zwischen dem BVG und der zentralen Leitung. Anders als etwa § 17 Abs. 3a KSchG sieht das EBRG nicht ausdrücklich vor, dass sich ein Unternehmen nicht auf fehlende Informationen durch andere Unternehmen der Unternehmensgruppe berufen kann. Auch die EBR-Richtlinie enthält eine solche Bestimmung nicht.[2]

114 Der EuGH hat in der *Kühne + Nagel*-Entscheidung[3] dem auf Auskunftserteilung in Anspruch genommenen Unternehmen einen horizontalen Auskunftsanspruch gegen die in einem anderen Mitgliedstaat und in einem Drittstaat ansässigen Unternehmen zugesprochen.

115 Auch das BAG ist der Auffassung, dass es noch nicht ausreichend sei, dass ein Unternehmen nachweise, dass An- und Nachfragen bei anderen Unternehmen der Unternehmensgruppe stattgefunden haben. Vielmehr müsse auch der Rechtsweg genutzt werden, wobei auf die jeweiligen nationalen Gesetze verwiesen wird.[4] Der Anspruch gegen die Leitungen in den jeweiligen Ländern richtet sich also nach dem Landesrecht des Unternehmens, gegen das der Anspruch geltend gemacht wird. Das BAG[5] betont deshalb, dass die Durchsetzung des Auskunftsanspruchs in anderen beteiligten Mitgliedstaaten schwierig sein könne: Jedes nationale Gericht könne das innerstaatliche Recht als unzulängliche Umsetzung der Richtlinie ansehen. Da der Auskunftsanspruch seine Wurzeln in der EBR-Richtlinie hat, diese jedoch keine direkte Wirkung entfaltet, ist eine Umsetzung in nationales Recht erforderlich. Ist der Auskunftsanspruch nicht oder nicht hinreichend in das nationale Recht umgesetzt worden, wäre eine Auskunft von der nationalen Leitung nicht gerichtlich zu erzwingen, das gilt insbesondere in Drittstaaten. Diese Unsicherheit führt nach Ansicht des BAG noch nicht dazu, dass es der zentralen Leitung unmöglich werde, die Informationen beizubringen. Erst wenn der Rechtsweg tatsächlich zu keinem Erfolg führt, kann sich die zentrale Leitung auf das Nichtvorliegen der Informationen berufen.[6]

bb) Bildung des besonderen Verhandlungsgremiums

116 Die Vorschriften zur Bildung des BVG sind nach der Reform des EBRG weitgehend gleich geblieben.

117 Die Bildung des BVG ist von den Arbeitnehmern oder ihren Vertretern schriftlich bei der zentralen Leitung zu beantragen oder erfolgt auf Initiative der zentralen Leitung (§ 9 Abs. 1 EBRG). Der Antrag ist wirksam, wenn er – ggf. über die örtliche Betriebs- oder Unternehmensleitung – der zentralen Leitung zugeht und von mindestens 100 Arbeitnehmern oder ihren Vertretern aus mindestens zwei Betrieben oder Unternehmen, die in verschiedenen Mitgliedstaaten liegen, unterzeichnet ist (§ 9 Abs. 2 EBRG).

---

[1] *Pauken*, ArbRAktuell 2011, 657.
[2] Anders etwa Art. 2 Abs. 4 der Richtlinie 98/59/EG des Rates vom 20.7.1998 (Massenentlassungs-RL) und Art. 7 Abs. 4 der Richtlinie 2001/23/EG des Rates vom 12.3.2001 (Betriebsübergangs-RL).
[3] EuGH 31.1.2004 – C-440/00 Kühne & Nagel, NZA 2004, 160; EuGH 15.7.2004 – C-349/01 ADS Anker, NZA 2004, 1167.
[4] BAG 29.6.2004 – 1 ABR 32/99, NZA 2005, 118.
[5] BAG 29.6.2004 – 1 ABR 32/99, NZA 2005, 118.
[6] BAG 29.6.2004 – 1 ABR 32/99, NZA 2005, 118.

B. Europäischer Betriebsrat

Die zentrale Leitung hat die Antragsteller, die örtlichen Betriebs- oder Unternehmensleitungen, die dort bestehenden Arbeitnehmervertretungen sowie die Gewerkschaften, deren Mitglieder in inländischen Betrieben beschäftigt sind, über die Bildung eines BVG und seine Zusammensetzung zu unterrichten (§ 9 Abs. 3 EBRG). 118

Weder die Bildung des BVG noch die Ergebnisse der Verhandlung hängen vom Einhalten dieser Informationspflichten gegenüber den Sozialpartnern ab. Das BVG kann also trotz fehlender oder fehlerhafter Unterrichtung wirksam errichtet werden und Beschlüsse fassen. 119

cc) Zusammensetzung

Das BVG besteht aus Arbeitnehmern und deren Vertretern aus den jeweiligen Mitgliedstaaten. § 10 EBRG sorgt für eine Verteilung der Stimmen innerhalb des BVG, die ungefähr die Verteilung der Arbeitnehmer auf die einzelnen Länder widerspiegelt: Je angefangene 10% beschäftigte Arbeitnehmer in einem Land, gemessen an der Gesamtzahl der Arbeitnehmer in allen Mitgliedstaaten, erhält das Land einen Sitz im BVG. 120

> **Beispiel:**
> 900 Arbeitnehmer sind in Deutschland beschäftigt, ein Tochterunternehmen in den Niederlanden hat 350 und ein Tochterunternehmen in Spanien 50 Arbeitnehmer, insgesamt sind also 1300 Arbeitnehmer in der Unternehmensgruppe tätig.
>
> In dieser Konstellation besteht das BVG aus 11 Mitgliedern (§ 10 Abs. 1 EBRG) :
> Deutschland entsendet: 7 Arbeitnehmer (ca. 69 % der Arbeitnehmer arbeiten in Deutschland = 7 Sitze)
> Die Niederlande entsendet: 3 Arbeitnehmer (ca. 27 % der Arbeitnehmer arbeiten in den Niederlanden)
> Spanien entsendet: 1 Arbeitnehmer (ca. 4 % der Arbeitnehmer arbeiten in Spanien).

Neben den bestellten Mitgliedern des BVG können auch Ersatzmitglieder bestellt werden, die dann eintreten, wenn das eigentlich designierte Mitglied verhindert ist, an einer Sitzung oder der Verhandlung teilzunehmen (§ 10 Abs. 2 EBRG). Es kann entweder für jedes ordentliche Mitglied eine bestimmte Person festgelegt oder eine Liste mit Ersatzmitgliedern erstellt werden.[1] 121

Die inländischen Arbeitnehmervertreter werden in gemeinschaftsweit tätigen **Unternehmen** nach dem EBRG vom Gesamtbetriebsrat bestellt, § 11 Abs. 1 EBRG. Das gilt auch dann, wenn die zentrale Leitung ihren Sitz in einem anderen Land hat, sich die Zusammensetzung des BVG also nicht nach deutschem Recht, sondern der entsprechenden Regelung des anderen Mitgliedstaates richtet.[2] Die Bestellung der auf andere Länder entfallenden Vertreter richtet sich, konsequenterweise, nach der jeweiligen nationalen Umsetzung der EBR-Richtlinie. 122

In gemeinschaftsweit tätigen **Unternehmensgruppen** mit Konzernstruktur in Deutschland hingegen bestellt der KBR die Mitglieder des BVG. Besteht neben dem KBR noch ein darin nicht vertretener GBR oder BR, ist der KBR um deren Vorsitzende und um deren Stellvertreter zu erweitern; die Vorsitzenden und ihre Stellvertreter gelten insoweit als Konzernbetriebsratsmitglieder. 123

Besteht kein KBR, schildert § 11 Abs. 3 EBRG im Einzelnen, wie die Mitglieder des BVG bestellt werden. Nachfolgend sind die einzelnen Alternativen bildlich dargestellt. 124

---

[1] DKKW/*Klebe*, § 10 EBRG Rn. 4.
[2] MHdB ArbR/*Joost*, § 274 Rn. 53.

Teil II. 2. Kollektives Arbeitsrecht

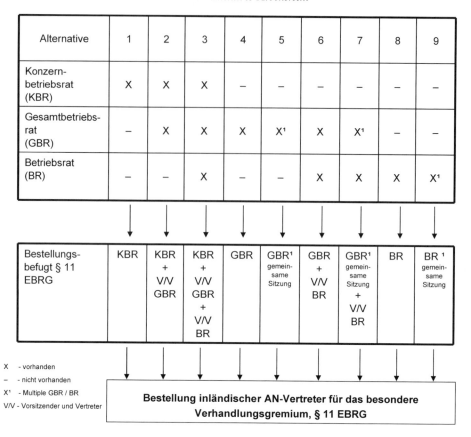

125 Das EBRG stellt keine besonderen Anforderungen an die Mitglieder des BVG. Demnach können die einzelnen Arbeitnehmervertretungen (KBR, GBR, BR) **auch Externe** für das BVG bestimmen, die weder einem Betriebsrat des gemeinschaftsweit tätigen Unternehmens oder Konzerns angehören noch dort beschäftigt sind.[1] Zu Mitgliedern des BVG können auch leitende Angestellte bestellt werden (§ 11 Abs. 4 EBRG), auch wenn diese bei den Schwellenwerten nicht zu berücksichtigen sind (→ Rn. 94).

126 Bei der Auswahl der Personen, die die Sitze im BVG besetzen, soll ein Verhältnis an Männern und Frauen gewahrt werden, das dem Verhältnis in dem entsendenden Betrieb entspricht (§ 11 Abs. 5 EBRG). Die Vorschrift ist als Sollvorschrift ausgestaltet.

127 Es besteht zudem die Möglichkeit, dass die zentrale Leitung und das BVG übereinkommen, die auszuhandelnde Vereinbarung auf in Drittstaaten liegende Betriebe oder Unternehmen zu erstrecken, Arbeitnehmervertreter aus diesen Staaten in das BVG einzubeziehen, und die Anzahl der auf den jeweiligen Drittstaat entfallenden Mitglieder sowie deren Rechtsstellung festzulegen (§ 14 EBRG).

128 Bei etwaigen Streitigkeiten über die Wirksamkeit der Bestellung eines inländischen Mitglieds des BVG gelten die Anfechtungsregeln des BetrVG (insbes. § 19 BetrVG) mit der Besonderheit, dass die Anfechtungsberechtigung nicht auf mindestens 3 Wahlberechtigte beschränkt ist. Vielmehr ist jeder zur Anfechtung berechtigt, der eine Verletzung seiner Rechtsstellung durch die Bestellung geltend macht.[2]

---

[1] *Engels*, AuR 2009, 12 mwN.
[2] BAG 18.4.2007 – 7 ABR 30/06, BeckRS 2007, 46153.

dd) Konstituierende Sitzung

Nach der Benennung der Mitglieder lädt die zentrale Leitung unverzüglich, also ohne schuldhaftes Zögern, zur konstituierenden Sitzung des BVG ein und unterrichtet die örtlichen Betriebs- oder Unternehmensleitungen. Anders als in anderen Mitgliedstaaten, verzichtet die deutsche Umsetzung der Richtlinie darauf, eine konkret bemessene Frist bis zur konstituierenden Sitzung zu benennen.[1] Die Pflicht der zentralen Leitung, die konstituierende Sitzung einzuberufen, begründet aber kein exklusives Recht hierzu. Kommt die zentrale Leitung ihrer Obliegenheit nicht oder nicht unverzüglich nach, kann das BVG auch von sich aus zusammentreten. Zudem kann die zentrale Leitung im arbeitsgerichtlichen Beschlussverfahren zur Einladung zur konstituierenden Sitzung angehalten werden.[2] Das BVG wählt aus seiner Mitte einen Vorsitzenden (und ggf. dessen Stellvertreter;[3] § 13 Abs. 1 EBRG).

129

Ferner kann sich das BVG eine Geschäftsordnung für die Verhandlung mit der zentralen Leitung geben. In dieser werden zB Fristen zwischen Einladung und Sitzungsterminen, Regelungen zur Protokollierung und deren Verteilung geregelt (§ 13 Abs. 3 EBRG).

130

ee) Amtszeit

Die **Amtszeit** des BVG ist weder in der EBR-Richtlinie noch im EBRG ausdrücklich geregelt. Das BVG ist aber richtigerweise als Ad-hoc-Gremium zu verstehen.[4] Seine Amtszeit endet somit entweder mit Abschluss einer Vereinbarung mit der zentralen Leitung oder mit dem Beschluss, keine Verhandlungen aufzunehmen, sondern die gesetzliche Auffanglösung zum Tragen zu bringen.[5] Dieses Verständnis lässt sich zum einen auf die in § 8 EBRG festgelegte Aufgabe – Verhandlung über eine Vereinbarung mit der zentralen Leitung – stützen. Nach Abschluss der Vereinbarung hat das BVG seine Aufgabe erfüllt.[6] Zum anderen ergibt es sich auch aus der Regelung des § 15 Abs. 2 EBRG, der besagt, dass nach dem Beschluss, keine Verhandlungen aufzunehmen, frühestens nach zwei Jahren ein neues BVG eingerichtet werden kann. Daraus lässt sich im Umkehrschluss folgern, dass in der Zwischenzeit das BVG nicht weiter besteht.[7]

131

Davon abweichend wird vertreten, dass das BVG als auf Dauer angelegtes Gremium anzusehen sei. Zweck des BVG sei es nämlich, neben der Verhandlung über die Errichtung des EBR auch darüber zu wachen, dass die Vereinbarung eingehalten wird.[8] Die Argumentation wird auf eine richtlinienkonforme Auslegung des § 15 Abs. 2 EBRG gestützt. Die EBR-Richtlinie selbst spreche in Art. 5 Abs. 5 nur davon, dass ein Antrag auf „Einberufung" des BVG notwendig werde, ohne ausdrücklich darauf hinzuweisen, dass es ein **„neues"** Verhandlungsgremium sein müsse.[9]

132

Dem ist aber entgegenzuhalten, dass sich ein Antrag auf Einberufung erübrigen würde, wenn das BVG fortbestünde. Ein bestehendes BVG könnte auch ohne einen Antrag zusammentreten und müsste nicht von der zentralen Leitung auf Antrag der Arbeitnehmer einberufen werden. In Art. 5 V der EBR-Richtlinie kann somit nur die Errichtung eines neuen BVG gemeint sein. Aus deutschrechtlicher Perspektive spricht

133

---

[1] Z.B. Polen: 14 Tage, Norwegen: 3 Monate, Schweden: 6 Monate. Vgl. *Blanke,* EBRG § 13 Rn. 22.
[2] MHdB ArbR/*Joost,* § 274 Rn. 69.
[3] MHdB ArbR/*Joost,* § 274 Rn. 70, *Engels/Müller,* DB 1996, 981 (984).
[4] *Weiss,* AuR 1995, 438 (441).
[5] *Blanke,* EBRG § 8 Rn. 4; *Hromadka,* DB 1995, 1125 (1128).
[6] *Blanke,* EBRG § 8 Rn. 4; *Hromadka,* DB 1995, 1125 (1128).
[7] DKKW/*Klebe,* § 10 EBRG Rn. 5.
[8] Küttner/*Eisemann,* Europäischer Betriebsrat Rn. 11.
[9] Küttner/*Eisemann,* Europäischer Betriebsrat Rn. 11.

zudem gegen ein Verständnis des BVG als Dauergremium, dass der EBR selbst das Gremium darstellt, welches durch das ArbGG ermächtigt wird, die Einhaltung der Vereinbarung zu überwachen. Der EBR kann zB im Beschlussverfahren nach § 2a Nr. 3b ArbGG eine Entscheidung über Streitigkeiten über die Einhaltung der Vereinbarung herbeiführen.[1] Es besteht somit keine Notwendigkeit, das BVG als dauerhaftes Gremium fortbestehen zu lassen. Weiterhin enthält weder die EBR-Richtlinie noch das EBRG zwingende und konkrete Regelungen zur Bestellung von Ersatzmitgliedern, was aber zur Aufrechterhaltung einer Überwachungsaufgabe notwendig wäre.

ff) Kosten und Sachaufwand des besonderen Verhandlungsgremiums

134 Die **Kosten** des BVG sind von der zentralen Leitung zu tragen (§ 16 Abs. 1 EBRG). Die zentrale Leitung hat für die Sitzungen in **erforderlichem** Umfang Räume, sachliche Mittel, Dolmetscher und Büropersonal zur Verfügung zu stellen, sowie die erforderlichen Reise- und Aufenthaltskosten der Mitglieder des BVG zu tragen (§ 16 Abs. 1 EBRG). Der Arbeitgeber eines aus dem Inland entsandten Mitglieds des BVG haftet neben der zentralen Leitung für dessen Anspruch auf Kostenerstattung als Gesamtschuldner (§ 16 Abs. 2 EBRG).

135 Erforderlich und ersatzfähig sind nach diesem Maßstab alle Kosten, die objektiv dazu dienen, die Aufgaben des BVG und seiner einzelnen Mitglieder durchzuführen. Die zentrale Leitung trägt demnach zB die Kosten der Übersetzung von Unterlagen in die Sprachen der Länder, aus denen Mitglieder im BVG vertreten sind. Entsprechend der Regelung in § 40 BetrVG hat die zentrale Leitung auch Büroräume und -ausstattung, Literatur, Informations- und Kommunikationsmittel und Personal zur Verfügung zu stellen, damit das BVG seiner Arbeit nachgehen kann.[2] Aufgrund der fehlenden Rechtsfähigkeit des BVG muss aber die zentrale Leitung etwaige Verträge mit Dritten (zB Dolmetscher) abschließen.

136 Das BVG kann sich durch Sachverständige seiner Wahl unterstützen lassen, soweit dies zur ordnungsgemäßen Erfüllung seiner Aufgaben erforderlich ist (§ 13 Abs. 4 EBRG). Sachverständige können neben Vertretern der inländischen Gewerkschaften auch Vertreter der von der Europäischen Kommission anerkannten europäischen Gewerkschaftsorganisationen sein. Allerdings beschränkt sich die Kostentragungspflicht der zentralen Leitung auf **einen** Sachverständigen (§ 16 Abs. 1 S. 2 EBRG).

137 Neu ist nunmehr die Klarstellung in § 13 Abs. 4 S. 3 EBRG, dass die zur Beratung hinzugezogenen Sachverständigen und Gewerkschaftsvertreter auf Wunsch des BVG beratend an den Verhandlungen mit der zentralen Leitung teilnehmen können.[3] Das birgt in der Praxis das große Problem der Vertraulichkeit, weil in den Verhandlungen teilweise sensible Informationen über das Unternehmen thematisiert werden.

138 Interessanterweise sind die nationalen Regelungen zur Kostentragungspflicht im Einzelnen sehr unterschiedlich.[4] Je nachdem, in welchem Land also das BVG und

---

[1] *Blanke*, EBRG § 18 Rn. 23.
[2] *Fitting*, BetrVG, EBRG, Übersicht Rn. 62; § 40 BetrVG Rn. 104 ff.
[3] Neben dem Europäischen Gewerkschaftsbund (EGB) sind auch zahlreiche EU-Branchengewerkschaften anerkannt, wie der Europäische Metallgewerkschaftsbund – EMB, die Föderation der Bergbau-, Chemie-, und Energiegewerkschaften – EMCEF (beide jetzt IndustriAll), der Europäische Gewerkschaftsverband für Dienstleistungen und Kommunikation – UNI-Europa.
[4] Siehe zum Vergleich u. a. The Transnational Information and Consultation of Employees (Amendment) Regulations 2010, No. 1088 (Großbritannien) sowie Ordonnance n° 2011-1328, Décrets n° 2011-1414 amender code du travail (Frankreich). Laut einer Studie der Beratungsgesellschaft GHK Consulting aus London führen demnach die „teuersten" EBR-Sitzungen französische Unternehmen durch, gefolgt von deutschen, während die EBR-Kosten in britischen und außereuropäischen Unternehmen weniger als halb so hoch sind, vgl. EBR-News Nr. 3/2008 (abrufbar unter http://www.ebr.news.de/032008.htm‘2).

schließlich der EBR eingerichtet werden, muss die zentrale Leitung mehr oder weniger Kosten tragen.

c) Verhandlungen

Das BVG hat die Aufgabe, mit der zentralen Leitung eine Vereinbarung über die grenzübergreifende Unterrichtung und Anhörung der Arbeitnehmer abzuschließen, § 8 Abs. 1 EBRG. 139

Die Parteien sind zunächst frei zu entscheiden, ob sie einen EBR kraft Vereinbarung gründen (§ 18 EBRG) oder aber ein Verfahren zur Unterrichtung und Anhörung (§ 19 EBRG). 140

aa) Informationspflicht

Über die Aufnahme der Verhandlungen zwischen dem BVG und der zentralen Leitung sowie über die Zusammensetzung des BVG unterrichtet die Leitung die zuständigen europäischen Gewerkschaften und Arbeitgeberverbände (§ 13 Abs. 1 S. 2 EBRG). Die neue Regelung des § 13 Abs. 1 S. 2 EBRG wird den Einfluss der Gewerkschaften stärken, da sie regelmäßig über mehr Erfahrung bei der Bildung eines BVG verfügen, als die Arbeitnehmervertreter. Ihrer erweiterten Informationspflicht wird die zentrale Leitung gerecht, wenn sie die offiziell von der Europäischen Kommission als zuständige Kontaktstellen benannten Arbeitgeber- und Arbeitnehmervertretungen in Brüssel informiert.[1] 141

bb) Mögliche Verhandlungsergebnisse

Die Verhandlungen können mit folgenden Alternativen enden: 142
– Abschluss einer Vereinbarung über die Errichtung eines EBR nach § 18 EBRG oder einen EBR kraft Gesetzes (§ 21 EBRG)
– Abschluss einer Vereinbarung über ein Verfahren zur Unterrichtung und Anhörung ohne Errichtung eines EBR nach § 19 EBRG
– Beschluss des BVG mit einer Mehrheit von mindestens zwei Dritteln der Stimmen seiner Mitglieder, dass die Verhandlungen beendet sind und keine Vereinbarung über die Errichtung eines EBR getroffen wird, wobei entweder darüber entschieden wird, dass keine Verhandlungen aufgenommen oder aber bereits begonnene Verhandlungen beendet werden. Die zentrale Leitung ist über den Beschluss mit einer schriftlichen Niederschrift zu informieren (§ 15 Abs. 1 S. 3 EBRG). In diesem Fall kann frühestens zwei Jahre nach diesem Beschluss erneut ein Antrag auf Bildung eines BVG gestellt werden, wenn zwischen dem BVG und der zentralen Leitung nicht schriftlich eine kürzere Frist festgelegt wurde (§ 15 Abs. 2 EBRG).
– Beide Seiten erklären das Scheitern der Verhandlungen oder die Verhandlungen führen in 3 Jahren zu keinem Ergebnis; dann bildet sich ein EBR kraft Gesetzes (21 Abs. 1 EBRG).

d) Freiwillige Vereinbarung nach § 18 EBRG

Zentrale Leitung und BVG streben in den meisten Fällen eine Vereinbarung zur Errichtung eines EBR nach § 18 EBRG an. In Bezug auf die Inhalte einer solchen Vereinbarung ist es auch nach der Überarbeitung der EBR-Richtlinie bei der bislang geltenden Gestaltungsfreiheit geblieben, und die Parteien sind nicht an die Vorschriften über 143

---

[1] BUSINESSEUROPE, Adresse: Soziale Angelegenheiten, EBR; 168 Av. de Cortenbergh, B-1000 Brüssel, E-Mail: ewc@businesseurope.eu; ETUC – Europäischer Gewerkschaftsbund, Adresse: Europäische Betriebsräte, 5 Bd. Roi Albert II, B-1210 Brüssel, E-Mail: ewc@etuc.org.

den EBR kraft Gesetzes (§§ 21 ff. EBRG) gebunden. § 18 EBRG stellt lediglich einen unverbindlichen Katalog wesentlicher Regelungspunkte zur Verfügung, die von der Vereinbarung zweckmäßigerweise umfasst sein sollen. In der Praxis werden allerdings die Regelungen zur Errichtung des EBR kraft Gesetzes vor allem von der Arbeitnehmerseite als Mindestmaßstab angesehen. Gerade die neueren EBR-Vereinbarungen weichen selten zulasten der Arbeitnehmer davon ab. Meist sind die freiwilligen Vereinbarungen nur detaillierter und konkretisieren unbestimmte Rechtsbegriffe des EBRG.

144   Die Vereinbarung ist schriftlich abzuschließen (§ 18 Abs. 1 S. 1 EBRG) und muss sich auf alle in den Mitgliedstaaten beschäftigten Arbeitnehmer beziehen (§ 17 S. 2 EBRG). Um eine Vereinbarung im Sinne von § 18 EBRG handelt es sich auch, wenn das zu errichtende Gremium – wie oft in der Praxis – nicht als EBR, sondern anders bezeichnet wird (zB „Europäisches Arbeitnehmergremium", „Europa-Forum" etc.).

145   Im Folgenden werden die üblicherweise geregelten Inhalte einer Vereinbarung zur Errichtung eines EBR dargestellt.

aa) Erfasste Betriebe

146   Der (Mindest-)Einflussbereich des EBR ist bereits durch das EBRG vorgegeben. Die Vereinbarung soll für alle in den Mitgliedstaaten beschäftigten Arbeitnehmer gelten, in denen das Unternehmen oder die Unternehmensgruppe einen Betrieb hat. Darüber hinaus haben die Parteien allerdings die Möglichkeit, auch Betriebe aus Drittstaaten dem Einfluss des EBR zu unterwerfen.

147   Grundsätzlich soll in einer Unternehmensgruppe nur ein einziger EBR bestehen, der alle Arbeitnehmer in allen Mitgliedstaaten oder, je nach Umfang der Vereinbarung auch in Drittstaaten, repräsentieren soll. In Unternehmensgruppen besteht daneben aber auch die Möglichkeit, statt eines zentralen EBR mehrere „Sparten-EBR" zu errichten.[1] Dazu bedarf es allerdings der Vereinbarung zwischen BVG und zentraler Leitung (vgl. § 7 EBRG). Besteht innerhalb einer Unternehmensgruppe unterhalb der zentralen Leitung des herrschenden Unternehmens noch ein weiteres Unternehmen, das seinerseits die Leitung über gemeinschaftsweit tätige Betriebe oder Unternehmen ausübt, kann bei diesem Unternehmen ein weiterer EBR eingerichtet werden. Die Kompetenz dieses „Sparten-EBR" reicht naturgemäß nur so weit, wie auch die Sparten-Leitung befugt ist, Entscheidungen zu treffen. Für Angelegenheiten, die außerhalb des Einflusses der Leitung der Spartenbetriebe liegen, kann auch der Sparten-EBR nicht zuständig sein.

bb) Anwendbares Recht

148   Weiterhin ist es empfehlenswert, die anwendbare Rechtsordnung festzulegen, da die Vereinbarung viele transnationale Aspekte hat. Gem. § 2 Abs. 1 EBRG ist das deutsche Recht anwendbar, wenn die zentrale Leitung ihren Sitz im Inland hat. Liegt die zentrale Leitung in einem anderen Mitgliedstaat, ist entsprechend der jeweiligen Umsetzungsgesetze der anderen Mitgliedstaaten das nationale Recht des Landes anwendbar, in dem die zentrale Leitung ihren Sitz hat. Liegt die zentrale Leitung allerdings in einem Drittstaat, besteht eine Wahlmöglichkeit. Die zentrale Leitung des multinationalen Konzerns kann eine nachgeordnete Leitung innerhalb der Mitgliedstaaten oder eine Vertretung durch ein Unternehmen innerhalb der Gemeinschaft bestimmen (vgl. § 2 Abs. 2 EBRG). Mit der Entscheidung, welches Unternehmen die gemeinschaftsweite Leitung stellvertretend übernimmt, trifft die ausländische Mutter zugleich eine Entscheidung für und gegen eine bestimmte anwendbare Rechtsordnung. Trifft die

---

[1] *Fitting*, BetrVG. EBRG Übersicht, Rn. 67. Umgesetzt zB von EADS in Form von Unterausschüssen, vgl. die EBR-Vereinbarung von EADS, abrufbar unter http://www.euro-betriebsrat.de/pdf/ebr_vereinbarung_eads.pdf; abgerufen am 4.2.2013.

zentrale Leitung aus einem Drittstaat eine neue Entscheidung über den designierten Vertreter innerhalb der Mitgliedstaaten, kann folglich auch eine andere Rechtsordnung zur Anwendung gebracht werden. Während Großbritannien grundsätzlich ein distanziertes Verhältnis zu Betriebsräten jeglicher Art pflegt, gilt zB in Frankreich und Belgien die Tradition von ausführlichen, teilweise sich über Monate hinziehenden Konsultationsverfahren – unterstützt von Unterlassungsanspruch und Umsetzungssperre während des Konsultationsverfahrens. Aus dem Grund sollte das Unternehmen abwägen, nach welchem Recht sich die Vereinbarung richten soll.

cc) Zusammensetzung und Mandatsdauer des EBR

Die Vereinbarung soll Regelungen über die Zusammensetzung des EBR, dh Anzahl der Mitglieder, Ersatzmitglieder, Sitzverteilung und über die Mandatsdauer treffen (§ 18 Abs. 1 Nr. 2 EBRG). **149**

Das EBRG trifft beim EBR kraft Gesetzes (§ 22 EBRG) eine Regelung zur Zusammensetzung des EBR. Danach sollen, anders als bei der Besetzung des BVG nach § 10 EBRG, nur Arbeitnehmer des gemeinschaftsweit tätigen Unternehmens bzw. der Unternehmensgruppe Mitglieder des EBR werden. Jeder Mitgliedstaat, in dem ein Betrieb des Unternehmens oder der Unternehmensgruppe liegt, stellt nach § 22 Abs. 2 EBRG einen Vertreter. **150**

Von dieser gesetzlichen Regelung kann allerdings abgewichen werden. Zunächst ist es wichtig, in der Vereinbarung Regelungen zu treffen, die sicherstellen, dass das Gremium insgesamt nicht zu groß wird. Empfehlenswert sind daher prozentuale Staffelungen entsprechend der Arbeitnehmerzahl in den Mitgliedstaaten, wobei auch die Festlegung einer Mindestzahl an Arbeitnehmern als Untergrenze, die ein Land erreichen muss, um einen Sitz im EBR zu erhalten, sinnvoll ist. Ebenfalls sollte festgelegt werden, wie viele Sitze auf ein Land maximal entfallen können. Die Parteien sind frei, über die Größe und die Zusammensetzung zu entscheiden.[1] **151**

Vereinbaren die Parteien keine andere Regelung zur Bestellung der Mitglieder des EBR, richtet sich diese für die deutschen Mitglieder nach den für den EBR kraft Gesetzes maßgeblichen Bestellungsvorschriften des § 23 EBRG. Ähnlich der Besetzung des BVG (→ Rn. 120 ff.), sind auch die Mitglieder des EBR danach vom Gesamtbetriebsrat zu bestellen, besteht ein solcher nicht, übernimmt der Betriebsrat diese Funktion. In Unternehmensgruppen erfolgt die Bestellung der deutschen Mitglieder durch den KBR (§ 23 Abs. 2 EBRG). Besteht kein KBR, schildert § 23 Abs. 3 EBRG im Einzelnen wer die Mitglieder des besonderen Verhandlungsgremiums bestellt.[2] **152**

Davon abweichend kann in einer Vereinbarung aber zB auch geregelt werden, dass der Sprecherausschuss bei der Bestellung der Mitglieder einzubeziehen sind.[3] Dies empfiehlt sich, wenn – abweichend von der gesetzlichen Regelung (→ Rn. 94) – die leitenden Angestellten stimmberechtigt im EBR vertreten sein sollen. Von Seiten der Gewerkschaften wird häufig versucht, eine ständige Beteiligung von Gewerkschaftsvertretern durchzusetzen, die regelmäßig auf umfangreiche Erfahrungen in der Verhandlung mit den zentralen Leitungen zurückgreifen können. **153**

In Bezug auf die Mandatsdauer, die von der Laufzeit der Vereinbarung zu unterscheiden ist, wird in Anlehnung an § 32 Abs. 1 EBRG eine Begrenzung der Mandatsdauer des einzelnen EBR-Mitgliedes auf vier Jahre für zulässig gehalten.[4] **154**

---

[1] *Blanke*, EBRG § 18 Rn. 9.
[2] Zur Veranschaulichung des Inhalts von § 23 Abs. 3 EBRG siehe bildliche Darstellung der einzelnen Alternativen, → Rn. 124.
[3] DKKW/*Däubler*, § 18 EBRG Rn. 6.
[4] *Blanke*, EBRG § 18 Rn. 9.

Schließlich ist es empfehlenswert, die Wahl eines Vorsitzenden, eines Vertreters sowie einer Geschäftsordnung vorzusehen. Auch an dieser Stelle können die Regelungen der §§ 25 ff. EBRG für den EBR kraft Gesetzes als Anhaltspunkt herangezogen werden.

155 Die großen EBR'e haben darüber hinaus einen geschäftsführenden Ausschuss, der sich in der Regel häufiger mit der zentralen Leitung trifft. Der EBR kraft Gesetzes kann einen solchen nach § 26 EBRG bilden.

dd) Sitzungen des EBR

156 Ebenfalls sollten Ort, Häufigkeit und Dauer der Sitzungen geregelt werden (§ 18 Abs. 1 Nr. 4 EBRG). Die gesetzliche Auffanglösung bestimmt das Recht des EBR, einmal jährlich eine Sitzung einzuberufen, die im Zusammenhang mit der jährlichen Unterrichtung und Anhörung nach § 29 EBRG stehen soll. In der Praxis verlangen Gewerkschaften bei Verhandlungen als Voraussetzung für den Abschluss einer Vereinbarung nach § 18 EBRG aber häufig, dass mindestens zwei Sitzungen jährlich abgehalten werden sollen. Vor dem Hintergrund des hohen Sach- und Kostenaufwandes, die Mitglieder des EBR aus den verschiedenen Mitgliedstaaten zu einem Treffen zusammenzuführen, birgt dieser Punkt Konfliktpotential.

157 Aus Kostengesichtspunkten besteht seitens der Leitung ein Interesse daran, die Sitzungen am Ort des Unternehmenssitzes abhalten zu lassen. Dieser ist oft für weite Teile der Mitglieder des EBR auch der reguläre Dienstort, so dass Reisekosten so gering wie möglich gehalten werden können.

158 Der EBR trifft seine Beschlüsse mit einfacher Mehrheit. Es ist auch möglich, Beschlüsse als Umlaufbeschluss zu treffen oder mittels einer Telefonkonferenz. So ist es nicht zwingend erforderlich, dass sich alle Mitglieder des EBR physisch an einem Ort befinden. Hierzu empfiehlt sich eine möglichst konkrete Regelung in der EBR-Vereinbarung.

ee) Beteiligung des EBR

159 Inhaltlich soll die Vereinbarung auch die Aufgaben und Befugnisse des EBR sowie das Verfahren zu seiner Unterrichtung und Anhörung regeln. Die Vereinbarung sollte deshalb Aussagen darüber enthalten, auf welche Weise der EBR zu beteiligen ist. Das EBRG enthält seit der jüngsten Novellierung erstmals Definitionen der Begriffe Unterrichtung und Anhörung. Diese Definitionen können dazu dienen, die Rechte des EBR näher zu bestimmen.

160 Dem EBR steht nach § 30 Abs. 1 EBRG ein **Unterrichtungs- und Anhörungsrecht** zu. Danach hat die zentrale Leitung den EBR über außergewöhnliche Umstände oder Entscheidungen, die erhebliche Auswirkungen auf die Interessen der Arbeitnehmer haben, rechtzeitig unter Vorlage der erforderlichen Unterlagen zu unterrichten und auf Verlangen anzuhören. Als außergewöhnliche Umstände gelten insbesondere
1. die Verlegung von Unternehmen, Betrieben oder wesentlichen Betriebsteilen,
2. die Stilllegung von Unternehmen, Betrieben oder wesentlichen Betriebsteilen,
3. Massenentlassungen.

161 Seit Inkrafttreten des neuen EBRG am 18.6.2011 wurde der Begriff „Unterrichtung" erstmals gesetzlich definiert, der Begriff „Anhörung" wurde erweitert. **Unterrichtung** bedeutet nach § 1 Abs. 4 EBRG

„die Übermittlung von Informationen durch die zentrale Leitung oder eine andere geeignete Leitungsebene an die Arbeitnehmervertreter, um ihnen Gelegenheit zur Kenntnisnahme und Prüfung der behandelten Fragen zu geben."

B. Europäischer Betriebsrat

Unter **Anhörung** versteht der Gesetzgeber laut § 1 Abs. 5 EBRG

"den Meinungsaustausch und [...] Dialog zwischen den Arbeitnehmervertretern und der zentralen Leitung oder einer anderen geeigneten Leitungsebene zu einem Zeitpunkt, in einer Weise und in einer inhaltlichen Ausgestaltung, die es den Arbeitnehmervertretern auf der Grundlage der erhaltenen Informationen ermöglichen, innerhalb einer angemessenen Frist zu den vorgeschlagenen Maßnahmen, die Gegenstand der Anhörung sind, eine Stellungnahme abzugeben, die innerhalb des gemeinschaftsweit tätigen Unternehmens oder der gemeinschaftsweit tätigen Unternehmensgruppe berücksichtigt werden kann [...]."

Durch diese Definitionen wird deutlich, dass der Gesetzgeber den Dialog zwischen Arbeitgeber und Arbeitnehmervertretern stärken wollte. Die Ausweitung dieser Beteiligungsrechte führt in der Praxis zu deutlich erweiterten Einwirkungsmöglichkeiten durch die Arbeitnehmervertretungen. Entscheidungen werden durch diese Beteiligungen voraussichtlich länger und aufwendiger. 162

(1) Art und Weise der Unterrichtung

In welcher Art und Weise die Information des EBR zu erfolgen hat, schreiben weder die EBR-Richtlinie noch das EBRG vor. Es empfiehlt sich aber, wesentliche Inhalte der Maßnahmen schriftlich oder in Form von Präsentationen zu kommunizieren. Ein formelles Verfahren, wie es zB bei der Beteiligung des deutschen Betriebsrates bei Fragen der betrieblichen Mitbestimmung einzuhalten ist, ist nicht zwingend vorgeschrieben. Dem EBR kann deshalb auch im Rahmen von Informationsveranstaltungen Gelegenheit zur Stellungnahme und zu Rückfragen gegeben werden. Sinnvoll ist es, dem EBR vorab Unterlagen mit Informationen zu schicken und zu vereinbaren, dass eine Telefonkonferenz möglich ist. So können Unklarheiten direkt ausgeräumt werden und das Verfahren wird nicht unnötig in die Länge gezogen. Die Begriffe „Unterrichtung" und „Anhörung" sind so zu verstehen, dass es einen echten Meinungsaustausch der Parteien geben muss, die Arbeitgeberseite also die Meinung des EBR nicht bloß unkommentiert hinnehmen kann. Dem EBR muss vielmehr die Möglichkeit eingeräumt werden, in eine Diskussion mit der Leitung zu treten.[1] In welcher Form die Meinungsäußerung seitens des EBR zu erfolgen hat und was eine angemessene Frist zur Abgabe der Stellungnahme ist, wird durch das EBRG und die Richtlinie nicht näher definiert. EBR-Vereinbarungen sollten daher eine maximale Länge der Unterrichtung von ca. 4–6 Wochen regeln. 163

Ein Streitpunkt ist in der Praxis häufig die Frage, in welchen Sprachen die Unterrichtung durchzuführen ist. Um hohe Kosten durch die Übersetzung in alle im EBR vertretenen Sprachen zu vermeiden, sollte dazu eine klare Regelung getroffen werden. So kann man sich zB darauf einigen, dass alle Präsentationen ausschließlich in Englisch erfolgen. 164

(2) Zeitpunkt der Unterrichtung

In praktischer Hinsicht stellt sich häufig die Frage, in welcher zeitlichen Reihenfolge der EBR als auch die zuständigen nationalen Arbeitnehmervertretungen, wie BR, GBR als auch KBR beteiligt werden sollen. Dies ist teilweise schon deshalb schwierig, weil häufig eine Personenidentität der Mitglieder in den zuständigen nationalen Arbeitnehmervertretungen als auch des EBR besteht. Eine genaue Reihenfolge lässt sich nur im Einzelfall definieren, weil es auch immer wieder Besonderheiten in den Rechtsprechungen der einzelnen Mitgliedstaaten geben kann. Beispielhaft sei hier eine Entscheidung des Landgerichts Paris vom 26.2.2011[2] genannt, in der entschieden wurde, 165

---

[1] HWK/*Giesen*, EBRG Rn. 14.
[2] Tribunal de Grande Instance de Paris N°RG: 11/00433.

dass die Unterrichtung und Anhörung des EBR **vor** der des nationalen Betriebsrates zu erfolgen habe. Geklagt hatte ein französischer Gesamtbetriebsrat. Der Arbeitgeber hatte ihm einen Plan zur Zusammenlegung von zwei Servicebereichen vorgelegt, einer davon in Belgien und der andere in Frankreich. Der Gesamtbetriebsrat verweigerte eine Stellungnahme unter Hinweis auf die Zuständigkeit des EBR. Zunächst solle das Konsultationsverfahren mit dem EBR durchgeführt werden, danach erst könne die Maßnahme dem GBR vorgelegt werden. In Frankreich haben derartige Streitigkeiten besondere juristische Konsequenzen, denn der Arbeitgeber kann dort seine Planungen erst umsetzen, wenn alle Konsultationsverfahren ordnungsgemäß abgeschlossen sind. Die sorgfältige Beachtung mitgliedstaatlicher Besonderheiten ist deshalb zur Vermeidung eines unkoordinierten Informationsflusses und von Verzögerungen bei der Umsetzung der geplanten Maßnahmen unerlässlich.[1]

166 Für Deutschland gilt durch die Neuregelung im EBRG nunmehr, dass der EBR **spätestens gleichzeitig** mit der nationalen Arbeitnehmervertretung unterrichtet und angehört werden muss (§ 1 Abs. 7 EBRG).

167 Um ein möglichst hohes Maß an Transparenz zu gewährleisten, wünschen sich die Arbeitnehmervertreter regelmäßig, dass die Beteiligung schon in der Entscheidungsfindungsphase vorzunehmen ist. Feststeht, dass die Einbeziehung nicht erst nach Beschlussfassung durch das Unternehmen erfolgen darf, damit die Stellungnahme des EBR bei der Entscheidung durch das Management berücksichtigt werden kann.[2] Andererseits kann eine zu frühe Einbindung des EBR dazu führen, dass Denkprozesse schon in ihrer Entstehung unterbunden werden, wenn bereits in der frühesten Phase der Planung eines Projektes der EBR einzubeziehen ist; zu dem Zeitpunkt ist häufig noch gar nicht klar, ob ein Projekt überhaupt umgesetzt werden soll. Bekanntermaßen durchläuft ein Projekt von der Idee bis zur Umsetzung gerade in internationalen Konzernen viele Phasen mit zahlreichen Abstimmungsrunden der Entscheidungsträger. Wie der Betriebsrat im Falle von Betriebsänderungen nach § 111 BetrVG[3] sollte auch der EBR daher frühestens dann einzubeziehen sein, wenn zumindest Art und Umfang der Maßnahme bekannt und konkretisiert sind. Nicht mehr rechtzeitig wäre die Unterrichtung dann, wenn die zentrale Leitung die Planungsphase bereits verlassen und mit der Umsetzung begonnen hat, ohne dass Vorschläge des BR noch berücksichtigt werden können.[4]

168 Zur Klarstellung sollten diese umstrittenen Fragen in einer EBR-Vereinbarung zwischen den Parteien geregelt werden. So lassen sich spätere Konflikte vermeiden. In einer Vereinbarung nach § 18 EBRG sollte ergänzend bestimmt werden, dass die Unterrichtung nicht zwingend durch die zentrale Leitung selbst, sondern auch durch von dieser benannte Vertreter vorgenommen werden kann. Gerade in Unternehmensgruppen kann es nämlich sonst zu einer schwierig zu koordinierenden Aufgabe der zentralen Leitung werden, wenn diese auf Informationen einzelner Unternehmen angewiesen ist.

169 Noch ungeklärt ist, wie sich die Unterrichtungs- und Anhörungspflicht zur Kapitalmarktpublizität verhält. Um Insiderhandel zu verhindern, müssen börsennotierte Unternehmen bestimmte Informationen, zB anstehende Massenentlassungen, veröffentlichen (§ 15 Abs. 1 S. 1 WpHG). Findet die Unterrichtung der Arbeitnehmer vor Information des Kapitalmarktes statt, besteht die Gefahr, dass Informationen nicht vertraulich bleiben und für Insidergeschäfte genutzt werden. Wird andererseits zuerst der

---

[1] *Maiß/Pauken* BB 2013, 1589 (1591).
[2] *Thüsing/Forst* NZA 2009, 408 (409).
[3] BAG 20.11.2001 – 1 AZR 97/01, NZA 2002, 91.
[4] *Maiß/Pauken* BB 2013, 1589 (1590).

Kapitalmarktpublizität Rechnung getragen, ist das Unternehmen zumindest politisch bereits festgelegt und kann die Stellungnahme des EBR uU nicht mehr berücksichtigen.¹ In vergleichbaren Fällen, nämlich wenn noch die Zustimmung eines Organs des Unternehmens fehlt, bevor die Maßnahme endgültig getroffen werden kann, können Unternehmen die Information zurückhalten, solange die Vertraulichkeit gewährleistet ist (§ 6 S. 2 Nr. 2 WpAIV). Die Mitglieder des EBR sowie sonstige Teilnehmer der Sitzungen, zB Dolmetscher, sind zumindest rechtlich zur Geheimhaltung der Informationen verpflichtet. Das spricht dafür, zunächst den EBR zu unterrichten und den Kapitalmarkt erst dann in Kenntnis zu setzen, wenn die Maßnahme sicher in der geplanten Form umgesetzt wird.² Das Interesse der Öffentlichkeit vor Irreführung kann sonst nur schwer gesichert, wenn die Funktion des EBR ernst genommen werden soll, er also die Entscheidung des Arbeitgebers noch beeinflussen können soll. Sowohl die Richtlinie als auch das EBRG lassen die Frage ungeklärt.

ff) Ordentliche Sitzung

Darüber hinaus sind Regelungen darüber zu treffen, wann und in welchem Umfang der EBR zu beteiligen ist. Nach der gesetzlichen Regelung hat die zentrale Leitung den EBR **einmal im Kalenderjahr** über die Entwicklung der Geschäftslage und die Perspektiven des gemeinschaftsweit tätigen Unternehmens oder der gemeinschaftsweit tätigen Unternehmensgruppe unter rechtzeitiger Vorlage der erforderlichen Unterlagen zu unterrichten und ihn anzuhören (§ 29 Abs. 1 EBRG). In der Praxis werden von Gewerkschaften häufig zwei Treffen jährlich gefordert, bei denen solche Unterrichtungen vorgenommen werden. In der Vereinbarung sollten Ort und Dauer der ordentlichen Sitzungen sowie An- und Abreisezeit der EBR-Mitglieder geregelt werden. 170

gg) Außergewöhnliche Umstände

Die gesetzliche Lösung sieht zudem vor, dass die zentrale Leitung den EBR über außergewöhnliche Umstände oder Entscheidungen, die erhebliche Auswirkungen auf die Interessen der Arbeitnehmer haben, rechtzeitig unter Vorlage der erforderlichen Unterlagen zu unterrichten und auf Verlangen anzuhören hat (§ 30 Abs. 1 S. 1 EBRG). § 30 Abs. 1 EBRG benennt zunächst als Regelbeispiele verschiedene Umstände und verlangt, dass diese erhebliche Auswirkungen auf die Interessen der Arbeitnehmer haben müssen. Bei den benannten Regelbeispielen geht das Gesetz allerdings bereits davon aus, dass erhebliche Auswirkungen auf die Interessen der Arbeitnehmer unwiderlegbar vermutet werden.³ 171

Als außergewöhnliche Umstände gelten nach § 30 Abs. 2 EBRG **insbesondere** 172
– die Verlegung von Unternehmen, Betrieben oder wesentlichen Betriebsteilen,
– die Stilllegung von Unternehmen, Betrieben oder wesentlichen Betriebsteilen,
– Massenentlassungen.⁴

Hier besteht Gestaltungsfreiheit; in der Vereinbarung kann zB auch geregelt werden, dass bei außergewöhnlichen Umständen anstelle des gesamten Gremiums des EBR nur der eingerichtete Ausschuss oder das Präsidium zu unterrichten und anzuhören ist.⁵ 173

Es empfiehlt sich zudem, die einzelnen unterrichtungsauslösenden Themen in der Vereinbarung aufzunehmen und gegebenenfalls zu detaillieren. An dieser Stelle kann § 30 Abs. 2 EBRG als Anhaltspunkt dienen, der Themen auflistet, über die die zentra- 174

---

¹ *Forst* NZA 2009, 296.
² *Forst* NZA 2009, 297; vgl. *Fischer* DB 1998, 2607; *Rüder/Merten* NZA 2005, 272.
³ *Blanke*, EBRG § 33 Rn. 4,
⁴ Gemeint sind anzeigepflichtige Entlassungen iSd § 17 KSchG.
⁵ *Müller*, EBRG, § 18 Rn. 8.

le Leitung den EBR kraft Gesetzes einmal jährlich unterrichten muss. Aufgenommen werden könnten darüber hinaus weitere Umstände, die als außergewöhnliche Umstände angesehen werden und über die die zentrale Leitung den EBR zu unterrichten hat und anhören muss. Hier können ebenfalls die Regelbeispiele und die Voraussetzungen von § 30 Abs. 1 EBRG als Anhaltspunkt dienen.

175 Wegen der grundsätzlichen Zuständigkeit des EBR für **gemeinschaftsweite Angelegenheiten,** sind generell nur solche Umstände beteiligungspflichtig, die Betriebe bzw. Arbeitnehmer in verschiedenen Mitgliedstaaten betreffen. Eine gemeinschaftsweite Angelegenheit liegt nach richtiger Ansicht nicht bereits dann vor, wenn eine Entscheidung von der zentralen Leitung in dem einen Land getroffen worden ist, sich aber nur in einem einzigen anderen Mitgliedstaat auswirkt.[1] Die Entscheidung der Zentrale, ein Unternehmen in einem anderen Land zu verkaufen, das nur in einem einzigen Land Betriebe hat, unterliegt also nicht der Beteiligung des EBR. Die Gesetzesbegründung könnte man zwar so interpretieren, dass in diesem Fall bereits eine gemeinschaftsweite Angelegenheit anzunehmen ist. Demnach sollen vom EBRG nämlich solche Entscheidungen der zentralen Leitung erfasst sein, die sich auf die Arbeitnehmer gemeinschaftsweit tätiger Unternehmen oder Unternehmensgruppen auswirken, die außerhalb des Mitgliedstaates getroffen werden, in dem sie beschäftigt sind.[2] Diese weite Auslegung des Begriffs *gemeinschaftsweite Angelegenheit,* findet sich aber weder im EBRG noch in der Richtlinie wieder. In dem Land der Entscheidung haben diese Angelegenheiten keine Auswirkungen, daher liegt es fern, nur aufgrund der Tatsache, dass die Entscheidung in einem anderen Land getroffen worden ist, von einer gemeinschaftsweiten Angelegenheit auszugehen.

176 Für die Verlagerung von Unternehmenstätigkeiten ins Ausland (Offshoring) gilt Folgendes: Der EBR ist nur dann zu beteiligen, wenn die Maßnahme Auswirkungen in mindestens zwei Mitgliedstaaten hat. Findet also eine Verlagerung aus einem Mitgliedstaat in einen anderen statt, ist der EBR zu beteiligen. Anders verhält es sich aber, wenn aus einem einzigen Mitgliedstaat Arbeitsplätze in einen Drittstaat verlagert werden sollen und kein weiterer Mitgliedstaat betroffen ist. Dann handelt es sich nicht um eine gemeinschaftsweite Angelegenheit, so dass die Zuständigkeit des EBR nicht begründet ist.[3]

177 Praktisch erweist es sich weiterhin als sinnvoll, eine Mindestanzahl betroffener Arbeitnehmer zur Auslösung einer Unterrichtungspflicht in die Vereinbarung mit aufzunehmen. Dadurch wird gewährleistet, dass der EBR erst dann einzubeziehen ist, wenn die vorzunehmende Maßnahme eine gewisse Relevanz für die Arbeitnehmer als Ganzes und nicht nur für einen geringen Anteil entfaltet. Anderenfalls kann es schnell dazu kommen, dass der EBR bei zu vielen Vorgängen zu beteiligen ist, was den Geschäftsbetrieb verlangsamen kann.[4]

hh) Geschäftsführender Ausschuss

178 Um die Zusammenarbeit zwischen der zentralen Leitung und dem EBR zu intensivieren oder aber einen regelmäßigen Kontakt sicherzustellen, kann es sinnvoll sein, in der Vereinbarung aufzunehmen, dass ein Ausschuss des EBR errichtet wird und diesem besondere Aufgaben zugewiesen werden. Der EBR kraft Gesetzes sieht einen solchen vor (§ 26 EBRG). Dort besteht er aus dem Vorsitzenden und mindestens 2, höchstens 4 wei-

---

[1] *Thüsing/Forst* NZA 2010, 408, *Melot de Beauregard/Buchmann,* BB 2009, 1417 (1419); *Hayen,* AIB 2011, 15.
[2] BT-Drucksache 17/4808 S. 9; so auch: DKKW/*Däubler,* § 1 EBRG Rn. 4.
[3] *Wisskirchen/Goebel* DB 2004, 1941.
[4] Anders als nach französischem Recht, besteht in Deutschland keine Umsetzungssperre während der Konsultationsphase, die politischen Konsequenzen einer vorzeitigen Umsetzung sind aber beachtlich. Zu den rechtlichen Folgen der Nichtbeteiligung des EBR → Rn. 200 ff.

teren zu wählenden Mitgliedern, die in den verschiedenen Mitgliedstaaten beschäftigt sind. Die Bezeichnung dieses Ausschusses ist in das Ermessen der Parteien gestellt, dh er kann auch „Präsidium des EBR" heißen. Nicht selten besteht dieser Ausschuss aus dem Vorsitzenden des EBR und seinem Stellvertreter, wobei auch weitere Mitglieder des EBR hinzugenommen werden können. Soweit die zentrale Leitung ebenfalls einen Ansprechpartner für den EBR benennt, kann so im Rahmen von regelmäßigen Treffen ein reibungsloser Ablauf der regelmäßigen Arbeit sichergestellt werden.

ii) Finanzielle und sachliche Mittel

179 Die Vereinbarung soll auch die Ausstattung des EBR regeln, dh welche finanziellen und sachlichen Mittel dem EBR zur Verfügung gestellt werden. Die zentrale Leitung hat die durch die Tätigkeit des EBR und des Ausschusses entstehenden Kosten zu tragen. Die zentrale Leitung hat insbesondere für die Sitzungen und die laufende Geschäftsführung in erforderlichem Umfang Räume, sachliche Mittel und Büropersonal, für die Sitzungen außerdem Dolmetscher zur Verfügung zu stellen. In der Praxis gibt es am meisten Streit über die Zahl der Sprachen. Die Forderung der Arbeitnehmerseite reicht von nur Englisch bis zu allen vertretenen Sprachen. Das Problem sollte sowohl für Sitzungen als auch für alle eingereichten Dokumente geregelt werden. Die zentrale Leitung trägt auch die erforderlichen Reise- und Aufenthaltskosten der Mitglieder des EBR und des Ausschusses, wobei der Arbeitgeber eines aus dem Inland entsandten Mitglieds des EBR neben der zentralen Leitung für dessen Anspruch auf Kostenerstattung als Gesamtschuldner haftet (§ 39 Abs. 1 S. 4 iVm § 16 Abs. 2 EBRG).

180 Die Ausstattung des EBR sollte in der Vereinbarung möglichst detailliert geregelt werden, um zu vermeiden, dass es im Falle eines Rechtsstreits zu umfangreichen Zahlungsansprüchen kommt.

jj) Schulungen

181 Neu im EBRG aufgenommen wurde ein Fortbildungsanspruch des EBR, § 38 EBRG. Dieser gilt sowohl für den EBR kraft Gesetzes auch für den EBR kraft Vereinbarung. Findet sich in der Vereinbarung keine oder eine für den EBR nachteiligere Regelung zur Fortbildung, greift diese gesetzliche Lösung ein.

182 Die Mitglieder des EBR (ebenso auch die Mitglieder des BVG) haben grundsätzlich einen gesetzlichen Anspruch auf die Teilnahme an Schulungs- und Bildungsveranstaltungen, soweit diese für die Arbeit des EBR erforderlich sind (§ 38 Abs. 2 S. 1 EBRG). Gewerkschaftsvertreter fordern in Grundlagenthemen alle Mitglieder zu schulen.[1] Darüber hinaus kann der EBR einzelne Mitglieder benennen, die in bestimmten, ausgewählten Themengebieten zu schulen sind und dieses Wissen an die übrigen EBR-Mitglieder vermitteln sollen. Der EBR hat die Teilnahme und zeitliche Lage rechtzeitig der zentralen Leitung mitzuteilen, wobei die betrieblichen Notwendigkeiten bei der Festlegung der zeitlichen Lage zu berücksichtigen sind (§ 38 Abs. 1 S. 2, 3 EBRG). Es empfiehlt sich, Schulungen genau zu regeln und ein Budget festzulegen. Deutsche Gerichte dürften sich beim Umfang des Schulungsanspruchs an der großzügigen Rechtsprechung zum BetrVG orientieren. Ohne Regelung dürfte sonst ein EBR ziemlich freie Hand haben, wen er in welchem Umfang bei welchem Seminarveranstalter zu Schulungen schickt.

kk) Geltungsdauer

183 Bezogen auf die Geltungsdauer und das Verfahren einer Neuverhandlung der Vereinbarung, Änderung oder Kündigung besteht weitgehende Gestaltungsfreiheit der Parteien. Es steht mithin den Vertragsparteien frei, die EBR-Vereinbarung befristet

---
[1] So auch DKKW/*Bachner,* § 38 EBRG, Rn. 2.

oder unbefristet zu schließen. Angesichts der in der Regel langwierigen und kostspieligen Verhandlungen (idR ca. 6–12 Monate) sollte eine EBR-Vereinbarung zunächst eine feste Erstlaufzeit von mindestens 3–5 Jahren aufweisen. Im Anschluss daran empfiehlt sich eine möglichst lange Kündigungsfrist. Zudem kann, ähnlich wie bei einer Betriebsvereinbarung nach deutschem Betriebsverfassungsrecht, eine Nachwirkung vereinbart werden. Eine Vereinbarung erfolgt dann dergestalt, dass die alte EBR-Vereinbarung solange weitergilt, bis eine neue Vereinbarung getroffen worden ist.

184 Auch ohne eine solche Vereinbarung ordnet § 20 EBRG die Nachwirkung als Regel an; damit soll die Kontinuität der grenzüberschreitenden Unterrichtung und Anhörung gewährleistet werden, wenn die Parteien keine Nachwirkung vereinbart haben.[1] Eine Vereinbarung wird nach der Auffangregelung erst dann gesetzlich als beendet angesehen, wenn entweder die Vertragsparteien selbst Regelungen für die Nachfolge getroffen haben, oder die Parteien sich freiwillig dazu entscheiden, keine neue Vereinbarung abzuschließen. In allen anderen Fällen gelten die Vereinbarungen fort, bis sie durch eine neue Vereinbarung ersetzt werden oder ein EBR kraft Gesetzes errichtet worden ist.

185 Insgesamt sind folgende Möglichkeiten denkbar, unter denen eine Vereinbarung ihr Ende finden kann:
1. durch Zeitablauf, oder Kündigung, soweit die Parteien eine befristete Vereinbarung abgeschlossen oder eine Kündigungsmöglichkeit vereinbart haben; es sei denn, es wurde bereits die Einsetzung eines neuen BVG beantragt (§ 20 S. 2 EBRG).
2. wenn eine neue Vereinbarung die alte Vereinbarung ersetzt (§ 20 S. 3 EBRG);
3. wenn ein EBR kraft Gesetzes errichtet wurde (§ 20 S. 3 EBRG) oder
4. wenn das BVG beschließt, keine Verhandlungen aufzunehmen oder aber die Verhandlungen abzubrechen (§§ 20 S. 5, 15 Abs. 1, 2 EBRG).

ll) Wesentliche strukturelle Veränderungen

186 Bei Vorliegen einer wesentlichen Strukturänderung der Unternehmensgruppe erfolgt die Anpassung der bestehenden Vereinbarung zunächst nach den in der Vereinbarung enthaltenden Anpassungsregelungen (§ 37 Abs. 1 EBRG). Fehlt es an einer solchen Anpassungsregelung in der Vereinbarung oder bestehen mehrere sich widersprechende Regelungen, müssen (Neu-)Verhandlungen über den Abschluss einer neuen Vereinbarung auf Basis des geltenden EBRG aufgenommen werden. Es sollten in der Vereinbarung deshalb konkrete Absprachen dazu getroffen werden, wie zu verfahren ist, wenn es zu wesentlichen Strukturänderungen des Unternehmens oder der Unternehmensgruppe kommt. In dem Zusammenhang kann zB festgelegt werden, wie Mitglieder nachnominiert werden, wenn sich nach einer Fusion mit einem anderen Unternehmen die Sitzverteilung auf die beteiligten Mitgliedstaaten verändert. Eine EBR-Vereinbarung kann auch eine solche Klausel enthalten, die bestimmt, dass sich die Änderungen bei der Besetzung des EBR ausschließlich nach dieser Vereinbarung und nicht nach der Vereinbarung eines anderen, zB des aufzunehmenden Unternehmens im Falle eines Zusammenschlusses, richten soll.

187 Als wesentliche Strukturänderung im Sinne des § 37 Abs. 1 EBRG gelten insbesondere:
– Der Zusammenschluss von Unternehmen und Unternehmensgruppen,
– die Spaltung von Unternehmen oder der Unternehmensgruppe,
– die Verlegung von Unternehmen oder der Unternehmensgruppe in einen anderen Mitgliedstaat oder Drittstaat oder die Stilllegung von Unternehmen oder der Unternehmensgruppe,

---

[1] *Fitting*, BetrVG, EBRG Übersicht Rn. 70.

– die Verlegung oder Stilllegung von Betrieben, soweit sie Auswirkungen auf die Zusammensetzung des EBR haben können.

Es handelt sich bei der nicht abschließenden Aufzählung insbesondere um umwandlungsrechtliche Veränderungen, die regelmäßig Auswirkungen auf die Zusammensetzung des EBR haben, wenn sich zB hierdurch die Zahl der in den einzelnen Mitgliedstaaten repräsentierten Arbeitnehmer oder die im EBR vertretenen Mitgliedstaaten ändert. Genau diese möglichen Auswirkungen auf die Größe und die Zusammensetzung des EBR sollten in der Vereinbarung beschrieben werden. **188**

e) Bestandsschutz bereits geschlossener Vereinbarungen

Nach der Reform der EBR-Richtlinie und deren Umsetzung durch das EBRG nF stellt sich die Frage, ob die bislang abgeschlossen EBR-Vereinbarungen angepasst bzw. neu verhandelt werden müssen oder aber, ob das EBRG automatisch auch für die bereits abgeschlossenen Vereinbarungen gilt. **189**

Das neue EBRG gilt nicht für Unternehmen und Unternehmensgruppen mit alten „Art. 13-EBR-Vereinbarungen", dh solchen Vereinbarungen, die vor dem Umsetzungsdatum 22.9.1996[1] abgeschlossen wurden, unabhängig davon, ob sie in der Folge geändert wurden oder nicht (§ 41 Abs. 1, 4 und 7 EBRG). **190**

Das neue EBRG gilt uneingeschränkt für EBR-Vereinbarungen, die ab dem Inkrafttreten des EBRG am 18.6.2011 **neu** abgeschlossen worden sind oder zukünftig abgeschlossen werden. **191**

Das neue EBRG gilt auch für Unternehmen oder Unternehmensgruppen, deren EBR-Vereinbarungen nach Art. 6 der alten EBR-Richtlinie, dh vom 22.9.1996 bis zum 4.6.2009 abgeschlossen wurden.[2] Das neue EBRG gilt aber nicht für Art. 6-Vereinbarungen, wenn diese im Umsetzungszeitraum der neuen Richtlinie vom 5.6.2009 bis 5.6.2011 unterzeichnet oder überarbeitet wurden. „**Unterzeichnet**" bedeutet nach Auffassung des DGB,[3] dass die Vereinbarung – im Gegensatz zur Überarbeitung einer bestehenden Vereinbarung – neu abgeschlossen wurde. „**Überarbeitet**" bedeutet insoweit, dass die alte Vereinbarung nicht lediglich mit neuem Datum unterzeichnet wurde, sondern zumindest einzelne ihrer Bestimmungen ergänzt oder abgeändert wurden. Für diese „Interims-Vereinbarungen" wird ausdrücklich die Fortgeltung des EBRG in seiner alten Fassung angeordnet (§ 41 Abs. 8 EBRG). **192**

Bei Vorliegen einer Strukturänderung im Sinne des § 37 Abs. 1 EBRG erfolgt die Anpassung der bestehenden Vereinbarung allerdings nach den in der Vereinbarung enthaltenen Anpassungsregelungen. Fehlt es an einer solchen Anpassungsregelung oder widersprechen sich mehrere Anpassungsregelungen, müssen (Neu-)Verhandlungen über den Abschluss einer völlig neuen Vereinbarung auf der Basis des geltenden EBRG aufgenommen werden. **193**

Die Novellierung der EBR-Richtlinie führt nach richtiger Ansicht nicht dazu, dass die erweiterten Begriffe „Anhörung" und „Unterrichtung" auch für Altvereinbarungen gelten. Art. 14 der Richtlinie 2009/38/EG und § 41 Abs. 1 EBRG lässt sich entnehmen, dass die Anwendung der neuen Normen insgesamt ausgeschlossen ist. Damit sind auch die Definitionen in § 1 Abs. 4 und 5 EBRG erfasst.[4] Entgegen der gewerk- **194**

---

[1] Bzw. vor dem 15.12.1999 in best. Unternehmen oder Unternehmensgruppen mit Betrieben/Unternehmen in Großbritannien und Nordirland.
[2] BT-Drs. 17/4808 v. 17.2.2011, S. 18, zu Nr. 27.
[3] DGB „Handlungsempfehlungen zum neuen EBR-Gesetz" vom 1.10.2011, S. 3.
[4] HWK/*Giesen*, EBRG Rn. 10.

schaftlichen Auffassung[1] handelt es sich bei den Definitionen nicht lediglich um Präzisierungen oder redaktionelle Neufassungen, sondern sie verändern den Charakter der Konsultation substantiell mit weitreichenden praktischen und zeitlichen Auswirkungen.[2] Zudem würde eine unmittelbare Anwendung der neuen gesetzlichen Begriffe auch den Willen der Vertragsparteien ignorieren, die derart weitreichende Beteiligungen des EBR bei Abschluss der Vereinbarungen nicht vorgesehen haben.

195 Ein eventuell bisher bestehender Bestandsschutz, der die Vereinbarung vom Geltungsbereich des EBRG ausgenommen hatte (sog. bisherige Art. 13 Vereinbarungen), oder die Geltung des EBRG aF als Rechtsgrundlage bewahrt hatte (für zwischen Juni 2009 und Juni 2011 überarbeitete sog. Art. 6-Vereinbarungen), verliert damit seine Gültigkeit.

196 Nachfolgend ein Schaubild, welches die vorgenannten Beschreibungen illustrieren soll:

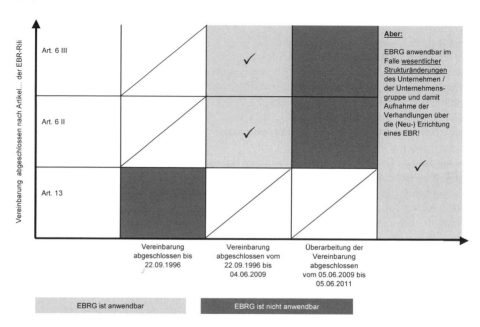

197 **In den folgenden Fällen greift die neue Rechtslage somit nicht:**
– Die EBR-Vereinbarung wurde vor dem 22.9.1996 abgeschlossen (Art. 13-Vereinbarung). Dabei ist es völlig unerheblich, ob die Vereinbarung in den Jahren danach verändert oder neu ausgehandelt wurde.
– Die EBR-Vereinbarung wurde nach dem 22.9.1996 abgeschlossen (Art. 6-Vereinbarung) und in der zweijährigen Übergangszeit zwischen dem 5.6.2009 und dem 5.6.2011 verändert.
– Die EBR-Vereinbarung wurde zwischen dem 5.6.2009 und dem 5.6.2011 erstmals abgeschlossen. Sie dürfte dann ohnehin der neuen Rechtslage entsprechen.

198 **In folgenden Fällen gilt die neue Rechtslage:**
– Die EBR-Vereinbarung wurde nach dem 22.9.1996 abgeschlossen und seither gar nicht oder zuletzt vor dem 5.6.2009 verändert.

---

[1] Vgl. EGB-Veröffentlichung „Die neue Europäische Betriebsratsrichtlinie", Gewerkschaftsbund Bundesvorstand, Stellungnahme zum Referentenentwurf des BMAS für ein Gesetz zur Umsetzung der RL 2009/38/EG über Europäische Betriebsräte vom 24.11.2010.
[2] Vgl. HWK/*Giesen*, EBRG Rn. 129.

– Es besteht ein EBR kraft Gesetzes, der ohne Abschluss einer EBR-Vereinbarung gebildet wurde.
– Eine neue oder veränderte EBR-Vereinbarung wird nach dem 5.6.2011 unterzeichnet.

2. Vereinbarung über ein Verfahren zur Unterrichtung und Anhörung nach § 19 EBRG

Einigen sich das BVG und die zentrale Leitung auf ein Verfahren zur Unterrichtung und Anhörung der bestehenden Arbeitnehmervertretungen, wird auf die dauerhafte Errichtung eines EBR verzichtet (§ 19 EBRG). In der Vereinbarung ist schriftlich festzulegen, unter welchen Voraussetzungen die Arbeitnehmervertreter das Recht haben sollen, über die ihnen übermittelten Informationen gemeinsam zu beraten und wie sie Vorschläge oder Bedenken mit der zentralen Leitung oder einer anderen geeigneten Leitungsebene erörtern können. Das Unterrichtungs- und Anhörungsrecht steht den schon vorhandenen Arbeitnehmervertretungen zu. In einer schriftlichen Vereinbarung kann zB geregelt werden, dass die zentrale Leitung zunächst die örtlichen Betriebs- und Unternehmensleitungen über eine bestimmte Angelegenheit in Kenntnis zu setzen hat, damit diese anschließend die örtlichen Arbeitnehmervertretungen informiert.[1] § 19 EBRG stellt insoweit Mindestbedingungen auf, die gewährleisten sollen, unter welchen Voraussetzungen die Arbeitnehmervertreter das Recht haben, zu einem Meinungsaustausch über die ihnen vermittelten Informationen zusammenzutreten.[2]

V. Rechtsfolge bei Nichtbeteiligung des EBR

Konkrete Maßnahmen für den Fall der Nichtbeteiligung des EBR sieht die Neufassung der Richtlinie nicht vor. Zwar müssen für den Fall der Zuwiderhandlung die Mitgliedstaaten geeignete Maßnahmen vorsehen und insbesondere dafür sorgen, dass Verwaltungs- oder Gerichtsverfahren vorhanden sind, mit deren Hilfe die sich aus der Richtlinie ergebenden Verpflichtungen durchgesetzt werden können.[3]

1. Bußgeld

Das EBRG selbst sieht als Sanktion für den Verstoß gegen die Unterrichtungs- und Anhörungsrechte des EBR nach § 30 EBRG lediglich ein Bußgeld vor (§ 45 EBRG).

2. Streikrecht

Ungeklärt ist bislang, ob dem EBR zur Durchsetzung der vereinbarten Rechte ein Streikrecht zusteht oder dieser einen Arbeitskampf organisieren kann. Eine hierfür notwendige Rechtsgrundlage ist aber derzeit weder auf europäischer noch auf nationaler Ebene ersichtlich, richtigerweise ist deshalb ein Streikrecht des EBR zu verneinen.

Gem. Art. 28 der Grundrechtscharta haben Arbeitnehmer sowie Arbeitgeber oder ihre jeweilige Organisation das Recht, Tarifverträge auf den geeigneten Ebenen auszuhandeln und zu schließen sowie bei Interessenskonflikten kollektive Maßnahmen zur Verteidigung ihrer Interessen, einschließlich Streiks, zu ergreifen. Im Rahmen der für die Beantwortung dieser Rechtsfrage notwendigen Auslegung der dem Art. 28

---
[1] *Fitting,* BetrVG, EBRG Übersicht Rn. 68.
[2] Richtlinie 2009/38/EG, Art. 6 Abs. 3.
[3] Deutscher Gewerkschaftsbund Bundesvorstand, Stellungnahme zum Referentenentwurf des BMAS für ein Gesetz zur Umsetzung der RL 2009/38/EG über Europäische Betriebsräte vom 24.11.2010.

Grundrechtscharta zugrunde liegenden Vorschriften kann jedoch ein individuelles Streikrecht der einzelnen Mitglieder des EBR nicht entnommen werden,[1] weshalb Art. 28 Grundrechtscharta als Rechtsgrundlage ausscheidet.

Auch aus Art. 9 Abs. 3 S. 1 GG lässt sich ein Streikrecht des EBR nicht herleiten. Das Grundrecht auf Koalitionsfreiheit wird vom Grundgesetz umschrieben als das Recht, zur Wahrung und Förderung der Arbeits- und Wirtschaftsbedingungen Vereinigungen zu bilden. Eine Kompetenz zur Regelung materieller Arbeitsbedingungen wie Arbeits- oder Urlaubszeiten oder zur Gestaltung der Arbeitsverhältnisse besitzt der EBR jedoch nicht, da das einzig originäre Recht des EBR darin besteht, die jährlich abzuhaltende Sitzung einzuberufen und unterrichtet zu werden. Der EBR ist auf die Unterrichtung durch die zentrale Leitung über die für ihn relevanten Angelegenheiten angewiesen, um seinerseits die ihm zukommende Aufgabe der Unterrichtung der Arbeitnehmer in den verschiedenen Mitgliedstaaten wahrnehmen zu können. Der EBR ist damit ein passives Organ, welches keinen originären Einfluss auf die Arbeitsbedingungen der Arbeitnehmer nehmen und diese fördern kann. Das Grundrecht der Koalitionsfreiheit kann aber nur solche Tätigkeiten einer Koalition schützen, die den in Art 9 Abs. 3 s. 1 GG genannten Koalitionszwecken dienen.[2] Da die Arbeitsbedingungen der Arbeitnehmer durch den EBR jedoch nicht gefördert werden, erfüllt er auch nicht den Koalitionszweck des Art. 9 Abs. 3 S. 1 GG. Er ist mithin keine Koalition iSd Vorschrift und kann sich somit auch nicht auf die Koalitionsfreiheit und ein eventuell darauf beruhendes Recht auf Arbeitskampfmaßnahmen berufen.

3. Unterlassungsanspruch des EBR

203 Mangels einer entsprechenden Rechtsgrundlage, steht dem EBR auch kein Unterlassungsanspruch zu, wenn eine Verletzung des Unterrichtungs- und Anhörungsrechts vorliegt.

Im deutschen Betriebsverfassungsrecht besteht ein Unterlassungsanspruch des Betriebsrates aus § 23 Abs. 1 BetrVG für den Fall des groben Verstoßes seitens des Arbeitgebers. Eine dieser Vorschrift vergleichbare Regelung fehlt aber im EBRG. Einen darüber hinausgehenden allgemeinen Unterlassungsanspruch kennt auch das BetrVG nur durch die richterliche Rechtsfortbildung des BAG.[3] Dieser Unterlassungsanspruch ist bei drohenden Verstößen des Arbeitgebers gegen Mitbestimmungsrechte aus § 87 Abs. 1 BetrVG anerkannt.[4] Nur so könnten die Rechte des Betriebsrats effektiv gesichert werden.[5]

204 Dieser allgemeine Unterlassungsanspruch lässt sich aber nicht auf den EBR übertragen. Die Mitwirkungsrechte des EBR (Unterrichtung und Anhörung) sind von ihrer Qualität her nicht mit denen des Betriebsrates aus § 87 Abs. 1 BetrVG vergleichbar. Das EBRG kennt keine Mitbestimmungsrechte, die zu sichern einen Unterlassungsanspruch erfordert. Das EBRG soll vielmehr den Dialog zwischen Arbeitnehmern und Arbeitgebern fördern und zu diesem Zwecke eine Plattform zum Austausch, vergleichbar mit dem deutschen Wirtschaftsausschuss, bereitstellen.[6] Anders als beim Betriebsrat im Sinne des Betriebsverfassungsrechts, geht es beim EBR also nicht um eine

---

[1] *Schlinkhoff,* Der Europäische Betriebsrat kraft Vereinbarung, S. 127, 132.
[2] BVerfG 30.11.1965, BVerfGE 19, 303 (312).
[3] BAG 3.5.1994 – 1 ABR 24/93, BB 1994, 1010; ErfK/*Kania,* § 87 BetrVG Rn. 138; vgl. auch LAG Hamm, 30.4.2008, 13 TaBvGa 08/08; LAG Köln 8.9.2011 – 13 Ta 267/11, BB 2012, 197.
[4] BAG 3.5.1994 – 1 ABR 24/93, BB 1994, 1010; ErfK/*Kania,* § 87 BetrVG Rn. 138; vgl. auch LAG Hamm, 30.4.2008, 13 TaBvGa 08/08; LAG Köln 8.9.2011 – 13 Ta 267/11, BB 2012, 197.
[5] Vgl. LAG München 22.12.2008 – 6 TaBVGa 6/08, BB 2010, 896.
[6] *Hromadka* DB 1995, 1125 (1130).

reine Mitbestimmung, sondern um die Beratung zur Entscheidungsfindung. Ein Unterlassungsanspruch aus § 87 Abs. 1 BetrVG, der auf die Sicherung von Mitbestimmungsrechten gerichtet ist, lässt sich demnach nicht auf den EBR übertragen.[1] Bei einer Verletzung der Beteiligungsrechte steht dem EBR also kein Unterlassungsanspruch gegen den Arbeitgeber zu.[2]

In Frankreich ist nach ständiger Rechtsprechung das Verfahren der Information und Konsultation des Betriebsrats durch einen Unterlassungsanspruch gesichert.[3] Das Unternehmen kann nach französischem Recht erst dann handeln, wenn das Verfahren in einer anhörungspflichtigen Angelegenheit vollständig abgeschlossen ist.[4] Diese Rechtsprechung ist auf den EBR, zuletzt durch die Entscheidung im Fall *Gaz du France*, übertragen worden.[5] Umstritten bleibt jedoch, welche konkreten Informationspflichten der Arbeitgeber zu erfüllen hat. Die belgische Rechtsprechung folgt diesen Interpretationsansätzen und fordert, die vorausgesetzte Unterrichtung und Anhörung vor der praktischen Umsetzung von Beschlüssen abzuschließen.[6] Die französischen Urteile können allerdings nicht die Autorität für die Auslegung der EBR-Richtlinie beanspruchen, wie sie eine EuGH-Entscheidung hätte.

205

VI. Grundsätze der Zusammenarbeit und Vertraulichkeit

Die Vorschriften des EBRG über eine vertrauensvolle Zusammenarbeit (§ 34 EBRG), sowie über die Geheimhaltung und Vertraulichkeit (§ 35 EBRG), gelten sowohl für die Mitglieder des EBR kraft Gesetzes als auch kraft Vereinbarung.

206

Der Informationsanspruch des EBR ist eingeschränkt, soweit Betriebs- oder Geschäftsgeheimnisse des gemeinschaftsweit operierenden Unternehmens oder der Unternehmensgruppe gefährdet sind, § 35 EBRG. Die Geheimhaltungsbefugnis basiert auf Art. 8 Abs. 2 EBR-Richtlinie und ihre Ausgestaltung orientiert sich an den betriebsverfassungsrechtlichen Vorgaben der §§ 43 Abs. 2 S. 3 und 106 Abs. 2 BetrVG.[7]

207

Geschäftsgeheimnisse sind Tatsachen, Erkenntnisse oder Unterlagen, die im Zusammenhang mit dem technischen Betrieb oder der wirtschaftlichen Betätigung des Unternehmens stehen und nur einem eng begrenzten Personenkreis bekannt, also nicht offenkundig sind,[8] und nach dem bekundeten Willen des gemeinschaftsweit tätigen Unternehmens oder der gemeinschaftsweit tätigen Unternehmensgruppe geheim gehalten werden sollen.

208

Obgleich es sich hierbei um eine gesetzliche Regelung handelt, kann es dennoch sinnvoll sein, in der Vereinbarung klarstellende Regelungen zur Vertraulichkeit aufzunehmen, um die Beteiligten zu sensibilisieren und deutlich werden zu lassen, dass zu der Verschwiegenheitspflicht auch die jeweiligen Beratungen mit der zentralen Leitung gehören.

209

---

[1] LAG Köln 8.9.2011, 13 Ta 267/11, BB 2012, 197 weist darauf hin, dass wegen der unterschiedlichen Beteiligungsrechte von BR und EBR selbst dann kein Unterlassungsanspruch bestünde, wenn man die Grundsätze des Betriebsverfassungsrechts auf den EBR übertragen würde. Der Unterlassungsanspruch aus § 87 Abs. 1 BetrVG sichert allenfalls Mitbestimmungsrechte, die der EBR nicht hat.
[2] LAG Köln 8.9.2011, 13 Ta 267/11, BB 2012, 197; aA DKKW/*Wedde*, BetrVG § 30 EBRG Rn. 56.
[3] Die entsprechende Rechtsgrundlage findet sich in Art. L 432-1 Code du travail.
[4] *Blanke/Rose* RdA 2008, 65.
[5] Fall Gaz de France/Suez, Cour de Cassation, 16.1.2008, P – 07–10.597.
[6] Fall British Airways, Arbeidsrechtbank van Brussel, Nr. Kortgeding 73/06, 6.12.2006.
[7] *Fitting*, BetrVG, EBRG Übersicht Rn. 96 f.
[8] *Fitting*, BetrVG, § 79 BetrVG Rn. 3.

VII. Schutz der Mitarbeitervertreter

210 Die in Deutschland beschäftigten Mitglieder des EBR dürfen durch die Ausübung ihres Amtes nicht benachteiligt werden. § 40 Abs. 1 EBRG verweist insoweit auf die Regelungen des BetrVG und KSchG.

211 Demnach gilt für den Schutz der in Deutschland beschäftigten Mitglieder des EBR folgendes:
– Sie nehmen ihr Amt unentgeltlich als Ehrenamt ohne zusätzliche Vergütung wahr (§ 37 Abs. 1 BetrVG).
– Sie sind von ihrer beruflichen Tätigkeit ohne Minderung des Arbeitsentgelts zu befreien, wenn und soweit es nach Umfang und Art des Betriebs zur ordnungsgemäßen Durchführung ihrer Aufgaben erforderlich ist (§ 37 Abs. 2 BetrVG).
– Soweit ein EBR-Mitglied außerhalb der Arbeitszeit aus betriebsbedingten Gründen sein Amt wahrnehmen muss, so ist diese Zeit durch bezahlte Freistellung auszugleichen (§ 37 Abs. 3 S. 1 BetrVG).
– Ihr Arbeitsentgelt darf einschließlich eines Zeitraumes von einem Jahr nach Beendigung der Amtszeit nicht geringer bemessen werden als das Arbeitsentgelt vergleichbarer Arbeitnehmer mit betriebsüblicher beruflicher Erfahrung (§ 37 Abs. 4 BetrVG).
– Sie haben neben dem Entgelt- auch einen inhaltlichen Beschäftigungsschutz, dh dass sie einschließlich eines Zeitraumes von einem Jahr nach Beendigung der Amtszeit nur mit Tätigkeiten betraut werden dürfen, die ihrer regulären beruflichen Entwicklung entsprechen (§ 37 Abs. 5 BetrVG).
– Sie dürfen in der Ausübung ihrer Tätigkeit nicht gestört oder behindert, nicht benachteiligt und nicht begünstigt werden. Dies gilt auch für die berufliche Entwicklung (§ 78 BetrVG).
– Sie genießen Kündigungsschutz. Soll das Arbeitsverhältnis eines EBR-Mitglieds gekündigt werden, ist nur der Ausspruch der außerordentlichen Kündigung möglich (§ 15 Abs. 1 KSchG).
– Versetzungen, die zu einem Verlust des Amtes oder der Wählbarkeit führen würden, bedürfen der Zustimmung des Betriebsrats (§ 103 Abs. 3 BetrVG).
– Sie sind bei Stilllegungen des Betriebs frühestens zum Zeitpunkt der Stilllegung zu kündigen, es sei denn, dringende betriebliche Gründe erfordern eine frühere Kündigung (§ 15 Abs. 4 KSchG).
– Sie sind bei Stilllegungen von Betriebsteilen in eine andere Betriebsabteilung zu übernehmen (§ 15 Abs. 5 KSchG).

VIII. Gerichtliche Auseinandersetzungen mit EBR

212 Die Rechtswegzuständigkeit zu den Gerichten für Arbeitssachen für Angelegenheiten des EBR ergibt sich aus § 2a Nr. 3b ArbGG.

213 In Angelegenheiten eines EBR im Rahmen eines Verfahrens zur Unterrichtung und Anhörung oder des BVG ist das Arbeitsgericht zuständig, in dessen Bezirk das Unternehmen oder das herrschende Unternehmen nach § 2 EBRG seinen Sitz hat (§ 82 Abs. 2 S. 1 ArbGG). Bei einer Vereinbarung nach § 41 EBRG ist der Sitz des vertragsschließenden Unternehmens maßgebend (§ 82 Abs. 2 S. 2 ArbGG).

IX. Delegation von Rechten auf EBR nicht möglich

214 Unbeantwortet ist bislang auch die Frage, ob es möglich ist, durch die nationalen Arbeitnehmervertretungen Rechte auf den EBR zu delegieren. Richtigerweise ist eine solche Delegation von Befugnissen nicht möglich.

Nach § 50 Abs. 2 BetrVG kann der BR den GBR und nach § 58 Abs. 2 BetrVG **215** der GBR den KBR mit der Mehrheit der Stimmen seiner Mitglieder beauftragen, eine Angelegenheit für ihn zu behandeln. Es handelt sich hierbei um eine **Ermächtigungsnorm,** die es ermöglicht, die in dem eigenen Zuständigkeitsbereich liegenden Aufgaben auf ein anderes Gremium zu übertragen. Eine Delegationsregelung zwischen KBR und EBR findet sich allerdings weder in der EBR-Richtlinie noch im EBRG. Greift man den Gedanken zu den Delegationsregelungen im BetrVG auf, sind folgende Rückschlüsse zulässig, die zeigen, dass eine Delegation von Rechten auf den EBR nicht möglich ist:
1. Eine Delegation der Befugnisse vom KBR auf den EBR ist gesetzlich nicht vorgesehen und damit auch nicht gewollt. Im Verhältnis BR, GBR, KBR zueinander wurden jedoch eindeutige gesetzliche Regelungen geschaffen.
2. Dem KBR und dem EBR stehen grundsätzlich nicht die gleichen Rechte zu (anders im Verhältnis BR/GBR und GBR/KBR). Das folgt zB bereits daraus, dass nach dem EBRG kein Unterlassungsanspruch vorgesehen ist für den Fall der Verletzung der Unterrichtungs- und Anhörungsrechte des § 30 EBRG (→ Rn. 202 ff.). Dagegen steht dem BR nach § 23 Abs. 3 BetrVG und damit über § 59 Abs. 1 iVm § 51 Abs. 5 BetrVG auch dem KBR ein Unterlassungsanspruch zu.

C. Tarifrecht im grenzüberschreitenden Konzern

I. Einleitung – Herausforderungen und Gestaltungsmöglichkeiten für Konzerne

1. Ausgangspunkt: Der Wunsch nach einheitlichen Regelungen

216 Internationale Konzerne haben es bei ihren Bestrebungen zur Vereinheitlichung der Arbeitsbedingungen meist schwer, weil sie stets die nationalen gesetzlichen Vorgaben der Länder zu berücksichtigen haben, in denen sie Tochtergesellschaften bzw. Niederlassungen haben oder sonst tätig sind. Diese Regel gilt insbesondere in einem Bereich wie dem kollektiven Arbeitsrecht, der infolge unterschiedlicher nationaler Entwicklungen und Traditionen schon innerhalb der EU überaus vielgestaltig ist. Vor diesem Hintergrund gibt es in den letzten Jahren zunehmende Bemühungen, transnationale Regelungen explizit zwischen Unternehmen und Vertretern der Arbeitnehmer konzerneinheitlich zu vereinbaren. Insbesondere internationale oder europäische Gewerkschaftsverbände haben in den letzten Jahren gezielt solche konzernweiten Regelungen eingefordert. Damit sollen die bislang im Wesentlichen einseitig durch das Unternehmen vorgegebenen Richtlinien (Code of Conduct, Business Guidelines etc.) der Mitsprache der Arbeitnehmerseite sowohl bei ihrer Entstehung als auch bei der Überprüfung ihrer Einhaltung unterliegen. Als Instrument hierzu haben sich sog. Transnational Collective Agreements (nachfolgend auch „TCAs") herausgebildet.

2. Transnational Collective Agreements als Instrument der Regelung konzerneinheitlicher Fragestellungen

217 TCAs sind grenzüberschreitende kollektive Vereinbarungen zwischen einem Unternehmen und Vertretern von Arbeitnehmern, die zumindest auch Rechtsbeziehungen zwischen Arbeitnehmern und einem Unternehmen kollektiv regeln. Diese – etwas sperrige – Beschreibung soll deutlich machen, dass es sich dabei nicht um einen „klassischen" Tarifvertrag im Sinne des deutschen Tarifvertragsgesetzes handelt.[1] Laut einer Studie für das Europäische Parlament wurden bislang über 200 Transnational Collective Agreements abgeschlossen.[2] Solche TCAs werden teilweise auch als internationale Rahmenabkommen („International Framework Agreements") bezeichnet, insbesondere dann, wenn dadurch Vereinbarungen auf globaler Ebene getroffen werden.[3]

---

[1] Vgl. dazu § 1 des Tarifvertragsgesetzes (TVG): *„Der Tarifvertrag regelt die Rechte und Pflichten der Tarifvertragsparteien und enthält Rechtsnormen, die den Inhalt, den Abschluß und die Beendigung von Arbeitsverhältnissen sowie betriebliche und betriebsverfassungsrechtliche Fragen ordnen können."*

[2] S. IZA Research Report No. 38, *„Cross-Border Collective Bargaining and Transnational Social Dialogue – Based on a study conducted for the European Parliament"* von *Eichhorst/Kendzia/Vandeweghe*, Juli 2011, insbesondere S. 59 ff., die Studie findet sich unter: http://www.iza.org/en/webcontent/publications/reports_pdfs/iza_report_38.pdf. Eine Datenbank zu (europäischen) TCAs findet sich unter http://ec.europa.eu/social/TCA.

[3] Vgl. dazu die grundlegende Darstellung von *Thüsing* International Framework Agreements: Rechtliche Grenzen und praktischer Nutzen RdA 2010, 78 ff., sowie den ganz aktuellen Beitrag von *Dzida/Reinhard* Globale Rahmenabkommen: zwischen Corporate Social Responsibility und gewerkschaftlichen Kampagnen BB 2012, 2241 ff. – Siehe hierzu auch das Papier SWD(2012) 264 der Europäischen Kommission vom 10.9.2012, dort heißt es zu TCAs und International Framework Agreements unter Ziff. 1 wie folgt: *„Transnational company agreements (TCAs) are new forms of social dialogue in multinational companies. They provide for voluntary, innovative and socially agreed solutions in companies across Europe to issues of, for example, anticipation of change and restructuring, training, mobility, health and safety at work, or equality. At global level, such agreements, often called International Framework Agreements (IFAs), focus on corporate social responsibility and respect of fundamental rights."*

Parteien von TCAs sind auf Seiten der Arbeitnehmer häufig internationale oder europäische Gewerkschaftsdachverbände, teilweise unter Beteiligung von nationalen Gewerkschaften. Mitunter treten auch nur nationale Gewerkschaften oder gelegentlich Betriebsräte (Europäischer Betriebsrat bzw. Konzernbetriebsrat) auf. Die Arbeitgeberseite vertritt regelmäßig die Konzernmuttergesellschaft. Eine Kategorisierung nach der nationalen Identität der Parteien erscheint in Folge der ähnlichen Regelungsgegenstände nicht sinnvoll, zumal auch die unter Mitwirkung von Europäischen Betriebsräten geschlossenen Vereinbarungen sich nicht immer nur auf den europäischen Raum beziehen.[1] Zudem gibt es keine inhaltlichen oder rechtlichen Unterschiede, die an diesen Kategorien (global versus europäisch) festgemacht werden könnten. 218

Die in ihrer Ausgestaltung sehr unterschiedlichen TCAs haben regelmäßig nur eine gering ausgeprägte Rechtsverbindlichkeit und beinhalten häufig „Programmcharakter" (Verbot von Kinderarbeit, Anerkennung von Gewerkschaften, Diskriminierungsverbot etc.).[2] TCAs werden in der Praxis bislang fast ausschließlich von europäischen Konzernen abgeschlossen, wobei insbesondere deutsche und französische Konzerne die größte Gruppe bilden.[3] 219

Auf Ebene der Europäischen Union gibt es derzeit gewisse Bestrebungen, TCAs einen Rechtsrahmen zu geben.[4] Dort heißt es: 220

„Das Parlament [...] regt an, dass die Kommission prüfen könnte, ob für diese europäischen transnationalen Unternehmensvereinbarungen ein fakultativer europäischer Rechtsrahmen notwendig und sinnvoll wäre, um im Fall der Vereinbarungen, die den Bestimmungen des Rahmens entsprechen, für mehr Rechtssicherheit, mehr Transparenz sowie vorhersehbare und vollstreckbare Rechtswirkungen zu sorgen; regt an, dass Verfahren im Zusammenhang mit europäischen transnationalen Unternehmensvereinbarungen gefördert werden, in denen die Tarifautonomie der Parteien anerkannt wird, und empfiehlt, Bestimmungen über Streitbeilegung in die Vereinbarungen aufzunehmen."[5]

In inhaltlicher Hinsicht teilt das Parlament mit, dass es überzeugt sei, „dass die Aufnahme des Günstigkeitsprinzips (most favorable clause) und der „Nichtrückschrittsklausel" (non-regression clause) notwendig ist, um die Gefahr, dass durch eine europäische transnationale Unternehmensvereinbarung (European transnational company agreement) nationale Tarifverträge (collective agreements) und nationale Unternehmensvereinbarungen (company agreements) unterlaufen oder beeinträchtigt werden, auszuschließen."[6] 221

3. Darstellung der Entwicklung und Ausblick

In den folgenden Abschnitten sollen die Grundlagen von konzernweiten Vereinbarungen dargestellt werden. Es soll dabei auch auf die derzeitigen Entwicklungen – insbesondere auch auf Ebene der Europäischen Union – eingegangen werden. 222

---

[1] Ein europäischer Betriebsrat kann auch mit einer nicht-europäischen Konzernmuttergesellschaft entsprechende Vereinbarungen abschließen.
[2] Vgl. dazu *Dzida/Reinhard* BB 2012, 2245f., die als Fazit festhalten, dass globale Rahmenabkommen keine normativen Kollektivvereinbarungen seien und ihnen regelmäßig auch keine schuldrechtliche Wirkung zukomme.
[3] Gemäß der europäischen Datenbank der bestehenden TCA's: http://ec.europa.eu/social/main.jsp?catId=978&langId=en sowie http://www.upf.edu/gredtiss/_pdf/2013-LLRNConf_Rosado.pdf.
[4] „Entschließung des Europäischen Parlaments vom 12.9.2013 zu den grenzüberschreitenden Kollektivverhandlungen und zum transnationalen sozialen Dialog", Dokument A7–2013-0258, auf Grundlage des Berichts von *Händel*, Dokument A7–0258/2013.
[5] EuParl Entschluss zu 2.)
[6] EuParl Entschluss zu 8.)

II. Konzernweite Tarifverträge: Definitionen und Beispiele

1. Definitionen

a) Grenzüberschreitender Konzern

223   Ein grenzüberschreitender Konzern für die Zwecke dieser Betrachtung ist eine Unternehmensgruppe, die in mehreren Staaten Tochtergesellschaften oder zumindest Zweigniederlassungen hat. Die Definition sollte sich nicht zu eng an das deutsche Konzernrecht mit den Regelungen der §§ 15 bis 19 AktG anlehnen, da hier nur die Konzernzugehörigkeit und die Beherrschung deutscher Gesellschaften geregelt ist.[1] Gleichwohl ist ein wesentliches Element eines grenzüberschreitenden Konzerns, dass die Konzernmuttergesellschaft kraft zumindest auch gesellschaftsrechtlich vermittelter Einflussnahmemöglichkeiten ihre in- und ausländischen Beteiligungen kontrollieren kann, die somit als Konzernunternehmen zu qualifizieren sind. Sollten Joint-Venture-Gesellschaften vorhanden sein, so wäre im Einzelnen zu prüfen, ob eine Beherrschungsmöglichkeit besteht.

b) Konzerntarifvertrag bzw. TCAs

224   Charakteristikum eines Konzerntarifvertrages ist zunächst, dass auf Seiten des Arbeitgebers nicht der Arbeitgeberverband, sondern das Unternehmen als solches den Vertrag abschließt. Häufig gilt dieser Firmen-Tarifvertrag nur für die Konzernmuttergesellschaft und einige inländische Tochtergesellschaften. Ein Konzerntarifvertrag kann somit als ein Tarifvertrag oder eine kollektivrechtliche Regelung definiert werden, die zumindest für eine Mehrzahl von Konzernunternehmen gelten.[2] Ein internationaler Konzerntarifvertrag ist demzufolge eine entsprechende kollektive Regelung, die für Konzernunternehmen in verschiedenen Staaten gilt.

225   Damit sind TCAs regelmäßig internationale Konzerntarifverträge im Sinne dieser Definition, da sie für einen Konzern bestehend aus der Konzernmuttergesellschaft und den Konzerntochtergesellschaften abgeschlossen werden.

c) Abgrenzung zu einem grenzüberschreitenden Branchen-Tarifvertrag

226   Aus deutschrechtlicher Sicht stellt der Branchentarifvertrag eine Vereinbarung für (zumindest mehrere) Unternehmen einer Branche dar. Der zuständige Arbeitgeberverband schließt mit der zuständigen Gewerkschaft einen Tarifvertrag, der für ein bestimmtes Tarifgebiet gilt. Diese Definition erweiternd sind transnationale Branchentarifverträge Abkommen, die für Unternehmen einer bestimmten Branche in verschiedenen Ländern gelten. Ein solcher transnationaler Branchentarifvertrag könnte somit zB zwischen den europäischen Spitzenverbänden von Unternehmen und Beschäftigten einer Branche mit dem Ziel der branchenweiten Etablierung von Mindeststandards – ähnlich den Regelungen in den beispielhaft genannten TCA – abgeschlossen werden.[3] Tarifpartner könnten dann z.B. arbeitgeberseitig Business Europe[4] und

---

[1] Vgl. zur aktienrechtlichen Konzerndefinition: *Hüffer*, AktG, 10. Aufl. 2012, § 18 Rn. 2, 3.
[2] Vgl. die Darstellung bei *Ahrendt* RdA 2012, 129 ff. mwN.
[3] Vgl. zu der Frage der Tariffähigkeit einer internationalen Spitzenorganisation nach § 2 Abs. 3 TVG *Zachert* NZA 2000, 121 ff.
[4] Bis zum 23.1.2007 firmierte Business Europe unter den Namen Union of Industrial and Employers' Confederation of Europe (UNICE).

arbeitnehmerseitig der Gewerkschaftsverbund IndustriAll[1] sein. Bislang existieren solche transnationalen Tarifverträge freilich nicht.[2]

2. Regelungsmaterien eines TCA

Das Spektrum der konzernweit zu regelnden Materien ist breit. Jedes denkbare Thema, das im Rahmen des Arbeitsverhältnisses und der Beziehung zwischen Arbeitgeber und Arbeitnehmer bzw. Belegschaft regelungsbedürftig erscheint, könnte Gegenstand eines TCA sein. Über die – aus deutschrechtlicher Sicht – einer Tarifvereinbarung zugänglichen Regelungen hinaus wären auch solche Themen zu nennen, die nach deutschem Recht zwischen Betriebsrat und Geschäftsführung vereinbart werden. Beispielhaft lassen sich die folgende Punkte aufzählen:
a) Vereinheitlichte Arbeits- und Ausbildungsbedingungen
b) Einheitliche Verhaltenskodizes (corporate governance etc.)
c) Einheitliche Arbeitnehmermitbestimmung
d) Beteiligung der Arbeitnehmer bei Restrukturierungsmaßnahmen
e) Erhöhte Mobilität/Austauschbarkeit von Arbeitnehmern
f) Fortbildungsmöglichkeiten
g) Einheitlicher konzernweiter Arbeitnehmereinsatz

Insbesondere am Punkt c) – einheitliche Arbeitnehmermitbestimmung – wird erkennbar, dass Regelungen, die konzernweit gelten sollen, stets vor der Herausforderung der Kompatibilität mit nationalem Recht stehen. Dies ist der Grund dafür, dass die bisherigen TCAs häufig nur Themen regeln, die sich auf einen „kleinsten gemeinsamen Nenner" zusammenführen lassen.

3. Beispiele

Nachfolgend sollen zwei Beispiele für TCAs von Konzernen mit Sitz in Deutschland ausgeführt werden, die insbesondere erkennen lassen, welche Regelungsgegenstände die Vereinbarungen aufgreifen. An den Beispielen wird deutlich, dass es sich hierbei ganz überwiegend um solche Themen handelt, die auch bislang bereits konzernweit Gültigkeit hatten (sei es durch Codes of Conduct oder ähnliche Regelungen) oder die allein aufgrund der gesetzlichen Vorschriften im „Stammland" auch konzernweit beachtet worden sind.

a) Siemens AG

Die Siemens AG hat im Jahr 2012 ein Internationales Rahmenabkommen mit Arbeitnehmervertretern und Gewerkschaften unterzeichnet.[3] Vertragspartner waren der Gesamtbetriebsrat, die IG Metall sowie der globale Industriegewerkschaftsverbund IndustriAll.[4]

Gegenstand der Vereinbarung sind unter Bezugnahme auf internationale Abkommen und insbesondere Konventionen der Internationalen Arbeitsorganisation (ILO, International Labor Organisation) unter anderem die folgenden Punkte:

---

[1] Gegründet am 9.6.2012 bündelt IndustriAll Vertreter der bisherigen internationalen Gewerkschaften International Metalworkers' Federation (IMF), International Federation of Chemical, Energy, Mine and General Workers' Unions (ICEM) und International Textiles Garment and Leather Workers' Federation (ITGLWF).
[2] Spezielle Branchenstandards in der EU werden bisher ausschießlich durch EU-Verordnungen (zB EU-OPS bei Flugverkehr) festgelegt; in diesen Regelungsprozess sind die Sozialpartner eingebunden.
[3] http://www.industriall-union.org/sites/default/files/uploads/documents/intrahmenabkommen_2012_final.pdf.
[4] http://www.industriall-union.org/sites/default/files/uploads/documents/intrahmenabkommen_2012_final.pdf.

– Diskriminierungsverbot
– Grundsatz der Gleichbehandlung
– Festlegung eines Mindestalters für Beschäftigte sowie
– Tarif- und Vereinigungsfreiheit.

Zur Veranschaulichung soll Ziff. 2.4 mit der Regelung der Tarif- und Vereinigungsfreiheit zitiert werden:

„Das geltende Recht der Arbeitnehmer, Gewerkschaften zu bilden bzw. bestehenden Gewerkschaften beizutreten und Kollektivverhandlungen zu führen, wird anerkannt. Mitglieder in Arbeitnehmerorganisationen oder Gewerkschaften werden weder benachteiligt noch bevorzugt (s. Grundsätze der ILO-Konventionen Nr. 87, 98). Die Zusammenarbeit mit Beschäftigten, Arbeitnehmervertretern und Gewerkschaften wird konstruktiv gestaltet. Auch bei strittigen Auseinandersetzungen bleibt es das Ziel, eine tragfähige konstruktive Zusammenarbeit auf Dauer zu bewahren und Lösungen anzustreben, die die wirtschaftlichen Unternehmensinteressen und die Interessen der Beschäftigten berücksichtigen.

Bleibt das Schutzniveau für Arbeitnehmer in einem Staat, in dem Siemens tätig ist, insgesamt wesentlich hinter dem Niveau dieser Grundsätze zurück, so wird Siemens diese Standards dennoch auf seine Arbeitnehmer anwenden. Arbeitnehmervertreter sind gegen jede Benachteiligung zu schützen."

In Ziff. 2.10 wurde die Überwachung dieser Vereinbarung geregelt. Wenn Verstöße bekannt werden, sollen zunächst die internen und lokalen bzw. nationalen Beschwerde- und Schlichtungsmöglichkeiten genutzt werden. Für den Fall, dass keine Beseitigung erfolgt, soll die aus Vertretern des Arbeitgebers und der Arbeitnehmer bestehende Verhandlungsdelegation Beschwerden nachgehen, um hiermit „externe Rechtsstreitigkeiten" zu vermeiden. Eine Rechtswahl erfolgte nicht. Es wurde nur die deutsche Fassung dieser Erklärung für verbindlich erklärt. Unmittelbare Rechtsfolgen, die ein einzelner Arbeitnehmer oder eine Gewerkschaft aus einem Verstoß gegen diese Regelung herleiten kann, sind nicht geregelt. Aus dieser Erklärung können sogar explizit keine individuellen Ansprüche oder Ansprüche Dritter abgeleitet werden.[1] Am schwerwiegendsten dürfte für Siemens freilich die negative Öffentlichkeitswirkung wirken, die mit einem Verstoß gegen das Abkommen verbunden wäre.

Hinsichtlich der Zulieferer wird darauf verwiesen, dass die Grundsätze dieser Vereinbarung auch im bereits seit 2008 bestehenden „Siemens Code of Conduct für Lieferanten" Niederschlag gefunden haben. Ein Verstoß gegen die dort enthaltenen Selbstverpflichtungen durch Lieferanten berechtigt Siemens zur Vertragskündigung.[2]

Bereits vor Abschluss dieser Vereinbarung gab es bei der Siemens AG entsprechende Vorgaben bzw. Erklärungen seitens des Unternehmens, die – und das ist mit diesem Abkommen neu – nun auf vertraglicher Basis bestätigt und weiterentwickelt wurden. Exemplarisch fasst dies die Aussage des Vorstandsvorsitzenden zusammen:

„Das gemeinsame Rahmenabkommen dokumentiert unsere schon bisher weltweit gültigen und in den Business Conduct Guidelines festgehaltenen Standards."[3]

Der erste Vorsitzende der IG Metall, der zugleich Präsident des Industriegewerkschaftsverbandes IndustriAll sowie der stellvertretende Aufsichtsratsvorsitzende der

---

[1] http://www.industriall-union.org/sites/default/files/uploads/documents/intrahmenabkommen_2012_final.pdf.

[2] https://w9.siemens.com/cms/supply-chain-management/en/sustainability/Documents/coc/Code_of_conduct_eng_5_FINAL.pdf.

[3] Vgl. die Pressemitteilung vom 31.7.2012, http://www.siemens.com/press/de/pressemitteilungen/?press=/de/pressemitteilungen/2012/corporate/axx20120735.htm.

Siemens AG ist, lässt das Interesse der Beschäftigten an solchen Vereinbarungen erkennen:

„Für die Arbeitnehmer und Gewerkschaften ist es von besonderer Bedeutung, dass sich global agierende Unternehmen zu den Menschen- und Arbeitnehmerrechten bekennen und danach handeln. Bei Siemens haben wir dies in unserer gemeinsamen Erklärung festgeschrieben..."[1]

Bei etwas kritischer Betrachtung dieses Rahmenabkommens könnte der Einwand erhoben werden, dass es sich lediglich um Selbstverständlichkeiten sowie um „warme Worte" handelt. Dass dies nicht zutreffend sein muss, hat sich zB an dem Abschnitt über die Vereinigungsfreiheit gezeigt. Wenige Wochen nach Unterzeichnung dieser Rahmenvereinbarung warf die IG Metall dem Unternehmen vor, bei einer Tochtergesellschaft in den USA die Gewerkschaftsarbeit massiv zu behindern, was eine Verletzung des Abkommens, namentlich des Bekenntnisses zur Tarif- und Vereinigungsfreiheit, darstelle.[2] Ohne auf die Einzelheiten dieser Auseinandersetzung einzugehen, wird daran ersichtlich, dass die „Folgenabschätzung" solcher Regelungen für den Arbeitgeber nicht unproblematisch ist. Das ist wohl auch der Grund dafür, warum insbesondere in anderen Branchen mit sehr viel mehr Beschäftigten im Niedriglohnsektor solche Vereinbarungen zumindest bislang sehr viel seltener abgeschlossen werden.

b) Schwan-Stabilo

Ein weiteres Beispiel eines TCAs ist die 2005 geschlossene Rahmenvereinbarung **231** von Schwan-Stabilo, einem großen mittelständischen Schreibgeräteherstellers, der über Produktionsstätten sowie Vertriebsgesellschaften in einem guten dutzend Ländern verfügt.[3] Auch hier werden die vier Hauptziele und Grundprinzipien der International Labour Organisation (ILO) – Beseitigung von Zwangsarbeit, Abschaffung von Kinderarbeit, Verbot der Diskriminierung in Beschäftigung und Beruf sowie Vereinigungsfreiheit und das Recht auf Kollektivverhandlungen – genannt.

Im Vergleich zu der oben dargestellten Siemens-Rahmenvereinbarung ist diese Vereinbarung noch knapper gehalten. Im Stile von Bullet-Points werden die folgenden Punkte in einem oder einigen wenigen Sätzen ausgeführt:
1. Freiwillige Beschäftigung
2. Keine Diskriminierung bei der Beschäftigung
3. Keine Kinderarbeit
4. Achtung des Rechts der Vereinigungsfreiheit und des Rechtes auf Tarifverhandlungen
5. Zahlung ausreichender Löhne
6. Keine überlangen Arbeitszeiten
7. Arbeitssicherheit und anständige Arbeitsbedingungen
8. Beschäftigungsbedingungen

Als Beispiele sollen die Ausführungen zu Ziff. 5. und 6. – Zahlung ausreichender Löhne und keine überlangen Arbeitszeiten – genannt werden:

---

[1] Vgl. die Pressemitteilung vom 31.7.2012, Vgl. die Pressemitteilung vom 31.7.2012, http://www.siemens.com/press/de/pressemitteilungen/?press=/de/pressemitteilungen/2012/corporate/axx20120735.htm.

[2] Vgl. Bericht der IG Metall vom 3.9.2012 – „Union Busting" bei Siemens USA – unter http://www.dialog.igmetall.de/artikel/datum/2012/09/03/titel/union-busting-bei-siemens-usa/. Wörtlich heißt es unter Bezug auf das Rahmenabkommen: *„Dieses Verhalten widerspricht eindeutig dem Rahmenabkommen. ... Jetzt muss sich zeigen, ob die Unterzeichnung des Abkommens lediglich eine leere Geste war ... Arbeitnehmerrechte enden nicht an der deutschen Grenze."*

[3] Vgl. die Pressemitteilung vom 8.9.2005: *„Schwan-Stabilo unterzeichnet Internationales Rahmenabkommen – Bekenntnis zu weltweit gleichen sozialen Standards für Mitarbeiter/-innen"*.

„Ziff 5: Löhne und andere Leistungen für eine normale Arbeitswoche müssen mindestens den gesetzlichen oder den für die Industrie geltenden Mindeststandards entsprechen. Alle Arbeitnehmer/innen erhalten in ihrer Sprache schriftliche und verständliche Informationen über ihren Lohn vor Arbeitsaufnahme und eine schriftliche Aufschlüsselung ihres Lohns.

Ziff. 6: Die Arbeitszeit ist im Einklang mit den geltenden Gesetzen oder nationalen Tarifverträge für jede Branche festzulegen."

Von Zulieferern wird ein vergleichbares Verhalten gefordert. Interessant an dieser Vereinbarung ist, dass ein sog. Monitoring Committee die Umsetzung der Vereinbarung überwachen soll. Dieses besteht aus je einem Vertreter der Geschäftsführung, des Betriebsrats, der IG Metall sowie des Internationalen Bundes der Bau- und Holzarbeiter (IBBH), der führenden Gewerkschaftsdachorganisation in dieser Branche. Eine Überprüfung soll in festen Abständen unter Einbeziehung der jeweiligen lokalen Gewerkschaften erfolgen. Als Sanktionsmechanismus ist lediglich festgelegt, dass im Verletzungsfall das Monitoring Committee den Sachverhalt prüfen und entsprechende Maßnahmen vorschlagen soll.

c) Andere Länder

232   In anderen Ländern, insbesondere in Frankreich, sind die Regelungen in derartigen Abkommen weitreichender.[1] Dort beinhalten solche Vereinbarungen häufig auch weitergehende Pflichten des Unternehmens, wie zB Informationen über anstehende Umstrukturierungen oder die geschäftliche Entwicklung.

233   Entsprechendes findet sich zB in Regelungen der Konzerne Arcelor Mittal, PSA Peugeot Citroën und Sodexo.[2]

234   In den skandinavischen Staaten, in denen ebenfalls einige Unternehmen TCAs abgeschlossen haben, beschränken sich diese Vereinbarungen – ähnlich wie die meisten deutschen Vereinbarungen – auf grundlegende Themen und Verweisungen auf internationale Konventionen.

235   Eine Ausnahme ist Chiquita (allerdings nur bezogen auf Südamerika). Auch Ford schloss am 25.4.2012 mit der International Metalworkers' Federation ein International Framework Agreement ab. Der Grund dafür, dass mehrheitlich solche Vereinbarungen in Europa abgeschlossen werden, ist darin zu sehen, dass die Gewerkschaften in Europa als maßgeblicher Verhandlungspartner – häufig unmittelbar oder über Vertreter in den Betriebs- bzw. Aufsichtsräten – oftmals eine in der Praxis starke Position haben.[3] Auch ist die gesellschaftliche Verankerung und Akzeptanz der Tarifpartner in der kontinentaleuropäischen Tradition intensiver als in anderen Staaten. Sie werden als Verantwortliche für die Arbeitsmarktpolitik und das Gemeinwohl angesehen.[4] Dementsprechend größer ist ihre Möglichkeit zur Einflussnahme. Darüber hinaus besteht gerade wegen der Heterogenität nationaler Rechtsauffassungen in europäischen Staaten das Bedürfnis der Sozialpartner, ein Verständnis für die gegenseitigen nationalen Ansätze zu gewinnen. Auf dieser Basis können gemeinsame Positionen gefunden werden, die sich mit den einzelnen Rechtsstatuten im Einklang befinden.[5]

---

[1] Vgl. hierzu ausführlich *Thüsing*, RdA 2010, 78 ff., insb. 89 ff.
[2] Abrufbar jeweils über die Unternehmenswebsites.
[3] *Hornung-Draus*, European Employer Organisations in: Industrielle Beziehungen, 5. Jg., Heft 2, 1998, S. 218 ff.
[4] *Hornung-Draus* European Employer Organisations in: Industrielle Beziehungen, 5. Jg., Heft 2, 1998, S. 220 ff.
[5] *Hornung-Draus* European Employer Organisations in: Industrielle Beziehungen, 5. Jg., Heft 2, 1998, S. 229 f.

III. Tarifvertrag – unterschiedliches Verständnis auf nationaler Ebene

Eine erhebliche Schwierigkeit bei der Einordnung von TCAs stellt das unterschiedliche Verständnis von Tarifverträgen dar, das sich in den einzelnen Rechtsordnungen entwickelt hat. Die nachfolgenden Ausführungen können und sollen die Eigenheiten sowie auch die Unterschiede nur im Überblick skizzieren, um verständlich zu machen, warum eine für eine Internationalisierung an sich notwendige Harmonisierung dieser Rechtsbereiche so komplex ist. **236**

1. Deutsches Recht

Nach dem deutschen Tarifvertragsgesetz sind Tarifverträge Vereinbarungen, die zwischen tarifvertragsfähigen Parteien abgeschlossen werden. In einem Tarifvertrag werden zunächst die Rechte und Pflichten der Vertragsparteien geregelt (schuldrechtlicher Teil). Als Beispiele können hier die Friedenspflicht und die Einwirkungspflicht, mit der auf die Verbandsmitglieder im Sinn eines tarifgemäßen Verhaltens eingewirkt werden soll, genannt werden. Hinzu kommt – als in der Praxis bedeutsamster Teil – die Festsetzung von arbeitsrechtlichen Normen, mit denen die Rechtsverhältnisse der Mitglieder der beteiligten Vertragsparteien mit unmittelbarer Wirkung geregelt werden (normativer Teil). Dazu gehört insbesondere die Regelung der Arbeitsverhältnisse (Lohnerhöhung, Wochenarbeitszeit etc.). **237**

Ein weiteres Charakteristikum des deutschen Tarifrechts ist, dass unter Umständen Tarifverträge auch für allgemeinverbindlich erklärt werden können, so dass nicht nur die Vertragsparteien an die Regelungen gebunden sind, sondern gleichsam eine gesetzliche Regelung geschaffen wird.[1] Diese Möglichkeit gibt es auch in anderen Ländern, so zB in Frankreich, Belgien, Spanien, den Niederlanden oder Finnland.[2] **238**

2. Anglo-Amerikanisches Recht

Sowohl in Großbritannien als auch in den USA weicht das Verständnis von Tarifverträgen erheblich vom deutschen Verständnis ab. Sehr viel stärker wird der Aspekt der Vertragsfreiheit betont. Tarifverträge werden zudem regelmäßig nicht mit einer Vereinigung der Arbeitgeber, wie dem Arbeitgeberverband, sondern mit den einzelnen Unternehmen abgeschlossen. Hinzu kommt, dass das Prinzip der Tarifeinheit nicht gilt. Jede Gewerkschaft ist – stark verkürzt dargestellt – im Grundsatz frei, für ihre Mitglieder mit den jeweiligen Unternehmen eigenständige Tarifverträge auszuhandeln. Zudem ist die rechtliche Verbindlichkeit von Tarifverträgen schwächer als im deutschen Recht ausgeprägt. **239**

Für die Durchführung des Tarifvertrages sind in den USA während dessen Laufzeit auf Arbeitnehmerseite die sog. „shop stewards" verantwortlich. Anders als im dualen Mitbestimmungssystem in Deutschland nimmt der shop steward sowohl Aufgaben des gewerkschaftlichen Vertrauensmannes als auch des Betriebsrates wahr. Eine seiner wichtigsten Aufgaben besteht darin, die Angehörigen der Tarifeinheit in der sog. „grievance procedure" zu vertreten. Diese stellt ein stark formalisiertes Beschwerde- und Schlichtungsverfahren innerhalb einer Tarifeinheit dar, aus dem durch Entscheidungen in Präzedenzfällen ein (Gewohnheits-)Rechtssystem in den einzelnen Tarifeinheiten entsteht. Diese auf Common law beruhende Rechtsprechung ist als „industrielle Gerichtsbarkeit" bezeichnet worden. Es gibt in den USA keine Arbeitsge- **240**

---

[1] Vgl. im Einzelnen § 5 TVG.
[2] In Österreich besteht über eine Pflichtmitgliedschaft der Unternehmen in der Wirtschaftskammer ein funktionales Äquivalent zur Allgemeinverbindlichkeit.

richte. Vielmehr können alle Regelungen der Tarifverträge zum Gegenstand der grievance procedure gemacht werden. Ihre Interpretation und Auslegung erfolgt in diesem Verfahren. Dieses wird in der letzten Instanz durch einen einvernehmlich von Gewerkschaft und Unternehmen bestellten neutralen Dritten (oder ein Kollegium) entschieden.[1]

241   In den USA sind die abgeschlossenen Tarifverträge nur für die Vertragspartner gültig, also für die Mitglieder der gewerkschaftlich organisierten Betriebe und für die jeweiligen Arbeitgeber. Ähnlich wie in Europa gelten die Tarifverträge als bürgerlichrechtliche Verträge, deren Bruch mit allen Regeln des Gesetzes bestraft werden kann. Die Erstreckung der Tarifverträge – etwa kraft Allgemeinverbindlicherklärung – auf sogenannte Außenseiterfirmen, die am Zustandekommen eines Tarifvertrages nicht beteiligt waren – besteht in den Vereinigten Staaten nicht. Eine Trennung von Lohn- und Manteltarifverträgen ist ebenfalls nicht üblich.

3. Kontinentaleuropäisches Verständnis

242   Das Kontinentaleuropäische Rechtsverständnis von Tarifverträgen hat – trotz der vielen nationalen Eigenheiten, deren Darstellung hier nicht möglich ist – auch auf der Basis eines stark reglementierten Arbeitsmarkts (zB in Frankreich, Italien, Österreich) Ähnlichkeiten mit dem deutschen Verständnis. Ergänzt werden dort tarifvertragliche Regelungen häufig durch weitergehende staatliche Eingriffe, zB bei der Festsetzung des Mindestlohns und der verhältnismäßig restriktiven Festlegung der Arbeitszeiten. Zudem sind gesetzliche Regelungen, die zur Allgemeinverbindlichkeit einzelner Regelungen bzw. ganzer Tarifverträge führen, deutlich ausgeprägter als im angloamerikanischen Raum.

4. Zusammenfassung

243   Im internationalen Vergleich bestehen grundlegende Unterschiede im Verständnis von kollektivrechtlichen Regelungen zwischen Arbeitnehmer- und Arbeitgebervertretern, die historisch bedingt sind. In den USA und Großbritannien werden Tarifverträge sehr viel stärker am Prinzip der Vertragsfreiheit gemessen, wohingegen in Deutschland und Kontinentaleuropa Tarifverträgen eine starke ordnungspolitische Funktion und insbesondere auch eine Friedensfunktion beigemessen werden. Diese Unterschiede erschweren die Harmonisierung des Rechts und damit auch den Abschluss von transnationalen kollektiven Regelungen.

IV. Europäisches Tarifrecht

1. Fehlende Regelungen nach EU-Recht

244   Derzeit gibt es noch keine Regelung über die rechtlichen Grundlagen von TCAs auf europäischer Ebene. Das Europäische Parlament hat die Entscheidung im Dezember 2012 zurückgestellt, mit dem ein Antrag des Wirtschafts- und Sozialausschusses unter Federführung des spanischen Abgeordneten Alejandro Cercas unterstützt werden sollte. Der Antrag beinhaltet eine Aufforderung an die Europäische Kommission, einen entsprechenden Vorschlag für einen Rechtsrahmen bei Restrukturierungen zu erarbeiten.[2] Er enthält detaillierte und weitgehende Vorgaben für den dann von der

---

[1] *Lösche/von Loeffelholz* in Länderbericht USA 2005, S. 387.
[2] Der zuständige Ausschuss des europäischen Parlaments des Berichterstatters, des spanischen Abgeordneten Alejandro Cercas, verabschiedete diesen Antrag an das Parlament zur Aufforderung der

C. Tarifrecht im grenzüberschreitenden Konzern

Kommission zu erarbeitenden Vorschlag. Der Antrag sieht unter anderem auch vor, dass Vereinbarungen über Restrukturierungen zwischen den Sozialpartnern geschlossen werden können.[1] Über die Möglichkeit eines Rechtsrahmens für Restrukturierungsvereinbarungen hinaus wird seitens der Europäischen Kommission auch die Verabschiedung einer rechtlichen Grundlage für TCAs erwogen.[2] Der Gewerkschaftsdachverband ETUC[3] unterstützt den Antrag an das Europäische Parlament und fordert einen generellen einheitlichen Rechtsrahmen für TCAs.[4] Der europäische Arbeitgeberverband BUSINESSEUROPE[5] erachtet eine Regelung weder für Restrukturierungen noch für TCAs als erforderlich oder sinnvoll.[6]

2. Andere Rechtsgrundlagen

Schon jetzt existieren im europäischen Recht einige Ansatzpunkte für Regelungen zwischen Arbeitgebern und Arbeitnehmern bzw. ihren jeweiligen Verbänden, die jedoch nicht als Grundlage für transnationale Tarifverträge oder ähnliche verbindliche kollektivrechtliche Vereinbarungen dienen können. 245

a) Sozialpartnervereinbarungen auf Basis von Art. 155 AEUV

Das europäische Primärrecht regelt in Art. 153 ff. des Vertrags über die Arbeitsweise der Europäischen Union (AEUV)[7] den sozialen Dialog zwischen Sozialpartnern. Art. 155 Abs. 1 AEUV sieht – vorsichtig formuliert *(„... kann, falls sie es wünschen ...")* – vor, dass als Folge des sozialen Dialogs die Möglichkeit der Sozialpartner besteht, vertragliche Beziehungen „herzustellen" sowie Vereinbarungen zu schließen. Art. 155 Abs. 2 AEUV verweist bezüglich der Umsetzung auf die nationalen Gepflogenheiten und mit Blick auf die in Art. 153 AEUV geregelten Bereiche auf einen gemeinsamen Antrag der Sozialpartner durch einen ggf. einstimmigen Beschluss des Rates der Europäischen Union.[8] Die hier interessierende Frage ist, ob einer solchen 246

Kommission mit großer Mehrheit am 4.12.2012 („*MOTION FOR A EUROPEAN PARLIAMENT RESOLUTION with recommendations to the Commission on Information and consultation of workers, anticipation and management of restructuring* (2012/2061(INI)"); der Antrag findet sich unter http://www.europarl.europa.eu/.

[1] Vgl. dazu die Vorgaben zu den kollektiven Vereinbarungen (Deutsch d. d. Verf.): „*Empfehlung 9: Vereinbarungen über die Bewältigung von Umstrukturierungen*
1. *Unternehmen und die Vertreter ihrer Arbeitnehmer handeln gegebenenfalls Tarifverträge zur Regelung der sich aus der vorgesehenen Umstrukturierung ergebenden Probleme aus.*
2. *Die Bestimmungen der Empfehlungen 6 und 7 beziehen sich nicht auf Unternehmen und Arbeitnehmer, die unter eine Vereinbarung fallen, die auf relevanter Ebene und mit den relevanten Parteien über die Verfahren und Mechanismen zur Vorbereitung, sozial verantwortungsvollen Verwaltung und Minimierung der betriebsinternen Kosten der Umstrukturierung geschlossen wurde.*" Es ist anzumerken, dass die ausgenommenen Empfehlungen 6 und 7 sich auf die folgenden Beteiligungsrechte beziehen: Empfehlung 6: frühzeitige Vorbereitung; Empfehlung 7: Unterrichtung und Anhörung bei betrieblichen Entscheidungen.
[2] „Entschließung des Europäischen Parlaments vom 12.9.2013 zu den grenzüberschreitenden Kollektivverhandlungen und zum transnationalen sozialen Dialog", Dokument A7–2013-0258, auf Grundlage des Berichts von *Händel*, Dokument A7–0258/2013.
[3] European Trade Union Confederation. Dabei handelt es sich um den Europäischen Dachverband der Gewerkschaften mit Sitz in Brüssel, der 1973 gegründet wurde.
[4] Brussels European Employee Relations Group – Global Labor Newsletter vom 19.12.2012, S. 1 f.
[5] Weitere Informationen unter http://www.businesseurope.eu/Content/Default.asp?
[6] Brussels European Employee Relations Group – Global Labor Newsletter vom 19.12.2012, S. 1 f.
[7] In der Fassung aufgrund des am 1.12.2009 in Kraft getretenen Vertrages von Lissabon.
[8] Art. 153 AEUV sieht die Regelung von Themen wie Arbeitsbedingungen oder Chancengleichheit sowie – hier besonders interessierend – Vertretung und kollektive Wahrnehmung der Arbeitnehmer- und Arbeitgeberinteressen, einschließlich der Mitbestimmung, vorbehaltlich des Abs. 5 vor. In Abs. 5 werden allerdings das Arbeitsentgelt, das Koalitionsrecht, das Streikrecht sowie das Aussperrungsrecht aus dem Regelungsbereich ausgenommen.

Sozialpartnervereinbarung nach Art. 155 AEUV eine Wirkung zukommt, die einem deutschrechtlichen Tarifvertrag entsprechen würde.[1] Das ist bereits deswegen fragwürdig, da Art. 155 Abs. 1 AEUV die Reichweite und insbesondere Verbindlichkeit solcher Vereinbarungen nicht hinreichend bestimmt, um hierfür eine zureichende Rechtsgrundlage zu sein. Im Übrigen spricht auch der originäre Wortlaut dieser Regelung gegen Tarifverträge in diesem Sinne.[2] Diese Auffassung wird durch die Regelung des Art. 153 Abs. 5 AEUV bestätigt, der das Arbeitsentgelt sowie das Koalitionsrecht aus dem Regelungsbereich von Art. 153 AEUV, auf den Art. 155 Abs. 1 AEUV verweist, herausnimmt.

b) EU-Grundrechtecharta der Europäischen Kommission

247 Auch die EU-Grundrechtecharta regelt im Rahmen der Vereinigungsfreiheit, dass Gewerkschaften gegründet werden dürfen und Arbeitnehmer diesen beitreten dürfen.[3] Damit enthält Art. 12 der Charta die positive und negative Koalitionsfreiheit.[4] Mit der Erwähnung der Gewerkschaften setzt der europäische Gesetzgeber zwar zumindest stillschweigend voraus, dass Gewerkschaften – wie auch immer geartete – Vereinbarungen schließen können. Ein darüber hinausgehender Regelungscharakter für Tarifverträge wohnt dieser Regelung jedoch nicht inne.

c) EMRK

248 Auch die Europäische Konvention zum Schutze der Menschenrechte und Grundfreiheiten von 1950 (EMRK) sieht in Art. 11 EMRK ein Recht auf freie Bildung von Gewerkschaften vor.[5] Auch dieses Recht beinhaltet implizit, dass eine Interessenvertretung auf Seiten der Beschäftigten gebildet werden kann, um entsprechende Verhandlungen für die Arbeitnehmer zu führen. Weitergehenden Regelungscharakter mit Blick auf Tarifverträge hat jedoch auch diese Norm nicht.

d) Zusammenfassung

249 Verschiedene Rechtsgrundlagen in der Europäischen Union beinhalten das Recht auf die Bildung von Gewerkschaften. Aus diesem allgemeinen Recht auf Vereinigung lässt sich zwar ein Recht ableiten, die Interessen der Beschäftigten auch in Verhandlungen zu vertreten, die schließlich in Vereinbarungen kollektiver Art münden können. Weitergehende Regelungen, wie solche Vereinbarungen aussehen können, gibt es nicht. Grundlagen eines europäischen Tarifvertragsrechts liegen daher derzeit noch nicht vor.

3. Weitere Entwicklung auf europäischer Ebene

250 Die weitere Entwicklung bleibt abzuwarten. Sollte die EU tatsächlich einen Rechtsrahmen vorgeben, so wird das damit verbundene „Korsett" aller Voraussicht nach in

---

[1] Vgl. dazu *Benecke* in Grabitz/Hilf/Nettesheim, Das Recht der Europäischen Union, 45. Ergänzungslieferung 2011, Art. 155 Rn. 3 bis 5 mwN.
[2] So *Krebber* in Calliess/Ruffert EUV/AEUV, 4. Aufl. 2011. Art. 155 (ex-Art. 139 WGV), Rn. 3.
[3] Vgl. den Wortlaut von Art. 12 Abs. 1 der Grundrechtecharta: „Jede Person hat das Recht, sich insbesondere im politischen, gewerkschaftlichen und zivilgesellschaftlichen *Bereich auf allen Ebenen frei und friedlich mit anderen zu versammeln und frei mit anderen zusammenzuschließen*, was das Recht jeder Person umfasst, zum Schutz ihrer Interessen Gewerkschaften zu gründen und Gewerkschaften beizutreten."
[4] *Ruffert* in: Callies/Ruffert, EUV/AEUV Kommentar, 4. Auflage 2011, GRCh Art. 12 Rn. 14.
[5] Vgl. den Wortlaut von Art. 11 Abs. 1 EMRK: *„Jede Person hat das Recht, sich frei und friedlich mit anderen zu versammeln und sich frei mit anderen zusammenzuschließen; dazu gehört auch das Recht, zum Schutz seiner Interessen Gewerkschaften zu gründen und Gewerkschaften beizutreten."*

Anbetracht der unterschiedlichen rechtlichen Verständnisse der Mitgliedsländer von einem TCA nicht eng geschnürt sein, um bestehende Handlungsspielräume nicht zu sehr einzuengen. Dabei ist durchaus fraglich, ob es eines überhaupt regulierenden Rechtsrahmens bedarf, oder ob man nicht bereits die bestehenden TCAs als Zeugnis dafür heranziehen kann, dass ohne hoheitliche Vorgaben zwischen Vertragspartnern Vereinbarungen entstehen können.

V. Internationales Tarifrecht

Auf internationaler Ebene gibt es verschiedene völkerrechtlich bindende Vereinbarungen, die Regelungen zu grundlegenden Themen vorsehen, wie beispielsweise das Verbot von Kinderarbeit,[1] Standards zur Arbeitssicherheit[2] oder das Verbot von Zwangsarbeit („forced labor")[3] oder schließlich das Recht auf Bildung von Gewerkschaften. Bei diesen Normen des Völkerrechts ist zu beachten, dass sie nur die Vertragsstaaten verpflichten und von diesen umgesetzt werden müssen, nicht jedoch Private (so zB die ILO-Übereinkommen). Ein spezielles internationales Tarifrecht, das einen Rechtsrahmen für Verträge zwischen Arbeitgebern und Arbeitnehmern bzw. den jeweiligen Vertretungen vorgibt, gibt es jedoch auf internationaler Ebene nicht. 251

Gleichwohl werden die oben angesprochenen TCAs bzw. International Framework Agreements gerade auch mit Blick auf die weltweiten Tochtergesellschaften vereinbart.[4] Auch wenn solche Vereinbarungen ganz überwiegend von Konzernen mit Sitz in Europa abgeschlossen wurden, ist dennoch zu erwarten, dass eine weltweite Zunahme solcher Vereinbarungen zu verzeichnen sein wird. Denn letztlich überwiegen die Vorteile eines Abschlusses, sofern der Umfang der Regelungen mit Bedacht gewählt ist. Die Unternehmen – und dies dürfte weltweit in vielen Fällen gelten – werden durch die relativ weichen Regelungen wirtschaftlich nicht unmittelbar belastet. So besteht die Skepsis im US-amerikanischen Raum auch vorrangig gegenüber solchen Vereinbarungen, die auch tatsächlich justiziabel sind.[5] Aus der Mehrzahl der TCAs resultiert jedoch zumeist keine rechtliche, sondern vielmehr eine faktische Verpflichtung: Entweder werden bereits die konzernangehörigen Unternehmen nicht in die Regelung rechtlich wirksam miteinbezogen oder der Rechtsweg für Streitigkeiten ist ohnehin ausgeschlossen.[6] Dann handelt es sich letztlich um eine Regelung, bei der der Anspruchsberechtigte auf das Wohlwollen des „Verpflichteten" angewiesen ist. Die Verpflichtung besteht dann seitens des Unternehmens mittelbar durch potentiellen öffentlichen Druck bei Zuwiderhandlungen. Damit einher geht jedoch auch ein gesteigertes Ansehen, sofern die Regelungen befolgt werden: Denn die Vereinbarungen beinhalten nicht nur einen selbst gesetzten Wertekanon wie zB bei einem „Code of Conduct", sondern gewinnen in der Außendarstellung bereits deshalb an Bedeutung, da sie gemeinsam mit Gewerkschaften vereinbart werden. 252

Auf der anderen Seite versprechen sich die Gewerkschaften vom Abschluss der TCA eine höhere Anerkennung ihrer Organisationen und der Arbeitnehmerrechte auf glo- 253

---

[1] Art. 32 der UN-Kinderrechtskonvention; ILO-Übereinkommen Nr. 182 vom 1.6.1999.
[2] So zB der Bangladesh Accord on Fire and Building Safety vom 13.5.2013, der durch mittlerweile mehr als 100 internationalen Produzenten und Händler von Textilien unterzeichnet wurde.
[3] ILO-Übereinkommen Nr. 105 vom 5.6.1957.
[4] So bei BMW am 26.4.2005, bei Volkswagen am 6.6.2002, bei Hochtief am 15.3.2000, bei IKEA im Mai 1998 (Website mit IFA-Liste: http://www.global-unions.org/framework-agreements.html).
[5] *Kaufer*, Soft Law International Framework Agreements and tough problems for employers, American Bar Association – Annual Section of Labour and Employment Law, New Orleans Conference International Panel 2013.
[6] *Thüsing* RdA 2010, 78 (92).

baler Ebene zu erreichen. Dies gilt gerade für die Regionen und Länder, in denen die nationale Arbeitsgesetzgebung nur rudimentär vorhanden ist oder unzureichend durchgesetzt wird.[1] Auf diese Weise soll die Rolle der Gewerkschaften als Förderer der Regulierung von Arbeitsverhältnissen auf internationaler Ebene gestärkt werden.[2] Auch wird teilweise eine Verbindung zwischen dem Abschluss eines Transnational Collective Agreement und dem Entstehen von supranationaler Interessenvertretungen in internationalen Konzernen gesehen.[3]

Eine weitere Absicht besteht darin, elementare Unterschiede zwischen Arbeitsbedingungen auf dem globalisierten Arbeitsmarkt einzuebnen und dadurch entstehende etwaige Wettbewerbsvorteile für Unternehmen zu eliminieren. Ob dies mit dem Instrument eines TCA gelingen mag, darf freilich bezweifelt werden.

VI. Grenzüberschreitende Gestaltungsmöglichkeiten für Konzerne

254   Die nachfolgenden Ausführungen sollen grenzüberschreitende Gestaltungsmöglichkeiten aufzeigen, die über die gegenwärtig in den von deutschen Konzernen abgeschlossenen TCAs enthaltenen Regelungen hinausgehen.

1. Ziel: Vereinheitlichung der Regeln im Konzern

255   Zahlreiche Konzerne sind bestrebt, eine einheitliche Regelung für alle Beschäftigten in ausgewählten Regelungsbereichen zu erreichen. So mag zB beabsichtigt sein, in mehreren nationalen Gesellschaften die gleichen Fortbildungsregelungen zu treffen, um „Begehrlichkeiten" der Belegschaften zu verhindern. Die gemeinsame Rechtsgrundlage kann hier zunächst nur
– eine einheitliche einseitige Vorgabe sein („Konzernrichtlinie für Fortbildung") oder
– eine zweiseitige Vereinbarung in einem TCA darstellen.

2. Problemstellung: Nationalstaatlich unterschiedliche Prägung des Tarifvertragsrechts

256   Wie oben gezeigt, ist das Tarifvertragsrecht stark national geprägt. Entgegenstehende zwingende nationale Vorgaben müssen selbstverständlich bei der Abfassung von TCAs beachtet werden. Daher ist bei einer konzernweiten Vereinbarung für jedes Land zu prüfen, ob Tarifverträge oder sonstige kollektive Regelungen, für allgemeinverbindlich erklärte Tarifverträge oder gesetzliche Regelungen entgegenstehen. Für den Fall, dass es keine entgegenstehenden zwingenden Regelungen gibt (zB zur Flexibilisierung von Arbeitszeiten), wäre der Weg für eine konzernweit gültige Regelung im Grundsatz frei, soweit – und das ist das nächste Problem – eine Übernahme dieser Vereinbarung in das jeweilige Land nach nationalem Recht möglich ist. Eine solche Übernahme kann zB durch einseitige Verbindlichkeitserklärung seitens der Tochtergesellschaft erfolgen. Auch eine solche Verbindlichkeitserklärung untersteht freilich stets der jeweiligen nationalen Rechtsordnung. Denkbar wäre auch die Zustimmung einer nationalen Gewerkschaft.

257   Die verschiedenen Gestaltungsvarianten zeigen die Herausforderung für den Konzern. Wenn ein Konzerntarifvertrag nicht nur erweiternde Rechte für die Beschäftig-

---
[1] *Thüsing* RdA 2010, 78 (80).
[2] *Wilke/Schütze*, Background Paper on International Framework Agreements for a meeting of the Restructuring Forum devoted to transnational agreements at company level, S. 7.
[3] *Wilke/Schütze*, Background Paper on International Framework Agreements for a meeting of the Restructuring Forum devoted to transnational agreements at company level, S. 11 f.

ten vorsieht, sondern auch Eingriffe in deren Rechtspositionen ermöglicht (zB Mehrarbeit, Mobilität im Konzern etc.), liegt hierin zumindest auch die Konkretisierung von arbeitsvertraglichen Regelungen zwischen der Tochtergesellschaft als Arbeitgeber und dem einzelnen Beschäftigten. Eventuell ist sie auch eine zustimmungsbedürftige Vertragsänderung. Eine solche Zustimmung könnte dadurch erfolgen, dass entweder der einzelne Arbeitnehmer oder – soweit vorhanden und vor allem rechtlich zulässig – eine oder mehrere einzelstaatliche Gewerkschaften ihr Einverständnis hierzu erklären. Hierdurch würde die Regelung eine bindende Wirkung mit unmittelbaren Rechtsansprüchen für Arbeitnehmer und/oder Gewerkschaft begründen, soweit dies die Vertragsfreiheit des jeweiligen Staates zulässt. Zu dieser Option besteht – soweit ersichtlich – noch keine politische oder juristische Diskussion.

Die oben skizzierte Umsetzungsproblematik ist der Grund dafür, warum TCAs bislang nur relativ „weiche" Rechte zum Gegenstand haben. Die Rechte sind zumeist derart formuliert, dass ihnen ein klar umrissener Inhalt fehlt und sie sowohl für die Arbeitnehmer als auch den Arbeitgeber nicht in durchsetzbaren Ansprüchen resultieren.[1] Auf diese Weise wird eine Kollision mit nationalem Recht umgangen. **258**

3. Wesen des TCAs

Wenn man den deutschrechtlichen Ansatz außer Acht lässt, dass ein Tarifvertrag normative Wirkung entfaltet, so bleiben drei wesentliche Charakteristika bestehen, die einen TCA auszeichnen: **259**

Zum einen Abschluss durch die „richtigen", dh die kompetenten und abschlussbefugten Vertragspartner: nämlich ein Unternehmen bzw. die Holding für die Unternehmensgruppe einerseits und eine Gewerkschaft bzw. einen Gewerkschaftsverband andererseits sowie zum zweiten kollektive Regelungen zum Inhalt der Arbeitsverhältnisse oder der Interessenvertretung der Arbeitnehmer. Schwierigkeiten bereitet jedoch das dritte Kriterium: denn uE muss der Kollektivvertrag anspruchsbegründend sein, entweder für die tarifschließende Gewerkschaft oder sogar für die einzelnen Arbeitnehmer. Entsprechende unmittelbare Ansprüche werden jedoch nicht durch alle Staaten einheitlich gewährt. **260**

4. Anwendbares Recht für einen Konzerntarifvertrag und denkbare Anknüpfungspunkte

Wenn ungeachtet der diskutierten Unterschiede gleichwohl ein Konzerntarifvertrag ins Auge gefasst werden soll, so ist als Vorfrage das anwendbare Recht zu klären.[2] Ziel eines Konzerntarifvertrags sollte es idealerweise sein, dass der Vertrag einem einheitlichen Recht unterliegt. Ansonsten könnte das Problem auftreten, dass eine Klausel je nach Rechtsordnung unterschiedlich beurteilt wird. Dagegen und für die Gültigkeit abweichender Rechtsordnungen spricht jedoch, dass Streitigkeiten vor den jeweiligen Arbeitsgerichten ausgetragen werden, und die Anwendbarkeit eines fremden Rechts die Rechtssicherheit nicht gerade fördert. Im Ergebnis bedeutet die letztgenannte Ansicht, dass das Recht anwendbar sein sollte, das auf das jeweilige Arbeitsverhältnis An- **261**

---

[1] *Kaufer,* Soft Law International Framework Agreements and tough problems for employers, American Bar Association – Annual Section of Labour and Employment Law, New Orleans Conference International Panel 2013.
[2] Diese Frage wird in den bisherigen Transnational Collective Agreements, die von deutschen Konzernen abgeschlossen wurden, weitgehend ausgespart. Das dargestellte Rahmenabkommen von Siemens weist nur auf die Maßgeblichkeit der deutschen Fassung hin.

wendung findet. Ist keine Rechtswahl vorgenommen, so ist ohnehin das jeweilige Arbeitsvertragsstatut maßgeblich.[1]

262 Nachfolgend soll ausgeführt werden, welche Anknüpfungspunkte für die Rechtswahl als denkbar erscheinen. Dass eine Rechtswahl bei grenzüberschreitenden Tarifverträgen möglich ist, wird in der Literatur anerkannt.[2] Dies scheint auch eine Entscheidung des BAG aus dem Jahr 1991 zu bestätigen.[3]

a) Konzernmuttergesellschaft

263 Hinsichtlich des anzuwendenden Rechts ist es aus Sicht der Konzernmuttergesellschaft aus praktischen Gründen nahe liegend, das Recht am Sitz der Gesellschaft anzuwenden, da dort oft die größte Zahl der Mitarbeiter tätig ist. So lässt sich vermeiden, dass ausländische Gerichte in Auslegung und Anwendung der Regelungen ihre nationale Rechtsauffassung und -prägung einfließen lassen.

b) Tochterunternehmen als Arbeitgeber

264 Ein weiterer Anknüpfungspunkt für das Tarifvertragsrecht wäre das jeweilige Recht des Staates der Tochterunternehmen. Wie oben angesprochen, läuft zwar eine solche Anwendbarkeit der einheitlichen Rechtswahl zuwider. Gleichwohl überwiegen, wenn der Blick auf die Durchsetzbarkeit der Regelungen gerichtet wird, nach unserer Auffassung die Vorteile einer abweichenden Rechtswahl.

c) Beschäftigungsort des Arbeitnehmers, Arbeitsvertragsstatut

265 Als weitere Möglichkeit bleibt die Anknüpfung an den Beschäftigungsort des Arbeitnehmers oder die arbeitsvertraglich vereinbarte Rechtsordnung. In der Regel fallen jedoch Beschäftigungsort des Arbeitnehmers und Sitz der jeweiligen Gesellschaft als Arbeitgeber und das vereinbarte Recht und der Arbeitsort[4] nicht auseinander. Daher sollte auch aus Gründen der Rechtssicherheit das Recht des Landes des jeweiligen Arbeitgebers gewählt werden.

d) Zusammenfassung

266 So sehr auch die einheitliche Rechtswahl mit der regelmäßigen Anknüpfung an das Recht der Konzernmuttergesellschaft wünschenswert wäre, so komplex erscheint dies mit Blick auf die Beschäftigten bei den Tochtergesellschaften. Daher spricht manches dafür, unterschiedliche Rechtsordnungen gelten zu lassen.

5. Denkbare Umsetzung von konzernweit gültigen Regelungen

267 Nachfolgend soll dargestellt werden, wie eine konzernweite Regelung ausgestaltet und umgesetzt werden könnte.

a) Ein Tarifvertrag für den Konzern

268 Die Ausgestaltung könnte so erfolgen, dass auf Ebene der Konzernmuttergesellschaft der Tarifvertrag zumindest mit „Ausstrahlungswirkung" auf alle Tochtergesellschaften und Beschäftigten geschlossen wird, indem bspw. ergänzend konzerninterne Regelungen die Tochtergesellschaften zur Anwendung verpflichten. Dabei wird der Vertrag nur

---

[1] *Löwisch/Rieble,* TVG, Grundlagen Rn. 347; ErfK/*Schlachter,* Art. 9 Rom I-VO Rn. 32.
[2] *Däubler,* TVG Einleitung Rn. 668 mwN.
[3] BAG 11.9.1991 – 4 AZR 71/91, NZA 1992, 321.
[4] Ausnahmen treten freilich insbesondere bei Entsendungskonstellationen auf.

zwischen der Konzernmuttergesellschaft und den entsprechenden Beteiligten auf Beschäftigtenseite geschlossen, wie dies in dem oben genannten Abkommen von Siemens der Fall war. Eine unmittelbare Beteiligung der Tochtergesellschaften erfolgt nicht, gleiches gilt für die Beteiligung der Beschäftigten der Tochtergesellschaften. Die Frage nach der Umsetzung des Vertrags auf der Ebene der Konzerngesellschaften und die Frage, woraus sich eine entsprechende Pflicht zur Umsetzung ergibt, bleibt in dieser Alternative jedoch unbeantwortet und führt zu dem sogleich darzustellenden mehrgliedrigen Konzerntarifvertrag.

b) Mehrgliedriger Konzerntarifvertrag

Ein mehrgliedriger Tarifvertrag bedeutet nach deutschem Tarifvertragsverständnis, dass mehrere Arbeitgeberverbände bzw. Unternehmen oder mehrere Gewerkschaften sich binden. Übertragen auf einen internationalen, mehrgliedrigen Konzerntarifvertrag bedeutet dies, dass die Vereinbarung (auch) zwischen den einzelnen Konzernunternehmen und den jeweiligen Vertretungen der Arbeitnehmer, ggf. auch unter Einbeziehung der Gewerkschaftsdachverbände, geschlossen wird. **269**

Ein solcher mehrgliedriger Konzerntarifvertrag kann wie folgt umgesetzt werden: **270**

aa) Eigenständige Umsetzung auf nationaler Ebene

Tarifverträge können zunächst jeweils auf nationaler Ebene abgeschlossen werden. Das bedeutet, dass in jedem Land ein eigener Firmentarifvertrag, der im Wesentlichen den Regelungen des Konzerntarifvertrags entspricht, für die dortigen Tochtergesellschaften abgeschlossen wird, soweit ein solcher nach nationalem Recht zulässig ist. **271**

bb) Umsetzung durch Beitritt zum Konzerntarifvertrag

Ein konzernweite Umsetzung könnte auch dadurch erfolgen, dass die einzelnen Landesgesellschaften dem Konzerntarifvertrag beitreten oder dass die Konzernmuttergesellschaft in Vollmacht der Tochtergesellschaften handelt. Für die Tochtergesellschaften erscheint dies relativ unproblematisch, da die Geschäftsführungen den Beitritt erklären oder die Vollmacht ihrer Konzernmuttergesellschaft erteilen können.[1] Eine Mitwirkung der Vertretungen der Beschäftigten erscheint dagegen deutlich komplexer und ist wiederum von den nationalen Besonderheiten abhängig. Ein einseitiger Beitritt durch die Tochtergesellschaften dürfte zwar diese in vielen Fällen binden, nicht jedoch die Beschäftigten. Denkbar sind hier jedoch in gewissem Umfang entsprechende Verpflichtungserklärungen der Mitarbeiter, die zB Bestandteil des Arbeitsvertrages sein können. Die genaue Ausgestaltung und der zulässige Umfang der Selbstbindung der Arbeitnehmer hängt jedoch ganz erheblich von der jeweiligen nationalen Rechtsordnung ab, die dann im Einzelfall sorgfältig geprüft werden muss. **272**

c) Grenzen der Tarifautonomie: zwingendes nationales Recht

Wie oben ausgeführt, steht die jeweilige Umsetzung stets unter dem Vorbehalt des nationalen Rechts. Aus Sicht des Praktikers drängen sich hier Fragen auf: Wie kann zB **273**

---

[1] Vgl. zu dem Abschluss eines Tarifvertrags der Konzernmuttergesellschaft für ihre Tochtergesellschaften das Urteil des BAG vom 7.7.2010 – 4 AZR 120/09, NZA-RR 2011, 137, zu dem folgender Orientierungssatz erging: *„Ein Unternehmen wird nur dann Partei eines Tarifvertrags, wenn es diesen selbst abgeschlossen hat oder bei seinem Abschluss in einer dem Schriftformzwang für Tarifverträge (§ 1 Abs. 2 TVG) genügenden, im Tarifvertrag selbst zum Ausdruck gekommenen Deutlichkeit durch ein anderes Unternehmen rechtsgeschäftlich vertreten wurde. Der Abschluss eines Tarifvertrags durch ein herrschendes Unternehmen, der sich auch Geltung für die Tochterunternehmen beimisst, reicht zur Begründung der Tarifgebundenheit eines Tochterunternehmens an diesen Tarifvertrag allein nicht aus."*; vgl. zum Geltungsbereich von Rahmenabkommen auch *Dzida/Reinhard* BB 2012, 2241 f.

der Projektverantwortliche aus der Rechts- oder Personalabteilung in einer Konzernzentrale abschätzen, ob nicht ausländisches Tarifrecht mit Blick auf die dortige Tochtergesellschaft einem entsprechenden (noch zu verhandelnden) Konzerntarifvertrag entgegensteht? Wie verhält es sich mit dem Arbeitsrecht in einer Sonderwirtschaftszone?[1]

274   Wer solche Projekte in der Praxis begleitet weiß, dass es auch bei Einsatz beträchtlicher Beratungsbudgets selten möglich ist, sämtliche Rechtsfragen vorbehaltlos zu klären. Bereits aus Vorsichtsgründen empfiehlt es sich daher, einen expliziten Vorbehalt zugunsten des nationalen Rechts in jeden Vertragstext mit aufzunehmen.[2]

6. Zusammenfassung und Empfehlungen

275   Wir sehen es infolge der Unterschiede in den Rechtsordnungen schon innerhalb der EU derzeit nicht als möglich an, dass konzernweite Tarifverträge mit „harten Themen" wie Gehalt und Arbeitszeit für alle Konzerngesellschaften einheitlich geschlossen werden, selbst wenn alle Tochtergesellschaften und ihre Beschäftigten oder ihre Vertretungen einem ausgehandelten Tarifvertrag zustimmen.

276   In Anbetracht der Unterschiedlichkeit der Rechtsordnungen erscheint es aus praktischer Sicht sinnvoller, wenn multinationale Konzerne ihre in Deutschland vereinbarten und gewollten Regelungen mittelbar über ihre wesentlichen Tochtergesellschaften umsetzen, die ihrerseits entsprechend den dort vorgeschriebenen Regeln Tarifverträge abschließen, vielleicht im Sinne eines „internationalen Anerkennungstarifvertrages". Im Ergebnis würde es sich dann um mehrgliedrige oder parallele Tarifverträge handeln. Auf diesem Weg könnten zumindest wesentliche Landesgesellschaften erfasst werden.

277   Sollte ein Abschluss von Tarifverträgen in einer Landesgesellschaft nicht möglich oder sinnvoll sein, empfehlen wir, dass – wenn konzerneinheitliche Regelungen gewünscht sind – in diesem Fall mit Empfehlungsrichtlinien der Konzernmuttergesellschaft gearbeitet wird, die auf nationaler Ebene von den jeweiligen Tochtergesellschaften mit der notwendigen Flexibilität unter Berücksichtigung der jeweiligen Rechtsordnung einseitig umgesetzt werden können. Diese notwendige Flexibilität dürfte grundlegend sein, um die bestehenden rechtlichen Hürden zu überwinden. Dass letztlich dann nur harmonisierte, aber keine einheitlichen Regelungen im Konzern gelten, ist im Ergebnis hinzunehmen.

VII. Fazit

278   TCAs sind unseres Erachtens ein taugliches Mittel, konzernweit Mindeststandards zu vereinbaren. Weitergehende grenzüberschreitende kollektivrechtliche Maßnahmen stehen vor der Herausforderung, dass das Rechtsverständnis eines Tarifvertrags in den maßgeblichen nationalen Rechtsordnungen schon innerhalb der EU nicht deckungsgleich ist. Dabei ist auf internationaler Ebene nicht zu erwarten, dass eine Angleichung stattfindet. Sollte auf europäischer Ebene ein Rechtsrahmen geschaffen werden, wäre das jedenfalls mit Blick auf die europäischen Konzerngesellschaften ein großer Schritt nach vorne und würde die komplexe Umsetzung von Vereinheitlichungsbestrebungen

---

[1] Als abgegrenzte Gebiete innerhalb des Wirtschaftsraumes eines Staates gelten für Sonderwirtschaftszonen neben zoll- und steuerrechtlichen Sonderbestimmungen und administrativen Vergünstigungen häufig auch arbeitsrechtliche Besonderheiten, wenn die dort gefertigten Güter nicht in den inländischen Warenverkehr gebracht werden.

[2] Der Vorbehalt könnte wie folgt formuliert werden: *„Die vorstehenden Regelungen des Konzerntarifvertrags gelten nur, soweit ihnen zwingendes nationales Recht nicht entgegensteht".*

erleichtern. Ohne einen solchen europäischen Rechtsrahmen bleibt es bei den bisherigen Möglichkeiten, konzerneinheitliche Lösungen für Themen zu finden, die über die von TCAs regelmäßig erfassten Mindeststandards hinausgehen (mehrgliedrige bzw. parallele Tarifverträge in verschiedenen Ländern bzw. ergänzend Konzernrichtlinien, die der Umsetzung bedürfen).

D. Arbeitskampf und Arbeitskampfrecht

I. Einleitung

279   Im Zuge der Fortentwicklung des gemeinsamen Binnenmarkts der Europäischen Union war es nur eine Frage der Zeit, bis sich der Europäische Gerichtshof (EUGH) zu Arbeitskampfmaßnahmen grundsätzlich äußern würde, in denen grenzüberschreitende Sachverhalte betroffen sind. In seinen Entscheidungen Viking und Laval (s. hierzu jeweils → Rn. 280 und Rn. 281) aus dem Jahr 2007 hatte das Gericht insbesondere abzuwägen, ob und inwieweit ein Streik in die Rechte von Unternehmen auf die Niederlassungs- bzw. Dienstleistungsfreiheit innerhalb der Europäischen Union eingreifen durfte (→ Rn. 282). Die beiden Entscheidungen riefen eine lebhafte Debatte hervor, ob und inwiefern Arbeitskampfmaßnahmen auf europäischer Ebene geregelt werden sollten und in Anbetracht der völlig unterschiedlichen nationalen Rechtsordnungen und des Verständnisses von Arbeitskampfmaßnahmen überhaupt geregelt werden konnten.[1] Doch auch international sind Arbeitskampfmaßnahmen in Bewegung. Zu nennen sind in jüngster Zeit verstärkt auftretende internationale sog. Global Union Campaigns, mit denen zB Arbeitnehmer aller Standorte eines Weltkonzerns mobilisiert werden sollen, um Ziele durchzusetzen. Hinzu kommen „name-and-shame"-Kampagnen, die weltweit tätige Unternehmen unter Druck setzen sollen, zB durch Anprangerung des Umgangs mit Arbeitnehmern in einem Tätigkeitsland (vgl. zu diesen internationalen Entwicklungen → Rn. 285 f.). Konzerne müssen auf diese Entwicklungen vorbereitet sein, um zeitnah reagieren zu können. Nachfolgend werden die rechtlichen Rahmenbedingungen von Arbeitskämpfen mit internationalem Bezug aufgezeigt.

II. Beispiele

1. Entscheidungen des EUGH aus dem Jahr 2007

a) Ausgangssachverhalt: Viking[2]

280   Eine finnische Fährlinie „Viking-Line" wollte im Wesentlichen unter Berufung auf die europäische Niederlassungs- bzw. Dienstleistungsfreiheit eine „Umflaggung" in einen baltischen Staat vornehmen, was ein deutlich niedrigeres Lohnniveau für die Beschäftigten bedeutete. Die zuständige finnische Gewerkschaft drohte Arbeitskampfmaßnahmen gegen „Sozialdumping" an.

b) Ausgangssachverhalt: Laval[3]

281   Das Bauunternehmen „Laval" aus einem baltischen Staat erhielt einen Auftrag in Schweden und führte diesen mit eigenen Arbeitnehmern aus, die zu deutlich geringeren Löhnen beschäftigt waren, als dies schwedische Tarifverträge vorsahen. Eine schwedische Gewerkschaft sah hierin eine unzulässige Unterwanderung des nationalen

---

[1] Eine ausführliche Darstellung des Streikrechts in den einzelnen Staaten der Europäischen Union findet sich bei *Jeschke,* Der europäische Streik, S. 77 bis 179, ein wertender Rechtsvergleich ist auf den S. 179 bis 187 dargestellt.
[2] EuGH 11.12.2007 – C-438/05.
[3] EUGH 18.12.2007 – C-341/05.

Lohnniveaus und boykottierte die Baustelle. Das Bauunternehmen sah hierin seine Dienstleistungsfreiheit bedroht.

c) Entscheidung des EUGH

Im Ergebnis entschied der EUGH zu Gunsten der Unternehmen. Die Niederlassungs- und Dienstleistungsfreiheit seien fundamentale wirtschaftliche Freiheitsrechte, die nicht nur Abwehrrechte gegenüber dem Staat seien, sondern denen auch Wirkungen gegenüber Dritten – wie Gewerkschaften – zukomme. Eine Einschränkung dieser Rechte sei nur durch „zwingende Gründe des Allgemeininteresses" möglich. Im Übrigen müssten Arbeitskampfmaßnahmen dem Verhältnismäßigkeitsprinzip genügen. Der einzige „Trost" für die Gewerkschaften bestand darin, dass der EUGH im Streikrecht einen allgemeinen Grundsatz des EU-Rechts sah. Zusammengefasst lassen diese Entscheidungen den Stellenwert erkennen, den der EUGH den Freiheiten des EU-Binnenmarkts zukommen lässt. Diese Entscheidungen wurden von Gewerkschaftsseite teilweise heftig kritisiert und haben auf Ebene der EU zu Anstrengungen hinsichtlich entsprechender regulatorischer Bestrebungen geführt.[1]

2. Rechtsprechung auf nationaler Ebene

Neben der relativ neuen Rechtsprechung auf europäischer Ebene gibt es zu Arbeitskampfmaßnahmen mit Auslandsberührung bereits seit langem umfangreiche Rechtsprechung auf nationaler Ebene, die gleichfalls beachtet werden muss. Da die Beurteilung von Arbeitskampfmaßnahmen in Folge der nationalen Prägung ausgesprochen unterschiedlich ist, lässt sich kein einheitliches Bild zeichnen. Das Arbeitsgericht Wuppertal entschied bereits 1959 folgenden Sachverhalt: Infolge eines Druckerstreiks in Großbritannien wurden bereits erteilte Aufträge an eine deutsche Druckerei zur Abarbeitung vergeben. Die deutsche Gewerkschaft forderte daraufhin die deutschen Drucker auf, sich mit den englischen Kollegen solidarisch zu erklären und ebenfalls die Arbeit niederzulegen. Das Arbeitsgericht Wuppertal sah in seiner Entscheidung diesen Streikaufruf als rechtswidrig an und verurteilte die Gewerkschaft zum Schadensersatz.[2]

Bei solchen Auseinandersetzungen ist stets das nationale Arbeitskampfrecht zu beachten. Aus Konzernsicht bedeutet dies, dass zB bei einer Streikaktion einer spanischen Tochtergesellschaft, der Aufträge entzogen und nach Deutschland verlagert werden sollen, das nationale Arbeitsrecht, dh in diesem Fall das nationale spanische Arbeitsrecht, beachtet werden muss.

III. Aktuelle Entwicklungen

1. Global Union Campaigns

Als Global Union Campaigns werden die in letzter Zeit verstärkt auftretenden Gewerkschaftsaktionen bezeichnet, die bei internationalen Konzernen mittels konzertier-

---

[1] Antwort von EU-Kommissar *Špidla* im Namen der EU-Kommission vom 8.9.2008 auf die schriftliche Anfrage E-3899/08 von Sahra *Wagenknecht* (GUE/NGL) an den Rat (P-3895/08DE): „*Die Kommission ist sich bewusst, dass die Auslegung der Feststellungen des Gerichtshofes in den Rechtssachen Viking und Laval bei einigen Interessenträgern Bedenken auslöst. Wie ... dargelegt, wird die Kommission auf der Grundlage einer eingehenden Analyse der Urteile und anderer Präzedenzfälle mit den Sozialpartnern und den Mitgliedstaaten erörtern, wie sich schwierige Fragen am besten lösen lassen...*"

[2] ArbG Wuppertal 24.11.1959 – 2 Ca 502/59, FHZivR 7 Nr. 5086: „*Ein Sympathiestreik deutscher Drucker aus Anlaß eines Streikes der Drucker in England ist sozialinadäquat und daher rechtswidrig und verpflichtet die deutsche Gewerkschaft, die den Streik proklamiert hat, gegenüber dem bestreikten Arbeitgeber zum Ersatz des diesem aus dem Streik entstandenen Schadens.*"

ter Aktionen bestimmte Rechte der Arbeitnehmer durchzusetzen suchen. Diese Aktionen sind eine Antwort der Beschäftigten auf die Globalisierung der Unternehmen, die verhindern sollen, dass Unternehmen unterschiedliche Arbeits- und Sozialstandards für ihre Zwecke nutzbar machen. Die Wirkungsmacht dieser konzertierten, weltweiten Gewerkschaftsaktionen hängt entscheidend mit der Stärke der Gewerkschaften zusammen. Nur wenn sich starke Gewerkschaften, zB die IG Metall in Deutschland, in solche Aktionen einbringen, entfalten diese auch Wirkung für alle Beschäftigten des Konzerns. Es ist offensichtlich, dass solche nicht traditionellen Arbeitskampfmaßnahmen zahlreiche rechtliche Fragen aufwerfen (vgl. dazu → Rn. 287 ff.). Dennoch darf nicht verkannt werden, dass diese Kampagnen großteils extrem effektivsind, obwohl sie kein „klassischer" Streik sind.

2. „Name-and-shame"-Kampagnen

286 Als „Name-and-shame"-Kampagnen werden gewerkschaftliche Medien-/und Internet Kampagne bezeichnet, die durch das Veröffentlichen von angeblichen Missständen auf Konzern Druck aufbauen sollen. Die „Prangerwirkung" ist dabei durchaus beabsichtigt. Unternehmen sollen gezwungen werden, die behaupteten Missstände zu beheben. Dabei ist zu beobachten, dass diese Kampagnen zusehends auch die Vergütung von Arbeitsverhältnissen betreffen und gerade auch in Arbeitskämpfen instrumentalisiert werden. Standen vor einigen Jahren noch Themen wie Kinderarbeit oder unmittelbarer Schutz der körperlichen Unversehrtheit bei der Güterproduktion in der Entwicklungsländern im Vordergrund, so werden im Zusammenhang mit Arbeitskämpfen nunmehr Themen der Bezahlung oder Zulässigkeit der Organisation von Arbeitnehmern aufgegriffen, um Druck aufzubauen. So wurde dem schwedischen Textilkonzern H&M vorgeworfen, unterschiedliche Löhne in den USA und in der EU zu bezahlen.[1] Der DTAG wurde vorgehalten, dass er gegen die Organisation der Arbeitnehmer in den USA vorgehe („unionisation").[2] UPS wurde das Lohnniveau eines Frachtführers in der Türkei vorgeworfen. Problematisch an diesen Kampagnen ist für das Unternehmen, dass sie Themen aufgreifen, die für die Öffentlichkeit in Schlagwörtern („Lohndumping", „Ausbeutung" etc.) leicht greifbar sind und so einen erheblichen Imageschaden verursachen können. Die Beurteilung solcher Vorwürfe im Rahmen von Arbeitskämpfen im Konzern ist nicht leicht, jedoch erforderlich, da hiervon die Zulässigkeit der Maßnahme als solcher abhängt. Aus deutscher Sicht sind derartige Vorwürfe, soweit sie sachlich nicht unbegründet sind, zulässig und dürfen daher auch vorgetragen werden, wenn sie im Rahmen eines eigenen Arbeitskampfes nicht aus rein sachfremden Gründen zur Erreichung eigener Ziele vorgetragen werden.

IV. Grenzüberschreitende Arbeitskampfmittel

287 Die nationalen Regelungen von Arbeitskampfmaßnahmen sind überaus unterschiedlich. Der Erwägungsgrund 27 zur sog. Rom II-VO[3] besagt explizit, dass die Definition von Arbeitskampfmaßnahmen, wie Streik und Aussperrung, den innerstaatlichen Vorschriften der einzelnen Mitgliedsstaaten unterliegt.[4] Darin liegt eine Qua-

---

[1] http://www.ufcw.org/2011/07/28/hm-workers-at-six-new-york-stores-say-union-yes-with-ufcw-2/.

[2] http://www.cwa-union.org/pages/tu_a_global_union_for_t-mobile_workers/.

[3] VERORDNUNG (EG) Nr. 864/2007 DES EUROPÄISCHEN PARLAMENTS UND DES RATES vom 11.7.2007 über das auf außervertragliche Schuldverhältnisse anzuwendende Recht („Rom II").

[4] S. den Wortlaut dieses Erwägungsgrundes; *„Die exakte Definition des Begriffs „Arbeitskampfmaßnahmen", beispielsweise Streikaktionen oder Aussperrung, ist von Mitgliedstaat zu Mitgliedstaat verschieden und*

D. Arbeitskampf und Arbeitskampfrecht

lifikationsverweisung, die sich nach dem Recht des Arbeitskampforts bestimmt (→ Rn. 288).[1] Auch die Rechtsprechung des EUGH geht nicht davon aus, dass es eine einheitliche Definition für Arbeitskampfmittel gibt.

V. Arbeitskampfort

Infolge der historisch gewachsenen und unterschiedlichen nationalen Regelungen ist die Beantwortung der Frage nach dem Arbeitskampfort bei Auseinandersetzungen mit grenzüberschreitenden Auswirkungen entscheidend.[2] Aus Gründen der Rechtssicherheit muss dies grundsätzlich der Ort sein, an dem die Kampfmaßnahme durchgeführt wird. Dies ist regelmäßig der Ort, an dem der Arbeitnehmer seine Tätigkeit verrichtet. Alle Versuche, andere Anknüpfungsmöglichkeiten (zB den Organisationsort) zu wählen, überzeugen nicht, da sie der Suche nach einem geeigneten Recht („forum shopping") Vorschub leisten würden. Unseres Erachtens gelten diese Grundsätze auch bei einem einheitlichen Arbeitskampf über die Grenze, bei dem sich die Arbeitnehmer in verschiedenen Ländern aufhalten, zB bei einem Pilotenstreik. Auch bei diesen Auseinandersetzungen sollte aus Gründen der Rechtssicherheit der Arbeitskampfort an den regelmäßigen Ausgangsort der Tätigkeit der Mehrheit der Arbeitnehmer im Sinne einer Schwerpunktbildung gebunden sein (zB Home Base), unabhängig von der Frage, in welchem Land der Pilot sich derzeit befindet und die Arbeit niederlegt. 288

Alle Folgefragen über die Beurteilung der einzelnen Arbeitskampfmaßnahmen richten sich nach dem Recht des Arbeitskampfortes. Während eines Streiks, der deutschem Recht unterliegt, ruht für den am Streik teilnehmenden Arbeitnehmer die Hauptleistungspflicht, die Arbeit zu erbringen. Der Arbeitgeber ist umgekehrt von der Verpflichtung, den Lohn zu bezahlen, befreit. Auch weitere Folgefragen, wie der Einsatz von Leiharbeitnehmern, bestimmen sich nach deutschem Recht. Der praktisch bedeutsamste Fall, der Einsatz von Leiharbeitnehmern als „Streikbrecher", richtet sich in diesem Fall nach § 11 Abs. 5 AÜG, der dem Leiharbeitnehmer ein Leistungsverweigerungsrecht einräumt.[3] 289

VI. Besonderheiten des Arbeitskampfs im Konzern

1. Konzernweite Streiks für eigene Ziele

Ein konzernweiter Streik ist ein Streik, der mehrere oder alle Konzerngesellschaften umfasst. Dabei ist nochmals zu unterscheiden, ob es sich um parallel laufende Arbeitskampfmaßnahmen handelt (dies wäre der Fall, wenn zB eine englische und eine deutsche Belegschaft jeweils für sich Verbesserungen fordern), oder gebündelte Arbeitskampfmaßnahmen vorliegen, die von der gesamten Belegschaft getragen werden. Sofern sich Forderungen von Arbeitnehmern lediglich gegen einzelne Konzerngesellschaften richten, mit denen das Arbeitsverhältnis besteht (zB Beschäftigte der französi- 290

---

unterliegt den innerstaatlichen Vorschriften der einzelnen Mitgliedstaaten. Daher wird in dieser Verordnung grundsätzlich davon ausgegangen, dass das Recht des Staates anzuwenden ist, in dem die Arbeitskampfmaßnahmen ergriffen wurden, mit dem Ziel, die Rechte und Pflichten der Arbeitnehmer und der Arbeitgeber zu schützen."
[1] Ausführlich zur Bestimmung des Begriffs Arbeitskampfmaßnahme in dieser Verordnung *Zelfel*, Der internationale Arbeitskampf nach Art. 9 Rom II-Verordnung, 2011, S. 27 bis 57.
[2] Ausführlich zur Festlegung des Arbeitskampforts mit Blick auf die Schadensregelung in der Rom II-Verordnung, *Zelfel*, Der internationale Arbeitskampf nach Art. 9 Rom II-Verordnung, 2011, S. 79 bis 99.
[3] § 11 Abs. 5 AÜG: *„Der Leiharbeitnehmer ist nicht verpflichtet, bei einem Entleiher tätig zu sein, soweit dieser durch einen Arbeitskampf unmittelbar betroffen ist. In den Fällen eines Arbeitskampfs nach Satz 1 hat der Verleiher den Leiharbeitnehmer auf das Recht, die Arbeitsleistung zu verweigern, hinzuweisen."*

schen Tochtergesellschaft), ändern auch parallel laufende Arbeitskampfmaßnahmen nichts daran, dass infolge des Arbeitskampfortes das jeweilige nationale Recht für die Beurteilung der Rechtmäßigkeit maßgeblich sein muss. Ein französischer Streik gegen einen französischen Arbeitgeber ist nach französischem Recht zu behandeln. Aber auch wenn eine gebündelte Maßnahme in verschiedenen Ländern vorliegt, zB wenn ein europäischer Betriebsrat gemäß der Richtlinie über Europäische Betriebsräte durch die Beschäftigten durchgesetzt werden soll, gilt, dass nicht zuletzt aus Gründen der Rechtssicherheit zwingend das nationale Recht des Staates anwendbar sein muss, in dem gestreikt wird. Im Ergebnis kann das allerdings dazu führen, dass selbst unter gebotener europafreundlicher Auslegung des Rechts ein solcher Streik je nach Land zulässig oder unzulässig ist.

2. Konzernweite Sympathiestreiks

291   Konzernweite Sympathiestreiks – teilweise werden diese auch als Unterstützungs- oder Solidaritätsstreiks bezeichnet – sind in jüngerer Zeit wieder vermehrt in den Blick geraten, zB mit Blick auf Werksschließungen zum Abbau von Überkapazitäten. Unter den Arbeitnehmern versuchen die Gewerkschaften zum einen, ein „Wir-Gefühl" zu erzeugen. Zum anderen soll verhindert werden, dass die einzelnen Werke gegeneinander ausgespielt werden und ein Auseinanderdividieren der Gesamtbelegschaft erfolgt. In Deutschland galten infolge einer Grundsatzentscheidung des BAG aus dem Jahr 1985 Arbeitskampfmaßnahmen außerhalb des umkämpften Tarifgebiets als unzulässig.[1] Diese Entscheidung wurde durch das BAG im Jahr 2007 mittlerweile revidiert, so dass Unterstützungsstreiks, zumindest wenn sie sich in den gesetzten Grenzen bewegen, zulässig sind.[2] Es erscheint jedoch insbesondere mit Blick auf die notwendige Unterstützungsfunktion eines Sympathiestreiks nach unserer Auffassung sehr zweifelhaft, ob diese Grundsätze auch dann anwendbar sind, wenn es sich um inländische Streiks zur Unterstützung von Streiks in einem anderen Land handelt, in dem zB ein Werk geschlossen werden soll.[3] Die Zulässigkeit von Sympathiestreiks in anderen Ländern, zB in der italienischen Tochtergesellschaft gegen die Schließung eines schwedischen Werks eines deutschen Konzern, ist nach nationalem Recht zu betrachten, das – wie oben beschrieben – europarechtlich beeinflusst werden kann.

3. Konzernauswirkung von Arbeitskämpfen

292   Die Konzernauswirkung von Arbeitskämpfen zeigt sich deutlich wie dem Bestreiken eines für die Produktionskette wesentlichen Produktionsstandorts. Wenn zB die spanische Tochtergesellschaft eines Automobilkonzerns, die wesentliche Teile für das Getriebe produziert, bestreikt wird, führt dies innerhalb kurzer Zeit zu einem Produktionsstopp in den deutschen Werken. Umgekehrt kann auch das Bestreiken der deutschen Haupt-

---

[1] BAG 5.3.1985 – 1 AZR 468/83, NZA 1985, 504. Begründet wurde die Ablehnung von Sympathiestreiks damit, dass aus Art. 9 Abs. 3 GG ein unmittelbarer Tarifbezug entnommen wurde, aus dem gefolgert wurde, dass der Streik darauf gerichtet sein müsse, den Widerstand des Tarifpartners zu brechen.

[2] BAG 19.6.2007 – 1 AZR 396/06, NZA 2007, 1055. Nach der Auffassung des BAG in dieser Entscheidung ist ein Sympathiestreik nur dann zulässig, wenn er sich in einem Akzessorietätsverhältnis zum Hauptstreik bewegt, ihm eine Unterstützungsfunktion zukommt und der Sympathiestreik insbesondere verhältnismäßig ist. Vgl. zu dieser Rechtsprechung auch den kritischen Beitrag von *Rieble* BB 2008, 1506 ff. mwN.

[3] Vgl. zu der Frage *Däubler*, Arbeitskampfrecht, § 32 Rn. 52–55, der abweichend von der hier vertretenen Auffassung solche grenzüberschreitenden Solidaritätsstreiks im Konzern aus deutscher Sicht als bedenkenlos zulässig ansieht, wenn der Hauptstreik rechtmäßig ist, was sich wiederum nach dem anwendbaren Recht des Arbeitskampfortes beurteilt.

werke dazu führen, dass ausländische Tochtergesellschaften nicht mehr sinnvoll produzieren können. Für die Frage der Zulässigkeit eines Streiks an sich sind die Auswirkungen als solche aus deutschrechtlicher Sicht unbeachtlich, da es nach deutschem Recht nur eine sehr eingeschränkte Prüfung gibt, ob Streikmaßnahmen verhältnismäßig sind. Wenn somit als Folge eines Streiks im deutschen Hauptwerk die Produktion in einem ausländischen Werk nicht fortgeführt werden kann, ist diese Folgenabschätzung nicht Gegenstand der Frage, ob der Streik zulässig ist oder nicht. Im Zusammenhang mit der Inanspruchnahme der Freiheitsrechte der Europäischen Union ist dagegen die zitierte Rechtsprechung des EUGH zu beachten, die – wie oben dargelegt – das Streikrecht einem deutlichen weitergehenden Verhältnismäßigkeitsgebot unterwirft und Streiks demzufolge nur für zulässig erklärt, wenn zwingende Gründe des Allgemeinwohls gegen die Umsetzung der Niederlassungs- oder Dienstleistungsfreiheit sprechen.

Die für den Arbeitgeber entscheidende Frage bei konzernweiten Auswirkungen des 293 Streiks liegt darin, wer das Lohnrisiko zu tragen hat. Dazu wurde früher bei streikbedingten Arbeitsausfällen auf die Betriebsrisikolehre sowie auf Sphärengesichtspunkte abgestellt. Die neuere Rechtsprechung basiert dagegen in Abkehr der auf einer solidaritätsbedingten Erwägung fußenden Sphärentheorie auf einem Paritätsverständnis der Arbeitskampfmaßnahmen.[1] Das Lohnrisiko gehe demgemäß bei streikbedingten Arbeitsausfällen nur dann auf den Arbeitnehmer über, wenn die Fernwirkung eines Arbeitskampfes zu einer Störung des Kräftegleichgewichts führe, wovon insbesondere bei koalitionsspezifischen Verbindungen auszugehen sei. Der mittelbar betroffene Betrieb muss also entweder zur selben Branche gehören oder die Belegschaft beider Betriebe muss von derselben Gewerkschaft vertreten werden. Die Zugehörigkeit beider Betriebe zum gleichen Tarifgebiet sei nicht unbedingt entscheidend. Verkürzt dargestellt geht das Lohnrisiko nur dann auf den Arbeitnehmer über, wenn die Fernwirkung des Streiks zu einer eindeutigen Verschiebung der Kräfteverhältnisse zu Ungunsten des Arbeitgebers führen würde. Ansonsten bleibt das Lohnrisiko beim Arbeitgeber, das Ausfluss seines Betriebs- und Wirtschaftsrisikos ist.

Diese Grundsätze dürften unserer Auffassung nach auf Streiks in anderen Ländern, 294 die konzernweite Auswirkungen haben, nicht zur Anwendung kommen, da der für die Beurteilung des Kräftegleichgewichts erforderliche innere Zusammenhang fehlt. Für arbeitsbedingte grenzüberschreitende Streikausfälle im Konzern bedeutet dies, dass das Lohnrisiko regelmäßig beim Arbeitgeber der nicht in einen Tarifkonflikt eingebundenen Konzerngesellschaft liegt.

VII. Ausländische Arbeitskampfparteien

1. Arbeitskampfparteien

Aus deutscher Sicht ist die Frage nach den Arbeitskampfparteien historisch gewachsen und hat Eingang in die Regelung von § 2 Abs. 1 TVG gefunden.[2] Auf Seiten der Arbeitnehmer sind dies tariffähige Gewerkschaften. Auf Seiten der Arbeitgeber sind dies regelmäßig die Arbeitgeberverbände, jedoch sind auch einzelne Unternehmen tariffähig, wie bei einem Haustarifvertrag, bei dem das Unternehmen unmittelbar Vertragspartner wird. Es sind zudem Fälle möglich, in denen auch eine ausländische oder internationale Gewerkschaftorganisation als Tarifpartei Arbeitskampfpartei sein kann. Bei einem Streik von Seeleuten werden diese von der International Transport Wor-

---

[1] BAG 12.11.1996 – 1 AZR 364/96, NZA 1997, 3939 (Arbeitskampfrisiko bei Wellenstreiks).
[2] § 2 Abs. 1 TVG: *„Tarifvertragsparteien sind Gewerkschaften, einzelne Arbeitgeber sowie Vereinigungen von Arbeitgebern."*

kers' Federation vertreten. Eine solche internationale Arbeitnehmerorganisation kann in diesem Fall an Stelle einer deutschen Gewerkschaft treten. Auf der anderen Seite kann auch eine internationale Dachvereinigung von Arbeitgeberverbänden als Arbeitskampfpartei auftreten. Es darf jedoch bezweifelt werden, ob eine solche Internationalisierung von den deutschen Arbeitskampfparteien mit Blick auf das eingespielte deutsche Tarifvertragssystem angestrebt wird.

2. Abweichende Anspruchssteller und Anspruchsgegner

296 Bei den oben beschriebenen Arbeitskampfmaßnahmen in global aufgestellten Konzernen, zB bei dem Streik in der spanischen Tochtergesellschaft eines deutschen Automobilzulieferers, geht es regelmäßig nur um die Durchsetzung von Maßnahmen gegenüber dem Arbeitgeber. In der Praxis ist die spanische Tochtergesellschaft der Arbeitgeber, da (größere) ausländische Niederlassungen in der Praxis relativ selten sind und auch die zur sog. Legal-Entity-Reduction ermöglichte grenzüberschreitende Verschmelzung nach Umwandlungsrecht[1] derzeit noch selten erfolgt. In anderen europäischen Rechtsordnungen werden häufig Tarifverträge unmittelbar zwischen den Gewerkschaften und den Unternehmen abgeschlossen. Im Falle von Streikaktionen bei ausländischen Töchtern ist zudem zu bedenken, dass die tatsächlichen Entscheidungsträger sich häufig in den Konzernzentralen befinden. Die Streikrichtung richtet sich daher zumindest auch mittelbar gegen die Konzernmuttergesellschaft, um diese zur Einflussnahme auf ihre Tochtergesellschaft zu bewegen.

297 Ungeachtet dieser mittelbaren Stoßrichtung ist festzuhalten, dass sich auch bei grenzüberschreitenden Auseinandersetzungen die Anspruchsteller und Anspruchsgegner nach dem jeweiligen Recht des Arbeitskampfortes bestimmen. Ein Streik, nur weil er mittelbar auf Deutschland Auswirkungen hat, begründet nicht die Zuständigkeit des Tarifvertragsrechts oder die Zuständigkeit einer deutschen Gewerkschaft. Es bleibt dabei, dass die rechtlichen Rahmenbedingungen des jeweiligen Arbeitskampfortes maßgeblich bleiben.

VIII. Europäisches Arbeitskampfrecht

1. Keine ausdrücklichen Regelungen im Primär- bzw. Sekundärrecht

298 Die mangelnde Kompetenzzuweisung in Bezug auf das Arbeitskampfrecht auf den europäischen Gesetzgeber liegt an den höchst unterschiedlichen Entwicklungen in den Mitgliedsstaaten zB in Deutschland, wo die Garantie der Tariffreiheit in Art. 9 Abs. 3 GG Verfassungsrang hat.[2] Das europäische Primärrecht sieht demgemäß in Art. 153 Abs. 5 AEUV vor, dass die beiden Hauptmittel des Arbeitskampfes – das Streikrecht der Arbeitnehmer sowie das Aussperrungsrecht der Arbeitgeber – aus dem Regelungsbereich ausgenommen sind. Dessen ungeachtet sieht der EUGH das Vorliegen eines ungeschriebenen Streikrechts als Bestandteil des europäischen Primärrechts als gegeben an.[3]

2. Aktuelle Entwicklungen und Auswirkungen auf das Arbeitskampfrecht

299 Dass eine europäische Ausgestaltung von Arbeitskampfmaßnahmen weder auf primär- noch auf sekundärrechtlicher Ebene erfolgte, dürfte entscheidend in der historisch ge-

---

[1] S. die Regelungen in §§ 122a ff. UmwG.
[2] Art. 9 Abs. 3 GG lautet auszugsweise wie folgt: *„Das Recht, zur Wahrung und Förderung der Arbeits- und Wirtschaftsbedingungen Vereinigungen zu bilden, ist für jedermann und für alle Berufe gewährleistet. Abreden, die dieses Recht einschränken oder zu behindern suchen, sind nichtig, hierauf gerichtete Maßnahmen sind rechtswidrig ..."*
[3] S. → Rn. 280 f. die Ausführungen zu den Urteilen Viking und Laval.

wachsenen Bedeutung des Streikrechts liegen. Jedwede Reglementierung des Streikrechts, die man auch als Einschränkung gegenüber dem bisherigen Rechtszustand ansehen könnte, würde durch die einflussreichen Gewerkschaften nicht mitgetragen werden.

Dessen ungeachtet hat infolge der Diskussionen um die Rechtsprechung des EUGH die EU-Kommission im März 2012 einen in diese Richtung gehenden Vorschlag unterbreitet: Den Entwurf der „Verordnung des Rates über die Ausübung des Rechts auf Durchführung kollektiver Maßnahmen im Kontext der Niederlassungs- und Dienstleistungsfreiheit" unterbreitet [KOM ((2012) 130/3)]. Der Titel der vorgeschlagenen Verordnung verspricht allerdings mehr als er hält. 300

Nach einer ausführlichen Begründung umfasst die eigentliche Verordnung nur 2 Seiten. In Art. 1 Abs. 1 wird der Ausgleich zwischen dem Grundrecht der Durchführung kollektiver Maßnahmen und der Niederlassungs- und Dienstleistungsfreiheit als Gegenstand festgehalten. In Art. 1 Abs. 2 wird zugleich die Einschränkung gemacht, dass in den Mitgliedstaaten anerkannte Grundrechte nicht beeinträchtigt werden dürfen. Zugleich solle die Verordnung auch nicht das Recht berühren, gemäß den nationalen Rechtsvorschriften und Gepflogenheiten Tarifverträge auszuhandeln, abzuschließen und durchzusetzen sowie kollektive Maßnahmen zu ergreifen. Als allgemeiner Grundsatz wird sodann in Art. 2 aufgenommen, dass das Grundrecht auf Durchführung kollektiver Maßnahmen, einschließlich des Streikrechts oder der Streikfreiheit auch bei der Ausübung der im Vertrag verankerten Niederlassungs- und Dienstleistungsfreiheit gewahrt bleiben müsse. Umgekehrt seien auch bei Ausübung der kollektiven Maßnahmen die wirtschaftlichen Freiheitsrechte zu wahren. Detailliertere Ausführungen dazu, was mit Streikrecht oder Streikfreiheit im Einzelnen gemeint ist, fehlen. 301

In Art. 3 werden die Mitgliedstaaten aufgefordert, bei Streitbeilegungsverfahren für arbeitsrechtliche Konflikte auch dann für einen gleichberechtigten Zugang zu sorgen, wenn grenzüberschreitende Konflikte vorliegen. In einem solchen Fall könnten dann auch die Sozialpartner auf europäischer Ebene Verfahren für die außergerichtliche Beilegung von Streitigkeiten finden. Der weitere zentrale Passus findet sich in Art. 4, der einen „Warnmechanismus" vorsieht. Wenn demgemäß Handlungen 302

– eine effiziente Ausübung der Niederlassungs- oder der Dienstleistungsfreiheit berühren,
– das ordnungsgemäße Funktionieren des Binnenmarktes schwerwiegend beeinträchtigen,
– das System der Arbeitsbeziehungen schwer schädigen oder
– ernsthafte soziale Unruhen hervorrufen, so seien durch den Mitgliedstaat die anderen betroffenen Mitgliedstaaten sowie die Kommission zu informieren.

Dieser Vorschlag wird heftig kritisiert. So lehnt der DGB diesen Vorschlag strikt ab, da er die die Tarifautonomie und das Streikrecht begrenzende negative Rechtsprechung des EUGH zementiere.[1] Auch die staatliche Überwachung von Arbeitskämpfen, wie sie der Warnmechanismus nahe lege, wird abgelehnt. Dass die Realisierung des Vorschlags schwer werden dürfte, lässt sich auch an folgender Passage der gewerkschaftlichen Stellungnahme erkennen: 303

„Zudem lässt der Vorschlag sogar negative Auswirkungen auf die nationale Rechtsprechung zum Streikrecht befürchten. Er bringt Maßstäbe für den Arbeitskampf, die es vorher in dieser Form nicht gab und dies, obwohl das Streikrecht gemäß Art. 153 Abs. 5 AEUV ausdrücklich

---

[1] Stellungnahme des Deutschen Gewerkschaftsbundes zum Vorschlag für eine Verordnung des Rates über die Ausübung des Rechts auf Durchführung kollektiver Maßnahmen im Kontext der Niederlassungs- und der Dienstleistungsfreiheit (Monti II), ohne Datum; zu finden unter www.dgb.de; vgl. auch die entsprechende Pressemitteilung des DGB vom 21.3.2012, PM 046: „Monti II muss geändert werden – Streikrecht darf nicht angetastet werden".

nicht in die Zuständigkeit der Union fällt. Der Versuch, sich statt dessen auf Art. 352 AEUV zu stützen (Präambel Satz 1) kann nicht als zutreffende und im Übrigen – angesichts der immensen verfahrensmäßigen Hürden – auch nicht als tatsächlich wirksame Rechtsgrundlage angesehen werden. Da Tarifautonomie und Streikrecht national wie europäisch für die Gewerkschaften von herausragender Bedeutung sind, können Regelungsvorschläge, die diese beschneiden, nicht akzeptiert werden."

304 Auch die Bundesvereinigung der deutschen Arbeitgeberverbände lehnt ein europäisches Streikrecht entschieden ab („*Keine Regelungen zum Streikrecht auf europäischer Ebene schaffen!*") und verweist unter anderem auf die fehlende Rechtsgrundlage.[1] Zusammengefasst wird empfohlen:

„*Angesichts der mangelnden Rechtsetzungskompetenz der EU und der Gefahr drohender Rechtsunsicherheit, die die Verordnung nach sich ziehen würde, fordern die deutschen Arbeitgeber die Europäische Kommission eindringlich dazu auf, den Verordnungsvorschlag schnellstens zurückzuziehen.*"

305 Sollte hier trotz dieses Widerstands eine europäische Lösung gefunden werden, so hätte dies auch für die konkreten Arbeitskampfmaßnahmen Bedeutung. Ansonsten bleibt nationales Recht unverändert für die Beurteilung bspw. eines Streiks für eine transnationale Regelung maßgeblich. Die Kommission hat ihren Vorschlag indes schon im September 2012 ohne Begründung wieder zurückgenommen.[2]

3. Ausblick

306 Es bleibt zweifelhaft, ob es zu einer deutlich stärkeren Europäisierung des Tarifrechts und damit einhergehend des Arbeitskampfrechts kommen wird. Dazu bedarf es in diesem sensiblen Bereich der Mitwirkung aller Mitgliedsstaaten, da häufig auch nationale Verfassungsregeln betroffen sind.

307 Es ist daher schon gar nicht zu erwarten, dass auf Ebene des Völkerrechts weitergehende Regelungen zu Arbeitskampfmaßnahmen getroffen werden. Wenn schon keine Einigung in Europa gelingt, wird dies weltweit erst recht nicht möglich sein. Auch insoweit bleibt das nationale Verständnis von Arbeitskampfmaßnahmen zentral.

IX. Ausblick für die Praxis

1. Derzeitige Herausforderungen

308 Kein Unternehmen provoziert willkürlich einen Arbeitskampf. Gleichwohl sind gelegentlich unternehmerische Entscheidungen erforderlich, die Arbeitskampfmaßnahmen nach sich ziehen. Zur Folgenbegrenzung bedarf es rechtzeitiger Planung. International aufgestellte Unternehmen sollten bei unangenehmen Restrukturierungsmaßnahmen bedenken, dass Streikmaßnahmen in anderen Ländern der Europäischen Union anders als in Deutschland gesehen werden. Dabei ist nicht nur eine andere rechtliche Beurteilung, sondern vor allem auch ein anderes tatsächliches Herangehen zu bedenken. Wer in einem von der Rezession schwer gebeutelten südeuropäischen Land eine Tochterunternehmung schließen und die Produktion zurück nach Deutschland verlagern möchte, sollte nicht darauf vertrauen, dass die Belegschaft und die ört-

---

[1] Stellungnahme zum Vorschlag für eine Verordnung des Rates über die Ausübung des Rechts auf Durchführung kollektiver Maßnahmen im Kontext der Niederlassungs- und Dienstleistungsfreiheit (KOM (2012) 130/3) vom 15.5.2012; zu finden unter http://www.vbw-bayern.de.
[2] Amtsbl. EU vom 16.4.2013, C 109/7.

lichen Gewerkschaften buchstabengetreu das nationale Arbeitskampfrecht unter Berücksichtigung der Rechtsprechung des EUGH befolgen werden.

Herausfordernd wird es auch, wenn Gewerkschaften in verschiedenen Ländern ihre Kräfte bündeln und gegen einen Konzern vorgehen, wenn also eine „Global Union Campaign" erfolgt. In diesem Fall bedarf es eines koordinierten Vorgehens, das im Idealfall schon vor der Auseinandersetzung durchdacht und vorbereitet wurde. Aber auch abseits von klassischen Arbeitskämpfen gibt es Herausforderungen. Die derzeitigen „name-and-shame"-Kampagnen sind für Unternehmen außerordentlich heikel, insbesondere wenn sie ein Unternehmen völlig unvorbereitet treffen. **309**

2. Entwicklung einer Global Labor Strategie

Gestaltungsmöglichkeiten, die einen Rundumschutz gegen Arbeitskämpfe gewährleisten, gibt es nicht. Gleichwohl bietet es sich für international orientierte Unternehmen, namentlich auch für international orientierte Unternehmen des Mittelstands, unseres Erachtens an, dass sie sich entsprechende Wertekanons zulegen oder ggfs. unter Einbeziehung der Gewerkschaften konzernweit gültige Vereinbarungen erarbeiten (vgl. zu diesen TCAs → Rn. 216 ff.). Solche (einseitigen) Wertekanons bzw. solche vertraglichen Vereinbarungen geben den Beschäftigten zum Einen das Gefühl der Wertschätzung. Zum Anderen sind solche Regelungen auch geeignet, gegenüber der Öffentlichkeit zu demonstrieren, dass man ein fairer Partner ist. Bei Arbeitskampfmaßnahmen können solche Regelungen zumindest hilfreich sein. **310**

International tätige Unternehmen sollten zudem bedenken, dass die Vernetzung auf Gewerkschaftsseite stark zugenommen hat, auch wenn dies nicht zwingend zu einer Verstärkung der gelegentlich von bestimmten politischen Kräften gepriesenen „internationalen Solidarität" führt. Bei unternehmerisch heiklen Maßnahmen ist dies bei einer Einbeziehung von Arbeitnehmern und ihren Vertretern zu bedenken. **311**

Abschnitt 3. Arbeits- und Dienstverhältnisse im internationalen Konzern

A. Anwendbares Recht und Rechtswahl

Die fortschreitende Internationalisierung der Wirtschaft führt zu einem vermehrten 1
Einsatz von Arbeitnehmern im grenzüberschreitenden Konzern. Zunehmend werden Arbeitnehmer nicht mehr nur bei ihrem Vertragsarbeitgeber im Inland, sondern auch bei Konzerngesellschaften im Ausland eingesetzt. Die denkbaren Fallgestaltungen variieren stark. Im grenzüberschreitenden Konzern sind nicht mehr (nur) Geschäftsreisen ins Ausland üblich. Vielmehr sind Arbeitnehmer häufig entweder dauerhaft in verschiedenen Ländern eingesetzt oder verbringen zumindest einen mehr oder weniger längeren Zeitraum bei ausländischen Mutter- oder Schwestergesellschaften des inländischen Arbeitgebers. In diesen Fallkonstellationen stellt sich immer die Frage, von welcher nationalen Rechtsordnung das Arbeitsverhältnis bestimmt wird. Im folgenden Kapitel soll das internationale Arbeitsrecht und die damit verbundene Frage, welche nationale Rechtsordnung auf ein Arbeitsverhältnis anwendbar ist, wenn dieses eine Verbindung zum Ausland aufweist, näher beleuchtet werden. Die Gestaltung von Arbeitsverträgen ist hier ein maßgebliches Instrument, um eine Gemengelage verschiedener Rechtsordnungen beim internationalen Einsatz von Arbeitnehmern im grenzüberschreitenden Konzern – soweit möglich – zu vermeiden. Auf die Arbeitsvertragsgestaltung sollte daher nicht bei Abschluss eines Arbeitsvertrages, sondern auch bei der Gestaltung etwaiger Auslandseinsätze ein besonderes Augenmerk gelegt werden. Keine oder die falschen Regelungen von grenzüberschreitendem Arbeitnehmereinsatz führen insbesondere in Trennungssituationen zu einem erhöhten Risiko hinsichtlich der Frage, nach welcher Rechtsordnung eine Kündigung oder auch eine sonstige einseitige Maßnahme des Arbeitgebers erfolgen kann oder muss. Eine saubere Vertragsgestaltung dient daher der Rechtsklarheit – für beide Seiten.

I. Internationales Individualarbeitsrecht

1. Anwendbare Rechtsnormen

Seit dem 17.12.2009 gilt in Europa die Verordnung (EG) Nr. 593/2008[1] über das 2
auf vertragliche Schuldverhältnisse anzuwendende Recht (die sog. „Rom I-VO"). Die Verordnung ersetzt international die Regelungen des EVÜ und auf nationaler Ebene die entsprechenden Regelungen des EGBGB. Maßgeblich für die Frage des anwendbaren Rechts bei den Arbeitsverträgen, die nach dem 17.12.2009 abgeschlossen wurden, sind Art. 3, 8 und 9 Rom I-VO. Für Arbeitsverträge, die vor dem 17.12.2009 abgeschlossen wurden, gelten weiterhin die Regelungen des EGBGB.

2. Anwendungsbereich

a) Räumlicher Anwendungsbereich

Die **Rom I-VO** gilt nicht nur als Binnenvorschrift der EU. Soweit die Arbeitsver- 3
tragsparteien eine Rechtswahl getroffen haben, gilt diese **auch in Bezug auf Dritt-**

---
[1] Vom 17.6.2008, vgl. Art. 29 Verordnung (EG) Nr. 593/2008.

staaten: gemäß dem „Grundsatz der universellen Anwendung"[1] ist auch das gewählte Recht anzuwenden, das kein Recht eines Mitgliedsstaates ist (Art. 2 Rom I-VO). Die Rom I-VO ist als „loi uniforme" nicht nur gegenüber Mitgliedsstaaten, sondern entsprechend gegenüber Nichtmitgliedsstaaten anzuwenden, die nicht an die Rom I-VO gebunden sind.[2] Hierdurch wird ein universeller Anwendungsbereich geschaffen, der auch gegenüber Nichtmitgliedsstaaten einheitliche Kollisionsregeln festsetzt (Art. 2 Rom I-VO).[3]

4 Deutsche Gerichte haben damit bei der Bestimmung des anwendbaren Rechts die Rom-I-VO stets anzuwenden, unabhängig davon, ob der Auslandsbezug zu einem EU-Staat oder einem Drittstaat besteht.

b) Inhaltlicher Anwendungsbereich

5 Die Rom I-VO ist auf alle zivil- und handelsrechtlichen Schuldverhältnisse mit grenzüberschreitendem Bezug anwendbar. Dazu gehören auch arbeitsvertragliche Regelungen.[4]

6 Die Bestimmung des Vertragsstatuts nach der Rom I-VO erfordert das Vorliegen eines Arbeitsvertrages. Auch GmbH-Geschäftsführerverträge fallen wohl darunter, sofern es um das Verhältnis zu ihrem „Arbeitgeber" und nicht um ihre Stellung als gesetzliche Vertreter, also als Organ, der GmbH geht.[5] Nach der Rechtsprechung des EuGH setzt dies voraus, dass eine Vertragspartei für einen anderen nach dessen Weisungen Leistung erbringt und als Gegenleistung eine Vergütung bezieht.[6] Nach anderer Ansicht wird das Vorliegen eines Arbeitsverhältnisses nach dem Recht des Gerichts bestimmt, das den Fall zu entscheiden hat. So würde ein deutsches Gericht das Vorliegen eines Arbeitsverhältnisses allein nach deutschem Recht bestimmen.[7] Maßgeblich kommt es danach auf die persönliche Abhängigkeit, die Eingliederung in den Betrieb und die Weisungsgebundenheit der entgeltlichen Dienstleistung an, so dass sich Unterschiede in der Auslegung, im Vergleich zwischen der EuGH Rechtsprechung und der deutschrechtlichen Bestimmung, ob ein Arbeitsverhältnis vorliegt, nicht ergeben dürften.

7 Darauf, ob der geschlossene Arbeitsvertrag wirksam ist, oder ob es sich nur um ein faktisches Arbeitsverhältnis aufgrund eines unwirksamen oder nichtigen Vertrags handelt, kommt es nicht an.[8] Die Regelung über Arbeitsverträge erstreckt sich auch auf „Scheinselbstständige", dh auf Vertragsbeziehungen mit Mitarbeitern, bei denen nach den „näheren Umstände" der Beschäftigung trotz der ausdrücklichen Vereinbarung einer weisungsfreien Tätigkeit tatsächlich eine weisungsgebundene Tätigkeit ausgeübt wird.

---

[1] MüKoBGB/*Martiny,* Art. 2 Rom I-VO, Rn. 1.
[2] MüKoBGB/*Martiny,* Art. 3 Rom I-VO, Rn. 3.
[3] Staudinger/*Magnus,* Art. 2 Rom I-VO, Rn. 1.
[4] Ausgeschlossen sind Steuer- und Zollsachen, als auch verwaltungsrechtliche Angelegenheiten (Art. 1 I 1 Rom I-VO). Art. 1 II Rom I-VO enthält darüber hinaus einen Negativkatalog der von dem Anwendungsbereich ausgenommenen Rechtsbereiche. Mitunter zählen hierzu Familienrechtsstreitigkeiten, Wechsel- und Scheckverbindlichkeiten, als auch Schieds- und Gerichtsstandsvereinbarungen.
[5] Staudinger/*Magnus,* Art. 8 Rom I-VO, Rn. 38; allenfalls eine analoge Anwendung des Art. 8 Rom I-VO propagiert Rauscher/*v. Hein,* Art. 8 Rom I-VO Rn. 18.
[6] EuGH 17.7.2008 – C-94/07, NZA 2008, 995; EuGH 23.3.2004 – C-138/02, EuZW 2004, 507.
[7] *Schlachter* NZA 2000, 57.
[8] *Schlachter* NZA 2000, 57; ErfK/*Schlachter,* Rom I-VO, Art. 9 Rn. 4; MHdBArbR/*Oetker,* § 11 Rn. 8.

II. Ermittlung des objektiven Arbeitsvertragsstatut bei fehlender Rechtswahl

Wenn die Arbeitsvertragsparteien keine ausdrückliche oder konkludente Rechtswahl getroffen haben, bedarf es einer Ermittlung des Arbeitsvertragsstatuts anhand objektiver Kriterien. Die Ermittlung des objektiven Arbeitsvertragsstatuts hat große praktische Bedeutung, da eine ausdrückliche Rechtswahl in der Regel nicht getroffen wird, und eine konkludente Rechtswahl mangels Eindeutigkeit oftmals nicht mit Sicherheit festgestellt werden kann. Insofern ist bei grenzüberschreitenden Sachverhalten bzw. dem grenzüberschreitendem Einsatz von Arbeitnehmern im Streitfall auch immer das objektiv anzuwendende Arbeitsvertragsstatuts zu ermitteln, um die Vor- und Nachteile der Anwendung dieser Rechtsordnung abwägen zu können und um insbesondere bei Trennung von grenzüberschreitend eingesetzten Mitarbeitern eine Strategie für das weitere Vorgehen entwickeln zu können. 8

1. Ort der Verrichtung der Arbeit (Art. 8 Abs. 2 Rom I-VO)

Art. 8 Abs. 2 Rom I-VO knüpft vorrangig an den gewöhnlichen Arbeitsort an. Die objektive Anknüpfung ist dabei nicht als finale Statutenbestimmung zu sehen. Veränderungen bei einem (dauerhaften) Wechsel des Arbeitsortes können auch zu einem Wechsel der für das Arbeitsverhältnis anwendbaren Rechtsordnung führen.[1] Dies kann im Sinne der Rechtssicherheit für beide Parteien vorteilhaft sein. 9

a) Gewöhnlicher Arbeitsort

Maßgeblich ist der Mittelpunkt der Berufstätigkeit des Arbeitnehmers, also der Staat, in dem er für gewöhnlich seine Arbeitsleistung erbringt.[2] Der gewöhnliche Arbeitsort ist also der Ort, an dem der Arbeitnehmer seine vertraglichen Arbeitsleistungen tatsächlich erbringt, wobei eine nur vorübergehende Entsendung unbeachtlich ist.[3] 10

Im Zusammenhang mit der EuGVVO hat der EuGH bereits den gewöhnlichen Arbeitsort als den Ort definiert: „an dem oder von dem aus der Arbeitnehmer seine Verpflichtungen gegenüber seinem Arbeitgeber hauptsächlich erfüllt".[4] In der Rom I-VO hat der Gemeinschaftsgesetzgeber sich dieser Definition weitgehend angeschlossen.[5] Die Klausel soll vor allem für die Bestimmung des objektiven Arbeitsvertragsstatuts von Tätigkeiten mit ständigem grenzüberschreitendem Charakter dienen.[6] Im grenzüberschreitenden Konzern gibt es häufig keinen Ort, in dem der Hauptteil der Arbeitsleistung erbracht wird. Vielmehr sind Arbeitnehmer in grenzüberschreitenden Konzernen in einer Vielzahl von Ländern oder zumindest in mehreren Ländern eingesetzt, so dass es „den gewöhnlichen Arbeitsort" häufig nicht gibt. Die gesetzliche Neuregelung hat insofern zur Klarheit bei der Bestimmung des gewöhnlichen Arbeitsortes beigetragen. Dennoch bleiben in der Praxis Fälle, in denen ein Führungsmitarbeiter für mehrere zuständig ist und projektbezogen an unterschiedlichen Orten mit unterschiedlichen Schwerpunkten arbeitet, schwer bestimmbar. 11

---

[1] *Deinert* RdA 2009, 144 (145).
[2] *Emmert/Widhammer* ArbRAktuell 2010, 214 (215).
[3] MüKoBGB/*Martiny* Art. 8 Rom I-VO Rn. 48; Vgl. auch BeckOK ArbR/*Schönbohm* 34. Ed. 2014, EGBGB Art. 30 Rn. 10.
[4] EuGH 13.7.1993 – C-125/92, IPRax 1997, 110 (111).
[5] *Wurmnest* EuZA 2009, 481 (492).
[6] *Wurmnest* EuZA 2009, 481 (492).

12 Verrichtet der Arbeitnehmer seine Arbeit nicht nur in einem Staat, so ist für die Beurteilung des Arbeitsortes demnach entscheidend, von wo aus der Arbeitnehmer seine Tätigkeit plant und wohin er von Auslandsreisen zurückkehrt.[1] Das wird in der Regel ein inländischer Betriebssitz sein. Sobald der Arbeitnehmer aber diesen gewöhnlichen Arbeitsort (zB durch einen Wohnsitzwechsel in einen anderen Staat) tatsächlich verändert, ändert sich auch das Arbeitsvertragsstatut.[2] Maßgeblicher Entscheidungszeitpunkt für die Bestimmung des Arbeitsvertragsstatuts ist der Zeitpunkt der Entscheidung über die anzuwendende Rechtsordnung und daher wechselt das Vertragsstatut mit dem Wandel der Anknüpfungstatsachen.[3]

13 Grundsätzlich ist der gewöhnliche Arbeitsort der Ort, an dem der Arbeitnehmer tatsächlich seine Arbeitsleistung erbringt (lex loci labori). Dabei ist nicht der Sitz des Unternehmens entscheidend: dieser kann, muss aber nicht mit dem Ort der Arbeitsleistung übereinstimmen.[4] Gewöhnlicher Arbeitsort ist vielmehr der Ort, an dem der Arbeitnehmer den „Mittelpunkt seiner Arbeit" hat,[5] dh der Ort, an dem das zeitliche und inhaltliche Schwergewicht der Tätigkeit vorliegt.[6] Hat der Arbeitnehmer mit seiner Tätigkeit noch nicht begonnen, kommt es für die Beurteilung des gewöhnlichen Arbeitsortes auf den von den Parteien beabsichtigten Arbeitsort an.[7]

14 Ist der Arbeitnehmer in einem bestimmten Betrieb eingegliedert und erbringt dort die geschuldete Arbeitsleistung, so ist der gewöhnliche Arbeitsort unproblematisch am Sitz des Betriebes gegeben und das jeweilige Recht am Sitz dieses Betriebes maßgeblich für die rechtliche Beziehung zwischen den Arbeitsvertragsparteien. Ausreichend für die objektive Zuordnung zu einem Mitgliedstaat ist nach der Rom I-VO nunmehr auch, wenn ein Arbeitnehmer in einem Mitgliedstaat ein Büro hat, von dem aus er seine Arbeit organisiert und wohin er nach seinen Auslandsaufenthalten zurückkehrt. Bei Arbeit in einem Home Office kann es auf den Standort des PC bzw. den Ort der Dateneingabe ankommen.[8] Für Heimarbeiter gilt das Recht des Staates, in dem die Heimarbeit erbracht wird.[9]

15 Bei Leiharbeitnehmern muss zwischen unechter und echter **Leiharbeit** unterschieden werden. Handelt es sich um unechte Leiharbeit, bei der der Arbeitnehmer an einen Dritten vollständig entliehen wird (gewerbsmäßige Arbeitnehmerüberlassung), gilt für den Überlassungsvertrag das Recht am Niederlassungsort des Verleihers. Für das Arbeitsverhältnis zwischen Verleiher und Leiharbeitnehmer gilt der gewöhnliche Arbeitsort als maßgeblich für die örtliche Bestimmung des anwendbaren Rechts (Art. 8 Abs. 2 S. 1 Rom I-VO).[10] Wird ein Arbeitnehmer bei gewerbsmäßiger Arbeitnehmerüberlassung zur Arbeitsleistung jeweils in verschiedene Staaten verliehen und lässt sich dadurch kein gewöhnlicher Arbeitsort bestimmen, gilt das Recht der einstellenden Niederlassung. Für echte Leiharbeitnehmer, die lediglich gelegentlich ihre Arbeitsleistung einem anderen Arbeitgeber gegenüber erbringen, gilt das Arbeitsvertragsstatut des Arbeitsvertrages mit dem Verleiher, also ihrem ursprünglichen Arbeitgeber.[11] Die vorübergehende „Verleihung" ändert an dem gewöhnlichen Arbeitsort daher nichts.

---

[1] Reithmann/Martiny/*Martiny*, Rn. 4847.
[2] Reithmann/Martiny/*Martiny*, Rn. 4849.
[3] Staudinger/*Magnus*, Art. 8 Rom I-VO Rn. 175.
[4] *Schneider* NZA 2010, 1380 (1382).
[5] *Emmert/Widhammer* ArbRAktuell 2010, 214 (215).
[6] MüKoBGB/*Martiny*, Art. 8 Rom I-VO Rn. 47.
[7] MüKoBGB/*Martiny*, Art. 8 Rom I-VO Rn. 47.
[8] Palandt/*Thorn,* Art. 8 Rom I-VO Rn. 10.
[9] MHdB ArbR/*Oetker*, § 11 Rn. 30.
[10] MüKoBGB/*Martiny*, Art. 8 Rom I-VO Rn. 62.
[11] MüKoBGB/*Martiny*, Art. 8 Rom I-VO Rn. 62.

A. Anwendbares Recht und Rechtswahl

Im internationalen Konzern, in dem der Arbeitnehmer nur vorübergehend an ein anderes Konzernunternehmen „verliehen" wird, gilt daher weiterhin die Rechtsordnung, dem der Arbeitsvertrag mit dem Arbeitnehmer unterliegt.

b) Vorübergehende Entsendung/Arbeitsverhältnisse in Matrixstrukturen

In grenzüberschreitenden Konzernen werden Arbeitnehmer oftmals in mehreren Staaten eingesetzt. Ein solcher Einsatz kann von Anfang an bezweckt sein oder sich erst im Laufe des Arbeitsverhältnisses herausstellen. In diesen Konstellationen ist auf eine klare Vertragsgestaltung, nicht nur im Hinblick auf das anzuwendende Recht, zu achten. Oftmals ist in Streitfällen unklar, zu welchen unterschiedlichen Konzernunternehmen durch den Einsatz eines Arbeitnehmers in mehreren Mitgliedsstaaten Arbeitsverhältnisse begründet werden. Insbesondere wenn der Arbeitgeber auch bei dem Einsatz in einer anderen Konzerngesellschaft weiterhin Weisungsrechte ausübt, geht das BAG von einer sog. **gespaltenen Arbeitgeberstellung** aus, mit dem Ergebnis, dass mehrere Arbeitsverhältnisse nebeneinander bestehen.[1]

Darüber hinaus kann sich der Einsatz eines Arbeitnehmers im Ausland auf das Arbeitsvertragsstatut auswirken. Im ungünstigsten Fall bestehen verschiedene Arbeitsvertragsverhältnisse und es sind für diese nicht nur unterschiedliche Rechtsordnungen anzuwenden, sondern es konkurrieren innerhalb eines dieser Arbeitsverhältnisse verschiedene Rechtsordnungen und es ist ein Günstigkeitsvergleich vorzunehmen. Die Regelungen der Rom I-VO sollten daher schon bei der Planung eines Auslandseinsatzes von Mitarbeitern im Rahmen eines internationalen Konzerns beachtet werden, um eine möglichst praktikable Ergebnisse zu bewirken.

Im multinationalen Konzern, in dem der Arbeitnehmer nur vorübergehend an ein anderes Konzernunternehmen „verliehen" wird, gilt zunächst weiterhin die Rechtsordnung, dem der Arbeitsvertrag mit dem Arbeitnehmer unterliegt. Der Arbeitsort ändert sich durch den lediglich vorübergehenden Einsatz im Ausland nicht.

Die Rom I-VO enthält keine Legaldefinition des Tatbestandsmerkmals **„vorübergehend"**, jedoch ist eine Tätigkeit dann als vorübergehend zu bewerten, wenn der Arbeitnehmer seine ursprüngliche Arbeit im Herkunftsland nach seinem Auslandseinsatz wieder aufnehmen soll.[2] Maßgeblich ist der Parteiwille der Arbeitsvertragsparteien, also der Rückkehrwille des Arbeitnehmers und der Rücknahmewille des Arbeitgebers.[3]

Klarheit besteht damit insofern, als dass zumindest eine endgültige Entsendung, bei der gerade keine Rückkehr vorgesehen ist, nicht als vorübergehende Entsendung zu bewerten ist.[4] Gleiches gilt in Fällen, in denen Arbeitnehmer ausschließlich zum Einsatz im Ausland eingestellt werden und eine Rückkehr bzw. ein Einsatz an einem anderen Stammarbeitsort aber nie geplant ist.[5] Allerdings ist eine Entsendung nicht allein deswegen ausgeschlossen, weil Arbeitnehmer eingestellt und zunächst im Ausland eingesetzt werden, ohne zuvor ihre Tätigkeit an einem Stammarbeitsplatz aufgenommen zu haben. Solange in diesen Fällen der Einsatz auf einem Stammarbeitsplatz nach einem zeitlich begrenzten Auslandseinsatz geplant ist, kann auch in solchen Fällen eine Entsendung vorliegen.[6]

Teilweise wird ein genereller zeitlicher Richtwert oder eine zeitliche Höchstgrenze verlangt, damit noch von einer vorübergehenden Entsendung gesprochen werden

---

[1] BAG 21.1.1999 – 2 AZR 648/97, NZA 1999, 539; *Bissels/Wisskirchen* DB 2007, 340.
[2] Erwägungsgrund 36.
[3] MüKoBGB/*Martiny*, Art. 8 Rom I-VO Rn. 56; ErfK/*Schlachter*, Rom I-VO, Art. 3 Rn. 13.
[4] *Deinert* RdA 2009, 144 (146).
[5] ErfK/*Schlachter*, Rom I-VO, Art. 3 Rn. 13.
[6] ErfK/*Schlachter*, Rom I-VO, Art. 3 Rn. 13.

kann. Die Rom I-VO sieht eine zeitliche Grenze für Entsendungen nicht vor.[1] Insofern kann auch bei mehrjährigen Auslandseinsätzen nicht davon ausgegangen werden, dass sich allein durch die zeitliche Dauer das Vertragsstatut ändert. Der Vorschlag, eine Entsendung an sozialversicherungsrechtlichen Vorgaben zu orientieren und zB eine maximale Entsendedauer von 2 Jahren anzunehmen,[2] findet in der Rom I-VO keine Stütze. Mangels anderweitiger gesetzlicher Regelungen kann vielmehr grundsätzlich davon ausgegangen werden, dass sich das Arbeitsvertragsstatut nicht ändert, wenn Arbeitnehmer auf Basis ihres bestehenden Arbeitsvertrags vorübergehend, ggf. auch mehrere Jahre, im Ausland eingesetzt werden. Insofern muss anhand der Umstände im Einzelfall beurteilt werden, ob eine dauerhafte oder lediglich eine vorübergehende Entsendung vorliegt. Bei Fallgestaltungen, in denen zunächst eine vorübergehende Entsendung besteht, diese sich aber im Laufe der Entsendung in eine endgültige Entsendung wandelt, ändert sich das Arbeitsvertragsstatut ab dem Zeitpunkt, in dem sich der Parteiwille verändert hat.[3]

23 In multinationalen Konzernen werden regelmäßig Arbeitsverhältnisse mit der Muttergesellschaft und daneben zusätzliche Vereinbarungen mit einem anderen Konzernunternehmen in einem anderen Staat geschlossen. Zur Differenzierung haben sich die Bezeichnungen als sog. Rumpf- oder Basisarbeitsverhältnis für das Arbeitsverhältnis zur Muttergesellschaft und sog. Lokalarbeitsverhältnis für das Arbeitsverhältnis zum Unternehmen in einem anderen Staat entwickelt.[4]

24 Erwägungsgrund 36 der Rom I-VO bestimmt auch für vorstehend beschriebene Fälle, dass kein automatischer Wechsel des Arbeitsvertragsstatuts erfolgt, wenn der Arbeitnehmer unter einem neuen Arbeitsverhältnis derselben Unternehmensgruppe im Ausland tätig wird.[5] Damit steht auch der Abschluss eines neuen Arbeitsvertrages mit dem ursprünglichen Arbeitgeber oder einem neuen Arbeitgeber innerhalb der Unternehmensgruppe nicht der Feststellung entgegen, dass der Arbeitnehmer nur vorübergehend seine Arbeit in einem anderen Staat verrichtet. Etwas anders könnte nur dann gelten, wenn das Rumpf- und das Lokalarbeitsverhältnis miteinander verknüpft sind, und auch das Lokalarbeitsverhältnis an das Vertragsstatut des Rumpfarbeitsverhältnisses anzuknüpfen sein könnte.[6]

25 Diese Konstellationen zeigen, dass das objektive Arbeitsvertragsstatut in Entsendefällen mitunter schwierig zu bestimmen ist. Rechtswahlklauseln sind in diesem Zusammenhang daher mit Bedacht zu vereinbaren: Bei einer Abweichung zwischen objektiver Anknüpfung und subjektiv gewählter Rechtsordnung wäre ein Günstigkeitsvergleich vorzunehmen; es kann durch die Rechtswahl ein Nebeneinander verschiedener Rechtsordnungen und damit Rechtsunsicherheit entstehen. Bei gespaltenen Arbeitsverhältnissen und insbesondere bei zusätzlichen Arbeitsverträgen mit grenzüberschreitendem Charakter sollte eine Rechtswahl daher zugunsten des Rechts am Arbeitgebersitz[7] – erfolgen (dies wird häufig auch gleichzeitig der gewöhnliche Arbeitsort sein),[8] um eine Gemengelage verschiedener Rechtsordnungen zu vermeiden. Führen sowohl die objektive Anknüpfung an das Ortsrecht als auch das subjektiv

---

[1] *Knöfel* RdA 2006, 269.
[2] *Hümmerich/Reufels/Borgmann* Gestaltung von Arbeitsverträgen, § 1 Rn. 784.
[3] *Deinert* RdA 2009, 144 (146).
[4] Reithmann/Martiny/*Martiny*, Rn. 4855.
[5] *Wurmnest* EuZA 2009, 481 (494).
[6] *Hümmerich/Reufels/Borgmann* Gestaltung von Arbeitsverträgen, § 1 Rn. 789; ErfK/*Schlachter*, Rom I-VO, Art. 3 Rn. 15.
[7] Vgl. Staudinger/*Magnus*, BGB, Rom I Art. 8 Rn. 6.
[8] Staudinger/*Magnus*, Art 8 Rom I-VO Rn. 100.

gewählte Recht zu einer Anwendung des gleichen Rechts, bedarf es keines Günstigkeitsvergleichs. Es sind dann zwei Rechtsordnungen zu beachten: So ist beispielsweise bei einer Entsendung nach Spanien regelmäßig sowohl das deutsche Recht zu beachten als auch die spanischen zwingenden Eingriffsnormen.

2. Ort der Niederlassung (Art. 8 Abs. 3 Rom I-VO)

Kann kein gewöhnlicher Arbeitsort gemäß Art. 8 Abs. 2 Rom I-VO des Arbeitnehmers festgestellt werden, richtet sich der Arbeitsvertrag nach dem Recht des Staates, in welchem sich die einstellende Niederlassung des Arbeitgebers befindet. 26

Der Gemeinschaftsgesetzgeber hat sich in der Rom I-VO dazu entschlossen, die Formulierung des Art. 30 Abs. 2 Nr. 1 und 2 EGBGB aF[1] der den gewöhnlichen Arbeitsort und den Ort der einstellenden Niederlassung ebenso wie Art. 6 lit a) und b) EVÜ, mit einem „oder" verknüpfte und so kein klares Verhältnis der Regelungen zueinander normierten, nicht zu übernehmen. Die Rom I-VO stellt vielmehr klar, dass vorrangig der gewöhnliche Arbeitsort zur Ermittlung des objektiven Arbeitsvertragsstatuts dient und erst, wenn ein solcher nicht feststellbar ist, der Ort der einstellenden Niederlassung als objektive Anknüpfung herangezogen werden darf. Die Regelung ermöglicht es, ständig in verschiedenen Ländern eingesetzte Arbeitnehmer, wie Monteure, Reiseleiter, Eisenbahnschaffner im internationalen Eisenbahnverkehr, oder zu Forschungszwecken entsandte Wissenschaftler, sowie Arbeitnehmer, die vorrangig in staatsfreiem Gebiet arbeiten (etwa Seeleute auf hoher See),[2] einem Arbeitsvertragsstatut zuordnen zu können.[3] 27

a) Begriff der Niederlassung

Der Begriff der Niederlassung („place of business"; „établissement") ist in der Rom I-VO nicht legal definiert und bedarf daher der Auslegung. Es muss sich dabei nicht um den Sitz des Arbeitgebers handeln.[4] Sie muss auch keine eigene Rechtspersönlichkeit besitzen.[5] Als Niederlassung kann jede organisatorische Einheit von gewisser Dauer angesehen werden, die auf eine nach außen zielende geschäftliche Tätigkeit gerichtet ist und dafür über vertretungsberechtigte Personen verfügt.[6] Als solche wird auch der „Betrieb" bezeichnet, wobei die konkreten Anforderungen an einen Betrieb nach dem Betriebsverfassungsgesetz nicht eingehalten werden müssen.[7] Der Begriff ist weit auszulegen, es können auch Betriebsteile oder Betriebsstätten eine Niederlassung sein.[8] Ausreichend ist in Abgrenzung zum steuerrechtlichen Begriff des ständigen Vertreters vielmehr eine permanente Präsenz sowie eine auf gewisse Dauer angelegte organisatorische Einheit zur Entfaltung geschäftlicher Tätigkeiten. Keine Niederlassung im Sinne dieser Vorschrift ist daher das Bodenpersonal an einem Flughafen, wenn die Fluggesellschaft ihre Belange aus einem anderen Staat steuert oder Servicetechniker, die die Baustelle eines Kunden vor Ort betreuen, die aber ebenfalls aus einem anderen Staat gesteuert werden. Kommt es zu einer Verlegung des Betriebes nach Abschluss des 28

---

[1] EGBGB in der Fassung vom 1.1.2000 bis zum 16.12.2009.
[2] Palandt/*Thorn,* Art. 8 Rom I-VO Rn. 12.
[3] MüKoBGB/*Martiny,* Art. 8 Rom I-VO Rn 66; Dauses/*Kreuzer/Wagner,* EU-Wirtschaftsrecht, 27. Ergänzungslieferung 2010, R. Europäisches Internationales, Privatrecht, Rn. 233.
[4] Staudinger/*Magnus,* Art. 8 Rom I-VO Rn. 121.
[5] MüKoBGB/*Martiny,* Art. 8 Rom I-VO Rn. 64.
[6] Dauses/*Kreuzer/Wagner,* EU-Wirtschaftsrecht, 27. Ergänzungslieferung 2010, R. Europäisches Internationales, Privatrecht, Rn. 234.
[7] MHdB ArbR/*Oetker,* § 11 Rn. 34.
[8] MHdB ArbR/*Oetker,* § 11 Rn. 34.

Arbeitsvertrages, ändert dies grundsätzlich nichts an dem bereits begründeten Arbeitsvertragsstatut.[1] Maßgeblicher Zeitpunkt für die Beurteilung ist die Einstellung des Arbeitnehmers.[2] Das Recht des Staates, in dem die einstellende Niederlassung zu diesem Zeitpunkt liegt, ist das zwischen den Arbeitsvertragsparteien maßgebliche Recht gemäß Art. 8 Abs. 3 Rom I-VO.

b) Einstellung des Arbeitnehmers

29 Maßgeblich ist die Niederlassung, bei der der Arbeitnehmer eingestellt wurde.

30 Der Begriff „Einstellung" bedarf mangels gesetzlicher Definition durch den Gemeinschaftsgesetzgeber ebenfalls der Auslegung. Entsprechend dem Wortlaut wird teilweise auf den rein formalen Vertragsabschluss abgestellt.[3] Hiernach ist unter „Einstellung" der Abschluss des Arbeitsvertrages, bzw. bei einem rein faktischen Arbeitsverhältnis die Arbeitsaufnahme zu verstehen.[4] Diese Auslegung ist jedoch mit der herrschenden Meinung zu relativieren und eine darüber hinausgehende organisatorische Eingliederung in den Betrieb zu fordern, welche jedoch keiner echten Eingliederung gleichzusetzen ist.[5] Die einstellende Niederlassung ist demnach diejenige, an der der Arbeitnehmer eingestellt wurde und von der aus das Arbeitsverhältnis verwaltet wird.[6] Im Ergebnis kann primär auf die Niederlassung des Vertragsschlusses abgestellt werden und sekundär auf die Niederlassung der personalverwaltungstechnischen Organisation des Arbeitsverhältnisses, wenn diese mit der Niederlassung des Vertragsschlusses nicht ohnehin übereinstimmt.[7]

31 Wurde der Arbeitsvertrag zwar in der einstellenden Niederlassung geschlossen, der Arbeitnehmer aber in einer anderen ausländischen Niederlassung tatsächlich eingesetzt, ist die „Einsatzniederlassung" als objektiver Anknüpfungsort zu wählen, im Gegensatz zu der bloßen „Einstellungsniederlassung".[8] Denn bei engerer Verbindung zu einem anderen als in Art. 8 Abs. 2 und Art. 8 Abs. 3 bezeichneten Staat, ist das Recht des anderen Staats maßgeblich (Art. 8 Abs. 4 Rom I-VO; → Rn. 33). Die Bewertung des objektiven Arbeitsvertragsstatuts erfährt damit ein stetiges Korrektiv.[9]

32 Klarstellen lässt sich, dass eine einstellende Niederlassung nicht schon dort begründet wird, wo ein Vertreter oder Repräsentant für den Arbeitgeber die Einstellung an einem Ort (zB Hotel) lediglich vollzieht, der aber keine dauerhafte Niederlassung darstellt.[10]

3. Ausnahme: Engere Verbindung zu einem anderen Staat

a) Funktion

33 Soweit ein Arbeitsverhältnis eine engere Verbindung zu einem anderen Staat aufweist, als dem Staat des gewöhnlichen Arbeitsorts oder der Niederlassung, ist eine

---

[1] Reithmann/Martiny/*Martiny*, Rn. 4861.
[2] Staudinger/*Magnus*, Art. 8 Rom I-VO Rn. 176.
[3] BAG 3.5.1995 – 5 AZR 15/94, NZA 1995, 1191 ff.; Hess. LAG 16.11.1999 – 4 Sa 463/99, NZA-RR 2000, 401 ff.
[4] Reithmann/Martiny/*Martiny*, Rn. 4860.
[5] Staudinger/*Magnus*, Art. 8 Rom I-VO Rn 124; MüKoBGB/*Martiny*, Art. 8 Rom I-VO Rn. 65.
[6] Spindler/Schuster/*Pfeiffer/Weller/Nordmeier*, Recht der elektronischen Medien, Rom I-VO Art. 8 Individualarbeitsverträge Rn. 9.
[7] Reithmann/Martiny/*Martiny*, Rn. 4859.
[8] MüKoBGB/*Martiny*, Art. 8 Rom I-VO Rn. 65.
[9] MüKoBGB/*Martiny*, Art. 8 Rom I-VO Rn. 63.
[10] Staudinger/*Magnus*, Art. 8 Rom I-VO Rn. 122.

Korrektur und damit eine vorrangige Anwendung des Rechts des anderen Staats nach Art. 8 Abs. 4 Rom I-VO möglich

Es handelt sich bei Art. 8 Abs. 4 Rom I-VO also um eine sog. Ausweichklausel[1] die **34** eine Ausnahme als Korrekturmöglichkeit vorsieht. Bei Vorliegen der Voraussetzungen kann von dem Ergebnis der objektiven Anknüpfung gem. der Absätze 2 und 3 abgewichen werden.[2]

Dabei muss die engere Verbindung entsprechend dem Wortlaut von Art. 8 Abs. 4 Rom **35** I-VO nicht zwischen dem Arbeitsvertrag und einer anderen Rechtsordnung bestehen, sondern zwischen dem Arbeitsvertrag und einem anderen Staat.[3] Anhaltspunkt kann unter anderem die Staatsangehörigkeit des Arbeitnehmers sein.[4] Weiterhin kommt dem Sitz des Arbeitgebers und dem Wohnsitz des Arbeitnehmers Bedeutung zu.[5] Die Verwendung einer bestimmten Vertragssprache kann eine Verbindung zu einem bestimmten Staat begründen, ebenso die vereinbarte Währung, die Vereinbarung typischer landesspezifischer Regeln oder die Unterwerfung unter einen bestimmten Gerichtsstand.[6]

Die Ausweichklausel garantiert zwar den Vertragsparteien im Streitfall die Anwend- **36** barkeit des sachnächsten Gerichts. Allerdings führt sie zu einer gewissen Rechtsunsicherheit für die Arbeitsvertragsparteien und begünstigt das von den Gerichten gern praktizierte „Heimwärtsstreben",[7] also das Streben nach der Anwendung des eigenen nationalen Rechts. Hinzu kommt, dass die Frage der engeren Verbindung zu einem anderen Staat nicht vorlagefähig ist und es allein der Bewertung des entscheidenden nationalen Gerichts obliegt, das objektive Arbeitsvertragsstatut in Einzelfällen zu bestimmen bzw. zu korrigieren.[8] Das kann dazu führen, dass Regelungen auf ein Arbeitsverhältnis angewendet werden, derer sich die Arbeitsvertragsparteien nicht bewusst waren oder die sie auch nicht anwenden wollten.

Nicht anwendbar ist die Ausweichklausel lediglich, wenn die Arbeitsvertragsparteien **37** eine Rechtswahl getroffen haben. Selbst eine stillschweigende Rechtswahl gemäß Art. 3 Abs. 1 Alt. 2 und 3 Rom I-VO schließt die Anwendbarkeit der Ausweichklausel aus.[9]

b) Begriff der „engeren Verbindung"

Wann konkret eine „engere Verbindung" zu dem Staat eines anderen als dem nach der **38** Regelanknüpfung zuständigen Staat vorliegt, muss umfassend unter Würdigung der Gesamtheit der Umstände ermittelt werden. Es muss eine Schwerpunktbildung erfolgen: das Recht des Staates ist anzuwenden, in dessen Schwerpunkt das Arbeitsverhältnisses liegt.[10]

Der Begriff der „engeren Verbindung" entspricht mit Ausnahme des Merkmals **39** „offensichtlich" dem des objektiven Arbeitsvertragsstatut. Somit sind für die Bestimmung der engeren Verbindung des Arbeitsvertrags grundsätzlich die gleichen Regeln heranzuziehen wie bei der allgemeinen objektiven Anknüpfung nach Art. 8 Abs. 3 Rom I-VO.[11] Dies ist aus Gründen der Rechtssicherheit geboten.[12] Das von der

---

[1] *Schneider* NZA 2010, 1380 (1382).
[2] Staudinger/*Magnus*, Art. 8 Rom I-VO Rn. 128.
[3] MüKoBGB/*Martiny*, Art. 8 Rom I-VO Rn. 68.
[4] BAG 9.7.2003 – 10 AZR 593/02, NZA 2003, 1424.
[5] BAG 9.7.2003 – 10 AZR 593/02, NZA 2003, 1424.
[6] BAG 11.12.2003 – 2 AZR 627/02, NZA 2004, 680.
[7] *Deinert* RdA 2009, 144 (147).
[8] *Deinert* RdA 2009, 144 (147).
[9] Staudinger/*Magnus*, Art. 8 Rom I-VO Rn. 129.
[10] Spindler/Schuster/*Pfeiffer/Weller/Nordmeier*, Recht der elektronischen Medien, Rom I-VO Art. 8 Individualarbeitsverträge Rn. 10.
[11] MüKoBGB/*Martiny*, Art. 8 Rom I-VO Rn. 67.
[12] Palandt/*Thorn*, Art. 8 Rom I-VO Rn. 13.

Regelanknüpfung berufene Recht wird nur verdrängt, „wenn die Gesamtheit wichtiger und nicht nur nebensächlicher Anknüpfungsmerkmale zu einem anderen Ergebnis führt".[1] Es muss eine Mehrzahl von Einzelumständen vorliegen, damit die Norm zur Anwendung kommt.[2]

40 Maßgeblicher Entscheidungszeitpunkt für die Beurteilung des Arbeitsvertragsstatuts nach Art. 8 Abs. 4 Rom I-VO ist der konkrete Entscheidungszeitpunkt.[3]

c) Gesamtheit der Umstände/Engere Verbindung

41 Das Gesetz stellt zwar bei der Bestimmung der engeren Verbindung ausdrücklich auf die Gesamtheit der Umstände ab. Nicht im Einzelnen festgelegt ist aber, welche Umstände tatsächlich relevant sind.

42 Als maßgebliche Kriterien gelten nach der Rechtsprechung des BAG die Staatsangehörigkeit der Vertragsparteien und der Sitz des Arbeitgebers; wobei das BAG das Kriterium der Staatsangehörigkeit nur dann als wesentliches Kriterium anerkannt hat, wenn beide Vertragsparteien dieselbe Nationalität bzw. Rechtsformzugehörigkeit zu dem gleichen Staat haben.[4] Das Kriterium der Staatsangehörigkeit ist als persönliches Kriterium zu verstehen. Grundsätzlich differenziert die Rechtsprechung zwischen persönlichen, räumlichen und vertragsbezogenen Kriterien, wobei zu den räumlichen Kriterien der Sitz des Arbeitgebers und der Wohnsitz des Arbeitnehmers zählen.[5] Die vertragsbezogenen Kriterien sind unter anderem die Vertragssprache, die Vereinbarung typisch landesspezifischer Vertragsklauseln, die Unterwerfung des Vertragsverhältnisses unter ein bestimmtes Sozialversicherungsrecht, die Vereinbarung der Währung der Vergütung sowie die Unterwerfung unter einen bestimmten Gerichtsstand.[6] Das BAG hat jedoch in einer alten Entscheidung sowohl die Vertragssprache, als auch die Währung, in der die Vergütung bezahlt wird und den Ort des Vertragsschlusses sowie des Wohnsitzes lediglich als Kriterien mit Indizwirkung bezeichnet, welche keine eigenständige und entscheidungserhebliche Bedeutung haben.[7] In einer neueren Entscheidung hat das BAG die genannten Kriterien – die in dem konkreten Fall neben anderen Kriterien kumulativ vorlagen – dagegen als entscheidungserheblich angesehen.[8] Hier ging es um einen in Italien geschlossenen Arbeitsvertrag zwischen einer italienischen Aktiengesellschaft mit Hauptsitz in Italien und italienischen Arbeitnehmern mit Wohnort in Italien in italienischer Sprache nach Anwerbung der Arbeitnehmer in Italien; die Vergütung erfolgte in italienischer Lira; die Arbeitgeberin zahlte Beiträge für diese Arbeitnehmer an die italienische Cassa Edile, eine der ZVK vergleichbare Einrichtung des Baugewerbes in Italien – das BAG hat hier die engere Verbindung zum Staat Italien angenommen, obwohl Arbeitsort eine deutsche Zweigniederlassung der italienischen AG war.[9] Es muss eine Mehrzahl von Einzelumständen vorliegen und eine Gesamtwürdigung der Umstände erfolgen, damit die Ausnahmevorschrift der „engeren Verbindung" zur Anwendung kommt.[10]

43 Es kommen stets nur objektive Kriterien in Betracht, die zweifelsfrei vorliegen müssen, da es sonst bei der Regelanknüpfung verbleibt, also bei der Anknüpfung an die

---

[1] LAG Rheinland-Pfalz, 14.1.2010 – 11 Sa 200/09.
[2] Hess. LAG, 1.9.2008 – 16 Sa 1296/07.
[3] Staudinger/*Magnus,* Art. 8 Rom I-VO Rn. 177.
[4] BAG 13.11.2007 – 9 AZR 134/07, NZA 2008, 761 ff.
[5] MüKoBGB/*Martiny,* Art. 8 Rom I-VO Rn. 69.
[6] MüKoBGB/*Martiny,* Art. 8 Rom I-VO Rn. 70.
[7] BAG 29.10.1992 – 2 AZR 267/92.
[8] BAG 9.7.2003 – 10 AZR 593/02, NZA 2003, 1424.
[9] BAG 9.7.2003 – 10 AZR 593/02, NZA 2003, 1424.
[10] Hess. LAG 1.9.2008 – 16 Sa 1296/07; so auch schon BAG 29.10.1992 – 2 AZR 267/92.

Erfüllung des Arbeitsvertrags (Art. 8 Abs. 2 Rom I-VO) oder bei der Anknüpfung an die Niederlassung (Art. 8 Abs. 3 Rom I-VO).[1] Somit ist weder die ausdrückliche und stillschweigende Rechtswahl noch ein etwaiger hypothetischer Parteiwille zu berücksichtigen, da es um die Bestimmung des objektiv maßgeblichen Rechts geht und gerade nicht um das nach Rechtswahl subjektiv von den Parteien gewollte Recht.[2]

Allerdings soll das Interesse des Arbeitnehmers an einem ihm günstigeren Recht Berücksichtigung finden: Das Recht, das den Arbeitnehmer stärker schützt, gilt als weiteres Kriterium für die Ausweichklausel, nicht allerdings als allein bestimmendes.[3] Aus Gründen der Rechtssicherheit darf die Ausweichklausel nur dann zur Anwendung kommen, wenn die für ihre Anwendbarkeit sprechenden Kriterien diejenigen, die für die objektive Anknüpfung sprechen, deutlich überwiegen.[4] Die enge Verbindung des Arbeitsverhältnisses zu dem anderen Staat muss also offensichtlich sein und darf sich nicht erst durch eine Abwägung ergeben. 44

Es bedarf stets einer Mehrzahl von Einzelumständen, die insgesamt eine stärkere Verbindung zu einem Staat darstellen, als das Recht des Arbeits- oder Einstellungsortes.[5] Handelt es sich lediglich um einen Einzelumstand, der die Anwendbarkeit der Rechtsordnung eines anderen Staates nahe legt, ist dies nicht ausreichend. Es bleibt bei der objektiven Anknüpfung an den gewöhnlichen Arbeitsort oder an den Ort der einstellenden Niederlassung (Art. 8 Abs. 2, 3 Rom I-VO).[6] 45

4. Sonderfälle bei der objektiven Bestimmung der anwendbaren Rechtswahl

a) Fliegendes Personal

Für Arbeitsverhältnisse von Flugpersonal finden die Regelungen des Art. 8 Rom I-VO umfassend Anwendung. Somit unterliegen Arbeitsverträge grundsätzlich dem von den Parteien gewählten Recht, es sei denn, es liegt keine Rechtswahl oder sonst eine Ausnahme vor. In Art. 8 Abs. 2 S. 1 Rom I-VO hat der Gemeinschaftsgesetzgeber eine neue Gesetzesformulierung gewählt und die Regelanknüpfung an den Arbeitsort erweitert, indem nun das „Recht des Staates, in dem oder andernfalls von dem aus der Arbeitnehmer in Erfüllung seines Vertrages gewöhnlich seine Arbeit verrichtet" als Anknüpfungspunkt dienen soll. Hierdurch sollen insbesondere die Arbeitsverhältnisse des fliegenden Personals erfasst werden und die base of operation (Ort, an dem etwa Flugzeuge gewartet werden), als zentraler Anknüpfungspunkt für diese Arbeitsverhältnisse begründet werden.[7] Die Rom I-VO ersetzt mit dieser neuen Formulierung die Vorgängerregelung, die ausschließlich auf das Recht des Staates abstellte, in dem der Arbeitnehmer in Erfüllung des Vertrages gewöhnlich seine Arbeit verrichtet. Um eine Base handelt es sich im Sinne der neuen Rom I-VO dann, wenn Fluggesellschaften von einem bestimmten Standort aus überwiegend die gleichen Kurz- und Mittelstrecken bedienen, die betreffenden Arbeitnehmer dort regelmäßig oder zumindest häufig 46

---

[1] MHdB ArbR/*Oetker*, § 11 Rn. 35.
[2] MüKoBGB/*Martiny*, Art. 8 Rom I-VO Rn. 70 f.
[3] Staudinger/*Magnus*, Art. 8 Rom I-VO Rn. 138.
[4] BAG 12.12.2001 – 5 AZR 255/00, NZA 2002, 734; ErfK/*Schlachter*, Rom I-VO Art. 9 Rn. 17.
[5] BAG 29.10.1992 – 2 AZR 267/92, NZA 1993, 742 ff.
[6] MüKoBGB/*Martiny*, Art. 8 Rom I-VO Rn. 71.
[7] Staudinger/*Magnus*, Art. 8 Rom I-VO Rn. 163; einschränkend MüKoBGB/*Martiny* Art. 8 Rom I-VO Rn. 52, wonach die Anknüpfung an eine base of operations evtl. nur für Flugbegleiter gelten soll, die hin und wieder auch Aufgaben am Boden wahrnehmen, nicht aber für Piloten. MüKoBGB/*Martiny* Art. 8 Rom I-VO Rn. 52.

eingewiesen werden, von dort aus starten und am Ende des Arbeitstages bzw. des Flugeinsatzes wieder dorthin zurückkehren.[1] Für Flugpersonal gilt dann mangels Rechtswahl das Recht am Standort dieser Base.

47 Setzt eine Fluggesellschaft ihr Flugpersonal lediglich auf Inlandsflügen und somit innerhalb nur eines Mitgliedsstaates ein, unterliegt der Arbeitsvertrag unproblematisch dem Recht dieses Mitgliedsstaates. Soweit eine ausländische Fluggesellschaft für das an einem im Inland belegenen Stützpunkt mit einheitlichem Leitungsapparat des Arbeitgebers (also unter einer gemeinsamen Führung) stationierte Personal durch Vertragsschluss am Unternehmenssitz und einer entsprechenden Rechtswahl Heimatrecht anwendet, ist dies dann nicht mehr zulässig, wenn dem Arbeitnehmer hierdurch die für ihn günstigeren Regelungen des Arbeitsrechtes des Einsatzlandes entzogen werden.[2] So unterhält die Airline easyJet am Schönefelder Standort einen Teil ihrer Flotte und setzt das Personal von dort aus auf festen Routen ein.[3] Insofern gilt zwischen dem subjektiven gewählten Recht und dem Recht des Stützpunktes, von der aus nach objektiven Bedingungen die Tätigkeit erfolgt, der Günstigkeitsvergleich.

b) Schiffsbesatzung

48 Die Rom I-VO findet auch für Seearbeitsverhältnisse Anwendung. Allerdings sind die günstigeren zwingenden Bestimmungen des geltenden Heuerstatuts[4] (Art. 8 Abs. 2–4 Rom I-VO) von den Parteien nicht abdingbar.[5] Die Rechtswahl unterliegt Einschränkungen (Art. 3 Abs. 3 und 4 Rom I-VO. Handelt es sich um einen Fall ohne jeglichen Auslandsbezug, dann gilt zwingend das deutsche Recht, handelt es sich aber um einen Binnenmarktfall – also um einen Fall mit grenzüberschreitenden Faktoren – dann ist das Gemeinschaftsrecht zwingend zu beachten.[6]

49 Das geltende Heuerstatut und somit die objektive Anknüpfung nach Art. 8 Rom I-VO ist, anders als bei gewöhnlichen Individualarbeitsrechtsverhältnissen mit überwiegendem örtlichen Bezug nicht ohne Weiteres bestimmbar. Da der sonst üblicherweise gegebene örtliche Bezug fehlt, muss die Bestimmung anhand anderer, seerechtsspezifischer Gegebenheiten erfolgen. Wie dies genau zu erfolgen hat, ist umstritten.

50 Früher wurde teilweise das Schiff als der gewöhnliche Arbeitsort angesehen, folglich galt das Recht des Staates, dessen Flagge es führte.[7] Anders als Flugpersonal, ist Schiffspersonal dauerhaft an Bord und somit schwerpunktmäßig dem Schiff zuzuordnen. Es ist daher möglich, den Arbeitnehmer über die Flagge völkerrechtlich ausschließlich dem Flaggenstaat zuzuweisen und somit den gewöhnlichen Arbeitsort im Flaggenstaat zu begründen.[8]

51 Andere Stimmen berufen sich auf das Recht der einstellenden Niederlassung als Hauptanknüpfungspunkt. Bei Seearbeitsverhältnissen kann dies jedoch zu besonderen Problemen führen, da diese Anknüpfungstatsache erhebliche Unsicherheit birgt. In der internationalen Seeschifffahrt ist es üblich, dass bei der Einstellung beispielsweise Heueragenten tätig werden, die ggf. den Heuervertrag am Sitz ihrer Niederlassung schließen.

52 Schließlich wurde auch vertreten, das Heuerstatut anhand der Ausweichklausel (Art. 8 Abs. 4 Rom I-VO) zu bestimmen. Grundsätzlich spricht für die Anwendbar-

---

[1] *Bayreuther* NZA 2010, 262.
[2] *Bayreuther* NZA 2010, 262.
[3] http://corporate.easyjet.com/de-DE/media/latest-news/news-year-2009/24-04-09.aspx.
[4] Heuerstatut ist das Vertragsstatut für Seeleute.
[5] Staudinger/*Magnus*, Art. 8 Rom I-VO Rn. 144.
[6] Staudinger/*Magnus*, Art. 8 Rom I-VO Rn. 143.
[7] Staudinger/*Magnus*, Art. 8 Rom I-VO Rn. 143.
[8] *Wurmnest* EuZA 2009, 481 (498).

keit der Ausweichklausel, dass weder die Bestimmung des Arbeitsortes noch der einstellenden Niederlassung taugliche Anknüpfungspunkte für Seearbeitsverhältnisse sind. Die Ausweichklausel vermag dagegen alle Faktoren für die Bestimmung des Arbeitsvertragsstatuts einzubeziehen und somit die Gesamtheit der Umstände für das Ergebnis heranzuziehen.[1]

Dieser Auffassung folgte das BAG in einem Zweitregisterfall.[2] In dem Urteil führte es aus, dass für Handelsschiffe im internationalen Verkehr seit Einführung des § 21 Abs. 4 S. 1 FlRG die Anwendbarkeit des Art. 30 Abs. 2 2. HS EGBGB für Seearbeitsverhältnisse bestätigt sei. Das Recht der Flagge könne keine Anknüpfung erlauben, da § 21 Abs. 4 S. 1 FlRG Zweitregisterschiffen den Boden entziehen würde.[3] Entsprechend ist der nunmehr geltende Art. 8 Abs. 4 Rom I-VO anzuwenden. Maßgebliche Kriterien gemäß der Rechtsprechung des BAG seien „die Nationalitäten von Arbeitgeber und Arbeitnehmer, der Ort des Vertragsschlusses, die Vertragssprache, der Zahlungsort und die Modalitäten für die Heuer".[4] 53

Für den Fall, dass lediglich eine „billige Flagge" als Anknüpfungspunkt für die Bestimmung des Arbeitsvertragsstatuts gegeben ist, muss über die Ausweichklausel des Art. 8 Abs. 4 Rom I-VO das Recht bestimmt werden, zu dem eine wesentlich engere Verbindung zum Sachverhalt besteht.[5] 54

c) Sonstige

Wie für das fliegende Personal und die Seeschifffahrt, findet Art. 8 Rom I-VO auch uneingeschränkt auf Bahnpersonal und Bus- und Fernfahrer auf internationalen Strecken Anwendung. Die Arbeitsvertragsparteien können vom Recht der freien Rechtswahl Gebrauch machen, wobei diese den Schranken der Rom I-VO unterliegen (zB Abweichungsverbot bei schützenden Normen, Art. 8 Abs. 1 Rom I-VO) und nicht die zwingenden Eingriffsnormen sowie den ordre public verletzen dürfen.[6] 55

Soweit bei international eingesetztem Bahnpersonal und Fernfahrern keine Rechtswahl vereinbart wurde, gilt das Recht des Staates, von dem aus sie eingesetzt und tätig werden und zu dem sie regelmäßig zurückkehren, soweit nicht eine engere Verbindung zu einem anderen Staat besteht.[7] 56

Auch hier gilt, dass die vertragliche Gestaltung nicht zu einer Gemengelage verschiedener Rechtsordnungen führen darf und eine Rechtswahl aus Praktikabilitätsgründen entsprechend der objektiv geltenden Rechtsordnung vereinbart werden sollte. 57

III. Rechtswahl

Art. 3, 8 und 9 Rom I-VO bestimmen, welche Rechtsordnung bei Arbeitsverträgen Anwendung findet, die Bezug zu einer ausländischen Rechtsordnung haben. 58

1. Vereinbarung über anwendbares Recht

Arbeitsverträge unterliegen grundsätzlich dem Recht, das die Vertragsparteien gewählt haben (Art. 8 Abs. 1 S. 1 iVm Art. 3 Abs. 1 S. 1 Rom I-VO). Somit ist zunächst 59

---

[1] *Puttfarken,* See-Arbeitsrecht S. 12; *Drobnik/Puttfarken,* Arbeitskampf auf Schiffen fremder Flagge (1989), S. 15.
[2] BAG 3.5.1995 – 5 AZR 15/94, NZA 1995, 1191 (1192).
[3] BAG 3.5.1995 – 5 AZR 15/94, NZA 1995, 1191 (1192).
[4] BAG 3.5.1995 – 5 AZR 15/94, NZA 1995, 1191 (1192).
[5] *Wurmnest* EuZA 2009, 481 (497, 498).
[6] Staudinger/*Magnus,* Art. 8 Rom I-VO Rn 161.
[7] Staudinger/*Magnus,* Art. 8 Rom I-VO Rn 166.

die Rechtswahl zentraler Anknüpfungspunkt für die Bestimmung des anzuwendenden Rechts zwischen Arbeitgeber und Arbeitnehmer. In der Praxis empfiehlt es sich, das Recht zu wählen, das anhand objektiver Anknüpfungspunkte (gewöhnlicher Arbeitsort oder Ort der Niederlassung) zur Anwendung kommt, um Widersprüche und Unklarheiten zu vermeiden.

a) Allgemeiner Grundsatz der Privatautonomie

60   Mit Einführung des Art. 3 Abs. 1 S. 1 EVÜ wurde die Parteiautonomie im internationalen Vertragsrecht ausdrücklich festgelegt.[1] Die Privatautonomie umfasst dabei zum einen die freie Wahl einer Rechtsordnung. Dabei kann allerdings nur staatlich geltendes Recht als das zwischen den Parteien geltende Recht gewählt werden – lediglich anerkannte Rechtsgrundsätze fallen nicht hierunter – so etwa die UNIDROIT-Grundregeln für internationale Handelsverträge oder die lex mercatoria, die internationale Handelsbräuche zusammenfasst.[2]

Zum anderen umfasst die Privatautonomie auch den Umfang der Rechtswahl; so können die Parteien den Vertrag ganz einem einheitlichen Recht unterstellen[3] oder eine Teilrechtswahl treffen,[4] wobei auch unterschiedliche Rechtsordnungen im Rahmen eines einheitlichen Vertrages herangezogen werden können.[5] Eine entsprechende Teilrechtswahl ist solange zulässig, als sie keine widersprüchlichen Ergebnisse bewirkt.[6] Andernfalls ist das aufgrund objektiver Anknüpfung anzuwendende Recht maßgeblich.[7] In Bezug auf Arbeitsverhältnisse ist eine Teilrechtswahl aus Gründen der Praktikabilität nicht zu empfehlen. Bei grenzüberschreitenden Arbeitsverhältnissen entsteht ohnehin eine Gemengelage verschiedener Rechtsordnungen, die man durch möglich konsistente Vertragsgestaltung überschaubar und praktikabel gestalten sollte.

b) Rechtswahlfreiheit im Arbeitsrecht

61   Die Rechtswahlfreiheit wird in den Erwägungsgründen zur Rom I-VO als einer der „Ecksteine des Systems der Kollisionsnormen im Bereich der vertraglichen Schuldverhältnisse" bezeichnet.[8] Entsprechend dem allgemeinen Grundsatz der Privatautonomie gilt auch im internationalen Arbeitsvertragsrecht der Grundsatz der freien Rechtswahl.[9] Die Arbeitsvertragsparteien sind in der Wahl des Rechts, das auf den Arbeitsvertrag Anwendung finden soll, im Grundsatz frei. Sie können daher auch eine Rechtsordnung wählen, die keinen Bezug zum Vertrag besitzt.[10] Folglich kann – innerhalb der Schranken des Art. 3 Abs. 3 Rom I-VO – auch bei reinen Inlandssachverhalten eine ausländische Rechtsordnung gewählt werden.[11]

Faktisch ist die Rechtswahl jedoch sehr eingeschränkt. Die Rechtswahl darf nicht dazu führen, dass dem Arbeitnehmer der Schutz entzogen wird, dem ihm das ohne Rechtswahl anwendbare Recht gewähren würde (Art. 8 Abs. 1 Rom I-VO). Es ist zu

---

[1] *Leible/Lehmann* RIW 2008, 528 (532).
[2] *Clausnitzer/Woopen* BB 2008, 1798 (1799).
[3] MHdB ArbR/*Oetker*, § 11 Rn. 12.
[4] ErfK/*Schlachter*, Rom I-VO, Art. 9 Rn. 4.
[5] MHdB ArbR/*Oetker*, § 11 Rn. 12.
[6] *Schneider* NZA 2010, 1380 (1381).
[7] *Schneider* NZA 2010, 1380 (1381).
[8] Vgl. Erwägungsgrund 11, der Verordnung (EG) Nr. 593/2008 vom 17.6.2008
[9] Art. 8 Abs. 1 iVm Art. 3 Abs. 1; vgl. EuGH 15.3.2011 – C-29/10; *Emmert/Widhammer* ArbR-Aktuell 2010, 211.
[10] ErfK/*Schlachter*, Rom I-VO, Art. 9 Rn. 5.
[11] ErfK/*Schlachter*, Rom I-VO, Art. 9 Rn. 5.

fragen, welcher jeweilige Regelungsbereich für den Arbeitnehmer jeweils günstiger ist.[1]

Auch bleiben Eingriffsnormen anwendbar (Art. 9 Abs. 1 Rom I-VO). Das sind solche, die dem öffentlichen Interesse und nicht lediglich Individualinteressen dienen (wobei es sich in Abgrenzung zu Art. 8 Abs. 1 Rom I-VO um eine Norm mit internationalem Geltungsanspruch handeln muss).[2] Faktisch überlagert wird diese systematische Trennung zwischen Art. 8 Abs. 1 und Art. 9 Abs. 1 Rom I-VO durch die EG-Entsenderichtlinie, in Deutschland umgesetzt durch das Korrekturgesetz zum AEntG.[3] Deutsches Recht ist nunmehr auf bestimmten Sachgebieten (etwa Höchstarbeitszeit, Mindesturlaub, Mindestlohn, Leiharbeit, Arbeitssicherheit, Jugendschutz, Mutterschutz, Gleichbehandlungsgesetz) immer dann zwingend anzuwenden, wenn der Arbeitnehmer im Inland, also in Deutschland, beschäftigt ist.[4] Auf den Sitz des Arbeitgebers kommt es insoweit nicht an.[5]   62

Die Rechtswahl wird durch Vertrag getroffen; sie ist ein „Verweisungsvertrag"[6] und von dem Hauptvertrag unabhängig.[7] Die Rechtswahl kann und wird in aller Regel im Rahmen des Arbeitsvertrages getroffen und eher in seltenen Fällen nachträglich selbständig zwischen den Parteien vereinbart.[8] Eine nachträgliche selbstständige Vereinbarung ist aber jederzeit möglich und ist dann zweckmäßig, wenn durch die anwendbare Rechtsordnung mehrere Arbeitsverhältnisse harmonisiert werden sollen oder für einen internationalen Einsatz eines Arbeitnehmers Klarheit über das anzuwendende Recht geschaffen werden soll.   63

c) Bestimmung der Rechtswahl durch Tarifvertrag?

Ob eine Rechtswahl auch durch Tarifvertrag erfolgen kann, ist in der Literatur umstritten; Rechtsprechung existiert hierzu nicht. Einigkeit besteht dahingehend, dass Art. 8 Rom I-VO – wie auch schon Art. 6 EVÜ und Art. 30 EGBGB aF – ausschließlich für Individualarbeitsverträge anwendbar ist. Uneinigkeit besteht, ob eine allgemeine Rechtswahlfreiheit nach Art. 3 Abs. 1 S. 1 Rom I-VO durch Tarifvertrag besteht. Teilweise wird vertreten, dass die Art. 3 ff. Rom I-VO nicht das kollektive Arbeitsrecht erfassen. Die freie Rechtswahl gelte daher nicht für Tarifverträge.[9] Die hM erkennt zu Recht die unmittelbare Anwendbarkeit der kollisionsrechtlichen Normen der Rom I-VO auch bei Tarifverträgen an.[10] Die Frage der Rechtswahl in einem Tarifvertrag wird in dem Maße an Bedeutung gewinnen, wie „Transnational Agreements" von multinationalen Konzernen abgeschlossen werden. Die Bestimmung der Rechtswahl für tarifgebundene Parteien ist auch durch Tarifvertrag möglich.[11] Art. 3   64

---

[1] *Emmert/Widhammer* ArbRAktuell 2010, 212.
[2] BeckOK ArbR/*Schönbohm*, VO (EG) 593/2008 Art. 9 Rn. 4.
[3] Palandt/*Thorn*, Rom-I, Art. 8 Rn. 6.
[4] Palandt/*Thorn*, Rom-I, Art. 8 Rn. 6.
[5] Palandt/*Thorn*, Rom-I, Art. 8 Rn. 6.
[6] *Deinert* RdA 2009, 144 (148).
[7] *Leible/Lehmann* RIW, 528 (532).
[8] BGH 19.1.2000 – VIII ZR 275/98, NJW-RR 2000, 1002 (1004).
[9] *Däubler/Peter*, TVG § 2 Rn. 67.
[10] MüKoBGB/*Martiny*, Art. 8 Rom I-VO Rn. 137; ErfK/*Schlachter*, Rom I-VO, Art. 9 Rn. 6; Staudinger/*Magnus*, Art. 8 Rom I-VO Rn. 251; Reithmann/Martiny/*Martiny*, Internationales Vertragsrecht, Rn. 4961.
[11] BAG 11.9.1991 – 4 AZR 71/91, IPRax 1994, 44; *Wimmer* IPRax 1995, 207 (212); *Däubler* NZA 1990, 673 (674); Reithmann/Martiny/*Martiny*, Internationales Vertragsrecht, Rn 4960; Staudinger/*Magnus*, Einl. zur Rom I-VO, Art. 8 Rom I-VO Rn. 251 f.; MHdBArbR/*Oetker*, § 11 Rn. 120; ErfK/*Schlachter*, Rom I-VO, Art. 9 Rn. 6; MüKoBGB/*Martiny*, Art. 8 Rom I-VO Rn. 137; Dagegen: *Thüsing* NZA 2003, 1303 (1304).

Rom I-VO statuiert den Vorrang der privatautonomen Rechtswahl. Da es sich bei dem Tarifvertrag ebenfalls um einen Vertrag handelt und für die Zulässigkeit der Rechtswahlklausel der Inhalt des zugrundeliegenden Vertragsverhältnisses irrelevant ist, gilt auch im Bereich von Tarifverträgen dieser Vorrang.[1] Die Tatsache, dass die Tarifvertragsparteien den Tarifvertragsnormen unterworfen sind, ist dabei unerheblich, da diese sich auf rechtsgeschäftlich begründete Mitgliedschaft und vertragliche Vereinbarungen der Tarifvertragsparteien stützen können.[2] Die Möglichkeit der Rechtswahl durch Tarifvertrag entspricht auch dem Sinn und Zweck des Tarifvertrages, der darauf gerichtet ist, einen Ausgleich auf tarifvertraglicher Ebene zu schaffen, der auf individualvertraglicher Ebene nicht erreicht wurde.[3] Es muss daher alles in einem Tarifvertrag regelbar sein, was auch in einem Individualarbeitsvertrag geregelt werden kann.[4] Dies betrifft demnach richtigerweise auch die Gestaltung der anwendbaren Rechtsordnung.

65 Der Tarifvertrag steht jedoch hinter zwingendem ausländischem Recht zurück, soweit die inländischen Tarifvertragsparteien Arbeitsverhältnisse regeln, die ausschließlich im Ausland durchgeführt werden.[5] Das BAG erkennt die Regelungskompetenz der Tarifvertragsparteien nur für Arbeitsverhältnisse unter objektivem deutschem Arbeitsvertragsstatut an.[6]

d) Konkludente Rechtswahl

66 Neben der ausdrücklichen Erklärung, welche Rechtsordnung auf das Arbeitsverhältnis Anwendung finden soll, ist auch die schlüssige Rechtswahl möglich. Voraussetzung dafür ist, dass sich die gewählte Rechtsordnung eindeutig aus den Bestimmungen des Vertrages oder aus den Umständen des Falles ergibt (Art. 3 Abs. 1 S. 2 Rom I-VO).[7] Ein rein hypothetischer Parteiwille ohne eindeutige Anhaltspunkte genügt hierfür nicht.[8] Vielmehr müssen die Umstände des Einzelfalls eindeutig den wirklichen Willen der Vertragsparteien hinsichtlich der Vereinbarung einer bestimmten Rechtsordnung widerspiegeln.[9] Hierdurch soll nicht mehr wie in der Vergangenheit der hypothetische Parteiwille im Vordergrund stehen, sondern der tatsächliche Wille, den es zu ermitteln gilt.[10]

67 Zur konkreten Bestimmung des anwendbaren Rechts sind vor allem Gerichtsstandsklauseln und die Bezugnahme auf Tarifnormen, Betriebsvereinbarungen oder nationale Rechtsnormen als Indiz heranzuziehen.[11] Maßgeblich ist dabei immer eine Gesamtbetrachtung aller Umstände, wobei neben dem ausdrücklichen Vertragstext auch die von den Arbeitsvertragsparteien übliche Praxis herangezogen werden kann.[12] Lässt sich der Wille der Arbeitsvertragsparteien nicht eindeutig ermitteln, ist die anwendbare Rechtsordnung nach den objektiven Maßstäben zu ermitteln, die die Rom I-VO fest-

---

[1] MHdB ArbR/*Oetker*, § 11 Rn. 120.
[2] MüKoBGB/*Martiny*, 5. Auflage 2010, Art. 8 Rom I-VO Rn. 137.
[3] Thüsing/Braun/*Reufels*, Tarifrecht, 2011, 13. Kapitel, Rn. 66; Däubler/*Däubler*, TVG Einl. Rn. 603.
[4] Thüsing/Braun/*Reufels*, Tarifrecht, 2011, 13. Kapitel, Rn. 66; Däubler/*Däubler*, TVG Einl. Rn. 603.
[5] ErfK/*Schlachter*, Rom I-VO, Art. 9 Rn. 6.
[6] BAG 9.7.2003 – 10 AZR 593/02, AP TVG § 1 Tarifverträge: Bau Nr. 26.
[7] *Wagner* IPRax 2008, 377 (378); BAG 13.11.2007 – 9 AZR 134/07, NZA 2008, 761 (noch zu Art. 27 EGBGB); ErfK/*Schlachter*, Rom I-VO, Art. 9 Rn. 5.
[8] *Deinert* RdA 2009, 144 (148).
[9] Staudinger/*Magnus*, Art. 3 Rom I-VO Rn. 72.
[10] *Wagner* IPRax 2008, 377 (378).
[11] Leible/Lehmann RIW 2008, 528 (532); MHdB ArbR/*Oetker*, § 11 Rn. 15; (Erwägungsgrund 12 der Rom I-VO).
[12] MHdB ArbR/*Oetker*, § 11 Rn. 15.

legt. In der Praxis ist die Berufung auf eine konkludente Rechtswahl immer mit einer Unsicherheit verbunden, da sich der Parteiwille nicht immer in der geforderten Eindeutigkeit aus dem Vertragstext ableiten lässt. Es bedarf der Auslegung, in welchen Fällen die Umstände des Einzelfalls auf keinen konkludenten Parteiwillen, eine bestimmte Rechtsordnung zu wählen, schließen lassen. Wurde keine ausdrückliche Rechtswahl getroffen bietet es sich in der Praxis an, auch das objektiv anwendbare Recht im Hinblick auf den in Streit stehenden Sachverhalt zu prüfen. In Zweifelsfällen ist das objektiv anwendbare Recht entscheidend.

2. Beschränkung der Rechtswahl

Der Grundsatz der freien Rechtswahl wird durch die Rom I-VO mehrfach durchbrochen. Die Möglichkeit der freien Rechtswahl ermöglicht den Parteien des Arbeitsvertrages, die Rechtsordnung, die an sich – ohne eine anderweitige Rechtswahl – Anwendung finden würde, abzuwählen. Bei strikter Anwendung des Grundsatzes der Privatautonomie werden dann auch die zwingenden, also an sich nicht dispositiven Regelungen dieser Rechtsordnung unanwendbar. Dem Arbeitnehmer – als schwächerer Vertragspartei – könnten dadurch Schutzrechte der eigentlich anzuwendenden Rechtsordnung entzogen werden. Um dem Schutz der schwächeren Vertragspartei Rechnung zu tragen, benennt die Rom I-VO bestimmte Konstellationen, bei denen trotz einer – ausdrücklichen oder konkludenten – Rechtswahl der Schutz durch die objektiv maßgebliche Rechtsordnung gewährleistet wird. **68**

a) Günstigkeitsvergleich – Art. 8 Abs. 1 S. 2 Rom I-VO

Als praktisch bedeutendste Schranke der Rechtswahl[1] in arbeitsrechtlicher Hinsicht gilt der sog. Günstigkeitsvergleich. Dadurch wird sichergestellt, dass dem Arbeitnehmer nicht die nach objektiver Anknüpfung (Art. 8 Abs. 2–4 Rom I-VO) zu seinem Schutz anzuwendenden Rechtsbestimmungen entzogen werden. **69**

Im grenzüberschreitenden Arbeitsverhältnis darf die Wahl einer Rechtsordnung nämlich nicht dazu führen, dass zwingende arbeitnehmerschützende Bestimmungen ausgeschlossen werden, die ohne die Rechtswahl anwendbar wären. Liegt eine Kollision der Normen der gewählten Rechtsordnung mit denen, der ohne Rechtswahl anwendbaren Rechtsordnung vor, so bedarf es daher des in der Rom I-VO statuierten Günstigkeitsvergleichs.[2] Dies bedeutet, dass die zwingenden Arbeitnehmerschutzvorschriften des infolge objektiver Anknüpfung geltenden Rechts anzuwenden sind, soweit diese für den Arbeitnehmer eine günstigere Regelung gegenüber der von den Parteien gewählten Rechtsordnung treffen.[3] **70**

Es handelt sich dabei um eine Sondervorschrift für Individualarbeitsverträge. In diesem Sinne zwingend anzuwendende Rechtsbestimmungen, von denen nicht abgewichen werden darf, sind nach deutschem Recht insbesondere **71**

– das Kündigungsschutzgesetz,
– das Entgeltfortzahlungsgesetz,
– das Arbeitszeitgesetz.[4]

Der zwingende Charakter dieser Bestimmungen ergibt sich nicht nur aus dem Individualschutz des Arbeitnehmers. Sie können neben Arbeitnehmerinteressen auch Allgemeininteressen schützen. Allerdings sind im Rahmen dieses Günstigkeitsvergleichs ausschließlich Schutzgesetze für Arbeitnehmer heranzuziehen; eine Anwendbarkeit **72**

---

[1] *Schneider* NZA 2010, 1380 (1381).
[2] *Emmert/Widhammer* ArbRAktuell 2010, 214 (214,215).
[3] MüKoBGB/*Martiny*, 5. Auflage 2010, Art. 8 Rom I-VO Rn. 110.
[4] *Schneider* NZA 2010, 1380 (1381).

von Bestimmungen des allgemeinen Privatrechts ist ausgeschlossen, wenn eine solche Bestimmung eine Partei unabhängig von ihrer Arbeitnehmereigenschaft schützen will.[1] Dazu gehören beispielsweise die Regelungen zu den Allgemeinen Geschäftsbedingungen (§§ 305 ff. BGB) oder mieterschützende Regelungen.

73 Die Rechtswahl der Vertragsparteien bleibt auch im Kollisionsfall grundsätzlich erhalten und wird nicht beseitigt. Allerdings kann der Arbeitnehmer auf die für ihn günstigeren Bestimmungen der zwingenden Vorschriften des objektiven Arbeitsvertragsstatuts zurückgreifen, folglich des Arbeitsortes (Art. 8 Abs. 2 S. 1 Rom I-VO) – oder mangels dessen Bestimmbarkeit des Einstellungsortes (Art. 8 Abs. 2 S. 1 Rom I-VO) –, soweit diese für ihn günstiger sind.[2]

74 Dabei wird ein Vergleich zwischen objektivem und subjektivem Vertragsstatut vorgenommen, wobei stets auf den konkreten Streitgegenstand abzustellen ist.[3] Dieser Vergleich erfolgt anhand objektiver Kriterien.[4] Wie der Günstigkeitsvergleich im Einzelfall konkret durchzuführen ist, wurde bislang noch nicht entschieden. Der Gemeinschaftsgesetzgeber hat in der Rom I-VO diesbezüglich keine Regelung geschaffen.

75 Der Günstigkeitsvergleich könnte zum Einen als sog. „Gesamtvergleich" zweier Rechtsordnungen erfolgen. Im Rahmen dessen sind die Arbeitsrechtsordnungen des objektiv anwendbaren und des subjektiv gewählten Rechts in Gänze heranzuziehen und zu vergleichen.[5] Ein solcher Vergleich ist jedoch praktisch undurchführbar und wäre willkürlich.[6] Insbesondere lässt ein Gesamtvergleich die strukturellen Unterschiede der verschiedenen Rechtsordnungen unbeachtet.[7]

76 Aber auch ein punktueller Vergleich der im jeweiligen Fall konkret betroffenen Rechtsnormen würde zu unsachgemäßen Ergebnissen führen. Bei einem solchen Vergleich würde ebenfalls die Struktur einer Rechtsordnung nicht ausreichend beachtet und der Arbeitnehmerschutz durch „Rosinen picken" überspannt. Überwiegend wird ein Günstigkeitsvergleich in Form eines „Gesamtvergleiches" daher zu Recht abgelehnt und stattdessen ein sog. „Sachgruppenvergleich" vorgenommen.[8] Gemäß dem Sachgruppenvergleich muss anhand der zwischen den Arbeitsvertragsparteien gegebenen Streitfrage der Vergleichspunkt ermittelt werden. Es sind dann die Normenkomplexe der entsprechenden Rechtsordnungen heranzuziehen, die eine Regelung des Vergleichspunktes beinhalten. Letztlich ist isoliert die spezifische Regelung der einzelnen Rechtsordnungen heranzuziehen als auch der entsprechende Normenkomplex insgesamt.[9] Ein solcher Sachgruppenvergleich ist aus dem Tarifvertragsrecht bekannt.[10] Da die zu vergleichenden Normenkomplexe meist sowohl Vor- als auch Nachteile haben werden, ist das „Gesamtpaket" zu werten.[11] Bei Kündigungsschutzprozessen wäre die Länge der Kündigungsfrist, der Weiterbeschäftigungsanspruch und die Höhe einer Abfindung zu berücksichtigen.[12]

---

[1] MHdB ArbR/*Oetker*, § 11 Rn. 23.
[2] *Pfeiffer* EuZW 2008, 622 (627).
[3] Spindler/Schuster/*Pfeiffer*/*Weller*/*Nordmeier*, Recht der elektronischen Medien, Rom I-VO Art. 8 Rn. 7.
[4] MHdB ArbR/*Oetker*, § 11 Rn. 26.
[5] Staudinger/*Magnus*, Art. 8 Rom I-VO Rn. 83–84, mwN.
[6] *Gamillscheg* ZfA 1983, 307 (339).
[7] Spindler/Schuster/*Pfeiffer*/*Weller*/*Nordmeier*, Recht der elektronischen Medien, Rom I-VO Art. 8 Rn. 7.
[8] *Deinert* RdA 2009, 144 (149), Staudinger/*Magnus*, Art. 8 Rom I-VO Rn. 83–84; MüKoBGB/*Martiny*, Art. 8 Rom I-VO Rn. 40; *Thüsing* BB 2003, 898 (899); MHdB ArbR/*Oetker*, § 11 Rn. 26.
[9] Staudinger/*Magnus*, Art. 8 Rom I-VO Rn. 83, 84.
[10] *Thüsing* BB 2003, 898, 899.
[11] ErfK/*Schlachter*, Rom I-VO, Art. 9 Rn. 19.
[12] Staudinger/*Magnus*, Art. 8 Rom I-VO Rn. 83, 84.

Als günstiger ist nach Durchführung dieses Vergleichs diejenige Rechtsordnung anzusehen, die – bezogen auf die jeweilige Streitfrage – insgesamt den Arbeitnehmer besser schützt und seinen Interessen dient.[1] Dabei kann und soll nur eine Rechtsordnung insgesamt überwiegen, da das „Herauspicken der Rosinen", der für Arbeitnehmer jeweils günstigen Bestimmungen aus beiden Rechtsordnungen, ausgeschlossen ist.[2] Demgemäß sind die jeweiligen Rechtsordnungen in der Streitfrage hinsichtlich ihrer Vor- und Nachteile miteinander zu vergleichen.

77

Ein solcher Vergleich lässt sich jedoch in praktischer Hinsicht schwerdurchführen, da die jeweiligen Vor- und Nachteile einer Rechtsordnung aufgrund der strukturellen Unterschiede nicht immer dem direkten Vergleich zugänglich sind und es unter Umständen einer besonderen Auslegung bedarf. Der Günstigkeitsvergleich führt daher zu einer erheblichen Rechtsunsicherheit, weil dadurch verschiedene Rechtsordnungen auf ein Arbeitsverhältnis je nach Sachgruppen Anwendung finden können. Aus praktischer Sicht ist eine Verständigung auf das objektiv geltende Recht einer anderweitigen Rechtswahl vorzuziehen. Dies gilt auch insbesondere deshalb, weil arbeitsgerichtliche Streitigkeiten regelmäßig in dem Staat geführt werden, in dem die Tätigkeit tatsächlich verrichtet wird. Bei der Beurteilung des Günstigkeitsvergleichs ist der Zeitpunkt einer etwaigen Gerichtsentscheidung maßgeblich, um so dem Arbeitnehmer auch ihm günstigere Normänderungen zugutekommen lassen zu können.[3]

78

b) Eingriffsnormen

Eingriffsnormen sind zwingende Vorschriften, deren Einhaltung von einem Staat als so entscheidend für die Wahrnehmung seines öffentlichen Interesses, insbesondere seiner politischen, sozialen oder wirtschaftlichen Organisation, angesehen werden, dass sie ungeachtet des (gewählten) Vertragsstatuts auf alle Sachverhalte anzuwenden sind, die in ihren Anwendungsbereich fallen (Art. 9 Abs. 1 Rom I-VO). Maßgeblich ist insofern das öffentliche Interesse, das mit der jeweiligen Norm verknüpft ist.[4] Hat eine arbeitsvertragliche Beziehung demnach einen Bezug zu Deutschland, wurde aber eine andere Rechtsordnung gewählt bzw. ist eine andere Rechtsordnung objektiv anwendbar, kommt Art. 9 Abs. 1 Rom I-VO zur Anwendung.[5] Wird zum Beispiel die Arbeit gewöhnlich in Deutschland geleistet und wurde arbeitsvertraglich eine andere Rechtsordnung für anwendbar erklärt, können dennoch zwingende Bestimmungen des deutschen Rechts anwendbar sein. Als Beschränkung der Rechtswahl kommt somit neben den zwingenden bzw. günstigeren Vorschriften des objektiv anzuwendenden Rechts (Art. 8 Abs. 1 Rom I-VO) auch eine Beschränkung der Rechtswahl durch solche Eingriffsnormen in Betracht. Im Falle einer Rechtswahl ist der Anwendungsbereich solcher Eingriffsnormen aufgrund des dann schon geltenden Günstigkeitsvergleich nur von untergeordneter praktischer Bedeutung.

79

Anders ist der Fall, wenn das Arbeitsvertragsstatut aufgrund objektiver Anknüpfungsmerkmale bestimmt wird. In diesem Fall kommt die Anwendung deutscher Eingriffsnormen nur über Art. 9 Abs. 1 Rom I-VO in Betracht. Ein Günstigkeitsvergleich zwischen subjektiv gewählter und objektiv anwendbarer Rechtsordnung findet – mangels subjektiver Rechtswahl – nicht statt.

80

---

[1] MüKoBGB/*Martiny,* Art. 8 Rom I-VO Rn. 41.
[2] MüKoBGB/*Martiny,* Art. 8 Rom I-VO Rn. 41.
[3] Staudinger/*Magnus,* Art. 8 Rom I-VO Rn. 89.
[4] *Deinert* RdA 2009, 144.
[5] MHdB ArbR/*Oetker,* § 11 Rn. 46.

81 Eingriffsnormen gelten auch dann, wenn eine Rechtswahl durch die Vertragsparteien erfolgt ist.[1] Dies umfasst allerdings nur Normen des jeweiligen Gerichtsortes. Eingriffsnormen anderer Staaten werden nicht erfasst, (Art. 9 Abs. 2 VO Rom I-VO).[2] Auch muss das Arbeitsverhältnis noch einen Bezug zum Inland, dessen Normen angewendet werden sollen, aufweisen.[3] Ein solcher Inlandsbezug liegt etwa dann vor, wenn die Arbeitsleistung gewöhnlich oder zeitweise in Deutschland erfolgt, aber ein anderes Recht vereinbart wurde oder aufgrund einer objektiven Anknüpfung mangels Rechtswahl ein ausländisches Recht anwendbar ist.[4]

82 Die Kriterien dafür, wann die Regelungen einer Rechtsordnung als Eingriffsnorm zu qualifizieren sind, sind umstritten.[5] Zum einen muss ein besonderes gesetzespolitisches Interesse an der Durchsetzung wirtschafts- und ordnungspolitischer Vorstellungen der Zweck einer solchen Norm sein.[6] Zudem darf die Norm für die Vertragsparteien nicht abdingbar sein.[7] Die Norm muss einen unbedingten Geltungsanspruch trotz grundsätzlicher Anwendbarkeit eines fremden Rechts besitzen.[8] In manchen gesetzlichen Regelungen ist dieser unbedingte Geltungsanspruch im Wortlaut der Norm selbst zum Ausdruck gebracht, so etwa in §§ 1, 2 AEntG.[9] Demnach bezweckt die Regelung „die Schaffung und Durchsetzung angemessener Mindestarbeitsbedingungen für grenzüberschreitend entsandte und für regelmäßig im Inland beschäftigte Arbeitnehmer und Arbeitnehmerinnen sowie die Gewährleistung fairer und funktionierender Wettbewerbsbedingungen. Dadurch sollen zugleich sozialversicherungspflichtige Beschäftigung erhalten und die Ordnungs- und Befriedungsfunktion der Tarifautonomie gewahrt werden." (§ 1 AEntG).

83 Ist der unbedingte Geltungsanspruch im Wortlaut der Norm nicht selbst zum Ausdruck gebracht, muss durch Auslegung der Vorschrift ermittelt werden, ob er vorliegt.[10] Hierbei ist nach der Rechtsprechung des BAG für das Vorliegen eines unbedingten Geltungsanspruchs maßgeblich, dass der Normzweck sich nicht im Ausgleich widerstreitender Interessen der Vertragsparteien erschöpft, sondern auch auf öffentliches Interesse gerichtet ist.[11] Indiz für einen international zwingenden Geltungsanspruch ist die Beteiligung staatlicher Stellen an der Durchsetzung der Norm.[12] Teilweise wird daher vertreten, dass eine Vorschrift keine Eingriffsnorm sein kann, wenn ihre Durchsetzung dem Arbeitnehmer selbst überlassen ist.[13] Das überzeugt allerdings nicht. Denn das Kriterium der Rechtsdurchsetzung durch öffentliche Stellen ist nur ein Indiz dafür, dass der Staat einer Vorschrift hohe Bedeutung beimisst. Das staatliche Interesse kann sich aber auch aus anderen Gesichtspunkten begründen. Der Schluss von der fehlenden staatlichen Durchsetzung auf den fehlenden Eingriffsnormcharakter ist daher falsch.

---

[1] ErfK/*Schlachter*, Rom I-VO, Art. 9 Rn. 19; MHdB ArbR/*Oetker*, § 11, Rn. 45.
[2] ErfK/*Schlachter*, Rom I-VO, Art. 9 Rn. 19.
[3] MHdB ArbR/*Oetker*, § 11, Rn. 45.
[4] MHdB ArbR/*Oetker*, § 11, Rn. 45.
[5] MHdB ArbR/*Oetker*, § 11, Rn. 47.
[6] MHdB ArbR/*Oetker*, § 11, Rn. 47; ErfK/*Schlachter*, Rom I-VO, Art. 9 Rn. 19.
[7] MHdB ArbR/*Oetker*, § 11, Rn. 48; ErfK/*Schlachter*, Rom I-VO, Art. 9 Rn. 19.
[8] MHdB ArbR/*Oetker*, § 11, Rn. 48; ErfK/*Schlachter*, Rom I-VO, Art. 9 Rn. 19.
[9] MHdB ArbR/*Oetker*, § 11, Rn. 48; ErfK/*Schlachter*, Rom I-VO, Art. 9 Rn. 19.
[10] MHdB ArbR/*Oetker*, § 11, Rn. 48; ErfK/*Schlachter*, Rom I-VO, Art. 9 Rn. 19.
[11] BAG 3.5.1995 AP Internationales Privatrecht, Arbeitsrecht Nr. 32; 24.8.1989 AP Internationales Privatrecht, Arbeitsrecht Nr. 30; 29.10.1992 AP Internationales Privatrecht, Arbeitsrecht Nr. 31; MHdB ArbR/*Oetker*, § 11 Rn. 48; ErfK/*Schlachter*, Rom I-VO, Art. 9 Rn. 19.
[12] BAG 24.8.1989 AP Internationales Privatrecht, Arbeitsrecht Nr. 30; MHdB ArbR/*Oetker*, § 11 Rn. 48; ErfK/*Schlachter*, Rom I-VO, Art. 9 Rn. 19.
[13] Hess. LAG 16.11.1999 – 4 Sa 463/99, NZA-RR 2000, 401 ff.; aA ErfK/*Schlachter*, Rom I-VO, Art. 9 Rn. 21.

A. Anwendbares Recht und Rechtswahl

Bei einigen Normen haben Gerichte entschieden, dass es sich um international **84** (zwingende) Eingriffsnormen handelt. Diese sind im Bereich des Arbeitsrechts:
- Die Vorschriften zur Massenentlassung gemäß §§ 17 ff. KSchG[1]
- Der Kündigungsschutz der §§ 102, 103 BetrVG und § 15 KSchG, sofern kein Fall der „Ausstrahlung" vorliegt.[2] Ausstrahlung bedeutet, dass sie für solche Arbeitnehmer gelten, die einem deutschen Betrieb angehören, aber vorübergehend außerhalb der betrieblichen Organisation im Ausland tätig sind.[3]
- Die Schutzvorschriften für Schwangere und Mütter nach dem MuSchG[4]
- Die Normen zugunsten Schwerbehinderter und ihnen Gleichgestellte[5]
- Die Befristungsregel des § 14 Abs. 2 TzBfG[6]

Die Rechtsprechung lehnte hingegen die Regelungen zum Betriebsübergang ge- **85** mäß § 613a BGB sowie die Regelungen der §§ 1–14 KSchG als zwingende Eingriffsnorm ab.[7]

Problematisch ist die umgekehrte Frage, ob und inwieweit ausländische Eingriffsnor- **86** men in deutsches Recht eingreifen können. Für die deutschen Gerichte unproblematisch sind die Fälle, in denen ein Bezug zur deutschen Rechtsordnung besteht (zB durch die Erbringung der Arbeitsleistung im Inland), aber eine ausländische Rechtsordnung gewählt wurde. Es sind jedoch auch Fälle denkbar, in denen ein Arbeitsverhältnis kraft Rechtswahl oder objektiver Anknüpfung der deutschen Rechtsordnung unterliegt. Hier stellt sich die Frage, ob auch international zwingendes ausländisches Recht vorrangig berücksichtigt werden muss. Anders als im EGBGB, bestimmt Art. 9 Abs. 3 Rom I-VO ausdrücklich, dass auch Normen einer ausländischen EU-Rechtsordnung anzuwenden sind. Das heißt, auch in Fällen, in denen die deutsche Rechtsordnung bereits anwendbar ist, das Arbeitsverhältnis aber einen Bezug zu einer ausländischen Rechtsordnung hat – zB durch den vorübergehenden Einsatz an einem ausländischen Arbeitsort – können ausländische Eingriffsnomen von einem deutschen Gericht angewendet werden.

Dabei müssen die Gerichte ihr Ermessen hinsichtlich der Durchsetzung fremder **87** Eingriffsnormen an Art und Zweck dieser Normen und zu erwartender Folgen ausrichten (Art. 9 Abs. 3 S. 2 Rom I-VO)[8] – wobei unter den zu erwartenden Folgen die Vereinbarkeit mit dem Arbeitsvertragsstatut zu bewerten ist. Außerdem sind allgemeine Gerechtigkeitserwägungen, aber auch die Anerkennungsfähigkeit einer gerichtlichen Entscheidung in den beteiligten Staaten sowie die faktische Durchsetzbarkeit durch den dritten Staat zu berücksichtigen.[9] Auch hier kann ein ungünstiges Nebeneinander mehrerer Rechtsordnungen entstehen. Die Geltung international zwingender Regelungen können trotz Rechtswahl oder objektiver Anknüpfung an ein anderes Recht bei einem Bezug zum Inland nicht verdrängt werden.

---

[1] LAG Rheinland-Pfalz 2.3.12 – 9 Sa 633/11; Hess. LAG 4.10.2010, 16 Sa 1982/09; BAG 24.8.1989 – 2 AZR 3/89, NZA 1990, 841 (845); ErfK/*Schlachter*, Rom I-VO, Art. 9 Rn. 21.
[2] BAG 9.11.1977 AP Internationales Privatrecht, Arbeitsrecht Nr. 13; 7.12.1989 AP Internationales Privatrecht, Arbeitsrecht Nr. 27; ErfK/*Schlachter*, Rom I-VO, Art. 9 Rn. 21.
[3] *Hromadka/Maschmann*, Arbeitsrecht: Kollektivarbeitsrecht Band 2 Arbeitsstreitigkeiten, § 16 Rn. 14.
[4] BAG 12.12.2001 – 5 AZR 255/00, AP EGBGB a. F. Art. 30 Nr. 10; ErfK/*Schlachter*, Rom I-VO, Art. 9 Rn. 19; MHdB ArbR/*Oetker*, § 11 Rn. 49; anders Hess. LAG 16.11.1999 – 4 Sa 463/11, NZA-RR 2000, 401 ff.
[5] BAG 10.12.1964 AP SchwBeschG § 1 Nr. 4; ErfK/*Schlachter*, Rom I-VO, Art. 9 Rn. 24; MHdB ArbR/*Oetker*, § 11 Rn. 94.
[6] MHdB ArbR/*Oetker*, § 11 Rn. 63.
[7] BAG 24.8.1989 – 2 AZR 3/89, AP Internationales Privatrecht, Arbeitsrecht Nr. 30; 29.10.1992 AP Internationales Privatrecht, Arbeitsrecht Nr. 31.
[8] HWK/*Tillmanns*, Art. 3, 8, 9 Rom I-VO Rn. 34; *Deinert* RdA 2009, 144 (151).
[9] MüKoBGB/*Martiny*, Art. 9 Rom I-VO Rn. 120.

88 Tarifverträge sind nicht als Eingriffsnormen zu qualifizieren und damit nicht geeignet, ausländisches Recht zu verdrängen.

89 Tarifverträge sind grundsätzlich nur für die organisierten Parteien, bindend (§ 3 TVG), daher sind die mit einem Tarifvertrag festgesetzten Regelungen schon nicht von solchem Gewicht, dass sie den Charakter einer Eingriffsnorm haben.[1]

90 Das BAG hat diese Frage allerdings bisher offen gelassen.[2]

91 Im Hinblick auf Art. 34 EGBGB hat das BAG den international zwingenden Charakter von allgemeinverbindlichen Tarifverträgen abgelehnt, da sich die Regelungsbefugnis der Tarifvertragsparteien nur auf dem deutschen Arbeitsrecht unterliegende Arbeitsvertragsverhältnisse bezieht.[3] Allgemeinverbindliche Tarifnormen wurden in der Entscheidung des BAG als mögliche Eingriffsnormen angesehen, im konkret entschiedenen Fall allerdings verneint. Bis zur höchstrichterlichen Klärung konkreter Fragen ist davon auszugehen, dass auch allgemeinverbindliche Tarifverträge nicht den Charakter einer Eingriffsnorm haben und daher nicht zwingend vorrangig vor einer ausländischen Rechtordnung anzuwenden sind.

c) Verhältnis von Eingriffsnormen zum Günstigkeitsprinzip

92 Nach dem Günstigkeitsprinzip greifen nur dann die Vorschriften des objektiv anzuwendenden Rechts zum Arbeitnehmerschutz ein, wenn sie günstiger sind als die Normen der vereinbarten Rechtsordnung.[4] Die Anerkennung von Eingriffsnormen hingegen hat nicht den Individualschutz, sondern den Schutz staatlicher Allgemeinwohlinteressen zum Zweck,[5] weshalb Eingriffsnormen ohne einen Vergleich der Rechtsordnungen immer anzuwenden sind.[6]

93 In diesem Zusammenhang muss eine Abgrenzung von Art. 9 Rom I-VO zu Art. 8 Rom I-VO erfolgen. Die zwingenden Normen iSd Art. 8 Abs. 1 S. 2 Rom I-VO) sind zum Teil nicht überwiegend individualschützend, so dass es zu Überschneidungen kommt.[7]

Ob sich Eingriffsnormen iSd Art. 9 Rom I-VO auch dann durchsetzen, wenn sie für den Arbeitnehmer ungünstiger sind als die Normen des gewählten Rechts, ist umstritten. Zum Teil wird vertreten, dass Art. 8 Abs. 1 S. 2 Rom I-VO gegenüber Art. 9 Rom I-VO die speziellere Vorschrift ist und deshalb im Ergebnis die für den Arbeitnehmer günstigere Rechtsnorm anzuwenden sei.[8] Überwiegend wird jedoch Art. 9 Rom I-VO Vorrang eingeräumt, sodass eine Eingriffsnorm immer Geltung hat und eine möglicherweise günstigere Norm verdrängt.[9] In der Praxis wird ein Großteil der inländischen Schutzvorschriften bereits von Art. 8 Rom I-VO erfasst, so dass Art. 9 Rom I-VO ohnehin nur geringe praktische Bedeutung hat.

94 Faktisch überlagert wird die systematische Trennung zwischen Art. 8 Abs. 1 und Art. 9 Abs. 1 Rom I-VO insbesondere durch die EG-Entsenderichtlinie, in Deutsch-

---

[1] *Deinert* RdA 2009, 144.
[2] BAG 9.7.2003 – 10 AZR 593/02, AP TVG § 1 Tarifverträge: Bau Nr. 261.
[3] BAG 9.7.2003 – 10 AZR 593/02, AP TVG § 1 Tarifverträge: Bau Nr. 261.
[4] MHdB ArbR/*Oetker*, § 11 Rn. 50.
[5] MHdB ArbR/*Oetker*, § 11 Rn. 50.
[6] ErfK/*Schlachter*, Rom I-VO, Art. 9 Rn. 19.
[7] MHdB ArbR/*Oetker*, § 11 Rn. 50.
[8] *Birk* RdA 1989, 201 (207); *Hick*, NZA-Beil. 1/1987, 10 (14); *Winkler von Mohrenfels* EAS B 3000, Rn. 105 f.
[9] ErfK/*Schlachter*, Rom I-VO, Art. 9 Rn. 19; *Pfeiffer* EuZW 2008, 622 (628); *Leible/Lehmann* RIW 2008, 528 (542); *Clausnitzer/Woopen* BB 2008, 1798 (1805); *Emmert/Widhammer* ArbRAktuell 2010, 214 f.

land umgesetzt durch das Korrekturgesetz zum AEntG.¹ Das AEntG enthält Eingriffsnormen im Sinne von Art. 9 Rom I-VO. Deutsches Recht ist daher auf bestimmten Sachgebieten (etwa Höchstarbeitszeit, Mindesturlaub, Mindestlohn, Leiharbeit, Arbeitssicherheit, Jugendschutz, Mutterschutz, Gleichbehandlungsgesetz) zwingend anwendbar.²

Kommt es dennoch einmal zu einem echten Normenkonflikt, ist Art. 9 Abs. 1 Rom I-VO der Vorrang zu geben, da die Durchsetzung im öffentlichen Interesse liegender Normen gegenüber der Durchsetzung von Normen, die lediglich Individualinteressen schützen, als vorrangig anzusehen sein dürfte.   **95**

d) Ordre Public, Art. 21 Rom I-VO

Auf europarechtlicher Ebene gilt der Grundsatz des ordre public, Art. 21 Rom I-VO. Die ursprüngliche ordre public-Vorschrift war Art. 16 EVÜ, die als staatsvertragliche Regelung nicht unmittelbar anzuwenden war. In Deutschland wurde, auf Grundlage des Art. 16 EVÜ, Art. 6 EGBGB geschaffen. Art. 6 EGBGB ist noch heute geltendes Recht; dessen ungeachtet ist der auf europäischer Ebene vergleichbare Art. 21 Rom I-VO aufgrund des Verordnungsvorranges für Arbeitsverträge, die nach dem 17.12.2005 geschlossen wurden, primär anzuwenden.³   **96**

Der ordre public ist die „öffentliche Ordnung" und soll gewährleisten, dass bei der grundsätzlichen Anwendung ausländischen Rechts auf ein Vertragsverhältnis die Vorschriften des ausländischen Rechts gemäß der Rom I-VO nur insoweit Anwendung findet, als diese nicht gegen die öffentliche Ordnung des Staates verstoßen, in dem sich das angerufene Gericht befindet. Der ordre public ermöglicht dem angerufenen Gericht, Vorschriften des ausländischen Rechts außer Acht zu lassen, soweit diese mit den „inländischen Wertvorstellungen"⁴ nicht übereinstimmen.   **97**

Zur öffentlichen Ordnung gehören „alle nationalen Vorschriften, deren Einhaltung als so entscheidend für die Wahrung der politischen, sozialen oder wirtschaftlichen Organisation des betreffenden Mitgliedsstaats angesehen wird, dass ihre Beachtung für alle Personen, die sich im nationalen Hoheitsgebiet dieses Mitgliedsstaats befinden, und für jedes dort lokalisierte Rechtsverhältnis vorgeschrieben ist".⁵   **98**

Der ordre public soll dazu dienen, mit der innerstaatlichen Rechtsordnung unvereinbares ausländisches Recht abzuwehren, wobei es nicht auf den konkreten Inhalt einer Vorschrift ankommt, sondern auf die Auswirkungen, die die Anwendung der ausländischen Norm hat.⁶ Führt das Ergebnis der Normanwendung im Einzelfall entsprechend dem inländischen Recht zu einem „offensichtlich" untragbaren Ergebnis, so ist die ausländische Norm unanwendbar.⁷   **99**

Im deutschen Arbeitsrecht kann der ordre public relevant werden, wenn durch die Anwendbarkeit einer ausländischen Vorschrift ein **Verstoß gegen Grundrechte** vorliegt oder **Grundwertungen des deutschen Arbeitsrechts**⁸ missachtet werden. Dies kann vor allem bei fehlendem oder nur unzureichendem Arbeitnehmerschutz der Fall sein.⁹ Die gerichtliche Praxis hat die Bestimmungen des KSchG nicht zum ordre   **100**

---

[1] Palandt/*Thorn*, Rom-I, Art. 8 Rn. 6.
[2] Palandt/*Thorn*, Rom-I, Art. 8 Rn. 6.
[3] Staudinger/*Magnus*, Art. 8 Rom I-VO Rn. 22.
[4] MüKoBGB/*Martiny*, Art. 21 Rom I-VO Rn. 6.
[5] Palandt/*Thorn*, Art. 21 Rom I-VO Rn. 2.
[6] MüKoBGB/*Martiny*, Art. 21 Rom I-VO Rn. 5.
[7] MüKoBGB/*Martiny*, Art. 21 Rom I-VO Rn. 1–6.
[8] Reithmann/Martiny/*Martiny*, Rn. 4913.
[9] Reithmann/Martiny/*Martiny*, Rn. 4913.

public gezählt.[1] Für die Anwendung von Art. 21 Rom I-VO bleibt praktisch nur ein **geringer Raum** – nur wenige, von anderen Kollisionsregeln nicht umfasste Ausnahmefälle fallen unter diese Vorschrift (vgl. Erwägungsgrund 37 zur Rom I-VO).[2] So etwa die Nichtzulassung des Einwands rechtsmissbräuchlichen Verhaltens.[3] Die Rechtsprechung hat ein nach niederländischem Recht geschlossenes zweijähriges nachvertragliches Wettbewerbsverbot nicht beanstandet, welches ein Tätigkeitsverbot für die Benelux-Staaten und die Bundesrepublik ohne Karenzentschädigung vorsah.[4] Allerdings verweist die Entscheidung darauf, dass der betroffene Geschäftsführer eine Karenzentschädigung nach niederländischem Recht noch erstreiten kann und daher keine wirtschaftliche Härte vorliege.[5] Die Rechtswahl als Ganzes unterliegt nicht dem ordre public. Die Parteiautonomie ist ein kollisionsrechtlich ausdrücklich festgeschriebenes Recht, das durch Art. 21 Rom I-VO nur eingeschränkt, nicht aber verdrängt werden kann.[6] Art. 21 Rom I-VO vermag nur die Anwendung einer konkreten ausländischen Vorschrift zu versagen, nicht hingegen die zugrundeliegende, aufgrund der Privatautonomie mögliche Rechtswahl der Vertragsparteien.

101 Rechtsfolge des ordre public ist die Unanwendbarkeit einer ausländischen Vorschrift, nicht hingegen die Erzwingung der Anwendung einer inländischen Rechtsnorm.[7] Allerdings kann es dazu kommen, dass die Nichtanwendung der ausländischen Rechtsnorm eine Lücke hinterlässt, die regelungsbedürftig ist,[8] so etwa wenn die Parteien unzulässiger Weise den Einwand rechtsmissbräuchlichen Verhaltens ausgeschlossen haben. In diesen Fällen ist zunächst das ausländische Recht heranzuziehen und erst sekundär auf die Einschätzung des angerufenen Gerichts unter Zugrundelegung des inländischen Rechts zurückzugreifen.[9]

102 Die Bedeutung des ordre public ist in der Praxis sehr eingeschränkt, weil Art. 8 und 9 Rom I-VO bereits fast alle Fälle internationaler Wertungswidersprüche erfassen und daher selten eine Situationen eintreten wird, in der nach Anwendung der Rom I-VO eine Norm zur Anwendung kommen soll, die für das erkennende Gericht unanwendbar ist iSd Art. 21 Rom I-VO.[10] Ein Rückgriff auf den ordre public ist daher nicht notwendig. Insbesondere reduziert Art. 9 Abs. 1 Rom I-VO, der den Vorrang von Eingriffsnormen regelt, den Anwendungsbereich des ordre public für alle vertraglichen Schuldverhältnisse mit Auslandsbezug noch weiter, indem international zwingende Regelungen für vorrangig erklärt werden.[11] Ein Verstoß gegen Grundwertungen des deutschen Rechts ist damit aus praktischer Sicht ausgeschlossen.

e) Arbeitsverhältnis ohne Auslandsberührung (Art. 3 Abs. 3 Rom I-VO)

103 Grundsätzlich können die Arbeitsvertragsparteien auch bei einem Arbeitsverhältnis ohne jegliche Auslandsberührung, also für einen reinen Inlandssachverhalt, eine Vereinbarung über die Anwendung einer ausländischen Rechtsordnung treffen. Ebenso ist es ist den Parteien grundsätzlich möglich, bei Arbeitsverhältnissen ohne Auslandsbe-

---

[1] LAG Köln 6.11.1998 – 11 Sa 345/98, NZA-RR 1999, 118.
[2] Staudinger/Steinrötter JA 2011, 241 (248).
[3] LG Frankfurt 11.12.1979 – 3/10 O 123/79, NJW 1981, 56 (58).
[4] OLG Celle 13.9.2000 – 9 U 110/00, NZG 2001, 131.
[5] OLG Celle 13.9.2000 – 9 U 110/00, NZG 2001, 131 (132).
[6] Staudinger/Magnus, Art. 8 Rom I-VO Rn. 22.
[7] Deinert RdA 2009, 144.
[8] Staudinger/Hausmann, Art. 21 Rom I-VO Rn. 31.
[9] Staudinger/Hausmann, Art. 21 Rom I-VO Rn. 31.
[10] Reithmann/Martiny/Martiny, Rn. 4913.
[11] Reithmann/Martiny/Martiny, Rn. 4913.

A. Anwendbares Recht und Rechtswahl

rührung ein beliebiges fremdes Recht als anwendbares Recht zu wählen (Art. 3 Abs. 3 Rom I-VO).[1] Dies gilt unabhängig davon, ob die Parteien zusätzlich eine konkrete Gerichtsstandsvereinbarung getroffen haben.[2]

Ein reiner Inlandssachverhalt liegt aber nur dann vor, wenn der Arbeitnehmer die Arbeitsleistung ausschließlich im Inland erbringt[3] und auch ansonsten keine Auslandsberührung besteht. Dabei werden keine strengen Voraussetzungen an das Vorliegen einer Auslandsberührung gestellt,[4] so dass der praktische Anwendungsbereich der Einschränkungen nach Art. 3 Abs. 3 Rom I-VO (Abweichen von Regelungen, von denen nach dem nationalen Recht nicht abgewichen werden kann) gering ist. Bei Sachverhalten mit Auslandsberührung greifen vielmehr die allgemeinen Beschränkungen (Art. 8 und Art. 9 Rom I-VO).

104

Eine Auslandsberührung liegt zwar nicht schon deshalb vor, weil der Arbeitnehmer für ein inländisches Unternehmen arbeitet, das einer Konzernmutter im Ausland gehört.[5] Ein Auslandsbezug – der die Anwendung des Art. 3 Abs. 3 Rom I-VO ausschließt – besteht dann nicht, wenn der Betriebssitz des Arbeitgebers sich im Ausland befindet und der Arbeitnehmer für einen selbstständigen inländischen Betrieb tätig ist.[6] Nach zutreffender Ansicht hat der Sachverhalt noch keinen Auslandsbezug, wenn Arbeitgeber und Arbeitnehmer unterschiedliche Staatsangehörigkeiten (bei juristischen Personen: eine ausländische Rechtsform) haben.[7]

105

Wird bei einem reinen Inlandssachverhalt eine Rechtswahl zugunsten einer ausländischen Rechtsordnung getroffen, werden die Wirkungen der Rechtswahl der Parteien erheblich eingeschränkt (Art. 3 Abs. 3 Rom I-VO): Zwingende Vorschriften des Inlandes – also solche, von denen nach inländischem Recht durch Vereinbarungen nicht abgewichen werden darf – bleiben trotz der Rechtswahl weiterhin anwendbar. Solche Vorschriften sind aber sowohl vom ordre public abzugrenzen, der verhindert, dass ausländisches Recht in Deutschland anwendbar ist, das mit wesentlichen Grundsätzen der deutschen Rechtsordnung nicht vereinbar ist (vgl. Art. 6 EGBGB) als auch von Eingriffsnormen, die zwingende Vorschriften sind deren Einhaltung von einem Staat als so entscheidend für die Wahrung seines öffentlichen Interesses angesehen wird, dass sie ungeachtet des nach Maßgabe der Rom I-VO auf den Vertrag anzuwendenden Rechts auf alle Sachverhalte anzuwenden ist, die in ihren Anwendungsbereich fallen.[8] Der Bereich der Eingriffsnormen ist also enger als der der obengenannten zwingenden Normen des nationalen Rechts. Sofern also einzelne der zwingenden inländischen Normen solchen des gewählten ausländischen Rechts entgegenstehen, gelten die inländischen zwingenden Normen anstelle der abweichenden ausländischen Regelungen.[9] Infolgedessen können die zwingenden Bestimmungen desjenigen Landes, mit denen der Sachverhalt nach objektiver Anknüpfung allein verbunden ist (sog. „Einbettungsstatut"), nicht abbedungen werden.[10]

106

---

[1] Ferrari/Kieninger/Mankowski/*Ferrari*, VO (EG) 593/2008 Art. 3 Freie Rechtswahl, Rn. 49.
[2] Staudinger/*Magnus*, BGB, Rom I Art. 3 Rn. 7.
[3] MHdB ArbR/*Oetker*, § 11 Rn. 11.
[4] ErfK/*Schlachter*, Rom I-VO, Art. 9 Rn. 20.
[5] ErfK/*Schlachter*, Rom I-VO, Art. 9 Rn. 20.
[6] ErfK/*Schlachter*, Rom I-VO, Art. 9 Rn. 20.
[7] Ferrari/Kieninger/Mankowski/*Ferrari*, VO (EG) 593/2008 Art. 3 Freie Rechtswahl, Rn. 54; Bamberger/Roth/*Spickhoff* Art. 27 EGBGB Rn. 33; ErfK/*Schlachter*, Rom I-VO, Art. 9 Rn. 20; kritisch Staudinger/*Magnus* Art. 8 Rom I-VO Rn. 55.
[8] MüKoBGB/*Martiny* Rom I-VO, Art. 9 Rn. 4.
[9] Ferrari/Kieninger/Mankowski/*Ferrari*, VO (EG) 593/2008 Art. 3 Freie Rechtswahl Rn. 49; Staudinger/*Magnus*, Art. 3 Rom I-VO Rn. 131.
[10] Staudinger/*Magnus*, Art. 3 Rom I-VO Rn. 131.

107 Unter zwingende Bestimmungen des Einbettungsstatus fallen solche, von denen nicht abgewichen werden darf, die also nicht dispositiv sind.[1] Es ist dabei unerheblich, ob eine solche zwingende Bestimmung auch dem Arbeitnehmerschutz dient oder Arbeitnehmer im Einzelfall ggf. benachteiligt. Solche zwingenden Bestimmungen der deutschen Rechtsordnung sind beispielsweise:
– Kündigungsschutz zugunsten Schwangerer und Mütter[2]
– Vorschriften zur Massenentlastung nach §§ 17 ff. KSchG,[3] nicht aber die §§ 1–14 KSchG[4]
– Entgeltfortzahlung im Krankheitsfall, sofern der Arbeitnehmer deutschem Sozialversicherungsrecht unterliegt[5]

108 Es kommt bei der Frage nach den zwingend zu beachtenden Bestimmungen grundsätzlich nicht auf einen Günstigkeitsvergleich zwischen dem Recht des Einbettungsstatuts und des gewählten fremden Rechts an.[6] Eine Ausnahme gilt dann, wenn es sich bei den verdrängten Normen des gewählten Rechts um günstigere iSd Art. 8 Abs. 1 Rom I-VO handelt.[7] Es kann sich um Gesetz, Richterrecht oder auch Gewohnheitsrecht handeln, wobei unerheblich ist, ob es Bestimmungen des öffentlichen oder privaten Rechts sind.[8] Sie müssen lediglich den Inhalt von Schuldverhältnissen festlegen.[9]

109 Damit Art. 3 Abs. 3 Rom I-VO greift, muss es sich nur im Zeitpunkt der Rechtswahl um einen reinen Inlandssachverhalt handeln.[10] Unter dieser Voraussetzung ist es irrelevant, wenn sich der Sachverhalt nachträglich verändert und zu einem späteren Zeitpunkt ein Auslandsbezug hergestellt wird – es sind dennoch die zwingenden Bestimmungen des Inlandsrechts zu beachten.[11] Sollte sich in einem Arbeitsverhältnis also durch eine spätere Änderung des Arbeitsortes aus objektiven Gesichtspunkten die Anwendung des Rechts des neues Arbeitsortes ergeben, so wird dennoch weiterhin auf das vormals allein maßgeblich inländische zwingende Recht abgestellt. Das nach objektiven Anknüpfungspunkten anzuwendende Recht des nunmehr verlagerten Arbeitsortes kann sich dagegen nicht durchsetzen. Etwas anderes kann nur dann gelten, wenn aufgrund der Änderung im Vertragsverhältnis – zum Beispiel ein Einsatz in einer ausländischen Konzerngesellschaft – zusätzliche vertragliche Regelungen getroffen werden. Üblicherweise wird in solchen Fällen eine sog. Entsendungsvereinbarung geschlossen. Diese Vereinbarung ist anhand der Umstände bei Vertragsschluss zu bewerten und kann eine ausländische – ausdrückliche oder konkludente – Rechtswahl beinhalten. Ein reiner Inlandssachverhalt liegt dann nicht (mehr) vor.

3. Rechtswahlvereinbarungen und „Konzern"-Klauseln/ Formularverträge

a) Wirksamkeit

110 In der Praxis erhält die Rom I-VO Bedeutung durch Rechtswahlvereinbarungen, insbesondere bei „Konzern"-Klauseln. Das sind Klauseln, die vorsehen, dass sich das

---

[1] ErfK/*Schlachter*, Rom I-VO, Art. 9 Rn. 20.
[2] BAG 6.12.2001 – 2 AZR 396/00, NZA 2002, 731 (734).
[3] ErfK/*Schlachter*, Rom I-VO, Art. 9 Rn. 23.
[4] BAG 24.8.1989 – 2 AZR 3/89, NZA 1990, 841.
[5] BAG 18.4.2012 – 10 AZR 200/11, NZA 2012, 1152.
[6] ErfK/*Schlachter*, Rom I-VO, Art. 9 Rn. 27; Staudinger/*Magnus*, Art. 3 Rom I-VO Rn. 144.
[7] ErfK/Schlachter, Rom I-VO, Art. 9 Rn. 20.
[8] Staudinger/*Magnus*, Art. 3 Rom I-VO Rn. 144.
[9] MüKoBGB/*Martiny*, Art. 3 Rom I-VO Rn. 90.
[10] Staudinger/*Magnus*, Art. 3 Rom I-VO Rn. 142.
[11] Staudinger/*Magnus*, Art. 3 Rom I-VO Rn. 142.

A. Anwendbares Recht und Rechtswahl

Arbeitsverhältnis bei der Entsendung in ein Tochterunternehmen nach dem Recht richten soll, das für die Muttergesellschaft maßgebend ist.

Die Wirksamkeit von Rechtswahlvereinbarungen wird sowohl durch Willensmängel, als auch durch das Handeln unter fremdem Namen, der Folgen einer Bedingung oder Befristung sowie Sitten- und Gesetzeswidrigkeit ausgeschlossen.[1] Grundsätzlich richtet sich die Wirksamkeit der Rechtswahl nach dem vereinbarten Recht (Art. 3 Abs. 5, 10 Rom I-VO).[2] Bezüglich der Formgültigkeit, der Rechts-, Geschäfts- und der Handlungsfähigkeit bestehen spezielle Regeln (Art. 11 und Art. 13 Rom I-VO). 111

Da Rechtswahlvertrag und Hauptvertrag zwei rechtlich selbstständige Verträge sind, hängt die Wirksamkeit des einen grundsätzlich nicht von der des anderen ab.[3] 112

b) Geschäftsfähigkeit

Der Gemeinschaftsgesetzgeber hat in der für alle Mitgliedsstaaten einheitlich geltenden Rom I-VO keine besonderen Formvorschriften oder Vorschriften zur Geschäftsfähigkeit im Zusammenhang mit Arbeitsverträgen normiert. 113

Zunächst ist das Recht des Staates für die Beurteilung der Rechts-, Geschäfts- und Handlungsfähigkeit maßgeblich, in welchem sich die Vertragsparteien befinden (Art. 13 Rom I-VO). Es steht einer Vertragspartei nur dann zu, sich auf die Rechts-, Geschäfts- und Handlungsunfähigkeit eines anderen Staates zu berufen, wenn die jeweils andere Vertragspartei Kenntnis oder fahrlässige Unkenntnis von der Rechts-, Geschäfts- und Handlungsunfähigkeit der jeweils anderen Partei hatte (Art. 13 Rom I-VO). 114

c) Rechtswahlvereinbarung durch arbeitgeberseitige AGB

Eine Rechtswahlvereinbarung kann durch einen vorformulierten Arbeitsvertrag bewirkt werden. Das wirksame Zustandekommen unterliegt dem gewählten Vertragsstatut.[4] Die wirksame Einbeziehung von AGB in den Hauptvertrag bemisst sich grundsätzlich nach dem über Art. 10 Abs. 1 Rom I-VO zu ermittelnden Recht. Danach wird das Zustandekommen und die Wirksamkeit des Vertrages oder einer seiner Bestimmungen entweder nach dem objektiv anwendbaren Recht oder dem gewählten Recht beurteilt.[5] Damit entscheidet das berufene Recht auch, ob die AGB-Klauseln wirksam einbezogen worden sind. Eine AGB-Prüfung nach §§ 305 ff. BGB findet nur statt, wenn die Vertragsparteien das deutsche Recht als Vertragsstatut gewählt haben oder dieses objektiv anzuwenden ist.[6] In diesem Fall ist jedoch lediglich eine Einbeziehungskontrolle (§§ 305 Abs. 2 bis 306 BGB) zulässig.[7] Eine Inhaltskontrolle in Bezug auf den Inhalt der Rechtswahlvereinbarung und damit die Überprüfung der Zulässigkeit der Vereinbarung des gewählten Rechts findet nicht statt.[8] Für die Prüfung der inhaltlichen Wirksamkeit der Rechtswahl ist allein auf das Kollisionsrecht der lex fori zurückzugreifen, vor deutschen Gerichten also allein auf das EGBGB bzw. die Rom I-VO – und diese enthalten keine Regelungen zur Inhaltskontrolle. Die Rechtswahl darf allerdings 115

---

[1] Staudinger/*Magnus*, BGB Art. 10 Rom I-VO Rn. 4.
[2] BAG 13.11.2007 AP EGBGB Art. 27 nF Nr. 8; MHdBArbR/*Oetker*, § 11 Rn. 17.
[3] MüKoBGB/*Spellenberg*, Art. 10 Rom I-VO Rn. 164.
[4] MüKoBGB/*Spellenberg*, Art. 10 Rom I-VO Rn. 165.
[5] von Westphalen/*von Westphalen/Thüsing*, Vertragsrecht und AGB-Klauselwerke, 25) Rechtswahlklauseln Rn. 6; Ferrari/Kieninger/Mankowski/*Ferrari*, VO (EG) 593/2008 Art. 10 Einigung und materielle Wirksamkeit Rn. 34.
[6] MHdB ArbR/*Oetker*, § 11 Rn. 18.
[7] MHdB ArbR/*Oetker*, § 11 Rn. 18; MüKoBGB/*Spellenberg*, Art. 10 Rom I-VO Rn. 166.
[8] *Mäsch*, Rechtswahlfreiheit und Rechtswahlklauseln in AGB, S. 84 f.

für den Arbeitnehmer nicht überraschend sein: Handelt es sich bei einer Vertragspartei um einen Verbraucher – dies ist bzgl. des Arbeitnehmers im Arbeitsrecht nach ganz herrschender Meinung immer der Fall[1] –, kann eine in AGB vorgesehene Rechtswahl gemäß § 305c Abs. 1 BGB überraschend und daher auch gemäß § 307 Abs. 1 BGB unwirksam sein.[2] Die richterliche Inhaltskontrolle überlagert in diesem Fall insoweit das berufene Kollisionsrecht.[3]

116 Zwar bestimmt sich die Wirksamkeit einer Rechtswahlvereinbarung in den AGB nach dem gewählten Recht (gemäß Art. 10 Abs. 1 Rom I-VO).[4] Allerdings kann sich der Arbeitnehmer gegenüber einer formularmäßigen Rechtswahl auf dasjenige Recht berufen, das seinem Verhalten keine Vertragsschlusswirkung zukommen lässt.[5] Davon ist zum einen die rechtliche Behandlung des Schweigens erfasst, zum anderen auch die Überraschung durch unerwartete oder undurchschaubare Rechtswahlklauseln.[6] In beiden Fällen ist es gerechtfertigt, dass das Recht des Ortes Anwendung findet, an dem der Arbeitnehmer sich gewöhnlich aufhält. Praktisch relevant ist diese Norm dort, wo Staaten das Schweigen auf eine Willenserklärung oder die Behandlung von Willensmängeln unterschiedlich regeln und sich ein Arbeitnehmer aufgrund seines gewöhnlichen Aufenthaltsorts auf die fehlende Zustimmung beruft, obwohl seine Zustimmung nach dem eigentlich anwendbaren Recht vorliegen würde.[7]

d) Form

117 Die Form von Verträgen richtet sich wie für alle vertraglichen Schuldverhältnisse mit internationalem Bezug nach Art. 11 Abs. 1–3 Rom I-VO. Grundsätzlich gilt die „Ortsform" oder die lex causae (Art. 11 Abs. 1 Rom I-VO). Der für die Form maßgebende Ort ist hiernach der Ort des Vertragsschlusses oder das Vertragsstatut des jeweiligen Geschäfts. Bei Vertragsschlüssen auf Distanz reicht es darüber hinaus aus, wenn die Formerfordernisse desjenigen Staats bewahrt sind, in dem eine Vertragspartei ihren gewöhnlichen Aufenthaltsort hat (Art. 11 Abs. 2 Rom I-VO).[8] Auf den Vertrag ist das Recht anwendbar, das anzuwenden wäre, wenn die Rechtswahl wirksam wäre und nicht die lex fori;[9] es gilt das von den Parteien gewählte Recht.[10] Der Rechtswahl kommt insoweit eine Art „Vorwirkung"[11] zu. Lässt das entsprechende Recht eine Rechtswahlvereinbarung zu, so ist die Rechtswahl aufgrund der Privatautonomie wirksam.[12] Die Rechtswahl kann jederzeit zwischen den Parteien vereinbart werden; auch eine nachträgliche Abänderung oder Revidierung Art. 3 Abs. 2 Rom I-VO ist möglich (Art. 3 Abs. 2 Rom I-VO).[13] Ist eine Rechtswahlvereinbarung unklar, wird

---

[1] Vgl. nur BAG 25.5.2005 – 5 AZR 572/04, NJW 2005, 3305; Schaub/*Linck*, Arbeitsrechts-Handbuch, § 35 Rn. 6.
[2] von Westphalen/*von Westphalen/Thüsing*, Vertragsrecht und AGB-Klauselwerke, 25) Rechtswahlklauseln Rn. 6.
[3] von Westphalen/*von Westphalen/Thüsing*, Vertragsrecht und AGB-Klauselwerke, 25) Rechtswahlklauseln Rn. 6.
[4] von Westphalen/*von Westphalen/Thüsing*, Vertragsrecht und AGB-Klauselwerke, 25) Rechtswahlklauseln Rn. 6.
[5] Staudinger/*Magnus*, Art. 8 Rom I-VO Rn. 67.
[6] Staudinger/*Magnus*, Art. 8 Rom I-VO Rn. 67.
[7] Palandt/*Thorn*, Art. 10 Rom I-VO Rn. 5.
[8] *Pfeiffer* EuZW 2008, 622 (629).
[9] BAG 26.10.1993 – XI ZR 42/93, NZA 2008, 761 (763); 13.11.2007 – 9 AZR 134/07, NJW 1994, 262.
[10] *Deinert* RdA 2009, 144 (148).
[11] MHdB ArbR/*Oetker*, § 11 Rn. 17.
[12] *Deinert* RdA 2009, 144 (148).
[13] ErfK/*Schlachter*, Rom I-VO, Art. 9 Rn. 4.

sie als unwirksam angesehen und es erfolgt eine Bestimmung der anzuwendenden Rechtsordnung im Wege der objektiven Anknüpfung.[1]

IV. Anwendung einer ausländischen Rechtsordnung

Ergibt sich aus den Regelungen zum internationalen Arbeitsrecht, dass eine ausländische Rechtsordnung anzuwenden ist, muss das zuständige deutsche Gericht gemäß § 293 ZPO den Inhalt der ausländischen Rechtsordnung feststellen.[2] **118**

Hierzu darf das Gericht sich nicht lediglich nach dem Wortlaut des ausländischen Gesetzestextes richten; es muss ermitteln, wie das entsprechende Gesetz in seinem Ursprungsland ausgelegt wird und es entsprechend dieser Auslegung zur Anwendung bringen.[3] Dabei hat der Richter zwar hinsichtlich des Umfangs der Ermittlungen einen Ermessensspielraum, jedoch müssen die Ermittlungen desto spezifischer sein, je detaillierter die streitenden Parteien etwas zu dem fremden Recht vorbringen.[4] **119**

---

[1] *Schneider* NZA 2010, 1380 (1381).
[2] HWK/*Tillmanns,* Art. 3, 8, 9 Rom I-VO Rn. 52.
[3] HWK/*Tillmanns,* Art. 3, 8, 9 Rom I-VO Rn. 52.
[4] BGH 23.6.2003 – II ZR 305/01, NJW 2003, 2685 f.; HWK/*Tillmanns,* Art. 3, 8, 9 Rom I-VO Rn. 52.

B. Gerichtsstand (EuGVVO)

I. EuGVVO („Brüssel I-VO")

1. Vorbemerkungen

120 Mit der „VO (EG Nr. 44/2001) des Rates über die gerichtliche Zuständigkeit und die Anerkennung und Vollstreckung von Entscheidungen in Zivil- und Handelssachen" (EuGVVO, „Brüssel-VO") hat der Gemeinschaftsgesetzgeber vereinheitlichte Regelungen für das Zivil(prozess)recht in Europa geschaffen, wodurch der grenzüberschreitende Rechtsschutz der EU-Bürger vereinfacht wurde.[1] Die EuGVVO bildet das „Kernstück des Europäischen Zivilprozessrechts".[2] Sie verfolgt dieselben Ziele wie auch das EuGVÜ: Zeitgemäße und einheitliche Regeln über die direkte gerichtliche Zuständigkeit in Zivil- und Handelssachen festzulegen und die Anerkennung und Vollstreckung von Entscheidungen mittels eines unkomplizierten und einheitlichen Verfahrens zu vereinfachen.[3]

121 Aufgrund geänderter Rechtsetzungsvorschriften auf EU-Ebene konnte die gerichtliche Zuständigkeit und Vollstreckung von Entscheidungen in Zivil- und Handelssachen erstmals im Wege einer Verordnung neu geregelt werden.[4] Die EuGVVO wurde auf Grundlage der Art. 61 lit. c; 65 EG erlassen. Aufgrund ihrer Rechtsform als Verordnung entfiel fortan das „schwerfällige Verfahren", welches multilaterale Übereinkommen mit sich bringen, wenn weitere Mitgliedsstaaten der EU beitreten.

2. Anwendungsbereich

a) Territorial

122 Der räumliche Anwendungsbereich der EuGVVO wird in Art. 68 Abs. 1 EuGVVO bestimmt. Dieser stellt klar, welche Normen für den territorialen Geltungsbereich entscheidend sind (Art. 229 Abs. 1 EG bzw. Art. 52 EUV – Art. 355 AEUV). Es bestehen jedoch Ausnahmen von der Anwendbarkeit des Gemeinschaftsrechts (vgl. Art. 229 Abs. 2–4 EG).[5]

b) Sachlich

123 Grundsätzlich ist die EuGVVO in allen Zivil- und Handelssachen anzuwenden. Ausgenommen sind Steuer- und Zollsachen sowie verwaltungsrechtliche Angelegenheiten.

Gemäß Art. 2 Abs. 1 EuGVVO richtet sich der Gerichtsstand nach dem Wohnsitz bzw. Sitz des Beklagten. Der Gerichtsstand folgt somit dem Grundsatz actor sequitur forum rei und bedeutet eine Verteidigungserleichterung für den Beklagten.[6] Dies gilt

---

[1] MüKoZPO/*Gottwald*, Vorbemerkung, Rn. 3.
[2] Stein/Jonas/*Wagner*, Einleitung vor Art. 1, EuGVVO, Rn. 1.
[3] Begründung des Kommissionsentwurfs, KOM (1999) 348 endg., 3.
[4] *Bosse*, S. 35–36; Zuvor war dies nur im Wege multilateraler Übereinkommen möglich. Aufgrund des Vertrags von Amsterdam vom 2.10.1997 (BGBl. II 1998, 387, in Kraft seit dem 1.5.1999, BGBl. II 1999, 296) wurde die justizielle Zusammenarbeit in Zivilsachen von der dritten Säule des Unionsvertrags in die erste Säule des EG-Vertrags überführt, wodurch der Gemeinschaftsgesetzgeber ermächtigt wurde, einheitliches sekundäres Gemeinschaftsrecht zu erlassen (dazu *Bosse*, S. 37).
[5] Stein/Jonas/*Wagner*, Einleitung vor Art. 1, EuGVVO Rn. 21.
[6] *Nagel/Gottwald*, § 3 Rn. 28.

B. Gerichtsstand (EuGVVO)

gemäß der auf Arbeitsverträge anwendbaren Art. 18–21 EuGVVO auch für Rechtsstreitigkeiten zwischen Arbeitnehmern und Arbeitgebern. Dem Schutz des Arbeitnehmers Vorrang gewährend ist dieser nur an seinem Wohnsitz zu verklagen.

Die EuGVVO ist nicht nur auf Staatsangehörige oder Bewohner von Mitgliedsstaaten begrenzt.[1] Es kommt zunächst ausschließlich auf den Wohnsitz oder Sitz des Beklagten an. Dieser muss zwingend in einem der Mitgliedsstaaten liegen. Auf den Wohnsitz oder Sitz des Klägers kommt es dagegen nicht an. Die EuGVVO ist daher ebenfalls anwendbar, wenn der Kläger seinen Wohnsitz oder Sitz in einem Drittstaat hat. Der obsiegende Teil kann unter Anwendung der EuGVVO die Vollstreckung betreiben, unabhängig von seiner Nationalität oder seinem Wohnsitz.[2] 124

Weitere Voraussetzung der Anwendbarkeit der EuGVVO ist der grenzüberschreitende Bezug. Somit sind Inlandssachverhalte von dem Anwendungsbereich der EuGVVO ausgenommen.[3] Allerdings ist die EuVVO anwendbar, wenn Beklagter und Kläger in demselben Mitgliedsstaat leben und das streitige Ereignis in einem Drittstaat stattgefunden hat.[4] 125

Die EuGVVO sieht dagegen keine Regelungen hinsichtlich der örtlichen Zuständigkeit vor. Diese bestimmen sich nach dem nationalen Recht des jeweils territorial zuständigen Gerichts eines Mitgliedsstaates, in Deutschland also nach den §§ 12ff. ZPO. 126

3. Verhältnis zu nationalem Recht

Durch die EuGVVO wird das nationale Recht der Mitgliedsstaaten vollständig verdrängt. Das Europarecht hat stets Anwendungsvorrang.[5] Widersprechen nationale Bestimmungen der Verordnung, werden sie mithin verdrängt.[6] Das hat in Deutschland insbesondere Auswirkungen auf Begründung der internationalen Zuständigkeit und auf die Anerkennung und Vollstreckung ausländischer Urteile nach §§ 328, 723, 733 ZPO.[7] In Deutschland wurde das Anerkennungs- und Vollstreckungsausführungsgesetz (AVAG) vom 19.2.2001 geschaffen, welches für die Anerkennung und Vollstreckung ausländischer Entscheidungen ergänzende Regelungen enthält.[8] 127

4. Verhältnis zu internationalem Recht

a) EuGVÜ, LugÜ

Das Übereinkommen über die gerichtliche Zuständigkeit und die Vollstreckung gerichtlicher Entscheidungen in Zivil- und Handelssachen (EuGVÜ) ist fast vollständig durch die EuGVVO verdrängt. Das EuGVÜ gilt nur noch im Verhältnis zu Aruba.[9] 128

Zwischen der Europäischen Union, Dänemark, Norwegen und der Schweiz gilt das Luganer Übereinkommen II (LugÜ II). Es entspricht inhaltlich überwiegend der EuGVVO. 129

---

[1] *Schlosser*, Art. 1 EuGVVO Rn. 1.
[2] *Schlosser*, Art. 1 EuGVVO Rn. 1.
[3] Musielak/*Stadler*, VO (EG) 44/2001, Art. 2 Rn. 2.
[4] Musielak/*Stadler*, VO (EG) 44/2001, Art. 2 Rn. 2.
[5] EuGH 15.7.1964 – C-6/64, NJW 1964, 2371.
[6] Musielak/*Stadler*, VO (EG) 44/2001, Art. 2 Rn. 5.
[7] Saenger/*Dörner*, Vorbemerkungen zur EuGVVO Rn. 12.
[8] Saenger/*Dörner*, Vorbemerkungen zur EuGVVO Rn. 13.
[9] Erklärung der Niederlande vom 9.9.1986, BGBl. II 1986 S. 919; Aruba unterliegt nach Art. 299 Abs. 3 iVm Anhang II EG nicht dem EG und damit auch nicht der EuGVVO; vgl. Kindl/Meller-Hannich/Wolf/*Mäsch*, Vorbemerkung zu Art. 32ff. Rn. 32.

b) EG-VOen

130 Die VO (EG) Nr. 805/2004 zur Einführung eines europäischen Vollstreckungstitels für unbestrittene Forderungen (EuVTVO) ist neben der EuGVVO anwendbar und es steht dem Gläubiger frei, sich auf die EuVTVO oder die EuGVVO als Grundlage für die Anerkennung und Vollstreckung einer Entscheidung zu stützen.[1] Soweit der Gläubiger jedoch eine der Verordnungen gewählt hat, entfällt die Anwendbarkeit der jeweils anderen Verordnung mangels Rechtsschutzbedürfnisses.[2]

c) Staatsverträge

131 Die Anerkennungs- und Vollstreckungsnormen eines Staatsvertrags, der Regeln über die gerichtliche Zuständigkeit sowie die Anerkennung und Vollstreckung ausländischer Entscheidungen beinhaltet, gehen der EuGVVO bei Vorliegen der Voraussetzungen vor (zu den weiteren Voraussetzungen vgl. Art. 71 Abs. 2b EuGVVO).[3]

5. Auslegung

132 Die EuGVVO ist grundsätzlich autonom auszulegen, ohne direkten Rückgriff auf nationale Bestimmungen.[4] Dies soll gewährleisten, dass sich aus der Verordnung soweit wie möglich gleiche und einheitliche Rechte und Pflichten für die Mitgliedsstaaten und betroffenen Personen ergeben.[5] Die grammatikalische, systematische, historische und teleologische Auslegungsmethode ist auch im Europarecht anzuwenden, wobei europarechtliche Besonderheiten zu beachten sind.[6] So gibt es im Europarecht auch die rechtsvergleichende Auslegungsmethode, welche die ausländische Rechtsprechung und Literatur zur auszulegenden Verordnung und die nationalen Rechtsordnungen der Mitgliedsstaaten mit einbezieht.[7]

133 Die nationalen Gerichte können die Bestimmungen der EuGVVO auslegen, soweit sie entsprechend der „acte clair"-Doktrin keine vernünftigen Zweifel hinsichtlich der Auslegung haben.[8] Sonst ist ein Vorabentscheidungsverfahren gemäß Art. 267 AEUV einzuleiten. Bei der Auslegung haben die nationalen Gerichte die EuGVVO unter Beachtung des Grundsatzes der Rechtssicherheit, die eines der Ziele der EuGVVO ist, auslegen.[9] Gemäß dieses Grundsatzes sind die Zuständigkeitsregeln so auszulegen, dass ein informierter, verständiger Beklagter vorhersehen kann, vor welchem Gericht er außerhalb seines Wohnsitzstaates verklagt werden könnte.[10]

II. Gerichtsstände des internationalen Arbeitsrechts

1. Allgemeines

134 Erstmals in der EuGVVO wurden für Individualarbeitsverträge eigene Regelungen bezüglich der internationalen Gerichtsstände im grenzüberschreitenden Arbeitsrecht

---

[1] BGH 4.2.1010 – IX ZB 57/09, NJW-RR 2010, 571; OLG Stuttgart 20.4.2009 – 5 W 68/08, NJW-RR 2010, 134; *Heß* NJW 2002, 2417 (2426); *Stein* IPRax 2004, 181 (191).
[2] BGH 4.2.1010 – IX ZB 57/09, NJW-RR 2010, 571; OLG Stuttgart 20.4.2009 – 5 W 68/08, NJW-RR 2010, 134.
[3] Kindl/Meller-Hannich/Wolf/*Mäsch,* Vorbemerkung zu Art. 32 ff. Rn. 37.
[4] EuGH 2.10.2008 – C-372/07, NJW-RR 2009, 405 (406); EuGH 13.7.2006 – C-103/05, NJW-RR 2006, 1568 (1569).
[5] Stein/Jonas/*Wagner,* Einleitung vor Art. 1, EuGVVO Rn. 31.
[6] *Schroeder,* JuS 2004, 180 (186).
[7] *Schroeder,* JuS 2004, 180 (186).
[8] EuGH 6.10.1982 – Rs. 283/81, NJW 1983, 1257 (1258).
[9] EuGH 13.7.2006 – C-103/03, NJW-RR 2006, 1568 (1568).
[10] EuGH 13.7.2006 – C-103/03, NJW-RR 2006, 1568 (1568).

mit abschließendem Charakter getroffen. Hierdurch hat der Gemeinschaftsgesetzgeber zugunsten schutzbedürftiger Personengruppen ein vergleichbar lückenloses Normgefügen, wie in den Mitgliedsstaaten auf nationaler Ebene geschaffen.[1]

Die EuGVVO eingeführt und mit ihr die arbeitsrechtlichen Sonderregelungen der Art. 18–21 (5. Abschnitt), welche eine erweiterte Regelung der Zuständigkeit in Arbeitssachen brachte, wurde im Jahr 2002 eingeführt.[2]

2. Anwendungsbereich

Für individualarbeitsrechtliche Streitigkeiten mit grenzüberschreitendem Charakter sind die Art. 18–21 EuGVVO ausschließlich anwendbar. Das heißt es sind die Art. 18–21 EuGVVO auf Verfahren anwendbar, die einen individuellen Arbeitsvertrag oder Ansprüche aus einem solchen Vertrag zum Gegenstand haben. **135**

Wann eine individualarbeitsrechtliche Streitigkeit vorliegt, muss mangels gesetzlicher Definition durch Auslegung ermittelt werden.[3] Der Europäische Gerichtshof hat den Begriff des „individuellen Arbeitsvertrages" definiert als eine „Vereinbarung, die eine abhängige, weisungsgebundene Tätigkeit während einer bestimmten Zeit zum Gegenstand hat, bei der der Arbeitnehmer regelmäßig in einer bestimmten Weise in den Betrieb des Arbeitgebers eingebunden ist und für die er als Gegenleistung eine Vergütung erhält".[4] Entscheidend ist, ob nach dem auf den Beschäftigungsvertrag anwendbaren Recht der für Arbeitnehmer typische Sozialschutz anwendbar ist und ob der als Arbeitnehmer auftretende in den Betrieb seines Verfahrensgegners eingegliedert ist.[5] Entscheidende Bedeutung kommt dem Merkmal der Weisungsabhängigkeit und dem unternehmerischen Risiko zu, wobei eine soziale oder wirtschaftliche Abhängigkeit nicht zwingend erforderlich ist.[6] Unter die Regelung können auch Organmitglieder fallen – wenn die für das Arbeitsrecht typische Weisungsgebundenheit vorliegt.[7] Es werden alle aus dem Arbeitsverhältnis herrührenden Ansprüche erfasst, wie zB konkurrierende deliktische Ansprüche (zB aus einem Arbeitsunfall).[8] **136**

Ein wirksamer Vertragsschluss ist dabei nicht erforderlich, auch Ansprüche aus faktischen Arbeitsverhältnissen werden erfasst.[9] Auf Teilzeit- oder Gelegenheitsarbeitsverhältnisse sowie auf Beamte, Angestellte des öffentlichen Dienstes und ggf. Scheinselbständige und Franchisenehmer sind die Art. 18–21 EuGVVO ebenfalls anwendbar.[10] Die Beschäftigung kann öffentlich-rechtlich oder privatrechtlich ausgestaltet sein und der Arbeitnehmer kann sowohl Auszubildender, als auch Teilzeit- oder Vollzeitbeschäftigter sein.[11] Nicht hingegen ist die EuGVVO auf arbeitnehmerähnliche Personen oder Handelsvertreter, sowie Vorstandsmitglieder einer AG oder Geschäftsführer anwendbar, die nicht zugleich Gesellschafter sind.[12] Kein Arbeitsvertrag wurde auch bei **137**

---

[1] *Schlosser*, Art. 18 EuGVVO Rn. 1.
[2] GMP/*Prütting*, ArbGG, Einleitung Rn. 265.
[3] MüKoZPO/*Gottwald*, EuGVO Art. 18 Rn. 2.
[4] EuGH 13.7.1993 – C-125/92, I-4075, I-4103, Rn 15 – Mulox IBC Ltd./Hendrick Geels; EuGH 15.2.1989 – C-32/88, Sgl. 1989, 341, 362 Rn. 10 – Six Constructions/Paul Humbert; EuGH 11.5.1982 – C-C013/81 – Slg. 1982, 1893 – Roger Ivenel/Helmut Schwab; EuGH 9.1.1997 – C-383/95, Slg. 1997, I-57, I-74, Rn. 19 – Petrus Wilhelmus Rutten/Cross Medical Ltd.
[5] *Schlosser*, Art. 5 EuGVVO Rn. 8.
[6] Musielak/*Stadler*, VO (EG) 44/2001 Art. 18 Rn. 2.
[7] Musielak/*Stadler*, VO (EG) 44/2001 Art. 18 Rn. 2.
[8] Saenger/*Dörner*, EuGVVO Art. 18 Rn. 4–6.
[9] Saenger/*Dörner*, EuGVVO Art. 18 Rn. 4–6.
[10] MüKoZPO/*Gottwald*, EuGVO Art. 18 Rn. 2 mwN.
[11] *Bosse*, Probleme des europäischen internationalen Arbeitsprozessrechts S. 65.
[12] MüKoZPO/*Gottwald*, EuGVO Art. 18, Rn 2 mwN.

einem Vertrag zwischen zwei juristischen Personen angenommen oder bei einem „Lizenzvertrag" zwischen Leistungssportlern und einem Sportverband.[1]

138 Zudem muss der Beklagte entweder seinen Wohnsitz oder eine Niederlassung in einem Mitgliedsstaat haben (Art. 18 Abs. 1 EuGVVO iVm Art. 4 EuGVVO). Es kommt nicht auf den Wohnsitz bzw. Sitz des Klägers an.[2] Soweit beide Parteien ihren Wohnsitz in demselben Mitgliedsstaat haben, entfällt die Anwendbarkeit der EUGVVO, da sie für reine Inlandsfälle nicht gilt. Ein gewöhnlicher Aufenthalt genügt hierfür nicht.[3] Soweit der Beklagte weder Wohnsitz, noch eine Niederlassung in einem Mitgliedsstaat besitzt, sind die nationalen Zuständigkeitsvorschriften gem. Art. 4 Abs. 1 EuGVVO heranzuziehen.

139 Eine Anknüpfung am Ort der Agentur, Zweigniederlassung bzw. sonstigen Niederlassung bleibt weiterhin möglich (Art. 18 Abs. 1 EuGVVO iVm Art. 5 Nr. 5 EuGVVO), allerdings grundsätzlich nur zugunsten des Arbeitnehmers. Der Arbeitgeber kann also nicht an seiner Zweigniederlassung gegen den Arbeitnehmer klagen. Durch Art. 5 Nr. 5 EuGVVO wird dem Arbeitnehmer lediglich ein weiterer, alternativ wählbarer Gerichtsstand ermöglicht, welcher jedoch nicht vorrangig beachtet werden muss.[4] Gegen den Arbeitnehmer wird gemäß Art. 5 Nr. 5 EuGVVO nur dann ein Gerichtsstand außerhalb seines Wohnsitzstaates begründet, wenn er in seiner Eigenschaft als Arbeitnehmer eine Niederlassung oder Agentur betreibt

Des Weiteren muss der Arbeitsvertrag eine Anknüpfung zu mindestens einem Mitgliedstaat aufweisen. Soweit es sich bei dem Arbeitsvertrag um einen Vertrag handelt, welcher keinerlei Anknüpfungspunkt zu einem Mitgliedstaat besitzt und die Erfüllung somit vollständig außerhalb der EU-Mitgliedsstaaten erfolgt, sind die Art. 18–21 EuGVVO unanwendbar.[5]

140 § 15 AEntG, welcher auf Art. 6 der Entsenderichtlinie 96/71/EG zurückgeht und einen Gerichtsstand für Klagen von entsendeten Arbeitnehmern begründet, hat zwar Vorrang, schließt aber eine Anwendung der Art. 18–21 EuGVVO nicht aus.[6]

141 Für kollektivrechtliche Streitigkeiten einschließlich der betriebsverfassungsrechtlichen Streitigkeiten gelten ausschließlich die allgemeinen Vorschriften in Art. 2 EuGVVO.[7]

3. Systematik der Art. 18–21 EuGVVO

142 Der Gemeinschaftsgesetzgeber hat in den Art. 18–21 EuGVVO eigenständige und abschließende Regelungen von grenzüberschreitenden individualarbeitsrechtlichen Streitigkeiten geschaffen. Sie beruhen auf der Prämisse, dass der Arbeitnehmer als schwächere Vertragspartei besonders schutzbedürftig ist und daher auch zuständigkeitsrechtlich besonderen Schutz verdient.[8]

143 Die Anwendbarkeit der Regelungen des 1. und 2. Abschnitts der EuGVVO auf Arbeitsrechtssachverhalte wurde durch diese abschließenden Sondervorschriften stark eingeschränkt.[9] Mit Ausnahme der Art. 4 und 5 Nr. 5 EuGVVO sind neben den Art. 18–21 EuGVVO keine anderweitigen Regelungen dieser Abschnitte auf Arbeits-

---

[1] *Schlosser*, Art. 5 EuGVVO Rn. 8.
[2] Geimer/Schütze/*Geimer*, Art. 18 EuGVVO Rn. 1.
[3] Geimer/Schütze/*Geimer*, Art. 18 EuGVVO Rn. 1.
[4] *Bosse*, Probleme des europäischen internationalen Arbeitsprozessrechts, S. 109.
[5] EuGH 15.2.1989 – C-32/88, Sgl. 1989, 341, 362 Rn. 10 – Six Constructions/Paul Humbert; EuGH 27.2.2002, C-37/00, NJW 02, 1635.
[6] Saenger/*Dörner*, EuGVVO Art. 18 Rn. 3.
[7] *Däubler* NZA 2003, 1297 (1302); *Schlosser*, Art. 18 EuGVVO Rn. 5.
[8] Stein/Jonas/*Wagner*, EuGVVO, Art. 18 Rn. 2.
[9] Musielak/*Stadler*, VO (EG) 44/2001 Art. 18 Rn. 1.

B. Gerichtsstand (EuGVVO)

rechtssachverhalte anwendbar, insbesondere findet Art. 6 EuGVVO, der es zB bei Klagen gegen mehrere Personen ausreichen lässt, wenn eine Person ihren Wohnsitz an einem bestimmten Gerichtsstand hat, keine Anwendung.[1]

Die Art. 18–21 EuGVVO enthalten zahlreiche auslegungsbedürftige Formulierungen. **144**

a) Wohnsitzfiktion (Art. 18 Abs. 2 EuGVVO)

Grundsätzlich gilt, dass der Beklagte seinen Wohnsitz im Hoheitsgebiet eines Mitgliedsstaates haben muss (Art. 4 Abs. 1 EuGVVO). Dieser Anwendungsbereich wurde in Art. 18 Abs. 2 EuGVVO hinsichtlich Streitigkeiten aus einem Arbeitsverhältnis entscheidend erweitert.[2] Ein Arbeitgeber, der seinen Wohnsitz nicht in einem Mitgliedsstaat hat, muss sich, wenn er in einem Mitgliedstaat eine Zweigniederlassung, Agentur oder sonstige Niederlassung unterhält, bei betriebsbezogenen Streitigkeiten gem. Art. 18 Abs. 2 EuGVVO so behandeln lassen, als habe er an jenem Ort seinen Wohnsitz.[3] Es wird somit jede Art von Niederlassung dem Beklagten- bzw. Arbeitgeberwohnsitz gleichgestellt. Soweit eine Niederlassung des Arbeitgebers im EU-Gebiet besteht, gilt bei diesen niederlassungsbezogenen Streitigkeiten Gemeinschaftsrecht mit allen Vor- und Nachteilen.[4] Einzig, wenn der Arbeitgeber keinerlei „Mittelpunkt geschäftlicher Tätigkeit"[5] in einem Mitgliedsstaat besitzt, oder eine solche zwar gegeben ist, aber die Streitigkeit nicht aus dem Betrieb der Niederlassung herrührt, kommt das jeweilige nationale Recht des Mitgliedsstaates zur Anwendung (Art. 4 EuGVVO).[6] Diese Risikoverteilung entspricht dem Arbeitnehmerschutz und den Erwägungen, dass es für einen Arbeitgeber zumutbar sein muss, dass er am Ort seiner Niederlassung im EU-Gebiet auch verklagt werden kann. **145**

Die Streitigkeit ist betriebsbezogen iSd Art. 18 Abs. 2 EuGVVO, wenn der Arbeitnehmer Angestellter der Niederlassung gewesen ist.[7] **146**

Bei Streitigkeiten aus dem Betrieb einer Zweigniederlassung, können Arbeitgeber und Arbeitnehmer Klagen nach Art. 5 Nr. 5 EuGVVO vor dem Gericht des Ortes der Zweigniederlassung erheben.[8] Infolgedessen genießen Arbeitnehmer, die bei einem Arbeitgeber mit Sitz in einem Drittstaat beschäftigt sind, den prozessualen Schutz des Art. 18 EuGVVO, wenn die Niederlassung, in der sie tätig sind, in einem EU-Mitgliedsstaat liegt.[9] **147**

Falls keiner der in Art. 18 Abs. 2 EuGVVO genannten Fälle Anwendung findet, verbleibt es gemäß Art. 4 Abs. 1 EuGVVO bei den nationalen Zuständigkeitsregelungen.[10] **148**

b) Arbeitgebergerichtsstand (Art. 19 EuGVVO)

Der Gemeinschaftsgesetzgeber hat ähnlich wie bei Klagen in Verbrauchersachen zwischen den Klagen des Arbeitnehmers und Klagen des Arbeitgebers differen- **149**

---

[1] Musielak/*Stadler,* VO (EG) 44/2001 Art. 18 Rn. 1.
[2] *Däubler* NZA 2003, 1297 (1298).
[3] Musielak/*Stadler,* VO (EG) 44/2001 Art. 18 Rn. 3.
[4] Geimer/Schütze/*Geimer,* Art. 18 EuGVVO Rn. 6.
[5] So die kürzere Formulierung des EuGH für „Zweigniederlassung, Agentur oder sonstige Niederlassung" in EuGH 22.11.1978 – C-33/78, Slg. 1978, 2183, Rn. 2 – Somafer SA/Saar-Ferngas AG.
[6] *Bosse,* Probleme des europäischen internationalen Arbeitsprozessrechts, S. 97.
[7] Stein/Jonas/*Wagner,* EuGVVO, Art. 18 Rn. 27; MAHArbR/*Boewer* § 45 Rn. 64.
[8] MüKoZPO/*Gottwald,* EuGVO Art. 18 Rn. 6.
[9] MüKoZPO/*Gottwald,* EuGVO Art. 18 Rn. 7.
[10] *Däubler* NZA 2003, 1297 (1298).

ziert.¹ Art. 19 EuGVVO bestimmt vor welchen Gerichten der Arbeitnehmer seinen Arbeitgeber verklagen kann. Der Arbeitnehmer kann den Arbeitgeber entweder am gewöhnlichen Arbeitsort verklagen (Art. 19 Nr. 2 lit. a EuGVVO) oder am Ort der einstellenden Niederlassung des Arbeitgebers (Art. 19 Nr. 2 lit. b EuGVVO). Die Möglichkeit, den Arbeitgeber am gewöhnlichen Arbeitsort zu verklagen hat grundsätzlich Vorrang gegenüber der Klage am Ort der einstellenden Niederlassung. Diese Klagemöglichkeit wurde in der EuGVVO eingefügt, um eine für den Arbeitnehmer kostengünstige Rechtsverfolgung möglich zu machen.² Handelt es sich um eine nur vorübergehende Arbeitnehmerentsendung, ist der Herkunftsstaat und nicht der Empfangsstaat maßgebend.³ Anderes gilt im bei einem allgemeinverbindlichen Tarifvertrag im Falle der Arbeitnehmerentsendung.⁴ Art. 6 EuGVVO begründet einen Gerichtsstand im Empfangsstaat für die in Art. 3 der Richtlinie garantierten Rechte,⁵ beispielsweise Höchstarbeitszeitregelungen, Mindestlohnregelungen etc. (vgl. Aufzählung in Art. 3 Abs. 1 EuGVVO).

150 Der Arbeitgeber ist hingegen auf das Gericht des Wohnsitzstaates beschränkt und kann den Arbeitnehmer nicht am gewöhnlichen Arbeitsort verklagen.⁶ Dem Arbeitgeber bleibt es jedoch unbenommen, auf die Arbeitnehmerklage hin Widerklage zu erheben (Art. 20 Abs. 2 EuGVVO).⁷ Erhebt der Arbeitnehmer somit vor einem zuständigen Gericht Klage, ist eine Widerklage des Arbeitgebers stets möglich und der Arbeitgeber kann über diesen „Umweg" einen Rechtsstreit doch am gewöhnlichen Arbeitsort führen.

Von dieser Regelung kann durch eine Vereinbarung nach Entstehen der Streitigkeit zugunsten des Arbeitnehmers abgewichen werden.⁸ Auf das Anerkennungs- und Vollstreckungsverfahren wirkt sich ein etwaiger Verstoß nicht mehr aus.⁹

aa) Gewöhnlicher Arbeitsort (Art. 19 Nr. 2 lit. a EuGVVO)

151 Der Arbeitnehmer kann seinen Arbeitgeber vor dem Gericht des Ortes verklagen, an dem der Arbeitnehmer gewöhnlich seine Arbeit verrichtet oder zuletzt verrichtet hat. Dieser besondere Gerichtsstand bei arbeitsrechtlichen Streitigkeiten wurde geschaffen, da der Schwerpunkt der Leistung in diesen Fällen an dem Ort liegt, an dem die Arbeitsleistung erbracht wird. Darüber hinaus wird durch diese Regelung dem Arbeitnehmerschutz Rechnung getragen, da dem Arbeitnehmer eine Klage an dem Ort ermöglicht wird, an dem er sich ohnehin für gewöhnlich aufhält.¹⁰

152 Der Begriff des gewöhnlichen Arbeitsortes ist autonom ohne Rückgriff auf innerstaatliches Recht zu bestimmen.¹¹ Soweit der Arbeitnehmer nur in einem Mitgliedsstaat tätig ist, kommt es auf den jeweils aktuellen gewöhnlichen Arbeitsort an.¹²

153 Durch die Anknüpfung an den gewöhnlichen Arbeitsort hat der Gemeinschaftsgesetzgeber im Hinblick auf Art. 8 Abs. 2 Rom I-VO einen Gleichlauf von Gerichtsstand und anwendbarem materiellem Recht geschaffen, wodurch eine enge Beziehung

---

¹ *Nagel/Gottwald*, § 3 Rn. 127.
² Musielak/*Stadler*, Art. 18 VO (EG) 44/2001 Rn. 2.
³ Musielak/*Stadler*, Art. 19 VO (EG) 44/2001 Rn. 1.
⁴ Musielak/*Stadler*, Art. 19 VO (EG) 44/2001 Rn. 1.
⁵ Musielak/*Stadler*, Art. 19 VO (EG) 44/2001 Rn. 1.
⁶ *Nagel/Gottwald*, § 3 Rn. 128.
⁷ *Nagel/Gottwald*, § 3 Rn. 128.
⁸ *Nagel/Gottwald*, § 3 Rn. 128.
⁹ *Nagel/Gottwald*, § 3 Rn. 128.
¹⁰ *Bosse*, Probleme des europäischen internationalen Arbeitsprozessrechts, S. 161.
¹¹ Stein/Jonas/*Wagner*, Art. 19 EuGVVO Rn. 8.
¹² Stein/Jonas/*Wagner*, Art. 19 EuGVVO Rn. 7.

B. Gerichtsstand (EuGVVO)

des angerufenen Gerichts zum Rechtsstreit geschaffen wurde.¹ Infolgedessen ist bei etwaigen Schwierigkeiten hinsichtlich der Bestimmbarkeit des gewöhnlichen Arbeitsortes bspw. aufgrund von permanenter grenzüberschreitender Tätigkeit des Arbeitnehmers, ein Rückgriff auf die Dogmatik des Kollisionsrechts zu Art. 8 Rom I-VO möglich, sofern nicht spezifische Belange des Zuständigkeitsrechts andere Lösungen gebieten.²

Es ist anhand autonomer und objektiver Kriterien zu bestimmen, wo der Arbeitnehmer gewöhnlich seine Arbeit verrichtet oder verrichtet hat.³ Der gewöhnliche Arbeitsort ist hiernach der Ort, an dem oder von dem aus der Arbeitnehmer unter Berücksichtigung aller Umstände des Einzelfalls den wesentlichen Teil seiner Verpflichtungen gegenüber seinem Arbeitgeber tatsächlich erfüllt.⁴ Anhaltspunkt dafür ist, wo der Arbeitnehmer den überwiegenden Teil seiner Arbeitszeit verbringt, wenn nicht ausnahmsweise eine größere Verbindung zu einem anderen Arbeitsort besteht.⁵ Indiz für den gewöhnlichen Arbeitsort ist beispielsweise, ob der Arbeitnehmer ein Büro hat, von dem er aus wiederkehrend arbeitet.⁶   **154**

Kann anhand dieser Regeln ein aktueller gewöhnlicher Arbeitsort nicht ermittelt werden, ist der letzte gewöhnliche Arbeitsort maßgebend.⁷ Der Arbeitnehmer kann den Arbeitgeber dann wahlweise vor dem Gericht des Ortes der Niederlassung, die ihn eingestellt hat, oder vor den Gerichten des Vertragsstaats, in dessen Hoheitsgebiet der Arbeitgeber seinen Wohnsitz hat, verklagen.⁸   **155**

bb) Niederlassung (Art. 19 Nr. 2 lit. b EuGVVO)

Wenn der Arbeitnehmer seine Arbeit gewöhnlich nicht in ein und demselben Mitgliedstaat verrichtet oder verrichtet hat, ist ein gewöhnlicher Aufenthaltsort nicht bestimmbar oder es bestehen mehrere gewöhnliche Aufenthaltsorte.⁹   **156**

In einem solchen Fall kann er den Arbeitgeber vor dem Gericht des Ortes verklagen, an dem sich die Niederlassung, die den Arbeitnehmer eingestellt hat, befindet bzw. befand (Art. 19 Nr. 2 lit. b EuGVVO). Dabei soll sich der Ort der Einstellung nicht nach dem formalen Vertragsabschluss richten, sondern nach der Betreuung und organisatorischen Eingliederung.¹⁰

Art. 19 Nr. 2 EuGVVO ist hingegen nicht einschlägig, wenn ein gewöhnlicher Aufenthaltsort in einem Drittstaat besteht; in diesem Fall kann der Arbeitgeber nur an seinem Wohnsitz verklagt werden.¹¹

Der Begriff der Niederlassung ist hier anders auszulegen als im Rahmen des Art. 5 Nr. 5 EuGVVO: Während „Niederlassung" iSd Art. 5 Nr. 5 EuGVVO das Auftreten des Unternehmers nach außen meint („Dauernde Außenstelle eines Stammhauses, die auf Dauer geplant Mittelpunkt geschäftlicher Aktivitäten ist, eine eigene Geschäftsführung hat und sachlich so ausgestattet ist, dass von ihr aus Geschäfte mit Dritten betrieben werden können"),¹² ist „Niederlassung" iSd Art. 19 Nr. 1 EuGVVO eine organi-   **157**

---

¹ Musielak/*Stadler*, Art. 18 VO (EG) 44/2001 Rn. 2; Stein/Jonas/*Wagner*, Art. 19 Rn. 5.
² Stein/Jonas/*Wagner*, Art. 19 Rn. 10.
³ EuGH IPRax 2004, 336 (339); *Mankowski* IPRax 2003, 21 (28).
⁴ Saenger/*Dörner*, Art. 19 EuGVVO Rn 5.
⁵ EuGH 27.2.2002 – C-37/00, NJW 2002, 1635; BAG 29.5.2002 – 5 AZR 141/01, NJW 2002, 3196.
⁶ Musielak/*Stadler*, Art. 19 VO (EG) 44/2001 Rn. 2.
⁷ Saenger/*Dörner*, Art. 19 EuGVVO Rn. 5.
⁸ EuGH 27.2.2002 – C-37/00, NJW 2002, 1635.
⁹ Musielak/*Stadler*, Art. 18 VO (EG) 44/2001 Rn. 2; OHG IPrax 2010, 71 (74).
¹⁰ Musielak/*Stadler*, Art. 10 VO (EG) 44/2001 Rn. 2.
¹¹ Musielak/*Stadler*, Art. 18 VO (EG) 44/2001 Rn. 2.
¹² MüKoZPO/*Gottwald*, EuGVO, Art. 5 Rn. 74.

satorische Einheit des Betriebes.[1] Es kommt bei diesem Begriff nicht auf die geschäftliche Aktivität nach Außen an, sondern auf die dauerhafte Etablierung eines Betriebs vom Stammhaus aus der Sicht eines Arbeitnehmers.[2]

c) Arbeitnehmergerichtsstand (Art. 20 EuGVVO)

158 Der Arbeitnehmer kann nur in dem Staat seines Wohnsitzes verklagt werden, falls nicht eine gemäß Art. 21 EuGVVO zulässige Gerichtsstandsvereinbarung vorliegt (Art. 20 Abs. 1 EuGVVO).[3]

159 Art. 20 Abs. 1 EuGVVO regelt den Beklagtengerichtsstand des Arbeitnehmers. Die Regelung verdrängt andere Gerichtsstände (insbesondere Art. 4 und 5 EuGGVO).

Art. 20 Abs. 2 EuGVVO gestattet die Erhebung einer Widerklage vor dem Gericht, bei dem die Klage selbst gemäß den Bestimmungen dieses Abschnitts anhängig ist.

Überwiegend wird diesbezüglich vertreten, dass Art. 20 Abs. 2 EuGVVO wie Art. 16 Abs. 3 EuGVVO (Widerklagen immer möglich) eigenständige Bedeutung hat und daher auch die Zulässigkeit von Widerklagen des Arbeitnehmers bei Klagen des Arbeitgebers gestattet.[4]

Konsequenz der Regelung ist die Inkaufnahme unterschiedlicher Gerichtsstände für Klagen von Arbeitgebern und Arbeitnehmern.[5]

4. Gerichtsstandsvereinbarung (Art. 21 EuGVVO)

a) Allgemeines

160 Parteivereinbarungen und somit auch Gerichtsstandsvereinbarungen haben im internationalen Privat- und Prozessrecht eine besondere Bedeutung, da sie grundsätzlich für Rechtsklarheit sorgen. Erst wenn eine solche Parteivereinbarung nicht getroffen worden oder unwirksam ist, kommt das einschlägige Kollisions- und Prozessrecht zur Anwendung.[6] Zum Schutze der schwächeren Vertragspartei ist es unerlässlich staatliche oder zwischenstaatliche Regelungen zu schaffen, die Grundsätze für die Anwendbarkeit von Parteivereinbarungen festlegen.

161 Die Vorgängerregelung EuGVÜ enthielt in seiner ersten Fassung aus dem Jahre 1968 zunächst keinerlei Regelungen zu Gerichtsvereinbarungen in Arbeitsverträgen, weshalb diese unter Einhaltung des Formerfordernisses des Art. 17 uneingeschränkt zulässig waren.[7] Dies stellte eine erhebliche Benachteiligung des Arbeitnehmers als schwächere Partei dar. Im Jahre 1989 wurde daher in Art. 17 Abs. 5 EuGVÜ eine Regelung geschaffen, aufgrund derer die Prorogationsfreiheit der Arbeitsvertragsparteien stark eingeschränkt wurde.[8] Fast zeitgleich trat eine entsprechende Regelung mit dem Lugano-Übereinkommen (Art. 17 Abs. 5 LugÜ aF) in Kraft.[9] Eben diese Regelung wurde nun auch in Art. 21 EuGVVO inhaltlich unverändert übernommen.[10] Demnach können die Parteien durch privatautonome Vereinbarung von den Regeln über

---

[1] Musielak/*Stadler*, Art. 19 VO (EG) 44/2001 Rn. 3.
[2] *Bosse*, Probleme des europäischen internationalen Arbeitsprozessrechts, S. 256.
[3] MüKoZPO/*Gottwald*, EuGVO, Art. 20 Rn. 1.
[4] Musielak/*Stadler*, Art. 20 VO (EG) 44/2001 Rn. 1; MüKoZPO/*Gottwald*, EuGVO, Art. 20 Rn. 3.
[5] Musielak/*Stadler*, Art. 20 VO (EG) 44/2001 Rn. 1.
[6] *Bosse*, Probleme des europäischen internationalen Arbeitsprozessrechts, S. 284.
[7] *Schlosser*, Art. 21 EuGVVO Rn. 1.
[8] *Schlosser*, Art. 21 EuGVVO Rn. 1.
[9] *Bosse*, Probleme des europäischen internationalen Arbeitsprozessrechts, S. 285.
[10] *Schlosser*, Art. 21 EuGVVO Rn. 1.

den Gerichtsstand abweichen, wenn entweder diese Vereinbarung nach der Entstehung der Streitigkeit getroffen wird oder wenn die Vereinbarung dem Arbeitnehmer die Befugnis einräumt, andere als die sonst zuständigen Gerichte anzurufen. Praxisrelevant ist diese Regelung indes nicht.

b) Zulässigkeit von Gerichtsstandsvereinbarungen in Arbeitsverträgen

Art. 21 EuGVVO gilt für individualvertragliche Arbeitsrechtsstreitigkeiten zwischen einem Arbeitgeber und Arbeitnehmer.[1] Art. 21 EuGVVO ist demnach nur dann zu prüfen, wenn es sich um einen Arbeitsvertrag im Sinne des Art. 18 EuGVVO handelt.[2] 162

Der Gemeinschaftsgesetzgeber hat zwischen Gerichtsstandsvereinbarungen differenziert, die zum einen vor und zum anderen nach Entstehung der Streitigkeit getroffen wurden. Art. 21 EuGVVO lässt Gerichtsstandsvereinbarungen bei Arbeitsvertragsparteien nur nach Entstehung der Streitigkeit zu, wodurch diese in Arbeitsverträgen unzulässig sind.[3] Eine Streitigkeit ist im Sinne von Art. 21 Nr. 2 EuGVVO entstanden, wenn ein gerichtliches Verfahren unmittelbar oder in Kürze bevorsteht.[4] Als Ausnahme gelten solche Zuständigkeitsvereinbarungen in Arbeitsverträgen, die den Arbeitnehmer begünstigen und diesem erweiterte Klagemöglichkeiten gestatten.[5] Das ist dann der Fall, wenn sie dem Arbeitnehmer über Art. 19 EuGVVO hinaus weitere Gerichtsstände eröffnen.[6] Diese können im Arbeitsvertrag aufgenommen und wirksam vereinbart werden. 163

Soweit Zuständigkeitsvereinbarungen bereits im Arbeitsvertrag enthalten sind, die den Arbeitnehmer benachteiligen, werden diese nicht automatisch unwirksam, sondern es entsteht eine Teilunwirksamkeit. Der Arbeitgeber ist zwar auf den Gerichtsstand gemäß Art. 20 EuGVVO reduziert, der Arbeitnehmer hingegen kann den Arbeitgeber neben den in Art. 19 EuGVVO aufgeführten Gerichtsständen auch am prorogierten Gerichtsstand verklagen.[7] Sieht eine Klausel beispielsweise vor, dass der Arbeitnehmer am Ort X klagen und verklagt werden kann, obwohl das Gesetz den Gerichtsstand X eigentlich nicht vorsieht, darf der Arbeitnehmer zwar nicht am Ort X verklagt werden, aber selbst am Ort X klagen. Eine unwirksame Regelung ist nur insoweit unwirksam, als sie den Arbeitnehmer schlechter stellt als die gesetzliche Ausgangslage. Wo die Regelung den Arbeitnehmer besser stellt, ist sie wirksam. 164

Für die Praxis bedeutet dies, dass Gerichtsstandsvereinbarungen hauptsächlich in Zusammenhang mit Aufhebungs- und Abwicklungsverträgen auftreten werden. Selten werden Arbeitnehmer nach Entstehung der Streitigkeit eine Gerichtsstandsvereinbarung abschließen. 165

Gemäß Art. 21 EuGVVO kann auch die Zuständigkeit eines Drittstaats prorogiert werden.[8] Die Möglichkeit die Zuständigkeit durch rügelose Einlassung gemäß Art. 24 EuGVVO zu begründen, bleibt ebenfalls bestehen. Eine Gerichtsstandsvereinbarung nach Art. 21 EuGVVO führt – entgegen Art. 23 Abs. 1 S. 2 EuGVVO – nicht zur ausschließlichen Zuständigkeit des prorogierten Gerichts, da die Zuständigkeiten nach 166

---

[1] Prütting/Gehrlein/*Pfeiffer*, Art. 21 EuGVVO Rn. 1.
[2] Gebauer/Wiedmann/*Gebauer*, Kapitel 27, Art. 21 EuGVVO Rn. 99.
[3] Geimer/Schütze/*Geimer*, Art. 21 Rn. 2.
[4] Gebauer/Wiedmann/*Gebauer*, Kapitel 27, Art. 21 EuGVVO Rn. 100.
[5] Geimer/Schütze/*Geimer*, Art. 21 Rn. 2.
[6] Musielak/*Stadler*, Art. 21 VO (EG) 44/2001 Rn. 1.
[7] Geimer/Schütze/*Geimer*, Art. 21 Rn. 4.
[8] Stein/Jonas/*Wagner*, Art. 21 EuGVVO Rn. 2.

Art. 19–20 EuGVVO hierdurch unberührt bleiben.[1] Eine Gerichtsstandsvereinbarung nach Art. 21 EuGVVO wirkt auch gegen Rechts- und/oder Pflichtnachfolger.

167 Sowohl die rügelose Einlassung gemäß Art. 24 EuGVVO bleibt möglich, und zwar auch dann, wenn der Arbeitnehmer vor einem an sich unzuständigen Gericht verklagt wird, als auch die Anwendbarkeit der Vorschriften über die Rechtshängigkeit (Art. 25 ff. EuGVVO) und des einstweiligen Rechtsschutzes (Art. 31 EuGVVO).[2]

168 Ist die Gerichtsstandsvereinbarung nach heutigem Recht wirksam, schadet eine Unwirksamkeit nach der alten Rechtslage nicht.[3]

---

[1] Saenger/*Dörner*, Art. 21 EuGVVO Rn. 3.
[2] Stein/Jonas/*Wagner*, Art. 18 EuGVVO Rn. 3.
[3] Prütting/Gehrlein/Pfeiffer/*Pfeiffer*, Art. 21 EuGVVO Rn. 3.

C. Das Arbeitsverhältnis im grenzüberschreitenden Konzern

I. Der grenzüberschreitende Arbeitgeber

Im grenzüberschreitenden Unternehmen und Konzernen werden Arbeitnehmer in unterschiedlichsten **Konstellationen** beschäftigt: sie werden zB in der klassischen Struktur eines zum Unternehmen des Arbeitgebers gehörenden Betriebs eingesetzt, in Matrixstrukturen beschäftigt oder über eine selbstständige Zweigniederlassung einer ausländischen Gesellschaft tätig oder unmittelbar bei einer ausländischen Gesellschaft angestellt. 169

In diesen Fallkonstellationen, die im Folgenden dargestellt werden, können sich für die Begründung und Abwicklung des Arbeitsverhältnisses, für die Vertretung des Arbeitgebers oder Rechtsstreitigkeiten **Besonderheiten** ergeben. 170

Kündigungs- oder betriebsverfassungsrechtliche Aspekte werden in den jeweiligen Abschnitten des II. Teils abgehandelt. 171

1. Klassisches Arbeitsverhältnis

Im klassischen Arbeitsverhältnis schließen Arbeitgeber und Arbeitnehmer einen Arbeitsvertrag, der Arbeitnehmer wird sodann im Betrieb des Vertragsarbeitgebers in den dortigen Organisationsstrukturen und Abläufen eingesetzt. Diese klassische Konstruktion, die in ihrer rechtlichen Einordnung **keine Besonderheiten** aufweist, ist auch in grenzüberschreitenden Konzernen noch überwiegend anzutreffen. Dies gilt erst recht, wenn internationale Konzerne bestehende Unternehmen erwerben. Der Vertragspartner des Arbeitnehmers ist dann die deutsche Anstellungsgesellschaft, die den Arbeitnehmer in ihrem Betrieb in den vorhandenen Arbeitsabläufen einsetzt, die Vergütung zahlt, die jeweiligen Arbeitsanweisungen gibt und Urlaub gewährt usw. 172

Dass dieser Arbeitgeber einen ausländischen Gesellschafter hat oder einem internationalen Konzern angehört, wirkt sich auf die Begründung und Abwicklung des Arbeitsverhältnisses ebenso wenig aus, wie auf vertretungs- und prozessuale Aspekte. Dementsprechend gelten hier die allgemeinen Grundsätze. 173

2. Arbeitsverhältnis in grenzüberschreitenden Matrixstrukturen

Der Arbeitseinsatz in (grenzüberschreitenden) Matrixstrukturen ist eine Entwicklung der jüngeren Zeit.[1] Hierfür sind sicherlich die zunehmende Vernetzung, die Komprimierung von Aufgaben sowie auch die globale Zusammenarbeit ausschlaggebend. 174

Matrixstrukturen finden sich sowohl in nationalen Konzernstrukturen wie auch in international tätigen Konzernen. Im klassischen Arbeitsverhältnis sind die personelle und fachliche Organisation betriebs-, unternehmens- und sodann konzernbezogen. Der Arbeitnehmer ist seinem direkten Vorgesetzten weisungsgebunden, der wiederum innerhalb des Betriebs dem Betriebsleiter untersteht, der dem Geschäftsführer des Unternehmens berichtet, der wiederum der Konzernholding untergeordnet ist. Im Gegensatz dazu orientieren sich Matrixstrukturen nicht an staatlichen oder gesellschaftsrechtlichen oder betrieblichen Grenzen. Matrixstrukturen bauen stattdessen häufig auf **Geschäftsbereichen** auf, die regionalen oder globalen Führungskräften unterstehen. 175

---

[1] *Wisskirchen/Bissels* DB 2007, 340; *Maywald,* Der Einsatz von Arbeitnehmern in Matrix-Strukturen multinationaler Konzerne, S. 17; *Bauer/Herzberg* NZA 2011, 713; *Neufeld* AuA 2012, 219; *Seibt/Wollenschläger* AG 2013, 229.

176 Im Folgenden werden die Besonderheiten beschrieben, die bei der Abwicklung von Arbeitsverhältnissen in Matrixorganisation auftreten. Zu betriebsverfassungs- oder kündigungsrechtlichen Aspekten und zum Datenschutz bzw. zur Arbeitnehmerüberlassung im Konzern wird auf die jeweiligen Abschnitte verwiesen.

a) Fachliches und disziplinarisches Weisungsrecht

177 In Matrixstrukturen sind die vertragliche Bindung und die fachliche Einbindung nicht deckungsgleich. Beispielsweise berichten die Vertriebsmitarbeiter mehrerer Unternehmen für ihre Sparte an den regionalen Vertriebsleiter dieser Sparte, der wiederum dem global verantwortlichen Vertriebsleiter dieser Sparte untersteht. In grenzüberschreitenden Matrixstrukturen arbeitet der Beschäftigte in Deutschland also mit Kollegen und Führungskräften aus anderen Gesellschaften im Ausland zusammen.

178 Dieses Phänomen wird dadurch verstärkt, dass einzelne Konzernsparten häufig gar nicht über Landesgesellschaften verfügen. Der Mitarbeiter wird dann dort angestellt, wo die arbeitsvertragliche Abwicklung sichergestellt wird. Mithin gibt es Fälle, in denen Mitarbeiter bei Unternehmen angestellt sind, obwohl sie mit deren Geschäftszweck keine Berührungspunkte haben. Der Mitarbeiter wird dann ggf. in einer Konzerngesellschaft, die einer anderen Sparte zuzurechnen ist, angestellt; sein Arbeitsverhältnis wird dort betreut.

179 Der Grundfall in Matrixstrukturen ist die **vertragliche Anbindung** an einen **Arbeitgeber.** Mit diesem wird der Arbeitsvertrag geschlossen; dieser Arbeitgeber stellt einen Arbeitsplatz und die erforderlichen IT-Geräte zur Verfügung, zahlt die Vergütung und führt Sozialversicherungsbeiträge ab.

180 Allerdings wird der Arbeitnehmer innerhalb der Matrixstruktur nicht oder nur bedingt diesem Arbeitgeber fachlich unterstellt. Arbeitsanweisungen werden also von Mitarbeitern anderer Unternehmen, und in grenzüberschreitenden Matrixstrukturen aus anderen Ländern erteilt. Ebenso kann der in Deutschland angestellte Mitarbeiter, der an ausländische Leitungsfunktionen berichtet, ausländischen Kollegen anderer Gesellschaften als Führungskraft vorstehen.

181 Innerhalb einer Matrixstruktur übt also nicht der Vertragsarbeitgeber das fachliche Weisungsrecht aus, sondern der **Fachvorgesetzte der Matrixstruktur,** auch wenn dieser bei einer anderen (ausländischen) Konzerngesellschaft angestellt ist.[1]

b) Vertragliche Konstruktionen

182 Dass der Vertragsarbeitgeber und der fachliche Weisungsgeber nicht deckungsgleich sind, führt für die Abwicklung des Arbeitsverhältnisses zu einigen Besonderheiten. Obwohl Matrixstrukturen gängige Praxis und dementsprechend aus dem Unternehmensalltag internationaler Konzerne nicht weg zu denken sind, tut sich die Literatur mit der Bewertung schwer. Das Arbeitsverhältnis kann bei Tätigkeit in einer Matrixorganisation in unterschiedlichen vertraglichen Konstruktionen vorkommen. Welche dieser Konstruktionen vorliegt, ist im Einzelfall anhand vertraglicher Regelungen und tatsächlicher Handhabung zu klären.

aa) Modifiziertes Arbeitsverhältnis/Delegiertes Weisungsrecht

183 Die Matrixstruktur innerhalb des Vertragsarbeitgebers wirft keine rechtlichen Fragen auf, denn der Arbeitgeber ist darin frei, die Organisation seines Unternehmens und damit die Zuteilung der Weisungsbefugnisse zu regeln.

---
[1] Vgl. *Neufeld* AuA 2012, 219.

Wird dagegen der Mitarbeiter in einer unternehmensübergreifenden Matrixorganisation eingesetzt, stellt sich die Frage, ob sich dies mit dem **Grundsatz des § 613 S. 2 BGB** vereinbaren lässt, wonach der Anspruch auf die Arbeitsleistung im Zweifel nicht übertragbar ist. Allerdings beschränkt sich der Matrixeinsatz in aller Regel darauf, das fachliche Weisungsrecht, durch das die tägliche Arbeit des Beschäftigten bestimmt wird, an einen Dritten zu übertragen, während das disziplinarische Weisungsrecht, also die Regelung der arbeitsvertraglichen Aspekte der Urlaubsgewährung, Gehaltsvereinbarung und Zahlung, Behandlung des Krankheitsfalls, Abmahnung und Kündigung in aller Regel beim Vertragsarbeitgeber verbleibt. In der Matrixorganisation ermächtigt der Vertragsarbeitgeber den jeweiligen Matrixvorgesetzten, das fachliche Weisungsrecht solange für ihn auszuüben, bis er es wieder an sich zieht. Dies ist mit dem Grundsatz des § 613 S. 2 BGB vereinbar.[1] Diese **vorübergehende Übertragung** ist auch ohne Zustimmung des betroffenen Arbeitnehmers möglich.[2]

184

Die für die Praxis empfohlene Verpflichtung zum Matrixeinsatz im Arbeitsvertrag ist jedoch in den wenigsten Fällen vereinbart. Das Gegenteil ist in der Praxis der Fall: die Matrixorganisation und der Einsatz der Mitarbeiter sind meist nur **unzureichend dokumentiert.** Eine ausdrückliche Vereinbarung dürfte nicht erforderlich sein, wenn sich der Matrixeinsatz aus der Position selbst oder der mit ihr verbundenen Stellenbeschreibung ergibt. Der Arbeitnehmer kann sich dann nicht darauf berufen, eine Unterstellung unter einen Vorgesetzten im Ausland oder die Zusammenarbeit mit Kollegen ausländischer Gesellschaften sei nicht arbeitsvertraglich vereinbart.

185

Allerdings wird häufig auf eine Dokumentation bestehender bzw. sich verändernder Matrixstrukturen verzichtet. Empfehlenswert ist es, wenn neben dem Einsatzgebiet und den Aufgaben innerhalb der Matrixorganisation auch der fachliche Vorgesetzte und die Untergebenen dem in der Matrix tätigen Mitarbeiter bekannt gegeben werden.[3] Diese Dokumentation muss der Vertragsarbeitgeber auch **aktualisieren.** Hierdurch lassen sich Abwicklungsprobleme schon im Vorfeld vermeiden.

186

Da in der Matrixorganisation grundsätzlich nur das fachliche Weisungsrecht übertragen wird, ist für alle das Arbeitsverhältnis selbst betreffenden Aspekte weiterhin der Vertragsarbeitgeber zuständig. Konsequenterweise sind für Vertragsänderungen und Ergänzungen die Vertreter des Vertragsarbeitgebers zuständig.

187

bb) Einheitliches Arbeitsverhältnis

Neben dem Fall des Arbeitsverhältnisses mit dem Vertragsarbeitgeber bei gleichzeitiger vorübergehender Übertragung des Weisungsrechts auf (ausländische) Externe wird in der Literatur das sogenannte einheitliche Arbeitsverhältnis diskutiert, das zwischen dem Arbeitnehmer, der Anstellungsgesellschaft und dem weisungsberechtigten Unternehmen besteht.[4]

188

Ein einheitliches Arbeitsverhältnis liegt nach der Rechtsprechung vor, wenn nach dem Willen der beteiligten Parteien die einzelnen **Vereinbarungen nur gemeinsam** gelten sollen.[5] Von einem einheitlichen Arbeitsverhältnis ist nur dann auszugehen, wenn die Vereinbarung zwischen den Vertragsparteien voneinander abhängen, sodass

189

---

[1] *Neufeld* AuA 2012, 219; BeckOK ArbR/*Joussen* BGB § 613 Rn. 17; *Dörfler/Heidemann* AiB 2012, 196; *Maywald,* Der Einsatz von Arbeitnehmern in Matrix-Strukturen multinationaler Konzerne, S. 48 ff.

[2] BAG 10.3.1998 – 1 AZR 659/97, NZA 1998, 1242; *Seibt/Wollenschläger* AG 2013, 229.

[3] *Bauer/Herzberg* NZA 2011, 712 nennen neben festzulegenden Kompetenzen auch die Kommunikationswege; so auch *Weller,* AuA 2013, 344, der zentrale Ansprechpartner vorschlägt.

[4] *Wisskirchen/Bissels* DB 2007, 340; *Maywald,* Der Einsatz von Arbeitnehmern in Matrix-Strukturen multinationaler Konzerne, S. 46 f., der ferner einen „dreiseitigen Konzernvertrag" anführt; *Neufeld* AuA 2012, 219.

[5] BAG 27.3.1981 – 7 AZR 523/78, DB 1982, 1569.

sie miteinander „stehen" und „fallen" sollen, was sich aus vertraglicher Vereinbarung und tatsächlicher Durchführung ergeben muss. Ein bedeutsames Indiz für den bestehenden Einheitlichkeitswillen ist zudem, dass beide Arbeitgeber als **Gesamtschuldner** für die Vergütung haften.

190 Der vom BAG entschiedenen Fallkonstellation lag eine Tätigkeit des Arbeitnehmers für zwei Gesellschaften eines Konzerns zugrunde, die ihm gegenüber beide anteilig den Arbeitslohn leisteten. Diese Handhabung dürfte in „normalen" Matrixstrukturen nur selten der Fall sein. Dementsprechend ist in aller Regel, insbesondere in grenzüberschreitenden Konzernen, von einem einheitlichen Arbeitsverhältnis gerade nicht auszugehen.[1] Die ausländische Gesellschaft wird nämlich keine Vergütung für den Beschäftigten der deutschen Gesellschaft zahlen wollen, schon um Wechselkursschwankungen zu vermeiden. Eine derartige Vergütungsvereinbarung wird man im Übrigen auch nicht annehmen können, weil die ausländische (Mutter)Gesellschaft dem Beschäftigten Aktienoptionen gewährt (→ Rn. 343 ff.).

cc) Doppelarbeitsverhältnis

191 Neben dem einheitlichen Arbeitsverhältnis wird teilweise ein sogenanntes Doppelarbeitsverhältnis angenommen, wenn der Arbeitnehmer in einer Matrixorganisation tätig ist.[2]

192 Für ein solches Doppelarbeitsverhältnis reicht es nicht aus, dass der Mitarbeiter auch für andere Konzernunternehmen tätig wird. Stattdessen müssen wesentliche Bestandteile der **Arbeitgeberstellung vom Drittunternehmen** übernommen werden, was sich auch dadurch äußert, dass das Arbeitsverhältnis mit dem Vertragsarbeitgeber ruhend gestellt wird.[3] Im Doppelarbeitsverhältnis ist die materiell-rechtliche Anbindung des Arbeitnehmers an die weisungsgebende Gesellschaft so intensiv ausgeprägt, dass es auch ohne schriftliche Vereinbarung zum konkludenten Abschluss eines Arbeitsvertrages mit der anderen Konzerngesellschaft kommen soll, der neben die mit dem Vertragsarbeitgeber bestehende Vereinbarung tritt.[4] Dabei wird davon ausgegangen, dass die Ausgestaltung der Funktion und Tätigkeit des Mitarbeiters durch die andere Konzerngesellschaft erfolgt und Abwicklung und Steuerung als Angebot dieser Gesellschaft zum Abschluss eines weiteren Arbeitsvertrags angesehen werden können, das der Arbeitnehmer stillschweigend annimmt.[5]

193 In der Praxis kann von einem Doppelarbeitsverhältnis jedoch in aller Regel nicht ausgegangen werden.[6] Anzeichen, dass (ausländische) Konzernunternehmen mit dem Beschäftigten ein weiteres Arbeitsverhältnis eingehen wollen, finden sich in aller Regel nicht. Auch der Arbeitnehmer selbst wird **keinen weiteren Arbeitsvertrag** abschließen wollen. Hinzu kommt – was gerade für grenzüberschreitende Konzerne die Regel ist – dass der Arbeitnehmer hier eben nicht in einen Betrieb eines fremden Arbeitgebers eingegliedert wird oder im Rahmen seiner Tätigkeit ausschließlich für einen (externen) Arbeitgeber tätig wird. Matrixstrukturen zeichnen sich vielmehr dadurch aus, dass der Arbeitnehmer weder einem Betrieb noch einem einzelnen Unternehmen zugeordnet werden kann. Das gilt auch dann, wenn der Beschäftigte nicht in den Betrieb seines Vertragsarbeitgebers eingegliedert ist, weil er seinen Arbeitsort im Rahmen sei-

---

[1] *Wisskirchen/Bissels* DB 2007, 340; *Kort* NZA 2013, 1318.
[2] Vgl. *Wisskirchen/Bissels* DB 2007, 340; *Neufeld* AuA 2012, 219; *Dörfler/Heidemann* AiB 2012, 196.
[3] *Neufeld* AuA 2012, 219; vgl. hierzu den Sachverhalt der Entscheidung LAG Hamburg 21.5.2008 – 5 Sa 82/07, EzA-SD 2009 Nr. 2, 4.
[4] *Wisskirchen/Bissels* DB 2007, 340.
[5] *Wisskirchen/Bissels* DB 2007, 340.
[6] So auch *Maywald,* Der Einsatz von Arbeitnehmern in Matrix-Strukturen multinationaler Konzerne. S. 132; *Bauer/Herzberg* NZA 2011, 712; *Kort* NZA 2013, 1318.

ner Tätigkeit ständig wechselt oder im Rahmen der Wahrnehmung einer grenzüberschreitenden Funktion *(Leiter Vertrieb EMEA)* kaum nutzt.[1] Denn auch in diesen Fällen fließt die Arbeitsleistung des Mitarbeiters zwar nicht (nur) dem Vertragsarbeitgeber zu, aber auch nicht (nur) einer anderen Konzerngesellschaft, sondern der jeweiligen Sparte bzw. dem Konzern als Ganzes.[2]

c) Arbeitsvertragliche Maßnahmen

Bleibt der Vertragsarbeitgeber auch im Rahmen einer Matrixbeschäftigung für die Regelung der vertraglichen Belange zuständig, weil er lediglich das fachliche Weisungsrecht auf einen Dritten übertragen hat, so empfiehlt es sich, dies zu **dokumentieren.** 194

Die Praxis zeigt leider, dass hierauf viel zu selten geachtet wird. Nicht selten werden Gehaltserhöhungen oder vertragliche Vereinbarungen wie Leistungsboni durch den jeweiligen Führungsverantwortlichen innerhalb der Matrixorganisation und eben nicht durch den Vertragsarbeitgeber mitgeteilt. Zusätzlich wird die rechtliche Einordnung erschwert, wenn innerhalb der Matrixorganisation Bereiche bestehen, denen keine Rechtsperson zugrunde liegt, wenn beispielsweise der Verantwortliche einer Sparte für Europa (zB *Leiter Turbinengeschäft Europa*) auf entsprechendem Briefpapier dieser Sparte eine Gehaltserhöhung oder Vertragsänderung mitteilt, ohne dass dies vom Vertragsarbeitgeber angeordnet oder jedenfalls bestätigt wird. Stattdessen werden entsprechende Mitteilungen und Änderungen oder Abmahnungen und Kündigungen durch den fachlichen Vorgesetzten vorgenommen, der Vertragsarbeitgeber aber häufig nicht einmal informiert. Soweit ausnahmsweise dem Fachvorgesetzten solche Befugnisse zustehen, wie dies beispielsweise bei der Abmahnung[3] der Fall ist, ist – bei ausreichender Information des Vertragsarbeitgebers – hiergegen nichts einzuwenden. Problematisch wird dies jedoch bei Eingriffen in den Arbeitsvertrag selbst, spätestens bei Ausspruch der Kündigung. 195

Häufig kann sich der Arbeitnehmer gegenüber seinem Vertragsarbeitgeber bei der Geltendmachung von Ansprüchen auch auf eine **Duldungs- oder Anscheinsvollmacht** berufen. Wenn es der Arbeitgeber wissentlich geschehen lässt, dass ein Anderer für ihn wie ein Vertreter auftritt und der Arbeitnehmer dies als Bevollmächtigung verstehen darf, spricht man von einer Duldungsvollmacht.[4] Eine Anscheinsvollmacht liegt vor, wenn der Arbeitgeber als Vertretener das Handeln des Fachvorgesetzten zwar nicht kennt, es aber bei pflichtgemäßer Sorgfalt hätte erkennen und verhindern können und der Arbeitnehmer annehmen durfte, das sein Vertragsarbeitgeber das Handeln des Fachvorgesetzten kennt und billigt.[5] Beides dürfte in Matrixorganisationen die Regel sein, sodass Arbeitnehmer hieraus Rechte herleiten können. In Konstellationen, in denen der Arbeitnehmer jedoch mit dem Handeln seines Fachvorgesetzten nicht einverstanden ist, wird sich der Arbeitnehmer aber auf die fehlende Vertretungsmacht des Fachvorgesetzten berufen, wenn er Pflichten nicht übernehmen oder eine von diesem ausgesprochene Kündigung angreifen will. 196

Dem kann der Vertragsarbeitgeber nur durch eine **klare Dokumentation,** wer für was zuständig ist, sicher abhelfen. Andernfalls muss er sich damit begnügen, die Kenntnis des Arbeitnehmers von der Vertretungsberechtigung des Fachvorgesetzten 197

---

[1] Ebenso *Maywald,* Einsatz von Arbeitnehmern in Matrix-Strukturen multinationaler Konzerne, S. 132; aA *Wisskirchen/Bissels* DB 2007, 340.
[2] Im Ergebnis wohl auch *Neufeld* AuA 2012, 219.
[3] Küttner/*Eisemann* Abmahnung Rn. 26; *Seibt/Wollenschläger* AG 2013, 229.
[4] Palandt/*Ellenberger* § 172 BGB Rn. 8.
[5] Palandt/*Ellenberger* § 172 BGB Rn. 11.

durch laufende Vorgänge zu belegen. Hierzu muss der Vertragsarbeitgeber darlegen, dass der Fachvorgesetzte bevollmächtigt war und seine Vollmacht in der Vergangenheit auch ausgeübt hat. Dann wird der Arbeitnehmer seinem Vertragsarbeitgeber aber entgegenhalten, dass er nicht nur das fachliche Weisungsrecht übertragen hat, sondern auch das disziplinarische Weisungsrecht, und dass ggf. ein einheitliches oder ein Doppelarbeitsverhältnis vorliegt.

198 Der Vertragsarbeitgeber tut also gut daran, nicht nur die Zuständigkeiten zu dokumentieren, sondern vertragliche Regelungen auch ausschließlich selbst zu treffen.

199 Besondere Schwierigkeiten bereiten Matrixorganisationen dann, wenn gegenüber den Beschäftigten für vertragliche Änderungen zwar ein Vertreter des Vertragsarbeitgebers zuständig ist, zB der lokale Personalleiter, wenn dessen Handeln jedoch wieder mit einem externen Fachverantwortlichen außerhalb des Vertragsarbeitgebers, zB dem für Europa zuständigen Spartendirektor, abgestimmt werden muss. So mag zwar der deutsche Personalleiter zum Ausspruch der Kündigung des deutschen Vertriebsmitarbeiters, der in einer Vertriebsmatrix tätig ist, grundsätzlich berechtigt sein. Allerdings kann der Ausspruch der Kündigung wiederum einer Abstimmung mit einem externen, ebenfalls der Betriebsmatrix zugehörenden, Fachvorgesetzten bedürfen. Die Kündigung des Arbeitnehmers mag dann wirksam sein, der Personalleiter jedoch hat dann seine vertraglichen Pflichten verletzt, weil er eine Abstimmung mit dem Leiter der Vertriebssparte unterlassen hat. Schwierigkeiten entstehen auch dann, wenn beim Abbau von Arbeitsplätzen Kündigungen anstehen und die unternehmerische Entscheidung nachgewiesen werden muss. Auch hier helfen nur klar **dokumentierte Prozesse,** die für alle Matrixbeteiligten verbindlich sind.

d) Rechtswahl

200 Für die Rechtswahl des Arbeitsvertrages bestehen **keine Besonderheiten,** sodass die allgemeinen Grundsätze einschlägig sind.

201 Haben Arbeitgeber und Arbeitnehmer im Arbeitsvertrag keine Rechtswahl getroffen, bestimmt sich das anzuwendende Recht nach Art. 8 Abs. 2 Rom I-VO.[1] Der Arbeitsvertrag unterliegt danach dem Recht des Staates, in dem oder andernfalls von dem aus der Arbeitnehmer in Erfüllung des Vertrags gewöhnlich seine Arbeit verrichtet. Dass der Mitarbeiter im Rahmen seiner Matrixtätigkeit grenzüberschreitend tätig wird, hat hierauf keine Auswirkungen. Maßgeblich ist der Ort, an dem sich der tatsächliche Mittelpunkt der arbeitsrechtlichen Beziehungen des Arbeitnehmers befindet.[2] Der Vertrag eines Arbeitnehmers mit einem deutschen Unternehmen, der innerhalb einer Matrixorganisation arbeitet und hierbei ausschließlich oder zumindest schwerpunktmäßig in Deutschland tätig wird, ist nach deutschem Recht zu beurteilen. Auch wenn der Arbeitnehmer in der Matrixorganisation zeitweilig im Ausland eingesetzt wird, bleibt deutsches Recht anwendbar, weil die vorübergehende Tätigkeit in einem anderen Staat nicht zu einer Änderung des Arbeitsstatuts führt.[3]

202 Vereinbaren Arbeitgeber und Arbeitnehmer die Anwendung ausländischen Rechts, darf diese Rechtswahl arbeitnehmerschützende zwingende Vorschriften nicht ausschalten, die ohne diese Wahl anwendbar wären.[4] Zwingende Vorschriften des deutschen Rechts bleiben also anwendbar.

---

[1] Für vor dem 17.12.2009 geschlossene Altverträge ist Art. 30 EGBGB maßgeblich.
[2] Ferrari/Mankowski/Otte/*Staudinger* VO (EG) 593/2008 Art. 8 Rn. 18.
[3] Art. 8 Abs. 2 S. 2 Rom I-VO bzw. Art. 30 Abs. 2 Nr. 1 EGBGB.
[4] Art. 8 Abs. 1 S. 2 Rom I-VO bzw. Art. 30 Abs. 1 EGBGB.

e) Gerichtsstand

Auch für den Gerichtsstand ergeben sich bei einer Tätigkeit in einer Matrixorganisation keine Besonderheiten, solange nicht von einem einheitlichen Arbeitsverhältnis oder Doppelarbeitsverhältnis ausgegangen werden muss. Bei Streitigkeiten aus dem Arbeitsverhältnis muss der Arbeitnehmer seine Klage gegen den oder ggf. die Vertragsarbeitgeber richten. Hierbei sind die allgemeinen Grundsätze maßgeblich. 203

3. Beschäftigung über eine Zweigniederlassung

Teilweise nutzen ausländische Unternehmen, die keine eigene Gesellschaft in Deutschland gründen oder betreiben wollen, die Form einer Zweigniederlassung, auch selbstständige Niederlassung genannt (zB *Zweigniederlassung der XY Ltd.*). 204

a) Einführung

Die Zweigniederlassung ist zwar **gesetzlich nicht definiert,** jedoch in §§ 13 bis 13g HGB geregelt. Die Vorschriften betreffen die Anmeldung einer Zweigniederlassung im Handelsregister. Die Zweigniederlassung muss nämlich nicht nur gewerberechtlich beim zuständigen Gewerbeamt angemeldet, sie muss auch im Handelsregister eingetragen werden. Dementsprechend hat sie einen eigenen Sitz und eine eigene Handelsregisternummer. 205

Die Zweigniederlassung ist keine von dem Unternehmen der Hauptniederlassung unabhängige juristische Person. Die Zweigniederlassung, die oft auch als Filiale bezeichnet wird, ist ein räumlich von der Hauptniederlassung getrennter, **rechtlich unselbstständiger Unternehmensteil.** Sie ist sowohl in rechtlicher als auch in organisatorischer Sicht Teil des Unternehmens, das sie errichtet hat. 206

Zweigniederlassungen sind räumlich von der Hauptniederlassung getrennt, betreiben aber dennoch sachlich die gleichen Geschäfte wie die Hauptniederlassung. 207

Die Zweigniederlassung muss als Unternehmensteil so organisiert sein, dass sie – fiele die Hauptniederlassung weg – als eigenständiges Unternehmen fortgeführt werden könnte. Die Zweigniederlassung ist also eine vom Hauptgeschäft räumlich getrennte Niederlassung, die so organisiert ist, dass sie selbstständig am Geschäftsverkehr teilnehmen kann und Geschäfte erledigt, die typisch für das ganze Unternehmen sind. Sie muss eine gewisse Selbstständigkeit aufweisen, was zB eine gesonderte Buchführung, eine eigene Bilanzierung und ein eigenes Geschäftsvermögen erfordert.[1] Die Zweigniederlassung muss aber auch **organisatorisch und personell selbstständig** sein. Dies verlangt einen Leiter der Zweigniederlassung, der Geschäfte selbstständig abschließen kann.[2] 208

Da die Zweigniederlassung keine eigene Rechtspersönlichkeit ist, sondern zusammen mit der Hauptniederlassung das Unternehmen bildet, ist sie grundsätzlich der Rechtsordnung unterworfen, die für ihren Unternehmensträger gilt.[3] Hierdurch kommt es zu einigen Besonderheit bei Begründung und Abwicklung des Arbeitsverhältnisses, die in den folgenden Abschnitten erläutert werden. 209

b) Vertragsparteien

Wird ein Arbeitnehmer in der deutschen Zweigniederlassung eines ausländischen Unternehmens angestellt, stellt sich für ihn zunächst die Frage, wer sein Vertragspart- 210

---
[1] MüKoHGB/*Krafka* § 13 HGB Rn. 13; *Baumbach/Hopt* HGB § 13 Rn. 3.
[2] Koller/Roth/Morck/*Roth* § 13 HGB Rn. 6; MüKoHGB/*Krafka* § 13 HGB Rn. 9.
[3] *Staub* HGB § 13d Rn. 20.

ner ist. Ist sein Vertrag mit der Zweigniederlassung oder mit dem Hauptunternehmen geschlossen?

211 Die Zweigniederlassung als solche ist **nicht rechtsfähig.** Sie ist lediglich ein Teil eines Gesamtunternehmens. Rechte und Pflichten aus dem Arbeitsverhältnis treffen nur das hinter der Niederlassung stehende Unternehmen.[1] Die Zweigniederlassung selbst kann also niemals Vertragspartner des Arbeitnehmers sein – auch dann wenn im Vertrag die *Zweigniederlassung der XY Ltd.* als Arbeitgeber genannt wird. Der Arbeitsvertrag wird zwar über die Zweigniederlassung, aber mit dem Gesamtunternehmen, also der *XY Ltd.*, geschlossen.

212 Mangels eigener Rechtspersönlichkeit ist die Zweigniederlassung auch **nicht tariffähig,** kann also keine Firmentarifverträge abschließen.[2] Firmentarife werden auch bei einer betriebsbezogenen Organisation nicht mit dem Betrieb oder einer sonstigen Einrichtung abgeschlossen, sondern mit dem Arbeitgeber.[3]

c) Arbeitsstatut und Rechtswahl

213 Hat das Gesamtunternehmen seinen Sitz im Ausland, liegt auch bei Vertragsschluss über die Zweigniederlassung ein grenzüberschreitender Sachverhalt vor, so dass grundsätzlich die Möglichkeit besteht, dass ausländisches Recht für den Arbeitsvertrag vereinbart wird und Anwendung findet.

214 Haben Arbeitgeber und Arbeitnehmer im Arbeitsvertrag nichts Abweichendes geregelt, bestimmt sich nach Art. 8 Abs. 2 Rom I-VO, welches Recht auf den Arbeitsvertrag anwendbar ist.[4] Der Arbeitsvertrag unterliegt danach dem Recht des Staates, in dem oder andernfalls von dem aus der Arbeitnehmer in Erfüllung des Vertrags gewöhnlich seine Arbeit verrichtet. Maßgeblich ist damit der Ort, an dem sich der tatsächliche Mittelpunkt der arbeitsrechtlichen Beziehungen des Arbeitnehmers befindet.[5] Der Vertrag eines Arbeitnehmers, der für eine Zweigniederlassung eines zB US-amerikanischen Unternehmens in Deutschland arbeitet und hierbei ausschließlich oder zumindest schwerpunktmäßig in Deutschland tätig wird, ist dann nach deutschem Recht zu beurteilen.

215 Für einen **Flugbegleiter im internationalen Flugverkehr** ist dagegen das Recht des Staates maßgebend, in dem sich die (Zweig)Niederlassung befindet, die den Arbeitnehmer eingestellt hat.[6]

216 Arbeitgeber und Arbeitnehmer können die Anwendung ausländischen Rechts vereinbaren,[7] dies gilt auch für das Arbeitsverhältnis mit der Zweigniederlassung. Eine solche Rechtswahl geht der Anknüpfung an den Mittelpunkt der arbeitsrechtlichen Beziehung vor. Daher kann hier auch eine Rechtsordnung gewählt werden, die in keinem Zusammenhang zur Vertragsdurchführung steht. Die Zweigniederlassung der US-amerikanischen Gesellschaft könnte demnach in ihren Arbeitsverträgen US-Recht vorsehen. Zu beachten ist allerdings auch hier, dass die Rechtswahl arbeitnehmerschützende zwingende Vorschriften nicht ausschalten darf, die ohne diese Wahl anwendbar wären.[8] Wird der Arbeitnehmer der deutschen Zweigniederlassung nur in oder von Deutschland aus tätig, bleiben zwingende Vorschriften des deutschen Rechts anwendbar.

---

[1] Oetker/*Preuß* § 13 HGB Rn. 23.
[2] LAG Niedersachsen 13.10.2006 – 3 Sa 928/05.
[3] BAG 25.9.1996 – 1 ABR 4/96, NZA 1997, 613.
[4] Für vor dem 17.12.2009 geschlossene Altverträge ist Art. 30 EGBGB maßgeblich.
[5] Ferrari/Mankowski/Otte/*Staudinger* VO (EG) 593/2008 Art. 8 Rn. 18.
[6] BAG 12.12.2001 – 5 AZR 255/00, NZA 2002, 734.
[7] Art. 8 Abs. 1 iVm Art. 3 Abs. 1 Rom I-VO bzw. Art. 27 iVm Art. 30 EGBGB.
[8] Art. 8 Abs. 1 S. 2 Rom I-VO bzw. Art. 30 Abs. 1 EGBGB.

d) Vertretung bei Beendigung des Arbeitsverhältnisses

Die Kündigung des Arbeitsverhältnisses eines bei einer deutschen Zweigniederlassung beschäftigten Arbeitnehmers richtet sich, wenn keine Rechtswahl getroffen wurde, nach deutschem Recht. Ist ausländisches Recht vereinbart, und ist der Arbeitnehmer – zB ein Vertriebsmitarbeiter – nicht in Deutschland tätig, sind die arbeitsrechtlichen Vorschriften des gewählten Rechts einzuhalten. Nach deutschem Recht muss die Kündigung schriftlich durch einen befugten Vertreter der Zweigniederlassung bzw. der Gesellschaft erfolgen.

aa) Berechtigung zur Kündigung

Da die Zweigniederlassung kein eigenständiger Rechtsträger ist, hat sie auch keinen gesetzlichen Vertreter in Form eines eigenen Geschäftsführers. Die **gesetzliche Vertretungsmacht** der Hauptniederlassung erstreckt sich **identisch** auf die Zweigniederlassung, so dass die Geschäftsführung der Hauptniederlassung diese im Rahmen ihrer Befugnisse auch gegenüber den Arbeitnehmern vertritt. Der Filialleiter der Zweigniederlassung muss nicht zwangsläufig gesetzlicher Vertreter der Hauptniederlassung sein. Er kann auch mit einer gewillkürten Vertretungsmacht ausgestattet sein, die die Berechtigung zur Kündigung nicht umfasst.

Bei ausländischen Gesellschaften führt die Vertretung durch die Geschäftsführung der Hauptniederlassung leicht zu Problemen. Da eine Zweigniederlassung grundsätzlich der Rechtsordnung unterworfen ist, die auch für ihren Unternehmensträger gilt, ist auf die Zweigniederlassungen ausländischer Gesellschaften in aller Regel auch **ausländisches Recht** anwendbar.[1] Über die Rechtfähigkeit, sowie das allgemeine Organisationsgefüge und damit auch über die organschaftliche Vertretung der Gesellschaft entscheidet das sog. Gesellschaftsstatut. Es gibt jedoch keine einheitliche Festlegung des Gesellschaftsstatuts, so dass hinsichtlich des ausländischen Gesellschaftsstatuts nach der Herkunft der jeweiligen Gesellschaft unterschieden werden muss. Bei Gesellschaften aus EU-Mitgliedsstaaten und bei Gesellschaften, deren ausländischer Gründungsakt aufgrund des EWR-Abkommens oder aufgrund zweiseitigen Staatsvertrags anerkannt wird, orientiert sich das Gesellschaftsstatut am Satzungssitz.[2] Bei Gesellschaften aus Drittstaaten gilt nach hM die Sitztheorie, so dass der effektive Verwaltungssitz der Gesellschaft maßgeblich ist.[3] Bei der Zweigniederlassung eines ausländischen Unternehmens muss daher in den meisten Fällen auf das jeweils anwendbare ausländische Recht zurückgegriffen werden. Nach diesem richten sich dann **Bestehen und Umfang der organschaftlichen Vertretung.** In diesem Umfang sind die Vertreter der ausländischen Gesellschaft nach ausländischem Recht im Rahmen ihrer Befugnisse auch zur Kündigung berechtigt bzw. wer in der ausländischen Gesellschaft nicht kündigen darf, ist dazu auch in der Zweigniederlassung nicht berechtigt.

Eine Besonderheit kann sich ausnahmsweise jedoch daraus ergeben, dass Zweigniederlassungen in Deutschland nach deutschem Recht – hinsichtlich des Registerrechts ist deutsches Recht als Ortsrecht *(lex fori)* maßgeblich[4] – in das Handelsregister eingetragen werden müssen (§ 13d HGB). Denn **Beschränkungen der Vertretungsmacht,** die zwar nach dem Gesellschaftsstatut, nicht aber nach deutschem Recht bestehen und nicht

---

[1] Vgl. den Sachverhalt der Entscheidung Hess. LAG 27.12.2012 – 19 Ta 379/12 über das Bestehen eines Arbeitsverhältnis zu einem Geschäftsführer nach englischem Recht.
[2] *Staub* § 13d HGB Rn. 20.
[3] *Staub* § 13d HGB Rn. 20, § 30 Rn. 42 mit Verweis auf BGH 27.10.2008 – II ZR 158/06 Trabrennbahn, BB 2009, 14 und BayObLG 20.2.2003 – 1Z AR 160/02, DB 2003, 819; MüKoBGB/*Kindler*, Internationales Handels- und Gesellschaftsrecht Rn. 433.
[4] MüKoHGB/*Krafka* § 13d HGB Rn. 2 mwN.

gemäß §§ 13d ff. HGB im Handelsregister eingetragen sind, können zugunsten unkundiger Dritter nach § 15 HGB dem Dritten dann nicht entgegen gehalten werden.[1] Theoretisch könnte sich also die Zweigniederlassung bzw. das Unternehmen – bei Rechtshandlungen (zB Gehaltserhöhungen) – auf Beschränkungen der Vertretungsmacht berufen.[2] In der Praxis kommt dies aber nicht vor, hier ist es vielmehr der gekündigte Arbeitnehmer, der sich gegenüber der Zweigniederlassung auf eine beschränkte oder nicht vorhandene Vertretungsmacht beruft, um die Kündigung anzugreifen.[3]

bb) Bevollmächtigter Vertreter der Zweigniederlassung

221 Befindet sich der nach dem Gesellschaftsstatut kündigungsberechtigte Geschäftsführer im Ausland, kann die Zustellung einer Kündigung, für die nach § 623 BGB die Schriftform erforderlich ist, Probleme bereiten. Denn das Kündigungsschreiben muss dem Arbeitnehmer aus dem Ausland zugestellt werden, eine mitunter aufwändige oder längerdauernde Angelegenheit.

222 Demnach empfiehlt es sich, für die Zweigniederlassung einen gewillkürten Vertreter zu bestellen, der die Gesellschaft vor Ort auch bei Kündigungen vertreten kann. Häufig wird dem Leiter einer Zweigniederlassung in der Praxis eine gewillkürte **Vollmacht** erteilt. Welches Recht auf die Erteilung und den Umfang dieser Vollmacht anwendbar ist, bestimmt sich nach dem Vollmachtsstatut. Maßgeblich ist hierbei ganz überwiegend, in welchem Land die Vollmacht nach dem Willen des Vollmachtgebers ihre Wirkung entfalten soll.[4] Dies dient dem Schutz des Drittkontrahenten, der sich bei der Prüfung von Umfang und Wirksamkeit an vertrautes Vertretungsrecht halten kann. Das gilt vor allem, wenn der Vertreter einer organisatorisch selbstständigen Niederlassung handelt. Bei einer Zweigniederlassung in Deutschland ist also für die Vollmacht **deutsches Recht maßgeblich**.[5]

223 Für die Vollmacht, mit der der Niederlassungsleiter ausgestattet ist, kommen vor allem die Prokura (§§ 48 ff. HGB) und die Handlungsvollmacht (§§ 54 ff. HGB) in Betracht. Die sonst uneinschränkbare Prokura kann gemäß § 50 Abs. 3 HGB auch Dritten gegenüber auf eine bestimmte Niederlassung beschränkt werden. Das Unternehmen muss dazu aber zumindest eine Haupt- und eine sich firmenmäßig unterscheidende Zweigniederlassung haben. Ein Niederlassungszusatz reicht aus (§ 50 Abs. 2 S. 2 HGB). Die Beschränkung der Prokura auf die Niederlassung muss ausdrücklich erfolgen und auch im Handelsregister dargestellt werden.[6] Nach hM beschränkt sich diese Niederlassungsprokura dann auf Geschäfte, die über die Niederlassung und auf deren Rechnung abgewickelt werden.[7] Im Innenverhältnis kann dem Prokuristen natürlich jegliche Art von Beschränkung auferlegt werden. Mit dem auf die Zweitniederlassung beschränkten Prokuristen steht dem Arbeitgeber ein bevollmächtigter Vertreter zur Verfügung, der ihn vor Ort wirksam vertreten kann. Es empfiehlt sich, die Mitarbeiter auf die Vertretungsberechtigten für die Zweigniederlassung hinzuweisen.

---

[1] MüKoBGB/*Kindler*, Internationales Handels- und Gesellschaftsrecht Rn. 225.
[2] Denkbar wäre dies, wenn der Vertreter den Arbeitnehmern zB Gehaltszusagen macht, zu denen er nicht berechtigt war. Die Gesellschaft kann sich dann nicht auf die fehlende Berechtigung des Vertreters berufen.
[3] Vgl. den Sachverhalt der Entscheidung Hess. LAG 4.3.2013 – 17 Sa 633/12.
[4] *Staub* § 13d HGB Rn. 32 mit Verweisen auf BGH 9.12.1964 – VIII ZR 304/62, BGHZ 43, 21; 26.4.1990 – VII ZR 218/89, NJW 1990, 3088; 27.5.1993 – IX ZR 66/92 NJW 1993, 2744.
[5] *Staub* § 13d HGB Rn. 32.
[6] MüKoHGB/*Krebs* § 50 HGB Rn. 8 mwN.
[7] MüKoHGB *Krebs* § 50 HGB Rz. 13 mit Verweis auf BGH 21.3.1988 – II ZB 69/87 BGHZ 104, 61; 21.3.1988 – II ZB 69/87 NJW 1988, 1840; 29.5.1951 – I ZR 65/50 BGHZ 2, 218; Oetker/*Schubert* § 50 HGB Rn. 13.

e) Prozessuale Aspekte

Streiten sich Arbeitnehmer und Arbeitgeber über eine Beschäftigung über eine Zweigniederlassung, stellt sich die Frage, ob der Arbeitnehmer die Zweigniederlassung oder das Unternehmen verklagen muss (Passivlegitimation) und wo die Klage zu erheben ist. **224**

aa) Passivlegitimation

Die Zweigniederlassung eines Unternehmens ist **weder rechts- noch parteifähig.** Sie selbst kann daher nicht Partei eines Rechtsstreits sein und nicht verklagt werden.[1] Der Arbeitnehmer muss also gegen den Unternehmensträger vorgehen. Allerdings kann er gemäß § 17 Abs. 2 HGB, wenn es um das die Zweigniederlassung betreffende Rechtsverhältnis geht, den Unternehmensträger auch **unter der Firma der Zweigniederlassung verklagen,**[2] seine Klage also gegen die Zweitniederlassung richten. Der Mitarbeiter der US-amerikanischen *Z Corporation,* der über die *Zweigniederlassung der Z Corporation* beschäftigt wird, kann seinen Arbeitgeber, die *Z Corporation,* also auch unter der Firma bzw. dem Namen der *Zweigniederlassung der Z Corporation* verklagen. **225**

bb) Gerichtsstand

Der Arbeitnehmer kann das Gesamtunternehmen, auch wenn dieses seinen Sitz im Ausland hat, an dem Ort, an dem oder von dem aus er gewöhnlich seine Arbeit verrichtet oder am Sitz der Zweigniederlassung verklagen, was sich aus §§ 21, 23 ZPO und Art. 6 Abs. 1 iVm Art. 21 Abs. 2 bzw Art. 7 Nr. 5 EuVO 1215/2012 ergibt.[3] Die Zweigniederlassung muss allerdings zum Zeitpunkt der Einreichung der Klage noch bestehen.[4] **226**

4. Arbeitgeber ohne Niederlassung in Deutschland

Ein Sonderfall liegt auch dann vor, wenn ein ausländisches Unternehmen mangels einer lokalen Gesellschaft oder Zweigniederlassung die in Deutschland Beschäftigten unmittelbar anstellt. Wenn lokal eingesetzte Außendienstmitarbeiter angestellt werden sollen, erfolgt dies **unmittelbar bei der ausländischen Gesellschaft.** Die niederländische B. V. wird, wenn wenige Außendienstmitarbeiter für den Vertrieb in Deutschland vor Ort eingesetzt werden sollen, hierfür nicht unbedingt eine eigene Gesellschaft oder Zweigniederlassung gründen wollen. Sie stellt die Mitarbeiter unmittelbar an. Tatsächlich treten bei der Begründung, Abwicklung und Beendigung solcher Arbeitsverhältnisse keine zusätzlichen Probleme auf. **227**

Das für das Arbeitsverhältnis maßgebliche Recht ist nach den oben dargestellten Grundsätzen zu beurteilen (→ Rn. 213 f.). **228**

Die Vertretungsberechtigung für den Arbeitgeber ergibt sich nach dem für die ausländische Gesellschaft maßgeblichen Recht. **229**

Allenfalls die Abrechnung des Arbeitsverhältnisses stellt besondere Anforderungen; allerdings kann mit dem Arbeitnehmer vereinbart werden, dass der **Arbeitnehmer** selbst für die **Abführung von Lohnsteuer und Sozialversicherungsbeiträgen** verantwortlich ist. **230**

---

[1] MüKoHGB/*Krafka* § 13 HGB Rn. 19.
[2] BGH 24.11.1951 – II ZR 26/51, BGHZ 4, 62 für die GmbH; MüKoHGB/*Krafka* § 13 HGB Rn. 19; MüKoBGB/*Kindler* Internationales Handels- und Gesellschaftsrecht Rn. 228.
[3] Vgl. zum bis zum 9.1.2015 geltenden Art. 5 Nr. 5 EuVO 44/2001: BGH 13.7.1987 – II ZR 188/86, NJW 1987, 3081; MüKoBGB/*Kindler* Internationales Handels- und Gesellschaftsrecht Rn. 228.
[4] BGH 12.6.2007 – XI ZR 290/06, NJW-RR 2007, 1570.

II. Besondere Vertragspflichten

1. Nachvertragliches Wettbewerbsverbot

231 Nach Beendigung des Arbeitsverhältnisses ist der Arbeitnehmer grundsätzlich in der Verwertung seiner Arbeitskraft frei. Er darf zu seinem Arbeitgeber auch in Wettbewerb treten. Es bedarf daher auch im multinationalen Konzern zur Unterbindung von Wettbewerbshandlungen und somit zum Schutz des Arbeitgebers eines besonders vereinbarten nachvertraglichen Wettbewerbsverbots. Hierdurch kann der Arbeitnehmer in der Ausübung seiner Berufsfreiheit beschränkt werden.

a) Relevante Bezugsgröße

232 Im deutschen Recht (hierzu schon → Rn. 160 ff.) erfährt das nachvertragliche Wettbewerbsverbot eine Regelung in den § 110 GewO, §§ 74 ff. HGB. Danach darf es in zeitlicher Hinsicht maximal für die Dauer von zwei Jahren vereinbart werden (§ 74a Abs. 1 S. 3 HGB) und ist nur dann verbindlich, wenn der Arbeitgeber sich verpflichtet, dem Arbeitnehmer für die Dauer des Verbots eine Entschädigung (sog. Karenzentschädigung) zu zahlen, die für jedes Jahr des Verbots mindestens die Hälfte der letzten vertraglichen Bezüge des Arbeitnehmers erreicht (§ 74 Abs. 2 HGB). Das Verbot ist unverbindlich, soweit es nicht dem **berechtigten geschäftlichen Interesse des Arbeitgebers** dient oder das berufliche Fortkommen des Mitarbeiters unbillig erschwert. Ein derartiges Interesse ist dabei anzuerkennen, wenn der Arbeitnehmer bei dem Arbeitgeber die Gelegenheit erhält, Kenntnisse oder Erfahrungen zu erwerben oder geschäftliche Beziehungen herzustellen oder zu festigen, die für die Konkurrenz von Interesse sind.[1]

233 In konzernweiter Hinsicht ist eine Erweiterung des schützenswerten Interesses des Arbeitgebers auf alle Konzernunternehmen durch die Vorschrift grundsätzlich zwar nicht gedeckt. Der bloße Konzernverbund reicht damit für die Begründung eines geschäftlichen Interesses des Arbeitgebers nicht aus und kann somit auch nicht ohne Weiteres Bezugsgröße eines nachvertraglichen Wettbewerbsverbots sein.[2] Geschützt sind aber Konzernunternehmen mit dem gleichen Unternehmensgegenstand wie der Arbeitgeber oder, bei konzernbezogener Tätigkeit des Arbeitnehmers, die davon betroffenen Konzernunternehmen.[3]

234 Diese Konzernunternehmen stellen auch im internationalen Konzern die relevante Bezugsgröße des nachvertraglichen Wettbewerbsverbots dar. So kann insbesondere ein Vertragsarbeitgeber, der selbst nicht am Markt tätig ist, ein berechtigtes geschäftliches Interesse daran haben, dass sein Arbeitnehmer nach Beendigung des Arbeitsverhältnisses nicht zu Konzernunternehmen in Wettbewerb tritt, für die dieser Verkaufstätigkeit entfaltet.[4] Insofern ist eine Regelung zulässig, wonach sich das Wettbewerbsverbot nicht nur auf Konkurrenten des Arbeitgebers, sondern auch auf Konkurrenten anderer, mit dem neuen Arbeitgeber verbundener Unternehmen erstreckt.[5]

Dies gilt ebenfalls für die Einbeziehung der mit einem Wettbewerber verbundenen Unternehmen.[6] Angesichts der Gefahr für den Arbeitgeber, dass dieser die Verhältnisse

---

[1] ErfK/*Oetker*, HGB § 74a Rn. 2.
[2] *Bauer/Diller*, Wettbewerbsverbote, Rn. 316.
[3] LAG Hamm 8.2.2991 – 16 Sa 1243/00, BeckRS 2001, 31009812; *Bauer/Diller*, Wettbewerbsverbote, Rn. 316.
[4] LAG Berlin 17.4.1998 – 6 Sa 4/98, BeckRS 1998, 30455141; *Hunold* NZA-RR 2007, 617 (623).
[5] *Bauer/Diller*, Wettbewerbsverbote, Rn. 262.
[6] *Bauer/Diller*, Wettbewerbsverbote, Rn. 262 f.

des Konzerns, in den sein früherer Arbeitnehmer gewechselt hat, kaum durchschauen kann, ist ein berechtigtes geschäftliches Interesse auch insoweit anzuerkennen (hierzu → Rn. 196 ff.).[1] Insbesondere einen Wechsel oder eine Konzernleihe des Arbeitnehmers kann der Arbeitgeber kaum kontrollieren.

Formal setzt ein solcher nationaler oder internationaler **konzernweiter Wettbewerbsschutz** eine Vereinbarung mit dem Vertragsarbeitgeber voraus.[2] Fehlt eine dahingehende ausdrückliche Abrede, ist durch Auslegung gem. §§ 133, 157 BGB zu ermitteln, ob ein derartiger konzerndimensionaler Schutz besteht. Dabei ist zu berücksichtigen, ob der Arbeitsvertrag selbst Konzernbezug aufweist, insbesondere Konzernversetzungsklauseln enthält.[3] Ein stillschweigendes konzernweites Wettbewerbsverbot kann insbesondere in den Fällen angenommen werden, in denen der Arbeitnehmer in allen Konzernunternehmen tätig war oder innerhalb der Obergesellschaft alle Konzerngesellschaften betreut und dadurch einen besonderen Einblick in deren Geschäftsgeheimnisse gewonnen hat.[4]

235

Auch wenn grundsätzlich ein konzernweiter Wettbewerbsschutz vereinbart werden kann, gibt es in der rechtlichen Ausgestaltung der Wettbewerbsklauseln zwischen einem nationalen und einem internationalen Konzern einige Unterschiede. So stellt sich zB die Frage der zulässigen Reichweite einer Wettbewerbsbeschränkung im internationalen Konzern auf andere Weise als im nationalen Konzern. Zudem werden im internationalen Umfeld Fragen des anwendbaren Rechts sowie der grenzüberschreitenden Durchsetzung von Wettbewerbsverboten aufgeworfen. Auf diese Besonderheiten der nachvertraglichen Wettbewerbsverbote im **internationalen Konzern** soll daher im Folgenden eingegangen werden.

236

b) Zulässiger räumlicher Umfang

Gerade im internationalen Konzern stellt sich die Frage nach der zulässigen räumlichen Reichweite eines nachvertraglichen Wettbewerbsverbots in erhöhtem Maße, da diese Verbote vor allem mit Führungskräften abgeschlossen werden, für die Reisen oder der Wechsel von Land zu Land eine Selbstverständlichkeit darstellt. Deshalb erstreckt sich der räumliche Geltungsbereich solcher Verbote oft auf ganz Europa oder sogar darüber hinaus.[5] Hierbei ist allerdings zu beachten, dass die Rechtsprechung Wettbewerbsbeschränkungen nur für zulässig erachtet, wenn sie zeitlich, örtlich sowie gegenständlich das notwendige Maß nicht überschreiten.[6] Dieses bestimmt sich danach, inwieweit das Wettbewerbsverbot für die wirksame Durchsetzung der schützenswerten Interessen des Arbeitgebers geboten und notwendig erscheint.[7] Insofern dürfen grenzüberschreitende nachvertragliche Wettbewerbsverbote im Hinblick auf die örtliche Ausdehnung nicht unverhältnismäßig sein. Dabei bestimmt sich das zulässige Maß der örtlichen Beschränkung zur effektiven Durchsetzung der schützenswerten Interessen des Arbeitgebers je nach Tätigkeits- und Verantwortungsbereich des jeweiligen Arbeitnehmers.

237

So kann ein räumlich auf **Europa oder EMEA** bezogenes Wettbewerbsverbot zulässig sein, wenn sich der Tätigkeitsbereich des Arbeitgebers auf diesen Bereich er-

238

---

[1] *Bauer/Diller*, Wettbewerbsverbote, Rn. 262 f.
[2] LAG Hamm 8.2.2991 – 16 Sa 1243/00, BeckRS 2001, 31009812; *Hunold* NZA-RR 2007, 617 (623).
[3] LAG Hamm 8.2.2991 – 16 Sa 1243/00, BeckRS 2001, 31009812; *Hunold* NZA-RR 2007, 617 (623).
[4] *Bauer/Diller*, Wettbewerbsverbote, Rn. 261.
[5] *Diller/Wilske* DB 2007, 1866.
[6] BGH 14.7.1997 – II ZR 238/96, NJW 1997, 3089; ErfK/*Oetker*, HGB § 74a Rn. 3 ff.
[7] OLG Celle 13.9.2000 – 9 U 110/00, NZG 2001, 131 (132).

streckt. Eine Ausdehnung des Konkurrenzverbotes ist allerdings spätestens dann unbillig und unverhältnismäßig, wenn der Arbeitnehmer dadurch praktisch zur Aufgabe seines erlernten Berufes gezwungen wird.[1] Das nachträgliche Wettbewerbsverbot darf mithin nicht den Charakter eines Berufsverbots erlangen.

239   Ferner stellt sich die Frage, ob grenzüberschreitende Wettbewerbsbeschränkungen mit den **Freizügigkeitsgarantien der europäischen Gemeinschaft,** jetzt geregelt im Vertrag über die Arbeitsweise der Europäischen Union, insb. Art. 45 AEUV, vereinbar sind. Nach diesen steht jedem Arbeitnehmer das Recht zu, in jedem Mitgliedstaat tätig zu werden. Schränken Wettbewerbsverbote die Ausübung einer (Konkurrenz-)Tätigkeit in anderen EU-Ländern ein, ist somit grundsätzlich Art. 45 AEUV betroffen. Da sich die Freizügigkeitsgarantie allerdings nur an die Mitgliedstaaten selbst und nicht auch an den einzelnen privaten Arbeitgeber richtet (keine Drittwirkung zwischen Privatrechtssubjekten, die keine kollektive Regelungsmacht ausüben), ist bereits der Schutzbereich der Regelung für das Verhältnis zwischen Arbeitgeber und Arbeitnehmer nicht eröffnet.[2] Dies gilt zumindest insoweit, als das nachvertragliche Wettbewerbsverbot nicht kraft tariflicher oder sonstiger kollektiver Regelung Geltung entfaltet.[3]

240   Neben diesem Aspekt ist auch an sich fraglich, ob nachvertragliche Wettbewerbsverbote tatsächlich die Freizügigkeit beschränken. Aufgrund der engen Tatbestandsauslegung des EuGH[4] könnten nachvertragliche Wettbewerbsverbote lediglich als „ungewisse und indirekte" Beschränkung eingestuft werden, so dass auch der Tatbestand des Beschränkungs- und Behinderungsverbots des Art. 45 AEUV nicht erfüllt wäre.[5] Zumal durch ein solches Verbot nicht jede Tätigkeit in einem anderen Mitgliedstaat untersagt wird, sondern lediglich eine bestimmte Konkurrenztätigkeit.[6] Jedenfalls wird aber eine Beschränkung – so sie denn als erfüllt angesehen wird – idR gerechtfertigt sein. Das Interesse des Arbeitgebers, dass Mitarbeiter ihre speziellen Fachkenntnisse nicht unmittelbar nach Beendigung des Arbeitsverhältnisses der Konkurrenz zur Verfügung stellen, ist dabei ein in allen mitgliedstaatlichen Privatrechtsordnungen anerkanntes Interesse.[7] Dem kommt auch volkswirtschaftliche Bedeutung zu, da andernfalls die Motivation der Unternehmen deutlich abnehmen würde, in die Qualifikation und Ausbildung ihrer Mitarbeiter zu investieren.[8] Die dem Arbeitnehmer durch das nachvertragliche Wettbewerbsverbot auferlegte Einschränkung wäre somit in Bezug auf das vom Arbeitgeber berechtigterweise verfolgte Ziel zumindest verhältnismäßig.[9] Europaweite nachvertragliche Wettbewerbsverbote verstoßen somit nicht gegen die Arbeitnehmerfreizügigkeit.[10]

241   Gegenüber einem europaweiten wird ein **weltweites** nachvertragliches Konkurrenzverbot hingegen in der Regel unzulässig sein.[11] Zwar wird in der Literatur die Ansicht vertreten, ein nachvertragliches Wettbewerbsverbot, welches keine konkreten

---

[1] Preis/*Preis,* Der Arbeitsvertrag II W 10, Rn. 46.
[2] Zum gleichlautenden Art. 39 EGV: *Bauer/Diller,* Wettbewerbsverbote, Rn. 368; *Reufels* ArbRB 2003, 313 (314).
[3] *Bauer/Diller,* Wettbewerbsverbote, Rn. 368; *Reufels* ArbRB 2003, 313 (314).
[4] EuGH 27.1.2000 – C-190/98, EuZW 2000, 252.
[5] Zum gleichlautenden Art. 39 EGV *Reufels* ArbRB 2003, 313 (314).
[6] *Bauer/Diller,* Wettbewerbsverbote, Rn. 368; *Reufels* ArbRB 2003, 313 (314).
[7] *Reufels* ArbRB 2003, 313 8315); *Koenig/Steiner* NJW 2002, 3583 (3586).
[8] *Reufels* ArbRB 2003, 313 (315).
[9] *Bauer/Diller,* Wettbewerbsverbote, Rn. 368; aA *Koenig/Steiner* NJW 2002, 3583 (3586 f.).
[10] *Bauer/Diller,* Wettbewerbsverbote, Rn. 368; Preis/*Preis,* Arbeitsvertrag II W 10, Rn. 46; HWK/*Diller* § 74 HGB Rn. 57; aA *Koenig/Steiner* NJW 2002, 3583.
[11] BGH 15.3.1989 – VIII ZR 62/88, NJW-RR 1989, 800.

Angaben zum räumlichen Verbotsumfang enthält, habe eine örtlich unbegrenzte Wirkung.[1] Eine derartige Handhabung ist allerdings nicht als zulässig anzusehen. Insbesondere fehlt es grundsätzlich am berechtigten geschäftlichen Interesse des Arbeitgebers, eine weltweite Geltung zu erzielen.[2] Zudem steht einer derart weiten Auslegung entgegen, dass es jeweils von mehreren Faktoren (zB Art der Tätigkeit, Verantwortungsgrad) abhängt, welches zulässige Maß zur Durchsetzung der Interessen des Unternehmens bzw. Konzerns für den örtlichen Umfang des Verbotes im Einzelfall geboten und erforderlich ist.

Eine **Ausnahme** besteht jedoch insoweit, als gegenständlich eng begrenzte, etwa auf bestimmte Tätigkeitsbereiche beschränkte Wettbewerbsklauseln, die dem Arbeitnehmer ein Weiterarbeiten in seinem Beruf grundsätzlich offen lassen, einen erweiterten räumlichen Verbotsumfang rechtfertigen können. Bei gleichzeitiger Einschränkung der zeitlichen und/oder gegenständlichen Reichweite kann somit ein erweiterter räumlicher Verbotsumfang noch angemessen sein und das notwendige Maß nicht überschreiten. Nur wenn dieser zeitliche und gegenständliche Verbotsumfang allerdings besonders gering ist, wird ein weltweites Verbot wirksam sein können.[3] Demnach kann ein weltweit agierendes und weltweit im Wettbewerb stehendes Unternehmen bzw. ein solcher Konzern durchaus ein – eng umgrenztes, kurzfristiges – weltweit geltendes Wettbewerbsverbot vereinbaren. Die Wirksamkeit eines solchen weltweiten Verbotes wird dann auch wieder desto eher bejaht werden können, je höher die Karenzentschädigung ausfällt.[4]

242

Geht hingegen die räumliche Ausdehnung des Wettbewerbsverbotes über das notwendige Maß hinaus, ist aufgrund des eindeutigen Wortlauts des § 74a Abs. 1 S. 1, 2 HGB („insoweit", „soweit") Rechtsfolge dessen teilweise Unverbindlichkeit und die Reduzierung auf das gesetzlich zulässige Maß (**geltungserhaltende Reduktion**).[5] Demnach ist eine zu weitgehende räumliche Erstreckung der Beschränkung nicht nichtig, sondern kann verkürzt auf das angemessene Maß aufrechterhalten werden.[6]

243

c) Zwingendes Recht bei fehlender bzw. ausländischer Rechtswahl (EGBGB/Rom I-VO)

Im internationalen Konzern kann ferner fraglich sein, an welchem Recht sich grenzüberschreitende nachvertragliche Wettbewerbsverbote letztlich messen lassen müssen, wenn eine explizite Vereinbarung über die Rechtswahl fehlt bzw. eine Vereinbarung über die Anwendbarkeit ausländischen Rechts getroffen worden ist. Relevanz erlangt diese Thematik insbesondere durch den Umstand, dass Länder unterschiedliche Zulässigkeitsvoraussetzungen an Wettbewerbsverbote stellen. So wird zB nicht in jeder ausländischen Rechtsordnung, wie im deutschen Recht, das Erfordernis einer Karenzentschädigung zur Wirksamkeit eines nachvertraglichen Wettbewerbsverbotes vorausgesetzt.

244

Im europäischen Bereich bildet den Ausgangspunkt die Option der Parteien zur freien Rechtswahl des Arbeitsvertragsstatuts (Art. 27 EGBGB/Art. 8 Abs. 1 S. 1 Rom I-VO).[7]

245

---

[1] Preis/*Preis,* Arbeitsvertrag II W 10, Rn. 46; *Bauer/Diller,* Wettbewerbsverbote, Rn. 269.
[2] *Bauer/Diller,* Wettbewerbsverbote, Rn. 269; für Organmitglieder so auch *Reufels/Schewiola* ArbRB 2008, 57 (59); aA jedenfalls für Führungskräfte *Urban* ArbRAktuell 2012, 241.
[3] Preis/*Preis,* Arbeitsvertrag II W 10, Rn. 46.
[4] *Urban* ArbRAktuell 2012, 241.
[5] Preis/*Preis,* Arbeitsvertrag II W 10, Rn. 46.
[6] BGH 14.7.1997 – II ZR 238/96, NJW 1997, 3089; *Bauer/Diller,* Wettbewerbsverbote, Rn. 333.
[7] Gem. Art. 28 Rom I-VO unterfallen Arbeitsverträge, die vor dem 17.12.2009 abgeschlossen wurden, nach wie vor den Art. 27, 30 EGBGB. Erst für nach diesem Zeitpunkt abgeschlossene Ar-

Der Arbeitsvertrag kann also bestimmen, ob deutsches oder ein anderes – auch außereuropäisches – Recht auf das Arbeitsverhältnis in Deutschland bzw. im Ausland angewendet werden soll. Wird eine Vereinbarung über eine **ausländische Rechtswahl** getroffen, ist das vereinbarte Recht anwendbar. Allerdings darf nach Art. 30 EGBGB/Art. 8 Abs. 1 S. 2 Rom I-VO dem Arbeitnehmer durch die Rechtswahl nicht derjenige Schutz entzogen werden, der ihm durch die zwingenden Bestimmungen desjenigen Rechts gewährt wird, das gem. Art. 30 Abs. 2 EGBGB/Art. 8 Abs. 2, 3 und 4 Rom I-VO mangels einer Rechtswahl anwendbar wäre. Dem Arbeitnehmer bleiben also die unabdingbaren Schutzvorschriften des deutschen Arbeitsrechts erhalten, sofern der Schwerpunkt seiner Tätigkeit in Deutschland bleibt und nicht aus sonstigen Gründen (zB fremde Staatsangehörigkeit von Arbeitgeber und Arbeitnehmer) eine engere Bindung zum Ausland besteht.[1] Insoweit finden die §§ 74ff. HGB im Rahmen von Art. 30 EGBGB/Art. 8 Abs. 1 S. 2 Rom I-VO auch bei ausländischer Rechtwahl Anwendung. Wird demnach ein Arbeitnehmer, mit dem die Anwendung ausländischen Rechts vereinbart ist, nur vorübergehend im Ausland eingesetzt, ist ein entschädigungsloses Wettbewerbsverbot unwirksam.[2] Wird demgegenüber der Arbeitnehmer unter zulässiger Vereinbarung ausländischen Rechts auf Dauer im Ausland eingestellt, so unterfällt auch das nachvertragliche Wettbewerbsverbot dem vereinbarten ausländischen Recht.[3]

246 Daneben wird zum Teil die Ansicht vertreten, bei den §§ 74ff. HGB handele es sich auch um Eingriffsnormen iSd Art. 34 EGBGB/Art. 9 Rom I-VO, die ungeachtet der Maßgabe des auf den Arbeitsvertrag anzuwendenden ausländischen Rechts auf alle Sachverhalte Anwendung finden, die in ihren Anwendungsbereich fallen.[4] Erstrecke sich somit bei ausländischer Rechtswahl eine nachvertragliche Wettbewerbsbeschränkung auf das Gebiet eines ausländischen Staates sowie der Bundesrepublik Deutschland, seien stets auch die Voraussetzungen der §§ 74ff. HGB als zwingende Vorschriften zu beachten. Zu den Eingriffsnormen nach Art. 34 EGBGB/Art. 9 Rom I-VO zählen allerdings nur solche zwingenden Vorschriften, die insbesondere für die Wahrung des öffentlichen Interesses als entscheidend angesehen werden. Dies ist hier zweifelhaft, da die Regeln insbesondere den Arbeitnehmer schützen. Daher scheint es insgesamt praktikabler, Arbeitnehmerschutzvorschriften den zwingenden Bestimmungen des mangels Rechtswahl anwendbaren Rechts nach Art. 30 EGBGB/Art. 8 Abs. 1 S. 2 Rom I-VO zu unterstellen, solange der Gemeinwohlbezug nicht deutlich überwiegt. Der Begriff der Eingriffsnormen sollte demgegenüber restriktiv ausgelegt werden.[5]

247 Zudem sind nachvertragliche Wettbewerbsverbote auch bei einer zulässigen Vereinbarung der Anwendung ausländischen Rechts nicht schrankenlos zulässig. Diese müssen sich vielmehr am sog. **ordre public** messen lassen (Art. 6 EGBGB/Art. 21 Rom I-VO) da Wettbewerbsverbote in die grundgesetzlich und völkerrechtlich garantierte Berufsfreiheit nach Art. 12 GG eingreifen.[6] Damit ist eine ausländische Rechtsnorm im Inland nicht anwendbar, wenn dies mit wesentlichen Grundlagen des deutschen Rechts, insbesondere den Grundrechten, unvereinbar wäre (Art. 6 EGBGB/Art. 21 Rom I-VO). Allerdings zielt die Vorschrift auf absolut unverzichtbare

---

beitsverträge entfalten Art. 3, 8 Rom I-VO ihre Geltung, welche die betreffenden Regelungen des EGBGB allerdings inhaltsgleich ersetzt haben.
[1] *Bauer/Diller*, Wettbewerbsverbote, Rn. 95; *Pohl* NZA 1998, 735 (736); *Junker* NZA 2005, 199 (204 f.).
[2] *Bauer/Diller*, Wettbewerbsverbote, Rn. 95.
[3] *Bauer/Diller*, Wettbewerbsverbote, Rn. 95.
[4] MHdB ArbR/*Oetker*, § 11 Rn. 114.
[5] ErfK/*Schlachter*, Art. 9 Rom I-VO Rn. 21.
[6] *Bauer/Diller*, Wettbewerbsverbote, Rn. 96.

Rechtsprinzipien, die in aller Regel auch von ausländischen Rechtsordnungen beachtet werden.[1] Die Bedeutung des ordre public-Vorbehalts ist daher im Arbeitsrecht eher gering.

Ist die Wahl des Vertragsstatuts dem Arbeitsvertrag hingegen nicht zu entnehmen, unterliegt das Arbeitsverhältnis **mangels Rechtswahl** dem Recht des Staates, in dem der Arbeitnehmer seine Arbeit verrichtet (Art. 30 Abs. 2 Nr. 1 EGBGB/Art. 8 Abs. 2 Rom I-VO) bzw. in dem sich die Niederlassung befindet, die den Arbeitnehmer eingestellt hat, sofern dieser seine Arbeit gewöhnlich nicht in ein und demselben Staat ausübt (Art. 30 Abs. 2 Nr. 2 EGBGB/Art. 8 Abs. 3 Rom I-VO). Ergibt sich aus der Gesamtheit der Umstände, dass der Vertrag eine engere Verbindung zu einem anderen als dem danach bestimmten Staat aufweist, ist das Recht dieses Staates anzuwenden (Art. 30 Abs. 2 2. HS EGBGB/Art. 8 Abs. 4 Rom I-VO).

Im Ergebnis unterfällt demzufolge ein nachvertragliches Wettbewerbsverbot dem jeweils vereinbarten bzw. dem nach Art. 30 Abs. 2 EGBGB/Art. 8 Abs. 2, 3 oder 4 Rom I-VO bestimmten Recht. Im Rahmen von Art. 30 EGBGB/Art. 8 Abs. 1 S. 2 Rom I-VO finden die §§ 74 ff. HGB aber auch bei ausländischer Rechtswahl Anwendung. **248**

Ferner stellt sich die Frage, ob das nachvertragliche Wettbewerbsverbot selbst Gegenstand einer eigenständigen Rechtswahl sein kann, auf den vorstehende Grundsätze anzuwenden wären. **249**

Die grundsätzliche Möglichkeit der **partiellen Rechtswahl** ist nicht mehr ausdrücklich in Art. 8 Rom I-VO enthalten (anders noch Art. 27 Abs. 1 S. 3 EGBGB). Durch Verweis auf Art. 3 Abs. 1 S. 3 Rom I-VO ergibt sich aber auch aus der aktuellen Vorschrift die Zulässigkeit einer Teilrechtswahl, die nur einzelne Vertragsteile der gewählten Rechtsordnung unterstellt.[2] Die zur alten Rechtslage gegen eine Teilrechtswahl vorgebrachten Bedenken sind zwar nach wie vor beachtlich.[3] Dem Schutzanliegen wird jedoch durch die Einschränkung entsprochen, dass jede Rechtswahl – auch Teilrechtswahl – nur im Rahmen des Art. 30 EGBGB/Art. 8 Abs. 2 Rom I-VO zulässig ist und der Schutzmechanismus der §§ 74 ff. HGB auch insoweit Geltung erlangt.[4] Nicht zuletzt erkennt auch das BAG die Teilrechtswahl an.[5] Danach kommt eine Teilrechtswahl in Betracht, wenn es sich um eine zwar auf arbeitsvertraglicher Grundlage beruhende, aber vom eigentlichen Arbeitsverhältnis klar abgrenzbare Rechtsbeziehung handelt.[6] Da das nachvertragliche Wettbewerbsverbot ein in sich geschlossenes synallagmatisches Rechtsverhältnis darstellt und durchaus auch ohne ein zugrunde liegendes Arbeitsverhältnis wirksam sein kann, können auch Wettbewerbsverbote selbst Gegenstand einer eigenständigen Rechtswahl sein.[7] Demnach ist es möglich, dass der Arbeitsvertrag zB deutschem Recht unterliegt, für das Wettbewerbsverbot dagegen ausdrücklich die Anwendbarkeit ausländischen Rechts vereinbart wird. Diese Thematik wird besonders relevant bei internationalen Aktienoptionsprogrammen, die einerseits der am Sitz der Muttergesellschaft geltenden Rechtsordnung unterliegen, andererseits aber mit wettbewerbsbeschränkenden Klauseln verbunden werden.[8] **250**

---

[1] ErfK/*Schlachter*, Art. 9 Rom I-VO Rn. 26.
[2] ErfK/*Schlachter*, Art. 9 Rom I-VO Rn. 5.
[3] *Deinert* RdA 2009, 144 (149 f.); *Junker* NZA 2005, 199 (204).
[4] ErfK/*Schlachter*, Art. 9 Rom I-VO Rn. 5; *Bauer/Diller*, Wettbewerbsverbote, Rn. 97.
[5] BAG 20.4.2004 – 3 AZR 301/03, NZA 2005, 297.
[6] BAG 20.4.2004 – 3 AZR 301/03, NZA 2005, 297.
[7] MHdB ArbR/*Oetker*, § 11 Rn. 114; *Bauer/Diller*, Wettbewerbsverbote, Rn. 97.
[8] *Bauer/Diller*, Wettbewerbsverbote, Rn. 97.

d) Grenzüberschreitende Durchsetzung nachvertraglicher Wettbewerbsverbote

251 Im internationalen Konzern tritt ferner das Problem auf, wie und insbesondere vor welchem Gericht Mitarbeiter auf die Einhaltung eines Wettbewerbsverbots in Anspruch genommen werden können. Bei der Durchsetzung dieser grenzüberschreitenden nachvertraglichen Wettbewerbsverbote sind unterschiedliche Zuständigkeitsregelungen zu beachten.

252 Im Hinblick auf nationale Regelungen ist zunächst der Rechtsweg zu den Arbeitsgerichten eröffnet (§ 2 Abs. 1 Nr. 3c ArbGG), da von dieser Regelung Rechtsstreitigkeiten aus den „Nachwirkungen" eines Arbeitsverhältnisses und damit auch nachvertragliche Wettbewerbsverbote erfasst werden. Unabhängig davon, welchem Recht der Arbeitsvertrag bzw. das nachvertragliche Wettbewerbsverbot unterliegt, kann der Arbeitgeber nach den Zuständigkeitsregeln der ZPO iVm § 46 Abs. 2 ArbGG gegen einen Arbeitnehmer, der gegen ein nachvertragliches Wettbewerbsverbot verstößt, sowohl gem. § 13 ZPO an dessen **inländischem Wohnsitz** als auch gem. § 29 ZPO am Erfüllungsort, dem ehemaligen **Arbeitsort** bzw. **Betrieb des Arbeitgebers,** gerichtlich vorgehen.[1] Dies ergibt sich bereits daraus, dass Nebenpflichten – wie die Einhaltung einer Wettbewerbsbeschränkung – am gleichen Ort wie die Hauptleistungspflichten zu erfüllen sind. Die Zuständigkeit des Gerichts am Arbeitsort ergibt sich ebenfalls aus § 48 Abs. 1a ArbGG. Der Arbeitgeber hat insoweit in Bezug auf Wohn- oder Arbeitsort ein Wahlrecht.

253 Erstreckt sich ein nachvertragliches Wettbewerbsverbot auf **Europa,** sind im Bereich der EU sowie im Verhältnis zu Norwegen, Island und der Schweiz (sog. EFTA-Bereich) die internationalen Zuständigkeitsregelungen der EU-Verordnung[2] sowie LugÜ II als lex specialis gegenüber der ZPO zu beachten, die ein Vorgehen gegen den Arbeitnehmer in Deutschland deutlich einschränken.

254 Der Arbeitgeber kann gem. Art. 22 Abs. 1 VO (EU) 1215/2012[3] gegen den Arbeitnehmer **ausschließlich im Wohnsitzland** vorgehen. Das gilt unabhängig davon, ob der Arbeitnehmer von Anfang an im EU-Ausland wohnte oder erst während der Dauer des Arbeitsverhältnisses oder der Geltungsdauer des nachvertraglichen Wettbewerbsverbots ins Ausland gezogen ist.[4] Maßgebend ist damit der Wohnsitz des Arbeitnehmers im Zeitpunkt der Klageerhebung.[5] Der Arbeitgeber muss damit zwingend das Arbeitsgericht am ausländischen Wohnort des Arbeitnehmers anrufen, auch wenn dieses nach deutschem materiellen Recht zu entscheiden hat.[6] Diese Rechtslage kann auch nicht durch eine Gerichtsstandvereinbarung vorab geändert werden. Eine solche ist ausdrücklich nur nach Entstehung des Rechtsstreits zulässig (Art. 23 VO (EU) 2015/2012; früher Art. 21 Nr. 1 EuGVVO). Mit der dem Arbeitnehmer einräumbaren Befugnis, andere als die in der EuGVVO genannten Gerichte anzurufen (Art. 23 Nr. 2 VO (EU) 1215/2012; früher Art. 21 Nr. 2 EuGVVO) wird ebenfalls kein anderes Ergebnis erreicht, da eine solche Regelung idR lediglich den Arbeitnehmer begünstigt.

255 Eine Ausnahme besteht allerdings bezüglich der Maßnahmen des **einstweiligen Rechtsschutzes.** Diese werden nicht dadurch ausgeschlossen, dass in der Hauptsache ein Gericht eines anderen Mitgliedstaates zuständig ist (Art. 35 VO (EU) 1215/2012;

---

[1] *Diller/Wilske* DB 2007, 1866.
[2] VO (EU) Nr. 1215/2012 des Europäischen Rates vom 12.12.2012, „Büssel Ia-VO".
[3] Bis 10.1.2015: Art. 20 Abs. 1 EUGVVO; Übergangsvorschriften s. Art. 66 VO (EU) Art. 1215/2012; ebenso Art. 20 Abs. 1 LugÜ II.
[4] *Diller/Wilske* DB 2007, 1866 (1867); *Junker* NZA 2005, 199 (202).
[5] *Junker* NZA 2005, 199 (202).
[6] *Bauer/Diller,* Wettbewerbsverbote Rn. 869; zur Rechtswahl siehe unter → 58 ff.

früher Art. 31 EuGVVO), und bleiben somit gem. § 29 ZPO am Arbeitsort in Deutschland zulässig.[1] Allerdings erlangt das Problem der Vorwegnahme der Hauptsache im einstweiligen Rechtsschutz international eine andere Dimension. Um hierbei einer Umgehung der EuGVVO vorzubeugen, wird von der Rechtsprechung eine „reale Verknüpfung" des einstweiligen Rechtsschutzverfahrens zum Gerichtsstaat, dh eine reale Zugriffsmöglichkeit auf die Person oder das Vermögen des Arbeitnehmers (zB durch die Möglichkeit der Vollstreckung eines Ordnungsgeldes) vorausgesetzt.[2] Dem Arbeitgeber steht demnach ein Wahlrecht zu, ob er einstweiligen Rechtsschutz am Ort des Betriebes im Inland oder am Wohnsitz des Arbeitnehmers im Ausland beantragt. Aufgrund der Zustellungs- sowie Vollstreckungsprobleme im Ausland (zB Zustellung der Ladung zur mündlichen Verhandlung, Erlass der Verfügung) wird ein Vorgehen in Deutschland jedoch nur bedingt zu empfehlen sein.

Im **EFTA-Bereich** besteht mit Art. 20 Abs. 1 LugÜ II eine dem Art. 22 Abs. 1 VO (EU) 1215/2012 entsprechende Regelung. Ein Vorgehen vor deutschen Gerichten (iVm § 29 ZPO) gegen einen zwischenzeitlich ins Ausland gezogenen Arbeitnehmer ist damit nicht möglich. Dem Wortlaut nach muss sich ausschließlich das Arbeitsgericht am ausländischen **Wohnsitz des Arbeitnehmers** mit der Rechtssache befassen. Eine Zuständigkeit des Gerichts des Staates, in dem der Arbeitnehmer gewöhnlich die Arbeit verrichtet hat, kann über Art. 5 Nr. 1 LugÜ II nicht mehr begründet werden.[3] Abweichenden Gerichtsstandvereinbarungen zulasten des Arbeitnehmers steht – ebenso wie Art. 23 Nr. 1 VO (EU) 1215/2012[4] im Bereich der EU – Art. 21 Nr. 1 LugÜ II entgegen. Maßnahmen des einstweiligen Rechtsschutzes können indes auch im EFTA-Bereich vor deutschen Gerichten gem. § 29 ZPO am Gerichtsstand des Erfüllungs- bzw. Arbeitsortes beantragt werden[5] (Art. 31 LugÜ II). **256**

Außerhalb des Bereichs EU/EFTA bestehen keine für Deutschland bindenden internationalen Abkommen bzw. multilateralen Regelwerke. Ist die internationale Zuständigkeit aber nicht geregelt, richtet sie sich grundsätzlich nach den Vorschriften über die örtliche Zuständigkeit.[6] Ist ein deutsches Gericht somit nach §§ 12 ff. ZPO zuständig, ist es auch im Verhältnis zu einem ausländischen Gericht und damit international zuständig. **257**

Der Arbeitgeber hat damit außerhalb der EU sowie des EFTA Bereiches ebenfalls die Möglichkeit vor deutschen Gerichten, genauer dem Gerichtsstand des Erfüllungsortes gem. § 29 ZPO, gegen den Arbeitnehmer vorzugehen.[7] Das Vorliegen einzelner bilateraler Vereinbarungen darf dabei allerdings nicht übersehen werden.[8] **258**

2. Betriebliche Übung

Neben der zulässigen Vereinbarung von nachvertraglichen Wettbewerbsverboten stellt sich im internationalen Konzern ferner die Frage, ob und in welcher Weise die Konzernmutter oder Dritt- bzw. Tochterunternehmen, die nicht selbst Vertragsarbeitgeber sind, an dem spezifischen arbeitsrechtlichen Gestaltungsfaktor der betrieblichen **259**

---

[1] *Diller/Wilske* DB 2007, 1866 (1868).
[2] EuGH 17.11.1998 – C-391/95, EuZW 1999, 413; *Bauer/Diller,* Wettbewerbsverbote, Rn. 870; *Diller/Wilske* DB 2007, 1866 (1869).
[3] Zur vorherigen Rechtslage vgl. *Bauer/Diller,* Wettbewerbsverbote, Rn. 870; *Diller/Wilske* DB 2007, 1866 (1869).
[4] Bis 10.1.2015: Art. 21 Nr. 1 EuGVVO.
[5] *Bauer/Diller,* Wettbewerbsverbote, Rn. 870; *Diller/Wilske* DB 2007, 1866 (1869).
[6] *Diller/Wilske* DB 2007, 1866 (1867).
[7] *Bauer/Diller,* Wettbewerbsverbote, Rn. 870; *Diller/Wilske* DB 2007, 1866 (1869).
[8] *Diller/Wilske* DB 2007, 1866 (1869).

Übung teilhaben. Insbesondere im Bereich der Sonderleistungen kann das Entstehen einer betrieblichen Übung durch Leistungen Dritter relevant werden.

260 Im Ergebnis können zB Mitarbeiter einer deutschen Konzerntochter Ansprüche auf Sonderleistungen, die in der Vergangenheit von der ausländischen Konzernmutter diesen Mitarbeitern gewährt wurden, aufgrund betrieblicher Übung auch für die Zukunft geltend machen, soweit die allgemeinen Voraussetzungen für das Entstehen einer betrieblichen Übung erfüllt sind.

261 Arbeitsrechtliche Sonderleistungen können auch von anderen Unternehmen als dem Vertragsarbeitgeber erbracht werden. Daher kommt für konzernspezifische Sonderleistungen als Verpflichtungsgrund bzw. Rechtsgrundlage grundsätzlich auch eine Art betriebliche Übung über die Unternehmensgrenzen hinweg in Betracht.[1] Eine betriebliche Übung setzt dabei regelmäßig voraus, dass eine bestimmte Leistung gleichartig und wiederkehrend, mindestens dreimal in Folge, ohne Vorbehalte gewährt wird – beispielsweise bei jährlichen Leistungen in drei aufeinanderfolgenden Jahren.[2] Wird die Sonderleistung des Dritten hingegen ausdrücklich und in zulässiger Weise als freiwillige Leistung gekennzeichnet, ist das Entstehen einer betrieblichen Übung ausgeschlossen. Andernfalls entsteht durch die Willenserklärung des Leistenden und deren konkludenter Annahme durch den Arbeitnehmer eine ungeschriebene Leistungsverpflichtung. Die dreimalige vorbehaltlose Gewährung einer Sonderzahlung durch ein Drittunternehmen, etwa die Konzernmutter, kann dann ebenso zur Bindung des Dritten für die Zukunft führen wie das beim Vertragsarbeitgeber der Fall ist.[3]

262 Zuwendungen von Dritten, die mit Rücksicht auf das Arbeitsverhältnis an den Arbeitnehmer geleistet werden, sind zB Aktienoptionen, die von der Konzernmutter an Arbeitnehmer des Tochterunternehmens gewährt werden oder Boni auf Grund des Bonusplans der Muttergesellschaft für Mitarbeiter eines Konzernunternehmens.[4] Ebenso erfasst werden Sozialleistungen der Konzernmutter, die an Arbeitnehmer von Tochtergesellschaften gewährt werden, ohne dass eine besondere Vertragsgestaltung zB im Sinne einer Mobilität im Konzern gegeben ist.[5] Der für die betriebliche Übung erforderliche Kollektivbezug ergibt sich insoweit aus der Maßnahme selbst.[6]

263 Diese konzernspezifischen Sonderleistungen sind grundsätzlich kein Arbeitsentgelt, das der Arbeitgeber schuldet, so dass die Arbeitnehmer Ansprüche auf diese Drittleistung grundsätzlich auch nicht gegenüber dem Arbeitgeber, sondern nur gegenüber dem Dritten geltend machen können.[7] Eine eigene Verpflichtung des Arbeitgebers im Hinblick auf die Leistungen Dritter kommt demgegenüber ausnahmsweise in Betracht, wenn der Arbeitgeber sich konkludent oder ausdrücklich verpflichtet, für die Drittleistung einzustehen.[8]

3. Grenzüberschreitende Gleichbehandlung

264 Für Mitarbeiter, die ein Arbeitsverhältnis mit einem Unternehmen eines internationalen Konzerns beginnen, kann sich die Frage stellen, ob sie Anspruch auf etwaige Leistungen der Konzernmutter oder anderer konzernangehöriger Unternehmen ha-

---

[1] *Windbichler*, Arbeitsrecht im Konzern, S. 430 f.; *Gaul/Naumann* NZA 2011, 121.
[2] Seit BAG 23.4.1963 – 3 AZR 173/62, AP BGB § 611 Gratifikation Nr. 26.
[3] *Windbichler*, Arbeitsrecht im Konzern, S. 431.
[4] *Lembke* NJW 2010, 257.
[5] *Windbichler*, Arbeitsrecht im Konzern, S. 431.
[6] *Windbichler*, Arbeitsrecht im Konzern, S. 431.
[7] BAG 16.1.2008 – 7 AZR 887/06, NZA 2008, 836; 12.3.2003 – 10 AZR 299/02, NJW 2003, 1755; *Lembke* NJW 2010, 257.
[8] BAG 16.1.2008 – 7 AZR 887/06, NZA 2008, 836; *Lembke* NJW 2010, 257.

C. Das Arbeitsverhältnis im grenzüberschreitenden Konzern

ben, welche diese gegenüber anderen Mitarbeitern des Konzerns erbringen. Ein solcher Anspruch der Mitarbeiter auf Gleichbehandlung mit Mitarbeitern anderer Konzernunternehmen im Ausland ist nach unserer Auffassung im Ergebnis abzulehnen.

Der arbeitsrechtliche Gleichbehandlungsgrundsatz gebietet dem Arbeitgeber, seine Arbeitnehmer oder Gruppen von Arbeitnehmern, die sich in vergleichbarer Lage befinden, bei Anwendung einer selbst gesetzten Regel gleich zu behandeln. Der Gleichbehandlungsgrundsatz verbietet nicht nur die willkürliche Schlechterstellung einzelner Arbeitnehmer innerhalb der Gruppe, sondern auch eine sachfremde Gruppenbildung.[1] 265

Anerkannt ist, dass der Anwendungsbereich des Gleichbehandlungsgrundsatzes nicht auf den Betrieb zu beschränken, sondern betriebsübergreifend auf das ganze Unternehmen zu erstrecken ist.[2] 266

Eine Ausweitung des Anwendungsbereichs schon auf den nationalen Konzern ist dagegen grundsätzlich abzulehnen (hierzu schon → Rn. 11).[3] Denn regelmäßig behalten die im Konzern zusammengeschlossenen Unternehmen ihre Eigenständigkeit.[4] Zudem spricht auch die häufig anzutreffende Zugehörigkeit der einzelnen Konzernunternehmen zu völlig unterschiedlichen Fachsparten und die daraus sich ergebende Geltung gänzlich unterschiedlicher Arbeitsbedingungen, auch etwa aufgrund von Tarifverträgen, gegen eine derartige konzernweite Geltung des Grundsatzes.[5] 267

Im nationalen Konzern werden vereinzelt Ausnahmen von diesem Grundsatz zugelassen, etwa wenn die Konzernmutter eigene Kompetenzen bei der Verteilung von Leistungen des Arbeitgebers beansprucht und entsprechende konzerndimensional wirkende Weisungen erteilt.[6] Gleiches soll für Sozialleistungen gelten, wenn vom herrschenden Konzernunternehmen bestimmte Leistungen üblicherweise konzerneinheitlich erbracht werden und die Arbeitnehmer im Konzern diesbezüglich ein schützenswertes Vertrauen entwickelt haben (hierzu schon → Rn. 11).[7] 268

Dies ist im grenzüberschreitenden Konzern, in welchem zusätzlich die Geltung ganz unterschiedlicher Rechtsordnungen die Vergleichbarkeit der Arbeitsbedingungen verhindert, dagegen abzulehnen. Diese führen nicht nur zu unterschiedlichen materiellen Konditionen, sondern viel weitergehend zu ganz verschiedenen Konstellationen der Parität, der Parteiautonomie sowie des Umgangs von Arbeitgebern, Arbeitnehmern sowie deren Organisationen.[8] Dabei ist im Ergebnis ggf. sogar noch vertretbar, in den oben dargelegten Grenzen, die auch für den nationalen Konzern gelten, eine theoretische Anwendung des Grundsatzes zuzulassen. Allerdings werden die Voraussetzungen für sein Eingreifen in der Praxis nie vorlegen, weil allein das Unterfallen der Arbeitsverhältnisse unter verschiedene Rechtsordnungen die Feststellung verbietet, sie befänden sich in einer vergleichbaren Lage, oder jedenfalls diese Tatsache eine Ungleichbehandlung stets rechtfertigen wird. 269

---

[1] BAG 15.4.2008 – 1 AZR 65/07, BAGE 126, 237.
[2] BAG 17.11.1998 – 1 AZR 147/98, NZA 1999, 606–609.
[3] BAG 20.8.1986 AP TVG § 1 Tarifverträge: Seniorität Nr. 6; *Windbichler*, Arbeitsrecht im Konzern, S. 420 ff.; *Tschöpe* DB 1994, 40; aA *Henssler*, Der Arbeitsvertrag im Konzern, S. 107 ff.; *Konzen* RdA 1984, 65 (87): jedenfalls bei Leistungen der Konzernmutter aus Konzernvermögen.
[4] BAG 20.8.1986 AP TVG § 1 Tarifverträge: Seniorität Nr. 6.
[5] BAG 20.8.1986 AP TVG § 1 Tarifverträge: Seniorität Nr. 6.
[6] BAG 20.8.1986 AP TVG § 1 Tarifverträge: Seniorität Nr. 6; ErfK/*Preis* BGB § 611 Rn. 199; MHdB ArbR/*Richardi*, § 23 Rn. 28.
[7] BAG 4.10.1994 – 3 AZR 910/93, DB 1995, 528.
[8] S. im Ergebnis auch ablehnend – jedenfalls bezüglich der Anwendung des Gleichbehandlungsgrundsatzes im internationalen Konzern für den Bereich der unternehmerischen Mitbestimmung – *Nienerza*, Unternehmerische Mitbestimmung in grenzüberschreitenden Konzernen.

270 Entsprechend wird auch im Bereich der Aktienoptionen vertreten, dass es für die Anwendung des Gleichbehandlungsgrundsatzes auf Konzernebene nicht ausreicht, dass der Aktienoptionsplan der Konzernmuttergesellschaft die konzernweite Anwendung vorsieht. Unterscheidungen zwischen den verschiedenen Unternehmen eines internationalen Konzerns im Hinblick auf die Zielsetzungen von Aktienoptionsgewährungen, etwa im Hinblick auf die Ertragslage und die wirtschaftliche und Wettbewerbssituation der jeweiligen Konzernunternehmen, sollen vielmehr regelmäßig sachlich gerechtfertigt sein.[1]

4. Status des leitenden Angestellten

a) Einleitung

271 Die nachfolgende Darstellung befasst sich mit den **Besonderheiten,** die sich bei einem **grenzüberschreitenden Einsatz** im Konzern für die Stellung als leitender Angestellter ergeben.

272 Leitender Angestellter im betriebsverfassungsrechtlichen Sinne ist, wer eine eigenständige Einstellungs- und Entlassungsbefugnis oder Generalvollmacht bzw. Prokura hat, die im Verhältnis gegenüber dem Arbeitgeber nicht unbedeutend ist, oder regelmäßig sonstige Aufgaben wahrnimmt, die für Bestand und Entwicklung zumindest eines Betriebes bedeutsam sind und die besondere Fachkenntnisse erfordert und dem Arbeitnehmer eine im Wesentlichen weisungsfreie Entscheidung ermöglicht. Wichtig ist, dass der leitende Angestellte die Befugnisse auch tatsächlich ausüben[2] und das Vertretungsrecht (Prokura, Entscheidungs- und Personalbefugnis) ohne Beschränkungen im Innenverhältnis und nicht nur für einen beschränkten oder untergeordneten Zuständigkeitsbereich[3] innehaben muss. Der Leiter einer Filiale, der nur vorübergehend Hilfskräfte einstellt und entlässt, ist kein leitender Angestellter.[4]

273 Das BetrVG enthält mit § 5 Abs. 4 BetrVG zwar eine Auslegungshilfe, diese hat aber keine eigenständige Bedeutung.[5] Die dort genannten Kriterien dienen allenfalls als Indiz und begründen keine gesetzliche Vermutungsregel.[6] Weder die Zuordnung bei der Betriebsratswahl oder zu einer Leitungsebene noch eine bestimmte Vergütungshöhe machen also aus einem normalen Arbeitnehmer einen leitenden Angestellten iSd BetrVG. Leitende Angestellte sind in der Praxis die Ausnahme.

274 Leitende Angestellte fallen weder unter den Geltungsbereich von Betriebsvereinbarungen, die beispielsweise Sozialleistungen gewähren oder Auswahlrichtlinien vorgeben, noch unter den Geltungsbereich von Sozialplänen, noch werden sie vom Betriebsrat vertreten. Damit entfällt auch die Verpflichtung, den Betriebsrat vor Ausspruch einer Kündigung anzuhören oder bei einer Einstellung und Versetzung zu unterrichten und seine Zustimmung abzuwarten. Dies ist durchaus ein Vorteil, da sich die Beteiligung des Betriebsrats im betrieblichen Alltag immer wieder als formale Umsetzungshürde mit hohem **Fehlerpotential** erweist.

275 Die betrieblichen Interessen von leitenden Angestellten werden durch den **Sprecherausschuss** wahrgenommen, der in Betrieben mit regelmäßig mehr als zehn lei-

---

[1] *Lingemann/Diller/Mengel* NZA 2000, 1191 (1194).
[2] *Fuhlrott* ArbRAktuell 2011, 55.
[3] BAG 11.3.1982 – 6 AZR 136/79, DB 1982, 1990; ErfK/*Koch*, BetrVG § 5 Rn. 19; Richardi/*Richardi*, BetrVG § 5 Rn. 201; *Fuhlrott* ArbRAktuell 2011, 55.
[4] BAG 11.3.1982 – 6 AZR 136/79, DB 1982, 1990; ErfK/*Koch*, BetrVG § 5 Rn. 19.
[5] Richardi/*Richardi*, BetrVG § 5 Rn. 194.
[6] ErfK/*Koch*, BetrVG § 5 Rn. 23.

tenden Angestellten gebildet wird,[1] in der Praxis aber nur selten installiert ist. Ist ein Sprecherausschuss nicht installiert, bedarf es weder bei Einstellungen noch bei personellen Veränderungen der erforderlichen Mitteilung noch ist eine Anhörung bei Kündigungen erforderlich.

Das KSchG stellt andere Voraussetzungen an den Status des leitenden Angestellten als das BetrVG. Nach § 14 Abs. 2 KSchG ist derjenige leitender Angestellter, der einem Geschäftsführer oder Betriebsleiter ähnlich ist, also unternehmerische Führungsaufgaben wahrnimmt,[2] als Betriebsleiter im Betrieb die Vorgesetztenstellung ausübt[3] und einem Geschäftsführer bzw. Betriebsleiter vergleichbar ist, insbesondere die Befugnis zur **selbständigen Einstellung oder Entlassung** hat.[4] In der Praxis trifft dieses Kriterium fast nie zu. 276

Das KSchG wird auf solche leitenden Angestellten nur eingeschränkt[5] angewendet, was die Beendigung des Arbeitsverhältnisses erheblich vereinfacht. So kann der Arbeitgeber bei einer Kündigung, die nicht sozial gerechtfertigt ist, das Arbeitsverhältnis vom Gericht gegen Zahlung einer Abfindung **auflösen lassen,** ohne dass er diesen Antrag – anders als bei normalen Arbeitnehmern – begründen muss (§ 14 Abs. 2 S. 2 KSchG). Er muss also keine Gründe darlegen, die eine den Betriebszwecken dienliche weitere Zusammenarbeit zwischen Arbeitgeber und Arbeitnehmer nicht erwarten lassen – in der Praxis werden an solche Gründe hohe Anforderungen gestellt. Die Trennung von einem leitenden Angestellten durch Kündigung ist daher in der Regel schneller und günstiger zu erreichen. 277

Das ArbZG wiederum greift auf den betriebsverfassungsrechtlichen Begriff des leitenden Angestellten zurück und nimmt den leitenden Angestellten in § 18 Abs. 1 S. 1 ArbZG ausdrücklich aus seinem Anwendungsbereich aus. Die Grenzen des Arbeitseinsatzes oder Dokumentationspflichten, wie sie das ArbZG vorsieht, gelten für leitende Angestellte also nicht. 278

b) Die Übernahme leitender Aufgaben im Ausland

Ist der Mitarbeiter bei einem deutschen Arbeitgeber angestellt, für diesen tätig und in dessen Betrieb eingegliedert, ergeben sich auch in grenzüberschreitenden Konzernen keine Besonderheiten. 279

Die Grenzen und Einsätze sind jedoch in grenzüberschreitenden Konzernen fließend geworden, sei es, dass in Deutschland angestellte Beschäftigte ihre Tätigkeit im Ausland ausüben, im Inland **grenzüberschreitende Aufgaben** wahrnehmen oder so grenzüberschreitend arbeiten, dass sie keinen ortsgebundenen Arbeitsplatz in Deutschland oder einem anderen Land mehr innehaben. Gerade in grenzüberschreitenden Konzernen werden nicht selten Arbeitnehmer ohne Aufhebung ihres lokalen Arbeitsverhältnisses in Leitungsfunktionen im Ausland, zB als Geschäftsführer einer Tochtergesellschaft, oder mit grenzüberschreitender Zuständigkeit, zB Personalleiter Europa, eingesetzt oder übernehmen nach einer leitenden Stellung in Deutschland eine internationale Stabsfunktion (zB Director Compensation & Benefits EMEA). 280

---

[1] § 1 I SprAuG.
[2] ErfK/*Kiel* KSchG § 14 Rn. 11, 13; HWK/*Thies,* KSchG § 14 Rn. 9; Küttner/*Kania* Leitende Angestellte Rn. 17.
[3] Vgl. ErfK/*Kiel* KSchG § 14 Rn. 12; HWK/*Thies* KSchG § 14 Rn. 9.
[4] *Rinsdorf/Kiedrowski* NZA 2012, 183.
[5] Mangels Zuständigkeit des Betriebsrats kann der der leitende Angestellte keinen Einspruch gegen die Kündigung gemäß § 3 KSchG erheben, ErfK/*Kiel,* KSchG § 14 Rn. 18, 19; HWK/*Thies,* KSchG § 14 Rn. 11, wenngleich ein solcher Einspruch in der Praxis ohnehin nicht relevant ist.

Teil II. 3. Arbeits- und Dienstverhältnisse im internationalen Konzern

281   Die vertraglichen **Konstellationen** sind in der Praxis höchst **unterschiedlich**. Teilweise wird das deutsche Arbeitsverhältnis aufgehoben, ruhend gestellt oder eine ausdrückliche Entsendungsvereinbarung mit Rückkehrgarantie geschlossen. Teilweise wird im Ausland ein neuer Arbeitsvertrag oder eine andere Vereinbarung für die Dauer des Einsatzes geschlossen. Teilweise wird aber auch lediglich der Arbeitsvertrag mit dem deutschen Arbeitgeber inhaltlich geändert. Nicht selten werden **Zusatzvereinbarungen** neben dem deutschen Arbeitsvertrag getroffen. Problematisch wird dies, wenn solche Vertragsergänzungen nicht mehr vom lokalen Geschäftsführer für die eigentliche Arbeitgebergesellschaft unterzeichnet werden, sondern durch die nächsthöhere Konzernhierarchieebene ausgestellt werden – nicht selten sind dies grenzüberschreitendende Funktionseinheiten, die nicht in Form einer Gesellschaft aufgestellt sind.

282   Soll bei einem solchen Einsatz das Arbeitsverhältnis geändert oder beendet werden, stellt sich die Frage, ob der Mitarbeiter (noch) als leitender Angestellter im Sinne des BetrVG und KSchG anzusehen ist, ob der Vertragsarbeitgeber also Betriebsrat oder Sprecherausschuss vor Ausspruch der Kündigung anhören muss, und ob im Kündigungsschutzprozess ein Auflösungsantrag ohne weitere Begründung gestellt werden kann, um das Arbeitsverhältnis gegen Abfindungszahlung zu beenden.

283   Zunächst stellt sich die Vorfrage, ob das BetrVG bzw. das KSchG in diesen Konstellationen persönlich anwendbar ist.

284   Für die **Anwendbarkeit des BetrVG** muss der Arbeitnehmer dem deutschen Betrieb zugeordnet werden können, was bei Vorliegen einer rechtlichen als auch einer tatsächlichen Beziehung zum deutschen Arbeitgeber der Fall ist. Derartige Beziehungen liegen vor, wenn der Arbeitnehmer zum Arbeitgeber als Betriebsinhaber in einem Arbeitsverhältnis steht und innerhalb der betrieblichen Organisation von ihm beschäftigt wird.[1] Ersteres dürfte in den meisten Konstellationen der Fall sein, weil die vertragliche Beziehung zum deutschen „Ursprungsarbeitgeber" in den seltensten Fällen wirklich vollständig aufgegeben wird. Ob aber auch eine Beschäftigung innerhalb der betrieblichen Organisation des deutschen Arbeitgebers während der Dauer der grenzüberschreitenden Tätigkeit bejaht werden kann, ist vom Einzelfall abhängig. Eine solche Beschäftigung liegt sicher vor, wenn der Arbeitnehmer seine Tätigkeit vom deutschen Betrieb ausübt oder in die deutsche Organisation eingebunden ist. Dies dürfte aber weniger der Fall sein, wenn der Arbeitnehmer grenzüberschreitend, aber ohne **räumlichen oder operativen Bezug** zum deutschen Arbeitgeber tätig wird. Obsolet wird die Prüfung nur dann, wenn die grenzüberschreitende Tätigkeit beendet wurde, der Arbeitnehmer aber zum deutschen Arbeitgeber zurückkehren soll. Im Streitfall wird der Arbeitnehmer ohnehin einen Bezug zum inländischen Betrieb und damit die Notwendigkeit einer Betriebsratsanhörung geltend machen.

285   Das KSchG erfasst nach § 1 Abs. 1 KSchG Arbeitsverhältnisse in einem Betrieb oder Unternehmen und findet Anwendung, soweit das Arbeitsverhältnis dem deutschen Recht untersteht.[2] Werden Arbeitnehmer vorübergehend im Ausland eingesetzt, bleibt für sie das **KSchG anwendbar.** Dies gilt auch dann, wenn der Arbeitnehmer seine Arbeitsleistung im Rahmen seines Vertrages für ein ausländisches Konzernunternehmen erbringt, die Weisungsbefugnis des deutschen Arbeitgebers aber erhalten bleibt.[3] Ob ein solches Weisungsrecht besteht, muss – sofern es nicht dokumentiert ist – durch Auslegung ermittelt werden; der betroffene Arbeitnehmer wird sich darauf berufen,

---

[1] *Falder* NZA 2000, 868.
[2] ErfK/*Oetker* § 1 KSchG Rn. 9.
[3] BAG 21.1.1999 – 2 AZR 648/97, NZA 1999, 539.

wenn der deutsche Arbeitgeber weiterhin für Gehaltszahlungen, die Abwicklung von Urlaubs- und Krankheitszeiten oder sonstige Vertragsvorgänge zuständig ist.

Angesichts der unterschiedlichen Definitionen des Begriffs des leitenden Angestellten nach dem BetrVG und dem KSchG muss auch bei den Auswirkungen differenziert werden. **286**

aa) Betriebsverfassungsrechtliche Konsequenzen der leitenden Stellung im Ausland

Die Rechtsprechung vertritt den Ansatz, dass zwischen der betriebsverfassungsrechtlichen Stellung in Deutschland und im Ausland unterschieden werden muss. So vertritt das BAG die Auffassung, dass aus einer leitenden Funktion eines Mitarbeiters in einem anderen ausländischen Konzernunternehmen nicht gefolgert werden kann, dass er auch im inländischen Unternehmen eine leitende Funktion iSd § 5 BetrVG inne hat.[1] Für die Einordnung seines inländischen Arbeitsverhältnisses ist weder die Organstellung noch die Stellung als leitender Angestellter in einem anderen Unternehmen des Konzerns maßgebend. Das BAG begründet diese Ansicht damit, dass die besondere Behandlung von leitenden Angestellten aus dem Interessengegensatz zwischen den dem Arbeitgeber nahestehenden Mitarbeitern und der durch den Betriebsrat repräsentierten Belegschaft folge. Wer als leitender Angestellter zum „Lager" des Arbeitgebers gehört, soll eben nicht vom Betriebsrat vertreten werden. Ein derartiger **Interessengegensatz** besteht nach Ansicht des Gerichts aber nicht bei Mitarbeitern, die lediglich in einem anderen Unternehmen eine leitende Funktion bis hin zur Organschaft ausüben.[2] Mit der Einsatzwirklichkeit in Konzernunternehmen stimmt diese formale Betrachtungsweise nicht überein. Sie führt auf Arbeitgeberseite nicht selten zu Unverständnis, wenngleich sie für den betroffenen Mitarbeiter im Streitfall von Vorteil ist. **287**

Die Instanzgerichte folgen dieser Einordnung durch das BAG nicht konsequent, sondern nehmen abweichende Bewertungen vor. Das ArbG Hamburg hat eine Führungskraft, die als **Betriebsleiter bei mehreren Tochtergesellschaften** eingesetzt wurde, als leitenden Angestellten iSd § 5 Abs. 3 Nr. 1 BetrVG auch bei der anstellenden Muttergesellschaft angesehen.[3] Der Beurteilung als leitender Angestellter stand insbesondere nicht entgegen, dass der Mitarbeiter keine Befugnis zur selbständigen Einstellung und Entlassung von Arbeitnehmern bei der anstellenden Muttergesellschaft, sondern nur bei der Tochtergesellschaft inne hatte. Zwar führte nach Auffassung des Gerichts die Stellung als Betriebsleiter in der Tochtergesellschaft nicht automatisch zu einer Einordnung als leitender Angestellter bei der Muttergesellschaft. Das Gericht prüfte aber, ob die Leitungsaufgaben auch im Verhältnis zur Muttergesellschaft die Einordnung als leitender Angestellter rechtfertigten, ob sie also auch dort gewichtig waren und kam zu dem Ergebnis, dass der Mitarbeiter auch im Verhältnis zur Muttergesellschaft als leitender Angestellter anzusehen war.[4] **288**

Demgegenüber hat eine andere Kammer desselben Gerichts einen Rückgriff auf die Verhältnisse bei der ausländischen Tochtergesellschaft zur Begründung des Status als leitender Angestellter im deutschen Unternehmen abgelehnt – es komme allein auf die **Beziehung der Vertragsparteien** zueinander an.[5] Die Entscheidung bezog sich zwar auf den Begriff des leitenden Angestellten nach § 14 Abs. 2 KSchG. Die Erwägungen **289**

---

[1] BAG 20.4.2005 – 7 ABR 20/04, NZA 2005, 1006.
[2] BAG 20.4.2005 – 7 ABR 20/04, NZA 2005, 1006; vgl. auch Falder NZA 2000, 868.
[3] ArbG Hamburg 9.10.2008 – 29 Ca 172/08, BeckRS 2011, 77154.
[4] ArbG Hamburg 9.10.2008 – 29 Ca 172/08, BeckRS 2011, 77154.
[5] ArbG Hamburg 4.11.2009 – 3 Ca 318/09, BeckRS 2011, 77155; vgl. auch BAG 20.4.2005 – 7 ABR 20/04, NZA 2005, 1006; LAG München 13.4.2000 – 2 Sa 886/99, NZA 2000, 425.

des Gerichts sind allerdings – trotz unterschiedlicher Definitionsansätze – auf die Charakterisierung des leitenden Angestellten nach § 5 Abs. 3 BetrVG übertragbar und verdeutlichen, dass es innerhalb ein und desselben Gerichts bei der Bewertung derartiger grenzüberschreitender Sachverhalte zu unterschiedlichen Bewertungen kommen kann.

290   Auch das LAG München hatte zuvor entschieden, dass ein Mitarbeiter nicht bereits deshalb zwingend und automatisch als leitender Angestellter anzusehen ist, weil er in einem ausländischen Tochterunternehmen die **Geschäftsführerposition** inne hat.[1] Die Arbeitnehmereigenschaft – und damit einhergehend auch die Frage, ob diese im Status eines leitenden Angestellten ausgeübt werde – sei vielmehr eine Rechtsbeziehung, die allein und ausschließlich von der Beziehung der Vertragsparteien zueinander zu bestimmen sei. Insofern komme es darauf an, ob sich die Tätigkeit bei der Tochtergesellschaft auf die Muttergesellschaft auswirke und ob die Voraussetzungen des BetrVG vorliegen.

291   Bei der praktischen Bewertung stellt sich die Frage, inwieweit der Arbeitnehmer in seiner ausländischen oder grenzüberschreitenden Aufgabe auch für den deutschen Arbeitgeber tätig wird. Wird das ausländische **Tochterunternehmen als Betriebseinheit** des deutschen Unternehmens angesehen, kann der Tatbestand als erfüllt gelten.[2] Zwar ist der Anknüpfungspunkt für die Beurteilung der unternehmerischen Tätigkeit des Angestellten im Sinne des § 5 Abs. 3 BetrVG das Unternehmen – und bei dem ausländischen Tochterunternehmen und dem deutschen Unternehmen handelt es sich um zwei unterschiedliche Unternehmen. Das BAG hat jedoch das KSchG – obwohl es nicht konzernbezogen ist – in seinem Wirkungsbereich auf den Konzern ausgeweitet, sofern im Anstellungsvertrag ausdrücklich oder konkludent ein **Konzernbezug** zu erkennen ist.[3] Es stellt sich damit die Frage, ob ein solcher Konzernbezug im Arbeitsvertrag auch zu einer konzernweiten Berücksichtigung einer leitenden Stellung im Sinne des BetrVG führt. Für viele Konstellationen wird man dies bejahen können. Für die Praxis muss zwischen den einzelnen Fallgruppen des leitenden Angestellten nach dem BetrVG differenziert werden.

292   Die Befugnis, über **Einstellungen und Entlassungen** allein im ausländischen Tochterunternehmen zu entscheiden, kann nicht ausreichen, um diese Tatbestandsvoraussetzungen auch im deutschen Unternehmen zu bejahen.[4] Wer als Geschäftsführer einer ausländischen Gesellschaft allein deren Geschäfte dort besorgt, ist also nicht automatisch auch leitender Angestellter gegenüber seinem deutschen Arbeitgeber. In diesen Konstellationen ist vielmehr auf die **formale Entscheidungskompetenz** insgesamt abzustellen – und vor allem wie diese nachgewiesen wird. Der deutsche Arbeitgeber, der sich auf die Stellung des Arbeitnehmers als leitenden Angestellten berufen will, muss den entsprechenden Nachweis führen, dass dieser Mitarbeiter in seiner (ausländischen oder grenzüberschreitenden) Funktion eine Entscheidungskompetenz hat, die einem leitenden Angestellten von der Wertung her entspricht. Der Mitarbeiter wird – erfahrungsgemäß – jede Entscheidungskompetenz abstreiten. Abhilfe schaffen nur klare Regelwerke wie **Stellen- oder Organisationsbeschreibungen,** und deren tatsächliche Umsetzung. Andernfalls wird der Arbeitgeber beim Nachweis scheitern.

293   Die in § 5 Abs. 3 Nr. 2 BetrVG erwähnten **Vertretungsberechtigungen** (Generalvollmacht, Prokura) sind zweifelsfrei auf das deutsche Unternehmen bezogen. Sind diese daher nicht beim deutschen Vertragsarbeitgeber erfüllt, kann der Mitarbeiter

---

[1] LAG München 13.4.2000 – 2 Sa 886/99, NZA 2000, 425.
[2] So auch *Falder* NZA 2000, 868.
[3] BAG 13.2.1990 – 1 AZR 171/87, NZA 1990, 654.
[4] Vgl. LAG München 13.4.2000 – 2 Sa 886/99, NZA-RR 2000, 425; HWK/*Gaul,* BetrVG § 5 Rn. 49; *Falder* NZA 2000, 868.

nicht mit Hinweis auf § 5 Abs. 3 Nr. 2 BetrVG als leitender Angestellter eingestuft werden.[1] Nicht selten werden eingeräumte Vollmachten, zB die Prokura, für Mitarbeiter, die im Ausland eingesetzt werden, angepasst und aufgehoben. In der Praxis kommt es aber auch vor, dass sie unberührt bleiben. Auch in diesen Fällen muss der Arbeitgeber belegen, dass die Vertretungsberechtigung weiterhin tatsächlich zur Anwendung gekommen ist bzw. weiterhin berechtigt ist. Andernfalls kann sich der Arbeitnehmer darauf berufen, es handele sich um eine „Titularprokura", die lediglich einen Titel nicht aber eine Vertretungsberechtigung und damit nicht die Eigenschaft einer leitenden Stellung begründen kann.[2]

Für das Tatbestandsmerkmal des § 5 Abs. 3 Nr. 3 BetrVG müsste die Tätigkeit im Ausland oder für eine Auslandsgesellschaft eine **bedeutende Aufgabe** für Bestand und Entwicklung des deutschen Unternehmens sein. Wer einen Bereich europa- oder weltweit verantwortet, der für den Bestand des Konzerns von Bedeutung ist, wird mittelbar auch für das deutsche Unternehmen tätig. Besteht zB die Hauptleistungsverpflichtung gegenüber dem deutschen Unternehmen in der Erfüllung der leitenden Funktion im Tochterunternehmen, kann – anders als bei den Personalkompetenzen – durchaus allein auf das ausländische Unternehmen abgestellt werden.[3] Solche Vereinbarungen im Arbeitsvertrag sind aber nicht die Regel; nicht selten wird der deutsche Vertrag inhaltlich unverändert ruhend gestellt und eine gesonderte Vereinbarung (mit einer ausländischen Gesellschaft) über die neue Tätigkeit geschlossen. Aus dem deutschen Vertrag selbst lässt sich die konzernweite Verantwortung dann nicht ableiten. Die Funktion allein ist im Übrigen nicht ausreichend. Zusätzlich muss der Mitarbeiter bei seinen Entscheidungen **frei von Weisungen** oder maßgeblicher Beeinflussung handeln. Die Entscheidungen, die sein Einsatzgebiet betreffen, dürfen nicht lediglich durch die Konzernleitung oder andere Stellen vorgegeben oder maßgeblich beeinflusst werden. Schwieriger wird es für den Arbeitgeber, die leitende Stellung darzulegen, wenn dem Arbeitnehmer zwar eine grenzüberschreitende Funktion mit großer Reichweite übertragen wird, er die Aufgabe aber nicht frei und selbstbestimmt wahrnimmt. Wer zB die Umsetzung konzernweiter Vorgaben durch die lokalen Bereiche mehrerer Länder verantwortet, ohne diese Vorgaben selbst beeinflussen zu können, wird nicht als leitender Angestellter angesehen.[4] Auch hier helfen nur klare Stellen- oder Organisationsbeschreibungen, die die Funktion, Verantwortung und Kompetenzen des Arbeitnehmers im Konzern festschreiben und in der Praxis entsprechend umgesetzt werden. Letztlich gilt insoweit nichts anderes als für im Inland beschäftigte Mitarbeiter und deren Einordnung. Auch hier muss der Arbeitgeber den Nachweis führen, dass der Beschäftigte Aufgaben mit großer Bedeutung für das Unternehmen eigenverantwortlich wahrnimmt. Dass der Mitarbeiter auch über diejenigen besonderen Erfahrungen und Kenntnisse verfügen muss, die ihn zu dieser Funktion befähigen, ist als weiteres Kriterium einzuhalten, auch wenn es sich von selbst verstehen müsste.

Im Ergebnis schließt die Übernahme leitender Aufgaben im Ausland die Einordnung eines Mitarbeiters als leitenden Angestellten nicht aus. Die leitende Funktion kann dann auch zu einer leitenden Funktion im inländischen Unternehmen führen – dabei ist nicht entscheidend, ob das deutsche Unternehmen die Konzernmutter oder Tochter ist. Allerdings führt der Wechsel eines normalen Arbeitnehmers in eine leitende Stellung im Ausland **nicht automatisch** dazu, dass der Mitarbeiter gegenüber seinem deutschem Vertragsarbeitgeber als leitender Angestellter anzusehen ist. Hier ist

---

[1] Vgl. LAG München 13.4.2000 – 2 Sa 886/99, NZA-RR 2000, 425; *Falder* NZA 2000, 868.
[2] Richardi/*Richardi*, BetrVG, § 5 BetrVG Rn. 205 mwN.
[3] Vgl. LAG München 13.4.2000 – 2 Sa 886/99, NZA-RR 2000, 425; *Falder* NZA 2000, 868.
[4] LAG Berlin-Brandenburg 12.5.2010 – 23 Sa 875/09, BeckRS 2010, 75072.

entscheidend, wie sich die ausländische Tätigkeit auf die inländische Stellung auswirkt. Fehlt jeglicher Bezug zum deutschen Arbeitgeber, kann der Mitarbeiter trotz hoher Verantwortung und umfangreicher Entscheidungsbefugnisse im Ausland nicht als leitender Angestellter im Verhältnis zum Arbeitgeber angesehen werden. Dann ist auch der Betriebsrat vor Ausspruch einer Kündigung vorsorglich zu hören.

296 Vor der Übertragung derartiger Funktionen sollte der Arbeitgeber sicherstellen, dass klare Stellen- oder Organisationsbeschreibungen die Funktion, Verantwortung und Kompetenzen des Arbeitnehmers festschreiben und eine entsprechende Umsetzung erfolgt.

bb) Kündigungsschutzrechtliche Konsequenzen der leitenden Stellung im Ausland

297 Im Rahmen des KSchG stellt sich ebenfalls die Frage, ob eine im Konzern bzw. im Ausland ausgeübte Führungsfunktion vom Vertragsarbeitgeber herangezogen werden kann, um sich auf den Status des Arbeitnehmers als leitenden Angestellten im Sinne des § 14 Abs. 2 S. 1 KSchG zu berufen.

298 In der Praxis sind leitende Angestellte im Sinne des § 14 Abs. 2 S. 1 KSchG nahezu nicht existent. Bei Einsätzen im Ausland ist entscheidend, ob die Voraussetzungen im Verhältnis zum deutschen Vertragsarbeitgeber auch dadurch erfüllt werden können, wenn sie nur im Betrieb des ausländischen Unternehmens verwirklicht sind. Reicht es also aus, wenn der leitende Mitarbeiter im Ausland zur **selbstständigen Einstellung oder Entlassung** von Arbeitnehmern berechtigt ist oder muss er hierzu auch für das deutsche Unternehmens befugt sein?

299 Die Instanzgerichte beurteilen dies unterschiedlich:[1] Teilweise wird angenommen, dass die Stellung des Mitarbeiters bei einem ausländischen Tochterunternehmen nicht genügt, um eine leitende Angestellteneigenschaft bei der inländischen Muttergesellschaft zu begründen, da es allein auf die Beziehung der Vertragsparteien zueinander ankommen soll.[2] Dabei muss berücksichtigt werden, dass das KSchG betriebs- und unternehmensbezogen ist, ein Konzernbezug im Gesetz aber nicht genannt wird.[3] Daher blendet die Rechtsprechung des BAG die Verhältnisse der im Ausland befindlichen Arbeitsstätten bei der Beurteilung inländischer Sachverhalte auch weitgehend aus.[4] Dementsprechend müssten die Voraussetzungen des § 14 Abs. 2 KSchG **im inländischen Unternehmen** selbst erfüllt sein, ohne dass auf die Verhältnisse in dem ausländischen Unternehmen zurückgegriffen werden kann.[5] Bezieht sich die Einstellungs- bzw. Entlassungskompetenz des im Ausland in Führungsposition tätigen Mitarbeiters lediglich auf Mitarbeiter des ausländischen Tochterunternehmens, dient sie in erster Linie den ausländischen Unternehmenszwecken und entfaltet daher wenig Aussagekraft für die Tätigkeit im Inland.[6] Hat sie allerdings – wenn auch nur mittelbar – Bedeutung für das inländische Unternehmen, können die Voraussetzungen des § 14 Abs. 2 KSchG im Einzelfall auch dadurch erfüllt werden. Die Darstellung zum betriebsverfassungsrechtlichen Begriff des leitenden Angestellten kann auch im Hinblick auf die Anwendung des KSchG herangezogen wer-

---

[1] Vgl. ArbG Hamburg 9.10.2008 – 29 Ca 172/08, BeckRS 2011, 77154; ArbG Hamburg 4.11.2009 – 3 Ca 318/09, BeckRS 2011, 77155.
[2] ArbG Hamburg 4.11.2009 – 3 Ca 318/09, BeckRS 2011, 77155; vgl. auch BAG 20.4.2005 – 7 ABR 20/04, NZA 2005, 1006; LAG München 13.4.2000 – 2 Sa 886/99, NZA 2000, 425.
[3] BAG 26.3.2009 – 2 AZR 883/07, DB 2009, 1409; 23.4.2008 – 2 AZR 1110/06, NZA 2008, 939; 23.3.2006 – 2 AZR 162/05, NZA 2007, 30; 23.11.2004 – 2 AZR 24/04, NZA 2005, 929; zur Frage des Konzernbezugs von § 14 KSchG vgl. auch *Rinsdorf/Kiedrowski* NZA 2012, 183.
[4] BAG 8.10.2009 – 2 AZR 654/08, NZA 2010, 360; 26.3.2009 – 2 AZR 883/07, DB 2009, 1409.
[5] *Rinsdorf/Kiedrowski* NZA 2012, 183.
[6] *Falder* NZA 2000, 868; *Rinsdorf/Kiedrowski* NZA 2012, 183; aA ErfK/*Kiel* KSchG § 14 Rn. 17.

C. Das Arbeitsverhältnis im grenzüberschreitenden Konzern

den. Wer nur über Einstellungen oder Entlassungen in einer ausländischen Gesellschaft entscheidet, nicht aber auch für das Unternehmen des deutschen Vertragspartners, kann nicht als leitenden Angestellter des deutschen Unternehmens nach § 14 Abs. 2 S. 1 KSchG angesehen werden.[1] Auch bei Mitarbeitern in hohen, grenzüberschreitenden Funktionen und Hierarchieebenen kann der Status nicht allein wegen der Stellung bejaht werden. Denn auch hier muss der Mitarbeiter die formale Entscheidungskompetenz über Einstellungen oder Kündigungen innehaben und aktiv ausüben; sie muss sich zudem auch – mittelbar – auf den deutschen Vertragsarbeitgeber auswirken.

Kann dies nicht belegt werden, kann sich der Vertragsarbeitgeber im Fall einer Kündigung für seinen Auflösungsantrag nicht auf § 14 Abs. 2 S. 2 KSchG berufen, und muss – statt eine vom Gericht festgesetzte Abfindung zahlen zu müssen – Gründe darlegen und beweisen, die eine den Betriebszwecken dienliche weitere Zusammenarbeit zwischen Arbeitgeber und Arbeitnehmer nicht erwarten lassen. War der Arbeitnehmer aber über längere Zeit im Ausland ohne Berührungspunkt mit dem deutschen Vertragsarbeitgeber tätig, dann lassen sich solche Gründe kaum finden. Eine einseitige Trennung ist dann nicht möglich. 300

cc) Arbeitszeit bei einer leitenden Stellung im Ausland

Das ArbZG ist eine Vorschrift des öffentlich-rechtliche Arbeitsschutzes, die nach dem **Territorialitätsprinzip** für alle Arbeitnehmer, die auf dem Gebiet der Bundesrepublik Deutschland beschäftigt sind, gilt. Das ArbZG gilt aber nicht für diejenigen deutschen Arbeitnehmer, die im Ausland eingesetzt sind, es sei denn, dies wurde zwischen den Parteien vereinbart.[2] 301

Es gilt ferner nicht für leitende Angestellte (§ 18 Abs. 1 S. 1 ArbZG). Hierfür gelten die oben dargestellten Grundsätze im Sinne des § 5 Abs. 3 BetrVG. Entscheidend ist, wie sich die ausländische Tätigkeit auf den inländischen Arbeitgeber und dessen Unternehmen auswirkt. Fehlt jeglicher Bezug zum deutschen Arbeitgeber, kann der in Deutschland tätige Mitarbeiter trotz hoher Verantwortung und umfangreicher Entscheidungsbefugnisse im Ausland nicht als leitender Angestellter angesehen werden. Dies kann dazu führen, dass ein Mitarbeiter mit deutschem Arbeitsverhältnis, der bedeutende Funktionen für ausländische Konzerngesellschaften wahrnimmt, die zum deutschen Arbeitgeber jedoch keinen Bezug haben, nur im engen Rahmen des ArbZG eingesetzt werden darf, soweit er in Deutschland arbeitet. 302

Der in Deutschland angestellte Vertriebsleiter, der die Region Asien verantwortet und dort unterwegs ist, würde dagegen während seiner **Tätigkeit im Ausland** nicht vom ArbZG erfasst. 303

c) Einsatz Leitender Angestellter in nicht leitenden Funktionen im Ausland

Neben Sachverhalten, in denen sich die Frage stellt, ob ein Mitarbeiter durch Funktionen im Ausland zum leitenden Angestellten wird oder diese Stellung beibehält, stellt sich auch die Frage, ob ein leitender Angestellter eines inländischen Unternehmens, der im Ausland nur noch als „normaler" Mitarbeiter eingesetzt wird, seinen Status als leitender Angestellter hierdurch verliert. Wird der Personalleiter eines deutschen Betriebs oder Unternehmens durch seinen Wechsel auf eine **Stabstelle in der Konzernspitze** im Ausland zum normalen Arbeitnehmer, weil er dort die Umsetzung zentraler Vorgaben in den nationalen Gesellschaften durch die dortigen Personalverantwortlichen verantwortet? 304

---

[1] Vgl. LAG München 13.4.2000 – 2 Sa 886/99, NZA-RR 2000, 425; *Falder* NZA 2000, 868.
[2] BAG 12.12.1990 – 4 AZR 238/90, NZA 1991, 386; ErfK/*Wank* ArbZG § 2 Rn. 7.

305 Ob ein Mitarbeiter, der mehreren Betrieben desselben Unternehmens angehört, leitender Angestellter im Sinne des § 5 Abs. 3 BetrVG ist, kann für alle Betriebe des Unternehmens nur einheitlich beurteilt werden.[1] Innerhalb desselben Unternehmens bzw. Arbeitsverhältnisses kann ein Arbeitnehmer nicht zum Teil leitender Angestellter sein und zum anderen Teil nicht. Das Gesetz stellt in § 5 Abs. 3 BetrVG auf die Stellung des Angestellten im Unternehmen ab – der Begriff des leitenden Angestellten ist daher unternehmensbezogen.[2] Was hinsichtlich der Stellung eines Mitarbeiters gilt, der seine Tätigkeit bei einem anderen Unternehmen des Konzerns wahrnimmt, lässt die Vorschrift dagegen offen. Insofern ist es durchaus möglich, dass ein Arbeitnehmer in einem Konzern zugleich leitender Angestellter einer Konzerngesellschaft als auch „normaler" Arbeitnehmer eines anderen Konzernunternehmens sein kann.[3] Dies führt von Konzernseite nicht selten zu Unverständnis, insbesondere wenn die dann notwendige Betriebsratsanhörung zur Offenlegung von zB Vergütungskonditionen des Topmanagements führen würde, die dem Betriebsrat nicht bekannt gemacht werden soll.

306 Wird darauf abgestellt, dass die Stellung in einem anderen – hier dem ausländischen – Unternehmen für den Status bei dem inländischen Unternehmen nicht maßgebend ist,[4] muss der Mitarbeiter im Inland nach wie vor als leitender Angestellter im Sinne des § 5 Abs. 3 BetrVG angesehen werden, wenn er dort als leitender Angestellter eingestellt worden ist. Allerdings müssen die Voraussetzungen des § 5 Abs. 3 BetrVG und des § 14 Abs. 2 KSchG bei dem inländischen Unternehmen nach wie vor erfüllt sein. Wer seine bisherigen Aufgaben beim deutschen Arbeitgeber nicht mehr ausübt, dort also keine Aufgaben mehr wahrnimmt, die von Bedeutung sind und eigenverantwortlich betreut werden, weil er mit neuen, anderen Aufgaben betraut ist, der verliert damit seine Eigenschaft als leitender Angestellter gegenüber seinem deutschen Vertragsarbeitgeber.

307 Praktisch bedeutsam wird dieses Problem in solchen Fällen, in denen die ausländische Tätigkeit beendet wird, der inländische Arbeitgeber aber keine freie Stelle in adäquater Funktion zur Verfügung stellen kann oder will und daher eine Kündigung beabsichtigt. Er kann sich dann nicht darauf berufen, dass der Arbeitnehmer vor seinem Wechsel in das Ausland leitender Angestellter war.[5]

308 Im Ergebnis muss der Arbeitgeber bei Auslandseinsätzen also berücksichtigen, dass diese den bestehenden Status als leitenden Angestellten beeinflussen, wenn sich hierdurch die Stellung im Unternehmen des deutschen Vertragsarbeitgebers ändert.

5. Arbeitnehmererfindungen

309 Das ArbNErfG gilt für alle Arbeitsverhältnisse, die dem deutschen Recht unterliegen und regelt, wie mit Erfindungen des Arbeitnehmers umgegangen wird.

310 Eine Arbeitnehmer- bzw. Diensterfindung ist eine patent- oder gebrauchsmusterfähige Erfindung, die ein Arbeitnehmer im Rahmen seiner Dienstpflicht, das heißt im Rahmen seiner Tätigkeit aufgrund des Arbeitsvertrages geschaffen hat. Der Arbeitgeber hat grundsätzlich Anspruch auf die Diensterfindung. Der Arbeitnehmer hat einen damit korrespondierenden, ausgleichenden Anspruch auf Vergütung. Das ArbNErfG erfasst auch den Fall, wenn der Arbeitnehmer nicht unmittelbar für seinen Arbeitgeber, sondern für ein verbundenes Unternehmen tätig war, ohne mit diesem einen gesonderten Arbeitsvertrag geschlossen zu haben (sog. Doppelarbeitsverhältnis; → Rn. 191).

---

[1] BAG 25.10.1989 – 7 ABR 60/88, NZA 1990, 820.
[2] BAG 25.10.1989 – 7 ABR 60/88, NZA 1990, 820.
[3] Vgl. LAG München 13.4.2000 – 2 Sa 886/99, NZA-RR 2000, 425.
[4] BAG 20.4.2005 – 7 ABR 20/04, NZA 2005, 1006; *Falder* NZA 2000, 868 (870).
[5] Vgl. LAG Berlin-Brandenburg 12.5.2010 – 23 Sa 875/09, BeckRS 2010, 75072.

Auch sonstige Erfindungen, also solche, die der Arbeitnehmer nicht im Rahmen 311
seiner Tätigkeit für den Arbeitgeber gemacht hat, oder die nicht maßgeblich auf Erfahrungen oder Arbeiten des Betriebes beruhen (freie Erfindungen) muss der Arbeitnehmer mitteilen und seinem Arbeitgeber zur Nutzung anbieten. Das Gesetz bietet dem Arbeitnehmer in Form einer zusätzlichen Vergütung einen Ausgleich dafür, dass der Arbeitgeber einen Anspruch auf das Arbeitsergebnis hat und der Arbeitnehmer dem Arbeitgeber durch seine technische Leistung im „Wettbewerb ein Monopol" schafft.

a) Sonderkonstellationen in grenzüberschreitenden Konzernen

Dieses Austauschverhältnis zwischen Arbeitgeber und Arbeitnehmer, das im klassischen Arbeitsverhältnis ohne Besonderheiten abgewickelt werden kann, führt in 312
grenzüberschreitenden Konzernen bei Auslandsbeziehungen, das heißt bei Berührungen mit dem Ausland, zu Sonderkonstellationen.

Auslandsbeziehungen in diesem Sinne beschränken sich nicht darauf, dass der Arbeitgeber eine Diensterfindung gemäß § 14 ArbNErfG im Ausland zur Erteilung von 313
Schutzrechten anmelden will, oder für ausländische Staaten, in denen der Arbeitgeber keine Schutzrechte erwerben will, dem Arbeitnehmer die Diensterfindung freigeben und auf Verlangen den Erwerb von Auslandsschutzrechten ermöglichen muss.

Auslandsbeziehungen liegen auch vor, wenn eine deutsche Gesellschaft im Ausland 314
Arbeitnehmer beschäftigt, wenn inländische Arbeitnehmer im Ausland beschäftigt werden, oder wenn ein ausländischer Arbeitgeber in Deutschland Arbeitnehmer beschäftigt. Alle diese Konstellationen sind in grenzüberschreitenden Konzernen keine Seltenheit, insbesondere dann, wenn Forschungs- und Entwicklungsarbeiten grenzüberschreitend bei einer Konzerngesellschaft durchgeführt werden, die Arbeitnehmer verschiedenster Konzerngesellschaften bündelt. Da Arbeitnehmererfindungen aber nicht zwingend nur im Bereich von Forschung und Entwicklung gemacht werden, kann es grundsätzlich in jedem, auch dem grenzüberschreitenden Arbeitsverhältnis eines Außendienstlers oder beim Auslandseinsatz eines Monteurs, zu Erfindungen kommen.

b) Anwendbares Arbeitnehmererfindungsrecht

Welches Recht für Arbeitnehmererfindungen in diesen grenzüberschreitenden Sonderkonstellation einschlägig ist, bestimmt sich nach dem internationalen Privatrecht.[1] 315

Nicht selten beschäftigen ausländische Gesellschaften, beispielsweise eine britische 316
Ltd. oder eine niederländische B. V., insbesondere Vertriebsmitarbeiter in Deutschland, ohne dass eine deutsche Tochtergesellschaft dazwischengeschaltet wird. In aller Regel wird in derartigen Fällen deutsches Recht vereinbart, zwingend ist eine solche Vereinbarung jedoch nicht. Haben die Arbeitsvertragsparteien keine Rechtswahl getroffen, dann richtet sich das anzuwendende Recht im Arbeitsverhältnis nach dem Arbeitsvertragsstatut, also dem Recht des Staates, in dem oder von dem aus der Arbeitnehmer gewöhnlich seine Arbeit verrichtet.[2]

Aber auch eine Rechtswahl der Parteien gilt nicht uneingeschränkt. Sind alle Elemente des Sachverhalts mit einem anderen Staat verbunden, dann kann die Rechts- 317
wahl nicht vom Recht dieses anderen Staates abweichen, soweit dieses Recht keine abweichenden Vereinbarungen zulässt.[3] Im Hinblick auf § 22 S. 1 ArbNErfG, wonach

---

[1] Für Verträge, die vor dem 17.12.2009 geschlossen wurden, sind die Vorschriften für Individualarbeitsverhältnisses nach Art. 27 ff. EGBGB einschlägig. Für nach diesem Zeitpunkt abgeschlossene Verträge sind Art. 8 ff. Rom I-VO heranzuziehen.
[2] Art. 8 Abs. 2 Rom I-VO bzw. Art. 30 Abs. 2 EGBGB.
[3] Vgl. Art. 3 Abs. 3 Rom I-VO bzw. Art. 27 Abs. 3 EGBGB.

die Vorschriften des ArbNErfG zuungunsten des Arbeitnehmers nicht abgedungen werden können, wird deutlich, dass das ArbNErfG eine solche Einschränkung nach Art. 8 Abs. 1 S. 2 Rom I-VO bewirkt.

318 Zudem unterliegen Rechtswahlvereinbarungen den besonderen Regelungen für Arbeitsverhältnisse,[1] so dass durch die Rechtswahl auch nicht von den zwingenden Bestimmungen des Recht des Staates abgewichen werden kann, in dem der Arbeitnehmer seinen **gewöhnlichen Arbeitsort** hat. Für einen in Deutschland tätigen Arbeitnehmer ist dies deutsches Recht. Für Mitarbeiter, die ohne „einstellende Niederlassung" unmittelbar bei einer ausländischen Gesellschaft angestellt sind und innerhalb Deutschlands zB ihre Kunden besuchen, kann hierfür beispielsweise auf das Home-Office als Ausgangspunkt der Tätigkeit abgestellt werden. Somit kann sich auch der in Deutschland tätige Mitarbeiter auch dann auf das ArbNErfG berufen, wenn in seinem Arbeitsvertrag mit der ausländischen Gesellschaft ausländisches Recht vereinbart sein sollte. Fehlt es an einem gewöhnlichen Arbeitsort, so gilt nach Art 8 Abs. 3 Rom I-VO das Recht des Staates, in der sich die Niederlassung befindet, die den Arbeitnehmer eingestellt hat. Dementsprechend gilt auch für einen Arbeitnehmer, der von seinem deutschen Arbeitgeber aus im Ausland eingesetzt wird, deutsches Recht.

319 Die Anwendbarkeit des ArbNErfG wird nicht durch den Umstand in Frage gestellt, dass eine deutsche inländische Gesellschaft (zB GmbH, AG oder KG etc.) unter ausländischer Leitung oder Kapitalbeteiligung steht. Die Vertragspartei ist nämlich auch in diesen Fällen – ungeachtet ihrer Rechtsform, Leitung und Kapitalbeteiligung – ein inländischer Arbeitgeber. Hat dieser ein Arbeitsverhältnis mit einem Arbeitnehmer abgeschlossen, auf das das deutsche Recht anzuwenden ist, gilt das ArbNErfG ohne Einschränkung. Keine Rolle spielt auch die Staatsangehörigkeit des Arbeitnehmers.

320 Der Arbeitgeber kann also nicht ohne weiteres das Arbeitnehmererfindungsrecht vereinbaren, das ihm die umfangreichsten Rechte in Form der uneingeschränkten Nutzung ohne Vergütungsanspruch für den Arbeitnehmer einräumt.

321 Das ArbNErfG gilt – wie schon der Name sagt – für Arbeitsvertragsparteien. Eine ausdrückliche Definition der berechtigten und verpflichteten Parteien enthält das Gesetz nicht. Allerdings sieht zB § 27 ArbNErfG vor, dass sonstige Verpflichtungen, die sich für den Arbeitgeber und den Arbeitnehmer aus dem Arbeitsverhältnis ergeben, durch die Vorschriften des ArbNErfG nicht berührt werden. Damit wird deutlich, dass sich der Geltungsbereich des Gesetzes allein auf die Parteien des Arbeitsverhältnisses beschränkt. Dieser Grundsatz gilt auch dann, wenn der deutsche Arbeitgeber seinen Mitarbeiter vorübergehend bei einer anderen Gesellschaft (im Ausland) einsetzt, beispielsweise im Rahmen eines Forschungsprojekts bei einer ausländischen Mutter- oder Schwestergesellschaft. Wurde keine ausdrückliche Rechtswahl getroffen, was im ursprünglich deutschen Arbeitsverhältnis zwischen deutschen Arbeitnehmer und Arbeitgeber meist der Fall sein dürfte, so wechselt nach Art. 8 Abs. 2 S. 2 Rom I-VO der Staat, in dem die Arbeit gewöhnlich verrichtet wird, dann nicht, wenn der Arbeitnehmer seine Arbeit vorübergehend in einem anderen Staat verrichtet. Die Regelung sieht also vor, dass deutsches Recht bei einem vorübergehenden Einsatz nicht abgelöst wird und schon deshalb auch für Erfindungen gilt. Ein **vorübergehender Einsatz** liegt vor, wenn vom Arbeitnehmer erwartet wird, dass er nach seinem Arbeitseinsatz seine Arbeit im Herkunftsstaat wieder aufnimmt. Das gilt auch dann, wenn er im Ausland in einen Betrieb eingegliedert wird, sofern seine Rückkehr gewollt und vereinbart wird. Rechte und Pflichten aus Erfindungen des Arbeitnehmers, die dieser während seines Auslandsaufenthaltes macht, regeln sich also weiterhin nach dem deutschen

---

[1] Art. 8 Rom I-VO bzw. Art. 30 EGBGB.

ArbNErfG und gelten zwischen dem Arbeitnehmer und seinem deutschen Vertragsarbeitgeber.

Geht der Arbeitnehmer bei einem Auslandseinsatz ein Arbeitsverhältnis mit einem ausländischen Unternehmen, zB einer Tochter- oder Muttergesellschaft ein, so gilt für dieses Arbeitsverhältnis das (ausdrücklich oder stillschweigend) gewählte Recht. Bei fehlender Rechtswahl gelten dagegen wieder die oben genannten Grundsätze, das heißt der Arbeitsort oder die Niederlassung sind Anknüpfungspunkt für das maßgebliche Recht. Für den Mitarbeiter kann dies dazu führen, dass für Arbeitnehmererfindungen im Verhältnis zur ausländischen Gesellschaft dann auch ausländisches Recht gilt. 322

c) Bündelung in einer Konzernobergesellschaft

Werden Arbeitnehmer in grenzüberschreitenden Konzernen mit Kollegen verschiedener Konzerngesellschaften tätig, stellt sich die Frage, ob die Rechte und Pflichten nach dem ArbNErfG zentral und ohne weiteres Zutun, zB bei der Konzernobergesellschaft oder einer Forschungsgesellschaft, gebündelt werden können. Dadurch könnte die gesamte Abwicklung von Arbeitnehmererfindungen auch zentral durch die Konzernobergesellschaft erfolgen. Ist dies nicht möglich, bedarf es der **nachträglichen Übertragung** der Arbeitgeberrechte an den Erfindungen auf die Konzernobergesellschaft. 323

Nach deutschem Arbeitnehmererfindungsrecht bedarf es für eine solche Bündelung entsprechender Vereinbarungen zwischen Arbeitnehmer und Arbeitgeber. Denn die Rechte und Pflichten nach dem ArbNErfG erstrecken sich allein auf die Parteien des Arbeitsverhältnisses. Da § 22 ArbNErfG es verbietet, von den Vorschriften des Gesetzes zuungunsten des Arbeitnehmers abzuweichen, dürfte eine vorweggenommene automatische Rechtsübertragung vom Arbeitgeber auf einen Dritten ausscheiden. Andererseits sind Vereinbarungen über Erfindungen nach ihrer Meldung oder Mitteilung jedoch zulässig. Hat der Arbeitgeber eine ihm angebotene Erfindung in Anspruch genommen, gehen alle vermögenswerten Rechte an der Diensterfindung auf ihn über. Damit kann der Arbeitgeber diese auch auf Dritte, also beispielsweise die ausländische Muttergesellschaft übertragen.[1] In der Praxis sollte diese Übertragung innerhalb des Konzerns dokumentiert werden. 324

Bei freien Erfindungen beschränken sich die Rechte des Arbeitgebers gemäß § 19 ArbNErfG grundsätzlich auf ein nichtausschließliches Recht zur Benutzung der Erfindung. Etwas anderes gilt nur dann, wenn der Arbeitnehmer seinem Arbeitgeber sämtliche Erfindungsrechte oder zumindest ein ausschließliches Benutzungsrecht überträgt. Der Arbeitnehmer hat nach hM ein Wahlrecht, wie er verfahren will. Damit ist die nachträgliche Übertragbarkeit einer freien Erfindung von der Vereinbarung zwischen Arbeitnehmer und Arbeitgeber bzw. deren hypothetischen Parteiwillen bei fehlender Vereinbarung abhängig. In (grenzüberschreitenden) Konzerngesellschaften sollte der deutsche Vertragsarbeitgeber bei freien Erfindungen das Recht zur Übertragung an andere Konzerngesellschaften mit dem Arbeitnehmer vereinbaren und dies dokumentieren. 325

III. Konzernweite Sozialleistungen

Internationale Konzerne versuchen, ihre Sozialleistungen in den konzernzugehörigen Gesellschaften weltweit zu vereinheitlichen. Die unmittelbare Zahlung oder un- 326

---

[1] Vgl. BGH 17.11.2009 – X ZR 137/07, BB 2010, 386.

mittelbare Gewährung eines geldwerten Vorteils durch die ausländische Konzernspitze ist hierbei die Ausnahme. Jedoch sind Erfolgsbeteiligungen oder leistungsabhängige Vergütungen, jedenfalls für Mitarbeiter der höheren Hierarchieebenen nicht selten von weltweiten Konzernergebnissen abhängig. Auch werden Aktienoptionsprogramme häufig auf Mitarbeiter der ausländischen Konzerngesellschaften ausgedehnt oder Zusatzversicherungen weltweit angeboten.

1. Grenzüberschreitende Aktienoptionssysteme

a) Einleitung

327 Aktienoptionssysteme haben sich in Deutschland zwar nicht als gängiges Vergütungs- und Anreizmittel etabliert, gerade aber ausländische Konzerne machen oft Gebrauch von derartigen Beteiligungsmodellen. Für die Personalpraxis ist es daher wichtig, die **Funktionsweise** von Aktienoptionsprogrammen zu verstehen. Denn bei der Abwicklung von Arbeitsverhältnissen, in denen Aktienoptionen gewährt wurden, zeigt sich, dass die rechtliche Konstruktion und ihre praktischen Auswirkungen selten geläufig sind.

328 Aktien und Aktienoptionen kamen Ende der 1990er-Jahre gleichzeitig mit dem aufkommendem Boom der IT- und Telekommunikationsindustrie und ihren Aufsehen erregenden Börsengängen in den Fokus von Personalmanagern. Der DotCom-Börsenrausch führte zu einem weiteren Aufschwung dieser Anreiz- und Vergütungstools als vielgeliebtes und besprochenes Thema in deutschen Unternehmen. Dabei haben Aktienoptionen bei ausländischen, insbesondere US-amerikanischen Arbeitgebern eine viel längere Historie.

329 Seit dem Absturz der Aktienkurse und des Neuen Marktes nach dem 11.9.2001 ist es um Aktienoptionsprogramme deutscher Gesellschaften still geworden. Ausländische Unternehmen setzen aber nach wie vor Aktienoptionen als Anreiz- und Vergütungsinstrument auch für ihre deutschen Mitarbeiter ein. In der Personalpraxis stehen heutzutage daher weniger die Aktienoptionsprogramme der deutschen DAX-Unternehmen im Vordergrund. Stattdessen müssen sich Personalpraktiker mit den Besonderheiten ausländischer *Stock Option*-Programme – meist US-amerikanischer Unternehmen – auseinandersetzen.

b) Aktienoptionen und Aktienoptionspläne

330 Während der Arbeitnehmer bei Mitarbeiteraktien die Aktien selbst und unmittelbar, meist zu Vorzugsbedingungen erhält und damit unmittelbar die Aktien seines Arbeitgebers oder der Konzernmutter erwirbt, gewährt die Aktienoption dem Mitarbeiter nur das Recht, unter bestimmten Voraussetzungen Aktien zu erwerben.

331 Eine Legaldefinition des Begriffs Aktienoption gibt es nicht. Nach dem allgemeinen Sprachgebrauch ist eine Option das Recht, einen Gegenstand unter bestimmten Bedingungen zu einem bestimmten Preis zu erwerben.[1] Der Arbeitnehmer erwirbt erst dann Aktien, wenn er die Option ausübt, so dass in der Regel zwischen folgenden **vier Phasen** zu unterscheiden ist:
– Gewährung und Zuteilung der Optionen *(granting)*[2]
– Ausübung der Optionen *(vesting)*
– Kauf und Übertragung der Aktien
– ggf. Weiterverkauf der erworbenen Aktien

---

[1] Vgl. die Darstellung bei *Lützeler,* Aktienoptionen bei einem Betriebsübergang, S. 38 ff.
[2] Die Begriffe des „granting" und „vesting" werden in der Praxis unterschiedlich verwendet.

Meistens werden Aktienoptionen bestimmten Mitarbeiterkreisen (Führungskräften) zugesagt. Wem Optionen gewährt und wie viele zugeteilt werden, wann und zu welchen Bedingungen die Optionen ausgeübt werden können, legt die Gesellschaft im Vorfeld ebenso fest, wie den eigentlichen Kauf- und Übertragungsvorgang, sowie die Voraussetzungen für einen späteren Weiterverkauf erworbener Aktien durch den Mitarbeiter. Hierzu wird regelmäßig ein **Aktienoptionsplan** *(Stock Option Plan)*[1] erlassen, der die maßgeblichen Regelungen zu den oben genannten vier Phasen enthält. Diesem Aufbau folgen grundsätzlich alle Optionspläne, wenngleich gerade amerikanische *Stock Option*-Programme durch ihren verschachtelten Aufbau ihr Verständnis erschweren.

332

Die Optionsberechtigten und die Zahl der ihnen zugeteilten Aktien sind – gerade bei Optionssystemen internationaler Unternehmen – nicht immer leicht zu durchschauen. In der Regel werden Mitarbeiter ab einer bestimmten Führungsebene einbezogen. Die Zuteilung erfolgt ebenfalls meist in Abhängigkeit von der Hierarchieebene. Der Berechtigte erhält hierüber eine entsprechende Mitteilung. Die Praxis zeigt, dass Inhalt und Umfang derartiger Mitteilungen höchst unterschiedlich gehandhabt werden.

333

Üblicherweise sieht der Aktienoptionsplan neben bestimmten Wartefristen, die einzuhalten sind, auch wirtschaftliche Ziele vor, die erfüllt sein müssen, bevor Optionen ausgeübt werden können. Mit Wartefristen erreicht die Gesellschaft eine Bindung der Beschäftigten. Mit der Vorgabe wirtschaftlicher Ziele schafft die Gesellschaft einen Leistungsanreiz bis zur Ausübung. Sind Wartefristen und wirtschaftliche Ziele erfüllt, spricht man von der **Unverfallbarkeit** der Optionen. Dem Optionsberechtigten kann die Option danach nicht mehr genommen werden.

334

Der Aktienoptionsplan regelt, wann, wo und wie die Optionen ausgeübt werden können, was aus insiderrechtlichen Gründen häufig nur zu bestimmten Stichtagen oder in vorgegebenen Zeitfenstern zugelassen ist.

335

Der Kaufpreis, zu dem der Arbeitnehmer die Aktien erwerben kann, wird dagegen – weil in aller Regel variabel – nicht im Aktienoptionsplan festgelegt, sondern spätestens in der Mitteilung an den Optionsberechtigten mitgeteilt. Es gibt aber auch Fälle, in denen der Optionspreis dem Berechtigten erst später im Laufe der Wartefrist mitgeteilt wird.

336

Nur wenn der tatsächliche Aktienwert über dem vorgegebenen Kaufpreis zum Ausübungszeitpunkt liegt, erlangt der Arbeitnehmer mit der Ausübung der Optionen und dem Kauf der Aktien diese vergünstigt und hierdurch einen **geldwerten Vorteil.** Den Kaufpreis muss der Mitarbeiter – je nach Optionsplan – sofort bezahlen, er wird mit sonstigen Ansprüchen verrechnet oder im Wege eines Darlehens gewährt. Die Ausübung der Aktienoptionen verlangt vom Mitarbeiter also eine tatsächliche **Investition.** Liegt der tatsächliche (Börsen-)Wert der Aktien unter dem Kaufpreis, der dem Mitarbeiter angeboten wurde, wird er seine Optionen dagegen nicht ausüben, sondern verfallen lassen. Zwar sind dann seine Erwartungen enttäuscht worden, verloren hat er jedoch nichts.

337

Den geldwerten Vorteil, den der Arbeitnehmer durch einen günstigen Kaufpreis erzielt, kann er – in der Regel nach Ablauf weiterer Wartefristen – durch Weiterverkauf der Aktien realisieren. Der Aktienoptionsplan enthält dementsprechend Regelungen, wie lange die erworbenen Aktien zu halten sind, und wie und wann sie weiterveräußert werden dürfen. Auch hier sind **Stichtage** oder festgelegte Zeitfenster aus insiderrechtlichen Gründen nicht selten. Der Aktienwert kann sich im Laufe solcher Warte-

338

---

[1] Auch für den Begriff Aktienoptionsplan sind diverse Begrifflichkeiten gebräuchlich.

Lützeler

fristen wieder verschlechtern, so dass ein Verkauf der Aktien für den Arbeitnehmer einen Verlust bedeuten würde. Der Arbeitnehmer wird dann auf eine Veräußerung verzichten und die Aktien halten, bis sich der Kurs wieder verbessert hat – so dass die Aktien nun als Werkzeug zur Mitarbeiterbindung dienen. Eine Realisierung verlangt zudem, dass es Abnehmer für die vom Arbeitnehmer angebotenen Aktien gibt. Werden diese nicht oder nicht mehr gehandelt oder fehlt es an Kaufinteressenten, ist eine Realisierung nur schwer möglich. Der Arbeitnehmer hat bei Aktienoptionen also die Chance auf einen geldwerten Vorteil, gleichwohl ist diese Chance nicht sicher.

339   Da seitens der die Optionen gewährenden Gesellschaft mit der Optionsgewährung eine Bindung der Arbeitnehmer angestrebt wird, enthalten die Aktienoptionssysteme auch zahlreiche **Verfall- und Ausschlussregelungen.** Scheiden Mitarbeiter aus dem Unternehmen oder Konzern aus, bevor die Wartezeiten für die Ausübung der Optionen abgelaufen sind, verfallen die ihnen gewährten Optionen in der Regel ersatzlos. Häufig wird auch der Grund des Ausscheidens im Optionssystem mit verschiedenen Folgen verbunden. So genannte *„bad leaver"*, die aufgrund einer verhaltensbedingten Kündigung ausscheiden, verlieren nach vielen Aktienoptionssystemen ihre Ansprüche.

340   Die Teilnahme an Aktienoptionsprogrammen kann sich aus Einzelvereinbarungen, Gesamtzusagen oder Betriebsvereinbarungen ergeben. Die Gewährung durch Tarifverträge ist denkbar, in der Praxis aber nicht vorgekommen. Bei der Gewährung ist der Gleichbehandlungsgrundsatz zu beachten; will der Arbeitgeber nur Führungskräfte bestimmter Hierarchieebenen beteiligen, muss sich die Gruppe der Berechtigten klar abgrenzen lassen.[1]

341   Vielen Beteiligten ist der **„Chancencharakter"** der Option nicht bewusst. Nicht selten werden im Zusammenhang mit Aufhebungsverhandlungen von Arbeitnehmern Ansprüche auf die Abgeltung ihrer Optionen zu einem bestimmten Wert erhoben; werthaltig ist die Option aber nur dann, wenn der Aktienwert über dem vorgegebenen Kaufpreis liegt und Wartefristen zur Ausübung abgelaufen sind. Andernfalls lässt sich der Wert einer Option nur anhand hierzu entwickelter Formeln[2] oder der Interessen der beteiligten Parteien bestimmen.

342   Im Folgenden werden die bei der Gewährung von Aktienoptionen im grenzüberschreitenden Konzern typischen Aspekte dargestellt.

c) Aktienoptionen ausgebendes Unternehmen

343   Die Behandlung der nachfolgend dargestellten Aspekte ist grundsätzlich abhängig von der Frage, in welchem Rechtsverhältnis das die Aktien gewährende Unternehmen und der Mitarbeiter stehen. Entscheidend ist hierbei die Frage, ob die Optionen vom Arbeitgeber gewährt wurden oder ob ein **Dritter,** beispielsweise das US-amerikanische Mutterunternehmen, den Beschäftigten der deutschen Tochtergesellschaft Optionen auf amerikanische Aktien gewährt.

344   Im ersten Fall sind die Optionen und die mit ihnen verbundenen Rechte und Pflichten solche aus dem Arbeitsverhältnis zwischen den Parteien und dementsprechend nach arbeitsrechtlichen Vorschriften zu behandeln. Werden Optionen dagegen von einem Dritten, noch dazu einer ausländischen Konzerngesellschaft gewährt, dann steht die Vereinbarung mit dem Arbeitnehmer rechtlich **selbstständig neben dem Arbeitsvertrag.**[3] Hieraus resultierende Aktienoptionsansprüche sind nur dann arbeits-

---

[1] BAG 21.10.2009 – 10 AZR 664/08, DB 2010, 115.
[2] Vgl. die Darstellung und Erläuterung der Berechnungsmethoden von *Black/Scholes, Cox-Ross-Rubinstein* oder *Merton* in Ettinger, Stock-Options, S. 161 ff.
[3] BAG 16.1.2008 – 7 AZR 887/06, NZA 2008, 836; 12.2.2003 – 10 AZR 299/02, NZA 2003, 487.

vertragliche Vergütungsbestandteile, wenn ein Rechtsbindungswille des Vertragsarbeitgebers besteht.

Daher muss bei der Einräumung von Aktienoptionsrechten strikt darauf geachtet werden, eine arbeitsvertragliche Bindung des Arbeitgebers oder deren Eindruck zu vermeiden, wenn dies nicht gewollt ist. In aller Regel erfolgt die Gewährung von Aktienoptionsrechten unmittelbar durch die Muttergesellschaft unter Hinweis auf die bei ihr bestehenden Regelungen, also den jeweiligen Aktienoptionsplan. Eine gesetzliche Vermutung, wonach vom Dritten gewährte Aktienoptionen Teil der arbeitsvertraglich geschuldeten Vergütung des Arbeitgebers sind, besteht nicht.[1] Nicht selten aber wird in dem Arbeitsvertrag, der dem deutschen Arbeitsverhältnis zu Grunde liegt, auf Aktienoptionssysteme im Konzern verwiesen. Derartige **Arbeitsvertragsklauseln** sollten vermieden werden, weil sie so sorgfältig und zurückhaltend formuliert werden müssen, damit die Klausel nicht die Einräumung von Optionsrechten durch den Vertragsarbeitgeber vorsieht oder auch nur den Anschein erweckt, der Arbeitgeber wolle eine **eigene Verpflichtung** gegenüber dem Arbeitnehmer eingehen. Ein solcher Anspruch entsteht weder aus einer arbeitsvertraglichen Vereinbarung, wonach sich der Arbeitnehmer dazu verpflichtet, seine gesamte Arbeitskraft seinem Arbeitgeber zur Verfügung zu stellen, noch aus Informationsschreiben über einen Betriebsübergang oder aufgrund der Abrechnung bzw. des Lohnsteuereinbehalts durch den Arbeitgeber.[2] Auch die Vereinbarung in einem Aufhebungsvertrag mit dem Arbeitgeber, dass „*die Ansprüche der Mitarbeiterin aus den Stockoptionen (Aktienoptionen des Arbeitgebers) in vollem Umfang auch nach Beendigung des Arbeitsverhältnisses bestehen*" bleiben, stellt **kein selbstständiges Schuldversprechen** des Arbeitgebers dar.[3] Die Entscheidung, die sich mit dieser Vereinbarung befasste, thematisierte die Formulierung „Aktienoptionen des Arbeitgebers" zwar nicht weiter, dennoch sollten Vereinbarungen zwischen Arbeitgeber und Arbeitnehmer immer einen klaren Hinweis enthalten, dass es sich um Aktienoptionen und Verpflichtungen des Dritten handelt. Folgerichtig werden Aktienoptionsansprüche von einer Ausgleichsklausel in einem Aufhebungsvertrag, nach der mit Erfüllung des Aufhebungsvertrags sämtliche Ansprüche aus dem Arbeitsverhältnis und aus Anlass seiner Beendigung abgegolten sind, nur erfasst, wenn die Optionen vom Arbeitgeber eingeräumt wurden.[4] Die Rechtsprechung geht im Übrigen davon aus, dass bei Konzernleistungen, die den Beschäftigten verschiedener Konzerngesellschaften nach konzerneinheitlichen Richtlinien von der Konzernobergesellschaft gewährt werden, der jeweilige Vertragsarbeitgeber lediglich als Ausführender und Zahlstelle fungiert.[5]

Es bedarf also zusätzlicher ausdrücklicher oder konkludenter Vereinbarungen mit dem Arbeitgeber, um einen Anspruch gegen diesen zu begründen. Dies soll der Fall sein, wenn der Arbeitnehmer auf eine **höhere Barvergütung** durch den Arbeitgeber verzichtet und stattdessen Aktienoptionen von der Konzernmuttergesellschaft erhält.[6] Sieht also der Arbeitsvertrag vor, dass den Mitarbeitern ein Teil der Vergütung in Optionen oder Aktien ausgezahlt werden soll, liegt ein entsprechender Bezug nahe.[7]

---

[1] BAG 28.5.2008 – 10 AZR 351/07, NZA 2008, 1074; 16.1.2008 – 7 AZR 887/06, NZA 2008, 836.
[2] LAG München 12.2.2009 – 3 Sa 833/08, GWR 2009, 258.
[3] LAG Düsseldorf 3.3.1998 – 3 Sa 1452/97, NZA 1999, 981.
[4] BAG 28.5.2008 – 10 AZR 351/07, NZA 2008, 1066.
[5] LAG München 12.2.2009 – 3 Sa 833/08, GWR 2009, 258.
[6] Küttner/*Röller* Aktienoptionen Rn. 6, *Annuß/Lembke* BB 2003, 2230; *Willemsen/Müller-Bonanni* ZIP 2003, 1177.
[7] Vgl. andererseits den Sachverhalt der Entscheidung Hess. LAG 14.8.2000 – 10 Sa 982/99. Das Gericht nahm die Formulierung im Aktienoptionsplan zum Anlass, die Optionsgewährung durch einen Dritten dem (deutschen) Arbeitsvertragsstatut zu unterwerfen.

Konkludente Vereinbarungen können sich schon aus einer Formulierung wie *„Die mit der Zuordnung zu diesem Führungskreis verbundenen Sonderleistungen werden auch Herrn R. gewährt (Stock options, Dienstwagen, ...)."*, ergeben, weil hierin ein selbstständiger Leistungswille des Arbeitgebers zu sehen ist.[1]

347 Die Rechtsprechung des BAG zur Auslegung von Formulararbeitsverträgen[2] verdeutlicht, wie schnell Vertragsklauseln zu unerwünschten Ergebnissen führen können. Während Vertragsklauseln nach deutschem Arbeitsrecht klar und verständlich, also transparent sein müssen (§ 307 BGB), ist dieser Grundsatz nicht durchweg in fremdsprachlichen Regelungen ausländischer Gesellschaften eingehalten. Insofern sollte der Arbeitsvertrag eher keinen Hinweis auf die Möglichkeit der Teilnahme an Aktienoptionsprogrammen der Muttergesellschaft nach den dortigen Bedingungen vorsehen. Stattdessen bietet es sich an, dass der Arbeitgeber – wenn auf seine Mitteilung nicht verzichtet werden kann – außerhalb des Arbeitsvertrags in einer **separaten Mitteilung** über die Teilnahme an einem Optionsprogramm der Muttergesellschaft informiert. Möglicherweise wird man bei der Vertragsgestaltung mittelfristig dazu tendieren, nach US-amerikanischem Vorbild klarzustellen, dass ein derartiger Hinweis im Arbeitsvertrag keinen Anspruch gegen den Vertragsarbeitgeber begründet.

d) Rechtswahlklauseln

348 Auch die Möglichkeit, für die Gewährung von Aktienoptionen ausländisches Recht zu vereinbaren, ist davon abhängig, ob die Optionen durch den Vertragsarbeitgeber oder durch einen (ausländischen) Dritten gewährt werden.

349 Bei einer Gewährung durch den Vertragsarbeitgeber gelten die allgemeinen Grundsätze für das Arbeitsstatut.

350 Werden dagegen die Aktienoptionen durch eine ausländische Konzerngesellschaft gewährt, so wird diese üblicherweise auch ausländisches Recht vereinbaren. Da der **US-Bundesstaat Delaware** ein von den übrigen Bundesstaaten abweichendes Gesellschaftsrecht hat, das gesellschaftsrechtliche Freiheiten erlaubt, haben zahlreiche US-Gesellschaften dort ihren Sitz und verweisen in ihren Aktienoptionsprogrammen auf das lokale Recht. Das flexible Gesellschaftsrecht von Delaware nutzen nahezu eine Millionen Gesellschaften und mehr als 50 % der an amerikanischen Börsen notierten Unternehmen.[3] Sind die Optionsrechte nicht vom Vertragsarbeitgeber gewährt und scheidet jegliche Verpflichtung des Vertragsarbeitgebers aus, dann ist auch nicht internationales Privatrecht für Individualarbeitsverträge[4] einschlägig.

351 Will die ausländische Konzernobergesellschaft **ausländisches Recht für die vier Phasen** der Abwicklung von Aktienoptionen vereinbaren, so muss dies ausdrücklich und deutlich geschehen. Ein Vertrag unterliegt dem von den Parteien gewählten Recht, sofern die Rechtswahl ausdrücklich erfolgt. Dies muss sich eindeutig aus den Bestimmungen des Vertrages oder aus den Umständen des Falles ergeben (Art. 3 Abs. 1 Rom I-VO bzw. für Altverträge Art. 27 EGBGB). Eine klare Regelung, dass ausländisches Recht für alle Phasen der Optionseinräumung gilt, ist demnach unverzichtbar.

352 Einschränkungen bei der Anwendung des gewählten Rechts können sich ergeben, wenn alle anderen Elemente des Sachverhalts mit einem anderen Staat oder mehreren EU-Mitgliedstaaten verbunden sind (Art. 3 Abs. 3, 4 Rom I-VO bzw. für Altverträge

---

[1] LAG Hamburg 13.12.2006 – 4 Sa 5/06, AE 2007, 226.
[2] Vgl. für Freiwilligkeitsvorbehalte BAG 10.12.2008 – 10 AZR 1/08, DB 2009, 684.
[3] *Delaware Department of State* unter: www.delaware.gov/topics/incorporateindelaware.
[4] Erfasst durch Art. 8 Rom I-VO.

C. Das Arbeitsverhältnis im grenzüberschreitenden Konzern

Art. 27 Abs. 2 EGBGB). Die Rechtswahl soll dann Rechte des oder der betroffenen Staaten nicht verdrängen, von denen nicht durch Vereinbarung abgewichen werden kann.

Die durch Art. 6 und Art. 8 Rom I-VO vorgesehenen Einschränkungen der Rechtswahl für **Verbraucherverträge und Individualarbeitsverträge** sind bei einer Gewährung durch eine ausländische Gesellschaft, die nicht Arbeitgeber ist, nicht einschlägig. Die Einschränkung für Verbraucherverträge gilt nicht für Rechte und Pflichten im Zusammenhang mit einem Finanzierungsinstrument, zudem auch Optionen nach Art. 6 Abs. 4d) Rom I-VO gehören,[1] und für Vertragsverhältnisse zwischen Emittenten und Verbrauchern.[2] Eine Optionsgewährung durch einen Dritten stellt auch dann, wenn es sich um ein verbundenes Unternehmen handelt, keine individualarbeitsvertragliche Vereinbarung iSv Art. 8 Rom I-VO dar, so dass die darin vorgesehenen Ausnahmen von der Rechtswahl der Parteien nicht einschlägig sind. 353

Ist eine Rechtswahl gem. Art. 3 Rom I-VO nicht getroffen, dann ist Art. 4 Rom I-VO einschlägig. Allerdings fallen aus Aktienoptionen abzuleitende Ansprüche nicht unter den Katalog des Art. 4 Rom I-VO. Aktienoptionen sind weder Kaufverträge über bewegliche Sachen noch Dienstleistungsverträge im Sinne dieser Vorschrift. Sie gelten zwar als Finanzinstrumente. Aber Art. 4 Abs. 1h) Rom I-VO erfasst aber nur solche Verträge über Finanzinstrumente, die innerhalb eines multilateralen Systems geschlossen werden.[3] Dementsprechend muss das anzuwendende Recht bei fehlender Rechtswahl der Parteien gem. Art. 4 Abs. 2 Rom I-VO ermittelt werden. Maßgeblich ist das Recht des Staates, in dem die Partei, welche die für den Vertrag charakteristische Leistung zu erbringen hat, ihren gewöhnlichen Aufenthalt hat. 354

Man müsste demnach annehmen, dass der Bezugsrahmen nach Art. 3 Abs. 3, 4 bzw. Art. 4 Abs. 2 Rom I-VO das Recht desjenigen Staates ist, in dem die die Aktienoptionen gewährende Gesellschaft ihren Sitz hat, weil sie die für den Vertrag charakteristische Leistung, nämlich die Ausgabe von Aktienoptionen und den späteren Verkauf von Aktien erbringt. Für eine US-amerikanische Gesellschaft wäre dies also das jeweilige US-Recht des Bundesstaates, in dem die Gesellschaft ihren Sitz hat. 355

Zwar darf hier weder die Kreativität deutscher Rechtsprechung noch die Tatsache unberücksichtigt bleiben, dass der Arbeitnehmer – auch im Hinblick auf das Aktienoptionsprogramm einer ausländischen Konzernmutter – ebenfalls Leistungen zu erbringen hat. Zum einen muss er zur Gewährung und zum Erhalt seiner Ansprüche in der Regel in einem Arbeitsverhältnis zu einem konzernangehörigen Unternehmen stehen, zum anderen ist die Gewährung von Aktienoptionen in aller Regel mit Leistungsbeiträgen der Arbeitnehmer zum Unternehmenserfolg verknüpft. Nicht zuletzt muss der Arbeitnehmer den Kaufpreis für die Aktien zahlen, wenn er die ihm eingeräumten Optionen ausübt. Ausreichen kann dies jedoch für eine Anwendbarkeit deutschen Rechts nicht, weil es sich dabei nicht um die charakteristische Leistung handelt. Das OLG München[4] sah dennoch eine engere Verbindung zu deutschem Recht an, weil es bei der Gewährung von Aktienoptionen durch eine amerikanische Gesellschaft an Arbeitnehmer einer deutschen Konzerngesellschaft einen **engen Zusammenhang** mit dem Unternehmenskauf und der Übernahme dieser Arbeitsverhältnisse annahm. Das Gericht sah die Gewährung der Optionen als Teil der Vertragsverhandlungen im Zusammenhang mit der Übernahme des deutschen Unternehmens. Es bejahte daher eine engere Verbindung zu deutschem Recht. Dabei berücksichtigte das Gericht auch, 356

---
[1] Palandt/*Thorn* (IPR) Rom I 4 Rn. 21.
[2] Palandt/*Thorn* (IPR) Rom I 16 Rn. 4.
[3] Gemeint sind Börsenplätze, vgl. Palandt/*Thorn* (IPR) Rom I 14 Rn. 21 mwN.
[4] 18.7.2008 – 25 U 1797/08, AG 2008, 870.

dass die Optionen den Mitarbeitern vor dem Abschluss neuer Arbeitsverträge offeriert werden und Einzelheiten der Optionsgewährung, wie zB die Zahl der zuzuteilenden Optionen an zuvor erstellte Mitarbeiterprofile knüpften, die auch die Leistung der Mitarbeiter sowie Basisgehalt und Bonusvorgabe als Kriterien berücksichtigte. Da die Aktienempfehlung Grundlage des zu schließenden Arbeitsvertrages und damit wesentliche Grundlage für die Übernahme des Großteils der Mitarbeiter gewesen sei, würden die Umstände dieses Falls dafür sprechen, dass die Zuteilung der Optionen die engste Verbindung zum deutschen Recht aufweist. Die Annahme des Gerichts führte im Folgenden dazu, dass ein US-amerikanischer Aktienoptionsplan nach deutschem Recht bewertet wurde.

357   Um derartige Ergebnisse zu vermeiden, muss eine **ausdrückliche Rechtswahl** erfolgen, die eindeutig alle vier Phasen der Optionsgewährung betrifft.[1] Ferner sollte das Aktienoptionsprogramm dahingehend geprüft werden, dass Pflichten, die der Arbeitnehmer erbringt, nicht den Schwerpunkt des Austauschverhältnisses über Aktienoptionen bilden. Von der Vereinbarung konkreter und individueller Leistungspflichten des Arbeitnehmers, die von diesem erfüllt sein müssen, um den Aktienoptionsanspruch zu begründen oder die Ausübung der Optionen zu erlauben, ist daher abzuraten.

e) Gerichtsstand/Rechtsweg

358   Für Gerichtsstandvereinbarung über Aktienoptionen bei grenzüberschreitenden Arbeitsvertragskonstellationen gelten obige Ausführungen, wenn die Aktienoptionen durch den Arbeitgeber gewährt werden.

359   Werden Optionen allerdings durch einen Dritten eingeräumt, zu dem kein Arbeitsverhältnis besteht, so sind die für Arbeitsverhältnisse geltenden Beschränkungen von **Gerichtsstandvereinbarungen** nicht einschlägig. Hat eine der Vertragsparteien keinen allgemeinen Gerichtsstand im Inland, so ist eine Gerichtsstandvereinbarung nach § 38 Abs. 2 ZPO zulässig, sie bedarf jedoch der Schriftform. Auch hier muss die Gerichtsstandvereinbarung klar und deutlich einen ausdrücklichen Gerichtsstand vorsehen und darf nicht lediglich die Möglichkeit für Klagen vor einem bestimmten Gericht eröffnen.[2] Grundsätzlich kann der internationale Gerichtsstand frei gewählt werden, so dass die US-amerikanische Gesellschaft auch einen US-amerikanischen Gerichtsstand vereinbaren kann. Aus Sicht der ausländischen Gesellschaft ist eine derartige Vereinbarung durchaus von Vorteil, da sie abschreckende **Wirkung** für Mitarbeiter hat, die eine Klage im Ausland, insbesondere in den USA vermeiden wollen. Jedoch verhindert dies nicht, dass möglicherweise „ersatzweise" der lokale Arbeitgeber verklagt wird.

360   Auch für den Rechtsweg muss unterschieden werden, ob ein Arbeitsverhältnis zwischen den Parteien des Rechtsstreits über Aktienoptionen besteht.[3] Arbeitgeber ist diejenige natürliche oder juristische Person, mit der ein Arbeitsvertrag geschlossen worden ist. Für Streitigkeiten über Aktienoptionen, die der Arbeitgeber gewährt hat, sind daher die Arbeitsgerichte gem. § 2 Abs. 1 S. 3 ArbGG zuständig.

361   Dies gilt jedoch nicht für Optionsrechte, die ein Dritter einräumt, zu dem kein Arbeitsverhältnis besteht. Dass die Gewährung von Aktienoptionen durch eine Konzerngesellschaft, die nicht auch Arbeitgeber ist, auf den Bestand eines Arbeitsverhältnisses mit einem Konzernunternehmen abstellt, ist kein Gestaltungsmissbrauch, der trotz

---

[1] Vgl. OLG München 18.7.2008 – 25 U 1997/08, AG 2008, 870.
[2] Vgl. Hess. LAG 14.8.2000 – 10 Sa 982/99.
[3] BAG 15.3.2000 – 5 AZB 70/99, NJW 2000, 2690.

Fehlens einer arbeitsvertraglichen Beziehung den **Rechtsweg** zu den Gerichten für Arbeitssachen gem. § 2 Abs. 1 S. 3 ArbGG eröffnen würde.[1] Der Arbeitnehmer kann sich nicht darauf berufen, dass nur sein Vertragsarbeitgeber auf das Bestehen des Arbeitsverhältnisses abstellen darf. Verklagt der Arbeitnehmer den die Aktienoptionen ausgebenden Dritten vor dem Arbeitsgericht, so muss er das Bestehen eines Arbeitsverhältnisses zwischen den Parteien darlegen.[2] Dass der Dritte mit der Gewährung von Aktienoptionen aber eine Arbeitgeberstellung einnimmt, wird ohne entsprechende Vereinbarungen nicht der Fall sein. Für Rechtsstreitigkeiten über Aktienoptionen, die ein Dritter gewährt hat, der nicht Arbeitgeber des Berechtigten ist, sind daher die ordentlichen Gerichte zuständig.

f) Verfallklauseln

Aktienoptionspläne enthalten nahezu immer Klauseln, die einen Verfall der Optionen unter bestimmten Bedingungen vorsehen. Treten diese Bedingungen ein, verliert der Berechtigte seinen Anspruch. Mit diesen Klauseln, die eine möglichst starke und langfristige **Bindung des Arbeitnehmers** gewährleisten sollen, werden Fälle erfasst, in denen das Arbeitsverhältnis bzw. die Konzernzugehörigkeit endet und daher keine weiteren Optionsrechte mehr bestehen sollen. Nach Ablauf dieser Fristen ist der Arbeitnehmer berechtigt, auch dann die Optionen auszuüben, wenn das Arbeitsverhältnis endet. 362

Üblich sind Klauseln, nach denen die Optionen verfallen, wenn der Arbeitnehmer aus dem Arbeitsverhältnis ausscheidet. Oft wird nach dem Grund des Ausscheidens, also dem Vorliegen einer Arbeitnehmer- oder Arbeitgeberkündigung, nach dem **Kündigungsgrund**[3] oder nach der **Art der Kündigung** als ordentliche oder außerordentliche Kündigung unterschieden. Klauseln, die an das Bestehen eines ungekündigten Arbeitsverhältnisses knüpfen, sind auch für den Fall einer betriebsbedingten Kündigung zulässig.[4] Eine Klausel, die ein Bezugsrecht unter der Bedingung gewährt, dass der Angestellte mindestens noch 12 Monate nach Veräußerung des Unternehmens nicht kündigt, ist dagegen keine Verfallsklausel, die jeden Fall des vorzeitigen Ausscheidens (ohne Arbeitnehmerkündigung) erfasst.[5] 363

Daneben enthalten Optionspläne auch Klauseln, die unabhängig von den Gründen für die Beendigung des individuellen Arbeitsverhältnisses allein auf ein Ausscheiden aus dem Konzern abstellen. 364

Die engen Grenzen der zu anderen Sondervergütungen entwickelten Grundsätze der Rechtsprechung für Rückzahlungsklauseln werden bei Aktienoptionen nicht angesetzt, weil sie einen größeren spekulativen Charakter haben. Zudem spricht die Regelung in § 193 Abs. 2 S. 4 AktG für eine großzügigere Handhabung. Die Vorschrift sah ursprünglich eine Wartezeit für die Ausübung von mindestens zwei Jahren vor. Der Gesetzgeber hielt eine Wartezeit für Geschäftsführungen und Arbeitnehmer von drei Jahren für sinnvoll und legte eine zeitliche Obergrenze der Wartezeit im Übrigen nicht fest. Die Rechtsprechung nahm daher an, dass eine Wartezeit von über drei Jahren, die aus Gründen des **Aktionärsschutzes** wirksam sei, nicht gleichzeitig aus Gründen des Arbeitnehmerschutzes unzulässig sein könne.[6] Die nach § 193 Abs. 2 S. 4 365

---

[1] BAG 27.8.2008 – 5 AZB 71/08, NZA 2008, 1259.
[2] LAG Köln 10.4.2006 – 6 Ta 50/06, AE 2007, 173.
[3] Es wird in aller Regel zwischen personen-, verhaltens- und betriebsbedingten Gründen unterschieden.
[4] BAG 28.5.2008 – 10 AZR 351/07, NZA 2008, 1066.
[5] LAG Baden-Württemberg 17.1.2012 – 22 Sa 7/11, GWR 2012, 212.
[6] BAG 28.5.2008 – 10 AZR 351/07, NZA 2008, 1066.

AktG vorgesehene Bindungsdauer beträgt mittlerweile vier Jahre.[1] Ausgehend von der Rechtsprechung des BAG kann also auch eine Verfallsfrist von vier Jahren nicht unzulässig sein. In Anlehnung an den Rechtsgedanken aus § 624 BGB und § 15 Abs. 4 TzBfG können Verfallklauseln den Mitarbeiter längstens für fünf Jahre binden.[2] Da der Arbeitnehmer stets mit dem Verlust der Werthaltigkeit seiner Optionsrechte rechnen müsse, kann ein schutzwürdiges Vertrauen auf den Fortbestand dieses Vermögenswertes nur sehr eingeschränkt entstehen.

366 Dieser Fristenrahmen gilt, wenn die Optionsbedingungen nach § 307 Abs. 2 S. 1 BGB auf eine unangemessene Benachteiligung überprüft werden. Für die Optionsgewährung durch Dritte, noch dazu ausländische Gesellschaften, können diese Fristen als Orientierung dienen. Für die Praxis stellt sich die Frage, ob – nach ausländischem Recht ggf. mögliche – längere Verfallfristen für die Ausübung von Aktienoptionen noch sinnvollen Anreize an die Berechtigten setzen. Das ausgebende Unternehmen sollte sich daher auch mit der Frage befassen, ob sehr lange Verfallklauseln für die Optionsausübung nicht **kontraproduktive Wirkung** haben.

g) Haltefristen

367 Während Verfallklauseln die Ausübung der Aktienoptionen betreffen und damit das Recht, Aktien zu einem bestimmten Preis zu erwerben, sehen Haltefristen vor, dass der Begünstigte die Aktien, die er nach Ausübung der Option erworben hat, für einen gewissen Zeitraum nach dem Erwerb **nicht veräußern** darf. Auch sie dienen der Mitarbeiterbindung und sollen den Arbeitnehmer motivieren, weiterhin den Erfolg des Unternehmens oder des Konzerns anzustreben. Dem liegt der Gedanke zugrunde, dass der Arbeitnehmer, der Aktien hält, die er nicht veräußern kann, für einen hohen Aktienkurs arbeitet, bis er die Aktien verkaufen darf.

368 Allerdings ist die rechtliche Wirkung derartiger Haltefristen eine andere als die von Verfallfristen. Während bei letzteren das Recht auf Ausübung der Option erlischt, der Arbeitnehmer also weder Aktien bekommt, noch diese bezahlen muss, soll die Haltefrist dem Arbeitnehmer für ihre Dauer dem Arbeitnehmer verbieten, die Aktien, deren Eigentümer er zu diesem Zeitpunkt bereits ist, zu veräußern. Er hat also Aktien, darf sie aber für die Dauer der Haltefrist nicht veräußern und keinen Gewinn einstreichen.

369 Nach deutschem Recht kann nur bei vinkulierten Namensaktien, die auf den Namen des Besitzers ausgestellt werden und deren Übertragung von der Zustimmung der übrigen Gesellschafter abhängig ist, eine Veräußerung wirksam verhindert werden. Regelungen, die dem Mitarbeiter die Veräußerung anderer Aktien untersagen, wirken dagegen nur schuldrechtlich. Ein Verstoß gegen ein solches Verbot macht die Veräußerung nicht unwirksam, sondern kann nur mit Sanktionen wie Kündigung, Vertragsstrafe, Herausgabe des Erlöses oder Rückzahlungsverpflichtungen belegt werden.

370 Haltefristen und Veräußerungssperren sind nur dann wirksam, wenn sie geeignet, erforderlich und angemessen sind, um das vom Unternehmen verfolgte Ziel zu verwirklichen. Entscheidend ist also die Dauer einer Haltefrist. Hier werden Laufzeiten von bis zu drei, teilweise sogar bis zu zehn Jahren für zulässig gehalten.[3]

371 In der Praxis muss sich der Arbeitgeber die Frage stellen, welche Motivation aus einer Bindefrist von weiteren Jahren für den Mitarbeiter gewonnen werden kann. Einer-

---

[1] Geändert durch VorstAG, BGBl I 2009, 2509.
[2] Küttner/*Röller* Aktienoptionen Rn. 11.
[3] Küttner/*Röller* Aktienoptionen Rn. 12 mwN.

C. Das Arbeitsverhältnis im grenzüberschreitenden Konzern

seits ist nachvollziehbar, dass der Arbeitgeber einen schnellen Weiterverkauf durch den Mitarbeiter nicht als Vertrauensbeweis in das Unternehmen und den Fortbestand des Arbeitsverhältnisses ansehen könnte, zumal die Aktien eines erfolgreichen Unternehmens dem Mitarbeiter schon eine jährliche Ausschüttung in Form einer Dividende ermöglichen sollten. Andererseits verliert die Aktie ihre Wirkung als monetärer **Anreiz,** wenn dem Mitarbeiter ihre Verwertung langfristig untersagt ist.

Regelungen über Haltefristen, Veräußerungssperren oder sogar Rückübertragungspflichten bei Aktien ausländischer Gesellschaften richten sich bei entsprechender Rechtswahl nach ausländischem Recht. Dementsprechend können für solche Aktienoptionsprogramme ggf. schärfere oder länger wirkende Verpflichtungen für die Mitarbeiter bestehen. 372

Allerdings muss sich auch hier das ausgebende Unternehmen fragen, inwieweit durch eine langfristige Bindung noch ein Leistungsanreiz für den Arbeitnehmer geschaffen wird. In der Regel werden Aktienoptionsprogramme für kürzere Laufzeiten, dafür häufiger hintereinander für bestimmte Tranchen installiert. Auch ohne überlange Haltefristen ist so eine langwirkende Bindung der Mitarbeiter möglich. 373

h) Sonderfall: Betriebsübergang gemäß § 613a BGB

Im Rahmen von Betriebsübergängen von Betrieben oder Betriebsteilen grenzüberschreitender Konzerne stellt sich die Frage, ob Rechte über Aktionoptionen gem. § 613a BGB übergehen und welche Folgen dies hat. 374

Aktienoptionen gelten als Rechte aus dem Arbeitsverhältnis iSv § 613a BGB, wenn sie aus einem Anspruch gegen den Arbeitgeber herrühren und eine **enge Verknüpfung** mit dem Arbeitsverhältnis besteht. Resultieren sie aus einem Anspruch gegen einen Dritten oder fehlt es an einer engen Verknüpfung, scheidet eine Anwendung von § 613a BGB aus. Eine solche Verknüpfung ist anzunehmen, wenn der Anspruch als Gegenleistung für die Arbeitsleistung des Arbeitnehmers gewährt wird, was in der Praxis untergeordnete Bedeutung hat, oder wenn der Bestand des Optionsanspruches an den Bestand des Arbeitsverhältnisses geknüpft wird. Letzteres ist nach den meisten Aktienoptionsprogrammen der Fall. 375

Dagegen kommt es nicht darauf an, ob die Optionen ausübungsreif oder unverfallbar sind, also sämtliche vorgegebenen Ziele und Wartefristen erfüllt wurden. Ebenso unbeachtlich ist es, ob die einzelnen Phasen arbeitsvertraglich oder gesellschafts- oder vertragsrechtlich zu bewerten sind. Wird ein arbeitsvertraglicher Anspruch in Form einer Beteiligung durch Aktienoptionen, die den Mitarbeiter zum Erwerb von Aktien berechtigen, gewährt, so wird aus diesem arbeitsvertraglichen Anspruch nach Ausübung kein gesellschafts- oder aktienrechtlicher Anspruch, der von § 613a BGB nicht erfasst wird.[1] 376

Gehen Optionsansprüche bei einem Betriebsübergang gem. § 613a BGB auf den Erwerber über, so können die Folgen möglicherweise im Wege der **Vertragsauslegung** bestimmt werden. Die häufigsten Verfallklauseln stellen auf die Beendigung des Arbeitsverhältnisses oder das Ausscheiden aus dem Konzern ab. Die erste Variante stellt ausdrücklich auf den Bestand des Arbeitsverhältnisses als solches ab, die zweite Variante lässt dagegen den Bestand des Arbeitsverhältnisses unberührt. Die erste Variante der Verfallklauseln erstreckt sich – auch nach dem Willen und Verständnis der vertragsschließenden Parteien – damit allein auf die tatsächliche Beendigung des Arbeitsverhältnisses. Da die gesetzliche Fiktion des § 613a Abs. 1 BGB von einem rechtlich unterbrochenen Arbeitsverhältnis ausgeht, liegt bei einem Betriebsübergang keine 377

---

[1] *Lützeler,* Aktienoptionen bei einem Betriebsübergang, S. 97 ff. mwN zu Literatur und Rechtsprechung.

Teil II. 3. Arbeits- und Dienstverhältnisse im internationalen Konzern

Beendigung des Arbeitsverhältnisses vor.[1] Verfallklauseln der zweiten Variante sehen dagegen einen Verlust der Ansprüche auch bei weniger einschneidenden Konstellationen vor, denen der Arbeitnehmer zugestimmt hat. Führt der Betriebsübergang also gleichzeitig dazu, dass der Beschäftigte aus dem Konzern ausscheidet, so greifen entsprechende Verfallklauseln ein.

378 Nur in seltenen Fällen wird der Erwerber, der Aktien eines anderen Unternehmens beschaffen muss, sich auf die Möglichkeit gem. § 275 BGB berufen können und sich damit von der übergegangenen Verpflichtung lösen. Zu denken wäre hieran lediglich bei der Liquidation der Gesellschaft des Veräußerers oder extremen Kurssteigerungen der Aktien, weil sich der Verpflichtete die Aktien dann nicht mehr beschaffen kann. Dass eine Aktiengesellschaft ihre Anteile nicht an der Börse handelt, führt dagegen noch nicht dazu, dass die Beschaffung von Aktien unmöglich wird.

379 Der Übergang der Optionsansprüche auf den Erwerber kann jedoch zum **Wegfall der Geschäftsgrundlage** führen, wenn er nicht mit den für die Optionseinräumung vorgesehenen Mitteln die Ansprüche der übernommenen Arbeitnehmer erfüllen kann. In dem Fall ist eine Anpassung gem. § 313 Abs. 1 BGB erforderlich. Eine **Anpassung** kann in Form einer vorzeitigen (anteiligen) Optionsausübung erfolgen, durch Aufnahme in das bestehende Aktienoptionsprogramm des Erwerbers, durch einen wirtschaftlichen Ausgleich in Form einer Barzahlung, im Einzelfall aber auch durch (ersatzlosen) Verfall.[2]

380 Zur Vermeidung derartiger Rechts- und Abwicklungsprobleme sollten Unternehmen die Folgen eines Betriebsübergangs für berechtigte eigene bzw. konzernangehörige Arbeitnehmer bereits bei der **Implementierung** ihres Aktienoptionsprogramms berücksichtigen. Der Inhalt einer entsprechenden Regelung muss sich an § 613a BGB messen. Die Vorschrift bewirkt nach der Rechtsprechung einen Schutz vor Veränderung des Vertragsinhaltes ohne sachlichen Grund. Ein sachlicher Grund ist aber bei einem Betriebsübergang gegeben, da der Arbeitnehmer ein Interesse an einer Änderungsvereinbarung hat, wenn Optionsansprüche nach einem Betriebsübergang nur mit Schwierigkeiten umgesetzt werden können. In Betracht kommen daher sowohl Abfindungsregelungen und vorzeitige Ausübungsrechte, als auch Verfallklauseln.[3]

381 Die Probleme, die sich für vom Arbeitgeber gewährte Aktienoptionen im Fall eines Betriebsübergangs ergeben, bestehen nicht, wenn die Optionen durch Dritte gewährt werden. Denn § 613a BGB erfasst nur Rechte und Pflichten aus dem Arbeitsverhältnis mit dem vormaligen Betriebsinhaber. Ansprüche aus einer Vereinbarung mit einem anderen Konzernunternehmen werden nicht Bestandteil des Arbeitsverhältnisses mit dem Arbeitgeber, und gehen daher auch nicht über.[4] Auch wenn das Arbeitsverhältnis für die andere Konzerngesellschaft Motiv- und Bezugsgröße für die Gewährung von Aktienoptionen ist, ist es ein Vertragsverhältnis zwischen **unterschiedlichen Rechtspersönlichkeiten.** Der Dritte ist bei Regelungen über die Folgen eines Betriebsübergangs also frei. Auch insoweit zeigt sich, wie wichtig die Trennung zwischen Arbeitsvertrag mit dem Arbeitgeber und Optionsgewährung durch die Muttergesellschaft ist, um den rechtlichen Problemen eines Betriebsübergangs zu begegnen. Verzichtet der Dritte jedoch auf entsprechende Regelungen, wird er sich allein mit dem Hinweis auf einen Betriebsübergang (auch nach ausländischem Recht) seinen Pflichten nicht entziehen können.

---

[1] OLG München 18.7.2008 – 25 U 1797/08, AG 2008, 870.
[2] Vgl. im Einzelnen *Lützeler*, Aktienoptionen bei einem Betriebsübergang, S. 146 ff.
[3] *Lützeler*, Aktienoptionen bei einem Betriebsübergang, S. 172 ff.
[4] BAG 12.2.2003 – 10 AZR 299/02, DB 2003, 1068; LAG Düsseldorf 3.3.1998 – 3 Sa 1452/97, NZA 1999, 981; Hess. LAG 19.11.2001 – 16 Sa 971/01, DB 2002, 794.

C. Das Arbeitsverhältnis im grenzüberschreitenden Konzern

i) Wettbewerbsrechtliche Aspekte im Zusammenhang mit der Gewährung von Aktienoptionen

Wartezeiten, Verfallklauseln und Haltefristen sollen den Arbeitnehmer im laufenden Arbeitsverhältnis an das Unternehmen oder den Konzern binden und von einem Wechsel zum Wettbewerber abhalten.[1] 382

Aktienoptionsprogramme enthalten oftmals zusätzlich die ausdrückliche Vereinbarung eines **nachvertraglichen Wettbewerbsverbots,** das der Arbeitnehmer mit Ausübung der Aktienoptionen oder schon mit Annahme der Optionsgewährung eingeht. Ebenso enthalten Optionsprogramme Regelungen, wonach die Optionen verfallen, wenn der Arbeitnehmer nach seinem Ausscheiden zu einem Wettbewerber wechselt, bevor bestimmte Fristen abgelaufen sind. 383

Auch hier ist für die rechtliche Bewertung einer derartigen Wettbewerbsvereinbarung relevant, ob der Arbeitgeber selbst Aktienoptionen und das Wettbewerbsverbot vereinbart, oder ob die Gewährung durch eine (ausländische) Konzerngesellschaft erfolgt. 384

Fest steht, dass ein mit dem Arbeitnehmer vereinbartes Wettbewerbsverbot nach deutschem Recht gemäß §§ 74 ff. HGB die Schriftform wahren muss, die 2-Jahresfrist für eine wettbewerbsrechtliche Bindung nicht überschreiten darf und in seinem Geltungsbereich klar definiert sein muss. 385

Nicht selten sind solche Wettbewerbsverbote mit einer **konzernweiten Geltung** verbunden. Ist dies nicht ausdrücklich vereinbart, geht die Rechtsprechung davon aus, dass das Wettbewerbsverbot nur auf den Arbeitgeber bezogen ist.[2] Ist der Arbeitnehmer im herrschenden Unternehmen eines Konzerns tätig und übernimmt dort Aufgaben für den gesamten Konzern oder mehrere Konzerntöchter, dann soll auch die Einbeziehung der übrigen Konzernunternehmen, jedenfalls der betroffenen Konzerntöchter, in den Geltungsbereich des Wettbewerbsverbots in Betracht kommen.[3] 386

Sind Aktienoptionsprogramm und damit das nachvertragliche Wettbewerbsverbot zwischen dem Arbeitnehmer und dem Arbeitgeber vereinbart, bemisst sich die Wirksamkeit des Wettbewerbsverbots nach den §§ 74 ff. HGB. 387

Aber auch wenn das Wettbewerbsverbot nicht durch das Aktienoptionsprogramm des Arbeitgebers installiert, sondern Teil des Optionsprogramms eines konzernangehörigen Dritten ist, bleiben nach derzeit geltender Rechtsprechung bei einem in Deutschland beschäftigten Arbeitnehmer die Vorschriften der §§ 74 ff. HGB anwendbar.[4] Die Anwendung des § 74 Abs. 2 HGB setzt nach ihrem Wortlaut voraus, dass das Wettbewerbsverbot zwischen dem Prinzipal und dem Handlungsgehilfen vereinbart wird. Sie muss bei der entsprechenden Anwendung auf Arbeitnehmer also an sich zwischen dem Arbeitgeber und dem Arbeitnehmer vereinbart sein. Daran fehlt es, wenn nicht der Vertragsarbeitgeber, sondern ein Dritter das Wettbewerbsverbot mit dem Arbeitnehmer vereinbart. Gleichwohl soll § 74 HGB auf diesen Fall **entsprechend anwendbar** sein, wenn das Wettbewerbsverbot im Hinblick auf das Arbeitsverhältnis geschlossen wurde und dem Dritten das Ergebnis der Arbeit des Arbeitgebers und damit auch der Arbeit des Arbeitnehmers letztlich zugutekommt.[5] Dies ist jedenfalls bei der Konzernobergesellschaft der Fall, der die Arbeit ihrer Tochtergesellschaft und deren Mitarbeiter zugutekommt. Aber auch im Verhältnis zu anderen Konzernunternehmen dürfte davon ausge- 388

---

[1] Wettbewerbsrechtliche Einschränkungen werden hierdurch nicht angenommen, vgl. *Bauer/Diller,* Wettbewerbsverbote, Rn. 144.
[2] BAG 24.6.1966 – 3 AZR 501/65, DB 1966, 1360; 1.8.1995 – 9 AZR 884/93, NZA 1996, 310.
[3] BAG 16.12.1968 – 3 AZR 434/67, DB 1969, 793.
[4] OLG Stuttgart 14.8.1970 – 2 U 6/70 BB 1970, 1176; *Fischer,* DB 1999 1702; *Bauer/Diller,* Wettbewerbsverbote, Rn. 292; im Ergebnis wohl auch Hess. LAG 14.8.2000 – 10 Sa 982/99.
[5] OLG Stuttgart 14.8.1970 – 2 U 6/70, BB 1970, 1176.

gangen werden, dass ihnen die Arbeit der anderen Konzerngesellschaften zugutekommt. Dass für das Wettbewerbsverbot eine ausreichend enge Verbindung mit dem Arbeitsverhältnis angenommen wird, mag im Hinblick auf die Bewertung anderer Aspekte (Rechtswahl, Gerichtsstand, Betriebsübergang) zunächst irritieren. Allerdings wird der Inhalt des Wettbewerbsverbots vom Arbeitsverhältnis, nämlich der Tätigkeit und dem Einsatzgebiet, bestimmt. Ohne diese Bestimmung kann das Wettbewerbsverbot nicht ausgefüllt werden. Insoweit ist der Arbeitnehmer im Verhältnis zum Dritten aber ebenso schutzwürdig und schutzbedürftig wie ein Arbeitnehmer im Verhältnis zu seinem Arbeitgeber.[1] Ist für das Arbeitsverhältnis deutsches Recht anzuwenden, gilt dies auch für das Wettbewerbsverbot. Dementsprechend unterliegt auch das Wettbewerbsverbot mit dem Dritten den Vorschriften der §§ 74 ff. HGB.[2] Für die rechtlichen Anforderungen an das Wettbewerbsverbot kommt es also nicht darauf an, ob der deutsche Arbeitgeber oder ein anderes deutsches Konzernunternehmen das Wettbewerbsverbot im Rahmen des Aktienoptionsprogramms vereinbart.[3]

389 Für im Ausland Beschäftigte, die an einem nach deutschem Recht installierten Aktienoptionsprogramm teilnehmen, stellt sich die Frage, ob sich die Wirksamkeit des Wettbewerbsverbots nach dem Recht des (ausländischen) Arbeitsortes und -vertrages richtet, oder nach dem Recht, dem das Optionsprogramm unterliegt: bei einer deutschen Gesellschaft also deutschem Recht. Hier muss zunächst geklärt werden, ob nach dem internationalen Privatrecht des ausländischen Staates eine Teilrechtswahl möglich ist und das Aktienoptionsprogramm einschließlich der mit ihm verbundenen Wettbewerbsabrede deutschem Recht unterliegen soll.[4] Ist eine Teilrechtswahl nicht möglich, unterliegt das Wettbewerbsverbot ausschließlich dem Arbeitsrecht des Tätigkeitsstaates. Ist eine Teilrechtswahl dagegen zulässig, ist auch für die Wettbewerbsvereinbarung des Aktienoptionsprogramms deutsches Recht maßgeblich.[5] Wurde mit dem im Ausland beschäftigten Arbeitnehmer auch für das Arbeitsverhältnis deutsches Recht vereinbart, ist dies auch für das Wettbewerbsverbot maßgeblich.

390 Für in Deutschland beschäftigte Arbeitnehmer, die am Aktienoptionsprogramm einer ausländischen Gesellschaft partizipieren, stellt sich die Frage, ob das Wettbewerbsverbot deutschem Recht oder dem Recht des Sitzes der ausgebenden Gesellschaft unterliegt. Dies ist jedenfalls in all denjenigen Fällen relevant, in denen das Wettbewerbsverbot nach ausländischem Recht zwar zulässig ist, die hohen Anforderungen der §§ 74 ff. HGB aber nicht erfüllt.[6]

391 Im Arbeitsverhältnis darf auch bei Rechtswahl in grenzüberschreitenden Sachverhalten, zB bei einem Auslandseinsatz, nicht der Schutz entzogen werden, der dem Arbeitnehmer durch die zwingenden Bestimmungen des Rechts gewährt wird, das bei fehlender Rechtswahl anwendbar wäre. Hierzu zählen auch die §§ 74 ff. HGB.[7] Ist der Schwerpunkt der Tätigkeit trotz Auslandseinsatzes oder ausländischem Arbeitgeber in Deutschland, so sind die deutschen HGB-Vorschriften einschlägig.[8] Ein Arbeitnehmer, der für einen Dauereinsatz im Ausland eingestellt wird, kann sich dagegen nicht auf deutsches Recht berufen.

---

[1] OLG Stuttgart 14.8.1970 – 2 U 6/70, BB 1970, 1176.
[2] *Fischer* DB 1999 1702; *Bauer/Diller,* Wettbewerbsverbote, Rn. 292 jeweils mit Verweis auf OLG Stuttgart 14.8.1970 – 2 U 6/70, BB 1970, 1176.
[3] *Fischer* DB 1999, 1702.
[4] *Fischer* DB 1999, 1702.
[5] *Fischer* DB 1999, 1702.
[6] *Fischer* DB 1999, 1702.
[7] Hess. LAG 14.8.2000 – 10 Sa 982/99.
[8] *Bauer/Diller,* Wettbewerbsverbote, Rn. 95.

C. Das Arbeitsverhältnis im grenzüberschreitenden Konzern

Umstritten ist die Frage, ob grundlegende Wertvorstellungen des Rechts *(ordre public)* zur Berufsfreiheit der Rechtswahl Grenzen setzen, wenn zulässigerweise ausländisches Arbeitsrecht vereinbart wurde. Es wird bezweifelt, ob ein Wettbewerbsverbot, für das ausländisches Recht vereinbart wurde und das weltweit entschädigungslos für die Dauer von drei Jahren gelten sollte, mit dem *ordre public* Vorbehalt vereinbar ist.[1] Eine kanadische Gesellschaft hatte in ihrem Aktienoptionsplan ein Wettbewerbsverbot vorgesehen, mit dem sich der Aktienoptionsberechtigte als Gegenleistung für die Gewährung der Optionen einverstanden erklärte. Das Hessische LAG unterwarf das Wettbewerbsverbot dem Arbeitsvertragsstatut, weil es Bestandteil der arbeitsvertraglichen Beziehungen war, und erachtete das Wettbewerbsverbot ferner als Einschränkung für den Arbeitnehmer, die über den in §§ 74 ff. HGB gesetzten Rahmen hinausgehe und die grundgesetzlich garantierte Freiheit der Berufswahl tangiere. Soweit ein Wettbewerbsverbot dagegen zeitlich, sachlich und räumlich angemessen vereinbart wurde, verstößt es nicht deshalb gegen den *ordre public* Vorbehalt, weil keine Karenzentschädigung vorgesehen ist.[2]

392

Zudem wird in der Literatur überwiegend[3] vertreten, dass es sich bei den §§ 74 ff. HGB nicht auch um Eingriffsnormen im Sinne des Art. 9 Rom I-VO bzw. Art. 34 EGBGB handelt. Eingriffsnormen sind zwingende Vorschriften, deren Einhaltung von einem Staat als so entscheidend für die Wahrung seines öffentlichen Interesses, insbesondere seiner politischen, sozialen oder wirtschaftlichen Organisation, angesehen wird, dass sie nicht durch eine Rechtswahl verdrängt werden, sondern der Rechtswahl entzogen sind. Ob ein derartiges Interesse bei den Wettbewerbsvorschriften der §§ 74 ff. HGB besteht, ist durch die Rechtsprechung noch nicht geklärt.

393

Ob bei Wettbewerbsverboten eine Teilrechtswahl zulässig ist, also ein auf das Wettbewerbsverbot beschränktes Abweichen vom Arbeitsstatut, ist bislang höchstrichterlich nicht entschieden.[4] Wird die Teilrechtswahl abgelehnt, so gilt für das Wettbewerbsverbot deutsches Recht, wenn ansonsten für das Arbeitsverhältnis deutsches Recht gilt. Aber auch wenn die Teilrechtswahl innerhalb des Arbeitsverhältnisses zugelassen würde, unterliegt die Wettbewerbsabrede im Rahmen des Art. 8 Rom I-VO dem Schutzmechanismus der §§ 74 ff. HGB. Denn hier muss berücksichtigt werden, dass das Wettbewerbsverbot auf dem Arbeitsverhältnis beruht und somit nicht als vom Arbeitsverhältnis unabhängige Vereinbarung gesehen werden kann. Dies ist auch der Fall, wenn sich das Wettbewerbsverbot aus einer Abrede mit einer ausländischen Muttergesellschaft ergibt.[5]

394

Im Ergebnis führt dies dazu, dass unabhängig davon, ob Wettbewerbsverbote mit Aktienoptionsprogrammen des Arbeitgebers oder einer dritten Konzerngesellschaft eingeführt werden, den Rahmen der §§ 74 ff. HGB einhalten müssen, weil das Wettbewerbsverbot als Teil des deutschen Arbeitsvertragsstatuts angesehen werden muss. Ein Abweichen hiervon dürfte nicht möglich sein, weil das Wettbewerbsverbot immer auf dem bestehenden Arbeitsverhältnis aufbaut, das seinen Rahmen konkretisiert.

395

Ausländischen Unternehmen, die Aktienoptionsprogramme auch deutschen Arbeitnehmern gewähren wollen, ist daher zu raten, auf derartige Wettbewerbsabreden zu verzichten. Sie vermeiden hierdurch auch **die problematische „Verbindung"** von

396

---

[1] Hess. LAG 14.8.2000 – 10 Sa 982/99.
[2] *Bauer/Diller,* Wettbewerbsverbote, Rn. 96; *Driver-Polke/de Beauregard* BB 2004, 2352; *Thomas/Weidmann* DB 2004, 2695; *Reufels* ArbRB 2003, 313.
[3] *Bauer/Diller,* Wettbewerbsverbote, Rn. 96; *Driver-Polke/de Beauregard* BB 2004, 2352; *Thomas/Weidmann* DB 2004, 2695; aA: *Fischer* DB 1999, 1704.
[4] Vgl. *Bauer/Diller,* Wettbewerbsverbote, Rn. 97.
[5] *Bauer/Diller,* Wettbewerbsverbote, Rn. 97.

Arbeitsverhältnis und Aktienoptionsgewährung, die bei der Gewährung durch Dritte verhindert werden sollte.

397 Ein wirksames Wettbewerbsverbot verlangt die Verpflichtung des Arbeitgebers für die Dauer des Verbots eine Entschädigung zu zahlen, die für jedes Jahr des Verbots mindestens die Hälfte der zuletzt bezogenen vertragsmäßigen Leistungen erreicht (**Karenzentschädidung**). Bei Aktienoptionen bestehen zwei Fragen, nämlich ob sie mit ihrem spekulativen Wert bei der Berechnung berücksichtigt werden müssen, und bejahendenfalls ob sie auch einfließen, wenn sie durch einen Dritten gewährt wurden. Aktienoptionen sind bei der Berechnung der Karenzentschädigung zu berücksichtigen,[1] jedenfalls dann wenn sie dem Arbeitnehmer vergünstigt angeboten wurden. Es ist aufwändig, den Wert dieser vertragsmäßigen Leistung zu berechnen, wenn die Optionen noch nicht ausgeübt wurden. Wurde die Option dagegen ausgeübt, stehen der Wert der Aktie und deren Kaufpreis im Zeitpunkt der Ausübung der Option fest. Dann lässt sich auch der geldwerte Vorteil aus der Optionsausübung berechnen. Da es sich um einen „wechselnden Bezug" im weiteren Sinne handelt, kann bei der Berechnung der Entschädigung auf einen **Drei-Jahres-Zeitraum** abgestellt werden.[2] Im Übrigen kann die Berechnung anhand gängiger Formeln erfolgen,[3] denn nur auf diese Weise wird der spekulative Charakter angemessen berücksichtigt. Andernfalls erhält der Arbeitnehmer eine Entschädigung, obwohl sich die Optionen als wertlos erweisen.

398 Aktienoptionen eines Dritten fließen in die Berechnung der Karenzentschädigung nur dann ein, wenn die Arbeitsvertragsparteien die Teilnahme des Arbeitnehmers an dem Aktienoptionsprogramm eines anderen Konzernunternehmens ausdrücklich oder konkludent vereinbaren.[4] Etwas anderes dürfte wiederum gelten, wenn mit der Gewährung der Aktienoptionen auch die Vereinbarung eines Wettbewerbsverbots verbunden ist (→ Rn. 383). Hier gilt zusätzlich, dass diese Aktienoptionen nicht zugleich selbst eine Entschädigungsfunktion übernehmen können.[5]

399 Die Verbindung von Arbeitsvertragsstatut und Wettbewerbsverbot steht im Übrigen auch der Vereinbarung eines abweichenden (ausländischen) Gerichtsstands entgegen.[6]

j) Betriebsverfassungsrechtliche Aspekte

400 Auch bei den Mitbestimmungsrechten des Betriebsrates ist zwischen der Einräumung von Aktienoptionen durch den Arbeitgeber oder durch eine dritte Gesellschaft zu differenzieren.

401 Werden Optionsrechte durch den Arbeitgeber gewährt, so steht dem Betriebsrat gem. § 87 Abs. 1 Nr. 10 BetrVG ein Mitbestimmungsrecht zu, da es sich bei Aktienoptionen um eine **Entlohnungsmethode** handelt.[7] Werden Aktienoptionsprogramme als freiwillige Leistungen gewährt, so ist das Mitbestimmungsrecht des Betriebsrats entsprechend eingeschränkt.

402 Werden Aktienoptionsrechte dagegen unmittelbar durch die Muttergesellschaft oder eine sonstige Konzerngesellschaft gewährt, so soll dem Betriebsrat nach einer Ent-

---

[1] Hess. LAG 14.8.2000 – 10 Sa 982/99; *Bauer/Diller,* Wettbewerbsverbote, Rn. 396.
[2] *Busch* BB 2000, 1296.
[3] Vgl. die Darstellung und Erläuterung der Berechnungsmethoden von *Black/Scholes, Cox-Ross-Rubinstein* oder *Merton* in Ettinger, Stock-Options, S. 161 ff.
[4] LAG Baden-Württemberg 14.1.2009 – 2 Sa 17/08; aA wohl *Bauer/Diller,* Wettbewerbsverbote, Rn. 375.
[5] Hess. LAG 14.8.2000 – 10 Sa 982/99; LAG Baden-Württemberg 17.1.2012 – 22 Sa 7/11, GWR 2012, 212.
[6] Hess. LAG 14.8.2000 – 10 Sa 982/99.
[7] *Küttner/Thomas* Aktienoptionen Rn. 17; *Bauer/Herzberg* NZA 2011, 712; *Baeck/Diller* DB 1998, 1405; kritisch *Kau/Kukat* DB 1999, 2505.

C. Das Arbeitsverhältnis im grenzüberschreitenden Konzern

scheidung des LAG Nürnberg[1] ein Anspruch zustehen, wonach der Arbeitgeber ihm die erforderlichen Unterlagen zur Verfügung stellt. Der Betriebsrat soll so prüfen können, ob ein Mitbestimmungsrecht besteht. Die Probleme bei Vorgaben der (ausländischen) Konzernmutter, die der lokale Arbeitgeber in seinen Betrieben umzusetzen hat, bestehen hier nicht, weil es bei unmittelbarer Gewährung durch die dritte Gesellschaft gerade an einer Umsetzung durch den Arbeitgeber selbst fehlt. Ohne Gestaltungsspielraum des Arbeitgebers scheidet ein Mitbestimmungsrecht des Betriebsrats hier aus.[2]

Der Betriebsrat hat ferner nach einer Entscheidung des LAG Baden-Württemberg[3] auch bei Aktienoptionsprogrammen der Muttergesellschaft einen Auskunftsanspruch gegen den Arbeitgeber, ob bei der Zuteilung der Gleichbehandlungsgrundsatz beachtet wird bzw ob die Zuteilung diskriminierungsfrei erfolgt. Im entschiedenen Fall folgte die Zuteilung einer Leistungsbewertung. Zusätzlich konnten die Vorgesetzten für ihre Mitarbeiter Eingaben machen, die sich auf die Zuteilung der Aktienoptionen auswirkten, wenn die Muttergesellschaften diesen Eingaben folgte. Eine Verpflichtung der Muttergesellschaft hierzu bestand nicht. Das LAG Baden-Württemberg leitete den Auskunftsanspruch des Betriebsrats gegen den Arbeitgeber über diese Eingaben und deren Folgen aus der Pflicht zur Gleichbehandlung ab, ggf treffe den Arbeitgeber sogar eine Reaktionspflicht, wenn Beschäftigte wegen eines in § 1 AGG genannten Grundes diskriminiert würden. Diese Pflicht des Arbeitgebers soll allerdings nach dem LAG Baden-Württemberg nicht erst dann bestehen, wenn der Arbeitgeber Einfluss nehmen kann, sondern auch dann wenn die ausländische Konzernmutter das Verfahren der teilnahmeberechtigten Arbeitnehmer abschließend festlege. Der Arbeitgeber müsse jedenfalls versuchen, die nötigen Angaben zu beschaffen. Folgt das BAG dieser Ansicht, können auf deutsche Konzerngesellschaft Auskunftsverlangen der Betriebsräte zukommen, die mit erheblichem Aufwand verbunden sind. Der deutsche Arbeitgeber müsste klären, ob die Muttergesellschaft bei der Zuteilung ihrer Aktienoptionen dem Gleichheitsgrundsatz folgt. Nur wenn ihm das nicht möglich ist, sei es, dass die Muttergesellschaft keine Auskunft erteilt, oder dass dies unverhältnismäßig hohen Aufwand verursacht, kann er die Auskunft verweigern.

Das LAG Baden-Württemberg hat in seiner Entscheidung offengelassen, ob der Betriebsrat auch nach § 87 Abs. 1 Nr. 10 BetrVG mitbestimmen kann, wenn Aktienoptionen ohne ausdrückliche oder konkludente Verpflichtung des Arbeitgebers gewährt würden; es tendiert aber zu einem solchen Mitbestimmungsrecht, wenn Vorgesetzte auf die Zuteilung Einfluss nehmen.[4] Das BAG wird hierzu möglicherweise in der Rechtsbeschwerde Stellung beziehen.

Besteht ein Betriebsrat, so ist für dessen Mitglieder zu klären, inwieweit Aktienoptionsansprüche bei der **Vergütung der Betriebsratsmitglieder** gemäß § 37 Abs. 4 BetrVG zu berücksichtigen sind, da das Arbeitsentgelt der Betriebsratsmitglieder nicht geringer bemessen werden darf als das Arbeitsentgelt vergleichbarer Arbeitnehmer mit betriebsüblicher beruflicher Entwicklung. Aktienoptionen des Arbeitgebers sind nach der Rechtsprechung beim Arbeitsentgelt zu berücksichtigen, denn § 37 Abs. 4 BetrVG sieht die Gleichstellung eines Betriebsratsmitglieds in Bezug auf das vom Arbeitgeber aufgrund des Arbeitsvertrags geleistete Arbeitsentgelt gemäß § 611 Abs. 1 BGB

403

---

[1] LAG Nürnberg 22.1.2002 – 6 TaBV 19/01, NZA-RR 2002, 247.
[2] *Bauer/Herzberg* NZA 2011, 712; *Lingemann/Diller/Mengel* NZA 2000, 1191; aA *Fitting* BetrVG, § 87 Rn. 415, wenn die Gewährung von Aktienoptionen als Leistungs- und Motivationsanreiz anzusehen ist, die sowohl Tochter- als auch Mutterunternehmen zu Gute kommen soll.
[3] LAG Baden-Württemberg 9.4.2014 – 19 TaBV 7/13, ArbRAktuell 2014, 369; Rechtsbeschwerde anhängig beim BAG unter dem Az. 1 ABR 26/14.
[4] LAG Baden-Württemberg 9.4.2014 – 19 TaBV 7/13, ArbRAktuell 2014, 369, Rn. 30 und Rn. 34.

vor.¹ Aber auch die Gewährung von Aktienoptionen durch eine andere Konzerngesellschaft sollen Arbeitsentgelt im Sinne des § 37 Abs. 4 BetrVG darstellen, allerdings nur dann, wenn der Dritte sie nach der Abrede der Arbeitsvertragsparteien anstelle oder neben dem zwischen Arbeitgeber und Arbeitnehmer vereinbarten Arbeitsentgelt erbringen soll.²

404 Auch hierdurch wird deutlich, wie zurückhaltend im Arbeitsvertrag Bezüge auf Aktienoptionsprogramme anderer Konzernunternehmen formuliert werden sollten. Denn nach Ansicht des BAG kann eine Verpflichtung des konzernangehörigen Arbeitgebers dadurch begründet werden, dass die Arbeitsvertragsparteien die Teilnahme des Arbeitnehmers an den Aktienoptionsprogrammen eines anderen Konzernunternehmens ausdrücklich oder konkludent vereinbaren.³ Eine solche Vereinbarung kann nach Ansicht des Gerichts vorliegen, wenn der Arbeitgeber die Optionsgewährung im Einstellungsgespräch angesprochen und als Zusatzleistung zum Gehalt dargestellt hat.⁴

Da die Vorschrift des § 37 BetrVG nur das vom Arbeitgeber aufgrund des Arbeitsvertrags erbrachte Arbeitsentgelt erfasst, fallen von einem Dritten geleistete Zuwendungen schon dem Wortlaut nach nicht unter die Vorschrift, und zwar selbst dann, wenn der Arbeitsvertrag Motiv für die Leistung des Dritten ist.

2. Sonstige Sozialleistungen

405 In weltweit operierenden Konzernen sind auch weltweite einheitlich angebotene Sozialleistungen nicht unüblich. Hierbei handelt es sich um Leistungen, die nach einem einheitlichen Standard gewährt werden.

406 Dabei muss zwischen verschiedenen Leistungen unterschieden werden: Leistungen, die der jeweilige Vertragsarbeitgeber nach einem, zB von der Konzernmutter, vorgegebenen Standard gewährt, und Leistungen, die der Arbeitgeber zB in Form einer zusätzlich variablen Vergütung gewährt, die nicht auf den Erfolg des Arbeitgeberunternehmens abstellen, sondern auf den Erfolg des gesamten Konzerns oder beispielsweise einzelner Konzernsparten, zu denen das Unternehmen des Vertragsarbeitgebers oder der Arbeitnehmer selbst gehören. Schließlich gibt es auch Leistungen, die von der Konzernmutter unmittelbar den Beschäftigten der Konzernunternehmen, meist in hohen Führungspositionen, gewährt werden. Der Arbeitgeber ist hier nur Verwaltungs- bzw. Zahlstelle der Konzernmutter.

a) Variable Vergütung/Bonuszahlungen

407 Werden zusätzliche Entgeltleistungen unmittelbar vom Arbeitgeber gewährt, so gelten hierfür die normalen Grundsätze für die Anforderungen an die individualrechtliche Vereinbarung oder die Beteiligung der Arbeitnehmervertreter (→ Teil I Absch 2 Rn. 178). Dies gilt auch dann, wenn der lokale Arbeitgeber diese Leistungen nur nach einem weltweiten konzerneinheitlichen Standard gewähren will.

408 Bei Vergütungsleistungen, die der Vertragsarbeitgeber gewährt, die aber für die Zielerreichung nicht auf das Unternehmen des Vertragsarbeitgebers abstellen, sondern auf die wirtschaftliche Leistung des Gesamtkonzerns bzw. der (ausländischen) Konzernmutter, stellt sich in der Praxis regelmäßig die Frage, wie der Arbeitnehmer die ihm mitgeteilten Ergebnisse bewerten kann.

---

[1] BAG 16.1.2008 – 7 AZR 7887/06, NZA 2008, 836.
[2] BAG 19.1.2005 – 7 AZR 208/04, AuA 2005, 436.
[3] BAG 16.1.2008 – 7 AZR 887/06, NZA 2008, 836.
[4] BAG 16.1.2008 – 7 AZR 887/06, NZA 2008, 836.

C. Das Arbeitsverhältnis im grenzüberschreitenden Konzern

Wird die Sonderleistung allein von einem dritten Unternehmen gewährt, so besteht weder eine Verpflichtung des Vertragsarbeitgebers, die Sonderleistung zu zahlen, noch muss er über die Zielerreichung und die hierfür relevanten Daten dem Mitarbeiter Auskunft geben.[1] **409**

Dies kann bei einer unmittelbaren Verpflichtung des Arbeitgebers, der nicht auf eigene Kennzahlen, sondern die des Konzerns oder der Konzernobergesellschaft abstellt, nicht gelten. Zwar ist der Arbeitgeber berechtigt, die Kriterien einer variablen Vergütung zu bestimmen. Er kann die Zahlung der variablen Vergütung aber nicht mit dem Argument vereiteln, dass ihm die zur Kalkulation **notwendigen Daten** nicht durch die Muttergesellschaft zur Verfügung gestellt wurden. Denkbar wäre hier, dass sich der Vertragsarbeitgeber schadensersatzpflichtig macht, wenn er die notwendigen Informationen nicht einholt. **410**

Ob er dem Arbeitnehmer gegenüber aber auch zur Auskunft verpflichtet ist, ist vom Einzelfall abhängig. Dem Arbeitnehmererfinder stehen zur Vorbereitung seines Vergütungsanspruchs im Klagewege keine Ansprüche auf Auskunft und Rechnungslegung über den mit dem Gegenstand der Erfindung gemachten Gewinn zu.[2] Diese Rechtsprechung fußt darauf, dass dem in aller Regel weniger informierten Arbeitnehmererfinder schon anhand von Umsatzangaben möglich ist, die Arbeitnehmererfindervergütung auf Angemessenheit zu prüfen. Dagegen wird für andere Kennzahlen als den Gewinn (beispielsweise Liefermengen) ein Anspruch des Arbeitnehmererfinders angenommen, der sich auch auf die einzelnen konzernangehörigen Abnehmer wie die Liefermengen der konzernangehörigen Unternehmen an Dritte erstreckt; der Arbeitgeber kann sich der Auskunftspflicht auch nicht mit der Argumentation entziehen, dass im Konzern keine Unterlagen hierzu vorhanden seien, es sei denn die Auskunftsverpflichtung könnte ausschließlich unter Rückgriff auf solche Unterlagen erfüllt werden.[3] Diese Grundsätze lassen sich weitgehend auch auf die Rechtsbeziehung zwischen Arbeitgeber und Arbeitnehmer bei Zusage einer variablen Vergütung übertragen. Stellt der Arbeitgeber auf Kennzahlen ab, die über das Unternehmen hinausgehen, so dürfte er hierüber auch Auskunft geben müssen. **411**

Dies mag in global operierenden Konzernunternehmen auf praktische Schwierigkeiten stoßen. Hier ist es keine Seltenheit, dass die Tochterunternehmen Zahlen von der Konzernmutter erhalten oder auch nicht. Nachfragen können in derartigen Konstellationen durchaus ergebnislos bleiben; insbesondere dann, wenn kein Interesse an der Offenlegung solcher Kennzahlen besteht. Von **Auskunftspflichten** entbindet dies den Arbeitgeber jedoch nicht. **412**

Eine Lösung bietet sich dadurch an, dass der Arbeitgeber bei der Gewährung solcher freiwilliger Leistungen allein auf die ihm mitgeteilten Daten abstellt und dies entsprechend mit dem Arbeitnehmer vereinbart. Alternativ sollte allerdings auch das Szenario vertraglich geregelt sein, dass keine entsprechenden Daten zur Verfügung stehen, um die Höhe einer Sonderzahlung zu berechnen. **413**

b) Versicherungen

Internationale Konzerne schließen für die Führungskräfte ihrer weltweiten Tochterunternehmen auch zusätzliche Versicherungen ab, die (zusätzliche) Leistungen der **Kranken- oder Lebensversicherung** erbringen. Dabei werden diese Versicherungen nicht allein für im Ausland tätige Mitarbeiter während des Auslandseinsatzes vorgese- **414**

---

[1] LAG Rheinland-Pfalz 14.9.2009 – 5 Sa 293/09, BeckRS 2010, 67060.
[2] BGH 17.11.2009 – X ZR 137/07, BB 2010, 386.
[3] BGH 17.11.2009 – X ZR 137/07, BB 2010, 386.

Lützeler

hen, sondern stellen einen ständigen zusätzlichen Versicherungsschutz dar. Die Anbieter solcher Versicherungen, „International Health Insurance"-Gesellschaften, bieten hierbei ihre Leistungen konzernweit in Gruppenversicherungsmodellen an.

415 Für die rechtliche Bewertung solcher Versicherungen ist zunächst maßgeblich, ob sie eine Leistung des Vertragsarbeitgebers ist, oder ob der Mitarbeiter von einem Dritten versichert wird. In ersterem Fall bestehen keine Besonderheiten für das Arbeitsverhältnis.

416 Wird eine zusätzliche Krankenversicherung von einem Dritten gewährt, so gelten die für die Gewährung von Aktienoptionen dargestellten Grundsätze.

417 Bei Leistungen der Alters-, Invaliditäts- oder Hinterbliebenenversorgung ist jedoch zu beachten, dass Arbeitgeber im Sinne des § 1 Abs. 1 BetrAVG auch eine Konzern-Obergesellschaft sein kann, die dem Arbeitnehmer eine **Versorgungszusage** erteilt, weil der Arbeitnehmer in einem Tochterunternehmen tätig ist.[1] Dies kann auch der Fall sein, wenn der Arbeitnehmer für eine ausländische Tochtergesellschaft tätig ist.[2] Die Rechtsprechung verlangte ursprünglich, dass eine arbeitsrechtliche Restbeziehung zwischen dem bei der Auslandstochtergesellschaft tätigen Arbeitnehmer und der Konzern-Obergesellschaft besteht.[3] Ob dies weiterhin erforderlich ist, hat das BAG in einer späteren Entscheidung offen gelassen.[4] Nunmehr ist davon auszugehen, dass schon die Teilung und Aufrechterhaltung der Versorgungszusage durch die Konzern-Obergesellschaft belegt, dass der Arbeitnehmer in ihrem Interesse tätig wird.[5] Dann sind die Vorschriften des BetrAVG maßgeblich.

418 Zusagen sonstiger Dritter fallen jedoch grundsätzlich nicht unter das BetrAVG und zwar auch dann nicht, wenn der Dritte von der Arbeitsleistung des Beschäftigten wirtschaftlich profitiert.[6] Auch in den Fällen des § 17 Abs. 1 S. 2 BetrAVG, die Zusagen an Nichtarbeitnehmer betreffen, ist es erforderlich, dass der Beschäftigte für das zusagende Unternehmen unmittelbar tätig wird. Liegen dagegen keine **unmittelbaren Berührungspunkte** vor, so reichen auch lediglich mittelbare Vorteile, die das zusagende Unternehmen aus der Tätigkeit des Beschäftigten erlangt, nicht aus, um eine Anwendung des BetrAVG zu begründen.

IV. Kündigungsschutz

1. Kündigungsschutz im grenzüberschreitenden Konzern

419 Das BAG geht in ständiger Rechtsprechung davon aus, dass das Kündigungsschutzgesetz nur für Betriebe gilt, die in der Bundesrepublik Deutschland liegen. Dies wird damit begründet, dass der in § 23 Abs. 1 KSchG verwendete Begriff des „Betriebs" nur in Deutschland gelegene Betriebe bezeichnet. Insofern ist das Kündigungsschutzgesetz betriebsbezogen, allenfalls unternehmensbezogen, aber nicht konzernbezogen.[7]

---

[1] *Schlewing/Henssler/Schipp/Schnitker,* Arbeitsrecht der betrieblichen Altersversorgung Teil 4 A, Rn. 28.
[2] BAG 25.10.1988 – 3 AZR 64/87, DB 1989, 278.
[3] BAG 6.8.1985 – 3 AZR 185/83, DB 1986, 131.
[4] BAG 25.10.1988 – 3 AZR 64/87, DB 1989, 278.
[5] *Schlewing/Henssler/Schipp/Schnitker,* Arbeitsrecht der betrieblichen Altersversorgung Teil 4 A, Rn. 28; MüKoBGB/*Rühmann* § 1587a Rn. 309.
[6] BAG 20.4.2004 – 3 AZR 297/03, NZA 2005, 927.
[7] BAG 26.3.2009 – 2 AZR 883/07, DB 2009, 1409; 23.4.2008 – 2 AZR 1110/06, NZA 2008, 939; 23.3.2006 – 2 AZR 162/05, NZA 2007, 30; 23.11.2004 – 2 AZR 24/04, NZA 2005, 929.

C. Das Arbeitsverhältnis im grenzüberschreitenden Konzern

a) Anwendbarkeit des KSchG nach Grundsätzen des Internationalen Privatrechts?

Auch wenn anerkannt ist, dass die Kündigungsschutzregeln und damit insbesondere 420 die Bestimmungen über den Arbeitsplatzschutz keine unternehmensübergreifende, konzernweite Anwendung finden, kann dies nach den Grundsätzen des Internationalen Privatrechts anders beurteilt werden. So wird die Auffassung vertreten, das BAG ignoriere mit seiner Rechtsprechung zum Anwendungsbereich des Kündigungsschutzgesetzes die Vorgaben des Internationalen Privatrecht und damit die geltende Gesetzeslage sowie eine bereits hinreichend strukturierte Internationalisierung des Wirtschaftslebens; es unterscheide nicht hinreichend zwischen dessen Geltungs- und Anwendungsbereich.[1]

aa) Ausdrückliche Rechtswahl

Gem. Art. 27 EGBGB/Art. 3 Abs. 1 S. 1, Art. 8 Abs. 1 S. 1 Rom I-VO können die 421 Vertragsparteien das für ihre Vertragsbeziehung maßgebliche Recht selbst festlegen.[2] Der Arbeitsvertrag kann also bestimmen, ob deutsches oder ein anderes – auch außereuropäisches – Recht auf das Arbeitsverhältnis in Deutschland bzw. im Ausland angewendet werden soll. Allerdings darf nach Art. 30 EGBGB/Art. 8 Abs. 1 S. 2 Rom I-VO dem Arbeitnehmer durch die Rechtswahl nicht der Schutz entzogen werden, der ihm durch die **zwingenden Bestimmungen** desjenigen Rechts gewährt wird, das gem. Art. 30 Abs. 2 EGBGB/Art. 8 Abs. 2, 3, 4 Rom I-VO mangels einer Rechtswahl anwendbar wäre.

Dem Arbeitnehmer bleiben also die **unabdingbaren Schutzvorschriften** des 422 deutschen Arbeitsrechts und somit das **Kündigungsschutzrecht** erhalten, sofern der Schwerpunkt seiner Tätigkeit in Deutschland bleibt und nicht aus sonstigen Gründen (zB fremde Staatsangehörigkeit von Arbeitgeber und Arbeitnehmer) eine engere Bindung zum Ausland besteht.[3] Demnach finden die Bestimmungen des Kündigungsschutzgesetzes in diesen Fällen auch bei Vereinbarung einer ausländischen Rechtswahl Anwendung, wenn es im Vergleich mit der ausländischen Rechtsnorm im Ergebnis für den Arbeitnehmer günstiger ist.

Darüber hinaus ist gem. Art. 34 EGBGB/Art. 9 Rom I-VO die Anwendung sog. 423 Eingriffsnormen des deutschen Rechts ohne Rücksicht auf das auf den Arbeitsvertrag anzuwendende Recht vorgeschrieben. Nach h.M. zählt das Kündigungsschutzgesetz allerdings nicht zu diesen Bestimmungen.[4] Der allgemeine Kündigungsschutz dient lediglich dem Interessenausgleich zwischen den Vertragsparteien und nicht auch dem Interesse des Gemeinwohls, so dass er keiner Sonderanknüpfung gem. Art. 34 EGBGB/Art. 9 Rom I-VO zugänglich ist.[5] Lediglich das Massenentlassungsrecht nach §§ 17ff. KSchG oder der Sonderkündigungsschutz für Arbeitnehmervertreter nach § 15 KSchG, § 103 BetrVG gehört zu den Eingriffsnormen, da insbesondere die §§ 17ff. KSchG den deutschen Arbeitsmarkt schützen.[6]

---

[1] So zB *Straube* DB 2009, 1406 (1408).
[2] Gem. § 28 Rom I-VO unterfallen Arbeitsverträge, die vor dem 17.12.2009 abgeschlossen wurden, nach wie vor den Art. 27, 30 EGBGB. Erst für nach diesem Zeitpunkt abgeschlossene Arbeitsverträge entfalten Art. 3, 8 Rom I-VO ihr Geltung, welche die betreffenden EGBGB Regelungen allerdings inhaltsgleich ersetzt haben.
[3] *Wisskirchen/Bissels* DB 2007, 340 (346). Hierzu bereits → Rn. 33ff.
[4] BAG 10.4.2014 – 2 AZR 741/13, BeckRS 2014, 71952; BAG 24.8.1989 – 2 AZR 3/89, NZA 1990, 841; ErfK/*Schlachter*, Art. 9 Rom I-VO Rn. 23; *Wisskichen/Bissels* DB 2007, 340 (346).
[5] BAG 24.8.1989 – 2 AZR 3/89, NZA 1990, 841; *Deinert* RdA 2009, 144 (152).
[6] BAG 24.8.1989 – 2 AZR 3/89, NZA 1990, 841; ErfK/*Schlachter*, Art. 9 Rom I-VO Rn. 23; *Deinert* RdA 2009, 144 (152).

424 Wählen die Parteien die Geltung ausländischen Rechts, sind zudem solche Normen im Inland nicht anwendbar, wenn sie mit wesentlichen Grundlagen des deutschen Rechts unvereinbar sind und daher gem. Art. 6 EGBGB/Art. 21 Rom I-VO gegen den sog. ordre public verstoßen. Allerdings zielt diese Regelung auf absolut unverzichtbare Rechtsprinzipien, die in aller Regel auch von ausländischen Rechtsordnungen beachtet werden.[1] Die Bedeutung des ordre public-Vorbehalts ist daher im Arbeitsrecht gering.

bb) Keine Rechtswahl

425 Ist die Wahl des Vertragsstatuts dem Arbeitsvertrag hingegen nicht zu entnehmen, so bestimmt sich dieses nach Art. 30 Abs. 2 EGBGB/Art. 8 Abs. 2, 3, 4 Rom I-VO. Danach unterliegt das Arbeitsverhältnis **mangels Rechtswahl** dem Recht des Staates, in dem der Arbeitnehmer seine Arbeit verrichtet (Art. 30 Abs. 2 Nr. 1 EGBGB/Art. 8 Abs. 2 Rom I-VO) bzw. in dem sich die Niederlassung befindet, die den Arbeitnehmer eingestellt hat, sofern dieser seine Arbeit gewöhnlich nicht in ein und demselben Staat ausübt (Art. 30 Abs. 2 Nr. 2 EGBGB/Art. 8 Abs. 3 Rom I-VO). Ergibt sich aus der Gesamtheit der Umstände, dass der Vertrag eine engere Verbindung zu einem anderen als dem danach bestimmten Staat aufweist, ist das Recht dieses Staates anzuwenden, Art. 30 Abs. 2 2. HS EGBGB/Art. 8 Abs. 4 Rom I-VO.

426 Als **besondere Umstände,** die eine engere Verbindung zu einem anderen Staat aufweisen, kommen insbesondere die gemeinsame Staatsangehörigkeit der Vertragsparteien, der inländische Wohnsitz des Beschäftigten, die frühere lange Inlandstätigkeit des Mitarbeiters, die Aufrechterhaltung sozialer Vorteile im Bereich der betrieblichen Sozialleistungen oder der Sozialversicherung, Vertragssprache, Währung der Vergütung oder Abschlussort in Betracht.[2]

427 Verrichtet der Arbeitnehmer demnach seine Arbeit im Gebiet der Bundesrepublik Deutschland, gilt auch das deutsche Kündigungsschutzrecht. Fehlt es aufgrund der konzerndimensionalen Struktur an einem gewöhnlichen Arbeitsort, weil der Arbeitnehmer seine Arbeit regelmäßig in verschiedenen Staaten verrichtet, kommt nach den vorstehenden Grundsätzen das **Recht der einstellenden Niederlassung** zur Anwendung. Dies bedeutet, dass die Rechtsordnung der Niederlassung des Arbeitgebers maßgeblich ist, die mit dem Arbeitnehmer den Arbeitsvertrag abgeschlossen hat oder in deren Betrieb der Arbeitnehmer tatsächlich organisatorisch eingegliedert worden ist, wobei ausreicht, dass der Mitarbeiter von der betreffenden Niederlassung betreut wird.[3] Ist dies ebenfalls in Deutschland der Fall, findet auch hiernach das Kündigungsschutzgesetz Anwendung.

cc) Folgen für Sachverhalte in grenzüberschreitenden Strukturen

428 In Anwendung der vorstehenden Grundsätze entfaltet nach internationalem Privatrecht das Kündigungsschutzgesetz Geltung, wenn der Arbeitnehmer bei ausländischer Rechtswahl dennoch überwiegend in Deutschland tätig ist oder – bei fehlender Rechtswahl – sich die einstellende Niederlassung auf dem Gebiet der Bundesrepublik Deutschland befindet. Andernfalls kann auf die Bestimmungen des Kündigungsschutzgesetzes nicht zurückgegriffen werden. Auf Betriebe im Ausland findet das Kündigungsschutzgesetz somit auch nach den vorstehenden Grundsätzen keine Anwendung. Dies widerspricht auch nicht der Rechtsprechung des BAG, welches davon ausgeht, dass das Kündigungsschutzgesetz nur für Betriebe gilt, die in Deutschland liegen.

---

[1] ErfK/*Schlachter,* Art. 9 Rom I-VO Rn. 26.
[2] *Wisskirchen/Bissels* DB 2007, 340 (344).
[3] *Wisskirchen/Bissels* DB 2007, 340 (344).

C. Das Arbeitsverhältnis im grenzüberschreitenden Konzern

Auch bei Konzernstrukturen ist wegen der grundsätzlich im Inland erbrachten Arbeitsleistung im Fall der **Einbindung** des Arbeitnehmers in die **betrieblichen Abläufe der Inlandsgesellschaft** und des bestehenden Arbeitsvertrages nach den objektiven Anknüpfungskriterien des Art. 30 Abs. 2 EGBGB/Art. 8 Abs. 2, 3 Rom I-VO (Ort der Arbeitsleistung/Recht der einstellenden Niederlassung) grundsätzlich das deutsche Arbeitsrecht und damit auch das Kündigungsschutzgesetz anwendbar, sofern die Arbeitsvertragsparteien den Vertrag nicht ohnehin ausdrücklich der deutschen Rechtsordnung unterstellt haben.[1] Eine andere Beurteilung wird sich überwiegend auch nicht aus Art. 30 Abs. 2 2. HS EGBGB/Art. 8 Abs. 4 Rom I-VO ergeben, da sich regelmäßig nicht genügend Anhaltspunkte für einen überwiegenden und engeren Bezug zu einem anderen Staat finden werden. Allein die Ausübung der Weisungsrechte durch die ausländische Gesellschaft ist als nicht ausreichend anzusehen, wenn die „formalen" Arbeitgeberfunktionen, wie Urlaubsgewährung, Lohnzahlung etc., von der inländischen Anstellungsgesellschaft wahrgenommen werden. Gestützt wird dies, wenn der Mitarbeiter weiterhin im Inland lebt, in der inländischen Sozialversicherung pflichtversichert wird, die Vertragssprache Deutsch ist und die Arbeitsleistung überwiegend im Inland erbracht wird.[2]

429

Fraglich ist aber, welcher Rechtsordnung das Arbeitsverhältnis bei fehlender Einbindung in die betrieblichen Strukturen der Inlandsgesellschaft unterliegt und ob hierbei das Kündigungsschutzgesetz Anwendung finden kann. Nach den vorstehenden Grundsätzen ist die Wahl einer ausländischen Rechtsordnung möglich. Dies kann auch konkludent erfolgten, jedoch muss sich diese Wahl mit hinreichender Sicherheit aus den Bestimmungen des Vertrages oder den Umständen des Einzelfalls ergeben. In Konzernstrukturen werden die Parteien regelmäßig von der Anwendbarkeit einer Rechtsordnung ausgehen. Dies gilt insbesondere für das deutsche Kündigungsschutzgesetz, wenn der Mitarbeiter trotz seiner Reisetätigkeit hauptsächlich in Deutschland tätig ist. Daneben bestimmt sich die Rechtswahl gem. Art. 30 Abs. 2 EGBGB/Art. 8 Abs. 2 Rom I-VO wiederum nach dem Ort, an dem der Arbeitnehmer gewöhnlich seine Arbeitsleistung erbringt. Auch wenn dieser aufgrund der Reisetätigkeit des Mitarbeiters schwer zu bestimmen ist, ist davon auszugehen, dass trotz der Vielzahl von Auslandsaufenthalten Deutschland der Staat ist, in dem der Mitarbeiter regelmäßig die Arbeit leistet. Auch in diesem Fall ist damit grundsätzlich das deutsche Kündigungsschutzgesetz anwendbar.[3]

430

Die Frage, ob das Kündigungsschutzgesetz bei grenzüberschreitenden Sachverhalten anzuwenden ist, richtet sich demnach allein nach Art. 30 Abs. 2 EGBGB/Art. 8 Rom I-VO, sofern keine Rechtswahl vorliegt. Maßgeblich ist danach in erster Linie der gewöhnliche Tätigkeitsort des einzelnen Arbeitnehmers. Liegt dieser in Deutschland, ist das deutsche Kündigungsschutzgesetz auch anzuwenden.

431

b) Bestimmung der Schwellenwerte

Geht man von der grundsätzlichen Anwendbarkeit des Kündigungsschutzgesetzes unter den zuvor genannten Voraussetzungen aus, stellt sich das Problem der Schwellenwertberechnung. Arbeiten in einem inländischen Betrieb weniger als 10,25 Mitarbeiter und ist deshalb der Schwellenwert des § 23 Abs. 1 S. 3 KSchG nicht erreicht, ist umstritten, ob bei der Anwendung des deutschen Rechts im Ausland verwirklichte Tatbestandsmerkmale in dem Sinn berücksichtigt werden können, dass in einem **ausländischen Betrieb tätige Mitarbeiter** mitgezählt werden.

432

---

[1] *Wisskirchen/Bissels* DB 2007, 340 (345).
[2] *Wisskirchen/Bissels* DB 2007, 340 (345).
[3] *Wisskirchen/Bissels* DB 2007, 340 (345).

433 Ein Teil der Literatur ist dieser Auffassung. Insbesondere könne weder das Gesetz noch dessen Begründung oder eine Auslegung des Gesetzes eine Beschränkung dahingehend rechtfertigen, im Ausland tätige Mitarbeiter nicht zu berücksichtigen.[1] Demnach fänden Mitarbeiter in ausländischen Betrieben im Rahmen der Anwendung des § 23 KSchG Berücksichtigung.

434 Das BAG vertritt demgegenüber bislang die Ansicht, bei einem grenzüberschreitenden Sachverhalt seien nur die in Deutschland tätigen Arbeitnehmer zu berücksichtigen, da der räumliche Geltungsbereich des Kündigungsschutzgesetzes auf das Gebiet der Bundesrepublik Deutschland beschränkt sei. Nach Ansicht des BAG kommt eine Zusammenrechnung mit im Ausland beschäftigten Arbeitnehmern jedenfalls dann nicht in Betracht, wenn diese nicht deutschem Arbeitsrecht unterfallen.[2] Eine Zusammenrechnung zum Zweck der Eröffnung des Anwendungsbereichs einzelner Gesetze des jeweils anderen Rechts sei dann nicht möglich, wenn die Arbeitsverhältnisse der beiden Personengruppen unterschiedlichen Rechtsordnungen unterstünden.[3] Dieser Auffassung ist zuzustimmen.

c) Im grenzüberschreitenden Gemeinschaftsbetrieb

435 Auch im grenzüberschreitenden Gemeinschaftsbetrieb. so ein solcher einmal existieren sollte, stellt sich diese Problematik. Insofern besteht die Ansicht, dass zumindest die Mitarbeiter eines Gemeinschaftsbetriebs, von dem ein Teil im Ausland belegen sei, bei der Bemessung der Schwellenwerte des § 23 Abs. 1 S. 3 KSchG zu berücksichtigen seien.[4] Nach Ansicht des BAG zählen im Ausland beschäftigten Arbeitnehmer, deren Arbeitsverhältnis nicht dem deutschen Recht unterliegen, auch dann bei der Berechnung des Schwellenwerts nicht mit, wenn die ausländische Arbeitsstätte mit einer deutschen einen Gemeinschaftsbetrieb bildet.[5] Der Gemeinschaftsbetrieb zweier Unternehmen könne nicht anders behandelt werden als ein gleich organisierter Betrieb eines Unternehmens. Auch diese Auffassung überzeugt.

2. Unternehmerische Entscheidung

436 In internationalen Konzernen fallen Entscheidungen über den Ausspruch von Kündigungen, insbesondere von einer Mehrzahl von Kündigungen im Rahmen einer Restrukturierung, häufig nicht im nationalen Unternehmen (allein), sondern jedenfalls auch maßgeblich bei der ausländischen Konzernmutter.

437 Dies hat Auswirkungen auf den Kündigungsschutz insofern, als die unternehmerische Entscheidung nach grenzüberschreitenden, ggf. globalen Kriterien getroffen wird, die im schlimmsten Fall die Verhältnisse vor Ort wenig berücksichtigen, etwa bei weltweiten Sparprogrammen.

438 Für die Wirksamkeit der unternehmerischen Entscheidung als Voraussetzung für eine sozial gerechtfertigte betriebsbedingte Kündigung ist dies allerdings ohne Relevanz. Denn zum einen können Arbeitgeberfunktionen von einem auf ein anderes Unternehmen delegiert werden, und zwar auch grenzüberschreitend.[6] Wird daher die unternehmerische Entscheidung nach einer derartigen Delegation von einer Nichtarbeitgebergesellschaft getroffen, kann sie gleichwohl nach den allgemeinen Regeln zum

---

[1] *Straube* DB 2009, 1406 (1407).
[2] BAG 26.3.2009 – 2 AZR 883/07, DB 2009, 1409.
[3] BAG 26.3.2009 – 2 AZR 883/07, DB 2009, 1409.
[4] *Straube* DB 2009, 1406 (1408).
[5] BAG 26.3.2009 – 2 AZR 883/07, DB 2009, 1409.
[6] *Straube* ArbRAktuell 2009, 180 (181).

C. Das Arbeitsverhältnis im grenzüberschreitenden Konzern

Wegfall des Beschäftigungsbedürfnisses führen. Zum anderen wird, jedenfalls vor Umsetzung, stets auch eine unternehmerische Entscheidung der lokalen Entscheidungsträger als für die juristische Person Verantwortliche vor Ort ergehen – sei es, dass sie auf einer eigenen betriebswirtschaftlichen Berechnung und Entscheidungsfindung beruht, sei es, dass sie sich auf die Umsetzung des bei der Konzernmutter oder sonstigen Konzerngesellschaft beschlossenen Programms beschränkt. In jedem Fall wird durch diese lokale Entscheidung sichergestellt, dass die Verhältnisse im Unternehmen ausreichend Berücksichtigung finden.

Der Grundsatz der freien Unternehmerentscheidung ist auch bei betriebsbedingten **439** Kündigungen als Folge konzerninterner Verlagerungen von Funktionen zu wahren. Die Gründe für die Verlagerung sind auch hier nicht zu kontrollieren. Nur offensichtlichen Fällen von Gestaltungsmissbrauch kann mit der kündigungsschutzrechtlichen Willkürkontrolle begegnet werden.[1] Daneben schützen die aus § 613a BGB abgeleiteten Rechte nach geltender Rechtslage nicht bei reinen Funktionsverlagerungen. Ein kündigungsschutzrechtlicher Durchgriff auf den Konzern über die genannten Grundsätze hinaus findet im geltenden Recht keine Stütze.

3. Weiterbeschäftigung im Ausland

Schließlich stellt sich im grenzüberschreitenden Konzern die Frage, ob der Mitar- **439a** beiter Anspruch auf Weiterbeschäftigung auf einen freien Arbeitsplatz im Ausland hat. Das BAG lehnt dies ab;[2] das Kündigungsschutzgesetz sei nur auf Betriebe in Deutschland anwendbar. Entsprechend beschränke sich die Pflicht der Arbeitgeber zur Weiterbeschäftigung ebenfalls nur auf freie Stellen im Inland.

4. Besonderheiten in der grenzüberschreitenden Matrixstruktur

In vielen multinationalen Konzernen haben sich im Zuge der fortschreitenden Glo- **440** balisierung der Wirtschaft sog. „Matrixstrukturen" gebildet, die eine Zuordnung der Arbeitnehmer zu bestimmten (inländischen) Betrieben und Gesellschaften erschweren (hierzu auch → Rn. 61 ff.). Dabei ist es üblich, dass ein Arbeitnehmer zwar einen Arbeitsvertrag mit dem deutschen Tochterunternehmen hat, aber vornehmlich mit ausländischen Konzerngesellschaften zusammenarbeitet. Sein Betätigungsfeld erstreckt sich häufig auf **konzernweite oder europäische Aufgaben.** Dabei verlaufen die Berichtswege nicht zu der inländischen Vertragsgesellschaft, sondern ausschließlich zu der ausländischen Muttergesellschaft oder der europäischen Zentrale im Ausland. Umgekehrt ist der Arbeitnehmer den Weisungen seiner Vorgesetzten in der ausländischen Gesellschaft unterstellt. In vielen Fällen erbringt er die Arbeitsleistung nicht ortsgebunden, sondern für die ausländische Gesellschaft an verschiedenen Standorten des Konzerns.[3] In einer derartigen Konzernorganisation in Form einer grenzüberschreitenden Matrixstruktur (zur Matrixstruktur generell → Rn. 98) sind einige Besonderheiten zu beachten:

a) Kündigender Arbeitgeber

Zum einen ist die Frage zu beantworten, durch welchen Arbeitgeber die Kündi- **441** gung des Arbeitsverhältnisses zu erfolgen hat, wenn ein Arbeitnehmer nicht oder nicht nur beim deutschen Vertragsarbeitgeber, sondern – in unterschiedlichem Maße – bei ausländischen Konzerngesellschaften eingesetzt ist.

---

[1] *Straube* ArbRAktuell 2009, 180.
[2] BAG 29.8.2013 – 2 AZR 809/12, NZA 2014, 730.
[3] *Wisskirchen/Bissels* DB 2007, 340.

Das Kündigungsschutzgesetz definiert den **Begriff des „Arbeitgebers"** nicht. Fest steht, dass der Arbeitgeber ein Rechtssubjekt sein muss, d. h. eine natürliche oder juristische Person. Der Konzern als Zusammenschluss mehrerer Unternehmen ist damit kein geeigneter Anknüpfungspunkt für ein Arbeitsverhältnis.[1] Da dem Konzern Rechts- und Handlungsfähigkeit seiner Gliedunternehmen fehlt, werden die Arbeitsverhältnisse der Konzernmitarbeiter mit den einzelnen Konzernunternehmen, bei der sie konkret beschäftigt sind, und nicht mit dem Konzern als solchem, begründet. Weder der Konzern noch die Konzernobergesellschaft können daher die Arbeitgeberfunktion für alle Mitarbeiter der Unternehmensgruppe wahrnehmen.[2] Die Rechtsprechung geht demgemäß vornehmlich von einem Arbeitgeberbegriff aus, nach dem es insbesondere auf die Weisungshoheit des Arbeitgebers gegenüber den Arbeitnehmern ankommt.[3] Dies kann bei Matrixstrukturen dazu führen, dass eine arbeitsvertragliche Bindung (auch) mit der weisungsgebenden anderen Konzerngesellschaft entsteht. Hierzu sind zwei Konstellationen zu unterscheiden:

442 Ist der Arbeitnehmer in die Betriebsorganisation seines Vertragsarbeitgebers eingegliedert und wird nur zeitweise zusätzlich für ausländische Konzerngesellschaften tätig, findet zwar eine Aufteilung der Arbeitgeberfunktionen statt. Diese führt jedoch nicht dazu, dass mit den ausländischen Konzerngesellschaften ein eigenständiges Arbeitsverhältnis entsteht. Die Kündigung ist daher ausschließlich vom inländischen Vertragsarbeitgeber auszusprechen, der den maßgeblichen Nutzen aus dem Arbeitsverhältnis zieht.[4]

443 Findet dagegen gar keine oder nur eine sehr schwache Einbindung des Arbeitnehmers in den Betrieb seines Vertragsarbeitgebers statt, sondern übt der Arbeitnehmer Tätigkeiten im Wesentlichen für ausländische Konzerngesellschaften auf deren Weisung aus, so sind diese auch die primären Nutznießer der Arbeitsleistung des Arbeitnehmers. Hier kann es je nach Grad der Einbindung in die Auslandsgesellschaft zum Abschluss eines konkludenten Arbeitsvertrages mit dieser kommen mit der Folge, dass sowohl Vertragsarbeitgeber als auch faktischer Arbeitgeber jeweils eigenständig eine Kündigung aussprechen müssen, sog. Doppelarbeitsverhältnis.[5]

b) Sozialauswahl

444 Die Sozialauswahl kann in der Matrixstruktur ebenfalls eigenen Regeln folgen. Dies wird insbesondere bedeutsam, wenn der zu kündigende Arbeitnehmer vergleichbare Mitarbeiter in einer anderen Konzerngesellschaft hat, die ihm die Weisungen erteilt.

aa) Variante 1: Eingliederung in den Vertragsbetrieb

445 Bei der beschriebenen, überwiegenden Eingliederung des Arbeitnehmers in den Betrieb des Vertragsarbeitgebers ist dies allerdings nicht der Fall. Die Sozialauswahl hat nach allgemeinen Grundsätzen im jeweiligen Betrieb stattzufinden.[6] Eine Erweiterung der Sozialauswahl auf weitere Unternehmen oder sogar den Konzern findet demnach nicht statt. Dies gilt auch dann, wenn arbeitsvertraglich ein Einsatz in anderen Betrieben zulässig wäre.

bb) Variante 2: Keine Eingliederung in den Vertragsbetrieb

446 Auch bei einer überwiegenden Tätigkeit für einen ausländischen Nichtvertragsarbeitgeber – mit der oben beschriebenen Konsequenz, dass rechtlich zwei Arbeitgeber

---

[1] *Rid* NZA 2011, 1121.
[2] *Windbichler,* Arbeitsrecht im Konzern, S. 69.
[3] BAG 21.1.1999 – 2 AZR 648/97, NZA 1999, 539.
[4] *Wisskirchen/Bissels* DB 2007, 340 (342).
[5] *Rid* NZA 2011, 1121 (1122); *Wisskirchen/Bissels* DB 2007, 340 (343).
[6] *Wisskirchen/Bissels* DB 2007, 340 (343).

existieren – hat im Auslandsunternehmen eine Sozialauswahl nach deutschem Kündigungsrecht nicht stattzufinden, da dieses mangels betrieblicher Organisation im Inland territorial keine Anwendung findet.[1]

Grundsätzlich findet eine Sozialauswahl nur bei dem Arbeitgeber statt, in dessen betriebliche Organisation der Arbeitnehmer eingegliedert ist. Dies bedeutet im Gegenzug, dass eine Sozialauswahl beim Vertragsarbeitgeber mangels Eingliederung entfallen kann. Grund hierfür ist, dass die Sozialauswahl auf dem Gedanken der Solidargemeinschaft des Betriebs beruht. Eine Sozialauswahl hat folglich dann auch nur dort zu erfolgen, wo eine solche Solidargemeinschaft auch entstanden ist.[2] **447**

c) Weiterbeschäftigungsmöglichkeiten im ausländischen Unternehmen

In Bezug auf die Prüfung etwaiger Weiterbeschäftigungsmöglichkeiten im Unternehmen stellt sich die Situation in der grenzüberschreitenden Matrixstruktur wie folgt dar: **448**

aa) Grundsatz: Unternehmensbezug

Grundsätzlich hat der Arbeitgeber nach den allgemeinen Regeln vor Ausspruch einer Kündigung zu prüfen, ob im Unternehmen freie geeignete Stellen verfügbar sind.[3] **449**

Dies gilt unverändert für die beschriebene Konstellation, in welcher der Arbeitnehmer überwiegend in den Betrieb seines Vertragsarbeitgebers eingegliedert ist.[4] Die aus dem ultima-ratio-Prinzip abgeleitete Verpflichtung des Arbeitgebers, den Arbeitnehmer anstelle einer Kündigung auf einem freien Arbeitsplatz weiter zu beschäftigen, erfasst dabei grundsätzlich nur geeignete Arbeitsplätze im Betrieb oder Unternehmen (hierzu schon → Rn. 99). Demnach muss der Arbeitgeber auch bei Wegfall des Beschäftigungsbedarfs im Anstellungsunternehmen nicht nach Weiterbeschäftigungsmöglichkeiten im Konzern suchen.[5] **450**

In der Variante der Eingliederung in ein ausländisches Konzernunternehmen muss grundsätzlich auch dieses Weiterbeschäftigungsmöglichkeiten im Ausland prüfen. **451**

bb) Ausnahme: Konzernbezug

Aus der Wortlautgrenze der gesetzlichen Regelungen ergibt sich, dass eine Ausdehnung der Prüfung der Weiterbeschäftigungsmöglichkeit über das Unternehmen hinaus auf andere Konzernunternehmen im Ausland regelmäßig nicht vorzunehmen ist. Die Weiterbeschäftigung ist grundsätzlich nicht konzernbezogen zu verstehen.[6] Da nach der ständigen Rechtsprechung des BAG das Kündigungsschutzgesetz nicht konzernbezogen ist, ist der Arbeitgeber vor Ausspruch der Kündigung grundsätzlich auch nicht verpflichtet, den Arbeitnehmer in einem anderen Betrieb eines anderen Unternehmens unterzubringen.[7] Eine unternehmensübergreifende Weiterbeschäftigungspflicht in einem Konzern besteht deshalb zB dann nicht, wenn die unternehmerische Entscheidung getroffen worden ist, den einen Betrieb stillzulegen, den Betrieb eines anderen Konzernunternehmens aber mit im Wesentlichen gleichem Tätigkeitsfeld ohne erhebliche Aufstockung der Belegschaft weiterzuführen.[8] **452**

---

[1] *Wisskirchen/Bissels* DB 2007, 340 (343).
[2] *Wisskirchen/Bissels* DB 2007, 340 (344).
[3] *Wisskirchen/Bissels* DB 2007, 340.
[4] *Wisskirchen/Bissels* DB 2007, 340 (343).
[5] *Rid* NZA 2011, 1121 (1122).
[6] *Wisskirchen/Bissels* DB 2007, 340 (345).
[7] BAG 23.4.2008 – 2 AZR 1110/06, NZA 2008, 939; 23.11.2004 – 2 AZR 24/04, NZA 2005, 929.
[8] LAG Niedersachsen 11.8.2005 – 7 Sa 1256/04, NZA-RR 2006, 16.

453 Ausnahmsweise kann jedoch auch eine konzernbezogene Weiterbeschäftigungspflicht bestehen, wenn das Arbeitsverhältnis einen Konzernbezug aufweist, zB wenn sich ein anderes Konzernunternehmen ausdrücklich zur Übernahme des Arbeitnehmers bereit erklärt hat sowie vor allem dann, wenn sich eine solche Verpflichtung unmittelbar aus dem Arbeitsvertrag oder einer sonstigen vertraglichen Absprache oder der in der Vergangenheit geübten Praxis ergibt.[1] Voraussetzung ist demnach ein zusätzliches vertragliches Element – ausdrücklich, konkludent oder aus dem Gesichtspunkt der Vertrauenshaftung heraus.[2]

454 Konzerndimensional ist der Kündigungsschutz somit nur dann, wenn eine vertragliche Grundlage für eine konzernweite Beschäftigung zwischen Arbeitgeber und Arbeitnehmer besteht und der Arbeitgeber die Beschäftigung des Arbeitnehmers im ausländischen Konzernunternehmen auch durchsetzen kann. Ob der Arbeitgeber einen solchen bestimmenden Einfluss zur „Versetzung" des Arbeitnehmers hat, richtet sich dann grundsätzlich nach den gesellschaftlichen Umständen. Es spielt keine Rolle, ob die Möglichkeit der Einflussnahme auf Grund eindeutiger rechtlicher Regelungen, zB eines Beherrschungsvertrags oder aus faktischen Gründen besteht. In der Praxis kommt eine solche Einflussnahme dann in Betracht, wenn es das herrschende Unternehmen ist, das Arbeitnehmer entlassen will und auch dann regelmäßig nur im GmbH-Konzern.[3] Handelt es sich bei dem abhängigen Unternehmen, zu dem der Arbeitnehmer versetzt werden soll, um eine Aktiengesellschaft, kann die Versetzung nur durchgesetzt werden, wenn ein Beherrschungsvertrag existiert, § 308 AktG.

455 Nachdem das BAG auch einen tatsächlich bestimmenden Einfluss ausreichen lässt, stellt sich die Frage, ob es ausreicht, wenn die Geschäftsführung des Vertragsarbeitgebers personenidentisch mit der Geschäftsführung einer anderen Konzerngesellschaft ist.[4]

456 Fehlt ein solcher bestimmender Einfluss, kommt ein konzerndimensionaler Kündigungsschutz nur in Betracht, wenn sich das andere Konzernunternehmen gegenüber dem Arbeitgeber zur Weiterbeschäftigung des Arbeitnehmers verpflichtet hat. Hat sich das andere Konzernunternehmen nur gegenüber dem Arbeitnehmer gebunden, muss dieser seinen daraus resultierenden Anspruch gegenüber dem anderen Konzernunternehmen geltend machen. Ein Kündigungsschutz beim bisherigen Arbeitgeber folgt daraus nicht.

457 Der Arbeitnehmer soll gegen seinen Vertragsarbeitgeber einen Anspruch auf Verschaffung eines Arbeitsvertrages mit einem dritten Konzernunternehmen haben. Daneben kommt in Betracht, dass die Kündigung unwirksam ist, mit der Folge des Fortbestandes des Arbeitsverhältnisses zum Vertragsarbeitgeber. Diskutiert werden auch ein direkter Übernahmeanspruch gegen ein drittes Konzernunternehmen sowie Schadensersatzansprüche.[5]

---

[1] BAG 23.4.2008 – 2 AZR 1110/06, NZA 2008, 939; 23.3.2006 – 2 AZR 162/05, NZA 2007, 30; 23.11.2004 – 2 AZR 24/04, NZA 2005, 929.
[2] *Rid* NZA 2011, 1121 (1122).
[3] *Rid* NZA 2011, 1121 (1122).
[4] *Rid* NZA 2011, 1121 (1122, 1126).
[5] *Rid* NZA 2011, 1121 (1122, 1127).

D. Entsendung von Arbeitnehmern ins Ausland

I. Einführung

Für international aktive Konzerne ist die **Mobilität von Arbeitnehmern** von hohem Gewicht für eine erfolgreiche Personalarbeit. Auslandseinsätze von Mitarbeitern sind nicht nur ein wichtiges Instrument der Personalentwicklung. Sie fördern zudem die Dynamik und Kreativität eines Konzerns, dienen dem Know-How-Transfer und stärken den internationalen Konzernverbund. 458

Mit Mobilität ist dabei nicht nur die „tagesgeschäftliche" Mobilität im Rahmen von Dienstreisen angesprochen, sondern vielmehr gerade die Möglichkeit der längerfristigen Entsendung von Arbeitnehmern ins Ausland. Neben der Fragestellung, wie mit der auch für den Arbeitnehmer erheblichen Veränderung generell umzugehen ist, sind zahlreiche individual- und kollektivarbeitsrechtliche Aspekte im Rahmen einer Entsendung zu beachten. Neben diese treten Fragen der sozial- und steuerrechtlichen **Gestaltung bei Auslandseinsätzen** von Arbeitnehmern. 459

Personalpolitisch bedeutsam ist der Aspekt der Arbeitgeberattraktivität, den ein Konzern bzw. eine Konzerngesellschaft im Umgang mit Entsendungen im Auge behalten muss und zwar gleichermaßen bezogen auf aktuelle und auf etwaige zukünftige Arbeitnehmer. Dieser Umgang mit Entsendungen ist neben dem juristischen „Handwerk" gewissermaßen die „Kür". Hier entscheidet sich, ob Entsendungen im Unternehmen und bei den von allen Unternehmungen gesuchten Talenten und Kandidaten eine positive Wahrnehmung erfahren. Daran wiederum zeigt sich, dass der Erfolg einer Entsendungspolitik und -praxis ein **Element interner und externer Arbeitgeberattraktivität** ist. 460

„Entsendung" ist kein gefestigter, einheitlich verwendeter arbeitsrechtlicher Begriff. Der Gesetzgeber hat jedoch innerhalb des Sozialversicherungsrechts den Begriff der Entsendung verwendet und daran Regelungen zur Aufrechterhaltung der deutschen Sozialversicherungspflicht geknüpft. Unter der Entsendung eines Arbeitnehmers wird im Allgemeinen die auf einer – ggf. gesonderten vertraglichen – Vereinbarung beruhende **weisungsgebundene Tätigkeit eines Arbeitnehmers für seinen Arbeitgeber im Ausland** verstanden.[1] 461

Da der Begriff der Entsendung nicht einheitlich verwendet wird, sollte an dieser Stelle zumindest die **Abgrenzung von der Abordnung** herausgestellt sein. Die Abordnung entstammt dem Beamtenrecht (zB § 12 BAT)[2] und beschreibt in diesem Kontext die zeitweise Beschäftigung eines Beamten in einer anderen Dienststelle.[3] Mittlerweile wird die Abordnung im arbeitsrechtlichen Kontext als das vorübergehende Tätigwerden eines Arbeitnehmers in einem anderen Betrieb des Unternehmens oder einer konzernzugehörigen Gesellschaft[4] und zwar innerhalb des Ursprungslandes verstanden. 462

Die Entsendung eines Arbeitnehmers ist ferner von der **Dienstreise abzugrenzen.** Auch der Begriff der Dienstreise ist arbeitsrechtlich nicht eindeutig. Da allerdings das 463

---

[1] Ähnlich auch *Heuser*, Die Entsendung deutscher Mitarbeiter ins Ausland, S. 16.
[2] MAH ArbR/*Melms*, § 9 Rn. 20.
[3] Nipperdey/*Kortstock*, Stichwort Abordnung; ErfK/*Wank*, AÜG § 1 Rn. 43.
[4] Im Rahmen der vorübergehenden Abordnung zu einer konzernzugehörigen Gesellschaft bedarf es aufgrund des Konzernprivilegs aus § 1 Abs. 3 Nr. 2 AÜG keiner Arbeitnehmerüberlassungserlaubnis, es sei denn, der Arbeitnehmer ist ausschließlich als Leiharbeitnehmer eingestellt oder eingesetzt. Vgl. dazu *Lembke*, BB 2012, 2497 (2499); *Schüren/Hamann*, AÜG § 1 Rn. 485 ff.

Bundesreisekostengesetz (§ 2 BRKG) eine für den öffentlichen Dienst gültige Legaldefinition beinhaltet, kann diese auch im Arbeitsrecht angewandt werden: Eine Dienstreise liegt demnach dann vor, wenn der Mitarbeiter zur Erledigung von Dienstgeschäften an einen Ort außerhalb des Dienstortes fährt.[1] Selbstverständlich kann auch eine Reise ins Ausland eine Dienstreise darstellen. Daher ist die Auslandsberührung an dieser Stelle kein für die Unterscheidung von Entsendung und Dienstreise entscheidendes Kriterium. Auch die Dauer einer Dienstreise ins Ausland bedeutet für die Abgrenzung zur Entsendung kein ausreichendes Unterscheidungskriterium, zumal sich auch Dienstreisen über einen längeren Zeitraum erstrecken können. Vielmehr sollte in diesem Zusammenhang auf die – in Deutschland insbesondere auch für das Betriebsverfassungsgesetz relevante – organisatorische Einbindung in den jeweiligen Betrieb vor Ort abgestellt werden: Bei einer Dienstreise zu einem anderen Standort (Betrieb) desselben oder eines anderen Unternehmens im Konzern fehlt diese organisatorische Eingliederung, zudem bleibt der ursprüngliche Arbeitsvertrag unverändert bestehen. Bei einer Entsendung hingegen kommt es zu einer organisatorischen Eingliederung in den Betrieb des jeweiligen lokalen Unternehmens und diejenige zum entsendenden Betrieb des Unternehmens ruht bzw. wird auf einen geringen Anteil reduziert. Auch bedarf es in der Regel einer zusätzlichen vertraglichen Vereinbarung.

464 Im Kontext von Entsendungen häufig vorzufinden ist der angloamerikanische Begriff **„Expatriate"**. Auch dieser wird uneinheitlich verwandt und beschreibt keine besondere Art eines auswärtigen Arbeitnehmereinsatzes. Vielmehr beinhaltet er eine Aussage über die Eigenschaft des Arbeitnehmers, der vom Unternehmen ins Ausland entsandt wird, sowie über die Befristung der Tätigkeit im Ausland.[2]

465 Um für die folgenden Ausführungen eine Orientierung festzulegen, soll unter einer Entsendung der **längerfristige dienstliche Auslandsaufenthalt** eines Mitarbeiters verstanden sein, bei dem der Mitarbeiter in eine andere als die ursprüngliche Arbeitsorganisation eingegliedert wird.

II. Arbeitsrechtliche Aspekte unter Berücksichtigung von sozial- und steuerrechtlichen Aspekten

466 Gegenstand dieser Darstellung sind vorrangig arbeitsrechtliche Erwägungen im Zusammenhang mit einer Entsendung ins Ausland. Damit soll allerdings nicht verdrängt werden, dass Entsendungen stets mit Implikationen aus dem – teils internationalen – Steuer- und Sozialrecht einhergehen und letztere oft sogar den technisch und rechtlich anspruchsvollsten Teil des Entsendungsvorgangs bilden. Die **Vorbereitung der Entsendung** muss daher sorgfältig geschehen und dabei treffen Arbeitgeber und Arbeitnehmer wichtige Pflichten. Das Ergebnis der Vorbereitungen sind vertragliche Abreden zur Entsendung, die ebenfalls hier betrachtet werden.

1. Arbeitnehmerentsendegesetz

467 Vom Titel des Gesetzes her könnte angenommen werden, dass sich das politisch viel diskutierte **Arbeitnehmerentsendegesetz (AEntG)** auf die Entsendung von Arbeitnehmern ins Ausland auswirkt oder entsprechende Vorgaben dafür aufstellt. Dafür spricht auch, dass das AEntG – die präzise gesetzgeberische Bezeichnung ist „Gesetz über zwingende Arbeitsbedingungen für grenzüberschreitend entsandte und für regelmäßig im Inland beschäftigte Arbeitnehmer und Arbeitnehmerinnen" – die Schaf-

---

[1] So auch Küttner/*Griese*, Dienstreise Rn. 1.
[2] *Heuser*, Die Entsendung deutscher Mitarbeiter ins Ausland, S. 17 f.

fung und Durchsetzung angemessener Mindestarbeitsbedingungen für ins Ausland entsandte Arbeitnehmer sowie für solche Arbeitnehmer bezweckt, die regelmäßig im Inland beschäftigt sind (§ 1 AEntG).[1]

Bei genauerer Betrachtung regelt das AEntG allerdings nur die Arbeitsbedingungen **468** für einbezogene Branchen[2] auf Basis von entsprechenden tarifvertraglichen Vorgaben in Bezug auf Arbeitsbedingungen (§ 4 AEntG). Diese Branchen vergüten – abgesehen vom Steinkohlenbergbau – die Tätigkeiten regelmäßig auf einem niedrigen Entgeltniveau. Daher sollen einheitliche Arbeitsbedingungen auch für die nach Deutschland entsandte Arbeitnehmer aus EU-Drittländern gewährleistet sein, um Lohndumping sowie unlauteren Wettbewerb zu verhindern. Letzteres ist auch ausdrücklicher Nebenzweck des Arbeitnehmerentsendegesetzes.[3]

Klar wird damit aber auch, dass bei der Entsendung von hochqualifizierten Arbeit- **469** nehmern das **AEntG keine relevanten Vorgaben** macht, da die Arbeitsbedingungen für die in der ganz überwiegenden Zahl von Entsendungen maßgebliche Zielgruppe nicht durch Tarifvertrag geregelt bzw. im Vorfeld einer Entsendung meist gut ausgestattete Sondervereinbarungen getroffen werden.

Das Arbeitnehmerentsendegesetz ist folglich und entgegen der Erwartung, welche **470** die Gesetzesbezeichnung weckt, für die hier zu untersuchende Art der Arbeitnehmerentsendung keine Hilfe, insbesondere da davon ausgegangen werden kann, dass in den hier betrachteten Konstellationen die Mindestarbeitsbedingungen (§ 2 AEntG)[4] eingehalten oder deutlich überschritten werden.

2. Arbeitsvertragliche Gestaltungsformen einer Entsendung

Die vertragliche Umsetzung einer Entsendung ist in **verschiedenen Formen** mög- **471** lich. So kann das bestehende nationale Arbeitsverhältnis durch eine Entsendevereinbarung erweitert werden. Zum anderen kann das Arbeitsverhältnis im Inland durch eine entsprechende Vereinbarung ruhend gestellt oder beendet und ein neues Arbeitsverhältnis mit der ausländischen Gesellschaft begründet werden. Davon wiederum zu unterscheiden ist schließlich eine „gemischte" Gestaltung, bei der neben dem ursprünglichen, dann ruhend gestellten Arbeitsverhältnis eine Entsendevereinbarung und ein zusätzlicher ausländischer Arbeitsvertrag geschlossen werden.

Bezogen auf diese verschiedenen arbeitsrechtlichen Gestaltungsmöglichkeiten wer- **472** den hier die sozialversicherungs- und steuerrechtlichen Konsequenzen beleuchtet.

a) Fortbestehende Aktivität des nationalen Arbeitsverhältnisses

Sofern das nationale Arbeitsverhältnis weiterhin aktiv fortbesteht, bedarf es einer **473** Zusatzvereinbarung **(Entsendevereinbarung),** die die Tätigkeit im Ausland ausgestaltet. In der Regel beinhaltet der nationale Arbeitsvertrag nur die Verpflichtung des Arbeitnehmers, für den Arbeitgeber im Inland tätig zu werden. Auch wenn eine Versetzungsklausel im nationalen Arbeitsvertrag wirksam eine Auslandstätigkeit beinhaltet, beschränken sich die Einsatzmöglichkeiten aufgrund der einschlägigen Rechtspre-

---

[1] *Schwab,* NZA-RR 2010, 225; ErfK/*Schlachter,* AEntG § 1 Rn. 1 f.
[2] Die einbezogenen Branchen sind dabei ausweislich des Gesetzes das Baugewerbe, die Gebäudereinigung, Briefdienstleistungen, Sicherheitsdienstleistungen, Bergbauspezialarbeiten in Steinkohlebergwerken, Wäschereidienstleistungen im Objektkundengeschäft, die Abfallwirtschaft einschließlich der Straßenreinigung und des Winterdienstes sowie die der Aus- und Weiterbildungsdienstleistungen nach dem SGB II und SGB III.
[3] *Schwab,* NZA-RR 2010, 225 (226); ErfK/*Schlachter,* AEntG § 1 Rn. 1 f.
[4] ErfK/*Schlachter,* AEntG § 2 Rn. 1 ff.

chung zu Versetzungsklauseln auf gleichwertige und den Vorbildungen und Vorkenntnissen des Arbeitnehmers entsprechende Tätigkeiten.[1] Soll dem Arbeitnehmer – was häufig ist – im Rahmen der Entsendung eine höherwertige oder andere Tätigkeit zugewiesen werden, ist demnach eine Zusatzvereinbarung notwendig. Gleiches gilt, falls zwar eine Versetzungsklausel vorhanden ist, diese aber auf den Vertragsarbeitgeber beschränkt ist, die Entsendungstätigkeit aber in einem anderen Konzernunternehmen erfolgen wird.

aa) Kollisionsrechtliche Aspekte

474   Da die Zusatzvereinbarung den bestehenden nationalen Arbeitsvertrag in Bezug auf die räumliche und inhaltliche Verpflichtung des Arbeitnehmers hinsichtlich der Tätigkeit abändert, ist die Zusatzvereinbarung demselben Recht zu unterstellen wie der nationale Arbeitsvertrag. Dies ist bei einer Entsendung aus Deutschland in der Regel das deutsche Recht, so dass dann auf das Arbeitsverhältnis auch während der Auslandstätigkeit das **deutsche Arbeitsrecht anwendbar** ist (zu den kollisionsrechtlichen Aspekten → Rn. 19 ff.).

bb) Sozialversicherungsrechtliche Aspekte dieser Gestaltung

475   Der öffentlich-rechtliche Charakter des Sozialversicherungsrechts nimmt den Arbeitsvertragsparteien die Möglichkeit, über das anwendbare Recht zu disponieren, dh es bestehen **keine Rechtswahlmöglichkeiten.**

476   Grundsätzlich beschränkt sich der Geltungsbereich und somit auch die Anwendbarkeit des deutschen Sozialversicherungsrechts auf das deutsche Staatsgebiet **(Territorialitätsprinzip).** Wird ein Arbeitnehmer im Rahmen einer Entsendung im Ausland tätig, so würde er folglich den Geltungsbereich der deutschen Sozialversicherung verlassen und nicht mehr von dieser erfasst. Vielmehr wäre das jeweilige ausländische Recht anzuwenden. Sofern dort kein entsprechendes Sozialversicherungssystem besteht, wäre der Arbeitnehmer auf die freiwilligen Versicherungsmöglichkeiten angewiesen. Zudem wären Probleme absehbar im Zeitpunkt der Rückkehr des Arbeitnehmers nach Deutschland. Dann würde er wiederum der deutschen Sozialversicherung unterfallen. In Bereichen wie der gesetzlichen Krankenversicherung sowie der gesetzlichen Unfallversicherung mag dies nicht nachteilig sein. Abweichend verhält es sich jedoch bei der gesetzlichen Rentenversicherung, da dort eine möglichst dauerhafte und ununterbrochene Zugehörigkeit mit belegten Beitragszeiten wichtig ist.

477   Der Gesetzgeber macht von diesem Territorialitätsprinzip mit der Regelung der sogenannten **Ausstrahlung** (§ 4 SGB IV) für Entsendungen in Nicht-EU-Staaten jedoch eine Ausnahme.[2] Dadurch sollen die dargestellten Probleme von entsandten und nach Deutschland zurückkehrenden Arbeitnehmern vermieden werden.

478   Es kommt zu einer Ausstrahlung und somit zu einer weiterhin bestehenden Anwendung des deutschen Sozialversicherungsrechts, falls der Einsatz des Arbeitnehmers im Ausland nur **vorübergehend** ist, also der Arbeitnehmer zur Erbringung seiner Arbeitsleistung wieder nach Deutschland zurückkehren wird. Dafür ist bezogen auf den Umstand der Rückkehr eine belastbare Prognose erforderlich. Auf die tatsächliche Dauer der Tätigkeit im Ausland kommt es nicht an. Daher kann auch bei mehrjähriger Beschäftigung im Ausland die Ausstrahlungswirkung bestehen.[3]

---

[1] Zu den Gestaltungsmöglichkeiten und den Grenzen von Versetzungsklauseln vgl. Hümmerich/Reufels/*Schiefer*, § 1 Arbeitsverträge Rn. 3310 ff.
[2] KassKomm/*Seewald*, Vorbem. zu §§ 4–6 SGB IV Rn. 1 ff.
[3] KassKomm/*Seewald*, § 4 SGB IV Rn. 23 ff.

479 Die gesetzliche Regelung sieht allerdings als weitere Voraussetzung vor, dass weiterhin ein inländisches Beschäftigungsverhältnis besteht.[1]

480 Für Entsendungen innerhalb der EU gilt die EG-Verordnung 883/2004. Danach strahlt die nationale Sozialversicherung auch dann auf das Ausland aus, wenn die Beschäftigung zwar im ausländischen Entsendestaat erfolgt, die Arbeit im EU-Ausland aber wie zB in Konzernstrukturen „**auf Rechnung des inländischen Arbeitgebers**" ausgeführt wird (Art. 12 Abs. 1 VO EG 883/2004). Anders als nach § 4 SGB IV ist auch dann die nationale Sozialversicherung anzuwenden, wenn der Arbeitnehmer nur zum Zwecke der Entsendung eingestellt worden ist (Art. 14 Abs. 1 VO EG Nr. 987/2009). Voraussetzung ist allerdings, dass der Arbeitnehmer bereits vor der Entsendung der Sozialversicherung des Landes unterlegen hat, in dem das entsendende Unternehmen seinen Sitz hat.[2]

b) Entsendevereinbarung und Auslandsarbeitsverhältnis

481 Die zweite gängige Gestaltungsmöglichkeit ist bei **Ruhendstellung** des nationalen Arbeitsverhältnisses der Abschluss einer ausdrücklichen Entsendevereinbarung sowie eines nationalen Arbeitsvertrages im Zielland der Entsendung.

aa) Kollisionsrechtliche Aspekte

482 Für die Betrachtung ist zwischen dem nationalen ruhenden Arbeitsverhältnis, der Entsendevereinbarung sowie dem Auslandsarbeitsverhältnis mit der jeweiligen Legaleinheit vor Ort zu differenzieren.

483 Das **ruhende Arbeitsverhältnis** unterliegt genauso wie die Entsendevereinbarung den an anderer Stelle dargestellten (eingeschränkten) Möglichkeiten einer ausdrücklichen Rechtswahl (dazu → Rn. 59 ff.). Sofern keine Rechtswahl durch die Parteien getroffen worden ist, ist gem. Art. 8 Abs. 2 Rom I-VO aufgrund des nationalen Anknüpfungspunktes deutsches Recht anzuwenden.[3]

484 Im Zielland der Entsendung bestehen hingegen **keine Beschränkungen der Rechtswahl**. Mithin fehlt es hierbei an einem internationalen Bezug. Es ist demnach unabhängig von den Regelungen der Rom I-VO und der sich daraus mittelbar ergebenden zwingenden Regelungen[4] des deutschen Arbeitsrechtes auch möglich und sinnvoll, bei der Vereinbarung mit dem dortigen Arbeitgeber ausschließlich das nationale Arbeitsrecht des Ziellandes der Entsendung für anwendbar zu erklären.

bb) Sozialversicherungsrechtliche Aspekte dieser Gestaltung

485 Bei der hier dargestellten Gestaltungsvariante sind die sozialversicherungsrechtlichen Folgen verändert. Da das deutsche Beschäftigungsverhältnis durch die Entsendevereinbarung ruht und ein lokales Arbeitsverhältnis im Zielland der Entsendung entsteht, fehlt es an der Entsendung im Rahmen eines inländischen Beschäftigungsverhältnisses iSd § 4 SGB IV. Der im Ausland Beschäftigte ist nämlich **nicht mehr** in ausreichendem Maße organisatorisch in den Betrieb des inländischen Arbeitgebers **eingegliedert**.

486 Der unter diesen Vertragsbedingungen ins Ausland entsandte Arbeitnehmer scheidet nach dieser Regelung unabhängig von der Dauer der Entsendung allein aufgrund der vertraglichen Gestaltung aus der deutschen Sozialversicherung aus. Dies gilt allerdings dann wiederum nicht, wenn nach der **Sonderregelung** in § 6 SGB IV Abweichendes

---

[1] KassKomm/*Seewald,* § 4 SGB IV Rn. 4a.
[2] KassKomm/*Seewald,* § 4 SGB IV Rn. 21 f.
[3] ErfK/*Schlachter,* Rom I-VO Art. 9 Rn. 9 ff.
[4] So zB die Regelung des § 3 EFZG, vgl. dazu MHdB ArbR/*Oetker,* § 11 Rn. 77 ff.

durch über- oder zwischenstaatliches Recht angeordnet ist. In dieser Hinsicht werden insbesondere die zahlreichen bilateralen Sozialversicherungsabkommen mit der Bundesrepublik Deutschland bedeutsam.[1]

c) Gemeinsame steuerrechtliche Aspekte der zwei Gestaltungen

487 Nach dem in § 1 EStG festgelegten Prinzip der Besteuerung des Welteinkommens sind die in Deutschland mit einem Wohnsitz gemeldeten Personen dazu verpflichtet, sämtliches Einkommen in Deutschland als Wohnsitzstaat zu **versteuern**.[2] Da nahezu alle übrigen Staaten ebenso eine Besteuerung von Einkommen vorsehen, würde folglich im Tätigkeitsstaat eine Steuerpflicht begründet, so dass es zu einer Doppelbesteuerung des Einkommens käme.[3]

488 Eine derartige Doppelbesteuerung aufgrund der Beibehaltung des deutschen Wohnsitzes gilt es zu vermeiden, um die Auslandstätigkeiten nicht unattraktiv werden zu lassen. Daher sehen fast alle **Doppelbesteuerungsabkommen** („DBA") vor, dass die Vergütung (nur) im jeweiligen **Tätigkeitsstaat** (= Zielland der Entsendung) zu versteuern ist.[4]

489 Davon abweichend ist das Einkommen **im Wohnsitzstaat** und nicht im Tätigkeitsstaat zu versteuern, wenn drei Voraussetzungen erfüllt sind:[5]
– Die Tätigkeit im Ausland darf nicht mehr als 183 Tage andauern,
– die Vergütung wird von einem inländischen Arbeitgeber (oder für diesen) ausgezahlt und
– die Vergütung wird nicht durch die Betriebsstätte im Ausland getragen.

490 Bei einer die 183-Tage-Grenze überschreitenden Entsendung erlangt der Tätigkeitsstaat das (vollständige) Recht zur Besteuerung des Einkommens, dh die Vergütung während der Zeit der Entsendung unterliegt nicht der deutschen Einkommensbesteuerung. Bei der Jahresveranlagung in Deutschland hingegen unterfällt die Vergütung dem Progressionsvorbehalt des Einkommensteuerrechts.[6] Dies ist jedoch nur dann relevant, wenn der Arbeitnehmer unterjährig nach Deutschland zurückkehrt und dadurch wieder in Deutschland steuerpflichtig wird.

491 Falls es zwischen dem Zielland der Entsendung und der Bundesrepublik Deutschland kein Doppelbesteuerungsabkommen gibt oder ein solches zwar besteht, aber keine entsprechende Regelung enthält, ist **subsidiär** auf den **Auslandstätigkeitserlass** des Bundesfinanzministeriums („ATE") zurückzugreifen.[7] Dies ist aufgrund der zu fast allen Staaten bestehenden DBA mit entsprechenden Regelungen fast nicht mehr von praktischer Relevanz. Sofern kein DBA oder innerhalb eines solchen keine Regelung über die Besteuerung der Vergütung besteht,[8] kann die Frage der (Nicht-)Besteuerung in dreierlei Weise gelöst werden:
– Anrechnung der im Ausland abgeführten Steuer (§ 34a Abs. 1 EStG); es genügt der Nachweis der abgeführten Steuern,[9]

---

[1] Vgl. *Hänlein/Kreikebohm,* Komm. zum Sozialrecht, SGB IV B II Rn. 28; vgl. auch die Auflistungen bestehender bilateraler Abkommen zB auf der Website der Deutschen Verbindungsstelle Krankenversicherung-Ausland unter http://www. dvka.de/oeffentliche Seiten/ArbeitimAusland/Abkommenstaaten.htm (Stand: 28.1.2015).
[2] Blümich/*Vahlen,* § 1 EStG Rn. 160ff.
[3] Küttner/*Macher,* Auslandstätigkeit Rn. 35.
[4] Vgl. Art. 15 Abs. 1 OECD-MA, BStBl. I 2004, 286.
[5] Vgl. Art. 15 Abs. 2 OECD-MA, der als lex specialis Art. 15 Abs. 1 vorgeht.
[6] § 32b Abs. 2, 3 EStG; dazu Küttner/*Macher,* Auslandstätigkeit Rn. 35.
[7] BMF 31.10.1983, BStBl. I 1983, 470; dazu BFH 11.9.1987 – VI R 19/84, BStBl II 1987, 856.
[8] So beispielsweise die DBA mit Albanien – dazu *Hensel,* WiRO 2012, 45 ff. –, Algerien und Saudi-Arabien.
[9] Dazu BFH 5.2.1992 – I R 9/90, BStBl II 1992, 607.

– Abzug der im Ausland abgeführten Steuern von der Bemessungsgrundlage, § 34c Abs. 2 EStG oder
– Steuerfreistellung nach dem Auslandstätigkeitserlass, der dies ab einer ununterbrochenen Tätigkeit ab drei Monaten für bestimmte Auslandstätigkeiten[1] vorsieht.

Als problematisch hat sich in den letzten Jahren erwiesen, dass **China** bei der Besteuerung der Arbeitseinkünfte der dorthin entsandten Arbeitnehmern nicht die Regelungen des DBA anwendet und zugleich das chinesische Steuerrecht auch von der Auslegung und der Anwendungspraxis der jeweils zuständigen chinesischen Steuerbehörde beeinflusst wird. Daher haben sich zum Teil in der Praxis Strategien zur Vermeidung von Doppelbesteuerungen entwickelt.[2] 492

Die bei einer (längeren) Auslandsentsendung eintretende Steuerpflicht im Tätigkeitsstaat führt dazu, dass in den meisten Entsendevereinbarungen mit dem Arbeitnehmer **Nettolohnvereinbarungen** getroffen werden und eine anschließende Berechnung des jeweils festzusetzenden Bruttoarbeitsentgelts erfolgt (vgl. dazu auch die personalpolitischen Aspekte → Rn. 586). 493

d) Betriebliche Altersversorgung während des Entsendungszeitraumes

Auch während der Entsendung ist – unabhängig von den sozialversicherungsrechtlichen Auswirkungen – die **betriebliche Altersversorgung** des ins Ausland entsandten Mitarbeiters zu bedienen. 494

In Bezug auf die Vertragsgestaltungsmöglichkeiten kann festgehalten werden, dass die Ansprüche aus der betrieblichen Altersversorgung in der Regel dem Arbeitsvertragsstatut, dh dem **deutschen Recht unterstellt** sind.[3] Unabhängig davon unterliegt der Versorgungsanspruch dann dem BetrAVG, wenn der Versorgungsschuldner seinen Sitz im Inland hat und auch das Versorgungsverhältnis deutschem Recht unterliegt, selbst wenn die Arbeitsleistung im Ausland erbracht wird bzw. erbracht wurde.[4] Ohne Bedeutung ist das Vertragsstatut zudem für den Fall der Insolvenz des Versorgungsschuldners, da es sich um einen Teil der Insolvenzabwicklung handelt.[5] 495

Um von vornherein Klarheit zu schaffen, sollte eine Regelung der **Entsendevereinbarung** die betriebliche Altersversorgung betreffen. 496

3. Kollektivarbeitsrechtliche Aspekte der Entsendung

Neben den individualrechtlichen Aspekten sind auch Aspekte aus dem Bereich des kollektiven Arbeitsrechts zu berücksichtigen, dh insbesondere die **Mitbestimmung** des deutschen Betriebsrats sowie im Falle von leitenden Angestellten iSd § 5 Abs. 3 BetrVG die Mitwirkung des Sprecherausschusses. 497

An die Mitwirkung des Sprecherausschusses knüpft auch ein weiterer Sonderaspekt des materiellen Betriebsverfassungsrechts an. Der Status des **leitenden Angestellten** innerhalb des entsendenden Betriebes hängt von der regelmäßigen Ausübung von Aufgaben und Befugnissen ab, die für den Bestand des Unternehmens oder für einen 498

---

[1] U.a. Planung, Errichtung, Wartung usw. von Fabriken, Bauwerken, ortsgebundenen Maschinen und ähnlichen Vorrichtungen, das Aufsuchen und die Gewinnung von Bodenschätzen, die Beratung (Consulting) ausländischer Auftraggeber im Hinblick auf solche Tätigkeiten sowie Tätigkeiten der deutschen öffentlichen Entwicklungshilfe.
[2] Dazu ausführlich *Hasbargen/Preising*, IStR 2012, 143 ff.
[3] BAG 20.4.2004 – 3 AZR 301/03, NZA 2005, 297 (U.S. Pension Plan); *Fenge*, DB 1976, 51 (51).
[4] BAG 6.8.1985 – 3 AZR 185/83, AP BetrAVG § 7 Nr. 24 = BB 1986, 1506 (LS) m. Anm. *Weyer*.
[5] BAG 25.10.1988 – 3 AZR 64/87, VersR 1989, 537 zur Beschäftigung bei einer ausländischen Tochtergesellschaft; *Schwerdtner* ZfA 1987, 170 f.; MüKo BGB/*Martiny*, Art. 8 EG VO 593/2008 Rn. 103 mwN.

Betrieb von diesem von erheblicher Bedeutung sind. Die ausschließliche vertragliche Einräumung von solchen ist nicht ausreichend.[1] Bei der Tätigkeit im Ausland für den Arbeitgeber oder eine andere Konzerngesellschaft kann es hieran fehlen.

a) Mitbestimmung des deutschen Betriebsrats

499 Nach § 99 Abs. 1 BetrVG bedarf eine (nationale) Versetzung (§ 95 Abs. 3 BetrVG) zu ihrer Wirksamkeit sowohl der **Zustimmung des Betriebsrats** des „abgebenden" als auch der des „aufnehmenden Betriebs". Für den abgebenden Betrieb stellt sie eine Versetzung iSd § 95 Abs. 3 BetrVG dar, für den aufnehmenden Betrieb handelt es sich um die Einstellung eines neuen Arbeitnehmers.[2]

500 Bei der grenzüberschreitenden Entsendung eines Arbeitnehmers stellt sich die Frage, inwieweit das Betriebsverfassungsgesetz als nationales Gesetz überhaupt auf den Sachverhalt anzuwenden ist, dh ob sich überhaupt Mitbestimmungsrechte in Bezug auf die Entsendung als personelle Einzelmaßnahme ergeben,[3] da sich die räumliche Anwendbarkeit des Betriebsverfassungsgesetzes ebenfalls nach dem Territorialitätsprinzip richtet. Auf Betriebe im Ausland findet das Betriebsverfassungsgesetz dementsprechend keine Anwendung. Daraus ergibt sich, dass bei einer Auslandsentsendung nur der **Betriebsrat des abgebenden, inländischen Betriebs** zu beteiligen ist.[4]

501 Davon zu trennen ist die Frage, ob aufgrund eines besonderen Sachverhalts auch auf die in ausländischen Betrieben beschäftigten Arbeitnehmer generell das **Betriebsverfassungsgesetz anzuwenden** ist und der Betriebsrat des entsendenden Betriebes weiterhin – auch – für diese Arbeitnehmer zuständig ist. Eine Ausstrahlung des Inlandsbetriebs soll nach der Rechtsprechung des Bundesarbeitsgerichts unter Würdigung sämtlicher Umstände des Einzelfalles insbesondere von der Dauer des Auslandseinsatzes, der Eingliederung in den Auslandsbetrieb, dem Bestehen und den Voraussetzungen eines Rückrufsrechts zu einem Inlandseinsatz sowie dem sonstigen Inhalt der Weisungsbefugnisse des Arbeitgebers abhängig sein. Daraus ergibt sich, dass der Auslandseinsatz von vornherein befristet sein muss oder aufgrund eines jederzeitigen Rückruf- oder Rückversetzungsrechtes zeitlich begrenzt bzw. begrenzbar ist. Nicht ausschlaggebend ist, ob der Arbeitnehmer im Ausland in die jeweilige betriebliche Organisation eingegliedert ist.[5]

502 Nach diesen Aspekten richtet sich auch die **Wahlberechtigung** des ins Ausland entsandten Arbeitnehmers bei inländischen Betriebsratswahlen. Zwingend muss aber das inländische Arbeitsverhältnis – wenn auch nur ruhend – weiter bestehen. Andernfalls würde unabhängig vom ausländischen Sachverhalt auch im Inland der Anknüpfungspunkt für das Betriebsverfassungsgesetz wegfallen.

b) Beteiligung des Sprecherausschusses

503 Auch wenn der Sprecherausschuss nach § 31 Abs. 2 SprAuG vor der Kündigung eines leitenden Angestellten anzuhören ist und ein Verstoß gegen die Anhörungspflicht

---

[1] BAG 11.3.1982 – 6 AZR 136/79, AP BetrVG 1972 § 5 Nr. 28; 16.4.2002 – 1 ABR 23/01, AP BetrVG 1972 § 5 Nr. 69; ErfK/*Koch*, BetrVG § 5 Rn. 18; *Fitting*, BetrVG § 5 Rn. 362; Richardi/ *Richardi*, BetrVG § 5 BetrVG Rn. 197 ff.

[2] Ausführlich auch mit Nachweisen zur früheren Rechtsprechung GK-BetrVG/*Raab*, § 99 Rn. 104 ff.; Richardi/*Thüsing*, BetrVG § 99 BetrVG Rn. 121 ff.

[3] Statt aller: ErfK/*Koch*, BetrVG § 1 Rn. 4.

[4] So ausdrücklich nur BAG 7.12.1989 – 2 AZR 228/89, AP IPR Arbeitsrecht Nr. 27; 22.3.2000 – 7 ABR 34/98, AP AÜG § 14 Nr. 8; DKKW/*Trümner*, BetrVG § 1 Rn. 23; ErfK/*Koch* BetrVG § 1 Rn. 5.

[5] BAG 25.4.1978 – 6 ABR 2/77, AP IPR Arbeitsrecht Nr. 16; *Fitting*, BetrVG § 1 Rn. 24; aA GK-BetrVG/*Franzen*, § 1 Rn. 16.

die Unwirksamkeit der Kündigung nach sich zieht,[1] stehen dem Sprecherausschuss anders als dem Betriebsrat grundsätzlich nur Mitwirkungs- und keine Mitbestimmungsrechte zu.[2] Daraus ergibt sich, dass im Rahmen von personellen Einzelmaßnahmen nach § 31 SprAuG, zu der auch die Entsendung eines leitenden Angestellten ins Ausland gehört, der Arbeitgeber dem lokal zuständigen Sprecherausschuss die Maßnahme nur mitzuteilen hat. Der Sprecherausschuss kann, anders als der Betriebsrat, der Maßnahme nicht widersprechen. Auch führte das arbeitgeberseitige Unterlassen einer entsprechenden Mitteilung nicht zur Unwirksamkeit der Maßnahme. Dem Sprecherausschuss steht nach allgemeinen Grundsätzen auch in dieser Konstellation kein Unterlassungsanspruch gegenüber dem Arbeitgeber zu.[3]

Der lokal zuständige **Sprecherausschuss** ist demnach **vor jeder Entsendung** eines Mitarbeiters ins Ausland **anzuhören.** Mit dieser Maßgabe gelten die Ausführungen zum Betriebsrat (→ Rn. 500) in Bezug auf eine eventuelle Ausstrahlung für den Sprecherausschuss entsprechend.[4] 504

c) Status des leitenden Angestellten während und nach der Entsendung

Für den Status des leitenden Angestellten ist nicht nur die Einräumung von Aufgaben und Befugnissen, die für das Unternehmen oder einen Betrieb von Bedeutung sind, sondern gerade deren regelmäßige Ausübung von Bedeutung.[5] 505

Während einer Entsendung eines leitenden Angestellten ins Ausland kann zwar das materielle Betriebsverfassungsrecht und somit auch die entscheidende Regelung des § 5 Abs. 3 BetrVG auf die entsandten Mitarbeiter ausstrahlen. Den **Status** des leitenden Angestellten lässt die **Entsendung** aber nicht unberührt. So nimmt der Arbeitnehmer während der Auslandsentsendung in der Regel die für § 5 Abs. 3 BetrVG relevanten unternehmerischen Tätigkeiten nicht mehr wahr, so dass bei derartiger Betrachtungsweise der Status des leitenden Angestellten entfiele und der Entsandte – bei entsprechender Ausstrahlung – nun als Arbeitnehmer iSd § 5 Abs. 1 BetrVG durch den Betriebsrat vertreten würde. 506

Ob dieses aus der Dogmatik abgeleitete Ergebnis haltbar und in der Praxis auch sinnvoll umsetzbar ist, ist umstritten. Ausgehend davon, dass ein leitender Angestellter die ihm übertragenen unternehmerischen Befugnisse auch tatsächlich ausüben müsse, kann argumentiert werden, der Status des leitenden Angestellten werde erst gar nicht begründet bzw. entfalle – unabhängig von der Zuordnung bei den letzten Wahlen zu Betriebsrat und Sprecherausschuss[6] – wenn die tatsächliche Ausübung nicht mehr erfolge.[7] Danach würde mit der Auslandsentsendung der Status des leitenden Angestellten entfallen. Es erfolgte während der Entsendung bei einer Ausstrahlung zumindest eine theoretische „Rest-Vertretung" durch den heimischen Betriebsrat. Nach der Rückkehr ist der Mitarbeiter nach dieser Ansicht als Arbeitnehmer iSd § 5 Abs. 1 BetrVG anzusehen, solange er nicht direkt wieder Befugnisse ausübt, die ihn nach § 5 Abs. 3 BetrVG zu einem leitenden Angestellten machen. 507

---

[1] § 31 Abs. 2 S. 3 SprAuG; dazu *Hromadka/Sieg*, § 31 SprAuG Rn. 40 f.
[2] MHdB ArbR/*Joost*, § 253 Rn. 1.
[3] MHdB ArbR/*Joost*, § 253 Rn. 47.
[4] So *Goldschmidt*, Der Sprecherausschuss, Rn. 141 ff.
[5] Daher ist der sog. Titularprokurist, dem nur im Vertrag derartige Befugnisse eingeräumt werden, kein leitender Angestellter gemäß § 5 Abs. 3 BetrVG. Vgl. statt aller *Fitting*, BetrVG § 5 Rn. 382 mwN auch zur Rspr.
[6] BAG 5.3.1974 – 1 ABR 19/73, AP BetrVG 1972 § 5 Nr. 1; 19.8.1975 – 1 ABR 565/74, AP BetrVG § 105 Nr. 1; *Fitting*, BetrVG § 5 Rn. 331; Richardi/*Richardi*, BetrVG § 5 BetrVG Rn. 261; *Boldt*, Zur Abgrenzung der leitenden Angestellten, S. 31 f.
[7] Richardi/*Richardi*, BetrVG § 5 BetrVG Rn. 199 mit zahlreichen Nachweisen auch zur Rspr.

508 Dieser Argumentation stehen insbesondere praktische Erwägungen entgegen. Wenn Arbeitnehmer vor und nach ihrer Entsendung aufgrund ihrer tatsächlichen Befugnisse als leitende Angestellte zu qualifizieren sind, daher durch den Sprecherausschuss vertreten werden und den kollektiven Regelungen, die der Arbeitgeber mit diesem abgeschlossen hat, unterfallen, während der Entsendung aber die Vertretung aufgrund der Ausstrahlung durch den „heimischen" Betriebsrat erfolgte, führte dies in der Praxis zu kaum lösbaren Problemen.

509 Dies gilt insbesondere, wenn kollektivrechtlich wirkende Sprecherausschussvereinbarungen (vgl. § 28 Abs. 1 S. 2 SprAuG) mit dem Regelungsgegenstand der Auslandentsendung bestehen. Diese gestalten dann den individuellen Arbeitsvertrag. Sofern keine entsprechende Betriebsvereinbarung bestünde, würden die kollektiven Gestaltungen des individuellen Arbeitsvertrages entfallen, obwohl diese gerade den Fall der Auslandsentsendung regeln sollten. Daher wird teilweise aus rein praktischen Gründen vertreten, der leitende Angestellte sei auch während des Auslandseinsatzes trotz der fehlenden (regelmäßigen) Ausübung der ihm im Inland eingeräumten Befugnisse weiterhin als ein solcher zu qualifizieren.[1]

510 Für die – formal-dogmatische – Argumentation spricht, dass sie aus der gefestigten Rechtsprechung zu Inlandssachverhalten ableitbar ist. Gründe, aufgrund derer diese Argumentation nicht auch auf Sachverhalte mit Auslandsbezug übertragen werden könnte, sind nicht ersichtlich. Für die – eher praktisch hergeleitete – Argumentation sprechen zwei erhebliche Vorteile: Zum einen wird der ins Ausland entsandte leitende Angestellte in aller Regel nach seiner Rückkehr einen Arbeitsplatz einnehmen, dem zumindest gleichwertige, wenn nicht sogar höherwertige Befugnisse immanent sind. Der leitende Angestellte wird sich nach seiner Rückkehr nicht „verschlechtern" wollen und der Arbeitgeber entsendet ihn meistens zum Erwerb von neuen Qualifikationen und (Führungs-)Erfahrungen ins Ausland und will sich diese auch nach seiner Rückkehr zunutze machen. Zum anderen werden die bereits oben beschriebenen Probleme der verschiedenen kollektiv auf das Arbeitsverhältnis einwirkenden Vereinbarungen von Sprecherausschuss und Betriebsrat vermieden. Dagegen spricht, dass dieser Standpunkt sich stark der Figur des sog. Titularprokuristen annähert, der Gesetzgeber diese jedoch eindeutig zu vermeiden versucht hat.

511 Eine Lösung ergibt sich, wenn man der – hier vertretenen Auffassung – folgt, dass die Fallkonstellation des sog. Titularprokuristen sich wesentlich von der Situation unterscheidet, in der ein leitender Angestellter, der die ihm eingeräumten Befugnisse auch ausgeübt hat, seine Funktionen und Befugnisse vorübergehend (nur) wegen einer Entsendung nicht mehr ausübt. Dann war nämlich der Arbeitnehmer vor seiner Entsendung ins Ausland bereits rechtmäßig der Gruppe der leitenden Angestellten zugeordnet, so dass die „Umgehung" der Mitbestimmung des Betriebsrats wie bei der Figur des Titularprokuristen nicht zu befürchten ist. Es sollte folglich der Schutzzweck der Norm (§ 5 Abs. 3 BetrVG) und damit der Sinn und Zweck, den das Erfordernis der regelmäßigen Ausübung der Befugnisse dafür hat, entscheidend sein.[2]

512 Gleichzeitig darf es jedoch trotz der vor der Entsendung – unterstellt korrekt vorgenommenen – Zuordnung zur Gruppe der leitenden Angestellten einer Eingrenzung der soeben aufgestellten These: Wenn schon vor oder innerhalb des Entsendungszeitraumes gewiss ist, dass der leitende Angestellte nach seiner Rückkehr Aufgaben wahrnimmt, die nicht denen eines leitenden Angestellten entsprechen, so ist wiederum der

---

[1] *Goldschmidt*, Der Sprecherausschuss, Rn. 644.
[2] So für die – wohl – vergleichbare Konstellation der Unterbrechung der Ausübung der übertragenen Aufgaben und Befugnisse während der Elternzeit *Verstege*, RdA 2011, 99 ff.

Schutzzweck der Figur des Titularprokuristen zu beachten: In einer solchen Fallkonstellation würde der Arbeitnehmer den Kreisen der Mitbestimmung des Betriebsrates entzogen und einzig der Mitwirkung des Sprecherausschusses unterstehen.

Als **Handlungsempfehlung** für die Praxis kann festgehalten werden, dass eine **513** **Rückkehrprognose** anzustellen ist. Entscheidend ist, ob und inwieweit der entsandte Arbeitnehmer nach seiner Rückkehr eine Funktion wahrnimmt, mit der die Ausübung von entsprechenden Befugnissen eines leitenden Angestellten einhergeht.[1] Falls während der Entsendung jedoch erkennbar wird, dass dies nicht der Fall sein wird, entfällt die Grundlage für die Zuordnung zur Gruppe der leitenden Angestellten.

4. Ausgewählte Pflichten des Arbeitgebers in der Vorbereitung

Den Arbeitgeber treffen im Rahmen der Vorbereitung einer Auslandsentsendung **514** zahlreiche Pflichten.

a) Fürsorgepflicht des Arbeitgebers im Allgemeinen

Die Grundlage für diese Pflichten wird in der **Fürsorgepflicht des Arbeitgebers** **515** gesehen. Da die Fragen zur Herleitung, Inhalt und Grenzen der Fürsorgepflicht ein weites Feld sind, können allgemeingültige Kriterien für sämtliche Entsendungssachverhalte schwerlich aufgestellt werden.[2] Um ein Verständnis für das Bestehen einzelner Ausprägungen bei der Entsendung zu gewinnen, lohnt eine Auseinandersetzung mit der dogmatischen Grundlage für die Fürsorgepflichten.

aa) Pflichtenbegründung

Dogmatischer Ausgangspunkt einer jeden Fürsorgepflicht ist der aus dem allgemei- **516** nen Zivilrecht stammende Auskunftsanspruch, nach dem ein Anspruch auf Auskunft eines Vertragspartners besteht, wenn dieser gegenüber dem anderen ein Wissensdefizit aufweist, das Defizit nur durch eigene, erhebliche Informationsbeschaffung beseitigen kann, der Gegenüber dieses Defizit erkennt oder erkennen kann und die Information ohne gesteigerten Aufwand in zumutbarer Weise beschaffen könnte.[3] Fügt man hinzu, dass unter solchen Bedingungen dem unterlegenen Vertragspartner die Informationsbeschaffung nicht zugemutet werden kann, so wandelt sich der Auskunftsanspruch in eine **Aufklärungspflicht** als eine Erscheinungsform der Fürsorgepflicht. Die Entstehung besonderer Fürsorgepflichten bei einer Entsendung soll daraus resultieren, dass der Arbeitnehmer (nur) auf Veranlassung des Arbeitgebers überhaupt den Auslandsaufenthalt angetreten hat;[4] es sei der Arbeitgeber, der den Einsatz des Arbeitnehmers innerhalb des Betriebes (im Inland) bzw. im Ausland veranlasst und daher auch grds. zu verantworten habe.[5] Diese Argumentation ist überzeugend, soweit tatsächlich von einer ausschließlichen arbeitgeberseitigen Veranlassung auszugehen ist.

Eine Einschränkung ist geboten, wenn keine derartige arbeitgeberseitige Veranlas- **517** sung, zB in Form des Gebrauchmachens von einer Versetzungsklausel,[6] feststellbar ist,

---

[1] Vgl. *Verstege*, RdA 2011, 99 (101 f.), bezogen wiederum auf die Frage des Status leitender Angestellter während einer Elternzeit.
[2] So auch *Schliemann*, BB 2001, 1302 (1304), der den Versuch einer Tabellarisierung versucht. Mögliche Ausprägungen der Fürsorgepflicht im Überblick bei Palandt/*Weidenkaff*, § 611 BGB Rn. 97 ff.
[3] Ausführlich auch zur dogmatischen Herleitung Staudinger/*Looschelders/Olzen*, § 242 BGB Rn. 601 ff. mit zahlreichen Nachweisen auch zur Rechtsprechung.
[4] *Schliemann*, BB 2001, 1302 (1304).
[5] *Schliemann*, BB 2001, 1302 (1304).
[6] Vgl. zur Schwierigkeit der ausreichenden Reichweite einer entsprechenden einseitigen Versetzungsklausel in Formulararbeitsverträgen Hümmerich/Reufels/*Schiefer*, § 1 Rn. 3316 ff.

sondern die Entsendung im Einvernehmen der Arbeitsvertragsparteien z.B. nach einem offenen Bewerbungsverfahren im konzerninternen Stellenmarkt erfolgt. Denn dann ist kein Unterschied zu machen zu dem Fall, in dem sich ein externer Bewerber auf eine extern ausgeschriebene Stelle im Ausland bewirbt.

518 Eine Eingrenzung der Fürsorgepflichten wird auch erreicht, indem richtigerweise eine Beschränkung auf solche **Fürsorgepflichten** erfolgt, denen Interessen des Arbeitnehmers zugrunde liegen, die für das Arbeitsverhältnis und den konkreten **Auslandseinsatz relevant** sind.[1]

bb) Einzelne Fürsorgepflichten vor, während und nach der Entsendung

(1) Gesundheitliche Eignung

519 Je nach Zielland der Entsendung kann eine Fürsorgepflicht des Arbeitgebers die **Feststellung der gesundheitlichen Eignung** des ausgewählten Arbeitnehmers sein. Dies ist mithin eine sich aus § 241 Abs. 2 BGB ergebende Fürsorgepflicht, bei der jedoch im Gegenzug gleichzeitig auch eine Mitwirkungspflicht des Arbeitnehmers in Bezug auf die Ermöglichung und Durchführung der Untersuchung. Der Umfang ist dabei stark vom jeweiligen Zielland der Entsendung abhängig.[2] So wäre eine Entsendung nach England beispielsweise in der Regel ohne vorherige Gesundheitsuntersuchungen möglich, bei einer Entsendung in ein tropisches Land hingegen würden weitgehende medizinische Untersuchungen und Vorbereitungen (zB notwendige Impfungen) vorgenommen werden müssen, damit der Arbeitgeber seine Fürsorgeverpflichtungen erfüllt.[3]

(2) Vorbereitende Informations- und Hinweispflichten

520 Zu diesen Pflichten bei der Durchführung treten regelmäßig auch **Informations- bzw. Hinweispflichten** im Rahmen der Vorbereitung. So sind nicht nur aus personalpolitischen Aspekten (dazu → Rn. 568) ziellandspezifische Vorbereitungen durchzuführen. Gerade wenn das Zielland in einer politisch instabilen Region liegt, trifft den Arbeitgeber auch arbeitsrechtlich die Pflicht, den Arbeitnehmer zu informieren und vorzubereiten:

521 Zwar kann sich der Arbeitnehmer selbst über die aktuelle politische Lage informieren. Der Arbeitgeber wird aber in der Regel über seine Organisation engere Kontakte zu den jeweiligen deutschen Behörden, also zB dem Auswärtigen Amt pflegen und aufgrund der jeweils bereits vorhandenen Niederlassung und den jeweiligen Arbeitnehmern vor Ort eine erhöhte und lokalspezifische Einschätzung zur **Sicherheitslage** abgeben können. Dies stellt – und dies ist wiederum die dogmatische Begründung für eine Fürsorgepflicht – das überlegene Sachwissen dar. Auch ist es dem Arbeitnehmer in der Regel gar nicht oder nur unter unzumutbaren Aufwand möglich, selbst die genaue Sicherheitslage lokal vor Ort in Erfahrung zu bringen und sachgerecht zu bewerten.

522 Interessant ist die Frage nach Hinweis- und Aufklärungspflichten in Bezug auf Unterschiede in den **Rechtsordnungen** von Heimat- und Entsendungsland. So mag beispielsweise ein Verstoß gegen die Straßenverkehrsvorschriften in Deutschland nur ein Verwarn- oder ein Bußgeld nach sich ziehen, in anderen Rechtsordnungen aber bereits die Erfüllung eines Straftatbestandes darstellen.[4] Deshalb kann den Arbeitgeber zumindest mittelbar das Risiko einer Verhaftung des Arbeitnehmers aufgrund eines

---

[1] *Schliemann*, BB 2001, 1302 (1304).
[2] Vgl. *Schliemann*, BB 2001, 1302 (1305).
[3] Vgl. *Schliemann*, BB 2001, 1302 (1305) sowie im Ansatz ebenso *Edenfeld*, NZA 2009, 938 (941).
[4] *Edenfeld*, NZA 2009, 938 (941) führt das Beispiel Singapur an.

D. Entsendung von Arbeitnehmern ins Ausland

Bagatelldeliktes treffen. Der Arbeitgeber, der seinen Arbeitnehmer nicht auf die Möglichkeit der Verhaftung aufgrund von unachtsam auf die Straße geworfenen Abfalls hinweist, soll zumindest eine Mitverantwortlichkeit für den Arbeitsausfall tragen.[1]

(3) Versicherungen

Als eine weitere „klassische" Fürsorgepflicht des Arbeitgebers gegenüber seinem Arbeitnehmer während der Entsendung wird der Abschluss einer **Auslands-Unfallversicherung** angeführt, da die nationalen Versicherungspolicen in der Regel nicht für alle Schäden im Ausland einstehen.[2] Diese Aussage erscheint jedoch vor dem Hintergrund der gemachten Ausführungen zum dogmatischen Ursprung der Fürsorgepflichten des Arbeitgebers sehr pauschal: Es ist immer zu hinterfragen, ob der Arbeitnehmer einen evtl. Wissensvorsprung des Arbeitgebers nicht durch eigene Informations- und Abschlussmöglichkeiten in zumutbarer Weise ausgleichen kann.

523

Im Bereich der Versicherungen kann angenommen werden, dass es dem Arbeitgeber obliegt, für den ins Ausland entsandten Arbeitnehmer jedenfalls eine Unfallversicherung abzuschließen, die – sofern nicht über die Ausstrahlungswirkung des § 4 SGB IV[3] ein Versicherungsschutz aus der deutschen gesetzlichen Unfallversicherung besteht, die Arbeits- und Wegeunfälle sowie Berufskrankheiten erfasst. Bei den weiteren zusätzlichen Versicherungen, also zB der privaten **Haftpflichtversicherung,** ist anzunehmen, dass der Arbeitgeber im Rahmen der Fürsorgepflicht dazu verpflichtet ist, einen **Auslandsversicherungsschutz** durch den Abschluss einer entsprechenden Police herbeizuführen. Gleichzeitig ist aber nach der hier vertretenen Auffassung der Arbeitnehmer an den Kosten der Versicherung zumindest in der Höhe seiner nationalen Versicherung zu beteiligen. Da er während seines Auslandsaufenthaltes zB keine Haftpflichtversicherung innerhalb Deutschlands benötigt, kann diese beitrags- und versicherungsfrei gestellt werden. Die daraus erzielten Einsparungen müssen dabei konsequenterweise dem Arbeitgeber und nicht dem Arbeitnehmer zu gute kommen.

524

(4) Sicherheitshinweise

Als ein weiteres Beispiel wird angeführt, der Arbeitgeber sei während der Entsendung dazu verpflichtet, dem Arbeitnehmer **aktuelle Sicherheitshinweise** und -warnungen ins Ausland zu übermitteln.[4] Dabei kann es sich um Informationen z.B. bezogen auf politische Unruhen, Umweltkatastrophen oder Epidemien handeln. Da der Arbeitgeber die Gefahr trägt, dass solche Informationen nicht ordnungsgemäß an den Entsandten übertragen werden, muss er, um seine Pflicht zu erfüllen, auch im eigenen Interesse sichere Kommunikationswege mit der Möglichkeit des Nachweises sicherstellen.

525

(5) Rückkehr

Auch bei der Beurteilung der Frage, welche Pflichten für den Zeitraum nach Beendigung der Entsendung bestehen, ist von dem dargestellten dogmatischen Ansatz auszugehen. Aus dessen Anwendung resultieren **Pflichten bezüglich der Heimreise,** zB durch Erledigung verschiedener Formalitäten,[5] oder solche bezüglich des Wiedereinstiegs, sei dies im vormaligen Arbeitsbereich oder sei dies an neuer Stelle. Letzteres ergibt sich dann schon aus der Fürsorgepflicht in Bezug auf den wiederauflebenden Arbeitsvertrag. Tragend ist dabei die Argumentation, dass es dem auf sich allein gestell-

526

---

[1] *Edenfeld,* NZA 2009, 938 (941) mit dem arg. e. §§ 275 Abs. 1, 326 Abs. 1 BGB.
[2] *Schliemann,* BB 2001, 1302 (1305); *Edenfeld,* NZA 2009, 938 (942).
[3] KassKomm/*Seewald,* § 4 SGB IV Rn. 1 ff.
[4] *Edenfeld,* NZA 2009, 938 (942).
[5] *Schliemann,* BB 2001, 1302 (1306 f.); *Edenfeld,* NZA 2009, 938 (942).

527 Zusammenfassend kann für einzelne, konkrete Pflichten als Folge der **arbeitgeberseitigen Fürsorge** festgehalten werden, dass diesen aus der Dogmatik zur Fürsorgepflicht **Grenzen** gezogen werden können. Gegenwärtig muss dafür das Verhältnis von Auskunftsanspruch, Auskunftspflicht und Fürsorgepflicht sein. Da dabei die Zumutbarkeit eigener Anstrengungen des Entsandten eine Rolle spielt, bleibt zwingend ein Beurteilungsspielraum und können Zweifel entstehen, ob eine Verpflichtung des Arbeitgebers besteht. Der Arbeitgeber sollte sich im Falle solcher Zweifel nicht – jedenfalls nicht allein – von rechtlichen, sondern auch von personalpolitischen Erwägungen leiten lassen und dabei auch das ohnehin hohe Investment bei einer Entsendung im Auge haben.

Teil II. 3. Arbeits- und Dienstverhältnisse im internationalen Konzern

ten Arbeitnehmer unmöglich wäre, sich wieder im Unternehmen einzufinden, „zu vernetzen", während der Arbeitgeber dies ohne Weiteres durch Einladungen zu Veranstaltungen und Konferenzen oder durch Informationen über letzte interne Entwicklungen gewährleisten kann.[1]

b) Hinweispflichten in Bezug auf steuerrechtliche Regelungen und daraus resultierende Compliance-Aspekte

528 Aufgrund der Entsendung ins Ausland ist der Arbeitnehmer auch mit einer anderen Rechtsordnung konfrontiert (dazu schon → Rn. 522). Besonders relevant können dabei steuerrechtliche Aspekte sein. Auch wenn Pflichten zur Versteuerung im Ausgangspunkt den Arbeitnehmer treffen, so kann daraus jedoch eine für den Arbeitgeber relevante und auch eine von der Öffentlichkeit beachtete Compliance-Problematik werden.

529 Die Anwendung der Fürsorgepflicht-Dogmatik führt hinsichtlich allgemeiner Fragen zur fremden Rechtsordnung ebenso wie zu steuerrechtlichen Fragestellungen – in erster Linie ist dabei an die Doppelbesteuerung zu denken – zu der Erkenntnis, dass es insoweit jedenfalls keine generelle Verpflichtung des Arbeitgebers zur Unterrichtung des Entsandten gibt.[2] Es kann jedoch gerade im Bereich der **Besteuerung von Einkommen** leicht zu Wirtschaftsstraftaten im Ausland kommen. Sofern der Arbeitgeber den Arbeitnehmer nicht auf eine eventuell bestehende Doppelbesteuerungspflicht aufgrund des Auslandseinsatzes hinweist und es zur Verwirklichung eines Straftatbestandes kommt, kann dies einen Sachverhalt darstellen, der für die Compliance des Arbeitgebers relevant ist. Daneben kann sich der Arbeitgeber aufgrund einer Beihilfehandlung in Form des Nicht-Aufklärens über die Doppelbesteuerung auch selbst strafbar machen.

530 Denkbar sind zwei Anknüpfungspunkte der Compliance-Relevanz. Der erste Anknüpfungspunkt ist die strafrechtliche Bewertung des Verhaltens des Arbeitgebers bei der Abführung von Steuern oder Sozialversicherungsbeiträgen und die daraus resultierende Organhaftung. Eine Delegation und interne Zuständigkeitsregelung führt in der Regel nicht zu einer Exkulpation. Der zweite Anknüpfungspunkt ist das ggf. strafrechtlich relevante Verhalten des Arbeitnehmers, das auch zu einer Schädigung des Arbeitgebers führen kann.[3] Die Geschäftsführer einer GmbH stehen zB in der Pflicht, dafür zu sorgen, dass die auf die Gesellschaft anwendbaren Gesetze auch durch die Mitarbeiter eingehalten werden. Dazu zählen unter anderem das Steuerrecht, aber auch das Wirtschaftsstrafrecht, also zB das Strafrecht der Geldwäsche.[4] Verstöße gegen

---

[1] Vgl. bei *Edenfeld*, NZA 2009, 938 (942).
[2] BAG 22.1.2009 – 8 AZR 161/08, NZA 2009, 608 ff.; aA ohne weitere Begründung auch für den Bereich der Sozialversicherung *Schliemann*, BB 2001, 1302 (1305).
[3] *Hauschka*, NJW 2004, 257 (258 f.) mwN.
[4] MüKo GmbHG/*Stephan/Tieves*, § 37 GmbHG Rn. 25 f.

gesetzliche Vorschriften können zu einem hohen Risiko für Organe und Gesellschaft werden.[1] Auch ein pflichtwidriges Unterlassen kann eine entsprechende Strafbarkeit oder eine Ordnungswidrigkeit begründen.[2] Unternehmens- oder konzerneigene Compliance-Regelungen dienen zumindest auch der Umsetzung solcher gesetzlicher Vorgaben, indem sie diese konkretisieren oder zumindest wiederholen.[3]

Mit den Compliance-Vorgaben bindet sich ein Konzern oder Unternehmen demnach zusätzlich, die gesetzlichen Regelungen einzuhalten. Daraus ergibt sich die Handlungsempfehlung, den Arbeitnehmer insbesondere im Bereich des Steuerrechts auf die Einhaltung der gesetzlichen Regelungen hinzuweisen oder ihm bei der Durchführung der evtl. vorzunehmenden Doppelbesteuerung behilflich zu sein. Dies kann auch durch die Übernahme der **Kosten für einen Steuerberater** des entsandten Arbeitnehmers erfolgen, auch wenn keine vertragliche Verpflichtung zur Information bzw. Aufklärung des Arbeitnehmers in Bezug auf die steuerrechtlichen Regelungen bestehen sollte. Die Einschaltung eines externen Steuerberaters und die Übernahme der entsprechend anfallenden Kosten hat neben dem personalpolitischen Aspekt des „guten" Arbeitgebers (dazu → Rn. 460, 568) auch juristische Vorteile. Der Arbeitgeber trägt zum einen nicht – wie bei einer Beratung durch die interne Steuerabteilung – das Haftungsrisiko einer Fehlberatung und gerät zum anderen auch nicht durch die Bereitstellung einer eigenen Steuerberatungsressource in die Gefahr der konkludenten Übernahme einer Aufklärungs- bzw. Beratungsverpflichtung. 531

c) Hinweispflichten bei der Kranken- und der Rentenversicherung

Eine besondere Bedeutung kommt der Krankenversicherung des entsandten Arbeitnehmers zu. Als Ausprägung der allgemeinen Fürsorgepflicht trifft den Arbeitgeber die **Verpflichtung zur Krankenfürsorge** gegenüber dem Arbeitnehmer. Wie bereits allgemein zur Sozialversicherung erläutert (→ Rn. 477 ff.), gilt auch für die gesetzliche Krankenversicherung (SGB V) der Grundsatz der Ausstrahlung des deutschen Sozialversicherungsrechts.[4] Danach gilt auch die deutsche gesetzliche Krankenversicherung fort, wenn die Entsendung infolge der Eigenart der Beschäftigung oder vertraglich im Voraus zeitlich begrenzt ist.[5] Selbiges trifft in der Regel auch für die private Krankenversicherung zu. 532

Aber selbst, wenn sich der Versicherungsschutz unter den Voraussetzungen des § 4 SGB IV während der Entsendung auch auf das Ausland erstreckt, kann dieser sich im Einzelfall als nicht hinreichend erweisen. Denn die deutsche gesetzliche Krankenversicherung ist aufgrund des Sachleistungsprinzips in der Leistungserbringung[6] auf die Kostenstrukturen innerhalb Deutschlands ausgerichtet, dh bereits die Übernahme von Behandlungskosten im europäischen Ausland kann zu Schwierigkeiten bei der Abrechnung oder bei der späteren Kostenübernahme führen.[7] Die deutschen gesetzlichen Krankenversicherungen und daran angelehnt auch die privaten Versicherer übernehmen grundsätzlich nur die Kosten, die bei einer entsprechenden Behandlung im 533

---

[1] MüKo AktG/*Spindler*, § 91 AktG Rn. 35 f.
[2] § 130 OWiG; ausführlich *Schaefer/Baumann*, NJW 2011, 3601 (3603 f.).
[3] Vgl. *Schreiber*, NZA-RR 2010, 617f, der auch auf die Implementierung von Compliance-Richtlinien in Unternehmen eingeht.
[4] § 4 SGB IV; dazu KassKomm/*Seewald*, § 4 SGB IV Rn. 1 ff.
[5] Dazu Krauskopf/*Baier*, § 4 SGB IV Rn. 1 ff.
[6] Zum Sachleistungsprinzip KassKomm/*Brandts*, § 13 SGB V Rn. 5 ff.
[7] Dies, obwohl in den letzten Jahren deutliche Fortschritte bei der Vereinfachung der Kostenübernahme gemacht wurden; vgl. auch EuGH 27.10.2011 – C 255/09 zur Verordnung EWG 1408/71 (Portugal). Zur Kostenerstattung bei ambulanter Behandlung im EU-Ausland ausführlich Krauskopf/*Wagner*, § 13 SGB V Rn. 35 ff.

Krankheitsfall in Deutschland entstehen würden. Die Behandlungskosten im Ausland können jedoch wesentlich höher sein.

534 Im Ergebnis verneint hat das Hessische LAG die Erstattungspflicht eines Arbeitgebers für Behandlungskosten eines bald nach Entsendung in die USA erkrankten Arbeitnehmers, wenn die deutsche Krankenversicherung nicht dessen vollständige Behandlungskosten in den USA, sondern lediglich die Kosten erstattet, die bei einer Behandlung in Deutschland entstanden wären.[1]

535 Das LAG war der Ansicht, eine **Hinweispflicht des Arbeitgebers** bezüglich der **Absicherung für Krankheit** im Entsendungsland habe **nicht bestanden**.[2] Der Arbeitnehmer habe sich selbst im Vorfeld der Entsendung über einen abweichenden Krankenversicherungsschutz bzw. die Grundsätze de Kostenübernahme bei seiner Krankenkasse informieren müssen und auch können. Zum anderen könne zwar eine nebenvertragliche Informationspflicht des Arbeitgebers in Betracht kommen, wenn der Arbeitnehmer einen Auskunftsanspruch gegen seinen Arbeitgeber habe. Gerade im Sozialversicherungsrecht werde der Arbeitgeber jedoch in Bezug auf solche Auskünfte überfordert und anderenfalls zum allgemeinen Sachwalter des Arbeitnehmers in wirtschaftlichen Interessen. Letzteres sei aber dem geltenden Recht nicht zu entnehmen.[3]

536 Dies entspricht im Ergebnis auch den oben dargestellten Grundsätzen zu den allgemeinen Fürsorgepflichten: Es liegt nur dann eine haftungsbewehrte Fürsorgepflicht vor, wenn es sich um Interessen handelt, die auch mit der Arbeitsleistung in einem Zusammenhang stehen.[4] Dies ist bei Erkrankungen im Ausland nur dann der Fall, wenn es sich um eine Behandlungsbedürftigkeit aufgrund eines Arbeitsunfalls oder einer Berufskrankheiten handelt. Da in allen anderen Fällen der Behandlungsbedürftigkeit ein Veranlassungsinteresse des Arbeitgebers fehlt, scheidet in dem beschriebenen Fall auch ein Aufwendungsersatzanspruch nach § 670 BGB bzw. ein Schadensersatzanspruch nach § 670 BGB analog aus.[5]

537 Den Arbeitgeber trifft – arbeitsrechtlich – somit regelmäßig keine Pflicht, den Arbeitnehmer über die Reichweite des Krankenversicherungsschutzes zu informieren oder zu beraten. Auch hier ist jedoch zu raten, den Arbeitnehmer zumindest darauf aufmerksam zu machen, dass er Informationen zur Krankenversicherung einholen und ggf. zusätzlich eine Auslandskrankenversicherung abschließen sollte.

5. Pflichten des Arbeitnehmers in der Vorbereitung

538 Auch der **Arbeitnehmer** ist – jedenfalls nach Abschluss einer Entsendungsvereinbarung – verpflichtet, an der Vorbereitung der Entsendung **mitzuwirken.**

539 Denkbar und durchaus üblich ist es, diese Verpflichtung zum Bestandteil einer Entsendungsvereinbarung zu machen. Aber auch, wenn die Entsendungsvereinbarung einen solchen Inhalt nicht hat, wird der Arbeitnehmer zB kulturbezogene **Fortbildungsmaßnahmen wahrnehmen** müssen. Begründet werden kann dies mit einem Abgleich der Fortbildungsverpflichtungen allgemeiner Art, also außerhalb eines Entsendungs- oder Auslandsbezugs. In beiden Fällen bestehen Verpflichtungen des Arbeitnehmers, an Schulungsmaßnahmen teilzunehmen, die dem Erwerb oder der Vertiefung von Kenntnissen und Fertigkeiten dienen. Bei der Entsendung besteht allein

---

[1] Hess. LAG 4.9.1995 – 16 Sa 215/95, NZA 1996, 482.
[2] Hess. LAG 4.9.1995 – 16 Sa 215/95, NZA 1996, 482.
[3] Zum Ganzen Hess. LAG 4.9.1995 – 16 Sa 215/95, NZA 1996, 482; aA *Heuser*, Die Entsendung deutscher Mitarbeiter ins Ausland, S. 22, der mit der Erfahrung von entsendenden Unternehmen und der der damit seiner Ansicht nach einhergehenden überlegenen Sachkunde argumentiert.
[4] *Edenfeld* NZA 2009, 938 (942).
[5] Vgl. *Edenfeld* NZA 2009, 938 (942).

der Unterschied, dass die Schulungen häufig keinen unmittelbar berufs- oder tätigkeitsbezogenen, sondern vielmehr einen kulturbezogenen und speziell auf die Umstände einer Entsendung bezogenen Inhalt haben.

Die allgemein für die Schulungsverpflichtung von Arbeitnehmern geltende Begrenzung zB auf durch öffentlich-rechtliche Verpflichtungen begründete Anlässe[1] greift für die Entsendung nicht. Denn für die Entsendung besteht doch gerade eine gesonderte vertragliche Vereinbarung zur Vorbereitung zwischen den Parteien. 540

Die Verpflichtung des Arbeitnehmers beschränkt sich in der Regel dabei auf die bloße Teilnahme ohne einen konkreten Erfolg. Gleichzeitig lässt sich der angestrebte Erfolg einer Entsendungsvorbereitung generell schwierig rechtssicher formulieren und gestalten, da es in der Regel nicht um den Erwerb von Abschlüssen, Zertifikaten oä, sondern um eine Erweiterung der sog. Soft Skills oder aber der Sprachkenntnisse geht. Dennoch muss der Teilnehmer die Verpflichtung mittlerer Art und Güte iSd § 243 BGB[2] erfüllen, d.h. er muss – wie zu jeder anderen Fortbildung auch – pünktlich und zuverlässig erscheinen und den Stoff erarbeiten. Letztlich muss er sich bemühen, dass Ziel der Fortbildung zu erreichen,[3] auch wenn dieses nicht zwangsläufig messbar in einer erfolgreichen Abschlussprüfung oä liegt. 541

6. Weitere praxisrelevante Sachverhalte

In der Entsendungspraxis erwachsen neben den erläuterten Fragen zur Vertragsgestaltung und ihren Konsequenzen sowie zur Reichweite der Fürsorgepflicht weitere häufig auftretende Fragestellungen. 542

a) Direktionsrecht

Während des Entsendungszeitraums stellt sich die Frage, wer Inhaber des arbeitsvertraglichen **Direktionsrechts**[4] ist. Ausgehend von einem Arbeitsverhältnis ohne Auslandsbezug ist dies grundsätzlich der Arbeitgeber, mit dem der Arbeitsvertrag besteht. In manchen Fällen kommt es jedoch auch zu einer **Aufspaltung des Direktionsrechts,** zB in dem Fall der Arbeitnehmerüberlassung.[5] Insofern verbleibt bei dem Vertragsarbeitgeber der Grad des Direktionsrechts, der es ihm einräumt, dem Arbeitnehmer die Weisung zu geben, bei dem Dritten die Arbeitsleistung zu erbringen und dessen Weisungen zu folgen. 543

Übertragen auf die Entsendung gilt dies gleichermaßen. Sofern zum nationalen Arbeitsvertrag ausschließlich eine zusätzliche **Entsendungsvereinbarung** getroffen wird und der Arbeitnehmer an einem ausländischen Standort der Gesellschaft tätig wird, so spaltet sich das Direktionsrecht nicht auf, da es nicht zu einer Tätigkeit für eine andere Gesellschaft kommt. Der Vertragsarbeitgeber ist demnach alleiniger Inhaber des Direktionsrechts. Die Ausübung erfolgt dabei in der Regel durch den jeweiligen Vorgesetzten im Zielland der Entsendung. Handelt es sich jedoch um eine **eigenständige Legaleinheit,** für die der Arbeitnehmer im Ausland tätig wird, so kommt es – wie bei der Arbeitnehmerüberlassung – zu einer **Aufspaltung des Direktionsrechts.** 544

---

[1] Exemplarisch BAG 18.3.2009 – 5 AZR 192/08, NZA 2009, 611 ff. zur Fortbildungsverpflichtung von Rettungssanitätern und den bei einer Verletzung der Verpflichtung ggf. möglichen Zurückbehaltungsrechten.
[2] Vgl. zu diesem auch im Arbeitsrecht geltenden Grundsatz MHdBArbR/*Berkowsky*, § 114 Rn. 20 ff.
[3] Küttner/*Reinecke*, Fortbildung Rn. 6.
[4] Zum Direktionsrecht ausführlich *Hromadka*, NZA 2012, 233 ff.
[5] Im Fall der Arbeitnehmerüberlassung spaltet sich das Direktionsrecht auf den Verleiher sowie den Entleiher auf, vgl. *Schüren/Hamann*, AÜG § 1 Rn. 77 ff.

545 Sofern keine den nationalen Arbeitsvertrag modifizierende Entsendungsvereinbarung, sondern (nur) ein **zusätzlicher Vertrag** über den Einsatz im Ausland abgeschlossen wird, so **ruht der nationale Arbeitsvertrag** und einzig das Entsendearbeitsverhältnis ist nunmehr in Vollzug gesetzt. Daher kann nur noch aus Letzterem das Direktionsrecht resultieren. Sofern dieser Vertrag (nur) mit der **ausländischen Tochtergesellschaft** abgeschlossen worden ist, kann auch nur diese das **Direktionsrecht** ausüben und dadurch auf den Arbeitnehmer einwirken. Eine direkte Ausübung durch den nationalen Vertragsarbeitgeber ist dann nicht möglich. Es ist, sofern es sich um ein Mutter-Tochter- oder Mutter-Enkel-Gesellschaftsverhältnis handelt, juristisch nur eine Anweisung aus der Position des (Mehrheits-)Gesellschafters heraus möglich. Der nationale Vertragsarbeitgeber kann der Tochter- bzw. Enkelgesellschaft gesellschaftsrechtlich Anweisungen zur Ausübung des Direktionsrechts erteilen.

546 In der Praxis wird jedoch niemand diesen formalistischen Weg beschreiten. Falls also die Gestaltung über ein zusätzliches Entsendearbeitsverhältnis gewählt wurde und der nationale Arbeitsvertrag ruhen soll, ist denkbar, das Entsendearbeitsverhältnis als Dreiervereinbarung abzuschließen, dh es sind nicht nur der (zukünftige) Arbeitgeber im Zielland und der Arbeitnehmer, sondern auch der nationale Arbeitgeber zu beteiligen. Dem ursprünglichen Arbeitgeber könnte dann innerhalb dieses Vertrages das **Direktionsrecht** in Bezug auf Unterbrechung oder frühzeitige Beendigung der Entsendung **eingeräumt** werden. Auch dagegen spricht aber noch der Wunsch nach einer möglichst pragmatischen Lösung. Es ist daher zu empfehlen, den nationalen Arbeitgeber zwar nicht direkt zu beteiligen, ihm aber innerhalb des Entsendearbeitsverhältnisses als Teilaspekt des Vertrages ein Recht zugunsten Dritter iSd § 328 BGB einzuräumen. Dies bedeutet, dass ihm, obwohl er nicht Vertragspartner ist, ein Recht zur Ausübung eines Rechts eingeräumt wird, im vorliegenden Falle also Teilaspekte des Direktionsrechts. Weiterhin wäre auch denkbar, dass die zusätzliche **Entsendevereinbarung** zwischen nationalem Arbeitgeber und Arbeitnehmer den **Vorbehalt der Ausübung des Direktionsrechts** in Bezug auf die genannten Aspekte beinhaltet. In allen Möglichkeiten kann dann der nationale Arbeitgeber weiterhin Einfluss auf den Arbeitnehmer nehmen, auch wenn das nationale Arbeitsverhältnis ruht.

b) Erkrankung des Arbeitnehmers

547 Gerade aufgrund der aus einer Entsendung manchmal resultierenden Risiken aufgrund klimatischer, hygienischer oder ähnlicher belastender Lebensbedingungen ist eine **Erkrankung** des Arbeitnehmers **im Ausland** ein Thema von Relevanz. Es stellt sich die Frage der **Entgeltfortzahlung** und auf der anderen Seite besteht die Frage, ob der Arbeitgeber bei schwereren Erkrankungen auch für einen zwischenzeitlichen **Rücktransport** zur Behandlung nach Deutschland finanziell aufzukommen hat.

548 Die Ansprüche des Arbeitnehmers auf Entgeltfortzahlung auch im Krankheitsfall während einer Entsendung richten sich in erster Linie nach dem anzuwendenden Recht (dazu → Rn. 474, 19 ff.). Sofern während des Entsendungszeitraumes die deutsche Rechtsordnung anzuwenden ist, gilt das Entgeltfortzahlungsgesetz (insbesondere § 3 Abs. 1 EFZG), wonach das Entgelt trotz Arbeitsunfähigkeit fortzuzahlen ist.

549 Sofern auf das Entsendeverhältnis nicht die deutsche Rechtsordnung anzuwenden ist, richtet sich die Beantwortung der Frage nach der jeweiligen **Rechtsordnung im Entsendungsland**. Es müssen dabei jedoch die **Einschränkungen der zulässigen Rechtswahl** beachtet werden, die sich aus der Rom I-VO sowie aus dem deutschen EGBGB ergeben (dazu → Rn. 61, 62). In beiden stellt § 3 EFZG eine Eingriffsnorm iSd Art. 34 EGBGB bzw. Art. 9 Abs. 1 Rom I-VO dar, so dass diese bei einem **hin-**

reichenden Inlandsbezug – dieser ist im ruhenden, ursprünglichen Arbeitsvertrag und der Rückkehrzusage zu sehen – nach Art. 27, 30 EGBGB/Art. 3, 8 Rom I-VO dennoch anzuwenden ist und somit für den Arbeitnehmer ein Anspruch auf Entgeltfortzahlung nach § 3 EFZG besteht.[1]

Die zweite Frage – Veranlassung eines Rücktransportes nach Deutschland zur medizinischen Behandlung sowie Erstattung der anfallenden Kosten – ist strukturell bereits erörtert worden (→ Rn. 515 ff.). Die Inanspruchnahme des Arbeitgebers kommt nur dann in Frage, wenn kein ausreichender Versicherungsschutz auf Seiten des Arbeitnehmers besteht. Da es jedoch keine rechtliche Fürsorgepflicht auf Seiten des Arbeitgebers gibt, den Arbeitnehmer auf einen (mangelnden) Versicherungsschutz hinzuweisen bzw. eine zusätzliche Versicherung für ihn abzuschließen (→ Rn. 534, 535), würde dieses Ergebnis bei der Bejahung einer Kostentragungspflicht konterkariert. Einzig denkbar ist eine **Kostenübernahmepflicht** für den Rücktransport dann, wenn der Arbeitnehmer nicht mehr ins Ausland zurückkehrt – die regelmäßigen Rückreisekosten treffen den Arbeitgeber – oder wenn es sich um eine Rückführung aufgrund eines **Arbeitsunfalls** oder einer **Berufskrankheit** handelt. In letzteren Fällen würde aber letztlich die jeweilige – gesetzliche oder zusätzliche – Unfallversicherung die Kosten zu tragen haben. 550

Wichtig ist, diese juristische Position zu kennen. Wiederum ist allerdings zu erwägen und zu entscheiden, wie mit dem konkreten Fall personalpolitisch umzugehen sein würde. 551

c) Tätigkeitsänderungen

Je länger der Zeitraum der Entsendung andauert und je vager die Funktionsbeschreibung für die Tätigkeit während der Entsendung ist, desto eher besteht das Bedürfnis, auch während der Entsendung eine Tätigkeitsänderung – sei es in Form einer Präzisierung, sei es in Form der Übernahme einer anderen Funktion – vorzunehmen. Dabei bleibt es bei dem Grundsatz, dass das Direktionsrecht umso eingeschränkter ist, wie der Vertrag den jeweiligen Punkt konkret beschreibt.[2] 552

Es kann aber auch der Fall eintreten, dass während der Entsendung eine andere Funktion im Entsendungsland zu besetzen ist und der entsandte Arbeitnehmer diese übernehmen soll. In diesen Fällen kann – je nach gewählter Vertragsgestaltungsvariante (→ Rn. 471 ff.) – entweder die Ausübung des **Direktionsrechtes** ausreichend sein oder es müssen die abgeschlossenen **Verträge** unter Zustimmung des entsandten Arbeitnehmers **geändert** werden. 553

d) (Vorzeitige) Beendigung der Entsendung/des Arbeitsverhältnisses

Die **vorzeitige Beendigung der Entsendung** des Arbeitnehmers ins Ausland kann durch beide Parteien ausgelöst werden. 554

Aus Sicht des Arbeitgebers kann der Grund bzw. der Bedarf der Entsendung (zB bei einer Projektentsendung) durch Erreichen des Erfolgs weggefallen oder das Arbeitsverhältnis samt Entsendung zu beenden sein. Ebenso ist denkbar, dass der Arbeitnehmer die – einseitige oder einvernehmliche – Beendigung der Entsendung oder des gesamten Arbeitsverhältnisses betreibt. 555

Die Voraussetzungen der einseitigen Beendigung der Entsendung sind in der Entsendevereinbarung individuell zu regeln. Aus Arbeitgebersicht ist insbesondere die Situation zu erfassen, in der bei einer Projektentsendung der Bedarf der Entsendung frühzeitig 556

---

[1] MHdB ArbR/*Oetker*, § 11 Rn. 77 ff.
[2] *Hromadka,* NZA 2012, 233 ff., ErfK/*Preis,* GewO § 106 Rn. 1 ff.; BeckOK ArbR/*Joussen,* § 611 BGB Rn. 303 ff.

wegfällt. Dabei ist insbesondere die Frage des Zeitpunkts der **Ankündigung** der frühzeitigen Beendigung der Entsendung zu klären. Wie bei allen anderen einseitigen Leistungsbestimmungsrechten ist auch hier der Grundsatz des billigen Ermessens aus § 106 GewO, § 315 BGB zu berücksichtigen.[1] Bei einer einseitigen Kündigung des Entsendevertrages durch den Arbeitnehmer ist neben den Kündigungsfristen auch die Frage der **Tragung** von aufgrund der frühzeitigen Beendigung anfallenden **Mehrkosten** zu klären.

557 Sofern sich der Arbeitgeber für den Fall der vorzeitigen Beendigung der Auslandstätigkeit ein Rückforderungsrecht bezüglich der übernommenen Reisekosten im Vertrag vorbehält, bedarf es der summenmäßigen Festlegung eines (Höchst-)Betrags.[2] Dieser muss in einer angemessenen Relation zum Verdienst des Arbeitnehmers stehen. Die Arbeitsgerichte[3] lehnen sich dabei wohl an die Rechtsprechung des BAG zu Rückzahlungsklauseln betreffend Ausbildungsvergütungen an.[4] Teilweise wird dabei jedoch auch vertreten, dass für die Bestimmung der Höhe der Rückzahlung auch nach den **Gründen der vorzeitigen Beendigung** differenziert werden müsse.[5] Dies hat jedoch vor dem Hintergrund des Transparenzgebotes aus § 307 Abs. 1 S. 2 BGB Konsequenzen für die Vertragsformulierung. Es muss nicht nur der Betrag, sondern auch die Differenzierungsmerkmale und -gründe abschließend aufgeführt werden, damit die Kriterien des Transparenzgebotes, die das BAG im Rahmen der Rechtsprechung zu den Rückzahlungsklauseln[6] aufgestellt hat, erfüllt sind.

558 Bei **Kündigung des gesamten Arbeitsverhältnisses,** also nicht nur der Entsendevereinbarung, sondern auch des zugrundeliegenden Arbeitsvertrags während der Entsendung gilt – bei Anwendbarkeit des deutschen Arbeitsrechts – der Grundsatz, dass die arbeitnehmerseitigen Kündigungsfristen nicht länger als die des Arbeitgebers sein dürfen.[7] Bei einer arbeitgeberseitigen Kündigung findet zusätzlich bei der Anwendung des deutschen Rechts auch das Kündigungsschutzgesetz Anwendung.[8] Die Kündigung muss folglich sozial gerechtfertigt sein.[9]

e) Personelle Einzelmaßnahmen

559 Auch während eines Entsendungszeitraumes besteht für das Unternehmen der Bedarf, auf veränderte Rahmenbedingungen reagieren und auf das Arbeitsverhältnis des entsandten Arbeitnehmers einwirken zu können.

560 Unabhängig von der gewählten Vertragsgestaltung (dazu schon → Rn. 471) kann nur der Arbeitgeber die personellen Einzelmaßnahmen durchführen, der in einer nicht-ruhenden arbeitsvertraglichen Beziehung zu dem entsandten Arbeitnehmer steht. Neben der besprochenen Weisung im Rahmen des Direktionsrechts ist an **disziplinarische Maßnahmen** wie zB eine Abmahnung zu denken. Auch insofern gelten die allgemeinen Voraussetzungen einer Abmahnung[10] nach deutschem Arbeits-

---

[1] Küttner/*Kreitner,* Auslandstätigkeit Rn. 27.
[2] Küttner/*Kreitner,* Auslandstätigkeit Rn. 28.
[3] LAG Frankfurt 22.6.1981 – Sa 548/80, DB 1982, 656.
[4] Dazu zuletzt BAG 19.1.2011 – 3 AZR 621/08, NZA 2012, 85 ff. mit Ausführungen zur Transparenz und zur möglichen Höhe der Rückzahlung.
[5] Küttner/*Kreitner,* Auslandstätigkeit Rn. 28; *Hickl,* NZA 1987, Beil. 1, 17.
[6] BAG 19.1.2011 – 3 AZR 621/08, NZA 2012, 85 ff.
[7] APS/*Linck,* § 622 BGB Rn. 166.
[8] Das KSchG ist dabei – anders als beispielsweise das EFZG – keine Eingriffsnorm iSd Art. 9 Rom I-VO. Vgl. dazu ErfK/*Schlachter,* Art. 3 Rom I-VO Rn. 21 f.
[9] § 1 Abs. 2 KSchG: Verhaltens-, personen- oder betriebsbedingte Gründe; vgl. dazu ausführlich MHdB ArbR/*Berkowsky,* § 110 Rn. 1 ff.
[10] Ausführlich zur aktuellen Entwicklung der Abmahnung *Schrader,* NJW 2012, 342 ff.

D. Entsendung von Arbeitnehmern ins Ausland

recht, sofern dieses Anwendung findet. Die Auslandstätigkeit wirkt sich hier nicht auf die Voraussetzungen einer Abmahnung aus. Anders kann dies bei einer **Versetzung** sein. Hier kann die Tatsache der Tätigkeit im Ausland, ggf. mit dem Umzug auch der gesamten Familie des Arbeitnehmers, durchaus Einfluss darauf haben, ob die vorgesehene Versetzung aufgrund Direktionsrechts noch innerhalb der Grenze der Billigkeit zu sehen ist.

f) Betriebsübergang beim entsendenden Unternehmen

Kommt es zu einem **Betriebsübergang** nach § 613a BGB beim entsendenden Arbeitgeber, stellt sich die Frage, ob der ins **Ausland entsandte Arbeitnehmer** von den gesetzlichen Rechtsfolgen des Betriebsübergangs – Übergang des Arbeitsverhältnisses auf den Betriebserwerber nach § 613a Abs. 1 S. 1 BGB – erfasst wird. 561

Nach dem Wortlaut der Norm gehen ohne Differenzierung, ob es um aktive oder ruhende Arbeitsverhältnisse handelt, alle zum Zeitpunkt des Übergangs bestehenden Arbeitsverhältnisse auf den Betriebserwerber über.[1] Während eines Ruhenszeitraumes erbringt der Arbeitnehmer keine Arbeitsleistung; dies ist beim Entsandten bezogen auf das entsendende Unternehmen in der Regel ebenso. Demgemäß sind vom Betriebsübergang Arbeitnehmer, die zum Zeitpunkt des Betriebsübergangs ins Ausland entsandt sind und deren nationales Arbeitsverhältnis ruht, ebenso erfasst wie zB Arbeitnehmer in der Freistellungsphase der Altersteilzeit im Blockmodell.[2] Ist hingegen nur eine Modifikation des nationalen Arbeitsverhältnisses erfolgt und ruht dieses folglich nicht, greifen erst recht die Rechtsfolgen aus dem rechtsgeschäftlichen Betriebs(teil)übergang. Die **Arbeitsverhältnisse gehen** demnach auf den Betriebserwerber **über**. Partei des – ggf. ruhenden – Arbeitsverhältnisses ist demnach der Betriebserwerber. Die Rechte und Pflichten aus dem „alten" Arbeitsvertrag leben ihm gegenüber wieder auf, sobald die Entsendung endet.[3] Darüber hinaus gilt selbstverständlich auch die in § 613a Abs. 2 BGB geregelte gesamtschuldnerische Haftung[4] in dem Fall des ruhenden Arbeitsverhältnisses. 562

Besonderer Aufwand und ein gewisses Risiko erwächst daraus, dass in der Folge auch der ins Ausland entsandte Arbeitnehmer ein **Informationsschreiben** nach § 613a Abs. 5 BGB erhalten muss, damit die Frist zum Widerspruch (§ 613a Abs. 6 BGB) (ab)läuft. Für die Personalbetreuung kann dies problematisch werden, da entsandte Arbeitnehmer zuweilen nicht mehr in den aktuellen Organigrammen des übergehenden Betriebs(teils) erscheinen. Die Personalbetreuung des übergehenden Betriebs(teils) muss daher mit dem die Entsendung betreuenden Bereich eng zusammenarbeiten, damit auch die entsandten Arbeitnehmer bei der Versendung der Informationsschreiben nicht „durchgehen". Dieses sollte aus Nachweisgründen regelmäßig nicht per Post ins Ausland versandt werden. Da auch eingescannte Unterschriften für die Wirksamkeit des Informationsschreibens in Textform ausreichend sind (§ 126b BGB),[5] erscheint es **praktikabler,** das Informationsschreiben der Personalbetreuung im Ausland per E-Mail zuzuleiten. Es kann dort ausgedruckt und dem entsandten Arbeitnehmer persönlich gegen Empfangsbestätigung[6] übergeben werden. Dann kann auch der Tag des Fristbeginns eindeutig nachvollzogen werden, da es in der Regel anderweitig keine verlässlichen Daten für Postlaufzeiten ins Ausland gibt. Ebenso 563

---

[1] Vgl. ErfK/*Preis*, BGB § 613a Rn. 67.
[2] Vgl. WHSS/*Willemsen*, Umstrukturierung G Rn. 127.
[3] So auch BAG 14.7.2005 – 5 AZR 392/04, NZA 2004, 1411.
[4] MüKo BGB/*Müller-Glöge*, § 613a BGB Rn. 164 ff.
[5] ErfK/*Preis*, BGB § 613a Rn. 91 f.
[6] *Gaul/Otto*, DB 2002, 634 f.

ist das Risiko des Zugangs, welches den Arbeitgeber trifft,[1] so weit als möglich reduziert.

g) Finanzieller Ausgleich bei Mehraufwendungen

564 Die Entsendung eines Arbeitnehmers ins Ausland hat häufig zwangsläufig höhere Kosten und Aufwendungen in vielen Lebensbereichen zur Folge. In der Regel wird die Frage der **Kostenerstattung bzw. der Kostenübernahme** bereits direkt in der Entsendevereinbarung geregelt.[2] Sofern dies nicht der Fall ist, wird vereinzelt vertreten, dass sämtliche Kosten weitgehend vom Arbeitgeber zu tragen sind.[3] Dies kann aber derart pauschal nicht gelten. Einleuchtend wird dies, wenn man als Vergleich eine „normale" Dienstreise heranzieht. Dort entstehen ebenfalls erhöhte Kosten, die aber – so zB bei der Verpflegung – steuerrechtlich nur teilweise berücksichtigt werden können. Auch zahlt der Arbeitgeber in der Regel nur einen pauschalen Ersatz für die entstandenen Kosten.[4] Es ist angemessen, nur diejenigen Kosten als erstattungs- bzw. übernahmefähig anzusehen, die der Arbeitnehmer **billigerweise** auch im Hinblick auf die jeweilige **Lebens- und Sicherheitssituation im Ausland** verursachen durfte.[5]

565 Ähnlich ist die Frage nach der Behandlung etwaig im Ausland eintretender **(Vermögens-)Schäden des Arbeitnehmers,** auch wenn diese keine freiwilligen Vermögensopfer und somit keine Aufwendungen darstellen.[6] Besondere Bedeutung hat die Situation, dass der Arbeitnehmer im Ausland aufgrund eines erhöhten Sicherheitsrisikos einen Schaden erleidet, er beispielsweise überfallen wird.

566 Sofern im rein nationalen Arbeitsverhältnis während der Arbeitszeit oder auf dem Weg zur Arbeit eine Schädigung des Vermögens des Arbeitnehmers eintritt, kommt es in der Regel nicht zu einem Schadensersatz- oder anderweitigen Ausgleichsanspruch des Arbeitnehmers gegen seinen Arbeitgeber. Mithin hat sich regelmäßig dabei nur das allgemeine Lebensrisiko verwirklicht. Anderes kann nur dann gelten, wenn der Arbeitgeber den Arbeitnehmer dazu verpflichtet hat, den Gegenstand – zB ein privates Handy – auch dienstlich zu nutzen.[7] Im Falle der Entsendung wird hingegen zu prüfen sein, ob zB in einem Überfall in einem Hochrisikoland **noch** die Realisierung des **allgemeinen Lebensrisikos des Arbeitnehmers** gesehen werden kann. Mancherorts ist es nahezu an der Tagesordnung, dass ausländische Arbeitnehmer Opfer von Straftaten werden. Geht man allerdings davon aus, dass sich der Arbeitnehmer ohne die Veranlassung durch den Arbeitgeber nicht in das Hochrisikoland begeben hätte und entsprechend der Schadenseintritt ausgeblieben wäre, so spricht dies für eine Eintrittspflicht des Arbeitgebers für den im Ausland durch einen kriminellen Übergriff entstandenen Schaden. Der Entsandte hat die **Obliegenheit,** durch an die Sicherheitslage vor Ort angepasstes Verhalten, etwa täglich wechselnde Wege zur Arbeit,[8] das **Risiko zu mindern,** Opfer einer Straftat zu werden oder Vermögensschäden zu erleiden. Dem Arbeitnehmer wird so auch Eigeninitiative abverlangt, da der Arbeitgeber nicht für alle jeweils möglichen Gefahren vor Ort einstehen kann.[9]

---

[1] ErfK/*Preis,* BGB § 613a Rn. 92.
[2] Küttner/*Kreitner,* Auslandstätigkeit Rn. 26.
[3] So weitgehend *Däubler,* ArbuR 1990, 1 ff.
[4] Ausführlich zur Pauschalierungsmöglichkeit Küttner/*Thomas,* Dienstreise Rn. 35 ff.
[5] Vgl. bei Küttner/*Kreitner,* Auslandstätigkeit Rn. 26.
[6] MüKo BGB/*Seiler,* § 670 BGB Rn. 6 f.
[7] Beispiel nach *Monz,* AL 2011, 157 ff.
[8] *Edenfeld,* NZA 2009, 938 (941).
[9] Vgl. *Schliemann,* BB 2001, 1302 (1307 f.), *Edenfeld,* NZA 2009, 938 (942 f.). Die Schadensminderungspflicht ergibt sich aus § 254 BGB.

h) Arbeitnehmerhaftung

Im deutschen Arbeitsrecht gelten die durch Richterrecht geprägten Grundsätze der Arbeitnehmerhaftung.[1] Ist aufgrund des Entsendungsvertrages deutsches Recht anwendbar, so gelten auch diese Haftungsgrundsätze, so z.B. zur **Haftungsprivilegierung** des Arbeitnehmers.[2] Einzig die Haftungsprivilegierungen aus §§ 104f. SGB VII sind aufgrund der Zugehörigkeit zum Sozialrecht und somit zum öffentlichen Recht nur anwendbar, wenn eine Ausstrahlungswirkung nach § 4 SGB IV vorliegt und der Unfall somit nach deutschem Unfallversicherungsrecht zu behandeln ist.[3] Sollten die Regelungen über die Haftungsfreistellungen nach §§ 104f. SGB VII nicht anzuwenden sind, kann der Arbeitnehmer eine Freistellung gegenüber seinem Arbeitgeber aus den anzuwendenden **Grundsätzen der Arbeitnehmerhaftung** aus § 670 BGB (analog) geltend machen.[4]

III. Personalpolitische Aspekte

Neben den juristischen Fragestellungen einer Arbeitnehmerentsendung gilt es, die – schon mehrfach berührte – Palette **personalpolitischer** Erwägungen zu beachten. Entsendungen erfordern erhöhte, nicht selten sehr hohe Personalaufwendungen, sie sind ein wichtiges Instrument der Mitarbeiterentwicklung und können Karrieren fördern, aber auch beschädigen. Gleiches gilt für die Familien und Umfeld des Entsandten. Eine **hochprofessionelle Vorbereitung und Betreuung** der Entsendungen ist daher zwingend.

1. Vorbereitung der Entsendung

Die Vorbereitung der Entsendung kann einen erheblichen Zeitraum in Anspruch nehmen. Aus Sicht des Arbeitgebers beginnt die Vorbereitung der Entsendung mit der Auswahl der Arbeitnehmer, die zur Entsendung ins Ausland überhaupt in Betracht kommen und somit schon deutlich vor der individuellen Vorbereitung des einzelnen Arbeitnehmers.

a) Auswahl der Arbeitnehmer

Bei Entsendungen reicht es bei weitem nicht, dass ein Kandidat das **Anforderungsprofil** der im Ausland zu besetzenden Stelle ausfüllt. Vielmehr gewinnen andere Gesichtspunkte erhöhtes Gewicht.

So ist aus der Praxis der Personalarbeit bekannt, dass der Bedarf an Entsendungen höher ist als die Anzahl derjenigen, die sich aktiv zu einem beruflichen Auslandsaufenthalt über Monate oder Jahre bereit erklären. Diese **Motivation** ist deutlich häufiger bei der Entsendung in Linien- oder Stabsfunktionen zu finden. Geht es hingegen um eine projektbezogene Entsendung von ganzen Mitarbeitergruppen, also zB die Realisierung eines Großprojektes, so ist es ungleich schwieriger, genügend bereitwillige

---

[1] Zu diesen ausführlich *Monz*, AL 2011, 157 ff.
[2] Auch bei diesem Richterrecht handelt es sich um zwingende Arbeitnehmerschutzbestimmungen des deutschen Rechts iSv Art. 30 Abs. 1 EGBGB/Art. 8 Abs. 1 S. 2 Rom I-VO. Daher kann auch durch explizite Rechtswahl von ihnen nicht zu Lasten des Arbeitnehmers abgewichen werden, sofern nach Art. 30 Abs. 2 EGBGB/Art. 8 Abs. 2–4 Rom I-VO die deutsche Rechtsordnung auf den Arbeitsvertrag ohne Rechtswahl Anwendung finden würde. Vgl. auch MHdB ArbR/*Oetker*, § 11 Rn. 68 f.
[3] Vgl. auch BAG 30.10.1963 – 1 AZR 463/62, AP Internationales Privatrecht Arbeitsrecht Nr. 8; *Junker* RdA 1990, 212 (215).
[4] Dazu *Monz*, AL 2011, 157 ff.

Arbeitnehmer zu gewinnen. Gerechtfertigt erscheint es, in solchen Fällen erforderlichenfalls die Bereitschaft durch sog. **Mobilitätsprämien** oder **projektbezogene Prämien** zu fördern.

572 Ein bei der Auswahl und Vorbereitung der zu entsendenden Arbeitnehmer erfolgskritischer Aspekt ist deren **familiäre Situation.** Hier geht es um berufstätige Partner, schulpflichtige Kinder oder zunehmend auch Pflegesituationen innerhalb der Familie. Von Sondersituationen abgesehen, wird regelmäßig vorgesehen sein, dass – wenn vorhanden – die Familie mit in das Zielland zieht, um zu gewährleisten, dass der Familienverbund und der notwendige familiäre Rückhalt auch während der Entsendung erhalten bleibt. Gleichzeitig kann dadurch jedenfalls in der Mehrzahl der Fälle das mit jeder Entsendung einhergehende Konfliktpotenzial für den Familienzusammenhalt verringert werden.

573 Die individuelle Bereitschaft zur Entsendung wird in aller Regel von der **aktuellen Lebenssituation** bestimmt. Arbeitnehmer, die noch mit der Familienplanung befasst sind, sind ebenso eher zu einem längeren Auslandaufenthalt bereit wie solche, die im letzten Drittel ihres Berufslebens stehen. Bei Angehörigen letzterer Personengruppe ist die Familienplanung abgeschlossen, „die Kinder sind aus dem Haus". Eine Auslandsentsendung kann dann eine gewünschte und ggf. letzte Karriereentwicklung sein oder die Erfüllung eines lange gehegten Wunsches.

574 Schwieriger hingegen ist die Gruppe derjenigen, die sich in etwa im mittleren Drittel ihres Berufslebens befinden: Diese Arbeitnehmer haben in aller Regel eine gefestigte Stellung im Unternehmen und gleichzeitig auch ein soziales Netzwerk im privaten Bereich aufgebaut, und sind ggf. durch schulpflichtige Kinder gebunden. Hinzu kommt immer häufiger, dass beide Ehe- oder Lebenspartner erwerbstätig sind. Auch dafür sind **Konzepte („Partner-Programm")** erforderlich, mit deren Hilfe zB die Fortsetzung einer Aus- oder Fortbildung oder die Beschaffung eines Arbeitsplatzes für den Partner ermöglicht werden kann.

b) Vorbereitung ausgewählter Arbeitnehmer

575 Nachdem ein Arbeitnehmer zur Entsendung ausgewählt worden ist, beginnt die individuelle Vorbereitung. Diese ist stark durch das Zielland geprägt und beeinflusst.

576 Obligatorisch sind abgestimmte **Sprachkurse** für den Arbeitnehmer, aber auch für die ihn begleitende Familie. Immer wichtiger werden aus personalpolitischer Sicht aber auch **Kulturkurse,** damit der Arbeitnehmer und seine Familie im Zielland der Entsendung keinen der sprichwörtlichen „Kulturschocks" erleben. Daneben sollten dem Arbeitnehmer und seiner Familie im Vorfeld sog. **Look-and-See**-Trips angeboten werden, dh die Möglichkeit der zeitlich vorgelagerten Reise zum Zielort, um die örtlichen Gegebenheiten kennenzulernen und bereits erste organisatorische Dinge in die Wege leiten zu können. Bei der Suche nach einer adäquaten **Unterkunft** sollte das Unternehmen in jedem Fall behilflich sein. Gleichzeitig kann innerhalb dieses Vorfeldprozesses auch bereits mit der unterstützten **Arbeitsplatzsuche für den Partner** sowie mit der Suche nach einer **Kinderbetreuung** und der Klärung der Frage der **Schulsituation** begonnen werden. Je mehr zu regelnde Punkte bereits im Vorfeld erledigt werden können, desto positiver wird der Arbeitnehmer mit seiner Familie dem eigentlichen Start des Auslandseinsatzes entgegensehen.

577 Ein weiterer Aspekt der Vorbereitung der ausgewählten Arbeitnehmer sind die **medizinischen Vorsorgeuntersuchungen** des Arbeitnehmers und seiner mitreisenden Familie. Je nach Zielland der Entsendung muss die medizinische Vorbereitung (zB Impfserien) lange vor dem Umzug in das Zielland begonnen werden.

2. Vergütung und Nebenleistungen

Die Regelung der **Vergütung** und der **Nebenleistungen** („Benefits") für die Zeit der Entsendung ist immer ein wesentlicher Teil der Vorbereitung einer Entsendung. Dass die zusätzlichen Kosten ersetzt bzw. durch das Unternehmen übernommen werden, die dem Arbeitnehmer auch im privaten Bereich entstehen, zB weil ein Haus angemietet werden muss, versteht sich von selbst; anderenfalls könnte die Bereitschaft zu einer Auslandsentsendung wohl kaum erzielt werden. **578**

Grob können in Vergütungsfragen zwei Strategien unterschieden werden: Häufig ist es so, dass der Arbeitnehmer zusätzlich zu dem jeweiligen Gehalt im Zielland – welches in der Regel nicht geringer sein wird als das im Heimatland – noch eine **Mobilitätsprämie** erhält. Andererseits besteht in manchen Konstellationen das Risiko, dass die Entsendung zu Entgelt- und sonstigen luxuriösen Lebensbedingungen führt, die eine **Reintegration erschweren.** In solchen Fällen ist dann richtigerweise auf Zusatzleistungen in Form von zB besonderen Mobilitäts- oder ähnlichen Prämien zu verzichten. **579**

Von den Mobilitätsprämien sind die sog. **Projektprämien** abzugrenzen, bei denen Mitarbeiter projektbezogene Prämienzahlungen erhalten, wenn mit dem Projekt zB ein wichtiger Zwischenschritt erreicht wird oder dies zum Abschluss gekommen ist. **580**

Ziel der Vergütungsgestaltung für eine Entsendung sollte die Ausgewogenheit sein. Ausgewogenheit in dem Sinne, dass die Übernahme zusätzlich entstehender Kosten nicht zu einem übermäßigen und deutlich vom bisherigen Lebensstil abweichenden Standard setzt, anderseits aber Belastungen durch Arbeit und Leben im Ausland angenehm aufgefangen werden. **581**

Eine allgemeingültige Aussage über die konkrete Umsetzung dieser Grundsätze kann aufgrund der Unterschiedlichkeit der möglichen Zielländer bzw. Zielregionen nicht getroffen werden. Am Beispiel Mobilität kann deutlich gemacht werden, dass vielmehr eine **ziellandspezifische Einzelfallbetrachtung** erforderlich ist: So ist es im US-amerikanischen oder europäischen Raum üblich, dass entsandte Arbeitnehmer über ein Dienstfahrzeug verfügen und dieses auch privat nutzen können. In anderen Zielländern kann sich dies abweichend verhalten. So sollte zwar im arabischen oder im asiatischen Raum[1] die für die Diensterfüllung notwendige Mobilität durch das Stellen eines Fahrzeugs sichergestellt sein. Aus Gründen der individuellen Sicherheit des Arbeitnehmers und seiner Familie kann es aber angezeigt sein, neben einem Fahrzeug auch einen Fahrer zu stellen. In manchen Hochrisiko-Ländern[2] ist es daneben sogar nötig, die Sicherheit des Arbeitnehmers und seiner Familie durch individuelles Sicherheitspersonal zu erhöhen. **582**

Je nach Zielstandort und örtlichen Gegebenheiten kann es auch angezeigt sein, die Familie in einer nahegelegenen Großstadt unterzubringen und zusätzlich dem Arbeitnehmer eine standortnahe **Unterkunft** zu ermöglichen. Auch wenn sich die Kosten dadurch teilweise deutlich erhöhen können, kann dies zB aufgrund des Fehlens adäquater Schulen, einer Kinderbetreuung oder eines Arbeitsplatzes für den Partner in Standortnähe unumgänglich sein. **583**

Neben der erwähnten Kinderbetreuung ist noch die Übernahme etwaiger Kosten für adäquate **Schulen** zu nennen. So kann es zB im latein-amerikanischen Raum un- **584**

---

[1] Eher an westlichen Standards orientierte Metropolen (z.B. Abu Dhabi und Dubai oder Singapur und Shanghai) folgen auch insofern eher an US-amerikanischen europäischen Standards und Herangehensweisen.
[2] Im Falle von Hochrisiko-Ländern ist die Notwendigkeit einer Entsendung besonders kritisch zu überprüfen.

umgänglich sein, dass die Kinder eine internationale deutsche Schule besuchen müssen, damit nach der Entsendung eine nahtlose Reintegration in das deutsche Schulsystem ohne den Verlust eines Schuljahres möglich ist. Schulgebühren, die dafür anfallen, sind ebenfalls häufig Teil der durch das Unternehmen zu tragenden Mehrkosten.

585 Ist der Lebensstandard des Entsandten durch die Entgeltgestaltung eigentlich angemessen gesichert und wird deshalb entschieden, keine zusätzliche Mobilitätsprämie zu gewähren, so schließt dies nicht die Zahlung einer sog. **Hardship-Zulage** aus. Erfolgt nämlich die Entsendung an einen Ort mit harschen Rahmenbedingungen und ist daher eine uU erhebliche Einbuße an Lebensqualität zu unterstellen, so kann der Ausgleich dieses „Hardship" durch eine Geldleistung für die Einbuße an Lebensqualität symbolisiert werden. Hardship-Zulagen können eine erhebliche Größenordnung von etwa bis zu 40% des Grundentgelts ausmachen.

586 Die Berechnung des Grundentgelts und ggf. der variablen Entgeltbestandteile erfolgt regelmäßig unter Berücksichtigung der Gegebenheiten des Ziellandes bzw. -ortes sowie der Bewertung der wahrgenommenen Funktion. Unter Einbeziehung der Besteuerungsgrundlagen (Doppelbesteuerung) ist es in einem ersten Schritt sinnvoll, den individuell verbleibenden **Nettobetrag zu ermitteln.** Über dessen Höhe sollte daher mit dem Arbeitnehmer Einvernehmen erzielt worden sein. Anschließend ist dann der Bruttobetrag zu errechnen, der zuzüglich etwaiger zuvor erörterter **Zusatzvergütungen** (Benefit Package) mit dem Arbeitnehmer vertraglich festgehalten werden sollte. Dadurch können steuerlich nachteilige Gestaltungen vermieden werden. Bei der Bewertung der Benefit Packages kann ein **Lebenshaltungskostenausgleich** berücksichtigt werden, dh es kann Zulagen, aber auch Abzüge für höhere oder geringere Lebenshaltungskosten am ausländischen Dienstort geben. Diese Lebenshaltungskosten können anhand eines vordefinierten **„Warenkorbes"** gemessen werden. Dieses Vorgehen schließt die Überprüfung des nach Lebenshaltungskosten verbleibenden **frei verfügbaren** („Spendable Income") **Einkommens** ein; wie hoch dieser Anteil vom gesamten Nettoeinkommen sein sollte, wird zuweilen von Unternehmen zu Unternehmen deutlich unterschiedlich eingeschätzt. Hilfreich in den Fragen zur Festlegung einer angemessenen Vergütung sind **landesspezifische Marktdaten,** die von allen führenden Vergütungsberatungsgesellschaften zur Verfügung gestellt werden können.

587 Insgesamt sollte bei der Vergütung ein „vernünftiger Ausgleich" gefunden werden: Der entsandte Arbeitnehmer soll – auch entgeltlich – **reintegrierbar** in die Heimatorganisation bleiben und gleichermaßen soll der Zeitraum der Entsendung für den Arbeitnehmer und seine Familie so angenehm wie notwendig gemacht werden.

3. Rückkehr, insbesondere Anschlussbeschäftigung

588 Mit der Rückkehr ist der entsandte Mitarbeiter in eine angemessene **Anschlussbeschäftigung** zu überführen. Wenn auch wünschenswert, so wird es bei weitem nicht immer möglich sein, vor der Entsendung Zusagen zur konkreten Anschlussbeschäftigung und zum Karrierefortschritt zu machen, die nachher auch exakt umgesetzt werden können. Das spricht aber nicht gegen die ernsthafte und ausführliche Beschäftigung damit und das Festmachen einer oder mehrerer möglicher **Zielfunktionen.**[1] Letzteres ist für den Ruf der Entsendungspolitik eines Konzerns hochwichtig; Beispiele von gänzlich fehlender Vorbereitung oder des Scheiterns der Reintegration nach einer Entsendung beschädigen diesen Ruf. Folglich bedarf es der Sorgfalt in der Planung und der Einbeziehung aller Beteiligten, aber auch des realistischen Bewusstseins,

---

[1] Die Entsendungspolitik manchen Konzerns sieht sogar vor, dass mit der Entsendung die nächste und ggf. auch die übernächste Funktion des Entsandten festgelegt werden.

dass Konzerne sich in immer kürzeren Abständen (organisatorisch) wandeln. Konkrete Personal(nachfolge)planungen können daher schnell überholt und Anschlussbeschäftigungen aufgrund **organisatorischer Änderungen** gar nicht mehr umsetzbar sein. Mit diesem Bewusstsein muss es dann auch keine Vertrauenskrise des Arbeitnehmers in die Verlässlichkeit des Arbeitgebers geben, falls wegen organisatorischer Änderungen eine ins Auge gefasste oder sogar festgelegte Zielfunktion nach der Beendigung der Entsendung nicht mehr zur Verfügung steht.

Noch weniger kann eine verbindliche Aussage zur **Karriereentwicklung** getroffen werden. Zwar hat eine Auslandstätigkeit eine potenziell karriereförderliche Wirkung. Auch können Arbeitnehmer mit der Entsendung die für den Karrierefortschritt in vielen Konzernen – mit Unterschieden im Einzelnen – gelebte sog. 2+2+2-Regel (2 Funktionen + 2 Organisationseinheiten + 2 Länder) teilweise erfüllen. Voraussetzung dafür, dass die karriereförderliche Wirkung auch eintritt, ist aber selbstverständlich, dass der Entsandte bei der Wahrnehmung der Funktion im Ausland auch die **Leistungserwartung** des Arbeitgebers erfüllt. **589**

Im Falle einer projektbezogenen Entsendung fällt die konkrete Beschäftigungsmöglichkeit zu einem bestimmten Zeitpunkt – idR das Projektende oder das Ende des durch den Arbeitnehmer betreuten Projektteils – weg, so dass passend zu diesem Zeitpunkt ein Anschlussarbeitsplatz vorhanden sein muss. Aufgrund des manchmal kurzen oder gar nicht vorhandenen Zeitkorridors kann dies problematisch sein. Selbst wenn ein Projektende geplant ist, kann nicht immer wochen- oder monatsgenau vorausgesehen werden, wann die Arbeit für den Entsandten wegfällt. Daher kann der Fall eintreten, dass der Arbeitnehmer im Entsendungsland nicht mehr benötigt wird, aber im Inland (noch) keine adäquate Stelle gefunden werden konnte oder eine solche zwar gefunden wurde, aber noch durch einen anderen Arbeitnehmer besetzt ist. Bei projektbezogenen Entsendungen ist daher häufiger eine gewisse **Flexibilität** zum Ende der Entsendung gefragt, während bei Entsendungen in Linienfunktionen besser vorab bestimmt werden kann, zu welchem Zeitpunkt der Arbeitnehmer zurückkehren wird. **590**

Mit dem Thema Rückkehr eng verbunden ist die Notwendigkeit, dem Entsandten während der Dauer der Entsendung und insbesondere zu deren Ende hin die Nutzung der **internen Netzwerke** zu ermöglichen, die für eine **erfolgreiche Reintegration** erforderlich sind. Im Rahmen einer Entsendung kommt diesem Thema besondere Tragweite zu, da während der Entsendung bestehende Kontakte „einschlafen" oder gar vollständig abbrechen können. Die dahinter stehende „aus den Augen, aus dem Sinn – Symptomatik" sollte in gemeinsamer Anstrengung von Entsandtem und Arbeitgeber verhindert werden. Auch unter Berücksichtigung ggf. erhöhter Reisekosten sind Einladungen zu Konferenzen, Meetings und Foren förderlich, die der Kontaktpflege und dem Erfahrungsaustausch dienen. Dann bietet sich für den Mitarbeiter die Möglichkeit, ursprüngliche Kontakte zu pflegen, aber auch gleichzeitig bereits im Hinblick auf seine zukünftige Tätigkeit neue aufzubauen. **591**

4. Lokalisierung

Aus personalpolitischer Sicht ist ein Erfolgskennzeichen einer Entsendung erfüllt, wenn der Arbeitnehmer die Erfahrung der Entsendung sehr positiv bewertet und mit verbesserten Kenntnissen und Fähigkeiten in die entsendende Organisation zurückkehrt oder sogar sogleich oder später für weitere Auslandsfunktionen zur Verfügung steht. **592**

Es gibt aber auch die Fälle, in denen sich die Entsandten im Ausland derart wohl fühlen und/oder sich von dem Herkunftsland derart entfernt haben, dass sie nicht mehr **593** dorthin zurückkehren wollen. Entsandte in einer solchen Situation zur Rückkehr zu zwingen, ist wenig sinnvoll. Vielmehr sollte geprüft werden, ob es eine für beide Parteien sinnvolle Gestaltung gibt, die dem Arbeitnehmer eine vollständige Übersiedlung mitsamt der Familie ermöglicht. Im Falle einer solchen dauerhaften Übersiedlung des Arbeitnehmers dürften die angesprochenen zusätzlichen Benefit Packages (zB Fortbildungskosten Partner, Kinderbetreuungskosten) grundsätzlich zum Wegfall kommen. Argumentiert werden kann damit, dass bei der **Lokalisierung** die betriebliche Veranlassung des Auslandseinsatzes entfällt. Auch müsste der Arbeitnehmer darauf hingewiesen werden, dass er ggf. aus der deutschen Sozialversicherung ausscheidet.

594 Von dieser Lokalisierung ist die Fallgestaltung zu unterscheiden, in der der Entsandte weder am Zielort lokalisieren noch ins Heimatland zurückkehren will. Dann stellen sich nicht nur die bereits erwähnten Fragen der Sozialversicherung oder der Anschlussbeschäftigung – diese wäre dann in einer erneuten Entsendung zu suchen –, sondern auch die, ob der Arbeitnehmer weder lokalisieren noch zurückkehren möchte, weil in beiden Fällen die Benefit Packages wegfallen würden, dh der Arbeitnehmer inzwischen mehr den durch eine Entsendung gewonnenen Lebensstandard schätzt denn die Bindung an den Arbeitgeber. Kann dies als maßgebliches Motiv ausgeschlossen werden, gilt hier aber das gleiche wie bei dem Wunsch nach Lokalisierung: Dem Wunsch des Mitarbeiters nachzukommen, kann auch vorteilhaft für das Unternehmen werden.

IV. Zusammenfassung

595 Die Betrachtung der Entsendung als wichtigem Personalinstrument international aktiver Konzerne hat gezeigt, dass die individualrechtlichen Aspekte der **Vertragsgestaltung** Fingerspitzengefühl und Weitblick erfordern, da schon mit dem Vertragsschluss, der zeitlich deutlich vor Beginn der Entsendung erfolgen kann, wichtige Weichenstellungen in Bezug auf das rechtlich Mögliche gestellt werden.

596 Auf der Ebene der betrieblichen Mitbestimmung bzw. Mitwirkung von Betriebsrat und Sprecherausschuss sind Antworten auf Fragen zur Entsendung von leitenden Angestellten zu geben, insbesondere in Bezug auf dessen **betriebsverfassungsrechtlichen Status**. Als Empfehlung für die Praxis kann an dieser Stelle die Durchführung einer Rückkehrprognose empfohlen werden. Dies ist nicht nur eine rechtssichere Handlungsweise, sondern auch gleichzeitig diejenige, die für den leitenden Angestellten, aber auch für Betriebsrat und Sprecherausschuss am sinnvollsten ist.

597 Hinsichtlich der für eine Entsendung wichtigen **arbeitgeberseitigen Fürsorgepflichten** hat sich gezeigt, dass nur die dogmatische Herangehensweise eine vernünftige und für beide Seiten befriedigende Einschränkung der ansonsten ausufernden und fast konturlosen Fürsorgepflichten ermöglichen kann. Bei der Bewertung der Fragestellung in der Praxis sollte allerdings nicht die eher zugunsten des Arbeitnehmers ausfallende Rechtsprechung aus den Augen verloren werden.

598 Die Beleuchtung von häufig in der Personalpraxis auftretenden Sonderproblemen der Entsendung hat belegt, dass einige der erörterten Aspekte am besten bereits in der **Entsendungsvereinbarung** berücksichtigt werden sollten.

599
–
609
Die **personalpolitischen Aspekte** bei Entsendungen schließlich nehmen einen weiten, zuweilen die rechtlichen Erwägungen überlagernden Raum ein. Wiederkehrend war der Grundsatz wichtig, dass bei der Behandlung des Entsandten eine vernünftige Balance zwischen einem angemessenen Ausgleich für Mehrkosten und ggf. erschwerte Arbeits- und Lebensbedingungen sowie einer Überversorgung gefunden werden muss, die Entsandte im schlechtesten Fall zum „Abheben" animiert und eine Reintegration in die weitere Unternehmensorganisation unmöglich macht.

E. Arbeitsverhältnis ohne Gesellschaft, Niederlassung oder Betriebsstätte in Deutschland

I. Grenzüberschreitendes Arbeitsrecht

Grundsätzlich ist es möglich, dass ein Arbeitnehmer in Deutschland für ein Unternehmen tätig wird, das keine Gesellschaft, Niederlassung oder Betriebsstätte in Deutschland besitzt. Handelt es sich um einen Arbeitnehmer aus Deutschland oder der EU, der für ein ausländisches Unternehmen ohne Niederlassung in Deutschland tätig wird, ergeben sich keine aufenthaltsrechtlichen Probleme. Zu beachten sind in diesem Fall lediglich die sozialrechtlichen und steuerrechtlichen Besonderheiten (→ Rn. 616–621). Handelt es sich dagegen um einen ausländischen Arbeitnehmer, der nicht aus der EU stammt, ist problematisch, auf welcher Grundlage der Arbeitnehmer einen Anspruch auf Beschäftigung in Deutschland hat. Mögliche Grundlagen können sich aus dem Ausländerrecht oder völkerrechtlichen Verträgen ergeben. 610

1. Ausländerrecht

Systematisch richtig müsste ein Anspruch auf Aufenthalt und Erwerbstätigkeit in Deutschland im Ausländerrecht geregelt sein. Aktuell enthält jedoch weder das AufenthG noch die AufenthV eine Regelung, die es ausländischen Unternehmen ermöglicht, einen ausländischen Arbeitnehmer in Deutschland zu beschäftigen, ohne dass dieser einen Arbeitsvertrag mit einer deutschen Niederlassung hat. In der Praxis wird eine solche Einreise und Beschäftigung bisher idR auch ohne Tochtergesellschaft oder Niederlassung erlaubt und meistens über ein Geschäftsvisum gewährt. Ein Rechtsanspruch hierauf besteht jedoch nicht. Da die Notwendigkeit solcher Beschäftigungen erkannt wurde, ist die Regelungslücke durch die Änderung der alten BeschV (Beschäftigungsverordnung) mit Wirkung zum 1.8.2012 geschlossen worden.[1] (→ Rn. 615). 611

2. General Agreement on Trade in Services (GATS)

Das Allgemeine Übereinkommen über den Handel mit Dienstleistungen „GATS" aus dem Jahre 1994,[2] ist ein internationales, multilaterales Vertragswerk der Welthandelsorganisation (WTO), das den grenzüberschreitenden Handel mit Dienstleistungen regelt und dessen fortschreitende Liberalisierung zum Ziel hat. Es befasst sich u. a. mit der Frage, wann eine Beschäftigung von ausländischen Mitarbeitern bei einem Unternehmen, das keine Niederlassung oder Betriebsstätte in Deutschland hat, möglich ist. Handel mit Dienstleistungen in diesem Sinne wird durch vier Erbringungsarten (Modi) näher konkretisiert. Für die Beschäftigung ohne Gesellschaft, Niederlassung oder Betriebsstätte in Deutschland ist **Modus 4** wesentlich. Nach Art. 1 Abs. 2 lit. d GATS ist es dem Dienstleister möglich, die Dienstleistungen mittels Präsenz natürlicher Personen im Hoheitsgebiet eines anderen Mitgliedstaates zu erbringen. 612

Dabei wird zwischen verschiedenen Untergruppen unterschieden: 613
– Bei der Untergruppe der **Business Visitors** („BV") des Modus 4 wird dem Dienstleister erlaubt, Arbeitnehmer zum Verkauf seiner Dienstleistungen sowie leitende

---

[1] Vgl. Gesetz zur Umsetzung der Hochqualifizierten-Richtlinie der Europäischen Union, BR-Drs. 236/12, vgl. § 29 Abs. 5 BeschV.
[2] Die multilateralen Verhandlungen der Uruguay-Runde (1986–1994) – Anhang 1 – Anhang 1 B – Allgemeines Übereinkommen über den Handel mit Dienstleistungen (WTO), EUR– Lex 21994A1223(16), zu finden unter: http://eur-lex.europa.eu/LexUriServ/LexUriServ.do?uri=CELEX:21994A1223(16):DE:HTML, zuletzt abgerufen am 14.11.2014.

Angestellte zum Aufbau der kommerziellen Präsenz des Dienstleisters vorübergehend in einen anderen Mitgliedstaat zu senden. Als Verkauf von Dienstleistungen wird dabei nicht nur der Vertragsschluss angesehen, sondern bereits die Vertragsverhandlungen. Voraussetzung ist, dass der Geschäftsreisende über keine EU-Staatsbürgerschaft verfügt und Vertreter des Dienstleisters ist. Will der Dienstleister seine eigene kommerzielle Präsenz[1] in einem anderen Mitgliedstaat aufbauen, kann er hierzu einen Arbeitnehmer als Geschäftsreisenden entsenden.[2] Dies gilt jedoch nur für den Erstaufbau. Der nicht EU Dienstleister darf also nicht bereits über Unternehmen in dem anderen Mitgliedstaat der EU verfügen. Entsendet werden dürfen nach den einzelnen Verpflichtungserklärungen der WTO-Mitgliedstaaten in der Regel nur Hochqualifizierte und Führungskräfte.[3] Der Aufbau der eigenen kommerziellen Präsenz des Geschäftsreisenden ist nicht umfasst.

– Zentrales rechtliches Merkmal bei der Untergruppe der sog. **Contractual Service Supplier** („CSS") ist der Umstand, dass ein Dienstleistungsvertrag zwischen dem Dienstleistungsunternehmen und einem Endverbraucher in der EU besteht. Entscheidendes Vertragskonstrukt ist hier also nicht der Arbeitsvertrag des CSS, der mit dem Dienstleistungsunternehmen in seiner Funktion als Arbeitgeber besteht. Damit das Dienstleistungsunternehmen einen Vertragsdienstleister zum Zweck der Erbringung vertraglicher Dienstleistungen in einen anderen Mitgliedstaat entsenden darf, muss es sich bei dem Dienstleistungsunternehmen zunächst um eine juristische Person handeln. Der Begriff der juristischen Person ist in diesem Kontext sehr weit zu verstehen und geht über die Definition im nationalen Recht hinaus. Ferner muss der Arbeitnehmer, der als Vertragsdienstleister in einen anderen WTO-Mitgliedstaat geschickt werden soll, bei dem Dienstleistungsunternehmen seit mindestens einem Jahr in einem Anstellungsverhältnis stehen. Unschädlich ist, wenn der CSS Anteilseigner des Dienstleistungsunternehmens ist. Einzig die Mehrheitsanteilseignerschaft schließt den Aufenthalt als CSS aus. Erforderlich ist weiter, dass das Dienstleistungsunternehmen in keinem Mitgliedstaat der EU eine Niederlassung hat. Es darf also insofern nur in dem Herkunftsland (oder einem anderen Mitgliedsland der WTO außer der EU) über eine kommerzielle Präsenz verfügen. Zudem muss das Dienstleistungsunternehmen einen Vertrag mit einem Endverbraucher in dem jeweiligen Mitgliedstaat über die Erbringung von Dienstleistungen geschlossen haben. Dieser Vertrag darf die Dauer von 3 Monaten nicht überschreiten. Daraus folgt, dass der vorübergehende Aufenthalt des Arbeitnehmers 3 Monate in einem Zeitrahmen von 12 Monaten nicht überschreiten darf. Der Arbeitnehmer, der als Vertragsdienstleister in einem anderen Mitgliedstaat die vertraglichen Dienstleistungen des Dienstleistungsunternehmens erbringen soll, muss über eine akademische Qualifikation und Berufserfahrung verfügen. Letztlich darf das Dienstleistungsunternehmen nicht mehr Arbeitnehmer schicken, als zur Erfüllung des Vertrages mit dem Endverbraucher erforderlich sind.

Die Entsendung von Vertragsdienstleistern ist auf bestimmte Sektoren beschränkt. Auf Grundlage von GATS darf das Dienstleistungsunternehmen einen oder mehrere Vertragsdienstleister nach Deutschland in den Sektoren der Rechtsberatung, Rech-

---

[1] Der Begriff der „kommerziellen Präsenz" wird durch Art. XXVII lit. d GATS definiert als jede Art von geschäftlicher Niederlassung, etwa durch Errichten einer juristische Person oder einer Zweigstelle oder Niederlassung.
[2] *Fleischmann*, Die Erbringung von Dienstleistungen durch natürliche Personen, S. 48.
[3] Einen Überblick bietet das UN-Papier „Background Note on GATS Mode 4 and its Information Needs", Annex 5, abrufbar unter http://unstats.un.org/unsd/tradeserv/TSGdocuments/tsg0502-8.pdf, zuletzt abgerufen am 14.11.14.

nungsprüfung, Steuerberatung, Werbung, Unternehmensberatung, mit Unternehmensberatung im Zusammenhang stehende Dienstleistungen, technische Prüfungs- und Analyse- Dienstleistungen, Bau- und damit verbundene Ingenieurdienstleistungen und Reisebüros/Reiseveranstalter schicken.

Der Intention nach ermöglichen die in Bezug auf Modus 4 eingegangenen Verpflichtungen den in den jeweiligen Anwendungsbereich fallenden natürlichen Personen aus einem anderen Mitgliedstaat vorübergehenden Marktzugang zu dem entsprechenden Mitgliedstaat. Bei dem GATS handelt es sich um ein multilaterales Freihandelsabkommen, das durch die Welthandelsorganisation (WTO) abgeschlossen wurde. Zu den Vertragspartnern gehören neben zahlreichen anderen Staaten auch die EU als solche sowie ihre Mitgliedstaaten (gemischtes Abkommen). Als völkerrechtlichen Vertrag, der die einzelnen Vertragspartner nur als Völkerrechtssubjekte bindet, gewährt das GATS daher keine subjektiven Rechte für den einzelnen Bürger. Um dies zu ermöglichen, ist neben der Ratifikation des Vertrages auch die Umsetzung in nationales Recht erforderlich. Die Vorschriften aus dem GATS wurden aufgrund bereits bestehender ausländerrechtlicher Vorschriften nicht durch ein Transformationsgesetz umgesetzt. In Deutschland wurden die Verpflichtungen in die entsprechenden Gesetze und Normen eingepflegt. Jedoch wurde nicht alles erfasst, weshalb es zu einer Ergänzung der alten BeschV gekommen ist (→ Rn. 615). 614

3. Gesetzesänderung im Ausländerrecht

Auch wenn das GATS selbst keine subjektiven Rechte für den einzelnen Bürger begründet, so hat die Bundesrepublik Deutschland durch den Abschluss eine völkerrechtliche Verpflichtung übernommen. Damit die Verpflichtungen aus dem GATS nicht ausgehöhlt werden, müssen nationale Vorschriften „GATS-konform" sein. Aktuell besitzen weder das AufenthG noch die AufenthV eine Regelung, die eine dem Modus 4 entsprechende Beschäftigung ermöglicht. Eine direkte Bezugnahme auf das GATS ist momentan ebenfalls nicht möglich. § 18 Abs. 2 AufenthG bezieht sich nur auf zwischenstaatliche Vereinbarungen, die ausdrücklich eine zustimmungsfreie Zulassung zur Beschäftigung vorsehen und ist für zustimmungspflichtige Beschäftigungen unanwendbar. Die völkerrechtlichen Verpflichtungen aus GATS können nach Änderung der BeschV aber nunmehr unter den Wortlaut des § 29 Abs. 5 BeschV subsumiert werden. Damit besteht eine **Weisungsbefugnis des Bundesministeriums für Arbeit und Soziales** an die Bundesagentur für Arbeit hinsichtlich der Geschäftsreisenden und der Vertragsdienstleister. In die BeschV ist aufgenommen worden, dass „die Zustimmung zu einem Aufenthaltstitel zur Beschäftigung an Personen erteilt werden [kann], die von einem Unternehmen mit Sitz im Ausland ordnungsgemäß beschäftigt und auf der Grundlage des Übereinkommens vom 15.4.1994 zur Errichtung der Welthandelsorganisation (BGBl. 1994 II S. 1438) oder anderer für die Bundesrepublik Deutschland völkerrechtlich verbindlicher Freihandelsabkommen der Europäischen Union oder der Europäischen Union und ihrer Mitgliedsstaaten vorübergehend in das Bundesgebiet entsandt werden" (§ 29 Abs. 5 BeschV). Hierunter können die Geschäftsreisenden und die Vertragsdienstleister gefasst werden. Weisungen an die Bundesagentur für Arbeit, insbesondere im Hinblick auf die Vertragsdienstleister, müssen dann die einzelnen Voraussetzungen nach GATS oder den bilateralen Abkommen enumerativ auflisten. Eine Bezugnahme auf GATS ist damit rechtlich möglich und erleichtert die Beschäftigung von Fachkräften und Spezialisten. 615

II. Grenzüberschreitendes Sozialrecht

616 Wird ein ausländischer Arbeitnehmer von einem ausländischen Unternehmen ohne Sitz in Deutschland in der Bundesrepublik beschäftigt, kollidieren Normen aus verschiedenen Staaten miteinander. Ob in diesem Fall das Sozialrecht des Beschäftigungslandes oder des Heimatlandes anzuwenden ist, wird dadurch bestimmt, um welches Heimatland es sich handelt. Bei Staaten der EU ist das **supranationale Kollisionsrecht** der EU anzuwenden.[1] Gehört der Staat nicht der EU an, kommt es darauf an, ob Deutschland mit dem betreffenden Land ein **Sozialversicherungsabkommen** abgeschlossen hat.[2] In diesem Fall ist die im Abkommen vorgesehene Rechtsordnung anzuwenden. Diese regelt häufig, dass zumindest in den ersten Jahren das Recht des Heimatlandes anzuwenden ist und die Sozialleistungen im Herkunftsstaat abzuführen sind. Besteht zwischen Deutschland und dem betreffenden Staat kein Abkommen oder ist in einem bestehenden Sozialversicherungsabkommen der Sachverhalt nicht geregelt, so ist **nationales Kollisionsrecht** anwendbar.[3] Danach gelten die Vorschriften über die Versicherungspflicht und die Versicherungsberechtigung im Geltungsbereich des SGB IV und bei Ausstrahlungs- bzw. Einstrahlungssachverhalten (vgl. §§ 3 bis 5 SGB IV).

617 Wird dagegen ein deutscher Arbeitnehmer von einem ausländischen Unternehmen ohne Sitz in Deutschland in der Bundesrepublik beschäftigt, so sind die Sozialversicherungsbeiträge regulär abzuführen. Der Arbeitgeber hat diese als Gesamtsozialversicherungsbeiträge an die Einzugsstelle zu zahlen (vgl. §§ 28e ff. SGB IV) und ist grundsätzlich alleiniger Beitragsschuldner.[4]

618 Ausnahmsweise ist der Arbeitnehmer zahlungspflichtig, wenn der Arbeitgeber ein ausländischer Staat, eine über- oder zwischenstaatliche Organisation oder eine Person ist, die nicht der inländischen Gerichtsbarkeit untersteht und die Zahlungspflicht nach § 28e I SGB IV nicht erfüllt.[5] Der Arbeitnehmer wird somit zum Beitragsschuldner, wenn und solange sein Arbeitgeber die Sozialversicherungsbeiträge nicht zahlt.[6] Insoweit hat der Arbeitnehmer seinen und den Teil seines Arbeitgebers zur Sozialversicherung zu bezahlen und erhält dafür einen Erstattungsanspruch gegen seinen Arbeitgeber um den auf diesen entfallenden Teil, da der Arbeitnehmer auf eine fremde Schuld zahlt.[7] Eine Befreiung des Arbeitgebers von seiner Pflicht zur Zahlung der Sozialversicherungsbeiträge ist nicht möglich. Insbesondere kann der Arbeitgeber seine Pflicht nicht vertraglich an den Arbeitnehmer weitergeben. Vertragliche Abreden, die zu Lasten des Arbeitnehmers die Beitrags- oder Abführungspflicht des Arbeitgebers verändern oder die Lohnabzugsmöglichkeiten erweitern oder verlängern, sind nichtig (vgl.

---

[1] Insbesondere VO (EWG) 1408/71.
[2] Eine Übersicht ist zu finden auf http://www.bmas.de/DE/Themen/Soziales-Europa-und-Internationales/International/sozialversicherungsabkommen.html, zuletzt abgerufen am 14.11.2014.
[3] Küttner/*Schlegel*, Auslandstätigkeit Rn. 77 ff.
[4] Vgl. §§ 28d, 28e SGB IV, § 253 SGB V, § 174 Abs. 1 SGB VI; Küttner/*Griese*, Sozialversicherungsbeiträge Rn. 2.
[5] Vgl. § 28m SGB IV; unter exterritorialen Arbeitgebern sind die amtlichen Vertretungen ausländischer Staaten, wie Botschaften, Gesandtschaften und Konsulate, die über- und zwischenstaatlichen Organisationen mit Sitz im Geltungsbereich dieses Gesetzes, wie Einrichtungen der EU, die Internationale Arbeitsorganisation und die nach zwischenstaatlichen Abkommen errichteten Stellen, sowie die nicht der inländischen Gerichtsbarkeit unterliegenden (exterritorialen) Einzelpersonen, wie Mitglieder diplomatischer Missionen und konsularischer Vertretungen, Repräsentanten ausländischer Staaten und deren Begleitung, die sich auf amtliche Einladung der Bundesrepublik Deutschland im Bundesgebiet aufhalten, zu verstehen; vgl. hierzu BeckOK SozR/*Mette*, SGB IV, § 28m, Rn. 3, 4; *Kreikebohm/Roßbach*, SGB IV § 28m Rn. 2.
[6] *Kreikebohm/Roßbach*, SGB IV § 28m Rn. 2.
[7] Küttner/*Schlegel*, Sozialversicherungsbeiträge Rn. 54.

E. Arbeitsverhältnis ohne Gesellschaft, Niederlassung oder Betriebsstätte in Deutschland

§ 32 SGB I). Nachteilig ist eine Vereinbarung, wenn der Sozialleistungsberechtigte den sozialrechtlichen Vorteil, der ihm durch Gesetz oder aufgrund eines Gesetzes gewährt wird, nicht realisiert.[1] Ein Nachteil kann auch in der Verschärfung von Pflichten liegen.[2] Zwar müsste der Arbeitnehmer bei einer solchen Regelung nicht den Arbeitgeberanteil zur Sozialversicherung selbst tragen, da er diesen von seinem Arbeitgeber erstattet bekäme. Er ist jedoch in der Pflicht, diese an den Sozialversicherungsträger abzuführen und würde insoweit das Insolvenzrisiko tragen. Zudem wurde mit der Übernahme der Zahlungsverpflichtung durch den Arbeitnehmer ein Ausnahmetatbestand – für den Fall, dass der Arbeitgeber ein ausländischer Staat, eine über- oder zwischenstaatliche Organisation oder eine Person ist, die nicht der inländischen Gerichtsbarkeit unterliegt – geschaffen, der es dem Arbeitgeber ermöglicht, die Sozialversicherungsbeiträge an den Arbeitnehmer auszuzahlen und diesen zur Abführung an die Sozialversicherungsträger zu verpflichten. Die tatbestandlichen Voraussetzungen dieser Regelung sind im Sinne der Ausnahmevorschrift eng auszulegen. In diesen Ausnahmetatbestand wurden private Arbeitgeber bewusst nicht aufgenommen. Somit ist ein ausländischer Arbeitgeber – sofern es sich nicht um einen exterritorialen Arbeitgeber iSd § 28m SGB IV handelt – auch ohne Sitz in Deutschland dazu verpflichtet, Sozialversicherungsbeiträge in Deutschland abzuführen und kann diese Verpflichtung nicht vertraglich an seinen Arbeitnehmer weitergeben. Insofern kann zB ein Steuerberatungsbüro oder die Lohn-/Gehaltsabteilung mit der Abführung der Beiträge beauftragt werden.

III. Grenzüberschreitendes Steuerrecht

1. Allgemeines

Bei Einkünften aus nichtselbständiger Arbeit ist die Einkommensteuer durch Abzug vom Arbeitslohn (sog. Lohnsteuer) zu erheben (§ 38 EStG). Der Arbeitgeber ist zur Einbehaltung der Lohnsteuer aus dem Gehalt des Arbeitnehmers verpflichtet. Jedoch gelten diese Grundsätze nur für inländische Arbeitgeber, die der inländischen Steuerhoheit unterliegen, nicht aber für ausländische Arbeitgeber, die keine Gesellschaft, Niederlassung oder Betriebsstätte in Deutschland haben (§ 38 Abs. 1 Nr. 1 EStG). Als inländischer Arbeitgeber kann angesehen werden, wer im Inland einen Wohnsitz (§ 8 AO), seinen gewöhnlichen Aufenthalt (§ 9 AO), seine Geschäftsleitung (§ 10 AO), seinen Sitz (§ 11 AO), eine Betriebsstätte (§ 12 AO) oder einen ständigen Vertreter (§ 13 AO) hat.[3]

2. Betriebsstätte

Für die Definition der Betriebsstätte ist § 12 AO maßgeblich. Danach ist jede feste Geschäftseinrichtung oder Anlage, die der Tätigkeit eines Unternehmens dient, als Betriebsstätte zu verstehen. Nicht erforderlich ist, dass die Anlage, Einrichtung usw. dem Unternehmer gehört. Es genügt, dass sie für Zwecke des Unternehmens zur Verfügung steht.[4] Neben den in § 12 AO aufgeführten Einrichtungen, sind auch Landungsbrücken, Kontore und sonstige Geschäftseinrichtungen, die dem Unternehmer oder Mitunternehmer oder seinem ständigen Vertreter zur Ausführung einer Tätigkeit

---

[1] KassKomm/*Seewald,* Sozialversicherungsrecht, SGB I, § 32 Rn. 4.
[2] KassKomm/*Seewald,* Sozialversicherungsrecht, SGB I, § 32 Rn. 4.
[3] *Littmann/Bitz/Pust,* EStG § 38 Rn. 31.
[4] BFH 30.1.1974 – I R 87/72, BFHE 111, 397, BStBl. II 1974, 327.

dienen, als Betriebstätten zu subsumieren.¹ Damit können auch im Ausland ansässige Arbeitgeber nach § 38 EStG leistungspflichtig werden. So hat die Rechtsprechung ein Home Office eines ausländischen Arbeitnehmers in Deutschland als Betriebsstätte angesehen, wenn dieser den Büroraum ausschließlich für seine Tätigkeit bei seinem Arbeitgeber nutzt, der Arbeitgeber die Miete für diesen Raum trägt und/oder der Arbeitgeber einen Teil der Kosten für die mitbenutzten Telekommunikation trägt.² Wesentliches Kriterium ist zudem, dass von diesem Büro aus ein wichtiger Teil der gewerblichen Betätigung im Inland gesteuert wird und vom Büro aus die objektiven Voraussetzungen für eine kontinuierliche Tätigkeit der ausländischen Arbeitnehmer im Inland geschaffen werden.³

3. Steuerschuldner, Einbehaltungspflicht und Übertragung lohnsteuerrechtlicher Pflichten auf Dritte

621 Der Arbeitnehmer ist grundsätzlich der Schuldner der Lohnsteuer (§ 38 Abs. 2 S. 1 EStG). Nur in Fällen der Pauschalisierung nach §§ 40 bis 40b EStG verpflichtet sich der Arbeitgeber zur Übernahme der Lohnsteuer. Der Arbeitgeber hat die Lohnsteuer jedoch für Rechnung des Arbeitnehmers bei jeder Lohnzahlung vom Arbeitslohn einzubehalten und an die Steuerbehörden abzuführen (§ 38 Abs. 3 S. 1 EStG). Für das Einbehalten und Abführen der Lohnsteuer haftet der Arbeitgeber (§ 42d Abs. 1 Nr. 1 EStG).

Handelt es sich tatsächlich um einen Arbeitgeber, der keine Gesellschaft, Niederlassung oder Betriebsstätte in Deutschland hat, so kann dieser seine lohnsteuerrechtlichen Pflichten auf einen Dritten übertragen (§ 38 Abs. 3 EStG). Voraussetzung dafür ist, dass die Übernahme des Lohnsteuerabzuges für den Arbeitnehmer vertraglich geregelt wird und dass das Betriebsstättenfinanzamt zustimmt.⁴ So kann der Arbeitgeber dem Arbeitnehmer seine Einkommenssteuer unter der Bedingung auszahlen, dass der Arbeitnehmer diese dem Finanzamt zukommen lässt.

---

[1] *Littmann/Bitz/Pust,* EStG § 38 Rn. 32.
[2] BGH BStBl II 1978, 205.
[3] BGH BStBl II 1978, 205.
[4] *Schmidt,* EStG, § 38 Rn. 17; *Littmann/Bitz/Pust,* EStG § 38 Rn. 75.

F. Beschäftigung von ausländischen Arbeitnehmern

Im Zeichen fortschreitender Globalisierung haben sich in vielen internationalen Konzernen so genannte „Matrixstrukturen" gebildet. Durch diese Matrixstrukturen und die damit verbundenen flachen Hierarchien durch länderübergreifende Projekte und den konzernweiten Einsatz von Mitarbeitern, ist die Beschäftigung ausländischer Arbeitnehmer in Deutschland für viele Unternehmen unverzichtbar geworden. 622

Zwar ist der Erhalt einer Arbeits- und Aufenthaltserlaubnis ausländischer Arbeitnehmer mit einigen bürokratischen Hürden verbunden, diese sind jedoch überwindbar. Insbesondere hat die Einigung der 27 Mitgliedstaaten der EU am 16.10.2008 auf einen Einwanderungspakt,[1] der gemeinsame Grundsätze in der Asyl- und Migrationspolitik festlegt, zu einigen Erleichterungen geführt. In diesem Rahmen wurde auch die sog. „Blue Card/Blaue Karte EU" vorgesehen. Die neuen Regelungen[2] sollen den EU-Arbeitsmarktzugang für Fachkräfte deutlich vereinfachen, das Verfahren der Zulassung von hochqualifizierten Arbeitnehmern beschleunigen und eine europaweite Harmonisierung der Erteilungsvoraussetzungen bewirken. 623

I. Einreise, Aufenthalt und Erwerbstätigkeit

Ausländische Arbeitnehmer[3] benötigen für ihre Einreise, den Aufenthalt und ihre Erwerbstätigkeit im Bundesgebiet grundsätzlich einen Aufenthaltstitel. Der Aufenthaltstitel kann als Visum (§ 6 AufenthG), Aufenthaltserlaubnis[4] (§ 7 AufenthG), Niederlassungserlaubnis[5] (§ 9 AufenthG), Erlaubnis zum Daueraufenthalt-EU (§ 9a AufenthG) oder neuerdings auch als Blaue Karte EU (§ 19a AufenthG) erteilt werden (§ 4 Abs. 1 S. 2 AufenthG). Der Zweck dieses Erlaubnisvorbehaltes liegt darin, den deutschen Arbeitsmarkt zu kontrollieren (§ 1 Abs. 1 AufenthG) und damit vor allem zu verhindern, dass deutsche Arbeitnehmer mit gleicher Qualifikation kein Arbeitsplatzangebot erhalten.[6] Hat ein Ausländer einen Aufenthaltstitel, ist er grundsätzlich auch berechtigt, einer Erwerbstätigkeit nachzugehen. Dies gilt sowohl für selbstständige Tätigkeiten als auch die nichtselbstständige Arbeit,[7] insbesondere in einem Arbeitsverhältnis. Die Aufnahme einer unselbstständigen Beschäftigung ist jedoch nur dann zulässig, wenn der Aufenthaltstitel dies ausdrücklich erlaubt (§ 4 Abs. 3 AufenthG) oder wenn dem Ausländer durch zwischenstaatliche Vereinbarung, ein Gesetz oder eine Rechtsverordnung die Erwerbstätigkeit auch ohne den Besitz eines Aufenthaltstitels gestattet wurde.[8] 624

---

[1] Nicht im Amtsblatt veröffentlicht, Text abrufbar unter http://europa.eu/legislation_summaries/justice_freedom_security/free_movement_of_persons_asylum_immigration/jl0038_de.htm, zuletzt abgerufen am 14.11.2014.
[2] In Deutschland trat das Gesetz zur Umsetzung der Hochqualifizierten-Richtlinie mit Wirkung zum 1.8.2012 in Kraft (BGBl. I, 1224).
[3] Gem. § 2 Abs. 1 AufenthG, Art. 116 Abs. 1 GG sind dies Personen, die keine deutsche Staatsbürgerschaft besitzen.
[4] Eine Erlaubnis zum befristeten Aufenthalt idS ist auch die Aufenthaltserlaubnis zum Zweck der Beschäftigung für qualifizierte Geduldete (§ 18a AufenthG), der Aufenthaltstitel zur Arbeitssuche für qualifizierte Fachkräfte (§ 18c AufenthG) sowie die Aufenthaltserlaubnis zum Zwecke der selbstständigen Tätigkeit (§ 21 AufenthG).
[4] Tschöpe/*Wisskirchen/Bissels,* Anw-HdB Arbeitsrecht, Teil 1 C Rn. 318.
[5] Siehe auch Niederlassungserlaubnis für Absolventen deutscher Hochschulen (§ 18b AufenthG) sowie die Niederlassungserlaubnis für Hochqualifizierte (§ 19 AufenthG).
[6] Tschöpe/*Wisskirchen/Bissels,* Anw-HdB Arbeitsrecht, Teil 1 C Rn. 316.
[7] Sog. „Beschäftigung", § 7 SGB IV.
[8] Dann ist regelmäßig erforderlich, dass die Bundesagentur für Arbeit einer Beschäftigung zustimmt.

Teil II. 3. Arbeits- und Dienstverhältnisse im internationalen Konzern

1. Aufenthaltstitel für ausländische Staatsbürger

625 Ob also überhaupt ein Aufenthaltstitel erteilt werden muss und welche Voraussetzungen daran geknüpft sind, hängt maßgeblich von der Staatsangehörigkeit ab. Dabei ist zwischen folgenden Staatsangehörigkeitsgruppen zu unterscheiden:
- Staatsangehörige der 15 EU-Altstaaten, der zum 1.5.2004 sowie zum 1.1.2007 der EU beigetretenen Staaten,[1] sowie Island, Liechtenstein und Norwegen;[2]
- Staatsangehörige des zum 1.7.2013 der EU beigetretenen Kroatiens,
- Staatsangehörige der Türkei,
- Staatsangehörige der Schweiz,[3]
- Staatsangehörige von Drittstaaten.[4]

a) Staatsangehörige der EU-Altstaaten, der zum 1.4.2004 sowie zum 1.1.2007 der EU beigetretenen Staaten sowie Island, Liechtenstein und Norwegen

626 Bürger dieser genannten Staaten benötigen zur Einreise und zum Aufenthalt im Bundesgebiet keinen besonderen Titel (§ 2 Abs. 4 S. 1 FreizügG/EU). Staatsangehörige der EU-Staaten mit Ausnahme Kroatiens[5] genießen **besondere** Freizügigkeitsrechte in der Bundesrepublik, wie etwa den genehmigungsfreien Zugang zum deutschen Arbeitsmarkt. Für Staatsangehörige der EWR-Staaten wurde das Erfordernis einer Aufenthaltserlaubnis für die Einreise und den Aufenthalt in der Bundesrepublik abgeschafft (vgl. § 12 FreizügG/EU). Sie sind damit Unionsbürgern in diesem Sinne gleichgestellt. Die o. g. ausländischen Staatsbürger erhalten eine behördliche Bescheinigung über ihr Aufenthaltsrecht, falls der Aufenthalt länger als drei Monate andauert. Dabei handelt es sich um eine deklaratorische Bescheinigung. Voraussetzung ist aber, dass sie sich zu Erwerbszwecken in Deutschland aufhalten. Für nicht erwerbstätige Ausländer besteht das Freizügigkeitsrecht nur, wenn sie über einen ausreichenden Krankenversicherungsschutz sowie über ausreichende Existenzmittel verfügen. Diese müssen ab dem Zeitpunkt der Einreise verfügbar sein.[6] Arbeitsuchende müssen diese zusätzlichen Voraussetzungen jedenfalls während der ersten drei Monate ihres Aufenthalts nicht erfüllen.[7]

---

[1] Estland, Lettland, Litauen, Polen, Slowakische Republik, Slowenien, Tschechische Republik, Ungarn, Malta und Zypern sowie Bulgarien und Rumänien.

[2] Staatsangehörige aus Liechtenstein und Norwegen genießen durch das Abkommen über den Europäischen Wirtschaftsraum (EWR) die gleichen Freizügigkeitsrechte wie Staatsangehörige der 15 EU-Altstaaten (ABl. EG Nr. L 1/1994, 3).

[3] Schweizer Staatsangehörige genießen durch das bilaterale Abkommen über die Freizügigkeit, welches am 1.6.2002 in Kraft trat, in vollem Umfang das Recht auf Freizügigkeit in der EU, BGBl. II 2001, 810; Beschluss des Rates und bzgl. des Abkommens über wissenschaftliche und technische Zusammenarbeit vom 4.4.2002.

[4] Diese Arbeitnehmer gehören keiner der zuvor genannten Staaten an.

[5] Für die am 1.1.2004 und 1.1.2007 neu der EU beigetretenen Staaten mit Ausnahme Maltas und Zyperns galten für eine begrenzte Dauer Übergangsregelungen, die den Zugang für EU-Bürger aus diesen Ländern zum deutschen Arbeitsmarkt beschränkten. Mit Ablauf des 31.12.2013 sind diese Übergangsregelungen aber beendet. Seit dem 1.1.2014 werden die Bürger dieser Länder wie Staatsangehörige aus den EU-Altstaaten behandelt.

[6] Vgl. *Fleuß,* BDVR-Rundschreiben 01 und 02/2005, 16 ff.; *Nienhaus/Depel/Raif/Renke,* Praxishandbuch Zuwanderung und Arbeitsmarkt, 2. Teil Rn. 24.

[7] Die Einordnung von Arbeitsuchenden ist umstritten. Nach Huber/*Brinkmann,* AufenthG, § 4 FreizügG/EU Rn. 13 unterfallen Arbeitsuchende nicht den zusätzlichen Voraussetzungen von § 4 FreizügG/EU (Nachweis von Krankenversicherungsschutz und ausreichenden Existenzmitteln). Demgegenüber sieht *Hailbronner,* Ausländerrecht, § 4 FreizügG/EU Rn. 8 den Nachweis jedenfalls bei Aufenthalten, die länger als drei Monate dauern, als nötig an. Sicherheitshalber sollten Arbeitsuchende die Erfüllung der Voraussetzungen von § 4 FreizügG/EU nachweisen können.

Die Bescheinigung wird von Amts wegen erteilt. Aus diesem Grund unterliegen die **627** freizügigkeitsberechtigten Ausländer beim Zuzug in die Bundesrepublik nur einer Meldepflicht bei der zuständigen örtlichen Meldebehörde. Durch diese erfolgt eine Weiterleitung der Unterlagen an die zuständige Ausländerbehörde, die nach einem Abgleich der Daten mit dem Ausländerzentralregister die Bescheinigung erstellt. Aufgrund der deklaratorischen Wirkung der Bescheinigung hat ein Aufenthalt im Bundesgebiet ohne diese weder ordnungs- noch bußgeldrechtliche Konsequenzen.[1] Eine Beteiligung der **Bundesagentur für Arbeit** ist aufgrund der Arbeitnehmerfreizügigkeit (Art. 45 AEUV) nicht erforderlich.

b) Kroatische Staatsangehörige

Zum 1.7.2013 ist als 28. Mitgliedstaat Kroatien der EU beigetreten. Für Unionsbürger **628** aus Kroatien gilt eine Übergangsregelung für den Zugang zum deutschen Arbeitsmarkt.[2] Für zunächst zwei Jahre ist die Freizügigkeit für kroatische Arbeitnehmer weiterhin beschränkt. **Arbeitnehmer** mit kroatischer Staatsangehörigkeit müssen in Abweichung vom sonstigen Verfahren die Zustimmung der Agentur für Arbeit zum Arbeitsmarktzugang einholen, wobei die Genehmigung entweder befristet als **Arbeitserlaubnis-EU** oder unbefristet als **Arbeitsberechtigung-EU** erteilt werden kann. Die Bundesrepublik kann nach Ablauf von zwei Jahren diese Übergangsregelung um weitere drei Jahre verlängern. Anschließend können Beschränkungen nur dann um weitere zwei Jahre verlängert werden, wenn schwerwiegende Störungen des Arbeitsmarktes zu befürchten sind. Frühestens zum 1.7.2015, spätestens zum 1.7.2020 besteht also auch für Arbeitnehmer aus Kroatien die gleiche Freizügigkeit wie für die sonstigen Unionsbürger.

Wichtig für Unternehmen aus der Zeitarbeitsbranche: Nur die Arbeitsberechti- **629** gung-EU berechtigt zur Arbeit in der Arbeitnehmerüberlassung. Die Arbeitsberechtigung-EU wird in der Regel erst dann ausgestellt, wenn der Arbeitnehmer bereits ein Jahr in der Bundesrepublik gearbeitet hat.

c) Türkische Staatsangehörige

Eine rechtliche Sonderstellung nehmen türkische Staatsangehörige ein, die zum **630** Zwecke der Arbeitsaufnahme in die Bundesrepublik Deutschland einreisen. Diese geht zurück auf das Assoziierungsabkommen zwischen der Europäischen Union und der Türkei vom 12.9.1963,[3] das Zusatzprotokoll vom 23.11.1970[4] und die Beschlüsse des Assoziierungsrats vom 9.9.1980.[5]

Aus den Beschlüssen des Assoziierungsrates kann jedoch kein Recht auf Einreise ab- **631** geleitet werden. Ebenso vermitteln diese keine Sonderstellung, wenn es um den Zugang zum Arbeitsmarkt geht, dh es besteht in Deutschland grundsätzlich eine Visumspflicht für türkische Staatsangehörige.[6] Erst wenn ein türkischer Staatsangehöriger aufgrund des Visums Zugang zum Arbeitsmarkt gefunden hat, findet das Assoziationsrecht Anwendung. Je länger die Beschäftigung eines türkischen Staatsbürgers andauert, desto freier ist er in der Gestaltung seiner Tätigkeiten:

---

[1] Vgl. *Huber*, NVwZ 2005, 1 ff.
[2] Ähnlich der inzwischen ausgelaufenen Regelung für Bulgarien und Rumänien, → Rn. 625.
[3] Vgl. BGBl. II 1964, 510 ff.
[4] Vgl. BGBl. II 1972, 387 ff., BGBl. II 1973, 113 ff.
[5] Vgl. Art. 6 Abs. 1 Assoziierungsbeschluss 1/80 vom 9.9.1980 (ARB 1/80). Die europarechtliche Grundlage dieses Vorrangs ist der Beschluss 1/80 des Assoziationsrates EWG-Türkei über die Entwicklung der Assoziation vom 19.9.1980 (ARB 1/80).
[6] Erleichterungen gibt es nur für ausgewählte Personengruppen wie Lkw-Fahrer, Handwerker, die aus der Türkei gelieferte Maschinen reparieren, sowie Künstler, Sportler und Wissenschaftler.

– Nach **einem Jahr** ununterbrochener Beschäftigung bei demselben Arbeitgeber kann er eine **Verlängerung der Arbeitserlaubnis** zur Fortsetzung der Beschäftigung verlangen.
– Nach **drei Jahren** darf er unter Beachtung einer Vorrangprüfung den **Arbeitsplatz wechseln**.[1]
– Nach **vier Jahren** legaler Beschäftigung hat er auf dem deutschen Arbeitsmarkt **freien Zugang zu jeder** von ihm gewählten **Tätigkeit**.[2]

632 Wer den Arbeitsmarkt allerdings dauerhaft verlässt, verliert das Aufenthaltsrecht.[3] Soweit türkischen Staatsangehörigen der Zugang zum Arbeitsmarkt eröffnet ist, können sie eine entsprechende Aufenthaltserlaubnis verlangen und unterliegen einem stärkeren Schutz gegenüber aufenthaltsbeendenden Maßnahmen,[4] dh die Regelungen über zwingende Regelausweisungen dürfen nicht angewendet werden.[5] Dies folgt aus der Sevince-Entscheidung des EuGH vom 20.9.1990.[6] In dieser Entscheidung hat der EuGH (im Zusammenhang mit dem Abkommen zur Gründung einer Assoziation zwischen der Europäischen Wirtschaftsgemeinschaft und der Türkei) entschieden, dass eine Arbeitserlaubnis ohne Aufenthaltserlaubnis wertlos sei und dass deshalb aus einem Anspruch auf eine Arbeitserlaubnis eine Aufenthaltserlaubnis folge.

d) Schweizer Staatsangehörige

633 Schweizer Staatsangehörige und ihre Familienangehörigen haben durch das **Freizügigkeitsabkommen EU-Schweiz**[7] das Recht, sich innerhalb der EU aufzuhalten und dort eine Erwerbstätigkeit auszuüben. Bei Arbeitsverhältnissen, die länger als drei Monate dauern, besteht ein Anspruch auf Erteilung einer deklaratorischen Aufenthaltserlaubnis.[8] Schweizer Staatsangehörige, die ihren ständigen Wohnsitz in der Schweiz haben und in Deutschland lediglich einer Beschäftigung nachgehen, sind von dem Erfordernis eines Aufenthaltstitels befreit, wenn sie mindestens einmal wöchentlich an ihren Wohnort in der Schweiz zurückkehren.

e) Staatsangehörige aus Drittstaaten

634 Besteht aufgrund der vorgenannten Ausnahmeregelungen für ausländische Staatsangehörige kein Recht auf Einreise und Aufenthalt in der Bundesrepublik, ist grundsätzlich die Erteilung eines Aufenthaltstitels durch die zuständige Ausländerbehörde oder die deutsche diplomatische Vertretung (Botschaft oder Konsulat) im Heimatland erforderlich (§ 4 Abs. 1 AufenthG). Um ein doppeltes Genehmigungsverfahren zu vermeiden, genügt die Antragstellung bei der Ausländerbehörde oder der deutschen diplomatischen Vertretung. Diese wendet sich dann behördenintern an die Bundesagentur für Arbeit, sofern deren Zustimmung erforderlich ist.

2. Allgemeine Voraussetzungen für die Erteilung eines Aufenthaltstitels

635 Die Erteilung eines Aufenthaltstitels setzt voraus, dass bestimmte Grundvoraussetzungen erfüllt sind. Dabei ist zwischen den Regelvoraussetzungen, die für alle Arten

---

[1] Vgl. Art. 6 Abs. 1 ARB 1/80.
[2] Vgl. BSG 10.9.1998 – B 7 AL 70/97 R, NZS 1999, 407; *Gutmann* NJW 2010, 1862.
[3] ZB bei Rentnern, vgl. EuGH 6.6.1995 – C-434/93, NVwZ 1995, 1093 oder Dauerarbeitslosen, BVerwG 3.8.2004 – 1 C 29/02, NVwZ 2005, 224.
[4] Vgl. *Renner*, Ausländerrecht, § 4 Rn. 103; *Gutmann*, InfAuslR 1991, 33.
[5] Dies gilt, soweit türkische Staatsangehörige ein Aufenthaltsrecht nach Art. 6 f. ARB 1/80 besitzen; BVerwG 3.8.2004 – 1 C 29/02, NVwZ 2005, 224; *Gutmann* NJW 2010, 1862.
[6] EuGH 20.9.1990 – C 192/89.
[7] Freizügigkeitsabkommen EU/Schweiz (FrAbk), BGBl. II 2001, 810 ff.
[8] Vgl. *Renner*, Ausländerrecht, § 5 Rn. 6.

von Aufenthaltstiteln **in der Regel** vorliegen müssen (§ 5 Abs. 1 AufenthG) und den zwingenden Voraussetzungen, die darüber hinaus für die Gewährung einer Aufenthaltserlaubnis, einer Niederlassungserlaubnis und einer Erlaubnis zum Daueraufenthalt-EU **zwingend** erfüllt sein müssen (§ 5 Abs. 2 AufenthG), zu differenzieren. Von den Regelvoraussetzungen können in atypisch gelagerten Fällen Ausnahmen gemacht werden, wenn die Versagung des Aufenthaltstitels außerhalb der vom Gesetzgeber bei einer notwendigerweise pauschalen gesetzlichen Regelung ins Auge gefassten typischen Fallkonstellation liegt.[1]

a) Regelvoraussetzungen

Die Regelvoraussetzungen für die Erteilung eines Aufenthaltstitels sind, dass 636
– die Passpflicht erfüllt ist (§ 3 AufenthG),
– der Lebensunterhalt gesichert ist,
– die Identität und die Staatsangehörigkeit geklärt ist, falls der Ausländer nicht berechtigt ist, in einen anderen Staat zurückzukehren,
– kein Ausweisungsgrund vorliegt und,
soweit kein Anspruch auf Erteilung eines Aufenthaltstitels besteht, der Aufenthalt des Ausländers nicht aus einem sonstigen Grund Interessen der Bundesrepublik Deutschland beeinträchtigt oder gefährdet (§ 5 AufenthG).

b) Zwingende Erteilungsvoraussetzungen

Die Erteilung einer Aufenthaltserlaubnis, einer Niederlassungserlaubnis oder einer 637
Erlaubnis zum Daueraufenthalt-EU erfordert als weitere Grundvoraussetzung zusätzlich, dass
– der Ausländer mit dem erforderlichen Visum eingereist ist und
– Angaben zu dem beabsichtigten Zweck seiner Einreise im Visumsantrag gemacht hat.

3. Visum

Das Visum stellt einen eigenständigen Aufenthaltstitel dar und berechtigt zur Einrei- 638
se in das Bundesgebiet für kürzere Dauer. Unter weiteren Voraussetzungen berechtigt ein Visum auch zur Aufnahme einer Erwerbstätigkeit. Es wird zwischen dem Schengen-Visum und dem nationalen Visum unterschieden. Unterliegt der Ausländer der Visumspflicht, muss das Visum grundsätzlich bei der deutschen diplomatischen Vertretung (Botschaft oder Konsulat) im Heimatland schon vor der Einreise beantragt werden.[2] Ausländer aus Drittstaaten, die nicht der Visumspflicht unterliegen, dürfen ohne einen Aufenthaltstitel in die Bundesrepublik Deutschland einreisen und sich dort 90 Tage pro Halbjahr aufhalten. Sie dürfen während dieser Zeit jedoch keine arbeitserlaubnispflichtige Erwerbstätigkeit aufnehmen.

---

[1] Vgl. *Renner,* Ausländerrecht, § 5 Rn. 6; *Nienhaus/Depel/Raif/Renke,* Praxishandbuch Zuwanderung und Arbeitsmarkt, 2. Teil Rn. 85.
[2] Ausgenommen von der Visumspflicht sind Staatsangehörige der EU- und EWR-Staaten sowie der Schweiz, Australiens, Israels, Japans, Kanadas, der Republik Korea, Neuseelands, und der Vereinigten Staaten von Amerika. Ein erforderlicher Aufenthaltstitel kann von diesen Staatsangehörigen im Bundesgebiet (nachträglich) eingeholt werden. Dies gilt ua auch für Staatsangehörige von Andorra, Brasilien, El Salvador, Honduras, Monaco und San Marino, die keine Erwerbstätigkeit mit Ausnahme der in § 17 Abs. 2 AufenthV genannten Tätigkeiten im Bundesgebiet ausüben wollen. Siehe die vollständige Liste unter: http://www.auswaertiges-amt.de/DE/EinreiseUndAufenthalt/StaatenlisteVisumpflicht.html?nn=350374, zuletzt abgerufen am 14.11.2014.

a) Schengen-Visum

639 Einem Staatsbürger eines Drittstaates kann für die Dauer von drei Monaten ein Schengen-Visum erteilt werden, das im Rahmen seiner Geltungsdauer zum Aufenthalt im gesamten Hoheitsgebiet des Schengener-Durchführungsübereinkommens (SDÜ) berechtigt.[1] Mit einem Schengen-Visum eröffnet sich dem Staatsbürger eines Drittstaates während eines kurzfristigen Aufenthaltes die Möglichkeit, ohne einen zusätzlichen Aufenthaltstitel einer Beschäftigung nach § 30 iVm §§ 3, 5, 14, 15, 16–18, 19 Abs. 1, 20, 21, 22, 23–30 BeschV nachzugehen.[2] Dies betrifft zB kurzfristig entsandte Arbeitnehmer sowie Weiterbildungen und die Tätigkeit von Führungskräften und Wissenschaftlern.

640 Ein Schengen-Visum kann innerhalb von sechs Monaten ab der Einreise in einen Schengen-Staat erteilt werden und gilt für die Durchreise oder für Aufenthalte von bis zu drei Monaten (kurzfristige Aufenthalte; § 6 Abs. 1 AufenthG).

641 Voraussetzung für die Erteilung ist, dass
– der Antragsteller im Besitz eines Grenzübertrittpapiers ist,
– er, soweit erforderlich, im Besitz eines gültigen Visums für das Einreiseland ist,
– er ggf. Dokumente vorzeigt, die seinen Aufenthaltszweck und die Umstände seines Aufenthalts belegen, und er über ausreichende Mittel zur Bestreitung seines Lebensunterhalts sowohl für die Dauer des Aufenthalts als auch für die Rückreise in den Herkunftsstaat oder für die Durchreise in einen Drittstaat, in dem seine Zulassung, also seine Einreise und sein Aufenthalt, gewährleistet ist, verfügt, oder er in der Lage ist, diese Mittel auf legale Weise zu erwerben,
– er nicht zur Einreiseverweigerung ausgeschrieben ist und
– er keine Gefahr für die öffentliche Ordnung, die nationale Sicherheit oder die internationalen Beziehungen einer der Vertragsparteien darstellt.[3]

b) Nationales Visum

642 Für Aufenthalte über 90 Tage pro Halbjahr ist ein nationales Visum erforderlich. Es wird grundsätzlich vor der Einreise erteilt und berechtigt im Gegensatz zum Schengen-Visum ausschließlich zum Aufenthalt in der Bundesrepublik und nicht in den übrigen Schengen-Staaten. Ein nationales Visum muss bei den deutschen Auslandsvertretungen (Botschaft oder Konsulat) beantragt werden. Die Erteilung richtet sich nach den für die Aufenthaltserlaubnis, die Blaue Karte EU, die Niederlassungserlaubnis und die Erlaubnis zum Daueraufenthalt-EG geltenden Vorschriften (§ 6 Abs. 3, S. 1, 2 AufenthG).

643 Für die Erteilung eines nationalen Visums ist daher zweierlei erforderlich: Zunächst müssen die allgemeinen Erteilungsvoraussetzungen für Aufenthaltstitel vorliegen, dh in jedem Fall die Regelvoraussetzungen (→ Rn. 636) und die zwingenden Voraussetzungen (→ Rn. 637). Zudem ist erforderlich, dass je nach Aufenthaltszweck die besonderen Voraussetzungen für die Erteilung einer Aufenthalts- (→ Rn. 648), einer Niederlassungserlaubnis (→ Rn. 664) oder einer Erlaubnis zum Daueraufenthalt-EU (→ Rn. 672) bzw. für die Erteilung einer Blauen Karte EU (§ 19a AufenthG; → Rn. 657–660) erfüllt sind.

---

[1] Mitgliedstaaten des Schengener Durchführungsübereinkommens sind Belgien, Dänemark, Deutschland, Estland, Frankreich, Finnland, Griechenland, Italien, Island, Lettland, Litauen, Luxemburg, Malta, Niederlande, Norwegen, Österreich, Polen, Portugal, Slowakei, Slowenien, Schweden, Schweiz, Spanien, Tschechien und Ungarn.
[2] Vgl. noch zur alten BeschlV Renner/*Dienelt* Ausländerrecht, § 6 AufenthG Rn. 39.
[3] Vgl. Art. 5 VO (EG) 562/2006.

Nationale Visa werden längstens für einen Zeitraum von zwölf Monaten erteilt. Die **644** Zustimmung der deutschen Ausländerbehörde des Ortes, an dem der Ausländer seinen Wohnsitz nehmen möchte, ist zwingende Voraussetzung (vgl. § 31 Abs. 1 AufenthV). Ist der Aufenthalt zum Zweck der Ausübung einer Erwerbstätigkeit beabsichtigt, kann die Ausländerbehörde verpflichtet sein, die Zustimmung der Bundesagentur für Arbeit einzuholen (vgl. § 39 Abs. 1 AufenthG). Die Beschäftigungsverordnung (BeschV) regelt, in welchen Fällen die Zustimmung von der Ausländerbehörde alleine erteilt werden kann und wann die Bundesagentur für Arbeit zu beteiligen ist.[1] Im Anschluss an die Geltungsdauer des Visums kann entsprechend dem bei der Visumserteilung angegebenen Aufenthaltszweck die beabsichtigte Aufenthaltserlaubnis, Niederlassungserlaubnis oder Erlaubnis zum Daueraufenthalt-EU bei der zuständigen Ausländerbehörde beantragt werden, da erst diese Aufenthaltstitel den langfristigen Aufenthalt in der Bundesrepublik ermöglichen. Für die Praxis ist es wichtig, den Antrag rechtzeitig vor Auflauf der Geltungsdauer des Visums zu stellen. Die Ausländerbehörde kann das Visum dann in den beantragten Aufenthaltstitel umwandeln.

4. Aufenthaltserlaubnis

Zum Zwecke der selbständigen oder unselbständigen Erwerbstätigkeit kann Staats- **645** bürgern aus Drittstaaten eine Aufenthaltserlaubnis erteilt werden (§ 7 AufenthG). Sie ist ein befristeter Aufenthaltstitel und darf mit Bedingungen und Auflagen versehen werden. Jeweils einzeln wird festgelegt, ob die erteilte Aufenthaltserlaubnis das Recht zur Aufnahme einer Beschäftigung begründet oder nicht. Genehmigt die Aufenthaltserlaubnis eine Erwerbstätigkeit, wird diese idR auf ein bestimmtes Unternehmen beschränkt und erlaubt keinen Arbeitsplatzwechsel. Die besonderen Voraussetzungen für die Erteilung oder Verlängerung einer Aufenthaltserlaubnis, die zusätzlich zu den allgemeinen Erteilungsvoraussetzungen vorliegen müssen, sind im AufenthG nicht allgemein festgelegt, sondern richten sich insbesondere nach dem jeweiligen Aufenthaltszweck.

Bei der Aufenthaltserlaubnis zur Aufnahme einer Erwerbstätigkeit sind für Konzerne **646** vor allem folgende Fälle bedeutsam:
– a) Aufenthalt zum Zwecke der Beschäftigung (§ 18 AufenthG)
– b) Aufenthaltserlaubnis zum Zweck der Beschäftigung für qualifizierte Geduldete (§ 18a AufenthG)
– c) Blaue Karte EU (§ 19a AufenthG)
– d) Aufenthaltserlaubnis zum Zwecke der Forschung (§ 20 AufenthG)
– e) Aufenthaltserlaubnis zum Zweck der Ausbildung (§§ 16, 17 AufenthG)

Für die Praxis ist wichtig, dass alle Erteilungsvoraussetzungen zum Zeitpunkt der **647** Antragsstellung vorliegen müssen. Der Antrag ist von Ausländern, die der Visumspflicht unterliegen, bereits bei der deutschen diplomatischen Vertretung in ihrem Heimatland zu stellen. Von Ausländern ohne Visumspflicht kann der Antrag auch bei dem Ausländeramt des geplanten Wohnortes in Deutschland gestellt werden.

a) Aufenthalt zum Zwecke der Beschäftigung (§ 18 AufenthG)

Die Zulassung ausländischer Arbeitnehmer zum Arbeitsmarkt orientiert sich in **648** erster Linie an den Erfordernissen des Wirtschaftsstandortes Deutschland unter Berücksichtigung der Verhältnisse auf dem Arbeitsmarkt und dem Erfordernis, die Arbeitslosigkeit wirksam zu bekämpfen.[2] Ziel der Arbeitsmarktprüfung ist es, Ver-

---
[1] Zu den zahlreichen zustimmungsfreien Beschäftigungen → Rn. 649–651.
[2] Vgl. § 18 Abs. 1 S. 1 AufenthG, sog. Arbeitsmarktprüfung.

drängungswettbewerb in Problembranchen mit hoher Arbeitslosenquote zu verhindern und das bestehende Lohnniveau in Deutschland zu sichern. Ein gemäßigter Zugang zum deutschen Arbeitsmarkt wird dadurch erreicht, dass einem Ausländer ein Aufenthaltstitel zur Ausübung einer Beschäftigung dem Grunde nach nur dann erteilt wird, wenn die Bundesagentur für Arbeit zustimmt oder durch Rechtsverordnung oder zwischenstaatliche Vereinbarung bestimmt ist, dass die Ausübung der Beschäftigung ohne Zustimmung der Bundesagentur für Arbeit erfolgen kann (§ 18 Abs. 2 AufenthG).

aa) Zustimmungsfreie Beschäftigungen

649   Zustimmungsfreie Beschäftigungen ergeben sich für Ausländer aus der Verordnung über die Beschäftigung von Ausländerinnen und Ausländern (Beschäftigungsverordnung-BeschV).[1] Nach der BeschV sind insbesondere zustimmungsfrei:[2]
- Beschäftigungen von Führungskräften (§ 3 BeschV) wie zB leitende Angestellte mit Prokura, vertretungsberechtigte Mitglieder eines Organs einer juristischen Person, geschäftsführende Gesellschafter einer OHG oder leitende Angestellte deutsch-ausländischer Gemeinschaftsunternehmen[3]
- Beschäftigungen von Hochqualifizierten (§ 2 Abs. 1 Nr. 1 BeschV), die über eine Niederlassungserlaubnis per se zur Ausübung einer Beschäftigung berechtigt sind[4]
- kaufmännische Angestellte eines Arbeitgebers mit Sitz in Deutschland, die aber in der Regel im Ausland tätig sind und sich maximal drei Monate innerhalb eines Zeitraums von zwölf Monaten in Deutschland aufhalten (§ 16 Abs. 1 Nr. 1 BeschV).
- Beschäftigungen kurzfristig entsandter Arbeitnehmer aus Unternehmen mit Sitz innerhalb der EU bzw. des EWR zur Erbringung von Dienstleistungen (§ 21 BeschV). Ebenso Arbeitnehmer ausländischer Unternehmen, die im Rahmen von Werklieferungsverträgen für bis zu drei Monate nach Deutschland entsandt werden (zB Montage von Industrieanlagen; § 19 BeschV).

650   In den genannten Fällen dürfte es den ausländischen Arbeitnehmern ohne Weiteres möglich sein, eine Erwerbstätigkeit in Deutschland aufzunehmen, sofern die unter → Rn. 636–637 erwähnten Voraussetzungen gegeben sind. Eine umfangreiche Arbeitsmarktprüfung muss nicht durchgeführt werden.

651   Ausländer, die bereits im Bundesgebiet einen Wohnsitz begründet haben, können ohne Zustimmung der Bundesagentur für Arbeit eine Beschäftigung aufnehmen. Voraussetzung ist, dass der Ausländer bereits eine Aufenthaltserlaubnis besitzt, die kein Aufenthaltstitel zum Zweck der Beschäftigung ist oder die nicht schon aufgrund des AufenthG zur Beschäftigung berechtigt. Zudem muss der Aufenthalt im Bundesgebiet gestattet sein und der Ausländer muss bereits eine Duldung besitzen (§ 60a AufenthG).

---

[1] BeschV vom 6.6.2013, BGBl. I, 1499.
[2] Darüber hinaus zB: Betriebliche Weiterbildungen (§ 17 BeschV); Beschäftigungen von Personengruppen aus Wissenschaft, Forschung und Entwicklung; besondere Personengruppen, die in der Regel individuelle Leistungen erbringen, welche nur bedingt durch inländische Bewerber erbracht werden können und bei denen ein internationaler Austausch üblich ist, zB Künstler, Sportler (§§ 22, 23 BeschV); Beschäftigungen im internationalen Straßen- und Schienenverkehr sowie in der Schifffahrt und im Luftverkehr (§§ 20, 24 BeschV).
[3] Deutsch-ausländische Gemeinschaftsunternehmen sind solche, die auf der Grundlage zwischenstaatlicher Vereinbarungen gegründet worden sind und sowohl innerhalb als auch außerhalb Deutschlands tätig sind.
[4] § 19 AufenthG. Hochqualifizierte sind demnach insbesondere Wissenschaftler mit besonderen fachlichen Kenntnissen, sowie Lehrpersonen oder wissenschaftliche Mitarbeiter in herausgehobener Funktion, näher *Hailbronner*, Ausländerrecht, § 19 AufenthG Rn. 6 f.

bb) Zustimmungsverfahren

Im Übrigen kann einem ausländischen Arbeitnehmer die Aufnahme einer Erwerbstätigkeit nur dann gestattet werden, wenn die Bundesagentur für Arbeit zugestimmt hat. Diese wird ausschließlich auf Ersuchen der Ausländerbehörde tätig. Zuständig für die Zustimmung zur Beschäftigung ist regelmäßig die örtliche Agentur für Arbeit, in deren Bezirk der Arbeitgeber seinen Sitz hat. Die Zustimmung wird für eine konkret festgelegte berufliche Tätigkeit in einem bestimmten Betrieb erteilt und räumlich auf den Bezirk der Agentur für Arbeit begrenzt (§ 39 Abs. 4 AufenthG). In Ausnahmefällen kann die Zustimmung erweitert oder auf die vorgesehenen Einsatzorte beschränkt werden. Sie wird für die Dauer der Beschäftigung, längstens jedoch für drei Jahre erteilt. Die Geltungsdauer wird der jeweiligen Lage und Entwicklung des Arbeitsmarktes angepasst.

652

cc) Arbeitsmarktprüfung

Die Erteilung der Zustimmung durch die Bundesagentur für Arbeit setzt eine Arbeitsmarktüberprüfung voraus (sog. **„Vorrangprüfung"**). Die Zustimmung kann gewährt werden, wenn sich durch die Beschäftigung von Ausländern nach globaler Kontrolle und Einzelfallprüfung keine nachteiligen Auswirkungen für den Arbeitsmarkt ergeben und die Arbeitsbedingungen nicht ungünstiger als bei vergleichbaren deutschen Arbeitnehmern sind (§ 39 Abs. 2 AufenthG).

653

Ob von der Beschäftigung nachteilige Auswirkungen auf den Arbeitsmarkt ausgehen, überprüfen die Agenturen für Arbeit anhand folgender Beurteilungskriterien:
- die Zahl der Arbeitslosen übersteigt oder unterschreitet die Anzahl der offenen Stellen eines Wirtschaftszweiges deutlich,
- bevorrechtigte Arbeitnehmer können aufgrund der konkreten Arbeitsbedingungen (nicht) vorgeschlagen werden,
- Beschäftigungsrückgang oder -anstieg in einem bestimmten Wirtschaftszweig,
- Beurteilung der voraussichtlichen Entwicklung eines bestimmten Wirtschaftszweiges.

654

Ungünstigere Arbeitsbedingungen werden insbesondere angenommen, wenn der ausländische Mitarbeiter im Hinblick auf Entgelt und Arbeitszeit nicht mit einem deutschen Arbeitnehmer vergleichbare Konditionen erhält. Der Ausländer muss den entsprechenden Tariflohn erhalten, sofern ein Tarifvertrag besteht, oder bei Nichtvorliegen den im jeweiligen Bezirk der Bundesagentur für Arbeit üblichen Lohn.[1] Darüber hinaus ist durch die Agenturen für Arbeit eine Vorrangprüfung durchzuführen, d.h. die Zustimmung kann dann erteilt werden, wenn ein deutscher oder ein bevorrechtigter ausländischer Arbeitnehmer[2] nicht zur Verfügung steht. Die Bundesagentur für Arbeit prüft dabei, ob der Arbeitgeber über einen angemessenen Zeitraum hinweg ausreichende Bemühungen gemacht hat, um einen deutschen oder bevorrechtigten Arbeitnehmer für die konkrete Stelle zu finden.[3] In der Praxis kann der Arbeitgeber

655

---

[1] Durchführungsanweisung zum Aufenthaltsgesetz, Bundesagentur für Arbeit, Stand April 2014, § 39, 1.39.2.09; Renner/*Röseler*, Ausländerrecht, § 39, Rn. 17; *Hailbronner*, Ausländerrecht, § 39, Rn. 49 ff.

[2] Bevorrechtigte ausländische Arbeitnehmer sind: Staatsangehörige der EU oder der EWR-Staaten, Staatsangehörige der EU-Beitrittsstaaten Staaten Zypern, Malta, Estland, Lettland, Litauen, Polen, Tschechische Republik, Slowakische Republik, Slowenien und Ungarn im Rahmen der Gemeinschaftspräferenz, Staatsangehörige der Schweiz, ausländische Staatsangehörige, die im Besitz einer Niederlassungserlaubnis gem. § 19 AufenthG oder gem. §§ 18, 21 AufenthG einer Aufenthaltserlaubnis zum Zwecke der Beschäftigung sind.

[3] Durchführungsanweisung zum Aufenthaltsgesetz, Bundesagentur für Arbeit, Stand April 2014, § 39, 1.39.2.04; *Hailbronner*, Ausländerrecht, § 39 Rn. 36.

dies am besten unter Beweis stellen, indem er frühzeitig einen **Vermittlungsauftrag** an die Bundesagentur für Arbeit vergibt, die dann bundes- oder ggf. auch europaweit nach passenden Kandidaten sucht. Auch eine Förderung von Arbeitnehmern zur Besetzung der Stelle ist denkbar. Im Vermittlungsauftrag – und auch in anderen Stellenangeboten – darf der Arbeitgeber dabei aber keine sachlich und objektiv nicht gerechtfertigten Anforderungen an den Bewerber aufstellen, um zu verhindern, dass ein deutscher oder bevorrechtigter Arbeitnehmer gefunden wird. In diesem Fall wird die Zustimmung von der Bundesagentur für Arbeit nicht erteilt.[1] Das ausschließliche Interesse eines Arbeitgebers, einen bestimmten Ausländer zu beschäftigen, reicht für eine Zustimmung grundsätzlich nicht aus. Ausnahmsweise kann eine Zustimmung erfolgen, wenn die Beschäftigung aus besonderen, objektiv und sachlich gerechtfertigten Gründen angestrebt wird und wenn durch die Nichterteilung der Zustimmung keine Entlastung des Arbeitsmarktes für deutsche und bevorrechtigte Arbeitnehmer entstehen würde.[2] Die Zustimmung kann zudem nur erteilt werden, wenn der Arbeitgeber seinen **Sitz im Bundesgebiet** hat.[3] Für die Praxis bedeutet dies, dass Arbeitskräfte aus Drittstaaten nicht länger über einen Entsendevertrag hierzulande tätig werden können, während sie bei ihrem ausländischen Arbeitgeber angestellt bleiben. Stattdessen müssen sie den Arbeitsvertrag mit ihrem ausländischen Arbeitgeber aufheben oder zumindest ruhend stellen und einen eigenständigen Arbeitsvertrag mit ihrem deutschen Arbeitgeber schließen. Ausnahmen gibt es bei Entsendungen von Führungskräften, kurzfristig entsandten Arbeitnehmern und Auszubildenden, die zustimmungsfrei sind und bei eindeutig zugelassenen Entsendungen von leitenden Angestellten, Spezialisten und im Rahmen des internationalen Personalaustausches.[4]

b) Aufenthaltserlaubnis zum Zweck der Beschäftigung für qualifizierte Geduldete (§ 18a AufenthG)

656   Für ausländische Beschäftigte, die lediglich im Besitz einer Duldung sind, besteht eine zusätzliche Option zur Beschäftigung (§ 18a AufenthG). Sie sollen eine Aufenthaltserlaubnis zu Erwerbszwecken erhalten können. Diese wird dem geduldeten Ausländer dann erteilt, wenn die Bundesagentur für Arbeit zugestimmt hat und der Ausländer – neben weiteren gesetzlich festgelegten Voraussetzungen[5] – entweder
– eine Berufsausbildung oder ein Studium in Deutschland abgeschlossen hat,
– bereits mit einer entsprechenden Qualifikation eingereist ist oder sich im Rahmen seiner bisherigen Tätigkeit in Deutschland qualifiziert hat und
– ein Arbeitsplatzangebot entsprechend der beruflichen Qualifikation vorliegt.

c) Blaue Karte EU (§ 19a AufenthG)

657   **Fachleute aus Drittstaaten** können die Blaue Karte EU zum Zweck einer ihrer Qualifikation angemessenen Beschäftigung erhalten. Voraussetzung für den Erhalt dieses Aufenthaltstitels ist, dass

---

[1] Durchführungsanweisung zum Aufenthaltsgesetz, Bundesagentur für Arbeit, Stand April 2014, § 39, 1.39.2.04.
[2] Durchführungsanweisung zum Aufenthaltsgesetz, Bundesagentur für Arbeit, Stand April 2014, § 39, 1.39.2.05; *Hailbronner*, Ausländerrecht, § 39 Rn. 40.
[3] Durchführungsanweisung zum Aufenthaltsgesetz, Bundesagentur für Arbeit, Stand April 2014, § 39, 1.39.2.10.
[4] Durchführungsanweisung zum Aufenthaltsgesetz, Bundesagentur für Arbeit, Stand April 2014, § 39, 1.39.2.10; *Richert* AuA 2011, 264.
[5] Ua muss der Ausländer über ausreichenden Wohnraum und hinreichende Kenntnisse der deutschen Sprache verfügen.

– sie einen deutschen, einen anerkannten ausländischen oder einen einem deutschen Hochschulabschluss vergleichbaren ausländischen Hochschulabschluss besitzen[1] oder
– die Bundesagentur für Arbeit zugestimmt hat oder durch Rechtsverordnung oder zwischenstaatliche Vereinbarung bestimmt ist, dass die Blaue Karte EU ohne Zustimmung der Bundesagentur für Arbeit erteilt werden kann und
– sie ein Gehalt erhalten, das mindestens dem Betrag entspricht, der durch eine Rechtsverordnung bestimmt ist.[2]

Bei erstmaliger Erteilung wird die Blaue Karte EU auf höchstens vier Jahre befristet (§ 19a Abs. 3 S. 1 AufenthG). Sie wird für die Dauer des Arbeitsvertrages zuzüglich drei Monaten ausgestellt oder verlängert, wenn das Arbeitsverhältnis weniger als vier Jahre andauert (§ 19a Abs. 3 S. 2 AufenthG). Es bestehen jedoch zahlreiche gesetzliche Regelungen, welche die Erteilung der Blauen Karte EU ausschließen (§ 19a Abs. 5 AufenthG). **658**

Ein großer Vorteil der Blauen Karte EU gegenüber anderen Aufenthaltstiteln ist, dass dem Inhaber bereits nach weniger als drei Jahren, bei Nachweis von besonderen Sprachkenntnissen bereits nach weniger als zwei Jahren, ein unbefristeter Aufenthaltstitel in Form einer Niederlassungserlaubnis erteilt werden kann.[3] **659**

Erleichterungen ergeben sich für Inhaber der Blauen Karte EU schon vor Aufnahme der Beschäftigung, da anders als bei anderen Aufenthaltstiteln nicht bereits vor Einreise nach Deutschland alle für die Erteilung des gewünschten Aufenthaltstitels erforderlichen Voraussetzungen nachgewiesen worden sein müssen (vgl. § 5 Abs. 2 Nr. 2 AufenthG). Die Ausländer müssen nur über ein Visum zum Zweck der Erwerbstätigkeit oder ein anderes Aufenthaltsrecht verfügen, weil die Ausländerbehörde nur solchen Ausländern eine Blaue Karte EU erteilen kann, die ihren Wohnsitz in ihrem Zuständigkeitsbereich haben.[4] Darüber hinaus ergeben sich insbesondere Vorteile beim Familiennachzug (dazu → Rn. 1673–1677). So braucht der Ehegatte des Inhabers einer Blauen Karte EU zB auch dann keine Deutschkenntnisse nachzuweisen, wenn die Ehe bei Verlagerung des Lebensmittelpunktes in das Bundesgebiet noch nicht bestand (§ 30 Abs. 1 S. 3 Nr. 5 iVm Abs. 1 S. 1 Nr. 2 AufenthG). **660**

d) Aufenthaltserlaubnis zum Zwecke der Forschung (§ 20 AufenthG)

Eine Aufenthaltserlaubnis kann auch zum Zweck der **Forschung** erteilt werden. Dies setzt voraus, dass der betroffene Ausländer eine wirksame Aufnahmevereinbarung zur Durchführung eines Forschungsvorhabens mit einer Forschungseinrichtung[5] abge- **661**

---

[1] Zwar kann das Bundesministerium für Arbeit und Soziales in einer Rechtsverordnung für bestimmte Berufe festlegen, dass eine vergleichbare Qualifikation auch durch eine fünfjährige Berufserfahrung nachgewiesen werden kann. Hiervon ist aber bislang nicht Gebrauch gemacht worden. Deshalb kann derzeit eine Blaue Karte nur durch einen Hochschulabschluss erworben werden.
[2] Vgl. § 19a Abs. 2 Nr. 1 AufenthG iVm § 2 Abs. 1 Nr. 2a BeschV: 46 400 EUR pro Jahr (2013); für bestimmte Mangelberufsgruppen (MINT), zB Ingenieure, Humanmediziner etc., ist die Verdienstgrenze auf ca. 36 192 EUR pro Jahr (2013) reduziert worden, vgl. § 2 Abs. 2 BeschV.
[3] § 19a Abs. 6 AufenthG. Voraussetzung ist, dass über einen Zeitraum von mindestens 33 Monaten eine Beschäftigung nach § 19 Abs. 1 AufenthG ausgeübt wurde und für diesen Zeitraum Pflichtbeiträge oder freiwillige Beiträge zur gesetzlichen Rentenversicherung geleistet worden sind oder Aufwendungen für einen Anspruch auf vergleichbare Leistungen einer Versicherungs- oder Versorgungseinrichtung oder eines Versicherungsunternehmens nachgewiesen werden.
[4] Vgl. Renner/*Sußmann*, Ausländerrecht, § 19a AufenthG Rn. 18.
[5] Forschungseinrichtungen können neben öffentlichen oder privaten Instituten auch Unternehmen sein, die Forschung nicht als Hauptzweck betreiben. Erforderlich ist aber, dass das Unternehmen vom Bundesministerium für Migration und Flüchtlinge als Forschungsstelle zertifiziert ist. Dafür muss es systematisch im Inland Forschung betreiben. Vgl. Renner/*Röseler,* Ausländerrecht, § 20 AufenthG Rn. 11.

schlossen hat und die für die Durchführung des besonderen Zulassungsverfahrens für Forscher vorgesehenen Voraussetzungen nach dem AufenthG (§ 20 Abs. 1 AufenthG) erfüllt sind. Zusätzlich muss die Forschungseinrichtung sich schriftlich zur Übernahme der Kosten nach § 20 Abs. 1 Nr. 2 AufenthG verpflichten. Sie muss also die Kosten erstatten, die öffentlichen Stellen innerhalb von sechs Monaten nach Beendigung der Aufnahmevereinbarung entstehen, weil der Ausländer abgeschoben wird oder weil für seinen unerlaubten Aufenthalt (dh ohne Aufenthaltstitel)[1] Kosten für den Lebensunterhalt entstehen. Die Aufenthaltserlaubnis wird für mindestens ein Jahr erteilt (§ 20 Abs. 4 S. 1 AufenthG). Sie berechtigt zur Aufnahme der Erwerbstätigkeit für das in der Aufnahmevereinbarung bezeichnete Forschungsvorhaben und zur Aufnahme von Tätigkeiten in der Lehre.

e) Aufenthaltserlaubnis zum Zweck der Ausbildung (§§ 16, 17 AufenthG)

662   Auch zum Zweck der Ausbildung kann der Aufenthalt in der Bundesrepublik genehmigt werden (§§ 16, 17 AufenthG). Die Geltungsdauer der Aufenthaltserlaubnis soll dabei mindestens ein Jahr betragen, jedoch zwei Jahre nicht überschreiten. Die Aufenthaltserlaubnis berechtigt zur Ausübung einer Beschäftigung sowie zur Ausübung einer Nebentätigkeit, soweit sie 120 Tage oder 240 halbe Tage im Jahr nicht überschreitet (§ 16 Abs. 3 AufenthG). Nach erfolgreichem Abschluss eines Hochschulstudiums kann die Aufenthaltserlaubnis bis zu 18 Monate zur Suche eines diesem Abschluss angemessenen Arbeitsplatzes verlängert werden, sofern der Arbeitsplatz nach den Bestimmungen der §§ 18, 19 und 21 AufenthG von Ausländern besetzt werden kann. Des Weiteren kann einem Ausländer eine Aufenthaltsgenehmigung zum Zweck der **betrieblichen Aus- und Weiterbildung** erteilt werden (§ 17 AufenthG), wenn die Bundesagentur für Arbeit zustimmt (§ 39 AufenthG) oder eine Zustimmung aufgrund von § 15 BeschV nicht notwendig ist. § 15 BeschV erfasst unter anderem EU-Programme wie SOCRATES oder MARIE CURIE, Austauschprogramme des DAAD oder Regierungspraktika.

5. Niederlassungserlaubnis

663   Die Niederlassungserlaubnis ist ein **unbefristeter Aufenthaltstitel,** der zur Erwerbstätigkeit berechtigt (§ 9 Abs. 1 AufenthG). Im Gegensatz zur Aufenthaltsgenehmigung berechtigt die Niederlassungserlaubnis zu **jeder Art von Erwerbstätigkeit,** ohne dass sie an einen bestimmten Aufenthaltszweck geknüpft ist. Sie ist zeitlich und räumlich im Hoheitsbereich der Bundesrepublik Deutschland unbeschränkt[2] und verleiht ein vollumfängliches Aufenthaltsrecht, das von einer ursprünglichen Zweckbindung losgelöst ist.[3] Zu ihrer Erteilung müssen grundsätzlich die allgemeinen Erteilungsvoraussetzungen (§ 5 Abs. 1 AufenthG) und die besonderen Voraussetzungen vorliegen (§ 9 Abs. 2 AufenthG). Besondere Tatbestände gelten für die Niederlassungserlaubnis für Hochqualifizierte (§ 19 AufenthG), für Familiennachzug zu Deutschen (§ 28 Abs. 2 AufenthG), für Kinder (§ 35 AufenthG) und für bestimmte ehemalige Deutsche (§ 38 Abs. 1 AufenthG).

664   Die Niederlassungserlaubnis ist einem Ausländer grundsätzlich unter den folgenden Voraussetzungen zu erteilen. Wenn
– er seit fünf Jahren die Aufenthaltserlaubnis besitzt,
– sein Lebensunterhalt gesichert ist,

---

[1] Vgl. *Hailbronner,* Ausländerrecht, § 20 AufenthG Rn. 19.
[2] *Tschöpe/Wisskirchen/Bissels,* Anw-HdB Arbeitsrecht, Teil 1 C Rn. 352; *Richert* AuA 2011, 264.
[3] *Renner/Dienelt,* Ausländerrecht, § 9, 9.1.

- er mindestens 60 Monate Pflichtbeiträge oder freiwillige Beiträge zur gesetzlichen Rentenversicherung geleistet hat oder Aufwendungen für einen Anspruch auf vergleichbare Leistungen einer Versicherungs- oder Versorgungseinrichtung oder eines Versicherungsunternehmens nachweist,
- Gründe der öffentlichen Sicherheit oder Ordnung unter Berücksichtigung der Schwere oder der Art des Verstoßes gegen die öffentliche Sicherheit oder Ordnung oder der vom Ausländer ausgehenden Gefahr unter Berücksichtigung der Dauer des bisherigen Aufenthalts und dem Bestehen von Bindungen im Bundesgebiet nicht entgegenstehen,
- ihm die Beschäftigung erlaubt ist, sofern er Arbeitnehmer ist,
- er im Besitz der sonstigen für eine dauernde Ausübung seiner Erwerbstätigkeit erforderlichen Erlaubnisse ist,
- er über ausreichende Kenntnisse der deutschen Sprache verfügt,
- er über Grundkenntnisse der Rechts- und Gesellschaftsordnung und der Lebensverhältnisse im Bundesgebiet verfügt und
- er über ausreichenden Wohnraum für sich und seine mit ihm in häuslicher Gemeinschaft lebenden Familienangehörigen verfügt (§ 9 Abs. 2 Nrn. 1–9 AufenthG).

Liegen die Voraussetzungen kumulativ vor, entsteht ein **Rechtsanspruch** auf Erteilung der Niederlassungserlaubnis. Die Niederlassungserlaubnis darf nur in den durch das Aufenthaltsgesetz ausdrücklich zugelassenen Fällen mit einer Nebenbestimmung versehen werden.[1] Da die Niederlassungserlaubnis auch räumlich unbeschränkt ist, verträgt sie keine Nebenbestimmungen in Form von Bedingungen, Auflagen oder sonstigen Beschränkungen.

a) Niederlassungserlaubnis für Absolventen deutscher Hochschulen (§ 18b AufenthG)

Einem Ausländer, der sein Studium an einer staatlichen oder staatlich anerkannten Hochschule oder vergleichbaren Ausbildungseinrichtung im Bundesgebiet erfolgreich abgeschlossen hat, wird eine Niederlassungserlaubnis erteilt. Abweichend von bzw. ergänzend zu den eben genannten Voraussetzung ist erforderlich, dass er
- seit zwei Jahren einen Aufenthaltstitel nach den §§ 18, 18a, 19a oder § 21 AufenthG besitzt,
- er einen seinem Abschluss angemessenen Arbeitsplatz innehat und er
- mindestens 24 Monate Pflichtbeiträge oder freiwillige Beiträge zur gesetzlichen Rentenversicherung geleistet hat oder
- Aufwendungen für einen Anspruch auf vergleichbare Leistungen einer Versicherungs- oder Versorgungseinrichtung oder eines Versicherungsunternehmens nachweisen kann.

b) Niederlassungserlaubnis für Hochqualifizierte (§ 19 AufenthG)

Einem hochqualifizierten ausländischen Staatsangehörigen kann kraft spezieller gesetzlicher Regelung eine Niederlassungserlaubnis erteilt werden. Eine bestimmte, bereits im Bundesgebiet gelebte Zeit ist dafür nicht erforderlich. Voraussetzung für die

---

[1] Gemeint ist eine wohnsitzbeschränkende Auflage unter den Voraussetzungen von § 23 Abs. 2 S. 4 AufenthG. Ausländern, denen nach § 23 Abs. 2 AufenthG durch das BMI oder obersten Landesbehörden aus politischen Gründen eine Aufnahmezusage und anschließend eine Niederlassungserlaubnis erteilt wird und die Sozialleistungen nach SGB II oder SGB XII erhalten (vgl. Renner/*Dienelt*, Ausländerrecht, § 23 AufenthG, vorläufige Anwendungshinweise Ziff. 23.2.4), kann zur Wahrung der gerechten Lastenverteilung zwischen den Ländern eine wohnsitzbeschränkende Auflage erteilt werden.

Erteilung einer solchen Niederlassungserlaubnis ist lediglich, dass die Bundesagentur für Arbeit zugestimmt hat oder durch Rechtsverordnung oder durch zwischenstaatliche Vereinbarung geregelt ist, dass die Ausübung der Beschäftigung ohne Zustimmung der Bundesagentur für Arbeit zulässig ist. Zudem muss die Annahme gerechtfertigt sein, dass die Integration in die Lebensverhältnisse der Bundesrepublik Deutschland und die Sicherung des Lebensunterhalts ohne staatliche Hilfe gesichert sind (§ 19 Abs. 1 AufenthG).

668 **Hochqualifiziert** sind insbesondere Wissenschaftler mit besonderen fachlichen Kenntnissen und Lehrpersonen oder wissenschaftliche Mitarbeiter in herausgehobener Funktion (§ 19 Abs. 2 AufenthG). **Wissenschaftler** können diese Niederlassungserlaubnis beantragen, wenn sie überdurchschnittliche Fachkenntnisse aufweisen können, die sich aus Laufbahn, Veröffentlichungen, Projekten oder Forschungsvorhaben ergeben. Lehrpersonen sind zB dann in einer herausgehobenen Funktion beschäftigt, wenn sie über die üblichen Aufgaben hinaus Projekte entwickeln oder Arbeitsgruppen leiten. Die Einstufung einer Personengruppe als „hochqualifiziert" obliegt den Ausländerbehörden und -vertretungen, die bei positiver Entscheidung ein Zustimmungsverfahren einleiten müssen.[1] Ein bestimmter Mindestverdienst ist dabei nicht mehr erforderlich.

c) Niederlassungserlaubnis bei mittlerer Qualifikation

669 Auch einem ausländischen Staatsangehörigen mit „mittlerer Qualifikation" kann eine Niederlassungserlaubnis erteilt werden. Eine diesbezügliche Verordnung zur Änderung des Ausländerbeschäftigungsrechts ist Mitte 2013 in Kraft getreten. Die Einzelheiten sind in § 6 Abs. 2 BeschV geregelt.

670 Voraussetzung für die Ausübung einer der beruflichen Qualifikation entsprechenden Beschäftigung in einem staatlich anerkannten oder vergleichbar geregelten Ausbildungsberuf ist, dass auf dem deutschen Arbeitsmarkt Fachkräfte mit einer entsprechenden Ausbildung fehlen (zB Heizungs- und Klimatechniker) oder dass die betreffenden Personen von der Bundesagentur für Arbeit durch eine Absprache mit der Arbeitsverwaltung des Herkunftslandes vermittelt worden sind. Darüber hinaus müssen ausländische Bewerber einen passenden Ausbildungsabschluss haben, der mit einem inländischen Abschluss gleichwertig ist. Insofern muss die nach den Regelungen des Bundes oder der Länder für die berufliche Anerkennung zuständige Stelle die Gleichwertigkeit der Berufsqualifikation mit einer inländischen qualifizierten Berufsausbildung festgestellt haben. Die Zustimmung zur Ausübung einer der beruflichen Qualifikation entsprechenden Beschäftigung soll ohne Vorrangprüfung erteilt werden.

671 Die Steuerung soll über eine „Positivliste", auf welcher die Engpassberufe stehen, in denen der Fachkräftebedarf besonders groß ist, erfolgen. Diese Liste wird zusammen mit der Bundesagentur für Arbeit erstellt und kann flexibel nach dem jeweiligen Bedarf angepasst werden.

6. Erlaubnis zum Daueraufenthalt-EU

672 Die Erlaubnis zum Daueraufenthalt-EU[2] ist ein **unbefristeter Aufenthaltstitel**, der der Niederlassungserlaubnis gleichgestellt ist und zur **Erwerbstätigkeit** berechtigt

---

[1] Vgl. *Renner,* Ausländerrecht, § 19 Rn. 8.
[2] Die Erlaubnis zum Daueraufenthalt-EG ist durch das Gesetz zur Umsetzung aufenthalts- und asylrechtlicher Richtlinien der Europäischen Union vom 19.8.2007, BGBl. I, 1970, im Aufenthaltsgesetz umgesetzt worden. Die Umbenennung der Bezeichnung „Daueraufenthalt-EG" zu „Daueraufenthalt-EU" erfolgte durch das Gesetz zur Verbesserung der Rechte von international Schutzberechtigten und ausländischen Arbeitnehmern vom 29.8.2013, BGBl. I, 3484.

F. Beschäftigung von ausländischen Arbeitnehmern

(§ 9a AufenthG). Im Unterschied zur Niederlassungserlaubnis gewährt sie dem Inhaber ein **zusätzliches Recht auf Mobilität innerhalb der EU-Mitgliedstaaten.** Seine Erteilung richtet sich nach den allgemeinen Voraussetzungen (§ 5 Abs. 1 AufenthG) und den besonderen Voraussetzungen (§ 9a Abs. 2 AufenthG). Danach ist einem Ausländer die Erlaubnis zum Daueraufenthalt-EU zu erteilen ist, wenn
– er sich seit fünf Jahren mit Aufenthaltstitel im Bundesgebiet aufhält (Nr. 1),
– sein Lebensunterhalt und derjenige seiner Angehörigen, denen er Unterhalt zu leisten hat, durch feste und regelmäßige Einkünfte gesichert ist (Nr. 2),
– er über ausreichende Kenntnisse der deutschen Sprache verfügt (Nr. 3),
– er über Grundkenntnisse der Rechts- und Gesellschaftsordnung und der Lebensverhältnisse im Bundesgebiet verfügt (Nr. 4),
– Gründe der öffentlichen Sicherheit oder Ordnung unter Berücksichtigung der Schwere oder der Art eines Verstoßes gegen die öffentliche Sicherheit oder Ordnung oder einer vom Ausländer ausgehenden Gefahr unter Berücksichtigung der Dauer des bisherigen Aufenthalts und dem Bestehen von Bindungen im Bundesgebiet nicht entgegenstehen (Nr. 5) und
– er über ausreichenden Wohnraum für sich und seine mit ihm in familiärer Gemeinschaft lebenden Familienangehörigen verfügt (Nr. 6).

7. Aufenthalt aus familiären Gründen (§§ 27–36 AufenthG)

673 Ausländer, die in Deutschland arbeiten möchten, haben oftmals familiäre Bindungen und nur dann ein Interesse daran, im Bundesgebiet tätig zu werden, wenn ihre Familie sie begleiten darf. Sofern es sich um Unionsbürger handelt, sind die EU-Freizügigkeitsregeln anzuwenden. Für alle anderen Ausländer regelt § 27 AufenthG den Grundsatz des **Familiennachzugs.** Gemeint ist damit sowohl der Nachzug von Ehegatten und Kindern zur Wiederherstellung der familiären Lebensgemeinschaft, als auch der gemeinsame Zuzug der gesamten Familie nach Deutschland.[1] § 27 AufenthG nimmt Bezug auf den Schutz von Ehe und Familie in Art. 6 GG. Der von ihm umfasste Personenkreis beinhaltet daher nur den bürgerlich-rechtlichen Ehepartner[2] und die eingetragene Lebenspartnerschaft,[3] nicht dagegen die nichteheliche oder eheähnliche Lebensgemeinschaft.[4] Geschützt sind des Weiteren eheliche wie nichteheliche-, Adoptiv-, Stief- und Pflegekinder,[5] ohne Rücksicht darauf, ob sie volljährig und schon aus dem Haushalt ausgeschieden sind,[6] nicht jedoch die Generationen-Großfamilie.[7]

674 § 29 AufenthG regelt die allgemeinen Voraussetzungen für den Familiennachzug zu Ausländern. Danach muss der Ausländer eine Niederlassungserlaubnis, Erlaubnis zum Daueraufenthalt-EU, eine Aufenthaltserlaubnis oder eine Blaue Karte EU besitzen und ihm muss ausreichender Wohnraum zur Verfügung stehen. Die betroffenen Personen müssen die familiäre Lebensgemeinschaft wahren. In der Regel wird dafür verlangt, dass sie eine gemeinsame Familienwohnung bewohnen,[8] sofern nicht besondere Gründe vorliegen, die eine zusätzliche Wohnung erforderlich machen. Der Familiennach-

---

[1] Renner/*Dienelt*, Ausländerrecht, § 27 Rn. 2.
[2] BVerfG 17.11.1992 – 1 BvL 8/87, BVerfGE 87, 234; Renner/*Dienelt*, Ausländerrecht, § 27 Rn. 39.
[3] Gesetz vom 16.2.2001, BGBl. I 266; Renner/*Dienelt*, Ausländerrecht, § 27 Rn. 53 ff.
[4] BVerwG 26.2.1980 – I C 90.76, BVerwGE 60, 75; Renner/*Dienelt*, Ausländerrecht, § 27 Rn. 39.
[5] *Hailbronner*, Ausländerrecht, § 27 Rn. 18 ff.; Renner/*Dienelt*, Ausländerrecht, § 27 Rn. 40.
[6] BVerfG 5.2.1981 – 2 BvR 646/80, BVerfGE 57, 170; Renner/*Dienelt*, Ausländerrecht, § 27 Rn. 40.
[7] BVerfG 31.5.1978 – 1 BvR 683/77, BVerfGE 48, 327; Renner/*Dienelt*, Ausländerrecht, § 27 Rn. 40.
[8] Renner/*Dienelt*, Ausländerrecht, § 27 Rn. 46.

zug ist nicht möglich, wenn derjenige, zu dem der Familiennachzug stattfindet, für den Unterhalt von anderen Familienangehörigen oder anderen Haushaltsangehörigen auf Leistungen nach dem SGB II oder SGB XII angewiesen ist.[1] Vielmehr muss der Lebensunterhalt für die gesamte Kernfamilie gesichert sein. Ist dies nicht der Fall, kann allenfalls geprüft werden, ob besondere Umstände die Annahme eines Ausnahmefalls rechtfertigen.[2] Die besonderen Voraussetzungen für den Nachzug von Ehegatten und Kindern sind in den §§ 30, 32 AufenthG geregelt.

a) Ehegatten (§ 30 AufenthG)

675   Für Ehegatten hat der Gesetzgeber einen eigenen Tatbestand geschaffen. Danach ist dem **Ehegatten** eines Ausländers eine Aufenthaltserlaubnis zu erteilen, wenn
– beide Ehepartner das 18. Lebensjahr vollendet haben,
– der Ehegatte sich zumindest auf einfache Art in deutscher Sprache verständigen kann und
– der Ausländer eine der in § 30 Abs. 1 S. 1 Nr. 3 AufenthG beschriebenen Aufenthaltstitel besitzt.

676   Ausnahmen von diesen Voraussetzungen finden sich in den Sätzen 2 und 3 des ersten Absatzes. Insbesondere kann auf die Sprachkenntnisse des Ehegatten verzichtet werden, wenn der Ausländer einen Aufenthaltstitel nach den §§ 19–21 AufenthG besitzt und die Ehe bereits bestand, als er seinen Lebensmittelpunkt in das Bundesgebiet verlegt hat (§ 30 Abs. 1 S. 2 Nr. 1 AufenthG). Im Übrigen kann die Aufenthaltserlaubnis des Ehegatten erteilt werden, wenn dies zur Vermeidung einer besonderen Härte notwendig ist. Dazu müssen besondere, atypische Fälle vorliegen, die so bedeutsam sind, dass sie das sonst ausschlaggebende Gewicht der gesetzlichen Regelung beseitigen, aber auch dann, wenn höherrangiges Recht wie Schutz von Ehe und Familie oder die unionsrechtlichen Vorgaben der Familienzusammenführungsrichtlinie (RL 2003/86/EG) es gebieten.[3] Diese Regeln sind erst anwendbar, wenn die Ehe besteht. Zur Eheschließung im Bundesgebiet muss ein nationales Visum erteilt werden. Nach der Eheschließung hat der Ehegatte während der Gültigkeit seines Visums Zeit, einen Antrag auf Erteilung der Aufenthaltsgenehmigung nach § 30 AufenthG zu stellen (§ 39 Nr. 1 AufenthG). Zur Erteilung der Aufenthaltsgenehmigung muss der Ehepartner die allgemeinen Voraussetzungen erfüllen (§§ 5, 11, 27 und 30 AufenthG). Insbesondere muss der Ausländer eine Niederlassungserlaubnis, eine Erlaubnis zum Daueraufenthalt-EG, eine Aufenthaltserlaubnis oder eine Blaue Karte EU besitzen und über ausreichenden Wohnraum verfügen.

b) Kinder (§ 32 AufenthG)

677   Kindern eines Ausländers ist eine Aufenthaltserlaubnis zu erteilen, wenn beide Eltern oder der allein personensorgeberechtigte Elternteil eine Aufenthaltserlaubnis, Niederlassungserlaubnis, eine Blaue Karte EU oder eine Erlaubnis zum Daueraufenthalt-EG besitzen und das Kind seinen Lebensmittelpunkt zusammen mit seinen Eltern oder dem allein personensorgeberechtigten Elternteil in das Bundesgebiet verlegt (§ 32 Abs. 1 Nrn. 1a und 2 AufenthG).[4] Der **Kindernachzug** setzt voraus, dass das Kind nicht verheiratet, geschieden oder verwitwet ist und das 18. Lebensjahr noch nicht

---

[1] BVerwG 16.11.2010 – 1 C 21/09, AuAS 2011, 62; 16.11.2010 – 1 C 21/09, InfAuslR 2011, 182.
[2] BVerwG 16.11.2010 – 1 C 21/09, AuAS 2011, 62.
[3] BVerwG 16.11.2010 – 1 C 21/09, AuAS 2011, 62.
[4] Vgl. auch VG Berlin 23.2.2011 – 23 V 16.08.

vollendet hat.[1] Darüber hinaus kann nur bei außergewöhnlicher Härte ein Aufenthaltstitel nach § 36 Abs. 2 AufenthG erwirkt werden, dessen Erteilung im Ermessen der Behörde steht.[2]

II. Einholung, Verlängerung und Beendigung des Aufenthaltstitels

1. Antragsverfahren und Ausnahmen

Ausnahmen vom Erfordernis des Aufenthaltstitels bei der Einreise finden sich in §§ 39–41 AufenthV. § 41 befreit die dort aufgeführten Länder von der Visumspflicht und erlaubt es seinen Bürgern, grundsätzlich **visumsfrei** einzureisen und 90 Tage in der Bundesrepublik Deutschland zu touristischen Zwecken zu verweilen. Einen Aufenthaltstitel können sie – ohne Rücksicht auf seine Dauer oder seinen Zweck – **im Inland** beantragen. In der Praxis ist zu beachten, dass eine Erwerbstätigkeit erst durch den im Inland beantragten Aufenthaltstitel erlaubt werden kann. Bis zur Erlangung eines solchen Titels darf der visumfrei eingereiste Ausländer nicht im Bundesgebiet arbeiten.[3] Bereits im Bundesgebiet rechtmäßig ansässigen Ausländern ist gestattet, den Aufenthaltstitel bei der Ausländerbehörde in Deutschland einzuholen. Dies gilt insbesondere für Ausländer, die im Besitz eines nationalen Visums oder einer Aufenthaltserlaubnis sind. Ist ein Ausländer zum Zeitpunkt seiner Einreise visumfrei eingereist und wird er erst anschließend aufenthaltspflichtig, kann er den nötigen Aufenthaltstitel auch nach der Einreise einholen (§ 39 Nr. 2 AufenthV). Besitzer eines Schengen-Visums dagegen können nur dann einen Aufenthaltstitel im Inland einholen, wenn die Voraussetzungen auf Erteilung des Aufenthaltstitels erst nach ihrer Einreise eingetreten sind.[4] Diese Regelung soll verhindern, dass Ausländer mit dem für Kurzzeitaufenthalte ausgestalteten Touristenvisum einreisen, für das keine Zustimmung der Ausländerbehörde notwendig ist, nur um anschließend im Inland einen Daueraufenthaltstitel zu beantragen und so die Erteilung des nationalen Visums und die Beteiligung der Ausländerbehörde zu umgehen.

678

Für das Antragsverfahren für ein nationales Visum zum Zweck der Erwerbstätigkeit ist die zuständige Auslandsvertretung am Wohnsitz des Ausländers zuständig (§ 71 Abs. 2 AufenthG). Dabei muss der Ausländer persönlich und mit allen erforderlichen **Unterlagen** vorsprechen. Dies sind:
– Antrag auf Aufenthaltstitel (auf amtlich vorgeschriebenem Vordruck),
– Gültiger Reisepass (in Kopie),
– (Biometrische) Passfotos,
– Stellenbeschreibung,
– Arbeitsvertrag (uU Entwurf),
– Lebenslauf,
– Begründung, warum die Stelle durch den Ausländer zu besetzen ist,
– Nachweise über Qualifikationen (zB Zeugnisse oder Diplome),
– Krankenversicherungsnachweis (idR genügt die Vorlage der Krankenversicherungskarte bzw. einer Kopie davon. Teilweise wird ein Schreiben der ausländischen Krankenversicherung verlangt, das bestätigt, dass der Versicherte weltweit und zu allen Zwecken – auch Business – versichert ist).

679

---

[1] Renner/*Dienelt,* Ausländerrecht, Zu § 32, 32.0.1.
[2] Renner/*Dienelt,* Ausländerrecht, Zu § 32, 32.0.1 und § 32 Rn. 2; *Hailbronner,* Ausländerrecht, § 27 Rn. 21 und § 36 Rn. 27 f.
[3] *Hailbronner,* Ausländerrecht, A 1, § 4 Rn. 43.
[4] *Hailbronner,* Ausländerrecht, A 1, § 4 Rn. 40.

680 Oftmals sind die Unterlagen in deutscher und englischer Sprache einzureichen. Zudem variieren die vorzulegenden Dokumente von Behörde zu Behörde, daher sollte im Vorfeld geklärt werden, welche Unterlagen die zuständige Behörde benötigt. Im Zuge des Verfahrens beteiligt die Auslandsvertretung sodann die zuständige Ausländerbehörde in Deutschland, um die ausländerrechtlichen Voraussetzungen überprüfen zu lassen. Bei zustimmungspflichtigen Beschäftigungen schaltet die Ausländerbehörde die Bundesagentur für Arbeit ein.[1] Wenn die gesetzlichen Voraussetzungen erfüllt sind, erklärt die Agentur für Arbeit gegenüber der Ausländerbehörde in einem behördeninternen Beteiligungsverfahren die Zustimmung zur Beschäftigung (→ Rn. 652) Die Ausländerbehörde teilt dies wiederum der zuständigen Auslandsvertretung mit. Erst wenn gegen die Aufnahme einer Beschäftigung keine Bedenken bestehen, kann die Auslandsvertretung ein Visum mit einer Gültigkeit von drei Monaten und den von der Ausländerbehörde mitgeteilten Auflagen ausstellen.[2] Da die Bearbeitungsdauer bis zu drei Monate betragen kann (insbesondere wenn die Bundesagentur für Arbeit zu beteiligen ist), sollte das Verfahren rechtzeitig begonnen werden. In der Praxis ist es oft möglich, die Unterlagen parallel bei der Auslandsvertretung und Ausländerbehörde einzureichen und die Ausländerbehörde um Vorabzustimmung (§ 31 Abs. 3 AufenthV) zu bitten.[3] Da das Visum zur Erwerbstätigkeit idR nur drei Monate gültig ist, sollte unmittelbar nach der Einreise des Ausländers in die Bundesrepublik eine Aufenthaltsgenehmigung bei der zuständigen Ausländerbehörde beantragt werden.

681 Ausländer, die visumfrei einreisen dürfen, können den Antrag auf Aufenthaltserlaubnis oder sogar Niederlassungserlaubnis (oft im Fall Hochqualifizierter gemäß § 19 AufenthG zu genehmigen) nach ihrer Einreise direkt beim zuständigen Ausländeramt stellen. Zuständig ist das Ausländeramt am zukünftigen Wohnort des betroffenen Ausländers, nicht am zukünftigen Arbeitsort. Die Antragstellung erfolgt persönlich und mitsamt aller notwendigen Unterlagen. Zusätzlich zu den für das Visumverfahren genannten Unterlagen werden benötigt:
– Meldebescheinigung,
– zT Mietvertrag,
– zT Gehaltsnachweis der letzten drei Monate (als Nachweis des gesicherten Lebensunterhalts).

682 Auch hier ist vorab mit dem Ausländeramt abzuklären, welche Unterlagen eingereicht werden sollen und ob diese ggf. auch auf Englisch eingereicht werden dürfen. In dringenden Fällen und aus Gründen der Planungssicherheit kann die Ausländerbehörde darum gebeten werden, eine **Vorabprüfung** durchzuführen. Dadurch kann das Verfahren beschleunigt und eine Einschätzung des Sachverhalts ermöglicht werden, damit potentielle Arbeitnehmer nicht unnötig einreisen, wenn sie keine Aufenthaltsgenehmigung erhalten. Zudem sollte beachtet werden, dass bis zur Erteilung des Aufenthaltstitels keine Erwerbstätigkeit aufgenommen werden darf, auch wenn der Ausländer bereits eingereist ist. Die Bearbeitungszeit variiert zwischen wenigen Wochen bis zu zwei Monaten (je nach Arbeitsbelastung der konkreten Behörde und ob die Agentur für Arbeit einbezogen werden muss). Das Verfahren sollte daher rechtzeitig eingeleitet werden.

---

[1] Merkblatt 7 der Bundesagentur für Arbeit, Beschäftigung ausländischer Arbeitnehmerinnen und Arbeitnehmer in Deutschland, Stand Januar 2014, Kapitel 8; *Richert* AuA 2011, 264.

[2] Merkblatt 7 der Bundesagentur für Arbeit, Beschäftigung ausländischer Arbeitnehmerinnen und Arbeitnehmer in Deutschland, Stand Januar 2014, Kapitel 8; *Huber*, § 6 Rn. 9 f.; *Heuser/Heidenreich/Fritz*, Kap. B Rn. 878.

[3] Vgl. auch *von Auer*, Anwaltsformulare, Visumverfahren, Rn. 6; *Huber*, § 6 Rn. 9.

2. Verlängerung der Aufenthaltserlaubnis/Wechsel des Aufenthaltszwecks

Auf **Verlängerung** der Aufenthaltserlaubnis finden dieselben Vorschriften Anwendung wie auf die Erteilung der Aufenthaltserlaubnis (§ 8 Abs. 1 AufenthG). Dabei ist eine Verlängerung ausgeschlossen, wenn die zuständige Behörde dies bei einem seiner Zweckbestimmung nach nur vorübergehenden Aufenthalt bei der Erteilung oder zuletzt erfolgten Verlängerung bestimmt hat (§ 8 Abs. 2 AufenthG). Damit eröffnet diese Regelung der Behörde die Möglichkeit, die Verlängerung der Aufenthaltserlaubnis durch eine Nebenbestimmung auszuschließen. Auf diese Weise kann von Anfang an Klarheit über die Perspektive der Aufenthaltsdauer geschaffen werden. In der Praxis wird dies insbesondere auf Arbeitsaufenthalte nach Abschnitt 2 der BeschV, also auf Saisonarbeiter, Schaustellergehilfen oder Haushaltshilfen angewandt. 683

Der **Wechsel des Aufenthaltszwecks** ist möglich, soweit im AufenthG keine speziellen Ausschlussgründe genannt sind (zB während des Studiums und der beruflichen Aus- oder Weiterbildung oder bei erfolglosen Asylbewerbern). Die Ausländerbehörde überprüft dann, ob die Voraussetzungen des neuen Aufenthaltszwecks gegeben sind und entscheidet nach pflichtgemäßem Ermessen, ob dem Aufenthaltszweckwechsel zuzustimmen ist. Wird der Aufenthaltszweckwechsel von der Ausländerbehörde abgelehnt, gilt der alte Aufenthaltstitel bis zum Ablauf seiner Gültigkeit weiter.[1] 684

3. Beendigung des Aufenthalts

Der Aufenthalt ist zu beenden, wenn ein befristeter Aufenthaltstitel zeitlich abläuft, ohne verlängert zu werden. Des Weiteren können späterer Wegfall von Erteilungsvoraussetzungen, der Wegfall des Aufenthaltszweckes auf Grund von Nichterreichbarkeit des Aufenthaltszweckes, die Nichterfüllung der Auflagen des Aufenthaltstitels oder das Vorliegen von Ausweisungsgründen (§§ 53 ff. AufenthG) zur Beendigung des Aufenthalts führen. Ohne einen gültigen Aufenthaltstitel hat der Ausländer kein Recht mehr, sich im Bundesgebiet aufzuhalten oder zu arbeiten. Eine Rücknahme des Aufenthaltstitels innerhalb des Gültigkeitszeitraums ist möglich, wenn dieser durch unzutreffende Angaben erschlichen wurde, und diese Angaben maßgeblich für dessen Erteilung waren. 685

III. Illegale Beschäftigung

Arbeitgeber dürfen Ausländer nur dann beschäftigen, wenn diese einen Aufenthaltstitel besitzen, der sie ausdrücklich dazu berechtigt (§ 4 AufenthG, § 284 SGB III). Diesbezüglich trifft den Arbeitgeber eine Kontrollpflicht. Wird ein Ausländer ohne den erforderlichen Aufenthaltstitel beschäftigt, so handeln sowohl der Arbeitgeber als auch der Arbeitnehmer ordnungswidrig und können sich strafbar machen. 686

Die im Juli 2011 auf Grund der sog. „Sanktionsrichtlinie"[2] der EU letztmals verschärften Strafbarkeitstatbestände für Schwarzarbeit finden sich im SchwarzArbG und im StGB. 687

Sozialversicherungsrechtliche Verletzungen der Melde-, Beitrags- und Aufzeichnungspflichten nach § 1 Abs. 2 Nr. 1 SchwarzArbG können zur Strafbarkeit von Arbeitnehmer und Arbeitgeber führen. So macht sich der Arbeitgeber durch das **Nichtabführen von Arbeitnehmerbeiträgen zur Sozialversicherung** nach § 266a StGB und der Arbeitnehmer wegen Beihilfe zum Vorenthalten und Veruntreuen von Arbeitsentgelt strafbar.[3] 688

---

[1] *Huber*, § 7 Rn. 13.
[2] RL 2009/52 EG.
[3] OLG Stuttgart 17.4.2000 – 2 Ss 47/00, wistra 2000, 392 f.; *Wabnitz/Jankovsky*, Kap. 17 Rn. 53.

689 Weitere Straftatbestände werden durch den **Verstoß des Arbeitnehmers gegen Mitteilungspflichten gegenüber den Sozialleistungsträgern** begangen. Dieser ist als Beantragender von Sozialversicherungsleistungen dazu verpflichtet, alle Tatsachen anzugeben, die für die Leistung erheblich sind, und jede Änderung unverzüglich mitzuteilen (§ 60 Abs. 1 SGB I). Wer vorsätzlich falsche Angaben macht bzw. eine Beschäftigung verschweigt, um Sozialleistungen zu empfangen, macht sich regelmäßig wegen Betrugs strafbar (§ 263 StGB). Selbst wenn die für § 263 StGB nötige Bereicherungsabsicht[1] fehlt, ist immer noch eine Strafbarkeit nach dem Schwarzarbeitsbekämpfungsgesetz (§ 9 SchwarzArbG) möglich. Dieser bestraft das Erschleichen von Sozialleistungen im Zusammenhang mit der Erbringung von Dienst- und Werkleistungen. Danach sind Ausländer, die als Empfänger von Sozialleistungen nach dem SGB II, III oder XII Dienst- oder Werkleistungen erbringen, ohne dies anzuzeigen, und weiterhin Leistungen nach dem SGB beziehen, mit einer Freiheitsstrafe bis zu drei Jahren zu bestrafen. Im Gegensatz zum Tatbestand des Betruges ist eine Bereicherungsabsicht nicht erforderlich, die allerdings bereits dann anzunehmen ist, wenn der Vermögensvorteil eine notwendige und nicht unerwünschte Nebenfolge des Handelns ist.[2] Daher sind in der Regel beide Tatbestände erfüllt.

690 Durch das SchwarzArbG wird auch die Beschäftigung von Ausländern ohne Genehmigung oder ohne Aufenthaltstitel **zu ungünstigen Arbeitsbedingungen** geahndet (§ 10 Abs. 1 SchwarzArbG). Danach wird mit Freiheitsstrafe bis zu drei Jahren oder mit Geldstrafe bestraft, wer vorsätzlich eine in § 404 Abs. 2 Nr. 3 SGB III bezeichnete Handlung begeht und den Ausländer zu Arbeitsbedingungen beschäftigt, die in einem auffälligen Missverhältnis zu den Arbeitsbedingungen deutscher Arbeitnehmer und Arbeitnehmerinnen stehen, die die gleiche oder eine vergleichbare Tätigkeit ausüben. Zur Feststellung solcher ungünstigen Arbeitsbedingungen in auffälligem Missverhältnis zu denen deutscher Arbeitnehmer wird eine Gesamtbetrachtung aller Arbeitsbedingungen vorgenommen, namentlich

– gezahltes Entgelt,
– Arbeitszeit,
– Urlaub,
– Lohnfortzahlung im Krankheitsfall,
– Meldung zur Sozialversicherung und die Abführung von Lohnsteuer.[3]

691 Teilweise soll ein auffälliges Missverhältnis bei Nichtanmeldung illegal beschäftigter Ausländer zur Sozialversicherung gegeben sein, wenn der Arbeitgeber dadurch im Vergleich zur Beschäftigung deutscher Arbeitnehmer beträchtliche Gewinne erzielt.[4] Zudem wird die Erwerbstätigkeit von Ausländern ohne Genehmigung oder ohne Aufenthaltstitel in größerem Umfang oder von minderjährigen Ausländern unter Strafe gestellt (§ 1 Abs. 1 SchwarzArbG). Ein größerer Umfang ist dabei bereits bei einer Beschäftigung von **mehr als fünf Arbeitnehmern** anzunehmen. Ordnungswidrigkeiten werden in zwei Gruppen gefasst: der Verletzung von Melde-, Anzeige- und Eintragungspflichten und Verstöße gegen eine Prüfung nach § 2 SchwarzArbG. Die Geldbuße für diese Ordnungswidrigkeiten kann zwischen 1000 und 300 000 EUR liegen.

692 Weitere Ordnungswidrigkeitstatbestände finden sich in § 60 Abs. 1 S. 1 Nr. 2 SGB I und § 404 Abs. 2 Nr. 26 SGB III, die jeweils Geldbußen bis zu 5000 EUR androhen.

---

[1] Bereicherungsabsicht iSv § 263 StGB ist die Absicht, sich oder einen Dritten zu bereichern, wobei die Absicht als nächstes und unmittelbares Ziel für die Willensbildung des Täters maßgebend gewesen sein muss.
[2] *Wabnitz/Jankovsky*, Kap. 17 Rn. 28.
[3] *Wabnitz/Jankovsky*, Kap. 17 Rn. 32.
[4] OLG Frankfurt 22.5.2005 – 1 Ss 9/04, NStZ-RR 2005, 184.

§ 21 SchwarzArbG ermöglicht zudem den **Ausschluss von öffentlichen Aufträgen** als Sanktion.

Neben dem Verstoß gegen Straf- und Bußgeldvorschriften werden regelmäßig auch steuerrechtliche Pflichten verletzt. Es handelt sich dabei um **Steuerhinterziehung** im Rahmen von Schwarzarbeit. Für Einkünfte aus selbständig ausgeübter Schwarzarbeit aus Gewerbebetrieb müsste Einkommens- und ggf. auch Gewerbesteuer entrichtet werden (§§ 2 Abs. 1 Ziff. 2, 15 EStG). Für Einkünfte aus nichtselbständig ausgeübter Schwarzarbeit würde die Einkommensteuer anfallen.[1] Umsatzsteuerrechtlich relevant ist nur die selbständig ausgeübte Schwarzarbeit, für die Umsatzsteuervoranmeldungen und Umsatzsteuerjahreserklärungen abgegeben werden müssten (§ 18 UStG). Zuletzt wäre der Arbeitgeber nach §§ 38, 41a EStG dazu verpflichtet, für den Schwarzarbeiter Lohnsteuer einzubehalten, dem Finanzamt anzumelden und abzuführen. Arbeitgeber und Arbeitnehmer haften hierfür als Gesamtschuldner (§ 42d Abs. 3 EStG, der Arbeitgeber gemäß § 42d Abs. 1 EStG und der Schwarzarbeiter gemäß § 38 Abs. 2 S. 1 EStG). Bei allen Fallgestaltungen können sich beide Parteien wegen Steuerhinterziehung gemäß § 370 AO strafbar machen.

693

---

[1] Vgl. auch *Wabnitz/Jankovsky*, Kap. 17 Rn. 191.

G. Besonderheiten der Organverhältnisse im internationalen Konzern

I. Der Geschäftsführer im internationalen Konzern

1. Die Organisationsstrukturen im (internationalen) Konzern

694 Konzerne setzen sich aus Gründen der steuerlichen Gestaltung, aus Gründen der Haftungsbegrenzung, aber auch der Steuerung und der Internationalisierung häufig aus einer Vielzahl von Gesellschaften zusammen. Dabei sind die **Organisationsstrukturen** im nationalen wie auch im internationalen Konzern in der Regel primär betriebswirtschaftlich ausgerichtet. Zwar kann sich die Konzernstruktur auch an den Ländergrenzen orientieren und rechtlich selbständige Konzernunternehmen in einzelnen Ländern vorsehen. Insbesondere in grenzüberschreitend tätigen Konzernen besteht aber eine besondere Notwendigkeit für eine effiziente und straffe Organisation, die in der Regel an Geschäftsfeldern oder Sparten orientiert ist. Ziel dieser Organisationsform ist es, eine effizientere Entscheidungsfindung zu gewährleisten. Auf nationale gesellschaftsrechtliche Erfordernisse nehmen solche Strukturen in der Regel meist wenig Rücksicht. Maßgeblich sind vielmehr die Wirtschaftlichkeit und die Zweckmäßigkeit der konzernrechtlichen Konstruktionen. Als besonders erfolgreich gelten zB **Matrixstrukturen.**[1] Dabei handelt es sich um die Koppelung zweier Verantwortungssysteme, bei denen die Mitarbeiter häufig in mehreren Weisungsbeziehungen stehen. Insbesondere in internationalen Konzernen ist häufig eine Aufteilung in **globale Geschäftsbereiche und regionale Länderverantwortungen** zu finden. Der Leiter einer lokalen Geschäftseinheit berichtet dabei zugleich an den Verantwortlichen für das jeweilige Land sowie an den Leiter des globalen Geschäftsbereichs. Eine vergleichbare Situation ergibt sich in einer (grenzüberschreitenden) **Spartenorganisation.** Die Abgrenzung der einzelnen Sparten muss nicht zwangsläufig mit der Gliederung in rechtlich selbständige Unternehmen übereinstimmen. So berichtet ggf. der Leiter des lokalen Facility Management an den Leiter des Facility Management einer Region und dieser wiederum an den Leiter des globalen Facility Management. Der Leiter des lokalen Facility Management ist somit in die Organisation der lokalen Einheit eingebunden, ohne aber dem lokalen Management (zB dem Geschäftsführer einer Vertriebsgesellschaft) gegenüber weisungsgebunden zu sein.

Aus dem Blickwinkel des Dienstvertragsrechts gilt für den nationalen Konzern wie auch für den internationalen Konzern Folgendes: **Verbundene Unternehmen sind als solche nicht rechtsfähig.** Daher ist der Dienstvertrag eines Geschäftsführers stets mit einer einzelnen Gesellschaft abzuschließen.[2] Dabei dürfen auch die jeweiligen gesellschaftsrechtlichen Strukturen eines Landes nicht unberücksichtigt bleiben und sind in den Vertragsgestaltungen abzubilden, um den gesetzlichen Erfordernissen zu genügen.[3] Gleichwohl bedeutet dies aber nicht, dass durch einen entsprechenden Geschäftsführervertrag nur Rechte und Pflichten inter partes, also zwischen den vertragsschließenden Parteien, begründet werden können. Der Einbezug Dritter in die vertraglichen Leistungsbeziehungen und Nebenpflichten erfordert jedoch eine aus-

---

[1] *Mahnkopf,* Management der Globalisierung, S. 172 f.
[2] *Windbichler,* Arbeitsrecht im Konzern, S. 18; *Volkelt,* Geschäftsführer im Konzern, S. 12; Michalski/*Lenz,* § 35 Rn. 121; Hümmerich/Reufels/*Borgmann,* § 2 Rn. 169.
[3] *Schneider* GmbHR 1993, 10 ff.; *Windbichler,* Arbeitsrecht im Konzern, S. 18.

drückliche Regelung in dem jeweiligen Vertragswerk. In der Praxis findet man solche Hinweise allerdings seltener. Dennoch wird von der Konzernleitung regelmäßig erwartet, dass zB Berichtspflichten unternehmensübergreifend erfüllt, der Konzernmutter regelmäßig Controllingdaten zur Verfügung gestellt oder Ressourcen gemeinsam von den Mitarbeitern mehrerer Gesellschaften genutzt werden. Darüber hinaus werden in Matrix- oder Spartenstrukturen die maßgeblichen Entscheidungen oftmals auf Hierarchieebenen getroffen, auf die der Geschäftsführer der lokalen Einheit keinen Einfluss hat. Trifft ein Konzern keine geeigneten Maßnahmen, gehen die Geschäftsführer in einer solchen Position ein unter Umständen erhebliches Risiko ein. Denn ihre Haftung regelt sich gerade nicht nach der Matrix- oder Spartenorganisation, sondern nach „klassischem" Gesellschaftsrecht sowie gegebenenfalls nach dem jeweiligen Landesrecht.[1]

2. Gestaltungsformen der Organstellung in einem Konzernverbund aus organisatorischer Sicht

a) Die Organisationsstruktur des Konzern bestimmt die Gestaltung der Organstellung

Je nach Ausgestaltung des Konzerns und seiner jeweiligen Organisationsstruktur kann sich die Organstellung für den Geschäftsführer höchst unterschiedlich darstellen. In einer Grobgliederung lassen sich im Wesentlichen vier verschiedene Konstellationen beschreiben: 695

aa) „Klassische" Organstellung bei einer konzernangehörigen Gesellschaft

Es handelt sich um einen Geschäftsführer, der ausschließlich bei einer abhängigen Konzerngesellschaft tätig ist, mit dieser seinen Anstellungsvertrag geschlossen hat, und dort umfassend – eventuell gemeinsam mit einem Geschäftsführerkollegen – die Geschicke der Gesellschaft verantwortet. Als Geschäftsführer unterliegt er den Weisungen der Konzernleitung in deren Funktion als Gesellschafter. 696

bb) Der Geschäftsführer als „Plant-Manager" 697

Der Geschäftsführer ist nur „Plant-Manager", also Betriebsleiter, ohne dass Einkaufs-, Vertriebs- oder Produktverantwortliche an ihn berichten. Zudem steuert der Konzern das gesamte Finanzwesen zentral, einschließlich der an der Matrixstruktur/ an den Sparten oder Geschäftsbereichen orientierten Gewinn- und Verlustrechnung. Der Jahresabschluss für die Tochtergesellschaft nach HGB wird lediglich pro forma erstellt.

cc) Die Spartenorganisation 698

Die Tochtergesellschaft ist aufgrund der Konzernstruktur, zB einer Spartenorganisation, in verschiedene Geschäftsbereiche mit jeweils eigenen Geschäftsführern unterteilt, die völlig unabhängig voneinander agieren und unterschiedliche Berichtswege haben.

dd) Mehrere Geschäftsführerpositionen in Personalunion 699

Der Konzern bestellt in mehreren oder allen Tochtergesellschaften eines Landes in Personalunion nur einen Geschäftsführer, sei es als „klassischen", umfassend verantwortlichen Geschäftsführer, sei es als pro forma verantwortlichen „Plant-Manager" oder auch als für eine gewisse Sparte verantwortlichen Geschäftsführer.

---

[1] *Windbichler,* Arbeitsrecht im Konzern, S. 166 ff.; *Volkelt,* Geschäftsführer im Konzern, S. 12 ff.; Michalski/Haas/Ziemons, § 43 Rn. 23.

b) Abgrenzung der Organstellung zur Arbeitnehmerfunktion

700 Für jede der beschriebenen Konstellationen gilt: dem (Fremd-)Geschäftsführer muss **auch tatsächliche Entscheidungsfreiheit** zukommen, um sicherzugehen, dass er als Organ anzuerkennen ist. Dies ist bei der Gestaltung des Anstellungsvertrages, mehr aber noch **in der täglich gelebten Praxis** zu beachten. Die der Konzernobergesellschaft bzw. einem Sparten- oder Geschäftsbereichsverantwortlichen eingeräumten Weisungsrechte müssen dem Geschäftsführer einen hinreichenden Freiraum für eigene Entscheidungen belassen. Besteht dieser Entscheidungsfreiraum nicht mehr oder nur noch in sehr eingeschränktem Umfang, könnte der Geschäftsführer aufgrund umfassender Weisungsgebundenheit trotz seiner Organstellung als Arbeitnehmer anzusehen sein mit der Folge, dass Arbeitnehmerschutzrechte wie zB das Kündigungsschutzgesetz, das Arbeitszeitrecht, das Urlaubsrecht und das Arbeitssicherheitsrecht zu seinen Gunsten wirken. Der Weg zu den Arbeitsgerichten bliebe ihm wegen § 5 Abs. 1 S. 3 ArbGG dennoch verwehrt. Dieser knüpft an die (formale) Organstellung an.[1]

701 Maßgeblich für die Einordnung als Arbeitnehmer ist nicht die Bezeichnung, sondern die tatsächliche Ausgestaltung des Vertragsverhältnisses.[2] Ob der **Geschäftsführer einer GmbH gleichzeitig deren Arbeitnehmer** sein kann, ist umstritten.[3] Der Geschäftsführer ist als Organ der Gesellschaft deren Vertreter. Gleichzeitig wird er aber auch als Angestellter im Rahmen eines Anstellungsvertrages tätig. Der BGH[4] vertritt die Auffassung, dass das Anstellungsverhältnis des GmbH-Geschäftsführers stets ein freies Dienstverhältnis sei, die Organstellung sei mit der Arbeitnehmereigenschaft unvereinbar. Organvertreter juristischer Personen sind nach der Vorstellung des Gesetzgebers im Allgemeinen schon begrifflich keine Arbeitnehmer.[5] Das BAG nimmt demgegenüber eine am Einzelfall orientierte Betrachtung vor. Zwar spreche in der Regel Einiges gegen die Einordnung des Geschäftsführers als Arbeitnehmer,[6] aber die Arbeitnehmereigenschaft sei nicht von vornherein mit der Organstellung unvereinbar.[7] Die Geschäftsführungsbefugnis könne von einer weisungsfreien Geschäftsführung bis zu einer im Einzelnen reglementierten Weisungsgebundenheit reichen. Die Arbeitnehmereigenschaft müsse daher anhand der üblichen Kriterien bestimmt werden, so dass eine ausnahmslose Ablehnung der Arbeitnehmereigenschaft eines GmbH-Geschäftsführers nicht sachgerecht sei. So hat das BAG beispielsweise in dem Fall, dass ein leitender Angestellter eines Unternehmens, der zugleich Geschäftsführer einer konzernabhängigen GmbH war, seinen Zeugnisanspruch gegenüber dem Unternehmen durchsetzen wollte, die Arbeitnehmereigenschaft des Geschäftsführers bejaht, weil er aus dem Arbeitsverhältnis zur Konzernmutter klagte.[8]

702 Ist der Geschäftsführer, wie in der oben beschriebenen Organisationsstruktur, nur „Plant-Manager", ohne dass die Verantwortlichen der maßgeblichen Einheiten an ihn berichten, so ergeben sich erhebliche Bedenken hinsichtlich seiner Organstellung. Die

---

[1] BAG 6.5.1999 – 5 AZB 22/98, NZA 1999, 839; BAG 23.8.2001 – 5 AZB 9/01, NZA 2002, 52 f.

[2] BAG 26.5.1999 – 5 AZR 664/98, AP GmbHG § 35 Nr. 10.

[3] Vgl. BeckOKGewO/*Schneider*, § 109 Rn. 17 ff.; Michalski/*Tebben*, § 6 Rn. 124 ff.

[4] BGH 29.1.1981 – II ZR 92/80, NJW 1981, 1270; *Jaeger* NZA 1998, 961 ff.; *Holthausen/Steinkraus* NZA-RR 2002, 281 ff.; BeckOKGewO/*Schneider*, § 109 Rn. 18.

[5] BGH 25.7.2002 – III ZR 207/01, NZA 2002, 1040 (1041); vgl. Michalski/*Lenz*, § 35 Rn. 116.

[6] BAG 3.7.1996 – 2 AZR 813/95, AP ArbGG § 84 Nr. 3; vgl. BeckOKGewO/*Schneider*, § 109 Rn. 19.

[7] BAG 15.4.1982 – 2 AZR 1101/79, AP KSchG § 14 Nr. 1; BAG 26.5.1999 – 5 AZR 664/98, AP GmbHG § 35 Nr. 10; Schaub/*Vogelsang*, Arbeitsrechts-Handbuch, § 14 Rn. 2 f.; vgl. BeckOKGewO/*Schneider*, § 109 Rn. 19.

[8] BAG 20.10.1995 – 5 AZB 5/95, NZA 1996, 200 ff.

Ansicht des BAG[1] zugrunde gelegt, könnte hier eine Arbeitnehmereigenschaft in Betracht kommen.

Dabei kann es in allen genannten Konstellationen zunächst dahingestellt bleiben, ob der Geschäftsführer für diese Aufgabe eingestellt wurde, oder ob es sich um einen zumeist leitenden Angestellten der Konzernobergesellschaft oder einer anderen konzernabhängigen Gesellschaft handelt, dem die Geschäftsführungsaufgabe in dem konzernabhängigen Unternehmen überantwortet wurde. In der Regel wird in letzterem Fall das Ruhen der Rechte und Pflichten aus dem Arbeitsvertrag mit der Konzernobergesellschaft bzw. der jeweiligen Herkunftsgesellschaft vereinbart. 703

Unabhängig von der Frage der möglichen Zuordnung des Beschäftigungsverhältnisses zum Arbeitsrecht, ist die **lohnsteuerrechtliche Behandlung** eindeutig: Da der Geschäftsführer einer GmbH, selbst wenn er an der GmbH beteiligt oder gar Alleingesellschafter ist, im steuerrechtlichen Sinne in der Regel als Arbeitnehmer gilt, sind die Einkünfte bei ihm als Einkünfte aus nicht selbstständiger Arbeit im Sinne von § 19 Abs. 1 EStG zu beurteilen und unterliegen damit dem Lohnsteuerabzug. 704

3. Gestaltung der Organstellung im Hinblick auf den Anstellungsvertrag

Unter dem Blickwinkel des Anstellungsvertrages ergeben sich für den Geschäftsführer ebenfalls unterschiedliche Gestaltungsmöglichkeiten. Diese Optionen können unabhängig von der jeweiligen Organisationsform zur Anwendung kommen. Welche der nachfolgend näher dargestellten Möglichkeiten zur Regelung der Anstellung des Geschäftsführers im jeweiligen Einzelfall vorzuziehen ist, wird insbesondere unter personalpolitischen und/oder ökonomischen Gesichtspunkten zu entscheiden sein, also unabhängig davon, ob es sich um den „klassischen", umfassend verantwortlichen Geschäftsführer, um einen nur für eine Unternehmenssparte zuständigen Geschäftsführer oder einen „Plant-Manager" mit sehr eingeschränkten Befugnissen handelt (Zur Gestaltung der Geschäftsführung aus organisatorischer Sicht → Rn. 695 ff.). 705

a) Geschäftsführer eines abhängigen Konzernunternehmens

In der Regel wird der **Anstellungsvertrag** des Geschäftsführers unmittelbar durch die konzernzugehörige Gesellschaft abgeschlossen, bei der auch die Bestellung zum Geschäftsführer erfolgt. Es handelt sich überwiegend um einen Dienstvertrag. Anderes gilt demgegenüber nach Rechtsprechung des BAG,[2] wenn eine im Detail reglementierte Weisungsgebundenheit vorliegt. Dann könne der Geschäftsführer auch in einem Arbeitsverhältnis zur Gesellschaft stehen. Wird der Anstellungsvertrag jedoch mit der Konzernobergesellschaft abgeschlossen, die den Geschäftsführer sodann zu einer konzernzugehörigen Gesellschaft delegiert, bei der er zum Geschäftsführer bestellt wird, so handelt es sich um den Fall der sog. **Drittanstellung.** Es gelten dann die unter → Rn. 713 dargelegten Grundsätze. 706

b) Geschäftsführer mit weiteren Geschäftsführungsämtern

Ob dem Geschäftsführer einer Konzernobergesellschaft zugleich auch die Führung eines konzernabhängigen Unternehmens übertragen werden kann, ist umstritten. Fraglich ist, ob auch Geschäftsführer einem **Beschäftigungsverbot** entsprechend 707

---

[1] BAG 26.5.1999 – 5 AZR 664/98, AP GmbHG § 35 Nr. 10.
[2] BAG 26.5.1999 – 5 AZR 664/98, AP GmbHG § 35 Nr. 10.

Teil II. 3. Arbeits- und Dienstverhältnisse im internationalen Konzern

§ 88 Abs. 1 S. 2 AktG unterliegen, ob es ihnen also untersagt ist, in einer anderen Handelsgesellschaft geschäftsleitend tätig zu sein.[1] Selbstverständlich dürfen Geschäftsführer ihre Organstellung nicht für sich zum Nachteil der Gesellschaft ausnutzen und auch keine Geschäftschancen der Gesellschaft an sich ziehen oder gar ein konkurrierendes Handelsgewerbe betreiben. Es besteht also auch bei der GmbH dem Grunde nach ein Wettbewerbsverbot.[2] Ginge man von der entsprechenden Anwendung des § 88 Abs. 1 S. 2 AktG für den Geschäftsführer aus, so besteht das Wettbewerbsverbot allerdings auch hinsichtlich des Vorstands nicht schlechthin. Ein Vorstandsmitglied darf in einer anderen Gesellschaft geschäftsführend tätig sein, sofern der Aufsichtsrat in diese Tätigkeit eingewilligt hat. Sofern man im GmbH-Recht dasselbe Verbot annehmen will, ist hier die Gesellschafterversammlung für die Erteilung des Dispenses zuständig.

708 Wird die Geschäftsführung einer konzernangehörigen Gesellschaft mit Beschluss der Gesellschafterversammlung dem Geschäftsführer der Konzernobergesellschaft übertragen, so kann dies in Gestalt einer Alleingeschäftsführung oder als Mitgeschäftsführer sowohl im herrschenden wie auch im abhängigen Unternehmen ausgestaltet sein. Der Geschäftsführer agiert in diesen Fällen in **Personalunion.**[3] In der Regel wird in diesen Konstellationen der Dienstvertrag des Geschäftsführers mit dem herrschenden Unternehmen geschlossen. Damit ist der Geschäftsführer unter arbeitsrechtlichen Gesichtspunkten auch nur dem herrschenden Unternehmen gegenüber zur Wahrnehmung seiner Interessen und zur Loyalität verpflichtet.[4] Kommt es im Einzelfall zu Interessenkollisionen mit seiner Funktion als Geschäftsführer der konzernabhängigen Gesellschaft, ist unter den Gesichtspunkten von **Compliance** genau zu differenzieren, in welcher Rolle der in Personalunion agierende Geschäftsführer konkret tätig wird. In der Regel sollte er über die Möglichkeit des Entstehens von Interessenskollisionen noch einmal schriftlich belehrt werden. Um mögliche Interessenkonflikte zu vermeiden, sollten in gravierenden Fällen auch jeweils im Einzelfall **entsprechende Gesellschafterbeschlüsse** vorliegen, die sein Agieren als Geschäftsführer der konzernabhängigen Gesellschaft ausdrücklich legitimieren.[5] Es ist zwar sinnvoll, dass der Dienstvertrag des Geschäftsführers die Übernahme weiterer Geschäftsführungsfunktionen im Konzern bereits vorsieht, zwingend erforderlich ist dies jedoch nicht. Um den Geschäftsführer auch vertraglich zur Wahrnehmung der Interessen und zur Loyalität gegenüber der konzernabhängigen Gesellschaft zu verpflichten, empfiehlt sich der **zusätzliche Abschluss eines Anstellungsvertrages** mit der Gesellschaft, bei der er das weitere Geschäftsführungsamt wahrnimmt. Vertraglich geregelt werden sollte dabei auch, ob neben der Vergütung aus dem Dienstvertrag mit dem herrschenden Unternehmen ein weiterer Vergütungsanspruch gegen die Tochtergesellschaft tritt oder ob seine Tätigkeit für die Tochtergesellschaft mit der möglicherweise erhöhten Vergütung, die er für seine Tätigkeit in der Konzernobergesellschaft erhält, abgedeckt sein soll. Letzteres ist in der Praxis häufig anzutreffen; es findet dann ein interner Ausgleich der Kosten im Wege der Konzernverrechnung statt. Wenn die Geschäftsführertätigkeit für die abhängige Gesellschaft zeitlich und sachlich nur einen geringen Umfang einnimmt, wird in der Praxis allerdings häufig auf den Abschluss eines zusätzlichen Anstellungs-

---

[1] So Ulmer/*Paefgen*, GmbHG § 43 Rn. 41; a. A. Baumbach/Hueck/*Zöllner/Noack*, § 35 Rn. 41; Scholz/*Schneider*, § 43 Rn. 155.
[2] *Leuring*, NJW-Spezial 2008, 495 (496); Baumbach/Hueck/*Zöllner/Noack*, § 35 Rn. 41 ff.
[3] MüKoGmbHG/*Liebscher*, § 13 Anh. Rn. 1111; *Schneider*, GmbHR 1993, 10 ff.; Hümmerich/Reufels/*Borgmann* § 2 Rn. 173.
[4] Hümmerich/Reufels/*Reufels*, § 2 Rn. 111.
[5] Hümmerich/Reufels/*Borgmann*, § 2 Rn. 173.

vertrags verzichtet. Die Tätigkeit in der abhängigen Gesellschaft ist dann ein unselbstständiger Teil des Anstellungsvertrags mit der Obergesellschaft.[1]

c) Leitender Angestellter des herrschenden Unternehmens mit weiteren Geschäftsführungsämtern

Oftmals werden in der Praxis verdiente, in der Regel **leitende Mitarbeiter** der Konzernobergesellschaft oder einer anderen wesentlichen Konzerngesellschaft mit der Geschäftsführung einer Tochtergesellschaft betraut, sei es in Erfüllung ihrer Aufgabenstellung bei der Obergesellschaft oder als neue Aufgabe. Ein leitender Angestellter des herrschenden Konzernunternehmens, der in Erfüllung seiner Tätigkeit unter anderem als Geschäftsführer einer Tochtergesellschaft eingesetzt wird, bleibt regelmäßig Arbeitnehmer der Obergesellschaft, weil der Arbeitsvertrag mit der Muttergesellschaft durch die Tätigkeit bei der Tochtergesellschaft nicht aufgehoben wird. Dies gilt grundsätzlich auch für den Arbeitnehmer, der zwar mit der Übernahme der Geschäftsführungsaufgabe bei der Konzerntochter seine bisherige Aufgabe in der Konzernobergesellschaft beendet, dessen Arbeitsvertrag aber für die Dauer der Wahrnehmung der Aufgaben in der Tochtergesellschaft ruhend gestellt wird. Ein derartiger **Arbeitnehmereinsatz im Konzern** unterliegt grundsätzlich nicht der Erlaubnispflicht des AÜG.[2] Denn derartige Arbeitnehmerüberlassungen sind gemäß § 1 Abs. 3 Nr. 2 AÜG von der Genehmigungspflichtigkeit gewerbsmäßiger Arbeitsüberlassung ausdrücklich ausgenommen. 709

Teilweise wird bei dauerhaften Überlassungen an ein anderes Konzernunternehmen angenommen, dass zwischen dem Arbeitnehmer und dem Empfänger der Dienstleistung – ähnlich der Regelung des § 10 Abs. 1 AÜG – kraft Gesetzes ein (weiteres) Arbeitsverhältnis zustande kommt.[3] Dem ist indes in aller Regel nicht zu folgen, weil die Überlassung eines Arbeitnehmers innerhalb des Konzerns **keine Arbeitsvermittlung** darstellt und mit dieser auch nicht vergleichbar ist; die Maßnahme ist vielmehr Ausfluss des Wesens einer Unternehmensgruppe, in der die Konzernglieder im Wege des arbeitsteiligen Zusammenwirkens versuchen, ihre Marktstellung und Kostensituationen zu optimieren.[4] Etwas anderes gilt nur dann, wenn tatsächlich eine Konzerngesellschaft echte Arbeitsvermittlungsaufgaben innerhalb des Konzernganzen übernimmt. 710

In jedem Falle sollten in solchen konzerninternen „Überlassungsfällen" die hiermit im Zusammenhang stehenden Fragen in einer **den Geschäftsführeranstellungsvertrag ergänzenden Vereinbarung** geregelt werden. Wesentliche Regelungsgesichtspunkte sind dabei die Anrechnung von Vordienstzeiten innerhalb des Konzerns im Falle eines Arbeitgeberwechsels, die Rückkehrmöglichkeit zum oder an den Standort des (bisherigen) Arbeitgebers, die Tragung der durch den Wechsel ausgelösten Kosten etc Auch das Direktionsrecht sollte klar geregelt sein. Zu beachten ist, dass die Loyalitätspflichten aus dem Arbeitsverhältnis mit der Konzernmutter im Falle der konzerninternen Überlassung durch die gesetzlichen Pflichten des Geschäftsführers der Konzerntochter überlagert werden.[5] Demgegenüber ist der Hauptgeschäftsführer, der in Personalunion zugleich auch ein konzernabhängiges Unternehmen führt, unter arbeitsrechtlichen Gesichtspunkten nur dem herrschenden Unternehmen gegenüber zur Wahrnehmung seiner Interessen und zur Loyalität verpflichtet,[6] weil sein Dienstvertrag in der Regel mit dem herrschenden Unternehmen geschlossen wird. Um den Geschäftsführer auch vertraglich 711

---

[1] Vgl. MüKoGmbHG/*Liebscher*, § 13 Anh. Rn. 1111; Hümmerich/Reufels/*Borgmann* § 2 Rn. 173.
[2] MüKoGmbHG/*Liebscher*, § 13 Anh. Rn. 1106.
[3] *Konzen* RdA 1984, 64 (73); MHdBArbR/*Richardi*, § 16 Rn. 47.
[4] MüKoGmbHG/*Liebscher*, § 13 Anh. Rn. 1109.
[5] Hümmerich/Reufels/*Borgmann*, § 2 Rn. 175.
[6] Hümmerich/Reufels/*Reufels*, § 2 Rn. 111.

zur Wahrnehmung der Interessen und zur Loyalität gegenüber der konzernabhängigen Gesellschaft zu verpflichten, ist der zusätzliche Abschluss eines Anstellungsvertrages mit der Gesellschaft, bei der er das weitere Geschäftsführungsamt wahrnimmt, erforderlich. Die meisten Arbeitgeber, die Mitarbeiter in die Geschäftsführung konzernangehöriger Gesellschaften entsenden, haben die in diesem Kontext maßgeblichen Fragen standardisiert geregelt. In der Praxis wird auf den Abschluss eines zusätzlichen Anstellungsvertrags oftmals verzichtet, wenn die Geschäftsführertätigkeit für die abhängige Gesellschaft zeitlich und sachlich nachrangig ist, so dass die Tätigkeit in der abhängigen Gesellschaft unselbständiger Teil des Anstellungsvertrags mit der Obergesellschaft ist.

712 Die konzerninterne Überlassung des Mitarbeiters an ein anderes Konzernunternehmen bedarf der **Zustimmung des Arbeitnehmers.**[1] Die Konzernleitungsmacht gibt der Konzernobergesellschaft kein arbeitsrechtliches Weisungsrecht gegenüber Arbeitnehmern konzernabhängiger Gesellschaften. Dies gilt sowohl für den faktischen als auch für den Vertragskonzern.[2] Geht mit der Bestellung eines Geschäftsführers einer konzernangehörigen Gesellschaft eine weitgehende Entbindung des Mitarbeiters von seinen bisherigen Aufgaben bei der Konzernobergesellschaft einher, so kann es zu einem **Statuswechsel vom Arbeits- zum Dienstvertrag** kommen mit der Folge, dass viele arbeitsrechtliche Schutzgesetzes nicht mehr weiter anwendbar sind.[3]

713 Bei leitenden Angestellten und Organen werden teilweise auch **Konzernanstellungsverträge** abgeschlossen, dh das dienst- oder arbeitsrechtliche Verhältnis besteht vielfach von vornherein mit einer anderen Konzerngesellschaft, in der Regel der Konzernspitze als derjenigen Gesellschaft, die die konkreten Führungsaufgaben wahrnimmt.[4] Diese Gestaltung hat Vor- und Nachteile. Vorteilhaft ist, dass die Loyalitäts- und Rücksichtnahmepflichten der entsandten Führungskraft durch ein unmittelbares arbeits- oder dienstvertragliches Verhältnis gegenüber der Obergesellschaft verstärkt werden.[5] Ein wesentlicher Nachteil dieser Vertragsgestaltung ist allerdings, dass sich Friktionen im Rahmen der Beendigung des Beschäftigungsverhältnisses ergeben können. Zwar hat das BAG zutreffend entschieden, dass für Konzernanstellungsverträge die Grundsätze für Geschäftsführeranstellungsverträge und nicht die für Arbeitsverträge Anwendung finden, wenn Gegenstand des Vertrages die Funktion des Mitarbeiters als Geschäftsführer der Tochtergesellschaft ist.[6] Jedoch berechtigt ein Pflichtverstoß des Geschäftsführers in einer Konzerngesellschaft die Arbeitgebergesellschaft nicht automatisch dazu, aus wichtigem Grund das bei einer anderen Konzerngesellschaft oder der Konzernspitze bestehende Dienst- oder Arbeitsverhältnis aufzukündigen.[7] Ob eine individualvertragliche Ausweitung der Kündigungsgründe rechtlich zulässig ist, ist zweifelhaft und wird überwiegend abgelehnt.[8]

d) Entsendung eines Arbeitnehmers des herrschenden Unternehmens in ein Geschäftsführungsamt bei einer ausländischen Tochtergesellschaft

714 Die Globalisierung der Wirtschaft führt zu einer vermehrten **Entsendung von Arbeitnehmern ins Ausland,** vorrangig in kaufmännische und/oder technische Lei-

---

[1] MHdBArbR/*Richardi*, § 23 Rn. 25.
[2] MHdBArbR/*Richardi*, § 32 Rn. 24; MüKoGmbHG/*Liebscher*, § 13 Anh. Rn. 1110.
[3] Hümmerich/Reufels/*Borgmann*, § 2 Rn. 175.
[4] MüKoGmbHG/*Liebscher*, § 13 Anh. Rn. 1111.
[5] MüKoGmbHG/*Liebscher*, § 13 Anh. Rn. 1111.
[6] BAG, 20.8.2003 – 5 AZB 79/02, AP ArbGG § 5 Nr. 58; LAG Hamm 18.8.2004 – 2 Ta 172/04, ZIP 2004, 2251; LAG Hamburg 1.8.2005 – 5 Ta 9/05, BeckRS 2006, 40709.
[7] MüKoGmbHG/*Liebscher*, § 13 Anh. Rn. 1110.
[8] MüKoGmbHG/*Liebscher*, § 13 Anh. Rn. 1110.

tungsfunktionen in ausländischen Tochtergesellschaften. Zudem sind international tätige Unternehmen häufig bemüht, Geschäftsführungsgremien mit einem nationalen wie einem ausländischen, von der Konzernmuttergesellschaft entsandten Geschäftsführer zu besetzen, um einen kulturellen Know-how-Transfer und internationale Teambildung zu ermöglichen. Dies gilt für deutsche Konzerne mit Tochtergesellschaften im Ausland ebenso wie für ausländische Konzerne, die in Deutschland mit konzernangehörigen Gesellschaften aktiv sind.

4. Tätigkeit im Ausland

a) Vertragliche Gestaltung des Auslandseinsatzes

Die vertragliche Gestaltung des Auslandseinsatzes eines Geschäftsführers kann auf der Grundlage unterschiedlicher vertraglicher Modelle entstehen. Entscheidend ist jeweils, ob es sich um eine Entsendung ins Ausland unter **Fortbestand der sozialversicherungsrechtlichen Bestimmungen des Inlands** oder um einen **Einsatz im Ausland auf der Grundlage nationaler insbesondere sozialversicherungsrechtlicher Bedingungen** handelt. Dem im Ausland tätigen Geschäftsführer kann dies nicht einerlei sein, können doch die jeweiligen lokalen Regelungen zur Sozialversicherung sowohl dem Grunde, der Höhe und dem Leistungsumfang nach höchst unterschiedlich sein. **715**

aa) Vorliegen einer Auslandsentsendung

Zunächst ist terminologische Klarheit zu schaffen: In **Abgrenzung zur Versetzung** handelt es sich bei einer „Entsendung" um eine Situation, bei der der Arbeitnehmer eines deutschen Arbeitgebers schwerpunktmäßig im Ausland eingesetzt wird, aber nach einer definierten Zeit wieder nach Deutschland zurückkehren soll.[1] Nach allgemeinem Verständnis wird auf die sozialrechtliche Definition der Entsendung zurückgegriffen, die sich in § 4 I SGB IV (Ausstrahlung) findet. Demgegenüber beschreibt die „Versetzung" in diesem Kontext eine endgültige Beschäftigung im Ausland. **716**

Grundsätzlich folgt die Sozialversicherungspflicht dem **Territorialitätsprinzip (§ 3 Nr. 1 SGB IV).** Ist ein Arbeitnehmer oder Geschäftsführer auf deutschem Hoheitsgebiet beschäftigt, unterliegt er der deutschen Sozialversicherung. Wird er außerhalb Deutschlands tätig, so gilt das Sozialversicherungssystem des Beschäftigungslandes. Bei Erfüllung bestimmter Voraussetzungen finden die deutschen Sozialversicherungsvorschriften jedoch gleichwohl Anwendung. **717**

Für den Geltungsbereich der Europäischen Union haben die Verordnung (EG) 883/04 und die Verordnung (EG) 987/09 das Entsenderecht vorsichtig und sinnvoll an die aktuellen Bedürfnisse des europäischen Binnenmarktes angepasst.[2] So sieht die Kollisionsregelung der Verordnung als Ausnahme vom lex loci laboribus, dem **Recht des Beschäftigungsortes,** für abhängig Beschäftigte, dh auch für den Geschäftsführer, die **Weitergeltung des Rechts des Entsendestaates** vor, sofern die Entsendungsdauer von 24 Monaten nicht überschritten wird.[3] Die entsprechende nationale Regelung findet sich in § 4 Abs. 1 SGB IV. Demnach wird die Anwendung der Vorschriften über die Versicherungspflicht ermöglicht, soweit sie eine Beschäftigung voraussetzen, auch für Personen, die im Rahmen eines im Geltungsbereich des SGB IV bestehenden Beschäftigungsverhältnisses in ein Gebiet außerhalb dieses Geltungsbe- **718**

---

[1] Reiter NZA 2004, 1246; Werthebach NZA 2006, 247 ff.
[2] Vgl. Tiedemann NZS 2011, 41 ff.
[3] Vgl. Tiedemann NZS 2011, 41 (43).

reichs entsandt werden, wenn die Entsendung infolge der Eigenart der Beschäftigung oder vertraglich im Voraus zeitlich begrenzt ist. Nach Wortlaut sowie dem Sinn und Zweck des § 4 SGB IV[1] setzt ein fortbestehendes Versicherungspflichtverhältnis voraus, dass vor Beginn der Entsendung ein Beschäftigungsverhältnis mit dem entsendenden Arbeitgeber in Deutschland bestanden hat.[2] Dieses Beschäftigungsverhältnis muss auch während der Zeit des Auslandsaufenthaltes fortbestehen und nach Beendigung des Auslandsaufenthalts weiter geführt werden. § 4 Abs. 1 SGB IV fordert entsprechend eine „im Voraus" feststehende zeitliche Begrenzung.[3] Welche Merkmale gegeben sein müssen, um von einem weiter bestehenden Beschäftigungsverhältnis mit dem entsendenden Arbeitgeber ausgehen zu können, wird im Gesetz nicht näher umschrieben. In der Rechtsprechung des Bundessozialgerichts wird sowohl in Fällen der Entsendung eines Arbeitnehmers aus dem Ausland in das Inland (Einstrahlung, § 5 SGB IV) als auch für die Entsendung in das Ausland (Ausstrahlung gemäß § 4 SGB IV) ein einheitlicher Anknüpfungspunkt gewählt. Demnach ist für die entsprechende Zuordnung ausschlaggebend, wo der Schwerpunkt der rechtlichen und tatsächlichen Merkmale des Beschäftigungsverhältnisses liegt.[4] Damit setzt eine Ausstrahlung regelmäßig voraus, dass der im Ausland beschäftigte Geschäftsführer zum einen organisatorisch in den Betrieb des entsendenden inländischen Arbeitgebers eingegliedert bleibt und dort wesentliche Elemente eines Beschäftigungsverhältnisses erfüllt werden. Ferner ist erforderlich, dass sich der Anspruch auf Arbeitsentgelt gegen den entsendenden inländischen Arbeitgeber richtet.[5]

719 Für Entsendungen außerhalb der Europäischen Union gelten allerdings die bisherigen Regelungen fort. Danach kommt es maßgeblich auf das Vorliegen einer zwischenstaatlichen Regelung für die Sozialversicherung an. Liegt ein **Sozialversicherungsabkommen** zwischen dem Entsendestaat und dem Zielstaat vor, so gilt grundsätzlich das Arbeitsortprinzip, dh der Geschäftsführer ist in dem Staat sozialversicherungspflichtig, in dem er beschäftigt ist. Dies gilt nicht, wenn ein Ausnahmetatbestand vorliegt, der den Geschäftsführer wiederum den sozialversicherungsrechtlichen Vorschriften des Entsendestaates unterwirft.[6] Außerhalb des Anwendungsbereichs eines Sozialversicherungsabkommens richtet sich das anzuwendende Sozialvertragsstatut nach dem jeweiligen nationalen Recht. Es gilt das Recht des Arbeitsortes. Aber auch hier bestehen wiederum Ausnahmenregelungen. So kann z.B. ein Geschäftsführer, der in einen ausländischen Staat entsandt worden ist, mit dem kein Sozialversicherungsabkommen besteht, im deutschen Sozialversicherungssystem verbleiben, wenn die Voraussetzungen einer Ausstrahlung im Sinne des § 4 SGB IV gegeben sind. Im umgekehrten Falle, einer Entsendung nach Deutschland aus einem Staat, mit dem kein Sozialversicherungsabkommen besteht, unterliegt der entsandte Geschäftsführer nicht der deutschen Sozialversicherungspflicht, wenn ein Fall der Einstrahlung nach § 5 SGB IV vorliegt.[7] Allerdings kann es in den Fällen der Ein- bzw. Ausstrahlung auch zu Doppelversicherungen kommen, wenn die jeweils entsendenden Staaten keine der Einstrahlung bzw. Ausstrahlung äquivalente Regelung kennen.[8] Im Zweifelsfall ist es ratsam, sich vor

---

[1] Vgl. zur Gesetzesbegründung BT-Drucks. 7/4122 S. 30 zu § 4 SGB IV.
[2] BSG 27.5.1986 – 2 RU 12/85, NZA 1986, 806f.; LSG Hessen 1.10.2010 – L 7 AL 73/07 ZVW, NZS 2011, 355.
[3] BSG 10.8.1999 – B 2 U 30/98 R, NZS 2000, 601 ff.
[4] BSG 7.11.1996 – 12 RK 79/94, NZA 1997, 677f.
[5] BSG 7.11.1996 – 12 RK 79/94, NZA 1997, 677f; *Wellisch/Näth/Thiele* IStR 2003, 746 (747f.).
[6] Vgl. *Wellisch/Näth/Thiele*, IStR 2003, 746 (749ff.).
[7] Vgl. *Wellisch/Näth/Thiele*, IStR 2003, 746ff.
[8] *Hümmerich/Reufels/Borgmann,* § 2 Rn. 189.

Aufnahme der Tätigkeit am ausländischen Arbeitsort umfassend hinsichtlich der sozialversicherungsrechtlichen Folgen der Auslandsentsendung zu informieren, um eventuelle Unter- bzw. Doppelversicherungen zu vermeiden.

bb) Vertragliche Modelle des Auslandseinsatzes

In der Praxis haben sich im Wesentlichen drei Modelle für den Auslandseinsatz von Arbeitnehmern herausgebildet. 720

(1) Einvertragsmodell

Beim Einvertragsmodell wird der Mitarbeiter allein zum Zwecke der Auslandsentsendung eingestellt und erhält nur einen einzigen Vertrag. Von einer Entsendung kann hier dann gesprochen werden, wenn der Auslandseinsatz auch bei Fehlen eines inländischen Arbeitsvertrags im Voraus zeitlich begrenzt ist und keine Anhaltspunkte dafür bestehen, dass eine Rückkehr in das Land, aus dem heraus die Entsendung vorgenommen wurde, nicht geplant ist.[1] Um eine eigentliche Entsendung im Rechtssinne handelt es sich jedoch nicht.[2] Dennoch gilt in der Regel das Sozialversicherungsstatut des entsendenden Staates für den Geschäftsführer, wenn es sich um eine Entsendung in einen Mitgliedstaat der Europäischen Union handelt und die Person unmittelbar vor Beginn ihrer Beschäftigung bereits den Rechtsvorschriften des Mitgliedstaats unterlag, in dem das Unternehmen, bei dem er eingestellt wird, seinen Sitz hat.[3] Bei Entsendungen in Staaten außerhalb der europäischen Union ist es nach wie vor fraglich, ob diese Form der Entsendung einer sozialversicherungsrechtlichen Überprüfung standhält.[4] Im Zweifelsfall gilt das Recht des Arbeitsortes. 721

(2) Zweivertragsmodell

Zweivertragsmodelle betreffen in der Regel diejenigen Fälle, in denen der Entsandte bereits bei dem entsendenden Unternehmen gearbeitet hat und nun ins Ausland geschickt werden soll. Bei dem zu entsendenden Arbeitnehmer wird es sich regelmäßig um einen bereits im Mutterunternehmen bewährten Mitarbeiter handeln. Vertragstechnisch wird im Fall der Auslandsentsendung neben einem Arbeitsvertrag mit der Muttergesellschaft eine gesonderte Entsendungsvereinbarung getroffen.[5] Unabhängig davon, ob das Arbeitsverhältnis mit der Muttergesellschaft während der Entsendung ruhend gestellt wird, wird die Entsendungsvereinbarung in der Regel eine Rückkehrgarantie in die Muttergesellschaft in eine vergleichbare Position[6] und die Möglichkeit der Einflussnahme der entsendenden Gesellschaft auf die Tätigkeit des Mitarbeiters im Ausland enthalten. Ob dann mit der Auslandsgesellschaft ein weiterer Anstellungsvertrag geschlossen wird, hängt wesentlich von den ausländerrechtlichen und gesellschaftsrechtlichen Vorschriften des Einsatzortes ab.[7] Allerdings ist der Abschluss eines Anstellungsvertrages mit der Auslandsgesellschaft, bei der die Bestellung zum Geschäftsführer erfolgt, zu empfehlen. Dies gilt schon allein unter dem Gesichtspunkt, dass auf diese Weise die wesentlichen Eckpunkte der Anstellung wie Loyalitätspflichten, Verhalten bei Interessenskollision, Berichtspflichten und Vergütung geregelt wer- 722

---

[1] *Reiter* NZA 2004, 1246 (1247).
[2] *Reiter* NZA 2004, 1246 (1247); Hümmerich/Reufels/Borgmann, § 2 Rn. 183.
[3] Verordnung (EG) Nr. 883/04, in Kraft getreten 1.5.2010 und Durchführungsverordnung (EG) Nr. 987/09, in Kraft getreten 31.10.2009; zur Reform des anwendbaren Sozialversicherungsrechts siehe: *Tiedemann* NZS 2011, 41 (43).
[4] BSG 7.11.1996 – 12 RK 79/94, NZA 1997, 677 ff.
[5] *Reiter* NZA 2004, 1246 (1247); Hümmerich/Reufels/Borgmann, § 2 Rn. 184, *Thüsing* NZA 2003, 1303 ff.
[6] *Falder* NZA 2000, 868.
[7] *Falder* NZA 2000, 868; *Mankowski* RIW 2004, 133.

den können. Während der Zeit der Auslandsentsendung steht die Tätigkeit als Geschäftsführer regelmäßig im Vordergrund,[1] das Arbeitsverhältnis mit der Konzernmutter tritt dahinter zurück.

(3) Übertrittsmodell

723 Bei diesem Modell, das zunehmend häufiger in der Praxis angewandt wird, wird der inländische Arbeitsvertrag in der Regel durch Aufhebungsvertrag oder seltener durch Kündigung beendet; an seine Stelle tritt ein lokaler Dienstvertrag mit dem ausländischen Arbeitgeber.[2] Es findet also ein konzerninterner Arbeitgeberwechsel statt. Allerdings muss es nicht zwingend zu einem vollständigen Austausch des (bisherigen) Arbeitgebers kommen; der Wechsel kann auch so gestaltet werden, dass das bisherige Arbeitsverhältnis aufrechterhalten und ein weiteres Anstellungsverhältnis mit dem ausländischen Konzernunternehmen begründet wird, auf das dann jedenfalls das Recht des Gastlandes anzuwenden ist.[3] Das Bundesarbeitsgericht geht im Übrigen davon aus, dass auch im Falle der Beendigung des bestehenden Arbeitsverhältnisses zum Zwecke der Neubegründung eines Arbeitsverhältnisses mit einem anderen Konzernunternehmen eine arbeitsrechtliche „Restbeziehung" bestehen bleiben kann,[4] zB indem für den Geschäftsführer eine Versorgungszusage der Konzernobergesellschaft aufrecht erhalten wird. Ein solche „Restbeziehung" kann auch dann gegeben sein, wenn das neue Arbeitsverhältnis zu einer ausländischen Tochtergesellschaft begründet wird.[5]

724 In beiden Fällen gelten fortan die lokalen Bestimmungen für das Dienstverhältnis dieses Geschäftsführers. Insbesondere unter sozialversicherungsrechtlichen Aspekten will ein solcher Schritt wohl überlegt sein. Mangels Vorliegens einer Entsendung ergibt sich zumindest in dem Fall der vollständigen Beendigung der Rechtsbeziehung zu der (deutschen) Konzernobergesellschaft keine Möglichkeit des Verbleibs des Geschäftsführers in der deutschen Sozialversicherung während der Auslandstätigkeit. Dabei ist zu berücksichtigen, dass die Leistungsfähigkeit lokaler sozialer Sicherungssysteme oftmals begrenzt ist. Zudem mag es wenig sinnvoll sein, wenn ein beruflich vielfach im Ausland tätiger Arbeitnehmer seine späteren Rentenansprüche gegenüber mehreren verschiedenen Rentenversicherungssystemen durchsetzen muss.

b) Bestimmung des anwendbaren Rechts

725 Die Entsendung eines Arbeitnehmers oder leitenden Angestellten ins Ausland, um dort die Geschäftsführung eines konzernangehörigen Unternehmens zu übernehmen, führt zu besonderen arbeitsrechtlichen Fragestellungen, insbesondere im Hinblick auf die Geltung der (deutschen) Arbeitnehmerschutzgesetze.

726 Die Frage nach dem anzuwendenden Recht stellt sich sowohl bei der Entsendung eines bei einem deutschen Mutterkonzern beschäftigten Mitarbeiters, der als Geschäftsführer einer im Ausland angesiedelten Tochtergesellschaft eingesetzt wird, als auch bei der Tä-

---

[1] *Hümmerich/Reufels/Borgmann*, § 2 Rn. 176.
[2] *Reiter* NZA 2004, 1246 (1247); *Thüsing* NZA 2003, 1303 (1306).
[3] *Hümmerich/Reufels/Borgmann*, § 2 Rn. 185; *Thüsing* NZA 2003, 1303 (1306).
[4] BAG 25.10.1988 – 3 AZR 64/87, AP BetrAVG § 7 Nr. 46: In dem entschiedenen Fall war ein Arbeitnehmer auf Weisung und im Interesse der Konzernobergesellschaft in die Geschäftsführung einer konzernangehörigen Gesellschaft gewechselt. Die Obergesellschaft, die im Übrigen auch das Personal der Tochtergesellschaft steuerte und die Vergütung festsetzte und abrechnete, hatte die bestehende Versorgungszusage aufrechterhält erhalten mit der Folge, dass bei Insolvenz des Trägerunternehmens, in diesem Fall der Konzernobergesellschaft, ein Anspruch des Geschäftsführers gegen den Pensionssicherungsverein gegeben war; BAG 6.8.1985 – 3 AZR 185/83, NZA 1986, 194.
[5] BAG 25.10.1988 – 3 AZR 64/87, AP BetrAVG § 7 Nr. 46; BAG 6.8.1985 – 3 AZR 185/83, NZA 1986, 194.

tigkeit eines GmbH-Geschäftsführers einer deutschen Tochtergesellschaft eines ausländischen Mutterkonzerns. Das auf die Verträge anzuwendende **Kollisionsrecht** ergibt sich bei einem bis zum 17.12.2009 geschlossenen Dienstvertrag mit Auslandsberührung aus Art. 27 ff. EGBGB. Bei Vertragsschlüssen nach den 17.12.2009 ist die Rom I-Verordnung[1] für die Bestimmung des anwendbaren nationalen Rechts maßgeblich. Mit der Rom I-Verordnung wird das europäische Kollisionsrecht weiter vereinheitlicht.[2]

aa) Rechtswahlfreiheit

Die Parteien eines vertraglichen Schuldverhältnisses können das anwendbare Recht bestimmen (**Rechtswahlfreiheit**, Art. 3 Rom I-VO).[3] Entsprechend können die Parteien eines Geschäftsführerdienstvertrages das auf diesen Vertrag anzuwendende Recht grundsätzlich frei vereinbaren (Art. 3 Abs. 1 Rom I-Verordnung, Art. 27 Abs. 1 S. 1 EGBGB). Die Wahl eines bestimmten Rechts muss entweder ausdrücklich im Vertrag geregelt sein oder sich mit hinreichender Sicherheit aus den Bestimmungen des Vertrages oder den Umständen des Falles ergeben. Möglich ist auch eine Teilrechtswahl, nach der nur – nach sinnvollen Kriterien – bestimmte, abgrenzbare Gebiete einer Rechtsordnung vereinbart werden, zB der Kündigungsschutz nach deutschem Recht.[4] 727

bb) Recht des Staates, zu dem die engsten Verbindungen bestehen

Ohne ausdrückliche oder konkludente Rechtswahl bestimmt sich das anzuwendende Recht nach dem **Recht des Staates, zu dem die engsten Verbindungen bestehen** (Art. 4 Rom I-Verordnung/Art. 28 Abs. 1 S. 1 EGBGB). Aus Art. 4 Abs. 1 lit. b) Rom I-Verordnung /Art. 28 Abs. 2 EGBGB, der auf die Niederlassung des Leistungserbringers abstellt, kann gefolgert werden, dass das Recht des Staates anzuwenden ist, in dem diejenigen Geschäftsräume der Gesellschaft liegen, in denen der Geschäftsführer regelmäßig tätig ist. Dies entspricht im Ergebnis der Maßgeblichkeit des Arbeitsortes für das Arbeitsverhältnis (Art. 4 Abs. 2 Rom I-VO/Art. 30 Abs. 2 Nr. 2 EGBGB).[5] Bei inländischem Arbeitsort wird also in der Regel deutsches Recht anzuwenden sein.[6] Aus der Gesamtheit der Umstände kann sich aber einen engere Beziehung zu einem anderen Staat ergeben, so dass das Recht dieses Staates auf das Vertragsverhältnis anzuwenden wäre. Aufgrund der Unsicherheiten erscheint eine ausdrückliche Rechtswahl im Anstellungsvertrag in jedem Falle vorzugswürdig. Dabei empfiehlt sich für in Deutschland tätige Geschäftsführer regelmäßig die Anwendung deutschen Rechts, schon allein wegen der besseren Rechtskenntnis und der erleichterten Anwendung durch die deutschen Gerichte.[7] 728

Anderseits sollte bei einer Auslandsentsendung nicht ohne weitere Prüfung deutsches Recht vereinbart werden. Zu bedenken ist, dass es möglicherweise zwingende Bestimmungen in dem Land geben könnte, in das der Geschäftsführer entsandt wird. 729

---

[1] Verordnung (EG) Nr. 593/2008 des Europäischen Parlaments und des Rates vom 17.6.2008 über das auf vertragliche Schuldverhältnisse anzuwendende Recht (ABL. EU Nr. L 177 vom 4.7.2008, S. 6) (Rom I-VO); Art. 28 Rom I-VO ordnet an, dass sie für Verträge gilt, die „nach dem 17.12.2009 geschlossen werden".
[2] So sollen insbesondere die in den Mitgliedstaaten geltenden Kollisionsnormen im Interesse eines funktionierenden Binnenmarktes unabhängig von den Staat, in dem sich das Gericht befindet, bei dem ein Anspruch geltend gemacht wird, dasselbe Recht bestimmen, vgl. Begründungserwägung 6 der Rom I-VO.
[3] BeckOKArbR/*Schönbohm,* EGBGB Art. 27 Rn. 12.
[4] BAG 23.4.1998 – 2 AZR 489/97, NZA 1998, 995; *Thüsing* NZA 2003, 1304.
[5] *Erdmann* NZG 2002, 503 (512); MüKoBGB IPR/*Martiny,* Art. 4 Rom I-VO Rn. 152; Hümmerich/Reufels/*Borgmann,* § 2 Rn. 179.
[6] *Erdmann* NZG 2002, 503 (512); Hümmerich/Reufels/*Borgmann,* § 2 Rn. 179.
[7] Vgl. *Erdmann* NZG 2002, 503 (512); Hümmerich/Reufels/*Borgmann,* § 2 Rn. 179.

Die möglichen Konsequenzen, die sich aus einer Mischung dieser Bestimmungen mit den Regelungen des deutschen Rechts ergeben, lassen sich kaum zu überblicken.[1] Zudem dürfte eine etwaige rechtliche Auseinandersetzung vor einem Gericht, dem das anzuwendende Recht nicht vertraut ist, mühsam und zeitaufwendig sein.[2]

cc) Anwendung zwingender Bestimmungen

730   Bei Arbeitsverträgen unterliegt die Rechtswahl Einschränkungen. Dem Arbeitnehmer kann durch Rechtswahl der Parteien der Schutz nicht entzogen werden, der ihm durch **zwingende Bestimmungen der anwendbaren Rechtsordnung** gewährt würde, die bei einer objektiven Anknüpfung mangels Rechtswahl anzuwenden wäre (Art. 8 Rom I-Verordnung, Art. 30 Abs. 1 EGBGB). Aufgrund seiner Organstellung gilt dies jedoch nicht für den Geschäftsführer, weil dieser der Gesellschaft nicht durch Arbeitsverhältnis verbunden ist.[3]

731   Andererseits kann das jeweilige nationale Recht aber auch **Schutzvorschriften** zugunsten eines Geschäftsführers vorsehen, von denen nicht abgewichen werden kann. Dies gilt zB in dem Fall einer ausdrücklichen Rechtswahl, wenn zum Zeitpunkt der Rechtswahl in tatsächlicher Hinsicht ein Bezug zu einem anderen als demjenigen Staat besteht, dessen Recht gewählt wurde. Hier kann die Rechtswahl der Parteien die Anwendung derjenigen Bestimmungen des Rechts dieses anderen Staates, von denen nicht durch Vereinbarung abgewichen werden kann, nicht verhindern (Art. 3 Abs. 3 Rom I-VO/Art. 27 Abs. 3 EGBGB). Wird der mit einem ausländischen Unternehmen geschlossene Anstellungsvertrag eines Geschäftsführers ausschließlich in Deutschland durchgeführt, so kann der Schutz zwingender deutscher dienstvertragsrechtlicher Vorschriften, die auf die Dienstverhältnisse von typischen Fremd-Geschäftsführern angewendet werden, durch die Wahl des Rechts eines anderen Staates nicht ausgeschlossen werden. So kann zB die Pflicht zur Erteilung eines Zeugnisses an den Fremdgeschäftsführer nicht durch Rechtswahl unterlaufen werden.[4] Gleiches gilt für den zwingenden Schutz von Versorgungsansprüchen nach dem Betriebsrentengesetz, der über § 17 Abs. 1 BetrAVG auch auf Fremdgeschäftsführer und ggf. auch auf Gesellschaftergeschäftsführer anwendbar ist.[5] Als Dienstverhältnis unterliegt das Anstellungsverhältnis des Geschäftsführers zudem Artikel 6 EGBGB (ordre public). Demzufolge wäre die deutsche Praxis, nachvertragliche Wettbewerbsverbote an Artikel 12 GG zu messen, durch die Wahl ausländischen Rechts jedenfalls nicht für das Territorium Deutschlands abdingbar,[6] weil dies dem ordre public widerspräche.

732   Zu beachten ist außerdem, dass der EuGH die Wahl eines Drittstaatenrechts nicht zulässt, wenn dies die **Anwendung zwingender Vorschriften aus EU-Richtlinien** vereiteln würde.[7] Die Wahl des Rechts eines Drittstaates durch die Parteien berührt im Übrigen nicht die Anwendung zwingender Bestimmungen des Gemeinschaftsrechts, wenn alle anderen Elemente des Sachverhalts zum Zeitpunkt der Rechtswahl in einem oder mehreren Mitgliedstaaten belegen sind (Art. 3 Abs. 4 Rom I-VO).

dd) Gesellschaftsstatut

733   Die Geltung ausländischen Rechts für den Anstellungsvertrag bedeutet nicht, dass automatisch auch **ausländisches Gesellschaftsrecht** anzuwenden wäre. Die Rechts-

---

[1] *Erdmann* NZG 2002, 503 (512); Hümmerich/Reufels/*Borgmann,* § 2 Rn. 179.
[2] *Erdmann* NZG 2002, 503 (512); Hümmerich/Reufels/*Borgmann,* § 2 Rn. 179.
[3] *Erdmann* NZG 2002, 503 (512); Hümmerich/Reufels/*Borgmann,* § 2 Rn. 180.
[4] *Michalski/Lenz,* § 35 Rn. 116; MüKoBGB IPR/*Martiny,* Art. 4 Rom I-VO Rn. 32 ff.
[5] BeckOKArbR/*Molkenbur,* BetrAVG § 17 Rn. 14.
[6] *Erdmann* NZG 2002, 503 (511).
[7] EuGH 9.11.2000 – C-381/98, NJW 2001, 2007 (2008).

wahl umfasst nur den schuldrechtlich-dienstleistungsrechtlichen Normenbestand, nicht dagegen die aus der Bestellung zum Geschäftsführer folgenden zwingenden gesetzlichen Rechte und Pflichten. Letztere dienen insbesondere dem Schutz der Öffentlichkeit, der Gläubiger und der Kapitalgeber. Von ihnen kann durch Rechtswahl nicht ohne weiteres abgewichen werden. Zu nennen sind hier zB die Vertretung der Gesellschaft im Rechtsverkehr, Anmeldungen und Mitteilungen gegenüber dem Handelsregister oder Verfügungsbeschränkungen, die der Kapitalerhaltung dienen.

Für die Frage, welche Rechtsordnung die organschaftliche Stellung des Geschäftsführers und die gesellschaftsrechtlichen Beziehungen einer Gesellschaft regeln, ist das internationale Gesellschaftsrecht maßgeblich.[1] Ausschlaggebend für die Organstellung des Geschäftsführers ist das Gesellschaftsstatut. Da das Gesetz keine Anknüpfungspunkte für die Festlegung des Gesellschaftsstatuts definiert, ist dieses umstritten.[2] Man unterscheidet allgemein zwischen Sitz- bzw. Gründungstheorie.[3] Nach der Sitztheorie sind die Regeln des Landes maßgeblich, in dem der Verwaltungssitz des Unternehmens liegt.[4] Die Sitztheorie will den inländischen Geschäftsverkehr vor unseriösen Auslandsgründungen schützen sowie einen numerus clausus der Gesellschaftsformen erhalten. Dagegen stellt die Gründungstheorie auf das Statut des Gründungsortes ab, der häufig dem in der Satzung bestimmten Sitz entsprechen wird.[5] Sie zielt darauf ab, Sitzverlegungen über die Grenze unter Mitnahme des Heimatrechts zu ermöglichen. In Deutschland bestimmte sich das Gesellschaftsstatut lange Zeit nach den Regelungen des Sitzlandes.[6] Infolge der Rechtsprechung des EuGH[7] zur Niederlassungsfreiheit hat die Sitztheorie ihre dominierende Rolle eingebüßt. So kommt nun auch in Deutschland in Bezug auf Gesellschaften aus EU und EWR vorrangig die Gründungstheorie und damit das Herkunftslandprinzip zum Tragen.[8] Demgegenüber ist die Sitztheorie bei Drittstaatenbeziehungen nach wie vor dominierend.[9] 734

c) Steuer- und sozialversicherungsrechtliche Regeln bei Auslandsentsendung

Für die entsandten Geschäftsführer – ob aus Deutschland im Ausland eingesetzt oder aus dem Ausland nach Deutschland entsandt – sind **die steuer- und sozialversicherungsrechtlichen Rahmenbedingungen** von erheblichem Interesse. Denn sowohl die Höhe der Steuerlast als auch das Verhältnis zwischen Sozialversicherungsbeiträgen und den daraus resultierenden Sozialleistungen kann sich zwischen Entsende- und Tätigkeitsstaat erheblich unterscheiden.[10] Trotz zahlreicher Doppelbesteuerungsabkommen[11] und vielfältiger Harmonisierungsbemühungen liegen noch viele Fallstricke aus, die sowohl für den entsandten Geschäftsführer als auch für das Unternehmen empfindliche finanzielle Folgen haben können. Hinzu kommen auch haf- 735

---

[1] *Hümmerich/Reufels/Borgmann*, § 2 Rn. 178.
[2] *Hümmerich/Reufels/Borgmann*, § 2 Rn. 178.
[3] Überblick zB in MüKoBGB/*Kindler*, IntGesR Rn. 351 ff.; *Roth/Altmeppen/Roth*, Einl. Rn. 67.
[4] *Hüffer*, AktG § 1 Rn. 34 ff.; MüKoBGB/*Kindler*, IntGesR Rn. 357.
[5] *Hüffer*, AktG § 1 Rn. 34 ff.; *Roth/Altmeppen/Roth*, Einl. Rn. 67.
[6] Ständige Rechtsprechung des BGH 27.10.2008 – II ZR 158/06 (Trabrennbahn), NJW 2009, 289; hierzu auch *Gottschalk* ZIP 2009, 948 ff. und *Koch/Eickmann*, AG 2009, 73. *Hellgardt* NZG 2009, 94; *Erdmann* NZG 2002, 503 (512); Hümmerich/Reufels/*Borgmann*, § 2 Rn. 178.
[7] EuGH 9.3.1999 – C-212/97, NJW 1999, 2027; EuGH 13.12.2005 – C-11/03, NJW 2006, 425.
[8] *Hüffer*, AktG § 1 Rn. 34 ff.; MüKoBGB/*Kindler*, IntGesR Rn. 351 ff.
[9] *Hüffer*, AktG § 1 Rn. 37.
[10] *Wellisch/Näth/Thiele*, IStR 2003, 746.
[11] Eine Liste der bestehenden Doppelbesteuerungsabkommen findet sich auf den Internetseiten des Bundesfinanzministeriums.

tungsrechtliche Risiken für den Arbeitgeber, wenn beispielsweise zu wenig Lohnsteuer einbehalten oder abgeführt wurde, weil der Arbeitgeber dafür selbst einzustehen hat.[1]

aa) Steuerrechtliche Regelungen

736 Die **steuerliche Behandlung** der Geschäftsführervergütung ist davon abhängig, in wessen Interesse die Entsendung erfolgt. Bei einer Entsendung im wirtschaftlichen Interesse des entsendenden Mutterunternehmens sind die direkten und indirekten Personalkosten bei dem im Entsendestaat ansässigen Unternehmen steuerlich abzugsfähig. Erfolgt die Entsendung dagegen im wirtschaftlichen Interesse des aufnehmenden Tochterunternehmens, so ist die Geschäftsführervergütung für steuerliche Zwecke dem im Tätigkeitsstaat domizilierenden Unternehmen zuzurechnen.[2] Unabhängig davon, in wessen Interesse die Entsendung erfolgt, muss der vom Mutterkonzern entsandte, im Ausland als Geschäftsführer eingesetzte Arbeitnehmer bei einer den Zeitraum von 183 Tagen übersteigenden Entsendung die ihm gezahlte Vergütung im Tätigkeitsstaat der Besteuerung unterwerfen.[3] Im Anwendungsbereich eines Doppelbesteuerungsabkommens wird er dafür in Deutschland von der Steuer freigestellt.[4] Somit ergeben sich im Hinblick auf die steuerliche Behandlung der Arbeitnehmervergütung nur insoweit Gestaltungsspielräume, als dass durch die Entscheidung, in wessen Interesse die Entsendung erfolgt, bestimmt werden kann, in welchem Staat das Arbeitnehmerentgelt für die Gesellschaft steuerlich abzugsfähig ist.

bb) Sozialversicherungsrechtliche Gestaltungsformen

737 Dagegen ist die **Sozialversicherungspflicht** im Entsende- bzw. im Tätigkeitsstaat auch vom Vorliegen anderer Voraussetzungen abhängig – sie kann daher durch Gestaltungen beeinflusst werden.[5] Dabei ist zu berücksichtigen, dass die sozialversicherungsrechtliche Behandlung eines Geschäftsführers je nach Einsatzland erheblich unterschiedlich sein kann. Dies gilt schon deshalb, weil nicht alle Länder die in Deutschland übliche Einbeziehung von (Fremd-)Geschäftsführern in die Systeme der sozialen Sicherung vorsehen.[6] Ein Grundprinzip sozialversicherungsrechtlicher Kollisionsnormen ist die Vermeidung häufigen Statuswechsels.[7] Gerade in Zeiten, in denen internationale Entsendungen innerhalb grenzüberschreitend tätiger Konzerne immer stärker das Tätigkeitsprofil von Managern prägen, kommt diesem Aspekt große Bedeutung zu. Auch künftig sollen die Rentner, die in ihrer aktiven Zeit global tätig waren, nach Möglichkeit ihre Ansprüche nicht gegenüber zahlreichen Rentenversicherungssystemen geltend machen müssen. Auch das höchst unterschiedliche Leistungsniveau lokaler Sozialversicherungssysteme spielt dabei eine bedeutende Rolle. Schließlich sollen die unterschiedlichen Sozialversicherungssysteme nicht einem globalen Managereinsatz entgegenstehen.[8]

d) Fehlverhalten im Entsendestatus mit Auslandsbezug

738 Kommt es zu Unstimmigkeiten mit dem im Ausland eingesetzten Geschäftsführer einer konzernangehörigen Gesellschaft, wird man in der Regel den Weg der einvernehmlichen Trennung beschreiten, gegebenenfalls unter Zahlung einer angemessenen

---

[1] Küttner/*Macher*, Auslandstätigkeit Rn. 35; Küttner/*Huber*, Lohnsteuerhaftung Rn. 8.
[2] *Wellisch/Näth/Thiele*, IStR 2003, 746; Hümmerich/Reufels/*Borgmann*, § 2 Rn. 187.
[3] *Wellisch/Näth/Thiele*, IStR 2003, 746 mwN; Hümmerich/Reufels/*Borgmann*, § 2 Rn. 187.
[4] Hümmerich/Reufels/*Borgmann*, § 2 Rn. 187.
[5] Vgl. hierzu ausführlich *Wellisch/Näth/Thiele*, IStR 2003, 746 ff.
[6] Hümmerich/Reufels/*Borgmann*, § 2 Rn. 188; *Wellisch/Näth/Thiele*, IStR 2003, 746 ff.
[7] Vgl. *Wellisch/Näth/Thiele*, IStR 2003, 746; Hümmerich/Reufels/*Borgmann*, § 2 Rn. 188.
[8] Zu den anwendbaren sozialversicherungsrechtlichen Bestimmungen vgl. → Rn. 716 ff.

Entschädigung. Auch wenn es nicht zu einer gerichtlichen Auseinandersetzung kommt, ist es ratsam, auf Arbeitgeberseite seine Rechtsposition genau zu kennen.

Unabhängig von der vertraglichen Gestaltung der Auslandsentsendung – ob Einvertrags-, Zweivertrags- oder Übertrittsmodell (→ siehe Rn. 720 ff.) – richtet sich die **Abberufung des Geschäftsführers** aufgrund seines Fehlverhaltens in der Regel nach dem Gesellschaftsstatut des Landes, in dem die konzernangehörige Tochtergesellschaft ihren Sitz hat. Kommt eine einvernehmliche Aufhebung des Anstellungsvertrages mit dem Geschäftsführer nicht zustande, ist der lokale Anstellungsvertrag im Falle der Lokalisierung des Geschäftsführers (Übertrittsmodell) nach den jeweiligen Regularien des lokalen Rechts zu lösen. Eine maßgebliche Rolle dürfte dabei auch spielen, ob der Geschäftsführer im Ausland eine Organstellung innehat oder ob Arbeitnehmerschutzrechte für ihn gelten, weil er nach lokalem Recht als Arbeitnehmer angesehen wird. Es empfiehlt sich für den im lokalen Recht Unerfahrenen, lokalen Rechtsrat einzuholen. Komplexer wird die Trennung beim Ein- und Zweivertragsmodell, im ersteren Fall aufgrund des Fortbestands einer rechtlichen Beziehung zum entsendenden Konzernunternehmen, die zwar keinen Arbeitsvertrag, wohl aber eine gewisse Rückkehrwahrscheinlichkeit oder Rückkehrgarantie umfasst; beim Zweivertragsmodell aufgrund des bestehenden, in der Regel ruhend gestellten Arbeitsverhältnisses mit dem entsendenden Konzernunternehmen. **739**

In beiden Fällen wird entscheidend sein, ob die Gründe, die zur Trennung vom Geschäftsführer im Ausland ausreichend sein mögen, auch einen Kündigungsgrund im Inland darstellen. Regelmäßig stellt sich dabei die weitere Frage, ob das deutsche Betriebsverfassungsgesetz und das Kündigungsschutzgesetz für den ins Ausland entsandten Mitarbeiter der Konzernmuttergesellschaft oder eines anderen konzernangehörigen Unternehmens einschlägig sind. Darüber hinaus ist zu klären, ob der als Geschäftsführer im Ausland eingesetzte Mitarbeiter noch als leitender Angestellter im Sinne des Betriebsverfassungsgesetztes und/oder des Kündigungsschutzgesetzes anzusehen ist. Dies ist von entscheidender Bedeutung für die Notwendigkeit der Anhörung des Betriebsrats bzw. des Sprecherausschusses vor Ausspruch der Kündigung sowie die arbeitgeberseitige Möglichkeit, in einem Kündigungsschutzprozess einen Auflösungsauftrag zu stellen, ohne diesen begründen zu müssen und sich damit erleichtert vom Mitarbeiter trennen zu können. **740**

aa) Anwendbarkeit des deutschen Betriebsverfassungsgesetzes

Das BAG[1] geht grundsätzlich davon aus, dass das **Betriebsverfassungsgesetz** in seinem räumlichen Anwendungsbereich auf die in der Bundesrepublik Deutschland gelegenen Betriebe beschränkt ist (Territorialitätsprinzip). Auf die im Ausland gelegenen Betriebe deutscher Unternehmen ist es daher nicht anzuwenden, unabhängig davon, ob auf die dortigen Arbeitsverhältnisse deutsches oder ausländisches Recht anzuwenden ist.[2] Ausnahmsweise ist das Betriebsverfassungsgesetz in Fällen der sogenannten „**Ausstrahlung**" anwendbar, dh wenn ein Arbeitnehmer trotz seiner Tätigkeit im Ausland weiterhin dem inländischen Betrieb zuzurechnen ist.[3] Ob ein derartiger Inlandsbezug vorliegt, hängt von den Umständen des Einzelfalls, insbesondere von der Dauer des Auslandseinsatzes, der **Eingliederung** in einen Auslandsbetrieb, dem Vorbehalt und der Voraussetzungen eines Rückrufrechts zu einem Inlandseinsatz und dem sonstigen Inhalt der Weisungsbefugnisse des Arbeitgebers, ab. Es besteht weitgehende **741**

---

[1] BAG 25.4.1978 – 6 ABR 2/77, AP Internat. Privatrecht Nr. 16; BAG 30.4.1987 – 2 AZR 192/86, NZA 1988, 135; BAG 26.3.2009 – 2 AZR 883/07, NJW-Spezial 2009, 482.
[2] BAG 25.4.1978 – 6 ABR 2/77 AP Internat. Privatrecht Nr. 16.
[3] BAG 30.4.1987 – 2 AZR 192/86, NZA 1988, 135 (136); *Boemke* NZA 1992, 112 ff.

Einigkeit darüber, dass das deutsche Betriebsverfassungsgesetz auf im Ausland tätige Mitarbeiter anzuwenden ist, soweit sich deren Auslandstätigkeit nur als Ausstrahlung der Tätigkeit im Inlandsbetrieb darstellt. Im Falle der Entsendung eines bereits im deutschen Mutterkonzern bewährten leitenden Angestellten in die Geschäftsführung einer ausländischen Tochtergesellschaft besteht aufgrund des in der Regel ruhend gestellten primären Arbeitsvertrags die rechtliche Beziehung zum deutschen Arbeitgeber fort. Darüber hinaus kann auch eine tatsächliche Beziehung zum deutschen Arbeitgeber aufrechterhalten sein, wenn dieser weiterhin direkten Einfluss auf den entsandten Mitarbeiter ausübt und sich dieses Recht vertraglich vorbehalten hat. Dies gilt für den Geschäftsführer einer Tochtergesellschaft jedenfalls insoweit, als im Einsatzland kein höherrangiger Mitarbeiter vorhanden ist und die Ausübung der Weisungsrechte auf rein gesellschaftsrechtlicher Ebene, möglicherweise auf Grund zwingender fremder (Form-)Vorschriften, problematisch erscheint. Da die Entsendungsvereinbarung in aller Regel auch eine Rückkehrgarantie zu Gunsten des Mitarbeiters enthält, besteht auch insoweit eine hinreichende Beziehung zum inländischen Arbeitgeber und zum hiesigen (Haupt-)Betrieb. Daher wird in aller Regel davon auszugehen sein, dass in diesen Fällen ein **hinreichender Inlandsbezug** vorliegt und damit das deutsche Betriebsverfassungsgesetz für diese Mitarbeiter dem Grunde nach anwendbar ist. Allerdings ist dann in einem zweiten Schritt der Status eines leitenden Angestellten im Sinne des Betriebsverfassungsrechts zu prüfen.

bb) Anwendbarkeit des deutschen Kündigungsschutzgesetzes

742 Anders als das Betriebsverfassungsgesetz ist das **Kündigungsschutzgesetz** einer Rechtswahl der Parteien zugänglich. Soweit danach – wie in den meisten Fällen einer Entsendung von einem deutschen Mutterkonzern – deutsches Recht vereinbart wird, ergibt sich die Anwendbarkeit des Kündigungsschutzgesetzes bereits aus dieser vertraglichen Vereinbarung im Zusammenspiel mit Art. 3 Abs. 1 Rom I-Verordnung bzw. Art. 27 EGBGB. Bei fehlender Rechtswahl wird man oftmals über Art. 4 Abs. 2 Rom I-Verordnung, § 30 Abs. 2 EGBGB im Falle einer Auslandsentsendung zur Anwendbarkeit deutschen Rechts kommen, wenn das deutsche Arbeitsverhältnis fortbesteht, aber ruhend gestellt wurde.[1]

cc) Geschäftsführer einer ausländischen konzernangehörigen Gesellschaft als leitender Angestellte des entsendenden deutschen Mutterunternehmens?

743 Aufgrund der unterschiedlichen Definition ist zu unterscheiden zwischen der Leitenden-Eigenschaft nach Betriebsverfassungs- und der nach Kündigungsschutzgesetz.

(1) Leitenden-Eigenschaft nach BetrVG

744 Nach § 5 Abs. 2 BetrVG gelten die Mitglieder eines Organs, das zur gesetzlichen Vertretung einer juristischen Person berufen ist, nicht als Arbeitnehmer im Sinne des Betriebsverfassungsgesetzes. Das gilt auch dann, wenn sie neben der Organstellung den allgemeinen arbeitsrechtlichen Status für sich in Anspruch nehmen können, zB als Mitarbeiter einer konzernangehörigen Gesellschaft. Da das Arbeitsverhältnis in dieser Gesellschaft ruht, ist der Mitarbeiter dort nicht als Arbeitnehmer eingeordnet.[2] Eine **Statusdifferenzierung** für ein und dieselbe Person wird allgemein abgelehnt.[3] Ein anderes Ergebnis ergibt sich nicht, wenn der Geschäftsführer im Ausland nach lokalem Recht nicht als Organ, sondern als Arbeitnehmer angesehen wird. Im Lichte des § 5

---

[1] Vgl. *Falder* NZA 2000, 868 (869).
[2] Richardi/*Richardi*, BetrVG § 5 Rn. 149; D/K/K/W/*Tümmer*, BetrVG § 5 Rn. 119.
[3] Richardi/*Richardi*, BetrVG § 5 Rn. 149; D/K/K/W/*Tümmer*, BetrVG § 5 Rn. 119; aA. *Falder* NZA 2000, 868 (870).

Abs. 2 BetrVG ist der Geschäftsführer auch in diesem Fall Organ, das zur gesetzlichen Vertretung einer juristischen Person berufen ist.

(2) Leitenden-Eigenschaft nach KSchG

Das KSchG findet grundsätzlich auch auf leitende Angestellte Anwendung. Der besonderen Vertrauensstellung des leitenden Angestellten geschuldet, ist jedoch die Trennung erleichtert, weil der Antrag des Arbeitgebers auf Trennung keiner Begründung bedarf (§ 9 Abs. 1 S. 2 KSchG). Nach § 14 Abs. 2 KSchG ist derjenige leitender Angestellter, der einem Geschäftsführer oder Betriebsleiter ähnlich ist und zur selbständigen Einstellung oder Entlassung von Arbeitnehmern berechtigt ist. „Geschäftsführer" ist hierbei untechnisch zu verstehen, weil der Geschäftsführer als Organ bereits von § 14 Abs. 1 KSchG umfasst wird. Die Voraussetzungen sind einerseits weiter als im BetrVG, weil nicht die kumulative Einstellungs- und Entlassungsbefugnis gefordert wird. Enger als die Voraussetzungen des BetrVG sind die des KSchG jedoch insoweit, als die **Personalkompetenz einen wesentlichen Teil der Tätigkeit** des Angestellten ausmachen muss.[1] In der Folge führt dies dazu, dass ein leitender Angestellter im Sinne des § 14 Abs. 2 KSchG regelmäßig auch als leitender Angestellter im Sinne des § 5 Abs. 3 BetrVG zu qualifizieren ist. Ein leitender Angestellter im Sinne des § 5 Abs. 3 Nr. 3 BetrVG, dem keine Personalverantwortung obliegt, wird aber in der Regel nicht leitend nach KSchG sein. 745

Kommt man nach den vorstehenden Überlegungen zu dem Ergebnis, dass der in die Geschäftsführung einer ausländische Konzerntochter entsandte Mitarbeiter jedenfalls nicht zwangsläufig ein leitender Angestellter im Sinne des BetrVG ist, so sollte bei einer beabsichtigten Trennung der zuständige Betriebsrat vorsorglich vor Ausspruch der Kündigung angehört werden (§ 102 BetrVG). Ebenso vorsorglich sollte bei einer gerichtlichen Auseinandersetzung der (hilfsweise) Antrag auf Auflösung des Arbeitsverhältnisses nach § 9 Abs. 1 S. 2 KSchG iVm § 14 Abs. 2 KSchG gestellt werden, um die Trennung vom Arbeitnehmer zu erleichtern. 746

dd) Durchschlagen der Kündigungsgründe auf das (ruhende) Arbeitsverhältnis in der entsendenden Konzerngesellschaft?

Besteht neben dem mit der Konzernobergesellschaft begründeten Arbeitsverhältnis ein weiteres Dienst- oder Arbeitsverhältnis mit einem anderen, rechtlich selbständigen Konzernunternehmen, so stellen sich Pflichtverletzungen des Arbeitnehmers oder des Geschäftsführers in dem weiteren Rechtsverhältnis nicht schon auf Grund der Konzernbindung der Unternehmen als Vertragsverletzungen in seinem (Stamm-)Arbeitsverhältnis dar.[2] Etwas anderes kann jedoch gelten, wenn das Tätigwerden des Arbeitnehmers bei verschiedenen Konzernunternehmen beispielsweise in einer Zusatzvereinbarung zum ursprünglichen Arbeitsvertrag vereinbart wurde. Besteht eine derartige Verbindung der Arbeits- bzw. Dienstverhältnisse, hängt es in erster Linie von dem Inhalt der getroffenen Vereinbarungen ab, ob und inwieweit ein pflichtwidriges Verhalten des Arbeitnehmers im Verhältnis zu einem konzernangehörigen Unternehmen als Arbeitsvertragsverletzung im (Stamm-)Arbeitsverhältnis kündigungsrelevant werden kann.[3] 747

Nach der Rechtsprechung des BAG[4] kann ein **erhebliches Fehlverhalten** des entsandten Arbeitnehmers gegenüber einem konzernangehörigen Unternehmen eine außerordentliche Kündigung des ruhenden Stamm-Arbeitsverhältnisses rechtfertigen, 748

---

[1] BAG 18.10.2000 – 2 AZR 465/99, NZA 2001, 437.
[2] Vgl. *Windbichler,* Arbeitsrecht im Konzern, S. 152.
[3] BAG 27.11.2008 – 2 AZR 193/07, NZA 2009, 671 (673).
[4] BAG 27.11.2008 – 2 AZR 193/07, NZA 2009, 671 (673).

wenn es konkret und erheblich beeinträchtigt wird. So kann die vorsätzliche und schwerwiegende Missachtung von Kompetenzregelungen die Vertrauenswürdigkeit und Zuverlässigkeit des Arbeitnehmers beeinflussen und – je nach den Auswirkungen auf die betrieblichen Interessen des Arbeitgebers – als personen- oder verhaltensbedingter Grund eine außerordentliche fristlose Kündigung stützen. Maßgeblich ist demnach, dass das vorwerfbare Fehlverhalten des in die Geschäftsführung einer ausländischen Konzerngesellschaft entsandten Arbeitnehmers das ruhend gestellte Arbeitsverhältnis zur entsendenden Gesellschaft unmittelbar und nachhaltig schwer beeinträchtigt. Nur in solchen Fällen ist von einen Kündigungsgrund iSd KSchG auszugehen. In allen anderen Fällen kann die schuldhafte Verletzung der Pflichten aus dem Geschäftsführerdienstvertrag zwar einen Kündigungsgrund für den zwischen dem Geschäftsführer und der im Ausland ansässigen konzernangehörigen Tochtergesellschaft darstellen, sie wird aber in der Regel das ruhend gestellte (Stamm-)Arbeitsverhältnis unberührt lassen. In der Folge ist der ins Ausland entsandte leitende Angestellte nach Abberufung als Geschäftsführer und Beendigung des Anstellungsvertrages mit der ausländischen Gesellschaft, möglicherweise mit gerichtlicher Hilfe, wieder auf einer adäquaten Position im Mutterkonzern einzusetzen. Die konkreten Modalitäten des Einsatzes im Mutterkonzern richten sich nach eventuellen Zusagen im Entsendungsschreiben bzw. Konkretisierungen einer Rückkehrgarantie.

e) Haftung von Geschäftsführern in internationalen Konzernen

749 Den Geschäftsführer einer GmbH treffen sowohl gegenüber der Gesellschaft als auch gegenüber Dritten vielfältige Pflichten.[1] So ist der Geschäftsführer gemäß § 43 Abs. 1 GmbHG verpflichtet, in allen Angelegenheiten die Sorgfalt eines ordentlichen Kaufmanns anzuwenden. Sein unternehmerisches Handeln muss im Einklang mit Gesetz, Satzung und Gesellschafterbeschlüssen stehen.[2] Ist der Geschäftsführer verantwortlich für eine konzernangehörige Gesellschaft im Ausland, so sind zusätzlich die lokalen Gesetze zu beachten. Für den mit der ausländischen Rechtsmaterie nicht vertrauten Geschäftsführer ist es ratsam, hier auf externe juristische Expertise zurückzugreifen, um die eigene Haftung zu begrenzen.

aa) Haftung des Geschäftsführers in Matrixstrukturen

750 Wie unter → Rn. 694 aufgezeigt, organisieren sich internationale Konzerne häufig unabhängig von gesellschaftsrechtlichen Schemata in sogenannten Matrixstrukturen. Sei es, dass der Geschäftsführer der ausländischen Tochtergesellschaft nur „Plant-Manager", also Betriebsleiter ist, ihm aber aufgrund der internen Organisationsstruktur weder die Verantwortung für den Vertrieb, noch für die Produktion, noch für den Einkauf obliegt. Sei es, dass der Geschäftsführer nur einen Teilbereich, beispielsweise den Vertrieb, verantwortet, während seine Geschäftsführerkollegen jeweils die Verantwortung für weitere Teilbereiche tragen. Die Geschäftsführer agieren dabei völlig unabhängig voneinander und haben unterschiedliche Berichtswege. Die in die unternehmensübergreifenden Matrixstrukturen eingebunden Geschäftsführer der konzernangehörigen Gesellschaften können ein nicht unerhebliches Haftungsrisiko eingehen. Ihre Verantwortlichkeit und Haftung richten sich nämlich nach „klassischem" Gesellschaftsrecht, nicht nach den jeweiligen Matrixstrukturen.[3]

---

[1] Vgl. Michalski/*Haas*/*Ziemons,* § 43 mwN.
[2] *Wisskirchen*/*Dannhorn*/*Bissels* DB 2008, 1139.
[3] *Windbichler,* Arbeitsrecht im Konzern, S. 166 ff.; *Volkelt,* Geschäftsführer im Konzern, S. 12 ff., Michalski/*Haas*/*Ziemons,* § 43 Rn. 23; Michalski/*Lenz,* § 37 Rn. 37; *Wisskirchen*/*Dannhorn*/*Bissels* DB 2008, 1139.

G. Besonderheiten der Organverhältnisse im internationalen Konzern

So mag der Geschäftsführer einer konzernangehörigen Gesellschaft zwar noch **751** Kenntnis von den Vorgängen haben, die die Gesellschaft unmittelbar betreffen. Oftmals kann er sie aber zB in einer Spartenorganisation mangels eigener Fachkenntnis und Entscheidungsbefugnis nicht steuern. Gleichwohl ist er für die **Einhaltung der Sorgfaltspflichten** gemäß § 43 Abs. 1 GmbHG verantwortlich. Ihm verbleibt die Pflicht zur Kontrolle der anderen Geschäftsführer, selbst wenn diese für ein anderes Ressort oder eine andere Sparte allein verantwortlich sind. Er ist der Gesellschaft gegenüber haftbar, wenn mit seinem Wissen Geschäfte stattfinden, die gegen seine Sorgfaltspflichten verstoßen.[1] Hat der Geschäftsführer aufgrund der gegebenen Organisationsstruktur und an ihm vorbeilaufender Kommunikationswege keinen umfassenden Einblick in die finanzielle Situation der Gesellschaft, besteht zudem ein Haftungsrisiko im Hinblick auf eine mögliche Insolvenz der Gesellschaft. Die Möglichkeit einer Insolvenz besteht auch in einer Matrixstruktur, wenn keine entsprechende Patronatserklärung der Konzernmutter vorliegt oder ein Ergebnisabführungsvertrag besteht. Bei drohender Insolvenz kann der Geschäftsführer im Falle einer Verzögerung eines Insolvenzantrages nach § 64 Abs. 2 GmbH haften. Ein solcher Antrag muss ohne schuldhaftes Zögern, spätestens drei Wochen nach Eintritt der Zahlungsunfähigkeit oder Überschuldung der Gesellschaft gestellt werden. Dabei handelt der Geschäftsführer bereits schuldhaft, wenn er Anhaltspunkte für die Krise übersieht oder es versäumt, die Überschuldung festzustellen.[2]

Im Übrigen **haftet der Geschäftsführer umfassend nach § 823 Abs. 1 BGB** **752** **für ein deliktischen Handeln oder Unterlassen.** Eine Inanspruchnahme kommt bereits in Betracht, wenn der Geschäftsführer von dem deliktischen Handeln in seinem Verantwortungsbereich weiß, dagegen aber nichts unternimmt – weil ihm aufgrund der gegebenen Organisationsstruktur zum Beispiel die Hände gebunden sind.[3] Ebenso trifft ihn die Haftung für Organisationsverschulden. Dabei muss der Geschäftsführer noch nicht einmal Kenntnis von einer Rechtsverletzung haben, ausreichend ist bereits der Vorwurf, dass er „sein" Unternehmen nicht angemessen geführt hat.[4] In einer Matrixstruktur wird aber die Organisation eines Unternehmens im hier relevanten operativen Bereich in den seltensten Fällen dem Geschäftsführer obliegen.

Der Geschäftsführer hat zudem die **steuerlichen Pflichten der Gesellschaft** zu **753** erfüllen (§ 34 Abs. 1 AO) und die Sozialversicherungsbeiträge für die Beschäftigten abzuführen. Problematisch kann dies werden, wenn der Konzern das gesamte Finanzwesen zentral steuert, einschließlich der an der Matrixstruktur/an den Sparten oder den Geschäftsbereichen orientierten Gewinn- und Verlustrechnung, und der Jahresabschluss für die Tochtergesellschaft lediglich pro forma erstellt wird. Hier muss der Geschäftsführer sicherstellen, dass er in den Kommunikationsprozess eingebunden wird und die für ihn notwendigen Informationen rechtzeitig erhält.

bb) Möglichkeiten der Haftungsbegrenzung

Im Außenverhältnis kann die Haftung des Geschäftsführers nicht beschränkt wer- **754** den.[5] Das gilt sowohl für die Haftung aus öffentlich-rechtlichen Vorschriften (Strafgesetzbuch, Ordnungswidrigkeitengesetz, Steuergesetzen, Sozialgesetzbuch etc) wie auch gegenüber privaten Dritten. Im Innenverhältnis kann die Satzung bestimmen, dass ein-

---

[1] *Wisskirchen/Dannhorn/Bissels* DB 2008, 1139 (1400); Michalski/*Lenz*, § 37 Rn. 35.
[2] BGH 9.7.1979 – II ZR 118/77, NJW 1979, 1823; BGH 6.6.1994 – II ZR 292/91, NJW 1994, 2220.
[3] Scholz/*Schneider*, § 43 Rn. 248; Roth/Altmeppen/*Altmeppen*, § 43 Rn. 21 f.
[4] *Wisskirchen/Dannhorn/Bissels*, DB 2008, 1139 (1400) mwN; Roth/Altmeppen/*Altmeppen*, § 43 Rn. 21.
[5] Roth/Altmeppen/*Altmeppen* § 43 Rn. 117; Baumbach/Hueck/*Zöllner*/Noack, § 43 Rn. 108.

zelne Geschäftsführer allein oder in Gemeinschaft mit einem Prokuristen zur Vertretung der Gesellschaft befugt sind. Sind mehrere Geschäftsführer bestellt, sollte der Umfang der Geschäftsführungsbefugnis und damit auch der **Haftung im Innenverhältnis** klar geregelt sein, einerseits in der Satzung der Gesellschaft, andererseits im Anstellungsvertrag des Geschäftsführers. Zusätzlich kann der Konzern dem Geschäftsführer gegenüber zumindest für die nicht von ihm zu verantwortenden Bereiche eine umfassende Haftungsfreistellung erklären.

755   In der Regel handelt der Geschäftsführer auf **Weisung der Konzernobergesellschaft** bzw. des ihn entsendenden Unternehmens. Weisungen sind zu befolgen (§ 37 GmbHG). Der Geschäftsführer haftet daher nicht, soweit er aufgrund bindender Weisung eines anderen zuständigen Gesellschaftsorgans gehandelt hat.[1] Eine entsprechende Klausel sollte zur Klarstellung in den Geschäftsführervertrag aufgenommen werden. Dem Geschäftsführer, der sich auf die Haftungsbeschränkung wegen Weisungsgebundenheit berufen will, sei angeraten, alle wesentlichen Vorgänge nachvollziehbar zu dokumentieren und zu archivieren, um im Zweifelsfalle seiner Darlegungs- und Beweislast genügen zu können. Problematisch kann es jedoch werden, wenn ein außerhalb der Gesellschaft stehender Dritter Weisungen erteilt, so zB der Vorgesetzte aus der Sparten- bzw. der Matrixorganisation. Ein Handeln auf Weisung dieser Personen kann den Geschäftsführer in der Regel nicht exkulpieren. Vielmehr hat der Geschäftsführer genau abzuwägen, ob ein Handeln auf Weisung des Vorgesetzten im Einklang mit seinen Obliegenheiten als Geschäftsführer der Gesellschaft steht.

756   Um den Geschäftsführer wirtschaftlich gegen eine finanzielle Inanspruchnahme durch Dritte, durch Konzernunternehmen oder durch die „eigene" Gesellschaft zu schützen, ist es notwendig, **zusätzliche Haftungsbegrenzungen** zu vereinbaren. Dabei kann die Haftung des Geschäftsführers Dritten gegenüber nicht ausgeschlossen werden, wohl aber innerhalb des Konzerns. Es kann immer nur darum gehen, dem Geschäftsführer Freistellungsansprüche zu verschaffen bzw. ihn gegen bestimmte Risiken zu versichern.

(1) Freistellungsklausel gegenüber der Anstellungsgesellschaft

757   Der Geschäftsführer kann bereits im Anstellungsvertrag eine Freistellungsklausel vereinbaren. Die Zulässigkeit einer solchen **Freistellungsklausel,** die den Haftungsmaßstab bzw. den Haftungsumfang generell reduziert, ist umstritten.[2] Eine Haftungsbeschränkung gegenüber den Gesellschaftern ist nach der Rechtsprechung zulässig, soweit die Grundsätze ordentlicher Geschäftsführung wie ordnungsgemäße Buchführung, Einberufung der Gesellschafterversammlung und die Vorschriften zum Schutzes der Gläubiger der Gesellschaft nicht tangiert werden.[3] Bereits im Vorfeld kann das Entstehen eines Ersatzanspruchs gegen den Geschäftsführer näher geregelt, insbesondere begrenzt oder ausgeschlossen werden, indem die Parteien z.B. einen reduzierten Verschuldens- oder Sorgfaltsmaßstab vereinbaren. Ebenso können die Verjährungsfristen abgekürzt werden sowie die Fristen, innerhalb derer die Gesellschafter ihre Ansprüche gegenüber dem Geschäftsführer geltend machen können.[4] Dabei behandelt der BGH den nachträglichen Verzicht und die vorherige Haftungsbeschränkung

---

[1] BGH 31.1.2000 – II ZR 189/99; NJW 2000, 1571; zustimmend Roth/Altmeppen/*Altmeppen* § 43 Rn. 125 f., soweit die Weisung nicht gegen das Kapitalerhaltungsgebot (§ 30) verstößt; Scholz/ *Schneider,* § 43 Rn. 119; Baumbach/Hueck/*Zöllner/Noack,* § 43 Rn. 34.
[2] *Lohr* NZG 2000, 1204, 1208 ff.; *Schaub* DStR 1992, 985 (987); Michalski/*Haas/Ziemons* § 43 Rn. 9–12.
[3] BGH 16.9.2002 – II ZR 107/01, DB 2002, 2480.
[4] BGH 15.11.1999 – II ZR 122/98, DB 2000, 288, vgl. *Wisskirchen/Dannhorn/Bissels,* DB 2008, 1139 (1401).

gleich. Ausgeschlossen ist ein Verzicht, eine Freistellung oder eine Verjährungsverkürzung allerdings in den in § 43 Abs. 3 S. 3 GmbHG ausdrücklich genannten Fällen, also insbesondere bei verbotenen Auszahlungen an die Gesellschafter. Zudem wird aus systematischen Gründen eine Freistellung von der Haftung bei Verstößen gegen die Buchführungs- und die Einberufungspflicht (§§ 41, 49 Abs. 3 GmbHG) und beim Kreditgewährungsverbot (§ 43a GmbHG) nicht oder nur insoweit in Betracht kommen, als der Ersatzanspruch zur Gläubigerbefriedigung nicht erforderlich ist.[1] Die Freistellungsklausel bietet dem Geschäftsführer dementsprechend weitgehende Sicherheit vor Ersatzansprüchen der Gesellschaft.

(2) Freistellung gegenüber anderen Konzernunternehmen

Die **Haftungsfreistellung** gegenüber der Anstellungsgesellschaft ist jedoch nicht ausreichend, wenn andere Konzernunternehmen, zB aus einer Umstrukturierung, Ansprüche gegen den Geschäftsführer geltend machen. Eine Haftungsfreistellung mit den konzernangehörigen Gesellschaften zu vereinbaren, ist wohl wenig praktikabel. Es sollte vielmehr mit der Konzernmutter eine Vereinbarung getroffen werden, wonach diese für sich selbst und in Vertretung aller Konzernunternehmen einer Haftungsfreistellung zustimmt.[2] **758**

(3) D&O-Versicherung

Um den Geschäftsführer wirtschaftlich gegen eine finanzielle Inanspruchnahme durch Konzernunternehmen, Dritte oder auch der von ihm geführten Gesellschaft zu schützen, bietet sich schließlich der **Abschluss einer Vermögensschadenshaftpflicht- bzw. D&O-Versicherung**[3] an. Die Versicherungspolicen umfassen sowohl die zivil- als auch die öffentlich rechtliche Verantwortlichkeit aus der Organtätigkeit. Das gilt auch für nicht abgeführte Sozialversicherungsbeiträge und Steuern. In Konzernen finden sich oftmals Gruppenversicherungsverträge, in die der Geschäftsführer aufgenommen wird, allerdings verbunden mit dem Nachteil, dass mögliche Risiken standardisiert versichert sind und eine Individualisierung nicht möglich ist. **759**

(4) Möglichkeiten der Haftungsbeschränkung durch Veränderung der tatsächlichen Organisationsstruktur

Die rechtlichen Möglichkeiten der Haftungsbeschränkung mindern zwar einen Teil der Haftungsrisiken für den Geschäftsführer. In vielen Fällen verbleibt jedoch ein Restrisiko, insbesondere in den Fällen, in denen es sich um nicht über Freistellungsklauseln abdingbare Risiken handelt. Es ist daher zu überlegen, inwieweit bestehende Risiken durch **Veränderungen der Organisations- oder der Managementstruktur** reduziert werden können. Der Geschäftsführer sollte primär in alle wichtigen Kommunikationsprozesse, die Gesellschaft betreffend, einbezogen werden. Ihm sollten regelmäßig die zur verantwortungsvollen Steuerung der Gesellschaft notwendigen Informationen zur Verfügung gestellt werden. Berichtsweg und Verantwortung sollten regelmäßig im Dienstvertrag des Geschäftsführers festgehalten werden, insbesondere dann, wenn nicht die Konzernleitung, sondern ein Spartenverantwortlicher oder in einer Matrixorganisation ein Geschäftsbereichsverantwortlicher die maßgeblichen Entscheidungen trifft. Allerdings wäre es jedoch vorzugswürdig, die organisatorischen und die gesellschaftsrechtlichen Strukturen eines Konzerns in Einklang zu bringen.[4] Dies würde das Haftungsrisiko für den Geschäftsführer deutlich reduzieren. **760**

---

[1] Michalski/*Haas*/*Ziemons* § 43 Rn. 11 mwN.
[2] Vgl. *Wisskirchen/Dannhorn/Bissels,* DB 2008, 1139 (1402).
[3] Zur D&O-Versicherung ein Überblick bei Lange in *Veith/Gräfe,* § 16 Rn. 1 ff.
[4] Siehe auch *Wisskirchen/Dannhorn/Bissels,* DB 2008, 1139 (1400).

II. Der Vorstand im internationalen Konzern

761   Im Rahmen der Globalisierung der Wirtschaft richten sich Konzerne zunehmend international aus. Der Entscheidung, ob eine Gesellschaft in dem jeweiligen Land mit einer rechtlich unselbständigen Niederlassung oder einer rechtlich selbständigen Einheit, sei es eine GmbH oder eine Aktiengesellschaft oder eine Gesellschaftsform nach lokalem Recht, vertreten ist, liegen meist übergeordnete ökonomischen Aspekte zugrunde. Dabei können steuerliche Gesichtspunkte ebenso eine Rolle spielen wie haftungsrechtliche Fragen. Ist eine Aktiengesellschaft Teil eines internationalen Konzerns, so ist zunächst das Gesellschaftsstatut im internationalen Kontext zu klären. Auch die Vertragsgestaltung mit dem Vorstand kann in der Konstellation der Dritt- oder Konzernanstellung und der Möglichkeiten der Rechtswahlfreiheit Spezifika aufweisen. Schließlich ergeben sich verschiedene Fragen hinsichtlich eines möglichen Weisungsrechts der herrschenden Gesellschaft bzw. einer Weisungsgebundenheit der beherrschten Aktiengesellschaft und damit zugleich ihres Vorstandes.

1. Gesellschaftsstatut

762   Die aus der Bestellung zum Vorstand einer Aktiengesellschaft folgenden zwingenden gesetzlichen Rechte und Pflichten dienen insbesondere dem Schutz der Öffentlichkeit, der Gläubiger und der Kapitalgeber. Für die im Ausland gelegene Tochtergesellschaft eines international aufgestellten Konzerns stellt sich daher die Frage, welche Rechtsordnung die organschaftliche Stellung des Vorstands und die gesellschaftsrechtlichen Beziehungen der Gesellschaft regeln. Maßgeblich ist das internationale Gesellschaftsrecht.[1] Ausschlaggebend für die Organstellung des Vorstands ist das Gesellschaftsstatut. Da das Gesetz keine Anknüpfungspunkte für die **Festlegung des Gesellschaftsstatuts** definiert, ist dieses umstritten.[2] Man unterscheidet allgemein zwischen der Sitztheorie und der Gründungstheorie.[3] Nach der Sitztheorie sind die Regeln des Landes maßgeblich, in dem der Verwaltungssitz des Unternehmens liegt.[4] Das Ziel dieser Theorie ist der Schutz des inländischen Geschäftsverkehrs vor unseriösen Auslandsgründungen sowie ein numerus clausus der Gesellschaftsformen. Dagegen stellt die Gründungstheorie auf das Statut des Gründungsortes ab, der häufig dem Satzungssitz entspricht.[5] Sie zielt darauf ab, Sitzverlegungen über die Grenze unter Mitnahme des Heimatrechts zu ermöglichen. In Deutschland bestimmte sich das Gesellschaftsstatut lange Zeit nach den Regelungen des Sitzlandes.[6] Infolge der Rechtsprechung des EuGH[7] zur Niederlassungsfreiheit hat die Sitztheorie ihre dominierende Rolle weitgehend eingebüßt. So kommen nun auch in Deutschland in Bezug auf Gesellschaften aus EU und EWR vorrangig die Gründungstheorie und damit das Herkunftslandprinzip zum Tragen.[8] Demgegenüber ist die Sitztheorie bei Drittstaatenbeziehungen nach wie vor dominierend.[9]

---

[1] Hümmerich/Reufels/*Reufels*, § 2 Rn. 178, § 3 Rn. 186.
[2] Hümmerich/Reufels/*Borgmann*, § 2 Rn. 178.
[3] Überblick zB bei MüKoBGB/*Kindler*, IntGesR Rn. 258 ff.
[4] *Hüffer*, AktG § 1 Rn. 34.
[5] *Hüffer*, AktG § 1 Rn. 34.
[6] Ständige Rechtsprechung des BGH; vgl. BGH 27.10.2008 – II ZR 158/06 (Trabrennbahn), NJW 2009, 289; hierzu auch *Gottschalk* ZIP 2009, 948 ff.; *Koch/Eickmann* AG 2009, 73; *Hellgardt* NZG 2009, 94; *Erdmann* NZG 2002, 503 (512); Hümmerich/Reufels/*Borgmann*, § 2 Rn. 178.
[7] EuGH 09.03.1999 – C-212/97, NJW 1999, 2027; EuGH 13.12.2005 – C-11/03, NJW 2006, 425.
[8] *Hüffer*, AktG § 1 Rn. 34.
[9] *Hüffer*, AktG § 1 Rn. 37.

2. Anstellungsvertrag

Vertragspartner des Anstellungsvertrages ist üblicherweise die Gesellschaft, für die **763** der Vorstand tätig werden soll, vertreten durch den hierfür besonders ermächtigten Aufsichtsratsvorsitzenden. Der Vertragsinhalt und namentlich die Höhe der Vergütung bestimmen sich nach den §§ 611 ff. BGB unter Berücksichtigung der Satzung und den Vorschriften des Aktiengesetzes, sofern nicht abweichende Regelungen vereinbart werden. Wie beim Geschäftsführer können sich in internationalen Konzernen auch für den Vorstand einer konzernabhängigen Gesellschaft verschiedene Konstellationen eines Anstellungsverhältnisses ergeben, abhängig davon, ob es sich um einen ausschließlich bei einer Tochtergesellschaft angestelltes Vorstandsmitglied oder um einen von der Konzernobergesellschaft oder einer anderen konzernangehörigen Gesellschaft entsandten Mitarbeiter handelt.

a) Vorstand einer konzernangehörigen Tochtergesellschaft

Wird der Vorstand für die Tätigkeit als Vorstand einer konzernangehörigen Tocher- **764** gesellschaft eingestellt, wird in der Regel sein **Anstellungsvertrag** von der Gesellschaft, für die er als Vorstand bestellt wurde, vertreten durch den hierzu ermächtigten Aufsichtsratsvorsitzenden, abgeschlossen. Dies gilt auch für den Fall, dass der Vorstand nicht von extern neu für diese Position eingestellt wurde, sondern ein Mitarbeiter der Konzernobergesellschaft oder einer anderen konzernangehörigen Gesellschaft sein bisheriges Arbeitsverhältnis dort beendet und ein neues Anstellungsverhältnis als Vorstand mit der konzernangehörigen Gesellschaft begründet. Zu beachten sind dabei allerdings die Risiken, die die **Aufgabe des Angestelltenstatus** im Hinblick auf Arbeitnehmerschutzrechte wie beispielsweise den Kündigungsschutz, den Arbeitszeit- und den Urlaubschutz, sowie insbesondere hinsichtlich sozialversicherungsrechtlicher Schutzrechte nach sich ziehen kann.[1] Vorstandsmitglieder sind in sämtlichen Zweigen der gesetzlichen Sozialversicherung grundsätzlich nicht versicherungspflichtig. Für den Bereich der Arbeitslosenversicherung ergibt sich dies aus § 27 Abs. 1 Nr. 5 SGB III, für die Rentenversicherung aus § 1 S. 4 SGB VI. Für die gesetzliche Unfallversicherung fehlt in der Regel eine Beschäftigung im Sinne des § 7 Abs. 1 SGB IV, weil den Vorstandsmitgliedern die persönliche Abhängigkeit fehlt. Im Rahmen der Krankenversicherung verneint die Praxis einen Anspruch der Vorstandsmitglieder gegenüber der Gesellschaft auf Pflegeversicherungszuschuss nach § 61 SGB XI und auf Krankenversicherungszuschuss nach § 257 SGB V.

b) Vorstandsmitglied der Konzernobergesellschaft mit weiteren Vorstandspositionen in konzernangehörigen Gesellschaften

In nationalen wie auch in internationalen Konzernen besteht häufig **Personaluni- 765 on** zwischen einem Vorstandsmitglied der Konzernobergesellschaft und dem Organmitglied einer konzernangehörigen Gesellschaft mit dem Ziel der Sicherstellung einer einheitlichen Unternehmensführung. Vorstandsdoppelmandate sind auch anzutreffen in Spartengesellschaften oder in Fällen, in denen Geschäftsbereiche in Tochtergesellschaften rechtlich verselbständigt werden. Die konsequenteste Ausprägung liegt bei einer Holdinggesellschaft vor, die sich auf die Konzernführung beschränkt und das gesamte operative Geschäft den Tochterunternehmen überlässt. Die personelle Verflechtung erfolgt in diesen Fällen in der Regel nicht nur über den Aufsichtsrat, sondern auch über die Geschäftsleitung, indem Vorstandsmitglieder der herrschenden

---

[1] Spindler/Stilz/*Fleischer*, § 84 Rn. 30.

Aktiengesellschaft zugleich Vorstände der Tochter-AG sind. Häufig wird in diesen Fällen das Vorstandsmitglied der Holding die Funktion von Vorstandsvorsitzenden in der Tochter bzw. den Tochtergesellschaften übernehmen. Ein solches Doppelmandat ist aktienrechtlich prinzipiell zulässig;[1] es hängt aber von der Zustimmung der Aufsichtsräte beider Gesellschaften zu der Doppeltätigkeit ab (§ 88 Abs. 1 AktG). Die Zulässigkeit bedeutet allerdings nicht, dass Doppelmandate in praktischer und rechtlicher Hinsicht problemfrei sind.

766 Problematisch kann insbesondere eine **Interessenskollision** zwischen beiden Mandatsverhältnissen werden. Dies gilt speziell dann, wenn es sich um eine lediglich faktische Konzernverbindung handelt.[2] Nach wie vor ungeklärt ist, wie solche Konfliktfälle zu lösen sind.[3] Auszugehen ist hier wohl von der Rechtsprechung zu Aufsichtsratsdoppelmandaten, die nach hL auch auf Vorstandsdoppelmandate anwendbar ist.[4] Danach hat sich das konfliktbefangene Aufsichtsrats-Mitglied bei seinen Entscheidungen ausschließlich von den Interessen desjenigen Pflichtenkreises leiten zu lassen, in dem es gerade tätig wird. Interessen des jeweils anderen Pflichtenkreises dürfen nur dann berücksichtigt werden, wenn sie mit den Interessen des Unternehmens, in dem aktuell gehandelt wird, vereinbar sind. Entsprechend wird für Doppelmandatsträger gefordert, dass sie sich bei ihren Entscheidungen in der Tochtergesellschaft ausschließlich am Eigeninteresse dieser und bei ihren Entscheidungen in der Konzernspitze allein am Konzerninteresse orientieren.[5] Einigkeit besteht darüber, dass die Pflichterfüllung in der einen Gesellschaft die Pflichtverletzung in der anderen Gesellschaft nicht rechtfertigen kann.[6] Dies bedeutet für den Doppelmandatsvorstand, dass er sich bei Pflichtverletzungen sowohl in der Tochtergesellschaft als auch in der Muttergesellschaft nicht darauf berufen kann, sein Verhalten entspräche den Interessen der jeweils anderen Gesellschaft. Ist auf diesem Wege eine Konfliktlösung nicht möglich, so wird teilweise vertreten, dass ein gesetzliches Stimmverbot gemäß § 34 BGB analog für das betroffene Vorstandsmitglied greift.[7] Ist der Konflikt dauerhafter Natur, wird wohl nur die Abberufung des Vorstandsmitglieds oder die Mandatsniederlegung als Möglichkeit der Konfliktlösung verbleiben.[8]

767 Wird ein Vorstandsmitglied einer Gesellschaft, insbesondere der Konzernmutter, zum Vorstandsmitglied einer anderen Gesellschaft berufen, so ist auch hier jedenfalls ein eigenständiger Anstellungsvertrag abzuschließen.[9] Dieser sollte u. a. regeln, wie mit Interessenskonflikten im Verhältnis Konzernmutter –Tochtergesellschaft umzugehen ist.

c) Leitender Angestellter der Konzernobergesellschaft als Vorstand einer konzernangehörigen Gesellschaft

768 In nationalen wie in internationalen Konzernen werden oftmals verdiente, vielfach leitende Mitarbeiter der Konzernobergesellschaft mit der zusätzlichen Aufgabe eines

---

[1] BGH 9.3.2009 – II ZR 170/07, DNotZ 2009, 776 (778); *Aschenbeck* NZG 2000, 1015; *Hüffer*, § 76 Rn. 21; MüKoAktG/*Spindler*, § 76 Rn. 56.
[2] *Hoffmann-Becking* ZHR 1986, 570 (574); *Aschenbeck* NZG 2000, 1015.
[3] *Hüffer*, § 76 Rn. 21; Hümmerich/Reufels/*Reufels*, § 3 Rn. 183.
[4] Vgl. Hümmerich/Reufels/*Reufels*, § 3 Rn. 183.
[5] *Hoffmann-Becking*, ZHR 1986, 570 (578 f.); MHdBGesR/*Krieger*, AG § 69 Rn. 35.
[6] BGH 21.12.1979 – II ZR 244/78, NJW 1980, 1629; vgl. auch *Aschenbeck* NZG 2000, 1015 (1021); Hümmerich/Reufels/*Reufels*, § 3 Rn. 183.
[7] Ausführlich zu den Lösungsmöglichkeiten *Aschenbeck* NZG 2000, 1015 (1021 ff.).
[8] *Aschenbeck* NZG 2000, 1015 (1021 ff.); Hümmerich/Reufels/*Reufels*, § 3 Rn. 184; *Ulmer* NJW 1980, 1603 (1605).
[9] Dies ergibt sich bereits aus § 88 Abs. 2 AktG; vgl. Hümmerich/Reufels/*Reufels*, § 3 Rn. 184.

G. Besonderheiten der Organverhältnisse im internationalen Konzern

Vorstandsmitglieds in einer konzernangehörigen Gesellschaft betraut, ohne dass ihr Angestelltenverhältnis mit der Konzernobergesellschaft beendet wird. Letzteres dient nicht zuletzt der Aufrechterhaltung des sozialversicherungsrechtlichen Status als Angestellter, während der Tätigkeit als Vorstand der Tochtergesellschaft. Im Falle der Übernahme einer Vorstandsposition bei einer im Ausland gelegenen Tochtergesellschaft kommt dem besondere Bedeutung zu, liegt es doch in der Regel im Interesse des zum Vorstand bestellten Angestellten, gerade während einer vorübergehenden Auslandsentsendung seinen sozialversicherungsrechtlichen Status nicht zu verlieren. Wird in dieser Konstellation mit dem Unternehmen, für das der Vorstand tätig werden soll, kein Anstellungsvertrag abgeschlossen, sondern lediglich der bestehende Arbeitsvertrag entsprechend ergänzt, so handelt es sich um einen **Drittanstellungs- oder Konzernanstellungsvertrag.**[1] Ob derartige Drittanstellungsverträge zulässig sind, ist noch nicht endgültig geklärt.[2] Die Rechtsprechung hat sie für Geschäftsführer einer nicht mitbestimmten GmbH generell als zulässig angesehen,[3] für Vorstandsmitglieder fehlt es bislang an wegweisenden Entscheidungen. Die wohl hL hält Drittanstellungsverträge jedenfalls in Konzernzusammenhängen für statthaft.[4] Eine vordringende Gegenauffassung lehnt dies ab, weil die schuldrechtlichen Verpflichtungen aus der Drittanstellung die eigenverantwortliche, unabhängige Leitungsmacht des Vorstands gefährdeten.[5] Eine vertragliche Bindung gegenüber der herrschenden Gesellschaft lasse sich nicht mit der in § 76 Abs. 1 AktG definierten Weisungsfreiheit eines Vorstands vereinbaren. Eine Drittanstellung widerspreche der Verpflichtung des Vorstandsmitglieds, ausschließlich die Interessen der Gesellschaft, deren Organ er sei, wahrzunehmen. Etwas Anderes solle nur bei Bestehen eines Beherrschungsvertrages oder im Eingliederungskonzern gelten, weil hier die Leitungsmacht des Tochtervorstands durch die Weisungsbefugnis der beherrschenden Gesellschaft überlagert werde.[6] Angesichts dieser Rechtsunsicherheit ist von Konzernanstellungsverträgen jedenfalls in Bezug auf eine Vorstandstätigkeit in Deutschland in der Praxis abzuraten. Die Unabhängigkeit eines Vorstandsmitglieds in der Wahrnehmung seiner aus der Bestellung zum Vorstandsmitglied der Tochtergesellschaft resultierenden Rechte und Pflichten wird am ehesten durch einen Anstellungsvertrag mit dem Tochterunternehmen für die Zeit der Vorstandsbestellung gewährleistet. Gleichzeitig sollte hinsichtlich des ursprünglichen Arbeitsvertrags mit der Konzernobergesellschaft geklärt werden, dass der dortige Vertragspartner jedenfalls während der Zeit der Bestellung zum Vorstandsmitglied nicht befugt ist, Weisungen hinsichtlich der Amtsführung des Vorstands auszusprechen. In Betracht käme, ein Ruhen dieses Arbeitsvertrages zu vereinbaren, möglicherweise verbunden mit einer Gehalts- und/oder Standortgarantie.

Anders kann sich die Rechtslage jedoch gestalten, wenn sich das mit dem Vorstand einer ausländischen Gesellschaft vereinbarte Anstellungsverhältnis nach lokalem Recht richtet.[7] Die im deutschen Recht vorgesehene Weisungsfreiheit des Vorstandsmitglieds findet sich in anderen Rechtsordnungen nicht in paralleler Weise. Insoweit könnten unter diesem Gesichtspunkt auch Drittanstellungsverträge zulässig sein.

---

[1] Spindler/Stilz/*Fleischer*, § 84 Rn. 39.
[2] *Hüffer* § 84 Rn. 14; MüKoAktG/*Spindler*, § 84 Rn. 59; *Fonk* NZG 2010, 368 (370); MAH-AktG,/*Nehls*, § 22 Rn. 80.
[3] BGH 25.6.1979 – II ZR 219/78, NJW 1980, 595; vgl. *Hüffer*, § 84 Rn. 14 mwN.
[4] Spindler/Stilz/*Fleischer*, § 84 Rn. 39 mwN; Hümmerich/Reufels/*Reufels*, § 3 Rn. 179.
[5] KölnerKomm/*Mertens/Cahn*, § 84 Rn. 56; Spindler/Stilz/*Fleischer*, § 84 Rn. 39; MüKoAktG/*Spindler*, § 84 Rn. 66; Hümmerich/Reufels/*Reufels*, § 3 Rn. 177.
[6] *Hüffer*, § 84 Rn. 14; Spindler/Stilz/*Fleischer*, § 84 Rn. 39; a.A. MüKoAktG/*Spindler*, § 84 Rn. 66.
[7] Siehe → Rn. 761.

3. Anwendung des maßgeblichen Rechts

770 Bei Vorstandsmitgliedern von im Ausland angesiedelten Aktiengesellschaften stellt sich die weitere Frage, welches nationale Recht für den Anstellungsvertrag Geltung erlangt. Diese Frage stellt sich unabhängig vom jeweiligen Gesellschaftsstatut. Bei einem bis zum 17.12.2009 geschlossenen Dienstvertrag mit Auslandsberührung sind die §§ 27 ff. EGBGB für die Bestimmung des geltenden nationalen Rechts maßgeblich. Bei Vertragsschlüssen nach den 17.12.2009 ist die Rom I-Verordnung anwendbar (§ 28 Rom I-Verordnung), mit der das europäische Kollisionsrecht weiter vereinheitlicht werden soll.[1]

a) Rechtswahlfreiheit

771 Die Parteien eines Vorstandsdienstvertrages können das auf diesen Vertrag **anzuwendende Recht** grundsätzlich frei bestimmen (Art. 3 Abs. 1 Rom I-Verordnung, Art. 27 Abs. 1 S. 1 EGBGB), es sei denn, zwingende Schutzvorschriften sehen etwas anderes vor. Solche Schutzvorschriften sind in Art. 8 Rom I-VO bzw. Art. 30 EGBGB geregelt. Danach darf die Rechtswahl der Parteien nicht dazu führen, dass dem Arbeitnehmer der Schutz entzogen wird, der ihm durch zwingende Bestimmungen des Rechts gewährt wird, das nach Art. 8 Abs. 1 Rom I-VO bzw. Art. 30 Abs. 2 EGBGB mangels Rechtswahl anwendbar wäre. Wie auch beim GmbH-Geschäftsführer (→ Rn. 730) ist allerdings fraglich, inwieweit Art. 8 Rom I-VO bzw. Art. 30 EGBGB auf den Vorstand einer Aktiengesellschaft anwendbar ist. Da es sich bei Vorstandsmitgliedern nicht um Arbeitnehmer handelt und lediglich in Ausnahmefällen arbeitnehmerschützende Regelungen entsprechend herangezogen werden können, ist davon auszugehen, dass die Schutzvorschriften der Art. 8 Rom I-VO bzw. Art. 30 EGBGB auf den Vorstand nicht anzuwenden sind.[2]

772 Die Wahl eines bestimmten Rechts muss entweder ausdrücklich im Vertrag geregelt sein oder sich mit hinreichender Sicherheit aus den Bestimmungen des Vertrages oder den Umständen des Falles ergeben. Wurde das anzuwendende Recht nicht hinreichend bestimmt, so definiert sich das anzuwendende Recht gemäß Art. 4 Rom I-Verordnung/Art. 28 Abs. 1 S. 1 EGBGB nach dem Recht des Staates, zu dem die **engsten Verbindungen** bestehen. Aus Art. 4 Abs. 1 lit. b) Rom I-Verordnung/Art. 28 Abs. 2 EGBGB, der auf die Niederlassung des Leistungserbringers abstellt, kann gefolgert werden, dass das Recht des Staates anzuwenden ist, in dem diejenigen Geschäftsräume der Gesellschaft liegen, in denen der Vorstand regelmäßig tätig ist – was im Ergebnis der **Maßgeblichkeit des Arbeitsortes für Arbeitsverhältnisse** entspricht (Art. 4 Abs. 2 Rom I-VO/Art. 30 Abs. 2 Nr. 2 EBGB).[3] Bei inländischem Arbeitsort wird also in der Regel deutsches Recht anzuwenden sein. Aus den Umständen kann sich aber auch eine engere Verbindung zu einem anderen Staat ergeben, so dass das Recht dieses Staates Anwendung findet. Aufgrund der Unsicherheiten erscheint eine ausdrückliche Rechtswahl in jedem Falle vorzugswürdig. Dabei empfiehlt sich für in Deutschland tätige Vorstände regelmäßig die Anwendung deutschen Rechts, schon allein wegen der besseren Rechtskenntnis und der erleichterten Anwendung durch die deutschen Gerichte.[4]

---

[1] So sollen insbesondere die in den Mitgliedsstaaten geltenden Kollisionsnormen im Interesse eines funktionierenden Binnenmarktes unabhängig von der Staat, in dem sich das Gericht befindet, bei dem ein Anspruch geltend gemacht wird, dasselbe Recht bestimmen, vgl. Begründungserwägung 6 der Rom I-VO.

[2] Hümmerich/Reufels/*Reufels*, § 3 Rn. 189; MüKoBGB IPR/*Martiny*, Art. 4 Rom I-VO Art. 8 Rn. 20; *Mankowski* RiW 2004, 167 (169).

[3] *Erdmann* NZG 2002, 503 (512); Hümmerich/Reufels/*Reufels*, § 3 Rn. 190.

[4] Vgl. *Erdmann* NZG 2002, 503 (512); Hümmerich/Reufels/*Reufels*, § 3 Rn. 190.

Anderseits sollte bei einer Auslandsentsendung nicht ohne tiefere Analyse deutsches 773
Recht vereinbart werden. Die möglichen Konsequenzen, die sich aus einer Mischung des deutschen Rechts mit den möglicherweise zwingenden Bestimmungen des Rechts des Staates ergeben, in den der Vorstand entsandt wird, sind im Vorfeld kaum zu überblicken.[1] Auch dürfte eine etwaige rechtliche Auseinandersetzung vor einem Gericht, dem das anzuwendende Recht nicht vertraut ist, mühsam und zeitaufwendig sein.[2]

b) Anwendung zwingender Bestimmungen

Wird eine ausdrückliche Rechtswahl getroffen, besteht aber zum Zeitpunkt der 774
Rechtswahl in tatsächlicher Hinsicht ein Bezug zu einem anderen als demjenigen Staat, dessen Recht gewählt wurde, so berührt die Rechtswahl der Parteien nicht die Anwendung derjenigen Bestimmungen des Rechts dieses anderen Staates, von denen nicht durch Vereinbarung abgewichen werden kann (Art. 3 Abs. 3 Rom I-VO/Art. 27 Abs. 3 EGBGB). Wird der Vertrag etwa mit einem ausländischen Unternehmen ausschließlich in Deutschland durchgeführt, so kann der Schutz zwingender deutscher dienstvertragsrechtlicher Vorschriften durch die Wahl des Rechts eines anderen Staates nicht ausgeschlossen werden. Dies gilt z. B. für den zwingenden Schutz von Versorgungsansprüchen nach dem BetrAVG, das über § 17 Abs. 1 S. 2 auch auf Vorstandsmitglieder anwendbar ist.[3]

Als Dienstverhältnis unterliegt das Anstellungsverhältnis des Vorstands zudem Art. 6 775
EGBGB **(ordre public).** Demzufolge ist eine Rechtsnorm eines anderen Staates dann nicht anzuwenden, wenn dies mit wesentlichen Grundsätzen des deutschen Rechts, insbesondere mit dem Grundgesetz, offensichtlich nicht zu vereinbaren ist.

Zu beachten ist außerdem, dass der EuGH die Wahl eines Drittstaatenrechts nicht 776
zulässt, wenn es die Anwendung **zwingender Vorschriften aus EU-Richtlinien** vereiteln würde.[4] Die Wahl des Rechts eines Drittstaats durch die Parteien berührt im Übrigen nicht die Anwendung zwingender Bestimmungen des Gemeinschaftsrechts, wenn alle anderen Elemente des Sachverhalts zum Zeitpunkt der Rechtswahl in einem oder mehreren Mitgliedstaaten belegen sind (Art. 3 Abs. 4 Rom I-VO).

4. Steuer- und sozialversicherungsrechtliche Regeln bei Auslandsentsendung

a) Sozialversicherungsrechtliche Regelungen

Wird das Vorstandsmitglied einer ausländischen Gesellschaft in Deutschland rekru- 777
tiert oder wird ein Vorstandsmitglied einer deutschen Aktiengesellschaft in den Vorstand einer im Ausland gelegenen Tochtergesellschaft berufen, stellt sich die Frage nach einer Möglichkeit des Weiterführens **deutscher sozialversicherungsrechtlicher Regelungen** für die Zeit der Auslandsentsendung. Mangels Vorliegens einer Versicherungspflicht im Inland können die sozialversicherungsrechtlichen Vorschriften der Entsendung allerdings keine Anwendung finden. Die Versicherungsfreiheit des Vorstandsmitglieds einer Aktiengesellschaft in der Renten- und Arbeitslosenversicherung ist in § 1 S. 4 SGB VI bzw. § 27 Abs. 1 Nr. 5 SGB III geregelt. Die Versicherungsfreiheit in der Kranken-, Pflege- und Unfallversicherung ergibt sich aufgrund des Nichtvorliegens eines Beschäftigungsverhältnisses aus § 7 Abs. 1 SGB IV.

---

[1] *Erdmann* NZG 2002, 503 (512); Hümmerich/Reufels/*Reufels*, § 3 Rn. 192.
[2] *Erdmann* NZG 2002, 503 (512); Hümmerich/Reufels/*Reufels*, § 3 Rn. 190.
[3] BGH 17.12.2001 – II ZR 222/99, NZA 2000, 511; BGH 16.3.2009 – II ZR 68/08, DStR 2009, 1211; BeckOKArbR/*Molkenbur*, BetrAVG § 17 Rn. 14.
[4] EuGH 9.11.2000 – C-381/98, NJW 2001, 2007 (2008).

778 § 4 Abs. 1 SGB IV ermöglicht die Anwendung der Vorschriften über die Versicherungspflicht, soweit sie eine Beschäftigung voraussetzen, auch für Personen, die im Rahmen eines im Geltungsbereich des Gesetzbuchs bestehenden Beschäftigungsverhältnisses in ein Gebiet außerhalb dieses Geltungsbereichs entsandt werden, wenn die Entsendung infolge der Eigenart der Beschäftigung oder vertraglich im Voraus zeitlich begrenzt ist. Nach Wortlaut sowie dem Sinn und Zweck des § 4 SGB IV[1] setzt ein fortbestehendes Versicherungspflichtverhältnis zunächst voraus, dass vor Beginn der Entsendung ein Beschäftigungsverhältnis mit dem entsendenden Arbeitgeber in Deutschland bestanden hat.[2] Maßgeblich für die sozialversicherungsrechtliche Einordnung ist demnach der Begriff des Beschäftigungsverhältnisses nach § 7 Abs. 1 SGB IV. Aufgrund der fehlenden persönlichen Abhängigkeit vom Arbeitgeber steht das Vorstandsmitglied nicht in einem Beschäftigungsverhältnis im Sinne des § 7 Abs. 1 SGB IV.[3] Eine Übertragung der maßgeblichen Gesichtspunkte für die Abgrenzung der Arbeitnehmereigenschaft von GmbH-Geschäftsführern auf Vorstandsmitglieder einer AG ist nicht möglich.[4] Damit unterliegt das ins Ausland entsandte Vorstandsmitglied grundsätzlich den sozialversicherungsrechtlichen Regelungen am Entsendungsort. Inwieweit auch hier im Einzelnen Befreiungen greifen, sollte mittels entsprechender sachverständiger Beratung geklärt werden. Jedenfalls sollte sich das zukünftige Vorstandsmitglied vor Antritt der neuen Aufgabe im Ausland umfassend beraten lassen und ggf. seinen im Inland bestehenden privaten Versicherungsschutz entsprechend anpassen.

779 Wird ein Mitarbeiter einer Konzerngesellschaft unter Aufrechterhaltung seines ursprünglichen, möglicherweise ruhend gestellten, Arbeitsvertrages vorübergehend in den Vorstand einer im Ausland gelegenen Tochtergesellschaft berufen oder wird im Inland ein Mitarbeiter nur zu dem Zweck eingestellt, in den Vorstand einer im Ausland gelegenen Tochtergesellschaft entsandt zu werden, so ist jedenfalls eine Voraussetzung des § 4 SGB IV erfüllt: vor Beginn der Entsendung bestand ein **Beschäftigungsverhältnis mit dem entsendenden Arbeitgeber** in Deutschland. Allerdings stellt § 4 SGB IV darauf ab, dass das Beschäftigungsverhältnis im Ausland fortbesteht. Findet deutsches Recht auf das Anstellungsverhältnis des Vorstandsmitglieds im Ausland Anwendung, gilt der Grundsatz der Weisungsfreiheit des Vorstandsmitglieds lt. Aktiengesetz. Aufgrund der fehlenden persönlichen Abhängigkeit vom Arbeitgeber steht das Vorstandsmitglied damit nicht in einem Beschäftigungsverhältnis im Sinne des § 7 Abs. 1 SGB IV. Mangels Vorliegens der Voraussetzungen können die sozialversicherungsrechtlichen Vorschriften der Entsendung daher keine Anwendung finden. Damit unterliegt auch der Angestellte der Konzernobergesellschaft, der zum Vorstandsmitglied einer ausländischen Konzerntochter bestellt wird, grundsätzlich den sozialversicherungsrechtlichen Reglungen am Entsendungsort. In wie weit auch hier im Einzelnen Befreiungen greifen, ist mit sachverständiger Unterstützung zu klären. Dabei ist auch zu klären, in wie weit der im Inland bestehende sozialversicherungsrechtliche Schutz gleichfalls ruhend gestellt werden kann. Gegebenenfalls ist für die Dauer der Auslandsentsendung der im Inland bestehende private Versicherungsschutz entsprechend anzupassen oder ein neuer Vertrag abzuschließen.

780 Ob die Situation möglicherweise anders zu beurteilen ist, wenn das Vorstandsmitglied nach lokalem ausländischem Recht nicht weisungsfrei ist und deshalb von einem

---

[1] Vgl. zur Gesetzesbegründung BT-Drucks. 7/4122 S. 30.
[2] BSG 27.5.1986 – 2 RU 12/95, NZA 1986, 806 (807).
[3] MHdBGesR/*Wiesner* § 21 Rn. 14; Fleischer/*Thüsing*, HdBVorstandsR § 4 Rn. 59 mwN zur Rspr. des BSG.
[4] Fleischer/*Thüsing*, Handbuch VorstandsR § 4 Rn. 59.

Beschäftigungsverhältnis zu der ausländischen Konzerngesellschaft ausgegangen werden kann, ist im Einzelfall zu klären.

b) Steuerrechtliche Regelungen

Handelt es sich bei dem Vorstandsmitglied der ausländischen konzernangehörigen **781** Gesellschaft um einen von der Konzernmutter oder einer anderen konzernangehörigen Gesellschaft entsandten Angestellten, so ist die **steuerliche Behandlung der Vorstandsvergütung** davon abhängig, in wessen Interesse die Entsendung erfolgt. Bei einer Entsendung im wirtschaftlichen Interesse des entsendenden Mutterunternehmens sind die direkten und indirekten Personalkosten bei dem im Entsendestaat ansässigen Unternehmen steuerlich abzugsfähig. Erfolgt die Entsendung dagegen im wirtschaftlichen Interesse des aufnehmenden Tochterunternehmens, so ist die Vorstandsvergütung für steuerliche Zwecke dem im Tätigkeitsstaat domizilierenden Unternehmen zuzurechnen.[1] Unabhängig davon, in wessen Interesse die Entsendung erfolgt, muss der vom Mutterkonzern entsandte, im Ausland zum Vorstandsmitglied bestellte Arbeitnehmer bei einer den Zeitraum von 183 Tagen übersteigenden Entsendung die ihm gezahlte Vergütung im Tätigkeitsstaat der Besteuerung unterwerfen.[2] Im Anwendungsbereich eines Doppelbesteuerungsabkommens wird er dafür in Deutschland von der Steuer freigestellt.[3]

5. Weisungsrechte der Konzernobergesellschaft

Die Hauptgesellschaft ist gemäß § 323 Abs. 1 S. 1 AktG berechtigt, dem Vorstand **782** der konzernangehörigen Gesellschaft hinsichtlich der Leitung der Gesellschaft Weisungen zu erteilen. Sie wird dabei durch ihren Vorstand vertreten. Eine Delegation des Weisungsrechts im Falle einer mehrstufigen Eingliederung, dh von der Tochter-AG auf die Mutter-AG, als deren Folge die Mutter-AG unmittelbar gegenüber der Enkel-AG weisungsbefugt wäre, ist nicht zulässig; andernfalls würde die Prüfungskompetenz und -pflicht des Vorstands der Tochter-AG unterlaufen.[4] Dies gilt gleichermaßen für den Fall einer im Ausland gelegenen Tochtergesellschaft. Der Umfang der **Weisungsbefugnis** ist nach § 323 Abs. 1 AktG inhaltlich nicht begrenzt; insbesondere müssen nachteilige Weisungen anders als im Rahmen eines Beherrschungsvertrages (§ 308 Abs. 1 AktG) nicht durch Belange der Hauptgesellschaft oder mit ihr konzernverbundener Unternehmen gedeckt sein.[5] Die Weisungen dürfen jedoch nicht gesetzwidrig sein. Ob existenzgefährdende oder -vernichtende Weisungen zulässig sind, ist nicht eindeutig zu beantworten, weil § 322 AktG nur den Belangen der Gläubiger Rechnung trägt und nicht auf die Gesellschaft abstellt. Die Frage wird aber von der ganz hM bejaht.[6] Für Maßnahmen, die der Zustimmung des Aufsichtsrates bedürfen, verbleibt es gemäß § 323 Abs. 1 S. 2 AktG bei der Regelung des § 308 Abs. 3 AktG.

Ähnliches gilt gemäß § 308 Abs. 1 S. 1 AktG im Falle eines Beherrschungsvertrages **783** mit dem Unterschied, dass die Weisung eine Basis im Beherrschungsvertrag haben muss und nachteilige Weisungen gemäß § 308 Abs. 1 S. 2 AktG nur zulässig sind, wenn sie den Belangen des herrschenden Unternehmens oder der Unternehmen die-

---

[1] *Wellisch/Näth/Thiele* IStR 2003, 746; Hümmerich/Reufels/*Borgmann*, § 2 Rn. 187.
[2] *Wellisch/Näth/Thiele* IStR 2003, 746 mwN; Hümmerich/Reufels/*Borgmann*, § 2 Rn. 187.
[3] Hümmerich/Reufels/*Borgmann*, § 2 Rn. 187.
[4] *Hüffer*, § 323 Rn. 2; einschränkend MüKoAktG/*Grunewald*, § 323 Rn. 8; Emmerich/Habersack/*Habersack*, § 323 Rn. 4; aA KölnerKo/*Koppensteiner*, § 323 Rn. 9; Spindler/Stilz/*Singhof*, § 323 Rn. 4; MHdBGesR/*Krieger*, AG § 73 Rn. 57.
[5] *Hüffer*, AktG § 323 Rn. 3.
[6] MüKoAktG/*Grunewald*, § 323 Rn. 3; MHdBGesR/*Krieger*, AG § 73 Rn. 56.

nen, die mit ihm oder der Untergesellschaft konzernverbunden sind. Da Beherrschungsverträge auch im Verhältnis deutsche Muttergesellschaft – ausländische Tochtergesellschaft und umgekehrt zulässig sind, gilt das zuvor Ausgeführte auch für Weisungen hinsichtlich der im Ausland angesiedelten Konzerntochter.

784 Anders stellt sich die Situation im faktischen Konzern dar. Hier hat der Vorstand der Tochtergesellschaft diese weiterhin eigenverantwortlich zu leiten (§ 76 Abs. 1 AktG). Er muss Weisungen des herrschenden Unternehmens nicht befolgen. Für seine Gesellschaft nachteilige Weisungen darf er sogar nur befolgen, wenn ein Einzelausgleich gemäß § 311 AktG zu erwarten ist.[1]

785 In einer Sparten- oder Matrixorganisation erfolgen Weisungen auch durch den zuständigen Vorgesetzten, der in der Regel aber mit anweisungsbefugten Organen nicht identisch ist. Das betroffene Vorstandsmitglied befindet sich in diesen Fällen in einem **persönlichen Konflikt**. Für seine Gesellschaft nachteilige Weisungen darf er nicht befolgen, andererseits verlangt die Loyalität gegenüber der Führungskraft Gehorsam. Der Konflikt wird regelmäßig im Sinne des Aktiengesetzes und damit im Sinne der Gesellschaft zu lösen sein.

---

[1] *Hüffer,* AktG § 323 Rn 3; Hümmerich/Reufels/*Reufels,* § 3 Rn. 175.

Abschnitt 4. Typische Sachverhalte bei internationalen Konzernen

A. Datenschutz im grenzüberschreitenden Konzern

I. Einleitung

Grenzüberschreitender Datenschutz ist in international tätigen Unternehmen und multinationalen Konzernen ein komplexes Thema, das in den vergangenen Jahren rapide an Bedeutung gewonnen hat. Die stetige Zunahme an elektronisch gespeicherten Daten und die dichtere Vernetzung von Konzernen über Landesgrenzen hinweg verschaffen dem Thema Datenschutz in Unternehmensgruppen eine neue Bedeutung. Dabei sind die sich stellenden rechtlichen Fragen ebenso vielschichtig wie die technischen Herausforderungen. Das vergleichsweise hohe Datenschutzniveau in der EU erfordert für jeden Datentransfer, der über die EU hinaus geht, die Sicherstellung eines angemessenen Schutzniveaus. Gerade hier bestehen für Unternehmen in diesem Zusammenhang wichtige Wahlmöglichkeiten. 1

II. Datentransfer im Konzern

Das deutsche Datenschutzrecht kennt **kein Konzernprivileg.**[1] Nach § 32 BDSG ist nur die Arbeitgebergesellschaft zur Verarbeitung der mit der Durchführung des Arbeitsverhältnis verbundenen personenbezogenen Daten des Arbeitnehmers ermächtigt. Für verbundene Unternehmen, die nicht Arbeitgeber sind, gilt dies nicht. Der Transfer von personenbezogenen Mitarbeiterdaten an andere Konzerngesellschaften bedarf daher immer einer gesonderten Rechtfertigung. Dies gilt auch, wenn Kernaufgaben der Personalverwaltung durch die Muttergesellschaft oder ein Shared Service Center wahrgenommen werden.[2] In grenzüberschreitenden Sachverhalten ist daher zu berücksichtigen, dass neben den Voraussetzungen des Datentransfers außerhalb Deutschlands auch die Voraussetzungen zum Transfer an eine andere Gesellschaft erfüllt sein müssen. Nur in Ausnahmefällen, etwa bei rechtlich nicht selbständigen Auslandsniederlassungen, dürfte es vorkommen, dass Mitarbeiterdaten zwar an eine ausländische Stelle transferiert werden, jedoch innerhalb der juristischen Person des Arbeitgebers verbleiben. Nur in diesem speziellen Fall ist eine „doppelte Prüfung" nicht erforderlich und es ist ausreichend, wenn im Ausland angemessener Datenschutz besteht – einer Rechtfertigung für den Transfer bedarf es dann nicht. 2

III. Grenzüberschreitender Datentransfer

1. Anwendungsbereich des Bundesdatenschutzgesetzes (BDSG)

Das BDSG ist anwendbar, wenn eine Erhebung, Speicherung oder Nutzung von Daten in Deutschland vorgenommen wird (Territorialprinzip). Es bleibt auch dann anwendbar, wenn eine Übermittlung ins Ausland stattfindet. Auch ausländische Konzerne unterliegen damit dem deutschen Datenschutzrecht, wenn sie in Deutschland personenbezogene Daten erheben, verarbeiten oder nutzen. Werden Daten jedoch nicht in Deutschland erhoben, gespeichert oder genutzt, so finden die nationalen Regelungen des jeweiligen Landes Anwendung. 3

---

[1] HWK/*Lembke,* BDSG, Vorb. Rn. 21; *Thüsing,* Arbeitnehmerdatenschutz und Compliance, Rn. 411; Die Einrichtung eines Konzernprivilegs zur Verarbeitung von Beschäftigtendaten durch andere Konzerngesellschaften als der Arbeitgebergesellschaft wird im Rahmen der Gesetzgebungsprojekte zum Arbeitnehmerdatenschutz immer wieder gefordert ist, bislang jedoch nicht umgesetzt worden.

[2] Etwa im Weg der Auftragsdatenverarbeitung mit entsprechender Vereinbarung: Das aufragnehmende Shared Service Center verwendet die Daten nur für definierte Zwecke und im Rahmen der Weisungen des Auftraggebers (zB bei der Lohnbuchhaltung).

4 Im Auslandssachverhalt ist zu beachten, dass jede Datenübermittlung zunächst nach den Grundsätzen für die Inlandsdatenverarbeitung bzw. für den Inlandsdatentransfer zulässig sein muss (erster Schritt). Erst nach der Zulässigkeit hiernach, ist in einem zweiten Schritt zu prüfen, ob der Auslandstransfer in das jeweilige Empfängerland zulässig ist.

2. Der Transfer von Arbeitnehmerdaten ins Ausland

5 Bei der Übermittlung von Arbeitnehmerdaten ins Ausland ist zwischen dem Transfer der Daten in einen EU/EWR-Staat und dem Transfer der Daten in einen Nicht-EU/EWR-Staat zu differenzieren,[1] da für sie unterschiedliche Regelungen gelten.

a) Datentransfer innerhalb der EU/des EWR und in anerkannte Staaten

6 Unproblematisch ist der Datentransfer innerhalb der EU bzw. des EWR. Hier gelten grundsätzlich keine Besonderheiten aufgrund des Auslandssachverhalts. Es gelten die für Deutschland maßgeblichen Grundsätze, da innerhalb der EU/des EWR ein einheitliches Schutzniveau herrscht.

7 Das Datenschutzrecht ist als weitgehend richtlinienkonformes Recht EU-weit einheitlich.[2] Innerhalb der EU und des EWR richtet sich der Datentransfer nach § 4b Abs. 1 BDSG. Danach finden die zur Übermittlung im Inland geltenden Regelungen, insbesondere die §§ 28 bis 32 BDSG, Anwendung, so dass bezogen auf den grenzüberschreitenden Sachverhalt ein Datenfluss ermöglicht wird.[3] Zu berücksichtigen ist jedoch, dass mit dem Auslandstransfer regelmäßig auch die Datenweitergabe an eine andere Konzerngesellschaft verbunden ist, an die ihrerseits besondere datenschutzrechtliche Anforderungen gestellt sind. Der Transfer von personenbezogenen Mitarbeiterdaten an andere Konzerngesellschaften bedarf, sofern es sich bei der Konzerngesellschaft um eine rechtlich selbständige Niederlassung handelt, einer gesonderten Rechtfertigung. Eine derartige Rechtfertigung kann sowohl ein Auftragsverhältnis im Sinne des § 11 BDSG oder – bei Funktionsübertragung oder eigener Datenerhebung und Datennutzung der Konzerngesellschaft – eine Erlaubnis, etwa nach §§ 32, 28 BDSG, darstellen[4] (Zu den besonderen Voraussetzungen für eine Übermittlung an eine andere (Konzern-)Gesellschaft, siehe auch oben).

8 Wie EU/EWR-Staaten sind auch solche Rechtsordnungen zu behandeln, die durch die EU anerkannt ein angemessenes Schutzniveau gewährleisten. Dies sind derzeit: Andorra, Argentinien,[5] Kanalinseln Guernsey[6] und Jersey, Färöer Inseln, Isle of Man,[7] Israel, Kanada,[8] die Schweiz[9] und Uruguay.

---

[1] *Gola/Wronka*, Handbuch zum Arbeitnehmerdatenschutz Rn. 999; *Klinger*, AnwZert ITR 7/2010, Rn. 2; Spindler/Schuster/*Spindler/Nink*, Recht der elektronischen Medien, § 11 TMG, Rn. 15.
[2] *Bierekoven*, ITRB 2009, 39 (40); *Wisskirchen*, CR 2004, 863 (864).
[3] Graf von Westphalen/*Munz*, Vertragsrecht und AGB-Klauselwerke, Datenschutzklauseln Rn. 48; MAH IT-Recht/*Scheja/Haag* Teil 4. Datenschutzrecht, Rn. 193; *Wisskirchen*, CR 2004, 862 (864); *Wisskirchen/Goebel*, DB 2004, 1937 (1942).
[4] *Thüsing*, Arbeitnehmerdatenschutz und Compliance, Rn. 419.
[5] ABl. EG v. 5.7.2003, Nr. L 168/1.
[6] ABl. EG v. 25.11.2003, Nr. L 308/27.
[7] ABl. EG v. 30.4.2004, Nr. L 151/51 sowie Berichtigung in ABl. EG v. 10.6.2004, Nr. L 208/47.
[8] K(2001) 4539, ABl. EG Nr. L 2 v. 4.1.2002, S. 13–16. Allerdings gilt dies gem. Art. 2 der Kommissionsentscheidung nur für die Übermittlung solcher Daten, die dem kanadischen „Personal Information Protection and Electronic Documents Act" (PIPEDA) unterliegen. Dem PIPEDA unterfallen nicht z.B. Körperschaften des öffentlichen Rechts oder private Organisationen, die nicht-kommerzielle Zwecke (Wohltätigkeitsorganisationen etc.) verfolgen, vgl. EU-Kommission, Data Protection: Commission recognises adequacy of Canadian regime, http://eur-lex.europa.eu/LexUriServ/LexUriServ.do?uri=CELEX:32002D0002:DE:NOT.
[9] ec.europa.eu/justice/data-protection/document/inteRn.ational-transfers/adequacy.

b) Datentransfer außerhalb der EU/des EWR

Der Transfer von Daten in nicht anerkannte Nicht-EU/EWR-Staaten hingegen ist unzulässig, wenn das Empfängerunternehmen der Daten kein **angemessenes Datenschutzniveau** gewährleistet,[1] § 4b Abs. 2 BDSG. Die Angemessenheit des Schutzniveaus wird anhand aller Umstände beurteilt, die bei einer Datenübermittlung oder einer Kategorie von Datenübermittlungen von Bedeutung sind, § 4b Abs. 3 BDSG. Darunter fallen insbesondere die Art der Daten, die Zweckbestimmung, die Dauer der geplanten Verarbeitung, das Herkunfts- und Endbestimmungsland sowie die für den betreffenden Empfänger geltenden Rechtsnormen.[2]

Das BDSG erlaubt einen Transfer der Daten auch, wenn das erforderliche Schutzniveau im Empfängerland gesetzlich nicht gewährleistet ist, § 4b Abs. 2 BDSG. Dies erfordert allerdings, dass das datenimportierende Unternehmen selbst die Herstellung eines angemessenen Datenschutzniveaus garantiert.[3] Hierfür sieht das EU-Recht folgende Instrumente vor:
– Standardvertragsklauseln
– Bindung Corporate Rules
– Safe Harbor Zertifizierung (für Unternehmen in den USA)
– Einwilligung

aa) EU-Standardvertragsklauseln

Die Standardvertragsklauseln gem. Art. 26 Abs. 4 iVm Abs. 2 Datenschutzrichtlinie 95/46/EG sind vorformulierte Verträge, die zwischen Sender und Empfänger abgeschlossen werden und beim Datentransfer in Drittstaaten einen ausreichenden Schutz für das Recht auf informationelle Selbstbestimmung sicherstellen.[4] Mit der Verwendung der EU-Standardvertragsklauseln definieren die Vertragsparteien unter anderem, welche Daten zu welchem Ziel übertragen werden.[5] Die Musterklauseln können durch die Unternehmen übernommen werden, ohne dass es einer Genehmigung der nationalen Aufsichtsbehörden bedarf.[6]

Die Standardvertragsklauseln regeln Pflichten der Parteien, Haftung, Gerichtsstand sowie das anwendbare Recht und enthalten eine Drittbegünstigungsklausel zugunsten des Betroffenen.[7] In den Anlagen, die Bestandteil der Vereinbarung sind, befinden sich die für den Datenimporteur verbindlichen Datenschutzgrundsätze[8] und werden die konkreten Datenkategorien und Verwendungszwecke festgelegt.

Zu unterscheiden sind die sog **„Controller to Controller"**-Situation und die sog **„Controller to Processor"**-Situation. In Ersterer erhält das empfangende Unternehmen die Verfügungsgewalt über die Daten und wird verantwortliche Stelle im datenschutzrechtlichen Sinne („Funktionsübertragung")[9]. Die **„Controller to Proces-**

---

[1] Simitis, § 4b Rn. 38 ff.; Thüsing, Arbeitnehmerdatenschutz und Complianc Rn. 435.
[2] Simitis, § 4b Rn. 48-5.; Thüsing, Arbeitnehmerdatenschutz und Compliance Rn. 435.
[3] Büttgen, Beck'scher TKG-Kommentar, § 92 TKG Rn. 12; Gola/Schomerus, § 4c Rn. 6; Räther/Seitz, MMR 2002, 520 (521).
[4] Büttgen, Beck'scher TKG-Kommentar, § 92 TKG, Rn. 12; Wisskirchen, CR 2004, 862 (865); Gola/Schomerus, BDSG, § 4c Rn. 10.
[5] Wisskirchen, CR 2004, 862 (865).
[6] Lejeune, ITRB 2005, 94 (95); Räther/Seitz, MMR 2002, 520 (522); Gola/Schomerus, BDSG § 4c, Rn. 12.
[7] Lejeune, ITRB 2005, 94 (95); vgl. zu einzelnen Klauseln auch Räther/Seitz, MMR 2002, 520 (523 ff.).
[8] Lejeune, ITRB 2005, 94, (95).
[9] Räther/Seitz, MMR 2002, 520, 522; Helbing, Datenschutz im Konzern.: Internationale Datentransfers (Teil 2) 1)a)i).

sor"-Situation betrifft die Auftragsdatenverarbeitung,[1] die auch im Nicht-EU/EWR Ausland möglich ist.[2]

– **Controller to Controller Klauseln** –

14   Nachdem die Kommission erstmals 2001 die Standardvertragsklauseln I[3] für den Datentransfer mit Funktionsübertragung entworfen hatte, verabschiedete sie 2004 neue Standardvertragsklauseln II.[4] Die Standardvertragsklauseln I und II bestehen nebeneinander, so dass Unternehmen entscheiden können, welche sie als Grundlage ihres Vertrages heranziehen.[5]

15   Im Wesentlichen unterscheiden sich Standardvertragsklauseln I und II wie folgt:

16   Die **Standardvertragsklauseln I** sehen eine **gesamtschuldnerische Haftung** von Datenimporteur und Datenexporteur gegenüber dem Betroffenen (Klausel 6 Abs. 2 der Standardvertragsklauseln I 2001/497/EG) für Schäden der betroffenen Personen, die diese durch Verletzung der Drittbegünstigungsklausel nach Klausel 3 der Standardvertragsklauseln I 2001/497/EG erleidet, vor. Von der Haftung können sich die Parteien nur exkulpieren, wenn keine der beiden den Datenschutzverstoß zu verschulden hat. Im Innenverhältnis können die Parteien für die gegenseitige Freistellung optieren (Klausel 6 Abs. 3). Hervorzuheben ist die **Drittbegünstigungsklausel,** durch die Beschäftigten teilweise Rechte aus den Klauseln 4 bis 11 aus dem Standardvertrag geltend machen können. Die Beschäftigten können sich dabei von Interessenvereinigungen oder Gewerkschaften vertreten lassen. Im Gegensatz zu den Standardvertragsklauseln II ist ein Gerichtsstandprivileg nicht geregelt. Die Einwirkungsmöglichkeiten der Aufsichtsbehörden und des Betroffenen sind daher begrenzt, wenn der Datenexporteur sich weigert, gegenüber dem Datenimporteur Maßnahmen zur Durchsetzung seiner Vertragspflichten zu ergreifen.[6] Der Datenexporteur hat allerdings Anfragen der Aufsichtsbehörde, des betrieblichen Datenschutzbeauftragten oder betroffener Personen innerhalb einer angemessenen Frist (die sich wohl nach dem tatsächlichen Aufwand für den Exporteur richten muss) zu beantworten (Klausel 4d). Es stellt dabei einen erheblichen praktischen Aufwand für den Datenexporteur dar, über die Verarbeitung der Daten zu berichten, wenn diese sich nach der Übermittlung im Bereich des Datenimporteurs befinden und gerade nicht mehr in seinem Bereich. Zudem gibt es viele Fälle, in denen die Parteien vereinbaren, dass die Beantwortung in den Bereich des Datenimporteurs fällt, was dieser Klausel widerspricht.

---

[1] *Conrad,* ITRB 2005, 164 (166); *Klinger,* AnwZert ITR 7/2010, Anm. 2; *Moos,* CR 2010, 281.

[2] Vgl. Pressemitteilung der EU Kommission vom 5.2.2010 – IP/10/130.

[3] Standardvertragsklauseln für die Übermittlung personenbezogener Daten (an verantwortliche Stellen) in Drittländer vom 15.6.2001, Entscheidung der Kommission 2001/497/EG vom 15.6.2001 über Standardvertragsklauseln für die Übermittlung personenbezogener Daten in Drittländern nach der Richtlinie 95/46/EG, ABl. EG 2001 L 181/19, online unter http://eur-lex.europa.eu/LexUriServ/LexUriServ.do?uri=CELEX:32001D0497:DE:NOT.

[4] Standardvertragsklauseln für die Übermittlung personenbezogener Daten (an verantwortliche Stellen) in Drittländern vom 27.12.2004, Entscheidung der Kommission 2004/915/EG vom 27.12.2004 über Standardvertragsklauseln für die Übermittlung personenbezogener Daten in Drittländern nach der Richtlinie 95/46/EG, ABl. EG 2004 L 385/74, online unter http://eur-lex.europa.eu/LexUriServ/LexUriServ.do?uri=CELEX:32004D0915:DE:HTML („alternative Standardvertragsklauseln"). („alternative Standardvertragsklauseln").

[5] *Kuner/Hladjk,* RDV 2005, 193 (194); *Lejeune,* ITRB 2005, 94 (95); siehe hierzu auch sogleich die Einwände der deutschen Datenschutzbehörden sowie des Düsseldorfer Kreises.

[6] Vgl. *Lejeune,* ITRB 2005, 94 (95).

Insgesamt gewähren die Standardvertragsklauseln I den Betroffenen starke eigene Rechte, insbesondere durch die Möglichkeit, den Importeur im Land des Datenexporteurs zu verklagen.[1] **17**

Die **Standardvertragsklauseln II** wurden von sieben Unternehmensverbänden[2] maßgeblich erarbeitet und versuchen den Bedürfnissen des Geschäftsverkehrs mit den Individualrechten der Betroffenen in Einklang zu bringen. Die Standardvertragsklauseln II gewährleisten das erforderliche Schutzniveau ebenso angemessen wie die Standardvertragsklauseln von 2001, bieten jedoch mehr Flexibilität. Aufgrund ihrer **Haftungsbeschränkung** und den geminderten Auskunftspflichten sind sie unternehmensfreundlicher. **18**

Die Standardvertragsklauseln II enthalten keine gesamtschuldnerische Haftung beider Parteien. Diese wurde durch verstärkte Sorgfaltspflichten des Datenexporteurs bei der Auswahl des Datenimporteurs ersetzt.[3] Grundsätzlich hat nach diesen Klauseln jede Partei der anderen für Schäden zu haften, die sie durch Verletzung der Klauseln selbst verursacht. Die Haftung ist jedoch auf den tatsächlich erlittenen Schaden begrenzt; sog „punitive damages" werden ausdrücklich ausgeschlossen (Klausel III Satz 3). **19**

Jede Partei haften dem Betroffenen gegenüber einzeln, falls sie die sich aus dem Vertrag ergebenden Rechte verletzt (Klausel III a) Satz 4). So kann der Betroffene gegenüber dem Datenexporteur nur geltend machen, dass dieser nicht hinreichend kontrolliert hat, ob der Importeur seine Pflichten erfüllen kann, dass er Anfragen bezüglich der Verarbeitung der Daten durch den Importeur nicht ausreichend beantwortet oder dass er kein Exemplar der Klauseln zur Verfügung gestellt hat. Gegenüber dem Datenimporteur kann er vor allem geltend machen, dass kein ausreichender Schutz der personenbezogenen Daten gewährleistet ist. **20**

Die betroffenen Personen müssen grundsätzlich ihre Rechte unmittelbar gegen den Datenimporteur und den Datenexporteur durchsetzen (Klausel III b)). Verletzt der Datenimporteur allerdings Verpflichtungen aus den Standardvertragsklauseln II, muss erst der Datenexporteur auf Anforderung des Betroffenen tätig werden und auf den Datenimporteur einwirken, damit dieser seine Verpflichtungen erfüllt. Erst wenn dieses Tätigwerden des Datenexporteurs in einer angemessenen Frist von in der Regel einem Monat nicht ersichtlich ist, darf der Betroffene direkt gegen den Datenimporteur vorgehen (Klausel III b) Satz 3). Allerdings haftet der Datenexporteur dem Betroffenen gegenüber für Verstöße des Datenimporteurs wegen Auswahlverschuldens, falls dieser sich nicht ausreichend davon überzeugt hat, dass der Datenimporteur seine Verpflichtungen erfüllt. **21**

Die Standardvertragsklauseln II gestatten dem Datenexporteur, die Beantwortung von Anfragen von Betroffenen oder der Kontrollstelle bezüglich der Verarbeitung der personenbezogenen Daten durch den Datenimporteur im Rahmen einer Parteivereinbarung auf den Datenimporteur zu verlagern. Allerdings gestatten sie dem Datenexporteur nicht gänzlich, die Auskunft gegenüber den Anfragenden zu verweigern. Sofern die Auskunftserteilung dem Datenimporteur nicht möglich ist oder dieser die Auskunft aus sonstigen Gründen unterlässt, ist weiterhin der Datenexporteur verpflichtet, die gewünschte Auskunft bezüglich der Verarbeitung der personenbezogenen Daten durch dem Datenimporteur an den Betroffenen oder die Kontrollstelle, soweit zumutbar, zu erteilen (Klausel I d)). **22**

---

[1] Vgl. 2001/497/EG vom 15.6.2001, Klausel 7 Nr. 1b).
[2] AmChamEU, CBI, EICTA, FEDMA, ICC, ICRT, JBCE.
[3] *Grapentin*, CR 2011, 102 (103).

23 Der Einwand von deutschen Datenschutzbehörden sowie des Düsseldorfer Kreises,[1] dass die Standardvertragsklauseln II nur unter bestimmten Bedingungen für die Übermittlung von Beschäftigtendaten geeignet seien,[2] ist verfehlt. Die Vertreter dieser Auffassung führen an, die Standardvertragsklauseln II seien aufgrund der eingeschränkten Haftung und Auskunftspflicht des Datenexporteurs für Beschäftigtendaten ungeeignet. Dabei wird allerdings verkannt, dass die Standardvertragsklauseln II nur flexiblere Mittel zur Verfügung stellen, aber dennoch das gleiche Schutzniveau gewährleisten, wie die aus dem Jahr 2001. Auch sind die deutschen Datenschutzbehörden an die EU-Kommissions-Entscheidung 2004/915/EG gebunden, die das „Set II" anerkennt. Zudem stellt der Wegfall der gesamtschuldnerischen Haftung der Parteien keinen unzumutbaren Nachteil für die Betroffenen dar. Diese können als Drittbegünstigte ihre Rechte weiterhin geltend machen und den Datenimporteur im Empfängerland verklagen. Eine Durchsetzung ihrer Rechte ist somit weiterhin ausreichend gewährleistet.

24 In der Unternehmenspraxis ist es empfehlenswert, sich der Standardvertragsklauseln II zu bedienen, da diese den Erfordernissen der Wirtschaft besser Rechnung tragen und unternehmensfreundlicher sind. Zugleich gewährleisten sie einen angemessenen Schutz der Rechte der Betroffenen und bergen daher keine größeren Risiken in sich als die Standardvertragsklauseln I. Allerdings bestehen erweiterte Kontrollmöglichkeiten der Datenschutzbehörden.

– Controller to Processor Klauseln –

25 Die Standardvertragsklauseln für Auftragsdatenverarbeiter (Controller to Processor) finden Anwendung, wenn personenbezogene Daten im Rahmen eines Auftragsverarbeitungsverhältnisses von der EU in ein Drittland gesendet werden, d. h. wenn sich eine Stelle für die Datenverarbeitung eines Hilfsorgans bedient, das die Datenverarbeitung außer Haus durchführt und in ihrem Auftrag steht.[3]

26 Die EU-Kommission hat mit Beschluss vom 5.2.2010 auch die EU-Standardvertragsklauseln für Auftragsdatenverarbeiter überarbeitet und neue Standardvertragsklauseln erlassen.[4] Diese lösen die bisherigen Standardvertragsklauseln ab, die seitdem nicht mehr verwendet werden können.[5]

27 Die wichtigste Neuerung im Rahmen der Standardvertragsklauseln ist die ausdrückliche Zulassung der **Vergabe von Unteraufträgen**.[6] Das bedeutet, dass der in einem Drittstaat ansässige Auftragsdatenverarbeiter, der für einen in einem EU-Staat ansässigen Auftraggeber tätig ist, berechtigt ist, Verarbeitungsaufträge an Unterauftragnehmer, die im gleichen oder einem anderen Drittstaaten ansässig sind, weiter zu vergeben.[7]

---

[1] Seit 1977 treffen sich die obersten Aufsichtsbehörden für den Datenschutz in der Privatwirtschaft (Aufsichtsbehörden für den nicht-öffentlichen Bereich) im so genannten „Düsseldorfer Kreis" – benannt nach dem ersten Tagungsort. Im jährlichen Wechsel übernimmt seither eine andere Aufsichtsbehörde den Vorsitz des Düsseldorfer Kreises; vgl. auch *Eul*, Datenschutz International: Ein Praxisleitfaden für die Übermittlung von Mitarbeiter-, Kunden-, und Lieferantendaten.

[2] Abgestimmte Positionen der Aufsichtsbehörden in der AG „Internationaler Datenverkehr" am 12./13. Februar 2007 – Bezug: Protokoll der Sitzung mit Wirtschaftsvertretern am 23.6.2006 II Nr. 2 (https://www.ldi.nrw.de/mainmenu_Service/submenu_Entschliessungsarchiv/Inhalt/Beschluesse_Duesseldorfer_Kreis/Inhalt/2007/20070419_InteRn.ationaler_Datenverkehr/Positionspapier.pdf).

[3] *Conrad*, ITRB 2005, 164 (165).

[4] Beschluss der EU Kommission 2010/87/EU vom 5.2.2010 über Standardvertragsklauseln für die Übermittlung personenbezogener Daten an Auftragverarbeiter in Drittländern nach der Richtlinie 95/46/EG, ABl. EG 2010 L 39/5, online unter http://eur-lex.europa.eu/LexUriServ/LexUriServ.do?uri=OJ:L:039:0005:0018:DE:PDF.

[5] *Moos*, CR 2010, 281 (281).

[6] *Klinger*, AnwZert ITR 7/2010, Anm. 2; *Lensdorf*, CR 2010, 735 (735); *Moos*, CR 2010, 281 (282).

[7] *Klinger*, AnwZert ITR 7/2010, Anm. 2.

A. Datenschutz im grenzüberschreitenden Konzern

Der Auftraggeber muss der Unterbeauftragung zuvor schriftlich zugestimmt haben und der Unterbeauftragte sich durch schriftliche Vereinbarung mit dem Auftragsdatenverarbeiter denselben Pflichten unterworfen haben, denen der Auftragsdatenverarbeiter nach den Standardvertragsklauseln unterliegt.[1] Darüber hinaus hat der Auftragsdatenverarbeiter für Pflichtverletzungen des Unterbeauftragten einzustehen und kann sich damit nicht der Haftung entziehen.[2] Er muss dem Auftraggeber eine Kopie des mit dem Unterbeauftragten geschlossenen Vertrages aushändigen und eine Liste bezüglich aller Unteraufträge führen, die er regelmäßig zu aktualisieren hat.[3]

Die neuen Klauseln legen unter anderem auch fest, dass Betroffene ihre Rechte wegen Datenschutzverstößen nur subsidiär gegen den Auftragsdatenverarbeiter geltend machen können. Wenn also das Unternehmen faktisch oder rechtlich nicht mehr besteht und auch kein Rechtsnachfolger vertraglich oder gesetzlich Rechte und Pflichten des Auftraggebers übernimmt, Klausel 3 Abs. 2. Entsprechendes gilt im Fall der Unterbeauftragung, Klauseln 11 Abs. 2 iVm Klauseln 3 Abs. 3, 6 Abs. 3. 28

Insgesamt bieten die Klauseln für Auftragsdatenverarbeiter den erforderlichen Rahmen für die zunehmende internationale Vernetzung sowie für das Offshoring von Datenverarbeitungstätigkeiten dar und ermöglichen auch Kettenauslagerungen.[4] Kettenauslagerungen waren zwar bereits unter der Geltung der Standardvertragsklauseln 2004 möglich, allerdings nur im Wege der Vertretung, so dass der Auftragnehmer im Namen des Auftraggebers mit den Unterbeauftragten Verträge abschließt (Die Möglichkeit der Unterbeauftragung besteht auch innerhalb der EU, nur nicht auf der Grundlage der Standardvertragsklauseln, die nur angewendet werden, wenn der Auftragnehmer in einem Drittland ansässig ist).[5] 29

Die neuen Standardvertragsklauseln gelten seit dem 15.5.2010. Zuvor abgeschlossene Verträge bleiben von der Regelung unberührt, solange sich die vereinbarten Datenübermittlungen und Datenverarbeitungen nicht ändern und keine Unterbeauftragung erfolgt.[6] Ein generelles Ersetzen der bisherigen Verträge durch die neuen Standardvertragsklauseln ist empfehlenswert.[7] 30

Dabei ist nach richtiger Ansicht neben dem Abschluss von Standardvertragsklauseln zur Auftragsdatenverarbeitung keine separate zusätzliche Auftragsdatenvereinbarung gem. § 11 BDSG erforderlich,[8] sofern die Klauseln in der Weise ausgefüllt werden, dass sie alle Vorgaben gem. § 11 BDSG erfüllen. Sicherheitshalber ist eine zusätzliche Auftragsdatenvereinbarung gem. § 11 BDSG abzuschließen. 31

Im Gegensatz zu den Safe Harbor Principles gewähren die EU-Standardvertragsklauseln den Parteien im Rahmen der Umsetzung des Datenschutzes weniger Beurteilungsspielräume für Datenexporteur und Datenimporteur.[9] Theoretisch denkbar ist der Entwurf und die Genehmigung eigener Klauseln. Da das Verfassen spezieller Ver- 32

---

[1] Klausel 11 I S. 1, 2; *Klinger*, AnwZert ITR 7/2010, Anm. 2; *Moos*, CR 2010, 281 (283).
[2] Klausel 11 I S. 3.
[3] Klausel 11 IV; Klausel 5h); *Klinger*, AnwZert ITR 7/2010, Anm. 2; *Moos*, CR 2010, 281 (283).
[4] *Moos*, CR 2010, 281 (282).
[5] S. WP 161 Artikel-29-Datenschutzgruppe (Die Artikel-29-Datenschutzgruppe wurde im Rahmen der Richtlinie 95/46/EG des Europäischen Parlaments und des Rates vom 24.10.1995 über den Schutz natürlicher Personen bei der Verarbeitung personenbezogener Daten und zum freien Datenverkehr eingerichtet. Die Gruppe ist eine beratende, gleichwohl unabhängige Instanz. Weitere Informationen unter http://ec.europa.eu/justice/data-protection/article-29/index_de.htm).
[6] EG-Kommission, Beschluss 2010/877 EU, Art. 7 Abs. 2, ABl. EG Nr. L 39 v. 12.2.2010, 5 (9).
[7] *Moos*, CR 2010, 281 (284).
[8] Die Vereinbarung gem. § 11 BDSG beinhaltet die Beauftragung mit der Datenverarbeitung. Die Standardvertragsklauseln sichern den Schutz personenbezogener Daten dort, wo angemessener gesetzlicher fehlt. Tatsächlich überschneiden sich die Regelungsinhalte erheblich.
[9] *Wisskirchen*, CR 2004, 862 (865).

tragsklauseln mit viel Aufwand verbunden ist, greifen Unternehmen in der Praxis ausschließlich auf die EU-Standardvertragsklauseln zurück.[1]

bb) Code of Conduct/Binding Corporate Rules

33   Neben die Vertragslösung tritt die nach § 4c Abs. 2 BDSG bestehende Möglichkeit der Einführung eines „Code of Conduct", auch „Binding Corporate Rules" genannt, also die Einführung eines Verhaltenskodexes für den Datentransfer und die Datenverarbeitung innerhalb des Konzerns. Dabei handelt es sich um verbindliche Unternehmensrichtlinien, in denen für alle Mitarbeiter des Konzerns verbindlich interne Regeln bezüglich des Datenschutzes und der Datensicherheit aufgestellt werden.[2] Sie stellen Handlungsanweisungen des Arbeitgebers im Rahmen seines Direktionsrechts gegenüber den Arbeitnehmern dar und sind entsprechend bekannt zu machen.[3] In Deutschland sind u. U. betriebliche Mitbestimmungsrechte bei der Aufstellung des Codes zu beachten.

34   Auf der Grundlage der Binding Corporate Rules können konzernweit international personenbezogene Daten übermittelt werden, und zwar unabhängig von der Frage des jeweiligen nationalen Datenschutzniveaus.[4] Die Binding Corporate Rules vereinheitlichen und verbessern das Datenschutzniveau im Konzern weltweit und sind Teil der Datenschutz-Compliance.[5] Als einer der wenigen Konzerne, die sich früh für dieses Instrument entschieden haben, hat Daimler die Binding Corporate Rules als Weg der Selbstregulierung gewählt. Basierend auf nationalen Datenschutzgesetzen, EU-Standardvertragsklauseln, den EU-Datenschutzrichtlinien und insbesondere dem Arbeitsdokument 12 der Artikel 29-Gruppe[6] hat Daimler zwei verschiedene Codes of Conduct (für Kunden und Lieferanten, sowie für Mitarbeiter) erstellt.[7] Betroffene können unmittelbar Rechte aus dem Code geltend machen. Drittbegünstigungsklauseln können auf die Betroffenen in der EU beschränkt werden, so dass Betroffene aus anderen Ländern mit geringen gesetzlichen Anforderungen selber keine (oder nicht dieselben) Rechte geltend machen können.

35   Die Binding Corporate Rules stellen bei multinationalen Konzernen eine Alternative zu Standardvertragsklauseln dar,[8] da nicht sämtliche Konzernunternehmen jeweils miteinander kontrahieren müssen.[9] Zudem kann der Code of Conduct wesentlich flexibler gestaltet werden und lässt Gestaltungsspielraum für Bedürfnisse des Konzerns.[10] Die Artikel-29-Datenschutzgruppe hat mit mehreren Arbeitsdokumenten die Vorgaben für derartige Regelungen beschrieben.[11] Im Juni 2008 hat die Artikel-29-Da-

---

[1] Vgl. *Gola/Schomerus*, Bundesdatenschutzgesetz, § 4b, Rn. 16; *Räther/Seitz*, MMR 2002, 520 (521).
[2] *Blume*, Cri 2005, 71 (76); *Büttgen*, Beck'scher TKG-Kommentar, § 92 TKG Rn. 12; *Gola/Schomerus*, Bundesdatenschutzgesetz, § 4b Rn. 16; *Lejeune*, ITRB 2005, 94 (95); *Räther/Seitz*, MMR 2002, 520; *Wisskirchen*, CR 2004, 862 (866); *Wisskirchen*, DB 2004, 1937 (1942).
[3] *Räther/Seitz*, MMR 2002, 520 (527).
[4] *Wisskirchen*, CR 2004, 862 (866).
[5] *Helbing*, Datenschutz im Konzern: Internationaler Datentransfer (Teil 2), S. 2; vgl. auch *Räther/Seitz*, MMR 2002, 520 (526).
[6] Online unter: http://ec.europa.eu/justice/policies/privacy/docs/wpdocs/2003/wp74_de.pdf.
[7] *Moritz/Tinnefeld*, JurPC Web Dok. 181/2003, Abs. 1 (Abs. 17 f.).
[8] *Grapentin*, CR 2009, 693 (693); vgl. auch *Räther/Seitz*, MMR 2002, 520 (526).
[9] *Büttgen*, in: Beck'scher TKG-Kommentar, § 92 Datenschutzübermittlung an ausländische nicht öffentliche Stellen, Rn. 12.
[10] *Grapentin*, CR 2009, 693 (694); *Helbing*, Datenschutz im Konzern: Internationale Datentransfers (Teil 2), S. 2.
[11] U. a. WP 108 (Arbeitsdokument „Muster-Checkliste für Anträge auf Genehmigungen verbindlicher unternehmensinterner Datenschutzregelungen") vom 14.4.2005 mit Ausführungen zur Antragsbehörde, für den Antrag erforderliche Unterlagen, Nachweis der Verbindlichkeit der Regelungen

tenschutz-Gruppe zudem einen „Rahmen für verbindliche unternehmensinterne Datenschutzregelungen"¹ erlassen, der ein Muster für eine verbindliche unternehmensinterne Datenschutzregelung darstellt.² Der Code of Conduct soll dabei auf die Struktur, Datenverarbeitung, Datenschutzpolitik und -verfahren der jeweiligen Unternehmensgruppe zugeschnitten sein.³

Die Binding Corporate Rules können sich auch darauf beschränken, Mindestvoraussetzungen festzulegen, die die einzelnen Standorte des Unternehmens anpassen und unter Umständen verschärfen können. Auch eine Aufteilung des Code of Conduct in einen allgemeinen und einen speziellen Teil ist möglich. Während der allgemeine Teil z. B. Prinzipien, die für jede Situation gelten, aufstellen kann, können spezielle Teile den Besonderheiten der verschiedenen Jurisdiktionen oder strengeren Anforderungen der Datenschutzbehörden im Einzelfall Rechnung tragen.⁴ In dem speziellen Teil können z. B. Auskunftsrechte für Arbeitnehmer gewährt werden, die nur zur Erfüllung bestimmter nationaler Rechtsvorgaben erforderlich oder sinnvoll sind. 36

Der Code of Conduct sollte durch eine **(Konzern-)Betriebsvereinbarung** umgesetzt werden. Die Betriebsvereinbarung hat den Vorteil, dass die Regelungen für die Arbeitnehmer des Betriebs normativ wirken und damit verbindlich sind.⁵ Die Verbindlichkeit innerhalb der Unternehmensgruppe ist eine Anforderung der Artikel-29-Datenschutzgruppe. Eine Betriebsvereinbarung stellt zudem im Rahmen der Angemessenheit eine eigene Rechtsgrundlage für die Verwendung der personenbezogenen Mitarbeiterdaten dar.⁶ 37

Der Code of Conduct muss bei der zuständigen Datenschutzbehörde am (Haupt-) Sitz des Unternehmens bzw. der Gruppe beantragt werden.⁷ Von dort aus erfolgt im Rahmen des europäischen Kooperationsverfahrens die Genehmigung für weitere EU-Mitgliedstaaten:⁸ Es ist jedoch die Zustimmung der Datenschutzbehörden der EU-Länder nötig, in denen Konzernunternehmen ihren Sitz haben. Lehnt ein EU-Mitgliedstaat die Genehmigung ab, dürfen von dort aus keine Daten ins EU-Ausland 38

---

innerhalb des Unternehmens (für Mitarbeiter) und gegenüber Dritten, Garantie der rechtlichen Durchsetzbarkeit der Regelungen für natürliche Personen, Überprüfung der Einhaltung der Regelungen (detaillierte Angaben zu Datenschutz-Auditprogramm), Beschreibung der Datenverarbeitung und der Datenströme, Garantie der folgenden Grundsätze (Transparenz und Fairness gegenüber den betroffenen Personen; Beschränkung der Zweckbestimmung; Gewährleistung der Datenqualität; Sicherheit; Recht auf Zugriff, Berichtigung und Widerspruch; Beschränkungen bezüglich der Weiterübermittlung an fremde Unternehmen (nicht absolut), sowie zum Instrumentarium für die Meldung und Erfassung von Änderungen.

[1] Article 29 Data Protection Working Pasty: Working Document Setting up a framework for the structure of Binding Corporate Rules – 1271-00-01/08/EN WP 154.

[2] Das Arbeitsdokument macht Angaben zu: Umfang; Definition, Zweck, Datenqualität, Verhältnismäßigkeit, Rechtsgrundlagen, sensible Daten, Informationsrechte, Zugang, Vertraulichkeit, Datensicherheit, Audit, Compliance usw.

[3] http://ec.europa.eu/justice/policies/privacy/docs/wpdocs/2008/wp154_de.pdf, S. 3; *Grapentin*, CR 2009, 693.

[4] *Räther/Seitz,* MMR 2002, 520 (527).

[5] *Räther/Seitz,* MMR 2002, 520 (527).

[6] Ein Mitbestimmungsrecht des Betriebsrats gem. § 87 Abs. 1 Nr. 1 BetrVG besteht nur insoweit, als nicht lediglich datenschutzrechtliche Vorgaben umgesetzt werden und die „Ordnung im Betrieb" betroffen ist. Unter dem Gesichtspunkt des Datenschutzes allein steht dem Betriebsrat nur ein Informationsrecht nach § 80 BetrVG kein Mitbestimmungsrecht zu.

[7] Vgl. *Wisskirchen,* DB 2004, 1937 (1942); *Helbing,* Datenschutz im Konzern: Internationaler Datentransfer 1) c) ii.; *Lejeune,* ITBR 2005, 94 (96).

[8] U. a. WP 107 (Arbeitsdokument „Festlegung eines Kooperationsverfahrens zwecks Abgabe gemeinsamer Stellungnahmen zur Angemessenheit der verbindlich festgelegten unternehmensinternen Datenschutzgarantien") vom 14.4.2005.

übermittelt werden.[1] Jeder Änderung des Code of Conduct folgt eine erneute Prüfung durch die Aufsichtsbehörde, § 4c Abs. 2 BDSG.[2]

39 Der Code of Conduct ist nicht für spezielle Übermittlungen im Einzelfall geschaffen. Er enthält typischerweise nicht die konkrete Datenkategorie, Verwendungszwecke etc, die für den Transfer in Einzelfällen benannt sein müssen. Er kann nicht sämtliche konzerninternen Transfers abschließend definieren.[3] Daher bedarf es regelmäßig neben dem Code of Conduct **zusätzlicher,** ausfüllender Anlagen oder Regelungen.

40 Ein Vorteil des Code of Conduct ist, dass er auch in Situationen gilt, in denen Mitarbeiter nur vorübergehend, zB bei Dienstreisen, in einem „unsicheren Drittland" arbeiten und daher auch Daten in dieses Drittland transferieren.

41 Der Entwurf des Code of Conduct muss den Vorgaben der EU-Kommission entsprechen.[4] Dies beinhaltet u. a., dass ein Konzernunternehmen in der EU für Datenschutzverstöße von Nicht-EU-Konzernunternehmen aufzukommen hat. Um sicherzustellen, dass der von dem datenschutzrechtlichen Verstoß Betroffene im Falle von Verstößen außerhalb der EU genauso gestellt ist, wie bei einer Datenverarbeitung innerhalb der Grenzen der EU, ist es für das Genehmigungsverfahren erforderlich, dass ein in der EU ansässiges Konzernunternehmen für Datenschutzverstöße der Konzernunternehmen haftet, die ihren Sitz außerhalb der EU haben.[5] Nur durch Beinhaltung eines derartigen Haftungsregimes kann den Vorgaben der Art. 22 und 23 der EU-Datenschutzrichtlinie Genüge getragen werden.[6] Die Voraussetzungen und Folgen der Haftung sowie etwaige Haftungsbeschränkungen bestimmen sich dabei nach dem gemäß dem Code of Conduct anzuwendenden Recht.[7] Nachteilhaft ist dies insbesondere dann, wenn die Haftung für Konzernteile in Drittländern schärfer ist als die Verantwortlichkeit für Verstöße gegen den Datenschutz nach nationalem Recht.[8] Genau wie Standardvertragsklauseln muss auch der Code of Conduct eine Drittbegünstigungsklausel enthalten, aus der Betroffene unmittelbar Rechte geltend machen können.[9] Dies gilt zumindest, soweit die Daten aus der EU stammen.

42 Da grundsätzlich die Zustimmung der Datenschutzbehörden der EU-Länder erforderlich ist, in denen Konzernunternehmen ihren Sitz haben, handelt es sich bei dem Code of Conduct um ein vergleichsweise kompliziertes Instrument, dessen Umsetzung bis zu zwei Jahre dauern kann und kostspielig ist.[10] Es bleibt abzuwarten, ob die Ankündigungen der EU,[11] dieses Instrument zu vereinfachen und zu standardisieren, umgesetzt werden. Dann wäre der Code of Conduct auch für mittlere Unternehmensgruppen ein interessantes Instrument.

---

[1] Unter einigen Ländern gibt es eine gegenseitige Anerkennung, nach welcher die Datenschutzschutzbehörden der einzelnen Länder die Entscheidung der innerhalb des Kooperationsverfahrens federführenden Datenschutzbehörde anerkennen. Hierzu gehören u. a. Deutschland, Frankreich, Italien, Spanien, Großbritannien und die Niederlande.
[2] Vgl. hierzu *Räther/Seitz*, MMR 2002, 520 (527).
[3] *Helbing*, Datenschutz im Konzern: Internationaler Datentransfer (Teil 2), 1) c) ii.
[4] *Helbing*, Datenschutz im Konzern: Internationale Datentransfers, S. 3; *Räther/Seitz*, MMR 2002, 520 (527).
[5] *Grapentin*, CR 2011, 102 (103).
[6] *Grapentin*, CR 2011, 102 (103).
[7] *Grapentin*, CR 2011, 102 (103).
[8] *Helbing*, Datenschutz im Konzern: Internationale Datentransfers, S. 3.
[9] *Helbing*, Datenschutz im Konzern: Internationale Datentransfers, S. 3.
[10] *Helbing*, Datenschutz im Konzern: Internationale Datentransfers, S. 3.
[11] Entwurf der europäischen Kommission zur europäischen Datenschutzverordnung vom 25.1.2012, online unter: http://ec.europa.eu/deutschland/press/pr_releases/10413_de.htm; Bundestag Drucksache 17/13000 vom 24.4.2013, online unter: http://dip21.bundestag.de/dip21/btd/17/130/1713000.pdf.

cc) Einwilligung

Die Datenübermittlung nach § 4c BDSG ist auch dann zulässig, wenn der Betroffene eingewilligt hat.[1] Dies gilt nicht nur für Datenkategorien und Zwecke, die vom Arbeitsverhältnis nicht unmittelbar umfasst sind, sondern auch mit Blick auf den Transfer von Daten in Länder, die kein angemessenes gesetzliches Schutzniveau haben. Voraussetzung dafür ist aber, dass die Einwilligung auf einer freien Willensentscheidung des Betroffenen basiert,[2] die Erteilung also ohne Zwang erfolgt.[3] Ob eine Zwangssituation vorliegt, ist vom jeweiligen Einzelfall abhängig.[4]

43

Problematisch ist die Freiwilligkeit der Einwilligung insbesondere im Rahmen von Arbeitsverhältnissen. Vielfach wird angenommen, dass auf dem Arbeitnehmer erheblicher Druck zur Erteilung der Einwilligung lastet, weil unterstellt wird, dass der Arbeitnehmer Nachteile fürchtet für den Fall, dass er die Einwilligung verweigert.[5] Diese generelle Annahme von Willensmängeln ist jedoch zu pauschal. Vielmehr bedarf es u. E. einer Prüfung im Einzelfall, ob die Zustimmung zur Datenverarbeitung nach den allgemeinen Grundsätzen „aus freien Stücken" oder unter (implizitem oder explizitem) Druck erteilt wurde.[6] Natürlich darf der Arbeitnehmer nicht unter Drohung mit einer Kündigung oder anderen nachteiligen Maßnahmen zur Erteilung der Einwilligung genötigt werden.[7] Wegen der allgemeinen Kritik an einer datenschutzrechtlichen Einwilligung im Zusammenhang mit dem Arbeitsverhältnis ist in einem Arbeitsverhältnis die Einholung der Einwilligung nur in Einzelfällen[8] und als zusätzliche Rechtfertigung zu empfehlen.

44

Die Abgabe einer allgemein formulierten Einwilligung[9] oder einer General- oder Pauschaleinwilligung soll nach einer Ansicht in der Literatur keinesfalls möglich sein. Die Einwilligung müsse vielmehr präzise formuliert und auf einen bestimmten Zweck zugeschnitten sein.[10] Es können aber durchaus in der Zukunft liegende Verwendungszwecke mit in die Erklärung aufgenommen werden.[11] Die Erklärung muss allerdings ausführlich und transparent sein, damit der Betroffene die Tragweite seiner Einwilligung richtig abschätzen kann.[12] Auch eine formularmäßige Bestimmung dahingehend, dass ein Schweigen auf eine Information über die Datenübermittlung als Einwilligung verstanden wird, sei unzulässig.[13] Allerdings werden in der Praxis Verwendungszwecke recht generell angegeben; so etwa „Leistungserbringung"[14] oder „konzerninterne, zentrale Mitarbeiterverwaltung".[15]

45

Die Literaten fordern weiter, dass keine Zweifel an der Erteilung der Einwilligung speziell zu dem Auslandsdatentransfer bestehen dürfen.[16] Vor Abgabe der Einwilligung

46

---

[1] Spindler/Schuster/*Spindler*, Recht der elektronischen Medien, § 4c BDSG Ausnahmen, Rn. 6.
[2] Spindler/Schuster/*Spindler*, Recht der elektronischen Medien, § 4c BDSG Ausnahmen, Rn. 9.
[3] A. A. *Gola/Schomerus* Bundesdatenschutzgesetz, § 4c BDSG Ausnahmen, Rn. 5, nach denen die Einwilligung nur eingeholt werden soll, wenn die anderen Ausnahmetatbestände nicht in Betracht kommen.
[4] *Gola/Schomerus*, Bundesdatenschutzgesetz, § 4c BDSG Ausnahmen, Rn. 5.
[5] *Conrad*, ITRB 2005, 164 (166); *Gola/Wronka*, Handbuch zum Arbeitnehmerdatenschutz, Rn. 1126.
[6] *Conrad*, ITRB 2005, 164 (166); *Lejeune*, ITRB 2005, 94 (96).
[7] *Schierbaum*, Computer-Fachwissen 2/2002, 23 (24).
[8] vgl. *Wisskirchen/Goebel*, DB 2004, 1937 (1942).
[9] *Wisskirchen*, CR 2004, 862 (865).
[10] *Räther/Seitz*, MMR 2002, 425 (431); Spindler/Schuster/*Spindler*, Recht der elektronischen Medien, § 4c BDSG Ausnahmen, Rn. 7; *Wisskirchen*, CR 2004, 862 (865); *Wisskirchen*, BB 2008, 782 (784).
[11] *Räther/Seitz*, MMR 2002, 425 (431).
[12] *Schierbaum*, Computer- Fachwissen 2/2002, 23 (24).
[13] Spindler/Schuster/*Spindler*, Recht der elektronischen Medien, § 4c BDSG Ausnahmen, Rn. 8.
[14] *Räther/Seitz*, MMR 2002, 425 (431).
[15] *Conrad*, ITRB 2005, 146 (166).
[16] *Gola/Schomerus*, Bundesdatenschutzgesetz, § 4c BDSG Ausnahmen, Rn. 5.

muss der Betroffene umfassend über den Gegenstand seiner Erklärung sowie den Zweck der Datenverarbeitung und sämtliche denkbaren Auswirkungen informiert und aufgeklärt werden.[1] Teilweise wird schon bei Erteilung der Einwilligung die Angabe von Empfänger, Zielort der Daten sowie Kategorien personenbezogene Daten sowie Verarbeitungsvorgängen verlangt.[2] Kommt es nach Erteilung der Einwilligung zu einer (Zweck-)Änderung, müsse die Einwilligung erneut eingeholt werden, ansonsten sei die (Zweck-)Änderung unzulässig.[3]

47 Die Einwilligung muss § 4a I 3 BDSG **schriftlich** erfolgen, § 4a I 3 BDSG, d.h. der Betroffene muss sie eigenhändig unterschreiben, § 126 I BGB.[4] Wird die Einwilligung im Zusammenhang mit anderen Erklärungen abgegeben, ist sie besonders hervorzuheben.[5]

dd) Safe Harbor (für Unternehmen in den USA)

48 Speziell für den Transfer personenbezogener Daten von der EU in die USA hat die EU-Kommission in Verhandlungen mit der US-Regierung im Jahr 2000 die sog **Safe Harbor Principles**[6] ausgehandelt, um US-Unternehmen die Möglichkeit zu geben, im Wege der Selbstzertifizierung ein angemessenes Schutzniveau zu schaffen.[7]

49 Die Safe Harbor Principles sind erforderlich, da die USA nur über einen bereichsspezifisch gesetzlich geregelten Datenschutz verfügen und somit grundsätzlich kein angemessenes Datenschutzniveau aufweisen.[8]

50 Die Safe Harbor Principles **basieren auf folgenden Prinzipien:**
1. **„Notice"** (Mitteilung der Datenverarbeitung an die Betroffenen)
2. **„Choice"** (Wahlmöglichkeit der Betroffenen, ihre Daten nicht weiterleiten zu lassen)
3. **„Onward Transfer"** (Garantie des Datenempfängers bei erneuter Weiterleitung seinerseits ausreichenden Datenschutz zu gewährleisten)
4. **„Access"** (Anspruch der Betroffenen auf Zugang und Berichtigung ihrer Daten)
5. **„Security"** (Schutz personenbezogener Daten vor Zerstörung, Veränderung, Missbrauch etc)
6. **„Data integrity"** (Daten müssen genau, vollständig, aktuell und für ihren Zweck relevant sein)
7. **„Enforcement"** (Gewährleistung der Durchsetzung der Grundsätze).[9]

51 Konkretisiert werden die Safe Harbor Principles ua durch die sogenannte „Frequently Asked Questions" (FAQs).[10]

---

[1] *Gola/Schomerus*, Bundesdatenschutzgesetz, § 4c BDSG Ausnahmen, Rn. 5; *Räther/Seitz*, MMR 2002, 425 (431); Spindler/Schuster/*Spindler*, Recht der elektronischen Medien, § 4c BDSG Ausnahmen, Rn. 6; *Wisskirchen/Goebel*, DB 2004, 1937 (1942).

[2] *Gola/Schomerus*, Bundesdatenschutzgesetz, § 4c BDSG Ausnahmen, Rn. 5; *Gola/Wronka*, Handbuch zum Arbeitnehmerdatenschutz, Rn. 1125; Spindler/Schuster/*Spindler*, Recht der elektronischen Medien, § 4c BDSG Ausnahmen, Rn. 6.

[3] *Räther/Seitz*, MMR 2002, 425 (431).

[4] *Schierbaum*, Computer- Fachwissen 2/2002, 34 (24); *Conrad*, ITRB 2005, 146 (166).

[5] *Schierbaum*, Computer- Fachwissen 2/2002, 23 (24).

[6] (ABl. EG v. 25.8.2000, Nr. L 215/7), Online unter: http://export.gov/safeharbor/eu/eg_main_018493.asp; Sonderfall PNR-Daten (ABl. EG v. 4.8.2007, Nr. L 204/16); *Thüsing*, Arbeitnehmerdatenschutz und Compliance Rn. 435.

[7] MAH IT-Recht/*Scheja/Haag*, Teil 4. Datenschutzrecht, Rn. 197.

[8] *Gola/Schomerus*, Bundesdatenschutzgesetz, § 4b BDSG, Rn. 15; *Räther/Seitz*, MMR 2002, 425 (427); MAH IT-Recht/*Scheja/Haag*, Teil 4. Datenschutzrecht, Rn. 197; *Wisskirchen*, DB 2004, 1937 (1942).

[9] http://export.gov/safeharbor/eu/eg_main_018476.asp; *Lejeune*, ITBR 2005, 94 (96), *Räther/Seitz*, MMR 2002, 425 (428).

[10] Online unter: http://export.gov/safeharbor/eu/eg_main_018493.asp; *Gola/Schomerus*, Bundesdatenschutzgesetz, § 4 BDSG, Rn. 15.

US-amerikanische Unternehmen können sich den Safe Harbor Prinzipien unter- 52
werfen, um ein angemessenes Datenschutzniveau zu gewährleisten.[1] Dies tun sie auf
der Basis einer **freiwilligen Selbstverpflichtung,** die **jedes Jahr neu** anzuzeigen
ist.[2] Erforderlich ist eine Erklärung des Datenempfängers in den USA gegenüber dem
US Handelsministerium, durch die er sich zur Einhaltung der Datenschutzprinzipien
verpflichtet.[3] Verpflichtete Unternehmen werden in die öffentliche Safe Harbor-Liste
eingetragen.[4]

Bereits im Oktober 2010 waren diesem Abkommen mehr als hundert amerikanische 53
Unternehmen beigetreten, wobei es sich überwiegend um multinationale Konzerne
handelt.[5] Die Einhaltung der Safe Harbor Principles wird von der **Federal Trade
Commission** überwacht.[6] Verstößt ein Unternehmen gegen die Safe Harbor Prin-
ciples, richtet sich die Sanktionierung in den USA nach US-amerikanischem Recht.
Da der Datenschutz in den USA prinzipiell eine geringere Bedeutung hat als in
Deutschland, ist dies für die Konzerne regelmäßig von Vorteil.[7]

Die Safe Harbor- Zertifizierung gewährt Unternehmen weitere **Flexibilität bei** 54
der Datenverarbeitung und ist nicht an lange europäische Genehmigungsverfahren
gebunden.[8] Die wesentlichen Prinzipien von Safe Harbor sind **weicher** ausgestaltet als
die der Standardvertragsklauseln.[9] Die Safe Harbor Principles finden nur für die US-
Unternehmen Anwendung.

3. Datentransfer und Due Diligence

Kaufinteressenten eines Unternehmens benötigen im Vorfeld des Kaufes eine Viel- 55
zahl von Informationen, um alle mit dem Kauf verbundenen rechtlichen und wirtschaftlichen Risiken abschätzen zu können.[10] Daher wird vor dem Kauf eine einge-
hende **Prüfung des Unternehmens** Due Diligence vorgenommen.[11] Im Rahmen
dieser Prüfung wird die gesamte personelle Struktur des Unternehmens und die Qualität der einzelnen Mitarbeiter üblicherweise anhand von Checklisten untersucht, die
zahlreiche Angaben bezüglich der Mitarbeiter enthalten.[12] In diesem Zusammenhang
besteht regelmäßig ein **Interessengegensatz** zwischen Due Diligence und Arbeitnehmerdatenschutz.[13]

Die **Zulässigkeit der Übermittlung** von Personaldaten im Rahmen einer Due 56
Diligence richtet sich nach den allgemeinen Voraussetzungen gem. **§ 4 Abs. 1
BDSG.** Ohne besondere gesetzliche Rechtfertigung oder zulässige ausdrückliche
Einwilligung ist die Übermittlung damit unzulässig.

Arbeitnehmerdaten können also im Rahmen einer Due Diligence übermittelt wer- 57
den, wenn der einzelne Arbeitnehmer dem zugestimmt hat. Wie bereits erläutert,

---

[1] *Bierekoven*, ITRB 2009, 39 (40); *Wisskirchen*, DB 2004, 1937 (1942); Eine Liste der beigetretenen Unternehmen ist unter https://safeharbor.export.gov/list.aspx (Stand:10/2010) ersichtlich.
[2] *Niedermeier/Schröcker*, CR 2002, 241 (247); *Wisskirchen*, CR 2004, 862 (864); *Wisskirchen*, DB 2004, 1937 (1942).
[3] *Gola/Schomerus*, Bundesdatenschutzgesetz, § 4b BDSG, Rn. 15; *Leingang*, CR 2000, 637.
[4] *Niedermeier/Schröcker*, CR 2002, 241 (247).
[5] MAH IT-Recht/*Scheja/Haag*, Teil 4. Datenschutzrecht, Rn. 197.
[6] *Wisskirchen*, CR 2004, 862 (864).
[7] *Wisskirchen*, CR 2004, 862 (865); vgl. auch *Niedermeier/Schröcker*, CR 2002, 241 (247).
[8] *Wisskirchen*, CR 2004, 862 (864).
[9] *Wisskirchen*, DB 2004, 1937 (1942).
[10] *Braun/Wybitul*, BB 2008, 782; *Diller/Deutsch*, K&R 1998, 16.
[11] *Göpfert/Meyer*, NZA 2011, 486 (486).
[12] *Braun/Wybitul*, BB 2008, 782, so wohl auch *Göpfert/Meyer*, NZA 2011, 468.
[13] *Diller/Deutsch*, K&R 1998, 16; *Göpfert/Meyer*, NZA 2011, 468.

handelt es sich bei der Einwilligung allerdings um eine kritische Grundlage, die nur nachrangig genutzt werden sollte.[1]

58   Hingegen kann nach wohl herrschender Meinung die Durchführung des Arbeitsverhältnisses (§ 32 Abs. 1 BDSG) allein nicht taugliche Grundlage für die Datenübermittlung sein. Personenbezogene Daten eines Beschäftigten dürfen danach für Zwecke des Beschäftigungsverhältnisses nur erhoben, verarbeitet oder genutzt werden, wenn dies für die Entscheidung über die Begründung eines Beschäftigungsverhältnisses oder nach Begründung des Beschäftigungsverhältnisses für dessen Durchführung oder Beendigung erforderlich ist. Voraussetzung für die Zulässigkeit der Datenübermittlung ist also, dass diese „für Zwecke des Beschäftigungsverhältnisses" erfolgt. Dazu muss ein unmittelbarer sachlicher Zusammenhang der Datenübermittlung mit dem Vertragszweck des Beschäftigungsverhältnisses bestehen.[2] Im Fall der Due Diligence dient die Datenübermittlung jedoch nur dem Zweck der Zielgesellschaft, Verkauf und Übertragung des Unternehmens vorzubereiten.[3] Mit der Durchführung des Beschäftigungsverhältnisses des betroffenen Arbeitnehmers besteht nach Auffassung einiger Stimmen hingegen kein sachlicher Zusammenhang.[4] Zwar ließe sich auch mit einem mittelbaren Zusammenhang und dem Interesse des Arbeitnehmers an der Fortführung des Unternehmens bei einem Erwerber dagegen argumentieren. Eine Rechtfertigung des Datentransfers auf der Grundlage von § 32 Abs. 1 BDSG ist aber unsicher.

59   In Betracht kommt eine Zulässigkeit der Übermittlung personenbezogener Daten aufgrund der Wahrung berechtigter Interessen des Veräußerers nach § 28 Abs. 1 S. 1 Nr. 2 BDSG.[5] Im Einzelfall kann das Interesse des Unternehmensverkäufers an einer umfassenden Information des Käuferinteressenten über das Unternehmen und die Qualität der Mitarbeiter bedeutend sein. Regelmäßig steht und fällt der Verkauf gerade mit der Vornahme der Due Diligence.[6] Nach § 28 Abs. 1 S. 1 Nr. 2 BDSG muss die Übermittlung der personenbezogenen Daten zur **Wahrung des berechtigten Interesses erforderlich** sein. Im Rahmen der Due Diligence ist die Übermittlung von Daten insofern erforderlich, als dass diese wesentlicher Bestandteil im Vorfeld des Vertragsschlusses ist und nur dann ordnungsgemäß ausgeführt wird, wenn die notwendigen Daten übermittelt werden. In diesem Zusammenhang muss allerdings danach differenziert werden, welche Daten für die Unternehmensqualität ausschlaggebend und somit tatsächlich erforderlich sind und welche gerade nicht. Dabei ist auf den jeweiligen Einzelfall abzustellen.[7] Dies sind grundsätzlich nur die die Daten von Führungskräften oder Organmitgliedern.[8] Hier ist die Rechtfertigung der Datenübermittlung daher leichter zu begründen.

60   Bei großen Belegschaften kann eine **Anonymisierung oder Pseudonymisierung** von Daten oder die die Nennung von Durchschnittswerten ausreichend sein, um dem Kaufinteressenten einen Eindruck über das Unternehmen zu vermitteln.[9] In diesem Fall entfällt das berechtigte Interesse, personenbezogene Daten zu übermitteln.

---

[1] So wohl auch *Braun/Wybitul*, BB 2008, 782 (784); *Diller/Deutsch*, K&R 1998, 16 (17); *Göpfert/Meyer*, NZA 2011, 486 (487).
[2] *Göpfert/Meyer* NZA 2011, 486 (488); *Braun/Wybitul*, BB 2008, 782 (784).
[3] *Göpfert/Meyer* NZA 2011, 486 (488); *Braun/Wybitul*, BB 2008, 782 (784); http://wirtschaftslexikon.gabler.de/Definition/due-diligence.html.
[4] *Göpfert/Meyer* NZA 2011, 486 (488); vgl. auch *Gola/Schomerus*, Bundesdatenschutzgesetz, § 32 BDSG Rn. 33.
[5] *Göpfert/Meyer*, NZA 2011, 486 (488).
[6] *Göpfert/Meyer* NZA 2011, 486 (488); *Braun/Wybitul*, BB 2008, 782 (785).
[7] *Braun/Wybitul*, BB 2008, 782 (785); *Gola/Schomerus*, Bundesdatenschutzgesetz § 32 BDSG Rn. 33.
[8] Vgl. *Göpfert/Meyer*, NZA 2011, 486 (489).
[9] *Braun/Wybitul*, BB 2008, 782 (785); *Göpfert/Meyer*, NZA 2011, 486 (489).

Nach der Feststellung der Erforderlichkeit der Datenübermittlung, darf das schutz- 61
würdige Interesse des Arbeitnehmers an der Unterlassung der Übermittlung nicht dem
Interesse des Verkäufers überwiegen. An dieser Stelle ist das Persönlichkeitsrecht des
Betroffenen in Form des **informationellen Selbstbestimmungsrechts** dem Interesse des Verkäufers an der Übermittlung gegenüberzustellen. Da allerdings auch das
Interesse des Arbeitgebers an der **Veräußerung** seines Unternehmens **verfassungsrechtlich geschützt** ist, überwiegt nicht grundsätzlich das Interesse des Arbeitnehmers.[1] Nur im Falle der Übermittlung **sensibler Daten,** die vom BDSG als besonders schutzwürdig eingestuft werden, überwiegt grundsätzlich das Interesse des Arbeitnehmers. Bei der Abwägung muss zudem immer darauf geachtet werden, dass die
Weitergabe der Daten als mildeste Maßnahme erfolgen sollte.[2] Das kann u. a. der Fall
sein, wenn die Übermittlung der Daten oder Einsicht in die Daten auf einen kleinen
Personenkreis beschränkt wird.[3]

Die Zulässigkeit der Übermittlung personenbezogener Daten im Rahmen einer 62
Due Diligence hängt von dem Ergebnis einer Güterabwägung ab. Gerade bei großen
Unternehmen sollte die Weitergabe der Daten nur nach Anonymisierung erfolgen
oder darauf geachtet werden, dass lediglich ein kleiner Personenkreis Zugriff auf die
Daten hat. Zudem ist es geboten, vertraglich festzuhalten, dass die Daten nur zum
Zweck der Due Diligence gebraucht werden. Voraussetzung für die Übermittlung
personenbezogener Daten im Rahmen eines Due Diligence Prozesses ist auch der Abschluss einer qualifizierten Geheimhaltungsvereinbarung zwischen Veräußerer und
potentiellem Erwerber, die den Schutz personenbezogener Daten Dritter umfasst.
Selbstverständlich sind personenbezogene Daten nach Abschluss der Due Diligence
von Gesetzes wegen zu löschen, soweit dem nicht zwingende Erfordernisse entgegenstehen. Der potentielle Erwerber sollte zu der Löschung insbesondere mit Blick auf
den Schutz personenbezogener Daten verpflichtet werden. Sollen personenbezogene
Daten im Rahmen der Due Diligence in das Ausland transferiert werden, ist zusätzlich
– wie in allen anderen Auslandssachverhalten – sicherzustellen, dass beim ausländischen Datenempfänger ein angemessenes Schutzniveau herrscht.

Im Rahmen der Due Diligence kann die datenschutzrechtliche Zulässigkeit auch 63
durch eine **Betriebsvereinbarung** herbeigeführt werden. Nach der Rechtsprechung
des BAG handelt es sich bei einer Betriebsvereinbarung um eine Rechtsvorschrift iSd
§ 4 Abs. 1 BDSG (vgl. hierzu unten **5. Betriebsverfassungsrechtliche Fragen
beim Auslandsdatentransfer**). In der Praxis stellt diese Grundlage jedoch eine Ausnahme dar, da der Betriebsrat regelmäßig nicht so stark in den Verkaufsprozess involviert wird.

4. US- E-Discovery vs. Datenschutz

Konflikte mit dem deutschen (und europäischen) Datenschutzrecht können entstehen, 64
wenn eine Konzerngesellschaft in den USA als Prozesspartei den Auflagen des
E-Discovery Verfahrens unterworfen wird und alle potentiell relevanten Dateien und
Emails zur Verfügung stellen muss. Eine solche Pflicht haben US-Gerichte in der Vergangenheit nicht nur den unmittelbar am Prozess beteiligten Konzerngesellschaften auferlegt, sondern auch verbundenen europäischen Konzerngesellschaften, wenn die Gerichte
eine Einflussmöglichkeit (insbesondere auf eine Tochtergesellschaft) feststellten.[4] Die

---

[1] *Braun/Wybitul*, BB 2008, 782 (785); *Göpfert/Meyer* NZA 2011, 486 (489).
[2] *Göpfert/Meyer*, NZA 2011, 486 (489).
[3] *Braun/Wybitul*, BB 2008, 782 (785).
[4] *Rath/Klug*, K&R 2008, 596 (597), *Spies/Schröder*, MMR 2008, 275.

deutschen und europäischen Konzerngesellschaften sehen sich daher – unabhängig von der fehlenden Vollstreckungsmöglichkeit der US-Gerichte in Europa – einem rein faktischen Druck der Konzerninteressen ausgesetzt, Daten im großen Umfang zu übermitteln. Das deutsche Datenschutzrecht ermöglicht eine Übermittlung personenbezogener Daten im Rahmen des E-Discovery-Verfahrens allerdings nur in geringem Umfang. Für den Konzern scheint es dann keinen richtigen Weg zu geben: In den USA drohen Sanktionen durch das Gericht bzw. Nachteile im Prozess – in der EU besteht die Gefahr eines Bußgelds wegen einer rechtswidrigen Übermittlung personenbezogener Daten.[1] Die extensive Sichtweise der US-Gerichte wurde vom US District Court Utah in einer Entscheidung aus dem Jahr 2010 noch einmal hervorgehoben.[2] Danach steht das deutsche BDSG einer Datenübermittlung in die USA im Rahmen des E-Discovery-Verfahrens grundsätzlich nicht entgegen. Nach der Rechtsprechung des US Supreme Court tritt ausländisches Recht zurück (blocking statute), wenn es dem Herausgabeverlangen der US Gerichte entgegen stünde. Mit einem pauschalen Verweis auf die datenschutzrechtlichen Vorgaben lässt sich das Offenlegungsverlangen im US Prozess nicht abwehren.

a) Datentransfer zur Geltendmachung, Ausübung oder Verteidigung von Rechtsansprüchen vor Gericht

65 § 4c Abs. 1 S. 1 Nr. 4 BSDG gestattet den Datentransfer von Deutschland in die USA, sofern die Übermittlung zur Geltendmachung, Ausübung oder Verteidigung von Rechtsansprüchen vor Gericht erforderlich ist. Da es sich bei der Datenübermittlung zum Zweck der E-Discovery um die Beweisermittlung in einem Zivilprozess geht, ist der Anwendungsbereich des § 4c BDSG grundsätzlich eröffnet.

66 Sachlich rechtfertigt die Norm nicht nur lediglich die Übermittlung an das Gericht selbst, sondern erstreckt sich auch auf die Prozessbeteiligten ebenso wie auf Zeugen, solange die Übermittlung auf den Verfahrenszweck beschränkt ist.[3] Die Übermittlung an das Gericht sowie die Übermittlung an die eigenen bzw. gegnerischen Anwälte werden ebenfalls erfasst. § 4c BDSG als Ausnahmevorschrift zu § 4b BDSG, verlangt für die Übermittlung kein angemessenes Schutzniveau.

67 Zweck der Regelung ist gerade ein übergeordnetes Interesse an einer komplikationsfreien Geltendmachung von Rechtsansprüchen.[4] Das BDSG soll die Verteidigung vor Gericht im Nicht-EU-Ausland ermöglichen. So war es beispielsweise zulässig, dass die Bayer AG im Rahmen der Schadensersatzprozesse wegen behaupteter schwerer Nebenwirkungen des Medikaments Lipobay der amerikanischen Justiz die im Zusammenhang mit der Entwicklung dieses Medikaments angefallenen Daten einschließlich aller internen Emails zur Verfügung stellte.[5]

b) Kritik der Literatur und völkerrechtlicher Hintergrund

68 Allerdings begegnet die Literatur der Rechtfertigung der Datenübermittlung mit Bedenken.

---

[1] Vgl. Simitis/*Simitis*, BDSG, § 4c Rn. 26 ff.; ein französischer Anwalt, der der Aufforderung eines US Gerichts zur Versendung von Daten im Rahmen des E-Discovery-Prozesses gefolgt ist, wurde zur Zahlung von 10 000 EUR Bußgeld verpflichtet, In re Advocat „Christopher X", No. 07–83228 (Cour de Cassation Dec. 12, 2007).

[2] US-District Court Utah, 21.1.2010 – Case No. 2:08cv569, 2010 U. S. Dist. LEXIS 4566 ACCESSDATA CORPORATION v. ALSTE TECHNOLOGIES GmbH; Anm. dazu von *Spies/Schröder*, MMR 2010, 275.

[3] Simitis/*Simitis*, BDSG, § 4c Rn. 21; *Spies/Schröder*, MMR 2008, 275 (279); *Brisch/Laue*, RDV 2010, 1 (7).

[4] Simitis/*Simitis*, BDSG, § 4c Rn. 18.

[5] *Däubler*, Datenschutzrecht, § 4c BDSG, Rn. 8.

So wird z. B. eingewendet, dass § 4c Abs. 1 S. 2 BDSG die zweckgebundene Verwendung der übermittelten Daten fordere.[1] Im Hinblick auf die Übermittlung von Daten an das amerikanische Gericht sei jedoch damit zu rechnen, dass aufgrund des Öffentlichkeitsgrundsatzes (im US-Verfahren müssen die Dokumente der Öffentlichkeit auf Antrag zugänglich gemacht werden) sich die Zweckbindung nicht eingehalten werde. Zudem bestehe bei einer weiten Auslegung des § 4c Abs. 1 S. 1 Nr. 4 BDSG die Gefahr, dass über eine Hintertür im Ergebnis der Schutz der europäischen Datenschutzvorschriften ausgehöhlt werde.[2] Auch habe Deutschland im Haager Beweisübereinkommen ausdrücklich einen Vorbehalt gegen die Durchsetzung von Herausgabeverlangen US amerikanischer Gerichte erhoben, soweit diese im Rahmen der Pre-Trial Discovery erfolge.[3] Dies wird teilweise – losgelöst von § 4c Abs. 1 S. 1 Nr. 4 BDSG – als Argument gegen die Zulässigkeit der Übermittlung von Daten angeführt.[4] Dass sich deutsche Gerichte nicht für die Durchsetzung, also die Vollstreckung eines Herausgabeverlangens von Seiten eines amerikanischen Gerichts für zuständig erachten, muss jedoch nicht zwangsläufig zur Unzulässigkeit der Übermittlung führen. Vollstreckungs- und Übermittlungsmöglichkeit sind voneinander zu trennen. Während erstere von staatlicher Seite durchgeführt wird, erfolgt der Datentransfer im Rahmen der E-Discovery durch Unternehmen.

c) Erforderlichkeit der Datenübertragung

Die Übermittlung personenbezogener Daten muss für die Prozessführung „erforderlich" sein. Dabei ist nach richtiger Ansicht die Übermittlung nicht nur für die eigene Prozessführung sondern auch für die von Konzerngesellschaften grundsätzlich erfasst. Der Wortlaut des § 4c Abs. 1 S. 1 Nr. 4 BDSG ist weit gefasst. **69**

An die Erforderlichkeit legt das deutsche Datenschutzrecht einen strengeren Maßstab an, als amerikanische Gerichte im E-Discovery-Verfahren: Nach deutschem Recht werden nur solche Daten erforderlich sein, die unmittelbar im Prozess zur Unterstützung der „Angriffs- oder Verteidigungsmittel" benötigt werden. Das Wesen des E-Discovery-Verfahrens ist es jedoch, dass sämtliche im Zusammenhang stehenden Daten unabhängig von ihrer konkreten Relevanz für den Prozess zur Verfügung zu stellen sind. Genau dieser Unterschied sorgt dafür, dass nach deutschem Recht nur wenige Daten zu Verfügung gestellt werden dürfen, während nach amerikanischem Recht Daten im sehr großen Umfang beizubringen sind. **70**

5. „Betriebsverfassungsrechtliche Frage" beim Auslandsdatentransfer

Auch im Rahmen des Auslandsdatentransfers stellen sich betriebsverfassungsrechtliche Fragen. Insbesondere die Rolle des Betriebsrats beim Transfer von Arbeitnehmerdaten in nicht europäische Empfängerländer ist in der Praxis häufig kontrovers diskutiert. **71**

a) Kontrollrecht des Betriebsrats

Der Betriebsrat ist nach § 80 Abs. 1 Nr. 1 BetrVG dazu verpflichtet, die Einhaltung der Gesetze, die zugunsten des Arbeitnehmers wirken, zu überwachen. Der Begriff der arbeitnehmerschützenden Gesetze iSd § 80 Abs. 1 Nr. 1 BetrVG ist weit auszule- **72**

---

[1] *Rath/Klug*, K&R 2008, 596 (598); *Spies/Schröder*, MMR 2008, 275 (279).
[2] *Spies/Schröder*, MMR 2008, 275 (279).
[3] *Spies/Schröder*, MMR 2008, 275 (280).
[4] *Spies/Schröder*, MMR 2008, 275 (280).

gen.¹ Zu diesen Gesetzen zählt das BDSG, soweit die Bestimmungen auf die Arbeitnehmer des Betriebes Anwendung finden.² Bei dem Überwachungsrecht des Betriebsrates nach § 80 Abs. 1 Nr. 1 BetrVG handelt es sich nicht um ein Mitbestimmungsrecht, sondern lediglich um ein Kontrollrecht.³ Auch folgt aus § 80 Abs. 1 BetrVG kein gerichtlich durchsetzbarer Anspruch gegen den Arbeitgeber auf eine bestimmte Handlung oder Unterlassung.⁴

73 Die grundsätzliche Ordnungsmäßigkeit der Verarbeitung von Arbeitnehmerdaten unterliegt der Kontrolle des Betriebsrats. Dies ist auch dann der Fall, wenn sie unter Beauftragung eines Dritten, also in Form der Auftragsdatenverarbeitung nach § 11 BDSG erfolgt.⁵ Dabei trifft den Arbeitgeber die Pflicht, durch vertragliche Vereinbarungen mit dem Auftragnehmer sicherzustellen, dass der Betriebsrat seine Kontrollrechte entsprechend ausüben kann.⁶ Der Grund dafür liegt vor allem darin, dass die Datenverarbeitung durch Dritte erhebliche Gefahren in Bezug auf das Persönlichkeitsrecht der Arbeitnehmer mit sich bringt, was eine Unterrichtung des Betriebsrates unerlässlich macht.⁷

74 Davon zu unterscheiden und gerade nicht ausreichend ist die bloße Versicherung des Arbeitgebers, er habe alle erforderlichen Maßnahmen ergriffen. Der Informationspflicht des Arbeitgebers nach § 80 Abs. 1 BetrVG ist nicht Genüge getan, soweit dieser lediglich darauf verweist, dass der Transfer sich im Einklang mit dem BDSG befände. Die Information durch den Arbeitgeber muss umfassend sein und dem Betriebsrat ermöglichen, in eigener Verantwortung zu prüfen, ob er zur Wahrnehmung seines Schutzauftrages tätig werden muss.⁸

75 Ein Mitbestimmungsrecht nach § 87 Abs. 1 BetrVG besteht hinsichtlich des Schutzes von Arbeitnehmerdaten nicht. Die Regelung des Datenschutzes gehört nicht zu den der Mitbestimmung des Betriebsrats unterliegenden Bereichen. Allerdings kann der Betriebsrat im Zusammenhang mit der Wahrnehmung seiner Mitbestimmungsrechte, insbesondere hinsichtlich technischer Überwachungseinrichtungen gem. § 87 Abs. 1 Nr. 6 BetrVG Information sowie die Einhaltung der arbeitnehmerschützenden Vorgaben des BDSG verlangen.

b) Auslandstransfer

76 Beim Transfer von Arbeitnehmerdaten in das Nicht-EU-Ausland stehen dem Betriebsrat dieselben Unterrichtungsrechte und Kontrollaufgaben zu wie hinsichtlich anderer datenschutzrechtlicher Fragen. Insbesondere hat er das Recht zu prüfen, ob die notwendigen rechtlichen Grundlagen bestehen, die bei der empfangenden Stelle ein angemessenes Datenschutzniveau sichern. Bei einer Datenübermittlung mit Auslandsbezug hat der Betriebsrat daher insbesondere die Einhaltung der §§ 4b und 4c BDSG zu überwachen.⁹

---

¹ So zB der Gleichbehandlungsgrundsatz und die Fürsorgepflicht; MHdB ArbR/*Matthes*, § 263 Rn. 6; vgl. auch HWK/*Schrader*, § 80 BetrVG.
² DKKW/*Buschmann*, BetrVG, § 80 Rn. 10; *Gola/Wronka*, Handbuch zum Arbeitnehmerdatenschutz, Rn. 1593; Richardi/*Thüsing*, BetrVG, § 80 Rn. 8.
³ BAG 16.7.1985 – 1 ABR 9/83, DB 1986, 231 f.; *Fitting*, BetrVG, § 80 Rn. 14; *Linnenkohl*, NJW 1981, 202 (204).
⁴ BAG 24.2.1987 – 1 ABR 73/84, NZA 1987, 674; BAG 28.5.2002 – 1 ABR 32/01, DB 2003, 287; BAG 10.6.1986 – 1 ABR 59/84, AP BetrVG 1972 § 80 Nr. 26; MHdB ArbR/*Matthes*, § 263 Rn. 10.
⁵ *Fitting*, BetrVG, § 87 Rn. 244.
⁶ *Gola/Wronka*, Handbuch zum Arbeitnehmerdatenschutz, Rn. 1621.
⁷ BAG 17.3.1987 – 1 ABR 59/85, NZA 1987, 747.
⁸ *Fitting*, BetrVG, § 80 Rn. 51, 54.
⁹ *Fitting*, BetrVG, § 80 Rn. 8.

A. Datenschutz im grenzüberschreitenden Konzern

Da sich die Rechte des Betriebsrates aus dem BetrVG ergeben, sind sie auch an das Territorialitätsprinzip des BetrVG geknüpft und somit auf Deutschland beschränkt.[1] Dennoch ist der Export von Arbeitnehmerdaten insofern dem Unterrichtsrecht des Betriebsrates nach § 80 Abs. 1 BetrVG unterworfen, als dass die Voraussetzungen für einen legalen Transport nach deutschem Recht in Frage stehen. Der Betriebsrat ist somit darüber zu informieren, welche Vorkehrungen der Arbeitgeber hinsichtlich des angemessenen Datenschutzniveaus im Ausland getroffen hat. Nur wenn auch ein angemessenes Schutzniveau gewährleistet ist, ist der Transfer der Daten rechtmäßig. Der Arbeitgeber ist mithin dazu verpflichtet, dem Betriebsrat einen Nachweis über das erforderliche Datenschutzniveau zu erbringen.[2] Dieser Pflicht kann der Arbeitgeber durch die Vorlage der Safe-Harbor-Zertifizierung, der vereinbarten EU-Standardvertragsklauseln oder eines Code of Conduct nachkommen.

77

Im Gegensatz dazu hat der Betriebsrat jedoch aufgrund seiner durch das Territorialitätsprinzip auf Deutschland beschränkten Rechte nicht die Befugnis gegenüber dem ausländischen Drittunternehmen, die Verarbeitung der Daten im Ausland zu überwachen.[3] Dies würde vielmehr zu einer Überschreitung der Kompetenz des Betriebsrates führen. Liegt allerdings die Sicherstellung eines angemessenen Datenschutzniveaus offensichtlich nicht vor, so kann der Betriebsrat den Arbeitgeber auf diesen Zustand hinweisen und ihn zur Abhilfe auffordern.[4]

78

c) Verhältnis zu betrieblichen Datenschutzbeauftragten

Der Überwachungsauftrag des Betriebsrats erfährt nicht etwa dadurch eine Einschränkung, dass auch dem Datenschutzbeauftragten die Überprüfung der Datenschutzvorschriften obliegt.[5] Vielmehr sollen Betriebsrat und Datenschutzbeauftragter zur Einhaltung der Datenschutzvorschriften zusammenarbeiten.[6] Der Betriebsrat hat theoretisch darüber zu wachen, ob der Datenschutzbeauftragte über die erforderliche Sachkunde und Zuverlässigkeit verfügt und die Ausführung seiner Tätigkeit ordnungsgemäß erfolgt.[7] Auch hier ist dem Betriebsrat allerdings kein spezielles Mitbestimmungsrecht eingeräumt worden.

79

d) Regelmäßige Unterrichtung des Betriebsrats

Um die ihm obliegende Überwachungsfunktion ordnungsgemäß ausüben zu können, sind dem Betriebsrat erforderliche Informationen zu übermitteln. Daher ist der Arbeitgeber nach § 80 Abs. 2 BetrVG verpflichtet, den Betriebsrat rechtzeitig und umfassend zu unterrichten und unter Umständen auch, dem Betriebsrat die erforderlichen Unterlagen zur Verfügung zu stellen. Der Arbeitgeber muss aber nur diejenigen Informationen erteilen, über die er selbst verfügt.[8] Obwohl die Unterrichtungspflicht nicht an eine Form gebunden ist, sind komplexe Informationen grundsätzlich schrift-

80

---

[1] *Wisskirchen*, DB 2004, 1937 (1940), *Wisskirchen*, CR 2004, 862 (866), *Fitting*, BertVG, § 1 Rn. 12, 13.
[2] DKKW/*Buschmann*, BetrVG, § 80 Rn. 64–64b, 66.
[3] *Wisskirchen*, DB 2004, 1937 (1940); *Wisskirchen*, CR 2004, 862 (866); *Fitting* BetrVG, § 1 Rn. 12, 13.
[4] *Linnenkohl*, NJW 1981, 202 (204); *Fitting*, BetrVG, § 80 Rn. 15; DKKW/*Buschmann*, BetrVG, § 80 Rn. 21.
[5] *Fitting*, BetrVG, § 80 Rn. 7.
[6] *Linnenkohl*, NJW 1981, 202 (204); DKKW/*Buschmann*, BetrVG, § 80 Rn. 10a; Richardi/*Thüsing*, BetrVG, § 80 Rn. 8, 57.
[7] DKKW/*Buschmann*, BetrVG, § 80 Rn. 10a; *Gola/Wronka*, Handbuch zum Arbeitnehmerdatenschutz, Rn. 1597.
[8] Richardi/*Thüsing*, BetrVG, § 80 Rn. 56.

lich zu erteilen.¹ Ansonsten kommt dem Arbeitgeber hinsichtlich der Erfüllung der Informationspflicht ein weiter Spielraum zu.² Ist der Arbeitgeber aufgrund Gesetzes nicht dazu verpflichtet, trifft ihn keine Informationsbeschaffungspflicht, auch wenn der Betriebsrat die Informationen für erforderlich hält.³

81 Bei § 80 Abs. 2 BetrVG handelt es sich um eine Generalvorschrift, so dass sich darüber hinaus auch noch weitere Informationsrechte des Betriebsrat aus spezielleren Normen des BetrVG oder anderen Gesetzen ergeben können.⁴ Voraussetzung einer solchen Informationspflicht ist stets der Bezug zu den Aufgaben des Betriebsrates.⁵ Der Auskunftsanspruch endet dementsprechend dort, wo ein Beteiligungsrecht des Betriebsrats mangels Aufgabenbezug nicht in Betracht kommt.⁶ Insofern hat eine zweistufige Prüfung dahingehend zu erfolgen, ob 1. der Aufgabenbereich des Betriebsrates überhaupt tangiert ist und 2. im konkreten Einzelfall die Information zur Wahrnehmung der Aufgabe benötigt wird.⁷ Ist dies nicht der Fall, muss der Arbeitgeber den Betriebsrat auch nicht informieren.

82 Soweit es zur ordnungsgemäßen Erfüllung seiner Aufgaben erforderlich ist, ist der Betriebsrat nach § 80 Abs. 2 BetrVG berechtigt, einen Sachverständigen hinzuzuziehen. Vorab muss er allerdings versuchen, sich das erforderliche Fachwissen mittels innerbetrieblicher Erkenntnisquellen zu beschaffen.⁸ Hier ist insbesondere auch an den betrieblichen Datenschutzbeauftragten zu denken.

83 Die Informationspflichten nach § 80 Abs. 2 BetrVG können im Zusammenhang mit Datentransfers in das Ausland umfangreich und zeitintensiv sein. Dies gilt unabhängig davon, ob der Arbeitgeber diesen Informationspflichten selbständig nachkommt oder im Zusammenhang mit Verhandlungen über eine Betriebsvereinbarung (beispielsweise über IT-Systeme, die im gesamten Konzern und/oder von einer im Ausland ansässigen Stelle betrieben werden).

---

¹ DKKW/*Buschmann*, BetrVG, § 80 Rn. 87.
² *Kort*, NZA 2010, 1267 (1269).
³ Richardi/*Thüsing*, BetrVG, § 80 Rn. 56.
⁴ *Kort*, NZA 2010, 1267 (1267); Richardi/*Thüsing*, BetrVG, § 80 Rn. 48.
⁵ BAG 23.3.2010 – 1 ABR 81/08, BecksRS 2010, 70691; Richardi/*Thüsing*, BetrVG, § 80 Rn. 51.
⁶ BAG 23.3.2010 – 1 ABR 81/08, BecksRS 2010, 70691, ArbRAktuell 2010, 372, NZA 2011, 811. Richardi/*Thüsing*, BetrVG, § 80 Rn. 51a; ob der Anspruch des Betriebsrates nach § 80 II BetrVG neben dem Erfordernis des Aufgabenbezugs noch weiteren Schranken unterliegt, ist vor allem hinsichtlich der Personaldaten der Arbeitnehmer problematisch; ausführlich dazu: *Kort*, NZA 2010, 1267 (1268).
⁷ Richardi/*Thüsing*, BetrVG, § 80 Rn. 51a.
⁸ BAG 16.11.2005 – 7 ABR 12/05, NZA 2006, 553.

B. Compliance im grenzüberschreitenden Konzern

I. Rechtsgrundlagen

Der Begriff *„Compliance"* stammt aus den USA und bedeutet so viel wie „Gesetzes- 84
treue" oder „Einhaltung." Dabei definiert die juristische Literatur den Begriff als „die Gesamtheit der Maßnahmen, die das rechtmäßige Verhalten eines Unternehmens, seiner Organe und Mitarbeiter im Hinblick auf alle gesetzlichen und unternehmenseigenen Gebote und Verbote gewährleisten sollen."[1]

Die besonderen Herausforderungen für die Complianceverantwortlichen in einem 85
internationalen Konzern ergeben sich aus dem Zusammenspiel verschiedener Rechtsordnungen einerseits und den rechtlichen und organisatorischen Anforderungen an eine Konzernvereinheitlichung andererseits.

Grundsätzlich bezieht sich die Pflicht zur Einhaltung der Vorschriften in Deutsch- 86
land auf deutsche Gesetze. International tätige Konzerne bewegen sich jedoch häufig – partiell – zusätzlich im Geltungsbereich insbesondere US-amerikanischer und britischer Gesetze. So sind der Sarbanes Oxley Act (SOX) und der Foreign Corrupt Practices Act (FCPA) unter gewissen Vorrausetzungen auch extraterritorial auf deutsche Unternehmen anwendbar. Auch der UK Bribery Act greift bereits, wenn ein Unternehmen geschäftlich im Vereinigten Königreich tätig ist. Durch diese weitreichenden Zuständigkeitsregelungen ist es zu einer Internationalisierung des US-amerikanischen und britischen Rechts und daraus folgend zu einem Konflikt der Rechtsordnungen gekommen.[2]

Auch Unternehmen, die nicht in den Geltungsbereich der amerikanischen und bri- 87
tischen Regelungen fallen, orientieren sich immer häufiger an den sich zunehmend als Standard für eine **internationale „best practice"** durchsetzenden Compliance-Grundsätzen. Zudem sind in der Praxis Tendenzen feststellbar, dass deren Einhaltung auch in Verträgen mit deutschen Unternehmen, die nicht unter den Geltungsbereich der genannten Vorschriften fallen, einseitig vom häufig marktmächtigeren, internationalen Vertragspartner gefordert wird.[3] Weiterer Grund für die Verbreitung von Compliance-Strukturen ist schließlich, dass sowohl die Bereitschaft zu als auch die Möglichkeit der Anspruchsverfolgung gegenüber dem Management großer Unternehmen zugenommen hat. Haftungsprozesse in Millionenhöhe sind heute auch gegen deutsche Manager kein Tabu mehr.[4]

Im Bereich der Compliance sind für grenzüberschreitende Konzerne vor allem die 88
folgenden Rechtsgrundlagen relevant:
1. Sarbanes Oxley Act (SOX)
2. Foreign Corrupt Practices Act
3. Organizational Sentencing Guidelines der United States Sentencing Commission
4. Dodd-Frank Act
5. UK Bribery Act
6. Corporate Governance Kodex[5]

---

[1] *Passarge* NZI 2009, 86; *Schneider* ZIP 2003, 645; *Thüsing*, Beschäftigtendatenschutz § 2 Rn. 9; s. ausführlich → Rn. 249.
[2] MSHF/*Passarge* § 82 Rn. 90; vgl. auch *Moosmayer* S. 3f., 7.
[3] So für den SOX Wecker/van Laak/*Rath*, S. 123.
[4] GIB/*Poppe*, S. 3.
[5] http://www.corporate-governance-code.de/.

1. Sarbanes Oxley Act (SOX)

89   Der Sarbanes Oxley Act 2002 (SOX) ist ein US-Bundesgesetz, welches als Reaktion auf große Bilanzskandale, insbesondere bei Enron, erlassen wurde und das Ziel verfolgte, das Vertrauen der Anleger in die Integrität des US-Kapitalmarktes sowie in die Richtigkeit und Verlässlichkeit der veröffentlichten Finanzdaten von Unternehmen wiederherzustellen.

a) Anwendungsbereich

90   Der SOX unterscheidet nicht zwischen inländischen und ausländischen Gesellschaften. Vielmehr erfasst er **alle Unternehmen, deren Anteile an einer US-Börse gehandelt** oder **anderweitig öffentlich in den USA angeboten** werden oder die **sonst zur Berichterstattung an die** Securities and Exchange Commission **(SEC) verpflichtet** sind und damit deren Aufsicht unterliegen.[1] Außerdem erstreckt sich der Geltungsbereich des SOX auch auf in Deutschland ansässige Tochter- oder Enkelunternehmen, wenn die Muttergesellschaft von der SEC beaufsichtigt wird.[2] Die Anwendbarkeit des US-amerikanischen Rechts auf nicht US-amerikanische Unternehmen verstößt dabei nicht gegen internationales Recht. Denn die Regelungen knüpfen allein an einen amerikanischen Sachverhalt an, nämlich die Zulassung zum amerikanischen Kapitalmarkt, und greifen nicht unmittelbar in die Rechtssetzungshoheit ausländischer Staaten ein.[3]

b) Regelungsinhalte

91   Die Regelungskomplexe des SOX umfassen vor allem den Finanzbereich, Corporate Governance, das interne Kontrollsystem und das Risikomanagement. Unternehmen sind verpflichtet, ein **effektives internes Kontrollsystem** zur Sicherstellung einer funktionsfähigen Berichterstattung einzurichten. Das interne Kontrollsystem ist dabei nicht beschränkt auf die **Finanzberichterstattung,** sondern erstreckt sich vielmehr auf **sämtliche Unternehmensfunktionen.**[4]

92   Weiter verlangt der SOX, dass sowohl das Vorhandensein als auch die Wirksamkeit der internen Kontrollen regelmäßig bestätigt werden, Sec. 302 und 404 SOX. Das berichtende Unternehmen muss dazu einmal jährlich bei seiner Berichterstattung zum Jahresabschluss einen **Internal Control Report** aufstellen. Es muss den Nachweis führen, dass die Kontrollen für den angestrebten Zweck geeignet sind, dass Kontrolltests tatsächlich durchgeführt wurden, und es muss eine Gesamtbewertung vornehmen. Neben der Einschätzung des Managements haben auch der Vorstandsvorsitzende und der Finanzvorstand bei jedem Quartalsbericht und beim Jahresabschluss ein gesondertes Testat zur Finanzberichterstattung abzugeben.[5] Dabei **haften die Mitglieder der Unternehmensleitung persönlich** für die Richtigkeit der Angaben über die Wirksamkeit der Kontrollen und die finanzielle Situation des Unternehmens.[6]

93   Hinzu kommen weitere Organisationspflichten, nämlich die Einrichtung eines unabhängigen, **qualifizierten Audit Committee** und die Etablierung eines **Beschwerdemanagements,** Sec. 301 SOX.[7]

---

[1] *Mengel,* Compliance S. 2; MSHF/*Passarge* § 82 Rn. 91, ähnlich *Regelin/Fisher* IStR 2003, 276.
[2] MSHF/*Passarge* § 82 Rn. 91.
[3] *Gruson/Kubicek* AG 2003, 337 (340).
[4] MSHF/*Passarge* § 82 Rn. 92; Hauschka/*Obermayr,* S. 431.
[5] MSHF/*Passarge* § 82 Rn. 92; Hauschka/*Obermayr,* S. 431; Hauschka/*Herb,* S. 477; Wecker/ van Laak/*Rath,* S. 123; GIB/*Rieder/Falge* S. 23.
[6] Hauschka/*Obermayr,* S. 431, vgl. auch Hauschka/*Herb,* S. 477.
[7] GIB/*Rieder/Falge,* S. 23.

Für den Fall von Zuwiderhandlungen gegen bestimmte Vorgaben des SOX drohen hohe **Geldstrafen bis zu 5 Mio. US-Dollar** und/oder **Freiheitsstrafen bis zu 20 Jahren,** Sec. 906 SOX.[1]

2. Foreign Corrupt Practices Act (FCPA)

Der FCPA ist ebenfalls ein US-Bundesgesetz, das bereits 1977 erlassen und 1998 nochmals verschärft wurde. Ziel ist die Bekämpfung der internationalen Korruption. Daher verbietet der FCPA zum einen Bestechungszahlungen *(anti-bribery provisions)* und verpflichtet zum anderen alle in den USA börsennotierten Unternehmen zur korrekten Buchführung *(accounting and record-keeping)*, um diesen Zweck auch indirekt zu fördern.[2]

a) Anwendungsvoraussetzungen

Es gibt **fünf Voraussetzungen** für die Anwendung des FCPA: Eine Person aus seinem räumlichen Anwendungsbereich muss Zahlungen oder andere werthaltige Versprechen in Bestechungsabsicht an einen ausländischen Amtsträger oder eine diesem gleichgestellte Person leisten, um seinem Unternehmen einen Vorteil zu verschaffen oder zu erhalten.

Der FCPA richtet sich an **alle natürlichen und juristischen Personen**, die oder deren Mitarbeiter **auf dem Hoheitsgebiet der USA Bestechungshandlungen vornehmen oder fördern.** Er ist auf Privatpersonen und Unternehmen anwendbar, die ihren Wohn- oder Geschäftssitz innerhalb der USA oder den Schwerpunkt ihrer Geschäftstätigkeit in den USA haben sowie auf ausländische Unternehmen, die an der New Yorker Börse gelistet sind. Die örtliche Zuständigkeit wird jedoch auch allein durch Handlungen innerhalb der USA begründet, wie etwa das Führen eines Telefonates, das Absenden bzw. Empfangen einer E-Mail, gelegentliche Kontakte mit den USA oder der Transfer von (Bestechungs-)Geldern über eine in den USA ansässige Bank. Außerdem kommt auch die **Verfolgung einer ausländischen Gesellschaft** wegen einer der oben genannten Verletzungshandlungen **durch eine Tochtergesellschaft** in Betracht.[3]

Der persönliche Geltungsbereich des FCPA ist sehr weit gezogen und umfasst Privatpersonen, Unternehmen oder die für diese handelnden Führungskräfte, Angestellten, Anteilseigner, Beamte oder vom Unternehmen beauftragte Mittelsmänner sowie Berater oder Geschäftspartner, die für das Unternehmen handeln.

Es ist **jede Handlung** untersagt, die einen **Vorteil gewährt oder fördert.** Sie kann nicht nur in einer Geldzahlung, dem Erbieten einer Geldzahlung oder dem Versprechen eines Erbietens einer Geldzahlung bestehen. Vielmehr sind alle Handlungen umfasst, die Vorteile irgendeiner Art fördern.[4] Verboten ist weiter sowohl die Anstiftung zu als auch die Teilnahme von Dritten an den untersagten Handlungen.[5]

Diese Handlungen müssen in **Bestechungsabsicht** erfolgen. Das ist der Fall, wenn sie den Zweck verfolgen, das jeweilige dienstliche Verhalten des Empfängers zu beeinflussen oder ihn zu verleiten, seinen Einfluss auszunutzen, um das Unternehmen zu unterstützen, Geschäfte neu abzuschließen oder bestehende Geschäfte fortzuführen

---

[1] MSHF/*Passarge* § 82 Rn. 91; *Gruson/Kubicek* AG 2003, 393 (406).
[2] Vergleiche MSHF/*Passarge* § 82 Rn. 94; *Spies* MMR 2009, XIII; *Moosmayer*, Compliance, S. 7.
[3] *Cohen/Holland* CCZ 2008, 7 (8); MSHF/*Passarge* § 82 Rn. 99; vgl. *Mengel*, Compliance, S. 2; *Moosmayer*, Compliance, S. 7.
[4] Vergleiche MSHF/*Passarge* § 82 Rn. 94.
[5] Vergleiche MSHF/*Passarge* § 82 Rn. 96, 99; *Cohen/Holland* CCZ 2008, 7.

oder Geschäfte mit einer bestimmten Person durchzuführen oder auf sonstige Weise dem Unternehmen einen unangemessenen Vorteil zu verschaffen oder zu sichern.¹ Keine Bedingung ist, dass dieser Versuch tatsächlich Erfolg hat.

101　Verboten sind außerdem Verstöße sowie verdächtige Handlungen, bei denen eine Partei die aufgestellten Verbote bewusst missachtet *(conscious disregard)*, sich bewusst fahrlässig verhält *(willful blindness)* oder sich den Verboten bewusst verschließt *(deliberate ignorance)*.²

102　Die Vorteilsgewährung muss grundsätzlich einem **Amtsträger,** einer **politischen Partei,** einem **Parteivertreter** oder einem **Kandidaten** für ein politisches Amt – jeweils **außerhalb der USA** – zugutekommen. Allerdings ist der FCPA nicht nur auf Zahlungen an Amtsträger anwendbar, sondern auch auf Zahlungen an privatrechtlich organisierte Unternehmen oder Privatpersonen, die im Auftrag des Staates handeln.³

103　Ziel der verbotenen Zahlungen muss sein, **dem Unternehmen** auf irgendeine Art und Weise einen **unangemessenen Vorteil zu verschaffen oder zu sichern.** Die Zahlung kann dem Unternehmen beispielsweise zum Neuabschluss von Geschäften, zur Fortführung bestehender Geschäfte oder zur Durchführung von Geschäften mit einer bestimmten Person verhelfen.⁴ Für einen geschäftlichen Vorteil *(business nexus)* ist es jedoch bereits ausreichend, wenn der Zuwendende indirekt Wettbewerbsvorteile aus der Tat zieht. Der Umstand, dass Bestechungen in einem Umfeld vorgenommen werden, in dem derartige Praktiken üblich sind, kann dabei als Indiz für das Vorliegen eines *business nexus* herangezogen werden.⁵

Mit dem „Resource Guide to the U. U. Foreign Corrupt Practicer Act"⁶ stellt das Us-amerikanische Justizministerium zusammen mit der Börsenaufsicht SEC Unternehmen eine Auslegungshilfe zum FCPA zur Verfügung.

b) Strafen

104　Der FCPA selbst erlaubt die Verfolgung von Verletzungen gegenüber jedem in- oder ausländischen Unternehmen, das Wertpapiere emittiert hat, die in den USA zum Handel zugelassen sind. Diese Befugnis wird noch erweitert durch den *International Anti-Bribery Act* von 1998, der erstmals die örtliche Zuständigkeit US-amerikanischer Gerichte für die Verfolgung ausländischer Personen und Unternehmen begründete.⁷

105　Die Durchsetzung des FCPA ist aufgeteilt zwischen dem **US-amerikanischen Justizministerium (United States Department of Justice, DOJ)** und der **US-amerikanischen Börsenaufsicht (United States Securities and Exchange Commission, SEC).** Die SEC ist zuständig für die Rechtsdurchsetzung aus zivil- und aufsichtsrechtlicher Sicht gegenüber Unternehmen, deren Anteile zum Handel an US-amerikanischen Börsen zugelassen sind. Hingegen obliegt dem DOJ zum einen die strafrechtliche Verfolgung aller Normverstöße, zum anderen betreibt es die Verfahren, die nicht der Börsenaufsicht der SEC unterfallen.⁸

106　Verfahren nach dem FCPA führen häufig zu hohen Geldstrafen für die betreffenden Unternehmen, Freiheitsstrafen für die beteiligten Mitarbeiter und gerade in jüngeren Verfahren zur Auflage, teure und umfassende Überwachungs- und Compliance-

---

¹ *Cohen/Holland* CCZ 2008, 7; MSHF/*Passarge* § 82 Rn. 94.
² MSHF/*Passarge* § 82 Rn. 96; *Cohen/Holland* CCZ 2008, 7.
³ MSHF/*Passarge* § 82 Rn. 94.
⁴ *Cohen/Holland* CCZ 2008, 7; MSHF/*Passarge* § 82 Rn. 94.
⁵ MSHF/*Passarge* § 82 Rn. 95.
⁶ Abrufbar unter http://www.justice.gov/criminal/fraund/fcpa/guidance.
⁷ *Cohen/Holland* CCZ 2008, 7/8.
⁸ MSHF/*Passarge* § 82 Rn. 100; *Cohen/Holland* CCZ 2008, 7.

Programme einzuführen, um künftige Verletzungen des FCPA zu vermeiden.[1] Für juristische Personen sind pro vorsätzlichem Verstoß **Geldstrafen bis zu 25 Mio. US-Dollar** möglich, für natürliche Personen bis zu 5 Mio. US-Dollar. Außerdem drohen **Freiheitsstrafen bis zu 20 Jahren.** Darüber hinaus kann das betroffene Unternehmen von der Liste für die Vergabe von Aufträgen der öffentlichen Hand gestrichen werden, und es kann eine Sperre für die Teilnahme am Wertpapiergeschäft in den USA verhängt werden.[2]

Beide US-Behörden haben in jüngster Zeit verstärkt auch ausländische Unternehmen ins Visier genommen. Dabei **arbeiten** sie vermehrt **mit ausländischen Behörden** bei der Verfolgung der Korruption zusammen. Die Zusammenarbeit erstreckt sich beispielsweise auf den Austausch von Beweismitteln, die Teilhabe an den Ermittlungsergebnissen der jeweils anderen Behörde bis hin zur Abstimmung von Geldstrafen. Allerdings sind die amerikanischen Behörden dann daran interessiert, Ermittlungen bezüglich der ausländischen Gesellschaft selbst durchzuführen, wenn sie vermuten, dass die ausländischen Behörden nicht in angemessener Weise den Korruptionsvorwürfen nachgehen.[3]

107

Bei den Verhandlungen mit den Behörden zeigt sich immer wieder, dass die **Strafe** zum Teil deutlich **verringert** werden kann, wenn **effektive Compliance-Strukturen vorhanden** sind. Selbst wenn in Abstimmung mit den ermittelnden Behörden erst während der Ermittlungen entsprechende Compliance-Maßnahmen **eingeführt** werden, führt dies in der Regel immer noch zu ganz erheblichen Erleichterungen.[4]

108

c) Maßnahmen

Als Reaktion auf die verstärkte Prüfung durch die US-Behörden haben sich zahlreiche Unternehmen schriftliche **Anti-Korruptions-Richtlinien** auferlegt. Häufig werden auch spezielle **Anti-Korruptions-Klauseln** mit Vertragspartnern wie bspw. Beratern, Beauftragten und Partnern in Joint Ventures vereinbart. So soll sichergestellt werden, dass die Anforderungen des FCPA bekannt sind und befolgt werden. Außerdem empfiehlt es sich, **Schulungen** durchzuführen, in denen die Mitarbeiter zum einen über die gesetzlichen Rahmenbedingungen zur Bekämpfung der Korruption unterrichtet werden und zum anderen trainiert wird, wie sie Situationen, die anfällig für Korruption sind, vermeiden können.[5]

109

Für alle **börsennotierten US-Unternehmen** und deren **Tochtergesellschaften** ist die Einführung derartiger und weiterer Maßnahmen zur Etablierung eines wirksamen internen Kontrollsystems durch den FCPA **verpflichtend.** Auch werden ihnen bestimmte **Buchführungspflichten** auferlegt.[6] Zwar können diese Maßnahmen nicht garantieren, dass das Unternehmen sich weder an korruptem Verhalten beteiligt noch zum Ziel eines Ermittlungsverfahrens nach dem FCPA wird. Jedoch wird mit diesen und vergleichbaren Maßnahmen ein deutliches Signal an die Mitarbeiter und die zuständigen Behörden gesendet, dass das Unternehmen Korruption nicht toleriert und sich tatkräftig bemüht, sie zu verhindern. Je mehr Unternehmen umfassende Compliance-Programme zur Bekämpfung der Korruption einrichten, desto eher riskieren zudem die übrigen Unternehmen, hinter den Standards ihrer Branche zurück zu bleiben und deshalb besonders hohen Strafen und besonderer Aufmerksamkeit durch An-

110

---

[1] *Cohen/Holland* CCZ 2008, 7.
[2] MSHF/*Passarge* § 82 Rn. 97; *Mengel,* Compliance, S. 2; *Cohen/Holland* CCZ 2008, 7 (8).
[3] *Cohen/Holland* CCZ 2008, 7 (9).
[4] *Cohen/Holland* CCZ 2008, 7 (11); MSHF/*Passarge* § 82 Rn. 98.
[5] *Cohen/Holland* CCZ 2008, 7 (10 f.).
[6] *Mengel,* Compliance, S. 2, 7; vgl. MSHF/*Passarge* § 82 Rn. 94, 101; *Grützner/Jakob* FCPA.

teilseigner und Öffentlichkeit ausgesetzt zu sein.[1] Die Etablierung von Compliance-Maßnahmen beschränkt sich daher faktisch nicht auf die Unternehmen, die an der US-Börse gelistet sind, sondern ist insgesamt eine wichtige Stellschraube für jedwede Art von FCPA-Verfahren. Das US-Justizministerium hat Anfang 2014 eine rechtliche Stellungnahme (Opinion Release 14-01)[2] veröffentlicht, welche Unternehmen eine Anleitung zur Vermeidung von Verstößen gegen das FCPA bietet.

3. Organizational Sentencing Guidelines der United States Sentencing Commission

111   Für die Anforderungen an ein Compliance Programm aus US amerikanischer Sicht sind zudem die 1991 in Kraft getretenen, 2004 wesentlich verschärften und zwischenzeitlich mehrfach verschärften Organizational Sentencing Guidelines der United States Sentencing Commission (**US Sentencing Guidelines**) von Bedeutung.[3] Sie verpflichten ein Unternehmen ebenfalls nicht ausdrücklich zur Implementierung eines Compliance Programms, sondern beschreiben vielmehr die wesentlichen Elemente eines effizienten Compliance-Programms. Unter anderem sind Maßnahmen zur Kommunikation der Compliance Maßnahmen, insbesondere Trainings, genannt. Weiter muss die Gesamtverantwortung für das Compliance Programm (Compliance Officer) im oberen Management liegen und operativ müssen Mitarbeiter verantwortlich sein, die ausreichende Mittel und Befugnisse zur Durchführung dieser Aufgaben haben. Auf der anderen Seite darf derartige Verantwortung nicht an Führungskräfte übertragen werden, von denen bekannt ist oder bekannt sein müsste, dass sie kriminelle Neigungen vorweisen. Darüber hinaus hat das Unternehmen zusätzlich angemessene Schritte zu unternehmen, um seine Verhaltensstandards regelmäßig und in geeigneter Weise zu kommunizieren, indem es effektive Trainingsprogramme anbietet. Schließlich müssen jeweils für den Einzelfall angepasste Sanktionierungsmaßnahmen bei Verstößen gegen die Compliance-Standards oder mangelnder Aufdeckung von Verstößen enthalten sein sowie Verstöße verfolgt, aufgeklärt und Maßnahmen zur Verbesserung des Systems ergriffen werden.

112   Bei Sanktionen gegen Unternehmen hängt deren Höhe entscheidend davon ab, ob das Unternehmen durch ein entsprechend „effektives" Compliance Programm bemüht war, die Begehung von Straftaten zu verhindern. Compliance Programme werden bei der Strafverfolgung nach festgelegten Grundsätzen berücksichtigt. Der Nachweis einer effektiven Compliance-Struktur kann dabei dazu führen, dass Bußgelder und Geldstrafen um bis zu 95% reduziert werden.

4. Dodd-Frank Act

113   Seit Mitte 2010 werden die oben genannten Regelungen zur Compliance um eine weitere Vorschrift, den Dodd-Frank Wall Street Reform and Consumer Protection Act (*„Dodd-Frank Act"*) verstärkt. Dieses US-Gesetz präzisiert und verschärft die Vorschriften betreffend die Einrichtung von Whistleblower-Hotlines. Es normiert unter anderem für bestimmte Fallkonstellationen eine zwingend auszuzahlende Belohnung für Whistleblower (*Bounty Program*) sowie Vorschriften zu deren Schutz vor Sanktionen und Vergeltungsaktionen. Auslegungshilfen zu dieser Norm finden sich ebenfalls in dem Resource Guide zum FCPA.[4]

---

[1] *Cohen/Holland* CCZ 2008, 7 (10 f.).
[2] Abrufbar unter http://www.justice.gov/criminal/fraud/fcpa/opinion/2014/14-01.pdf.
[3] Abrufbar unter http://www.ussc.gov/guidelines-manual/organizational-guidelines.
[4] Abrufbar unter http://justice.gov/criminal/fraud/fcpa.guidance.

B. Compliance im grenzüberschreitenden Konzern

Auch dieses Gesetz beansprucht Geltung für – ausländische – nicht-börsengelistete **114** Tochter- und Schwesterunternehmen einer in den USA börsengelisteten Muttergesellschaft, deren Finanzinformationen im Konzernabschluss der Gesellschaft abgebildet sind. Damit können auch deutsche Konzerntöchter den Regelungen des Dodd-Frank Acts unterfallen. Ist dies der Fall, sollten die eigenen Complianceprozesse und insbesondere die Hinweisgeber-Systeme kritisch geprüft werden. Dabei empfiehlt es sich insbesondere, etwa durch einfache Meldesysteme, die prompte Reaktion auf Meldungen und die Verhinderung von Nachteilen für Whistleblower Anreize für die Mitarbeiter zu schaffen, Missstände vorrangig unternehmensintern statt direkt an die SEC zu melden.[1] Dies lässt dem Unternehmen etwas Spielraum bei der selbständigen Aufklärung der Vorwürfe und etwaigen Gegenmaßnahmen.[2] Die Einführung eines den Vorgaben von Dodd-Frank genügenden Whistleblowersystems führt allerdings in der deutschen Rechtspraxis immer wieder zu Konflikten mit dem Datenschutz- und Arbeitsrecht.[3] So fördert der Dodd-Frank Act durch das Bounty Program ggf. gerade die sofortige und direkte Meldung an die SEC, welche jedoch dem im deutschen Recht geltenden Grundprinzip zuwider läuft, dass der Mitarbeiter in der Regel zuerst eine innerbetriebliche Klärung versuchen muss.[4]

5. UK Bribery Act

Zum 1.7.2011 trat der UK Bribery Act in Kraft. Mit diesem Gesetz wurde sowohl **115** die zivil- als auch die strafrechtliche Verantwortlichkeit für Korruption im Vereinigten Königreich neu geregelt. Es stellt noch strengere Regeln auf als der US Foreign Corrupt Practices Act, welcher lange Zeit als das strengste entsprechende Gesetz galt. Bemerkenswert ist auch hier wiederum der sehr weite Geltungsanspruch des Gesetzes, vor allem aber, dass es das Bestehen eines effektiven Compliance-Programms als einziges Mittel zur Haftungsbegrenzung für Unternehmen statuiert.[5]

a) Straftatbestände

Der UK Bribery Act schafft vier Straftatbestände: **116**
– aktive Bestechung (Sec. 1),
– passive Bestechung (Sec. 2),
– die Bestechung ausländischer Amtsträger (Sec. 6),
– die unterlassene Verhinderung von Bestechung durch Unternehmen (Sec. 7).

Aktive Bestechung liegt vor, wenn eine Person einer anderen einen finanziellen **117** oder sonstigen Vorteil anbietet, verspricht oder gewährt und dabei entweder durch die Zuwendung eine pflichtwidrige Handlung (*„improper performance of a relevant function or activity"*) veranlassen, fördern oder belohnen will (1. Fallgruppe) oder in dem Wissen oder Glauben handelt, bereits die Annahme des Vorteils selbst sei für den Empfänger pflichtwidrig (2. Fallgruppe). Der tatsächliche Eintritt des Erfolgs ist nicht Voraussetzung, ebenso wenig wie die bestochene Person und die Person, deren Handeln erstrebt wird, identisch sein müssen.[6] Es gibt – anders als beim FCPA – keinerlei Ausnahmeregelungen für Zuwendungen im Rahmen von Routinevorgängen (*„facilitating payments"*).

---

[1] *Schürrle/Fleck,* CCZ 2011, 218 (221).
[2] *Schürrle/Fleck,* CCZ 2011, 218 (221).
[3] *Schürrle/Fleck,* CCZ 2011, 218 (220).
[4] So schon BAG 7.12.2006 – 2 AZR 400/05, NJW 2007, 2204.
[5] Vergleiche *Moosmayer,* Compliance, S. 10 f.; *Pörnbacher/Mark* NZG 2010, 1372.
[6] *Pörnbacher/Mark* NZG 2010, 1372 (1373); *Fett/Theusinger* BB Special 4 (zu BB 2010, Heft 50), 6 (7); *Daniel/Rubner* NJW-Spezial 2011, 335; *Deister/Geier* CCZ 2011, 12 (13).

118 **Passive Bestechung** stellt das Gegenstück zur aktiven Bestechung auf Empfängerseite dar. Demnach ist strafbar, wer einen finanziellen oder sonstigen Vorteil fordert, sich versprechen lässt oder annimmt, sofern dieses Verhalten als solches eine pflichtwidrige Handlung begründet oder der Vorteil eine Belohnung für eine solche darstellt. Erfasst werden auch die Fälle, in denen die pflichtwidrige Handlung in der einseitigen Erwartung des Vorteils oder im Anschluss an ein einseitiges Verlangen des Täters erfolgt.[1]

119 Wegen **Bestechung ausländischer Amtsträger** im Geschäftsverkehr macht sich strafbar, wer einen ausländischen Amtsträger mit dem Vorsatz besticht, diesen in seiner Amtsausführung zu beeinflussen, um dadurch einen Vorteil im Geschäftsverkehr zu erlangen oder zu behalten. Dazu muss die Person direkt oder durch einen Dritten entweder dem ausländischen Amtsträger oder einem Dritten auf Verlangen bzw. mit Zustimmung des Amtsträgers einen finanziellen oder sonstigen Vorteil anbieten, versprechen oder gewähren. Hierunter fallen auch Beschleunigungszahlungen. Ausgenommen sind lediglich Beeinflussungen, die nach dessen Heimatrecht ausdrücklich zulässig sind oder zu denen man gesetzlich verpflichtet ist.[2]

120 Der wohl unbekannteste Straftatbestand ist die Haftung eines Unternehmens für das Versäumnis, Präventivmaßnahmen zur Korruptionsverhinderung ergriffen zu haben (*„failure to prevent bribery"*), Sec. 7. Ein **Unternehmen haftet verschuldensunabhängig** für Handlungen seiner Angestellten und sonstiger Dritter, wenn diese mit ihm assoziierte Person (*„associated person"*) eine andere Person besticht, um einen geschäftlichen Vorteil für das Unternehmen zu erlangen. Eine **assoziierte Person** ist jede Person, die irgendwelche Dienstleistungen für oder im Namen der Handelsorganisation ausübt, Sec. 8. Als Beispiele im Gesetz selbst werden Angestellte, Vertreter oder Tochtergesellschaften aufgeführt. Auf das Wissen um oder das Wollen der begangenen Bestechungshandlung durch das Unternehmen selbst kommt es nicht an. Die Reichweite dieses Tatbestandsmerkmals ist ungewiss und wird noch zu erheblichen Diskussionen in der Zukunft führen.[3] Allerdings besteht mit dem Crime and Courts Act seit 2013 die Möglichkeit, mit den zuständigen Behörden ein sog. Deferred Prosecution Agreement abzuschließen, mittels dessen eine Anklage und Ermittlungen gegen Auflagen entfallen können.[4]

121 Die **Bestechungshandlung** wird **inzident geprüft,** die Beweislast trifft die Strafverfolgungsbehörde. Eine Strafverfolgung oder Verurteilung der bestechenden Person selbst ist allerdings nicht erforderlich. **Exkulpieren** kann sich ein **Unternehmen** nur, wenn es **nachweist,** dass es **geeignete Maßnahmen** (*„adequate procedures"*) ergriffen bzw. Verfahren etabliert hat, um Bestechungshandlungen durch nahestehende Personen zu verhindern. Insofern muss das Unternehmen im Rahmen der Beweislastumkehr nachweisen, dass es sich nicht um ein systembedingtes Ereignis im Unternehmen, sondern um einen Ausnahmefall gehandelt hat.[5]

b) Geltungsbereich

122 Alle vier Delikte des UK Bribery Act haben eine vergleichsweise weite extraterritoriale Wirkung. Für Bestechungstatbestände nach Sec. 1, 2 und 6 genügt bereits, dass ein **Teil des Verstoßes im Vereinigten Königreich** stattfindet oder der **Täter eine**

---

[1] *Deister/Geier* CCZ 2011, 12 (13).
[2] *Pörnbacher/Mark* NZG 2010, 1372(1374); *Deister/Geier* CCZ 2011, 12 (13).
[3] Vergleiche auch *Deister/Geier* CCZ 2011, 12 (15); *Daniel/Rubner* NJW-Spezial 2011, 335; *Pörnbacher/Mark* NZG 2010, 1372 (1374); *Fett/Theusinger* BB Special 4 (zu BB 2010, Heft 50), 6 (7).
[4] Dazu näher *Schorn/Sprenger* CCZ 2014, 211 (213).
[5] *Pörnbacher/Mark* NZG 2010, 1372 (1374); *Deister/Geier/Rew* CCZ 2011, 81 (84).

enge Verbindung *("close connection")* zum Vereinigten Königreich hat. Diese besteht zum Beispiel, wenn der Täter die britische Staatsangehörigkeit besitzt, seinen gewöhnlichen Aufenthalt im Vereinigten Königreich hat oder es sich um eine nach britischem Recht gegründete juristische Person handelt.[1]

Strafgrund des Unterlassenstatbestands in Sec. 7 ist gerade nicht die Bestechungshandlung, sondern deren unterlassene Verhinderung. Um sich gegebenenfalls exkulpieren zu können, sind nicht nur britische, sondern **auch ausländische Unternehmen, die im Vereinigten Königreich zumindest teilweise geschäftlich tätig sind** *("demonstrable business presence in the UK")*, faktisch gezwungen, geeignete Verfahren zur Verhinderung von Korruption zu etablieren.[2] Es kommt nicht darauf an, ob die Bestechungshandlungen im Vereinigten Königreich stattfinden bzw. irgendeine Verbindung zum Vereinigten Königreich aufweisen. So ist es auch möglich, ausländische Unternehmen strafrechtlich zu verfolgen, die eine Geschäftstätigkeit im Vereinigten Königreich etwa nur durch eine Niederlassung ausüben *("carry on business or part of a business")*, selbst wenn alle vorwerfbaren Handlungen außerhalb des Vereinigten Königreichs vorgenommen werden und eventuelle Vorteile außerhalb des Vereinten Königreichs erlangt werden.[3]

c) Geeignete Maßnahmen zur Verhinderung von Korruption

Die einzige Verteidigungsmöglichkeit eines Unternehmens zur Abwendung der verschuldensunabhängigen Haftung ist der Nachweis, dass das Unternehmen adäquate Maßnahmen zur Korruptionsverhinderung etabliert hatte. Das britische Justizministerium hat eine **„Guidance",**[4] also Ausführungsrichtlinien, zum UK Bribery Act erlassen, die unter anderem mit sechs Grundsätzen die Elemente eines adäquaten Compliance-Programms beschreibt:

– **Implementierung verhältnismäßiger Maßnahmen** *("proportionate procedures")*: Es müssen klar formulierte und effektive Prozesse eingeführt werden, die den Risiken im Unternehmen, seiner Größe und Komplexität angemessen Rechnung tragen und sich hinsichtlich der einzelnen „associated persons" unterscheiden.
– **Verpflichtung der Führungsebene** *("top-level commitment")*: Vorstände und leitende Angestellte müssen eine Unternehmenskultur schaffen und vorleben, in der Korruption nicht toleriert wird.
– **Risikoanalyse** *("risk assessment")*: Das jeweilige Unternehmen muss fortlaufend innere und äußere Risiken für Korruption erfassen und analysieren, um die Korruptionsprävention zu steigern.
– **Sorgfältige Auswahl und Überwachung** *("due diligence")*: Geschäftspartner müssen in persönlicher und organisatorischer Hinsicht auf potentielle Korruptionsrisiken hin überprüft werden.
– **Kommunikation** *("communication")*: Die eigene Antikorruptionsstrategie muss nach innen und außen vermittelt, Schulungen müssen durchgeführt werden.
– **Überwachung und Überarbeitung** *("monitoring and review")*: Die Antikorruptionsmaßnahmen müssen durch die Führungskräfte stetig überwacht, überprüft und ggf. verbessert sowie ein Bericht an die zuständigen Aufsichtsgremien des Unternehmens weitergeleitet werden.[5]

---

[1] *Daniel/Rubner* NJW-Spezial 2011, 335; *Deister/Geier* CCZ 2011, 12 (18).
[2] *Daniel/Rubner* NJW-Spezial 2011, 335.
[3] *Pörnbacher/Mark* NZG 2010, 1372 (1374); vgl. auch *Fett/Theusinger* BB Special 4 (zu BB 2010, Heft 50), 6 (7).
[4] http://www.justice.gov.uk/downloads/legislation/bribery-act-2010-guidance.pdf.
[5] Zu allen 6 Punkten: *Moosmayer*, Compliance, S. 10 f.; *Deister/Geier/Rew* CCZ 2011, 81 (86); *Daniel/Rubner* NJW-Spezial 2011, 335 (336).

125 Bei der „Guidance" handelt es sich nicht um Rechtsvorschriften. Die tatsächliche Rechtsnatur der Hinweise ist unklar. Jedenfalls sollen sie dem **Unternehmen als Leitfaden** für die Implementierung eines Compliance-Systems dienen, um die eigenen individuellen unternehmerischen Verhältnisse und Herausforderungen berücksichtigen zu können. Im Einzelfall kann nur ein Gericht entscheiden.[1]

126 Insgesamt zeigt sich hier eine Tendenz, die seit einigen Jahren vor allem im Kartellrecht zu beobachten ist: Der **Gesetzgeber verlagert das Risiko der Rechtsunsicherheit auf die Unternehmen** und fordert von ihnen eine Selbsteinschätzung *(self assessment)*. Das Unternehmen wiederum reicht diese an die einzelnen Mitarbeiter durch. Ein Unternehmen kann trotz der Ergreifung von Maßnahmen in jedem der in den Hinweisen aufgeführten Gebiete sanktioniert werden. Der aus dem Kartellrecht bekannte unheilvolle Mechanismus, dass zunächst ein (hohes) Bußgeld verhängt wird, gegen das sich das Unternehmen gerichtlich wehren muss, setzt sich damit nun auch bei Korruptionsstraftaten fort.[2]

d) Strafen

127 Für die Durchführung der Strafverfolgung nach dem UK Bribery Act ist das **Serious Fraud Office** zuständig. Der UK Bribery Act sieht drakonische Strafen sowohl für den Täter der Bestechungshandlung als auch für das Unternehmen und seine Organe vor. Als Sanktionen drohen Geldstrafen in unbegrenzter Höhe, Ausschluss von öffentlichen Aufträgen, Einziehung von Vermögenswerten und für natürliche Personen Haftstrafen bis zu 10 Jahren. Den Haftstrafen ist auch das Management ausgesetzt, wenn das Unternehmen für schuldig befunden wird, sofern das Management in das Vergehen eingewilligt oder dieses geduldet hat, Sec. 14 UK Bribery Act.[3]

128 In der ersten Verurteilung eines britischen Gerichts auf Grundlage des UK Bribery Act hat das Gericht allgemein betont, dass die Strafen für Korruption hoch sein müssten, um die Entschlossenheit der britischen Justiz im Kampf gegen Korruption widerzuspiegeln und eine abschreckende Wirkung zu entfalten. Allerdings ist in diesem Zusammenhang zu befürchten, dass sich britische Gerichte bei der Zumessung von Geldstrafen gegen Unternehmen in Fällen der Auslandskorruption von Begehrlichkeiten leiten lassen, die bei ihnen durch hohe Unternehmensgeldstrafen geweckt werden wie sie US-Behörden in solchen Fällen verhängen.[4]

6. Corporate Governance Kodex[5]

129 Der deutsche Corporate Governance Kodex enthält Handlungsempfehlungen zur Unternehmensleitung und -überwachung. Er wurde am 26. Februar 2002 von einer eigens eingesetzten Regierungskommission verabschiedet und wird von dieser in der Regel jährlich überprüft und im Bedarfsfall angepasst. Der Kodex richtet sich ausdrücklich an börsennotierte Gesellschaften, will aber gleichzeitig auch Standards für nicht börsennotierte Unternehmen setzen (Präambel vorletzter Satz). Von seiner Rechtsnatur ist er weder Gesetz noch Verordnung und daher auch nicht zwingend einzuhalten. Allerdings sind Vorstand und Aufsichtsrat der Aktiengesellschaft gesetzlich verpflichtet, für jedes Geschäftsjahr eine Erklärung abzugeben, ob sie die Empfehlung

---

[1] *Scheint* NJW-Spezial 2011, 440; *Deister/Geier* CCZ 2011, 12 (15 f.).
[2] So *Deister/Geier* CCZ 2011, 12 (15 f.).
[3] Vergleiche *Moosmayer*, Compliance, S. 10; *Scheint* NJW-Spezial 2011, 440; *Pörnbacher/Mark* NZG 2010, 1372 (1374 f.).
[4] So *Hugger/Pasewaldt* CCZ 2012, 23 (24).
[5] http://www.cdcgk.de.

beachten, andernfalls sind die Nichtbeachtung und deren Gründe mitzuteilen, sog. „Entsprechenserklärung", § 161 AktG. Gleiches gilt aber unter bestimmten Voraussetzungen auch für Gesellschaften, die ausschließlich andere Wertpapiere als Aktien zum Handel ausgegeben haben. Unberührt vom Kodex bleiben die nach Gesetz, Satzung oder Vertrag bestehenden Pflichten der Organe.

Der Kodex enthält drei Kategorien von Vorschriften: neben einer Auflistung der wesentlichen gesetzlichen Vorschriften für den Bereich Unternehmensleitung sind dies Verhaltensempfehlungen, welche den in Deutschland jeweils geltenden Best Practice Regeln widerspiegeln und schließlich reine Verhaltensanregungen, die lediglich Denkanstöße liefern sollen. 130

II. Umsetzung von Compliance in Konzernunternehmen

1. Compliance Aufgaben

Die Compliance-Aufgaben grenzüberschreitender Konzerne lassen sich wie folgt einteilen: 131
- Einerseits müssen die einzelnen konzernangehörigen Gesellschaften für ihre jeweilige Organisation im Rahmen einer **Risikoanalyse** bestehende Risiken aus allen Rechtsbereichen erfassen und bewerten.
- Sodann müssen sie **erforderliche Maßnahmen** implementieren, nämlich Prozesse einführen, um Rechtsverletzungen vorzubeugen oder begangene Rechtsverletzungen zu ahnden. Hierzu werden in aller Regel Verhaltensrichtlinien *(Code of Conduct)* vorgegeben; Verstöße können zB über eine Whistleblower-Hotline gemeldet werden. Sie müssen vom Compliance-Beauftragten und seiner Organisation untersucht und vom Arbeitgeber geahndet werden.
- Zu den Compliance-Aufgaben gehört auch eine entsprechende **interne und externe Kommunikation** über bestehende Standards, Pflichten und Verhaltensweisen an die Beschäftigten, Kunden und Lieferanten.
- Ferner muss das Unternehmen durch **Trainings und Schulungen** der Mitarbeiter sicherstellen, dass die eigenen Beschäftigten geltende Standards kennen und einhalten. Üblicherweise gehen die Führungskräfte im Rahmen einer **Verpflichtung der Führungsebene** für eine rechtstreue Unternehmenskultur als „gutes Beispiel" voran.
- Teil der erforderlichen Maßnahmen sind immer auch eine **sorgfältige Auswahl und Überwachung** der Geschäftspartner, sowie eine **regelmäßige Überwachung und Überarbeitung** bestehender Standards und Maßnahmen, um Schwachstellen identifizieren und abstellen zu können.

In grenzüberschreitenden Konzernen müssen diese Compliance-Aufgaben zusätzlich nicht nur **konzernweit,** also in allen Konzerngesellschaften unterschiedlicher Jurisdiktionen, sondern auch möglichst **einheitlich** wahrgenommen werden. Denn unterschiedliche Standards bewirken unterschiedliches Verhalten und damit vermeidbare Probleme bei der Umsetzung. In den konzernweiten Compliance-Abläufen dürfen lokale Risiken nicht vernachlässigt werden. Sie müssen in die konzernweite Compliance-Strategie einfließen, weil sie den Gesamtkonzern treffen können. So erfasst der Sarbanes Oxley Act 2002 (SOX) u. a. alle Unternehmen, deren Anteile an einer US-Börse gehandelt werden, sowie deren (ausländische) Tochter- oder Enkelunternehmen und Vertragspartner.[1] Verstöße in ausländischen Konzernunternehmen können damit zum Problem für inländische Unternehmen werden. In (grenzüber- 132

---

[1] United States Suprime Court 4.3.2014 – 571 U. S. (2014), Newsdienst Compliance 2014, 21025.

schreitenden) Konzernen muss die Risikoanalyse also zusätzlich auch Auslands- und solche Risiken berücksichtigen, die sich aus der (grenzüberschreitenden) Struktur des Konzerns ergeben. Erforderliche Maßnahmen sollten konzernweit einheitlich sein. Damit müssen auch ein Code of Conduct oder eine Whistleblower-Hotline auf die Anforderungen ausländischer Jurisdiktionen angepasst sein. Hinzu kommt, dass die **Compliance-Organisation** so aufgestellt werden muss, dass sie personell und fachlich in der Lage ist den (weltweiten) Compliance-Risiken zu begegnen. Dies muss auch bei Kommunikation und Schulungen berücksichtigt werden. Gleiches gilt für Überwachung und Anpassung. In (grenzüberschreitenden) Konzernen verlangt die Compliance-Struktur also ein Vielfaches an Vorbereitungs-, Abstimmungs- und Betreuungsaufwand.

133   Diese Compliance-Aufgaben sind Teil des sogenannten Compliance-Management-Systems (CMS), das alle Grundsätze, die gesamte Organisation und jeweiligen Maßnahmen zur Sicherstellung eines regelkonformen Verhaltens umfasst und vom Compliance-Verantwortlichen gesteuert wird.

2. Bausteine des grenzüberschreitenden Compliance-Management-Systems

a) Verantwortliche Stelle „Compliance-Beauftragter"

134   Die **Verantwortung des Unternehmens und seiner Führungskräfte** für Verfehlungen im Rahmen des Geschäftsbetriebs folgt aus in- und ausländischen Rechtsgrundlagen[1] und darüber hinaus aus den deutschen Bestimmungen des Ordnungswidrigkeitenrechts über die Haftung des Unternehmens und seiner Aufsichtspflichtigen sowie aus der Rechtsprechung zum Organisationverschulden. Danach ist jedes Unternehmen verpflichtet, geeignete organisatorische Maßnahmen zur Verhinderung von Fehlverhalten zu treffen, regelmäßige Kontrollen durchzuführen und Hinweisen auf Fehlverhalten nachzugehen, um den Vorwurf des Organisationsverschuldens vorzubeugen. Hierbei wird dem Arbeitgeber das Fehlverhalten seiner Mitarbeiter zugerechnet, wenn er diese nicht ordnungsgemäß einsetzt, anleitet und überwacht. In der Praxis entscheiden sich die meisten Unternehmen, diese Aufgaben einer verantwortlichen Stelle, dem Compliance-Beauftragten, zu übertragen.

135   Rechtliche Vorgaben, aus denen sich die konkreten **Aufgaben und Befugnisse** eines Compliance-Beauftragten generell ergeben, gibt es nicht. Neben den umschreibenden Anforderungen ausländischer, international verbindlicher Vorschriften wie dem *Sarbanes Oyley Act* (SOX), dem *Foreign Corrupt Practices Act* (FCPA), den *Organizational Sentencing Guidelines der United States Sentencing Commission* (US Sentencing Guidelines), dem *Dodd-Frank Act* oder dem *UK Bribery Act*, enthalten auch deutsche Vorschriften, zB im Kreditwesen, Wertpapierhandels-, Investment- und Aktienrecht,[2] oder Codixes wie der Corporate Governance Kodex in der Regel nur allgemeine Umschreibungen der Compliance-Funktion. Diese soll die Grundsätze und Verfahren festlegen und Maßnahmen ergreifen, um Rechtsstreue herzustellen, und ist für Überwachung, Wirksamkeitsbewertung oder Beratung verantwortlich. Damit sind die Aufgaben und die Verantwortung der Compliance-Funktion von den jeweiligen Umständen abhängig.

136   Es gibt keine generelle Pflicht, einen **Compliance-Beauftragten** im Unternehmen einzurichten, wenn man von Wertpapierdienstleistungsunternehmen und Kredit-

---
[1] Siehe → Rn. 89–133.
[2] Vgl. § 33 WpHG; § 12 WpDVerOV; § 8 InvVerOV; § 25a KWG.

instituten absieht. Wertpapierhandelsunternehmen müssen nach § 33 WpHG iVm § 12 WpDVerOV einen „Compliance-Beauftragten" einrichten – es sei denn dies ist unverhältnismäßig und Compliance kann anderweitig sichergestellt werden. Die Vorschrift des § 12 WpDVerOV geht davon aus, dass mehrere „mit der Compliance-Funktion betraute Personen" eingesetzt werden können, es also nicht nur den Compliance-Beauftragten gibt.

Das Kreditwesengesetz (KWG) spricht in seinem § 25a Abs. 1 Nr. 3c) von einer Compliance-Funktion, die Teil des interne Kontrollsystem ist. Die von der BaFin als Verwaltungsanweisungen erlassenen **Mindestanforderungen an das Risikomanagement (MaRisk)**[1] enthalten hierzu weitere Präzisierungen unter AT 4.4.2. Sie unterscheiden zwischen der Compliance-Funktion als solcher, und dem Compliance-Beauftragten, der vom Kreditinstitut zu benennen ist. Der Compliance-Beauftragte ist für die Erfüllung der Aufgaben der Compliance-Funktion verantwortlich.[2] Abhängig von Art, Umfang, Komplexität und Risikogehalt der Geschäftsaktivitäten sowie der Größe des Instituts kann im Ausnahmefall die Funktion des Compliance-Beauftragten auch einem Geschäftsleiter übertragen werden. Noch weitergehender ist die Erläuterung zu den MaRisk in der Fassung vom 14.12.2012.[3] Allerdings führt allein schon der Umfang einzuhaltender Regelungen auch bei Unternehmen außerhalb des Wertpapierhandels und Kreditwesens zu einem erheblichen Arbeitsaufwand. Schon in mittelständischen Unternehmen ist es der Geschäftsleitung regelmäßig nicht mehr möglich, selbst umfassend für eine effektive und unternehmensweite Compliance zu sorgen. Dies gilt erst recht für grenzüberschreitend operierende Konzerne. Die Verantwortung wird daher regelmäßig auf den Compliance-Beauftragten und seine Organisation delegiert. Die Einrichtung und Ausstattung des Compliance-Beauftragten liegt im Ermessen der Geschäftsleitung bzw. Konzernführung. Grenzüberschreitend tätige Konzerne richten in aller Regel neben einer zentralen Funktion auch lokale oder regionale Funktionen ein.

aa) Beauftragung und Auswahl der Compliance-Beauftragten

Da die Compliance-Aufgaben und -Themen in der Verantwortung der Geschäftsführung stehen, werden sie im Einzelunternehmen auch **durch die Geschäftsleitung** übertragen. In grenzüberschreitenden Konzernen verlangen die vorhandenen Strukturen in aller Regel eine andere Handhabung. Hier müssen internationale und lokale Funktionen aufeinander abgestimmt werden. Dementsprechend ist es die weltweit für Compliance verantwortliche Stelle, die die lokalen Mitarbeiter ihrer Compliance-Organisation führt. Dies hat oft zur Folge, dass die lokalen Compliance-Beauftragten nicht von der jeweiligen Geschäftsleitung beauftragt werden, sondern ebenfalls durch den zentralen Compliance-Beauftragten des Konzerns. Dann sollte auf eine lokale Bestätigung nicht verzichtet werden. 137

Der Compliance-Beauftragte muss sorgfältig ausgewählt und überwacht werden. Eine fehlerhafte Auswahl und eine unzureichende Überwachung können einen Verstoß gegen maßgebliche Compliance-Vorschriften darstellen. Im Konzern gilt dies sowohl für die zentralen, als auch für lokalen Compliance-Funktionen. Die Auswahl und Beauftragung in großen (grenzüberschreitenden) Konzernen wird daher meist der zentral für Compliance verantwortlichen Stelle, dem Compliance-Beauftragten oder *Chief Compliance Of-* 138

---

[1] Abrufbar unter http://www.bundesbank.de/Redaktion/DE/Downloads/Aufgaben/Bankenaufsicht/Marisk/2012_12_14_rundschreiben.pdf?_blob=publicationFile.
[2] Ausführlich hierzu *Büll*, CB 2014, 419.
[3] Abrufbar unter http://www.bundesbank.de/Redaktion/DE/Downloads/Aufgaben/Bankenaufsicht/Marisk/2012_12_14_erlaeuterungen.pdf?_blob=publicationFile.

ficer (CCO) überlassen. Ggf. erfolgt eine Abstimmung mit der lokalen Geschäftsführung der betroffenen Konzernunternehmen. Der Leitung obliegt es, den Compliance-Beauftragten zu kontrollieren, was in der Regel anhand seiner Berichte erfolgt.

139 Die mit der Compliance-Funktion betrauten Personen müssen über die zur Aufgabenerfüllung **erforderlichen Fachkenntnisse** verfügen.[1] Regelmäßig sind Fachkenntnisse aus den Gebieten Recht, Betriebswirtschaft und Informationstechnologie sowie weiterer Bereiche erforderlich – je größer das Betätigungsfeld des Konzerns ist, desto umfangreicher müssen Ausbildung und Aufgaben des Personals der Compliance-Organisation sein. Das Anforderungsprofil eines Compliance-Officers wird mangels standardisierter Ausbildung in der Praxis durch die Tätigkeit auf dem Gebiet der Compliance und entsprechende Berufserfahrung ausgefüllt. Für Compliance-Beauftragte grenzüberschreitender Konzerne werden daher insbesondere Kenntnisse und Erfahrungen ausländischer Unternehmensführung ebenso von Nöten sein wie die erforderlichen Sprachkenntnisse.

bb) Haftung des Compliance-Beauftragten

140 Der Umfang der Haftung des Compliance-Beauftragten hängt davon ab, welche Aufgaben und Befugnisse ihm übertragen werden. Das Risiko einer **(strafrechtlichen) Haftung** des Compliance-Beauftragten in Deutschland wurde mit der Entscheidung des BGH[2] deutlich. Seine Haftung kann sich nach deutschem Recht dadurch ergeben, dass dem Compliance-Beauftragten Überwachungs- und Schutzpflichten übertragen werden, die sich nicht darin erschöpfen, die unternehmensinternen Prozesse zu optimieren und gegen das Unternehmen gerichtete Pflichtverstöße aufzudecken und zukünftig zu verhindern, sondern darüber hinaus auch vom Unternehmen ausgehende Rechtsverstöße zu beanstanden und zu unterbinden. Ist Letzteres der Fall, wird eine Garantenpflicht des Compliance-Beauftragten bejaht; verletzt der Compliance-Beauftragte seine Überwachungs- und Schutzpflichten, kann er sich als sog. „Überwachungsgarant" selbst strafbar machen, wenn Straftaten aus dem Unternehmen heraus verübt werden. Entsprechende Pflichten und Haftungsrisiken können sich auch aus ausländischen Normen ergeben.

141 Mit dem Umfang der Aufgaben und Rechte des Compliance-Beauftragten steigt folgerichtig auch dessen Verantwortung und (strafrechtliche) Haftung. Dies gilt im internationalen Bereich auch für ausländische Normen. Der Gesamtverantwortliche für Compliance eines grenzüberschreitenden Konzerns kann sich daher auch nach ausländischem Recht strafbar und haftbar machen.

142 In der Praxis haben sich zwei Formen des Compliance-Beauftragten entwickelt:
– Der **berichtende Compliance-Beauftragte** setzt lediglich Vorgaben der Geschäftsführung um bzw. berichtet an die Geschäftsführung und bereitet Maßnahmen für die Geschäftsführung vor. Die Verantwortung für die Compliance und die notwendige Umsetzung obliegt weiterhin der Geschäftsführung selbst.
– Der **alleinverantwortliche Compliance-Beauftragte** dagegen hat nicht nur die Aufgabe, eigenverantwortlich ein Compliance-System zu installieren, sondern auch vom Unternehmen ausgehende Rechtsverstöße eigenständig zu beanstanden und zu unterbinden. Ihm werden daher von der Geschäftsleitung weitreichende Befugnisse eingeräumt. Er ist nicht auf die Unterstützung weiterer disziplinarischer Vorgesetzter angewiesen.

143 Der Umfang der Pflichten eines Compliance-Beauftragten bestimmt sich nach dem Inhalt der übertragenen Aufgaben und Befugnisse. Fehlen klare Definitionen über

---

[1] Vgl. für Wertpapierdienstleistungsunternehmen § 12 IV S. 3 WpDVerOV.
[2] BGH 17.7.2009 – 5 StR 394/08, NJW 2009, 3173.

Aufgaben und Befugnisse ist der Compliance-Beauftragte zur Erfüllung seiner Aufgabe auf die Berichtspflicht an die Geschäftsleitung beschränkt. Als Folge verbleiben die Zuständigkeit und Verantwortung ebenfalls bei der Geschäftsleitung, für die der Compliance-Beauftragte lediglich als Berater fungiert. Eine zivil- bzw. arbeitsrechtliche Haftung kommt hier nur in Frage, wenn der Compliance-Beauftragte nicht ordnungsgemäß berichtet. Eine strafrechtliche Haftung bei Untätigkeitbleiben des Unternehmens dürfte hier aber in aller Regel ausscheiden.

Im (grenzüberschreitenden) Konzern wird die Konzerngeschäftsführung in aller Regel nicht in der Lage sein, konkrete Compliance-Aufgaben zu übernehmen. Hier ist der allein- oder zumindest mitverantwortliche Compliance-Beauftragte die Regel. Er sollte – je nach Größe des Konzerns – über eine entsprechende **Organisation mit lokalen Ansprechpartnern** verfügen. Letztere werden als berichtende Compliance-Beauftragte (lokal) tätig, die sich mit dem Konzern-Compliance-Beauftragten abstimmen müssen. Hat der Compliance-Beauftragte die Aufgabe, vom Unternehmen ausgehende Rechtsverstöße zu beanstanden und zu unterbinden, so macht er sich unter Umständen strafbar, wenn er bzw. der Konzern Rechtsverstöße nicht abstellt. Dabei kann sich der Compliance-Beauftragten auch nicht dadurch entschuldigen, dass ihm lokal einsetzbare Ressourcen fehlen, in ausländischen Unternehmen keine Compliance-Organisation eingerichtet ist oder die Anforderungen ausländischen Rechts nicht bekannt waren. Denn genau dies fällt in die Verantwortung des zentralen Compliance-Beauftragten eines grenzüberschreitenden Konzerns. 144

cc) Übertragung der Aufgaben auf einen Compliance-Beauftragten

Eine wirksame Delegation an den Compliance-Beauftragten kann nur dann erfolgen, wenn dessen Aufgaben und Tätigkeiten klar definiert und die Zuständigkeiten festgelegt werden. 145

Die Aufgaben des Compliance-Beauftragten sind umfangreich. In den wenigsten Fällen dürften sie unter die Aufgaben fallen, die mit vorhandenen Mitarbeitern vereinbart wurden. Daher kann eine Aufgabenzuweisung nach deutschem Recht grundsätzlich **nicht im Rahmen des Direktionsrechts** erfolgen. Denkbar ist dies lediglich für die Leitung der Rechtsabteilung oder beispielsweise der Innenrevision, wenn mit diesen Positionen bereits ein entsprechendes Aufgabenportfolio vereinbart ist. 146

In den meisten Fällen wird es einer **vertraglichen Vereinbarung** mit dem Compliance-Beauftragten bedürfen, die der besonderen Konfliktsituation des Compliance-Beauftragten Rechnung tragen muss. Denn anders als bei den übrigen Unternehmensbeauftragten nach deutschem Recht (zB Beauftragte für Geldwäsche, Datenschutz, Immissionsschutz) gibt es **keine gesetzliche Grundlage** für den Compliance-Beauftragten, obwohl diese Funktion inhaltlich und organisatorisch eine Tätigkeit ausübt, die der eines „Unternehmensbeauftragten" nahe kommt. In der Praxis dürften viele Compliance-Beauftragte „im Amt" sein, deren Arbeitsverträge, Stellenbeschreibungen oder arbeitsvertragliche Weisungen nicht so gestaltet sind, wie es für ein wirksames und effektives Compliance-Management erforderlich oder jedenfalls wünschenswert wäre.[1] 147

Der Compliance-Beauftragte soll unabhängig agieren können, weil er andernfalls die Einhaltung des jeweils geltenden Regelwerks nicht gewährleisten kann. Insoweit muss klargestellt werden, wo und wie der Compliance-Beauftragte **weisungsfrei oder weisungsgebunden** agiert. Der Compliance-Beauftragte sollte nicht den Fachabteilungen angehören, die er überwacht,[2] weil andernfalls Konflikte zu erwarten sind. 148

---

[1] *Raus/Lützeler* CCZ 2012, 96.
[2] Dementsprechend sieht § 12 IV S. 4 WpDVerOV vor, dass die Compliance-Verantwortlichen weder an den Wertpapierdienstleistungen beteiligt sein dürfen, die sie überwachen, noch darf die Art

149 Im grenzüberschreitenden Konzern stellt sich die Frage nach dem **Standort** der Compliance-Leitung. Dies sollte grundsätzlich dem Sitz der Konzernleitung entsprechen, weil der Compliance-Beauftragte – dies ist allen derartigen Unternehmensbeauftragten gemein – unmittelbar an die (Konzern-)Geschäftsführung berichten können muss.

150 Die Definition der Aufgaben und Pflichten sollte in der Aufgaben- und Stellenbeschreibung des zentralen oder lokalen Compliance-Beauftragten erfolgen. Im Arbeitsvertrag nach deutschem Recht sollte lediglich eine generelle Funktions-/Positionsbeschreibung nebst Umschreibung der allgemeinen Pflichten und typischen Kernelemente vereinbart werden. Die eigentlichen Inhalte der Tätigkeit sowie Pflichten und Befugnisse sollten einer **konkreten Aufgabenzuweisung oder -beschreibung** vorbehalten sein, um nachträgliche Aufgabenerweiterungen oder -beschränkungen ohne Änderungskündigung vornehmen können. Die Aufgabenzuweisung muss ausführlich **dokumentiert** werden, um eine wirksame Delegation der Compliance-Verantwortung an den Compliance-Beauftragten zu bewirken. Unterlässt der Geschäftsführer eine ordnungsgemäße Delegation, können Compliance-Verstöße im Unternehmen eine Pflichtverletzung für ihn selbst darstellen, da er weiterhin dafür Sorge zu tragen hat, dass eine adäquate Überwachung erfolgt.[1] Die Delegation sollte zumindest die hierarchische Einordnung, die konkreten Befugnisse und Zuständigkeiten und die vom Compliance-Beauftragten zu ergreifenden Maßnahmen regeln.[2]

151 Darüber hinaus ist es erforderlich, dass der Compliance-Beauftragte und die Mitarbeiter seiner Organisation **Zugang zu Betriebsräumen, Unterlagen und Informationen** der Konzerngesellschaften erhalten müssen. Hierbei muss sichergestellt sein, dass lokale Regeln zum Datenschutz eingehalten werden.

152 Ferner müssen alle Bereiche und Abteilungen der konzernangehörigen Unternehmen verpflichtet werden, mit dem Compliance-Beauftragten zusammenzuarbeiten. Es ist sinnvoll, dass der Compliance-Beauftragte auf Mitarbeiter einzelner Abteilungen zurückgreifen kann, wenn er deren Know-How benötigt. Dies soll es dem Compliance-Beauftragten ermöglichen, seine Aufgaben erfüllen zu können, ohne im Vorfeld die jeweiligen Geschäftsbereichsleiter involvieren zu müssen. Ein solches Vorgehen ist bei grenzüberschreitenden Sachverhalten, die besonderes lokales Know-How verlangen, noch wichtiger.

153 Im grenzüberschreitenden Konzern müssen dort, wo Befugnisse auch grenzüberschreitend ausgeübt werden sollen, entsprechende **grenzüberschreitende Berechtigungen** bestehen. Andernfalls könnte der global verantwortliche Compliance-Beauftrage im Ausland nicht selbst tätig werden, sondern müsste jede operative Tätigkeit auf den lokalen Beauftragten übertragen, wodurch die Compliance-Funktion insgesamt leiden würde. Derartige Berechtigungen verlangen eine entsprechende Dokumentation, die jederzeit von überall eingesehen werden kann, damit zB Mitarbeiter eines ausländischen Konzernunternehmens sich von der Berechtigung des zentralen Compliance-Beauftragten überzeugen können.

154 Nicht zuletzt sollte der Compliance-Beauftragte berechtigt sein, sich mit externen Compliance-Spezialisten im In- und Ausland austauschen oder **externes Know-How** beauftragen zu können (Rechtsanwälte, Wirtschaftsprüfer, Sachverständige). Dies ist umso wichtiger, je umfangreicher die Aufgaben des Compliance-Beauftragten sind.

---

und Weise ihrer Vergütung eine Beeinträchtigung ihrer Unvoreingenommenheit bewirken oder wahrscheinlich erscheinen lassen.
[1] *Krause* BB 2009, 1370.
[2] *Meier* NZA 2011, 779.

dd) Arbeitsvertragliche Aspekte/Absicherung

Arbeitsvertraglich empfiehlt sich die ausdrückliche Zusage gegenüber dem Compliance-Beauftragten, dass eine Benachteiligung wegen der Erfüllung seiner Aufgaben ausgeschlossen ist.[1] Ferner sollte der Compliance-Beauftragte in eine **D&O-Versicherung** mitaufgenommen werden. Darüber hinaus besteht aber kein Grund, den Compliance-Beauftragten aus der Verantwortung für seine Tätigkeit zu nehmen. Eine Vereinbarung, wonach der Compliance-Beauftragte nur für Vorsatz und grobe Fahrlässigkeit haften soll, wird seiner Position und seinem Auftrag nicht gerecht. Der Compliance-Beauftragte muss für die **ordnungsgemäße Erfüllung** seiner Aufgaben einstehen. 155

Für den grenzüberschreitend tätigen Compliance-Beauftragten stellt sich die Frage, welchem Recht sein Vertrag unterliegen soll. Auch hier gelten die Grundsätze des Internationalen Privatrechts. Eine Vereinbarung zum anwendbaren Recht ist anzuraten, wenngleich hierdurch nicht ausgeschlossen werden kann, dass sich durch den nachfolgenden Einsatz des Compliance-Beauftragten nicht doch eine von den Parteien nicht bedachte Rechtsfolge ergeben kann. Ein in Deutschland angestellter Compliance-Beauftragter wird erfahrungsgemäß deutsches Recht vereinbaren wollen. 156

Zudem stellt sich die Frage, ob der Compliance-Beauftragte im Konzern **auf unbestimmte Zeit** mit seinen Aufgaben beauftragt wird, oder ob er die Funktion lediglich für einen befristeten Zeitraum übernehmen soll. In Wertpapierdienstleistungsunternehmen muss die Compliance-Funktion dauerhaft sein (§ 33 Abs. 1 Nr. 1 WpHG). Hieraus wird teilweise geschlussfolgert, dass es immer einer dauerhaften, also unbefristeten Übertragung bedarf. Allerdings unterscheidet die Vorschrift zwischen den Begriffen „Compliance-Funktion" und „Compliance-Beauftragter". Die Compliance-Funktion ist schon dann „dauerhaft", wenn sie ununterbrochen gewährleistet ist. Dies ist auch der Fall, wenn sie durch unterschiedliche Beauftragte oder ggf. einen kommissarisch Verantwortlichen sichergestellt wird. Die Aufgabenübertragung muss also nicht zwingend unbefristet erfolgen. Da sich nach deutschem Recht auch einzelne Arbeitsbedingungen befristen lassen, ohne dass die Regelungen aus dem Teilzeit- und Befristungsgesetz einschlägig sind, bietet es sich an, eine befristete Aufgabenübertragung mit dem Compliance-Beauftragten zu vereinbaren. 157

Unabhängig davon, ob die Aufgaben befristet oder unbefristet übertragen werden, muss das Unternehmen den (teilweisen) **Entzug der Aufgaben** sicherstellen. Hierbei stellt sich die Frage, ob dem Compliance-Beauftragten ein besonderer Kündigungsschutz gewährt werden soll, wie er beispielsweise für den Datenschutzbeauftragten gilt, dessen Bestellung ebenso wie sein Arbeitsvertrag nur aus wichtigem Grund widerrufen bzw. gekündigt werden darf. Dessen Kündigungsschutz gilt sogar noch für die Dauer eines Jahres nach Ende der Bestellung.[2] Dabei darf aber nicht außer Acht gelassen werden, dass dieser Kündigungsschutz ausdrücklich in den gesetzlichen Vorschriften der jeweiligen Unternehmensbeauftragten vorgesehen ist. Dies ist bei deutschen Vorschriften über den Compliance-Beauftragten nicht der Fall.[3] Mit Blick auf das für den Compliance-Beauftragten grundsätzlich geltende Spannungsfeld aus Aufklärungs- und Sanktionsauftrag einerseits und Loyalitätserfordernissen und Vertrauensstellung gegenüber der Geschäftsführung und dem Unternehmen andererseits, wird teilweise verlangt, den Compliance-Officer vor der Kündigung seines Arbeitsverhältnisses zu 158

---

[1] Für die Fachkraft für Arbeitssicherheit oder den Datenschutzbeauftragten ist dies ausdrücklich angeordnet (§ 8 Abs. 1 S. 2 ASiG und § 4f Abs. 3 S. 3 BDSG).
[2] § 4f Abs. 3 BDSG.
[3] Vgl. § 33 WpHG; § 12 WpDVerOV; § 8 InvVerOV.

schützen.[1] Offensichtliche Risiken für das Arbeitsverhältnis dürften aber aus der Organisations- und Aufklärungsarbeit des Compliance-Beauftragen grundsätzlich nicht entstehen. Denn der Konzern setzt den Compliance-Beauftragten dafür ein, die Einhaltung bestehender Vorschriften zu überwachen. Dass hieraus ein erhöhtes Kündigungsrisiko erwächst, kann nicht angenommen werden. Für den Fall, dass der Compliance-Beauftragte (teilweise) weisungsgebunden agiert, ist erst recht nicht einzusehen, warum das Kündigungsrecht des Unternehmens eingeschränkt werden sollte.

159 Zur Stärkung der Position bietet es sich dagegen an, dass – wie es in grenzüberschreitenden Konzernen häufig vorgesehen ist –, die Abberufung oder Kündigung des Compliance-Beauftragten an die **Zustimmung** weiterer Gremien gekoppelt wird.

ee) Vergütung

160 Mit dem Compliance-Beauftragten muss eine **angemessene Vergütung** vereinbart werden. Dabei ist darauf zu achten, dass die Art und Weise der Vergütung eines Compliance-Beauftragten grundsätzlich seine Unvoreingenommenheit und Aufgabenwahrnehmung nicht beeinträchtigen oder dies wahrscheinlich erscheinen lassen darf.[2]

161 Die Vergütung eines Compliance-Beauftragten sollte nicht maßgeblich auf dem wirtschaftlichen Gesamtergebnis oder dem Umsatz des Unternehmens beruhen. Denn hier wird das Risiko befürchtet, dass gesetzeswidrige Geschäftspraktiken oder solche aus der „Grauzone" vom Compliance-Officer nicht beanstandet werden, um sich über hohe Kennzahlen eine hohe Vergütung zu sichern. Empirische Untersuchungen, ob diese Sorge berechtigt ist, stehen zwar noch aus – es empfiehlt sich dennoch, jeden **Anschein der Beeinflussung** des Compliance-Officers zu vermeiden.

162 Wenn die Vergütung andererseits nicht vollständig vom wirtschaftlichen Erfolg des Unternehmens entkoppelt werden soll, kann bei einer variablen Vergütung mit längerfristigen Durchschnittswerten gearbeitet werden. Durch compliance-relevante Sachverhalte ausgelöste kurzfristige Effekte fallen so weniger ins Gewicht.

ff) Reporting

163 Aus der Überwachungsfunktion, die der Compliance-Beauftragte inne hat, ergibt sich, dass er über seine Aktivitäten und vor allem über (potentielle) Compliance-Verstöße **Bericht erstatten** muss.[3] Was, wann und wie vom Compliance-Beauftragten zu berichten ist, sollte geregelt werden.[4] Besteht eine Regelung, kann sich der Compliance-Beauftragte auf diese Pflichten beschränken und hat keine über die geregelten Eskalationsszenarien hinausgehenden Reportingpflichten. Für den Compliance-Beauftragten sollten daher auch Leitlinien bestehen, die definieren, welche (wesentlichen) Verstöße der Meldepflicht unterliegen und wann sich der Verdacht einer Pflichtverletzung derart verdichtet hat, dass die zuständige Stelle benachrichtigt werden muss.[5]

164 Die Häufigkeit allgemeiner Berichte ist jeweils von den Umständen abhängig, den Geschäftsbereichen sowie der Struktur und Größe des Unternehmens oder Konzerns und dem damit verbundenen Risikopotential.[6] Wichtig ist, dass der Compliance-Beauftragte so rechtzeitig berichtet, dass das zuständige Organ gegebenenfalls Compliance-Maßnahmen anordnen kann.[7] In grenzüberschreitenden Prozessen und

---

[1] Vgl. *Fecker/Kinzl,* CCZ 2010, 13 mwN.
[2] Für Wertpapierhandelsunternehmen sieht § 12 Abs. 4 S. 4 WpDVerOV vor, dass die Art und Weise der Vergütung die Compliance-Mitarbeiter nicht beeinträchtigen darf.
[3] *Illing/Umnuß* CCZ 2009, 1; *Renz/Wybitul* BB 2012, Heft 3, VI.
[4] Zu den Reportingpflichten *Raus/Lützeler* CCZ 2012, 96.
[5] *Fecker/Kinzl,* CCZ 2010, 13.
[6] *Krieger/Günther* NZA 2010, 367.
[7] *Illing/Umnuß* CCZ 2009, 1.

B. Compliance im grenzüberschreitenden Konzern

Konzernen verlangt dies eine stetige Überwachung und schnelle Kommunikation. Grundsätzlich sollte der Compliance-Beauftragte mindestens einmal jährlich schriftlich der Unternehmensleitung berichten.[1] Zusätzlich sollte er aber auch in **turnusmäßigen Besprechungen** und **anlassbezogen** „ad-hoc" an die Unternehmens- bzw. Konzernleitung berichten.[2] Es empfiehlt sich, Vorkehrungen für den **„Krisenfall"** zu treffen.

Generell berichtet der Compliance-Beauftragte an ein bestimmtes Mitglied der Geschäftsleitung – Geschäftsführer oder Vorstand – und in Konzernen nicht unbedingt an die lokale, sondern bevorzugt an die Konzerngeschäftsführung. Auch dies sollte festgelegt sein. 165

Es kann jedoch abweichend von dieser Berichtslinie eine darüber hinausgehende **Eskalationsberichtslinie** im Krisenfall erforderlich werden, wenn ein Mitglied der (lokalen) Geschäftsleitung nach dem Hinweis auf einen Compliance-Verstoß untätig bleibt. Der Compliance-Beauftragte ist zudem auch berechtigt, sich an Aufsichtsorgane der Gesellschaft zu wenden. Für die Zulässigkeit des Direktkontakts zwischen Compliance-Beauftragtem und Aufsichtsrat sprechen beispielsweise die Regelungen des § 12 Abs. 4 WpDVerOV iVm § 33 Abs. 1 S. 2 Nr. 5 WpHG, die für Wertpapierdienstleistungsunternehmen maßgeblich sind und die Notwendigkeit regelmäßiger Berichterstattungen an die Geschäftsleitung und das Aufsichtsorgan normieren. Für konzernangehörige Unternehmen, die nicht über einen Aufsichtsrat verfügen, stellt sich die Frage, ob sich der Compliance-Beauftragte unmittelbar an die Gesellschafter oder die Konzernobergesellschaft wenden kann. Dies ist der Fall, da der Compliance-Beauftragte selbst als Arbeitnehmer gegenüber der Gesellschaft gemäß § 241 Abs. 2 BGB zum Schutz und zur Rücksichtnahme verpflichtet ist. Daher muss er ggf. auch an den Gesellschafter herantreten, um Schaden von der Gesellschaft abzuhalten.[3] In Konzernstrukturen wird im Übrigen die Einbindung der Gesellschafter in der Praxis bereits dadurch gewährleistet, dass die Konzernobergesellschaft ebenfalls über Compliance-Beauftragte verfügt, an den der (lokale) Compliance-Beauftragte berichtet. Insbesondere in US-amerikanischen Konzernstrukturen berichtet er nicht (nur) an das ggf. zuständige Geschäftsführungsmitglied seines (lokalen) Arbeitgebers, sondern vielmehr (auch) an den „Head of Compliance" der Konzernobergesellschaft. 166

Hat der Compliance-Beauftragte – auch im Hinblick auf seine eigene straf- und zivil- bzw. arbeitsrechtliche Haftung – eine Pflicht zum externen Reporting von (potentiellen) Compliance-Verstößen, bzw. hat **„Whistleblowing"** andere Konsequenzen als beim normalen Arbeitnehmer?[4] Der Arbeitnehmer hat – wie jeder Bürger – gemäß § 138 Abs. 1 StGB die Pflicht, schwerwiegende Straftatbestände wie Mord, Totschlag, Raub, Hoch- sowie Landesverrat, ua anzuzeigen. Darüber hinaus gibt es im deutschen Recht nur wenige gesetzlich ausdrücklich normierte Verpflichtungen, Rechtsverstöße oder strafrechtlich relevante Sachverhalte den zuständigen Behörden zu melden, **spezialgesetzliche Anzeigepflichten** sind explizit geregelt.[5] Zwar ist deren Einhaltung dem Bereich der Compliance zuzuordnen, jedoch kann hieraus 167

---

[1] *Renz/Wybitul* BB 2012, Heft 3, VI; *Illing/Umnuß* CCZ 2009, 1 mit Verweis auf § 33 Abs. 1 S. 2 Nr. 5 WpHG.
[2] *Fecker/Kinzl* CCZ 2010, 13; *Renz/Wybitul* BB 2012, Heft 3, VI.
[3] MHdBArbR/*Reichold*, § 47, Rn. 15.
[4] Zum Whistleblowing allgemein: *Wisskirchen/Körber/Bissels* BB 2006, 1567; *Bissels/Lützeler/Wisskirchen* BB 2010, 2433.
[5] Beispiele finden sich im Bereich der Geldwäsche und Terrorismusprävention, wo § 11 GWG eine ausdrückliche Pflicht zur Verdachtsanzeige regelt, in öffentlich-rechtlichen Vorschriften (§ 6 SubvG), gegenüber der BaFin (§ 10 WpHG, im Versicherungssektor § 11a VAG) oder im Fall vom Fehlverhalten im Gesundheitswesen (§ 81a SGB V) gegenüber der Staatsanwaltschaft.

keine allgemeine Verpflichtung des Compliance-Beauftragten abgeleitet werden, Rechtsverletzungen extern zu melden oder anzuzeigen.[1]

168 Nach der Rechtsprechung muss der Compliance-Beauftragte die **interne Eskalation** betreiben, zB die übrigen Vorstandsmitglieder bzw. den Vorstandsvorsitzenden sowie darüber hinaus ggf. den Aufsichtsrat informieren.[2] Hat der Compliance-Beauftragte keine weitergehenden Eingriffs- oder Weisungsbefugnisse, ist er also nur berichtspflichtig, trifft ihn entweder gar keine Garantenpflicht, Rechtsverletzungen abzuwenden, oder er ist auf die reine Berichtspflicht beschränkt.[3] Unterlässt er jedoch derartige Berichte, verletzt er seine arbeitsvertraglichen Pflichten. Er kann sich aber auf das interne Berichtswesen beschränken. Der Compliance-Beauftragte ist nämlich kein verlängerter Arm der Strafverfolgungsbehörden. Eine Pflicht zur externen Meldung über Verstöße des Konzerns und seiner Unternehmen besteht also auch für die Compliance-Beauftragten nicht.

169 Wenn der Compliance-Beauftragte einerseits nicht verpflichtet ist, Gesetzesverstöße bei den zuständigen Behörden anzuzeigen, ist er andererseits **berechtigt,** Gesetzesverstöße an Stellen außerhalb des Unternehmens zu melden? Nach der Rechtsprechung des BAG kann es eine Pflichtverletzung darstellen, wenn der Arbeitnehmer den Arbeitgeber bei staatlichen Stellen anzeigt.[4] Das gilt auch bei Anzeigen gegen Vorgesetzte oder Kollegen.[5] Auch der Europäische Gerichtshof für Menschenrechte (EGMR)[6] betont die Pflicht des Arbeitnehmers zu **Loyalität, Zurückhaltung und Vertraulichkeit** gegenüber dem Arbeitgeber. Dementsprechend wird vom Arbeitnehmer verlangt, dass er Information zunächst dem Vorgesetzten oder anderen innerbetrieblichen Stellen meldet. Nur wenn dies eindeutig unmöglich ist, soll der Arbeitnehmer als letztes Mittel an die Öffentlichkeit gehen dürfen. Bei der Abwägung der arbeitnehmerseitigen Loyalitätspflichten gegen die Berechtigung zur Offenbarung von Informationen werden auch im Rahmen der Rechtsprechung des EGMR die gleichen rechtlichen Kontrollmaßstäbe angelegt, die das BAG und das BVerfG entwickelt haben.[7] Auch Compliance-Beauftragte setzen sich bei externen Anzeigen der Gefahr aus, damit eine arbeitsvertragliche Pflichtverletzung zu begehen. Hierbei muss berücksichtigt werden, dass es zu den Aufgaben des Compliance-Beauftragen gehört, Gesetzesverstöße unternehmensintern aufzuklären und abzustellen. Dies gilt auch dann, wenn der Compliance-Beauftragte keine Befugnis hat, diese durch eigene Anweisungen abzustellen. Damit müssen an den Compliance-Beauftragen **höhere Anforderungen** gestellt werden, eine innerbetriebliche Abhilfe zu versuchen, als es bei anderen Arbeitnehmern der Fall ist.[8]

170 Grundsätzlich sollten gerade in Konzernen mit ihren komplexen Organisationsstrukturen Pflichten, Aufgaben und Kompetenzen des Compliance-Officers schriftlich fixiert werden. Hierzu gehört auch eine Festlegung der Berichtspflichten und -wege.

---

[1] *Bürkle* CCZ 2010, 4.
[2] BGH 17.7.2009 – 5 StR 394/08, NJW 2009, 3173; *Bürkle* CCZ 2010, 4.
[3] *Rößler* WM 2011, 918.
[4] BAG 5.2.1959 – 2 AZR 60/56, NJW 1961, 44; BAG 3.7.2003 – 2 AZR 235/02, NZA 2004, 427; BAG 7.12.2006 – 2 AZR 400/05, NJW 2007, 2204; LAG Rheinland-Pfalz 20.12.2005 – 5 Sa 504/05, BeckRS 2006, 42791.
[5] BAG 3.7.2003 – 2 AZR 235/02, NZA 2004, 427; LAG Rheinland-Pfalz 24.10.2007 – 7 Sa 451/07, BeckRS 2008, 51400.
[6] EGMR 21.7.2011 – 28274/08, NZA 2011, 1269.
[7] BAG 7.12.2006 – 2 AZR 400/05, NZA 2007, 502; BVerfG 2.7.2001 – 1 BvR 2049/00, NZA 2001, 888.
[8] *Dann/Mengel* NJW 2010, 3265; *Illing/Umnuß* CCZ 2009, 1; *Lösler* WM 2007, 676.

b) Code of Conduct

aa) Rechtliche Grundlagen

Der Code of Conduct, Code of Ethics oder Verhaltenscodex, der Verhaltensregeln für das Unternehmen und seine Mitarbeiter enthält, orientiert sich an gesetzlich und aufsichtsrechtlich vorgeschriebenen Regeln und beinhaltet darüber hinaus freiwillige Verhaltensregeln. **171**

Der Code of Conduct geht dabei insbesondere auf **US-amerikanische Vorgaben** zurück. Der Sarbanes-Oxley Act (SOX), der in seinem Schwerpunkt ein finanzrechtliches Instrument ist, sieht vor, dass die betroffenen Unternehmen einen „*Code of Ethics for Senior Financial Officer*" einrichten, der sich an die Leiter der Finanzabteilung und Buchhaltung sowie des Controllings richtet.[1] Unter dem Begriff „Code of Ethics" werden Standards verstanden, die ein redliches und ethisches Verhalten, eine vollständige, ausreichende, genaue, rechtzeitige und verständliche Veröffentlichung in den erforderlichen Berichten sowie die Einhaltung bestehender staatlicher Regeln und Vorschriften fördern.[2] **172**

Darüber hinaus ist zB nach den US Sentencing Guidelines vorgesehen, dass ein effektives **Compliance- und Ethikprogramm** im Unternehmen installiert sein muss, um eine Compliancekultur zu fördern, die ethisches Verhalten und die Verpflichtung zur Einhaltung der Gesetze sicherstellt.[3] Hierzu ist vorgesehen, dass die Compliance-Organisation Standards und Verfahren zur Vorbeugung und Aufklärung kriminellen Verhaltens festschreibt.[4] **173**

Das US-amerikanische Justizministerium (Department of Justice) hat gemeinsam mit der für Untersuchungen zuständigen Einheit der US-amerikanischen Wertpapieraufsichtsbehörde (SEC) einen Leitfaden zum FCPA *(A Resource Guide to the U. S. Foreign Corrupt Practices Act)*[5] herausgegeben. Diese Handlungsempfehlungen, genauer gesagt die zehn „*Hallmarks of Effective Compliance Programs*"[6] bezeichnen den Code of Conduct eines jeden Unternehmens als Basis eines effektiven Compliance Programms. Er sollte klar, prägnant, aktuell und für alle Mitarbeiter zugänglich sein.[7] Außerdem empfehlen die US-amerikanischen Behörden, **Compliance-Richtlinien und -Verfahren** festzulegen, die sich mit Verantwortlichkeiten für Compliance, internen Kontrollen und Revision, Dokumentationen und Disziplinarverfahren detailliert befassen. Geschenke, Reisen und Unterhaltungsveranstaltungen sollten ebenfalls bedacht werden, insbesondere wenn ein Bezug zu ausländischen öffentlichen Stellen besteht.[8] **174**

Daneben sehen beispielsweise die Vorgaben für an der New Yorker Börse gelistete Unternehmen vor, dass diese einen „Code of Business Conduct and Ethics" einführen und veröffentlichen müssen, der für die Geschäftsführung, Führungskräfte und Mitarbeiter gilt. Zusätzlich ist vorgesehen, dass ein solcher Code auch Compliance-Standards und Verfahren zu seiner Umsetzung enthalten muss.[9] Hierbei werden auch zu regelnde Bereiche aufgeführt. **175**

Auch Großbritannien hat mit seinem **UK Bribery Act** eine wichtige rechtliche Grundlage für Compliance-Richtlinien und den Inhalt eines Code of Conduct ge- **176**

---

[1] Sec. 406 (a) SOX.
[2] Sec. 406 (c) SOX.
[3] § 8 B 2.1 (a) US Sentencing Guidelines.
[4] § 8 B 2.1 (b) (1) US Sentencing Guidelines.
[5] http://www.justice.gov/criminal/fraud/fcpa/guide.pdf.
[6] Resource Guide FCPA, chapter 5.
[7] Resource Guide FCPA, chapter 5, 58.
[8] Resource Guide FCPA, chapter 5, 59.
[9] Sec. 303 A.10 des New York Stock exchange's listed company manual.

schaffen. Das britische Justizministerium führt zu dem Gesetz in einer Leitlinie aus, welche Präventionsmaßnahmen es von Unternehmen erwartet und führt „angemessene Maßnahmen" gegen Korruption als ersten von sechs Grundsätzen auf. Im Rahmen des weltweiten Geltungsbereichs des Gesetzes werden vor allem klare und praktisch umsetzbare Richtlinien zur Korruptionsprävention gefordert, die unternehmensweit implementiert sein müssen.[1]

177 Während der Begriff des Compliance-Beauftragten zwischenzeitlich Eingang in deutsche Gesetze gefunden hat, sucht man den Begriff des Code of Conduct darin vergeblich. Deutsche Vorschriften für den **Finanzdienstleistungssektor** verlangen dagegen die Aufstellung bzw. die Niederlegung „angemessener Grundsätze und Verfahren"[2] – inhaltlich besteht kein Unterschied zwischen solchen angemessen Grundsätzen und einem angemessenen Code of Conduct. Darüberhinaus besteht jedoch keine Pflicht zur Einführung eines Code of Conduct nach deutschen Gesetzen.

178 Hiervon ausgehend hat sich der Code of Conduct als allgemein geltende Regelung für alle Beschäftigten eines Unternehmens entwickelt und auch außerhalb von an US-Börsen notierten Unternehmen und Konzernen etabliert. In deutschen Unternehmen sind Verhaltenskodizes **keine Seltenheit** mehr, bei deutschen Unternehmen mit US-amerikanischer Muttergesellschaft sind sie die Regel.

bb) Anforderungen an einen Code of Conduct im grenzüberschreitenden Konzern

179 In (grenzüberschreitenden) Konzernen soll ein solcher Code of Conduct weltweit **einheitlich ausgestaltet** sein. Der Code of Conduct soll damit für alle konzernangehörigen Mitarbeiter verbindliche Verhaltensregeln enthalten.

180 Er muss nicht nur in regelmäßigen Abständen überprüft und den rechtlichen und tatsächlichen Gegebenheiten angepasst werden, er sollte von vornherein auch **lokale rechtliche Besonderheiten** berücksichtigen. Er sollte aber auch dann Gültigkeit haben, wenn lokales Recht und lokale Gepflogenheiten einzelner Länder oder Regionen hinter seinen Standards zurückbleiben.[3]

181 Der Verhaltenskodex eines grenzüberschreitenden Konzerns sollte nicht nur in der Unternehmenssprache,[4] also meistens Englisch, veröffentlicht werden, sondern auch in den **Sprachen** vorliegen, die im Konzern vertreten sind.[5] Innerhalb Europas sollte sich der Konzern nicht auf eine Übersetzung in Deutsch, Französisch, Italienisch und Spanisch beschränken, wenn Arbeitnehmer in Ländern mit weiteren Sprachen beschäftigt werden. Zudem ist es wichtig, dass die jeweilige Übersetzung Rechte, Pflichten und Definitionen präzise widergibt, um Auslegungsschwierigkeiten oder regional unterschiedliche Regelungen zu vermeiden.

182 Der Code of Conduct muss auch im gesamten Konzern bekannt gemacht werden. Die Bekanntgabe gegenüber dem einzelnen Mitarbeiter sollte der Arbeitgeber belegen können. Zwar reicht es bei Betriebsvereinbarungen aus, dass der Arbeitgeber sie an geeigneter Stelle auslegt.[6] Der Arbeitgeber tut jedoch gut daran, für eine **nachweisbare Bekanntgabe** zu sorgen. Dies gilt auch dann, wenn er eine Verhaltensrichtlinie im Wege einer arbeitsvertraglichen Vereinbarung implementiert, die der Arbeitnehmer

---

[1] Guidance Bribery Act 2010, Principle 1.4.
[2] § 8 Abs. 1 InvVerOV; § 33 Abs. 1 WpHG; § 12 Abs. 1 WpDVerOV.
[3] *Görling/Inderst/Bannenberg*, Compliance Rn. 14.
[4] Vgl. zur Unternehmenssprache Englisch → Rn. 455.
[5] *Görling/Inderst/Bannenberg*, Compliance Rn. 24.
[6] § 77 Abs. 2 S. 3 BetrVG.

eigentlich kennen sollte. Ein Code of Conduct sollte den Beschäftigten daher gegen Empfangsbestätigung ausgehändigt werden, sei es auf schriftlichem oder elektronischem Weg. Die Schriftform wahrt auch die Anforderungen des Nachweisgesetzes, wenngleich der Code of Conduct nicht zu den wesentlichen Vertragsbedingungen des Arbeitsverhältnisses zählen dürfte.[1]

Zudem sollte der Konzern sicherstellen, dass der Code of Conduct einfach und jederzeit eingesehen, also beispielsweise im Internet oder Intranet abgerufen werden kann oder als Broschüre ausgehändigt wird. Auch hierfür sollte er im grenzüberschreitenden Konzern in verschiedenen Sprachen erhältlich sein. 183

cc) Inhalte und Probleme eines weltweiten Code of Conduct

Die Inhalte eines Code of Conduct in (grenzüberschreitenden) Konzernen sind abhängig von Branche, Unternehmenszweck und -aufgaben. Dementsprechend sind Verhaltensregelungen globaler Mischkonzerne umfassender und weitreichender als in Unternehmen, die nur in einer Branche tätig sind. 184

Nicht selten werden einzelne Regelungsbereiche im Verhaltenskodex nur angesprochen und in Compliance-Richtlinien[2] **konkretisiert,** dies gilt insbesondere für umfangreichere Themen wie Kartellrecht, Insiderhandel, Antikorruptionsregeln oder Vergaberichtlinien, die ausgewählte Bereiche betreffen. 185

Ein typischer Code of Conduct enthält neben allgemeinen Verhaltensanforderungen besondere Regeln für das Verhalten gegenüber Wettbewerbern, Amtsträgern und Geschäftspartnern, über die Vermeidung von Interessenkonflikten, den Umgang mit Informationen bis hin zu Vertraulichkeit und Datenschutz, Anforderungen an die allgemeine Kommunikation und den Umgang mit Medien, Anforderungen für ein diskriminierungsfreies Umfeld und Regelungen zu Anwendung, Selbstkontrolle des Code und zur Anzeige von Verstößen, zu Regelungen über den Schutz der Mitarbeiter, sowie Vorgaben zur Information und Datenverarbeitung und schließlich zu Sanktionen bei möglichen Verstößen gegen den Verhaltenskodex. Derartige Regelungen sind auch typisch für ausländische Verhaltensrichtlinien, insbesondere US-amerikanische. 186

Teilweise wird danach differenziert, ob Regelungen ausschließlichen Bezug zur Tätigkeit des Arbeitnehmers haben, ob sie Bezug zu sonstigem Verhalten oder außerdienstliches oder privates Verhalten betreffen.[3] Allerdings ist diese Unterscheidung lediglich für die Frage des „Regelnkönnens" bzw. mitbestimmungsrechtliche Aspekte relevant. Für den Aufbau, die Formulierung oder die Vermittlung eines Code of Conduct hat diese Unterscheidung dagegen keine Bedeutung. 187

Probleme bei der Umsetzung ausländischer Verhaltensregelungen entstehen jedoch immer dann, wenn sie allein auf dem **Verständnis** ausländischer Rechtskreise oder auf ausländischen kulturellen Gepflogenheiten aufbauen oder wenn sie in Widerspruch zur (lokalen) Praxis stehen. Wenn Verhaltensregeln ausländischer bzw. US-amerikanischer Konzerne auch die persönlichen Beziehungen zwischen Mitarbeitern untereinander (*„romantic relationship"*) regeln, besondere – hier nicht üblicherweise erfasste – Personengruppen betreffen („Kriegsveteranen") oder im Rahmen der Datenerfassung ein anderes Verhältnis zum Recht auf Datenschutz und informationelle Selbstbestimmung offenbaren oder Meldepflichten vorsehen, denen mit der Besorgnis eines „De- 188

---

[1] *Lelley,* Compliance im Arbeitsrecht, Rn. 109.
[2] Zu Compliance-Richtlinien siehe ab → Rn. 203; teilweise wird der Begriff auch für den Code of Conduct verwendet.
[3] Vgl. *Borgmann* NZA 2003, 352; *Lelley,* Compliance im Arbeitsrecht, Rn. 102; Wecker/Laak/Süßbrich, S. 231.

nunziantentums" begegnet wird, stoßen sie bei der Umsetzung in deutschen Unternehmen auf **Widerstand** der Belegschaft und der Arbeitnehmervertretungen.[1]

189 So ist zwar der außerbetriebliche **private Lebensbereich** der Arbeitnehmer der Regelungsbefugnis der Betriebsparteien entzogen, so dass diese auch nicht durch § 87 Abs. 1 Nr. 1 BetrVG berechtigt sind, in die private Lebensführung der Mitarbeiter einzugreifen wie dies zB US-amerikanische Verhaltensregeln vorsehen. Andererseits sind Regelungen über im Betrieb stattfindende private Verhaltensweisen der Arbeitnehmer, insbesondere wenn es um das Verhältnis von Vorgesetzten und Untergebenen geht, nicht generell unzulässig.[2] Eine Regelung, die ein generelles Verbot von Liebesbeziehungen vorsieht, ist jedoch wegen des darin liegenden schwerwiegenden Eingriffs in das allgemeine Persönlichkeitsrecht der Arbeitnehmer nach der Rechtsprechung des BAG[3] nicht möglich. Damit kann sich eine Regelung zu persönlichen Beziehungsverhältnissen in einem Verhaltenskodex nur in einem schmalen Rahmen bewegen: sie darf weder persönliche Beziehungen verbieten, noch das private außerdienstliche Verhalten der Beziehungen der Arbeitnehmer betreffen. Sie darf aber im Betrieb stattfindende private Verhaltensweisen regeln.

190 Die Benennung schützenswerter Personengruppen in einem Code of Conduct sollte sich an den Diskriminierungsmerkmalen des AGG orientieren. Die Benennung weiterer schützenswerter Personengruppen, zB von Kriegsveteranen, ist nicht per se unwirksam, so lange der **Gleichbehandlungsgrundsatz** dabei beachtet wird.

191 Die Behandlung datenschutzrechtlicher Aspekte und des Rechts auf informationelle Selbstbestimmung der Mitarbeiter ist (auch außerhalb Deutschlands) im Fluss. Deren unterschiedliche Bewertung im anglo-amerikanischen und anglo-sächsischen Raum, die dem Verständnis in Deutschland nur wenig entspricht, dürfte noch nicht abgeschlossen sein. Die Pflicht zur Meldung festgestellter Verstöße trifft in Deutschland nicht selten auf den Vorwurf, damit werde „Denunziantentum" gefördert. Tatsächlich bestehen auch ohne besondere vertragliche Vereinbarungen Auskunftspflichten der Mitarbeiter im Rahmen der Arbeitsaufgabe oder als Nebenpflicht.[4] In der Praxis weichen zahlreiche Kodizes mittlerweile von einer Meldepflicht auf eine Meldeerwartung aus.

192 Die **Implementierung** eines Code of Conduct kann auf unterschiedliche Weise erfolgen.[5] Die Umsetzung eines umfangreichen Verhaltenskodex durch Arbeitsanweisungen bzw. im Rahmen des arbeitsvertraglichen Direktionsrechts ist nur begrenzt möglich. Arbeitsvertragliche Regelungen müssen sich nicht nur an den Vorschriften für allgemeine Geschäftsbedingungen messen, sie können im laufenden Arbeitsverhältnis auch nicht gegen den Willen des Arbeitnehmers einseitig erzwungen werden, auch nicht im Wege einer Änderungskündigung. Zudem ist bei vertraglichen Vereinbarungen auch eine nachträgliche Änderung nicht ohne Weiteres möglich.

193 Ein Code of Conduct kann zwar im Wege der Betriebsvereinbarung implementiert werden, **leitende Angestellte** iSd § 5 Abs. 3 BetrVG werden hiervon jedoch nicht

---

[1] Beispielhaft die Auseinandersetzung über den Honeywell-Verhaltenskodex, vgl. BAG 22.7.2008 – 1 ABR 40/07, NZA 2008, 1248 oder den Wal-Mart-Verhaltenskodex LAG Düsseldorf 14.11.2005 – 10 TaBV 46/05, DB 2006.

[2] BAG 22.7.2008 – 1 ABR 40/07, NZA 2008, 1248; aA für „Flirtverbote" LAG Düsseldorf 14.11.2005 – 10 TaBV 46/05, DB 2006, 162.

[3] BAG 22.7.2008 – 1 ABR 40/07, NZA 2008, 1248; LAG Düsseldorf 14.11.2005 – 10 TaBV 46/05, DB 2006, 162 zum Wal-Mart-Verhaltenskodex mit der Regelung „*Sie dürfen nicht mit Jemandem ausgehen oder eine Liebesbeziehung mit Jemanden treten, wenn Sie die Arbeitsbedingungen dieser Person beeinflussen können, oder der Mitarbeiter Ihre Arbeitsbedingungen beeinflussen kann*".

[4] Vgl. hierzu die ausführliche Darstellung *Lützeler/Müller-Sartori* CCZ 2011, 19.

[5] Vgl. die Darstellung → Teil I Absch 4 Rn. 287.

erfasst, so dass es insoweit einer separaten Umsetzung bedarf. Bei der Einführung im Wege einer Betriebsvereinbarung müssen die Mitbestimmungsrechte der Arbeitnehmervertretungen beachtet werden.

dd) Betriebsverfassungsrechtliche Aspekte

Aus betriebsverfassungsrechtlicher Sicht ist die Einführung des Code of Conduct einer ausländischen Konzernobergesellschaft in deutschen Konzerngesellschaften mit zahlreichen Rechtsfragen verbunden, denen sich das BAG gestellt hat.[1]   194

Mitbestimmungsrechte des Betriebsrats sind nicht etwa ausgeschlossen, weil ein Code of Conduct von einer ausländischen Konzernobergesellschaft der deutschen Unternehmensführung zur Umsetzung vorgegeben wird.[2]   195

Auch sind ausländische Vorschriften, auf die ein Code of Conduct aufbaut, keine gesetzlichen Regelungen, die die Mitbestimmungsrechte nach § 87 Abs. 1 Eingangssatz BetrVG ausschließen, so lange es an einer wirksamen völkerrechtlichen Transformation in das deutsche Arbeitsrecht fehlt.[3] Die Mitwirkungsrechte der Arbeitnehmervertretungen in Betrieben, die in Deutschland liegen, richten sich auch bei einem Arbeitgeber mit Sitz im Ausland nach deutschem Recht. Gesetze und Bestimmungen, die in Deutschland keine Anwendung finden, können das Mitbestimmungsrecht daher nicht ausschließen.   196

Die Einführung eines Verhaltenskodexes im Konzern ist nur einheitlich umsetzbar, wenn sie den gesamten Konzern und nicht nur einzelne Konzernunternehmen oder Betriebe betreffen soll. Ist aber nur eine **einheitliche Umsetzung** möglich, so liegt das originäre Mitbestimmungsrecht beim Gesamt- oder Konzernbetriebsrat.[4] Die Zuständigkeit von Gesamt- und Konzernbetriebsrat richtet sich nach denselben Kriterien und verlangt eine unternehmens- oder konzerneinheitliche Regelung, wie dies mit einem Verhaltenskodex bezweckt wird. Es bedarf dann keiner Bevollmächtigungen des Gesamt- oder Konzernbetriebsrats durch die einzelnen Arbeitnehmervertretungen. Vielmehr können die Konzernunternehmen sich auf Verhandlungen mit dem Konzernbetriebsrat beschränken.   197

Bei der Umsetzung eines Code of Conduct der **ausländischen Konzernobergesellschaft** in den deutschen Konzernunternehmen muss geprüft werden, wer als Ansprechpartner in Frage kommt. Bei grenzüberschreitenden Konzernen kann nach der Rechtsprechung des BAG ein Konzernbetriebsrat grundsätzlich nicht errichtet werden, wenn die Konzernobergesellschaft ihren Sitz im Ausland hat.[5] Bestehen allerdings bei einem im Inland ansässigen abhängigen Unternehmen als inländische „Teilkonzernspitze" wesentliche Leitungsaufgaben in personellen, sozialen und wirtschaftlichen Angelegenheiten, die gegenüber nachgeordneten Unternehmen eigenständig ausgeübt werden, so kann ein Konzernbetriebsrat innerhalb dieses „Konzerns im Konzern" gebildet werden.[6] Ist dies nicht der Fall, müssen die Gesamtbetriebsräte oder Betriebsräte der beteiligten deutschen Konzernunternehmen hinzugezogen werden.   198

Auch wenn der Code of Conduct sich aus mitbestimmten und mitbestimmungsfreien Regelungen zusammensetzt, führt das Mitbestimmungsrecht der Arbeitnehmervertretung an einzelnen Regelungen nicht zu einem Mitbestimmungsrecht an deren Gesamtheit, da der Code **kein unauflösbares Gesamtwerk** darstellt.[7]   199

---

[1] Vgl. BAG 22.7.2008 – 1 ABR 40/07, NZA 2008, 1248.
[2] BAG 22.7.2008 – 1 ABR 40/07, NZA 2008, 1248.
[3] BAG 22.7.2008 – 1 ABR 40/07, NZA 2008, 1248.
[4] BAG 22.7.2008 – 1 ABR 40/07, NZA 2008, 1248; LAG Düsseldorf 14.11.2005 – 10 TaBV 46/05, DB 2006, 162.
[5] BAG 14.2.2007 – 7 ABR 26/06, NZA 2007, 999.
[6] BAG 14.2.2007 – 7 ABR 26/06, NZA 2007, 999.
[7] BAG 14.2.2007 – 7 ABR 26/06, NZA 2007, 999.

200 Mitbestimmungsfrei sind beispielsweise die Darstellung einer „Unternehmensphilosophie", allgemeine ethisch-moralische Programmsätze oder Zielvorgaben und Selbstverpflichtungen des Unternehmens. Mitbestimmungsrechte bestehen auch nicht an konkreten Regeln, die ausschließlich das Arbeitsverhalten der Beschäftigten betreffen oder die lediglich gesetzliche Vorschriften wiederholen. Der typische Verhaltenskodex enthält zahlreiche Regelungen, die ohne Zustimmung des Betriebsrats implementiert werden können. Enthält ein Code of Conduct aber die Regelung, dass jegliche Geschenke und damit auch einfache Werbegeschenke wie Kugelschreiber, Feuerzeuge oder Kalender verboten sind, zurückgegeben oder dem Arbeitgeber herausgegeben werden müssen, wiederholt es nicht nur strafrechtliche Verbote (Bestechung, Untreue). Der Betriebsrat kann dann über die Abgrenzung zwischen Schmiergeldzahlungen und Gelegenheitsgeschenken ebenso mitbestimmen, wie über die Behandlung erhaltener Geschenke.

201 Auch wenn der Verhaltenskodex eine Meldepflicht oder ein Meldeverfahren bezüglich bestimmter Tatbestände vorsieht, begründet dies kein Mitbestimmungsrecht bei den einzelnen zu meldenden Tatbeständen und **kein Mitbestimmungsrecht am Gesamtwerk.**[1]

202 Für die Einführung von einheitlichen Verhaltensregeln in grenzüberschreitenden Konzernen bedeutet dies eine aufwendige Vorbereitung und Abstimmung, um die Belegschaft und die Arbeitnehmervertretungen mit „ins Boot" zu holen. Gelingt dies nicht, müssen nicht selten **lokale Sonderwege** beschritten werden, bei denen der ursprüngliche Verhaltenskodex einer angepassten nationalen Variante weicht, oder aber ohne eigene rechtliche Wirkung bleibt. Eine weltweit einheitliche Regelung besteht dann nicht.

c) Compliance Richtlinien

203 Der Code of Conduct wird üblicherweise von zusätzlichen Compliance-Richtlinien flankiert, weil darin einzelne Aspekte[2] **ausführlicher** dargestellt und geregelt werden. Compliance-Richtlinien dienen also der Übersichtlichkeit und verhindern, dass der Code of Conduct in seinen Regelungen ausufert. Die ergänzenden Richtlinien sollten jedoch stets auf den zentralen Kodex bzw. dessen konkret betroffene Regelung verweisen und damit den Zusammenhang herstellen.[3]

204 Compliance-Richtlinien betreffen üblicherweise folgende Aspekte:
– Antikorruption
– Vergabe
– Annahme von Geschenken und Einladungen
– Sponsoring, Spenden, Mitgliedschaften
– Anforderungen an Lieferanten und Geschäftspartner, etc. insbesondere Kinderarbeit, Ausbeutung, Umweltschutz
– Umgang mit Social Media.

Hinzukommen Compliance-Aspekte, die einzelne **Branchen** betreffen, sei es das Bank- und Kapitalmarktrecht, Versicherungsrecht, Pharma- und Medizinrecht[4] oder die Außenwirtschaft.[5]

---

[1] BAG 14.2.2007 – 7 ABR 26/06, NZA 2007, 999.

[2] Vgl. zB die Übersicht der Siemens AG unter http://www.siemens.com/sustainability/de/themenfelder/compliance/managementansatz/richtlinien.htm.

[3] *Moosmayer,* Compliance, S. 51.

[4] Siehe zu Bank- und Kapitalmarktrecht, Versicherungsrecht, Pharma- und Medizinrecht: *Schaefer* NJW 2011, 3601.

[5] Die Einschränkungen des Außenwirtschaftsgesetzes (AWG) betreffen nicht nur Hersteller oder Händler von Waffen oder anderen militärischen Gütern. Sie gelten für alle Warenbewegungen. Dementsprechend müssen Unternehmen, die Güter innerhalb der Europäischen Union verbringen oder in

B. Compliance im grenzüberschreitenden Konzern

Derartige Compliance-Richtlinien müssen das jeweilige Regelungsthema zunächst 205 definieren. Was in den Richtlinien erwähnt und geregelt werden muss, bestimmt sich anhand einer Risikoanalyse. Auch hier kommt es gerade im grenzüberschreitenden Konzern darauf an, dass eine **präzise Definition** erfolgt, die in allen Sprachversionen und lokal verstanden wird. Nur so lassen sich Auslegungsschwierigkeiten oder eine regional abweichende Handhabung vermeiden.

Sodann beinhalten derartige Compliance-Richtlinien eine **Darstellung** zum Um- 206 gang mit verschiedenen Sachverhalten. Üblicherweise werden die Regelungsthemen dabei aus zwei Blickwinkeln behandelt: zB wird die Thematik „Geschenke und Einladungen" sowohl für den Fall dargestellt, dass aus dem Unternehmen heraus Geschenke und Einladungen gewährt werden **(Aktiv-Regelung),** als auch für den Fall, dass Mitarbeiter von Dritten Geschenke oder Einladungen erhalten **(Passiv-Regelung).**

Dabei stellt sich nicht nur im grenzüberschreitenden Konzern die Frage, wie detail- 207 liert die Vorgaben in einer Compliance-Richtlinie sein sollen. Einerseits wird eine Compliance-Richtlinie nie alle **Eventualitäten abdecken** können. Allerdings ist bei einer weniger detaillierten Richtlinie erhöhter **Abstimmungsbedarf** die Folge; unsichere Mitarbeiter müssen häufiger Rücksprache mit den Compliance-Verantwortlichen halten. Im Übrigen ist auch ein „rigoroser" Umgang nicht immer hilfreich. Lautet beispielsweise die Grundregel, dass Geschenke niemals angenommen oder gewährt werden können, mag dies je nach Region allgemein akzeptiert sein oder aber auf völliges Unverständnis stoßen und so ungewollt die Geschäftstätigkeit der Konzernunternehmen beeinträchtigen.

Es empfiehlt sich, die involvierten Fachbereiche bei der Aufstellung einer Richtlinie 208 zu beteiligen, die insbesondere auch **länderspezifische Praxishinweise** geben können, die in eine Richtlinie einfließen können.

Bei der Aufstellung grenzüberschreitend einheitlicher Standards muss daher immer 209 berücksichtigt werden, dass sich der Konzern zwischen unterschiedlichen **lokalen Gepflogenheiten und Geschäftsgebräuchen** bewegt. Demnach muss gerade in internationalen Konzernen die jeweilige Compliance-Richtlinie eine Leitlinie darstellen, an der sich die Mitarbeiter aller Regionen orientieren können, wenn sie möglichst eigenverantwortlich handeln.

Compliance-Richtlinien sollten immer einen (hohen) **Mindeststandard** setzen. Sie 210 müssen ihr **Verhältnis zu lokalen Vorschriften** beachten, die – wenn sie ausnahmsweise einmal strenger sein sollten – immer Vorrang vor einer Compliance-Richtlinie haben.

d) Whistleblower Hotline

aa) Einführung

Für den Whistleblower hat sich bis heute kein passender deutscher Begriff gefunden. 211 Dementsprechend hat sich für **Meldesysteme,** mit denen Compliance-Verstöße durch Mitarbeiter, Kunden oder Lieferanten dem Compliance-Beauftragten und seiner Organisation gemeldet werden können, gerade in internationalen Konzernen der Begriff der Whistleblower-Hotline durchgesetzt. Eine solche Hotline beschränkt sich nicht auf eine telefonische Kontaktstelle, sondern bündelt in der Praxis verschiedene

---

Länder außerhalb der EU ausführen, bestehende Embargos beachten und notwendige Genehmigungen einholen. Dies erfolgt anhand regelmäßig aktualisierter Güter-, Personen- und Länderlisten. Die Prüfungen erfolgen auf Grundlage der Außenwirtschaftsverordnung, der EG-Dual-Use-Verordnung, Embargo Verordnungen, der US-EAR (Export Administration Regulation) und der US-ITAR (International Traffic in Arms Regulation) sowie den Sanktionslisten.

Lützeler

Kommunikationskanäle, kann und sollte also telefonisch, per Fax, Email oder Internet- oder Intranet-Formular kontaktiert werden.[1]

212 Die Whistleblower-Hotline muss von einer **Beratungshotline** unterschieden werden, bei der die Mitarbeiter beim Compliance-Beauftragten bzw. dessen Organisation zum Thema Compliance und zu angemessenen Verhaltensweisen in konkreten Fällen beraten werden.[2] Zwischen Whistleblower- und Beratungs-Hotline sollte deutlich unterschieden werden. Hierfür sollten gängige unterschiedlicher Bezeichnungen und deutlich unterschiedliche Kontaktdaten verwendet werden.

bb) Pflicht zur Einrichtung von Whistleblower-Systemen

213 In internationalen Konzernen ergibt sich die Pflicht zur Einrichtung einer Whistleblower-Hotline aus dem **Sarbanes Oxley Act** (SOX), der an US-Börsen gelistete Unternehmen und ihre Tochtergesellschaften einerseits in Section 302[3] verpflichtet, Verfahren einzurichten, damit Arbeitnehmer vertraulich und anonym Meldungen über Angelegenheiten der Rechnungslegung und Abschlussprüfung machen können, und in Section 806[4] ausdrücklich vorsieht, dass Arbeitnehmer, die Meldungen eingereicht haben, vor Benachteiligungen oder Belästigungen geschützt werden müssen.[5]

214 Der vom US-amerikanische Justizministerium gemeinsam mit der für Untersuchungen zuständigen Einheit der US-amerikanischen Wertpapieraufsichtsbehörde (SEC) herausgegebene **Leitfaden zum FCPA**[6] betont in seinen Handlungsempfehlungen,[7] dass ein effektives Compliance-Programm auch ein Verfahren beinhalten sollte, mit dem Arbeitnehmer und Dritte Fehlverhalten und Verstöße gegen Richtlinien des Unternehmens vertraulich melden können. Ein solches Verfahren könne eine anonyme Hotline oder auch ein Ombudsmann sein, wenngleich der Begriff des Ombudsmanns nach europäischem Verständnis einen Streitschlichter meint, während es beim Whistleblowing um die Entgegennahme von Meldungen und deren anschließende Prüfung geht.[8]

215 Darüber hinaus ist auch nach den **US Sentencing Guidelines,** den Richtlinien zur Strafzumessung durch die US-Bundesgerichte, vorgesehen, dass ein Verfahren zur Vorbeugung und Aufklärung kriminellen Verhaltens im Unternehmen vorhanden sein muss, mit dem Arbeitnehmer sich anonym oder vertraulich beraten lassen und kriminelles Verhalten melden können,[9] um bei der Strafzumessung begünstigt zu werden.

216 Nach dem **UK Bribery Act** machen sich Unternehmen strafbar, die keine Präventivmaßnahmen zur Korruptionsverhinderung ergriffen haben.[10] Dementsprechend muss das Unternehmen nachweisen, dass es geeignete Maßnahmen („adequate procedures") ergriffen bzw. Verfahren etabliert hat, um Bestechungshandlungen durch nahe-

---

[1] *Mahnhold* NZA 2008, 737; *Auer* CR 2013, 1.
[2] Vgl. *Martinek/Semler/Flohr,* Handbuch des Vertriebsrechts, Rn. 142; Hauschka/*Lampert/Matthey,* Corporate Compliance, § 26 Rn. 73.
[3] Section 302 (4) (B) „*Each audit committee shall establish procedures for the confidential, anonymous submission by employees of the issuer of concerns regarding questionable accounting or auditing matters.*".
[4] Der SOX enthält in Section 806 auch konkrete Regelungen zum möglichen Schadensersatz betroffener Arbeitnehmer und zum Verfahren.
[5] Siehe zur Diskussion eines Whistleblower-Schutzes durch eine gesetzliche Regelung in Deutschland: *Király* ZRP 2011, 146; *Simonet* RdA 2013, 236; *Rudkowski* CCZ 2013, 204.
[6] A Resource Guide to the U.S. Foreign Corrupt Practices Act unter http://www.justice.gov/criminal/fraud/fcpa/guide.pdf.
[7] „Hallmarks of Effective Compliance Programs" in Resource Guide FCPA, chapter 5.
[8] *Auer* CR 2013, 1.
[9] 8 B 2.1 (b) (1) und (5) (C) US Sentencing Guidelines „*to have and publicize a system, which may include mechanisms that allow for anonymity or confidentiality, whereby the organization's employees and agents may report or seek guidance regarding potential or actual criminal conduct without fear of retaliation.*".
[10] Siehe hierzu → Rn. 115.

B. Compliance im grenzüberschreitenden Konzern

stehende Personen zu verhindern. Was geeignete Maßnahmen sind, hat das Justizministerium gemäß Section 9 (1) UK Bribery Act in einem Leitfaden veröffentlicht.[1] Unter dem Stichwort „Kommunikation" wird darauf hingewiesen, wie wichtig die Einrichtung eines sicheren, vertraulichen Systems ist, über das Unternehmensangehörige und externe Personen Meldungen machen oder Beratung einholen können.[2]

Die infolge des LIBOR-Skandals zur Untersuchung des Bankensektors im Juli 2012 eingesetzte *Parliamentary Commission on Banking Standards* veröffentlichte knapp ein Jahr später mit ihrem Bericht[3] zusätzliche Empfehlung für Meldesysteme und die Absicherung der Informanten. Eine im Anschluss durchgeführte Untersuchung der allgemeinen Handhabung im Vereinigten Königreich durch das *Department for Business, Innovation and Skills* kam Mitte 2014 ebenfalls zu dem Ergebnis,[4] dass die Rahmenbedingungen für Meldesysteme und Informationen verbessert werden müssen. Welche konkreten Veränderungen erfolgen sollen, wir erarbeitet.

217

Gesetzliche Regelungen in Deutschland zum Whistleblowing beschränken sich auf den Finanzsektor:

Wie andere deutsche Vorschriften[5] enthielt auch das Kreditwesengesetz (KWG) bis zum Jahr 2014 keine ausdrücklichen Whistleblower-Regelungen. Bis dahin beinhalteten lediglich die Auslegungs- und Anwendungshinweise der BaFin[6] einen dezenten Hinweis, dass auch die Schaffung eines internen oder externen niedrigschwelligen Informationsweges, *„der die Anonymität von Mitarbeitern sicherstellt (zB Hinweisgebersystem bzw. ‚Whistleblowing')", bei der Aufdeckung strafbarer Handlungen hilfreich sein"* kann.

Mit Wirkung vom 1.1.2014 wurde jedoch in § 25a Abs. 1 S. 6 Nr. 3 KWG eine **Verpflichtung für Kreditinstitute** geschaffen, ein **Meldesystem zu implementieren.** Kreditinstitute müssen nach § 25a Abs. 1 KWG über eine ordnungsgemäße Geschäftsorganisation verfügen. Diese Organisation – so sieht es § 25a Abs. 1 S. 6 Nr. 3 KWG vor – muss auch einen Prozess umfassen, mit dem Mitarbeiter Verstöße melden können. Die Meldung muss den Mitarbeitern unter Wahrung der **Vertraulichkeit ihrer Identität** ermöglicht werden. Sie sollen über Verstöße gegen die Verordnung (EO) Nr. 575/2013 oder gegen das KWG oder gegen die aufgrund des KWG erlassenen Rechtsverordnungen sowie etwaige strafbare Handlungen innerhalb des Unternehmens an geeignete Stellen berichten können. Dieser nur für Kreditinstitute verbindlichen Vorgabe sind somit Anhaltspunkte zu entnehmen, wie sich der deutsche Gesetzgeber Verpflichtungen über Hinweisgebersysteme vorstellt. Verlangt werden systematische und dokumentierte Ab-

---

[1] The Bribery Act 2010, Guidance about procedures which relevant commercial organisations can put into place to prevent persions associated with them from bribing, unter http://www.justice.gov.uk/downloads/legislation/bribery-act-2010-guidance.pdf.
[2] The Bribery Act 2010, Guidance, 5.3, S. 29.
[3] Der Bericht *„Changing banking for good"* vom 19.6.2013 ist abrufbar unter http://www.parliament.uk/business/committees/committees-a-z/joint-select/professional-standards-in-the-banking-industry/news/changing-banking-for-good-report/. Hierzu *Webster*, Business Law International Vol 16 1/2015, 65.
[4] Der Bericht „Whistleblowing Framework Call for Evidence" 25.6.2014 vom ist abrufbar unter https://www.gov.uk/government/uploads/system/uploads/attachment_data/file/323 399/bis-14-914-whistleblowing-framework-call-for-evidence-government-response.pdf.
[5] Vgl. § 12 WpDVerOV; § 8 InvVerOV; auch § 33 Abs. 1 Nr. 4 WpHG sah lediglich vor, dass „wirksame und transparente Verfahren für eine angemessene und unverzügliche Bearbeitung von Beschwerden durch Privatkunden" vorgehalten werden mussten.
[6] Vgl. Auslegungs- und Anwendungshinweise zu § 25c KWG (Stand 1.6.2011) unter http://www.bafin.de/SharedDocs/Downloads/DE/Auslegungsentscheidung/dl_ae_rs_1107_gw_anlage1.pdf?_blob=publicationFile&v=7 bzw. Auslegungs- und Anwendungshinweise der DK zur Verhinderung von Geldwäsche, Terrorismusfinanzierung und „sonstigen strafbaren Handlungen" (Stand 16.12.2011) unter http://www.bafin.de/SharedDocs/Downloads/DE/Auslegungsentscheidung/dl_rs_1201_gw_anlage1_AuAs.pdf?_blob=publicationFile&v=6.

läufe, die eine organisierte Erfassung von Meldungen und Hinweisen sicherstellen.[1] Das **Meldesystem** muss zumindest den Mitarbeitern zugänglich gemacht werden. Es kann auch auf Dritte zB auf Kunden ausgedehnt werden.

Der Gesetzgeber sieht vor, dass die Vertraulichkeit der Identität gewahrt sein muss. Hiermit wird deutlich, dass Kreditinstitute nach deutschem Recht nicht verpflichtet sind, **anonyme Meldungen** anzunehmen. Die Annahme anonymer Meldung ist aber auch nicht verboten, so dass die Vorschrift Verpflichtungen durch ausländische Vorschriften nicht entgegensteht. Wichtig ist, dass sich die Meldepflicht nicht allein auf Verstöße gegen das Kreditwesen beschränkt, sondern eben auch andere strafbare Handlungen gemeldet werden können. Hiervon dürften aber nur Straftaten erfasst sein, die einen Bezug zum Arbeitsverhältnis aufweisen.[2] Auch dies steht den Vorgaben ausländischen Rechts nicht entgegen. Besonderheiten gelten nach dem KWG, wenn das Kreditinstitut Aktivitäten und Prozesse auf Externe auslagern will.[3]

Weitere Regelungen könnten sich durch **Europäisches Recht** ergeben: Die Europäische Kommission befasste sich schon seit dem Jahr 2011 mit einer Überarbeitung der Richtlinie 2003/6/EG über Insidergeschäfte und Marktmanipulation.[4] Am 2.7.2014 ist die neue Verordnung für Insiderhandel und Marktmanipulationen (**Marktmissbrauchsverordnung (EU) 596/2014**) in Kraft getreten.[5] Dies ist insofern beachtlich, weil Verordnungen allgemeine Geltung haben, verbindlich sind und unmittelbar in jedem Mitgliedstaat gelten. Die Marktmissbrauchsverordnung betrifft die Akteure des Finanzmarktes und gilt ab dem 3.7.2016. Soweit sie – wie dies für Whistleblower-Regelungen im Art. 32 der Fall ist – doch noch der Umsetzung in nationales Recht bedarf, muss dies ebenfalls bis dahin erfolgen.

Nach Art. 32 der Marktmissbrauchsverordnung müssen die Mitgliedstaaten dafür Sorge tragen, dass die zuständigen Behörden wirksame Mechanismen schaffen, um die Meldung tatsächlicher oder potenzieller Verstöße ermöglichen. Diese Mechanismen werden in Art. 32 Abs. 2 genauer spezifiziert: Die zuständigen Behörden müssen einerseits Verfahren schaffen, mit denen sie Meldungen über Verstöße entgegennehmen und nachverfolgen können.[6] Die Kommunikationskanäle für derartige Meldungen müssen sicher sein. Anderseits müssen die Mitgliedsstaaten sicherstellen, dass Arbeitnehmer, die Verstöße melden oder denen Verstöße zur Last gelegt werden, angemessenen vor Vergeltungsmaßnahmen, Diskriminierung oder anderen Arten ungerechter Behandlung geschützt sind.[7] Dies umfasst auch einen entsprechenden Schutz personenbezogener Daten von Tätern und Whistleblowern.[8] Darüber hinaus sieht die Verordnung vor, dass die Mitgliedstaaten auch die Arbeitgeber des Finanzmarktes verpflichten, angemessene Meldeverfahren einzurichten.[9] Inwieweit die EU-Mitgliedstaaten ihre für den Finanzsektor geltenden Vorschriften überarbeiten (vgl. → Rn. 136), müssen international agierende Konzerne im Auge behalten.

---

[1] *Renz/Rohde-Liebenau* BB 2014, 692.
[2] *Renz/Rohde-Liebenau* BB 2014, 692.
[3] Siehe hierzu § 25b KWG.
[4] Ein erster Vorschlag für eine Verordnung über Insider-Geschäfte und Marktmanipulation, KOM (2011) 651 wurde von der EU-Kommission schon am 20.10.2011 angenommen, siehe Pressemitteilung der EU-Kommission vom 20.10.2011 unter http://europa.eu/rapid/press-release_IP-11-1217_de.htm?locale=en.
[5] Die Verordnung vom 16.4.2014 ist abrufbar unter http://eur-lex.europa.eu/legal-content/DE/TXT/PDF/?uri=CELEX:32014R0596&from=DE.
[6] Art. 32 Abs. 2a).
[7] Art. 32 Abs. 2b).
[8] Art. 32 Abs. 2c).
[9] Art. 32 Abs. 2.

Außereuropäisches überstaatliches Recht mit Bezug zum Whistleblowing ist in Deutschland nicht in Kraft: Weder das Strafrechtsübereinkommen über Korruption des Europarates vom 27.1.1999[1] noch das Zivilrechtsübereinkommen über Korruption des Europarates vom 4.11.1999[2] sind in Deutschland ratifiziert. Beide Übereinkommen enthalten zwar keine Regelungen über Meldesysteme, immerhin aber Regelungen zum Schutz der Beschäftigten, die einen Korruptionsverdacht mitteilen. Danach sollen die Mitgliedsstaaten Maßnahmen treffen, um **Hinweisgebern einen wirksamen und angemessenen Schutz** zu gewährleisten[3] bzw. sie angemessen vor ungerechtfertigten Nachteilen zu schützen.[4] Auch das Übereinkommen der Vereinten Nationen gegen Korruption vom 31.10.2003[5] ist in Deutschland noch nicht ratifiziert. Nach diesem Übereinkommen müssen die Staaten nicht nur sicherstellen, dass es in privatwirtschaftlichen Unternehmen unter Berücksichtigung ihrer Struktur und Größe hinreichende **Kontrollen durch die interne Revision** gibt, um Korruptionshandlungen zu verhüten und aufzudecken.[6] Zudem müssen die Vertragsstaaten auch geeignete Maßnahmen treffen, damit einerseits die (staatlichen) Stellen zur Korruptionsbekämpfung bekannt sind und andererseits der Zugang zu diesen Stellen ermöglicht wird. Diesen Stellen sollen Vorfälle, die das UN-Übereinkommen gegen Korruption als Straftaten umschreibt, gemeldet werden können – nach dem Übereinkommen soll dies ausdrücklich auch anonym geschehen können.[7] Außerhalb Deutschlands operierende Konzerne müssen auch diese Standards im Auge behalten.

Grenzüberschreitend tätige Konzerne müssen im Rahmen ihrer Tätigkeit allen einschlägigen Regelungen gerecht werden.[8] Dementsprechend haben sich viele der nach dem SOX für Rechnungslegungs- und Abschlussprüfungsangelegenheiten vorgesehenen Meldesysteme dahingehend entwickelt, dass sie auch Meldungen anderer Compliance-Verstöße, sei es gegen sonstige Strafvorschriften oder gegen den Code of Conduct des Unternehmens erfassen, und intern und extern zugänglich sind.[9]

cc) Einrichtung und Betrieb einer Whistleblower-Hotline im grenzüberschreitenden Konzern

Bei der Einrichtung einer Whistleblower-Hotline im grenzüberschreitenden Konzern stellen sich zusätzliche **organisatorische Fragen**.

Wie das Whistleblowing-System organisiert wird, obliegt mangels verbindlicher Vorgaben und Standards dem verantwortlichen Unternehmen, so dass sich Meldesysteme von Unternehmen zu Unternehmen bzw. Konzern zu Konzern unterscheiden.[10]

So stellt sich die Frage, ob es eine **weltweit einheitliche Hotline** geben oder ob die Hotline für einzelne Regionen oder Länder separat betrieben werden soll. Die Entscheidung hierüber ist abhängig vom Aufbau der Compliance-Organisation. Konzentriert sich die Compliance-Organisation auf einen zentralen Compliance-Beauftragten, müssen die Fäden einer Whistleblower-Hotline notwendigerweise bei diesem zusammenlaufen. Wurden dagegen regionale Compliance-Einheiten installiert, so sind

---

[1] http://www.conventions.coe.int/Treaty/GER/Treaties/Html/173.htm.
[2] http://www.conventions.coe.int/Treaty/GER/Treaties/Html/174.htm.
[3] Art. 22 Strafrechtsübereinkommen vom 27.1.1999.
[4] Art. 9 Zivilrechtsübereinkommen über Korruption.
[5] http://www.admin.ch/opc/de/official-compilation/2009/5467.pdf.
[6] Art. 12 Abs. 2f UN-Übereinkommen gegen Korruption.
[7] Art. 13 Abs. 2 UN-Übereinkommen gegen Korruption.
[8] Zur exterritorialen Wirkung US-amerikanischer Regeln: *Mahnhold* NZA 2008, 737; *Reufels/Deviard* CCZ 2009, 201.
[9] *Von Zimmermann* WM 2007, 1060.
[10] Vgl. *Mahnhold* NZA 2008, 737.

Teil II. 4. Typische Sachverhalte bei internationalen Konzernen

ohne Weiteres auch regionale Meldesysteme möglich. Dabei sollten sich mehrere Meldesysteme in ihrer Ausgestaltung entsprechen, um einen **weltweit einheitlichen Meldeprozess** zu gewährleisten. Dementsprechend müssen Whistleblower-Kanäle, Zuständigkeiten und meldefähige Inhalte weltweit einheitlich sein.

222   Beim Betrieb einer Whistleblower-Hotline kann die Aufnahme von Meldungen **konzernintern** erfolgen, sie kann aber auch auf externe Stellen übertragen werden. In letzterem Fall sollte klargestellt werden, ob diese **externen Stellen** lediglich Empfänger der Meldungen sind, oder auch die weitere Untersuchung übernehmen. Auch dies sollte im Konzern einheitlich gehandhabt werden.

223   Whistleblower-Meldungen können über **unterschiedliche Kanäle** abgegeben werden. Meldungen können also persönlich gegenüber dem Compliance-Beauftragten oder seiner Organisation – sei sie intern oder extern – abgegeben werden. Meldungen sollten aber auch postalisch, telefonisch oder per Email oder Telefax möglich sein. Auch Meldesysteme im Intranet oder Internet finden sich in der Praxis.[1] Bei der Auswahl möglicher Kanäle, insbesondere der Frage, ob auch **anonyme Meldungen** abgegeben werden können, muss abgewogen werden: Je einfacher die Meldemöglichkeit, desto niedriger ist die Hemmschwelle, Meldungen abzugeben. Zwar mag hierbei das Risiko anonymer Falschmeldungen steigen. Gerade aber global operierende Konzerne müssen sich auch der Tatsache bewusst sein, dass die schiere Größe der Organisation den Einzelnen von einer Meldung abhalten könnte, wenn er „befürchtet", seine Meldung gehe „nach ganz oben" und sich dem nicht gewachsen fühlt.[2] In der Praxis ist Missbrauch ohnehin kein Thema. Im Hinblick auf gesetzliche Regelungen im Ausland (siehe hierzu → Rn. 213), kommen grenzüberschreitende Konzerne gar nicht umhin, in ihren Whistleblower-Systemen auch anonyme Meldungen zuzulassen.[3] Gleichzeitig müssen sie sicherstellen, dass Melder und Mitteilungen nicht nur sicher angenommen werden, sondern diese Daten anschließend vertraulich und nach den Vorgaben des Datenschutzes[4] aufbewahrt und behandelt werden.

224   Der mit dem Betrieb einer Meldehotline erforderliche Aufwand führt bei grenzüberschreitenden Konzernen zu der Frage, ob Meldungen **kostenlos** und ohne **zeitliche Einschränkung** („24/7") möglich sein sollen, insbesondere wenn Mitarbeiter des Konzerns weltweit und in unterschiedlichen Zeitzonen arbeiten. Eine Pflicht zum Betrieb einer kostenlosen telefonischen Meldehotline besteht nicht. Weltweit gültige kostenlose Rufnummern verlangen nach wie vor einigen organisatorischen Aufwand und verursachen entsprechende Kosten – zwingend notwendig ist ein derartiges Angebot nicht. Der Wert einer Whistleblower-Hotline wird erfahrungsgemäß auch nicht dadurch geschmälert, dass persönliche oder telefonische Meldungen nur zu bestimmten Geschäftszeiten abgegeben werden können. Dies gilt umso mehr, wenn andere Kanäle, wie die Meldung per Email, Internet oder Intranet, Tag und Nacht möglich sind.

225   In aller Regel wird eine Whistleblower-Hotline von **Nutzerregeln** begleitet. Diese sehen zB vor, welche meldefähigen Inhalte über die Hotline gemeldet werden kön-

---

[1] Häufig wird der Nutzer hierbei durch ein System gesteuert das seitens des Unternehmens die für eine weitere Untersuchung relevanten Aspekte abfragt, zB das Einverständnis mit den Rahmenbedingungen des Meldesystems, Kontaktdaten oder gewünschte Anonymität, Zeit, Ort und Art eines Vorfalls und Möglichkeiten der Kontaktaufnahme zum Whistleblower.
[2] So auch *Auer* CR 2013, 1.
[3] Zur Problematik des europäischen Datenschutzes: *von Zimmermann* WM 2007, 1060; *Mahnhold* NZA 2008, 737; Wecker/van Laak/*Bauer*, Compliance in der Unternehmenspraxis, S. 191, *Reufels/Deviard* CCZ, 2009, 201.
[4] Im europäischen Ausland bestehen teilweise Registrierungs- und Anzeigepflichten, Wecker/van Laak/*Bauer*, Compliance in der Unternehmenspraxis, S. 191.

nen, wie mit Meldungen umgegangen wird, insbesondere wie die weitere Kommunikation mit einem Hinweisgeber abläuft.

Auch hier muss die im grenzüberschreitenden Konzern relevante Frage nach der oder den Nutzersprachen berücksichtigt werden. Zwar erleichtert eine einheitliche **Sprache** den Betrieb einer Whistleblower-Hotline. In grenzüberschreitenden Konzernen muss dafür allerdings auch in Kauf genommen werden, dass möglicherweise wichtige Meldungen auf Grund der „Sprachbarriere" einzelner Hinweisgeber unterbleiben. Das mag zwar bei persönlichen oder telefonischen Meldungen praktisch nicht vorkommen. Die anderen Meldekanäle könnten den Nutzern ausländischer Tochtergesellschaften aber bei Vorgabe einer Meldesprache verwehrt sein. 226

dd) Belohnungs- und Anreiz-Systeme

Ein weiteres Thema beim Whistleblowing ist die Frage, ob im Unternehmen **Belohnungen für Hinweisgeber** ausgelobt werden sollen. Auslöser hierfür ist die Entwicklung in den USA. So lobt zB die US-Steuerbehörde Inland Revenue Service (IRS) einen sogenannten *Informant Award* aus.[1] Diese Prämie kann zwischen 15% und 30% der vereinnahmten Bußen oder Geldstrafen betragen. Wie der mehrsprachigen[2] Internetseite der IRS zu entnehmen ist, gibt es beim Belohnungssystem keine Begrenzung nach oben.[3] So berichtet die IRS für das Jahr 2012, dass bei 8634 gemeldeten Fällen insgesamt 128 Mal eine Belohnung gezahlt wurde, die in 12 Fällen über 2 000 000 USD betrug.[4] Insgesamt hat die IRS für *Informant Awards* 125 355 799 USD gezahlt, gleichzeitig aber durch Strafen und Geldbußen einen Betrag von fast 600 Millionen USD eingenommen.[5] 227

Die US-Börsenaufsichtsbörde SEC kündigte am 25.5.2011 die Einführung zusätzlicher Regelungen für Hinweisgeber an,[6] die als „Whistleblower-Program" zu Sec. 922 des *Dodd-Frank-Act* als Sec. 21F eingeführt wurden.[7] Das sogenannte Programm sieht finanzielle Anreize für Hinweisgeber vor. Falls die Hinweise eines Informanten zu einer Geldbuße über einer Mio. US-Dollar führen, ist die SEC verpflichtet, dem Hinweisgeber eine Belohnung von 10% bis 30% der verhängten Geldbuße zu gewähren. Erfasst werden Informationen, die Insiderhandel, Bilanzmanipulation oder Korruption im Ausland betreffen. Parallel hierzu wurde der Schutz der Hinweisgeber vor Vergeltungsmaßnahmen verbessert. 228

Belohnungen für Hinweisgeber sind dagegen in **Deutschland und Europa** noch nicht üblich. Zwar hat das Bundeskartellamt im Juni 2012 ein elektronisches System zur Entgegennahme von anonymen Hinweisen auf Kartellverstöße eingeführt.[8] Auch haben die bislang eingegangenen Meldungen zur Einleitung von Ermittlungsverfahren 229

---

[1] Siehe unter: http://www.irs.gov/uac/Whistleblower-Informant-Award.
[2] Neben Englisch werden die Informationen in Spanisch, Chinesisch, Koreanisch, Vietnamesisch und Russisch vorgehalten.
[3] Während das US-Justizministerium gegen die Schweizer Großbank UBS eine Geldstrafe von 700 Mio. US-Dollar verhängte, erhielt der Informant und ehemalige UBS-Mitarbeiter Bradley Birkenfeld einen *Informant Award* iHv 104 Mio. US-Dollar.
[4] Weitere Einzelheiten im Fiscal Year 2012 Report unter http://www.irs.gov/pub/whistleblower/2012%20IRS%20Annual%20Whistleblower%20Report%20to%20Congress_mvw.pdf.
[5] Vgl. Fiscal Year 2012 Report S. 16 unter http://www.irs.gov/pub/whistleblower/2012%20IRS%20Annual%20Whistleblower%20Report%20to%20Congress_mvw.pdf.
[6] Siehe unter http://www.sec.gov/news/press/2011/2011-116.htm.
[7] US SEC 17 CFR Parts 240 and 249 [Release No. 34–64545; File No. S 7–33-10] RIN 3235-AK78 unter http://www.sec.gov/rules/final/2011/34–64545.pdf mit der finalen Fassung unter http://www.sec.gov/about/offices/owb/dodd-frank-sec-922.pdf; hierzu: *Fleischer/Schmolke* NZG 2012, 361.
[8] Siehe unter https://www.bkms-system.net/bkwebanon/report/clientInfo?cin=2bkarta151.

geführt oder laufende Verfahren mit zusätzlichen Informationen unterstützt. Belohnungen lobt das Bundeskartellamt jedoch nicht aus. Dies gilt auch für die Compliance-Programme deutscher Konzerne.

230 Die am 2.7.2014 in Kraft getretene Verordnung für Insiderhandel und Marktmanipulationen (**Marktmissbrauchsverordnung (EU) 596/2014**), die die Akteure des Finanzmarktes betrifft und ab dem 3.7.2016 gilt, sieht in Art. 32 Abs. 4 Möglichkeiten für finanzielle Anreize an Whistleblower ausdrücklich vor. Dabei steht es den Mitgliedstaaten offen, ob sie – im Einklang mit den nationalen Gesetzen – **finanzielle Anreize** für Personen schaffen, die relevante Informationen über mögliche Verstöße bereitstellen. Die Verordnung sieht vor, dass solche Anreize nur gewährt werden, wenn der Hinweisgeber nicht schon gesetzlich oder vertraglich zur Meldung verpflichtet ist. Ferner muss es sich um neue Informationen handeln, die zur Verhängung von Sanktionen führen. In der Begründung des Verordnungsentwurfs hieß es unter 3.4.5.2., dass Meldungen von Hinweisgebern eine **nützliche Quelle für Informationen** aus erster Hand seien und die zuständigen Behörden auf Fälle von mutmaßlichem Marktmissbrauch hinweisen könnten.[1] Ob die für den Finanzsektor in den einzelnen EU-Mitgliedsstaaten geltenden Vorschriften überarbeitet[2] und finanzielle Anreize für Whistleblower eingeführt werden, bleibt abzuwarten.[3]

231 Einem solchen Anreizsystem wird in Europa jedoch mit **Misstrauen** begegnet. Als Gründe gegen die Einführung werden Missbrauch und Denunziation,[4] die Gefährdung des Vertrauensverhältnisses zwischen Arbeitgebern und Arbeitnehmern oder ein Angriff auf die Unternehmenskultur angeführt; vorhandene Compliance-Maßnahmen und Meldesysteme seien ausreichend.[5]

232 Die Frage nach einer Belohnung für Hinweisgeber dürfte also gerade in internationalen Konzernen für **Diskussionsstoff** sorgen. Aus US-amerikanischer Sicht haben sich Whistleblower-Systeme nicht zuletzt auch durch die Honorierung für Hinweisgeber bewährt. Denn Wirtschaftsstraftaten lassen sich in aller Regel nur mit erheblichem Aufwand aufklären, so dass die Möglichkeit weiterer Erkenntnisquellen und Entdeckungsmöglichkeiten erforderlich sind. Auch darf nicht vernachlässigt werden, dass die US-amerikanischen Belohnungssysteme eine Belohnung für den Hinweisgeber an die Verhängung einer Strafe für den Täter knüpfen, so dass Falschmeldungen nicht honoriert werden. Dies müsste die Befürchtung, finanzielle Anreize würden ein „Denunziantentum" verstärken, eigentlich beruhigen. Und doch begegnet Belohnungen in Europa weiterhin mit einiger Skepsis, was nicht zuletzt auch an der in den USA praktizierten Höhe solcher Belohnungen liegen mag. Hierzulande wird immer noch die Ansicht vertreten, dass die Mitarbeiter ein grundsätzliches Interesse daran haben sollten, Schwachstellen im eigenen Unternehmen möglichst frühzeitig aufzudecken, um Schaden von ihrem Arbeitgeber abzuwenden – ohne dass ihnen zusätzlich noch eine Belohnung gezahlt wird.[6]

233 Vergleicht man aber die **Unternehmenspraxis** bei Verbesserungsvorschlägen der Mitarbeiter, so sind dort (hohe) Zahlungen für Verbesserungsvorschläge nicht unüb-

---

[1] Abrufbar unter http://eur-lex.europa.eu/legal-content/DE/TXT/PDF/?uri=CELEX:52011PC 0651&from=DE; zum Verordnungsentwurf: *Fleischer/Schmolke*, NZG 2012, 361.
[2] Vgl. Rn. 136.
[3] Kritisch bei staatlicher Auslobung: *Buchert* CCZ 2013, 144; aA *Fleischer/Schmolke* NZG 2012, 361.
[4] Siehe hierzu auch die oben dargestellten Bedenken gegen anonyme Meldemöglichkeiten.
[5] Siehe hierzu: http://diepresse.com/home/wirtschaft/international/1322328/Geld-fuer-Informanten_Der-Kampf-um-die-Whistleblower und *Buchert* CCZ 2013, 144; *Fleischer/Schmolke* NZG 2012, 361 sowie für die Situation im Vereinigten Königreich: *Webster* Business Law International Vol 16 1/2015, 65.
[6] So etwa *Buchert* CCZ 2013, 144; aA *Fleischer/Schmolke* NZG 2012, 361.

B. Compliance im grenzüberschreitenden Konzern

lich. Insoweit stellt sich die berechtigte Frage, ob Compliance dem Unternehmen nicht ebenso „etwas" wert sein sollte. Zwar ist die Kalkulation einer Belohnung für Unternehmen schwieriger als etwa für Behörden, die Strafen verhängen. Auch stellt sich die Frage, ob es nicht einer Deckelung bedarf oder zumindest solche Hinweisgeber von einer Belohnung ausgeschlossen werden müssen, die selbst in Rechtsverletzungen verwickelt sind. Andererseits haben auch Compliance-Verstöße deutscher internationaler Konzerne in der Vergangenheit so erhebliche Strafen ausgelöst, dass schon aus wirtschaftlichen Gründen darüber nachgedacht werden muss, ob stattdessen nicht auch eine „Investition in Hinweisgeber" erfolgen sollte, um Schäden und Strafen (rechtzeitig) zu minimieren.

International aufgestellte Konzerne, die verschiedene Rechtsordnungen und Unternehmenskulturen miteinander verbinden, werden sich ohnehin hiermit weiter auseinandersetzen müssen. 234

e) Schulungen/Trainings

Compliance Programme, insbesondere wenn sie aus verschiedenen Komponenten wie Code of Conduct, konkretisierenden Einzelrichtlinien und einem Whistleblower-System bestehen, müssen den Mitarbeitern nicht nur bekannt sein,[1] um wirken zu können. Auch ist eine **regelmäßige Schulung** im Umgang mit den einzelnen Compliance-Komponenten erforderlich.[2] Im grenzüberschreitenden Konzern sind derartige Schulungen und Trainings besonders wichtig; nicht nur um Vorbehalte der Mitarbeiter nationaler Gesellschaften gegen die von der (ausländischen) Konzernobergesellschaft vorgegebenen Compliance-Regelungen zu vermeiden, sondern um die Mitarbeiter frühzeitig in die Umsetzung der bestehenden Compliance-Regelungen einzubinden. Erfahrungsgemäß müssen Compliance-Regelungen auch dann erläutert und die Mitarbeiter im korrekten Umgang geschult werden, wenn sie praxisnah formuliert sind[3] – für die Regelungen internationaler Konzerne zu komplexen Rechtsthemen gilt dies genauso, wenn nicht sogar noch mehr. 235

Die **Ziele** von Compliance-Schulungen internationaler Konzerne weichen von denen anderer Arbeitgeber nicht ab: 236
- Die Schulungen sollen die **Einstellung der Mitarbeiter** zu Compliance-relevanten Themen verändern, insbesondere zu bestehenden Risiken sensibilisieren.
- Sie dienen der **Wissensvermittlung,** um den Mitarbeitern eigenverantwortliches Handeln zu ermöglichen.
- Durch die Schulungen soll also nachhaltige Compliance in den Konzernunternehmen implementiert werden, indem die einzelnen Komponenten eines Compliance-Programms den jeweils betroffenen Mitarbeitern nicht nur bekannt gemacht werden, sondern indem die Mitarbeiter durch regelmäßigen Kontakt hiermit im täglichen Umgang geschult werden und sich danach entsprechend verhalten.[4]

Gleichzeitig ermöglichen Compliance-Schulungen dem Konzern bzw. den einzelnen Konzernunternehmen, **lokale und regionale Praxiserfahrungen** zu sammeln und auszuwerten. Ein bestehendes Compliance-Programm kann hierauf abgestimmt werden, insbesondere im Hinblick auf das Training zu einzelnen Compliance-Komponenten. Werden beispielsweise im Rahmen der Antikorruptionsschulung neue „Praktiken" von Lieferanten oder Kunden festgestellt, mit denen bestehende Rege- 237

---
[1] Hauschka/Lampert, Corporate Compliance § 9 Rn. 34.
[2] Nothhelfer CCZ 2013, 23.
[3] Moosmayer, Compliance, S. 53.
[4] Vgl. Nothhelfer CCZ 2013, 23.

lungen umgangen werden sollen, können die Compliance-Richtlinien und die Schulungen entsprechend nachjustiert werden. Solche Erfahrungen lassen sich auch „grenzüberschreitend" einsetzen und können dementsprechend für eine **Verdichtung** des Compliance-Systems sorgen. Die Erfahrung zeigt, dass es durchaus regionale und nationale Unterschiede in der Gewichtung einzelner Compliance-Risiken gibt. Bei der entsprechenden Analyse sind Trainings eine **hilfreiche Unterstützung,** um Erfahrungen aus der Praxis zu erhalten.[1]

238   Auch in grenzüberschreitenden Konzernen werden Schulungen sowohl persönlich als auch elektronisch oder webbasiert zu bestimmten Themen oder an bestimmte Mitarbeitergruppen gerichtet angeboten. Die **Art und Weise der Schulungen** ist in aller Regel ausgerichtet am Bedarf, zeitlichen Aufwand, an Kosten, Auswertungsmöglichkeiten und Erfolgsmessung. Auch hier zeigt sich in der Unternehmenspraxis: Je spezieller Thema oder Mitarbeitergruppen, desto individueller sollte das jeweilige Training sein – dies gilt auch in internationalen Konzernen. Dementsprechend werden häufig allgemeine Einführungen in das Thema Compliance, mit denen die Mitarbeiter die einzelnen Compliance-Regelungen kennenlernen sollen, elektronisch geschult, weil sich so die Mitarbeiter am einfachsten erreichen lassen. Dies gilt umso mehr, wenn die Schulung beispielsweise zentral von der ausländischen Muttergesellschaft aus gesteuert wird.

239   Jedoch sind Schulungen für speziellere Themen wie zB Vergaberecht, in der Regel einem **bestimmten Teilnehmerkreis** vorbehalten, um diesen im Umgang mit den für seine Tätigkeit relevanten Rechtskenntnisse und spezifischen Risiken zu schulen.[2] Da bei diesem Thema auch nationales Recht mit einfließt, bietet es sich an, dies in kleineren Gruppen für die betroffenen Mitarbeiter zu schulen. Hierbei ist dann auch ein intensiverer Austausch, insbesondere die Klärung von Fragen der Mitarbeiter möglich.

240   Schulungen sollten nicht nur regelmäßig aufgefrischt werden. Auch Schulungsmethoden und -inhalte sollten regelmäßig variiert und angepasst werden, um Ermüdungseffekte zu vermeiden.[3]

241   Bei der Durchführung von Schulungsmaßnahmen stellt sich für den Arbeitgeber immer die Frage, ob die Schulungsmaßnahmen **freiwillig oder verpflichtend** sein sollen. Unternehmen kommen nicht umhin, die einzelnen Compliance-Aspekte konsequent zu verfolgen. Ein reines Schulungsangebot, das die Mitarbeiter auf freiwilliger Basis annehmen können oder nicht, ist unzureichend. Inwieweit der lokale Betriebsrat hier Mitbestimmungsrechte hat, hängt einerseits davon ab, ob die Schulung deutscher Arbeitnehmer Informations- oder Bildungscharakter hat, Arbeits- oder Ordnungsverhalten betrifft, bzw. andererseits wie die Schulung oder die Teilnehmerauswahl ausgestaltet ist.[4] Erfahrungsgemäß wird das Thema Compliance von Arbeitnehmervertretungen grundsätzlich unterstützt. Bedenken kommen auf Seiten der Betriebsräte immer dann auf, wenn die Schulungen mit einer **Leistungsbewertung** verbunden sind oder wenn beim **Datenschutz** Unsicherheiten bestehen, was insbesondere bei grenzüberschreitenden Konzernen nicht selten der Fall ist (→ Rn. 5). Hier führt das unterschiedliche Datenschutzniveau nach wie vor zu erheblichem Diskussionsstoff.

242   Gleiches gilt nach Einführung verpflichtender Compliance-Schulungen auch für die **Nachverfolgung der Teilnahme** und die Auswertung der Schulungserfolge. Die Erfassung der Teilnahme der einzelnen Arbeitnehmer an Schulungsmaßnahmen ist

---

[1] So auch *Moosmayer,* Compliance S. 56.
[2] Vgl. *Moosmayer,* Compliance S. 54; *Thüsing,* Arbeitnehmerdatenschutz und Compliance, Rn. 42.
[3] Hauschka/*Lampert,* Corporate Compliance § 9 Rn. 34.
[4] Ausführlich hierzu *Neufeld/Knittel* BB 2013, 821.

abhängig von der Schulungsart und reicht von einer elektronischen Erfassung über das Selbstausdrucken von Teilnahmeurkunden bis zu Teilnehmerlisten bei Anwesenheitsschulungen. Der Arbeitgeber muss sicherstellen, dass möglichst alle Mitarbeiter an Schulungen teilnehmen. Auch in großen Konzernunternehmen besteht ein Interesse der Konzernleitung, ihre Compliance-Bemühungen belegen zu können. Die Teilnahme an Schulungen oder Trainings sollte grundsätzlich auch dokumentiert werden. Allerdings sind auch hier nicht selten Diskussionen mit Betriebsräten zu den beiden oben genannten Aspekten „Leistungsbewertung" und „Datenschutz" in Deutschland die Folge.

Die **Auswertung von Schulungserfolgen** ist nicht kurzfristig möglich. Hintergrund hierfür ist auch, dass Compliance im Unternehmen „gelebt" werden muss. Ein Umdenken in der Belegschaft, die Installation neuer Abläufe und Prozeduren, ggf. aber auch die Aufdeckung problematischer Fälle oder Verstöße benötigen ihre Zeit. Dennoch sollten Unternehmen ihre Schulungen auch dazu nutzen, um die **Praktikabilität** ihrer Compliance-Standards zu überprüfen. Gerade in grenzüberschreitenden Konzernen, deren Compliance-Regelungen weltweit nationale Standards und regionale Gepflogenheiten gegenüberstehen, bedarf es einer **intensiven und dauerhaften Beobachtung.** Im Rahmen einer solchen (stichprobenhaften) Auswertung kann sich also auch ergeben, dass Schulungsmaßnahmen in einzelnen Konzernregionen, -branchen oder -unternehmen anders oder nur unzureichend wirken. Dann bedarf es einer Analyse der Gründe (Compliance Audit) und Maßnahmen, mit denen Fehlwirkungen gegengesteuert werden kann. Ggf. müssen die Schulungsmaßnahmen dann intensiviert oder Schulungsinhalte geändert werden. Erste Ergebnisse lassen sich zB auch durch repräsentative, aber anonyme **Mitarbeiterbefragungen** feststellen,[1] die ebenfalls webbasiert durchgeführt werden können; einer Einzelbefragung bedarf es also nicht.

Bei den Schulungen ist in internationalen Konzernen ein besonderes Augenmerk auf **Schulungssprache und -inhalte** zu legen:

Zwar gehen in internationalen Konzernen die Compliance-Richtlinien meist auf ein **(englischsprachiges) Hauptwerk** zurück. Nicht selten gibt es jedoch Versionen in den jeweiligen Konzernsprachen. Schulungen sollten möglichst in der Sprache durchgeführt werden, die von den Teilnehmern am besten verstanden wird. Es ist wenig effektiv, eine englischsprachige Compliance-Richtlinie im Rahmen einer Schulung zu bearbeiten, wenn diese von den Betroffenen wegen **Verständnisschwierigkeiten** inhaltlich nicht oder nur grob erfasst wird. Bei mehreren Sprachversionen des Regelwerks oder der Schulungen ist es jedoch auch besonders wichtig, die Compliance-Regelung inhaltlich so genau wie möglich zu übersetzen, damit Definitionen ihren ursprünglichen Inhalt nicht verlieren oder ändern.

Auch dem **Schulungsinhalt** muss im grenzüberschreitenden Konzern ein besonderes Augenmerk gewidmet werden. Es geht nämlich nicht nur darum, den Code of Conduct oder Antikorruptions-Regelungen darzustellen. Statt dessen muss auch **nationales Recht** den Mitarbeitern dargestellt und erläutert werden. Im Ergebnis führt dies dazu, dass sich Schulungsinhalte in aller Regel national voneinander unterscheiden. Während also eine Antikorruptions-Schulung deutscher Mitarbeiter deutsches Korruptionsstrafrecht beinhalten sollte, ist dies für die Arbeitnehmer ausländischer Gesellschaften deren jeweiliges nationale Strafrecht. Dies gilt zusätzlich zu der grenzüberschreitenden Wirkung einzelner Rechtsnormen wie beispielsweise des *FCPA* oder des *UK Bribery Act*.

---

[1] So auch *Moosmayer,* Compliance S. 89.

247 Trainings müssen sich nicht auf die „graue Theorie" beschränken. In der Praxis haben sich daneben auch zB Probe-Durchsuchungen, sogenannte *Mock Downraids* etabliert, bei denen unangekündigte Besuche in einzelnen Organisationseinheiten durch den betroffenen Mitarbeitern unbekannte (interne oder externe) Personen erfolgen, die sodann Durchsuchungen durchführen wie sie auch von Polizei, Staatsanwaltschaft, Aufsichts- und Kartellbehörden durchgeführt werden.[1]

III. Interne Untersuchungen

248 Interne Untersuchungen können die unterschiedlichsten Anlässe haben. Bekannt sind unternehmensinterne Untersuchungen vor allem in US-amerikanischen Konzernen. Sogenannte *„Special Investigations"* oder *„Internal Investigations"* werden in den USA seit vielen Jahren genutzt, um Rechtsverstöße von Managern und Mitarbeitern aufzuklären.[2] Auch in deutschen Unternehmen werden interne Untersuchungen mittlerweile verstärkt durchgeführt, was spätestens seit dem „SIEMENS-Skandal"[3] auch die Öffentlichkeit wahrnimmt.

1. Gründe und Auslöser interner Untersuchungen

a) Gründe für interne Untersuchungen

249 Es existieren verschiedene Motivationen für interne Untersuchungen. In internationalen Konzernen und in international operierenden Unternehmen sind dabei etwa Vorschriften des US amerikanischen Rechtskreises und der zum 1.7.2011 in Kraft getretene *UK Bribery Act* relevant.

aa) Strafandrohungen nach US Recht

250 Zum einen sieht das US-Recht erhebliche Strafandrohungen vor, wie zB die *„United States Sentencing Commission's Guidelines"*, die zum 1.11.1991 in Kraft getreten sind. Sie enthalten Strafzumessungsregeln, die es erlauben, juristische Personen und deren Angehörige *(directors, officers, employees and agents)*, die im Rahmen ihrer Tätigkeit und mit der Intention Straftaten begehen, zumindest auch der juristischen Person zu nutzen, mit erheblichen Geldstrafen zu belegen. Die Strafe selbst wird ermittelt aus einem Basisbetrag, der mit einem Multiplikator multipliziert wird, der sich nach einer verschuldensabhängigen Punktezahl bemisst.[4] Das US *Department of Justice* hat in verschiedenen Schreiben konkretisiert, wie die Staatsanwälte bei der Strafzumessung vorgehen sollen. Ein Absehen von einer Anklage ist zB möglich, wenn die Person die Aufklärung der Tat betrieben, sie bei den Behörden angezeigt hat und gewillt ist, mit den Behörden zusammenzuarbeiten, insbesondere den Täter zu nennen.[5]

251 Darüber hinaus sind auch Richtlinien der SEC *(Securities Exchange Commission),* der amerikanischen Wertpapieraufsichtsbehörde, für die Motivation maßgeblich, die im Fall einer Kooperation und weiterer Voraussetzungen ein Absehen von oder zumindest

---

[1] Hauschka/*Lampert*, Corporate Compliance § 9 Rn. 34.
[2] *Mengel,* Compliance, S. 110 Rn. 3.
[3] S. zB http://www.compliancemagazin.de/plaintext/markt/unternehmen/siemens150107.html.
[4] *Wagener* CCZ 2009, 8 (9).
[5] Thompson Memorandum, Schreiben von Larry D. Thompson, Deputy Attorney General; DOJ vom 20.1.2003, http://www.justice.gov/dag/cftf/corporate_guidelines.htm. Das Memorandum wurde durch das McNulty Memorandum vom Dezember 2006 ersetzt, das aber ebenfalls ausführt, dass für die Strafzumessung (u. a.) zu berücksichtigen ist „whether the corporation made a voluntary and timely disclosure, and the corporation's willingness to provide relevant evidence and to identify the culprits within the corporation, including senior executives." s. dort Abschn VII. A.

die Verminderung von Sanktionen versprechen. Dasselbe ergibt sich auch aus den von DOJ und SEC am 14.11.2012 veröffentlichten Richtlinien zum FCPA.[1]

bb) Deutsches Aktienrecht als Motiv für interne Untersuchungen

Auch nach deutschem Recht lässt sich etwa für die Aktiengesellschaft eine Verpflichtung zur Durchführung von internen Untersuchungen aus §§ 76 Abs. 1, 93 Abs. 1 AktG sowie § 130 OWiG beim Verdacht auf begangene Gesetzes- oder sonstige Normenverstöße herleiten.[2] Dieselbe Verpflichtung wird auch für den Aufsichtsrat für den Fall bejaht, dass er den Verdacht hat, der Vorstand habe eine Pflichtverletzung begangen.[3] Ebenso wird für die Anwendung der sogenannten *Business Judgement Rule* vorausgesetzt, dass die Geschäftsleitung über eine ausreichende Informationsgrundlage verfügt, die zunächst eine angemessene Sachverhaltsaufklärung voraussetzt.[4] 252

Allerdings hat jedes Unternehmen einen Beurteilungsspielraum, wie groß der Informationsbedarf ist, um eine solche Entscheidung treffen zu können und ob dieser auch durch andere Quellen als durch eine interne Untersuchung gedeckt werden kann.[5] 253

b) Interne Untersuchungen als Bestandteil des Compliance Management Systems

Wenn ein Unternehmen oder Konzern wesentliche Geschäftsaktivitäten in den USA ausübt oder Niederlassungen in den USA existieren, ist es angezeigt, sich mit den Folgen von Rechtsverletzungen in und möglichen Anknüpfungen an die USA zu beschäftigen.[6] 254

Nicht minder bedeutsam sind die Auswirkungen des am 1.7.2011 in Großbritannien in Kraft getreten *UK Bribery Act* 2010. Danach macht sich ein Unternehmen strafbar, wenn es eine Bestechung nicht verhindert, die eine natürliche Person vornimmt, um dem Unternehmen einen geschäftlichen Vorteil zu verschaffen. Diese Strafbarkeit besteht sowohl für britische Unternehmen als auch für ausländische Unternehmen, die Geschäfte im Vereinigten Königreich tätigen. Strafbar ist die Bestechung von ausländischen Amtsträgern, aber auch im privatwirtschaftlichen Bereich, und es spielt keine Rolle, ob die strafbare Handlung in UK stattgefunden hat oder anderswo. Da als Rechtsfolgen Geldstrafen in unbegrenzter Höhe in Betracht kommen und für Unternehmen die einzige Chance einer Haftungserleichterung im Nachweis der Existenz und Wirksamkeit angemessener Maßnahmen zur Korruptionsprävention im Rahmen geeigneter Compliance Strukturen liegt, ist für Unternehmen mit einer Niederlassung oder Geschäftstätigkeit im Vereinigten Königreich ein effektives Compliance Management System Pflicht. Das britische Justizministerium hat Leitlinien herausgegeben, wie Unternehmen ein Sechs-Punkte-Programm aufstellen können, um ein „*robust Compliance Program*" aufzusetzen. 255

---

[1] FCPA A Resource Guide to the Foreign Corrupt Pratices Act By the Criminal Division of the U.S. Department of Justice and the Enforcement Division of the U.S. Securities and Exchange Commission, S. 68.
[2] *Wagener* CCZ 2009, 8 (14); LG München I 10.12.2013 – 5 HKO 1387/10, NZG 2014, 345 (346); sa *Fleischer* NZG 2014, 321 (324).
[3] BGH 11.12.2006 – II ZR 243/05, ZIP 2007, 224.
[4] *Wagener* CCZ 2009, 8 (16).
[5] *Wagener* CCZ 2009, 8 (16).
[6] *Wagener* CCZ 2009, 8 ff.; s. auch die Kurzzusammenfassung bei *Moosmayer*, Interne Untersuchungen, S. 12.

1. Angemessene Maßnahmen
– Transparente und umsetzbare Richtlinien zur Korruptionsprävention
– Umsetzung der Richtlinien durch unternehmensweite Implementierung wirksamer Antikorruptionsmaßnahmen

2. Management Commitment
– Verpflichtung der obersten Führungsebene, gegen Korruption vorzugehen
– Schaffung einer Kultur, die Korruption ablehnt

3. Risikobewertung
– Korruptionsrisiken kennen und verlässlich einschätzen
– Regelmäßige Untersuchung und Bewertung von Korruptionsrisiken

4. Due Diligence
– Compliance-konforme und sorgfältige Auswahl von Geschäftspartnern

5. Kommunikation (intern und extern)
– Schaffung eines effektiven Antikorruptions-Bewusstseins im Unternehmen
– Durchführung notwendiger Trainingsmaßnahmen

6. Überwachung und Überprüfung
– Konstante Überwachung, Überprüfung und ggf. Verbesserung der Wirksamkeit der Antikorruptionsmaßnahmen.[1]

256   Zwar werden hier nicht ausdrücklich interne Untersuchungen als Bestandteil eines solchen Programms genannt, allerdings sind sich Compliance Experten einig, dass interne Untersuchungen zwingender Bestandteil eines Compliance Management Systems sind.[2] Auch der Ende 2010 aufgestellte Prüfungsstandard 980 des Instituts der Deutschen Wirtschaftsprüfer, der Grundlage der Zertifizierung von Compliance Management Systemen ist, hebt auf interne Untersuchungen als Instrument des Monitoring ab.

c) Auslöser für Interne Untersuchungen

aa) Interne oder externe Meldungen

257   Auch bei einem funktionierenden Compliance Management System, das gut durch Policies und begleitende und absichernde Prozesse aufgestellt ist, die durch Training den Mitarbeitern in ausreichendem Maße nahe gebracht wurden, kann es zu Meldungen eines Verstoßes kommen.

258   Die Tatsache, dass es intern oder auch extern – je nach zur Verfügung gestelltem oder genutztem Meldekanal – zu einer Meldung kommt, ist zunächst als gutes Zeichen zu werten. Denn sie zeigt, dass ein Compliancebewusstsein vorhanden ist und von den Mitarbeitern gelebt wird. Um den Mitarbeitern Meldungen überhaupt zu ermöglichen, ist es entscheidend, dass die Meldewege transparent sind und zentral bekannt gemacht werden.[3] Jeder Mitarbeiter, der etwas melden möchte, sollte auch die Möglichkeit haben, dies anonym zu tun. Dies gilt so jedenfalls für Deutschland; in anderen Ländern sind anonyme Meldungen gerade nicht zulässig.[4]

259   Durch Aufmacher in den Medien nach der Whistleblower-Entscheidung des Europäischen Gerichtshofs für Menschenrechte (EMRG) konnte der Eindruck entstehen, dass der erste Weg eines Mitarbeiters bei einem Missstand zur Staatsanwaltschaft gehen solle. Dies ist jedoch nicht der Fall; noch immer gilt in Deutschland der Grundsatz,

---

[1] PwC „10 Minuten: Der UK Bribery Act"; http://www.pwc.de/de/compliance/assets/10_Min_UK_Bribery_Act.pdf.
[2] *Moosmayer* Compliance, S. 1 ff., 95 ff.; *Momsen/Grützner,* Wirtschaftsstrafrecht, S. 315, Rn. 11.
[3] Beispielsweise zentrale Seite im Intranet wie bei SAP.
[4] Vgl. *Reufels/Deviard* CCZ 2009, 201 (204).

dass ein Mitarbeiter grundsätzlich zunächst versuchen muss, Missstände intern zu adressieren.[1]

Allerdings müssen interne Untersuchungen nicht immer durch eine (anonyme) Meldung über eine sogenannte Whistleblower Hotline[2] oder ein entsprechendes Tool ausgelöst werden. Vielfach wenden sich Mitarbeiter an ihre Vorgesetzten, suchen den Weg zur Personal- oder Rechtsabteilung, den Arbeitnehmervertretern oder direkt zur Compliance-Abteilung, um einen Verstoß zu melden oder ein Vorkommnis und dessen mögliche Einordnung zu diskutieren. 260

Zu einem guten Compliance Management System gehören darüber hinaus ein Monitoring und eine ständige Verbesserung des Systems.[3] Dieses Monitoring und Nachhalten von Prozessen geschieht im Rahmen von internen Audits und Prüfungen, welche ihrerseits bei Auffälligkeiten ebenfalls Untersuchungen auslösen können. 261

bb) Staatsanwaltschaftliche oder behördliche Untersuchungen als Auslöser einer internen Untersuchung

Darüber hinaus kann die interne Untersuchung auch extern „motiviert" sein, wenn nämlich bereits ein Anfangsverdacht besteht und die Staatsanwaltschaft ermittelt. Wenn es sich hierbei um einen Sachverhalt handelt, der Unternehmensinteressen betrifft, sollte das Unternehmen darüber nachdenken, begleitend eine interne Untersuchung durchzuführen. Allerdings ist dies gut zu überlegen und darf nicht mit den behördlichen Ermittlungen kollidieren. Es empfiehlt sich insbesondere wegen der Thematik einer möglichen Strafvereitelung gem. § 258 StGB, sich eng mit den Behörden abzustimmen.[4] 262

2. Vorbereitung auf eine interne Untersuchung

Ein Unternehmen tut gut daran, sich vorab abstrakt mit dem Thema der unternehmensinternen Untersuchungen auseinanderzusetzen und geeignete Vorbereitungsmaßnahmen zu treffen, welche die sofortige und angemessene Reaktion im Ernstfall erlauben.[5] 263

Es geht dabei insbesondere darum, in Vorsorgeplänen entscheidende Prozesse aufzusetzen, – soweit möglich – Verantwortlichkeiten festzulegen und damit die wichtige Anfangsphase einer Untersuchung zu beschleunigen.[6] 264

Erster Schritt ist dabei die Identifizierung der besonders kritischen Bereiche im Unternehmen. Wo drohen Complianceverstöße in besonderem Maße, wo richten sie besonders große Schäden an, wo ist die Wahrscheinlichkeit unternehmensinterner Untersuchungen besonders groß? Diese Fragen sind anhand der allgemeinen Risikoanalysen im Rahmen der Complianceorganisation zu beantworten, ergänzt um die 265

---

[1] BAG 3.7.2003 – 2 AZR 235/02, NJW 2004, 1547. Der Europäische Gerichtshof für Menschenrechte hat mit der Entscheidung vom 21.7.2011 – 28274/08 (Heinisch/Deutschland) die Kündigung einer Arbeitnehmerin kritisiert und die Bundesrepublik Deutschland zu einer Schadensersatzzahlung verurteilt. Allerdings hat auch er klargestellt, dass Whistleblowing verhältnismäßig sein muss und nur ergriffen werden kann, wenn intern nicht mit Abhilfe zu rechnen ist.
[2] Ausführlich hierzu *Bürkle,* DB 2004, 2158; *Breinlinger/Krader* RDV 2006, 60; *Weber-Rey* AG 2006, 406; *Berndt/Hoppler* BB 2005, 2623. Zu arbeitsrechtlichen Aspekten des Whistleblowing siehe BAG 3.7.2003 – 2 AZR 235/02, NJW 2004, 1547.
[3] IDW PS 980.
[4] Moosmayer/*Gropp-Stadler/Wolfgramm,* Interne Untersuchungen, S. 33.
[5] *Wisskirchen/Glaser* DB 2011, 1392 f.
[6] *Salvenmoser/Hauschka* NJW 2010, 334 (334).

Evaluierung branchenspezifischer Risiken sowie gegebenenfalls die Analyse bereits eingetretener Vorfälle.

266 Als ein weiteres Element der Vorbereitung auf eine interne Untersuchung ist die Schulung von an Untersuchungen zu beteiligenden Mitarbeitern zu empfehlen. Diese sollte zu den rechtlichen Aspekten und der Durchführung einer internen Untersuchung, insbesondere zu den Rechte und Pflichten der Mitarbeiter sowie Interviewtechniken erfolgen.[1]

267 Ebenso gehört zur Vorbereitung auf eine unternehmensinterne Untersuchung die Schaffung der technischen Voraussetzungen zur Meldung von Vorfällen, etwa durch Einrichtung einer Whistleblower-Hotline.

3. Durchführung einer internen Untersuchung

a) Durchführung einer Untersuchung

aa) Das „Ob" der Untersuchung

268 Für ein funktionierendes Compliance Management System ist es wesentlich, dass die Mitarbeiter Kenntnis darüber haben und darauf vertrauen können, dass jede substantiierte Meldung zu einer Untersuchung führt. Gleichermaßen sollte auch bekannt sein, dass über eine Untersuchung immer ein Bericht an die Geschäftsleitung erstellt wird und die Untersuchung nach innen transparent ist. Um ein vertrauensvolles Umfeld zu schaffen, sollte kommuniziert werden, dass in gutem Glauben erfolgende Meldungen von Verstößen niemals zu Maßregelungen von Mitarbeitern führen dürfen. Genauso wichtig ist es umgekehrt allerdings auch, dass den Mitarbeitern bekannt ist, dass Verleumdungen nicht geduldet werden.

269 Als Grundsatz gilt: jede Meldung wird untersucht, aber nicht jede Meldung führt im Ergebnis zu einer Untersuchung.

270 Für die Entscheidung, ob eine Untersuchung einzuleiten ist, kommt es darauf an, ob hinreichend Fakten benannt wurden. Lediglich pauschale Vermutungen oder Anschuldigungen reichen für eine Untersuchung nicht aus. Es sollte darüber hinaus überlegt werden, welcher mögliche Schaden für das Unternehmen mit dem Vorfall verbunden ist, wobei dies nicht nur ein finanzieller Schaden sein muss; auch ein Reputationsschaden kommt in Betracht. Basierend hierauf ist zu prüfen, ob der Vorfall bereits im Unternehmen bekannt ist und welche Abteilungen gegebenenfalls einzuschalten sind und den Vorfall bearbeiten sollten, ggf. auch lokal.[2]

271 Inwieweit eine Meldung eine Untersuchung nach sich ziehen sollte, kann zudem auch von den konkreten Umständen und etwaigen anderen, bekannten Hintergründen der Meldung abhängen.

272 Eine Rolle spielen kann hierbei etwa
– Wurde die Beschuldigung während eines negativen Leistungsbeurteilungsgesprächs erhoben?
– Hat sich der Mitarbeiter beschwert, nachdem er von seinem Manager eine negative Leistungsbeurteilung erhalten hat?
– Hat sich der Mitarbeiter beschwert, nachdem sein Arbeitsverhältnis gekündigt wurde?
– Hat sich der Mitarbeiter Monate oder Jahre nach dem angeblichen Vorfall beschwert?

---

[1] *Wisskirchen/Glaser* DB 2011, 1392.
[2] *Moosmayer/Gropp-Stadler/Wolfgramm*, Interne Untersuchungen, S. 33.

– Hat sich der Mitarbeiter beschwert, nachdem gegen ihn selbst eine Beschuldigung erhoben wurde?
– Hat der Mitarbeiter Entgelt oder eine andere Leistung als Gegenleistung für mehr Details oder die eigentliche Informationen verlangt?

Im Zweifel sollte man sich eher für eine Untersuchung entscheiden, als hier ein Versäumnis zu riskieren. Etwaigen Zweifeln kann dann bei der Zusammenstellung des (anfänglichen) Untersuchungsteams und der Festlegung des (anfänglichen) Untersuchungsumfangs Rechnung getragen werden.[1] 273

bb) Transparenz über laufende Untersuchungen

Außerdem sollte im Vorhinein festgelegt werden, dass über Untersuchungen Transparenz in einem vordefinierten Personenkreis besteht. 274

Der Chief Compliance Officer sollte über laufende Untersuchungen immer informiert sein. Der zu untersuchende Vorfall/Vorwurf sollte erfasst werden und dem Vorstand oder der Geschäftsleitung zur Kenntnis gebracht werden mit einem Vorschlag über das geplante Vorgehen, also ob intern untersucht wird und durch welche Abteilung oder ob ggf. die Einschaltung einer Rechtsanwaltskanzlei angezeigt erscheint. 275

cc) Exkurs: Offenlegungspflichten

Eine der Überlegungen, die auch immer getätigt werden sollte, wenn man sich entscheidet, eine interne Untersuchung einzuleiten, ist die Frage, ob eine Offenlegungspflicht der Unternehmensleitung gegenüber staatlichen Behörden besteht. Nach deutschem Recht ist dies nicht der Fall. Allerdings muss man sich auch überlegen, was ggf. mit Unterlagen geschieht, die im Laufe der internen Ermittlung erstellt werden. Zu denken ist hierbei an die Entscheidung des LG Hamburg vom 15.10.2010 im Fall der HSH Nordbank, in der eine Herausgabepflicht sogar der anwaltlich erstellten Unterlagen bejaht wurde.[2] 276

Nach US-Recht besteht grundsätzlich keine Offenlegungspflicht. Allerdings haben Unternehmen, die Vertragspartner von US Behörden sind, eine Selbstanzeigepflicht nach der US *Federal Acquisition Regulation,* soweit im Rahmen der Geschäftsbeziehungen US-Bundesstrafrecht verletzt wurde. Anderenfalls droht der Ausschluss des Unternehmens von allen Bundesaufträgen in den USA.[3] Auch sind einige Fälle bekannt, in denen Manager von Unternehmen den Weg der Selbstanzeige gegangen sind, um Schlimmeres wie Haftstrafen im Zusammenhang mit einer Verletzung des FCPA zu vermeiden.[4] 277

Auch nach anderen Rechtsordnungen bestehen derartige Pflichten, so dass im Fall grenzüberschreitender Sachverhalte stets zu prüfen ist, ob eine der beteiligten Rechtsordnungen eine Offenlegungspflicht vorsieht.[5] 278

Eine andere Frage ist die nach einer etwaigen Zusammenarbeit mit Behörden und ob diese empfehlenswert ist. Häufig wird die Einschaltung der Strafverfolgungsbehörden oder die Kooperation mit diesen im Interesse des Unternehmens sinnvoll sein. Dies dient nicht nur der zügigen Aufklärung von Vorfällen und der Sicherstellung der auch strafrechtlichen Ahndung von Gesetzesverstößen, sondern kann dem Unterneh- 279

---

[1] *Wisskirchen/Glaser* DB 2011, 1392 (1394).
[2] LG Hamburg 15.10.2010 – 608 Qs 17/10, BeckRS 2011, 06733.
[3] Moosmayer/*Kropp-Stadler,* Interne Untersuchungen, S. 19.
[4] *Spies* MMR 01/2009, XIII.
[5] *Moosmayer,* Compliance, S. 109.

men ggf. auch weitere Vorteile einbringen wie die Reduzierung von Bußgeldern oder den Vorteil von Kronzeugenregelungen.[1]

dd) Festlegung des Untersuchungsteams

(1) Untersuchung durch interne Ressourcen

280 Das Unternehmen sollte vorab, dh nicht erst bei einer Meldung, sondern grundsätzlich festlegen, wer untersucht. Die zügige Betrauung der geeigneten internen Abteilung bzw. die Bildung eines gemischten Teams (Compliance Anwalt, Revision, Personalabteilung, Rechtsabteilung, Security, Datenschutz), die Einschaltung eines externen Dienstleisters (Rechtsanwälte, Detekteien) oder ggf. der staatlichen Behörden kann einen erheblichen Einfluss auf das Untersuchungsergebnis haben. Dieses wiederum wird sich auf das Unternehmen und auch auf die durch Wahrnehmung der Mitarbeiter bzw. ggf. externer Dritter auswirken.[2]

281 Für eine Untersuchung durch die interne Compliance Abteilung spricht, dass sie das Unternehmen, seine Strukturen, Prozesse und auch – und dies ist ein wesentlicher Faktor – seine Kultur kennt. Darüber hinaus sind auch die internen Akteure im Zweifel bei den Mitarbeitern bekannt. Da bei internen Untersuchungen der Zeitfaktor oft wesentlich ist, ist die Kenntnis der internen Strukturen ein erheblicher Vorteil, der für eine Untersuchung durch Interne spricht.

(2) Untersuchung durch externe Anwälte

282 Andererseits sprechen auch gute Gründe für die Beauftragung externer Rechtsanwälte. Deren rechtliche Privilegierung, insbes. gegenüber Behörden und der Staatsanwaltschaft ist ein Vorteil.[3] So macht sich nach § 203 StGB strafbar, wer Geschäfts- oder Betriebsgeheimnisse, die ihm in seiner Funktion als Rechtsanwalt anvertraut worden sind, offenbart. In prozessrechtlicher Hinsicht besteht ein Zeugnisverweigerungsrecht, auf das sich Rechtsanwälte vor Gericht berufen können (§ 53 StPO, § 383 ZPO). Ausländische Rechtsanwälte können sich auf ein Zeugnisverweigerungsrecht berufen, wenn sie in einem EU-Mitgliedsstaat zugelassen sind (§§ 206, 207 BRAO). Syndikusanwälten steht dieses Privileg nur insoweit zu, als sie typische anwaltliche Aufgaben wahrnehmen.[4] Andernfalls besteht zu ihren Gunsten lediglich ein gewisser Schutz vor der Beschlagnahme von Unterlagen.[5]

283 Außerdem sollte in die Abwägung auch einfließen, welche Dimension die Untersuchung hat. Bei manchen Sachverhalten kann je nach betroffenem Personenkreis eine Untersuchung durch externe Anwälte oder die Beiziehung eines externen Anwalts bei einzelnen Interviews angezeigt sein, gerade auch um das Ergebnis der Untersuchung nach außen zu stützen. Ebenso kann der voraussichtliche Umfang der Untersuchung ein Entscheidungskriterium sein, wenn die internen Ressourcen zu knapp sind.

284 Wenn sich das Unternehmen dafür entscheidet, eine Untersuchung ausschließlich mit internen Kräften durchzuführen, ist es regelmäßig geboten, den internen Compliance Anwalt einzuschalten, weil dieser über strafrechtliche/wirtschaftsrechtliche und im Idealfall auch arbeitsrechtliche Kenntnisse verfügt, um schnelle und verwertbare Ergebnisse zu erzielen. Gerade wenn es um die Befragung von Mitarbeitern geht, was

---

[1] *Moosmayer*, Compliance, S. 110.
[2] *Wisskirchen/Glaser* DB 2011, 1392 (1394).
[3] Siehe allerdings LG Hamburg 15.10.2010 – 608 QS 17/10, BeckRS 2011, 06733.
[4] Auch auf europäischer Ebene wird Unternehmensjuristen nach wie vor das Anwaltsprivileg verweigert, EuGH 14.9.2010 – C-550/07 P, Akzo Nobel Chemicals Ltd., BeckRS 2010, 91087 – allerdings wird es erfahrungsgemäß von amerikanischen Behörden nach wie vor respektiert.
[5] *Moosmayer* NJW 2010, 3548 (3550).

in den meisten Untersuchungen unvermeidbar ist, sind arbeitsrechtliche Kenntnisse unabdingbar. Andernfalls werden Fehler gemacht, die im schlimmsten Fall dazu führen, dass Aussagen nicht verwertbar sind oder keine disziplinarischen Konsequenzen mehr gezogen werden können. Bei grenzüberschreitenden Untersuchungen sollte immer schon am Anfang einer Untersuchung klar sein, mit welcher international aufgestellten Kanzlei man zusammenarbeiten möchte, wenn das Unternehmen für im Ausland durchzuführende Befragungen selbst nicht über die notwendigen arbeitsrechtlichen Kenntnisse verfügt.

(3) Grundsätzliche Voraussetzungen

Wer immer mit der Untersuchung beauftragt wird, muss die erforderlichen handwerklichen Fähigkeiten beherrschen. Dies umfasst insbesondere die Kenntnis der rechtlichen Rahmenbedingungen, den sicheren Umgang mit IT-technischen Hilfsmitteln sowie die Beherrschung der Fragetechniken. Der Untersuchende sollte sich persönlich durch eine neutrale Haltung, seriöses und professionelles Auftreten sowie Vertrauenswürdigkeit auszeichnen. Dabei ist zu bedenken, dass in der Regel ein gewisses Maß an beruflicher und Lebenserfahrung bei der Untersuchung von Sachverhalten hilfreich sein kann, wenngleich diese kein Garant für gute Untersuchungsergebnisse sind. Auch Konfliktfähigkeit und die Fähigkeit, in angespannten Situationen ruhig zu reagieren, können hilfreich sein. Interessenskonflikte, die beim Untersuchenden wegen des Untersuchungsgegenstands oder der beteiligten Personen bestehen oder entstehen könnten, sollten offengelegt und der Einsatz der konkreten Person dann abgewogen werden. 285

ee) Der Untersuchungsplan

Es empfiehlt sich, einen vorläufigen Untersuchungsplan aufzustellen, in dem der voraussichtliche Umfang der Untersuchung nach dem jeweils aktuellen Kenntnisstand festgehalten wird. Im Zweifel wird auch an den Vorstand oder Chief Compliance Officer gemeldet, bis wann in etwa mit einem Untersuchungsergebnis zu rechnen ist. Ferner ist erforderlich, dass klar ist, wer über eine sich gegebenenfalls als notwendig erweisende Ausweitung der Untersuchung entscheidet. Solche Anpassungserfordernisse können sich im Laufe der Untersuchung ergeben, wenn wesentliche Informationen „nebenbei" auftauchen.[1] 286

b) Elemente der Untersuchung

aa) Reihenfolge der Schritte

Die Festlegung, ob eine Untersuchung durchzuführen ist und die Zusammenstellung eines Untersuchungsteams sollten unverzüglich nach der Meldung erfolgen. 287

Je nach Art der Meldung wird dann auch eine Einschätzung erfolgen, wie eine Untersuchung zu strukturieren ist. Die Sichtung von internen Dokumenten, ggf. die Sicherung und Spiegelung von Laptops, der Zugriff auf Emails, die Befragung von Mitarbeitern sowie ggf. die Befragung von externen Personen können in unterschiedlichem Umfang im Rahmen einer Untersuchung notwendig werden. 288

Folgende Reihenfolge der Schritte ist empfehlenswert: 289
– Sichtung von vorhandenen Unterlagen und Dokumenten.
– Bei nicht-anonymer Meldung: Befragung des Hinweisgebers
– Adjustierung des Untersuchungsplans, ggf. Anpassung des Untersuchungsteams
– Weitere Interviews
– Abschlussbericht.

---

[1] *Wisskirchen/Glaser* DB 2011, 1392 (1395).

Teil II. 4. Typische Sachverhalte bei internationalen Konzernen

290   Sofern und soweit erforderlich, erfolgen ferner ein Zugriff auf physische und elektronische Unterlagen, die Spiegelung von Festplatten sowie ein Zugriff auf Emails.[1]

bb) Sichtung vorhandener Dokumente

291   Bei den zu sichtenden Dokumenten richtet sich das Augenmerk zunächst auf alle relevanten Unternehmensrichtlinien, *employee handbooks*,[2] Prozessbeschreibungen und Arbeitsanweisungen, die eine Rolle spielen oder verletzt sein könnten. Des Weiteren sollten auch die Arbeitsverträge, soweit vorhanden und zugänglich, gesichert werden.

292   Die eventuell interessierenden Dokumente sollten zusammengestellt und gesichtet werden. Dabei sollte zeitgleich geklärt werden, ob und wie diese im Einzelnen bekannt gemacht und ob sie für die Mitarbeiter bindend eingeführt worden sind. Dies ist wichtig, da die abschließende rechtliche Bewertung des ermittelten Sachverhaltes nur auf Basis der geltenden und wirksam bekannt gemachten Regelungen erfolgen kann.[3]

293   Dann kann mit der Sichtung von anderen internen Unterlagen begonnen werden.

c) Interviews

294   Folgende Reihenfolge der Interviews ist üblich und sinnvoll:
– Interview mit dem Hinweisgeber
– Interview mit möglichen Zeugen
– Interview mit dem Beschuldigten.

295   Es empfiehlt sich, das Interview mit dem Hinweisgeber zuerst zu führen. So ist es möglich, die erhaltenen Informationen weiter zu konkretisieren und ggf. auch weitere Details zu erfahren. So erhält man ggf. auch Namen weiterer Zeugen oder anderer Beteiligter an relevanten unternehmensinternen Prozessabläufen. Da dem Untersuchenden nicht alle relevanten Prozessabläufe bekannt sein werden, können bereits hier schon Hintergründe erfragt werden. Auch können hier die näheren Umstände, die zu der Meldung geführt haben, ermittelt werden.[4]

296   Nach diesem ersten Interview sollte dann der Untersuchungsplan weiter erstellt bzw. adjustiert werden, weil man oftmals erst dann einen besseren Überblick über das mögliche Ausmaß der Untersuchung in zeitlicher Hinsicht und auch bezüglich der notwendigen Ressourcen hat. Oft werden auch weitere Interviews mit dem Beschwerdeführer notwendig, wenn sich im Laufe der Untersuchung neue Erkenntnisse ergeben.

297   Im nächsten Schritt werden dann mögliche Zeugen befragt. Der Beschuldigte ist regelmäßig der letzte, der befragt wird.

aa) Vorbereitung eines Interviews

298   Abklärung arbeitsrechtlicher Rahmenbedingungen.
Soweit im Ausland ermittelt wird oder die ermittelnde Person nicht über die notwendigen arbeitsrechtlichen Rechtskenntnisse verfügt, ist die Begleitung durch einen Rechtsberater oder die intensive Beratung im Vorfeld angezeigt. Ebenso sollte man

---

[1] Zu hierbei zu beachtenden datenschutzrechtlichen Fragestellungen, siehe → Rn. 335–345.
[2] Nicht in allen Ländern gibt es Arbeitsverträge. Oftmals gibt es nur den sogenannten *offer letter*. Inhalte des Arbeitsverhältnisses, die in Deutschland im Arbeitsvertrag geregelt werden, finden sich in Teilen dann oft in den sogenannten *employee handbooks/manuals* zB USA.
[3] Zu denken ist hier an nach deutschem Betriebsverfassungsrecht der Mitbestimmung des Betriebsrats unterfallende Regelungen zur Ordnung des Betriebes oder auch nach chinesischem Recht betriebsöffentlich bekannt zu machende Regelungen über disziplinarische Konsequenzen.
[4] → Rn. 272.

mit der Kultur des Landes vertraut sein und sich auch hier beraten lassen. Hieran kann sich der Erfolg eines Interviews entscheiden und Falschinterpretationen von Aussagen vermieden werden.[1]

Vor jedem Interview ist grundsätzlich zu empfehlen, **299**
– Informationen über den Gesprächspartner einzuholen: In welcher Funktion ist er tätig, seit wann, welche besonderen Kenntnisse hat er?
– abzuklären, ob sprachbedingt Verständigungsprobleme auftreten können.
– festzulegen, was Gegenstand der Befragung sein soll basierend auf dem, was schon bekannt ist.

Auch sollte man die Frage entscheiden, ob man das Interview alleine oder zu zweit **300** führt. Für Letzteres spricht, dass sich der Fragesteller voll und ganz auf die Fragen und das Gehörte konzentrieren kann und nicht durch das Anfertigen von Notizen aus dem Gedankenfluss gerissen wird. Die zweite Person kann darüber hinaus im Bedarfsfall als Zeuge fungieren. Die Spielregeln sollten in diesem Fall klar festgelegt sein. Erst wenn der eigentliche Fragesteller fertig ist mit seinen Fragen, sollten durch die zweite Person weitere Fragen oder Nachfragen zu einzelnen Punkten erfolgen. So kann das Interview eine Struktur behalten. Mehr als zwei Leute sollten nicht auf Seiten des Unternehmens anwesend sein; dies würde andernfalls als Tribunal und einschüchternd empfunden und dürfte nicht der Wahrheitsfindung dienen.

Vor einem Interview sollte man sich überlegen, was man im Einzelnen wissen **301** möchte, um nicht nach dem Interview immer wieder mit weiteren Rückfragen an den Interviewpartner herantreten zu müssen, weil etwas vergessen wurde.

bb) Befragungsreihenfolge

Um die Untersuchung zügig durchführen zu können, muss eine Reihenfolge der **302** interviewten Zeugen festgelegt werden. Der Zeuge, von dem man sich die ergiebigsten Informationen erhofft, sollte als erster befragt werden, weil auch dies Einfluss auf die weitere Planung der Untersuchung haben kann. Dennoch sollte man versuchen, auch schon die weiteren Interviews zu vereinbaren, um die zeitliche Dimension nicht aus den Augen zu verlieren.

Im Gegensatz zum Beschwerdeführer wissen die Zeugen oftmals nicht, warum man **303** an sie herantritt. Egal, ob die Untersuchung durch die Compliance Abteilung, die interne Revision oder auch einen externen Rechtsanwalt geführt wird, ist bereits bei der Vereinbarung des Interviewtermins auch mit Zeugen ein gewisses Fingerspitzengefühl angezeigt. Rein elektronische Einladungen sollten entsprechend formuliert sein, wobei zu bedenken ist, dass zT nicht nur Sekretariate, sondern auch Kollegen Kalendereinträge und Emails lesen können.

Zu empfehlen ist, den Termin wenn möglich vorher telefonisch abzustimmen und die **304** nachfolgende schriftliche Einladung neutral zu formulieren und sie in jedem Fall mit der Kennzeichnung „privat" oder „vertraulich" wegen der möglichen Einsichtnahme durch andere zu versenden. Schon ein Termin mit dem Compliance Office oder der Innenrevision gibt häufig Anlass zu Spekulationen und Gerüchten. Vielfach wird auch empfohlen, das Interview außerhalb des Unternehmens zu führen. Beim Vereinbaren des Interviews sollte klargestellt werden, dass es um den Erhalt von Informationen zu bestimmten, allgemein zu benennenden Vorgängen geht, ohne hierbei ins Detail zu gehen. Aus Fairnessgründen sollte den Interviewtermin so kurzfristig wie möglich ansetzen, um Mitarbeiter nicht unnötigem Stress durch eine lange Wartezeit auszusetzen.

---

[1] Beispielsweise der Unterschied zwischen europäischen und asiatischen Kulturkreisen – in letzteren spielt der Gesichtsverlust eine große Rolle – kann in die Aussage hineinspielen.

cc) Persönliche Interviews versus virtuelle Interviews

305 Soweit als möglich sollten Interviews immer unmittelbar geführt werden. Der persönliche Eindruck ist stets besser als ein Telefonat, weil sich hier auch (spontane) Reaktionen des Interviewten besser feststellen lassen. Auch Missverständnisse oder Fehlinterpretationen von Fragen oder des Gesagten lassen sich so in der Regel gleich erkennen. Telefonische Interviews sollten die Ausnahme sein[1] und Fällen vorbehalten bleiben, in denen aufgrund der räumlichen Entfernung ein persönliches Interview ausscheidet. Es muss gut überlegt werden, ob es sich wirklich lohnt, die Kosten für eine Reise zum Zeugen zu sparen, wenn auf der anderen Seite die Qualität des persönlichen Interviews so viel besser ist und dies wiederum das Ergebnis der Untersuchung beeinflussen kann. Andererseits kann einen der Zeitdruck zum Telefoninterview zwingen.

dd) Interviewtechnik

306 Manchmal sind die Interviewpartner eingeschüchtert oder wissen nicht, was sie von der Situation, sich plötzlich in einer internen Untersuchung zu befinden, halten sollen. Darum sollte man versuchen, das Eis zu brechen und mit Themen beginnen, die dem Interviewpartner vertraut sind. Es empfiehlt sich also, nicht nur sich selbst vorzustellen, sondern auch dem Interviewpartner Fragen
– zu seiner Person
– der Betriebszugehörigkeit
– dem firmeninternen Werdegang
– der derzeitigen Tätigkeit etc
zu stellen.

307 Auch sollte zu Beginn der Zweck des Interviews jedenfalls umrissen werden.

308 Dann kann man sich an den eigentlich zu untersuchenden Sachverhalt heranarbeiten, indem man Fragen zu den Prozessen und Abteilungen oder Personen stellt, die gegebenenfalls berührt sind und anschließend zu Details des Untersuchungsgegenstandes.

309 Für das Interview selbst gelten die folgenden Grundregeln
– Der Mitarbeiter sollte frei erzählen können.
– Fragen sollten ergebnisoffen formuliert werden; leitende oder Suggestivfragen sind zu vermeiden.
– Die Rollenverteilung muss klar sein und im Interview auch durchgehalten werden. Häufig versuchen Zeugen oder Beschuldigte, durch Gegen- oder Nachfragen das Gespräch zu drehen.
– Gesprächspausen können bewusst eingesetzt werden.
– Bei Zweifeln am Wahrheitsgehalt können und sollten Ungereimtheiten angesprochen werden, um so weitere Informationen zu erhalten.
– Der Mitarbeiter kann – ggf. wiederholt – auf bestehende Mitwirkungspflichten hingewiesen werden (vgl. → Rn. 314).
– Wenn der Mitarbeiter ängstlich wirkt, sollte im Gespräch versucht werden zu klären, warum dies der Fall ist. Dabei sollte darauf hingewiesen werden, dass das die Mitwirkung an einer Untersuchung dem Mitarbeiter nicht zum Nachteil gereichen kann. (Dies ist abzugrenzen zu einer Amnestie und davon, dass sich während der Untersuchung eine Verstrickung des Mitarbeiters ergibt.)
– Ein Beschuldigter, der nicht mitwirken möchte, ist ebenfalls auf seine Mitwirkungspflichten (→ Rn. 315) hinzuweisen und darauf, dass die Sachverhaltsaufklärung auch der Entkräftung eines Vorwurfs/Verdachtes dienen kann.

---

[1] *Wisskirchen/Glaser* DB 2011, 1392 (1395).

– Informanten und deren Aussagen dürfen nicht gegenüber anderen Interviewten preisgegeben werden (zur Vertraulichkeit → Rn. 324). Dies gilt auch für indirekte Offenlegung – etwa von Informationen, die nur von einem bestimmten Mitarbeiter stammen kann.

ee) Protokoll

Die Frage, ob und wie die Interviews protokolliert werden sollten, wird kontrovers diskutiert.

Während häufig vertreten wird, dass man damit den Befragten schon im Hinblick auf eine mögliche Konsequenz aufmunitioniert und ihn eher verleitet, getätigte Aussagen im Nachhinein zu bestreiten, sprechen auch gute Argumente für ein Übersenden des Protokolls mit der Bitte um Unterschrift bzw. Korrektur oder weitere Anmerkungen.

Wenn das Interview durch zwei Untersuchende geführt wurde, sichten beide Personen, Interviewer und Protokollant das Protokoll, bevor es dem Interviewten zugesendet wird. Bereits dies gewährleistet eine Kontrolle des Verständnisses. Wenn dann auf Seiten des Befragten Änderungen vorgenommen werden, insbesondere bestritten wird, Dinge (so) gesagt zu haben, kann auf dieser Basis auch bewertet werden, ob es sich in der Tat um ein Missverständnis handelt oder um den nachträglichen Versuch, Tatsachen zu verschleiern.

Allerdings gibt es keinen grundsätzlichen Anspruch auf eine Einsichtnahme in Gesprächsprotokolle.[1] Dies gilt umso mehr, wenn der Interviewer seine persönlichen Anmerkungen in dem Protokoll festhält. Hierbei handelt es sich um persönliche Daten, die gegenüber dem befragten Mitarbeiter geschützt sind. Zu beachten ist zudem, dass solche Protokolle, wie bereits oben erwähnt, nach erstinstanzlicher Rechtsprechung selbst dann der Beschlagnahme unterliegen können, wenn sie sich im Besitz von Rechtsanwälten befinden.[2]

d) Rechtliche Fragestellungen bei Mitarbeiterinterviews

aa) Pflicht zur Teilnahme am Interview

Nach deutschem Arbeitsrecht bestehen im Arbeitsverhältnis wechselseitige Auskunftsrechte und -pflichten über mit dem Arbeitsverhältnis in Zusammenhang stehende Vorgänge und Tatsachen, soweit der anspruchsberechtigte Arbeitgeber über seine Rechte entschuldbar im Ungewissen ist, während der Anspruchsverpflichtete unschwer Auskunft geben kann.[3] Als Ausfluss des arbeitsvertraglichen Direktionsrechts nach § 106 GewO kann die Teilnahme an einem Interview, das Teil einer internen Untersuchung ist, unmittelbar angeordnet werden;[4] die herrschende Meinung in der arbeitsrechtlichen Literatur vertritt hierbei zu Recht, dass der Mitarbeiter arbeitsvertraglich verpflichtet ist, auf gezieltes Befragen Auskunft zu seiner Tätigkeit zu erteilen.[5]

bb) Reichweite der Auskunftspflicht – Pflicht zur Selbstbelastung

Der Inhalt der Auskunftspflicht bestimmt sich nach dem Inhalt des Arbeitsvertrages, bezüglich der Reichweite ist auch die Stellung im Unternehmen von Bedeutung. So bestehen für die oberste Leitungsebene des Unternehmens bei Mitarbeitern in Füh-

---

[1] *Wisskirchen/Glaser* DB 2011, 1392 (1395).
[2] LG Hamburg 15.10.2010 – 608 Qs 17/10, BeckRS 2011, 06733.
[3] BAG 18.1.1996 – 6 AZR 314/95, NZA 1997, 41 ff.; *Bittmann/Molkenbur* wistra 2009, 373 (375).
[4] *Lützeler/Müller-Sartori* CCZ 2011, 19.
[5] *Wisskirchen/Glaser* DB 2011, 1447 (1448).

rungspositionen und bei Vertrauensstellungen die umfangreichsten Auskunftspflichten.[1]

316 Kontrovers diskutiert wird die Frage, ob eine Verpflichtung besteht, sich selbst oder Dritte zu belasten und auch, ob diese Verpflichtung proaktiv oder im Rahmen von Interviews besteht.

317 Bei Führungskräften ist die Überwachung von Mitarbeitern Teil ihrer arbeitsvertraglichen Aufgabe. Darüber hinaus sind sie als Ausfluss der besonderen Treupflicht in besonderem Maße verpflichtet, dem Unternehmen unaufgefordert drohende Schäden und Missstände im eigenen Verantwortungsbereich anzuzeigen.[2]

318 Auch bei Mitarbeitern ohne Führungsposition ist eine Pflicht zur Anzeige betrieblicher Missstände, Rechtsverstöße oder Straftaten zu bejahen, wobei zu Recht vertreten wird, dass diese auch so weit geht, dass zumindest bei schweren Pflichtverletzungen und Wiederholungsgefahr auch Kollegen belastet werden müssen.[3]

319 Problematisch ist an dieser Stelle auch, inwieweit dem beschuldigten Mitarbeiter oder auch einem Mitarbeiter, der lediglich als Zeuge befragt wird, Auskunftsverweigerungsrechte nach § 55 bzw. § 53 StPO zustehen können. In den Thesen der Bundesrechtsanwaltskammer zum Unternehmensanwalt im Strafrecht wird vertreten, dass der Unternehmensanwalt die Auskunftsperson nicht bedrängen darf, sich selbst zu belasten oder auf Rechte zu verzichten, die sie als Zeuge oder Beschuldigter in einem Strafverfahren ohne weiteres hätte.[4]

320 Zwar ist den Verfassern Recht zu geben, dass sich der Unternehmensanwalt unlauterer Einwirkungen, insbesondere nach § 136a StPO zu enthalten hat. Dennoch ist der Schlussfolgerung, dass dem beschuldigten Mitarbeiter dieselben Rechte zustehen wie im Strafverfahren, zu widersprechen. Dagegen sprechen zwei Gründe: zum einen ist der Ausgangspunkt eines Interviews ein anderer als im Strafprozess. Es handelt es sich hier gerade nicht um eine Ermittlung der öffentlichen Hand, sondern um eine interne Ermittlung. Hinter letzterer steht weniger der Gedanke, den Mitarbeiter strafrechtlich zu belangen als vielmehr der, das Ausmaß des entstandenen Schadens zu ermitteln, durch die Ermittlung der Ursache eine Ausweitung des Schadens zu verhindern und Maßnahmen zur Schadensminderung und -vermeidung in der Zukunft ergreifen zu können. Zwar drohen dem Mitarbeiter unter Umständen arbeitsrechtliche Konsequenzen, jedoch ist auch hierbei zu bedenken, dass letztlich auch die Beendigung eines Arbeitsverhältnisses – neben der Unzumutbarkeit, dieses wegen des Vertrauensverlustes fortzuführen – eine schadensmindernde Komponente hat.[5] Die Verpflichtung zur Mitarbeit in internen Ermittlungen besteht, wie oben aufgezeigt, vor dem Hintergrund arbeitsvertraglicher Verpflichtungen. Eine staatliche Ermittlung hat primär die strafrechtliche Sanktionierung zur Zielsetzung und im Gegensatz zur internen Ermittlung auch ganz andere Zwangsmaßnahmen zur Hand, so dass hier die Rechte aus §§ 53, 55 StPO diesen zu Recht entgegenzustellen sind. Die Wahrung des „nemo tenetur" Grundsatzes muss daher dem Strafverfahren vorbehalten bleiben.[6]

321 Teilweise wird unter Bezugnahme auf den Gemeinschuldnerbeschluss[7] des Bundesverfassungsgerichts sowie eine Regelung zur Einschränkung der Auskunftspflicht be-

---

[1] *Göpfert/Merten/Siegrist* NJW 2008, 1703 (1706).
[2] *Mengel/Ullrich* NZA 2006, 240 (243).
[3] BAG 18.6.1970 – 1 AZR 520/69, BB 1970, 1948; LAG Hamm 29.7.1994 – 18 [2] Sa 2016/93, BB 1994, 2352.
[4] BRAK Stellungnahme-Nr. 35/2010 S. 11 (These 3 Unterpunkt 4).
[5] *Momsen/Grützner* DB 2011, 1792 (1795).
[6] *Rübenstahl* WiJ 2012, 3 (6); aA *Rudkowski* NZA 2011, 612.
[7] BVerfG 13.1.1981 – 1 BvR 116/77, NJW 1981, 1431.

troffener Personen im Insolvenzrecht, § 97 Abs. 1 Nr. 3 InsO, vertreten, es liege jedenfalls ein strafprozessuales Verwertungsverbot derartiger Auskünfte vor, da beiden der Grundgedanke zu entnehmen sei, dass eine außerhalb des Strafverfahrens erzwungene Selbstbelastung wegen der Menschenwürde gegen den Willen des Betroffenen nicht verwertet werden dürfe.[1] Insoweit kann allerdings bezweifelt werden, ob die rein privatrechtlich und ohne Einschaltung staatlicher Stellen laufenden internen Ermittlungen wirklich hinreichend mit den gesetzlich genau geregelten und gerichtlich betreuten Konkurs- beziehungsweise Insolvenzverfahren vergleichbar sind.[2]

Allerdings darf man diesem Streit in der Praxis keine allzu große Bedeutung beimessen, da Mitarbeiter, sofern sie selbst beschuldigt sind oder in irgendeiner Weise in den im Raum stehenden Vorfall verwickelt sind, oftmals ohnehin zwischen Sich-Nicht-Erinnern und Widersprüchen wechseln.[3]   322

cc) Belehrung von Mitarbeitern

Ein echte Belehrungsverpflichtung des Interviewers insbesondere darüber, ob und welche Pflichtverletzung dem Mitarbeiter zur Last gelegt wird und auch, dass etwaig getätigte Angaben ggf. strafrechtlich gegen den Mitarbeiter verwendet werden können, besteht nach herrschender Meinung nicht.[4]   323

Wird ein Mitarbeiter lediglich als Zeuge befragt, so kann es schon alleine zur Beruhigung angezeigt sein, ihm mitzuteilen, dass er (derzeit) lediglich als Zeuge befragt wird. Allerdings sollte man den Mitarbeiter auch hier schon über seine Mitwirkungspflichten belehren, derer sich Mitarbeiter vielfach nicht bewusst sind. Außerdem ist es dringend geboten, den Mitarbeiter darauf hinzuweisen, dass er das Interview und die Untersuchung als vertraulich zu behandeln hat. Grundlage hierfür ist auch die gegenüber dem Unternehmen bestehende Treuepflicht. Wie oben vertreten, kommt ein Hinweis auf Aussageverweigerungsrechte nicht in Betracht, da es sich um eine unternehmensinterne Untersuchung und nicht um eine strafrechtliche Ermittlung handelt.   324

Oftmals möchten sowohl Zeugen als auch Hinweisgeber, dass man ihnen Vertraulichkeit oder auch Anonymität zusichert. Das kann man tun, muss allerdings darauf hinweisen, dass dies ggf. nicht uneingeschränkt möglich ist, falls es zu strafrechtlichen Ermittlungen kommt (→ Rn. 352).

In international agierenden Unternehmen gehört es ferner zum Standard, die Mitarbeiter darauf hinzuweisen, dass das Unternehmen eine starke „non-retaliation" Politik vertritt. Das bedeutet, dass das Unternehmen es nicht dulden wird, dass Führungskräfte oder Kollegen Mitarbeiter wegen ihrer Kooperation bei der Aufklärung von Verstößen Repressalien aussetzen.   325

dd) Anwesenheit von Betriebsratsmitgliedern beim Interview

Es gibt kein generelles Recht des Mitarbeiters, bei jeder Art von Befragung ein Betriebsratsmitglied hinzuzuziehen. Vielmehr ist dieses Recht an bestimmte, gesetzlich geregelte Voraussetzungen geknüpft, wie zB in § 82 Abs. 2 BetrVG. Bei der Befragung im Rahmen einer internen Untersuchung handelt es sich jedoch nicht um das dort normierte Gespräch zur Erläuterung der Berechnung und Zusammensetzung des Arbeitsentgelts oder der Erörterung der beruflichen Leistungen des Mitarbeiters und seiner beruflichen Entwicklung im Betrieb. Vielmehr geht es hier um eine Sachverhalts-   326

---

[1] LG Hamburg, NJW 2011, 942 mit Anm. *v. Galen.*
[2] *Rübenstahl* WiJ 2012, 3 (12).
[3] So auch *Wisskirchen/Glaser* DB 2011, 1447 (1448).
[4] *Rudkowski* NZA 2011, 612.

ermittlung¹ und nicht um eine Erörterung mit dem Mitarbeiter.² Daraus ergibt sich aber auch auf der anderen Seite, dass ein Betriebsratsmitglied, dessen Hinzuziehung zu dem Gespräch man dem Mitarbeiter ggf. zubilligen würde, nicht der Stillschweigensverpflichtung nach § 82 Abs. 2 S. 3 BetrVG unterfällt und seinerseits als Zeuge herangezogen werden könnte, wenn sich der Mitarbeiter in einem arbeitsrechtlichen Verfahren an einmal getätigte Aussagen nicht mehr erinnert. § 120 BetrVG greift dann nicht mehr. Allerdings muss dies vor der Teilnahme an dem Interview seitens des Arbeitgebers ausdrücklich klargestellt werden.

327 Allerdings ist zu berücksichtigen, dass dies nur dann gilt, wenn nicht gleichzeitig der Mitarbeiter auch zu einer Verdachtskündigung angehört wird. Bei der Anhörung zu einer Verdachtskündigung ist das Teilnahmerecht eines Betriebsratsmitglieds umstritten.³ Dementsprechend ist dann auch sein Recht bzw. seine Verpflichtung zur Verschwiegenheit umstritten.

328 Nicht zuletzt um hier Unklarheiten zu vermeiden und auch die Betriebsratsmitglieder nicht in eine schwierige Situation zu bringen, ist eine Teilnahmemöglichkeit sofern es um eine reine Sachverhaltsermittlung geht daher generell abzulehnen.

ee) Anwesenheit von externen Anwälten beim Interview

329 Grundsätzlich hat der Mitarbeiter die Pflicht, an dem Interview teilzunehmen. Er muss über die Inhalte seiner arbeitsvertraglichen Verpflichtung und deren Ausführung Auskunft erteilen. Da es sich hierbei um eine höchstpersönliche Verpflichtung handelt,⁴ muss der Arbeitgeber mit der in der Literatur vertretenen herrschenden Meinung⁵ auch keine Teilnahme betriebsfremder Personen an einem solchen Gespräch dulden. Anders kann dies aussehen, wenn der Arbeitgeber seinerseits einen betriebsfremden Dritten zu dem Gespräch hinzuzieht. Dann kann die Teilnahme eines Anwalts für den Mitarbeiter aus dem Gesichtspunkt der „Chancen- und Waffengleichheit" geraten sein.⁶

ff) Abgrenzung zur Anhörung bei der Verdachtskündigung

330 Nach deutschem Rechts besteht die Möglichkeit, eine Verdachtskündigung auszusprechen. Diese setzt unter anderem voraus, dass
– dem Arbeitgeber bereits wegen des Verdachts einer Straftat, Ordnungswidrigkeit oder Pflichtverletzung die Fortsetzung des Arbeitsverhältnisses nicht zuzumuten ist und
– er alles Zumutbare getan hat, um den Sachverhalt aufzuklären, wozu auch die Anhörung des Mitarbeiters gehört.

Eine ohne Anhörung des Mitarbeiters ausgesprochene Verdachtskündigung ist allein deswegen unwirksam.⁷

331 Bei der außerordentlichen Verdachtskündigung ist die Frist des § 626 Abs. 2 BGB zu beachten, wonach der Arbeitgeber, nachdem er von den für ihn für die Kündigung wesentlichen Umständen Kenntnis erlangt hat, lediglich zwei Wochen Zeit hat, die Kündigung auszusprechen (Zugang beim Mitarbeiter).

---

¹ *Mengel/Ullrich* NZA 2006, 240 (243 f.); *Wisskirchen/Glaser* DB 2011, 1447.
² *Maschmann* NZA Beilage 2012, 50 (56).
³ *Hunold,* NZA-RR 2012, 399 (402 mwN).
⁴ *Müller/Deeg* ArbR Aktuell, 2010, 620, die im Ergebnis aber entgegen der hier vertretenen Auffassung ein Teilnahmerecht bejahen.
⁵ Z.B. *Mengel/Ullrich* NZA 2006, 240 (244); *Rudkowski* NZA 2011, 612.
⁶ LAG Hamm 23.5.2001 – 14 Sa 497/01, BeckRS 2001, 41047; für die Anhörungszur Verdachtskündigung ein generelles Teilnahmerecht einer Vertrauensperson bejahend: LAG Berlin-Brandenburg 30.3.2012 – 10 Sa 2272/11, NZA-RR 2012, 353.
⁷ BAG 30.4.1987 – 2 AZR 283/86, AP BGB § 626 Verdacht strafbarer Handlung Nr. 19.

Diese Kenntnis liegt vor, wenn der Arbeitgeber eine zuverlässige und möglichst 332
vollständige Kenntnis der einschlägigen Tatsachen hat, die ihm die Entscheidung über
eine Fortsetzung des Arbeitsverhältnisses ermöglicht, wobei hier sowohl für als auch
gegen die Kündigung sprechende Umstände zu berücksichtigen sind. Auch wenn nur
für die Kündigung sprechende Umstände vorliegen, können noch weitere Ermittlungen angestellt werden, ohne dass die Frist des § 626 II BGB zu laufen beginnt. Zu
beachten ist, dass die Anhörung des Kündigungsgegners innerhalb von einer Woche
erfolgen muss.[1]

e) Zugriff auf Unterlagen und Email Accounts

aa) Zugriff auf geschäftliche Unterlagen

In erster Linie können die dem Unternehmen wie auch die allgemein zugänglichen 333
Unterlagen wie das Handelsregister gesichtet und ausgewertet werden. Geschäftsvorgänge können auf mögliche Unregelmäßigkeiten hin untersucht werden (etwa hinsichtlich etwaiger Doppelzahlungen, Storni, Warenauslieferungen an Feiertagen,[2] Buchungen ohne entsprechende Belege etc).

Eine Einsichtnahme in Geschäftsbriefe ist ebenfalls unproblematisch. Auch ver- 334
schlossene Briefe dürfen geöffnet werden, wenn sie nicht eindeutig als private Post zu
identifizieren sind.[3]

bb) Zugriff auf Emails

Beim Zugriff auf Emails von Mitarbeitern ergeben sich besondere Herausforderun- 335
gen, wenn die Email-Nutzung nicht ausschließlich zu geschäftlichen Zwecken gestattet
ist. Grundsätzlich ist bei jedem Zugriff auf Daten der betriebliche Datenschutzbeauftragte einzubinden. Findet eine Datenerhebung im Ausland oder mit Auslandsbezug statt,
so muss geprüft werden, welche Regelungen zur Anwendung kommen. Zwar gibt es
in Europa europäische Richtlinien zum Datenschutz.[4] Jedoch ist die Umsetzung in
den einzelnen europäischen Staaten teilweise unterschiedlich. Gravierende Unterschiede ergeben sich bereits daraus, dass in einigen Ländern nur die Daten natürlicher
Personen erfasst werden, wohingegen sich in anderen Ländern der Schutzbereich auch
auf Daten von Personenvereinigungen und juristischen Personen erstreckt, so etwa in
Österreich, der Schweiz und Italien.[5]

Für Deutschland lässt sich mit Sicherheit sagen, dass der Arbeitgeber ein umfassendes 336
Kontrollrecht hat, wenn die Privatnutzung des Email-Systems nicht gestattet ist. Dieses
erstreckt sich sowohl auf die Verbindungsdaten als auch auf den Inhalt der Emails.[6] In diesem Fall ist der Arbeitgeber kein Telekommunikationsanbieter und somit nicht an das
Fernmeldegeheimnis gebunden, unterliegt aber den Beschränkungen des Bundesdatenschutzgesetzes, § 1 Abs. 3 S. 1 BDSG. Damit ist dann nur noch zu prüfen, ob im Rahmen
des Arbeitsverhältnisses eine Rechtfertigung für einen Eingriff wegen des Verdachts einer
Straftat in Betracht kommt, § 32 Abs. 1 S. 2 BDSG, wobei teilweise verlangt wird, dass es
sich um eine Straftat im Zusammenhang mit dem Arbeitsverhältnis handelt und diese
mit einer Freiheitsstrafe von bis zu fünf Jahren oder mehr belegt ist.[7]

---

[1] BAG 20.3.2014 – 2 AZR 1037/12, BeckRS 2014, 71258.
[2] Volk/*Kempf,* § 10 Rn. 74.
[3] *Klengel/Mückenberger* CCZ 2009, 81 (82) mwN.
[4] Vor allem die Richtlinie 95/46/EG.
[5] Vgl. in Moosmayer/*Thoma,* Interne Untersuchungen, S. 99.
[6] *Wisskirchen/Glaser* DB 2011, 1449.
[7] *Behling,* BB 2010, 892 (895).

337 Bei einer gestatteten Privatnutzung des Emailsystems hingegen ist ein Zugriff mit erheblichen rechtlichen Risiken versehen, da dann nach einigen Stimmen das Telekommunikationsgesetz einschlägig sein soll.[1]

338 Allerdings wird nach einer jüngeren Entscheidung des LAG Berlin[2] teilweise auch vertreten, dass die Unterscheidung zwischen der rein geschäftlichen oder der auch gestatteten Privatnutzung obsolet ist. Denn unter Rückgriff auf die verfassungsgerichtliche Rechtsprechung[3] sah das LAG die nach Abschluss des Übertragungsvorgangs im Herrschaftsbereich des Kommunikationsteilnehmers gespeicherten Daten als nicht durch das Fernmeldegeheimnis geschützt an. Dies gelte auch für die im Posteingang oder -ausgang befindlichen privaten Emails. Somit stellt das LAG klar, dass unabhängig davon, ob die Privatnutzung des dienstlichen Email-Accounts durch den Arbeitgeber erlaubt ist, aufgrund der fehlenden Eigenschaft als Diensteanbieter nach dem TKG eine Strafbarkeit nach § 206 StGB per se ausscheide.[4]

339 Jedoch kommt es mit der überwiegenden Auffassung darauf an, ob die Privatnutzung des vom Arbeitgeber bereitgestellten Email Accounts gestattet ist.[5] Sofern dies der Fall ist, sperrt das Fernmeldegeheimnis eine inhaltliche Kontrolle der Emails im Grundsatz. Der Arbeitgeber wird als geschäftsmäßige Anbieter von TK Diensten im Sinne von § 3 Nr. 6 TKG angesehen. Sollte eine Trennung von privaten und dienstlichen E-Mails zuverlässig nicht möglich sein, so dürfen Daten nur verarbeitet und genutzt werden, soweit dies für die Erbringung der Internetdienste und deren Abrechnung erforderlich ist, § 97 TKG, oder in Fällen des begründeten Verdachts einer Straftat oder schweren Vertragsverletzungen. Auch hier besteht Streit im Einzelnen, ob eine Straftat gegen das Telekommunikationsgesetz oder auch nicht telekommunikations-spezifische Straftaten eine Kontrolle des Inhalts von Emails rechtfertigen.[6]

340 Auch wird mit unterschiedlicher Begründung vertreten, dass die Kontrolle auch bei gestatteter/geduldeter Privatnutzung dennoch zulässig ist. Zum einen komme dies in Betracht, wenn der Arbeitnehmer es treuwidrig unterlasse, ein privates Email entsprechend zu kennzeichnen, zum anderen wird vertreten, dass nach Rechtsprechung des Bundesverfassungsgerichtes sich der Schutz des Art. 10 Abs. 1 GG sich nicht auf die nach Abschluss eines Kommunikationsvorgangs gespeicherten Inhalte und Umstände der Telekommunikation, beziehe soweit der Teilnehmer eigene Schutzvorkehrungen gegen den heimlichen Datenzugriff treffen könne.[7]

341 Hier wird vertreten, dass der Arbeitgeber auch im Falle einer erlaubten Privatnutzung bei einem konkreten Verdacht einer Straftat im Einzelfall und in verhältnismäßiger Weise zumindest die Emails kontrollieren darf, die auf den Endgeräten der Mitarbeiter liegen.[8]

342 In jedem Falle sollten aber bei einer Email-Sichtung Emails, die offensichtlich privat sind, nicht angesehen werden. Man kann den Mitarbeitern auch anraten, rein private Emails in entsprechend gekennzeichnete Ordner zu verschieben.

343 Zu empfehlen ist weiter, eine Sichtung nicht ohne vorherige Beiziehung des Datenschutzbeauftragten und der Rechtsabteilung vorzunehmen. Empfehlenswert kann je nach Umständen weiter sein, über die Email-Nutzung, aber auch über den Zugriff auf

---

[1] *Maschmann* NZA-Beil. 2012, 50 (57).
[2] LAG Berlin-Brandenburg 16.2.2011 – 4 Sa 2132/10, NZA-RR 2011, 342.
[3] BVerfG 2.3.2006 – 2 BvR 2099/04, NJW 2006, 976.
[4] LAG Berlin-Brandenburg, BB 2011, 2298 (2303) Anm. *Mückenberger/Müller*.
[5] *Hoppe/Braun*, MMR 2010, 80.
[6] Im Einzelnen: *Wisskirchen/Glaser*, DB 2011, 1450.
[7] BVerfG 27.2.2008 – 1 BvR 370/07 u. 1 BvR 595/07.
[8] So auch *Behling* BB 2010, 892 (893).

Email-Accounts eine Betriebsvereinbarung abzuschließen, welche die Voraussetzungen des Zugriffs und den Prozess regelt.

Besondere Schwierigkeiten ergeben sich, wenn eine Datenübermittlung ins Ausland erfolgen soll. Eine solche setzt voraus, dass bei der die Daten empfangenden Stelle ein angemessenes Datenschutzniveau gewährleistet ist. Gerade für Konzerne oder Unternehmen, deren Zentrale in den USA sitzt, oder bei denen Teile eines Ermittlungsergebnisses in die USA übermittelt werden müssen, ist dies bedeutsam, da die USA aus Sicht der Europäischen Union kein solches Schutzniveau aufweisen. 344

Es empfiehlt sich darum von vornherein, die Datenerhebung soweit als möglich zu beschränken. Unnötige Datenflüsse sollten vermieden werden. 345

f) Amnestie im Rahmen von internen Untersuchungen

Um Mitarbeiter dazu zu bewegen, im Rahmen von Untersuchungen mitzuwirken, kann eine Amnestie ein geeignetes Mittel sein, da diese bestehende Bedenken der Mitarbeiter und Ängste vor Strafverfolgung und disziplinarischen Konsequenzen zerstreuen kann. Hierbei muss aber bedacht werden, dass dem widerstreitende Interessen und rechtliche Grenzen entgegenstehen können. 346

aa) Begriff

Zwar handelt es sich bei dem Begriff der Amnestie um einen mittlerweile im Zusammenhang mit Untersuchungen gebräuchlichen Begriff, jedoch ist dieser dort – anders als im Straf- und Verfassungsrecht – nicht mit feststehenden Rechtsfolgen verbunden. Darum muss das Unternehmen klarstellen, was von dieser Amnestie umfasst ist und unter welchen Voraussetzungen sie für wen greift. Wenn eine Amnestie in Aussicht gestellt wird, muss sie auch so verbindlich formuliert sein, dass sie dem Mitarbeiter die nötige Rechtssicherheit bietet. 347

bb) Reichweite der Amnestie

Üblicherweise umfasst ein Amnestieprogramm die folgenden Elemente: 348
– Schutz vor arbeitsrechtlichen Sanktionen
– Schutz vor Schadensersatzansprüchen
– Schutz vor Strafverfolgung
– Freistellung von rechts Verteidigungskosten oder Geldstrafen
– Zusicherung der Vertraulichkeit der erhaltenen Informationen.

cc) Rechtliche Fragen

(1) Verzicht auf personelle Maßnahmen

Beim Verzicht auf personelle Maßnahmen ergibt sich das Problem, dass dieser unwirksam sein kann, wenn es dabei um den Verzicht auf das Recht zum Ausspruch der außerordentlichen Kündigung geht. Nach herrschender Meinung ist das der Fall, wenn der Verzicht generell erklärt wird.[1] Eine Wirksamkeit gegenüber dem Mitarbeiter ist nur dann anzunehmen, wenn bereits ein hinreichender Verdacht gegen diesen bestimmten Mitarbeiter besteht.[2] Dann ist es möglich, innerhalb der bei fristlosen Kündigungen einzuhaltenden Zwei-Wochen-Frist auf den Ausspruch der Kündigung zu verzichten. 349

---

[1] BAG 15.3.1991 – 2 AZR 516/90, NZA 1992, 452.
[2] BAG 6.3.2003 – 2 AZR 128/02, NZA 2003, 1388.

(2) Verzicht auf die Geltendmachung von Schadenersatzansprüchen

350 Der Verzicht auf die Geltendmachung von Schadensersatzansprüchen kann eine Pflichtverletzung der Organmitglieder der Gesellschaft darstellen. Maßstab für das Handeln der Leitungsorgane ist die Sorgfalt eines ordentlichen und gewissenhaften Geschäftsmannes, § 93 Abs. 1 AktG bzw. 43 Abs. 1 GmbHG. Die Pflichtverletzung ist zu verneinen, wenn sich Organmitglieder auf die so genannte Business Judgement Rule berufen können, die für die Aktiengesellschaften in § 93 Abs. 1 S. 2 AktG kodifiziert worden ist, aber auch für die GmbH entsprechend gilt.

351 Um sich auf die Business Judgement Rule berufen zu können, muss das Organmitglied einen Informationsstand haben, der es unter Berücksichtigung des zeitlichen Vorlaufs, der Art und Bedeutung der zu treffenden Entscheidung, der tatsächlichen und rechtlichen Möglichkeiten des Informationszugangs und der Verhältnisse von Kosten und Nutzen der weiteren Informationsbeschaffung nachvollziehbar erscheinen lässt, zugunsten der Informationsbeschaffung auf den Schadensersatz zu verzichten.

(3) Zusicherung von Vertraulichkeit und Publizitäts-/Auskunftspflichten

352 Die Zusicherung von Vertraulichkeit bei einem Interview ist in Bezug auf kapitalmarktrechtliche Publizitätspflichten unproblematisch, da es auch bei der Verpflichtung zu einer Ad-hoc-Mitteilung nach § 15 WpHG lediglich geboten ist, den Vorfall und seine Auswirkungen zu beschreiben. Bezogen auf gesellschaftsrechtliche Informationsansprüche steht die Verpflichtung des Vorstandes beziehungsweise der Geschäftsführung, auf ein entsprechendes Begehren hin grundsätzlich vollständig, zutreffend und sachgemäß über einen Vorfall zu berichten, so dass die Gesellschafter ein zusammenhängendes und der Wirklichkeit entsprechendes Bild von den Vorgängen erhalten, im Widerspruch zu einer Vertraulichkeitszusicherung, die sämtliche Details des Vorfalls umfasst.

353 Etwaige Veröffentlichungspflichten müssen daher bei der Formulierung einer Amnestieerklärung berücksichtigt werden.

(4) Amnestie und Vergaberecht

354 Insbesondere aus dem Vergaberecht können sich Einschränkungen für eine Amnestie ergeben. Begeht ein Unternehmen schwere Rechtsverstöße, so fehlt ihm die im Vergabeverfahren vorausgesetzte Zuverlässigkeit. Wenn eine dem Unternehmen zurechenbare rechtskräftige Verurteilung wegen Bestechung, Betrugs oder Geldwäsche vorliegt, ist der öffentliche Auftraggeber sogar verpflichtet, das Unternehmen auszuschließen. Nur die sogenannte „Selbstreinigung" kann verhindern, dass das Unternehmen ausgeschlossen wird. Hierzu ist erforderlich, dass das Unternehmen Erfolg versprechende Maßnahmen ergreift, dass solche Rechtsverstöße in Zukunft nicht mehr vorkommen. Dazu muss der Sachverhalt, der zu einer Verurteilung geführt hat, umfassend aufgeklärt werden, eine Zusammenarbeit mit den Ermittlungs- und Vergabebehörden erfolgen und darüber hinaus der entstandene Schaden kompensiert werden.[1]

355 Wenn im Unternehmen die Erwartungshaltung besteht, dass man sich insbesondere von verstrickten Organmitgliedern und Mitarbeitern unverzüglich trennt und ihnen die weitere Einflussnahme auf die Geschäfte des Unternehmens entzieht, so steht zumindest ein Verzicht auf jegliche personellen Maßnahmen im Rahmen einer Generalamnestie einer vergaberechtlichen Selbstreinigung entgegen. Im Einzelfall kann sie jedoch zulässig sein, wenn sie das einzige Mittel ist, um die umfassende Sachverhaltsaufklärung zu ermöglichen.

---

[1] *Dreher/Hoffmann* NZBau 2012, 265 (268 f.).

(5) Schutz vor Strafverfolgung

Schutz vor Strafverfolgung kann im Rahmen einer Amnestieerklärung nur insoweit eingeräumt werden, als reine Antragsdelikte im Raum stehen. Bindend ist ein solcher Verzicht jedoch nur, wenn er gegenüber den Strafverfolgungsbehörden erklärt wird.[1] Bei einer Vereinbarung lediglich zwischen Täter und Unternehmen bestünde nach wie vor die Möglichkeit eines Strafantrags, der allerdings dann gegenüber dem Täter eine Vertragsverletzung darstellt und Schadensersatzansprüche auslöst. Auch soll eine Klage auf Rücknahme des Strafantrags möglich sein.[2] **356**

(6) Freistellung von Strafverfolgungskosten – Übernahme von Verteidigerkosten

Auch wenn die Übernahme von Geldbußen und Geldstrafen keine Strafvereitelung darstellt, sind andere strafrechtliche Einordnungen und die zivilrechtlichen Konsequenzen der Übernahme von Verteidigerkosten hoch umstritten. Auch hier wird diskutiert, ob die Übernahme bei einer erwiesenen Pflichtwidrigkeit eine Untreue darstellt oder aber doch im Einzelfall unter Anwendung der Business Judgement Rule gerechtfertigt sein kann. Eine Übernahme der Verteidigerkosten wird üblicherweise nur unter der Voraussetzung zugesagt, dass der betreffende Mitarbeiter nicht wegen einer vorsätzlich begangenen Straftat rechtskräftig verurteilt wird (gleichgültig ob durch Strafbefehl oder Urteil). Solche Zusagen sind häufig Bestandteil von Amnestieprogrammen, da die Mitarbeiter sich selbst nur der Gefahr der Strafverfolgung aussetzen, wenn sie ihre Verteidigung bzw. die Kostenübernahme gesichert wissen. **357**

Die vorstehenden Ausführungen zeigen, dass eine Amnestie im Sinne eines Verzichts auf die Geltendmachung von Schadenersatzansprüchen oder die Durchsetzung personeller Maßnahmen allein wegen einer vermeintlich schnelleren Aufklärung nicht in Betracht kommt. Vielmehr muss sie sich unter Abwägung der Gesamtumstände und des rechtlichen Spannungsfeldes als gebotenes Mittel darstellen, um überhaupt eine Aufklärung betreiben zu können. **358**

g) Exkurs: Die Rolle des Betriebsrates in internen Untersuchungen

Die Teilnahmerechte des Betriebsrates an der Befragung von Mitarbeitern wurden bereits oben (→ Rn. 326) behandelt. **359**

aa) Mitbestimmung des Betriebsrates bei der Einführung von Verhaltensrichtlinien zur Durchführung interner Untersuchungen

(1) Mitbestimmung gemäß § 87 Abs. 1 Nr. 1 BetrVG

Soweit das Ordnungsverhalten betroffen ist, ist ein Mitbestimmungsrecht des Betriebsrates zu bejahen; bei der Konkretisierung des Arbeitsverhaltens jedoch besteht kein Mitbestimmungsrecht.[3] **360**

Sofern also lediglich Auskunftspflichten konkretisiert werden, die bereits als arbeitsvertragliche Nebenpflicht bestehen, existiert kein Mitbestimmungsrecht. Dasselbe gilt, sofern arbeitsvertragliche Verschwiegenheitsverpflichtungen konkretisiert werden.[4] **361**

(2) Mitbestimmungsrecht nach § 87 Abs. 1 Nr. 6 BetrVG

Ein Mitbestimmungsrecht besteht bei der Einführung und Anwendung von technischen Einrichtungen, die dazu bestimmt sind, das Verhalten und die Leistung der Mit- **362**

---

[1] BGH 27.6.1957 – 4 StR 214/57, NJW 1957, 1368.
[2] BGH 28.1.1974 – III ZR 93/72, NJW 1974, 900.
[3] BAG 24.11.1981 – 1 ABR 108/79, AP BetrVG 1972 § 87 Ordnung des Betriebes Nr. 3.
[4] BAG 10.3.2009 – 1 ABR 87/07, NZA 2010, 180.

arbeiter zu überwachen. Dabei ist zu beachten, dass das Mitbestimmungsrecht bereits dann greift, wenn die Einrichtung zur Überwachung geeignet ist. Dies ergibt sich aus dem Schutzzweck der Norm, welche das Persönlichkeitsrecht des Mitarbeiters schützt, in das durch eine (unbemerkte) Verhaltens- und Leistungskontrolle eingegriffen wird. So unterliegt die Datenerhebung und -auswertung dem Mitbestimmungsrecht, unabhängig davon, wie viele Mitarbeiter vom Einsatz der Kontrolleinrichtung betroffen sind. Im Rahmen einer Untersuchung wird es jedoch regelmäßig zur Einführung oder Anwendung derartiger technischer Einrichtungen nicht kommen.

(3) Mitbestimmungsrechte gemäß § 94 Abs. 1 BetrVG

363   Werden standardisierte Fragebögen bei der Befragung von Mitarbeitern verwendet, so ist ein Mitbestimmungsrecht des Betriebsrates bei deren Erstellung zu bejahen. Unter standardisierten Fragebögen versteht man im Allgemeinen formularmäßige Zusammenstellungen von Fragen, die Bewerber oder Mitarbeiter beantworten sollen und die Aufschluss über Person, Kenntnisse und Fähigkeiten des Mitarbeiters geben. Auch diese werden jedoch regelmäßig im Rahmen einer Untersuchung nicht zum Einsatz kommen – sie sind zu unflexibel und wenig hilfreich.[1]

(4) Informationsrechte nach § 80 Abs. 2 BetrVG

364   Der Betriebsrat hat umfassende Informationsrechte nach § 80 Abs. 2 S. 1 BetrVG. Er muss so rechtzeitig und umfassend informiert werden, dass er prüfen kann, ob Mitbestimmungsrechte tangiert und die gesetzlichen Bestimmungen eingehalten sind. In Betracht kommt ein derartiges Informationsrecht insbesondere bei der Auswertung von Daten auch auf Dienstcomputern des Mitarbeiters sowie der Einhaltung von datenschutzrechtlichen Bestimmungen.

bb) Mitbestimmungsrechte bei der Vorbereitung und Umsetzung des Sanktionierungsprozesses

(1) Teilnahmerecht bei der Anhörung zu Verdachtskündigungen

365   Ein Teilnahmerecht des Betriebsrates bei der Befragung von Mitarbeitern oder bei der Anhörung zu einer Verdachtskündigung ist abzulehnen, es sei denn, es geht tatsächlich um Leistungs- und nicht nur um Arbeitsverhalten des Mitarbeiters (→ Rn. 326).

(2) Betriebsbußen

366   Betriebsbußen sind als Sanktionen bei Verstößen des Mitarbeiters gegen die kollektive betriebliche Ordnung mitbestimmungspflichtig. Davon abzugrenzen sind individualrechtliche Sanktionen wegen Verletzung arbeitsvertraglicher Pflichten mit und ohne Warnfunktion, welche mitbestimmungsfrei sind.

367   Will der Arbeitgeber einen mitbestimmungspflichtigen Bußgeldkatalog vermeiden, empfiehlt es sich, die Darstellung von Disziplinarmaßnahmen allgemein und unverbindlich zu halten und insbesondere auf eine Abhängigkeit von den jeweiligen Umständen des Einzelfalles hinzuweisen. Aus Gründen der Transparenz und der Verdeutlichung, dass Complianceverstöße auch geahndet werden, sollte das Unternehmen verdeutlichen, dass disziplinarische Konsequenzen unter Beachtung der Umstände des Einzelfalls nach Maßgabe der jeweils geltenden Rechtsordnung – im internationalen Konzern – möglich sind.

---

[1] *Wisskirchen/Glaser* DB 2011, 1447 (1450).

(3) Kündigung Versetzung, Änderungskündigung

Bei der Umsetzung von Disziplinarmaßnahmen können sich Mitbestimmungsrechte aus § 99 und § 102 BetrVG ergeben, wenn eine Versetzung, Änderungskündigung oder Kündigung in Betracht kommt. Ermahnungen und Abmahnungen sind mitbestimmungsfrei möglich. **368**

Bei den Rechten des Sprecherausschusses sind bei der Umsetzung von Disziplinarmaßnahmen § 81 Abs. 1 SprAuG sowie § 31 Abs. 2 SprAuG für Versetzungen, Kündigungen und Änderungskündigungen zu beachten. **369**

4. Abschluss der internen Untersuchung

a) Abschlussbericht

Am Ende der Untersuchung ist im Regelfall ein Abschlussbericht zu erstellen. **370**
Dieser kann exemplarisch wie folgt gestaltet sein: **371**
Er enthält einleitend die Darstellung, wie Kenntnis von dem untersuchten Vorfall erlangt wurde.

Dann wird der Sachverhalt, so wie er sich für den Untersuchenden als Ergebnis der Untersuchung ergibt, wiedergegeben.

Daran schließt sich eine Kurzdarstellung des Untersuchungsablaufs und der Untersuchungshandlungen, dh
– eine chronologische Darstellung der geführten Interviews
– sowie eine Auflistung der gesichteten Dokumente, Daten, Emails etc.

Hieran schließt sich die Beweiswürdigung an, die so gehalten ist, dass das Ergebnis der Untersuchung anhand der erhobenen Beweise nachvollziehbar ist. Von Spekulationen sollte Abstand genommen werden; Schlussfolgerungen sollten mit Beweisen unterlegt werden. Widersprüchliche Aussagen sollten einander gegenübergestellt und unter Beurteilung der Glaubwürdigkeit sollte der zutreffende Sachverhalt herausgearbeitet werden.

Der ermittelte Sachverhalt wird sodann einer rechtlichen Würdigung unterzogen, und eine Handlungsempfehlung schließt den Bericht ab. **372**

b) Entscheidung

Sofern sich aus der Untersuchung ergibt, dass in der Tat ein Gesetzesverstoß oder ein Verstoß gegen eine interne Richtlinie oder sonstige Regelung vorliegt, kommen unterschiedliche Maßnahmen in Betracht. Die Entscheidung muss durch die verantwortliche Führungskraft oder, je nach Leitungsebene, auf der das Fehlverhalten passiert ist, auch direkt durch die Geschäftsleitung getroffen werden. Die Compliance-Abteilung gibt hier regelmäßig eine Handlungsempfehlung, da eine Sanktionierung ebenfalls Bestandteil eines Compliance Management Systems ist. Durch die Empfehlung soll auf Konzernebene gewährleistet werden, dass im Rahmen der legalen lokalen Vorgaben Konsistenz auf globaler Ebene gewährleistet ist. Zu beachten ist, dass, um die Effizienz des Compliance Management-System zu gewährleisten, die Durchsetzung und Umsetzung , insbesondere personeller Maßnahmen tatsächlich erfolgt.[1] **373**

aa) Personelle Maßnahmen

Als personelle Maßnahmen kommen Ermahnung, Abmahnung, Kündigung oder auch eine Änderungskündigung in Betracht. Unter Berücksichtigung der Umstände **374**

---

[1] Aufklären, Abstellen, Ahnden – LG München I 10.12.2013 – 5 HKO 1387/10, NZG 2014, 345 (346); *Fleischer* NZG 2014, 321 (324).

des Einzelfalls kann sich ergeben, dass ggf. angemessen erscheinende Maßnahmen nicht durchgesetzt werden können. Einvernehmliche Lösungen als Alternativen sind mit dem Management zu diskutieren. Zu denken ist beispielweise an eine Vertraulichkeitsverletzung, die zwar gravierend ist, aber beispielsweise aus kollektivrechtlichen Gründen gerichtlich nicht durchsetzbar ist.

375 Nach deutschem Recht kann auch bei einem Verdacht auf eine schuldhafte Pflichtverletzung eine ggf. außerordentliche Verdachtskündigung ausgesprochen werden. Zu beachten ist dabei, dass der Mitarbeiter zu diesem Verdacht unter vollständiger Darlegung der Tatsachen, aus denen sich der Verdacht ergibt, angehört werden muss. Bei einer außerordentlichen Kündigung muss dies auch noch innerhalb der Zweiwochenfrist zwischen Kenntnisnahme vom Kündigungssachverhalt/verdachtsauslösenden Sachverhalt und Kündigungsausspruch erfolgen.

376 Sofern es sich um eine schwerwiegende Pflichtverletzung zulasten des Unternehmens handelt, muss auch erwogen werden, Strafanzeige zu erstatten.

bb) Schadensersatz

377 Schadensersatz kommt in den Fällen der Eigen- und Drittbereicherung in Betracht. Allerdings ist hier ein vorsätzliches Handeln Voraussetzung, bei lediglich fahrlässigem Handeln kommen die Grundsätze der Arbeitnehmerhaftung zur Anwendung. Die Geltendmachung des entstandenen Schadens ist vom Ausmaß des Verschuldens abhängig.

cc) Kürzung von Boni

378 Eine Kürzung einmal ausgezahlter Boni ist rechtlich schwierig, weil dies letztlich den Regeln des Schadensersatzes unterfallen würde. Allerdings kann im Rahmen der Bonusfestsetzung, sofern als „weiches" Kriterium die Art der Zielerreichung festgesetzt wurde, eine unter Gesetzes- oder Richtlinienverstoß erzielte Leistung als schlechte Leistung gewertet werden. Sicherer ist es allerdings, explizit in die Bonusregelung hineinzuschreiben, dass eine Leistungserbringung unter Verstoß gegen Compliance-Vorschriften zu einer Herabsetzung des Bonus bis auf Null führen kann.

379 Grundsätzlich ist zu überlegen, den geeigneten Reaktionsrahmen zu definieren. Allerdings ist zu beachten, dass er flexibel gehalten werden und genügend Raum für die Umstände des Einzelfalls bieten muss. Die Schaffung unternehmensinterner Transparenz darüber, dass Complianceverstöße Konsequenzen haben, ist sinnvoll. Um zu gewährleisten, dass die Handhabung unternehmensweit oder gar konzernweit oder sogar global einheitlich ist, wird die Einberufung von Sanktionierungskomitees diskutiert. Vom Grundgedanken her ist dies zu begrüßen. Man muss allerdings bedenken, dass ein solches Komitee aus mehreren Mitgliedern besteht, die ggf. sogar in unterschiedlichen Zeitzonen tätig sind. Eine Tagung des Komitees zur Voraussetzung einer Sanktionsmöglichkeit zu machen, bedeutet, einen zusätzlichen zeitkritischen Faktor einzubauen.

Reaktionsrahmen – Sanktionierung – Compliance Komitee
Insbesondere, wenn Fristen wie zB § 626 Abs. 2 BGB zu beachten sind, muss das Komitee so aufgesetzt sein, dass es auch über verschiedene Zeitzonen hinweg binnen kürzester Zeit Beschlüsse fassen kann. Sofern ein Komitee über die Sanktionierung hinaus noch andere Aufgaben hat beispielsweise Compliance Kommunikationsmaßnahmen und Ähnliches, kann auch die Sanktionierung im Einzelfall zugewiesen werden. Falls nur die Sanktionierung im Vordergrund steht, kann eine global einheitliche Herangehensweise auch durch die globale Compliance Abteilung gewährleistet werden.

Zu beachten ist, dass auch dann, wenn eine personelle Maßnahme nicht die Entfer- 380
nung des Mitarbeiters aus dem Unternehmen zur Folge hat, dennoch nicht der Eindruck entstehen darf, dass ein Compliance-Verstoß ohne Konsequenzen bleibt. Wenn beispielsweise Beförderungen anstehen, so sind auch Compliance-Verstöße zu berücksichtigen. Es darf bei den Mitarbeitern nicht der Eindruck entstehen, eine Beförderung stünde in Zusammenhang mit einem Verstoß oder ein solcher sei bei der Entscheidung nicht berücksichtigt worden.[1]

c) Kommunikation

Nach Abschluss der Untersuchung und nachdem eine Entscheidung getroffen wur- 381
de, muss überlegt werden, ob nach innen oder außen, ggf. in beide Richtungen kommuniziert werden muss. Je nach Ausmaß des Falles und der möglichen Außenwirkung ist eine proaktive Kommunikation angezeigt. Jüngste Beispiele haben gezeigt, dass ein zögerliches Umgehen oder eine scheibchenweise Information in der Öffentlichkeit negativ wahrgenommen werden und zu einem erheblichen Reputationsschaden führen können.[2]

Hier bietet es sich an, schon frühzeitig an einer Kommunikationsstrategie nach in- 382
nen und außen zu arbeiten, die zum einen für Glaubwürdigkeit und Transparenz sorgt und auch den Mitarbeitern das Gefühl vermittelt, dass Compliance-Verstöße angemessene Konsequenzen haben. Vor dem Hintergrund arbeitsrechtlicher Auseinandersetzungen sollte dabei bedacht werden, keine Angriffsflächen in der Kommunikation zu bieten und diese auch von einem Arbeitsrechtler überprüfen zu lassen, falls es um die Bekanntgabe von Freistellungen oder Ähnlichem geht.

d) Fazit

Interne Untersuchungen sind herausfordernd. Sie erfordern den Einsatz von erfah- 383
renen Untersuchenden, die mit hoher Fachkompetenz umsichtig und schnell Ergebnisse liefern können und dies vor dem Hintergrund nicht immer einfacher rechtlicher Rahmenbedingungen. In einer Zeit, in der die Integrität eines Unternehmens ebenso wie die Transparenz, mit der es arbeitet, in der Meinungsbildung und öffentlichen Wahrnehmung immer wichtiger werden, sind sie aber ein unerlässliches Mittel, auch unabhängig von ggf. bestehendem staatlichen oder behördlichem Aufklärungsdruck Compliance nach innen und außen zu leben.

---

[1] Moosmayer/*Wauschkuhn,* Interne Untersuchungen, S. 75.
[2] Auseinandersetzung ERGO und Handelsblatt im Sommer 2012 um Bekanntmachung von Revisionsberichten, die weitergehende Animationsreisen aufdeckten als die vom Konzern selbst eingeräumten trotz Transparenz-Kampagne.

C. Grenzüberschreitende Richtlinien/Policies

384 Internationale Konzerne sind häufig bestrebt, weltweit einheitliche Standards einzuführen und diese mittels gleichlautender Richtlinien oder Policies flächendeckend zur Anwendung zu bringen. Neben dem generellen Wunsch einer einheitlichen Positionierung des Konzerns zu bestimmten, insbesondere ethisch-moralischen Fragen – etwa Kinderarbeit, Gleichberechtigung der Geschlechter, Umgang der Mitarbeiter untereinander – und der Schaffung eines einheitlichen Erscheinungsbilds bezweckt der internationale Konzern mit derartigen Regelungen häufig konkret, den globalen Austausch und die globale Anwerbung von Arbeitnehmern zu vereinfachen und der zunehmenden Globalisierung der Human Resources-Abteilungen Rechnung zu tragen. Ferner soll das Gefühl der Zusammengehörigkeit der Arbeitnehmer untereinander und der Zugehörigkeit zum Konzern verbessert werden. Zudem werden immer häufiger konkrete Sachthemen einheitlich geregelt, etwa der Umgang mit Social Media, Gesundheitsschutz, Grundsätze der Vergütungsstrukturen, Aktienoptionen oder sonstige betrieblichen Nebenleistungen etc. Gleichwohl besteht hier in der Regel noch ein Unterschied zu den ebenfalls von US-Konzernen häufig verwandten „Employee handbooks", die in der Regel arbeitsalltägliche HR-Themen behandeln. Entsprechend sind letztere generell den nationalen bzw. lokalen Gegebenheiten angepasst.

I. Einführung und Anwendung ausländischer Policies

385 Das hinter dem Wunsch nach einem einzigen, konzernweiten Regelwerk stehende, nachvollziehbare Vereinheitlichungsinteresse kollidiert allerdings meist mit den Spezifika der nationalen Rechtsordnungen, in Deutschland häufig aus Gründen des Datenschutzes, aber auch wegen betriebsverfassungsrechtlicher Erfordernisse. Dies stellt die mit der Einführung der von der Konzernmutter vorgegebenen Policies betrauten deutschen Konzerngesellschaften teilweise vor erhebliche praktische Herausforderungen. Soweit die Policies von den Arbeitnehmern zwingend beachtet werden und ihre Nichtbeachtung Sanktionen nach sich ziehen sollen, stellt sich die Frage nach der Umsetzung. Dies kann per Direktionsrecht, per Betriebsvereinbarung (manchmal beides kumulativ) geschehen; manchmal ist die Policy schon Teil der umfangreichen Nebenpflichten eines Arbeitnehmers.

1. Betriebliche Mitbestimmung

386 Zum einen unterliegt die Einführung derartiger Richtlinien nach deutschem Recht abhängig von ihrem Inhalt gegebenenfalls einem Mitbestimmungsrecht des Betriebsrats.

a) Zuständige Arbeitnehmervertretung

387 Wird für die Einführung der Policy der Weg einer Betriebsvereinbarung gewählt (→ Rn. 332ff.), ist in einem Konzern mit mehreren Unternehmen regelmäßig der – fakultativ zu bildende – Konzernbetriebsrat originär zuständig (§ 58 Abs. 1 BetrVG). Nach der Rechtsprechung des Bundesarbeitsgerichts begründen objektiv zwingende Gründe oder die „subjektive Unmöglichkeit" einer Regelung auf Betriebs- oder Unternehmensebene diese originäre Zuständigkeit des Konzernbetriebsrates. Solche liegen etwa vor, wenn eine konzerneinheitliche Unternehmensphilosophie umgesetzt

C. Grenzüberschreitende Richtlinien/Policies

werden soll und für ein konzernbezogenes identitätsstiftendes ethisch-moralisches Erscheinungsbild gesorgt werden soll, wie dies etwa bei einem Verhaltenskodex der Fall ist.[1] Allein der Wunsch des Konzernarbeitgebers nach einer konzerneinheitlichen oder unternehmensübergreifenden Regelung, sein Kosten- oder Koordinierungsinteresse sowie reine Zweckmäßigkeitsgesichtspunkte genügen dagegen nicht, um die Zuständigkeit des Konzernbetriebsrats zu begründen.

In einem internationalen Konzern kann ein deutscher Konzernbetriebsrat dabei nur errichtet werden, wenn der deutsche Teil des Konzerns die erforderlichen Merkmale aufweist, § 54 Abs. 1 S. 1 BetrVG, § 18 Abs. 1 AktG. Danach muss ein Unterordnungskonzern bestehen, d. h. die inländische Tochter und deutsche Spitzengesellschaft muss mit eigenständiger wesentlicher Leitungsbefugnis gegenüber den ihr nachgeordneten Enkel-Unternehmen ausgestattet sein.[2] Dies kommt im internationalen Konzern einer Anerkennung der Figur des „Konzern im Konzern" gleich, der – anders als in der gesellschaftsrechtlichen Literatur – im Arbeitsrecht insgesamt als weitgehend akzeptiert gilt.[3] In einem solchen Fall kann – auch im grenzüberschreitenden Konzern – auf der Ebene der Tochter ein Konzernbetriebsrat errichtet werden. Vertragspartner des Konzernbetriebsrates ist dann diese deutsche Konzernspitze. Denn betriebsverfassungsrechtlicher Arbeitgeber kann nicht der deutsche Unterkonzern insgesamt sein. **388**

Existiert im Konzern kein deutscher Konzern- bzw. Gesamtbetriebsrat, entfallen die ihm originär zustehenden Mitbestimmungsrechte mit der Folge, dass die Policy mitbestimmungsfrei eingeführt werden kann.[4] Eine Auffangzuständigkeit der lokalen Betriebsräte existiert grundsätzlich nicht.[5] Denn es wäre widersprüchlich, einerseits wegen der zwingenden Notwendigkeit einer einheitlichen Regelung die originäre Zuständigkeit des Konzern-/Gesamtbetriebsrats anzunehmen, um dann andererseits bei Fehlen dieses Konzern-/Gesamtbetriebsrats eine „subsidiäre Zuständigkeit" zu postulieren.[6] Dem steht nach der herrschenden Meinung auch nicht eine Entscheidung des Bundesarbeitsgerichts entgegen, in dem dieses im Fall der rechtlichen Unmöglichkeit der Errichtung eines Konzernbetriebsrates – die Konzernspitze befand sich im Ausland und eine inländische Teilkonzernspitze mit wesentlichen Leitungsaufgaben in personellen, sozialen und wirtschaftlichen Angelegenheiten zur eigenständigen Ausübung existierte nicht – entschieden hat, dass diese Tatsache nicht zum Wegfall der Beteiligungsrechte führe. Vielmehr finde nur eine Verlagerung auf eine andere Ebene in den verbundenen Unternehmen statt. Die Beteiligungsrechte würden in diesem Fall von den Gesamtbetriebsräten und Betriebsräten der konzernangehörigen Unternehmen wahrgenommen.[7] Der Beschluss dürfte jedoch nicht dahingehend zu verstehen sein, dass es bei Fehlen eines Konzernbetriebsrats für die ihm **originär** zustehenden Beteiligungsrechte zu einer Verlagerung auf eine andere Ebene kommt. Er besagt nur, dass Beteiligungsrechte nach dem BetrVG **insgesamt** von den Gesamtbetriebsräten und Betriebsräten der konzernangehörigen Unternehmen wahrgenommen werden. Denn die Ausführungen des 7. Senats betreffen konkret die Frage, ob § 5 Abs. 3 MitbestG analog anzuwenden ist und – entsprechend der dort geregelten Errichtung eines paritätisch mitbestimmten Aufsichtsrats bei einer im Inland gelegenen Teilkonzernspitze und einer Konzernspitze im Ausland – die Errichtung eines Konzernbetriebsrats **389**

---

[1] BAG 22.7.2008 – 1 ABR 40/07, AP BetrVG 1972 § 87 Nr. 14.
[2] BAG 22.11.1995 – 7 ABR 9/95, AP BetrVG 1972 § 54 Nr. 7.
[3] *Fitting*, BetrVG, § 54 Rn. 32 f.; ErfK/*Koch*, BetrVG § 54 Rn. 7.
[4] *Dzida* NZA 2008, 1265 (1267).
[5] BAG 14.12.1993 – 3 AZR 618/93, AP BetrAVG § 7 Nr. 81; *Fitting*, BetrVG, § 50 Rz. 10.
[6] *Windbichler*, Arbeitsrecht im Konzern, S. 345; *Dzida* NZA 2008, 1265 (1267).
[7] BAG 14.2.2007 – 7 ABR 26/06, AP BetrVG 1972 § 54 Nr. 13.

trotz Konzernobergesellschaft mit Sitz im Ausland und Fehlens einer inländischen Teilkonzernspitze gestattet. Dies hat der Senat jedoch abgelehnt, da die Voraussetzungen einer Analogie nicht vorliegen.[1]

390 Wird eine Policy demnach ohne Beteiligung der Betriebsräte eingeführt, bedeutet dies aber auch, dass eine konzerneinheitliche Einführung per Betriebsvereinbarung nicht in Betracht kommt. Dem Unternehmen steht es dann allerdings frei, mit den lokalen Betriebsräten oder Gesamtbetriebsräten mehrere einzelne (gleichlautende) Betriebsvereinbarungen abzuschließen. Allerdings handelt es sich hierbei um einen regelmäßig mühsamen Weg, der in der Regel der Einführung einheitlicher Richtlinien – selbst nur innerhalb Deutschlands – entgegensteht. Damit hat das Unternehmen die Wahl, ob es den Weg einzelner (Gesamt-)Betriebsvereinbarungen beschreitet oder die Policy mitbestimmungsfrei auf anderer rechtlicher Grundlage einführt.

b) Umfang der Mitbestimmungspflicht

391 Seit der sog. Honeywell-Entscheidung ist für Deutschland entschieden, dass die Einführung etwa eines Code of Conduct per se nicht mitbestimmungspflichtig ist.[2] Ein Mitbestimmungsrecht kann sich aber aufgrund der Inhalte der einzelnen Policies ergeben. Ein vom Arbeitgeber aufgestellter Verhaltenskodex kann daher mitbestimmungspflichtige und mitbestimmungsfreie Teile enthalten; der Kodex ist nicht zwingend einheitlich mitbestimmungspflichtig oder nicht.

392 Nach deutschem Recht unterliegen Fragen der Ordnung des Betriebes und des Verhaltens der Arbeitnehmer im Betrieb der Mitbestimmung durch den Betriebsrat, § 87 Abs. 1 Nr. 1 BetrVG. Zu unterscheiden sind mitbestimmungspflichtige Regelungen, die das Ordnungsverhalten der Arbeitnehmer betreffen, von mitbestimmungsfreien Maßnahmen, die das Arbeitsverhalten der Arbeitnehmer regeln und im Verhältnis Arbeitgeber/Arbeitnehmer anzusiedeln sind.[3]

393 Regelungen in einem Verhaltenskodex sind, soweit dort das Ordnungsverhalten der Arbeitnehmer angesprochen ist, grundsätzlich mitbestimmungspflichtig, § 87 Abs. 1 Nr. 1 BetrVG. Dies gilt auch dann, wenn es sich nicht um verbindliche Verhaltensregeln handelt, sondern lediglich um Maßnahmen, die das Verhalten der Arbeitnehmer steuern oder die Ordnung im Betrieb gewährleisten sollen.

394 Unter Regelungen zum Ordnungsverfahren fallen dabei etwa betriebliche Alkoholverbote,[4] die Pflicht zur Anzeige von Kollegen, sog Whistleblower-Klauseln,[5] Regelungen der Annahme von Geschenken[6] und die Pflicht zur Offenlegung von Wertpapierbesitz.[7]

395 Unter mitbestimmungsfreies Arbeitsverhalten wird die bloße Konkretisierung von arbeitsvertraglichen Pflichten durch das Direktionsrecht des Arbeitgebers[8] gefasst ebenso wie Verschwiegenheitsklauseln,[9] bloße Erläuterungen zu Gesetzen, Regelungen über sexuelle Belästigung[10] sowie generell sämtliche allgemeinen Grundsätze ohne konkrete Handlungspflicht (etwa eine bloße Verlautbarung der „Unternehmensphilo-

---

[1] BAG 14.2.2007 – 7 ABR 26/06, AP BetrVG 1972 § 54 Nr. 13.
[2] BAG 22.7.2008 – 1 ABR 40/07, AP BetrVG 1972, § 87 Nr. 14 – Honeywell.
[3] BAG 21.1.1997, AP BetrVG § 87 Nr. 27; BAG 8.11.1994, AP BetrVG § 87 Nr. 24.
[4] BAG 23.9.1986 – 1 AZR 83/85, AP BPersVG § 75 Nr. 20.
[5] *Wisskirchen/Körber/Bissels*, BB 2006, 1567 (1571).
[6] LAG Düsseldorf 14.11.2005 – 10 TaBV 46/05, NZA-RR 2006, 81 (85) – Wal Mart.
[7] BAG 28.5.2002 – 1 ABR 32/01, AP BetrVG 1972 § 87 Ordnung des Betriebes Nr. 39.
[8] BAG 8.6.1999 – 1 ABR 67/98, AP BetrVG 1972 § 87 Ordnung des Betriebes Nr. 31.
[9] BAG 10.3.2009 – 1 ABR 87/07, AP BetrVG 1972 § 87 Nr. 16.
[10] BAG 22.7.2008 – 1 ABR 40/07, AP BetrVG 1972 § 87 Nr. 14.

C. Grenzüberschreitende Richtlinien/Policies

sophie"/Mission Statement der Unternehmensleitung, Selbstverpflichtungen des Unternehmens und der (allgemeinen) Beschreibung von Unternehmenszielen).[1]

Ein Mitbestimmungsrecht des Betriebsrates kann sich zudem dann ergeben, wenn die Einführung und Umsetzung der Richtlinie mit der Errichtung technischer Überwachungseinrichtungen einhergeht, § 87 Abs. 1 Nr. 6 BetrVG. Darunter fallen sämtliche optischen, mechanischen, akustischen oder elektronischen Geräte, die objektiv zur Überwachung der Leistung der Mitarbeiter geeignet sind.[2] Relevant kann dies etwa bei Systemen zur automatisierten Überwachung des Wertpapierhandels werden. **396**

Schließlich kommt eine abgeschwächte Form der Beteiligung der Arbeitnehmervertreter aufgrund des allgemeines Informations- und Beratungsrecht des Betriebsrates in Betracht, § 80 Abs. 2 BetrVG. Auch wenn die Policies keine mitbestimmungspflichtigen Inhalte enthalten, ist der Betriebsrat daher in der Regel rechtzeitig und umfassend über ihre Einführung zu informieren. **397**

Regelungen, die unter Verletzung der Mitbestimmungsrechte des Betriebsrates eingeführt wurden, sind für die Mitarbeiter unbeachtlich. Das bedeutet, dass der Arbeitgeber an einen Verstoß gegen diese Regeln keine für den Mitarbeiter nachteiligen Folgen knüpfen darf, zB indem er ihn ermahnt, abmahnt oder das Arbeitsverhältnis kündigt.[3] **398**

Der Betriebsrat selbst kann nach ständiger Rechtsprechung einen Unterlassungsanspruch gegen die mitbestimmungswidrige Einführung geltend machen, und zwar auch im Wege einer einstweiligen Verfügung.[4] **399**

2. Datenschutz

Setzt die Einführung oder weitere Administration der konzerneinheitlichen Richtlinien den Transfer von personenbezogenen, in Deutschland gespeicherten Daten ins Ausland, insbesondere in unsichere Drittländer wie die USA, voraus, kommen hierzu Einschränkungen durch das deutsche Datenschutzrecht (hierzu ausführlich → Rn. 2ff.). Diese Konstellationen ergeben sich etwa daraus, dass konzerneinheitliche Policies Boni, Aktienoptionen oder sonstige Vergünstigungen regeln, deren Administration zentral bei der Konzernmutter erfolgt. Gleiches gilt bei Richtlinien über ethisches Verhalten oder Whistleblowing, wenn im Zusammenhang damit Personaldaten von Whistleblowern oder Beschuldigten ins Ausland transferiert werden. **400**

Grundsätzlich dürfen personenbezogene Daten in Drittstaaten, sofern keine Einwilligung des Betroffenen vorliegt, nur dann übermittelt werden, wenn dort ein angemessenes Datenschutzniveau besteht, §§ 4b und 4c BDSG. Fehlt es an einem angemessenen Datenschutzniveau, ist eine Übermittlung von personenbezogenen Daten an Drittstaaten grundsätzlich nicht zulässig. **401**

In der Praxis wird ein von der EU anerkanntes Datenschutzniveau durch entsprechende Gesetze oder auf der Grundlage einer freiwilligen Selbstverpflichtung erreicht. **402**

Es handelt sich hierbei im praktisch vor allem relevanten Fall der USA um das sogenannte **Safe Harbor Abkommen** zur Gewährleistung eines angemessenen Datenschutzniveaus zwischen der EU und den USA: im Wege einer Selbstzertifizierung erklären die teilnehmenden US-Unternehmen gegenüber dem US-Handelsministerium, gewisse Grundsätze einzuhalten und Vorkehrungen zum Datenschutz einzuhalten – **403**

---

[1] BAG 22.7.2008 – 1 ABR 40/07, AP BetrVG 1972 § 87 Nr. 14.
[2] St. Rspr. seit BAG 9.9.1975 – 1 ABR 20/74, AP BetrVG 1972 § 87 Überwachung Nr. 2.
[3] BAG 3.12.1991 – GS 2/90, AP BetrVG 1972 § 87 Lohngestaltung Nr. 51; BAG 11.6.2002 – 1 AZR 390/01, AP BetrVG 1972 § 87 Lohngestaltung Nr. 113.
[4] Vgl. nur: BAG 3.5.1994 – 1 ABR 24/93, AP BetrVG 1972 § 23 Nr. 23; ErfK/*Kania*, BetrVG § 87 Rn. 138.

etwa die Errichtung einer Beschwerdestelle, die Benennung der verwendeten Datenschutzprogramme und die Beschreibung der vorgenommenen Kontrollen. Eine Liste der Unternehmen, die dem Abkommen beigetreten sind, findet sich unter http://safeharbor.export.gov/list.aspx.

404   Alternativ kann die Einhaltung eines angemessenen Datenschutzniveaus durch die Verwendung der **EU-Standardvertragsklauseln** oder **Binding Corporate Rules** nachgewiesen werden.

405   Bei den EU-Standardvertragsklauseln handelt es sich um von der Europäischen Kommission erlassene Vereinbarungen für die Übermittlung personenbezogener Daten in Drittländer. Werden diese Klauseln vollständig übernommen, gilt der Nachweis eines angemessenen Schutzniveaus als erbracht. Abweichungen von den Standardvertragsklauseln sind zwar grundsätzlich zulässig, führen aber zur Genehmigungspflicht der Datenübermittlung durch die Aufsichtsbehörde in jedem Einzelfall.

406   Innerhalb eines Konzerns kann ein ausreichendes Datenschutzniveau auch durch sog. Binding Corporate Rules garantiert werden. Hierbei handelt es sich um verbindliche Unternehmensregelungen; damit ein ausreichendes Datenschutzniveau als gesichert angesehen werden kann, müssen diese Regelungen die Kernelemente der EU-Datenschutzrichtlinie enthalten. Durch Binding Corporate Rules lässt sich im Einzelfall eine etwas größere Flexibilität erhalten, weil inhaltliche Abweichungen zulässig sind, wenn sie durch unternehmensinterne Regelungen oder organisatorische Maßnahmen hinreichend kompensiert werden. Nicht einheitlich beantwortet wird dabei die Frage, ob Datentransfers im Konzern trotz Vorliegens von Binding Corporate Rules noch einer aufsichtsbehördlichen Genehmigung bedürfen.[1]

3. Rechtliche Einbeziehung in das Arbeitsverhältnis

407   Grundsätzlich bestehen drei verschiedene Möglichkeiten, ausländische bzw. internationale Verhaltensrichtlinien oder sonstige Policies mit bindender Wirkung im Unternehmen in Deutschland einzuführen (ausführlich hierzu → Teil I Absch 4 Rn. 288).

a) Einführung per Direktionsrecht

408   Der Arbeitgeber kann Verhaltensrichtlinien oder sonstige Policies grundsätzlich per Direktionsrecht[2] einführen. Denn gemäß § 106 GewO kann der Arbeitgeber nicht nur den Inhalt, Ort und Zeit der Arbeitsleistung nach billigem Ermessen näher bestimmen, sondern auch die Ordnung und das Verhalten der Arbeitnehmer im Betrieb. Allerdings ist dies nur bei einer Konkretisierung vertraglicher und gesetzlicher Bestimmungen möglich.[3] Soweit lediglich gesetzliche oder vertragliche Pflichten abstrakt wiederholt werden bzw. nur die Einhaltung von Recht und Gesetz gefordert wird, fehlt der Weisung bereits ein eigenständiger Regelungsgehalt. Diese Regelungen können daher per Direktionsrecht eingeführt werden. Auch soweit bereits bestehende, sich aus der Arbeitsleistung ergebende Pflichten durch die Verhaltensrichtlinien nur konkretisiert werden, ohne jedoch den Pflichtenkreis des Mitarbeiters zu erweitern, kann auch dies mittels des Direktionsrechts umgesetzt werden. Aus der allgemeinen Rücksichtnahmepflicht des Arbeitnehmers (§ 241 Abs. 2 BGB) folgen diverse weitere anerkannte Nebenpflichten wie die, das Eigentum des Arbeitgebers zu schützen, die Pflicht zur Verschwiegenheit, insbesondere über Betriebs- und Geschäftsgeheimnisse, sowie die Pflicht, im laufenden Arbeitsverhältnis Wettbewerb zu unterlassen. Soweit

---

[1] Vgl. zum Streitstand *Gola/Schomerus*, BDSG, § 4c BDSG Rn. 15.
[2] Zum Umfang bestehender Mitbestimmungsrechte → Rn. 391.
[3] *Wisskirchen/Jordan/Bissels*, DB 2005, 2190.

C. Grenzüberschreitende Richtlinien/Policies

die Policy diese oder andere bereits bestehende Nebenpflichten inhaltlich ausfüllt, kann das Unternehmen sie durch Weisung einseitig einführen. Zudem können grundsätzlich auch allgemeine Programmsätze etwa in Compliance-Richtlinien per Direktionsrecht aufgestellt werden, da sie ebenfalls das Arbeitsverhalten betreffen.

Allerdings darf der Arbeitgeber grundsätzlich nur Weisungen zum betrieblichen Verhalten geben. Der außerbetriebliche Bereich gehört generell zur Privatsphäre des Arbeitnehmers und ist dem Direktionsrecht entzogen.[1] In diesem Bereich liegt regelmäßig kein Arbeitsbezug vor. Ausnahmsweise, wenn sich aus dem Arbeitsvertrag eine entsprechende Nebenpflicht des Arbeitnehmers entnehmen lässt, nachteilige Auswirkungen eines außerdienstlichen Verhaltens auf den Betrieb zu vermeiden und der Arbeitgeber ein erhebliches Interesse an der Beachtung bestimmter Verhaltensweisen des Arbeitnehmers auch außerhalb der Arbeitszeit hat,[2] treffen den Arbeitnehmer auch Nebenpflichten im außerdienstlichen Bereich. Anerkannt ist dies etwa für Nebentätigkeiten. Soweit dies der Fall ist, steht dem Arbeitgeber dann auch ein entsprechendes Weisungsrecht zu. 409

Die Einführung kraft Direktionsrechts erfordert zudem, dass der Arbeitgeber billiges Ermessen wahrt.[3] Es handelt sich hierbei um eine Billigkeits- und Abwägungsprüfung zwischen den jeweiligen Interessenkreisen. Die Einführung der Verhaltenspflichten darf jedenfalls nicht zu einer unangemessenen Betroffenheit der Mitarbeiter in ihren Grundrechten führen.[4] 410

Vorteil dieses Vorgehens ist, dass es schnell umgesetzt werden kann und die Regelungen jederzeit geändert und aktualisiert werden können. Ausreichend ist dann, dass die jeweils aktuelle Fassung den Mitarbeitern nachweisbar zur Kenntnis gebracht wird. Nachteil der Einführung per Direktionsrecht ist, dass durch sie mitbestimmungspflichtige Inhalte nicht umgesetzt werden können. Gleichwohl entscheiden sich nicht wenige Unternehmen aus den genannten Gründen für diesen Weg. 411

b) Einführung durch arbeitsvertragliche Regelung

Sofern durch Verhaltensregeln neue, eigenständige Pflichten für die Mitarbeiter begründet werden, ist das Direktionsrecht nicht mehr ausreichend.[5] Dies ist dann der Fall, wenn bislang überhaupt keine Haupt- oder Nebenpflichten in dieser Frage bestanden oder diese überschritten werden.[6] Ein Unternehmen hat dann alternativ die Möglichkeit, mit den Bestandsmitarbeitern die Geltung der Policy schriftlich zu vereinbaren, und bei Neueinstellungen eine Bezugnahmeklausel im Arbeitsvertrag einzufügen, die Policy also im Arbeitsvertrag zu verankern. Inhaltlich ist eine solche Regelung in weiterem Umfang möglich als dies im Rahmen des Direktionsrechts zulässig wäre. Derartige neue Pflichten bedürfen der ausdrücklichen Zustimmung der Mitarbeiter. Allerdings muss der Arbeitsvertrag den Anforderungen an eine Inhaltskontrolle („Allgemeine Geschäftsbedingungen", §§ 305 ff. BGB) entsprechen. Genügt eine Regelung diesen Kriterien nicht, ist eine auf einen Verstoß gegen diese Regel gestützte Abmahnung oder Kündigung unwirksam. Eine Sanktionierung des Fehlverhaltens scheidet damit aus. 412

Je weiter die Pflichten sich von der eigentlichen Arbeitspflicht entfernen, desto höher sind die Anforderungen an die Rechtmäßigkeit.[7] Bei einer vertraglichen Vereinba- 413

---

[1] *Wisskirchen/Jordan/Bissels,* DB 2005, 2190.
[2] BAG 28.10.2010 – 2 AZR 293/09, AP KSchG 1969 § 1 Verhaltensbedingte Kündigung Nr. 62.
[3] BAG 23.6.1993 – 5 AZR 337/92, AP BGB § 611 Direktionsrecht Nr. 42.
[4] BAG 10.10.2002 – 2 AZR 472/01, AP KSchG 1969 § 1 Verhaltensbedingte Kündigung Nr. 44.
[5] Vgl. zB *Meyer,* NJW 2006, 3605; ausführlich hierzu → Teil I Absch 4 Rn. 311 ff.
[6] *Wisskirchen/Jordan/Bissels,* DB 2005, 2190.
[7] *Meyer,* NJW 2006, 3605.

rung ist zudem die Flexibilisierung, also die Anpassung an sich ändernde Umstände schwieriger. Hier muss der Arbeitgeber einen Änderungsvorbehalt vorsehen; allerdings werden von den Gerichten immer höhere Anforderungen an solche Vorbehalte gestellt. Die Möglichkeit der Einführung über den Arbeitsvertrag wird häufig aus der Sorge heraus abgelehnt, sie könne an einer massenhaften Weigerung der Mitarbeiter scheitern, die Verpflichtungserklärung zu unterzeichnen. Dieses Risiko ist tatsächlich nicht von der Hand zu weisen, hängt aber stark von der Unternehmenskultur ab. Nachteil ist weiter, dass zu unbestimmte Regelungen nicht verbindlich sind. Zudem muss das Unternehmen auch bei diesem Vorgehen den Betriebsrat bei den mitbestimmungsrechtlichen Fragen beteiligen, so dass Unternehmen mit Betriebsräten in der Regel dann gleich den Abschluss einer Betriebsvereinbarung vorziehen.

414 Die für Neuverträge in die Arbeitsverträge aufzunehmende Bezugnahmeklausel gibt es grundsätzlich in zwei Formen – statisch und dynamisch. Statische Bezugnahmeklauseln nehmen die Policy in ihrer Fassung zu einem bestimmten Zeitpunkt in Bezug; sie gelten als nicht überraschend im Sinne der AGB-Vorschriften.[1] Nach dem Nachweisgesetz muss die Policy dem Mitarbeiter zugänglich gemacht werden.

415 Dynamische Bezugnahmeklauseln verweisen demgegenüber auf die Policy in ihrer jeweils geltenden Fassung. Wenngleich Anpassung und Änderung der Policy in der Zukunft aufgrund einer solchen Klausel allein dem Arbeitgeber obliegen, was den Inhalt des Arbeitsvertrages für den Mitarbeiter unsicher erscheinen lässt, sind diese Klausel im Ergebnis auch als AGB-rechtlich zulässig anzusehen.[2] Dies jedenfalls dann, wenn – wie regelmäßig – eine erneute Interessenabwägung ergibt, dass das Interesse des Unternehmens an einer flexiblen und einfachen Einbeziehung und Modifikation der Policy dasjenige der Mitarbeiter an einer möglichst genauen, statischen Beschreibung ihrer Pflichten überwiegt.

416 Dabei sollten allerdings – parallel zu den Anforderungen der Rechtsprechung bei der Bezugnahme auf eine Arbeitsordnung[3] – die Gründe für mögliche spätere Anpassungen und Änderungen der Policy (zB veränderte gesetzliche Anforderungen; strukturelle Veränderungen im Unternehmen/Konzern) bereits in der Verweisungsklausel ausdrücklich aufgeführt werden. Außerdem sollte die Klausel ebenfalls vorsehen, dass der Mitarbeiter über den Inhalt der jeweils geltenden Fassung und die Änderungen der Policy informiert wird.

417 Eine solche Verweisungsklausel im Arbeitsvertrag[4] könnte daher etwa lauten:

§ X Policies

1. Auf das Arbeitsverhältnis findet ergänzend die Policy XYZ in ihrer jeweiligen Fassung Anwendung. Das Unternehmen behält sich vor, die Policy XYZ an geänderte Rechtsvorschriften, börsenrechtliche Bestimmungen und gewandelte ethische Vorstellungen im Geschäftsverkehr anzupassen.

2. Änderungen die Policy XYZ werden dem Arbeitnehmer spätestens zwei Monate vor dem vorgeschlagenen Zeitpunkt ihres Inkrafttretens in Textform mitgeteilt.

418 Die Anpassung von Bestandsverträgen durch Einführung einer derartigen Bezugnahmeklausel per Änderungskündigung wird dagegen in der Regel mangels eines Kündigungsgrundes, der den Anforderungen des Kündigungsschutzgesetzes genügt, scheitern.

---

[1] *Schreiber,* NZA-RR 2010, 617.
[2] ErfK/*Preis,* BGB § 310 Rn. 80a.
[3] BAG 11.2.2009 – 10 AZR 222/08, NZA 2009, 428.
[4] In Anlehnung an *Schreiber,* NZA-RR 2010, 617.

C. Grenzüberschreitende Richtlinien/Policies

Letztlich kann es sich dabei nur um einen dringenden betrieblichen Grund handeln. **419** Ein verhaltensbedingter Grund liegt insoweit nicht vor, da es an einem Fehlverhalten des Mitarbeiters fehlt.[1] Zwar sind als dringende betriebliche Gründe für die Einführung einer Policy, jedenfalls im Bereich der Ethikrichtlinien, etwa gesetzliche und börsenrechtliche Vorgaben als ausreichend anzusehen, nicht jedoch das bloße Vereinheitlichungsinteresse im Konzern.[2] Im Ergebnis wird daher eine Änderungskündigung des Arbeitsverhältnisses zur Einführung der Policy keinen Erfolg haben.

Eine Änderungskündigung ist zudem unwirksam, wenn die entsprechenden Ver- **420** pflichtungen per Direktionsrecht eingeführt werden können, da dieses ein milderes Mittel darstellt.

Neben einer freiwilligen Verpflichtung der Mitarbeiter durch schriftliche Anerken- **421** nung der Policies, die in der Praxis gerade bei internationalen Policies gern verwendet und häufig erfolgreich sein wird, bleibt eine Änderung der Bestandsverträge über den Abschluss einer Betriebsvereinbarung (s. hierzu → Rn. 422, da eine solche unmittelbar und zwingend der Inhalt der Arbeitsverträge wird (§ 77 BetrVG). Dies gilt für alle Mitarbeiter mit Ausnahme der leitenden Angestellten und der Geschäftsführer.

c) Einführung per Betriebsvereinbarung

Schließlich kommt auch der Abschluss einer Betriebsvereinbarung mit dem Betriebs- **422** rat in Betracht (ausführlich → Teil I Absch 4 Rn. 324 ff.). Die Inhaltskontrolle einer Betriebsvereinbarung ist weniger streng als im individualrechtlichen Bereich. Eingriffe in höchstpersönliche Rechte der Arbeitnehmer oder Regelungen über außerbetriebliche Belange sind allerdings auch hier nicht möglich.[3] Auch eine Betriebsvereinbarung kann zudem das außerdienstliche Verhalten nicht regeln.[4] Eine Betriebsvereinbarung ist für alle Arbeitnehmer bindend; außerdem kann die Beteiligung des Betriebsrates zu mehr Akzeptanz führen. Nachteil ist, dass die Verhandlung Zeit kostet. Außerdem fallen Regelungen für Geschäftsführer, Vorstände und leitende Angestellte nicht unter den Anwendungsbereich einer solchen Betriebsvereinbarung, und eine Änderung erfordert jeweils Neuverhandlungen mit dem Betriebsrat. Jede spätere Änderung muss daher durch Kündigung und Neuabschluss der Betriebsvereinbarung herbeigeführt werden. Die Tatsache, dass Regeln zum Arbeitsverhalten mitbestimmungsfrei, Regeln zum Ordnungsverhalten dagegen mitbestimmungspflichtig sind, hat zudem zur Folge, dass zur Vermeidung einer künstlichen Aufspaltung der Policy in kraft Direktionsrechts und im Wege einer Betriebsvereinbarung umsetzbare Verhaltensvorgaben nur die Möglichkeit verbleibt, eine Policy mit kraft Gesetz mitbestimmten Verhaltensvorgaben und mit freiwillig mitbestimmten Verhaltensvorgaben als Gesamtwerk einzuführen.[5] Der Betriebsrat entscheidet also auch über die nicht mitbestimmungspflichtigen Fragen mit. Gerade bei international geltenden Policies überwiegen häufig die mitbestimmungsfreien, zum Teil „soften" Regelungen deutlich. Dies ist insbesondere dann misslich, wenn das Unternehmen später weltweit geltende Änderungen vornehmen will.

Eine Betriebsvereinbarung kann nur dann geschlossen werden, wenn entsprechende **423** Regelungen nicht in einem Tarifvertrag enthalten sind, was aber sehr selten der Fall sein wird.[6]

---

[1] So auch *Schreiber*, NZA-RR 2010, 617.
[2] Zu Vereinheitlichungsinteresse bezüglich Arbeitszeit etwa BAG 10.9.2009 – 2 AZR 822/07, AP KSchG 1969 § 2 Nr. 142.
[3] LAG Düsseldorf 14.11.2005 – 10 TaBV 46/05, NZA-RR 2006, 81.
[4] *Wisskirchen/Jordan/Bissels*, DB 2005, 2190.
[5] Hierzu auch *Wisskirchen/Jordan/Bissels*, DB 2005, 2190.
[6] § 77 Abs. 3 BetrVG.

424 Weiter gilt zwischen einer Betriebsvereinbarung und dem Arbeitsvertrag zugunsten des Mitarbeiters das sogenannte Günstigkeitsprinzip:[1] enthält der Arbeitsvertrag eine ausdrückliche Klausel zu einem der in der Policy geregelten Punkte oder besteht hierzu im Unternehmen eine betriebliche Übung, geht diese, sofern sie günstiger als die Policy ist, dieser vor. Eine Verschlechterung der individualarbeitsrechtlich begründeten Arbeitsbedingungen durch Betriebsvereinbarung ist nur möglich, wenn die Arbeitsverträge entsprechende Öffnungsklauseln enthalten[2] oder aber der Inhalt der Betriebsvereinbarung auch gleichzeitig Ausfluss des Direktionsrechts ist. Die Frage, inwieweit eine Policy per Direktionsrecht eingeführt werden kann, wird hier wieder mittelbar relevant. Denn eine Einführung der Policy per Betriebsvereinbarung ist nur dann zulässig, wenn diese auch den individualarbeitsrechtlichen Anforderungen gerecht wird.

425 Für den Abschluss einer Betriebsvereinbarung spricht, dass bei der Betriebsrat ohnehin beteiligt werden muss, wenn mitbestimmungspflichtige Fragen betroffen sind.

II. Weitere typische Richtlinien

426 In grenzüberschreitenden Konzernen sind globale Richtlinien auch zu anderen Themen nicht selten. Derartige Richtlinien sollen einen **gemeinsamen Standard** für alle konzernangehörigen Unternehmen und deren Mitarbeiter schaffen. Dieser gemeinsame Standard steht im Spannungsfeld zu lokalen Vorschriften, die jedenfalls nicht unterschritten werden dürfen.

427 Grenzüberschreitende Richtlinien stellen häufig nur einen Mindeststandard dar. Sie verweisen daher darauf, dass strengere lokale Regeln Vorrang haben, um sich nicht dem Vorwurf einer vom Unternehmen vorgegebenen Rechtsverletzung auszusetzen.

1. Richtlinien zum Arbeits-, Gesundheits- und Umweltschutz

428 Regelungen, die sich dem Arbeits- und Gesundheitsschutz widmen oder dem Umweltschutz dienen, sind in global tätigen Konzernen relativ häufig anzutreffen, weil diese Themen einerseits weltweit unterschiedlichen hohen, schlimmstenfalls, gar keinen Standards unterliegen, und mit einem Eintreten hierfür der **unternehmerischen Verantwortung** für die Gesellschaft und Zielen wie „Nachhaltigkeit" oder „Achtsamkeit" entsprochen werden kann. Während in der westlichen Welt, insbesondere in Europa, Arbeits- und Gesundheitsschutz bzw. Umweltschutzregeln auf hohem Niveau vorgegeben sind, fehlt es in anderen Teilen der Welt an entsprechenden Standards, deren Kontrolle oder Durchsetzung. Diese „Schieflage" zeigt sich beispielsweise auch darin, dass auf europäischer Ebene das Augenmerk auf die psychische Gesundheit gerichtet wird, während es in Ländern der Dritten Welt an jeglichen Mindeststandards fehlt, wie die katastrophalen Arbeitsbedingungen von Minenarbeitern oder Näherinnen zeigen. Auch Ansätze zB der Europäischen Agentur für Sicherheit und Gesundheitsschutz am Arbeitsplatz[3] machen unternehmenseinheitliche Richtlinien nicht obsolet.

429 Üblicherweise muss bei derartigen Regelungen grenzüberschreitender Konzerne aber berücksichtigt werden, dass die Implementierung solcher Richtlinien den **lokalen Vorschriften** folgen muss. Inwieweit die Richtlinien dann für die Beschäftigten der lokalen Gesellschaft verbindlich sind, hängt von bestehenden Mitbestimmungsrechten der Arbeitnehmervertretung bzw. dem Umfang der Rechte und Pflichten der Beschäftigten ab.

---

[1] BAG 16.9.1986 – GS 1/82, AP BetrVG 1972 § 77 Nr. 17.
[2] BAG 19.2.2008 – 3 AZR 61/06, AP BetrAVG § 1 Nr. 52.
[3] Siehe hierzu https://osha.europa.eu/de/campaigns.

Globale Richtlinien erfüllen insoweit jedenfalls den Zweck, dass sie ein Bewusstsein **430** für den Arbeits- und Gesundheitsschutz oder den Umweltschutz bei den Beschäftigten schaffen.

2. Regelung zu Anti-Diskriminierung/Diversity

Global geltende Richtlinien, die Diskriminierungen verhindern und Vielfalt fördern **431** sollen, sind in grenzüberschreitenden Konzernen nicht selten. Sie folgen damit nicht zuletzt auch praktischen Erfahrungen, die international operierende Unternehmen im Rahmen ihrer Tätigkeit machen. Wo alteingesessene lokale Gesellschaften in eine weltweite Konzernstruktur übernommen werden, stoßen nicht selten **unterschiedlichste Kulturen** aufeinander.

Das deutsche **Allgemeine Gleichbehandlungsgesetz** setzt vier europäische **432** Richtlinien in innerstaatliches Recht um, basiert also auf einem europaweiten Mindeststandard. Ein derartiger Standard ist jedoch nicht weltweit vorhanden. Grenzüberschreitende Konzerne tun also gut daran, im Rahmen entsprechender Konzernrichtlinien einen eigenen Standard zu setzen, zumindest aber auf bestehende gesetzliche Standards hinzuweisen.

Unter Diversity wird im derzeitigen Sprachgebrauch die **Förderung von Vielfalt** **433** im Unternehmen verstanden, die sich an Gruppen- oder individuellen Merkmalen orientiert, die im Allgemeinen Gleichbehandlungsgesetz als Diskriminierungsmerkmale genannt sind: Rasse bzw. Ethnische Herkunft, Geschlecht, Religion, Weltanschauung, Behinderung, Alter, Sexuelle Identität/Orientierung. Neben allgemeinen Zieldefinitionen und Leitsätzen, dass derartige Vielfalt im grenzüberschreitenden Konzern nicht behindert, sondern gefördert werden soll, enthalten diesbezügliche Regelungen teilweise aber auch Quoten, die eingehalten werden sollen.[1]

Hierbei darf nicht unberücksichtigt bleiben, dass sowohl die Definition von „Anti- **434** Diskriminierung" als auch von „Diversity" ebenfalls je nach kulturellen Raum unterschiedlich gesehen wird und in den lokal einschlägigen Gesetzen mit unterschiedlichem Verständnis zum Ausdruck kommt. Vor Einführung entsprechender Richtlinien tun grenzübergreifende Konzerne gut daran, diese Unterschiede herauszuarbeiten. Denn unterschiedliche Ansätze, die **kulturelle Unterschiede** außen vorlassen, bergen hohe Risiken, wie sich nicht zuletzt auch am Beispiel des Unternehmens Wall-Mart in Deutschland gezeigt hat, dass sich nach nicht einmal 10 Jahren vom deutschen Markt zurückgezogen hat, nachdem die – die nicht zuletzt wegen des Code of Ethics umstrittene – Unternehmenskultur weder von Mitarbeitern noch Kunden positiv aufgenommen wurde.

III. „Softlaw" als einheitliche, verbindliche internationale Unternehmensstandards

Softlaw ist eine Bezeichnung für nicht staatliche oder überstaatliche Vorschriften, **435** die vor allem im internationalen Bereich zu treffen sind.

1. Global Policies

In grenzüberschreitenden Konzernen wird dieses Softlaw zB in Global Policies[2] nie- **436** dergelegt. Es handelt sich hierbei also um eine **konzerninterne „Normsetzung"**, die zusätzlich zu den lokal bestehenden gesetzlichen Vorschriften festgelegt wird. Ausgehend von der Frage, inwieweit staatliche Grenzen in globalen Unternehmen über-

---

[1] *Kuhn* PuR 2013, 179.
[2] *Göpfert* NZA 2011, 1259.

haupt noch relevant sind oder sein dürfen, geben sich grenzüberschreitende Konzerne mit solchen Policies einen eigenen zusätzlichen verbindlichen Rahmen vor.

437 Die Frage, was in solchen Policies geregelt wird, ist gleichbedeutend mit der Frage „was will das Unternehmen/der Konzern". Dabei können solche Global Policies einerseits einen **Mindeststandard** darstellen, der von höheren Anforderungen lokaler gesetzlicher Vorschriften überlagert wird.[1] Alternativ setzen Global Policies einen eigenen Standard, der sich am strengsten einzuhaltenden Niveau orientiert und nach dem Ansatz „race to the top" zu einer **Anhebung des Niveaus** für alle konzernangehörigen Gesellschaften führt.[2] Schon die Entscheidung, welcher dieser Ansätze für Global Policies maßgeblich sein soll, ist von enormer Tragweite. Entscheidet sich der Konzern lediglich für einen Mindeststandard, so muss er für lokale Standards jeweils besondere Regelungen treffen. Entscheidet sich ein Konzern dagegen für den *race to the top*-Ansatz, so kann die entsprechende Umsetzung zu organisatorischem Mehraufwand oder Mehrkosten führen. In der Praxis wird diese Entscheidung aber vor allen Dingen nach den Zielen des Konzerns getroffen, nämlich bei der Beantwortung der Frage, ob neben zusätzlichem Absatz und Gewinn noch weitere Ziele verfolgt werden, die zur Zeit unter dem Stichwort „Nachhaltigkeit" im Rahmen von Corporate Social Responsibility diskutiert werden. So werden die **Grundkriterien** für solche Globalen Richtlinien auch wie folgt definiert:[3]
– Glaubwürdigkeit in Bezug auf den „Markenkern" eines Unternehmens,
– globale Anwendbarkeit mit möglichst wenigen Ausnahmen und
– eine einfache und klare Kommunizierbarkeit.

438 Es wäre verfehlt, in Anbetracht dieser Grundkriterien Global Policies als reines **Marketinginstrument** abzutun. Dies wird umso deutlicher, wenn die Inhalte solcher weltweiter Richtlinien, an die sich die konzernangehörigen Gesellschaften halten müssen, betrachtet werden. Dies sind Regelungen zum Umgang mit Social Media, Diversity, Zugang zum Beruf, Qualifizierungsmaßnahmen, Geheimnisschutz und Compliance sowie Ethik, aber auch zu sozialen Leistungen. Letztere bergen erheblichen Zündstoff, wenn es beispielsweise um die Frage geht, wie Mitarbeiter in europäischen Gesellschaften und solche in Konzerngesellschaft in Indien oder Bangladesch vergütet werden sollen.

439 Als Softlaw können derartige Policies nur dann gelten, wenn sie **weltweit im Konzern verbindlich** sind, also den Maßstab für Entscheidungen des Konzerns und seiner Mitarbeiter darstellen. Die Implementierung in das jeweilige Arbeitsverhältnis ist letztlich auch entscheidend, inwieweit solche Policies Softlaw darstellen bzw. als arbeitsvertragliche Vereinbarung, Gesamtzusage, betriebliche Übung oder (freiwillige) Betriebsvereinbarung nach deutschem Recht anzusehen sind.

440 Auch wenn bei solchen Global Policies die Umsetzung in das lokale Arbeitsverhältnis nicht außer Acht gelassen werden darf, geht es nicht darum, eigene lokale Richtlinien zu schaffen, die wiederum von der eigentlichen Policy abweichen und Sonderwege gehen. Grenzüberschreitende Konzerne werden auch hier den Maßstab setzen.

2. International Framework Agreements

441 Neben solchen konzerninternen Regelungen haben sich in den vergangenen Jahren auch International Framework Agreements[4] als Baustein im Softlaw, also der Ergänzung staatlicher Vorschriften mit konzernweiter Wirkung, etabliert.

---

[1] *Göpfert* NZA 2011, 1259.
[2] *Göpfert* NZA 2011, 1259.
[3] *Göpfert* NZA 2011, 1259.
[4] Ausführlich *Thüsing* RdA 2010, 78; *Stevis,* International framework agreements and global social dialogue, Genf 2010; *Däubler* NZA-Beilage 2011, 42.

Bei diesen International Framework Agreements handelt es sich jedoch nicht um **442** vom Unternehmen selbst konzipierte Rahmenregelungen, sondern Vereinbarungen zwischen dem **Konzern** und nationalen und **internationalen Gewerkschaften.**[1]

Beispielsweise wurde als Folge des Einsturzes eines Fabrikgebäudes in Bangladesch im April 2013 der *Accord on Fire and Building Safety in Bangladesh,*[2] eine Vereinbarung zur Verbesserung der Sicherheitsstandards in Textilunternehmen in Bangladesch zwischen mehr als 100 internationalen Unternehmen, internationalen und lokalen Gewerkschaften geschlossen.[3] Die Vereinbarung wurde von verschiedenen Nichtregierungsorganisationen[4] als „Zeugen" mitunterzeichnet. Die *International Labour Organization* (ILO) beteiligt sich als unabhängiger Vorsitz des Steering Commitees. Mit dem Programm verpflichten sich die Beteiligten, sichere Arbeitsbedingungen zu schaffen, Inspektionen durchzuführen, Arbeits- und Gesundheitsschutz-Komitees in den Fabriken einzurichten, sowie zu Schulungen durchzuführen und Beschwerden zu ermöglichen.

Die International Framework Agreements unterscheiden sich in ihrem Inhalt da- **443** nach, ob sie **Arbeitnehmerrechte** in Form von Mindeststandards begründen, oder **Rechte für Gewerkschaften** und **Arbeitnehmervertretungen** in den weltweiten Konzerngesellschaften vorsehen.[5] Dabei beziehen sich diese Rahmenvereinbarungen auf Regeln der International Labor Organization (ILO),[6] auf die UN Deklaration der Menschenrechte oder die OECD Leitsätze.[7]

Auch bei diesen Regelungen stellt sich die Frage nach den Rechtswirkungen und **444** nach dem anwendbaren Recht. Dies beantwortet sich anhand der **Einordnung** dieser Framework Agreements als schuldrechtlicher Vertrag, Tarif- oder Betriebsvereinbarung, unternehmensmitbestimmungsrechtliche Regelung oder Absichtserklärung, und ist in der Praxis umstritten.[8]

Nicht selten sehen die Framework Agreements aber auch vor, dass der Rechtsweg **445** für Streitigkeiten und Meinungsverschiedenheiten ausgeschlossen wird.[9] Dadurch zeigt sich, dass die Wirkung solcher Framework Agreements vor allen Dingen in der **Außenwirkung** liegt: sie werden nach außen hin bekannt gemacht; demzufolge wollen die sich verpflichtenden Parteien die Agreements möglichst befolgen, um nicht die eigene Reputation zu beschädigen.

Auch hier ist in Zukunft noch weiterer Diskussionsstoff gegeben. **446**

3. Branchenkodizes

Neben den Global Policies und International Framework Agreements wurden auch **447** Branchenkodizes[10] zwischen Vertretern eines **Wirtschaftszweiges,** teilweise unter Beteiligung von Branchengewerkschaften vereinbart.

Derartige Regelwerke sollen innerhalb der jeweiligen Branche soziale Mindeststan- **448** dards und grundlegende Umweltschutzmaßnahmen festlegen, und berücksichtigen bei

---

[1] Eine detailliertere Übersicht bestehender IFA ist unter http://www.global-unions.org/framework-agreements.html veröffentlicht.
[2] http://www.bangladeshaccord.org/wp-content/uploads/2013/10/the_accord.pdf.
[3] Eine Übersicht der Unterzeichner findet sich unter http://www.bangladeshaccord.org/signatories/.
[4] Dies sind die Clean Clothes Campaign, das Maquila Solidarity Network, das International Labor Rights Forum und das Workers Rights Consortium.
[5] *Thüsing* RdA 2010, 78.
[6] Internationale Arbeitsorganisation, eine Sonderorganisation der Vereinten Nationen, die damit beauftragt ist, soziale Gerechtigkeit sowie Menschen- und Arbeitsrechte zu fördern.
[7] Ausführliche Darstellung bei *Thüsing* RdA 2010, 78.
[8] *Thüsing* RdA 2010, 78; *Däubler* NZA-Beilage 2011, 42.
[9] *Jordan/Moritz/Podolyak* IBA Newsletter 1/2014, 8.
[10] BDA, Internationale Aspekte von Corporate Social Responsibility (CSR), S. 18.

der Festlegung dieser Standards und Maßnahmen vor allem die **Anforderungen der jeweiligen Branche**. Sie werden von Verbänden wie dem Internationalen Verband der Chemieindustrie (ICCA)[1] geschlossen, in dem unter anderem der europäische Verband der Chemieindustrie (CEFIC)[2] Mitglied ist, dem auch der deutsche Verband der Chemischen Industrie e. V. angehört.

449 Mit einem Branchenkodex gehen die vertretenen Unternehmen freiwillig die Verpflichtung ein, sich an beschlossene **Prinzipien des sozial- und umweltverträglichen Wirtschaftens** zu halten. Mithin befördern Branchenkodizes in Sozial- und Umweltfragen Regeln, die alle am Branchenwettbewerb beteiligten Unternehmen betreffen.

450 Folgende Branchenkodizes wurden in der Vergangenheit abgeschlossen:[3]
- „Code of Business Practices" des International Council of Toy Industries (ICTI) zu Arbeitsbedingungen und Umweltschutz in der internationalen Spielzeug-Industrie von 1995 (2001 überarbeitet),[4]
- „Code of Conduct" des Comité Européen des fabricants de Sucre (CEFS) und der European Federation of Trade Unions in the Food, Agriculture and Tourism sectors and allied branches (EFFAT) zu sozialen Mindeststandards in der europäischen Zucker-Industrie von 2003,[5]
- „Code of Conduct" der European Apparel and Textile Organisation (Euratex) und der European Trade Union Federation of Textiles, Clothing and Leather (ETUF:TCL) zu Kernarbeitsnormen in der europäischen Textil- und Bekleidungsindustrie von 1997,[6]
- „Responsible Care" des International Council of Chemical Associations (ICCA) zu Gesundheit, Sicherheit und Umweltschutz in der internationalen Chemischen Industrie seit 1985,[7]
- „Code of Conduct" der European Confederation of Woodworking Industries (CEI-BOIS) und der European Federation of Building and Woodworkers (EFBWW) für die europäische holzverarbeitende Industrie von 2002,[8]
- Agreement on Fundamental Rights and Principles at Work zwischen EuroCommerce, der europäischen Arbeitgeberorganisation des Einzel-, Groß- und Außenhandels, und Euro-FIET, der europäischen Arbeitnehmerorganisation im Handel von 1999.[9]

451 Die Übersicht zeigt, dass internationale Kodizes in den letzten zehn Jahren nicht mehr abgeschlossen wurden – stattdessen werden vermutlich mehr und mehr International Framework Agreements abgeschlossen oder Global Policies eingeführt. Auf nationaler Ebene gibt es ebenfalls Branchenkodizes, zum Beispiel in der chemischen Industrie.[10]

452 Bestehende Kodizes müssen im Einzelfall im Hinblick auf ihre Rechtswirkungen und das anwendbare Recht bewertet werden.[11] Sie stellen jedoch eine weitere nichtstaatliche Verpflichtung für **unternehmerische Arbeit im internationalen Kontext** dar.

---

[1] International Council of Chemical Associations.
[2] Conseil Européen de l'Industrie Chimique.
[3] Zusammenfassende Übersicht von *Wilke/Beile/Klein*, CSR-Bestandsaufnahme, S. 6 ff. (Stand 2005) unter http://www.boeckler.de/pdf/mbf_csr_rating_wilke_2005.pdf.
[4] http://www.toy-icti.org/info/codeofbusinesspractices.html.
[5] http://www.eesc.europa.eu/self-and-coregulation/documents/codes/private/013-private-act.pdf.
[6] http://www.eesc.europa.eu/self-and-coregulation/documents/codes/private/004-private-act.pdf.
[7] http://www.lanxess.com/en/media-download/deutsch_de/.
[8] http://www.eesc.europa.eu/self-and-coregulation/documents/codes/private/011-private-act.pdf.
[9] http://www1.umn.edu/humanrts/links/euro-fietwork.html.
[10] *Däubler* TVG Einl. Rn. 851; *Däubler* NZA-Beilage 2011, 41 mwN.
[11] *Däubler* TVG Einl. Rn. 856a.

D. Sprachprobleme

I. Sprache als Grundlage des Rechts und ihre Bedeutung im Arbeitsrecht

Es gibt kein Recht außerhalb der Sprache.[1] Auf das Arbeitsverhältnis bezogen heißt das: Sprache, bzw. das sprachliche Verständnis ist sowohl für die Gestaltung des Arbeitsverhältnisses als Rechtsgeschäft als auch für die Durchführung des Arbeitsverhältnisses von grundlegender Bedeutung.   453

Wenn sich Bewerber und Arbeitgeber sprachlich nicht verstehen, kommt ein Arbeitsvertrag gar nicht erst zustande. Auch das Arbeitsverhältnis lebt insbesondere von der Kommunikation zwischen den Vertragsparteien. Das den Dienstvertragsnehmer zum Arbeitnehmer machende Merkmal der Unselbständigkeit[2] und die damit zusammenhängende Unterworfenheit unter das Weisungsrecht des Arbeitgebers zeigen, dass ein Arbeitsverhältnis kaum funktionieren kann, wenn der Arbeitnehmer die Weisungen des Arbeitgebers schon sprachlich nicht versteht. Während die Problematik der sprachlichen Verständigung im Arbeitsrecht zunächst vor allem unter dem Gesichtspunkt der Verständigung zwischen deutschem Arbeitgeber und Gastarbeiter diskutiert wurde,[3] erhält das Thema durch die zunehmende Internationalisierung der Arbeitswelt eine neue Dynamik[4] und Fremdsprachenkenntnisse werden in vielen Unternehmen unverzichtbar.[5]   454

Im Folgenden sollen einige Grundsätze zu diesem Themenkomplex unter Bezugnahme auf die dazu ergangene Rechtsprechung erläutert werden.   455

II. (Arbeits-)Vertragssprache hinsichtlich Zustandekommen, Durchführung und Beendigung des Vertrags

Nicht selten werden Arbeitsverträge in einer Sprache geschlossen, die für mindestens eine der Arbeitsvertragsparteien eine Fremdsprache darstellt. Präzedenzfälle in Rechtsprechung und Literatur stellen die Konstellation des nicht deutsch sprechenden (Gast-)Arbeiters in Deutschland dar, der die in deutscher Sprache gehaltenen Regelungen des Arbeitsvertrages bzw. anderer rechtlicher Erklärungen nicht oder nicht ausreichend versteht. In der Praxis multinationaler Konzerne werden Arbeitsverträge aber auch gerade für Arbeitnehmer höherer Führungsebenen in einer Sprache abgeschlossen, die für den Arbeitnehmer eine Fremdsprache darstellt. So kann zB ein englischsprachiger Arbeitsvertrag für den deutschen Verkaufsleiter der deutschen Tochtergesellschaft eines US-amerikanischen Unternehmens abgeschlossen werden. Oder es kann vorkommen, dass das vertretungsberechtigte Organ einer Gesellschaft einen Arbeitsvertrag in einer ihm unbekannten Sprache abschließt, etwa der französische Geschäftsführer der deutschen Tochtergesellschaft eines französischen Konzerns den deutschsprachigen Arbeitsvertrag des deutschen Personalleiters. Entsprechendes kommt selbstverständlich auch bei den einen Vertrag abändernden oder beendenden oder sonstigen Willenserklärungen, etwa Versetzungsvereinbarungen, Kündigungen oder Ausgleichsquittungen, oder sonstigen Erklärungen, etwa Abmahnungen vor.   456

---

[1] *Rüthers/Fischer/Birk,* Rechtstheorie, § 5 A Rn 150.
[2] Z/L/H/*Hergenröder,* Arbeitsrecht, § 4 III 5.
[3] ZB LAG Baden-Württemberg 26.7.1962 – 4 Sa 52/62 und 53/62, DB 1962, 1312.
[4] ZB OLG Frankfurt 21.10.1993 – 16 U 87/92, NJW-RR 1995, 36.
[5] *Latzel,* RdA 2013, 73.

457 Auch wenn Deutsch Amts- und Gerichtssprache in Deutschland ist (§ 23 Abs. 1 VwVfG, § 184 S. 1 GVG), so sieht doch das deutsche Privatrecht grundsätzlich keine Verpflichtung vor, Deutsch (oder sonst eine bestimmte Sprache) als einzige Sprache im Rechtsverkehr zu nutzen.[1] Im Dienstvertrags- und Arbeitsrecht ist keine gesetzliche Regelung bekannt, die die Verwendung der deutschen Sprache zu einer Geltungsvoraussetzung von Verträgen erhebt oder sonstige Rechtsfolgen an das Verwenden oder Nicht-Verwenden der deutschen Sprache knüpft. Daher können Arbeitsverträge oder Anstellungsverträge[2] nach deutschem Recht in jeder Sprache – mündlich oder schriftlich – geschlossen werden. Dasselbe gilt auch für alle anderen denkbaren rechtsgeschäftlichen und rechtsgeschäftsähnlichen Erklärungen, die im Zusammenhang mit dem Arbeitsverhältnis abgegeben werden. Auch ein Schriftformgebot (zB § 623 BGB) verpflichtet über die Schriftlichkeit hinaus nicht dazu, eine bestimmte Sprache oder Schrift zu benutzen.[3]

1. Grundsätze bei Willenserklärungen zwischen verschiedensprachigen Arbeitsvertragsparteien

458 Im Hinblick auf die möglichen Sprachkonstellationen zwischen den Arbeitsvertragsparteien lassen sich grundsätzlich zwei Fallgruppen unterscheiden: Beide Parteien sprechen dieselbe Sprache, die wie oben festgestellt, nicht Deutsch sein muss oder sie sprechen nicht dieselbe Sprache. Dann fragt sich, wie sprachlich bedingte Verständigungsrisiken verteilt werden, welche der Parteien also das **Sprachrisiko** zu tragen hat.[4] Auf der vertragsrechtlichen Ebene geht es damit darum, ob[5] und wenn ja mit welchem Inhalt eine fremdsprachige Willenserklärung wirksam werden kann. Dabei ist zu unterscheiden, ob es sich um eine Erklärung handelt, die für den Empfänger fremdsprachig ist oder ob der Erklärende eine Erklärung in einer für ihn selbst fremden Sprache abgibt.

a) Zugang fremdsprachiger Erklärungen

459 Damit eine (empfangsbedürftige) Willenserklärung wirksam werden, also rechtliche Wirkung entfalten kann, muss sie nicht nur abgegeben worden sein, sondern auch zugegangen sein. Dies richtet sich nach den Vorschriften der §§ 130 ff. BGB. Nach hM geht eine Erklärung unter Abwesenden dann zu, wenn sie so in den Machtbereich des Empfängers gelangt ist, dass dieser unter normalen Verhältnissen die Möglichkeit hat, vom Inhalt der Erklärung Kenntnis zu nehmen und dies nach der Verkehrsanschauung zu erwarten ist **(Empfangstheorie)**.[6] Ist die Erklärung also erst in den Machtbereich des Empfängers gelangt, kommt es auf die tatsächliche Kenntnisnahme durch den Empfänger nicht mehr an,[7] sondern nur auf die Möglichkeit derselben. Dadurch wird

---

[1] MüKoBGB/*Spellenberg* Rom I-VO Art. 10 Rom Rn. 48. Die in der Praxis wichtigste Ausnahme stellt wohl die Regelung des § 483 Abs. 3 BGB dar, nach welcher ein Vertrag über Teilzeit-Wohnrechte nichtig ist, wenn dieser oder der ihm zugrunde liegende Prospekt nicht in der Sprache des Verbrauchers bzw. der Sprache seines Wohnsitzstaates (allerdings unter Beschränkung auf Sprachen von Mitgliedsstaaten der EU bzw. des EWR) gefasst ist. Im Einzelnen s. Palandt/*Weidenkaff*, BGB § 483 Rn 2.
[2] ZB OLG Frankfurt 21.10.1993 – 16 U 87/92, NJW-RR 1995, 36.
[3] *Rieble*, FS Löwisch, S. 229 (230).
[4] *Schlechtriem*, FS Weitnauer, S. 129; MüKoBGB/*Spellenberg* Rom I-VO Art. 10 Rn. 54.
[5] *Rieble*, FS Löwisch, S. 229 (230).
[6] BAG 9.6.2011 – 6 AZR 687/09, NZA 2011, 847; BGH 21.6.2011 – II ZB 15/10, NJW-RR 2011, 1184; Palandt/*Ellenberger*, BGB § 130 Rn. 5; Staudinger/*Singer*, BGB § 119 Rn. 18.
[7] Staudinger/*Singer*/*Benedict*, BGB § 130 Rn. 39.

D. Sprachprobleme

das Risiko, dass der Empfänger die Erklärung erst später oder möglicherweise gar nicht zur Kenntnis nimmt, auf ihn verlagert. Allerdings gilt dies nur insoweit, als auch der Absender nicht mit weiteren Zugangshindernissen rechnen konnte.

Auch bei für den Empfänger fremdsprachigen Erklärungen richtet sich der Zugang nach diesen Regeln.[1] Eine fremdsprachige Erklärung, die in den Empfangsbereich des Empfängers gelangt ist, geht diesem im rechtlichen Sinne erst und nur dann zu, wenn er unter normalen Verhältnissen die Möglichkeit hat, vom Inhalt der Erklärung Kenntnis zu nehmen. Die „normalen Verhältnisse" sind dabei normativ und nicht rein faktisch zu verstehen.[2] Grundsätzlich geht dem Empfänger eine fremdsprachige Erklärung daher nicht zu, wenn er sie nicht versteht, weil er eben keine Kenntnis von ihr nehmen kann. Zwar kann der Empfänger sich praktisch immer Kenntnis durch eine Übersetzung verschaffen, der Absender kann dem Empfänger aber grundsätzlich keine Übersetzungslast auferlegen.[3] Dies gilt immer dann, wenn der Absender den Empfänger nicht kennt und folglich auch nicht wissen kann, welche Sprache dieser versteht. Es genügt aber, dass der Absender nach allen ihm erkennbaren Umständen des Falles ohne Fahrlässigkeit annehmen darf, der andere habe verstanden, was sich nach der zu erwartenden Sprachkenntnis des Empfängers richtet.[4] Das Verwenden der Landessprache am Wohnsitz des Empfängers gilt damit grundsätzlich als hinreichend und Zugang erfolgt bei Kommunikation in der jeweiligen Landessprache, wenn dem Absender nichts Gegenteiliges bekannt ist.[5] Gerade im Arbeitsverhältnis als Dauerschuldverhältnis ist es aber regelmäßig so, dass die Parteien einander kennen und um (fehlende) Sprachkenntnisse wissen, so dass sich die soeben dargelegten Grundsätze verschieben können. Erklärungen in einer Sprache, von der der Absender positiv weiß, dass der Empfänger sie nicht versteht, gehen daher nicht zu. **460**

Es gibt allerdings Konstellationen, in denen die Verwendung einer für den Empfänger fremden Sprache möglich ist, ohne Zugangshindernis zu sein. Denn für den Zugang gem. § 130 BGB kommt es eben nicht darauf an, dass der Empfänger die Erklärung tatsächlich versteht, sondern ob Kenntnisnahme von ihm üblicherweise erwartet werden kann.[6] Haben die Parteien Vertragsverhandlungen in einer bestimmten Sprache geführt, die zwar für den Empfänger eine Fremdsprache darstellt, aber von ihm als Verhandlungssprache (jedenfalls durch Abschluss des Vertrages) akzeptiert worden ist, so kann eine Erklärung in dieser Sprache kein Zugangshindernis darstellen, auch wenn die Sprachkenntnisse nur gering sein mögen.[7] Haben die Arbeitsvertragsparteien sich während des Arbeitsverhältnisses in einer bestimmten Sprache verständigt, so ist die Berufung auf mangelnde Kenntnisse in dieser Sprache als Zugangshindernis verwehrt. **461**

Hinsichtlich des Zugangs ist ein Rückgriff auf andere „Obliegenheiten", wie zB ob ein ausländischer Arbeitnehmer als „Eingliederungsobliegenheit" in Deutschland Deutsch sprechen können muss,[8] oder ob in bestimmten Verkehrskreisen bestimmte **462**

---

[1] MüKoBGB/*Spellenberg*, Rom I-VO Art. 10 Rn. 69 mwN; aA MüKoBGB/*Einsele*, BGB § 130 Rn. 32 (immer Auslegung gem. §§ 133, 157 BGB).
[2] MüKoBGB/*Spellenberg* Rom I-VO Art. 10 Rn. 72.
[3] *Rieble*, FS Löwisch, S. 229 (234); MüKoBGB/*Spellenberg*, Art. 10 Rom I-VO Rn. 73; aA Palandt/*Ellenberger*, BGB § 130 Rn 5.
[4] MüKoBGB/*Spellenberg*, Rom I-VO Art. 10 Rn. 70 mwN.
[5] *Rieble*, FS Löwisch, S. 229 (234f.); Staudinger/*Singer*, BGB § 119 Rn. 18; Staudinger/*Singer*/*Benedict*, BGB § 130 Rn. 72; MüKoBGB/*Einsele*, BGB § 130, Rn. 32.
[6] Wolf/*Neuner*, BGB AT, § 33 Rn. 21.
[7] BGH 10.3.1983 – VII ZR 302/82, BGHZ 87, 112 (114); Staudinger/*Singer*, BGB § 119 Rn. 18; aA MüKoBGB/*Spellenberg* Rom I-VO Art. 10 Rn. 85.
[8] Dies fragt sich *Rieble*, FS Löwisch, S. 229 (231) unter Verweis auf das Zuwanderungsrecht.

Sprachen vorausgesetzt werden können,[1] unter Zugrundelegung des oben dargestellten zivilrechtlichen Regelungssystems nicht notwendig. Es ist ausschließlich Sache der Vertragspartner zu entscheiden, in welchen Sprachen sie kommunizieren und ob sie dabei möglicherweise das Risiko eingehen, nicht verstanden zu werden.

463 Eine von manchen vertretene grundsätzliche Überwälzung des Sprachrisikos auf den Arbeitgeber[2] bei Abschluss und Änderungen des Arbeitsvertrages ist nicht zu begründen.[3] Auch durch eine Fürsorgepflicht des Arbeitgebers sind diese Grundsätze nicht einzuschränken.[4]

b) Abgabe fremdsprachiger Erklärungen

464 Bei einer einmal zugegangenen, rechtlich erheblichen Erklärung muss der Sinn möglicherweise mehrdeutiger Erklärungen erst durch Auslegung ermittelt werden.[5] Da bei empfangsbedürftigen Willenserklärungen in den Rechtskreis des Empfängers eingegriffen wird, genügt nicht allein deren Zugang. Vielmehr kann die Willenserklärung nur mit dem Inhalt gelten, wie er beim Empfänger angekommen ist. Es ist daher zu ermitteln, wie dieser sie verstehen konnte.[6] Dabei sind die Umstände zu berücksichtigen, die dem Empfänger bei Zugang der Erklärung bekannt oder für ihn erkennbar waren.[7] Schon die Bedeutung von Wörtern und Sätzen in einer den Parteien gemeinsamen Sprache ist oft unbestimmt.[8] Daher muss im Rahmen der Auslegung auch die Tatsache Berücksichtigung finden, dass der Erklärende eine Erklärung in einer für ihn fremden Sprache abgegeben hat. Wenn der Empfänger erkennt oder erkennen muss, dass der Geschäftspartner wegen mangelnder Sprachkenntnisse den Inhalt seiner Erklärung selbst nicht durchschaut, liegt schon keine wirksame Willenserklärung vor.[9]

465 Die im arbeitsrechtlichen Kontext nicht ganz seltenen Fälle, in denen jemand eine Erklärung abgibt („unterschreibt"), deren Inhalt er selbst nicht oder nicht richtig erfasst hat, weil er sie entweder nicht gelesen oder nicht verstanden hat – klassischerweise handelt es sich um Erklärungstexte, die vom potentiellen Empfänger vorgegeben worden sind –, werden unter der Fallgruppe des „Unterschriftsirrtums" diskutiert.[10] Nach diesen Regeln sind auch die Fälle des Irrtums bei der Abgabe einer fremdsprachigen Erklärung zu beurteilen.[11] Eine Anfechtung nach § 119 BGB wegen Irrtums kommt in Betracht, wenn sich der Unterzeichnende vom Inhalt des Schriftstücks eine bestimmte, wie sich später herausstellt, unrichtige Vorstellung gemacht hat. Auch berechtigt ein Irrtum über die Bedeutung fremdsprachiger Ausdrücke, sowie das Missverständnis deutschsprachiger Texte zur Anfechtung.[12] Anders als bei Empfang einer fremdsprachigen Erklärung besteht bei der Abgabe einer solchen eine Obliegenheit des Erklärenden, sich Verständnis zu verschaffen, wenn er am Inhalt der Erklärung (die ihm üblicherweise vom Empfänger vorgelegt wird) zwei-

---

[1] Vgl. ausführlich aber ablehnend MüKoBGB/*Spellenberg* Rom I-VO Art. 10 Rn. 72 ff.
[2] *Braasch*, 1.2 Rn. 116 ff.
[3] *Rieble*, FS Löwisch, S. 229 (236); zur Übersetzungspflicht: BGH 10.3.1983 – VII ZR 302/82, BGHZ 87, 112 (114).
[4] *Rieble*, FS Löwisch, S. 229 (235 f.).
[5] Wolf/*Neuner*, BGB AT, § 35 Rn. 1.
[6] Wolf/*Neuner*, BGB AT, § 35 Rn. 3.
[7] Palandt/*Ellenberger*, BGB § 133 Rn. 15.
[8] *Rüthers/Fischer/Birk*, Rechtstheorie, § 5 A, Rn. 164 ff.
[9] Staudinger/*Singer*, § 119 Rn. 21 mwN.
[10] Wolf/*Neuner*, BGB AT, § 41 Rn. 90 ff.
[11] Wolf/*Neuner*, BGB AT, § 41 Rn. 92.
[12] Staudinger/*Singer*, BGB § 119 Rn. 24.

felt.¹ Daher steht der, der dieser Obliegenheit nicht nachkommt, demjenigen gleich, der eine Urkunde unterschreibt, ohne sich über ihren Inhalt Gewissheit verschafft zu haben.²

466 Unterschreibt jemand ein Papier, ohne zu wissen, dass es sich dabei um eine rechtsgeschäftliche Erklärung handelt, fehlt bereits das Erklärungsbewusstsein. Dennoch wird nach hM auch hier eine Willenserklärung abgegeben. Unter Umständen ist eine Anfechtung wegen arglistiger Täuschung nach § 123 BGB möglich.

467 Ist dagegen dem Erklärenden bewusst, dass er eine rechtlich erhebliche Erklärung abgibt und macht er sich von deren Inhalt keine Vorstellung, so fehlt es an einem Irrtum. Niemand ist verpflichtet, einen Anteilsvertrag in einer ihm fremden Sprache zu unterzeichnen.³ Es genügt auch nicht, eine vage Vorstellung vom Inhalt des nicht gelesenen oder nicht verstandenen Textes zu haben. Daher liegt auch kein anfechtbarer Irrtum vor, wenn der Erklärende ganz allgemein behauptet, den Text einer Vertragsurkunde nicht verstanden zu haben.⁴

468 Eines Rückgriffs auf etwaige Fürsorgepflichten des Arbeitgebers bedarf es nicht, soweit der Arbeitnehmer eine fremdsprachige Erklärung abgibt.⁵

2. Besonderheiten bei Allgemeinen Geschäftsbedingungen (AGB)?

469 In aller Regel handelt es sich bei arbeitgeberseitig vorformulierten Arbeitsverträgen um Allgemeine Geschäftsbedingungen, die dementsprechend der Inhaltskontrolle der §§ 305 ff. BGB unterliegen.⁶ Lediglich echte Individualabreden unterliegen nicht der Anwendung des Rechts der AGB. Daher ist die Sprachproblematik auch unter AGB-Gesichtspunkten zu beleuchten. Gem. § 310 Abs. 4 BGB sind die Vorschriften über die Einbeziehung Allgemeiner Geschäftsbedingungen des § 305 Abs. 2,3 BGB auf Arbeitsverträge nicht anzuwenden. Ein fremdsprachiger Arbeitsvertrag unterliegt daher lediglich einer verschärften Transparenzkontrolle gem. § 307 Abs. 1 S. 2 BGB. Das Transparenzgebot verpflichtet den Verwender, Rechte und Pflichten seines Vertragspartners möglichst klar und durchschaubar darzustellen.⁷ Dabei ist eine generalisierende Betrachtung vorzunehmen. Es entscheiden daher nicht die kognitiven Fähigkeiten des einzelnen Vertragspartners – wie zB dessen Sprachkenntnisse – über die (In-)Transparenz einer Klausel.⁸ Allein durch die Tatsache, dass allgemeine Arbeitsvertragsbedingungen nicht in der (Muttter-)Sprache des Adressaten gefasst sind, werden sie nicht intransparent.⁹ Anders wäre es allenfalls zu beurteilen, wenn allgemeine Arbeitsvertragsbedingungen in einer für eine gezielt angesprochene Gruppe fremden Sprache gefasst sind. In diesem Fall kann eine Übersetzungspflicht aus § 307 BGB geboten sein.¹⁰

---

¹ LAG Niedersachsen 18.3.2005 – 10 Sa 1990/04, NZA-RR 2005, 401; Staudinger/*Singer*, BGB § 119 Rn. 24.
² Staudinger/*Singer*, BGB § 119 Rn. 24, BAG 19.3.2014 – 5 AZR 252/12 (B), NZA 2014, 1076; BGH 27.10.1994 – IX ZR 168/93, NJW 1995, 190 (191).
³ BAG 15.3.2014 – 5 AZR 252/12 (B), NZA 2014, 1076.
⁴ Staudinger/*Singer*, BGB § 119 Rn. 24.
⁵ Hess. LAG 1.4.2003 – 13 Sa 1240/02; LAG Hamm 2.1.1976 – 3 Sa 1121/75, BB 1976, 553; Staudinger/*Singer*, BGB § 119 Rn. 22; aA LAG Berlin 7.12.1972 – 7 Sa 100/72; LAG Köln 24.11.1999 – 2 Sa 1128/99.
⁶ ErfK/*Preis* BGB § 310 Rn. 22.
⁷ Palandt/*Grüneberg*, BGB § 307 Rn. 21.
⁸ *Schäfer*, JZ 2003, 879 (881); *Rieble*, FS Löwisch, S. 229 (240).
⁹ BAG 19.3.2014 – 5 AZR 252/12 (B) NZA 2014, 1076; *Schäfer*, JZ 2003, 879 (882).
¹⁰ *Schäfer*, JZ 2003, 879 (882).

3. Typische Anwendungsfälle

a) Zustandekommen des Arbeitsvertrags

470 Das Zustandekommen eines Arbeitsvertrags ist grundsätzlich formlos und sogar konkludent möglich. Insbesondere muss der Vertragsschluss nicht schriftlich erfolgen.[1] Daher dürften Arbeitsverträge in der Praxis nur selten daran scheitern, dass die Arbeitsvertragsparteien nicht dieselbe Sprache sprechen. Hat der Arbeitnehmer dem Vertrag zugestimmt, schließt diese Zustimmung auch Klauseln ein, die er nicht oder falsch verstanden oder überhaupt nicht gelesen hat.[2] Unterschreibt also ein der deutschen Sprache nicht mächtiger Bewerber nach mündlichem Abschluss des Arbeitsvertrags einen in deutscher Sprache geschlossenen, deutschem Recht unterfallenden Formulararbeitsvertrag, ohne auf eine Übersetzung zu bestehen, so muss er auch nicht zur Kenntnis genommene Klauseln dieses Formularvertrags gegen sich gelten lassen. Insofern steht er einem Vertragspartner gleich, der einen Vertrag ungelesen unterschreibt.[3] Eine Pflicht des Arbeitgebers, einen schriftlichen Arbeitsvertrag in die Muttersprache des Arbeitnehmers zu übersetzen, besteht nicht.[4]

b) Erklärungen des Arbeitgebers

aa) Ausübung von Gestaltungsrechten

471 Gestaltungsrechte im laufenden Arbeitsverhältnis werden durch einseitige empfangsbedürftige Willenserklärungen ausgeübt. Gibt der Arbeitgeber eine solche Willenserklärung ab, stellt sich die Frage, ob diese im Sinne der §§ 130 ff. BGB zugeht, wenn der Arbeitnehmer sie nicht versteht. Grundsätzlich gilt das oben Gesagte: Die Erklärung geht zu, wenn sie so in den Machtbereich des Empfängers gelangt ist, dass dieser unter „normalen" Umständen von ihrem Inhalt Kenntnis nehmen kann. Versteht der Empfänger die Erklärung nicht, so kann er keine Kenntnis nehmen. Dennoch erfolgt bei Absender und Empfänger, die sich nicht kennen, Zugang, wenn die Kommunikation in der jeweiligen Landessprache erfolgt und der Absender ohne Fahrlässigkeit annehmen durfte, er werde verstanden. Da sich die Parteien eines Arbeitsverhältnisses allerdings kennen, gehen hier Erklärungen, von denen der Arbeitgeber positiv weiß, dass der Arbeitnehmer sie nicht versteht, nicht zu.

bb) Kündigung

472 Ist eine Kündigung in den Machtbereich des Arbeitnehmers gelangt, geht sie diesem nach den oben genannten Grundsätzen auch dann zu, wenn er sie zwar nicht versteht, der Arbeitgeber aber davon ausgehen konnte, dass er sie versteht. Da die Kündigung am Ende des Arbeitsverhältnisses steht, kann der Arbeitgeber in der Regel gut beurteilen, wie gut die Verständigungsmöglichkeiten des Arbeitnehmers tatsächlich sind. Haben sich Arbeitgeber und Arbeitnehmer während des Arbeitsverhältnisses in einer für beide fremden Sprache verständigt haben, geht die Kündigung auch dann zu, wenn eine Übersetzung in diese Sprache beiliegt.[5]

473 Mangelnde Sprachkenntnisse hindern nach hM den Zugang in der Regel aber auch allein deshalb nicht, weil sich der Arbeitnehmer im Rahmen der Drei-Wochen-Frist

---

[1] ErfK/*Preis* BGB § 611 Rn. 314.
[2] BGH 27.10.1994 – IX ZR 168/93, NJW 1995, 190; LAG Niedersachsen 18.3.2005 – 10 Sa 1990/04, NZA-RR 2005, 401.
[3] BAG 19.3.2014 – 5 AZR 252/12 (B), NZA 2014, 1076; LAG Niedersachsen 18.3.2005 – 10 Sa 1990/04, NZA-RR 2005, 401.
[4] BAG 19.3.2014 – 5 AZR 252/12 (B), NZA 2014, 1076; Hess. LAG 11.9.1986 – 9 Sa 421/86.
[5] ArbG Frankfurt 28.2.2003 – 9 Ca 13036/02.

D. Sprachprobleme

des § 5 Abs. 1 KSchG über den Inhalt eines für ihn erkennbar von Relevanz getragenen Schreibens, wozu jeder ordnungsgemäße Brief gehört, informieren kann. Erkennt er, dass ihm ein Schreiben seines Arbeitgebers zugegangen ist, so muss er sich unverzüglich um eine Übersetzung bemühen.[1] Eine nachträgliche Zulassung der Klage nach § 5 Abs. 1 KSchG kommt in diesen Fällen nicht in Betracht.[2]

cc) Abmahnung

Die Abmahnung ist kein Rechtsgeschäft, sondern eine geschäftsähnliche Handlung; die Regeln über Willenserklärungen sind aber entsprechend anzuwenden.[3] Neben dem Zugang nach § 130 BGB verlangt die Rechtsprechung des Bundesarbeitsgerichts allerdings zudem die **tatsächliche Kenntnisnahme** des Empfängers.[4] Die Abmahnung könne ihre Funktion, dem Arbeitnehmer nochmals die Folgen seines säumigen Verhalten vor Augen zu führen, verbunden mit dem Hinweis, dass bei wiederholten Leistungsmängeln der gerügten Art Inhalt oder Bestand des Arbeitsverhältnisses gefährdet seien, nur dann erfüllen, wenn der Arbeitnehmer sie auch positiv zur Kenntnis genommen habe. Nur wenn es dem Erklärungsempfänger nach Treu und Glauben verwehrt ist, sich auf den Zugang der Abmahnung zu berufen, etwa weil er auf Grund der Umstände mit einer Abmahnung durch den Arbeitgeber rechnen musste, sei eine positive Kenntnisnahme entbehrlich.[5] Damit werden an den Zugang einer Abmahnung strengere Anforderungen gestellt, als an den Zugang einer Kündigung. Auch wenn dies wenig einleuchtend erscheint, so ist doch in der Praxis bei einer Abmahnung eine Übersetzung in die Sprache anzuraten, die der Arbeitnehmer sicher versteht.

474

c) Erklärungen des Arbeitnehmers

aa) Geltendmachung von Ansprüchen unter Wahrung von Ausschlussfristen

Bei der Geltendmachung von Ansprüchen handelt es sich – wie beim Ausspruch einer Abmahnung – nicht um ein Rechtsgeschäft, sondern um eine rechtsgeschäftsähnliche Handlung, auf die die Regeln über Willenserklärungen analog anzuwenden sind.[6] Um eine Ausschlussfrist zu wahren, muss der Arbeitnehmer also seinen Anspruch so geltend machen, dass er vor Ablauf der Frist dem Arbeitgeber zugeht, analog §§ 130 ff. BGB. Hinsichtlich des Zugangs gelten auch bei Erklärungen des Arbeitnehmers die obigen Ausführungen.

475

bb) Ausgleichsquittung

Mit einer Ausgleichsquittung bestätigen die Arbeitsvertragsparteien bei Beendigung des Arbeitsverhältnisses, dass ihnen weitere Ansprüche gegeneinander nicht zustehen.[7] Nicht selten finden sich dabei auch mehr oder weniger ausdrückliche Erklärungen des Arbeitnehmers, dass er die Beendigung des Arbeitsverhältnisses akzeptiere und auf die Erhebung einer Kündigungsschutzklage verzichten werde.

476

Rechtlich handelt es sich bei Ausgleichquittungen in der Regel um Erlassverträge, konstitutive oder deklaratorische Schuldanerkenntnisse.[8] Rechtsqualität und Umfang

477

---

[1] LAG Hamburg 6.7.1990 – 1 Ta 3/90; APS/*Hesse*, KSchG § 5 Rn. 62 mwN.
[2] LAG Köln 4.9.2007 – 14 Ta 184/07.
[3] ErfK/*Müller-Glöge*, BGB § 626 Rn. 31.
[4] BAG 9.8.1984 – 2 AZR 400/83, NZA 1985, 124.
[5] BAG 9.8.1984 – 2 AZR 400/83, NZA 1985, 124.
[6] ErfK/*Preis*, BGB § 218 Rn. 58.
[7] ErfK/*Preis*, BGB § 611 Rn. 402.
[8] BAG 7.11.2007 – 5 AZR 880/06, NZA 2008, 355.

Sebastian Wolf

der in einer Ausgleichsquittung abgegebenen Erklärungen sind im Wege der Auslegung nach §§ 133, 157 BGB festzustellen. Dabei ist das Verständnis eines redlichen Erklärungsempfängers maßgebend, der nach Treu und Glauben (§ 242 BGB) verpflichtet ist, unter Berücksichtigung aller ihm erkennbaren Umstände mit gehöriger Aufmerksamkeit zu prüfen, was der Erklärende gemeint hat.[1]

478 Wusste der Arbeitgeber, dass der Arbeitnehmer die von ihm vorformulierte Vereinbarung, bei der dieser auf Ansprüche bzw. auf seinen Kündigungsschutz verzichtet, mangels Sprachkenntnissen nicht oder nicht ausreichend verstanden hat, so ist dies ebenfalls im Rahmen der Auslegung zu berücksichtigen. Allerdings ist auch einzubeziehen, dass der Arbeitnehmer die Erklärung durch seine Unterschrift selbst abgegeben hat. Auf Aspekte einer Fürsorgepflicht des Arbeitgebers kommt es im Rahmen der Auslegung – auch dann, wenn die Ausgleichsquittung in einer Fremdsprache abgegeben worden ist – nicht an.[2]

479 Unabhängig davon kann natürlich auch hier die Möglichkeit zur Anfechtung wegen Irrtums, soweit eine Vorstellung über den Inhalt bestand, arglistiger Täuschung oder Drohung bestehen.

480 Fazit ist, dass eine Ausgleichsquittung bei Zweifeln über die Sprachkenntnisse des Arbeitnehmers, neben der deutschen auch in einer Sprache, die dieser versteht, formuliert sein sollte.

cc) Kündigung

481 Auch bei einer in einer fremden Sprache erklärten Kündigung durch den Arbeitnehmer gelten die soeben genannten Gesichtspunkten zur Auslegung und Anfechtung.

III. Informationspflichten des Arbeitgebers

1. Unterrichtung über Unfallgefahren

482 Eine Normierung der im Rahmen des Arbeitsverhältnisses für den Arbeitgeber bestehenden Unterrichtungs- und Erörterungspflichten findet sich in § 81 BetrVG, der auch in betriebsratslosen Betrieben Anwendung findet.[3] Nach § 8 Abs. 1 S. 2 BetrVG ist der Arbeitnehmer vor Beginn der Beschäftigung über die Unfall- und Gesundheitsgefahren, denen er bei der Beschäftigung ausgesetzt ist, zu belehren. Dasselbe gilt für Maßnahmen und Einrichtungen zur Gefahrenabwendung und Maßnahmen nach § 10 Abs. 2 ArbSchG, etwa die Benennung von Ersthelfern. Die Belehrung über Unfall- und Gesundheitsgefahren kann allerdings nur dann ihren Zweck erfüllen, wenn der Arbeitnehmer sie auch tatsächlich versteht. Deshalb genügt eine Belehrung in der Sprache des Arbeitgebers nicht immer, sondern sie muss unter Umständen übersetzt werden. Dabei kann sie auch in einer Drittsprache vorgenommen werden, die sowohl Arbeitgeber als auch Arbeitnehmer sprechen bzw. verstehen, es muss nicht die Heimatsprache des ausländischen Arbeitnehmers sein, der nur unzureichend Deutsch versteht.[4]

2. Nachweisgesetz

483 Nach § 2 Abs. 1 NachwG hat der Arbeitgeber spätestens einen Monat nach vereinbartem Beginn des Arbeitsverhältnisses die wesentlichen Vertragsbedingungen schrift-

---

[1] BAG 7.11.2007 – 5 AZR 880/06, NZA 2008, 355.
[2] LAG Hamm 2.1.1976 – 3 Sa 1121/75, BB 1976, 553; Hess. LAG 1.4.03 – 13 Sa 1240/02; aA: LAG Berlin 7.12.1972 – 7 Sa 100/72; LAG Köln 24.11.1999 – 2 Sa 1128/99.
[3] *Fitting*, BetrVG § 81 Rn. 2.
[4] Str.; aA *Fitting*, BetrVG § 81 Rn. 14; LAG Rheinland-Pfalz 24.1.2006 – 5 Sa 817/05 (Unterrichtung *erforderlichenfalls* in der Heimatsprache).

D. Sprachprobleme

lich niederzulegen und diese dem Arbeitnehmer unterzeichnet auszuhändigen. Für den Nachweis gilt keine Übersetzungspflicht.[1]

3. Betriebsübergang

Nach § 613a Abs. 5 BGB sind von einem Betriebsübergang betroffene Arbeitnehmer umfassend zu informieren. Damit soll ihnen eine ausreichende Wissensgrundlage für die Entscheidung, ob sie von ihrem Widerspruchsrecht Gebrauch machen wollen oder nicht, verschafft werden.[2] Die Rechtsprechung stellt hierbei hohe Anforderungen an die Ordnungsgemäßheit der Information des Arbeitnehmers.[3] Die Frist von einem Monat für die Einlegung des Widerspruchs beginnt erst mit dem Zugang der ordnungsgemäßen Information zu laufen.[4] Daher kann nur dazu geraten werden, nicht Deutsch sprechende Arbeitnehmer in einer Sprache zu unterrichten, die diese auch verstehen. Nur dann geht die Information sicher zu und die Widerspruchsfrist beginnt zu laufen. 484

IV. (Fremd-)Sprache als berufliche Anforderung

1. Arbeitsvertragliche Vereinbarung einer Verpflichtung zum Besitz bestimmter Sprachkenntnisse

Grundsätzlich kann die Verpflichtung des Arbeitnehmers, bestimmte Sprachkenntnisse zu besitzen oder zu erwerben, arbeitsvertraglich vereinbart werden. Dabei ist der Besitz von Sprachkenntnissen als arbeitsvertragliche Hauptpflicht, wie zB bei einer Beschäftigung als Dolmetscher für bestimmte Sprachen aber auch als Nebenpflicht für grundsätzlich jede Tätigkeit denkbar. 485

Regelmäßig wird eine solche Pflicht allerdings nicht im Arbeitsvertrag vereinbart, obwohl die Erbringung nahezu jeder Tätigkeit voraussetzt, dass der Arbeitnehmer sich in einer bestimmten Sprache verständigen kann. Schließlich wird eine gemeinsame Sprache benötigt, um Anweisungen des Vorgesetzten zu verstehen, aber auch um mit Dritten, wie etwa Kunden, Auftraggebern, etc., kommunizieren zu können. 486

2. Sprache im Bewerbungsverfahren

a) Nach deutschem Recht

Grundsätzlich kann auch die Einstellung eines Bewerbers vom Besitz bestimmter Sprachkenntnisse abhängig gemacht werden. Im Bewerbungsverfahren kann entsprechend danach gefragt werden. Auch die Durchführung von Tests ist möglich. 487

Allerdings ist darauf zu achten, dass die Einstellung tatsächlich nur von den Sprachkenntnissen abhängig gemacht wird. Wer eine/n Mitarbeiter/in sucht, der oder die hervorragende Sprachkenntnisse in einer bestimmten Sprache mitbringt, sollte nicht auf Muttersprachlichkeit bestehen. Muttersprache ist die Sprache, die man als „erste" erlernt. Sie wird daher teilweise als Teil der ethnischen Herkunft iSd AGG verstanden.[5] Nach dem AGG ist eine Benachteiligung aufgrund der ethnischen Herkunft 488

---

[1] *Riesenhuber,* NZA 1999, 798 (799); *Rieble,* FS Löwisch, S. 229 (236).
[2] ErfK/*Preis,* BGB § 613a Rn. 84.
[3] BAG 13.7.2006 – 8 AZR 305/05, NZA 2006, 1268; BAG 13.7.2006 – 8 AZR 303/05, NZA 2006, 1273; ErfK/*Preis,* BGB § 613a Rn. 85.
[4] BAG 13.7.2006 – 8 AZR 305/05, NZA 2006, 1268 (1270); ErfK/*Preis,* BGB § 613a Rn. 91.
[5] Für sogar zwingend hält dies ArbG Berlin 11.2.2009 – 55 Ca 16952/08, NZA-RR 2010, 16 (17).

verpönt. Wird also ein Bewerber, der auch deutsch sprechen können muss, deswegen abgelehnt, bzw. gar nicht erst zu einem Bewerbungsgespräch eingeladen, weil er kein deutscher Muttersprachler ist, so liegt eine Benachteiligung wegen der ethnischen Herkunft nahe.

489 Nach § 8 Abs. 1 AGG kann die unterschiedliche Behandlung muttersprachlicher und nicht-muttersprachlicher Bewerber gerechtfertigt sein, wenn die muttersprachliche Sprachbeherrschung eine wesentliche und entscheidende berufliche Anforderung darstellt. Da die Tatsache, ob eine Sprache als Muttersprache erlernt wurde, nicht notwendigerweise etwas über die Qualität der Sprachkenntnisse aussagt, wird dies, regelmäßig schwierig nachzuweisen sein. Sogar in den Fällen, in denen das Beherrschen einer bestimmten Sprache Hauptpflicht des Arbeitnehmers ist, dürfte ein entsprechender Nachweis kaum zu führen sein. So hat das ArbG Berlin entschieden, dass muttersprachlich erlernte Deutschkenntnisse nicht notwendig sind, um den „Info-Point und Visitor Service" eines Kunstvereins aufzubauen und dass vielmehr das Verlangen solcher Kenntnisse eine Diskriminierung wegen ethnischer Herkunft darstellt und zu einem Schadensersatzanspruch des Bewerbers nach § 15 Abs. 2 S. 1 iVm § 15 Abs. 1 S. 1 AGG führt.[1]

490 Das Beherrschen von deutschen oder anderen bestimmten Sprachkenntnissen kann jedoch verlangt und überprüft werden. Die Zurückweisung eines Bewerbers, weil er bestimmte Sprachkenntnisse nicht beherrscht, stellt keine Diskriminierung wegen der ethnischen Herkunft dar.[2] So kann ein Arbeitgeber nach der Durchführung eines ersten Telefoninterviews eine Vorauswahl unter den Bewerbern vornehmen und diejenigen ausscheiden, deren Aussprache nicht klar und verständlich ist, wenn es sich um eine Stelle mit Kundenkontakt handelt.[3] Hierin könnte zwar noch immer eine zumindest mittelbare Benachteiligung (iSd § 3 Abs. 2 AGG) aufgrund der ethnischen Herkunft gesehen werden. Eine solche ist allerdings sachlich gerechtfertigt durch das rechtmäßige Ziel des Arbeitgebers, die anfallende Arbeit optimal zu erledigen. Darunter fällt auch, im Kundenkontakt nur Arbeitnehmer einzusetzen, deren Sprachkenntnisse soweit reichen, dass ihre Aussprache klar und verständlich ist. Es ist nicht Sinn der Diskriminierungsverbote, dem Arbeitgeber eine Arbeitsorganisation vorzuschreiben, die nach seiner Vorstellung zu schlechten Arbeitsergebnissen führt.[4]

b) Nach europäischen Recht

491 Unionsrechtlich kann das Verlangen des Arbeitgebers, für eine Beschäftigung eine bestimmte Sprache zu sprechen, mit der Gewährleistung der Arbeitnehmerfreizügigkeit nach Art. 45 AEUV in Konflikt kommen. Diese umfasst die Abschaffung jeder auf der Staatsangehörigkeit beruhenden unterschiedlichen Behandlung der Arbeitnehmer der Mitgliedstaaten in Bezug auf Beschäftigung, Entlohnung und sonstige Arbeitsbedingungen (Art. 45 Abs. 2 AEUV). Dabei gilt das in Art. 45 AEUV ausgesprochene Verbot der Diskriminierung auf Grund der Staatsangehörigkeit auch für Privatpersonen.[5]

492 Nach der auf Art. 45 AEUV gestützten Verordnung ist jeder Staatsangehörige eines Mitgliedstaates berechtigt, eine Tätigkeit im Hoheitsgebiet eines anderen Mitgliedstaates aufzunehmen und auszuüben (Art. 1 VO 492/2011). Rechts- und Verwaltungsvorschriften, die den Zugang zur Beschäftigung oder deren Ausübung durch Ausländer

---

[1] ArbG Berlin 11.2.2009 – 55 Ca 16952/08, NZA-RR 2010, 16 (17).
[2] ArbG Berlin 26.9.2007 – 14 Ca 10356/07.
[3] AA ArbG Hamburg 26.1.2010 – 25 Ca 282/09.
[4] BAG 28.1.2010 – 2 AZR 764/08, NZA 2010, 625 (626).
[5] EuGH 6.6.2000 – C-281/98 – Angonese, NZA-RR 2001, 20 (22), zu Art. 48 EGV.

D. Sprachprobleme

einschränken oder von Bedingungen abhängig machen, die für Inländer nicht gelten oder die auch nur bewirken, dass Angehörige der übrigen Mitgliedstaaten von der angebotenen Stelle ferngehalten werden, finden im Rahmen dieser Verordnung keine Anwendung. Diese Regelung gilt aber ausdrücklich nicht für Bedingungen, die die in Anbetracht der Besonderheit der zu vergebenden Stelle erforderlichen Sprachkenntnisse betreffen (Art. 3 Abs. 1 VO 492/2011).

Bestimmungen in Tarif- oder Einzelarbeitsverträgen und sonstigen Kollektivvereinbarungen betreffend Zugang zu Beschäftigung, Entlohnung und sonstiger Arbeits- und Kündigungsbedingungen sind aber nichtig (Art. 7 Abs. 4 VO 492/2011), soweit sie für Arbeitnehmer, die Staatsangehörige anderer Mitgliedstaaten sind, diskriminierende Bedingungen vorsehen oder zulassen. Ungleichbehandlungen können nur gerechtfertigt sein, wenn sie auf sachliche Erwägungen gestützt sind, die unabhängig von der Staatsangehörigkeit der betroffenen Personen und in Bezug auf das berechtigterweise verfolgte Ziel verhältnismäßig sind.[1] Es kann also legitim sein, von einem Bewerber Sprachkenntnisse eines bestimmten Niveaus zu verlangen. Der Besitz eines bestimmten Diploms kann hierbei ein Kriterium darstellen, anhand dessen sich diese Sprachkenntnisse beurteilen lassen. Einschränkungen dahingehend, dass die Sprachkenntnisse in einem bestimmten nationalen Hoheitsgebiet erworben sein müssen, stehen dem Diskriminierungsverbot ebenso entgegen[2] wie die Verpflichtung, den Nachweis der Sprachkenntnisse durch ein Zertifikat zu erbringen, das nur in einem bestimmten Gebiet erworben werden kann.[3]

493

3. Sprachkenntnisse im Anforderungsprofil eines Arbeitsplatzes

Die Gestaltung des Anforderungsprofils für einen bestimmten Arbeitsplatz unterliegt der freien Disposition des Arbeitgebers. Ob sich der Arbeitnehmer bestimmte Sprachkenntnisse aneignen oder jedenfalls nutzen muss, ist durch Auslegung der individual- und kollektivvertraglichen Regelungen des individuellen Arbeitsvertrages zu ermitteln.[4]

494

So kann zB ein Arbeiter in der Spritzgussabteilung eines Automobilzulieferers, der schriftliche Arbeitsanweisungen und Prüfaufträge nach einer bestimmten Zertifizierung vornimmt, angewiesen werden, sich ausreichende Sprachkenntnisse anzueignen, um diese zu verstehen.[5]

495

Der Arbeitnehmer schuldet eine Arbeitsleistung mittlerer Art und Güte (§ 243 Abs. 1 BGB). Da er die Arbeitsleistung in Person zu erbringen hat (§ 613 S. 1 BGB), ist diese „mittlere Art und Güte" personenbezogen. Daher kann eine Krankenschwester, die in einer Sozialabteilung einer multikulturellen Gemeinde arbeitet, im Rahmen ihrer Tätigkeit dazu verpflichtet sein, Patienten in deren Muttersprache zu betreuen, soweit sie diese Sprachen beherrscht.[6]

496

Im laufenden Arbeitsverhältnis können sich die Anforderungen an Sprachkenntnisse und Sprachanwendung eines Arbeitnehmers ändern. So können Anforderungen wegen veränderter Arbeitsprozesse oder Erwartungen Dritter, etwa Kunden, steigen und

497

---

[1] So hins. Art. 48 EGV (heute Art. 45 AEUV) EuGH 6.6.2000 – C-281/98 – Angonese, NZA-RR 2001, 20 (22).
[2] EuGH Slg. 1989, 3987 – *Groener*; EuGH 6.6.2000 – C-281/98 – Angonese, NZA-RR 2001, 20 (22), zu Art. 48 EGV; ErfK/*Wißmann*, AEUV Art. 45 Rn. 39.
[3] EuGH 6.6.2000 – C-281/98 – Angonese, NZA-RR 2001, 20 (22), zu Art. 48 EGV; ErfK/*Wißmann*, Art. 45 Rn. 39.
[4] *Latzel*, RdA 2013, 73.
[5] BAG 28.1.2010 – 2 AZR 764/08, NZA 2010, 625 (626).
[6] ArbG Frankfurt 2.9.2002 – 15 Ca 3392/02.

die Beherrschung von (Fremd-)Sprachenkenntnissen wird erforderlich, wo sie bisher nur gering oder gar nicht verlangt war. In diesen Fällen kann der Arbeitgeber das sprachliche Anforderungsprofil einer Stelle kraft seiner Unternehmerfreiheit ändern. Das neue Anforderungsprofil muss allerdings nachvollziehbare, arbeitsplatzbezogene Kriterien für eine Stellenprofilierung enthalten.[1] Von der Tätigkeits- und Qualifikationsbeschreibung im Arbeitsvertrag ist dann abhängig, ob der Arbeitgeber das geänderte Anforderungsprofil per Weisung durchsetzen kann oder ob es einer einvernehmlichen Vertragsänderung oder Änderungskündigung bedarf.[2] Soll der Arbeitnehmer seine Arbeitsleistung nach Vertrag in deutscher Sprache erbringen, so kann der Arbeitgeber höhere sprachliche Anforderungen im Wege des Direktionsrechts (§ 106 GewO iVm § 315 BGB) durchsetzen. Werden allerdings für die vertraglich festgelegte Tätigkeit nur geringe Deutschkenntnisse benötigt und hat der Arbeitnehmer auch keine besonderen Sprachkenntnisse zugesagt, kann der Arbeitgeber später bessere Deutschkenntnisse nur fordern, wenn es einen entsprechenden Vertragsvorbehalt gibt.[3]

498 Besteht die Möglichkeit, den Arbeitnehmer kraft Weisungsrechts zur Erbringung seiner Arbeitsleistung auf einem bestimmten Sprachniveau oder in einer bestimmten Sprache anzuhalten, so kann der Arbeitgeber vom Arbeitnehmer verlangen, dass dieser sich die entsprechenden Sprachkenntnisse aneignet.[4]

499 Hierin liegt nach Ansicht des Bundesarbeitsgerichts selbst dann kein Verstoß gegen das AGG, wenn die vertraglichen Grenzen des Weisungsrechts überschritten werden.[5] Selbst wenn eine mittelbare Diskriminierung aufgrund der ethnischen Herkunft vorliegt, so ist diese durch das rechtmäßige Ziel des Arbeitgebers gerechtfertigt, die anfallende Arbeit möglichst optimal zu erledigen. Auch die vollständige Fehlervermeidung stellt ein rechtmäßiges Ziel des Arbeitgebers dar, zu dessen Erreichung er die Beherrschung ausreichender Sprachkenntnisse verlangen darf.[6]

500 Grundsätzlich wird der Arbeitgeber im Falle der Anweisung zur Teilnahme an einem Sprachkurs die Kosten desselben zu tragen haben. Der Kurs hat zudem meist während der Arbeitszeit oder unter Anrechnung auf die Arbeitszeit stattzufinden.[7]

4. Kündigung des Arbeitsverhältnisses wegen mangelnder Sprachkenntnisse

501 Wird die Erreichung des Vertragszwecks nicht nur vorübergehend zumindest teilweise unmöglich, weil der Arbeitnehmer die verlangten Sprachkenntnisse nicht bzw. nicht mehr besitzt kommt eine arbeitgeberseitige Kündigung in Betracht.

502 Wenn der Arbeitgeber gewisse Sprachkenntnisse vertraglich vom Arbeitnehmer einfordern kann, kommt eine verhaltens- und personenbedingte Kündigung in Betracht. Ist der Arbeitnehmer zwar theoretisch in der Lage seine Sprachkenntnisse zu verbessern, verweigert sich jedoch einer zulässigen Weisung, ist eine verhaltensbedingte Kündigung aufgrund der Verweigerung möglich. Vor Ausspruch einer solchen ist der Arbeitnehmer regelmäßig abzumahnen. Ist es dem Arbeitnehmer hingegen aufgrund seiner intellektuellen Fähigkeiten verwehrt, seine Kenntnisse zu erweitern oder knüpft der Arbeitgeber seine Kündigung lediglich an die mangelnde sprachliche Qualifikation an,[8] liegt eine

---

[1] BAG 7.7.2005 – 2 AZR 399/04, NZA 2006, 266.
[2] *Günther*, ArbRAktuell 2010, 285.
[3] *Herbert/Oberrath*, DB 2010, 391.
[4] *Günther*, ArbRAktuell 2010, 285.
[5] BAG 22.6.2011 – 8 AZR 48/10, NZA 2011, 1226.
[6] BAG 28.1.2010 – 2 AZR 764/08, NZA 2010, 625.
[7] *Herbert/Oberrath*, DB 2010, 391.
[8] BAG 28.1.2010 – 2 AZR 764/08, NZA 2010, 625 (627); LAG Baden-Württemberg 1.12.1989 – 5 Sa 55/89.

personenbedingte Kündigung nahe. Im Rahmen dieser sind Abmahnungen jedenfalls dann entbehrlich, wenn der Arbeitnehmer keine Bereitschaft zeigt, an der möglichen Behebung des personenbedingten Leistungshindernisses mitzuwirken.[1]

Kann der Arbeitgeber erweiterte Sprachkenntnisse nicht im Wege des Direktionsrechts verlangen, sind solche aber aus betrieblichen Gründen erforderlich, steht ihm grundsätzlich die betriebsbedingte Kündigung offen. Hier ist allerdings zu beachten, dass eine Änderungskündigung als relativ milderes Mittel im Rahmen des Ultima-Ratio-Prinzips meist vorgeht. **503**

Die Entscheidung des Arbeitgebers über die Gestaltung des Anforderungsprofils einer Stelle steht, wie bereits oben dargestellt, zur freien Disposition des Arbeitgebers, sofern ein neues Profil nachvollziehbare, arbeitsplatzbezogene Kriterien enthält. Im Kündigungsschutzprozess ist diese unternehmerische Entscheidung über die Anforderungen lediglich auf offenbare Unsachlichkeit hin zu überprüfen.[2] Allerdings kann die Darlegungslast des Arbeitgebers erhöht sein, wenn Organisationsentscheidung und Kündigungsentschluss ohne nähere Konkretisierung nahezu deckungsgleich sind. In diesen Fällen liegt der Schluss nahe, dass die unternehmerische Entscheidung nicht aus sachlichen Gründen erfolgte. Erhöhte Anforderungen werden insbesondere gestellt, wenn sich durch die unternehmerische Entscheidung das Anforderungsprofil für Arbeitsplätze ändert, die bereits mit langjährig beschäftigen Arbeitnehmern besetzt sind.[3] **504**

Im Rahmen einer Kündigung wird der Arbeitgeber nach dem Ultima-Ratio-Prinzip regelmäßig nachweisen müssen, dass er nicht lediglich unerhebliche Anstrengungen unternommen hat, um dem Arbeitnehmer zum erforderlichen Spracherwerb zu verhelfen. Hierbei zu berücksichtigen ist einerseits die Dauer des Arbeitsverhältnisses; insbesondere bei einem langandauernden Arbeitsverhältnis wird dem Arbeitnehmer auch eine längere, evtl. mehrjährige Frist zum Spracherwerb einzuräumen sein.[4] Andererseits ist auch die Hierarchiestufe des Arbeitnehmers – Führungsposition oder untergeordnete Tätigkeiten – einzubeziehen.[5] **505**

Abschließend ist noch zu bemerken, dass die Anforderung, nach schriftlichen, in deutscher Sprache abgefassten Arbeitsanweisungen zu arbeiten oder einen deutschen Sprachkurs zu besuchen, weder eine unmittelbare noch eine mittelbare Benachteiligung[6] noch eine Belästigung[7] iSd § 3 iVm § 1 AGG darstellt. **506**

5. Sprachkenntnisse als Merkmal bei der Sozialauswahl

Bestimmte Sprachkenntnisse eines Arbeitnehmers können im Rahmen betriebsbedingter Kündigungen dazu führen, dass dieser nicht in die Sozialauswahl einzubeziehen ist. Sprachkenntnisse können die Vergleichbarkeit mit anderen Arbeitnehmern ausschließen, wenn sie eine konkrete Verbindung zu den spezifischen Erfordernissen der Stelle aufweisen.[8] Ebenso kann nach § 1 Abs. 3 S. 2 KSchG ein Arbeitnehmer von der Sozialauswahl ausgeschlossen werden, weil seine Weiterbeschäftigung wegen der (Sprach-)Kenntnisse, Fähigkeiten und Leistungen im berechtigten betrieblichen Interesse liegt. In diesem Rahmen darf die Weiterbeschäftigung allerdings nicht lediglich **507**

---

[1] BAG 28.1.2010 – 2 AZR 764/08, NZA 2010, 625 (627).
[2] BAG 7.7.2005 – 2 AZR 399/04, NZA 2006, 266 (268).
[3] BAG 7.7.2005 – 2 AZR 399/04, NZA 2006, 266 (268).
[4] BAG 28.1.2010 – 2 AZR 764/08, NZA 2010, 625.
[5] BAG 7.7.2005 – 2 AZR 399/04, NZA 2006, 266.
[6] BAG 28.1.2010 – 2 AZR 764/08, NZA 2010, 625 (626); BAG 22.6.2011 – 8 AZR 48/10, NZA 2011, 1226.
[7] BAG 22.6.2011 – 8 AZR 48/10, NZA 2011, 1226.
[8] Umkehrschluss aus BAG 20.5.1999 – 2 AZR 278/98.

nützlich sein. Die betrieblichen Interessen erlauben nur dann eine Suspendierung von der Sozialauswahl, wenn die dafür maßgeblichen betrieblichen Bedürfnisse ein bestimmtes Gewicht haben und in Abwägung mit den Schutzinteressen des sozial schwächeren Arbeitnehmers überwiegen.[1]

V. Sprache in der betrieblichen Mitbestimmung

1. Betriebsratswahl

508 Das BetrVG enthält keine ausdrückliche Regelung über die Sprache der Betriebsverfassung. Es wird allerdings vorausgesetzt, dass Deutsch diese Sprache sein soll.[2] Dies zeigt § 2 Abs. 5 WO 2001, der regelt, dass der Wahlvorstand dafür sorgen soll, „dass ausländische Arbeitnehmerinnen und Arbeitnehmer, die der deutschen Sprache nicht mächtig sind, vor Einleitung der Betriebsratswahl über Wahlverfahren, Aufstellung der Wähler- und Vorschlagslisten, Wahlvorgang und Stimmabgabe in geeigneter Weise unterrichtet werden." Obwohl diese Vorschrift eine Soll-Vorschrift ist, sieht das Bundesarbeitsgericht in ihr eine wesentliche Vorschrift über das Wahlverfahren iSd § 19 Abs. 1 BetrVG. Sie enthalte ein elementares Grundprinzip der Betriebsratswahl, weil sie die Ausübung des aktiven und passiven Wahlrechts sicherstellen solle und sie zudem der betrieblichen Integration ausländischer Arbeitnehmer diene.[3] Ein Verstoß kann geeignet sein, das Ergebnis der Wahl zum Betriebsrat zu beeinflussen. Die Betriebsratswahl kann daher in solchen Fällen gem. § 19 BetrVG angefochten werden.[4] Durch § 2 Abs. 5 WO 2001 soll gewährleistet werden, dass ausländischen Arbeitnehmern, die die deutsche Sprache nicht ausreichend beherrschen, um sich selbst anhand des Gesetzes, der Wahlordnung, der Wählerlisten und des Wahlausschreibens sowie durch Kommunikation mit anderen Arbeitnehmern über die Wahlgrundsätze und das Wahlverfahren zu informieren, die zur Wahlbeteiligung notwendigen Kenntnisse in geeigneter Weise vermittelt werden. Dabei soll es nach Ansicht des Bundesarbeitsgerichts bei der Beurteilung, ob die im Betrieb beschäftigten ausländischen Arbeitnehmer der deutschen Sprache ausreichend mächtig sind, nicht lediglich darauf ankommen, ob sie sich bei der täglichen Arbeit hinreichend verständigen können. Entscheidend soll vielmehr sein, ob ihre Deutschkenntnisse auch ausreichen, um die zum Teil komplizierten Wahlvorschriften und den Inhalt eines Wahlausschreibens verstehen zu können. Nur dann können sie ihr Wahlrecht in gleicher Weise ausüben wie deutsche Arbeitnehmer. Im Zweifel hat der Arbeitgeber hierbei, wenn eine größere Anzahl ausländischer Arbeitnehmer im gewerblichen Bereich mit einfachen Hilfsarbeiten beschäftigt ist, sogar von unzureichenden Deutschkenntnissen auszugehen.[5]

509 Es fragt sich allerdings, ob diese Auslegung des § 2 Abs. 5 WO nicht etwas weitgehend ist. Auch deutsche Arbeitnehmer, vor allem solche, die mit eher einfachen Tätigkeiten betraut sind, werden sich nur in geringer Zahl mit den nicht ganz unkomplizierten Regeln der Betriebsratswahl auseinandersetzen wollen oder können. Daher erscheint es naheliegender, nur dann über § 2 Abs. 5 WO nachzuhelfen, wenn Arbeitnehmer nicht einmal in der Lage sind, einfache Arbeitsanweisungen auf Deutsch zu verstehen. Argument für eine weitergehendere Übersetzungspflicht kann aber sein, wenn der Arbeitgeber selbst mit seinen Arbeitnehmern in Fremdsprachen kommuni-

---

[1] LAG Hamm 6.12.2006 – 2 Sa 867/06.
[2] *Herbert/Oberrath*, NZA 2012, 1260 (1260).
[3] BAG 13.10.2004 – AP WahlO BetrVG 1972 § 2 Nr. 1.
[4] BAG 13.10.2004 – AP WahlO BetrVG 1972 § 2 Nr. 1.
[5] BAG 13.10.2004 – AP WahlO BetrVG 1972 § 2 Nr. 1.

D. Sprachprobleme

ziert, etwa Informationsschreiben übersetzt oder auf durch den Betriebsrat verfügbare Übersetzungen hinweist.[1]

2. Kommunikation innerhalb des Betriebsrats[2]

Weisen einige Betriebsratmitglieder Sprachdefizite auf, so besteht das Risiko, dass die Meinungsbildung im Betriebsrat und die Inhalte von Betriebsratsbeschlüssen beeinflusst werden. Da Betriebsratsbeschlüsse als solche nicht aufhebbar sind, muss der Gefahr der Beeinflussung im Vorfeld bereits begegnet werden. Rechtsgrundlage hierfür ist der Grundsatz vertrauensvoller Zusammenarbeit (§ 2 Abs. 1 BetrVG). Regelmäßig sind auf seiner Grundlage der Einsatz eines Dolmetschers vor Betriebsratsbeschlüssen und die Übersetzung von Sitzungsunterlagen geboten. 510

Unklar ist, ob auch ein Anspruch auf Beiziehung eines Dolmetschers besteht, wenn nur ein einzelnes Betriebsratsmitglied die im Betriebsrat gesprochene Sprache nicht versteht. Da aber auch eine einzelne Stimme das Ergebnis einer Betriebsratsabstimmung und damit einen Beschluss beeinflussen kann, ist dies zu bejahen.[3] Bei mehreren Betriebsratsmitgliedern, die Deutsch nicht verstehen, aber unterschiedliche Landessprachen haben, ist eine Übersetzung in eine Sprache, die von mehreren oder allen beherrscht wird, vorzuziehen. 511

3. Kommunikation zwischen Arbeitgeber und Betriebsrat

Da es sich bei den Regelungen der Betriebsverfassung nach überwiegender Meinung um einen Teil des Privatrechts handelt,[4] ist hier – anders als bei Ämtern und Gerichten – die Verwendung der deutschen Sprache nicht vorgeschrieben.[5] Die Kommunikation zwischen Arbeitgeber und Betriebsrat findet in der im Betrieb üblicherweise gesprochenen Sprache statt. Dies wird in Betrieben, die dem deutschen Betriebsverfassungsrecht unterliegen, in aller Regel deutsch sein, kann aber auch eine andere Sprache sein, wenn alle oder jedenfalls der überwiegende Teil der Arbeitnehmer einheitlich eine andere Sprache sprechen. Die Verwendung einer anderen Sprache als Deutsch kann auch vereinbart werden (s. → Rn. 523).[6] 512

Teilweise wird angenommen, der Betriebsrat sei – außer bei Zustimmung aller Betriebsratsmitglieder zum Gebrauch einer anderen Sprache – grundsätzlich auf Deutsch zu unterrichten.[7] Hierzu ist zu sagen, dass das BetrVG zwar nur innerhalb der Grenzen der Bundesrepublik gilt. Hier gilt es aber für alle Betriebe, also auch für inländische Betriebe ausländischer Unternehmen (Territorialitätsprinzip)[8] und zwar selbst dann, wenn die Arbeitsverhältnisse nach dem Recht eines anderen Staates geregelt sind.[9] In der Regel findet dann auch die betriebliche Kommunikation auch nicht auf Deutsch statt. Beispiele sind etwa die Beschäftigten des Sicherheitsbereiches der Botschaft der Vereinigten Staaten oder Bodenpersonal von ausländischen Fluggesellschaften auf deutschen Flughäfen. Eine Verpflichtung in solchen Betrieben den Betriebsrat auf Deutsch zu unterrichten erscheint wenig praktikabel. Daher geht auch die Annahme 513

---

[1] So auch BAG 13.10.2004 – AP WahlO BetrVG 1972 § 2 Nr. 1.
[2] Herbert/Oberrath, NZA 2012, 1260 ff.
[3] Herbert/Oberrath, NZA 2012, 1260 (1263).
[4] Richardi/Richardi, BetrVG Einleitung Rn. 130 ff.
[5] LAG Köln 9.3.2009 – 5 TaBV 114/08.
[6] LAG Köln 9.3.2009 – 5 TaBV 114/08.
[7] Hess. LAG 19.8.1993 – 12 TaBV 9/93, NZA 1995, 285.
[8] Fitting, BetrVG § 1 Rn. 13.
[9] BAG 9.11.1977 – 5 AZR 132/76, NJW 1978, 1124.

einer allgemeinen Verpflichtung, der Betriebsrat sei grundsätzlich immer auf Deutsch zu unterrichten,[1] fehl. Vielmehr sollten auch solche Unterrichtungen in der allgemeinen Betriebssprache kommuniziert werden können.

a) Zurverfügungstellung von Unterlagen

514 Die Verpflichtung zur Kommunikation in der Betriebssprache verpflichtet den Arbeitgeber auch Unterlagen, die er gem. § 80 Abs. 2 BetrVG zur Verfügung zu stellen hat, in dieser Betriebssprache zur Verfügung zu stellen. Daraus kann eine Verpflichtung zur Übersetzung resultieren.[2]

515 Ein Problem entsteht in Fällen, in denen einzelne Betriebsratsmitglieder keine oder keine ausreichenden Kenntnisse in der Betriebssprache aufweisen und so ihre Tätigkeit nicht ordnungsgemäß ausführen können. Hier soll der Arbeitgeber nach der Rechtsprechung zu einer Übersetzung entsprechender Dokumente verpflichtet sein, damit jedes Betriebsratsmitglied in der Lage ist, sein Amt in eigener Verantwortung nach bestem Können wahrzunehmen.[3] Das Verlangen nach einer Übersetzung muss aber– entsprechend dem Rechtsgedanken aus § 40 Abs. 2 BetrVG – erforderlich und verhältnismäßig sein.[4]

516 Der Betriebsrat kann erst eine Übersetzung verlangen, wenn sich nach seinem Begründungsvorbringen mit einer gewissen Wahrscheinlichkeit aus den zu übersetzenden fremdsprachlichen Texten eine konkrete Aufgabenstellung für ihn ergeben kann und eine kostengünstigere Möglichkeit für alle Betriebsratsmitglieder, vom Inhalt der fremdsprachlichen Unterlagen Kenntnis zu nehmen, nicht besteht.[5] Die in Frage stehenden Dokumente sind daher zunächst sach- und sprachkundig durch sprachkundige Betriebsratsmitglieder oder ggf. andere Unternehmenszugehörige zu erläutern. Einschränkungen dieser Regel müssen allerdings vorgenommen werden, wenn etwa die Gefahr besteht, dass sprachkundige Betriebsratsmitglieder die sprachunkundigen manipulieren könnten (weil sie etwa über unterschiedliche Listen in ihr Amt gewählt wurden). Auch sind nur relevante Teile eines Dokuments (zB eines kompletten, umfangreichen Konzernhandbuchs)[6] zu übersetzen. In jedem Fall wird ein Beschluss des Betriebsrats nötig sein, so dass Übersetzungen nicht nur auf Wunsch Einzelner hin zu fertigen sind.

b) Dolmetscher

517 Bei Betriebsversammlungen in Betrieben mit einem erheblichen Anteil von Arbeitnehmern, die nicht die Betriebssprache sprechen, kann der Einsatz eines Dolmetschers notwendig sein.[7] Zweifelhaft ist aber, ob der Arbeitgeber auch verpflichtet ist, für Sitzungen des Betriebsrats einen Dolmetscher zu stellen.[8] Auch hier gilt der Grundsatz der Erforderlichkeit und Verhältnismäßigkeit (§ 40 Abs. 2 BetrVG). Im Hinblick auf die aufgrund der Regelmäßigkeit von Betriebsratssitzungen entstehenden hohen Kosten werden in diesem Rahmen höhere Anforderungen an Erforderlichkeit und Verhältnismäßigkeit des Einsatzes eines Dolmetschers gestellt werden müssen, als bei einer Betriebsversammlung.

---

[1] Hess. LAG 19.8.1993 – 12 TaBV 9/93, NZA 1995, 285.
[2] Hess. LAG 19.8.1993 – 12 TaBV 9/93, NZA 1995, 285.
[3] ArbG Frankfurt a. M. 5.3.1997 – 14 BV 170/96.
[4] Hess. LAG 19.8.1993 – 12 TaBV 9/93, NZA 1995, 285, ArbG Frankfurt a. M. 5.3.1997 – 14 BV 170/96.
[5] Hess. LAG 19.8.1993 – 12 TaBV 9/93, NZA 1995, 285.
[6] S. Hess. LAG 19.8.1993 – 12 TaBV 9/93, NZA 1995, 285.
[7] *Fitting*, BetrVG § 42 Rn. 22 mwN.
[8] Dafür ArbG Frankfurt a. M. 5.3.1997 – 14 BV 170/96.

D. Sprachprobleme

Auch ein Dienststellenleiter kann – im Rahmen der nach dem Bundespersonalvertretungsgesetz durchzuführenden Monatsgespräche mit der Personalvertretung- einen Dolmetscher hinzuziehen, wenn er die Sprache, die die Mitglieder der Personalvertretung sprechen, nicht beherrscht.[1] Die Auswahl bedarf nicht des Einverständnisses der Betriebsvertretung. Diese kann den Dolmetscher allerdings aus sachlichen Gründen ablehnen.[2] Dieser Gedanke kann auf die Monatsgespräche zwischen Arbeitgeber und Betriebsrat nach § 74 Abs. 1 BetrVG übertragen werden. Demnach kann auch der Arbeitgeber einen Dolmetscher beauftragen, wenn er die Sprache des Betriebsrats nicht beherrscht. 518

4. Sprachschulung, Schulungen in Fremdsprache

Betriebsratsmitglieder haben gem. § 37 Abs. 4 BetrVG einen Anspruch auf Freistellung von der beruflichen Tätigkeit für die Teilnahme an Schulungs- und Bildungsveranstaltungen, soweit diese Kenntnisse vermitteln, die für die Arbeit des Betriebsrats erforderlich sind. Die Kosten des Besuchs solcher Veranstaltungen hat der Arbeitgeber zu tragen, § 40 Abs. 1 BetrVG. 519

Zum Thema Sprache sind hier sowohl Kurse zum Erwerb von Sprachkenntnissen als auch Schulungen zu sonstigen Themen, die in einer bestimmten (Fremd-)Sprache gehalten werden, denkbar. 520

Die Voraussetzungen für eine Freistellung des Betriebsratsmitglieds folgen dabei den allgemeinen Regeln. Zur Teilnahme an Schulungs- und Bildungsveranstaltungen ist der Arbeitnehmer nur freizustellen, soweit diese Kenntnisse vermitteln, die für die Arbeit des Betriebsrats erforderlich sind. Die Vermittlung von Kenntnissen ist erforderlich, wenn diese unter Berücksichtigung der konkreten Verhältnisse im Betrieb und im Betriebsrat notwendig sind, damit der Betriebsrat seine gegenwärtigen oder in naher Zukunft anstehenden Aufgaben sach- und fachgerecht erfüllen kann.[3] Die Kenntnisvermittlung muss sich daher aber grundsätzlich auf Gegenstände beziehen, die zu den Aufgaben des Betriebsrats gehören.[4] Diese Aufgaben beschränken sich allerdings nicht auf arbeitsrechtliche oder betriebsverfassungsrechtliche Grundkenntnisse:[5] Der Betriebsrat soll nicht nur über grundlegende rechtliche Fachkenntnisse verfügen, sondern darüber hinaus auch in der Lage sein, Probleme sachgerecht und zielbewusst einer Lösung zuzuführen.[6] Damit die Teilnahme an Schulungs- und Bildungsveranstaltungen während der Arbeitszeit nicht ins Uferlose geht, ist das Merkmal der Erforderlichkeit bzgl. der genannten Schulungsinhalte eher restriktiv auszulegen. Reine Sprachkurse kommen für einen Freistellungsanspruch nach § 37 Abs. 6 BetrVG nicht in Betracht, da ihnen der betriebsverfassungsrechtliche Kontext fehlt. 521

Ein Freistellungsanspruch nach § 37 Abs. 6 BetrVG könnte aber für den Besuch von Schulungen, die in einer Fremdsprache durchgeführt werden, bestehen. Dann müsste es sich um Schulungen handeln, deren Besuch erforderlich ist. In einem ersten Schritt ist hierbei zu prüfen, ob die Schulung als solche für das Betriebsratsmitglied erforderlich ist. In einem zweiten Schritt gilt es dann herauszufinden, ob es auch erforderlich ist, die Schulung in einer Fremdsprache durchzuführen. Die Erforderlichkeit der Fremdsprachigkeit kann nicht mit dem einfachen Argument abgelehnt werden, jeder nach deutschem Betriebsverfassungsgesetz bestehende Betriebsrat habe auch die deut- 522

---

[1] BAG 14.4.1988 – 6 ABR 28/86, AP BPersVG § 66 Nr. 1; *Fitting*, BetrVG § 74 Rn. 7a.
[2] BAG 14.4.1988 – 6 ABR 28/86, AP BPersVG § 66 Nr. 1.
[3] *Fitting*, BetrVG § 37 Rn. 141 mwN.
[4] *Fitting*, BetrVG § 37 Rn. 139.
[5] *Fitting*, BetrVG § 37 Rn. 143 ff.
[6] *Fitting*, BetrVG § 37 Rn. 152.

sche Sprache zu beherrschen.[1] Andererseits kann die Erforderlichkeit auch nicht einfach deshalb bejaht werden, weil der Betriebsrat schlicht kein Deutsch spricht. In die Beurteilung der Erforderlichkeit müssen die Besonderheiten des Betriebs einfließen. Beschäftigt dieser seine Arbeitnehmer gerade auch wegen ihrer Fremdsprachenkenntnisse, die sie im Rahmen des Arbeitsverhältnisses auch einsetzen müssen (zB US-Bürger als Sicherheitspersonal der US-amerikanischen Botschaft)[2] und beherrschen die Arbeitnehmer außer dieser Sprache keine weitere, so kann die Erforderlichkeit für eine Schulung in dieser Fremdsprache gegeben sein. Gleiches kann gelten, wenn der Arbeitgeber interne Weiterbildungsveranstaltungen in Fremdsprachen anbietet.

5. Betriebliche Mitbestimmung bei Festlegung einer Betriebs- bzw. Unternehmenssprache

523 Nach § 87 Abs. 1 Nr. 1 BetrVG hat der Betriebsrat, soweit eine gesetzliche oder tarifliche Regelung nicht besteht, über Fragen der Ordnung des Betriebs und des Verhaltens der Arbeitnehmer im Betrieb mitzubestimmen. Es ist daher denkbar, dass wenn eine Betriebssprache eingeführt bzw. festgelegt werden soll, ein Mitbestimmungsrecht des Betriebsrats besteht. Im Rahmen des § 87 Abs. 1 Nr. 1 BetrVG wird zwischen mitbestimmungsfreiem Arbeitsverhalten und mitbestimmtem Ordnungsverhalten unterschieden.[3] Während das Arbeitsverhalten Maßnahmen betrifft, mit denen die Arbeitspflicht unmittelbar konkretisiert wird, zählen zum Ordnungsverhalten sonstige, allgemeingültige aber verbindliche Verhaltensregeln, die dazu dienen, das sonstige Verhalten der Arbeitnehmer zu beeinflussen und zu koordinieren.[4] Werden die Arbeitnehmer also angewiesen, im Kontakt mit englischsprachigen Kunden Englisch zu sprechen, so betrifft dies das Arbeitsverhalten und ist nicht mitbestimmungspflichtig. Die Anweisung, die allgemeine Kommunikation im Betrieb habe nur auf Englisch stattzufinden, ist im Gegensatz dazu als eine Frage der Ordnung des Betriebs einzuordnen, bei der der Betriebsrat mitzubestimmen hat.[5] Der Betriebsrat kann bzgl. der Festlegung einer Betriebssprache die Einrichtung einer Einigungsstelle verlangen. Eine offensichtliche Unzuständigkeit der Einigungsstelle ergibt sich nicht bereits, weil die Verwendung einer bestimmten Sprache nicht direkt angewiesen wurde. Vielmehr ist es für die Zuständigkeit einer Einigungsstelle ausreichend, wenn etwa ein Vorstandsmitglied in einer Email äußert, er erwarte „insbesondere für Mitarbeiterinnen und Mitarbeiter in den Personalfunktionen gutes Englisch"[6] oder wenn Mitarbeiterinformationen für alle IT-Beschäftigten lediglich auf Englisch verfasst sind.[7]

6. Die allgemeine Aufgabe des Betriebsrats zur Integration ausländischer Arbeitnehmer (§ 80 Abs. 1 Nr. 7 BetrVG)[8]

524 Nach § 80 Abs. 1 Nr. 7 BetrVG hat der Betriebsrat die Aufgabe, die Integration ausländischer Arbeitnehmer im Betrieb und das Verhältnis zwischen ihnen und den deutschen Arbeitnehmern zu fördern, sowie Maßnahmen zur Bekämpfung von Rassismus und Fremdenfeindlichkeit im Betrieb zu beantragen.

---

[1] ArbG Berlin 3.3.2011 – 24 BV 15046/10.
[2] ArbG Berlin 3.3.2011 – 24 BV 15046/10.
[3] *Fitting*, BetrVG § 87 Rn. 64 mwN.
[4] *Fitting*, BetrVG § 87 Rn. 64f.
[5] LAG Köln 9.3.2009 – 5 TaBV 114/08.
[6] LAG Köln 9.3.2009 – 5 TaBV 114/08.
[7] LAG Köln 9.3.2009 – 5 TaBV 114/08.
[8] *Herbert/Oberrath*, NZA 2012, 1260 (1261).

D. Sprachprobleme

Kann ein Arbeitnehmer sich zu Beginn oder auch im Laufe des Arbeitsverhältnisses mangels Beherrschung der Betriebssprache nicht mit seinen Kollegen verständigen, so kann dies seine Integration im Betrieb hindern oder erschweren. Daher hat der Betriebsrat im Rahmen seiner integrationsfördernden Aufgabe darauf hinzuarbeiten, dass ausländische Arbeitnehmer, die sich nicht in der Betriebssprache, die in Deutschland regelmäßig Deutsch ist, verständigen können, hinreichende Sprachkenntnisse erwerben. Er muss beim Arbeitgeber darauf hinwirken, dass entsprechende Maßnahmen, wie etwa das Angebot von Sprachkursen, ergriffen werden.

Damit die fehlenden Sprachkenntnisse ausländischer Arbeitnehmer nicht zu einer Beschneidung ihrer Rechte führen, hat der Betriebsrat darüber hinaus darauf hinzuwirken, dass der Arbeitgeber dem Arbeitnehmer Erklärungen in seine Landessprache übersetzt oder einen Dolmetscher zur Verfügung stellt. Dies gilt vor allem für Erklärungen, die der Arbeitgeber zur Wahrung seiner Informationspflichten abgeben muss.

VI. Europäischer Betriebsrat

Der Europäische Betriebsrat ist aus Mitgliedern mindestens zweier – regelmäßig jedoch mehrerer – verschiedener EU- bzw. EWR-Mitgliedstaaten zusammengesetzt. Daher stellt sich gerade hier die Frage nach einer möglichen Sprachenregelung. Bei Schaffung eines europäischen Betriebsrat oder Vereinbarung eines Verfahrens zur Unterrichtung und Anhörung der Arbeitnehmer, bietet es sich an, eine einheitliche Sprache (etwa die bei der zentralen oder nachgeordneten Leitung oder dem von der zentralen Leitung als Vertreter bestimmten Betrieb oder Unternehmen gepflegte) zu vereinbaren. **525**

Dies wird auch durch die Regelung des § 39 Abs. 1 EBRG nicht ausgeschlossen. Diese schreibt vor, dass die zentrale Leitung die durch die Bildung und Tätigkeit des Europäischen Betriebsrats und des Ausschusses entstehenden Kosten zu tragen und insbesondere „für die Sitzungen außerdem Dolmetscher zur Verfügung zu stellen" hat. Zwar hat der deutsche Gesetzgeber diese Vorschrift unter den „Gemeinsamen Bestimmungen" des Fünften Teils des EBRG verortet. Von diesen Bestimmungen kann – im Gegensatz zum Vierten Teil, § 17 S. 1 EBRG, – auch in einer Vereinbarung nicht abgewichen werden.[1] Bei § 39 Abs. 1 EBRG handelt es sich jedoch lediglich um eine Vorschrift, die die Kosten, die durch das Dolmetschen einer Sitzung entstehen und die – entgegen möglicher Regelungen in der Vereinbarung – immer der Arbeitgeber zu tragen hat, regelt. Sie hindert nicht daran, eine einheitliche Geschäftssprache im und mit dem Europäischen Betriebsrat zu vereinbaren. **526**

Im Fall der Vereinbarung einer einheitlichen Geschäftssprache dürfte der Erwerb von entsprechenden Sprachkenntnissen für die Arbeit des Europäischen Betriebsrats erforderlich sein. Der Europäische Betriebsrat kann dann seine Mitglieder zur Teilnahme an Schulungs- und Bildungsveranstaltungen bestimmen, § 38 EBRG. **527**

---

[1] Was einer Verschärfung der der Umsetzung zugrundeliegenden Regelung in der Richtlinie 2009/38/EG gleichkommt. Hier finden sich die Dolmetschkosten in Nr. 6 des Anhangs I, der ausweislich Art. 7 Abs. 2 lediglich die Anforderung an die subsidiären Regelungen bildet, die nur dann greifen, wenn keine Vereinbarung zustande kommt.

Sachverzeichnis

(Römische Zahlen verweisen auf den Teil, arabische Zahlen in Fettdruck auf den Abschnitt und arabische Zahlen in Normalschrift auf die Randnummer.)

Abhängigkeitsverhältnis I **2** 6, 8 ff.
- Abnahmevertrag I **2** 14
- Liefervertrag I **2** 14
- Lizenzvertrag I **2** 14
- Mehrheitsbeteiligung I **2** 10 f.
- Mehrmüttergesellschaft I **2** 21
- Personenidentität I **2** 12

Ablösungsprinzip
- Betriebsübergang, grenzüberschreitender II **1** 86 ff., 97
- Compliance-Regelungen I **4** 331

Abmahnung II **4** 368
- Complianceverstoß II **4** 374
- Kenntnisnahme II **4** 474
- Matrixstruktur II **3** 184, 195
- Sprache II **4** 456, 474
- Zugang II **4** 474

Abordnung I **3** 32, 34, 43; II **3** 462
- Tarifregelungen I **3** 47

Abordnungsklausel I **3** 8, 46 ff.
- Arbeitgeberrechte I **3** 50
- Arbeitnehmerüberlassung I **3** 46
- Direktionsrecht I **3** 50, 52

Abspaltung I **1** 1
- Betriebsübergang I **1** 13, 57
- Betriebsvereinbarung I **1** 57
- Societas Europaea II **1** 291
- Unternehmensmitbestimmung I **2** 346, 404

Abwicklungsvertrag
- Gerichtsstandvereinbarung II **3** 165

AG & Co. KG s. *Kommanditgesellschaft auf Aktien*

AG-Vorstand s. *Vorstandsmitglied*

Aktiengesellschaft
- Aufsichtsratsvorsitz I **2** 377
- Drittelbeteiligungsgesetz I **2** 212, 354, 366, 369
- Montanmitbestimmung I **2** 208, 409
- Organisationspflicht I **4** 262
- Sorgfaltspflicht I **4** 260
- Überwachungspflicht I **4** 261
- Unternehmensmitbestimmung I **2** 211, 225
- Untersuchungen, interne II **4** 252 f.
- Vorstandsmitglied s. *dort*
- Weisungsgebundenheit II **3** 761

Aktienoptionen I **3** 289; II **3** 332; II **4** 384
- Aktienkauf II **3** 331 f.

- Aktienübertragung II **3** 331 f.
- Aktionärsschutz II **3** 365
- Anwartschaften I **1** 108
- durch Arbeitgeber II **3** 343 ff., 348 f., 358, 360, 400 f.
- Arbeitnehmerschutz II **3** 365
- Arbeitsvertragsklauseln II **3** 345 ff.
- Aufhebungsvertrag II **3** 345
- Ausübung II **3** 331 f., 335, 337
- bad leaver II **3** 339
- Begriff II **3** 331
- Betriebsratsmitglieder, Vergütung II **3** 403
- Betriebsübergang I **1** 104 ff.; II **3** 374 ff.
- Drittanstellung I **3** 404
- durch Dritte II **3** 343 ff., 348, 350, 359, 361, 400
- Entlohnungsmethode II **3** 401
- Erfolgsziele I **1** 108 f.
- Führungskräfte II **3** 332, 340
- Gerichtsstandvereinbarung II **3** 358 ff., 399
- Gewährung II **3** 331 f.
- Gleichbehandlungsgrundsatz II **3** 270, 340
- granting II **3** 331 f.
- Haltefristen II **3** 367 ff., 382
- Herabsetzung I **3** 404
- Karenzentschädigung II **3** 397 f.
- Kaufpreis II **3** 336 ff.
- Konzern, internationaler II **3** 326 ff., 342 ff.
- Kündigung, verhaltensbedingte II **3** 339
- Mitbestimmungsrecht II **3** 400 ff.
- Optionsplan I **1** 104
- Optionszusage I **1** 105 ff.
- ordre public II **3** 392
- Rechtswahl II **3** 372, 389 ff.
- Rechtswahlklauseln II **3** 348 ff.
- Rechtswegzuständigkeit II **3** 360 f.
- Rückübertragungspflicht II **3** 372
- Stichtag II **3** 335, 338
- Übung, betriebliche II **3** 262
- Unverfallbarkeit II **3** 334
- Veräußerungssperre II **3** 367, 369 f.
- Vereinbarung II **3** 345 ff.
- Verfallklauseln I **1** 108; II **3** 362 ff., 377, 382
- vesting II **3** 331 f.

Sachverzeichnis

– Vorstandsvergütung **I** 3 392, 395
– Vorteil, geldwerter **II** 3 337 f., 341
– Wartefristen **II** 3 334, 336, 338 f., 341, 382
– Wartezeiten **II** 3 365
– Wegfall der Geschäftsgrundlage **II** 3 379
– Weiterverkauf erworbener Aktien **II** 3 331 f., 338, 367 ff.
– Werthaltigkeit **II** 3 341
– Wettbewerbsverbot **II** 3 392 ff.
– Wettbewerbsverbot, nachvertragliches **II** 3 383 ff.
– Zeitfenster **II** 3 335, 338
– Zuteilung **II** 3 331 ff.
Aktienoptionsplan II 3 332, 335
– Ausschlussregelungen **II** 3 339
– Mitbestimmungsrecht **I** 2 178
– Verfallregelungen **II** 3 339
– Ziele, wirtschaftliche **II** 3 334
Alkoholverbot II 4 393
Allgemeines Gleichbehandlungsgesetz I 3 282; **II** 4 432
Allgemeinverbindlichkeitserklärung
– Nachbindung **I** 1 49
Altersteilzeittarifvertrag
– Inhaltskontrolle **I** 2 509
Altersversorgung, betriebliche I 4 343 ff.
– Abänderung **I** 4 383 ff.
– Anpassungspflicht **I** 3 10; **I** 4 395 ff.
– Arbeitgebereigenschaft **II** 3 417
– Berechnungsdurchgriff im Konzern **I** 4 395 ff.
– Betriebsübergang **I** 1 37, 39, 53 f.; **I** 2 156 f.; **I** 4 361, 364 ff., 387
– Betriebsübergang, grenzüberschreitender **II** 1 100 ff.
– Betriebsvereinbarung **I** 4 365, 385 f.
– Dispositivität **I** 3 295
– Durchführungsweg **II** 1 105 ff., 154
– Durchführungsweg, Wechsel **II** 1 110 f.
– Entsendung **II** 3 494 ff.
– Gleichbehandlungsgrundsatz **I** 4 353 ff.
– Großbritannien **II** 1 150
– Günstigkeitsvergleich **I** 4 392
– im Konzern **I** 4 348 ff., 375 ff.
– Insolvenzsicherung **I** 4 372 ff.; **II** 1 117 f., 133, 138, 145
– Irland **II** 1 150
– Konzern, internationaler **II** 3 417 f.
– Konzern-Versorgungseinrichtung **I** 4 370 f., 380
– Konzernbetriebsrat **I** 2 178; **I** 4 380
– Konzernbetriebsvereinbarung **I** 2 156 ff.; **I** 4 363
– Legaldefinition **I** 4 345
– Mitbestimmungsfreiheit **I** 4 378
– Mitbestimmungsrecht **I** 4 375 ff.
– Nichtarbeitnehmer **II** 3 418

– Niederlande **II** 1 150
– Organe **I** 3 290 ff., 405
– Stichtagsregelung **I** 2 156, 158
– Tarifvertrag **I** 4 387; **II** 1 135 f., 144, 147
– Trennungsprinzip **I** 3 10
– Überkreuzablösung **I** 4 387
– Unternehmensbezogenheit **I** 4 344 f., 352, 372
– Unternehmenstransaktionen **I** 4 362 ff.
– Verbandstarifvertrag **II** 1 112
– Verschmelzung, grenzüberschreitende **II** 1 154
– Versorgungsanwartschaft **I** 4 357 ff.
– Versorgungsträger **I** 4 347, 352
– Versorgungsverhältnis **I** 4 344
– Versorgungszusage **I** 3 34; **I** 4 345 f., 348; **II** 3 417
– Vertrauensschutz **I** 4 393 f.
Amnestie II 4 346 ff.
– Geldstrafen **II** 4 348, 357
– Maßnahmen, personelle **II** 4 348 f., 355, 358
– Schadensersatzansprüche **II** 4 348, 350 f., 358
– Strafverfolgung **II** 4 348, 356
– Vergaberecht **II** 4 354 f.
– Verteidigungskosten **II** 4 348, 357
– Vertraulichkeitszusicherung **II** 4 348, 352 f.
Änderungskündigung I 4 26
– Complianceverstoß **II** 4 374
– Mitbestimmungsrecht **II** 4 368
– Policy-Einführung **II** 4 418 ff.
– Sprecherausschussbeteiligung **II** 4 369
– Versetzung **I** 3 41
Anerkennung ausländischer Urteile II 3 127, 130 f.
Anerkennungstarifvertrag, internationaler II 2 276
Angelegenheiten, personelle
– Auslandsbeschäftigung **II** 2 29
– Mitbestimmung **I** 2 168 f.; **I** 4 240
Angelegenheiten, soziale
– Auslandsbetrieb **II** 2 27
– Datenschutz **I** 4 234 ff.
– Mitbestimmung **I** 2 170 ff.; **II** 2 34
Angelegenheiten, wirtschaftliche
– Mitbestimmung **I** 1 3; **I** 2 81, 181
Anschlussbeschäftigung
– Entsendung **II** 3 588, 590, 594
Anschlusstarifvertrag I 2 505 ff.
Anstalt des Öffentlichen Rechts
– Mitbestimmung, paritätische **I** 2 225
Anstellungsvertrag II 3 700 ff., 708, 763 ff.
– Geschäftsführeranstellungsvertrag *s. dort*
– Konzernanstellungsvertrag **I** 3 353; **II** 3 713, 768 f.

Sachverzeichnis

- ordre public **II** 3 775
- Recht, anwendbares **II** 3 770 ff.
- Rechtswahl **II** 3 771 ff.
- Sprache **II** 4 457

Anteilserwerb
- Unternehmensmitbestimmung **I** 2 343 f.

Anti-Diskriminierung
- Code of Conduct **II** 4 186, 190, 431 ff.
- Muttersprache **II** 4 488 f.
- Transnational Collective Agreement **II** 2 230 f.

Antikorruption s. *Korruptionsbekämpfung*

Anwachsung I 1 14
- Arbeitsverhältnisse **I** 1 14
- Betriebsübergang **I** 1 14, 30
- Widerspruchsrecht **I** 1 14

Anzeigepflichten II 4 167, 318
- Konzernversetzungsklausel **I** 3 89 ff.

Arbeiterwohlfahrt
- Tendenzschutz **I** 2 236

Arbeitgeber I 2 34; **I** 3 3 f., 69
- gespaltene Arbeitgeberstellung **II** 3 17
- Konzern, internationaler **II** 3 169 ff.

Arbeitgeberverband I 2 434
- Auflösung **I** 2 467
- Austritt eines Mitglieds **I** 2 468, 510
- Tariffähigkeit **I** 2 463
- Tarifzuständigkeit **I** 2 462

Arbeitgeberwechsel I 1 1
- konzerninterner Arbeitgeberwechsel **I** 3 54
- Versetzung **I** 3 54, 56 ff.

Arbeitnehmer I 2 33

Arbeitnehmer, ausländische II 3 622 ff.
- Aufenthalt **II** 3 624 ff.
- Einreise **II** 3 624, 638
- Erwerbstätigkeit **II** 3 624

Arbeitnehmerbegriff, unionsrechtlicher I 3 241, 345

Arbeitnehmerentsendung s. *Entsendung*

Arbeitnehmerfindungen II 3 309 ff.
- Forschungsgesellschaft, Bündelung bei **II** 3 323 ff.
- Konzern, internationaler **II** 3 312 ff., 323
- Konzernobergesellschaft, Bündelung bei **II** 3 323 ff.
- Recht, anwendbares **II** 3 315 ff.
- Rechtsübertragung **II** 3 323 ff.
- Rechtswahl **II** 3 316 ff.

Arbeitnehmerfreizügigkeit
- Sprachkenntnisse **II** 4 491 ff.

Arbeitnehmerhaftung II 4 377
- Entsendung **II** 3 567

Arbeitnehmerüberlassung I 4 1 ff.
- Abgrenzung **I** 4 4 ff.
- Abordnungsklausel **I** 3 46
- Arbeitsberechtigung-EU **II** 3 629

- Betriebszugehörigkeit **I** 3 117
- Compliance **I** 4 252
- Direktionsrecht **II** 3 543
- Drehtürklausel **I** 4 72 ff.
- Dreiecksverhältnis **I** 4 4 f.
- Einzelmaßnahmen, personelle **I** 4 44
- Equal-Pay-Grundsatz **I** 4 46, 63 ff.
- Erlaubnisvorbehalt **I** 4 3, 6, 33, 45 ff., 53, 57
- erlaubte Arbeitnehmerüberlassung **I** 3 26, 31
- Gemeinschaftsdienste **I** 4 85 ff.
- Gemeinschaftseinrichtungen, Zugangsanspruch **I** 4 85 ff.
- Gemeinschaftsverpflegung **I** 4 86
- Gewerbsmäßigkeit **I** 4 52 f., 56
- Gewinnausschüttung, verdeckte **I** 3 29
- Gewinnerzielungsabsicht **I** 4 53
- Gleichbehandlungsgebot **I** 4 43, 46
- Informationspflicht des Entleihers **I** 4 78 ff.
- Konzernbegriff **I** 4 15 ff.
- konzerninterne Arbeitnehmerüberlassung **I** 3 67, 74, 109 ff., 117, 161; **I** 4 54
- Konzernprivileg **I** 4 2, 14, 20 ff., 42 ff.
- Lohnuntergrenze **I** 4 67 ff.
- Mitbestimmung, betriebliche **I** 4 35 ff.
- Ordnungswidrigkeiten **I** 4 42, 50, 71, 77, 84
- Steuerrecht **I** 3 26 ff.
- Tätigkeit, wirtschaftliche **I** 4 56 ff.
- unerlaubte Arbeitnehmerüberlassung **I** 3 28, 31
- Verschwiegenheitspflicht **I** 3 219
- Vertrag mit Schutzwirkung für Dritte **I** 3 219
- vorübergehende Überlassung **I** 4 20 f., 54, 59 ff.
- Wettbewerbsverbot, nachvertragliches **I** 3 161
- Zustimmung des Arbeitnehmers **I** 4 26

Arbeitnehmerüberlassungserlaubnis I 4 46 ff., 47 ff.
- Einzelmaßnahmen, personelle **I** 4 37
- Erklärung, schriftliche **I** 4 33, 36
- Konzernprivileg **I** 4 14, 20, 43, 45
- Nichtverlängerung **I** 4 33
- Nichtvorliegen **I** 4 47 ff.
- Rücknahme **I** 4 33
- Widerruf **I** 4 33

Arbeitnehmerüberlassungsvertrag I 4 5, 29 ff.
- Arbeitsentgelt **I** 4 32
- Inhaltskontrolle **I** 4 34
- Schriftform **I** 4 30

Arbeitnehmervertretungsstrukturen, andere II 2 60, 66

881

Arbeitsberechtigung-EU II 3 628 f.
Arbeitsdirektor I 2 208, 210 f., 293 ff.
 – Bestellung **I 2** 293
 – Ersatzbestellung **I 2** 294
 – Mitbestimmungsvereinbarung **I 2** 335
 – Zuständigkeit **I 2** 295
Arbeitsentgelt I 3 9
 – Arbeitnehmerüberlassungsvertrag **I 4** 32
 – Vergütung, variable **II 3** 405 ff.
Arbeitserlaubnis II 3 623
Arbeitserlaubnis-EU II 3 628
Arbeitsgemeinschaft II 2 61, 67 f.
 – Kostentragung **II 2** 68
Arbeitskampf II 2 279 ff.
 – Konzernauswirkung **II 2** 292 ff.
 – „Laval" **II 2** 279, 281
 – „Viking" **II 2** 279 f.
Arbeitskampfmaßnahmen II 2 287
Arbeitskampfort II 2 288 f.
Arbeitskampfparteien, ausländische II 2 295 ff.
Arbeitsleistung I 3 7
Arbeitsmarkt, konzernweiter I 4 202, 216, 229
Arbeitsplatzausschreibung
 – Konzernbetriebsratszuständigkeit **I 2** 168
Arbeitsschutz
 – Compliance **I 4** 252, 342; **II 4** 428, 430
 – Informationspflicht des Arbeitgebers **II 4** 482
Arbeitssicherheit
 – Compliance **I 4** 267, 334
 – Eingriffsnormcharakter **II 3** 94
 – Mitbestimmung, betriebliche **I 2** 175
Arbeitssicherheitsbeauftragter I 4 293
Arbeitsstatut; *s. auch Internationales Arbeitsrecht*
 – Arbeitnehmerrechte **II 2** 41
 – Auslandsbeschäftigung **II 2** 39
 – Betriebsübergang **II 1** 29, 35, 44 f., 102
 – Betriebsverfassungsstatut **II 2** 39 ff.
 – objektives Arbeitsstatut **II 1** 20 ff.
 – subjektives Arbeitsstatut **II 1** 14
Arbeitsverhalten
 – Direktionsrecht **II 4** 408 f.
 – Mitbestimmungsfreiheit **II 4** 392, 395, 422, 523
Arbeitsverhältnis I 2 34, 36, 38 ff.; **II 3** 172 f.
 – Basisarbeitsverhältnis **II 3** 23 f.
 – Doppelarbeitsverhältnis **I 2** 39, 56; **I 3** 66
 – einheitliches Arbeitsverhältnis **I 2** 38 f., 56, 71; **I 3** 32, 39, 64 f.; **II 3** 188 ff., 197
 – Gestaltungsrechte **II 4** 471
 – Lokalarbeitsverhältnis **II 3** 23 f.
 – Ruhen des Arbeitsverhältnisses **I 2** 54 f.
 – Rumpfarbeitsverhältnis **II 3** 23 f.
 – Unterrichtungspflichten **II 4** 482

Arbeitsvertrag
 – Mehrheit von Verträgen **I 3** 40, 74, 102 ff.
 – multilaterales Verhältnis **I 3** 67
 – Sprache **II 4** 456 ff., 469 f.
 – Zusatzvereinbarungen **II 3** 281
Arbeitsvertragsbedingungen
 – Transparenzkontrolle **II 4** 469
Arbeitsvertragsstatut II 3 8 ff.
 – Arbeitsort, gewöhnlicher **II 3** 9 ff., 27
 – Eingriffsnormen **II 3** 62, 79 ff.
 – Leiharbeit **II 3** 15
 – Niederlassungsort **II 3** 26 ff.
 – Rechtswahl **I 1** 9 f.
Arbeitszeit
 – Compliance **I 4** 252
Arbeitszeiterhöhung
 – Mitbestimmung, betriebliche **I 2** 172
Arbeitszeitregelung
 – Mitbestimmung, betriebliche **I 2** 171
Asset Deal I 1 1, 7
 – Altersversorgung, betriebliche **I 4** 364
 – Betriebsübergang **I 1** 12
 – Mitbestimmung auf Unternehmensebene **I 1** 2
 – Rechtswahl **II 1** 25
 – Societas Europaea **I 1** 292, 296
 – Unternehmensmitbestimmung **I 2** 353
AT-Angestellte I 2 178
Aufbewahrungsfristen
 – Datenschutz **I 4** 127
Aufenthaltsbeendigung II 3 685
Aufenthaltserlaubnis II 3 623 f., 626, 635, 644
 – Arbeitsmarktprüfung **II 3** 653 ff.
 – Aufenthalt zum Zweck der Beschäftigung **II 3** 646, 648 f.
 – Aufenthaltszweck, Wechsel **II 3** 684
 – Ausbildung **II 3** 646, 662
 – Beschäftigung, zustimmungsfreie **II 3** 649 ff.
 – Blaue Karte EU **II 3** 646, 657 ff.
 – Ehegatten **II 3** 675 f.
 – Erteilungsvoraussetzungen **II 3** 645, 647
 – Erwerbstätigkeit **II 3** 645 f.
 – Erwerbstätigkeit, Zustimmung **II 3** 652
 – Familiennachzug **II 3** 673 f.
 – Forschung **II 3** 646, 661
 – Geduldete, qualifizierte **II 3** 646, 656
 – Kindernachzug **II 3** 677
 – Verlängerung **II 3** 683
 – Vorabprüfung **II 3** 682
 – Vorrangprüfung **II 3** 653 ff.
Aufenthaltsrecht II 3 610, 615
Aufenthaltstitel II 3 624 ff.
 – Antragsunterlagen **II 3** 679 ff.
 – Antragsverfahren **II 3** 678 ff.
 – Beschäftigung, illegale **II 3** 686 ff.

- Drittstaaten **II 3** 625, 634
- Erteilungsvoraussetzungen **II 3** 635 ff.
- Erwerbstätigkeit **II 3** 678 f.
- EU-Altstaaten **II 3** 625 f.
- EU-Staaten **II 3** 625 f.
- Island **II 3** 625 f.
- Kroatien **II 3** 625, 628 f.
- Liechtenstein **II 3** 625 f.
- Norwegen **II 3** 625 f.
- Schweiz **II 3** 625, 633
- Staatsangehörigkeit **II 3** 625 ff.
- Türkei **II 3** 625, 630 ff.

Aufhebungsvertrag I 1 102
- Gerichtsstandvereinbarung **II 3** 165

Aufklärungspflichten
- Compliance **I 4** 294 f.

Aufsichtsrat
- Aufgaben **I 2** 278 ff.
- Bekanntmachung **I 2** 216
- Beschlussfähigkeit **I 2** 276
- Beschlussfassung **I 2** 273, 275, 277, 382 ff., 415
- Beteiligungsrechte an mitbestimmten Unternehmen **I 2** 289 ff.
- Compliance **I 4** 263
- Doppelmandat **II 3** 766
- Drittelparität **I 2** 357, 360 ff., 394 f.
- Einsichtsrecht **I 2** 279
- Geschäftsführungsüberwachung **I 2** 279, 385; **I 4** 263
- Geschlechterverhältnis **I 2** 363
- Kontinuitätsprinzip **I 2** 218
- Kontrollfunktion **I 3** 339
- Montanmitbestimmung **I 2** 412 ff.
- Montanmitbestimmungsergänzungsgesetz **I 2** 425 ff.
- Ordnung, innere **I 2** 273 ff., 376 ff., 415 f.
- Organisationspflicht **I 4** 263
- Personalkompetenz **I 2** 280 f., 386 ff.
- Prüfungsrecht **I 2** 279
- Rechtsformen, erfasste **I 2** 258
- Statusverfahren **I 2** 214 ff., 311
- Vertretungsorgane, Abberufung **I 2** 288, 416
- Vertretungsorgane, Bestellung **I 2** 283 ff., 416
- Vetorecht **I 3** 339
- Zusammensetzung **I 2** 259, 361 ff.

Aufsichtsratsmitglieder
- Abberufung **I 2** 264 ff., 364
- der Anteilseigner **I 2** 260 f., 264, 291 f., 364 ff.
- Arbeitnehmervertreter **I 2** 260, 262 f., 265, 282, 289, 291, 362, 364, 371 ff.; **II 1** 191 ff.
- Bestellung **I 2** 261, 364
- Kündigungsschutz **I 2** 282

- Schutz **I 2** 282, 392
- Wahl **I 2** 262 f.

Aufsichtsratsvorsitzender I 2 274, 377 f.
- Amtszeit **I 2** 379
- Aufgaben **I 2** 380
- Mitbestimmungsvereinbarung **I 2** 335
- Stellvertreter **I 2** 274, 378

Aufsichtsratswahlen
- Bekanntmachung **I 2** 268, 270
- Drittelbeteiligungsgesetz **I 2** 374 f.
- mittelbare Wahl **I 2** 272
- Stimmabgabe **I 2** 375
- Urwahl **I 2** 271
- Wahlordnung **I 2** 374
- Wahlordnungen **I 2** 267
- Wahlverfahren **I 2** 267 ff., 374 f.
- Wahlvorschläge **I 2** 272, 370, 375
- Wahlvorstand **I 2** 269, 375

Aufspaltung
- Unternehmensmitbestimmung **I 2** 349

Ausgleichsquittung
- Kündigungsschutz, Verzicht auf **II 4** 476, 478
- Rechtsnatur **II 4** 477
- Sprache **II 4** 456, 476, 478 ff.

Ausgliederung
- Unternehmensmitbestimmung **I 2** 346

Ausländerbeschäftigung
- Compliance **II 4** 252

Ausländerrecht II 3 610 f., 615

Auslandsbeschäftigung
- Betriebsversammlung **II 2** 36
- Individualrechte **II 2** 37

Auslandsbetrieb
- Arbeitnehmervertretung **II 2** 13 ff.
- Arbeitsbedingungen **II 2** 28
- Eingliederung **II 3** 741
- Gesamtbetriebsrat **II 2** 14 f., 31
- Konzernbetriebsrat **II 2** 20 ff., 33
- Mitbestimmung, betriebliche **II 2** 24 ff.; **II 3** 501
- Wirtschaftsausschuss **II 2** 16 ff., 32

Auslandsdatentransfer s. *Datentransfer, grenzüberschreitender*

Auslandseinsatz II 2 6 ff.; **II 3** 459; s. auch *Entsendung*
- Arbeitsstätten, wechselnde **II 2** 11
- Arbeitsvertragsgestaltung **II 3** 1, 18 ff.
- Arbeitsvertragsstatut **II 3** 18
- Ausstrahlungswirkung des Inlandsbetriebs **II 2** 7 ff., 36, 41; **II 3** 476 ff., 501
- Einstellung für Auslandseinsatz **II 2** 12
- Einvertragsmodell **II 3** 721, 739
- Geschäftsführer **II 3** 714 ff.
- Inlandsbezug **II 3** 741
- leitende Angestellte **II 3** 279 ff.
- Ortskräfte **II 2** 12
- Sozialversicherungsrecht **II 3** 735, 737

883

- Steuerrecht **II 3** 735 f.
- Übertrittsmodell **II 3** 723 f., 739
- Versetzungsklausel **II 3** 473
- Zweivertragsmodell **II 3** 722, 739

Auslandsgesellschaft II 1 156
- Arbeitsstatut **II 3** 228
- Außendienstmitarbeiter **II 3** 227
- Lohnsteuer **II 3** 230
- Sozialversicherungsbeiträge **II 3** 230
- Unternehmensmitbestimmung **I 2** 318; **II 1** 161
- Vertretung, organschaftliche **II 3** 229

Auslandsgründung II 1 163
Auslandskrankenversicherung II 3 537
Auslandstätigkeitserlass II 3 491
Auslandsunfallversicherung II 3 523 f.
Außendienstmitarbeiter
- Arbeitsanweisungen **I 2** 175
- Betriebszugehörigkeit **I 2** 60
- Einstellung bei ausländischer Gesellschaft **II 3** 227

Außenwirtschaftsrecht
- Compliance **I 4** 252, 334; **II 4** 204

Ausspähen von Daten I 4 166
Auswahlrechte
- Konzernbetriebsratszuständigkeit **I 2** 168

Auswahlrichtlinien
- Mitbestimmung **I 4** 240, 337

Bahnpersonal
- Arbeitsvertragsstatut **II 3** 55 ff.

Bankrecht
- Compliance **II 4** 204

Basisarbeitsverhältnis II 3 23 f.
Bauleistungen II 3 613
Beherrschungsvertrag I 2 8
- atypischer Beherrschungsvertrag **I 2** 397
- Beendigung **I 2** 398, 404
- Begriff **I 2** 397
- Berechnungsdurchgriff **I 2** 188
- fehlerhafter Beherrschungsvertrag **I 2** 397
- Haftungsdurchgriff **I 2** 191
- Konzernzurechnung **I 2** 351, 397 f.
- Leitung, einheitliche **I 2** 301; **I 4** 19
- Teilbeherrschungsvertrag **I 2** 397
- Weisungsrechte **I 2** 500, 517; **II 3** 783

Belegschaftsaktien
- Betriebsübergang **I 1** 110
- Konzernbetriebsratszuständigkeit **I 2** 178

Berechnungsdurchgriff I 3 73
- Altersversorgung, betriebliche **I 4** 395 ff.
- Beherrschungsvertrag **I 2** 188
- Gemeinschaftsbetrieb **I 3** 126 ff.
- Gewinnabführungsvertrag **I 2** 188
- Konzern, faktischer **I 2** 189
- Kündigungsschutz **I 3** 125 ff.
- Sozialplan **I 2** 186 ff.

Bergbau
- Montanmitbestimmung **I 2** 208

Bergwacht
- Tendenzschutz **I 2** 236

Berufsfreiheit
- Compliance-Klausel **I 4** 315
- Wettbewerbsverbot, nachvertragliches **II 3** 231, 238

Beschäftigung, illegale II 3 686 ff.
- Arbeitsbedingungen, ungünstige **II 3** 690
- Ausschluss von öffentlichen Aufträgen **II 3** 692
- Ordnungswidrigkeiten **II 3** 686, 691 f.
- Strafbarkeit **II 3** 686, 688 ff.
- Umfang, größerer **II 3** 691

Beschäftigungs- und Qualifizierungsgesellschaft I 1 102
Beschäftigungslandprinzip II 1 95
Beschäftigungssicherungsvereinbarung I 3 112
Beschäftigungsverbot II 3 707
Beschäftigungsverfahrensverordnung II 3 649
Beschäftigungsverordnung II 3 644
- Beschäftigung, zustimmungsfreie **II 3** 649 ff.

Besonderes Verhandlungsgremium II 2 121
- Amtszeit **II 2** 131 ff.
- Antrag **II 2** 117
- Aufgaben **II 1** 242
- Bildung **II 2** 116 ff.
- Ersatzmitglieder **II 2** 121
- Europäischer Betriebsrat **II 2** 96, 106 ff.
- externe Mitglieder **II 2** 125
- Geschäftsordnung **II 2** 130
- Informationspflicht **II 2** 141
- Kosten **II 1** 185, 243
- Kostentragung **II 2** 134 ff.
- Neuverhandlungen **II 1** 294
- Nichtverhandlungsbeschluss **II 1** 257, 259; **II 2** 185
- Rechtsfähigkeit, fehlende **II 2** 135
- Rechtswegzuständigkeit **II 1** 241
- Sachverständigenhinzuziehung **II 1** 185, 242 f.; **II 2** 136 f.
- Sitzung, konstituierende **II 2** 129
- Societas Europaea **II 1** 230 ff.
- Stellvertretender Vorsitzender **II 1** 242
- Verhandlungen **II 2** 139 ff.
- Verhandlungen, Wiederaufnahme **II 1** 258
- Verhandlungsabbruch **II 1** 257; **II 2** 185
- Verhandlungsdauer **II 1** 255 f.
- Verhandlungsergebnisse **II 2** 142
- Verschmelzung **II 1** 184 ff., 191, 193 f.
- Vorsitzender **II 1** 242
- Wahlverfahren **II 1** 236 f.

- Wahlvorschläge **II 1** 238 ff.
- Zusammensetzung **II 2** 120 ff.

best practice II 4 87

Betriebliches Eingliederungsmanagement I 4 212, 214

Betriebsänderung
- Compliance **I 4** 337
- Mitbestimmungsrecht **I 2** 182 f.; **II 1** 197

Betriebsaustritt I 2 525

Betriebsbußen II 4 366 f.

Betriebseingliederung
- Betriebsvereinbarung **I 1** 58

Betriebsführungsvertrag
- Leitung, einheitliche **I 2** 302
- unechter Betriebsführungsvertrag **I 1** 32

Betriebsgeheimnis I 3 21, 215
- Verschwiegenheitspflicht **II 4** 408

Betriebsinhaberwechsel I 1 29 ff.; **II 1** 3
- Betriebsfortführung **I 1** 31
- grenzüberschreitender Betriebsinhaberwechsel **II 1** 7
- Leitungsmacht **I 1** 31 f.
- Pacht **I 1** 32
- Unterrichtungspflicht **II 1** 197

Betriebsleiter II 3 697

Betriebsnormen I 4 303

Betriebsrat
- Auslandsbetrieb **II 2** 13 ff., 26 ff.
- Datenschutz **I 4** 242
- Dolmetschereinsatz **II 4** 510 f.
- Integration ausländischer Arbeitnehmer **II 4** 524
- Monatsgespräche **II 4** 518
- Restmandat **II 1** 74
- Sprache **II 4** 510 ff.
- Übergangsmandat **II 1** 74
- Übersetzungen **II 4** 515 f.
- Umstrukturierung, grenzüberschreitende **II 1** 206
- Unterlagen, Zurverfügungstellung **II 4** 514 ff.
- Unterlassungsanspruch **II 2** 203 f.; **II 4** 397
- unternehmenseinheitlicher Betriebsrat **II 2** 60, 62
- Zusammenarbeit, vertrauensvolle **II 2** 206; **II 4** 510

Betriebsratsfähigkeit
- Betriebsverlagerung, grenzüberschreitende **II 1** 74
- Inlandsbetrieb ausländischer Arbeitgeber **II 2** 43
- Schwellenwerte **I 4** 39

Betriebsratsmitglied
- Sprachschulung **II 4** 519 ff.
- Vergütung **II 3** 403

Betriebsratssitzung
- Dolmetschereinsatz **II 4** 517
- im Ausland **II 2** 30

Betriebsratswahlen
- Sprache **II 4** 508 f.
- Wählbarkeit zum Betriebsrat **I 2** 42, 55, 68, 72 ff.
- Wahlberechtigung **I 2** 55; **I 4** 38; **II 3** 502

Betriebsratszugehörigkeit I 2 43 ff.

Betriebsrentenrecht s. *Altersversorgung, betriebliche*

Betriebssprache II 4 512 ff.
- Mitbestimmungsrecht **II 4** 523 f.

Betriebsstätte
- Unternehmensmitbestimmung **II 1** 161

Betriebsstilllegung I 1 33; **II 1** 3
- Delegation **I 2** 164
- Stilllegungsabsicht **II 1** 3, 43
- Verlegung, räumliche **II 1** 50

Betriebsteilübergang I 1 1, 7, 13, 18; **I 2** 521 ff.
- Arbeitsverhältnisse, Übergang **I 1** 40 f.
- Betriebsänderung **I 1** 101
- Konzernbetriebsvereinbarung **I 2** 142
- Overheadfunktionen **I 1** 40 f.
- Sozialauswahl **I 1** 98

Betriebsübergang I 2 521
- Aktienoptionen **I 1** 104 ff.; **I 3** 374 ff.
- Aktiva **I 1** 19, 22
- Altersversorgung, betriebliche **I 1** 37, 39, 53 f.; **I 2** 156 ff.; **I 4** 361, 364 ff., 387; **II 1** 100
- Annahmeverzug **I 1** 95
- Arbeitnehmer, Übernahme **I 1** 19, 23
- Arbeitnehmerschutzrecht **I 1** 9, 102; **II 1** 50, 69
- Arbeitsbedingungen **I 1** 102
- Arbeitsverhältnisse, Übergang **I 1** 9 f., 36 ff.
- ins Ausland **II 1** 41 ff.
- Belegschaftsaktien **I 1** 110
- Betriebs-/Unternehmensart **I 1** 19 f.
- Betriebsebene **I 1** 7 ff.
- Betriebsmittel **I 1** 19 f., 23 f.
- Betriebsvereinbarung **I 1** 50, 52 ff.; **II 1** 115 f.
- Betriebsverlagerung ins Ausland **I 1** 10 f.; **II 1** 124 ff.; *s. auch Betriebsverlagerung*
- Betriebsverlagerung ins Inland **II 1** 151 f.; *s. auch Betriebsverlagerung*
- Betriebszusammenlegung **I 1** 30
- Betriebszweck **I 1** 26 f.
- Bezugnahmeklausel **I 2** 510
- Bezugnahmeklauseln **I 1** 44 f.; **I 2** 522 ff.
- Boni **I 1** 111
- Compliance-Regelungen **I 4** 331
- Definition **I 1** 16 f.
- Deputat **I 1** 112
- Dienstleistungsbetrieb **I 1** 20, 23
- Dienstleistungsgesellschaft **I 1** 115 ff.

- Dienstverträge **I 1** 36
- Einheit, betriebsmittelarme **I 1** 20, 23
- Einheit, wirtschaftliche **I 1** 17 ff.; **II 1** 5, 46 f.
- Entfernung, räumliche **II 1** 43 f., 46 ff.
- Entsendung **II 3** 561 ff.
- Erbfolge **I 1** 15
- Funktionsnachfolge **I 1** 17, 27
- Geltungsbereich § 613a BGB **I 1** 9 f., 12 f.
- Gesamtbetrachtung, wertende **I 1** 19
- Gesellschafterwechsel **I 1** 30
- grenzüberschreitender Betriebsübergang; s. Betriebsübergang, grenzüberschreitender
- Günstigkeitsprinzip **I 1** 44
- Haftung **I 1** 69 ff.; **II 1** 69
- Handelsbetrieb **I 1** 20
- Identitätswahrung **I 1** 17 ff., 60; **II 1** 46, 47, 51, 72
- Informationspflicht **II 4** 484
- Informationsschreiben **II 3** 563
- Inhaberwechsel **I 1** 29 ff.
- Inhaltskontrolle **I 1** 102
- Inlandsbegrenzung **I 1** 10
- Insolvenzfälle **I 1** 9
- Interessenausgleich **I 1** 42
- Internationales Privatrecht **II 1** 13 ff.
- Jahresfrist **I 1** 102
- Kollektivregelungen, Transformation **I 1** 46 ff.; **I 2** 151 ff.
- Konzern **I 1** 103 ff.
- Konzernbetriebsvereinbarung **I 1** 103; **I 2** 142
- Konzerntarifvertrag **I 1** 103
- Konzernzugehörigkeit **I 1** 29
- Kündigung wegen Widerspruchs **I 1** 96 ff.
- Kündigungsverbot **II 1** 42 f., 62 ff.
- Kundschaft **I 1** 19, 25
- Leiharbeitsverhältnis **I 1** 36
- Leitungsmacht **I 1** 34
- Lohnsteuer **I 1** 38
- Mitarbeiterbeteiligung **I 1** 110
- Mitbestimmung auf Unternehmensebene **I 1** 3
- Mitbestimmung, betriebliche **I 1** 4 ff.
- Nachbindung **I 1** 46 ff.
- öffentlicher Dienst **I 1** 9
- Personalrabatt **I 1** 112
- Produktionsbetrieb **I 1** 20
- Recht, anwendbares **II 1** 26 ff.
- durch Rechtsgeschäft **I 1** 34 f.
- Rechtswahl **I 1** 9 f.
- Sicherungsübereignung **I 1** 32
- Sozialversicherungsbeiträge **I 1** 38
- Spartenorganisation **I 1** 121
- Sukzession, kollektivrechtliche **I 1** 46 ff.
- Tantiemen **I 1** 111
- Tätigkeit, Ähnlichkeit der **I 1** 19, 26 f.
- Tätigkeitsunterbrechung **I 1** 19, 28
- Territorialitätsprinzip **II 1** 10 ff., 43
- Überkreuzablösung **I 1** 50; **II 1** 87, 137
- Umgehungsverbot **I 1** 102
- Unfallversicherung, gesetzliche **I 1** 38
- Unternehmensebene **I 1** 1 ff.
- Unterrichtungspflicht **I 1** 75 ff.; **II 1** 56 ff.
- Weiterbeschäftigungspflicht, konzernbezogene **I 1** 97
- weiterer Betriebsübergang **I 1** 51
- Wettbewerbsverbot, nachvertragliches **I 1** 113 f.
- Widerspruchsrecht **I 1** 75, 77, 89 ff.; **II 1** 52; **II 3** 563
- Wirtschaftsausschuss, Unterrichtung **I 1** 3

Betriebsübergang, grenzüberschreitender **II 1** 1 f., 4 ff., 26 f., 44 ff., 52 ff., 97
- Altersversorgung, betriebliche **II 1** 100 ff., 142 ff., 148 ff.
- Arbeitsort, ausländischer **II 1** 53 ff.
- Arbeitsverhältnisse, Übergang **II 1** 52 f., 98
- Betriebsfortführung im Ausland **II 1** 148 ff.
- Betriebsfortführung im Inland **II 1** 142 ff.
- Betriebsvereinbarung, Fortgeltung **II 1** 75 ff., 83 ff.
- Firmentarifvertrag **II 1** 81 f.
- Haftung **II 1** 69
- Kündigungsverbot **II 1** 42 f., 62 ff.
- Mitbestimmung, betriebliche **II 1** 70 ff.
- Nicht-EU-Ausland **II 1** 97
- Restmandat **II 1** 74
- Sozialversicherungsrecht **II 1** 95, 97
- Statutenwechsel **II 1** 127, 132 f., 138 f.
- Steuerrecht **II 1** 96 f.
- Tarifvertrag, Fortgeltung **II 1** 78 ff.
- Übergangsmandat **II 1** 74
- Unternehmensmitbestimmung **II 1** 91 f.
- Unterrichtungspflicht **II 1** 56 ff.
- Veränderungssperre **II 1** 114, 136
- Verbandstarifvertrag **II 1** 79 f.
- Widerspruchsrecht **II 1** 56, 61, 68, 134

Betriebsübergangsrichtlinie **I 1** 7, 10, 16; **II 1** 4 f., 98 f.
- Arbeitnehmerschutz **II 1** 50
- Entfernungskriterium **II 1** 50
- Geltungsbereich, räumlicher **II 1** 9
- Kollisionsnorm **II 1** 8
- Umsetzung **II 1** 6, 10
- Widerspruchsrecht **II 1** 61
- Zusatzversorgungseinrichtungen **II 1** 129

Betriebsüberlassungsvertrag
- Leitung, einheitliche **I 2** 302

Betriebsübertragungsvertrag
- Recht, anwendbares **II 1** 24 f.

Betriebsveräußerung **II 1** 3, 45

Betriebsvereinbarung
- Ablösungsprinzip **I 1** 58
- Abspaltung **I 1** 57
- Altersversorgung, betriebliche **I 4** 365, 385 f.; **II 1** 137, 144
- Auslandsbetrieb **II 2** 35
- Betriebsübergang **I 1** 50, 52 ff.
- Betriebsübergang, grenzüberschreitender **II 1** 75 ff., 115 f.
- Compliance-Regelungen **I 4** 287, 324 ff.
- Datenschutzregelungen **I 4** 142 ff., 191
- Einzelbetriebsvereinbarung **I 2** 134 f.
- Gesamtbetriebsvereinbarung s. dort
- Konzernbetriebsvereinbarung s. dort
- Policies **II 4** 421 ff., 439
- Tarifvorbehalt **I 1** 55
- Tarifvorrang **I 1** 55
- umstrukturierende Betriebsvereinbarung **I 4** 330
- Verhandlungspartner **I 2** 110 ff., 123 ff., 136 f.; **I 4** 332 f.
- Zeitkollisionsregel **I 4** 385, 393

Betriebsvereinbarungsöffnungsklausel
- Compliance-Regelungen **I 4** 330

Betriebsverfassungsrecht I 2 1 ff.
- Anwendungsbereich, räumlicher **II 2** 1 ff., 13
- Arbeitnehmerbegriff **I 2** 33
- Ausstrahlung **II 3** 741
- Betriebsbezogenheit **II 2** 2, 6, 13
- Compliance **I 4** 252
- Datenschutz **I 4** 232 ff.
- Günstigkeitsprinzip **I 2** 165, 167
- Konzern im Konzern **I 2** 23 f.
- Konzernbegriff **I 2** 2 ff., 32
- Leitenden-Eigenschaft **II 3** 743 f.
- Ordnungsprinzip **I 2** 165
- Rücksichtnahmepflicht des Arbeitgebers **I 2** 44 ff.
- Schwellenwerte **I 4** 39; **II 2** 6
- Spezialitätsprinzip **I 2** 165, 167
- Sprache **II 4** 508 ff.
- Territorialitätsprinzip **II 1** 71, 73, 116, 137; **II 2** 1 ff., 52; **II 3** 741; **II 4** 77 f., 513
- Wahlrecht **I 2** 165

Betriebsverfassungsstatut II 2 40

Betriebsverlagerung
- Änderungskündigung **II 1** 65 ff.
- Arbeitsort, ausländischer **II 1** 53 ff., 65 ff.
- Entfernung, räumliche **II 1** 43 f., 46 ff.
- grenznahe Betriebsverlagerung **II 1** 1, 45, 48, 50, 54, 134
- grenzüberschreitende Betriebsverlagerung **I 1** 10 f.; **II 1** 1, 7, 44 f., 54, 65, 97, 124 ff., 151 f.
- Kündigung, betriebsbedingte **II 1** 68
- Mitbestimmung, betriebliche **II 1** 73

- Sozialauswahl **II 1** 68
- Statutenwechsel **II 1** 127, 132 f., 138 f.
- Umzugspflicht **II 1** 54 f., 98
- Unternehmensmitbestimmung **II 1** 91 f.

Betriebsversammlung
- Auslandsbeschäftigung **II 2** 36
- Dolmetschereinsatz **II 4** 517

Betriebszugehörigkeit I 2 33, 36, 41 f., 57 ff.
- Abordnung **I 2** 61
- Betriebsrat, Wählbarkeit zum **I 2** 42, 55, 68, 72 ff.
- Entsendung **I 2** 59
- Kündigung, betriebsbedingte **I 3** 115
- mehrfache Betriebszugehörigkeit **I 2** 43
- Personaleinsatz, drittbezogener **I 2** 63 ff.
- Sozialauswahl **I 3** 134 f.
- Zwei-Komponenten-Lehre **I 2** 57, 62

Betriebszusammenlegung
- Konzernbetriebsratszuständigkeit **I 2** 183

Beurteilungsgrundsätze
- Konzernbetriebsratszuständigkeit **I 2** 168
- Mitbestimmung **I 4** 240

Bewerberdatenbank I 4 197 ff.

Bewerbung s. Stellenbewerbung

Bezugnahmeklausel I 2 493
- Anschlusstarifvertrag **I 2** 505 ff.
- Anweisung zur Bezugnahme **I 2** 499 f.
- Auslegung **I 2** 494
- Betriebsübergang **I 1** 44 f.; **I 2** 510, 522 ff.
- Gleichstellungsabrede **I 1** 44; **I 2** 518, 524
- große dynamische Bezugnahmeklausel **I 2** 494, 497, 518, 522 f.
- Günstigkeitsprinzip **I 2** 513, 515, 523
- kleine dynamische Bezugnahmeklausel **I 2** 494, 496, 514, 518, 522 f.
- Konzernsachverhalte **I 2** 498 ff.
- Policies **II 4** 412, 414 ff.
- Richtigkeitsgewähr **I 2** 506 ff.
- statische Bezugnahmeklausel **I 2** 494 f., 513, 518, 522
- Tarifvertrag, branchenfremder **I 2** 501, 508 f.
- Tarifvertrag, fachfremder **I 2** 501
- Tarifvertrag, mehrgliedriger **I 2** 494
- Tarifvertrag, ortsfremder **I 2** 501
- Tarifwechselklausel **I 2** 496 f., 516 f., 523 f.
- Tarifwegfall **I 2** 510, 520
- Verbandsaustritt **I 2** 510, 518 f.
- Verbandsmitgliedschaft **I 2** 498 ff.
- Verbandswechsel **I 2** 510 ff.

Bieterverfahren
- Unterrichtungspflicht **II 1** 199

Blaue Karte EU II 3 623 f., 646, 657 ff.

Blue Card s. Blaue Karte EU

Boni
– Betriebsübergang **I** 1 111
– Kürzung **II** 4 378
– Übung, betriebliche **II** 3 262
Branchenkodex II 4 447 ff.
Branchentarifvertrag II 2 226
– transnationaler Branchentarifvertrag **II** 2 226
Brüssel I-VO *s. EuGVVO*
Buchhandlung I 2 239
Buchverlag
– Tendenzschutz **I** 2 240
Busfahrer
– Arbeitsvertragsstatut **II** 3 55 ff.
Business Judgement Rule II 4 350 f.

Call-Center I 4 224
Cash-Pool-Vereinbarung
– Sozialplan **I** 2 187
Code of Conduct I 4 292; **II** 4 131 f., 177 f.
– Anzeige von Verstößen **II** 4 186
– Aushändigung **II** 4 182
– Bekanntmachung **II** 4 182, 235
– Berichtspflicht **I** 4 340
– Betriebsvereinbarung **II** 4 37, 193
– Branchenkodex **II** 4 450
– Compliance **II** 4 171 ff.
– Datenschutz **II** 4 186, 188, 191
– Datentransfer, grenzüberschreitender **II** 4 33 ff., 77
– Denunziantentum **II** 4 188, 191
– Diskriminierung **II** 4 186, 190
– Einsichtnahme **II** 4 182
– Geschenke **II** 4 200
– Gleichbehandlungsgrundsatz **II** 4 190
– Implementierung **II** 4 192 f.
– Interessenkonflikte **II** 4 186
– Kommunikation **II** 4 186
– Konzern, grenzüberschreitender **II** 4 179 ff., 184 ff., 194 ff.
– Konzernbetriebsratszuständigkeit **I** 2 170; **II** 4 197 f.
– konzernweite Umsetzung **II** 4 197, 202
– Kriegsveteranen **II** 4 188, 190
– Lebensbereich, privater **II** 4 189
– leitende Angestellte **II** 4 193
– Medien, Umgang mit **II** 4 186
– Meldepflichten **II** 4 188, 191, 201
– Meldeverfahren **II** 4 201
– Mischkonzern **II** 4 184
– Mitbestimmungsfreiheit **II** 4 200, 391
– Mitbestimmungsrechte **II** 4 194 ff., 391
– Personengruppen, schützenswerte **II** 4 188, 190
– romantic relationship **II** 4 188
– Sanktionen **II** 4 186
– Selbstbestimmung, informationelle **II** 4 188, 191

– Selbstverpflichtung **II** 4 200
– Sprache **II** 4 181
– Unternehmensphilosophie **II** 4 200, 387, 394 f.
– Verhaltensanforderungen **II** 4 186
– Verhaltensregelungen, ausländische **II** 4 188
– Vertraulichkeit **II** 4 186
– Zielvorgaben **II** 4 200
Compliance I 4 246 ff., 266 ff.
– Ablösungsprinzip **I** 4 331
– Ad-hoc-Meldung **I** 4 271
– Anzeigepflichten **II** 4 167
– Arbeitgeberinteressen **I** 4 307
– Arbeitnehmerinteressen **I** 4 308
– Arbeitsrecht **I** 4 252, 342
– Audits **I** 4 271, 342; **II** 4 261
– Begriff **I** 4 248 ff.; **II** 4 84
– Bekanntmachung **I** 4 270; **II** 4 235, 258
– Beratungshotline **II** 4 212
– Berichtspflicht **I** 4 271, 280, 283, 342; **II** 4 163 ff.
– Betriebsänderung **I** 4 337
– Betriebsvereinbarung **I** 4 287, 324 ff.
– Code of Conduct **II** 4 171 ff.
– Datenschutz **II** 4 23
– Delegation, horizontale **I** 4 268
– Delegation, vertikale **I** 4 268, 271
– Deutscher Corporate Governance Codex **I** 4 251
– dezentrale Compliance-Organisation **I** 4 267
– Direktionsrecht **I** 4 287 ff., 302 ff., 310
– Dokumentation **I** 4 266, 280, 342
– due diligence **I** 4 342
– Entsendung **I** 4 252; **II** 3 528 ff.
– Eskalation, interne **II** 4 168
– Eskalationsberichtslinie **II** 4 166
– Führungskräfte **II** 4 131, 134
– Geheimhaltungspflicht **I** 4 297 f.
– Geschäftsführung, Personalunion **II** 3 708
– Günstigkeitsprinzip **I** 4 330
– Handlungsfreiheit, allgemeine **I** 4 328
– Honeywell-Beschluss **I** 4 326
– Individualvertrag **I** 4 287, 311 ff., 324
– Information der Mitarbeiter **I** 4 270, 342
– Inhaltskontrolle **I** 4 316 ff., 320, 323
– Insiderrichtlinie **I** 4 298
– Intranet **I** 4 270, 281, 310
– Kenntnisnahme **I** 4 310, 332
– Kompetenzzuweisung **I** 4 268
– Kontrolle **I** 4 280
– im Konzern **I** 4 251 f., 258, 264 ff., 279
– Konzern, internationaler **II** 4 84 ff., 132 ff., 235 f.

Sachverzeichnis

- Konzernbetriebsratszuständigkeit I 2 170; I 4 324, 327
- Konzernbezug I 4 319
- Korruptionsbekämpfung I 4 296
- Kündigung, verhaltensbedingte I 4 310
- Lebensführung, private I 4 304, 315
- Legalitätspflicht I 4 259
- Leitungsaufgabe I 4 258
- lokale Compliance-Funktionen II 4 136, 138, 144, 150
- Mitbestimmung, betriebliche I 4 309, 324, 326, 338 ff., 342
- Mitbestimmungsfreiheit I 4 335, 339
- Monitoring II 4 261
- Nebenpflichten I 4 294 f.
- Ordnungsverhalten I 4 338 f.
- Organisationspflicht I 4 262 f.; II 4 132 f.
- Persönlichkeitsrecht, allgemeines I 4 315
- regionale Compliance-Funktionen II 4 136
- Reputationsschaden II 4 270
- Risikoanalyse I 4 267, 280, 342; II 4 131 f., 205, 265
- Sanktionierung I 4 273, 287, 342
- Schadensabwehr I 4 299 f.
- Schulungen s. Compliance-Schulungen
- Sorgfaltspflicht I 4 260
- Standort der Compliance-Leitung II 4 149
- Theorie der Wirksamkeitsvoraussetzung I 4 309
- Training s. Compliance-Schulungen
- Überwachungseinrichtungen, technische I 4 337, 341
- Überwachungspflicht I 4 261, 342; II 4 131
- Unterrichtungspflicht I 4 337
- Untersuchungen, interne II 4 248 ff., 254 f.; s. auch dort
- Verhaltensrichtlinien I 4 269 f., 280, 287 f., 296, 337; II 4 131; s. auch Compliance-Richtlinien
- Verhandlungspartner I 4 333 ff.
- Verstöße; s. Complianceverstoß
- Verweisungsklausel I 4 320 f.
- Wettbewerbsverbote I 4 301
- Whistleblowing I 4 272, 280, 300; II 4 131 f., 211 ff.
- zentrale Compliance-Funktionen II 4 136, 138, 144, 150, 153

Compliance-Beauftragter I 4 274 ff., 281 ff., 293; II 4 134 ff.
- Abberufung II 4 159
- alleinverantwortlicher Compliance-Beauftragter II 4 142, 144
- Anforderungsprofil II 4 139
- Anzeigen, externe II 4 169
- Arbeitsvertrag II 4 150, 155 f.
- Aufgaben I 4 285; II 4 131, 135, 143, 146
- Aufgabenbeschreibung II 4 150
- Aufgabenentzug II 4 158
- Aufgabenzuweisung II 4 145 ff., 150
- Auswahl I 4 282; II 4 138
- Beauftragung II 4 137 f.
- Befristung II 4 157
- berichtender Compliance-Beauftragter II 4 142 ff.
- Berichtspflicht II 4 143, 163 ff., 168, 170
- Budget I 4 284
- Chief Compliance Officer I 4 278; II 4 138, 275
- D&O-Versicherung I 4 285; II 4 155
- Datenschutz II 4 151
- Direktkontakt zu Aufsichtsorganen II 4 166, 168
- Direktkontakt zur Konzernobergesellschaft II 4 166
- Divisional Compliance Officer I 4 279
- Fachkenntnisse II 4 139
- Garantenpflicht I 4 286; II 4 140, 168
- Group Compliance Officer I 4 279 f., 283 f.
- Haftung, arbeitsrechtliche II 4 143, 167
- Haftung, strafrechtliche II 4 140 f., 143, 167
- Haftung, zivilrechtliche II 4 143, 167
- Know-How II 4 152, 154
- Konzern-Compliance-Beauftragter I 4 267, 278
- Konzern, grenzüberschreitender II 4 139
- Kündigung II 4 158 f.
- Kündigungsschutz II 4 158
- Loyalitätspflicht II 4 169
- Regional Compliance Officer I 4 279
- Reporting II 4 163 ff.
- Schutzpflichten II 4 140
- Sonderkündigungsschutz I 4 285
- Sprachkenntnisse II 4 139
- Stellenbeschreibung II 4 147, 150
- Strafrechtsschutzversicherung I 4 285
- Überwachung des Beauftragten II 4 138
- Überwachungspflichten II 4 140, 163
- Vereinbarung, vertragliche II 4 147, 155 f.
- Vergütung II 4 160 ff.
- Weisungsfreiheit II 4 148
- Weisungsgebundenheit II 4 148, 158
- Whistleblowing II 4 167 f.
- Zugangsrechte II 4 151
- Zusammenarbeit mit konzernangehörigen Unternehmen II 4 152

Compliance-Management-System II 4 133 ff.

Compliance-Richtlinien II 4 185, 203 f.
- Aktiv-Regelung II 4 206
- Antikorruption II 4 204
- Arbeitsschutz II 4 428, 430

- Ausbeutung **II 4** 204
- Bankrecht **II 4** 204
- Definitionen **II 4** 205 f.
- Direktionsrecht **II 4** 408 ff.
- Einladungen **II 4** 204, 206
- Geschäftspartner **II 4** 204
- Geschenke **II 4** 204, 206 f., 393
- Gesundheitsschutz **II 4** 384, 428, 430
- Implementierung **II 4** 407 ff.
- Kapitalmarktrecht **II 4** 204
- Kinderarbeit **II 4** 204
- Lieferanten **II 4** 204
- Medizinrecht **II 4** 204
- Mindeststandard **II 4** 210, 426
- Mitgliedschaften **II 4** 204
- Passiv-Regelung **II 4** 206
- Pharmarecht **II 4** 204
- Regelungsthemen **II 4** 204 ff.
- Social Media **II 4** 204
- Spenden **II 4** 204
- Sponsoring **II 4** 204
- Sprache **II 4** 205
- Standard, konzernweiter **II 4** 384, 426 ff.
- Umweltschutz **II 4** 204, 428, 430
- Vergabe **II 4** 204
- Versicherungsrecht **II 4** 204

Compliance-Schulungen I 4 270, 280, 337, 342; **II 4** 131, 235 ff.
- Auswertung von Schulungserfolgen **II 4** 242 f.
- Datenschutz **II 4** 241 f.
- Freiwilligkeit **II 4** 241
- Inhalte **II 4** 244, 246
- Leistungsbewertung **II 4** 241 f.
- Mitarbeiterbefragung **II 4** 243
- Mock Downraids **II 4** 247
- Nachverfolgung der Teilnahme **II 4** 242
- Präsenzschulung **I 4** 270; **II 4** 238, 242
- Sprache **II 4** 244 f.
- Training **II 4** 111, 131, 235, 237 f., 242, 247
- Untersuchungen, interne **II 4** 266
- virtuelle Schulung **I 4** 270; **II 4** 238

Complianceverstoß II 4 257 f., 265, 374 ff.
- Abmahnung **II 4** 374
- Änderungskündigung **II 4** 374
- Bonikürzung **II 4** 378
- Ermahnung **II 4** 374
- Kündigung **II 4** 374
- Schadensersatz **II 4** 377
- Verdachtskündigung **II 4** 375

Corporate Compliance I 4 247 ff.
Corporate Governance Kodex; *s. Deutscher Corporate Governance Kodex*

D&O-Versicherung I 3 384
- Compliance-Beauftragter **I 4** 285; **II 4** 155
- Geschäftsführer **II 3** 759

Datengeheimnis
- Verpflichtung auf das Datengeheimnis **I 4** 149, 184

Datenschutz I 4 91, 98 ff.
- Anonymisierung **II 4** 60
- Arbeitnehmerrechte **I 4** 146 ff.
- Arbeitsverhältnis **I 4** 125 ff.
- Auftragsdatenverarbeitung **I 4** 181 ff., 226; **II 4** 13, 25 ff., 73
- Auskunftsrechte **I 4** 146 f.
- Ausspähen von Daten **I 4** 166
- Benachrichtigungsrechte **I 4** 146 f.
- Beschäftigungsverhältnis **I 4** 94, 100, 125 ff., 133 ff., 187, 193, 201 ff.
- betriebsspezifische Daten **I 4** 201, 205, 209
- Betriebsvereinbarung **I 4** 142 ff.
- Betriebsverfassungsrecht **I 4** 232 ff.
- Beweislastumkehr **I 4** 171
- Beweisverwertungsverbot **I 4** 173 ff.
- Bewerber **I 4** 192 ff.
- Compliance **I 4** 252
- Datenschutzgrundverordnung **I 4** 94
- Datentransfer **I 4** 180 ff.
- Datenübermittlung **I 4** 178 ff., 226 ff.
- Datenveränderung **I 4** 168
- Due Diligence **II 4** 55 ff.
- EG-Richtlinie **I 4** 93
- Einwilligung **I 4** 136 ff., 196, 200, 231
- Erforderlichkeit **I 4** 126, 193
- Fotos **I 4** 231
- fruit-of-the-poisonous-tree-Doktrin **I 4** 175
- Funktionsübertragung **I 4** 181, 185 ff., 227
- Garantenpflicht **I 4** 164 f.
- Konzern, internationaler **II 4** 1 ff.
- Konzernbezug **I 4** 202
- Konzernprivileg **I 4** 178; **II 4** 2
- Konzernsachverhalte **I 4** 124
- Löschungsrechte **I 4** 146, 148
- Mitbestimmung **I 4** 232 ff., 241 ff.
- Nebenpflichtverletzung **I 4** 170
- Ordnungswidrigkeiten **I 4** 161
- Pseudonymisierung **II 4** 60
- Rahmenbetriebsvereinbarung **I 4** 244
- Sachvortragsverwertungsverbot **I 4** 176
- Schadensersatzpflicht **I 4** 171 f.
- Schmerzensgeld **I 4** 171
- Selbstverpflichtung **II 4** 402
- Stammdaten **I 4** 201, 205, 209
- Strafbarkeit **I 4** 162 ff.
- Straftaten, Aufdeckung/Verhinderung **I 4** 129 ff.
- Tarifvertrag **I 4** 141
- Territorialitätsprinzip **II 4** 3
- Unrichtigkeit der Daten **I 4** 148

Sachverzeichnis

- Verhältnismäßigkeitsgrundsatz I 4 126, 131
- Verletzung der Vertraulichkeit des Wortes I 4 166
- Wahrheitspflicht, prozessuale I 4 177
- Zurückbehaltungsrecht an der Arbeitsleistung I 4 170

Datenschutzbeauftragter I 4 150 ff., 293; II 4 79
- Einsichtsrecht I 4 154
- Kontrollkompetenz I 4 154, 233
- Konzerndatenschutzbeauftragter I 4 156 ff.
- Sonderkündigungsschutz I 4 152
- Überwachungspflicht gegenüber Betriebsrat I 4 233
- Unterrichtungsrecht I 4 154
- Verschwiegenheitspflicht I 4 153
- Zeugnisverweigerungsrecht I 4 153

Datensparsamkeit I 4 209

Datentransfer, grenzüberschreitender II 4 3 ff., 400 ff.
- Andorra II 4 8
- Argentinien II 4 8
- Betriebsverfassungsrecht II 4 71 ff.
- Binding Corporate Rules II 4 10, 33 ff., 77, 404, 406
- Code of Conduct II 4 33 ff., 77
- Controller to Controller Klauseln II 4 13 ff.
- Controller to Processor Klauseln II 4 13, 25 ff.
- Drittbegünstigungsklausel II 4 16
- Due Diligence II 4 55 ff.
- E-Discovery II 4 64 ff.
- Einwilligung II 4 10, 43 ff.
- EU/EWR-Staaten II 4 5 ff.
- Färöer Inseln II 4 8
- Genehmigung, aufsichtsbehördliche II 4 406
- Gerichtsstandprivileg II 4 16
- Guernsey II 4 8
- Informationspflichten des Arbeitgebers II 4 80 ff.
- Isle of Man II 4 8
- Israel II 4 8
- Jersey II 4 8
- Kanada II 4 8
- Kettenauslagerung II 4 29
- Kontrollrecht des Betriebsrats II 4 72 ff.
- Nicht-EU/EWR-Staaten II 4 9 f., 76 ff.
- Safe Harbor Zertifizierung II 4 10, 48 ff., 77
- Schweiz II 4 8
- Standardvertragsklauseln II 4 10 ff., 25 ff., 404 f.
- Standardvertragsklauseln I II 4 14, 16 f.
- Standardvertragsklauseln II II 4 14, 17 ff.
- Unterbeauftragung II 4 28 ff.
- Uruguay II 4 8

Datenveränderung I 4 168

Datenverarbeitungssystem
- Konzernbetriebsratszuständigkeit I 2 174

Datenvermeidung I 4 209

Delegation
- Arbeitnehmereinsatz im Konzern I 3 32
- Bekanntgabe I 2 132
- Betriebsstilllegung I 2 164
- Betriebsvereinbarungen I 2 134 f.
- Form I 2 132
- Konzernbetriebsratszuständigkeit I 2 116 ff., 133
- Missbrauch I 2 129 f.
- Prozessführungsbefugnis I 2 131
- Umfang I 2 131
- Widerruf I 2 132
- Zuständigkeit, formelle I 2 132
- Zuständigkeit, personelle I 2 122 ff.
- Zuständigkeit, sachliche I 2 126 ff.

Deputat
- Betriebsübergang I 1 112

Deutsche Krebshilfe
- Tendenzschutz I 2 236

Deutscher Corporate Governance Kodex I 4 251, 263, 307; II 4 88, 129 f.
- AG-Vorstand, Bestelldauer I 3 377
- Compliance I 4 307; II 4 135

Deutsches Rotes Kreuz
- Tendenzschutz I 2 236

Diensthandy I 3 289; I 4 341

Dienstleistungen
- General Agreement on Trade in Services s. dort

Dienstleistungsfreiheit
- Streik II 2 279 ff., 292, 300 ff.

Dienstleistungsgesellschaft I 4 2
- Betriebsübergang I 1 115 ff.
- Datenschutz I 4 128, 179

Dienstreise II 3 459, 463, 564

Dienstvertrag I 4 6, 11 f.

Dienstwagen I 3 289, 384

director's dealings I 4 298

Direktionsrecht I 3 3, 7; I 4 26, 28
- Abordnungsklausel I 3 50, 52
- Arbeitgeber I 4 289 f.
- Compliance I 4 287 ff., 294 f., 302 f., 310
- Entsendung II 3 543 ff., 553, 560
- Ermessen I 4 306 f.
- Grundrechte des Arbeitnehmers I 4 303
- Konzernleitungsmacht I 3 8
- Konzernversetzungsvorbehalt I 3 44 f.
- Lebensführung, private I 4 304
- Leistungserbringung I 4 291 ff.
- Matrixstruktur I 3 7, 62 f.
- Mitbestimmungsfreiheit II 4 395

891

– Ordnungsverhalten **I 4** 291
– Privatsphäre des Arbeitnehmers **II 4** 409
– Verhaltenspflichten, dienstliche **I 4** 304 f.
– Verhaltensrichtlinien **II 4** 408 ff., 424
– Versetzung **I 3** 41
Direktversicherung II 1 105
– Betriebsübergang, grenzüberschreitender **II 1** 107
– Insolvenzsicherung **II 1** 117 f.
Direktzusage II 1 105
– Betriebsübergang, grenzüberschreitender **II 1** 106
– Insolvenzsicherung **II 1** 117 f.
Disziplinarmaßnahmen II 4 367 ff.
– Mitbestimmungsrechte **II 4** 368 f.
Diversity II 4 431, 433 f., 438
Dodd-Frank Act II 4 88, 113 f., 135
– Whistleblower-Programm **II 4** 228
Doppelarbeitsverhältnis I 2 39; **I 3** 66
– Arbeitnehmererfindungen **II 3** 310
– Kündigung **II 3** 443
– Matrixstruktur **I 3** 66; **II 3** 191 ff., 197
Doppelbesteuerung
– Entsendung **II 3** 487 ff., 529, 531, 586
Doppelbesteuerungsabkommen II 1 96; **II 3** 488, 491, 781
Doppelmandatvorstand II 3 765 ff.
Drehtürklausel I 4 72 ff.
Drittanstellung
– Betriebsrentenrecht **I 3** 294
– Geschäftsführer **II 3** 706
– GmbH & Co. KG **I 3** 264 ff., 281, 286, 321 ff.
– GmbH-Geschäftsführer **I 3** 246 ff., 280, 365; **II 3** 768
– Interims-Manager **I 3** 355
– Kopplungsklausel **I 3** 311 ff.
– Kündigungsfrist **I 3** 286
– Kündigungsschutz **I 3** 318 ff., 412
– Rechtswegzuständigkeit **I 3** 253
– Vorstandsmitglied **I 3** 249, 341 f., 346, 352 ff., 356 ff., 368 f., 372 f., 382, 398 ff.; **II 3** 768 f.
– Wettbewerbsverbot, nachvertragliches **I 3** 303 ff.
Drittelbeteiligungsgesetz I 2 199, 212, 354 ff.
– Auslandssitz **I 2** 357
– Bagatellgrenze **I 2** 357
– Konzernzurechnung **I 2** 351, 393 ff.
– Mitbestimmungsvereinbarung **I 2** 334, 400 ff.
– Rechtsformen **I 2** 354 f.
– Schwellenwert **I 2** 356 f., 404; **II 1** 157, 161
Due Diligence
– Arbeitnehmerdatenschutz **II 4** 55 ff.
– Betriebsvereinbarung **II 4** 63

– Compliance-Regelungen **I 4** 342
– Geheimhaltungsvereinbarung **II 4** 62
– UK Bribery Act **II 4** 255
Durchgriffshaftung I 2 429

E-Discovery (USA) II 4 64 ff.
– Erforderlichkeit der Datenübertragung **II 4** 69 f.
E-Mail-Account, dienstlicher
– Einsichtnahme **I 4** 337
E-Mail-Nutzung am Arbeitsplatz I 4 102 f., 110, 172
– Betriebsvereinbarung **I 4** 330
– Datenschutz **I 4** 203; **II 4** 336
– Gestattung **II 4** 337 ff.
– Untersuchungen, interne **II 4** 335 f.
EBR-Vereinbarung II 2 98 ff., 142 ff.
– Altvereinbarungen **II 2** 190, 192, 194, 195 ff.
– Anpassung **II 2** 193
– Art. 13-Vereinbarungen **II 2** 190, 195 ff.
– Art. 6-Vereinbarungen **II 2** 192, 195 ff.
– Befristung **II 2** 183, 185
– Bestandsschutz **II 2** 189 ff.
– Erstlaufzeit **II 2** 183
– Geltungsdauer **II 2** 183 ff.
– Interims-Vereinbarungen **II 2** 192
– Kündigung **II 2** 185
– Nachwirkung **II 2** 184
– Recht, anwendbares **II 2** 148
– Schriftform **II 2** 144
– Umstände, außergewöhnliche **II 2** 160, 171 ff.
– Unterzeichnung **II 2** 192
Einbringung, grenzüberschreitende
– Mitbestimmungsverlust **II 1** 203
Eingliederung I 2 8, 399
– Konzernzurechnung **I 2** 351
– Leitung, einheitliche **I 4** 19
Einheitskapitalgesellschaft & Co. KG
– Unternehmensmitbestimmung **I 2** 246
Einheitstarifvertrag I 2 440
– Ausscheiden aus Konzernverbund **I 2** 492
Einigungsstellenverfahren
– Betriebssprache **II 4** 523
Einladungen II 4 204, 206
Einlasskontrolle I 4 132
Einreise II 3 624
– Erwerbstätigkeit **II 3** 638
– Visumsfreiheit **II 3** 678, 681
Einstellung II 3 29 ff.
Einzelkaufmännisches Unternehmen
– Mitbestimmung, paritätische **I 2** 225
Employee handbook II 4 384
Entgeltfortzahlung im Krankheitsfall
– Entsendung **II 3** 547 ff.
– Rechtswahl **II 3** 107
Entherrschungsvertrag I 2 301

Sachverzeichnis

Entsendevereinbarung II 3 539
Entsendung I 3 32, 34, 43, 46 ff.; s. auch Auslandseinsatz
– Abmahnung II 3 560
– Altersversorgung, betriebliche II 3 494 ff.
– Anschlussbeschäftigung II 3 588, 590, 594
– Arbeitnehmerauswahl II 3 569 ff.
– Arbeitnehmerentsendegesetz II 3 467 ff.
– Arbeitnehmerhaftung II 3 567
– Arbeitnehmerschutz II 3 725
– Arbeitsbedingungen II 3 467 ff.
– Arbeitsplatz für den Partner II 3 572, 574, 576
– Arbeitsunfall II 3 550
– Arbeitsverhältnis, Ruhendstellung II 3 471, 481 ff., 545 f.
– Aufklärungspflicht II 3 516, 522, 531
– Auskunftsanspruch II 3 527
– Auslandsarbeitsverhältnis II 3 481 ff.
– Auslandskrankenversicherung II 3 537
– Auslandsunfallversicherung II 3 523 f.
– Beendigung, vorzeitige II 3 554 ff.
– Begriff II 3 461 f., 465, 716
– Benefit Packages II 3 578, 586, 593 f.
– Berufskrankheit II 3 550
– Betreuung II 3 568
– Betriebsübergang II 3 561 ff.
– Betriebszugehörigkeit I 3 116
– China I 3 492
– Compliance I 4 252; II 3 528 ff.
– Dienstfahrzeug II 3 582
– Direktionsrecht II 3 543 ff., 553, 560
– Doppelbesteuerung II 3 487 ff., 529, 531, 586
– Eignung, gesundheitliche II 3 519
– Einzelmaßnahmen, personelle II 3 559 f.
– Entgeltfortzahlung im Krankheitsfall II 3 547 ff.
– Entsendevereinbarung II 3 471, 473, 481, 491, 496, 544, 546, 564, 598, 722
– Erkrankung des Arbeitnehmers II 3 547 ff.
– Familie II 3 572 ff., 576
– Fehlverhalten I 3 147 ff.
– Fehlverhalten, erhebliches II 3 748
– Fortbildungsmaßnahmen, kulturbezogene II 3 539, 576
– Fürsorgepflicht des Arbeitgebers II 3 515 ff., 597
– Geschäftsführer II 3 714
– grenzüberschreitende Entsendung I 3 24; II 3 458 ff.
– Haftpflichtversicherung II 3 524
– Hardship-Zulage II 3 585
– Hinweispflichten II 3 520 ff., 525, 535
– Hochrisikoländer II 3 566, 582
– Informationspflichten II 3 520 f.
– Karriereentwicklung II 3 589
– Kinderbetreuung II 3 576, 583, 593
– konzerninterne Entsendung I 3 67, 74, 105 ff., 116, 161
– Kostenerstattung II 3 564, 578
– Kostenübernahme II 3 564, 578, 581 ff.
– Krankenfürsorge II 3 532 f.
– Kulturkurse I 3 539, 576
– Kündigung des Arbeitsverhältnisses II 3 558
– Lebenshaltungskostenausgleich II 3 586
– leitende Angestellte II 3 497 f., 503 ff., 596
– Linienfunktionen II 3 571, 590
– Lohnsteuer I 3 24
– Lokalisierung II 3 593
– Look-and-See-Trip II 3 576
– Mehraufwendungen II 3 581 ff., 599
– Mitbestimmungsrecht II 3 497, 500, 596
– Mitwirkungspflichten des Arbeitnehmers II 3 538 ff.
– Mobilität II 3 582
– Mobilitätsprämie II 3 571, 579
– Nebenleistungen II 3 578
– Nettolohnvereinbarung II 3 493
– Partner-Programm II 3 574, 576
– Personalpolitik II 3 568 ff., 592, 595, 599
– Pflegesituation, familiäre II 3 572
– Projektentsendung II 3 555 f., 571, 590
– Projektprämien II 3 571, 580
– Recht, anwendbares II 3 726 ff.
– Rechtsordnungen, Unterschiede II 3 522, 528 f.
– Rechtswahl II 3 484, 549
– Reintegration II 3 579, 584, 587 f., 591, 599
– Rückkehr II 3 526 f., 588
– Rückkehrgarantie II 3 281
– Rückkehrprognose II 3 513, 596
– Rücktransport bei Erkrankung II 3 547, 550
– Rückzahlungsklauseln II 3 557
– Schulgebühren II 3 584
– Schulsituation II 3 572, 574, 576, 583 f.
– Schulungsverpflichtung II 3 539 ff.
– Sicherheitshinweise II 3 521, 525
– Sozialversicherungspflicht II 3 717 ff.
– Sozialrecht II 3 466
– Sozialversicherungspflicht II 3 461
– Sozialversicherungsrecht II 3 475 f., 485 f., 593 f., 735, 737
– Sprachkurse II 3 576
– Sprecherausschussbeteiligung II 3 497 f., 503 ff., 596
– Stabsfunktionen II 3 571
– Steuerberaterkosten II 3 531
– Steuerrecht II 3 466, 487 ff., 528 ff., 735 f., 781

Sachverzeichnis

- Tätigkeitsänderung **II** 3 552 f.
- Unterkunft **II** 3 576, 583
- Vergütung **II** 3 578 ff., 586 f.
- Vermögensschäden **II** 3 565 f.
- Versetzung **II** 3 560
- Versicherungen **II** 3 523 ff.
- Vertragsänderung **II** 3 553
- Vertragsgestaltung **II** 3 595
- Vorbereitung **II** 3 466, 514 ff., 538 ff., 568 ff., 572, 575 ff.
- Vorsorgeuntersuchungen, medizinische **II** 3 577
- vorübergehende Entsendung **II** 3 19 ff.
- Wettbewerbsverbot, nachvertragliches **I** 3 161
- Wiedereinstieg **II** 3 526
- Zusatzvereinbarung **II** 3 471, 473 f.

Equal-Pay-Grundsatz I 4 46, 63 ff.
Erbfolge
- Betriebsübergang **I** 1 15

Erfindungen, freie II 3 311, 325
Ergebnisabführungsvertrag I 2 397
Erlaubnis zum Daueraufenthalt-EG II 3 624, 635, 644, 672 ff.
- Erteilungsvoraussetzungen **II** 3 672
- Erwerbstätigkeit **II** 3 672

Ermahnung II 4 368
- Complianceverstoß **II** 4 374

Ethikrichtlinien I 4 270, 280, 342; **II** 4 434
- Konzernbetriebsratszuständigkeit **I** 4 334
- Lebensführung, private **I** 4 304

EU-Grundrechtecharta
- Koalitionsfreiheit **II** 2 247

EuGVÜ II 3 120, 128
EuGVVO II 3 120 ff.
- Anwendungsvorrang **II** 3 127
- Arbeitgebergerichtsstand **II** 3 149 ff.
- Arbeitnehmergerichtsstand **II** 3 158 f.
- Arbeitsort, gewöhnlicher **II** 3 149 ff.
- Auslegung **II** 3 132 f.
- Einlassung, rügelose **II** 3 166 f.
- Gerichtsstand **II** 3 134 ff.
- Gerichtsstandvereinbarung **II** 3 160 ff.
- Inlandssachverhalt **II** 3 125
- Niederlassung, einstellende **II** 3 149, 156 f.
- Widerklage **II** 3 150
- Wohnsitzfiktion **II** 3 145 ff.
- Zweigniederlassung **II** 3 147

Europäische Betriebsratrichtlinie II 2 57, 72
Europäische Betriebsratrichtlinie 2009 II 2 73 ff.
- Umsetzung **II** 2 74

Europäische Genossenschaft
- Unternehmensmitbestimmung **I** 2 225

Europäische Gesellschaft *s. Societas Europaea*

Europäische Menschenrechtskonvention
- Tarifverträge **II** 2 248

Europäischer Betriebsrat I 2 115; **II** 1 93, 227; **II** 2 57, 69 ff., 82 ff.
- Angelegenheiten, gemeinschaftsweite **II** 2 175 f.
- Anhörungsrechte **II** 2 57, 75, 159 ff., 171
- Anzahl **II** 2 71
- Arbeitnehmerbegriff **II** 2 92 ff.
- Arbeitnehmerbeteiligung kraft Gesetzes **II** 1 259
- Arbeitsentgelt **II** 2 211
- Ausschuss, geschäftsführender **II** 2 155, 178
- Begriff **II** 2 70
- Beratungsrechte **II** 2 57, 70
- Beschäftigungsschutz **II** 2 211
- Beschlussfassung **II** 2 158
- Besonderes Verhandlungsgremium **II** 2 96, 106 ff.
- Beteiligungsrechte an der Bildung des Europäischen Betriebsrats **II** 2 38
- Betriebsverlagerung, grenzüberschreitende **II** 1 94
- Bezeichnung **II** 2 144
- Delegation von Rechten auf den EBR **II** 2 214 f.
- Dolmetschereinsatz **II** 2 179; **II** 4 526
- Drittstaaten, Unternehmenssitz in **II** 2 88 ff., 95, 127, 146 f.
- EBR-Vereinbarung **II** 2 98 ff.; *s. auch dort*
- Ehrenamt **II** 2 211
- Errichtung kraft Gesetzes **II** 2 97, 142, 185
- Ersatzmitglieder **II** 2 149
- Europazentrale **II** 2 89
- Finanzausstattung **II** 2 179 f.
- Fortbildungsanspruch **II** 2 75, 181 f.
- Freistellungsanspruch **II** 2 211
- Geheimhaltungspflicht **II** 2 169, 206 ff.
- Geschäftsordnung **II** 2 154
- Informationsrechte **II** 2 57, 70
- Kündigungsschutz **II** 2 211
- Leitung, zentrale **II** 2 104 f.
- Mandatsdauer **II** 2 149, 154
- Massenentlassungen **II** 2 160, 169, 172
- Mitgliedstaaten, Unternehmenssitz in **II** 2 86 f.
- Neuverhandlungen **II** 2 76
- Nichtbeteiligung **II** 2 200 ff.
- Offshoring **II** 2 176
- Rechtswegzuständigkeit **II** 2 212 f.
- Sachmittel **II** 2 179
- Schulungen **II** 2 75, 181 f.
- Schwellenwerte **II** 2 92
- Sitzungen **II** 2 156 ff.
- Sitzungen, ordentliche **II** 2 170
- Sitzverteilung **II** 2 149

- Sprachenregelung **II 2** 179; **II 4** 525 ff.
- Sprachschulung **II 4** 527
- stellvertretender Vorsitzender **II 2** 154
- Streikrecht **II 2** 200 ff.
- Strukturänderungen, wesentliche **II 2** 186 ff.
- Unterlassungsanspruch **II 2** 203 ff.
- Unternehmen, gemeinschaftsweit tätige **II 2** 78 ff., 122, 146 f.
- Unternehmensgruppen, gemeinschaftsweit tätige **II 2** 78 f., 82 ff., 123, 146 f.
- Unternehmensstilllegung **II 2** 160, 172
- Unternehmensverlegung **II 2** 160, 172
- Unterrichtungsrechte **II 2** 57, 75, 159 ff., 171, 177
- Unterrichtungsverfahren **II 2** 199
- Vorsitzender **II 2** 154
- Zusammenarbeit, vertrauensvolle **II 2** 206
- Zusammensetzung **II 2** 149 ff.

Europäischer Vollstreckungstitel II 3 130
Europarecht
- Arbeitskampfrecht **II 2** 298 ff.
- Tarifrecht **II 2** 244 ff.

Existenzvernichtungshaftung I 2 189; **I 3** 9
Expatriate II 3 464

Familienberatungsstelle
- Tendenzschutz **I 2** 235

Familiengesellschaft
- Drittelparität **I 2** 357

Familiennachzug II 3 673 f.
Fernfahrer
- Arbeitsvertragsstatut **II 3** 55 ff.

Fernmeldegeheimnis I 4 111 ff.
- Strafbarkeit **I 4** 167

Fernsehunternehmen
- Tendenzschutz **I 2** 240

Filmtheater I 2 239
Finanzdienstleistungen
- Compliance **I 4** 252, 264 f.

Firmentarifvertrag I 2 435 ff.
- Betriebsübergang, grenzüberschreitender **II 1** 81 f.
- Bezugnahmeklausel **I 2** 503
- Konzerntarifvertrag **II 2** 224
- Nachbindung **I 1** 49

Flächentarifvertrag I 2 464, 502
Flugpersonal
- Arbeitsvertragsstatut **II 3** 46 f., 215

Foreign Corrupt Practices Act I 4 251; **II 4** 86, 88, 95 f., 135
- Bestechungsabsicht **II 4** 100
- Buchführungspflichten **II 4** 110
- Compliance **II 4** 174, 214
- Strafandrohungen **II 4** 104 ff., 251
- Whistleblowing **II 4** 214

Formularvertrag
- Konzernbetriebsratszuständigkeit **I 2** 168

Formwechsel I 1 30
- Unternehmensmitbestimmung **I 2** 345

Forschungsinstitut
- Tendenzschutz **I 2** 238

forum shopping
- Arbeitskampf **II 2** 288 f.

Fragerecht des Arbeitgebers
- Anbahnungsverhältnis **I 4** 193

Freizügigkeit II 3 626 f.
- Familienangehörige **II 3** 673
- Wettbewerbsverbot, nachvertragliches **II 3** 239 f.

Freizügigkeitsbescheinigung II 3 626 f.
Fremdsprachenkenntnisse s. *Sprachkenntnisse*
Führungskräfte
- Aktienoptionen **II 3** 332, 340
- Compliance **II 4** 131, 134
- Datenübermittlung **I 4** 194
- Mitarbeiterüberwachung **II 4** 317
- Treuepflicht **II 4** 317
- Wettbewerbsverbot, nachvertragliches **I 3** 175, 178; **II 3** 237

Fürsorgepflicht
- Compliance **I 4** 294 f., 308
- Konzernversetzungsklausel **I 3** 89 ff.

GATS s. *General Agreement on Trade in Services*
Gefahrenabwendung
- Informationspflicht des Arbeitgebers **II 4** 482

Gehaltszahlung
- Datenschutz **I 4** 127, 201, 224

Geheimhaltungspflicht I 3 21, 34
- Compliance **I 4** 297 f., 342
- Europäischer Betriebsrat **II 2** 169, 206 ff.

Geldwäsche II 3 530
Gemeinschaftsbetrieb
- Kündigungsschutz **I 3** 126 ff.; **II 3** 435
- Sozialauswahl **I 3** 138 ff.

Gemeinschaftsunternehmen
- Gesamtbetriebsrat **I 2** 164
- Konzernbetriebsvereinbarung **I 2** 163 f.
- Mitbestimmung, betriebliche **I 2** 162 ff.
- Normenkollision **I 2** 162, 164 ff.
- Unternehmensmitbestimmung **I 2** 317

General Agreement on Trade in Services II 3 612 f.
- Abkommen, gemischtes **II 3** 614
- Business Visitors **II 3** 613
- Contractual Service Supplier **II 3** 613
- Freihandelsabkommen **II 3** 614
- Vertragspartner **II 3** 614

Generalvollmacht
- leitende Angestellte **II 3** 293

895

Genossenschaft
– Aufsichtsratsvorsitzender **I 2** 381
– Drittelbeteiligungsgesetz **I 2** 212, 354, 370
– Unternehmensmitbestimmung **I 2** 211, 225

Gerichtsstand, internationaler II 3 134 ff.; s. auch *EuGVVO*
– Matrixstruktur **II 3** 203
– Parteivereinbarung **II 3** 160 ff.

Gerichtsstandvereinbarung II 3 160 ff.

Gesamtbetriebsrat I 2 76, 91 ff., 154
– Angelegenheiten, soziale **II 2** 34
– Auslandsbetrieb **II 2** 14 f., 31
– Datenschutz **I 4** 243, 245
– Delegation an Konzernbetriebsrat **I 2** 116 ff.; **I 4** 245, 334
– Inlandsbetrieb ausländischer Arbeitgeber **II 2** 44
– Interessenausgleich **I 2** 184
– Nichtregelnkönnen **I 2** 104 ff., 108
– Umstrukturierung, grenzüberschreitende **II 1** 208 ff.
– Zuständigkeit, originäre **I 2** 171
– Zuständigkeit per Delegation **I 4** 245
– Zuständigkeitstrennung **I 2** 104, 114, 117 f., 167

Gesamtbetriebsvereinbarung I 2 134 f.
– Altersversorgungsregelung **I 1** 53 f.
– Betriebsübergang **I 1** 52 ff., 60 ff.; **I 2** 144, 146 ff.
– Fortgeltung **I 2** 141 f., 144
– Unternehmensidentität, Verlust **I 2** 143 f., 147

Gesamtschwerbehindertenvertretung I 2 88

Gesamtsozialversicherungsbeitrag I 3 31

Gesamtsprecherausschuss
– Betriebsübergang **I 1** 68

Geschäftsbesorgungsvertrag I 4 13

Geschäftsführer
– Abberufung **I 3** 242, 308; **II 3** 739 f.
– Abhängigkeit, persönliche **I 3** 226, 236 ff.
– Altersversorgung, betriebliche **I 3** 290 ff.; **II 3** 731
– Ämter, weitere **II 3** 707
– Anstellungsverhältnis **I 3** 227 ff., 259 ff., 277 ff.
– Anstellungsvertrag **I 3** 270 ff.; **II 3** 701
– Arbeitnehmereigenschaft **I 3** 151 f., 231 ff., 240 ff., 253; **II 3** 701 ff., 777
– Arbeitnehmerschutzrechte **I 3** 231, 244, 279
– Arbeitsverhältnis **II 3** 706
– Arbeitsverhältnis, Aufhebung **I 3** 230, 271, 300
– Arbeitsverhältnis, ruhendes **I 3** 230, 271 f.
– Auslandseinsatz **II 3** 714 ff.
– Beschäftigungsverbot **II 3** 707
– Compliance **II 4** 150
– D&O-Versicherung **II 3** 759
– „Danosa" **I 3** 231, 240 ff.
– Dienstvertrag **II 3** 694
– Drittanstellung **I 3** 246 ff., 253, 280, 286, 294, 311 ff., 318 ff., 365; **II 3** 706, 768
– Entscheidungsfreiheit **II 3** 700
– Fehlverhalten **II 3** 738 ff.
– Fremdgeschäftsführer **I 3** 226, 236, 239, 242, 297 ff.; **II 3** 731
– Gesellschaftergeschäftsführer **I 3** 226, 237, 239, 243; **II 3** 731
– Haftung **II 3** 694, 749, 750, 752
– Haftungsbegrenzung **II 3** 754 ff.
– Haftungsfreistellung **II 3** 757 f.
– Kollisionsfälle **I 3** 230
– Kombination Vorstands-/Geschäftsführertätigkeit **I 3** 364 f.
– Kopplungsklausel **I 3** 227, 308 ff.
– Kundenschutzklausel **I 3** 296, 306 f.
– Kündigung aus wichtigem Grund **II 3** 713
– Kündigungsfrist **I 3** 284 ff.
– Kündigungsschutz **I 3** 154 f., 231, 313, 315 ff.
– Leitenden-Eigenschaft **II 3** 743 ff.
– Leitungsmacht **I 3** 293
– Lohnsteuer **II 3** 704
– Loyalitätspflicht **II 3** 711, 713
– Mandantenschutzklausel **I 3** 296, 306 f.
– Mehrheitsgesellschafter **I 3** 239, 293
– Minderheitsbeteiligung **I 3** 239, 293
– Organstellung **II 3** 695 ff., 701
– Personalunion **II 3** 708
– Pflichtverletzungen **II 3** 747
– Plant-Manager **II 3** 697, 699, 702, 705
– Rechtswegzuständigkeit **I 3** 231
– Relativität der Schuldverhältnisse **I 3** 229, 308
– Schwangerschaft **I 3** 241 ff.
– Sorgfaltspflichten **II 3** 749, 751
– Sozialversicherungsbeiträge, Abführungspflicht **II 3** 753
– Sozialversicherungspflicht **I 3** 239
– Sperrminorität **I 3** 239
– steuerliche Pflichten der Gesellschaft **II 3** 753
– Trennungsprinzip **I 3** 227, 308, 333
– Überlassung, konzerninterne **II 3** 709 ff.
– Vergütung **I 3** 288 f.
– Vermögensschadenshaftpflichtversicherung **II 3** 759
– Weisungsabhängigkeit **I 3** 226, 236
– Weisungsgebundenheit **II 3** 696, 700, 706, 755
– Wettbewerbsverbot **II 3** 707

- Wettbewerbsverbot, nachvertragliches **I 3** 208 ff., 296 ff.
- Zeugnisanspruch **II 3** 701
- Zeugniserteilung **II 3** 731

Geschäftsführeranstellungsvertrag II 3 700 f.
- Anstellungsvertrag **II 3** 705 ff.
- Direktionsrecht **II 3** 711
- Geschäftsführungsämter, weitere **II 3** 711 f.
- GmbH & Co. KG **I 3** 260
- GmbH-Geschäftsführer **I 3** 270 ff.
- Vordienstzeiten **II 3** 711

Geschäftsführervergütung
- Steuerrecht **II 3** 735 f.

Geschäftsführervertrag
- Dienstvertragsrecht, zwingendes **II 3** 731
- ordre public **II 3** 731
- Recht, anwendbares **II 3** 727 ff.
- Rechtswahl **II 3** 727 ff.

Geschäftsgeheimnis I 3 21, 215; **II 2** 208
- EBR, Informationsanspruch **II 2** 207 f.
- Verschwiegenheitspflicht **II 4** 408

Geschäftsreisende II 3 613, 615

Geschenke II 4 200, 204, 206 f.
- Mitbestimmungsrecht **II 4** 393

Gesellschaft bürgerlichen Rechts
- Mitbestimmung, paritätische **I 2** 225

Gesellschafterwechsel
- Betriebsübergang **I 1** 30
- Unternehmensmitbestimmung **I 2** 338 ff., 405 f.

Gesellschaftsstatut II 1 162
- Gründungstheorie **II 1** 162, 167 f.
- Zweigniederlassung **II 3** 219

Gesundheit, psychische II 4 428

Gesundheitsdaten I 4 212 ff.

Gesundheitsgefahren
- Informationspflicht des Arbeitgebers **II 4** 482

Gesundheitsschutz
- Compliance-Richtlinien **II 4** 384, 428, 430

Gewinnabführungsvertrag
- Berechnungsdurchgriff **I 2** 188
- Haftungsdurchgriff **I 2** 191
- Leitung, einheitliche **I 2** 302

Gewinnausschüttung, verdeckte
- Arbeitnehmerüberlassung **I 3** 29

Gewinnbeteiligung I 3 384

Gleichbehandlungsgrundsatz
- Aktienoptionen **II 3** 340
- Altersversorgung, betriebliche **I 4** 353 ff.
- Konzern **I 3** 11
- Konzern, internationaler **II 3** 264 ff.

Gleichordnungskonzern I 2 2; **I 4** 16
- Leitung, einheitliche **I 4** 19

Gleichstellungsabrede I 1 44; **I 2** 518, 524
- Tarifwegfall **I 2** 520

Global Policies II 4 436 ff.
- Marketinginstrument **II 4** 437 f.
- Mindeststandard **II 4** 437

Global Union Campaigns II 2 279, 285, 309

GmbH
- Aufsichtsrat **I 2** 354, 407; **I 3** 261 f.
- Aufsichtsratsvorsitz **I 2** 377
- Drittelbeteiligungsgesetz **I 2** 212, 263, 354 f., 367, 369
- Mitbestimmungsvereinbarung **I 2** 334, 401
- Montanmitbestimmung **I 2** 208, 409
- Organisationspflicht **I 4** 262
- Sorgfaltspflicht **I 4** 260
- Stammkapital, Änderung **I 2** 407
- Unternehmensmitbestimmung **I 2** 211, 225, 354 f.; **I 3** 249, 260 ff.

GmbH & Co. KG
- Abhängigkeitsverhältnis **I 2** 11
- Betriebsrentenrecht **I 3** 293
- Drittanstellung **I 3** 256 f., 264 ff., 281, 286
- Geschäftsführeranstellungsvertrag **I 3** 260
- Kopplungsklausel **I 3** 314
- Kündigungsschutz **I 3** 321 ff.
- sternförmige GmbH & Co. KG **I 2** 251
- Unternehmensmitbestimmung **I 2** 246 ff.; **II 1** 157, 165 f.

GmbH-Geschäftsführer s. Geschäftsführer

GmbH-Konzern
- Beherrschungsvertrag **I 4** 258

Großbritannien
- Tarifvertrag **II 2** 239, 243

Günstigkeitsvergleich
- Altersversorgung, betriebliche **II 1** 120
- Betriebsübergang **I 1** 44
- Compliance-Regelungen **I 4** 330
- Eingriffsnormen **II 3** 92 ff.
- Gesamtvergleich **II 3** 75 f.
- Rechtswahl **II 1** 17; **II 3** 69 ff.
- Sachgruppenvergleich **II 3** 76 ff.

Haftungsdurchgriff
- Beherrschungsvertrag **I 2** 191
- Gewinnabführungsvertrag **I 2** 191
- Konzernführungsvereinbarung **I 2** 192
- Rechtsmissbrauch **I 2** 191
- Sozialplan **I 2** 191 f.

Handlungsfreiheit, allgemeine
- Compliance-Regelungen **I 4** 328

Handlungsvollmacht
- Niederlassungsleiter **II 3** 223

Hardship-Zulage II 3 585

Haushaltshilfen II 3 683

Haustarifvertrag I 2 502 f.

Heimarbeit
– Arbeitsort, gewöhnlicher **II 3** 14
Hinterbliebenenversorgung II 3 417
Höchstarbeitszeit
– Eingriffsnormcharakter **II 3** 94
– Gerichtsstand, internationaler **II 3** 149
Holding
– Auslandsholding **II 1** 157
– Kündigungsschutz **I 3** 125 f.
– SE-Gründung **II 1** 220, 222
Holding, arbeitnehmerlose
– Aufsichtsratswahl **I 2** 297
– Mitbestimmung **I 2** 25, 348
Holding-GmbH
– Unternehmensmitbestimmung **I 2** 350
Home Office
– Arbeitnehmerfindungen **II 3** 318
– Arbeitsort, gewöhnlicher **II 3** 14
Human Resources
– Globalisierung **II 4** 384

Ingenieursleistungen II 3 613
Inhaltskontrolle
– Betriebsübergang **I 1** 102
– Konzernbetriebsvereinbarung **I 2** 161
– Policies **I 4** 412
– Tarifvertrag **I 2** 508
Inlandsbetrieb
– Ausstrahlungswirkung **II 2** 7 ff., 36, 41; **II 3** 476 ff., 501
– Betriebsrat **I 2** 43
– Betriebsverfassungsrecht **II 2** 42 ff.
– Gesamtbetriebsrat **II 2** 44
– Konzernbetriebsrat **II 2** 47 f.
– Mitbestimmung, betriebliche **II 2** 49 ff.
– Wirtschaftsausschuss **II 2** 45 f.
Insiderhandel
– blackout periods **I 4** 298
– Compliance **I 4** 252, 297; **II 4** 185
– director's dealings **I 4** 298
– Europäischer Betriebsrat, Informationspflicht **II 2** 169
Interessenausgleich
– Konzernbetriebsratszuständigkeit **I 2** 182
– Namensliste **I 2** 184
Interims-Manager I 3 355
International Framework Agreements II 2 217, 252
– Arbeitnehmerrechte **II 4** 443
– Bekanntmachung **II 4** 445
– Recht, anwendbares **II 4** 444
– Rechtsnatur **II 4** 444
– Softlaw **II 4** 441 ff.
Internationales Arbeitsrecht II 3 2
– Anknüpfung, objektive **II 3** 8 ff., 246 f., 425 ff.
– Arbeitsort, gewöhnlicher **II 3** 9 ff., 318, 322, 425 ff., 728

– Arbeitsstatut **II 1** 14, 20 ff., 35, 97, 102; **II 2** 39 ff.; **II 3** 2 ff.
– ausländisches Recht, Inhalt **II 3** 118 f.
– Betriebsort **II 1** 29, 31 ff.
– Betriebsübergang **II 1** 13 ff., 44
– Betriebsübertragungsvertrag **II 1** 24
– Betriebsverfassungsstatut **II 2** 39 ff.
– Eingriffsnormen **II 3** 62, 79 ff., 393, 423
– Gerichtsstand **II 3** 134 ff.
– Gesellschaftsstatut **II 1** 162
– Kündigungsschutz **II 3** 420, 427 ff.
– Niederlassung, einstellende **II 3** 322, 425, 427
– ordre public **II 1** 19, 28; **II 3** 96 ff.
– Rechtswahl **II 1** 14 f.; **II 3** 3, 48, 55, 58 ff., 68 ff., 421
– Rom I-VO *s. dort*
– Statutenwechsel **II 1** 127, 132 f., 138 f.
– Verbindung, engere **II 3** 728
– Vertragsstatut **II 1** 30, 64
– Wettbewerbsverbot **II 3** 392 ff.
Internationales Gesellschaftsrecht
– Geschäftsführer **II 3** 734
– Gründungstheorie **II 3** 734, 762
– Rechtswahl **II 3** 733 f.
– Satzungssitz **II 3** 219
– Sitztheorie **II 3** 219, 734, 762
– Vertretung, organschaftliche **II 3** 219
– Zweigniederlassung **II 3** 219
Internationales Tarifrecht II 2 251 ff.
Internationales Zivilprozessrecht II 3 120 ff.
Internet-Nutzung am Arbeitsplatz I 4 102, 106
– Datenschutz **I 4** 203
Invaliditätsversorgung II 3 417
IT-Services I 4 224, 230
IT-Sicherheitssystem
– Konzernbetriebsratszuständigkeit **I 2** 174
IuK-Dienste I 4 132

Jahresarbeitsentgeltgrenze I 3 351
Joint Venture
– Arbeitnehmervertretung **II 2** 53
– Konzernbetriebsrat **II 2** 54 f.
– Mitbestimmung, betriebliche **II 2** 56
– Unternehmensmitbestimmung **I 2** 317
Jugendschutz
– Eingriffsnormcharakter **II 3** 94

Kantine I 2 176 f.
– Arbeitnehmerüberlassung **I 4** 86
Kapitalgesellschaft & Co. KG
– Unternehmensmitbestimmung **I 2** 247; **II 1** 164 ff.
Kapitalmarktpublizität
– Europäischer Betriebsrat, Informationspflicht **II 2** 169

Kapitalmarktrecht
– Compliance **II** 4 204
Karenzentschädigung
– Aktienoptionen **II** 3 397 f.
– Split Salary **I** 3 206 f.
– Wettbewerbsverbot, nachvertragliches **I** 3 188 f., 195, 201, 206 ff.; **II** 3 232, 242, 244
Kartellrecht
– Compliance **I** 4 252, 342; **II** 4 185
Kinderarbeitsverbot II 2 219, 231, 251, 286; **II** 4 204
Kindergarten I 2 176 f.
Kindernachzug II 3 677
Koalitionsfreiheit
– EU-Grundrechtecharta **II** 2 247
– Europäischer Betriebsrat **II** 2 202
Kommanditgesellschaft I 2 245
– doppelstöckige Kommanditgesellschaft **I** 2 252 f.
– Gesellschafterwechsel **I** 2 338 ff.
– Konzernzurechnung **I** 2 320 ff.
– Mehrheitsidentität **I** 2 245, 321, 340
– mehrstöckige Kommanditgesellschaft **I** 2 252 f.
– Mitbestimmung **I** 2 225, 245 ff., 309, 338 ff., 354
Kommanditgesellschaft auf Aktien
– Anstellungsverhältnis **I** 3 366
– Aufsichtsratsvorsitz **I** 2 377
– Drittelbeteiligungsgesetz **I** 2 212, 354, 366, 369
– Unternehmensmitbestimmung **I** 2 211, 225
Komplementärkapitalgesellschaft
– Austritt aus der KG **I** 2 341
– Geschäftsführungsbefugnis **I** 2 254 ff.
– Konzernzurechnung **I** 2 320 ff.
– Mitbestimmung **I** 2 245 ff., 254 ff., 309; **II** 1 166
– Weisungsrechte **I** 2 255
Konzern
– Arbeitgebereigenschaft **I** 2 34, 113; **I** 3 4, 69
– Betriebsverfassung **I** 2 35
– Kündigungsschutz **I** 3 69
– Rechtspersönlichkeit, fehlende **I** 2 34, 113, 429; **I** 4 258; **II** 3 694
– Tariffähigkeit **I** 2 429
Konzern im Konzern I 2 23 f.; **II** 2 48
– Unternehmensmitbestimmung **I** 2 312; **II** 1 214
Konzern, faktischer I 2 9
– Berechnungsdurchgriff **I** 2 189
– Konzernbetriebsrat **I** 2 112
– Leitung, einheitliche **I** 2 304
– qualifiziert faktischer Konzern **I** 2 189

– unqualifiziert faktischer Konzern **I** 2 189
– Weisungsrecht **I** 2 500; **II** 3 784
Konzern, grenzüberschreitender s. Konzern, internationaler
Konzern, internationaler I 2 25 ff.; **II** 2 223; **II** 3 1 ff.
– Arbeitgeber **II** 3 169 ff.
– Arbeitnehmervertretung **II** 2 58
– Compliance **II** 4 84 ff.
– Datenschutz **II** 4 1 ff.
– Geschäftsführerhaftung **II** 3 749 ff.
– Gesellschaftsstatut **II** 3 761 f.
– Gleichbehandlungsgrundsatz **II** 3 264 ff.
– Konzernbetriebsrat **I** 2 115; **II** 4 388
– Kündigungsschutz **II** 3 419 ff.
– Leitungsfunktionen **II** 3 280 ff.
– Organverhältnisse **II** 3 694 ff.
– Sozialleistungen **II** 3 326 ff.
– Tarifrecht **II** 2 216 ff.
– Übung, betriebliche **II** 3 259 ff.
– Weisungsrecht **II** 3 761
– Wettbewerbsschutz **II** 3 234 ff., 244 ff., 251 f.
Konzern, zentralisierter
– Mitbestimmung **I** 2 312
Konzern-Jugend- und Auszubildendenvertretung I 2 85 ff.
Konzernanstellungsvertrag I 3 353; **II** 3 713, 768 f.
Konzernarbeitgeber I 2 113
Konzernarbeitgeberverband
– Auflösung **I** 2 467
– Tariffähigkeit **I** 2 463
– Tarifzuständigkeit **I** 2 464
Konzernarbeitsverhältnis I 2 34, 36, 38 ff.; **I** 3 1 ff., 32 ff.
– Konzernbezug **I** 3 74
– Kündigung **I** 3 118
– Kündigungsschutz **I** 2 48 ff.
– Vertragsbeitritt **I** 3 32
– Vertrauenshaftung **I** 3 2
Konzernarbeitsvertrag, dreiseitiger I 3 36 ff.
Konzernbelegschaft I 2 83 f.
Konzernbetriebsrat I 2 1 ff., 75 ff.; **II** 2 47 f.
– Altersversorgung, betriebliche **I** 2 178
– Amtszeit **I** 2 102
– Angelegenheiten, personelle **I** 2 168 f.
– Angelegenheiten, soziale **I** 2 170 ff.; **II** 2 34
– Anscheinsvollmacht **I** 2 116 f., 120
– Arbeitssicherheit **I** 2 175
– Auskunftsrecht **II** 2 35
– Auslandsbetrieb **II** 2 20 ff., 33
– Betriebsverfassung **I** 2 79
– Compliance-Regelungen **I** 4 334 f.
– Datenschutz **I** 4 244 f.
– Duldungsvollmacht **I** 2 116 f., 120

899

- einzelbetriebsratsloser Betrieb **I 2** 109
- Entgeltgrundsätze **I 2** 178 f.
- Errichtung **I 2** 77, 90 ff., 154
- Ersatzmitglieder **I 2** 95
- Geschäftsführung **I 2** 102 f.
- Geschäftsordnung **I 2** 103
- Handlungspflicht **I 2** 121
- Inlandsbetrieb ausländischer Arbeitgeber **II 2** 47 f.
- Joint Venture **II 2** 54 f.
- Konzern im Konzern **I 2** 24
- Konzern, internationaler **II 4** 388
- Konzernspitze, ausländische **I 2** 25 ff.
- Konzernverhältnis, fehlerhaftes **I 2** 30 f.
- Mitgliederzahl **I 2** 95 ff.
- Organisation **I 2** 102 f.
- Prozessführungsbefugnis **I 2** 131
- Prozessstandschaft, gewillkürte **I 2** 131
- Regelungsinstrumente **I 2** 134 f.
- Sozialeinrichtungen **I 2** 176 f.
- Stellvertretender Vorsitzender **I 2** 102
- Stimmengewichtung **I 2** 98 ff.
- Subsidiaritätsprinzip **I 2** 104, 170
- Teilkonzern **I 2** 25 ff.
- Territorialitätsprinzip **I 4** 333
- Überwachungseinrichtungen, technische **I 2** 173 f.
- Umstrukturierung, grenzüberschreitende **II 1** 213 f.
- Verhandlungspartner **I 2** 110 ff., 123 ff., 136 f.; **I 4** 333 ff.
- Vorschlagswesen, betriebliches **I 2** 180
- Vorsitzender **I 2** 102
- Zuständigkeit, originäre **I 2** 104 ff., 170 f., 178, 185; **I 4** 334; **II 2** 33 f.; **II 4** 387
- Zuständigkeit per Delegation **I 2** 116 ff., 134 f., 161; **I 4** 245, 334
- Zuständigkeit, personelle **I 2** 110 ff., 122 ff.
- Zuständigkeit, sachliche **I 2** 104 ff., 126 ff.
- Zuständigkeitstrennung **I 2** 104, 114, 117 f., 167

Konzernbetriebsvereinbarung I 2 134 ff.
- Abschluss **I 2** 136 ff.
- Altersversorgung, betriebliche **I 2** 156 ff.; **I 4** 363
- Auslandsbetrieb **II 2** 35
- Ausschluss aus Konzernverbund **I 2** 142 ff.
- Beendigung **I 2** 141
- Betriebsübergang **I 1** 52, 64 f., 103; **I 2** 142
- Billigkeitskontrolle **I 2** 161
- Compliance-Regelungen **I 4** 325, 327 ff.
- Datenübermittlung **I 4** 191, 204
- Durchführungsanspruch **I 2** 140
- echte Konzernbetriebsvereinbarung **I 2** 152
- Fortgeltung **I 2** 142 f.
- Geltungsvorbehalt **I 2** 160
- Günstigkeitsprinzip **I 4** 330
- Inhaltskontrolle **I 2** 161
- Kündigungsschutz **I 3** 112 ff.
- Maßregelungsverbot **I 2** 139 f.
- Personalakten **I 4** 211
- Personalinformationssysteme **I 4** 206 f.
- Rahmenregelung **I 2** 137, 161
- Restrukturierung **I 2** 141
- Share Deal **I 1** 66; **I 2** 155
- Transformation **I 2** 151 f.
- unechte Konzernbetriebsvereinbarung **I 2** 152
- Verhandlungspartner **I 2** 136 f.; **I 4** 333
- Widerspruchsvorbehalt **I 2** 160
- Wirkung, normative **I 2** 137 ff., 142
- Wirkungsbereich **I 2** 112
- Zustimmungsvorbehalt **I 2** 160

Konzerndatenschutzbeauftragter I 4 156 ff.
- Einheitsmodell **I 4** 157 f.
- Koordinationsmodell **I 4** 157, 159

Konzernführungsvereinbarung
- Haftungsdurchgriff **I 2** 192

Konzerngesellschaft
- Arbeitgebereigenschaft **I 3** 6

Konzernleihe I 2 40; **I 3** 32; **I 4** 14 ff.

Konzernleitung I 4 17 f.
- Angelegenheiten, wirtschaftliche **I 2** 81
- Compliance **I 4** 251
- Konzernbetriebsvereinbarung **I 2** 111 ff.
- Tarifabschlüsse **I 2** 469
- Teilkonzern **I 2** 324 f.
- Weisungsrecht **I 2** 500

Konzernleitungsmacht
- Direktionsrecht **I 3** 8
- faktische Konzernleitungsmacht **II 2** 20

Konzernleitungspflicht, allgemeine I 4 264
- Innenhaftung **I 4** 258

Konzernobergesellschaft
- Arbeitgebereigenschaft **I 2** 432; **I 3** 3, 5
- Aufsichtsrat **I 2** 297
- Gesellschafterwechsel **I 2** 338, 340, 342
- Haftung **I 3** 9
- Kontrahierungszwang mit Konzernobergesellschaft **I 3** 3, 6
- Tarifvertrag **I 2** 432
- Tarifvertragsschluss, Bevollmächtigung zum **I 2** 442 ff., 479
- Weisungsbefugnis **II 3** 782 ff.

Konzernschwerbehindertenvertretung I 2 88 f.

Konzernspartentarifvertrag I 2 435

Konzernspitze
– Mitbestimmungsvereinbarung I 2 332
Konzernspitze, ausländische
– Unternehmensmitbestimmung I 2 319
Konzernsprecherausschuss
– Betriebsübergang I 1 68
Konzerntarifvertrag I 2 502 ff.; II 2 224, 275 ff.
– Betriebsübergang I 1 103
– mehrgliedriger Tarifvertrag II 2 269 ff.
– Nachbindung I 1 49
– Recht, anwendbares II 2 261 ff.
– Recht, zwingendes nationales II 2 273 f.
– Rechtswahl II 2 261 f., 266
Konzernübung I 3 12
Konzernvermutung I 2 301 ff.
Konzernverrechnung
– Geschäftsführertätigkeit II 3 708
Konzernversetzungsklausel I 3 8, 37, 40 ff., 97; I 4 27 f.
– Ankündigungsfrist I 3 53
– Arbeitgeberwechsel I 3 54, 56 ff., 76 ff.
– deklaratorische Klausel I 3 55
– Direktionsrecht I 3 44 f.; I 4 28
– Einstellungsanspruch I 3 92 ff.
– Einstellungsbereitschaft I 3 84 f.
– Fürsorgepflicht des Arbeitgebers I 3 89 ff.
– konstitutive Klausel I 3 55
– Konzernarbeitsverhältnis I 3 1
– Konzernprivileg I 4 24
– Kündigungsschutz I 3 74
– Versetzung, dauerhafte I 3 43, 49, 54 f.
– Versetzung, vorübergehende I 3 43, 48, 50 ff.
– Versetzungsgrund I 3 53
– Vertrauensschutz I 3 86 ff.
– Weiterbeschäftigungsanspruch I 3 79 ff.
– Weiterbeschäftigungspflicht I 3 53
Konzernwirtschaftsausschuss I 2 80 ff., 181
Konzernzurechnung
– Drittelbeteiligungsgesetz I 2 393 ff.
– Unternehmensmitbestimmung I 2 296 ff., 308 ff., 320 ff., 351
Konzernunternehmen
– Tendenzschutz I 2 239
Kopplungsklausel
– Drittanstellung I 3 311 ff.
– GmbH & Co. KG I 3 314
– GmbH-Geschäftsführer I 3 227, 308 ff.
– Vorstandsmitglied I 3 379, 409, 411
Körperschaft des Öffentlichen Rechts
– Mitbestimmung, paritätische I 2 225
Korruptionsbekämpfung
– Antikorruptionsklauseln II 4 109 f.
– Antikorruptionsrichtlinien I 4 270, 280; II 4 109 f., 185

– Compliance I 4 252, 267, 296, 327, 334; II 4 204
– Foreign Corrupt Practices Act I 4 251
– Resource Guide to the U.S. Foreign Corrupt Practices Act I 4 296
– Schulungen II 4 109 f.
– Tarifvertrag I 4 303
– UK Bribery Act II 4 255 f.
Krankenhaus
– Tendenzschutz I 2 236
Krankenversicherung
– Zusatzversicherungen s. dort
Krankenversicherung, gesetzliche
– Ausstrahlung II 3 532 f.
Kreditinstitute
– Compliance I 4 264
Kundenschutzklausel I 3 296, 306 f.
Kündigung
– Arbeitsverhältnisse, mehrere I 3 120 f.
– Complianceverstoß II 4 374
– Matrixstruktur II 3 184, 195, 199
– Mitbestimmungsrecht II 4 368 f.
– Schriftform II 3 221
– Sprache II 4 456, 472 f., 481
– Sprecherausschussbeteiligung II 4 369
– Ultima-Ratio-Prinzip II 4 503, 505
– Unternehmerentscheidung II 3 436 ff.
– Zweigniederlassung II 3 217 ff.
Kündigung, betriebsbedingte I 3 68, 70, 97; II 3 436 ff.
– Mehrheit von Verträgen I 3 102
Kündigung, verhaltensbedingte I 3 146 ff.
– außerdienstliches Verhalten I 3 149
Kündigungsausschluss
– Rückkehrvereinbarung I 3 122 f.
– Ruhensvereinbarung I 3 122 f.
Kündigungsberechtigung I 3 118 ff.
– Zweigniederlassung II 3 218, 221 f.
Kündigungsgrund
– Durchschlagen auf ruhendes Arbeitsverhältnis II 3 747 f.
Kündigungsschutz I 3 112 ff.
– Arbeitgeberbegriff II 3 441 f.
– Berechnungsdurchgriff I 3 125 ff.
– Betriebsbezogenheit II 3 419
– Doppelarbeitsverhältnis II 3 443
– Gemeinschaftsbetrieb, grenzüberschreitender II 3 435
– Internationales Privatrecht II 3 420, 427 ff.
– Kleinbetriebsklausel I 3 125 ff., 130 ff.
– Konzern, internationaler II 3 419 ff., 427 ff.
– Konzernarbeitsverhältnis I 2 48 ff.; I 3 67 ff.
– Konzernbegriff I 3 69
– Konzernbetriebsvereinbarung I 3 112 ff.

– Konzernbezug **I 3** 70 ff., 155, 158; **II 3** 419
– Leitenden-Eigenschaft **II 3** 743, 745 f.
– Recht, anwendbares **II 3** 742
– Rechtswahl **II 3** 421 ff., 727, 742
– Schwellenwerte **II 3** 432 ff.
– Unternehmensbezogenheit **II 3** 419
– Weiterbeschäftigungspflicht **I 3** 72

Lebensversicherung
– Zusatzversicherungen s. dort
Legal-Entity-Reduction II 2 296
Legalitätspflicht
– Compliance **I 4** 259
Leiharbeit
– echte Leiharbeit **II 3** 15
– Eingriffsnormcharakter **II 3** 94
– Mitbestimmung, betriebliche **I 4** 35 ff.
– Recht, anwendbares **II 3** 15
– unechte Leiharbeit **II 3** 15
Leiharbeitnehmer
– Betriebszugehörigkeit **I 2** 60, 64 ff.; **I 4** 38
– Sprechstunden der Arbeitnehmervertretung **I 4** 40
– Streikbrecher **II 2** 289
– Wahlberechtigung **I 4** 38
Leiharbeitsvertrag
– Vertrag mit Schutzwirkung für Dritte **I 3** 219
Leistungskontrolle
– Datenschutz **I 4** 127
Leitende Angestellte II 3 271 ff.
– Arbeitnehmereigenschaft **II 3** 305
– Arbeitnehmereinsatz **II 3** 709
– Arbeitszeit **II 3** 278, 302 f.
– Auslandseinsatz **II 3** 279 ff., 297 ff., 304 ff.
– Betriebsverfassungsrecht **II 3** 743 f.
– Betriebszugehörigkeit **II 3** 284
– Einstellungs-/Entlassungsbefugnis **II 3** 272, 276, 288, 292 ff., 298 ff.
– Entsendung **II 3** 497 f., 503 ff., 596
– Generalvollmacht **II 3** 293
– Geschäftsführungsämter, weitere **II 3** 709 ff.
– Konzernanstellungsvertrag **II 3** 713
– Konzernbezug **II 3** 291
– Kündigungsschutz **I 3** 154 ff.; **I 3** 276 f., 282 ff., 297 ff., 743, 745 f.
– Organisationsbeschreibung **II 3** 292, 296
– Prokura **II 3** 293
– Stellenbeschreibung **II 3** 292, 296
– Unternehmensbezug **II 3** 305
– Vertretungsberechtigung **II 3** 293
– Weisungsfreiheit **II 3** 294
– Zusatzvereinbarungen **II 3** 281
Leitung, einheitliche I 4 16
Lohndumping II 3 468

Lohnsteuer I 3 23 ff.
– Abführungspflicht **II 3** 621
– Arbeitgeber, inländischer **II 3** 619 f.
– Arbeitgeber ohne Sitz in Deutschland **II 3** 621
– Arbeitgeber, wirtschaftlicher **I 3** 24
– Arbeitnehmerüberlassung **I 3** 26 f.
– Einbehaltungspflicht **II 3** 619, 621
– GmbH-Geschäftsführer **II 3** 704
– Mehrfachbeschäftigung **I 3** 25
– Steuerschuldner **II 3** 621
– Übertragung lohnsteuerrechtlicher Pflichten auf Dritte **II 3** 621
Lokalarbeitsverhältnis II 3 23 f.
Luganer Übereinkommen II 3 129

Mandantenschutzklausel I 3 296, 306 f.
Massenentlassungen II 2 160, 169, 172
– Eingriffsnormen **II 3** 423
– Rechtswahl **II 3** 107
Matrixstruktur I 3 61 ff., 98 ff.
– Abmahnung **II 3** 184, 195
– Anscheinsvollmacht **II 3** 196
– Arbeitgeber **II 3** 179
– Arbeitgeberbegriff **I 3** 100
– Arbeitnehmer, ausländische **II 3** 622
– Arbeitsplatz **II 3** 179
– Arbeitsverhältnis **II 3** 174 ff., 182 ff.
– Arbeitsverhältnis, Dokumentation **II 3** 185 f., 194 f., 197, 199
– Arbeitsverhältnis, einheitliches **I 3** 64 f.; **II 3** 188 ff., 197
– Betriebszugehörigkeit **I 3** 115
– Doppelarbeitsverhältnis **I 3** 66; **II 3** 191 ff., 197, 443
– Duldungsvollmacht **II 3** 196
– Gehaltserhöhung **II 3** 195
– Gerichtsstand **II 3** 203
– Geschäftsbereiche **II 3** 175, 694
– Konzern, internationaler **II 3** 174 f., 182, 440, 694
– Konzernarbeitsverhältnis **I 3** 1
– Konzernbezug **I 3** 99
– Krankheitsfall **II 3** 184
– Kündigung **II 3** 184, 195, 199, 441 ff.
– Kündigungsschutz **I 3** 74
– Länderverantwortung **II 3** 694
– Leistungsboni **II 3** 195
– Rechtswahl **II 3** 200 ff.
– Sozialauswahl **II 3** 444 ff.
– Sozialversicherungsbeiträge **II 3** 179
– Urlaubsgewährung **II 3** 184
– Vergütung **II 3** 179, 184
– Vertragsänderung **II 3** 195, 199
– Vertrauensschutz **I 3** 100
– Vorstandsmitglied **I 3** 338
– Weisungsrecht **I 3** 7, 62 f.; **II 3** 440, 785

- Weisungsrecht, disziplinarisches **II** 3 184, 197
- Weisungsrecht, fachliches **II** 3 177 ff., 184, 187, 194 f.
- Weiterbeschäftigungsmöglichkeit **II** 3 448 ff.
- Wettbewerbsverbot, nachvertragliches **I** 3 161, 176, 197

Medizinrecht
- Compliance **II** 4 204

Mehrfachanstellung s. Drittanstellung
Mehrfachbeschäftigung I 3 30
Mehrheitsbeteiligung I 2 10 f.
Mehrmüttergesellschaft I 2 21
Mindestlohn
- Arbeitnehmerüberlassung **I** 4 67 ff.
- Eingriffsnormcharakter **II** 3 94
- Gerichtsstand, internationaler **II** 3 149

Mindesturlaub
- Eingriffsnormcharakter **II** 3 94

Mischkonzern
- Arbeitnehmerüberlassung **I** 4 22, 24
- Code of Conduct **II** 4 184
- Compliance **I** 4 267
- Tendenzschutz **I** 2 313, 316
- Wettbewerbsverbot, nachvertragliches **I** 3 304

Mission Statement II 4 394 f.
Missionsverein
- Tendenzschutz **I** 2 235

Mitarbeiteraktien II 3 330
Mitarbeiterbeteiligung
- Betriebsübergang **I** 1 110

Mitbestimmung, paritätische I 2 225 ff.
- Auslandsbetrieb **I** 2 228
- Gesellschaft, inländische **I** 2 226
- Inlandsbetrieb **I** 2 228
- Mitbestimmungsvereinbarung **I** 2 336
- Rechtsformen **I** 2 225
- Schwellenwerte **I** 2 228 f., 297; **II** 1 161

Mitbestimmungserstreckungsgesetz de lege ferenda I 2 227
Mitbestimmungsgesetz I 2 211
- Auslandsgesellschaft **II** 1 157
- Vorrang **I** 2 359

Mitbestimmungsvereinbarung I 2 331 ff.
- Drittelbeteiligungsgesetz **I** 2 400 ff.
- Mitbestimmungserweiterung **I** 2 333, 401

Mitgliedschaften II 4 204
Mobilität II 3 458 f.
Mobilitätsprämie
- Arbeitnehmerentsendung **II** 3 571, 579

Mock Downraids II 4 247
Montanmitbestimmung
- Aufsichtsrat **I** 2 412 ff.
- Unternehmensmitbestimmung **I** 2 408 ff.
- Vorrang **I** 2 230, 359

Montanmitbestimmungsergänzungsgesetz I 2 209 f., 230, 416 ff.
- Aufsichtsrat **I** 2 425 ff.
- Konzernobergesellschaften **I** 2 419 ff.

Montanmitbestimmungsgesetz I 2 208, 230, 408 ff.
- Arbeitnehmerzurechnung **I** 2 411

Montanquote I 2 420
Musicalveranstalter
- Tendenzschutz **I** 2 239

Musikverlag
- Tendenzschutz **I** 2 239

Müttergenesungswerk
- Tendenzschutz **I** 2 236

Mutterschutz
- Eingriffsnormcharakter **II** 3 94
- Rechtswahl **II** 3 107

Nachbindung
- Betriebsübergang **I** 1 46 ff.

Nachteilsausgleich I 2 500, 517
Nachweisgesetz II 4 483
- Policies **II** 4 414

Name-and-shame-Kampagne II 2 279, 286, 309
Nebenleistungen, betriebliche s. Sonderleistungen
Nebenpflichten
- Arbeitnehmer **II** 4 408 f.

Nebentätigkeit
- Direktionsrecht **II** 4 409

Niederlassung II 3 28
- Einstellung des Arbeitnehmers **II** 3 29 ff.
- inländische Niederlassung **II** 1 162 f.
- selbstständige Niederlassung **II** 3 204

Niederlassungserlaubnis II 3 624, 635, 644, 649, 659, 663 ff.
- Erteilungsanspruch **II** 3 665
- Erteilungsvoraussetzungen **II** 3 664
- Erwerbstätigkeit **II** 3 663
- Hochqualifizierte **II** 3 663, 667 f., 681
- Hochschulabsolventen **II** 3 666
- Qualifikation, mittlere **II** 3 669 ff.
- Wissenschaftler **II** 3 668

Niederlassungsfreiheit
- Gesellschaftsstatut **II** 3 734
- Personengesellschaften **II** 1 180
- Sitzverlegung, grenzüberschreitende **II** 1 168
- Streik **II** 2 279 ff., 292, 300 ff.
- Wegzugsfälle **II** 1 176 f.

Niederlassungsleiter
- Vollmacht **II** 3 222 f.

Obhutspflicht
- Compliance **I** 4 294 f.

Offene Handelsgesellschaft
- Mitbestimmung, paritätische **I** 2 225

903

Öffentlich-rechtlicher Rechtsträger
– Betriebsvereinbarung I 1 56
Offshoring
– Datenverarbeitung II 4 29
– Europäischer Betriebsrat II 2 176
Ordnungsverhalten
– Datenschutz I 4 234
– Direktionsrecht I 4 291
– Mitbestimmungsrecht I 4 338 f.; II 4 392 f., 422, 523
ordre public II 3 96 ff., 424
– Aktienoptionen II 3 392
– Anstellungsvertrag II 3 775
– Betriebsübergang II 1 19, 28
– Geschäftsführervertrag II 3 731
– Wettbewerbsverbot II 3 392
– Wettbewerbsverbot, nachvertragliches II 3 247
Organizational Sentencing Guidelines der United States Sentencing Commission s. US Sentencing Guidelines
Organstellung I 3 224 ff.
– Allgemeines Gleichbehandlungsgesetz I 3 282
– Altersversorgung, betriebliche I 3 290 ff.
– Arbeitsgerichtsbarkeit I 3 150 ff.
– Kündigungsfrist I 3 284 ff.
– Kündigungsschutz I 3 154 ff.
– Rechtswegzuständigkeit I 3 251 f.
– Umwandlungsvorgänge I 3 332 ff.

Pacht
– Betriebsinhaberwechsel I 1 32
Patronatserklärung
– Sozialplandotierung I 2 187
Pensionsfonds I 4 347, 376 f.; II 1 105
– Betriebsübergang, grenzüberschreitender II 1 108
– Insolvenzsicherung II 1 117 f.
Pensionskasse I 2 176 f.; I 4 347, 376 f.; II 1 105
– Betriebsübergang, grenzüberschreitender II 1 108
– Konzernbetriebsvereinbarung I 2 160
Pensionssicherungsverein I 4 347 f., 351, 372 f.; II 1 117 f.
– Beitragspflicht II 1 117, 119
– Einstandspflicht II 1 117 f.
Personalabbau
– Konzernbetriebsratszuständigkeit I 2 183
Personalakten
– Datenschutz I 4 128, 209 f.
– Datenübermittlung I 4 209 f.
– Konzernbetriebsvereinbarung I 4 211
– Vollständigkeit I 4 209
Personaldaten
– Datenschutz I 4 128, 179

Personaldienstleistungsgesellschaft I 4 2, 22, 51 f.
– Rechtsformmissbrauch I 4 52, 55
Personalentwicklung I 4 229
Personalfragebogen
– Konzernbetriebsratszuständigkeit I 2 168
– Mitbestimmung I 4 240, 337; II 4 363
Personalführungsgesellschaft I 4 51, 62
Personalinformationssysteme
– Datenschutz I 4 128, 179, 205 ff.
– Datenübermittlung I 4 206 f.
– Konzernbetriebsvereinbarung I 4 206 f.
– Zugriffsberechtigung I 4 208
Personalplanung
– Konzernbetriebsratszuständigkeit I 2 168, 173
Personalrabatt
– Betriebsübergang I 1 112
– Direktionsrecht I 4 305
Personalservicegesellschaft I 4 51
Personalvertretung
– Dolmetschereinsatz II 4 518
Personalverwaltung, konzernweite I 4 224, 229
Persönlichkeitsentfaltung, freie I 4 232
Persönlichkeitsrecht, allgemeines I 4 95 ff.
– Compliance-Klausel I 4 315
– Direktionsrecht I 4 303
– Skill-Datenbank I 4 216 ff.
– Verhältnismäßigkeitsgrundsatz I 4 97
– Whistleblower-Klausel I 4 315
Pharmarecht
– Compliance II 4 204
Plant-Manager II 3 697, 699, 702, 705
Policies I 4 385 ff.
– Änderungen II 4 415 ff., 422
– Änderungskündigung II 4 418 ff.
– Änderungsvorbehalt II 4 413
– Arbeitsvertrag II 4 412 ff., 439
– Betriebsratsbeteiligung II 4 397
– Betriebsvereinbarung II 4 387, 390, 413, 421 ff., 439
– Bezugnahmeklausel II 4 412, 414 ff.
– Datenschutz II 4 400 ff.
– Direktionsrecht II 4 408 ff., 424
– Gesamtzusage II 4 439
– Global Policies II 4 436 ff.
– Günstigkeitsprinzip II 4 424
– Implementierung II 4 408 ff.
– Mitbestimmung, betriebliche II 4 386 f.
– Mitbestimmungsfreiheit II 4 389 f.
– Nachweisgesetz II 4 414
– Softlaw II 4 435 ff.
– Übung, betriebliche II 4 439
Postgeheimnis
– Strafbarkeit I 4 167
Privatsphäre I 4 93, 95 ff.

Prokura
– leitende Angestellte **II 3** 293
– Niederlassungsleiter **II 3** 223
Prüfungsleistungen, technische II 3 613

Rahmenbetriebsvereinbarung
– Datenschutz **I 4** 244
– Konzernbetriebsvereinbarung **I 2** 137, 161
Rauchverbot I 4 303, 327
Rechnungsprüfung II 3 613
Recht auf informationelle Selbstbestimmung I 4 96
– Code of Conduct **II 4** 188, 191
– Direktionsrecht **I 4** 303
Recht auf Vertraulichkeit und Integrität informationstechnischer Systeme I 4 96
Rechtsberatung II 3 613
Rechtswahl II 1 14 ff.
– AGB, arbeitgeberseitige **II 3** 115 f.
– Aktienoptionen **II 3** 348 ff., 372
– Arbeitnehmerschutz **II 1** 16 f.; **II 3** 730
– Arbeitsvertragsstatut **I 1** 9 f.; **II 1** 102; **II 3** 3, 8 ff., 25
– ausdrückliche Rechtswahl **II 1** 15
– Bedingung **II 3** 111
– Befristung **II 3** 111
– Drittstaatenrecht **II 3** 732
– durch Tarifvertrag **II 3** 64 f.
– Einbettungsstatut **II 3** 106 f.
– Eingriffsnormen **II 3** 106, 549
– Entsendung **II 3** 484, 549
– Form **II 3** 111, 117
– Geschäftsfähigkeit **II 3** 111
– Geschäftsführervertrag **II 3** 727 ff.
– Gesellschaftsstatut **II 3** 733 f.
– Gesetzeswidrigkeit **II 3** 111
– Günstigkeitsvergleich **II 1** 17; **II 3** 69 ff.
– Handeln unter fremdem Namen **II 3** 111
– Handlungsfähigkeit **II 3** 111
– Hauptvertrag **II 3** 63, 111, 115
– Inlandssachverhalt **II 3** 103 ff.
– konkludente Rechtswahl **II 1** 15; **II 3** 66 f.
– Konzernklauseln **II 3** 110 ff.
– Konzerntarifvertrag **II 2** 261 f., 266
– Kündigungsschutz **II 3** 421 ff., 727, 742
– Matrixstruktur **II 3** 200 ff.
– ordre public **II 3** 106, 424
– Privatautonomie **II 3** 60 f.
– Rechtsfähigkeit **II 3** 111
– Rom I-VO **II 3** 48, 55, 58 ff., 68 ff.
– Sittenwidrigkeit **II 3** 111
– Teilrechtswahl **II 1** 103, 113, 120; **II 3** 250, 394, 727
– Versorgungszusage **II 1** 141, 146
– Verweisungsvertrag **II 3** 63

– Wettbewerbsverbot, nachvertragliches **II 3** 244 ff., 249 f.
– Willensmängel **II 3** 111
– Zweigniederlassung **II 3** 216
Rechtswahlfreiheit II 3 61, 245, 727
– Vorstandsdienstvertrag **II 3** 771 ff.
Rechtswegzuständigkeit
– Aktienoptionen **II 3** 360 f.
– Drittanstellung **I 3** 253, 256 f.
– Konzernarbeitsverhältnis **I 3** 9
– Organverhältnisse **I 3** 150 ff., 251 f.
– Parteivereinbarung **I 3** 258, 370
– sic-non-Rechtsprechung **I 3** 252, 254
– Vorstandsmitglieder **I 3** 367 ff.
Regelungsabrede I 2 134
Reisebüro II 3 613
Reisemanagement I 4 224
Reiseveranstalter II 3 613
Religionsgemeinschaft
– Betriebsvereinbarung **I 1** 56
– Unternehmensmitbestimmung **I 2** 231 ff.
Restrukturierung
– Konzernbetriebsvereinbarung **I 2** 141
– Kündigungen **II 3** 436 f.
– Streikmaßnahmen **II 2** 308
– Unternehmensmitbestimmung **I 2** 337, 403 ff.
Richtigkeitsgewähr
– Tarifvertrag **I 2** 506 ff.
Richtlinien, grenzüberschreitende II 4 384 ff.
Rom I-VO II 3 2 ff.
– Arbeitsort, gewöhnlicher **II 3** 27
– Arbeitsvertrag **II 3** 5 ff.
– Auslandsbezug **II 3** 105
– Ausweichklausel **II 3** 34
– Betriebsübergang **II 1** 13 f., 27, 36 ff., 44, 102
– Eingriffsnormen **II 3** 62, 79 ff.
– Entsendung **II 3** 726
– Geschäftsfähigkeit **II 3** 111, 113 f.
– GmbH-Geschäftsführervertrag **II 3** 6
– Handlungsfähigkeit **II 3** 111, 114
– Inlandssachverhalt **II 3** 103 ff.
– Niederlassungsort **II 3** 26 ff.
– ordre public **II 3** 96 ff.
– Rechtsfähigkeit **II 3** 111, 114
– Rechtswahl **II 3** 48, 55, 58 ff., 68 ff., 110 ff.
– Scheinselbstständige **II 3** 7
– Verbindung zu anderem Staat, engere **II 3** 33 ff.
Rückkehrvereinbarung
– Entsendung **II 3** 281
– Kündigungsausschluss **I 3** 122, 124
Rücksichtnahmepflicht
– Arbeitnehmer **I 2** 44 ff.; **I 3** 21; **II 4** 408
Ruhensvereinbarung I 3 32 ff.

Sachverzeichnis

- Arbeitgeberdarlehen **I 3** 34
- Bedingung, auflösende **I 3** 35
- Befristung **I 3** 35
- Hauptleistungspflichten **I 3** 34
- Kündbarkeit **I 3** 122 f.
- Nebenpflichten **I 3** 34
- Versorgungszusage **I 3** 34
- Werkwohnung **I 3** 34

Rumpfarbeitsverhältnis II 3 23 f.

Rundfunkunternehmen
- Tendenzschutz **I 2** 240

Safe Harbor Principles (USA) II 4 10, 48 ff., 77, 403

Saisonarbeiter II 3 683

salary splitting I 3 120
- Karenzentschädigung **I 3** 206 f.

Sanierungskonzept
- Konzernbetriebsratszuständigkeit **I 2** 185

SAP-System
- Konzernbetriebsrat, Überwachungsrecht **I 2** 106
- Konzernbetriebsratszuständigkeit **I 2** 174

Sarbanes Oxley Act I 2 170; **I 4** 251; **II 4** 86, 88 ff., 132, 135
- Audit Committee **II 4** 93
- Beschwerdemanagement **II 4** 93
- Code of Ethics **II 4** 172
- Internal Control Report **II 4** 92
- Kontrollsystem, internes **II 4** 91 f.
- Meldesystem **II 4** 201, 213, 218
- Strafandrohungen **II 4** 94
- Whistleblower-Hotline **II 4** 93, 213

Schaustellergehilfen II 3 683

Schichtrahmenplan
- Mitbestimmung, betriebliche **I 2** 171

Schiffsbesatzung s. *Seearbeitsverhältnis*

Schutzpflichten
- Arbeitnehmer **I 3** 21, 34

Schwangerschaft
- Kündigungsverbot **I 3** 241 ff.

Schwarzarbeit II 3 686 ff.
- Sanktionsrichtlinie **II 3** 687
- Steuerhinterziehung **II 3** 693

Schwerbehindertenvertretung I 2 88 f.

Secondment I 3 32

Seearbeitsverhältnis
- Arbeitsvertragsstatut **II 3** 48
- Heuerstatut **II 3** 48 ff.

Selbstanzeige II 4 277

Servicegesellschaft s. *Dienstleistungsgesellschaft*

Sexuelle Belästigung II 4 395

Share Deal I 1 1
- Altersversorgung, betriebliche **I 4** 363, 371
- Konzernbetriebsvereinbarung **I 1** 66; **I 2** 155

- Mitbestimmung, betriebliche **II 1** 197
- Societas Europaea **II 1** 292, 296
- Unternehmensmitbestimmung **I 1** 2

Shared Services I 4 223 ff.
- Datenschutz **I 4** 128, 179; **II 4** 2
- Einwilligung **I 4** 231

shop steward II 2 240

Sitzverlegung, grenzüberschreitende II 1 167 ff.
- ins Ausland **II 1** 174 ff.
- „Cadbury Schweppes" **II 1** 171
- „Centros" **II 1** 169
- „Daily Mail" **II 1** 168
- ins Inland **II 1** 167 ff.
- „Inspire-Art" **II 1** 171
- Konzernbetriebsrat **II 1** 213 f.
- Mitbestimmungsverlust **II 1** 174
- Niederlassungsfreiheit **II 1** 168
- „Überseering" **II 1** 170
- Unternehmensmitbestimmung **II 1** 172 f.

Skill-Datenbank I 4 128, 179, 216
- Anonymisierung **I 4** 219
- Persönlichkeitsrecht, allgemeines **I 4** 216 ff.
- Pseudonymisierung **I 4** 219

Social Media I 4 106; **II 4** 204, 384, 438

Societas Europaea II 1 215 ff.
- Abspaltung **II 1** 291
- Abstimmungsverfahren **II 1** 218
- Altersversorgung, betriebliche **II 1** 155
- Änderung, strukturelle **II 1** 288 ff., 297 f.
- Arbeitnehmerbeteiligung **II 1** 216, 220, 226 ff., 242, 244 ff.
- Arbeitnehmerbeteiligung kraft Gesetzes **II 1** 259, 271 ff.
- Asset Deal **II 1** 292, 296
- Aufsichtsrat, verkleinerter **II 1** 279 ff.
- Ausführungsgesetz **II 1** 216
- Begriff **II 1** 217
- Besonderes Verhandlungsgremium **II 1** 230 ff.
- Gründungsformen **II 1** 220 ff.
- Handelsregistereintragung **II 1** 220
- Hauptversammlung **II 1** 218
- Holding-Gesellschaft **II 1** 220, 222, 246, 277 f.
- Leitungssystem, dualistisches **II 1** 219, 272, 286 f., 291
- Leitungssystem, monistisches **II 1** 219, 272, 286, 291
- Mehrstaatlichkeit **II 1** 222
- Missbrauchsverbot **II 1** 299 f.
- Mitbestimmungsfreiheit **II 1** 227, 274
- Mitbestimmungsvereinbarung **II 1** 247 ff.
- Mitgliedstaat, verbundener **II 1** 225
- Rechtsfähigkeit **II 1** 217
- Satzung **II 1** 218 f., 279
- SE-Betriebsrat **II 1** 247 ff., 260 ff.

Sachverzeichnis

- SE-Richtlinie **II 1** 216, 227, 243
- SE-Verordnung **II 1** 216, 218, 227
- Share Deal **II 1** 292, 296
- Sitzverlegung **II 1** 285 ff.
- Statut **II 1** 216
- Tochtergesellschaft, gemeinsame **II 1** 220, 223, 277 f.
- Umwandlung **II 1** 220, 224, 272 ff.
- Unternehmensmitbestimmung **I 2** 213 f., 225; **II 1** 215, 228 f., 268 ff.
- Verschmelzung **II 1** 291, 296
- Verschmelzung von Aktiengesellschaften **II 1** 220 f., 246, 275 f.
- Verwaltungsstruktur **II 1** 219, 291
- Vorher-Nachher-Prinzip **II 1** 215, 229, 269 f., 288 ff.
- Vorrats-SE **II 1** 295 ff.

Softlaw
- Policies **II 4** 435 ff.

Solidaritätsstreik s. Sympathiestreik

Sonderleistungen II 4 384
- Übung, betriebliche **II 3** 259 ff.

Sorgfaltspflicht
- Compliance **I 4** 260, 294 f.

Sozialauswahl I 3 68, 70, 73
- Betriebsbezogenheit **I 3** 138 ff., 143 ff.
- Betriebsteilübergang **I 1** 98
- Betriebszugehörigkeit **I 3** 134 ff.
- Gemeinschaftsbetrieb **I 3** 138 ff.
- Matrixstruktur **II 3** 444 ff.
- Sprachkenntnisse **II 4** 507

Soziale Netzwerke s. Social Media

Sozialeinrichtungen
- Mitbestimmung, betriebliche **I 2** 176 f.

Sozialleistungen II 3 326 ff., 405 ff.; **II 4** 438

Sozialpartnervereinbarung II 2 246

Sozialplan
- Berechnungsdurchgriff **I 2** 186 ff.
- Cash-Pool-Vereinbarung **I 2** 187
- Dotierung **I 2** 186
- Haftung, gesamtschuldnerische **I 2** 192
- Haftungsdurchgriff **I 2** 191 f.
- Mitbestimmungsrecht **I 2** 182, 185
- Patronatserklärung **I 2** 187

Sozialversicherungsabkommen II 1 95; **II 3** 616, 719

Sozialversicherungsrecht
- Arbeitgeber ohne Sitz in Deutschland **II 3** 616 ff.
- Arbeitgebereigenschaft **I 3** 30
- Arbeitnehmerüberlassung **I 3** 30 f.
- Auslandseinsatz **II 3** 715, 735, 737
- Ausstrahlung **II 3** 476 ff., 532 f., 616, 716, 719
- Beitragsschuldner **II 3** 617 f.
- Beschäftigung, illegale **II 3** 686 ff.
- Beschäftigungslandprinzip **II 1** 95

- Beschäftigungsverhältnis **II 3** 778 ff.
- Betriebsübergang, grenzüberschreitender **II 1** 95, 97
- Einstrahlung **II 3** 616, 719
- Entsendung **II 3** 475 f., 485 f., 735, 737
- Mitteilungspflichten **II 3** 689
- Territorialitätsprinzip **II 3** 476 f., 717

Spaltung
- Arbeitsverhältnisse, Übergang **I 1** 40 f.
- Haftung **I 1** 72
- Nachteilsausgleich **I 1** 72
- Sozialplan **I 1** 72
- Sozialplandotierung **I 2** 187

Sparkassen
- Mitbestimmung, paritätische **I 2** 225

Spartenbetriebsrat II 2 60, 65

Spartenorganisation II 3 694
- Betriebsübergang **I 1** 32, 121
- Geschäftsbereiche **II 3** 698
- Weisungsrecht **II 3** 785

Spartenvorstand I 3 338

Spenden II 4 204

Spitzenorganisation
- Tarifgeltung **I 2** 475 ff.

Split Salary s. salary splitting

Sponsoring II 4 204

Sprache II 4 453 ff.
- Arbeitsanweisungen **II 4** 506
- Arbeitsvertrag **II 4** 456 ff., 469 f.
- Arbeitsvertragsbedingungen **II 4** 469
- Code of Conduct **II 4** 181
- Compliance-Richtlinien **II 4** 205
- Compliance-Schulungen **II 4** 244 f.
- Europäischer Betriebsrat **II 2** 179
- Informationspflichten des Arbeitgebers **II 4** 524
- Unterschriftsirrtum **II 4** 464 ff.
- Whistleblower-Hotline **II 4** 226

Sprachkenntnisse II 4 454, 485 ff.
- Anforderungsprofil **II 4** 494 ff., 504
- Direktionsrecht **II 4** 497 ff.
- Diskriminierungsverbot **II 4** 488 ff.
- Fragerecht **II 4** 487
- Integrationsförderung **II 4** 524
- Kundenkontakt **II 4** 490
- Kündigung wegen fehlender Sprachkenntnisse **II 4** 501 ff.
- Muttersprache **II 4** 488 f.
- Sozialauswahl **II 4** 507
- Tests **II 4** 487

Sprachkurs II 4 506
- Arbeitszeit **II 4** 500
- Betriebsratsmitglied **II 4** 519 ff.
- Europäischer Betriebsrat **II 4** 527
- Integrationsförderung **II 4** 524
- Kostentragung **II 4** 500

Sprachrisiko II 4 458 ff.
- Zugang **II 4** 459 f.

Sprachschule I 2 237
Sprecherausschuss II 3 275
– Entsendung **II 3** 497 f., 503 f., 596
Sprecherausschussvereinbarung
– Betriebsübergang **I 1** 67 f.
– Compliance-Regelungen **I 4** 324
– Entsendung **II 3** 509
– Gesamtsprecherausschuss **I 1** 68
– Konzernsprecherausschuss **I 1** 68
Springer I 2 60
– Datenübermittlung **I 4** 194, 221
Stammarbeitsverhältnis
– Arbeitsplatzwegfall **I 3** 35
– Beschäftigungsanspruch **I 3** 35
– Ruhensvereinbarung **I 3** 32 ff.
– Wiederaufleben **I 3** 35
Stammdaten I 4 201, 205, 209
Standortsicherungstarifvertrag I 2 435, 524
Standortverlagerung s. *Betriebsverlagerung*
Stellenbesetzung
– Konzernbetriebsratszuständigkeit **I 2** 169
Stellenbewerbung
– Datenschutz **I 4** 192 ff.
– Datenübermittlung **I 4** 194 ff.
– Sprachkenntnisse **II 4** 487 ff.
Steuerberatung II 3 613
Steuerrecht
– Arbeitgeber ohne Sitz in Deutschland **II 3** 619 ff.
– Arbeitnehmerüberlassung **I 3** 26 ff.
– Betriebsstätte **II 3** 620
– Betriebsübergang, grenzüberschreitender **II 1** 96 f.
– Entsendung **II 3** 735 f.
– Vorstandsvergütung **I 3** 376, 396 f.
Stiftung
– Mitbestimmung, paritätische **I 2** 225
Stimmbindungsvertrag I 2 402
stock options s. *Aktienoptionen*
stock options plan s. *Aktienoptionsplan*
Straftaten
– Anzeigepflichten **II 4** 167
– Datenschutz **I 4** 129 ff.
Strafvereitelung II 4 262
Streik
– europäisches Streikrecht **II 2** 300 ff.
– konzernweiter Streik **II 2** 290
– Lohnrisiko **II 2** 293 f.
Streikbrecher
– Leiharbeitnehmer **II 2** 289
Sympathiestreik
– konzernweiter Sympathiestreik **II 2** 291
Tantiemen
– Betriebsübergang **I 1** 111
Tanz- und Vergnügungsstätten I 2 239

Tarifbindung
– Konzern **I 2** 433 ff.
– Konzerngesellschaften **I 2** 465 ff.
– Verbandsauflösung **I 2** 467
– Versetzungsklausel **I 2** 432
Tariffähigkeit II 2 295
– Konzern **I 2** 429 ff., 479
– Konzernunternehmen **I 2** 434
– Tarifgemeinschaft **I 2** 470
– Zweigniederlassung **II 3** 212
Tariffreiheit II 2 298
Tarifgeltung
– Bevollmächtigung **I 2** 478 f.
– Spitzenorganisation **I 2** 475 ff.
– Tarifvertrag, mehrgliedriger **I 2** 472 ff.
Tarifgemeinschaft I 2 470 f.
– Ausscheiden aus Konzernverbund **I 2** 485 ff.
– Tariffähigkeit **I 2** 470
Tarifvertrag I 2 442 ff.
– Allgemeinverbindlicherklärung **II 2** 238
– Anschlusstarifvertrag **I 2** 505 ff.
– Antikorruptionsregelungen **I 4** 303
– ausländischer Tarifvertrag **II 1** 147
– Ausscheiden aus dem Geltungsbereich **I 2** 480 ff.
– Begriff **II 2** 237
– Betriebsnormen **I 4** 303
– Betriebsübergang, grenzüberschreitender **II 1** 78 ff.
– Compliance **I 4** 303
– Eingriffsnormcharakter **II 3** 88 ff.
– Einheitstarifvertrag **I 2** 440, 492
– fachfremder Tarifvertrag **I 2** 501, 508 f.
– Firmentarifvertrag **I 2** 435 ff., 503
– Flächentarifvertrag **I 2** 464, 502
– Gleichstellungsabrede **I 2** 518
– Großbritannien **II 2** 239, 243
– Haustarifvertrag **I 2** 502 f.
– Inhaltskontrolle **I 2** 508
– Konzernspartentarifvertrag **I 2** 435
– Kündigung **I 2** 466
– mehrgliedriger Tarifvertrag **I 2** 437 ff., 441, 470, 472 ff., 494
– Nachbindung **I 1** 49; **I 2** 484, 518
– Nachwirkung **I 2** 466, 480, 518
– Richtigkeitsgewähr **I 2** 506 ff.
– Standortsicherungstarifvertrag **I 2** 435
– USA **II 2** 239 ff.
– Vertragsfreiheit **II 2** 239, 243
Tarifvertragsparteien I 2 428
Tarifvertragsschluss I 2 457
– Anscheinsvollmacht **I 2** 457
– Bevollmächtigung der Konzernobergesellschaft **I 2** 442 ff., 479
– Duldungsvollmacht **I 2** 456
– Konzernleitungsmacht **I 2** 469

Tarifvorbehalt
– Betriebsvereinbarung **I 1** 55
Tarifvorrang
– Betriebsvereinbarung **I 1** 55
Tarifwechselklausel I 2 496 f., 516 f., 523 f.
– Bezugnahmeklausel, große dynamische **I 2** 523
Tarifwegfall
– Bezugnahmeklausel **I 2** 510, 520
– Gleichstellungsabrede **I 2** 520
Tarifzuständigkeit
– Arbeitgeberverband **I 2** 462
Taschenkontrolle I 4 132
Teilkonzernspitze
– inländische Teilkonzernspitze **II 2** 48, 50
– Kapitalverflechtung **I 2** 327
– Konzernbetriebsrat **I 2** 25 ff., 115; **I 4** 333
– Leitungsmacht **I 2** 325 ff.
– Unternehmensmitbestimmung **I 2** 324 ff.; **II 1** 159 f., 214
Telekommunikationsgesetz I 4 101 ff., 110 ff.
– Bestandsdaten **I 4** 121
– Datenschutz **I 4** 120 f.
– Entgeltermittlung **I 4** 109
– Informationspflichten **I 4** 121
– Standortdaten **I 4** 121
– Verbindungsdaten **I 4** 108
– Verkehrsdaten **I 4** 108, 121
Telekommunikationsmittel
– Mitbestimmungsrecht **I 4** 341
Telemediengesetz I 4 101 f., 104 f.
– Abrechnungszweck **I 4** 109
– Datenschutz **I 4** 122 f.
– Unterrichtungspflicht **I 4** 105
Tendenzkonzern
– Anteilserwerb **I 2** 344
– Mischkonzern **I 2** 313, 316
– Unternehmensmitbestimmung **I 2** 313 ff., 352
Tendenzunternehmen
– Berichterstattung **I 2** 240
– Drittelbeteiligungsgesetz **I 2** 358
– Meinungsäußerung **I 2** 240
– Mitbestimmungsvereinbarung **I 2** 331
– Überwiegen **I 2** 242 ff.
– Unmittelbarkeit **I 2** 241
– Unternehmensmitbestimmung **I 2** 231 ff.
– Zweckbestimmung, erzieherische **I 2** 237
– Zweckbestimmung, karitative **I 2** 236
– Zweckbestimmung, koalitionspolitische **I 2** 234
– Zweckbestimmung, konfessionelle **I 2** 235
– Zweckbestimmung, künstlerische **I 2** 239
– Zweckbestimmung, politische **I 2** 233

– Zweckbestimmung, wissenschaftliche **I 2** 238
Territorialitätsprinzip
– Arbeitszeit **II 3** 301
– Betriebsübergang **II 1** 10 ff., 43
– Betriebsverfassungsrecht **II 1** 71, 73, 116, 123, 137, 206; **II 2** 1 ff., 52; **II 3** 741; **II 4** 77 f., 513
– Datenschutz **II 4** 3
– Konzernbetriebsrat **I 4** 333
– Sozialversicherungsrecht **II 3** 476 f., 717
– Unternehmensmitbestimmung **II 1** 173
Theater
– Tendenzschutz **I 2** 239
Titularprokurist II 3 511
Transnational Collective Agreement II 2 216 ff., 244 ff., 252 ff., 259 f.
– Arbeitnehmereinsatz, konzernweiter **II 2** 227
– Arbeitnehmermitbestimmung **II 2** 227 f.
– Arbeitsbedingungen **II 2** 227, 231
– Arbeitskampf **II 2** 310
– Diskriminierungsverbot **II 2** 230 f.
– Frankreich **II 2** 232 f.
– Gleichbehandlungsgrundsatz **II 2** 230
– Günstigkeitsprinzip **II 2** 221
– Kinderarbeit **II 2** 231
– Konzerntarifvertrag, internationaler **II 2** 225
– Mindeststandards **II 2** 231, 278
– Monitoring Committee **II 2** 231
– Nichtrückschrittsklausel **II 2** 221
– Parteien **II 2** 218
– Rechtsrahmen **II 2** 220
– Restrukturierung **II 2** 227
– Skandinavien **II 2** 234
– Tariffreiheit **II 2** 230 f.
– Tarifvertrag **II 2** 236 ff.
– Verbindlichkeit **II 2** 219
– Vereinigungsfreiheit **II 2** 230 f.
– Verhaltenskodizes **II 2** 227
Transparenzkontrolle
– Arbeitsvertrag, fremdsprachiger **II 4** 469
Trennungsprinzip
– Betriebsrentenrecht **I 3** 10
– GmbH-Geschäftsführer **I 3** 227, 308, 333
– juristische Personen **I 3** 9
– Vorstandsmitglied **I 3** 378, 411
Treuepflicht II 4 324
– Führungskräfte **II 4** 317
– Verschwiegenheitspflicht **I 3** 215, 218 f.
– Vorstandsmitglied **I 3** 393 f.

Überkreuzablösung
– Altersversorgung, betriebliche **I 4** 387
– Betriebsübergang **I 1** 50; **II 1** 87, 137

Übernahme, unternehmensübergreifende
– Konzernbetriebsratszuständigkeit **I 2** 183
Übersetzunglast II 4 460
Überwachungseinrichtungen, technische
– Datenschutz **I 4** 235 ff.
– Konzernbetriebsratszuständigkeit **I 2** 173
– Mitbestimmung, betriebliche **I 4** 337, 341; **II 4** 362, 396
Übung, betriebliche I 3 12
– Compliance-Regelungen **I 4** 330
– Global Policies **II 4** 439
– Konzern, internationaler **II 3** 259 ff.
UK Bribery Act II 4 86, 88, 115 ff., 135
– Code of Conduct **II 4** 176
– Compliance **II 4** 255
– Due Diligence **II 4** 255
– Management Commitment **II 4** 255
– Präventionsmaßnahmen, geeignete **II 4** 216, 255
– Risikobewertung **II 4** 255
– Strafbarkeit **II 4** 255
Umstrukturierung
– Altersversorgung, betriebliche **I 4** 362
– Compliance-Regelungen **I 4** 331
– grenzüberschreitende Umstrukturierung **II 1** 1 ff., 197 ff., 206 ff.
– Mitbestimmungsverlust **II 1** 202 f.
– Unternehmensmitbestimmung **I 2** 337 ff., 403 ff.
Umwandlungsvorgänge I 1 1
– Arbeitsverhältnisse, Übergang **I 1** 42 f.
– Betriebsübergang **I 1** 13, 30
– Haftung **I 1** 72 ff.
– Interessenausgleich **I 1** 42
– Mitbestimmung, betriebliche **I 1** 5
– Organstellung **I 3** 332 ff.
– SE-Gründung **II 1** 220, 224, 272 ff.
– Unternehmensmitbestimmung **I 2** 345 ff., 403 ff.
Umweltschutz
– Compliance **I 4** 252, 267; **II 4** 204, 428, 430
Unfallgefahren
– Informationspflicht des Arbeitgebers **II 4** 482
Unterkonzernspitze I 2 312
Unterlassungspflichten
– Arbeitnehmer **I 3** 34
Unternehmen, verbundene
– Rechtsfähigkeit, fehlende **II 3** 694
Unternehmensberatung II 3 613
Unternehmenskauf
– Altersversorgung, betriebliche **I 4** 362
– Compliance-Regelungen **I 4** 331
– Tarifbindung **I 2** 483 f.

Unternehmenskultur
– Compliance **II 4** 124, 131, 231, 234
– Policies **II 4** 413, 434
Unternehmensmitbestimmung I 2 193 ff., 203 ff., 354; **II 1** 161
– Ausschluss **II 1** 158, 196
– Betriebsübergang, grenzüberschreitender **II 1** 91 f.
– Inlandssachverhalte **II 1** 156
– Konzernzurechnung **I 2** 296 ff., 308 f., 320 ff.
– Mitbestimmungsvereinbarung **I 2** 331 ff.
– paritätische Mitbestimmung **I 2** 225 ff.
– Rechtsformen **II 1** 173
– Statusverfahren **I 2** 214 ff., 311
Unternehmensphilosophie II 4 200, 387, 394 f.
Unternehmenssicherheit
– Compliance **I 4** 334
Unternehmensspaltung s. *Spaltung*
Unternehmenssprache s. *Betriebssprache*
Unternehmensziele II 4 394 f.
Unterordnungskonzern I 4 16
– Abhängigkeitsverhältnis **I 2** 6, 8 ff., 298 f.
– Betriebsverfassung **I 2** 2 ff., 32
– faktischer Konzern **I 2** 9
– Konzernbetriebsrat **I 2** 2 ff., 90
– Leitung, einheitliche **I 2** 7 f., 298, 300 ff.; **I 4** 19
– Unternehmensmitbestimmung **I 2** 298 f.
Unterschriftsirrtum
– Erklärung, fremdsprachige **II 4** 464 ff.
Unterstützungskasse I 2 176 f.; **I 4** 347, 376 f.; **II 1** 105
– Betriebsübergang, grenzüberschreitender **II 1** 109
– Insolvenzsicherung **II 1** 117 f.
Unterstützungsstreik s. *Sympathiestreik*
Untersuchungen, interne II 4 248 ff., 263 ff.
– Abschlussbericht **II 4** 289, 370 ff.
– Amnestie **II 4** 346 ff.
– Anwälte, externe **II 4** 282 f., 329
– Auskunftspflicht **II 4** 314 ff., 361
– Auskunftsverweigerungsrechte **II 4** 319
– Befragungsreihenfolge **II 4** 294 f., 297, 302 ff.
– Belehrungsverpflichtung **II 4** 323 ff.
– Betriebsrat, Teilnahmerechte **II 4** 326 ff.
– Durchführung **II 4** 268 ff., 287 ff.
– Emails, Zugriff auf **II 4** 335 ff.
– Ermittlung, staatsanwaltschaftliche **II 4** 262
– Handlungsempfehlung **II 4** 372 f.
– Interviews **II 4** 294 ff., 305 ff., 314 ff.
– Kommunikation **II 4** 381 f.
– Maßnahmen, personelle **II 4** 374 ff.
– Mitbestimmungsrecht **II 4** 360 ff.

- Offenlegungspflichten **II** 4 276 ff.
- Protokoll **II** 4 310 ff.
- Selbstanzeige **II** 4 277
- Strafandrohungen **II** 4 250 f.
- Transparenz **II** 4 274 f., 367 f., 382 f.
- Unterlagen, Herausgabepflicht **II** 4 276
- Unterlagensichtung **II** 4 289 ff., 333 f.
- Untersuchungsplan **II** 4 286, 289, 296
- Untersuchungsteam **II** 4 264, 280 ff., 287
- Verschwiegenheitspflicht **II** 4 361
- Vorsorgeplan **II** 4 264
- Zeugnisverweigerungsrecht **II** 4 282

Urlaub
- Matrixstruktur **II** 3 184

US Sentencing Guidelines II 4 88, 111 f., 135
- Compliance **II** 4 173
- Strafandrohungen **II** 4 250
- Whistleblowersystem **II** 4 215

USA
- Tarifvertrag **II** 2 239 ff., 243

Verbandsaustritt I 2 468, 518
- Bezugnahmeklausel **I** 2 510
  Konzernaustritt **I** 2 519

Verbandstarifvertrag I 2 462
- Betriebsübergang, grenzüberschreitender **II** 1 79 f., 112 ff.
- Nachbindung **I** 1 49
- Tarifbindung **I** 2 434
- Versorgungszusage **II** 1 135

Verbandswechsel
- Bezugnahmeklausel **I** 2 510 ff.

Verdachtskündigung II 4 330
- Anhörung **II** 4 327, 330 f., 365
- Complianceverstoß **II** 4 375
- Kündigungsfrist **II** 4 331 f.

Verein
- Mitbestimmung, paritätische **I** 2 225

Vereinigungsfreiheit II 2 247

Vergaberecht
- Amnestie **II** 4 354 f.
- Selbstreinigung **II** 4 354 f.
- Zuverlässigkeit **II** 4 354

Vergaberichtlinien II 4 185, 204

Vergütung, variable II 3 405 ff.
- Auskunftspflicht **II** 3 409 ff.

Vergütungsstruktur II 3 384

Verhaltenskodex s. *Code of Conduct*

Verhaltensrichtlinien s. *Compliance-Richtlinien*

Verlag
- Tendenzschutz **I** 2 239 f.

Verletzung der Vertraulichkeit des Wortes I 4 166

Vermögensschadenshaftpflichtversicherung II 3 759

Vermögensübertragung
- Arbeitsverhältnisse, Übergang **I** 1 42
- Teilübertragung **I** 1 42

Verschmelzung I 1 1
- Arbeitsverhältnisse, Übergang **I** 1 42
- zur Aufnahme **II** 1 178, 212
- Besonderes Verhandlungsgremium **II** 1 184 ff., 191, 193 f.
- Betriebsübergang **I** 1 13
- Betriebsvereinbarung **I** 1 59
- grenzüberschreitende Verschmelzung **II** 1 153 f., 176, 178 ff., 210 ff.
- Hinausverschmelzung **II** 1 154, 182, 195 f.
- Hineinverschmelzung **II** 1 153, 181, 183 f., 191
- Mitbestimmung, betriebliche **II** 1 197
- Mitbestimmung kraft Gesetzes **II** 1 189 ff.
- Mitbestimmung kraft Vereinbarung **II** 1 187 f.
- Mitbestimmungsverlust **II** 1 195
- zur Neugründung **II** 1 178, 210
- Organstellung **I** 3 333
- Personengesellschaften **II** 1 180
- SE-Gründung **II** 1 220 f., 275 f.
- Societas Europaea **II** 1 291, 296
- Unternehmensmitbestimmung **I** 1 2; **I** 2 347; **II** 1 187 ff.
- Widerspruchsrecht **I** 1 14

Verschmelzungsbericht II 1 204 f.

Verschmelzungsplan II 1 204

Verschmelzungsrichtlinie II 1 179
- Bestandsschutz **II** 1 196
- Umsetzung **II** 1 181, 183

Verschwiegenheitsklausel
- Mitbestimmungsfreiheit **II** 4 395

Verschwiegenheitspflicht I 3 21 f., 34, 215 ff.; **II** 4 408
- allgemeine Verschwiegenheitspflicht **I** 3 216, 218, 220, 222
- Auslegung **I** 3 216
- besondere Verschwiegenheitspflicht **I** 3 216, 222
- Datenschutzbeauftragter **I** 4 153
- Interesse, berechtigtes **I** 3 21 f.
- Nachwirkung **I** 3 22
- Transparenzgebot **I** 3 21
- Treuepflicht **I** 3 215, 218 f.
- Vertrag mit Schutzwirkung für Dritte **I** 3 219, 223
- Vertrag zugunsten Dritter **I** 3 222 f.

Versetzung I 3 32; **II** 3 716
- Arbeitgeberwechsel **I** 3 54, 56 ff.
- Beendigungs-/Neubegründungsmodell **I** 3 54 f.
- Betriebsratsbeteiligung **II** 3 499; **II** 4 368
- dauerhafte Versetzung **I** 3 43, 49, 54 f.
- Entsendung **II** 3 560

- Konzernbetriebsratszuständigkeit **I 2** 169
- Sprache **II 4** 456
- Sprecherausschussbeteiligung **II 4** 368
- Vertragsübernahmemodell **I 3** 54
- vorübergehende Versetzung **I 3** 43, 48, 50 ff.

Versetzungsanspruch I 3 73
Versetzungsklausel
- Auslandseinsatz **II 3** 473
- Fehlverhalten **I 3** 147 ff.
- Fürsorgepflicht des Arbeitgebers **II 3** 517
- konkludente Versetzungsklausel **I 3** 95 f.
- Tarifbindung **I 2** 432
- Weiterbeschäftigungsanspruch **I 3** 79 ff.

Versetzungsrecht I 3 41
Versicherungsrecht
- Compliance **II 4** 204

Versicherungsunternehmen
- Compliance **I 4** 264

Versicherungsverein auf Gegenseitigkeit
- Aufsichtsrat **I 2** 354
- Aufsichtsratsvorsitz **I 2** 377
- Drittelbeteiligungsgesetz **I 2** 212, 354, 368 f.
- Mitbestimmung, paritätische **I 2** 225

Versorgungsanwartschaft
- Betriebsübergang **I 4** 364
- Schuldbeitritt **I 4** 360
- Übertragung **I 4** 359
- Unverfallbarkeit **I 4** 357 f.

Versorgungsordnung
- Konzernbetriebsratszuständigkeit **I 2** 178

Versorgungszusage
- Abfindung **II 1** 140
- Altersversorgung, betriebliche **I 3** 34; **I 4** 345 f., 348
- ausländisches Recht **II 1** 141, 146
- Auslandsbezug **II 1** 120 ff.
- Betriebsübergang **II 1** 100
- Betriebsvereinbarung **II 1** 137, 144
- Dauerrechtsverhältnis **II 1** 132
- Einheitsregelung, vertragliche **I 4** 388
- Erlass **II 1** 140
- Individualvereinbarung **I 4** 388; **II 1** 120, 131 f., 143
- Konzern, internationaler **II 3** 417
- Recht, anwendbares **II 1** 103 ff.
- Rechtswahl **II 1** 141, 146
- Stammarbeitsverhältnis **I 3** 34
- Statutenwechsel **II 1** 132 f.
- Tarifbindung **II 1** 113, 122, 136
- Tarifvertrag **II 1** 112 ff., 122 f.
- Teilrechtswahl **II 1** 120
- Verbandstarifvertrag **II 1** 135
- Verzicht **II 1** 140

Vertragsarbeitgeber I 3 3
Vertragskonzern I 2 8
- Konzernbetriebsrat **I 2** 112

Verweisungsklausel
- Compliance-Regelungen **I 4** 320 f.
- dynamische Verweisung **I 4** 321, 323
- Inhaltskontrolle **I 4** 323
- statische Verweisung **I 4** 321
- Verweisobjekt **I 4** 322

Videoüberwachung I 4 132
Visum II 3 624, 638
- Erwerbstätigkeit **II 3** 638, 644
- nationales Visum **II 3** 638, 642 ff.
- Schengen-Visum **II 3** 638 ff.
- Türkei **II 3** 631

Vollstreckung ausländischer Urteile II 3 127, 130 f.
Vor-GmbH
- Mitbestimmungspflicht **I 2** 355

Vorschlagswesen, betriebliches
- Mitbestimmungsrecht **I 2** 180

Vorstandsmitglied I 3 336 ff.
- Abberufung aus wichtigem Grund **I 3** 345, 377, 407 ff., 411
- Altersversorgung, betriebliche **I 3** 405
- Ämter, weitere **II 3** 707
- Anstellungsverhältnis **I 3** 371 ff.
- Anstellungsverhältnis, Dauer **I 3** 377 ff.
- Anstellungsvertrag **II 3** 763 ff.
- Arbeitgeberfunktion **I 3** 343
- Arbeitnehmereigenschaft **I 3** 235, 340, 343 f.
- Arbeitnehmerschutzrechte **I 3** 340, 381 f.
- Arbeitslosenversicherung **I 3** 349
- Arbeitsverhältnis **I 3** 363, 402
- Arbeitsverhältnis, Aufhebung **I 3** 375
- Beschäftigungsverbot **II 3** 707
- Beschäftigungsverhältnis **II 3** 778 ff.
- „Danosa" **I 3** 344 ff.
- Delegation von Aufgaben **I 3** 338
- Doppelmandat **I 3** 353; **II 3** 765 ff.
- Drittanstellung **I 3** 249, 341 f., 346, 352 ff., 356 ff., 368 f., 372 f., 382, 398 ff., 412; **II 3** 768 f.
- Drittvergütung **I 3** 392 ff.
- Ermessensausübung **I 3** 337, 339
- Erstbestellung **I 3** 377
- Geschäftsführung **I 3** 337 f.
- Jahresarbeitsentgeltgrenze **I 3** 351
- Kombination Vorstands-/Geschäftsführertätigkeit **I 3** 364 f.
- Konzern, internationaler **II 3** 761 ff.
- Konzernanstellungsvertrag **I 3** 353
- Kopplungsklausel **I 3** 379, 409, 411
- Krankenversicherung **I 3** 351
- Kündigungsschutz **I 3** 154 f., 412
- Leitungsentscheidungen **I 3** 337, 339
- Pflegeversicherung **I 3** 351
- Rechtswegzuständigkeit **I 3** 367 ff.
- Rentenversicherung **I 3** 349

Sachverzeichnis

- Sozialversicherungsrecht **I** 3 347 ff.; **II** 3 777 ff.
- Trennungsprinzip **I** 3 378, 411
- Treuepflicht **I** 3 393 f.
- Umwandlungsvorgänge **I** 3 413
- Unfallversicherung, gesetzliche **I** 3 350
- Vergütung **I** 3 361, 380, 383 ff.; *s. auch Vorstandsvergütung*
- Versicherungsfreiheit **II** 3 777
- Vertrauensentzug **I** 3 408 ff.
- Vorstandsvertrag **I** 3 340, 365, 371 ff.; *s. auch dort*
- Wechsel in den Aufsichtsrat **I** 3 414
- Weisungsabhängigkeit **I** 3 346
- Weisungsfreiheit **I** 3 235, 337, 339, 343 ff., 348, 361, 381; **II** 3 768 f.
- Wettbewerbsverbot **II** 3 707
- Wettbewerbsverbot, nachvertragliches **I** 3 208 ff., 406

Vorstandsvergütung I 3 361, 380, 383 ff.
- Aktienoptionen **I** 3 392, 395, 404
- Angemessenheit **I** 3 385 ff., 399
- Drittvergütung **I** 3 392 ff., 398 ff.
- Fixum **I** 3 384, 392
- Herabsetzung **I** 3 391, 399, 402 ff.
- Konzernausgleich **I** 3 397, 400
- Publizität **I** 3 387 ff.
- Relativität der Schuldverhältnisse **I** 3 400 f.
- Steuerrecht **I** 3 376, 396 f.; **II** 3 781
- Vergütungsbestandteile **I** 3 384

Vorstandsvertrag I 3 340, 365, 371 ff.
- Arbeitsvertrag **I** 3 363, 402, 410, 412
- Befristung **I** 3 379
- Form **I** 3 375 f.
- Kündigung aus wichtigem Grund **I** 3 377, 407, 411
- Schriftform **I** 3 376, 397
- Unterzeichnung **I** 3 374

Wahrheitspflicht, prozessuale I 4 177
Wegzugsfälle II 1 175 ff.
Wegzugssteuer II 1 175
Weisungsrecht
- Matrixstruktur **II** 3 177 ff.

Weiterbeschäftigung
- konzernweite Weiterbeschäftigung **I** 3 35, 53; **II** 3 452 ff.
- Matrixstruktur **II** 3 448 ff.

Weiterbeschäftigungsanspruch I 3 68, 70 f., 79 ff.
- Beweislast **I** 3 90 f.
- Mehrheit von Verträgen **I** 3 104

Weltbetriebsrat II 2 59
Weltkonzern
- Global Union Campaigns **II** 2 279, 286
- Name-and-shame-Kampagne **II** 2 279, 286

Weltkonzernausschuss II 2 58
Werbegeschenke II 4 200
Werbung II 3 613
Werkswohnungen
- Mitbestimmung, betriebliche **I** 2 177

Werkvertrag I 4 6 ff., 12
Wertpapierbesitz
Offenlegungspflicht **II** 4 393

Wertpapierdienstleistungsunternehmen
- Compliance **I** 4 252, 265, 278 f., 280
- Compliance-Beauftragter **I** 4 281

Wertpapierhandel
- Überwachungseinrichtungen, technische **II** 4 396

Wettbewerb, unlauterer II 3 468
Wettbewerbsverbot I 3 13 ff., 34
- Aktienoptionen **II** 3 392 ff.
- Compliance **I** 4 301, 342
- GmbH **II** 3 707
- Karenzentschädigung **II** 3 397 f.
- Vorstandsmitglied **II** 3 707

Wettbewerbsverbot, nachvertragliches I 3 13, 17 ff., 160 ff.; **II** 3 231 ff.
- Aktienoptionen **II** 3 383 ff.
- Anlage zum Arbeitsvertrag **I** 3 202
- Aufhebung **I** 3 203 ff.
- Auslegung **I** 3 163 ff., 170 f., 176 ff., 212, 216
- Berufsfreiheit **II** 3 231 ff., 238
- Betriebsübergang **I** 1 113 f.
- Beurteilungszeitpunkt **I** 3 187
- Compliance **I** 4 301
- Dynamik **I** 3 187, 202
- EFTA-Bereich **II** 3 253, 256
- Einstellung des Geschäftsbetriebs **I** 3 188
- einstweiliger Rechtsschutz **II** 3 255
- EMEA **II** 3 238
- Europa **I** 3 238, 253 ff.
- Fortkommenserschwerung **II** 3 232
- Freizügigkeitsgarantie **II** 3 239 f.
- Führungskräfte **I** 3 175, 178
- Geltungsbereich, räumlicher **II** 3 237 ff.
- Geschäftsbereich **I** 3 167, 182, 190, 194
- Geschäftsführerdienstvertrag **I** 3 296 ff.
- Höchstdauer **II** 3 232
- Interesse, berechtigtes **II** 3 232 ff.
- Job Description **I** 3 194
- Karenzentschädigung **I** 3 188 f., 195, 201, 206 ff.; **II** 3 232, 242, 244
- Klauselkontrolle **I** 3 195
- Konzern, internationaler **II** 3 234 ff., 251 ff.
- Konzernbezug **I** 3 160, 166 ff.; **II** 3 233 f.
- Mischkonzern **I** 3 304
- Mitwachsen **I** 3 185 ff.
- nicht konkurrierende Unternehmen **I** 3 196 f.
- ordre public **II** 3 247

Sachverzeichnis

- Recht, ausländisches **II** 3 244 ff.
- Rechtswahl **II** 3 249 f.
- Rechtswahl, fehlende **II** 3 244, 247
- Rechtswahlklausel **I** 3 305
- Rechtswegzuständigkeit **II** 3 252
- Reduktion, geltungserhaltende **I** 3 174, 190 ff.
- Schriftform **I** 3 198 ff.
- Stellvertretung **I** 3 189, 199 ff., 205
- Stichtagsregelung **I** 3 174
- Tätigkeitsbezug **I** 3 163 ff., 174 f., 178 ff., 212
- Tätigkeitserweiterung **I** 3 185 ff.
- Unternehmensbezug **I** 3 163 ff., 175, 182, 184
- Vereinbarung, vertragliche **I** 3 169 ff.
- Vertrag mit Schutzwirkung für Dritte **I** 3 201, 203, 214
- Vertrag zugunsten Dritter **I** 3 189, 201, 203, 214
- Vorstandsmitglied **I** 3 406
- weltweites Verbot **II** 3 241 f.
- Zuständigkeit, internationale **II** 3 251 f.

Whistleblower-Hotline II 4 113, 131 f., 211 ff.
- Anonymität **II** 4 223, 229, 258, 260
- Anzeigepflichten **I** 4 340
- Belohnungen für Hinweisgeber **II** 4 227 ff.
- Datenschutz **I** 4 300
- Dodd-Frank Act **II** 4 211
- externes Whistleblowing **I** 4 300; **II** 4 218
- Geschäftszeiten **II** 4 224
- internes Whistleblowing **I** 4 272, 280, 300; **II** 4 218, 258 ff.
- Konzern, grenzüberschreitender **II** 4 219 ff.
- Kosten **II** 4 224
- Meldepflichten **I** 4 340
- Meldeprozess **II** 4 219 ff.
- Mitbestimmungsrecht **I** 4 341
- Nutzerregeln **II** 4 225
- Persönlichkeitsrecht, allgemeines **I** 4 315
- Sprache **II** 4 226
- Untersuchungen, interne **II** 4 267

Whistleblower-Klausel I 4 299 f., 315, 340
- Mitbestimmungsrecht **II** 4 393

Whistleblowersystem s. *Whistleblower-Hotline*

Wiedereinstieg
- Fürsorgepflicht des Arbeitgebers **II** 3 526

Wiedereinstiegsoption
- Kündigungsausschluss **I** 3 122, 124

Wirtschaftsausschuss I 1 3
- Angelegenheiten, wirtschaftliche **I** 1 3; **I** 2 181
- Auslandsbetrieb **II** 2 16 ff., 32
- Inlandsbetrieb ausländischer Arbeitgeber **II** 2 45 f.
- Umstrukturierung, grenzüberschreitende **II** 1 207
- Unterrichtungsrecht **II** 1 198 ff.

Wirtschaftsstrafrecht II 3 530

Wissenschaftler
- Niederlassungserlaubnis **II** 3 668

Zeiterfassungssysteme I 4 132

Zeitungsverlag
- Tendenzschutz **I** 2 240

Zeugnisverweigerungsrecht
- Datenschutzbeauftragter **I** 4 153

Zoo
- Tendenzschutz **I** 2 238

Zugang
- Sprachrisiko **II** 4 459 f., 475

Zusatzversicherungen II 3 326, 414 ff.

Zuständigkeit, internationale II 3 127

Zuständigkeit, örtliche II 3 126

Zwangsarbeit II 2 251

Zweigniederlassung II 3 204 ff.
- Arbeitsstatut **II** 3 213 ff.
- Arbeitsvertrag **II** 3 210 ff.
- Gerichtsstand **II** 3 226
- Gerichtsstand, internationaler **II** 3 147
- Gesellschaftsstatut **II** 3 219
- Handelsregistereintragung **II** 3 205, 220
- Kündigung des Arbeitsverhältnisses **II** 3 217 ff.
- Kündigungsberechtigung **II** 3 218, 221 f.
- Passivlegitimation **II** 3 224 f.
- Recht, anwendbares **II** 3 209, 219
- Rechtsfähigkeit, fehlende **II** 3 209, 211 f.
- Rechtswahl **II** 3 216
- Selbstständigkeit **II** 3 208
- Sitz **II** 3 205
- Tariffähigkeit **II** 3 212
- Unternehmensteil **II** 3 206, 211
- Vertretung, organschaftliche **II** 3 218 ff.

Zwischenholding
- Beherrschungsvertrag **II** 1 158 ff.
- Unternehmensmitbestimmung **II** 1 158 ff.